Kathmandu
VIDEHA
SUN KOSI
Mithilā
NEPAL
INDIA
VAJJI
LICCHAVI
Darbhanga
Muzaffarpur
Vesāli
BĀGHMATI
SAPTI KOSI
(Patna)
SONA
Monghyr
Bhāgalpur
Campā
Nālandā
Rājagaha
ANGA
Gayā
Uruvelā
NERAÑ-
JARĀ
PHALGU

우리말

빠알리대장경

율장소품

쭐 라 박 가

완 전 복 원 번 역

초 판

ॐ सत्यमेव जयते ॐ

쭐라박가 - 율장소품

값 70,000 원

발행일 2014년 4월 25일 초판발행

발행인 도 법

역주자 전재성

편집위원 혜능. 담마다야다. 김광하. 최훈동.

발행처 한국빠알리성전협회
1999년5월31일(신고번호:제318-1999-000052호)

서울 서대문구 모래내로 430, 102-102(홍제성원)

전화 02-2631-1381, 070-7767-8437 팩스 02-735-8832
전자우편 kptsoc@kptsoc.org
홈페이지 www.kptsoc.org
Korea Pali Text Society
Moraenaero 430 #102-102 (Hongjaeseongwon@)
Seoul 120-868 Korea
TEL 82-2-2631-1381 FAX 82-2-735-8832

전자우편 kptsoc@kptsoc.org 홈페이지 www.kptsoc.org

ISBN 978-89-89966-72-2 04220
ISBN 978-89-89966-70-1 (세트)

세계최초완전복원번역 빠알리율장 다발부 하권

쭐라박가-율장소품

चूळवग्गपाळि

전통본율장 제4권 = 협회본율장 제2권

전 재 성 역주

한국빠알리성전협회
Korea Pali Text Society

譯註 · 退玄 全在星

철학박사. 서울대학교를 졸업했고,
한국대학생불교연합회 13년차 회장을 역임했다.
동국대학교 인도철학과 석·박사과정을 수료하고,
독일 본대학 인도학세미나에서 인도학 및 티베트학을 연구했으며,
독일 본대학과 쾰른 동아시아 박물관 강사,
동국대 강사, 중앙승가대학 교수, 경전연구소 상임연구원,
한국불교대학(스리랑카 빠알리불교대학 분교)교수,
충남대 강사, 가산불교문화원 객원교수를 역임했고,
현재 한국빠알리성전협회 회장을 역임하고 있다.
저서 및 역서로 <쌍윳따니까야 전집> <오늘 부처님께 묻는다면>
<맛지마니까야 전집> <명상수행의 바다> <앙굿따라니까야 전집> <생활 속의 명상수행>
<법구경-담마파다> <우다나-감흥어린 시구> <숫타니파타> <이띠붓따까-여시어경>
<화엄경-오리지널화엄경> <마하박가> <쭐라박가> <빠알리어사전>
<티베트어사전> <금강경-번개처럼 자르는 지혜의 완성>
<붓다의 가르침과 팔정도> <범어문법학>
<천수다라니와 붓다의 가르침> <초기불교의 연기사상> (이상, 한국빠알리성전협회)이 있고,
그밖에 역서로는 <인도사회와 신불교>(일역, 한길사),
저서에는 <거지성자>(선재, 안그라픽스)가 있고,
주요논문으로<初期佛敎의 緣起性 研究><中論歸敬偈無畏疏研究>
<學問梵語의 研究> <梵巴藏音聲論>등 다수 있다.

चूळवग्गपाळि

translated by **Jae-Seong Cheon**
Published and Distributed by
Korea Pali Text Society ©2014

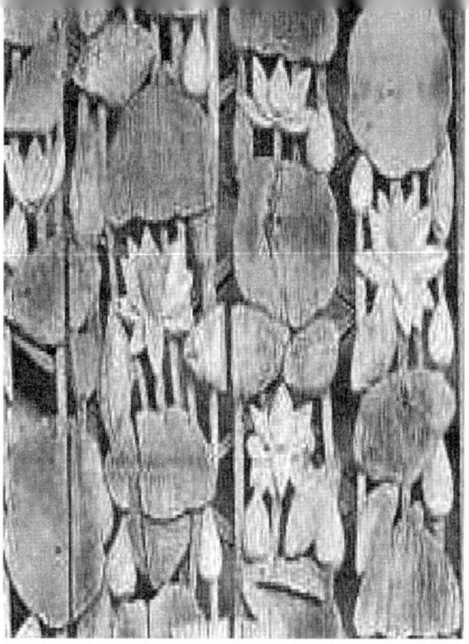

쭐라박가

ॐ सत्यमेव जयते ॐ

추 천 사

저는 지난 십여 년간 해인사 해인총림율원과 영산율원에서 율학을 연찬하고 소임을 보면서, 히라카와 아키라 박사의 필생의 역작인 『비구계의 연구』(4권)와 『비구니율의 연구』, 그리고 『원시불교교단의 연구』를 완역하였고, 이것을 『계율연구집성』이라는 전집으로 묶어 출간했습니다. 오랜 시간 동안 지난한 번역 작업에 집중할 수 있었던 것은, 개인적으로 율학 연찬을 위한 것이기도 하였지만, 한국불교에 계율의 중요성을 확산시키며, 승가의 청정성과 화합성을 회복시키고, 나아가 한국불교가 새롭게 도약하는 계기가 되었으면 하는 바램이 있었기 때문입니다.

'계행으로 인해서 선정이 생겨나고, 선정으로 인해서 지혜가 생겨난다(因戒生定 因定發慧)'라는 경구가 있듯이, 계정혜 삼학을 함께 온전히 닦아야 비로소 '열반의 산'에 오를 수 있다고 했습니다. 뿐만 아니라, 계율은 삼보 가운데 하나인 참모임(승가)의 목숨이고 생명입니다. 계율이 와해되면 청정과 화합이 생명인 참모임의 승가도 와해됩니다. 청정한 참모임인 승가가 와해된 곳에 불법이 흥성할 수 없음은 당연합니다.

엄정한 계행이 없이 선정만을 닦는다면 '삿된 선정(邪定)'이 되고, 바른 선정이 없이 지혜만을 닦는다면 '악한 지혜(惡慧)'가 될 뿐이라 하였습니다. 승속을 가리지 않고 현대인들이 계율을 지키지 못한 이유는, 무엇보다도 범계를 유도하는 환경적 유혹, 번뇌의 치성에 굴복하여 계율정신이 나약해졌기 때문입니다. 그러나 본질적인 이유는 계율정신의 고귀함과 지범개차(持犯開遮)의 심오성에 대한 이해부족에 있는 것입니다.

마침 빠알리대장경 번역에 혼신의 노력을 기울인 퇴현 전재성 박사가 ≪빠알리율장≫의 번역에 착수했다는 소식을 들었을 때, 경이로운 법연에 깊은 감동이 몰려왔습니다. 한역(漢譯)된 오부 율장이 전해지고 있고 설일체유부율의 티베트어역이 있지만, ≪빠알리율장≫이야말로 율장연구의 진정한 토대인데, 이번 번역으로 그 토대가 완성되는 것이기 때문입니다. 그동안 퇴현 전재성 박사가 온갖 어려움 속에서도 빠알리어경전 ≪쌍윳따니까야≫를 비롯한 사부니까야와 ≪쿳다까니까야≫의 대부분을 한국불교 최초로 완역하였을 뿐만 아니라, 이번에 ≪빠알리율장≫마저 번역한 것은 역경 역사상 초유의 일일 것입니다. 어려운 여건에서도 꾸준히 부처님의 원음을 번역해 오신 한국빠알리성전협회 퇴현 전재성 박사와 관계자 여러분께 깊은 존경과 수희찬탄하며 추천의 말씀을 드립니다.

불기 2558(2014)년 청명절을 맞이하여

비나야연구원 원장 고천 석혜능 합장

발 간 사

일반사람들이 불교를 접하게 되는 것은 청정한 승원생활의 향기에서 비롯됩니다. 승원은 부처님의 가르침에 따라 삶을 영위하며, 그 가르침을 보존하고, 그 가르침을 보다 사회 속에 펼칩니다. 따라서 부처님의 가르침을 따라 삶을 영위하는 승원적 공동체가 없다면, 불교자체의 존립기반이 흔들리게 됩니다.

부처님께서 육신을 버리시기 전에 슬퍼하고 또 슬퍼하는 제자들에게 당부하시길 '내가 가고 난 뒤에 내가 가르치고 시설한 다르마(法)와 비나야(律)가 그대들의 스승이 될 것이다.'라고 말씀하시고 다시금 '모든 형성된 것들은 부서지고야 마는 것이니 방일하지 말고 정진하라.'고 말씀하신 뒤에 완전한 열반에 드신 것을 우리는 잘 알고 있습니다.

불교의 가르침에는 율장 경장 논장의 삼장이 있는데, 율장은 비나야를 다루고 있고, 경장과 논장은 다르마를 다루고 있습니다. 율장은 부처님의 제자들의 목숨이라고 할 만큼 중시되어 대장경 가운데 가장 먼저 합송·편찬된 것입니다.

그 삼장 중에 제일 먼저 나왔어야 마땅할 부처님의 육성이 담긴 율장이 여태껏 번역되지 못했다는 이야기를 듣고 남편 니타와 저는 그 자리에서 율장 번역에 힘을 보태기로 마음을 내게 되었습니다. 이 귀중하고도 소중한 인연을 그냥 지나치기에는 우리의 생은 덧없이 짧고 부처님의 가르침은 참으로 무한한 것이기 때문입니다.

마침 퇴현 전재성 박사께서 현실적인 어려움으로 미루고 있었던 율장을 세상에 회향하는데 작으나마 힘을 보태게 되었습니다. 이제 삼장이 갖추어짐으로써 한국불교가 한 발 더 전진하기를 감히 서원합니다. 오늘도 어디선가 법을 구하고자 애쓰는 수많은 재가수행자들과 그 동안 함께 해온 도반들과 어려운 여건 속에서도 재가자를 올바르게 이끌고 자신의 해탈을 위해 정진하시는 존경할 만한 출가자들과도 이 기쁨을 함께 나누고자 합니다. 기꺼이 동참해준 딸 레이에게도 감사한 마음을 전합니다.

살아 있는 모든 존재들이 건강하고 풍요롭고 행복하기를!
살아 있는 모든 존재들이 빠른 생 안에 윤회에서 벗어나기를!

불기 2558(2014)년
목련꽃 향기를 맡으며
까말라 합장

머 리 말

승원생활의 유지는 전통적 사회에서 불교가 존재하기 위한, 선결조건이 되는 것이었습니다. 일반사람들이 불교를 접하게 되는 것은 청정한 승원생활의 향기에서 비롯됩니다. 승원은 부처님의 가르침에 따라 삶을 영위하며, 그 가르침을 보존하고, 그 가르침을 보다 사회 속에 펼칩니다. 따라서 부처님의 가르침을 따라 삶을 영위하는 승원적 공동체가 없다면, 불교자체의 존립기반이 흔들리게 됩니다.

비나야 즉, 계율은 부처님의 가르침을 따라 삶을 영위하는 참모임에 안정과 화합으로 이끄는 삶의 틀을 제공합니다. 불교의 승단이 다양한 문화 속에서 이천오백 년이 넘도록 유지되어 온 것은 비나야의 견고성과 유연성에 기초하고 있습니다. 불교 계율의 견고성은 다르마의 거울에 비추어보면, 너무나도 명백하게 드러나는 우리의 잘못에 대해서 그물망처럼 인지하고 그 자책의 무게를 완전히 제거하기 위해서 시설된 것이라는데 있고, 불교 계율의 유연성은 무한한 자애에 입각하여 현실에서의 경험적 실천을 합리적으로 완성하기 위해서 시설된 것이라는 데에 있습니다. 불교도의 삶은 이렇게 해서 그 충분한 정체성을 가지고 세속적 사회와의 동화를 방지할 수 있을 만큼 견고하게, 그리고 다양한 문화를 지닌 사회 속에 적응할 정도의 충분히 유연하게 이천 오백년을 내려왔습니다. 비나야는 불교적 다르마의 조화가 외면적으로 공동체적으로 발현된 것입니다. 이러한 비나야는 단지 승원의 조화로운 삶의 지향에만 시사점을 주는 것이 아니라 보다 큰 공동체라고 볼 수 있는 사회의 조화로운 삶에도 크나큰 이정표를 제시하여 준다고 볼 수 있습니다.

≪율장≫은 이러한 비나야를 다루고 있는데, 크게는 다발부와 분별부로 나뉩니다. 『마하박가』는 다발부 상권에 해당하고, 이 『쭐라박가』는 다발부 하권에 해당합니다. 상권이 부처님의 올바른 원만한 깨달음에서 비롯하여 승단의 형성에 필수적인 포살과 구족계, 안거와 자자 그리고 신발과 의약과 의복을 다루고 있는데 비해서, 하권에서는 일상적인 승단회의의 규율과 쟁사가 일어났을 때의 멸쟁의 조건 등을 다루고, 다른 한 측면에서는 일상적인 삶의 조건인 의식주와 의무의 문제를 다루고 있어, 일상생활에서 조화로운 삶이 무엇인가에 대한 가장 깊은 성찰의 토대를 제공합니다.

특히 「사소한 일의 다발」에서는 부처님의 제자 수행승 가운데 '사자후를 지닌 자 가운데 제일'인 삔돌라 바라드와자가 전단목으로 만든 나무를 얻기 위해 사람들 앞에서 인간을 뛰어넘는 신통변화를 보여준 것에 대해 부처님은 '어찌 그대는 비속한 나무로 만든 발우 때문에 재가자들에게 인간을 뛰어넘는 원리로서의 신통변화를 보여 주는가? 여인이 비속한 한 푼의 돈 때문에 속치마를 보여 주듯, 그대는 비속한 나무로 만든 발우 때문에 재가자들에게 인간을 뛰어넘는 원리로서의 신통변화를 보여 주었다.'라고 꾸짖는 것이 인상적입니다. 이 이야기는 비나야가 부끄러움을 알고 창피함을 아는 것의 두 가지 기둥위에 세워진 것이라는 입증하는 것이다. ≪앙굿따라니까야≫에 「세상의 수호에 대한 경」은 '세상을 수호하는 두 가지 밝은 원리란 무엇인가? 부끄러움을 알고 창피함을 아는 것이다.'라는 구절이 있습니다.

그리고 특히 다발부 하권의 뒷부분에는 승단 안에서의 여성의 출가에 얽힌 문제 즉, 수행녀의 출가와 삶에 대한 규정이 나옵니다. 오늘날의 관점에서 보면, 특히 여덟 가지 공경의 원리와 같은 것은 여성출가자의 삶이 남성출가자에게 가부장제적으로 예속되었다고 보는 경향도 있으나, 관련 학습계율의 성립과정을 보면, 여성출가자의 특수한 신체적 상황과 당시의 남성중심적인 사회의 차별성을 지양하려는 실천적 노력 위에 정립된 것임을 알 수 있을 뿐만 아니라 상황이 달라지면, 바뀔 수 있는 것이라는 사실이 명백히 드러납니다. 그리고 다르마와 비나야를 잘 검토하면, 여덟 가지 공경의 원리를 방어할 수 있는 여성출가자의 자결권도 얼마든지 주어지고 있다는 사실을 알 수 있습니다.

마지막으로 승가공동체에서 보존해야 할 가장 중요한 부처님의 말씀의 모음집의 송출을 확인하는 제1차결집과 제2차결집의 정황을 사실적으로 역사적으로 살려볼 수 있는 귀중한 자료가 제공되고 있습니다.

이번에 『마하박가』와 아울러 『쭐라박가』의 교정에 참여하시고 난해한 율장용어를 정립하는데 큰 힘이 되어 주신 전 조계종 해인총림 율원장 혜능 스님과 미얀마에서 수행하시고 구족계를 받으신 담마다야다 스님을 비롯해서 한별병원 최훈동 원장님과 작은손길 김광하 대표님께 깊은 감사를 표합니다.

그리고 무엇보다도 깊은 신심을 가지고 이 율장 『쭐라박가』의 출간에 출판비를 후원하시고 발간사를 써주신 까말라 님의 가족께 깊은 감사를 드립니다. 그리고 이 책이 번역출간되기까지 물심양면으로 후원을 아끼지 않으신 혜능 스님과 서울대 박승관 교수님, 서울대 김규원 교수님, 황경환 대표님, 그리고 실상화님, 김현수님, 김진성님, 안희찬님을 비롯한 독자 여러분들께도 심심한 감사를 드립니다.

살아 있는 모든 존재들이 행복하길 기원하오니,
부처님의 가피가 함께 하기를!

2014. 봄을 맞이하며
退玄 전재성 합장

≪율장-비나야삐따까≫ 해제

≪빠알리율장(Vinayapiṭakapāḷi≫은 일반적으로 빠알리대장경 가운데 가장 처음 등장한다. 처음 등장한다고 해서 먼저 성립한 것은 아니다. 물론 부처님은 정각을 이룬 후에 만나는 사람에게 가르침을 먼저 설했다. 그러나 대장경의 편집순서는 중요한 것부터 먼저 편집을 했기 때문에 경전의 성립사와는 종종 거꾸로 배치되는 경우가 흔하다. 대장경에서 율장이 먼저 등장하는 이유는 율(律) 즉, 비나야의 그 중요성에 근거한 것이다.

다르마와 비나야

다르마(*sk.* dharma = *pāli.* dhamma : 法)와 비나야(Vinaya : 律)는 부처님 가르침의 두 가지 측면을 반영한다. 그것은 팔만대장경의 입문서와 같은 역할을 하는 『법구경』의 다음과 같은 부처님의 가르침을 통해 분명히 알 수 있다.

> 모든 죄악을 짓지 말고
> 모든 착하고 건전한 것들을 성취하고
> 자신의 마음을 깨끗이 하는 것,
> 이것이 모든 깨달은 님의 가르침이다.(Dhp. 183)

당나라 때에 백거이(白居易) 같은 대시인조차 불교가 무엇인지 알 수가 없었다. 그래서 도림선사(道林禪師)를 찾아가 '부처님의 가르침의 대의가 무엇입니까?'라고 물었다. 도림선사는 이 『법구경』의 시를 바로 그 대답으로 제시했다. 즉, '제악막작(諸惡莫作) 중선봉행(衆善奉行) 자정기의(自淨其意) 시제불교(是諸佛敎)'라는 것이었다. 백거이는 "'모든 죄악을 짓지 말고 모든 착하고 건전한 것을 받들어 행하라.'는 말은 세 살 먹은 어린아이도 아는 말이 아닙니까?"라고 물었으나 선사는 "세 살 먹은 어린아이도 알 수 있으나 여든 살 먹은 노인도 행하기 어렵다."고 대답했다. 이 시는 부처님께서 자신의 가르침인 팔만대장경의 내용을 한마디로 압축한 것이다. 그 가운데, '일체의 악하고 불건전한 죄악을 짓지 말라.'는 것이 비나야(vinaya)이고 그것을 다루고 있는 것이 율장(律藏 : Vinayapiṭaka)이고 '모든 착하고 건전한 것을 성취하는 것'이 다르마(dharma)이고 그것을 다루고 있는 것은 경장(經藏 : Suttapiṭaka)이고, '마음을 깨끗이 하는 것'이 아비다르마(abhidharma)이고 그것을 다루고 있는 것이 다르마와 비나야의 토대 위에 부처님의 제자들에 의해 성립된 논장(論藏 : Abhidhammapiṭaka)이다.

그런데 논(論) 즉, '아비다르마(*sk.* abhidharma)' 또는 '아비담마(*pāli.* abhidhamma)'는 '다르마에 대한 것'이라는 의미로 교학시스템의 입장에서 보면, 다르마에 귀속되어야 한다. 그런 의미에서 원천적으로는 부처님의 경전은 다르마와 비나야로 구성된다고 볼 수 있다. 그러나 일반적으로 경전에서는 수없이 등장하는 구절 즉, '이 가르침(法)과 계율(律)에서'(imasmiṃ dhammavinaye)이라는 복합어를 살펴볼 때에도 분명해 진다. 그것은 불교의 교학적 시스템이, 경・율・논 삼장이 아니라 율장을 로마나이즈화한 올덴베르크(Oldenberg : Vin. I. xiii)의 견해에 따르면, 다르마와 비나야의 두 시스템 즉, 이장(二藏)을 토대로 형성된 것임을 나타낸다. 그리고 부처님의 가르침의 형성과정을 보면, 다르마가 먼저이고 비나야가 나중이지만, 위의 담마파다의 시를 살펴보면, 비나야 먼저 언급되고 다르마가 나중에 언급된다. 그 이유는 비나야가 다르마의 토대가 되기 때문이다.

대장경에서는 율장이 경장보다 편집상으로 앞에 놓인 이유는, 후대의 주석서에서는 '비나야는 다르마의 생명'이기 때문이었다. 비나야가 다르마의 생명토대가 된다. 광대한 부처님의 가르침을 빙산에 비유해 보자면, 바다위에 모습을 드러낸 부분이 다르마라고 한다면, 비나야는 바다 속에 감추어진 부분이라고 할 수 있다. ≪쌍윳따니까야≫(SN. I. 77)에 따르면, 이러한 비나야의 은폐성에 관하여 부처님은 빠쎄나디 왕에게 다음과 같이 말한다 :

> "대왕이여, 당신은 세속인으로서 감각적 쾌락의 욕망을 즐기고 아이들이 북적대는 집에서 살고 까씨 국에서 나는 전단향을 쓰고 화환과 향수와 크림을 사용하고 금과 은을 향유하고 있습니다. 그러므로 당신은 '그들이 거룩한 님인가 또는 거룩한 길을 성취한 님인가?'를 알기가 대단히 어렵습니다. 대왕이여, 그들이 계행을 지키는지는 함께 살아보아야 알 수 있습니다. 그것도 오랫동안 같이 살아보아야 알지 짧은 동안에는 알 수 없습니다. 정신활동을 기울여야 알지 정신활동을 기울이지 않으면 알 수 없습니다. 지혜로워야 알지 우둔하면 알 수 없습니다."

이것은 일반인이 '수행자들이 계행을 지키는지 지키지 않는지'는 비나야의 은폐성 때문에 알기 어려운데, 그것은 자신이 계행을 지키는 데, 오랜 세월의 보이지 않는 수행과 노력을 필요로 할 뿐만 아니라 남이 계행을 지키는지를 파악하는데도 오랜 세월이 필요하다는 것을 나타내고 있다. 계행은 재가의 일반인과 수행자 모두에게 적용되는 덕목이라고 한다면, 비나야는 참모임을 구성하는 출가수행자에게 적용되는 덕목이다. 바나야는 참모임을 유지시키며 다르마의 토대를 형성한다. 재가자를 위한 비나야가 없는 것은 승단에 가입하는 조건 가운데 하나의 중요한 관점이 신체적·언어적·정신적인 완벽한 제어를 통해 궁극적인 깨달음을 얻는 것인데, 그러한 완벽한 제어는 재가에서는 지극히 성취하기 어렵기 때문이다.

그러나 필자와 정반대로 생각하는 학자가 있다. 비나야에 관한 한, 올덴베르크의 정의를 수용하고 있는 호너(I. B. Horner : Bd. I. vii)의 견해에 따르면, 다르마는 부처님의 가르침의 내적인 측면의 삶, 내면적 의식, 내면적인 수행과 관계된 것으로 불교도가 믿고 따라야 할 교리인 반면에, 비나야는 부처님의 가르침의 외적인 측면의 삶, 외면적 의식, 외면적 수행과 관계된 것으로 수행자가 지켜야 할 행동의 규범이다.

이러한 비나야를 둘러싸고 정반대의 정의가 가능한 것은 다르마와 비나야가 실제의 경전에서 확연하게 구분되는 것이 아니기 때문이다. 실제의 경전에서도 양자사이에 확연한 구분선을 긋는 것은 불가능하거나 어려운 일이다. '모든 죄악을 짓지 말라'는 것과 '모든 착하고 건전한 것들을 성취하는 것'은 동전의 앞뒤와 같기 때문에 경장이나 율장에 모두 동반언어로 자주 등장한다는 것도 그 좋은 구실이 될 수 있지만, 무엇보다도 실제의 율장에서도 경장에서 설해지는 것과 동일한 다르마가 비나야의 목표로서 설해지고, 경장의 가르침에서도 율장의 학습계율로서의 비나야가 다르마의 핵심으로 설해진다. 그 이유는 두 사스템 사이의 이러한 상호관계는 다음과 같은 부처님의 '지혜는 계행에 의해서 씻겨지고, 계행은 지혜에 의해서 씻겨진다.'(sīlaparidhotā hi paññā, paññā paridhotaṃ sīlaṃ DN. I. 124)라는 말씀에 의해서 입증된다고 볼 수 있다. 지혜와 관계된 것이 다르마이고 계행과 관계된 것이 비나야이므로 그 가르침을 다음과 같이 바꾸어 진술할 수 있다: '다르마는 비나야에 의해서 씻겨지고, 비나야는 다르마에 의해서 씻겨진다.' 다르마는 비나야의 토대가 되고 비나야는 다르마의 토대가 되기 때문이다.

그런데 부처님 당시에 바라문교에서 세상을 버리고 은둔자의 삶을 추구했던 싼냐씬(Ṣannyasin)에게도 동시대의 자이나교에서도 그러한 의미의 비나야가 있었지만, 가르침 속에 개별적으로 흩어져서 나타날 뿐, 불교에서처럼 참모임의 공동체적 규범으로 집대성되어 법전화된 것은 인도역사에서는 불교가 처음이다. 율장의 비나야는 단순히 광의적으로 해석된 수행자의 행동규범이 아니라 참모임인 승단의 삶을 규정하는 협의적의미의 법전화된 행동규범이다.

비나야와 비나야의 궁극적 목표

이러한 비나야 자체는 '일체의 악하고 불건전한 죄악을 짓지 않는' 청정한 삶이라고 할 수 있고 그 궁극적 목표는 다르마와 동일하게 탐욕을 여의고, 분노를 여의고, 어리석음을 여의어 번뇌를 부수고, 고귀한 길을 만들어, 다르마를 요해하여, 완전한 깨달음을 얻는 것이라고 할 수 있다.

그러한 관점에서 비나야의 시설은 두 가지 이유에 기초한다. 하나는 계율의 확립을 통해 수행자에게 보다 청정하고 고귀한 마음을 성취하게 하기 위한 것이고 다른 하나는 계율의 어김에 대한 균형잡힌 처벌을 통해 고귀한 목표에 무지하거나 호감을 보이지 않는 수행자의 '적절하지 않고, 자연스럽지 않고, 알맞지 않은' 행동에 영향을 주기 위한 것이다. 그래서 율장에 의하면, 계율을 어기는 것은 '적절하지 않고, 자연스럽지 않고, 알맞지 않고, 수행자의 삶이 아니고, 부당하고, 해서는 안 될 일을 행하는 것'(MV. I. 25) 일 뿐만 아니라 '아직 청정한 믿음이 없는 자를 불신으로 이끌고, 이미 청정한 믿음이 있는 자 가운데 어떤 자들을 타락시키는 것'(MV. I. 25)이다.

그러나 비나야가 청정한 삶을 본질로 한다고 해서 부처님이 승단의 시작부터 모든 가능한 잘못과 악행에 대한 모든 가능성 및 우발성을 미리 고려해서 시설된 것은 아니다. 아마도 그렇게 되었다면, 전지적으로 닫힌 비나야가 시설되었을 것이다. 전지적으로 닫힌 비나야가 존재한다면, 그것은 허구적인 이데올로기에 기초한 것이다. 그것은 연기법적으로도 실제적으로도 불가능하기 때문이었다. 그래서 부처님은 그것과는 반대로 있는 그대로 열려지는 경험적으로 열린 비나야를 시설했다. 모든 계율은 깨달음이 그렇듯이, 승단의 역사적 전개와 더불어 점진적으로 시설되고 확장되고 성장한 것이다. 부처님은 이교에게도 본받을 만한 점이 있으면, 이교의 전통이었던 안거(MV. III. 1)나 포살(MV. II. 1)이나 자자(MV. IV. 1)와 같은 것도 승단의 의례와 계율의 대강으로 과감하게 차용하였다. 자신이 설정한 계율이 현실에 맞지 않으면, 언제든지 수정하였다. 율장에서 안거나 포살이나 자자와 같은 교단의 가장 중요한 의례와 그와 관련된 규범도 자이나교와 같은 이교로부터 과감하게 차용했다는 사실은 비나야가 닫힌 체계가 아니라 열린 체계인 것을 단적으로 입증한다.

비나야 안에는 계율과 계율을 시설하게 된 사건의 동기나 인연담, 계율을 위반하면 받는 처벌, 각각의 계율을 구성하는 문장의 의미를 설명하는 고주석(古註釋), 같은 계율에 대한 상황의 변화에 따른 계율의 완화나 변형 등이 실려 있다.

비나야의 어원과 계행과 계율정신

일반적으로 율(律)이라고 번역되는 비나야(Vinaya)는 산스크리트 어근 vi - √nī('안내하다. 이끌다; 뽑아내다. 제거하다'의 뜻을 지닌 동사 √nī)에서 유래한 것으로 첫 번째로는 '훈련, 단련, 교육, 제어. 규율' 등의 의미를 지니고, 두 번째로는 '제거, 분리'의 의미를 지닌다. 어원적으로 전자의 입장을 지지하면, 비나야는 외적으로 강제되는 규범을 의미하게 되고, 어원적으로 후자의 입장을 지지하면, 홀트(John Holt; Cbv. 38)처럼. 비나야는 마음의 잘못된 상태 즉, 자아가 있다는 환상에서 유래하는 탐욕이나 분노나 무지의 상태를 제거하는 규범이 된다. 그렇지만, 전자의 경우에는 신에 의해서 주어지는 정언명령과 구별이 불가능해지고, 후자의 경우에는 무지를 제거하는 다르마와의 구별이 모호해진다.

비나야(Vinaya)의 어원적인 두 측면을 모두 적절하게 고려한다면, 비나야에는 첫 번째 의미에서 승단의 유지와 지속을 위해서 모든 구성원이 지켜야 하는 규율이라는 측면이 있고, 두 번째 의미에서 승단의 완전한 청정을 위해서 개인이나 집단이 지켜야 하는 윤리라는 측면이 있다고 보아야 할 것이다. 어떻게 해서 이러한 두 가지 측면을 갖게 되었는가. 그것을 통일적으로 이해할 수는 없을까.

종종 비나야와 혼동되는 개념으로 일반적으로 계(戒)라고 번역되는 씰라(*pāli.* sīla; *sk.* śīla)가 있다. 이 씰라는 분명히 '명상하다. 봉사하다. 숭배하다. 실천하다. 반복하다. 계발하다.'라는 뜻의 어근 √śīl – 청정도론(淸淨道論)에서 붓다고싸(Buddhaghosa)와 구사론(俱舍論)에서 바수반두(Vasubandhu)가 채택한 것은 '차겁게 하다. 냉각시키다'란 뜻의 어근 √śyai 또는 √śī(Vism. 7; Abhik. III. 47) – 에서 유래된 것이다. 씰라 즉, 계(戒)는 이러한 어근에서 유래해서 일반적으로 덕성, 도덕, 윤리로 번역되는 단어로 내적인 자율적 윤리와 관계된 것으로 다르마적인 측면이 훨씬 강하다. 따라서 씰라와 관계된 것은 경장에서 압도적으로 더욱 강조된다. 역자는 그것을 계행이라고 번역한다.

그것에 비해 '비나야'라는 말은 '번뇌의 제거'라는 측면에서 다르마적이고 명상적인 내적인 윤리성으로서의 계(戒)로 번역되는 '씰라'를 포함할 뿐만아니라, '교육적 제어'의 측면에서는 외적으로 강제되는 타율적 윤리성으로서의 율(律)로 번역되는 '비나야'를 포함한다고 볼 수 있다. 이러한 비나야의 두 가지 측면을 통합적으로 이해하는 방식은 프레비스(C. Prebish; Bmd. 248)에 의하면, '비나야는 내적으로 힘을 갖게 된 계행이 공동체적으로 외면화된 것'으로 정의할 수 있다.

최근 슈미트하우젠(L. Schmidthausen)은 '비나야는 단지 윤리에만 해당하는 것이 아니라 참모임 안의 내적 조화와 외적인 발현'이라고 정의한 것(Bun. 43)이야말로 비나야에 대한 가장 포괄적 정의에 해당할 것이다. 비나야의 내적 조화는 은폐되어 잘 보이지 않기 때문에 빙산의 빙저에 해당한다. 그러나 비나야의 외적 발현은 현상적으로 보이는 빙산이라고 볼 수 있다. 비나야의 외적 발현이 완전히 이루어진다면, 그것이 다르마의 구현이다.

계율과 학습계율·의무계율

비나야의 내용은 구성하는 핵심은 빠알리어로 '빠띠목카'(pāṭimokkha)라고 하고, 산스크리트어로는 쁘라띠모끄샤(*sk.* prātimokṣa)라고 한다. 한역으로는 음사하여 바라제목차(波羅提目叉)라고 하고 번역하여 별해탈(別解脫) 또는 계본(戒本)이라고 한다. 그것에 비해 빠알리어로 '씩카빠다'(sikkhāpada), 산스크리트어로 식샤빠다(*sk.* śikṣāpada), 한역으로 학처(學處)라고 하는 것은 일반적으로 하나하나의 계율조문을 말하고, '빠띠목카'는 그 계율조문을 모아놓은 것을 뜻한다고 알려져 있다. 그러나 그 의미가 담고 있는 정확한 범주가 어떠한 것인지는 학문적으로도 분명하지 않다.

원래 '빠띠목카'의 어원 'pāṭi+ √muc(*sk.* prāti+ √muc)'는 적어도 두 가지 상반된 의미 내지는 보다 다양한 의미를 지닌다. 첫째는 '내려놓다. 방면하다. 자유롭게 하다.'이고 두 번째는 '묶다. 결합시키다. 조이다.'라는 의미를 지니고 세 번째는 '부과하다.'라는 의미를 지니고 네 번째로 그 사역의 의미는 '탈환하다.'라는 뜻을 지닌다.

상좌불교의 위대한 주석가 붓다고싸(Buddhaghosa : Vism. 16)는 대체로 '빠띠목카'의 어원을 그 첫 번째의 것 '짊을 내려놓게 하는 것, 벗어나게 하는 것, 자유롭게 하는 것'을 취해 해석하였는데, 다소간의 유사언어학적 해석을 곁들여 '지옥(niraya)의 처벌에서 벗어나게 하는 것'이라고 정의한다. 여기서 하필 지옥을 염두에 둔 것은 '빠띠목카'을 포함하고 있는 비나야(vinaya)와의 발음상의 유사성을 대비시켰기 때문이다. 현장(玄奘) 법사가 구사론(俱舍論)에서 '별해탈(別解脫)이라고 번역한 것이나 티베트어에서 쏘쏘타르빠(so·so·thar·pa) - '각각의 해탈' 또는 '구체적인 해탈' - 라고 번역하는 것은 모두 이러한 첫 번째 의미에 입각한 것이다. 서양에서 로마자율장의 교열을 완성한 올덴베르크도 '죄로부터 벗어나는 것에 따라 이름지어진 것'이라고 해석하는 것으로 보아 대체로 이러한 전통적 해석방식을 취한 것으로 보인다.

그러나 듀뜨(S. Dutt : Bd. I. xii)는 '빠띠목카'의 어원을 두 번째의 것으로 해석하여 '묶는 것, 결합'을 지시하므로 '빠띠목카'는 '수행자를 교단에 묶는 것'이라고 해석하고 있다. 리스 데이비즈(Rhys Davids)와 스테드(Stede)는 빠알리영어사전에서 두 번째 의미와 세 번째 의미를 한꺼번에 엮어서 '묶는 것의 의미를 지닌 것으로 의무적인 것, 의무'를 뜻한다고 해석하고 있다. 그리고 윈터닛쯔(Winternitz : Hi. II. 22)는 '빠띠목카'의 어원을 네 번째 의미로 해석하여 '탈환되어야 것, 회복되어야 할 것'의 의미를 갖는다고 주장했다. 그 이유는 예를 들어 자따까(Jāt. V. 25)에서 'saṃgaram pātimokkhaṃ'이 '되찾아져야 할 약속'이라는 의미로 사용되기 때문이라는 것이다.

그러나 부처님이 율장 즉, 비나야 자체에서 규정하는 '빠띠목카'의 의미는 다음과 같다. 위의 어원적 해석방식과는 다르다.

> '빠띠목카'라는 것, 그것은 착하고 건전한 것들의 시초이자, 얼굴이자, 선두이다. 그래서 '빠띠목카'라고 한다.(pātimokkhanti ādimetaṃ mukhametaṃ pamukhametaṃ kusalānaṃ dhammānaṃ tena vuccati pātimokkhan'ti : Vin. I. 103)

위의 율장의 정의에 따르면, '빠띠목카'는 모든 착하고 건전한 것들을 성취하려고 할 때에 그것들의 가장 시초이자 얼굴이자 선구라는 것이다. 앞서 필자가 법구경을 예로 들어 지적했듯이 '일체 악하고 불건전한 것을 하는 않는 것'을 의미한다. 그런데 히라카와 아키라(平川彰)가 이것을 두고 '빠띠목카'의 어원을 선두를 의미하는 '빠무카에서 유래한 빠목카(pāmokkha<pamukha)'에서 찾을 수 있다고 주장한 것(비연 I. 39)은 타당하지 않다. 어원학적으로 '빠목카'가 '빠띠목카'가 될 수는 없기 때문이다. 이러한 부처님의 정의는 내용적 의미가 적확하기 때문에 채용한 것이지 '빠띠목카'를 유사언어학적인 놀이로 채택한 것은 아닐 것이다. 유사언어학적인 놀이라고 본다면 그것은 우연의 일치일 것이다.

그리고 ≪디가니까야≫(DN. II. 46-49)에 따르면, 과거불인 비빳씬(Vipassin)의 시대로까지 소급된다. 따라서 이 단어는 역사적인 부처님 시대 이전에 이미 잘 알려진 것이었다. 『담마빠다』(Dhp. 185.)에도 다음과 같은 시가 등장한다 :

"비방을 삼가고 해치지 않고 빠띠목카를 지키고 식사에서 알맞은 분량을 알고 홀로 떨어져 앉거나 눕고 보다 높은 마음에 전념하는 것, 이것이 깨달은 님들의 가르침이다."(anūpavādo anūpaghāto | pātimokkhe ca saṃvaro | mattaññutā ca bhattasmiṃ | pantañca sayanāsanaṃ | adhicitte ca āyogo | etaṃ buddhāna sāsanaṃ ||)

이제까지 고찰해본 결과에 따르면, '빠띠목카'의 정확한 의미의 범주는 명확하게 규정되지 않았다는 것을 알 수 있다. 역자는 어원적으로 그것의 두 번째 의미를 취해 '빠띠목카'를 의무계율이라고 번역한다. 그리고 그 구체적인 조문을 의미하는 '씩카빠다'를 학습계율이라고 번역한다. 모든 학습계율은 의무계율이 될 수 있지만, 모든 학습계율이 의무계율인 것은 아니다.

이를테면 비구의무계율에 포함된 학습계율의 숫자는 각 부파불교마다 다르기 때문이다. ≪빠알리율≫(Vinayapāḷi)에서는 227조인데 비해, ≪사분율≫(Caturvargavinaya : 四分律)에서는 250조, ≪오분율≫(Pañcavargavinaya : 五分律)에서는 251조, 십송율(Daśādhyāyavinaya : 十誦律)에서는 263조, ≪근본설일체유부율≫(Mūlasarvāstivādavinaya : 根本說一切有部毘奈耶)에서는 249조, ≪마하승기율≫(Mahāsāṅghikavinaya : 摩訶僧祇律)에서는 218조, 티베트역의 ≪근본설일체유부율≫(Mūlasarvāstivādavinaya : 根本說一切有部律)에서 258조로 되어 있다.

리스 데이비즈(Rhys Davids)는 이 의무계율의 집성인 「빠띠목카」은 성립사적으로 다양한 학습계율의 조문을 집성한 것으로 삼장의 성립에서 가장 후대에 속한다고 본 반면에, 올덴베르크는 거꾸로 「빠띠목카」이 율장에서 가장 먼저 성립한 것으로 본다. 그는 그 이유로 첫째, 「빠띠목카」이 율장에서 완전히 그 원형적인 형태가 발견되지는 않는다. 둘째는 그 학습계율의 규칙과 조문이 각각 분리되어 있긴 하지만 자구와 자구가 완전히 일치하므로 즉, 『쏫따비방가』는 「빠띠목카」이 확장된 읽기에 불과하다. 셋째는 점차적으로 수행승들이 재가자의 가정에 나쁜 모범을 보여 주고 있다라는 다음과 같은 구절 즉, '이 앗싸지와 뿌납바쑤를 추종하는 수행승들은 가정을 더럽히고 악행을 합니다.(Vin. II. 13; ime assajipunabbasukā bhikkhū kuladūsakā pāpasamācārā)'라는 말을 듣고 있다. 이러한 이유를 들어 올덴베르크는 「빠띠목카」이 원형적으로 먼저 있었고 점차적으로 조문의 적용과 조문의 해석에서의 모호성을 피하기 위해 『숫따비방가』가 성립된 것으로 보고 있다.

율장에 관계된 범문자료

불교학자들은 오랜 세월 산스크리트 ≪비나야≫ 문헌에 대하여 그것이 존재하는지조차 알 수가 없었다. 그러나 최근에 돈황과 네팔에서 『쁘라띠모크샤쑤뜨라』(Prātimokṣa sūtra)의 단편을 비롯한 산스크리트 ≪비나야≫ 문헌이 발견됨으로써 그 존재를 처음으로 알게 되었다. 회른레(A. F. Rudolf Hoernle : Mrb. 4. 8. 12. 166)가 중앙아시아에서 발견된 단편의 목록을 작성했는데, 바네르지(A. C. Banerjee : Sarv. 29-30)가 그들 가운데 세 가지 단편이 ≪빠알리비나야≫와 병행한다는 것을 발견하였다. 그후 산스크리트 ≪비나야≫ 문헌에 대한 지식은 길기트(Gilgit)에서 다수의 필사본이 발견됨으로써 더욱 증가하게 된다. 그것은 듀뜨(N. Dutt)에 의해서 '길기트-필사본(Gilgit Manuscripts)'라는 이름으로 출판되었다. 그후 쌍끄리띠야야나(Pt. Rahula Saṅkṛtyayana)가 티베트로부터 다수의 단편을 가져왔는데, 지금 빠뜨나의 자야스왈연구소(Jayaswal Research Institute)에 보관되어 있다. 그 단편들의 이름은 다음과 같다 : Vinayasutra, Vinayasūtraṭīka, Prātimokṣasūtra, Prātimokṣasūtraṭīka, Bhikṣuprakīrṇaka, Śramaṇeraṭīka, Upasampadājñapti. 그후 『쁘라띠모크샤쑤뜨라』가 주로 연구대상이 되어 피노(L.Finot)가 저널아시아(Journal Asiatique)에 설일체유부의 것을 한역과 비교하여 실었다. 그후 파쵸우(W. Pachow)와 미슈라(Mishra : Psm. 239-260)가 대중부계통의 단편을 편찬했는데, 그들은 ≪빠알리비나야≫의 「빠띠목카」와 면밀히 비교검토한 결과 그 둘 사이에 '그 유사성과 내용에서 하등의 차이를 발견할 수 없었다.'는 결론에 도달했다. 그리고 바네르지가 길기트 필사본에서 발견된 근본설일체유부의 단편을 편찬하면서 피노트본과 빠알리비나야와의 유사성을 재확인했다. 그리고 산스크리트 필사본들을 통해서 보살의 전기인 『아바다나』(Avadāna)가 설일체유부의 비나야에 끼여들어 율장의 중요부분을 구성하고 있는 것을 알게 되었다. 의정역의 한역본에서는 근본설일체부율(根本說一切有部律)에서 광율(廣律)의 각부가 독립되어 있는데, 그것을 모두 합하면 200권 가까이 된다. 그 이유는 바로 이 『아바다나』가 삽입되었기 때문이다. 이러한 특징은 상기의 산스크리트 필사본과 일치하는 것이다.

1. Prātimokṣasūtra of Sarvastivādins, ed, by M. Louis Finot. JA. Nov.-Dec. 1913

2. Prātimokṣasūtra of Mahāsaṅghikās, ed. by W. Pachow and R. Mishra, Allahabad, 1956. ed. and rev. by Nathmal Tatia, Patna, 1975.
3. Prātimokṣasūtra of Mūlasarvastivādins, ed. by Banerjee, IHQ. 1953; Calcutta, 1954.
5. Vinayavibhaṅga zum Bhikṣuprātimokṣa der Sarvastivādins, ed. Valentina Rosen, Sanskritfragmaente nebst einer Analyse der chinesischen Übersetzung, Berlin 1959
6. Bhikṣuṇīvinaya including Bhikṣuṇīparakīrṇaka & a summary of the Arya Mahāsaṅghika-Lokuttaravādin, ed. Gustav Roth, Patna. 1970.

한역율장의 종류

산스크리트 ≪비나야≫는 단편적으로 발견된 것이라 ≪빠알리율장≫과 비교될 만큼 완벽한 형태를 갖추고 있지는 못하다. 그러나 한역은 ≪빠알리율장≫과 병행하는 완전한 율장들인데, 이것을 한역에서는 광율(廣律)이라고 한다. 다음과 같은 다섯 가지 종류 즉, 설일체유부 전승의 ≪십송율≫, 법장부 전승의 ≪사분율≫, 대중부 전승의 ≪마하승기율≫. 화지부 전승의 ≪오분율≫, 근본설일체유부 전승의 ≪근본설일체비나야≫가 전해지고 있다. 그러나 근본설일체유부 전승의 율장은 그 분량이 방대하다. 그 이유는 광율 속에 있던 비구계(比丘戒)의 주석과 비구니계(比丘尼戒)의 주석을 독립시키고 거기에 방대한 설화문학인 보살전생담인 ≪아바다나≫(Avadāna)를 삽입시켰기 때문인데, 오히려 계율의 설명서로서는 가치가 떨어진다. 그래서 ≪십송율≫, ≪사분율≫, ≪마하승기율≫. ≪오분율≫을 사광율(四廣律)이라고 한다.

1. 十誦律(Daśādhyāyavinaya) 61권 佛若多羅·羅什 共譯(AD. 404-406) … 說一切有部의 전승
2. 四分律(Caturvargavinaya) 60권 佛陀耶舍譯(AD. 410-412) … 法藏部의 전승
3. 摩訶僧祇律(Mahāsāṅghikavinaya) 40권 佛陀跋陀羅·法顯 共譯(AD. 416-418) … 大衆部의 전승
4. 五分律(Pañcavargavinaya) 30권 佛陀什譯(AD. 423-424) … 化地部의 전승
5. 根本說一切有部毘奈耶(Mūlasarvāstivādavinaya) 50권 義淨譯(AD. 703) … 根本說一切有部의 전승

[※ 解脫戒本 1권 瞿曇留支譯(AD. 543) … 飮光部의 전승]

그러나 원래 중국의 승단에서는 의정의 ≪근본설일체유부비나야≫를 제외한 사부율에 음광부(飮光部 : Kāśiyapīya)의 광율을 더하여 부파불교의 오부율(五部律)을 갖추기 위해 무진 애를 썼다. 승우(僧祐 : AD. 445-318)의 스승은 천축에까지 갔으나 총령의 험로로 인해 음광부의 광율을 구할 수 없었고 후에 구담류지(瞿曇留支)가 계본만을 입수하여 번역한 것이 『해탈계본』(解脫戒本)이다.

티베트역 율장

티베트대장경의 깐규르(bKa' 'gyur)의 ≪비나야≫를 지칭하는 ≪듀와≫('Dul ba)는 근본설일체유부(Mūlasarvāstivāda)에 속한 경전이다. 이 티베트본 ≪비나야≫의 내용은 일곱 부분으로 나뉜다. 이것들은 한역대장경 가운데 의정(義淨)이 역출한 ≪근본설일체유부비나야≫(根本說一切有部毘奈耶)와 잘 일치한다. 그렇다고 상좌부계통의 ≪빠알

리율장≫과 큰 차이가 있는 것은 아니다. 단, 비나야바스뚜(律事)의 부분은 티베트비나야가 훨씬 상세하다.

1. 'Dul ba gži : Vinayavastu
2. So sor thar pa'i mdo : Prātimokṣasūtra
3. 'Dul ba rnam par 'byed ba : Vinayavibhaṅga
4. dGe sloṅ ma'i so sor thar pa'i mdo : Bhikṣuṇīprātimokṣasūtra
5. dGe sloṅ ma'i 'dul ba rnam par 'byed ba : Bhikṣuṇīvinayavibhaṅga
6. 'Dul ba phran tshegs kyi gži : Vinayakṣudrakavastu
7. 'Dul ba gžuṅ bla ma : Vinayottaragrantha

니까야주석서에 나타난 빠알리율장의 결집

≪빠알리율장≫은 테라바다의 율장이지만 오늘날까지 성립된 모든 부파의 율장 가운데 가장 원형적이고도 완벽한 구조를 갖고 있다. ≪디가니까야≫의 주석서인 『쑤망갈라빌라씨니』에는 이러한 율장이 성립되는 과정이 분명하게 등장한다. 제일차결집 당시에 참여한 수행승들은 모두 '계율이 부처님 가르침의 생명'이라는 인식을 갖고 있었다. ≪디가니까야≫의 주석서 ≪쑤망갈라빌라씨니≫(Smv. 11)에 그 정황이 잘 나타나 있다.

이렇게 모이자 그 때에 존자 마하 깟싸빠는 수행승들에게 말했다.
[마하 깟싸빠] "벗들이여, 가르침이나 계율 가운데 먼저 무엇을 결집하겠습니까?"
수행승들은 대답했다.
[수행승들] "존자 마하 깟싸빠여, 계율은 부처님의 가르침의 생명입니다. 계율이 확립되어야 가르침이 확립됩니다. 그러므로 먼저 계율을 결집합시다."
[마하 깟싸빠] "누구를 책임자로 합니까?"
[수행승들] "존자 우빨리(Upāli)입니다."
[마하 깟싸빠] "아난다는 할 수 없습니까?"
[수행승들] "할 수 없습니다. 올바로 원만히 깨달은 님께서는 계율의 교학에 관한 한 존자 우빨리를 최상자로 두셨습니다. 그래서 '수행승들이여, 나의 제자 수행승 가운데 우빨리는 계율을 지키는 님 가운데 제일이다.'(AN. I. 25)라고 말씀하셨습니다. 그러므로 장로 우빨리에게 물어본 뒤에 계율을 결집합시다."
그래서 장로 마하 깟싸빠는 계율에 관한 질문의 역할에 스스로 동의했고, 우빨리 장로는 그것에 대답하는 역할에 동의했다.
그것에 관해 성전에서는 이렇게 '그 때 존자 마하 깟싸빠는 승단에 알렸다. 벗들이여, 승단은 나의 말을 들으시오, 만약 승단에 옳은 일이라면, '내가 우빨리에게 계율에 관하여 질문하겠습니다.'라고 말했다. 존자 우빨리도 만약 승단에 옳은 일이라면, '내가 존자 마하 깟싸빠의 계율에 관한 질문에 대답하겠습니다.'라고 말했다.'(Vin. II. 286)라고 한 것이다.
이와 같이 스스로 동의한 뒤에 존자 우빨리는 자리에서 일어나 한쪽 어깨에[Smv. 12] 가사를 걸치고, 장로 수행승들에게 인사를 하고 법좌에 앉아 상아로 장식한 부채를 들었다. 그러자 장로 마하 깟싸빠가 장로의 자리에 앉아 장로 우빨리에게 계율에 대하여 질문했다.
[마하 깟싸빠] "벗이여 우빨리여, 첫 번째 승단추방죄(斷頭罪 : Pār.)는 어디서 시설되었습니까?"
[수행승들] "존자여, 베쌀리(Vesāli)입니다."
[마하 깟싸빠] "누구로부터 비롯됩니까?"
[수행승들] "쑤딘나 깔란다까뿟따(Sudinna Kalandakaputta)입니다."
[마하 깟싸빠] "어떤 주제에 대한 것입니까?"

[수행승들] "음행에 대한 것입니다."(Vin. II. 296)
이렇게 존자 마하 깟싸빠는 존자 우빨리에게 첫 번째 승단추방죄의 주제에 대하여 질문하고, 인연에 대해서 질문하고, 사람에 대해서 질문하고, 규정에 대해서 질문하고, 부가적인 규정에 대해서 질문하고, 죄악에 대해서 질문하고, 무죄에 대해서 질문하였다. 질문할 때마다 존자 우빨리는 대답했다.
그런데 첫 번째 승단추방죄에서 제외하거나 첨가할 것이 있는가 없는가? 제외해야 할 것은 없다. 부처님께서 말씀하신 것 가운데 실로 제외해야 할 것은 없다. 여래는 한 마디 말도 무의미한 말씀을 하지 않기 때문이다. 그러나 제자들이나 신들의 말에는 제외해야 할 것이 있다. 그것은 가르침을 결집하는 장로들이 제외시켰다. 그러나 첨가해야 할 것은 어디에든 있다. 그러므로 첨가해야 할 것은 첨가했다. 그것은 어떻게 했는가? '그 때' '그런데 그 당시' '그리고' '이처럼 말하자' '이와 같이 말했다.'등의 단지 연결하는 말은 첨가해야 할 것은 첨가하여 '이것이 첫 번째 승단추방죄이다.'라고 확정하였다.
첫 번째 승단추방죄에 대한 결집을 상정하자 오백 명의 거룩한 님들은 결집이 상정되는 방식으로 대중과 함께 '그 때 세상에 존귀하신 님 부처님께서 베란자에 계셨다 … '라고 합송하였다. 그들이 암송할 때 '훌륭하십니다!'라고 말해 주기라도 하듯, 대지가 바다 끝까지 진동하였다.
이와 같은 방식으로 … 이백이십칠 개의 학습계율을 「마하비방가」(大分別 : Mahāvibhaṅga)라고 부르며 확정했다. 「마하비방가」가 끝나자 앞에서처럼 대지가 진동하였다. 그 다음에 … 삼백사 개의 학습계율을 「비구니비방가」(比丘尼分別 : Bhikkkhunīvibhaṅga)라고 선언했다. 그리고 '이 두 가지 비방가는 육십사 송출분(bhāṇavāra : 250 四句偈의 분량)이다.'라고 확정했다. 그리고 그들은 팔십 송출분 분량의 칸다까(Khandhaka : 犍度部)와 오십 송출분 분량의 빠리바라(Parivāra : 附隨)에 대해서도 결집을 상정한 뒤에 '이것이 율장입니다.'라고 확정하였다. 율장이 끝나자 앞에서처럼 대지가 진동하였다. 그리고 그들은 그것을 존자 우빨리에게 '벗이여, 이것을 그대에게 의지하는 자들에게 전하시오.'라고 부촉했다. 율장의 결집이 끝나자 장로 우빨리는 상아로 장식한 부채를 내려놓고 법좌에서 내려와 장로 수행승들에게 인사하고 자신의 자리에 가서 앉았다.

≪빠알리율장≫은 참모임에서의 삶을 다루고 있는 것으로 금지조항인 학습계율만을 다루는 것이 아니라 참모임의 제도와 의례를 같이 다루고 있다. 남방에서 전해오고 있는 원형적인 율장에는 싱할리본, 버어마본, 시암본이 있고, 비교적 최근에 출간된 것으로 인도 정부가 위의 전통적인 세 가지 판본과 그것들을 토대로 교열하여 만든 빠알리성전협회의 로마자본과 그 이후에 그 모든 네 가지 판본을 토대로 데바나가리빠알리삼장출판부(Devanagari Tipitaka Publication Department)가 출간한 데바나가리본이 있다.

『Vinaya Piṭaka』(Sinhalese character) : ed. Rev. Telwatte Shri Aryawansa Swami, 1913; ed. Bentota Saddhatissa Thera, 1922.
『Vinaya Piṭaka』(Siamese character) : ed. Mahamakuta Government Publication, 1926.
『Vinaya Piṭaka』(Burmese character) : Chatthasangayana Publication, 1956.
『Vinaya Piṭaka』(Devanagari character) : General ed. Bhikkhu J. Kashyap, Pali Publication Board (Bihar Government), 1956.
『Vinaya Piṭaka』(Roman character) ed. Hermann Oldenberg, London : Pali Text Society, 1879-1883.

이러한 ≪빠알리율장≫은 크게 『쑷따비방가 = 분별부』(Suttavibhaṅga : 經分別)와 『칸다까 = 다발부』(Khandhaka : 犍度)[『마하박가』(Mahavagga : 大品) + 『쭐라박가』(Cullavagga : 小品)]와 『빠리바라』(Parivāra : 附隨)의 세 가지 부분으로 순서대로 편집된 것을 알 수 있다. 그 순서는 역시 중요하다고 판단된 것부터 차례로 이루어졌음을 알 수 있다.

빠알리율장과 빠알리성전협회의 로마자빠알리율장

그러나 내용적 성립순서로 본다면, 『칸다까 = 다발부』([『마하박가』 + 『쭐라박가』) → 『쏫따비방가 = 분별부』 → 『빠리바라』라고 보아야 한다. 그래서 빠알리성전협회에서 발행한 로마자 빠알리율장은 『마하박가』 → 『쭐라박가』 → 『쏫따비방가』① → 『쏫따비방가』② → 『빠리바라』의 순으로 편찬되어 있다. 이것은 독일의 헤르만 올덴베르크(Hermann Oldenberg, 1854-1920)가 율장을 편찬하면서 『마하박가』부터 먼저 편찬했기 때문이다. 로마자빠알리율장은 독일학자 헤르만 올덴베르크가 기존의 여러 이본을 대조 교정하여 1879년부터 1883년까지 5년에 걸쳐 전5권으로 간행한 것으로 아래와 같다.

Vol. I. The Mahāvagga (London : PTS, 1879) : 협회본1권 = 전통본3권
Vol. II. The Cullavagga (London : PTS, 1880) : 협회본2권 = 전통본4권
Vol. III. The Suttavibhaṅga, First Part (London : PTS, 1881) : 협회본3권 = 전통본1권
Vol. IV. The Suttavibhaṅga, Second Part (London : PTS, 1882) : 협회본4권 = 전통본2권
Vol. V. The Parivāra (London : PTS, 1883):협회본5권 = 전통본5권

이 가운데 제1권 『마하박가』(Mahavagga : 大品)와 제2권 『쭐라박가』(Cullavagga : 小品)는 원래 『칸다까』에 소속된 두 권의 별도의 책으로 모두 '칸다까'라는 다발의 장(章)으로 구성되어 있다. 『마하박가』에서는 부처님의 깨달음과 승단의 성립, 승단의 제도와 규정, 승단의 중요한 행사 등을 다루고 있으며, 『쭐라박가』에서는 승단의 의식주등의 일상생활에 필요한 학습계율에 관해 설명하고 있다. 『마하박가』는 10장으로 구성되어 있고, 『쭐라박가』는 12장으로 구성되어 있고 끝부분에는 제1결집과 제2결집에 관한 이야기가 첨가되어 있다.

그리고 제3권과 제4권의 『쏫따비방가』에는 율장의 본문골자인 학습계율(sikkhapāda : 學處)을 중심으로 한 성립의 인연과 해석, 계율의 운용실태 등이 설명되어 있다. 『쏫따비방가』는 수행승의 계율에 대하여 설하고 있는 『마하비방가』(Mahāvibhaṅga)와 수행녀의 계율에 대하여 설하고 있는 『빅쿠니비방가』(Bhikkhunīvibhaṅga)로 나눌 수 있으나, 권수로 나눌 때에서 『쏫따비방가』①권에서 상대적으로 중대한 계율을 『쏫따비방가』②권에서는 상대적으로 가벼운 계율을 다루는데, 이 『쏫따비방가②권』의 후반부에 『비구니비방가』가 들어가게 된다. 『쏫따비방가』①권을 『빠라지까』(Parajika : 波羅夷)』라기도 하고 『쏫따비방가』②권을 『빠찟띠야』(Pacittiya : 波逸提)라고 한다. ≪빠알리율장≫의 비구계는 227계이고 비구니계는 311계이다.

『마하비방가』는 수행승의 227계를 다음과 같은 여덟 부류 즉, 네 가지 승단추방죄, 열 세 가지 승단잔류죄, 두 가지 부정죄, 서른 가지 상실죄, 아흔 두 가지 속죄죄, 네 가지 고백죄, 일흔 다섯 가지 중학법, 일곱 가지 멸쟁법으로 나누어 다루고 있다. 『빅쿠

니비방가』는 수행녀의 311계를 다음과 같은 일곱 부류 즉, 여덟 가지 승단추방죄, 열일곱 가지 승단잔류죄, 서른 가지 상실죄, 백육십육 가지 속죄죄, 여덟 가지 고백죄, 일흔다섯 가지 중학법, 일곱 가지 멸쟁법으로 나누어 다루고 있다.

끝으로 제5권 『빠리바라』(Parivāra)는 앞의 『칸다까 = 다발부』와 『숫따비방가 = 분별부』에서 설명한 사항을 분류하고 요약 정리한 보유편(補遺編)이다. 『빠리바라』는 앞의 『칸다까』와 『숫따비방가』보다 후대에 성립된 것이다. 그리고 남전대장경 제5권 『빠리바라』 즉, 『율장부수』에서는 뒷부분에 『숫따비방가』의 학습계율의 조문을 추출하여 그것을 송출용으로 만든 의무계율 즉, 「빠띠목카」(Pāṭimokkha) - 비구계는 227계이고 비구니계는 311계 - 를 별도로 실었다.

필자는 일반적으로 잘 알려진 빠알리성전협회의 로마자본 ≪빠알리율장≫을 일차적으로 표준으로 삼아 번역하고자 한다. 한편 인도 정부가 데바나가리삼장출판부(Devanagari Tipitaka Publication Department)에 위임하여 데바나가리본 ≪빠알리율장≫을 1956년 출판했는데, 그것은 올덴베르크의 로마나이즈화한 빠알리율장을 저본으로 삼았기 때문에 로마자본 빠알리성전과 권수가 일치한다. 하지만 이러한 편성은 앞에서 설명한 전통적인 ≪빠알리율장≫의 체재가 아니다. 그러나 빠알리성전협회에서 나온 호너의 영역본인 『계율의 책』(The Book Of The Discipline : Bd.)은 헤르만 올덴베르크의 로마자본 ≪빠알리율장≫을 따르지 않고 본래의 전통적 ≪빠알리율장≫의 체제를 따르기 때문에 율장권수의 표시에서 로마자본과 충돌하는 번거로움이 따른다.

그래서 율장의 책의 권수를 표시하는 데는 필자는 독자를 배려하여 협회본1권=전통본3권, 협회본2권=전통본4권, 협회본3권=전통본1권, 협회본4권=전통본2권, 협회본5권=전통본5권으로 이중표기한다.

율장의 주석서

≪빠알리율장≫의 주석서로 가장 정통성을 인정받고 있는 것은 ≪싸만따빠싸디까≫(Samantapāsādikā : 7권)이다. 그것은 붓다고싸가 6세기경 스리랑카로 건너와 마하비하라(Mahāvihāra) 승원에서 머물면서 정법을 수호하기 위하여 그 이전 고대 싱할리어 주석서인 ≪마하앗타까타≫(Mahāṭṭhakathā)와 ≪쭐라앗타까타≫(Cullāṭṭhakathā)를 비롯한 많은 의소를 토대로 완성한 것이다.

그리고 한역율장에 대한 주석서로는 ≪빠알리율장≫에 대한 주석인 ≪싸만따빠싸디까≫를 승가발다라가 역출한 ≪선견율비바사≫(7권)를 비롯한 여섯 종류가 있다. 다만 ≪선견율비바사≫는 ≪싸만따빠싸디까≫와 대부분 일치하지만, 부분적으로 ≪사분율≫에 대한 주석이 삽입되어 있다. 티베트역의 ≪둘와뒤빠≫('Dulbabsduspa : Vinayasaṃ graha)와 일치하는 의정역출의 ≪근본살바다부율섭≫(14권)이 있고, 또한 ≪살바다비니비바사≫(9권), ≪살바다부비니마득륵가≫(10권), 『율이십이명료론』(1권), ≪비니모경≫(8권)이 있다.

[빠알리어주석서]
1. Samantapāsādikā vol. I-Ⅶ, Buddhaghosa,
ed. by J. Takakusu & M. Nagai. London PTS. 1927-1947 … 上座部
[티베트어역주석서]
1. 'Dul ba bsdus pa(Vinayasaṃgraha)
[한역주석서]
1. 善見律毘婆沙(Samantapāsādikā) 18권 蕭齊 僧伽跋摩譯(AD. 489) … 上座部
2. 根本薩婆多部律攝(Mūlasarvāstivādavinayasaṃgraha) 14권 義淨譯 … 根本說一切有部
3. 薩婆多部毘尼摩得勒伽(Sarvāstivādanikāyavinayamatrika) 10권 僧伽跋摩譯(AD. 435) … 說一切有部
4. 薩婆多毘尼毘婆沙(Sarvāstivādavinayavibhasa) 9권 失譯(AD. 5세기전반) … 說一切有部
5. 毘尼母經(Vinayamatrikaśāstra)[5] 8권 失譯(AD. 5세기전반) … 部派不明
6. 律二十二明了論(Vinayadvaviṃsatiprasannārthaśāstra) 1권 眞諦譯(AD. 568) … 正量部

이 가운데 오부(五部) ≪선견율비바사≫, ≪살바다비니비바사≫, ≪살바다부비니마득륵가≫, 『율이십이명료론』, ≪비니모경≫을 오론(五論)이라고 하며 사광율(四廣律)과 함께 사율오론(四律五論)이라고 한다.

한역율장과 한역율장에 의존한 한글대장경번역의 문제점

현존 한글대장경 가운데 다섯 종류의 광율(廣律)에 해당하는 중요한 한역율장들은 모두 한글로 번역되었다. 그 가운데 월운 스님 번역의 ≪사분율≫이 1992년 가장 먼저 번역되어 출간되고 그 번역에 준하여 삼년 뒤에 이한 정이 번역한 ≪십송율≫과 역자 미상의 ≪근본설일체유부비나야잡사≫가 역출되었고, 그후 전례에 준하여 연차적으로 송성수 번역의 ≪오분율≫이 『미사색부화혜오분율』이란 이름으로 1998년에 역출되었고 ≪마하승기율≫은 2010년에 완간되었다.

『사분율』 1·2·3권 김월운 옮김, 서울 : 동국역경원 1992
『십송율』 1·2·3·4권 이한정 옮김, 서울 : 동국역경원 1995
『근본설일체유부비나야잡사』 1·2권 역자 미상 서울 : 동국역경원 1995
『오분율』(미사색부화혜오분율 : 彌沙塞部和醯五分律) 1·2권 송성수 옮김 서울 : 동국역경원 1998
『마하승기율』 1·2권 이영무 옮김, 서울 : 동국역경원 2010

≪사분율≫과 ≪십송율≫은 다른 한역율장보다는 ≪빠알리율장≫에 가깝다. 따라서 현존하는 동국역경원의 한글대장경율장의 문제점을 살펴보기 위해 역자 퇴현[T]의 빠알리율장번역과 위의 한글대장경 가운데 월운 스님[W]의 ≪사분율≫과 이한정[L]의 ≪십송율≫을 비교하기로 한다. ≪율장≫에 등장하는 제2차결집인 칠백결집의 십사(十事) – ≪마하승기율≫에는 그 부분이 누락되어 있지만 – 가운데 '두 손가락 마디와 관련

된 실천의 허용'이 있는데, 그 실제적 의미는 ≪빠알리율장≫에 따르면, '두 손가락 마디의 해그림자가 지나서 때 아닌 때에 식사를 하는 것의 허용'에 관련된 사항을 말한다. 한역에서는 양지초식(兩指抄食 : 사분율), 지정(指淨 : 십송율), 양지식식정(兩指招食食淨 :오분율), 이지정법(二指淨法 : 근본설일체유부비나야), 양지정(兩指淨 : 남전)이라고 번역하는데, 이해가 쉽지 않다. 이것은 당시의 시간 측정방식과 관계되는 것인데, 수행승에게 일반적으로 올바른 때는 식전이고 때 아닌 때는 식후이다. 곧, 올바른 때는 일출 무렵에서 정오 무렵까지이고, 때 아닌 때는 정오 무렵에서 다음 날 일출 무렵까지 의미한다. 그런데 한역에서 양지(兩指)라는 '손가락 두 마디의 해그림자'를 의미하므로 정오 무렵이 지난 뒤를 의미한다. 그러나 ≪사분율≫[W]뿐만 아니라 ≪십송율≫[L]도 모두 '두 손가락으로 음식을 집는 것'이라고 견강부회하고 있다. 이것은 중역의 한계에서 유래한 것이긴 하지만, 번역자의 인도역사문화에 대한 몰이해에서도 기인하는 것이다.

[T역] "존자여, 손가락 두 마디와 관련된 실천은 허용됩니까?" "벗이여, 손가락 두 마디와 관련된 실천이란 무엇입니까?" "존자여, 손가락 두 마디의 해그림자가 지나 때 아닌 때에 식사를 하는 것인데 그것이 허용됩니까?" "벗이여, 허용되지 않습니다."[빠알리율장(Vin. II. 300) : kappati bhante dvaṅgulakappoti. ko so āvuso dvaṅgula kappoti. kappati bhante dvaṅgulāya chāyāya vītivattāya vikāle bhojanaṃ bhuñjituntī. nāvuso kappatīti.]

[W역] "대덕상좌여, 두 손가락으로 음식을 집을 수 있습니까?" 리바다가 돌이켜 물었다. "무엇을 두 손가락으로 음식을 집는다고 하는 것이요?" "대덕장로여, 만족히 먹고서 위의를 푼 뒤에 밥을 남기는 법을 하지 않고서도 음식을 집어먹는 것입니다." "안 되오" [한글대장경 사분율3권 374쪽] [大正22券(969c19-969c22) : 大德上座。得二指抄食不。彼還問言。云何二指抄食。答言。大德長老。足食已捨威儀不作餘食法得二指抄食食不。離婆多言。不應爾。問言。在何處制。答言。在舍衛國不作餘食法食。以是故制]

[L역] "대덕이여, 이지정이 실제로 청정합니까?" 상좌가 반문하였다. "무엇을 이지정이라 합니까?" "비야리의 여러 비구들은 식사를 마치고 자리에서 일어나면 불수잔식법을 지켜야 하는데도 두 손가락으로 음식을 집어먹으면서 그런 일이 청정하다고 주장합니다. 이것이 실제로 청정합니까?" "청정하지 않습니다."[한글대장경 십송율4권357] [大正23券(454a16-454a19) : 大德。二指淨。實淨不。上座還問。云何名二指淨。答毘耶離諸比丘。食竟從座起。不受殘食法。兩指抄飯食噉。言是事淨。實淨不。上座答。不淨不淨]

그리고 십사 가운데 '마을 안과 관련된 실천의 허용'이 있는데, ≪빠알리율장≫을 검토해보면 '마을 안으로 가야지'라고 생각하며 먹다 남은 것이 아닌 음식을 먹는 것의 허용'라는 의미가 있다. 그 한역은 득취락간(得聚落間 : 사분율), 근취락정(近聚落淨 : 십송율), 취취락식정(趣聚落食淨 : 오분율), 도행정법(道行淨法 : 근본설일체유부비나야), 근취락정(近聚落淨 : 남전)이라고 알려진 것으로 이것 역시 번역에 상당한 오해를 낳고 있다. '먹다 남은 것이 아닌 음식'을 한역에서는 비잔식(非殘食)이라고 하는데, 그것의 번역도 많은 오해를 낳고 있다. 식후에 그것을 먹는 것은 속죄죄법 제35조(Pāc. 35 : 어떠한 수행승이라도 충분히 식사한 후에 먹다 남은 것이 아닌 단단하거나 부드러운 음식을 취하면 속죄죄를 범한 것이다)에 해당한다. 그런데 ≪사분율≫[W]은 '마을 안과 관련된 실천의 허용'을 '마을 사이에서 거듭 먹는 것'이라고 했고, 그 의미가 '만족히 먹고서 위의를 버린 뒤에 밥 남기는 법을 하지 않고서 마을로 가다가 음식을 만나면 먹는 것'이라고 했는데, 심히 난해하고 '먹다 남은 것이 아닌 음식'을 '밥 남기는 법을 하지 않고서'라고 부사구로 번역했는데, 너무도 엉뚱한 것이다. 그리고 ≪십송율≫[L]은 '마을 가까이에서 음식을 먹을 경우에는 불수잔식법을 지키지 않아도 청정하다.'라는 취지로 번역하고 있다. 빠알리율장을 검토해보면, 근취락정(近聚落淨 : 십송율)은 취취락식정(趣聚落食淨 : 오분율)의 뜻이지 '마을 가까이에서 먹는 것의 허용'이라는 문제가 아닌 것을 알 수 있다.

[T역] "존자여, 마을 안과 관련된 실천은 허용됩니까?" "벗이여, 마을 안과 관련된 실천이란 무엇입니까?" "존자여, 이미 식사가 끝났는데, '나는 지금 마을 안으로 들어가야지.'라고 생각하여 먹다 남은 것이 아닌 음식을 먹는 것인데 그것이 허용됩니까?" "벗이여, 허용되지 않습니다."[빠알리율장(Vin. II. 300) : kappati bhante gāmantarakappoti. ko so āvuso gāmantarakappoti. kappati bhante idāni gāmantaraṃ gamissāmīti bhuttāvinā pavāritena anatirittaṃ bhojanaṃ bhuñjituntі. nāvuso kappatīti]

[W역] "다시 물었다. "대덕 장로여, 마을 사이에서 거듭 먹을 수 있습니까?" "무엇을 마을 사이에서 거듭 먹는다고 합니까?" "대덕 장로여, 만족히 먹고서 위의를 버린 뒤에 밥 남기는 법을 하지 않고서 마을로 가다가 음식을 만나면 먹는 것입니다." "안 되오" [한글대장경 사분율 3권 374쪽] [大正22券(969c 22-969c27) : 復問言。大德長老。得村間不。彼還問言。云何得村間。答言大德長老。足食已捨威儀不作餘食法往村中間得食。離婆多言。不應爾]

[L역] "대덕이여, 근취락정이 실제로 청정합니까?" 그가 반문하였다. "무엇을 근취락정이라 합니까?" "비야리의 여러 비구들은 마을 가까이에서 음식을 얻었을 경우에는 불수잔식법을 지키지 않아도 이와 같은 일이 청정하다고 주장합니다. 이것이 실제로 청정합니까?" "청정하지 않습니다."[한글대장경 십송율4권357-358] [大正23券(454a19-454b07) : 大德。近聚落淨。實淨不還問云何名近聚落淨。答毘耶離諸比丘。近聚落邊得食。不受殘食法噉。言是事淨。爲實淨不。上座答。不淨不淨]

그리고 또한 십사 가운데 '처소와 관련된 실천의 허용'이라는 문제가 있는데, ≪빠알리율장≫을 검토해보면 그것은 '동일한 결계 안의 많은 주처에서 각각 별개의 포살을 행하는 것의 허용'과 관계된 것임을 알 수 있다. 이것에 대한 한역은 득사내(得寺內 : 사분율), 여시정(如是淨 : 십송율), 주처정(住處淨 : 남전). 결계로 구획된 교구 안에는 많은 사원이나 처소가 있지만 포살은 한 처소에 모여서 행해야 한다. ≪사분율≫[W]은 '절 안에서 행하는 것의 허용(得寺內淨)'이라는 취지로 번역을 했고, 그 의미를 '절 안에서 따로 하는 무리가 카르마을 하는 것의 허용'이라고 번역했는데, 이는 재사내득별중갈마(在寺內得別衆羯磨)를 잘못 번역한 것이다. 이것을 필자가 번역한다면, '사원 안에서 불완전한 모임으로 갈마를 행하는 것의 허용'이다. 그리고 카르마라고 할 때에는 업(業)을 의미하고 갈마(羯磨)라고 할 때에는 승단의결이나 승단의례를 뜻하는데, 그것을 카르마라고 한 것은 명백한 오류이다. ≪십송율≫[L역]은 '동일한 경계 안에 소재한 공주처에서 별중갈마(別衆羯磨)를 작지하는 것의 허용'이라고 다소간 난해한 번역을 하고 있다. 여기서 십송율의 내계공주처별작갈마(內界共住處別作羯磨)라는 구절을 번역한 것이데, 빠알리율장의 '공주처(共住處)'는 '많은 주처'를 대변하는 것이고 '별작갈마'는 '별개의 갈마'를 의미하는 것인데 그것을 별중갈마라고 번역한 것은 문제가 있다. 별중갈마란 '불완전한 모임의 갈마'라는 뜻이기 때문이다.

[T역] "존자여, 처소와 관련된 실천은 허용됩니까?" "벗이여, 처소와 관련된 실천이란 무엇입니까?" "존자여, 동일한 결계 안의 많은 주처에서 각각 별개의 포살을 행하는 것인데 그것이 허용됩니까?" "벗이여, 허용되지 않습니다."[빠알리율장(Vin. II. 300) : kappati bhante āvāsakappoti. ko so āvuso āvāsakappoti. kappati bhante sambahulā āvāsā samānasīmā nānuposathaṃ kātunti. nāvuso kappatī'ti]

[W역] 다시 물었다. "대덕 장로여, 절 안에서 할 수 있습니까?" "무엇을 절 안에서 하는가요?" "대덕 장로여, 절 안에서 따로 하는 무리가 카르마을 하는 것입니다." "안 되오" [한글대장경 사분율3권 375쪽] [大正22券(969c27-970a02) 彼問言。大德長老。得寺內不。彼還問言。云何得寺內。答言。大德長老。在寺內得別衆羯磨。離婆多言。不應爾]

[L역] "대덕 상좌시여, 여시정이 실제로 청정합니까?" 상좌가 반문하였다. "무엇을 여시정이라 합니까?" "비야리의 여러 비구들은 동일한 경계 안에 소재한 공주처에서 별중갈마를 작지하고도 이와 같은 일이 청정하다고 주장합니다. 이것이 실제로 청정합니까?" "청정하지 않습니다."[한글대장경 십송율4권359] [大正23券(454c10-454c12) : 大德上座。如是淨實淨不。上座還問云何名如是淨。答毘耶離諸比丘。內界共住處別作羯磨。言是事淨。爲實淨不。答不淨]

그밖에 십사 가운데 상기에 인용한 두 가지에 대한 다른 한글대장경율장 즉, ≪근본설일체유부비나야잡사≫나 ≪미사색부화혜오분율≫ 번역도 모두 다소간 차이는 있으나 유사한 문제점을 계승하고 있다. 뿐만 아니라 십사 가운데 그 이외에 다른 내용들을 상호 비교해 보아도 번역상의 상당한 문제점들이 들어나지만 일일이 소개하는 것은 지면 관계상 생략한다. 위의 몇몇 번역을 비교해보기만해도 확연히 알 수 있는 것은 율장이 성립 당시의 언어와 시대와 문화에 대한 심층적 이해 없이 한역에만 의존하여 한문해독을 통해서 한글로 율장을 번역한다는 것이 얼마나 위험한 것인가를 하는 사실이다.

주요율장술어의 번역에 대하여

1) 갈마(羯磨)와 깜마(kamma)

빠알리어로 깜마(kamma)라고 하는데, 일반적으로는 업(業)이나 행위(行爲)를 의미하기도 하지만, 그것들과는 동음이어로 여기서는 승단의 소작(所作)이나 작법(作法)을 뜻하는 것으로, 참모임의 공식적인 법적 절차를 밟아서 의식이나 의례나 범계(犯戒)를 처리하는 것을 모두 깜마라고 하는데, 우리말로는 적확하게 여기에 해당하는 용어가 없으므로 이에 해당하는 산스크리트 용어 까르마(karma)를 그대로 음사한 한역의 갈마(羯

磨)라는 용어를 사용한다. 이 갈마에는 가장 중요한 것은 사안의 중대성에 따라 처리하는 세 가지 의결방법이 있다. 단백갈마(單白羯磨 : ñattikamma)는 단 한 번의 제안을 지칭하거나 단 한 번의 제안만으로도 사안이 결정되는 경우를 뜻한다. 역자는 이를 제안갈마라고 번역한다. 이를테면, '오늘이 자자일이니 자자를 행하겠습니다.'와 같은 이미 알고 있는 사항과 같은 것은 제안만으로도 결정이 된다. 이때 총명하고 유능한 수행승이 수행승들을 대표해서 제안을 담당한다. 백이갈마(白二羯磨 : ñattidutiyakamma)는 한 번 제안을 한 뒤에 다시 한 번 '찬성하면 침묵하고 이견이 있으면 말하라.'고 제청하는 것이다. 한 번의 제청을 통해 전원이 찬성하여 침묵하면, 사안이 결정된다. 이때 총명하고 유능한 수행승이 수행승들을 대표해서 제안과 제청을 모두 담당하고 결정을 내린다. 역자는 한번제안한번제청갈마라고 번역한다. 백사갈마(白四羯磨 : ñatticatutthakamma)이다. 한 번 제안을 한 뒤에 다시 세 번 '찬성하면 침묵하고 이견이 있으면 말하라.'고 제청하는 것이다. 세 번의 제청을 통해 전원이 찬성하여 침묵하면, 사안이 결정된다. 이때 총명하고 유능한 수행승이 수행승들을 대표해서 제안과 제청을 모두 담당하고 결정을 내린다. 약자는 한번제안세번제청갈마라고 번역한다.

2) 승단추방죄(僧團追放罪)와 빠라지까(pārājika)

빠알리어로 빠라지까(pārājika; Pār.)이고, 한역으로 음사하여 바라이(波羅夷)라고 하고 번역하여 단두죄(斷頭罪)라고 한다. 어원적으로 살펴보면, 빠라지까(pārājika)의 원래 의미는 패배죄(敗北罪)이다. 수행자로서 이 죄를 짓는 것은 수행에서의 승리자가 되지 못하고 패배자가 된다는 것으로 수행자에게는 가장 무서운 죄이다. 당연히 계율 가운데 가장 중죄를 구성하는 것으로 사조(四條)가 있다. ① 음행 ② 투도 ③ 살인 ④ 인간을 뛰어넘는 상태(上人法 : uttarimanussadhamma)에 대한 사칭이다. 여기서 인간을 뛰어넘는 상태에 대한 사칭이란 실제로 얻지 못한 선정이나 신통이나 길과 경지를 얻었다고 허위로 알리는 것을 말한다. 수행녀의 경우에는 네 가지가 더 추가된다. 이러한 죄들을 지으면, 참모임에서 추방되고, 다시는 구족계를 받을 수 없다. 그러나 사미계는 가능하다. 이 승단추방죄는 용서할 수 없는 죄(sāvasesā āpatti)라고 하고 나머지는 용서할 수 있는 죄이다. 그리고 이 승단추방죄와 승단추방죄에 인접한 죄(pārājikasāmanta)를 '무거운 죄' 즉, 중죄(重罪 : garukā āpatti)라고 하는데, '음행(淫行 : methunadhamma)에 인접한 악작(惡作 : dukkaṭa)이나, 그밖에 투도(偸盜 : adinnādāna) 등에 추악죄(醜惡罪 : thullaccaya)가 있다.

3) 승단잔류죄(僧團殘留罪)와 쌍가디쎄싸(saṅghādisesa)

빠알리어로 쌍가디쎄싸(saṅghādisesa; Saṅgh.)라고 하고, 한역에서는 승잔(僧殘)이라고 하고 음사하여 승가바시사(僧伽婆尸沙)라고 한다. 승단추방죄에 다음 가는 무거운 죄로 수행승으로서의 목숨이 남아 있어 승단에 남아있을 수 있는 죄 또는 처음부터 끝까지 승단이 갈마를 통해서 관여하는 죄를 말한다. 여기에는 13조(十三條 : 비구니는 17조 내지 19조)가 있는데, 성추행죄나 승단의 화합을 깨뜨리려고 한 죄, 남을 승단추방죄로 비방한 죄 등이 승단잔류죄에 해당한다. 이것을 범하면 현전승가(現前僧伽)에서 격리처벌을 받고 참회를 해야 한다. 승단잔류죄 가운데 하나 또는 여럿을 어겼으나 단 하루도 – 다음날 일출 무렵까지 – 감추지 않고 최소한 네 명 이상의 청정수행승들에게 알렸을 때에 6일 동안 격리수용되는 것을 참회처벌이라고 하고, 마지막 날 최소 20명 이상의 청정수행승이 참석한 가운데 승단으로 복귀하는 것을 출죄복귀라고 한다. 하루이상 숨겼을 때에는 첫날 네 명 이상의 청정수행승이 참석한 가운데 알리면, 숨긴 날짜만큼 격리생활을 해야 하고 추가로 참회처벌 즉, 6일 동안의 격리처벌을 받으면, 마지막 날 최소 20명 이상의 청정수행승이 참석한 가운데 출죄복귀가 이루어진다.

4) 거친 죄와 두툴라(duṭṭhulla) 그리고 추악죄(醜惡罪)와 툴랏짜야(thullaccaya)

거친 죄는 빠알리어로 두툴라(duṭṭhulla)이다. 한역으로 추죄(麤罪) 또는 추중죄(麤重罪)라고 하는데, 승단추방죄와 승단잔류죄를 의미한다. 역자는 이것을 '거친 죄' 또는 추중죄(麤重罪)라고 번역한다. 추악죄는 이러한 거친 죄 즉, 승단추방죄와 승단잔류죄를 범하려다가 미수로 끝난 죄를 말하는데, 빠알리어로 툴랏짜야(thullaccaya)라고 한다. 한역으로는 음사하여 투란차(偸蘭遮) 또는 투란죄(偸蘭罪)라고 하고 번역하여 방사죄(放使罪)라고 하지만, 추악죄(醜惡罪) 또는 미수죄(未遂罪)라고 번역할 수 있는데, 역자는 추악죄를 택한다. 이를테면, 살인하려다가 미수로 그치고 상해했다면, 그것은 추악죄에 속한다.

5) 부정죄(不定罪)와 아니야따(aniyata)

부정죄(不定罪)는 빠알리어로는 아니야따(aniyata)인다. 한역에는 부정(不定) 또는 부정법(否定法)이라고 한다. 부정계율을 범했는지 불분명하지만 혐의를 받을 만한 죄를 말한다. 이것은 수행승이 여성과 자리를 함께 한 경우의 죄로서 증인의 증언에 의해 죄가 결정되므로 부정(不定)이라고 한다. 수행녀에게는 없는 것이다. 다음과 같은 두 가지 계를 범한 것으로 분류할 수 있다. 하나는 병처부정(屛處不定)이고 하나는 노처부정(露處不定)이다. 병처부정은 남이 볼 수 없는 곳, 속삭여도 들리지 않는 곳에서 여인과 단 둘이 앉는 것인데, 경우에 따라서 승단추방죄, 승단잔류죄, 속죄죄가 될 수 있다. 노처부정은 남이 볼 수 있는 곳이지만 음담이 가능한 곳에서 여인과 단 둘이 있는 것인데, 경우에 따라서 승단잔류죄나 속죄죄가 될 수 있다.

6) 상실죄(喪失罪)와 닛싹기야(nissaggiya)

상실죄(喪失罪)는 빠알리어로 닛싹기야(nissaggiya; Nissag.)이다. 한역은 음사하여 니살기(尼薩耆)라고 하고 번역하여 사타(捨墮) · 진사타(盡捨墮) · 기타(棄墮)라고 한다. 속죄죄인 바일제의 일종이라고 볼 수 있다. 승단계율의 단계에서 네 번째에 해당하고 재물의 취급을 잘못하여 일어나는 죄로 탐심으로 모은 것은 상실될 수 밖에 없으므로 참모임에 가져와 참회하지 않으면 지옥에 떨어진다는 것을 말한다. 이를테면, 의복의 경우에는 여분의 옷을 얻었을 경우는 일정 기간 동안만 소유가 허락된다. 이 밖에 좌구 · 우기옷 · 발우 ·의약품 등에 대해서도 소유를 제한하는 규정이 있으며, 갖가지 보물의 소유나 매매는 금지되고 있다. 30조(三十條)가 있으므로 30상실죄라고 한다. 여기에는 수행승과 수행녀의 같은 것과 다른 것이 있다. 이 상실죄에 저촉되면 네 명 이상의 대중 앞에서 큰 소리로 잘못을 고하고 금은이나 돈 등은 완전히 포기되고, 가사나 발우는 동료수행승에게 주고 참회한 뒤에, 받은 수행승이 주인에게 되돌려 주고 탐심을 버리고 참회해야 한다.

7) 속죄죄(贖罪罪)와 빠찟띠야(pācittiya)

빠알리어로 빠찟띠야(pācittiya; Pāc.)이고, 한역으로는 바일제(波逸提), 바일저가(波逸底迦), 바약치(波藥致), 바라일니가(波羅逸尼柯), 바라야질지가(波羅夜質肢迦), 바야제(波夜提)라고 하고, 번역하여 타(墮)라고 한다. 속죄가 필요한 죄인데, 속죄하지 않으면 지옥에 떨어지는 죄이다. 여기에는 두 가지 상실속죄죄인 사타(捨墮)와 속죄죄 내지 단순속죄죄인 단타(單墮)가 있다. 상실속죄죄는 앞에서 언급한 계율을 어긴 것과 관련된 재물을 내놓는 상실죄를 말한다. 그리고 속죄죄 내지 단순속쇠죄에는 90조(九十條) 내지 92조(九十二條 : 수행녀는 141-210條)가 있는데, 이것은 버릴 재물이 필요 없는 죄로 상대에게 사죄하고 참회하는 것이 필요한 망어(妄語)나 악구(惡口) 기타 가벼운 죄를 모아 놓은 것이다.

8) 고백죄(告白罪)와 빠띠데싸니야(pāṭidesaniya)

고백죄(告白罪)는 빠알리어로 빠띠데싸니야(pāṭidesaniya; Pāṭid.)이다. 한역으로는 바라제사니(波羅提舍尼), 바라제제사니(波羅提提舍尼), 번역하여 향피회(向彼悔), 대타설(對他說), 또는 회과법(悔過法)이라고 한다. 여기에는 4조(四條 : 수행녀는 八條)가 있다. 주로 탁발음식의 수용에서 부적절한 경우 발생하는 죄이다. 이 죄를 범한 자는 다른 수행승에게 반드시 고백하고 참회해야 한다.

9) 중학죄(衆學罪)와 쎄키야(sekhiya)

중학죄(衆學罪)는 빠알리어로 쎄키야(sekhiya; Sekh.)라고 한다. 한역에서는 중학(衆

學) 또는 중학법(衆學法)이라고 한다. 75조 내지 107조(七十五條 – 一百七條 : 수행녀도 동일)이다. 이것은 복장과 식사와 의식 등의 행의작법(行儀作法)을 규정한 것으로 수효가 많고 항상 배워서 익혀야 할 것이므로 중학이라고 하기도 하고, 일조(一條)에 대하여 다수의 개조(箇條)가 있어 중학이라고도 한다. 이 규정을 어겼을 때에는 고의로 범한 경우에는 한 사람 앞에서 참회하고, 고의가 아닌 경우에는 마음속으로만 참회하면 된다. 이 죄에는 악작(惡作) 또는 돌길라(突吉羅)라고 한역되는 악작죄(惡作罪) 즉, 둑까따(dukkaṭa)와 그것과 구분되는 악설로 한역되는 악설죄(惡說罪) 즉, 둡바씨따(dubbhāsita)가 있다.

이상의 승단추방죄·승단잔류죄·부정죄·상실죄·속죄죄를 다섯 가지 죄의 다발(pañca āpattikkhandhā) 즉, 오편죄(五篇罪)라 하며, 여기에 고백죄·중학죄를 더한 것을 일곱 가지 죄의 다발(satta āpattikkhandhā) 즉, 칠취죄(七聚罪)라고 한다.

10) 쟁사(諍事)와 아디까라나(adhikaraṇa)

쟁사(諍事)는 빠알리어 아디까라나로 한역하여 쟁사라고 한다. 쟁사에는 네 가지 쟁사(cattāri adhikaraṇāni) 즉, 사쟁사(四諍事)가 있다. 그 네 가지는 ① 논쟁으로 인한 쟁사(vivādādhikaraṇa) 즉, 논쟁사(論爭事) ② 비난으로 인한 쟁사(anuvādādhikaraṇa) 즉, 비난사(非難事), ③ 범죄로 인한 쟁사(āpattādhikaraṇa) 즉, 죄쟁사(罪諍事) ④ 절차로 인한 쟁사(kiccādhikaraṇa) 즉, 행쟁사(行諍事)가 있다. 상세한 것은 Vin. II. 87; Vin. III. 163; MN. II. 247-250; AN. I. 99를 참조하라.

11) 멸쟁(滅諍)과 아디까라나사마타(adhikaraṇasamatha)

멸쟁(滅諍)은 빠알리어로 아디까라나사마타(adhikaraṇasamatha)라고 한다. 한역하여 멸쟁(滅諍) 또는 멸쟁법(滅諍法)이라고 한다. 이 멸쟁의 원리에는 일곱 가지 방식의 멸쟁(satta adhikaraṇasamathā : 수행녀도 동일) 즉, 칠멸쟁(七滅諍)이 있다. 승단에서 쟁사가 일어났을 때, 수행승 가운데 멸쟁의 원리를 아는 수행승이 승가의 규칙을 적용하여 쟁사를 그치게 해야 한다. 이것을 위반하면 악작죄를 범하는 것이다. 상세한 것은 Vin. II. 79-100; MN. II. 247-250; AN. I. 99를 참조하라.

12) 현전에 입각한 조정과 쌈무카비나야(sammukhāvinaya)

현전에 입각한 조정은 빠알리어로 쌈무카비나야(sammukhāvinaya)라고 한다. 한역하여 현전비니(現前毘尼) 또는 현전비나야(現前毘奈耶)라고 한다. 일곱 가지 방식의 멸쟁 가운데 그 첫 번째로, 현전에 입각한 조정이다. 이것은 쟁사의 당사자나 잘못을 범한 당사자를 참모임의 면전에 출석시켜 쟁사를 그치게 하거나, 사람들의 면전에서 교단의 옳고 그름을 결정하거나 쟁사의 당사자를 출석시켜 단사위원들이 평결하는 것을 말한다.

상세한 것은 Vin. II. 79-100; MN. II. 247-250; AN. I. 99를 참조하라.

13) 기억에 입각한 조정과 싸띠비나야(sativinaya)

기억에 입각한 조정은 빠알리어로 싸띠비나야(sativinaya)이다. 한역에서는 억념비니(憶念毘尼) 또는 억념비나야(憶念毘奈耶)라고 한다. 일곱 가지 방식의 멸쟁 가운데 두 번째로, 과거의 기억을 환기시켜 쟁사를 그치게 하는 것으로, 자신의 잘못이 없음을 확인하는 완전한 기억에 도달했다면, 기억에 입각한 무죄평결을 주는 것을 뜻한다. 상세한 것은 Vin. II. 79-100; MN. II. 247-250; AN. I. 99를 참조하라.

14) 착란에 입각한 조정과 아물라비나야(amūḷhavinaya)

착란에 입각한 조정은 빠알리어로 아물라비니야(amūḷhavinaya)이다. 한역에서는 불치비니(不痴毘尼) 또는 불치비나야(不痴毘奈耶)라고 한다. 쟁사(諍事)에 대하여 일곱 가지 방식의 멸쟁 가운데 세 번째로, 당시의 정신착란을 확인하여 그 정신착란에 대하여 고의성이 없이 죄를 저질렀음을 증명하여 무죄평결을 주는 것을 말한다. 상세한 것은 Vin. II. 79-100; MN. II. 247-250; AN. I. 99를 참조하라.

15) 자인 또는 자인에 입각한 조정과 빠띵냐까라나(paṭiññātakaraṇa)

자인에 입각한 조정은 빠알리어로 빠띵냐까라나(paṭiññātakaraṇa)이다. 한역에서는 자언치(自言治) 또는 자인(自認)라고 한다. 쟁사(諍事)에 대하여 일곱 가지 방식의 멸쟁 가운데 네 번째로, 스스로 잘못을 인정하게 하여 자신의 고백으로 쟁사를 그치게 하는 것을 말한다. 상세한 것은 Vin. II. 79-100; MN. II. 247-250; AN. I. 99를 참조하라.

16) 다수 또는 다수에 입각한 조정과 예부이야씨까(yebhuyyasikā)

다수에 입각한 조정은 빠알리어로 예부이야씨까(yebhuyyasikā)이다. 한역에서는 다인어(多人語)라고 한다. 쟁사(諍事)에 대하여 일곱 가지 방식의 멸쟁 가운데 다섯 번째로, 산가지표결 관리인을 선정하여 산가지표결을 통한 투표참가자의 다수결의 원리를 따름으로써 쟁사를 그치게 하는 것을 말한다. 이것에 대해서는 Vin. II. 79-100; MN. II. 247-250; AN. I. 99를 참조하라.

17) 심문에 입각한 조정과 땃싸빠삐이씨까(tassapāpiyyasikā)

심문에 입각한 조정은 빠알리어로 땃싸빠삐이씨까(tassapāpiyyasikā)이고, 한역에서는 멱죄상(覓罪相) 또는 구피죄(求被罪)라고 한다. 원어는 어원적으로는 '별도의 타락'을 의미한다. 쟁사(諍事)에 대하여 일곱 가지 방식의 멸쟁 가운데 여섯 번째로, 상대의 죄악에 대하여 밝혀진 것 이외에 전후 상이한 진술을 더 추궁하고 심문하여 자인하게 함으로써 쟁사를 그치게 하는 것을 말한다. 상세한 것은 Vin. II. 79-100; MN. II. 247-250; AN. I. 99를 참조하라.

18) 대속에 입각한 조정과 띠나밧타라까(tiṇavatthāraka)
대속에 입각한 조정은 빠알리어로 띠나밧타라까(tiṇavatthāraka)이다. 한역에서는 여초복지(如草覆地)라고 한다. 원래 '풀로 덮어두는 방식'이라는 말인데, 일곱 가지 방식의 멸쟁 가운데 일곱 번째로, 어떤 사람이나 어떤 편의 잘못을 한 사람이 대표해서 인정하고 고백함으로써 잘못을 풀로 덮어두는 방식으로 쟁사를 그치게 하는 것을 말한다. 상세한 것은 Vin. II. 79-100; MN. II. 247-250; AN. I. 99를 참조하라.

19) 격리처벌(隔離處罰)과 빠리바싸(parivāsa)
격리처벌(隔離處罰)은 빠알리어는 빠리바싸(parivāsa)이다. 한역에서는 별주(別住)라고 한다. 수행승의 계율 가운데 두 번째로 무거운 계율인 승단잔류죄를 저지른 자가 하나 또는 여럿을 저지르고 동료수행승들에게 알리지 않고 하루 이상 숨겼을 때, 숨긴 날짜 만큼 승원 내부의 별도의 장소에서 보호관찰의 대상이 되어 살게 하는 처벌이다. 승단잔류죄 가운데 제1조에서 제9조(Saṅgh. 1-9)까지는 범계했을 경우 바로 처벌이 이루어지고 제10조에서 제13조(Saṅgh. 10-13)까지는 참모임으로부터 세 번 공식적인 경고를 받고도 인정하지 않을 시에 격리처벌을 받게 된다. 이것이 끝나면 참회처벌(mānatta)을 받아야 하며, 참회가 끝나면 '출죄복귀(abbhāna)'가 이루어진다. 필자는 문맥에 따라서 격리처벌 또는 격리생활이라고 번역한다. 상세한 것은 Vin. I. 143, 320; II. 7, 31, 40 참조하라.

20) 가중처벌(加重處罰)과 물라야 빠띠깟싸나(mūlāya paṭikassana)
가중처벌(加重處罰)은 빠알리어는 물라야 빠띠깟싸나(mūlāya paṭikassana)이고 한역에서는 본일치(本日治)라고 한다. 습관적인 잘못이 남아 있어 격리처벌되는 동안에도 동일한 죄를 범하는 경우, 그 동안에 격리처벌의 기간인 일수(日數)가 무효가 되고 처음의 일수로 되돌아가 다시 격리처벌되는 것을 말한다. 티베트어로는 '다시 근본부터 시작하는 격리처벌(yaṅ gži nas bslaṅ ste spo ba)'이다. 필자는 가중처벌이라고 번역한다. 상세한 것은 Vin. II. 7, 34를 참조하라.

21) 참회처벌(懺悔處罰)과 마낫따(mānatta)
빠알리어는 마낫따(mānatta)이고, 한역은 음사를 해서 마나타(摩那陀)라고 한다. 참회법의 일종으로 어원은 참회가 대중의 마음을 기쁘게 한다는 의미에서 의희(意喜)라고 번역하기도 한다. 승단잔류죄 가운데 하나 또는 여럿을 어겼으나 단 하루도 – 다음날 일출 무렵까지 – 감추지 않고 최소한 네 명 이상의 청정수행승들에게 알렸을 때에 6일 동안 보호관찰대상으로서 격리생활을 하는 것을 참회처벌이라고 하고, 마지막 날 최소 20명 이상의 청정수행승이 참석한 가운데 승단으로 복귀하는 것을 출죄복귀라고 한다.

하루이상 숨겼을 때에는 첫날 네 명 이상의 청정수행승이 참석한 가운데 알리면, 숨긴 날짜만큼 격리생활을 해야 하고 추가로 참회처벌 즉, 6일 동안의 격리생활을 끝내면, 마지막 날 최소 20명 이상의 청정수행승이 참석한 가운데 출죄복귀가 이루어진다. 필자는 참회처벌 또는 참회생활이라고 번역한다. 상세한 것은 Vin. I. 143; Vin. II. 35, 45를 참조하라.

22) 출죄복귀(出罪復歸)와 압바나(abbhāna)
빠알리어는 압바나(abbhāna)이고 한역은 음사하여 아부가나갈마(阿浮呵那羯磨)라고 하고 번역하여 죄에 대한 처벌을 받음으로써 죄의 상태로부터의 원상복귀하는 것을 출죄(出罪)라고 한다. 필자는 출죄복귀라고 번역한다.

23) 견책조치(譴責措置)와 땃자니야(tajjanīya)
빠알리어는 땃자니야(tajjanīya)이고 한역으로는 고절(苦切) 또는 고절갈마(苦切羯磨)라고 한다. 다른 의견을 세운 것과의 조화를 추구하다가 또는 보다 높은 수행을 추구하다가 도달하지 못한 것 때문에 다투고 싸우고 언쟁하고 분쟁을 일으키는 수행승에게 세 번 충고하여 멈추게 하는 참모임의 조치를 말한다. 필자는 견책조치라고 번역한다. 상세한 것은 Vin. I. 49; AN. I. 99을 참조하라.

24) 의지조치(依止措置)와 닛싸야(nissaya)
빠알리어는 닛싸야(nissaya)이고 한역으로는 의지(依止) 또는 의지갈마(依止羯磨)라고 한다. 출가한 지 오년이 안 되었거나 오년이 지났더라도 지도를 받지 않고 혼자 지낼 만한 소양이 없는 수행승이나 나쁜 버릇이 있는 수행승, 즉, 어리석어 총명하지 못하고 죄가 많고 충고를 받아들이지 않고, 재가자와 부적절한 관계 속에서 재가자와 함께 지내고, 그만큼 수행승들이 그에게 격리처벌을 처분하고, 가중처벌을 처분하고, 참회처벌을 처분하고, 출죄복귀를 처분하는데 지쳤다면, 친교사(恩師)와 떨어져 지낼 때에 자격을 갖춘 훌륭한 수행승에게 위탁하여 지도를 받으며 지내게 하는 참모임의 조치를 말한다. 필자는 의지조치 또는 의지조치의 갈마(nissayakamma) 라고 번역한다. 상세한 것은 MV. I. 25, IX. 7; Vin. I. 49; CV. I. 9를 참조하라.

25) 한시퇴출조치(限時退出措置)와 빱바자니야(pabbājanīya)
빠알리어는 빱바자니야(pabbājanīya)이고 한역으로는 구출(驅出) 또는 구출갈마(驅出羯磨) 또는 빈출(頻出) 또는 빈출갈마(頻出羯磨)라고 한다. 예를 들어 세속적으로 추문을 일으키는 승단잔류죄에 해당하는 수행승에 대하여 살고 있는 지역을 떠나도록 하는 것 즉, 한시퇴출(nissāraṇā)을 하는 참모임의 조치를 말한다. 승단추방과 구별하여 한시퇴출조치라고 번역한다. 상세한 것은 Vin. I. 49; CV. I. 13을 참조하라,

26) 사면복권(赦免復權)와 오싸라니야(osāraṇīya)

빠알리어는 오싸라니야(osāraṇīya)이고 한역에서는 해갈마(解羯磨)라고 한다. 권리정지조치나 한시퇴출조치를 받고 격리되었거나 한시적으로 피난해 있다가 참모임에 죄를 고백하고 사죄를 요청할 때에 다시 권리정지나 한시퇴출을 해제하는 것인데, 역자는 '사면복권(osāraṇīya)'이라고 번역한다.

27) 사죄조치(謝罪措置)와 빠띠싸라니야(paṭisāraṇiya)

빠알리어는 빠띠싸라니야(paṭisāraṇiya)이고 한역의 하의(下意), 영사죄(令赦罪) 또는 하의갈마(下意羯磨) 또는 영사죄갈마(令赦罪羯磨)이다. 재가신자들의 분노를 산 경우 재가신자에게 사과하고 용서를 빌도록 하는 참모임의 조치를 말한다. 필자는 사죄조치라고 번역한다. 상세한 것은 Vin. I. 49; CV. I. 18을 참조하라.

28) 권리정지조치(權利停止措置)와 욱케빠니야(ukkhepanīya)

권리정지조치(權利停止措置)는 빠알리어로 욱케빠니야(ukkhepanīya)이다. 한역으로 거죄(擧罪) 또는 거죄갈마(擧罪羯磨)라고 한다. 죄를 알고도 스스로 청하여 죄의 댓가를 받아 고치지 않거나 사견을 버리지 않는 수행승에 대하여 구족계를 줄 수 없고, 사미를 둘 수 없는 등의 권리정지를 취하는 참모임의 조치를 말한다. 필자는 권리정지조치라고 번역한다. 상세한 것은 Vin. I. 49; CV. I. 25를 참조하라.

29) 복발조치(覆鉢措置)와 빳따닉꿋자나(pattanikkujjana)

복발조치(覆鉢措置)는 빠알리어로 빳따닉꿋자나(pattanikkujjana)이다. 한역에서는 복발(覆鉢) 또는 복발갈마(覆鉢羯磨)이라고 한다. '발우를 뒤엎는 것'이라는 뜻이다. 참모임의 갈마에서의 상징적인 행위로서 사실상 재가신자에 대한 처벌이다. 누군가에 대하여 발우가 뒤엎어지면, 그의 집에서는 수행승들은 탁발음식을 받을 수 없다. 이로써 수행승과 해당 재가신자 사이에 왕래가 끊어진다. 재가신자가 수행승들에게 소득이 없기를 도모하거나, 이익이 없기를 도모하거나, 처소가 없기를 도모하거나, 수행승들을 욕하고 매도하거나, 수행승들과 수행승들을 이간시키거나, 부처님을 헐뜯거나, 가르침을 헐뜯거나, 참모임을 헐뜯는다면, 이러한 여덟 가지 고리를 갖춘 재가신자에 대하여 복발조치를 취할 수 있다. Vin. II. 125; CV. V. 20을 참조하라.

29) 단사위원평결과 웁바히까(ubbāhika)

단사위원 또는 단사위원평결은 빠알리어로 웁바히까(ubbāhika)는 한역에서 단사(斷事) 또는 단사인(斷事人)이라고 한다. 오늘날의 표결권이 있는 위원회의 위원 또는 그 위원들에 의한 평결이라고 볼 수 있다. 쟁사를 결정하는데 무한한 언설이 생겨나고 그 언설의 의미를 알기 어려울 때에, 쟁사의 해결이나 계율에 대해 잘 알고 있는 단사위원을 선정하고 논의하여 평결한다. 그래서 역자는 '웁바히까'를 단사위원 또는 단사위원평결이라고 번역한다. Vin. II. 95; CV. IV. 14를 참조하라.

중요경장술어에 대한 번역에 대하여

1) 담마(dhamma)와 가르침, 사실, 현상, 원리, 원칙

다양한 의미를 지닌 빠알리어를 거기에 일대일 대응되는 하나의 한글로 옮긴다는 것은 불가능하다. 한역에서는 가능했지만 초기의 한역경전들을 보면, 동일한 빠알리어 경전들도 역자에 따라 다양하게 번역되었음을 알 수가 있다. 그러나 한역에서는 모든 담마(dhamma)를 법(法)이라고 번역하는 등의 번역에서의 경직성이 강했다. 이러한 경직성은 한역 장경을 이해하기 어렵게 만드는 중요한 요인이 된다.

빠알리어 담마(dhamma)는 산스크리트어로 다르마(dharma)인데, 적어도 부처님의 가르침이라는 의미로 가장 많이 쓰이기는 하지만, 담마는 부처님에게서 기원하는 것이 아니라 무시이래로 과거, 현재, 미래의 모든 부처님이 가르치는 진리, 선행, 해탈의 기본적인 '원리'를 말하는 것이다. 이것은 담마가 단지 인간역사의 특수한 시기에 나타나는 종교적인 가르침을 넘어서는, 시공간적으로 보편적인 원리인 것을 의미한다. 그것은 사실, 진리, 정의가 하나로 통일되어 최종목표인 열반으로 이끄는 정신적이고 윤리적인 사실을 말한다. 그 정신적이고 윤리적인 사실 속에서 부처님은 과학적 인과관계를 배제하지 않았고, 우주 자체를 전적으로 인간의 입김을 배제하는 무도덕적인 것으로 보지 않았다. 부처님에게 도덕적이고 종교적인 현상을 의미하는 담마는 신비적인 것이 아니라 원인과 결과의 법칙이 작용하는 '윤리적 우주 자체'로까지 확장된다.

담마가 담마라자(法王 : dhammarāja)가 될 경우에는 그 의미가 '정의로운 왕'이라는 뜻이 된다. 그리고 담마가 복수로 나올 경우에는 가르침이나 사실을 의미하는데, 사실에는 단지 물리적인 사실만이 아니라 정신적인 사실까지 포괄한다. 거기에는 십이연기의 고리, 다섯 가지 존재의 다발, 여섯 감역, 깨달음으로 이끄는 다양한 수행방법도 포함된다. 그리고 두 경전(SN. 12 : 33; 42 : 11)에서 발견되는 '이미나 담메나(imina dhammena)'는 '이러한 원리에 의해서'라고 번역될 수 있다. 그리고 어떤 경전(SN. 7 : 9, 11)에서 발견되는 '담마싸띠(dhammasati)'는 '원리가 있다면'이라고 번역이 가능하다. 또한 복수의 담마는 '현상'이나 '원리' 또는 '사실' 또는 '것들'로 번역할 수 있다. 그러나 빠띳짜싸뭇빤나 담마(paṭiccasamuppannā dhammā : 緣生法; SN. 12 : 20)는 연기법과 대칭되는 의미에서 '조건적으로 발생된 것'이라는 의미에서 '연생의 법'이라고 번역한다. 그러나 다섯 가지 존재의 다발을 두고 로께 로까담마(loke lokadhammā; 22 : 94)라고 할 때 그것을 '세상속의 세상의 사실'이라고 번역할 수 있다. 그리고 심리적인 측면에서 해석될 때에는 담마는 '상태'라고 번역될 수 있다. 담마비짜야삼보장가(dhammavicaya sambojjhaṅga : 擇法覺支)의 경우에는 담마(dhamma)를 생략하여 '탐구의 깨달음 고리'라고 번역했다. 담마야따나(dhammāyatana : 法處)의 경우에는 마나야따나(manāyatana)에 대응되는 말인데 정신의 감역에 대한 정신적 대상으로서의 사실을 의미하지만 역자는 '사실의 감역' 또는 사실의 세계로 번역한다. 따라서 담마싸띠빳타나(dhammasatipaṭṭhāna : 法念處)도 사실에 대한 새김의 토대라고 번역했다. 여기서 필자가 사용한 사실이란 광의의 의미로 유위법(有爲法)은 물론이고 정신의 대상으로서의 무위법인 열반까지 포함하는 전체를 지시한다. 빅쿠 보디(Cdb. 1777)는 그러한 정신의 대상으로서의 담마에 대하여 '현상(phenomena)'이라는 말을 사용했는데 이렇게 되면 불교를 단순히 현상론으로 해석할 소지가 많고, 열반도 단지 현상으로 전락하므로, 이 말은 단지 정신적인 현상을 명확히 지칭할 때를 제외하고는 되도록 피했다. 담마다뚜(dhammadhātu : 法界)도 역시 '사실의 세계'라고 번역하고 거기에 대응하는 마노빈냐나다뚜(manoviññānadhātu : 意識界)는 '정신의식의 세계'라고 번역했다. 그리고 복합어의 뒷부분을 구성하는 담마는 문법적으로 독특한 성질을 지닌다. 예를 들어 카야담마(khayadhamma), 바야담마(vayadhamma), 니로다담마(nirodhadhamma)에서 담마는 단순히 '것'이라고 하거나 '해야만 하는 것'이란 문법적 의미를 지니므로 그것들은 '파괴되고야 마는 것, 괴멸되고야 마는 것이고 소멸되고야 마는 것' 또는 '파괴되는 것, 괴멸되는 것이고 소멸되는 것'이라고 번역되어야 한다. 그리고 아닛짜담마(anicca dhamma), 둑카담마(dukkhadhamma), 아낫따담마(anattadhamma)는 '무상한 것, 괴로운 것, 실체가 없는 것'이라고 번역할 수 있다.

2) 쌍카라(saṅkhārā)와 형성

빠알리어 쌍카라는 한역에서 행(行)이라고 하는 것인데, 그것은 불교술어 가운데 번역하기 가장 힘들고 난해한 용어이다. 이 용어에 대한 현대적 번역에는 '결정, 구성, 결합, 형성, 의도'가 있는데 그 가운데 가장 보편적인 것이 형성이다. 원래 쌍카라(saṅkhārā)는 '함께 만들다(saṅkaroti)'의 명사복수형으로 '함께 만드는 것, 조건 짓는 것' 뿐만 아니라 '함께 만들어진 것, 조건지어진 것'을 의미한다. 단어의 철학적인 특성상 주로 복수로 쓰인다. ≪쌍윳따니까야≫에는 이와 관련하여 7가지의 교리적인 문맥이 발견된다.

① 십이연기에서의 형성은 무지나 갈애와 관련하여 윤회를 지속시키는 능동적이고 의도적인 형성이다. 여기서 형성은 업(kamma : 業)과 동의어이고 세 가지가 있다. 즉 신체적 형성, 언어적 형성, 정신적 형성(SN. 12 : 2) 또는 공덕을 갖춘 형성, 공덕을 갖추지 못한 형성, 중성적인 형성(SN. 12 : 51)이다. 신체적 형성에는 호흡이 포함된다.

② 다섯 가지 존재의 다발(pañcakkhandha : 五蘊)에서 형성은 여섯 가지 감각대상에 대한 의도(SN. 22 : 56)로서 분류된다. 이때의 형성은 의도로서, 느낌과 지각 이외의 의

식의 정신적 동반자는 모두 형성이라고 한다. 따라서 착하고 건전하거나 악하고 불건전한 다양한 모든 정신적인 요소들이 모두 형성에 속한다.

③ 형성은 가장 넓은 의미로 모든 조건지어진 것(SN. 22 : 90)을 뜻한다. 모든 것들은 조건의 결합에 의해서 생겨난다. 형성이라는 말은 우주전체가 조건지어진 것이라는 철학적인 조망을 할 수 있는 주춧돌이 된다. 제행무상(諸行無常)과 일체개고(一切皆苦)의 제행과 일체는 바로 이 형성을 말하는 것이다.

④ 형성의 삼개조 – 신체적 형성, 언어적 형성, 정신적 형성 – 가 지각과 느낌의 소멸(想受滅)과 관련해서 언급된다.(SN. 41 : 6) 신체적 형성은 호흡을 뜻하고 언어적 형성은 사유와 숙고를 뜻하고, 정신적 형성은 지각과 느낌을 뜻하는데, 그 지각과 느낌이 소멸한 자에 도달하려면, 그 소멸의 순서는 언어적 형성, 신체적 형성, 정신적 형성이다.

⑤ 네 가지 신통의 기초(四神足)와 관련하여 정신적인 힘의 기초로서 '노력의 형성(padhāna saṅkhāra)'이 있다.

⑥ 그 밖에 수명의 형성(āyusaṅkhāra; SN. 20 : 6; 51 : 10), 생명의 형성(jīvitasaṅkhāra; SN. 47 : 9), 존재의 형성(bhavasaṅkhāra; SN. 51 : 10)이란 개념이 있는데 그것들은 각각 생명력의 상이한 양상으로 이해할 수 있다.

⑦ 그 밖에 이 쌍카라(saṅkhārā)와 연관된 수동태의 쌍카따(saṅkhata : 有爲)란 단어가 있다. 쌍카라가 조건짓는 것이라면 쌍카따는 조건지어진 것을 의미한다. 쌍카라는 의도에 의해서 활성화되는 능동적 조건짓는 힘으로, 조건지어진 현상인 쌍카따를 만들어 낸다. 이에 비해서 쌍카따는 수동적인 의미로 쌍카라에 의해서 만들어진 것으로, 존재의 다발이나 여섯 감역이나 조건지어진 현상세계를 의미한다. 쌍카따에 대해서 한역에 유위(有爲)라는 번역이 있는데 역자는 때로는 유위 때로는 '조건지어진 것'이라고 번역했다. 그 반대의 용어 아쌍카따는 '조건지어지지 않은 것', 즉 무위(無爲)를 뜻하는데 바로 열반을 지칭한 것이다.

3) 나마루빠(nāmarūpa)와 명색(名色) 및 정신·신체적 과정

나마루빠(nāmarūpa) 곧, 명색(名色)이라는 말은 불교 이전의 우파니샤드 철학에서 유래한 것이다. 유일자인 하느님[梵天]이 세상에 현현할 때의 그 다양한 현현에 대해 사용된 말이다. 현현된 세계는 다양한 이름과 다양한 형상으로 구성되어 있다. 그런데 흥미로운 것은 ≪쌍윳따니까야≫에 명색의 우파니샤드적 의미를 나타내는 '외부에 명색(bahiddhā nāmarūpam)'이라는 단어가 나온다.(SN. 12 : 19) 명색(名色)은 유일자인 신이 이름과 형상으로 현현한 것을 말하는데, 그것들이 세계를 구성하는 개체의 인식적 측면과 재료적 측면을 구성한다고 볼 수 있다. 불교에 와서는 이러한 인식적 측면이 명(名), 즉 정신이 되었고 재료적 측면이 색(色), 즉 물질이 되었다. 그래서 정신적 요소에 속하

는 느낌, 지각, 의도, 접촉, 정신활동(vedanā, saññā, cetanā, phassa, manasikāra; SN. 12 : 2)은 명(名)이고 물질적 요소인 땅 · 물 · 불 · 바람(地·水·火·風)과 거기에서 파생된 물질(upādāya rūpaṁ : 所造色)은 색(色)으로서 모두 합해서 명색이라고 한다. 따라서 명색은 '정신 · 신체적 과정'이라고 말할 수 있다. 니까야에서 정신적인 요소를 의미하는 명(名)에 의식이 포함되지 않은 이유는 의식이 물질적인 신체(色)에 접촉하나 정신과 관계된 느낌, 지각, 의도, 접촉, 정신활동에 연결되어 작동하기 때문이다. 그리고 명색의 조건으로서의 의식의 전개(viññāṇassa avakkanti; SN. 12 : 59)라는 말이 등장하는데, 그것은 과거세로부터 새로운 유기체의 시작조건이 되므로써, 현존재에로 의식이 흐르는 것을 말하는 것이다. 명색의 전개(nāmarūpassa avakkanti; SN. 12 : 39, 58, 64)라는 말은 새로운 유기체의 시작을 뜻한다. 역자는 문맥에 따라 특히 시에서 쓰일 때, 그 이해를 쉽게 하기 위해 '정신 · 신체적 과정'이라고 번역한다.

4) 칸다(khandha)와 다발 및 존재의 다발

불교의 가장 중요한 술어 가운데 하나가 칸다(khandha) 즉, 온(蘊)이라는 것이다. 이것은 앞의 명색을 구성하는 요소들이기도 하다. 다섯 가지가 있기 때문에 오온(五蘊)이라고 하는데, 역자는 다섯 가지 존재의 다발(pañcakkhandha)이라고 번역한다. 이 다섯 가지에는 물질(rūpa : 色), 느낌(vedanā : 受), 지각(saññā : 想), 형성(saṅkhārā : 行), 의식(viññāṇa : 識)이 있다. 여기서 온(蘊), 즉 칸다(khandha)라는 용어는 PTS사전에 의하면 다음과 같은 의미를 지니고 있다.

> ① 천연적 의미 : 크기가 큰 것, 육중한 것, 거친 물체, 예를 들어 코끼리의 엉덩이, 사람의 어깨, 나무등걸 등으로 하나의 단위를 지니며 크기가 큰 것을 의미한다. 물, 불, 덕성, 부 등도 포함된다. ② 응용적 의미 : 집합적인 의미의 모든 것, 다발, 덩어리, 부분품들, 구성요소 등이다.

붓다고싸는 칸다를 '더미(rāsi)'로 보았다. 그러나 칸다는 어깨의 근육처럼 다발로 뭉쳐있는 상태를 의미한다. 단순히 더미라는 말은 긴밀한 연기적인 의존관계를 반영하기에는 통일성이 없는 개별적 부품처럼 인식될 수가 있다. 역자는 그래서 다발이라는 말을 쓴다. 물질은 물질의 다발이고 정신은 인식의 다발이다. 그들은 상호 연관적으로 작용한다. 정신· 신체적 복합체를 표현하는 칸다에 대한 가장 적절한 표현은 '존재의 다발'일 것이다. 이 책에서는 칸다를 '존재의 다발'이라고 표현한다. 그 원리는 아마도 비트겐슈타인의 섬유론으로 가장 적절하게 설명될 수 있을 것이다.

> "노끈의 강도는 처음에 끈으로 달리는 단 하나의 가닥에만 전적으로 의존하는 것이 아니다. 아무런 가닥도 노끈의 전부를 달리지 않으며 때때로 겹쳐지고 엇갈리는 섬유 사이의 관계에 의존한다."(Die Stärke des Fadens liegt nicht darin, dass irgend eine Faser durch seine ganze Länge lauft, sondern darin, dass viele Fasern einander übergreifen : Wittgenstein, L. 「Philosophische Untersuchungen」 『Ludwig Wittgenstein Werkausgabe』 Band 1. Frankfurt am Main, 1984, S. 278)

초기불교에서 윤회는 바로 존재의 다발(五蘊)의 지속적 연결이고 그것은 바로 이 노끈의 연결과 유사하다. 거기에는 처음부터 끝까지 영원히 지속되는 한 가닥의 정신적 섬유로서의 자아(atta, *sk.* ātman)는 없지만 그럼에도 불구하고, 즉 주이적(住異的)으로 무상하지만 겹쳐지고 꼬이면서 상호의존하며 수반되는 섬유들로서의 오온에 의해 확증되는 지속성은 있다. 이것은 언제나 변화하면서 지속되는 불꽃의 비유와 같은 것이다. 윤회하는 것은 이러한 존재의 다발인 것이다.

이러한 존재의 다발 가운데 물질, 느낌, 지각, 형성, 의식이 있다. 이 가운데 물질은 지수화풍(地·水·火·風)을 의미하므로 물질이고, 특수하게 명상의 대상세계인 색계(色界)일 때에는 미세한 물질계라고 번역을 하고, 단순히 시각의 대상일 때는 형상이라고 번역한다. 느낌은 감수(感受)라고 번역하는 것이 포괄적이긴 하지만 일상용어가 아니므로 피하고, 주로 경전에서는 고락과 관계된 것이므로 느낌이라고 번역한다. 지각은 사물을 이를테면 '파란 색을 파란 색으로 인식하는 것'을 말한다. 형성은 위의 쌍카라 항목 ①, ②에서 설명했으므로 생략한다. 의식은 대상을 인식하는 것이 아니다. 그것은 일종의 알아차림이다. 대상의 존재를 단지 알아채는 것이다. 예를 들어 눈이 파란 색의 물체를 보았을 때에, 안식은 빛깔과 형상의 존재를 알아챌 뿐이고, 그것이 파란 색의 물체라는 것을 깨닫지 못한다. 이 단계에서는 아무런 인식이 없다. 그것이 파란 색의 물체라는 것을 아는 단계는, 지각(想)의 단계이다. 그래서 '시각의식'이라는 말은 곧 '본다'와 같은 뜻을 지닌 것이다. 이러한 이유로 존재의 다발을 역자는 위와 같이 번역했다.

그 밖에도 '칸다.'라는 말이 단순히 '여러 가지'란 뜻으로도 쓰이지만, 상호의존하는 연결관계를 나타내므로 그 때는 그냥 '다발'로 번역한다. 계행의 다발(sīlakkhandha : 戒蘊), 삼매의 다발(samādhikkhandha : 定蘊), 지혜의 다발(paññakkhandha : 慧蘊) 등이 있다.

5) 쌉뿌리싸(sappurisa)와 참사람

빠알리어 쌉뿌리싸(sappurisa)라고 지칭하는 말은 한역에서 다양한 번역용어를 사용하기 때문에 우리말 번역도 그 적절성을 찾기가 힘들다. 빠알리성전협회의 빠알리-영어사전(PED)에서 어원을 추적하면 쌉뿌리싸는 두 단어 싸뜨(sat=sant)와 뿌리싸(purisa)로 구성되어 있다. 어원적으로 싸뜨(sat)는 어근 √as '있다'의 현재분사가 약변화한 어간이다. 이 싸뜨(sat)는 빠알리성전협회의 사전에 의하면, 세 가지의 의미를 지닌다. ① 존재하는(existing : 有) ② 진실한(true : 眞) ③ 착한(good : 善) 따라서 싸뜨에는 어원적으로 착하다는 의미 이전에, 실재한다는 의미에서의 진실 즉 참을 뜻한다는 사실을 알 수 있다. 그리고 뿌리싸(purisa)는 원래 단순히 '사람' – 시민적인 의미에서 – 을 지칭하지만 쌉뿌리싸를 지칭하기도 한다. 그래서 한역 중아함경 37에서 이 쌉뿌리싸(sappur isa)는 선남자(善男子)라고 번역한다. '싸뜨' 또는 '쌉'은 선(善)으로 '뿌리싸'는 남자(男子)로 번역되고 있는 것이다. 북전에서 선(善)이라고 번역한 것은 송나라의 구나발타라(求那跋陀羅)가 이렇게 번역한 데 원인이 있겠지만, 아마도 북방불교권의 번역에서 많이 사용되는 특징이기도 하다. 그러나 붓다고싸는 쌉뿌리싸를 '진리(dhamma)를 따르는 진실한 사람(saccapurisa), 즉 선한 사람(kalyāṇapurisa)'으로 정의하고 있다.(Pps. VI. 79) 이러한 고찰을 참고한다면 쌉뿌리싸는 단순히 선남자라고 번역하기 보다는 외연이 보다 넓고 깊은 참사람으로 번역하는 것이 타당하다. 실제로 한역에서도 북전의 법구경에서는 덕인(德人), 북전 아함경에서 정사(正士), 선사(善士), 정인(正人)이라고 번역하고 있는 것을 볼 수 있다. 따라서 한역의 정인, 정사라는 표현은 참사람과 근접한다고 볼 수 있다. 그리고 참고로 Pps. IV. 79에서는 쌉뿌리싸(sappurisa)를 '가르침(法 : dhamma)을 다루는 진실한 사람(saccapurisa), 또는 선한 사람(kalyāṇapurisa)'으로 정의한다. 이것을 영역에서 호너(I. B. Horner)는 '착한 사람(a good man)' 우드워드(F. L. Woodward)는 '가치 있는 사람(a worthy man)', 리스 데이비즈는 '고귀한 마음을 지닌 사람(the noble minded person)'이라고 번역하고, 가이거는 '완전한 사람(der vollkommenen Menschen)'으로, 빅쿠 보디는 '훌륭한 사람(a superior person)'으로 번역했다. 경전에서 참사람은 오계(五戒)를 지키는 차원의 윤리적 인간에 대해서만 언급한 것이 아니다. 부처님의 혈통에 든 님(gotrabhū : 種姓者)이라는 말은 '네 쌍으로 여덟이 되는 참사람[四雙八輩]이 되기 직전의 참사람의 반열에 입문한 자'의 단계를 말하는데, 그는 선정이나 출세간적인 길에 들기 전의 감각적 쾌락의 욕망계의 마지막 의식단계를 지니고 있는데, 그 사람부터 부처님에 이르기까지도 참사람에 속한다고 볼 수 있다.

그러므로 참사람에는 고귀한 제자들이 모두 포함되며, 주로 네 쌍으로 여덟이 되는 참사람의 무리(cattāri purisayugāni aṭṭha purisapuggalā : 四雙八輩)를 지칭한다. 이 중에서 흐름에 드는 길을 가는 님(sotāpattimagga : 預流向), 흐름에 든 경지에 도달한 님(sotāpattiphala : 預流果) = 흐름에 든 님(sotāpanna : 預流者)이 있다. 흐름에 든 님은 열 가지 결박[十結 : dasa saṁyojjanāni] 가운데 ① 개체가 있다는 견해(sakkāyadiṭṭhi : 有身見) ② 의심(vicikicchā : 疑) ③ 규범과 금계에 대한 집착(sīlabhataparāmāsa : 戒禁取)에서 벗어나야 한다. 둘째, 감각적 쾌락의 욕망계의 천상이나 인간계에 태어나 열반에 들기 위해 한 번 돌아오는 길을 가는 님(sakadāgāmīmagga : 一來向), 한 번 돌아오는 경지에 도달한 님(sakadāgāmīphala : 一來果) = 한 번 돌아오는 님(sakadāgāmin : 一來者)이 있다. 한 번 돌아오는 님은 열 가지 결박 가운데 위 세 가지와 더불어 ④ 감각적 쾌락에 대한 탐욕(kāmarāga : 欲貪) ⑤ 분노(paṭigha : 有對)를 거의 끊어야 한다. 셋째, 미세한 물질계의 천상에 가면서나 거기에 도달해서 열반에 들기 때문에 이 세상으로 돌아오지 않는 길을 가는 님(anāgamī magga : 不還向), 돌아오지 않는 경지에 도달한 님(anāgamīphala : 不還果) = 돌아오지 않는 님(anāgamin : 不還者)이 있다. 돌아오지 않는 님은 위의 다섯 가지 낮은 단계의 결박을 완전히 끊은 자이다. 넷째, 거룩한 길을 가는 님(arahattamagga : 阿羅漢向), 거룩한 경지에 도달한 님(arahatta- phala : 阿羅漢果) = 거룩한 님(arahat : 阿羅漢)이 있다. 거룩한 님은 위의 다섯 가지 낮은 단계의 결박은 물론 ⑥ 미세한 물질계에 대한 탐욕(rūparāga : 色貪) ⑦ 비물질계에 대한 탐욕(arūparāga : 無色貪) ⑨ 자만(māna : 慢) ⑨ 자기정당화(uddhacca : 掉擧), ⑩ 무명(avijjā : 無明)의 다섯 가지 높은 단계의 결박에서 완전히 벗어난 자를 말한다. 이 가운데 거룩한 님을 제외하면 일곱 가지 학인의 단계에 있는 학인(sekha : 有學)이라고 부르고 거룩한 님은 학인의 단계를 초월한 무학(asekha : 無學)이라고 부른다. 단. 역자의 경우 스승인 궤범사(軌範師 : ācariya)와 함께 사는 학생도 학인(學人 : antevāsika)이라고 번역하였는데, 그때의 학인과는 구별해야 한다.

6) 승가(僧伽 : saṅgha)와 참모임

초기불교에서 교단을 의미하는 승가(saṅgha : 僧伽)에 관하여 비구승가(bhikkhusaṅgha : 比丘僧伽), 비구니승가(bhikkhunīsaṅgha : 比丘尼僧伽), 사방승가(cattudisasaṅgha : 四方僧伽), 현전승가(sammukhīsaṅgha : 現前僧伽), 승보(saṅgharatana : 僧寶), 성문승가(sāvakasaṅgha : 聲聞僧伽) 등의 용어를 찾아볼 수 있다. 여기서 재가의 남자신자(upāsika : 優婆塞), 재가의 여자신자(upāsikā : 優婆夷;)의 승가란 말은 나타나지 않는다. 재가신자를 포함시킬 때는 승가라는 말 대신에 사부대중(catasso parisā : 四部大衆)이라는 표현을 쓴다. 그러나 승가 안에 재가신도가 포함되지 않는다고 명시적으로 규정할 수는 없다. 사방승가는 시간적으로 삼세에 걸쳐 확대되고 공간적으로는 우주적으로 확대되는 보편적 승가를 지칭한다. 그렇다면 이 사방승가 안에는 재가신도가 당연히 포함되어야 할 것이다. 그러나 이 사방승가도 재가신도에 관한 언급이 없이 비구 · 비구니 승가의 확장으로 규정되고 있다. 그리고 현전승가는 시간 · 공간적으로 무한한 사방승가가 이러한 유한한 결계에 의해서 한정된 지역승가생활공동체를 말한다. 이 현전승가 역시 비구 또는 비구니 승가이다. 그러나 경전에서는 재가신자인 재가의 남자신자나 재가의 여자신자가 없이는 사방승가와 현전승가의 이념이 성립할 수 없음을 경전은 분명히 하고 있다. 왜냐하면 출가자는 생활의 물자를 얻기 위해 노동할 수 없으므로, 재가의 남자신자와 재가의 여자신자로부터 의식주를 위한 생필품과 필수약품(四資具)을 공급받아야 생활공동체로서의 현전승가가 유지되며, 재가의 남자신자와 재가의 여자신자로부터 승가람(僧伽藍), 승가람물(僧伽藍物), 방(房), 방물(房物)등을 기증받아서 부처님의 가르침을 유지시켜야 '부처님을 상수로 하는 승가' 즉 사방승가가 성립할 수 있다. 한편 승보라고 하는 것은 불교도의 귀의처로 종교적 신앙의 대상 가운데 삼귀의(三歸依)의 하나가 된다. 초기불교의 경전에서는 그 구체적인 범주가 언급되어 있지 않다. 그러나 구사론(俱舍論)이나 대지도론(大智度論)에서는 그 범주를 구체적으로 정하고 있다. 승보(僧寶)에는 비구·비구니 승가가 모두 포함되는 것이 아니라, 진리의 흐름에 들기 시작한 님인 예류향(預流向)에서부터 열반에 도달한 거룩한 님인 아라한에 이르기까지의, 네 쌍으로 여덟이 되는 참사람[四雙八輩]을 의미한다고 규정하고 있다. 이 승보의 개념은 ≪쌍윳따니까야≫(SN. 12 : 41)에서 규정하는 '세존의 제자들의 모임은 네 쌍으로 여덟이 되는 참사람으로 이루어졌으니 공양받을 만하고, 대접받을 만하고, 보시받을 만하고, 예배받을 만하고, 세상에서 위없는 공덕의 밭이다.(yadidaṃ cattāri purisayugāni aṭṭha purisapuggalā esa bhagavato sāvakasaṅgho, āhuneyyo, pāhuṇeyyo, dakkhiṇeyyo, añjalikaraṇīyo, anuttaraṃ puññakkhettaṃ lokassa)'라는 개념과 일치한다. 제자들의 모임은 성문승가의 개념이므로 참사람의 모임인 승가를 역자는 참모임이라고 번역한다. 그리고 그 구성원을 수행승, 수행녀, 재가의 남자신자, 재가의 여자신자라고 번역한다. 비구승가는 비구승가 또는 수행승의 참모임, 수행승의 무리로, 비구니승가는 비구니승가 또는 수행녀의 참모임, 수행녀의 무리로 문맥에 따라 번역한다. 성문승가는 제자들의 참모임 또는 제자들의 모임으로 번역한다. 재가신도는 재가의 남자신자 또는 청신자로, 재가의 여자신자 또는 청신녀로 번역한다.

7) 싸띠(sati : 念)와 새김

우선 역자의 번역과 다른 초기경전의 역자들 사이에서 가장 두드러진 번역의 차이를 보이는 것은 '싸띠(sati)' 즉, 한역의 염(念)에 대한 것이다. 최근에 위빠싸나 수행자들 사이에 이 '싸띠'를 두고 '마음챙김'이라고 번역하는 것이 대세가 되었다. 일부에서는 '마음지킴'이라고 번역하기도 한다. '싸띠'는 내용적으로, 마음이 지금 여기에 현존하는 것이며, 분별적인 사유나 숙고에 휩싸이지 않고 대상을 알아채고 관찰하는 것을 말한다. 이러한 것을 단순히 고려한다면, '싸띠'를 '마음챙김'이나 '마음지킴'으로 번역하는 것이 어느 정도는 타당성을 지니는 것처럼 보인다.

그러나 이러한 번역은 몇 가지 모순을 갖는다. 첫째, 모든 가르침의 요소들이 마음과 관계되는 것인데 유독 '싸띠'에만 별도로 원래는 없는 마음이란 단어가 부가될 이유가 없다. 둘째, 올바른 '마음챙김'이나 '마음지킴'이라는 말은 착하고 건전한 것들을 지향하는 올바른 정진과 특히 내용상 구분이 어려워질 수 있다. 셋째, 네 가지 새김의 토대[四念處]에서 토대가 되는 명상주제의 하나에 마음이 포함되어 있어서 그것을 두고 마음에 대한 마음의 '마음챙김'이나 마음에 대한 마음의 '마음지킴'이라고 삼중적으로 번역하는 잘못이 발생할 수 있다. 넷째 '싸띠'라는 빠알리어 자체에는 '마음'은 커녕 '챙김'이나 '지킴'이라는 뜻도 어원적으로 없다. 아비달마적으로도 '싸띠'에 관한 한, 그 특징은 마음이 대상을 벗어나 들뜨지 않는 것이고, 그 역할은 혼란스럽지 않게 대상을 기억하는 것이고, 그 현상은 마음을 보호하고 대상을 현전시키는 것이고, 그 토대는 훈련된 지각이나 네 가지 새김의 토대에 대한 확립이다.

이러한 '싸띠'에 대해서는 부처님이 직접 ≪쌍윳따니까야≫에서 정의 내린 부분 — '수행승들이여, 이와 같이 수행승이 멀리 떠나 그 가르침을 기억하고 사유하면(anussarati anuvitakketi.), 그 때 새김의 깨달음 고리가 시작한다.(SN. 45 : 3)' — 을 참고하여 번역하는 것이 제일 타당하다. 여기서는 분명히 기억과 사유가 새김의 전제조건으로 확실히 '싸띠'에 대해 해석학적 설명, 즉 기억과 사유의 일치점을 지시하고 있음을 알 수 있다. 실제로 '싸띠'라는 말은 범어의 '스므리띠'(sk. smṛti)의 빠알리어 형태로 원천적으로 '기억'이란 뜻을 갖고 있으나, 기억과 사유가 일치하는 '지금 여기에서의 분명한 앎'이란 의미도 갖고 있으므로 그 둘 다의 의미를 지닌 우리말을 찾던 역자는 '새김'이란 가장 적당한 번역어라고 생각했다. 새김은 과거에 대한 '기억' 뿐만 아니라 지금 여기에서의 '조각(彫刻)' — 물론 사유를 은유적으로 이해할 때에 — 이라는 의미를 모두 함축하기 때문이다. 기억이 없이는 사물에 대한 지각을 올바로 알아차린다는 것은 불가능한 것이다. 따라서 새김의 토대에 대한 경(Satipaṭṭhānasutta MN. 10 : 念處經)에서 '싸띠'가 주로 관찰의 의미로 사용되는 것은 '지금 여기에서의 분명한 앎'으로서의 새김과 관계된 것이다.

8) 요니쏘 마나씨까라(yoniso manasikāra)와 이치에 맞는 정신활동

그 다음에 번역하기 난해한 것은 요니쏘 마나씨까라(yoniso manasikāra : 如理作意)와 아요니쏘 마나씨까라(ayoniso manasikāra : 非如理作意)라는 단어이다. 우선 요니쏘(yoniso)라는 말은 어원적으로 '모태(母胎)적으로'라는 말인데, '철저하게, 근본적으로, 이치에 맞게'라는 뜻으로 쓰이는데, 한역의 여리(如理)라는 말은 그 가운데 '이치에 맞게'라는 뜻을 취했음을 알 수 있다. 물론 이 때에 '이치에 맞게'라는 뜻은 '연기(緣起)의 원리에 맞게'라는 뜻이다. 따라서 '아요니쏘(ayoniso)'는 그 반대의 뜻을 지닌 것임을 알 수 있다. 더욱 번역하기 어려운 것이 '마나씨까라(manasikāra)'라는 말인데, 이 말을 '주의를 기울임'이라고 번역하면, 새김의 특성과 중복되므로 적당하지 않고, 한역에서처럼 작의(作意)라고 하기에는 일상용어가 아니라 그 의미가 애매해진다. '마나씨까라'는 마나쓰(manas)와 까라(kāra)의 복합어로 정신과 활동을 의미함으로 역자의 번역에서는 '정신활동'이라고 번역한다. 그래서 요니쏘 마나씨까라는 주석서(Srp. II. 21)에 따르면, '방편에 의한 정신활동으로, 교리에 의한 정신활동에 의해서(upāyamanasikārena pātha manasikārena)'의 두 가지 뜻으로 해석하고 있다. 리스 데이비드 부인(Mrs. Rhys Davi ds)은 이것을 '체계적으로 주의를 기울임'이라고 해석했고 빅쿠 보디(Bhikkhu Bodhi)는 ≪쌍윳따니까야≫의 번역에서 '주의 깊게 주의를 기울임'이라고 해석했다.(Cdb. 1584) 니야나띨로까(Nyanatiloka)의 『불교사전(Buddhistisches Wörterbuch)』에서는 '철저한 또는 현명한 숙고'이고, 한역에서는 여리작의(如理作意)라고 한다. 역자는 피상적이 아닌 연기법에 따른 심오하고 근본적 정신활동을 뜻한다고 보고 한역에도 부합하도록, '이치에 맞게 정신활동을 일으킴' 또는 '이치에 맞게 정신활동을 기울임'이라고 번역한다. 아요니쏘 마나씨까라는 '이치에 맞지 않게 정신활동을 일으킴' 또는 '이치에 맞지 않게 정신활동을 기울임'이라고 번역한다. 단, '요니쏘(yoniso)'가 단독으로 등장할 경우에는 '근본적으로' '철저하게' 또는 '이치에 맞게'라고 번역하고, '아요니쏘(ayoniso)'가 단독으로 등장할 경우에는 '피상적으로' '철저하지 않게' 또는 '이치에 맞지 않게'라고 번역한다.

9) 비딱까(vitakka)·비짜라(vicāra)와 사유·숙고

그 다음으로는 비딱까(vitakka) 와 비짜라(vicāra)가 있다. 한역에서는 초기번역에서 각(覺)과 관(觀)으로 번역되어 있어 중역을 할 때에 많은 경전번역을 난해하게 만들 소지가 있어 후기에는 심(尋)과 사(伺)로 번역되었다. 아비달마적인 전통에 의하면 '적용된 생각'과 '유지된 생각'이라는 뜻이지만, 역자는 '사유'와 '숙고'라고 번역했다. 까마비딱까(kāmavitakka)는 감각적 쾌락의 욕망에 입각한 사유를 뜻하고, 그 반대인 넥캄마비딱까(nekkhammavitakka)는 감각적 쾌락의 욕망의 여읨에 입각한 사유를 말한다. 이것이 첫 번째 선정에 응용되었을 때에는 '비딱까'는 일반적 의식의 사변적 특징이 아니라 마음을 대상에 적용하는 기능을 말하고 '비짜라'는 마음을 대상에 안착시키기 위해 대상을 조사하는 기능을 말한다. 그러나 이러한 해석은 아비달마적인 것이고 어떻게 보면 새김(sati)의 작용 – 새김이 없는 마음은 호박에 비유되고 새김을 수반하는 마음은 돌에 비유된다. 호박은 수면 위를 떠다니지만 돌은 물 밑바닥에 이를 때까지 가라 앉는다 – 과 혼동을 일으킬 수 있다. 경전상의 첫 번째 선정에 대한 정의 – 수행승들이여, 나는 내가 원하는 대로 감각적 쾌락의 욕망을 떠나고 악하고 불건전한 것들을 떠나 사유와 숙고를 갖추고 멀리 여읨에서 생겨나는 희열과 행복으로 가득한 첫 번째 선정에 도달한다.(SN. 16 : 9) – 를 살펴보면 감각적 쾌락의 욕망이 사라지면 나타나는 사유와 숙고는 앞에서 이야기하는 감각적 쾌락의 욕망에 입각한 사유를 뜻하는 것이 아니고 감각적 쾌락의 욕망의 여읨에 입각한 사유를 뜻한다는 것을 알 수 있고, 착하고 건전한 즉 윤리적이고, 이성적인 사유를 뜻한다는 것을 알 수 있다. 이러한 사유가 정밀하게 지속되는 상태는 곧 숙고라고 볼 수 있다.

10) 싹까야딧티(sakkāyadiṭṭhi)와 개체가 있다는 견해

학자들 사이에서 쟁점이 되고 있는 것은 싹까야(sakkāya)와 싹까야딧티(sakkāyadiṭṭhi; SN. 1 : 21)라는 용어가 있다. 한역에서는 각각 유신(有身)과 유신견(有身見)이라 한다. 싹까야(sakkāya)는 싸뜨(sat : 有)와 까야(kāya : 身)가 합해서 만들어진 복합어이다. 그러나 해석 방식은 두 가지가 있다. 하나는 '존재의 몸' 즉 '존재체(存在體)'라고 번역하는 것이고, 다른 하나는 '존재의 무리'라고 번역하는 것이다. 까야라는 말은 '신체'를 의미하기도 하지만 '무리'를 뜻하기도 한다. 가이거는 싹까야를 '신체적 현존재(Das körperliche Dasein : Ggs. I. 313)'라고 번역했고, 냐나몰리는 '체현(embody- ment)', 대부분의 학자들은 '개성(personality)', 빅쿠 보디는 '정체성(identity)'이라는 단어를 번역으로 취했다. 그러나 싸뜨(sat)라는 단어는 원래 바라문교의 철학의 '영원한 존재'에서 유래하는 실체적 존재를 의미하는 것이다. 그러나 불교철학적으로 보면 무상한 존재에 대한 전도된 인식하에서 성립한 것이다. 이러한 철학적인 배경 하에서만 싹까야딧티(sakkāyadiṭṭhi)가 '개체가 있다는 견해'라는 번역이 가능해진다. 물론 그것을 '개성적 견해', '정체성의 견해'라고 번역할 수 있겠지만, 그렇게 번역하면, 우리말 자체에서 현대 심리학과 관련해서 난해한 해석학적 문제에 봉착하게 된다. 유신과 관련해서 가이거는 하늘소녀가 '신체적 현존재(sakkāya : 有身) 가운데 살기 때문에 불행하다.(SN. 9 : 6)'고 번역한 문구에 각각의 번역 '개성'이나 '정체성'이나 '체현'이나 '개체' 등을 대입해 보면, '개체'가 가장 무난함을 발견할 수 있다. 역자는 ≪쌍윳따니까야≫의 초판본에서 유신과 관련해서 '존재의 무리'라고 번역했고, 유신견과 관련해서 '존재의 무리에 실체가 있다는 견해'라고 번역했는데 이를 '개체'와 '개체가 있다는 견해'로 수정한다. 그러나 이 개체라는 말은 단순히 개인이나 개체를 의미하는 것이 아니라 개체와 연관된 정신·신체적인 과정을 의미한다는 것은 의심할 여지가 없다.

11) 봇싹가빠리나마(vossaggapariṇāma)와 완전히 버림으로써 열반으로 회향함

그리고 한글로 번역이 어려웠던 단어 가운데 하나가 봇싹가빠리나마(vossaggapariṇāma; SN.3 : 18)라는 단어가 있다. 한역에는 사견회향(捨遣廻向) 또는 향어사(向於捨)라고 되어 있는데, 이것은 '버림 가운데 향하는'이라는 의미인데 그 향하는 목표가 어딘지 불분명하다. '자아-극복으로 끝나는(Krs. V. 27)' 또는 '해탈에서 성숙하는(Cdb. 1524)' 등의 번역도 있으나 만족스럽지 못하다. 빠리나마는 '성숙하는, 끝나는, 회향하는, 돌아가는'의 뜻을 지니고 있기 때문에 그러한 해석이 불가능한 것은 아니다. 붓다고싸(Srp. I. 159)에 따르면, 봇싹가는 버림(paricāga)의 뜻을 갖고 있고 빠리나마는 뛰어듦(pakkhanda)의 뜻을 갖고 있어 '포기하여 뛰어듦'을 뜻한다. '오염(kilesa)을 버림으로써 열반

(nibbāna)으로 회향하는'을 의미한다. 그런데 대승불교권에서는 회향이라는 단어가 '방향을 튼다.'는 의미보다는 '공덕을 돌린다.'는 의미가 강해서 오해의 소지가 없지는 않지만, 그렇다고 '열반으로 방향을 트는' 또는 '열반으로 돌아가는'이라고 하면, 전자는 어감상 안 좋고 후자는 모든 것이 열반에서 왔다가 다시 돌아간다는 의미가 강해지므로 또한 오해의 소지가 있다. 여기서 회향은 '오염에서 돌이켜 열반으로 향한다.'는 의미로 보아야 한다. 역자는 봇싹가빠리나미(vossaggapariṇāma)를 '완전히 버림으로써 열반으로 회향하는'이라고 번역한다.

12) 닙바나(nibbāna)·빠리닙바나(parinibbāna)와 열반·완전한 열반

열반(pāli. nibbāna; *sk.* nirvana)은 잘 알려져 있듯, 글자 그대로 '불이 꺼짐'을 의미한다. 그런데 대중적 불교문헌에서 열반은 이 생에서의 열반[nibbāna : 涅槃]을 의미하고, 완전한 열반(parinibbāna : 般涅槃)은 임종시에 도달하는 열반이라고 알려져 있다. 그러나 열반에 대한 이러한 적용은 잘못된 것이다. 토마스(E. J. Thomas)에 의하면, 빠알리어에서 '완전한'을 의미하는 빠리(pari)라는 단어는 '상태표현'에서 '상태획득'으로 변화할 때에 덧붙여진다. 그렇다면, 열반은 '해탈의 상태'이고 완전한 열반은 '해탈상태의 획득'을 의미한다. 따라서 실제도 이 양자는 구별되지 않는다. 동사인 '열반에 든다(nibbāyati)'와 '완전한 열반에 든다(parinibbāyati)'도 실제로 의미상 구별 없이 해탈의 획득행위에 쓰인다. 명사인 열반과 완전한 열반도 모두 완전한 깨달음을 통한 궁극적 해탈이라는 의미로 사용되는데, 동시에 모두가 육체적인 몸의 파괴를 통한 조건지어진 존재로부터의 궁극적 해탈에도 사용된다. 예를 들어 '완전한 열반에 든다.'는 말이 수행승이 살아 있는 동안의 해탈에 적용될(SN. 12 : 51; 22 : 54; 35 : 31) 뿐만 아니라, 부처님과 아라한의 죽음에도 적용된다.(SN. 6 : 15; 47 : 13)

완료수동분사형인 닙부따(nibbuta)와 빠리닙부따(parinibbuta)는, 명사들 닙바나(nibbāna)와 빠리닙바나(parinibbāna)와는 다른 어원을 가진다. 전자는 니르-브리(nir-√vṛ '덮다')에서 후자는 니르-바(nir-√vā '불다')에서 유래했다. 전자의 분사에 고유한 명사형은 닙부띠(nibbuti)이다. 이 닙부띠는 때때로 닙바나와 동의어로 쓰이지만, '완전한 고요, 적멸'이라는 뜻으로 쓰인다. 그러나 빠리닙부띠(parinibbuti)는 니까야에서 발견되지 않는다. 초기에 이미 두 동사가 융합되어 빠리닙부따가 완전한 열반에 든 자를 지시하는데 사용하는 형용사로 쓰였다. 동사처럼 분사형은 살아 있는 부처님과 아라한(SN. 8 : 2) 뿐만 아니라 사멸한 부처님이나 아라한(SN. 4 : 24)의 수식어로 사용되었다, 그럼에도 불구하고 완료수동분사형인 빠리닙부따는 시에서는 유독 '살아 있는 아라한'과 관련해서 쓰이고, 산문에서는 '사멸한 아라한'에 한정된다. 경전상에서 사용법으로 보면, 명상형인 빠리닙바나는 '아라한과 부처님의 사멸'을 뜻한다고 할지라도 그것은 '죽음 후의

열반'을 의미하는 것은 결코 아니고 이미 살아서 열반을 얻은 자가 사멸(死滅)하는 것을 말한다.

경전 상에는 두 가지 열반, 즉 '잔여가 있는 열반(有餘依涅槃 : saupādisesanibbāna)'과 '잔여가 없는 열반(無餘依涅槃 : anupādisesanibbāna)'이 있다. 여기서 잔여란 갈애와 업에 의해서 생겨난 다섯 가지 존재의 다발의 복합체를 말한다.(Itv. 38-39) 전자는 살아 있는 동안 아라한이 획득한 탐욕과 성냄과 어리석음의 소멸을 뜻하고, 후자는 아라한의 죽음과 더불어 모든 조건지어진 것들의 남김없는 소멸을 뜻한다. 그러나 양자는 이미 자아에 집착된 유위법적인 세속적 죽음을 완전히 초월해서 불사(不死 : amata)라고 불리며, 아라한은 이미 자아에 집착된 다섯 가지 존재의 집착다발(五取蘊)의 짐을 모두 내려 놓은 상태(ohitabhāro)에 있기 때문이다. 아라한에게 죽음은 애초에 적용되지 않는다. 동일한 완전한 소멸임에도 차이가 나는 것은 잔여가 있는 열반의 경우에는 '마치 도자기 만드는 사람이 돌리고 있던 물레에서 손을 떼어버려도 얼마간은 계속 회전하는 것처럼, 열반을 얻은 성인도 과거에 지은 업에 의해 결정된 얼마 동안은 삶을 계속하면서 업에 대한 고락을 받는다.'는 것이다. 과거의 업에 의해서 결정된 삶이 바로 경전에 나와 있는 아직 남아 있는 다섯 가지 감관에 의한 고락의 체험이다. 그리고 육체적인 삶의 죽음과 더불어 업의 잔여물인 다섯 가지 감관마저 사라져버릴 때 잔여가 없는 열반에 이른다. 이러한 두 가지 열반의 세계를 주석서는 각각 아라한의 경지를 얻을 때의 '오염의 완전한 소멸(kilesaparinibbāna)'과 아라한이 목숨을 내려 놓을 때 소멸을 의미하는 '존재의 다발의 완전한 소멸(khandhaparinibbāna)'로 구별하면서, 열반인 '닙바나(nibbāna)'와 '완전한 소멸' 또는 '완전한 열반'을 의미하는 '빠리닙바나(parinibbāna)'를 상호교환 가능한 동의어로서 본다. 그러나 경전상에서 사용방식은 위 두 종류의 '빠리닙바나'는 '닙바나'의 세계에 접근하는 사건으로 보는 것을 선호하기 때문에 '빠리닙바나'는 소멸하는 행위이고 '닙바나'는 소멸된 상태를 의미한다.

'닙바나'는 한역을 통해 열반으로 잘 알려진 우리말이므로 그리고 해석학적 관점에서 많은 다양성을 지닌 고유한 언어임으로 역자는 열반 이외에 다른 번역을 취하지 않는다. '빠리닙바나'에 대해서는 이제까지의 논의를 바탕으로 하면 빅쿠 보디가 번역한 것처럼 '궁극적 열반'이라고 번역하는 것도 가능하지만, 우리말의 어감상 어려운 느낌을 주기 때문에 역자는 '빠리닙바나'를 그냥 '완전한 열반'이라고 번역한다. 그리고 동사인 '빠리닙바야띠(parinibbāyati)'는 '완전한 열반에 든다.'라고 번역한다. 그 행위자 명사인 '빠리닙바인(parinibbāyin)'은 '완전한 열반에 든 자'라고 번역하고, 완료수동분사인 닙부따(nibbuta)는 열반과 관계되기도 하고 관계되지 않기도 – '빠리닙바야띠'와 '빠리닙부따'가 ≪맛지마니까야≫(MN. I. 446)에서는 단지 말의 훈련과 관련하여 사용되고 있다

– 하기 때문에 '열반에 든'이나 '적멸에 든'으로, 빠리닙부따(parinib buta)는 '완전한 열반에 든'이나 '완전히 적멸에 든'이라고 번역한다.

13) 서른일곱 가지 깨달음에 도움이 되는 원리(sattatiṁsabodhipakkhiyādhammā)
초기 경전에 자주 등장하는 서른일곱 가지 깨달음에 도움이 되는 원리(sattatiṁsa bod hipakkhiyā dhammā : 三十七助道品, 三十七菩提分法)의 각 항목의 경우 다음과 같이 번역한다.

1) 네 가지 새김의 토대(cattāro satipaṭṭhānā : 四念處)
① 몸에 대한 관찰(kāyānupassanā : 身隨觀)
② 느낌에 대한 관찰(vedanānupassanā : 受隨觀)
③ 마음에 대한 관찰(cittānupassanā : 心隨觀)
④ 사실에 대한 관찰(dhammānupassanā : 法隨觀)

2) 네 가지 올바른 노력(cattāro sammappadhānā : 四正勤)
① 제어의 노력(saṁvarappadhāna : 律儀勤)
② 버림의 노력(pahānappadhāna : 斷勤)
③ 수행의 노력(bhāvanappadhāna : 修勤)
④ 수호의 노력(anurakkhaṇappadhāna : 守護勤)

3) 네 가지 신통의 기초(cattāro iddhipādā : 四神足) :
① 의욕의 집중에 기반한 노력의 형성을 갖춘 신통의 기초
(chandasamādhipadhānasaṅkhārasamannāgatam iddhipādaṁ : 欲三摩地勤行成就神足)
② 정진의 집중에 기반한 노력의 형성을 갖춘 신통의 기초
(viriyasamādhipadhānasaṅkhārasamannāgatam iddhipādaṁ : 勤三摩地勤行成就神足)
③ 마음의 집중에 기반한 노력의 형성을 갖춘 신통의 기초
(cittasamādhipadhānasaṅkhārasamannāgatam iddhipādaṁ : 心三摩地勤行成就神足)
④ 탐구의 집중에 기반한 노력의 형성을 갖춘 신통의 기초
(vīmaṁsasamādhipadhānasaṅkhārasamannāgatam iddhipādaṁ : 觀三摩地勤行成就神足)

4) 다섯 가지 능력(pañca indiyāni : 五根)
① 믿음의 능력(saddh'indriya : 信根)
② 정진의 능력(viriy'indriya : 精進根)
③ 새김의 능력(sat'indriya : 念根)
④ 집중의 능력(samādh'indriya : 定根)
⑤ 지혜의 능력(paññ'indriya : 慧根)

5) 다섯 가지 힘(pañca balāni : 五力)
① 믿음의 힘(saddhābala : 信力)
② 정진의 힘(viriyabala : 精進力)

③ 새김의 힘(satibala : 念力)
④ 집중의 힘(samādhibala : 定力)
⑤ 지혜의 힘(paññābala : 慧力)
6) 일곱 가지 깨달음 고리(satta sambojjhaṅgā : 七覺支)
① 새김의 깨달음 고리(satisambojjhaṅga : 念覺支)
② 탐구의 깨달음 고리(dhammavicayasambojjhaṅga : 擇法覺支)
③ 정진의 깨달음 고리(viriyasambojjhaṅga : 精進覺支)
④ 희열의 깨달음 고리(pītisambojjhaṅga : 喜覺支)
⑤ 안온의 깨달음 고리(passaddhisambojjhaṅga : 輕安覺支)
⑥ 집중의 깨달음 고리(samādhisambojjhaṅga : 定覺支)
⑦ 평정의 깨달음 고리(upekhāsambojjhaṅga : 捨覺支)

7) 여덟 가지 고귀한 길(ariya aṭṭhaṅgika magga : 八聖道, 八正道)
① 올바른 견해(sammādiṭṭhi : 正見)
② 올바른 사유(sammāsaṅkappa : 正思惟)
③ 올바른 언어(sammāvācā : 正語)
④ 올바른 행위(sammākammanto : 正業)
⑤ 올바른 생활(sammāājīvo : 正命)
⑥ 올바른 정진(sammāvāyāmo : 正精進)
⑦ 올바른 새김(sammāsati : 正念)
⑨ 올바른 집중(sammāsamādhi : 正定)

위의 각각의 번역용어와 그에 대한 설명은 이 ≪맛지마니까야≫ 안에서 찾을 수 있으나, 다만, 네 가지 신통의 기초에 대한 의의와 다섯 가지 능력과 다섯 가지 힘의 관계에 대해서는 등장하지 않으므로 여기서 설명하기로 한다.

네 가지 신통의 기초에서 '신통의 기초(iddhipāda)'란 말은 '초월적 힘의 기초'를 말하는데, 원래 잇디(iddhi)와 빠다(pāda)의 복합어이다. '잇디'는 원래 '성공, 성장, 번영'을 뜻하는데, 인도의 요가 전통에서 이 단어는 명상을 통해 도달한 특별한 성공, 즉 사건의 일반적 질서에 도전하는 놀라운 재주를 행하는 능력의 성취란 의미를 지닌다. 그러나 이러한 재주는 인도의 영성에서 그것을 행하는 사람의 신적인 지위를 증진하는 기적으로 여겨지는 것이 아니라 오히려 집중[三昧]의 성취를 통해서 명상수행자가 이룰 수 있는 것이라고 여겨진다. 그것은 기적이 아니라 자연적 인과과정이 확장된 것이기 때문이다. 집중에 든 마음은 일반적인 감각적 의식 속에서는 보이지 않는 정신적 물질적 에너지의 내밀한 관계를 인식할 수 있다. 이러한 인식은 명상이 성취된 요가수행자에게 자연적 인과과정의 기저에 놓인 깊은 존재의 흐름 속으로 뛰어들게 하여 신비적으로 보이는 능력을 구사할 수 있게 만든다. 초기불교의 가르침이 합리적인 윤리체계로 묘사되고 순수한 명상체계로 알려져 있지만, 그것을 담고 있는 니까야 자체에는 부처님이 신통의 힘을 행사하고 제자들이 그러한 힘의 발휘에 능통한 것으로 기술된 경들로 가득 차 있다. 일반적으로 알려진 것과는 달리 부처님은 그러한 초월적 힘을 획득하는 것에 대하여 부정한 것은 아니다. 그가 부정한 것은 그러한 힘을 책임질 수 없는 대상을 향해 잘못 사용하는 것이다. 그는 수행승들과 수행녀들에게 그러한 힘을 신도들에게 감동을 주거나 이교도를 교화하기 위해 사용하는 것을 금했다. 그는 그러한 힘을 지닌 것 자체가 그것을 소지한 자가 순수한 지혜를 지녔다는 증거가 되지 않는다고 강조했다.

부처님은 또한 '여섯 가지 곧바른 앎' 또는 '여섯 가지 초월적 지혜'라고 번역되는 찰라빈냐(chaḷabhiññā : 六神通)는 보다 높은 지혜의 넓은 범주 속으로 신통을 포함시킴으로써 명상을 통해 얻어질 수 있는 정신적 성취의 유형에 대한 확장된 해석을 제공한다 : ① 여덟 가지 종류의 초월적 능력(iddhi : 神足通) ② 멀고 가까운 소리를 들을 수 있는 하늘귀(dibbasota : 天耳通) ③ 타인의 마음을 읽는 앎(parassa cetopariyañāṇa : 他心通) ④ 자신의 전생에 대한 새김(pubbenivasānussati : 宿命通) ⑤ 타인의 업과 과보를 아는 하늘눈(dibbacakkhu : 天眼通) ⑥ 번뇌 부숨에 대한 궁극적인 앎(āsavakkhayañāṇa : 漏盡通)이 있다. 이 가운데 첫 다섯 가지 곧바른 앎은 세속적인 것이고 명상수행자의 장식물로서는 바람직 할지 몰라도 해탈에 필수적인 것은 아니다. 마지막의 번뇌의 부숨에 대한 궁극적 앎은 출세간적인 것이고 점진적인 수행의 절정에 해당하는 것이다. 부처님은 이러한 보다 넓고 심오한 영적인 성취를 여기에 포함시켜서 초기불교의 교리적 구조 안에 인도 요가문화에서 높게 평가되는 신통을 포함시킬 수 있었던 반면에 자신의 제자들에게도 영적인 성취에 대한 자긍심을 불어 넣을 수 있었다. 네 가지 신통의 기초는 이러한 곧바른 앎 또는 초월적 지혜를 가능하게 하는 토대로서, 세속적이건 출세간적이건 신통을 획득하기 위한 수단이다. 그래서 서른일곱 가지 깨달음에 도움이 되는 길[三十七助道品]에 포함되어 있다. 그렇지만 다른 유형의 길과는 다른 경향을 갖고 있다. 다른 것들은 오직 깨달음과 열반의 실현에 기여하는 것이지만 네 가지 신통의 기초는 여섯 가지 초월적 지혜의 획득뿐만 아니라 아라한의 최상의 신통을 획득하는 수단이 되는 것이다.

다섯 가지 능력(五根 : pañca indriyāni)과 다섯 가지 힘(五力 : pañca balāni)은 동일한 정신적 요소의 선택에서 유래한 것이지만 그 관계성에 대해서는 의문이 제기된다. ≪비쑷디막가[淸淨道論 Vism. 491)≫에 따르면, 능력이란 제석천을 의미하는 인드라에서 파생된 단어로 인드라의 모습, 인드라에 의해서 나타난 것, 인드라에 의해서 보여진 것, 인드라에 의해서 생기된 것, 인드라에 의해서 닦여진 것이라는 의미를 지닌다. 인드라는 원래 강력한 번개를 뜻하며, 아리안 족이 인더스 강 유역에 정착했을 때 유목민에게 풍요를 가져다준 것은 번개였다. 번개가 치면 몬순이 시작되어 들판을 비옥하게 만들고 풍요롭게 만들었기 때문이었다. 따라서 인드라는 능산적(能産的) 지배자를 상징한다. 마찬가지로 경전에서 인드리야는 이러한 능산적이고 지배적인 능력을 의미한다. 그리고 ≪앙굿따라니까야(AN. II. 150≫에 의하면, 아마도 능력은 잠재되어 있거나 약한 초기 단계를 나타내는 것 같고, 힘은 강하게 나타나는 발전적 단계인 것 같은데, 경전에서는 이러한 견해에 호의를 보이지 않는다.

부처님은 이 두 깨달음에 도움이 되는 유형들이 동일한 성질을 갖는 유형의 다른 양상에 사용되는 것으로 그 명명만이 다를 뿐 동일하다고 선언한다. 그것들은 섬 주위로 흐르는 하나의 강의 두 흐름과 같다.(SN. 48 : 43) 주석서(Vism. 491-493)의 해석에 따르면 다섯 가지는 자체의 제어 즉 자재(自在)의 측면에서는 다섯 가지 능력이 되고, 반대가 되는 것을 극복하는 능력의 작용(作用) 측면에서는 다섯 가지 힘이 된다. 곧, 믿음은 자체를 제어하거나 지배한다는 측면에서 믿음의 능력이 되고, 불신을 극복하는 작용을 지니고 있다는 측면에서 믿음의 힘이 된다. 능력들이나 힘들 사이의 상호관계는 경에서는 언급되지 않지만 주석서(Vism. 129—130)에서 논해지는 것에 대해서는 알아둘 가치가 있다 : 믿음은 지혜와 한 쌍이 되어 정신생활에서 감성적인 것과 지적인 것이 균형을 취한다. 그리고 정진과 집중이 한 쌍이 되어 활성과 제어의 균형을 취한다. 새김은 그 어느 것들에도 속하지 않지만 각각의 쌍을 상호 강화시켜 긴장 속에 균형을 유지시킨다.

『쭐라박가』 해제

『쭐라박가』(小品 : Cullavagga)는 빠알리성전협회본율장 제2권이고 전통적인 빠알리대장경본율장 제4권에 해당하는데, 열두 개의 다발(Khandhaka : 犍度)로 이루어져 있다. 『쭐라박가』는 전통적 율장에서는 율장 가운데 부록을 제외하면, 최후에 소속된 권본에 해당하지만 성립사적으로 본다면, 『마하박가』의 다음에 해당한다. 부처님의 깨달음 이후에 참모임의 크나큰 기본틀이 구족계와 포살과 안거와 자자 그리고 주요한 일상생활을 규정하는 의약의 조달, 의복의 제조, 승단회의와 승단분열을 중심으로 『마하박가』에서 시설되었다면, 그 다음에 구체적으로 참모임에서 발생하는 점증하는 일상적 문제를 해결하기 위한 승단회의의 구체적인 처벌조항의 적용과 승단분규의 해결에 대해서 규정해야 할 필요와 일상적으로 일어날 수 있는 사소한 일에 대한 규정을 시설한 것이 바로 『쭐라박가』이다. 그래서 『쭐라박가』는 '사소의 품(小品)'이라는 뜻을 지니고 있는데, 그 가운에 한 장은 사실로 '사소한 일의 다발(Khuddakavatthukkhandhaka)'이라고 불린다. 그것은 『마하박가』에 비해서 작은 일상적인 문제를 다룬다는 데서 기인한 명칭이다.

제1장 갈마의 다발(Kammakkhandhaka : 羯磨犍度)

참모임이 생겨나자 참모임에서의 승단회의의 점증하는 문제점을 확고한 기반 위에서 해결해야 할 필요가 생겨났다. 그에 따라 조치의 필요성이 생겨났는데, 승단회의 또는 승단의례를 뜻하는 갈마에서는 견책조치, 의지조치, 한시퇴출조치, 사죄조치, 권리정지조치의 갈마를 행하게 된다. 빤두까와 로히따까를 추종하는 수행승들(paṇḍukalohitakā : CV. I. 1)은 스스로 다투고 싸우고 언쟁하고 분쟁하며 참모임에 쟁사를 일으켰고, 또한 다른 수행승들을 찾아가서 이와 같이 '존자들이여, 이것이 그대를 패하게 하지 마십시오. 소리 높여 힘껏 싸우십시오. 그대들은 그보다 훨씬 현명하고 훨씬 총명하고 훨씬 박식하고 훨씬 유능하므로 두려워하지 마십시오. 우리가 그대들의 편이 되겠습니다.'라고 말하며, 생겨나지 않은 다툼이 생겨나고, 생겨난 다툼은 점점 많아지고 확대되어갔다. 그러자 그들에게 견책조치가 내려졌다. 수행승 쎄이야싸까(Seyyasaka : CV. I. 9)가 어리석어 총명하지 못하고 죄가 많고 충고를 받아들이지 않고, 재가자와 부적절한 관계 속에서 재가자와 함께 지내고, 그가 잘못할 때마다 수행승들은 그에게 격리처벌을 처분하고, 가중처벌을 처분하고, 참회처벌을 처분하고, 출죄복귀를 처분하는데 바빠야 했다. 그래서 참모임은 그에게 자격을 갖춘 훌륭한 수행승에게 위탁하여 지도를 받으며 지내게 하는 의지조치의 갈마를 행한다. 그리고 마을에서 재가자들이 행하는 각종 취미생활이나 흥행거리는 수행승들에게는 비행에 해당하는데, 앗싸지와 뿌납바쑤를 추종하는 수행승들(Assajipunabbasukā : CV. I. 13)은 이러한 비행을 일삼다가 자신들이 살던 마을로부터 쫓겨나는 한시퇴출조치를 당한다. 한편, 장로 쑤담마(Sudhamma : CV. I. 18)은 신심있고 청정한 믿음을 지니고 자비롭고 유능하고 참모임의 후원자인 장자 찟따를 사소한 것으로 꾸짖고 사소한 것으로 모욕한 죄로 사죄조치의 갈마를 받는다. 수행승 찬나(Channa : CV. I. 25)가 죄를 짓고도 죄를 참회하려고 원하지 않아서, 권리정지조치를 받았다. 권리정지조치를 받은 자 가운데 특이한 것은 예전에 독수리조련사였던 아릿타(Ariṭṭha : CV. I. 32; Pāc. 68)의 경우였다. 그는 '세존께서 장애라고 설한 것들도 그것들을 수용하는 자에게는 장애가 되지 않는다.'라는 악견을 가진 것은 세 번에 걸친 견책을 주는 견책조치의 대상이었으나 지속적으로 악견을 고집한 것 때문에 해명의 기회가 주어지지 않고 참모임과의 향유가 차단되고 권리정지조치가 이루어졌기 때문에 승단을 떠나 환속했다. 그래서 부처님은 그에게 악견에 의한 권리정지조치를 해제를 행했다.

제2장 격리처벌의 다발((Pārivāsikakkhandhaka : 別住犍度)

격리생활(parivāsa : CV. II. 1)을 실행하는 수행승들이 처음에는 일반수행승으로부터 인사를 받고, 일어나 맞이함을 받고, 합장을 받고, 공경을 받고, 좌구를 대접받고, 와구를 대접받고, 세족수를 대접받고, 족대와 발수건을 대접받고, 발우와 가사의 영접을 받고, 목욕시에 맛사지를 받을 수 있었으나 사람들의 비난이 심해지자, 포살, 자자, 우기옷, 보시물, 식사는 허용되지만, 구족계를 주거나, 의지를 주거나, 사미를 두거나 하는 것 등이 금지되고, 일반수행승들의 앞으로 가서도 안 되고, 앞에 앉아서도 안 된다. 참모임의 끝좌석, 끝침상, 끝처소가 주어지면, 그것을 받아야 하고, 가정을 방문해서도 안 되는 등의 많은 제약이 따르게 된다. 물론 격리생활을 실행하는 수행승은 일반수행승과 함께 동일한 지붕아래에 있는 처소(āvāsa : Vin. II. 32)에서 살아서는 안 되고, 동일한 지붕아래에 있는 비처소(anāvāsa : Vin. II. 32)에서 살아서는 안 된다. 이때에 처소란 체류를 위해 마든 곳이고, 비처소란 탑묘, 보리수당, 쓰레기장, 땔감보관소, 음용수를 위한 집, 옥외변소, 곡물창고 등을 말한다. 뿐만 아니라 일반수행승을 보고 자리에서 일어나야 하고, 일반수행승을 보고 자리에 안내해야 하고, 일반수행승과 동일한 자리에 앉아서는 안 되고, 낮은 자리에 앉을 때 높은 자리에 앉아서는 안 되고, 땅위에 앉을 때 자리에 앉아서는 안 되고, 동일한 경행처에서 경행해서는 안 되고, 낮은 경행처에서 경행할 때 높은 경행처에서 경행해서는 안 되는 등의 행동의 제약도 따른다. 격리생활은 함께 살면서 승원생활을 누리거나, 방만한 자유가 주어지도록 홀로 떨어져 살거나, 준수해야 할 의무사항이 알려지지 않으면, 그 실행이 차단(ratticchedā : CV. II. 2)이 된다. 그런 의미에서 격리처벌은 일종의 보호관찰이라고 할 수 있다. 그리고 많은 수행승의 무리가 승원으로 와서 여기저기 흩어질 때에 일일이 격리처벌을 받고 있다는 사실을 알릴 수 없으므로 격리생활을 연기(nikkhipana : CV. II. 3)할 수 있다. 그리고 습관적인 잘못이 남아 있어 격리처벌되는 동안에도 동일한 죄를 범하는 경우, 그 동안에 격리처벌의 기간인 일수(日數)가 무효가 되고 처음의 일수로 되돌아가 다시 격리처벌되는 것을 가중처벌(mūlāya paṭikassana : CV. II. 4)이라고 한다. 가중처벌을 받아야 할 자도 준수해야 할 의무사항은 격리처벌을 받는 자와 동일하다. 참회처벌(mānatta : CV. II. 5)을 받아야 할 자도 참회처벌이 본질적으로 격리처벌이므로 준수해야 할 의무사항은 격리처벌을 받은 자와 동일하다. 참회생활을 실행하는 자의 의무도 격리생활을 실행하는 자의 의무와 동일하다. 참회생활의 차단은 격리생활의 차단과 동일하지만 '부족한 무리 즉, 세 명 이하에서' 일어날 경우에 그 실행이 차단(ratticchedā : CV. II. 7)된다. 또한 격리처벌에서의 경우처럼, 일일이 참회처벌을 받고 있다는 사실을 알릴 수 없을 때에는 참회생활을 연기(nikkhipana : CV. II. 8)할 수 있다. 그리고 출죄복귀(abbhāna : CV. II. 9)를 받아야 할 수행승도 복귀가 이루어진 것이 아직 이루어진 것이 아니므로 준수해야 할 의무사항은 격리처벌을 받은 자에 준한다.

제3장 누적의 다발(Samuccayakkhandhaka : 集犍度)

누적(累積)의 다발은 죄를 지었는데, 그 처벌기간에 다시 죄를 지어 죄가 축적되었을 때의 누적된 죄에 대한 처벌의 문제를 다루고 있다. 이 장의 앞부분의 대부분은 의도적 정액의 방출(sañcetanikasukkavisaṭṭhi : CV. III. 1-19)과 관련된 누적된 처벌의 문제를 다루고 있다. 의도적 정액의 방출은 감각적 쾌락의 욕구를 제대로 통제하지 못할 때에 거듭해서 반복적으로 지을 수 있는 청정한 삶의 티끌인데, 그 죄가 쉽게 누적될 될 수 있기 때문이다. 예를 들어, 존자 우다인(Udāyin : CV. III. 1)은 의도적인 정액의 방출이라는 한 죄를 짓고 감추지 않은 것에 대한 엿새 동안의 참회처벌을 받았다. 그후 그가 다시 의도적인 정액의 방출이라는 죄를 짓고 하루 동안 감춘 것(ekāhapaṭicchanna : CV. III. 3)에 대해서 하룻 동안의 격리처벌을 받고 실행한 뒤에 엿새 동안의 참회처벌(mānatta : CV. III. 4)을 받고 실행한 뒤에 출죄복귀(abbhāna : CV. III. 5)를 받았다. 그리고 많은 승단잔류죄를 지었을 경우에는 그 죄들 가운데 가장 오래 감춘 죄에 따라서 통합격리처벌(agghasamodhānaparivāsa : CV. III. 21)을 주어야 한다. 그리고 두 승단잔류죄(dve saṅghādisesā : CV. III. 22)를 지었을 경우, 특수하게 한 죄를 짓고 감춘 것에 대해서 격리처벌을 받는 동안에 다른 죄를 지은 것이 생각이 나서 참괴심이 났다면, 다른 한 죄를 짓고 감춘 것에 대해서도 격리처벌을 받아야 하는데, 만약에 그 다른 죄를 인지하지 못했다던가 그 죄에 대하여 의혹이 있었다가 한 죄에 대한 격리생활을 하다가 기억이 나서 알았다던가 의혹이 풀리고 분명해졌다면, 그날부터 다른 죄에 대하여 감춘 날짜만큼 격리생활을 실행해야 한다. 그리고 죄를 두 달 동안 감추었을 때에 한 달은 의혹이 없는데 감춘 달(māso nibbematikapaṭicchanno : CV. III. 25) 인 까닭에 그 달에 대하여 격리처벌을 주는 것은 원리에 맞지만, 다른 한 달은 의혹이 있어서 감춘 까닭에 그 달에 대하여 격리처벌을 주는 것은 원리에 맞지 않고, 참회처벌을 주어야 한다. 다양한 죄의 숫자와 처벌기간의 한계를 잘 알 수 없을 때에는 정화격리처벌(淨化別住 : suddhantaparivāsa, CV. III. 26)을 줄 수 있는데, 이 처벌을 받은 자는 받는 날부터 구족계 (具足戒)를 받은 날 이래의 일수를 헤아려서 격리생활을 해야 한다, 그 밖에 격리생활을 실행하는 자의 마흔 가지 경우(pārivāsikacattāḷīsaka : CV. III. 27)은 격리생활을 실행하다가 환속하는 경우, 정신 착란이 되는 경우 또는 권리정지조치를 받는 경우 등의 처벌사항의 변동에 대해서 논한다. 예를 들어 격리생활을 실행하다가 환속했다가 다시 구족계를 받더라도 격리처벌 등의 처벌사항은 예전처럼 준수되어야 한다. 그리고 격리처벌의 서른여섯 가지 경우(parivāsachattiṃsaka : CV. III. 28)은 격리생활을 실행하다가 도중에 많은 승단잔류죄를 지었을 경우에 헤아릴 수 있는 것과 헤아릴 수 없는 것이 있는데, 그것과 관계하여 가중처벌이나 통합격리처벌을 주는 것에 대하여 논하고 있다. 이러한 과정은 격리생활을 수반하는 참회처벌에 대해서도 동일하게 주어진다. 그리고 끝으로 가중처벌의 네 가지 유형(CV. II. 32)이 거론되고, 환속(vibbhama : CV. III. 33) 했다가 다시 구족계를 받은 경우의 가중처벌의 유형에 대해서도 논한다. 그리고 승단잔류죄를 추악죄 등과 뒤섞인 잡종죄(missaka : CV. III. 34)로 인식하거나 사소한 죄 즉, 사소죄(suddhaka : CV. III. 34)를 승단잔류죄와 같은 중죄로 인식하여, 감추거나 감추지 않은 것에 대한 처벌도 논의된다. 이러한 모든 처벌이 청정해지기 위해서는 원칙에 맞게(dhammena : CV. III. 36) 처리되어야 한다.

제4장 멸쟁의 다발(Samathakkhandhaka : 滅諍犍度)

쟁론이 생기면, 그것을 그치게 하는 것을 멸쟁(滅諍 : adhikaraṇasamatha)이라고 한다, 이 멸쟁에는 일곱 가지 방식의 멸쟁 즉, 칠멸쟁(七滅諍)이 있다. 승단에서 쟁사가 일어났을 때, 수행승 가운데 이러한 멸쟁의 원리를 아는 수행승이 승가의 규칙을 적용하여 쟁사를 그치게 해야 한다. 이것을 위반하면 악작죄를 범하는 것이다. 현전에 입각한 조정(sammukhāvinaya : CV. IV. 1) 즉, 당사자가 출석하여 현전한 상태에서 조치가 이루어져야 한다. 이것을 어기면 악작죄가 된다. 원칙에 맞지 않는 말을 하는 개인이나 대중이나 모임이 원칙에 맞는 말을 하는 개인이나 대중이나 모임을 교시하여 '이것이 원칙이고, 이것이 계율이고, 이것이 스승의 가르침이니, 이것을 잡고, 이것에 동의하십시오.'라고 말함으로써 쟁론이 그치면, 그것은 원칙에 맞지 않는 현전에 입각한 유사조정에 의해서 그치는 것이다. 그러므로 원칙에 맞는 현전에 입각한 조정을 도모해야 한다. 존자 답바 말라뿟따(Dabba Mallaputta : CV. IV. 4)는 출가하자마자 삭발식에서 불과 7세에 거룩한 경지를 얻어 스스로 처소배당인과 식사배식인을 자원하여 행했는데, 멧띠야와 붐마자까를 추종하는 수행승들의 사주를 받은 수행녀 멧띠야로부터 자신에게 능욕당했다라고 무고를 받게 되었다. 그러자 완전한 기억에 입각 조정을 거쳐 그에게 기억에 입각한 무죄평결이 주어진다. 수행승 각가(Gagga : CV. IV. 5)는 정신착란되어 마음이 전도된 상태에서 자신이 행한 것을 기억하지 못하자, 그에게 착란에 입각한 조정을 거쳐 무죄평결이 주어진다. 그리고 여섯무리의 수행승들(chabbaggiyā bhikkhū : CV. IV. 6-8)은 자인에 입각하지 않고 견책조치나 의지조치나 한시퇴출조치나 사죄조치나 권리정지조치의 갈마를 행할 수 없음을 규정하고 있다. 그리고 쟁사를 가라앉히는 멸쟁이 불가능할 경우, 다수에 입각한 조정(yebhuyyasikā : CV. IV. 9)을 행해야 한다. 그러기 위해서는 욕망·분노·어리석음·두려움 의해 삿된 길을 가지 말아야 하고 표결된 것과 표결되지 않은 것이 무엇인가를 아는 산가지표결관리인을 선정해서 다수결을 이끌어내야 한다. 그렇다고 모든 쟁사가 다수결의 원리에 맞는 것은 아니다. 쟁사가 작은 일이 아닌 것, 일의 근본을 알 수 있는 것 등의 열 가지 조건에 부합되어야 한다. 수행승 우발라(Uvāḷa : CV. IV. 11)는 참모임에서 죄에 대하여 조사받으면서 부정한 뒤에 인정하고 인정한 뒤에 부정했는데, 그러한 경우에는 참모임은 심문에 입각한 갈마를 행할 수 있다. 이때에도 현전에 입각하여 행하는 것과 질문에 근거하여 행하는 것과 자인에 입각해서 행하는 것 등의 원칙에 입각한 갈마에 준해야 한다. 심문에 입각한 갈마는 '훌륭한 계행을 두고 계행을 어기는 것' 등의 일이나 사람으로서의 대상을 지향해야 하며, 그것을 받은 자는 구족계를 주어서는 안 되고, 사미를 두어서는 안 되는 등의 제약이 따른다. 멸쟁 가운데 재미있는 것은 한역에서 여초복지법(如草覆地法) 또는 초복지비니(草覆地毘尼)라고 하는 것이 있는데 원래 '풀로 덮어두는 방식'이란 뜻이다. 역자는 대속에 입각한 조정(tiṇavatthāraka : CV. IV. 13)이라고 번역했는데, 어떤 사람이나 어떤 편의 잘못을 한 사람이 대표해서 인정하거나 고백함으로써 잘못을 풀로 덮어두는 방식으로 분쟁을 그치게 하는 것이다. 이것은 서로에게 책임을 전가하여 쟁사가 가혹, 고뇌, 분열로 치달을 때에 유효한 것이다. 그리고 수행승 찬나(Channa : CV. IV. 14)가 수행승들과 수행녀들 사이에 쟁사가 일어나자 일방적으로 수행녀들의 편을 들자 부처님은 네 가지 쟁사 즉, ① 논쟁으로 인한 쟁사, ② 비난으로 인한 쟁사, ③ 범죄로 인한 쟁사, ④ 의무로 인한 쟁사를 상세히 분석해 보이고 그 쟁사의 뿌리를 논쟁과 쟁사, 비난과 쟁사, 범죄와 쟁사, 의무와 쟁사의 관계의 측면에 대해서도 역설한다.

제5장 사소한 일의 다발(Khuddakavatthukkhandhaka : 小事犍度)

사소한 일이란 곧 일상적으로 일어나는 사소한 문제를 가르킨다. 여섯무리의 수행승들(chabbaggiyā bhikkhū : CV. V. 1)이 목욕을 하면서 나무나 기둥이나 마욕판이나 건달바손이나 기타의 도구에 몸을 문지르고, 허벅지를 문지르고, 팔을 문지르고, 가슴을 문지르고, 등을 문지른 것에 대해 사람들이 혐책하고 분개하고 비난하자, 그러한 행위는 모두 악작죄로 규정되었다. 악작죄는 고의로 범한 경우에는 한 사람 앞에서 참회하고, 고의가 아닌 경우에는 마음속으로만 참회하면 되는 죄이다. 그러자 환자의 경우에는 예외적으로 일부의 도구가 허용되었지만 대체로 목욕을 위해 도구를 사용하는 것은 목욕타월(ukkāsika : CV. V. 1)과 자신의 손이 닿지 않는 등 부분을 타인이 밀어주는 것 이외에는 허용되지 않았다. 그 밖에 전법초기 단계에서는 계율이 시설되지 않아 수행승들이 심지어 귀고리(vallika : CV. V. 2)를 비롯해서 귀장신구, 목걸이, 허리장신구, 발목장신구, 팔장신구, 손목장신구, 손가락반지까지 차고 다녔다. 뿐만 아니라 삭발을 하고 출가했음에도 불구하고 머리를 장발로 기르기도 하고, 왁스기름으로 머리를 빗기도 하고, 얼굴에 화장품을 바르기도 했다. 이러한 모든 것은 악작죄로 규정되었다. 거울이나 수경에 얼굴을 비추어보는 것도 악작죄에 해당하는데, 질병이나 상처가 있는 경우에는 예외로 허용되었었다. 그밖에 수행승이 춤과 노래와 음악을 보러 가는 것도 욕심을 여의고, 만족을 알고, 버리고 없애는 삶을 살고, 두타행을 하고, 청정한 믿음이 있고, 쌓아 모으지 않고, 용맹정진하는 수행승에게는 모두 악작죄로 규정되었다. 그 가운데 특히 수행승 스스로 길게 끄는 가락에 맞추어 노래하는 것(gāyana : V. 3)은 자신도 그 소리에 애착되고, 타인도 그 소리에 애착되고, 재가자들은 '우리가 노래하듯, 똑같이 이 수행자 싸끼야의 아들들도 노래한다.'라고 비난하고, 음조에 매혹되어 삼매를 잃고, 다음 세대들이 범례를 따르기 때문에 악작죄로 규정되었다. 다만 부처님의 말씀은 일상적인 독송에 준해서 읊조리는 것 즉, 영창(詠唱)은 허용되었다. 그리고 사치스런 털이 난 모피옷(bāhiralomuṇṇī : CV. V. 4)은 금지되었다. 그리고 빔비싸라 왕이 정원의 망고열매(ambāphala : CV. V. 5)를 수행승들에게 개방하자 일부 수행승들이 어린 망고열매까지 모두 따먹자 망고열매를 먹는 것이 일시 금지되었다가, 불이나 칼이나 손톱에 손상된 것이거나, 아직 종자가 생기지 않은 것이나, 종자가 분리된 것이라면, 열매로서 먹는 것이 허용되었다. 그리고 숲속에서 생활하는 수행승이 뱀에 물려죽자 부처님은 수행승들에게 '뱀에 대한 수호주'(ahiparitta : CV. V. 6)를 외어 자애심을 키울 것을 당부하고 사혈(瀉血)을 허용했다. 그리고 당시 수행자들의 심각한 고민을 대변하는 사건이 일어났는데, 그것은 어떤 수행승이 자신의 성기를 절단한 것이다. 성기의 절단은 잘라야할 번뇌를 자르지 않고 자르지 말아야 할 성기를 자른 것이기 때문에 추악죄로 규정되었다. 그리고 존자 삔돌라 바라드와자(Piṇḍola Bhāradvāja : CV. V. 7)가 값비싼 전단목 발우를 얻기 위해 인간을 뛰어넘는 신통을 보여준 것에 대해서 부처님은 여인이 비속한 한 푼의 돈 때문에 속치마를 보여준 것과 같다고 꾸짖고 그 전단목 발우를 부수어 가루로 만들어 연고에 섞어 향료로 사용한 것을 지시하고 아예 나무 발우와 금은 등의 사치스러운 발우를 금지 시키고 오직 쇠로 만든 발우와 도자로 만든 발우만을 허용했다. 그밖에 발우와 관계된 사소한 제규정이 설명된다. 이를테면, 발우의 받침대의 사용이나 발우를 대신하여 호리병박이나 사람의 해골의 사용은 악작죄에 속하게 되었고, 발우에 찌꺼기, 뼛조각, 오물을 운반하는 것 등도 금지되고 쓰레기통이 허용되었다. 옷감을 손으로 뜯는 것이 불편하여 칼이 허용되자 수행승들은 금이나 은으로 만든 화려한 손잡이가 달린 칼(daṇḍasatthaka : CV. 11)을 가지고 다녔는데, 뼈로 만들어지거나, 상아로 만들어지거나, 뿔로 만들어지거나, 갈대로 만들어지거나, 대나무로 만들어지거나, 수지로 만들어지거나, 열매로 만들어지거나, 구리로 만들어지거나, 소라껍질로 만들어진 손잡이가 달린 칼은 허용되었다. 그밖에 꿰매는데 필요한 골무 등이 허용되었고 옷을 꿰매다가 추위와 더위에 지치자 까티나당이나 까티나홀이 허용되었다. 그리고 신발행낭나 약품행낭 또는 여과낭모기장 등이 허용되었다. 가장 재미있는 것은 베쌀리 시에서 사치스런 음식의 공양을 받고 많은 수행승들이 체액의 불균형으로 건강에 이상이 생기자 부처님은 당대의 명의 지바까의 요청을 받아들여 경행과 욕실(caṅkamajantāghara : CV. V. 14)을 허용한다. 경행이 실로 중요한 수행의 하나로 습관적으로 자리 잡게된 동기는 여기에 있었는데, 그 증거로 그 이후 그 사건으로 경행당까지 건립되었기 때문이다. 물론 그 사건은 승원에 욕실이 도입된 직접적인 동기이기도 했다. 그리고 수행승들이 나형외도(裸形外道 : naggā, CV. V. 15)를 본받아 벌거벗고 다니는 것이나 벌거벗을 자들에게 인사를 하거나 받는 것이 모두 악작죄로서 금지되었다. 이 장에 가장 특이한 것은 재가신자에 대한 복발조치(覆鉢措置 : Pattanikkujjana, CV. V. 20)이다. 재가신자인 리차비 족의 밧다는 악명높은 멧띠야와 붐마자까를 추종하는 수행승들의 사주를 받아 존자 답바 말라뿟따가 자신의 아내를 능욕했다고 부처님에게 무고했다가 실제 무고임이 밝혀지자 부처님은 상징적인 조치로서 참모임이 발우를 뒤엎는 복발조치를 내리게끔 했다. 누군가에 대하여 발우가 뒤엎어지면, 그의 집에서는 수행승들은 탁발음식을 받을 수 없다. 이로써 수행승과 해당 재가신자 사이에 왕래가 끊어진다. 그러나 재가신자가 반성하면, 복발조치는 해제될 수 있다. 그밖에 일상적인 생활도구인 옹기, 빗자루, 부채, 모기를 쫓는 모기총채, 귀지를 파내는 도구 등은 허용되었고 양산이나 지팡이 등은 조건적으로 사용이 허용되었다. 되새김질을 한다던가 손톱을 기른다던가 머리카락이나 각종 수염을 기른다던가 하는 것은 모두 금지되었다. 그러나 흰 머리카락만 골라내서 자르는 것은 감각적인 쾌락을 위하는 재가자가 하는 짓이므로 금지되었다. 그리고 치아건강을 위해 버들가지(Dantakaṭṭha : CV. V. 31)를 씹는 것에는 건강에 이로운 여러 공덕이 있다고 권장되었다. 또한 산림이 불탈 때에는 맞불(paṭaggi : CV. V. 32)을 놓아 끄는 것이 좋다는 충고도 보인다. 그리고 '부처님의 말씀을 그 자신의 언어로 배우는 것을 허용한다.'(anujānāmi bhikkhave sakāya niruttiyā buddhavacanaṃ pariyāpuṇitun'ti : CV. V. 32)라는 유명한 문구가 등장하는데, 이것은 빠알리경전의 정통성을 입증하는 역사적 근거라고 볼 수 있다. 마늘은 냄새 때문에 금지되었으나 치유목적으로는 허용되었다. 대소변(Passāvavacca : CV. V. 35) 시의 청결문제는 중요하게 다루어졌고, 일상생활의 갖가지 비행(anāvāra : CV. V. 36)은 주로 재가자들이 즐기는 것인데 그것을 즐기면, 악작죄나 속죄죄로서 다스려진다.

제6장 처소의 다발(Senāsanakkhandhaka ; 臥坐具犍度)

승원이 없던 초기에 수행승들은 여기저기 숲속이나, 나무 밑이나, 산중이나, 산협이나, 산굴이나, 무덤이나, 우거진 숲이나, 노천이나, 짚더미위에서 지냈다. 한 라자가하 시의 부호가 수행승들이 위의가 단정한 것을 보고 자발적으로 정사를 지어 보시하겠다고 하자 부처님은 다섯 가지 방사(pañca lenāni : CV. VI. 1) 즉, 정사, 평부옥, 전루, 누옥, 동굴을 거처로 허용했다. 그리고 정사나 건축물을 지을 때의 여러 구조물 즉, 문기둥, 상인방, 문턱, 문턱레일, 빗장, 열쇠, 창호, 덧문, 침상, 등받이의자를 비롯한 각종 의자, 카펫이나 덮개, 깔개 등이 허용되었다. 단 높은 다리가 달린 침상은 허용되지 않았다. 그리고 정사의 단장에는 백색도료와 흑색도료와 홍토자가 허용되었다. 전통에 따라 주로 바닥은 흑색도료로 벽은 홍토자로 잠자는 장소는 백색도료로 칠했다. 여섯무리의 수행승들이 정사에 남녀의 모습의 희화(戱畫 : paṭibhānacitta, CV. VI. 3)를 그리자 사람들이 비난을 했고, 승원 안에서 그러한 희화를 그리는 것은 악작죄로 규정되었다. 그러나 정사의 지대가 낮아 물이 침투하면, 지대를 높이도록 허용되었고, 정사에 사람이 붐비면, 휘장이나 커튼을 허용하였고, 베란다나 테라스, 안뜰, 행랑채 등도 허용되었다. 그리고 별도의 집회당이나 음용수당도 허용되었고 승원이 만들어지면, 담장도 허용되었다. 담장으로는 대나무담장, 가시담장, 해자가 허용되었다. 지붕으로는 다섯 가지 지붕 즉, 타일지붕, 돌지붕, 석회지붕, 초가지붕, 나뭇잎지붕이 허용되었다. 그리고 유명한 싸밧티 시의 부호인 장자 아나타삔디까(Anāthapiṇḍika : CV. VI. 4)가 라자가하 시에 있는 처남을 만나러 갔다가 부처님을 만나 감화를 받고 제따 태자를 만나 대규모 승원인 제따바나 승원을 짓게 된 인연담이 소개되고 있다. 그리고 한때 수행승들이 정사에서 좋은 자리를 차지하려고 다툼이 일어나자 서열에 대한 여러 가지 이념적인 논란이 있었지만, 법랍의 순서에 따라(yathāvuḍḍhaṃ : CV. VI. 6) 인사, 환영, 합장, 경배, 최상의 자리, 최상의 물, 최상의 탁발식을 받는 것을 허용되었다. 그러나 참모임에 속하는 물건을 법랍의 순서에 따라 차지하는 것은 금지되었다. 높은 침상 크나큰 침상(uccāsayana mahāsayana : CV. VI. 8)은 재가자가 진열한 것 위에 앉는 것은 허용되어도 눕는 것은 허용되지 않았다. 승차식(saṅghabhatta : CV. VI. 10)이 있을 때에는 연장자나 환자를 배려하고, 식사가 끝나지 않았는데, 식사하는 사람을 일으켜 세워서는 안 된다. 처소배당인(senāsanagāhāpaka : CV. VI. 11)은 욕망, 분노, 두려움, 어리석음에 의해 삿된 길을 가지 말아야 하고, 배당된 것과 배당되지 않은 것을 알아야 한다. 그것에 준해서 식사배식인(bhattuddesaka : CV. VI. 21)을 비롯한 창고관리인이나 의복수납인이나 의복배당인, 죽분배인, 과일분배인, 작식분배인, 욕의분배인, 발우분배인, 정인관리인, 사미관리인도 욕망, 분노, 두려움, 어리석음에 의해 삿된 길을 가지 말아야 하고, 배당되거나 분배된 것 그리고 그렇지 않은 것, 또는 시킨 일과 시키지 않은 일을 구별하는 능력이 있는 자로서 정해져야 한다. 그런데 존자 우빠난다(Upananda : CV. VI. 12)가 싸밧티 시에서 처소를 배당받은 뒤에 어떤 마을의 주처로 가서 거기서도 처소를 배당받았는데, 혼자서 두 곳을 차지하는 것은 악작죄로서 금지되었다. 그리고 처소에 관하여 분배할 수 없는 것들(avebhaṅgiyāni : CV. VI. 12)이 있는데, 한역에서는 오불가분물(五不可分物)이라고 해서 승단의 유지에서 승가구성원이 명심해야 할 것으로 ① 승원과 승원의 토지 ② 정사와 정사의 토지 ③ 침상과 가구 ④ 승원의 도구(삽이나 괭이 등) ⑤ 초목이나 흙 등은 분배할 수 없는 것으로 분배되었더라도 처분된 것이 아니고, 분배하면, 추악죄를 범하는 것이 된다. 그리고 승원의 수리보수를 위해서 수리일(navakamma)을 줄 때에 너무 단조로운 일로 강도 높은 노동을 시키는 것은 바람직하지 않은 것으로 여겨졌다. 이를테면, 오로지 토괴를 쌓는 것으로 수리일을 주고, 오로지 벽을 칠하는 것으로 수리일을 주는 것 등은 악작죄에 해당했다. 평생에 걸친 수리일을 주어서는 안 되고, 화장장의 연기가 피어오를 때가 되어야 비로소 끝나는 정사의 수리일을 주어서는 안 되고, 정사의 일을 관찰하여 오년이나 육년에 끝날 수 있는 수리일을 주어야 하고, 평부옥의 경우에는 칠년이나 팔년에 끝날 수 있는 수리일을 주어애 하고, 큰 정사나 전각의 일을 관찰하여 십년이나 십이년 안에 끝날 수 있는 수리일을 주는 것이 허용되었다. 그리고 승단에 값비싼 물건이 보시되면, 이를테면 고가의 양모 덮개(kambala : CV. VI. 19)가

보시로 들어오면, 그것을 유익한 다른 것과 바꾸어 사용하는 것이 허용되었다.

제7장 참모임분열의 다발(Saṅghabhedakakkhandhaka : 破僧犍度)

싸끼야 족의 왕 밧디야(Bhaddiya : CV. VII. 1)를 비롯해서 싸끼야 족의 왕자들 아누룻다와 아난다와 바구와 낌빌라와 데바닷따와 일곱 번째로 이발사 우빨리가 출가했다. 출가해서 수행자가 된 왕 밧디야는 숲으로도 가고 나무 밑으로도 가고 빈 집으로도 가서 '아! 행복하다. 아! 행복하다.'라고 자주 외쳤다. 왕궁에서는 신하들이 엄하게 지켰고, 자신은 수호받아도, 두려워하고 근심하고 의심하고 전율했으나 혼자서 숲으로도 가고 나무 밑으로도 가고 빈집으로도 가도, 두려워하지 않고 근심하지 않고 의심하지 않고 전율하지 않고 평안하고 순조롭고 안정되고 사슴과 같은 마음으로 행복하게 지낼 수 있었다. 그러나 데바닷따(Devadatta : CV. VII. 2)는 출가해서도 진리의 추구보다는 이득과 명예를 위해서 노력을 기울였다. 어린 왕자 아자따쌋뚜를 신통술로 현혹시켰다. 그는 자신의 모습을 감추고 왕자의 모습을 나투어 뱀허리띠를 착용하고 왕자 아자따쌋뚜의 무릎에 나타나 왕자를 놀라게 만들었다. 왕자 아자따쌋뚜는 데바닷따의 이러한 신통변화에 기뻐하며, 오백 대의 수레로 아침저녁으로 맞으러 가고, 오백 솥분량의 음식을 공양했다. 그는 이득과 명예와 칭송에 마음이 정복되어 '내가 수행승들의 참모임을 이끌겠다.'라는 흑심을 품게 된다. 마침내 데바닷따의 음모(Devadattakumantana : CV. VII. 3)가 시작되었다. 데바닷따는 왕자 아자따쌋뚜를 찾아가서 '왕자여, 예전에 사람들은 목숨이 길었습니다만, 오늘날은 목숨이 짧습니다. 그대는 왕자일지라도 죽을 수 있는 그 가능성이 있습니다. 그러므로 왕자여, 그대는 아버지를 죽이고 왕이 되십시오. 나는 세존을 죽이고 부처님이 되겠습니다.'라고 사주하여, 그 계획을 실천에 옮긴다. 왕자는 부왕을 살해하려다 발각되었으나, 부왕인 마가다 국의 왕 쎄니야 빔비싸라는 부처님을 믿는 신자로써 오히려 그를 용서하고 왕위를 양도했다. 이로써 데바닷따는 왕이 된 아자따쌋뚜의 부하들의 힘을 빌어 부처님을 살해하려고 기도했으나 오히려 부처님으로부터 보시에 대한 이야기, 계행에 대한 이야기, 하늘에 대한 이야기, 감각적 쾌락에 대한 욕망의 위험·해악·오염과 멀리 여읨의 공덕에 대한 이야기를 듣고 부처님의 재가신자가 된다. 마침내 데바닷따가 깃자꿋따 산에 올라가 '이것으로 수행자 고따마의 목숨을 빼앗자.'라고 생각하고 큰 바위를 던졌고 그 돌조각이 떨어져 세존의 발에 피가 나왔다. 그러나 부처님은 이와 같이 "수행승들이여, 폭력으로 여래의 목숨을 빼앗는 것은 가능하지도 않고 성공할 수도 없다. 수행승들이여, 폭력 없이 여래는 완전한 열반에 든다."라고 선언한다. 이렇게 부처님에 대한 살해하고 승단을 장악하려고 했던 계획이 실패하자 데바닷따는 교묘한 방법으로 참모임의 분열(saṅghabheda : CV. VI. 4)을 획책하기에 이른다. 그는 자신이 부처님보다 훌륭한 수행자임을 강조하기 위하여 다섯 가지 주장을 편다 : ① 목숨이 붙어 있는 한, 숲속에 거주해야 한다. ② 목숨이 붙어 있는 한, 탁발식을 해야 한다. ③ 목숨이 붙어 있는 한, 분소의를 착용하여야 한다. ④ 목숨이 붙어 있는 한, 나무 밑에서 지내야 한다. ⑤ 목숨이 붙어 있는 한, 어류와 육류를 먹지 말아야 한다. 그러자 많은 사람들이 '수행자 고따마는 사치스럽고 사치스럽게 살려고 한다.'라고 주장하고 동조하게 되었고 밧지 족의 아들인 오백 명의 수행승들이 데바닷따를 따름으로써 승단이 분열되었다. 그러나 나중에 싸리뿟따와 목갈라나는 그 오백명의 수행승들을 다시 설득하여 데려옮으로써 참모임의 분쟁은 종식되었다. 그러나 참모임 안에서 의견차이에 의해 발생하는 참모임의 분쟁(saṅgharāji : CV. Ⅶ. 5)은 참모임의 분열과 구별되어야 한다. 참모임의 분열은 본질적으로 '원칙이 아닌 것을 원칙이라고 밝히고, 원칙을 원칙이 아닌 것이라고 밝히고, 계율이 아닌 것을 계율이라고 밝히고, 계율을 계율이 아닌 것이라고 밝히는 것'에서 출발한다.

제8장 의무의 다발(Vattakkhandhaka : 儀法犍度)

승원의 공공성은 객수행승(āgantuka : CV. Ⅷ. 1)의 자유로운 방문으로 어지럽혀지자 최소한의 예의를 규정하는 의규가 생겨나게 되었다. 객수행승은 '지금 나는 승원으로 들어가겠다.'라고 신발을 벗어 아래에 놓고 두드려 털고 다시 들고 양산을 접고, 뒤집어 쓴 것을 벗고, 머리위에 옷을 어깨에 두고, 주의 깊게 서두르지 않고 승원에 들어서야 하는 등의 예법이 정해졌다. 그 가운데 특이한 것은 탁발할 때에 학인으로 인정받은 가정인지를 알아야 한다는 구절이 있다. 한역으로는 학지인정가(學地認定家 : sekhasammata)라고 한다. 학인으로 인정받은 가정은 신심이 있어 수행승들에게 필요하면 무엇이든 보시하여 소모할 수 있기 때문에, 그 집안의 유지를 위해 수행승들이 방문을 자제하는 가정이 되어야 하는데, 이것을 학지인정의 가정이라고 한다. 거주수행승(āvāsika : CV. Ⅷ. 2)은 객수행승이 연장자라면, 자리를 준비하고 세족수도, 족대도, 발수건도 갖다 놓고, 맞이하여 발우와 옷을 받고, 마실 물에 관하여 묻고, 가능하다면, 신발을 닦아드려야 하고, 신참이라면, 앉아서 '여기에 발우를 두시오. 여기에 법복을 두시오. 이것이 자리이니 앉으십시오.'라고 설명해야 한다. 그리고 떠돌아 다니는 편력수행승(gamika)이 처소를 떠날 때에는 나무 도구와 토기 도구를 거두고 문과 창을 닫고 처소에 대하여 누군가에게 보존을 당부하고 떠나거나 아무도 없다면, 네 개의 돌 위에 침상을 놓고, 침상 위에 침상을 올려놓고 의자 위에 의자를 올려놓아 처소 위에 쌓고, 목기도구와 토기도구를 거두고, 문과 창을 닫고 떠나야 한다. 그리고 식당(bhattagga : CV. Ⅷ. 4)에서의 예절로서 가장 중요한 것은 수행승들이 식후에 감사를 표하지 않자 사람들의 비난이 쏟아졌기 때문에 식후에 감사를 표하는 것이었다. 그리고 식사시간이 되면, 식당으로 들어가는 예절에서부터 장로 수행승을 침해하거나 신참 수행승의 자리를 빼앗지 말 것 등을 지켜야 하고, 물을 받고 발우를 씻는 법이나 밥을 받아 주의 깊게 음식을 먹어야 한다. 그리고 탁발하는 자(piṇḍacārika : CV. VIII. 5)는 '지금 마을로 들어갈 것이다.'라고 생각하면, 세 바퀴를 돌려 하의를 둥글게 착용하고, 허리띠를 몸에 묶고, 두 겹 내지 네 겹으로 접어 대의를 두르고, 인끈고리를 조이고, 발우를 씻고, 주의 깊게 서두르지 않고 마을로 들어가야 한다. 숲속에 사는 자(āraññika : CV. VIII. 6)는 음용수를 마련해야 하고, 용수도 마련해야 하고, 불도 마련해야 하고, 찬목도 마련해야 하고, 지팡이도 마련해야 할 뿐만 아니라 방향을 잃지 않기 위해서 전부나 부분적으로 별자리를 배워야 하고, 방향에 밝아야 한다. 그 밖에 와좌구가 먼지가 쌓이지 않게 보살펴야 하고, 욕실에서는 적당한 열기로 온도를 맞추고 청결을 유지해야 하고, 변소에서는 대변을 보고 세정하여야 한다. 그리고 제자(saddhivihārika : CV. VIII. 11)가 친교사에 대하여 지켜야 할 의무가 있고 친교사(upajjhāya : CV. VIII. 12)가 제자에 대해서 지켜야 할 의무가 있는데, 그것들은 의무라기보다는 거의 평등한 배려에 가까운 것이다. 그 관계는 학인(antevāsika : CV. VIII. 13)과 궤범사(ācariya : CV. VIII. 12) 사이에도 동일하게 적용된다. 이러한 의무들은 율장 마하박가 제1장(Vin. I. 44-52, 60)에서도 병행된다.

제9장 의무계율송출차단의 다발(Pātimokkhaṭṭhapanakkhandhaka : 遮說戒犍度)

의무계율의 송출(Pātimokkhuddesa : CV. IX. 9)에 대한 의례인 포살은 대중이 청정할 때에 이루어져야 한다. 그렇지 않다면, 포살은 양심의 가책으로 얼룩지기 때문이다. 계행을 지키지 않고 악행을 하고 순수하지 못하고 의심스러운 행동을 하고 자신의 행위를 은폐하고 수행자가 아니면서 수행자인 체하고 청정한 삶을 살지 않으면서 청정한 삶을 사는 체하고 안으로 부패하고 탐욕스럽고 성품이 부정한 사람이 수행승의 무리 가운데 있어서는 안 되고, 문밖으로 쫓겨나야 한다. 그것은 마치 부처님의 가르침과 계율은 크나큰 바다와 같은데, 크나큰 바다는 죽은 사체와 함께 지내지 않기 때문에, 크나큰 바다에 계행을 지키지 않는 부정한 사람 즉, 죽은 사체가 생기면 그것을 신속하게 해안으로 옮겨서 육지에 올려놓는 것과 같다. 그리고 크나큰 바다가 유일한 맛인 짠 맛을 지니고 있듯, 부처님의 가르침과 계율은 유일한 맛인 해탈의 맛을 지니고 있다. 또한 크나큰 바다에는 많은 보물 다양한 보물들이 있는데, 그 가운데서도 보물로서 예를 들어 진주, 수정, 유리, 소라, 벽옥, 산호, 은, 금, 루비, 마노가 있듯, 부처님의 가르침과 계율에도 많은 보물 다양한 보물들이 있는데, 그 가운데서도 보물로서 네 가지 새김의 토대, 네 가지 올바른 노력, 네 가지 신통의 기초, 다섯 가지 능력, 다섯 가지 힘, 일곱 가지 깨달음 고리, 여덟 가지 고귀한 길이 있다. 죄가 있는 자가 의무계율에 대하여 들을 경우, 의무계율송출의 차단(pātimokkhaṭṭhapana : CV. IX. 2)을 이룰 수가 있다. 이것과 관련하여 특히 강조되는 것은 질책하는 자(codaka : CV. IX. 5)가 타자를 질책하고자 할 때에 조건이다. 질책하는 자는 '나는 신체적 · 언어적 · 정신적 행동이 청정한가, 흠없고 허물없는 청정한 신체적 · 언어적 · 정신적 행동을 갖추고 있는가? 나에게 이러한 원리가 있는가, 없는가?'를 성찰해야 한다. 그 밖에도 가르침에 대한 박학한 이해와 계율에 대한 상세한 새김과 분석은 질책하는 자의 필수적인 요건이다. 그리고 질책하는 자는 질책할 때에 안으로는 ① 자애 ② 안녕 ③ 연민 ④ 죄에서 벗어남 ⑤ 계율에 대한 존중을 갖추고 밖으로는 ① 올바른 때에 말하고 ② 진실하게 말하고 ③ 부드럽게 말하고 ④ 유익하게 말하고 ⑤ 자애의 마음으로 말하는 것을 갖추어야 한다. 그리고 질책을 당하는 수행승은 질책당한 수행승은 두 가지 원리 즉, ① 진실과 ② 부동에 자신을 확립하여야 한다.

제10장 수행녀의 다발(Bhikkhunīkkhandhaka : 比丘尼犍度)

마하빠자빠띠 고따미(Mahāpajāpatī Gotamī : CV. X. 1)는 부처님의 이모이자 양모로써 출가하여 비구니가 된 첫 번째 수행녀이다. 원래 여성의 출가는 허락되지 않았으나 그녀의 간곡한 부탁으로 아난다가 부처님으로부터 몇 번 거절을 당한 뒤에 청원의 방식으로 질문을 달리하여 "여인들이 여래께서 설한 가르침과 계율 가운데 집에서 집없는 곳으로 출가해서, 흐름에 든 경지나, 한 번 돌아오는 경지나, 돌아오지 않는 경지나, 거룩한 경지를 실현하는 것이 가능합니까?"라고 물은 뒤에 부처님으로부터 "가능하다."라는 답변을 받아내고 여인의 출가를 성공시킴으로써 수행녀의 승단 즉, 비구니교단이 생겨나게 되었다. 그런데 대략 다음과 같은 여덟 가지 공경의 원리(八敬法)을 조건으로 허락되었다 : ① 수행녀는 구족계를 받은 지 백년이 되어도 방금 구족계를 받은 수행승에게 인사를 하고 자리에서 일어나 합장하고 응대해야 한다. ② 수행녀는 수행승이 없는 곳에서 안거해서는 안 된다. ③ 수행녀는 보름마다 수행승의 참모임에 두 가지 원리, 즉 포살에 대한 질문과 훈계하는 자의 방문을 간청해야 한다. ④ 수행녀는 안거를 마치면 수행승과 수행녀의 참모임에서 보고, 듣고, 추측한 세 가지 잘못에 관해서 자자를 행해야 한다. ⑤ 수행녀가 공경의 원리를 어기면 수행승과 수행녀의 참모임에서 십사일 간의 속죄를 행해야 한다. ⑥ 정학녀는 이년 동안 학습한 뒤에 수행승과 수행녀의 참모임에서 구족계를 청해야 한다. ⑦ 수행녀들은 어떠한 이유로도 수행승들을 비웃거나 비난해서는 안 된다. ⑧ 오늘 이후 수행녀들의 수행승들에 대한 충고의 길은 막히나, 수행승들의 수행녀들에 대한 충고의 길은 막히지 않는다. 당시의 여성출가자들의 열악한 조건과 시대적 상황을 고려하여 만들어진 것으로 오늘날의 관점에서 보면, 여성에 대한 차별적 요소가 없지 않지만, 집없는 출가생활을 전제로 하여 만들어진 것인 만큼, 상황적 이해가 필수적이다. 그러나 이 여덟 가지 공경의 원리를 보완하기 위해서 수행녀를 지도할 수 있는 교계자의 자격(AN. Ⅳ. 279)을 엄격하게 규제하고 있다는 사실도 알아야 한다 : '아난다여, 이와 같은 여덟 가지 원리를 갖춘 수행승이 수행녀의 교계사로 인정될 수 있다. 여덟 가지란 무엇인가?' '아난다여, 세상에 수행승이 ① 계행을 지키고, 의무계율을 수호하고, 올바른 행위의 경계를 갖추고, 사소한 잘못에서도 두려움을 보고, 지켜야 할 학습계율을 수용하여 배운다. ② 그는 많이 배우고 배운 것을 기억하고 배운 것을 모으고, 처음도 훌륭하고 중간도 훌륭하고 마지막도 훌륭한, 내용을 갖추고 형식이 완성되고, 지극히 원만하고 오로지 청정한 거룩한 삶을 설하는, 그와 같은 가르침을 자주 배우고 기억해서 언어로 숙달하고 정신으로 관찰하고 견해로 꿰뚫는다. ③ 그는 수행승과 수행녀의 두 참모임의 의무계율에 상세한 것까지도 항목과 그 해설에 따라 잘 파악하고 잘 분별하고 잘 활용하고 잘 결정한다. ④ 그는 훌륭한 말을 하고 훌륭한 말솜씨를 지니고 세련된 언어를 갖추어 신뢰할 만하고 잘못이 없고 의미를 알 수 있는 말을 한다. ⑤ 그는 수행녀의 참모임을 가르침에 대한 말씀으로 교화하고 북돋우고 고무시키고 기쁘게 할 수 있다. ⑥ 그는 대부분의 수행녀들에게 사랑받고 호의를 받는다. ⑦ 그에게는 세존을 모시고 출가하여 가사를 입기 전에 저지른 중대한 죄악이 없다. ⑧ 그의 법랍은 이십년이나 이십년 이상이다. 아난다여, 이와 같은 여덟 가지 원리를 갖춘 수행승이 수행녀의 교계사로 인정될 수 있다.' 그리고 수행녀가 가르침과 계율을 스스로 평가할 수 있는 잣대를 고따미의 청문(gotamīssavana : CV. X. 5; AN. Ⅳ. 280)을 통해 주고 원칙에 어긋나면 거부할 수 있는 권한을 주었다는 것에도 주의를 기울여야 한다 : '고따미여, 그대가 알고자 하는 원리들이 있는데, 그러한 원리들이 탐욕으로 이끌고 탐욕의 여읨으로 이끌지 않고, 결박으로 이끌고 결박의 여읨으로 이끌지 않고, 집적으로 이끌고 집적의 여읨으로 이끌지 않고, 커다란 욕망으로 이끌고 욕망의 여읨으로 이끌지 않고, 불만으로 이끌고 만족으로 이끌지 않고, 교제로 이끌고 멀리 떠남으로 이끌지 않고, 게으름으로 이끌고 열심히 노력함으로 이끌지 않고, 부양하기 어려움으로 이끌고 부양하기 쉬움으로 이끌지 않는다면, 고따미여, 결코 그러한 원리는 가르침이 아니고 계율이 아니고 스승의 교계가 아니라는 것을 명심하시오.' 그리고 싸끼야 족의 여인들의 출가(sākiyanīpabbajja : CV. X. 2)가 이루어져 수행녀의 교단이 확립되어 나가자 실제로 여덟 가지 공경의 원리는 완화되어 갔다. 멸쟁(滅諍 : Adhikaraṇavūpasama, CV. X. 7)을 위한 것이지만, 처음에는 수행승들이 수행녀들을 위해 갈마를 행했으나 수행녀들에게 위임되어 수행녀들이 수행녀들을 위하여 자결적으로 갈마를 행하는 것이 허용되었고, 처음에는 수행승들이 수행녀들을 위하여 죄가 받아들여졌으나 나중에 수행녀들이 수행녀들로부터 죄를 받아들이는 것이 허용되었다. 그리고 수행승들과 수행녀들의 상호간의 성기의 노출(aṅgajātavivaraṇa : CV. X. 9)이나 음담패설 등의 일체의 사회적인 오해를 유발할 수 있는 행동은 금지되었고, 감각적 쾌락의 욕망을 유발하는 재가의 여인들의 아름다운 옷이나 화장이나 단장이나 안마나 맛사지 등도 모두 악작죄로서 금지되었다. 그러나 한 때 여섯무리의 수행녀들이 눈가를 화장하고, 이마에 경면을 칠하고, 창문으로 엿보고, 문밖으로 몸을 내밀고, 춤추기를 개최하고, 기녀를 후원하고, 선술집을 세우고, 정육점을 세우고, 시장을 운영하고, 고리대금에 종사하고, 장사에 종사하고, 노예남자를 거느리고, 노예여자를 거느리고, 하인을 거느리고, 하녀를 거느리고, 축생을 키우고, 소채를 팔았으나 이러한 모든 것이 또한 악작죄로서 금지되었다. 그리고 수행녀가 죽었을 때의 필수품(parikkhāra : CV. X. 11)의 귀속문제, 재가의 여자신자의 부탁으로 받은 발우 안의 태아(pattagabbha : CV. X. 13), 길을 가다가 관찰하게 된 버려진 남근(purisavyañjana : CV. X. 14), 저장한 과다한 음식(Āmisa : CV. X. 15), 월경중인 수행녀들(utuniyo bhikkhuniyo : CV. X. 16)의 와좌구의 처리문제 등도 다루고 있다. 그리고 수행녀들에게 구족계를 줄 때에는 수행승의 열한 가지 장애법(MV. I. 76)보다 많은 '그대는 성적으로 결함이 있는 여인이 아닙니까?'라는 질문 등의 스물네 가지 장애법(catuvīsati antarāyike dhamme : CV. X. 17)에 관하여 질문해야 한다. 수행녀들의 숲속의 삶(araññavihāra : CV. X. 23)은 위험성 때문에 악작죄로 금지되었다. 그러나 여인이 임신한 채 수행녀들 가운데 출가하여 태아(gabbha : CV. X. 25)를 낳았을 경우에는 동반수행녀를 딸려서 공동으로 양육하여 보살필 것을 허용하였다. 그리고 수행녀가 일단 환속하거나 이교도에 귀의했다가 다시 돌아오더라도 구족계를 주는 것은 금지되었다.

제11장 오백결집의 다발(Pañcasatikakkhandhaka : 五百犍度)

오백결집의 다발은 부처님께서 완전한 열반에 드실 때에 부처님의 수제자였던 존자 마하 깟싸빠(Mahā Kassapa)는 그 자리에 없었다. 그는 빠바 시에서 꾸씨나라 시에 이르는 큰 길을 가는 도중에 사명외도로부터 부처님의 완전한 열반 소식을 듣고야 비로소 그 소식을 알았다. 많은 수행승들이 슬퍼했으나 쑤밧다(Subhadda : CV. XI. 1)는 "우리는 그 위대한 수행자에게서 해방되었습니다. 우리는 '이것은 그대들에게 옳다. 이것은 그대들에게 그르다.'라고 간섭을 받았습니다. 우리는 이제 원하는 것을 할 수 있고 원하지 않는 것을 하지 않을 수 있습니다."라고 주장하자 충격을 받은 마하 깟싸빠는 "벗들이여, 우리는 가르침과 계율을 결집합시다. 예전에 가르침이 아니었던 것이 번영하고 가르침이었던 것은 쇠퇴하고, 예전에 계율이 아니었던 것이 번영하고 계율이었던 것은 쇠퇴하고 있습니다."라고 주장하면서 오백 명의 수행승들이 모여서 가르침과 계율을 결집하게 되었다. 그런데 당시 결집이라는 것은 부처님의 법문을 들은 수행승들이 모여서 가르침을 외운 것을 송출하는 것이었는데, 오백명이 모여서 결집했으므로 오백결집이라고 한다. 그리고 불멸후 첫 결집이므로 제1차결집이라고도 한다. 여기 율장에서는 존자 아난다는 처음에 선택되지 못했다가 수행승들의 간청으로 오백명 안에 선정된 것으로 되어 있다. 그 과정은 다음과 같이 ≪디가니까야≫의 주석서인 ≪쑤망갈라빌라씨니≫ 안에 있다.

'어떤 수행승들이 존자 아난다에 대하여 '이 승단에서 한 수행승이 비린내를 풍기며 다닌다.'라고 말했다. 장로는 그 말을 듣고 '이 승단에서 다른 수행승이 비린내를 풍기며 다닐 리는 없다. 참으로 그들은 나에 대하여 말한 것이다.'라고 각성을 일으켰다. 어떤 자들은 그에게 '벗이여, 내일이 모이는 날입니다. 그런데 그대는 아직 배울 것이 있는 학인입니다. 그러니 그대가 모임에 참석하는 것은 어울리지 않습니다. 방일하지 마십시오.'라고 말했다. 그러자 장로 아난다는 '내일이 모이는 날이다. 나는 아직 배울 것이 있는 학인이니 모임에 참석하는 것은 어울리지 않는다.'라고 생각하여 몸에 대한 새김으로 밤을 지새운 뒤에 이른 새벽에 경행단에서 내려와 승원으로 들어가 '누워야겠다.'라고 몸을 굽혔다. 두 발이 땅에서 떨어지고 머리가 베개에 닿기 직전에 집착 없이 번뇌에서 마음이 해탈하였다. 다시 말하자면, 존자 아난다는 경행을 하면서 밖에서 지새웠지만 탁월한 것을 얻지 못하자 '세존께서는 나에게 '아난다여, 그대는 공덕을 지었으니 정진에 몰두하라. 곧 번뇌를 부순 님이 되리라.'라고 말하지 않았던가? 부처님께서는 말씀을 함부로 하시지 않는다. 나는 너무 지나치게 정진하였다. 그래서 나의 마음이 흥분으로 기울었다. 이제 나는 정진을 쉬어야겠다.'라고 생각하여 경행단에서 내려와 발 씻는 곳에서 두 발을 씻고 승원에 들어가 침상에 앉아 '쉬어야겠다.'라고 몸을 침상으로 기울였다. 그리고 두 발이 땅에서 떨어지고 머리가 베개에 닿기 직전에 집착 없이 번뇌에서 마음이 해탈했다. 장로는 네 가지 자세[四威儀路 : 行住坐臥]와는 상관없이 거룩한 님이 된 것이다. 그래서 '이 가르침에서 누가 눕지 않고 앉지 않고 서지 않고 걷지 않고 거룩한 님이 되었는가?'라고 물으면, '장로 아난다이다.'라고 대답하게 된 것이다. 그리고 장로 수행승들은 그 다음 날 흑분(黑分)의 다섯 번째 날에 식사를 마치고 발우와 가사를 정돈하고 법회 장소에 모였다. 마침내 존자 아난다도 거룩한 님이 되어 모임에 나갔다. 어떻게 갔는가? 그는 '이제 나도 모임에 갈 자격이 있다.'라고 기쁘고 만족한 마음으로 한쪽 어깨에 가사를 걸치고, 줄기에서 떨어진 잘 익은 야자열매처럼, 황색 융단위에 놓인 보주처럼, 구름 한 점 없는 하늘에 떠오른 보름달처럼, 아침햇살에 닿아 반짝이는 황색 꽃가루받이를 지닌 홍련화처럼, 깨끗하고 청정하고 빛나는 길상의 훤칠한 얼굴로 자신의 거룩한 경지를 드러내듯이 갔다. 마침 이런 그를 본 존자 마하 깟싸빠는 '아난다는 실로 거룩한 경지를 얻어 빛난다. 만일 스승께서 계셨더라면, 오늘 참으로 아난다를 '훌륭하다!'라고 칭찬했을 것이다. 오! 스승께서 해주실 칭찬을 내가 해주어야겠다.'라고 생각하고 세 번 '훌륭하십니다!'라고 말을 건넸다.(Smv. 9-11)

이렇게 해서 부처님의 시자로써 법문에 관하여 가장 많이 알고 있던 존자 아난다가 참여함으로써 존자 마하 깟싸빠는 오백결집을 개최할 수 있었다. 우선 결집의 동기가 되었던 계율의 결집이 중요했기 때문에 먼저 계율을 지키는 님 가운데 제일(持戒第一)인 존자 우빨리(Upāli)에게 묻는 것을 시작으로 율장의 결집에 들어갔다. 먼저 가장 중죄인 승단추방죄의 주제에 대해 묻고, 인연에 대해 묻고, 사람에 대해 묻고, 시설에 대해 묻고, 부가적 규정에 대해 묻고, 죄에 대해 묻고, 무죄에 대해 묻고는 그 다음의 죄에 대해서 묻는 식으로 해서 율장을 결집한 뒤에 많이 '배운 자 가운데 제일'(多聞第一)인 존자 아난다(Ānanda)에게 ≪디가니까야≫의 『하느님의 그물의 경』에 관하여 묻는 것을 비롯하여 경장을 결집하였다. 그런데 이 과정에서 후유증으로 남은 것은 부처님께서 소소한 학습계율은 폐기해도 좋다고 했는데, 그 소소한 학습계율이란 무엇인가라는 논란이었고, 부처님께서 그러한 말씀을 유시로 남길 때에 그 소소한 학습계율(khuddānukhuddakasikkhāpada : CV. XI. 2)이 무엇인가를 묻지 않은 존자 아난다의 부주의는 일부 수행승들에 의해서 악작죄로 성토되었다. 그와 더불어 부처님과 한 날 한 시에 태어나 위대한 유성출가의 날에(mahābhinikkhammadivase) 함께 했고 나중에 스승 앞에 출가하여 청정한 수행승들에게 '나의 부처님, 나의 가르침'이라고 하면서 무례하고 악의적으로 말해서 청정한 수행승들과 충돌을 일삼아 온 수행승 찬나에게 주어진 하느님의 처벌(梵罰 : brahmadaṇḍa, CV. XI. 3)이 무엇인가가 논해지고 있다.

제12장 칠백결집의 다발(Sattasatikakkhandhaka : 七百犍度)

칠백결집의 다발은 부처님께서 완전한 열반에 드신 이후 일백 년이 되었을 때, 베쌀리 시에서 밧지 족의 수행승들이 고행주의적 경향을 완화시키는 완화주의적 입장에서 제기한 금은을 받을 수 있는가 등의 열 가지 사항(十事 : dasavatthūni : CV. XII. 1)의 여법성 여부를 묻기 위한 결집이었는데, 칠백 명의 수행승들이 참여했다. 그래서 이것을 칠백결집이라고 불렀다. 시간적으로는 앞의 오백결집이 제1차결집이라고 불렸고, 이 칠백결집은 제2차결집이라고도 불렸다. 완화주의적 경향에 대항해서 멸쟁을 주도한 장로가 야싸 깔란다까뿟따(Yasa Kākaṇḍakaputta)였기 때문에 이 결집을 야싸의 결집이라고도 한다. 그는 계율의 완화를 '해와 달의 네 가지 오염(cattāro candimasuriyānaṃ upakkilesā : AN. II. 53)'에 비유한 부처님의 가르침의 예를 들어 율장의 정통성에 입각해서 재가신자들 뿐만 아니라 수행승들을 설득하여 멸쟁을 주도했다. 수행승들은 베쌀리 시의 조용한 발리까라마 승원에서 네 명의 동쪽에서 온 수행승들과 네 명의 빠바 시에서 온 수행승들을 선정하여 도합 여덟 명의 단사위원(ubbāhikā : CV. XII. 2)을 선출하여 그들이 그 쟁사를 그치도록 결정했다. 이러한 단사위원평결의 전통은 오늘날까지도 대의민주적인 불교문화를 꽃피는데 큰 역할을 하게 한 원동력이다. 그들은 좌장으로 많이 배우고, 전통을 수용하고, 가르침에 밝고, 계율에 밝고, 논의의 주제에 밝고, 현명하고, 총명하고, 슬기롭고, 부끄러움을 알고, 후회를 알고, 배움을 추구하던 존자 레바따를 세웠다. 야싸 깔란다까뿟따가 좌장이 되어 질문을 하면, 존자 레바따가 허용여부를 대답함으로써 단사위원평결이 이루어졌고 쟁사가 해결되었다. 그들은 이 멸쟁을 통해서 ① '소금이 없을 경우 나는 먹을 수 없다.'라고 생각하고 소금뿔에 소금을 가지고 다니는 것은 허용될 수 없다는 것을 확인했고 ② 손가락 두 마디의 해그림자가 지나 때 아닌 때에 식사를 하는 것도 허용될 수 없음을 확인했고 ③ 이미 식사가 끝났는데, '나는 지금 마을 안으로 들어가야지.'라고 생각하여 먹다 남은 것이 아닌 음식을 먹는 것도 허용될 수 없는 것을 확인했고 ④ 동일한 결계 안의 많은 주처에서 각각 별개의 포살을 행하는 것도 허용될 수 없는 것임을 확인했고 ⑤ 불완전한 참모임이 '우리가 객수행승들을 충고하겠다.'라고 갈마를 행하는 것도 허용될 수 없는 것임을 확인했고 ⑥ 이것은 나의 친교사에 의한 관례이고, 이것은 나의 궤범사에 의한 관례이니 그것을 준수하는 것은 어떤 것은 타당할 수 있으나 어떤 것은 타당하지 않은 것이므로 무조건 허용될 수는 없는 것이므로 삿된 원리임을 확인했고 ⑦ 이미 식사가 끝났지만, 우유의 상태가 지나 아직 응유가 되지 않은 우유를, 먹다 남은 것이 아닌 음식이지만 마시는 것도 허용될 수 없는 것임을 확인했고 ⑧ 아직 거르지 않은 술과 완성되지 않은 술을 마시는 것도 허용될 수 없는 것임을 확인했고 ⑨ 테두리 없는 좌구는 허용될 수 없는 것임을 확인했고 ⑩ 금과 은을 수용하는 것은 허용될 수 없는 것임을 확인했다.

일 러 두 기

1. 빠알리경전의 원본 대조는 로마나이즈한 빠알리성전협회본을 그대로 사용했다. 빠알리성전협회본의 권수는 주석에 페이지는 본문 가운데 괄호 [ ]에 밝혀 놓아 누구나 쉽게 원본과 대조할 수 있도록 했다. 주석에서 로마나이즈된 원문의 행이 바뀔 때의 하이픈은 기술적으로 어려운 이유로 생략한다.
2. 한글세대를 위해 가능한 한, 쉬운 우리말을 사용했으며, 어의를 분명히 하기 위하여 원전에는 없는 화자를 괄호 안에 삽입하고 연결사나 부사를 가감해서 번역했고, 내용에 대한 파악을 용이하게 하기 위해 파래그래프 번호를 매겨 문단을 분류하였고 법수의 분류를 위해 별도의 소번호를 매겼다.
3. 시문에 대한 파악을 위해 전체시의 일련번호를 각 시의 끝 괄호 안에 매겼으며, 반복되는 시문의 내용에 대한 주석을 언제나 찾아볼 수 있도록 처음 등장하는 병행시의 위치를 시문의 주석에 기록하였다.
4. 주석은 빠알리대장경의 붓다고싸의 주석인 싸만따빠싸디까를 위주로 했으며, 그 외에도 현대의 모든 번역서를 참고해서 가능한 한, 완벽한 번역이 되도록 했다. 특히 시(詩)에 대한 번역은 학자 마다 번역의 차이가 심하고 다양한 해석의 가능성이나 오역의 가능성이 많기 때문에 빠알리 원문을 주석에 병기하였다.
5. 주석에서 인용하는 참고 문헌은 약어로 표기해서 독자들의 쓸 데 없는 혼란을 피할 수 있도록 하였고, 필요할 경우 약어표를 조회하여 참고문헌과 대조하면 관련된 책을 찾을 수 있도록 만들었다.
7. 유사한 내용의 한역 경전을 대조할 수 있도록 한역 아함경의 고유 번호를 주석으로 달았다. 그리고 참고 문헌은 직접 인용되지 않은 경우라도 역자가 번역 과정에서 필요했던 문헌들을 가급적 밝혀두었다.
8. 구전되어 반복되어 온 정형구와 부분적으로 변이되어 확장되는 정형구는 가능한 통일을 기했으며, 모든 경에서 생략된 내용들은 모두 복원해서 독자가 알기 쉽게 했다.
9. 부록에는 빠알리 표기법과 불교의 세계관 그리고 고유명사와 비유색인을 포함시켰다. 그리고 전집 마지막 권의 부록에는 전집 전체의 교정쇄를 싣는다.

쭐 라 박 가 목 차

제1편 쭐라박가(Cullavaggapāḷiyā paṭhamo bhāgo)

제1장 갈마의 다발(Kammakkhandhaka : 羯磨犍度)

제2장 격리처벌의 다발(Pārivāsikakkhandhaka : 別住犍度)

제3장 누적의 다발(Samuccayakkhandhaka : 集犍度)

제4장 멸쟁의 다발(Samathakkhandhaka : 滅諍犍度)

제2편 쭐라박가(Cullavaggapāḷiyā dutiyao bhāgo)

제5장 사소한 일의 다발(Khuddakavatthukkhandhaka : 小事犍度)

제6장 처소의 다발(Senāsanakkhandhaka : 臥坐具犍度)

제7장 참모임분열의 다발(Saṅghabhedakakkhandhaka : 破僧犍度)

제8장 의무의 다발(Vattakkhandhaka : 儀法犍度)

제9장 의무계율송출차단의 다발(Pātimokkhaṭṭhapanakkhandhaka : 遮說戒犍度)

제10장 수행녀의 다발(Bhikkhūnīkkhandhaka : 比丘尼犍度)

제11장 오백결집의 다발(Pañcasatikakkhandhaka : 五百犍度)

제12장 칠백결집의 다발(Sattasatikakkhandhaka : 七百犍度)

부록

제 1 편

쭐 라 박 가

(Cullavaggapāḷi)

제1장 갈마의 다발

(Kammakkhandhaka : 羯磨犍度)

Ⅰ 첫 번째 송출품 견책조치의 갈마(Paṭhamabhāṇavāra Tajjanīyakamma : 1-8)

1. 견책조치의 갈마의 인연(Tajjanīyakammanidāna)

1. 한때[1] 존귀하신 부처님께서는 싸밧티1) 시의 제따바나2) 숲에 있는 아나타삔디까3) 승원4)에 계셨다. 그때 빤두까와 로히따까를 추종하는5) 수행승들은 스스로 다투고 싸우고 언쟁하고 분쟁하며 참모임에 쟁사를 일으키는6) 자들로서, 또한 다른 수행승들도 다투고 싸우고 언쟁하고 분쟁하며 참모임에 쟁사를 일으키는 자들인데, 그들을 찾아가서 이와 같이 말했다.

---

1) Sāvatthī : 부처님 당시 꼬쌀라(Kosala) 국의 수도로 사위성(舍衛城)이라 한역한다. 네팔 국경지역에 놓여 있는 오늘날의 고락뿌르(Gorakhpur)의 북서쪽에 위치하고 있다. 이 도시의 이름은 성자 싸밧타(Sāvattha)가 살았던 데서 유래한다고도 하고, 상업도시이므로 대상(隊商)들이 만나서 '어떤 상품이 있는가(kim bhandan atthi)'라고 물으면 '쌉밤앗티(sabbam atthi : 모든 것이 있다)'라고 대답한 데서 유래한다고도 한다. 부처님께서는 승원생활의 대부분을 이곳에서 보내셨다.

2) Jetavana : 기타림(祇陀林), 혹은 기수(祇樹)라고 한역하며, 원래 소유하고 있던 태자의 이름을 딴 것이다.

3) Anāthapiṇḍika : 부처님의 제자인 재가의 남자 신자 가운데 '보시하는 님 가운데 제일(dāyakānaṃ aggaṃ)'이다. 아나타삔디까는 싸밧티 시의 부호였다. 아나타삔디까라는 이름은 장자 쑤닷따(Sudatta : 須達多)의 별명으로 '외로운 이를 부양하는 자' — 한역으로 급고독장자(給孤獨長者) — 라는 뜻을 지니고 있다. 그래서 그를 쑤닷따 아나타삔디까(Sudatta Anāthapiṇḍika)라고도 한다. 그가 부처님을 처음 만나 감화된 것은 부처님께서 깨달음을 이룬지 일 년도 안 된 때였고 라자가하 시에서였다. 그는 이 책(CV. VI. 4)에 나와 있듯이, 부처님께 약속한 대로 정사를 짓기 위해 싸밧티 시에 있는 제따(Jeta) 태자의 공원을 전 재산을 들여서라도 사려고 했다. 그러자 그의 열성에 감동한 태자는 무상으로 기증했고, 그래서 그는 그 돈으로 정사를 지어 부처님께 기증했다.

4) Anāthapiṇḍikassa ārāme : 한역으로 급고독원(給孤獨園)이라고 한다. 장자 아나타삔디까가 부처님께 기증한 승원이다.

5) paṇḍukalohitakā : 빤두까와 로히따까는 항상 여섯 명이 한 무리가 되어 수행자에게 어울리지 않는 일을 하는 여섯무리의 수행승들 즉, 육군비구(六群比丘)에 속해 있었다. 여섯무리의 수행승들은 앗싸지(Assaji), 뿌납바쑤(Punabbasu), 빤두까(Paṇḍuka), 로히따까(Lohitaka), 멧띠야(Mettiya), 붐마자까(Bhummajaka를 말한다. Smp. 614; MA. III. 187에 따르면, 빤두까와 로히따까의 추종자들은 무리지어 싸밧티에 시에서 함께 살았다.

6) bhaṇḍanakārakā kalahakārakā vivādakārakā bhassakārakā saṅghe adhikaraṇakārakā : Vin. I. 328을 참조하라. AN. III. 252에 따르면, 이러한 자들에게는 다섯 가지 재난을 얻게 된다 : '① 성취하지 못한 것을 성취할 수 없고, ② 이미 성취한 것은 퇴전하고, ③ 악한 명성을 드날리고, ④ 미혹되게 죽거나, ⑤ 몸이 파괴되어 죽은 뒤에 괴로운 곳, 나쁜 곳, 비참한 곳, 지옥에 떨어진다.' 여기서 관련된 쟁사는 Saṅgh. 8. 9. 10에 해당한다.

[쟁사를 일삼는 수행승들] "존자들이여, 이것이 그대들을 패하게 하지 마십시오. 소리 높여 힘껏 싸우십시오. 그대들은 그보다 훨씬 현명하고 훨씬 총명하고 훨씬 박식하고 훨씬 유능하므로 두려워하지 마십시오. 우리가 그대들의 편이 되겠습니다."

그렇게 되어 생겨나지 않은 다툼이 생겨나고, 생겨난 다툼은 점점 많아지고 확대되어 갔다.

2. 수행승들 가운데 욕망을 여의고, 만족을 알고, 부끄러움을 알고, 후회할 줄 알고 배움을 원하는 자들은 그들에 대하여 혐책하고 분개하고 비난했다.

[수행승들] "어찌 빤두까와 로히따까를 추종하는 수행승들은 스스로 다투고 싸우고 언쟁하고 분쟁하며 참모임에 쟁사를 일으키는 자들로서, 또한 다른 수행승들도 다투고 싸우고 언쟁하고 분쟁하며 참모임에 쟁사를 일으키는 자들인데, 그들을 찾아가서 이와 같이 '존자들이여, 이것이 그대를 패하게 하지 마십시오. 소리 높여 힘껏 싸우십시오. 그대들은 그보다 훨씬 현명하고 훨씬 총명하고 훨씬 박식하고 훨씬 유능하므로 두려워하지 마십시오. 우리가 그대들의 편이 되겠습니다.'라고 말하고, 그렇게 되어 생겨나지 않은 다툼이 생겨나고, 생겨난 다툼은 점점 많아지고 확대되어만 간단 말인가?"

그래서 그 수행승들은 세존께 그 사실을 알렸다. 그러자 세존께서는 이것을 기회로 이것을 원인으로 수행승들의 참모임을 불러 모아 수행승들에게 물었다.

[세존] "수행승들이여, 빤두까와 로히따까를 추종하는 수행승들은 스스로[2] 다투고 싸우고 언쟁하고 분쟁하며 참모임에 쟁사를 일으키는 자들로서, 또한 다른 수행승들도 다투고 싸우고 언쟁하고 분쟁하며 참모임에 쟁사를 일으키는 자들인데, 그들을 찾아가서 이와 같이 '존자들이여, 이것이 그대를 패하게 하지 마십시오. 소리 높여 힘껏 싸우십시오. 그대들은 그보다 훨씬 현명하고 훨씬 총명하고 훨씬 박식하고 훨씬 유능하므로 두려워하지 마십시오. 우리가 그대들의 편이 되겠습니다.'라고 말해서, 그렇게 되어 생겨나지 않은 다툼이 생겨나고, 생겨난 다툼은 점점 많아지고 확대되어만 가는 것이 사실인가?"

[수행승들] "세존이시여, 사실입니다."

존귀하신 부처님께서는 견책했다.

[세존] "수행승들이여, 그 어리석은 자들은 적절하지 않고, 자연스럽지 않고, 알맞지 않고, 수행자의 삶이 아니고, 부당하고, 해서는 안 될 일을 행한 것이다. 수행승들이여, 어찌 어리석은 자들이 스스로 다투고 싸우고 언쟁하고 분쟁하며

참모임에 쟁사를 일으키는 자들로서, 또한 다른 수행승들도 다투고 싸우고 언쟁하고 분쟁하며 참모임에 쟁사를 일으키는 자들인데, 그들을 찾아가서 이와 같이 '존자들이여, 이것이 그대를 패하게 하지 마십시오. 소리 높여 힘껏 싸우십시오. 그대들은 그보다 훨씬 현명하고 훨씬 총명하고 훨씬 박식하고 훨씬 유능하므로 두려워하지 마십시오. 우리가 그대들의 편이 되겠습니다.'라고 말해서, 그렇게 되어 생겨나지 않은 다툼이 생겨나고, 생겨난 다툼은 점점 많아지고 확대되어만 간단 말인가? 수행승들이여, 그것은 아직 청정한 믿음이 없는 자를 청정한 믿음으로 이끌고, 이미 청정한 믿음이 있는 자를 더욱더 청정한 믿음으로 이끄는 것이 아니다. 수행승들이여, 그것은 오히려, 아직 청정한 믿음이 없는 자를 불신으로 이끌고, 이미 청정한 믿음이 있는 자 가운데 어떤 자들을 타락시키는 것이다."

그리고 세존께서는 그 수행승들을 여러 가지 방편으로 견책하여, 키우기 어렵고 부양하기 어렵고 욕심이 많고 만족을 모르고 교제를 좋아하고 나태한 것에 대하여 질책하고, 여러 가지 법문으로 고무하여, 키우기 쉽고 부양하기 쉽고 욕심을 여의고, 만족을 알고, 버리고 없애는 삶을 살고, 두타행을 하고, 청정한 믿음이 있고, 쌓아 모으지 않고, 용맹정진하는 것을 칭찬하고, 수행승들을 위하여 그에 알맞고 그에 걸맞게 경책하여 법문을 하고 수행승들에게 일렀다.

[세존] "수행승들이여, 그렇다면 참모임은 빤두까와 로히따까를 추종하는 수행승들에게 견책조치의 갈마[7]를 행해야 한다."

3. [세존] "수행승들이여, 그런데 이와 같이 행해야 한다. 먼저 빤두까와 로히따까를 추종하는 수행승들은 비난받아야 하고, 비난받은 후에 기억이 확인되어야 하고, 기억이 확인된 후에 죄가 추징되어야 하고, 죄가 추징된 후에 총명하고 유능한 수행승이 참모임에 알려야 한다.

[제안] '존자들이여, 참모임은 제 말에 귀를 기울이십시오. 이 빤두까와 로히따까를 추종하는 수행승들은 스스로 다투고 싸우고 언쟁하고 분쟁하며 참모임에 쟁사를 일으키는 자들로서, 또한 다른 수행승들도 다투고 싸우고 언쟁하고 분쟁하며 참모임에 쟁사를 일으키는 자들인데, 그들을 찾아가서 이와 같이 '존자들이여, 이것이 그대를 패하게 하지 마십시오. 소리 높여 힘껏 싸우십시오. 그대들은 그보다 훨씬 현명하고 훨씬 총명하고 훨씬 박식하고 훨씬 유능하므로 두려워하지 마십시오. 우리가 그대들의 편이 되겠습니다.'라고 말해서, 그렇게 되어 생겨나지

7) tajjanīyakamma : 한역으로는 고절(苦切) 또는 고절갈마(苦切羯磨)라고 한다. 이것에 대해서는 이 책의 율장해제와 MV. I. 25; MV. IX. 7을 참조하라.

않은 다툼이 생겨나고, 생겨난 다툼은 점점 많아지고 확대되어만 갑니다. 만약에 참모임에 옳은 일이라면, 참모임이 빤두까와 로히따까를 추종하는 수행승들에 대하여 견책조치의 갈마를 행하겠습니다. 이것이 제안입니다.'

[제청1] '존자들이여, 참모임은 제 말에 귀를 기울이십시오. 빤두까와 로히따까를 추종하는 수행승들은 스스로 다투고 싸우고 언쟁하고 분쟁하며 참모임에 쟁사를 일으키는 자들로서, 또한 다른 수행승들도 다투고 싸우고 언쟁하고 분쟁하며 참모임에 쟁사를 일으키는 자들인데, 그들을 찾아가서 이와 같이 '존자들이여, 이것이 그대를 패하게 하지 마십시오. 소리 높여 힘껏 싸우십시오. 그대들은 그보다 훨씬 현명하고 훨씬 총명하고 훨씬 박식하고 훨씬 유능하므로 두려워하지 마십시오. 우리가 그대들의 편이 되겠습니다.'라고 말해서, 그렇게 되어 생겨나지 않은 다툼이 생겨나고, 생겨난 다툼은 점점 많아지고 확대되어만 갑니다. 참모임은 빤두까와 로히따까를 추종하는 수행승들에 대하여 견책조치의 갈마를 행합니다. 존자들 가운데 누구든지 빤두까와 로히따까를 추종하는 수행승들에게 견책조치의 갈마를 행하는 것에 동의하면 침묵하시고, 이견이 있으면 말씀하십시오.'

[제청2] '두 번째에도 저는 이 사실을 말합니다. 존자들이여, 참모임은 제 말에 귀를 기울이십시오. 빤두까와 로히따까를 추종하는 수행승들은 스스로 다투고 싸우고 언쟁하고 분쟁하며 참모임에 쟁사를 일으키는 자들로서, 또한 다른 수행승들도 다투고 싸우고 언쟁하고 분쟁하며 참모임에 쟁사를 일으키는 자들인데, 그들을 찾아가서 이와 같이 '존자들이여, 이것이 그대를 패하게 하지 마십시오. 소리 높여 힘껏 싸우십시오. 그대들은 그보다 훨씬 현명하고 훨씬 총명하고 훨씬 박식하고 훨씬 유능하므로 두려워하지 마십시오. 우리가 그대들의 편이 되겠습니다.'라고 말해서, 그렇게 되어 생겨나지 않은 다툼이 생겨나고, 생겨난 다툼은 점점 많아지고 확대되어만 갑니다. 참모임은 빤두까와 로히따까를 추종하는 수행승들에 대하여 견책조치의 갈마를 행합니다. 존자들 가운데 누구든지 빤두까와 로히따까를 추종하는 수행승들에게 견책조치의 갈마를 행하는 것에 동의하면 침묵하시고, 이견이 있으면 말씀하십시오.'

[제청3] '세 번째에도 저는 이 사실을 말합니다. 존자들이여, 참모임은 제 말에 귀를 기울이십시오. 빤두까와 로히따까를 추종하는 수행승들은 스스로 다투고 싸우고 언쟁하고 분쟁하며 참모임에 쟁사를 일으키는 자들로서, 또한 다른 수행승들도 다투고 싸우고 언쟁하고 분쟁하며 참모임에 쟁사를 일으키는 자들인데,

그들을 찾아가서 이와 같이 '존자들이여, 이것이 그대를 패하게 하지 마십시오. 소리 높여 힘껏 싸우십시오. 그대들은 그보다 훨씬 현명하고 훨씬 총명하고 훨씬 박식하고 훨씬 유능하므로 두려워하지 마십시오. 우리가 그대들의 편이 되겠습니다.'라고 말해서, 그렇게 되어 생겨나지 않은 다툼이 생겨나고, 생겨난 다툼은 점점 많아지고 확대되어만 갑니다. 참모임은 빤두까와 로히따까를 추종하는 수행승들에 대하여 견책조치의 갈마를 행합니다. 존자들 가운데 누구든지 빤두까와 로히따까를 추종하는 수행승들에게 견책조치의 갈마를 행하는 것에 동의하면 침묵하시고, 이견이 있으면 말씀하십시오.'

[결정] '참모임은 빤두까와 로히따까를 추종하는 수행승들에게 견책조치의 갈마를 행했습니다. 참모임이 찬성하여 침묵했으므로, 저는 그와 같이 알겠습니다.'"

견책조치의 갈마의 인연이 끝났다.

2. 열두 가지 원칙에 맞지 않는 갈마(Adhammakammadvādasaka)

1. [세존] "수행승들이여,[3] 세 가지 고리를 갖춘 견책조치의 갈마는 원칙에 맞지 않는 갈마이고 계율에 맞지 않는 갈마로서 잘 성취되기 어렵다.

1) 현전에 입각하지 않고[8] 행하고,

2) 질문에 근거하지 않고 행하고,

3) 자인에 입각하지 않고 행하는 것이다.

수행승들이여, 이러한 세 가지 고리를 갖춘 견책조치의 갈마는 원칙에 맞지 않는 갈마이고 계율에 맞지 않는 갈마로서 잘 성취되기 어렵다.

2. 수행승들이여, 또한 다른 세 가지 고리를 갖춘 견책조치의 갈마도 원칙에 맞지 않는 갈마이고 계율에 맞지 않는 갈마로서 잘 성취되기 어렵다.

1) 죄가 없는데 행하고,

2) 죄가 참회로 이끌어지지 않는데[9] 행하고,

3) 죄가 이미 참회되었는데 행하는 것이다.

수행승들이여, 이러한 세 가지 고리를 갖춘 견책조치의 갈마는 원칙에 맞지 않는 갈마이고 계율에 맞지 않는 갈마로서 잘 성취되기 어렵다.

---

8) asammukhā : 이것에 대해서는 CV. IV. 14; MV. IX. 6을 참조하라. Smp. 1155에 따르면, '참모임과 다르마와 비나야와 당사자의 현전(現前) 없이(saṅghadhammavinayapuggalasammukhānam vinā)' 행해지는 것을 뜻한다.

9) adesanāgāminiyā āpattiyā kataṃ hoti : 이것은 승단추방죄(paraj.)나 승단잔류죄(Saṅgh.)에 의한 처벌은 견책이나 고백의 대상이 아니다.

3. 수행승들이여, 또한 다른 세 가지 고리를 갖춘 견책조치의 갈마도 원칙에 맞지 않는 갈마이고 계율에 맞지 않는 갈마로서 잘 성취되기 어렵다.

1) 질책하지 않고 행하고,

2) 기억을 확인하지 않고 행하고,

3) 죄를 거론하지 않고 행하는 것이다.

수행승들이여, 이러한 세 가지 고리를 갖춘 견책조치의 갈마는 원칙에 맞지 않는 갈마이고 계율에 맞지 않는 갈마로서 잘 성취되기 어렵다.

4. 수행승들이여, 또한 다른 세 가지 고리를 갖춘 견책조치의 갈마도 원칙에 맞지 않는 갈마이고 계율에 맞지 않는 갈마로서 잘 성취되기 어렵다.

1) 현전에 입각하지 않고 행하고,

2) 원칙에 맞지 않게 행하고,

3) 모임이 불완전하게 행하는 것이다.

수행승들이여, 이러한 세 가지 고리를 갖춘 견책조치의 갈마는 원칙에 맞지 않는 갈마이고 계율에 맞지 않는 갈마로서 잘 성취되기 어렵다.

5. 수행승들이여, 또한 다른 세 가지 고리를 갖춘 견책조치의 갈마도 원칙에 맞지 않는 갈마이고 계율에 맞지 않는 갈마로서 잘 성취되기 어렵다.

1) 질문에 근거하지 않고 행하고,

2) 원칙에 맞지 않게 행하고,

3) 모임이 불완전하게 행하는 것이다.

수행승들이여, 이러한 세 가지 고리를 갖춘 견책조치의 갈마는 원칙에 맞지 않는 갈마이고 계율에 맞지 않는 갈마로서 잘 성취되기 어렵다.

6. 수행승들이여, 또한 다른 세 가지 고리를 갖춘 견책조치의 갈마도 원칙에 맞지 않는 갈마이고 계율에 맞지 않는 갈마로서 잘 성취되기 어렵다.

1) 자인에 입각하지 않고 행하고,

2) 원칙에 맞지 않게 행하고,

3) 모임이 불완전하게 행하는 것이다.

수행승들이여, 이러한 세 가지 고리를 갖춘 견책조치의 갈마는 원칙에 맞지 않는 갈마이고 계율에 맞지 않는 갈마로서 잘 성취되기 어렵다.

7. 수행승들이여, 또한 다른 세 가지 고리를 갖춘 견책조치의 갈마도 원칙에 맞지 않는 갈마이고 계율에 맞지 않는 갈마로서 잘 성취되기 어렵다.

1) 죄가 없는데 행하고,
2) 원칙에 맞지 않게 행하고,
3) 모임이 불완전하게 행하는 것이다.

수행승들이여, 이러한 세 가지 고리를 갖춘 견책조치의 갈마는 원칙에 맞지 않는 갈마이고 계율에 맞지 않는 갈마로서 잘 성취되기 어렵다.

8. 수행승들이여, 또한 다른 세 가지 고리를 갖춘 견책조치의 갈마도 원칙에 맞지 않는 갈마이고 계율에 맞지 않는 갈마로서 잘 성취되기 어렵다.
1) 죄가 참회로 이끌어지지 않는데 행하고,
2) 원칙에 맞지 않게 행하고,
3) 모임이 불완전하게 행하는 것이다.

수행승들이여, 이러한 세 가지 고리를 갖춘 견책조치의 갈마는 원칙에 맞지 않는 갈마이고 계율에 맞지 않는 갈마로서 잘 성취되기 어렵다.

9. 수행승들이여, 또한 다른 세 가지 고리를 갖춘 견책조치의 갈마도 원칙에 맞지 않는 갈마이고 계율에 맞지 않는 갈마로서 잘 성취되기 어렵다.
1) 죄가 참회되었는데 행하고,
2) 원칙에 맞지 않게 행하고,
3) 모임이 불완전하게 행하는 것이다.

수행승들이여, 이러한 세 가지 고리를 갖춘 견책조치의 갈마는 원칙에 맞지 않는 갈마이고 계율에 맞지 않는 갈마로서 잘 성취되기 어렵다.

10. 수행승들이여, 또한 다른 세 가지 고리를 갖춘 견책조치의 갈마도 원칙에 맞지 않는 갈마이고 계율에 맞지 않는 갈마로서 잘 성취되기 어렵다.
1) 질책하지 않고 행하고,
2) 원칙에 맞지 않게 행하고,
3) 모임이 불완전하게 행하는 것이다.

수행승들이여, 이러한 세 가지 고리를 갖춘 견책조치의 갈마는 원칙에 맞지 않는 갈마이고 계율에 맞지 않는 갈마로서 잘 성취되기 어렵다.

11. 수행승들이여, 또한 다른 세 가지 고리를 갖춘 견책조치의 갈마도 원칙에 맞지 않는 갈마이고 계율에 맞지 않는 갈마로서 잘 성취되기 어렵다.
1) 기억을 확인하지 않고 행하고,
2) 원칙에 맞지 않게 행하고,

3) 모임이 불완전하게 행하는 것이다.

수행승들이여, 이러한 세 가지 고리를 갖춘 견책조치의 갈마는 원칙에 맞지 않는 갈마이고 계율에 맞지 않는 갈마로서 잘 성취되기 어렵다.

12. 수행승들이여, 또한 다른 세 가지 고리를 갖춘 견책조치의 갈마도 원칙에 맞지 않는 갈마이고 계율에 맞지 않는 갈마로서 잘 성취되기 어렵다.

1) 죄를 거론하지 않고 행하고,
2) 원칙에 맞지 않게 행하고,
3) 모임이 불완전하게 행하는 것이다.

수행승들이여, 이러한 세 가지 고리를 갖춘 견책조치의 갈마는 원칙에 맞지 않는 갈마이고 계율에 맞지 않는 갈마로서 잘 성취되기 어렵다."

견책조치의 갈마에서의 두 가지 원칙에 맞지 않는 갈마가 끝났다.

3. 열두 가지 원칙에 맞는 갈마(Dhammakammadvādasaka)

1. [세존] "수행승들이여, 세 가지 고리를 갖춘 견책조치의 갈마는 원칙에 맞는 갈마이고 계율에 맞는 갈마로서 잘 성취된다.

1) 현전에 입각하여 행하고,
2) 질문에 근거하여 행하고,
3) 자인에 입각해서 행하는 것이다.

수행승들이여, 이러한 세 가지 고리를 갖춘 견책조치의 갈마는 원칙에 맞는 갈마이고 계율에 맞는 갈마로서 잘 성취된다.

2. 수행승들이여, 또한 다른 세 가지 고리를 갖춘 견책조치의 갈마도 원칙에 맞는 갈마이고 계율에 맞는 갈마로서 잘 성취된다.

1) 죄가 있을 때 행하고,
2) 죄가 참회로 이끌어지도록 행하고,
3) 죄가 아직 참회되지 않아[4] 행하는 것이다.

수행승들이여, 이러한 세 가지 고리를 갖춘 견책조치의 갈마는 원칙에 맞는 갈마이고 계율에 맞는 갈마로서 잘 성취된다.

3. 수행승들이여, 또한 다른 세 가지 고리를 갖춘 견책조치의 갈마도 원칙에 맞는 갈마이고 계율에 맞는 갈마로서 잘 성취된다.

1) 질책하고 행하고,
2) 기억을 확인하고 행하고,

3) 죄를 거론하고 행하는 것이다.

수행승들이여, 이러한 세 가지 고리를 갖춘 견책조치의 갈마는 원칙에 맞는 갈마이고 계율에 맞는 갈마로서 잘 성취된다.

4. 수행승들이여, 또한 다른 세 가지 고리를 갖춘 견책조치의 갈마도 원칙에 맞는 갈마이고 계율에 맞는 갈마로서 잘 성취된다.

1) 현전에 입각하여 행하고,

2) 원칙에 맞게 행하고,

3) 모임이 완전하게 행하는 것이다.

수행승들이여, 이러한 세 가지 고리를 갖춘 견책조치의 갈마는 원칙에 맞지 않는 갈마이고 계율에 맞지 않는 갈마로서 잘 성취된다.

5. 수행승들이여, 또한 다른 세 가지 고리를 갖춘 견책조치의 갈마도 원칙에 맞는 갈마이고 계율에 맞는 갈마로서 잘 성취된다.

1) 질문에 근거하여 행하고,

2) 원칙에 맞게 행하고,

3) 모임이 완전하게 행하는 것이다.

수행승들이여, 이러한 세 가지 고리를 갖춘 견책조치의 갈마는 원칙에 맞는 갈마이고 계율에 맞는 갈마로서 잘 성취된다.

6. 수행승들이여, 또한 다른 세 가지 고리를 갖춘 견책조치의 갈마도 원칙에 맞는 갈마이고 계율에 맞는 갈마로서 잘 성취된다.

1) 자인에 입각하여 행하고,

2) 원칙에 맞게 행하고,

3) 모임이 완전하게 행하는 것이다.

수행승들이여, 이러한 세 가지 고리를 갖춘 견책조치의 갈마는 원칙에 맞는 갈마이고 계율에 맞는 갈마로서 잘 성취된다.

7. 수행승들이여, 또한 다른 세 가지 고리를 갖춘 견책조치의 갈마도 원칙에 맞는 갈마이고 계율에 맞는 갈마로서 잘 성취된다.

1) 죄가 있을 때 행하고,

2) 원칙에 맞게 행하고,

3) 모임이 완전하게 행하는 것이다.

수행승들이여, 이러한 세 가지 고리를 갖춘 견책조치의 갈마는 원칙에 맞는 갈마이고 계율에 맞는 갈마로서 잘 성취된다.

8. 수행승들이여, 또한 다른 세 가지 고리를 갖춘 견책조치의 갈마도 원칙에 맞는 갈마이고 계율에 맞는 갈마로서 잘 성취된다.

1) 죄가 참회로 이끌어지도록 행하고,

2) 원칙에 맞게 행하고,

3) 모임이 완전하게 행하는 것이다.

수행승들이여, 이러한 세 가지 고리를 갖춘 견책조치의 갈마는 원칙에 맞는 갈마이고 계율에 맞는 갈마로서 잘 성취된다.

9. 수행승들이여, 또한 다른 세 가지 고리를 갖춘 견책조치의 갈마도 원칙에 맞는 갈마이고 계율에 맞는 갈마로서 잘 성취된다.

1) 죄가 아직 참회되지 않아 행하고,

2) 원칙에 맞게 행하고,

3) 모임이 완전하게 행하는 것이다.

수행승들이여, 이러한 세 가지 고리를 갖춘 견책조치의 갈마는 원칙에 맞는 갈마이고 계율에 맞는 갈마로서 잘 성취된다.

10. 수행승들이여, 또한 다른 세 가지 고리를 갖춘 견책조치의 갈마도 원칙에 맞는 갈마이고 계율에 맞는 갈마로서 잘 성취된다.

1) 질책하고 행하고,

2) 원칙에 맞게 행하고,

3) 모임이 완전하게 행하는 것이다.

수행승들이여, 이러한 세 가지 고리를 갖춘 견책조치의 갈마는 원칙에 맞는 갈마이고 계율에 맞는 갈마로서 잘 성취된다.

11. 수행승들이여, 또한 다른 세 가지 고리를 갖춘 견책조치의 갈마도 원칙에 맞는 갈마이고 계율에 맞는 갈마로서 잘 성취된다.

1) 기억을 확인하고 행하고,

2) 원칙에 맞게 행하고,

3) 모임이 완전하게 행하는 것이다.

수행승들이여, 이러한 세 가지 고리를 갖춘 견책조치의 갈마는 원칙에 맞는 갈마이고 계율에 맞는 갈마로서 잘 성취된다.

12. 수행승들이여, 또한 다른 세 가지 고리를 갖춘 견책조치의 갈마도 원칙에

맞는 갈마이고 계율에 맞는 갈마로서 잘 성취된다.

1) 죄를 거론하고 행하고,

2) 원칙에 맞게 행하고,

3) 모임이 완전하게 행하는 것이다.

수행승들이여, 이러한 세 가지 고리를 갖춘 견책조치의 갈마는 원칙에 맞는 갈마이고 계율에 맞는 갈마로서 잘 성취된다."

견책조치의 갈마에서의 열두 가지 원칙에 맞는 갈마가 끝났다.

4. 여섯 가지 '원한다면'(Ākaṅkhamānachakka)

1. [세존] "수행승들이여, 세 가지 고리를 갖춘 수행승에게 원한다면 참모임은 견책조치의 갈마를 행할 수 있다.

1) 다투고 싸우고 언쟁하고 분쟁하며 참모임에 쟁사를 일으키고,

2) 어리석어 총명하지 못하고 죄가 많고 충고를 받아들이지 않고,

3) 재가자와 부적절한 관계 속에서 재가자와 함께 지내는[10] 것이다.

수행승들이여, 이러한 세 가지 고리를 갖춘 수행승에게 원한다면 참모임은 견책조치의 갈마를 행할 수 있다.

2. 수행승들이여, 또한 세 가지 고리를 갖춘 수행승에게 원한다면 참모임은 견책조치의 갈마를 행할 수 있다.

1) 훌륭한 계행[11]을 두고 계행을 어기고,

2) 훌륭한 행동을 두고 사행에 빠지고,[12]

3) 훌륭한 견해를 두고 사견에 떨어지는 것이다.[13]

수행승들이여, 이러한 세 가지 고리를 갖춘 수행승에게 원한다면 참모임은 견책조치의 갈마를 행할 수 있다.

---

10) gihīsaṃsaṭṭho viharati ananulomikehi gihīsaṃsaggehi : Vin. IV. 321을 참조하라. Smp. 915에 따르면, '재가자와 함께 지내는 것(gihīsaṃsaṭṭho)'은 'missībhūtā'의 의미로 세상과 뒤섞여, 신체적으로는 재가자를 위해 곡식을 빻고 요리하고 향수를 바르고 단장하고 화환과 걸이를 사용하고 언어적으로는 중개하고 전언하고 응답하는 것이다.

11) adhisīle sīla vipanno : Vin. I. 172에 따르면, 네 가지 승단추방죄와 열세 가지 승단잔류죄가 곧, 계행의 탈선(sīla vipatti)이고, Smp. 989에 따르면, 그것들이 '계행을 어기는 것'이다.

12) ajjhācāre ācāravipanno : Vin. I. 172에 따르면, 추악죄와 속죄죄와 고백죄와 악작죄와 악설죄가 곧, 품행의 탈선(ācāravipatti)이고, Smp. 989에 따르면, 승단추방죄(pārājika)와 승단잔류죄(saṅghādisesa)를 제외한 그것들이 '사행에 빠지는 것'이다.

13) atidiṭṭhiyā diṭṭhivipanno : Vin. I. 172에 따르면, 잘못된 견해와 극단을 추구하는 견해가 곧, 견해의 탈선(diṭṭhivipatti)이다. Smp. 989에 따르면, 올바른 견해를 버리고 극단적인 견해를 갖추는 것을 말한다.

3. 수행승들이여, 또한 세 가지 고리를 갖춘 수행승에게 원한다면 참모임은 견책조치의 갈마를 행할 수 있다.

1) 부처님을 비방하고,

2) 가르침을 비방하고,

3) 참모임을 비방하는 것이다.

수행승들이여, 이러한 세 가지 고리를 갖춘 수행승에게 원한다면 참모임은 견책조치의 갈마를 행할 수 있다.

4. 수행승들이여, 또한 세 종류의 수행승에게 원한다면 참모임은 견책조치의 갈마를 행할 수 있다.

1) 다투고 싸우고 언쟁하고 분쟁하며 참모임에 쟁사를 일으키는 자와

2) 어리석어 총명하지 못하고 죄가 많고 충고를 받아들이지 않는 자와

3) 재가자와 부적절한 관계 속에서 재가자와 함께 지내는 자이다.

수행승들이여, 이러한 세 종류의 수행승에게 원한다면 참모임은 견책조치의 갈마를 행할 수 있다.

5. 수행승들이여, 또한 세 종류의 수행승에게 원한다면 참모임은 견책조치의 갈마를 행할 수 있다.

1) 훌륭한 계행을 두고 계행을 어기는 자와

2) 훌륭한 행동을 두고 사행에 빠지는 자와

3) 훌륭한 견해를 두고 사견에 떨어지는 자이다.

수행승들이여, 이러한 세 종류의 수행승에게 원한다면 참모임은 견책조치의 갈마를 행할 수 있다.

6. 수행승들이여, 또한 세 종류의 수행승에게 원한다면 참모임은 견책조치의 갈마를[5] 행할 수 있다.

1) 부처님을 비방하는 자와

2) 가르침을 비방하는 자와

3) 참모임을 비방하는 자이다.

수행승들이여, 이러한 세 종류의 수행승에게 원한다면 참모임은 견책조치의 갈마를 행할 수 있다."

견책조치의 갈마와 여섯 가지 '원한다면'이 끝났다.

5. 열여덟 가지 의무(Aṭṭhārasavatta)

1. [세존] "수행승들이여, 견책조치의 갈마를 받은 수행승들은 올바로 준수해야 한다. 그 경우에 올바로 준수한다는 것은 이와 같다."14)

2. [세존]

1) "구족계를 주어서는 안 된다.

2) 의지를 주어서는 안 된다.15)

3) 사미16)를 두어서는 안 된다.17)

4) 수행녀18)들의 교계에 선정을 받아서는 안 된다.19)

5) 선정되더라도 수행녀들을 교계해서는 안 된다.

6) 참모임으로부터 의지조치20)의 갈마를 받은 그 죄를 지어서는 안 된다.

7) 다른 그와 유사한 죄를 지어서도 안 된다.

8) 그보다 악한 죄를 지어서도 안 된다.

9) 갈마를 매도해서는 안 된다.21)

10) 갈마를 주는 자를 매도해서도 안 된다.

11) 일반수행승의 포살22)을 차단시켜서는 안 된다.23)

---

14) tatrāyaṃ sammāvattanā : 이 책(CV. II. 1, CV. X. 20)을 참조하라.

15) na nissayo dātabbo : MV. 36에 따르면, '더 이상 배울 것이 없는 계행의 다발을 갖추고, 더 이상 배울 것이 없는 삼매의 다발을 갖추고, 더 이상 배울 것이 없는 지혜의 다발을 갖추고, 더 이상 배울 것이 없는 해탈의 다발을 갖추고, 더 이상 배울 것이 없는 해탈에 대한 앎과 봄의 다발을 갖춘' 수행승이 의지를 줄 수 있다.

16) sāmaṇera : 사미(沙彌)이다. 상세한 것은 이 책(Vin. II. 204)의 주석을 보라.

17) na sāmaṇero upaṭṭhapetabbo : 이것에 대해서는 MV. I. 36, 37을 참조하라.

18) bhikkhunī : 비구니(比丘尼)이다. 상세한 것은 이 책(Vin. II. 204)의 주석을 보라.

19) na bhikkhunovādakasammati1 sāditabbā : 이것에 대해서는 속죄죄법 제21조(Pāc. 21)와 CV. X. 9를 참조하라.

20) nissaya : 한역은 의지(依止) 또는 의지갈마(依止羯磨)이다. 상세한 것은 이 책의 율장해제와 Vin. I. 49; CV. I. 9를 참조하라.

21) kammaṃ na garahitabbaṃ : 견책조치의 갈마를 말한다. Smp. 1156

22) uposatha : 한역에서는 음사하여 포살(布薩), 포살일(布薩日), 번역하여 설계(說戒), 설계일(說戒日), 제일(齊日), 재일(齋日)이라고 한다. 원래는 베다 시대에 쏘마제사를 준비하는 날을 의미했는데, 니간타들 즉, 자이나교도들은 불살생을 실천하는 날을 의미했는데, 이것이 불교에 차용되어 보름기간(보름기간 중에 제14일, 제15일 그리고 제8일)마다 동일한 지역에 수행승들과 재가신자들이 모여 반성하고 참회하고 계율의 덕목을 송출하고 재가신자는 팔재계(八齋戒)를 준수하고 음식을 공양하는 날로 영역으로는 '계행의 날(Observance Day : Bd. IV. 131)'이다. 고대인도의 역법에 따르면, 인도의 일 년은 삼 계절 – 겨울, 여름, 우기 – 로 나뉘며, 각 계절은 사개월씩 계속된다. 사개월은 여덟 개의 보름단위의 기간(pakkha)으로 나뉘고, 세 번째와 일곱 번째는 14일로 구성되고 나머지는 15일로 구성된다. 신월이나 보름달이거나 반달[상현이나 하현]의 날이 특별히 길조인 것으로 여겨진다. 불교에서는 이런 날에 포살의식(懺悔儀式)을 행한다. 보름날과 신월의 포살일에는 수행승들이 자신들의 의무계율[戒本]을 외우고, 일반신도들은 설법을 듣거나 수행을 하기 위해 승원을 방문한다. 여덟 가지 포살의 덕목(Uposathaṅga)에 대해서는 AN. I. 213을 참조하고, 포살에 대한 상세한 것은 Vin. I. 101과 그 주석을 참조하라.

12) 자자[24])를 차단시켜서는 안 된다.[25])
13) 명령을 내려서는 안 된다.[26])
14) 권위를 세워서는 안 된다.[27])
15) 허락을 구해서는 안 된다.[28])
16) 질책해서는 안 된다.[29])
17) 기억을 확인해서는 안 된다.[30])
18) 수행승들과 다투어서는 안 된다."[31])

견책조치의 갈마에서의 열여덟 가지 의무가 끝났다.

6. 해제할 수 없는 열여덟 가지 경우(Napaṭippassambhetabbaṭṭhārasaka)

1. 한때 참모임이 빤두까와 로히따까를 추종하는 수행승들에 대하여 견책조치의 갈마를 행했다. 그들은 참모임으로부터 견책조치의 갈마를 받고 올바로 처신하고, 근신하고, 속죄했다. 그리고 수행승들을 찾아가서 이와 같이 말했다.

[견책조치를 받은 수행승들] '벗들이여, 저희들은 참모임으로부터 견책조치의 갈마를 받고 올바로 처신하고, 근신하고, 속죄했습니다. 이제 저희들은 어떻게 해야 합니까?'

세존께 그 사실을 알렸다.

[세존] "수행승들이여, 그렇다면 참모임은 빤두까와 로히따까를 추종하는 수행승들에 대하여 견책조치의 갈마를 해제해야 한다."

---

23) na pakatattassa bhikkhuno uposatho ṭhapetabbo : 이 항목은 CV. I. 27; CV. X. 20에서도 언급된다.
24) pavāraṇa : 안거가 끝나는 날, 참모임 전체가 모인 가운데 수행승들이 보고 듣고 의심나는 점에 대해서 지적해 주기를 정중히 요청하는 의식을 말한다. 상세한 것은 역자의 율장 『마하박가』의 해제와 『마하박가』 제4장을 보라.
25) na pavāraṇā ṭhapetabbā : 이것에 대해서는 MV. IV. 16을 참조하라.
26) na savacanīyaṃ kātabbaṃ : Smp. 1156에 따르면, '나는 이와 관련하여 존자의 명령(savacanīya)를 행하고 있다. 쟁사가 해결되지 않은 동안에 처소에서 한 발자욱도 물러나지 말라.' savacanīya는 Vin. II. 336; 338에도 등장한다.
27) na anuvādo paṭṭhapetabbo : Smp. 1156에 따르면, '이 승원에서 그가 최상의 장소를 차지해서는 안 된다.'
28) na okāso kāretabbo : 잘못을 비난할 수 있도록 '허락을 얻어서는 안 된다.'라는 뜻이다. Vin. I. 114를 참조하라 : '한때 여섯무리의 수행승들이 허락을 얻지 않고 수행승에 대하여 잘못을 비난했다. 세존께 그 사실을 알렸다. '수행승들이여, 허락를 얻지 않고 수행승에 대하여 죄를 비난해서는 안 된다. 비난하면, 악작죄가 된다.'
29) na codetabbo : CV. X. 9를 참조하여 고려한 것이다.
30) na sāretabbo : Smp. 1156에 따르면, '이것은 그대의 잘못이다.'라고 기억을 환기시키는 것이다.
31) na bhikkhūhi sampayojetabbanti : 원래 '교제해서는 안 된다.'라는 뜻이다. Smp. 1156에 따르면, '서로 화합하여, 다툼이 일어나서는 안 된다.'라고 의미를 부여하고 있다. 그러나 견책조치를 받은 수행승은 동료수행승들과 교제할 수 없다는 것을 뜻하기도 한다.

2. [세존] "수행승들이여, 다섯 가지 고리를 갖춘 수행승에게 견책조치의 갈마를 해제할 수 없다.
1) 구족계를 주고,
2) 의지를 주고,
3) 사미를 두고,
4) 수행녀들의 교계에 선정되고,
5) 선정되어 수행녀들을 교계하는 것이다.
수행승들이여, 이러한 다섯 가지 고리를 갖춘 수행승에게 견책조치의 갈마를 해제할 수 없다.

3. 수행승들이여, 또 다른 다섯 가지 고리를 갖춘 수행승에게 견책조치의 갈마를 해제할 수 없다.
1) 참모임으로부터 견책조치의 갈마를 받은 그 죄를 다시 짓고,
2) 다른 그와 유사한 죄를 짓고,
3) 그보다 악한 죄를 짓고,
4) 갈마를 매도하고,
5) 갈마를 주는 자를 매도하는 것이다.
수행승들이여, 이러한 다섯 가지 고리를 갖춘 수행승에게 견책조치의 갈마를 해제할 수 없다.

4. 수행승들이여, 여덟 가지 고리를 갖춘 수행승에게 견책조치의 갈마를[6] 해제할 수 없다. 일반수행승에 대하여,
1) 포살을 차단시키고,
2) 자자를 차단시키고,
3) 명령을 내리고,
4) 권위를 세우고,
5) 허락을 얻고,
6) 비난을 하고,
7) 기억을 확인하고,
8) 수행승들과 다투는 것이다.
수행승들이여, 이러한 여덟 가지 고리를 갖춘 수행승에게 견책조치의 갈마를 해제할 수 없다."

견책조치의 갈마에서의 해제할 수 없는 열여덟 가지 경우가 끝났다.

7. 해제할 수 있는 열여덟 가지 경우(Paṭippassambhetabbaṭṭhārasaka)

1. [세존] "수행승들이여, 다섯 가지 고리를 갖춘 수행승에게 견책조치의 갈마를 해제할 수 있다.

1) 구족계를 주지 않고,

2) 의지를 주지 않고,

3) 사미를 두지 않고,

4) 수행녀들의 교계에 선정을 받지 않고,

5) 선정되더라도 수행녀들을 교계하지 않는 것이다.

수행승들이여, 이러한 다섯 가지 고리를 갖춘 수행승에게 견책조치의 갈마를 해제할 수 있다.

2. 수행승들이여, 다른 다섯 가지 고리를 갖춘 수행승에게 견책조치의 갈마를 해제할 수 있다.

1) 참모임으로부터 견책조치의 갈마를 받은 그 죄를 다시 짓지 않고,

2) 다른 그와 유사한 죄를 짓지 않고,

3) 그보다 악한 죄를 짓지 않고,

4) 갈마를 매도하지 않고,

5) 갈마를 주는 자를 매도하지 않는 것이다.

수행승들이여, 이러한 다섯 가지 고리를 갖춘 수행승에게 견책조치의 갈마를 해제할 수 있다.

3. 수행승들이여, 여덟 가지 고리를 갖춘 수행승에게 견책조치의 갈마를 해제할 수 있다.

1) 일반수행승의 포살을 차단시키지 않고,

2) 자자를 차단시키지 않고,

3) 명령을 내리지 않고,

4) 권위를 세우지 않고,

5) 허가를 받지 않고,

6) 질책하지 않고,

7) 기억을 확인하지 않고,

8) 수행승들과 다투지 않는 것이다.

수행승들이여, 이러한 여덟 가지 고리를 갖춘 수행승에게 견책조치의 갈마를 해제할 수 있다."

견책조치의 갈마에서의 해제할 수 있는 열여덟 가지 경우가 끝났다.

8. 견책조치의 갈마의 해제(Tajjanīyakammapaṭippassambhana)

1. [세존] "수행승들이여, 이와 같이 해제해야 한다. 수행승들이여, 그 빤두까와 로히따까를 추종하는 수행승들은 참모임을 찾아가서 한쪽 어깨에 상의를 걸치고 연상의 수행승들의 양 발에 머리를 조아린 뒤에 웅크리고 앉아 합장하여 이와 같이 말해야 한다.

[청원1] '존자들이여, 우리는 참모임으로부터 견책조치의 갈마를 받고 올바로 처신하고, 근신하고, 속죄했습니다. 이제 저희들은 견책조치의 갈마의 해제를 청합니다.'

두 번째에도 이와 같이 청해야 한다.

[청원2] '존자들이여, 우리는 참모임으로부터 견책조치의 갈마를 받고 올바로 처신하고, 근신하고, 속죄했습니다. 이제 저희들은 견책조치의 갈마의 해제를 청합니다.'

세 번째에도 이와 같이 청해야 한다.

[청원3] '존자들이여, 우리는 참모임으로부터 견책조치의 갈마를 받고 올바로 처신하고, 근신하고, 속죄했습니다. 이제 저희들은 견책조치의 갈마의 해제를 청합니다.'

2. 총명하고 유능한 수행승이 참모임에 알려야 한다.

[제안] '존자들이여, 참모임은 제 말에 귀를 기울이십시오. 이 빤두까와 로히따까를 추종하는 수행승들은 모임으로부터 견책조치의 갈마를 받고 올바로 처신하고, 근신하고, 속죄했습니다.[7] 견책조치의 갈마의 해제를 청합니다. 만약 참모임에 옳은 일이라면, 참모임은 이 빤두까와 로히따까를 추종하는 수행승들에 대하여 견책조치의 갈마를 해제하겠습니다. 이것이 제안입니다.'

[제청1] '존자들이여, 참모임은 제 말에 귀를 기울이십시오. 이 빤두까와 로히따까를 추종하는 수행승들이 참모임으로부터 견책조치의 갈마를 받고 올바로 처신하고, 근신하고, 속죄했습니다. 견책조치의 갈마의 해제를 청하고 있습니다. 참모임은 이 빤두까와 로히따까를 추종하는 수행승들에 대하여 견책조치의 갈마를 해제합니다. 존자들 가운데 누구든지 이 빤두까와 로히따까를 추종하는 수행

승들에 대하여 견책조치의 갈마를 해제하는 것에 동의하면 침묵하시고, 이견이 있으면 말씀하십시오.'

[제청2] '두 번째에도 저는 이 사실을 말합니다. 존자들이여, 참모임은 제 말에 귀를 기울이십시오. 이 빤두까와 로히따까를 추종하는 수행승들이 참모임으로부터 견책조치의 갈마를 받고 올바로 처신하고, 근신하고, 속죄했습니다. 견책조치의 갈마의 해제를 청하고 있습니다. 참모임은 이 빤두까와 로히따까를 추종하는 수행승들에 대하여 견책조치의 갈마를 해제합니다. 존자들 가운데 누구든지 이 빤두까와 로히따까를 추종하는 수행승들에 대하여 견책조치의 갈마를 해제하는 것에 동의하면 침묵하시고, 이견이 있으면 말씀하십시오.'

[제청3] '세 번째에도 저는 이 사실을 말합니다. 존자들이여, 참모임은 제 말에 귀를 기울이십시오. 이 빤두까와 로히따까를 추종하는 수행승들이 참모임으로부터 견책조치의 갈마를 받고 올바로 처신하고, 근신하고, 속죄했습니다. 견책조치의 갈마의 해제를 청하고 있습니다. 참모임은 이 빤두까와 로히따까를 추종하는 수행승들에 대하여 견책조치의 갈마를 해제합니다. 존자들 가운데 누구든지 이 빤두까와 로히따까를 추종하는 수행승들에 대하여 견책조치의 갈마를 해제하는 것에 동의하면 침묵하시고, 이견이 있으면 말씀하십시오.'

[결정] '참모임은 빤두까와 로히따까를 추종하는 수행승들에 대하여 견책조치의 갈마를 해제했습니다. 참모임이 찬성하여 침묵했으므로, 저는 그와 같이 알겠습니다.'"

견책조치의 갈마의 해제가 끝났다.
첫 번째 송출품 견책조치의 갈마가 끝났다.

II 두 번째 송출품 의지조치의 갈마(Dutiyabhaṇavāra Niyassakamma : 9-13)

9. 의지조치의 갈마의 인연(Niyassakammanidāna)

1. 한때 존자 쎄이야싸까[32]가 어리석어 총명하지 못하고 죄가 많고 충고를 받아들이지 않고, 재가자와 부적절한 관계 속에서 재가자와 함께 지내자, 그만큼 수행승들은 그에게 격리처벌[33]을 처분하고, 가중처벌[34]을 처분하고, 참회처벌[35]을

---

32) Seyyasaka : 싸밧티 시의 수행승으로 다양한 죄를 지은 자인데, 우다인(Udāyin)이 그의 친구였다. Vin. III. 110에 따르면, 승단잔류죄(Saṅghādisesa)가 처음으로 형성될 때에 죄를 지은 자이다.

33) parivāsa : 한역에서는 별주(別住)라고 한다. 상세한 것은 이 책 율장해제와 Vin. I. 143, 320; II. 31, 40 참조하라.

34) mūlāya paṭikassana : 한역은 본일치(本日治)이다. 상세한 것은 이 책의 율장해제와 Vin. II. 34 참조.

35) mānatta : 한역은 음사를 해서 마나타(摩那陀)라고 한다. 승단잔류죄에 대해 주어지는 최소한 엿새 동안의 격리처벌을 뜻한다. 상세한 것은 이 책의 율장해제와 Vin. I. 143; Vin. II. 35, 45를 참조하라.

처분하고, 출죄복귀[36]를 처분하는데 바빴다.

2. 수행승들 가운데 욕망을 여의고, 만족을 알고, 부끄러움을 알고, 후회할 줄 알고 배움을 원하는 자들도 그들에 대하여 혐책하고 분개하고 비난했다.

[수행승들] "어찌 존자 쎄이야싸까는 어리석어 총명하지 못하고 죄가 많고 충고를 받아들이지 않고, 재가자와 부적절한 관계 속에서 재가자와 함께 지낼 수 있고, 그만큼 수행승들이 그에게 격리처벌을 처분하고, 가중처벌을 처분하고, 참회처벌을 처분하고, 출죄복귀를 처분하는데 바빠야 한단 말인가?"

3. 그러자 그 수행승들은 세존께 그 사실을 알렸다. 세존께서는 그것을 인연으로 이 기회에 삼아 수행승들의 모임을 소집하여 수행승들에게 질문했다.

[세존] "수행승들이여, 수행승 쎄이야싸까가 어리석어 총명하지 못하고 죄가 많고 충고를 받아들이지 않고, 재가자와 부적절한 관계 속에서 재가자와 함께 지내자, 그만큼 수행승들이 그에게 격리처벌을 처분하고, 가중처벌을 처분하고, 참회처벌을 처분하고, 출죄복귀를 처분하는데 바빴던 것이 사실인가?"

[수행승들] "세존이시여, 사실입니다."

4. 존귀하신 부처님께서는 견책했다.

[세존] "수행승들이여, 그 어리석은 자가 적절하지 않고, 자연스럽지 않고, 알맞지 않고, 수행자의 삶이 아니고, 부당하고, 해서는 안 될 일을 행한 것이다. 수행승들이여, 어찌 그 어리석은 자가 어리석어 총명하지 못하고 죄가 많고 충고를 받아들이지 않고, 재가자와 부적절한 관계 속에서 재가자와 함께 지낼 수 있고, 그만큼 수행승들이 그에게 격리처벌을 처분하고, 가중처벌을 처분하고, 참회처벌을 처분하고, 출죄복귀를 처분하는데 바빠야 한단 말인가? 수행승들이여, 그것은 아직 청정한 믿음이 없는 자를 청정한 믿음으로 이끌고, 이미 청정한 믿음이 있는 자를 더욱더 청정한 믿음으로 이끄는 것이 아니다. 수행승들이여, 그것은 오히려, 아직 청정한 믿음이 없는 자를 불신으로 이끌고, 이미 청정한 믿음이 있는 자 가운데 어떤 자들을 타락시키는 것이다."

5. 그리고 세존께서는 수행승 쎄이야싸까를 여러 가지 방편으로 견책하여, 키우기 어렵고 부양하기 어렵고 욕심이 많고 만족을 모르고 교제를 좋아하고 나태한 것에 대하여 질책하고, 여러 가지 법문으로 고무하여, 키우기 쉽고 부양하기 쉽고

36) abbhāna : 한역은 음사하여 아부가나갈마(阿浮呵那羯磨)라고도 하고 번역하여 출죄(出罪)라고 한다. 상세한 것은 이 책의 율장해제와 Vin. II. 39를 참조하라.

욕심을 여의고, 만족을 알고, 버리고 없애는 삶을 살고, 두타행을 하고, 청정한 믿음이 있고, 쌓아 모으지 않고, 용맹정진하는 것을 칭찬하고, 수행승들을 위하여 그에 알맞고 그에 걸맞게 경책하여 법문을 하고 수행승들에게 일렀다.

[세존] "수행승들이여, 그렇다면 참모임은 수행승 쎄이야싸까[8]에게 '그대는 의지조치를 받아 지내야 한다.'라고 의지조치의 갈마를 행해야 한다."

6. [세존] "수행승들이여, 그러나 이와 같이 행해야 한다. 먼저 수행승 쎄이야싸까는 비난받아야 하고, 비난받은 후에 기억이 확인되어야 하고, 기억이 확인된 후에 죄가 추징되어야 하고, 죄가 추징된 후에 총명하고 유능한 수행승이 참모임에 알려야 한다.

[제안] '존자들이여, 참모임은 제 말에 귀를 기울이십시오. 이 수행승 쎄이야싸까는 어리석어 총명하지 못하고 죄가 많고 충고를 받아들이지 않고, 재가자와 부적절한 관계 속에서 재가자와 함께 지내자, 그만큼 수행승들이 그에게 격리처벌을 처분하고, 가중처벌을 처분하고, 참회처벌을 처분하고, 출죄복귀를 처분하는데 바빴습니다. 만약에 참모임에 옳은 일이라면, 참모임이 수행승 쎄이야싸까에 대하여 '그대는 의지조치를 받아 지내야 한다.'라고 의지조치의 갈마를 행하겠습니다. 이것이 제안입니다.'

[제청1] '존자들이여, 참모임은 제 말에 귀를 기울이십시오. 수행승 쎄이야싸까는 어리석어 총명하지 못하고 죄가 많고 충고를 받아들이지 않고, 재가자와 부적절한 관계 속에서 재가자와 함께 지냈는데, 그만큼 수행승들이 그에게 격리처벌을 처분하고, 가중처벌을 처분하고, 참회처벌을 처분하고, 출죄복귀를 처분하는데 지쳤습니다. 참모임이 수행승 쎄이야싸까에 대하여 '그대는 의지조치를 받아 지내야 한다.'라고 의지조치의 갈마를 행합니다. 존자들 가운데 누구든지 수행승 쎄이야싸까에 대하여 '그대는 의지조치를 받아 지내야 한다.'라고 의지조치의 갈마를 행하는 것에 동의하면 침묵하시고, 이견이 있으면 말씀하십시오.'

[제청2] '두 번째에도 저는 이 사실을 말합니다. 존자들이여, 참모임은 제 말에 귀를 기울이십시오. 수행승 쎄이야싸까는 어리석어 총명하지 못하고 죄가 많고 충고를 받아들이지 않고, 재가자와 부적절한 관계 속에서 재가자와 함께 지냈는데, 그만큼 수행승들이 그에게 격리처벌을 처분하고, 가중처벌을 처분하고, 참회처벌을 처분하고, 출죄복귀를 처분하는데 지쳤습니다. 참모임이 수행승 쎄이야싸까에 대하여 '그대는 의지조치를 받아 지내야 한다.'라고 의지조치의 갈마를 행합니다. 존자들 가운데 누구든지 수행승 쎄이야싸까에 대하여 '그대는 의지조치를

받아 지내야 한다.'라고 의지조치의 갈마를 행하는 것에 동의하면 침묵하시고, 이견이 있으면 말씀하십시오.'

[제청3] '세 번째에도 저는 이 사실을 말합니다. 존자들이여, 참모임은 제 말에 귀를 기울이십시오. 수행승 쎄이야싸까는 어리석어 총명하지 못하고 죄가 많고 충고를 받아들이지 않고, 재가자와 부적절한 관계 속에서 재가자와 함께 지냈는데, 그만큼 수행승들이 그에게 격리처벌을 처분하고, 가중처벌을 처분하고, 참회처벌을 처분하고, 출죄복귀를 처분하는데 지쳤습니다. 참모임이 수행승 쎄이야싸까에 대하여 '그대는 의지조치를 받아 지내야 한다.'라고 의지조치의 갈마를 행합니다. 존자들 가운데 누구든지 수행승 쎄이야싸까에 대하여 '그대는 의지조치를 받아 지내야 한다.'라고 의지조치의 갈마를 행하는 것에 동의하면 침묵하시고, 이견이 있으면 말씀하십시오.'

[결정] '참모임은 수행승 쎄이야싸까에게 의지조치의 갈마를 행했습니다. 참모임이 찬성하여 침묵했으므로, 저는 그와 같이 알겠습니다.'"

의지조치의 갈마의 인연이 끝났다.

10_1. 열두 가지 원칙에 맞지 않는 갈마(Adhammakammadvādasaka)

1. [세존] "수행승들이여, 세 가지 고리를 갖춘 의지조치의 갈마는 원칙에 맞지 않는 갈마이고 계율에 맞지 않는 갈마로서 잘 성취되기 어렵다.

1) 현전에 입각하지 않고 행하고,

2) 질문에 근거하지 않고 행하고,

3) 자인에 입각하지 않고 행하는 것이다.

수행승들이여, 이러한 세 가지 고리를 갖춘 의지조치의 갈마는 원칙에 맞지 않는 갈마이고 계율에 맞지 않는 갈마로서 잘 성취되기 어렵다.

2. 수행승들이여, 또한 세 가지 고리를 갖춘 의지조치의 갈마는 원칙에 맞지 않는 갈마이고 계율에 맞지 않는 갈마로서 잘 성취되기 어렵다.

1) 죄가 없는데 행하고,

2) 죄가 참회로 이끌어지지 않는데 행하고,

3) 죄가 이미 참회되었는데 행하는 것이다.

수행승들이여, 이러한 세 가지 고리를 갖춘 의지조치의 갈마는 원칙에 맞지 않는 갈마이고 계율에 맞지 않는 갈마로서 잘 성취되기 어렵다.

3. 수행승들이여, 또한 세 가지 고리를 갖춘 의지조치의 갈마는 원칙에 맞지 않는

갈마이고 계율에 맞지 않는 갈마로서 잘 성취되기 어렵다.

1) 질책하지 않고 행하고,

2) 기억을 확인하지 않고 행하고,

3) 죄를 거론하지 않고 행하는 것이다.

수행승들이여, 이러한 세 가지 고리를 갖춘 의지조치의 갈마는 원칙에 맞지 않는 갈마이고 계율에 맞지 않는 갈마로서 잘 성취되기 어렵다.

4. 수행승들이여, 또한 세 가지 고리를 갖춘 의지조치의 갈마는 원칙에 맞지 않는 갈마이고 계율에 맞지 않는 갈마로서 잘 성취되기 어렵다.

1) 현전에 입각하지 않고 행하고,

2) 원칙에 맞지 않게 행하고,

3) 모임이 불완전하게 행하는 것이다.

수행승들이여, 이러한 세 가지 고리를 갖춘 의지조치의 갈마는 원칙에 맞지 않는 갈마이고 계율에 맞지 않는 갈마로서 잘 성취되기 어렵다.

5. 수행승들이여, 또한 세 가지 고리를 갖춘 의지조치의 갈마는 원칙에 맞지 않는 갈마이고 계율에 맞지 않는 갈마로서 잘 성취되기 어렵다.

1) 질문에 근거하지 않고 행하고,

2) 원칙에 맞지 않게 행하고,

3) 모임이 불완전하게 행하는 것이다.

수행승들이여, 이러한 세 가지 고리를 갖춘 의지조치의 갈마는 원칙에 맞지 않는 갈마이고 계율에 맞지 않는 갈마로서 잘 성취되기 어렵다.

6. 수행승들이여, 또한 세 가지 고리를 갖춘 의지조치의 갈마는 원칙에 맞지 않는 갈마이고 계율에 맞지 않는 갈마로서 잘 성취되기 어렵다.

1) 자인에 입각하지 않고 행하고,

2) 원칙에 맞지 않게 행하고,

3) 모임이 불완전하게 행하는 것이다.

수행승들이여, 이러한 세 가지 고리를 갖춘 의지조치의 갈마는 원칙에 맞지 않는 갈마이고 계율에 맞지 않는 갈마로서 잘 성취되기 어렵다.

7. 수행승들이여, 또한 세 가지 고리를 갖춘 의지조치의 갈마는 원칙에 맞지 않는 갈마이고 계율에 맞지 않는 갈마로서 잘 성취되기 어렵다.

1) 죄가 없는데 행하고,

2) 원칙에 맞지 않게 행하고,
3) 모임이 불완전하게 행하는 것이다.

수행승들이여, 이러한 세 가지 고리를 갖춘 의지조치의 갈마는 원칙에 맞지 않는 갈마이고 계율에 맞지 않는 갈마로서 잘 성취되기 어렵다.

8. 수행승들이여, 또한 세 가지 고리를 갖춘 의지조치의 갈마는 원칙에 맞지 않는 갈마이고 계율에 맞지 않는 갈마로서 잘 성취되기 어렵다.
1) 죄가 참회로 이끌어지지 않는데 행하고,
2) 원칙에 맞지 않게 행하고,
3) 모임이 불완전하게 행하는 것이다.

수행승들이여, 이러한 세 가지 고리를 갖춘 의지조치의 갈마는 원칙에 맞지 않는 갈마이고 계율에 맞지 않는 갈마로서 잘 성취되기 어렵다.

9. 수행승들이여, 또한 세 가지 고리를 갖춘 의지조치의 갈마는 원칙에 맞지 않는 갈마이고 계율에 맞지 않는 갈마로서 잘 성취되기 어렵다.
1) 죄가 참회되었는데 행하고,
2) 원칙에 맞지 않게 행하고,
3) 모임이 불완전하게 행하는 것이다.

수행승들이여, 이러한 세 가지 고리를 갖춘 의지조치의 갈마는 원칙에 맞지 않는 갈마이고 계율에 맞지 않는 갈마로서 잘 성취되기 어렵다.

10. 수행승들이여, 또한 세 가지 고리를 갖춘 의지조치의 갈마는 원칙에 맞지 않는 갈마이고 계율에 맞지 않는 갈마로서 잘 성취되기 어렵다.
1) 질책하지 않고 행하고,
2) 원칙에 맞지 않게 행하고,
3) 모임이 불완전하게 행하는 것이다.

수행승들이여, 이러한 세 가지 고리를 갖춘 의지조치의 갈마는 원칙에 맞지 않는 갈마이고 계율에 맞지 않는 갈마로서 잘 성취되기 어렵다.

11. 수행승들이여, 또한 세 가지 고리를 갖춘 의지조치의 갈마는 원칙에 맞지 않는 갈마이고 계율에 맞지 않는 갈마로서 잘 성취되기 어렵다.
1) 기억을 확인하지 않고 행하고,
2) 원칙에 맞지 않게 행하고,
3) 모임이 불완전하게 행하는 것이다.

수행승들이여, 이러한 세 가지 고리를 갖춘 의지조치의 갈마는 원칙에 맞지 않는 갈마이고 계율에 맞지 않는 갈마로서 잘 성취되기 어렵다.

12. 수행승들이여, 또한 세 가지 고리를 갖춘 의지조치의 갈마는 원칙에 맞지 않는 갈마이고 계율에 맞지 않는 갈마로서 잘 성취되기 어렵다.

1) 죄를 거론하지 않고 행하고,

2) 원칙에 맞지 않게 행하고,

3) 모임이 불완전하게 행하는 것이다.

수행승들이여, 이러한 세 가지 고리를 갖춘 의지조치의 갈마는 원칙에 맞지 않는 갈마이고 계율에 맞지 않는 갈마로서 잘 성취되기 어렵다."

의지조치의 갈마에서의 열두 가지 원칙에 맞지 않는 갈마가 끝났다.

10_2. 열두 가지 원칙에 맞는 갈마(Dhammakammadvādasaka)

1. [세존] "수행승들이여, 세 가지 고리를 갖춘 의지조치의 갈마는 원칙에 맞는 갈마이고 계율에 맞는 갈마로서 잘 성취된다.

1) 현전에 입각하여 행하고,

2) 질문에 근거하여 행하고,

3) 자인에 입각해서 행하는 것이다.

수행승들이여, 이러한 세 가지 고리를 갖춘 의지조치의 갈마는 원칙에 맞는 갈마이고 계율에 맞는 갈마로서 잘 성취된다.

2. 수행승들이여, 또한 세 가지 고리를 갖춘 의지조치의 갈마는 원칙에 맞는 갈마이고 계율에 맞는 갈마로서 잘 성취된다.

1) 죄가 있을 때 행하고,

2) 죄가 참회로 이끌어지도록 행하고,

3) 죄가 아직 참회되지 않아 행하는 것이다.

수행승들이여, 이러한 세 가지 고리를 갖춘 의지조치의 갈마는 원칙에 맞는 갈마이고 계율에 맞는 갈마로서 잘 성취된다.

3. 수행승들이여, 또한 세 가지 고리를 갖춘 의지조치의 갈마는 원칙에 맞는 갈마이고 계율에 맞는 갈마로서 잘 성취된다.

1) 질책하고 행하고,

2) 기억을 확인하고 행하고,

3) 죄를 거론하고 행하는 것이다.

수행승들이여, 이러한 세 가지 고리를 갖춘 의지조치의 갈마는 원칙에 맞는 갈마이고 계율에 맞는 갈마로서 잘 성취된다.

4. 수행승들이여, 또한 세 가지 고리를 갖춘 의지조치의 갈마는 원칙에 맞는 갈마이고 계율에 맞는 갈마로서 잘 성취된다.

1) 현전에 입각하고 행하고,
2) 원칙에 맞게 행하고,
3) 모임이 완전하게 행하는 것이다.

수행승들이여, 이러한 세 가지 고리를 갖춘 의지조치의 갈마는 원칙에 맞는 갈마이고 계율에 맞는 갈마로서 잘 성취된다.

5. 수행승들이여, 또한 세 가지 고리를 갖춘 의지조치의 갈마는 원칙에 맞는 갈마이고 계율에 맞는 갈마로서 잘 성취된다.

1) 질문에 근거하여 행하고,
2) 원칙에 맞게 행하고,
3) 모임이 완전하게 행하는 것이다.

수행승들이여, 이러한 세 가지 고리를 갖춘 의지조치의 갈마는 원칙에 맞는 갈마이고 계율에 맞는 갈마로서 잘 성취된다.

6. 수행승들이여, 또한 세 가지 고리를 갖춘 의지조치의 갈마는 원칙에 맞는 갈마이고 계율에 맞는 갈마로서 잘 성취된다.

1) 자인에 입각하여 행하고,
2) 원칙에 맞게 행하고,
3) 모임이 완전하게 행하는 것이다.

수행승들이여, 이러한 세 가지 고리를 갖춘 의지조치의 갈마는 원칙에 맞는 갈마이고 계율에 맞는 갈마로서 잘 성취된다.

7. 수행승들이여, 또한 세 가지 고리를 갖춘 의지조치의 갈마는 원칙에 맞는 갈마이고 계율에 맞는 갈마로서 잘 성취된다.

1) 죄가 있을 때 행하고,
2) 원칙에 맞게 행하고,
3) 모임이 완전하게 행하는 것이다.

수행승들이여, 이러한 세 가지 고리를 갖춘 의지조치의 갈마는 원칙에 맞는 갈마이고 계율에 맞는 갈마로서 잘 성취된다.

8. 수행승들이여, 또한 세 가지 고리를 갖춘 의지조치의 갈마는 원칙에 맞는 갈마이고 계율에 맞는 갈마로서 잘 성취된다.

1) 죄가 참회로 이끌어지도록 행하고,

2) 원칙에 맞게 행하고,

3) 모임이 완전하게 행하는 것이다.

수행승들이여, 이러한 세 가지 고리를 갖춘 의지조치의 갈마는 원칙에 맞는 갈마이고 계율에 맞는 갈마로서 잘 성취된다.

9. 수행승들이여, 또한 세 가지 고리를 갖춘 의지조치의 갈마는 원칙에 맞는 갈마이고 계율에 맞는 갈마로서 잘 성취된다.

1) 죄가 아직 참회되지 않아 행하고,

2) 원칙에 맞게 행하고,

3) 모임이 완전하게 행하는 것이다.

수행승들이여, 이러한 세 가지 고리를 갖춘 의지조치의 갈마는 원칙에 맞는 갈마이고 계율에 맞는 갈마로서 잘 성취된다.

10. 수행승들이여, 또한 세 가지 고리를 갖춘 의지조치의 갈마는 원칙에 맞는 갈마이고 계율에 맞는 갈마로서 잘 성취된다.

1) 질책하고 행하고,

2) 원칙에 맞게 행하고,

3) 모임이 완전하게 행하는 것이다.

수행승들이여, 이러한 세 가지 고리를 갖춘 의지조치의 갈마는 원칙에 맞는 갈마이고 계율에 맞는 갈마로서 잘 성취된다.

11. 수행승들이여, 또한 세 가지 고리를 갖춘 의지조치의 갈마는 원칙에 맞는 갈마이고 계율에 맞는 갈마로서 잘 성취된다.

1) 기억을 확인하고 행하고,

2) 원칙에 맞게 행하고,

3) 모임이 완전하게 행하는 것이다.

수행승들이여, 이러한 세 가지 고리를 갖춘 의지조치의 갈마는 원칙에 맞는 갈마이고 계율에 맞는 갈마로서 잘 성취된다.

12. 수행승들이여, 또한 세 가지 고리를 갖춘 의지조치의 갈마는 원칙에 맞는 갈마이고 계율에 맞는 갈마로서 잘 성취된다.

1) 죄를 거론하고 행하고,

2) 원칙에 맞게 행하고,

3) 모임이 완전하게 행하는 것이다.

수행승들이여, 이러한 세 가지 고리를 갖춘 의지조치의 갈마는 원칙에 맞는 갈마이고 계율에 맞는 갈마로서 잘 성취된다.”

의지조치의 갈마에서의 열두 가지 원칙에 맞는 갈마가 끝났다.

10_3. 여섯 가지 ‘원한다면’(Ākaṅkhamānachakka)

1. [세존] “수행승들이여, 세 가지 고리를 갖춘 수행승에게 원한다면 참모임은 의지조치의 갈마를 행할 수 있다.

1) 다투고 싸우고 언쟁하고 분쟁하며 참모임에 쟁사를 일으키고,

2) 어리석어 총명하지 못하고 죄가 많고 충고를 받아들이지 않고,

3) 재가자와 부적절한 관계 속에서 재가자와 함께 지내는 것이다.

수행승들이여, 이러한 세 가지 고리를 갖춘 수행승에게 원한다면 참모임은 의지조치의 갈마를 행할 수 있다.

2. 수행승들이여, 세 가지 고리를 갖춘 수행승에게 원한다면 참모임은 의지조치의 갈마를 행할 수 있다.

1) 훌륭한 계행을 두고 계행을 어기고,

2) 훌륭한 행동을 두고 사행에 빠지고,

3) 훌륭한 견해를 두고 사견에 떨어지는 것이다.

수행승들이여, 이러한 세 가지 고리를 갖춘 수행승에게 원한다면 참모임은 의지조치의 갈마를 행할 수 있다.

3. 수행승들이여, 세 가지 고리를 갖춘 수행승에게 원한다면 참모임은 의지조치의 갈마를 행할 수 있다.

1) 부처님을 비방하고,

2) 가르침을 비방하고,

3) 참모임을 비방하는 것이다.

수행승들이여, 이러한 세 가지 고리를 갖춘 수행승에게 원한다면 참모임은 의지조치의 갈마를 행할 수 있다.

4. 수행승들이여, 또한 세 종류의 수행승에게 원한다면 참모임은 의지조치의 갈마를 행할 수 있다.

1) 다투고 싸우고 언쟁하고 분쟁하며 참모임에 쟁사를 일으키는 자와
2) 어리석어 총명하지 못하고 죄가 많고 충고를 받아들이지 않는 자와
3) 재가자와 부적절한 관계 속에서 재가자와 함께 지내는 자이다.

수행승들이여, 이러한 세 종류의 수행승에게 원한다면 참모임은 의지조치의 갈마를 행할 수 있다.

5. 수행승들이여, 또한 세 종류의 수행승에게 원한다면 참모임은 의지조치의 갈마를 행할 수 있다.

1) 훌륭한 계행을 두고 계행을 어기는 자와
2) 훌륭한 행동을 두고 사행에 빠지는 자와
3) 훌륭한 견해를 두고 사견에 떨어지는 자이다.

수행승들이여, 이러한 세 종류의 수행승에게 원한다면 참모임은 의지조치의 갈마를 행할 수 있다.

6. 수행승들이여, 또한 세 종류의 수행승에게 원한다면 참모임은 의지조치의 갈마를 행할 수 있다.

1) 부처님을 비방하는 자와
2) 가르침을 비방하는 자와
3) 참모임을 비방하는 자이다.

수행승들이여, 이러한 세 종류의 수행승에게 원한다면 참모임은 의지조치의 갈마를 행할 수 있다.”

의지조치의 갈마와 여섯 가지 '원한다면'이 끝났다.

10_4. 열여덟 가지 의무(Aṭṭhārasavatta)

1. [세존] “수행승들이여, 의지조치의 갈마를 받은 수행승들은 올바로 준수해야 한다.

2. 그 경우에 올바로 준수한다는 것은 이와 같다.

1) 구족계를 주어서는 안 된다.
2) 의지를 주어서는 안 된다.
3) 사미를 두어서는 안 된다.
4) 수행녀들의 교계에 선정을 받아서는 안 된다.
5) 선정되더라도 수행녀들을 교계해서는 안 된다.
6) 참모임으로부터 의지조치의 갈마를 받은 그 죄를 지어서는 안 된다.

7) 다른 그와 유사한 죄를 지어서도 안 된다.
8) 그보다 악한 죄를 지어서도 안 된다.
9) 갈마를 매도해서는 안 된다.
10) 갈마를 주는 자를 매도해서도 안 된다.
11) 일반수행승의 포살을 차단시켜서는 안 된다.
12) 자자를 차단시켜서는 안 된다.
13) 명령을 내려서는 안 된다.
14) 권위를 세워서는 안 된다.
15) 허락을 구해서는 안 된다.
16) 질책해서는 안 된다.
17) 기억을 확인해서는 안 된다.
18) 수행승들과 다투어서는 안 된다."

의지조치의 갈마에서의 열여덟 가지 의무가 끝났다.

11_1. 해제할 수 없는 열여덟 가지 경우(Napaṭippassambhetabbaṭṭhārasaka)

1. 한때 참모임이 수행승 쎄이야싸까에 대하여 '그대는 의지조치를 받아 지내야 한다.'라고 의지조치의 갈마를 행했다. 그는 참모임으로부터 의지조치의 갈마를 받고 착한 벗37)과 사귀고, 친하고, 섬기면서, 송출을 듣고, 질의하고, 많이 배우고, 전통을 수용하고, 가르침에 밝고, 계율에 밝고, 논의의 주제에 밝고, 현명하고, 총명하고, 슬기롭고, 부끄러움을 알고, 후회를 알고, 배움을 추구하고, 올바로 처신하고, 근신하고, 속죄했다. 그리고 수행승들을 찾아가서 이와 같이 말했다.

[쎄이야싸까] "벗들이여, 나는 참모임으로부터 의지조치의 갈마를 받고 올바로 처신하고, 근신하고, 속죄했습니다. 이제 저는 어떻게 해야 합니까?"

세존께 이 사실을 알렸다.

[세존] "수행승들이여, 그렇다면, 참모임은 수행승 쎄이야싸까에 대하여 의지조치의 갈마를 해제해야 한다."

2. 수행승들이여, 다섯 가지 고리를 갖춘 수행승에게 의지조치의 갈마를 해제할 수 없다.

---

37) kalyāṇamitta : 한역에서는 선우나 선지식 선사라고 한다. Dhp. 376에 따르면, '청정한 삶을 살고 나태함이 없는 선한 친구와 사귀어라. 우정의 삶을 살고 덕행의 삶에 밝아라. 그로써 기쁨이 가득하면 그대는 괴로움을 종식시킬 것이다.(mitte bhajassu kalyāṇe | suddhājīve atandite | paṭisanthāravutty'assa | ācārakusalo siyā | tato pāmojjabahulo | dukkhassantaṃ karissasi ‖)'

1) 구족계를 주고,
2) 의지를 주고,
3) 사미를 두고,
4) 수행녀들의 교계에 선정을 받고,
5) 선정되어 수행녀들을 교계하는 것이다.

수행승들이여, 이러한 다섯 가지 고리를 갖춘 수행승에게 의지조치의 갈마를 해제할 수 없다.

3. 수행승들이여, 또 다른 다섯 가지 고리를 갖춘 수행승에게 의지조치의 갈마를 해제할 수 없다.

1) 참모임으로부터 의지조치의 갈마를 받은 그 죄를 다시 짓고,
2) 다른 그와 유사한 죄를 짓고,
3) 그보다 악한 죄를 짓고,
4) 갈마를 매도하고,
5) 갈마를 주는 자를 매도하는 것이다.

수행승들이여, 이러한 다섯 가지 고리를 갖춘 수행승에게 의지조치의 갈마를 해제할 수 없다.

4. 수행승들이여, 여덟 가지 고리를 갖춘 수행승에게 의지조치의 갈마를 해제할 수 없다.

1) 일반수행승의 포살을 차단시키고,
2) 자자를 차단시키고,
3) 명령을 내리고,
4) 권위를 세우고,
5) 허락을 얻고,
6) 질책하고,
7) 기억을 확인하고,
8) 수행승들과 다투는 것이다.

수행승들이여, 이러한 여덟 가지 고리를 갖춘 수행승에게 의지조치의 갈마를 [9] 해제할 수 없다."

의지조치의 갈마에서의 해제할 수 없는 열여덟 가지 경우가 끝났다.

11₂. 해제할 수 있는 열여덟 가지 경우(Paṭippassambhetabbaṭṭhārasaka)

1. [세존] "수행승들이여, 다섯 가지 고리를 갖춘 수행승에게 의지조치의 갈마를 해제할 수 있다.
1) 구족계를 주지 않고,
2) 의지를 주지 않고,
3) 사미를 두지 않고,
4) 수행녀들의 교계에 선정을 받지 않고,
5) 선정되더라도 수행녀들을 교계하지 않는 것이다.

수행승들이여, 이러한 다섯 가지 고리를 갖춘 수행승에게 의지조치의 갈마를 해제할 수 있다.

2. 수행승들이여, 다른 다섯 가지 고리를 갖춘 수행승에게 의지조치의 갈마를 해제할 수 있다.
1) 참모임으로부터 의지조치의 갈마를 받은 그 죄를 짓지 않고,
2) 다른 그와 유사한 죄를 짓지 않고,
3) 그보다 악한 죄를 짓지 않고,
4) 갈마를 매도하지 않고,
5) 갈마를 주는 자를 매도하지 않는 것이다.

수행승들이여, 이러한 다섯 가지 고리를 갖춘 수행승에게 의지조치의 갈마를 해제할 수 있다.

3. 수행승들이여, 여덟 가지 고리를 갖춘 수행승에게 의지조치의 갈마를 해제할 수 있다.
1) 일반수행승의 포살을 차단시키지 않고,
2) 자자를 차단시키지 않고,
3) 명령을 내리지 않고,
4) 권위를 세우지 않고,
5) 허가를 받지 않고,
6) 질책하지 않고,
7) 기억을 확인하지 않고,
8) 수행승들과 다투지 않는 것이다.

수행승들이여, 이러한 여덟 가지 고리를 갖춘 수행승에게 의지조치의 갈마를 해제할 수 있다."

의지조치의 갈마에서의 해제할 수 있는 열여덟 가지 경우가 끝났다.

12. 의지조치의 갈마의 해제(Niyassakammapaṭippassambhana)

1. [세존] "수행승들이여, 이와 같이 해제해야 한다. 수행승들이여, 그 수행승 쎄이야싸까는 참모임을 찾아가서 한쪽 어깨에 상의를 걸치고 연상의 수행승들의 양 발에 머리를 조아린 뒤에 웅크리고 앉아 합장하여 이와 같이 말해야 한다.

[청원1] '존자들이여, 저는 참모임으로부터 의지조치의 갈마를 받고 올바로 처신하고, 근신하고, 속죄했습니다. 존자들이여, 이제 저는 의지조치의 갈마의 해제를 청합니다.'

[청원2] '존자들이여, 저는 참모임으로부터 의지조치의 갈마를 받고 올바로 처신하고, 근신하고, 속죄했습니다. 존자들이여, 두 번째에도 이제 저는 의지조치의 갈마의 해제를 청합니다.'

[청원3] '존자들이여, 저는 참모임으로부터 의지조치의 갈마를 받고 올바로 처신하고, 근신하고, 속죄했습니다. 존자들이여, 세 번째에도 이제 저는 의지조치의 갈마의 해제를 청합니다.'

2. 총명하고 유능한 수행승이 참모임에 알려야 한다.

[제안] '존자들이여, 참모임은 제 말에 귀를 기울이십시오. 이 수행승 쎄이야싸까는 모임으로부터 의지조치의 갈마를 받고 올바로 처신하고, 근신하고, 속죄하고, 의지조치의 갈마의 해제를 청합니다. 만약 참모임에 옳은 일이라면, 참모임은 이 수행승 쎄이야싸까에 대하여 의지조치의 갈마를 해제하겠습니다. 이것이 제안입니다.'

[제청1] '존자들이여, 참모임은 제 말에 귀를 기울이십시오. 이 수행승 쎄이야싸까는 참모임으로부터 의지조치의 갈마를 받고 올바로 처신하고, 근신하고, 속죄했습니다. 의지조치의 갈마의 해제를 청하고 있습니다. 참모임은 이 수행승 쎄이야싸까에 대하여 의지조치의 갈마를 해제합니다. 존자들 가운데 누구든지 이 수행승 쎄이야싸까에 대하여 의지조치의 갈마를 해제하는 것에 동의하면 침묵하시고, 이견이 있으면 말씀하십시오.'

[제청2] '두 번째에도 저는 이 사실을 말합니다. 존자들이여, 참모임은 제 말에 귀를 기울이십시오. 이 수행승 쎄이야싸까는 참모임으로부터 의지조치의 갈마를 받고 올바로 처신하고, 근신하고, 속죄했습니다. 의지조치의 갈마의 해제를 청하고 있습니다. 참모임은 이 수행승 쎄이야싸까에 대하여 의지조치의 갈마를 해제

합니다. 존자들 가운데 누구든지 이 수행승 쎄이야싸까에 대하여 의지조치의 갈마를 해제하는 것에 동의하면 침묵하시고, 이견이 있으면 말씀하십시오.'

[제청3] '세 번째에도 저는 이 사실을 말합니다. 존자들이여, 참모임은 제 말에 귀를 기울이십시오. 이 수행승 쎄이야싸까는 참모임으로부터 의지조치의 갈마를 받고 올바로 처신하고, 근신하고, 속죄했습니다. 의지조치의 갈마의 해제를 청하고 있습니다. 참모임은 이 수행승 쎄이야싸까에 대하여 의지조치의 갈마를 해제합니다. 존자들 가운데 누구든지 이 수행승 쎄이야싸까에 대하여 의지조치의 갈마를 해제하는 것에 동의하면 침묵하시고, 이견이 있으면 말씀하십시오.'

[결정] '참모임은 수행승 쎄이야싸까에 대하여 의지조치의 갈마를 해제했습니다. 참모임이 찬성하여 침묵했으므로, 저는 그와 같이 알겠습니다.'"

의지조치의 갈마의 해제가 끝났다.
두 번째 송출품 의지조치의 갈마가 끝났다.

III 세 번째 송출품 한시퇴출조치의 갈마(Tatiyabhāṇavāra Pabbājanīyakamma;13-17)

13. 앗싸지와 뿌납바쑤를 추종하는 자들의 비행(Assajipunabbasukānācāra)

1. 한때[38] 앗싸지와 뿌납바쑤를 추종하는 자들[39]이라고 불리는, 부끄러움을 모르는 악한 수행승들이 끼따기리[40] 마을의 처소에 거주했다.[41] 그들은 이와 같은 비행을 저질렀다.

1) 그들은 스스로 꽃나무도 심고 남에게도 심게 하고, 스스로 물도 주고 남에게도 물을 주게 하고, 스스로 꽃도 따모으고 남에게 따모으게 하고, 스스로 꽃도 엮고 남에게도 엮게 하고, 스스로 꽃줄기를 한쪽으로 엮은 꽃다발[42]도 만들고 남에게도 만들게 하고, 스스로 꽃줄기를 양쪽으로 엮은 꽃다발[43]도 만들고 남에게도 만들게 하고, 스스로 꽃송이다발[44]도 만들고 남에게도 만들게 하고,

---

38) tena kho pana samayena : 이 경전 전체가 Saṅgh. XIII. 1에서 병행한다.

39) assajipunabbasukā : 항상 여섯 명이 한 무리가 되어 수행자에게 어울리지 않는 일을 하는 여섯무리의 수행승들 즉, 육군비구(六群比丘) 가운데 가장 먼저 등장한다. 여섯무리의 수행승들은 앗싸지(Assaji), 뿌납바쑤(Punabbasu), 빤두까(Paṇḍuka), 로히따까(Lohitaka), 멧띠야(Mettiya), 붐마자까(Bhummajaka)를 말한다. Smp. 579에 따르면, 멧띠야와 붐마자까가 그들의 우두머리였다.

40) Kīṭāgiri : 끼따기리(Kiṭāgiri)라고도 쓰며, 까씨(Kāsi) 국의 마을로 싸밧티(Sāvatthi) 시로 가는 길목에 있었다.

41) āvāsikā honti : '거주했다'라고 번역한 것은 '거주자였다'는 뜻이다. Smp. 613에 따르면, 처소(āvāsa)는 정사(vihāra)를 말하고, 거주자(āvāsikā)는 거기에 살면서 새로 짓거나 낡은 것은 수리하는 거주자를 뜻한다. 정사에 머물기만 하는 자는 비거주자(nevāsika)이지만, 이들은 거주자(āvāsikā)이다.

42) ekatovaṇṭikamāla : Smp. 617에 따르면, 꽃들의 줄기를 한쪽으로 만든 꽃다발을 말한다.

43) ubhatovaṇṭikamāla : Smp. 617에 따르면, 꽃들의 줄기를 양쪽으로 만든 꽃다발을 말한다.

스스로 꽃화살45)도 만들고 남에게도 만들게 하고, 스스로 머리장식46)도 만들고 남에게도 만들게 하고, 스스로 귀장식47)도[10] 만들고 남에게도 만들게 하고, 스스로 가슴장식48)도 만들고 남에게도 만들게 했다.

2) 그들은 훌륭한 가문의 여인, 훌륭한 가문의 딸, 훌륭한 가문의 소녀, 훌륭한 가문의 며느리, 훌륭한 가문의 하녀를 위하여 스스로 꽃줄기를 한쪽으로 엮은 꽃다발도 만들어 보내고 남에게도 만들어 보내게 하고, 스스로 꽃줄기를 양쪽으로 엮은 꽃다발도 만들어 보내고 남에게도 만들어 보내게 하고, 스스로 꽃송이다발 만들고 남에게도 만들게 하고, 스스로 꽃화살도 만들고 남에게도 만들게 하고, 스스로 머리장식도 만들고 남에게도 만들게 하고, 스스로 귀장식도 만들고 남에게도 만들게 하고, 스스로 가슴장식도 만들고 남에게도 만들게 했다.

3) 그들은 훌륭한 가문의 여인, 훌륭한 가문의 딸, 훌륭한 가문의 소녀, 훌륭한 가문의 며느리, 훌륭한 가문의 하녀와 함께 한 그릇으로도 밥을 먹고, 한 사발로도 마시고, 한 자리에도 앉고, 한 침상도 나누고, 한 깔개도 나누고, 한 덮개도 나누고, 한 깔개와 덮개도 나누었다.

4) 그들은 때 아닌 때49)에도 먹고, 술도 먹고, 꽃다발과 향료와 크림을 사용했다. 그들은 춤도 추고, 노래도 하고, 연주도 하고, 놀이도 즐겼다. 그녀가 춤출 때 춤도 추고, 그녀가 춤출 때 노래도 하고, 그녀가 춤출 때 연주도 하고, 그녀가 춤출 때 놀이도 즐겼다. 그녀가 노래할 때 춤도 추고, 그녀가 노래할 때 노래도 하고, 그녀가 노래할 때 연주도 하고, 그녀가 노래할 때 놀이도 즐겼다. 그녀가 연주할 때 춤도 추고, 그녀가 연주할 때 노래도 하고, 그녀가 연주할 때 연주도 하고, 그녀가 연주할 때 놀이도 즐겼다. 그녀가 놀이를 즐길 때 춤도 추고, 그녀가 놀이를 즐길 때 노래도 하고, 그녀가 놀이를 즐길 때 연주도 하고, 그녀가 놀이를 즐길 때 놀이도 즐겼다.

5) 팔목장기50)도 즐기고, 십목장기51)도 즐기고, 허공장기52)도 즐기고, 도형밝

---

44) mañjarika : Smp. 617에 따르면, 꽃송이처럼 만든 꽃의 종류를 말한다.

45) vidhūtika : 한역의 화전(花箭)으로 Smp. 617에 따르면, 침이나 화살로서 신두파라(辛頭波羅)의 꽃 등을 꿰뚫어 만드는 화만(華蔓)이다.

46) vaṭaṃsaka : Smp. 617에서는 동어반복으로 설명한다.

47) āveḷa : Smp. 617에 따르면, 귀장식을 의미한다.

48) uracchada : Smp. 617에 따르면, 가슴에 다는 하라(hāra)와 같은 꽃무늬의 화환을 말한다.

49) vikāle : 일반적으로 올바른 때는 식전이고 때 아닌 때는 식후이다. 정확히 말하자면, 올바른 때는 일출 무렵에서 정오 무렵까지이고, 때 아닌 때는 정오 무렵에서 다음 날 일출 무렵까지 의미한다.

기53)도 즐기고, 조각건드리기놀이54)도 즐기고, 주사위놀이55)도 즐기고, 자치기56)도 즐기고, 산가지손던지기57)도 즐기고, 공놀이58)도 즐기고, 풀피리59)도 즐기고, 쟁기놀이60)도 즐기고, 재주넘기61)도 즐기고, 바람개비놀이62)도 즐기고, 대롱놀이63)도 즐기고, 수레놀이64)도 즐기고, 활쏘기놀이65)도 즐기고, 철자맞히기놀이66)도 즐기고, 생각맞히기놀이67)도 즐기고, 불구자흉내놀이68)도 즐겼다.

6) 그들은 코끼리도 배우고, 말도 배우고, 수레도 배우고, 활도 배우고, 칼도 배우고, 코끼리 앞으로도 달려가고, 말 앞으로도 달려가고, 수레 앞으로도 달려가고, 되돌아오고, 휘파람을 불기도 하고, 박수를 치기도 하고, 씨름을 하기도 하고, 주먹으로 때리기도 하고, 무대 위로 외투를 펼쳐서 무녀에게 '자매여, 여기서 춤을 추시오.'라고 말하며 갈채하면서 여러 가지 비행을 저질렀다.

2. 그런데 그때 어떤 수행승이 까씨69) 국에서 안거70)를 보내고 싸밧티 시로 가서

---

50) aṭṭhapada : Smp. 620에 따르면, 팔목바둑판에서 주사위로 노는 놀이이다.
51) dasapada : Smp. 620에 따르면, 십목바둑판에서 주사위로 노는 놀이이다.
52) ākāsa : Smp. 621에 따르면, 팔목장기나 십목장기처럼 허공에서도 하는 놀이이다.
53) parihārapatha : Smp. 621에 따르면, 지면에 여러 가지 길이나 원을 그리고 그것을 뛰어넘는 놀이이다.
54) santika : Smp. 621에 따르면, 체스의 말이나 작은 돌을 한 장소에 놓아두고 움직이면서 손톱만으로 가져가거나 가져오면서, 만약 거기에 무엇인가 움직임이 있다면, 지게 되는 놀이를 말한다.
55) khalika : Smp. 621에 따르면, 도박대에서의 주사위놀이이다.
56) ghaṭika : Smp. 621에 따르면, 긴 막대로 짧은 막대를 때리는 놀이이다.
57) salākahattha : Smp. 621에 따르면, 락 등의 액체에 산가지손을 적셔서 '무엇이 될까'라고 지면이나 벽에 던져 코끼리나 말의 형상 등을 보는 놀이이다. 또는 많은 산가지 가운데 특징이 없는 하나의 산가지를 뽑아 그것을 그 가운데로 던져 다시 그것만을 뽑는 놀이이다.
58) akkha : Smp. 621에 따르면, 공놀이다.
59) paṅgacīra : Smp. 621에 따르면, 풀잎으로 만든 피리를 부는 놀이이다.
60) vaṅkaka : Smp. 621에 따르면, 마을 아이들이 작은 쟁기를 가지고 노는 놀이이다.
61) mokkhacika : Smp. 621에 따르면, 뒹구는 놀이로 공중에 막대를 짚고 머리를 땅으로 향해서 뒤집는 놀이이다.
62) ciṅgulaka : Smp. 621에 따르면, 야자잎과 같은 것으로 만든 바람개비의 수레를 바람의 타격으로 돌리는 놀이다.
63) pattāḷhaka : Smp. 621에 따르면, 나뭇잎으로 만든 대롱으로 모래 등을 재면서 노는 놀이이다.
64) rathaka : Smp. 621에 따르면, 작은 수레를 가지고 노는 놀이이다.
65) dhanuka : Smp. 621에 따르면, 작은 활을 가지고 노는 놀이이다.
66) akkharika : Smp. 621에 따르면, 허공이나 등에서 철자를 알아맞히기 놀이이다.
67) manesika : Smp. 621에 따르면, 마음과 생각을 알아맞히기 놀이이다.
68) yathāvajja : Smp. 621에 따르면, 봉사나 절름발이, 불구자 등의 불구를 흉내내는 놀이이다.
69) Kāsi : 부처님 당시에 16대국(Mahājanapada) 가운데 하나. 이 까씨 국은 부처님 당시에 꼬쌀랄(Kosala)국에 병합되어 있었다. 수도는 바라나씨 시(Bārāṇasī)였는데, 지금의 베나레스(Benares)를 말한다.
70) vassa : 산스크리트어로는 바르샤(varṣa)라고 하고 빠알리어로는 밧싸(vassa)라고 하는데, 어원적으로는 비(雨)나 우기(雨氣)를 지칭하는 단어이다. 한역으로는 안거(安居), 하행(夏行), 하서(夏書), 하경(夏經), 하단(夏斷),

세존을 뵙기 위해 끼따기리 마을에 도착했다. 그리고 그 수행승은 아침 일찍 옷을 입고 발우와 가사를 수하고 끼따기리 마을로 탁발하러 가는데, 나아가거나 물러서거나 바라보거나 돌아보거나 굽히거나 펴거나 단정하게 눈을 아래로 하고 위의를 갖추고 들어갔다. 사람들은 그 수행승을 보고 이와 같이 말했다.

[사람들] "실로 이 자는[11] 어리석은 자 가운데 어리석은 자와 같고, 아둔한 자 가운데 아둔한 자와 같고, 눈살을 찌푸리는 자 가운데 눈살을 찌푸리는 자와 같다. 누가 그에게 다가가서 탁발음식을 주겠는가? 우리의 존자인 앗싸지와 뿌납바쑤를 추종하는 자들은 부드럽고 온화하여 말하기 즐겁고 미소를 띄우고 '어서 오십시오. 잘 오셨습니다.'라고 말하고, 눈쌀을 찌푸리지 않고, 명료하게 말하고, 먼저 말한다. 그러므로 그들에게 탁발음식을 주어야 한다."

한 재가의 남자신자71)가 그 수행승이 끼따기리 마을에서 탁발하러 다니는 것을 보았다. 보고나서 그 수행승이 있는 곳으로 다가갔다. 가까이 다가가서 그 수행승에게 인사를 하고 이와 같이 말했다.

[재가신자] "존자여, 탁발음식을 얻었습니까?"

[수행승] "벗이여, 탁발음식을 얻지 못했습니다."

[재가신자] "존자여, 오십시오. 집으로 갑시다."

3. 그래서 그 재가의 남자신자는 그 수행승을 집으로 데리고 가서 음식을 대접하고 이와 같이 말했다.

[재가신자] "존자여, 그대는 어디로 갑니까?"

[수행승] "벗이여, 나는 싸밧티 시에 세존으로 뵈러 갑니다."

[재가신자] "존자여, 그렇다면, 나의 이름으로 세존의 두 발에 머리를 조아리고 이와 같이 말해 주시오. '세존이시여, 끼따기리 마을의 처소는 오염되었습니다. 앗싸지와 뿌납바쑤를 추종하는 자들이라고 불리는, 부끄러움을 모르는 악한 수행승들이 살고 있습니다. 그들은 이와 같은 비행을 저지르고 있습니다.

하농(夏籠), 좌하(坐夏), 좌랍(坐臘)이라고 한다. 인도에서 우기는 아쌀히월(āsaḷhī) 즉, 7월[양력 6월 16일 — 7월 15일(남방음력 3월 16일 — 4월 15일)]에서 깟티까월(kattika) 즉, 11월[양력 10월 16일 — 11월 15일(남방음력 7월 16일 — 8월 15일)]의 4개월 동안이다. 그 가운데 불교적인 수행성찰기간으로서의 안거(安居)는 선행하는 3개월 동안 즉, 7월(āsaḷhi)에서 10월(assayuja)까지나 후행하는 3개월 동안 즉, 8월(sāvaṇa)에서 11월(kattika)까지를 택해서 일 년에 3개월 동안만 안거에 들었다. 지금 우리나라를 비롯한 북방불교에서는 하안거로서 북방음력 4월 15일 — 7월 15일의 삼개월 동안, 동안거로서 남방음력 10월 16일 — 다음해 1월 15일의 삼개월 동안의 일 년에 육개월 간을 안거에 든다.

71) upāsaka : 우바새(優婆塞)이다. 상세한 것은 이 책(Vin. II. 204)의 주석을 보라.

1) 그들은 스스로 꽃나무도 심고 남에게도 심게 하고, 스스로 물도 주고 남에게도 물을 주게 하고, 스스로 꽃도 따모으고 남에게 따모으게 하고, 스스로 꽃도 엮고 남에게도 엮게 하고, 스스로 꽃줄기를 한쪽으로 엮은 꽃다발도 만들고, 남에게도 만들게 하고, 스스로 꽃줄기를 양쪽으로 엮은 꽃다발도 만들고, 남에게도 만들게 하고, 스스로 꽃송이다발 만들고 남에게도 만들게 하고, 스스로 꽃화살도 만들고 남에게도 만들게 하고, 스스로 머리장식도 만들고 남에게도 만들게 하고, 스스로 귀장식도 만들고 남에게도 만들게 하고, 스스로 가슴장식도 만들고 남에게도 만들게 합니다.

2) 그들은 훌륭한 가문의 여인, 훌륭한 가문의 딸, 훌륭한 가문의 소녀, 훌륭한 가문의 며느리, 훌륭한 가문의 하녀를 위하여 스스로 꽃줄기를 한쪽으로 엮은 꽃다발도 만들어 보내고 남에게도 만들어 보내게 하고, 스스로 꽃줄기를 양쪽으로 엮은 꽃다발도 만들어 보내고 남에게도 만들어 보내게 하고, 스스로 꽃송이다발 만들고 남에게도 만들게 하고, 스스로 꽃화살도 만들고 남에게도 만들게 하고, 스스로 머리장식도 만들고 남에게도 만들게 하고, 스스로 귀장식도 만들고 남에게도 만들게 하고, 스스로 가슴장식도 만들고 남에게도 만들게 합니다.

3) 그들은 훌륭한 가문의 여인, 훌륭한 가문의 딸, 훌륭한 가문의 소녀, 훌륭한 가문의 며느리, 훌륭한 가문의 하녀와 함께 한 그릇으로도 밥을 먹고, 한 사발로도 마시고, 한 자리에도 앉고, 한 침상도 나누고, 한 깔개도 나누고, 한 덮개도 나누고, 한 깔개와 덮개도 나눕니다.

4) 그들은 때 아닌 때에도 먹고, 술도 먹고, 꽃다발과 향료와 크림을 사용합니다. 춤도 추고, 노래도 하고, 연주도 하고, 놀이도 즐깁니다. 그들은 그녀가 춤출 때 춤도 추고, 그녀가 춤출 때 노래도 하고, 그녀가 춤출 때 연주도 하고, 그녀가 춤출 때 놀이도 즐깁니다. 그녀가 노래할 때 춤도 추고, 그녀가 노래할 때 노래도 하고, 그녀가 노래할 때 연주도 하고, 그녀가 노래할 때 놀이도 즐깁니다. 그녀가 연주할 때 춤도 추고, 그녀가 연주할 때 노래도 하고, 그녀가 연주할 때 연주도 하고, 그녀가 연주할 때 놀이도 즐깁니다. 그녀가 놀이를 즐길 때 춤도 추고, 그녀가 놀이를 즐길 때 노래도 하고, 그녀가 놀이를 즐길 때 연주도 하고, 그녀가 놀이를 즐길 때 놀이도 즐깁니다.

5) 그들은 팔목장기도 즐기고, 십목장기도 즐기고, 허공장기도 즐기고, 도형밟기도 즐기고, 조각건드리기놀이도 즐기고, 주사위도 즐기고, 자치기도 즐기고,

산가지손도 즐기고, 공놀이도 즐기고, 풀피리도 즐기고, 쟁기놀이도 즐기고, 재주넘기도 즐기고, 바람개비도 즐기고, 대롱재기놀이도 즐기고, 수레놀이도 즐기고, 활쏘기놀이도 즐기고, 철자맞히기놀이도 즐기고, 생각맞히기놀이도 즐기고, 불구자흉내놀이도 즐깁니다.

6) 그들은 코끼리도 배우고, 말도 배우고, 수레도 배우고, 활도 배우고, 칼도 배웁니다. 그들은 코끼리 앞으로도 달려가고, 말 앞으로도 달려가고, 수레 앞으로도 달려가고, 되돌아오고, 휘파람을 불기도 하고, 박수를 치기도 하고, 씨름을 하기도 하고, 주먹으로 때리기도 하고, 무대 위로 외투를 펼쳐서 무녀에게 '자매여, 여기서 춤을 추시오.'라고 말하며 갈채하면서 여러 가지 비행을 저지릅니다.

세존이시여, 예전에는 신심이 있고 청정한 믿음이 있었던 사람들도 지금은 신심이 없고 청정한 믿음이 없어졌습니다. 예전에는 참모임에 보시의 통로들이 있었으나 지금은 끊어졌습니다. 품행이 방정한 수행승은 떠나버리고 악한 수행승들이 살고 있습니다. 세존이시여, 세존께서는 끼따기리 마을에 수행승들을 보내서 그 끼따기리 마을의 처소를 안정시켜주시면 감사하겠습니다.'라고 말해 주시오."

4. [수행승] "벗이여, 알겠습니다."

그 수행승은 그 재가신자에게 대답하고 자리에서 일어나 싸밧티 시로 떠났다. 점차로 싸밧티 시의 제따바나 숲에 있는 아나타삔디까 승원에 도착해서 세존께서 계신 곳을 찾아갔다. 가까이 다가가서 세존께 인사를 하고 한쪽으로 물러나 앉았다. 존귀한 깨달은 님들께서는 객수행승들과 함께 안부를 나누는 것이 관행이었다.그래서 세존께서는 그 수행승에게 이와 같이 말했다.

[세존] "수행승이여, 나는 그대가 잘 지내기를 바란다. 나는 그대가 평안하길 바란다. 길을 오는데 어려움은 없었는가?"

[수행승] "세존이시여, 저는 잘 지냅니다. 세존이시여, 저는 평안합니다. 세존이시여, 길을 오는데 어려움은 없었습니다."

5. [수행승] "세존이시여, 여기 저는 까씨 국에서 안거를 보내고 싸밧티 시로 가서 세존을 뵙기 위해 끼따기리 마을에 도착했습니다. 세존이시여, 그때 저는 아침 일찍 옷을 입고 발우와 가사를 수하고 끼따기리 마을로 탁발하러 가는데, 나아가거나 물러서거나 바라보거나 돌아보거나 굽히거나 펴거나 단정하게 눈을 아래로 하고 위의를 갖추고 들어갔습니다. 세존이시여, 한 재가의 남자신자가 제가 끼따

기리 마을에서 탁발하러[12] 다니는 것을 보았습니다. 보고나서 제가 있는 곳으로 다가왔습니다. 가까이 다가와서 저에게 인사를 하고 이와 같이 말했습니다.

[재가신자] '존자여, 탁발음식을 얻었습니까?'

[수행승] '벗이여, 탁발음식을 얻지 못했습니다.'

[재가신자] '존자여, 오십시오. 집으로 갑시다.'

그래서 그 재가의 남자신자는 저를 집으로 데리고 가서 음식을 대접하고 이와 같이 말했습니다.

[재가신자] '존자여, 그대는 어디로 갑니까?'

[수행승] '벗이여, 나는 싸밧티 시에 세존으로 뵈러 갑니다.'

[재가신자] '존자여, 그렇다면, 나의 이름으로 세존의 두 발에 머리를 조아리고 이와 같이 말해 주시오. '세존이시여, 끼따기리 마을의 처소는 오염되었습니다. 앗싸지와 뿌납바쑤를 추종하는 자들이라고 불리는, 부끄러움을 모르는 악한 수행승들이 살고 있습니다. 그들은 이와 같은 비행을 저지르고 있습니다.

1) 그들은 스스로 꽃나무도 심고 남에게도 심게 하고, 스스로 물도 주고 남에게도 물을 주게 하고, 스스로 꽃도 따모으고 남에게 따모으게 하고, 스스로 꽃도 엮고 남에게도 엮게 하고, 스스로 꽃줄기를 한쪽으로 엮은 꽃다발도 만들고, 남에게도 만들게 하고, 스스로 꽃줄기를 양쪽으로 엮은 꽃다발도 만들고, 남에게도 만들게 하고, 스스로 꽃송이다발 만들고 남에게도 만들게 하고, 스스로 꽃화살도 만들고 남에게도 만들게 하고, 스스로 머리장식도 만들고 남에게도 만들게 하고, 스스로 귀장식도 만들고 남에게도 만들게 하고, 스스로 가슴장식도 만들고 남에게도 만들게 합니다.

2) 그들은 훌륭한 가문의 여인, 훌륭한 가문의 딸, 훌륭한 가문의 소녀, 훌륭한 가문의 며느리, 훌륭한 가문의 하녀를 위하여 스스로 꽃줄기를 한쪽으로 엮은 꽃다발도 만들어 보내고 남에게도 만들어 보내게 하고, 스스로 꽃줄기를 양쪽으로 엮은 꽃다발도 만들어 보내고 남에게도 만들어 보내게 하고, 스스로 꽃송이다발 만들고 남에게도 만들게 하고, 스스로 꽃화살도 만들고 남에게도 만들게 하고, 스스로 머리장식도 만들고 남에게도 만들게 하고, 스스로 귀장식도 만들고 남에게도 만들게 하고, 스스로 가슴장식도 만들고 남에게도 만들게 합니다.

3) 그들은 훌륭한 가문의 여인, 훌륭한 가문의 딸, 훌륭한 가문의 소녀, 훌륭한 가문의 며느리, 훌륭한 가문의 하녀와 함께 한 그릇으로도 밥을 먹고, 한 사발

로도 마시고, 한 자리에도 앉고, 한 침상도 나누고, 한 깔개도 나누고, 한 덮개도 나누고, 한 깔개와 덮개도 나눕니다.

4) 그들은 때 아닌 때에도 먹고, 술도 먹고, 꽃다발과 향료와 크림을 사용합니다. 춤도 추고, 노래도 하고, 연주도 하고, 놀이도 즐깁니다. 그들은 그녀가 춤출 때 춤도 추고, 그녀가 춤출 때 노래도 하고, 그녀가 춤출 때 연주도 하고, 그녀가 춤출 때 놀이도 즐깁니다. 그녀가 노래할 때 춤도 추고, 그녀가 노래할 때 노래도 하고, 그녀가 노래할 때 연주도 하고, 그녀가 노래할 때 놀이도 즐깁니다. 그녀가 연주할 때 춤도 추고, 그녀가 연주할 때 노래도 하고, 그녀가 연주할 때 연주도 하고, 그녀가 연주할 때 놀이도 즐깁니다. 그녀가 놀이를 즐길 때 춤도 추고, 그녀가 놀이를 즐길 때 노래도 하고, 그녀가 놀이를 즐길 때 연주도 하고, 그녀가 놀이를 즐길 때 놀이도 즐깁니다.

5) 그들은 팔목장기도 즐기고, 십목장기도 즐기고, 허공장기도 즐기고, 도형밟기도 즐기고, 조각건드리기놀이도 즐기고, 주사위도 즐기고, 자치기도 즐기고, 산가지손도 즐기고, 공놀이도 즐기고, 풀피리도 즐기고, 쟁기놀이도 즐기고, 재주넘기도 즐기고, 바람개비도 즐기고, 대롱재기놀이도 즐기고, 수레놀이도 즐기고, 활쏘기놀이도 즐기고, 철자맞히기놀이도 즐기고, 생각맞히기놀이도 즐기고, 불구자흉내놀이도 즐깁니다.

6) 그들은 코끼리도 배우고, 말도 배우고, 수레도 배우고, 활도 배우고, 칼도 배웁니다. 그들은 코끼리 앞으로도 달려가고, 말 앞으로도 달려가고, 수레 앞으로도 달려가고, 되돌아오고, 휘파람을 불기도 하고, 박수를 치기도 하고, 씨름을 하기도 하고, 주먹으로 때리기도 하고, 무대 위로 외투를 펼쳐서 무녀에게 '자매여, 여기서 춤을 추시오.'라고 말하며 갈채하면서 여러 가지 비행을 저지릅니다.'라고 말해 주시오.'

세존이시여, 그래서 저는 왔습니다."

6. 그러자 세존께서 이것을 기회로 이것을 원인으로 수행승들의 참모임을 불러 모아 수행승들에게 물었다.

[세존] "수행승들이여, 앗싸지와 뿌납바쑤를 추종하는 자들이라고 불리는, 부끄러움을 모르는 악한 수행승들이 살고 있는데, 그들이 이와 같은 비행을 저지르고 있는 것이 사실인가?"

1) 그들은 스스로 꽃나무도 심고 남에게도 심게 하고, 스스로 물도 주고 남에게도 물을 주게 하고, 스스로 꽃도 따모으고 남에게 따모으게 하고, 스스로 꽃도

엮고 남에게도 엮게 하고, 스스로 꽃줄기를 한쪽으로 엮은 꽃다발도 만들고, 남에게도 만들게 하고, 스스로 꽃줄기를 양쪽으로 엮은 꽃다발도 만들고, 남에게도 만들게 하고, 스스로 꽃송이다발 만들고 남에게도 만들게 하고, 스스로 꽃화살도 만들고 남에게도 만들게 하고, 스스로 머리장식도 만들고 남에게도 만들게 하고, 스스로 귀장식도 만들고 남에게도 만들게 하고, 스스로 가슴장식도 만들고 남에게도 만들게 하고,

2) 또한 그들은 훌륭한 가문의 여인, 훌륭한 가문의 딸, 훌륭한 가문의 소녀, 훌륭한 가문의 며느리, 훌륭한 가문의 하녀를 위하여 스스로 꽃줄기를 한쪽으로 엮은 꽃다발도 만들어 보내고 남에게도 만들어 보내게 하고, 스스로 꽃줄기를 양쪽으로 엮은 꽃다발도 만들어 보내고 남에게도 만들어 보내게 하고, 스스로 꽃송이다발 만들고 남에게도 만들게 하고, 스스로 꽃화살도 만들고 남에게도 만들게 하고, 스스로 머리장식도 만들고 남에게도 만들게 하고, 스스로 귀장식도 만들고 남에게도 만들게 하고, 스스로 가슴장식도 만들고 남에게도 만들게 하고,

3) 또한 그들은 훌륭한 가문의 여인, 훌륭한 가문의 딸, 훌륭한 가문의 소녀, 훌륭한 가문의 며느리, 훌륭한 가문의 하녀와 함께 한 그릇으로도 밥을 먹고, 한 사발로도 마시고, 한 자리에도 앉고, 한 침상도 나누고, 한 깔개도 나누고, 한 덮개도 나누고, 한 깔개와 덮개도 나누고,

4) 또한 그들은 때 아닌 때에도 먹고, 술도 먹고, 꽃다발과 향료와 크림을 사용하고, 춤도 추고, 노래도 하고, 연주도 하고, 놀이도 즐기고, 또한 그들은 그녀가 춤출 때 춤도 추고, 그녀가 춤출 때 노래도 하고, 그녀가 춤출 때 연주도 하고, 그녀가 춤출 때 놀이도 즐기고, 그녀가 노래할 때 춤도 추고, 그녀가 노래할 때 노래도 하고, 그녀가 노래할 때 연주도 하고, 그녀가 노래할 때 놀이도 즐기고, 그녀가 연주할 때 춤도 추고, 그녀가 연주할 때 노래도 하고, 그녀가 연주할 때 연주도 하고, 그녀가 연주할 때 놀이도 즐기고, 그녀가 놀이를 즐길 때 춤도 추고, 그녀가 놀이를 즐길 때 노래도 하고, 그녀가 놀이를 즐길 때 연주도 하고, 그녀가 놀이를 즐길 때 놀이도 즐기고,

5) 그들은 팔목장기도 즐기고, 십목장기도 즐기고, 허공장기도 즐기고, 도형밟기도 즐기고, 조각건드리기놀이도 즐기고, 주사위도 즐기고, 자치기도 즐기고, 산가지손도 즐기고, 공놀이도 즐기고, 풀피리도 즐기고, 쟁기놀이도 즐기고, 재주넘기도 즐기고, 바람개비도 즐기고, 대롱재기놀이도 즐기고, 수레놀이도

즐기고, 활쏘기놀이도 즐기고, 철자맞히기놀이도 즐기고, 생각맞히기놀이도 즐기고, 불구자흉내놀이도 즐기고,

6) 또한 그들은 코끼리도 배우고, 말도 배우고, 수레도 배우고, 활도 배우고, 칼도 배우고, 또한 그들은 코끼리 앞으로도 달려가고, 말 앞으로도 달려가고, 수레 앞으로도 달려가고, 되돌아오고, 휘파람을 불기도 하고, 박수를 치기도 하고, 씨름을 하기도 하고, 주먹으로 때리기도 하고, 무대 위로 외투를 펼쳐서 무녀에게 '자매여, 여기서 춤을 추시오.'라고 말하며 갈채하면서 여러 가지 비행을 저지르는 것이 사실인가?"

또한 예전에는 신심이 있고 청정한 믿음이 있었던 사람들도 지금은 신심이 없고 청정한 믿음이 없어졌고, 예전에는 참모임에 보시의 통로들이 있었으나 지금은 끊어졌고, 품행이 방정한 수행승은 떠나버리고 악한 수행승들이 살고 있는 것이 사실인가?"

[수행승들] "세존이시여, 사실입니다."

7. 존귀하신 부처님께서는 견책했다.

[세존] "수행승들이여, 그 어리석은 자들은 적절하지 않고, 자연스럽지 않고, 알맞지 않고, 수행자의 삶이 아니고, 부당하고, 해서는 안 될 일을 행한 것이다. 수행승들이여, 어찌 어리석은 자들이 이와 같은 비행을 저지른단 말인가?

1) 그들은 스스로 꽃나무도 심고 남에게도 심게 하고, 스스로 물도 주고 남에게도 물을 주게 하고, 스스로 꽃도 따모으고 남에게 따모으게 하고, 스스로 꽃도 엮고 남에게도 엮게 하고, 스스로 꽃줄기를 한쪽으로 엮은 꽃다발도 만들고, 남에게도 만들게 하고, 스스로 꽃줄기를 양쪽으로 엮은 꽃다발도 만들고, 남에게도 만들게 하고, 스스로 꽃송이다발 만들고 남에게도 만들게 하고, 스스로 꽃화살도 만들고 남에게도 만들게 하고, 스스로 머리장식도 만들고 남에게도 만들게 하고, 스스로 귀장식도 만들고 남에게도 만들게 하고, 스스로 가슴장식도 만들고 남에게도 만들게 하고,

2) 또한 그들은 훌륭한 가문의 여인, 훌륭한 가문의 딸, 훌륭한 가문의 소녀, 훌륭한 가문의 며느리, 훌륭한 가문의 하녀를 위하여 스스로 꽃줄기를 한쪽으로 엮은 꽃다발도 만들어 보내고 남에게도 만들어 보내게 하고, 스스로 꽃줄기를 양쪽으로 엮은 꽃다발도 만들어 보내고 남에게도 만들어 보내게 하고, 스스로 꽃송이다발 만들고 남에게도 만들게 하고, 스스로 꽃화살도 만들고 남에게도 만들게 하고, 스스로 머리장식도 만들고 남에게도 만들게 하고, 스스로

귀장식도 만들고 남에게도 만들게 하고, 스스로 가슴장식도 만들고 남에게도 만들게 하고,

3) 또한 그들은 훌륭한 가문의 여인, 훌륭한 가문의 딸, 훌륭한 가문의 소녀, 훌륭한 가문의 며느리, 훌륭한 가문의 하녀와 함께 한 그릇으로도 밥을 먹고, 한 사발로도 마시고, 한 자리에도 앉고, 한 침상도 나누고, 한 깔개도 나누고, 한 덮개도 나누고, 한 깔개와 덮개도 나누고,

4) 또한 그들은 때 아닌 때에도 먹고, 술도 먹고, 꽃다발과 향료와 크림을 사용하고, 춤도 추고, 노래도 하고, 연주도 하고, 놀이도 즐기고, 또한 그들은 그녀가 춤출 때 춤도 추고, 그녀가 춤출 때 노래도 하고, 그녀가 춤출 때 연주도 하고, 그녀가 춤출 때 놀이도 즐기고, 그녀가 노래할 때 춤도 추고, 그녀가 노래할 때 노래도 하고, 그녀가 노래할 때 연주도 하고, 그녀가 노래할 때 놀이도 즐기고, 그녀가 연주할 때 춤도 추고, 그녀가 연주할 때 노래도 하고, 그녀가 연주할 때 연주도 하고, 그녀가 연주할 때 놀이도 즐기고, 그녀가 놀이를 즐길 때 춤도 추고, 그녀가 놀이를 즐길 때 노래도 하고, 그녀가 놀이를 즐길 때 연주도 하고, 그녀가 놀이를 즐길 때 놀이도 즐기고,

5) 그들은 팔목장기도 즐기고, 십목장기도 즐기고, 허공장기도 즐기고, 도형밟기도 즐기고, 조각건드리기놀이도 즐기고, 주사위도 즐기고, 자치기도 즐기고, 산가지손도 즐기고, 공놀이도 즐기고, 풀피리도 즐기고, 쟁기놀이도 즐기고, 재주넘기도 즐기고, 바람개비도 즐기고, 대롱재기놀이도 즐기고, 수레놀이도 즐기고, 활쏘기놀이도 즐기고, 철자맞히기놀이도 즐기고, 생각맞히기놀이도 즐기고, 불구자흉내놀이도 즐기고,

6) 또한 그들은 코끼리도 배우고, 말도 배우고, 수레도 배우고, 활도 배우고, 칼도 배우고, 또한 그들은 코끼리 앞으로도 달려가고, 말 앞으로도 달려가고, 수레 앞으로도 달려가고, 되돌아오고, 휘파람을 불기도 하고, 박수를 치기도 하고, 씨름을 하기도 하고, 주먹으로 때리기도 하고, 무대 위로 외투를 펼쳐서 무녀에게 '자매여, 여기서 춤을 추시오.'라고 말하며 갈채하면서 여러 가지 비행을 저지른단 말인가?

수행승들이여, 그것은 아직 청정한 믿음이 없는 자를 청정한 믿음으로 이끌고, 이미 청정한 믿음이 있는 자를 더욱더 청정한 믿음으로 이끄는 것이 아니다. 수행승들이여, 그것은 오히려, 아직 청정한 믿음이 없는 자를 불신으로 이끌고, 이미 청정한 믿음이 있는 자 가운데 어떤 자들을 타락시키는 것이다."

8. 그리고 세존께서는 앗싸지와 뿌납바쑤를 추종하는 수행승들을 여러 가지 방편으로 견책하여, 키우기 어렵고 부양하기 어렵고 욕심이 많고 만족을 모르고 교제를 좋아하고 나태한 것에 대하여 질책하고, 여러 가지 법문으로 고무하여, 키우기 쉽고 부양하기 쉽고 욕심을 여의고, 만족을 알고, 버리고 없애는 삶을 살고, 두타행을 하고, 청정한 믿음이 있고, 쌓아 모으지 않고, 용맹정진하는 것을 칭찬하고, 수행승들을 위하여 그에 알맞고 그에 걸맞게 경책하여 법문을 하고 싸리뿟따[72]와 목갈라나[73]에게 일렀다.

[세존] "싸리뿟따와 목갈라나여, 그대들은 끼따기리 마을로 가라. 가서 앗싸지와 뿌납바쑤를 추종하는 수행승들을 끼따기리 마을로부터 쫓아내는 한시퇴출조치[74]의 갈마를 행하라. 그들은 그대들의 제자이다."[75]

---

72) Sāriputta : 부처님의 제자 수행승 가운데 '위대한 지혜를 지닌 님 가운데 제일(mahāpaññānaṃ aggaṃ)'이다. 고따마 붓다의 수제자로 지혜제일(mahāpaññānaṁ aggaṁ)로 일컬어졌다. 일설에 의하면, 그는 우빠띳싸(Upatissa) 마을에서 태어났으므로 우빠띳싸라고도 불렸다. 그의 아버지는 바라문 방간따(Vaṅganta)였고 어머니는 루빠싸리(Rūpasārī)였다. 싸리뿟따는 어머니 이름을 딴 것이다. 일설에 의하면 그의 아버지는 날라까(Nālaka)였다. 그에게는 세 명의 형제 쭌다(Cunda), 우빠쎄나(Upasena), 레바따(Revata)와 세 명의 누이 짤라(Cālā), 우빠짤라(Upacālā), 씨쑤빠짤라(Sisūpacālā)가 있었는데, 모두 출가하여 수행승이 되었다. 싸리뿟따는 수행승 앗싸지에게 인과법에 대한 두 줄의 시로 된 부처님의 가르침을 듣고 '진리의 흐름에 든 님[修陀含, 預流者 : Sotāpanna]'이 되었다. 그가 친구인 목갈라나에게 그 시를 들려주자 목갈라나도 같은 경지에 오르게 되었다. 싸리뿟따는 목갈라나와 함께 벨루바나에 계신 부처님을 찾아가기 전에 그들이 모시던 회의주의자인 스승 싼자야(Sañjaya)를 모시고 가려했으나 싼자야는 거절했다. 목갈라나는 불교교단에 출가한 지 칠일 만에 거룩한 님이 되었으나 싸리뿟따는 보름 후에 거룩한 님이 되었다. 부처님은 대중 앞에서 자주 주제만 제시하고 싸리뿟따가 대신 설법을 했다. 그래서 아난다가 '가르침의 창고(Dhammabhaṇḍāgārika)'라고 불린 데 반해 그는 '가르침의 장군(Dhammasenāpati)'이라고 불렸다. 그는 아나타삔디까의 임종 때 감동적 설법을 하기도 했다.

73) Mahā Moggallāna : 부처님의 제자 수행승 가운데 '신통을 지닌 님 가운데 제일(iddhimantānaṃ aggaṃ)'이다. Ppn. II. 541에 따르면, 마하 목갈라나는 부처님의 주요 제자 가운데 두 번째 제자로서 신통력에서 제일인자이다. 그는 싸리뿟따와 같은 날 태어났는데, 목갈라나는 라자가하 시 근처 꼴리따가마(Kolitagāma)에서 태어났다.(그들은 부처님보다 나이가 많았다) 그래서 그는 꼴리따(Kolita)라고 불렸다. 아버지는 마을의 장자였고, 어머니는 목갈리(Moggalī)였다. 목갈라나와 싸리뿟따의 집안은 7대에 걸쳐 친밀하게 교제해 오고 있는 친한 집안이었다. 싸리뿟따에게는 오백 대의 황금가마, 목갈라나에게는 오백 대의 마차가 있었다. 어느 날 두 친구는 광대놀이를 보러 갔다가 무상함을 깨닫고 출가를 결심했다. 그들은 먼저 회의론자 싼자야(Sañjaya)의 제자가 되어 전 인도를 돌아다녔다. 그러다 어느 날 싸리뿟따가 라자가하 시에서 부처님의 제자 앗싸지(Assaji)를 만나 '모든 현상은 원인으로 말미암아 생겨난다.(ye dhammā hetuppabhavā)'는 말을 듣고 부처님의 제자가 되었다. 싸리뿟따에게 동일한 말을 전해들은 목갈라나도 부처님 제자가 되었다. 그들은 자신들의 동료이자 싼자야의 제자 250명과 함께 벨루바나에서 부처님을 만나 모두 불교에 귀의했다.

74) pabbājanīya : 한역은 구출(驅出) 또는 구출갈마(驅出羯磨) 또는 빈출(頻出) 또는 빈출갈마(頻出羯磨)이다. 상세한 것은 이 책의 율장해제와 Vin. I. 49; CV. I. 13을 참조하라,

75) tumhākaṃ ete saddhivihārino'ti : Vin. II. 171에서 앗싸지와 뿌납바쑤는 악한 의도를 지닌 자라고 말하며, 싸리뿟따와 목갈라나를 위해 와좌구를 준비하는 것을 거절했다. 이 앗싸지는 싸리뿟따와 목갈라나를 부처님에게 인도한 존자 앗싸지가 아니다.

[싸리뿟따와 목갈라나] "세존이시여, 어떻게 앗싸지와 뿌납바쑤를 추종하는 수행승들을 끼따기리 마을로부터 쫓아내는 한시퇴출조치의 갈마를 행합니까? 그 수행승들은 포악하고 거칩니다."

[세존] "그렇다면, 싸리뿟따와 목갈라나여, 많은 수행승들과 함께 가라."

[싸리뿟따와 목갈라나] "세존이시여, 알겠습니다."

싸리뿟따와 목갈라나는 세존께 대답했다.

9. [세존] "수행승들이여, 그런데 이와 같이 행해야 한다. 먼저 앗싸지와 뿌납바쑤를 추종하는[13] 수행승들은 비난받아야 하고, 비난받은 후에 기억이 확인되어야 하고, 기억이 확인된 후에 죄가 추징되어야 하고, 죄가 추징된 후에 총명하고 유능한 수행승이 참모임에 알려야 한다.

[제안] '존자들이여, 참모임은 제 말에 귀를 기울이십시오. 이 앗싸지와 뿌납바쑤를 추종하는 수행승들은 가정을 더럽히고 악행을 합니다. 이들의 악행도 보이고 들리고, 더럽혀진 가정도 보이고 들립니다. 만약 참모임에 옳은 일이라면, 참모임은 이 앗싸지와 뿌납바쑤를 추종하는 수행승들에 대하여 끼따기리 마을로부터 쫓아내는 한시퇴출조치의 갈마를 행하겠습니다. 앗싸지와 뿌납바쑤를 추종하는 수행승들은 끼따기리 마을에 살아서는 안 됩니다. 이것이 제안입니다.'

[제청1] '존자들이여, 참모임은 제 말에 귀를 기울이십시오. 이 앗싸지와 뿌납바쑤를 추종하는 수행승들은 가정을 더럽히고 악행을 합니다. 이들의 악행도 보이고 들리고, 더럽혀진 가정도 보이고 들립니다. 참모임은 이 앗싸지와 뿌납바쑤를 추종하는 수행승들에 대하여 끼따기리 마을로부터 쫓아내는 한시퇴출조치의 갈마를 행합니다. 앗싸지와 뿌납바쑤를 추종하는 수행승들은 끼따기리 마을에 살아서는 안 됩니다. 존자들 가운데 누구든지 이 앗싸지와 뿌납바쑤를 추종하는 수행승들에 대하여 끼따기리 마을로부터 쫓아내는 한시퇴출조치의 갈마를 행하여 앗싸지와 뿌납바쑤를 추종하는 수행승들은 끼따기리 마을에 살아서는 안 된다는 것에 동의하면 침묵하시고, 이견이 있으면 말씀하십시오.'

[제청2] '두 번째에도 저는 이 사실을 말합니다. 존자들이여, 참모임은 제 말에 귀를 기울이십시오. 이 앗싸지와 뿌납바쑤를 추종하는 수행승들은 가정을 더럽히고 악행을 합니다. 이들의 악행도 보이고 들리고, 더럽혀진 가정도 보이고 들립니다. 참모임은 이 앗싸지와 뿌납바쑤를 추종하는 수행승들에 대하여 끼따기리 마을로부터 쫓아내는 한시퇴출조치의 갈마를 행합니다. 앗싸지와 뿌납바쑤를 추종하는 수행승들은 끼따기리 마을에 살아서는 안 됩니다. 존자들 가운데 누구

듣지 이 앗싸지와 뿌납비쑤를 추종하는 수행승들에 대하여 끼따기리 마을로부터 쫓아내는 한시퇴출조치의 갈마를 행하여 앗싸지와 뿌납비쑤를 추종하는 수행승들은 끼따기리 마을에 살아서는 안 된다는 것에 동의하면 침묵하시고, 이견이 있으면 말씀하십시오.'

[제청3] '세 번째에도 저는 이 사실을 말합니다. 존자들이여, 참모임은 제 말에 귀를 기울이십시오. 이 앗싸지와 뿌납비쑤를 추종하는 수행승들은 가정을 더럽히고 악행을 합니다. 이들의 악행도 보이고 들리고, 더럽혀진 가정도 보이고 들립니다. 참모임은 이 앗싸지와 뿌납비쑤를 추종하는 수행승들에 대하여 끼따기리 마을로부터 쫓아내는 한시퇴출조치의 갈마를 행합니다. 앗싸지와 뿌납비쑤를 추종하는 수행승들은 끼따기리 마을에 살아서는 안 됩니다. 존자들 가운데 누구든지 이 앗싸지와 뿌납비쑤를 추종하는 수행승들에 대하여 끼따기리 마을로부터 쫓아내는 한시퇴출조치의 갈마를 행하여 앗싸지와 뿌납비쑤를 추종하는 수행승들은 끼따기리 마을에 살아서는 안 된다는 것에 동의하면 침묵하시고, 이견이 있으면 말씀하십시오.'

[결정] '참모임은 앗싸지와 뿌납비쑤를 추종하는 수행승들에 대하여 끼따기리 마을로부터 쫓아내는 한시퇴출조치의 갈마를 행했습니다. 앗싸지와 뿌납비쑤를 추종하는 수행승들은 끼따기리 마을에 살아서는 안 됩니다. 참모임이 찬성하여 침묵했으므로, 저는 그와 같이 알겠습니다.'"

한시퇴출조치의 갈마가 끝났다.

14$_1$. 열두 가지 원칙에 맞지 않는 갈마(adhammakammadvādasaka)

1. 수행승들이여, 세 가지 고리를 갖춘 한시퇴출조치의 갈마는 원칙에 맞지 않는 갈마이고 계율에 맞지 않는 갈마로서 잘 성취되기 어렵다.

1) 현전에 입각하지 않고 행하고,

2) 질문에 근거하지 않고 행하고,

3) 자인에 입각하지 않고 행하는 것이다.

수행승들이여, 이러한 세 가지 고리를 갖춘 한시퇴출조치의 갈마는 원칙에 맞지 않는 갈마이고 계율에 맞지 않는 갈마로서 잘 성취되기 어렵다.

2. 수행승들이여, 또한 세 가지 고리를 갖춘 한시퇴출조치의 갈마는 원칙에 맞지 않는 갈마이고 계율에 맞지 않는 갈마로서 잘 성취되기 어렵다.

1) 죄가 없는데 행하고,

2) 죄가 참회로 이끌어지지 않는데 행하고,
3) 죄가 이미 참회되었는데 행하는 것이다.

수행승들이여, 이러한 세 가지 고리를 갖춘 한시퇴출조치의 갈마는 원칙에 맞지 않는 갈마이고 계율에 맞지 않는 갈마로서 잘 성취되기 어렵다.

3. 수행승들이여, 또한 세 가지 고리를 갖춘 한시퇴출조치의 갈마는 원칙에 맞지 않는 갈마이고 계율에 맞지 않는 갈마로서 잘 성취되기 어렵다.
1) 질책하지 않고 행하고,
2) 기억을 확인하지 않고 행하고,
3) 죄를 거론하지 않고 행하는 것이다.

수행승들이여, 이러한 세 가지 고리를 갖춘 한시퇴출조치의 갈마는 원칙에 맞지 않는 갈마이고 계율에 맞지 않는 갈마로서 잘 성취되기 어렵다.

4. 수행승들이여, 또한 세 가지 고리를 갖춘 한시퇴출조치의 갈마는 원칙에 맞지 않는 갈마이고 계율에 맞지 않는 갈마로서 잘 성취되기 어렵다.
1) 현전에 입각하지 않고 행하고,
2) 원칙에 맞지 않게 행하고,
3) 모임이 불완전하게 행하는 것이다.

수행승들이여, 이러한 세 가지 고리를 갖춘 한시퇴출조치의 갈마는 원칙에 맞지 않는 갈마이고 계율에 맞지 않는 갈마로서 잘 성취되기 어렵다.

5. 수행승들이여, 또한 세 가지 고리를 갖춘 한시퇴출조치의 갈마는 원칙에 맞지 않는 갈마이고 계율에 맞지 않는 갈마로서 잘 성취되기 어렵다.
1) 질문에 근거하지 않고 행하고,
2) 원칙에 맞지 않게 행하고,
3) 모임이 불완전하게 행하는 것이다.

수행승들이여, 이러한 세 가지 고리를 갖춘 한시퇴출조치의 갈마는 원칙에 맞지 않는 갈마이고 계율에 맞지 않는 갈마로서 잘 성취되기 어렵다.

6. 수행승들이여, 또한 세 가지 고리를 갖춘 한시퇴출조치의 갈마는 원칙에 맞지 않는 갈마이고 계율에 맞지 않는 갈마로서 잘 성취되기 어렵다.
1) 자인에 입각하지 않고 행하고,
2) 원칙에 맞지 않게 행하고,
3) 모임이 불완전하게 행하는 것이다.

수행승들이여, 이러한 세 가지 고리를 갖춘 한시퇴출조치의 갈마는 원칙에 맞지 않는 갈마이고 계율에 맞지 않는 갈마로서 잘 성취되기 어렵다.

7. 수행승들이여, 또한 세 가지 고리를 갖춘 한시퇴출조치의 갈마는 원칙에 맞지 않는 갈마이고 계율에 맞지 않는 갈마로서 잘 성취되기 어렵다.

1) 죄가 없는데 행하고,
2) 원칙에 맞지 않게 행하고,
3) 모임이 불완전하게 행하는 것이다.

수행승들이여, 이러한 세 가지 고리를 갖춘 한시퇴출조치의 갈마는 원칙에 맞지 않는 갈마이고 계율에 맞지 않는 갈마로서 잘 성취되기 어렵다.

8. 수행승들이여, 또한 세 가지 고리를 갖춘 한시퇴출조치의 갈마는 원칙에 맞지 않는 갈마이고 계율에 맞지 않는 갈마로서 잘 성취되기 어렵다.

1) 죄가 참회로 이끌어지지 않는데 행하고,
2) 원칙에 맞지 않게 행하고,
3) 모임이 불완전하게 행하는 것이다.

수행승들이여, 이러한 세 가지 고리를 갖춘 한시퇴출조치의 갈마는 원칙에 맞지 않는 갈마이고 계율에 맞지 않는 갈마로서 잘 성취되기 어렵다.

9. 수행승들이여, 또한 세 가지 고리를 갖춘 한시퇴출조치의 갈마는 원칙에 맞지 않는 갈마이고 계율에 맞지 않는 갈마로서 잘 성취되기 어렵다.

1) 죄가 참회되었는데 행하고,
2) 원칙에 맞지 않게 행하고,
3) 모임이 불완전하게 행하는 것이다.

수행승들이여, 이러한 세 가지 고리를 갖춘 한시퇴출조치의 갈마는 원칙에 맞지 않는 갈마이고 계율에 맞지 않는 갈마로서 잘 성취되기 어렵다.

10. 수행승들이여, 또한 세 가지 고리를 갖춘 한시퇴출조치의 갈마는 원칙에 맞지 않는 갈마이고 계율에 맞지 않는 갈마로서 잘 성취되기 어렵다.

1) 질책하지 않고 행하고,
2) 원칙에 맞지 않게 행하고,
3) 모임이 불완전하게 행하는 것이다.

수행승들이여, 이러한 세 가지 고리를 갖춘 한시퇴출조치의 갈마는 원칙에 맞지 않는 갈마이고 계율에 맞지 않는 갈마로서 잘 성취되기 어렵다.

11. 수행승들이여, 또한 세 가지 고리를 갖춘 한시퇴출조치의 갈마는 원칙에 맞지 않는 갈마이고 계율에 맞지 않는 갈마로서 잘 성취되기 어렵다.
1) 기억을 확인하지 않고 행하고,
2) 원칙에 맞지 않게 행하고,
3) 모임이 불완전하게 행하는 것이다.
수행승들이여, 이러한 세 가지 고리를 갖춘 한시퇴출조치의 갈마는 원칙에 맞지 않는 갈마이고 계율에 맞지 않는 갈마로서 잘 성취되기 어렵다.

12. 수행승들이여, 또한 세 가지 고리를 갖춘 한시퇴출조치의 갈마는 원칙에 맞지 않는 갈마이고 계율에 맞지 않는 갈마로서 잘 성취되기 어렵다.
1) 죄를 거론하지 않고 행하고,
2) 원칙에 맞지 않게 행하고,
3) 모임이 불완전하게 행하는 것이다.
수행승들이여, 이러한 세 가지 고리를 갖춘 한시퇴출조치의 갈마는 원칙에 맞지 않는 갈마이고 계율에 맞지 않는 갈마로서 잘 성취되기 어렵다."

한시퇴출조치의 갈마에서의 열두 가지 원칙에 맞지 않는 갈마가 끝났다.

14_2. 열두 가지 원칙에 맞는 갈마(Dhammakammadvādasaka)

1. 수행승들이여, 세 가지 고리를 갖춘 한시퇴출조치의 갈마는 원칙에 맞는 갈마이고 계율에 맞는 갈마로서 잘 성취된다.
1) 현전에 입각하여 행하고,
2) 질문에 근거하여 행하고,
3) 자인에 입각해서 행하는 것이다.
수행승들이여, 이러한 세 가지 고리를 갖춘 한시퇴출조치의 갈마는 원칙에 맞는 갈마이고 계율에 맞는 갈마로서 잘 성취된다.

2. 수행승들이여, 또한 세 가지 고리를 갖춘 한시퇴출조치의 갈마는 원칙에 맞는 갈마이고 계율에 맞는 갈마로서 잘 성취된다.
1) 죄가 있을 때 행하고,
2) 죄가 참회로 이끌어지도록 행하고,
3) 죄가 아직 참회되지 않아 행하는 것이다.
수행승들이여, 이러한 세 가지 고리를 갖춘 한시퇴출조치의 갈마는 원칙에 맞는 갈마이고 계율에 맞는 갈마로서 잘 성취된다.

3. 수행승들이여, 또한 세 가지 고리를 갖춘 한시퇴출조치의 갈마는 원칙에 맞는 갈마이고 계율에 맞는 갈마로서 잘 성취된다.

1) 질책하고 행하고,

2) 기억을 확인하고 행하고,

3) 죄를 거론하고 행하는 것이다.

수행승들이여, 이러한 세 가지 고리를 갖춘 한시퇴출조치의 갈마는 원칙에 맞는 갈마이고 계율에 맞는 갈마로서 잘 성취된다.

4. 수행승들이여, 또한 세 가지 고리를 갖춘 한시퇴출조치의 갈마는 원칙에 맞는 갈마이고 계율에 맞는 갈마로서 잘 성취된다.

1) 현전에 입각하고 행하고,

2) 원칙에 맞게 행하고,

3) 모임이 완전하게 행하는 것이다.

수행승들이여, 이러한 세 가지 고리를 갖춘 한시퇴출조치의 갈마는 원칙에 맞는 갈마이고 계율에 맞는 갈마로서 잘 성취된다.

5. 수행승들이여, 또한 세 가지 고리를 갖춘 한시퇴출조치의 갈마는 원칙에 맞는 갈마이고 계율에 맞는 갈마로서 잘 성취된다.

1) 질문에 근거하여 행하고,

2) 원칙에 맞게 행하고,

3) 모임이 완전하게 행하는 것이다.

수행승들이여, 이러한 세 가지 고리를 갖춘 한시퇴출조치의 갈마는 원칙에 맞는 갈마이고 계율에 맞는 갈마로서 잘 성취된다.

6. 수행승들이여, 또한 세 가지 고리를 갖춘 한시퇴출조치의 갈마는 원칙에 맞는 갈마이고 계율에 맞는 갈마로서 잘 성취된다.

1) 자인에 입각하여 행하고,

2) 원칙에 맞게 행하고,

3) 모임이 완전하게 행하는 것이다.

수행승들이여, 이러한 세 가지 고리를 갖춘 한시퇴출조치의 갈마는 원칙에 맞는 갈마이고 계율에 맞는 갈마로서 잘 성취된다.

7. 수행승들이여, 또한 세 가지 고리를 갖춘 한시퇴출조치의 갈마는 원칙에 맞는 갈마이고 계율에 맞는 갈마로서 잘 성취된다.

1) 죄가 있을 때 행하고,
2) 원칙에 맞게 행하고,
3) 모임이 완전하게 행하는 것이다.

수행승들이여, 이러한 세 가지 고리를 갖춘 한시퇴출조치의 갈마는 원칙에 맞는 갈마이고 계율에 맞는 갈마로서 잘 성취된다.

8. 수행승들이여, 또한 세 가지 고리를 갖춘 한시퇴출조치의 갈마는 원칙에 맞는 갈마이고 계율에 맞는 갈마로서 잘 성취된다.
1) 죄가 참회로 이끌어지도록 행하고,
2) 원칙에 맞게 행하고,
3) 모임이 완전하게 행하는 것이다.

수행승들이여, 이러한 세 가지 고리를 갖춘 한시퇴출조치의 갈마는 원칙에 맞는 갈마이고 계율에 맞는 갈마로서 잘 성취된다.

9. 수행승들이여, 또한 세 가지 고리를 갖춘 한시퇴출조치의 갈마는 원칙에 맞는 갈마이고 계율에 맞는 갈마로서 잘 성취된다.
1) 죄가 아직 참회되지 않아 행하고,
2) 원칙에 맞게 행하고,
3) 모임이 완전하게 행하는 것이다.

수행승들이여, 이러한 세 가지 고리를 갖춘 한시퇴출조치의 갈마는 원칙에 맞는 갈마이고 계율에 맞는 갈마로서 잘 성취된다.

10. 수행승들이여, 또한 세 가지 고리를 갖춘 한시퇴출조치의 갈마는 원칙에 맞는 갈마이고 계율에 맞는 갈마로서 잘 성취된다.
1) 질책하고 행하고,
2) 원칙에 맞게 행하고,
3) 모임이 완전하게 행하는 것이다.

수행승들이여, 이러한 세 가지 고리를 갖춘 한시퇴출조치의 갈마는 원칙에 맞는 갈마이고 계율에 맞는 갈마로서 잘 성취된다.

11. 수행승들이여, 또한 세 가지 고리를 갖춘 한시퇴출조치의 갈마는 원칙에 맞는 갈마이고 계율에 맞는 갈마로서 잘 성취된다.
1) 기억을 확인하고 행하고,
2) 원칙에 맞게 행하고,

3) 모임이 완전하게 행하는 것이다.

수행승들이여, 이러한 세 가지 고리를 갖춘 한시퇴출조치의 갈마는 원칙에 맞는 갈마이고 계율에 맞는 갈마로서 잘 성취된다.

12. 수행승들이여, 또한 세 가지 고리를 갖춘 한시퇴출조치의 갈마는 원칙에 맞는 갈마이고 계율에 맞는 갈마로서 잘 성취된다.

1) 죄를 거론하고 행하고,

2) 원칙에 맞게 행하고,

3) 모임이 완전하게 행하는 것이다.

수행승들이여, 이러한 세 가지 고리를 갖춘 한시퇴출조치의 갈마는 원칙에 맞는 갈마이고 계율에 맞는 갈마로서 잘 성취된다."

한시퇴출조치의 갈마에서의 열두 가지 원칙에 맞지 않는 갈마가 끝났다.

14_3. 열네 가지 '원한다면'(Ākaṅkhamānacuddasaka)

1. 수행승들이여, 세 가지 고리를 갖춘 수행승에게 원한다면 참모임은 한시퇴출조치의 갈마를 행할 수 있다.

1) 다투고 싸우고 언쟁하고 분쟁하며 참모임에 쟁사를 일으키고,

2) 어리석어 총명하지 못하고 죄가 많고 충고를 받아들이지 않고,

3) 재가자와 부적절한 관계 속에서 재가자와 함께 지내는 것이다.

수행승들이여, 이러한 세 가지 고리를 갖춘 수행승에게 원한다면 참모임은 한시퇴출조치의 갈마를 행할 수 있다.

2. 수행승들이여, 또한 세 가지 고리를 갖춘 수행승에게 원한다면 참모임은 한시퇴출조치의 갈마를 행할 수 있다.

1) 훌륭한 계행을 두고 계행을 어기고,

2) 훌륭한 행동을 두고 사행에 빠지고,

3) 훌륭한 견해를 두고 사견에 떨어지는 것이다.

수행승들이여, 이러한 세 가지 고리를 갖춘 수행승에게 원한다면 참모임은 한시퇴출조치의 갈마를 행할 수 있다.

3. 수행승들이여, 또한 세 가지 고리를 갖춘 수행승에게 원한다면 참모임은 한시퇴출조치의 갈마를 행할 수 있다.

1) 부처님을 비방하고,

2) 가르침을 비방하고,

3) 참모임을 비방하는 것이다.

수행승들이여, 이러한 세 가지 고리를 갖춘 수행승에게 원한다면 참모임은 한시퇴출조치의 갈마를 행할 수 있다.

4. 수행승들이여, 또한 세 가지 고리를 갖춘 수행승에게 원한다면 참모임은 한시퇴출조치의 갈마를 행할 수 있다.

1) 신체적인 유희를 일삼는 것[76]과

2) 언어적인 유희를 일삼고,

3) 신체·언어적인 유희를 일삼는 것이다.

수행승들이여, 이러한 세 가지 고리를 갖춘 수행승에게 원한다면 참모임은 한시퇴출조치의 갈마를 행할 수 있다.

5. 수행승들이여, 또한 세 가지 고리를 갖춘 수행승에게 원한다면 참모임은 한시퇴출조치의 갈마를 행할 수 있다.

1) 신체적인 비행을 일삼는 것[77]과

2) 언어적인 비행을 일삼고,

3) 신체·언어적인 비행을 일삼는 것이다.

수행승들이여, 이러한 세 가지 고리를 갖춘 수행승에게 원한다면 참모임은 한시퇴출조치의 갈마를 행할 수 있다.

6. 수행승들이여, 또한 세 가지 고리를 갖춘 수행승에게 원한다면 참모임은 한시퇴출조치의 갈마를 행할 수 있다.

1) 신체적인 폭력을 일삼는 것[78]과

2) 언어적인 폭력을 일삼고,

3) 신체·언어적인 폭력을 일삼는 것이다.

수행승들이여, 이러한 세 가지 고리를 갖춘 수행승에게 원한다면 참모임은 한시퇴출조치의 갈마를 행할 수 있다.

7. 수행승들이여, 또한 세 가지 고리를 갖춘 수행승에게 원한다면 참모임은 한시

---

76) vācasikena davena samannāgato : Smp. 1157에 따르면, 신체적 향락을 말한다. 음식을 놀이로서 즐기는 것 등을 말한다. AN. I. 114. II. 40. 145. IV. 167을 참조하라.

77) kāyikena anācārena samannāgato : Smp. 1157에 따르면, 신체의 감관과 관련하여 시설된 학습계율을 어기는 것을 말한다. 나머지는 이에 준한다.

78) kāyikena upaghātikena samannāgato : Smp. 1157에 따르면, 신체의 감관과 관련하여 시설된 학습계율을 어기는 것을 통한 상해를 말한다. 나머지는 이에 준한다.

퇴출조치의 갈마를 행할 수 있다.

1) 신체적인 잘못된 생활을 일삼고,

2) 언어적인 잘못된 생활을 일삼고,

3) 신체·언어적인 잘못된 생활을 일삼는 것이다.

수행승들이여, 이러한 세 가지 고리를 갖춘 수행승에게 원한다면 참모임은 한시퇴출조치의 갈마를 행할 수 있다.

8. 수행승들이여, 또한 세 종류의 수행승에게[14] 원한다면 참모임은 한시퇴출조치의 갈마를 행할 수 있다.

1) 다투고 싸우고 언쟁하고 분쟁하며 참모임에 쟁사를 일으키는 자와

2) 어리석어 총명하지 못하고 죄가 많고 충고를 받아들이지 않는 자와

3) 재가자와 부적절한 관계 속에서 재가자와 함께 지내는 자이다.

수행승들이여, 이러한 세 종류의 수행승에게 원한다면 참모임은 한시퇴출조치의 갈마를 행할 수 있다.

9. 수행승들이여, 또한 세 종류의 수행승에게 원한다면 참모임은 한시퇴출조치의 갈마를 행할 수 있다.

1) 훌륭한 계행을 두고 계행을 어기는 자와

2) 훌륭한 행동을 두고 사행에 빠지는 자와

3) 훌륭한 견해를 두고 사견에 떨어지는 자이다.

수행승들이여, 이러한 세 종류의 수행승에게 원한다면 참모임은 한시퇴출조치의 갈마를 행할 수 있다.

10. 수행승들이여, 또한 세 종류의 수행승에게 원한다면 참모임은 한시퇴출조치의 갈마를 행할 수 있다.

1) 부처님을 비방하는 자와

2) 가르침을 비방하는 자와

3) 참모임을 비방하는 자이다.

수행승들이여, 이러한 세 종류의 수행승에게 원한다면 참모임은 한시퇴출조치의 갈마를 행할 수 있다.

11. 수행승들이여, 또한 세 종류의 수행승에게 원한다면 참모임은 한시퇴출조치의 갈마를 행할 수 있다.

1) 신체적인 유희를 일삼는 자와

2) 언어적인 유희를 일삼는 자와
3) 신체·언어적인 유희를 일삼는 자이다.
수행승들이여, 이러한 세 종류의 수행승에게 원한다면 참모임은 한시퇴출조치의 갈마를 행할 수 있다.

12. 수행승들이여, 또한 세 종류의 수행승에게 원한다면 참모임은 한시퇴출조치의 갈마를 행할 수 있다.
1) 신체적인 비행을 일삼는 자와
2) 언어적인 비행을 일삼는 자와
3) 신체·언어적인 비행을 일삼는 자이다.
수행승들이여, 이러한 세 종류의 수행승에게 원한다면 참모임은 한시퇴출조치의 갈마를 행할 수 있다.

13. 수행승들이여, 또한 세 종류의 수행승에게 원한다면 참모임은 한시퇴출조치의 갈마를 행할 수 있다.
1) 신체적인 폭력을 일삼는 자와
2) 언어적인 폭력을 일삼는 자와
3) 신체·언어적인 폭력을 일삼는 자이다.
수행승들이여, 이러한 세 종류의 수행승에게 원한다면 참모임은 한시퇴출조치의 갈마를 행할 수 있다.

14. 수행승들이여, 또한 세 종류의 수행승에게 원한다면 참모임은 한시퇴출조치의 갈마를 행할 수 있다.
1) 신체적인 잘못된 생활을 일삼는 자와
2) 언어적인 잘못된 생활을 일삼는 자와
3) 신체·언어적인 잘못된 생활을 일삼는 자이다.
수행승들이여, 이러한 세 종류의 수행승에게 원한다면 참모임은 한시퇴출조치의 갈마를 행할 수 있다.

한시퇴출조치의 갈마와 열네 가지 '원한다면'이 끝났다.

15. 열여덟 가지 의무(Aṭṭhārasavatta)

1. [세존] "수행승들이여, 한시퇴출조치의 갈마를 받은 수행승들은 올바로 준수해야 한다. 그 경우에 올바로 준수한다는 것은 이와 같다."

2. [세존]

1) 구족계를 주어서는 안 된다.
2) 의지를 주어서는 안 된다.
3) 사미를 두어서는 안 된다.
4) 수행녀들의 교계에 선정을 받아서는 안 된다.
5) 선정되더라도 수행녀들을 교계해서는 안 된다.
6) 참모임으로부터 한시퇴출조치의 갈마를 받은 그 죄를 지어서는 안 된다.
7) 다른 그와 유사한 죄를 지어서도 안 된다.
8) 그보다 악한 죄를 지어서도 안 된다.
9) 갈마를 매도해서는 안 된다.
10) 갈마를 주는 자를 매도해서도 안 된다.
11) 일반수행승의 포살을 차단시켜서는 안 된다.
12) 자자를 차단시켜서는 안 된다.
13) 명령을 내려서는 안 된다.
14) 권위를 세워서는 안 된다.
15) 허락을 구해서는 안 된다.
16) 질책해서는 안 된다.
17) 기억을 확인해서는 안 된다.
18) 수행승들과 다투어서는 안 된다.

한시퇴출조치의 갈마에서의 열여덟 가지 의무가 끝났다.

161. 해제할 수 없는 열여덟 가지 경우(Napaṭippassambhetabbaṭṭhārasaka)

1. 그후 싸리뿟따와 목갈라나를 비롯한 수행승들의 무리가 끼따기리 마을로 가서 앗싸지와 뿌납비쑤를 추종하는 수행승들에게 끼따기리 마을로부터 쫓아내는 한시퇴출조치의 갈마를 행했다.

[수행승들] '앗싸지와 뿌납비쑤를 추종하는 수행승들은 끼따기리 마을에서 살아서는 안 된다.'

2. 그러나 그들은 참모임으로부터 한시퇴출조치의 갈마를 받고 올바로 처신하지 않고,79) 근신하지 않고,80) 속죄하지 않았다.81) 그들은 수행승들에게 용서를

---

79) na sammā vattanti : Smp. 625에 따르면, 열여덟 가지 의무를 잘 하지 않았다.
80) na lomaṃ pātenti : 순모(順毛)가 아닌 것을 뜻한다. Smp. 625에 따르면, '털을 내리지 않는다.'라는 뜻으로

구하지 않고,[82] 매도하고,[83] 모욕하고,[84] 욕망에 의해 삿된 길을 가고, 분노에 의해 삿된 길을 가고, 어리석음에 의해 삿된 길을 가고, 두려움에 의해 삿된 길을 가기도 했고,[85] 떠나버리기도 했고, 환속하기도 했다.

수행승들 가운데 욕망을 여의고 만족을 알고 부끄러움을 알고 참회할 줄 알고 학습 계율을 원하는 자들은 그것에 대하여 혐책하고 분개하고 비난했다.

[수행승들] "어찌 앗싸지와 뿌납바쑤를 추종하는 수행승들은 참모임으로부터 한시퇴출조치의 갈마를 받고 올바로 처신하지 않고, 근신하지 않고, 속죄하지 않고, 수행승들에게 용서를 구하지 않고, 매도하고, 모욕하고, 욕망에 의해 삿된 길을 가고, 분노에 의해 삿된 길을 가고, 어리석음에 의해 삿된 길을 가고, 두려움에 의해 삿된 길을 가기도 하고, 떠나버리기도 하고, 환속하기도 한단 말인가?"

3. 그래서 수행승들은 세존께 그 사실을 알렸다. 그러자 세존께서는 이러한 인연으로 이러한 기회에 수행승들의 무리를 불러 모아 수행승들에게 물었다.

[세존] "수행승들이여, 앗싸지와 뿌납바쑤를 추종하는 수행승들은 참모임으로부터 한시퇴출조치의 갈마를 받고 올바로 처신하지 않고, 근신하지 않고, 속죄하지 않고, 수행승들에게 용서를 구하지 않고, 매도하고, 모욕하고, 욕망에 의해 삿된 길을 가고, 분노에 의해 삿된 길을 가고, 어리석음에 의해 삿된 길을 가고, 두려움에 의해 삿된 길을 가기도 하고, 떠나버리기도 하고, 환속하기도 한다는 것이 사실인가?"

[수행승들] "세존이시여, 사실입니다."

4. 존귀하신 부처님께서는 견책했다.

제압되지 않았다는 뜻이다.

81) na netthāraṃ vattanti : Smp. 625에 따르면, '자기를 극복하는 길을 따르지 않는다.'라는 뜻이다.

82) bhikkhū na khamāpenti : Smp. 625에 따르면, '우리가 잘못했습니다. 다시는 하지 않겠습니다. 용서해 주십시오.'라고 하는 것이다.

83) akkosanti : Smp. 625에 따르면, 열 가지 매도의 토대(dasa akkosavatthūni : DhA. I. 211-212)를 가지고 매도하는 것이다.

84) paribhāsanti : '비방하다.'의 뜻이지만, 여기서 '협박하다.'는 뜻이다. Smp. 625에 따르면, 공포를 보여 주는 것이다.

85) chandagāmitā dosagāmitā mohagāmitā bhayagāmitā pāpentipi : 네 가지 비도(cattāri agatigamanāni : DN. III. 228)를 행하는 것이다. DN. III. 133; AN. IV. 370의 아홉 가지 불가능(abhabbaṭṭhāna) 가운데 네 가지에 속한다 : '수행승이 거룩한 님으로 모든 번뇌를 부수고, 수행이 완성되고, 해야 할 일을 해마치고, 짐을 버리고, 참다운 목표에 도달하고, 존재의 결박을 끊고, 올바른 지혜로 해탈했다면, 그가 욕망에 의한 삿된 길을 걷는 것은 불가능하다. 그가 성냄에 의한 삿된 길을 걷는 것은 불가능하다. 그가 어리석음에 의한 삿된 길을 걷는 것은 불가능하다. 그가 두려움에 의한 삿된 길을 걷는 것은 불가능하다.'

[세존] "수행승들이여, 어리석은 자들이 적절하지 않고, 자연스럽지 않고, 알맞지 않고, 수행자의 삶이 아니고, 부당하고, 해서는 안 될 일을 행한 것이다. 수행승들이여, 어찌 그 어리석은 자들이 참모임으로부터 한시퇴출조치의 갈마를 받고 올바로 처신하지 않고, 근신하지 않고, 속죄하지 않고, 수행승들에게 용서를 구하지 않고, 매도하고, 모욕하고, 욕망에 의해 삿된 길을 가고, 분노에 의해 삿된 길을 가고, 어리석음에 의해 삿된 길을 가고, 두려움에 의해 삿된 길을 가기도 하고, 떠나버리기도 하고, 환속하기도 한단 말인가? 수행승들이여, 그것은 아직 청정한 믿음이 없는 자를 청정한 믿음으로 이끌고, 이미 청정한 믿음이 있는 자를 더욱더 청정한 믿음으로 이끄는 것이 아니다. 수행승들이여, 그것은 오히려, 아직 청정한 믿음이 없는 자를 불신으로 이끌고, 이미 청정한 믿음이 있는 자 가운데 어떤 자들을 타락시키는 것이다."

5. 그리고 세존께서는 앗싸지와 뿌납비쑤를 추종하는 수행승들을 여러 가지 방편으로 견책하여, 키우기 어렵고 부양하기 어렵고 욕심이 많고 만족을 모르고 교제를 좋아하고 나태한 것에 대하여 질책하고, 여러 가지 법문으로 고무하여, 키우기 쉽고 부양하기 쉽고 욕심을 여의고, 만족을 알고, 버리고 없애는 삶을 살고, 두타행을 하고, 청정한 믿음이 있고, 쌓아 모으지 않고, 용맹정진하는 것을 칭찬하고, 수행승들을 위하여 그에 알맞고 그에 걸맞게 경책하여 법문을 하고 수행승들에게 일렀다.

[세존] "수행승들이여, 그렇다면 참모임은 한시퇴출조치의 갈마를 해제할 수 없다."

6. 수행승들이여, 다섯 가지 고리를 갖춘 수행승에게 한시퇴출조치의 갈마를 해제할 수 없다.

1) 구족계를 주고,
2) 의지를 주고,
3) 사미를 두고,
4) 수행녀들의 교계에 선정을 받고,
5) 선정되어 수행녀들을 교계하는 것이다.

수행승들이여, 이러한 다섯 가지 고리를 갖춘 수행승에게 한시퇴출조치의 갈마를 해제할 수 없다.

7. 수행승들이여, 다른 다섯 가지 고리를 갖춘 수행승에게 한시퇴출조치의 갈마를

해제할 수 없다.

1) 참모임으로부터 한시퇴출조치의 갈마를 받은 그 죄를 다시 짓고,
2) 다른 그와 유사한 죄를 짓고,
3) 그보다 악한 죄를 짓고,
4) 갈마를 매도하고,
5) 갈마를 주는 자를 매도하는 것이다.

수행승들이여, 이러한 다섯 가지 고리를 갖춘 수행승에게 한시퇴출조치의 갈마를 해제할 수 없다.

8. 수행승들이여, 여덟 가지 고리를 갖춘 수행승에게 한시퇴출조치의 갈마를 해제할 수 없다.

1) 일반수행승의 포살을 차단시키고,
2) 자자를 차단시키고,
3) 명령을 내리고,
4) 권위를 세우고,
5) 허락을 얻고,
6) 질책하고,
7) 기억을 확인하고,
8) 수행승들과 다투는 것이다.

수행승들이여, 이러한 여덟 가지 고리를 갖춘 수행승에게 한시퇴출조치의 갈마를 해제할 수 없다.

한시퇴출조치의 갈마에서의 해제할 수 없는 열여덟 가지 경우가 끝났다.

162. 해제할 수 있는 열여덟 가지 경우(Paṭippassambhetabbaṭṭhārasaka)

1. 수행승들이여, 다섯 가지 고리를 갖춘 수행승에게 한시퇴출조치의 갈마를 해제할 수 있다.

1) 구족계를 주지 않고,
2) 퇴출를 주지 않고,
3) 사미를 두지 않고,
4) 수행녀들의 교계에 선정을 받지 않고,
5) 선정되더라도 수행녀들을 교계하지 않는 것이다.

수행승들이여, 이러한 다섯 가지 고리를 갖춘 수행승에게 한시퇴출조치의 갈마

를 해제할 수 있다.

2. 수행승들이여,[15] 다른 다섯 가지 고리를 갖춘 수행승에게 한시퇴출조치의 갈마를 해제할 수 있다.

1) 참모임으로부터 한시퇴출조치의 갈마를 받은 그 죄를 짓지 않고,
2) 다른 그와 유사한 죄를 짓지 않고,
3) 그보다 악한 죄를 짓지 않고,
4) 갈마를 매도하지 않고,
5) 갈마를 주는 자를 매도하지 않는 것이다.

수행승들이여, 이러한 다섯 가지 고리를 갖춘 수행승에게 한시퇴출조치의 갈마를 해제할 수 있다.

3. 수행승들이여, 여덟 가지 고리를 갖춘 수행승에게 한시퇴출조치의 갈마를 해제할 수 있다.

1) 일반수행승의 포살을 차단시키지 않고,
2) 자자를 차단시키지 않고,
3) 명령을 내리지 않고,
4) 권위를 세우지 않고,
5) 허가를 받지 않고,
6) 질책하지 않고,
7) 기억을 확인하지 않고,
8) 수행승들과 다투지 않는 것이다.

수행승들이여, 이러한 여덟 가지 고리를 갖춘 수행승에게 한시퇴출조치의 갈마를 해제할 수 있다.

한시퇴출조치의 갈마에서의 해제할 수 있는 열여덟 가지 경우가 끝났다.

17. 한시퇴출조치의 갈마의 해제(Pabbājanīyakammapaṭippassambhana)

1. [세존] "수행승들이여, 이와 같이 해제해야 한다. 수행승들이여, 그 한시퇴출조치의 갈마를 받은 수행승은 참모임을 찾아가서 한쪽 어깨에 상의를 걸치고 연상의 수행승들의 양 발에 머리를 조아린 뒤에 웅크리고 앉아 합장하여 이와 같이 말해야 한다.

[청원1] '존자들이여, 저는 참모임으로부터 한시퇴출조치의 갈마를 받고 올바로 처신하고, 근신하고, 속죄했습니다. 이제 저는 한시퇴출조치의 갈마의 해제를

청합니다.'

[청원2] '존자들이여, 저는 참모임으로부터 한시퇴출조치의 갈마를 받고 올바로 처신하고, 근신하고, 속죄했습니다. 존자들이여, 두 번째에도 저는 한시퇴출조치의 갈마의 해제를 청합니다.'

[청원3] '존자들이여, 저는 참모임으로부터 한시퇴출조치의 갈마를 받고 올바로 처신하고, 근신하고, 속죄했습니다. 존자들이여, 세 번째에도 저는 한시퇴출조치의 갈마의 해제를 청합니다.'

2. 총명하고 유능한 수행승이 참모임에 알려야 한다.

[제안] '존자들이여, 참모임은 제 말에 귀를 기울이십시오. 이러이러한 수행승은 모임으로부터 한시퇴출조치의 갈마를 받고 올바로 처신하고, 근신하고, 속죄하고, 한시퇴출조치의 갈마의 해제를 청합니다. 만약 참모임에 옳은 일이라면, 참모임은 이러이러한 수행승에 대하여 한시퇴출조치의 갈마를 해제하겠습니다. 이것이 제안입니다.'

[제청1] '존자들이여, 참모임은 제 말에 귀를 기울이십시오. 이러이러한 수행승은 참모임으로부터 한시퇴출조치의 갈마를 받고 올바로 처신하고, 근신하고, 속죄했습니다. 한시퇴출조치의 갈마의 해제를 청하고 있습니다. 참모임은 이러이러한 수행승에 대하여 한시퇴출조치의 갈마를 해제합니다. 존자들 가운데 누구든지 이러이러한 수행승에 대하여 한시퇴출조치의 갈마를 해제하는 것에 동의하면 침묵하시고, 이견이 있으면 말씀하십시오.'

[제청2] '두 번째에도 저는 이 사실을 말합니다. 존자들이여, 참모임은 제 말에 귀를 기울이십시오. 이러이러한 수행승은 참모임으로부터 한시퇴출조치의 갈마를 받고 올바로 처신하고, 근신하고, 속죄했습니다. 한시퇴출조치의 갈마의 해제를 청하고 있습니다. 참모임은 이러이러한 수행승에 대하여 한시퇴출조치의 갈마를 해제합니다. 존자들 가운데 누구든지 이러이러한 수행승에 대하여 한시퇴출조치의 갈마를 해제하는 것에 동의하면 침묵하시고, 이견이 있으면 말씀하십시오.'

[제청3] '세 번째에도 저는 이 사실을 말합니다. 존자들이여, 참모임은 제 말에 귀를 기울이십시오. 이러이러한 수행승은 참모임으로부터 한시퇴출조치의 갈마를 받고 올바로 처신하고, 근신하고, 속죄했습니다. 한시퇴출조치의 갈마의 해제를 청하고 있습니다. 참모임은 이러이러한 수행승에 대하여 한시퇴출조치의 갈마를 해제합니다. 존자들 가운데 누구든지 이러이러한 수행승에 대하여 한시퇴출조치의 갈마를 해제하는 것에 동의하면 침묵하시고, 이견이 있으면 말씀하십시오.'

[결정] '참모임은 이러이러한 수행승에 대하여 한시퇴출조치의 갈마를 해제했습니다. 참모임이 찬성하여 침묵했으므로, 저는 그와 같이 알겠습니다."

한시퇴출조치의 갈마의 해제가 끝났다.
세 번째 송출품 한시퇴출조치의 갈마가 끝났다.

Ⅳ 네 번째 송출품 사죄조치의 갈마(Catutthabhāṇavāra Paṭisāraṇīyakamma : 18-24)

18. 사죄조치의 갈마의 인연(Paṭisāraṇīyakammanidāna)

1. 한때 존자 쑤담마86)가 맛치까싼다87) 지방의 건축감독88)이자 상임고문89)인 장자 찟따90)의 처소에서 지냈다. 장자 찟따는 참모임이나 대중이나 개인91)을 초대하고자 원하면, 그때 존자 쑤담마에게 묻지 않고서는 참모임이나 대중이나 개인을 초대하지 않았다. 그때 많은 장로 수행승들 존자 싸리뿟따와 존자 마하 목갈라나와 존자 마하 깟짜야나92)와 존자[16] 마하 꼿티따93)와 존자 마하 삡삐나94)와 존자 마하 쭌다95)와 존자 아누룻다96)와 존자 레바따97)와 존자 우빨

---

86) Sudhamma : 장로 수행승으로 찟따 장자가 제공한 승원에서 살았다. 그에 대한 이야기는 DhA. II. 74와 Mrp. I. 210에 각각 한 번 돌아오는 님 또는 거룩한 님이라고 나오지만, 이 율장에서 가장 상세하게 전개된다.

87) Macchikāsaṇḍa : 까씨 국의 지방으로 찟따 장자가 기증한 암바따까바나 숲(Ambāṭakavana)이 이곳에 있었다.

88) navakammika : 새로운 건물의 감독자를 말한다.

89) dhuvabhattika : '상시식(常時食)을 주는 자'라는 의미이다. ThigA. 267에는 상임고문이라는 의미가 있다. 역자는 Bd. V. 22에 따라 이 의미를 취한다.

90) Citta : AN. I. 26에 따르면, 부처님의 제자 청신남 가운데 '가르침을 설하는 자 가운데 제일(dhammakathikānaṁ aggaṁ)'이다. Ppn. I. 866에 따르면, 맛치까싼다(Macchikāsaṇḍa) 지방의 부호였다. 부처님은 그를 가르침을 설하는 장자 가운데 제일로 손꼽았다. 그가 태어날 때 도시가 무릎 높이까지 다양한 색깔의 꽃으로 뒤덮여 있었으므로 찟따라고 이름 지어졌다. 마하나마(Mahānāma) 장로가 맛치까싼다를 방문했을 때 찟따는 그의 위의에 크게 감복하여 암바따까라마(Ambaṭakārāma)에 초대하여 그를 위해 승원을 지었다. 그러자 그는 찟따에게 여섯 가지 감역의 분별에 관해서 설했는데, 그 때 찟따는 '돌아오지 않는 님[不還者 : Anāgāmin]'이 되었다.

91) puggala : 여기서 개인은 '수행승'을 뜻한다.

92) Mahā Kaccāyana : 마하 깟짜나(Mahā Kaccāna)라고도 하며, 부처님의 제자 수행승 가운데 '간략하게 설해진 것의 의미를 상세히 설명하는 님 가운데 제일(saṃkhittena bhāsitassa vitthārena atthaṃ vibhajantānaṃ aggaṁ)'이다. 그는 왕 짠다빳조따(Caṇḍappajjota)의 사제가문 출신으로 웃제니 시에서 태어났다. 그는 베다를 공부했고 아버지가 죽자 사제가 되었다. 그는 왕의 요청을 받들어 다른 사제들과 부처님을 웃제니 시에 초청했다가 부처님의 설법을 듣고 바로 거룩한 님의 경지[阿羅漢果]에 들어 승단에 입단했다.

93) Mahā Koṭṭhita : 부처님의 제자 수행승 가운데 '논리적으로 분석하는 님 가운데 제일(paṭisambhidāppattānaṃ aggaṃ)'이다. 그는 싸밧티 시의 부유한 바라문 가문에서, 아버지는 아쌀라야나(Assalāyana)와 어머니 짠다바띠(Candavatī) 사이에서 태어났다. 그는 베다를 공부하고 부처님의 설법을 들은 후에 출가했다. 그는 분석적인 지혜가 뛰어나 MN. 118을 비롯한 많은 경에서 불교교리에 관한 대화를 이끈다.

94) Mahā Kappina : 부처님의 제자 수행승 가운데 '수행승들에게 훈계하는 님 가운데 제일(bhikkhuovādakānaṃ aggaṃ)'이다. 부처님보다 나이가 많았다. 변방의 왕국 꾹꾸따바띠(Kukkuṭavatī) 시의 왕자로 태어났다. 그는 부왕이 죽자 마하 깝삔나라는 왕이 되었다. 왕비는 싸갈라(Sāgala) 출신의 아노자(Anojā)였다. 그는 학문과 수행을 좋아해서 매일 아침 학승이 성문을 지나가면 보고하라고 신하들에게 당부할 정도였다. 부처님이 세상에 출현한

리[98])와 존자 아난다[99])와 존자 라홀라[100])가 까씨 국을 유행하다가 맛치까싼다

뒤에 상인들이 싸밧티 시에서 꾹꾸따바띠 시에 들렀다. 왕이 상인들에게 훌륭한 가르침을 베푸는 스승에 관해 묻자 그들은 '씻지 않은 입으로는 말할 수 없다.'고 했다. 왕이 황금 항아리에 물을 담아오라고 하자, 상인들은 황금 항아리의 물로 입과 손을 씻고 나서 왕에게 '부처님'이라고 말했다. 그 소리를 듣고 왕은 황홀해서 세 번이나 '부처님'이라고 연발하며 상인들에게 많은 돈을 사례로 주었고, 가르침과 승단에 관해 이야기하자 이미 준 금액의 세 배를 포상했다. 그리고는 대신들과 함께 세상을 버리고 부처님을 찾아 나섰다. 그는 강둑에 도달해서 '만약 스승이 올바로 깨달은 님이라면 말굽이 물에 젖지 않으리라'고 외치고 아라바밧차(Aravacchā), 닐라바하나(Nīlavāhana), 짠다바가(Candabhāgā)의 세 강을 건넜다. 부처님은 천안으로 그들이 오는 것을 보고 싸밧티에서 공양을 마치자 짠다바가(Candabhāgā) 강둑에 몸을 나투어 광채를 발하며 커다란 뱅골 보리수 아래 앉았다. 왕과 대신들은 부처님을 알아보고 오체투지했다. 부처님이 가르침을 설했고, 그 자리에서 모두 거룩한 님[阿羅漢]이 되었고 승단에 들어와 수행승이 되었다. 마하 깝삔나는 언제나 선정의 황홀경에 들어 '참으로 행복하다. 참으로 행복하다.(aho sukhaṁ aho sukhaṁ)'라고 외쳤다. 부처님은 그에게 승려 교육을 일임했다. 왕비와 대신들의 부인들도 그 소식을 듣고 출가하여 우빨라반나(Uppalavaṇṇa)의 영접을 받고 수행녀가 되었다.

95) Mahā Cunda : 싸리뿟따(Sāriputta)의 동생으로 열심히 정진하여 아라한이 된 장로 가운데 한 분인데, 장로가 된 후에도 새내기 수행승 또는 사미라는 애칭으로 불렸다. 싸리뿟따에게는 세 명의 형제 쭌다(Cunda), 우빠쎄나(Upasena), 레바따(Revata)와 세 명의 누이 짤라(Cālā), 우빠짤라(Upacālā), 씨쑤빠짤라(Sisūpacālā)가 있었는데, 모두 출가하여 승려가 되었다.

96) Anuruddha : AN. I. 23에 따르면, 부처님의 제자 수행승 가운데 '하늘눈을 지닌 자 가운데 제일(天眼第一 : dibbacakkhukānaṁ aggaṁ)'이다. Ppn. I. 85에 따르면, 부처님의 수제자 가운데 한 사람으로, 그는 부처님의 첫 번째 조카이기도 하다. 그는 싸끼야 족의 아미또다나(Amitodana)의 아들이자 마하나마(Mahānāma)의 동생이었다. 까삘라밧투의 싸끼야 족이 그들의 친지들을 승단에 가입시킬 때 마하나마는 동생인 아누룻다를 출가시키려 했다. 처음에는 아누룻다는 머뭇거렸다. 그는 성격이 섬세했고 음악과 광대극으로 둘러싸인 삼시전(三時殿)에서 호화롭게 살고 있었다. 그러나 그는 마하나마에게서 가정생활의 무한한 번뇌에 관한 이야기를 듣고 출가를 결심했다. 처음에는 어머니가 허용하지 않았으나 조카 밧디야(Bhaddiya)와 함께 출가한다고 하자 마침내 허용을 하여 출가할 수 있었다. 그들은 아난다, 바구(Bhagu), 낌빌라(Kimbila), 데바닷따와 그들의 이발사인 우빨리와 함께 아누삐야(Anupiya) 망고 숲으로 가서 세존을 뵙고 출가했다. 출가한 후 첫 우기가 되기 전에 아누룻다는 천안통(天眼通 : dibbacakkhu)을 얻었다. Thag. 904에 의하면, 그는 25년 동안 잠을 전혀 자지 않았고 마지막 30년간은 사경(四更)에만 잠깐 눈을 붙였다고 한다. 그의 시는 Thag. 892-919에 존재한다.

97) Revata : 존자 싸리뿟따의 가장 어린 동생으로 그에게는 세 명의 형 싸리뿟따(Sāriputta), 쭌다(Cunda), 우빠쎄나(Upasena)와 세 명의 누이 짤라(Cālā), 우빠짤라(Upacālā), 씨쑤빠짤라(Sisūpacālā)가 있었는데, 모두 출가하여 수행승이 되었다. 그는 카디라바나 숲에서 지냈기 때문에 레바따 카디라바니야(Revata Khadiravaniya)라고도 불린다. 부처님의 제자 수행승 가운데 '숲속에서 지내는 님 가운데 제일(āraññakānaṃ aggaṃ)'이었다. 그의 어머니는 아들들이 모두 출가하면 외로울 것을 염려하여 7살이 막내인 레바따를 결혼시키려고 준비하고 있었다. 레바따는 신부에게 '그대도 할머니처럼 오래 살겠지'라고 말하고는 120살 까지 늙은 할머니를 보여 주고는 수행승의 승단이 있는 곳으로 발길을 옮겨 출가했다. 그는 훗날 부처님을 뵈러 가는 도중에 우기에 아카시아 숲(Khadiravana) 속에서 머물다가 해탈하여 거룩한 님이 되었다.

98) Upāli : 부처님의 제자 수행승 가운데 '계율을 지키는 님 가운데 제일(vinayadharānaṃ aggaṃ)'이다. 그는 싸끼야 족의 궁중이발사였다. 아누룻다와 그의 조카들이 아누삐야(Anupiyā) 숲에서 부처님의 가르침을 따라 출가할 때 동행했는데, 왕자들이 값비싼 패물을 모두 그에게 넘겨주었으나 그는 거절하고 함께 출가하여 수행승이 되었다. 그가 거절한 사유는 그 패물을 받아 돌아가면 싸끼야 족의 왕자들을 살해하고 패물을 훔쳐왔다는 혐의를 받을까 두려워서였다. 부처님은 왕자들과 함께 천한 신분인 우빨리의 출가를 허락했기 때문에 왕자들은 자존심이 상했으나 어쩔 수 없었다. 우빨리의 친교사는 깝삐따까(Kappitaka)였다. 우빨리는 선정수행을 위해 숲속에서만 살길 원했으나 부처님은 가르침도 함께 배워야 한다고 충고했다. 그래서 우빨리는 다른 수행승들과 함께 수행해서

지방에 도착했다.

장자 찟따는 이와 같이 들었다.

[찟따] '장로 수행승들이 맛치까산다 지방에 도착했다.'

그래서 장자 찟따는 장로 수행승들이 있는 곳을 찾아갔다. 가까이 다가가서 장로 수행승들에게 인사하고 한쪽으로 물러나 앉았다. 한쪽으로 물러나 앉은 장자 찟따를 존자 싸리뿟따가 법문으로 교화하고 격려하고 북돋우고 기쁘게 했다. 장자 찟짜는 존자 싸리뿟따로부터 법문으로 교화받고 격려받고 북돋아져서

거룩한 님이 되었다. 부처님은 특히 우빨리에게 율장 전부를 가르쳤다. 계율에 관련된 우빨리와 부처님의 질의응답은 율장부수(Parivāra)의 우빨리빤짜까(Upāli-Pañcaka)에 나온다. 라자가하의 결집에서 우빨리는 율장의 결집을 주도했다.

99) Ānanda : 부처님의 제자 수행승들 안에서, '많이 배운 자 가운데 제일(bahussutānaṃ aggaṃ)'이고, '새김 있는 님 가운데 제일(satimantānaṃ aggaṃ)'이고, '행동거취가 분명한 님 가운데 제일(gatimantānaṃ aggaṃ)'이고, '의지가 확고한 님 가운데 제일(dhitimantānaṃ aggaṃ)'이고, '시중드는 님 가운데 제일(upaṭṭhākānaṃ aggaṃ)'이다. 그는 부처님과 같은 나이의 사촌이었으며, 나중에 부처님의 시자가 되었다. 그는 도솔천(兜率天)에서 내려와 보살로 태어났다. 그의 아버지는 싸끼야 족의 아미또다나(Amitodana)였다. 그의 형제로는 이복형제인지 분명하지 않지만 쑷도다나(Suddhodana), 마하나마(Mahānāma), 아누룻다(Anuruddha)가 있었다. 그는 부처님이 법륜을 굴리기 시작한 이듬해에 싸끼야 족의 왕자 밧디야(Bhaddiya), 아누룻다, 바구(Bhagu), 낌빌라(Kimbala), 데바닷따와 함께 교단에 들어갔다. 그의 친교사(親敎師)는 벨랏타씨싸(Belaṭṭhasīsa)였고 뿐나 만따니뿟따(Puṇṇa Mantāniputta)의 설법을 듣고 흐름에 든 님[豫流者 : sotāpaṇṇa]의 경지에 이르렀다. 깨달은 뒤 20년간 부처님에게는 시자가 없었다. 그러나 20년 뒤 모든 위대한 제자들이 부처님을 시봉하길 원했을 때 부처님은 말없이 앉아 있던 아난다를 시자로 택했다. 아난다는 가사나 생필품이나 잠자리를 마련하고 방문객을 맞거나 여행을 준비하는 등의 일을 맡기로 하고 마지막으로 자신의 부재중에 한 설법을 자신에게 반복해 주길 요청해서 허락을 받았다. 그 후 25년간 아난다는 부처님을 그림자처럼 따라다니며 씻을 물을 준비하고 발을 씻어드리고 방청소를 하고 모든 곳으로 따라다녔다. 그는 언제나 스승의 손이 닿는 곳에 있다가 스승에게 필요한 것은 미리 알아서 조치했다. 밤에는 단단한 지팡이와 커다란 등불을 들고 부처님의 향실(香室 : Gandhakuṭi) 주변을 아홉 번이나 돌았다. 그 이유는 필요하면 부처님을 깨우고 때로는 주무시는 데 장애가 되는 요인을 제거하기 위해서였다. 그는 부처님이 열반에 드신 이후에 아라한의 경지를 얻어 칠엽굴(七葉窟 : Sattapaṇṇaguhā)에서 경전을 결집할 당시에 참여할 수 있었다. 그때 아난다가 대부분의 경을 송출하여 후대에 대장경으로 남게 되었다.

100) Rāhula : 부처님의 제자 수행승 가운데 '배우기를 열망하는 님 가운데 제일(aggaṁ sikkhākāmānaṃ)'이다. Ppn. II. 737에 따르면, 고따마 붓다(Gotama Buddha)의 외아들이다. 아버지가 출가하던 날 태어났다. 부처님께서 깨달음을 성취한 뒤 쑷도다나(Suddhodana) 왕의 초청으로 까삘라밧투를 처음 방문했을 때 라훌라의 어머니는 아들을 부처님에게 보내서 유산의 승계를 요청했다. 부처님은 침묵한 채 공양을 들고 왕궁을 떠났다. 라훌라가 좇아 나서자 부처님은 마침내 싸리뿟따를 시켜 라훌라를 승단에 입단시켰다. 이 소식을 들은 왕은 어린 아이들의 출가는 부모의 허락을 맡아야 한다고 요청하자 부처님은 이에 동의했다. 그러나 라훌라는 이미 출가했고 부처님은 그에게 많은 가르침을 전했다. 어렸을 때 라훌라는 한 줌의 모래를 집어 들고 '오늘 내가 이 모래알처럼 많은 가르침을 얻기를 바란다.'고 기도했다. 라훌라가 일곱 살이었을 때 부처님은 Ambalatthikarāhulovādasutta(MN. I. 414)를 설해 농담으로라도 거짓말을 하지 말 것을 설했고, 라훌라가 열여덟 살 때 Mahārāhulovādasutta(MN. I. 420)를 통해 위빠싸나 명상을 가르쳤으며, 나중에 지혜가 무르익었을 때 Cūlarāhulovādasutta(MN. III. 277)를 설해 깨달음을 얻어 아라한이 되도록 했다. 라훌라는 밀행제일(密行第一)의 제자가 되었다. 이 율장에 소개된 유산에 관한 이야기는 DhpA. I. 116에도 등장한다.

기뻐하며, 장로 수행승들에게 이와 같이 말했다.

[찟따] "존자들이여, 장로들께서는 내일 제가 초대하는 객수행승을 위한 식사에 동의하여 주십시오."

장로 수행승들은 침묵으로 동의했다.

2. 그래서 장자 찟따는 장로 수행승들이 동의한 것을 알고 자리에서 일어나 장로 수행승들에게 인사를 하고 오른쪽으로 돌아 존자 쑤담마가 있는 곳을 찾아갔다. 가까이 다가가서 존자 쑤담마에게 인사를 하고 한쪽으로 물러나 섰다. 한쪽으로 물러나 서서 장자 찟따는 존자 쑤담마에게 이와 같이 말했다.

[찟따] "존자여, 쑤담마께서는 내일 제가 초대하는 식사에 장로 수행승들과 함께 동의하여 주십시오."

그러자 존자 쑤담마는 이와 같이 생각했다.

[쑤담마] '예전에 장자 찟따는 참모임이나 대중이나 개인을 초대하고자 원하면, 그때 나에게 묻지 않고서는 참모임이나 대중이나 개인을 초대하지 않았다. 그가 지금은 나의 허락을 구하지 않고 장로 수행승들을 초대했다. 이 장자 찟따는 타락했고 나를 무시하고 배려하지 않는다.'

그는 장자 찟따에게 이와 같이 말했다.

[쑤담마] "장자여, 그만두시오. 나는 동의하지 않습니다."

두 번째에도 장자 찟따는 존자 쑤담마에게 이와 같이 말했다.

[찟따] "존자여, 쑤담마께서는 내일 제가 초대하는 식사에 장로 수행승들과 함께 동의하여 주십시오."

[쑤담마] "장자여, 그만두시오. 나는 동의하지 않습니다."

세 번째에도 장자 찟따는 존자 쑤담마에게 이와 같이 말했다.

[찟따] "존자여, 쑤담마께서는 내일 제가 초대하는 식사에 장로 수행승들과 함께 동의하여 주십시오."

[쑤담마] "장자여, 그만두시오. 나는 동의하지 않습니다."

그러자 장자 찟따는 이와 같이 생각했다.

[찟따] '존자 쑤담마가 동의하건 동의하지 않건 나를 위해 무엇을 할 수 있겠는가?'

그래서 존자 쑤담마에게 인사를 하고 오른쪽으로 돌아 그곳을 떠났다.

3. 그후 장자 찟따는 그날 밤이 지나자 장로 수행승들에게 단단하거나 부드러운 훌륭한 음식을 준비시켰다. 그런데 존자 쑤담마가 이와 같이 생각했다.

[쑤담마] '장자 찟따가 장로 수행승들을 위하여 준비한 것[17]을 보러 가면

어떨까?'

그래서 그는 아침 일찍 옷을 입고 발우와 가사를 수하고 장자 찟따의 처소를 찾아갔다. 가까이 다가가서 마련된 자리에 앉았다. 그러자 장자 찟따는 존자 쑤담마가 있는 곳으로 다가 왔다. 가까이 다가와서 존자 쑤담마에게 인사를 하고 한쪽으로 물러나 앉았다. 한쪽으로 물러나 앉은 장자 찟따에게 존자 쑤담마는 이와 같이 말했다.

[쑤담마] "장자여, 그대는 단단하거나 부드러운 훌륭한 음식을 많이도 준비했습니다. 그러나 여기 하나가 없으니 바로 참깨떡[101]입니다."

[찟따] "존자여, 비록 부처님 말씀 가운데 많은 보물이 있지만, 존자 쑤담마가 말씀하신 것은 참깨떡입니다. 존자여, 옛날에 남로의 상인들[102]은 동쪽 지방으로 장사하러 갔는데, 그들은 그곳에서 암탉을 사왔습니다. 존자여, 그런데 그 암탉은 수까마귀와 함께 지내다가 병아리를 낳았습니다. 존자여, 그 닭병아리는 까마귀소리를 내고자 원하면 '까까꾹꾸따'라고 울었습니다. 존자여, 그 닭소리를 내고자 원하면 '꾹꾸따까까'라고 울었습니다. 존자여, 이와 같이 비록 부처님 말씀 가운데 많은 보물이 있지만, 존자 쑤담마가 말씀하신 것은 참깨떡입니다."[103]

4. [쑤담마] "장자여, 그대는 나를 매도합니다. 장자여, 그대는 나를 모욕합니다. 장자여, 이곳은 그대의 처소입니다. 나는 떠나겠습니다."

[찟따] "존자여, 저는 존자 쑤담마를 매도하지 않았고, 모욕하지도 않았습니다. 존자 쑤담마께서는 맛치까싼다 지방에서 계십시오. 암바따까바나[104] 숲은 즐길 만한 곳입니다. 저는 존자 쑤담마를 위하여 부지런히 옷과 음식과 처소와 필수약품을 준비하겠습니다."

두 번째에도 존자 쑤담마는 장자 짓따에게 이와 같이 말했다.

[쑤담마] "장자여, 그대는 나를 매도합니다. 장자여, 그대는 나를 모욕합니다. 장자여, 이곳은 그대의 처소입니다. 나는 떠나겠습니다."

세 번째에도 존자 쑤담마는 장자 찟따에게 이와 같이 말했다.

[쑤담마] "장자여, 그대는 나를 매도합니다. 장자여, 그대는 나를 모욕합니다.

---

101) tilasaṅguḷika : 한역의 호마병(胡麻餅)이다. 여기서 '참깨떡'이라고 하는 것은 찟따 가문이 그것을 직업으로 하고 있다는 것을 풍자하여 화내게 만든 것이다.

102) dakkhiṇāpathakā vāṇijā : 지금의 데칸(Deccan) 지방의 상인들을 말한다.

103) evameva kho bhante bahumhi ratane buddhavacane vijjamāne ayyena sudhammena yadeva kiñci bhāsitaṃ yadidaṃ tilasaṅguḷikā'ti : Smp. 1158에 따르면, 그는 수행승도 아니고 재가의 장자도 아닌 자로서 말하는 것이다.

104) ambāṭakavana : 돼지망고숲이라는 뜻이다. 돼지망고는 망고의 일종으로 학명은 Spondias Mangifera이다.

장자여, 이곳은 그대의 처소입니다. 나는 떠나겠습니다."

[찟따] "존자여, 쑤담마께서는 어디로 가겠습니까?"

[쑤담마] "장자여, 나는 세존을 뵈러 싸밧티 시로 가겠습니다."

[찟따] "존자여, 그렇다면 그대가 말한 것과 내가 말한 것을 모두 세존께 말씀하십시오. 존자여, 그러나 존자 쑤담마께서 맛치까산다에 다시 돌아온다고 해도 전혀 놀라운 일은 아닐 것입니다."

5. 그후 존자 쑤담마는 처소를 정돈하고 발우와 가사를 수하고 싸밧티 시로 떠났다. 점차로 싸밧티 시의 제따바나 숲에 있는 아나타삔디까 승원에 계신 세존을 찾아갔다. 가까이 다가가서 세존께 인사를 하고 한쪽으로 물러나 앉았다. 한쪽으로 물러나 앉은 존자 쑤담마는 자신이[18] 말한 것과 장자 찟따가 말한 것을 모두 세존께 말했다. 존귀하신 부처님께서는 견책했다.

[세존] "어리석은 자여, 그것은 적절하지 않고, 자연스럽지 않고, 알맞지 않고, 수행자의 삶이 아니고, 부당하고, 해서는 안 될 일을 행한 것이다. 어리석은 자여, 어찌 그대는 신심있고 청정한 믿음을 지니고 자비롭고 유능하고 참모임의 후원자인 장자 찟따를 사소한 것으로 꾸짖고 사소한 것으로 모욕한단 말인가? 어리석은 자여, 그것은 아직 청정한 믿음이 없는 자를 청정한 믿음으로 이끌고, 이미 청정한 믿음이 있는 자를 더욱더 청정한 믿음으로 이끄는 것이 아니다. 어리석은 자여, 그것은 오히려, 아직 청정한 믿음이 없는 자를 불신으로 이끌고, 이미 청정한 믿음이 있는 자 가운데 어떤 자들을 타락시키는 것이다."

그리고 세존께서는 수행승 쑤담마를 여러 가지 방편으로 견책하여, 키우기 어렵고 부양하기 어렵고 욕심이 많고 만족을 모르고 교제를 좋아하고 나태한 것에 대하여 질책하고, 여러 가지 법문으로 고무하여, 키우기 쉽고 부양하기 쉽고 욕심을 여의고, 만족을 알고, 버리고 없애는 삶을 살고, 두타행을 하고, 청정한 믿음이 있고, 쌓아 모으지 않고, 용맹정진하는 것을 칭찬하고, 수행승들을 위하여 그에 알맞고 그에 걸맞게 경책하여 법문을 하고 수행승들에게 일렀다.

[세존] "수행승들이여, 그렇다면 참모임은 수행승 쑤담마에 대하여 '그대는 장자 찟따에게 용서를 구해야 한다.'라고 사죄조치[105)]의 갈마를 행해야 한다."

6. [세존] "수행승들이여, 그런데 이와 같이 행해야 한다. 먼저 수행승 쑤담마는

---

105) paṭisāraṇiya : 한역은 하의(下意), 하의갈마(下意羯磨) 또는 영사죄(令赦罪) 또는 영사죄갈마(令赦罪羯磨)이다. 상세한 것은 이 책의 율장해제와 Vin. I. 49와 이 경(CV. I. 18)을 참조하라.

비난받아야 하고, 비난받은 후에 기억이 확인되어야 하고, 기억이 확인된 후에 죄가 추징되어야 하고, 죄가 추징된 후에 총명하고 유능한 수행승이 참모임에 알려야 한다.

[제안] '존자들이여, 참모임은 제 말에 귀를 기울이십시오. 이 수행승 쑤담마는 신심있고 청정한 믿음을 지니고 자비롭고 유능하고 참모임의 후원자인 장자 찟따를 사소한 것으로 꾸짖고 사소한 것으로 모욕했습니다. 참모임에 옳은 일이라면, 참모임은 수행승 쑤담마에 대하여 '그대는 장자 찟따에게 용서를 구해야 한다.'라고 사죄조치의 갈마를 행하겠습니다. 이것이 제안입니다.'

[제청1] '존자들이여, 참모임은 제 말에 귀를 기울이십시오. 이 수행승 쑤담마는 신심있고 청정한 믿음을 지니고 자비롭고 유능하고 참모임의 후원자인 장자 찟따를 사소한 것으로 꾸짖고 사소한 것으로 모욕했습니다. 참모임은 수행승 쑤담마에 대하여 '그대는 장자 찟따에게 용서를 구해야 한다.'라고 사죄조치의 갈마를 행합니다. 존자들 가운데 누구든지 수행승 쑤담마에 대하여 '그대는 장자 찟따에게 용서를 구해야 한다.'라고 사죄조치의 갈마를 행하는 것에 동의하면 침묵하시고, 이견이 있으면 말씀하십시오.'

[제청2] '두 번째에도 저는 이 사실을 말합니다. 존자들이여, 참모임은 제 말에 귀를 기울이십시오. 이 수행승 쑤담마는 신심있고 청정한 믿음을 지니고 자비롭고 유능하고 참모임의 후원자인 장자 찟따를 사소한 것으로 꾸짖고 사소한 것으로 모욕했습니다. 참모임은 수행승 쑤담마에 대하여 '그대는 장자 찟따에게 용서를 구해야 한다.'라고 사죄조치의 갈마를 행합니다. 존자들 가운데 누구든지 수행승 쑤담마에 대하여 '그대는 장자 찟따에게 용서를 구해야 한다.'라고 사죄조치의 갈마를 행하는 것에 동의하면 침묵하시고, 이견이 있으면 말씀하십시오.'

[제청3] '세 번째에도 저는 이 사실을 말합니다. 존자들이여, 참모임은 제 말에 귀를 기울이십시오. 이 수행승 쑤담마는 신심있고 청정한 믿음을 지니고 자비롭고 유능하고 참모임의 후원자인 장자 찟따를 사소한 것으로 꾸짖고 사소한 것으로 모욕했습니다. 참모임은 수행승 쑤담마에 대하여 '그대는 장자 찟따에게 용서를 구해야 한다.'라고 사죄조치의 갈마를 행합니다. 존자들 가운데 누구든지 수행승 쑤담마에 대하여 '그대는 장자 찟따에게 용서를 구해야 한다.'라고 사죄조치의 갈마를 행하는 것에 동의하면 침묵하시고, 이견이 있으면 말씀하십시오.'

[결정] '참모임은 수행승 쑤담마에 대하여 '그대는 장자 찟따에게 용서를 구해야 한다.'라고 사죄조치의 갈마를 행했습니다. 참모임이 찬성하여 침묵했으므로,

저는 그와 같이 알겠습니다.'"

사죄조치의 갈마의 인연이 끝났다.

19$_1$. 열두 가지 원칙에 맞지 않는 갈마(Adhammakammadvādasaka)

1. [세존] "수행승들이여, 세 가지 고리를 갖춘 사죄조치의 갈마는 원칙에 맞지 않는 갈마이고 계율에 맞지 않는 갈마로서 잘 성취되기 어렵다.

1) 현전에 입각하지 않고 행하고,
2) 질문에 근거하지 않고 행하고,
3) 자인에 입각하지 않고 행하는 것이다.

수행승들이여, 이러한 세 가지 고리를 갖춘 사죄조치의 갈마는 원칙에 맞지 않는 갈마이고 계율에 맞지 않는 갈마로서 잘 성취되기 어렵다.

2. 수행승들이여, 또한 세 가지 고리를 갖춘 사죄조치의 갈마는 원칙에 맞지 않는 갈마이고 계율에 맞지 않는 갈마로서 잘 성취되기 어렵다.

1) 죄가 없는데 행하고,
2) 죄가 참회로 이끌어지지 않는데 행하고,
3) 죄가 이미 참회되었는데 행하는 것이다.

수행승들이여, 이러한 세 가지 고리를 갖춘 사죄조치의 갈마는 원칙에 맞지 않는 갈마이고 계율에 맞지 않는 갈마로서 잘 성취되기 어렵다.

3. 수행승들이여, 또한 세 가지 고리를 갖춘 사죄조치의 갈마는 원칙에 맞지 않는 갈마이고 계율에 맞지 않는 갈마로서 잘 성취되기 어렵다.

1) 질책하지 않고 행하고,
2) 기억을 확인하지 않고 행하고,
3) 죄를 거론하지 않고 행하는 것이다.

수행승들이여, 이러한 세 가지 고리를 갖춘 사죄조치의 갈마는 원칙에 맞지 않는 갈마이고 계율에 맞지 않는 갈마로서 잘 성취되기 어렵다.

4. 수행승들이여, 또한 세 가지 고리를 갖춘 사죄조치의 갈마는 원칙에 맞지 않는 갈마이고 계율에 맞지 않는 갈마로서 잘 성취되기 어렵다.

1) 현전에 입각하지 않고 행하고,
2) 원칙에 맞지 않게 행하고,
3) 모임이 불완전하게 행하는 것이다.

수행승들이여, 이러한 세 가지 고리를 갖춘 사죄조치의 갈마는 원칙에 맞지 않는 갈마이고 계율에 맞지 않는 갈마로서 잘 성취되기 어렵다.

5. 수행승들이여, 또한 세 가지 고리를 갖춘 사죄조치의 갈마는 원칙에 맞지 않는 갈마이고 계율에 맞지 않는 갈마로서 잘 성취되기 어렵다.

1) 질문에 근거하지 않고 행하고,
2) 원칙에 맞지 않게 행하고,
3) 모임이 불완전하게 행하는 것이다.

수행승들이여, 이러한 세 가지 고리를 갖춘 사죄조치의 갈마는 원칙에 맞지 않는 갈마이고 계율에 맞지 않는 갈마로서 잘 성취되기 어렵다.

6. 수행승들이여, 또한 세 가지 고리를 갖춘 사죄조치의 갈마는 원칙에 맞지 않는 갈마이고 계율에 맞지 않는 갈마로서 잘 성취되기 어렵다.

1) 자인에 입각하지 않고 행하고,
2) 원칙에 맞지 않게 행하고,
3) 모임이 불완전하게 행하는 것이다.

수행승들이여, 이러한 세 가지 고리를 갖춘 사죄조치의 갈마는 원칙에 맞지 않는 갈마이고 계율에 맞지 않는 갈마로서 잘 성취되기 어렵다.

7. 수행승들이여, 또한 세 가지 고리를 갖춘 사죄조치의 갈마는 원칙에 맞지 않는 갈마이고 계율에 맞지 않는 갈마로서 잘 성취되기 어렵다.

1) 죄가 없는데 행하고,
2) 원칙에 맞지 않게 행하고,
3) 모임이 불완전하게 행하는 것이다.

수행승들이여, 이러한 세 가지 고리를 갖춘 사죄조치의 갈마는 원칙에 맞지 않는 갈마이고 계율에 맞지 않는 갈마로서 잘 성취되기 어렵다.

8. 수행승들이여, 또한 세 가지 고리를 갖춘 사죄조치의 갈마는 원칙에 맞지 않는 갈마이고 계율에 맞지 않는 갈마로서 잘 성취되기 어렵다.

1) 죄가 참회로 이끌어지지 않는데 행하고,
2) 원칙에 맞지 않게 행하고,
3) 모임이 불완전하게 행하는 것이다.

수행승들이여, 이러한 세 가지 고리를 갖춘 사죄조치의 갈마는 원칙에 맞지 않는 갈마이고 계율에 맞지 않는 갈마로서 잘 성취되기 어렵다.

9. 수행승들이여, 또한 세 가지 고리를 갖춘 사죄조치의 갈마는 원칙에 맞지 않는

갈마이고 계율에 맞지 않는 갈마로서 잘 성취되기 어렵다.
1) 죄가 참회되었는데 행하고,
2) 원칙에 맞지 않게 행하고,
3) 모임이 불완전하게 행하는 것이다.
수행승들이여, 이러한 세 가지 고리를 갖춘 사죄조치의 갈마는 원칙에 맞지 않는 갈마이고 계율에 맞지 않는 갈마로서 잘 성취되기 어렵다.

10. 수행승들이여, 또한 세 가지 고리를 갖춘 사죄조치의 갈마는 원칙에 맞지 않는 갈마이고 계율에 맞지 않는 갈마로서 잘 성취되기 어렵다.
1) 질책하지 않고 행하고,
2) 원칙에 맞지 않게 행하고,
3) 모임이 불완전하게 행하는 것이다.
수행승들이여, 이러한 세 가지 고리를 갖춘 사죄조치의 갈마는 원칙에 맞지 않는 갈마이고 계율에 맞지 않는 갈마로서 잘 성취되기 어렵다.

11. 수행승들이여, 또한 세 가지 고리를 갖춘 사죄조치의 갈마는 원칙에 맞지 않는 갈마이고 계율에 맞지 않는 갈마로서 잘 성취되기 어렵다.
1) 기억을 확인하지 않고 행하고,
2) 원칙에 맞지 않게 행하고,
3) 모임이 불완전하게 행하는 것이다.
수행승들이여, 이러한 세 가지 고리를 갖춘 사죄조치의 갈마는 원칙에 맞지 않는 갈마이고 계율에 맞지 않는 갈마로서 잘 성취되기 어렵다.

12. 수행승들이여, 또한 세 가지 고리를 갖춘 사죄조치의 갈마는 원칙에 맞지 않는 갈마이고 계율에 맞지 않는 갈마로서 잘 성취되기 어렵다.
1) 죄를 거론하지 않고 행하고,
2) 원칙에 맞지 않게 행하고,
3) 모임이 불완전하게 행하는 것이다.
수행승들이여, 이러한 세 가지 고리를 갖춘 사죄조치의 갈마는 원칙에 맞지 않는 갈마이고 계율에 맞지 않는 갈마로서 잘 성취되기 어렵다."

사죄조치의 갈마에서의 열두 가지 원칙에 맞지 않는 갈마가 끝났다.

19_2. 열두 가지 원칙에 맞는 갈마(Dhammakammadvādasaka)

1. [세존] "수행승들이여, 세 가지 고리를 갖춘 사죄조치의 갈마는 원칙에 맞는

갈마이고 계율에 맞는 갈마로서 잘 성취된다.

1) 현전에 입각하여 행하고,

2) 질문에 근거하여 행하고,

3) 자인에 입각해서 행하는 것이다.

수행승들이여, 이러한 세 가지 고리를 갖춘 사죄조치의 갈마는 원칙에 맞는 갈마이고 계율에 맞는 갈마로서 잘 성취된다.

2. 수행승들이여, 또한 세 가지 고리를 갖춘 사죄조치의 갈마는 원칙에 맞는 갈마이고 계율에 맞는 갈마로서 잘 성취된다.

1) 죄가 있을 때 행하고,

2) 죄가 참회로 이끌어지도록 행하고,

3) 죄가 아직 참회되지 않아 행하는 것이다.

수행승들이여, 이러한 세 가지 고리를 갖춘 사죄조치의 갈마는 원칙에 맞는 갈마이고 계율에 맞는 갈마로서 잘 성취된다.

3. 수행승들이여, 또한 세 가지 고리를 갖춘 사죄조치의 갈마는 원칙에 맞는 갈마이고 계율에 맞는 갈마로서 잘 성취된다.

1) 질책하고 행하고,

2) 기억을 확인하고 행하고,

3) 죄를 거론하고 행하는 것이다.

수행승들이여, 이러한 세 가지 고리를 갖춘 사죄조치의 갈마는 원칙에 맞는 갈마이고 계율에 맞는 갈마로서 잘 성취된다.

4. 수행승들이여, 또한 세 가지 고리를 갖춘 사죄조치의 갈마는 원칙에 맞는 갈마이고 계율에 맞는 갈마로서 잘 성취된다.

1) 현전에 입각하고 행하고,

2) 원칙에 맞게 행하고,

3) 모임이 완전하게 행하는 것이다.

수행승들이여, 이러한 세 가지 고리를 갖춘 사죄조치의 갈마는 원칙에 맞는 갈마이고 계율에 맞는 갈마로서 잘 성취된다.

5. 수행승들이여, 또한 세 가지 고리를 갖춘 사죄조치의 갈마는 원칙에 맞는 갈마이고 계율에 맞는 갈마로서 잘 성취된다.

1) 질문에 근거하여 행하고,

2) 원칙에 맞게 행하고,
3) 모임이 완전하게 행하는 것이다.

수행승들이여, 이러한 세 가지 고리를 갖춘 사죄조치의 갈마는 원칙에 맞는 갈마이고 계율에 맞는 갈마로서 잘 성취된다.

6. 수행승들이여, 또한 세 가지 고리를 갖춘 사죄조치의 갈마는 원칙에 맞는 갈마이고 계율에 맞는 갈마로서 잘 성취된다.

1) 자인에 입각하여 행하고,
2) 원칙에 맞게 행하고,
3) 모임이 완전하게 행하는 것이다.

수행승들이여, 이러한 세 가지 고리를 갖춘 사죄조치의 갈마는 원칙에 맞는 갈마이고 계율에 맞는 갈마로서 잘 성취된다.

7. 수행승들이여, 또한 세 가지 고리를 갖춘 사죄조치의 갈마는 원칙에 맞는 갈마이고 계율에 맞는 갈마로서 잘 성취된다.

1) 죄가 있을 때 행하고,
2) 원칙에 맞게 행하고,
3) 모임이 완전하게 행하는 것이다.

수행승들이여, 이러한 세 가지 고리를 갖춘 사죄조치의 갈마는 원칙에 맞는 갈마이고 계율에 맞는 갈마로서 잘 성취된다.

8. 수행승들이여, 또한 세 가지 고리를 갖춘 사죄조치의 갈마는 원칙에 맞는 갈마이고 계율에 맞는 갈마로서 잘 성취된다.

1) 죄가 참회로 이끌어지도록 행하고,
2) 원칙에 맞게 행하고,
3) 모임이 완전하게 행하는 것이다.

수행승들이여, 이러한 세 가지 고리를 갖춘 사죄조치의 갈마는 원칙에 맞는 갈마이고 계율에 맞는 갈마로서 잘 성취된다.

9. 수행승들이여, 또한 세 가지 고리를 갖춘 사죄조치의 갈마는 원칙에 맞는 갈마이고 계율에 맞는 갈마로서 잘 성취된다.

1) 죄가 아직 참회되지 않아 행하고,
2) 원칙에 맞게 행하고,
3) 모임이 완전하게 행하는 것이다.

수행승들이여, 이러한 세 가지 고리를 갖춘 사죄조치의 갈마는 원칙에 맞는 갈마이고 계율에 맞는 갈마로서 잘 성취된다.

10. 수행승들이여, 또한 세 가지 고리를 갖춘 사죄조치의 갈마는 원칙에 맞는 갈마이고 계율에 맞는 갈마로서 잘 성취된다.

1) 질책하고 행하고,

2) 원칙에 맞게 행하고,

3) 모임이 완전하게 행하는 것이다.

수행승들이여, 이러한 세 가지 고리를 갖춘 사죄조치의 갈마는 원칙에 맞는 갈마이고 계율에 맞는 갈마로서 잘 성취된다.

11. 수행승들이여, 또한 세 가지 고리를 갖춘 사죄조치의 갈마는 원칙에 맞는 갈마이고 계율에 맞는 갈마로서 잘 성취된다.

1) 기억을 확인하고 행하고,

2) 원칙에 맞게 행하고,

3) 모임이 완전하게 행하는 것이다.

수행승들이여, 이러한 세 가지 고리를 갖춘 사죄조치의 갈마는 원칙에 맞는 갈마이고 계율에 맞는 갈마로서 잘 성취된다.

12. 수행승들이여, 또한 세 가지 고리를 갖춘 사죄조치의 갈마는 원칙에 맞는 갈마이고 계율에 맞는 갈마로서 잘 성취된다.

1) 죄를 거론하고 행하고,

2) 원칙에 맞게 행하고,

3) 모임이 완전하게 행하는 것이다.

수행승들이여, 이러한 세 가지 고리를 갖춘 사죄조치의 갈마는 원칙에 맞는 갈마이고 계율에 맞는 갈마로서 잘 성취된다."

사죄조치의 갈마에서의 열두 가지 원칙에 맞는 갈마가 끝났다.

20. 네 가지 '원하다면'(Ākaṅkhamānacatukka)

1. 수행승들이여, 다섯 가지 고리를 갖춘 수행승에게 원한다면 참모임은 사죄조치의 갈마를 행할 수 있다.[106]

---

106) pañcahi bhikkhave aṅgehi samannāgatassa bhikkhuno ākaṅkhamāno saṅgho paṭisāraṇīyakammaṃ kareyya : AN. IV. 345를 참조하라 : '수행승들이여, 재가 신도들의 소득을 방해하고, 재가 신도들의 이익을 방해하고, 재가 신도들을 욕하고 매도하고, 재가 신도들과 재가 신도들을 갈라놓고, 부처님에 대하여 나쁘게 말하고, 가르침

1) 재가자들의 무소득을 도모하고,
2) 재가자들의 불이익을 도모하고,
3) 재가자들의 무주처를 도모하고,
4) 재가자들을 매도하고 모욕하고,
5) 재가자들을[19] 재가자들과 이간시키는 것이다.

수행승들이여, 이러한 다섯 가지 고리를 갖춘 수행승에게 원한다면 참모임은 사죄조치의 갈마를 행할 수 있다.

2. 수행승들이여, 또 다른 다섯 가지 고리를 갖춘 수행승에게 원한다면 참모임은 사죄조치의 갈마를 행할 수 있다.
1) 재가자들에게 부처님을 비방하고,
2) 재가자들에게 가르침을 비방하고,
3) 재가자들에게 참모임을 비방하고,
4) 재가자들을 사소한 것으로 매도하고,
5) 재가자들을 사소한 것으로 모욕하는 것이다.

수행승들이여, 이러한 다섯 가지 고리를 갖춘 수행승에게 원한다면 참모임은 사죄조치의 갈마를 행할 수 있다.

3. 수행승들이여, 다섯 종류의 수행승에게 원한다면 참모임은 사죄조치의 갈마를 행할 수 있다.
1) 재가자들의 무소득을 도모하는 자와
2) 재가자들의 불이익을 도모하는 자와
3) 재가자들의 무주처를 도모하는 자와
4) 재가자들을 매도하고 모욕하는 자와
5) 재가자들을 재가자들과 이간시키는 것이다.

수행승들이여, 이러한 다섯 종류의 수행승에게 원한다면 참모임은 사죄조치의 갈마를 행할 수 있다.

4. 수행승들이여, 또 다른 다섯 종류의 수행승에게 원한다면 참모임은 사죄조치의 갈마를 행할 수 있다.
1) 재가자들에게 부처님을 비방하는 자와

에 대하여 나쁘게 말하고, 참모임에 대하여 나쁘게 말하고, 사람들이 적당하지 않은 곳에서 그를 보는 것이다. 수행승들이여, 수행승이 이와 같은 여덟 가지 원리를 갖추면, 참모임이 원한다면, 그에 대해 상대에게 속죄하는 처벌을 선언할 수 있다.'

2) 재가자들에게 가르침을 비방하는 자와
3) 재가자들에게 참모임을 비방하는 자와
4) 재가자들을 사소한 것으로 매도하는 자와
5) 재가자들을 사소한 것으로 모욕하는 자이다.

수행승들이여, 이러한 다섯 종류의 수행승에게 원한다면 참모임은 사죄조치의 갈마를 행할 수 있다.

사죄조치의 갈마와 네 가지 '원한다면'이 끝났다

21. 열여덟 가지 의무(Aṭṭhārasavatta)

1. [세존] "수행승들이여, 사죄조치의 갈마를 받은 수행승들은 올바로 준수해야 한다. 그 경우에 올바로 준수한다는 것은 이와 같다."

2. [세존]

1) "구족계를 주어서는 안 된다.
2) 의지를 주어서는 안 된다.
3) 사미를 두어서는 안 된다.
4) 수행녀들의 교계에 선정을 받아서는 안 된다.
5) 선정되더라도 수행녀들을 교계해서는 안 된다.
6) 참모임으로부터 사죄조치의 갈마를 받은 그 죄를 지어서는 안 된다.
7) 다른 그와 유사한 죄를 지어서도 안 된다.
8) 그보다 악한 죄를 지어서도 안 된다.
9) 갈마를 매도해서는 안 된다.
10) 갈마를 주는 자를 매도해서도 안 된다.
11) 일반수행승의 포살을 차단시켜서는 안 된다.
12) 자자를 차단시켜서는 안 된다.
13) 명령을 내려서는 안 된다.
14) 권위를 세워서는 안 된다.
15) 허락을 구해서는 안 된다.
16) 질책해서는 안 된다.
17) 기억을 확인해서는 안 된다.
18) 수행승들과 다투어서는 안 된다."

사죄조치의 갈마에서의 열여덟 가지 의무가 끝났다.

22. 사죄조치의 갈마에서의 동반수행승(Paṭisāraṇīyakammeanudūtabhikkhu)

1. 한때 참모임이 수행승 쑤담마에 대하여 '그대는 장자 찟따에게 용서를 구해야 한다.'라고 사죄조치의 갈마를 행했다. 그는 참모임으로부터 사죄조치의 갈마를 받고 맛치까싼다 지방으로 갔으나 부끄러워서 장자 찟따에게 용서를 구할 수 없었다. 그는 다시 싸밧티 시로 돌아왔다. 수행승들이 이와 같이 말했다.

[수행승들] "벗이여 쑤담마여, 그대는 장자 찟따에게 용서를 구했습니까?"

[쑤담마] "벗들이여, 여기 나는 맛치까싼다 지방으로 갔으나 부끄러워서 장자 찟따에게 용서를 구할 수 없었습니다."

세존께 그 사실을 알렸다.

2. [세존] "수행승들이여, 그렇다면 수행승 쑤담마에게 동반수행승107)을 딸려 보내서 장자 찟따에게 용서를 구하도록 하라. 수행승들이여, 그런데 이와 같이 딸려 보내야 한다. 먼저 수행승을 청해야 한다. 청한 뒤에는 총명하고 유능한 수행승이 참모임에 알려야 한다.

[제안] '존자들이여, 참모임은 제 말에 귀를 기울이십시오. 만약 참모임에 옳은 일이라면, 참모임은 이러이러한 수행승을 수행승 쑤담마에게 동반수행승으로 딸려 보내서 장자 찟따에게 용서를 구하도록 하겠습니다. 이것이 제안입니다.'

[제청] '존자들이여, 참모임은 제 말에 귀를 기울이십시오. 참모임은 이러이러한 수행승을[20] 수행승 쑤담마에게 동반수행승으로 딸려 보내서 장자 찟따에게 용서를 구하도록 합니다. 존자들 가운데 누구든지 이러이러한 수행승을 수행승 쑤담마에게 동반수행승으로 딸려 보내서 장자 찟따에게 용서를 구하도록 하는 것에 동의하면 침묵하시고, 이견이 있으면 말씀하십시오.'

[결정] '참모임은 이러이러한 수행승을 수행승 쑤담마에게 동반수행승으로 딸려 보내서 장자 찟따에게 용서를 구하도록 했습니다. 참모임이 찬성하여 침묵했으므로, 저는 그와 같이 알겠습니다.'

3. 수행승들이여, 그 수행승 쑤담마는 동반수행승과 함께 맛치까싼다 지방으로 가서 장자 찟따에게 용서를 구하여 이와 같이 말해야 한다.

[쑤담마] '장자여, 용서하십시오. 나는 그대에게 용서를 구합니다.'

이와 같이 말해서 용서하면 좋은 일이고, 용서하지 않으면, 동반수행승이 말해야 한다.

107) anudūta : 여행의 동반자로 필요한 경우의 사명을 전달하는 자이다.

[동반수행승] '장자여, 이 수행승을 용서하십시오. 그가 당신에게 용서를 구합니다.'

이와 같이 말해서 용서하면 좋은 일이고, 용서하지 않으면, 동반수행승이 말해야 한다.

[동반수행승] '장자여, 이 수행승을 용서하십시오. 내가 당신에게 용서를 구합니다.'

이와 같이 말해서 용서하면 좋은 일이고, 용서하지 않으면, 동반수행승이 말해야 한다.

[동반수행승] '장자여, 참모임의 이름으로 이 수행승을 용서하십시오.'

이와 같이 말해서 용서하면 좋은 일이고, 용서하지 않으면, 동반수행승이 수행승 쑤담마에 대하여 장자 짓따가 볼 수 있는 영역을 떠나지 않고 들을 수 있는 영역을 떠나지 않고 한쪽 어깨에 상의를 걸치고 웅크리고 앉아 합장하여 그의 죄를 밝혀야 한다.

사죄조치의 갈마에서의 동반수행승이 끝났다.

23_1. 해제할 수 없는 열여덟 가지 경우(Napaṭippassambhetabbaṭṭhārasaka)

1. 한때 존자 쑤담마는 동반수행승으로 딸려 보내진 수행승과 함께 맛치까싼다에 가서 장자 찟따에게 용서를 구했다. 그는 올바로 처신하고, 근신하고, 속죄했고, 수행승들에게 다가가서 이와 같이 말했다.

[쑤담마] "벗들이여, 나는 참모임으로부터 사죄조치의 갈마를 받고 올바로 처신하고, 근신하고, 속죄했습니다. 이제 저는 어떻게 해야 합니까?"

세존께 그 사실을 알렸다.

[세존] "수행승들이여, 그렇다면 참모임은 수행승 쑤담마에 대하여 사죄조치의 갈마를 해제해야 한다."

2. 수행승들이여, 다섯 가지 고리를 갖춘 수행승에게 사죄조치의 갈마를 해제할 수 없다.

1) 구족계를 주고,

2) 사죄를 준다.

3) 사미를 두고,

4) 수행녀들의 교계에 선정을 받고,

5) 선정되더라도 수행녀들을 교계한다.

수행승들이여, 이러한 다섯 가지 고리를 갖춘 수행승에게 사죄조치의 갈마를 해제할 수 없다.

3. 수행승들이여, 다른 다섯 가지 고리를 갖춘 수행승에게 사죄조치의 갈마를 해제할 수 없다.

1) 참모임으로부터 사죄조치의 갈마를 받은 그 죄를 다시 짓고,
2) 다른 그와 유사한 죄를 짓고,
3) 그보다 악한 죄를 짓고,
4) 갈마를 매도하고,
5) 갈마를 주는 자를 매도하는 것이다.

수행승들이여, 이러한 다섯 가지 고리를 갖춘 수행승에게 사죄조치의 갈마를 해제할 수 없다.

4. 수행승들이여, 여덟 가지 고리를 갖춘 수행승에게 사죄조치의 갈마를 해제할 수 없다.

1) 일반수행승의 포살을 차단시키고,
2) 자자를 차단시키고,
3) 명령을 내리고,
4) 권위를 세우고,
5) 허락을 얻고,
6) 질책하고,
7) 기억을 확인하고,
8) 수행승들과 다투는 것이다.

수행승들이여, 이러한 여덟 가지 고리를 갖춘 수행승에게 사죄조치의 갈마를 해제할 수 없다.

사죄조치의 갈마에서의 해제할 수 없는 열여덟 가지 경우가 끝났다.

23_2. 해제할 수 있는 열여덟 가지 경우(Paṭippassambhetabbaṭṭhārasaka)

1. 수행승들이여, 다섯 가지 고리를 갖춘 수행승에게 사죄조치의 갈마를 해제할 수 있다.

1) 구족계를 주지 않고,
2) 사죄를 주지 않고,
3) 사미를 두지 않고,

4) 수행녀들의 교계에 선정을 받지 않고,

5) 선정되더라도 수행녀들을 교계하지 않는 것이다.

2. 수행승들이여, 이러한 다섯 가지 고리를 갖춘 수행승에게 사죄조치의 갈마를 해제할 수 있다.

수행승들이여, 다른 다섯 가지 고리를 갖춘 수행승에게 사죄조치의 갈마를 해제할 수 있다.

1) 참모임으로부터 사죄조치의 갈마를 받은 그 죄를 짓지 않고,

2) 다른 그와 유사한 죄를 짓지 않고,

3) 그보다 악한 죄를 짓지 않고,

4) 갈마를 매도하지 않고,

5) 갈마를 주는 자를 매도하지 않는 것이다.

수행승들이여, 이러한 다섯 가지 고리를 갖춘 수행승에게 사죄조치의 갈마를 해제할 수 있다.

3. 수행승들이여, 여덟 가지 고리를 갖춘 수행승에게 사죄조치의 갈마를 해제할 수 있다.

1) 일반수행승의 포살을 차단시키지 않고,

2) 자자를 차단시키지 않고,

3) 명령을 내리지 않고,

4) 권위를 세우지 않고,

5) 허가를 받지 않고,

6) 질책하지 않고,

7) 기억을 확인하지 않고,

8) 수행승들과 다투지 않는 것이다.

수행승들이여, 이러한 여덟 가지 고리를 갖춘 수행승에게 사죄조치의 갈마를 해제할 수 있다.

사죄조치의 갈마에서의 해제할 수 있는 열여덟 가지 경우가 끝났다.

24. 사죄조치의 갈마의 해제(Paṭisāraṇīyakammapaṭippassambhana)

1. [세존] "수행승들이여,[21] 수행승들이여, 이와 같이 해제해야 한다. 수행승들이여, 그 수행승 쑤담마는 참모임을 찾아가서 한쪽 어깨에 상의를 걸치고 연상의 수행승들의 양 발에 머리를 조아린 뒤에 웅크리고 앉아 합장하여 이와 같이 말해

야 한다.

[청원1] '존자들이여, 저는 참모임으로부터 사죄조치의 갈마를 받고 올바로 처신하고, 근신하고, 속죄했습니다. 존자들이여, 이제 저는 사죄조치의 갈마의 해제를 청합니다.'

[청원2] '존자들이여, 저는 참모임으로부터 사죄조치의 갈마를 받고 올바로 처신하고, 근신하고, 속죄했습니다. 존자들이여, 두 번째에도 저는 사죄조치의 갈마의 해제를 청합니다.'

[청원3] '존자들이여, 저는 참모임으로부터 사죄조치의 갈마를 받고 올바로 처신하고, 근신하고, 속죄했습니다. 존자들이여, 세 번째에도 저는 사죄조치의 갈마의 해제를 청합니다.'

2. 총명하고 유능한 수행승이 참모임에 알려야 한다.

[제안] '존자들이여, 참모임은 제 말에 귀를 기울이십시오. 이 수행승 쑤담마는 사죄조치의 갈마를 받고 올바로 처신하고, 근신하고, 속죄했습니다. 사죄조치의 갈마의 해제를 청합니다. 만약 참모임에 옳은 일이라면, 참모임은 수행승 쑤담마에 대하여 사죄조치의 갈마를 해제하겠습니다. 이것이 제안입니다.'

[제청1] '존자들이여, 참모임은 제 말에 귀를 기울이십시오. 이 수행승 쑤담마는 사죄조치의 갈마를 받고 올바로 처신하고, 근신하고, 속죄했습니다. 사죄조치의 갈마의 해제를 청하고 있습니다. 참모임은 수행승 쑤담마에 대하여 사죄조치의 갈마를 해제합니다. 존자들 가운데 누구든지 수행승 쑤담마에 대하여 사죄조치의 갈마를 해제하는 것에 동의하면 침묵하시고, 이견이 있으면 말씀하십시오.'

[제청2] '두 번째에도 저는 이 사실을 말합니다. 존자들이여, 참모임은 제 말에 귀를 기울이십시오. 이 수행승 쑤담마는 사죄조치의 갈마를 받고 올바로 처신하고, 근신하고, 속죄했습니다. 사죄조치의 갈마의 해제를 청하고 있습니다. 참모임은 수행승 쑤담마에 대하여 사죄조치의 갈마를 해제합니다. 존자들 가운데 누구든지 수행승 쑤담마에 대하여 사죄조치의 갈마를 해제하는 것에 동의하면 침묵하시고, 이견이 있으면 말씀하십시오.'

[제청3] '세 번째에도 저는 이 사실을 말합니다. 존자들이여, 참모임은 제 말에 귀를 기울이십시오. 이 수행승 쑤담마는 사죄조치의 갈마를 받고 올바로 처신하고, 근신하고, 속죄했습니다. 사죄조치의 갈마의 해제를 청하고 있습니다. 참모임은 수행승 쑤담마에 대하여 사죄조치의 갈마를 해제합니다. 존자들 가운데 누구든지 수행승 쑤담마에 대하여 사죄조치의 갈마를 해제하는 것에 동의하면 침묵하

시고, 이견이 있으면 말씀하십시오.'

[결정] '참모임은 수행승 쑤담마에 대하여 사죄조치의 갈마를 해제했습니다. 참모임이 찬성하여 침묵했으므로, 저는 그와 같이 알겠습니다.'"

사죄조치의 갈마의 해제가 끝났다.
네 번째 송출품 사죄조치의 갈마가 끝났다.

V 다섯 번째 송출품 권리정지조치①[108](Pañcamabhāṇavāra Ukkhepanīya① : 25-30)

25. 권리정지조치의 갈마의 인연(Ukkhepanīyakammanidāna)

1. 한때 부처님인 세존께서 꼬쌈비[109] 시의 고씨따라마[110] 승원에 계셨다. 그런데 그때 존자 찬나[111]가 죄를 짓고도 죄를 인지하는 것을 원하지 않았다. 수행승들 가운데 욕망을 여의고, 만족을 알고, 부끄러움을 알고, 후회할 줄 알고 배움을 원하는 자들은 그에 대하여 혐책하고 분개하고 비난했다.

[수행승들] "어찌 수행승 찬나는 죄를 짓고도 죄를 인지하는 것을 원하지 않는단 말인가?"

그래서 그 수행승들은 세존께 그 사실을 알렸다. 그러자 세존께서는 이것을 기회로 이것을 원인으로 수행승들의 참모임을 불러 모아 수행승들에게 물었다.

[세존] "수행승들이여, 수행승 찬나는 죄를 짓고도 죄를 인지하려고 원하지 않는다는 것이 사실인가?"

[수행승들] "세존이시여, 사실입니다."

존귀하신 부처님께서는 견책했다.

---

108) ukkhepanīya③ : 죄를 인지하지 못함에 대한 권리정지조치의 갈마(Āpattiyā adassane ukkhepanīyakammaṃ)를 뜻한다.

109) Kosambī : 방싸 국(Vaṃsa : 사대공화국이자 십육대국 가운데 하나) 또는 바뜨싸(Vatsa) 족의 수도로 부처님 당시에는 빠란따빠(Parantapa) 왕이 다스렸고 그의 후계자는 우데나(Udena) 였다. 아난다는 이곳을 부처님이 열반하시기에 좋은 장소라고 언급한 적이 있다. 서쪽이나 남쪽 지방에서 꼬쌀라(Kosala) 국이나 마가다(Magadha) 국으로 가는 길목에 위치하고 있으며 바라나씨에서 강을 따라 150Km정도의 거리에 있었다. 갠지스 강과 야무나 강이 만나는 지점에 위치하고 있으며 오늘날의 카가(Khāga) 지역이다.

110) Ghositārāma : 한역에서는 미음정사(美音精舍)라고 한다. 부처님과 수행승들을 위해 고씨따(Ghosita)가 지은 승원이다. 부처님께서 꼬쌈비(Kosambī) 시를 방문할 때면 자주 머물던 곳이다. 이 승원에는 가르침에 정통한 한 승려와 계율에 정통한 한 승려가 있었는데, 그들의 첫 번째 승단분열의 논쟁을 일으킨 곳으로 유명하다.

111) Channa : Srp. II. 317에 따르면, 그는 여래와 한 날 한 시에 태어나 위대한 유성출가의 날에(mahābhinikkhammadivase) 함께 했고 나중에 스승 앞에 출가하여 청정한 수행승들에게 '나의 부처님, 나의 가르침'이라고 하면서 무례하고 악의적으로 욕지거리를 해서 그들과 충돌한 수행승이다. 이 율장은 부처님께서 완전한 열반에 드신 후의 이야기를 기록하고 있다. 부처님께서는 완전한 열반에 드실 때에 수행승들이 찬나에게 '하느님의 처벌(梵罰 : brahmadaṇḍa)로서 대화의 차단을 의미하는 침묵으로 대할 것을 지시했다.

[세존] "수행승들이여, 어찌 그 어리석은 자가 죄를 짓고도 죄를 인지하려고 원하지 않는단 말인가? 수행승들이여, 그것은 아직 청정한 믿음이 없는 자를 청정한 믿음으로 이끌고, 이미 청정한 믿음이 있는 자를 더욱더 청정한 믿음으로 이끄는 것이 아니다. 수행승들이여, 그것은 오히려, 아직 청정한 믿음이 없는 자를 불신으로 이끌고, 이미 청정한 믿음이 있는 자 가운데 어떤 자들을 타락시키는 것이다."

그리고 세존께서는 수행승 찬나를 여러 가지 방편으로 견책하여, 키우기 어렵고 부양하기 어렵고 욕심이 많고 만족을 모르고 교제를 좋아하고 나태한 것에 대하여 질책하고, 여러 가지 법문으로 고무하여, 키우기 쉽고 부양하기 쉽고 욕심을 여의고, 만족을 알고, 버리고 없애는 삶을 살고, 두타행을 하고, 청정한 믿음이 있고, 쌓아 모으지 않고, 용맹정진하는 것을 칭찬하고, 수행승들을 위하여 그에 알맞고 그에 걸맞게 경책하여 법문을 하고 수행승들에게 일렀다.

[세존] "수행승들이여, 그렇다면 참모임은 수행승 찬나에게 참모임과의 향유를 차단하고[112] 죄를 인지하지 못하는 것에 대한 권리정지조치[113]의 갈마를 행해야 한다."

2 [세존] "수행승들이여, 그런데 이와 같이 행해야 한다. 먼저 수행승 찬나는 비난받아야 하고, 비난받은 후에 기억이 확인되어야 하고, 기억이 확인된 후에 죄가 추징되어야 하고, 죄가 추징된 후에 총명하고 유능한 수행승이 참모임에 알려야 한다.

[제안] '존자들이여, 참모임은 제 말에 귀를 기울이십시오. 이 수행승 찬나는 죄를 짓고도 죄를 인지하려고 원하지 않습니다. 만약 참모임에 옳은 일이라면, 참모임은 수행승 찬나에게 참모임과의 향유를 차단하고 죄를 인지하지 못하는 것에 대한 권리정지조치의 갈마를 행하겠습니다. 이것이 제안입니다.'

[제청1] '존자들이여, 참모임은 제 말에 귀를 기울이십시오. 이 수행승 찬나는 죄를 짓고도 죄를 인지하려고 원하지 않습니다. 참모임은 수행승 찬나에게 참모임과의 향유를 차단하고 죄를 인지하지 못하는 것에 대한 권리정지조치의 갈마를 행합니다. 존자들 가운데 누구든지 수행승 찬나에게 참모임과의 향유를 차단하고

---

112) asambhogaṃ saṅghena : Vin. IV. 123에 따르면, 정직된 수행승과 함께 향유하는 것은 속죄해야 할 죄에 해당한다. Vin. IV. 137에 따르면, 함께 향유한다는 것은 두 가지가 있는데, 음식이나 가르침을 향유한다는 것이다.

113) ukkhepanīya : 한역은 거죄(擧罪) 또는 거죄갈마(擧罪羯磨)이다. 상세한 것은 이 책의 율장해제와 MV. I. 79. IX. 7과 이 책(CV. I. 25)을 참조하라.

죄를 인지하지 못하는 것에 대한 권리정지조치의 갈마를 행하는 것에 동의하면 침묵하시고, 이견이 있으면 말씀하십시오.'

[제청2] '두 번째에도 저는 이 사실을 말합니다. 존자들이여, 참모임은 제 말에 귀를 기울이십시오. 이 수행승 찬나는 죄를 짓고도 죄를 인지하려고 원하지 않습니다. 참모임은 수행승 찬나에게 참모임과의 향유를 차단하고 죄를 인지하지 못하는 것에 대한 권리정지조치의 갈마를 행합니다. 수행승 찬나에게 참모임과의 향유를 차단하고 죄를 인지하지 못하는 것에 대한 권리정지조치의 갈마를 행하는 것에 동의하면 침묵하시고, 이견이[22] 있으면 말씀하십시오.'

[제청3] '세 번째에도 저는 이 사실을 말합니다. 존자들이여, 참모임은 제 말에 귀를 기울이십시오. 이 수행승 찬나는 죄를 짓고도 죄를 인지하려고 원하지 않습니다. 참모임은 수행승 찬나에게 참모임과의 향유를 차단하고 죄를 인지하지 못하는 것에 대한 권리정지조치의 갈마를 행합니다. 존자들 가운데 누구든지 수행승 찬나에게 참모임과의 향유를 차단하고 죄를 인지하지 못하는 것에 대한 권리정지조치의 갈마를 행하는 것에 동의하면 침묵하시고, 이견이 있으면 말씀하십시오.'

[결정] '참모임은 수행승 찬나에게 참모임과의 향유를 차단하고 죄를 인지하지 못하는 것에 대한 권리정지조치의 갈마를 행했습니다. 참모임이 찬성하여 침묵했으므로, 저는 그와 같이 알겠습니다.'

수행승들이여, 처소에서 다른 처소로 이와 같이 '수행승 찬나는 참모임과의 향유를 차단하고 죄를 인지하지 못하는 것에 대한 권리정지조치의 갈마를 받았다.'라고 전하라."

죄를 인지하지 못하는 것에 대한 권리정지조치의 갈마의 인연이 끝났다.

26_1. 열두 가지 원칙에 맞지 않는 갈마(Adhammakammadvādasaka)

1. [세존] "수행승들이여, 세 가지 고리를 갖춘 죄를 인지하지 못하는 것에 대한 권리정지조치의 갈마는 원칙에 맞지 않는 갈마이고 계율에 맞지 않는 갈마로서 잘 성취되기 어렵다.

1) 현전에 입각하지 않고 행하고,

2) 질문에 근거하지 않고 행하고,

3) 자인에 입각하지 않고 행하는 것이다.

수행승들이여, 이러한 세 가지 고리를 갖춘 죄를 인지하지 못하는 것에 대한 권리정지조치의 갈마는 원칙에 맞지 않는 갈마이고 계율에 맞지 않는 갈마로서 잘 성취되기 어렵다.

2. 수행승들이여, 또한 세 가지 고리를 갖춘 죄를 인지하지 못하는 것에 대한 권리정지조치의 갈마는 원칙에 맞지 않는 갈마이고 계율에 맞지 않는 갈마로서 잘 성취되기 어렵다.

1) 죄가 없는데 행하고,

2) 죄가 참회로 이끌어지지 않는데 행하고,

3) 죄가 이미 참회되었는데 행하는 것이다.

수행승들이여, 이러한 세 가지 고리를 갖춘 죄를 인지하지 못하는 것에 대한 권리정지조치의 갈마는 원칙에 맞지 않는 갈마이고 계율에 맞지 않는 갈마로서 잘 성취되기 어렵다.

3. 수행승들이여, 또한 세 가지 고리를 갖춘 죄를 인지하지 못하는 것에 대한 권리정지조치의 갈마는 원칙에 맞지 않는 갈마이고 계율에 맞지 않는 갈마로서 잘 성취되기 어렵다.

1) 질책하지 않고 행하고,

2) 기억을 확인하지 않고 행하고,

3) 죄를 거론하지 않고 행하는 것이다.

수행승들이여, 이러한 세 가지 고리를 갖춘 죄를 인지하지 못하는 것에 대한 권리정지조치의 갈마는 원칙에 맞지 않는 갈마이고 계율에 맞지 않는 갈마로서 잘 성취되기 어렵다.

4. 수행승들이여, 또한 세 가지 고리를 갖춘 죄를 인지하지 못하는 것에 대한 권리정지조치의 갈마는 원칙에 맞지 않는 갈마이고 계율에 맞지 않는 갈마로서 잘 성취되기 어렵다.

1) 현전에 입각하지 않고 행하고,

2) 원칙에 맞지 않게 행하고,

3) 모임이 불완전하게 행하는 것이다.

수행승들이여, 이러한 세 가지 고리를 갖춘 죄를 인지하지 못하는 것에 대한 권리정지조치의 갈마는 원칙에 맞지 않는 갈마이고 계율에 맞지 않는 갈마로서 잘 성취되기 어렵다.

5. 수행승들이여, 또한 세 가지 고리를 갖춘 죄를 인지하지 못하는 것에 대한 권리정지조치의 갈마는 원칙에 맞지 않는 갈마이고 계율에 맞지 않는 갈마로서 잘

성취되기 어렵다.

1) 질문에 근거하지 않고 행하고,

2) 원칙에 맞지 않게 행하고,

3) 모임이 불완전하게 행하는 것이다.

수행승들이여, 이러한 세 가지 고리를 갖춘 죄를 인지하지 못하는 것에 대한 권리정지조치의 갈마는 원칙에 맞지 않는 갈마이고 계율에 맞지 않는 갈마로서 잘 성취되기 어렵다.

6. 수행승들이여, 또한 세 가지 고리를 갖춘 죄를 인지하지 못하는 것에 대한 권리정지조치의 갈마는 원칙에 맞지 않는 갈마이고 계율에 맞지 않는 갈마로서 잘 성취되기 어렵다.

1) 자인에 입각하지 않고 행하고,

2) 원칙에 맞지 않게 행하고,

3) 모임이 불완전하게 행하는 것이다.

수행승들이여, 이러한 세 가지 고리를 갖춘 죄를 인지하지 못하는 것에 대한 권리정지조치의 갈마는 원칙에 맞지 않는 갈마이고 계율에 맞지 않는 갈마로서 잘 성취되기 어렵다.

7. 수행승들이여, 또한 세 가지 고리를 갖춘 죄를 인지하지 못하는 것에 대한 권리정지조치의 갈마는 원칙에 맞지 않는 갈마이고 계율에 맞지 않는 갈마로서 잘 성취되기 어렵다.

1) 죄가 없는데 행하고,

2) 원칙에 맞지 않게 행하고,

3) 모임이 불완전하게 행하는 것이다.

수행승들이여, 이러한 세 가지 고리를 갖춘 죄를 인지하지 못하는 것에 대한 권리정지조치의 갈마는 원칙에 맞지 않는 갈마이고 계율에 맞지 않는 갈마로서 잘 성취되기 어렵다.

8. 수행승들이여, 또한 세 가지 고리를 갖춘 죄를 인지하지 못하는 것에 대한 권리정지조치의 갈마는 원칙에 맞지 않는 갈마이고 계율에 맞지 않는 갈마로서 잘 성취되기 어렵다.

1) 죄가 참회로 이끌어지지 않는데 행하고,

2) 원칙에 맞지 않게 행하고,

3) 모임이 불완전하게 행하는 것이다.

수행승들이여, 이러한 세 가지 고리를 갖춘 죄를 인지하지 못하는 것에 대한 권리정지조치의 갈마는 원칙에 맞지 않는 갈마이고 계율에 맞지 않는 갈마로서 잘 성취되기 어렵다.

9. 수행승들이여, 또한 세 가지 고리를 갖춘 죄를 인지하지 못하는 것에 대한 권리정지조치의 갈마는 원칙에 맞지 않는 갈마이고 계율에 맞지 않는 갈마로서 잘 성취되기 어렵다.

1) 죄가 참회되었는데 행하고,

2) 원칙에 맞지 않게 행하고,

3) 모임이 불완전하게 행하는 것이다.

수행승들이여, 이러한 세 가지 고리를 갖춘 죄를 인지하지 못하는 것에 대한 권리정지조치의 갈마는 원칙에 맞지 않는 갈마이고 계율에 맞지 않는 갈마로서 잘 성취되기 어렵다.

10. 수행승들이여, 또한 세 가지 고리를 갖춘 죄를 인지하지 못하는 것에 대한 권리정지조치의 갈마는 원칙에 맞지 않는 갈마이고 계율에 맞지 않는 갈마로서 잘 성취되기 어렵다.

1) 질책하지 않고 행하고,

2) 원칙에 맞지 않게 행하고,

3) 모임이 불완전하게 행하는 것이다.

수행승들이여, 이러한 세 가지 고리를 갖춘 죄를 인지하지 못하는 것에 대한 권리정지조치의 갈마는 원칙에 맞지 않는 갈마이고 계율에 맞지 않는 갈마로서 잘 성취되기 어렵다.

11. 수행승들이여, 또한 세 가지 고리를 갖춘 죄를 인지하지 못하는 것에 대한 권리정지조치의 갈마는 원칙에 맞지 않는 갈마이고 계율에 맞지 않는 갈마로서 잘 성취되기 어렵다.

1) 기억을 확인하지 않고 행하고,

2) 원칙에 맞지 않게 행하고,

3) 모임이 불완전하게 행하는 것이다.

수행승들이여, 이러한 세 가지 고리를 갖춘 죄를 인지하지 못하는 것에 대한 권리정지조치의 갈마는 원칙에 맞지 않는 갈마이고 계율에 맞지 않는 갈마로서 잘 성취되기 어렵다.

12. 수행승들이여, 또한 세 가지 고리를 갖춘 죄를 인지하지 못하는 것에 대한 권리정지조치의 갈마는 원칙에 맞지 않는 갈마이고 계율에 맞지 않는 갈마로서 잘 성취되기 어렵다.

1) 죄를 거론하지 않고 행하고,

2) 원칙에 맞지 않게 행하고,

3) 모임이 불완전하게 행하는 것이다.

수행승들이여, 이러한 세 가지 고리를 갖춘 죄를 인지하지 못하는 것에 대한 권리정지조치의 갈마는 원칙에 맞지 않는 갈마이고 계율에 맞지 않는 갈마로서 잘 성취되기 어렵다.”

죄를 인지하지 못하는 것에 대한 권리정지조치의 갈마에서의 열두 가지 원칙에 맞지 않는 갈마가 끝났다.

26_2. 열두 가지 원칙에 맞는 갈마(Dhammakammadvādasaka)

1. [세존] “수행승들이여, 세 가지 고리를 갖춘 죄를 인지하지 못하는 것에 대한 권리정지조치의 갈마는 원칙에 맞는 갈마이고 계율에 맞는 갈마로서 잘 성취된다.

1) 현전에 입각하여 행하고,

2) 질문에 근거하여 행하고,

3) 자인에 입각해서 행하는 것이다.

수행승들이여, 이러한 세 가지 고리를 갖춘 죄를 인지하지 못하는 것에 대한 권리정지조치의 갈마는 원칙에 맞는 갈마이고 계율에 맞는 갈마로서 잘 성취된다.

2. 수행승들이여, 또한 세 가지 고리를 갖춘 죄를 인지하지 못하는 것에 대한 권리정지조치의 갈마는 원칙에 맞는 갈마이고 계율에 맞는 갈마로서 잘 성취된다.

1) 죄가 있을 때 행하고,

2) 죄가 참회로 이끌어지도록 행하고,

3) 죄가 아직 참회되지 않아 행하는 것이다.

수행승들이여, 이러한 세 가지 고리를 갖춘 죄를 인지하지 못하는 것에 대한 권리정지조치의 갈마는 원칙에 맞는 갈마이고 계율에 맞는 갈마로서 잘 성취된다.

3. 수행승들이여, 또한 세 가지 고리를 갖춘 죄를 인지하지 못하는 것에 대한 권리정지조치의 갈마는 원칙에 맞는 갈마이고 계율에 맞는 갈마로서 잘 성취된다.

1) 질책하고 행하고,

2) 기억을 확인하고 행하고,

3) 죄를 거론하고 행하는 것이다.

수행승들이여, 이러한 세 가지 고리를 갖춘 죄를 인지하지 못하는 것에 대한 권리정지조치의 갈마는 원칙에 맞는 갈마이고 계율에 맞는 갈마로서 잘 성취된다.

4. 수행승들이여, 또한 세 가지 고리를 갖춘 죄를 인지하지 못하는 것에 대한 권리정지조치의 갈마는 원칙에 맞는 갈마이고 계율에 맞는 갈마로서 잘 성취된다.

1) 현전에 입각하고 행하고,

2) 원칙에 맞게 행하고,

3) 모임이 완전하게 행하는 것이다.

수행승들이여, 이러한 세 가지 고리를 갖춘 죄를 인지하지 못하는 것에 대한 권리정지조치의 갈마는 원칙에 맞는 갈마이고 계율에 맞는 갈마로서 잘 성취된다.

5. 수행승들이여, 또한 세 가지 고리를 갖춘 죄를 인지하지 못하는 것에 대한 권리정지조치의 갈마는 원칙에 맞는 갈마이고 계율에 맞는 갈마로서 잘 성취된다.

1) 질문에 근거하여 행하고,

2) 원칙에 맞게 행하고,

3) 모임이 완전하게 행하는 것이다.

수행승들이여, 이러한 세 가지 고리를 갖춘 죄를 인지하지 못하는 것에 대한 권리정지조치의 갈마는 원칙에 맞는 갈마이고 계율에 맞는 갈마로서 잘 성취된다.

6. 수행승들이여, 또한 세 가지 고리를 갖춘 죄를 인지하지 못하는 것에 대한 권리정지조치의 갈마는 원칙에 맞는 갈마이고 계율에 맞는 갈마로서 잘 성취된다.

1) 자인에 입각하여 행하고,

2) 원칙에 맞게 행하고,

3) 모임이 완전하게 행하는 것이다.

수행승들이여, 이러한 세 가지 고리를 갖춘 죄를 인지하지 못하는 것에 대한 권리정지조치의 갈마는 원칙에 맞는 갈마이고 계율에 맞는 갈마로서 잘 성취된다.

7. 수행승들이여, 또한 세 가지 고리를 갖춘 죄를 인지하지 못하는 것에 대한 권리정지조치의 갈마는 원칙에 맞는 갈마이고 계율에 맞는 갈마로서 잘 성취된다.

1) 죄가 있을 때 행하고,

2) 원칙에 맞게 행하고,

3) 모임이 완전하게 행하는 것이다.

수행승들이여, 이러한 세 가지 고리를 갖춘 죄를 인지하지 못하는 것에 대한 권리정지조치의 갈마는 원칙에 맞는 갈마이고 계율에 맞는 갈마로서 잘 성취된다.

8. 수행승들이여, 또한 세 가지 고리를 갖춘 죄를 인지하지 못하는 것에 대한 권리 정지조치의 갈마는 원칙에 맞는 갈마이고 계율에 맞는 갈마로서 잘 성취된다.

1) 죄가 참회로 이끌어지도록 행하고,

2) 원칙에 맞게 행하고,

3) 모임이 완전하게 행하는 것이다.

수행승들이여, 이러한 세 가지 고리를 갖춘 죄를 인지하지 못하는 것에 대한 권리 정지조치의 갈마는 원칙에 맞는 갈마이고 계율에 맞는 갈마로서 잘 성취된다.

9. 수행승들이여, 또한 세 가지 고리를 갖춘 죄를 인지하지 못하는 것에 대한 권리 정지조치의 갈마는 원칙에 맞는 갈마이고 계율에 맞는 갈마로서 잘 성취된다.

1) 죄가 아직 참회되지 않아 행하고,

2) 원칙에 맞게 행하고,

3) 모임이 완전하게 행하는 것이다.

수행승들이여, 이러한 세 가지 고리를 갖춘 죄를 인지하지 못하는 것에 대한 권리 정지조치의 갈마는 원칙에 맞는 갈마이고 계율에 맞는 갈마로서 잘 성취된다.

10. 수행승들이여, 또한 세 가지 고리를 갖춘 죄를 인지하지 못하는 것에 대한 권리 정지조치의 갈마는 원칙에 맞는 갈마이고 계율에 맞는 갈마로서 잘 성취된다.

1) 질책하고 행하고,

2) 원칙에 맞게 행하고,

3) 모임이 완전하게 행하는 것이다.

수행승들이여, 이러한 세 가지 고리를 갖춘 죄를 인지하지 못하는 것에 대한 권리 정지조치의 갈마는 원칙에 맞는 갈마이고 계율에 맞는 갈마로서 잘 성취된다.

11. 수행승들이여, 또한 세 가지 고리를 갖춘 죄를 인지하지 못하는 것에 대한 권리 정지조치의 갈마는 원칙에 맞는 갈마이고 계율에 맞는 갈마로서 잘 성취된다.

1) 기억을 확인하고 행하고,

2) 원칙에 맞게 행하고,

3) 모임이 완전하게 행하는 것이다.

수행승들이여, 이러한 세 가지 고리를 갖춘 죄를 인지하지 못하는 것에 대한 권리 정지조치의 갈마는 원칙에 맞는 갈마이고 계율에 맞는 갈마로서 잘 성취된다.

12. 수행승들이여, 또한 세 가지 고리를 갖춘 죄를 인지하지 못하는 것에 대한 권리

정지조치의 갈마는 원칙에 맞는 갈마이고 계율에 맞는 갈마로서 잘 성취된다.
1) 죄를 거론하고 행하고,
2) 원칙에 맞게 행하고,
3) 모임이 완전하게 행하는 것이다.

수행승들이여, 이러한 세 가지 고리를 갖춘 죄를 인지하지 못하는 것에 대한 권리정지조치의 갈마는 원칙에 맞는 갈마이고 계율에 맞는 갈마로서 잘 성취된다."

죄를 인지하지 못하는 것에 대한 권리정지조치의 갈마에서의 열두 가지 원칙에 맞는 갈마가 끝났다.

26$_3$. 여섯 가지 '원한다면'(Ākaṅkhamānachakka)

1. [세존] "수행승들이여, 세 가지 고리를 갖춘 수행승에게 원한다면 참모임은 죄를 인지하지 못하는 것에 대한 권리정지조치의 갈마를 행할 수 있다.
1) 다투고 싸우고 언쟁하고 분쟁하며 참모임에 쟁사를 일으키고,
2) 어리석어 총명하지 못하고 죄가 많고 충고를 받아들이지 않고,
3) 재가자와 부적절한 관계 속에서 재가자와 함께 지내는 것이다.

수행승들이여, 이러한 세 가지 고리를 갖춘 수행승에게 원한다면 참모임은 죄를 인지하지 못하는 것에 대한 권리정지조치의 갈마를 행할 수 있다.

2. 수행승들이여, 또한 세 가지 고리를 갖춘 수행승에게 원한다면 참모임은 죄를 인지하지 못하는 것에 대한 권리정지조치의 갈마를 행할 수 있다.
1) 훌륭한 계행을 두고 계행을 어기고,
2) 훌륭한 행동을 두고 사행에 빠지고,
3) 훌륭한 견해를 두고 사견에 떨어지는 것이다.

수행승들이여, 이러한 세 가지 고리를 갖춘 수행승에게 원한다면 참모임은 죄를 인지하지 못하는 것에 대한 권리정지조치의 갈마를 행할 수 있다.

3. 수행승들이여, 또한 세 가지 고리를 갖춘 수행승에게 원한다면 참모임은 죄를 인지하지 못하는 것에 대한 권리정지조치의 갈마를 행할 수 있다.
1) 부처님을 비방하고,
2) 가르침을 비방하고,
3) 참모임을 비방하는 것이다.

수행승들이여, 이러한 세 가지 고리를 갖춘 수행승에게 원한다면 참모임은 죄를 인지하지 못하는 것에 대한 권리정지조치의 갈마를 행할 수 있다.

4. 수행승들이여, 또한 세 종류의 수행승에게 원한다면 참모임은 죄를 인지하지

못하는 것에 대한 권리정지조치의 갈마를 행할 수 있다.

1) 다투고 싸우고 언쟁하고 분쟁하며 참모임에 쟁사를 일으키는 자와

2) 어리석어 총명하지 못하고 죄가 많고 충고를 받아들이지 않는 자와

3) 재가자와 부적절한 관계 속에서 재가자와 함께 지내는 자이다.

수행승들이여, 이러한 세 종류의 수행승에게 원한다면 참모임은 죄를 인지하지 못하는 것에 대한 권리정지조치의 갈마를 행할 수 있다.

5. 수행승들이여, 또한 세 종류의 수행승에게 원한다면 참모임은 죄를 인지하지 못하는 것에 대한 권리정지조치의 갈마를 행할 수 있다.

1) 훌륭한 계행을 두고 계행을 어기는 자와

2) 훌륭한 행동을 두고 사행에 빠지는 자와

3) 훌륭한 견해를 두고 사견에 떨어지는 자이다.

수행승들이여, 이러한 세 종류의 수행승에게 원한다면 참모임은 죄를 인지하지 못하는 것에 대한 권리정지조치의 갈마를 행할 수 있다.

6. 수행승들이여, 또한 세 종류의 수행승에게 원한다면 참모임은 죄를 인지하지 못하는 것에 대한 권리정지조치의 갈마를 행할 수 있다.

1) 부처님을 비방하는 자와

2) 가르침을 비방하는 자와

3) 참모임을 비방하는 자이다.

수행승들이여, 이러한 세 종류의 수행승에게 원한다면 참모임은 죄를 인지하지 못하는 것에 대한 권리정지조치의 갈마를 행할 수 있다."

죄를 인지하지 못하는 것에 대한 권리정지조치의 갈마와 여섯 가지 '원한다면'이 끝났다.

27. 마흔세 가지 의무(Tecattārīsavatta)

1. 수행승들이여, 죄를 인지하지 못하는 것에 대한 권리정지조치의 갈마를 받은 수행승은 올바로 준수해야 한다. 그 경우에 올바로 준수한다는 것은 이와 같다."

2. [세존]

1) "구족계를 주어서는 안 된다.

2) 의지를 주어서는 안 된다.

3) 사미를 두어서는 안 된다.

4) 수행녀들의 교계에 선정을 받아서는 안 된다.

5) 선정되더라도 수행녀들을 교계해서는 안 된다.

6) 참모임으로부터 죄를 인지하지 못하는 것에 대한 권리정지조치의 갈마를 받은 그 죄를 지어서는 안 된다.
7) 다른 그와 유사한 죄를 지어서도 안 된다.
8) 그보다 악한 죄를 지어서도 안 된다.
9) 갈마를 매도해서는 안 된다.
10) 갈마를 주는 자를 매도해서도 안 된다.
11) 일반수행승으로부터 인사를 받아서는 안 된다.
12) 일어나 맞이함을 받아서는 안 된다.
13) 합장을 받아서는 안 된다.
14) 공경을 받아서는 안 된다.
15) 좌구를 대접받아서는 안 된다.
16) 와구를 대접받아서는 안 된다.
17) 세족수를 대접받아서는 안 된다.
18) 족대와 발수건을 대접받아서는 안 된다.
19) 발우와 가사의 영접을 받아서는 안 된다.
20) 목욕시에 맛사지를 받아서는 안 된다.
21) 일반수행승을 계행이 어긋났다고 비방해서는 안 된다.
22) 덕행이 어긋났다고 비방해서는 안 된다.
23) 견해가 어긋났다고 비방해서는 안 된다.
24) 생활이 어긋났다고 비방해서는 안 된다.
25) 수행승을 수행승과 이간시켜서는 안 된다.
26) 재가자의 상징을 착용해서는 안 된다.
27) 이교도의 상징을 착용해서는 안 된다.
28) 이교도를 섬겨서는 안 된다.
29) 수행승을 섬겨야 한다.
30) 수행승의 학습계율을 배워야 한다.
31) 일반수행승과 함께 동일한 처소에서 지내서는 안 된다.
32) 동일한 지붕아래 처소가 아닌 곳에 지내서는 안 된다.
33) 동일한 지붕아래 처소 혹은 처소가 아닌 곳에 지내서는 안 된다.
34) 일반수행승을 보면 자리에서 일어나야 한다.
35) 일반수행승을 안팎으로[114] 비방해서는 안 된다.

36) 일반수행승의 포살을 차단시켜서는 안 된다.
37) 자자를 차단시켜서는 안 된다.
38) 명령을 내려서는 안 된다.
39) 권위를[23] 세워서는 안 된다.
40) 허락을 구해서는 안 된다.
41) 질책해서는 안 된다.
42) 기억을 확인해서는 안 된다.
43) 수행승들과 다투어서는 안 된다.

죄를 인지하지 못하는 것에 대한 권리정지조치의 갈마에서의 마흔세 가지 의무가 끝났다.

28$_1$. 찬나의 올바른 처신(Channasammāvattana)

1. 한때 참모임은 수행승 찬나에게 참모임과의 향유를 차단하고 죄를 인지하지 못하는 것에 대한 권리정지조치의 갈마를 행했다.

1) 그는 참모임으로부터 죄를 인지하지 못하는 것에 대한 권리정지조치의 갈마를 받고 그 처소를 떠나 다른 처소로 갔다. 그곳에서 수행승들은 인사를 하지 않았고, 일어나 맞이하지 않았고, 합장을 하지 않았고, 공경하지 않았고, 존경하지 않았고, 존중하지 않았고, 섬기지 않았고, 공양하지 않았다.

2) 수행승들로부터 존경받지 못하고, 존중받지 못하고, 섬김받지 못하고, 공양받지 못하자, 경멸당한 그는 그 처소를 떠나 또 다른 처소로 갔다. 그곳에서도 수행승들은 인사를 하지 않았고, 일어나 맞이하지 않았고, 합장을 하지 않았고, 공경하지 않았고, 존경하지 않았고, 존중하지 않았고, 섬기지 않았고, 공양하지 않았다.

3) 수행승들로부터 존경받지 못하고, 존중받지 못하고, 섬김받지 못하고, 공양받지 못하자, 경멸당한 그는 그 처소를 떠나 또 다른 처소로 갔다. 그곳에서도 수행승들은 인사를 하지 않았고, 일어나 맞이하지 않았고, 합장을 하지 않았고, 공경하지 않았고, 존경하지 않았고, 존중하지 않았고, 섬기지 않았고, 공양하지 않았다.

수행승들로부터 존경받지 못하고, 존중받지 못하고, 섬김받지 못하고, 공양받지 못하자, 경멸당한 그는 다시 꼬삼비 시로 되돌아왔다.

2. 그는 올바로 처신하고, 근신하고, 속죄했다. 그리고 수행승들을 찾아가서 이와

---

114) anto vā bahi vā : Smp. 1159에 따르면, '승원의 안과 밖으로'라는 뜻이다.

같이 말했다.

[찬나] "벗들이여, 저는 참모임으로부터 죄를 인지하지 못하는 것에 대한 권리정지조치의 갈마를 받고 올바로 처신하고, 근신하고, 속죄했습니다. 이제 저는 어떻게 해야 합니까?"

세존께 그 사실을 알렸다.

[세존] "수행승들이여, 그렇다면 수행승 찬나에 대하여 죄를 인지하지 못하는 것에 대한 권리정지조치의 갈마를 해제해야 한다."

찬나의 올바른 처신이 끝났다.

28₂. 해제할 수 없는 마흔세 가지 경우(Napaṭippassambhetabbatecattārīsaka)

1. [세존] "수행승들이여, 다섯 가지 고리를 갖춘 수행승에게 죄를 인지하지 못하는 것에 대한 권리정지조치의 갈마는 해제 할 수 없다.

1) 구족계를 주고,

2) 의지를 주고,

3) 사미를 두고,

4) 수행녀들의 교계에 선정을 받고,

5) 선정되어서 수행녀들을 교계하는 것이다.

수행승들이여, 이러한 다섯 가지 고리를 갖춘 수행승에게 죄를 인지하지 못하는 것에 대한 권리정지조치의 갈마는 해제 할 수 없다.

2. 수행승들이여, 다른 다섯 가지 고리를 갖춘 수행승에게 죄를 인지하지 못하는 것에 대한 권리정지조치의 갈마는 해제 할 수 없다.

6) 참모임으로부터 죄를 인지하지 못하는 것에 대한 권리정지조치의 갈마를 받은 그 죄를 다시 짓고,

7) 다른 그와 유사한 죄를 짓고,

8) 그보다 악한 죄를 짓고,

9) 갈마를 매도하고,

10) 갈마를 주는 자를 매도하는 것이다.

수행승들이여, 이러한 다섯 가지 고리를 갖춘 수행승에게 죄를 인지하지 못하는 것에 대한 권리정지조치의 갈마는 해제 할 수 없다.

3. 수행승들이여, 다른 다섯 가지 고리를 갖춘 수행승에게 죄를 인지하지 못하는 것에 대한 권리정지조치의 갈마는 해제 할 수 없다.

11) 일반수행승으로부터 인사를 받고,
12) 일어나 맞이함을 받고,
13) 합장을 받고,
14) 공경을 받고,
15) 좌구를 대접받는 것이다.

수행승들이여, 이러한 다섯 가지 고리를 갖춘 수행승에게 죄를 인지하지 못하는 것에 대한 권리정지조치의 갈마는 해제 할 수 없다.

4. 수행승들이여, 다른 다섯 가지 고리를 갖춘 수행승에게 죄를 인지하지 못하는 것에 대한 권리정지조치의 갈마는 해제 할 수 없다.

16) 일반수행승으로부터[24] 와구를 대접받고,
17) 세족수를 대접받고,
18) 족대와 발수건을 대접받고,
19) 발우와 가사의 영접을 받고,
20) 목욕시에 맛사지를 받는 것이다.

수행승들이여, 이러한 다섯 가지 고리를 갖춘 수행승에게 죄를 인지하지 못하는 것에 대한 권리정지조치의 갈마는 해제 할 수 없다.

5. 수행승들이여, 또 다른 다섯 가지 고리를 갖춘 수행승에게 죄를 인지하지 못하는 것에 대한 권리정지조치의 갈마는 해제 할 수 없다.

21) 일반수행승을 계행이 어긋났다고 비방하고,
22) 덕행이 어긋났다고 비방하고,
23) 견해가 어긋났다고 비방하고,
24) 생활이 어긋났다고 비방하고,
25) 수행승을 수행승과 이간시키는 것이다.

수행승들이여, 이러한 다섯 가지 고리를 갖춘 수행승에게 죄를 인지하지 못하는 것에 대한 권리정지조치의 갈마는 해제 할 수 없다.

6. 수행승들이여, 다른 다섯 가지 고리를 갖춘 수행승에게 죄를 인지하지 못하는 것에 대한 권리정지조치의 갈마는 해제 할 수 없다.

26) 재가자의 상징을 착용하고,
27) 이교도의 상징을 착용하고,
28) 이교도를 섬기고,

29) 수행승을 섬기지 않고,
30) 수행승의 학습계율을 배우지 않는 것이다.

수행승들이여, 이러한 다섯 가지 고리를 갖춘 수행승에게 죄를 인지하지 못하는 것에 대한 권리정지조치의 갈마는 해제 할 수 없다.

7. 수행승들이여, 다른 다섯 가지 고리를 갖춘 수행승에게 죄를 인지하지 못하는 것에 대한 권리정지조치의 갈마는 해제 할 수 없다.

31) 일반수행승과 함께 동일한 처소에서 지내고,
32) 동일한 지붕아래 처소가 아닌 곳에 지내고,
33) 동일한 지붕아래 처소 혹은 처소가 아닌 곳에 지내고,
34) 일반수행승을 보아도 자리에서 일어나지 않고,
35) 일반수행승을 안팎으로 비방하는 것이다.

수행승들이여, 이러한 다섯 가지 고리를 갖춘 수행승에게 죄를 인지하지 못하는 것에 대한 권리정지조치의 갈마는 해제 할 수 없다.

8. 수행승들이여, 또한 열덟 가지 고리를 갖춘 수행승에게 죄를 인지하지 못하는 것에 대한 권리정지조치의 갈마는 해제 할 수 없다.

36) 일반수행승의 포살을 차단시키고,
37) 자자를 차단시키고,
38) 명령을 내리고,
39) 권위를 세우고,
40) 허락을 얻고,
41) 질책하고,
42) 기억을 확인하고,
43) 수행승들과 다투는 것이다.

수행승들이여, 이러한 다섯 가지 고리를 갖춘 수행승에게 죄를 인지하지 못하는 것에 대한 권리정지조치의 갈마는 해제 할 수 없다.”

죄를 인지하지 못하는 것에 대한 권리정지조치의 갈마에서 해제할 수 없는 마흔세 가지 경우가 끝났다.

29. 해제할 수 있는 마흔세 가지 경우(Paṭippassambhetabbatecattārīsaka)

1. [세존] “수행승들이여, 다섯 가지 고리를 갖춘 수행승에게 죄를 인지하지 못하는 것에 대한 권리정지조치의 갈마는 해제할 수 있다.

1) 구족계를 주지 않고,

2) 의지를 주지 않고,

3) 사미를 두지 않고,

4) 수행녀들의 교계에 선정을 받지 않고,

5) 선정되더라도 수행녀들을 교계하지 않는 것이다.

수행승들이여, 이와 같은 다섯 가지 고리를 갖춘 수행승에게 죄를 인지하지 못하는 것에 대한 권리정지조치의 갈마는 해제할 수 있다.

2. 수행승들이여, 다른 다섯 가지 고리를 갖춘 수행승에게 죄를 인지하지 못하는 것에 대한 권리정지조치의 갈마는 해제할 수 있다.

6) 참모임으로부터 죄를 인지하지 못하는 것에 대한 권리정지조치의 갈마를 받은 그 죄를 짓지 않고,

7) 다른 그와 유사한 죄를 짓지 않고,

8) 그보다 악한 죄를 짓지 않고,

9) 갈마를 매도하지 않고,

10) 갈마를 주는 자를 매도하지 않는 것이다.

수행승들이여, 이와 같은 다섯 가지 고리를 갖춘 수행승에게 죄를 인지하지 못하는 것에 대한 권리정지조치의 갈마는 해제할 수 있다.

3. 수행승들이여, 다른 다섯 가지 고리를 갖춘 수행승에게 죄를 인지하지 못하는 것에 대한 권리정지조치의 갈마는 해제할 수 있다.

11) 일반수행승으로부터 인사를 받지 않고,

12) 일어나 맞이함을 받지 않고,

13) 합장을 받지 않고,

14) 공경을 받지 않고,

15) 좌구를 대접받지 않는 것이다.

수행승들이여, 이와 같은 다섯 가지 고리를 갖춘 수행승에게 죄를 인지하지 못하는 것에 대한 권리정지조치의 갈마는 해제할 수 있다.

4. 수행승들이여, 다른 다섯 가지 고리를 갖춘 수행승에게 죄를 인지하지 못하는 것에 대한 권리정지조치의 갈마는 해제할 수 있다.

16) 와구를 대접받지 않고,

17) 세족수를 대접받지 않고,

18) 족대와 발수건을 대접받지 않고,

19) 발우와 가사의 영접을 받지 않고,

20) 목욕시에 맛사지를 받지 않는 것이다.

수행승들이여, 이와 같은 다섯 가지 고리를 갖춘 수행승에게 죄를 인지하지 못하는 것에 대한 권리정지조치의 갈마는 해제할 수 있다.

5. 수행승들이여, 다른 다섯 가지 고리를 갖춘 수행승에게 죄를 인지하지 못하는 것에 대한 권리정지조치의 갈마는 해제할 수 있다.

21) 일반수행승을 계행이 어긋났다고 비방하지 않고,

22) 덕행이 어긋났다고 비방하지 않고,

23) 견해가 어긋났다고 비방하지 않고,

24) 생활이 어긋났다고 비방하지 않고,

25) 수행승을 수행승과 이간시키지 않는 것이다.

수행승들이여, 이와 같은 다섯 가지 고리를 갖춘 수행승에게 죄를 인지하지 못하는 것에 대한 권리정지조치의 갈마는 해제할 수 있다.

6. 수행승들이여, 다른 다섯 가지 고리를 갖춘 수행승에게 죄를 인지하지 못하는 것에 대한 권리정지조치의 갈마는 해제할 수 있다.

26) 재가자의 상징을 착용하지 않고,

27) 이교도의 상징을 착용하지 않고,

28) 이교도를 섬기지 않고,

29) 수행승을 섬기고,

30) 수행승의 학습계율을 배우는 것이다.

수행승들이여, 이와 같은 다섯 가지 고리를 갖춘 수행승에게 죄를 인지하지 못하는 것에 대한 권리정지조치의 갈마는 해제할 수 있다.

7. 수행승들이여, 다른 다섯 가지 고리를 갖춘 수행승에게 죄를 인지하지 못하는 것에 대한 권리정지조치의 갈마는 해제할 수 있다.

31) 일반수행승과 함께 동일한 처소에서 지내지 않고,

32) 동일한 지붕아래 처소가 아닌 곳에 지내지 않고,

33) 동일한 지붕아래 처소 혹은 처소가 아닌 곳에 지내지 않고,

34) 일반수행승을 보면 자리에서 일어난다.

35) 일반수행승을 안팎으로 비방하지 않는 것이다.

수행승들이여, 이와 같은 다섯 가지 고리를 갖춘 수행승에게 죄를 인지하지

못하는 것에 대한 권리정지조치의 갈마는 해제할 수 있다.

8. 수행승들이여, 또한 여덟 가지 고리를 갖춘 수행승에게 죄를 인지하지 못하는 것에 대한 권리정지조치의 갈마는 해제할 수 있다.

36) 일반수행승의 포살을 차단시키지 않고,

37) 자자를 차단시키지 않고,

38) 명령을 내리지 않고,

39) 권위를 세우지 않고,

40) 허가를 받지 않고,

41) 질책하지 않고,

42) 기억을 확인하지 않고,

43) 수행승들과 다투지 않는 것이다.

수행승들이여, 이와 같은 여덟 가지 고리를 갖춘 수행승에게 죄를 인지하지 못하는 것에 대한 권리정지조치의 갈마는 해제할 수 있다."

죄를 인지하지 못하는 것에 대한 권리정지조치의 갈마에서의 해제할 수 있는 마흔세 가지 경우가 끝났다.

30. 권리정지조치의 갈마의 해제(Ukkhepanīyakammapaṭippassambhana)

1. [세존] "수행승들이여, 이와 같이 해제해야 한다. 수행승들이여, 그 수행승 찬나는 참모임을 찾아가서 한쪽 어깨에 상의를 걸치고 연상의 수행승들의 양 발에 머리를 조아린 뒤에 웅크리고 앉아 합장하여 이와 같이 말해야 한다.

[청원1] '존자들이여, 저는 참모임으로부터 죄를 인지하지 못하는 것에 대한 권리정지조치의 갈마를 받고 올바로 처신하고, 근신하고, 속죄했습니다. 존자들이여, 이제 저는 죄를 인지하지 못하는 것에 대한 권리정지조치의 갈마의 해제를 청합니다.'

[청원2] '존자들이여, 저는 참모임으로부터 죄를 인지하지 못하는 것에 대한 권리정지조치의 갈마를 받고 올바로 처신하고, 근신하고, 속죄했습니다. 존자들이여, 두 번째에도 저는 죄를 인지하지 못하는 것에 대한 권리정지조치의 갈마의 해제를 청합니다.'

[청원3] '존자들이여, 저는 참모임으로부터 죄를 인지하지 못하는 것에 대한 권리정지조치의 갈마를 받고 올바로 처신하고, 근신하고, 속죄했습니다. 존자들이여, 세 번째에도 저는 죄를 인지하지 못하는 것에 대한 권리정지조치의 갈마의 해제를 청합니다.'

2 총명하고 유능한 수행승이 참모임에 알려야 한다.

[제안] '존자들이여, 참모임은 제 말에 귀를 기울이십시오. 이 수행승 찬나는 참모임으로부터 죄를 인지하지 못하는 것에 대한 권리정지조치의 갈마를 받고 올바로 처신하고, 근신하고, 속죄했습니다. 죄를 인지하지 못하는 것에 대한 권리정지조치의 갈마의 해제를 청합니다. 만약 참모임에 옳은 일이라면, 참모임은 이 수행승 찬나에 대하여 죄를 인지하지 못하는 것에 대한 권리정지조치의 갈마를 해제하겠습니다. 이것이 제안입니다.'

[제청1] '존자들이여, 참모임은 제 말에 귀를 기울이십시오. 이 수행승 찬나는 참모임으로부터 죄를 인지하지 못하는 것에 대한 권리정지조치의 갈마를 받고 올바로 처신하고, 근신하고, 속죄했습니다. 죄를 인지하지 못하는 것에 대한 권리정지조치의 갈마의 해제를 청하고 있습니다. 참모임은 이 수행승 찬나에 대하여 죄를 인지하지 못하는 것에 대한 권리정지조치의 갈마를 해제합니다. 존자들 가운데 누구든지 이 수행승 찬나에 대하여 죄를 인지하지 못하는 것에 대한 권리정지조치의 갈마를 해제하는 것에 동의하면 침묵하시고, 이견이 있으면 말씀하십시오.'

[제청2] '두 번째에도 저는 이 사실을 말합니다. 존자들이여, 참모임은 제 말에 귀를 기울이십시오. 이 수행승 찬나는 참모임으로부터 죄를 인지하지 못하는 것에 대한 권리정지조치의 갈마를 받고 올바로 처신하고, 근신하고, 속죄했습니다. 죄를 인지하지 못하는 것에 대한 권리정지조치의 갈마의 해제를 청하고 있습니다. 참모임은 이 수행승 찬나에 대하여 죄를 인지하지 못하는 것에 대한 권리정지조치의 갈마를 해제합니다. 존자들 가운데 누구든지 이 수행승 찬나에 대하여 죄를 인지하지 못하는 것에 대한 권리정지조치의 갈마를 해제하는 것에 동의하면 침묵하시고, 이견이 있으면 말씀하십시오.'

[제청3] '세 번째에도 저는 이 사실을 말합니다. 존자들이여, 참모임은 제 말에 귀를 기울이십시오. 이 수행승 찬나는 참모임으로부터 죄를 인지하지 못하는 것에 대한 권리정지조치의 갈마를 받고 올바로 처신하고, 근신하고, 속죄했습니다. 죄를 인지하지 못하는 것에 대한 권리정지조치의 갈마의 해제를 청하고 있습니다. 참모임은 이 수행승 찬나에 대하여 죄를 인지하지 못하는 것에 대한 권리정지조치의 갈마를 해제합니다. 존자들 가운데 누구든지 이 수행승 찬나에 대하여 죄를 인지하지 못하는 것에 대한 권리정지조치의 갈마를 해제하는 것에 동의하면 침묵하시고, 이견이 있으면 말씀하십시오.'

[결정] '참모임은 수행승 찬나에 대하여 죄를 인지하지 못하는 것에 대한 권리정지조치의 갈마를 해제했습니다. 참모임이 찬성하여 침묵했으므로, 저는 그와 같이 알겠습니다.'"

죄를 인지하지 못하는 것에 대한 권리정지조치의 갈마의 해제가 끝났다.
다섯 번째 송출품 죄를 인지하지 못하는 것에 대한 권리정지조치의 갈마가 끝났다

VI 여섯 번째 송출품 권리정지조치②[115](Chaṭṭhamabhāṇavāra Ukkhepanīya② : 31)

31₁. 권리정지조치의 갈마의 인연(Ukkhepanīyakammanidāna)

1. 한때[25] 부처님인 세존께서 꼬쌈비 시의 고씨따라마 승원에 계셨다. 그런데 그때 존자 찬나가 죄를 짓고도 죄를 참회하려고 원하지 않았다. 수행승들 가운데 욕망을 여의고, 만족을 알고, 부끄러움을 알고, 후회할 줄 알고 배움을 원하는 자들은 그에 대하여 혐책하고 분개하고 비난했다.

[수행승들] "어찌 수행승 찬나는 죄를 짓고도 죄를 참회하려고 원하지 않는단 말인가?"

그래서 그 수행승들은 세존께 그 사실을 알렸다. 그러자 세존께서는 이것을 기회로 이것을 원인으로 수행승들의 참모임을 불러 모아 수행승들에게 물었다.

[세존] "수행승들이여, 수행승 찬나는 죄를 짓고도 죄를 참회하려고 원하지 않는다는 것이 사실인가?"

[수행승들] "세존이시여, 사실입니다."

존귀하신 부처님께서는 견책했다.

[세존] "수행승들이여, 어찌 그 어리석은 자가 죄를 짓고도 죄를 참회하려고 원하지 않는단 말인가? 수행승들이여, 그것은 아직 청정한 믿음이 없는 자를 청정한 믿음으로 이끌고, 이미 청정한 믿음이 있는 자를 더욱더 청정한 믿음으로 이끄는 것이 아니다. 수행승들이여, 그것은 오히려, 아직 청정한 믿음이 없는 자를 불신으로 이끌고, 이미 청정한 믿음이 있는 자 가운데 어떤 자들을 타락시키는 것이다."

그리고 세존께서는 수행승 찬나를 여러 가지 방편으로 견책하여, 키우기 어렵고 부양하기 어렵고 욕심이 많고 만족을 모르고 교제를 좋아하고 나태한 것에 대하여 질책하고, 여러 가지 법문으로 고무하여, 키우기 쉽고 부양하기 쉽고 욕심

115) ukkhepanīya② : 죄를 참회하지 못하는 것에 대한 권리정지조치의 갈마(Āpattiyā appaṭikamme ukkhepanīya kammaṃ)를 말한다.

을 여의고, 만족을 알고, 버리고 없애는 삶을 살고, 두타행을 하고, 청정한 믿음이 있고, 쌓아 모으지 않고, 용맹정진하는 것을 칭찬하고, 수행승들을 위하여 그에 알맞고 그에 걸맞게 경책하여 법문을 하고 수행승들에게 일렀다.

[세존] "수행승들이여, 그렇다면 참모임은 수행승 찬나에게 참모임과의 향유를 차단하고 죄를 참회하지 못하는 것에 대한 권리정지조치의 갈마를 행해야 한다."

2. [세존] "수행승들이여, 그런데 이와 같이 행해야 한다. 먼저 수행승 찬나는 비난받아야 하고, 비난받은 후에 기억이 확인되어야 하고, 기억이 확인된 후에 죄가 추징되어야 하고, 죄가 추징된 후에 총명하고 유능한 수행승이 참모임에 알려야 한다.

[제안] '존자들이여, 참모임은 제 말에 귀를 기울이십시오. 이 수행승 찬나는 죄를 짓고도 죄를 참회하려고 원하지 않습니다. 만약 참모임에 옳은 일이라면, 참모임은 수행승 찬나에게 참모임과의 향유를 차단하고 죄를 참회하지 못하는 것에 대한 권리정지조치의 갈마를 행하겠습니다. 이것이 제안입니다.'

[제청1] '존자들이여, 참모임은 제 말에 귀를 기울이십시오. 이 수행승 찬나는 죄를 짓고도 죄를 참회하려고 원하지 않습니다. 참모임은 수행승 찬나에게 참모임과의 향유를 차단하고 죄를 참회하지 못하는 것에 대한 권리정지조치의 갈마를 행합니다. 존자들 가운데 누구든지 수행승 찬나에게 참모임과의 향유를 차단하고 죄를 참회하지 못하는 것에 대한 권리정지조치의 갈마를 행하는 것에 동의하면 침묵하시고, 이견이 있으면 말씀하십시오.'

[제청2] '두 번째에도 저는 이 사실을 말합니다. 존자들이여, 참모임은 제 말에 귀를 기울이십시오. 이 수행승 찬나는 죄를 짓고도 죄를 참회하려고 원하지 않습니다. 참모임은 수행승 찬나에게 참모임과의 향유를 차단하고 죄를 참회하지 못하는 것에 대한 권리정지조치의 갈마를 행합니다. 존자들 가운데 누구든지 수행승 찬나에게 참모임과의 향유를 차단하고 죄를 참회하지 못하는 것에 대한 권리정지조치의 갈마를 행하는 것에 동의하면 침묵하시고, 이견이 있으면 말씀하십시오.'

[제청3] '세 번째에도 저는 이 사실을 말합니다. 존자들이여, 참모임은 제 말에 귀를 기울이십시오. 이 수행승 찬나는 죄를 짓고도 죄를 참회하려고 원하지 않습니다. 참모임은 수행승 찬나에게 참모임과의 향유를 차단하고 죄를 참회하지 못하는 것에 대한 권리정지조치의 갈마를 행합니다. 존자들 가운데 누구든지 수행승 찬나에게 참모임과의 향유를 차단하고 죄를 참회하지 못하는 것에 대한

권리정지조치의 갈마를 행하는 것에 동의하면 침묵하시고, 이견이 있으면 말씀하십시오.'

[결정] '참모임은 수행승 찬나에게 참모임과의 향유를 차단하고 죄를 참회하지 못하는 것에 대한 권리정지조치의 갈마를 행했습니다. 참모임이 찬성하여 침묵했으므로, 저는 그와 같이 알겠습니다.'

수행승들이여, 처소에서 다른 처소로 이와 같이 '수행승 찬나는 참모임과의 향유를 차단하고 죄를 참회하지 못하는 것에 대한 권리정지조치의 갈마를 받았다.'라고 전하라."

죄를 참회하지 못하는 것에 대한 권리정지조치의 갈마의 인연이 끝났다.

31₂. 열두 가지 원칙에 맞지 않는 갈마(Adhammakammadvādasaka)

1. [세존] "수행승들이여, 세 가지 고리를 갖춘 죄를 참회하지 못하는 것에 대한 권리정지조치의 갈마는 원칙에 맞지 않는 갈마이고 계율에 맞지 않는 갈마로서 잘 성취되기 어렵다.

1) 현전에 입각하지 않고 행하고,

2) 질문에 근거하지 않고 행하고,

3) 자인에 입각하지 않고 행하는 것이다.

수행승들이여, 이러한 세 가지 고리를 갖춘 죄를 참회하지 못하는 것에 대한 권리정지조치의 갈마는 원칙에 맞지 않는 갈마이고 계율에 맞지 않는 갈마로서 잘 성취되기 어렵다.

2. 수행승들이여, 또한 세 가지 고리를 갖춘 죄를 참회하지 못하는 것에 대한 권리정지조치의 갈마는 원칙에 맞지 않는 갈마이고 계율에 맞지 않는 갈마로서 잘 성취되기 어렵다.

1) 죄가 없는데 행하고,

2) 죄가 참회로 이끌어지지 않는데 행하고,

3) 죄가 이미 참회되었는데 행하는 것이다.

수행승들이여, 이러한 세 가지 고리를 갖춘 죄를 참회하지 못하는 것에 대한 권리정지조치의 갈마는 원칙에 맞지 않는 갈마이고 계율에 맞지 않는 갈마로서 잘 성취되기 어렵다.

3. 수행승들이여, 또한 세 가지 고리를 갖춘 죄를 참회하지 못하는 것에 대한 권리정지조치의 갈마는 원칙에 맞지 않는 갈마이고 계율에 맞지 않는 갈마로서 잘

성취되기 어렵다.

1) 질책하지 않고 행하고,

2) 기억을 확인하지 않고 행하고,

3) 죄를 거론하지 않고 행하는 것이다.

수행승들이여, 이러한 세 가지 고리를 갖춘 죄를 참회하지 못하는 것에 대한 권리정지조치의 갈마는 원칙에 맞지 않는 갈마이고 계율에 맞지 않는 갈마로서 잘 성취되기 어렵다.

4. 수행승들이여, 또한 세 가지 고리를 갖춘 죄를 참회하지 못하는 것에 대한 권리정지조치의 갈마는 원칙에 맞지 않는 갈마이고 계율에 맞지 않는 갈마로서 잘 성취되기 어렵다.

1) 현전에 입각하지 않고 행하고,

2) 원칙에 맞지 않게 행하고,

3) 모임이 불완전하게 행하는 것이다.

수행승들이여, 이러한 세 가지 고리를 갖춘 죄를 참회하지 못하는 것에 대한 권리정지조치의 갈마는 원칙에 맞지 않는 갈마이고 계율에 맞지 않는 갈마로서 잘 성취되기 어렵다.

5. 수행승들이여, 또한 세 가지 고리를 갖춘 죄를 참회하지 못하는 것에 대한 권리정지조치의 갈마는 원칙에 맞지 않는 갈마이고 계율에 맞지 않는 갈마로서 잘 성취되기 어렵다.

1) 질문에 근거하지 않고 행하고,

2) 원칙에 맞지 않게 행하고,

3) 모임이 불완전하게 행하는 것이다.

수행승들이여, 이러한 세 가지 고리를 갖춘 죄를 참회하지 못하는 것에 대한 권리정지조치의 갈마는 원칙에 맞지 않는 갈마이고 계율에 맞지 않는 갈마로서 잘 성취되기 어렵다.

6. 수행승들이여, 또한 세 가지 고리를 갖춘 죄를 참회하지 못하는 것에 대한 권리정지조치의 갈마는 원칙에 맞지 않는 갈마이고 계율에 맞지 않는 갈마로서 잘 성취되기 어렵다.

1) 자인에 입각하지 않고 행하고,

2) 원칙에 맞지 않게 행하고,

3) 모임이 불완전하게 행하는 것이다.

수행승들이여, 이러한 세 가지 고리를 갖춘 죄를 참회하지 못하는 것에 대한 권리정지조치의 갈마는 원칙에 맞지 않는 갈마이고 계율에 맞지 않는 갈마로서 잘 성취되기 어렵다.

7. 수행승들이여, 또한 세 가지 고리를 갖춘 죄를 참회하지 못하는 것에 대한 권리정지조치의 갈마는 원칙에 맞지 않는 갈마이고 계율에 맞지 않는 갈마로서 잘 성취되기 어렵다.

1) 죄가 없는데 행하고,

2) 원칙에 맞지 않게 행하고,

3) 모임이 불완전하게 행하는 것이다.

수행승들이여, 이러한 세 가지 고리를 갖춘 죄를 참회하지 못하는 것에 대한 권리정지조치의 갈마는 원칙에 맞지 않는 갈마이고 계율에 맞지 않는 갈마로서 잘 성취되기 어렵다.

8. 수행승들이여, 또한 세 가지 고리를 갖춘 죄를 참회하지 못하는 것에 대한 권리정지조치의 갈마는 원칙에 맞지 않는 갈마이고 계율에 맞지 않는 갈마로서 잘 성취되기 어렵다.

1) 죄가 참회로 이끌어지지 않는데 행하고,

2) 원칙에 맞지 않게 행하고,

3) 모임이 불완전하게 행하는 것이다.

수행승들이여, 이러한 세 가지 고리를 갖춘 죄를 참회하지 못하는 것에 대한 권리정지조치의 갈마는 원칙에 맞지 않는 갈마이고 계율에 맞지 않는 갈마로서 잘 성취되기 어렵다.

9. 수행승들이여, 또한 세 가지 고리를 갖춘 죄를 참회하지 못하는 것에 대한 권리정지조치의 갈마는 원칙에 맞지 않는 갈마이고 계율에 맞지 않는 갈마로서 잘 성취되기 어렵다.

1) 죄가 참회되었는데 행하고,

2) 원칙에 맞지 않게 행하고,

3) 모임이 불완전하게 행하는 것이다.

수행승들이여, 이러한 세 가지 고리를 갖춘 죄를 참회하지 못하는 것에 대한 권리정지조치의 갈마는 원칙에 맞지 않는 갈마이고 계율에 맞지 않는 갈마로서 잘 성취되기 어렵다.

10. 수행승들이여, 또한 세 가지 고리를 갖춘 죄를 참회하지 못하는 것에 대한 권리정지조치의 갈마는 원칙에 맞지 않는 갈마이고 계율에 맞지 않는 갈마로서 잘 성취되기 어렵다.

1) 질책하지 않고 행하고,

2) 원칙에 맞지 않게 행하고,

3) 모임이 불완전하게 행하는 것이다.

수행승들이여, 이러한 세 가지 고리를 갖춘 죄를 참회하지 못하는 것에 대한 권리정지조치의 갈마는 원칙에 맞지 않는 갈마이고 계율에 맞지 않는 갈마로서 잘 성취되기 어렵다.

11. 수행승들이여, 또한 세 가지 고리를 갖춘 죄를 참회하지 못하는 것에 대한 권리정지조치의 갈마는 원칙에 맞지 않는 갈마이고 계율에 맞지 않는 갈마로서 잘 성취되기 어렵다.

1) 기억을 확인하지 않고 행하고,

2) 원칙에 맞지 않게 행하고,

3) 모임이 불완전하게 행하는 것이다.

수행승들이여, 이러한 세 가지 고리를 갖춘 죄를 참회하지 못하는 것에 대한 권리정지조치의 갈마는 원칙에 맞지 않는 갈마이고 계율에 맞지 않는 갈마로서 잘 성취되기 어렵다.

12. 수행승들이여, 또한 세 가지 고리를 갖춘 죄를 참회하지 못하는 것에 대한 권리정지조치의 갈마는 원칙에 맞지 않는 갈마이고 계율에 맞지 않는 갈마로서 잘 성취되기 어렵다.

1) 죄를 거론하지 않고 행하고,

2) 원칙에 맞지 않게 행하고,

3) 모임이 불완전하게 행하는 것이다.

수행승들이여, 이러한 세 가지 고리를 갖춘 죄를 참회하지 못하는 것에 대한 권리정지조치의 갈마는 원칙에 맞지 않는 갈마이고 계율에 맞지 않는 갈마로서 잘 성취되기 어렵다."

죄를 참회하지 못하는 것에 대한 권리정지조치의 갈마에서의 열두 가지 원칙에 맞지 않는 갈마가 끝났다.

31$_3$. 열두 가지 원칙에 맞는 갈마(Dhammakammadvādasaka)

1. 수행승들이여, 세 가지 고리를 갖춘 죄를 참회하지 못하는 것에 대한 권리정지조치의 갈마는 원칙에 맞는 갈마이고 계율에 맞는 갈마로서 잘 성취된다.

1) 현전에 입각하여 행하고,

2) 질문에 근거하여 행하고,

3) 자인에 입각해서 행하는 것이다.

수행승들이여, 이러한 세 가지 고리를 갖춘 죄를 참회하지 못하는 것에 대한 권리정지조치의 갈마는 원칙에 맞는 갈마이고 계율에 맞는 갈마로서 잘 성취된다.

2. 수행승들이여, 또한 세 가지 고리를 갖춘 죄를 참회하지 못하는 것에 대한 권리정지조치의 갈마는 원칙에 맞는 갈마이고 계율에 맞는 갈마로서 잘 성취된다.

1) 죄가 있을 때 행하고,

2) 죄가 참회로 이끌어지도록 행하고,

3) 죄가 아직 참회되지 않아 행하는 것이다.

수행승들이여, 이러한 세 가지 고리를 갖춘 죄를 참회하지 못하는 것에 대한 권리정지조치의 갈마는 원칙에 맞는 갈마이고 계율에 맞는 갈마로서 잘 성취된다.

3. 수행승들이여, 또한 세 가지 고리를 갖춘 죄를 참회하지 못하는 것에 대한 권리정지조치의 갈마는 원칙에 맞는 갈마이고 계율에 맞는 갈마로서 잘 성취된다.

1) 질책하고 행하고,

2) 기억을 확인하고 행하고,

3) 죄를 거론하고 행하는 것이다.

수행승들이여, 이러한 세 가지 고리를 갖춘 죄를 참회하지 못하는 것에 대한 권리정지조치의 갈마는 원칙에 맞는 갈마이고 계율에 맞는 갈마로서 잘 성취된다.

4. 수행승들이여, 또한 세 가지 고리를 갖춘 죄를 참회하지 못하는 것에 대한 권리정지조치의 갈마는 원칙에 맞는 갈마이고 계율에 맞는 갈마로서 잘 성취된다.

1) 현전에 입각하고 행하고,

2) 원칙에 맞게 행하고,

3) 모임이 완전하게 행하는 것이다.

수행승들이여, 이러한 세 가지 고리를 갖춘 죄를 참회하지 못하는 것에 대한 권리정지조치의 갈마는 원칙에 맞는 갈마이고 계율에 맞는 갈마로서 잘 성취된다.

5. 수행승들이여, 또한 세 가지 고리를 갖춘 죄를 참회하지 못하는 것에 대한 권리

정지조치의 갈마는 원칙에 맞는 갈마이고 계율에 맞는 갈마로서 잘 성취된다.
1) 질문에 근거하여 행하고,
2) 원칙에 맞게 행하고,
3) 모임이 완전하게 행하는 것이다.

수행승들이여, 이러한 세 가지 고리를 갖춘 죄를 참회하지 못하는 것에 대한 권리정지조치의 갈마는 원칙에 맞는 갈마이고 계율에 맞는 갈마로서 잘 성취된다.

6. 수행승들이여, 또한 세 가지 고리를 갖춘 죄를 참회하지 못하는 것에 대한 권리정지조치의 갈마는 원칙에 맞는 갈마이고 계율에 맞는 갈마로서 잘 성취된다.
1) 자인에 입각하여 행하고,
2) 원칙에 맞게 행하고,
3) 모임이 완전하게 행하는 것이다.

수행승들이여, 이러한 세 가지 고리를 갖춘 죄를 참회하지 못하는 것에 대한 권리정지조치의 갈마는 원칙에 맞는 갈마이고 계율에 맞는 갈마로서 잘 성취된다.

7. 수행승들이여, 또한 세 가지 고리를 갖춘 죄를 참회하지 못하는 것에 대한 권리정지조치의 갈마는 원칙에 맞는 갈마이고 계율에 맞는 갈마로서 잘 성취된다.
1) 죄가 있을 때 행하고,
2) 원칙에 맞게 행하고,
3) 모임이 완전하게 행하는 것이다.

수행승들이여, 이러한 세 가지 고리를 갖춘 죄를 참회하지 못하는 것에 대한 권리정지조치의 갈마는 원칙에 맞는 갈마이고 계율에 맞는 갈마로서 잘 성취된다.

8. 수행승들이여, 또한 세 가지 고리를 갖춘 죄를 참회하지 못하는 것에 대한 권리정지조치의 갈마는 원칙에 맞는 갈마이고 계율에 맞는 갈마로서 잘 성취된다.
1) 죄가 참회로 이끌어지도록 행하고,
2) 원칙에 맞게 행하고,
3) 모임이 완전하게 행하는 것이다.

수행승들이여, 이러한 세 가지 고리를 갖춘 죄를 참회하지 못하는 것에 대한 권리정지조치의 갈마는 원칙에 맞는 갈마이고 계율에 맞는 갈마로서 잘 성취된다.

9. 수행승들이여, 또한 세 가지 고리를 갖춘 죄를 참회하지 못하는 것에 대한 권리정지조치의 갈마는 원칙에 맞는 갈마이고 계율에 맞는 갈마로서 잘 성취된다.
1) 죄가 아직 참회되지 않아 행하고,

2) 원칙에 맞게 행하고,

3) 모임이 완전하게 행하는 것이다.

수행승들이여, 이러한 세 가지 고리를 갖춘 죄를 참회하지 못하는 것에 대한 권리정지조치의 갈마는 원칙에 맞는 갈마이고 계율에 맞는 갈마로서 잘 성취된다.

10. 수행승들이여, 또한 세 가지 고리를 갖춘 죄를 참회하지 못하는 것에 대한 권리정지조치의 갈마는 원칙에 맞는 갈마이고 계율에 맞는 갈마로서 잘 성취된다.

1) 질책하고 행하고,

2) 원칙에 맞게 행하고,

3) 모임이 완전하게 행하는 것이다.

수행승들이여, 이러한 세 가지 고리를 갖춘 죄를 참회하지 못하는 것에 대한 권리정지조치의 갈마는 원칙에 맞는 갈마이고 계율에 맞는 갈마로서 잘 성취된다.

11. 수행승들이여, 또한 세 가지 고리를 갖춘 죄를 참회하지 못하는 것에 대한 권리정지조치의 갈마는 원칙에 맞는 갈마이고 계율에 맞는 갈마로서 잘 성취된다.

1) 기억을 확인하고 행하고,

2) 원칙에 맞게 행하고,

3) 모임이 완전하게 행하는 것이다.

수행승들이여, 이러한 세 가지 고리를 갖춘 죄를 참회하지 못하는 것에 대한 권리정지조치의 갈마는 원칙에 맞는 갈마이고 계율에 맞는 갈마로서 잘 성취된다.

12. 수행승들이여, 또한 세 가지 고리를 갖춘 죄를 참회하지 못하는 것에 대한 권리정지조치의 갈마는 원칙에 맞는 갈마이고 계율에 맞는 갈마로서 잘 성취된다.

1) 죄를 거론하고 행하고,

2) 원칙에 맞게 행하고,

3) 모임이 완전하게 행하는 것이다.

수행승들이여, 이러한 세 가지 고리를 갖춘 죄를 참회하지 못하는 것에 대한 권리정지조치의 갈마는 원칙에 맞는 갈마이고 계율에 맞는 갈마로서 잘 성취된다."

죄를 참회하지 못하는 것에 대한 권리정지조치의 갈마에서의 두 가지 원칙에 맞는 갈마가 끝났다.

31_4. 여섯 가지 '원한다면'(Ākaṅkhamānachakka)

1. 수행승들이여, 세 가지 고리를 갖춘 수행승에게 원한다면 참모임은 죄를 참회하지 못하는 것에 대한 권리정지조치의 갈마를 행할 수 있다.

1) 다투고 싸우고 언쟁하고 분쟁하며 참모임에 쟁사를 일으키고,

2) 어리석어 총명하지 못하고 죄가 많고 충고를 받아들이지 않고,
3) 재가자와 부적절한 관계 속에서 재가자와 함께 지내는 것이다.

수행승들이여, 이러한 세 가지 고리를 갖춘 수행승에게 원한다면 참모임은 죄를 참회하지 못하는 것에 대한 권리정지조치의 갈마를 행할 수 있다.

2. 수행승들이여, 또한 세 가지 고리를 갖춘 수행승에게 원한다면 참모임은 죄를 참회하지 못하는 것에 대한 권리정지조치의 갈마를 행할 수 있다.
1) 훌륭한 계행을 두고 계행을 어기고,
2) 훌륭한 행동을 두고 사행에 빠지고,
3) 훌륭한 견해를 두고 사견에 떨어지는 것이다.

수행승들이여, 이러한 세 가지 고리를 갖춘 수행승에게 원한다면 참모임은 죄를 참회하지 못하는 것에 대한 권리정지조치의 갈마를 행할 수 있다.

3. 수행승들이여, 또한 세 가지 고리를 갖춘 수행승에게 원한다면 참모임은 죄를 참회하지 못하는 것에 대한 권리정지조치의 갈마를 행할 수 있다.
1) 부처님을 비방하고,
2) 가르침을 비방하고,
3) 참모임을 비방하는 것이다.

수행승들이여, 이러한 세 가지 고리를 갖춘 수행승에게 원한다면 참모임은 죄를 참회하지 못하는 것에 대한 권리정지조치의 갈마를 행할 수 있다.

4. 수행승들이여, 또한 세 종류의 수행승에게 원한다면 참모임은 죄를 참회하지 못하는 것에 대한 권리정지조치의 갈마를 행할 수 있다.
1) 다투고 싸우고 언쟁하고 분쟁하며 참모임에 쟁사를 일으키는 자와
2) 어리석어 총명하지 못하고 죄가 많고 충고를 받아들이지 않는 자와
3) 재가자와 부적절한 관계 속에서 재가자와 함께 지내는 자이다.

수행승들이여, 이러한 세 종류의 수행승에게 원한다면 참모임은 죄를 참회하지 못하는 것에 대한 권리정지조치의 갈마를 행할 수 있다.

5. 수행승들이여, 또한 세 종류의 수행승에게 원한다면 참모임은 죄를 참회하지 못하는 것에 대한 권리정지조치의 갈마를 행할 수 있다.
1) 훌륭한 계행을 두고 계행을 어기는 자와
2) 훌륭한 행동을 두고 사행에 빠지는 자와
3) 훌륭한 견해를 두고 사견에 떨어지는 자이다.

수행승들이여, 이러한 세 종류의 수행승에게 원한다면 참모임은 죄를 참회하지 못하는 것에 대한 권리정지조치의 갈마를 행할 수 있다.

6. 수행승들이여, 또한 세 종류의 수행승에게 원한다면 참모임은 죄를 참회하지 못하는 것에 대한 권리정지조치의 갈마를 행할 수 있다.

1) 부처님을 비방하는 자와
2) 가르침을 비방하는 자와
3) 참모임을 비방하는 자이다.

수행승들이여, 이러한 세 종류의 수행승에게 원한다면 참모임은 죄를 참회하지 못하는 것에 대한 권리정지조치의 갈마를 행할 수 있다."

죄를 참회하지 못하는 것에 대한 권리정지조치의 갈마와 여섯 가지 '원한다면'이 끝났다.

31₅. 마흔세 가지 의무(Tecattārīsavatta)

1. 수행승들이여, 죄를 참회하지 못하는 것에 대한 권리정지조치의 갈마를 받은 수행승은 올바로 준수해야 한다. 그 경우에 올바로 준수한다는 것은 이와 같다."

2. [세존]

1) 구족계를 주어서는 안 된다.
2) 의지를 주어서는 안 된다.
3) 사미를 두어서는 안 된다.
4) 수행녀들의 교계에 선정을 받아서는 안 된다.
5) 선정되더라도 수행녀들을 교계해서는 안 된다.
6) 참모임으로부터 죄를 참회하지 못하는 것에 대한 권리정지조치의 갈마를 받은 그 죄를 지어서는 안 된다.
7) 다른 그와 유사한 죄를 지어서도 안 된다.
8) 그보다 악한 죄를 지어서도 안 된다.
9) 갈마를 매도해서는 안 된다.
10) 갈마를 주는 자를 매도해서도 안 된다.
11) 일반수행승으로부터 인사를 받아서는 안 된다.
12) 일어나 맞이함을 받아서는 안 된다.
13) 합장을 받아서는 안 된다.
14) 공경을 받아서는 안 된다.
15) 좌구를 대접받아서는 안 된다.

16) 와구를 대접받아서는 안 된다.
17) 세족수를 대접받아서는 안 된다.
18) 족대와 발수건을 대접받아서는 안 된다.
19) 발우와 가사의 영접을 받아서는 안 된다.
20) 목욕시에 맛사지를 받아서는 안 된다.
21) 일반수행승을 계행이 어긋났다고 비방해서는 안 된다.
22) 덕행이 어긋났다고 비방해서는 안 된다.
23) 견해가 어긋났다고 비방해서는 안 된다.
24) 생활이 어긋났다고 비방해서는 안 된다.
25) 수행승을 수행승과 이간시켜서는 안 된다.
26) 재가자의 상징을 착용해서는 안 된다.
27) 이교도의 상징을 착용해서는 안 된다.
28) 이교도를 섬겨서는 안 된다.
29) 수행승을 섬겨야 한다.
30) 수행승의 학습계율을 배워야 한다.
31) 일반수행승과 함께 동일한 처소에서 지내서는 안 된다.
32) 동일한 지붕아래 처소가 아닌 곳에 지내서는 안 된다.
33) 동일한 지붕아래 처소 혹은 처소가 아닌 곳에 지내서는 안 된다.
34) 일반수행승을 보면 자리에서 일어나야 한다.
35) 일반수행승을 안팎으로 비방해서는 안 된다.
36) 일반수행승의 포살을 차단시켜서는 안 된다.
37) 자자를 차단시켜서는 안 된다.
38) 명령을 내려서는 안 된다.
39) 권위를 세워서는 안 된다.
40) 허락을 구해서는 안 된다.
41) 질책해서는 안 된다.
42) 기억을 확인해서는 안 된다.
43) 수행승들과 다투어서는 안 된다.

죄를 참회하지 못하는 것에 대한 권리정지조치의 갈마에서의 마흔세 가지 의무가 끝났다.

3l$_{6}$. 찬나의 올바른 처신(Channasammāvattana)

1. 한때 참모임은 수행승 찬나에게 참모임과의 향유를 차단하고 죄를 참회하지 못하는 것에 대한 권리정지조치의 갈마를 행했다.

1) 그는 참모임으로부터 죄를 참회하지 못하는 것에 대한 권리정지조치의 갈마를 받고 그 처소를 떠나 다른 처소로 갔다. 그곳에서 수행승들은 인사를 하지 않았고, 일어나 맞이하지 않았고, 합장을 하지 않았고, 공경하지 않았고, 존경하지 않았고, 존중하지 않았고, 섬기지 않았고, 공양하지 않았다.

2) 수행승들로부터 존경받지 못하고, 존중받지 못하고, 섬김받지 못하고, 공양받지 못하자, 경멸당한 그는 그 처소를 떠나 또 다른 처소로 갔다. 그곳에서도 수행승들은 인사를 하지 않았고, 일어나 맞이하지 않았고, 합장을 하지 않았고, 공경하지 않았고, 존경하지 않았고, 존중하지 않았고, 섬기지 않았고, 공양하지 않았다.

3) 수행승들로부터 존경받지 못하고, 존중받지 못하고, 섬김받지 못하고, 공양받지 못하자, 경멸당한 그는 그 처소를 떠나 또 다른 처소로 갔다. 그곳에서도 수행승들은 인사를 하지 않았고, 일어나 맞이하지 않았고, 합장을 하지 않았고, 공경하지 않았고, 존경하지 않았고, 존중하지 않았고, 섬기지 않았고, 공양하지 않았다.

수행승들로부터 존경받지 못하고, 존중받지 못하고, 섬김받지 못하고, 공양받지 못하자, 경멸당한 그는 다시 꼬삼비 시로 되돌아왔다.

2. 그는 올바로 처신하고, 근신하고, 속죄했다. 그리고 수행승들을 찾아가서 이와 같이 말했다.

[찬나] "벗들이여, 저는 참모임으로부터 죄를 참회하지 못하는 것에 대한 권리정지조치의 갈마를 받고 올바로 처신하고, 근신하고, 속죄했습니다. 이제 저는 어떻게 해야 합니까?"

세존께 그 사실을 알렸다.

[세존] "수행승들이여, 그렇다면 수행승 찬나에 대하여 죄를 참회하지 못하는 것에 대한 권리정지조치의 갈마를 해제해야 한다."

찬나의 올바른 처신이 끝났다.

3l$_{7}$. 해제할 수 없는 마흔세 가지 경우(Napaṭippassambhetabbatecattārīsaka)

1. 수행승들이여, 다섯 가지 고리를 갖춘 수행승에게 죄를 참회하지 못하는 것에

대한 권리정지조치의 갈마는 해제 할 수 없다.

1) 구족계를 주고,
2) 의지를 주고,
3) 사미를 두고,
4) 수행녀들의 교계에 선정을 받고,
5) 선정되어서 수행녀들을 교계하는 것이다.

수행승들이여, 이러한 다섯 가지 고리를 갖춘 수행승에게 죄를 참회하지 못하는 것에 대한 권리정지조치의 갈마는 해제 할 수 없다.

2. 수행승들이여, 다른 다섯 가지 고리를 갖춘 수행승에게 죄를 참회하지 못하는 것에 대한 권리정지조치의 갈마는 해제 할 수 없다.

6) 참모임으로부터 죄를 참회하지 못하는 것에 대한 권리정지조치의 갈마를 받은 그 죄를 다시 짓고,
7) 다른 그와 유사한 죄를 짓고,
8) 그보다 악한 죄를 짓고,
9) 갈마를 매도하고,
10) 갈마를 주는 자를 매도하는 것이다.

수행승들이여, 이러한 다섯 가지 고리를 갖춘 수행승에게 죄를 참회하지 못하는 것에 대한 권리정지조치의 갈마는 해제 할 수 없다.

3. 수행승들이여, 다른 다섯 가지 고리를 갖춘 수행승에게 죄를 참회하지 못하는 것에 대한 권리정지조치의 갈마는 해제 할 수 없다.

11) 일반수행승으로부터 인사를 받고,
12) 일어나 맞이함을 받고,
13) 합장을 받고,
14) 공경을 받고,
15) 좌구를 대접받는 것이다.

수행승들이여, 이러한 다섯 가지 고리를 갖춘 수행승에게 죄를 참회하지 못하는 것에 대한 권리정지조치의 갈마는 해제 할 수 없다.

4. 수행승들이여, 다른 다섯 가지 고리를 갖춘 수행승에게 죄를 참회하지 못하는 것에 대한 권리정지조치의 갈마는 해제 할 수 없다.

16) 일반수행승으로부터 와구를 대접받고,

17) 세족수를 대접받고,

18) 족대와 발수건을 대접받고,

19) 발우와 가사의 영접을 받고,

20) 목욕시에 맛사지를 받는 것이다.

수행승들이여, 이러한 다섯 가지 고리를 갖춘 수행승에게 죄를 참회하지 못하는 것에 대한 권리정지조치의 갈마는 해제 할 수 없다.

5. 수행승들이여, 다른 다섯 가지 고리를 갖춘 수행승에게 죄를 참회하지 못하는 것에 대한 권리정지조치의 갈마는 해제 할 수 없다.

21) 일반수행승을 계행이 어긋났다고 비방하고,

22) 덕행이 어긋났다고 비방하고,

23) 견해가 어긋났다고 비방하고,

24) 생활이 어긋났다고 비방하고,

25) 수행승을 수행승과 이간시키는 것이다.

수행승들이여, 이러한 다섯 가지 고리를 갖춘 수행승에게 죄를 참회하지 못하는 것에 대한 권리정지조치의 갈마는 해제 할 수 없다.

6. 수행승들이여, 다른 다섯 가지 고리를 갖춘 수행승에게 죄를 참회하지 못하는 것에 대한 권리정지조치의 갈마는 해제 할 수 없다.

26) 재가자의 상징을 착용하고,

27) 이교도의 상징을 착용하고,

28) 이교도를 섬기고,

29) 수행승을 섬기지 않고,

30) 수행승의 학습계율을 배우지 않는 것이다.

수행승들이여, 이러한 다섯 가지 고리를 갖춘 수행승에게 죄를 참회하지 못하는 것에 대한 권리정지조치의 갈마는 해제 할 수 없다.

7. 수행승들이여, 다른 다섯 가지 고리를 갖춘 수행승에게 죄를 참회하지 못하는 것에 대한 권리정지조치의 갈마는 해제 할 수 없다.

31) 일반수행승과 함께 동일한 처소에서 지내고,

32) 동일한 지붕아래 처소가 아닌 곳에 지내고,

33) 동일한 지붕아래 처소 혹은 처소가 아닌 곳에 지내고,

34) 일반수행승을 보아도 자리에서 일어나지 않고,

35) 일반수행승을 안팎으로 비방하는 것이다.

수행승들이여, 이러한 다섯 가지 고리를 갖춘 수행승에게 죄를 참회하지 못하는 것에 대한 권리정지조치의 갈마는 해제 할 수 없다.

8. 수행승들이여, 또한 열덟 가지 고리를 갖춘 수행승에게 죄를 참회하지 못하는 것에 대한 권리정지조치의 갈마는 해제 할 수 없다.

36) 일반수행승의 포살을 차단시키고,

37) 자자를 차단시키고,

38) 명령을 내리고,

39) 권위를 세우고,

40) 허락을 얻고,

41) 질책하고,

42) 기억을 확인하고,

43) 수행승들과 다투는 것이다.

수행승들이여, 이러한 다섯 가지 고리를 갖춘 수행승에게 죄를 참회하지 못하는 것에 대한 권리정지조치의 갈마는 해제 할 수 없다.

죄를 참회하지 못하는 것에 대한 권리정지조치의 갈마에서의 해제할 수 없는 마흔세 가지 경우이 끝났다.

31₈. 해제할 수 있는 마흔세 가지 경우(Paṭippassambhetabbatecattārīsaka)

1. 수행승들이여, 다섯 가지 고리를 갖춘 수행승에게 죄를 참회하지 못하는 것에 대한 권리정지조치의 갈마는 해제할 수 있다.

1) 구족계를 주지 않고,

2) 의지를 주지 않고,

3) 사미를 두지 않고,

4) 수행녀들의 교계에 선정을 받지 않고,

5) 선정되더라도 수행녀들을 교계하지 않는 것이다.

수행승들이여, 이와 같은 다섯 가지 고리를 갖춘 수행승에게 죄를 참회하지 못하는 것에 대한 권리정지조치의 갈마는 해제할 수 있다.

2. 수행승들이여, 다른 다섯 가지 고리를 갖춘 수행승에게 죄를 참회하지 못하는 것에 대한 권리정지조치의 갈마는 해제할 수 있다.

6) 참모임으로부터 죄를 참회하지 못하는 것에 대한 권리정지조치의 갈마를 받은 그 죄를 짓지 않고,

7) 다른 그와 유사한 죄를 짓지 않고,

8) 그보다 악한 죄를 짓지 않고,

9) 갈마를 매도하지 않고,

10) 갈마를 주는 자를 매도하지 않는 것이다.

수행승들이여, 이와 같은 다섯 가지 고리를 갖춘 수행승에게 죄를 참회하지 못하는 것에 대한 권리정지조치의 갈마는 해제할 수 있다.

3. 수행승들이여, 다른 다섯 가지 고리를 갖춘 수행승에게 죄를 참회하지 못하는 것에 대한 권리정지조치의 갈마는 해제할 수 있다.

11) 일반수행승으로부터 인사를 받지 않고,

12) 일어나 맞이함을 받지 않고,

13) 합장을 받지 않고,

14) 공경을 받지 않고,

15) 좌구를 대접받지 않는 것이다.

수행승들이여, 이와 같은 다섯 가지 고리를 갖춘 수행승에게 죄를 참회하지 못하는 것에 대한 권리정지조치의 갈마는 해제할 수 있다.

4. 수행승들이여, 다른 다섯 가지 고리를 갖춘 수행승에게 죄를 참회하지 못하는 것에 대한 권리정지조치의 갈마는 해제할 수 있다.

16) 와구를 대접받지 않고,

17) 세족수를 대접받지 않고,

18) 족대와 발수건을 대접받지 않고,

19) 발우와 가사의 영접을 받지 않고,

20) 목욕시에 맛사지를 받지 않는 것이다.

수행승들이여, 이와 같은 다섯 가지 고리를 갖춘 수행승에게 죄를 참회하지 못하는 것에 대한 권리정지조치의 갈마는 해제할 수 있다.

5. 수행승들이여, 다른 다섯 가지 고리를 갖춘 수행승에게 죄를 참회하지 못하는 것에 대한 권리정지조치의 갈마는 해제할 수 있다.

21) 일반수행승을 계행이 어긋났다고 비방하지 않고,

22) 덕행이 어긋났다고 비방하지 않고,

23) 견해가 어긋났다고 비방하지 않고,

24) 생활이 어긋났다고 비방하지 않고,

25) 수행승을 수행승과 이간시키지 않는 것이다.

수행승들이여, 이와 같은 다섯 가지 고리를 갖춘 수행승에게 죄를 참회하지 못하는 것에 대한 권리정지조치의 갈마는 해제할 수 있다.

6. 수행승들이여, 다른 다섯 가지 고리를 갖춘 수행승에게 죄를 참회하지 못하는 것에 대한 권리정지조치의 갈마는 해제할 수 있다.

26) 재가자의 상징을 착용하지 않고,

27) 이교도의 상징을 착용하지 않고,

28) 이교도를 섬기지 않고,

29) 수행승을 섬기고,

30) 수행승의 학습계율을 배우는 것이다.

수행승들이여, 이와 같은 다섯 가지 고리를 갖춘 수행승에게 죄를 참회하지 못하는 것에 대한 권리정지조치의 갈마는 해제할 수 있다.

7. 수행승들이여, 다른 다섯 가지 고리를 갖춘 수행승에게 죄를 참회하지 못하는 것에 대한 권리정지조치의 갈마는 해제할 수 있다.

31) 일반수행승과 함께 동일한 처소에서 지내지 않고,

32) 동일한 지붕아래 처소가 아닌 곳에 지내지 않고,

33) 동일한 지붕아래 처소 혹은 처소가 아닌 곳에 지내지 않고,

34) 일반수행승을 보면 자리에서 일어나고,

35) 일반수행승을 안팎으로 비방하지 않는 것이다.

수행승들이여, 이와 같은 다섯 가지 고리를 갖춘 수행승에게 죄를 참회하지 못하는 것에 대한 권리정지조치의 갈마는 해제할 수 있다.

8. 수행승들이여, 또한 여덟 가지 고리를 갖춘 수행승에게 죄를 참회하지 못하는 것에 대한 권리정지조치의 갈마는 해제할 수 있다.

36) 일반수행승의 포살을 차단시키지 않고,

37) 자자를 차단시키지 않고,

38) 명령을 내리지 않고,

39) 권위를 세우지 않고,

40) 허가를 받지 않고,

41) 질책하지 않고,

42) 기억을 확인하지 않고,

43) 수행승들과 다투지 않는 것이다.

수행승들이여, 이와 같은 여덟 가지 고리를 갖춘 수행승에게 죄를 참회하지 못하는 것에 대한 권리정지조치의 갈마는 해제할 수 있다.

죄를 참회하지 못하는 것에 대한 권리정지조치의 갈마에서의 해제할 수 있는 마흔세 가지 경우이 끝났다.

31₉. 권리정지조치의 갈마의 해제(Ukkhepanīyakammapaṭippassambhana)

1. [세존] "수행승들이여, 이와 같이 해제해야 한다. 수행승들이여, 그 수행승 찬나는 참모임을 찾아가서 한쪽 어깨에 상의를 걸치고 연상의 수행승들의 양 발에 머리를 조아린 뒤에 웅크리고 앉아 합장하여 이와 같이 말해야 한다.

[청원1] '존자들이여, 저는 참모임으로부터 죄를 참회하지 못하는 것에 대한 권리정지조치의 갈마를 받고 올바로 처신하고, 근신하고, 속죄했습니다. 존자들이여, 이제 저는 죄를 참회하지 못하는 것에 대한 권리정지조치의 갈마의 해제를 청합니다.'

[청원2] '존자들이여, 저는 참모임으로부터 죄를 참회하지 못하는 것에 대한 권리정지조치의 갈마를 받고 올바로 처신하고, 근신하고, 속죄했습니다. 존자들이여, 두 번째에도 저는 죄를 참회하지 못하는 것에 대한 권리정지조치의 갈마의 해제를 청합니다.'

[청원3] '존자들이여, 저는 참모임으로부터 죄를 참회하지 못하는 것에 대한 권리정지조치의 갈마를 받고 올바로 처신하고, 근신하고, 속죄했습니다. 존자들이여, 세 번째에도 저는 죄를 참회하지 못하는 것에 대한 권리정지조치의 갈마의 해제를 청합니다.'

2. 총명하고 유능한 수행승이 참모임에 알려야 한다.

[제안] '존자들이여, 참모임은 제 말에 귀를 기울이십시오. 이 수행승 찬나는 참모임으로부터 죄를 참회하지 못하는 것에 대한 권리정지조치의 갈마를 받고 올바로 처신하고, 근신하고, 속죄했습니다. 죄를 참회하지 못하는 것에 대한 권리정지조치의 갈마의 해제를 청합니다. 만약 참모임에 옳은 일이라면, 참모임은 이 수행승 찬나에 대하여 죄를 참회하지 못하는 것에 대한 권리정지조치의 갈마를 해제하겠습니다. 이것이 제안입니다.'

[제청1] '존자들이여, 참모임은 제 말에 귀를 기울이십시오. 이 수행승 찬나는 참모임으로부터 죄를 참회하지 못하는 것에 대한 권리정지조치의 갈마를 받고 올바로 처신하고, 근신하고, 속죄했습니다. 죄를 참회하지 못하는 것에 대한 권리

정지조치의 갈마의 해제를 청하고 있습니다. 참모임은 이 수행승 찬나에 대하여 죄를 참회하지 못하는 것에 대한 권리정지조치의 갈마를 해제합니다. 존자들 가운데 누구든지 이 수행승 찬나에 대하여 죄를 참회하지 못하는 것에 대한 권리정지조치의 갈마를 해제하는 것에 동의하면 침묵하시고, 이견이 있으면 말씀하십시오.'

[제청2] '두 번째에도 저는 이 사실을 말합니다. 존자들이여, 참모임은 제 말에 귀를 기울이십시오. 이 수행승 찬나는 참모임으로부터 죄를 참회하지 못하는 것에 대한 권리정지조치의 갈마를 받고 올바로 처신하고, 근신하고, 속죄했습니다. 죄를 참회하지 못하는 것에 대한 권리정지조치의 갈마의 해제를 청하고 있습니다. 참모임은 이 수행승 찬나에 대하여 죄를 참회하지 못하는 것에 대한 권리정지조치의 갈마를 해제합니다. 존자들 가운데 누구든지 이 수행승 찬나에 대하여 죄를 참회하지 못하는 것에 대한 권리정지조치의 갈마를 해제하는 것에 동의하면 침묵하시고, 이견이 있으면 말씀하십시오.'

[제청3] '세 번째에도 저는 이 사실을 말합니다. 존자들이여, 참모임은 제 말에 귀를 기울이십시오. 이 수행승 찬나는 참모임으로부터 죄를 참회하지 못하는 것에 대한 권리정지조치의 갈마를 받고 올바로 처신하고, 근신하고, 속죄했습니다. 죄를 참회하지 못하는 것에 대한 권리정지조치의 갈마의 해제를 청하고 있습니다. 참모임은 이 수행승 찬나에 대하여 죄를 참회하지 못하는 것에 대한 권리정지조치의 갈마를 해제합니다. 존자들 가운데 누구든지 이 수행승 찬나에 대하여 죄를 참회하지 못하는 것에 대한 권리정지조치의 갈마를 해제하는 것에 동의하면 침묵하시고, 이견이 있으면 말씀하십시오.'

[결정] '참모임은 수행승 찬나에 대하여 죄를 참회하지 못하는 것에 대한 권리정지조치의 갈마를 해제했습니다. 참모임이 찬성하여 침묵했으므로, 저는 그와 같이 알겠습니다.'"

죄를 참회하지 않음에 의한 권리정지조치의 갈마의 해제가 끝났다.
여섯 번째 송출품 죄를 참회하지 못하는 것에 대한 권리정지조치의 갈마가 끝났다.

VII 일곱 번째 송출품 권리정지조치③[116](Sattamabhāṇavāra Ukkhepanīya③ : 32-35)

116) ukkhepanīya③ : 악견을 버리지 못하는 것에 대한 권리정지조치의 갈마(Pāpikāya diṭṭhiyā appaṭinissagge ukkhepanīyakammaṃ)를 뜻한다.

32. 권리정지조치의 갈마의 인연(Ukkhepanīyakammanidāna)

1. 그때 존귀하신 부처님께서는 싸밧티 시의 제따바나 숲에 있는 아나타삔디까 승원에 계셨다. 그때 예전에 독수리조련사였던 아릿타[117]라는 수행승이 이와 같은 악견을 일으켰다.

[아릿타] '내가 세존께서 가르치신 진리를 이해하기로는, 세존께서 장애라고 설한 것들도 그것들을 수용하는 자에게는 장애가 되지 않습니다.'

많은 수행승들이 예전에 독수리조련사였던 아릿타라는 수행승이 이와 같이 '내가 세존께서 가르치신 진리를 이해하기로는, 세존께서 장애라고 설한 것들도 그것들을 수용하는 자에게는 장애가 되지 않습니다.'라는 악견을 일으킨 것에 대하여 들었다.

그래서 그 수행승들은 예전의 독수리조련사였던 수행승 아릿타가 있는 곳을 찾아갔다. 가까이 다가가서 이와 같이 말했다.

[수행승들] "벗이여, 그대가 이와 같이 '내가 세존께서 가르치신 진리를 이해하기로는, 세존께서 장애라고 설한 것들도 그것들을 수용하는 자에게는 장애가 되지 않습니다.'라는 악견을 일으킨 것이 사실인가?"

[아릿타] "벗들이여, 내가 세존께서 가르치신 진리를 이해하기로는, 세존께서 장애라고 설한 것들도 그것들을 수용하는 자에게는 장애가 되지 않습니다."

2. [수행승들] "벗이여, 아릿타여, 그렇게 말하지 않는 것이 좋겠습니다. 세존의 가르침을 왜곡하지 마십시오. 세존의 가르침을 왜곡하는 것은 옳지 않습니다. 세존께서는 그렇게 설하지 않으셨습니다. 벗이여, 아릿타여, 여러 가지 법문으로써 세존께서는 장애가 되는 것들이 어떻게 장애가 되는가와 그것들을 수용하는 자에게도 어떻게 장애가 되는가에 대해 설했습니다.

1) 세존께서는 감각적 쾌락에 대한 욕망에는 즐거움은 적고 괴로움이 많고 근심이 많으며, 위험은 더욱 많다고 설했습니다.

2) 또한 세존께서는 감각적 쾌락에 대한 욕망은 해골과 같아 즐거움은 적고 괴로

117) Ariṭṭha : MN. I. 130; 中阿含 200, 阿梨吒經(大正 1, 763), 增壹 43・5, 船筏(大正 2, 759)에 등장하며, 아릿타(Ariṭṭha)는 예전에 독수리조련사였다. 그는 '세존께서 장애라고 설한 것들도 그것들을 수용하는 자에게는 장애가 되지 않는다.'라는 악견을 갖고 있었는데, 그 악견이 여기(Vin. II. 25)에서도 등장한다. 그는 자신의 악견을 굽히기를 거부한 그에게 권리정지조치의 갈마(ukkhepaniyakamma : 擧罪羯磨)가 행해졌고, 그는 승단을 떠나 출죄복귀될 때까지 돌아오지 않았다. 또한 Vin. IV. 133에서는 충고에도 불구하고 자신의 악견을 버리지 않은 그에게 속죄죄(Pāc. 68)가 선고되었다는 내용도 있다. SN. IV. 874에서 부처님은 그에게 호흡새김에 대해 상세하게 설명한다.

움이 많고 근심이 많으며, 위험은 더욱 많다고 설했습니다.

3) 또한 세존께서는 감각적 쾌락에 대한 욕망은 고깃덩어리과 같아 즐거움은 적고 괴로움이 많고 근심이 많으며, 위험은 더욱 많다고 설했습니다.

4) 또한 세존께서는 감각적 쾌락에 대한 욕망은 건초횃불과 같아 즐거움은 적고 괴로움이 많고 근심이 많으며, 위험은 더욱 많다고 설했습니다.

5) 또한 세존께서는 감각적 쾌락에 대한 욕망은 숯불구덩이과 같아 즐거움은 적고 괴로움이 많고 근심이 많으며, 위험은 더욱 많다고 설했습니다.

6) 또한 세존께서는 감각적 쾌락에 대한 욕망은 꿈과 같아 즐거움은 적고 괴로움이 많고 근심이 많으며, 위험은 더욱 많다고 설했습니다.

7) 또한 세존께서는 감각적 쾌락에 대한 욕망은 빌린 재물과 같아 즐거움은 적고 괴로움이 많고 근심이 많으며, 위험은 더욱 많다고 설했습니다.

8) 또한 세존께서는 감각적 쾌락에 대한 욕망은 과일나무와 같아[26] 즐거움은 적고 괴로움이 많고 근심이 많으며, 위험은 더욱 많다고 설했습니다.

9) 또한 세존께서는 감각적 쾌락에 대한 욕망은 칼과 도마와 같아 즐거움은 적고 괴로움이 많고 근심이 많으며, 위험은 더욱 많다고 설했습니다.

10) 또한 세존께서는 감각적 쾌락에 대한 욕망은 창끝과 같아 즐거움은 적고 괴로움이 많고 근심이 많으며, 위험은 더욱 많다고 설했습니다.

11) 또한 세존께서는 감각적 쾌락에 대한 욕망은 뱀머리와 같아 즐거움은 적고 괴로움이 많고 근심이 많으며, 위험은 더욱 많다고 설했습니다."[118)]

이와 같이 그 수행승들이 말했음에도 불구하고 예전에 독수리조련사였던 수행승 아릿타는 오히려 그 악견을 완강히 고집하고 그것에 집착하며 이와 같이 주장했다.

[아릿타] "내가 세존께서 가르치신 진리를 이해하기로는, 세존께서 장애라고 설한 것들도 그것들을 수용하는 자에게는 장애가 되지 않는다."

3. 그 수행승들은 예전에 독수리조련사였던 수행승 아릿타를 그 악견에서 벗어나게 할 수 없자, 곧 세존께서 계신 곳을 찾아갔다. 가까이 다가가서 세존께 그 사실을 알렸다. 그러자 세존께서는 이것을 기회로 이것을 원인으로 수행승들의

118) aṭṭhikaṅkhalūpamā … maṃsapesūpamā … tiṇukkūpamā … aṅgārakāsūpamā … supinakūpamā … yācitakūpamā … rukkhaphalūpamā … asisūnūpamā … sattisūlūpamā … sappasirūpamā : 앞의 일곱 가지 비유에 대해서는 MN. 54에 상세히 등장한다. 칼과 도마는 도살장을 의미하며 칼과 도마의 비유에 대해서는 MN. 23을 보라. 창끝의 비유와 뱀머리의 비유는 불분명하다. Pps. II. 103에 따르면, 감각적 쾌락의 욕망은 창끝처럼 관통하고 뱀머리처럼 위험하다.

참모임을 불러 모아서 예전의 독수리조련사였던 수행승 아릿타에게 물었다.

[세존] "아릿타여, 그대가 이와 같이 '내가 세존께서 가르치신 진리를 이해하기로는, 세존께서 장애라고 설한 것들도 그것들을 수용하는 자에게는 장애가 되지 않습니다.'라는 악견을 일으킨 것이 사실인가?"

[아릿타] "세존이시여, 제가 세존께서 가르치신 진리를 이해하기로는, 세존께서 장애라고 설한 것들도 그것들을 수용하는 자에게는 장애가 되지 않습니다."

[세존] "어리석은 자여, 누구에게 내가 그러한 가르침을 설했다고 하는가? 여러 가지 법문으로써 나는 장애가 되는 것들이 어떻게 장애가 되는가와 그것들을 수용하는 자에게 어떻게 장애가 되는가에 대해 설했다.

1) 나는 감각적 쾌락에 대한 욕망에는 즐거움은 적고 괴로움이 많고 근심이 많으며, 위험은 더욱 많다고 설했다.
2) 또한 나는 감각적 쾌락에 대한 욕망은 해골과 같아 즐거움은 적고 괴로움이 많고 근심이 많으며, 위험은 더욱 많다고 설했다.
3) 또한 나는 감각적 쾌락에 대한 욕망은 고깃덩어리과 같아 즐거움은 적고 괴로움이 많고 근심이 많으며, 위험은 더욱 많다고 설했다.
4) 또한 나는 감각적 쾌락에 대한 욕망은 건초횃불과 같아 즐거움은 적고 괴로움이 많고 근심이 많으며, 위험은 더욱 많다고 설했다.
5) 또한 나는 감각적 쾌락에 대한 욕망은 숯불구덩이과 같아 즐거움은 적고 괴로움이 많고 근심이 많으며, 위험은 더욱 많다고 설했다.
6) 또한 나는 감각적 쾌락에 대한 욕망은 꿈과 같아 즐거움은 적고 괴로움이 많고 근심이 많으며, 위험은 더욱 많다고 설했다.
7) 또한 나는 감각적 쾌락에 대한 욕망은 빌린 재물과 같아 즐거움은 적고 괴로움이 많고 근심이 많으며, 위험은 더욱 많다고 설했다.
8) 또한 나는 감각적 쾌락에 대한 욕망은 과일나무와 같아 즐거움은 적고 괴로움이 많고 근심이 많으며, 위험은 더욱 많다고 설했다.
9) 또한 나는 감각적 쾌락에 대한 욕망은 칼과 도마와 같아 즐거움은 적고 괴로움이 많고 근심이 많으며, 위험은 더욱 많다고 설했다.
10) 또한 나는 감각적 쾌락에 대한 욕망은 창끝과 같아 즐거움은 적고 괴로움이 많고 근심이 많으며, 위험은 더욱 많다고 설했다.
11) 또한 나는 감각적 쾌락에 대한 욕망은 뱀머리와 같아 즐거움은 적고 괴로움이 많고 근심이 많으며, 위험은 더욱 많다고 설했다.

그러나 어리석은 자여, 그대는 스스로 잘못 해석할 뿐만 아니라 우리를 잘못 대변하여 자신을 파괴하고 많은 해악을 쌓는다. 어리석은 자여, 그것은 실로 그대를 오랜 세월 불익과 고통으로 이끌 것이다. 어리석은 자여, 그것은 아직 청정한 믿음이 없는 자를 청정한 믿음으로 이끌고, 이미 청정한 믿음이 있는 자를 더욱더 청정한 믿음으로 이끄는 것이 아니다. 어리석은 자여, 그것은 오히려, 아직 청정한 믿음이 없는 자를 불신으로 이끌고, 이미 청정한 믿음이 있는 자 가운데 어떤 자들을 타락시키는 것이다."

그리고 세존께서는 수행승 아릿타를 여러 가지 방편으로 견책하여, 키우기 어렵고 부양하기 어렵고 욕심이 많고 만족을 모르고 교제를 좋아하고 나태한 것에 대하여 질책하고, 여러 가지 법문으로 고무하여, 키우기 쉽고 부양하기 쉽고 욕심을 여의고, 만족을 알고, 버리고 없애는 삶을 살고, 두타행을 하고, 청정한 믿음이 있고, 쌓아 모으지 않고, 용맹정진하는 것을 칭찬하고, 수행승들을 위하여 그에 알맞고 그에 걸맞게 경책하여 법문을 하고 수행승들에게 일렀다.

[세존] "수행승들이여, 그렇다면 참모임은 예전에 독수리조련사였던 수행승 아릿타에 대하여 악견을 버리지 못한 것에 의한 권리정지조치의 갈마를 행해야 한다."

4. [세존] "수행승들이여, 그런데 이와 같이 행해야 한다. 먼저 예전에 독수리조련사였던 수행승 아릿타는 비난받아야 하고, 비난받은 후에 기억이 확인되어야 하고, 기억이 확인된 후에 죄가 추징되어야 하고, 죄가 추징된 후에 총명하고 유능한 수행승이 참모임에 알려야 한다.

[제안] '존자들이여, 참모임은 제 말에 귀를 기울이십시오. 이 예전에 독수리조련사였던 수행승 아릿타는[27] 이와 같이 '내가 세존께서 가르치신 진리를 이해하기로는, 세존께서 장애라고 설한 것들도 그것들을 수용하는 자에게는 장애가 되지 않습니다.'라는 악견을 일으켰습니다. 그는 그 견해를 버리지 않고 있습니다. 만약에 참모임에 옳은 일이라면, 참모임이 예전에 독수리조련사였던 수행승 아릿타에게 참모임과의 향유를 차단하고 악견을 버리지 못한 것에 의한 권리정지조치의 갈마를 행하겠습니다. 이것이 제안입니다.'

[제청1] '존자들이여, 참모임은 제 말에 귀를 기울이십시오. 이 예전에 독수리조련사였던 수행승 아릿타는 이와 같이 '내가 세존께서 가르치신 진리를 이해하기로는, 세존께서 장애라고 설한 것들도 그것들을 수용하는 자에게는 장애가 되지 않습니다.'라는 악견을 일으켰습니다. 그는 그 견해를 버리지 않고 있습니다.

참모임이 예전에 독수리조련사였던 수행승 아릿타에게 참모임과의 향유를 차단하고 악견을 버리지 못한 것에 의한 권리정지조치의 갈마를 행합니다. 예전에 독수리조련사였던 수행승 아릿타에게 참모임과의 향유를 차단하고 악견을 버리지 못한 것에 의한 권리정지조치의 갈마를 행하는 것에 찬성하는 존자는 침묵하시고, 찬성하지 않는 자는 말하시오.'

[제청2] '두 번째에도 저는 이 사실을 말합니다. 존자들이여, 참모임은 제 말에 귀를 기울이십시오. 이 예전에 독수리조련사였던 수행승 아릿타는 이와 같이 '내가 세존께서 가르치신 진리를 이해하기로는, 세존께서 장애라고 설한 것들도 그것들을 수용하는 자에게는 장애가 되지 않습니다.'라는 악견을 일으켰습니다. 그는 그 견해를 버리지 않고 있습니다. 참모임이 예전에 독수리조련사였던 수행승 아릿타에게 참모임과의 향유를 차단하고 악견을 버리지 못한 것에 의한 권리정지조치의 갈마를 행합니다. 예전에 독수리조련사였던 수행승 아릿타에게 참모임과의 향유를 차단하고 악견을 버리지 못한 것에 의한 권리정지조치의 갈마를 행하는 것에 찬성하는 존자는 침묵하시고, 찬성하지 않는 자는 말하시오.'

[제청3] '세 번째에도 저는 이 사실을 말합니다. 존자들이여, 참모임은 제 말에 귀를 기울이십시오. 이 예전에 독수리조련사였던 수행승 아릿타는 이와 같이 '내가 세존께서 가르치신 진리를 이해하기로는, 세존께서 장애라고 설한 것들도 그것들을 수용하는 자에게는 장애가 되지 않습니다.'라는 악견을 일으켰습니다. 그는 그 견해를 버리지 않고 있습니다. 참모임이 예전에 독수리조련사였던 수행승 아릿타에게 참모임과의 향유를 차단하고 악견을 버리지 못한 것에 의한 권리정지조치의 갈마를 행합니다. 예전에 독수리조련사였던 수행승 아릿타에게 참모임과의 향유를 차단하고 악견을 버리지 못한 것에 의한 권리정지조치의 갈마를 행하는 것에 찬성하는 존자는 침묵하시고, 찬성하지 않는 자는 말하시오.'

[결정] '참모임은 예전에 독수리조련사였던 수행승 아릿타에게 참모임과의 향유를 차단하고 악견을 버리지 못한 것에 의한 권리정지조치의 갈마를 행했습니다. 참모임이 찬성하여 침묵했으므로, 저는 그와 같이 알겠습니다.'

수행승들이여, 처소에서 다른 처소로 이와 같이 '예전에 독수리조련사였던 수행승 아릿타는 참모임과의 향유를 차단하고 악견을 버리지 못한 것에 의한 권리정지조치의 갈마를 받았다.'라고 전하라."

악견을 버리지 못한 것에 의한 권리정지조치의 갈마의 인연이 끝났다.

33$_1$. 열두 가지 원칙에 맞지 않는 갈마(Adhammakammadvādasaka)

1. 수행승들이여, 세 가지 고리를 갖춘 악견을 버리지 못한 것에 의한 권리정지조치의 갈마는 원칙에 맞지 않는 갈마이고 계율에 맞지 않는 갈마로서 잘 성취되기 어렵다.

1) 현전에 입각하지 않고 행하고,

2) 질문에 근거하지 않고 행하고,

3) 자인에 입각하지 않고 행하는 것이다.

수행승들이여, 이러한 세 가지 고리를 갖춘 악견을 버리지 못한 것에 의한 권리정지조치의 갈마는 원칙에 맞지 않는 갈마이고 계율에 맞지 않는 갈마로서 잘 성취되기 어렵다.

2. 수행승들이여, 또한 세 가지 고리를 갖춘 악견을 버리지 못한 것에 의한 권리정지조치의 갈마는 원칙에 맞지 않는 갈마이고 계율에 맞지 않는 갈마로서 잘 성취되기 어렵다.

1) 죄가 없는데 행하고,

2) 죄가 참회로 이끌어지지 않는데 행하고,

3) 죄가 이미 참회되었는데 행하는 것이다.

수행승들이여, 이러한 세 가지 고리를 갖춘 악견을 버리지 못한 것에 의한 권리정지조치의 갈마는 원칙에 맞지 않는 갈마이고 계율에 맞지 않는 갈마로서 잘 성취되기 어렵다.

3. 수행승들이여, 또한 세 가지 고리를 갖춘 악견을 버리지 못한 것에 의한 권리정지조치의 갈마는 원칙에 맞지 않는 갈마이고 계율에 맞지 않는 갈마로서 잘 성취되기 어렵다.

1) 질책하지 않고 행하고,

2) 기억을 확인하지 않고 행하고,

3) 죄를 거론하지 않고 행하는 것이다.

수행승들이여, 이러한 세 가지 고리를 갖춘 악견을 버리지 못한 것에 의한 권리정지조치의 갈마는 원칙에 맞지 않는 갈마이고 계율에 맞지 않는 갈마로서 잘 성취되기 어렵다.

4. 수행승들이여, 또한 세 가지 고리를 갖춘 악견을 버리지 못한 것에 의한 권리정지조치의 갈마는 원칙에 맞지 않는 갈마이고 계율에 맞지 않는 갈마로서 잘 성취

되기 어렵다.

1) 현전에 입각하지 않고 행하고,

2) 원칙에 맞지 않게 행하고,

3) 모임이 불완전하게 행하는 것이다.

수행승들이여, 이러한 세 가지 고리를 갖춘 악견을 버리지 못한 것에 의한 권리정지조치의 갈마는 원칙에 맞지 않는 갈마이고 계율에 맞지 않는 갈마로서 잘 성취되기 어렵다.

5. 수행승들이여, 또한 세 가지 고리를 갖춘 악견을 버리지 못한 것에 의한 권리정지조치의 갈마는 원칙에 맞지 않는 갈마이고 계율에 맞지 않는 갈마로서 잘 성취되기 어렵다.

1) 질문에 근거하지 않고 행하고,

2) 원칙에 맞지 않게 행하고,

3) 모임이 불완전하게 행하는 것이다.

수행승들이여, 이러한 세 가지 고리를 갖춘 악견을 버리지 못한 것에 의한 권리정지조치의 갈마는 원칙에 맞지 않는 갈마이고 계율에 맞지 않는 갈마로서 잘 성취되기 어렵다.

6. 수행승들이여, 또한 세 가지 고리를 갖춘 악견을 버리지 못한 것에 의한 권리정지조치의 갈마는 원칙에 맞지 않는 갈마이고 계율에 맞지 않는 갈마로서 잘 성취되기 어렵다.

1) 자인에 입각하지 않고 행하고,

2) 원칙에 맞지 않게 행하고,

3) 모임이 불완전하게 행하는 것이다.

수행승들이여, 이러한 세 가지 고리를 갖춘 악견을 버리지 못한 것에 의한 권리정지조치의 갈마는 원칙에 맞지 않는 갈마이고 계율에 맞지 않는 갈마로서 잘 성취되기 어렵다.

7. 수행승들이여, 또한 세 가지 고리를 갖춘 악견을 버리지 못한 것에 의한 권리정지조치의 갈마는 원칙에 맞지 않는 갈마이고 계율에 맞지 않는 갈마로서 잘 성취되기 어렵다.

1) 죄가 없는데 행하고,

2) 원칙에 맞지 않게 행하고,

3) 모임이 불완전하게 행하는 것이다.

수행승들이여, 이러한 세 가지 고리를 갖춘 악견을 버리지 못한 것에 의한 권리정지조치의 갈마는 원칙에 맞지 않는 갈마이고 계율에 맞지 않는 갈마로서 잘 성취되기 어렵다.

8. 수행승들이여, 또한 세 가지 고리를 갖춘 악견을 버리지 못한 것에 의한 권리정지조치의 갈마는 원칙에 맞지 않는 갈마이고 계율에 맞지 않는 갈마로서 잘 성취되기 어렵다.

1) 죄가 참회로 이끌어지지 않는데 행하고,

2) 원칙에 맞지 않게 행하고,

3) 모임이 불완전하게 행하는 것이다.

수행승들이여, 이러한 세 가지 고리를 갖춘 악견을 버리지 못한 것에 의한 권리정지조치의 갈마는 원칙에 맞지 않는 갈마이고 계율에 맞지 않는 갈마로서 잘 성취되기 어렵다.

9. 수행승들이여, 또한 세 가지 고리를 갖춘 악견을 버리지 못한 것에 의한 권리정지조치의 갈마는 원칙에 맞지 않는 갈마이고 계율에 맞지 않는 갈마로서 잘 성취되기 어렵다.

1) 죄가 참회되었는데 행하고,

2) 원칙에 맞지 않게 행하고,

3) 모임이 불완전하게 행하는 것이다.

수행승들이여, 이러한 세 가지 고리를 갖춘 악견을 버리지 못한 것에 의한 권리정지조치의 갈마는 원칙에 맞지 않는 갈마이고 계율에 맞지 않는 갈마로서 잘 성취되기 어렵다.

10. 수행승들이여, 또한 세 가지 고리를 갖춘 악견을 버리지 못한 것에 의한 권리정지조치의 갈마는 원칙에 맞지 않는 갈마이고 계율에 맞지 않는 갈마로서 잘 성취되기 어렵다.

1) 질책하지 않고 행하고,

2) 원칙에 맞지 않게 행하고,

3) 모임이 불완전하게 행하는 것이다.

수행승들이여, 이러한 세 가지 고리를 갖춘 악견을 버리지 못한 것에 의한 권리정지조치의 갈마는 원칙에 맞지 않는 갈마이고 계율에 맞지 않는 갈마로서 잘 성취되기 어렵다.

11. 수행승들이여, 또한 세 가지 고리를 갖춘 악견을 버리지 못한 것에 의한 권리정지조치의 갈마는 원칙에 맞지 않는 갈마이고 계율에 맞지 않는 갈마로서 잘 성취되기 어렵다.

1) 기억을 확인하지 않고 행하고,
2) 원칙에 맞지 않게 행하고,
3) 모임이 불완전하게 행하는 것이다.

수행승들이여, 이러한 세 가지 고리를 갖춘 악견을 버리지 못한 것에 의한 권리정지조치의 갈마는 원칙에 맞지 않는 갈마이고 계율에 맞지 않는 갈마로서 잘 성취되기 어렵다.

12. 수행승들이여, 또한 세 가지 고리를 갖춘 악견을 버리지 못한 것에 의한 권리정지조치의 갈마는 원칙에 맞지 않는 갈마이고 계율에 맞지 않는 갈마로서 잘 성취되기 어렵다.

1) 죄를 거론하지 않고 행하고,
2) 원칙에 맞지 않게 행하고,
3) 모임이 불완전하게 행하는 것이다.

수행승들이여, 이러한 세 가지 고리를 갖춘 악견을 버리지 못한 것에 의한 권리정지조치의 갈마는 원칙에 맞지 않는 갈마이고 계율에 맞지 않는 갈마로서 잘 성취되기 어렵다."

열두 가지 원칙에 맞지 않는 갈마가 끝났다.

33₂. 열두 가지 원칙에 맞는 갈마(Dhammakammadvādasaka)

1. 수행승들이여, 세 가지 고리를 갖춘 악견을 버리지 못한 것에 의한 권리정지조치의 갈마는 원칙에 맞는 갈마이고 계율에 맞는 갈마로서 잘 성취된다.

1) 현전에 입각하여 행하고,
2) 질문에 근거하여 행하고,
3) 자인에 입각해서 행하는 것이다.

수행승들이여, 이러한 세 가지 고리를 갖춘 악견을 버리지 못한 것에 의한 권리정지조치의 갈마는 원칙에 맞는 갈마이고 계율에 맞는 갈마로서 잘 성취된다.

2. 수행승들이여, 또한 세 가지 고리를 갖춘 악견을 버리지 못한 것에 의한 권리정지조치의 갈마는 원칙에 맞는 갈마이고 계율에 맞는 갈마로서 잘 성취된다.

1) 죄가 있을 때 행하고,
2) 죄가 참회로 이끌어지도록 행하고,
3) 죄가 아직 참회되지 않아 행하는 것이다.

수행승들이여, 이러한 세 가지 고리를 갖춘 악견을 버리지 못한 것에 의한 권리정지조치의 갈마는 원칙에 맞는 갈마이고 계율에 맞는 갈마로서 잘 성취된다.

3. 수행승들이여, 또한 세 가지 고리를 갖춘 악견을 버리지 못한 것에 의한 권리정지조치의 갈마는 원칙에 맞는 갈마이고 계율에 맞는 갈마로서 잘 성취된다.
1) 질책하고 행하고,
2) 기억을 확인하고 행하고,
3) 죄를 거론하고 행하는 것이다.

수행승들이여, 이러한 세 가지 고리를 갖춘 악견을 버리지 못한 것에 의한 권리정지조치의 갈마는 원칙에 맞는 갈마이고 계율에 맞는 갈마로서 잘 성취된다.

4. 수행승들이여, 또한 세 가지 고리를 갖춘 악견을 버리지 못한 것에 의한 권리정지조치의 갈마는 원칙에 맞는 갈마이고 계율에 맞는 갈마로서 잘 성취된다.
1) 현전에 입각하고 행하고,
2) 원칙에 맞게 행하고,
3) 모임이 완전하게 행하는 것이다.

수행승들이여, 이러한 세 가지 고리를 갖춘 악견을 버리지 못한 것에 의한 권리정지조치의 갈마는 원칙에 맞는 갈마이고 계율에 맞는 갈마로서 잘 성취된다.

5. 수행승들이여, 또한 세 가지 고리를 갖춘 악견을 버리지 못한 것에 의한 권리정지조치의 갈마는 원칙에 맞는 갈마이고 계율에 맞는 갈마로서 잘 성취된다.
1) 질문에 근거하여 행하고,
2) 원칙에 맞게 행하고,
3) 모임이 완전하게 행하는 것이다.

수행승들이여, 이러한 세 가지 고리를 갖춘 악견을 버리지 못한 것에 의한 권리정지조치의 갈마는 원칙에 맞는 갈마이고 계율에 맞는 갈마로서 잘 성취된다.

6. 수행승들이여, 또한 세 가지 고리를 갖춘 악견을 버리지 못한 것에 의한 권리정지조치의 갈마는 원칙에 맞는 갈마이고 계율에 맞는 갈마로서 잘 성취된다.
1) 자인에 입각하여 행하고,
2) 원칙에 맞게 행하고,

3) 모임이 완전하게 행하는 것이다.

수행승들이여, 이러한 세 가지 고리를 갖춘 악견을 버리지 못한 것에 의한 권리정지조치의 갈마는 원칙에 맞는 갈마이고 계율에 맞는 갈마로서 잘 성취된다.

7. 수행승들이여, 또한 세 가지 고리를 갖춘 악견을 버리지 못한 것에 의한 권리정지조치의 갈마는 원칙에 맞는 갈마이고 계율에 맞는 갈마로서 잘 성취된다.

1) 죄가 있을 때 행하고,

2) 원칙에 맞게 행하고,

3) 모임이 완전하게 행하는 것이다.

수행승들이여, 이러한 세 가지 고리를 갖춘 악견을 버리지 못한 것에 의한 권리정지조치의 갈마는 원칙에 맞는 갈마이고 계율에 맞는 갈마로서 잘 성취된다.

8. 수행승들이여, 또한 세 가지 고리를 갖춘 악견을 버리지 못한 것에 의한 권리정지조치의 갈마는 원칙에 맞는 갈마이고 계율에 맞는 갈마로서 잘 성취된다.

1) 죄가 참회로 이끌어지도록 행하고,

2) 원칙에 맞게 행하고,

3) 모임이 완전하게 행하는 것이다.

수행승들이여, 이러한 세 가지 고리를 갖춘 악견을 버리지 못한 것에 의한 권리정지조치의 갈마는 원칙에 맞는 갈마이고 계율에 맞는 갈마로서 잘 성취된다.

9. 수행승들이여, 또한 세 가지 고리를 갖춘 악견을 버리지 못한 것에 의한 권리정지조치의 갈마는 원칙에 맞는 갈마이고 계율에 맞는 갈마로서 잘 성취된다.

1) 죄가 아직 참회되지 않아 행하고,

2) 원칙에 맞게 행하고,

3) 모임이 완전하게 행하는 것이다.

수행승들이여, 이러한 세 가지 고리를 갖춘 악견을 버리지 못한 것에 의한 권리정지조치의 갈마는 원칙에 맞는 갈마이고 계율에 맞는 갈마로서 잘 성취된다.

10. 수행승들이여, 또한 세 가지 고리를 갖춘 악견을 버리지 못한 것에 의한 권리정지조치의 갈마는 원칙에 맞는 갈마이고 계율에 맞는 갈마로서 잘 성취된다.

1) 질책하고 행하고,

2) 원칙에 맞게 행하고,

3) 모임이 완전하게 행하는 것이다.

수행승들이여, 이러한 세 가지 고리를 갖춘 악견을 버리지 못한 것에 의한 권리정지조치의 갈마는 원칙에 맞는 갈마이고 계율에 맞는 갈마로서 잘 성취된다.

11. 수행승들이여, 또한 세 가지 고리를 갖춘 악견을 버리지 못한 것에 의한 권리정지조치의 갈마는 원칙에 맞는 갈마이고 계율에 맞는 갈마로서 잘 성취된다.

1) 기억을 확인하고 행하고,

2) 원칙에 맞게 행하고,

3) 모임이 완전하게 행하는 것이다.

수행승들이여, 이러한 세 가지 고리를 갖춘 악견을 버리지 못한 것에 의한 권리정지조치의 갈마는 원칙에 맞는 갈마이고 계율에 맞는 갈마로서 잘 성취된다.

12. 수행승들이여, 또한 세 가지 고리를 갖춘 악견을 버리지 못한 것에 의한 권리정지조치의 갈마는 원칙에 맞는 갈마이고 계율에 맞는 갈마로서 잘 성취된다.

1) 죄를 거론하고 행하고,

2) 원칙에 맞게 행하고,

3) 모임이 완전하게 행하는 것이다.

수행승들이여, 이러한 세 가지 고리를 갖춘 악견을 버리지 못한 것에 의한 권리정지조치의 갈마는 원칙에 맞는 갈마이고 계율에 맞는 갈마로서 잘 성취된다."

열두 가지 원칙에 맞는 갈마가 끝났다.

33$_{3}$. 여섯 가지 '원한다면'(Ākaṅkhamānachakka)

1. [11]수행승들이여, 세 가지 고리를 갖춘 수행승에게 원한다면 참모임은 악견을 버리지 못한 것에 의한 권리정지조치의 갈마를 행할 수 있다.

1) 다투고 싸우고 언쟁하고 분쟁하며 참모임에 쟁사를 일으키고,

2) 어리석어 총명하지 못하고 죄가 많고 충고를 받아들이지 않고,

3) 재가자와 부적절한 관계 속에서 재가자와 함께 지내는 것이다.

수행승들이여, 이러한 세 가지 고리를 갖춘 수행승에게 원한다면 참모임은 악견을 버리지 못한 것에 의한 권리정지조치의 갈마를 행할 수 있다.

2. 수행승들이여, 또한 세 가지 고리를 갖춘 수행승에게 원한다면 참모임은 악견을 버리지 못한 것에 의한 권리정지조치의 갈마를 행할 수 있다.

1) 훌륭한 계행을 두고 계행을 어기고,

2) 훌륭한 행동을 두고 사행에 빠지고,

3) 훌륭한 견해를 두고 사견에 떨어지는 것이다.

수행승들이여, 이러한 세 가지 고리를 갖춘 수행승에게 원한다면 참모임은 악

견을 버리지 못한 것에 의한 권리정지조치의 갈마를 행할 수 있다.

3. 수행승들이여, 또한 세 가지 고리를 갖춘 수행승에게 원한다면 참모임은 악견을 버리지 못한 것에 의한 권리정지조치의 갈마를 행할 수 있다.

1) 부처님을 비방하고,

2) 가르침을 비방하고,

3) 참모임을 비방하는 것이다.

수행승들이여, 이러한 세 가지 고리를 갖춘 수행승에게 원한다면 참모임은 악견을 버리지 못한 것에 의한 권리정지조치의 갈마를 행할 수 있다.

4. 수행승들이여, 또한 세 종류의 수행승에게 원한다면 참모임은 악견을 버리지 못한 것에 의한 권리정지조치의 갈마를 행할 수 있다.

1) 다투고 싸우고 언쟁하고 분쟁하며 참모임에 쟁사를 일으키는 자와

2) 어리석어 총명하지 못하고 죄가 많고 충고를 받아들이지 않는 자와

3) 재가자와 부적절한 관계 속에서 재가자와 함께 지내는 자이다.

수행승들이여, 이러한 세 종류의 수행승에게 원한다면 참모임은 악견을 버리지 못한 것에 의한 권리정지조치의 갈마를 행할 수 있다.

5. 수행승들이여, 또한 세 종류의 수행승에게 원한다면 참모임은 악견을 버리지 못한 것에 의한 권리정지조치의 갈마를 행할 수 있다.

1) 훌륭한 계행을 두고 계행을 어기는 자와

2) 훌륭한 행동을 두고 사행에 빠지는 자와

3) 훌륭한 견해를 두고 사견에 떨어지는 자이다.

수행승들이여, 이러한 세 종류의 수행승에게 원한다면 참모임은 악견을 버리지 못한 것에 의한 권리정지조치의 갈마를 행할 수 있다.

6. 수행승들이여, 또한 세 종류의 수행승에게 원한다면 참모임은 악견을 버리지 못한 것에 의한 권리정지조치의 갈마를 행할 수 있다.

1) 부처님을 비방하는 자와

2) 가르침을 비방하는 자와

3) 참모임을 비방하는 자이다.

수행승들이여, 이러한 세 종류의 수행승에게 원한다면 참모임은 악견을 버리지 못한 것에 의한 권리정지조치의 갈마를 행할 수 있다.”

악견을 버리지 못한 것에 의한 권리정지조치의 갈마와 여섯 가지 ‘원한다면’이 끝났다.

33₄. 열여덟 가지 의무(Aṭṭhārasavatta)

1. 수행승들이여, 악견을 버리지 못한 것에 의한 권리정지조치의 갈마를 받은 수행승은 올바로 준수해야 한다. 그 경우에 올바로 준수한다는 것은 이와 같다."

2. [세존]

1) 구족계를 주어서는 안 된다.
2) 의지를 주어서는 안 된다.
3) 사미를 두어서는 안 된다.
4) 수행녀들의 교계에 선정을 받아서는 안 된다.
5) 선정되더라도 수행녀들을 교계해서는 안 된다.
6) 참모임으로부터 견책조치의 갈마를 받은 그 죄를 지어서는 안 된다.
7) 다른 그와 유사한 죄를 지어서도 안 된다.
8) 그보다 악한 죄를 지어서도 안 된다.
9) 갈마를 매도해서는 안 된다.
10) 갈마를 주는 자를 매도해서도 안 된다.
11) 일반수행승의 포살을 차단시켜서는 안 된다.
12) 자자를 차단시켜서는 안 된다.
13) 명령을 내려서는 안 된다.
14) 권위를 세워서는 안 된다.
15) 허락을 구해서는 안 된다.
16) 질책해서는 안 된다.
17) 기억을 확인해서는 안 된다.
18) 수행승들과 다투어서는 안 된다.

악견을 버리지 못한 것에 의한 권리정지조치의 갈마에서의 열여덟 가지 의무가 끝났다.

34₁. 해제할 수 없는 열여덟 가지 경우(Napaṭippassambhetabbaṭṭhārasaka)

1. 한때 참모임은 예전에 독수리조련사였던 수행승 아릿타에게 참모임과의 향유를 차단하도록 악견을 버리지 못한 것에 의한 권리정지조치의 갈마를 행했다. 그는 참모임으로부터 악견을 버리지 못한 것에 의한 권리정지조치의 갈마를 받고 환속했다.

2. 수행승들 가운데 욕망을 여의고, 만족을 알고, 부끄러움을 알고, 후회할 줄 알고 배움을 원하는 자들은 그들에 대하여 혐책하고 분개하고 비난했다.

[수행승들] "어찌 예전에 독수리조련사였던 수행승 아릿타가 악견을 버리지 못한 것에 의한 권리정지조치의 갈마를 받고 환속할 수 있단 말인가?"

그러자 그 수행승들은 그 사실을 세존께 알렸다. 세존께서는 이것을 기회로 이것을 원인으로 수행승들의 참모임을 불러 모아 수행승들에게 물었다.

[세존] "수행승들이여, 예전에 독수리조련사였던 수행승 아릿타는 악견을 버리지 못한 것에 의한 권리정지조치의 갈마를 받고 환속했다는 것이 사실인가?"

[수행승들] "세존이시여,[28] 사실입니다."

3. 존귀하신 부처님께서는 견책했다.

[세존] "어리석은 자여, 그것은 적절하지 않고, 자연스럽지 않고, 알맞지 않고, 수행자의 삶이 아니고, 부당하고, 해서는 안 될 일을 행한 것이다. 어찌 예전에 독수리조련사였던 수행승 아릿타가 악견을 버리지 못한 것에 의한 권리정지조치의 갈마를 받고 환속할 수 있단 말인가? 수행승들이여, 그것은 아직 청정한 믿음이 없는 자를 청정한 믿음으로 이끌고, 이미 청정한 믿음이 있는 자를 더욱더 청정한 믿음으로 이끄는 것이 아니다. 수행승들이여, 그것은 오히려, 아직 청정한 믿음이 없는 자를 불신으로 이끌고, 이미 청정한 믿음이 있는 자 가운데 어떤 자들을 타락시키는 것이다."

4. 그리고 세존께서는 수행승 아릿타에 대하여 여러 가지 방편으로 견책하여, 키우기 어렵고 부양하기 어렵고 욕심이 많고 만족을 모르고 교제를 좋아하고 나태한 것에 대하여 질책하고, 여러 가지 법문으로 수행승들을 고무하여, 키우기 쉽고 부양하기 쉽고 욕심을 여의고, 만족을 알고, 버리고 없애는 삶을 살고, 두타행을 하고, 청정한 믿음이 있고, 쌓아 모으지 않고, 용맹정진하는 것을 칭찬하고, 수행승들을 위하여 그에 알맞고 그에 걸맞게 경책하여 법문을 하고 수행승들에게 일렀다.

[세존] "수행승들이여, 그렇다면, 참모임은 악견을 버리지 못한 것에 의한 권리정지조치의 갈마를 해제하라."

5. [세존] "수행승들이여, 다섯 가지 고리를 갖춘 수행승에게 악견을 버리지 못한 것에 의한 권리정지조치의 갈마를 해제할 수 없다.

1) 구족계를 주고,

2) 의지를 주고,

3) 사미를 두고,

4) 수행녀들의 교계에 선정을 받고,
5) 선정되더라도 수행녀들을 교계한다.

수행승들이여, 이러한 다섯 가지 고리를 갖춘 수행승에게 악견을 버리지 못한 것에 의한 권리정지조치의 갈마를 해제할 수 없다.

6. 수행승들이여, 다른 다섯 가지 고리를 갖춘 수행승에게 악견을 버리지 못한 것에 의한 권리정지조치의 갈마를 해제할 수 없다.

1) 참모임으로부터 악견을 버리지 못한 것에 의한 권리정지조치의 갈마를 받은 그 죄를 다시 짓고,
2) 다른 그와 유사한 죄를 짓고,
3) 그보다 악한 죄를 짓고,
4) 갈마를 매도하고,
5) 갈마를 주는 자를 매도하는 것이다.

수행승들이여, 이러한 다섯 가지 고리를 갖춘 수행승에게 악견을 버리지 못한 것에 의한 권리정지조치의 갈마를 해제할 수 없다.

7. 수행승들이여, 여덟 가지 고리를 갖춘 수행승에게 악견을 버리지 못한 것에 의한 권리정지조치의 갈마를 해제할 수 없다.

1) 일반수행승의 포살을 차단시키고,
2) 자자를 차단시키고,
3) 명령을 내리고,
4) 권위를 세우고,
5) 허락을 얻고,
6) 질책하고,
7) 기억을 확인하고,
8) 수행승들과 다투는 것이다.

수행승들이여, 이러한 여덟 가지 고리를 갖춘 수행승에게 악견을 버리지 못한 것에 의한 권리정지조치의 갈마를 해제할 수 없다.”

악견을 버리지 못한 것에 의한 권리정지조치의 갈마에서의 해제할 수 없는 열여덟 가지 경우가 끝났다.

34_2. 해제할 수 있는 열여덟 가지 경우(Paṭippassambhetabbaṭṭhārasaka)

1. 수행승들이여, 다섯 가지 고리를 갖춘 수행승에게 악견을 버리지 못한 것에 의한 권리정지조치의 갈마를 해제할 수 있다.

1) 구족계를 주지 않고,
2) 의지를 주지 않고,
3) 사미를 두지 않고,
4) 수행녀들의 교계에 선정을 받지 않고,
5) 선정되더라도 수행녀들을 교계하지 않는 것이다.

수행승들이여, 이러한 다섯 가지 고리를 갖춘 수행승에게 악견을 버리지 못한 것에 의한 권리정지조치의 갈마를 해제할 수 있다.

2. 수행승들이여, 다른 다섯 가지 고리를 갖춘 수행승에게 악견을 버리지 못한 것에 의한 권리정지조치의 갈마를 해제할 수 있다.

1) 참모임으로부터 악견을 버리지 못한 것에 의한 권리정지조치의 갈마를 받은 그 죄를 짓지 않고,
2) 다른 그와 유사한 죄를 짓지 않고,
3) 그보다 악한 죄를 짓지 않고,
4) 갈마를 매도하지 않고,
5) 갈마를 주는 자를 매도하지 않는 것이다.

수행승들이여, 이러한 다섯 가지 고리를 갖춘 수행승에게 악견을 버리지 못한 것에 의한 권리정지조치의 갈마를 해제할 수 있다.

3. 수행승들이여, 여덟 가지 고리를 갖춘 수행승에게 악견을 버리지 못한 것에 의한 권리정지조치의 갈마를 해제할 수 있다.

1) 일반수행승의 포살을 차단시키지 않고,
2) 자자를 차단시키지 않고,
3) 명령을 내리지 않고,
4) 권위를 세우지 않고,
5) 허가를 받지 않고,
6) 질책하지 않고,
7) 기억을 확인하지 않고,
8) 수행승들과 다투지 않는 것이다.

수행승들이여, 이러한 여덟 가지 고리를 갖춘 수행승에게 악견을 버리지 못한 것에 의한 권리정지조치의 갈마를 해제할 수 있다.

악견을 버리지 못한 것에 의한 권리정지조치의 갈마에서의 해제할 수 있는 열여덟 가지 경우가 끝났다.

35. 권리정지조치의 갈마의 해제(Ukkhepanīyakammapaṭippassambhana)

1. 수행승들이여, 이와 같이 해제해야 한다. 수행승들이여, 그 악견을 버리지 못한 것에 의한 권리정지조치의 갈마를 이행한 수행승은 참모임을 찾아가서 한쪽 어깨에 상의를 걸치고 연상의 수행승들의 양 발에 머리를 조아린 뒤에 웅크리고 앉아 합장하여 이와 같이 말해야 한다.

[청원1] '존자들이여, 저는 참모임으로부터 악견을 버리지 못한 것에 의한 권리정지조치의 갈마를 받고 올바로 처신하고, 근신하고, 속죄했습니다. 존자들이여, 이제 저는 악견을 버리지 못한 것에 의한 권리정지조치의 갈마의 해제를 청합니다.'

[청원2] '존자들이여, 저는 참모임으로부터 악견을 버리지 못한 것에 의한 권리정지조치의 갈마를 받고 올바로 처신하고, 근신하고, 속죄했습니다. 존자들이여, 두 번째에도 저는 악견을 버리지 못한 것에 의한 권리정지조치의 갈마의 해제를 청합니다.'

[청원3] '존자들이여, 저는 참모임으로부터 악견을 버리지 못한 것에 의한 권리정지조치의 갈마를 받고 올바로 처신하고, 근신하고, 속죄했습니다. 존자들이여, 세 번째에도 저는 악견을 버리지 못한 것에 의한 권리정지조치의 갈마의 해제를 청합니다.'

2. 총명하고 유능한 수행승이 참모임에 알려야 한다.

[제안] '존자들이여, 참모임은 제 말에 귀를 기울이십시오. 이러이러한 수행승은 모임으로부터 악견을 버리지 못한 것에 의한 권리정지조치의 갈마를 받고 올바로 처신하고, 근신하고, 속죄하고, 악견을 버리지 못한 것에 의한 권리정지조치의 갈마의 해제를 청합니다. 만약 참모임에 옳은 일이라면, 참모임은 이러이러한 수행승에 대하여 악견을 버리지 못한 것에 의한 권리정지조치의 갈마를 해제하겠습니다. 이것이 제안입니다.'

[제청1] '존자들이여, 참모임은 제 말에 귀를 기울이십시오. 이러이러한 수행승은 참모임으로부터 악견을 버리지 못한 것에 의한 권리정지조치의 갈마를 받고 올바로 처신하고, 근신하고, 속죄했습니다. 악견을 버리지 못한 것에 의한 권리정지조치의 갈마의 해제를 청하고 있습니다. 참모임은 이러이러한 수행승에 대하여 악견을 버리지 못한 것에 의한 권리정지조치의 갈마를 해제합니다. 존자들 가운데 누구든지 이러이러한 수행승에 대하여 악견을 버리지 못한 것에 의한 권리정지조치의 갈마를 해제하는 것에 동의하면 침묵하시고, 이견이 있으면 말씀하십시오.'

[제청2] '두 번째에도 저는 이 사실을 말합니다. 존자들이여, 참모임은 제 말에 귀를 기울이십시오. 이러이러한 수행승은 참모임으로부터 악견을 버리지 못한 것에 의한 권리정지조치의 갈마를 받고 올바로 처신하고, 근신하고, 속죄했습니다. 악견을 버리지 못한 것에 의한 권리정지조치의 갈마의 해제를 청하고 있습니다. 참모임은 이러이러한 수행승에 대하여 악견을 버리지 못한 것에 의한 권리정지조치의 갈마를 해제합니다. 존자들 가운데 누구든지 이러이러한 수행승에 대하여 악견을 버리지 못한 것에 의한 권리정지조치의 갈마를 해제하는 것에 동의하면 침묵하시고, 이견이 있으면 말씀하십시오.'

[제청3] '세 번째에도 저는 이 사실을 말합니다. 존자들이여, 참모임은 제 말에 귀를 기울이십시오. 이러이러한 수행승은 참모임으로부터 악견을 버리지 못한 것에 의한 권리정지조치의 갈마를 받고 올바로 처신하고, 근신하고, 속죄했습니다. 악견을 버리지 못한 것에 의한 권리정지조치의 갈마의 해제를 청하고 있습니다. 참모임은 이러이러한 수행승에 대하여 악견을 버리지 못한 것에 의한 권리정지조치의 갈마를 해제합니다. 존자들 가운데 누구든지 이러이러한 수행승에 대하여 악견을 버리지 못한 것에 의한 권리정지조치의 갈마를 해제하는 것에 동의하면 침묵하시고, 이견이 있으면 말씀하십시오.'

[결정] '참모임은 이러이러한 수행승수에 대하여 악견을 버리지 못한 것에 의한 권리정지조치의 갈마를 해제했습니다. 참모임이 찬성하여 침묵했으므로, 저는 그와 같이 알겠습니다.'"

악견을 버리지 못한 것에 의한 권리정지조치의 갈마의 해제가 끝났다.
일곱 번째 송출품 악견을 버리지 못한 것에 의한 권리정지조치의 갈마가 끝났다.
제1장 갈마의 다발이 끝났다.
이 다발에서 일곱 사항이 있다.

그 후렴시는 다음과 같다(Tassuddānaṃ)

1. 빤두까와 로히따까를 추종하는[1]
수행승들 스스로 다투고
비슷한 자들에게 다가가
싸움을 하도록 자극했다.119)

2. 아직 생겨나지 않은 것을 생기게 하고

---

119) paṇḍulohitakā bhikkhū | sayaṃ bhaṇḍanakārakā | tādise upasaṅkamma | ussahiṃsu ca bhaṇḍane ‖

이미 생겨난 것을 증대시켰다.
욕심이 적고 품행이 방정한 수행승들은
대중으로부터 그들을 꾸짖었다.120)

3. 정법에 입각한 부처님은
스스로 있는 자로서 최상의 님이다.
승리자로서 싸밧티 시에서
견책조치의 갈마를 명하셨다.121)

4. 현전에 입각하지 않고, 질문에 근거하지 않고,
자인에 입각하지 않고 행하는 것과
죄가 없고, 죄가 참회로 이끌어지지 않고,
이미 참회되었는데 행하는 것.122)

5. 질책하지 않고, 기억을 확인하지 않고,
죄를 거론하지 않고 행하는 것과
현전에 입각하지 않고, 원칙에 맞지 않고,
모임이 불완전하게 행하는 것.123)

6. 질문에 근거하지 않고, 원칙에 맞지 않고,
모임이 불완전하게 행하는 것과
자인에 입각하지 않고, 원칙에 맞지 않고,
모임이 불완전하게 행하는 것.124)

7. 죄가 없고, 원칙에 맞지 않고,
모임이 불완전하게 행하는 것과
죄가 참회로 이끌어지지 않고, 원칙에 맞지 않고,
모임이 불완전하게 행하는 것.125)

8. 죄가 참회되었고, 원칙에 맞지 않고,
모임이 불완전하게 행하는 것과

---

120) anuppannāni jāyanti | uppannāni ca vaḍḍhare | appicchā pesalā bhikkhū | ujjhāyanti parisato ||
121) saddhammaṭṭhitiko buddho | sayambhu aggapuggalo | āṇāpesi tajjanīya- | kammaṃ sāvatthiyaṃ jino ||
122) asammukhā paṭipucchā | paṭiññāya kataṃ ca yaṃ | anāpatti adesane | desitāya kataṃ ca yaṃ ||
123) acodetvā asāretvā | nāropetvā ca yaṃ kataṃ | asammukhā adhammena | vaggena cāpi yaṃ kataṃ ||
124) appaṭipucchā'dhammena | puna vaggena yaṃ kataṃ | appaṭiññāyādhammena | vaggena cāpi yaṃ kataṃ ||
125) anāpatti adhammena | vaggena cāpi yaṃ kataṃ | adesanāgāminiyā | adhammavaggameva ca ||

질책하지 않고,[29] 원칙에 맞지 않고,
모임이 불완전하게 행하는 것.126)

9. 기억을 확인하지 않고, 원칙에 맞지 않고,
모임이 불완전하게 행하는 것과
죄를 거론하지 않고, 원칙에 맞지 않고,
모임이 불완전하게 행하는 것.127)

10. 검은 부분에 의해서,
정확하게 밝은 부분이 알려져야 한다.
참모임이 원한다면
견책조치의 갈마를 행할 수 있다.128)

11. 다툼, 어리석음, 부적절한 관계,
훌륭한 계행을 두고, 훌륭한 행동을 두고,
사견에 빠진다면, 그에게
참모임은 견책조치의 갈마를 행해야 한다.129)

12. 부처님과 가르침과
참모임을 비방한다면,
그 세 종류의 수행승에게
참모임은 견책조치의 갈마를 행하라.130)

13. 하나는 다투고 하나는 어리석고
하나는 재가자와 같이 지내고,
훌륭한 계행을 두고, 훌륭한 행동을 두고,
훌륭한 견해를 두고서.131)

14. 부처님과 가르침과
참모임을 비방하는 자,

---

126) desitāya adhammena | vaggenāpi tatheva ca | acodetvā adhammena | vaggenāpi tatheva ca ||
127) asāretvā adhammena | vaggenāpi tatheva ca | āropetvā adhammena | vaggenāpi tatheva ca ||
128) kaṇhavāranayeneva | sukkavāraṃ vijāniyā | saṅgho ākaṅkhamāno ca | tassa tajjanīyaṃ kare ||
129) bhaṇḍanaṃ bālo saṃsaṭṭho | adhisīle ajjhācāre | atidiṭṭhivipanno'ssa | saṅgho tajjanīyaṃ kare ||
130) buddhadhammassa saṅghassa | avaṇṇaṃ yo ca bhāsati | tiṇṇannampi ca bhikkhūnaṃ | saṅgho tajjanīyaṃ kare ||
131) bhaṇḍanakārako eko | bālo saṃsagganissito | adhisīle ajjhācāre tatheva atidiṭṭhiyā ||

견책조치의 갈마를 받은 자는
올바로 준수해야 한다.132)

15. 구족계, 의지,
사미를 둘 수 없고,
교계, 선정되더라도,
견책받은 것을 지어서는 안 된다.133)

16. 다른 그와 유사한 죄,
그보다 악한 죄를 지어서도 안 된다.
갈마, 갈마를 주는 자도
매도하면, 마찬가지이다.134)

17. 일반의 포살,
자자를 차단시켜서는 안 된다.
명령, 권위,
허가, 꾸짖음으로도.135)

18. 기억의 확인,
다투지 않는 것도 마찬가지이다.
구족계, 의지,
사미를 두는 것.136)

19. 교계, 선정의
다섯 가지 고리가 끝이 아니다.
그 죄, 다른 그와 유사한 죄,
그보다 악한 죄를 짓고,137)

20. 갈마와 갈마를 주는 자를
매도하고도 그것이 끝이 아니다.
포살, 자자,

---

132) buddhadhammassa saṅghassa | avaṇṇaṃ yo ca bhāsati | tajjanīyakammakatassevaṃ sammānuvattanā ||
133) upasampadānissayā | sāmaṇeraupaṭṭhanā | ovādaṃ sammatocāpi na kare tajjanīkato ||
134) nāpajje taṃ ca āpattiṃ | tādisaṃ ca tato paraṃ | kammaṃ ca kammike cāpi | garahe na tathāvidho ||
135) uposathaṃ pavāraṇaṃ | pakatattassa naṭṭhape | savacaniṃ anuvādo | okāso codanena ca ||
136) sāraṇaṃ sampayogañca | na kareyya tathāvidho | upasampadānissayaṃ | sāmaṇeraupaṭṭhanaṃ ||
137) ovādasammatenāpi | paṃcaṅgehi na sammati | taṃ cāpajjati āpattiṃ | tādisiṃ ca tato paraṃ ||

명령, 권위.138)

21. 허가, 꾸짖음,
기억의 확인, 다툼,
이러한 여덟 고리에
견책은 해제될 수 없다.139)

22. 이상은 검은 부분이고, 그것으로,
정확하게 밝은 부분이 알려져야 한다.
쎄이야싸까[2]는 어리석고
죄가 많고, 재가자와 함께 산다.140)

23. 올바로 원만히 깨달은 님, 위대한 성자,
의지조치의 갈마를 명령하셨다.
끼따기리[3] 마을에 두 수행승
앗싸지와 뿌납바쑤를 추종자하는 자들.141)

24. 여러 가지 비행
무지로 인해서 행했다.
올바로 원만히 깨달은 님, 승리자
싸밧티 시에서 한시퇴출조치의 갈마를 명령하셨다.142)

25. 찟따의 맛치까싼다 지방에
쑤담마[4]가 체류했다.
쑤담마는 재가신자 찟따를
가계에 관한 언급으로 매도했다.
의지조치의 갈마를
여래께서는 명령하셨다.143)

26. 꼬쌈비에서[5] 수행승 찬나가

---

138) kammaṃ ca kammike cāpi | garahanto na sammati | uposathaṃ pavāraṇaṃ | savacanīyaṃ anuvādo ||
139) okāso codanā ceva | sāraṇā sampayojanā | imehaṭṭhahaṅgehi yo | yutto tajjanā nūpasammati ||
140) kaṇhavāranayeneva | sukkavāraṃ vijāniyā | bālo āpattibahulo | saṃsaṭṭho'pi ca seyyaso ||
141) niyassakammaṃ sambuddho | āṇāpesi mahāmuni | kīṭāgirismiṃ dve bhikkhū | assaji ca punabbasu ||
142) anācāraṃ ca vividhaṃ | ācariṃsu asaññatā | pabbājanīyaṃ sambuddho | kammaṃ sāvatthiyaṃ jino ||
143) macchikāsaṇḍe sudhammo | cittassāvāsiko ahu | jātivādena khuṃseti | sudhammo cittupāsakaṃ | paṭisār aṇiyaṃ kammaṃ | āṇāpesi tathāgato ||

죄를 인지하려고 원하지 않았다.
최상의 승리자께서는[30] 인지 못하는 것에 대한
권리정지조치의 갈마를 명령했다.144)

27. 찬나[6]는 그 죄를
참회하려고 하지 않았다.
지도자께서는 참회하지 못하는 것에 대한
권리정지조치의 갈마를 명령했다.145)

28. 아릿타[7]의 악견은
무지에 기초하고 있다.
승리자께서는 악견을 버리지 못한 것에 의한
권리정지조치의 갈마를 언급했다.146)

29. 의지조치의 갈마,
추방, 그리고 사죄,
보지 못하고, 참회하지 못하고,
악견을 버리지 못한 것.147)

30. 유희와 비행과
폭력과 잘못된 생활은
추방조치의 갈마에서
부가적인 사항이다.148)

31. 무소득, 비방은
특별히 이름 붙여진 두 가지의 다섯 고리.
이것들은 사죄조치의 갈마에서
부가적인 사항이다.149)

32. 견책과 의지는
두 가지 유사한 갈마이고,

---

144) kosambiyaṃ channaṃ bhikkhuṃ | nicchannāpattiṃ passituṃ | adassane ukkhipituṃ | āṇāpesi chinuttamo ||
145) channo taṃ yeva āpattiṃ | paṭikātuṃ na icchati | ukkhepanāppaṭikamme | āṇāpesi vināyako ||
146) pāpadiṭṭhi ariṭṭhassa | āsī aññāṇanissitā | diṭṭhiyāppaṭinissagge | ukkhepaṃ jinabhāsitaṃ ||
147) niyassakammaṃ pabbājaṃ | tatheva paṭisāraṇi | adassanāppaṭikamme | anissagge ca diṭṭhiyā ||
148) davānācārūpaghāta- | micchāājīvameva ca | pabbājanīyakammamhi | atirekapadā ime ||
149) alābhāvaṇṇā dve paṃca | dve paṃcakāti nāmakā | paṭisāraṇīyakammamhi | atirekapadā ime ||

추방과 사죄는
부가적인 것이다.150)

33. 세 가지 권리정지조치의 갈마는
구별에서 유사하고
나머지 갈마에 대해서는
견책에 따라 분별하여 알아야 한다.151)

제1장 갈마의 다발의 후렴시가 끝났다.

150) tajjanīyaṃ niyassaṃ ca | duve kammāpi sādisā | pabbājaṃ paṭisārīnaṃ | atthi padātirittatā ||
151) tayo ukkhepanā kammā | sādisā te vibhattito | tajjanīyanayenāpi sesaṃ | kammaṃ vijāniyā'ti ||

제2장 격리처벌의 다발
(Pārivāsikakkhandhaka : 別住犍度)

1. 아흔네 가지 격리생활을 실행하는 자의 의무(Catunavutipārivāsikavatta)

1. 한때[31] 존귀하신 부처님께서는 싸밧티 시의 제따바나 숲에 있는 아나타삔디까 승원에 계셨다. 그런데 그때 격리생활을 실행하는 수행승들이 일반수행승으로부터 인사를 받고, 일어나 맞이함을 받고, 합장을 받고, 공경을 받고, 좌구를 대접받고, 와구를 대접받고, 세족수를 대접받고, 족대와 발수건을 대접받고, 발우와 가사의 영접을 받고, 목욕시에 맛사지를 받았다. 수행승들 가운데 욕망을 여의고, 만족을 알고, 부끄러움을 알고, 후회할 줄 알고 배움을 원하는 자들은 그들에 대하여 혐책하고 분개하고 비난했다.

[수행승들] "어찌 격리생활[152]을 실행하는 수행승들이 일반수행승으로부터 인사를 받고, 일어나 맞이함을 받고, 합장을 받고, 공경을 받고, 좌구를 대접받고, 와구를 대접받고, 세족수를 대접받고, 족대와 발수건을 대접받고, 발우와 가사의 영접을 받고, 목욕시에 맛사지를 받을 수 있단 말인가?"

그래서 그 수행승들은 세존께 그 사실을 알렸다. 그러자 세존께서는 이것을 인연으로 이것을 기회로 수행승들의 이것을 원인으로 수행승들의 참모임을 불러 모아 수행승들에게 물었다.

[세존] "수행승들이여, 격리생활을 실행하는 수행승들이 일반수행승으로부터 인사를 받고, 일어나 맞이함을 받고, 합장을 받고, 공경을 받고, 좌구를 대접받고, 와구를 대접받고, 세족수를 대접받고, 족대와 발수건을 대접받고, 발우와 가사의 영접을 받고, 목욕시에 맛사지를 받은 것이 사실인가?"

[수행승들] "세존이시여, 사실입니다."

---

152) parivāsa : 한역에서는 별주(別住)라고 한다. 격리처벌을 의미하지만 격리처벌을 받는 것은 홀로 떨어져 사는 것이 아니라 보호관찰의 대상이 된다는 의미에서 격리생활이다. 상세한 것은 이 책의 율장해제와 Vin. I. 143, 320; Vin. II. 7, 31, 40을 참조하라. Smp. 1159에서는 네 가지 격리처벌에 대해서 언급하는데, 여기서 아래에 모두 언급되고 있다.

2. 존귀하신 부처님께서는 견책했다.

[세존] "어리석은 자여, 그것은 적절하지 않고, 자연스럽지 않고, 알맞지 않고, 수행자의 삶이 아니고, 부당하고, 해서는 안 될 일을 행한 것이다. 수행승들이여, 어찌 격리생활을 실행하는 수행승들이 일반수행승으로부터 인사를 받고, 일어나 맞이함을 받고, 합장을 받고, 공경을 받고, 좌구를 대접받고, 와구를 대접받고, 세족수를 대접받고, 족대와 발수건을 대접받고, 발우와 가사의 영접을 받고, 목욕시에 맛사지를 받을 수 있단 말인가? 수행승들이여, 그것은 아직 청정한 믿음이 없는 자를 청정한 믿음으로 이끌고, 이미 청정한 믿음이 있는 자를 더욱더 청정한 믿음으로 이끄는 것이 아니다. 수행승들이여, 그것은 오히려, 아직 청정한 믿음이 없는 자를 불신으로 이끌고, 이미 청정한 믿음이 있는 자 가운데 어떤 자들을 타락시키는 것이다."

3. 그리고 세존께서는 그 격리생활을 실행하는 수행승들을 여러 가지 방편으로 견책하여, 키우기 어렵고 부양하기 어렵고 욕심이 많고 만족을 모르고 교제를 좋아하고 나태한 것에 대하여 질책하고, 여러 가지 법문으로 고무하여, 키우기 쉽고 부양하기 쉽고 욕심을 여의고, 만족을 알고, 버리고 없애는 삶을 살고, 두타행을 하고, 청정한 믿음이 있고, 쌓아 모으지 않고, 용맹정진하는 것을 칭찬하고, 수행승들을 위하여 그에 알맞고 그에 걸맞게 경책하여 법문을 하고 수행승들에게 일렀다.

[세존] "수행승들이여, 격리생활을 실행하는 수행승들은 일반수행승으로부터 인사를 받고, 일어나 맞이함을 받고, 합장을 받고, 공경을 받고, 좌구를 대접받고, 와구를 대접받고, 세족수를 대접받고, 족대와 발수건을 대접받고, 발우와 가사의 영접을 받고, 목욕시에 맛사지를 받아서는 안 된다. 받는다면, 악작죄가 된다. 수행승들이여, 격리생활을 실행하는 수행승은 서로 법랍의 순서에 따라,[153] 인사를 하고, 일어나 맞이하고, 합장하고, 공경하고, 좌구를 대접하고, 와구를 대접하고, 세족수를 대접하고, 족대와 발수건을 대접하고, 발우와 가사를 영접하고, 목욕시에 맛사지하는 것을 허용한다. 수행승들이여, 격리생활을 실행하는 수행승들에게 법랍의 순서에 따라 다섯 가지 사항을 허용한다. 포살, 자자, 우기옷, 보시물, 식사이다.

153) yathāvuḍḍhaṃ : '세차(歲次) 또는 연장(年長)에 따라서' 또는 '승랍(僧臘) 또는 법랍(法臘)의 순서에 따라서'라는 뜻이다. 혜능 스님에 따르면, 우리나라에서 승랍은 출가 이후의 세차를 말하고 법랍은 구족계를 받은 이후의 세차를 말한다. 그러나 초기교단에서는 승랍과 법랍의 차이가 확연하지 않았다.

4. 수행승들이여, 그렇다면 격리생활을 실행하는 수행승들이 준수해야 할 것을 내가 시설하겠다. 격리생활을 실행하는 수행승들은[32] 이와 같이 준수해야 한다. 수행승들이여, 격리생활을 실행하는 수행승들은 올바로 준수해야 한다. 그 경우에 올바로 준수한다는 것은 이와 같다.

1) 구족계를 주어서는 안 된다.
2) 의지를 주어서는 안 된다.
3) 사미를 두어서는 안 된다.
4) 수행녀들의 교계에 선정을 받아서는 안 된다.
5) 선정되더라도 수행녀들을 교계해서는 안 된다.
6) 참모임으로부터 견책조치의 갈마를 받은 그 죄를 지어서는 안 된다.
7) 다른 그와 유사한 죄를 지어서도 안 된다.
8) 그보다 악한 죄를 지어서도 안 된다.
9) 갈마를 매도해서는 안 된다.
10) 갈마를 주는 자를 매도해서도 안 된다.
11) 일반수행승의 포살을 차단시켜서는 안 된다.
12) 자자를 차단시켜서는 안 된다.
13) 명령을 내려서는 안 된다.
14) 권위를 세워서는 안 된다.
15) 허락을 구해서는 안 된다.
16) 질책해서는 안 된다.
17) 기억을 확인해서는 안 된다.
18) 수행승들과 다투어서는 안 된다."

5. [세존]

1) [세존] "수행승들이여, 격리생활을 실행하는 수행승들은 일반수행승들의 앞으로 가서도 안 되고, 앞에 앉아서도 안 된다. 참모임의 끝좌석, 끝침상, 끝처소가 주어지면, 그것을 받아야 한다.
2) 수행승들이여, 격리생활을 실행하는 수행승들은 일반수행승들의 앞을 걷는 시자수행자나 뒤를 따르는 시자수행자로서 가정을 방문해서는 안 된다. 숲속수행154)을 행해서는 안 되고 탁발수행을 행해서도 안 되고, 그러한 이유에서155)

154) āraññikaṅga : 여기서 앙가(aṅga)는 두땅가(dhutaṅga)를 지시하는 것으로 두타행(頭陀行) 즉, 고행적 수행의

'나에 대하여 알지 말라.'라고 생각하고, 탁발식을 가져와서도 안 된다.

3) 수행승들이여, 격리생활을 실행하는 수행승은 손님으로서 알려야 하고, 손님에게 알려야 하고,[156] 포살에서 알려야 하고, 자자에서 알려야 하고, 병들었다면 사자[157]를 통해서라도 알려야 한다.

4) 수행승들이여, 격리생활을 실행하는 수행승은 수행승이 있는 처소[158]로부터 수행승이 없는 처소로 가서는 안 된다. 단, 일반수행승과 함께 할 경우는 예외이고, 위험이 있을 경우는 예외이다.[159]

5) 수행승들이여, 격리생활을 실행하는 수행승은 수행승이 있는 처소로부터 수행승이 없는 비처소[160]로 가서는 안 된다. 단, 일반수행승과 함께 할 경우는 예외이고, 위험이 있을 경우는 예외이다.

6) 수행승들이여, 격리생활을 실행하는 수행승은 수행승이 있는 처소로부터 수행승이 없는 처소나 비처소로 가서는 안 된다. 단, 일반수행승과 함께 할 경우는 예외이고, 위험이 있을 경우는 예외이다.

7) 수행승들이여, 격리생활을 실행하는 수행승은 수행승이 있는 비처소로부터 수행승이 없는 처소로 가서는 안 된다. 단, 일반수행승과 함께 할 경우는 예외이고, 위험이 있을 경우는 예외이다.

8) 수행승들이여, 격리생활을 실행하는 수행승은 수행승이 있는 비처소로부터 수행승이 없는 비처소로 가서는 안 된다. 단, 일반수행승과 함께 할 경우는 예외이고, 위험이 있을 경우는 예외이다.

9) 수행승들이여, 격리생활을 실행하는 수행승은 수행승이 있는 비처소로부터 수행승이 없는 처소나 비처소로 가서는 안 된다. 단, 일반수행승과 함께 할

부분이란 의미로 사용된 것이다.

155) tappaccayā : Smp. 1165에 따르면, 승원으로 돌아오는 수행승들이 그가 앉아서 먹고 있는 것을 보고 그가 결리처벌을 받고 있다고 그들에게 말하지 않는다면, 격리기간이 단축될 수 있다.

156) āgantukena ārocetabbaṃ, āgantukassa ārocetabbaṃ : 격리생활을 실행하는 수행승이 자신이 손님인 경우 주인인 수행승에게 자신이 격리처벌의 처분을 받은 사실을 알려야 하고, 자신이 주인인 경우 손님에게 자신이 격리처벌의 처분을 받은 것에 대하여 알려야 한다는 뜻이다.

157) dūtenapi : Smp. 1166에 따르면, 사자는 출가하지 않은 어떤 자가 아니라 반드시 수행승이어야 한다.

158) āvāsa : Smp. 1167에 따르면, 체류를 위해 만든 거주처를 의미한다.

159) aññatra antarāyā : 이것에 대해서는 MV. II. 35를 참조하라. 그리고 MV. II. 15에는 열 가지 위험 즉, 왕에 의한 위험, 적에 의한 위험, 불에 의한 위험, 물에 의한 위험, 사람에 의한 위험, 인간이 아닌 존재에 의한 위험, 맹수에 의한 위험, 뱀에 의한 위험, 생명을 위협하는 위험, 청정한 삶을 위협하는 위험이 나열되어 있다.

160) anāvāsa : Smp. 1167에 따르면, 비처소로는 탑묘(cetiyaghara), 보리수당(bodhighara), 쓰레기장, 땔감보관소, 음용수를 위한 집, 옥외변소, 곡물창고 등을 말한다.

경우는 예외이고, 위험이 있을 경우는 예외이다.

10) 수행승들이여, 격리생활을 실행하는 수행승은 수행승이 있는 처소나 비처소로부터 수행승이 없는 처소로 가서는 안 된다. 단, 일반수행승과 함께 할 경우는 예외이고, 위험이 있을 경우는 예외이다.

11) 수행승들이여, 격리생활을 실행하는 수행승은 수행승이 있는 처소나 비처소로부터 수행승이 없는 비처소로 가서는 안 된다. 단, 일반수행승과 함께 할 경우는 예외이고, 위험이 있을 경우는 예외이다.

12) 수행승들이여, 격리생활을 실행하는 수행승은 수행승이 있는 처소나 비처소로부터 수행승이 없는 처소나 비처소로 가서는 안 된다. 단, 일반수행승과 함께 할 경우는 예외이고, 위험이 있을 경우는 예외이다.

13) 수행승들이여, 격리생활을 실행하는 수행승은 수행승이 있는 처소로부터 수행승이 있는데 그가 다른 처소에 속한 수행승일 수 있는 처소로 가서는 안 된다. 단, 일반수행승과 함께 할 경우는 예외이고, 위험이 있을 경우는 예외이다.

14) 수행승들이여, 격리생활을 실행하는 수행승은 수행승이 있는 처소로부터 수행승이 있는데 그가 다른 처소에 속한 수행승일 수 있는 비처소로 가서는 안 된다. 단, 일반수행승과 함께 할 경우는 예외이고, 위험이 있을 경우는 예외이다.

15) 수행승들이여, 격리생활을 실행하는 수행승은 수행승이 있는 처소로부터 수행승이 있는데 그가 다른 처소에 속한 수행승일 수 있는 처소나 비처소로 가서는 안 된다. 단, 일반수행승과 함께 할 경우는 예외이고, 위험이 있을 경우는 예외이다.

16) 수행승들이여, 격리생활을 실행하는 수행승은 수행승이 있는 비처소로부터 수행승이 있는데 그가 다른 처소에 속한 수행승일 수 있는 처소로 가서는 안 된다. 단, 일반수행승과 함께 할 경우는 예외이고, 위험이 있을 경우는 예외이다.

17) 수행승들이여, 격리생활을 실행하는 수행승은 수행승이 있는 비처소로부터 수행승이 있는데 그가 다른 처소에 속한 수행승일 수 있는 비처소로 가서는 안 된다. 단, 일반수행승과 함께 할 경우는 예외이고, 위험이 있을 경우는 예외이다.

18) 수행승들이여, 격리생활을 실행하는 수행승은 수행승이 있는 비처소로부터 수행승이 있는데 그가 다른 처소에 속한 수행승일 수 있는 처소나 비처소로 가서는 안 된다. 단, 일반수행승과 함께 할 경우는 예외이고,[33] 위험이 있을 경우는 예외이다.

19) 수행승들이여, 격리생활을 실행하는 수행승은 수행승이 있는 처소나 비처소로부터 수행승이 있는데 그가 다른 처소에 속한 수행승일 수 있는 처소로 가서는 안 된다. 단, 일반수행승과 함께 할 경우는 예외이고, 위험이 있을 경우는 예외이다.

20) 수행승들이여, 격리생활을 실행하는 수행승은 수행승이 있는 처소나 비처소로부터 수행승이 있는데 그가 다른 처소에 속한 수행승일 수 있는 비처소로 가서는 안 된다. 단, 일반수행승과 함께 할 경우는 예외이고, 위험이 있을 경우는 예외이다.

21) 수행승들이여, 격리생활을 실행하는 수행승은 수행승이 있는 처소나 비처소로부터 수행승이 있는데 그가 다른 처소에 속한 수행승일 수 있는 처소나 비처소로 가서는 안 된다. 단, 일반수행승과 함께 할 경우는 예외이고, 위험이 있을 경우는 예외이다.

22) 수행승들이여, 격리생활을 실행하는 수행승은 수행승이 있는 처소로부터 수행승이 있는데 그가 동일한 처소에 사는 수행승이고 오늘이라도161) 내가 갈 수 있는 처소라고 안다면, 그 처소로 가도 된다.

23) 수행승들이여, 격리생활을 실행하는 수행승은 수행승이 있는 처소로부터 수행승이 있는데 그가 동일한 처소에 사는 수행승이고 오늘이라도 내가 갈 수 있는 비처소라고 안다면, 그 처소로 가도 된다.

24) 수행승들이여, 격리생활을 실행하는 수행승은 수행승이 있는 처소로부터 수행승이 있는데 그가 동일한 처소에 사는 수행승이고 오늘이라도 내가 갈 수 있는 처소나 비처소라고 안다면, 그 처소로 가도 된다.

25) 수행승들이여, 격리생활을 실행하는 수행승은 수행승이 있는 비처소로부터 수행승이 있는데 그가 동일한 처소에 사는 수행승이고 오늘이라도 내가 갈 수 있는 처소라고 안다면, 그 처소로 가도 된다.

26) 수행승들이여, 격리생활을 실행하는 수행승은 수행승이 있는 비처소로부터 수행승이 있는데 그가 동일한 처소에 사는 수행승이고 오늘이라도 내가 갈 수 있는 비처소라고 안다면, 그 처소로 가도 된다.

27) 수행승들이여, 격리생활을 실행하는 수행승은 수행승이 있는 비처소로부터 수행승이 있는데 그가 동일한 처소에 사는 수행승이고 오늘이라도 내가 갈 수 있는 처소나 비처소라고 안다면, 그 처소로 가도 된다.

---

161) ajjeva : '바로 그날'이라는 의미이다.

28) 수행승들이여, 격리생활을 실행하는 수행승은 수행승이 있는 처소나 비처소로부터 수행승이 있는데 그가 동일한 처소에 사는 수행승이고 오늘이라도 내가 갈 수 있는 처소라고 안다면, 그 처소로 가도 된다.

29) 수행승들이여, 격리생활을 실행하는 수행승은 수행승이 있는 처소나 비처소로부터 수행승이 있는데 그가 동일한 처소에 사는 수행승이고 오늘이라도 내가 갈 수 있는 비처소라고 안다면, 그 처소로 가도 된다.

30) 수행승들이여, 격리생활을 실행하는 수행승은 수행승이 있는 처소나 비처소로부터 수행승이 있는데 그가 동일한 처소에 사는 수행승이고 오늘이라도 내가 갈 수 있는 처소나 비처소라고 안다면, 그 처소로 가도 된다."

6. [세존]

1) "수행승들이여, 격리생활을 실행하는 수행승은 일반수행승과 함께 동일한 지붕아래에 있는 처소에서 살아서는 안 되고, 동일한 지붕아래에 있는 비처소에서 살아서는 안 되고, 동일한 지붕아래에 있는 처소나 비처소에서 살아서는 안 되고, 일반수행승을 보고 자리에서 일어나야 하고, 일반수행승을 보고 자리에 안내해야 하고, 일반수행승과 동일한 자리에 앉아서는 안 되고, 낮은 자리에 앉을 때 높은 자리에 앉아서는 안 되고,[162] 땅위에 앉을 때 자리에 앉아서는 안 되고, 동일한 경행처에서 경행해서는 안 되고, 낮은 경행처에서 경행할 때 높은 경행처에서 경행해서는 안 되고, 땅위에서 경행할 때 경행처에서 경행해서는 안 된다.

2) 수행승들이여, 격리생활을 실행하는 수행승은 격리생활을 실행하는 보다 연로한 수행승과 함께 동일한 지붕아래에 있는 처소에서 살아서는 안 되고, 동일한 지붕아래에 있는 비처소에서 살아서는 안 되고, 동일한 지붕아래에 있는 처소나 비처소에서 살아서는 안 되고, 격리생활을 실행하는 보다 연로한 수행승과 동일한 자리에 앉아서는 안 되고, 낮은 자리에 앉을 때 높은 자리에 앉아서는 안 되고, 땅위에 앉을 때 자리에 앉아서는 안 되고, 동일한 경행처에서 경행해서는 안 되고, 낮은 경행처에서 경행할 때 높은 경행처에서 경행해서는 안 되고, 땅위에서 경행할 때 경행처에서 경행해서는 안 된다.

3) 수행승들이여, 격리생활을 실행하는 수행승은 가중처벌을 받아야 할 수행승과 함께 동일한 지붕아래에 있는 처소에서 살아서는 안 되고, 동일한 지붕아래에

---

162) na nīce āsane nisinne ucce āsane nisīditabbaṃ : '일반수행승(pakatattabhikkhu)이 낮은 자리에 앉을 때 격리처벌을 받은 수행승은 높은 자리에 앉아서는 안 되고'라는 뜻이다. 이하도 여기에 준한다.

있는 비처소에서 살아서는 안 되고, 동일한 지붕아래에 있는 처소나 비처소에서 살아서는 안 되고, 가중처벌을 받아야 할 수행승과 동일한 자리에 앉아서는 안 되고, 낮은 자리에 앉을 때 높은 자리에 앉아서는 안 되고, 땅위에 앉을 때 자리에 앉아서는 안 되고, 동일한 경행처에서 경행해서는 안 되고, 낮은 경행처에서 경행할 때 높은 경행처에서 경행해서는 안 되고, 땅위에서 경행할 때 경행처에서 경행해서는 안 된다.

4) 수행승들이여, 격리생활을 실행하는 수행승은 참회처벌을 받아야 할 수행승과 함께 동일한 지붕아래에 있는 처소에서 살아서는 안 되고, 동일한 지붕아래에 있는 비처소에서 살아서는 안 되고, 동일한 지붕아래에 있는 처소나 비처소에서 살아서는 안 되고, 참회처벌을 받아야 할 수행승과 동일한 자리에 앉아서는 안 되고, 낮은 자리에 앉을 때 높은 자리에 앉아서는 안 되고, 땅위에 앉을 때 자리에 앉아서는 안 되고, 동일한 경행처에서 경행해서는 안 되고, 낮은 경행처에서 경행할 때 높은 경행처에서 경행해서는 안 되고, 땅위에서 경행할 때 경행처에서 경행해서는 안 된다.

5) 수행승들이여, 격리생활을 실행하는 수행승은 참회생활을 실행하는 수행승과 함께 동일한 지붕아래에 있는 처소에서 살아서는 안 되고, 동일한 지붕아래에 있는 비처소에서 살아서는 안 되고, 동일한 지붕아래에 있는 처소나 비처소에서 살아서는 안 되고, 참회생활을 실행하는 수행승과 동일한 자리에 앉아서는 안 되고, 낮은 자리에 앉을 때 높은 자리에 앉아서는 안 되고, 그가 땅위에 앉을 때 자리에 앉아서는 안 되고, 그가 동일한 경행처에서 경행해서는 안 되고, 그가 낮은 경행처에서 경행할 때 높은 경행처에서 경행해서는 안 되고, 그가 땅위에서 경행할 때 경행처에서 경행해서는 안 된다.

6) 수행승들이여, 격리생활을 실행하는 수행승은 출죄복귀를 받아야 할 수행승과 함께 동일한 지붕아래에 있는 처소에서 살아서는 안 되고, 동일한 지붕아래에 있는 비처소에서 살아서는 안 되고, 동일한 지붕아래에 있는 처소나 비처소에서 살아서는 안 되고, 출죄복귀를 받아야 할 수행승과 동일한 자리에 앉아서는 안 되고, 낮은 자리에 앉을 때 높은 자리에 앉아서는 안 되고, 땅위에 앉을 때 자리에 앉아서는 안 되고, 동일한 경행처에서 경행해서는 안 되고, 낮은 경행처에서 경행할 때 높은 경행처에서 경행해서는 안 되고, 땅위에서 경행할 때 경행처에서 경행해서는 안 된다.

7) 수행승들이여, 격리생활을 실행하는 자를 네 번째 구성원으로서[163] 격리처벌

을 주고, 가중처벌을 주고, 참회처벌을 주거나, 스무 번째 구성원으로서 출죄복귀를 주면, 갈마가 아니고, 행해져서도 안 된다."[164]

아흔네 가지 격리생활을 실행하는 자의 의무가 끝났다.

2. 격리생활을 실행하는 자의 의무①(Pārivāsikavatta)

1. 한때 존자 우빨리가 세존께서 계신 곳을 찾아왔다. 가까이 다가와서 세존께 인사를 하고 한쪽으로 물러나 앉았다. 한쪽으로 물러나 앉은 존자 우빨리는 세존께 이와 같이 말했다.

2. [우빨리] "세존이시여, 격리생활을 실행하는 수행승에게 얼마나 많은 종류의 차단[165]이 있습니까?"

[세존] "우빨리여, 격리생활을 실행하는 수행승을 위하여[34] 세 가지 차단이 있다. 함께 사는 것,[166] 홀로 사는 것,[167] 알리지 않는 것[168]이다. 우빨리여, 이와 같은 격리생활을 실행하는 수행승을 위하여 세 가지 차단이 있다."

격리생활을 실행하는 자의 의무(①)가 끝났다.

3. 격리생활을 실행하는 자의 의무②(Pārivāsikavatta)

1. 그때 싸밧티 시에 많은 수행승들의 무리가 모여 있었다. 격리생활을 실행하는 수행승들이 격리생활을 실행할 수가 없었다. 세존께 그 사실을 알렸다.

[세존] "수행승들이여, 격리생활을 연기하는 것을 허용한다.[169] 수행승들이여, 그러나 이와 같이 연기하여야 한다. 그 격리생활을 실행하는 수행승은 한 수행승을 찾아가서 한쪽 어깨에 상의를 걸치고 웅크리고 앉아 합장하여 이와

---

163) catuttho : 격리생활을 실행하는 자는 무리나 참모임의 성원을 채울 수 없다. MV. IX. 4. 참조.

164) pārivāsikacatuttho ce bhikkhave parivāsaṃ dadeyya : mūlāya paṭikasseyya, mānattaṃ dadeyya, tabbīso abbheyya, akammaṃ. na ca karaṇīyanti : 이것에 대해서는 MV. IX. 4. §6을 참조하라.

165) ratticchedā : 한역에서는 야단(夜斷)이고, 문자적으로는 '밤들의 차단'이지만, 인도에서 시간의 단위는 낮이 아니라 밤으로 계량된다. 정확히 번역하자면, 격리생활의 일수차단(日數遮斷) 또는 차단기간(遮斷期間)을 말하지만, 내용상 기간이 문제되는 것보다는 이유로 분류되므로 '차단(遮斷)'이라고만 번역한다.

166) sahavāso : Smp. 1169에 따르면, 일반수행승과 함께 동일한 지붕아래에 있는 처소에서 지내는 것은 차단되어야 한다. CV. II. 1. §6을 참조하라.

167) vippavāso : Smp. 1169에 따르면, 일반수행승이 없는 처소에서 홀로 지내는 것은 차단되어야 한다. 상실죄법 제2조와 29조(Nissag. 2. 29)를 참조하라. CV. II. 1. §5를 참조하라.

168) anārocanā : Smp. 1169에 따르면, 격리생활을 해야 할 수행승에게 준수해야 할 의무사항을 알리지 않는 것은 차단되어야 한다. CV. II. 1. §4를 참조하라.

169) anujānāmi bhikkhave parivāsaṃ nikkhipituṃ : 많은 수행승의 무리가 승원으로 와서 여기저기 흩어질 때에 일일이 격리처벌을 받고 있다는 사실을 알릴 수 없으므로 격리처벌을 제쳐놓을 수 있다. 이것은 단지 일시적인 제쳐놓음인데, 다음 패러그래프에서처럼 적당한 시기에 다시 떠맡으면 된다.

같이 말해야 한다.

[수행승] '저는 격리생활을 연기합니다.'170)

격리처벌이 연기된 것이다.

[수행승] '저는 실행을 연기합니다.'

격리처벌이 연기된 것이다.

2. 그때 싸밧티 시에 수행승들이 이곳저곳으로 떠났다. 격리생활을 실행하는 수행승들이 격리생활을 실행할 수 없었다. 세존께 그 사실을 알렸다.

[세존] "수행승들이여, 격리생활을 다시 실행하는 것171)을 허용한다. 수행승들이여, 그러나 이와 같이 실행해야 한다. 그 격리생활을 실행하는 수행승은 한 수행승을 찾아가서 한쪽 어깨에 상의를 걸치고 웅크리고 앉아 합장하여 이와 같이 말해야 한다.

[수행승] '저는 격리생활을 떠맡겠습니다.'172)

격리처벌을 받은 것이 된다.

[수행승] '저는 실행을 하겠습니다.'

격리처벌을 받은 것이 된다.

격리생활을 실행하는 자의 의무(②)가 끝났다.

4. 가중처벌을 받아야 할 자의 의무(Mūlāyapaṭikassanārahavatta)

1. 그때 가중처벌을 받아야 할 수행승들은 일반수행승으로부터 인사를 받고, 일어나 맞이함을 받고, 합장을 받고, 공경을 받고, 좌구를 대접받고, 와구를 대접받고, 세족수를 대접받고, 족대와 발수건을 대접받고, 발우와 가사의 영접을 받고, 목욕시에 맛사지를 받았다. 수행승들 가운데 욕망을 여의고, 만족을 알고, 부끄러움을 알고, 후회할 줄 알고 배움을 원하는 자들은 그들에 대하여 혐책하고 분개하고 비난했다.

[수행승들] "어찌 가중처벌을 받아야 할 수행승들이 일반수행승으로부터 인사를 받고, 일어나 맞이함을 받고, 합장을 받고, 공경을 받고, 좌구를 대접받고, 와구를 대접받고, 세족수를 대접받고, 족대와 발수건을 대접받고, 발우와 가사의 영접을 받고, 목욕시에 맛사지를 받을 수 있단 말인가?"

---

170) parivāsaṃ nikkhipāmi'ti : '격리생활을 일시적으로 제쳐두겠습니다.'라는 뜻이다.

171) parivāsaṃ samādiyituṃ : 위반한 수행승에게 부과되는 격리처벌을 다시 실행하는 것을 의미한다.

172) parivāsaṃ samādiyāmi'ti : '격리처벌을 받겠습니다.'라는 뜻이다.

2. 그래서 그 수행승들은 세존께 그 사실을 알렸다. 그러자 세존께서는 이것을 인연으로 이것을 기회로 수행승들의 이것을 원인으로 수행승들의 참모임을 불러 모아 수행승들에게 물었다.

[세존] "수행승들이여, 가중처벌을 받아야 할 수행승들이 일반수행승으로부터 인사를 받고, 일어나 맞이함을 받고, 합장을 받고, 공경을 받고, 좌구를 대접받고, 와구를 대접받고, 세족수를 대접받고, 족대와 발수건을 대접받고, 발우와 가사의 영접을 받고, 목욕시에 맛사지를 받은 것이 사실인가?"

[수행승들] "세존이시여, 사실입니다."

3. 존귀하신 부처님께서는 견책했다.

[세존] "어리석은 자여, 그것은 적절하지 않고, 자연스럽지 않고, 알맞지 않고, 수행자의 삶이 아니고, 부당하고, 해서는 안 될 일이다. 수행승들이여, 어찌 가중처벌을 받아야 할 수행승들이 일반수행승으로부터 인사를 받고, 일어나 맞이함을 받고, 합장을 받고, 공경을 받고, 좌구를 대접받고, 와구를 대접받고, 세족수를 대접받고, 족대와 발수건을 대접받고, 발우와 가사의 영접을 받고, 목욕시에 맛사지를 받을 수 있단 말인가? 수행승들이여, 그것은 아직 청정한 믿음이 없는 자를 청정한 믿음으로 이끌고, 이미 청정한 믿음이 있는 자를 더욱더 청정한 믿음으로 이끄는 것이 아니다. 수행승들이여, 그것은 오히려, 아직 청정한 믿음이 없는 자를 불신으로 이끌고, 이미 청정한 믿음이 있는 자 가운데 어떤 자들을 타락시키는 것이다."

4. 그리고 세존께서는 그 가중처벌을 받아야 할 수행승들을 여러 가지 방편으로 견책하여, 키우기 어렵고 부양하기 어렵고 욕심이 많고 만족을 모르고 교제를 좋아하고 나태한 것에 대하여 질책하고, 여러 가지 법문으로 고무하여, 키우기 쉽고 부양하기 쉽고 욕심을 여의고, 만족을 알고, 버리고 없애는 삶을 살고, 두타행을 하고, 청정한 믿음이 있고, 쌓아 모으지 않고, 용맹정진하는 것을 칭찬하고, 수행승들을 위하여 그에 알맞고 그에 걸맞게 경책하여 법문을 하고 수행승들에게 일렀다.

[세존] "수행승들이여, 가중처벌을 받아야 할 수행승들은 일반수행승으로부터 인사를 받고, 일어나 맞이함을 받고, 합장을 받고, 공경을 받고, 좌구를 대접받고, 와구를 대접받고, 세족수를 대접받고, 족대와 발수건을 대접받고, 발우와 가사의 영접을 받고, 목욕시에 맛사지를 받아서는 안 된다. 받는다면, 악작죄가 된다.

수행승들이여, 가중처벌을 받아야 할 수행승은 서로 법랍의 순서에 따라, 인사를 하고, 일어나 맞이하고, 합장하고, 공경하고, 좌구를 대접하고, 와구를 대접하고, 세족수를 대접하고, 족대와 발수건을 대접하고, 발우와 가사를 영접하고, 목욕시에 맛사지하는 것을 허용한다. 수행승들이여, 가중처벌을 받아야 할 수행승들에게 법랍의 순서에 따라 다섯 가지를 허용한다. 포살, 자자, 우기옷, 보시물, 식사이다.

5. 수행승들이여, 그렇다면 가중처벌을 받아야 할 수행승들이 준수해야 할 것을 내가 시설하겠다. 가중처벌을 받아야 할 수행승들은 이와 같이 준수해야 한다. 수행승들이여, 가중처벌을 받아야 할 수행승들은 올바로 준수해야 한다. 그 경우에 올바로 준수한다는 것은 이와 같다.

1) 구족계를 줄 수 없다.
2) 의지를 줄 수 없다.
3) 사미를 둘 수 없다.
4) 수행녀들의 교계에 선정을 받을 수가 없다.
5) 선정되더라도 수행녀들을 교계할 수 없다.
6) 참모임으로부터 견책조치의 갈마를 받은 그 죄를 지어서는 안 된다.
7) 다른 그와 유사한 죄를 지어서도 안 된다.
8) 그보다 악한 죄를 지어서도 안 된다.
9) 갈마를 매도해서는 안 된다.
10) 갈마를 주는 자를 매도해서도 안 된다.
11) 일반수행승의 포살을 차단시켜서는 안 된다.
12) 자자를 차단시켜서는 안 된다.
13) 명령을 내려서는 안 된다.
14) 권위를 세워서는 안 된다.
15) 허락을 구해서는 안 된다.
16) 질책해서는 안 된다.
17) 기억을 확인해서는 안 된다.
18) 수행승들과 다투어서는 안 된다."

6. [세존]

1) "수행승들이여, 가중처벌을 받아야 할 수행승들은 일반수행승들의 앞으로 가서도 안 되고, 앞에 앉아서도 안 된다. 참모임의 끝좌석, 끝침상, 끝처소가 주어

지면, 그것을 받아야 한다.

2) 수행승들이여, 가중처벌을 받아야 할 수행승들은 일반수행승들의 앞을 걷는 시자수행자나 뒤를 따르는 시자수행자로서 가정을 방문해서는 안 된다. 숲속수행을 행해서는 안 되고 탁발수행을 행해서도 안 되고, 그러한 이유에서 '나에 대하여 알지 말라.'라고 생각하고, 탁발식을 가져와서도 안 된다.

3) 수행승들이여, 가중처벌을 받아야 할 수행승은 수행승이 있는 처소로부터 수행승이 없는 처소로 가서는 안 된다. 단, 일반수행승과 함께 할 경우는 예외이고, 위험이 있을 경우는 예외이다.

4) 수행승들이여, 가중처벌을 받아야 할 수행승은 수행승이 있는 처소로부터 수행승이 없는 비처소로 가서는 안 된다. 단, 일반수행승과 함께 할 경우는 예외이고, 위험이 있을 경우는 예외이다.

5) 수행승들이여, 가중처벌을 받아야 할 수행승은 수행승이 있는 처소로부터 수행승이 없는 처소나 비처소로 가서는 안 된다. 단, 일반수행승과 함께 할 경우는 예외이고, 위험이 있을 경우는 예외이다.

6) 수행승들이여, 가중처벌을 받아야 할 수행승은 수행승이 있는 비처소로부터 수행승이 없는 처소로 가서는 안 된다. 단, 일반수행승과 함께 할 경우는 예외이고, 위험이 있을 경우는 예외이다.

7) 수행승들이여, 가중처벌을 받아야 할 수행승은 수행승이 있는 비처소로부터 수행승이 없는 비처소로 가서는 안 된다. 단, 일반수행승과 함께 할 경우는 예외이고, 위험이 있을 경우는 예외이다.

8) 수행승들이여, 가중처벌을 받아야 할 수행승은 수행승이 있는 비처소로부터 수행승이 없는 처소나 비처소로 가서는 안 된다. 단, 일반수행승과 함께 할 경우는 예외이고, 위험이 있을 경우는 예외이다.

9) 수행승들이여, 가중처벌을 받아야 할 수행승은 수행승이 있는 처소나 비처소로부터 수행승이 없는 처소로 가서는 안 된다. 단, 일반수행승과 함께 할 경우는 예외이고, 위험이 있을 경우는 예외이다.

10) 수행승들이여, 가중처벌을 받아야 할 수행승은 수행승이 있는 처소나 비처소로부터 수행승이 없는 비처소로 가서는 안 된다. 단, 일반수행승과 함께 할 경우는 예외이고, 위험이 있을 경우는 예외이다.

11) 수행승들이여, 가중처벌을 받아야 할 수행승은 수행승이 있는 처소나 비처소로부터 수행승이 없는 처소나 비처소로 가서는 안 된다. 단, 일반수행승과 함께

할 경우는 예외이고, 위험이 있을 경우는 예외이다.

12) 수행승들이여, 가중처벌을 받아야 할 수행승은 수행승이 있는 처소로부터 수행승이 있는데 그가 다른 처소에 속한 수행승일 수 있는 처소로 가서는 안 된다. 단, 일반수행승과 함께 할 경우는 예외이고, 위험이 있을 경우는 예외이다.

13) 수행승들이여, 가중처벌을 받아야 할 수행승은 수행승이 있는 처소로부터 수행승이 있는데 그가 다른 처소에 속한 수행승일 수 있는 비처소로 가서는 안 된다. 단, 일반수행승과 함께 할 경우는 예외이고, 위험이 있을 경우는 예외이다.

14) 수행승들이여, 가중처벌을 받아야 할 수행승은 수행승이 있는 처소로부터 수행승이 있는데 그가 다른 처소에 속한 수행승일 수 있는 처소나 비처소로 가서는 안 된다. 단, 일반수행승과 함께 할 경우는 예외이고, 위험이 있을 경우는 예외이다.

15) 수행승들이여, 가중처벌을 받아야 할 수행승은 수행승이 있는 비처소로부터 수행승이 있는데 그가 다른 처소에 속한 수행승일 수 있는 처소로 가서는 안 된다. 단, 일반수행승과 함께 할 경우는 예외이고, 위험이 있을 경우는 예외이다.

16) 수행승들이여, 가중처벌을 받아야 할 수행승은 수행승이 있는 비처소로부터 수행승이 있는데 그가 다른 처소에 속한 수행승일 수 있는 비처소로 가서는 안 된다. 단, 일반수행승과 함께 할 경우는 예외이고, 위험이 있을 경우는 예외이다.

17) 수행승들이여, 가중처벌을 받아야 할 수행승은 수행승이 있는 비처소로부터 수행승이 있는데 그가 다른 처소에 속한 수행승일 수 있는 처소나 비처소로 가서는 안 된다. 단, 일반수행승과 함께 할 경우는 예외이고, 위험이 있을 경우는 예외이다.

18) 수행승들이여, 가중처벌을 받아야 할 수행승은 수행승이 있는 처소나 비처소로부터 수행승이 있는데 그가 다른 처소에 속한 수행승일 수 있는 처소로 가서는 안 된다. 단, 일반수행승과 함께 할 경우는 예외이고, 위험이 있을 경우는 예외이다.

19) 수행승들이여, 가중처벌을 받아야 할 수행승은 수행승이 있는 처소나 비처소로부터 수행승이 있는데 그가 다른 처소에 속한 수행승일 수 있는 비처소로 가서는 안 된다. 단, 일반수행승과 함께 할 경우는 예외이고, 위험이 있을 경우

는 예외이다.

20) 수행승들이여, 가중처벌을 받아야 할 수행승은 수행승이 있는 처소나 비처소로부터 수행승이 있는데 그가 다른 처소에 속한 수행승일 수 있는 처소나 비처소로 가서는 안 된다. 단, 일반수행승과 함께 할 경우는 예외이고, 위험이 있을 경우는 예외이다.

21) 수행승들이여, 가중처벌을 받아야 할 수행승은 수행승이 있는 처소로부터 수행승이 있는데 그가 동일한 처소에 사는 수행승이고 오늘이라도 내가 갈 수 있는 처소라고 안다면, 그 처소로 가도 된다.

22) 수행승들이여, 가중처벌을 받아야 할 수행승은 수행승이 있는 처소로부터 수행승이 있는데 그가 동일한 처소에 사는 수행승이고 오늘이라도 내가 갈 수 있는 비처소라고 안다면, 그 처소로 가도 된다.

23) 수행승들이여, 가중처벌을 받아야 할 수행승은 수행승이 있는 처소로부터 수행승이 있는데 그가 동일한 처소에 사는 수행승이고 오늘이라도 내가 갈 수 있는 처소나 비처소라고 안다면, 그 처소로 가도 된다.

24) 수행승들이여, 가중처벌을 받아야 할 수행승은 수행승이 있는 비처소로부터 수행승이 있는데 그가 동일한 처소에 사는 수행승이고 오늘이라도 내가 갈 수 있는 처소라고 안다면, 그 처소로 가도 된다.

25) 수행승들이여, 가중처벌을 받아야 할 수행승은 수행승이 있는 비처소로부터 수행승이 있는데 그가 동일한 처소에 사는 수행승이고 오늘이라도 내가 갈 수 있는 비처소라고 안다면, 그 처소로 가도 된다.

26) 수행승들이여, 가중처벌을 받아야 할 수행승은 수행승이 있는 비처소로부터 수행승이 있는데 그가 동일한 처소에 사는 수행승이고 오늘이라도 내가 갈 수 있는 처소나 비처소라고 안다면, 그 처소로 가도 된다.

27) 수행승들이여, 가중처벌을 받아야 할 수행승은 수행승이 있는 처소나 비처소로부터 수행승이 있는데 그가 동일한 처소에 사는 수행승이고 오늘이라도 내가 갈 수 있는 처소라고 안다면, 그 처소로 가도 된다.

28) 수행승들이여, 가중처벌을 받아야 할 수행승은 수행승이 있는 처소나 비처소로부터 수행승이 있는데 그가 동일한 처소에 사는 수행승이고 오늘이라도 내가 갈 수 있는 비처소라고 안다면, 그 처소로 가도 된다.

29) 수행승들이여, 가중처벌을 받아야 할 수행승은 수행승이 있는 처소나 비처소로부터 수행승이 있는데 그가 동일한 처소에 사는 수행승이고 오늘이라도 내가

갈 수 있는 처소나 비처소라고 안다면, 그 처소로 가도 된다."

7. [세존]

1) "수행승들이여, 가중처벌을 받아야 할 수행승은 일반수행승과 함께 동일한 지붕아래에 있는 처소에서 살아서는 안 되고, 동일한 지붕아래에 있는 비처소에서 살아서는 안 되고, 동일한 지붕아래에 있는 처소나 비처소에서 살아서는 안 되고, 일반수행승을 보고 자리에서 일어나야 하고, 일반수행승을 보고 자리에 안내해야 하고, 일반수행승과 동일한 자리에 앉아서는 안 되고, 낮은 자리에 앉을 때 높은 자리에 앉아서는 안 되고, 땅위에 앉을 때 자리에 앉아서는 안 되고, 동일한 경행처에서 경행해서는 안 되고, 낮은 경행처에서 경행할 때 높은 경행처에서 경행해서는 안 되고, 땅위에서 경행할 때[35] 경행처에서 경행해서는 안 된다.

2) 수행승들이여, 가중처벌을 받아야 할 수행승은 격리생활을 실행하는 수행승과 함께 동일한 지붕아래에 있는 처소에서 살아서는 안 되고, 동일한 지붕아래에 있는 비처소에서 살아서는 안 되고, 동일한 지붕아래에 있는 처소나 비처소에서 살아서는 안 되고, 격리생활을 실행하는 수행승과 동일한 자리에 앉아서는 안 되고, 낮은 자리에 앉을 때 높은 자리에 앉아서는 안 되고, 땅위에 앉을 때 자리에 앉아서는 안 되고, 동일한 경행처에서 경행해서는 안 되고, 낮은 경행처에서 경행할 때 높은 경행처에서 경행해서는 안 되고, 땅위에서 경행할 때 경행처에서 경행해서는 안 된다.

3) 수행승들이여, 가중처벌을 받아야 할 수행승은 가중처벌을 받아야 할 보다 연로한 수행승과 함께 동일한 지붕아래에 있는 처소에서 살아서는 안 되고, 동일한 지붕아래에 있는 비처소에서 살아서는 안 되고, 동일한 지붕아래에 있는 처소나 비처소에서 살아서는 안 되고, 가중처벌을 받아야 할 보다 연로한 수행승과 동일한 자리에 앉아서는 안 되고, 낮은 자리에 앉을 때 높은 자리에 앉아서는 안 되고, 땅위에 앉을 때 자리에 앉아서는 안 되고, 동일한 경행처에서 경행해서는 안 되고, 낮은 경행처에서 경행할 때 높은 경행처에서 경행해서는 안 되고, 땅위에서 경행할 때 경행처에서 경행해서는 안 된다.

4) 수행승들이여, 가중처벌을 받아야 할 수행승은 참회처벌을 받아야 할 수행승과 함께 동일한 지붕아래에 있는 처소에서 살아서는 안 되고, 동일한 지붕아래에 있는 비처소에서 살아서는 안 되고, 동일한 지붕아래에 있는 처소나 비처소에서 살아서는 안 되고, 참회처벌을 받아야 할 수행승과 동일한 자리에 앉아서는

안 되고, 낮은 자리에 앉을 때 높은 자리에 앉아서는 안 되고, 땅위에 앉을 때 자리에 앉아서는 안 되고, 동일한 경행처에서 경행해서는 안 되고, 낮은 경행처에서 경행할 때 높은 경행처에서 경행해서는 안 되고, 땅위에서 경행할 때 경행처에서 경행해서는 안 된다.

5) 수행승들이여, 가중처벌을 받아야 할 수행승은 참회생활을 실행하는 수행승과 함께 동일한 지붕아래에 있는 처소에서 살아서는 안 되고, 동일한 지붕아래에 있는 비처소에서 살아서는 안 되고, 동일한 지붕아래에 있는 처소나 비처소에서 살아서는 안 되고, 참회생활을 실행하는 수행승과 동일한 자리에 앉아서는 안 되고, 낮은 자리에 앉을 때 높은 자리에 앉아서는 안 되고, 땅위에 앉을 때 자리에 앉아서는 안 되고, 동일한 경행처에서 경행해서는 안 되고, 낮은 경행처에서 경행할 때 높은 경행처에서 경행해서는 안 되고, 땅위에서 경행할 때 경행처에서 경행해서는 안 된다.

6) 수행승들이여, 가중처벌을 받아야 할 수행승은 출죄복귀를 받아야 할 수행승과 함께 동일한 지붕아래에 있는 처소에서 살아서는 안 되고, 동일한 지붕아래에 있는 비처소에서 살아서는 안 되고, 동일한 지붕아래에 있는 처소나 비처소에서 살아서는 안 되고, 출죄복귀를 받아야 할 수행승과 동일한 자리에 앉아서는 안 되고, 낮은 자리에 앉을 때 높은 자리에 앉아서는 안 되고, 땅위에 앉을 때 자리에 앉아서는 안 되고, 동일한 경행처에서 경행해서는 안 되고, 낮은 경행처에서 경행할 때 높은 경행처에서 경행해서는 안 되고, 땅위에서 경행할 때 경행처에서 경행해서는 안 된다.

7) 수행승들이여, 가중처벌을 받아야 할 자를 네 번째 구성원으로서 격리처벌을 주고, 가중처벌을 주고, 참회처벌을 주고, 스무 번째 구성원으로서 출죄복귀를 주면, 갈마가 아니고, 행해져서도 안 된다."[173]

가중처벌을 받아야 할 자의 의무가 끝났다.

5. 참회처벌을 받아야 할 자의 의무(Mānattārahavatta)

1. 그때 참회처벌을 받아야 할 수행승들은 일반수행승으로부터 인사를 받고, 일어나 맞이함을 받고, 합장을 받고, 공경을 받고, 좌구를 대접받고, 와구를 대접받고, 세족수를 대접받고, 족대와 발수건을 대접받고, 발우와 가사의 영접을 받고, 목욕

173) na bhikkhave mūlāya paṭikassanārahena bhikkhunā sabhikkhukā āvāsā abhikkhuko āvāso gantabbo, aññatra pakatattena, aññatra antarāyā : MV. IX. 4. §6을 참조하라.

시에 맛사지를 받았다. 수행승들 가운데 욕망을 여의고, 만족을 알고, 부끄러움을 알고, 후회할 줄 알고 배움을 원하는 자들은 그들에 대하여 혐책하고 분개하고 비난했다.

[수행승들] "어찌 참회처벌을 받아야 할 수행승들이 일반수행승으로부터 인사를 받고, 일어나 맞이함을 받고, 합장을 받고, 공경을 받고, 좌구를 대접받고, 와구를 대접받고, 세족수를 대접받고, 족대와 발수건을 대접받고, 발우와 가사의 영접을 받고, 목욕시에 맛사지를 받을 수 있단 말인가?"

2. 그래서 그 수행승들은 세존께 그 사실을 알렸다. 그러자 세존께서는 이것을 인연으로 이것을 기회로 수행승들의 이것을 원인으로 수행승들의 참모임을 불러 모아 수행승들에게 물었다.

[세존] "수행승들이여, 참회처벌을 받아야 할 수행승들이 일반수행승으로부터 인사를 받고, 일어나 맞이함을 받고, 합장을 받고, 공경을 받고, 좌구를 대접받고, 와구를 대접받고, 세족수를 대접받고, 족대와 발수건을 대접받고, 발우와 가사의 영접을 받고, 목욕시에 맛사지를 받은 것이 사실인가?"

[수행승들] "세존이시여, 사실입니다."

3. 존귀하신 부처님께서는 견책했다.

[세존] "수행승들이여, 그것은 적절하지 않고, 자연스럽지 않고, 알맞지 않고, 수행자의 삶이 아니고, 부당하고, 해서는 안 될 일이다. 수행승들이여, 어찌 참회처벌을 받아야 할 수행승들이 일반수행승으로부터 인사를 받고, 일어나 맞이함을 받고, 합장을 받고, 공경을 받고, 좌구를 대접받고, 와구를 대접받고, 세족수를 대접받고, 족대와 발수건을 대접받고, 발우와 가사의 영접을 받고, 목욕시에 맛사지를 받을 수 있단 말인가? 수행승들이여, 그것은 아직 청정한 믿음이 없는 자를 청정한 믿음으로 이끌고, 이미 청정한 믿음이 있는 자를 더욱더 청정한 믿음으로 이끄는 것이 아니다. 수행승들이여, 그것은 오히려, 아직 청정한 믿음이 없는 자를 불신으로 이끌고, 이미 청정한 믿음이 있는 자 가운데 어떤 자들을 타락시키는 것이다."

4. 그리고 세존께서는 그 참회처벌을 받아야 할 수행승들을 여러 가지 방편으로 견책하여, 키우기 어렵고 부양하기 어렵고 욕심이 많고 만족을 모르고 교제를 좋아하고 나태한 것에 대하여 질책하고, 여러 가지 법문으로 고무하여, 키우기 쉽고 부양하기 쉽고 욕심을 여의고, 만족을 알고, 버리고 없애는 삶을 살고, 두타

행을 하고, 청정한 믿음이 있고, 쌓아 모으지 않고, 용맹정진하는 것을 칭찬하고, 수행승들을 위하여 그에 알맞고 그에 걸맞게 경책하여 법문을 하고 수행승들에게 일렀다.

[세존] "수행승들이여, 참회처벌을 받아야 할 수행승들은 일반수행승으로부터 인사를 받고, 일어나 맞이함을 받고, 합장을 받고, 공경을 받고, 좌구를 대접받고, 와구를 대접받고, 세족수를 대접받고, 족대와 발수건을 대접받고, 발우와 가사의 영접을 받고, 목욕시에 맛사지를 받아서는 안 된다. 받는다면, 악작죄가 된다. 수행승들이여, 참회처벌을 받아야 할 수행승은 서로 법랍의 순서에 따라, 인사를 하고, 일어나 맞이하고, 합장하고, 공경하고, 좌구를 대접하고, 와구를 대접하고, 세족수를 대접하고, 족대와 발수건을 대접하고, 발우와 가사를 영접하고, 목욕시에 맛사지하는 것을 허용한다. 수행승들이여, 참회처벌을 받아야 할 수행승들에게 법랍의 순서에 따라 다섯 가지를 허용한다. 포살, 자자, 우기옷, 보시물, 식사이다.

5. 수행승들이여, 그렇다면 참회처벌을 받아야 할 수행승들이 준수해야 할 것을 내가 시설하겠다. 참회처벌을 받아야 할 수행승들은 준수를 행해야 한다. 수행승들이여, 참회처벌을 받아야 할 수행승들은 올바로 준수해야 한다. 그 경우에 올바로 준수한다는 것은 이와 같다.

1) 구족계를 주어서는 안 된다.
2) 의지를 주어서는 안 된다.
3) 사미를 두어서는 안 된다.
4) 수행녀들의 교계에 선정을 받아서는 안 된다.
5) 선정되더라도 수행녀들을 교계해서는 안 된다.
6) 참모임으로부터 견책조치의 갈마를 받은 그 죄를 지어서는 안 된다.
7) 다른 그와 유사한 죄를 지어서도 안 된다.
8) 그보다 악한 죄를 지어서도 안 된다.
9) 갈마를 매도해서는 안 된다.
10) 갈마를 주는 자를 매도해서도 안 된다.
11) 일반수행승의 포살을 차단시켜서는 안 된다.
12) 자자를 차단시켜서는 안 된다.
13) 명령을 내려서는 안 된다.
14) 권위를 세워서는 안 된다.

15) 허락을 구해서는 안 된다.
16) 질책해서는 안 된다.
17) 기억을 확인해서는 안 된다.
18) 수행승들과 다투어서는 안 된다."

6. [세존]

1) "수행승들이여, 참회처벌을 받아야 할 수행승들은 일반수행승들의 앞으로 가서도 안 되고, 앞에 앉아서도 안 된다. 참모임의 끝좌석, 끝침상, 끝처소가 주어지면, 그것을 받아야 한다.
2) 수행승들이여, 참회처벌을 받아야 할 수행승들은 일반수행승들의 앞을 걷는 시자수행자나 뒤를 따르는 시자수행자로서 가정을 방문해서는 안 된다. 숲속수행을 행해서는 안 되고 탁발수행을 행해서도 안 되고, 그러한 이유에서 '나에 대하여 알지 말라.'라고 생각하고, 탁발식을 가져와서도 안 된다.
3) 수행승들이여, 참회처벌을 받아야 할 수행승은 수행승이 있는 처소로부터 수행승이 없는 처소로 가서는 안 된다. 단, 일반수행승과 함께 할 경우는 예외이고, 위험이 있을 경우는 예외이다.
4) 수행승들이여, 참회처벌을 받아야 할 수행승은 수행승이 있는 처소로부터 수행승이 없는 비처소로 가서는 안 된다. 단, 일반수행승과 함께 할 경우는 예외이고, 위험이 있을 경우는 예외이다.
5) 수행승들이여, 참회처벌을 받아야 할 수행승은 수행승이 있는 처소로부터 수행승이 없는 처소나 비처소로 가서는 안 된다. 단, 일반수행승과 함께 할 경우는 예외이고, 위험이 있을 경우는 예외이다.
6) 수행승들이여, 참회처벌을 받아야 할 수행승은 수행승이 있는 비처소로부터 수행승이 없는 처소로 가서는 안 된다. 단, 일반수행승과 함께 할 경우는 예외이고, 위험이 있을 경우는 예외이다.
7) 수행승들이여, 참회처벌을 받아야 할 수행승은 수행승이 있는 비처소로부터 수행승이 없는 비처소로 가서는 안 된다. 단, 일반수행승과 함께 할 경우는 예외이고, 위험이 있을 경우는 예외이다.
8) 수행승들이여, 참회처벌을 받아야 할 수행승은 수행승이 있는 비처소로부터 수행승이 없는 처소나 비처소로 가서는 안 된다. 단, 일반수행승과 함께 할 경우는 예외이고, 위험이 있을 경우는 예외이다.
9) 수행승들이여, 참회처벌을 받아야 할 수행승은 수행승이 있는 처소나 비처소로

부터 수행승이 없는 처소로 가서는 안 된다. 단, 일반수행승과 함께 할 경우는 예외이고, 위험이 있을 경우는 예외이다.

10) 수행승들이여, 참회처벌을 받아야 할 수행승은 수행승이 있는 처소나 비처소로부터 수행승이 없는 비처소로 가서는 안 된다. 단, 일반수행승과 함께 할 경우는 예외이고, 위험이 있을 경우는 예외이다.

11) 수행승들이여, 참회처벌을 받아야 할 수행승은 수행승이 있는 처소나 비처소로부터 수행승이 없는 처소나 비처소로 가서는 안 된다. 단, 일반수행승과 함께 할 경우는 예외이고, 위험이 있을 경우는 예외이다.

12) 수행승들이여, 참회처벌을 받아야 할 수행승은 수행승이 있는 처소로부터 수행승이 있는데 그가 다른 처소에 속한 수행승일 수 있는 처소로 가서는 안 된다. 단, 일반수행승과 함께 할 경우는 예외이고, 위험이 있을 경우는 예외이다.

13) 수행승들이여, 참회처벌을 받아야 할 수행승은 수행승이 있는 처소로부터 수행승이 있는데 그가 다른 처소에 속한 수행승일 수 있는 비처소로 가서는 안 된다. 단, 일반수행승과 함께 할 경우는 예외이고, 위험이 있을 경우는 예외이다.

14) 수행승들이여, 참회처벌을 받아야 할 수행승은 수행승이 있는 처소로부터 수행승이 있는데 그가 다른 처소에 속한 수행승일 수 있는 처소나 비처소로 가서는 안 된다. 단, 일반수행승과 함께 할 경우는 예외이고, 위험이 있을 경우는 예외이다.

15) 수행승들이여, 참회처벌을 받아야 할 수행승은 수행승이 있는 비처소로부터 수행승이 있는데 그가 다른 처소에 속한 수행승일 수 있는 처소로 가서는 안 된다. 단, 일반수행승과 함께 할 경우는 예외이고, 위험이 있을 경우는 예외이다.

16) 수행승들이여, 참회처벌을 받아야 할 수행승은 수행승이 있는 비처소로부터 수행승이 있는데 그가 다른 처소에 속한 수행승일 수 있는 비처소로 가서는 안 된다. 단, 일반수행승과 함께 할 경우는 예외이고, 위험이 있을 경우는 예외이다.

17) 수행승들이여, 참회처벌을 받아야 할 수행승은 수행승이 있는 비처소로부터 수행승이 있는데 그가 다른 처소에 속한 수행승일 수 있는 처소나 비처소로 가서는 안 된다. 단, 일반수행승과 함께 할 경우는 예외이고, 위험이 있을 경우는 예외이다.

18) 수행승들이여, 참회처벌을 받아야 할 수행승은 수행승이 있는 처소나 비처소로부터 수행승이 있는데 그가 다른 처소에 속한 수행승일 수 있는 처소로 가서는 안 된다. 단, 일반수행승과 함께 할 경우는 예외이고, 위험이 있을 경우는 예외이다.

19) 수행승들이여, 참회처벌을 받아야 할 수행승은 수행승이 있는 처소나 비처소로부터 수행승이 있는데 그가 다른 처소에 속한 수행승일 수 있는 비처소로 가서는 안 된다. 단, 일반수행승과 함께 할 경우는 예외이고, 위험이 있을 경우는 예외이다.

20) 수행승들이여, 참회처벌을 받아야 할 수행승은 수행승이 있는 처소나 비처소로부터 수행승이 있는데 그가 다른 처소에 속한 수행승일 수 있는 처소나 비처소로 가서는 안 된다. 단, 일반수행승과 함께 할 경우는 예외이고, 위험이 있을 경우는 예외이다.

21) 수행승들이여, 참회처벌을 받아야 할 수행승은 수행승이 있는 처소로부터 수행승이 있는데 그가 동일한 처소에 사는 수행승이고 오늘이라도 내가 갈 수 있는 처소라고 안다면, 그 처소로 가도 된다.

22) 수행승들이여, 참회처벌을 받아야 할 수행승은 수행승이 있는 처소로부터 수행승이 있는데 그가 동일한 처소에 사는 수행승이고 오늘이라도 내가 갈 수 있는 비처소라고 안다면, 그 처소로 가도 된다.

23) 수행승들이여, 참회처벌을 받아야 할 수행승은 수행승이 있는 처소로부터 수행승이 있는데 그가 동일한 처소에 사는 수행승이고 오늘이라도 내가 갈 수 있는 처소나 비처소라고 안다면, 그 처소로 가도 된다.

24) 수행승들이여, 참회처벌을 받아야 할 수행승은 수행승이 있는 비처소로부터 수행승이 있는데 그가 동일한 처소에 사는 수행승이고 오늘이라도 내가 갈 수 있는 처소라고 안다면, 그 처소로 가도 된다.

25) 수행승들이여, 참회처벌을 받아야 할 수행승은 수행승이 있는 비처소로부터 수행승이 있는데 그가 동일한 처소에 사는 수행승이고 오늘이라도 내가 갈 수 있는 비처소라고 안다면, 그 처소로 가도 된다.

26) 수행승들이여, 참회처벌을 받아야 할 수행승은 수행승이 있는 비처소로부터 수행승이 있는데 그가 동일한 처소에 사는 수행승이고 오늘이라도 내가 갈 수 있는 처소나 비처소라고 안다면, 그 처소로 가도 된다.

27) 수행승들이여, 참회처벌을 받아야 할 수행승은 수행승이 있는 처소나 비처소

로부터 수행승이 있는데 그가 동일한 처소에 사는 수행승이고 오늘이라도 내가 갈 수 있는 처소라고 안다면, 그 처소로 가도 된다.

28) 수행승들이여, 참회처벌을 받아야 할 수행승은 수행승이 있는 처소나 비처소로부터 수행승이 있는데 그가 동일한 처소에 사는 수행승이고 오늘이라도 내가 갈 수 있는 비처소라고 안다면, 그 처소로 가도 된다.

29) 수행승들이여, 참회처벌을 받아야 할 수행승은 수행승이 있는 처소나 비처소로부터 수행승이 있는데 그가 동일한 처소에 사는 수행승이고 오늘이라도 내가 갈 수 있는 처소나 비처소라고 안다면, 그 처소로 가도 된다."

7. [세존]

1) "수행승들이여, 참회처벌을 받아야 할 수행승은 일반수행승과 함께 동일한 지붕아래에 있는 처소에서 살아서는 안 되고, 동일한 지붕아래에 있는 비처소에서 살아서는 안 되고, 동일한 지붕아래에 있는 처소나 비처소에서 살아서는 안 되고, 일반수행승을 보고 자리에서 일어나야 하고, 일반수행승을 보고 자리에 안내해야 하고, 일반수행승과 동일한 자리에 앉아서는 안 되고, 낮은 자리에 앉을 때 높은 자리에 앉아서는 안 되고, 땅위에 앉을 때 자리에 앉아서는 안 되고, 동일한 경행처에서 경행해서는 안 되고, 낮은 경행처에서 경행할 때 높은 경행처에서 경행해서는 안 되고, 땅위에서 경행할 때 경행처에서 경행해서는 안 된다.

2) 수행승들이여, 참회처벌을 받아야 할 수행승은 격리생활을 실행하는 수행승과 함께 동일한 지붕아래에 있는 처소에서 살아서는 안 되고, 동일한 지붕아래에 있는 비처소에서 살아서는 안 되고, 동일한 지붕아래에 있는 처소나 비처소에서 살아서는 안 되고, 격리생활을 실행하는 수행승과 동일한 자리에 앉아서는 안 되고, 낮은 자리에 앉을 때 높은 자리에 앉아서는 안 되고, 땅위에 앉을 때 자리에 앉아서는 안 되고, 동일한 경행처에서 경행해서는 안 되고, 낮은 경행처에서 경행할 때 높은 경행처에서 경행해서는 안 되고, 땅위에서 경행할 때 경행처에서 경행해서는 안 된다.

3) 수행승들이여, 참회처벌을 받아야 할 수행승은 참회처벌을 받아야 할 보다 연로한 수행승과 함께 동일한 지붕아래에 있는 처소에서 살아서는 안 되고, 동일한 지붕아래에 있는 비처소에서 살아서는 안 되고, 동일한 지붕아래에 있는 처소나 비처소에서 살아서는 안 되고, 참회처벌을 받아야 할 보다 연로한 수행승과 동일한 자리에 앉아서는 안 되고, 낮은 자리에 앉을 때 높은 자리에

앉아서는 안 되고, 땅위에 앉을 때 자리에 앉아서는 안 되고, 동일한 경행처에서 경행해서는 안 되고, 낮은 경행처에서 경행할 때 높은 경행처에서 경행해서는 안 되고, 땅위에서 경행할 때 경행처에서 경행해서는 안 된다.

4) 수행승들이여, 참회처벌을 받아야 할 수행승은 가중처벌을 받아야 할 수행승과 함께 동일한 지붕아래에 있는 처소에서 살아서는 안 되고, 동일한 지붕아래에 있는 비처소에서 살아서는 안 되고, 동일한 지붕아래에 있는 처소나 비처소에서 살아서는 안 되고, 가중처벌을 받아야 할 수행승과 동일한 자리에 앉아서는 안 되고, 낮은 자리에 앉을 때 높은 자리에 앉아서는 안 되고, 땅위에 앉을 때 자리에 앉아서는 안 되고, 동일한 경행처에서 경행해서는 안 되고, 낮은 경행처에서 경행할 때 높은 경행처에서 경행해서는 안 되고, 땅위에서 경행할 때 경행처에서 경행해서는 안 된다.

5) 수행승들이여, 참회처벌을 받아야 할 수행승은 참회생활을 실행하는 수행승과 함께 동일한 지붕아래에 있는 처소에서 살아서는 안 되고, 동일한 지붕아래에 있는 비처소에서 살아서는 안 되고, 동일한 지붕아래에 있는 처소나 비처소에서 살아서는 안 되고, 참회생활을 실행하는 수행승과 동일한 자리에 앉아서는 안 되고, 낮은 자리에 앉을 때 높은 자리에 앉아서는 안 되고, 땅위에 앉을 때 자리에 앉아서는 안 되고, 동일한 경행처에서 경행해서는 안 되고, 낮은 경행처에서 경행할 때 높은 경행처에서 경행해서는 안 되고, 땅위에서 경행할 때 경행처에서 경행해서는 안 된다.

6) 수행승들이여, 참회처벌을 받아야 할 수행승은 출죄복귀를 받아야 할 수행승과 함께 동일한 지붕아래에 있는 처소에서 살아서는 안 되고, 동일한 지붕아래에 있는 비처소에서 살아서는 안 되고, 동일한 지붕아래에 있는 처소나 비처소에서 살아서는 안 되고, 출죄복귀를 받아야 할 수행승과 동일한 자리에 앉아서는 안 되고, 낮은 자리에 앉을 때 높은 자리에 앉아서는 안 되고, 땅위에 앉을 때 자리에 앉아서는 안 되고, 동일한 경행처에서 경행해서는 안 되고, 낮은 경행처에서 경행할 때 높은 경행처에서 경행해서는 안 되고, 땅위에서 경행할 때 경행처에서 경행해서는 안 된다.

7) 수행승들이여, 참회처벌을 받아야 할 자를 네 번째 구성원으로서 격리처벌을 주고, 가중처벌을 주고, 참회처벌을 주고, 스무 번째 구성원으로서 출죄복귀를 주면, 갈마가 아니고, 행해져서도 안 된다."

참회처벌을 받아야 할 자의 의무가 끝났다.

6. 참회생활을 실행하는 자의 의무①(Mānattacārikavatta)

1. 한때 참회생활을 실행하는 수행승이 일반수행승으로부터 인사를 받고, 일어나 맞이함을 받고, 합장을 받고, 공경을 받고, 좌구를 대접받고, 와구를 대접받고, 세족수를 대접받고, 족대와 발수건을 대접받고, 발우와 가사의 영접을 받고, 목욕시에 맛사지를 받았다. 수행승들 가운데 욕망을 여의고, 만족을 알고, 부끄러움을 알고, 후회할 줄 알고 배움을 원하는 자들은 그들에 대하여 혐책하고 분개하고 비난했다.

[수행승들] "어찌 참회생활을 실행하는 수행승들이 일반수행승으로부터 인사를 받고, 일어나 맞이함을 받고, 합장을 받고, 공경을 받고, 좌구를 대접받고, 와구를 대접받고, 세족수를 대접받고, 족대와 발수건을 대접받고, 발우와 가사의 영접을 받고, 목욕시에 맛사지를 받을 수 있단 말인가?"

그래서 그 수행승들은 세존께 그 사실을 알렸다. 그러자 세존께서는 이것을 인연으로 이것을 기회로 수행승들의 이것을 원인으로 수행승들의 참모임을 불러 모아 수행승들에게 물었다.

[세존] "수행승들이여, 참회생활을 실행하는 수행승들이 일반수행승으로부터 인사를 받고, 일어나 맞이함을 받고, 합장을 받고, 공경을 받고, 좌구를 대접받고, 와구를 대접받고, 세족수를 대접받고, 족대와 발수건을 대접받고, 발우와 가사의 영접을 받고, 목욕시에 맛사지를 받은 것이 사실인가?"

[수행승들] "세존이시여, 사실입니다."

2. 존귀하신 부처님께서는 견책했다.

[세존] "수행승들이여, 그것은 적절하지 않고, 자연스럽지 않고, 알맞지 않고, 수행자의 삶이 아니고, 부당하고, 해서는 안 될 일이다. 수행승들이여, 어찌 참회생활을 실행하는 수행승들이 일반수행승으로부터 인사를 받고, 일어나 맞이함을 받고, 합장을 받고, 공경을 받고, 좌구를 대접받고, 와구를 대접받고, 세족수를 대접받고, 족대와 발수건을 대접받고, 발우와 가사의 영접을 받고, 목욕시에 맛사지를 받을 수 있단 말인가? 수행승들이여, 그것은 아직 청정한 믿음이 없는 자를 청정한 믿음으로 이끌고, 이미 청정한 믿음이 있는 자를 더욱더 청정한 믿음으로 이끄는 것이 아니다. 수행승들이여, 그것은 오히려, 아직 청정한 믿음이 없는 자를 불신으로 이끌고, 이미 청정한 믿음이 있는 자 가운데 어떤 자들을 타락시키는 것이다."

3. 그리고 세존께서는 그 참회생활을 실행하는 수행승들을 여러 가지 방편으로 견책하여, 키우기 어렵고 부양하기 어렵고 욕심이 많고 만족을 모르고 교제를 좋아하고 나태한 것에 대하여 질책하고, 여러 가지 법문으로 고무하여, 키우기 쉽고 부양하기 쉽고 욕심을 여의고, 만족을 알고, 버리고 없애는 삶을 살고, 두타행을 하고, 청정한 믿음이 있고, 쌓아 모으지 않고, 용맹정진하는 것을 칭찬하고, 수행승들을 위하여 그에 알맞고 그에 걸맞게 경책하여 법문을 하고 수행승들에게 일렀다.

[세존] "수행승들이여, 참회생활을 실행하는 수행승들은 일반수행승으로부터 인사를 받고, 일어나 맞이함을 받고, 합장을 받고, 공경을 받고, 좌구를 대접받고, 와구를 대접받고, 세족수를 대접받고, 족대와 발수건을 대접받고, 발우와 가사의 영접을 받고, 목욕시에 맛사지를 받아서는 안 된다. 받는다면, 악작죄가 된다. 수행승들이여, 참회생활을 실행하는 수행승은 서로 법랍의 순서에 따라, 인사를 하고, 일어나 맞이하고, 합장하고, 공경하고, 좌구를 대접하고, 와구를 대접하고, 세족수를 대접하고, 족대와 발수건을 대접하고, 발우와 가사를 영접하고, 목욕시에 맛사지하는 것을 허용한다. 수행승들이여, 참회생활을 실행하는 수행승들에게 법랍의 순서에 따라 다섯 가지를 허용한다. 포살, 자자, 우기옷, 보시물, 식사이다.

4. 수행승들이여, 그렇다면 참회생활을 실행하는 수행승들이 준수해야 할 것을 내가 시설하겠다. 참회생활을 실행하는 수행승들은 준수를 행해야 한다. 수행승들이여, 참회생활을 실행하는 수행승들은 올바로 준수해야 한다. 그 경우에 올바로 준수한다는 것은 이와 같다.

1) 구족계를 주어서는 안 된다.

2) 의지를 주어서는 안 된다.

3) 사미를 두어서는 안 된다.

4) 수행녀들의 교계에 선정을 받아서는 안 된다.

5) 선정되더라도 수행녀들을 교계해서는 안 된다.

6) 참모임으로부터 견책조치의 갈마를 받은 그 죄를 지어서는 안 된다.

7) 다른 그와 유사한 죄를 지어서도 안 된다.

8) 그보다 악한 죄를 지어서도 안 된다.

9) 갈마를 매도해서는 안 된다.

10) 갈마를 주는 자를 매도해서도 안 된다.

11) 일반수행승의 포살을 차단시켜서는 안 된다.

12) 자자를 차단시켜서는 안 된다.
13) 명령을 내려서는 안 된다.
14) 권위를 세워서는 안 된다.
15) 허락을 구해서는 안 된다.
16) 질책해서는 안 된다.
17) 기억을 확인해서는 안 된다.
18) 수행승들과 다투어서는 안 된다."

5. [세존]

1) "수행승들이여, 참회생활을 실행하는 수행승들은 일반수행승들의 앞으로 가서도 안 되고, 앞에 앉아서도 안 된다. 참모임의 끝좌석, 끝침상, 끝처소가 주어지면, 그것을 받아야 한다.

2) 수행승들이여, 참회생활을 실행하는 수행승들은 일반수행승들의 앞을 걷는 시자수행자나 뒤를 따르는 시자수행자로서 가정을 방문해서는 안 된다. 숲속수행[174]을 행해서는 안 되고 탁발수행을 행해서도 안 되고, 그러한 이유에서 '나에 대하여 알지 말라.'라고 생각하고, 탁발식을 가져와서도 안 된다.

3) 수행승들이여, 참회생활을 실행하는 수행승은 손님으로서 알려야 하고, 손님에게 알려야 하고, 포살에서 알려야 하고, 자자에서 알려야 하고, 매일 알려야 하고,[175] 병들었다면 사자를 통해서라도 알려야 한다.

4) 수행승들이여, 참회생활을 실행하는 수행승은 수행승이 있는 처소로부터 수행승이 없는 처소로 가서는 안 된다. 단, 참모임과 함께 할 경우는 예외이고,[176] 위험이 있을 경우는 예외이다.

5) 수행승들이여, 참회생활을 실행하는 수행승은 수행승이 있는 처소로부터 수행승이 없는 비처소로 가서는 안 된다. 단, 참모임과 함께 할 경우는 예외이고, 위험이 있을 경우는 예외이다.

6) 수행승들이여, 참회생활을 실행하는 수행승은 수행승이 있는 처소로부터 수행승이 없는 처소나 비처소로 가서는 안 된다. 단, 참모임과 함께 할 경우는 예외이고, 위험이 있을 경우는 예외이다.

---

174) āraññikaṅga : 여기서 aṅga는 dhutaṅga 두타행(頭陀行) 즉, 고행적 수행의 부분이란 의미로 사용된 것이다.

175) devasikaṃ ārocetabbaṃ : 참회생활을 실행하는 자에게만 고유한 것으로 자신이 참회처벌을 받고 있음을 매일 알려야 한다는 뜻이다.

176) aññatra saṅghena : '일반수행승과 함께 할 경우는 제외하고'와는 달리 참회생활을 실행하는 자에게만 고유한 것이다.

7) 수행승들이여, 참회생활을 실행하는 수행승은 수행승이 있는 비처소로부터 수행승이 없는 처소로 가서는 안 된다. 단, 참모임과 함께 할 경우는 예외이고, 위험이 있을 경우는 예외이다.
8) 수행승들이여, 참회생활을 실행하는 수행승은 수행승이 있는 비처소로부터 수행승이 없는 비처소로 가서는 안 된다. 단, 참모임과 함께 할 경우는 예외이고, 위험이 있을 경우는 예외이다.
9) 수행승들이여, 참회생활을 실행하는 수행승은 수행승이 있는 비처소로부터 수행승이 없는 처소나 비처소로 가서는 안 된다. 단, 일반수행승과 함께 할 경우는 예외이고, 위험이 있을 경우는 예외이다.
10) 수행승들이여, 참회생활을 실행하는 수행승은 수행승이 있는 처소나 비처소로부터 수행승이 없는 처소로 가서는 안 된다. 단, 참모임과 함께 할 경우는 예외이고, 위험이 있을 경우는 예외이다.
11) 수행승들이여, 참회생활을 실행하는 수행승은 수행승이 있는 처소나 비처소로부터 수행승이 없는 비처소로 가서는 안 된다. 단, 참모임과 함께 할 경우는 예외이고, 위험이 있을 경우는 예외이다.
12) 수행승들이여, 참회생활을 실행하는 수행승은 수행승이 있는 처소나 비처소로부터 수행승이 없는 처소나 비처소로 가서는 안 된다. 단, 참모임과 함께 할 경우는 예외이고, 위험이 있을 경우는 예외이다.
13) 수행승들이여, 참회생활을 실행하는 수행승은 수행승이 있는 처소로부터 수행승이 있는데 그가 다른 처소에 속한 수행승일 수 있는 처소로 가서는 안 된다. 단, 참모임과 함께 할 경우는 예외이고, 위험이 있을 경우는 예외이다.
14) 수행승들이여, 참회생활을 실행하는 수행승은 수행승이 있는 처소로부터 수행승이 있는데 그가 다른 처소에 속한 수행승일 수 있는 비처소로 가서는 안 된다. 단, 참모임과 함께 할 경우는 예외이고, 위험이 있을 경우는 예외이다.
15) 수행승들이여, 참회생활을 실행하는 수행승은 수행승이 있는 처소로부터 수행승이 있는데 그가 다른 처소에 속한 수행승일 수 있는 처소나 비처소로 가서는 안 된다. 단, 참모임과 함께 할 경우는 예외이고, 위험이 있을 경우는 예외이다.
16) 수행승들이여, 참회생활을 실행하는 수행승은 수행승이 있는 비처소로부터 수행승이 있는데 그가 다른 처소에 속한 수행승일 수 있는 처소로 가서는 안 된다. 단, 참모임과 함께 할 경우는 예외이고, 위험이 있을 경우는 예외이다.
17) 수행승들이여, 참회생활을 실행하는 수행승은 수행승이 있는 비처소로부터

수행승이 있는데 그가 다른 처소에 속한 수행승일 수 있는 비처소로 가서는 안 된다. 단, 참모임과 함께 할 경우는 예외이고, 위험이 있을 경우는 예외이다.

18) 수행승들이여, 참회생활을 실행하는 수행승은 수행승이 있는 비처소로부터 수행승이 있는데 그가 다른 처소에 속한 수행승일 수 있는 처소나 비처소로 가서는 안 된다. 단, 참모임과 함께 할 경우는 예외이고, 위험이 있을 경우는 예외이다.

19) 수행승들이여, 참회생활을 실행하는 수행승은 수행승이 있는 처소나 비처소로부터 수행승이 있는데 그가 다른 처소에 속한 수행승일 수 있는 처소로 가서는 안 된다. 단, 참모임과 함께 할 경우는 예외이고, 위험이 있을 경우는 예외이다.

20) 수행승들이여, 참회생활을 실행하는 수행승은 수행승이 있는 처소나 비처소로부터 수행승이 있는데 그가 다른 처소에 속한 수행승일 수 있는 비처소로 가서는 안 된다. 단, 참모임과 함께 할 경우는 예외이고, 위험이 있을 경우는 예외이다.

21) 수행승들이여, 참회생활을 실행하는 수행승은 수행승이 있는 처소나 비처소로부터 수행승이 있는데[36] 다른 처소에 속한 수행승일 수 있는 처소나 비처소로 가서는 안 된다. 단, 참모임과 함께 할 경우는 예외이고, 위험이 있을 경우는 예외이다.

22) 수행승들이여, 참회생활을 실행하는 수행승은 수행승이 있는 처소로부터 수행승이 있는데 그가 동일한 처소에 사는 수행승이고 오늘이라도 내가 갈 수 있는 처소라고 안다면, 그 처소로 가도 된다.

23) 수행승들이여, 참회생활을 실행하는 수행승은 수행승이 있는 처소로부터 수행승이 있는데 그가 동일한 처소에 사는 수행승이고 오늘이라도 내가 갈 수 있는 비처소라고 안다면, 그 처소로 가도 된다.

24) 수행승들이여, 참회생활을 실행하는 수행승은 수행승이 있는 처소로부터 수행승이 있는데 그가 동일한 처소에 사는 수행승이고 오늘이라도 내가 갈 수 있는 처소나 비처소라고 안다면, 그 처소로 가도 된다.

25) 수행승들이여, 참회생활을 실행하는 수행승은 수행승이 있는 비처소로부터 수행승이 있는데 그가 동일한 처소에 사는 수행승이고 오늘이라도 내가 갈 수 있는 처소라고 안다면, 그 처소로 가도 된다.

26) 수행승들이여, 참회생활을 실행하는 수행승은 수행승이 있는 비처소로부터 수행승이 있는데 그가 동일한 처소에 사는 수행승이고 오늘이라도 내가 갈

수 있는 비처소라고 안다면, 그 처소로 가도 된다.

27) 수행승들이여, 참회생활을 실행하는 수행승은 수행승이 있는 비처소로부터 수행승이 있는데 그가 동일한 처소에 사는 수행승이고 오늘이라도 내가 갈 수 있는 처소나 비처소라고 안다면, 그 처소로 가도 된다.

28) 수행승들이여, 참회생활을 실행하는 수행승은 수행승이 있는 처소나 비처소로부터 수행승이 있는데 그가 동일한 처소에 사는 수행승이고 오늘이라도 내가 갈 수 있는 처소라고 안다면, 그 처소로 가도 된다.

29) 수행승들이여, 참회생활을 실행하는 수행승은 수행승이 있는 처소나 비처소로부터 수행승이 있는데 그가 동일한 처소에 사는 수행승이고 오늘이라도 내가 갈 수 있는 비처소라고 안다면, 그 처소로 가도 된다.

30) 수행승들이여, 참회생활을 실행하는 수행승은 수행승이 있는 처소나 비처소로부터 수행승이 있는데 그가 동일한 처소에 사는 수행승이고 오늘이라도 내가 갈 수 있는 처소나 비처소라고 안다면, 그 처소로 가도 된다."

6. [세존]

1) "수행승들이여, 참회생활을 실행하는 수행승은 일반수행승과 함께 동일한 지붕아래에 있는 처소에서 살아서는 안 되고, 동일한 지붕아래에 있는 비처소에서 살아서는 안 되고, 동일한 지붕아래에 있는 처소나 비처소에서 살아서는 안 되고, 일반수행승을 보고 자리에서 일어나야 하고, 일반수행승을 보고 자리에 안내해야 하고, 일반수행승과 동일한 자리에 앉아서는 안 되고, 낮은 자리에 앉을 때 높은 자리에 앉아서는 안 되고, 땅위에 앉을 때 자리에 앉아서는 안 되고, 동일한 경행처에서 경행해서는 안 되고, 낮은 경행처에서 경행할 때 높은 경행처에서 경행해서는 안 되고, 땅위에서 경행할 때 경행처에서 경행해서는 안 된다.

2) 수행승들이여, 참회생활을 실행하는 수행승은 격리처벌을 받는 있는 수행승과 함께 동일한 지붕아래에 있는 처소에서 살아서는 안 되고, 동일한 지붕아래에 있는 비처소에서 살아서는 안 되고, 동일한 지붕아래에 있는 처소나 비처소에서 살아서는 안 되고, 격리처벌을 받는 있는 수행승과 동일한 자리에 앉아서는 안 되고, 낮은 자리에 앉을 때 높은 자리에 앉아서는 안 되고, 땅위에 앉을 때 자리에 앉아서는 안 되고, 동일한 경행처에서 경행해서는 안 되고, 낮은 경행처에서 경행할 때 높은 경행처에서 경행해서는 안 되고, 땅위에서 경행할 때 경행처에서 경행해서는 안 된다.

3) 수행승들이여, 참회처벌을 받아야 할 수행승은 가중처벌을 받아야 할 보다 연로한 수행승과 함께 동일한 지붕아래에 있는 처소에서 살아서는 안 되고, 동일한 지붕아래에 있는 비처소에서 살아서는 안 되고, 동일한 지붕아래에 있는 처소나 비처소에서 살아서는 안 되고, 가중처벌을 받아야 할 보다 연로한 수행승과 동일한 자리에 앉아서는 안 되고, 낮은 자리에 앉을 때 높은 자리에 앉아서는 안 되고, 땅위에 앉을 때 자리에 앉아서는 안 되고, 동일한 경행처에서 경행해서는 안 되고, 낮은 경행처에서 경행할 때 높은 경행처에서 경행해서는 안 되고, 땅위에서 경행할 때 경행처에서 경행해서는 안 된다.

4) 수행승들이여, 참회생활을 실행하는 수행승은 참회처벌을 받아야 할 수행승과 함께 동일한 지붕아래에 있는 처소에서 살아서는 안 되고, 동일한 지붕아래에 있는 비처소에서 살아서는 안 되고, 동일한 지붕아래에 있는 처소나 비처소에서 살아서는 안 되고, 참회처벌을 받아야 할 수행승과 동일한 자리에 앉아서는 안 되고, 낮은 자리에 앉을 때 높은 자리에 앉아서는 안 되고, 땅위에 앉을 때 자리에 앉아서는 안 되고, 동일한 경행처에서 경행해서는 안 되고, 낮은 경행처에서 경행할 때 높은 경행처에서 경행해서는 안 되고, 땅위에서 경행할 때 경행처에서 경행해서는 안 된다.

5) 수행승들이여, 참회생활을 실행하는 수행승은 참회생활을 실행하는 보다 연로한 수행승과 함께 동일한 지붕아래에 있는 처소에서 살아서는 안 되고, 동일한 지붕아래에 있는 비처소에서 살아서는 안 되고, 동일한 지붕아래에 있는 처소나 비처소에서 살아서는 안 되고, 참회생활을 실행하는 보다 연로한 수행승과 동일한 자리에 앉아서는 안 되고, 낮은 자리에 앉을 때 높은 자리에 앉아서는 안 되고, 땅위에 앉을 때 자리에 앉아서는 안 되고, 동일한 경행처에서 경행해서는 안 되고, 낮은 경행처에서 경행할 때 높은 경행처에서 경행해서는 안 되고, 땅위에서 경행할 때 경행처에서 경행해서는 안 된다.

6) 수행승들이여, 참회생활을 실행하는 수행승은 출죄복귀를 받아야 할 수행승과 함께 동일한 지붕아래에 있는 처소에서 살아서는 안 되고, 동일한 지붕아래에 있는 비처소에서 살아서는 안 되고, 동일한 지붕아래에 있는 처소나 비처소에서 살아서는 안 되고, 출죄복귀를 받아야 할 수행승과 동일한 자리에 앉아서는 안 되고, 낮은 자리에 앉을 때 높은 자리에 앉아서는 안 되고, 땅위에 앉을 때 자리에 앉아서는 안 되고, 동일한 경행처에서 경행해서는 안 되고, 낮은 경행처에서 경행할 때 높은 경행처에서 경행해서는 안 되고, 땅위에서 경행할

때 경행처에서 경행해서는 안 된다.

7) 수행승들이여, 참회생활을 실행하는 자를 네 번째 구성원으로서 격리처벌을 주고, 가중처벌을 주고, 참회처벌을 주고, 스무 번째 구성원으로서 출죄복귀를 주면, 갈마가 아니고, 행해져서도 안 된다."

참회생활을 실행하는 자의 의무(①)가 끝났다.

7. 참회생활을 실행하는 자의 의무②(Mānattacārikavatta)

1. 한때 존자 우빨리가 세존께서 계신 곳을 찾아왔다. 가까이 다가와서 세존께 인사를 하고 한쪽으로 물러나 앉았다. 한쪽으로 물러나 앉은 존자 우빨리는 세존께 이와 같이 말했다.

2. [우빨리] "세존이시여, 참회생활을 실행하는 수행승에게 얼마나 많은 차단이 있습니까?"

[세존] "우빨리여, 참회생활을 실행하는 수행승을 위하여 네 가지 차단이 있다. 함께 사는 것,177) 홀로 사는 것,178) 알리지 않는 것,179) 부족한 무리 속에서 이루어지는 것180)이다. 우빨리여, 이와 같은 참회생활을 실행하는 수행승을 위하여 네 가지 차단이 있다."

참회생활을 실행하는 자의 의무(②)가 끝났다.

8. 참회생활을 실행하는 자의 의무③(Mānattacārikavatta)

1. 그때 싸밧티 시에 많은 수행승들의 무리가 모여 있었다. 참회생활을 실행하는 수행승들이 참회처벌을 받을 수 없었다. 세존께 그 사실을 알렸다.

[세존] "수행승들이여, 참회처벌을 연기하는 것을 허용한다. 수행승들이여, 그러나 이와 같이 연기하여야 한다.

그 참회생활을 실행하는 수행승은 한 수행승을 찾아가서 한쪽 어깨에 상의를 걸치고 웅크리고 앉아 합장하여 이와 같이 말해야 한다.

---

177) sahavāso : Smp. 1169에 따르면, 일반수행승과 함께 동일한 지붕아래에 있는 처소에서 지내는 것은 차단되어야 한다. CV. II. 1. §6을 참조하라.

178) vippavāso : Smp. 1169에 따르면, 일반수행승이 없는 처소에서 홀로 지내는 것은 차단되어야 한다. 상실죄법 제2조와 29조(Nissag. 2. 29)를 참조하라. CV. II. 1. §5를 참조하라.

179) anārocanā : Smp. 1169에 따르면, 격리생활을 해야 할 수행승에게 준수해야 할 의무사항을 알리지 않는 것은 차단되어야 한다. CV. II. 1. §4를 참조하라.

180) ūne gaṇe caraṇan'ti : Smp. 1170에 따르면, '무리(gaṇa)'은 네 명이나 그 이상의 수행승을 지칭하는 것이다. 그러므로 세 명의 수행승과 함께 산다면, 그 자체가 아루어질 수 없는 차단이다.

[수행승] '저는 참회생활을 연기합니다.'181)
참회생활이 연기된 것이다.
[수행승] '저는 실행을 연기합니다.'
참회생활이 연기된 것이다.

2. 그때 싸밧티 시에 수행승들이 여기저기로 떠났다. 참회생활을 실행하는 수행승들이 참회처벌을 받을 수 없었다. 세존께 그 사실을 알렸다.

[세존] "수행승들이여, 참회처벌을 다시 받는 것을 허용한다. 수행승들이여, 그러나 이와 같이 받아야 한다. 그 참회생활을 실행하는 수행승은 한 수행승을 찾아가서 한쪽 어깨에 상의를 걸치고 웅크리고 앉아 합장하여 이와 같이 말해야 한다.

[수행승] '저는 참회생활을 떠맡겠습니다.'182)
참회처벌을 받은 것이 된다.
[수행승] '저는 실행을 하겠습니다.'
참회처벌을 받은 것이 된다.

참회생활을 실행하는 자의 의무(③)는 끝났다.

9. 출죄복귀를 받아야 할 자의 의무(Abbhānārahavatta)

1. 한때 출죄복귀를 받아야 할 수행승들이 일반수행승으로부터 인사를 받고, 일어나 맞이함을 받고, 합장을 받고, 공경을 받고, 좌구를 대접받고, 와구를 대접받고, 세족수를 대접받고, 족대와 발수건을 대접받고, 발우와 가사의 영접을 받고, 목욕시에 맛사지를 받았다. 수행승들 가운데 욕망을 여의고, 만족을 알고, 부끄러움을 알고, 후회할 줄 알고 배움을 원하는 자들은 그들에 대하여 혐책하고 분개하고 비난했다.

[수행승들] "어찌 출죄복귀를 받아야 할 수행승들이 일반수행승으로부터 인사를 받고, 일어나 맞이함을 받고, 합장을 받고, 공경을 받고, 좌구를 대접받고, 와구를 대접받고, 세족수를 대접받고, 족대와 발수건을 대접받고, 발우와 가사의 영접을 받고, 목욕시에 맛사지를 받을 수 있단 말인가?"

그래서 그 수행승들은 세존께 그 사실을 알렸다. 그러자 세존께서는 이것을 인연으로 이것을 기회로 수행승들의 이것을 원인으로 수행승들의 참모임을 불러

181) mānattaṃ nikkhipāmī'ti : '참회생활을 일시적으로 제쳐두겠습니다.'라는 뜻이다.
182) mānattaṃ samādiyāmī'ti : '참회처벌을 받겠습니다.'라는 뜻이다.

모아 수행승들에게 물었다.

[세존] "수행승들이여, 출죄복귀를 받아야 할 수행승들이 일반수행승으로부터 인사를 받고, 일어나 맞이함을 받고, 합장을 받고, 공경을 받고, 좌구를 대접받고, 와구를 대접받고, 세족수를 대접받고, 족대와 발수건을 대접받고, 발우와 가사의 영접을 받고, 목욕시에 맛사지를 받은 것이 사실인가?"

[수행승들] "세존이시여, 사실입니다."

2. 존귀하신 부처님께서는 견책했다.

[세존] "수행승들이여, 그것은 적절하지 않고, 자연스럽지 않고, 알맞지 않고, 수행자의 삶이 아니고, 부당하고, 해서는 안 될 일이다. 수행승들이여, 어찌 출죄복귀를 받아야 할 수행승들이 일반수행승으로부터 인사를 받고, 일어나 맞이함을 받고, 합장을 받고, 공경을 받고, 좌구를 대접받고, 와구를 대접받고, 세족수를 대접받고, 족대와 발수건을 대접받고, 발우와 가사의 영접을 받고, 목욕시에 맛사지를 받을 수 있단 말인가? 수행승들이여, 그것은 아직 청정한 믿음이 없는 자를 청정한 믿음으로 이끌고, 이미 청정한 믿음이 있는 자를 더욱더 청정한 믿음으로 이끄는 것이 아니다. 수행승들이여, 그것은 오히려, 아직 청정한 믿음이 없는 자를 불신으로 이끌고, 이미 청정한 믿음이 있는 자 가운데 어떤 자들을 타락시키는 것이다."

3. 그리고 세존께서는 그 출죄복귀를 받아야 할 수행승들을 여러 가지 방편으로 견책하여, 키우기 어렵고 부양하기 어렵고 욕심이 많고 만족을 모르고 교제를 좋아하고 나태한 것에 대하여 질책하고, 여러 가지 법문으로 고무하여, 키우기 쉽고 부양하기 쉽고 욕심을 여의고, 만족을 알고, 버리고 없애는 삶을 살고, 두타행을 하고, 청정한 믿음이 있고, 쌓아 모으지 않고, 용맹정진하는 것을 칭찬하고, 수행승들을 위하여 그에 알맞고 그에 걸맞게 경책하여 법문을 하고 수행승들에게 일렀다.

[세존] "수행승들이여, 출죄복귀를 받아야 할 수행승들은 일반수행승으로부터 인사를 받고, 일어나 맞이함을 받고, 합장을 받고, 공경을 받고, 좌구를 대접받고, 와구를 대접받고, 세족수를 대접받고, 족대와 발수건을 대접받고, 발우와 가사의 영접을 받고, 목욕시에 맛사지를 받아서는 안 된다. 받는다면, 악작죄가 된다."

수행승들이여, 출죄복귀를 받아야 할 수행승은 서로 법랍의 순서에 따라, 인사를 하고, 일어나 맞이하고, 합장하고, 공경하고, 좌구를 대접하고, 와구를 대접하고, 세족수를 대접하고, 족대와 발수건을 대접하고, 발우와 가사를 영접하고, 목욕시에 맛사지하는 것을 허용한다. 수행승들이여, 출죄복귀를 받아야 할 수행승들에게 법랍의 순서에 따라 다섯 가지를 허용한다. 포살, 자자, 우기옷, 보시물, 식사이다.

4. 수행승들이여, 그렇다면 출죄복귀를 받아야 할 수행승들이 준수해야 할 것을 내가 시설하겠다. 출죄복귀를 받아야 할 수행승들은 준수를 행해야 한다. 수행승들이여, 출죄복귀를 받아야 할 수행승들은 올바로 준수해야 한다. 그 경우에 올바로 준수한다는 것은 이와 같다.

1) 구족계를 주어서는 안 된다.
2) 의지를 주어서는 안 된다.
3) 사미를 두어서는 안 된다.
4) 수행녀들의 교계에 선정을 받아서는 안 된다.
5) 선정되더라도 수행녀들을 교계해서는 안 된다.
6) 참모임으로부터 견책조치의 갈마를 받은 그 죄를 지어서는 안 된다.
7) 다른 그와 유사한 죄를 지어서도 안 된다.
8) 그보다 악한 죄를 지어서도 안 된다.
9) 갈마를 매도해서는 안 된다.
10) 갈마를 주는 자를 매도해서도 안 된다.
11) 일반수행승의 포살을 차단시켜서는 안 된다.
12) 자자를 차단시켜서는 안 된다.
13) 명령을 내려서는 안 된다.
14) 권위를 세워서는 안 된다.
15) 허락을 구해서는 안 된다.
16) 질책해서는 안 된다.
17) 기억을 확인해서는 안 된다.
18) 수행승들과 다투어서는 안 된다."

5. [세존]

1) "수행승들이여, 출죄복귀를 받아야 할 수행승들은 일반수행승들의 앞으로 가서도 안 되고, 앞에 앉아서도 안 된다. 참모임의 끝좌석, 끝침상, 끝처소가 주어지면, 그것을 받아야 한다.
2) 수행승들이여, 출죄복귀를 받아야 할 수행승들은 일반수행승들의 앞을 걷는 시자수행자나 뒤를 따르는 시자수행자로서 가정을 방문해서는 안 된다. 숲속수

행을 행해서는 안 되고 탁발수행을 행해서도 안 되고, 그러한 이유에서 '나에 대하여 알지 말라.'라고 생각하고, 탁발식을 가져와서도 안 된다.

3) 수행승들이여, 출죄복귀를 받아야 할 수행승은 수행승이 있는 처소로부터 수행승이 없는 처소로 가서는 안 된다. 단, 일반수행승과 함께 할 경우는 예외이고, 위험이 있을 경우는 예외이다.

4) 수행승들이여, 출죄복귀를 받아야 할 수행승은[37] 수행승이 있는 처소로부터 수행승이 없는 비처소로 가서는 안 된다. 단, 일반수행승과 함께 할 경우는 예외이고, 위험이 있을 경우는 예외이다.

5) 수행승들이여, 출죄복귀를 받아야 할 수행승은 수행승이 있는 처소로부터 수행승이 없는 처소나 비처소로 가서는 안 된다. 단, 일반수행승과 함께 할 경우는 예외이고, 위험이 있을 경우는 예외이다.

6) 수행승들이여, 출죄복귀를 받아야 할 수행승은 수행승이 있는 비처소로부터 수행승이 없는 처소로 가서는 안 된다. 단, 일반수행승과 함께 할 경우는 예외이고, 위험이 있을 경우는 예외이다.

7) 수행승들이여, 출죄복귀를 받아야 할 수행승은 수행승이 있는 비처소로부터 수행승이 없는 비처소로 가서는 안 된다. 단, 일반수행승과 함께 할 경우는 예외이고, 위험이 있을 경우는 예외이다.

8) 수행승들이여, 출죄복귀를 받아야 할 수행승은 수행승이 있는 비처소로부터 수행승이 없는 처소나 비처소로 가서는 안 된다. 단, 일반수행승과 함께 할 경우는 예외이고, 위험이 있을 경우는 예외이다.

9) 수행승들이여, 출죄복귀를 받아야 할 수행승은 수행승이 있는 처소나 비처소로부터 수행승이 없는 처소로 가서는 안 된다. 단, 일반수행승과 함께 할 경우는 예외이고, 위험이 있을 경우는 예외이다.

10) 수행승들이여, 출죄복귀를 받아야 할 수행승은 수행승이 있는 처소나 비처소로부터 수행승이 없는 비처소로 가서는 안 된다. 단, 일반수행승과 함께 할 경우는 예외이고, 위험이 있을 경우는 예외이다.

11) 수행승들이여, 출죄복귀를 받아야 할 수행승은 수행승이 있는 처소나 비처소로부터 수행승이 없는 처소나 비처소로 가서는 안 된다. 단, 일반수행승과 함께 할 경우는 예외이고, 위험이 있을 경우는 예외이다.

12) 수행승들이여, 출죄복귀를 받아야 할 수행승은 수행승이 있는 처소로부터 수행승이 있는데 그가 다른 처소에 속한 수행승일 수 있는 처소로 가서는 안

된다. 단, 일반수행승과 함께 할 경우는 예외이고, 위험이 있을 경우는 예외이다.

13) 수행승들이여, 출죄복귀를 받아야 할 수행승은 수행승이 있는 처소로부터 수행승이 있는데 그가 다른 처소에 속한 수행승일 수 있는 비처소로 가서는 안 된다. 단, 일반수행승과 함께 할 경우는 예외이고, 위험이 있을 경우는 예외이다.

14) 수행승들이여, 출죄복귀를 받아야 할 수행승은 수행승이 있는 처소로부터 수행승이 있는데 그가 다른 처소에 속한 수행승일 수 있는 처소나 비처소로 가서는 안 된다. 단, 일반수행승과 함께 할 경우는 예외이고, 위험이 있을 경우는 예외이다.

15) 수행승들이여, 출죄복귀를 받아야 할 수행승은 수행승이 있는 비처소로부터 수행승이 있는데 그가 다른 처소에 속한 수행승일 수 있는 처소로 가서는 안 된다. 단, 일반수행승과 함께 할 경우는 예외이고, 위험이 있을 경우는 예외이다.

16) 수행승들이여, 출죄복귀를 받아야 할 수행승은 수행승이 있는 비처소로부터 수행승이 있는데 그가 다른 처소에 속한 수행승일 수 있는 비처소로 가서는 안 된다. 단, 일반수행승과 함께 할 경우는 예외이고, 위험이 있을 경우는 예외이다.

17) 수행승들이여, 출죄복귀를 받아야 할 수행승은 수행승이 있는 비처소로부터 수행승이 있는데 그가 다른 처소에 속한 수행승일 수 있는 처소나 비처소로 가서는 안 된다. 단, 일반수행승과 함께 할 경우는 예외이고, 위험이 있을 경우는 예외이다.

18) 수행승들이여, 출죄복귀를 받아야 할 수행승은 수행승이 있는 처소나 비처소로부터 수행승이 있는데 그가 다른 처소에 속한 수행승일 수 있는 처소로 가서는 안 된다. 단, 일반수행승과 함께 할 경우는 예외이고, 위험이 있을 경우는 예외이다.

19) 수행승들이여, 출죄복귀를 받아야 할 수행승은 수행승이 있는 처소나 비처소로부터 수행승이 있는데 그가 다른 처소에 속한 수행승일 수 있는 비처소로 가서는 안 된다. 단, 일반수행승과 함께 할 경우는 예외이고, 위험이 있을 경우는 예외이다.

20) 수행승들이여, 출죄복귀를 받아야 할 수행승은 수행승이 있는 처소나 비처소로부터 수행승이 있는데 그가 다른 처소에 속한 수행승일 수 있는 처소나 비처

소로 가서는 안 된다. 단, 일반수행승과 함께 할 경우는 예외이고, 위험이 있을 경우는 예외이다.

21) 수행승들이여, 출죄복귀를 받아야 할 수행승은 수행승이 있는 처소로부터 수행승이 있는데 그가 동일한 처소에 사는 수행승이고 오늘이라도 내가 갈 수 있는 처소라고 안다면, 그 처소로 가도 된다.

22) 수행승들이여, 출죄복귀를 받아야 할 수행승은 수행승이 있는 처소로부터 수행승이 있는데 그가 동일한 처소에 사는 수행승이고 오늘이라도 내가 갈 수 있는 비처소라고 안다면, 그 처소로 가도 된다.

23) 수행승들이여, 출죄복귀를 받아야 할 수행승은 수행승이 있는 처소로부터 수행승이 있는데 그가 동일한 처소에 사는 수행승이고 오늘이라도 내가 갈 수 있는 처소나 비처소라고 안다면, 그 처소로 가도 된다.

24) 수행승들이여, 출죄복귀를 받아야 할 수행승은 수행승이 있는 비처소로부터 수행승이 있는데 그가 동일한 처소에 사는 수행승이고 오늘이라도 내가 갈 수 있는 처소라고 안다면, 그 처소로 가도 된다.

25) 수행승들이여, 출죄복귀를 받아야 할 수행승은 수행승이 있는 비처소로부터 수행승이 있는데 그가 동일한 처소에 사는 수행승이고 오늘이라도 내가 갈 수 있는 비처소라고 안다면, 그 처소로 가도 된다.

26) 수행승들이여, 출죄복귀를 받아야 할 수행승은 수행승이 있는 비처소로부터 수행승이 있는데 그가 동일한 처소에 사는 수행승이고 오늘이라도 내가 갈 수 있는 처소나 비처소라고 안다면, 그 처소로 가도 된다.

27) 수행승들이여, 출죄복귀를 받아야 할 수행승은 수행승이 있는 처소나 비처소로부터 수행승이 있는데 그가 동일한 처소에 사는 수행승이고 오늘이라도 내가 갈 수 있는 처소라고 안다면, 그 처소로 가도 된다.

28) 수행승들이여, 출죄복귀를 받아야 할 수행승은 수행승이 있는 처소나 비처소로부터 수행승이 있는데 그가 동일한 처소에 사는 수행승이고 오늘이라도 내가 갈 수 있는 비처소라고 안다면, 그 처소로 가도 된다.

29) 수행승들이여, 출죄복귀를 받아야 할 수행승은 수행승이 있는 처소나 비처소로부터 수행승이 있는데 그가 동일한 처소에 사는 수행승이고 오늘이라도 내가 갈 수 있는 처소나 비처소라고 안다면, 그 처소로 가도 된다.”

4. [세존]

1) 수행승들이여, 출죄복귀를 받아야 할 수행승은 일반수행승과 함께 동일한 지붕

아래에 있는 처소에서 살아서는 안 되고, 동일한 지붕아래에 있는 비처소에서 살아서는 안 되고, 동일한 지붕아래에 있는 처소나 비처소에서 살아서는 안 되고, 일반수행승을 보고 자리에서 일어나야 하고, 일반수행승을 보고 자리에 안내해야 하고, 일반수행승과 동일한 자리에 앉아서는 안 되고, 낮은 자리에 앉을 때 높은 자리에 앉아서는 안 되고, 땅위에 앉을 때 자리에 앉아서는 안 되고, 동일한 경행처에서 경행해서는 안 되고, 낮은 경행처에서 경행할 때 높은 경행처에서 경행해서는 안 되고, 땅위에서 경행할 때 경행처에서 경행해서는 안 된다.

2) 수행승들이여, 출죄복귀를 받아야 할 수행승은 격리처벌을 받아야 할 보다 연로한 수행승과 함께 동일한 지붕아래에 있는 처소에서 살아서는 안 되고, 동일한 지붕아래에 있는 비처소에서 살아서는 안 되고, 동일한 지붕아래에 있는 처소나 비처소에서 살아서는 안 되고, 격리처벌을 받아야 할 보다 연로한 수행승과 동일한 자리에 앉아서는 안 되고, 낮은 자리에 앉을 때 높은 자리에 앉아서는 안 되고, 땅위에 앉을 때 자리에 앉아서는 안 되고, 동일한 경행처에서 경행해서는 안 되고, 낮은 경행처에서 경행할 때 높은 경행처에서 경행해서는 안 되고, 땅위에서 경행할 때 경행처에서 경행해서는 안 된다.

3) 수행승들이여, 출죄복귀를 받아야 할 수행승은 가중처벌을 받아야 할 수행승과 함께 동일한 지붕아래에 있는 처소에서 살아서는 안 되고, 동일한 지붕아래에 있는 비처소에서 살아서는 안 되고, 동일한 지붕아래에 있는 처소나 비처소에서 살아서는 안 되고, 가중처벌을 받아야 할 수행승과 동일한 자리에 앉아서는 안 되고, 낮은 자리에 앉을 때 높은 자리에 앉아서는 안 되고, 땅위에 앉을 때 자리에 앉아서는 안 되고, 동일한 경행처에서 경행해서는 안 되고, 낮은 경행처에서 경행할 때 높은 경행처에서 경행해서는 안 되고, 땅위에서 경행할 때 경행처에서 경행해서는 안 된다.

4) 수행승들이여, 출죄복귀를 받아야 할 수행승은 참회처벌을 받아야 할 수행승과 함께 동일한 지붕아래에 있는 처소에서 살아서는 안 되고, 동일한 지붕아래에 있는 비처소에서 살아서는 안 되고, 동일한 지붕아래에 있는 처소나 비처소에서 살아서는 안 되고, 참회처벌을 받아야 할 수행승과 동일한 자리에 앉아서는 안 되고, 낮은 자리에 앉을 때 높은 자리에 앉아서는 안 되고, 땅위에 앉을 때 자리에 앉아서는 안 되고, 동일한 경행처에서 경행해서는 안 되고, 낮은 경행처에서 경행할 때 높은 경행처에서 경행해서는 안 되고, 땅위에서 경행할

때 경행처에서 경행해서는 안 된다.

5) 수행승들이여, 출죄복귀를 받아야 할 수행승은 참회생활을 실행하는 수행승과 함께 동일한 지붕아래에 있는 처소에서 살아서는 안 되고, 동일한 지붕아래에 있는 비처소에서 살아서는 안 되고, 동일한 지붕아래에 있는 처소나 비처소에서 살아서는 안 되고, 참회생활을 실행하는 수행승과 동일한 자리에 앉아서는 안 되고, 낮은 자리에 앉을 때 높은 자리에 앉아서는 안 되고, 땅위에 앉을 때 자리에 앉아서는 안 되고, 동일한 경행처에서 경행해서는 안 되고, 낮은 경행처에서 경행할 때 높은 경행처에서 경행해서는 안 되고, 땅위에서 경행할 때 경행처에서 경행해서는 안 된다.

6) 수행승들이여, 출죄복귀를 받아야 할 수행승은 출죄복귀를 받아야 할 보다 연로한 수행승과 함께 동일한 지붕아래에 있는 처소에서 살아서는 안 되고, 동일한 지붕아래에 있는 비처소에서 살아서는 안 되고, 동일한 지붕아래에 있는 처소나 비처소에서 살아서는 안 되고, 출죄복귀를 받아야 할 보다 연로한 수행승과 동일한 자리에 앉아서는 안 되고, 낮은 자리에 앉을 때 높은 자리에 앉아서는 안 되고, 땅위에 앉을 때 자리에 앉아서는 안 되고, 동일한 경행처에서 경행해서는 안 되고, 낮은 경행처에서 경행할 때 높은 경행처에서 경행해서는 안 되고, 땅위에서 경행할 때 경행처에서 경행해서는 안 된다.

7) 수행승들이여, 출죄복귀를 받아야 할 자를 네 번째 구성원으로서 격리처벌을 주고, 가중처벌을 주고, 참회처벌을 주고, 스무 번째 구성원으로서 출죄복귀를 주면, 갈마가 아니고, 행해져서도 안 된다.

출죄복귀를 받아야 할 자의 의무가 끝났다.
제2장 격리처벌의 다발이 끝났다.
이 다발에는 5개의 사항이 있다.

그 후렴시는 다음과 같다(Tassuddānaṃ)

1. 격리생활을[1] 실행하는 수행승들이
일반수행승으로부터
인사, 일어나 맞이함,
합장, 공경을 받는 것,183)

2. 좌구, 와구를 대접받고,

183) pārivāsikā sādiyanti | pakatattāna bhikkhunaṃ | abhivādanaṃ paccuṭṭhānaṃ | añjaliñca sāmīciyaṃ ||

세족수, 족대와
발수건, 발우와 가사의 영접,
목욕시에 맛사지.
품행이 방정한 자들은 꾸짖었다.184)

3. 받는 자는 악작죄,
상호, 법랍의 순서에 따라 다섯 가지이니,
포살, 자자,
우기옷, 보시물, 음식이다.185)

4. 그 가운데 올바른 준수는
일반수행승과 함께 가되,
끝자리에 있어야 하니,
앞을 걷는 시자수행자나 뒤를 따르는 시자수행자도 안 된다.186)

5. 숲속수행, 탁발수행,
손님, 포살에서,
자자에서, 사자를 통해서라도.
수행승이 있는 처소로부터 가야한다.187)

6. 동일한 지붕아래 살아서는 안 되고,
땅위의 자리에 앉아서는 안 되고,
낮은 경행처에서 경행해야 하고,
땅위에서 경행함으로써 경행해야 한다.188)

7. 연로한 자와 함께, 갈마가 아닌 것,
중단, 다시 행함,
연기, 행해짐,
격리생활을 실행하는 자는 알려져야 한다.189)

---

184) āsanaṃ seyyābhihāraṃ | pādodakaṃ pādapīṭhaṃ | pādakaṭhalikaṃ patta- | cīvarapaṭiggāhaṇaṃ | nahāne piṭṭhiparikammaṃ | ujjhāyanti ca pesalā ||
185) dukkaṭaṃ sādiyantassa | mithu pañca yathābuḍḍhaṃ | uposathaṃ pavāraṇaṃ | vassikonojabhojanaṃ ||
186) sammā ca vattanā tattha | pakatattena gacchare | yo ca hoti pariyanto | na pure pacchā samaṇena ||
187) araññaṃ piṇḍanīhāro | āgantuke uposathe | pavāraṇā ca dūtena | gantabbo ca sabhikkhuko ||
188) ekacchanne na vatthabbaṃ | na chamāyaṃ nisajjite | āsane nīce caṅkame | chamāyaṃ caṅkamena ca ||
189) buḍḍhatarena akammaṃ | ratticchedā ca sodhanā | nikkhipanaṃ samādānaṃ | ñātabbaṃ pārivāsikaṃ ||

8. 가중처벌[2]과 참회처벌[3]을 받아야 할 자
또한 참회생활을 실행하는 자[4]
출죄복귀[5]를 받아야 할 자 또한
이치에 따라 차별이 있다.190)

9. 격리생활을 실행하는 자 가운데 셋,
참회생활을 실행하는 자 가운데 넷,
세 중단은 동일하고
참회처벌에서 '매일'이 부가된다.
두 가지 갈마는 유사하고
나머지 세 갈마는 동일하다.191)

제2장 격리처벌의 다발의 후렴시가 끝났다.

---

190) mūlāyamānattārahaṃ | tathā mānattacārikaṃ | abbhānārahakaṃ cāpi | sambhedanayato puna ||
191) pārivāsikesu tayo | catumānattacārike | na samenti ratticchedesu | mānattesu ca devasi | dve kammā sādisā sesā | tayo kammā samā'samāti ||

제3장 누적의 다발
(Samuccayakkhandhaka : 集犍度)

1. 감추지 않은 것에 의한 참회처벌(Apaṭicchannamānatta)

1. 한때[38] 존귀하신 부처님께서 싸밧티 시 제따바나 숲에 있는 아나타삔디까 승원에 계셨다. 그때 존자 우다인192)이 의도적인 정액의 방출193)이라는 한 죄를 짓고 감추지 않았다. 그는 수행승들에게 알렸다.

[우다인] "벗들이여, 나는 의도적인 정액의 방출이라는 한 죄를 짓고 감추지 않습니다. 나는 어떻게 해야 합니까?"

세존께 그 사실을 알렸다.

[세존] "수행승들이여, 그렇다면 참모임은 수행승 우다인에게 의도적인 정액의 방출이라는 한 죄를 짓고 감추지 않은 것에 대하여 엿새 동안의 참회처벌194)을 주어라."

2. 수행승들이여, 그런데 이와 같이 주어야 한다. 수행승들이여, 그 수행승 우다인은 참모임을 찾아가서 한쪽 어깨에 상의를 걸치고 연상의 수행승들의 양 발에 머리를 조아린 뒤에 웅크리고 앉아 합장하여 이와 같이 말해야 한다.

---

192) Udāyin : 경전에는 깔루다인(Kāḷudāyin), 랄루다인(Lāḷudāyin), 싸꿀루다인(Sakuludāyin)이 모두 우다인이라는 이름으로 나오는데, 구분하기가 쉽지 않고, 주석서는 크게 도움이 되지 못한다. 그는 까마귀 목소리를 갖고 있어 그의 의무계율의 송출이 다른 사람에 들리게 하는데 특별한 노력을 기울여야 했고, 많은 승단잔류죄의 주인공이고, 거듭되는 죄에도 여러 가지 처벌이 부과되었음에도 죄를 짓는 것을 반복했다. 그는 감각적인 쾌락을 좋아하고, 까마귀를 쏘아잡고 목을 부러뜨릴 정도로 잔인하고, 비만이었다. Ppn. I. 376에 따르면, 그는 아마도 랄루다인과 동일인물일 가능성이 있다. 그렇다면, 그는 잘못된 것을 정당화하는 교묘한 재주를 가진 사람으로 축제에 가서는 장송곡을 부르고 장례에 가서는 축가를 부르는 인물이었다. Mrp. II. 344에 따르면, 랄루다인(Lāḷudāyin)은 한동안 부처님의 시자였다. 그는 나중에 시자의 임무를 맡은 아난다에게 질투를 품었는데, 나중에 이러한 방식으로 표현한 것이다. Mrp. III. 369에 따르면, 깔루다인(Kāḷudāyin)은 분석력이 뛰어난 장로를 뜻한다.

193) sañcetanika sukkavisaṭṭhi : 승단잔류죄법 제1조(Vin. III. 112; Saṅgh. 1)에 속한다.

194) chāratta mānatta : Smp. 1170에 따르면, 네 가지 참회처벌이 있다. 감추지 않는 죄에 대한 참회처벌(appaṭicchannamānatta), 감춘 죄에 대한 참회처벌(paṭicchannamānatta), 보름동안의 참회처벌(pakkhamānatta), 통합적인 참회처벌(samodhānamānatta)이 있는데, 엿새 동안의 참회처벌은 감추지 않는 죄에 대한 참회처벌에 속한다.

[청원1] '존자들이여, 저는 의도적인 정액의 방출이라는 한 죄를 짓고 감추지 않았습니다. 존자들이여, 그래서 저는 의도적인 정액의 방출이라는 한 죄를 짓고 감추지 않은 것에 대하여 엿새 동안의 참회처벌을 청합니다.'

[청원2] '존자들이여, 저는 의도적인 정액의 방출이라는 한 죄를 짓고 감추지 않았습니다. 존자들이여, 저는 의도적인 정액의 방출이라는 한 죄를 짓고 감추지 않은 것에 대하여 두 번째에도 엿새 동안의 참회처벌을 청합니다.'

[청원3] '존자들이여, 저는 의도적인 정액의 방출이라는 한 죄를 짓고 감추지 않았습니다. 존자들이여, 저는 의도적인 정액의 방출이라는 한 죄를 짓고 감추지 않은 것에 대하여 세 번째에도 엿새 동안의 참회처벌을 청합니다.'

3. 총명하고 유능한 수행승이 참모임에 알려야 한다.

[제안] '존자들이여, 참모임은 제 말에 귀를 기울이십시오. 이 수행승 우다인은 의도적인 정액의 방출이라는 한 죄를 짓고 감추지 않았습니다. 그가 참모임에 의도적인 정액의 방출이라는 한 죄를 짓고 감추지 않은 것에 대하여 엿새 동안의 참회처벌을 청합니다. 만약 참모임에 옳은 일이라면, 참모임은 수행승 우다인에게 의도적인 정액의 방출[39]이라는 한 죄를 짓고 감추지 않은 것에 대하여 엿새 동안의 참회처벌을 주겠습니다. 이것이 제안입니다.'

[제청1] '존자들이여, 참모임은 제 말에 귀를 기울이십시오. 이 수행승 우다인은 의도적인 정액의 방출이라는 한 죄를 짓고 감추지 않았습니다. 그가 참모임에 의도적인 정액의 방출이라는 한 죄를 짓고 감추지 않은 것에 대하여 엿새 동안의 참회처벌을 청하고 있습니다. 참모임은 수행승 우다인에게 의도적인 정액의 방출이라는 한 죄를 짓고 감추지 않은 것에 대하여 엿새 동안의 참회처벌을 줍니다. 존자들 가운데 누구든지 수행승 우다인에게 의도적인 정액의 방출이라는 한 죄를 짓고 감추지 않은 것에 대하여 엿새 동안의 참회처벌을 주는 것에 동의하면 침묵하시고, 이견이 있으면 말씀하십시오.'

[제청2] '두 번째에도 저는 이 사실을 말합니다. 존자들이여, 참모임은 제 말에 귀를 기울이십시오. 이 수행승 우다인은 의도적인 정액의 방출이라는 한 죄를 짓고 감추지 않았습니다. 그가 참모임에 의도적인 정액의 방출이라는 한 죄를 짓고 감추지 않은 것에 대하여 엿새 동안의 참회처벌을 청하고 있습니다. 참모임은 수행승 우다인에게 의도적인 정액의 방출이라는 한 죄를 짓고 감추지 않은 것에 대하여 엿새 동안의 참회처벌을 줍니다. 존자들 가운데 누구든지 존자들 가운데 누구든지 수행승 우다인에게 의도적인 정액의 방출이라는 한 죄를 짓고

감추지 않은 것에 대하여 엿새 동안의 참회처벌을 주는 것에 동의하면 침묵하시고, 이견이 있으면 말씀하십시오.'

[제청3] '세 번째에도 저는 이 사실을 말합니다. 존자들이여, 참모임은 제 말에 귀를 기울이십시오. 이 수행승 우다인은 의도적인 정액의 방출이라는 한 죄를 짓고 감추지 않았습니다. 그가 참모임에 의도적인 정액의 방출이라는 한 죄를 짓고 감추지 않은 것에 대하여 엿새 동안의 참회처벌을 청하고 있습니다. 참모임은 수행승 우다인에게 의도적인 정액의 방출이라는 한 죄를 짓고 감추지 않은 것에 대하여 엿새 동안의 참회처벌을 줍니다. 존자들 가운데 누구든지 수행승 우다인에게 의도적인 정액의 방출이라는 한 죄를 짓고 감추지 않은 것에 대하여 엿새 동안의 참회처벌을 주는 것에 동의하면 침묵하시고, 이견이 있으면 말씀하십시오.'

[결정] '참모임은 수행승 우다인에게 의도적인 정액의 방출이라는 한 죄를 짓고 감추지 않은 것에 대하여 엿새 동안의 참회처벌을 주었습니다. 참모임이 찬성하여 침묵했으므로, 저는 그와 같이 알겠습니다.'"

감추지 않은 것에 의한 참회처벌이 끝났다.

2. 감추지 않은 것에 의한 출죄복귀(Apaṭicchannaabbhāna)

1. 그는 참회생활을 실행하고 수행승들에게 알렸다.

[수행승] "벗들이여, 저는 의도적인 정액의 방출이라는 한 죄를 짓고 감추지 않았습니다. 저는 참모임에 의도적인 정액의 방출이라는 한 죄를 짓고 감추지 않은 것에 대하여 엿새 동안의 참회처벌을 청했습니다. 참모임은 저에게 의도적인 정액의 방출이라는 한 죄를 짓고 감추지 않은 것에 대하여 엿새 동안의 참회처벌을 주었습니다. 저는 참회처벌을 받고 참회생활을 실행했습니다. 저는 이제 어떻게 해야 합니까?"

세존께 그 사실을 알렸다.

[세존] "수행승들이여, 그렇다면, 참모임은 수행승 우다인에게 출죄복귀[195]를 주어라.

2. 수행승들이여, 출죄복귀는 이와 같이 주어야 한다. 수행승들이여, 그 수행승 우다인은 참모임을 찾아가서 한쪽 어깨에 상의를 걸치고 연상의 수행승들의 양

195) abbhāna : 한역은 음사하여 아부가나갈마(阿浮呵那羯磨)라고도 하고 번역하여 출죄(出罪)라고 한다. 상세한 것은 이 책의 율장해제와 Vin. II. 39를 참조하라.

발에 머리를 조아린 뒤에 웅크리고 앉아 합장하여 이와 같이 말해야 한다.

[청원1] '존자들이여, 저는 의도적인 정액의 방출이라는 한 죄를 짓고 감추지 않았습니다. 저는 참모임에 의도적인 정액의 방출이라는 한 죄를 짓고 감추지 않은 것에 대하여 엿새 동안의 참회처벌을 청했습니다. 참모임은 저에게 의도적인 정액의 방출이라는 한 죄를 짓고 감추지 않은 것에 대하여 엿새 동안의 참회처벌을 주었습니다. 존자들이여, 저는 참회생활을 실행했음으로 참모임에 출죄복귀를 청합니다.'

[청원2] '존자들이여, 저는 의도적인 정액의 방출이라는 한 죄를 짓고 감추지 않았습니다. 저는 참모임에 의도적인 정액의 방출이라는 한 죄를 짓고 감추지 않은 것에 대하여 엿새 동안의 참회처벌을 청했습니다. 참모임은 저에게 의도적인 정액의 방출이라는 한 죄를 짓고 감추지 않은 것에 대하여 엿새 동안의 참회처벌을 주었습니다. 존자들이여, 저는 참회생활을 실행했음으로, 두 번째에도 참모임에 출죄복귀를 청합니다."

[청원3] '존자들이여, 저는 의도적인 정액의 방출이라는 한 죄를 짓고 감추지 않았습니다. 저는 참모임에 의도적인 정액의 방출이라는 한 죄를 짓고 감추지 않은 것에 대하여 엿새 동안의 참회처벌을 청했습니다. 참모임은 저에게 의도적인 정액의 방출이라는 한 죄를 짓고 감추지 않은 것에 대하여 엿새 동안의 참회처벌을 주었습니다. 존자들이여, 저는 참회생활을 실행했음으로 세 번째에도 참모임에 출죄복귀를 청합니다.'

3. 총명하고 유능한[40] 수행승이 참모임에 알려야 한다.

[제안] '존자들이여, 참모임은 제 말에 귀를 기울이십시오. 이 수행승 우다인은 의도적인 정액의 방출이라는 한 죄를 짓고 감추지 않았습니다. 그는 참모임에 의도적인 정액의 방출이라는 한 죄를 짓고 감추지 않은 것에 대하여 엿새 동안의 참회처벌을 청했습니다. 참모임은 수행승 우다인에게 의도적인 정액의 방출이라는 한 죄를 짓고 감추지 않은 것에 대하여 엿새 동안의 참회처벌을 주었습니다. 그는 참회생활을 실행하고 참모임에 출죄복귀를 청합니다. 만약 참모임에 옳은 일이라면, 참모임은 수행승 우다인에게 출죄복귀를 주겠습니다. 이것이 제안입니다.'

[제청1] '존자들이여, 참모임은 제 말에 귀를 기울이십시오. 이 수행승 우다인은 의도적인 정액의 방출이라는 한 죄를 짓고 감추지 않았습니다. 그는 참모임에 의도적인 정액의 방출이라는 한 죄를 짓고 감추지 않은 것에 대하여 엿새 동안의

참회처벌을 청했습니다. 참모임은 수행승 우다인에게 의도적인 정액의 방출이라는 한 죄를 짓고 감추지 않은 것에 대하여 엿새 동안의 참회처벌을 주었습니다. 그는 참회생활을 실행하고 참모임에 출죄복귀를 청하고 있습니다. 참모임은 수행승 우다인에게 출죄복귀를 줍니다. 존자들 가운데 누구든지 참모임이 수행승 우다인에게 출죄복귀를 주는 것에 동의하면 침묵하시고, 이견이 있으면 말씀하십시오.'

[제청2] '두 번째에도 저는 이 사실을 말합니다. 존자들이여, 참모임은 제 말에 귀를 기울이십시오. 이 수행승 우다인은 의도적인 정액의 방출이라는 한 죄를 짓고 감추지 않았습니다. 그는 참모임에 의도적인 정액의 방출이라는 한 죄를 짓고 감추지 않은 것에 대하여 엿새 동안의 참회처벌을 청했습니다. 참모임은 수행승 우다인에게 의도적인 정액의 방출이라는 한 죄를 짓고 감추지 않은 것에 대하여 엿새 동안의 참회처벌을 주었습니다. 그는 참회생활을 실행하고 참모임에 출죄복귀를 청했습니다. 참모임은 수행승 우다인에게 출죄복귀를 줍니다. 존자들 가운데 누구든지 참모임이 수행승 우다인에게 출죄복귀를 주는 것에 동의하면 침묵하시고, 이견이 있으면 말씀하십시오.'

[제청3] '세 번째에도 저는 이 사실을 말합니다. 존자들이여, 참모임은 제 말에 귀를 기울이십시오. 이 수행승 우다인은 의도적인 정액의 방출이라는 한 죄를 짓고 감추지 않았습니다. 그는 참모임에 의도적인 정액의 방출이라는 한 죄를 짓고 감추지 않은 것에 대하여 엿새 동안의 참회처벌을 청했습니다. 참모임은 수행승 우다인에게 의도적인 정액의 방출이라는 한 죄를 짓고 감추지 않은 것에 대하여 엿새 동안의 참회처벌을 주었습니다. 그는 참회생활을 실행하고 참모임에 출죄복귀를 청했습니다. 참모임은 수행승 우다인에게 출죄복귀를 줍니다. 존자들 가운데 누구든지 참모임이 수행승 우다인에게 출죄복귀를 주는 것에 동의하면 침묵하시고, 이견이 있으면 말씀하십시오.'

[결정] '참모임은 수행승 우다인에게 출죄복귀를 주었습니다. 참모임이 찬성하여 침묵했으므로, 저는 그와 같이 알겠습니다.'

감추지 않은 것에 의한 출죄복귀가 끝났다.

3. 하루 동안 감춘 것에 대한 격리처벌(Ekāhapaṭicchannaparivāsa)

1. 한때 존자 우다인이 의도적인 정액의 방출이라는 한 죄를 짓고 하루 동안 감추었다. 그는 수행승들에게 알렸다.

[우다인] "벗들이여, 나는 의도적인 정액의 방출이라는 한 죄를 짓고 하루 동안 감추었습니다. 나는 어떻게 해야 합니까?"

세존께 그 사실을 알렸다.

[세존] "수행승들이여, 그렇다면 참모임은 수행승 우다인에게 의도적인 정액의 방출이라는 한 죄를 짓고 하루 동안 감춘 것에 대하여 하루 동안의 격리처벌을 주어라."

2. 수행승들이여, 그런데 이와 같이 주어야 한다. 수행승들이여, 그 수행승 우다인은 참모임을 찾아가서 한쪽 어깨에 상의를 걸치고 연상의 수행승들의 양 발에 머리를 조아린 뒤에 웅크리고 앉아 합장하여 이와 같이 말해야 한다.

[청원1] '존자들이여, 저는 의도적인 정액의 방출이라는 한 죄를 짓고 하루 동안 감추었습니다. 존자들이여, 그래서 저는 의도적인 정액의 방출이라는 한 죄를 짓고 하루 동안 감춘 것에 대하여 하루 동안의 격리처벌을 청합니다.'

[청원2] '존자들이여, 저는 의도적인 정액의 방출이라는 한 죄를 짓고 하루 동안 감추었습니다. 존자들이여, 저는 의도적인 정액의 방출이라는 한 죄를 짓고 하루 동안 감춘 것에 대하여 두 번째에도 하루 동안의 격리처벌을 청합니다.'

[청원3] '존자들이여, 저는 의도적인 정액의 방출이라는 한 죄를 짓고 하루 동안 감추었습니다. 존자들이여, 저는 의도적인 정액의 방출이라는 한 죄를 짓고 하루 동안 감춘 것에 대하여 세 번째에도 하루 동안의 격리처벌을 청합니다.'

3. 총명하고 유능한 수행승이 참모임에 알려야 한다.

[제안] '존자들이여, 참모임은 제 말에 귀를 기울이십시오. 이 수행승 우다인은 의도적인 정액의 방출이라는 한 죄를 짓고 하루 동안 감추었습니다. 그가 참모임에 의도적인 정액의 방출이라는 한 죄를 짓고 하루 동안 감춘 것에 대하여 하루 동안의 격리처벌을 청합니다. 만약 참모임에 옳은 일이라면, 참모임은 수행승 우다인에게 의도적인 정액의 방출[41]이라는 한 죄를 짓고 하루 동안 감춘 것에 대하여 하루 동안의 격리처벌을 주겠습니다. 이것이 제안입니다.'

[제청1] '존자들이여, 참모임은 제 말에 귀를 기울이십시오. 이 수행승 우다인은 의도적인 정액의 방출이라는 한 죄를 짓고 하루 동안 감추었습니다. 그가 참모임에 의도적인 정액의 방출이라는 한 죄를 짓고 하루 동안 감춘 것에 대하여 하루 동안의 격리처벌을 청하고 있습니다. 참모임은 수행승 우다인에게 의도적인 정액의 방출이라는 한 죄를 짓고 하루 동안 감춘 것에 대하여 하루 동안의 격리처벌을 줍니다. 존자들 가운데 누구든지 수행승 우다인에게 의도적인 정액의 방출

이라는 한 죄를 짓고 하루 동안 감춘 것에 대하여 하루 동안의 격리처벌을 주는 것에 동의하면 침묵하시고, 이견이 있으면 말씀하십시오.'

[제청2] '두 번째에도 저는 이 사실을 말합니다. 존자들이여, 참모임은 제 말에 귀를 기울이십시오. 이 수행승 우다인은 의도적인 정액의 방출이라는 한 죄를 짓고 하루 동안 감추었습니다. 그가 참모임에 의도적인 정액의 방출이라는 한 죄를 짓고 하루 동안 감춘 것에 대하여 하루 동안의 격리처벌을 청하고 있습니다. 참모임은 수행승 우다인에게 의도적인 정액의 방출이라는 한 죄를 짓고 하루 동안 감춘 것에 대하여 하루 동안의 격리처벌을 줍니다. 존자들 가운데 누구든지 수행승 우다인에게 의도적인 정액의 방출이라는 한 죄를 짓고 하루 동안 감춘 것에 대하여 하루 동안의 격리처벌을 주는 것에 동의하면 침묵하시고, 이견이 있으면 말씀하십시오.'

[제청3] '세 번째에도 저는 이 사실을 말합니다. 존자들이여, 참모임은 제 말에 귀를 기울이십시오. 이 수행승 우다인은 의도적인 정액의 방출이라는 한 죄를 짓고 하루 동안 감추었습니다. 그가 참모임에 의도적인 정액의 방출이라는 한 죄를 짓고 하루 동안 감춘 것에 대하여 하루 동안의 격리처벌을 청하고 있습니다. 참모임은 수행승 우다인에게 의도적인 정액의 방출이라는 한 죄를 짓고 하루 동안 감춘 것에 대하여 하루 동안의 격리처벌을 줍니다. 존자들 가운데 누구든지 수행승 우다인에게 의도적인 정액의 방출이라는 한 죄를 짓고 하루 동안 감춘 것에 대하여 하루 동안의 격리처벌을 주는 것에 동의하면 침묵하시고, 이견이 있으면 말씀하십시오.'

[결정] '참모임은 수행승 우다인에게 의도적인 정액의 방출이라는 한 죄를 짓고 하루 동안 감춘 것에 대하여 하루 동안의 격리처벌을 주었습니다. 참모임이 찬성하여 침묵했으므로, 저는 그와 같이 알겠습니다.'"

하루 동안 감춘 것에 의한 격리처벌이 끝났다.

4. 하루 동안 감춘 것에 대한 참회처벌(Ekāhapaṭipacchannamānatta)

1. 그는 격리생활을 실행하고 수행승들에게 알렸다.

[우다인] "벗들이여, 저는 의도적인 정액의 방출이라는 한 죄를 짓고 하루 동안 감추었습니다. 저는 참모임에 의도적인 정액의 방출이라는 한 죄를 짓고 하루 동안 감춘 것에 대하여 하루 동안의 격리처벌을 청했습니다. 참모임은 저에게 의도적인 정액의 방출이라는 한 죄를 짓고 하루 동안 감춘 것에 대하여 하루

동안의 격리처벌을 주었습니다. 저는 격리생활을 실행했습니다. 저는 이제 어떻게 해야 합니까?"

세존께 그 사실을 알렸다.

[세존] "수행승들이여, 그렇다면, 참모임은 수행승 우다인에게 의도적인 정액의 방출이라는 한 죄를 짓고 하루 동안 감춘 것에 대하여 엿새 동안의 참회처벌을 주어라."196)

2. [세존] "수행승들이여, 그것은 이와 같이 주어야 한다. 수행승들이여, 그 수행승 우다인은 참모임을 찾아가서 한쪽 어깨에 상의를 걸치고 연상의 수행승들의 양 발에 머리를 조아린 뒤에 웅크리고 앉아 합장하여 이와 같이 말해야 한다.

[청원1] '존자들이여, 저는 의도적인 정액의 방출이라는 한 죄를 짓고 하루 동안 감추었습니다. 저는 참모임에 의도적인 정액의 방출이라는 한 죄를 짓고 하루 동안 감춘 것에 대하여 하루 동안의 격리처벌을 청했습니다. 참모임은 저에게 의도적인 정액의 방출이라는 한 죄를 짓고 하루 동안 감춘 것에 대하여 하루 동안의 격리처벌을 주었습니다. 존자들이여, 저는 격리생활을 실행했으므로 의도적인 정액의 방출이라는 한 죄를 짓고 하루 동안 감춘 것에 대하여 엿새 동안의 참회처벌을 청합니다.'

[청원2] '존자들이여, 저는 의도적인 정액의 방출이라는 한 죄를 짓고 하루 동안 감추었습니다. 저는 참모임에 의도적인 정액의 방출이라는 한 죄를 짓고 하루 동안 감춘 것에 대하여 하루 동안의 격리처벌을 청했습니다. 참모임은 저에게 의도적인 정액의 방출이라는 한 죄를 짓고 하루 동안 감춘 것에 대하여 하루 동안의 격리처벌을 주었습니다. 존자들이여, 저는 격리생활을 실행했으므로 의도적인 정액의 방출이라는 한 죄를 짓고 하루 동안 감춘 것에 대하여 두 번째에도 엿새 동안의 참회처벌을 청합니다.'

[청원3] '존자들이여, 저는 의도적인 정액의 방출이라는 한 죄를 짓고 하루 동안 감추었습니다. 저는 참모임에 의도적인 정액의 방출이라는 한 죄를 짓고 하루 동안 감춘 것에 대하여 하루 동안의 격리처벌을 청했습니다. 참모임은 저에게 의도적인 정액의 방출이라는 한 죄를 짓고 하루 동안 감춘 것에 대하여 하루 동안의 격리처벌을 주었습니다. 존자들이여, 저는 격리생활을 실행했으므로 의도

196) tena hi bhikkhave saṅgho udāyissa bhikkhuno ekissā āpattiyā sañcetanikāya sukkavisaṭṭhiyā apaṭicchannāya chārattaṃ mānattaṃ detu : 앞에서 격리처벌을 받았으므로 격리생활을 실행한 이후에 엿새 동안의 참회생활 - 격리생활로서 - 을 실행해야 한다는 뜻이다.

적인 정액의 방출이라는 한 죄를 짓고 하루 동안 감춘 것에 대하여 세 번째에도 엿새 동안의 참회처벌을 청합니다.'

3. 총명하고 유능한 수행승이 참모임에 알려야 한다.

[제안] '존자들이여, 참모임은 제 말에 귀를 기울이십시오. 이 수행승 우다인은 의도적인 정액의 방출이라는 한 죄를 짓고[42] 하루 동안 감추었습니다. 그는 참모임에 의도적인 정액의 방출이라는 한 죄를 짓고 하루 동안 감춘 것에 대하여 하루 동안의 격리처벌을 청했습니다. 참모임은 수행승 우다인에게 의도적인 정액의 방출이라는 한 죄를 짓고 하루 동안 감춘 것에 대하여 하루 동안의 격리처벌을 주었습니다. 그는 격리생활을 실행하고 의도적인 정액의 방출이라는 한 죄를 짓고 하루 동안 감춘 것에 대하여 엿새 동안의 참회처벌을 청합니다. 만약 참모임에 옳은 일이라면, 참모임은 수행승 우다인에게 엿새 동안의 참회처벌을 주겠습니다. 이것이 제안입니다.'

[제청1] '존자들이여, 참모임은 제 말에 귀를 기울이십시오. 이 수행승 우다인은 의도적인 정액의 방출이라는 한 죄를 짓고 하루 동안 감추었습니다. 그는 참모임에 의도적인 정액의 방출이라는 한 죄를 짓고 하루 동안 감춘 것에 대하여 하루 동안의 격리처벌을 청했습니다. 참모임은 수행승 우다인에게 의도적인 정액의 방출이라는 한 죄를 짓고 하루 동안 감춘 것에 대하여 하루 동안의 격리처벌을 주었습니다. 그는 격리생활을 실행하고 의도적인 정액의 방출이라는 한 죄를 짓고 하루 동안 감춘 것에 대하여 엿새 동안의 참회처벌을 청하고 있습니다. 참모임은 수행승 우다인에게 엿새 동안의 참회처벌을 줍니다. 존자들 가운데 누구든지 참모임이 수행승 우다인에게 엿새 동안의 참회처벌을 주는 것에 동의하면 침묵하시고, 이견이 있으면 말씀하십시오.'

[제청2] '두 번째에도 저는 이 사실을 말합니다. 존자들이여, 참모임은 제 말에 귀를 기울이십시오. 이 수행승 우다인은 의도적인 정액의 방출이라는 한 죄를 짓고 하루 동안 감추었습니다. 그는 참모임에 의도적인 정액의 방출이라는 한 죄를 짓고 하루 동안 감춘 것에 대하여 하루 동안의 격리처벌을 청했습니다. 참모임은 수행승 우다인에게 의도적인 정액의 방출이라는 한 죄를 짓고 하루 동안 감춘 것에 대하여 하루 동안의 격리처벌을 주었습니다. 그는 격리생활을 실행하고 의도적인 정액의 방출이라는 한 죄를 짓고 하루 동안 감춘 것에 대하여 엿새 동안의 참회처벌을 청하고 있습니다. 참모임은 수행승 우다인에게 엿새 동안의 참회처벌을 줍니다. 존자들 가운데 누구든지 참모임이 수행승 우다인에게

엿새 동안의 참회처벌을 주는 것에 동의하면 침묵하시고, 이견이 있으면 말씀하십시오.'

[제청3] '세 번째에도 저는 이 사실을 말합니다. 존자들이여, 참모임은 제 말에 귀를 기울이십시오. 이 수행승 우다인은 의도적인 정액의 방출이라는 한 죄를 짓고 하루 동안 감추었습니다. 그는 참모임에 의도적인 정액의 방출이라는 한 죄를 짓고 하루 동안 감춘 것에 대하여 하루 동안의 격리처벌을 청했습니다. 참모임은 수행승 우다인에게 의도적인 정액의 방출이라는 한 죄를 짓고 하루 동안 감춘 것에 대하여 하루 동안의 격리처벌을 주었습니다. 그는 격리생활을 실행하고 의도적인 정액의 방출이라는 한 죄를 짓고 하루 동안 감춘 것에 대하여 엿새 동안의 참회처벌을 청하고 있습니다. 참모임은 수행승 우다인에게 엿새 동안의 참회처벌을 줍니다. 존자들 가운데 누구든지 참모임이 수행승 우다인에게 엿새 동안의 참회처벌을 주는 것에 동의하면 침묵하시고, 이견이 있으면 말씀하십시오.'

[결정] '참모임은 수행승 우다인에게 의도적인 정액의 방출이라는 한 죄를 짓고 하루 동안 감춘 것에 대하여 엿새 동안의 참회처벌을 주었습니다. 참모임이 찬성하여 침묵했으므로, 저는 그와 같이 알겠습니다.'"

하루 동안 감춘 것에 대한 참회처벌이 끝났다.

5. 하룻 동안 감춘 것에 대한 출죄복귀(Ekāhapaṭicchannaabbhāna)

1. 그는 참회생활을 실행하고 수행승들에게 알렸다.

[우다인] "벗들이여, 저는 의도적인 정액의 방출이라는 한 죄를 짓고 하루 동안 감추었습니다. 저는 참모임에 의도적인 정액의 방출이라는 한 죄를 짓고 하루 동안 감춘 것에 대하여 하루 동안의 격리처벌을 청했습니다. 참모임은 저에게 의도적인 정액의 방출이라는 한 죄를 짓고 하루 동안 감춘 것에 대하여 하루 동안의 격리처벌을 주었습니다. 저는 격리생활을 실행하고, 참모임에 의도적인 정액의 방출이라는 한 죄를 짓고 하루 동안 감춘 것에 대하여 엿새 동안의 참회처벌을 청했습니다. 참모임은 저에게 의도적인 정액의 방출이라는 한 죄를 짓고 하루 동안 감춘 것에 대하여 엿새 동안의 참회처벌을 주었습니다. 저는 참회생활을 실행했습니다. 저는 이제 어떻게 해야 합니까?"

세존께 그 사실을 알렸다.

[세존] "수행승들이여, 그렇다면 참모임은 수행승 우다인에게 출죄복귀를 주어라. 수행승들이여, 출죄복귀는 이와 같이 주어야 한다."

2 [세존] “수행승들이여, 그 수행승 우다인은 참모임을 찾아가서 한쪽 어깨에 상의를 걸치고 연상의 수행승들의 양 발에 머리를 조아린 뒤에 웅크리고 앉아 합장하여 이와 같이 말해야 한다.

[청원1] ‘존자들이여, 저는 의도적인 정액의 방출이라는 한 죄를 짓고 하루 동안 감추었습니다. 저는 참모임에 의도적인 정액의 방출이라는 한 죄를 짓고 하루 동안 감춘 것에 대하여 하루 동안의 격리처벌을 청했습니다. 참모임은 저에게 의도적인 정액의 방출이라는 한 죄를 짓고 하루 동안 감춘 것에 대하여 하루 동안의 격리처벌을 주었습니다. 저는 격리생활을 실행하고, 참모임에 의도적인 정액의 방출이라는 한 죄를 짓고 하루 동안 감춘 것에 대하여 엿새 동안의 참회처벌을 청했습니다. 참모임은 저에게 의도적인 정액의 방출이라는 한 죄를 짓고 하루 동안 감춘 것에 대하여 엿새 동안의 참회처벌을 주었습니다. 존자들이여, 저는 참회생활을 실행하고, 참모임에 출죄복귀를 청합니다.’

[청원2] ‘존자들이여, 저는 의도적인 정액의 방출이라는 한 죄를 짓고 하루 동안 감추었습니다. 저는 참모임에 의도적인 정액의 방출이라는 한 죄를 짓고 하루 동안 감춘 것에 대하여 하루 동안의 격리처벌을 청했습니다. 참모임은 자에게 의도적인 정액의 방출이라는 한 죄를 짓고 하루 동안 감춘 것에 대하여 하루 동안의 격리처벌을 주었습니다. 저는 격리생활을 실행하고, 참모임에 의도적인 정액의 방출이라는 한 죄를 짓고 하루 동안 감춘 것에 대하여 엿새 동안의 참회처벌을 청했습니다. 참모임은 저에게 의도적인 정액의 방출이라는 한 죄를 짓고 하루 동안 감춘 것에 대하여 엿새 동안의 참회처벌을 주었습니다. 존자들이여, 저는 참회생활을 실행하고, 참모임에 두 번째에도 출죄복귀를 청합니다.”

[청원3] ‘존자들이여, 저는 의도적인 정액의 방출이라는 한 죄를 짓고 하루 동안 감추었습니다. 저는 참모임에 의도적인 정액의 방출이라는 한 죄를 짓고 하루 동안 감춘 것에 대하여 하루 동안의 격리처벌을 청했습니다. 참모임은 의도적인 정액의 방출이라는 한 죄를 짓고 하루 동안 감춘 것에 대하여 하루 동안의 격리처벌을 주었습니다. 저는 격리생활을 실행하고, 참모임에 의도적인 정액의 방출이라는 한 죄를 짓고 하루 동안 감춘 것에 대하여 엿새 동안의 참회처벌을 청했습니다. 참모임은 저에게 의도적인 정액의 방출이라는 한 죄를 짓고 하루 동안 감춘 것에 대하여 엿새 동안의 참회처벌을 주었습니다. 존자들이여, 저는 참회생활을 실행하고, 참모임에 세 번째에도 출죄복귀를 청합니다.’

3. 총명하고 유능한 수행승이 참모임에 알려야 한다.

[제안] '존자들이여, 참모임은 제 말에 귀를 기울이십시오. 이 수행승 우다인은 의도적인 정액의 방출이라는 한 죄를 짓고 하루 동안 감추었습니다. 그는 참모임에 의도적인 정액의 방출이라는 한 죄를 짓고 하루 동안 감춘 것에 대하여 하루 동안의 격리처벌을 청했습니다. 참모임은 수행승 우다인에게 의도적인 정액의 방출이라는 한 죄를 짓고 하루 동안 감춘 것에 대하여 하루 동안의 격리처벌을 주었습니다. 그는 격리생활을 실행하고 의도적인 정액의 방출이라는 한 죄를 짓고 하루 동안 감춘 것에 대하여 엿새 동안의 참회처벌을 청했습니다. 참모임은 수행승 우다인[43]에게 의도적인 정액의 방출이라는 한 죄를 짓고 하루 동안 감춘 것에 대하여 엿새 동안의 참회처벌을 주었습니다. 그는 참회생활을 실행하고 출죄복귀를 청합니다. 만약 참모임에 옳은 일이라면, 참모임은 수행승 우다인에게 출죄복귀를 주겠습니다. 이것이 제안입니다.'

[제청1] '존자들이여, 참모임은 제 말에 귀를 기울이십시오. 이 수행승 우다인은 의도적인 정액의 방출이라는 한 죄를 짓고 하루 동안 감추었습니다. 그는 참모임에 의도적인 정액의 방출이라는 한 죄를 짓고 하루 동안 감춘 것에 대하여 하루 동안의 격리처벌을 청했습니다. 참모임은 수행승 우다인에게 의도적인 정액의 방출이라는 한 죄를 짓고 하루 동안 감춘 것에 대하여 하루 동안의 격리처벌을 주었습니다. 그는 격리생활을 실행하고 의도적인 정액의 방출이라는 한 죄를 짓고 하루 동안 감춘 것에 대하여 엿새 동안의 참회처벌을 청했습니다. 참모임은 수행승 우다인에게 의도적인 정액의 방출이라는 한 죄를 짓고 하루 동안 감춘 것에 대하여 엿새 동안의 참회처벌을 주었습니다. 그는 참회생활을 실행하고 출죄복귀를 청하고 있습니다. 참모임은 수행승 우다인에게 출죄복귀를 줍니다. 존자들 가운데 누구든지 참모임이 수행승 우다인에게 출죄복귀를 주는 것에 동의하면 침묵하시고, 이견이 있으면 말씀하십시오.'

[제청2] '두 번째에도 저는 이 사실을 말합니다. 존자들이여, 참모임은 제 말에 귀를 기울이십시오. 이 수행승 우다인은 의도적인 정액의 방출이라는 한 죄를 짓고 하루 동안 감추었습니다. 그는 참모임에 의도적인 정액의 방출이라는 한 죄를 짓고 하루 동안 감춘 것에 대하여 하루 동안의 격리처벌을 청했습니다. 참모임은 수행승 우다인에게 의도적인 정액의 방출이라는 한 죄를 짓고 하루 동안 감춘 것에 대하여 하루 동안의 격리처벌을 주었습니다. 그는 격리생활을 실행하고 의도적인 정액의 방출이라는 한 죄를 짓고 하루 동안 감춘 것에 대하여

엿새 동안의 참회처벌을 청했습니다. 참모임은 수행승 우다인에게 의도적인 정액의 방출이라는 한 죄를 짓고 하루 동안 감춘 것에 대하여 엿새 동안의 참회처벌을 주었습니다. 그는 참회생활을 실행하고 출죄복귀를 청하고 있습니다. 참모임은 수행승 우다인에게 출죄복귀를 줍니다. 존자들 가운데 누구든지 참모임이 수행승 우다인에게 출죄복귀를 주는 것에 동의하면 침묵하시고, 이견이 있으면 말씀하십시오.'

[제청3] '세 번째에도 저는 이 사실을 말합니다. 존자들이여, 참모임은 제 말에 귀를 기울이십시오. 이 수행승 우다인은 의도적인 정액의 방출이라는 한 죄를 짓고 하루 동안 감추었습니다. 그는 참모임에 의도적인 정액의 방출이라는 한 죄를 짓고 하루 동안 감춘 것에 대하여 하루 동안의 격리처벌을 청했습니다. 참모임은 수행승 우다인에게 의도적인 정액의 방출이라는 한 죄를 짓고 하루 동안 감춘 것에 대하여 하루 동안의 격리처벌을 주었습니다. 그는 격리생활을 실행하고 의도적인 정액의 방출이라는 한 죄를 짓고 하루 동안 감춘 것에 대하여 엿새 동안의 참회처벌을 청했습니다. 참모임은 수행승 우다인에게 의도적인 정액의 방출이라는 한 죄를 짓고 하루 동안 감춘 것에 대하여 엿새 동안의 참회처벌을 주었습니다. 그는 참회생활을 실행하고 출죄복귀를 청하고 있습니다. 참모임은 수행승 우다인에게 출죄복귀를 줍니다. 존자들 가운데 누구든지 참모임이 수행승 우다인에게 출죄복귀를 주는 것에 동의하면 침묵하시고, 이견이 있으면 말씀하십시오.'

[결정] '참모임은 수행승 우다인에게 출죄복귀를 주었습니다. 참모임이 찬성하여 침묵했으므로, 저는 그와 같이 알겠습니다.'"

하루 동안 감춘 것에 대한 출죄복귀가 끝났다.

6₁. 이틀 동안 감춘 것에 대한 격리처벌(Dvīhapaṭicchannaparivāsa)

1. 한때 존자 우다인이 의도적인 정액의 방출이라는 한 죄를 짓고 이틀 동안 감추었다. 그는 수행승들에게 알렸다.

[우다인] "벗들이여, 나는 의도적인 정액의 방출이라는 한 죄를 짓고 이틀 동안 감추었습니다. 나는 어떻게 해야 합니까?"

세존께 그 사실을 알렸다.

[세존] "수행승들이여, 그렇다면 참모임은 수행승 우다인에게 의도적인 정액의 방출이라는 한 죄를 짓고 이틀 동안 감춘 것에 대하여 이틀 동안의 격리처벌을

주어라.”

2. [세존] “수행승들이여, 그런데 이와 같이 주어야 한다. 수행승들이여, 그 수행승 우다인은 참모임을 찾아가서 한쪽 어깨에 상의를 걸치고 연상의 수행승들의 양 발에 머리를 조아린 뒤에 웅크리고 앉아 합장하여 이와 같이 말해야 한다.

[청원1] ‘존자들이여, 저는 의도적인 정액의 방출이라는 한 죄를 짓고 이틀 동안 감추었습니다. 존자들이여, 그래서 저는 의도적인 정액의 방출이라는 한 죄를 짓고 이틀 동안 감춘 것에 대하여 이틀 동안의 격리처벌을 청합니다.’

[청원2] ‘존자들이여, 저는 의도적인 정액의 방출이라는 한 죄를 짓고 이틀 동안 감추었습니다. 존자들이여, 두 번째에도 저는 의도적인 정액의 방출이라는 한 죄를 짓고 이틀 동안 감춘 것에 대하여 이틀 동안의 격리처벌을 청합니다.’

[청원3] ‘존자들이여, 저는 의도적인 정액의 방출이라는 한 죄를 짓고 이틀 동안 감추었습니다. 존자들이여, 세 번째에도 저는 의도적인 정액의 방출이라는 한 죄를 짓고 이틀 동안 감춘 것에 대하여 이틀 동안의 격리처벌을 청합니다.’

3. 총명하고 유능한 수행승이 참모임에 알려야 한다.

[제안] ‘존자들이여, 참모임은 제 말에 귀를 기울이십시오. 이 수행승 우다인은 의도적인 정액의 방출이라는 한 죄를 짓고 이틀 동안 감추었습니다. 그가 참모임에 의도적인 정액의 방출이라는 한 죄를 짓고 이틀 동안 감춘 것에 대하여 이틀 동안의 격리처벌을 청합니다. 만약 참모임에 옳은 일이라면, 참모임은 수행승 우다인에게 의도적인 정액의 방출이라는 한 죄를 짓고 이틀 동안 감춘 것에 대하여 이틀 동안의 격리처벌을 주겠습니다. 이것이 제안입니다.’

[제청1] ‘존자들이여, 참모임은 제 말에 귀를 기울이십시오. 이 수행승 우다인은 의도적인 정액의 방출이라는 한 죄를 짓고 이틀 동안 감추었습니다. 그가 참모임에 의도적인 정액의 방출이라는 한 죄를 짓고 이틀 동안 감춘 것에 대하여 이틀 동안의 격리처벌을 청하고 있습니다. 참모임은 수행승 우다인에게 의도적인 정액의 방출이라는 한 죄를 짓고 이틀 동안 감춘 것에 대하여 이틀 동안의 격리처벌을 줍니다. 존자들 가운데 누구든지 수행승 우다인에게 의도적인 정액의 방출이라는 한 죄를 짓고 이틀 동안 감춘 것에 대하여 이틀 동안의 격리처벌을 주는 것에 동의하면 침묵하시고, 이견이 있으면 말씀하십시오.’

[제청2] ‘두 번째에도 저는 이 사실을 말합니다. 존자들이여, 참모임은 제 말에 귀를 기울이십시오. 이 수행승 우다인은 의도적인 정액의 방출이라는 한 죄를 짓고 이틀 동안 감추었습니다. 그가 참모임에 의도적인 정액의 방출이라는 한

죄를 짓고 이틀 동안 감춘 것에 대하여 이틀 동안의 격리처벌을 청하고 있습니다. 참모임은 수행승 우다인에게 의도적인 정액의 방출이라는 한 죄를 짓고 이틀 동안 감춘 것에 대하여 이틀 동안의 격리처벌을 줍니다. 존자들 가운데 누구든지 수행승 우다인에게 의도적인 정액의 방출이라는 한 죄를 짓고 이틀 동안 감춘 것에 대하여 이틀 동안의 격리처벌을 주는 것에 동의하면 침묵하시고, 이견이 있으면 말씀하십시오.'

[제청3] '세 번째에도 저는 이 사실을 말합니다. 존자들이여, 참모임은 제 말에 귀를 기울이십시오. 이 수행승 우다인은 의도적인 정액의 방출이라는 한 죄를 짓고 이틀 동안 감추었습니다. 그가 참모임에 의도적인 정액의 방출이라는 한 죄를 짓고 이틀 동안 감춘 것에 대하여 이틀 동안의 격리처벌을 청하고 있습니다. 참모임은 수행승 우다인에게 의도적인 정액의 방출이라는 한 죄를 짓고 이틀 동안 감춘 것에 대하여 이틀 동안의 격리처벌을 줍니다. 존자들 가운데 누구든지 수행승 우다인에게 의도적인 정액의 방출이라는 한 죄를 짓고 이틀 동안 감춘 것에 대하여 이틀 동안의 격리처벌을 주는 것에 동의하면 침묵하시고, 이견이 있으면 말씀하십시오.'

[결정] '참모임은 수행승 우다인에게 의도적인 정액의 방출이라는 한 죄를 짓고 이틀 동안 감춘 것에 대하여 이틀 동안의 격리처벌을 주었습니다. 참모임이 찬성하여 침묵했으므로, 저는 그와 같이 알겠습니다.'"

이틀 동안 감춘 것에 의한 격리처벌이 끝났다.

6₂. 사흘 동안 감춘 것에 대한 격리처벌(Tīhapaṭicchannaparivāsa)

1. 한때 존자 우다인이 의도적인 정액의 방출이라는 한 죄를 짓고 사흘 동안 감추었다. 그는 수행승들에게 알렸다.

[우다인] "벗들이여, 나는 의도적인 정액의 방출이라는 한 죄를 짓고 사흘 동안 감추었습니다. 나는 어떻게 해야 합니까?"

세존께 그 사실을 알렸다.

[세존] "수행승들이여, 그렇다면 참모임은 수행승 우다인에게 의도적인 정액의 방출이라는 한 죄를 짓고 사흘 동안 감춘 것에 대하여 사흘 동안의 격리처벌을 주어라."

2. [세존] "수행승들이여, 그런데 이와 같이 주어야 한다. 수행승들이여, 그 수행승

우다인은 참모임을 찾아가서 한쪽 어깨에 상의를 걸치고 연상의 수행승들의 양 발에 머리를 조아린 뒤에 웅크리고 앉아 합장하여 이와 같이 말해야 한다.

[청원1] '존자들이여, 저는 의도적인 정액의 방출이라는 한 죄를 짓고 사흘 동안 감추었습니다. 존자들이여, 그래서 저는 의도적인 정액의 방출이라는 한 죄를 짓고 사흘 동안 감춘 것에 대하여 사흘 동안의 격리처벌을 청합니다.'

[청원2] '존자들이여, 저는 의도적인 정액의 방출이라는 한 죄를 짓고 사흘 동안 감추었습니다. 존자들이여, 두 번째에도 저는 의도적인 정액의 방출이라는 한 죄를 짓고 사흘 동안 감춘 것에 대하여 사흘 동안의 격리처벌을 청합니다.'

[청원3] '존자들이여, 저는 의도적인 정액의 방출이라는 한 죄를 짓고 사흘 동안 감추었습니다. 존자들이여, 세 번째에도 저는 의도적인 정액의 방출이라는 한 죄를 짓고 사흘 동안 감춘 것에 대하여 사흘 동안의 격리처벌을 청합니다.'

3. 총명하고 유능한 수행승이 참모임에 알려야 한다.

[제안] '존자들이여, 참모임은 제 말에 귀를 기울이십시오. 이 수행승 우다인은 의도적인 정액의 방출이라는 한 죄를 짓고 사흘 동안 감추었습니다. 그가 참모임에 의도적인 정액의 방출이라는 한 죄를 짓고 사흘 동안 감춘 것에 대하여 사흘 동안의 격리처벌을 청합니다. 만약 참모임에 옳은 일이라면, 참모임은 수행승 우다인에게 의도적인 정액의 방출이라는 한 죄를 짓고 사흘 동안 감춘 것에 대하여 사흘 동안의 격리처벌을 주겠습니다. 이것이 제안입니다.'

[제청1] '존자들이여, 참모임은 제 말에 귀를 기울이십시오. 이 수행승 우다인은 의도적인 정액의 방출이라는 한 죄를 짓고 사흘 동안 감추었습니다. 그가 참모임에 의도적인 정액의 방출이라는 한 죄를 짓고 사흘 동안 감춘 것에 대하여 사흘 동안의 격리처벌을 청하고 있습니다. 참모임은 수행승 우다인에게 의도적인 정액의 방출이라는 한 죄를 짓고 사흘 동안 감춘 것에 대하여 사흘 동안의 격리처벌을 줍니다. 존자들 가운데 누구든지 수행승 우다인에게 의도적인 정액의 방출이라는 한 죄를 짓고 사흘 동안 감춘 것에 대하여 사흘 동안의 격리처벌을 주는 것에 동의하면 침묵하시고, 이견이 있으면 말씀하십시오.'

[제청2] '두 번째에도 저는 이 사실을 말합니다. 존자들이여, 참모임은 제 말에 귀를 기울이십시오. 이 수행승 우다인은 의도적인 정액의 방출이라는 한 죄를 짓고 사흘 동안 감추었습니다. 그가 참모임에 의도적인 정액의 방출이라는 한 죄를 짓고 사흘 동안 감춘 것에 대하여 사흘 동안의 격리처벌을 청하고 있습니다. 참모임은 수행승 우다인에게 의도적인 정액의 방출이라는 한 죄를 짓고 사흘

동안 감춘 것에 대하여 사흘 동안의 격리처벌을 줍니다. 존자들 가운데 누구든지 수행승 우다인에게 의도적인 정액의 방출이라는 한 죄를 짓고 사흘 동안 감춘 것에 대하여 사흘 동안의 격리처벌을 주는 것에 동의하면 침묵하시고, 이견이 있으면 말씀하십시오.'

[제청3] '세 번째에도 저는 이 사실을 말합니다. 존자들이여, 참모임은 제 말에 귀를 기울이십시오. 이 수행승 우다인은 의도적인 정액의 방출이라는 한 죄를 짓고 사흘 동안 감추었습니다. 그가 참모임에 의도적인 정액의 방출이라는 한 죄를 짓고 사흘 동안 감춘 것에 대하여 사흘 동안의 격리처벌을 청하고 있습니다. 참모임은 수행승 우다인에게 의도적인 정액의 방출이라는 한 죄를 짓고 사흘 동안 감춘 것에 대하여 사흘 동안의 격리처벌을 줍니다. 존자들 가운데 누구든지 수행승 우다인에게 의도적인 정액의 방출이라는 한 죄를 짓고 사흘 동안 감춘 것에 대하여 사흘 동안의 격리처벌을 주는 것에 동의하면 침묵하시고, 이견이 있으면 말씀하십시오.'

[결정] '참모임은 수행승 우다인에게 의도적인 정액의 방출이라는 한 죄를 짓고 사흘 동안 감춘 것에 대하여 사흘 동안의 격리처벌을 주었습니다. 참모임이 찬성하여 침묵했으므로, 저는 그와 같이 알겠습니다.'"

사흘 동안 감춘 것에 의한 격리처벌이 끝났다.

6₃. 나흘 동안 감춘 것에 대한 격리처벌(Catūhapaṭicchannaparivāsa)

1. 한때 존자 우다인이 의도적인 정액의 방출이라는 한 죄를 짓고 나흘 동안 감추었다. 그는 수행승들에게 알렸다.

[우다인] "벗들이여, 나는 의도적인 정액의 방출이라는 한 죄를 짓고 나흘 동안 감추었습니다. 나는 어떻게 해야 합니까?"

세존께 그 사실을 알렸다.

[세존] "수행승들이여, 그렇다면 참모임은 수행승 우다인에게 의도적인 정액의 방출이라는 한 죄를 짓고 나흘 동안 감춘 것에 대하여 나흘 동안의 격리처벌을 주어라."

2. [세존] "수행승들이여, 그런데 이와 같이 주어야 한다. 수행승들이여, 그 수행승 우다인은 참모임을 찾아가서 한쪽 어깨에 상의를 걸치고 연상의 수행승들의 양 발에 머리를 조아린 뒤에 웅크리고 앉아 합장하여 이와 같이 말해야 한다.

[청원1] '존자들이여, 저는 의도적인 정액의 방출이라는 한 죄를 짓고 나흘

동안 감추었습니다. 존자들이여, 그래서 저는 의도적인 정액의 방출이라는 한 죄를 짓고 나흘 동안 감춘 것에 대하여 나흘 동안의 격리처벌을 청합니다.'

[청원2] '존자들이여, 저는 의도적인 정액의 방출이라는 한 죄를 짓고 나흘 동안 감추었습니다. 존자들이여, 두 번째에도 저는 의도적인 정액의 방출이라는 한 죄를 짓고 나흘 동안 감춘 것에 대하여 나흘 동안의 격리처벌을 청합니다.'

[청원3] '존자들이여, 저는 의도적인 정액의 방출이라는 한 죄를 짓고 나흘 동안 감추었습니다. 존자들이여, 세 번째에도 저는 의도적인 정액의 방출이라는 한 죄를 짓고 나흘 동안 감춘 것에 대하여 나흘 동안의 격리처벌을 청합니다.'

3. 총명하고 유능한 수행승이 참모임에 알려야 한다.

[제안] '존자들이여, 참모임은 제 말에 귀를 기울이십시오. 이 수행승 우다인은 의도적인 정액의 방출이라는 한 죄를 짓고 나흘 동안 감추었습니다. 그가 참모임에 의도적인 정액의 방출이라는 한 죄를 짓고 나흘 동안 감춘 것에 대하여 나흘 동안의 격리처벌을 청합니다. 만약 참모임에 옳은 일이라면, 참모임은 수행승 우다인에게 의도적인 정액의 방출이라는 한 죄를 짓고 나흘 동안 감춘 것에 대하여 나흘 동안의 격리처벌을 주겠습니다. 이것이 제안입니다.'

[제청1] '존자들이여, 참모임은 제 말에 귀를 기울이십시오. 이 수행승 우다인은 의도적인 정액의 방출이라는 한 죄를 짓고 나흘 동안 감추었습니다. 그가 참모임에 의도적인 정액의 방출이라는 한 죄를 짓고 나흘 동안 감춘 것에 대하여 나흘 동안의 격리처벌을 청하고 있습니다. 참모임은 수행승 우다인에게 의도적인 정액의 방출이라는 한 죄를 짓고 나흘 동안 감춘 것에 대하여 나흘 동안의 격리처벌을 줍니다. 존자들 가운데 누구든지 수행승 우다인에게 의도적인 정액의 방출이라는 한 죄를 짓고 나흘 동안 감춘 것에 대하여 나흘 동안의 격리처벌을 주는 것에 동의하면 침묵하시고, 이견이 있으면 말씀하십시오.'

[제청2] '두 번째에도 저는 이 사실을 말합니다. 존자들이여, 참모임은 제 말에 귀를 기울이십시오. 이 수행승 우다인은 의도적인 정액의 방출이라는 한 죄를 짓고 나흘 동안 감추었습니다. 그가 참모임에 의도적인 정액의 방출이라는 한 죄를 짓고 나흘 동안 감춘 것에 대하여 나흘 동안의 격리처벌을 청하고 있습니다. 참모임은 수행승 우다인에게 의도적인 정액의 방출이라는 한 죄를 짓고 나흘 동안 감춘 것에 대하여 나흘 동안의 격리처벌을 줍니다. 존자들 가운데 누구든지 수행승 우다인에게 의도적인 정액의 방출이라는 한 죄를 짓고 나흘 동안 감춘 것에 대하여 나흘 동안의 격리처벌을 주는 것에 동의하면 침묵하시고, 이견이

있으면 말씀하십시오.'

[제청3] '세 번째에도 저는 이 사실을 말합니다. 존자들이여, 참모임은 제 말에 귀를 기울이십시오. 이 수행승 우다인은 의도적인 정액의 방출이라는 한 죄를 짓고 나흘 동안 감추었습니다. 그가 참모임에 의도적인 정액의 방출이라는 한 죄를 짓고 나흘 동안 감춘 것에 대하여 나흘 동안의 격리처벌을 청하고 있습니다. 참모임은 수행승 우다인에게 의도적인 정액의 방출이라는 한 죄를 짓고 나흘 동안 감춘 것에 대하여 나흘 동안의 격리처벌을 줍니다. 존자들 가운데 누구든지 수행승 우다인에게 의도적인 정액의 방출이라는 한 죄를 짓고 나흘 동안 감춘 것에 대하여 나흘 동안의 격리처벌을 주는 것에 동의하면 침묵하시고, 이견이 있으면 말씀하십시오.'

[결정] '참모임은 수행승 우다인에게 의도적인 정액의 방출이라는 한 죄를 짓고 나흘 동안 감춘 것에 대하여 나흘 동안의 격리처벌을 주었습니다. 참모임이 찬성하여 침묵했으므로, 저는 그와 같이 알겠습니다."

나흘 동안 감춘 것에 의한 격리처벌이 끝났다.

6₄. 닷새 동안 감춘 것에 대한 격리처벌(Pañcāhapaṭicchannaparivāsa)

1. 한때 존자 우다인이 의도적인 정액의 방출이라는 한 죄를 짓고 닷새 동안 감추었다. 그는 수행승들에게 알렸다.

[우다인] "벗들이여, 나는 의도적인 정액의 방출이라는 한 죄를 짓고 닷새 동안 감추었습니다. 나는 어떻게 해야 합니까?"

세존께 그 사실을 알렸다.

[세존] "수행승들이여, 그렇다면 참모임은 수행승 우다인에게 의도적인 정액의 방출이라는 한 죄를 짓고 닷새 동안 감춘 것에 대하여 닷새 동안의 격리처벌을 주어라."

2. [세존] "수행승들이여, 그런데 이와 같이 주어야 한다. 수행승들이여, 그 수행승 우다인은 참모임을 찾아가서 한쪽 어깨에 상의를 걸치고 연상의 수행승들의 양 발에 머리를 조아린 뒤에 웅크리고 앉아 합장하여 이와 같이 말해야 한다.

[청원1] '존자들이여, 저는 의도적인 정액의 방출이라는 한 죄를 짓고 닷새 동안 감추었습니다. 존자들이여, 그래서 저는 의도적인 정액의 방출이라는 한 죄를 짓고 닷새 동안 감춘 것에 대하여 닷새 동안의 격리처벌을 청합니다.'

[청원2] '존자들이여, 저는 의도적인 정액의 방출이라는 한 죄를 짓고 닷새

동안 감추었습니다. 존자들이여, 두 번째에도 저는 의도적인 정액의 방출이라는 한 죄를 짓고 닷새 동안 감춘 것에 대하여 닷새 동안의 격리처벌을 청합니다.'

[청원3] '존자들이여, 저는 의도적인 정액의 방출이라는 한 죄를 짓고 닷새 동안 감추었습니다. 존자들이여, 세 번째에도 저는 의도적인 정액의 방출이라는 한 죄를 짓고 닷새 동안 감춘 것에 대하여 닷새 동안의 격리처벌을 청합니다.'

3. 총명하고 유능한 수행승이 참모임에 알려야 한다.

[제안] '존자들이여, 참모임은 제 말에 귀를 기울이십시오. 이 수행승 우다인은 의도적인 정액의 방출이라는 한 죄를 짓고 닷새 동안 감추었습니다. 그가 참모임에 의도적인 정액의 방출이라는 한 죄를 짓고 닷새 동안 감춘 것에 대하여 닷새 동안의 격리처벌을 청합니다. 만약 참모임에 옳은 일이라면, 참모임은 수행승 우다인에게 의도적인 정액의 방출이라는 한 죄를 짓고 닷새 동안 감춘 것에 대하여 닷새 동안의 격리처벌을 주겠습니다. 이것이 제안입니다.'

[제청1] '존자들이여, 참모임은 제 말에 귀를 기울이십시오. 이 수행승 우다인은 의도적인 정액의 방출이라는 한 죄를 짓고 닷새 동안 감추었습니다. 그가 참모임에 의도적인 정액의 방출이라는 한 죄를 짓고 닷새 동안 감춘 것에 대하여 닷새 동안의 격리처벌을 청하고 있습니다. 참모임은 수행승 우다인에게 의도적인 정액의 방출이라는 한 죄를 짓고 닷새 동안 감춘 것에 대하여 닷새 동안의 격리처벌을 줍니다. 존자들 가운데 누구든지 수행승 우다인에게 의도적인 정액의 방출이라는 한 죄를 짓고 닷새 동안 감춘 것에 대하여 닷새 동안의 격리처벌을 주는 것에 동의하면 침묵하시고, 이견이 있으면 말씀하십시오.'

[제청2] '두 번째에도 저는 이 사실을 말합니다. 존자들이여, 참모임은 제 말에 귀를 기울이십시오. 이 수행승 우다인은 의도적인 정액의 방출이라는 한 죄를 짓고 닷새 동안 감추었습니다. 그가 참모임에 의도적인 정액의 방출이라는 한 죄를 짓고 닷새 동안 감춘 것에 대하여 닷새 동안의 격리처벌을 청하고 있습니다. 참모임은 수행승 우다인에게 의도적인 정액의 방출이라는 한 죄를 짓고 닷새 동안 감춘 것에 대하여 닷새 동안의 격리처벌을 줍니다. 존자들 가운데 누구든지 수행승 우다인에게 의도적인 정액의 방출이라는 한 죄를 짓고 닷새 동안 감춘 것에 대하여 닷새 동안의 격리처벌을 주는 것에 동의하면 침묵하시고, 이견이 있으면 말씀하십시오.'

[제청3] '세 번째에도 저는 이 사실을 말합니다. 존자들이여, 참모임은 제 말에 귀를 기울이십시오. 이 수행승 우다인은 의도적인 정액의 방출이라는 한 죄를

짓고 닷새 동안 감추었습니다. 그가 참모임에 의도적인 정액의 방출이라는 한 죄를 짓고 닷새 동안 감춘 것에 대하여 닷새 동안의 격리처벌을 청하고 있습니다. 참모임은 수행승 우다인에게 의도적인 정액의 방출이라는 한 죄를 짓고 닷새 동안 감춘 것에 대하여 닷새 동안의 격리처벌을 줍니다. 존자들 가운데 누구든지 수행승 우다인에게 의도적인 정액의 방출이라는 한 죄를 짓고 닷새 동안 감춘 것에 대하여 닷새 동안의 격리처벌을 주는 것에 동의하면 침묵하시고, 이견이 있으면 말씀하십시오.'

[결정] '참모임은 수행승 우다인에게 의도적인 정액의 방출이라는 한 죄를 짓고 닷새 동안 감춘 것에 대하여 닷새 동안의 격리처벌을 주었습니다. 참모임이 찬성하여 침묵했으므로, 저는 그와 같이 알겠습니다.'"

닷새 동안 감춘 것에 의한 격리처벌이 끝났다.

7. 격리생활을 실행하는 자에 대한 가중처벌(Pārivāsikamūlāyapaṭikassana)

1. 그는 격리생활을 실행하는 도중에 의도적인 정액의 방출이라는 한 죄를 짓고 감추지 않았다. 그는 수행승들에게 알렸다.

[우다인] "벗들이여, 나는 의도적인 정액의 방출이라는 한 죄를 짓고 닷새 동안을 감추었습니다. 나는 참모임에 의도적인 정액의 방출이라는 한 죄를 짓고 닷새 동안 감춘 것에 대하여 닷새 동안의 격리처벌을 청했습니다. 참모임은 저에게 의도적인 정액의 방출이라는 한 죄를 짓고 닷새 동안 감춘 것에 대하여 닷새 동안의 격리처벌을 주었습니다. 나는 격리생활을 실행하는 도중에 의도적인 정액의 방출이라는 한 죄를 짓고 감추지 않았습니다. 나는 이제 어떻게 해야 하겠습니까?"

세존께 그 사실을 알렸다.

[세존] "수행승들이여, 그렇다면 참모임은 수행승 우다인에게 도중에 의도적인 정액의 방출이라는 한 죄를 짓고 감추지 않은 것에 대하여 가중처벌을 주어라."197)

2. [세존] "수행승들이여, 가중처벌은 이와 같이 행해야 한다. 수행승들이여, 그 수행승 우다인은 참모임을 찾아가서 한쪽 어깨에 상의를 걸치고 연상의 수행승들의 양 발에 머리를 조아린 뒤에 웅크리고 앉아 합장하여 이와 같이 말해야 한다.

---

197) tena hi bhikkhave saṅgho udāyiṃ bhikkhuṃ antarā ekissā āpattiyā sañcetanikāya sukkavisaṭṭhiyā apaṭicchannāya mūlāya paṭikassatu : 닷새(격리처벌)의 격리생활을 하는 도중에 잘못을 또 저질러 가중처벌을 받으면, 처벌받기 시작한 날(本日)부터 다시 처벌에 의한 생활을 원점에서 시작해야 한다. 그리고 엿새 간의 참회처벌을 받아야 한다.

[청원1] '존자들이여, 저는 의도적인 정액의 방출이라는 한 죄를 짓고 닷새 동안을 감추었습니다. 저는 참모임에 의도적인 정액의 방출이라는 한 죄를 짓고 닷새 동안 감춘 것에 대하여 닷새 동안의 격리처벌을 청했습니다. 참모임은 저에게 의도적인 정액의 방출이라는 한 죄를 짓고 닷새 동안 감춘 것에 대하여 닷새 동안의 격리처벌을 주었습니다. 저는 격리생활을 실행하는 도중에 의도적인 정액의 방출이라는 한 죄를 짓고 감추지 않았습니다. 저는 참모임에 도중에 의도적인 정액의 방출이라는 한 죄를 짓고 감추지 않은 것에 대하여 가중처벌을[44] 청합니다.'

[청원2] '존자들이여, 저는 의도적인 정액의 방출이라는 한 죄를 짓고 닷새 동안을 감추었습니다. 저는 참모임에 의도적인 정액의 방출이라는 한 죄를 짓고 닷새 동안 감춘 것에 대하여 닷새 동안의 격리처벌을 청했습니다. 참모임은 저에게 의도적인 정액의 방출이라는 한 죄를 짓고 닷새 동안 감춘 것에 대하여 닷새 동안의 격리처벌을 주었습니다. 저는 격리생활을 실행하는 도중에 의도적인 정액의 방출이라는 한 죄를 짓고 감추지 않았습니다. 저는 참모임에 도중에 의도적인 정액의 방출이라는 한 죄를 짓고 감추지 않은 것에 대하여 두 번째에도 가중처벌을 청합니다.'

[청원3] '존자들이여, 저는 의도적인 정액의 방출이라는 한 죄를 짓고 닷새 동안을 감추었습니다. 저는 참모임에 의도적인 정액의 방출이라는 한 죄를 짓고 닷새 동안 감춘 것에 대하여 닷새 동안의 격리처벌을 청했습니다. 참모임은 저에게 의도적인 정액의 방출이라는 한 죄를 짓고 닷새 동안 감춘 것에 대하여 닷새 동안의 격리처벌을 주었습니다. 저는 격리생활을 실행하는 도중에 의도적인 정액의 방출이라는 한 죄를 짓고 감추지 않았습니다. 저는 참모임에 도중에 의도적인 정액의 방출이라는 한 죄를 짓고 감추지 않은 것에 대하여 세 번째에도 가중처벌을 청합니다.'

3. 총명하고 유능한 수행승이 참모임에 알려야 한다.

[제안] '존자들이여, 참모임은 제 말에 귀를 기울이십시오. 이 수행승 우다인은 의도적인 정액의 방출이라는 한 죄를 짓고 닷새 동안을 감추었습니다. 그가 참모임에 의도적인 정액의 방출이라는 한 죄를 짓고 닷새 동안 감춘 것에 대하여 닷새 동안의 격리처벌을 청했습니다. 참모임은 그에게 의도적인 정액의 방출이라는 한 죄를 짓고 닷새 동안 감춘 것에 대하여 닷새 동안의 격리처벌을 주었습니다. 그는 격리생활을 실행하는 도중에 의도적인 정액의 방출이라는 한 죄를 짓고

감추지 않았습니다. 그는 참모임에 격리생활을 실행하는 도중에 의도적인 정액의 방출이라는 한 죄를 짓고 감추지 않은 것에 대하여 가중처벌을 청합니다. 만약 참모임에 옳은 일이라면, 참모임은 수행승 우다인에게 도중에 의도적인 정액의 방출이라는 한 죄를 짓고 감추지 않은 것에 대하여 가중처벌을 주겠습니다. 이것이 제안입니다.'

[제청1] '존자들이여, 참모임은 제 말에 귀를 기울이십시오. 이 수행승 우다인은 의도적인 정액의 방출이라는 한 죄를 짓고 닷새 동안을 감추었습니다. 그가 참모임에 의도적인 정액의 방출이라는 한 죄를 짓고 닷새 동안 감춘 것에 대하여 닷새 동안의 격리처벌을 청했습니다. 참모임은 그에게 의도적인 정액의 방출이라는 한 죄를 짓고 닷새 동안 감춘 것에 대하여 닷새 동안의 격리처벌을 주었습니다. 그는 격리생활을 실행하는 도중에 의도적인 정액의 방출이라는 한 죄를 짓고 감추지 않았습니다. 그는 참모임에 격리생활을 실행하는 도중에 의도적인 정액의 방출이라는 한 죄를 짓고 감추지 않은 것에 대하여 가중처벌을 청하고 있습니다. 참모임은 수행승 우다인에게 도중에 의도적인 정액의 방출이라는 한 죄를 짓고 감추지 않은 것에 대하여 가중처벌을 줍니다. 존자들 가운데 누구든지 수행승 우다인에게 도중에 의도적인 정액의 방출이라는 한 죄를 짓고 감추지 않은 것에 대하여 가중처벌을 주는 것에 동의하면 침묵하시고, 이견이 있으면 말씀하십시오.'

[제청2] '두 번째에도 저는 이 사실을 말합니다. 존자들이여, 참모임은 제 말에 귀를 기울이십시오. 이 수행승 우다인은 의도적인 정액의 방출이라는 한 죄를 짓고 닷새 동안을 감추었습니다. 그가 참모임에 의도적인 정액의 방출이라는 한 죄를 짓고 닷새 동안 감춘 것에 대하여 닷새 동안의 격리처벌을 청했습니다. 참모임은 그에게 의도적인 정액의 방출이라는 한 죄를 짓고 닷새 동안 감춘 것에 대하여 닷새 동안의 격리처벌을 주었습니다. 그는 격리생활을 실행하는 도중에 의도적인 정액의 방출이라는 한 죄를 짓고 감추지 않았습니다. 그는 참모임에 격리생활을 실행하는 도중에 의도적인 정액의 방출이라는 한 죄를 짓고 감추지 않은 것에 대하여 가중처벌을 청하고 있습니다. 참모임은 수행승 우다인에게 도중에 의도적인 정액의 방출이라는 한 죄를 짓고 감추지 않은 것에 대하여 가중처벌을 줍니다. 존자들 가운데 누구든지 수행승 우다인에게 도중에 의도적인 정액의 방출이라는 한 죄를 짓고 감추지 않은 것에 대하여 가중처벌을 주는 것에 동의하면 침묵하시고, 이견이 있으면 말씀하십시오.'

[제청3] '세 번째에도 저는 이 사실을 말합니다. 존자들이여, 참모임은 제 말에 귀를 기울이십시오. 이 수행승 우다인은 의도적인 정액의 방출이라는 한 죄를 짓고 닷새 동안을 감추었습니다. 그가 참모임에 의도적인 정액의 방출이라는 한 죄를 짓고 닷새 동안 감춘 것에 대하여 닷새 동안의 격리처벌을 청했습니다. 참모임은 그에게 의도적인 정액의 방출이라는 한 죄를 짓고 닷새 동안 감춘 것에 대하여 닷새 동안의 격리처벌을 주었습니다. 그는 격리생활을 실행하는 도중에 의도적인 정액의 방출이라는 한 죄를 짓고 감추지 않았습니다. 그는 참모임에 격리생활을 실행하는 도중에 의도적인 정액의 방출이라는 한 죄를 짓고 감추지 않은 것에 대하여 가중처벌을 청하고 있습니다. 참모임은 수행승 우다인에게 도중에 의도적인 정액의 방출이라는 한 죄를 짓고 감추지 않은 것에 대하여 가중처벌을 줍니다. 존자들 가운데 누구든지 수행승 우다인에게 도중에 의도적인 정액의 방출이라는 한 죄를 짓고 감추지 않은 것에 대하여 가중처벌을 주는 것에 동의하면 침묵하시고, 이견이 있으면 말씀하십시오.'

[결정] '참모임은 수행승 우다인에게 도중에 의도적인 정액의 방출이라는 한 죄를 짓고 감추지 않은 것에 대하여 가중처벌을 주었습니다. 참모임이 찬성하여 침묵했으므로, 저는 그와 같이 알겠습니다.'"

격리생활을 실행하는 자에 대한 가중처벌이 끝났다.

8. 참회처벌을 받아야 할 자에 대한 가중처벌(Mānattārahamūlāyapaṭikassana)

1. 그는 격리생활을 실행한 뒤에 참회생활을 실행해야 하는데 도중에 의도적인 정액의 방출이라는 한 죄를 짓고 감추지 않았다.

그는 수행승들에게 알렸다.

[우다인] "벗들이여, 나는 의도적인 정액의 방출이라는 한 죄를 짓고 닷새 동안 감추었습니다. 나는 참모임에 의도적인 정액의 방출이라는 한 죄를 짓고 닷새 동안 감춘 것에 대하여 닷새 동안의 격리처벌을 청했습니다. 참모임은 나에게 의도적인 정액의 방출이라는 한 죄를 짓고 닷새 동안 감춘 것에 대하여 닷새 동안의 격리처벌을 주었습니다. 나는 격리생활을 실행하는 도중에 저는 의도적인 정액의 방출이라는 한 죄를 짓고 감추지 않았습니다. 나는 참모임에 도중에 의도적인 정액의 방출이라는 한 죄를 짓고 감추지 않은 것에 대하여 가중처벌을 청했습니다. 참모임은 나에게 의도적인 정액의 방출이라는 한 죄를 짓고 감추지 않은 것에 대하여 가중처벌을 주었습니다. 나는 격리생활을 실행한 뒤에 참회생활을

해야 하는데 도중에 의도적인 정액의 방출이라는 한 죄를 짓고 감추지 않았습니다. 나는 이제 어떻게 해야 합니까?”

세존께 그 사실을 알렸다.

[세존] “수행승들이여, 그렇다면 참모임은 수행승 우다인에게 도중에 의도적인 정액의 방출이라는 한 죄를 짓고 감추지 않은 것에 대하여 가중처벌을 주어라.”[198]

2. 수행승들이여, 가중처벌은 이와 같이 주어야 한다. 수행승들이여, 그 수행승 우다인은 참모임을 찾아가서 한쪽 어깨에 상의를 걸치고 연상의 수행승들의 양 발에 머리를 조아린 뒤에 웅크리고 앉아 합장하여 이와 같이 말해야 한다.

[청원1] ‘존자들이여, 저는 의도적인 정액의 방출이라는 한 죄를 짓고 닷새 동안을 감추었습니다. 저는 참모임에 의도적인 정액의 방출이라는 한 죄를 짓고 닷새 동안 감춘 것에 대하여 닷새 동안의 격리처벌을 청했습니다. 참모임은 저에게 의도적인 정액의 방출이라는 한 죄를 짓고 닷새 동안 감춘 것에 대하여 닷새 동안의 격리처벌을 주었습니다. 저는 격리생활을 실행하는 도중에[45] 의도적인 정액의 방출이라는 한 죄를 짓고 감추지 않았습니다. 나는 참모임에 도중에 의도적인 정액의 방출이라는 한 죄를 짓고 감추지 않은 것에 대하여 가중처벌을 청했습니다. 참모임은 나에게 의도적인 정액의 방출이라는 한 죄를 짓고 감추지 않은 것에 대하여 가중처벌을 주었습니다. 나는 격리생활을 실행한 뒤에 참회생활을 실행해야 하는데 도중에 의도적인 정액의 방출이라는 한 죄를 짓고 감추지 않았습니다. 존자들이여, 저는 참모임에 도중에 의도적인 정액의 방출이라는 한 죄를 짓고 감추지 않은 것에 대하여 가중처벌을 청합니다.’

[청원2] ‘존자들이여, 저는 의도적인 정액의 방출이라는 한 죄를 짓고 닷새 동안을 감추었습니다. 저는 참모임에 의도적인 정액의 방출이라는 한 죄를 짓고 닷새 동안 감춘 것에 대하여 닷새 동안의 격리처벌을 청했습니다. 참모임은 저에게 의도적인 정액의 방출이라는 한 죄를 짓고 닷새 동안 감춘 것에 대하여 닷새 동안의 격리처벌을 주었습니다. 저는 격리생활을 실행하는 도중에 의도적인 정액의 방출이라는 한 죄를 짓고 감추지 않았습니다. 나는 참모임에 도중에 의도적인 정액의 방출이라는 한 죄를 짓고 감추지 않은 것에 대하여 가중처벌을 청했습니다

---

198) tena hi bhikkhave saṅgho udāyiṃ bhikkhuṃ antarā ekissā āpattiyā sañcetanikāya sukkavisaṭṭhiyā apaṭicchannāya mūlāya paṭikassatu : MV. III. 7 §1과 동일한데, 그 의미는 다르다. 엿새 간의 참회처벌을 받고 참회생활을 하는 도중에 잘못을 저질러 가중처벌을 받으면, 참회생활 시작한 날(本日)부터 다시 참회처벌에 의한 생활을 원점에서 시작해야 한다는 뜻이다.

다. 참모임은 나에게 의도적인 정액의 방출이라는 한 죄를 짓고 감추지 않은 것에 대하여 가중처벌을 주었습니다. 나는 격리생활을 실행한 뒤에 참회생활을 실행해야 하는데 도중에 의도적인 정액의 방출이라는 한 죄를 짓고 감추지 않았습니다. 존자들이여, 저는 참모임에 도중에 의도적인 정액의 방출이라는 한 죄를 짓고 감추지 않은 것에 대하여 두 번째에도 가중처벌을 청합니다.'

[청원3] '존자들이여, 저는 의도적인 정액의 방출이라는 한 죄를 짓고 닷새 동안을 감추었습니다. 저는 참모임에 의도적인 정액의 방출이라는 한 죄를 짓고 닷새 동안 감춘 것에 대하여 닷새 동안의 격리처벌을 청했습니다. 참모임은 저에게 의도적인 정액의 방출이라는 한 죄를 짓고 닷새 동안 감춘 것에 대하여 닷새 동안의 격리처벌을 주었습니다. 저는 격리생활을 실행하는 도중에 의도적인 정액의 방출이라는 한 죄를 짓고 감추지 않았습니다. 나는 참모임에 도중에 의도적인 정액의 방출이라는 한 죄를 짓고 감추지 않은 것에 대하여 가중처벌을 청했습니다. 참모임은 나에게 의도적인 정액의 방출이라는 한 죄를 짓고 감추지 않은 것에 대하여 가중처벌을 주었습니다. 나는 격리생활을 실행한 뒤에 참회생활을 실행해야 하는데 도중에 의도적인 정액의 방출이라는 한 죄를 짓고 감추지 않았습니다. 존자들이여, 저는 참모임에 도중에 의도적인 정액의 방출이라는 한 죄를 짓고 감추지 않은 것에 대하여 세 번째에도 가중처벌을 청합니다.'

3. 총명하고 유능한 수행승이 참모임에 알려야 한다.

[제안] '존자들이여, 참모임은 제 말에 귀를 기울이십시오. 이 수행승 우다인은 의도적인 정액의 방출이라는 한 죄를 짓고 닷새 동안을 감추었습니다. 그가 참모임에 의도적인 정액의 방출이라는 한 죄를 짓고 닷새 동안 감춘 것에 대하여 닷새 동안의 격리처벌을 청했습니다. 참모임은 그에게 의도적인 정액의 방출이라는 한 죄를 짓고 닷새 동안 감춘 것에 대하여 닷새 동안의 격리처벌을 주었습니다. 그는 격리생활을 실행하는 도중에 의도적인 정액의 방출이라는 한 죄를 짓고 감추지 않았습니다. 그는 참모임에 격리생활을 실행하는 도중에 의도적인 정액의 방출이라는 한 죄를 짓고 감추지 않은 것에 대하여 가중처벌을 청했습니다. 참모임은 그에게 도중에 의도적인 정액의 방출이라는 한 죄를 짓고 감추지 않은 것에 대하여 가중처벌을 주었습니다. 그는 격리생활을 실행한 뒤에 참회생활을 실행해야 하는데, 도중에 의도적인 정액의 방출이라는 한 죄를 짓고 감추지 않은 것에 대하여 가중처벌을 청하고 있습니다. 만약 참모임에 옳은 일이라면, 참모임은 수행승 우다인에게 도중에 의도적인 정액의 방출이라는 한 죄를 짓고 감추지

않은 것에 대하여 가중처벌을 주겠습니다. 이것이 제안입니다.'

[제청1] '존자들이여, 참모임은 제 말에 귀를 기울이십시오. 이 수행승 우다인은 의도적인 정액의 방출이라는 한 죄를 짓고 닷새 동안을 감추었습니다. 그가 참모임에 의도적인 정액의 방출이라는 한 죄를 짓고 닷새 동안 감춘 것에 대하여 닷새 동안의 격리처벌을 청했습니다. 참모임은 그에게 의도적인 정액의 방출이라는 한 죄를 짓고 닷새 동안 감춘 것에 대하여 닷새 동안의 격리처벌을 주었습니다. 그는 격리생활을 실행하는 도중에 의도적인 정액의 방출이라는 한 죄를 짓고 감추지 않았습니다. 그는 참모임에 격리생활을 실행하는 도중에 의도적인 정액의 방출이라는 한 죄를 짓고 감추지 않은 것에 대하여 가중처벌을 청했습니다. 참모임은 그에게 도중에 의도적인 정액의 방출이라는 한 죄를 짓고 감추지 않은 것에 대하여 가중처벌을 주었습니다. 그는 격리생활을 실행한 뒤에 참회생활을 실행해야 하는데, 도중에 의도적인 정액의 방출이라는 한 죄를 짓고 감추지 않은 것에 대하여 가중처벌을 청하고 있습니다. 참모임은 수행승 우다인에게 도중에 의도적인 정액의 방출이라는 한 죄를 짓고 감추지 않은 것에 대하여 가중처벌을 줍니다. 존자들 가운데 누구든지 수행승 우다인에게 도중에 의도적인 정액의 방출이라는 한 죄를 짓고 감추지 않은 것에 대하여 가중처벌을 주는 것에 동의하면 침묵하시고, 이견이 있으면 말씀하십시오.'

[제청2] "두 번째에도 저는 이 사실을 말합니다. 존자들이여, 참모임은 제 말에 귀를 기울이십시오. 이 수행승 우다인은 의도적인 정액의 방출이라는 한 죄를 짓고 닷새 동안을 감추었습니다. 그가 참모임에 의도적인 정액의 방출이라는 한 죄를 짓고 닷새 동안 감춘 것에 대하여 닷새 동안의 격리처벌을 청했습니다. 참모임은 그에게 의도적인 정액의 방출이라는 한 죄를 짓고 닷새 동안 감춘 것에 대하여 닷새 동안의 격리처벌을 주었습니다. 그는 격리생활을 실행하는 도중에 의도적인 정액의 방출이라는 한 죄를 짓고 감추지 않았습니다. 그는 참모임에 격리생활을 실행하는 도중에 의도적인 정액의 방출이라는 한 죄를 짓고 감추지 않은 것에 대하여 가중처벌을 청했습니다. 참모임은 그에게 도중에 의도적인 정액의 방출이라는 한 죄를 짓고 감추지 않은 것에 대하여 가중처벌을 주었습니다. 그는 격리생활을 실행한 뒤에 참회생활을 실행해야 하는데, 도중에 의도적인 정액의 방출이라는 한 죄를 짓고 감추지 않은 것에 대하여 가중처벌을 청하고 있습니다. 참모임은 수행승 우다인에게 도중에 의도적인 정액의 방출이라는 한 죄를 짓고 감추지 않은 것에 대하여 가중처벌을 줍니다. 존자들 가운데 누구든지

수행승 우다인에게 도중에 의도적인 정액의 방출이라는 한 죄를 짓고 감추지 않은 것에 대하여 가중처벌을 주는 것에 동의하면 침묵하시고, 이견이 있으면 말씀하십시오.'

[제청3] "세 번째에도 저는 이 사실을 말합니다. 존자들이여, 참모임은 제 말에 귀를 기울이십시오. 이 수행승 우다인은 의도적인 정액의 방출이라는 한 죄를 짓고 닷새 동안을 감추었습니다. 그가 참모임에 의도적인 정액의 방출이라는 한 죄를 짓고 닷새 동안 감춘 것에 대하여 닷새 동안의 격리처벌을 청했습니다. 참모임은 그에게 의도적인 정액의 방출이라는 한 죄를 짓고 닷새 동안 감춘 것에 대하여 닷새 동안의 격리처벌을 주었습니다. 그는 격리생활을 실행하는 도중에 의도적인 정액의 방출이라는 한 죄를 짓고 감추지 않았습니다. 그는 참모임에 격리생활을 실행하는 도중에 의도적인 정액의 방출이라는 한 죄를 짓고 감추지 않은 것에 대하여 가중처벌을 청했습니다. 참모임은 그에게 도중에 의도적인 정액의 방출이라는 한 죄를 짓고 감추지 않은 것에 대하여 가중처벌을 주었습니다. 그는 격리생활을 실행한 뒤에 참회생활을 실행해야 하는데, 도중에 의도적인 정액의 방출이라는 한 죄를 짓고 감추지 않은 것에 대하여 가중처벌을 청하고 있습니다. 참모임은 수행승 우다인에게 도중에 의도적인 정액의 방출이라는 한 죄를 짓고 감추지 않은 것에 대하여 가중처벌을 줍니다. 존자들 가운데 누구든지 수행승 우다인에게 도중에 의도적인 정액의 방출이라는 한 죄를 짓고 감추지 않은 것에 대하여 가중처벌을 주는 것에 동의하면 침묵하시고, 이견이 있으면 말씀하십시오.'

[결정] '참모임은 수행승 우다인에게 도중에 의도적인 정액의 방출이라는 한 죄를 짓고 감추지 않은 것에 대하여 가중처벌을 주었습니다. 참모임이 찬성하여 침묵했으므로, 저는 그와 같이 알겠습니다.'"

참회처벌을 받아야 할 자의 가중처벌이 끝났다.

9. 세 가지 죄에 대한 참회처벌(Tikāpattimānatta)

1. 그는 격리생활을 실행한 뒤에 수행승들에게 알렸다.

[우다인] "벗들이여, 나는 의도적인 정액의 방출이라는 한 죄를 짓고 닷새 동안을 감추었습니다. 나는 참모임에 의도적인 정액의 방출이라는 한 죄를 짓고 닷새 동안 감춘 것에 대하여 닷새 동안의 격리처벌을 청했습니다. 참모임은 나에게 의도적인 정액의 방출이라는 한 죄를 짓고 닷새 동안 감춘 것에 대하여 닷새

동안의 격리처벌을 주었습니다. 나는 격리생활을 실행하는 도중에 의도적인 정액의 방출이라는 한 죄를 짓고 감추지 않았습니다. 나는 참모임에 도중에 의도적인 정액의 방출이라는 한 죄를 짓고 감추지 않은 것에 대하여 가중처벌을 청했습니다. 참모임은 나에게 의도적인 정액의 방출이라는 한 죄를 짓고 감추지 않은 것에 대하여 가중처벌을 주었습니다. 나는 격리생활을 실행한 뒤에 참회생활을 실행해야 하는데 도중에 의도적인 정액의 방출이라는 한 죄를 짓고 감추지 않았습니다. 나는 참모임에 도중에 의도적인 정액의 방출이라는 한 죄를 짓고 감추지 않은 것에 대하여 가중처벌을 청했습니다. 참모임은 저에게 도중에 의도적인 정액의 방출이라는 한 죄를 짓고 감추지 않은 것에 대하여 가중처벌을 주었습니다. 존자들이여, 저는 격리생활을 실행했습니다. 나는 이제 어떻게 해야 합니까?"

세존께 그 사실을 알렸다.

[세존] "수행승들이여, 그렇다면 참모임은 수행승 우다인에게 세 가지 죄[199]에 대하여 엿새 동안의 참회처벌을 주어라."

2. [세존] "수행승들이여, 그런데 이와 같이 주어야 한다. 수행승들이여, 그 수행승 우다인은 참모임을 찾아가서 한쪽 어깨에 상의를 걸치고 연상의 수행승들의 양 발에 머리를 조아린 뒤에 웅크리고 앉아 합장하여 이와 같이 말해야 한다.

[청원1] '존자들이여, 저는 의도적인 정액의 방출이라는 한 죄를 짓고 닷새 동안을 감추었습니다. 저는 참모임에 의도적인 정액의 방출이라는 한 죄를 짓고 닷새 동안 감춘 것에 대하여 닷새 동안의 격리처벌을 청했습니다. 참모임은 저에게 의도적인 정액의 방출이라는 한 죄를 짓고 닷새 동안 감춘 것에 대하여 닷새 동안의 격리처벌을 주었습니다. 저는 격리생활을 실행하는 도중에 의도적인 정액의 방출이라는 한 죄를 짓고 감추지 않았습니다. 저는 참모임에 도중에 의도적인 정액의 방출이라는 한 죄를 짓고 감추지 않은 것에 대하여 가중처벌을 청했습니다. 참모임은 저에게 의도적인 정액의 방출이라는 한 죄를 짓고 감추지 않은 것에 대하여 가중처벌을 주었습니다. 저는 격리생활을 실행한 뒤에 참회생활을 실행해야 하는데 도중에 의도적인 정액의 방출이라는 한 죄를 짓고 감추지 않았습니다. 저는 참모임에 도중에 의도적인 정액의 방출이라는 한 죄를 짓고 감추지 않은 것에 대하여 가중처벌을 청했습니다. 참모임은 저에게 도중에 의도적인 정액의 방출이라는 한 죄를 짓고 감추지 않은 것에 대하여 가중처벌을 주었습니

199) tikāpatti : 여기서 세 가지 죄라는 것은 ① 정액의 방출에 대하여 닷새 동안 감춘 것 ② 격리생활 중에 정액의 방출이라는 죄를 범하고 감추지 않은 것 ③ 참회생활의 도중에 죄를 범하고 감추지 않은 것을 말한다.

다. 존자들이여, 저는 격리생활을 실행한 뒤에 참모임에 세 가지 죄에 대하여 엿새 동안의 참회처벌을 청합니다.'

[청원2] '존자들이여, 저는 의도적인 정액의 방출이라는 한 죄를 짓고 닷새 동안을 감추었습니다. 저는 참모임에 의도적인 정액의 방출이라는 한 죄를 짓고 닷새 동안 감춘 것에 대하여 닷새 동안의 격리처벌을 청했습니다. 참모임은 저에게 의도적인 정액의 방출이라는 한 죄를 짓고 닷새 동안 감춘 것에 대하여 닷새 동안의 격리처벌을 주었습니다. 저는 격리생활을 실행하는 도중에 의도적인 정액의 방출이라는 한 죄를 짓고 감추지 않았습니다. 저는 참모임에 도중에 의도적인 정액의 방출이라는 한 죄를 짓고 감추지 않은 것에 대하여 가중처벌을 청했습니다. 참모임은 저에게 의도적인 정액의 방출이라는 한 죄를 짓고 감추지 않은 것에 대하여 가중처벌을 주었습니다. 저는 격리생활을 실행한 뒤에 참회생활을 실행해야 하는데 도중에 의도적인 정액의 방출이라는 한 죄를 짓고 감추지 않았습니다. 저는 참모임에 도중에 의도적인 정액의 방출이라는 한 죄를 짓고 감추지 않은 것에 대하여 가중처벌을 청했습니다. 참모임은 저에게 도중에 의도적인 정액의 방출이라는 한 죄를 짓고 감추지 않은 것에 대하여 가중처벌을 주었습니다. 존자들이여, 저는 격리생활을 실행한 뒤에 참모임에 세 가지 죄에 대하여 두 번째에도 엿새 동안의 참회처벌을 청합니다.'

[청원3] '존자들이여, 저는 의도적인 정액의 방출이라는 한 죄를 짓고 닷새 동안을 감추었습니다. 저는 참모임에 의도적인 정액의 방출이라는 한 죄를 짓고 닷새 동안 감춘 것에 대하여 닷새 동안의 격리처벌을 청했습니다. 참모임은 저에게 의도적인 정액의 방출이라는 한 죄를 짓고 닷새 동안 감춘 것에 대하여 닷새 동안의 격리처벌을 주었습니다. 저는 격리생활을 실행하는 도중에 의도적인 정액의 방출이라는 한 죄를 짓고 감추지 않았습니다. 저는 참모임에 도중에 의도적인 정액의 방출이라는 한 죄를 짓고 감추지 않은 것에 대하여 가중처벌을 청했습니다. 참모임은 저에게 의도적인 정액의 방출이라는 한 죄를 짓고 감추지 않은 것에 대하여 가중처벌을 주었습니다. 저는 격리생활을 실행한 뒤에 참회생활을 실행해야 하는데 도중에 의도적인 정액의 방출이라는 한 죄를 짓고 감추지 않았습니다. 저는 참모임에 도중에 의도적인 정액의 방출이라는 한 죄를 짓고 감추지 않은 것에 대하여 가중처벌을 청했습니다. 참모임은 저에게 도중에 의도적인 정액의 방출이라는 한 죄를 짓고 감추지 않은 것에 대하여 가중처벌을 주었습니다. 존자들이여, 저는 격리생활을 실행한 뒤에 참모임에 세 가지 죄에 대하여

세 번째에도 엿새 동안의 참회처벌을 청합니다.'

3. 총명하고 유능한 수행승이 참모임에 알려야 한다.

[제안] '존자들이여, 참모임은 제 말에 귀를 기울이십시오. 이 수행승 우다인은 의도적인 정액의 방출이라는 한 죄를 짓고 닷새 동안을 감추었습니다. 그가 참모임에 의도적인 정액의 방출이라는 한 죄를 짓고 닷새 동안 감춘 것에 대하여 닷새 동안의 격리처벌을 청했습니다. 참모임은 그에게 의도적인 정액의 방출이라는 한 죄를 짓고 닷새 동안 감춘 것에 대하여 닷새 동안의 격리처벌을 주었습니다. 그는 격리생활을 실행하는 도중에 의도적인 정액의 방출이라는 한 죄를 짓고 감추지 않았습니다. 그는 참모임에 격리생활을 실행하는 도중에 의도적인 정액의 방출이라는 한 죄를 짓고 감추지 않은 것에 대하여 가중처벌을 청했습니다. 참모임은 그에게 도중에 의도적인 정액의 방출이라는 한 죄를 짓고 감추지 않은 것에 대하여 가중처벌을 주었습니다. 저는 격리생활을 실행한 뒤에 참회생활을 실행해야 하는데 도중에 의도적인 정액의 방출이라는 한 죄를 짓고 감추지 않았습니다. 그는 참모임에 도중에 의도적인 정액의 방출이라는 한 죄를 짓고 감추지 않은 것에 대하여 가중처벌을 청했습니다. 참모임은 그에게 도중에 의도적인 정액의 방출이라는 한 죄를 짓고 감추지 않은 것에 대하여 가중처벌을 주었습니다. 그는 격리생활을 실행한 뒤에 참모임에 세 가지 죄에 대하여 엿새 동안의 참회처벌을 청하고 있습니다. 만약 참모임에 옳은 일이라면, 참모임은 수행승 우다인에게 세 가지 죄에 대하여[46] 엿새 동안의 참회처벌을 주겠습니다. 이것이 제안입니다.'

[제청1] '존자들이여, 참모임은 제 말에 귀를 기울이십시오. 이 수행승 우다인은 의도적인 정액의 방출이라는 한 죄를 짓고 닷새 동안을 감추었습니다. 그가 참모임에 의도적인 정액의 방출이라는 한 죄를 짓고 닷새 동안 감춘 것에 대하여 닷새 동안의 격리처벌을 청했습니다. 참모임은 그에게 의도적인 정액의 방출이라는 한 죄를 짓고 닷새 동안 감춘 것에 대하여 닷새 동안의 격리처벌을 주었습니다. 그는 격리생활을 실행하는 도중에 의도적인 정액의 방출이라는 한 죄를 짓고 감추지 않았습니다. 그는 참모임에 격리생활을 실행하는 도중에 의도적인 정액의 방출이라는 한 죄를 짓고 감추지 않은 것에 대하여 가중처벌을 청했습니다. 참모임은 그에게 도중에 의도적인 정액의 방출이라는 한 죄를 짓고 감추지 않은 것에 대하여 가중처벌을 주었습니다. 저는 격리생활을 실행한 뒤에 참회생활을 실행해야 하는데 도중에 의도적인 정액의 방출이라는 한 죄를 짓고 감추지 않았습니다. 그는 참모임에 도중에 의도적인 정액의 방출이라는 한 죄를 짓고 감추지 않은

것에 대하여 가중처벌을 청했습니다. 참모임은 그에게 도중에 의도적인 정액의 방출이라는 한 죄를 짓고 감추지 않은 것에 대하여 가중처벌을 주었습니다. 그는 격리생활을 실행한 뒤에 참모임에 세 가지 죄에 대하여 엿새 동안의 참회처벌을 청하고 있습니다. 참모임은 수행승 우다인에게 세 가지 죄에 대하여 엿새 동안의 참회처벌을 줍니다. 존자들 가운데 누구든지 수행승 우다인에게 세 가지 죄에 대하여 엿새 동안의 참회처벌을 주는 것에 동의하면 침묵하시고, 이견이 있으면 말씀하십시오.'

[제청2] '두 번째에도 저는 이 사실을 말합니다. 존자들이여, 참모임은 제 말에 귀를 기울이십시오. 이 수행승 우다인은 의도적인 정액의 방출이라는 한 죄를 짓고 닷새 동안을 감추었습니다. 그가 참모임에 의도적인 정액의 방출이라는 한 죄를 짓고 닷새 동안 감춘 것에 대하여 닷새 동안의 격리처벌을 청했습니다. 참모임은 그에게 의도적인 정액의 방출이라는 한 죄를 짓고 닷새 동안 감춘 것에 대하여 닷새 동안의 격리처벌을 주었습니다. 그는 격리생활을 실행하는 도중에 의도적인 정액의 방출이라는 한 죄를 짓고 감추지 않았습니다. 그는 참모임에 격리생활을 실행하는 도중에 의도적인 정액의 방출이라는 한 죄를 짓고 감추지 않은 것에 대하여 가중처벌을 청했습니다. 참모임은 그에게 도중에 의도적인 정액의 방출이라는 한 죄를 짓고 감추지 않은 것에 대하여 가중처벌을 주었습니다. 저는 격리생활을 실행한 뒤에 참회생활을 실행해야 하는데 도중에 의도적인 정액의 방출이라는 한 죄를 짓고 감추지 않았습니다. 그는 참모임에 도중에 의도적인 정액의 방출이라는 한 죄를 짓고 감추지 않은 것에 대하여 가중처벌을 청했습니다. 참모임은 그에게 도중에 의도적인 정액의 방출이라는 한 죄를 짓고 감추지 않은 것에 대하여 가중처벌을 주었습니다. 그는 격리생활을 실행한 뒤에 참모임에 세 가지 죄에 대하여 엿새 동안의 참회처벌을 청하고 있습니다. 참모임은 수행승 우다인에게 세 가지 죄에 대하여 엿새 동안의 참회처벌을 주겠습니다. 수행승 우다인에게 세 가지 죄에 대하여 엿새 동안의 참회처벌을 주는 것에 동의하면 침묵하시고, 이견이 있으면 말씀하십시오.'

[제청3] '세 번째에도 저는 이 사실을 말합니다. 존자들이여, 참모임은 제 말에 귀를 기울이십시오. 이 수행승 우다인은 의도적인 정액의 방출이라는 한 죄를 짓고 닷새 동안을 감추었습니다. 그가 참모임에 의도적인 정액의 방출이라는 한 죄를 짓고 닷새 동안 감춘 것에 대하여 닷새 동안의 격리처벌을 청했습니다. 참모임은 그에게 의도적인 정액의 방출이라는 한 죄를 짓고 닷새 동안 감춘 것에

대하여 닷새 동안의 격리처벌을 주었습니다. 그는 격리생활을 실행하는 도중에 의도적인 정액의 방출이라는 한 죄를 짓고 감추지 않았습니다. 그는 참모임에 격리생활을 실행하는 도중에 의도적인 정액의 방출이라는 한 죄를 짓고 감추지 않은 것에 대하여 가중처벌을 청했습니다. 참모임은 그에게 도중에 의도적인 정액의 방출이라는 한 죄를 짓고 감추지 않은 것에 대하여 가중처벌을 주었습니다. 그는 격리생활을 실행한 뒤에 참회생활을 실행해야 하는데 도중에 의도적인 정액의 방출이라는 한 죄를 짓고 감추지 않았습니다. 그는 참모임에 도중에 의도적인 정액의 방출이라는 한 죄를 짓고 감추지 않은 것에 대하여 가중처벌을 청했습니다. 참모임은 그에게 도중에 의도적인 정액의 방출이라는 한 죄를 짓고 감추지 않은 것에 대하여 가중처벌을 주었습니다. 그는 격리생활을 실행한 뒤에 참모임에 세 가지 죄에 대하여 엿새 동안의 참회처벌을 청하고 있습니다. 참모임은 수행승 우다인에게 세 가지 죄에 대하여 엿새 동안의 참회처벌을 주겠습니다. 수행승 우다인에게 세 가지 죄에 대하여 엿새 동안의 참회처벌을 주는 것에 동의하면 침묵하시고, 이견이 있으면 말씀하십시오.'

[결정] '참모임은 수행승 우다인에게 세 가지 죄에 대하여 엿새 동안의 참회처벌을 주었습니다. 참모임이 찬성하여 침묵했으므로, 저는 그와 같이 알겠습니다.'"

세 가지 죄에 대한 참회처벌이 끝났다.

10. 참회생활을 실행하는 자의 가중처벌(Mānattacārikamūlāyapaṭikassanā)

1. 그는 참회생활을 하는 도중에 의도적인 정액의 방출이라는 한 죄를 짓고 감추지 않았다. 그는 수행승들에게 알렸다.

[우다인] "벗들이여, 나는 의도적인 정액의 방출이라는 한 죄를 짓고 닷새 동안을 감추었습니다. 나는 참모임에 의도적인 정액의 방출이라는 한 죄를 짓고 닷새 동안 감춘 것에 대하여 닷새 동안의 격리처벌을 청했습니다. 참모임은 나에게 의도적인 정액의 방출이라는 한 죄를 짓고 닷새 동안 감춘 것에 대하여 닷새 동안의 격리처벌을 주었습니다. 나는 격리생활을 실행하는 도중에 의도적인 정액의 방출이라는 한 죄를 짓고 감추지 않았습니다. 나는 참모임에 도중에 의도적인 정액의 방출이라는 한 죄를 짓고 감추지 않은 것에 대하여 가중처벌을 청했습니다. 참모임은 나에게 의도적인 정액의 방출이라는 한 죄를 짓고 감추지 않은 것에 대하여 가중처벌을 주었습니다. 나는 격리생활을 실행한 뒤에 참회생활을 실행해야 하는데 도중에 의도적인 정액의 방출이라는 한 죄를 짓고 감추지 않았

습니다. 나는 참모임에 도중에 의도적인 정액의 방출이라는 한 죄를 짓고 감추지 않은 것에 대하여 가중처벌을 청했습니다. 참모임은 저에게 도중에 의도적인 정액의 방출이라는 한 죄를 짓고 감추지 않은 것에 대하여 가중처벌을 주었습니다. 존자들이여, 저는 격리생활을 실행한 뒤에 참모임에 세 가지 죄에 대하여 엿새 동안의 참회처벌을 청했습니다. 참모임은 저에게 세 가지 죄에 대하여 엿새 동안의 참회처벌을 주었습니다. 나는 참회생활을 하는 도중에 의도적인 정액의 방출이라는 한 죄를 짓고 감추지 않았습니다. 나는 이제 어떻게 해야 합니까?"

세존께 그 사실을 알렸다.

[세존] "수행승들이여, 그렇다면 참모임은 수행승 우다인에게 의도적인 정액의 방출이라는 한 죄를 짓고 감추지 않은 것에 대하여 가중처벌을 주고 엿새 동안의 참회처벌을 주어라."

2. [세존] "수행승들이여, 가중처벌은 이와 같이 주어야 한다. 수행승들이여, 그 수행승 우다인은 참모임을 찾아가서 한쪽 어깨에 상의를 걸치고 연상의 수행승들의 양 발에 머리를 조아린 뒤에 웅크리고 앉아 합장하여 이와 같이 말해야 한다.

[청원1] '존자들이여, 저는 의도적인 정액의 방출이라는 한 죄를 짓고 닷새 동안을 감추었습니다. 저는 참모임에 의도적인 정액의 방출이라는 한 죄를 짓고 닷새 동안 감춘 것에 대하여 닷새 동안의 격리처벌을 청했습니다. 참모임은 저에게 의도적인 정액의 방출이라는 한 죄를 짓고 닷새 동안 감춘 것에 대하여 닷새 동안의 격리처벌을 주었습니다. 저는 격리생활을 실행하는 도중에 의도적인 정액의 방출이라는 한 죄를 짓고 감추지 않았습니다. 저는 참모임에 도중에 의도적인 정액의 방출이라는 한 죄를 짓고 감추지 않은 것에 대하여 가중처벌을 청했습니다. 참모임은 저에게 의도적인 정액의 방출이라는 한 죄를 짓고 감추지 않은 것에 대하여 가중처벌을 주었습니다. 저는 격리생활을 실행한 뒤에 참회생활을 실행해야 하는데 도중에 의도적인 정액의 방출이라는 한 죄를 짓고 감추지 않았습니다. 저는 참모임에 도중에 의도적인 정액의 방출이라는 한 죄를 짓고 감추지 않은 것에 대하여 가중처벌을 청했습니다. 참모임은 저에게 도중에 의도적인 정액의 방출이라는 한 죄를 짓고 감추지 않은 것에 대하여 가중처벌을 주었습니다. 존자들이여, 저는 격리생활을 실행한 뒤에 참모임에 세 가지 죄에 대하여 엿새 동안의 참회처벌을 청했습니다. 참모임은 저에게 세 가지 죄에 대하여 엿새 동안의 참회처벌을 주었습니다. 저는 참회생활을 실행하는 도중에 의도적인 정액의 방출이라는 한 죄를 짓고 감추지 않았습니다. 존자들이여, 저는 참모임에 도중

에 의도적인 정액의 방출이라는 한 죄를 짓고 감추지 않은 것에 대하여 가중처벌을 청합니다.'

[청원2] '존자들이여, 저는 의도적인 정액의 방출이라는 한 죄를 짓고 닷새 동안을 감추었습니다. 저는 참모임에 의도적인 정액의 방출이라는 한 죄를 짓고 닷새 동안 감춘 것에 대하여 닷새 동안의 격리처벌을 청했습니다. 참모임은 저에게 의도적인 정액의 방출이라는 한 죄를 짓고 닷새 동안 감춘 것에 대하여 닷새 동안의 격리처벌을 주었습니다. 저는 격리생활을 실행하는 도중에 의도적인 정액의 방출이라는 한 죄를 짓고 감추지 않았습니다. 저는 참모임에 도중에 의도적인 정액의 방출이라는 한 죄를 짓고 감추지 않은 것에 대하여 가중처벌을 청했습니다. 참모임은 저에게 의도적인 정액의 방출이라는 한 죄를 짓고 감추지 않은 것에 대하여 가중처벌을 주었습니다. 저는 격리생활을 실행한 뒤에 참회생활을 실행해야 하는데 도중에 의도적인 정액의 방출이라는 한 죄를 짓고 감추지 않았습니다. 저는 참모임에 도중에 의도적인 정액의 방출이라는 한 죄를 짓고 감추지 않은 것에 대하여 가중처벌을 청했습니다. 참모임은 저에게 도중에 의도적인 정액의 방출이라는 한 죄를 짓고 감추지 않은 것에 대하여 가중처벌을 주었습니다. 존자들이여, 저는 격리생활을 실행한 뒤에 참모임에 세 가지 죄에 대하여 엿새 동안의 참회처벌을 청했습니다. 참모임은 저에게 세 가지 죄에 대하여 엿새 동안의 참회처벌을 주었습니다. 저는 참회생활을 실행하는 도중에 의도적인 정액의 방출이라는 한 죄를 짓고 감추지 않았습니다. 존자들이여, 저는 참모임에 도중에 의도적인 정액의 방출이라는 한 죄를 짓고 감추지 않은 것에 대하여 두 번째에도 가중처벌을 청합니다.'

[청원3] '존자들이여, 저는 의도적인 정액의 방출이라는 한 죄를 짓고 닷새 동안을 감추었습니다. 저는 참모임에 의도적인 정액의 방출이라는 한 죄를 짓고 닷새 동안 감춘 것에 대하여 닷새 동안의 격리처벌을 청했습니다. 참모임은 저에게 의도적인 정액의 방출이라는 한 죄를 짓고 닷새 동안 감춘 것에 대하여 닷새 동안의 격리처벌을 주었습니다. 저는 격리생활을 실행하는 도중에 의도적인 정액의 방출이라는 한 죄를 짓고 감추지 않았습니다. 저는 참모임에 도중에 의도적인 정액의 방출이라는 한 죄를 짓고 감추지 않은 것에 대하여 가중처벌을 청했습니다. 참모임은 저에게 의도적인 정액의 방출이라는 한 죄를 짓고 감추지 않은 것에 대하여 가중처벌을 주었습니다. 저는 격리생활을 실행한 뒤에 참회생활을 실행해야 하는데 도중에 의도적인 정액의 방출이라는 한 죄를 짓고 감추지 않았

습니다. 저는 참모임에 도중에 의도적인 정액의 방출이라는 한 죄를 짓고 감추지 않은 것에 대하여 가중처벌을 청했습니다. 참모임은 저에게 도중에 의도적인 정액의 방출이라는 한 죄를 짓고 감추지 않은 것에 대하여 가중처벌을 주었습니다. 존자들이여, 저는 격리생활을 실행한 뒤에 참모임에 세 가지 죄에 대하여 엿새 동안의 참회처벌을 청했습니다. 참모임은 저에게 세 가지 죄에 대하여 엿새 동안의 참회처벌을 주었습니다. 저는 참회생활을 실행하는 도중에 의도적인 정액의 방출이라는 한 죄를 짓고 감추지 않았습니다. 존자들이여, 저는 참모임에 도중에 의도적인 정액의 방출이라는 한 죄를 짓고 감추지 않은 것에 대하여 세 번째에도 가중처벌을 청합니다.'

3. 총명하고 유능한 수행승이 참모임에 알려야 한다.

[제안] '존자들이여, 참모임은 제 말에 귀를 기울이십시오. 존자들이여, 이 수행승 우다인은 의도적인 정액의 방출이라는 한 죄를 짓고 닷새 동안을 감추었습니다. 그는 참모임에 의도적인 정액의 방출이라는 한 죄를 짓고 닷새 동안 감춘 것에 대하여 닷새 동안의 격리처벌을 청했습니다. 참모임은 그에게 의도적인 정액의 방출이라는 한 죄를 짓고 닷새 동안 감춘 것에 대하여 닷새 동안의 격리처벌을 주었습니다. 그는 격리생활을 실행하는 도중에 의도적인 정액의 방출이라는 한 죄를 짓고 감추지 않았습니다. 그는 참모임에 도중에 의도적인 정액의 방출이라는 한 죄를 짓고 감추지 않은 것에 대하여 가중처벌을 청했습니다. 참모임은 그에게 의도적인 정액의 방출이라는 한 죄를 짓고 감추지 않은 것에 대하여 가중처벌을 주었습니다. 그는 격리생활을 실행한 뒤에 참회생활을 실행해야 하는데 도중에 의도적인 정액의 방출이라는 한 죄를 짓고 감추지 않았습니다. 그는 참모임에 도중에 의도적인 정액의 방출이라는 한 죄를 짓고 감추지 않은 것에 대하여 가중처벌을 청했습니다. 참모임은 그에게 도중에 의도적인 정액의 방출이라는 한 죄를 짓고 감추지 않은 것에 대하여 가중처벌을 주었습니다. 존자들이여, 그는 격리생활을 실행한 뒤에 참모임에 세 가지 죄에 대하여 엿새 동안의 참회처벌을 청했습니다. 참모임은 그에게 세 가지 죄에 대하여 엿새 동안의 참회처벌을 주었습니다. 그는 참회생활을 실행하는 도중에 의도적인 정액의 방출이라는 한 죄를 짓고 감추지 않았습니다. 존자들이여, 그는 참모임에 도중에 의도적인 정액의 방출이라는 한 죄를 짓고 감추지 않은 것에 대하여 가중처벌을 청하고 있습니다. 만약 참모임에 옳은 일이라면, 참모임은 수행승 우다인에게 도중에 의도적인 정액의 방출이라는 한 죄를 짓고 감추지 않은 것에 대하여 가중처벌을 주겠습니

다. 이것이 제안입니다.'

[제청1] '존자들이여, 참모임은 제 말에 귀를 기울이십시오. 이 수행승 우다인은 의도적인 정액의 방출이라는 한 죄를 짓고 닷새 동안을 감추었습니다. 그는 참모임에 의도적인 정액의 방출이라는 한 죄를 짓고 닷새 동안 감춘 것에 대하여 닷새 동안의 격리처벌을 청했습니다. 참모임은 그에게 의도적인 정액의 방출이라는 한 죄를 짓고 닷새 동안 감춘 것에 대하여 닷새 동안의 격리처벌을 주었습니다. 그는 격리생활을 실행하는 도중에 의도적인 정액의 방출이라는 한 죄를 짓고 감추지 않았습니다. 그는 참모임에 도중에 의도적인 정액의 방출이라는 한 죄를 짓고 감추지 않은 것에 대하여 가중처벌을 청했습니다. 참모임은 그에게 의도적인 정액의 방출이라는 한 죄를 짓고 감추지 않은 것에 대하여 가중처벌을 주었습니다. 그는 격리생활을 실행한 뒤에 참회생활을 실행해야 하는데 도중에 의도적인 정액의 방출이라는 한 죄를 짓고 감추지 않았습니다. 그는 참모임에 도중에 의도적인 정액의 방출이라는 한 죄를 짓고 감추지 않은 것에 대하여 가중처벌을 청했습니다. 참모임은 그에게 도중에 의도적인 정액의 방출이라는 한 죄를 짓고 감추지 않은 것에 대하여 가중처벌을 주었습니다. 존자들이여, 그는 격리생활을 실행한 뒤에 참모임에 세 가지 죄에 대하여 엿새 동안의 참회처벌을 청했습니다. 참모임은 그에게 세 가지 죄에 대하여 엿새 동안의 참회처벌을 주었습니다. 그는 참회생활을 실행하는 도중에 의도적인 정액의 방출이라는 한 죄를 짓고 감추지 않았습니다. 존자들이여, 그는 참모임에 도중에 의도적인 정액의 방출이라는 한 죄를 짓고 감추지 않은 것에 대하여 가중처벌을 청하고 있습니다. 참모임은 수행승 우다인에게 도중에 의도적인 정액의 방출이라는 한 죄를 짓고 감추지 않은 것에 대하여 가중처벌을 주겠습니다. 수행승 우다인에게 도중에 의도적인 정액의 방출이라는 한 죄를 짓고 감추지 않은 것에 대하여 가중처벌을 주는 것에 동의하면 침묵하시고, 이견이 있으면 말씀하십시오.'

[제청2] '두 번째에도 저는 이 사실을 말합니다. 존자들이여, 참모임은 제 말에 귀를 기울이십시오. 이 수행승 우다인은 의도적인 정액의 방출이라는 한 죄를 짓고 닷새 동안을 감추었습니다. 그는 참모임에 의도적인 정액의 방출이라는 한 죄를 짓고 닷새 동안 감춘 것에 대하여 닷새 동안의 격리처벌을 청했습니다. 참모임은 그에게 의도적인 정액의 방출이라는 한 죄를 짓고 닷새 동안 감춘 것에 대하여 닷새 동안의 격리처벌을 주었습니다. 그는 격리생활을 실행하는 도중에 의도적인 정액의 방출이라는 한 죄를 짓고 감추지 않았습니다. 그는 참모임에

도중에 의도적인 정액의 방출이라는 한 죄를 짓고 감추지 않은 것에 대하여 가중처벌을 청했습니다. 참모임은 그에게 의도적인 정액의 방출이라는 한 죄를 짓고 감추지 않은 것에 대하여 가중처벌을 주었습니다. 그는 격리생활을 실행한 뒤에 참회생활을 실행해야 하는데 도중에 의도적인 정액의 방출이라는 한 죄를 짓고 감추지 않았습니다. 그는 참모임에 도중에 의도적인 정액의 방출이라는 한 죄를 짓고 감추지 않은 것에 대하여 가중처벌을 청했습니다. 참모임은 그에게 도중에 의도적인 정액의 방출이라는 한 죄를 짓고 감추지 않은 것에 대하여 가중처벌을 주었습니다. 존자들이여, 그는 격리생활을 실행한 뒤에 참모임에 세 가지 죄에 대하여 엿새 동안의 참회처벌을 청했습니다. 참모임은 그에게 세 가지 죄에 대하여 엿새 동안의 참회처벌을 주었습니다. 그는 참회생활을 실행하는 도중에 의도적인 정액의 방출이라는 한 죄를 짓고 감추지 않았습니다. 존자들이여, 그는 참모임에 도중에 의도적인 정액의 방출이라는 한 죄를 짓고 감추지 않은 것에 대하여 가중처벌을 청하고 있습니다. 참모임은 수행승 우다인에게 도중에 의도적인 정액의 방출이라는 한 죄를 짓고 감추지 않은 것에 대하여 가중처벌을 주겠습니다. 수행승 우다인에게 도중에 의도적인 정액의 방출이라는 한 죄를 짓고 감추지 않은 것에 대하여 가중처벌을 주는 것에 동의하면 침묵하시고, 이견이 있으면 말씀하십시오.'

[제청3] '세 번째에도 저는 이 사실을 말합니다. 존자들이여, 참모임은 제 말에 귀를 기울이십시오. 이 수행승 우다인은 의도적인 정액의 방출이라는 한 죄를 짓고 닷새 동안을 감추었습니다. 그는 참모임에 의도적인 정액의 방출이라는 한 죄를 짓고 닷새 동안 감춘 것에 대하여 닷새 동안의 격리처벌을 청했습니다. 참모임은 그에게 의도적인 정액의 방출이라는 한 죄를 짓고 닷새 동안 감춘 것에 대하여 닷새 동안의 격리처벌을 주었습니다. 그는 격리생활을 실행하는 도중에 의도적인 정액의 방출이라는 한 죄를 짓고 감추지 않았습니다. 그는 참모임에 도중에 의도적인 정액의 방출이라는 한 죄를 짓고 감추지 않은 것에 대하여 가중처벌을 청했습니다. 참모임은 그에게 의도적인 정액의 방출이라는 한 죄를 짓고 감추지 않은 것에 대하여 가중처벌을 주었습니다. 그는 격리생활을 실행한 뒤에 참회생활을 실행해야 하는데 도중에 의도적인 정액의 방출이라는 한 죄를 짓고 감추지 않았습니다. 그는 참모임에 도중에 의도적인 정액의 방출이라는 한 죄를 짓고 감추지 않은 것에 대하여 가중처벌을 청했습니다. 참모임은 그에게 도중에 의도적인 정액의 방출이라는 한 죄를 짓고 감추지 않은 것에 대하여 가중처벌을

주었습니다. 존자들이여, 그는 격리생활을 실행한 뒤에 참모임에 세 가지 죄에 대하여 엿새 동안의 참회처벌을 청했습니다. 참모임은 그에게 세 가지 죄에 대하여 엿새 동안의 참회처벌을 주었습니다. 그는 참회생활을 실행하는 도중에 의도적인 정액의 방출이라는 한 죄를 짓고 감추지 않았습니다. 존자들이여, 그는 참모임에 도중에 의도적인 정액의 방출이라는 한 죄를 짓고 감추지 않은 것에 대하여 가중처벌을 청하고 있습니다. 참모임은 수행승 우다인에게 도중에 의도적인 정액의 방출이라는 한 죄를 짓고 감추지 않은 것에 대하여 가중처벌을 주겠습니다. 수행승 우다인에게 도중에 의도적인 정액의 방출이라는 한 죄를 짓고 감추지 않은 것에 대하여 가중처벌을 주는 것에 동의하면 침묵하시고, 이견이 있으면 말씀하십시오.'

[결정] '참모임은 수행승 우다인에게 도중에 의도적인 정액의 방출이라는 한 죄를 짓고 감추지 않은 것에 대하여 가중처벌을 주었습니다. 참모임이 찬성하여 침묵했으므로, 저는 그와 같이 알겠습니다.'"

4. [세존] "수행승들이여, 엿새 동안의 참회처벌은 이와 같이 주어야 한다. 수행승들이여, 그 수행승 우다인은 참모임을 찾아가서 한쪽 어깨에 상의를 걸치고 연상의 수행승들의 양 발에 머리를 조아린 뒤에 웅크리고 앉아 합장하여 이와 같이 말해야 한다.

[청원1] '존자들이여, 저는 의도적인 정액의 방출이라는 한 죄를 짓고 닷새 동안을 감추었습니다. 저는 참모임에 의도적인 정액의 방출이라는 한 죄를 짓고 닷새 동안 감춘 것에 대하여 닷새 동안의 격리처벌을 청했습니다. 참모임은 저에게 의도적인 정액의 방출이라는 한 죄를 짓고 닷새 동안 감춘 것에 대하여 닷새 동안의 격리처벌을 주었습니다. 저는 격리생활을 실행하는 도중에 의도적인 정액의 방출이라는 한 죄를 짓고 감추지 않았습니다. 나는 참모임에 도중에 의도적인 정액의 방출이라는 한 죄를 짓고 감추지 않은 것에 대하여 가중처벌을 청했습니다. 참모임은 나에게 의도적인 정액의 방출이라는 한 죄를 짓고 감추지 않은 것에 대하여 가중처벌을 주었습니다. 나는 격리생활을 실행한 뒤에 참회생활을 실행해야 하는데 도중에 의도적인 정액의 방출이라는 한 죄를 짓고 감추지 않았습니다. 참모임은 저에게 도중에 의도적인 정액의 방출이라는 한 죄를 짓고 감추지 않은 것에 대하여 가중처벌을 주었습니다. 존자들이여, 저는 격리생활을 실행한 뒤에 참모임에게 세 가지 죄에 대하여 엿새 동안의 참회처벌을 청했습니다. 참모임은 저에게 세 가지 죄에 대하여 엿새 동안의 참회처벌을 주었습니다. 저는

참회생활을 실행하는 도중에 의도적인 정액의 방출이라는 한 죄를 짓고 감추지 않았습니다. 존자들이여, 저는 참모임에 도중에 의도적인 정액의 방출이라는 한 죄를 짓고 감추지 않은 것에 대하여 엿새 동안의 참회처벌을 청합니다.'

[청원2] '존자들이여, 저는 의도적인 정액의 방출이라는 한 죄를 짓고 닷새 동안을 감추었습니다. 저는 참모임에 의도적인 정액의 방출이라는 한 죄를 짓고 닷새 동안 감춘 것에 대하여 닷새 동안의 격리처벌을 청했습니다. 참모임은 저에게 의도적인 정액의 방출이라는 한 죄를 짓고 닷새 동안 감춘 것에 대하여 닷새 동안의 격리처벌을 주었습니다. 저는 격리생활을 실행하는 도중에 의도적인 정액의 방출이라는 한 죄를 짓고 감추지 않았습니다. 나는 참모임에 도중에 의도적인 정액의 방출이라는 한 죄를 짓고 감추지 않은 것에 대하여 가중처벌을 청했습니다. 참모임은 나에게 의도적인 정액의 방출이라는 한 죄를 짓고 감추지 않은 것에 대하여 가중처벌을 주었습니다. 나는 격리생활을 실행한 뒤에 참회생활을 실행해야 하는데 도중에 의도적인 정액의 방출이라는 한 죄를 짓고 감추지 않았습니다. 참모임은 저에게 도중에 의도적인 정액의 방출이라는 한 죄를 짓고 감추지 않은 것에 대하여 가중처벌을 주었습니다. 존자들이여, 저는 격리생활을 실행한 뒤에 참모임에게 세 가지 죄에 대하여 엿새 동안의 참회처벌을 청했습니다. 참모임은 저에게 세 가지 죄에 대하여 엿새 동안의 참회처벌을 주었습니다. 저는 참회생활을 실행하는 도중에 의도적인 정액의 방출이라는 한 죄를 짓고 감추지 않았습니다. 존자들이여, 저는 참모임에 도중에 의도적인 정액의 방출이라는 한 죄를 짓고 감추지 않은 것에 대하여 두 번째에도 엿새 동안의 참회처벌을 청합니다.'

[청원3] '존자들이여, 저는 의도적인 정액의 방출이라는 한 죄를 짓고 닷새 동안을 감추었습니다. 저는 참모임에 의도적인 정액의 방출이라는 한 죄를 짓고 닷새 동안 감춘 것에 대하여 닷새 동안의 격리처벌을 청했습니다. 참모임은 저에게 의도적인 정액의 방출이라는 한 죄를 짓고 닷새 동안 감춘 것에 대하여 닷새 동안의 격리처벌을 주었습니다. 저는 격리생활을 실행하는 도중에 의도적인 정액의 방출이라는 한 죄를 짓고 감추지 않았습니다. 나는 참모임에 도중에 의도적인 정액의 방출이라는 한 죄를 짓고 감추지 않은 것에 대하여 가중처벌을 청했습니다. 참모임은 나에게 의도적인 정액의 방출이라는 한 죄를 짓고 감추지 않은 것에 대하여 가중처벌을 주었습니다. 나는 격리생활을 실행한 뒤에 참회생활을 실행해야 하는데 도중에 의도적인 정액의 방출이라는 한 죄를 짓고 감추지 않았습니다. 참모임은 저에게 도중에 의도적인 정액의 방출이라는 한 죄를 짓고 감추지 않은 것에 대하여 가중처벌을

주었습니다. 존자들이여, 저는 격리생활을 실행한 뒤에 참모임에게 세 가지 죄에 대하여 엿새 동안의 참회처벌을 청했습니다. 참모임은 저에게 세 가지 죄에 대하여 엿새 동안의 참회처벌을 주었습니다. 저는 참회생활을 실행하는 도중에 의도적인 정액의 방출이라는 한 죄를 짓고 감추지 않았습니다. 존자들이여, 저는 참모임에 도중에 의도적인 정액의 방출이라는 한 죄를 짓고 감추지 않은 것에 대하여 세 번째에도 엿새 동안의 참회처벌을 청합니다.'

5. 총명하고 유능한 수행승이 참모임에 알려야 한다.

[제안] '존자들이여, 참모임은 제 말에 귀를 기울이십시오. 이 수행승 우다인은 의도적인 정액의 방출이라는 한 죄를 짓고 닷새 동안을 감추었습니다. 그가 참모임에 의도적인 정액의 방출이라는 한 죄를 짓고 닷새 동안 감춘 것에 대하여 닷새 동안의 격리처벌을 청했습니다. 참모임은 그에게 의도적인 정액의 방출이라는 한 죄를 짓고 닷새 동안 감춘 것에 대하여 닷새 동안의 격리처벌을 주었습니다. 그는 격리생활을 실행하는 도중에 의도적인 정액의 방출이라는 한 죄를 짓고 감추지 않았습니다. 그는 참모임에 격리생활을 실행하는 도중에 의도적인 정액의 방출이라는 한 죄를 짓고 감추지 않은 것에 대하여 가중처벌을 청했습니다. 참모임은 그에게 도중에 의도적인 정액의 방출이라는 한 죄를 짓고 감추지 않은 것에 대하여 가중처벌을 주었습니다. 그는 격리생활을 실행한 뒤에 참회생활을 실행해야 하는데 도중에 의도적인 정액의 방출이라는 한 죄를 짓고 감추지 않았습니다. 참모임은 그에게 도중에 의도적인 정액의 방출이라는 한 죄를 짓고 감추지 않은 것에 대하여 가중처벌을 주었습니다. 그는 격리생활을 실행한 뒤에 참모임에게 세 가지 죄에 대하여 엿새 동안의 참회처벌을 청했습니다. 참모임은 그에게 세 가지 죄에 대하여 엿새 동안의 참회처벌을 주었습니다. 그는 참회생활을 실행하는 도중에 의도적인 정액의 방출이라는 한 죄를 짓고 감추지 않았습니다. 그는 참모임에 도중에 의도적인 정액의 방출이라는 한 죄를 짓고 감추지 않은 것에 대하여 엿새 동안의 참회처벌을 청하고 있습니다. 만약 참모임에 옳은 일이라면, 참모임은 수행승 우다인에게 도중에 의도적인 정액의 방출이라는 한 죄를 짓고 감추지 않은 것에 대하여 엿새 동안의 참회처벌을 주겠습니다. 이것이 제안입니다.'

[제청1] '존자들이여, 참모임은 제 말에 귀를 기울이십시오. 이 수행승 우다인은 의도적인 정액의 방출이라는 한 죄를 짓고 닷새 동안을 감추었습니다. 그가 참모임에 의도적인 정액의 방출이라는 한 죄를 짓고 닷새 동안 감춘 것에 대하여

닷새 동안의 격리처벌을 청했습니다. 참모임은 그에게 의도적인 정액의 방출이라는 한 죄를 짓고 닷새 동안 감춘 것에 대하여 닷새 동안의 격리처벌을 주었습니다. 그는 격리생활을 실행하는 도중에 의도적인 정액의 방출이라는 한 죄를 짓고 감추지 않았습니다. 그는 참모임에 격리생활을 실행하는 도중에 의도적인 정액의 방출이라는 한 죄를 짓고 감추지 않은 것에 대하여 가중처벌을 청했습니다. 참모임은 그에게 도중에 의도적인 정액의 방출이라는 한 죄를 짓고 감추지 않은 것에 대하여 가중처벌을 주었습니다. 그는 격리생활을 실행한 뒤에 참회생활을 실행해야 하는데 도중에 의도적인 정액의 방출이라는 한 죄를 짓고 감추지 않았습니다. 참모임은 그에게 도중에 의도적인 정액의 방출이라는 한 죄를 짓고 감추지 않은 것에 대하여 가중처벌을 주었습니다. 그는 격리생활을 실행한 뒤에 참모임에게 세 가지 죄에 대하여 엿새 동안의 참회처벌을 청했습니다. 참모임은 그에게 세 가지 죄에 대하여 엿새 동안의 참회처벌을 주었습니다. 그는 참회생활을 실행하는 도중에 의도적인 정액의 방출이라는 한 죄를 짓고 감추지 않았습니다. 그는 참모임에 도중에 의도적인 정액의 방출이라는 한 죄를 짓고 감추지 않은 것에 대하여 엿새 동안의 참회처벌을 청하고 있습니다. 참모임은 수행승 우다인에게 도중에 의도적인 정액의 방출이라는 한 죄를 짓고 감추지 않은 것에 대하여 엿새 동안의 참회처벌을 주겠습니다. 수행승 우다인에게 도중에 의도적인 정액의 방출이라는 한 죄를 짓고 감추지 않은 것에 대하여 엿새 동안의 참회처벌을 주는 것에 동의하면 침묵하시고, 이견이 있으면 말씀하십시오.'

[제청2] '두 번째에도 저는 이 사실을 말합니다. 존자들이여, 참모임은 제 말에 귀를 기울이십시오. 이 수행승 우다인은 의도적인 정액의 방출이라는 한 죄를 짓고 닷새 동안을 감추었습니다. 그가 참모임에 의도적인 정액의 방출이라는 한 죄를 짓고 닷새 동안 감춘 것에 대하여 닷새 동안의 격리처벌을 청했습니다. 참모임은 그에게 의도적인 정액의 방출이라는 한 죄를 짓고 닷새 동안 감춘 것에 대하여 닷새 동안의 격리처벌을 주었습니다. 그는 격리생활을 실행하는 도중에 의도적인 정액의 방출이라는 한 죄를 짓고 감추지 않았습니다. 그는 참모임에 격리생활을 실행하는 도중에 의도적인 정액의 방출이라는 한 죄를 짓고 감추지 않은 것에 대하여 가중처벌을 청했습니다. 참모임은 그에게 도중에 의도적인 정액의 방출이라는 한 죄를 짓고 감추지 않은 것에 대하여 가중처벌을 주었습니다. 그는 격리생활을 실행한 뒤에 참회생활을 실행해야 하는데 도중에 의도적인 정액의 방출이라는 한 죄를 짓고 감추지 않았습니다. 참모임은 그에게 도중에

의도적인 정액의 방출이라는 한 죄를 짓고 감추지 않은 것에 대하여 가중처벌을 주었습니다. 그는 격리생활을 실행한 뒤에 참모임에게 세 가지 죄에 대하여 엿새 동안의 참회처벌을 청했습니다. 참모임은 그에게 세 가지 죄에 대하여 엿새 동안의 참회처벌을 주었습니다. 그는 참회생활을 실행하는 도중에 의도적인 정액의 방출이라는 한 죄를 짓고 감추지 않았습니다. 그는 참모임에 도중에 의도적인 정액의 방출이라는 한 죄를 짓고 감추지 않은 것에 대하여 엿새 동안의 참회처벌을 청하고 있습니다. 참모임은 수행승 우다인에게 도중에 의도적인 정액의 방출이라는 한 죄를 짓고 감추지 않은 것에 대하여 엿새 동안의 참회처벌을 주겠습니다. 수행승 우다인에게 도중에 의도적인 정액의 방출이라는 한 죄를 짓고 감추지 않은 것에 대하여 엿새 동안의 참회처벌을 주는 것에 동의하면 침묵하시고, 이견이 있으면 말씀하십시오.'

[제청3] '세 번째에도 저는 이 사실을 말합니다. 존자들이여, 참모임은 제 말에 귀를 기울이십시오. 이 수행승 우다인은 의도적인 정액의 방출이라는 한 죄를 짓고 닷새 동안을 감추었습니다. 그가 참모임에 의도적인 정액의 방출이라는 한 죄를 짓고 닷새 동안 감춘 것에 대하여 닷새 동안의 격리처벌을 청했습니다. 참모임은 그에게 의도적인 정액의 방출이라는 한 죄를 짓고 닷새 동안 감춘 것에 대하여 닷새 동안의 격리처벌을 주었습니다. 그는 격리생활을 실행하는 도중에 의도적인 정액의 방출이라는 한 죄를 짓고 감추지 않았습니다. 그는 참모임에 격리생활을 실행하는 도중에 의도적인 정액의 방출이라는 한 죄를 짓고 감추지 않은 것에 대하여 가중처벌을 청했습니다. 참모임은 그에게 도중에 의도적인 정액의 방출이라는 한 죄를 짓고 감추지 않은 것에 대하여 가중처벌을 주었습니다. 그는 격리생활을 실행한 뒤에 참회생활을 실행해야 하는데 도중에 의도적인 정액의 방출이라는 한 죄를 짓고 감추지 않았습니다. 참모임은 그에게 도중에 의도적인 정액의 방출이라는 한 죄를 짓고 감추지 않은 것에 대하여 가중처벌을 주었습니다. 그는 격리생활을 실행한 뒤에 참모임에게 세 가지 죄에 대하여 엿새 동안의 참회처벌을 청했습니다. 참모임은 그에게 세 가지 죄에 대하여 엿새 동안의 참회처벌을 주었습니다. 그는 참회생활을 실행하는 도중에 의도적인 정액의 방출이라는 한 죄를 짓고 감추지 않았습니다. 그는 참모임에 도중에 의도적인 정액의 방출이라는 한 죄를 짓고 감추지 않은 것에 대하여 엿새 동안의 참회처벌을 청하고 있습니다. 참모임은 수행승 우다인에게 도중에 의도적인 정액의 방출이라는 한 죄를 짓고 감추지 않은 것에 대하여 엿새 동안의 참회처벌을 주겠습니

다. 수행승 우다인에게 도중에 의도적인 정액의 방출이라는 한 죄를 짓고 감추지 않은 것에 대하여 엿새 동안의 참회처벌을 주는 것에 동의하면 침묵하시고, 이견이 있으면 말씀하십시오.'

[결정] '참모임은 수행승 우다인에게 도중에 의도적인 정액의 방출이라는 한 죄를 짓고 감추지 않은 것에 대하여 엿새 동안의 참회처벌을 주었습니다. 참모임이 찬성하여 침묵했으므로, 저는 그와 같이 알겠습니다.'"

참회생활을 실행하는 자에 대한 가중처벌이 끝났다.

11. 출죄복귀를 받아야 할 자에 대한 가중처벌(Abbhānārahamūlāyapaṭikassanā)

1. 그는 참회생활을 실행한 뒤에 출죄복귀를 받아야 하는데 도중에 의도적인 정액의 방출이라는 한 죄를 짓고 감추지 않았다. 그는 수행승들에게 알렸다.

[우다인] "벗들이여, 나는 의도적인 정액의 방출이라는 한 죄를 짓고 닷새 동안을 감추었습니다. 나는 참모임에 의도적인 정액의 방출이라는 한 죄를 짓고 닷새 동안 감춘 것에 대하여 닷새 동안의 격리처벌을 청했습니다. 참모임은 저에게 의도적인 정액의 방출이라는 한 죄를 짓고 닷새 동안 감춘 것에 대하여 닷새 동안의 격리처벌을 주었습니다. 나는 격리생활을 실행하는 도중에 의도적인 정액의 방출이라는 한 죄를 짓고 감추지 않았습니다. 나는 참모임에 도중에 의도적인 정액의 방출이라는 한 죄를 짓고 감추지 않은 것에 대하여 가중처벌을 청했습니다. 참모임은 저에게 의도적인 정액의 방출이라는 한 죄를 짓고 감추지 않은 것에 대하여 가중처벌을 주었습니다. 나는 격리생활을 실행한 뒤에 참회생활을 실행해야 하는데 도중에 의도적인 정액의 방출이라는 한 죄를 짓고 감추지 않았습니다. 나는 참모임에 도중에 의도적인 정액의 방출이라는 한 죄를 짓고 감추지 않은 것에 대하여 가중처벌을 청했습니다. 참모임은 저에게 도중에 의도적인 정액의 방출이라는 한 죄를 짓고 감추지 않은 것에 대하여 가중처벌을 주었습니다. 존자들이여, 나는 격리생활을 실행한 뒤에 참모임에 세 가지 죄에 대하여 엿새 동안의 참회처벌을 청했습니다. 참모임은 저에게 세 가지 죄에 대하여 엿새 동안의 참회처벌을 주었습니다. 나는 참회생활을 실행하는 도중에 의도적인 정액의 방출이라는 한 죄를 짓고 감추지 않았습니다. 참모임은 나에게 의도적인 정액의 방출이라는 한 죄를 짓고 감추지 않은 것에 대하여 가중처벌을 주고 엿새 동안의 참회처벌을 주었습니다. 나는 참회생활을 마치고 출죄복귀를 받아야 할 도중에 의도적인 정액의 방출이라는 한 죄를 짓고 감추지 않았습니다. 나는 이제

어떻게 해야 합니까?"

세존께 그 사실을 알렸다.

[세존] "수행승들이여, 그렇다면 참모임은 수행승 우다인에게 의도적인 정액의 방출이라는 한 죄를 짓고 감추지 않은 것에 대하여 가중처벌을 주고 엿새 동안의 참회처벌을 주어라."

2 수행승들이여, 가중처벌은 이와 같이 주어야 한다. 수행승들이여, 그 수행승 우다인은 참모임을 찾아가서 한쪽 어깨에 상의를 걸치고 연상의 수행승들의 양 발에 머리를 조아린 뒤에 웅크리고 앉아 합장하여 이와 같이 말해야 한다.

[청원1] '존자들이여, 저는 의도적인 정액의 방출이라는 한 죄를 짓고 닷새 동안을 감추었습니다. 저는 참모임에 의도적인 정액의 방출이라는 한 죄를 짓고 닷새 동안 감춘 것에 대하여 닷새 동안의 격리처벌을 청했습니다. 참모임은 저에게 의도적인 정액의 방출이라는 한 죄를 짓고 닷새 동안 감춘 것에 대하여 닷새 동안의 격리처벌을 주었습니다. 저는 격리생활을 실행하는 도중에 의도적인 정액의 방출이라는 한 죄를 짓고 감추지 않았습니다. 저는 참모임에 도중에 의도적인 정액의 방출이라는 한 죄를 짓고 감추지 않은 것에 대하여 가중처벌을 청했습니다. 참모임은 저에게 의도적인 정액의 방출이라는 한 죄를 짓고 감추지 않은 것에 대하여 가중처벌을 주었습니다. 저는 격리생활을 실행한 뒤에 참회생활을 실행해야 하는데 도중에 의도적인 정액의 방출이라는 한 죄를 짓고 감추지 않았습니다. 저는 참모임에 도중에 의도적인 정액의 방출이라는 한 죄를 짓고 감추지 않은 것에 대하여 가중처벌을 청했습니다. 참모임은 저에게 도중에 의도적인 정액의 방출이라는 한 죄를 짓고 감추지 않은 것에 대하여 가중처벌을 주었습니다. 존자들이여, 저는 격리생활을 실행한 뒤에 참모임에 세 가지 죄에 대하여 엿새 동안의 참회처벌을 청했습니다. 참모임은 저에게 세 가지 죄에 대하여 엿새 동안의 참회처벌을 주었습니다. 나는 참회생활을 실행하는 도중에 의도적인 정액의 방출이라는 한 죄를 짓고 감추지 않았습니다. 참모임은 나에게 의도적인 정액의 방출이라는 한 죄를 짓고 감추지 않은 것에 대하여 가중처벌을 주고 엿새 동안의 참회처벌을 주었습니다. 나는 참회생활을 마치고 출죄복귀를 받아야 할 도중에 의도적인 정액의 방출이라는 한 죄를 짓고 감추지 않았습니다. 존자들이여, 저는 참모임에 도중에 의도적인 정액의 방출이라는 한 죄를 짓고 감추지 않은 것에 대하여 가중처벌을 청합니다.'

[청원2] '존자들이여, 저는 의도적인 정액의 방출이라는 한 죄를 짓고 닷새

동안을 감추었습니다. 저는 참모임에 의도적인 정액의 방출이라는 한 죄를 짓고 닷새 동안 감춘 것에 대하여 닷새 동안의 격리처벌을 청했습니다. 참모임은 저에게 의도적인 정액의 방출이라는 한 죄를 짓고 닷새 동안 감춘 것에 대하여 닷새 동안의 격리처벌을 주었습니다. 저는 격리생활을 실행하는 도중에 의도적인 정액의 방출이라는 한 죄를 짓고 감추지 않았습니다. 저는 참모임에 도중에 의도적인 정액의 방출이라는 한 죄를 짓고 감추지 않은 것에 대하여 가중처벌을 청했습니다. 참모임은 저에게 의도적인 정액의 방출이라는 한 죄를 짓고 감추지 않은 것에 대하여 가중처벌을 주었습니다. 저는 격리생활을 실행한 뒤에 참회생활을 실행해야 하는데 도중에 의도적인 정액의 방출이라는 한 죄를 짓고 감추지 않았습니다. 저는 참모임에 도중에 의도적인 정액의 방출이라는 한 죄를 짓고 감추지 않은 것에 대하여 가중처벌을 청했습니다. 참모임은 저에게 도중에 의도적인 정액의 방출이라는 한 죄를 짓고 감추지 않은 것에 대하여 가중처벌을 주었습니다. 존자들이여, 저는 격리생활을 실행한 뒤에 참모임에 세 가지 죄에 대하여 엿새 동안의 참회처벌을 청했습니다. 참모임은 저에게 세 가지 죄에 대하여 엿새 동안의 참회처벌을 주었습니다. 나는 참회생활을 실행하는 도중에 의도적인 정액의 방출이라는 한 죄를 짓고 감추지 않았습니다. 참모임은 나에게 의도적인 정액의 방출이라는 한 죄를 짓고 감추지 않은 것에 대하여 가중처벌을 주고 엿새 동안의 참회처벌을 주었습니다. 나는 참회생활을 마치고 출죄복귀를 받아야 할 도중에 의도적인 정액의 방출이라는 한 죄를 짓고 감추지 않았습니다. 존자들이여, 저는 참모임에 도중에 의도적인 정액의 방출이라는 한 죄를 짓고 감추지 않은 것에 대하여 두 번째에도 가중처벌을 청합니다.'

[청원3] '존자들이여, 저는 의도적인 정액의 방출이라는 한 죄를 짓고 닷새 동안을 감추었습니다. 저는 참모임에 의도적인 정액의 방출이라는 한 죄를 짓고 닷새 동안 감춘 것에 대하여 닷새 동안의 격리처벌을 청했습니다. 참모임은 저에게 의도적인 정액의 방출이라는 한 죄를 짓고 닷새 동안 감춘 것에 대하여 닷새 동안의 격리처벌을 주었습니다. 저는 격리생활을 실행하는 도중에 의도적인 정액의 방출이라는 한 죄를 짓고 감추지 않았습니다. 저는 참모임에 도중에 의도적인 정액의 방출이라는 한 죄를 짓고 감추지 않은 것에 대하여 가중처벌을 청했습니다. 참모임은 저에게 의도적인 정액의 방출이라는 한 죄를 짓고 감추지 않은 것에 대하여 가중처벌을 주었습니다. 저는 격리생활을 실행한 뒤에 참회생활을 실행해야 하는데 도중에 의도적인 정액의 방출이라는 한 죄를 짓고 감추지 않았

습니다. 저는 참모임에 도중에 의도적인 정액의 방출이라는 한 죄를 짓고 감추지 않은 것에 대하여 가중처벌을 청했습니다. 참모임은 저에게 도중에 의도적인 정액의 방출이라는 한 죄를 짓고 감추지 않은 것에 대하여 가중처벌을 주었습니다. 존자들이여, 저는 격리생활을 실행한 뒤에 참모임에 세 가지 죄에 대하여 엿새 동안의 참회처벌을 청했습니다. 참모임은 저에게 세 가지 죄에 대하여 엿새 동안의 참회처벌을 주었습니다. 나는 참회생활을 실행하는 도중에 의도적인 정액의 방출이라는 한 죄를 짓고 감추지 않았습니다. 참모임은 나에게 의도적인 정액의 방출이라는 한 죄를 짓고 감추지 않은 것에 대하여 가중처벌을 주고 엿새 동안의 참회처벌을 주었습니다. 나는 참회생활을 마치고 출죄복귀를 받아야 할 도중에 의도적인 정액의 방출이라는 한 죄를 짓고 감추지 않았습니다. 존자들이여, 저는 참모임에 도중에 의도적인 정액의 방출이라는 한 죄를 짓고 감추지 않은 것에 대하여 세 번째에도 가중처벌을 청합니다.'

3. 총명하고 유능한 수행승이 참모임에 알려야 한다.

[제안] '존자들이여, 참모임은 제 말에 귀를 기울이십시오. 존자들이여, 이 수행승 우다인은 의도적인 정액의 방출이라는 한 죄를 짓고 닷새 동안을 감추었습니다. 그는 참모임에 의도적인 정액의 방출이라는 한 죄를 짓고 닷새 동안 감춘 것에 대하여 닷새 동안의 격리처벌을 청했습니다. 참모임은 그에게 의도적인 정액의 방출이라는 한 죄를 짓고 닷새 동안 감춘 것에 대하여 닷새 동안의 격리처벌을 주었습니다. 그는 격리생활을 실행하는 도중에 의도적인 정액의 방출이라는 한 죄를 짓고 감추지 않았습니다. 그는 참모임에 도중에 의도적인 정액의 방출이라는 한 죄를 짓고 감추지 않은 것에 대하여 가중처벌을 청했습니다. 참모임은 그에게 의도적인 정액의 방출이라는 한 죄를 짓고 감추지 않은 것에 대하여 가중처벌을 주었습니다. 그는 격리생활을 실행한 뒤에 참회생활을 실행해야 하는데 도중에 의도적인 정액의 방출이라는 한 죄를 짓고 감추지 않았습니다. 그는 참모임에 도중에 의도적인 정액의 방출이라는 한 죄를 짓고 감추지 않은 것에 대하여 가중처벌을 청했습니다. 참모임은 그에게 도중에 의도적인 정액의 방출이라는 한 죄를 짓고 감추지 않은 것에 대하여 가중처벌을 주었습니다. 존자들이여, 그는 격리생활을 실행한 뒤에 참모임에 세 가지 죄에 대하여 엿새 동안의 참회처벌을 청했습니다. 참모임은 그에게 세 가지 죄에 대하여 엿새 동안의 참회처벌을 주었습니다. 그는 참회생활을 실행하는 도중에 의도적인 정액의 방출이라는 한 죄를 짓고 감추지 않았습니다. 참모임은 그에게 의도적인 정액의 방출이라는 한 죄를

짓고 감추지 않은 것에 대하여 가중처벌을 주고 엿새 동안의 참회처벌을 주었습니다. 그는 참회생활을 마치고 출죄복귀를 받아야 할 도중에 의도적인 정액의 방출이라는 한 죄를 짓고 감추지 않았습니다. 존자들이여, 그는 참모임에 도중에 의도적인 정액의 방출이라는 한 죄를 짓고 감추지 않은 것에 대하여 가중처벌을 청하고 있습니다. 만약 참모임에 옳은 일이라면, 참모임은 수행승 우다인에게 도중에 의도적인 정액의 방출이라는 한 죄를 짓고 감추지 않은 것에 대하여 가중처벌을 주겠습니다. 이것이 제안입니다.'

[제청1] '존자들이여, 참모임은 제 말에 귀를 기울이십시오. 이 수행승 우다인은 의도적인 정액의 방출이라는 한 죄를 짓고 닷새 동안을 감추었습니다. 그는 참모임에 의도적인 정액의 방출이라는 한 죄를 짓고 닷새 동안 감춘 것에 대하여 닷새 동안의 격리처벌을 청했습니다. 참모임은 그에게 의도적인 정액의 방출이라는 한 죄를 짓고 닷새 동안 감춘 것에 대하여 닷새 동안의 격리처벌을 주었습니다. 그는 격리생활을 실행하는 도중에 의도적인 정액의 방출이라는 한 죄를 짓고 감추지 않았습니다. 그는 참모임에 도중에 의도적인 정액의 방출이라는 한 죄를 짓고 감추지 않은 것에 대하여 가중처벌을 청했습니다. 참모임은 그에게 의도적인 정액의 방출이라는 한 죄를 짓고 감추지 않은 것에 대하여 가중처벌을 주었습니다. 그는 격리생활을 실행한 뒤에 참회생활을 실행해야 하는데 도중에 의도적인 정액의 방출이라는 한 죄를 짓고 감추지 않았습니다. 그는 참모임에 도중에 의도적인 정액의 방출이라는 한 죄를 짓고 감추지 않은 것에 대하여 가중처벌을 청했습니다. 참모임은 그에게 도중에 의도적인 정액의 방출이라는 한 죄를 짓고 감추지 않은 것에 대하여 가중처벌을 주었습니다. 존자들이여, 그는 격리생활을 실행한 뒤에 참모임에 세 가지 죄에 대하여 엿새 동안의 참회처벌을 청했습니다. 참모임은 그에게 세 가지 죄에 대하여 엿새 동안의 참회처벌을 주었습니다. 그는 참회생활을 실행하는 도중에 의도적인 정액의 방출이라는 한 죄를 짓고 감추지 않았습니다. 그는 참회생활을 실행하는 도중에 의도적인 정액의 방출이라는 한 죄를 짓고 감추지 않았습니다. 참모임은 그에게 의도적인 정액의 방출이라는 한 죄를 짓고 감추지 않은 것에 대하여 가중처벌을 주고 엿새 동안의 참회처벌을 주었습니다. 그는 참회생활을 마치고 출죄복귀를 받아야 할 도중에 의도적인 정액의 방출이라는 한 죄를 짓고 감추지 않았습니다. 존자들이여, 그는 참모임에 도중에 의도적인 정액의 방출이라는 한 죄를 짓고 감추지 않은 것에 대하여 가중처벌을 청하고 있습니다. 참모임은 수행승 우다인에게 도중에 의도적인 정액의

방출이라는 한 죄를 짓고 감추지 않은 것에 대하여 가중처벌을 주겠습니다. 수행승 우다인에게 도중에 의도적인 정액의 방출이라는 한 죄를 짓고 감추지 않은 것에 대하여 가중처벌을 주는 것에 동의하면 침묵하시고, 이견이 있으면 말씀하십시오.'

[제청2] '두 번째에도 저는 이 사실을 말합니다. 존자들이여, 참모임은 제 말에 귀를 기울이십시오. 이 수행승 우다인은 의도적인 정액의 방출이라는 한 죄를 짓고 닷새 동안을 감추었습니다. 그는 참모임에 의도적인 정액의 방출이라는 한 죄를 짓고 닷새 동안 감춘 것에 대하여 닷새 동안의 격리처벌을 청했습니다. 참모임은 그에게 의도적인 정액의 방출이라는 한 죄를 짓고 닷새 동안 감춘 것에 대하여 닷새 동안의 격리처벌을 주었습니다. 그는 격리생활을 실행하는 도중에 의도적인 정액의 방출이라는 한 죄를 짓고 감추지 않았습니다. 그는 참모임에 도중에 의도적인 정액의 방출이라는 한 죄를 짓고 감추지 않은 것에 대하여 가중처벌을 청했습니다. 참모임은 그에게 의도적인 정액의 방출이라는 한 죄를 짓고 감추지 않은 것에 대하여 가중처벌을 주었습니다. 그는 격리생활을 실행한 뒤에 참회생활을 실행해야 하는데 도중에 의도적인 정액의 방출이라는 한 죄를 짓고 감추지 않았습니다. 그는 참모임에 도중에 의도적인 정액의 방출이라는 한 죄를 짓고 감추지 않은 것에 대하여 가중처벌을 청했습니다. 참모임은 그에게 도중에 의도적인 정액의 방출이라는 한 죄를 짓고 감추지 않은 것에 대하여 가중처벌을 주었습니다. 존자들이여, 그는 격리생활을 실행한 뒤에 참모임에 세 가지 죄에 대하여 엿새 동안의 참회처벌을 청했습니다. 참모임은 그에게 세 가지 죄에 대하여 엿새 동안의 참회처벌을 주었습니다. 그는 참회생활을 실행하는 도중에 의도적인 정액의 방출이라는 한 죄를 짓고 감추지 않았습니다. 그는 참회생활을 실행하는 도중에 의도적인 정액의 방출이라는 한 죄를 짓고 감추지 않았습니다. 참모임은 그에게 의도적인 정액의 방출이라는 한 죄를 짓고 감추지 않은 것에 대하여 가중처벌을 주고 엿새 동안의 참회처벌을 주었습니다. 그는 참회생활을 마치고 출죄복귀를 받아야 할 도중에 의도적인 정액의 방출이라는 한 죄를 짓고 감추지 않았습니다. 존자들이여, 그는 참모임에 도중에 의도적인 정액의 방출이라는 한 죄를 짓고 감추지 않은 것에 대하여 가중처벌을 청하고 있습니다. 참모임은 수행승 우다인에게 도중에 의도적인 정액의 방출이라는 한 죄를 짓고 감추지 않은 것에 대하여 가중처벌을 주겠습니다. 수행승 우다인에게 도중에 의도적인 정액의 방출이라는 한 죄를 짓고 감추지 않은 것에 대하여 가중처벌을 주는 것에 동의하

면 침묵하시고, 이견이 있으면 말씀하십시오.'

[제청3] '세 번째에도 저는 이 사실을 말합니다. 존자들이여, 참모임은 제 말에 귀를 기울이십시오. 이 수행승 우다인은 의도적인 정액의 방출이라는 한 죄를 짓고 닷새 동안을 감추었습니다. 그는 참모임에 의도적인 정액의 방출이라는 한 죄를 짓고 닷새 동안 감춘 것에 대하여 닷새 동안의 격리처벌을 청했습니다. 참모임은 그에게 의도적인 정액의 방출이라는 한 죄를 짓고 닷새 동안 감춘 것에 대하여 닷새 동안의 격리처벌을 주었습니다. 그는 격리생활을 실행하는 도중에 의도적인 정액의 방출이라는 한 죄를 짓고 감추지 않았습니다. 그는 참모임에 도중에 의도적인 정액의 방출이라는 한 죄를 짓고 감추지 않은 것에 대하여 가중처벌을 청했습니다. 참모임은 그에게 의도적인 정액의 방출이라는 한 죄를 짓고 감추지 않은 것에 대하여 가중처벌을 주었습니다. 그는 격리생활을 실행한 뒤에 참회생활을 실행해야 하는데 도중에 의도적인 정액의 방출이라는 한 죄를 짓고 감추지 않았습니다. 그는 참모임에 도중에 의도적인 정액의 방출이라는 한 죄를 짓고 감추지 않은 것에 대하여 가중처벌을 청했습니다. 참모임은 그에게 도중에 의도적인 정액의 방출이라는 한 죄를 짓고 감추지 않은 것에 대하여 가중처벌을 주었습니다. 존자들이여, 그는 격리생활을 실행한 뒤에 참모임에 세 가지 죄에 대하여 엿새 동안의 참회처벌을 청했습니다. 참모임은 그에게 세 가지 죄에 대하여 엿새 동안의 참회처벌을 주었습니다. 그는 참회생활을 실행하는 도중에 의도적인 정액의 방출이라는 한 죄를 짓고 감추지 않았습니다. 그는 참회생활을 실행하는 도중에 의도적인 정액의 방출이라는 한 죄를 짓고 감추지 않았습니다. 참모임은 그에게 의도적인 정액의 방출이라는 한 죄를 짓고 감추지 않은 것에 대하여 가중처벌을 주고 엿새 동안의 참회처벌을 주었습니다. 그는 참회생활을 마치고 출죄복귀를 받아야 할 도중에 의도적인 정액의 방출이라는 한 죄를 짓고 감추지 않았습니다. 존자들이여, 그는 참모임에 도중에 의도적인 정액의 방출이라는 한 죄를 짓고 감추지 않은 것에 대하여 가중처벌을 청하고 있습니다. 참모임은 수행승 우다인에게 도중에 의도적인 정액의 방출이라는 한 죄를 짓고 감추지 않은 것에 대하여 가중처벌을 주겠습니다. 수행승 우다인에게 도중에 의도적인 정액의 방출이라는 한 죄를 짓고 감추지 않은 것에 대하여 가중처벌을 주는 것에 동의하면 침묵하시고, 이견이 있으면 말씀하십시오.'

[결정] '참모임은 수행승 우다인에게 도중에 의도적인 정액의 방출이라는 한 죄를 짓고 감추지 않은 것에 대하여 가중처벌을 주었습니다. 참모임이 찬성하여

침묵했으므로, 저는 그와 같이 알겠습니다.'"

4. 수행승들이여, 엿새 동안의 참회처벌은 이와 같이 주어야 한다. 수행승들이여, 그 수행승 우다인은 참모임을 찾아가서 한쪽 어깨에 상의를 걸치고 연상의 수행승들의 양 발에 머리를 조아린 뒤에 웅크리고 앉아 합장하여 이와 같이 말해야 한다.

[청원1] '존자들이여, 저는 의도적인 정액의 방출이라는 한 죄를 짓고 닷새 동안을 감추었습니다. 저는 참모임에 의도적인 정액의 방출이라는 한 죄를 짓고 닷새 동안 감춘 것에 대하여 닷새 동안의 격리처벌을 청했습니다. 참모임은 저에게 의도적인 정액의 방출이라는 한 죄를 짓고 닷새 동안 감춘 것에 대하여 닷새 동안의 격리처벌을 주었습니다. 저는 격리생활을 실행하는 도중에 의도적인 정액의 방출이라는 한 죄를 짓고 감추지 않았습니다. 나는 참모임에 도중에 의도적인 정액의 방출이라는 한 죄를 짓고 감추지 않은 것에 대하여 가중처벌을 청했습니다. 참모임은 나에게 의도적인 정액의 방출이라는 한 죄를 짓고 감추지 않은 것에 대하여 가중처벌을 주었습니다. 나는 격리생활을 실행한 뒤에 참회생활을 실행해야 하는데 도중에 의도적인 정액의 방출이라는 한 죄를 짓고 감추지 않았습니다. 참모임은 저에게 도중에 의도적인 정액의 방출이라는 한 죄를 짓고 감추지 않은 것에 대하여 가중처벌을 주었습니다. 존자들이여, 저는 격리생활을 실행한 뒤에 참모임에게 세 가지 죄에 대하여 엿새 동안의 참회처벌을 청했습니다. 참모임은 저에게 세 가지 죄에 대하여 엿새 동안의 참회처벌을 주었습니다. 저는 참회생활을 실행하는 도중에 의도적인 정액의 방출이라는 한 죄를 짓고 감추지 않았습니다. 참모임은 저에게 의도적인 정액의 방출이라는 한 죄를 짓고 감추지 않은 것에 대하여 가중처벌을 주고 엿새 동안의 참회처벌을 주었습니다. 저는 참회생활을 마치고 출죄복귀를 받아야 할 도중에 의도적인 정액의 방출이라는 한 죄를 짓고 감추지 않았습니다. 존자들이여, 저는 참모임에 도중에 의도적인 정액의 방출이라는 한 죄를 짓고 감추지 않은 것에 대하여 엿새 동안의 참회처벌을 청합니다.'

[청원2] '존자들이여, 저는 의도적인 정액의 방출이라는 한 죄를 짓고 닷새 동안을 감추었습니다. 저는 참모임에 의도적인 정액의 방출이라는 한 죄를 짓고 닷새 동안 감춘 것에 대하여 닷새 동안의 격리처벌을 청했습니다. 참모임은 저에게 의도적인 정액의 방출이라는 한 죄를 짓고 닷새 동안 감춘 것에 대하여 닷새 동안의 격리처벌을 주었습니다. 저는 격리생활을 실행하는 도중에 의도적인 정액

의 방출이라는 한 죄를 짓고 감추지 않았습니다. 나는 참모임에 도중에 의도적인 정액의 방출이라는 한 죄를 짓고 감추지 않은 것에 대하여 가중처벌을 청했습니다. 참모임은 나에게 의도적인 정액의 방출이라는 한 죄를 짓고 감추지 않은 것에 대하여 가중처벌을 주었습니다. 나는 격리생활을 실행한 뒤에 참회생활을 실행해야 하는데 도중에 의도적인 정액의 방출이라는 한 죄를 짓고 감추지 않았습니다. 참모임은 저에게 도중에 의도적인 정액의 방출이라는 한 죄를 짓고 감추지 않은 것에 대하여 가중처벌을 주었습니다. 존자들이여, 저는 격리생활을 실행한 뒤에 참모임에게 세 가지 죄에 대하여 엿새 동안의 참회처벌을 청했습니다. 참모임은 저에게 세 가지 죄에 대하여 엿새 동안의 참회처벌을 주었습니다. 저는 참회생활을 실행하는 도중에 의도적인 정액의 방출이라는 한 죄를 짓고 감추지 않았습니다. 참모임은 저에게 의도적인 정액의 방출이라는 한 죄를 짓고 감추지 않은 것에 대하여 가중처벌을 주고 엿새 동안의 참회처벌을 주었습니다. 저는 참회생활을 마치고 출죄복귀를 받아야 할 도중에 의도적인 정액의 방출이라는 한 죄를 짓고 감추지 않았습니다. 존자들이여, 저는 참모임에 도중에 의도적인 정액의 방출이라는 한 죄를 짓고 감추지 않은 것에 대하여 두 번째에도 엿새 동안의 참회처벌을 청합니다.'

[청원3] '존자들이여, 저는 의도적인 정액의 방출이라는 한 죄를 짓고 닷새 동안을 감추었습니다. 저는 참모임에 의도적인 정액의 방출이라는 한 죄를 짓고 닷새 동안 감춘 것에 대하여 닷새 동안의 격리처벌을 청했습니다. 참모임은 저에게 의도적인 정액의 방출이라는 한 죄를 짓고 닷새 동안 감춘 것에 대하여 닷새 동안의 격리처벌을 주었습니다. 저는 격리생활을 실행하는 도중에 의도적인 정액의 방출이라는 한 죄를 짓고 감추지 않았습니다. 나는 참모임에 도중에 의도적인 정액의 방출이라는 한 죄를 짓고 감추지 않은 것에 대하여 가중처벌을 청했습니다. 참모임은 나에게 의도적인 정액의 방출이라는 한 죄를 짓고 감추지 않은 것에 대하여 가중처벌을 주었습니다. 나는 격리생활을 실행한 뒤에 참회생활을 실행해야 하는데 도중에 의도적인 정액의 방출이라는 한 죄를 짓고 감추지 않았습니다. 참모임은 저에게 도중에 의도적인 정액의 방출이라는 한 죄를 짓고 감추지 않은 것에 대하여 가중처벌을 주었습니다. 존자들이여, 저는 격리생활을 실행한 뒤에 참모임에게 세 가지 죄에 대하여 엿새 동안의 참회처벌을 청했습니다. 참모임은 저에게 세 가지 죄에 대하여 엿새 동안의 참회처벌을 주었습니다. 저는 참회생활을 실행하는 도중에 의도적인 정액의 방출이라는 한 죄를 짓고 감추지

않았습니다. 참모임은 저에게 의도적인 정액의 방출이라는 한 죄를 짓고 감추지 않은 것에 대하여 가중처벌을 주고 엿새 동안의 참회처벌을 주었습니다. 저는 참회생활을 마치고 출죄복귀를 받아야 할 도중에 의도적인 정액의 방출이라는 한 죄를 짓고 감추지 않았습니다. 존자들이여, 저는 참모임에 도중에 의도적인 정액의 방출이라는 한 죄를 짓고 감추지 않은 것에 대하여 세 번째에도 엿새 동안의 참회처벌을 청합니다.'

5. 총명하고 유능한 수행승이 참모임에 알려야 한다.

[제안] '존자들이여, 참모임은 제 말에 귀를 기울이십시오. 이 수행승 우다인은 의도적인 정액의 방출이라는 한 죄를 짓고 닷새 동안을 감추었습니다. 그가 참모임에 의도적인 정액의 방출이라는 한 죄를 짓고 닷새 동안 감춘 것에 대하여 닷새 동안의 격리처벌을 청했습니다. 참모임은 그에게 의도적인 정액의 방출이라는 한 죄를 짓고 닷새 동안 감춘 것에 대하여 닷새 동안의 격리처벌을 주었습니다. 그는 격리생활을 실행하는 도중에 의도적인 정액의 방출이라는 한 죄를 짓고 감추지 않았습니다. 그는 참모임에 격리생활을 실행하는 도중에 의도적인 정액의 방출이라는 한 죄를 짓고 감추지 않은 것에 대하여 가중처벌을 청했습니다. 참모임은 그에게 도중에 의도적인 정액의 방출이라는 한 죄를 짓고 감추지 않은 것에 대하여 가중처벌을 주었습니다. 그는 격리생활을 실행한 뒤에 참회생활을 실행해야 하는데 도중에 의도적인 정액의 방출이라는 한 죄를 짓고 감추지 않았습니다. 참모임은 그에게 도중에 의도적인 정액의 방출이라는 한 죄를 짓고 감추지 않은 것에 대하여 가중처벌을 주었습니다. 그는 격리생활을 실행한 뒤에 참모임에게 세 가지 죄에 대하여 엿새 동안의 참회처벌을 청했습니다. 참모임은 그에게 세 가지 죄에 대하여 엿새 동안의 참회처벌을 주었습니다. 그는 참회생활을 실행하는 도중에 의도적인 정액의 방출이라는 한 죄를 짓고 감추지 않았습니다. 참모임은 그에게 의도적인 정액의 방출이라는 한 죄를 짓고 감추지 않은 것에 대하여 가중처벌을 주고 엿새 동안의 참회처벌을 주었습니다. 그는 참회생활을 마치고 출죄복귀를 받아야 할 도중에 의도적인 정액의 방출이라는 한 죄를 짓고 감추지 않았습니다. 그는 출죄복귀를 받아야 할 도중에 의도적인 정액의 방출이라는 한 죄를 짓고 감추지 않았습니다. 그는 참모임에 도중에 의도적인 정액의 방출이라는 한 죄를 짓고 감추지 않은 것에 대하여 엿새 동안의 참회처벌을 청하고 있습니다. 만약 참모임에 옳은 일이라면, 참모임은 수행승 우다인에게 도중에 의도적인 정액의 방출이라는 한 죄를 짓고 감추지 않은 것에 대하여 엿새 동안의

참회처벌을 주겠습니다. 이것이 제안입니다.'

[제청1] '존자들이여, 참모임은 제 말에 귀를 기울이십시오. 이 수행승 우다인은 의도적인 정액의 방출이라는 한 죄를 짓고 닷새 동안을 감추었습니다. 그가 참모임에 의도적인 정액의 방출이라는 한 죄를 짓고 닷새 동안 감춘 것에 대하여 닷새 동안의 격리처벌을 청했습니다. 참모임은 그에게 의도적인 정액의 방출이라는 한 죄를 짓고 닷새 동안 감춘 것에 대하여 닷새 동안의 격리처벌을 주었습니다. 그는 격리생활을 실행하는 도중에 의도적인 정액의 방출이라는 한 죄를 짓고 감추지 않았습니다. 그는 참모임에 격리생활을 실행하는 도중에 의도적인 정액의 방출이라는 한 죄를 짓고 감추지 않은 것에 대하여 가중처벌을 청했습니다. 참모임은 그에게 도중에 의도적인 정액의 방출이라는 한 죄를 짓고 감추지 않은 것에 대하여 가중처벌을 주었습니다. 그는 격리생활을 실행한 뒤에 참회생활을 실행해야 하는데 도중에 의도적인 정액의 방출이라는 한 죄를 짓고 감추지 않았습니다. 참모임은 그에게 도중에 의도적인 정액의 방출이라는 한 죄를 짓고 감추지 않은 것에 대하여 가중처벌을 주었습니다. 그는 격리생활을 실행한 뒤에 참모임에게 세 가지 죄에 대하여 엿새 동안의 참회처벌을 청했습니다. 참모임은 그에게 세 가지 죄에 대하여 엿새 동안의 참회처벌을 주었습니다. 그는 참회생활을 실행하는 도중에 의도적인 정액의 방출이라는 한 죄를 짓고 감추지 않았습니다. 참모임은 그에게 의도적인 정액의 방출이라는 한 죄를 짓고 감추지 않은 것에 대하여 가중처벌을 주고 엿새 동안의 참회처벌을 주었습니다. 그는 참회생활을 마치고 출죄복귀를 받아야 할 도중에 의도적인 정액의 방출이라는 한 죄를 짓고 감추지 않았습니다. 그는 출죄복귀를 받아야 할 도중에 의도적인 정액의 방출이라는 한 죄를 짓고 감추지 않았습니다. 그는 참모임에 도중에 의도적인 정액의 방출이라는 한 죄를 짓고 감추지 않은 것에 대하여 엿새 동안의 참회처벌을 청하고 있습니다. 참모임은 수행승 우다인에게 도중에 의도적인 정액의 방출이라는 한 죄를 짓고 감추지 않은 것에 대하여 엿새 동안의 참회처벌을 주겠습니다. 수행승 우다인에게 도중에 의도적인 정액의 방출이라는 한 죄를 짓고 감추지 않은 것에 대하여 엿새 동안의 참회처벌을 주는 것에 동의하면 침묵하시고, 이견이 있으면 말씀하십시오.'

[제청2] '두 번째에도 저는 이 사실을 말합니다. 존자들이여, 참모임은 제 말에 귀를 기울이십시오. 이 수행승 우다인은 의도적인 정액의 방출이라는 한 죄를 짓고 닷새 동안을 감추었습니다. 그가 참모임에 의도적인 정액의 방출이라는

한 죄를 짓고 닷새 동안 감춘 것에 대하여 닷새 동안의 격리처벌을 청했습니다. 참모임은 그에게 의도적인 정액의 방출이라는 한 죄를 짓고 닷새 동안 감춘 것에 대하여 닷새 동안의 격리처벌을 주었습니다. 그는 격리생활을 실행하는 도중에 의도적인 정액의 방출이라는 한 죄를 짓고 감추지 않았습니다. 그는 참모임에 격리생활을 실행하는 도중에 의도적인 정액의 방출이라는 한 죄를 짓고 감추지 않은 것에 대하여 가중처벌을 청했습니다. 참모임은 그에게 도중에 의도적인 정액의 방출이라는 한 죄를 짓고 감추지 않은 것에 대하여 가중처벌을 주었습니다. 그는 격리생활을 실행한 뒤에 참회생활을 실행해야 하는데 도중에 의도적인 정액의 방출이라는 한 죄를 짓고 감추지 않았습니다. 참모임은 그에게 도중에 의도적인 정액의 방출이라는 한 죄를 짓고 감추지 않은 것에 대하여 가중처벌을 주었습니다. 그는 격리생활을 실행한 뒤에 참모임에게 세 가지 죄에 대하여 엿새 동안의 참회처벌을 청했습니다. 참모임은 그에게 세 가지 죄에 대하여 엿새 동안의 참회처벌을 주었습니다. 그는 참회생활을 실행하는 도중에 의도적인 정액의 방출이라는 한 죄를 짓고 감추지 않았습니다. 참모임은 그에게 의도적인 정액의 방출이라는 한 죄를 짓고 감추지 않은 것에 대하여 가중처벌을 주고 엿새 동안의 참회처벌을 주었습니다. 그는 참회생활을 마치고 출죄복귀를 받아야 할 도중에 의도적인 정액의 방출이라는 한 죄를 짓고 감추지 않았습니다. 그는 출죄복귀를 받아야 할 도중에 의도적인 정액의 방출이라는 한 죄를 짓고 감추지 않았습니다. 그는 참모임에 도중에 의도적인 정액의 방출이라는 한 죄를 짓고 감추지 않은 것에 대하여 엿새 동안의 참회처벌을 청하고 있습니다. 참모임은 수행승 우다인에게 도중에 의도적인 정액의 방출이라는 한 죄를 짓고 감추지 않은 것에 대하여 엿새 동안의 참회처벌을 주겠습니다. 수행승 우다인에게 도중에 의도적인 정액의 방출이라는 한 죄를 짓고 감추지 않은 것에 대하여 엿새 동안의 참회처벌을 주는 것에 동의하면 침묵하시고, 이견이 있으면 말씀하십시오.'

[제청3] '세 번째에도 저는 이 사실을 말합니다. 존자들이여, 참모임은 제 말에 귀를 기울이십시오. 이 수행승 우다인은 의도적인 정액의 방출이라는 한 죄를 짓고 닷새 동안을 감추었습니다. 그가 참모임에 의도적인 정액의 방출이라는 한 죄를 짓고 닷새 동안 감춘 것에 대하여 닷새 동안의 격리처벌을 청했습니다. 참모임은 그에게 의도적인 정액의 방출이라는 한 죄를 짓고 닷새 동안 감춘 것에 대하여 닷새 동안의 격리처벌을 주었습니다. 그는 격리생활을 실행하는 도중에 의도적인 정액의 방출이라는 한 죄를 짓고 감추지 않았습니다. 그는 참모임에

격리생활을 실행하는 도중에 의도적인 정액의 방출이라는 한 죄를 짓고 감추지 않은 것에 대하여 가중처벌을 청했습니다. 참모임은 그에게 도중에 의도적인 정액의 방출이라는 한 죄를 짓고 감추지 않은 것에 대하여 가중처벌을 주었습니다. 그는 격리생활을 실행한 뒤에 참회생활을 실행해야 하는데 도중에 의도적인 정액의 방출이라는 한 죄를 짓고 감추지 않았습니다. 참모임은 그에게 도중에 의도적인 정액의 방출이라는 한 죄를 짓고 감추지 않은 것에 대하여 가중처벌을 주었습니다. 그는 격리생활을 실행한 뒤에 참모임에게 세 가지 죄에 대하여 엿새 동안의 참회처벌을 청했습니다. 참모임은 그에게 세 가지 죄에 대하여 엿새 동안의 참회처벌을 주었습니다. 그는 참회생활을 실행하는 도중에 의도적인 정액의 방출이라는 한 죄를 짓고 감추지 않았습니다. 그는 참모임에 도중에 의도적인 정액의 방출이라는 한 죄를 짓고 감추지 않은 것에 대하여 엿새 동안의 참회처벌을 청하고 있습니다. 참모임은 수행승 우다인에게 도중에 의도적인 정액의 방출이라는 한 죄를 짓고 감추지 않은 것에 대하여 엿새 동안의 참회처벌을 주겠습니다. 수행승 우다인에게 도중에 의도적인 정액의 방출이라는 한 죄를 짓고 감추지 않은 것에 대하여 엿새 동안의 참회처벌을 주는 것에 동의하면 침묵하시고, 이견이 있으면 말씀하십시오.'

[결정] '참모임은 수행승 우다인에게 도중에 의도적인 정액의 방출이라는 한 죄를 짓고 감추지 않은 것에 대하여 엿새 동안의 참회처벌을 주었습니다. 참모임이 찬성하여 침묵했으므로, 저는 그와 같이 알겠습니다.'"

출죄복귀를 받아야 할 자의 가중처벌이 끝났다.

12. 가중처벌을 받은 자에 대한 출죄복귀(Mūlāyapaṭikassitābbhāna)

1. 그는 참회생활을 실행한 뒤에 수행승들에게 알렸다.

[우다인] "벗들이여, 나는 의도적인 정액의 방출이라는 한 죄를 짓고 닷새 동안을 감추었습니다. 나는 참모임에 의도적인 정액의 방출이라는 한 죄를 짓고 닷새 동안 감춘 것에 대하여 닷새 동안의 격리처벌을 청했습니다. 참모임은 저에게 의도적인 정액의 방출이라는 한 죄를 짓고 닷새 동안 감춘 것에 대하여 닷새 동안의 격리처벌을 주었습니다. 나는 격리생활을 실행하는 도중에 의도적인 정액의 방출이라는 한 죄를 짓고 감추지 않았습니다. 나는 참모임에 도중에 의도적인 정액의 방출이라는 한 죄를 짓고 감추지 않은 것에 대하여 가중처벌을 청했습니다. 참모임은 저에게 의도적인 정액의 방출이라는 한 죄를 짓고 감추지 않은

것에 대하여 가중처벌을 주었습니다. 나는 격리생활을 실행한 뒤에 참회생활을 실행해야 하는데 도중에 의도적인 정액의 방출이라는 한 죄를 짓고 감추지 않았습니다. 나는 참모임에 도중에 의도적인 정액의 방출이라는 한 죄를 짓고 감추지 않은 것에 대하여 가중처벌을 청했습니다. 참모임은 저에게 도중에 의도적인 정액의 방출이라는 한 죄를 짓고 감추지 않은 것에 대하여 가중처벌을 주었습니다. 나는 격리생활을 실행한 뒤에 참모임에 세 가지 죄에 대하여 엿새 동안의 참회처벌을 청했습니다. 참모임은 저에게 세 가지 죄에 대하여 엿새 동안의 참회처벌을 주었습니다. 나는 참회생활을 실행하는 도중에 의도적인 정액의 방출이라는 한 죄를 짓고 감추지 않았습니다. 벗들이여, 나는 참모임에 도중에 의도적인 정액의 방출이라는 한 죄를 짓고 감추지 않은 것에 대하여 가중처벌을 청했습니다. 참모임에 저에게 도중에 의도적인 정액의 방출이라는 한 죄를 짓고 감추지 않은 것에 대하여 가중처벌을 주었습니다. 나는 참모임에 도중에 의도적인 정액의 방출이라는 한 죄를 짓고 감추지 않은 것에 대하여 엿새 동안의 참회처벌을 청했습니다. 참모임은 저에게 도중에 의도적인 정액의 방출이라는 한 죄를 짓고 감추지 않은 것에 대하여 엿새 동안의 참회처벌을 주었습니다. 나는 참회생활을 실행한 뒤에 출죄복귀를 받아야 하는데, 도중에 의도적인 정액의 방출이라는 한 죄를 짓고 감추지 않았습니다. 나는 참모임에 도중에 의도적인 정액의 방출이라는 한 죄를 짓고 감추지 않은 것에 대하여 가중처벌을 청했습니다. 참모임은 저에게 도중에 의도적인 정액의 방출이라는 한 죄를 짓고 감추지 않은 것에 대하여 가중처벌을 주었습니다. 나는 참모임에 도중에 의도적인 정액의 방출이라는 한 죄를 짓고 감추지 않은 것에 대하여 엿새 동안의 참회처벌을 청했습니다. 참모임은 저에게 도중에 의도적인 정액의 방출이라는 한 죄를 짓고 감추지 않은 것에 대하여 엿새 동안의 참회처벌을 주었습니다. 나는[47] 참회생활을 실행했습니다. 나는 이제 어떻게 해야 합니까?"

세존께 그 사실을 알렸다.

[세존] "수행승들이여, 그렇다면 참모임은 수행승 우다인에게 출죄복귀를 주어라."

2 [세존] "수행승들이여, 그런데 출죄복귀는 이와 같이 주어야 한다. 수행승들이여, 그 수행승 우다인은 참모임을 찾아가서 한쪽 어깨에 상의를 걸치고 연상의 수행승들의 양발에 머리를 조아리고 웅크리고 앉아 합장하여 이와 같이 말해야 한다.

[청원1] '존자들이여, 저는 의도적인 정액의 방출이라는 한 죄를 짓고 닷새 동안을 감추었습니다. 저는 참모임에 의도적인 정액의 방출이라는 한 죄를 짓고 닷새 동안 감춘 것에 대하여 닷새 동안의 격리처벌을 청했습니다. 참모임은 저에게 의도적인 정액의 방출이라는 한 죄를 짓고 닷새 동안 감춘 것에 대하여 닷새 동안의 격리처벌을 주었습니다. 저는 격리생활을 실행하는 도중에 의도적인 정액의 방출이라는 한 죄를 짓고 감추지 않았습니다. 저는 참모임에 도중에 의도적인 정액의 방출이라는 한 죄를 짓고 감추지 않은 것에 대하여 가중처벌을 청했습니다. 참모임은 저에게 의도적인 정액의 방출이라는 한 죄를 짓고 감추지 않은 것에 대하여 가중처벌을 주었습니다. 저는 격리생활을 실행한 뒤에 참회생활을 실행해야 하는데 도중에 의도적인 정액의 방출이라는 한 죄를 짓고 감추지 않았습니다. 저는 참모임에 도중에 의도적인 정액의 방출이라는 한 죄를 짓고 감추지 않은 것에 대하여 가중처벌을 청했습니다. 참모임은 저에게 도중에 의도적인 정액의 방출이라는 한 죄를 짓고 감추지 않은 것에 대하여 가중처벌을 주었습니다. 존자들이여, 저는 격리생활을 실행한 뒤에 참모임에 세 가지 죄에 대하여 엿새 동안의 참회처벌을 청했습니다. 참모임은 저에게 세 가지 죄에 대하여 엿새 동안의 참회처벌을 주었습니다. 저는 참회생활을 실행하는 도중에 의도적인 정액의 방출이라는 한 죄를 짓고 감추지 않았습니다. 존자들이여, 저는 참모임에 도중에 의도적인 정액의 방출이라는 한 죄를 짓고 감추지 않은 것에 대하여 가중처벌을 청했습니다. 참모임에 저에게 도중에 의도적인 정액의 방출이라는 한 죄를 짓고 감추지 않은 것에 대하여 가중처벌을 주었습니다. 저는 참모임에 도중에 의도적인 정액의 방출이라는 한 죄를 짓고 감추지 않은 것에 대하여 엿새 동안의 참회처벌을 청했습니다. 참모임은 저에게 도중에 의도적인 정액의 방출이라는 한 죄를 짓고 감추지 않은 것에 대하여 엿새 동안의 참회처벌을 주었습니다. 저는 참회생활을 실행한 뒤에 출죄복귀를 받아야 하는데, 도중에 의도적인 정액의 방출이라는 한 죄를 짓고 감추지 않았습니다. 저는 참모임에 도중에 의도적인 정액의 방출이라는 한 죄를 짓고 감추지 않은 것에 대하여 가중처벌을 청했습니다. 참모임은 저에게 도중에 의도적인 정액의 방출이라는 한 죄를 짓고 감추지 않은 것에 대하여 가중처벌을 주었습니다. 저는 참모임에 도중에 의도적인 정액의 방출이라는 한 죄를 짓고 감추지 않은 것에 대하여 엿새 동안의 참회처벌을 청했습니다. 참모임은 저에게 도중에 의도적인 정액의 방출이라는 한 죄를 짓고 감추지 않은 것에 대하여 엿새 동안의 참회처벌을 주었습니다. 존자들이여, 저는

참회생활을 실행한 뒤에 참모임에 출죄복귀를 청합니다.'

[청원2] '존자들이여, 저는 의도적인 정액의 방출이라는 한 죄를 짓고 닷새 동안을 감추었습니다. 저는 참모임에 의도적인 정액의 방출이라는 한 죄를 짓고 닷새 동안 감춘 것에 대하여 닷새 동안의 격리처벌을 청했습니다. 참모임은 저에게 의도적인 정액의 방출이라는 한 죄를 짓고 닷새 동안 감춘 것에 대하여 닷새 동안의 격리처벌을 주었습니다. 저는 격리생활을 실행하는 도중에 의도적인 정액의 방출이라는 한 죄를 짓고 감추지 않았습니다. 저는 참모임에 도중에 의도적인 정액의 방출이라는 한 죄를 짓고 감추지 않은 것에 대하여 가중처벌을 청했습니다. 참모임은 저에게 의도적인 정액의 방출이라는 한 죄를 짓고 감추지 않은 것에 대하여 가중처벌을 주었습니다. 저는 격리생활을 실행한 뒤에 참회생활을 실행해야 하는데 도중에 의도적인 정액의 방출이라는 한 죄를 짓고 감추지 않았습니다. 저는 참모임에 도중에 의도적인 정액의 방출이라는 한 죄를 짓고 감추지 않은 것에 대하여 가중처벌을 청했습니다. 참모임은 저에게 도중에 의도적인 정액의 방출이라는 한 죄를 짓고 감추지 않은 것에 대하여 가중처벌을 주었습니다. 존자들이여, 저는 격리생활을 실행한 뒤에 참모임에 세 가지 죄에 대하여 엿새 동안의 참회처벌을 청했습니다. 참모임은 저에게 세 가지 죄에 대하여 엿새 동안의 참회처벌을 주었습니다. 저는 참회생활을 실행하는 도중에 의도적인 정액의 방출이라는 한 죄를 짓고 감추지 않았습니다. 존자들이여, 저는 참모임에 도중에 의도적인 정액의 방출이라는 한 죄를 짓고 감추지 않은 것에 대하여 가중처벌을 청했습니다. 참모임에 저에게 도중에 의도적인 정액의 방출이라는 한 죄를 짓고 감추지 않은 것에 대하여 가중처벌을 주었습니다. 저는 참모임에 도중에 의도적인 정액의 방출이라는 한 죄를 짓고 감추지 않은 것에 대하여 엿새 동안의 참회처벌을 청했습니다. 참모임은 저에게 도중에 의도적인 정액의 방출이라는 한 죄를 짓고 감추지 않은 것에 대하여 엿새 동안의 참회처벌을 주었습니다. 저는 참회생활을 실행한 뒤에 출죄복귀를 받아야 하는데, 도중에 의도적인 정액의 방출이라는 한 죄를 짓고 감추지 않았습니다. 저는 참모임에 도중에 의도적인 정액의 방출이라는 한 죄를 짓고 감추지 않은 것에 대하여 가중처벌을 청했습니다. 참모임은 저에게 도중에 의도적인 정액의 방출이라는 한 죄를 짓고 감추지 않은 것에 대하여 가중처벌을 주었습니다. 저는 참모임에 도중에 의도적인 정액의 방출이라는 한 죄를 짓고 감추지 않은 것에 대하여 엿새 동안의 참회처벌을 청했습니다. 참모임은 저에게 도중에 의도적인 정액의 방출이라는 한 죄를 짓고

감추지 않은 것에 대하여 엿새 동안의 참회처벌을 주었습니다. 존자들이여, 저는 참회생활을 실행한 뒤에 참모임에 두 번째에도 출죄복귀를 청합니다.'

[청원3] '존자들이여, 저는 의도적인 정액의 방출이라는 한 죄를 짓고 닷새 동안을 감추었습니다. 저는 참모임에 의도적인 정액의 방출이라는 한 죄를 짓고 닷새 동안 감춘 것에 대하여 닷새 동안의 격리처벌을 청했습니다. 참모임은 저에게 의도적인 정액의 방출이라는 한 죄를 짓고 닷새 동안 감춘 것에 대하여 닷새 동안의 격리처벌을 주었습니다. 저는 격리생활을 실행하는 도중에 의도적인 정액의 방출이라는 한 죄를 짓고 감추지 않았습니다. 저는 참모임에 도중에 의도적인 정액의 방출이라는 한 죄를 짓고 감추지 않은 것에 대하여 가중처벌을 청했습니다. 참모임은 저에게 의도적인 정액의 방출이라는 한 죄를 짓고 감추지 않은 것에 대하여 가중처벌을 주었습니다. 저는 격리생활을 실행한 뒤에 참회생활을 실행해야 하는데 도중에 의도적인 정액의 방출이라는 한 죄를 짓고 감추지 않았습니다. 저는 참모임에 도중에 의도적인 정액의 방출이라는 한 죄를 짓고 감추지 않은 것에 대하여 가중처벌을 청했습니다. 참모임은 저에게 도중에 의도적인 정액의 방출이라는 한 죄를 짓고 감추지 않은 것에 대하여 가중처벌을 주었습니다. 존자들이여, 저는 격리생활을 실행한 뒤에 참모임에 세 가지 죄에 대하여 엿새 동안의 참회처벌을 청했습니다. 참모임은 저에게 세 가지 죄에 대하여 엿새 동안의 참회처벌을 주었습니다. 저는 참회생활을 실행하는 도중에 의도적인 정액의 방출이라는 한 죄를 짓고 감추지 않았습니다. 존자들이여, 저는 참모임에 도중에 의도적인 정액의 방출이라는 한 죄를 짓고 감추지 않은 것에 대하여 가중처벌을 청했습니다. 참모임에 저에게 도중에 의도적인 정액의 방출이라는 한 죄를 짓고 감추지 않은 것에 대하여 가중처벌을 주었습니다. 저는 참모임에 도중에 의도적인 정액의 방출이라는 한 죄를 짓고 감추지 않은 것에 대하여 엿새 동안의 참회처벌을 청했습니다. 참모임은 저에게 도중에 의도적인 정액의 방출이라는 한 죄를 짓고 감추지 않은 것에 대하여 엿새 동안의 참회처벌을 주었습니다. 저는 참회생활을 실행한 뒤에 출죄복귀를 받아야 하는데, 도중에 의도적인 정액의 방출이라는 한 죄를 짓고 감추지 않았습니다. 저는 참모임에 도중에 의도적인 정액의 방출이라는 한 죄를 짓고 감추지 않은 것에 대하여 가중처벌을 청했습니다. 참모임은 저에게 도중에 의도적인 정액의 방출이라는 한 죄를 짓고 감추지 않은 것에 대하여 가중처벌을 주었습니다. 저는 참모임에 도중에 의도적인 정액의 방출이라는 한 죄를 짓고 감추지 않은 것에 대하여 엿새 동안의 참회처벌을

청했습니다. 참모임은 저에게 도중에 의도적인 정액의 방출이라는 한 죄를 짓고 감추지 않은 것에 대하여 엿새 동안의 참회처벌을 주었습니다. 존자들이여, 저는 참회생활을 실행한 뒤에 참모임에 세 번째에도 출죄복귀를 청합니다.'

3. 총명하고 유능한 수행승이 참모임에 알려야 한다.

[제안] '존자들이여, 참모임은 제 말에 귀를 기울이십시오.[48] 존자들이여, 이 수행승 우다인은 의도적인 정액의 방출이라는 한 죄를 짓고 닷새 동안을 감추었습니다. 그는 참모임에 의도적인 정액의 방출이라는 한 죄를 짓고 닷새 동안 감춘 것에 대하여 닷새 동안의 격리처벌을 청했습니다. 참모임은 그에게 의도적인 정액의 방출이라는 한 죄를 짓고 닷새 동안 감춘 것에 대하여 닷새 동안의 격리처벌을 주었습니다. 그는 격리생활을 실행하는 도중에 의도적인 정액의 방출이라는 한 죄를 짓고 감추지 않았습니다. 그는 참모임에 도중에 의도적인 정액의 방출이라는 한 죄를 짓고 감추지 않은 것에 대하여 가중처벌을 청했습니다. 참모임은 그에게 의도적인 정액의 방출이라는 한 죄를 짓고 감추지 않은 것에 대하여 가중처벌을 주었습니다. 그는 격리생활을 실행한 뒤에 참회생활을 실행해야 하는데 도중에 의도적인 정액의 방출이라는 한 죄를 짓고 감추지 않았습니다. 저는 참모임에 도중에 의도적인 정액의 방출이라는 한 죄를 짓고 감추지 않은 것에 대하여 가중처벌을 청했습니다. 참모임은 그에게 도중에 의도적인 정액의 방출이라는 한 죄를 짓고 감추지 않은 것에 대하여 가중처벌을 주었습니다. 존자들이여, 그는 격리생활을 실행한 뒤에 참모임에 세 가지 죄에 대하여 엿새 동안의 참회처벌을 청했습니다. 참모임은 그에게 세 가지 죄에 대하여 엿새 동안의 참회처벌을 주었습니다. 그는 참회생활을 실행하는 도중에 의도적인 정액의 방출이라는 한 죄를 짓고 감추지 않았습니다. 존자들이여, 그는 참모임에 도중에 의도적인 정액의 방출이라는 한 죄를 짓고 감추지 않은 것에 대하여 가중처벌을 청했습니다. 참모임에 그에게 도중에 의도적인 정액의 방출이라는 한 죄를 짓고 감추지 않은 것에 대하여 가중처벌을 주었습니다. 그는 참모임에 도중에 의도적인 정액의 방출이라는 한 죄를 짓고 감추지 않은 것에 대하여 엿새 동안의 참회처벌을 청했습니다. 참모임은 그에게 도중에 의도적인 정액의 방출이라는 한 죄를 짓고 감추지 않은 것에 대하여 엿새 동안의 참회처벌을 주었습니다. 그는 참회생활을 실행한 뒤에 출죄복귀를 받아야 하는데, 도중에 의도적인 정액의 방출이라는 한 죄를 짓고 감추지 않았습니다. 그는 참모임에 도중에 의도적인 정액의 방출이라는 한 죄를 짓고 감추지 않은 것에 대하여 가중처벌을 청했습니다. 참모임은 그에게

도중에 의도적인 정액의 방출이라는 한 죄를 짓고 감추지 않은 것에 대하여 가중처벌을 주었습니다. 그는 참모임에 도중에 의도적인 정액의 방출이라는 한 죄를 짓고 감추지 않은 것에 대하여 엿새 동안의 참회처벌을 청했습니다. 참모임은 그에게 도중에 의도적인 정액의 방출이라는 한 죄를 짓고 감추지 않은 것에 대하여 엿새 동안의 참회처벌을 주었습니다. 그는 참회생활을 실행한 뒤에 참모임에 출죄복귀를 청하고 있습니다. 만약 참모임에 옳은 일이라면, 참모임은 수행승 우다인에게 출죄복귀를 주겠습니다. 이것이 제안입니다.'

[제청1] '존자들이여, 참모임은 제 말에 귀를 기울이십시오. 존자들이여, 이 수행승 우다인은 의도적인 정액의 방출이라는 한 죄를 짓고 닷새 동안을 감추었습니다. 그는 참모임에 의도적인 정액의 방출이라는 한 죄를 짓고 닷새 동안 감춘 것에 대하여 닷새 동안의 격리처벌을 청했습니다. 참모임은 그에게 의도적인 정액의 방출이라는 한 죄를 짓고 닷새 동안 감춘 것에 대하여 닷새 동안의 격리처벌을 주었습니다. 그는 격리생활을 실행하는 도중에 의도적인 정액의 방출이라는 한 죄를 짓고 감추지 않았습니다. 그는 참모임에 도중에 의도적인 정액의 방출이라는 한 죄를 짓고 감추지 않은 것에 대하여 가중처벌을 청했습니다. 참모임은 그에게 의도적인 정액의 방출이라는 한 죄를 짓고 감추지 않은 것에 대하여 가중처벌을 주었습니다. 그는 격리생활을 실행한 뒤에 참회생활을 실행해야 하는데 도중에 의도적인 정액의 방출이라는 한 죄를 짓고 감추지 않았습니다. 저는 참모임에 도중에 의도적인 정액의 방출이라는 한 죄를 짓고 감추지 않은 것에 대하여 가중처벌을 청했습니다. 참모임은 그에게 도중에 의도적인 정액의 방출이라는 한 죄를 짓고 감추지 않은 것에 대하여 가중처벌을 주었습니다. 존자들이여, 그는 격리생활을 실행한 뒤에 참모임에 세 가지 죄에 대하여 엿새 동안의 참회처벌을 청했습니다. 참모임은 그에게 세 가지 죄에 대하여 엿새 동안의 참회처벌을 주었습니다. 그는 참회생활을 실행하는 도중에 의도적인 정액의 방출이라는 한 죄를 짓고 감추지 않았습니다. 존자들이여, 그는 참모임에 도중에 의도적인 정액의 방출이라는 한 죄를 짓고 감추지 않은 것에 대하여 가중처벌을 청했습니다. 참모임에 그에게 도중에 의도적인 정액의 방출이라는 한 죄를 짓고 감추지 않은 것에 대하여 가중처벌을 주었습니다. 그는 참모임에 도중에 의도적인 정액의 방출이라는 한 죄를 짓고 감추지 않은 것에 대하여 엿새 동안의 참회처벌을 청했습니다. 참모임은 그에게 도중에 의도적인 정액의 방출이라는 한 죄를 짓고 감추지 않은 것에 대하여 엿새 동안의 참회처벌을 주었습니다. 그는 참회생활을 실행

한 뒤에 출죄복귀를 받아야 하는데, 도중에 의도적인 정액의 방출이라는 한 죄를 짓고 감추지 않았습니다. 그는 참모임에 도중에 의도적인 정액의 방출이라는 한 죄를 짓고 감추지 않은 것에 대하여 가중처벌을 청했습니다. 참모임은 그에게 도중에 의도적인 정액의 방출이라는 한 죄를 짓고 감추지 않은 것에 대하여 가중처벌을 주었습니다. 그는 참모임에 도중에 의도적인 정액의 방출이라는 한 죄를 짓고 감추지 않은 것에 대하여 엿새 동안의 참회처벌을 청했습니다. 참모임은 그에게 도중에 의도적인 정액의 방출이라는 한 죄를 짓고 감추지 않은 것에 대하여 엿새 동안의 참회처벌을 주었습니다. 그는 참회생활을 실행한 뒤에 참모임에 출죄복귀를 청하고 있습니다. 참모임은 수행승 우다인에게 출죄복귀를 주겠습니다. 수행승 우다인에게 출죄복귀를 주는 것에 동의하면 침묵하시고, 이견이 있으면 말씀하십시오.'

[제청2] '두 번째에도 저는 이 사실을 말합니다. 존자들이여, 참모임은 제 말에 귀를 기울이십시오. 존자들이여, 이 수행승 우다인은 의도적인 정액의 방출이라는 한 죄를 짓고 닷새 동안을 감추었습니다. 그는 참모임에 의도적인 정액의 방출이라는 한 죄를 짓고 닷새 동안 감춘 것에 대하여 닷새 동안의 격리처벌을 청했습니다. 참모임은 그에게 의도적인 정액의 방출이라는 한 죄를 짓고 닷새 동안 감춘 것에 대하여 닷새 동안의 격리처벌을 주었습니다. 그는 격리생활을 실행하는 도중에 의도적인 정액의 방출이라는 한 죄를 짓고 감추지 않았습니다. 그는 참모임에 도중에 의도적인 정액의 방출이라는 한 죄를 짓고 감추지 않은 것에 대하여 가중처벌을 청했습니다. 참모임은 그에게 의도적인 정액의 방출이라는 한 죄를 짓고 감추지 않은 것에 대하여 가중처벌을 주었습니다. 그는 격리생활을 실행한 뒤에 참회생활을 실행해야 하는데 도중에 의도적인 정액의 방출이라는 한 죄를 짓고 감추지 않았습니다. 저는 참모임에 도중에 의도적인 정액의 방출이라는 한 죄를 짓고 감추지 않은 것에 대하여 가중처벌을 청했습니다. 참모임은 그에게 도중에 의도적인 정액의 방출이라는 한 죄를 짓고 감추지 않은 것에 대하여 가중처벌을 주었습니다. 존자들이여, 그는 격리생활을 실행한 뒤에 참모임에 세 가지 죄에 대하여 엿새 동안의 참회처벌을 청했습니다. 참모임은 그에게 세 가지 죄에 대하여 엿새 동안의 참회처벌을 주었습니다. 그는 참회생활을 실행하는 도중에 의도적인 정액의 방출이라는 한 죄를 짓고 감추지 않았습니다. 존자들이여, 그는 참모임에 도중에 의도적인 정액의 방출이라는 한 죄를 짓고 감추지 않은 것에 대하여 가중처벌을 청했습니다. 참모임에 그에게 도중에 의도적인

정액의 방출이라는 한 죄를 짓고 감추지 않은 것에 대하여 가중처벌을 주었습니다. 그는 참모임에 도중에 의도적인 정액의 방출이라는 한 죄를 짓고 감추지 않은 것에 대하여 엿새 동안의 참회처벌을 청했습니다. 참모임은 그에게 도중에 의도적인 정액의 방출이라는 한 죄를 짓고 감추지 않은 것에 대하여 엿새 동안의 참회처벌을 주었습니다. 그는 참회생활을 실행한 뒤에 출죄복귀를 받아야 하는데, 도중에 의도적인 정액의 방출이라는 한 죄를 짓고 감추지 않았습니다. 그는 참모임에 도중에 의도적인 정액의 방출이라는 한 죄를 짓고 감추지 않은 것에 대하여 가중처벌을 청했습니다. 참모임은 그에게 도중에 의도적인 정액의 방출이라는 한 죄를 짓고 감추지 않은 것에 대하여 가중처벌을 주었습니다. 그는 참모임에 도중에 의도적인 정액의 방출이라는 한 죄를 짓고 감추지 않은 것에 대하여 엿새 동안의 참회처벌을 청했습니다. 참모임은 그에게 도중에 의도적인 정액의 방출이라는 한 죄를 짓고 감추지 않은 것에 대하여 엿새 동안의 참회처벌을 주었습니다. 그는 참회생활을 실행한 뒤에 참모임에 출죄복귀를 청하고 있습니다. 참모임은 수행승 우다인에게 출죄복귀를 주겠습니다. 수행승 우다인에게 출죄복귀를 주는 것에 동의하면 침묵하시고, 이견이 있으면 말씀하십시오.'

[제청3] '세 번째에도 저는 이 사실을 말합니다. 존자들이여, 참모임은 제 말에 귀를 기울이십시오. 존자들이여, 이 수행승 우다인은 의도적인 정액의 방출이라는 한 죄를 짓고 닷새 동안을 감추었습니다. 그는 참모임에 의도적인 정액의 방출이라는 한 죄를 짓고 닷새 동안 감춘 것에 대하여 닷새 동안의 격리처벌을 청했습니다. 참모임은 그에게 의도적인 정액의 방출이라는 한 죄를 짓고 닷새 동안 감춘 것에 대하여 닷새 동안의 격리처벌을 주었습니다. 그는 격리생활을 실행하는 도중에 의도적인 정액의 방출이라는 한 죄를 짓고 감추지 않았습니다. 그는 참모임에 도중에 의도적인 정액의 방출이라는 한 죄를 짓고 감추지 않은 것에 대하여 가중처벌을 청했습니다. 참모임은 그에게 의도적인 정액의 방출이라는 한 죄를 짓고 감추지 않은 것에 대하여 가중처벌을 주었습니다. 그는 격리생활을 실행한 뒤에 참회생활을 실행해야 하는데 도중에 의도적인 정액의 방출이라는 한 죄를 짓고 감추지 않았습니다. 저는 참모임에 도중에 의도적인 정액의 방출이라는 한 죄를 짓고 감추지 않은 것에 대하여 가중처벌을 청했습니다. 참모임은 그에게 도중에 의도적인 정액의 방출이라는 한 죄를 짓고 감추지 않은 것에 대하여 가중처벌을 주었습니다. 존자들이여, 그는 격리생활을 실행한 뒤에 참모임에 세 가지 죄에 대하여 엿새 동안의 참회처벌을 청했습니다. 참모임은 그에게 세

가지 죄에 대하여 엿새 동안의 참회처벌을 주었습니다. 그는 참회생활을 실행하는 도중에 의도적인 정액의 방출이라는 한 죄를 짓고 감추지 않았습니다. 존자들이여, 그는 참모임에 도중에 의도적인 정액의 방출이라는 한 죄를 짓고 감추지 않은 것에 대하여 가중처벌을 청했습니다. 참모임에 그에게 도중에 의도적인 정액의 방출이라는 한 죄를 짓고 감추지 않은 것에 대하여 가중처벌을 주었습니다. 그는 참모임에 도중에 의도적인 정액의 방출이라는 한 죄를 짓고 감추지 않은 것에 대하여 엿새 동안의 참회처벌을 청했습니다. 참모임은 그에게 도중에 의도적인 정액의 방출이라는 한 죄를 짓고 감추지 않은 것에 대하여 엿새 동안의 참회처벌을 주었습니다. 그는 참회생활을 실행한 뒤에 출죄복귀를 받아야 하는데, 도중에 의도적인 정액의 방출이라는 한 죄를 짓고 감추지 않았습니다. 그는 참모임에 도중에 의도적인 정액의 방출이라는 한 죄를 짓고 감추지 않은 것에 대하여 가중처벌을 청했습니다. 참모임은 그에게 도중에 의도적인 정액의 방출이라는 한 죄를 짓고 감추지 않은 것에 대하여 가중처벌을 주었습니다. 그는 참모임에 도중에 의도적인 정액의 방출이라는 한 죄를 짓고 감추지 않은 것에 대하여 엿새 동안의 참회처벌을 청했습니다. 참모임은 그에게 도중에 의도적인 정액의 방출이라는 한 죄를 짓고 감추지 않은 것에 대하여 엿새 동안의 참회처벌을 주었습니다. 그는 참회생활을 실행한 뒤에 참모임에 출죄복귀를 청하고 있습니다. 참모임은 수행승 우다인에게 출죄복귀를 주겠습니다. 수행승 우다인에게 출죄복귀를 주는 것에 동의하면 침묵하시고, 이견이 있으면 말씀하십시오.'

[결정] '참모임은 수행승 우다인에게 출죄복귀를 주었습니다. 참모임이 찬성하여 침묵했으므로, 저는 그와 같이 알겠습니다.'"

가중처벌을 받은 자에 대한 출죄복귀가 끝났다.

13. 보름간 감춘 것에 대한 격리처벌(Pakkhapaṭicchannaparivāsa)

1. 한때 존자 우다인이 의도적인 정액의 방출이라는 한 죄를 짓고 보름 동안 감추었다. 그는 수행승들에게 알렸다.

[우다인] "벗들이여, 나는 의도적인 정액의 방출이라는 한 죄를 짓고 보름 동안 감추었습니다. 나는 어떻게 해야 합니까?"

세존께 그 사실을 알렸다.

[세존] "수행승들이여, 그렇다면 참모임은 수행승 우다인에게 의도적인 정액의 방출이라는 한 죄를 짓고 보름 동안 감춘 것에 대하여 보름 동안의 격리처벌을

주어라."

2. [세존] "수행승들이여, 그런데 이와 같이 주어야 한다. 수행승들이여, 그 수행승 우다인은 참모임을 찾아가서 한쪽 어깨에 상의를 걸치고 연상의 수행승들의 양 발에 머리를 조아린 뒤에 웅크리고 앉아 합장하여 이와 같이 말해야 한다.

[청원1] '존자들이여, 저는 의도적인 정액의 방출이라는 한 죄를 짓고 보름 동안 감추었습니다. 존자들이여, 그래서 저는 의도적인 정액의 방출이라는 한 죄를 짓고 보름 동안 감춘 것에 대하여 보름 동안의 격리처벌을 청합니다.'

[청원2] '존자들이여, 저는 의도적인 정액의 방출이라는 한 죄를 짓고 보름 동안 감추었습니다. 존자들이여, 두 번째에도 저는 의도적인 정액의 방출이라는 한 죄를 짓고 보름 동안 감춘 것에 대하여 보름 동안의 격리처벌을 청합니다.'

[청원3] '존자들이여, 저는 의도적인 정액의 방출이라는 한 죄를 짓고 보름 동안 감추었습니다. 존자들이여, 세 번째에도 저는 의도적인 정액의 방출이라는 한 죄를 짓고 보름 동안 감춘 것에 대하여 보름 동안의 격리처벌을 청합니다.'

3. 총명하고 유능한 수행승이 참모임에 알려야 한다.

[제안] '존자들이여, 참모임은 제 말에 귀를 기울이십시오. 이 수행승 우다인은 의도적인 정액의 방출이라는 한 죄를 짓고 보름 동안 감추었습니다. 그가 참모임에 의도적인 정액의 방출이라는 한 죄를 짓고 보름 동안 감춘 것에 대하여 보름 동안의 격리처벌을 청합니다. 만약 참모임에 옳은 일이라면, 참모임은 수행승 우다인에게 의도적인 정액의 방출이라는 한 죄를 짓고 보름 동안 감춘 것에 대하여 보름 동안의 격리처벌을 주겠습니다. 이것이 제안입니다.'

[제청1] '존자들이여, 참모임은 제 말에 귀를 기울이십시오. 이 수행승 우다인은 의도적인 정액의 방출이라는 한 죄를 짓고 보름 동안 감추었습니다. 그가 참모임에 의도적인 정액의 방출이라는 한 죄를 짓고 보름 동안 감춘 것에 대하여 보름 동안의 격리처벌을 청하고 있습니다. 참모임은 수행승 우다인에게 의도적인 정액의 방출이라는 한 죄를 짓고 보름 동안 감춘 것에 대하여 보름 동안의 격리처벌을 주겠습니다. 수행승 우다인에게 의도적인 정액의 방출이라는 한 죄를 짓고 보름 동안 감춘 것에 대하여 보름 동안의 격리처벌을 주는 것에 동의하면 침묵하시고, 이견이 있으면 말씀하십시오.'

[제청2] '두 번째에도 저는 이 사실을 말합니다. 존자들이여, 참모임은 제 말에 귀를 기울이십시오. 이 수행승 우다인은 의도적인 정액의 방출이라는 한 죄를 짓고 보름 동안 감추었습니다. 그가 참모임에 의도적인 정액의 방출이라는 한

죄를 짓고 보름 동안 감춘 것에 대하여 보름 동안의 격리처벌을 청하고 있습니다. 참모임은 수행승 우다인에게 의도적인 정액의 방출이라는 한 죄를 짓고 보름 동안 감춘 것에 대하여 보름 동안의 격리처벌을 주겠습니다. 수행승 우다인에게 의도적인 정액의 방출이라는 한 죄를 짓고 보름 동안 감춘 것에 대하여 보름 동안의 격리처벌을 주는 것에 동의하면 침묵하시고, 이견이 있으면 말씀하십시오.'

[제청3] '세 번째에도 저는 이 사실을 말합니다. 존자들이여, 참모임은 제 말에 귀를 기울이십시오. 이 수행승 우다인은 의도적인 정액의 방출이라는 한 죄를 짓고 보름 동안 감추었습니다. 그가 참모임에 의도적인 정액의 방출이라는 한 죄를 짓고 보름 동안 감춘 것에 대하여 보름 동안의 격리처벌을 청하고 있습니다. 참모임은 수행승 우다인에게 의도적인 정액의 방출이라는 한 죄를 짓고 보름 동안 감춘 것에 대하여 보름 동안의 격리처벌을 주겠습니다. 수행승 우다인에게 의도적인 정액의 방출이라는 한 죄를 짓고 보름 동안 감춘 것에 대하여 보름 동안의 격리처벌을 주는 것에 동의하면 침묵하시고, 이견이 있으면 말씀하십시오.'

[결정] '참모임은 수행승 우다인에게 의도적인 정액의 방출이라는 한 죄를 짓고 보름 동안 감춘 것에 대하여 보름 동안의 격리처벌을 주었습니다. 참모임이 찬성하여 침묵했으므로, 저는 그와 같이 알겠습니다.'"

보름 동안 감춘 것에 의한 격리처벌이 끝났다.

14. 보름동안 격리생활을 실행한 자에 대한 가중처벌 및 기타(Pakkhapārivāsikamūlāyapaṭikassanādi)

1. 그는 격리생활을 실행하는 도중에 의도적인 정액의 방출이라는 한 죄를 짓고 닷새 동안 감추었다. 그는 수행승들에게 알렸다.

[우다인] "벗들이여, 나는 의도적인 정액의 방출이라는 한 죄를 짓고 보름 동안 감추었습니다. 나는 참모임에 의도적인 정액의 방출이라는 한 죄를 짓고 보름 동안 감춘 것에 대하여 보름 동안의 격리처벌을 청했습니다. 참모임은 나에게 의도적인 정액의 방출이라는 한 죄를 짓고 보름 동안 감춘 것에 대하여 보름 동안의 격리처벌을 주었습니다. 나는 격리생활을 실행하는 도중에 의도적인 정액의 방출이라는 한 죄를 짓고 닷새 동안 감추었습니다. 나는 이제 어떻게 해야 합니까?"

세존께 그 사실을 알렸다.

[세존] "수행승들이여, 그렇다면 참모임은 수행승 우다인에게 의도적인 정액의 방출이라는 한 죄를 짓고 닷새 동안 감춘 것에 대하여 가중처벌을 주고 예전의 죄에 대하여 통합격리처벌[200]를 주어라."

2. 수행승들이여, 그런데 가중처벌은 이와 같이 주어야 한다. 수행승들이여, 그 수행승 우다인은 참모임을 찾아가서 한쪽 어깨에 상의를 걸치고 연상의 수행승들의 양 발에 머리를 조아린 뒤에 웅크리고 앉아 합장하여 이와 같이 말해야 한다.

[청원1] '존자들이여, 저는 의도적인 정액의 방출이라는 한 죄를 짓고 보름 동안 감추었습니다. 저는 의도적인 정액의 방출이라는 한 죄를 짓고 보름 동안 감춘 것에 대하여 보름 동안의 격리처벌을 청했습니다. 참모임은 저에게 의도적인 정액의 방출이라는 한 죄를 짓고 보름 동안 감춘 것에 대하여 보름 동안의 격리처벌을 주었습니다. 저는 격리생활을 실행하는 도중에 의도적인 정액의 방출이라는 한 죄를 짓고 닷새 동안 감추었습니다. 존자들이여, 저는 참모임에 도중에 의도적인 정액의 방출이라는 한 죄를 짓고 닷새 동안 감춘 것에 대하여 가중처벌을 청합니다.'

[청원2] '존자들이여, 저는 의도적인 정액의 방출이라는 한 죄를 짓고 보름 동안 감추었습니다. 저는 의도적인 정액의 방출이라는 한 죄를 짓고 보름 동안 감춘 것에 대하여 보름 동안의 격리처벌을 청했습니다. 참모임은 저에게 의도적인 정액의 방출이라는 한 죄를 짓고 보름 동안 감춘 것에 대하여 보름 동안의 격리처벌을 주었습니다. 저는 격리생활을 실행하는 도중에 의도적인 정액의 방출이라는 한 죄를 짓고 닷새 동안 감추었습니다. 존자들이여, 저는 참모임에 도중에 의도적인 정액의 방출이라는 한 죄를 짓고 닷새 동안 감춘 것에 대하여 두 번째에도 가중처벌을 청합니다.'

[청원3] '존자들이여, 저는 의도적인 정액의 방출이라는 한 죄를 짓고 보름 동안 감추었습니다. 저는 의도적인 정액의 방출이라는 한 죄를 짓고 보름 동안

---

200) samodhānaparivāsa : 한역에서는 합일별주(合一別住)라고 한다. Dutt, Early Buddhist Monachism. 169에 따르면, 격리처벌의 지속기간에 다른 죄를 저지르면, 두 번째 죄를 저지른 때부터 새로운 기간이 시작되어서, 첫 번째 죄에 의해서 규정된 격리처벌기간이나 두 번째 죄에 의해서 규정된 격리처벌기간을 지나서 확장된다. 그러나 산술적 집적이 아니라 통합적 확장이다. Smp. 1182에 따르면, 세 가지 통합 즉, 선행통합(odhānasamodhāna), 가치통합(agghasamodhāna), 혼성통합(missakasamodhāna)이 있다. 선행통합은 앞서 저지른 죄의 격리처벌의 시작일수에 뒤에 저지른 죄를 통합시켜 격리처벌을 주는 방식이고, 가치통합은 죄를 감춘 일 수가 보다 많은 죄에 대한 격리처벌일수에 나머지 죄를 통합시켜 격리처벌을 주는 방식이고, 혼합통합은 다양한 토대의 죄를 종류와 하나하나의 죄명으로 분류한 뒤에 통합격리처벌을 주는 방식이다. 이것은 선행통합에 의한 통합격리처벌이다.

감춘 것에 대하여 보름 동안의 격리처벌을 청했습니다. 참모임은 저에게 의도적인 정액의 방출이라는 한 죄를 짓고 보름 동안 감춘 것에 대하여 보름 동안의 격리처벌을 주었습니다. 저는 격리생활을 실행하는 도중에 의도적인 정액의 방출이라는 한 죄를 짓고 닷새 동안 감추었습니다. 존자들이여, 저는 참모임에 도중에 의도적인 정액의 방출이라는 한 죄를 짓고 닷새 동안 감춘 것에 대하여 세 번째에도 가중처벌을 청합니다.'

3. 총명하고 유능한 수행승이 참모임에 알려야 한다.

[제안] '존자들이여, 참모임은 제 말에 귀를 기울이십시오. 이 수행승 우다인은 의도적인 정액의 방출이라는 한 죄를 짓고 보름 동안 감추었습니다. 그는 의도적인 정액의 방출이라는 한 죄를 짓고 보름 동안 감춘 것에 대하여 보름 동안의 격리처벌을 청했습니다. 참모임은 그에게 의도적인 정액의 방출이라는 한 죄를 짓고 보름 동안 감춘 것에 대하여[49] 보름 동안의 격리처벌을 주었습니다. 그는 격리생활을 실행하는 도중에 의도적인 정액의 방출이라는 한 죄를 짓고 닷새 동안 감추었습니다. 그는 참모임에 도중에 의도적인 정액의 방출이라는 한 죄를 짓고 닷새 동안 감춘 것에 대하여 가중처벌을 청하고 있습니다. 만약 참모임에 옳은 일이라면, 참모임은 수행승 우다인에게 도중에 의도적인 정액의 방출이라는 한 죄를 짓고 닷새 동안 감춘 것에 대하여 가중처벌을 주겠습니다. 이것이 제안입니다.'

[제청1] '존자들이여, 참모임은 제 말에 귀를 기울이십시오. 이 수행승 우다인은 의도적인 정액의 방출이라는 한 죄를 짓고 보름 동안 감추었습니다. 그는 의도적인 정액의 방출이라는 한 죄를 짓고 보름 동안 감춘 것에 대하여 보름 동안의 격리처벌을 청했습니다. 참모임은 그에게 의도적인 정액의 방출이라는 한 죄를 짓고 보름 동안 감춘 것에 대하여 보름 동안의 격리처벌을 주었습니다. 그는 격리생활을 실행하는 도중에 의도적인 정액의 방출이라는 한 죄를 짓고 닷새 동안 감추었습니다. 그는 참모임에 도중에 의도적인 정액의 방출이라는 한 죄를 짓고 닷새 동안 감춘 것에 대하여 가중처벌을 청하고 있습니다. 참모임은 수행승 우다인에게 도중에 의도적인 정액의 방출이라는 한 죄를 짓고 닷새 동안 감춘 것에 대하여 가중처벌을 주겠습니다. 수행승 우다인에게 도중에 의도적인 정액의 방출이라는 한 죄를 짓고 닷새 동안 감춘 것에 대하여 가중처벌을 주는 것에 동의하면 침묵하시고, 이견이 있으면 말씀하십시오.'

[제청2] '두 번째에도 저는 이 사실을 말합니다. 존자들이여, 참모임은 제 말에

귀를 기울이십시오. 이 수행승 우다인은 의도적인 정액의 방출이라는 한 죄를 짓고 보름 동안 감추었습니다. 그는 의도적인 정액의 방출이라는 한 죄를 짓고 보름 동안 감춘 것에 대하여 보름 동안의 격리처벌을 청했습니다. 참모임은 그에게 의도적인 정액의 방출이라는 한 죄를 짓고 보름 동안 감춘 것에 대하여 보름 동안의 격리처벌을 주었습니다. 그는 격리생활을 실행하는 도중에 의도적인 정액의 방출이라는 한 죄를 짓고 닷새 동안 감추었습니다. 그는 참모임에 도중에 의도적인 정액의 방출이라는 한 죄를 짓고 닷새 동안 감춘 것에 대하여 가중처벌을 청하고 있습니다. 참모임은 수행승 우다인에게 도중에 의도적인 정액의 방출이라는 한 죄를 짓고 닷새 동안 감춘 것에 대하여 가중처벌을 주겠습니다. 수행승 우다인에게 도중에 의도적인 정액의 방출이라는 한 죄를 짓고 닷새 동안 감춘 것에 대하여 가중처벌을 주는 것에 동의하면 침묵하시고, 이견이 있으면 말씀하십시오.'

[제청3] '세 번째에도 저는 이 사실을 말합니다. 존자들이여, 참모임은 제 말에 귀를 기울이십시오. 이 수행승 우다인은 의도적인 정액의 방출이라는 한 죄를 짓고 보름 동안 감추었습니다. 그는 의도적인 정액의 방출이라는 한 죄를 짓고 보름 동안 감춘 것에 대하여 보름 동안의 격리처벌을 청했습니다. 참모임은 그에게 의도적인 정액의 방출이라는 한 죄를 짓고 보름 동안 감춘 것에 대하여 보름 동안의 격리처벌을 주었습니다. 그는 격리생활을 실행하는 도중에 의도적인 정액의 방출이라는 한 죄를 짓고 닷새 동안 감추었습니다. 그는 참모임에 도중에 의도적인 정액의 방출이라는 한 죄를 짓고 닷새 동안 감춘 것에 대하여 가중처벌을 청하고 있습니다. 참모임은 수행승 우다인에게 도중에 의도적인 정액의 방출이라는 한 죄를 짓고 닷새 동안 감춘 것에 대하여 가중처벌을 주겠습니다. 수행승 우다인에게 도중에 의도적인 정액의 방출이라는 한 죄를 짓고 닷새 동안 감춘 것에 대하여 가중처벌을 주는 것에 동의하면 침묵하시고, 이견이 있으면 말씀하십시오.'

[결정] '참모임은 수행승 우다인에게 도중에 의도적인 정액의 방출이라는 한 죄를 짓고 닷새 동안 감춘 것에 대하여 가중처벌을 주었습니다. 참모임이 찬성하여 침묵했으므로, 저는 그와 같이 알겠습니다.'"

보름 동안의 격리생활을 실행한 자에 대한 가중처벌이 끝났다.

4. 수행승들이여, 예전의 죄에 대한 통합격리처벌은 이와 같이 주어야 한다. 수행승들이여, 그 수행승 우다인은 참모임을 찾아가서 한쪽 어깨에 상의를 걸치고

연상의 수행승들의 양 발에 머리를 조아린 뒤에 웅크리고 앉아 합장하여 이와 같이 말해야 한다.

[청원1] '존자들이여, 저는 의도적인 정액의 방출이라는 한 죄를 짓고 보름 동안 감추었습니다. 저는 의도적인 정액의 방출이라는 한 죄를 짓고 보름 동안 감춘 것에 대하여 보름 동안의 격리처벌을 청했습니다. 참모임은 저에게 의도적인 정액의 방출이라는 한 죄를 짓고 보름 동안 감춘 것에 대하여 보름 동안의 격리처벌을 주었습니다. 저는 격리생활을 실행하는 도중에 의도적인 정액의 방출이라는 한 죄를 짓고 닷새 동안 감추었습니다. 저는 참모임에 도중에 의도적인 정액의 방출이라는 한 죄를 짓고 닷새 동안 감춘 것에 대하여 가중처벌을 청했습니다. 참모임에 저에게 도중에 의도적인 정액의 방출이라는 한 죄를 짓고 닷새 동안 감춘 것에 대하여 가중처벌을 주었습니다. 존자들이여, 저는 참모임에 도중에 의도적인 정액의 방출이라는 한 죄를 짓고 닷새 동안 감춘 것과 앞의 죄에 대하여 통합격리처벌을 청합니다.'

[청원2] '존자들이여, 저는 의도적인 정액의 방출이라는 한 죄를 짓고 보름 동안 감추었습니다. 저는 의도적인 정액의 방출이라는 한 죄를 짓고 보름 동안 감춘 것에 대하여 보름 동안의 격리처벌을 청했습니다. 참모임은 저에게 의도적인 정액의 방출이라는 한 죄를 짓고 보름 동안 감춘 것에 대하여 보름 동안의 격리처벌을 주었습니다. 저는 격리생활을 실행하는 도중에 의도적인 정액의 방출이라는 한 죄를 짓고 닷새 동안 감추었습니다. 저는 참모임에 도중에 의도적인 정액의 방출이라는 한 죄를 짓고 닷새 동안 감춘 것에 대하여 가중처벌을 청했습니다. 참모임에 저에게 도중에 의도적인 정액의 방출이라는 한 죄를 짓고 닷새 동안 감춘 것에 대하여 가중처벌을 주었습니다. 존자들이여, 저는 참모임에 도중에 의도적인 정액의 방출이라는 한 죄를 짓고 닷새 동안 감춘 것과 앞의 죄에 대하여 두 번째에도 통합격리처벌을 청합니다.'

[청원3] '존자들이여, 저는 의도적인 정액의 방출이라는 한 죄를 짓고 보름 동안 감추었습니다. 저는 의도적인 정액의 방출이라는 한 죄를 짓고 보름 동안 감춘 것에 대하여 보름 동안의 격리처벌을 청했습니다. 참모임은 저에게 의도적인 정액의 방출이라는 한 죄를 짓고 보름 동안 감춘 것에 대하여 보름 동안의 격리처벌을 주었습니다. 저는 격리생활을 실행하는 도중에 의도적인 정액의 방출이라는 한 죄를 짓고 닷새 동안 감추었습니다. 저는 참모임에 도중에 의도적인 정액의 방출이라는 한 죄를 짓고 닷새 동안 감춘 것에 대하여 가중처벌을 청했습

니다. 참모임에 저에게 도중에 의도적인 정액의 방출이라는 한 죄를 짓고 닷새 동안 감춘 것에 대하여 가중처벌을 주었습니다. 존자들이여, 저는 참모임에 도중에 의도적인 정액의 방출이라는 한 죄를 짓고 닷새 동안 감춘 것과 앞의 죄에 대하여 세 번째에도 통합격리처벌을 청합니다.'

5. 총명하고 유능한 수행승이 참모임에 알려야 한다.

[제안] '존자들이여, 참모임은 제 말에 귀를 기울이십시오. 이 수행승 우다인은 의도적인 정액의 방출이라는 한 죄를 짓고 보름 동안 감추었습니다. 그는 의도적인 정액의 방출이라는 한 죄를 짓고 보름 동안 감춘 것에 대하여 보름 동안의 격리처벌을 청했습니다. 참모임은 그에게 의도적인 정액의 방출이라는 한 죄를 짓고 보름 동안 감춘 것에 대하여 보름 동안의 격리처벌을 주었습니다. 그는 격리생활을 실행하는 도중에 의도적인 정액의 방출이라는 한 죄를 짓고 닷새 동안 감추었습니다. 그는 참모임에 도중에 의도적인 정액의 방출이라는 한 죄를 짓고 닷새 동안 감춘 것에 대하여 가중처벌을 청했습니다. 참모임에 그에게 도중에 의도적인 정액의 방출이라는 한 죄를 짓고 닷새 동안 감춘 것에 대하여 가중처벌을 주었습니다. 그는 참모임에 도중에 의도적인 정액의 방출이라는 한 죄를 짓고 닷새 동안 감춘 것과 앞의 죄에 대하여 통합격리처벌을 청하고 있습니다. 만약 참모임에 옳은 일이라면, 참모임은 수행승 우다인에게 도중에 의도적인 정액의 방출이라는 한 죄를 짓고 닷새 동안 감춘 것과 앞의 죄에 대하여 통합격리처벌을 주겠습니다. 이것이 제안입니다.'

[제청1] '존자들이여, 참모임은 제 말에 귀를 기울이십시오. 이 수행승 우다인은 의도적인 정액의 방출이라는 한 죄를 짓고 보름 동안 감추었습니다. 그는 의도적인 정액의 방출이라는 한 죄를 짓고 보름 동안 감춘 것에 대하여 보름 동안의 격리처벌을 청했습니다. 참모임은 그에게 의도적인 정액의 방출이라는 한 죄를 짓고 보름 동안 감춘 것에 대하여 보름 동안의 격리처벌을 주었습니다. 그는 격리생활을 실행하는 도중에 의도적인 정액의 방출이라는 한 죄를 짓고 닷새 동안 감추었습니다. 그는 참모임에 도중에 의도적인 정액의 방출이라는 한 죄를 짓고 닷새 동안 감춘 것에 대하여 가중처벌을 청했습니다. 참모임에 그에게 도중에 의도적인 정액의 방출이라는 한 죄를 짓고 닷새 동안 감춘 것에 대하여 가중처벌을 주었습니다. 그는 참모임에 도중에 의도적인 정액의 방출이라는 한 죄를 짓고 닷새 동안 감춘 것과 앞의 죄에 대하여 통합격리처벌을 청하고 있습니다. 참모임은 수행승 우다인에게 도중에 의도적인 정액의 방출이라는 한

죄를 짓고 닷새 동안 감춘 것과 앞의 죄에 대하여 통합격리처벌을 주겠습니다. 참모임이 수행승 우다인에게 도중에 의도적인 정액의 방출이라는 한 죄를 짓고 닷새 동안 감춘 것과 앞의 죄에 대하여 통합격리처벌을 주는 것에 동의하면 침묵하시고, 이견이 있으면 말씀하십시오.'

[제청2] '두 번째에도 저는 이 사실을 말합니다. 존자들이여, 참모임은 제 말에 귀를 기울이십시오. 이 수행승 우다인은 의도적인 정액의 방출이라는 한 죄를 짓고 보름 동안 감추었습니다. 그는 의도적인 정액의 방출이라는 한 죄를 짓고 보름 동안 감춘 것에 대하여 보름 동안의 격리처벌을 청했습니다. 참모임은 그에게 의도적인 정액의 방출이라는 한 죄를 짓고 보름 동안 감춘 것에 대하여 보름 동안의 격리처벌을 주었습니다. 그는 격리생활을 실행하는 도중에 의도적인 정액의 방출이라는 한 죄를 짓고 닷새 동안 감추었습니다. 그는 참모임에 도중에 의도적인 정액의 방출이라는 한 죄를 짓고 닷새 동안 감춘 것에 대하여 가중처벌을 청했습니다. 참모임에 그에게 도중에 의도적인 정액의 방출이라는 한 죄를 짓고 닷새 동안 감춘 것에 대하여 가중처벌을 주었습니다. 그는 참모임에 도중에 의도적인 정액의 방출이라는 한 죄를 짓고 닷새 동안 감춘 것과 앞의 죄에 대하여 통합격리처벌을 청하고 있습니다. 참모임은 수행승 우다인에게 도중에 의도적인 정액의 방출이라는 한 죄를 짓고 닷새 동안 감춘 것과 앞의 죄에 대하여 통합격리처벌을 주겠습니다. 참모임이 수행승 우다인에게 도중에 의도적인 정액의 방출이라는 한 죄를 짓고 닷새 동안 감춘 것과 앞의 죄에 대하여 통합격리처벌을 주는 것에 동의하면 침묵하시고, 이견이 있으면 말씀하십시오.'

[제청3] '세 번째에도 저는 이 사실을 말합니다. 존자들이여, 참모임은 제 말에 귀를 기울이십시오. 이 수행승 우다인은 의도적인 정액의 방출이라는 한 죄를 짓고 보름 동안 감추었습니다. 그는 의도적인 정액의 방출이라는 한 죄를 짓고 보름 동안 감춘 것에 대하여 보름 동안의 격리처벌을 청했습니다. 참모임은 그에게 의도적인 정액의 방출이라는 한 죄를 짓고 보름 동안 감춘 것에 대하여 보름 동안의 격리처벌을 주었습니다. 그는 격리생활을 실행하는 도중에 의도적인 정액의 방출이라는 한 죄를 짓고 닷새 동안 감추었습니다. 그는 참모임에 도중에 의도적인 정액의 방출이라는 한 죄를 짓고 닷새 동안 감춘 것에 대하여 가중처벌을 청했습니다. 참모임에 그에게 도중에 의도적인 정액의 방출이라는 한 죄를 짓고 닷새 동안 감춘 것에 대하여 가중처벌을 주었습니다. 그는 참모임에 도중에 의도적인 정액의 방출이라는 한 죄를 짓고 닷새 동안 감춘 것과 앞의 죄에 대하여

통합격리처벌을 청하고 있습니다. 참모임은 수행승 우다인에게 도중에 의도적인 정액의 방출이라는 한 죄를 짓고 닷새 동안 감춘 것과 앞의 죄에 대하여 통합격리처벌을 주겠습니다. 참모임이 수행승 우다인에게 도중에 의도적인 정액의 방출이라는 한 죄를 짓고 닷새 동안 감춘 것과 앞의 죄에 대하여 통합격리처벌을 주는 것에 동의하면 침묵하시고, 이견이 있으면 말씀하십시오.'

[결정] '참모임이 수행승 우다인에게 도중에 의도적인 정액의 방출이라는 한 죄를 짓고 닷새 동안 감춘 것과 앞의 죄에 대하여 통합격리처벌을 주었습니다. 참모임이 찬성하여 침묵했으므로, 저는 그와 같이 알겠습니다.'"

통합격리처벌이 끝났다.

15. 참회처벌을 받아야 할 자에 대한 가중처벌 및 기타(Mānattārahamūlāyapaṭikassanādi))

1. 그는 격리생활을 실행한 뒤에 참회처벌을 받아야 할 도중에 의도적인 정액의 방출이라는 한 죄를 짓고 닷새 동안 감추었다. 그는 수행승들에게 알렸다.

[우다인] "벗들이여, 나는 의도적인 정액의 방출이라는 한 죄를 짓고 보름 동안 감추었습니다. 나는 참모임에 의도적인 정액의 방출이라는 한 죄를 짓고 보름 동안 감춘 것에 대하여 보름 동안의 격리처벌을 청했습니다. 참모임은 나에게 의도적인 정액의 방출이라는 한 죄를 짓고 보름 동안 감춘 것에 대하여 보름 동안의 격리처벌을 주었습니다. 나는 격리생활을 실행한 뒤에 참회처벌을 받아야 할 도중에 의도적인 정액의 방출이라는 한 죄를 짓고 닷새 동안 감추었습니다. 나는 이제 어떻게 해야 합니까?"

세존께 그 사실을 알렸다.

[세존] "수행승들이여, 그렇다면 참모임은 수행승 우다인에게 의도적인 정액의 방출이라는 한 죄를 짓고 닷새 동안 감춘 것에 대하여 가중처벌을 주고 예전의 죄에 대하여 통합격리처벌을 주고 엿새 동안의 참회처벌을 주어라."

2. [세존] "수행승들이여, 그런데 가중처벌은 이와 같이 주어야 한다. 수행승들이여, 그 수행승 우다인은 참모임을 찾아가서 한쪽 어깨에 상의를 걸치고 연상의 수행승들의 양 발에 머리를 조아린 뒤에 웅크리고 앉아 합장하여 이와 같이 말해야 한다.

[청원1] '존자들이여, 저는 의도적인 정액의 방출이라는 한 죄를 짓고 보름 동안 감추었습니다. 저는 의도적인 정액의 방출이라는 한 죄를 짓고 보름 동안 감춘 것에 대하여 보름 동안의 격리처벌을 청했습니다. 참모임은 저에게 의도적

인 정액의 방출이라는 한 죄를 짓고 보름 동안 감춘 것에 대하여 보름 동안의 격리처벌을 주었습니다. 저는 격리생활을 실행한 뒤에 참회처벌을 받아야 할 도중에 의도적인 정액의 방출이라는 한 죄를 짓고 닷새 동안 감추었습니다. 존자들이여, 저는 참모임에 도중에 의도적인 정액의 방출이라는 한 죄를 짓고 닷새 동안 감춘 것에 대하여 가중처벌을 청합니다.'

[청원2] '존자들이여, 저는 의도적인 정액의 방출이라는 한 죄를 짓고 보름 동안 감추었습니다. 저는 의도적인 정액의 방출이라는 한 죄를 짓고 보름 동안 감춘 것에 대하여 보름 동안의 격리처벌을 청했습니다. 참모임은 저에게 의도적인 정액의 방출이라는 한 죄를 짓고 보름 동안 감춘 것에 대하여 보름 동안의 격리처벌을 주었습니다. 저는 격리생활을 실행하고 참회처벌을 받아야 할 도중에 의도적인 정액의 방출이라는 한 죄를 짓고 닷새 동안 감추었습니다. 존자들이여, 저는 참모임에 도중에 의도적인 정액의 방출이라는 한 죄를 짓고 닷새 동안 감춘 것에 대하여 두 번째에도 가중처벌을 청합니다.'

[청원3] '존자들이여, 저는 의도적인 정액의 방출이라는 한 죄를 짓고 보름 동안 감추었습니다. 저는 의도적인 정액의 방출이라는 한 죄를 짓고 보름 동안 감춘 것에 대하여 보름 동안의 격리처벌을 청했습니다. 참모임은 저에게 의도적인 정액의 방출이라는 한 죄를 짓고 보름 동안 감춘 것에 대하여 보름 동안의 격리처벌을 주었습니다. 저는 격리생활을 실행한 뒤에 참회처벌을 받아야 할 도중에 의도적인 정액의 방출이라는 한 죄를 짓고 닷새 동안 감추었습니다. 존자들이여, 저는 참모임에 도중에 의도적인 정액의 방출이라는 한 죄를 짓고 닷새 동안 감춘 것에 대하여 세 번째에도 가중처벌을 청합니다.'

3. 총명하고 유능한 수행승이 참모임에 알려야 한다.

[제안] '존자들이여, 참모임은 제 말에 귀를 기울이십시오. 이 수행승 우다인은 의도적인 정액의 방출이라는 한 죄를 짓고 보름 동안 감추었습니다. 그는 의도적인 정액의 방출이라는 한 죄를 짓고 보름 동안 감춘 것에 대하여 보름 동안의 격리처벌을 청했습니다. 참모임은 그에게 의도적인 정액의 방출이라는 한 죄를 짓고 보름 동안 감춘 것에 대하여 보름 동안의 격리처벌을 주었습니다. 그는 격리생활을 실행한 뒤에 참회처벌을 받아야 할 도중에 의도적인 정액의 방출이라는 한 죄를 짓고 닷새 동안 감추었습니다. 그는 참모임에 도중에 의도적인 정액의 방출이라는 한 죄를 짓고 닷새 동안 감춘 것에 대하여 가중처벌을 청하고 있습니다. 만약 참모임에 옳은 일이라면, 참모임은 수행승 우다인에게 도중에 의도적인

정액의 방출이라는 한 죄를 짓고 닷새 동안 감춘 것에 대하여 가중처벌을 주겠습니다. 이것이 제안입니다.'

[제청1] '존자들이여, 참모임은 제 말에 귀를 기울이십시오. 이 수행승 우다인은 의도적인 정액의 방출이라는 한 죄를 짓고 보름 동안 감추었습니다. 그는 의도적인 정액의 방출이라는 한 죄를 짓고 보름 동안 감춘 것에 대하여 보름 동안의 격리처벌을 청했습니다. 참모임은 그에게 의도적인 정액의 방출이라는 한 죄를 짓고 보름 동안 감춘 것에 대하여 보름 동안의 격리처벌을 주었습니다. 그는 격리생활을 실행한 뒤에 참회처벌을 받아야 할 도중에 의도적인 정액의 방출이라는 한 죄를 짓고 닷새 동안 감추었습니다. 그는 참모임에 도중에 의도적인 정액의 방출이라는 한 죄를 짓고 닷새 동안 감춘 것에 대하여 가중처벌을 청하고 있습니다. 참모임은 수행승 우다인에게 도중에 의도적인 정액의 방출이라는 한 죄를 짓고 닷새 동안 감춘 것에 대하여 가중처벌을 주겠습니다. 수행승 우다인에게 도중에 의도적인 정액의 방출이라는 한 죄를 짓고 닷새 동안 감춘 것에 대하여 가중처벌을 주는 것에 동의하면 침묵하시고, 이견이 있으면 말씀하십시오.'

[제청2] '두 번째에도 저는 이 사실을 말합니다. 존자들이여, 참모임은 제 말에 귀를 기울이십시오. 이 수행승 우다인은 의도적인 정액의 방출이라는 한 죄를 짓고 보름 동안 감추었습니다. 그는 의도적인 정액의 방출이라는 한 죄를 짓고 보름 동안 감춘 것에 대하여 보름 동안의 격리처벌을 청했습니다. 참모임은 그에게 의도적인 정액의 방출이라는 한 죄를 짓고 보름 동안 감춘 것에 대하여 보름 동안의 격리처벌을 주었습니다. 그는 격리생활을 실행한 뒤에 참회처벌을 받아야 할 도중에 의도적인 정액의 방출이라는 한 죄를 짓고 닷새 동안 감추었습니다. 그는 참모임에 도중에 의도적인 정액의 방출이라는 한 죄를 짓고 닷새 동안 감춘 것에 대하여 가중처벌을 청하고 있습니다. 참모임은 수행승 우다인에게 도중에 의도적인 정액의 방출이라는 한 죄를 짓고 닷새 동안 감춘 것에 대하여 가중처벌을 주겠습니다. 수행승 우다인에게 도중에 의도적인 정액의 방출이라는 한 죄를 짓고 닷새 동안 감춘 것에 대하여 가중처벌을 주는 것에 동의하면 침묵하시고, 이견이 있으면 말씀하십시오.'

[제청3] '세 번째에도 저는 이 사실을 말합니다. 존자들이여, 참모임은 제 말에 귀를 기울이십시오. 이 수행승 우다인은 의도적인 정액의 방출이라는 한 죄를 짓고 보름 동안 감추었습니다. 그는 의도적인 정액의 방출이라는 한 죄를 짓고

보름 동안 감춘 것에 대하여 보름 동안의 격리처벌을 청했습니다. 참모임은 그에게 의도적인 정액의 방출이라는 한 죄를 짓고 보름 동안 감춘 것에 대하여 보름 동안의 격리처벌을 주었습니다. 그는 격리생활을 실행한 뒤에 참회처벌을 받아야 할 도중에 의도적인 정액의 방출이라는 한 죄를 짓고 닷새 동안 감추었습니다. 그는 참모임에 도중에 의도적인 정액의 방출이라는 한 죄를 짓고 닷새 동안 감춘 것에 대하여 가중처벌을 청하고 있습니다. 참모임은 수행승 우다인에게 도중에 의도적인 정액의 방출이라는 한 죄를 짓고 닷새 동안 감춘 것에 대하여 가중처벌을 주겠습니다. 수행승 우다인에게 도중에 의도적인 정액의 방출이라는 한 죄를 짓고 닷새 동안 감춘 것에 대하여 가중처벌을 주는 것에 동의하면 침묵하시고, 이견이 있으면 말씀하십시오.'

[결정] '참모임은 수행승 우다인에게 도중에 의도적인 정액의 방출이라는 한 죄를 짓고 닷새 동안 감춘 것에 대하여 가중처벌을 주었습니다. 참모임이 찬성하여 침묵했으므로, 저는 그와 같이 알겠습니다.'"

참회처벌을 받아야 할 자의 가중처벌이 끝났다.

4. [세존] "수행승들이여, 예전의 죄에 대한 통합격리처벌은 이와 같이 주어야 한다. 수행승들이여, 그 수행승 우다인은 참모임을 찾아가서 한쪽 어깨에 상의를 걸치고 연상의 수행승들의 양 발에 머리를 조아린 뒤에 웅크리고 앉아 합장하여 이와 같이 말해야 한다.

[청원1] '존자들이여, 저는 의도적인 정액의 방출이라는 한 죄를 짓고 보름 동안 감추었습니다. 저는 의도적인 정액의 방출이라는 한 죄를 짓고 보름 동안 감춘 것에 대하여 보름 동안의 격리처벌을 청했습니다. 참모임은 저에게 의도적인 정액의 방출이라는 한 죄를 짓고 보름 동안 감춘 것에 대하여 보름 동안의 격리처벌을 주었습니다. 저는 격리생활을 실행한 뒤에 참회처벌을 받아야 할 도중에 의도적인 정액의 방출이라는 한 죄를 짓고 닷새 동안 감추었습니다. 저는 참모임에 도중에 의도적인 정액의 방출이라는 한 죄를 짓고 닷새 동안 감춘 것에 대하여 가중처벌을 청했습니다. 참모임에 저에게 도중에 의도적인 정액의 방출이라는 한 죄를 짓고 닷새 동안 감춘 것에 대하여 가중처벌을 주었습니다. 존자들이여, 저는 참모임에 도중에 의도적인 정액의 방출이라는 한 죄를 짓고 닷새 동안 감춘 것과 앞의 죄에 대하여 통합격리처벌을 청합니다.'

[청원2] '존자들이여, 저는 의도적인 정액의 방출이라는 한 죄를 짓고 보름 동안 감추었습니다. 저는 의도적인 정액의 방출이라는 한 죄를 짓고 보름 동안

감춘 것에 대하여 보름 동안의 격리처벌을 청했습니다. 참모임은 저에게 의도적인 정액의 방출이라는 한 죄를 짓고 보름 동안 감춘 것에 대하여 보름 동안의 격리처벌을 주었습니다. 저는 격리생활을 실행한 뒤에 참회처벌을 받아야 할 도중에 의도적인 정액의 방출이라는 한 죄를 짓고 닷새 동안 감추었습니다. 저는 참모임에 도중에 의도적인 정액의 방출이라는 한 죄를 짓고 닷새 동안 감춘 것에 대하여 가중처벌을 청했습니다. 참모임에 저에게 도중에 의도적인 정액의 방출이라는 한 죄를 짓고 닷새 동안 감춘 것에 대하여 가중처벌을 주었습니다. 존자들이여, 저는 참모임에 도중에 의도적인 정액의 방출이라는 한 죄를 짓고 닷새 동안 감춘 것과 앞의 죄에 대하여 두 번째에도 통합격리처벌을 청합니다.'

[청원3] '존자들이여, 저는 의도적인 정액의 방출이라는 한 죄를 짓고 보름 동안 감추었습니다. 저는 의도적인 정액의 방출이라는 한 죄를 짓고 보름 동안 감춘 것에 대하여 보름 동안의 격리처벌을 청했습니다. 참모임은 저에게 의도적인 정액의 방출이라는 한 죄를 짓고 보름 동안 감춘 것에 대하여 보름 동안의 격리처벌을 주었습니다. 저는 격리생활을 실행한 뒤에 참회처벌을 받아야 할 도중에 의도적인 정액의 방출이라는 한 죄를 짓고 닷새 동안 감추었습니다. 저는 참모임에 도중에 의도적인 정액의 방출이라는 한 죄를 짓고 닷새 동안 감춘 것에 대하여 가중처벌을 청했습니다. 참모임에 저에게 도중에 의도적인 정액의 방출이라는 한 죄를 짓고 닷새 동안 감춘 것에 대하여 가중처벌을 주었습니다. 존자들이여, 저는 참모임에 도중에 의도적인 정액의 방출이라는 한 죄를 짓고 닷새 동안 감춘 것과 앞의 죄에 대하여 세 번째에도 통합격리처벌을 청합니다.'

5. 총명하고 유능한 수행승이 참모임에 알려야 한다.

[제안] '존자들이여, 참모임은 제 말에 귀를 기울이십시오. 이 수행승 우다인은 의도적인 정액의 방출이라는 한 죄를 짓고 보름 동안 감추었습니다. 그는 의도적인 정액의 방출이라는 한 죄를 짓고 보름 동안 감춘 것에 대하여 보름 동안의 격리처벌을 청했습니다. 참모임은 그에게 의도적인 정액의 방출이라는 한 죄를 짓고 보름 동안 감춘 것에 대하여 보름 동안의 격리처벌을 주었습니다. 그는 격리생활을 실행한 뒤에 참회처벌을 받아야 할 도중에 의도적인 정액의 방출이라는 한 죄를 짓고 닷새 동안 감추었습니다. 그는 참모임에 도중에 의도적인 정액의 방출이라는 한 죄를 짓고 닷새 동안 감춘 것에 대하여 가중처벌을 청했습니다. 참모임에 그에게 도중에 의도적인 정액의 방출이라는 한 죄를 짓고 닷새 동안 감춘 것에 대하여 가중처벌을 주었습니다. 그는 참모임에 도중에 의도적인 정액

의 방출이라는 한 죄를 짓고 닷새 동안 감춘 것과 앞의 죄에 대하여 통합격리처벌을 청하고 있습니다. 만약 참모임에 옳은 일이라면, 참모임은 수행승 우다인에게 도중에 의도적인 정액의 방출이라는 한 죄를 짓고 닷새 동안 감춘 것과 앞의 죄에 대하여 통합격리처벌을 주겠습니다. 이것이 제안입니다.'

[제청1] '존자들이여, 참모임은 제 말에 귀를 기울이십시오. 이 수행승 우다인은 의도적인 정액의 방출이라는 한 죄를 짓고 보름 동안 감추었습니다. 그는 의도적인 정액의 방출이라는 한 죄를 짓고 보름 동안 감춘 것에 대하여 보름 동안의 격리처벌을 청했습니다. 참모임은 그에게 의도적인 정액의 방출이라는 한 죄를 짓고 보름 동안 감춘 것에 대하여 보름 동안의 격리처벌을 주었습니다. 그는 격리생활을 실행한 뒤에 참회처벌을 받아야 할 도중에 의도적인 정액의 방출이라는 한 죄를 짓고 닷새 동안 감추었습니다. 그는 참모임에 도중에 의도적인 정액의 방출이라는 한 죄를 짓고 닷새 동안 감춘 것에 대하여 가중처벌을 청했습니다. 참모임에 그에게 도중에 의도적인 정액의 방출이라는 한 죄를 짓고 닷새 동안 감춘 것에 대하여 가중처벌을 주었습니다. 그는 참모임에 도중에 의도적인 정액의 방출이라는 한 죄를 짓고 닷새 동안 감춘 것과 앞의 죄에 대하여 통합격리처벌을 청하고 있습니다. 참모임은 수행승 우다인에게 도중에 의도적인 정액의 방출이라는 한 죄를 짓고 닷새 동안 감춘 것과 앞의 죄에 대하여 통합격리처벌을 주겠습니다. 참모임이 수행승 우다인에게 도중에 의도적인 정액의 방출이라는 한 죄를 짓고 닷새 동안 감춘 것과 앞의 죄에 대하여 통합격리처벌을 주는 것에 동의하면 침묵하시고, 이견이 있으면 말씀하십시오.'

[제청2] '두 번째에도 저는 이 사실을 말합니다. 존자들이여, 참모임은 제 말에 귀를 기울이십시오. 이 수행승 우다인은 의도적인 정액의 방출이라는 한 죄를 짓고 보름 동안 감추었습니다. 그는 의도적인 정액의 방출이라는 한 죄를 짓고 보름 동안 감춘 것에 대하여 보름 동안의 격리처벌을 청했습니다. 참모임은 그에게 의도적인 정액의 방출이라는 한 죄를 짓고 보름 동안 감춘 것에 대하여 보름 동안의 격리처벌을 주었습니다. 그는 격리생활을 실행한 뒤에 참회처벌을 받아야 할 도중에 의도적인 정액의 방출이라는 한 죄를 짓고 닷새 동안 감추었습니다. 그는 참모임에 도중에 의도적인 정액의 방출이라는 한 죄를 짓고 닷새 동안 감춘 것에 대하여 가중처벌을 청했습니다. 참모임에 그에게 도중에 의도적인 정액의 방출이라는 한 죄를 짓고 닷새 동안 감춘 것에 대하여 가중처벌을 주었습니다. 그는 참모임에 도중에 의도적인 정액의 방출이라는 한 죄를 짓고 닷새 동안 감춘

것과 앞의 죄에 대하여 통합격리처벌을 청하고 있습니다. 참모임은 수행승 우다인에게 도중에 의도적인 정액의 방출이라는 한 죄를 짓고 닷새 동안 감춘 것과 앞의 죄에 대하여 통합격리처벌을 주겠습니다. 참모임이 수행승 우다인에게 도중에 의도적인 정액의 방출이라는 한 죄를 짓고 닷새 동안 감춘 것과 앞의 죄에 대하여 통합격리처벌을 주는 것에 동의하면 침묵하시고, 이견이 있으면 말씀하십시오.'

[제청3] '세 번째에도 저는 이 사실을 말합니다. 존자들이여, 참모임은 제 말에 귀를 기울이십시오. 이 수행승 우다인은 의도적인 정액의 방출이라는 한 죄를 짓고 보름 동안 감추었습니다. 그는 의도적인 정액의 방출이라는 한 죄를 짓고 보름 동안 감춘 것에 대하여 보름 동안의 격리처벌을 청했습니다. 참모임은 그에게 의도적인 정액의 방출이라는 한 죄를 짓고 보름 동안 감춘 것에 대하여 보름 동안의 격리처벌을 주었습니다. 그는 격리생활을 실행한 뒤에 참회처벌을 받아야 할 도중에 의도적인 정액의 방출이라는 한 죄를 짓고 닷새 동안 감추었습니다. 그는 참모임에 도중에 의도적인 정액의 방출이라는 한 죄를 짓고 닷새 동안 감춘 것에 대하여 가중처벌을 청했습니다. 참모임은 그에게 도중에 의도적인 정액의 방출이라는 한 죄를 짓고 닷새 동안 감춘 것에 대하여 가중처벌을 주었습니다. 그는 참모임에 도중에 의도적인 정액의 방출이라는 한 죄를 짓고 닷새 동안 감춘 것과 앞의 죄에 대하여 통합격리처벌을 청하고 있습니다. 참모임은 수행승 우다인에게 도중에 의도적인 정액의 방출이라는 한 죄를 짓고 닷새 동안 감춘 것과 앞의 죄에 대하여 통합격리처벌을 주겠습니다. 참모임이 수행승 우다인에게 도중에 의도적인 정액의 방출이라는 한 죄를 짓고 닷새 동안 감춘 것과 앞의 죄에 대하여 통합격리처벌을 주는 것에 동의하면 침묵하시고, 이견이 있으면 말씀하십시오.'

[결정] '참모임은 수행승 우다인에게 도중에 의도적인 정액의 방출이라는 한 죄를 짓고 닷새 동안 감춘 것과 앞의 죄에 대하여 통합격리처벌을 주었습니다. 참모임이 찬성하여 침묵했으므로, 저는 그와 같이 알겠습니다.'

통합격리처벌이 끝났다.

16. 세 가지 죄에 대한 참회처벌(Tikāpattimānatta)

1. 그는 격리생활을 실행한 뒤에 수행승들에게 알렸다.

[우다인] "벗들이여, 나는 의도적인 정액의 방출이라는 한 죄를 짓고 보름 동안

감추었습니다. 나는 의도적인 정액의 방출이라는 한 죄를 짓고 보름 동안 감춘 것에 대하여 보름 동안의 격리처벌을 청했습니다. 참모임은 저에게 의도적인 정액의 방출이라는 한 죄를 짓고 보름 동안 감춘 것에 대하여 보름 동안의 격리처벌을 주었습니다. 나는 격리생활을 실행하는 도중에 의도적인 정액의 방출이라는 한 죄를 짓고 감추지 않았습니다. 나는 참모임에 도중에 의도적인 정액의 방출이라는 한 죄를 짓고 감추지 않은 것에 대하여 가중처벌을 청했습니다. 참모임은 저에게 도중에 의도적인 정액의 방출이라는 한 죄를 짓고 감추지 않은 것에 대하여 가중처벌을 주었습니다. 나는 격리생활을 실행한 뒤에 참회처벌을 받아야 할 도중에 의도적인 정액의 방출이라는 한 죄를 짓고 감추지 않았습니다. 나는 참모임에 도중에 의도적인 정액의 방출이라는 한 죄를 짓고 감추지 않은 것에 대하여 가중처벌을 청했습니다. 참모임은 저에게 도중에 의도적인 정액의 방출이라는 한 죄를 짓고 감추지 않은 것에 대하여 가중처벌을 주었습니다. 나는 격리생활을 실행한 뒤에 참모임에 세 가지 죄에 대하여 엿새 동안의 참회처벌을 청했습니다. 참모임은 저에게 세 가지 죄에 대하여 엿새 동안의 참회처벌을 주었습니다. 나는 참회생활을 실행하는 도중에 의도적인 정액의 방출이라는 한 죄를 짓고 감추지 않았습니다. 나는 참모임에 도중에 의도적인 정액의 방출이라는 한 죄를 짓고 감추지 않은 것에 대하여 가중처벌을 청했습니다. 참모임은 저에게 도중에 의도적인 정액의 방출이라는 한 죄를 짓고 감추지 않은 것에 대하여 가중처벌을 주었습니다. 나는 참모임에 도중에 의도적인 정액의 방출이라는 한 죄를 짓고 감추지 않은 것에 대하여 엿새 동안의 참회처벌을 청했습니다. 참모임은 저에게 도중에 의도적인 정액의 방출이라는 한 죄를 짓고 감추지 않은 것에 대하여 엿새 동안의 참회처벌을 주었습니다. 나는 격리생활을 실행한 뒤에 출죄복귀를 받아야 하는데 도중에 의도적인 정액의 방출이라는 한 죄를 짓고 감추지 않았습니다. 나는 참모임에 도중에 의도적인 정액의 방출이라는 한 죄를 짓고 감추지 않은 것에 대하여 가중처벌을 청했습니다. 참모임은 저에게 도중에 의도적인 정액의 방출이라는 한 죄를 짓고 감추지 않은 것에 대하여 가중처벌을 주었습니다. 나는 참모임에 도중에 의도적인 정액의 방출이라는 한 죄를 짓고 감추지 않은 것에 대하여 엿새 동안의 참회처벌을 청했습니다. 참모임은 저에게 도중에 의도적인 정액의 방출이라는 한 죄를 짓고 감추지 않은 것에 대하여 엿새 동안의 참회처벌을 주었습니다. 나는 격리생활을 실행했습니다. 나는 이제 어떻게 해야 합니까?"

세존께 그 사실을 알렸다.

[세존] "수행승들이여,[50] 그렇다면 참모임은 수행승 우다인에게 세 가지 죄에 대하여 엿새 동안의 참회처벌을 주어라."

2. 수행승들이여, 그런데 이와 같이 주어야 한다. 수행승들이여, 그 수행승 우다인은 참모임을 찾아가서 한쪽 어깨에 상의를 걸치고 연상의 수행승들의 양 발에 머리를 조아린 뒤에 웅크리고 앉아 합장하여 이와 같이 말해야 한다.

[청원1] '존자들이여, 저는 의도적인 정액의 방출이라는 한 죄를 짓고 보름 동안 감추었습니다. 저는 의도적인 정액의 방출이라는 한 죄를 짓고 보름 동안 감춘 것에 대하여 보름 동안의 격리처벌을 청했습니다. 참모임은 저에게 의도적인 정액의 방출이라는 한 죄를 짓고 보름 동안 감춘 것에 대하여 보름 동안의 격리처벌을 주었습니다. 저는 격리생활을 실행하는 도중에 의도적인 정액의 방출이라는 한 죄를 짓고 감추지 않았습니다. 저는 참모임에 도중에 의도적인 정액의 방출이라는 한 죄를 짓고 감추지 않은 것에 대하여 가중처벌을 청했습니다. 참모임은 저에게 도중에 의도적인 정액의 방출이라는 한 죄를 짓고 감추지 않은 것에 대하여 가중처벌을 주었습니다. 저는 격리생활을 실행한 뒤에 참회처벌을 받아야 할 도중에 의도적인 정액의 방출이라는 한 죄를 짓고 감추지 않았습니다. 저는 참모임에 도중에 의도적인 정액의 방출이라는 한 죄를 짓고 감추지 않은 것에 대하여 가중처벌을 청했습니다. 참모임은 저에게 도중에 의도적인 정액의 방출이라는 한 죄를 짓고 감추지 않은 것에 대하여 가중처벌을 주었습니다. 저는 격리생활을 실행한 뒤에 참모임에 세 가지 죄에 대하여 엿새 동안의 참회처벌을 청했습니다. 참모임은 저에게 세 가지 죄에 대하여 엿새 동안의 참회처벌을 주었습니다. 저는 참회생활을 실행하는 도중에 의도적인 정액의 방출이라는 한 죄를 짓고 감추지 않았습니다. 저는 참모임에 도중에 의도적인 정액의 방출이라는 한 죄를 짓고 감추지 않은 것에 대하여 가중처벌을 청했습니다. 참모임은 저에게 도중에 의도적인 정액의 방출이라는 한 죄를 짓고 감추지 않은 것에 대하여 가중처벌을 주었습니다. 저는 참모임에 도중에 의도적인 정액의 방출이라는 한 죄를 짓고 감추지 않은 것에 대하여 엿새 동안의 참회처벌을 청했습니다. 참모임은 저에게 도중에 의도적인 정액의 방출이라는 한 죄를 짓고 감추지 않은 것에 대하여 엿새 동안의 참회처벌을 주었습니다. 저는 격리생활을 실행한 뒤에 출죄복귀를 받아야 하는데 도중에 의도적인 정액의 방출이라는 한 죄를 짓고 감추지 않았습니다. 저는 참모임에 도중에 의도적인 정액의 방출이라는 한 죄를 짓고 감추지 않은 것에 대하여 가중처벌을 청했습니다. 참모임은 저에게 도중에 의도적인 정액의

방출이라는 한 죄를 짓고 감추지 않은 것에 대하여 가중처벌을 주었습니다. 저는 참모임에 도중에 의도적인 정액의 방출이라는 한 죄를 짓고 감추지 않은 것에 대하여 엿새 동안의 참회처벌을 청했습니다. 참모임은 저에게 도중에 의도적인 정액의 방출이라는 한 죄를 짓고 감추지 않은 것에 대하여 엿새 동안의 참회처벌을 주었습니다. 존자들이여, 저는 격리생활을 실행한 뒤에 참모임에 세 가지 죄에 대하여 엿새 동안의 참회처벌을 청합니다.'

[청원2] '존자들이여, 저는 의도적인 정액의 방출이라는 한 죄를 짓고 보름 동안 감추었습니다. 저는 의도적인 정액의 방출이라는 한 죄를 짓고 보름 동안 감춘 것에 대하여 보름 동안의 격리처벌을 청했습니다. 참모임은 저에게 의도적인 정액의 방출이라는 한 죄를 짓고 보름 동안 감춘 것에 대하여 보름 동안의 격리처벌을 주었습니다. 저는 격리생활을 실행하는 도중에 의도적인 정액의 방출이라는 한 죄를 짓고 감추지 않았습니다. 저는 참모임에 도중에 의도적인 정액의 방출이라는 한 죄를 짓고 감추지 않은 것에 대하여 가중처벌을 청했습니다. 참모임은 저에게 도중에 의도적인 정액의 방출이라는 한 죄를 짓고 감추지 않은 것에 대하여 가중처벌을 주었습니다. 저는 격리생활을 실행한 뒤에 참회처벌을 받아야 할 도중에 의도적인 정액의 방출이라는 한 죄를 짓고 감추지 않았습니다. 저는 참모임에 도중에 의도적인 정액의 방출이라는 한 죄를 짓고 감추지 않은 것에 대하여 가중처벌을 청했습니다. 참모임은 저에게 도중에 의도적인 정액의 방출이라는 한 죄를 짓고 감추지 않은 것에 대하여 가중처벌을 주었습니다. 저는 격리생활을 실행한 뒤에 참모임에 세 가지 죄에 대하여 엿새 동안의 참회처벌을 청했습니다. 참모임은 저에게 세 가지 죄에 대하여 엿새 동안의 참회처벌을 주었습니다. 저는 참회생활을 실행하는 도중에 의도적인 정액의 방출이라는 한 죄를 짓고 감추지 않았습니다. 저는 참모임에 도중에 의도적인 정액의 방출이라는 한 죄를 짓고 감추지 않은 것에 대하여 가중처벌을 청했습니다. 참모임은 저에게 도중에 의도적인 정액의 방출이라는 한 죄를 짓고 감추지 않은 것에 대하여 가중처벌을 주었습니다. 저는 참모임에 도중에 의도적인 정액의 방출이라는 한 죄를 짓고 감추지 않은 것에 대하여 엿새 동안의 참회처벌을 청했습니다. 참모임은 저에게 도중에 의도적인 정액의 방출이라는 한 죄를 짓고 감추지 않은 것에 대하여 엿새 동안의 참회처벌을 주었습니다. 저는 격리생활을 실행한 뒤에 출죄복귀를 받아야 하는데 도중에 의도적인 정액의 방출이라는 한 죄를 짓고 감추지 않았습니다. 저는 참모임에 도중에 의도적인 정액의 방출이라는 한 죄를 짓고 감추지 않은

것에 대하여 가중처벌을 청했습니다. 참모임은 저에게 도중에 의도적인 정액의 방출이라는 한 죄를 짓고 감추지 않은 것에 대하여 가중처벌을 주었습니다. 저는 참모임에 도중에 의도적인 정액의 방출이라는 한 죄를 짓고 감추지 않은 것에 대하여 엿새 동안의 참회처벌을 청했습니다. 참모임은 저에게 도중에 의도적인 정액의 방출이라는 한 죄를 짓고 감추지 않은 것에 대하여 엿새 동안의 참회처벌을 주었습니다. 존자들이여, 저는 격리생활을 실행한 뒤에 참모임에 세 가지 죄에 대하여 두 번째에도 엿새 동안의 참회처벌을 청합니다.'

[청원3] '존자들이여, 저는 의도적인 정액의 방출이라는 한 죄를 짓고 보름 동안 감추었습니다. 저는 의도적인 정액의 방출이라는 한 죄를 짓고 보름 동안 감춘 것에 대하여 보름 동안의 격리처벌을 청했습니다. 참모임은 저에게 의도적인 정액의 방출이라는 한 죄를 짓고 보름 동안 감춘 것에 대하여 보름 동안의 격리처벌을 주었습니다. 저는 격리생활을 실행하는 도중에 의도적인 정액의 방출이라는 한 죄를 짓고 감추지 않았습니다. 저는 참모임에 도중에 의도적인 정액의 방출이라는 한 죄를 짓고 감추지 않은 것에 대하여 가중처벌을 청했습니다. 참모임은 저에게 도중에 의도적인 정액의 방출이라는 한 죄를 짓고 감추지 않은 것에 대하여 가중처벌을 주었습니다. 저는 격리생활을 실행한 뒤에 참회처벌을 받아야 할 도중에 의도적인 정액의 방출이라는 한 죄를 짓고 감추지 않았습니다. 저는 참모임에 도중에 의도적인 정액의 방출이라는 한 죄를 짓고 감추지 않은 것에 대하여 가중처벌을 청했습니다. 참모임은 저에게 도중에 의도적인 정액의 방출이라는 한 죄를 짓고 감추지 않은 것에 대하여 가중처벌을 주었습니다. 저는 격리생활을 실행한 뒤에 참모임에 세 가지 죄에 대하여 엿새 동안의 참회처벌을 청했습니다. 참모임은 저에게 세 가지 죄에 대하여 엿새 동안의 참회처벌을 주었습니다. 저는 참회생활을 실행하는 도중에 의도적인 정액의 방출이라는 한 죄를 짓고 감추지 않았습니다. 저는 참모임에 도중에 의도적인 정액의 방출이라는 한 죄를 짓고 감추지 않은 것에 대하여 가중처벌을 청했습니다. 참모임은 저에게 도중에 의도적인 정액의 방출이라는 한 죄를 짓고 감추지 않은 것에 대하여 가중처벌을 주었습니다. 저는 참모임에 도중에 의도적인 정액의 방출이라는 한 죄를 짓고 감추지 않은 것에 대하여 엿새 동안의 참회처벌을 청했습니다. 참모임은 저에게 도중에 의도적인 정액의 방출이라는 한 죄를 짓고 감추지 않은 것에 대하여 엿새 동안의 참회처벌을 주었습니다. 저는 격리생활을 실행한 뒤에 출죄복귀를 받아야 하는데 도중에 의도적인 정액의 방출이라는 한 죄를 짓고 감추지 않았습니다.

저는 참모임에 도중에 의도적인 정액의 방출이라는 한 죄를 짓고 감추지 않은 것에 대하여 가중처벌을 청했습니다. 참모임은 저에게 도중에 의도적인 정액의 방출이라는 한 죄를 짓고 감추지 않은 것에 대하여 가중처벌을 주었습니다. 저는 참모임에 도중에 의도적인 정액의 방출이라는 한 죄를 짓고 감추지 않은 것에 대하여 엿새 동안의 참회처벌을 청했습니다. 참모임은 저에게 도중에 의도적인 정액의 방출이라는 한 죄를 짓고 감추지 않은 것에 대하여 엿새 동안의 참회처벌을 주었습니다. 존자들이여, 저는 격리생활을 실행한 뒤에 참모임에 세 가지 죄에 대하여 세 번째에도 엿새 동안의 참회처벌을 청합니다.'

3. 총명하고 유능한 수행승이 참모임에 알려야 한다.

[제안] '존자들이여, 참모임은 제 말에 귀를 기울이십시오. 이 수행승 우다인은 의도적인 정액의 방출이라는 한 죄를 짓고 보름 동안 감추었습니다. 그는 의도적인 정액의 방출이라는 한 죄를 짓고 보름 동안 감춘 것에 대하여 보름 동안의 격리처벌을 청했습니다. 참모임은 그에게 의도적인 정액의 방출이라는 한 죄를 짓고 보름 동안 감춘 것에 대하여 보름 동안의 격리처벌을 주었습니다. 그는 격리생활을 실행하는 도중에 의도적인 정액의 방출이라는 한 죄를 짓고 감추지 않았습니다. 그는 참모임에 도중에 의도적인 정액의 방출이라는 한 죄를 짓고 감추지 않은 것에 대하여 가중처벌을 청했습니다. 참모임은 그에게 도중에 의도적인 정액의 방출이라는 한 죄를 짓고 감추지 않은 것에 대하여 가중처벌을 주었습니다. 그는 격리생활을 실행한 뒤에 참회처벌을 받아야 할 도중에 의도적인 정액의 방출이라는 한 죄를 짓고 감추지 않았습니다. 그는 참모임에 도중에 의도적인 정액의 방출이라는 한 죄를 짓고 감추지 않은 것에 대하여 가중처벌을 청했습니다. 참모임은 그에게 도중에 의도적인 정액의 방출이라는 한 죄를 짓고 감추지 않은 것에 대하여 가중처벌을 주었습니다. 그는 격리생활을 실행한 뒤에 참모임에 세 가지 죄에 대하여 엿새 동안의 참회처벌을 청했습니다. 참모임은 그에게 세 가지 죄에 대하여 엿새 동안의 참회처벌을 주었습니다. 그는 참회생활을 실행하는 도중에 의도적인 정액의 방출이라는 한 죄를 짓고 감추지 않았습니다. 그는 참모임에 도중에 의도적인 정액의 방출이라는 한 죄를 짓고 감추지 않은 것에 대하여 가중처벌을 청했습니다. 참모임은 그에게 도중에 의도적인 정액의 방출이라는 한 죄를 짓고 감추지 않은 것에 대하여 가중처벌을 주었습니다. 그는 참모임에 도중에 의도적인 정액의 방출이라는 한 죄를 짓고 감추지 않은 것에 대하여 엿새 동안의 참회처벌을 청했습니다. 참모임은 그에게 도중에 의도적인 정액의

방출이라는 한 죄를 짓고 감추지 않은 것에 대하여 엿새 동안의 참회처벌을 주었습니다. 그는 격리생활을 실행한 뒤에 출죄복귀를 받아야 하는데 도중에 의도적인 정액의 방출이라는 한 죄를 짓고 감추지 않았습니다. 그는 참모임에 도중에 의도적인 정액의 방출이라는 한 죄를 짓고 감추지 않은 것에 대하여 가중처벌을 청했습니다. 참모임은 그에게 도중에 의도적인 정액의 방출이라는 한 죄를 짓고 감추지 않은 것에 대하여 가중처벌을 주었습니다. 그는 참모임에 도중에 의도적인 정액의 방출이라는 한 죄를 짓고 감추지 않은 것에 대하여 엿새 동안의 참회처벌을 청했습니다. 참모임은 수행승 우다인에게 도중에 의도적인 정액의 방출이라는 한 죄를 짓고 감추지 않은 것에 대하여 엿새 동안의 참회처벌을 주었습니다. 그는 격리생활을 실행한 뒤에 참모임에 세 가지 죄에 대하여 엿새 동안의 참회처벌을 청합니다. 만약 참모임에 옳은 일이라면, 참모임은 수행승 우다인에게 세 가지 죄에 대하여 엿새 동안의 참회처벌을 주겠습니다. 이것이 제안입니다.'

[제청1] '존자들이여, 참모임은 제 말에 귀를 기울이십시오. 이 수행승 우다인은 의도적인 정액의 방출이라는 한 죄를 짓고 보름 동안 감추었습니다. 그는 의도적인 정액의 방출이라는 한 죄를 짓고 보름 동안 감춘 것에 대하여 보름 동안의 격리처벌을 청했습니다. 참모임은 그에게 의도적인 정액의 방출이라는 한 죄를 짓고 보름 동안 감춘 것에 대하여 보름 동안의 격리처벌을 주었습니다. 그는 격리생활을 실행하는 도중에 의도적인 정액의 방출이라는 한 죄를 짓고 감추지 않았습니다. 그는 참모임에 도중에 의도적인 정액의 방출이라는 한 죄를 짓고 감추지 않은 것에 대하여 가중처벌을 청했습니다. 참모임은 그에게 도중에 의도적인 정액의 방출이라는 한 죄를 짓고 감추지 않은 것에 대하여 가중처벌을 주었습니다. 그는 격리생활을 실행한 뒤에 참회처벌을 받아야 할 도중에 의도적인 정액의 방출이라는 한 죄를 짓고 감추지 않았습니다. 그는 참모임에 도중에 의도적인 정액의 방출이라는 한 죄를 짓고 감추지 않은 것에 대하여 가중처벌을 청했습니다. 참모임은 그에게 도중에 의도적인 정액의 방출이라는 한 죄를 짓고 감추지 않은 것에 대하여 가중처벌을 주었습니다. 그는 격리생활을 실행한 뒤에 참모임에 세 가지 죄에 대하여 엿새 동안의 참회처벌을 청했습니다. 참모임은 그에게 세 가지 죄에 대하여 엿새 동안의 참회처벌을 주었습니다. 그는 참회생활을 실행하는 도중에 의도적인 정액의 방출이라는 한 죄를 짓고 감추지 않았습니다. 그는 참모임에 도중에 의도적인 정액의 방출이라는 한 죄를 짓고 감추지 않은 것에 대하여 가중처벌을 청했습니다. 참모임은 그에게 도중에 의도적인

정액의 방출이라는 한 죄를 짓고 감추지 않은 것에 대하여 가중처벌을 주었습니다. 그는 참모임에 도중에 의도적인 정액의 방출이라는 한 죄를 짓고 감추지 않은 것에 대하여 엿새 동안의 참회처벌을 청했습니다. 참모임은 그에게 도중에 의도적인 정액의 방출이라는 한 죄를 짓고 감추지 않은 것에 대하여 엿새 동안의 참회처벌을 주었습니다. 그는 격리생활을 실행한 뒤에 출죄복귀를 받아야 하는데 도중에 의도적인 정액의 방출이라는 한 죄를 짓고 감추지 않았습니다. 그는 참모임에 도중에 의도적인 정액의 방출이라는 한 죄를 짓고 감추지 않은 것에 대하여 가중처벌을 청했습니다. 참모임은 그에게 도중에 의도적인 정액의 방출이라는 한 죄를 짓고 감추지 않은 것에 대하여 가중처벌을 주었습니다. 그는 참모임에 도중에 의도적인 정액의 방출이라는 한 죄를 짓고 감추지 않은 것에 대하여 엿새 동안의 참회처벌을 청했습니다. 참모임은 수행승 우다인에게 도중에 의도적인 정액의 방출이라는 한 죄를 짓고 감추지 않은 것에 대하여 엿새 동안의 참회처벌을 주었습니다. 그는 격리생활을 실행한 뒤에 참모임에 세 가지 죄에 대하여 엿새 동안의 참회처벌을 청하고 있습니다. 참모임은 수행승 우다인에게 세 가지 죄에 대하여 엿새 동안의 참회처벌을 주겠습니다. 수행승 우다인에게 세 가지 죄에 대하여 엿새 동안의 참회처벌을 주는 것에 동의하면 침묵하시고, 이견이 있으면 말씀하십시오.'

[제청2] '두 번째에도 저는 이 사실을 말합니다. 존자들이여, 참모임은 제 말에 귀를 기울이십시오. 이 수행승 우다인은 의도적인 정액의 방출이라는 한 죄를 짓고 보름 동안 감추었습니다. 그는 의도적인 정액의 방출이라는 한 죄를 짓고 보름 동안 감춘 것에 대하여 보름 동안의 격리처벌을 청했습니다. 참모임은 그에게 의도적인 정액의 방출이라는 한 죄를 짓고 보름 동안 감춘 것에 대하여 보름 동안의 격리처벌을 주었습니다. 그는 격리생활을 실행하는 도중에 의도적인 정액의 방출이라는 한 죄를 짓고 감추지 않았습니다. 그는 참모임에 도중에 의도적인 정액의 방출이라는 한 죄를 짓고 감추지 않은 것에 대하여 가중처벌을 청했습니다. 참모임은 그에게 도중에 의도적인 정액의 방출이라는 한 죄를 짓고 감추지 않은 것에 대하여 가중처벌을 주었습니다. 그는 격리생활을 실행한 뒤에 참회처벌을 받아야 할 도중에 의도적인 정액의 방출이라는 한 죄를 짓고 감추지 않았습니다. 그는 참모임에 도중에 의도적인 정액의 방출이라는 한 죄를 짓고 감추지 않은 것에 대하여 가중처벌을 청했습니다. 참모임은 그에게 도중에 의도적인 정액의 방출이라는 한 죄를 짓고 감추지 않은 것에 대하여 가중처벌을 주었습니

다. 그는 격리생활을 실행한 뒤에 참모임에 세 가지 죄에 대하여 엿새 동안의 참회처벌을 청했습니다. 참모임은 그에게 세 가지 죄에 대하여 엿새 동안의 참회처벌을 주었습니다. 그는 참회생활을 실행하는 도중에 의도적인 정액의 방출이라는 한 죄를 짓고 감추지 않았습니다. 그는 참모임에 도중에 의도적인 정액의 방출이라는 한 죄를 짓고 감추지 않은 것에 대하여 가중처벌을 청했습니다. 참모임은 그에게 도중에 의도적인 정액의 방출이라는 한 죄를 짓고 감추지 않은 것에 대하여 가중처벌을 주었습니다. 그는 참모임에 도중에 의도적인 정액의 방출이라는 한 죄를 짓고 감추지 않은 것에 대하여 엿새 동안의 참회처벌을 청했습니다. 참모임은 그에게 도중에 의도적인 정액의 방출이라는 한 죄를 짓고 감추지 않은 것에 대하여 엿새 동안의 참회처벌을 주었습니다. 그는 격리생활을 실행한 뒤에 출죄복귀를 받아야 하는데 도중에 의도적인 정액의 방출이라는 한 죄를 짓고 감추지 않았습니다. 그는 참모임에 도중에 의도적인 정액의 방출이라는 한 죄를 짓고 감추지 않은 것에 대하여 가중처벌을 청했습니다. 참모임은 그에게 도중에 의도적인 정액의 방출이라는 한 죄를 짓고 감추지 않은 것에 대하여 가중처벌을 주었습니다. 그는 참모임에 도중에 의도적인 정액의 방출이라는 한 죄를 짓고 감추지 않은 것에 대하여 엿새 동안의 참회처벌을 청했습니다. 참모임은 수행승 우다인에게 도중에 의도적인 정액의 방출이라는 한 죄를 짓고 감추지 않은 것에 대하여 엿새 동안의 참회처벌을 주었습니다. 그는 격리생활을 실행한 뒤에 참모임에 세 가지 죄에 대하여 엿새 동안의 참회처벌을 청하고 있습니다. 참모임은 수행승 우다인에게 세 가지 죄에 대하여 엿새 동안의 참회처벌을 주겠습니다. 수행승 우다인에게 세 가지 죄에 대하여 엿새 동안의 참회처벌을 주는 것에 동의하면 침묵하시고, 이견이 있으면 말씀하십시오.'

[제청3] '세 번째에도 저는 이 사실을 말합니다. 존자들이여, 참모임은 제 말에 귀를 기울이십시오. 이 수행승 우다인은 의도적인 정액의 방출이라는 한 죄를 짓고 보름 동안 감추었습니다. 그는 의도적인 정액의 방출이라는 한 죄를 짓고 보름 동안 감춘 것에 대하여 보름 동안의 격리처벌을 청했습니다. 참모임은 그에게 의도적인 정액의 방출이라는 한 죄를 짓고 보름 동안 감춘 것에 대하여 보름 동안의 격리처벌을 주었습니다. 그는 격리생활을 실행하는 도중에 의도적인 정액의 방출이라는 한 죄를 짓고 감추지 않았습니다. 그는 참모임에 도중에 의도적인 정액의 방출이라는 한 죄를 짓고 감추지 않은 것에 대하여 가중처벌을 청했습니다. 참모임은 그에게 도중에 의도적인 정액의 방출이라는 한 죄를 짓고 감추지

않은 것에 대하여 가중처벌을 주었습니다. 그는 격리생활을 실행한 뒤에 참회처벌을 받아야 할 도중에 의도적인 정액의 방출이라는 한 죄를 짓고 감추지 않았습니다. 그는 참모임에 도중에 의도적인 정액의 방출이라는 한 죄를 짓고 감추지 않은 것에 대하여 가중처벌을 청했습니다. 참모임은 그에게 도중에 의도적인 정액의 방출이라는 한 죄를 짓고 감추지 않은 것에 대하여 가중처벌을 주었습니다. 그는 격리생활을 실행한 뒤에 참모임에 세 가지 죄에 대하여 엿새 동안의 참회처벌을 청했습니다. 참모임은 그에게 세 가지 죄에 대하여 엿새 동안의 참회처벌을 주었습니다. 그는 참회생활을 실행하는 도중에 의도적인 정액의 방출이라는 한 죄를 짓고 감추지 않았습니다. 그는 참모임에 도중에 의도적인 정액의 방출이라는 한 죄를 짓고 감추지 않은 것에 대하여 가중처벌을 청했습니다. 참모임은 그에게 도중에 의도적인 정액의 방출이라는 한 죄를 짓고 감추지 않은 것에 대하여 가중처벌을 주었습니다. 그는 참모임에 도중에 의도적인 정액의 방출이라는 한 죄를 짓고 감추지 않은 것에 대하여 엿새 동안의 참회처벌을 청했습니다. 참모임은 그에게 도중에 의도적인 정액의 방출이라는 한 죄를 짓고 감추지 않은 것에 대하여 엿새 동안의 참회처벌을 주었습니다. 그는 격리생활을 실행한 뒤에 출죄복귀를 받아야 하는데 도중에 의도적인 정액의 방출이라는 한 죄를 짓고 감추지 않았습니다. 그는 참모임에 도중에 의도적인 정액의 방출이라는 한 죄를 짓고 감추지 않은 것에 대하여 가중처벌을 청했습니다. 참모임은 그에게 도중에 의도적인 정액의 방출이라는 한 죄를 짓고 감추지 않은 것에 대하여 가중처벌을 주었습니다. 그는 참모임에 도중에 의도적인 정액의 방출이라는 한 죄를 짓고 감추지 않은 것에 대하여 엿새 동안의 참회처벌을 청했습니다. 참모임은 수행승 우다인에게 도중에 의도적인 정액의 방출이라는 한 죄를 짓고 감추지 않은 것에 대하여 엿새 동안의 참회처벌을 주었습니다. 그는 격리생활을 실행한 뒤에 참모임에 세 가지 죄에 대하여 엿새 동안의 참회처벌을 청하고 있습니다. 참모임은 수행승 우다인에게 세 가지 죄에 대하여 엿새 동안의 참회처벌을 주겠습니다. 수행승 우다인에게 세 가지 죄에 대하여 엿새 동안의 참회처벌을 주는 것에 동의하면 침묵하시고, 이견이 있으면 말씀하십시오.'

[결정] '참모임은 수행승 우다인에게 세 가지 죄에 대하여 엿새 동안의 참회처벌을 주었습니다. 참모임이 찬성하여 침묵했으므로, 저는 그와 같이 알겠습니다.'

세 가지 죄에 대한 참회처벌이 끝났다.

17. 참회생활을 실행하는 자에 대한 가중처벌 및 기타(Mānattacārikamūlāyapaṭikassanādi)

1. 그는 참회생활을 실행하면서 도중에 의도적인 정액의 방출이라는 한 죄를 짓고 닷새 동안 감추었다. 그는 수행승들에게 알렸다.

[우다인] "벗들이여, 나는 의도적인 정액의 방출이라는 한 죄를 짓고 보름 동안 감추었습니다. 나는 참모임에 의도적인 정액의 방출이라는 한 죄를 짓고 보름 동안 감춘 것에 대하여 보름 동안의 격리처벌을 청했습니다. 참모임은 나에게 의도적인 정액의 방출이라는 한 죄를 짓고 보름 동안 감춘 것에 대하여 보름 동안의 격리처벌을 주었습니다. 나는 격리생활을 실행하면서 도중에 의도적인 정액의 방출이라는 한 죄를 짓고 닷새 동안 감추었습니다. 나는 참모임에 의도적인 정액의 방출이라는 한 죄를 짓고 닷새 동안 감춘 것에 대하여 가중처벌을 청했습니다. 참모임은 나에게 의도적인 정액의 방출이라는 한 죄를 짓고 닷새 동안 감춘 것에 대하여 가중처벌을 주었습니다. 나는 참회생활을 실행하면서 도중에 의도적인 정액의 방출이라는 한 죄를 짓고 닷새 동안 감추었습니다. 나는 이제 어떻게 해야 합니까?"

세존께 그 사실을 알렸다.

[세존] "수행승들이여, 그렇다면 참모임은 수행승 우다인에게 의도적인 정액의 방출이라는 한 죄를 짓고 닷새 동안 감춘 것에 대하여 가중처벌을 주고 예전의 죄에 대하여 통합격리처벌을 주고 엿새 동안의 참회처벌을 주어라."

2. [세존] "수행승들이여, 그런데 가중처벌은 이와 같이 주어야 한다. 수행승들이여, 그 수행승 우다인은 참모임을 찾아가서 한쪽 어깨에 상의를 걸치고 연상의 수행승들의 양 발에 머리를 조아린 뒤에 웅크리고 앉아 합장하여 이와 같이 말해야 한다.

[청원1] '존자들이여, 저는 의도적인 정액의 방출이라는 한 죄를 짓고 보름 동안 감추었습니다. 저는 의도적인 정액의 방출이라는 한 죄를 짓고 보름 동안 감춘 것에 대하여 보름 동안의 격리처벌을 청했습니다. 참모임은 저에게 의도적인 정액의 방출이라는 한 죄를 짓고 보름 동안 감춘 것에 대하여 보름 동안의 격리처벌을 주었습니다. 저는 격리생활을 실행하면서 도중에 의도적인 정액의 방출이라는 한 죄를 짓고 감추지 않았습니다. 저는 참모임에 의도적인 정액의 방출이라는 한 죄를 짓고 감추지 않은 것에 대하여 가중처벌을 청했습니다. 참모임은 저에게 의도적인 정액의 방출이라는 한 죄를 짓고 감추지 않은 것에 대하여 가중처벌을 주었습니다. 저는 격리생활을 실행한 뒤에 참모임에 세 가지 죄에

대하여 엿새 동안의 참회처벌을 청했습니다. 참모임은 저에게 세 가지 죄에 대하여 엿새 동안의 참회처벌을 주었습니다. 저는 참회생활을 실행하면서 도중에 저는 의도적인 정액의 방출이라는 한 죄를 짓고 감추지 않았습니다. 존자들이여, 저는 참모임에 의도적인 정액의 방출이라는 한 죄를 짓고 감추지 않은 것에 대하여 가중처벌을 청합니다.'

[청원2] '존자들이여, 저는 의도적인 정액의 방출이라는 한 죄를 짓고 보름 동안 감추었습니다. 저는 의도적인 정액의 방출이라는 한 죄를 짓고 보름 동안 감춘 것에 대하여 보름 동안의 격리처벌을 청했습니다. 참모임은 저에게 의도적인 정액의 방출이라는 한 죄를 짓고 보름 동안 감춘 것에 대하여 보름 동안의 격리처벌을 주었습니다. 저는 격리생활을 실행하면서 도중에 의도적인 정액의 방출이라는 한 죄를 짓고 감추지 않았습니다. 저는 참모임에 의도적인 정액의 방출이라는 한 죄를 짓고 감추지 않은 것에 대하여 가중처벌을 청했습니다. 참모임은 저에게 의도적인 정액의 방출이라는 한 죄를 짓고 감추지 않은 것에 대하여 가중처벌을 주었습니다. 저는 격리생활을 실행한 뒤에 참모임에 세 가지 죄에 대하여 엿새 동안의 참회처벌을 청했습니다. 참모임은 저에게 세 가지 죄에 대하여 엿새 동안의 참회처벌을 주었습니다. 저는 참회생활을 실행하면서 도중에 저는 의도적인 정액의 방출이라는 한 죄를 짓고 감추지 않았습니다. 존자들이여, 저는 참모임에 의도적인 정액의 방출이라는 한 죄를 짓고 감추지 않은 것에 대하여 두 번째에도 가중처벌을 청합니다.'

[청원3] '존자들이여, 저는 의도적인 정액의 방출이라는 한 죄를 짓고 보름 동안 감추었습니다. 저는 의도적인 정액의 방출이라는 한 죄를 짓고 보름 동안 감춘 것에 대하여 보름 동안의 격리처벌을 청했습니다. 참모임은 저에게 의도적인 정액의 방출이라는 한 죄를 짓고 보름 동안 감춘 것에 대하여 보름 동안의 격리처벌을 주었습니다. 저는 격리생활을 실행하면서 도중에 의도적인 정액의 방출이라는 한 죄를 짓고 감추지 않았습니다. 저는 참모임에 의도적인 정액의 방출이라는 한 죄를 짓고 감추지 않은 것에 대하여 가중처벌을 청했습니다. 참모임은 저에게 의도적인 정액의 방출이라는 한 죄를 짓고 감추지 않은 것에 대하여 가중처벌을 주었습니다. 저는 격리생활을 실행한 뒤에 참모임에 세 가지 죄에 대하여 엿새 동안의 참회처벌을 청했습니다. 참모임은 저에게 세 가지 죄에 대하여 엿새 동안의 참회처벌을 주었습니다. 저는 참회생활을 실행하면서 도중에 저는 의도적인 정액의 방출이라는 한 죄를 짓고 감추지 않았습니다. 존자들이여,

저는 참모임에 의도적인 정액의 방출이라는 한 죄를 짓고 감추지 않은 것에 대하여 세 번째에도 가중처벌을 청합니다.'

3. 총명하고 유능한 수행승이 참모임에 알려야 한다.

[제안] '존자들이여, 참모임은 제 말에 귀를 기울이십시오. 이 수행승 우다인은 의도적인 정액의 방출이라는 한 죄를 짓고 보름 동안 감추었습니다. 그는 의도적인 정액의 방출이라는 한 죄를 짓고 보름 동안 감춘 것에 대하여 보름 동안의 격리처벌을 청했습니다. 참모임은 그에게 의도적인 정액의 방출이라는 한 죄를 짓고 보름 동안 감춘 것에 대하여 보름 동안의 격리처벌을 주었습니다. 그는 격리생활을 실행하면서 도중에 의도적인 정액의 방출이라는 한 죄를 짓고 감추지 않았습니다. 그는 참모임에 의도적인 정액의 방출이라는 한 죄를 짓고 감추지 않은 것에 대하여 가중처벌을 청했습니다. 참모임은 그에게 의도적인 정액의 방출이라는 한 죄를 짓고 감추지 않은 것에 대하여 가중처벌을 주었습니다. 그는 격리생활을 실행한 뒤에 참모임에 세 가지 죄에 대하여 엿새 동안의 참회처벌을 청했습니다. 참모임은 그에게 세 가지 죄에 대하여 엿새 동안의 참회처벌을 주었습니다. 그는 참회생활을 실행하면서 도중에 그는 의도적인 정액의 방출이라는 한 죄를 짓고 감추지 않았습니다. 그는 참모임에 의도적인 정액의 방출이라는 한 죄를 짓고 감추지 않은 것에 대하여 세 번째에도 가중처벌을 청하고 있습니다. 만약에 참모임에 옳은 일이라면, 참모임은 수행승 우다인에게 도중에 의도적인 정액의 방출이라는 한 죄를 짓고 감추지 않은 것에 대하여 가중처벌을 주겠습니다. 이것이 제안입니다.'

[제청1] '존자들이여, 참모임은 제 말에 귀를 기울이십시오. 이 수행승 우다인은 의도적인 정액의 방출이라는 한 죄를 짓고 보름 동안 감추었습니다. 그는 의도적인 정액의 방출이라는 한 죄를 짓고 보름 동안 감춘 것에 대하여 보름 동안의 격리처벌을 청했습니다. 참모임은 그에게 의도적인 정액의 방출이라는 한 죄를 짓고 보름 동안 감춘 것에 대하여 보름 동안의 격리처벌을 주었습니다. 그는 격리생활을 실행하면서 도중에 의도적인 정액의 방출이라는 한 죄를 짓고 감추지 않았습니다. 그는 참모임에 의도적인 정액의 방출이라는 한 죄를 짓고 감추지 않은 것에 대하여 가중처벌을 청했습니다. 참모임은 그에게 의도적인 정액의 방출이라는 한 죄를 짓고 감추지 않은 것에 대하여 가중처벌을 주었습니다. 그는 격리생활을 실행한 뒤에 참모임에 세 가지 죄에 대하여 엿새 동안의 참회처벌을 청했습니다. 참모임은 그에게 세 가지 죄에 대하여 엿새 동안의 참회

처벌을 주었습니다. 그는 참회생활을 실행하면서 도중에 그는 의도적인 정액의 방출이라는 한 죄를 짓고 감추지 않았습니다. 그는 참모임에 의도적인 정액의 방출이라는 한 죄를 짓고 감추지 않은 것에 대하여 세 번째에도 가중처벌을 청하고 있습니다. 참모임은 수행승 우다인에게 도중에 의도적인 정액의 방출이라는 한 죄를 짓고 감추지 않은 것에 대하여 가중처벌을 주겠습니다. 수행승 우다인에게 도중에 의도적인 정액의 방출이라는 한 죄를 짓고 감추지 않은 것에 대하여 가중처벌을 주는 것에 동의하면 침묵하시고, 이견이 있으면 말씀하십시오.'

[제청2] '두 번째에도 저는 이 사실을 말합니다. 존자들이여, 참모임은 제 말에 귀를 기울이십시오. 이 수행승 우다인은 의도적인 정액의 방출이라는 한 죄를 짓고 보름 동안 감추었습니다. 그는 의도적인 정액의 방출이라는 한 죄를 짓고 보름 동안 감춘 것에 대하여 보름 동안의 격리처벌을 청했습니다. 참모임은 그에게 의도적인 정액의 방출이라는 한 죄를 짓고 보름 동안 감춘 것에 대하여 보름 동안의 격리처벌을 주었습니다. 그는 격리생활을 실행하면서 도중에 의도적인 정액의 방출이라는 한 죄를 짓고 감추지 않았습니다. 그는 참모임에 의도적인 정액의 방출이라는 한 죄를 짓고 감추지 않은 것에 대하여 가중처벌을 청했습니다. 참모임은 그에게 의도적인 정액의 방출이라는 한 죄를 짓고 감추지 않은 것에 대하여 가중처벌을 주었습니다. 그는 격리생활을 실행한 뒤에 참모임에 세 가지 죄에 대하여 엿새 동안의 참회처벌을 청했습니다. 참모임은 그에게 세 가지 죄에 대하여 엿새 동안의 참회처벌을 주었습니다. 그는 참회생활을 실행하면서 도중에 그는 의도적인 정액의 방출이라는 한 죄를 짓고 감추지 않았습니다. 그는 참모임에 의도적인 정액의 방출이라는 한 죄를 짓고 감추지 않은 것에 대하여 세 번째에도 가중처벌을 청하고 있습니다. 참모임은 수행승 우다인에게 도중에 의도적인 정액의 방출이라는 한 죄를 짓고 감추지 않은 것에 대하여 가중처벌을 주겠습니다. 수행승 우다인에게 도중에 의도적인 정액의 방출이라는 한 죄를 짓고 감추지 않은 것에 대하여 가중처벌을 주는 것에 동의하면 침묵하시고, 이견이 있으면 말씀하십시오.'

[제청3] '세 번째에도 저는 이 사실을 말합니다. 존자들이여, 참모임은 제 말에 귀를 기울이십시오. 이 수행승 우다인은 의도적인 정액의 방출이라는 한 죄를 짓고 보름 동안 감추었습니다. 그는 의도적인 정액의 방출이라는 한 죄를 짓고 보름 동안 감춘 것에 대하여 보름 동안의 격리처벌을 청했습니다. 참모임은 그에게 의도적인 정액의 방출이라는 한 죄를 짓고 보름 동안 감춘 것에 대하여 보름

동안의 격리처벌을 주었습니다. 그는 격리생활을 실행하면서 도중에 의도적인 정액의 방출이라는 한 죄를 지었습니다. 그는 참모임에 의도적인 정액의 방출이라는 한 죄를 짓고 보름 동안 감춘 것에 대하여 가중처벌을 청했습니다. 참모임은 그에게 의도적인 정액의 방출이라는 한 죄를 짓고 감추지 않은 것에 대하여 가중처벌을 주었습니다. 그는 격리생활을 실행한 뒤에 참모임에 세 가지 죄에 대하여 엿새 동안의 참회처벌을 청했습니다. 참모임은 그에게 세 가지 죄에 대하여 엿새 동안의 참회처벌을 주었습니다. 그는 참회생활을 실행하면서 도중에 그는 의도적인 정액의 방출이라는 한 죄를 짓고 감추지 않았습니다. 그는 참모임에 의도적인 정액의 방출이라는 한 죄를 짓고 감추지 않은 것에 대하여 세 번째에도 가중처벌을 청하고 있습니다. 참모임은 수행승 우다인에게 도중에 의도적인 정액의 방출이라는 한 죄를 짓고 감추지 않은 것에 대하여 가중처벌을 주겠습니다. 수행승 우다인에게 도중에 의도적인 정액의 방출이라는 한 죄를 짓고 감추지 않은 것에 대하여 가중처벌을 주는 것에 동의하면 침묵하시고, 이견이 있으면 말씀하십시오.'

[결정] '참모임은 수행승 우다인에게 도중에 의도적인 정액의 방출이라는 한 죄를 짓고 감추지 않은 것에 대하여 가중처벌을 주었습니다. 참모임이 찬성하여 침묵했으므로, 저는 그와 같이 알겠습니다.'

4. 수행승들이여, 예전의 죄에 대한 통합격리처벌은 이와 같이 주어야 한다. 수행승들이여, 그 수행승 우다인은 참모임을 찾아가서 한쪽 어깨에 상의를 걸치고 연상의 수행승들의 양 발에 머리를 조아린 뒤에 웅크리고 앉아 합장하여 이와 같이 말해야 한다.

[청원1] '존자들이여, 저는 의도적인 정액의 방출이라는 한 죄를 짓고 보름 동안 감추었습니다. 저는 의도적인 정액의 방출이라는 한 죄를 짓고 보름 동안 감춘 것에 대하여 보름 동안의 격리처벌을 청했습니다. 참모임은 저에게 의도적인 정액의 방출이라는 한 죄를 짓고 보름 동안 감춘 것에 대하여 보름 동안의 격리처벌을 주었습니다. 저는 격리생활을 실행하면서 도중에 의도적인 정액의 방출이라는 한 죄를 짓고 보름 동안 감추었습니다. 저는 참모임에 도중에 의도적인 정액의 방출이라는 한 죄를 짓고 보름 동안 감춘 것에 대하여 가중처벌을 청했습니다. 참모임에 저에게 도중에 의도적인 정액의 방출이라는 한 죄를 짓고 보름 동안 감춘 것에 대하여 가중처벌을 주었습니다. 존자들이여, 저는 참모임에 도중에 의도적인 정액의 방출이라는 한 죄를 짓고 보름 동안 감춘 것과 앞의

죄에 대하여 통합격리처벌을 청합니다.'

[청원2] '존자들이여, 저는 의도적인 정액의 방출이라는 한 죄를 짓고 보름 동안 감추었습니다. 저는 의도적인 정액의 방출이라는 한 죄를 짓고 보름 동안 감춘 것에 대하여 보름 동안의 격리처벌을 청했습니다. 참모임은 저에게 의도적인 정액의 방출이라는 한 죄를 짓고 보름 동안 감춘 것에 대하여 보름 동안의 격리처벌을 주었습니다. 저는 격리생활을 실행하면서 도중에 의도적인 정액의 방출이라는 한 죄를 짓고 보름 동안 감추었습니다. 저는 참모임에 도중에 의도적인 정액의 방출이라는 한 죄를 짓고 보름 동안 감춘 것에 대하여 가중처벌을 청했습니다. 참모임에 저에게 도중에 의도적인 정액의 방출이라는 한 죄를 짓고 보름 동안 감춘 것에 대하여 가중처벌을 주었습니다. 존자들이여, 저는 참모임에 도중에 의도적인 정액의 방출이라는 한 죄를 짓고 보름 동안 감춘 것과 앞의 죄에 대하여 두 번째에도 통합격리처벌을 청합니다.'

[청원3] '존자들이여, 저는 의도적인 정액의 방출이라는 한 죄를 짓고 보름 동안 감추었습니다. 저는 의도적인 정액의 방출이라는 한 죄를 짓고 보름 동안 감춘 것에 대하여 보름 동안의 격리처벌을 청했습니다. 참모임은 저에게 의도적인 정액의 방출이라는 한 죄를 짓고 보름 동안 감춘 것에 대하여 보름 동안의 격리처벌을 주었습니다. 저는 격리생활을 실행하면서 도중에 의도적인 정액의 방출이라는 한 죄를 짓고 보름 동안 감추었습니다. 저는 참모임에 도중에 의도적인 정액의 방출이라는 한 죄를 짓고 보름 동안 감춘 것에 대하여 가중처벌을 청했습니다. 참모임에 저에게 도중에 의도적인 정액의 방출이라는 한 죄를 짓고 보름 동안 감춘 것에 대하여 가중처벌을 주었습니다. 존자들이여, 저는 참모임에 도중에 의도적인 정액의 방출이라는 한 죄를 짓고 보름 동안 감춘 것과 앞의 죄에 대하여 세 번째에도 통합격리처벌을 청합니다.'

5. 총명하고 유능한 수행승이 참모임에 알려야 한다.

[제안] '존자들이여, 참모임은 제 말에 귀를 기울이십시오. 이 수행승 우다인은 의도적인 정액의 방출이라는 한 죄를 짓고 보름 동안 감추었습니다. 그는 의도적인 정액의 방출이라는 한 죄를 짓고 보름 동안 감춘 것에 대하여 보름 동안의 격리처벌을 청했습니다. 참모임은 그에게 의도적인 정액의 방출이라는 한 죄를 짓고 보름 동안 감춘 것에 대하여 보름 동안의 격리처벌을 주었습니다. 그는 격리생활을 실행하면서 도중에 의도적인 정액의 방출이라는 한 죄를 짓고 보름 동안 감추었습니다. 그는 참모임에 도중에 의도적인 정액의 방출이라는 한 죄를

짓고 보름 동안 감춘 것에 대하여 가중처벌을 청했습니다. 참모임에 그에게 도중에 의도적인 정액의 방출이라는 한 죄를 짓고 보름 동안 감춘 것에 대하여 가중처벌을 주었습니다. 그는 참모임에 도중에 의도적인 정액의 방출이라는 한 죄를 짓고 보름 동안 감춘 것과 앞의 죄에 대하여 통합격리처벌을 청하고 있습니다. 만약 참모임에 옳은 일이라면, 참모임은 수행승 우다인에게 도중에 의도적인 정액의 방출이라는 한 죄를 짓고 보름 동안 감춘 것과 앞의 죄에 대하여 통합격리처벌을 주겠습니다. 이것이 제안입니다.'

[제청1] '존자들이여, 참모임은 제 말에 귀를 기울이십시오. 이 수행승 우다인은 의도적인 정액의 방출이라는 한 죄를 짓고 보름 동안 감추었습니다. 그는 의도적인 정액의 방출이라는 한 죄를 짓고 보름 동안 감춘 것에 대하여 보름 동안의 격리처벌을 청했습니다. 참모임은 그에게 의도적인 정액의 방출이라는 한 죄를 짓고 보름 동안 감춘 것에 대하여 보름 동안의 격리처벌을 주었습니다. 그는 격리생활을 실행하면서 도중에 의도적인 정액의 방출이라는 한 죄를 짓고 보름 동안 감추었습니다. 그는 참모임에 도중에 의도적인 정액의 방출이라는 한 죄를 짓고 보름 동안 감춘 것에 대하여 가중처벌을 청했습니다. 참모임에 그에게 도중에 의도적인 정액의 방출이라는 한 죄를 짓고 보름 동안 감춘 것에 대하여 가중처벌을 주었습니다. 그는 참모임에 도중에 의도적인 정액의 방출이라는 한 죄를 짓고 보름 동안 감춘 것과 앞의 죄에 대하여 통합격리처벌을 청하고 있습니다. 참모임은 수행승 우다인에게 도중에 의도적인 정액의 방출이라는 한 죄를 짓고 보름 동안 감춘 것과 앞의 죄에 대하여 통합격리처벌을 주겠습니다. 참모임이 수행승 우다인에게 도중에 의도적인 정액의 방출이라는 한 죄를 짓고 보름 동안 감춘 것과 앞의 죄에 대하여 통합격리처벌을 주는 것에 동의하면 침묵하시고, 이견이 있으면 말씀하십시오.'

[제청2] '두 번째에도 저는 이 사실을 말합니다. 존자들이여, 참모임은 제 말에 귀를 기울이십시오. 이 수행승 우다인은 의도적인 정액의 방출이라는 한 죄를 짓고 보름 동안 감추었습니다. 그는 의도적인 정액의 방출이라는 한 죄를 짓고 보름 동안 감춘 것에 대하여 보름 동안의 격리처벌을 청했습니다. 참모임은 그에게 의도적인 정액의 방출이라는 한 죄를 짓고 보름 동안 감춘 것에 대하여 보름 동안의 격리처벌을 주었습니다. 그는 격리생활을 실행하면서 도중에 의도적인 정액의 방출이라는 한 죄를 짓고 보름 동안 감추었습니다. 그는 참모임에 도중에 의도적인 정액의 방출이라는 한 죄를 짓고 보름 동안 감춘 것에 대하여 가중처벌

을 청했습니다. 참모임에 그에게 도중에 의도적인 정액의 방출이라는 한 죄를 짓고 보름 동안 감춘 것에 대하여 가중처벌을 주었습니다. 그는 참모임에 도중에 의도적인 정액의 방출이라는 한 죄를 짓고 보름 동안 감춘 것과 앞의 죄에 대하여 통합격리처벌을 청하고 있습니다. 참모임은 수행승 우다인에게 도중에 의도적인 정액의 방출이라는 한 죄를 짓고 보름 동안 감춘 것과 앞의 죄에 대하여 통합격리처벌을 주겠습니다. 참모임이 수행승 우다인에게 도중에 의도적인 정액의 방출이라는 한 죄를 짓고 보름 동안 감춘 것과 앞의 죄에 대하여 통합격리처벌을 주는 것에 동의하면 침묵하시고, 이견이 있으면 말씀하십시오.'

[제청3] '세 번째에도 저는 이 사실을 말합니다. 존자들이여, 참모임은 제 말에 귀를 기울이십시오. 이 수행승 우다인은 의도적인 정액의 방출이라는 한 죄를 짓고 보름 동안 감추었습니다. 그는 의도적인 정액의 방출이라는 한 죄를 짓고 보름 동안 감춘 것에 대하여 보름 동안의 격리처벌을 청했습니다. 참모임은 그에게 의도적인 정액의 방출이라는 한 죄를 짓고 보름 동안 감춘 것에 대하여 보름 동안의 격리처벌을 주었습니다. 그는 격리생활을 실행하면서 도중에 의도적인 정액의 방출이라는 한 죄를 짓고 보름 동안 감추었습니다. 그는 참모임에 도중에 의도적인 정액의 방출이라는 한 죄를 짓고 보름 동안 감춘 것에 대하여 가중처벌을 청했습니다. 참모임에 그에게 도중에 의도적인 정액의 방출이라는 한 죄를 짓고 보름 동안 감춘 것에 대하여 가중처벌을 주었습니다. 그는 참모임에 도중에 의도적인 정액의 방출이라는 한 죄를 짓고 보름 동안 감춘 것과 앞의 죄에 대하여 통합격리처벌을 청하고 있습니다. 참모임은 수행승 우다인에게 도중에 의도적인 정액의 방출이라는 한 죄를 짓고 보름 동안 감춘 것과 앞의 죄에 대하여 통합격리처벌을 주겠습니다. 참모임이 수행승 우다인에게 도중에 의도적인 정액의 방출이라는 한 죄를 짓고 보름 동안 감춘 것과 앞의 죄에 대하여 통합격리처벌을 주는 것에 동의하면 침묵하시고, 이견이 있으면 말씀하십시오.'

[결정] '참모임은 수행승 우다인에게 도중에 의도적인 정액의 방출이라는 한 죄를 짓고 보름 동안 감춘 것과 앞의 죄에 대하여 통합격리처벌을 주었습니다. 참모임이 찬성하여 침묵했으므로, 저는 그와 같이 알겠습니다.'

6. 수행승들이여, 엿새 동안의 참회처벌은 이와 같이 주어야 한다. 수행승들이여, 그 수행승 우다인은 참모임을 찾아가서 한쪽 어깨에 상의를 걸치고 연상의 수행승들의 양 발에 머리를 조아린 뒤에 웅크리고 앉아 합장하여 이와 같이 말해야 한다.

[청원1] '존자들이여, 저는 의도적인 정액의 방출이라는 한 죄를 짓고 보름 동안 감추었습니다. 저는 의도적인 정액의 방출이라는 한 죄를 짓고 보름 동안 감춘 것에 대하여 보름 동안의 격리처벌을 청했습니다. 참모임은 저에게 의도적인 정액의 방출이라는 한 죄를 짓고 보름 동안 감춘 것에 대하여 보름 동안의 격리처벌을 주었습니다. 저는 격리생활을 실행한 뒤에 참회처벌을 받아야 할 도중에 의도적인 정액의 방출이라는 한 죄를 짓고 닷새 동안 감추었습니다. 저는 참모임에 도중에 의도적인 정액의 방출이라는 한 죄를 짓고 닷새 동안 감춘 것에 대하여 가중처벌을 청했습니다. 참모임은 저에게 도중에 의도적인 정액의 방출이라는 한 죄를 짓고 닷새 동안 감춘 것에 대하여 가중처벌을 주었습니다. 저는 격리생활을 실행한 뒤에 참모임에 세 가지 죄에 대하여 엿새 동안의 참회처벌을 청했습니다. 참모임은 저에게 세 가지 죄에 대하여 엿새 동안의 참회처벌을 주었습니다. 저는 참회생활을 실행하면서 도중에 저는 의도적인 정액의 방출이라는 한 죄를 짓고 닷새 동안 감추었습니다. 존자들이여, 저는 참모임에 도중에 의도적인 정액의 방출이라는 한 죄를 짓고 닷새 동안 감춘 것에 대하여 엿새 동안의 참회처벌을 청합니다.'

[청원2] '존자들이여, 저는 의도적인 정액의 방출이라는 한 죄를 짓고 보름 동안 감추었습니다. 저는 참모임에 의도적인 정액의 방출이라는 한 죄를 짓고 보름 동안 감춘 것에 대하여 보름 동안의 격리처벌을 청했습니다. 참모임은 저에게 의도적인 정액의 방출이라는 한 죄를 짓고 보름 동안 감춘 것에 대하여 보름 동안의 격리처벌을 주었습니다. 저는 격리생활을 실행한 뒤에 참회처벌을 받아야 할 도중에 의도적인 정액의 방출이라는 한 죄를 짓고 닷새 동안 감추었습니다. 저는 참모임에 도중에 의도적인 정액의 방출이라는 한 죄를 짓고 닷새 동안 감춘 것에 대하여 가중처벌을 청했습니다. 참모임은 저에게 도중에 의도적인 정액의 방출이라는 한 죄를 짓고 닷새 동안 감춘 것에 대하여 가중처벌을 주었습니다. 저는 격리생활을 실행한 뒤에 참모임에 세 가지 죄에 대하여 엿새 동안의 참회처벌을 청했습니다. 참모임은 저에게 세 가지 죄에 대하여 엿새 동안의 참회처벌을 주었습니다. 저는 참회생활을 실행하면서 도중에 저는 의도적인 정액의 방출이라는 한 죄를 짓고 닷새 동안 감추었습니다. 존자들이여, 저는 참모임에 도중에 의도적인 정액의 방출이라는 한 죄를 짓고 닷새 동안 감춘 것에 대하여 두 번째에도 엿새 동안의 참회처벌을 청합니다.'

[청원3] '존자들이여, 저는 의도적인 정액의 방출이라는 한 죄를 짓고 보름

동안 감추었습니다. 저는 의도적인 정액의 방출이라는 한 죄를 짓고 보름 동안 감춘 것에 대하여 보름 동안의 격리처벌을 청했습니다. 참모임은 저에게 의도적인 정액의 방출이라는 한 죄를 짓고 닷새 동안 감춘 것에 대하여 보름 동안의 격리처벌을 주었습니다. 저는 격리생활을 실행한 뒤에 참회처벌을 받아야 할 도중에 의도적인 정액의 방출이라는 한 죄를 짓고 닷새 동안 감추었습니다. 저는 참모임에 도중에 의도적인 정액의 방출이라는 한 죄를 짓고 닷새 동안 감춘 것에 대하여 가중처벌을 청했습니다. 참모임은 저에게 도중에 의도적인 정액의 방출이라는 한 죄를 짓고 닷새 동안 감춘 것에 대하여 가중처벌을 주었습니다. 저는 격리생활을 실행한 뒤에 참모임에 세 가지 죄에 대하여 엿새 동안의 참회처벌을 청했습니다. 참모임은 저에게 세 가지 죄에 대하여 엿새 동안의 참회처벌을 주었습니다. 저는 참회생활을 실행하면서 도중에 저는 의도적인 정액의 방출이라는 한 죄를 짓고 닷새 동안 감추었습니다. 존자들이여, 저는 참모임에 도중에 의도적인 정액의 방출이라는 한 죄를 짓고 닷새 동안 감춘 것에 대하여 세 번째에도 엿새 동안의 참회처벌을 청합니다.'

7. 총명하고 유능한 수행승이 참모임에 알려야 한다.

[제안] '존자들이여, 참모임은 제 말에 귀를 기울이십시오. 이 수행승 우다인은 의도적인 정액의 방출이라는 한 죄를 짓고 보름 동안 감추었습니다. 그는 의도적인 정액의 방출이라는 한 죄를 짓고 보름 동안 감춘 것에 대하여 보름 동안의 격리처벌을 청했습니다. 참모임은 그에게 의도적인 정액의 방출이라는 한 죄를 짓고 보름 동안 감춘 것에 대하여 보름 동안의 격리처벌을 주었습니다. 그는 격리생활을 실행하는 도중에 의도적인 정액의 방출이라는 한 죄를 짓고 닷새 동안 감추었습니다. 그는 참모임에 도중에 의도적인 정액의 방출이라는 한 죄를 짓고 닷새 동안 감춘 것에 대하여 가중처벌을 청했습니다. 참모임은 수행승 우다인에게 도중에 의도적인 정액의 방출이라는 한 죄를 짓고 닷새 동안 감춘 것에 대하여 가중처벌을 주었습니다. 그는 격리생활을 실행한 뒤에 참모임에 세 가지 죄에 대하여 엿새 동안의 참회처벌을 청합니다. 만약 참모임에 옳은 일이라면, 참모임은 수행승 우다인에게 세 가지 죄에 대하여 엿새 동안의 참회처벌을 주겠습니다. 이것이 제안입니다.'

[제청1] '존자들이여, 참모임은 제 말에 귀를 기울이십시오. 이 수행승 우다인은 의도적인 정액의 방출이라는 한 죄를 짓고 보름 동안 감추었습니다. 그는 의도적인 정액의 방출이라는 한 죄를 짓고 보름 동안 감춘 것에 대하여 보름

동안의 격리처벌을 청했습니다. 참모임은 그에게 의도적인 정액의 방출이라는 한 죄를 짓고 보름 동안 감춘 것에 대하여 보름 동안의 격리처벌을 주었습니다. 그는 격리생활을 실행하는 도중에 의도적인 정액의 방출이라는 한 죄를 짓고 닷새 동안 감추었습니다. 그는 참모임에 도중에 의도적인 정액의 방출이라는 한 죄를 짓고 닷새 동안 감춘 것에 대하여 가중처벌을 청했습니다. 참모임은 수행승 우다인에게 도중에 의도적인 정액의 방출이라는 한 죄를 짓고 닷새 동안 감춘 것에 대하여 가중처벌을 주었습니다. 그는 격리생활을 실행한 뒤에 참모임에 세 가지 죄에 대하여 엿새 동안의 참회처벌을 청하고 있습니다. 참모임은 수행승 우다인에게 세 가지 죄에 대하여 엿새 동안의 참회처벌을 주겠습니다. 수행승 우다인에게 세 가지 죄에 대하여 엿새 동안의 참회처벌을 주는 것에 동의하면 침묵하시고, 이견이 있으면 말씀하십시오.'

[제청2] '두 번째에도 저는 이 사실을 말합니다. 존자들이여, 참모임은 제 말에 귀를 기울이십시오. 이 수행승 우다인은 의도적인 정액의 방출이라는 한 죄를 짓고 보름 동안 감추었습니다. 그는 의도적인 정액의 방출이라는 한 죄를 짓고 보름 동안 감춘 것에 대하여 보름 동안의 격리처벌을 청했습니다. 참모임은 그에게 의도적인 정액의 방출이라는 한 죄를 짓고 보름 동안 감춘 것에 대하여 보름 동안의 격리처벌을 주었습니다. 그는 격리생활을 실행하는 도중에 의도적인 정액의 방출이라는 한 죄를 짓고 닷새 동안 감추었습니다. 그는 참모임에 도중에 의도적인 정액의 방출이라는 한 죄를 짓고 닷새 동안 감춘 것에 대하여 가중처벌을 청했습니다. 참모임은 수행승 우다인에게 도중에 의도적인 정액의 방출이라는 한 죄를 짓고 닷새 동안 감춘 것에 대하여 가중처벌을 주었습니다. 그는 격리생활을 실행한 뒤에 참모임에 세 가지 죄에 대하여 엿새 동안의 참회처벌을 청하고 있습니다. 참모임은 수행승 우다인에게 세 가지 죄에 대하여 엿새 동안의 참회처벌을 주겠습니다. 수행승 우다인에게 세 가지 죄에 대하여 엿새 동안의 참회처벌을 주는 것에 동의하면 침묵하시고, 이견이 있으면 말씀하십시오.'

[제청3] '세 번째에도 저는 이 사실을 말합니다. 존자들이여, 참모임은 제 말에 귀를 기울이십시오. 이 수행승 우다인은 의도적인 정액의 방출이라는 한 죄를 짓고 보름 동안 감추었습니다. 그는 의도적인 정액의 방출이라는 한 죄를 짓고 보름 동안 감춘 것에 대하여 보름 동안의 격리처벌을 청했습니다. 참모임은 그에게 의도적인 정액의 방출이라는 한 죄를 짓고 보름 동안 감춘 것에 대하여 보름 동안의 격리처벌을 주었습니다. 그는 격리생활을 실행하는 도중에 의도적인 정액

의 방출이라는 한 죄를 짓고 닷새 동안 감추었습니다. 그는 참모임에 도중에 의도적인 정액의 방출이라는 한 죄를 짓고 닷새 동안 감춘 것에 대하여 가중처벌을 청했습니다. 참모임은 수행승 우다인에게 도중에 의도적인 정액의 방출이라는 한 죄를 짓고 닷새 동안 감춘 것에 대하여 가중처벌을 주었습니다. 그는 격리생활을 실행한 뒤에 참모임에 세 가지 죄에 대하여 엿새 동안의 참회처벌을 청하고 있습니다. 참모임은 수행승 우다인에게 세 가지 죄에 대하여 엿새 동안의 참회처벌을 주겠습니다. 수행승 우다인에게 세 가지 죄에 대하여 엿새 동안의 참회처벌을 주는 것에 동의하면 침묵하시고, 이견이 있으면 말씀하십시오.'

[결정] '참모임은 수행승 우다인에게 세 가지 죄에 대하여 엿새 동안의 참회처벌을 주었습니다. 참모임이 찬성하여 침묵했으므로, 저는 그와 같이 알겠습니다."

참회생활을 실행하는 자의 가중처벌 및 기타가 끝났다.

18. 출죄복귀를 받아야 할 자의 가중처벌 및 기타(AbbhānārahaMūlāyapaṭikassanādi)

1. 그는 참회생활을 실행한 뒤에 출죄복귀를 받아야 하는데 도중에 의도적인 정액의 방출이라는 한 죄를 짓고 닷새 동안 감추었다. 그는 수행승들에게 알렸다.

[우다인] "벗들이여, 나는 의도적인 정액의 방출이라는 한 죄를 짓고 보름 동안 감추었습니다. 나는 참모임에 의도적인 정액의 방출이라는 한 죄를 짓고 닷새 동안 감춘 것에 대하여 보름 동안의 격리처벌을 청했습니다. 참모임은 나에게 의도적인 정액의 방출이라는 한 죄를 짓고 보름 동안 감춘 것에 대하여 보름 동안의 격리처벌을 주었습니다. 나는 격리생활을 실행하면서 도중에 의도적인 정액의 방출이라는 한 죄를 짓고 닷새 동안 감추었습니다. 나는 참모임에 의도적인 정액의 방출이라는 한 죄를 짓고 닷새 동안 감춘 것에 대하여 가중처벌을 청했습니다. 참모임은 나에게 의도적인 정액의 방출이라는 한 죄를 짓고 닷새 동안 감춘 것에 대하여 가중처벌을 주었습니다. 나는 참회생활을 실행한 뒤에 출죄복귀를 받아야 하는데 도중에 의도적인 정액의 방출이라는 한 죄를 짓고 닷새 동안 감추었습니다. 나는 이제 어떻게 해야 합니까?"

세존께 그 사실을 알렸다.

[세존] "수행승들이여, 그렇다면 참모임은 수행승 우다인에게 의도적인 정액의 방출이라는 한 죄를 짓고 닷새 동안 감춘 것에 대하여 가중처벌을 주고 예전의 죄에 대하여 통합격리처벌을 주고 엿새 동안의 참회처벌을 주어라."

2. 수행승들이여, 그런데 가중처벌은 이와 같이 주어야 한다. 수행승들이여, 그

수행승 우다인은 참모임을 찾아가서 한쪽 어깨에 상의를 걸치고 연상의 수행승들의 양 발에 머리를 조아린 뒤에 웅크리고 앉아 합장하여 이와 같이 말해야 한다.

[청원1] '존자들이여, 저는 의도적인 정액의 방출이라는 한 죄를 짓고 보름 동안 감추었습니다. 저는 의도적인 정액의 방출이라는 한 죄를 짓고 보름 동안 감춘 것에 대하여 보름 동안의 격리처벌을 청했습니다. 참모임은 저에게 의도적인 정액의 방출이라는 한 죄를 짓고 보름 동안 감춘 것에 대하여 보름 동안의 격리처벌을 주었습니다. 저는 격리생활을 실행하면서 도중에 의도적인 정액의 방출이라는 한 죄를 짓고 닷새 동안 감추었습니다. 저는 참모임에 의도적인 정액의 방출이라는 한 죄를 짓고 닷새 동안 감춘 것에 대하여 가중처벌을 청했습니다. 참모임은 저에게 의도적인 정액의 방출이라는 한 죄를 짓고 닷새 동안 감춘 것에 대하여 가중처벌을 주었습니다. 저는 격리생활을 실행한 뒤에 참회처벌을 받아야 할 도중에 의도적인 정액의 방출이라는 한 죄를 짓고 닷새 동안 감추었습니다. 저는 참모임에 도중에 의도적인 정액의 방출이라는 한 죄를 짓고 닷새 동안 감춘 것에 대하여 가중처벌을 청했습니다. 참모임은 저에게 도중에 의도적인 정액의 방출이라는 한 죄를 짓고 닷새 동안 감춘 것에 대하여 가중처벌을 주었습니다. 저는 격리생활을 실행한 뒤에 참모임에 세 가지 죄에 대하여 엿새 동안의 참회처벌을 청했습니다. 참모임은 저에게 세 가지 죄에 대하여 엿새 동안의 참회처벌을 주었습니다. 저는 참회생활을 실행하면서 도중에 의도적인 정액의 방출이라는 한 죄를 짓고 닷새 동안 감추었습니다. 존자들이여, 저는 참모임에 도중에 의도적인 정액의 방출이라는 한 죄를 짓고 닷새 동안 감춘 것에 대하여 가중처벌을 청합니다.'

[청원2] '존자들이여, 저는 의도적인 정액의 방출이라는 한 죄를 짓고 보름 동안 감추었습니다. 저는 의도적인 정액의 방출이라는 한 죄를 짓고 보름 동안 감춘 것에 대하여 보름 동안의 격리처벌을 청했습니다. 참모임은 저에게 의도적인 정액의 방출이라는 한 죄를 짓고 보름 동안 감춘 것에 대하여 보름 동안의 격리처벌을 주었습니다. 저는 격리생활을 실행하면서 도중에 의도적인 정액의 방출이라는 한 죄를 짓고 닷새 동안 감추었습니다. 저는 참모임에 의도적인 정액의 방출이라는 한 죄를 짓고 닷새 동안 감춘 것에 대하여 가중처벌을 청했습니다. 참모임은 저에게 의도적인 정액의 방출이라는 한 죄를 짓고 닷새 동안 감춘 것에 대하여 가중처벌을 주었습니다. 저는 격리생활을 실행한 뒤에 참회처벌을 받아야 할 도중에 의도적인 정액의 방출이라는 한 죄를 짓고 닷새 동안 감추었습니다.

저는 참모임에 도중에 의도적인 정액의 방출이라는 한 죄를 짓고 닷새 동안 감춘 것에 대하여 가중처벌을 청했습니다. 참모임은 저에게 도중에 의도적인 정액의 방출이라는 한 죄를 짓고 닷새 동안 감춘 것에 대하여 가중처벌을 주었습니다. 저는 격리생활을 실행한 뒤에 참모임에 세 가지 죄에 대하여 엿새 동안의 참회처벌을 청했습니다. 참모임은 저에게 세 가지 죄에 대하여 엿새 동안의 참회처벌을 주었습니다. 저는 참회생활을 실행하면서 도중에 의도적인 정액의 방출이라는 한 죄를 짓고 닷새 동안 감추었습니다. 존자들이여, 저는 참모임에 도중에 의도적인 정액의 방출이라는 한 죄를 짓고 닷새 동안 감춘 것에 대하여 두 번째에도 가중처벌을 청합니다.'

[청원3] '존자들이여, 저는 의도적인 정액의 방출이라는 한 죄를 짓고 보름 동안 감추었습니다. 저는 의도적인 정액의 방출이라는 한 죄를 짓고 보름 동안 감춘 것에 대하여 보름 동안의 격리처벌을 청했습니다. 참모임은 저에게 의도적인 정액의 방출이라는 한 죄를 짓고 보름 동안 감춘 것에 대하여 보름 동안의 격리처벌을 주었습니다. 저는 격리생활을 실행하면서 도중에 의도적인 정액의 방출이라는 한 죄를 짓고 닷새 동안 감추었습니다. 저는 참모임에 의도적인 정액의 방출이라는 한 죄를 짓고 닷새 동안 감춘 것에 대하여 가중처벌을 청했습니다. 참모임은 저에게 의도적인 정액의 방출이라는 한 죄를 짓고 닷새 동안 감춘 것에 대하여 가중처벌을 주었습니다. 저는 격리생활을 실행한 뒤에 참회처벌을 받아야 할 도중에 의도적인 정액의 방출이라는 한 죄를 짓고 닷새 동안 감추었습니다. 저는 참모임에 도중에 의도적인 정액의 방출이라는 한 죄를 짓고 닷새 동안 감춘 것에 대하여 가중처벌을 청했습니다. 참모임은 저에게 도중에 의도적인 정액의 방출이라는 한 죄를 짓고 닷새 동안 감춘 것에 대하여 가중처벌을 주었습니다. 저는 격리생활을 실행한 뒤에 참모임에 세 가지 죄에 대하여 엿새 동안의 참회처벌을 청했습니다. 참모임은 저에게 세 가지 죄에 대하여 엿새 동안의 참회처벌을 주었습니다. 저는 참회생활을 실행하면서 도중에 의도적인 정액의 방출이라는 한 죄를 짓고 닷새 동안 감추었습니다. 존자들이여, 저는 참모임에 도중에 의도적인 정액의 방출이라는 한 죄를 짓고 닷새 동안 감춘 것에 대하여 세 번째에도 가중처벌을 청합니다.'

3. 총명하고 유능한 수행승이 참모임에 알려야 한다.

[제안] '존자들이여, 참모임은 제 말에 귀를 기울이십시오. 이 수행승 우다인은 의도적인 정액의 방출이라는 한 죄를 짓고 보름 동안 감추었습니다. 그는 의도적

인 정액의 방출이라는 한 죄를 짓고 보름 동안 감춘 것에 대하여 보름 동안의 격리처벌을 청했습니다. 참모임은 그에게 의도적인 정액의 방출이라는 한 죄를 짓고 보름 동안 감춘 것에 대하여 보름 동안의 격리처벌을 주었습니다. 그는 격리생활을 실행하면서 도중에 의도적인 정액의 방출이라는 한 죄를 짓고 닷새 동안 감추었습니다. 그는 참모임에 의도적인 정액의 방출이라는 한 죄를 짓고 닷새 동안 감춘 것에 대하여 가중처벌을 청했습니다. 참모임은 그에게 의도적인 정액의 방출이라는 한 죄를 짓고 닷새 동안 감춘 것에 대하여 가중처벌을 주었습니다. 그는 격리생활을 실행한 뒤에 참회처벌을 받아야 할 도중에 의도적인 정액의 방출이라는 한 죄를 짓고 닷새 동안 감추었습니다. 그는 참모임에 도중에 의도적인 정액의 방출이라는 한 죄를 짓고 닷새 동안 감춘 것에 대하여 가중처벌을 청했습니다. 참모임은 그에게 도중에 의도적인 정액의 방출이라는 한 죄를 짓고 닷새 동안 감춘 것에 대하여 가중처벌을 주었습니다. 그는 격리생활을 실행한 뒤에 참모임에 세 가지 죄에 대하여 엿새 동안의 참회처벌을 청했습니다. 참모임은 그에게 세 가지 죄에 대하여 엿새 동안의 참회처벌을 주었습니다. 그는 참회생활을 실행하면서 도중에 의도적인 정액의 방출이라는 한 죄를 짓고 닷새 동안 감추었습니다. 그는 참모임에 도중에 의도적인 정액의 방출이라는 한 죄를 짓고 닷새 동안 감춘 것에 대하여 가중처벌을 청하고 있습니다. 만약에 참모임에 옳은 일이라면, 참모임은 수행승 우다인에게 도중에 의도적인 정액의 방출이라는 한 죄를 짓고 닷새 동안 감춘 것에 대하여 가중처벌을 주겠습니다. 이것이 제안입니다.'

[제청1] '존자들이여, 참모임은 제 말에 귀를 기울이십시오. 이 수행승 우다인은 의도적인 정액의 방출이라는 한 죄를 짓고 보름 동안 감추었습니다. 그는 의도적인 정액의 방출이라는 한 죄를 짓고 보름 동안 감춘 것에 대하여 보름 동안의 격리처벌을 청했습니다. 참모임은 그에게 의도적인 정액의 방출이라는 한 죄를 짓고 보름 동안 감춘 것에 대하여 보름 동안의 격리처벌을 주었습니다. 그는 격리생활을 실행하면서 도중에 의도적인 정액의 방출이라는 한 죄를 짓고 닷새 동안 감추었습니다. 그는 참모임에 의도적인 정액의 방출이라는 한 죄를 짓고 닷새 동안 감춘 것에 대하여 가중처벌을 청했습니다. 참모임은 그에게 의도적인 정액의 방출이라는 한 죄를 짓고 닷새 동안 감춘 것에 대하여 가중처벌을 주었습니다. 그는 격리생활을 실행한 뒤에 참회처벌을 받아야 할 도중에 의도적인 정액의 방출이라는 한 죄를 짓고 닷새 동안 감추었습니다. 그는 참모임에

도중에 의도적인 정액의 방출이라는 한 죄를 짓고 닷새 동안 감춘 것에 대하여 가중처벌을 청했습니다. 참모임은 그에게 도중에 의도적인 정액의 방출이라는 한 죄를 짓고 닷새 동안 감춘 것에 대하여 가중처벌을 주었습니다. 그는 격리생활을 실행한 뒤에 참모임에 세 가지 죄에 대하여 엿새 동안의 참회처벌을 청했습니다. 참모임은 그에게 세 가지 죄에 대하여 엿새 동안의 참회처벌을 주었습니다. 그는 참회생활을 실행하면서 도중에 의도적인 정액의 방출이라는 한 죄를 짓고 닷새 동안 감추었습니다. 그는 참모임에 도중에 의도적인 정액의 방출이라는 한 죄를 짓고 닷새 동안 감춘 것에 대하여 가중처벌을 청하고 있습니다. 참모임은 수행승 우다인에게 도중에 의도적인 정액의 방출이라는 한 죄를 짓고 닷새 동안 감춘 것에 대하여 가중처벌을 주겠습니다. 수행승 우다인에게 도중에 의도적인 정액의 방출이라는 한 죄를 짓고 닷새 동안 감춘 것에 대하여 가중처벌을 주는 것에 동의하면 침묵하시고, 이견이 있으면 말씀하십시오.'

[제청2] '두 번째에도 저는 이 사실을 말합니다. 존자들이여, 참모임은 제 말에 귀를 기울이십시오. 이 수행승 우다인은 의도적인 정액의 방출이라는 한 죄를 짓고 보름 동안 감추었습니다. 그는 의도적인 정액의 방출이라는 한 죄를 짓고 보름 동안 감춘 것에 대하여 보름 동안의 격리처벌을 청했습니다. 참모임은 그에게 의도적인 정액의 방출이라는 한 죄를 짓고 보름 동안 감춘 것에 대하여 보름 동안의 격리처벌을 주었습니다. 그는 격리생활을 실행하면서 도중에 의도적인 정액의 방출이라는 한 죄를 짓고 닷새 동안 감추었습니다. 그는 참모임에 의도적인 정액의 방출이라는 한 죄를 짓고 닷새 동안 감춘 것에 대하여 가중처벌을 청했습니다. 참모임은 그에게 의도적인 정액의 방출이라는 한 죄를 짓고 닷새 동안 감춘 것에 대하여 가중처벌을 주었습니다. 그는 격리생활을 실행한 뒤에 참회처벌을 받아야 할 도중에 의도적인 정액의 방출이라는 한 죄를 짓고 닷새 동안 감추었습니다. 그는 참모임에 도중에 의도적인 정액의 방출이라는 한 죄를 짓고 닷새 동안 감춘 것에 대하여 가중처벌을 청했습니다. 참모임은 그에게 도중에 의도적인 정액의 방출이라는 한 죄를 짓고 닷새 동안 감춘 것에 대하여 가중처벌을 주었습니다. 그는 격리생활을 실행한 뒤에 참모임에 세 가지 죄에 대하여 엿새 동안의 참회처벌을 청했습니다. 참모임은 그에게 세 가지 죄에 대하여 엿새 동안의 참회처벌을 주었습니다. 그는 참회생활을 실행하면서 도중에 의도적인 정액의 방출이라는 한 죄를 짓고 닷새 동안 감추었습니다. 그는 참모임에 도중에 의도적인 정액의 방출이라는 한 죄를 짓고 닷새 동안 감춘 것에 대하여 가중처벌

을 청하고 있습니다. 참모임은 수행승 우다인에게 도중에 의도적인 정액의 방출이라는 한 죄를 짓고 닷새 동안 감춘 것에 대하여 가중처벌을 주겠습니다. 수행승 우다인에게 도중에 의도적인 정액의 방출이라는 한 죄를 짓고 닷새 동안 감춘 것에 대하여 가중처벌을 주는 것에 동의하면 침묵하시고, 이견이 있으면 말씀하십시오.'

[제청3] '세 번째에도 저는 이 사실을 말합니다. 존자들이여, 참모임은 제 말에 귀를 기울이십시오. 이 수행승 우다인은 의도적인 정액의 방출이라는 한 죄를 짓고 보름 동안 감추었습니다. 그는 의도적인 정액의 방출이라는 한 죄를 짓고 보름 동안 감춘 것에 대하여 보름 동안의 격리처벌을 청했습니다. 참모임은 그에게 의도적인 정액의 방출이라는 한 죄를 짓고 보름 동안 감춘 것에 대하여 보름 동안의 격리처벌을 주었습니다. 그는 격리생활을 실행하면서 도중에 의도적인 정액의 방출이라는 한 죄를 짓고 닷새 동안 감추었습니다. 그는 참모임에 의도적인 정액의 방출이라는 한 죄를 짓고 닷새 동안 감춘 것에 대하여 가중처벌을 청했습니다. 참모임은 그에게 의도적인 정액의 방출이라는 한 죄를 짓고 닷새 동안 감춘 것에 대하여 가중처벌을 주었습니다. 그는 격리생활을 실행한 뒤에 참회처벌을 받아야 할 도중에 의도적인 정액의 방출이라는 한 죄를 짓고 닷새 동안 감추었습니다. 그는 참모임에 도중에 의도적인 정액의 방출이라는 한 죄를 짓고 닷새 동안 감춘 것에 대하여 가중처벌을 청했습니다. 참모임은 그에게 도중에 의도적인 정액의 방출이라는 한 죄를 짓고 닷새 동안 감춘 것에 대하여 가중처벌을 주었습니다. 그는 격리생활을 실행한 뒤에 참모임에 세 가지 죄에 대하여 엿새 동안의 참회처벌을 청했습니다. 참모임은 그에게 세 가지 죄에 대하여 엿새 동안의 참회처벌을 주었습니다. 그는 참회생활을 실행하면서 도중에 의도적인 정액의 방출이라는 한 죄를 짓고 닷새 동안 감추었습니다. 그는 참모임에 도중에 의도적인 정액의 방출이라는 한 죄를 짓고 닷새 동안 감춘 것에 대하여 가중처벌을 청하고 있습니다. 참모임은 수행승 우다인에게 도중에 의도적인 정액의 방출이라는 한 죄를 짓고 닷새 동안 감춘 것에 대하여 가중처벌을 주겠습니다. 수행승 우다인에게 도중에 의도적인 정액의 방출이라는 한 죄를 짓고 닷새 동안 감춘 것에 대하여 가중처벌을 주는 것에 동의하면 침묵하시고, 이견이 있으면 말씀하십시오.'

[결정] '참모임은 수행승 우다인에게 도중에 의도적인 정액의 방출이라는 한 죄를 짓고 닷새 동안 감춘 것에 대하여 가중처벌을 주었습니다. 참모임이 찬성하

여 침묵했으므로, 저는 그와 같이 알겠습니다.'

4. 수행승들이여, 예전의 죄에 대한 통합격리처벌은 이와 같이 주어야 한다. 수행승들이여, 그 수행승 우다인은 참모임을 찾아가서 한쪽 어깨에 상의를 걸치고 연상의 수행승들의 양 발에 머리를 조아린 뒤에 웅크리고 앉아 합장하여 이와 같이 말해야 한다.

[청원1] '존자들이여, 저는 의도적인 정액의 방출이라는 한 죄를 짓고 보름 동안 감추었습니다. 저는 의도적인 정액의 방출이라는 한 죄를 짓고 보름 동안 감춘 것에 대하여 보름 동안의 격리처벌을 청했습니다. 참모임은 저에게 의도적인 정액의 방출이라는 한 죄를 짓고 보름 동안 감춘 것에 대하여 보름 동안의 격리처벌을 주었습니다. 저는 격리생활을 실행하면서 도중에 의도적인 정액의 방출이라는 한 죄를 짓고 닷새 동안 감추었습니다. 저는 참모임에 도중에 의도적인 정액의 방출이라는 한 죄를 짓고 닷새 동안 감춘 것에 대하여 가중처벌을 청했습니다. 참모임에 저에게 도중에 의도적인 정액의 방출이라는 한 죄를 짓고 닷새 동안 감춘 것에 대하여 가중처벌을 주었습니다. 존자들이여, 저는 참모임에 도중에 의도적인 정액의 방출이라는 한 죄를 짓고 닷새 동안 감춘 것과 앞의 죄에 대하여 통합격리처벌을 청합니다.'

[청원2] '존자들이여, 저는 의도적인 정액의 방출이라는 한 죄를 짓고 보름 동안 감추었습니다. 저는 의도적인 정액의 방출이라는 한 죄를 짓고 보름 동안 감춘 것에 대하여 보름 동안의 격리처벌을 청했습니다. 참모임은 저에게 의도적인 정액의 방출이라는 한 죄를 짓고 보름 동안 감춘 것에 대하여 보름 동안의 격리처벌을 주었습니다. 저는 격리생활을 실행하면서 도중에 의도적인 정액의 방출이라는 한 죄를 짓고 닷새 동안 감추었습니다. 저는 참모임에 도중에 의도적인 정액의 방출이라는 한 죄를 짓고 닷새 동안 감춘 것에 대하여 가중처벌을 청했습니다. 참모임에 저에게 도중에 의도적인 정액의 방출이라는 한 죄를 짓고 닷새 동안 감춘 것에 대하여 가중처벌을 주었습니다. 존자들이여, 저는 참모임에 도중에 의도적인 정액의 방출이라는 한 죄를 짓고 닷새 동안 감춘 것과 앞의 죄에 대하여 두 번째에도 통합격리처벌을 청합니다.'

[청원3] '존자들이여, 저는 의도적인 정액의 방출이라는 한 죄를 짓고 보름 동안 감추었습니다. 저는 의도적인 정액의 방출이라는 한 죄를 짓고 보름 동안 감춘 것에 대하여 보름 동안의 격리처벌을 청했습니다. 참모임은 저에게 의도적인 정액의 방출이라는 한 죄를 짓고 보름 동안 감춘 것에 대하여 보름 동안의

격리처벌을 주었습니다. 저는 격리생활을 실행하면서 도중에 의도적인 정액의 방출이라는 한 죄를 짓고 닷새 동안 감추었습니다. 저는 참모임에 도중에 의도적인 정액의 방출이라는 한 죄를 짓고 닷새 동안 감춘 것에 대하여 가중처벌을 청했습니다. 참모임에 저에게 도중에 의도적인 정액의 방출이라는 한 죄를 짓고 닷새 동안 감춘 것에 대하여 가중처벌을 주었습니다. 존자들이여, 저는 참모임에 도중에 의도적인 정액의 방출이라는 한 죄를 짓고 닷새 동안 감춘 것과 앞의 죄에 대하여 세 번째에도 통합격리처벌을 청합니다.'

5. 총명하고 유능한 수행승이 참모임에 알려야 한다.

[제안] '존자들이여, 참모임은 제 말에 귀를 기울이십시오. 이 수행승 우다인은 의도적인 정액의 방출이라는 한 죄를 짓고 보름 동안 감추었습니다. 그는 의도적인 정액의 방출이라는 한 죄를 짓고 보름 동안 감춘 것에 대하여 보름 동안의 격리처벌을 청했습니다. 참모임은 그에게 의도적인 정액의 방출이라는 한 죄를 짓고 보름 동안 감춘 것에 대하여 보름 동안의 격리처벌을 주었습니다. 그는 격리생활을 실행하면서 도중에 의도적인 정액의 방출이라는 한 죄를 짓고 닷새 동안 감추었습니다. 그는 참모임에 도중에 의도적인 정액의 방출이라는 한 죄를 짓고 닷새 동안 감춘 것에 대하여 가중처벌을 청했습니다. 참모임에 그에게 도중에 의도적인 정액의 방출이라는 한 죄를 짓고 닷새 동안 감춘 것에 대하여 가중처벌을 주었습니다. 그는 참모임에 도중에 의도적인 정액의 방출이라는 한 죄를 짓고 닷새 동안 감춘 것과 앞의 죄에 대하여 통합격리처벌을 청하고 있습니다. 만약 참모임에 옳은 일이라면, 참모임은 수행승 우다인에게 도중에 의도적인 정액의 방출이라는 한 죄를 짓고 닷새 동안 감춘 것과 앞의 죄에 대하여 통합격리처벌을 주겠습니다. 이것이 제안입니다.'

[제청1] '존자들이여, 참모임은 제 말에 귀를 기울이십시오. 이 수행승 우다인은 의도적인 정액의 방출이라는 한 죄를 짓고 보름 동안 감추었습니다. 그는 의도적인 정액의 방출이라는 한 죄를 짓고 보름 동안 감춘 것에 대하여 보름 동안의 격리처벌을 청했습니다. 참모임은 그에게 의도적인 정액의 방출이라는 한 죄를 짓고 보름 동안 감춘 것에 대하여 보름 동안의 격리처벌을 주었습니다. 그는 격리생활을 실행하면서 도중에 의도적인 정액의 방출이라는 한 죄를 짓고 닷새 동안 감추었습니다. 그는 참모임에 도중에 의도적인 정액의 방출이라는 한 죄를 짓고 닷새 동안 감춘 것에 대하여 가중처벌을 청했습니다. 참모임에 그에게 도중에 의도적인 정액의 방출이라는 한 죄를 짓고 닷새 동안 감춘 것에

대하여 가중처벌을 주었습니다. 그는 참모임에 도중에 의도적인 정액의 방출이라는 한 죄를 짓고 닷새 동안 감춘 것과 앞의 죄에 대하여 통합격리처벌을 청하고 있습니다. 참모임은 수행승 우다인에게 도중에 의도적인 정액의 방출이라는 한 죄를 짓고 닷새 동안 감춘 것과 앞의 죄에 대하여 통합격리처벌을 주겠습니다. 참모임이 수행승 우다인에게 도중에 의도적인 정액의 방출이라는 한 죄를 짓고 닷새 동안 감춘 것과 앞의 죄에 대하여 통합격리처벌을 주는 것에 동의하면 침묵하시고, 이견이 있으면 말씀하십시오.'

[제청2] '두 번째에도 저는 이 사실을 말합니다. 존자들이여, 참모임은 제 말에 귀를 기울이십시오. 이 수행승 우다인은 의도적인 정액의 방출이라는 한 죄를 짓고 보름 동안 감추었습니다. 그는 의도적인 정액의 방출이라는 한 죄를 짓고 보름 동안 감춘 것에 대하여 보름 동안의 격리처벌을 청했습니다. 참모임은 그에게 의도적인 정액의 방출이라는 한 죄를 짓고 보름 동안 감춘 것에 대하여 보름 동안의 격리처벌을 주었습니다. 그는 격리생활을 실행하면서 도중에 의도적인 정액의 방출이라는 한 죄를 짓고 닷새 동안 감추었습니다. 그는 참모임에 도중에 의도적인 정액의 방출이라는 한 죄를 짓고 닷새 동안 감춘 것에 대하여 가중처벌을 청했습니다. 참모임에 그에게 도중에 의도적인 정액의 방출이라는 한 죄를 짓고 닷새 동안 감춘 것에 대하여 가중처벌을 주었습니다. 그는 참모임에 도중에 의도적인 정액의 방출이라는 한 죄를 짓고 닷새 동안 감춘 것과 앞의 죄에 대하여 통합격리처벌을 청하고 있습니다. 참모임은 수행승 우다인에게 도중에 의도적인 정액의 방출이라는 한 죄를 짓고 닷새 동안 감춘 것과 앞의 죄에 대하여 통합격리처벌을 주겠습니다. 참모임이 수행승 우다인에게 도중에 의도적인 정액의 방출이라는 한 죄를 짓고 닷새 동안 감춘 것과 앞의 죄에 대하여 통합격리처벌을 주는 것에 동의하면 침묵하시고, 이견이 있으면 말씀하십시오.'

[제청3] '세 번째에도 저는 이 사실을 말합니다. 존자들이여, 참모임은 제 말에 귀를 기울이십시오. 이 수행승 우다인은 의도적인 정액의 방출이라는 한 죄를 짓고 보름 동안 감추었습니다. 그는 의도적인 정액의 방출이라는 한 죄를 짓고 보름 동안 감춘 것에 대하여 보름 동안의 격리처벌을 청했습니다. 참모임은 그에게 의도적인 정액의 방출이라는 한 죄를 짓고 보름 동안 감춘 것에 대하여 보름 동안의 격리처벌을 주었습니다. 그는 격리생활을 실행하면서 도중에 의도적인 정액의 방출이라는 한 죄를 짓고 닷새 동안 감추었습니다. 그는 참모임에 도중에 의도적인 정액의 방출이라는 한 죄를 짓고 닷새 동안 감춘 것에 대하여 가중처벌

을 청했습니다. 참모임에 그에게 도중에 의도적인 정액의 방출이라는 한 죄를 짓고 닷새 동안 감춘 것에 대하여 가중처벌을 주었습니다. 그는 참모임에 도중에 의도적인 정액의 방출이라는 한 죄를 짓고 닷새 동안 감춘 것과 앞의 죄에 대하여 통합격리처벌을 청하고 있습니다. 참모임은 수행승 우다인에게 도중에 의도적인 정액의 방출이라는 한 죄를 짓고 닷새 동안 감춘 것과 앞의 죄에 대하여 통합격리처벌을 주겠습니다. 참모임이 수행승 우다인에게 도중에 의도적인 정액의 방출이라는 한 죄를 짓고 닷새 동안 감춘 것과 앞의 죄에 대하여 통합격리처벌을 주는 것에 동의하면 침묵하시고, 이견이 있으면 말씀하십시오.'

[결정] '참모임은 수행승 우다인에게 도중에 의도적인 정액의 방출이라는 한 죄를 짓고 닷새 동안 감춘 것과 앞의 죄에 대하여 통합격리처벌을 주었습니다. 참모임이 찬성하여 침묵했으므로, 저는 그와 같이 알겠습니다.'

6. 수행승들이여, 엿새 동안의 참회처벌은 이와 같이 주어야 한다. 수행승들이여, 그 수행승 우다인은 참모임을 찾아가서 한쪽 어깨에 상의를 걸치고 연상의 수행승들의 양 발에 머리를 조아린 뒤에 웅크리고 앉아 합장하여 이와 같이 말해야 한다.

[청원1] '존자들이여, 저는 의도적인 정액의 방출이라는 한 죄를 짓고 보름 동안 감추었습니다. 저는 의도적인 정액의 방출이라는 한 죄를 짓고 보름 동안 감춘 것에 대하여 보름 동안의 격리처벌을 청했습니다. 참모임은 저에게 의도적인 정액의 방출이라는 한 죄를 짓고 보름 동안 감춘 것에 대하여 보름 동안의 격리처벌을 주었습니다. 저는 격리생활을 실행한 뒤에 참회처벌을 받아야 할 도중에 의도적인 정액의 방출이라는 한 죄를 짓고 닷새 동안 감추었습니다. 저는 참모임에 도중에 의도적인 정액의 방출이라는 한 죄를 짓고 닷새 동안 감춘 것에 대하여 가중처벌을 청했습니다. 참모임은 저에게 도중에 의도적인 정액의 방출이라는 한 죄를 짓고 닷새 동안 감춘 것에 대하여 가중처벌을 주었습니다. 저는 격리생활을 실행한 뒤에 참회처벌을 받아야 할 도중에 의도적인 정액의 방출이라는 한 죄를 짓고 닷새 동안 감추었습니다. 저는 참모임에 도중에 의도적인 정액의 방출이라는 한 죄를 짓고 닷새 동안 감춘 것에 대하여 가중처벌을 청했습니다. 참모임은 저에게 도중에 의도적인 정액의 방출이라는 한 죄를 짓고 닷새 동안 감춘 것에 대하여 가중처벌을 주었습니다. 저는 격리생활을 실행한 뒤에 참모임에 세 가지 죄에 대하여 엿새 동안의 참회처벌을 청했습니다. 참모임은 저에게 도중에 의도적인 정액의 방출이라는 한 죄를 짓고 닷새 동안 감춘 것에 대하여

가중처벌을 주었습니다. 저는 격리생활을 실행한 뒤에 참회처벌을 받아야 할 도중에 의도적인 정액의 방출이라는 한 죄를 짓고 닷새 동안 감추었습니다. 저는 참모임에 도중에 의도적인 정액의 방출이라는 한 죄를 짓고 닷새 동안 감춘 것에 대하여 가중처벌을 청했습니다. 참모임은 저에게 도중에 의도적인 정액의 방출이라는 한 죄를 짓고 닷새 동안 감춘 것에 대하여 가중처벌을 주었습니다. 저는 격리생활을 실행한 뒤에 참모임에 세 가지 죄에 대하여 엿새 동안의 참회처벌을 청했습니다. 참모임은 저에게 세 가지 죄에 대하여 엿새 동안의 참회처벌을 주었습니다. 저는 참회생활을 실행하는 도중에 의도적인 정액의 방출이라는 한 죄를 짓고 닷새 동안 감추었습니다. 존자들이여, 저는 참모임에 도중에 의도적인 정액의 방출이라는 한 죄를 짓고 닷새 동안 감춘 것에 대하여 엿새 동안의 참회처벌을 청합니다.'

[청원2] '존자들이여, 저는 의도적인 정액의 방출이라는 한 죄를 짓고 보름 동안 감추었습니다. 저는 의도적인 정액의 방출이라는 한 죄를 짓고 보름 동안 감춘 것에 대하여 보름 동안의 격리처벌을 청했습니다. 참모임은 저에게 의도적인 정액의 방출이라는 한 죄를 짓고 보름 동안 감춘 것에 대하여 보름 동안의 격리처벌을 주었습니다. 저는 격리생활을 실행한 뒤에 참회처벌을 받아야 할 도중에 의도적인 정액의 방출이라는 한 죄를 짓고 닷새 동안 감추었습니다. 저는 참모임에 도중에 의도적인 정액의 방출이라는 한 죄를 짓고 닷새 동안 감춘 것에 대하여 가중처벌을 청했습니다. 참모임은 저에게 도중에 의도적인 정액의 방출이라는 한 죄를 짓고 닷새 동안 감춘 것에 대하여 가중처벌을 주었습니다. 저는 격리생활을 실행한 뒤에 참회처벌을 받아야 할 도중에 의도적인 정액의 방출이라는 한 죄를 짓고 닷새 동안 감추었습니다. 저는 참모임에 도중에 의도적인 정액의 방출이라는 한 죄를 짓고 닷새 동안 감춘 것에 대하여 가중처벌을 청했습니다. 참모임은 저에게 도중에 의도적인 정액의 방출이라는 한 죄를 짓고 닷새 동안 감춘 것에 대하여 가중처벌을 주었습니다. 저는 격리생활을 실행한 뒤에 참모임에 세 가지 죄에 대하여 엿새 동안의 참회처벌을 청했습니다. 참모임은 저에게 도중에 의도적인 정액의 방출이라는 한 죄를 짓고 닷새 동안 감춘 것에 대하여 가중처벌을 주었습니다. 저는 격리생활을 실행한 뒤에 참회처벌을 받아야 할 도중에 의도적인 정액의 방출이라는 한 죄를 짓고 닷새 동안 감추었습니다. 저는 참모임에 도중에 의도적인 정액의 방출이라는 한 죄를 짓고 닷새 동안 감춘 것에 대하여 가중처벌을 청했습니다. 참모임은 저에게 도중에 의도적인 정액의 방출이

라는 한 죄를 짓고 닷새 동안 감춘 것에 대하여 가중처벌을 주었습니다. 저는 격리생활을 실행한 뒤에 참모임에 세 가지 죄에 대하여 엿새 동안의 참회처벌을 청했습니다. 참모임은 저에게 세 가지 죄에 대하여 엿새 동안의 참회처벌을 주었습니다. 저는 참회생활을 실행하는 도중에 의도적인 정액의 방출이라는 한 죄를 짓고 닷새 동안 감추었습니다. 존자들이여, 저는 참모임에 도중에 의도적인 정액의 방출이라는 한 죄를 짓고 닷새 동안 감춘 것에 대하여 두 번째에도 엿새 동안의 참회처벌을 청합니다.'

[청원3] '존자들이여, 저는 의도적인 정액의 방출이라는 한 죄를 짓고 보름 동안 감추었습니다. 저는 의도적인 정액의 방출이라는 한 죄를 짓고 보름 동안 감춘 것에 대하여 보름 동안의 격리처벌을 청했습니다. 참모임은 저에게 의도적인 정액의 방출이라는 한 죄를 짓고 보름 동안 감춘 것에 대하여 보름 동안의 격리처벌을 주었습니다. 저는 격리생활을 실행한 뒤에 참회처벌을 받아야 할 도중에 의도적인 정액의 방출이라는 한 죄를 짓고 닷새 동안 감추었습니다. 저는 참모임에 도중에 의도적인 정액의 방출이라는 한 죄를 짓고 닷새 동안 감춘 것에 대하여 가중처벌을 청했습니다. 참모임은 저에게 도중에 의도적인 정액의 방출이라는 한 죄를 짓고 닷새 동안 감춘 것에 대하여 가중처벌을 주었습니다. 저는 격리생활을 실행한 뒤에 참회처벌을 받아야 할 도중에 의도적인 정액의 방출이라는 한 죄를 짓고 닷새 동안 감추었습니다. 저는 참모임에 도중에 의도적인 정액의 방출이라는 한 죄를 짓고 닷새 동안 감춘 것에 대하여 가중처벌을 청했습니다. 참모임은 저에게 도중에 의도적인 정액의 방출이라는 한 죄를 짓고 닷새 동안 감춘 것에 대하여 가중처벌을 주었습니다. 저는 격리생활을 실행한 뒤에 참모임에 세 가지 죄에 대하여 엿새 동안의 참회처벌을 청했습니다. 참모임은 저에게 도중에 의도적인 정액의 방출이라는 한 죄를 짓고 닷새 동안 감춘 것에 대하여 가중처벌을 주었습니다. 저는 격리생활을 실행한 뒤에 참회처벌을 받아야 할 도중에 의도적인 정액의 방출이라는 한 죄를 짓고 닷새 동안 감추었습니다. 저는 참모임에 도중에 의도적인 정액의 방출이라는 한 죄를 짓고 닷새 동안 감춘 것에 대하여 가중처벌을 청했습니다. 참모임은 저에게 도중에 의도적인 정액의 방출이라는 한 죄를 짓고 닷새 동안 감춘 것에 대하여 가중처벌을 주었습니다. 저는 격리생활을 실행한 뒤에 참모임에 세 가지 죄에 대하여 엿새 동안의 참회처벌을 청했습니다. 참모임은 저에게 세 가지 죄에 대하여 엿새 동안의 참회처벌을 주었습니다. 저는 참회생활을 실행하는 도중에 의도적인 정액의 방출이라는 한 죄를

짓고 닷새 동안 감추었습니다. 존자들이여, 저는 참모임에 도중에 의도적인 정액의 방출이라는 한 죄를 짓고 닷새 동안 감춘 것에 대하여 세 번째에도 엿새 동안의 참회처벌을 청합니다.'

7. 총명하고 유능한 수행승이 참모임에 알려야 한다.

[제안] '존자들이여, 참모임은 제 말에 귀를 기울이십시오. 이 수행승 우다인은 의도적인 정액의 방출이라는 한 죄를 짓고 보름 동안 감추었습니다. 그는 의도적인 정액의 방출이라는 한 죄를 짓고 보름 동안 감춘 것에 대하여 보름 동안의 격리처벌을 청했습니다. 참모임은 그에게 의도적인 정액의 방출이라는 한 죄를 짓고 보름 동안 감춘 것에 대하여 보름 동안의 격리처벌을 주었습니다. 그는 격리생활을 실행하는 도중에 의도적인 정액의 방출이라는 한 죄를 짓고 닷새 동안 감추었습니다. 그는 참모임에 도중에 의도적인 정액의 방출이라는 한 죄를 짓고 닷새 동안 감춘 것에 대하여 가중처벌을 청했습니다. 참모임은 그에게 도중에 의도적인 정액의 방출이라는 한 죄를 짓고 닷새 동안 감춘 것에 대하여 가중처벌을 주었습니다. 저는 격리생활을 실행한 뒤에 참모임에 세 가지 죄에 대하여 엿새 동안의 참회처벌을 청합니다. 만약 참모임에 옳은 일이라면, 참모임은 수행승 우다인에게 세 가지 죄에 대하여 엿새 동안의 참회처벌을 주겠습니다. 이것이 제안입니다.'

[제청1] '존자들이여, 참모임은 제 말에 귀를 기울이십시오. 이 수행승 우다인은 의도적인 정액의 방출이라는 한 죄를 짓고 보름 동안 감추었습니다. 그는 의도적인 정액의 방출이라는 한 죄를 짓고 보름 동안 감춘 것에 대하여 보름 동안의 격리처벌을 청했습니다. 참모임은 그에게 의도적인 정액의 방출이라는 한 죄를 짓고 보름 동안 감춘 것에 대하여 보름 동안의 격리처벌을 주었습니다. 그는 격리생활을 실행하는 도중에 의도적인 정액의 방출이라는 한 죄를 짓고 닷새 동안 감추었습니다. 그는 참모임에 도중에 의도적인 정액의 방출이라는 한 죄를 짓고 닷새 동안 감춘 것에 대하여 가중처벌을 청했습니다. 참모임은 그에게 도중에 의도적인 정액의 방출이라는 한 죄를 짓고 닷새 동안 감춘 것에 대하여 가중처벌을 주었습니다. 저는 격리생활을 실행한 뒤에 참모임에 세 가지 죄에 대하여 엿새 동안의 참회처벌을 청하고 있습니다. 참모임은 수행승 우다인에게 세 가지 죄에 대하여 엿새 동안의 참회처벌을 주겠습니다. 수행승 우다인에게 세 가지 죄에 대하여 엿새 동안의 참회처벌을 주는 것에 동의하면 침묵하시고, 이견이 있으면 말씀하십시오.'

[제청2] '두 번째에도 저는 이 사실을 말합니다. 존자들이여, 참모임은 제 말에 귀를 기울이십시오. 이 수행승 우다인은 의도적인 정액의 방출이라는 한 죄를 짓고 보름 동안 감추었습니다. 그는 의도적인 정액의 방출이라는 한 죄를 짓고 보름 동안 감춘 것에 대하여 보름 동안의 격리처벌을 청했습니다. 참모임은 그에게 의도적인 정액의 방출이라는 한 죄를 짓고 보름 동안 감춘 것에 대하여 보름 동안의 격리처벌을 주었습니다. 그는 격리생활을 실행하는 도중에 의도적인 정액의 방출이라는 한 죄를 짓고 닷새 동안 감추었습니다. 그는 참모임에 도중에 의도적인 정액의 방출이라는 한 죄를 짓고 닷새 동안 감춘 것에 대하여 가중처벌을 청했습니다. 참모임은 그에게 도중에 의도적인 정액의 방출이라는 한 죄를 짓고 닷새 동안 감춘 것에 대하여 가중처벌을 주었습니다. 저는 격리생활을 실행한 뒤에 참모임에 세 가지 죄에 대하여 엿새 동안의 참회처벌을 청하고 있습니다. 참모임은 수행승 우다인에게 세 가지 죄에 대하여 엿새 동안의 참회처벌을 주겠습니다. 수행승 우다인에게 세 가지 죄에 대하여 엿새 동안의 참회처벌을 주는 것에 동의하면 침묵하시고, 이견이 있으면 말씀하십시오.'

[제청3] '세 번째에도 저는 이 사실을 말합니다. 존자들이여, 참모임은 제 말에 귀를 기울이십시오. 이 수행승 우다인은 의도적인 정액의 방출이라는 한 죄를 짓고 보름 동안 감추었습니다. 그는 의도적인 정액의 방출이라는 한 죄를 짓고 보름 동안 감춘 것에 대하여 보름 동안의 격리처벌을 청했습니다. 참모임은 그에게 의도적인 정액의 방출이라는 한 죄를 짓고 보름 동안 감춘 것에 대하여 보름 동안의 격리처벌을 주었습니다. 그는 격리생활을 실행하는 도중에 의도적인 정액의 방출이라는 한 죄를 짓고 닷새 동안 감추었습니다. 그는 참모임에 도중에 의도적인 정액의 방출이라는 한 죄를 짓고 닷새 동안 감춘 것에 대하여 가중처벌을 청했습니다. 참모임은 그에게 도중에 의도적인 정액의 방출이라는 한 죄를 짓고 닷새 동안 감춘 것에 대하여 가중처벌을 주었습니다. 저는 격리생활을 실행한 뒤에 참모임에 세 가지 죄에 대하여 엿새 동안의 참회처벌을 청하고 있습니다. 참모임은 수행승 우다인에게 세 가지 죄에 대하여 엿새 동안의 참회처벌을 주겠습니다. 수행승 우다인에게 세 가지 죄에 대하여 엿새 동안의 참회처벌을 주는 것에 동의하면 침묵하시고, 이견이 있으면 말씀하십시오.'

[결정] '참모임은 수행승 우다인에게 세 가지 죄에 대하여 엿새 동안의 참회처벌을 주었습니다. 참모임이 찬성하여 침묵했으므로, 저는 그와 같이 알겠습니다.'"

출죄복귀를 받아야 할 자에 대한 가중처벌 등이 끝났다.

19. 보름 동안 감춘 것에 대한 출죄복귀(Pakkhapaṭicchannaabbhāna)

1. 그는[51] 참회생활을 실행한 뒤에 수행승들에게 알렸다.

[우다인] "벗들이여, 나는 의도적인 정액의 방출이라는 한 죄를 짓고 보름 동안 감추었습니다. 나는 의도적인 정액의 방출이라는 한 죄를 짓고 보름 동안 감춘 것에 대하여 보름 동안의 격리처벌을 청했습니다. 참모임은 나에게 의도적인 정액의 방출이라는 한 죄를 짓고 보름 동안 감춘 것에 대하여 보름 동안의 격리처벌을 주었습니다. 나는 격리생활을 실행하는 도중에 의도적인 정액의 방출이라는 한 죄를 짓고 닷새 동안 감추었습니다. 나는 참모임에 도중에 의도적인 정액의 방출이라는 한 죄를 짓고 닷새 동안 감춘 것에 대하여 가중처벌을 청했습니다. 참모임은 나에게 도중에 의도적인 정액의 방출이라는 한 죄를 짓고 닷새 동안 감춘 것에 대하여 가중처벌을 주었습니다. 나는 참모임에 도중에 의도적인 정액의 방출이라는 한 죄를 짓고 닷새 동안 감춘 것과 예전의 죄에 대하여 통합격리처벌을 청했습니다. 참모임은 나에게 도중에 의도적인 정액의 방출이라는 한 죄를 짓고 닷새 동안 감춘 것과 예전의 죄에 대하여 통합격리처벌을 주었습니다. 나는 격리생활을 실행한 뒤에 참회처벌을 받아야 할 도중에 의도적인 정액의 방출이라는 한 죄를 짓고 닷새 동안 감추었습니다. 나는 참모임에 도중에 의도적인 정액의 방출이라는 한 죄를 짓고 닷새 동안 감춘 것에 대하여 가중처벌을 청했습니다. 참모임은 나에게 도중에 의도적인 정액의 방출이라는 한 죄를 짓고 닷새 동안 감춘 것에 대하여 가중처벌을 주었습니다. 나는 참모임에 도중에 의도적인 정액의 방출이라는 한 죄를 짓고 닷새 동안 감춘 것과 예전의 죄에 대하여 통합격리처벌을 청했습니다. 참모임은 나에게 도중에 의도적인 정액의 방출이라는 한 죄를 짓고 닷새 동안 감춘 것과 예전의 죄에 대하여 통합격리처벌을 주었습니다. 나는 격리생활을 실행한 뒤에 참모임에 세 가지 죄에 대하여 엿새 동안의 참회처벌을 청했습니다. 참모임은 나에게 세 가지 죄에 대하여 엿새 동안의 참회처벌을 주었습니다. 나는 참회생활을 실행하는 도중에 의도적인 정액의 방출이라는 한 죄를 짓고 닷새 동안 감추었습니다. 나는 참모임에 도중에 의도적인 정액의 방출이라는 한 죄를 짓고 닷새 동안 감춘 것에 대하여 가중처벌을 청했습니다. 참모임은 나에게 도중에 의도적인 정액의 방출이라는 한 죄를 짓고 닷새 동안 감춘 것에 대하여 가중처벌을 주었습니다. 나는 참모임에 도중에 의도적인 정액의 방출이라는 한 죄를 짓고 닷새 동안 감춘 것과 예전의 죄에 대하여 통합격리처벌을 청했습니다. 참모임은 나에게 도중에 의도적인 정액의 방출이라는 한 죄를 짓고 닷새

동안 감춘 것과 예전의 죄에 대하여 통합격리처벌을 주었습니다. 나는 참모임에 도중에 의도적인 정액의 방출이라는 한 죄를 짓고 닷새 동안 감춘 것에 대하여 엿새 동안의 참회처벌을 청했습니다. 참모임은 나에게 도중에 의도적인 정액의 방출이라는 한 죄를 짓고 닷새 동안 감춘 것에 대하여 엿새 동안의 참회처벌을 주었습니다. 나는 참회생활을 실행한 뒤에 출죄복귀를 받아야 하는데 도중에 의도적인 정액의 방출이라는 한 죄를 짓고 닷새 동안 감추었습니다. 나는 참모임에 도중에 의도적인 정액의 방출이라는 한 죄를 짓고 닷새 동안 감춘 것에 대하여 가중처벌을 청했습니다. 참모임은 나에게 도중에 의도적인 정액의 방출이라는 한 죄를 짓고 닷새 동안 감춘 것에 대하여 가중처벌을 주었습니다. 나는 참모임에 도중에 의도적인 정액의 방출이라는 한 죄를 짓고 닷새 동안 감춘 것과 예전의 죄에 대하여 통합격리처벌을 청했습니다. 참모임은 나에게 도중에 의도적인 정액의 방출이라는 한 죄를 짓고 닷새 동안 감춘 것과 예전의 죄에 대하여 통합격리처벌을 주었습니다. 나는 참모임에 도중에 의도적인 정액의 방출이라는 한 죄를 짓고 닷새 동안 감춘 것에 대하여 엿새 동안의 참회처벌을 청했습니다. 참모임은 나에게 도중에 의도적인 정액의 방출이라는 한 죄를 짓고 닷새 동안 감춘 것에 대하여 엿새 동안의 참회처벌을 주었습니다. 나는 참회생활을 실행했습니다. 나는 이제 어떻게 해야겠습니까?"

세존께 그 사실을 알렸다.

[세존] "수행승들이여, 그렇다면 참모임은 수행승 우다인에게 출죄복귀를 주어라."

2. 수행승들이여, 그런데 출죄복귀는 이와 같이 주어야 한다. 수행승들이여, 그 수행승 우다인은 참모임을 찾아가서 한쪽 어깨에 상의를 걸치고 연상의 수행승들의 양 발에 머리를 조아린 뒤에 웅크리고 앉아 합장하여 이와 같이 말해야 한다.

[청원1] '존자들이여, 저는 의도적인 정액의 방출이라는 한 죄를 짓고 보름 동안 감추었습니다. 저는 의도적인 정액의 방출이라는 한 죄를 짓고 보름 동안 감춘 것에 대하여 보름 동안의 격리처벌을 청했습니다. 참모임은 저에게 의도적인 정액의 방출이라는 한 죄를 짓고 보름 동안 감춘 것에 대하여 보름 동안의 격리처벌을 주었습니다. 저는 격리생활을 실행하는 도중에 의도적인 정액의 방출이라는 한 죄를 짓고 닷새 동안 감추었습니다. 저는 참모임에 도중에 의도적인 정액의 방출이라는 한 죄를 짓고 닷새 동안 감춘 것에 대하여 가중처벌을 청했습니다. 참모임은 저에게 도중에 의도적인 정액의 방출이라는 한 죄를 짓고 닷새

동안 감춘 것에 대하여 가중처벌을 주었습니다. 저는 참모임에 도중에 의도적인 정액의 방출이라는 한 죄를 짓고 닷새 동안 감춘 것과 예전의 죄에 대하여 통합격리처벌을 청했습니다. 참모임은 저에게 도중에 의도적인 정액의 방출이라는 한 죄를 짓고 닷새 동안 감춘 것과 예전의 죄에 대하여 통합격리처벌을 주었습니다. 저는 격리생활을 실행한 뒤에 참회처벌을 받아야 할 도중에 의도적인 정액의 방출이라는 한 죄를 짓고 닷새 동안 감추었습니다. 저는 참모임에 도중에 의도적인 정액의 방출이라는 한 죄를 짓고 닷새 동안 감춘 것에 대하여 가중처벌을 청했습니다. 참모임은 저에게 도중에 의도적인 정액의 방출이라는 한 죄를 짓고 닷새 동안 감춘 것에 대하여 가중처벌을 주었습니다. 저는 참모임에 도중에 의도적인 정액의 방출이라는 한 죄를 짓고 닷새 동안 감춘 것과 예전의 죄에 대하여 통합격리처벌을 청했습니다. 참모임은 저에게 도중에 의도적인 정액의 방출이라는 한 죄를 짓고 닷새 동안 감춘 것과 예전의 죄에 대하여 통합격리처벌을 주었습니다. 저는 격리생활을 실행한 뒤에 참모임에 세 가지 죄에 대하여 엿새 동안의 참회처벌을 청했습니다. 참모임은 저에게 세 가지 죄에 대하여 엿새 동안의 참회처벌을 주었습니다. 저는 참회생활을 실행하는 도중에 의도적인 정액의 방출이라는 한 죄를 짓고 닷새 동안 감추었습니다. 저는 참모임에 도중에 의도적인 정액의 방출이라는 한 죄를 짓고 닷새 동안 감춘 것에 대하여 가중처벌을 청했습니다. 참모임은 저에게 도중에 의도적인 정액의 방출이라는 한 죄를 짓고 닷새 동안 감춘 것에 대하여 가중처벌을 주었습니다. 저는 참모임에 도중에 의도적인 정액의 방출이라는 한 죄를 짓고 닷새 동안 감춘 것과 예전의 죄에 대하여 통합격리처벌을 청했습니다. 참모임은 저에게 도중에 의도적인 정액의 방출이라는 한 죄를 짓고 닷새 동안 감춘 것과 예전의 죄에 대하여 통합격리처벌을 주었습니다. 저는 참모임에 도중에 의도적인 정액의 방출이라는 한 죄를 짓고 닷새 동안 감춘 것에 대하여 엿새 동안의 참회처벌을 청했습니다. 참모임은 저에게 도중에 의도적인 정액의 방출이라는 한 죄를 짓고 닷새 동안 감춘 것에 대하여 엿새 동안의 참회처벌을 주었습니다. 저는 참회생활을 실행한 뒤에 출죄복귀를 받아야 하는데 도중에 의도적인 정액의 방출이라는 한 죄를 짓고 닷새 동안 감추었습니다. 저는 참모임에 도중에 의도적인 정액의 방출이라는 한 죄를 짓고 닷새 동안 감춘 것에 대하여 가중처벌을 청했습니다. 참모임은 저에게 도중에 의도적인 정액의 방출이라는 한 죄를 짓고 닷새 동안 감춘 것에 대하여 가중처벌을 주었습니다. 저는 참모임에 도중에 의도적인 정액의 방출이라는 한 죄를 짓고 닷새 동안 감춘 것과 예전의 죄에 대하여 통합격리처벌을 청했습니다. 참모임은 저에게 도중에 의도적인 정액의 방출이라는 한 죄를 짓고 닷새 동안 감춘 것돠 예전의 죄에 대하여 통합격리처벌을 주었습니다. 저는 참모임에 도중에 의도적인 정액의 방출이라는 한 죄를 짓고 닷새 동안 감춘 것에 대하여 엿새 동안의 참회처벌을 청했습니다. 참모임은 저에게 도중에 의도적인 정액의 방출이라는 한 죄를 짓고 닷새 동안 감춘 것에 대하여 엿새 동안의 참회처벌을 주었습니다. 존자들이여, 저는 참회생활을 실행한 뒤에 참모임에 출죄복귀를 청합니다.'

[청원2] '존자들이여, 저는 의도적인 정액의 방출이라는 한 죄를 짓고 보름 동안 감추었습니다. 저는 의도적인 정액의 방출이라는 한 죄를 짓고 보름 동안 감춘 것에 대하여 보름 동안의 격리처벌을 청했습니다. 참모임은 저에게 의도적인 정액의 방출이라는 한 죄를 짓고 보름 동안 감춘 것에 대하여 보름 동안의 격리처벌을 주었습니다. 저는 격리생활을 실행하는 도중에 의도적인 정액의 방출이라는 한 죄를 짓고 닷새 동안 감추었습니다. 저는 참모임에 도중에 의도적인 정액의 방출이라는 한 죄를 짓고 닷새 동안 감춘 것에 대하여 가중처벌을 청했습니다. 참모임은 저에게 도중에 의도적인 정액의 방출이라는 한 죄를 짓고 닷새 동안 감춘 것에 대하여 가중처벌을 주었습니다. 저는 참모임에 도중에 의도적인 정액의 방출이라는 한 죄를 짓고 닷새 동안 감춘 것과 예전의 죄에 대하여 통합격리처벌을 청했습니다. 참모임은 저에게 도중에 의도적인 정액의 방출이라는 한 죄를 짓고 닷새 동안 감춘 것과 예전의 죄에 대하여 통합격리처벌을 주었습니다. 저는 격리생활을 실행한 뒤에 참회처벌을 받아야 할 도중에 의도적인 정액의 방출이라는 한 죄를 짓고 닷새 동안 감추었습니다. 저는 참모임에 도중에 의도적인 정액의 방출이라는 한 죄를 짓고 닷새 동안 감춘 것에 대하여 가중처벌을 청했습니다. 참모임은 저에게 도중에 의도적인 정액의 방출이라는 한 죄를 짓고 닷새 동안 감춘 것에 대하여 가중처벌을 주었습니다. 저는 참모임에 도중에 의도적인 정액의 방출이라는 한 죄를 짓고 닷새 동안 감춘 것과 예전의 죄에 대하여 통합격리처벌을 청했습니다. 참모임은 저에게 도중에 의도적인 정액의 방출이라는 한 죄를 짓고 닷새 동안 감춘 것과 예전의 죄에 대하여 통합격리처벌을 주었습니다. 저는 격리생활을 실행한 뒤에 참모임에 세 가지 죄에 대하여 엿새 동안의 참회처벌을 청했습니다. 참모임은 저에게 세 가지 죄에 대하여 엿새 동안의 참회처벌을 주었습니다. 저는 참회생활을 실행하는 도중에 의도적인 정액의 방출이라는 한 죄를 짓고 닷새 동안 감추었습니다. 저는 참모임에 도중에 의도적인 정액의

방출이라는 한 죄를 짓고 닷새 동안 감춘 것에 대하여 가중처벌을 청했습니다. 참모임은 저에게 도중에 의도적인 정액의 방출이라는 한 죄를 짓고 닷새 동안 감춘 것에 대하여 가중처벌을 주었습니다. 저는 참모임에 도중에 의도적인 정액의 방출이라는 한 죄를 짓고 닷새 동안 감춘 것과 예전의 죄에 대하여 통합격리처벌을 청했습니다. 참모임은 저에게 도중에 의도적인 정액의 방출이라는 한 죄를 짓고 닷새 동안 감춘 것과 예전의 죄에 대하여 통합격리처벌을 주었습니다. 저는 참모임에 도중에 의도적인 정액의 방출이라는 한 죄를 짓고 닷새 동안 감춘 것에 대하여 엿새 동안의 참회처벌을 청했습니다. 참모임은 저에게 도중에 의도적인 정액의 방출이라는 한 죄를 짓고 닷새 동안 감춘 것에 대하여 엿새 동안의 참회처벌을 주었습니다. 저는 참회생활을 실행한 뒤에 출죄복귀를 받아야 하는데 도중에 의도적인 정액의 방출이라는 한 죄를 짓고 닷새 동안 감추었습니다. 저는 참모임에 도중에 의도적인 정액의 방출이라는 한 죄를 짓고 닷새 동안 감춘 것에 대하여 가중처벌을 청했습니다. 참모임은 저에게 도중에 의도적인 정액의 방출이라는 한 죄를 짓고 닷새 동안 감춘 것에 대하여 가중처벌을 주었습니다. 저는 참모임에 도중에 의도적인 정액의 방출이라는 한 죄를 짓고 닷새 동안 감춘 것과 예전의 죄에 대하여 통합격리처벌을 청했습니다. 참모임은 저에게 도중에 의도적인 정액의 방출이라는 한 죄를 짓고 닷새 동안 감춘 것돠 예전의 죄에 대하여 통합격리처벌을 주었습니다. 저는 참모임에 도중에 의도적인 정액의 방출이라는 한 죄를 짓고 닷새 동안 감춘 것에 대하여 엿새 동안의 참회처벌을 청했습니다. 참모임은 저에게 도중에 의도적인 정액의 방출이라는 한 죄를 짓고 닷새 동안 감춘 것에 대하여 엿새 동안의 참회처벌을 주었습니다. 존자들이여, 저는 참회생활을 실행한 뒤에 참모임에 두 번째에도 출죄복귀를 청합니다.'

[청원3] '존자들이여, 저는 의도적인 정액의 방출이라는 한 죄를 짓고 보름 동안 감추었습니다. 저는 의도적인 정액의 방출이라는 한 죄를 짓고 보름 동안 감춘 것에 대하여 보름 동안의 격리처벌을 청했습니다. 참모임은 저에게 의도적인 정액의 방출이라는 한 죄를 짓고 보름 동안 감춘 것에 대하여 보름 동안의 격리처벌을 주었습니다. 저는 격리생활을 실행하는 도중에 의도적인 정액의 방출이라는 한 죄를 짓고 닷새 동안 감추었습니다. 저는 참모임에 도중에 의도적인 정액의 방출이라는 한 죄를 짓고 닷새 동안 감춘 것에 대하여 가중처벌을 청했습니다. 참모임은 저에게 도중에 의도적인 정액의 방출이라는 한 죄를 짓고 닷새 동안 감춘 것에 대하여 가중처벌을 주었습니다. 저는 참모임에 도중에 의도적인

정액의 방출이라는 한 죄를 짓고 닷새 동안 감춘 것과 예전의 죄에 대하여 통합격리처벌을 청했습니다. 참모임은 저에게 도중에 의도적인 정액의 방출이라는 한 죄를 짓고 닷새 동안 감춘 것과 예전의 죄에 대하여 통합격리처벌을 주었습니다. 저는 격리생활을 실행한 뒤에 참회처벌을 받아야 할 도중에 의도적인 정액의 방출이라는 한 죄를 짓고 닷새 동안 감추었습니다. 저는 참모임에 도중에 의도적인 정액의 방출이라는 한 죄를 짓고 닷새 동안 감춘 것에 대하여 가중처벌을 청했습니다. 참모임은 저에게 도중에 의도적인 정액의 방출이라는 한 죄를 짓고 닷새 동안 감춘 것에 대하여 가중처벌을 주었습니다. 저는 참모임에 도중에 의도적인 정액의 방출이라는 한 죄를 짓고 닷새 동안 감춘 것과 예전의 죄에 대하여 통합격리처벌을 청했습니다. 참모임은 저에게 도중에 의도적인 정액의 방출이라는 한 죄를 짓고 닷새 동안 감춘 것과 예전의 죄에 대하여 통합격리처벌을 주었습니다. 저는 격리생활을 실행한 뒤에 참모임에 세 가지 죄에 대하여 엿새 동안의 참회처벌을 청했습니다. 참모임은 저에게 세 가지 죄에 대하여 엿새 동안의 참회처벌을 주었습니다. 저는 참회생활을 실행하는 도중에 의도적인 정액의 방출이라는 한 죄를 짓고 닷새 동안 감추었습니다. 저는 참모임에 도중에 의도적인 정액의 방출이라는 한 죄를 짓고 닷새 동안 감춘 것에 대하여 가중처벌을 청했습니다. 참모임은 저에게 도중에 의도적인 정액의 방출이라는 한 죄를 짓고 닷새 동안 감춘 것에 대하여 가중처벌을 주었습니다. 저는 참모임에 도중에 의도적인 정액의 방출이라는 한 죄를 짓고 닷새 동안 감춘 것과 예전의 죄에 대하여 통합격리처벌을 청했습니다. 참모임은 저에게 도중에 의도적인 정액의 방출이라는 한 죄를 짓고 닷새 동안 감춘 것과 예전의 죄에 대하여 통합격리처벌을 주었습니다. 저는 참모임에 도중에 의도적인 정액의 방출이라는 한 죄를 짓고 닷새 동안 감춘 것에 대하여 엿새 동안의 참회처벌을 청했습니다. 참모임은 저에게 도중에 의도적인 정액의 방출이라는 한 죄를 짓고 닷새 동안 감춘 것에 대하여 엿새 동안의 참회처벌을 주었습니다. 저는 참회생활을 실행한 뒤에 출죄복귀를 받아야 하는데 도중에 의도적인 정액의 방출이라는 한 죄를 짓고 닷새 동안 감추었습니다. 저는 참모임에 도중에 의도적인 정액의 방출이라는 한 죄를 짓고 닷새 동안 감춘 것에 대하여 가중처벌을 청했습니다. 참모임은 저에게 도중에 의도적인 정액의 방출이라는 한 죄를 짓고 닷새 동안 감춘 것에 대하여 가중처벌을 주었습니다. 저는 참모임에 도중에 의도적인 정액의 방출이라는 한 죄를 짓고 닷새 동안 감춘 것과 예전의 죄에 대하여 통합격리처벌을 청했습니다. 참모임은 저에게 도중에 의도적인 정액의 방출이라는 한 죄를 짓고 닷새 동안 감춘 것과 예전의 죄에 대하여 통합격리처벌을 주었습니다. 저는 참모임에 도중에 의도적인 정액의 방출이라는 한 죄를 짓고 닷새 동안 감춘 것에 대하여 엿새 동안의 참회처벌을 청했습니다. 참모임은 저에게 도중에 의도적인 정액의 방출이라는 한 죄를 짓고 닷새 동안 감춘 것에 대하여 엿새 동안의 참회처벌을 주었습니다. 존자들이여, 저는 참회생활을 실행한 뒤에 참모임에 세 번째에도 출죄복귀를 청합니다.'

3. 총명하고 유능한 수행승이 참모임에 알려야 한다.

[제안] '존자들이여, 참모임은 제 말에 귀를 기울이십시오. 이 수행승 우다인은 의도적인 정액의 방출이라는 한 죄를 짓고 보름 동안 감추었습니다. 그는 의도적인 정액의 방출이라는 한 죄를 짓고 보름 동안 감춘 것에 대하여 보름 동안의 격리처벌을 청했습니다. 참모임은 그에게 의도적인 정액의 방출이라는 한 죄를 짓고 보름 동안 감춘 것에 대하여 보름 동안의 격리처벌을 주었습니다. 그는 격리생활을 실행하는 도중에 의도적인 정액의 방출이라는 한 죄를 짓고 닷새 동안 감추었습니다. 그는 참모임에 도중에 의도적인 정액의 방출이라는 한 죄를 짓고 닷새 동안 감춘 것에 대하여 가중처벌을 청했습니다. 참모임은 그에게 도중에 의도적인 정액의 방출이라는 한 죄를 짓고 닷새 동안 감춘 것에 대하여 가중처벌을 주었습니다. 그는 참모임에 도중에 의도적인 정액의 방출이라는 한 죄를 짓고 닷새 동안 감춘 것과 예전의 죄에 대하여 통합격리처벌을 청했습니다. 참모임은 그에게 도중에 의도적인 정액의 방출이라는 한 죄를 짓고 닷새 동안 감춘 것과 예전의 죄에 대하여 통합격리처벌을 주었습니다. 그는 격리생활을 실행한 뒤에 참회처벌을 받아야 할 도중에 의도적인 정액의 방출이라는 한 죄를 짓고 닷새 동안 감추었습니다. 그는 참모임에 도중에 의도적인 정액의 방출이라는 한 죄를 짓고 닷새 동안 감춘 것에 대하여 가중처벌을 청했습니다. 참모임은 그에게 도중에 의도적인 정액의 방출이라는 한 죄를 짓고 닷새 동안 감춘 것에 대하여 가중처벌을 주었습니다. 그는 참모임에 도중에 의도적인 정액의 방출이라는 한 죄를 짓고 닷새 동안 감춘 것과 예전의 죄에 대하여 통합격리처벌을 청했습니다. 참모임은 그에게 도중에 의도적인 정액의 방출이라는 한 죄를 짓고 닷새 동안 감춘 것과 예전의 죄에 대하여 통합격리처벌을 주었습니다. 그는 격리생활을 실행한 뒤에 참모임에 세 가지 죄에 대하여 엿새 동안의 참회처벌을 청했습니다. 참모임은 그에게 세 가지 죄에 대하여 엿새 동안의 참회처벌을 주었습니다. 그는 참회생활을 실행하는 도중에 의도적인 정액의 방출이라는 한 죄를 짓고

닷새 동안 감추었습니다. 그는 참모임에 도중에 의도적인 정액의 방출이라는 한 죄를 짓고 닷새 동안 감춘 것에 대하여 가중처벌을 청했습니다. 참모임은 그에게 도중에 의도적인 정액의 방출이라는 한 죄를 짓고 닷새 동안 감춘 것에 대하여 가중처벌을 주었습니다. 그는 참모임에 도중에 의도적인 정액의 방출이라는 한 죄를 짓고 닷새 동안 감춘 것과 예전의 죄에 대하여 통합격리처벌을 청했습니다. 참모임은 그에게 도중에 의도적인 정액의 방출이라는 한 죄를 짓고 닷새 동안 감춘 것과 예전의 죄에 대하여 통합격리처벌을 주었습니다. 그는 참모임에 도중에 의도적인 정액의 방출이라는 한 죄를 짓고 닷새 동안 감춘 것에 대하여 엿새 동안의 참회처벌을 청했습니다. 참모임은 그에게 도중에 의도적인 정액의 방출이라는 한 죄를 짓고 닷새 동안 감춘 것에 대하여 엿새 동안의 참회처벌을 주었습니다. 그는 참회생활을 실행한 뒤에 출죄복귀를 받아야 하는데 도중에 의도적인 정액의 방출이라는 한 죄를 짓고 닷새 동안 감추었습니다. 그는 참모임에 도중에 의도적인 정액의 방출이라는 한 죄를 짓고 닷새 동안 감춘 것에 대하여 가중처벌을 청했습니다. 참모임은 그에게 도중에 의도적인 정액의 방출이라는 한 죄를 짓고 닷새 동안 감춘 것에 대하여 가중처벌을 주었습니다. 그는 참모임에 도중에 의도적인 정액의 방출이라는 한 죄를 짓고 닷새 동안 감춘 것과 예전의 죄에 대하여 통합격리처벌을 청했습니다. 참모임은 그에게 도중에 의도적인 정액의 방출이라는 한 죄를 짓고 닷새 동안 감춘 것돠 예전의 죄에 대하여 통합격리처벌을 주었습니다. 그는 참모임에 도중에 의도적인 정액의 방출이라는 한 죄를 짓고 닷새 동안 감춘 것에 대하여 엿새 동안의 참회처벌을 청했습니다. 참모임은 그에게 도중에 의도적인 정액의 방출이라는 한 죄를 짓고 닷새 동안 감춘 것에 대하여 엿새 동안의 참회처벌을 주었습니다. 그는 참회생활을 실행한 뒤에 참모임에 출죄복귀를 청하고 있습니다. 만약에 참모임에 옳은 일이라면, 참모임은 수행승 우다인에게 출죄복귀를 주겠습니다. 이것이 제안입니다.'

[제청1] '존자들이여, 참모임은 제 말에 귀를 기울이십시오. 이 수행승 우다인은 의도적인 정액의 방출이라는 한 죄를 짓고 보름 동안 감추었습니다. 그는 의도적인 정액의 방출이라는 한 죄를 짓고 보름 동안 감춘 것에 대하여 보름 동안의 격리처벌을 청했습니다. 참모임은 그에게 의도적인 정액의 방출이라는 한 죄를 짓고 보름 동안 감춘 것에 대하여 보름 동안의 격리처벌을 주었습니다. 그는 격리생활을 실행하는 도중에 의도적인 정액의 방출이라는 한 죄를 짓고 닷새 동안 감추었습니다. 그는 참모임에 도중에 의도적인 정액의 방출이라는

한 죄를 짓고 닷새 동안 감춘 것에 대하여 가중처벌을 청했습니다. 참모임은 그에게 도중에 의도적인 정액의 방출이라는 한 죄를 짓고 닷새 동안 감춘 것에 대하여 가중처벌을 주었습니다. 그는 참모임에 도중에 의도적인 정액의 방출이라는 한 죄를 짓고 닷새 동안 감춘 것과 예전의 죄에 대하여 통합격리처벌을 청했습니다. 참모임은 그에게 도중에 의도적인 정액의 방출이라는 한 죄를 짓고 닷새 동안 감춘 것과 예전의 죄에 대하여 통합격리처벌을 주었습니다. 그는 격리생활을 실행한 뒤에 참회처벌을 받아야 할 도중에 의도적인 정액의 방출이라는 한 죄를 짓고 닷새 동안 감추었습니다. 그는 참모임에 도중에 의도적인 정액의 방출이라는 한 죄를 짓고 닷새 동안 감춘 것에 대하여 가중처벌을 청했습니다. 참모임은 그에게 도중에 의도적인 정액의 방출이라는 한 죄를 짓고 닷새 동안 감춘 것에 대하여 가중처벌을 주었습니다. 그는 참모임에 도중에 의도적인 정액의 방출이라는 한 죄를 짓고 닷새 동안 감춘 것과 예전의 죄에 대하여 통합격리처벌을 청했습니다. 참모임은 그에게 도중에 의도적인 정액의 방출이라는 한 죄를 짓고 닷새 동안 감춘 것과 예전의 죄에 대하여 통합격리처벌을 주었습니다. 그는 격리생활을 실행한 뒤에 참모임에 세 가지 죄에 대하여 엿새 동안의 참회처벌을 청했습니다. 참모임은 그에게 세 가지 죄에 대하여 엿새 동안의 참회처벌을 주었습니다. 그는 참회생활을 실행하는 도중에 의도적인 정액의 방출이라는 한 죄를 짓고 닷새 동안 감추었습니다. 그는 참모임에 도중에 의도적인 정액의 방출이라는 한 죄를 짓고 닷새 동안 감춘 것에 대하여 가중처벌을 청했습니다. 참모임은 그에게 도중에 의도적인 정액의 방출이라는 한 죄를 짓고 닷새 동안 감춘 것에 대하여 가중처벌을 주었습니다. 그는 참모임에 도중에 의도적인 정액의 방출이라는 한 죄를 짓고 닷새 동안 감춘 것과 예전의 죄에 대하여 통합격리처벌을 청했습니다. 참모임은 그에게 도중에 의도적인 정액의 방출이라는 한 죄를 짓고 닷새 동안 감춘 것과 예전의 죄에 대하여 통합격리처벌을 주었습니다. 그는 참모임에 도중에 의도적인 정액의 방출이라는 한 죄를 짓고 닷새 동안 감춘 것에 대하여 엿새 동안의 참회처벌을 청했습니다. 참모임은 그에게 도중에 의도적인 정액의 방출이라는 한 죄를 짓고 닷새 동안 감춘 것에 대하여 엿새 동안의 참회처벌을 주었습니다. 그는 참회생활을 실행한 뒤에 출죄복귀를 받아야 하는데 도중에 의도적인 정액의 방출이라는 한 죄를 짓고 닷새 동안 감추었습니다. 그는 참모임에 도중에 의도적인 정액의 방출이라는 한 죄를 짓고 닷새 동안 감춘 것에 대하여 가중처벌을 청했습니다. 참모임은 그에게 도중에 의도적인 정액의 방출이라는 한 죄를 짓고 닷새 동안 감춘 것에 대하여 가중처벌을 주었습니다. 그는 참모임에 도중에 의도적인 정액의 방출이라는 한 죄를 짓고 닷새 동안 감춘 것과 예전의 죄에 대하여 통합격리처벌을 청했습니다. 참모임은 그에게 도중에 의도적인 정액의 방출이라는 한 죄를 짓고 닷새 동안 감춘 것돠 예전의 죄에 대하여 통합격리처벌을 주었습니다. 그는 참모임에 도중에 의도적인 정액의 방출이라는 한 죄를 짓고 닷새 동안 감춘 것에 대하여 엿새 동안의 참회처벌을 청했습니다. 참모임은 그에게 도중에 의도적인 정액의 방출이라는 한 죄를 짓고 닷새 동안 감춘 것에 대하여 엿새 동안의 참회처벌을 주었습니다. 그는 참회생활을 실행한 뒤에 참모임에 출죄복귀를 청하고 있습니다. 참모임은 수행승 우다인에게 출죄복귀를 주겠습니다. 수행승 우다인에게 출죄복귀를 주는 것에 동의하면 침묵하시고, 이견이 있으면 말씀하십시오.'

[제청2] '두 번째에도 저는 이 사실을 말합니다. 존자들이여, 참모임은 제 말에 귀를 기울이십시오. 이 수행승 우다인은 의도적인 정액의 방출이라는 한 죄를 짓고 보름 동안 감추었습니다. 그는 의도적인 정액의 방출이라는 한 죄를 짓고 보름 동안 감춘 것에 대하여 보름 동안의 격리처벌을 청했습니다. 참모임은 그에게 의도적인 정액의 방출이라는 한 죄를 짓고 보름 동안 감춘 것에 대하여 보름 동안의 격리처벌을 주었습니다. 그는 격리생활을 실행하는 도중에 의도적인 정액의 방출이라는 한 죄를 짓고 닷새 동안 감추었습니다. 그는 참모임에 도중에 의도적인 정액의 방출이라는 한 죄를 짓고 닷새 동안 감춘 것에 대하여 가중처벌을 청했습니다. 참모임은 그에게 도중에 의도적인 정액의 방출이라는 한 죄를 짓고 닷새 동안 감춘 것에 대하여 가중처벌을 주었습니다. 그는 참모임에 도중에 의도적인 정액의 방출이라는 한 죄를 짓고 닷새 동안 감춘 것과 예전의 죄에 대하여 통합격리처벌을 청했습니다. 참모임은 그에게 도중에 의도적인 정액의 방출이라는 한 죄를 짓고 닷새 동안 감춘 것과 예전의 죄에 대하여 통합격리처벌을 주었습니다. 그는 격리생활을 실행한 뒤에 참회처벌을 받아야 할 도중에 의도적인 정액의 방출이라는 한 죄를 짓고 닷새 동안 감추었습니다. 그는 참모임에 도중에 의도적인 정액의 방출이라는 한 죄를 짓고 닷새 동안 감춘 것에 대하여 가중처벌을 청했습니다. 참모임은 그에게 도중에 의도적인 정액의 방출이라는 한 죄를 짓고 닷새 동안 감춘 것에 대하여 가중처벌을 주었습니다. 그는 참모임에 도중에 의도적인 정액의 방출이라는 한 죄를 짓고 닷새 동안 감춘 것과 예전의 죄에 대하여 통합격리처벌을 청했습니다. 참모임은 그에게 도중에 의도적인 정액

의 방출이라는 한 죄를 짓고 닷새 동안 감춘 것과 예전의 죄에 대하여 통합격리처벌을 주었습니다. 그는 격리생활을 실행한 뒤에 참모임에 세 가지 죄에 대하여 엿새 동안의 참회처벌을 청했습니다. 참모임은 그에게 세 가지 죄에 대하여 엿새 동안의 참회처벌을 주었습니다. 그는 참회생활을 실행하는 도중에 의도적인 정액의 방출이라는 한 죄를 짓고 닷새 동안 감추었습니다. 그는 참모임에 도중에 의도적인 정액의 방출이라는 한 죄를 짓고 닷새 동안 감춘 것에 대하여 가중처벌을 청했습니다. 참모임은 그에게 도중에 의도적인 정액의 방출이라는 한 죄를 짓고 닷새 동안 감춘 것에 대하여 가중처벌을 주었습니다. 그는 참모임에 도중에 의도적인 정액의 방출이라는 한 죄를 짓고 닷새 동안 감춘 것과 예전의 죄에 대하여 통합격리처벌을 청했습니다. 참모임은 그에게 도중에 의도적인 정액의 방출이라는 한 죄를 짓고 닷새 동안 감춘 것과 예전의 죄에 대하여 통합격리처벌을 주었습니다. 그는 참모임에 도중에 의도적인 정액의 방출이라는 한 죄를 짓고 닷새 동안 감춘 것에 대하여 엿새 동안의 참회처벌을 청했습니다. 참모임은 그에게 도중에 의도적인 정액의 방출이라는 한 죄를 짓고 닷새 동안 감춘 것에 대하여 엿새 동안의 참회처벌을 주었습니다. 그는 참회생활을 실행한 뒤에 출죄복귀를 받아야 하는데 도중에 의도적인 정액의 방출이라는 한 죄를 짓고 닷새 동안 감추었습니다. 그는 참모임에 도중에 의도적인 정액의 방출이라는 한 죄를 짓고 닷새 동안 감춘 것에 대하여 가중처벌을 청했습니다. 참모임은 그에게 도중에 의도적인 정액의 방출이라는 한 죄를 짓고 닷새 동안 감춘 것에 대하여 가중처벌을 주었습니다. 그는 참모임에 도중에 의도적인 정액의 방출이라는 한 죄를 짓고 닷새 동안 감춘 것과 예전의 죄에 대하여 통합격리처벌을 청했습니다. 참모임은 그에게 도중에 의도적인 정액의 방출이라는 한 죄를 짓고 닷새 동안 감춘 것과 예전의 죄에 대하여 통합격리처벌을 주었습니다. 그는 참모임에 도중에 의도적인 정액의 방출이라는 한 죄를 짓고 닷새 동안 감춘 것에 대하여 엿새 동안의 참회처벌을 청했습니다. 참모임은 그에게 도중에 의도적인 정액의 방출이라는 한 죄를 짓고 닷새 동안 감춘 것에 대하여 엿새 동안의 참회처벌을 주었습니다. 그는 참회생활을 실행한 뒤에 참모임에 출죄복귀를 청하고 있습니다. 참모임은 수행승 우다인에게 출죄복귀를 주겠습니다. 수행승 우다인에게 출죄복귀를 주는 것에 동의하면 침묵하시고, 이견이 있으면 말씀하십시오.'

[제청3] '세 번째에도 저는 이 사실을 말합니다. 존자들이여, 참모임은 제 말에 귀를 기울이십시오. 이 수행승 우다인은 의도적인 정액의 방출이라는 한 죄를

짓고 보름 동안 감추었습니다. 그는 의도적인 정액의 방출이라는 한 죄를 짓고 보름 동안 감춘 것에 대하여 보름 동안의 격리처벌을 청했습니다. 참모임은 그에게 의도적인 정액의 방출이라는 한 죄를 짓고 보름 동안 감춘 것에 대하여 보름 동안의 격리처벌을 주었습니다. 그는 격리생활을 실행하는 도중에 의도적인 정액의 방출이라는 한 죄를 짓고 닷새 동안 감추었습니다. 그는 참모임에 도중에 의도적인 정액의 방출이라는 한 죄를 짓고 닷새 동안 감춘 것에 대하여 가중처벌을 청했습니다. 참모임은 그에게 도중에 의도적인 정액의 방출이라는 한 죄를 짓고 닷새 동안 감춘 것에 대하여 가중처벌을 주었습니다. 그는 참모임에 도중에 의도적인 정액의 방출이라는 한 죄를 짓고 닷새 동안 감춘 것과 예전의 죄에 대하여 통합격리처벌을 청했습니다. 참모임은 그에게 도중에 의도적인 정액의 방출이라는 한 죄를 짓고 닷새 동안 감춘 것과 예전의 죄에 대하여 통합격리처벌을 주었습니다. 그는 격리생활을 실행한 뒤에 참회처벌을 받아야 할 도중에 의도적인 정액의 방출이라는 한 죄를 짓고 닷새 동안 감추었습니다. 그는 참모임에 도중에 의도적인 정액의 방출이라는 한 죄를 짓고 닷새 동안 감춘 것에 대하여 가중처벌을 청했습니다. 참모임은 그에게 도중에 의도적인 정액의 방출이라는 한 죄를 짓고 닷새 동안 감춘 것에 대하여 가중처벌을 주었습니다. 그는 참모임에 도중에 의도적인 정액의 방출이라는 한 죄를 짓고 닷새 동안 감춘 것과 예전의 죄에 대하여 통합격리처벌을 청했습니다. 참모임은 그에게 도중에 의도적인 정액의 방출이라는 한 죄를 짓고 닷새 동안 감춘 것과 예전의 죄에 대하여 통합격리처벌을 주었습니다. 그는 격리생활을 실행한 뒤에 참모임에 세 가지 죄에 대하여 엿새 동안의 참회처벌을 청했습니다. 참모임은 그에게 세 가지 죄에 대하여 엿새 동안의 참회처벌을 주었습니다. 그는 참회생활을 실행하는 도중에 의도적인 정액의 방출이라는 한 죄를 짓고 닷새 동안 감추었습니다. 그는 참모임에 도중에 의도적인 정액의 방출이라는 한 죄를 짓고 닷새 동안 감춘 것에 대하여 가중처벌을 청했습니다. 참모임은 그에게 도중에 의도적인 정액의 방출이라는 한 죄를 짓고 닷새 동안 감춘 것에 대하여 가중처벌을 주었습니다. 그는 참모임에 도중에 의도적인 정액의 방출이라는 한 죄를 짓고 닷새 동안 감춘 것과 예전의 죄에 대하여 통합격리처벌을 청했습니다. 참모임은 그에게 도중에 의도적인 정액의 방출이라는 한 죄를 짓고 닷새 동안 감춘 것과 예전의 죄에 대하여 통합격리처벌을 주었습니다. 그는 참모임에 도중에 의도적인 정액의 방출이라는 한 죄를 짓고 닷새 동안 감춘 것에 대하여 엿새 동안의 참회처벌을 청했습니다. 참모임은 그에게 도중에 의도적인 정액의 방출이라는 한 죄를 짓고 닷새 동안 감춘 것에 대하여 엿새 동안의 참회처벌을 주었습니다. 그는 참회생활을 실행한 뒤에 출죄복귀를 받아야 하는데 도중에 의도적인 정액의 방출이라는 한 죄를 짓고 닷새 동안 감추었습니다. 그는 참모임에 도중에 의도적인 정액의 방출이라는 한 죄를 짓고 닷새 동안 감춘 것에 대하여 가중처벌을 청했습니다. 참모임은 그에게 도중에 의도적인 정액의 방출이라는 한 죄를 짓고 닷새 동안 감춘 것에 대하여 가중처벌을 주었습니다. 그는 참모임에 도중에 의도적인 정액의 방출이라는 한 죄를 짓고 닷새 동안 감춘 것과 예전의 죄에 대하여 통합격리처벌을 청했습니다. 참모임은 그에게 도중에 의도적인 정액의 방출이라는 한 죄를 짓고 닷새 동안 감춘 것과 예전의 죄에 대하여 통합격리처벌을 주었습니다. 그는 참모임에 도중에 의도적인 정액의 방출이라는 한 죄를 짓고 닷새 동안 감춘 것에 대하여 엿새 동안의 참회처벌을 청했습니다. 참모임은 그에게 도중에 의도적인 정액의 방출이라는 한 죄를 짓고 닷새 동안 감춘 것에 대하여 엿새 동안의 참회처벌을 주었습니다. 그는 참회생활을 실행한 뒤에 참모임에 출죄복귀를 청하고 있습니다. 참모임은 수행승 우다인에게 출죄복귀를 주겠습니다. 수행승 우다인에게 출죄복귀를 주는 것에 동의하면 침묵하시고, 이견이 있으면 말씀하십시오.'

[결정] '참모임은 수행승 우다인에게 출죄복귀를 주었습니다. 참모임이 찬성하여 침묵했으므로, 저는 그와 같이 알겠습니다.'"

보름 동안 감춘 자에 대한 출죄복귀가 끝났다.
정액의 방출이 끝났다.

20. 특별한 통합격리처벌(Agghasamodhānaparivāsa)

1. 한때 어떤 수행승이 많은 승단잔류죄를 지었다. 한 죄는 하루를 감추었고, 한 죄는 이틀을 감추었고, 한 죄는 사흘을 감추었고, 한 죄는 나흘을 감추었고, 한 죄는 닷새를 감추었고, 한 죄는 엿새를 감추었고, 한 죄는 이레를 감추었고, 한 죄는 여드레를 감추었고, 한 죄는 아흐레를 감추었고, 한 죄는 열흘을 감추었다. 그는 수행승들에게 알렸다.

[어떤 수행승] "벗들이여, 나는 많은 승단잔류죄를 지었습니다. 한 죄는 하루를 감추었고, 한 죄는 이틀을 감추었고, 한 죄는 사흘을 감추었고, 한 죄는 나흘을 감추었고, 한 죄는 닷새를 감추었고, 한 죄는 엿새를 감추었고, 한 죄는 이레를 감추었고, 한 죄는 여드레를 감추었고, 한 죄는 아흐레를 감추었고, 한 죄는 열흘을 감추었습니다. 나는 이제 어떻게 해야 합니까?"

세존께 그 사실을 알렸다.

[세존] "수행승들이여, 그렇다면 참모임은 그 수행승에게 그 죄들 가운데 열흘을 감춘 죄가 있는데, 그에 따라서 통합격리처벌을 주어라."[201]

2. [세존] "수행승들이여, 그런데 이와 같이 주어야 한다. 수행승들이여, 그 수행승은 참모임을 찾아가서 한쪽 어깨에 상의를 걸치고 연상의 수행승들의 양 발에 머리를 조아린 뒤에 웅크리고 앉아 합장하여 이와 같이 말해야 한다.

[청원1] '존자들이여, 저는 많은 승단잔류죄를 지었습니다. 한 죄는 하루를 감추었고, 한 죄는 이틀을 감추었고, 한 죄는 사흘을 감추었고, 한 죄는 나흘을 감추었고, 한 죄는 닷새를 감추었고, 한 죄는 엿새를 감추었고, 한 죄는 이레를 감추었고, 한 죄는 여드레를 감추었고, 한 죄는 아흐레를 감추었고, 한 죄는 열흘을 감추었습니다. 존자들이여, 나는 참모임에 그 죄들 가운데 열흘을 감춘 죄가 있는데, 그에 따라서 통합격리처벌을 청합니다.'

[청원2] '존자들이여, 저는 많은 승단잔류죄를 지었습니다. 한 죄는 하루를 감추었고, 한 죄는 이틀을 감추었고, 한 죄는 사흘을 감추었고, 한 죄는 나흘을 감추었고, 한 죄는 닷새를 감추었고, 한 죄는 엿새를 감추었고, 한 죄는 이레를 감추었고, 한 죄는 여드레를 감추었고, 한 죄는 아흐레를 감추었고, 한 죄는 열흘을 감추었습니다. 존자들이여, 나는 참모임에 그 죄들 가운데 열흘을 감춘 죄가 있는데, 그에 따라서 두 번째에도 통합격리처벌을 청합니다.'

[청원3] '존자들이여, 저는 많은 승단잔류죄를 지었습니다. 한 죄는 하루를 감추었고, 한 죄는 이틀을 감추었고, 한 죄는 사흘을 감추었고, 한 죄는 나흘을 감추었고, 한 죄는 닷새를 감추었고, 한 죄는 엿새를 감추었고, 한 죄는 이레를 감추었고, 한 죄는 여드레를 감추었고, 한 죄는 아흐레를 감추었고, 한 죄는 열흘을 감추었습니다. 존자들이여, 나는 참모임에 그 죄들 가운데 열흘을 감춘 죄가 있는데, 그에 따라서 세 번째에도 통합격리처벌을 청합니다.'

3. 총명하고 유능한 수행승이 참모임에 알려야 한다.

[제안] '존자들이여, 참모임은 제 말에 귀를 기울이십시오. 이 이러이러한 수행

---

201) tena hi bhikkhave saṅgho tassa bhikkhuno tāsaṃ āpattīnaṃ yā āpatti dasāhapaṭicchannā tassā agghena samodhānaparivāsaṃ detu : '그에 따라서'란 '그 가치에 따라서(tassā agghena)'라는 뜻이다. Smp. 1183에 따르면, 가치통합(agghasamodhāna)에 해당하며, 많은 죄 가운데 하나, 둘, 셋이나 많은 죄들이나 오래 감춘 죄들은 그들의 가치에 따라 통합하여 그 일수를 정하여 그 보다 적은 일수로 이루어진 감춘 죄에 대한 격리처벌이 이루어져야 한다는 뜻이다. 이 책(CV. III. 14)의 주석을 참고하라.

승은 많은 승단잔류죄를[52] 지었습니다. 한 죄는 하루를 감추었고, 한 죄는 이틀을 감추었고, 한 죄는 사흘을 감추었고, 한 죄는 나흘을 감추었고, 한 죄는 닷새를 감추었고, 한 죄는 엿새를 감추었고, 한 죄는 이레를 감추었고, 한 죄는 여드레를 감추었고, 한 죄는 아흐레를 감추었고, 한 죄는 열흘을 감추었습니다. 그가 참모임에 그 죄들 가운데 열흘을 감춘 죄가 있는데, 그에 따라서 통합격리처벌을 청하고 있습니다. 만약에 참모임에 옳은 일이라면, 참모임은 이러이러한 수행승에게 그 죄들 가운데 열흘을 감춘 죄가 있는데, 그에 따라서 통합격리처벌을 주겠습니다. 이것이 제안입니다.'

[제청1] '존자들이여, 참모임은 제 말에 귀를 기울이십시오. 이 이러이러한 수행승은 많은 승단잔류죄를 지었습니다. 한 죄는 하루를 감추었고, 한 죄는 이틀을 감추었고, 한 죄는 사흘을 감추었고, 한 죄는 나흘을 감추었고, 한 죄는 닷새를 감추었고, 한 죄는 엿새를 감추었고, 한 죄는 이레를 감추었고, 한 죄는 여드레를 감추었고, 한 죄는 아흐레를 감추었고, 한 죄는 열흘을 감추었습니다. 그가 참모임에 그 죄들 가운데 열흘을 감춘 죄가 있는데, 그에 따라서 통합격리처벌을 청하고 있습니다. 참모임은 이러이러한 수행승에게 그 죄들 가운데 열흘을 감춘 죄가 있는데, 그에 따라서 통합격리처벌을 주겠습니다. 이러이러한 수행승에게 그 죄들 가운데 열흘을 감춘 죄가 있는데, 그에 따라서 통합격리처벌을 주는 것에 동의하면 침묵하시고, 이견이 있으면 말씀하십시오.'

[제청2] '두 번째에도 저는 이 사실을 말합니다. 존자들이여, 참모임은 제 말에 귀를 기울이십시오. 이 이러이러한 수행승은 많은 승단잔류죄를 지었습니다. 한 죄는 하루를 감추었고, 한 죄는 이틀을 감추었고, 한 죄는 사흘을 감추었고, 한 죄는 나흘을 감추었고, 한 죄는 닷새를 감추었고, 한 죄는 엿새를 감추었고, 한 죄는 이레를 감추었고, 한 죄는 여드레를 감추었고, 한 죄는 아흐레를 감추었고, 한 죄는 열흘을 감추었습니다. 그가 참모임에 그 죄들 가운데 열흘을 감춘 죄가 있는데, 그에 따라서 통합격리처벌을 청하고 있습니다. 참모임은 이러이러한 수행승에게 그 죄들 가운데 열흘을 감춘 죄가 있는데, 그에 따라서 통합격리처벌을 주겠습니다. 이러이러한 수행승에게 그 죄들 가운데 열흘을 감춘 죄가 있는데, 그에 따라서 통합격리처벌을 주는 것에 동의하면 침묵하시고, 이견이 있으면 말씀하십시오.'

[제청3] '세 번째에도 저는 이 사실을 말합니다. 존자들이여, 참모임은 제 말에 귀를 기울이십시오. 이 이러이러한 수행승은 많은 승단잔류죄를 지었습니다. 한

죄는 하루를 감추었고, 한 죄는 이틀을 감추었고, 한 죄는 사흘을 감추었고, 한 죄는 나흘을 감추었고, 한 죄는 닷새를 감추었고, 한 죄는 엿새를 감추었고, 한 죄는 이레를 감추었고, 한 죄는 여드레를 감추었고, 한 죄는 아흐레를 감추었고, 한 죄는 열흘을 감추었습니다. 그가 참모임에 그 죄들 가운데 열흘을 감춘 죄가 있는데, 그에 따라서 통합격리처벌을 청하고 있습니다. 참모임은 이러이러한 수행승에게 그 죄들 가운데 열흘을 감춘 죄가 있는데, 그에 따라서 통합격리처벌을 주겠습니다. 이러이러한 수행승에게 그 죄들 가운데 열흘을 감춘 죄가 있는데, 그에 따라서 통합격리처벌을 주는 것에 동의하면 침묵하시고, 이견이 있으면 말씀하십시오.'

[결정] '참모임은 이러이러한 수행승에게 그 죄들 가운데 열흘을 감춘 죄가 있는데, 그에 따라서 통합격리처벌을 주었습니다. 참모임이 찬성하여 침묵했으므로, 저는 그와 같이 알겠습니다.'"

특별한 통합격리처벌이 끝났다.

21. 오래 감춘 것에 따른 특별한 통합격리처벌(Cirapaṭicchannaagghasamodhānaparivāsa)

1. 한때 어떤 수행승이 많은 승단잔류죄를 지었다. 한 죄는 하루를 감추었고, 한 죄는 이틀을 감추었고, 한 죄는 사흘을 감추었고, 한 죄는 나흘을 감추었고, 한 죄는 닷새를 감추었고, 한 죄는 엿새를 감추었고, 한 죄는 이레를 감추었고, 한 죄는 여드레를 감추었고, 한 죄는 아흐레를 감추었고, 한 죄는 열흘을 감추었다.

그는 수행승들에게 알렸다.

[어떤 수행승] "벗들이여, 나는 많은 승단잔류죄를 지었습니다. 한 죄는 하루를 감추었고, 한 죄는 이틀을 감추었고, 한 죄는 사흘을 감추었고, 한 죄는 나흘을 감추었고, 한 죄는 닷새를 감추었고, 한 죄는 엿새를 감추었고, 한 죄는 이레를 감추었고, 한 죄는 여드레를 감추었고, 한 죄는 아흐레를 감추었고, 한 죄는 열흘을 감추었습니다. 나는 이제 어떻게 해야 합니까?"

세존께 그 사실을 알렸다.

[세존] "수행승들이여, 그렇다면 참모임은 그 수행승에게 그 죄들 가운데 가장 오래 감춘 죄가 있는데, 그에 따라서 통합격리처벌을 주어라."

2. 수행승들이여, 그런데 이와 같이 주어야 한다. 수행승들이여, 그 수행승은 참모임을 찾아가서 한쪽 어깨에 상의를 걸치고 연상의 수행승들의 양 발에 머리를 조아린 뒤에 웅크리고 앉아 합장하여 이와 같이 말해야 한다.

[청원1] '존자들이여, 저는 많은 승단잔류죄를 지었습니다. 한 죄는 하루를 감추었고, 한 죄는 이틀을 감추었고, 한 죄는 사흘을 감추었고, 한 죄는 나흘을 감추었고, 한 죄는 닷새를 감추었고, 한 죄는 엿새를 감추었고, 한 죄는 이레를 감추었고, 한 죄는 여드레를 감추었고, 한 죄는 아흐레를 감추었고, 한 죄는 열흘을 감추었습니다. 존자들이여, 저는 그 죄들 가운데 가장 오래 감춘 죄가 있는데, 그에 따라서 통합격리처벌을 청합니다.'

[청원2] '존자들이여, 저는 많은 승단잔류죄를 지었습니다. 한 죄는 하루를 감추었고, 한 죄는 이틀을 감추었고, 한 죄는 사흘을 감추었고, 한 죄는 나흘을 감추었고, 한 죄는 닷새를 감추었고, 한 죄는 엿새를 감추었고, 한 죄는 이레를 감추었고, 한 죄는 여드레를 감추었고, 한 죄는 아흐레를 감추었고, 한 죄는 열흘을 감추었습니다. 존자들이여, 저는 그 죄들 가운데 가장 오래 감춘 죄가 있는데, 그에 따라서 두 번째에도 통합격리처벌을 청합니다.'

[청원3] '존자들이여, 저는 많은 승단잔류죄를 지었습니다. 한 죄는 하루를 감추었고, 한 죄는 이틀을 감추었고, 한 죄는 사흘을 감추었고, 한 죄는 나흘을 감추었고, 한 죄는 닷새를 감추었고, 한 죄는 엿새를 감추었고, 한 죄는 이레를 감추었고, 한 죄는 여드레를 감추었고, 한 죄는 아흐레를 감추었고, 한 죄는 열흘을 감추었습니다. 존자들이여, 저는 그 죄들 가운데 가장 오래 감춘 죄가 있는데, 그에 따라서 세 번째에도 통합격리처벌을 청합니다.'

3. 총명하고 유능한 수행승이 참모임에 알려야 한다.

[제안] '존자들이여, 참모임은 제 말에 귀를 기울이십시오. 이 이러이러한 수행승은 많은 승단잔류죄를 지었습니다. 한 죄는 하루를 감추었고, 한 죄는 이틀을 감추었고, 한 죄는 사흘을 감추었고, 한 죄는 나흘을 감추었고, 한 죄는 닷새를 감추었고, 한 죄는 엿새를 감추었고, 한 죄는 이레를 감추었고, 한 죄는 여드레를 감추었고, 한 죄는 아흐레를 감추었고, 한 죄는 열흘을 감추었습니다. 그가 참모임에 그 죄들 가운데 가장 오래 감춘 죄가 있는데, 그에 따라서 통합격리처벌을 청하고 있습니다. 만약에 참모임에 옳은 일이라면, 참모임은 이러이러한 수행승에게 그 죄들 가운데 가장 오래 감춘 죄가 있는데, 그에 따라서 통합격리처벌을 주겠습니다. 이것이 제안입니다.'

[제청1] '존자들이여, 참모임은 제 말에 귀를 기울이십시오. 이 이러이러한 수행승은 많은 승단잔류죄를 지었습니다. 한 죄는 하루를 감추었고, 한 죄는 이틀을 감추었고, 한 죄는 사흘을 감추었고, 한 죄는 나흘을 감추었고, 한 죄는 닷새를

감추었고, 한 죄는 엿새를 감추었고, 한 죄는 이레를 감추었고, 한 죄는 여드레를 감추었고, 한 죄는 아흐레를 감추었고, 한 죄는 열흘을 감추었습니다. 그가 참모임에 그 죄들 가운데 가장 오래 감춘 죄가 있는데, 그에 따라서 통합격리처벌을 청하고 있습니다. 참모임은 이러이러한 수행승에게 그 죄들 가운데 가장 오래 감춘 죄가 있는데, 그에 따라서 통합격리처벌을 주겠습니다. 이러이러한 수행승에게 그 죄들 가운데 가장 오래 감춘 죄가 있는데, 그에 따라서 통합격리처벌을 주는 것에 동의하면 침묵하시고, 이견이 있으면 말씀하십시오.'

[제청2] '두 번째에도 저는 이 사실을 말합니다. 존자들이여, 참모임은 제 말에 귀를 기울이십시오. 이 이러이러한 수행승은 많은 승단잔류죄를 지었습니다. 한 죄는 하루를 감추었고, 한 죄는 이틀을 감추었고, 한 죄는 사흘을 감추었고, 한 죄는 나흘을 감추었고, 한 죄는 닷새를 감추었고, 한 죄는 엿새를 감추었고, 한 죄는 이레를 감추었고, 한 죄는 여드레를 감추었고, 한 죄는 아흐레를 감추었고, 한 죄는 열흘을 감추었습니다. 그가 참모임에 그 죄들 가운데 가장 오래 감춘 죄가 있는데, 그에 따라서 통합격리처벌을 청하고 있습니다. 참모임은 이러이러한 수행승에게 그 죄들 가운데 가장 오래 감춘 죄가 있는데, 그에 따라서 통합격리처벌을 주겠습니다. 이러이러한 수행승에게 그 죄들 가운데 가장 오래 감춘 죄가 있는데, 그에 따라서 통합격리처벌을 주는 것에 동의하면 침묵하시고, 이견이 있으면 말씀하십시오.'

[제청3] '세 번째에도 저는 이 사실을 말합니다. 존자들이여, 참모임은 제 말에 귀를 기울이십시오. 이 이러이러한 수행승은 많은 승단잔류죄를 지었습니다. 한 죄는 하루를 감추었고, 한 죄는 이틀을 감추었고, 한 죄는 사흘을 감추었고, 한 죄는 나흘을 감추었고, 한 죄는 닷새를 감추었고, 한 죄는 엿새를 감추었고, 한 죄는 이레를 감추었고, 한 죄는 여드레를 감추었고, 한 죄는 아흐레를 감추었고, 한 죄는 열흘을 감추었습니다. 그가 참모임에 그 죄들 가운데 가장 오래 감춘 죄가 있는데, 그에 따라서 통합격리처벌을 청하고 있습니다. 참모임은 이러이러한 수행승에게 그 죄들 가운데 가장 오래 감춘 죄가 있는데, 그에 따라서 통합격리처벌을 주겠습니다. 이러이러한 수행승에게 그 죄들 가운데 가장 오래 감춘 죄가 있는데, 그에 따라서 통합격리처벌을 주는 것에 동의하면 침묵하시고, 이견이 있으면 말씀하십시오.'

[결정] '참모임은 이러이러한 수행승에게 그 죄들 가운데 가장 오래 감춘 죄가 있는데, 그에 따라서 통합격리처벌을 주었습니다. 참모임이 찬성하여 침묵했으므

로, 저는 그와 같이 알겠습니다.'"

오래 감춘 것에 따른 특별한 통합격리처벌이 끝났다.

22. 두 달 동안의 격리처벌의 유형①(Dvemāsaparivasitabbavidhi)

1. 한때[53] 어떤 수행승이 두 승단잔류죄를 짓고 두 달 동안을 감추었다. 그는 이와 같이 생각했다.

[어떤 수행승] '나는 실로 두 승단잔류죄를 짓고 두 달 동안을 감추었다. 내가 참모임에 한 죄를 짓고 두 달 동안을 감춘 것에 대하여 두 달 동안의 격리처벌을 청하면 어떨까?'

그래서 그는 참모임에 한 죄를 짓고 두 달 동안을 감춘 것에 대하여 두 달 동안의 격리처벌을 청했다. 참모임은 그에게 한 죄를 짓고 두 달 동안을 감춘 것에 대하여 두 달 동안의 격리처벌을 주었다. 그가 격리처벌을 받을 때에 참괴심이 엄습하여 이와 같이 생각했다.

[어떤 수행승] '나는 두 승단잔류죄를 짓고 두 달 동안을 감추었다. 나에게 이와 같이 '나는 실로 두 승단잔류죄를 짓고 두 달 동안을 감추었다. 내가 참모임에 한 죄를 짓고 두 달 동안을 감춘 것에 대하여 두 달 동안의 격리처벌을 청하면 어떨까?'라는 생각이 떠올랐다. 그래서 나는 참모임에 한 죄를 짓고 두 달 동안을 감춘 것에 대하여 두 달 동안의 격리처벌을 청했다. 참모임은 나에게 한 죄를 짓고 두 달 동안을 감춘 것에 대하여 두 달 동안의 격리처벌을 주었다. 나는 격리처벌을 받을 때에 참괴심이 엄습했다. 내가 참모임에 다른 한 죄를 짓고 두 달 동안을 감춘 것에 대하여 두 달 동안의 격리처벌을 청하면 어떨까?'

그는 수행승들에게 알렸다.

[어떤 수행승] "벗들이여, 나는 이와 같이 생각했습니다. '나는 실로 두 승단잔류죄를 짓고 두 달 동안을 감추었다. 내가 참모임에 한 죄를 짓고 두 달 동안을 감춘 것에 대하여 두 달 동안의 격리처벌을 청하면 어떨까?' 그래서 나는 참모임에 한 죄를 짓고 두 달 동안을 감춘 것에 대하여 두 달 동안의 격리처벌을 청했습니다. 참모임은 나에게 한 죄를 짓고 두 달 동안을 감춘 것에 대하여 두 달 동안의 격리처벌을 주었습니다. 내가 격리처벌을 받을 때에 참괴심이 엄습하여 이와 같이 생각했습니다. '나는 두 승단잔류죄를 짓고 두 달 동안을 감추었다. 나에게 이와 같이 '나는 실로 두 승단잔류죄를 짓고 두 달 동안을 감추었다. 내가 참모임에 한 죄를 짓고 두 달 동안을 감춘 것에 대하여 두 달 동안의 격리처벌을 청하면

어떨까?'라는 생각이 떠올랐다. 그래서 나는 참모임에 한 죄를 짓고 두 달 동안을 감춘 것에 대하여 두 달 동안의 격리처벌을 청했다. 참모임은 나에게 한 죄를 짓고 두 달 동안을 감춘 것에 대하여 두 달 동안의 격리처벌을 주었다. 나는 격리처벌을 받을 때에 참괴심이 엄습했다. 내가 참모임에 다른 한 죄를 짓고 두 달 동안을 감춘 것에 대하여 두 달 동안의 격리처벌을 청하면 어떨까?' 나는 이제 어떻게 해야 합니까?"

세존께 그 사실을 알렸다.

[세존] "수행승들이여, 그렇다면 참모임은 그 수행승에게 다른 한 죄를 짓고 두 달 동안을 감춘 것에 대하여 두 달 동안의 격리처벌을 주어라."

2. 수행승들이여, 그런데 이와 같이 주어야 한다. 수행승들이여, 그 수행승은 참모임을 찾아가서 한쪽 어깨에 상의를 걸치고 연상의 수행승들의 양 발에 머리를 조아린 뒤에 웅크리고 앉아 합장하여 이와 같이 말해야 한다.

[청원1] '존자들이여, 저는 실로 두 승단잔류죄를 짓고 두 달 동안을 감추었습니다. 저는 이와 같이 생각했습니다. '나는 실로 두 승단잔류죄를 짓고 두 달 동안을 감추었다. 내가 참모임에 한 죄를 짓고 두 달 동안을 감춘 것에 대하여 두 달 동안의 격리처벌을 청하면 어떨까?' 그래서 저는 참모임에 한 죄를 짓고 두 달 동안을 감춘 것에 대하여 두 달 동안의 격리처벌을 청했습니다. 참모임은 저에게 한 죄를 짓고 두 달 동안을 감춘 것에 대하여 두 달 동안의 격리처벌을 주었습니다. 제가 격리처벌을 받을 때에 참괴심이 엄습하여 이와 같이 생각했습니다. '나는 두 승단잔류죄를 짓고 두 달 동안을 감추었다. 나에게 이와 같이 '나는 실로 두 승단잔류죄를 짓고 두 달 동안을 감추었다. 내가 참모임에 한 죄를 짓고 두 달 동안을 감춘 것에 대하여 두 달 동안의 격리처벌을 청하면 어떨까?'라는 생각했습니다. 그래서 나는 참모임에 한 죄를 짓고 두 달 동안을 감춘 것에 대하여 두 달 동안의 격리처벌을 청했습니다. 참모임은 나에게 한 죄를 짓고 두 달 동안을 감춘 것에 대하여 두 달 동안의 격리처벌을 주었습니다. 나는 격리처벌을 받을 때에 참괴심이 생겨났습니다. '내가 참모임에 다른 한 죄를 짓고 두 달 동안을 감춘 것에 대하여 두 달 동안의 격리처벌을 청하면 어떨까?' 존자들이여, 저는 다른 한 죄를 짓고 두 달 동안을 감춘 것에 대하여 두 달 동안의 격리처벌을 청합니다.'

[청원2] '존자들이여,[54] 저는 실로 두 승단잔류죄를 짓고 두 달 동안을 감추었습니다. 저는 이와 같이 생각했습니다. '나는 실로 두 승단잔류죄를 짓고 두

달 동안을 감추었다. 내가 참모임에 한 죄를 짓고 두 달 동안을 감춘 것에 대하여 두 달 동안의 격리처벌을 청하면 어떨까?' 그래서 저는 참모임에 한 죄를 짓고 두 달 동안을 감춘 것에 대하여 두 달 동안의 격리처벌을 청했습니다. 참모임은 저에게 한 죄를 짓고 두 달 동안을 감춘 것에 대하여 두 달 동안의 격리처벌을 주었습니다. 제가 격리처벌을 받을 때에 참괴심이 엄습하여 이와 같이 생각했습니다. '나는 두 승단잔류죄를 짓고 두 달 동안을 감추었다. 나에게 이와 같이 '나는 실로 두 승단잔류죄를 짓고 두 달 동안을 감추었다. 내가 참모임에 한 죄를 짓고 두 달 동안을 감춘 것에 대하여 두 달 동안의 격리처벌을 청하면 어떨까?'라는 생각했습니다. 그래서 나는 참모임에 한 죄를 짓고 두 달 동안을 감춘 것에 대하여 두 달 동안의 격리처벌을 청했습니다. 참모임은 나에게 한 죄를 짓고 두 달 동안을 감춘 것에 대하여 두 달 동안의 격리처벌을 주었습니다. 나는 격리처벌을 받을 때에 참괴심이 생겨났습니다. '내가 참모임에 다른 한 죄를 짓고 두 달 동안을 감춘 것에 대하여 두 달 동안의 격리처벌을 청하면 어떨까?' 존자들이여, 저는 다른 한 죄를 짓고 두 달 동안을 감춘 것에 대하여 두 번째에도 두 달 동안의 격리처벌을 청합니다.'

[청원3] '존자들이여, 저는 실로 두 승단잔류죄를 짓고 두 달 동안을 감추었습니다. 저는 이와 같이 생각했습니다. '나는 실로 두 승단잔류죄를 짓고 두 달 동안을 감추었다. 내가 참모임에 한 죄를 짓고 두 달 동안을 감춘 것에 대하여 두 달 동안의 격리처벌을 청하면 어떨까?' 그래서 저는 참모임에 한 죄를 짓고 두 달 동안을 감춘 것에 대하여 두 달 동안의 격리처벌을 청했습니다. 참모임은 저에게 한 죄를 짓고 두 달 동안을 감춘 것에 대하여 두 달 동안의 격리처벌을 주었습니다. 제가 격리처벌을 받을 때에 참괴심이 엄습하여 이와 같이 생각했습니다. '나는 두 승단잔류죄를 짓고 두 달 동안을 감추었다. 나에게 이와 같이 '나는 실로 두 승단잔류죄를 짓고 두 달 동안을 감추었다. 내가 참모임에 한 죄를 짓고 두 달 동안을 감춘 것에 대하여 두 달 동안의 격리처벌을 청하면 어떨까?'라는 생각했습니다. 그래서 나는 참모임에 한 죄를 짓고 두 달 동안을 감춘 것에 대하여 두 달 동안의 격리처벌을 청했습니다. 참모임은 나에게 한 죄를 짓고 두 달 동안을 감춘 것에 대하여 두 달 동안의 격리처벌을 주었습니다. 나는 격리처벌을 받을 때에 참괴심이 생겨났습니다. '내가 참모임에 다른 한 죄를 짓고 두 달 동안을 감춘 것에 대하여 두 달 동안의 격리처벌을 청하면 어떨까?' 존자들이여, 저는 다른 한 죄를 짓고 두 달 동안을 감춘 것에 대하여 세 번째에도 두

달 동안의 격리처벌을 청합니다.'

3. 총명하고 유능한 수행승이 참모임에 알려야 한다.

[제안] '존자들이여, 참모임은 제 말에 귀를 기울이십시오. 이 이러이러한 수행승은 두 승단잔류죄를 짓고 두 달 동안을 감추었습니다. 그는 이와 같이 생각했습니다. '나는 실로 두 승단잔류죄를 짓고 두 달 동안을 감추었다. 내가 참모임에 한 죄를 짓고 두 달 동안을 감춘 것에 대하여 두 달 동안의 격리처벌을 청하면 어떨까?' 그래서 그는 참모임에 한 죄를 짓고 두 달 동안을 감춘 것에 대하여 두 달 동안의 격리처벌을 청했습니다. 참모임은 그에게 한 죄를 짓고 두 달 동안을 감춘 것에 대하여 두 달 동안의 격리처벌을 주었습니다. 그가 격리처벌을 받을 때에 참괴심이 엄습하여 이와 같이 생각했습니다. '나는 두 승단잔류죄를 짓고 두 달 동안을 감추었다. 나는 이와 같이 '나는 실로 두 승단잔류죄를 짓고 두 달 동안을 감추었다. 내가 참모임에 한 죄를 짓고 두 달 동안을 감춘 것에 대하여 두 달 동안의 격리처벌을 청하면 어떨까?'라고 생각했다. 그래서 나는 참모임에 한 죄를 짓고 두 달 동안을 감춘 것에 대하여 두 달 동안의 격리처벌을 청했다. 참모임은 나에게 한 죄를 짓고 두 달 동안을 감춘 것에 대하여 두 달 동안의 격리처벌을 주었다. 나는 격리처벌을 받을 때에 참괴심이 엄습했다. 내가 참모임에 다른 한 죄를 짓고 두 달 동안을 감춘 것에 대하여 두 달 동안의 격리처벌을 청하면 어떨까?' 그래서 그는 참모임에 다른 한 죄를 짓고 두 달 동안을 감춘 것에 대하여 두 달 동안의 격리처벌을 청하고 있습니다. 만약에 참모임에 옳은 일이라면, 참모임은 이러이러한 수행승에게 다른 한 죄를 짓고 두 달 동안을 감춘 것에 대하여 두 달 동안의 격리처벌을 주겠습니다. 이것이 제안입니다.'

[제청1] '존자들이여, 참모임은 제 말에 귀를 기울이십시오. 이 이러이러한 수행승은 두 승단잔류죄를 짓고 두 달 동안을 감추었습니다. 그는 이와 같이 생각했습니다. '나는 실로 두 승단잔류죄를 짓고 두 달 동안을 감추었다. 내가 참모임에 한 죄를 짓고 두 달 동안을 감춘 것에 대하여 두 달 동안의 격리처벌을 청하면 어떨까?' 그래서 그는 참모임에 한 죄를 짓고 두 달 동안을 감춘 것에 대하여 두 달 동안의 격리처벌을 청했습니다. 참모임은 그에게 한 죄를 짓고 두 달 동안을 감춘 것에 대하여 두 달 동안의 격리처벌을 주었습니다. 그가 격리처벌을 받을 때에 참괴심이 엄습하여 이와 같이 생각했습니다. '나는 두 승단잔류죄를 짓고 두 달 동안을 감추었다. 나는 이와 같이 '나는 실로 두 승단잔류죄를 짓고 두 달 동안을 감추었다. 내가 참모임에 한 죄를 짓고 두 달 동안을 감춘

것에 대하여 두 달 동안의 격리처벌을 청하면 어떨까?'라고 생각했다. 그래서 나는 참모임에 한 죄를 짓고 두 달 동안을 감춘 것에 대하여 두 달 동안의 격리처벌을 청했다. 참모임은 나에게 한 죄를 짓고 두 달 동안을 감춘 것에 대하여 두 달 동안의 격리처벌을 주었다. 나는 격리처벌을 받을 때에 참괴심이 엄습했다. 내가 참모임에 다른 한 죄를 짓고 두 달 동안을 감춘 것에 대하여 두 달 동안의 격리처벌을 청하면 어떨까?' 그래서 그는 참모임에 다른 한 죄를 짓고 두 달 동안을 감춘 것에 대하여 두 달 동안의 격리처벌을 청하고 있습니다. 참모임은 이러이러한 수행승에게 다른 한 죄를 짓고 두 달 동안을 감춘 것에 대하여 두 달 동안의 격리처벌을 주겠습니다. 이러이러한 수행승에게 다른 한 죄를 짓고 두 달 동안을 감춘 것에 대하여 두 달 동안의 격리처벌을 주는 것에 동의하면 침묵하시고, 이견이 있으면 말씀하십시오.'

[제청2] '두 번째에도 저는 이 사실을 말합니다. 존자들이여, 참모임은 제 말에 귀를 기울이십시오. 이 이러이러한 수행승은 두 승단잔류죄를 짓고 두 달 동안을 감추었습니다. 그는 이와 같이 생각했습니다. '나는 실로 두 승단잔류죄를 짓고 두 달 동안을 감추었다. 내가 참모임에 한 죄를 짓고 두 달 동안을 감춘 것에 대하여 두 달 동안의 격리처벌을 청하면 어떨까?' 그래서 그는 참모임에 한 죄를 짓고 두 달 동안을 감춘 것에 대하여 두 달 동안의 격리처벌을 청했습니다. 참모임은 그에게 한 죄를 짓고 두 달 동안을 감춘 것에 대하여 두 달 동안의 격리처벌을 주었습니다. 그가 격리처벌을 받을 때에 참괴심이 엄습하여 이와 같이 생각했습니다. '나는 두 승단잔류죄를 짓고 두 달 동안을 감추었다. 나는 이와 같이 '나는 실로 두 승단잔류죄를 짓고 두 달 동안을 감추었다. 내가 참모임에 한 죄를 짓고 두 달 동안을 감춘 것에 대하여 두 달 동안의 격리처벌을 청하면 어떨까?'라고 생각했다. 그래서 나는 참모임에 한 죄를 짓고 두 달 동안을 감춘 것에 대하여 두 달 동안의 격리처벌을 청했다. 참모임은 나에게 한 죄를 짓고 두 달 동안을 감춘 것에 대하여 두 달 동안의 격리처벌을 주었다. 나는 격리처벌을 받을 때에 참괴심이 엄습했다. 내가 참모임에 다른 한 죄를 짓고 두 달 동안을 감춘 것에 대하여 두 달 동안의 격리처벌을 청하면 어떨까?' 그래서 그는 참모임에 다른 한 죄를 짓고 두 달 동안을 감춘 것에 대하여 두 달 동안의 격리처벌을 청하고 있습니다. 참모임은 이러이러한 수행승에게 다른 한 죄를 짓고 두 달 동안을 감춘 것에 대하여 두 달 동안의 격리처벌을 주겠습니다. 이러이러한 수행승에게 다른 한 죄를 짓고 두 달 동안을 감춘 것에 대하여 두 달 동안의 격리처벌을

주는 것에 동의하면 침묵하시고, 이견이 있으면 말씀하십시오.'

[제청3] '세 번째에도 저는 이 사실을 말합니다. 존자들이여, 참모임은 제 말에 귀를 기울이십시오. 이 이러이러한 수행승은 두 승단잔류죄를 짓고 두 달 동안을 감추었습니다. 그는 이와 같이 생각했습니다. '나는 실로 두 승단잔류죄를 짓고 두 달 동안을 감추었다. 내가 참모임에 한 죄를 짓고 두 달 동안을 감춘 것에 대하여 두 달 동안의 격리처벌을 청하면 어떨까?' 그래서 그는 참모임에 한 죄를 짓고 두 달 동안을 감춘 것에 대하여 두 달 동안의 격리처벌을 청했습니다. 참모임은 그에게 한 죄를 짓고 두 달 동안을 감춘 것에 대하여 두 달 동안의 격리처벌을 주었습니다. 그가 격리처벌을 받을 때에 참괴심이 엄습하여 이와 같이 생각했습니다. '나는 두 승단잔류죄를 짓고 두 달 동안을 감추었다. 나는 이와 같이 '나는 실로 두 승단잔류죄를 짓고 두 달 동안을 감추었다. 내가 참모임에 한 죄를 짓고 두 달 동안을 감춘 것에 대하여 두 달 동안의 격리처벌을 청하면 어떨까?'라고 생각했다. 그래서 나는 참모임에 한 죄를 짓고 두 달 동안을 감춘 것에 대하여 두 달 동안의 격리처벌을 청했다. 참모임은 나에게 한 죄를 짓고 두 달 동안을 감춘 것에 대하여 두 달 동안의 격리처벌을 주었다. 나는 격리처벌을 받을 때에 참괴심이 엄습했다. 내가 참모임에 다른 한 죄를 짓고 두 달 동안을 감춘 것에 대하여 두 달 동안의 격리처벌을 청하면 어떨까?' 그래서 그는 참모임에 다른 한 죄를 짓고 두 달 동안을 감춘 것에 대하여 두 달 동안의 격리처벌을 청하고 있습니다. 참모임은 이러이러한 수행승에게 다른 한 죄를 짓고 두 달 동안을 감춘 것에 대하여 두 달 동안의 격리처벌을 주겠습니다. 이러이러한 수행승에게 다른 한 죄를 짓고 두 달 동안을 감춘 것에 대하여 두 달 동안의 격리처벌을 주는 것에 동의하면 침묵하시고, 이견이 있으면 말씀하십시오.'

[결정] '참모임은 이러이러한 수행승에게 다른 한 죄를 짓고 두 달 동안을 감춘 것에 대하여 두 달 동안의 격리처벌을 주었습니다. 참모임이 찬성하여 침묵했으므로, 저는 그와 같이 알겠습니다.'

수행승들이여, 그 수행승은 그날부터 두 달 동안 격리생활을 실행해야 한다."

두 달 동안의 격리생활의 유형(①)이 끝났다.

23. 두 달 동안의 격리생활의 유형②(Dvemāsaparivasitabbavidhi)

1. [세존] "수행승들이여, 여기 수행승이 두 승단잔류죄를 짓고 두 달 동안을 감추었다. 그는 이와 같이 생각했다.

[수행승] '나는 두 승단잔류죄를 짓고 두 달 동안을 감추었다. 내가 참모임에 한 죄를 짓고 두 달 동안을 감춘 것에 대하여 두 달 동안의 격리처벌을 청하면 어떨까?'

그래서 그는 참모임에 한 죄를 짓고 두 달 동안을 감춘 것에 대하여 두 달 동안의 격리처벌을 청했다. 참모임은 그에게 한 죄를 짓고 두 달 동안을 감춘 것에 대하여 두 달 동안의 격리처벌을 주었다. 그가 격리처벌을 받을 때에 참괴심이 엄습하여 이와 같이 생각했다.

[수행승] '나는 두 승단잔류죄를 짓고 두 달 동안을 감추었다. 나에게 이와 같이 '나는 실로 두 승단잔류죄를 짓고 두 달 동안을 감추었다. 내가 참모임에 한 죄를 짓고 두 달 동안을 감춘 것에 대하여 두 달 동안의 격리처벌을 청하면 어떨까?'라는 생각이 떠올랐다. 그래서 나는 참모임에 한 죄를 짓고 두 달 동안을 감춘 것에 대하여 두 달 동안의 격리처벌을 청했다. 참모임은 나에게 한 죄를 짓고 두 달 동안을 감춘 것에 대하여 두 달 동안의 격리처벌을 주었다. 나는 격리처벌을 받을 때에 참괴심이 엄습했다. '내가 참모임에 다른 한 죄를 짓고 두 달 동안을 감춘 것에 대하여 두 달 동안의 격리처벌을 청하면 어떨까?'

그는 참모임에 다른 한 죄를 짓고 두 달 동안을 감춘 것에 대하여 두 달 동안의 격리처벌을 청했다. 참모임은 그에게 다른 한 죄를 짓고 두 달 동안을 감춘 것에 대하여 두 달 동안의 격리처벌을 주었다.

수행승들이여, 그 수행승은 그날부터 두 달 동안의 격리생활을 실행해야 한다."

2 [세존] "수행승들이여, 여기 수행승이 두 승단잔류죄를 짓고 두 달 동안을 감추었다. 한 죄는 알고, 다른 한 죄는 알지 못했다. 그는 참모임에 그가 아는 한 죄를 짓고 두 달 동안을 감춘 것에 대하여 두 달 동안의 격리처벌을 청했다. 참모임은 그에게 그 죄를 짓고 두 달 동안을 감춘 것에 대하여 두 달 동안의 격리처벌을 주었다. 그는 격리생활을 실행하면서 다른 한 죄를 알았다. 그는 이와 같이 생각했다.

[수행승] '나는 두 승단잔류죄를 짓고 두 달 동안을 감추었다. 한 죄는 알고, 다른 한 죄는 알지 못했다. 나는 참모임에 내가 아는 한 죄를 짓고 두 달 동안을 감춘 것에 대하여 두 달 동안의 격리처벌을 청했다. 참모임은 나에게 그 죄를 짓고 두 달 동안을 감춘 것에 대하여 두 달 동안의 격리처벌을 주었다. 나는 격리생활을 실행하면서 다른 한 죄를 알았다. 내가 참모임에 다른 한 죄에 대해서도 두 달 동안의 격리처벌을 청하면 어떨까?'

그는 참모임에 다른 한 죄에 대해서도 두 달 동안의 격리처벌을 청했다. 참모임은[55] 그에게 다른 한 죄에 대해서도 두 달 동안의 격리처벌을 주었다.

수행승들이여, 그 수행승은 그날부터 두 달 동안 격리생활을 실행해야 한다."

3. [세존] "수행승들이여, 여기 수행승이 두 승단잔류죄를 짓고 두 달 동안을 감추었다. 한 죄는 기억하고, 다른 한 죄는 기억하지 못했다. 그는 참모임에 그가 기억하는 한 죄를 짓고 두 달 동안을 감춘 것에 대하여 두 달 동안의 격리처벌을 청했다. 참모임은 그에게 그 죄를 짓고 두 달 동안을 감춘 것에 대하여 두 달 동안의 격리처벌을 주었다. 그는 격리생활을 실행하면서 다른 한 죄를 기억했다. 그는 이와 같이 생각했다.

[수행승] '나는 두 승단잔류죄를 짓고 두 달 동안을 감추었다. 한 죄는 기억하고, 한 죄는 기억하지 못했다. 나는 참모임에 내가 기억하는 한 죄를 짓고 두 달 동안을 감춘 것에 대하여 두 달 동안의 격리처벌을 청했다. 참모임은 나에게 그 죄를 짓고 두 달 동안을 감춘 것에 대하여 두 달 동안의 격리처벌을 주었다. 나는 격리생활을 실행하면서 다른 한 죄를 알았다. 내가 참모임에 다른 한 죄에 대해서도 두 달 동안의 격리처벌을 청하면 어떨까?'

그는 참모임에 다른 한 죄에 대해서도 두 달 동안의 격리처벌을 청했다. 참모임은 그에게 다른 한 죄에 대해서도 두 달 동안의 격리처벌을 주었다.

수행승들이여, 그 수행승은 그날부터 두 달 동안 격리생활을 실행해야 한다."

4. [세존] "수행승들이여, 여기 수행승이 두 승단잔류죄를 짓고 두 달 동안을 감추었다. 한 죄는 의혹이 없었고, 다른 한 죄는 의혹이 있었다. 그는 참모임에 그가 의혹이 없는 한 죄를 짓고 두 달 동안을 감춘 것에 대하여 두 달 동안의 격리처벌을 청했다. 참모임은 그에게 그 죄를 짓고 두 달 동안을 감춘 것에 대하여 두 달 동안의 격리처벌을 주었다. 그는 격리생활을 실행하면서 다른 한 죄에 대하여 의혹이 없어졌다. 그는 이와 같이 생각했다.

[수행승] '나는 두 승단잔류죄를 짓고 두 달 동안을 감추었다. 한 죄는 의혹이 없었고, 한 죄는 의혹이 있었다. 나는 참모임에 내가 의혹이 없는 죄를 짓고 두 달 동안을 감춘 것에 대하여 두 달 동안의 격리처벌을 청했다. 참모임은 나에게 그 죄를 짓고 두 달 동안을 감춘 것에 대하여 두 달 동안의 격리처벌을 주었다. 나는 격리생활을 실행하면서 다른 한 죄가 의혹이 없어졌다. 내가 참모임에 다른 한 죄에 대해서도 두 달 동안의 격리처벌을 청하면 어떨까?'

그는 참모임에 다른 한 죄에 대해서도 두 달 동안의 격리처벌을 청했다. 참모임은 그에게 다른 한 죄에 대해서도 두 달 동안의 격리처벌을 주었다.

수행승들이여, 그 수행승은 그날부터 두 달 동안 격리생활을 실행해야 한다."

5. [세존] "수행승들이여, 여기 수행승이 두 승단잔류죄를 짓고 두 달 동안을 감추었다. 한 죄는 알고 감추었고, 다른 한 죄는 알지 못하고 감추었다. 그는 참모임에 그 죄들을 짓고 두 달 동안을 감춘 것에 대하여 두 달 동안의 격리처벌을 청했다. 참모임은 그에게 그 죄들을 짓고 두 달 동안을 감춘 것에 대하여 두 달 동안의 격리처벌을 주었다. 그가 격리처벌을 받을 때에 다른 수행승이 왔다. 그는 많이 배우고, 전통을 수용하고, 가르침에 밝고, 계율에 밝고, 논의의 주제에 밝고, 현명하고, 총명하고, 슬기롭고, 부끄러움을 알고, 후회를 알고, 배움을 추구하는 자였다. 그는 이와 같이 말했다.

[다른 수행승] '벗들이여, 이 수행승은 무슨 잘못을 지었습니까? 왜 이 수행승은 격리처벌을 받습니까?'

그들은 이와 같이 말했다.

[수행승들] '벗이여, 이 수행승은 두 승단잔류죄를 짓고 두 달 동안을 감추었습니다. 한 죄는 알고 감추었고, 다른 한 죄는 알지 못하고 감추었습니다. 그는 참모임에 그 죄들을 짓고 두 달 동안을 감춘 것에 대하여 두 달 동안의 격리처벌을 청했습니다. 참모임은 그에게 그 죄들을 짓고 두 달 동안을 감춘 것에 대하여 두 달 동안의 격리처벌을 주었습니다. 벗이여, 이 수행승은 이러한 죄들을 지었고, 그것들을 위해 그 수행승은 격리생활을 실행합니다.'

그는 이와 같이 말해야 한다.

[수행승] '벗들이여, 한 죄는 알고 감춘 까닭에 그 죄에 대하여 격리처벌을 주는 것은 원리에 맞고, 원리에 맞는 까닭에 효과적입니다. 벗들이여, 그렇지만 다른 한 죄는 알지 못하고 감춘 까닭에 그 죄에 대하여 격리처벌을 주는 것은 원리에 맞지 않고, 원리에 맞지 않는 까닭에 효과적이지 않습니다. 벗들이여, 다른 한 죄에 대하여 그 수행승은 참회처벌을 받아야 합니다.'"

6. [세존] "수행승들이여, 여기 수행승이 두 승단잔류죄를 짓고 두 달 동안을 감추었다. 한 죄는 기억하고 감추었고, 다른 한 죄는 기억하지 못하고 감추었다. 그는 참모임에 그 죄들을 짓고 두 달 동안을 감춘 것에 대하여 두 달 동안의 격리처벌을 청했다. 참모임은 그에게 그 죄들을 짓고 두 달 동안을 감춘 것에 대하여 두 달 동안의 격리처벌을 주었다. 그가 격리처벌을 받을 때에 다른 수행승이 왔다. 그는 많이 배우고, 전통을 수용하고, 가르침에 밝고, 계율에 밝고, 논의의 주제에

밝고, 현명하고, 총명하고, 슬기롭고, 부끄러움을 알고, 후회를 알고, 배움을 추구하는 자였다. 그는 이와 같이 말했다.

[다른 수행승] '벗들이여, 이 수행승은 무슨 잘못을 지었습니까? 왜 이 수행승은 격리처벌을 받습니까?'

그들은 이와 같이 말했다.

[수행승들] '벗이여, 이 수행승은 두 승단잔류죄를 짓고 두 달 동안을 감추었습니다. 한 죄는 기억하고 감추었고, 다른 한 죄는 기억하지 못하고 감추었습니다. 그는 참모임에 그 죄들을 짓고 두 달 동안을 감춘 것에 대하여 두 달 동안의 격리처벌을 청했습니다. 참모임은 그에게 그 죄들을 짓고 두 달 동안을 감춘 것에 대하여 두 달 동안의 격리처벌을 주었습니다. 벗이여, 이 수행승은 이러한 죄들을 지었고, 그것들을 위해 그 수행승은 격리생활을 실행합니다.'

그는 이와 같이 말해야 한다.

[수행승] '벗들이여, 한 죄는 기억하고 감춘 까닭에 그 죄에 대하여 격리처벌을 주는 것은 원리에 맞고, 원리에 맞는 까닭에 효과적입니다. 벗들이여, 그렇지만 다른 한 죄는 기억하지 못하고 감춘 까닭에 그 죄에 대하여 격리처벌을 주는 것은 원리에 맞지 않고, 원리에 맞지 않는 까닭에 효과적이지 않습니다. 벗들이여, 다른 한 죄에 대하여 그 수행승은 참회처벌을 받아야 합니다.'

7. 수행승들이여, 여기 수행승이 두 승단잔류죄를 짓고 두 달 동안을 감추었다. 한 죄는 의혹이 없는데 감추었고, 다른 한 죄는 의혹이 있어서 감추었다. 그는 참모임에 그 죄들을 짓고 두 달 동안을 감춘 것에 대하여 두 달 동안의 격리처벌을 청했다. 참모임은 그에게 그 죄들을 짓고 두 달 동안을 감춘 것에 대하여 두 달 동안의 격리처벌을 주었다. 그가 격리처벌을 받을 때에 다른 수행승이 왔다. 그는 많이 배우고, 전통을 수용하고, 가르침에 밝고, 계율에 밝고, 논의의 주제에 밝고, 현명하고, 총명하고, 슬기롭고, 부끄러움을 알고, 후회를 알고, 배움을 추구하는 자였다. 그는 이와 같이 말했다.

[다른 수행승] '벗들이여, 이 수행승은 무슨 잘못을 지었는가? 왜 이 수행승은 격리처벌을 받는가?'

그들은 이와 같이 말했다.

[수행승들] '벗이여, 이 수행승은 두 승단잔류죄를 짓고 두 달 동안을 감추었습니다. 한 죄는 의혹이 없는데 감추었고, 다른 한 죄는 의혹이 있어서 감추었습니다. 그는 참모임에 그 죄들을 짓고 두 달 동안을 감춘 것에 대하여 두 달 동안의

격리처벌을 청했습니다. 참모임은 그에게 그 죄들을 짓고 두 달 동안을 감춘 것에 대하여 두 달 동안의 격리처벌을 주었습니다. 벗이여, 이 수행승은 이러한 죄들을 지었고, 그것들을 위해 그 수행승은 격리생활을 실행합니다."

그는 이와 같이 말해야 한다.

[수행승] '벗들이여, 한 죄는 의혹이 없는데 감춘 까닭에 그 죄에 대하여 격리처벌을 주는 것은 원리에 맞고, 원리에 맞는 까닭에 효과적입니다.202) 벗들이여, 그렇지만 다른 한 죄는 의혹이 있어서 감춘 까닭에 그 죄에 대하여 격리처벌을 주는 것은 원리에 맞지 않고, 원리에 맞지 않는 까닭에 효과적이지 않습니다. 벗들이여, 다른 한 죄에 대하여 그 수행승은 참회처벌을 받아야 합니다.'"

두 달 동안의 격리생활의 유형(②)이 끝났다.

24. 다른 한 달 동안의 격리처벌①(Itaramāsaparivāsa)

1. 한때[56] 어떤 수행승이 두 승단잔류죄를 짓고 두 달 동안을 감추었다. 그는 이와 같이 생각했다.

[수행승] '나는 두 승단잔류죄를 짓고 두 달 동안을 감추었다. 내가 참모임에 두 죄를 짓고 두 달 동안을 감춘 것에 대하여 한 달 동안의 격리처벌을 청하면 어떨까?'

그래서 그는 참모임에 두 죄를 짓고 두 달 동안을 감춘 것에 대하여 한 달 동안의 격리처벌을 청했다. 참모임은 그에게 두 죄를 짓고 두 달 동안을 감춘 것에 대하여 한 달 동안의 격리처벌을 주었다. 그가 격리처벌을 받을 때에 참괴심이 엄습하여 이와 같이 생각했다.

[수행승] '나는 두 승단잔류죄를 짓고 두 달 동안을 감추었다. 나에게 이와 같이 '나는 실로 두 승단잔류죄를 짓고 두 달 동안을 감추었다. 내가 참모임에 두 죄를 짓고 두 달 동안을 감춘 것에 대하여 한 달 동안의 격리처벌을 청하면 어떨까?'라는 생각이 떠올랐다. 그래서 나는 참모임에 두 죄를 짓고 두 달 동안을 감춘 것에 대하여 한 달 동안의 격리처벌을 청했다. 참모임은 나에게 두 죄를 짓고 두 달 동안을 감춘 것에 대하여 한 달 동안의 격리처벌을 주었다. 나는 격리처벌을 받을 때에 참괴심이 생겨났다. '내가 참모임에 두 죄를 짓고 두 달 동안을 감춘 것에 대하여 다른 한 달 동안의 격리처빌을 청하면 어떨까?''

그는 수행승들에게 알렸다.

---

202) rūhati : '성장하다. 퍼지다. 효과가 미치다.'라는 뜻이다.

[수행승] '벗들이여, 나는 두 승단잔류죄를 짓고 두 달 동안을 감추었습니다. 나에게 이와 같이 '나는 실로 두 승단잔류죄를 짓고 두 달 동안을 감추었다. 내가 참모임에 두 죄를 짓고 두 달 동안을 감춘 것에 대하여 한 달 동안의 격리처벌을 청하면 어떨까?'라는 생각이 떠올랐습니다. 그래서 나는 참모임에 두 죄를 짓고 두 달 동안을 감춘 것에 대하여 한 달 동안의 격리처벌을 청했습니다. 참모임은 나에게 두 죄를 짓고 두 달 동안을 감춘 것에 대하여 한 달 동안의 격리처벌을 주었습니다. 나는 격리처벌을 받을 때에 '내가 참모임에 두 죄를 짓고 두 달 동안을 감춘 것에 대하여 다른 한 달 동안의 격리처벌을 청하면 어떨까?'라고 참괴심이 엄습했습니다. 나는 이제 어떻게 해야 합니까?'

세존께 그 사실을 알렸다.

[세존] "수행승들이여, 그렇다면 참모임은 그 수행승에게 두 죄를 짓고 두 달 동안을 감춘 것에 대하여 다른 한 달 동안의 격리처벌을 주어라."

2. [세존] "수행승들이여, 그런데 이와 같이 주어야 한다. 수행승들이여, 그 수행승은 참모임을 찾아가서 한쪽 어깨에 상의를 걸치고 연상의 수행승들의 양 발에 머리를 조아린 뒤에 웅크리고 앉아 합장하여 이와 같이 말해야 한다.

[청원1] '존자들이여, 저는 두 승단잔류죄를 짓고 두 달 동안을 감추었습니다. 저에게 이와 같이 '나는 실로 두 승단잔류죄를 짓고 두 달 동안을 감추었다. 내가 참모임에 두 죄를 짓고 두 달 동안을 감춘 것에 대하여 한 달 동안의 격리처벌을 청하면 어떨까?'라는 생각이 떠올랐습니다. 그래서 저는 참모임에 두 죄를 짓고 두 달 동안을 감춘 것에 대하여 한 달 동안의 격리처벌을 청했습니다. 참모임은 저에게 두 죄를 짓고 두 달 동안을 감춘 것에 대하여 한 달 동안의 격리처벌을 주었습니다. 저는 격리처벌을 받을 때에 참괴심이 엄습했습니다. '내가 참모임에 두 죄를 짓고 두 달 동안을 감춘 것에 대하여 다른 한 달 동안의 격리처벌을 청하면 어떨까?' 그래서 저는 이와 같이 생각했습니다. '나는 두 승단잔류죄를 짓고 두 달 동안을 감추었다. 나는 이제 참모임에 두 승단잔류죄를 짓고 두 달 동안을 감춘 것에 대하여 한 달 동안의 격리처벌을 요청하면 어떨까?' 저는 참모임에 두 승단잔류죄를 짓고 두 달 동안을 감춘 것에 대하여 한 달 동안의 격리처벌을 요청했습니다. 참모임은 제게 두 승단잔류죄를 짓고 두 달 동안을 감춘 것에 대하여 한 달 동안의 격리처벌을 주었습니다. 제가 격리처벌을 받을 때에 참괴심이 엄습하였습니다. '나는 이제 참모임에 두 승단잔류죄를 짓고 두 달 동안을 감춘 것에 대하여 다른 한 달 동안의 격리처벌을 요청하면 어떨까?" 존자들이여,

저는 참모임에 두 승단잔류죄를 짓고 두 달 동안을 감춘 것에 대하여 다른 한 달 동안의 격리처벌을 요청합니다.'

[청원2] '존자들이여, 저는 두 승단잔류죄를 짓고 두 달 동안을 감추었습니다. 저에게 이와 같이 '나는 실로 두 승단잔류죄를 짓고 두 달 동안을 감추었다. 내가 참모임에 두 죄를 짓고 두 달 동안을 감춘 것에 대하여 한 달 동안의 격리처벌을 청하면 어떨까?'라는 생각이 떠올랐습니다. 그래서 저는 참모임에 두 죄를 짓고 두 달 동안을 감춘 것에 대하여 한 달 동안의 격리처벌을 청했습니다. 참모임은 저에게 두 죄를 짓고 두 달 동안을 감춘 것에 대하여 한 달 동안의 격리처벌을 주었습니다. 저는 격리처벌을 받을 때에 참괴심이 엄습했습니다. '내가 참모임에 두 죄를 짓고 두 달 동안을 감춘 것에 대하여 다른 한 달 동안의 격리처벌을 청하면 어떨까?' 그래서 저는 이와 같이 생각했습니다. '나는 두 승단잔류죄를 짓고 두 달 동안을 감추었다. 나는 이제 참모임에 두 승단잔류죄를 짓고 두 달 동안을 감춘 것에 대하여 한 달 동안의 격리처벌을 요청하면 어떨까?' 저는 참모임에 두 승단잔류죄를 짓고 두 달 동안을 감춘 것에 대하여 한 달 동안의 격리처벌을 요청했습니다. 참모임은 제게 두 승단잔류죄를 짓고 두 달 동안을 감춘 것에 대하여 한 달 동안의 격리처벌을 주었습니다. 제가 격리처벌을 받을 때에 참괴심이 엄습하였습니다. '나는 이제 참모임에 두 승단잔류죄를 짓고 두 달 동안을 감춘 것에 대하여 다른 한 달 동안의 격리처벌을 요청하면 어떨까?'' 존자들이여, 저는 참모임에 두 승단잔류죄를 짓고 두 달 동안을 감춘 것에 대하여[57] 두 번째에도 다른 한 달 동안의 격리처벌을 요청합니다.'

[청원3] '존자들이여, 저는 두 승단잔류죄를 짓고 두 달 동안을 감추었습니다. 저에게 이와 같이 '나는 실로 두 승단잔류죄를 짓고 두 달 동안을 감추었다. 내가 참모임에 두 죄를 짓고 두 달 동안을 감춘 것에 대하여 한 달 동안의 격리처벌을 청하면 어떨까?'라는 생각이 떠올랐습니다. 그래서 저는 참모임에 두 죄를 짓고 두 달 동안을 감춘 것에 대하여 한 달 동안의 격리처벌을 청했습니다. 참모임은 저에게 두 죄를 짓고 두 달 동안을 감춘 것에 대하여 한 달 동안의 격리처벌을 주었습니다. 저는 격리처벌을 받을 때에 참괴심이 엄습했습니다. '내가 참모임에 두 죄를 짓고 두 달 동안을 감춘 것에 대하여 다른 한 달 동안의 격리처벌을 청하면 어떨까?' 그래서 저는 이와 같이 생각했습니다. '나는 두 승단잔류죄를 짓고 두 달 동안을 감추었다. 나는 이제 참모임에 두 승단잔류죄를 짓고 두 달 동안을 감춘 것에 대하여 한 달 동안의 격리처벌을 요청하면 어떨까?' 저는 참모

임에 두 승단잔류죄를 짓고 두 달 동안을 감춘 것에 대하여 한 달 동안의 격리처벌을 요청했습니다. 참모임은 제게 두 승단잔류죄를 짓고 두 달 동안을 감춘 것에 대하여 한 달 동안의 격리처벌을 주었습니다. 제가 격리처벌을 받을 때에 참괴심이 엄습하였습니다. '나는 이제 참모임에 두 승단잔류죄를 짓고 두 달 동안을 감춘 것에 대하여 다른 한 달 동안의 격리처벌을 요청하면 어떨까?" 존자들이여, 저는 참모임에 두 승단잔류죄를 짓고 두 달 동안을 감춘 것에 대하여 세 번째에도 다른 한 달 동안의 격리처벌을 요청합니다.'

3. 총명하고 유능한 수행승이 참모임에 알려야 한다.

[제안] '존자들이여, 참모임은 제 말에 귀를 기울이십시오. 이 이러이러한 수행승은 두 승단잔류죄를 짓고 두 달 동안을 감추었습니다. 그는 이와 같이 생각했습니다. '나는 실로 두 승단잔류죄를 짓고 두 달 동안을 감추었다. 내가 참모임에 한 죄를 짓고 두 달 동안을 감춘 것에 대하여 한 달 동안의 격리처벌을 청하면 어떨까?' 그래서 그는 참모임에 두 죄를 짓고 두 달 동안을 감춘 것에 대하여 한 달 동안의 격리처벌을 청했습니다. 참모임은 그에게 두 죄를 짓고 두 달 동안을 감춘 것에 대하여 한 달 동안의 격리처벌을 주었습니다. 그가 격리처벌을 받을 때에 참괴심이 엄습했습니다. '나는 이제 참모임에 두 승단잔류죄를 짓고 두 달 동안을 감춘 것에 대하여 또 다른 달 동안의 격리처벌을 요청하면 어떨까?' 그는 이와 같이 생각했습니다. '나는 실로 두 승단잔류죄를 짓고 두 달 동안을 감추었다. 내가 참모임에 두 죄를 짓고 두 달 동안을 감춘 것에 대하여 한 달 동안의 격리처벌을 청하면 어떨까?' 그래서 나는 참모임에 두 죄를 짓고 두 달 동안을 감춘 것에 대하여 한 달 동안의 격리처벌을 청했다. 참모임은 나에게 두 죄를 짓고 두 달 동안을 감춘 것에 대하여 한 달 동안의 격리처벌을 주었다. 나는 격리처벌을 받을 때에 참괴심이 엄습했다. '내가 참모임에 다른 두 죄를 짓고 두 달 동안을 감춘 것에 대하여 또 다른 한 달 동안의 격리처벌을 청하면 어떨까?" 그는 참모임에 다른 두 죄를 짓고 두 달 동안을 감춘 것에 대하여 또 다른 한 달 동안의 격리처벌을 청하고 있습니다. 만약에 참모임에 옳은 일이라면, 참모임은 이러이러한 수행승에게 두 죄를 짓고 두 달 동안을 감춘 것에 대하여 또 다른 한 달 동안의 격리처벌을 주겠습니다. 이것이 제안입니다.'

[제청1] '존자들이여, 참모임은 제 말에 귀를 기울이십시오. 이 이러이러한 수행승은 두 승단잔류죄를 짓고 두 달 동안을 감추었습니다. 그는 이와 같이 생각했습니다. '나는 실로 두 승단잔류죄를 짓고 두 달 동안을 감추었다. 내가

참모임에 한 죄를 짓고 두 달 동안을 감춘 것에 대하여 한 달 동안의 격리처벌을 청하면 어떨까?' 그래서 그는 참모임에 두 죄를 짓고 두 달 동안을 감춘 것에 대하여 한 달 동안의 격리처벌을 청했습니다. 참모임은 그에게 두 죄를 짓고 두 달 동안을 감춘 것에 대하여 한 달 동안의 격리처벌을 주었습니다. 그가 격리처벌을 받을 때에 참괴심이 엄습했습니다. '나는 이제 참모임에 두 승단잔류죄를 짓고 두 달 동안을 감춘 것에 대하여 또 다른 달 동안의 격리처벌을 요청하면 어떨까?' 그는 이와 같이 생각했습니다. '나는 실로 두 승단잔류죄를 짓고 두 달 동안을 감추었다. 내가 참모임에 두 죄를 짓고 두 달 동안을 감춘 것에 대하여 한 달 동안의 격리처벌을 청하면 어떨까?' 그래서 나는 참모임에 두 죄를 짓고 두 달 동안을 감춘 것에 대하여 한 달 동안의 격리처벌을 청했다. 참모임은 나에게 두 죄를 짓고 두 달 동안을 감춘 것에 대하여 한 달 동안의 격리처벌을 주었다. 나는 격리처벌을 받을 때에 참괴심이 엄습했다. '내가 참모임에 다른 두 죄를 짓고 두 달 동안을 감춘 것에 대하여 또 다른 한 달 동안의 격리처벌을 청하면 어떨까?'' 그는 참모임에 다른 두 죄를 짓고 두 달 동안을 감춘 것에 대하여 또 다른 한 달 동안의 격리처벌을 청하고 있습니다. 참모임은 이러이러한 수행승에게 두 죄를 짓고 두 달 동안을 감춘 것에 대하여 또 다른 한 달 동안의 격리처벌을 주겠습니다. 이러이러한 수행승에게 두 죄를 짓고 두 달 동안을 감춘 것에 대하여 또 다른 한 달 동안의 격리처벌을 주는 것에 동의하면 침묵하시고, 이견이 있으면 말씀하십시오.'

[제청2] '두 번째에도 저는 이 사실을 말합니다. 존자들이여, 참모임은 제 말에 귀를 기울이십시오. 이 이러이러한 수행승은 두 승단잔류죄를 짓고 두 달 동안을 감추었습니다. 그는 이와 같이 생각했습니다. '나는 실로 두 승단잔류죄를 짓고 두 달 동안을 감추었다. 내가 참모임에 한 죄를 짓고 두 달 동안을 감춘 것에 대하여 한 달 동안의 격리처벌을 청하면 어떨까?' 그래서 그는 참모임에 두 죄를 짓고 두 달 동안을 감춘 것에 대하여 한 달 동안의 격리처벌을 청했습니다. 참모임은 그에게 두 죄를 짓고 두 달 동안을 감춘 것에 대하여 한 달 동안의 격리처벌을 주었습니다. 그가 격리처벌을 받을 때에 참괴심이 엄습했습니다. '나는 이제 참모임에 두 승단잔류죄를 짓고 두 달 동안을 감춘 것에 대하여 또 다른 달 동안의 격리처벌을 요청하면 어떨까?' 그는 이와 같이 생각했습니다. '나는 실로 두 승단잔류죄를 짓고 두 달 동안을 감추었다. 내가 참모임에 두 죄를 짓고 두 달 동안을 감춘 것에 대하여 한 달 동안의 격리처벌을 청하면 어떨까?' 그래서 나는 참모임

에 두 죄를 짓고 두 달 동안을 감춘 것에 대하여 한 달 동안의 격리처벌을 청했다. 참모임은 나에게 두 죄를 짓고 두 달 동안을 감춘 것에 대하여 한 달 동안의 격리처벌을 주었다. 나는 격리처벌을 받을 때에 참괴심이 엄습했다. '내가 참모임에 다른 두 죄를 짓고 두 달 동안을 감춘 것에 대하여 또 다른 한 달 동안의 격리처벌을 청하면 어떨까?'' 그는 참모임에 다른 두 죄를 짓고 두 달 동안을 감춘 것에 대하여 또 다른 한 달 동안의 격리처벌을 청하고 있습니다. 참모임은 이러이러한 수행승에게 두 죄를 짓고 두 달 동안을 감춘 것에 대하여 또 다른 한 달 동안의 격리처벌을 주겠습니다. 이러이러한 수행승에게 두 죄를 짓고 두 달 동안을 감춘 것에 대하여 또 다른 한 달 동안의 격리처벌을 주는 것에 동의하면 침묵하시고, 이견이 있으면 말씀하십시오.'

[제청3] '세 번째에도 저는 이 사실을 말합니다. 존자들이여, 참모임은 제 말에 귀를 기울이십시오. 이 이러이러한 수행승은 두 승단잔류죄를 짓고 두 달 동안을 감추었습니다. 그는 이와 같이 생각했습니다. '나는 실로 두 승단잔류죄를 짓고 두 달 동안을 감추었다. 내가 참모임에 한 죄를 짓고 두 달 동안을 감춘 것에 대하여 한 달 동안의 격리처벌을 청하면 어떨까?' 그래서 그는 참모임에 두 죄를 짓고 두 달 동안을 감춘 것에 대하여 한 달 동안의 격리처벌을 청했습니다. 참모임은 그에게 두 죄를 짓고 두 달 동안을 감춘 것에 대하여 한 달 동안의 격리처벌을 주었습니다. 그가 격리처벌을 받을 때에 참괴심이 엄습했습니다. '나는 이제 참모임에 두 승단잔류죄를 짓고 두 달 동안을 감춘 것에 대하여 또 다른 달 동안의 격리처벌을 요청하면 어떨까?' 그는 이와 같이 생각했습니다. '나는 실로 두 승단잔류죄를 짓고 두 달 동안을 감추었다. 내가 참모임에 두 죄를 짓고 두 달 동안을 감춘 것에 대하여 한 달 동안의 격리처벌을 청하면 어떨까?' 그래서 나는 참모임에 두 죄를 짓고 두 달 동안을 감춘 것에 대하여 한 달 동안의 격리처벌을 청했다. 참모임은 나에게 두 죄를 짓고 두 달 동안을 감춘 것에 대하여 한 달 동안의 격리처벌을 주었다. 나는 격리처벌을 받을 때에 참괴심이 엄습했다. '내가 참모임에 다른 두 죄를 짓고 두 달 동안을 감춘 것에 대하여 또 다른 한 달 동안의 격리처벌을 청하면 어떨까?'' 그는 참모임에 다른 두 죄를 짓고 두 달 동안을 감춘 것에 대하여 또 다른 한 달 동안의 격리처벌을 청하고 있습니다. 참모임은 이러이러한 수행승에게 두 죄를 짓고 두 달 동안을 감춘 것에 대하여 또 다른 한 달 동안의 격리처벌을 주겠습니다. 이러이러한 수행승에게 두 죄를 짓고 두 달 동안을 감춘 것에 대하여 또 다른 한 달 동안의 격리처벌을 주는 것에 동의하면

침묵하시고, 이견이 있으면 말씀하십시오.'

[결정] '참모임은 이러이러한 수행승에게 두 죄를 짓고 두 달 동안을 감춘 것에 대하여 또 다른 한 달 동안의 격리처벌을 주었습니다. 참모임이 찬성하여 침묵했으므로, 저는 그와 같이 알겠습니다.'

수행승들이여, 그 수행승은 이전부터 두 달 동안 격리생활을 실행해야 한다."

다른 한 달 동안의 격리처벌(①)이 끝났다.

25. 다른 한 달 동안의 격리처벌②(Itaramāsaparivāsa)

1. [세존] "수행승들이여, 여기 수행승이 두 승단잔류죄를 짓고 두 달 동안을 감추었다. 그는 이와 같이 생각했다.

[수행승] '나는 두 승단잔류죄를 짓고 두 달 동안을 감추었다. 내가 참모임에 두 죄를 짓고 두 달 동안을 감춘 것에 대하여 한 달 동안의 격리처벌을 청하면 어떨까?'

그래서 그는 참모임에 두 죄를 짓고 두 달 동안을 감춘 것에 대하여 한 달 동안의 격리처벌을 청했다. 참모임은 그에게 두 죄를 짓고 두 달 동안을 감춘 것에 대하여 한 달 동안의 격리처벌을 주었다. 그가 격리처벌을 받을 때에 참괴심이 엄습하여 이와 같이 생각했다.

[수행승] '나는 두 승단잔류죄를 짓고 두 달 동안을 감추었다. 나에게 이와 같이 '나는 실로 두 승단잔류죄를 짓고 두 달 동안을 감추었다. 내가 참모임에 두 죄를 짓고 두 달 동안을 감춘 것에 대하여 한 달 동안의 격리처벌을 청하면 어떨까?'라는 생각이 떠올랐다. 그래서 나는 참모임에 두 죄를 짓고 두 달 동안을 감춘 것에 대하여 한 달 동안의 격리처벌을 청했다. 참모임은 나에게 두 죄를 짓고 두 달 동안을 감춘 것에 대하여 한 달 동안의 격리처벌을 주었다. 나는 격리처벌을 받을 때에 참괴심이 엄습했다. '내가 참모임에 두 죄를 짓고 두 달 동안을 감춘 것에 대하여 다른 한 달 동안의 격리처벌을 청하면 어떨까?''

그는 참모임에 두 죄를 짓고 두 달 동안을 감춘 것에 대하여 다른 한 달 동안의 격리처벌을 청했다. 참모임은 그에게 두 죄를 짓고 두 달 동안을 감춘 것에 대하여 다른 한 달 동안의 격리처벌을 주었다.

수행승들이여, 그 수행승은 이진부터 두 달 동안 격리생활을 실행해야 한다."

2. [세존] "수행승들이여, 여기 수행승이 두 승단잔류죄를 짓고 두 달 동안을 감추었다. 한 달은 알았고, 한 달은 알지 못했다. 그는 참모임에 두 죄를 짓고 두

달 동안을 감춘 것에 대하여 그가 아는 그 달을 위한 격리처벌을 요청했다. 참모임은 그에게 두 죄를 짓고 두 달 동안을 감춘 것에 대하여 그가 아는 그 달을 위한 격리처벌을 주었다. 그는 격리생활을 실행하면서 다른 달도 알았다. 그는 이와 같이 생각했다.

[수행승] '나는 두 승단잔류죄를 짓고 두 달 동안을 감추었다. 한 달은 알았고, 한 달은 알지 못했다. 나는 참모임에 두 죄를 짓고 두 달 동안을 감춘 것에 대하여 내가 아는 그 달을 위한 격리처벌을 요청했다. 참모임은 나에게 두 죄를 짓고 두 달 동안을 감춘 것에 대하여 내가 아는 그 달을 위한 격리처벌을 주었다. 나는 격리생활을 실행하면서 다른 한 달도 알아냈다. 내가 참모임에 두 죄를 짓고 두 달 동안을 감춘 것에 대하여 다른 한 달을 위한 격리처벌을 청하면 어떨까?'

그는 참모임에 두 죄를 짓고 두 달 동안을 감춘 것에 대하여 다른 한 달을 위한 격리처벌을 요청했다. 참모임은 그에게 두 죄를 짓고 두 달 동안을 감춘 것에 대하여 다른 한 달을 위한 격리처벌을 주었다.

수행승들이여, 그 수행승은 이전부터 두 달 동안 격리생활을 실행해야 한다."

3. [세존] "수행승들이여, 여기 수행승이 두 승단잔류죄를 짓고 두 달 동안을 감추었다. 한 달은 기억했고, 한 달은 기억하지 못했다. 그는 참모임에 두 죄를 짓고 두 달 동안을 감춘 것에 대하여 그가 기억하는 그 달을 위한 격리처벌을 요청했다. 참모임은 그에게 두 죄를 짓고 두 달 동안을 감춘 것에 대하여 그가 기억하는 그 달을 위한 격리처벌을 주었다. 그는 격리생활을 실행하면서 다른 달도 기억했다. 그는 이와 같이 생각했다.

[수행승] '나는 두 승단잔류죄를 짓고 두 달 동안을 감추었다. 한 달은 기억했고, 한 달은 기억하지 못했다. 나는 참모임에 두 죄를 짓고 두 달 동안을 감춘 것에 대하여 내가 기억하는 그 달을 위한 격리처벌을 요청했다. 참모임은 나에게 두 죄를 짓고 두 달 동안을 감춘 것에 대하여 내가 기억하는 그 달을 위한 격리처벌을 주었다. 나는 격리생활을 실행하면서 다른 한 달을 기억해냈다. 내가 참모임에 두 죄를 짓고 두 달 동안을 감춘 것에 대하여 다른 한 달을 위한 격리처벌을 청하면 어떨까?'

그는 참모임에 두 죄를 짓고 두 달 동안을 감춘 것에 대하여 다른 한 달을 위한 격리처벌을 요청했다. 참모임은 그에게 두 죄를 짓고 두 달 동안을 감춘 것에 대하여 다른 한 달을 위한 격리처벌을 주었다.

수행승들이여, 그 수행승은 이전부터 두 달 동안 격리생활을 실행해야 한다.”

4. [세존] “수행승들이여, 여기 수행승이 두 승단잔류죄를 짓고 두 달 동안을 감추었다. 한 달은 의혹이 없었고, 한 달은 의혹이 있었다. 그는 참모임에 두 죄를 짓고 두 달 동안을 감춘 것에 대하여 의혹이 없는 그 달을 위한 격리처벌을 요청했다. 참모임은 그에게 두 죄를 짓고 두 달 동안을 감춘 것에 대하여 의혹이 없는 달을 위한 격리처벌을 주었다. 그는 격리생활을 실행하면서 다른 달도 의혹이 없어졌다. 그는 이와 같이 생각했다.

[수행승] ‘나는 두 승단잔류죄를 짓고 두 달 동안을 감추었다. 한 달은 의혹이 없었고, 한 달은 의혹이 있었다.[58] 나는 참모임에 두 죄를 짓고 두 달 동안을 감춘 것에 대하여 의혹이 없는 그 달을 위한 격리처벌을 요청했다. 참모임은 나에게 두 죄를 짓고 두 달 동안을 감춘 것에 대하여 의혹이 없는 그 달을 위한 격리처벌을 주었다. 나는 격리생활을 실행하면서 다른 한 달도 의혹이 없어졌다. 내가 참모임에 두 죄를 짓고 두 달 동안을 감춘 것에 대하여 다른 한 달을 위한 격리처벌을 청하면 어떨까?’

그는 참모임에 두 죄를 짓고 두 달 동안을 감춘 것에 대하여 다른 한 달을 위한 격리처벌을 요청했다. 참모임은 그에게 두 죄를 짓고 두 달 동안을 감춘 것에 대하여 다른 한 달을 위한 격리처벌을 주었다.

수행승들이여, 그 수행승은 이전부터 두 달 동안 격리생활을 실행해야 한다.”

5. [세존] “수행승들이여, 여기 수행승이 두 승단잔류죄를 짓고 두 달 동안을 감추었다. 한 달은 알고 감추었고, 다른 한 달은 알지 못하고 감추었다. 그는 참모임에 두 죄를 짓고 두 달 동안을 감춘 것에 대하여 두 달 동안의 격리처벌을 요청했다. 참모임은 그에게 두 죄를 짓고 두 달 동안을 감춘 것에 대하여 두 달 동안의 격리처벌을 주었다. 그가 격리처벌을 받을 때에 다른 수행승이 왔다. 그는 많이 배우고, 전통을 수용하고, 가르침에 밝고, 계율에 밝고, 논의의 주제에 밝고, 현명하고, 총명하고, 슬기롭고, 부끄러움을 알고, 후회를 알고, 배움을 추구하는 자였다. 그는 이와 같이 말했다.

[다른 수행승] ‘벗들이여, 이 수행승은 무슨 잘못을 지었는가? 왜 이 수행승은 격리처벌을 받는가?’

그들은 이와 같이 말했다.

[수행승들] ‘벗이여, 이 수행승은 두 승단잔류죄를 짓고 두 달 동안을 감추었습니다. 한 달은 알고 감추었고, 다른 한 달은 알지 못하고 감추었습니다. 그는

참모임에 그 죄들을 짓고 두 달 동안을 감춘 것에 대하여 두 달 동안의 격리처벌을 청했습니다. 참모임은 그에게 그 죄들을 짓고 두 달 동안을 감춘 것에 대하여 두 달 동안의 격리처벌을 주었습니다. 벗이여, 이 수행승은 이러한 죄들을 지었고, 그것들을 위해 그 수행승은 격리생활을 실행합니다.”

그는 이와 같이 말해야 한다.

[다른 수행승] ‘벗들이여, 한 달은 알고 감춘 까닭에 그 달에 대하여 격리처벌을 주는 것은 원리에 맞고, 원리에 맞는 까닭에 효과적입니다. 벗들이여, 그렇지만 다른 한 달은 알지 못하고 감춘 까닭에 그 달에 대하여 격리처벌을 주는 것은 원리에 맞지 않고, 원리에 맞지 않는 까닭에 효과적이지 않습니다. 벗들이여, 다른 한 달에 대하여 그 수행승은 참회처벌을 받아야 합니다.’

6. 수행승들이여, 여기 수행승이 두 승단잔류죄를 짓고 두 달 동안을 감추었다. 한 달은 기억하고 감추었고, 다른 한 달은 기억하지 못하고 감추었다. 그는 참모임에 그 죄들을 짓고 두 달 동안을 감춘 것에 대하여 두 달 동안의 격리처벌을 청했다. 참모임은 그에게 그 죄들을 짓고 두 달 동안을 감춘 것에 대하여 두 달 동안의 격리처벌을 주었다. 그가 격리처벌을 받을 때에 다른 수행승이 왔다. 그는 많이 배우고, 전통을 수용하고, 가르침에 밝고, 계율에 밝고, 논의의 주제에 밝고, 현명하고, 총명하고, 슬기롭고, 부끄러움을 알고, 후회를 알고, 배움을 추구하는 자였다. 그는 이와 같이 말했다.

[다른 수행승] ‘벗들이여, 이 수행승은 무슨 잘못을 지었는가? 왜 이 수행승은 격리처벌을 받는가?’

그들은 이와 같이 말했다.

[수행승들] ‘벗이여, 이 수행승은 두 승단잔류죄를 짓고 두 달 동안을 감추었습니다. 한 달은 기억하고 감추었고, 다른 한 달은 기억하지 못하고 감추었습니다. 그는 참모임에 그 죄들을 짓고 두 달 동안을 감춘 것에 대하여 두 달 동안의 격리처벌을 청했습니다. 참모임은 그에게 그 죄들을 짓고 두 달 동안을 감춘 것에 대하여 두 달 동안의 격리처벌을 주었습니다. 벗이여, 이 수행승은 이러한 죄들을 지었고, 그것들을 위해 그 수행승은 격리생활을 실행합니다.”

그는 이와 같이 말했다.

[다른 수행승] ‘벗들이여, 한 달은 기억하고 감춘 까닭에 그 달에 대하여 격리처벌을 주는 것은 원리에 맞고, 원리에 맞는 까닭에 효과적입니다. 벗들이여, 그렇지만 다른 한 달은 기억하지 못하고 감춘 까닭에 그 달에 대하여 격리처벌을 주는

것은 원리에 맞지 않고, 원리에 맞지 않는 까닭에 효과적이지 않습니다. 벗들이여, 다른 한 달에 대하여 그 수행승은 참회처벌을 받아야 합니다.'

7. 수행승들이여, 여기 수행승이 두 승단잔류죄를 짓고 두 달 동안을 감추었다. 한 달은 의혹이 없는데 감추었고, 다른 한 달은 의혹이 있어서 감추었다. 그는 참모임에 그 죄들을 짓고 두 달 동안을 감춘 것에 대하여 두 달 동안의 격리처벌을 청했다. 참모임은 그에게 그 죄들을 짓고 두 달 동안을 감춘 것에 대하여 두 달 동안의 격리처벌을 주었다. 그가 격리처벌을 받을 때에 다른 수행승이 왔다. 그는 많이 배우고, 전통을 수용하고, 가르침에 밝고, 계율에 밝고, 논의의 주제에 밝고, 현명하고, 총명하고, 슬기롭고, 부끄러움을 알고, 후회를 알고, 배움을 추구하는 자였다. 그는 이와 같이 말했다.

[다른 수행승] '벗들이여, 이 수행승은 무슨 잘못을 지었는가? 왜 이 수행승은 격리처벌을 받는가?'

그들은 이와 같이 말했다.

[수행승들] '벗이여, 이 수행승은 두 승단잔류죄를 짓고 두 달 동안을 감추었습니다. 한 달은 의혹이 없는데 감추었고, 다른 한 달은 의혹이 있어서 감추었습니다. 그는 참모임에 그 죄들을 짓고 두 달 동안을 감춘 것에 대하여 두 달 동안의 격리처벌을 청했습니다. 참모임은 그에게 그 죄들을 짓고 두 달 동안을 감춘 것에 대하여 두 달 동안의 격리처벌을 주었습니다. 벗이여, 이 수행승은 이러한 죄들을 지었고, 그것들을 위해 그 수행승은 격리생활을 실행합니다."

그는 이와 같이 말했다.

[다른 수행승] '벗들이여, 한 달은 의혹이 없는데 감춘 달인 까닭에 그 달에 대하여 격리처벌을 주는 것은 원리에 맞고, 원리에 맞는 까닭에 효과적입니다. 벗들이여, 그렇지만 다른 한 달은 의혹이 있어서 감춘 까닭에 그 달에 대하여 격리처벌을 주는 것은 원리에 맞지 않고, 원리에 맞지 않는 까닭에 효과적이지 않습니다. 벗들이여, 다른 한 달에 대하여 그 수행승은 참회처벌을 받아야 합니다.'

다른 한 달 동안의 격리처벌(②)가 끝났다.
두 달 동안 격리처벌을 받아야 할 유형이 끝났다.

26. 정화격리처벌(淨化別住 : Suddhantaparivāsa)

1. 한때 어떤 수행승이 많은 승단잔류죄를 지었다. 그는 죄의 한계를 알지 못했고, 날의 한계를 알지 못했다.[203] 그는 죄의 한계를 기억하지 못했고, 날의 한계를 기억하지 못했다. 그는 죄의 한계에 의혹을 가졌고, 날의 한계에 의혹을 가졌다.

그는 수행승들에게 알렸다.

[어떤 수행승] "벗들이여, 나는 많은 승단잔류죄를 지었습니다. 나는 죄의 한계를[59] 알지 못하고, 날의 한계를 알지 못합니다. 나는 죄의 한계를 기억하지 못하고, 날의 한계를 기억하지 못합니다. 나는 죄의 한계에 의혹이 있고, 날의 한계에 의혹이 있습니다. 나는 이제 어떻게 해야 합니까?"

세존께 그 사실을 알렸다.

[세존] "수행승들이여, 그렇다면, 그 수행승에게 그의 죄들에 대하여 정화격리처벌[204]을 주어라."

2. 수행승들이여, 그런데 이와 같이 주어야 한다. 수행승들이여, 그 수행승은 참모임을 찾아가서 한쪽 어깨에 상의를 걸치고 연상의 수행승들의 양 발에 머리를 조아린 뒤에 웅크리고 앉아 합장하여 이와 같이 말해야 한다.

[청원1] '존자들이여, 저는 많은 승단잔류죄를 지었습니다. 저는 죄의 한계를 알지 못하고, 날의 한계를 알지 못합니다. 저는 죄의 한계를 기억하지 못하고, 날의 한계를 기억하지 못합니다. 저는 죄의 한계에 의혹이 있고, 날의 한계에 의혹이 있습니다. 존자들이여, 저는 참모임에 저의 죄들에 대하여 정화격리처벌을 청합니다.'

[청원2] '존자들이여, 저는 많은 승단잔류죄를 지었습니다. 저는 죄의 한계를 알지 못하고, 날의 한계를 알지 못합니다. 저는 죄의 한계를 기억하지 못하고, 날의 한계를 기억하지 못합니다. 저는 죄의 한계에 의혹이 있고, 날의 한계에 의혹이 있습니다. 존자들이여, 저는 참모임에 저의 죄들에 대하여 두 번째에도 정화격리처벌을 청합니다.'

[청원3] '존자들이여, 저는 많은 승단잔류죄를 지었습니다. 저는 죄의 한계를 알지 못하고, 날의 한계를 알지 못합니다. 저는 죄의 한계를 기억하지 못하고, 날의 한계를 기억하지 못합니다. 저는 죄의 한계에 의혹이 있고, 날의 한계에 의혹이 있습니다. 존자들이여, 저는 참모임에 저의 죄들에 대하여 세 번째에도 정화격리처벌을 청합니다.'

---

203) so āpattipariyantaṃ na jānāti. ratti pariyantaṃ na jānāti : 여기서 한계란 저지른 다양한 형태의 죄와 관련하여 적당한 격리생활을 실행해야 하기 때문에 죄의 제거를 뜻하는 청정의 상태에 도달하기 위하여, 필요한 죄의 숫자와 처벌기간의 한계를 알지 못한다는 뜻이다.

204) suddhantaparivāso : 한역으로는 청정변별주(淸淨邊別住)라고 하는데, 이것을 받으면, 받는 날부터 구족계(具足戒)를 받은 날 이래의 일수를 헤아려서 격리생활을 해야 한다.

3. 총명하고 유능한 수행승이 참모임에 알려야 한다.

[제안] '존자들이여, 참모임은 제 말에 귀를 기울이십시오. 이 이러이러한 수행승은 많은 승단잔류죄를 지었습니다. 그는 죄의 한계를 알지 못하고, 날의 한계를 알지 못합니다. 그는 죄의 한계를 기억하지 못하고, 날의 한계를 기억하지 못합니다. 그는 죄의 한계에 의혹이 있고, 날의 한계에 의혹이 있습니다. 존자들이여, 그는 참모임에 그의 죄들에 대하여 정화격리처벌을 청하고 있습니다. 만약에 참모임에 옳은 일이라면, 참모임은 이러이러한 수행승에게 그의 죄들에 대하여 정화격리처벌을 주겠습니다. 이것이 제안입니다.'

[제청1] '존자들이여, 참모임은 제 말에 귀를 기울이십시오. 이 이러이러한 수행승은 많은 승단잔류죄를 지었습니다. 그는 죄의 한계를 알지 못하고, 날의 한계를 알지 못합니다. 그는 죄의 한계를 기억하지 못하고, 날의 한계를 기억하지 못합니다. 그는 죄의 한계에 의혹이 있고, 날의 한계에 의혹이 있습니다. 존자들이여, 그는 참모임에 그의 죄들에 대하여 정화격리처벌을 청하고 있습니다. 참모임은 이러이러한 수행승에게 그의 죄들에 대하여 정화격리처벌을 주겠습니다. 이러이러한 수행승에게 그의 죄들에 대하여 정화격리처벌을 주는 것에 동의하면 침묵하시고, 이견이 있으면 말씀하십시오.'

[제청2] '두 번째에도 저는 이 사실을 말합니다. 존자들이여, 참모임은 제 말에 귀를 기울이십시오. 이 이러이러한 수행승은 많은 승단잔류죄를 지었습니다. 그는 죄의 한계를 알지 못하고, 날의 한계를 알지 못합니다. 그는 죄의 한계를 기억하지 못하고, 날의 한계를 기억하지 못합니다. 그는 죄의 한계에 의혹이 있고, 날의 한계에 의혹이 있습니다. 존자들이여, 그는 참모임에 그의 죄들에 대하여 정화격리처벌을 청하고 있습니다. 참모임은 이러이러한 수행승에게 그의 죄들에 대하여 정화격리처벌을 주겠습니다. 이러이러한 수행승에게 그의 죄들에 대하여 정화격리처벌을 주는 것에 동의하면 침묵하시고, 이견이 있으면 말씀하십시오.'

[제청3] '세 번째에도 저는 이 사실을 말합니다. 존자들이여, 참모임은 제 말에 귀를 기울이십시오. 이 이러이러한 수행승은 많은 승단잔류죄를 지었습니다. 그는 죄의 한계를 알지 못하고, 날의 한계를 알지 못합니다. 그는 죄의 한계를 기억하지 못하고, 날의 한계를 기억하지 못합니다. 그는 죄의 한계에 의혹이 있고, 날의 한계에 의혹이 있습니다. 존자들이여, 그는 참모임에 그의 죄들에 대하여 정화격리처벌을 청하고 있습니다. 참모임은 이러이러한 수행승에게 그의 죄들에 대하여 정화격리처벌을 주겠습니다. 이러이러한 수행승에게 그의 죄들에 대하여

정화격리처벌을 주는 것에 동의하면 침묵하시고, 이견이 있으면 말씀하십시오.'

[결정] '참모임은 이러이러한 수행승에게 그의 죄들에 대하여 정화격리처벌을 주었습니다. 참모임이 찬성하여 침묵했으므로, 저는 그와 같이 알겠습니다.'

4. 수행승들이여, 그런데 이와 같이 정화격리처벌을 주어야 하고, 이와 같이 격리처벌을 주어야 한다.

수행승들이여, 어떠한 경우에 정화격리처벌을 주어야 하는가?

1) 죄의 한계를 알지 못하고, 날의 한계를 알지 못하고, 죄의 한계를 기억하지 못하고, 날의 한계를 기억하지 못하고, 죄의 한계에 의혹이 있고, 날의 한계에 의혹이 있다면, 그에게 정화격리처벌을 주어야 한다.

2) 죄의 한계를 알고, 날의 한계를 알지 못하고, 죄의 한계를 기억하고, 날의 한계를 기억하지 못하고, 죄의 한계에 의혹이 없고, 날의 한계에 의혹이 있다면, 그에게 정화격리처벌을 주어야 한다.

3) 죄의 한계를 어떤 것은 알고 어떤 것은 알지 못하고, 날의 한계를 알지 못하고, 죄의 한계를 어떤 것은 기억하고 어떤 것은 기억하지 못하고, 날의 한계를 기억하지 못하고, 죄의 한계에 어떤 것은 의혹이 있고 어떤 것은 의혹이 없고, 날의 한계에 의혹이 있다면, 그에게 정화격리처벌을 주어야 한다.

4) 죄의 한계를 알지 못하고, 날의 한계를 어떤 것은 알고 어떤 것은 알지 못하고, 죄의 한계를 기억하지 못하고 날의 한계를 어떤 것은 기억하고 어떤 것은 기억하지 못하고, 죄의 한계에 의혹이 있고, 날의 한계에 어떤 것은 의혹이 있고 어떤 것은 의혹이 없다면, 그에게 정화격리처벌을 주어야 한다.

5) 죄의 한계를 알고, 날의 한계를 어떤 것은 알고 어떤 것은 알지 못하고, 죄의 한계를 기억하고 날의 한계를 어떤 것은 기억하고 어떤 것은 기억하지 못하고, 죄의 한계에 의혹이 없고, 날의 한계에 어떤 것은 의혹이 있고 어떤 것은 의혹이 없다면, 그에게 정화격리처벌을 주어야 한다.

6) 죄의 한계를 어떤 것은 알고 어떤 것은 알지 못하고, 날의 한계를 어떤 것은 알고 어떤 것은 알지 못하고, 죄의 한계를 어떤 것은 기억하고 어떤 것은 기억하지 못하고, 날의 한계를 어떤 것은 기억하고 어떤 것은 기억하지 못하고, 죄의 한계에 어떤 것은 의혹이 있고 어떤 것은 의혹이 없고, 날의 한계에 어떤 것은 의혹이 있고 어떤 것은 의혹이 없다면, 그에게 정화격리처벌을 주어야 한다.

수행승들이여,[60] 이러한 경우에 정화격리처벌을 주어야 한다.

5. 수행승들이여, 어떠한 경우에 격리처벌을 주어야 하는가?

1) 죄의 한계를 알고, 날의 한계를 알고, 죄의 한계를 기억하고, 날의 한계를 기억하고, 죄의 한계에 의혹이 없고, 날의 한계에 의혹이 없다면, 그에게 격리처벌을 주어야 한다.

2) 죄의 한계를 알지 못하고, 날의 한계를 알고, 죄의 한계를 기억하지 못하고, 날의 한계를 기억하고, 죄의 한계에 의혹이 있고, 날의 한계에 의혹이 없다면, 그에게 격리처벌을 주어야 한다.

3) 죄의 한계를 어떤 것은 알고 어떤 것은 알지 못하고, 날의 한계를 알고, 죄의 한계를 어떤 것은 기억하고 어떤 것은 기억하지 못하고, 날의 한계를 기억하고, 죄의 한계에 어떤 것은 의혹이 없고 어떤 것은 의혹이 있고, 날의 한계에 의혹이 없다면, 그에게 격리처벌을 주어야 한다.

수행승들이여, 이러한 경우에 격리처벌을 주어야 한다."

격리처벌이 끝났다.

27. 격리생활을 실행하는 자의 마흔 가지 경우(Pārivāsikacattāḷīsaka)

1. 한때 어떤 수행승이 격리생활을 실행하다가 환속했다. 그는 다시 돌아와서 수행승들에게 구족계를 청했다. 세존께 그 사실을 알렸다.

1) [세존] "수행승들이여, 여기 수행승이 격리생활을 실행하다가 환속했다. 수행승들이여, 환속한 자에게는 격리처벌이 성립하지 않는다. 만약 그가 다시 구족계를 받는다면, 그에게 격리처벌을 주는 것은 예전과 같다. 격리처벌이 이미 주어진 것은 잘 주어진 것이고 격리생활이 이미 실행된 것은 잘 실행된 것이고, 나머지 격리생활은 실행되어야 한다.

2) 수행승들이여, 여기 수행승이 격리생활을 실행하다가 사미가 되었다. 수행승들이여, 사미에게는 격리처벌이 성립하지 않는다. 만약 그가 다시 구족계를 받는다면, 그에게 격리처벌을 주는 것은 예전과 같다. 격리처벌이 이미 주어진 것은 잘 주어진 것이고 격리생활이 이미 실행된 것은 잘 실행된 것이고, 나머지 격리생활은 실행되어야 한다.

3) 수행승들이여, 여기 수행승이 격리생활을 실행하다가 정신착란된 사람이 되었다. 수행승들이여, 정신착란된 사람에게는 격리처벌이 성립하지 않는다. 만약 그가 다시 정신착란이 없는 사람이 된다면, 그에게 격리처벌을 주는 것은 예전과 같다. 격리처벌이 이미 주어진 것은 잘 주어진 것이고 격리생활이 이미

실행된 것은 잘 실행된 것이고, 나머지 격리생활은 실행되어야 한다.

4) 수행승들이여, 여기 수행승이 격리생활을 실행하다가 심란한 사람이 되었다. 수행승들이여,[61] 심란한 사람에게는 격리처벌이 성립하지 않는다. 만약 그가 심란하지 않은 사람이 된다면, 그에게 격리처벌을 주는 것은 예전과 같다. 격리처벌이 이미 주어진 것은 잘 주어진 것이고 격리생활이 이미 실행된 것은 잘 실행된 것이고, 나머지 격리생활은 실행되어야 한다.

5) 수행승들이여, 여기 수행승이 격리생활을 실행하다가 애통해 하는 사람이 되었다. 수행승들이여, 애통해 하는 사람에게는 격리처벌이 성립하지 않는다. 만약 그가 애통해 하지 않은 사람이 된다면, 그에게 격리처벌을 주는 것은 예전과 같다. 격리처벌이 이미 주어진 것은 잘 주어진 것이고 격리생활이 이미 실행된 것은 잘 실행된 것이고, 나머지 격리생활은 실행되어야 한다.

6) 수행승들이여, 여기 수행승이 격리생활을 실행하다가 죄를 인지하지 못해 권리정지조치를 받았다. 수행승들이여, 권리정지조치를 받은 자에게는 격리처벌이 성립하지 않는다. 만약 그가 다시 사면복권을 받는다면, 그에게 격리처벌을 주는 것은 예전과 같다. 격리처벌이 이미 주어진 것은 잘 주어진 것이고 격리생활이 이미 실행된 것은 잘 실행된 것이고, 나머지 격리생활은 실행되어야 한다.

7) 수행승들이여, 여기 수행승이 격리생활을 실행하다가 죄를 참회하지 못해 권리정지조치를 받았다. 수행승들이여, 권리정지조치를 받은 자에게는 격리처벌이 성립하지 않는다. 만약 그가 다시 사면복권을 받는다면, 그에게 격리처벌을 주는 것은 예전과 같다. 격리처벌이 이미 주어진 것은 잘 주어진 것이고 격리생활이 이미 실행된 것은 잘 실행된 것이고, 나머지 격리생활은 실행되어야 한다.

8) 수행승들이여, 여기 수행승이 격리생활을 실행하다가 악견을 버리지 못해 권리정지조치를 받았다. 수행승들이여, 권리정지조치를 받은 자에게는 격리처벌이 성립하지 않는다. 만약 그가 다시 사면복권을 받는다면, 그에게 격리처벌을 주는 것은 예전과 같다. 격리처벌이 이미 주어진 것은 잘 주어진 것이고 격리생활이 이미 실행된 것은 잘 실행된 것이고, 나머지 격리생활은 실행되어야 한다."

2. [세존]

1) "수행승들이여, 여기 수행승이 가중처벌을 받아야 하는데 환속했다. 수행승들이여, 환속한 자에게는 가중처벌이 성립하지 않는다. 만약 그가 다시 구족계를 받는다면, 그에게 격리처벌을 주는 것은 예전과 같다. 격리처벌이 이미 주어진 것은 잘 주어진 것이고 격리생활이 이미 실행된 것은 잘 실행된 것이다. 그

수행승에게 가중처벌을 주어야 한다.

2) 수행승들이여, 여기 수행승이 가중처벌을 받아야 하는데 사미가 되었다. 수행승들이여, 사미에게는 가중처벌이 성립하지 않는다. 만약 그가 다시 구족계를 받는다면, 그에게 격리처벌을 주는 것은 예전과 같다. 격리처벌이 이미 주어진 것은 잘 주어진 것이고 격리생활이 이미 실행된 것은 잘 실행된 것이다. 그 수행승에게 가중처벌을 주어야 한다.

3) 수행승들이여, 여기 수행승이 가중처벌을 받아야 하는데 정신착란된 사람이 되었다. 수행승들이여, 정신착란된 사람에게는 가중처벌이 성립하지 않는다. 만약 그가 다시 미치지 않은 삶이 된다면, 그에게 격리처벌을 주는 것은 예전과 같다. 격리처벌이 이미 주어진 것은 잘 주어진 것이고 격리생활이 이미 실행된 것은 잘 실행된 것이다. 그 수행승에게 가중처벌을 주어야 한다.

4) 수행승들이여, 여기 수행승이 가중처벌을 받아야 하는데 심란한 사람이 되었다. 수행승들이여, 심란한 사람에게는 가중처벌이 성립하지 않는다. 만약 그가 다시 심란하지 않은 사람이 된다면, 그에게 격리처벌을 주는 것은 예전과 같다. 격리처벌이 이미 주어진 것은 잘 주어진 것이고 격리생활이 이미 실행된 것은 잘 실행된 것이다. 그 수행승에게 가중처벌을 주어야 한다.

5) 수행승들이여, 여기 수행승이 가중처벌을 받아야 하는데 애통해 하는 사람이 되었다. 수행승들이여, 애통해 하는 사람에게는 가중처벌이 성립하지 않는다. 만약 그가 다시 애통하지 않은 사람이 된다면, 그에게 격리처벌을 주는 것은 예전과 같다. 격리처벌이 이미 주어진 것은 잘 주어진 것이고 격리생활이 이미 실행된 것은 잘 실행된 것이다. 그 수행승에게 가중처벌을 주어야 한다.

6) 수행승들이여, 여기 수행승이 가중처벌을 받아야 하는데 죄를 인지하지 못해 권리정지조치를 받았다. 수행승들이여, 권리정지조치를 받은 자에게는 가중처벌이 성립하지 않는다. 만약 그가 다시 사면복권을 받는다면, 그에게 격리처벌을 주는 것은 예전과 같다. 격리처벌이 이미 주어진 것은 잘 주어진 것이고 격리생활이 이미 실행된 것은 잘 실행된 것이다. 그 수행승에게 가중처벌을 주어야 한다.

7) 수행승들이여, 여기 수행승이 가중처벌을 받아야 하는데 죄를 참회하지 못해 권리정지조치를 받았다. 수행승들이여, 권리정지조치를 받은 자에게는 가중처벌이 성립하지 않는다. 만약 그가 다시 사면복권을 받는다면, 그에게 격리처벌을 주는 것은 예전과 같다. 격리처벌이 이미 주어진 것은 잘 주어진 것이고

격리생활이 이미 실행된 것은 잘 실행된 것이다. 그 수행승에게 가중처벌을 주어야 한다.

8) 수행승들이여, 여기 수행승이 가중처벌을 받아야 하는데 악견을 버리지 못해 권리정지조치를 받았다. 수행승들이여, 권리정지조치를 받은 자에게는 가중처벌이 성립하지 않는다. 만약 그가 다시 사면복권을 받는다면, 그에게 격리처벌을 주는 것은 예전과 같다. 격리처벌이 이미 주어진 것은 잘 주어진 것이고 격리생활이 이미 실행된 것은 잘 실행된 것이다. 그 수행승에게 가중처벌을 주어야 한다."

3. [세존]

1) "수행승들이여, 여기 수행승이 참회처벌을 받아야 하는데 환속했다. 수행승들이여, 환속한 자에게는 참회처벌이 성립하지 않는다. 만약 그가 다시 구족계를 받는다면, 그에게 격리처벌을 주는 것은 예전과 같다. 격리처벌이 이미 주어진 것은 잘 주어진 것이고 격리생활이 이미 실행된 것은 잘 실행된 것이다. 그 수행승에게 참회처벌을 주어야 한다.

2) 수행승들이여, 여기 수행승이 참회처벌을 받아야 하는데 사미가 되었다. 수행승들이여, 사미에게는 참회처벌이 성립하지 않는다. 만약 그가 다시 구족계를 받는다면, 그에게 격리처벌을 주는 것은 예전과 같다. 격리처벌이 이미 주어진 것은 잘 주어진 것이고 격리생활이 이미 실행된 것은 잘 실행된 것이다. 그 수행승에게 참회처벌을 주어야 한다.

3) 수행승들이여, 여기 수행승이 참회처벌을 받아야 하는데 정신착란된 사람이 되었다. 수행승들이여, 정신착란된 사람에게는 참회처벌이 성립하지 않는다. 만약 그가 정신착란이 없는 사람이 된다면, 그에게 격리처벌을 주는 것은 예전과 같다. 격리처벌이 이미 주어진 것은 잘 주어진 것이고 격리생활이 이미 실행된 것은 잘 실행된 것이다. 그 수행승에게 참회처벌을 주어야 한다.

4) 수행승들이여, 여기 수행승이 참회처벌을 받아야 하는데 심란한 사람이 되었다. 수행승들이여, 심란한 사람에게는 참회처벌이 성립하지 않는다. 만약 그가 심란하지 않은 사람이 된다면, 그에게 격리처벌을 주는 것은 예전과 같다. 격리처벌이 이미 주어진 것은 잘 주어진 것이고 격리생활이 이미 실행된 것은 잘 실행된 것이다. 그 수행승에게 참회처벌을 주어야 한다.

5) 수행승들이여, 여기 수행승이 참회처벌을 받아야 하는데 애통해 하는 사람이 되었다. 수행승들이여, 애통해 하는 사람에게는 참회처벌이 성립하지 않는다.

만약 그가 애통하지 않은 사람이 된다면, 그에게 격리처벌을 주는 것은 예전과 같다. 격리처벌이 이미 주어진 것은 잘 주어진 것이고 격리생활이 이미 실행된 것은 잘 실행된 것이다. 그 수행승에게 참회처벌을 주어야 한다.

6) 수행승들이여, 여기 수행승이 참회처벌을 받아야 하는데 죄를 인지하지 못해 권리정지조치를 받았다. 수행승들이여, 권리정지조치를 받은 자에게는 참회처벌이 성립하지 않는다. 만약 그가 다시 사면복권을 받는다면, 그에게 격리처벌을 주는 것은 예전과 같다. 격리처벌이 이미 주어진 것은 잘 주어진 것이고 격리생활이 이미 실행된 것은 잘 실행된 것이다. 그 수행승에게 참회처벌을 주어야 한다.

7) 수행승들이여, 여기 수행승이 참회처벌을 받아야 하는데 죄를 참회하지 못해 권리정지조치를 받았다. 수행승들이여, 권리정지조치를 받은 자에게는 참회처벌이 성립하지 않는다. 만약 그가 다시 사면복권을 받는다면, 그에게 격리처벌을 주는 것은 예전과 같다. 격리처벌이 이미 주어진 것은 잘 주어진 것이고 격리생활이 이미 실행된 것은 잘 실행된 것이다. 그 수행승에게 참회처벌을 주어야 한다.

8) 수행승들이여, 여기 수행승이 참회처벌을 받아야 하는데 악견을 버리지 못해 권리정지조치를 받았다. 수행승들이여, 권리정지조치를 받은 자에게는 참회처벌이 성립하지 않는다. 만약 그가 다시 사면복권을 받는다면, 그에게 격리처벌을 주는 것은 예전과 같다. 격리처벌이 이미 주어진 것은 잘 주어진 것이고 격리생활이 이미 실행된 것은 잘 실행된 것이다. 그 수행승에게 참회처벌을 주어야 한다."

4. [세존]

1) "수행승들이여, 여기 수행승이 참회생활을 실행하다가 환속했다. 수행승들이여, 환속한 자에게는 참회처벌을 받는 것이 이루어지지 않는다. 만약 그가 다시 구족계를 받는다면, 그에게 격리처벌을 주는 것은 예전과 같다. 격리처벌이 이미 주어진 것은 잘 주어진 것이고 격리생활이 이미 실행된 것은 잘 실행된 것이다. 참회처벌이 이미 주어진 것은 잘 주어진 것이고 참회생활이 실행된 것은 잘 실행된 것이고, 나머지는 실행되어야 한다.

2) 수행승들이여, 여기 수행승이 참회생활을 실행하다가 사미가 되었다. 수행승들이여, 사미에게는 참회처벌을 받는 것이 이루어지지 않는다. 만약 그가 다시 구족계를 받는다면, 그에게 격리처벌을 주는 것은 예전과 같다. 격리처벌이

이미 주어진 것은 잘 주어진 것이고 격리생활이 이미 실행된 것은 잘 실행된 것이다. 참회처벌이 이미 주어진 것은 잘 주어진 것이고 참회생활이 실행된 것은 잘 실행된 것이고, 나머지는 실행되어야 한다.

3) 수행승들이여, 여기 수행승이 참회생활을 실행하다가 정신착란된 사람이 되었다. 수행승들이여, 정신착란된 사람에게는 참회처벌을 받는 것이 이루어지지 않는다. 만약 그가 정신착란이 없는 사람이 된다면, 그에게 격리처벌을 주는 것은 예전과 같다. 격리처벌이 이미 주어진 것은 잘 주어진 것이고 격리생활이 이미 실행된 것은 잘 실행된 것이다. 참회처벌이 이미 주어진 것은 잘 주어진 것이고 참회생활이 실행된 것은 잘 실행된 것이고, 나머지는 실행되어야 한다.

4) 수행승들이여, 여기 수행승이 참회생활을 실행하다가 심란한 사람이 되었다. 수행승들이여, 심란한 사람에게는 참회처벌을 받는 것이 이루어지지 않는다. 만약 그가 심란하지 않은 사람이 된다면, 그에게 격리처벌을 주는 것은 예전과 같다. 격리처벌이 이미 주어진 것은 잘 주어진 것이고 격리생활이 이미 실행된 것은 잘 실행된 것이다. 참회처벌이 이미 주어진 것은 잘 주어진 것이고 참회생활이 실행된 것은 잘 실행된 것이고, 나머지는 실행되어야 한다.

5) 수행승들이여, 여기 수행승이 참회생활을 실행하다가 애통해 하는 사람이 되었다. 수행승들이여, 애통해 하는 사람에게는 참회처벌을 받는 것이 이루어지지 않는다. 만약 그가 애통해 하지 않는 사람이 된다면, 그에게 격리처벌을 주는 것은 예전과 같다. 격리처벌이 이미 주어진 것은 잘 주어진 것이고 격리생활이 이미 실행된 것은 잘 실행된 것이다. 참회처벌이 이미 주어진 것은 잘 주어진 것이고 참회생활이 실행된 것은 잘 실행된 것이고, 나머지는 실행되어야 한다.

6) 수행승들이여, 여기 수행승이 참회생활을 실행하다가 죄를 인지하지 못해 권리정지조치를 받았다. 수행승들이여, 권리정지조치를 받은 사람에게는 참회처벌을 받는 것이 이루어지지 않는다. 만약 그가 다시 사면복권을 받는다면, 그에게 격리처벌을 주는 것은 예전과 같다. 격리처벌이 이미 주어진 것은 잘 주어진 것이고 격리생활이 이미 실행된 것은 잘 실행된 것이다. 참회처벌이 이미 주어진 것은 잘 주어진 것이고 참회생활이 실행된 것은 잘 실행된 것이고, 나머지는 실행되어야 한다.

7) 수행승들이여, 여기 수행승이 참회생활을 실행하다가 죄를 참회하지 못해 권리정지조치를 받았다. 수행승들이여, 권리정지조치를 받은 사람에게는 참회처벌을 받는 것이 이루어지지 않는다. 만약 그가 다시 사면복권을 받는다면, 그에게

격리처벌을 주는 것은 예전과 같다. 격리처벌이 이미 주어진 것은 잘 주어진 것이고 격리생활이 이미 실행된 것은 잘 실행된 것이다. 참회처벌이 이미 주어진 것은 잘 주어진 것이고 참회생활이 실행된 것은 잘 실행된 것이고, 나머지는 실행되어야 한다.

8) 수행승들이여, 여기 수행승이 참회생활을 실행하다가 악견을 버리지 못해 권리정지조치를 받았다. 수행승들이여, 권리정지조치를 받은 사람에게는 참회처벌을 받는 것이 이루어지지 않는다. 만약 그가 다시 사면복권을 받는다면, 그에게 격리처벌을 주는 것은 예전과 같다. 격리처벌이 이미 주어진 것은 잘 주어진 것이고 격리생활이 이미 실행된 것은 잘 실행된 것이다. 참회처벌이 이미 주어진 것은 잘 주어진 것이고 참회생활이 실행된 것은 잘 실행된 것이고, 나머지는 실행되어야 한다."

5. [세존]

1) "수행승들이여, 여기 수행승이 출죄복귀를 받아야 하는데 환속했다. 수행승들이여, 환속한 자에게는 출죄복귀는 이루어지지 않는다. 만약 그가 다시 구족계를 받는다면, 그에게 격리처벌을 주는 것은 예전과 같다. 격리처벌이 이미 주어진 것은 잘 주어진 것이고 격리생활이 이미 실행된 것은 잘 실행된 것이다. 참회처벌이 이미 주어진 것은 잘 주어진 것이고 참회생활이 실행된 것은 잘 실행된 것이고, 그 수행승은 출죄복귀를 받아야 한다.

2) 수행승들이여, 여기 수행승이 출죄복귀를 받아야 하는데 사미가 되었다. 수행승들이여, 사미에게는 출죄복귀는 이루어지지 않는다. 만약 그가 다시 구족계를 받는다면, 그에게 격리처벌을 주는 것은 예전과 같다. 격리처벌이 이미 주어진 것은 잘 주어진 것이고 격리생활이 이미 실행된 것은 잘 실행된 것이다. 참회처벌이 이미 주어진 것은 잘 주어진 것이고 참회생활이 실행된 것은 잘 실행된 것이고, 그 수행승은 출죄복귀를 받아야 한다.

3) 수행승들이여, 여기 수행승이 출죄복귀를 받아야 하는데 정신착란된 사람이 되었다. 수행승들이여, 정신착란된 사람에게는 출죄복귀는 이루어지지 않는다. 만약 그가 다시 정신착란이 없는 사람이 된다면, 그에게 격리처벌을 주는 것은 예전과 같다. 격리처벌이 이미 주어진 것은 잘 주이진 것이고 격리생활이 이미 실행된 것은 잘 실행된 것이다. 참회처벌이 이미 주어진 것은 잘 주어진 것이고 참회생활이 실행된 것은 잘 실행된 것이고, 그 수행승은 출죄복귀를 받아야 한다.

4) 수행승들이여, 여기 수행승이 출죄복귀를 받아야 하는데 심란한 사람이 되었다. 수행승들이여, 심란한 사람에게는 출죄복귀는 이루어지지 않는다. 만약 그가 다시 심란하지 않은 사람이 된다면, 그에게 격리처벌을 주는 것은 예전과 같다. 격리처벌이 이미 주어진 것은 잘 주어진 것이고 격리생활이 이미 실행된 것은 잘 실행된 것이다. 참회처벌이 이미 주어진 것은 잘 주어진 것이고 참회생활이 실행된 것은 잘 실행된 것이고, 그 수행승은 출죄복귀를 받아야 한다.

5) 수행승들이여, 여기 수행승이 출죄복귀를 받아야 하는데 애통해 하는 사람이 되었다. 수행승들이여, 애통해 하는 사람에게는 출죄복귀는 이루어지지 않는다. 만약 그가 다시 애통해 하지 않은 사람이 된다면, 그에게 격리처벌을 주는 것은 예전과 같다. 격리처벌이 이미 주어진 것은 잘 주어진 것이고 격리생활이 이미 실행된 것은 잘 실행된 것이다. 참회처벌이 이미 주어진 것은 잘 주어진 것이고 참회생활이 실행된 것은 잘 실행된 것이고, 그 수행승은 출죄복귀를 받아야 한다.

6) 수행승들이여, 여기 수행승이 출죄복귀를 받아야 하는데 죄를 인지하지 못해 권리정지조치를 받았다. 수행승들이여, 권리정지조치를 받은 사람에게는 출죄복귀는 이루어지지 않는다. 만약 그가 다시 사면복권을 받는다면, 그에게 격리처벌을 주는 것은 예전과 같다. 격리처벌이 이미 주어진 것은 잘 주어진 것이고 격리생활이 이미 실행된 것은 잘 실행된 것이다. 참회처벌이 이미 주어진 것은 잘 주어진 것이고 참회생활이 실행된 것은 잘 실행된 것이고, 그 수행승은 출죄복귀를 받아야 한다.

7) 수행승들이여, 여기 수행승이 출죄복귀를 받아야 하는데 죄를 참회하지 못해 권리정지조치를 받았다. 수행승들이여, 권리정지조치를 받은 사람에게는 출죄복귀는 이루어지지 않는다. 만약 그가 다시 사면복권을 받는다면, 그에게 격리처벌을 주는 것은 예전과 같다. 격리처벌이 이미 주어진 것은 잘 주어진 것이고 격리생활이 이미 실행된 것은 잘 실행된 것이다. 참회처벌이 이미 주어진 것은 잘 주어진 것이고 참회생활이 실행된 것은 잘 실행된 것이고, 그 수행승은 출죄복귀를 받아야 한다.

8) 수행승들이여, 여기 수행승이 출죄복귀를 받아야 하는데 악견을 버리지 못해 권리정지조치를 받았다. 수행승들이여, 권리정지조치를 받은 사람에게는 출죄복귀는[62] 이루어지지 않는다. 만약 그가 다시 사면복권을 받는다면, 그에게 격리처벌을 주는 것은 예전과 같다. 격리처벌이 이미 주어진 것은 잘 주어진

것이고 격리생활이 이미 실행된 것은 잘 실행된 것이다. 참회처벌이 이미 주어진 것은 잘 주어진 것이고 참회생활이 실행된 것은 잘 실행된 것이고, 그 수행승은 출죄복귀를 받아야 한다."

격리생활을 실행하는 자의 마흔 가지 경우이 끝났다.

28. 격리처벌의 서른여섯 가지 경우(Parivāsachattiṃsaka)

1. [세존]

1) "수행승들이여, 여기 수행승이 격리생활을 실행하면서 도중에 많은 승단잔류죄를 지었으나 헤아릴 수 있는 것[205]은 감추지 않았다. 그 수행승에게는 가중처벌을 주어야 한다.

2) 수행승들이여, 여기 수행승이 격리생활을 실행하면서 도중에 많은 승단잔류죄를 지었고 헤아릴 수 있는 것은 감추었다. 그 수행승에게는 가중처벌을 주어야 하고, 감춘 죄 가운데 선행하는 죄에 따라서 통합격리처벌을 주어야 한다.

3) 수행승들이여, 여기 수행승이 격리생활을 실행하면서 도중에 많은 승단잔류죄를 지었고 헤아릴 수 있는 것은 감추기도 하고 감추지 않기도 했다. 그 수행승에게는 가중처벌을 주어야 하고, 감춘 죄 가운데 선행하는 죄에 따라서 통합격리처벌을 주어야 한다.

4) 수행승들이여, 여기 수행승이 격리생활을 실행하면서 도중에 많은 승단잔류죄를 지었고 헤아릴 수 없는 것은 감추지 않았다. 그 수행승에게는 가중처벌을 주어야 하고, 감춘 죄 가운데 선행하는 죄에 따라서 통합격리처벌을 주어야 한다.

5) 수행승들이여, 여기 수행승이 격리생활을 실행하면서 도중에 많은 승단잔류죄를 지었고 헤아릴 수 없는 것은 감추었다. 그 수행승에게는 가중처벌을 주어야 하고, 감춘 죄 가운데 선행하는 죄에 따라서 통합격리처벌을 주어야 한다.

6) 수행승들이여, 여기 수행승이 격리생활을 실행하면서 도중에 많은 승단잔류죄를 지었고 헤아릴 수 없는 것은 감추기도 하고 감추지 않기도 했다. 그 수행승에게는 가중처벌을 주어야 하고, 감춘 죄 가운데 선행하는 죄에 따라서 통합격리처벌을 주어야 한다.

7) 수행승들이여, 여기 수행승이 격리생활을 실행하면서 도중에 많은 승단잔류죄

---

205) parimāṇāyo : Bd. IV. 82에서는 헤아릴 수 있는 것은 '많지 않은 것(not being many)'이라고 했고―, 헤아릴 수 없는 것은 '많은 것'이라고 번역했다. 남전. 4. 97에서는 유량(有量)과 무량(無量)이라고 번역한다.

를 지었고 헤아릴 수 있기도 하고 헤아릴 수 없기도 한 것은 감추지 않았다. 그 수행승에게는 가중처벌을 주어야 하고, 감춘 죄 가운데 선행하는 죄에 따라서 통합격리처벌을 주어야 한다.

8) 수행승들이여, 여기 수행승이 격리생활을 실행하면서 도중에 많은 승단잔류죄를 지었고 헤아릴 수 있기도 하고 헤아릴 수 없기도 한 것은 감추었다. 그 수행승에게는 가중처벌을 주어야 하고, 감춘 죄 가운데 선행하는 죄에 따라서 통합격리처벌을 주어야 한다.

9) 수행승들이여, 여기 수행승이 격리생활을 실행하면서 도중에 많은 승단잔류죄를 지었고 헤아릴 수 있기도 하고 헤아릴 수 없기도 한 것은 감추기도 하고 감추지 않기도 했다. 그 수행승에게는 가중처벌을 주어야 하고, 감춘 죄 가운데 선행하는 죄에 따라서 통합격리처벌을 주어야 한다."

2. [세존]

1) "수행승들이여, 여기 수행승이 참회처벌을 받아야 하는데 도중에 많은 승단잔류죄를 지었고, 헤아릴 수 있는 것은 감추지 않았다. 그 수행승에게는 가중처벌을 주어야 한다.

2) 수행승들이여, 여기 수행승이 참회처벌을 받아야 하는데 도중에 많은 승단잔류죄를 지었고, 헤아릴 수 있는 것은 감추었다. 그 수행승에게는 가중처벌을 주어야 하고, 감춘 죄 가운데 선행하는 죄에 따라서 통합격리처벌을 주어야 한다.

3) 수행승들이여, 여기 수행승이 참회처벌을 받아야 하는데 도중에 많은 승단잔류죄를 지었고, 헤아릴 수 있는 것은 감추기도 하고 감추지 않기도 했다. 그 수행승에게는 가중처벌을 주어야 하고, 감춘 죄 가운데 선행하는 죄에 따라서 통합격리처벌을 주어야 한다.

4) 수행승들이여, 여기 수행승이 참회처벌을 받아야 하는데 도중에 많은 승단잔류죄를 지었고 헤아릴 수 없는 것은 감추지 않았다. 그 수행승에게는 가중처벌을 주어야 하고, 감춘 죄 가운데 선행하는 죄에 따라서 통합격리처벌을 주어야 한다.

5) 수행승들이여, 여기 수행승이 참회처벌을 받아야 하는데 도중에 많은 승단잔류죄를 지었고 헤아릴 수 없는 것은 감추었다. 그 수행승에게는 가중처벌을 주어야 하고, 감춘 죄 가운데 선행하는 죄에 따라서 통합격리처벌을 주어야 한다.

6) 수행승들이여, 여기 수행승이 참회처벌을 받아야 하는데 도중에 많은 승단잔류죄를 지었고 헤아릴 수 없는 것은 감추기도 하고 감추지 않기도 했다. 그 수행승

에게는 가중처벌을 주어야 하고, 감춘 죄 가운데 선행하는 죄에 따라서 통합격리처벌을 주어야 한다.

7) 수행승들이여, 여기 수행승이 참회처벌을 받아야 하는데 도중에 많은 승단잔류죄를 지었고 헤아릴 수 있기도 했고 헤아릴 수 없기도 한 것은 감추지 않았다. 그 수행승에게는 가중처벌을 주어야 하고, 감춘 죄 가운데 선행하는 죄에 따라서 통합격리처벌을 주어야 한다.

8) 수행승들이여, 여기 수행승이 참회처벌을 받아야 하는데 도중에 많은 승단잔류죄를 지었고 헤아릴 수 있기도 했고 헤아릴 수 없기도 한 것은 감추었다. 그 수행승에게는 가중처벌을 주어야 하고, 감춘 죄 가운데 선행하는 죄에 따라서 통합격리처벌을 주어야 한다.

9) 수행승들이여, 여기 수행승이 참회처벌을 받아야 하는데 도중에 많은 승단잔류죄를 지었고 헤아릴 수 있기도 했고 헤아릴 수 없기도 했고, 감추기도 했고 감추지 않기도 했다. 그 수행승에게는 가중처벌을 주어야 하고, 감춘 죄 가운데 선행하는 죄에 따라서 통합격리처벌을 주어야 한다."

3. [세존]

1) "수행승들이여, 여기 수행승이 참회처벌을 받는 도중에 많은 승단잔류죄를 지었고, 헤아릴 수 있는 것은 감추지 않았다. 그 수행승에게는 가중처벌을 주어야 한다.

2) 수행승들이여, 여기 수행승이 참회처벌을 받는 도중에 많은 승단잔류죄를 지었고, 헤아릴 수 있는 것은 감추었다. 그 수행승에게는 가중처벌을 주어야 하고, 감춘 죄 가운데 선행하는 죄에 따라서 통합격리처벌을 주어야 한다.

3) 수행승들이여, 여기 수행승이 참회처벌을 받는 도중에 많은 승단잔류죄를 지었고, 헤아릴 수 있는 것은 감추기도 하고 감추지 않기도 했다. 그 수행승에게는 가중처벌을 주어야 하고, 감춘 죄 가운데 선행하는 죄에 따라서 통합격리처벌을 주어야 한다.

4) 수행승들이여, 여기 수행승이 참회처벌을 받는 도중에 많은 승단잔류죄를 지었고 헤아릴 수 없는 것은 감추지 않았다. 그 수행승에게는 가중처벌을 주어야 하고, 감춘 죄 가운데 선행하는 죄에 따라서 통합격리처벌을 주어야 한다.

5) 수행승들이여, 여기 수행승이 참회처벌을 받는 도중에 많은 승단잔류죄를 지었고 헤아릴 수 없는 것은 감추었다. 그 수행승에게는 가중처벌을 주어야 하고, 감춘 죄 가운데 선행하는 죄에 따라서 통합격리처벌을 주어야 한다.

6) 수행승들이여, 여기 수행승이 참회처벌을 받는 도중에 많은 승단잔류죄를 지었고 헤아릴 수 없는 것은 감추기도 하고 감추지 않기도 했다. 그 수행승에게는 가중처벌을 주어야 하고, 감춘 죄 가운데 선행하는 죄에 따라서 통합격리처벌을 주어야 한다.
7) 수행승들이여, 여기 수행승이 참회처벌을 받는 도중에 많은 승단잔류죄를 지었고 헤아릴 수 있기도 했고 헤아릴 수 없기도 한 것은 감추지 않았다. 그 수행승에게는 가중처벌을 주어야 하고, 감춘 죄 가운데 선행하는 죄에 따라서 통합격리처벌을 주어야 한다.
8) 수행승들이여, 여기 수행승이 참회처벌을 받는 도중에 많은 승단잔류죄를 지었고 헤아릴 수 있기도 했고 헤아릴 수 없기도 한 것은 감추었다. 그 수행승에게는 가중처벌을 주어야 하고, 감춘 죄 가운데 선행하는 죄에 따라서 통합격리처벌을 주어야 한다.
9) 수행승들이여, 여기 수행승이 참회처벌을 받는 도중에 많은 승단잔류죄를 지었고 헤아릴 수 있기도 했고 헤아릴 수 없기도 했고, 감추기도 했고 감추지 않기도 했다. 그 수행승에게는 가중처벌을 주어야 하고, 감춘 죄 가운데 선행하는 죄에 따라서 통합격리처벌을 주어야 한다."

4. [세존]

1) "수행승들이여, 여기 수행승이 출죄복귀를 받아야 하는데 도중에 많은 승단잔류죄를 지었고, 헤아릴 수 있는 것은 감추지 않았다. 그 수행승에게는 가중처벌을 주어야 한다.
2) 수행승들이여, 여기 수행승이 출죄복귀를 받아야 하는데 도중에 많은 승단잔류죄를 지었고, 헤아릴 수 있는 것은 감추었다. 그 수행승에게는 가중처벌을 주어야 하고, 감춘 죄 가운데 선행하는 죄에 따라서 통합격리처벌을 주어야 한다.
3) 수행승들이여, 여기 수행승이 출죄복귀를 받아야 하는데 도중에 많은 승단잔류죄를 지었고, 헤아릴 수 있는 것은 감추기도 하고 감추지 않기도 했다. 그 수행승에게는 가중처벌을 주어야 하고, 감춘 죄 가운데 선행하는 죄에 따라서 통합격리처벌을 주어야 한다.
4) 수행승들이여, 여기 수행승이 출죄복귀를 받아야 하는데 도중에 많은 승단잔류죄를 지었고 헤아릴 수 없는 것은 감추지 않았다. 그 수행승에게는 가중처벌을 주어야 하고, 감춘 죄 가운데 선행하는 죄에 따라서 통합격리처벌을 주어야 한다.

5) 수행승들이여, 여기 수행승이 출죄복귀를 받아야 하는데 도중에 많은 승단잔류죄를 지었고 헤아릴 수 없는 것은 감추었다. 그 수행승에게는 가중처벌을 주어야 하고, 감춘 죄 가운데 선행하는 죄에 따라서 통합격리처벌을 주어야 한다.
6) 수행승들이여, 여기 수행승이 출죄복귀를 받아야 하는데 도중에 많은 승단잔류죄를 지었고 헤아릴 수 없는 것은 감추기도 하고 감추지 않기도 했다. 그 수행승에게는 가중처벌을 주어야 하고, 감춘 죄 가운데 선행하는 죄에 따라서 통합격리처벌을 주어야 한다.
7) 수행승들이여, 여기 수행승이 출죄복귀를 받아야 하는데 도중에 많은 승단잔류죄를 지었고 헤아릴 수 있기도 했고 헤아릴 수 없기도 한 것은 감추지 않았다. 그 수행승에게는 가중처벌을 주어야 하고, 감춘 죄 가운데 선행하는 죄에 따라서 통합격리처벌을 주어야 한다.
8) 수행승들이여, 여기 수행승이 출죄복귀를 받아야 하는데 도중에 많은 승단잔류죄를 지었고 헤아릴 수 있기도 했고 헤아릴 수 없기도 한 것은 감추었다. 그 수행승에게는 가중처벌을 주어야 하고, 감춘 죄 가운데 선행하는 죄에 따라서 통합격리처벌을 주어야 한다.
9) 수행승들이여, 여기 수행승이 출죄복귀를 받아야 하는데 도중에 많은 승단잔류죄를 지었고 헤아릴 수 있기도 했고 헤아릴 수 없기도 했고, 감추기도 했고 감추지 않기도 했다. 그 수행승에게는 가중처벌을 주어야 하고, 감춘 죄 가운데 선행하는 죄에 따라서 통합격리처벌을 주어야 한다.”

격리처벌의 서른여섯 가지 경우이 끝났다.

29. 참회처벌의 백 가지 경우①(Mānattasataka)

1. [세존]

1) “수행승들이여, 여기 수행승이 많은 승단잔류죄를 짓고 감추지 않고 환속했다. 만약에 그가 다시 구족계를 받아, 그 죄를 감추지 않는다면, 수행승들이여, 그 수행승에게는 참회처벌이 주어져야 한다.
2) 수행승들이여, 여기 수행승이[63] 많은 승단잔류죄를 짓고 감추지 않고 환속했다. 만약에 그가 다시 구족계를 받아, 그 죄를 감춘다면, 수행승들이여, 그 수행승에게는 뒤의 죄의 다발을 감춘 것에 따라 격리처벌을 주고 참회처벌을 주어야 한다.
3) 수행승들이여, 여기 수행승이 많은 승단잔류죄를 짓고 감추고 환속했다. 만약

에 그가 다시 구족계를 받아, 그 죄를 감추지 않는다면, 수행승들이여, 그 수행승에게는 앞의 죄의 다발을 감춘 것에 따라 격리처벌을 주고 참회처벌을 주어야 한다.

4) 수행승들이여, 여기 수행승이 많은 승단잔류죄를 짓고 감추고 환속했다. 만약에 그가 다시 구족계를 받아, 그 죄를 감춘다면, 수행승들이여, 그 수행승에게는 앞과 뒤의 죄의 다발을 감춘 것에 따라 격리처벌을 주고 참회처벌을 주어야 한다."

2. [세존]

1) "수행승들이여, 여기 수행승이 많은 승단잔류죄를 지었다. 그에게 감춘 죄도 있고 감추지 않은 죄도 있다. 만약에 그가 환속했다가 다시 구족계를 받아, 앞에서 감춘 죄를 뒤에 감추지 않고, 앞에서 감추지 않은 죄를 뒤에 감추지 않는다면, 수행승들이여, 그 수행승에게는 앞의 죄의 다발을 감춘 것에 따라 격리처벌을 주고 참회처벌을 주어야 한다.

2) 수행승들이여, 여기 수행승이 많은 승단잔류죄를 지었다. 그에게 감춘 죄도 있고 감추지 않은 죄도 있다. 만약에 그가 환속했다가 다시 구족계를 받아, 앞에서 감춘 죄를 뒤에 감추지 않고, 앞에서 감추지 않은 죄를 뒤에 감춘다면, 수행승들이여, 그 수행승에게는 앞과 뒤의 죄의 다발을 감춘 것에 따라 격리처벌을 주고 참회처벌을 주어야 한다.

3) 수행승들이여, 여기 수행승이 많은 승단잔류죄를 지었다. 그에게 감춘 죄도 있고 감추지 않은 죄도 있다. 만약에 그가 환속했다가 다시 구족계를 받아, 앞에서 감춘 죄를 뒤에 감추고, 앞에서 감추지 않은 죄를 뒤에 감추지 않는다면, 수행승들이여, 그 수행승에게는 앞과 뒤의 죄의 다발을 감춘 것에 따라 격리처벌을 주고 참회처벌을 주어야 한다.

4) 수행승들이여, 여기 수행승이 많은 승단잔류죄를 지었다. 그에게 감춘 죄도 있고 감추지 않은 죄도 있었다. 만약에 그가 환속했다가 다시 구족계를 받아, 앞에서 감춘 죄를 뒤에 감추지 않고, 앞에서 감추지 않은 죄를 뒤에 감춘다면, 수행승들이여, 그 수행승에게는 앞과 뒤의 죄의 다발을 감춘 것에 따라 격리처벌을 주고 참회처벌을 주어야 한다."

3. [세존]

1) "수행승들이여, 여기 수행승이 많은 승단잔류죄를 지었다. 일부의 죄는 알았고 일부의 죄는 알지 못했다. 아는 죄는 감추었고 알지[64] 못하는 죄는 감추지

않았다. 만약에 그가 환속했다가 다시 구족계를 받아, 앞에서 알고 감춘 죄를 뒤에서 알고 감추지 않고, 앞에서 알지 못하고 감추지 않은 죄를 뒤에서 알고 감추지 않는다면, 수행승들이여, 그 수행승에게는 앞의 죄의 다발을 감춘 것에 따라 격리처벌을 주고 참회처벌을 주어야 한다.

2) 수행승들이여, 여기 수행승이 많은 승단잔류죄를 지었다. 일부의 죄는 알았고 일부의 죄는 알지 못했다. 아는 죄는 감추었고 알지 못하는 죄는 감추지 않았다. 만약에 그가 환속했다가 다시 구족계를 받아, 앞에서 알고 감춘 죄를 뒤에서 알고 감추지 않고, 앞에서 알지 못하고 감추지 않은 죄를 뒤에서 알고 감춘다면, 수행승들이여, 그 수행승에게는 앞과 뒤의 죄의 다발을 감춘 것에 따라 격리처벌을 주고 참회처벌을 주어야 한다.

3) 수행승들이여, 여기 수행승이 많은 승단잔류죄를 지었다. 일부의 죄는 알았고 일부의 죄는 알지 못했다. 아는 죄는 감추었고 알지 못하는 죄는 감추지 않았다. 만약에 그가 환속했다가 다시 구족계를 받아, 앞에서 알고 감춘 죄를 뒤에서 알고 감추고, 앞에서 알지 못하고 감추지 않은 죄를 뒤에서 알고 감추지 않는다면, 수행승들이여, 그 수행승에게는 앞과 뒤의 죄의 다발을 감춘 것에 따라 격리처벌을 주고 참회처벌을 주어야 한다.

4) 수행승들이여, 여기 수행승이 많은 승단잔류죄를 지었다. 일부의 죄는 알았고 일부의 죄는 알지 못했다. 아는 죄는 감추었고 알지 못하는 죄는 감추지 않았다. 만약에 그가 환속했다가 다시 구족계를 받아, 앞에서 알고 감춘 죄를 뒤에서 알고 감추고, 앞에서 알지 못하고 감추지 않은 죄를 뒤에서 알고 감춘다면, 수행승들이여, 그 수행승에게는 앞과 뒤의 죄의 다발을 감춘 것에 따라 격리처벌을 주고 참회처벌을 주어야 한다."

4. [세존]

1) "수행승들이여, 여기 수행승이 많은 승단잔류죄를 지었다. 일부의 죄는 기억했고 일부의 죄는 기억하지 못했다. 기억하는 죄는 감추었고 기억하지 못하는 죄는 감추지 않았다. 만약에 그가 환속했다가 다시 구족계를 받아, 앞에서 기억하고 감춘 죄를 뒤에서 기억하고 감추지 않고, 앞에서 기억하지 못하고 감추지 않은 죄를 뒤에서 기억하고 감추지 않는다면, 수행승들이여, 그 수행승에게는 앞의 죄의 다발을 감춘 것에 따라 격리처벌을 주고 참회처벌을 주어야 한다.

2) 수행승들이여, 여기 수행승이 많은 승단잔류죄를 지었다. 일부의 죄는 기억했고 일부의 죄는 기억하지 못했다. 기억하는 죄는 감추었고 기억하지 못하는

죄는 감추지 않았다. 만약에 그가 환속했다가 다시 구족계를 받아, 앞에서 기억하고 감춘 죄를 뒤에서 기억하고 감추지 않고, 앞에서 기억하지 못하고 감추지 않은 죄를 뒤에서 기억하고 감춘다면, 수행승들이여, 그 수행승에게는 앞과 뒤의 죄의 다발을 감춘 것에 따라 격리처벌을 주고 참회처벌을 주어야 한다.

3) 수행승들이여, 여기 수행승이 많은 승단잔류죄를 지었다. 일부의 죄는 기억했고 일부의 죄는 기억하지 못했다. 기억하는 죄는 감추었고 기억하지 못하는 죄는 감추지 않았다. 만약에 그가 환속했다가 다시 구족계를 받아, 앞에서 기억하고 감춘 죄를 뒤에서 기억하고 감추고, 앞에서 기억하지 못하고 감추지 않은 죄를 뒤에서 기억하고 감추지 않는다면, 수행승들이여, 그 수행승에게는 앞과 뒤의 죄의 다발을 감춘 것에 따라 격리처벌을 주고 참회처벌을 주어야 한다.

4) 수행승들이여, 여기 수행승이 많은 승단잔류죄를 지었다. 일부의 죄는 기억했고 일부의 죄는 기억하지 못했다. 기억하는 죄는 감추었고 기억하지 못하는 죄는 감추지 않았다. 만약에 그가 환속했다가 다시 구족계를 받아, 앞에서 기억하고 감춘 죄를 뒤에서 기억하고 감추고, 앞에서 기억하지 못하고 감추지 않은 죄를 뒤에서 기억하고 감춘다면, 수행승들이여, 그 수행승에게는 앞과 뒤의 죄의 다발을 감춘 것에 따라 격리처벌을 주고 참회처벌을 주어야 한다."

5. [세존]

1) "수행승들이여, 여기 수행승이 많은 승단잔류죄를 지었다. 일부의 죄는 의혹이 없었고 일부의 죄는 의혹이 있었다. 의혹이 없는 죄는 감추었고 의혹이 있는 죄는 감추지 않았다. 만약에 그가 환속했다가 다시 구족계를 받아, 앞에서 의혹을 가지지 않고 감춘 죄를 뒤에서 의혹을 가지지 않고 감추지 않고, 앞에서 의혹을 가지고 감추지 않은 죄를 뒤에서 의혹을 가지지 않고 감추지 않는다면, 수행승들이여, 그 수행승에게는 앞의 죄의 다발을 감춘 것에 따라 격리처벌을 주고 참회처벌을 주어야 한다.

2) 수행승들이여, 여기 수행승이 많은 승단잔류죄를 지었다. 일부의 죄는 의혹이 없었고 일부의 죄는 의혹이 있었다. 의혹이 없는 죄는 감추었고 의혹이 있는 죄는 감추지 않았다. 만약에 그가 환속했다가 다시 구족계를 받아, 앞에서 의혹을 가지지 않고 감춘 죄를 뒤에서 의혹을 가지지 않고 감추지 않고, 앞에서 의혹을 가지고 감추지 않은 죄를 뒤에서 의혹을 가지지 않고 감춘다면, 수행승들이여, 그 수행승에게는 앞과 뒤의 죄의 다발을 감춘 것에 따라 격리처벌을 주고 참회처벌을 주어야 한다.

3) 수행승들이여, 여기 수행승이 많은 승단잔류죄를 지었다. 일부의 죄는 의혹이 없었고 일부의 죄는 의혹이 있었다. 의혹이 없는 죄는 감추었고 의혹이 있는 죄는 감추지 않았다. 만약에 그가 환속했다가 다시 구족계를 받아, 앞에서 의혹을 가지지 않고 감춘 죄를 뒤에서 의혹을 가지지 않고 감추고, 앞에서 의혹을 가지고 감추지 않은 죄를 뒤에서 의혹을 가지지 않고 감추지 않는다면, 수행승들이여, 그 수행승에게는 앞과 뒤의 죄의 다발을 감춘 것에 따라 격리처벌을 주고 참회처벌을 주어야 한다.

4) 수행승들이여, 여기 수행승이 많은 승단잔류죄를 지었다. 일부의 죄는 의혹이 없었고 일부의 죄는 의혹이 있었다. 의혹이 없는 죄는 감추었고 의혹이 있는 죄는 감추지 않았다. 만약에 그가 환속했다가 다시 구족계를 받아, 앞에서 의혹을 가지지 않고 감춘 죄를 뒤에서 의혹을 가지지 않고 감추고, 앞에서 의혹을 가지고 감추지 않은 죄를 뒤에서 의혹을 가지지 않고 감춘다면, 수행승들이여, 그 수행승에게는 앞과 뒤의 죄의 다발을 감춘 것에 따라 격리처벌을 주고 참회처벌을 주어야 한다."

참회처벌의 백 가지 경우(①)이 끝났다.

30. 참회처벌의 백 가지 경우②(Mānattasataka)

1. [세존]

1) "수행승들이여, 여기 수행승이 많은 승단잔류죄를 짓고 감추지 않고 사미가 되었다. 만약에 그가 다시 구족계를 받아, 그 죄를 감추지 않는다면, 수행승들이여, 그 수행승에게는 참회처벌이 주어져야 한다.

2) 수행승들이여, 여기 수행승이 많은 승단잔류죄를 짓고 감추지 않고 사미가 되었다. 만약에 그가 다시 구족계를 받아, 그 죄를 감춘다면, 수행승들이여, 그 수행승에게는 뒤의 죄의 다발을 감춘 것에 따라 격리처벌을 주고 참회처벌을 주어야 한다.

3) 수행승들이여, 여기 수행승이 많은 승단잔류죄를 짓고 감추고 사미가 되었다. 만약에 그가 다시 구족계를 받아, 그 죄를 감추지 않는다면, 수행승들이여, 그 수행승에게는 앞의 죄의 다발을 감춘 것에 따라 격리처벌을 주고 참회처벌을 주어야 한다.

4) 수행승들이여, 여기 수행승이 많은 승단잔류죄를 짓고 감추고 사미가 되었다. 만약에 그가 다시 구족계를 받아, 그 죄를 감춘다면, 수행승들이여, 그 수행승

에게는 앞과 뒤의 죄의 다발을 감춘 것에 따라 격리처벌을 주고 참회처벌을 주어야 한다."

2. [세존]

1) "수행승들이여, 여기 수행승이 많은 승단잔류죄를 지었다. 그에게 감춘 죄도 있고 감추지 않은 죄도 있다. 만약에 그가 사미가 되었다가 다시 구족계를 받아, 앞에서 감춘 죄를 뒤에 감추지 않고, 앞에서 감추지 않은 죄를 뒤에 감추지 않는다면, 수행승들이여, 그 수행승에게는 앞의 죄의 다발을 감춘 것에 따라 격리처벌을 주고 참회처벌을 주어야 한다.

2) 수행승들이여, 여기 수행승이 많은 승단잔류죄를 지었다. 그에게 감춘 죄도 있고 감추지 않은 죄도 있다. 만약에 그가 사미가 되었다가 다시 구족계를 받아, 앞에서 감춘 죄를 뒤에 감추지 않고, 앞에서 감추지 않은 죄를 뒤에 감춘다면, 수행승들이여, 그 수행승에게는 앞과 뒤의 죄의 다발을 감춘 것에 따라 격리처벌을 주고 참회처벌을 주어야 한다.

3) 수행승들이여, 여기 수행승이 많은 승단잔류죄를 지었다. 그에게 감춘 죄도 있고 감추지 않은 죄도 있다. 만약에 그가 사미가 되었다가 다시 구족계를 받아, 앞에서 감춘 죄를 뒤에 감추고, 앞에서 감추지 않은 죄를 뒤에 감추지 않는다면, 수행승들이여, 그 수행승에게는 앞과 뒤의 죄의 다발을 감춘 것에 따라 격리처벌을 주고 참회처벌을 주어야 한다.

4) 수행승들이여, 여기 수행승이 많은 승단잔류죄를 지었다. 그에게 감춘 죄도 있고 감추지 않은 죄도 있었다. 만약에 그가 사미가 되었다가 다시 구족계를 받아, 앞에서 감춘 죄를 뒤에 감추지 않고, 앞에서 감추지 않은 죄를 뒤에 감춘다면, 수행승들이여, 그 수행승에게는 앞과 뒤의 죄의 다발을 감춘 것에 따라 격리처벌을 주고 참회처벌을 주어야 한다."

3. [세존]

1) "수행승들이여, 여기 수행승이 많은 승단잔류죄를 지었다. 일부의 죄는 알았고 일부의 죄는 알지 못했다. 아는 죄는 감추었고 알지 못하는 죄는 감추지 않았다. 만약에 그가 사미가 되었다가 다시 구족계를 받아, 앞에서 알고 감춘 죄를 뒤에서 알고 감추지 않고, 앞에서 알지 못하고 감추지 않은 죄를 뒤에서 알고 감추지 않는다면, 수행승들이여, 그 수행승에게는 앞의 죄의 다발을 감춘 것에 따라 격리처벌을 주고 참회처벌을 주어야 한다.

2) 수행승들이여, 여기 수행승이 많은 승단잔류죄를 지었다. 일부의 죄는 알았고

일부의 죄는 알지 못했다. 아는 죄는 감추었고 알지 못하는 죄는 감추지 않았다. 만약에 그가 사미가 되었다가 다시 구족계를 받아, 앞에서 알고 감춘 죄를 뒤에서 알고 감추지 않고, 앞에서 알지 못하고 감추지 않은 죄를 뒤에서 알고 감춘다면, 수행승들이여, 그 수행승에게는 앞과 뒤의 죄의 다발을 감춘 것에 따라 격리처벌을 주고 참회처벌을 주어야 한다.

3) 수행승들이여, 여기 수행승이 많은 승단잔류죄를 지었다. 일부의 죄는 알았고 일부의 죄는 알지 못했다. 아는 죄는 감추었고 알지 못하는 죄는 감추지 않았다. 만약에 그가 사미가 되었다가 다시 구족계를 받아, 앞에서 알고 감춘 죄를 뒤에서 알고 감추고, 앞에서 알지 못하고 감추지 않은 죄를 뒤에서 알고 감추지 않는다면, 수행승들이여, 그 수행승에게는 앞과 뒤의 죄의 다발을 감춘 것에 따라 격리처벌을 주고 참회처벌을 주어야 한다.

4) 수행승들이여, 여기 수행승이 많은 승단잔류죄를 지었다. 일부의 죄는 알았고 일부의 죄는 알지 못했다. 아는 죄는 감추었고 알지 못하는 죄는 감추지 않았다. 만약에 그가 사미가 되었다가 다시 구족계를 받아, 앞에서 알고 감춘 죄를 뒤에서 알고 감추고, 앞에서 알지 못하고 감추지 않은 죄를 뒤에서 알고 감춘다면, 수행승들이여, 그 수행승에게는 앞과 뒤의 죄의 다발을 감춘 것에 따라 격리처벌을 주고 참회처벌을 주어야 한다."

4. [세존]

1) "수행승들이여, 여기 수행승이 많은 승단잔류죄를 지었다. 일부의 죄는 기억했고 일부의 죄는 기억하지 못했다. 기억하는 죄는 감추었고 기억하지 못하는 죄는 감추지 않았다. 만약에 그가 사미가 되었다가 다시 구족계를 받아, 앞에서 기억하고 감춘 죄를 뒤에서 기억하고 감추지 않고, 앞에서 기억하지 못하고 감추지 않은 죄를 뒤에서 기억하고 감추지 않는다면, 수행승들이여, 그 수행승에게는 앞의 죄의 다발을 감춘 것에 따라 격리처벌을 주고 참회처벌을 주어야 한다.

2) 수행승들이여, 여기 수행승이 많은 승단잔류죄를 지었다. 일부의 죄는 기억했고 일부의 죄는 기억하지 못했다. 기억하는 죄는 감추었고 기억하지 못하는 죄는 감추지 않았다. 만약에 그가 사미가 되었다가 다시 구족계를 받아, 앞에서 기억하고 감춘 죄를 뒤에서 기억하고 감추지 않고, 앞에서 기억하지 못하고 감추지 않은 죄를 뒤에서 기억하고 감춘다면, 수행승들이여, 그 수행승에게는 앞과 뒤의 죄의 다발을 감춘 것에 따라 격리처벌을 주고 참회처벌을 주어야

한다.

3) 수행승들이여, 여기 수행승이 많은 승단잔류죄를 지었다. 일부의 죄는 기억했고 일부의 죄는 기억하지 못했다. 기억하는 죄는 감추었고 기억하지 못하는 죄는 감추지 않았다. 만약에 그가 사미가 되었다가 다시 구족계를 받아, 앞에서 기억하고 감춘 죄를 뒤에서 기억하고 감추고, 앞에서 기억하지 못하고 감추지 않은 죄를 뒤에서 기억하고 감추지 않는다면, 수행승들이여, 그 수행승에게는 앞과 뒤의 죄의 다발을 감춘 것에 따라 격리처벌을 주고 참회처벌을 주어야 한다.

4) 수행승들이여, 여기 수행승이 많은 승단잔류죄를 지었다. 일부의 죄는 기억했고 일부의 죄는 기억하지 못했다. 기억하는 죄는 감추었고 기억하지 못하는 죄는 감추지 않았다. 만약에 그가 사미가 되었다가 다시 구족계를 받아, 앞에서 기억하고 감춘 죄를 뒤에서 기억하고 감추고, 앞에서 기억하지 못하고 감추지 않은 죄를 뒤에서 기억하고 감춘다면, 수행승들이여, 그 수행승에게는 앞과 뒤의 죄의 다발을 감춘 것에 따라 격리처벌을 주고 참회처벌을 주어야 한다."

5. [세존]

1) "수행승들이여, 여기 수행승이 많은 승단잔류죄를 지었다. 일부의 죄는 의혹이 없었고 일부의 죄는 의혹이 있었다. 의혹이 없는 죄는 감추었고 의혹이 있는 죄는 감추지 않았다. 만약에 그가 사미가 되었다가 다시 구족계를 받아, 앞에서 의혹을 가지지 않고 감춘 죄를 뒤에서 의혹을 가지지 않고 감추지 않고, 앞에서 의혹을 가지고 감추지 않은 죄를 뒤에서 의혹을 가지지 않고 감추지 않는다면, 수행승들이여, 그 수행승에게는 앞의 죄의 다발을 감춘 것에 따라 격리처벌을 주고 참회처벌을 주어야 한다.

2) 수행승들이여, 여기 수행승이 많은 승단잔류죄를 지었다. 일부의 죄는 의혹이 없었고 일부의 죄는 의혹이 있었다. 의혹이 없는 죄는 감추었고 의혹이 있는 죄는 감추지 않았다. 만약에 그가 사미가 되었다가 다시 구족계를 받아, 앞에서 의혹을 가지지 않고 감춘 죄를 뒤에서 의혹을 가지지 않고 감추지 않고, 앞에서 의혹을 가지고 감추지 않은 죄를 뒤에서 의혹을 가지지 않고 감춘다면, 수행승들이여, 그 수행승에게는 앞과 뒤의 죄의 다발을 감춘 것에 따라 격리처벌을 주고 참회처벌을 주어야 한다.

3) 수행승들이여, 여기 수행승이 많은 승단잔류죄를 지었다. 일부의 죄는 의혹이 없었고 일부의 죄는 의혹이 있었다. 의혹이 없는 죄는 감추었고 의혹이 있는

죄는 감추지 않았다. 만약에 그가 사미가 되었다가 다시 구족계를 받아, 앞에서 의혹을 가지지 않고 감춘 죄를 뒤에서 의혹을 가지지 않고 감추고, 앞에서 의혹을 가지고 감추지 않은 죄를 뒤에서 의혹을 가지지 않고 감추지 않는다면, 수행승들이여, 그 수행승에게는 앞과 뒤의 죄의 다발을 감춘 것에 따라 격리처벌을 주고 참회처벌을 주어야 한다.

4) 수행승들이여, 여기 수행승이 많은 승단잔류죄를 지었다. 일부의 죄는 의혹이 없었고 일부의 죄는 의혹이 있었다. 의혹이 없는 죄는 감추었고 의혹이 있는 죄는 감추지 않았다. 만약에 그가 사미가 되었다가 다시 구족계를 받아, 앞에서 의혹을 가지지 않고 감춘 죄를 뒤에서 의혹을 가지지 않고 감추고, 앞에서 의혹을 가지고 감추지 않은 죄를 뒤에서 의혹을 가지지 않고 감춘다면, 수행승들이여, 그 수행승에게는 앞과 뒤의 죄의 다발을 감춘 것에 따라 격리처벌을 주고 참회처벌을 주어야 한다."

6. [세존]

1) "수행승들이여, 여기 수행승이 많은 승단잔류죄를 짓고 감추지 않고 정신착란된 사람이 되었다. 만약에 그가 다시 구족계를 받아, 그 죄를 감추지 않는다면, 수행승들이여, 그 수행승에게는 참회처벌이 주어져야 한다.

2) 수행승들이여, 여기 수행승이 많은 승단잔류죄를 짓고 감추지 않고 정신착란된 사람이 되었다. 만약에 그가 다시 구족계를 받아, 그 죄를 감춘다면, 수행승들이여, 그 수행승에게는 뒤의 죄의 다발을 감춘 것에 따라 격리처벌을 주고 참회처벌을 주어야 한다.

3) 수행승들이여, 여기 수행승이 많은 승단잔류죄를 짓고 감추고 정신착란된 사람이 되었다. 만약에 그가 다시 구족계를 받아, 그 죄를 감추지 않는다면, 수행승들이여, 그 수행승에게는 앞의 죄의 다발을 감춘 것에 따라 격리처벌을 주고 참회처벌을 주어야 한다.

4) 수행승들이여, 여기 수행승이 많은 승단잔류죄를 짓고 감추고 정신착란된 사람이 되었다. 만약에 그가 다시 구족계를 받아, 그 죄를 감춘다면, 수행승들이여, 그 수행승에게는 앞과 뒤의 죄의 다발을 감춘 것에 따라 격리처벌을 주고 참회처벌을 주어야 한다."

7. [세존]

1) "수행승들이여, 여기 수행승이 많은 승단잔류죄를 지었다. 그에게 감춘 죄도 있고 감추지 않은 죄도 있다. 만약에 그가 다시 정신착란이 없는 사람이 되어,

앞에서 감춘 죄를 뒤에 감추지 않고, 앞에서 감추지 않은 죄를 뒤에 감추지 않는다면, 수행승들이여, 그 수행승에게는 앞의 죄의 다발을 감춘 것에 따라 격리처벌을 주고 참회처벌을 주어야 한다.

2) 수행승들이여, 여기 수행승이 많은 승단잔류죄를 지었다. 그에게 감춘 죄도 있고 감추지 않은 죄도 있다. 만약에 그가 다시 정신착란이 없는 사람이 되어, 앞에서 감춘 죄를 뒤에 감추지 않고, 앞에서 감추지 않은 죄를 뒤에 감춘다면, 수행승들이여, 그 수행승에게는 앞과 뒤의 죄의 다발을 감춘 것에 따라 격리처벌을 주고 참회처벌을 주어야 한다.

3) 수행승들이여, 여기 수행승이 많은 승단잔류죄를 지었다. 그에게 감춘 죄도 있고 감추지 않은 죄도 있다. 만약에 그가 다시 정신착란이 없는 사람이 되어, 앞에서 감춘 죄를 뒤에 감추고, 앞에서 감추지 않은 죄를 뒤에 감추지 않는다면, 수행승들이여, 그 수행승에게는 앞과 뒤의 죄의 다발을 감춘 것에 따라 격리처벌을 주고 참회처벌을 주어야 한다.

4) 수행승들이여, 여기 수행승이 많은 승단잔류죄를 지었다. 그에게 감춘 죄도 있고 감추지 않은 죄도 있었다. 만약에 그가 다시 정신착란이 없는 사람이 되어, 앞에서 감춘 죄를 뒤에 감추지 않고, 앞에서 감추지 않은 죄를 뒤에 감춘다면, 수행승들이여, 그 수행승에게는 앞과 뒤의 죄의 다발을 감춘 것에 따라 격리처벌을 주고 참회처벌을 주어야 한다."

8. [세존]

1) "수행승들이여, 여기 수행승이 많은 승단잔류죄를 지었다. 일부의 죄는 알았고 일부의 죄는 알지 못했다. 아는 죄는 감추었고 알지 못하는 죄는 감추지 않았다. 만약에 그가 다시 정신착란이 없는 사람이 되어, 앞에서 알고 감춘 죄를 뒤에서 알고 감추지 않고, 앞에서 알지 못하고 감추지 않은 죄를 뒤에서 알고 감추지 않는다면, 수행승들이여, 그 수행승에게는 앞의 죄의 다발을 감춘 것에 따라 격리처벌을 주고 참회처벌을 주어야 한다.

2) 수행승들이여, 여기 수행승이 많은 승단잔류죄를 지었다. 일부의 죄는 알았고 일부의 죄는 알지 못했다. 아는 죄는 감추었고 알지 못하는 죄는 감추지 않았다. 만약에 그가 다시 정신착란이 없는 사람이 되어, 앞에서 알고 감춘 죄를 뒤에서 알고 감추지 않고, 앞에서 알지 못하고 감추지 않은 죄를 뒤에서 알고 감춘다면, 수행승들이여, 그 수행승에게는 앞과 뒤의 죄의 다발을 감춘 것에 따라 격리처벌을 주고 참회처벌을 주어야 한다.

3) 수행승들이여, 여기 수행승이 많은 승단잔류죄를 지었다. 일부의 죄는 알았고 일부의 죄는 알지 못했다. 아는 죄는 감추었고 알지 못하는 죄는 감추지 않았다. 만약에 그가 다시 정신착란이 없는 사람이 되어, 앞에서 알고 감춘 죄를 뒤에서 알고 감추고, 앞에서 알지 못하고 감추지 않은 죄를 뒤에서 알고 감추지 않는다면, 수행승들이여, 그 수행승에게는 앞과 뒤의 죄의 다발을 감춘 것에 따라 격리처벌을 주고 참회처벌을 주어야 한다.

4) 수행승들이여, 여기 수행승이 많은 승단잔류죄를 지었다. 일부의 죄는 알았고 일부의 죄는 알지 못했다. 아는 죄는 감추었고 알지 못하는 죄는 감추지 않았다. 만약에 그가 다시 정신착란이 없는 사람이 되어, 앞에서 알고 감춘 죄를 뒤에서 알고 감추고, 앞에서 알지 못하고 감추지 않은 죄를 뒤에서 알고 감춘다면, 수행승들이여, 그 수행승에게는 앞과 뒤의 죄의 다발을 감춘 것에 따라 격리처벌을 주고 참회처벌을 주어야 한다."

9. [세존]

1) "수행승들이여, 여기 수행승이 많은 승단잔류죄를 지었다. 일부의 죄는 기억했고 일부의 죄는 기억하지 못했다. 기억하는 죄는 감추었고 기억하지 못하는 죄는 감추지 않았다. 만약에 그가 다시 정신착란이 없는 사람이 되어, 앞에서 기억하고 감춘 죄를 뒤에서 기억하고 감추지 않고, 앞에서 기억하지 못하고 감추지 않은 죄를 뒤에서 기억하고 감추지 않는다면, 수행승들이여, 그 수행승에게는 앞의 죄의 다발을 감춘 것에 따라 격리처벌을 주고 참회처벌을 주어야 한다.

2) 수행승들이여, 여기 수행승이 많은 승단잔류죄를 지었다. 일부의 죄는 기억했고 일부의 죄는 기억하지 못했다. 기억하는 죄는 감추었고 기억하지 못하는 죄는 감추지 않았다. 만약에 그가 다시 정신착란이 없는 사람이 되어, 앞에서 기억하고 감춘 죄를 뒤에서 기억하고 감추지 않고, 앞에서 기억하지 못하고 감추지 않은 죄를 뒤에서 기억하고 감춘다면, 수행승들이여, 그 수행승에게는 앞과 뒤의 죄의 다발을 감춘 것에 따라 격리처벌을 주고 참회처벌을 주어야 한다.

3) 수행승들이여, 여기 수행승이 많은 승단잔류죄를 지었다. 일부의 죄는 기억했고 일부의 죄는 기억하지 못했다. 기억하는 죄는 감추었고 기억하지 못하는 죄는 감추지 않았다. 만약에 그가 다시 정신착란이 없는 사람이 되어, 앞에서 기억하고 감춘 죄를 뒤에서 기억하고 감추고, 앞에서 기억하지 못하고 감추지

않은 죄를 뒤에서 기억하고 감추지 않는다면, 수행승들이여, 그 수행승에게는 앞과 뒤의 죄의 다발을 감춘 것에 따라 격리처벌을 주고 참회처벌을 주어야 한다.

4) 수행승들이여, 여기 수행승이 많은 승단잔류죄를 지었다. 일부의 죄는 기억했고 일부의 죄는 기억하지 못했다. 기억하는 죄는 감추었고 기억하지 못하는 죄는 감추지 않았다. 만약에 그가 다시 정신착란이 없는 사람이 되어, 앞에서 기억하고 감춘 죄를 뒤에서 기억하고 감추고, 앞에서 기억하지 못하고 감추지 않은 죄를 뒤에서 기억하고 감춘다면, 수행승들이여, 그 수행승에게는 앞과 뒤의 죄의 다발을 감춘 것에 따라 격리처벌을 주고 참회처벌을 주어야 한다."

10. [세존]

1) "수행승들이여, 여기 수행승이 많은 승단잔류죄를 지었다. 일부의 죄는 의혹이 없었고 일부의 죄는 의혹이 있었다. 의혹이 없는 죄는 감추었고 의혹이 있는 죄는 감추지 않았다. 만약에 그가 다시 정신착란이 없는 사람이 되어, 앞에서 의혹을 가지지 않고 감춘 죄를 뒤에서 의혹을 가지지 않고 감추지 않고, 앞에서 의혹을 가지고 감추지 않은 죄를 뒤에서 의혹을 가지지 않고 감추지 않는다면, 수행승들이여, 그 수행승에게는 앞의 죄의 다발을 감춘 것에 따라 격리처벌을 주고 참회처벌을 주어야 한다.

2) 수행승들이여, 여기 수행승이 많은 승단잔류죄를 지었다. 일부의 죄는 의혹이 없었고 일부의 죄는 의혹이 있었다. 의혹이 없는 죄는 감추었고 의혹이 있는 죄는 감추지 않았다. 만약에 그가 다시 정신착란이 없는 사람이 되어, 앞에서 의혹을 가지지 않고 감춘 죄를 뒤에서 의혹을 가지지 않고 감추지 않고, 앞에서 의혹을 가지고 감추지 않은 죄를 뒤에서 의혹을 가지지 않고 감춘다면, 수행승들이여, 그 수행승에게는 앞과 뒤의 죄의 다발을 감춘 것에 따라 격리처벌을 주고 참회처벌을 주어야 한다.

3) 수행승들이여, 여기 수행승이 많은 승단잔류죄를 지었다. 일부의 죄는 의혹이 없었고 일부의 죄는 의혹이 있었다. 의혹이 없는 죄는 감추었고 의혹이 있는 죄는 감추지 않았다. 만약에 그가 다시 정신착란이 없는 사람이 되어, 앞에서 의혹을 가지지 않고 감춘 죄를 뒤에서 의혹을 가지지 않고 감추고, 앞에서 의혹을 가지고 감추지 않은 죄를 뒤에서 의혹을 가지지 않고 감추지 않는다면, 수행승들이여, 그 수행승에게는 앞과 뒤의 죄의 다발을 감춘 것에 따라 격리처벌을 주고 참회처벌을 주어야 한다.

4) 수행승들이여, 여기 수행승이 많은 승단잔류죄를 지었다. 일부의 죄는 의혹이 없었고 일부의 죄는 의혹이 있었다. 의혹이 없는 죄는 감추었고 의혹이 있는 죄는 감추지 않았다. 만약에 그가 다시 정신착란이 없는 사람이 되어, 앞에서 의혹을 가지지 않고 감춘 죄를 뒤에서 의혹을 가지지 않고 감추고, 앞에서 의혹을 가지고 감추지 않은 죄를 뒤에서 의혹을 가지지 않고 감춘다면, 수행승들이여, 그 수행승에게는 앞과 뒤의 죄의 다발을 감춘 것에 따라 격리처벌을 주고 참회처벌을 주어야 한다."

11. [세존]

1) "수행승들이여, 여기 수행승이 많은 승단잔류죄를 짓고 감추지 않고 심란한 사람이 되었다. 만약에 그가 다시 구족계를 받아, 그 죄를 감추지 않는다면, 수행승들이여, 그 수행승에게는 참회처벌이 주어져야 한다.

2) 수행승들이여, 여기 수행승이 많은 승단잔류죄를 짓고 감추지 않고 심란한 사람이 되었다. 만약에 그가 다시 구족계를 받아, 그 죄를 감춘다면, 수행승들이여, 그 수행승에게는 뒤의 죄의 다발을 감춘 것에 따라 격리처벌을 주고 참회처벌을 주어야 한다.

3) 수행승들이여, 여기 수행승이 많은 승단잔류죄를 짓고 감추고 심란한 사람이 되었다. 만약에 그가 다시 구족계를 받아, 그 죄를 감추지 않는다면, 수행승들이여, 그 수행승에게는 앞의 죄의 다발을 감춘 것에 따라 격리처벌을 주고 참회처벌을 주어야 한다.

4) 수행승들이여, 여기 수행승이 많은 승단잔류죄를 짓고 감추고 심란한 사람이 되었다. 만약에 그가 다시 구족계를 받아, 그 죄를 감춘다면, 수행승들이여, 그 수행승에게는 앞과 뒤의 죄의 다발을 감춘 것에 따라 격리처벌을 주고 참회처벌을 주어야 한다."

12. [세존]

1) "수행승들이여, 여기 수행승이 많은 승단잔류죄를 지었다. 그에게 감춘 죄도 있고 감추지 않은 죄도 있다. 만약에 그가 다시 심란하지 않은 사람이 되어, 앞에서 감춘 죄를 뒤에 감추지 않고, 앞에서 감추지 않은 죄를 뒤에 감추지 않는다면, 수행승들이여, 그 수행승에게는 앞의 죄의 다발을 감춘 것에 따라 격리처벌을 주고 참회처벌을 주어야 한다.

2) 수행승들이여, 여기 수행승이 많은 승단잔류죄를 지었다. 그에게 감춘 죄도 있고 감추지 않은 죄도 있다. 만약에 그가 다시 심란하지 않은 사람이 되어,

앞에서 감춘 죄를 뒤에 감추지 않고, 앞에서 감추지 않은 죄를 뒤에 감춘다면, 수행승들이여, 그 수행승에게는 앞과 뒤의 죄의 다발을 감춘 것에 따라 격리처벌을 주고 참회처벌을 주어야 한다.

3) 수행승들이여, 여기 수행승이 많은 승단잔류죄를 지었다. 그에게 감춘 죄도 있고 감추지 않은 죄도 있다. 만약에 그가 다시 심란하지 않은 사람이 되어, 앞에서 감춘 죄를 뒤에 감추고, 앞에서 감추지 않은 죄를 뒤에 감추지 않는다면, 수행승들이여, 그 수행승에게는 앞과 뒤의 죄의 다발을 감춘 것에 따라 격리처벌을 주고 참회처벌을 주어야 한다.

4) 수행승들이여, 여기 수행승이 많은 승단잔류죄를 지었다. 그에게 감춘 죄도 있고 감추지 않은 죄도 있었다. 만약에 그가 다시 심란하지 않은 사람이 되어, 앞에서 감춘 죄를 뒤에 감추지 않고, 앞에서 감추지 않은 죄를 뒤에 감춘다면, 수행승들이여, 그 수행승에게는 앞과 뒤의 죄의 다발을 감춘 것에 따라 격리처벌을 주고 참회처벌을 주어야 한다."

13. [세존]

1) "수행승들이여, 여기 수행승이 많은 승단잔류죄를 지었다. 일부의 죄는 알았고 일부의 죄는 알지 못했다. 아는 죄는 감추었고 알지 못하는 죄는 감추지 않았다. 만약에 그가 다시 심란하지 않은 사람이 되어, 앞에서 알고 감춘 죄를 뒤에서 알고 감추지 않고, 앞에서 알지 못하고 감추지 않은 죄를 뒤에서 알고 감추지 않는다면, 수행승들이여, 그 수행승에게는 앞의 죄의 다발을 감춘 것에 따라 격리처벌을 주고 참회처벌을 주어야 한다.

2) 수행승들이여, 여기 수행승이 많은 승단잔류죄를 지었다. 일부의 죄는 알았고 일부의 죄는 알지 못했다. 아는 죄는 감추었고 알지 못하는 죄는 감추지 않았다. 만약에 그가 다시 심란하지 않은 사람이 되어, 앞에서 알고 감춘 죄를 뒤에서 알고 감추지 않고, 앞에서 알지 못하고 감추지 않은 죄를 뒤에서 알고 감춘다면, 수행승들이여, 그 수행승에게는 앞과 뒤의 죄의 다발을 감춘 것에 따라 격리처벌을 주고 참회처벌을 주어야 한다.

3) 수행승들이여, 여기 수행승이 많은 승단잔류죄를 지었다. 일부의 죄는 알았고 일부의 죄는 알지 못했다. 아는 죄는 감추었고 알지 못하는 죄는 감추지 않았다. 만약에 그가 다시 심란하지 않은 사람이 되어, 앞에서 알고 감춘 죄를 뒤에서 알고 감추고, 앞에서 알지 못하고 감추지 않은 죄를 뒤에서 알고 감추지 않는다면, 수행승들이여, 그 수행승에게는 앞과 뒤의 죄의 다발을 감춘 것에 따라

격리처벌을 주고 참회처벌을 주어야 한다.

4) 수행승들이여, 여기 수행승이 많은 승단잔류죄를 지었다. 일부의 죄는 알았고 일부의 죄는 알지 못했다. 아는 죄는 감추었고 알지 못하는 죄는 감추지 않았다. 만약에 그가 다시 심란하지 않은 사람이 되어, 앞에서 알고 감춘 죄를 뒤에서 알고 감추고, 앞에서 알지 못하고 감추지 않은 죄를 뒤에서 알고 감춘다면, 수행승들이여, 그 수행승에게는 앞과 뒤의 죄의 다발을 감춘 것에 따라 격리처벌을 주고 참회처벌을 주어야 한다."

14. [세존]

1) "수행승들이여, 여기 수행승이 많은 승단잔류죄를 지었다. 일부의 죄는 기억했고 일부의 죄는 기억하지 못했다. 기억하는 죄는 감추었고 기억하지 못하는 죄는 감추지 않았다. 만약에 그가 다시 심란하지 않은 사람이 되어, 앞에서 기억하고 감춘 죄를 뒤에서 기억하고 감추지 않고, 앞에서 기억하지 못하고 감추지 않은 죄를 뒤에서 기억하고 감추지 않는다면, 수행승들이여, 그 수행승에게는 앞의 죄의 다발을 감춘 것에 따라 격리처벌을 주고 참회처벌을 주어야 한다.

2) 수행승들이여, 여기 수행승이 많은 승단잔류죄를 지었다. 일부의 죄는 기억했고 일부의 죄는 기억하지 못했다. 기억하는 죄는 감추었고 기억하지 못하는 죄는 감추지 않았다. 만약에 그가 다시 심란하지 않은 사람이 되어, 앞에서 기억하고 감춘 죄를 뒤에서 기억하고 감추지 않고, 앞에서 기억하지 못하고 감추지 않은 죄를 뒤에서 기억하고 감춘다면, 수행승들이여, 그 수행승에게는 앞과 뒤의 죄의 다발을 감춘 것에 따라 격리처벌을 주고 참회처벌을 주어야 한다.

3) 수행승들이여, 여기 수행승이 많은 승단잔류죄를 지었다. 일부의 죄는 기억했고 일부의 죄는 기억하지 못했다. 기억하는 죄는 감추었고 기억하지 못하는 죄는 감추지 않았다. 만약에 그가 다시 심란하지 않은 사람이 되어, 앞에서 기억하고 감춘 죄를 뒤에서 기억하고 감추고, 앞에서 기억하지 못하고 감추지 않은 죄를 뒤에서 기억하고 감추지 않는다면, 수행승들이여, 그 수행승에게는 앞과 뒤의 죄의 다발을 감춘 것에 따라 격리처벌을 주고 참회처벌을 주어야 한다.

4) 수행승들이여, 여기 수행승이 많은 승단잔류죄를 지었다. 일부의 죄는 기억했고 일부의 죄는 기억하지 못했다. 기억하는 죄는 감추었고 기억하지 못하는

죄는 감추지 않았다. 만약에 그가 다시 심란하지 않은 사람이 되어, 앞에서 기억하고 감춘 죄를 뒤에서 기억하고 감추고, 앞에서 기억하지 못하고 감추지 않은 죄를 뒤에서 기억하고 감춘다면, 수행승들이여, 그 수행승에게는 앞과 뒤의 죄의 다발을 감춘 것에 따라 격리처벌을 주고 참회처벌을 주어야 한다."

15. [세존]

1) "수행승들이여, 여기 수행승이 많은 승단잔류죄를 지었다. 일부의 죄는 의혹이 없었고 일부의 죄는 의혹이 있었다. 의혹이 없는 죄는 감추었고 의혹이 있는 죄는 감추지 않았다. 만약에 그가 다시 심란하지 않은 사람이 되어, 앞에서 의혹을 가지지 않고 감춘 죄를 뒤에서 의혹을 가지지 않고 감추지 않고, 앞에서 의혹을 가지고 감추지 않은 죄를 뒤에서 의혹을 가지지 않고 감추지 않는다면, 수행승들이여, 그 수행승에게는 앞의 죄의 다발을 감춘 것에 따라 격리처벌을 주고 참회처벌을 주어야 한다.

2) 수행승들이여, 여기 수행승이 많은 승단잔류죄를 지었다. 일부의 죄는 의혹이 없었고 일부의 죄는 의혹이 있었다. 의혹이 없는 죄는 감추었고 의혹이 있는 죄는 감추지 않았다. 만약에 그가 다시 심란하지 않은 사람이 되어, 앞에서 의혹을 가지지 않고 감춘 죄를 뒤에서 의혹을 가지지 않고 감추지 않고, 앞에서 의혹을 가지고 감추지 않은 죄를 뒤에서 의혹을 가지지 않고 감춘다면, 수행승들이여, 그 수행승에게는 앞과 뒤의 죄의 다발을 감춘 것에 따라 격리처벌을 주고 참회처벌을 주어야 한다.

3) 수행승들이여, 여기 수행승이 많은 승단잔류죄를 지었다. 일부의 죄는 의혹이 없었고 일부의 죄는 의혹이 있었다. 의혹이 없는 죄는 감추었고 의혹이 있는 죄는 감추지 않았다. 만약에 그가 다시 심란하지 않은 사람이 되어, 앞에서 의혹을 가지지 않고 감춘 죄를 뒤에서 의혹을 가지지 않고 감추고, 앞에서 의혹을 가지고 감추지 않은 죄를 뒤에서 의혹을 가지지 않고 감추지 않는다면, 수행승들이여, 그 수행승에게는 앞과 뒤의 죄의 다발을 감춘 것에 따라 격리처벌을 주고 참회처벌을 주어야 한다.

4) 수행승들이여, 여기 수행승이 많은 승단잔류죄를 지었다. 일부의 죄는 의혹이 없었고 일부의 죄는 의혹이 있었다. 의혹이 없는 죄는 감추었고 의혹이 있는 죄는 감추지 않았다. 만약에 그가 다시 심란하지 않은 사람이 되어, 앞에서 의혹을 가지지 않고 감춘 죄를 뒤에서 의혹을 가지지 않고 감추고, 앞에서 의혹을 가지고 감추지 않은 죄를 뒤에서 의혹을 가지지 않고 감춘다면, 수행승

들이여, 그 수행승에게는 앞과 뒤의 죄의 다발을 감춘 것에 따라 격리처벌을 주고 참회처벌을 주어야 한다."

16. [세존]

1) "수행승들이여, 여기 수행승이 많은 승단잔류죄를 짓고 감추지 않고 애통해 하는 사람이 되었다. 만약에 그가 다시 구족계를 받아, 그 죄를 감추지 않는다면, 수행승들이여, 그 수행승에게는 참회처벌이 주어져야 한다.

2) 수행승들이여, 여기 수행승이 많은 승단잔류죄를 짓고 감추지 않고 애통해 하는 사람이 되었다. 만약에 그가 다시 구족계를 받아, 그 죄를 감춘다면, 수행승들이여, 그 수행승에게는 뒤의 죄의 다발을 감춘 것에 따라 격리처벌을 주고 참회처벌을 주어야 한다.

3) 수행승들이여, 여기 수행승이 많은 승단잔류죄를 짓고 감추고 애통해 하는 사람이 되었다. 만약에 그가 다시 구족계를 받아, 그 죄를 감추지 않는다면, 수행승들이여, 그 수행승에게는 앞의 죄의 다발을 감춘 것에 따라 격리처벌을 주고 참회처벌을 주어야 한다.

4) 수행승들이여, 여기 수행승이 많은 승단잔류죄를 짓고 감추고 애통해 하는 사람이 되었다. 만약에 그가 다시 구족계를 받아, 그 죄를 감춘다면, 수행승들이여, 그 수행승에게는 앞과 뒤의 죄의 다발을 감춘 것에 따라 격리처벌을 주고 참회처벌을 주어야 한다."

17. [세존]

1) "수행승들이여, 여기 수행승이 많은 승단잔류죄를 지었다. 그에게 감춘 죄도 있고 감추지 않은 죄도 있다. 만약에 그가 다시 애통해 하지 않는 사람이 되어, 앞에서 감춘 죄를 뒤에 감추지 않고, 앞에서 감추지 않은 죄를 뒤에 감추지 않는다면, 수행승들이여, 그 수행승에게는 앞의 죄의 다발을 감춘 것에 따라 격리처벌을 주고 참회처벌을 주어야 한다.

2) 수행승들이여, 여기 수행승이 많은 승단잔류죄를 지었다. 그에게 감춘 죄도 있고 감추지 않은 죄도 있다. 만약에 그가 다시 애통해 하지 않는 사람이 되어, 앞에서 감춘 죄를 뒤에 감추지 않고, 앞에서 감추지 않은 죄를 뒤에 감춘다면, 수행승들이여, 그 수행승에게는 앞과 뒤의 죄의 다발을 감춘 것에 따라 격리처벌을 주고 참회처벌을 주어야 한다.

3) 수행승들이여, 여기 수행승이 많은 승단잔류죄를 지었다. 그에게 감춘 죄도 있고 감추지 않은 죄도 있다. 만약에 그가 다시 애통해 하지 않는 사람이 되어,

앞에서 감춘 죄를 뒤에 감추고, 앞에서 감추지 않은 죄를 뒤에 감추지 않는다면, 수행승들이여, 그 수행승에게는 앞과 뒤의 죄의 다발을 감춘 것에 따라 격리처벌을 주고 참회처벌을 주어야 한다.

4) 수행승들이여, 여기 수행승이 많은 승단잔류죄를 지었다. 그에게 감춘 죄도 있고 감추지 않은 죄도 있었다. 만약에 그가 다시 애통해 하지 않는 사람이 되어, 앞에서 감춘 죄를 뒤에 감추지 않고, 앞에서 감추지 않은 죄를 뒤에 감춘다면, 수행승들이여, 그 수행승에게는 앞과 뒤의 죄의 다발을 감춘 것에 따라 격리처벌을 주고 참회처벌을 주어야 한다."

18. [세존]

1) "수행승들이여, 여기 수행승이 많은 승단잔류죄를 지었다. 일부의 죄는 알았고 일부의 죄는 알지 못했다. 아는 죄는 감추었고 알지 못하는 죄는 감추지 않았다. 만약에 그가 다시 애통해 하지 않는 사람이 되어, 앞에서 알고 감춘 죄를 뒤에서 알고 감추지 않고, 앞에서 알지 못하고 감추지 않은 죄를 뒤에서 알고 감추지 않는다면, 수행승들이여, 그 수행승에게는 앞의 죄의 다발을 감춘 것에 따라 격리처벌을 주고 참회처벌을 주어야 한다.

2) 수행승들이여, 여기 수행승이 많은 승단잔류죄를 지었다. 일부의 죄는 알았고 일부의 죄는 알지 못했다. 아는 죄는 감추었고 알지 못하는 죄는 감추지 않았다. 만약에 그가 다시 애통해 하지 않는 사람이 되어, 앞에서 알고 감춘 죄를 뒤에서 알고 감추지 않고, 앞에서 알지 못하고 감추지 않은 죄를 뒤에서 알고 감춘다면, 수행승들이여, 그 수행승에게는 앞과 뒤의 죄의 다발을 감춘 것에 따라 격리처벌을 주고 참회처벌을 주어야 한다.

3) 수행승들이여, 여기 수행승이 많은 승단잔류죄를 지었다. 일부의 죄는 알았고 일부의 죄는 알지 못했다. 아는 죄는 감추었고 알지 못하는 죄는 감추지 않았다. 만약에 그가 다시 애통해 하지 않는 사람이 되어, 앞에서 알고 감춘 죄를 뒤에서 알고 감추고, 앞에서 알지 못하고 감추지 않은 죄를 뒤에서 알고 감추지 않는다면, 수행승들이여, 그 수행승에게는 앞과 뒤의 죄의 다발을 감춘 것에 따라 격리처벌을 주고 참회처벌을 주어야 한다.

4) 수행승들이여, 여기 수행승이 많은 승단잔류죄를 지었다. 일부의 죄는 알았고 일부의 죄는 알지 못했다. 아는 죄는 감추었고 알지 못하는 죄는 감추지 않았다. 만약에 그가 다시 애통해 하지 않는 사람이 되어, 앞에서 알고 감춘 죄를 뒤에서 알고 감추고, 앞에서 알지 못하고 감추지 않은 죄를 뒤에서 알고 감춘다면,

수행승들이여, 그 수행승에게는 앞과 뒤의 죄의 다발을 감춘 것에 따라 격리처벌을 주고 참회처벌을 주어야 한다."

19. [세존]

1) "수행승들이여, 여기 수행승이 많은 승단잔류죄를 지었다. 일부의 죄는 기억했고[65] 일부의 죄는 기억하지 못했다. 기억하는 죄는 감추었고 기억하지 못하는 죄는 감추지 않았다. 만약에 그가 다시 애통해 하지 않는 사람이 되어, 앞에서 기억하고 감춘 죄를 뒤에서 기억하고 감추지 않고, 앞에서 기억하지 못하고 감추지 않은 죄를 뒤에서 기억하고 감추지 않는다면, 수행승들이여, 그 수행승에게는 앞의 죄의 다발을 감춘 것에 따라 격리처벌을 주고 참회처벌을 주어야 한다.

2) 수행승들이여, 여기 수행승이 많은 승단잔류죄를 지었다. 일부의 죄는 기억했고 일부의 죄는 기억하지 못했다. 기억하는 죄는 감추었고 기억하지 못하는 죄는 감추지 않았다. 만약에 그가 다시 애통해 하지 않는 사람이 되어, 앞에서 기억하고 감춘 죄를 뒤에서 기억하고 감추지 않고, 앞에서 기억하지 못하고 감추지 않은 죄를 뒤에서 기억하고 감춘다면, 수행승들이여, 그 수행승에게는 앞과 뒤의 죄의 다발을 감춘 것에 따라 격리처벌을 주고 참회처벌을 주어야 한다.

3) 수행승들이여, 여기 수행승이 많은 승단잔류죄를 지었다. 일부의 죄는 기억했고 일부의 죄는 기억하지 못했다. 기억하는 죄는 감추었고 기억하지 못하는 죄는 감추지 않았다. 만약에 그가 다시 애통해 하지 않는 사람이 되어, 앞에서 기억하고 감춘 죄를 뒤에서 기억하고 감추고, 앞에서 기억하지 못하고 감추지 않은 죄를 뒤에서 기억하고 감추지 않는다면, 수행승들이여, 그 수행승에게는 앞과 뒤의 죄의 다발을 감춘 것에 따라 격리처벌을 주고 참회처벌을 주어야 한다.

4) 수행승들이여, 여기 수행승이 많은 승단잔류죄를 지었다. 일부의 죄는 기억했고 일부의 죄는 기억하지 못했다. 기억하는 죄는 감추었고 기억하지 못하는 죄는 감추지 않았다. 만약에 그가 다시 애통해 하지 않는 사람이 되어, 앞에서 기억하고 감춘 죄를 뒤에서 기억하고 감추고, 앞에서 기억하지 못하고 감추지 않은 죄를 뒤에서 기억하고 감춘다면, 수행승들이여, 그 수행승에게는 앞과 뒤의 죄의 다발을 감춘 것에 따라 격리처벌을 주고 참회처벌을 주어야 한다."

20. [세존]

1) "수행승들이여, 여기 수행승이 많은 승단잔류죄를 지었다. 일부의 죄는 의혹이 없었고 일부의 죄는 의혹이 있었다. 의혹이 없는 죄는 감추었고 의혹이 있는 죄는 감추지 않았다. 만약에 그가 다시 애통해 하지 않는 사람이 되어, 앞에서 의혹을 가지지 않고 감춘 죄를 뒤에서 의혹을 가지지 않고 감추지 않고, 앞에서 의혹을 가지고 감추지 않은 죄를 뒤에서 의혹을 가지지 않고 감추지 않는다면, 수행승들이여, 그 수행승에게는 앞의 죄의 다발을 감춘 것에 따라 격리처벌을 주고 참회처벌을 주어야 한다.

2) 수행승들이여, 여기 수행승이 많은 승단잔류죄를 지었다. 일부의 죄는 의혹이 없었고 일부의 죄는 의혹이 있었다. 의혹이 없는 죄는 감추었고 의혹이 있는 죄는 감추지 않았다. 만약에 그가 다시 애통해 하지 않는 사람이 되어, 앞에서 의혹을 가지지 않고 감춘 죄를 뒤에서 의혹을 가지지 않고 감추지 않고, 앞에서 의혹을 가지고 감추지 않은 죄를 뒤에서 의혹을 가지지 않고 감춘다면, 수행승들이여, 그 수행승에게는 앞과 뒤의 죄의 다발을 감춘 것에 따라 격리처벌을 주고 참회처벌을 주어야 한다.

3) 수행승들이여, 여기 수행승이 많은 승단잔류죄를 지었다. 일부의 죄는 의혹이 없었고 일부의 죄는 의혹이 있었다. 의혹이 없는 죄는 감추었고 의혹이 있는 죄는 감추지 않았다. 만약에 그가 다시 애통해 하지 않는 사람이 되어, 앞에서 의혹을 가지지 않고 감춘 죄를 뒤에서 의혹을 가지지 않고 감추고, 앞에서 의혹을 가지고 감추지 않은 죄를 뒤에서 의혹을 가지지 않고 감추지 않는다면, 수행승들이여, 그 수행승에게는 앞과 뒤의 죄의 다발을 감춘 것에 따라 격리처벌을 주고 참회처벌을 주어야 한다.

4) 수행승들이여, 여기 수행승이 많은 승단잔류죄를 지었다. 일부의 죄는 의혹이 없었고 일부의 죄는 의혹이 있었다. 의혹이 없는 죄는 감추었고 의혹이 있는 죄는 감추지 않았다. 만약에 그가 다시 애통해 하지 않는 사람이 되어, 앞에서 의혹을 가지지 않고 감춘 죄를 뒤에서 의혹을 가지지 않고 감추고, 앞에서 의혹을 가지고 감추지 않은 죄를 뒤에서 의혹을 가지지 않고 감춘다면, 수행승들이여, 그 수행승에게는 앞과 뒤의 죄의 다발을 감춘 것에 따라 격리처벌을 주고 참회처벌을 주어야 한다."

참회처벌의 백 가지 경우(②)이 끝났다.

31₁. 가중처벌의 네 가지 유형①(Mūlāyapaṭikassanacatussataka : 1-20)

1. [세존]

1) "수행승들이여, 여기 수행승이 격리생활을 실행하다가 도중에 많은 승단잔류죄를 짓고 감추지 않고 환속했다. 만약 그가 다시 구족계를 받고 그 죄를 감추지 않는다면, 그 수행승에게는 가중처벌을 주어야 한다.

2) 수행승들이여, 여기 수행승이 격리생활을 실행하다가 도중에 많은 승단잔류죄를 짓고 감추지 않고 환속했다. 만약 그가 다시 구족계를 받고 그 죄를 감춘다면, 그 수행승에게는 가중처벌을 주어야 한다. 그리고 감춘 죄 가운데 선행하는 죄에 따라서 통합격리처벌을 주어야 한다.

3) 수행승들이여, 여기 수행승이 격리생활을 실행하다가 도중에 많은 승단잔류죄를 짓고 감추고 환속했다. 만약 그가 다시 구족계를 받고 그 죄를 감추지 않는다면, 그 수행승에게는 가중처벌을 주어야 한다. 그리고 감춘 죄 가운데 선행하는 죄에 따라서 통합격리처벌을 주어야 한다.

4) 수행승들이여, 여기 수행승이 격리생활을 실행하다가 도중에 많은 승단잔류죄를 짓고 감추고 환속했다. 만약 그가 다시 구족계를 받고 그 죄를 감춘다면, 그 수행승에게는 가중처벌을 주어야 한다. 그리고 감춘 죄 가운데 선행하는 죄에 따라서 통합격리처벌을 주어야 한다."

2. [세존]

1) "수행승들이여, 여기 수행승이 격리생활을 실행하다가 도중에 많은 승단잔류죄를 지었다. 그에게 감춘 죄도 있고 감추지 않은 죄도 있다. 만약에 그가 환속했다가 다시 구족계를 받아, 앞에서 감춘 죄를 뒤에 감추지 않고, 앞에서 감추지 않은 죄를 뒤에 감추치 않는다면, 수행승들이여, 그 수행승에게는 가중처벌을 주어야 하고, 감춘 죄 가운데 선행하는 죄에 따라서 통합격리처벌을 주어야 한다.

2) 수행승들이여, 여기 수행승이 격리생활을 실행하다가 도중에 많은 승단잔류죄를 지었다. 그에게[66] 감춘 죄도 있고 감추지 않은 죄도 있다. 만약에 그가 환속했다가 다시 구족계를 받아, 앞에서 감춘 죄를 뒤에 감추지 않고, 앞에서 감추지 않은 죄를 뒤에 감춘다면, 수행승들이여, 그 수행승에게는 가중처벌을 주어야 하고, 감춘 죄 가운데 선행하는 죄에 따라서 통합격리처벌을 주어야 한다.

3) 수행승들이여, 여기 수행승이 격리생활을 실행하다가 도중에 많은 승단잔류죄

를 지었다. 그에게 감춘 죄도 있고 감추지 않은 죄도 있다. 만약에 그가 환속했다가 다시 구족계를 받아, 앞에서 감춘 죄를 뒤에서 감추고, 앞에서 감추지 않은 죄를 뒤에서 감추지 않는다면, 수행승들이여, 그 수행승에게는 가중처벌을 주어야 하고, 감춘 죄 가운데 선행하는 죄에 따라서 통합격리처벌을 주어야 한다.

4) 수행승들이여, 여기 수행승이 격리생활을 실행하다가 도중에 많은 승단잔류죄를 지었다. 그에게 감춘 죄도 있고 감추지 않은 죄도 있다. 만약에 그가 환속했다가 다시 구족계를 받아, 앞에서 감춘 죄를 뒤에서 감추고, 앞에서 감추지 않은 죄를 뒤에서 감춘다면, 수행승들이여, 그 수행승에게는 가중처벌을 주어야 하고, 감춘 죄 가운데 선행하는 죄에 따라서 통합격리처벌을 주어야 한다."

3. [세존]

1) "수행승들이여, 여기 수행승이 격리생활을 실행하다가 도중에 많은 승단잔류죄를 지었다. 일부의 죄는 알고 일부의 죄는 알지 못했다. 그가 아는 죄를 감추고, 그가 알지 못하는 죄는 감추지 않았다. 만약에 그가 환속했다가 다시 구족계를 받아, 앞에서 알고 감춘 죄를 뒤에서 알고 감추지 않고, 앞에서 알지 못하고 감추지 않은 죄를 뒤에서 알고 감추지 않는다면, 수행승들이여, 그 수행승에게는 가중처벌을 주어야 하고, 감춘 죄 가운데 선행하는 죄에 따라서 통합격리처벌을 주어야 한다.

2) 수행승들이여, 여기 수행승이 격리생활을 실행하다가 도중에 많은 승단잔류죄를 지었다. 일부의 죄는 알고 일부의 죄는 알지 못했다. 그가 아는 죄를 감추고, 그가 알지 못하는 죄는 감추지 않았다. 만약에 그가 환속했다가 다시 구족계를 받아, 앞에서 알고 감춘 죄를 뒤에서 알고 감추지 않고, 앞에서 알지 못하고 감추지 않은 죄를 뒤에서 알고 감춘다면, 수행승들이여, 그 수행승에게는 가중처벌을 주어야 하고, 감춘 죄 가운데 선행하는 죄에 따라서 통합격리처벌을 주어야 한다.

3) 수행승들이여, 여기 수행승이 격리생활을 실행하다가 도중에 많은 승단잔류죄를 지었다. 일부의 죄는 알고 일부의 죄는 알지 못했다. 그가 아는 죄를 감추고, 그가 알지 못하는 죄는 감추지 않았다. 만약에 그가 환속했다가 다시 구족계를 받아, 앞에서 알고 감춘 죄를 뒤에서 알고 감추고, 앞에서 알지 못하고 감추지 않은 죄를 뒤에서 알고 감추지 않는다면, 수행승들이여, 그 수행승에게는 가중처벌을 주어야 하고, 감춘 죄 가운데 선행하는 죄에 따라서 통합격리처벌을

주어야 한다.

4) 수행승들이여, 여기 수행승이 격리생활을 실행하다가 도중에 많은 승단잔류죄를 지었다. 일부의 죄는 알고 일부의 죄는 알지 못했다. 그가 아는 죄를 감추고, 그가 알지 못하는 죄는 감추지 않았다. 만약에 그가 환속했다가 다시 구족계를 받아, 앞에서 알고 감춘 죄를 뒤에서 알고 감추고, 앞에서 알지 못하고 감추지 않은 죄를 뒤에서 알고 감춘다면, 수행승들이여, 그 수행승에게는 가중처벌을 주어야 하고, 감춘 죄 가운데 선행하는 죄에 따라서 통합격리처벌을 주어야 한다."

4. [세존]

1) "수행승들이여, 여기 수행승이 격리생활을 실행하다가 도중에 많은 승단잔류죄를 지었다. 일부의 죄는 기억하고 일부의 죄는 기억하지 못했다. 그가 기억하는 죄를 감추고, 그가 기억하지 못하는 죄는 감추지 않았다. 만약에 그가 환속했다가 다시 구족계를 받아, 앞에서 기억하고 감춘 죄를 뒤에서 기억하고 감추지 않고, 앞에서 기억하지 못하고 감추지 않은 죄를 뒤에서 기억하고 감추지 않는다면, 수행승들이여, 그 수행승에게는 가중처벌을 주어야 하고, 감춘 죄 가운데 선행하는 죄에 따라서 통합격리처벌을 주어야 한다.

2) 수행승들이여, 여기 수행승이 격리생활을 실행하다가 도중에 많은 승단잔류죄를 지었다. 일부의 죄는 기억하고 일부의 죄는 기억하지 못했다. 그가 기억하는 죄를 감추고, 그가 기억하지 못하는 죄는 감추지 않았다. 만약에 그가 환속했다가 다시 구족계를 받아, 앞에서 기억하고 감춘 죄를 뒤에서 기억하고 감추지 않고, 앞에서 기억하지 못하고 감추지 않은 죄를 뒤에서 기억하고 감춘다면, 수행승들이여, 그 수행승에게는 가중처벌을 주어야 하고, 감춘 죄 가운데 선행하는 죄에 따라서 통합격리처벌을 주어야 한다.

3) 수행승들이여, 여기 수행승이 격리생활을 실행하다가 도중에 많은 승단잔류죄를 지었다. 일부의 죄는 기억하고 일부의 죄는 기억하지 못했다. 그가 기억하는 죄를 감추고, 그가 기억하지 못하는 죄는 감추지 않았다. 만약에 그가 환속했다가 다시 구족계를 받아, 앞에서 기억하고 감춘 죄를 뒤에서 기억하고 감추고, 앞에서 기억하지 못하고 감추지 않은 죄를 뒤에서 기억하고 감추지 않는다면, 수행승들이여, 그 수행승에게는 가중처벌을 주어야 하고, 감춘 죄 가운데 선행하는 죄에 따라서 통합격리처벌을 주어야 한다.

4) 수행승들이여, 여기 수행승이 격리생활을 실행하다가 도중에 많은 승단잔류죄

를 지었다. 일부의 죄는 기억하고 일부의 죄는 기억하지 못했다. 그가 기억하는 죄를 감추고, 그가 기억하지 못하는 죄는 감추지 않았다. 만약에 그가 환속했다가 다시 구족계를 받아, 앞에서 기억하고 감춘 죄를 뒤에서 기억하고 감추고, 앞에서 기억하지 못하고 감추지 않은 죄를 뒤에서 기억하고 감춘다면, 수행승들이여, 그 수행승에게는 가중처벌을 주어야 하고, 감춘 죄 가운데 선행하는 죄에 따라서 통합격리처벌을 주어야 한다."

5. [세존]

1) "수행승들이여, 여기 수행승이 격리생활을 실행하다가 도중에 많은 승단잔류죄를 지었다. 일부의 죄는 의혹이 없고 일부의 죄는 의혹이 있었다. 그가 의혹이 없는 죄를 감추고, 그가 의혹이 있는 죄는 감추지 않았다. 만약에 그가 환속했다가 다시 구족계를 받아, 앞에서 의혹을 지니지 않고 감춘 죄를 뒤에서 의혹을 지니지 않고 감추지 않고, 앞에서 의혹을 지니고 감추지 않은 죄를 뒤에서 의혹을 지니지 않고 감추지 않는다면, 수행승들이여, 그 수행승에게는 가중처벌을 주어야 하고, 감춘 죄 가운데 선행하는 죄에 따라서 통합격리처벌을 주어야 한다.

2) 수행승들이여, 여기 수행승이 격리생활을 실행하다가 도중에 많은 승단잔류죄를 지었다. 일부의 죄는 의혹이 없고 일부의 죄는 의혹이 있었다. 그가 의혹이 없는 죄를 감추고, 그가 의혹이 있는 죄는 감추지 않았다. 만약에 그가 환속했다가 다시 구족계를 받아, 앞에서 의혹을 지니지 않고 감춘 죄를 뒤에서 의혹을 지니지 않고 감추지 않고, 앞에서 의혹을 지니고 감추지 않은 죄를 뒤에서 의혹을 지니지 않고 감춘다면, 수행승들이여, 그 수행승에게는 가중처벌을 주어야 하고, 감춘 죄 가운데 선행하는 죄에 따라서 통합격리처벌을 주어야 한다.

3) 수행승들이여, 여기 수행승이 격리생활을 실행하다가 도중에 많은 승단잔류죄를 지었다. 일부의 죄는 의혹이 없고 일부의 죄는 의혹이 있었다. 그가 의혹이 없는 죄를 감추고, 그가 의혹이 있는 죄는 감추지 않았다. 만약에 그가 환속했다가 다시 구족계를 받아, 앞에서 의혹을 지니지 않고 감춘 죄를 뒤에서 의혹을 지니지 않고 감추고, 앞에서 의혹을 지니고 감추지 않은 죄를 뒤에서 의혹을 지니지 않고 감추지 않는다면, 수행승들이여, 그 수행승에게는 가중처벌을 주어야 하고, 감춘 죄 가운데 선행하는 죄에 따라서 통합격리처벌을 주어야 한다.

4) 수행승들이여, 여기 수행승이 격리생활을 실행하다가 도중에 많은 승단잔류죄를 지었다. 일부의 죄는 의혹이 없고 일부의 죄는 의혹이 있었다. 그가 의혹이

없는 죄를 감추고, 그가 의혹이 있는 죄는 감추지 않았다. 만약에 그가 환속했다가 다시 구족계를 받아, 앞에서 의혹을 지니지 않고 감춘 죄를 뒤에서 의혹을 지니지 않고 감추고, 앞에서 의혹을 지니고 감추지 않은 죄를 뒤에서 의혹을 지니지 않고 감춘다면, 수행승들이여, 그 수행승에게는 가중처벌을 주어야 하고, 감춘 죄 가운데 선행하는 죄에 따라서 통합격리처벌을 주어야 한다."

가중처벌의 네 가지 유형(① : 1-20)이 끝났다.

31_2. 가중처벌의 네 가지 유형②(Mūlāyapaṭikassanacatussataka : 21-40)

1. [세존]

1) "수행승들이여, 여기 수행승이 격리생활을 실행하다가 도중에 많은 승단잔류죄를 짓고 감추지 않고 사미가 되었다. 만약 그가 다시 구족계를 받고 그 죄를 감추지 않는다면, 그 수행승에게는 가중처벌을 주어야 한다.

2) 수행승들이여, 여기 수행승이 격리생활을 실행하다가 도중에 많은 승단잔류죄를 짓고 감추지 않고 사미가 되었다. 만약 그가 다시 구족계를 받고 그 죄를 감춘다면, 그 수행승에게는 가중처벌을 주어야 한다. 그리고 감춘 죄 가운데 선행하는 죄에 따라서 통합격리처벌을 주어야 한다.

3) 수행승들이여, 여기 수행승이 격리생활을 실행하다가 도중에 많은 승단잔류죄를 짓고 감추고 사미가 되었다. 만약 그가 다시 구족계를 받고 그 죄를 감추지 않는다면, 그 수행승에게는 가중처벌을 주어야 한다. 그리고 감춘 죄 가운데 선행하는 죄에 따라서 통합격리처벌을 주어야 한다.

4) 수행승들이여, 여기 수행승이 격리생활을 실행하다가 도중에 많은 승단잔류죄를 짓고 감추고 사미가 되었다. 만약 그가 다시 구족계를 받고 그 죄를 감춘다면, 그 수행승에게는 가중처벌을 주어야 한다. 그리고 감춘 죄 가운데 선행하는 죄에 따라서 통합격리처벌을 주어야 한다."

2. [세존]

1) "수행승들이여, 여기 수행승이 격리생활을 실행하다가 도중에 많은 승단잔류죄를 지었다. 그에게 감춘 죄도 있고 감추지 않은 죄도 있다. 만약에 그가 사미가 되었다가 다시 구족계를 받아, 앞에서 감춘 죄를 뒤에 감추지 않고, 앞에서 감추지 않은 죄를 뒤에 감추지 않는다면, 수행승들이여, 그 수행승에게는 가중처벌을 주어야 하고, 감춘 죄 가운데 선행하는 죄에 따라서 통합격리처벌을 주어야 한다.

2) 수행승들이여, 여기 수행승이 격리생활을 실행하다가 도중에 많은 승단잔류죄를 지었다. 그에게 감춘 죄도 있고 감추지 않은 죄도 있다. 만약에 그가 사미가 되었다가 다시 구족계를 받아, 앞에서 감춘 죄를 뒤에 감추지 않고, 앞에서 감추지 않은 죄를 뒤에 감춘다면, 수행승들이여, 그 수행승에게는 가중처벌을 주어야 하고, 감춘 죄 가운데 선행하는 죄에 따라서 통합격리처벌을 주어야 한다.

3) 수행승들이여, 여기 수행승이 격리생활을 실행하다가 도중에 많은 승단잔류죄를 지었다. 그에게 감춘 죄도 있고 감추지 않은 죄도 있다. 만약에 그가 사미가 되었다가 다시 구족계를 받아, 앞에서 감춘 죄를 뒤에서 감추고, 앞에서 감추지 않은 죄를 뒤에서 감추지 않는다면, 수행승들이여, 그 수행승에게는 가중처벌을 주어야 하고, 감춘 죄 가운데 선행하는 죄에 따라서 통합격리처벌을 주어야 한다.

4) 수행승들이여, 여기 수행승이 격리생활을 실행하다가 도중에 많은 승단잔류죄를 지었다. 그에게 감춘 죄도 있고 감추지 않은 죄도 있다. 만약에 그가 사미가 되었다가 다시 구족계를 받아, 앞에서 감춘 죄를 뒤에서 감추고, 앞에서 감추지 않은 죄를 뒤에서 감춘다면, 수행승들이여, 그 수행승에게는 가중처벌을 주어야 하고, 감춘 죄 가운데 선행하는 죄에 따라서 통합격리처벌을 주어야 한다."

3. [세존]

1) "수행승들이여, 여기 수행승이 격리생활을 실행하다가 도중에 많은 승단잔류죄를 지었다. 일부의 죄는 알고 일부의 죄는 알지 못했다. 그가 아는 죄를 감추고, 그가 알지 못하는 죄는 감추지 않았다. 만약에 그가 사미가 되었다가 다시 구족계를 받아, 앞에서 알고 감춘 죄를 뒤에서 알고 감추지 않고, 앞에서 알지 못하고 감추지 않은 죄를 뒤에서 알고 감추지 않는다면, 수행승들이여, 그 수행승에게는 가중처벌을 주어야 하고, 감춘 죄 가운데 선행하는 죄에 따라서 통합격리처벌을 주어야 한다.

2) 수행승들이여, 여기 수행승이 격리생활을 실행하다가 도중에 많은 승단잔류죄를 지었다. 일부의 죄는 알고 일부의 죄는 알지 못했다. 그가 아는 죄를 감추고, 그가 알지 못하는 죄는 감추지 않았다. 만약에 그가 사미가 되었다가 다시 구족계를 받아, 앞에서 알고 감춘 죄를 뒤에서 알고 감추지 않고, 앞에서 알지 못하고 감추지 않은 죄를 뒤에서 알고 감춘다면, 수행승들이여, 그 수행승에게는 가중처벌을 주어야 하고, 감춘 죄 가운데 선행하는 죄에 따라서 통합격리처

벌을 주어야 한다.

3) 수행승들이여, 여기 수행승이 격리생활을 실행하다가 도중에 많은 승단잔류죄를 지었다. 일부의 죄는 알고 일부의 죄는 알지 못했다. 그가 아는 죄를 감추고, 그가 알지 못하는 죄는 감추지 않았다. 만약에 그가 사미가 되었다가 다시 구족계를 받아, 앞에서 알고 감춘 죄를 뒤에서 알고 감추고, 앞에서 알지 못하고 감추지 않은 죄를 뒤에서 알고 감추지 않는다면, 수행승들이여, 그 수행승에게는 가중처벌을 주어야 하고, 감춘 죄 가운데 선행하는 죄에 따라서 통합격리처벌을 주어야 한다.

4) 수행승들이여, 여기 수행승이 격리생활을 실행하다가 도중에 많은 승단잔류죄를 지었다. 일부의 죄는 알고 일부의 죄는 알지 못했다. 그가 아는 죄를 감추고, 그가 알지 못하는 죄는 감추지 않았다. 만약에 그가 사미가 되었다가 다시 구족계를 받아, 앞에서 알고 감춘 죄를 뒤에서 알고 감추고, 앞에서 알지 못하고 감추지 않은 죄를 뒤에서 알고 감춘다면, 수행승들이여, 그 수행승에게는 가중처벌을 주어야 하고, 감춘 죄 가운데 선행하는 죄에 따라서 통합격리처벌을 주어야 한다."

4. [세존]

1) "수행승들이여, 여기 수행승이 격리생활을 실행하다가 도중에 많은 승단잔류죄를 지었다. 일부의 죄는 기억하고 일부의 죄는 기억하지 못했다. 그가 기억하는 죄를 감추고, 그가 기억하지 못하는 죄는 감추지 않았다. 만약에 그가 사미가 되었다가 다시 구족계를 받아, 앞에서 기억하고 감춘 죄를 뒤에서 기억하고 감추지 않고, 앞에서 기억하지 못하고 감추지 않은 죄를 뒤에서 기억하고 감추지 않는다면, 수행승들이여, 그 수행승에게는 가중처벌을 주어야 하고, 감춘 죄 가운데 선행하는 죄에 따라서 통합격리처벌을 주어야 한다.

2) 수행승들이여, 여기 수행승이 격리생활을 실행하다가 도중에 많은 승단잔류죄를 지었다. 일부의 죄는 기억하고 일부의 죄는 기억하지 못했다. 그가 기억하는 죄를 감추고, 그가 기억하지 못하는 죄는 감추지 않았다. 만약에 그가 사미가 되었다가 다시 구족계를 받아, 앞에서 기억하고 감춘 죄를 뒤에서 기억하고 감추지 않고, 앞에서 기억하지 못하고 감추지 않은 죄를 뒤에서 기억하고 감춘다면, 수행승들이여, 그 수행승에게는 가중처벌을 주어야 하고, 감춘 죄 가운데 선행하는 죄에 따라서 통합격리처벌을 주어야 한다.

3) 수행승들이여, 여기 수행승이 격리생활을 실행하다가 도중에 많은 승단잔류죄

를 지었다. 일부의 죄는 기억하고 일부의 죄는 기억하지 못했다. 그가 기억하는 죄를 감추고, 그가 기억하지 못하는 죄는 감추지 않았다. 만약에 그가 사미가 되었다가 다시 구족계를 받아, 앞에서 기억하고 감춘 죄를 뒤에서 기억하고 감추고, 앞에서 기억하지 못하고 감추지 않은 죄를 뒤에서 기억하고 감추지 않는다면, 수행승들이여, 그 수행승에게는 가중처벌을 주어야 하고, 감춘 죄 가운데 선행하는 죄에 따라서 통합격리처벌을 주어야 한다.

4) 수행승들이여, 여기 수행승이 격리생활을 실행하다가 도중에 많은 승단잔류죄를 지었다. 일부의 죄는 기억하고 일부의 죄는 기억하지 못했다. 그가 기억하는 죄를 감추고, 그가 기억하지 못하는 죄는 감추지 않았다. 만약에 그가 사미가 되었다가 다시 구족계를 받아, 앞에서 기억하고 감춘 죄를 뒤에서 기억하고 감추고, 앞에서 기억하지 못하고 감추지 않은 죄를 뒤에서 기억하고 감춘다면, 수행승들이여, 그 수행승에게는 가중처벌을 주어야 하고, 감춘 죄 가운데 선행하는 죄에 따라서 통합격리처벌을 주어야 한다."

5. [세존]

1) "수행승들이여, 여기 수행승이 격리생활을 실행하다가 도중에 많은 승단잔류죄를 지었다. 일부의 죄는 의혹이 없고 일부의 죄는 의혹이 있었다. 그가 의혹이 없는 죄를 감추고, 그가 의혹이 있는 죄는 감추지 않았다. 만약에 그가 사미가 되었다가 다시 구족계를 받아, 앞에서 의혹을 지니지 않고 감춘 죄를 뒤에서 의혹을 지니지 않고 감추지 않고, 앞에서 의혹을 지니고 감추지 않은 죄를 뒤에서 의혹을 지니지 않고 감추지 않는다면, 수행승들이여, 그 수행승에게는 가중처벌을 주어야 하고, 감춘 죄 가운데 선행하는 죄에 따라서 통합격리처벌을 주어야 한다.

2) 수행승들이여, 여기 수행승이 격리생활을 실행하다가 도중에 많은 승단잔류죄를 지었다. 일부의 죄는 의혹이 없고 일부의 죄는 의혹이 있었다. 그가 의혹이 없는 죄를 감추고, 그가 의혹이 있는 죄는 감추지 않았다. 만약에 그가 사미가 되었다가 다시 구족계를 받아, 앞에서 의혹을 지니지 않고 감춘 죄를 뒤에서 의혹을 지니지 않고 감추지 않고, 앞에서 의혹을 지니고 감추지 않은 죄를 뒤에서 의혹을 지니지 않고 감춘다면, 수행승들이여, 그 수행승에게는 가중처벌을 주어야 하고, 감춘 죄 가운데 선행하는 죄에 따라서 통합격리처벌을 주어야 한다.

3) 수행승들이여, 여기 수행승이 격리생활을 실행하다가 도중에 많은 승단잔류죄

를 지었다. 일부의 죄는 의혹이 없고 일부의 죄는 의혹이 있었다. 그가 의혹이 없는 죄를 감추고, 그가 의혹이 있는 죄는 감추지 않았다. 만약에 그가 사미가 되었다가 다시 구족계를 받아, 앞에서 의혹을 지니지 않고 감춘 죄를 뒤에서 의혹을 지니지 않고 감추고, 앞에서 의혹을 지니고 감추지 않은 죄를 뒤에서 의혹을 지니지 않고 감추지 않는다면, 수행승들이여, 그 수행승에게는 가중처벌을 주어야 하고, 감춘 죄 가운데 선행하는 죄에 따라서 통합격리처벌을 주어야 한다.

4) 수행승들이여, 여기 수행승이 격리생활을 실행하다가 도중에 많은 승단잔류죄를 지었다. 일부의 죄는 의혹이 없고 일부의 죄는 의혹이 있었다. 그가 의혹이 없는 죄를 감추고, 그가 의혹이 있는 죄는 감추지 않았다. 만약에 그가 사미가 되었다가 다시 구족계를 받아, 앞에서 의혹을 지니지 않고 감춘 죄를 뒤에서 의혹을 지니지 않고 감추고, 앞에서 의혹을 지니고 감추지 않은 죄를 뒤에서 의혹을 지니지 않고 감춘다면, 수행승들이여, 그 수행승에게는 가중처벌을 주어야 하고, 감춘 죄 가운데 선행하는 죄에 따라서 통합격리처벌을 주어야 한다.”

31₃. 가중처벌의 네 가지 유형③(Mūlāyapaṭikassanacatussataka : 41–60)

1. [세존]

1) “수행승들이여, 여기 수행승이 격리생활을 실행하다가 도중에 많은 승단잔류죄를 짓고 감추지 않고 정신착란된 사람이 되었다. 만약 그가 다시 구족계를 받고 그 죄를 감추지 않는다면, 그 수행승에게는 가중처벌을 주어야 한다.

2) 수행승들이여, 여기 수행승이 격리생활을 실행하다가 도중에 많은 승단잔류죄를 짓고 감추지 않고 정신착란된 사람이 되었다. 만약 그가 다시 구족계를 받고 그 죄를 감춘다면, 그 수행승에게는 가중처벌을 주어야 한다. 그리고 감춘 죄 가운데 선행하는 죄에 따라서 통합격리처벌을 주어야 한다.

3) 수행승들이여, 여기 수행승이 격리생활을 실행하다가 도중에 많은 승단잔류죄를 짓고 감추고 정신착란된 사람이 되었다. 만약 그가 다시 구족계를 받고 그 죄를 감추지 않는다면, 그 수행승에게는 가중처벌을 주어야 한다. 그리고 감춘 죄 가운데 선행하는 죄에 따라서 통합격리처벌을 주어야 한다.

4) 수행승들이여, 여기 수행승이 격리생활을 실행하다가 도중에 많은 승단잔류죄를 짓고 감추고 정신착란된 사람이 되었다. 만약 그가 다시 구족계를 받고

그 죄를 감춘다면, 그 수행승에게는 가중처벌을 주어야 한다. 그리고 감춘 죄 가운데 선행하는 죄에 따라서 통합격리처벌을 주어야 한다."

2. [세존]

1) "수행승들이여, 여기 수행승이 격리생활을 실행하다가 도중에 많은 승단잔류죄를 지었다. 그에게 감춘 죄도 있고 감추지 않은 죄도 있다. 만약에 그가 정신착란이 없는 사람이 되어, 앞에서 감춘 죄를 뒤에 감추지 않고, 앞에서 감추지 않은 죄를 뒤에 감추지 않는다면, 수행승들이여, 그 수행승에게는 가중처벌을 주어야 하고, 감춘 죄 가운데 선행하는 죄에 따라서 통합격리처벌을 주어야 한다.

2) 수행승들이여, 여기 수행승이 격리생활을 실행하다가 도중에 많은 승단잔류죄를 지었다. 그에게 감춘 죄도 있고 감추지 않은 죄도 있다. 만약에 그가 정신착란이 없는 사람이 되어, 앞에서 감춘 죄를 뒤에 감추지 않고, 앞에서 감추지 않은 죄를 뒤에 감춘다면, 수행승들이여, 그 수행승에게는 가중처벌을 주어야 하고, 감춘 죄 가운데 선행하는 죄에 따라서 통합격리처벌을 주어야 한다.

3) 수행승들이여, 여기 수행승이 격리생활을 실행하다가 도중에 많은 승단잔류죄를 지었다. 그에게 감춘 죄도 있고 감추지 않은 죄도 있다. 만약에 그가 정신착란이 없는 사람이 되어, 앞에서 감춘 죄를 뒤에서 감추고, 앞에서 감추지 않은 죄를 뒤에서 감추지 않는다면, 수행승들이여, 그 수행승에게는 가중처벌을 주어야 하고, 감춘 죄 가운데 선행하는 죄에 따라서 통합격리처벌을 주어야 한다.

4) 수행승들이여, 여기 수행승이 격리생활을 실행하다가 도중에 많은 승단잔류죄를 지었다. 그에게 감춘 죄도 있고 감추지 않은 죄도 있다. 만약에 그가 정신착란이 없는 사람이 되어, 앞에서 감춘 죄를 뒤에서 감추고, 앞에서 감추지 않은 죄를 뒤에서 감춘다면, 수행승들이여, 그 수행승에게는 가중처벌을 주어야 하고, 감춘 죄 가운데 선행하는 죄에 따라서 통합격리처벌을 주어야 한다."

3. [세존]

1) "수행승들이여, 여기 수행승이 격리생활을 실행하다가 도중에 많은 승단잔류죄를 지었다. 일부의 죄는 알고 일부의 죄는 알지 못했다. 그가 아는 죄를 감추고, 그가 알지 못하는 죄는 감추지 않았다. 만약에 그가 정신착란이 없는 사람이 되어, 앞에서 알고 감춘 죄를 뒤에서 알고 감추지 않고, 앞에서 알지 못하고 감추지 않은 죄를 뒤에서 알고 감추지 않는다면, 수행승들이여, 그 수행승에게는 가중처벌을 주어야 하고, 감춘 죄 가운데 선행하는 죄에 따라서 통합격리처

벌을 주어야 한다.

2) 수행승들이여, 여기 수행승이 격리생활을 실행하다가 도중에 많은 승단잔류죄를 지었다. 일부의 죄는 알고 일부의 죄는 알지 못했다. 그가 아는 죄를 감추고, 그가 알지 못하는 죄는 감추지 않았다. 만약에 그가 정신착란이 없는 사람이 되어, 앞에서 알고 감춘 죄를 뒤에서 알고 감추지 않고, 앞에서 알지 못하고 감추지 않은 죄를 뒤에서 알고 감춘다면, 수행승들이여, 그 수행승에게는 가중처벌을 주어야 하고, 감춘 죄 가운데 선행하는 죄에 따라서 통합격리처벌을 주어야 한다.

3) 수행승들이여, 여기 수행승이 격리생활을 실행하다가 도중에 많은 승단잔류죄를 지었다. 일부의 죄는 알고 일부의 죄는 알지 못했다. 그가 아는 죄를 감추고, 그가 알지 못하는 죄는 감추지 않았다. 만약에 그가 정신착란이 없는 사람이 되어, 앞에서 알고 감춘 죄를 뒤에서 알고 감추고, 앞에서 알지 못하고 감추지 않은 죄를 뒤에서 알고 감추지 않는다면, 수행승들이여, 그 수행승에게는 가중처벌을 주어야 하고, 감춘 죄 가운데 선행하는 죄에 따라서 통합격리처벌을 주어야 한다.

4) 수행승들이여, 여기 수행승이 격리생활을 실행하다가 도중에 많은 승단잔류죄를 지었다. 일부의 죄는 알고 일부의 죄는 알지 못했다. 그가 아는 죄를 감추고, 그가 알지 못하는 죄는 감추지 않았다. 만약에 그가 정신착란이 없는 사람이 되어, 앞에서 알고 감춘 죄를 뒤에서 알고 감추고, 앞에서 알지 못하고 감추지 않은 죄를 뒤에서 알고 감춘다면, 수행승들이여, 그 수행승에게는 가중처벌을 주어야 하고, 감춘 죄 가운데 선행하는 죄에 따라서 통합격리처벌을 주어야 한다.”

4. [세존]

1) “수행승들이여, 여기 수행승이 격리생활을 실행하다가 도중에 많은 승단잔류죄를 지었다. 일부의 죄는 기억하고 일부의 죄는 기억하지 못했다. 그가 기억하는 죄를 감추고, 그가 기억하지 못하는 죄는 감추지 않았다. 만약에 그가 정신착란이 없는 사람이 되어, 앞에서 기억하고 감춘 죄를 뒤에서 기억하고 감추지 않고, 앞에서 기억하지 못하고 감추지 않은 죄를 뒤에서 기억하고 감추지 않는다면, 수행승들이여, 그 수행승에게는 가중처벌을 주어야 하고, 감춘 죄 가운데 선행하는 죄에 따라서 통합격리처벌을 주어야 한다.

2) 수행승들이여, 여기 수행승이 격리생활을 실행하다가 도중에 많은 승단잔류죄

를 지었다. 일부의 죄는 기억하고 일부의 죄는 기억하지 못했다. 그가 기억하는 죄를 감추고, 그가 기억하지 못하는 죄는 감추지 않았다. 만약에 그가 정신착란이 없는 사람이 되어, 앞에서 기억하고 감춘 죄를 뒤에서 기억하고 감추지 않고, 앞에서 기억하지 못하고 감추지 않은 죄를 뒤에서 기억하고 감춘다면, 수행승들이여, 그 수행승에게는 가중처벌을 주어야 하고, 감춘 죄 가운데 선행하는 죄에 따라서 통합격리처벌을 주어야 한다.

3) 수행승들이여, 여기 수행승이 격리생활을 실행하다가 도중에 많은 승단잔류죄를 지었다. 일부의 죄는 기억하고 일부의 죄는 기억하지 못했다. 그가 기억하는 죄를 감추고, 그가 기억하지 못하는 죄는 감추지 않았다. 만약에 그가 정신착란이 없는 사람이 되어, 앞에서 기억하고 감춘 죄를 뒤에서 기억하고 감추고, 앞에서 기억하지 못하고 감추지 않은 죄를 뒤에서 기억하고 감추지 않는다면, 수행승들이여, 그 수행승에게는 가중처벌을 주어야 하고, 감춘 죄 가운데 선행하는 죄에 따라서 통합격리처벌을 주어야 한다.

4) 수행승들이여, 여기 수행승이 격리생활을 실행하다가 도중에 많은 승단잔류죄를 지었다. 일부의 죄는 기억하고 일부의 죄는 기억하지 못했다. 그가 기억하는 죄를 감추고, 그가 기억하지 못하는 죄는 감추지 않았다. 만약에 그가 정신착란이 없는 사람이 되어, 앞에서 기억하고 감춘 죄를 뒤에서 기억하고 감추고, 앞에서 기억하지 못하고 감추지 않은 죄를 뒤에서 기억하고 감춘다면, 수행승들이여, 그 수행승에게는 가중처벌을 주어야 하고, 감춘 죄 가운데 선행하는 죄에 따라서 통합격리처벌을 주어야 한다."

5. [세존]

1) "수행승들이여, 여기 수행승이 격리생활을 실행하다가 도중에 많은 승단잔류죄를 지었다. 일부의 죄는 의혹이 없고 일부의 죄는 의혹이 있었다. 그가 의혹이 없는 죄를 감추고, 그가 의혹이 있는 죄는 감추지 않았다. 만약에 그가 정신착란이 없는 사람이 되어, 앞에서 의혹을 지니지 않고 감춘 죄를 뒤에서 의혹을 지니지 않고 감추지 않고, 앞에서 의혹을 지니고 감추지 않은 죄를 뒤에서 의혹을 지니지 않고 감추지 않는다면, 수행승들이여, 그 수행승에게는 가중처벌을 주어야 하고, 감춘 죄 가운데 선행하는 죄에 따라서 통합격리처벌을 주어야 한다.

2) 수행승들이여, 여기 수행승이 격리생활을 실행하다가 도중에 많은 승단잔류죄를 지었다. 일부의 죄는 의혹이 없고 일부의 죄는 의혹이 있었다. 그가 의혹이

없는 죄를 감추고, 그가 의혹이 있는 죄는 감추지 않았다. 만약에 그가 정신착란이 없는 사람이 되어, 앞에서 의혹을 지니지 않고 감춘 죄를 뒤에서 의혹을 지니지 않고 감추지 않고, 앞에서 의혹을 지니고 감추지 않은 죄를 뒤에서 의혹을 지니지 않고 감춘다면, 수행승들이여, 그 수행승에게는 가중처벌을 주어야 하고, 감춘 죄 가운데 선행하는 죄에 따라서 통합격리처벌을 주어야 한다.

3) 수행승들이여, 여기 수행승이 격리생활을 실행하다가 도중에 많은 승단잔류죄를 지었다. 일부의 죄는 의혹이 없고 일부의 죄는 의혹이 있었다. 그가 의혹이 없는 죄를 감추고, 그가 의혹이 있는 죄는 감추지 않았다. 만약에 그가 정신착란이 없는 사람이 되어, 앞에서 의혹을 지니지 않고 감춘 죄를 뒤에서 의혹을 지니지 않고 감추고, 앞에서 의혹을 지니고 감추지 않은 죄를 뒤에서 의혹을 지니지 않고 감추지 않는다면, 수행승들이여, 그 수행승에게는 가중처벌을 주어야 하고, 감춘 죄 가운데 선행하는 죄에 따라서 통합격리처벌을 주어야 한다.

4) 수행승들이여, 여기 수행승이 격리생활을 실행하다가 도중에 많은 승단잔류죄를 지었다. 일부의 죄는 의혹이 없고 일부의 죄는 의혹이 있었다. 그가 의혹이 없는 죄를 감추고, 그가 의혹이 있는 죄는 감추지 않았다. 만약에 그가 정신착란이 없는 사람이 되어, 앞에서 의혹을 지니지 않고 감춘 죄를 뒤에서 의혹을 지니지 않고 감추고, 앞에서 의혹을 지니고 감추지 않은 죄를 뒤에서 의혹을 지니지 않고 감춘다면, 수행승들이여, 그 수행승에게는 가중처벌을 주어야 하고, 감춘 죄 가운데 선행하는 죄에 따라서 통합격리처벌을 주어야 한다."

가중처벌의 네 가지 유형(③ : 41-60)이 끝났다.

31₄. 가중처벌의 네 가지 유형④(Mūlāyapaṭikassanacatussataka : 61–80)

1. [세존]

1) "수행승들이여, 여기 수행승이 격리생활을 실행하다가 도중에 많은 승단잔류죄를 짓고 감추지 않고 심란한 사람이 되었다. 만약 그가 다시 구족계를 받고 그 죄를 감추지 않는다면, 그 수행승에게는 가중처벌을 주어야 한다.

2) 수행승들이여, 여기 수행승이 격리생활을 실행하다가 도중에 많은 승단잔류죄를 짓고 감추지 않고 심란한 사람이 되었다. 만약 그가 다시 구족계를 받고 그 죄를 감춘다면, 그 수행승에게는 가중처벌을 주어야 한다. 그리고 감춘 죄 가운데 선행하는 죄에 따라서 통합격리처벌을 주어야 한다.

3) 수행승들이여, 여기 수행승이 격리생활을 실행하다가 도중에 많은 승단잔류죄를 짓고 감추고 심란한 사람이 되었다. 만약 그가 다시 구족계를 받고 그 죄를

감추지 않는다면, 그 수행승에게는 가중처벌을 주어야 한다. 그리고 감춘 죄 가운데 선행하는 죄에 따라서 통합격리처벌을 주어야 한다.

4) 수행승들이여, 여기 수행승이 격리생활을 실행하다가 도중에 많은 승단잔류죄를 짓고 감추고 심란한 사람이 되었다. 만약 그가 다시 구족계를 받고 그 죄를 감춘다면, 그 수행승에게는 가중처벌을 주어야 한다. 그리고 감춘 죄 가운데 선행하는 죄에 따라서 통합격리처벌을 주어야 한다."

2. [세존]

1) "수행승들이여, 여기 수행승이 격리생활을 실행하다가 도중에 많은 승단잔류죄를 지었다. 그에게 감춘 죄도 있고 감추지 않은 죄도 있다. 만약에 그가 심란하지 않은 사람이 되어, 앞에서 감춘 죄를 뒤에 감추지 않고, 앞에서 감추지 않은 죄를 뒤에 감추지 않는다면, 수행승들이여, 그 수행승에게는 가중처벌을 주어야 하고, 감춘 죄 가운데 선행하는 죄에 따라서 통합격리처벌을 주어야 한다.

2) 수행승들이여, 여기 수행승이 격리생활을 실행하다가 도중에 많은 승단잔류죄를 지었다. 그에게 감춘 죄도 있고 감추지 않은 죄도 있다. 만약에 그가 심란하지 않은 사람이 되어, 앞에서 감춘 죄를 뒤에 감추지 않고, 앞에서 감추지 않은 죄를 뒤에 감춘다면, 수행승들이여, 그 수행승에게는 가중처벌을 주어야 하고, 감춘 죄 가운데 선행하는 죄에 따라서 통합격리처벌을 주어야 한다.

3) 수행승들이여, 여기 수행승이 격리생활을 실행하다가 도중에 많은 승단잔류죄를 지었다. 그에게 감춘 죄도 있고 감추지 않은 죄도 있다. 만약에 그가 심란하지 않은 사람이 되어, 앞에서 감춘 죄를 뒤에서 감추고, 앞에서 감추지 않은 죄를 뒤에서 감추지 않는다면, 수행승들이여, 그 수행승에게는 가중처벌을 주어야 하고, 감춘 죄 가운데 선행하는 죄에 따라서 통합격리처벌을 주어야 한다.

4) 수행승들이여, 여기 수행승이 격리생활을 실행하다가 도중에 많은 승단잔류죄를 지었다. 그에게 감춘 죄도 있고 감추지 않은 죄도 있다. 만약에 그가 심란하지 않은 사람이 되어, 앞에서 감춘 죄를 뒤에서 감추고, 앞에서 감추지 않은 죄를 뒤에서 감춘다면, 수행승들이여, 그 수행승에게는 가중처벌을 주어야 하고, 감춘 죄 가운데 선행하는 죄에 따라서 통합격리처벌을 주어야 한다."

3. [세존]

1) "수행승들이여, 여기 수행승이 격리생활을 실행하다가 도중에 많은 승단잔류죄를 지었다. 일부의 죄는 알고 일부의 죄는 알지 못했다. 그가 아는 죄를 감추

고, 그가 알지 못하는 죄는 감추지 않았다. 만약에 그가 심란하지 않은 사람이 되어, 앞에서 알고 감춘 죄를 뒤에서 알고 감추지 않고, 앞에서 알지 못하고 감추지 않은 죄를 뒤에서 알고 감추지 않는다면, 수행승들이여, 그 수행승에게는 가중처벌을 주어야 하고, 감춘 죄 가운데 선행하는 죄에 따라서 통합격리처벌을 주어야 한다.

2) 수행승들이여, 여기 수행승이 격리생활을 실행하다가 도중에 많은 승단잔류죄를 지었다. 일부의 죄는 알고 일부의 죄는 알지 못했다. 그가 아는 죄를 감추고, 그가 알지 못하는 죄는 감추지 않았다. 만약에 그가 심란하지 않은 사람이 되어, 앞에서 알고 감춘 죄를 뒤에서 알고 감추지 않고, 앞에서 알지 못하고 감추지 않은 죄를 뒤에서 알고 감춘다면, 수행승들이여, 그 수행승에게는 가중처벌을 주어야 하고, 감춘 죄 가운데 선행하는 죄에 따라서 통합격리처벌을 주어야 한다.

3) 수행승들이여, 여기 수행승이 격리생활을 실행하다가 도중에 많은 승단잔류죄를 지었다. 일부의 죄는 알고 일부의 죄는 알지 못했다. 그가 아는 죄를 감추고, 그가 알지 못하는 죄는 감추지 않았다. 만약에 그가 심란하지 않은 사람이 되어, 앞에서 알고 감춘 죄를 뒤에서 알고 감추고, 앞에서 알지 못하고 감추지 않은 죄를 뒤에서 알고 감추지 않는다면, 수행승들이여, 그 수행승에게는 가중처벌을 주어야 하고, 감춘 죄 가운데 선행하는 죄에 따라서 통합격리처벌을 주어야 한다.

4) 수행승들이여, 여기 수행승이 격리생활을 실행하다가 도중에 많은 승단잔류죄를 지었다. 일부의 죄는 알고 일부의 죄는 알지 못했다. 그가 아는 죄를 감추고, 그가 알지 못하는 죄는 감추지 않았다. 만약에 그가 심란하지 않은 사람이 되어, 앞에서 알고 감춘 죄를 뒤에서 알고 감추고, 앞에서 알지 못하고 감추지 않은 죄를 뒤에서 알고 감춘다면, 수행승들이여, 그 수행승에게는 가중처벌을 주어야 하고, 감춘 죄 가운데 선행하는 죄에 따라서 통합격리처벌을 주어야 한다."

4. [세존]

1) "수행승들이여, 여기 수행승이 격리생활을 실행하다가 도중에 많은 승단잔류죄를 지었다. 일부의 죄는 기억하고 일부의 죄는 기억하지 못했다. 그가 기억하는 죄를 감추고, 그가 기억하지 못하는 죄는 감추지 않았다. 만약에 그가 심란하지 않은 사람이 되어, 앞에서 기억하고 감춘 죄를 뒤에서 기억하고 감추지

않고, 앞에서 기억하지 못하고 감추지 않은 죄를 뒤에서 기억하고 감추지 않는다면, 수행승들이여, 그 수행승에게는 가중처벌을 주어야 하고, 감춘 죄 가운데 선행하는 죄에 따라서 통합격리처벌을 주어야 한다.

2) 수행승들이여, 여기 수행승이 격리생활을 실행하다가 도중에 많은 승단잔류죄를 지었다. 일부의 죄는 기억하고 일부의 죄는 기억하지 못했다. 그가 기억하는 죄를 감추고, 그가 기억하지 못하는 죄는 감추지 않았다. 만약에 그가 심란하지 않은 사람이 되어, 앞에서 기억하고 감춘 죄를 뒤에서 기억하고 감추지 않고, 앞에서 기억하지 못하고 감추지 않은 죄를 뒤에서 기억하고 감춘다면, 수행승들이여, 그 수행승에게는 가중처벌을 주어야 하고, 감춘 죄 가운데 선행하는 죄에 따라서 통합격리처벌을 주어야 한다.

3) 수행승들이여, 여기 수행승이 격리생활을 실행하다가 도중에 많은 승단잔류죄를 지었다. 일부의 죄는 기억하고 일부의 죄는 기억하지 못했다. 그가 기억하는 죄를 감추고, 그가 기억하지 못하는 죄는 감추지 않았다. 만약에 그가 심란하지 않은 사람이 되어, 앞에서 기억하고 감춘 죄를 뒤에서 기억하고 감추고, 앞에서 기억하지 못하고 감추지 않은 죄를 뒤에서 기억하고 감추지 않는다면, 수행승들이여, 그 수행승에게는 가중처벌을 주어야 하고, 감춘 죄 가운데 선행하는 죄에 따라서 통합격리처벌을 주어야 한다.

4) 수행승들이여, 여기 수행승이 격리생활을 실행하다가 도중에 많은 승단잔류죄를 지었다. 일부의 죄는 기억하고 일부의 죄는 기억하지 못했다. 그가 기억하는 죄를 감추고, 그가 기억하지 못하는 죄는 감추지 않았다. 만약에 그가 심란하지 않은 사람이 되어, 앞에서 기억하고 감춘 죄를 뒤에서 기억하고 감추고, 앞에서 기억하지 못하고 감추지 않은 죄를 뒤에서 기억하고 감춘다면, 수행승들이여, 그 수행승에게는 가중처벌을 주어야 하고, 감춘 죄 가운데 선행하는 죄에 따라서 통합격리처벌을 주어야 한다."

5. [세존]

1) "수행승들이여, 여기 수행승이 격리생활을 실행하다가 도중에 많은 승단잔류죄를 지었다. 일부의 죄는 의혹이 없고 일부의 죄는 의혹이 있었다. 그가 의혹이 없는 죄를 감추고, 그가 의혹이 있는 죄는 감추지 않았다. 만약에 그가 심란하지 않은 사람이 되어, 앞에서 의혹을 지니지 않고 감춘 죄를 뒤에서 의혹을 지니지 않고 감추지 않고, 앞에서 의혹을 지니고 감추지 않은 죄를 뒤에서 의혹을 지니지 않고 감추지 않는다면, 수행승들이여, 그 수행승에게는 가중처벌을 주

어야 하고, 감춘 죄 가운데 선행하는 죄에 따라서 통합격리처벌을 주어야 한다.

2) 수행승들이여, 여기 수행승이 격리생활을 실행하다가 도중에 많은 승단잔류죄를 지었다. 일부의 죄는 의혹이 없고 일부의 죄는 의혹이 있었다. 그가 의혹이 없는 죄를 감추고, 그가 의혹이 있는 죄는 감추지 않았다. 만약에 그가 심란하지 않은 사람이 되어, 앞에서 의혹을 지니지 않고 감춘 죄를 뒤에서 의혹을 지니지 않고 감추지 않고, 앞에서 의혹을 지니고 감추지 않은 죄를 뒤에서 의혹을 지니지 않고 감춘다면, 수행승들이여, 그 수행승에게는 가중처벌을 주어야 하고, 감춘 죄 가운데 선행하는 죄에 따라서 통합격리처벌을 주어야 한다.

3) 수행승들이여, 여기 수행승이 격리생활을 실행하다가 도중에 많은 승단잔류죄를 지었다. 일부의 죄는 의혹이 없고 일부의 죄는 의혹이 있었다. 그가 의혹이 없는 죄를 감추고, 그가 의혹이 있는 죄는 감추지 않았다. 만약에 그가 심란하지 않은 사람이 되어, 앞에서 의혹을 지니지 않고 감춘 죄를 뒤에서 의혹을 지니지 않고 감추고, 앞에서 의혹을 지니고 감추지 않은 죄를 뒤에서 의혹을 지니지 않고 감추지 않는다면, 수행승들이여, 그 수행승에게는 가중처벌을 주어야 하고, 감춘 죄 가운데 선행하는 죄에 따라서 통합격리처벌을 주어야 한다.

4) 수행승들이여, 여기 수행승이 격리생활을 실행하다가 도중에 많은 승단잔류죄를 지었다. 일부의 죄는 의혹이 없고 일부의 죄는 의혹이 있었다. 그가 의혹이 없는 죄를 감추고, 그가 의혹이 있는 죄는 감추지 않았다. 만약에 그가 심란하지 않은 사람이 되어, 앞에서 의혹을 지니지 않고 감춘 죄를 뒤에서 의혹을 지니지 않고 감추고, 앞에서 의혹을 지니고 감추지 않은 죄를 뒤에서 의혹을 지니지 않고 감춘다면, 수행승들이여, 그 수행승에게는 가중처벌을 주어야 하고, 감춘 죄 가운데 선행하는 죄에 따라서 통합격리처벌을 주어야 한다."

가중처벌의 네 가지 유형(④ : 61-80)이 끝났다.

31_5. 가중처벌의 네 가지 유형⑤(Mūlāyapaṭikassanacatussataka : 81-100)

1. [세존]

1) "수행승들이여, 여기 수행승이 격리생활을 실행하다가 도중에 많은 승단잔류죄를 짓고 감추지 않고 애통해 하는 사람이 되었다. 만약 그가 다시 구족계를 받고 그 죄를 감추지 않는다면, 그 수행승에게는 가중처벌을 주어야 한다.

2) 수행승들이여, 여기 수행승이 격리생활을 실행하다가 도중에 많은 승단잔류죄를 짓고 감추지 않고 애통해 하는 사람이 되었다. 만약 그가 다시 구족계를 받고 그 죄를 감춘다면, 그 수행승에게는 가중처벌을 주어야 한다. 그리고 감춘

죄 가운데 선행하는 죄에 따라서 통합격리처벌을 주어야 한다.

3) 수행승들이여, 여기 수행승이 격리생활을 실행하다가 도중에 많은 승단잔류죄를 짓고 감추고 애통해 하는 사람이 되었다. 만약 그가 다시 구족계를 받고 그 죄를 감추지 않는다면, 그 수행승에게는 가중처벌을 주어야 한다. 그리고 감춘 죄 가운데 선행하는 죄에 따라서 통합격리처벌을 주어야 한다.

4) 수행승들이여, 여기 수행승이 격리생활을 실행하다가 도중에 많은 승단잔류죄를 짓고 감추고 애통해 하는 사람이 되었다. 만약 그가 다시 구족계를 받고 그 죄를 감춘다면, 그 수행승에게는 가중처벌을 주어야 한다. 그리고 감춘 죄 가운데 선행하는 죄에 따라서 통합격리처벌을 주어야 한다."

2. [세존]

1) "수행승들이여, 여기 수행승이 격리생활을 실행하다가 도중에 많은 승단잔류죄를 지었다. 그에게 감춘 죄도 있고 감추지 않은 죄도 있다. 만약에 그가 애통해 하지 않는 사람이 되어, 앞에서 감춘 죄를 뒤에 감추지 않고, 앞에서 감추지 않은 죄를 뒤에 감추지 않는다면, 수행승들이여, 그 수행승에게는 가중처벌을 주어야 하고, 감춘 죄 가운데 선행하는 죄에 따라서 통합격리처벌을 주어야 한다.

2) 수행승들이여, 여기 수행승이 격리생활을 실행하다가 도중에 많은 승단잔류죄를 지었다. 그에게 감춘 죄도 있고 감추지 않은 죄도 있다. 만약에 그가 애통해 하지 않는 사람이 되어, 앞에서 감춘 죄를 뒤에 감추지 않고, 앞에서 감추지 않은 죄를 뒤에 감춘다면, 수행승들이여, 그 수행승에게는 가중처벌을 주어야 하고, 감춘 죄 가운데 선행하는 죄에 따라서 통합격리처벌을 주어야 한다.

3) 수행승들이여, 여기 수행승이 격리생활을 실행하다가 도중에 많은 승단잔류죄를 지었다. 그에게 감춘 죄도 있고 감추지 않은 죄도 있다. 만약에 그가 애통해 하지 않는 사람이 되어, 앞에서 감춘 죄를 뒤에서 감추고, 앞에서 감추지 않은 죄를 뒤에서 감추지 않는다면, 수행승들이여, 그 수행승에게는 가중처벌을 주어야 하고, 감춘 죄 가운데 선행하는 죄에 따라서 통합격리처벌을 주어야 한다.

4) 수행승들이여, 여기 수행승이 격리생활을 실행하다가 도중에 많은 승단잔류죄를 지었다. 그에게 감춘 죄도 있고 감추지 않은 죄도 있다. 만약에 그가 애통해 하지 않는 사람이 되어, 앞에서 감춘 죄를 뒤에서 감추고, 앞에서 감추지 않은 죄를 뒤에서 감춘다면, 수행승들이여, 그 수행승에게는 가중처벌을 주어야 하

고, 감춘 죄 가운데 선행하는 죄에 따라서 통합격리처벌을 주어야 한다."

3. [세존]

1) "수행승들이여, 여기 수행승이 격리생활을 실행하다가 도중에 많은 승단잔류죄를 지었다. 일부의 죄는 알고 일부의 죄는 알지 못했다. 그가 아는 죄를 감추고, 그가 알지 못하는 죄는 감추지 않았다. 만약에 그가 애통해 하지 않는 사람이 되어, 앞에서 알고 감춘 죄를 뒤에서 알고 감추지 않고, 앞에서 알지 못하고 감추지 않은 죄를 뒤에서 알고 감추지 않는다면, 수행승들이여, 그 수행승에게는 가중처벌을 주어야 하고, 감춘 죄 가운데 선행하는 죄에 따라서 통합격리처벌을 주어야 한다.

2) 수행승들이여, 여기 수행승이 격리생활을 실행하다가 도중에 많은 승단잔류죄를 지었다. 일부의 죄는 알고 일부의 죄는 알지 못했다. 그가 아는 죄를 감추고, 그가 알지 못하는 죄는 감추지 않았다. 만약에 그가 애통해 하지 않는 사람이 되어, 앞에서 알고 감춘 죄를 뒤에서 알고 감추지 않고, 앞에서 알지 못하고 감추지 않은 죄를 뒤에서 알고 감춘다면, 수행승들이여, 그 수행승에게는 가중처벌을 주어야 하고, 감춘 죄 가운데 선행하는 죄에 따라서 통합격리처벌을 주어야 한다.

3) 수행승들이여, 여기 수행승이 격리생활을 실행하다가 도중에 많은 승단잔류죄를 지었다. 일부의 죄는 알고 일부의 죄는 알지 못했다. 그가 아는 죄를 감추고, 그가 알지 못하는 죄는 감추지 않았다. 만약에 그가 애통해 하지 않는 사람이 되어, 앞에서 알고 감춘 죄를 뒤에서 알고 감추고, 앞에서 알지 못하고 감추지 않은 죄를 뒤에서 알고 감추지 않는다면, 수행승들이여, 그 수행승에게는 가중처벌을 주어야 하고, 감춘 죄 가운데 선행하는 죄에 따라서 통합격리처벌을 주어야 한다.

4) 수행승들이여, 여기 수행승이 격리생활을 실행하다가 도중에 많은 승단잔류죄를 지었다. 일부의 죄는 알고 일부의 죄는 알지 못했다. 그가 아는 죄를 감추고, 그가 알지 못하는 죄는 감추지 않았다. 만약에 그가 애통해 하지 않는 사람이 되어, 앞에서 알고 감춘 죄를 뒤에서 알고 감추고, 앞에서 알지 못하고 감추지 않은 죄를 뒤에서 알고 감춘다면, 수행승들이여, 그 수행승에게는 가중처벌을 주어야 하고, 감춘 죄 가운데 선행하는 죄에 따라서 통합격리처벌을 주어야 한다."

4. [세존]

1) "수행승들이여, 여기 수행승이 격리생활을 실행하다가 도중에 많은 승단잔류

죄를 지었다. 일부의 죄는 기억하고 일부의 죄는 기억하지 못했다. 그가 기억하는 죄를 감추고, 그가 기억하지 못하는 죄는 감추지 않았다. 만약에 그가 애통해하지 않는 사람이 되어, 앞에서 기억하고 감춘 죄를 뒤에서 기억하고 감추지 않고, 앞에서 기억하지 못하고 감추지 않은 죄를 뒤에서 기억하고 감추지 않는다면, 수행승들이여, 그 수행승에게는 가중처벌을 주어야 하고, 감춘 죄 가운데 선행하는 죄에 따라서 통합격리처벌을 주어야 한다.

2) 수행승들이여, 여기 수행승이 격리생활을 실행하다가 도중에 많은 승단잔류죄를 지었다. 일부의 죄는 기억하고 일부의 죄는 기억하지 못했다. 그가 기억하는 죄를 감추고, 그가 기억하지 못하는 죄는 감추지 않았다. 만약에 그가 애통해하지 않는 사람이 되어, 앞에서 기억하고 감춘 죄를 뒤에서 기억하고 감추지 않고, 앞에서 기억하지 못하고 감추지 않은 죄를 뒤에서 기억하고 감춘다면, 수행승들이여, 그 수행승에게는 가중처벌을 주어야 하고, 감춘 죄 가운데 선행하는 죄에 따라서 통합격리처벌을 주어야 한다.

3) 수행승들이여, 여기 수행승이 격리생활을 실행하다가 도중에 많은 승단잔류죄를 지었다. 일부의 죄는 기억하고 일부의 죄는 기억하지 못했다. 그가 기억하는 죄를 감추고, 그가 기억하지 못하는 죄는 감추지 않았다. 만약에 그가 애통해하지 않는 사람이 되어, 앞에서 기억하고 감춘 죄를 뒤에서 기억하고 감추고, 앞에서 기억하지 못하고 감추지 않은 죄를 뒤에서 기억하고 감추지 않는다면, 수행승들이여, 그 수행승에게는 가중처벌을 주어야 하고, 감춘 죄 가운데 선행하는 죄에 따라서 통합격리처벌을 주어야 한다.

4) 수행승들이여, 여기 수행승이 격리생활을 실행하다가 도중에 많은 승단잔류죄를 지었다. 일부의 죄는 기억하고 일부의 죄는 기억하지 못했다. 그가 기억하는 죄를 감추고, 그가 기억하지 못하는 죄는 감추지 않았다. 만약에 그가 애통해하지 않는 사람이 되어, 앞에서 기억하고 감춘 죄를 뒤에서 기억하고 감추고, 앞에서 기억하지 못하고 감추지 않은 죄를 뒤에서 기억하고 감춘다면, 수행승들이여, 그 수행승에게는 가중처벌을 주어야 하고, 감춘 죄 가운데 선행하는 죄에 따라서 통합격리처벌을 주어야 한다."

5. [세존]

1) "수행승들이여, 여기 수행승이 격리생활을 실행하다가 도중에 많은 승단잔류죄를 지었다. 일부의 죄는 의혹이 없고 일부의 죄는 의혹이 있었다. 그가 의혹이 없는 죄를 감추고, 그가 의혹이 있는 죄는 감추지 않았다. 만약에 그가 애통해

하지 않는 사람이 되어, 앞에서 의혹을 지니지 않고 감춘 죄를 뒤에서 의혹을 지니지 않고 감추지 않고, 앞에서 의혹을 지니고 감추지 않은 죄를 뒤에서 의혹을 지니지 않고 감추지 않는다면, 수행승들이여, 그 수행승에게는 가중처벌을 주어야 하고, 감춘 죄 가운데 선행하는 죄에 따라서 통합격리처벌을 주어야 한다.

2) 수행승들이여, 여기 수행승이 격리생활을 실행하다가 도중에 많은 승단잔류죄를 지었다. 일부의 죄는 의혹이 없고 일부의 죄는 의혹이 있었다. 그가 의혹이 없는 죄를 감추고, 그가 의혹이 있는 죄는 감추지 않았다. 만약에 그가 애통해 하지 않는 사람이 되어, 앞에서 의혹을 지니지 않고 감춘 죄를 뒤에서 의혹을 지니지 않고 감추지 않고, 앞에서 의혹을 지니고 감추지 않은 죄를 뒤에서 의혹을 지니지 않고 감춘다면, 수행승들이여, 그 수행승에게는 가중처벌을 주어야 하고, 감춘 죄 가운데 선행하는 죄에 따라서 통합격리처벌을 주어야 한다.

3) 수행승들이여, 여기 수행승이 격리생활을 실행하다가 도중에 많은 승단잔류죄를 지었다. 일부의 죄는 의혹이 없고 일부의 죄는 의혹이 있었다. 그가 의혹이 없는 죄를 감추고, 그가 의혹이 있는 죄는 감추지 않았다. 만약에 그가 애통해 하지 않는 사람이 되어, 앞에서 의혹을 지니지 않고 감춘 죄를 뒤에서 의혹을 지니지 않고 감추고, 앞에서 의혹을 지니고 감추지 않은 죄를 뒤에서 의혹을 지니지 않고 감추지 않는다면, 수행승들이여, 그 수행승에게는 가중처벌을 주어야 하고, 감춘 죄 가운데 선행하는 죄에 따라서 통합격리처벌을 주어야 한다.

4) 수행승들이여, 여기 수행승이 격리생활을 실행하다가 도중에 많은 승단잔류죄를 지었다. 일부의 죄는 의혹이 없고 일부의 죄는 의혹이 있었다. 그가 의혹이 없는 죄를 감추고, 그가 의혹이 있는 죄는 감추지 않았다. 만약에 그가 애통해 하지 않는 사람이 되어, 앞에서 의혹을 지니지 않고 감춘 죄를 뒤에서 의혹을 지니지 않고 감추고, 앞에서 의혹을 지니고 감추지 않은 죄를 뒤에서 의혹을 지니지 않고 감춘다면, 수행승들이여, 그 수행승에게는 가중처벌을 주어야 하고, 감춘 죄 가운데 선행하는 죄에 따라서 통합격리처벌을 주어야 한다.”

가중처벌의 네 가지 유형(⑤ : 81-100)이 끝났다.

32₁. 가중처벌의 네 가지 유형①(Mūlāyapaṭikassanacatussataka : 101-120)

1. [세존]

1) "수행승들이여, 여기 수행승이 참회처벌을 받아야 하는데 도중에 많은 승단잔류죄를 짓고 감추지 않고 환속했다. 만약 그가 다시 구족계를 받고 그 죄를 감추지 않는다면, 그 수행승에게는 가중처벌을 주어야 한다.

2) 수행승들이여, 여기 수행승이 참회처벌을 받아야 하는데 도중에 많은 승단잔류죄를 짓고 감추지 않고 환속했다. 만약 그가 다시 구족계를 받고 그 죄를 감춘다면, 그 수행승에게는 가중처벌을 주어야 한다. 그리고 감춘 죄 가운데 선행하는 죄에 따라서 통합격리처벌을 주어야 한다.

3) 수행승들이여, 여기 수행승이 참회처벌을 받아야 하는데 도중에 많은 승단잔류죄를 짓고 감추고 환속했다. 만약 그가 다시 구족계를 받고 그 죄를 감추지 않는다면, 그 수행승에게는 가중처벌을 주어야 한다. 그리고 감춘 죄 가운데 선행하는 죄에 따라서 통합격리처벌을 주어야 한다.

4) 수행승들이여, 여기 수행승이 참회처벌을 받아야 하는데 도중에 많은 승단잔류죄를 짓고 감추고 환속했다. 만약 그가 다시 구족계를 받고 그 죄를 감춘다면, 그 수행승에게는 가중처벌을 주어야 한다. 그리고 감춘 죄 가운데 선행하는 죄에 따라서 통합격리처벌을 주어야 한다."

2. [세존]

1) "수행승들이여, 여기 수행승이 참회처벌을 받아야 하는데 도중에 많은 승단잔류죄를 지었다. 그에게 감춘 죄도 있고 감추지 않은 죄도 있다. 만약에 그가 환속했다가 다시 구족계를 받아, 앞에서 감춘 죄를 뒤에 감추지 않고, 앞에서 감추지 않은 죄를 뒤에 감추지 않는다면, 수행승들이여, 그 수행승에게는 가중처벌을 주어야 하고, 감춘 죄 가운데 선행하는 죄에 따라서 통합격리처벌을 주어야 한다.

2) 수행승들이여, 여기 수행승이 참회처벌을 받아야 하는데 도중에 많은 승단잔류죄를 지었다. 그에게 감춘 죄도 있고 감추지 않은 죄도 있다. 만약에 그가 환속했다가 다시 구족계를 받아, 앞에서 감춘 죄를 뒤에 감추지 않고, 앞에서 감추지 않은 죄를 뒤에 감춘다면, 수행승들이여, 그 수행승에게는 가중처벌을 주어야 하고, 감춘 죄 가운데 선행하는 죄에 따라서 통합격리처벌을 주어야 한다.

3) 수행승들이여, 여기 수행승이 참회처벌을 받아야 하는데 도중에 많은 승단잔류죄를 지었다. 그에게 감춘 죄도 있고 감추지 않은 죄도 있다. 만약에 그가 환속

했다가 다시 구족계를 받아, 앞에서 감춘 죄를 뒤에서 감추고, 앞에서 감추지 않은 죄를 뒤에서 감추지 않는다면, 수행승들이여, 그 수행승에게는 가중처벌을 주어야 하고, 감춘 죄 가운데 선행하는 죄에 따라서 통합격리처벌을 주어야 한다.

4) 수행승들이여, 여기 수행승이 참회처벌을 받아야 하는데 도중에 많은 승단잔류죄를 지었다. 그에게 감춘 죄도 있고 감추지 않은 죄도 있다. 만약에 그가 환속했다가 다시 구족계를 받아, 앞에서 감춘 죄를 뒤에서 감추고, 앞에서 감추지 않은 죄를 뒤에서 감춘다면, 수행승들이여, 그 수행승에게는 가중처벌을 주어야 하고, 감춘 죄 가운데 선행하는 죄에 따라서 통합격리처벌을 주어야 한다."

3. [세존]

1) "수행승들이여, 여기 수행승이 참회처벌을 받아야 하는데 도중에 많은 승단잔류죄를 지었다. 일부의 죄는 알고 일부의 죄는 알지 못했다. 그가 아는 죄를 감추고, 그가 알지 못하는 죄는 감추지 않았다. 만약에 그가 환속했다가 다시 구족계를 받아, 앞에서 알고 감춘 죄를 뒤에서 알고 감추지 않고, 앞에서 알지 못하고 감추지 않은 죄를 뒤에서 알고 감추지 않는다면, 수행승들이여, 그 수행승에게는 가중처벌을 주어야 하고, 감춘 죄 가운데 선행하는 죄에 따라서 통합격리처벌을 주어야 한다.

2) 수행승들이여, 여기 수행승이 참회처벌을 받아야 하는데 도중에 많은 승단잔류죄를 지었다. 일부의 죄는 알고 일부의 죄는 알지 못했다. 그가 아는 죄를 감추고, 그가 알지 못하는 죄는 감추지 않았다. 만약에 그가 환속했다가 다시 구족계를 받아, 앞에서 알고 감춘 죄를 뒤에서 알고 감추지 않고, 앞에서 알지 못하고 감추지 않은 죄를 뒤에서 알고 감춘다면, 수행승들이여, 그 수행승에게는 가중처벌을 주어야 하고, 감춘 죄 가운데 선행하는 죄에 따라서 통합격리처벌을 주어야 한다.

3) 수행승들이여, 여기 수행승이 참회처벌을 받아야 하는데 도중에 많은 승단잔류죄를 지었다. 일부의 죄는 알고 일부의 죄는 알지 못했다. 그가 아는 죄를 감추고, 그가 알지 못하는 죄는 감추지 않았다. 만약에 그가 환속했다가 다시 구족계를 받아, 앞에서 알고 감춘 죄를 뒤에서 알고 감추고, 앞에서 알지 못하고 감추지 않은 죄를 뒤에서 알고 감추지 않는다면, 수행승들이여, 그 수행승에게는 가중처벌을 주어야 하고, 감춘 죄 가운데 선행하는 죄에 따라서 통합격리처벌을 주어야 한다.

4) 수행승들이여, 여기 수행승이 참회처벌을 받아야 하는데 도중에 많은 승단잔류죄를 지었다. 일부의 죄는 알고 일부의 죄는 알지 못했다. 그가 아는 죄를 감추고, 그가 알지 못하는 죄는 감추지 않았다. 만약에 그가 환속했다가 다시 구족계를 받아, 앞에서 알고 감춘 죄를 뒤에서 알고 감추고, 앞에서 알지 못하고 감추지 않은 죄를 뒤에서 알고 감춘다면, 수행승들이여, 그 수행승에게는 가중처벌을 주어야 하고, 감춘 죄 가운데 선행하는 죄에 따라서 통합격리처벌을 주어야 한다."

4. [세존]

1) "수행승들이여, 여기 수행승이 참회처벌을 받아야 하는데 도중에 많은 승단잔류죄를 지었다. 일부의 죄는 기억하고 일부의 죄는 기억하지 못했다. 그가 기억하는 죄를 감추고, 그가 기억하지 못하는 죄는 감추지 않았다. 만약에 그가 환속했다가 다시 구족계를 받아, 앞에서 기억하고 감춘 죄를 뒤에서 기억하고 감추지 않고, 앞에서 기억하지 못하고 감추지 않은 죄를 뒤에서 기억하고 감추지 않는다면, 수행승들이여, 그 수행승에게는 가중처벌을 주어야 하고, 감춘 죄 가운데 선행하는 죄에 따라서 통합격리처벌을 주어야 한다.

2) 수행승들이여, 여기 수행승이 참회처벌을 받아야 하는데 도중에 많은 승단잔류죄를 지었다. 일부의 죄는 기억하고 일부의 죄는 기억하지 못했다. 그가 기억하는 죄를 감추고, 그가 기억하지 못하는 죄는 감추지 않았다. 만약에 그가 환속했다가 다시 구족계를 받아, 앞에서 기억하고 감춘 죄를 뒤에서 기억하고 감추지 않고, 앞에서 기억하지 못하고 감추지 않은 죄를 뒤에서 기억하고 감춘다면, 수행승들이여, 그 수행승에게는 가중처벌을 주어야 하고, 감춘 죄 가운데 선행하는 죄에 따라서 통합격리처벌을 주어야 한다.

3) 수행승들이여, 여기 수행승이 참회처벌을 받아야 하는데 도중에 많은 승단잔류죄를 지었다. 일부의 죄는 기억하고 일부의 죄는 기억하지 못했다. 그가 기억하는 죄를 감추고, 그가 기억하지 못하는 죄는 감추지 않았다. 만약에 그가 환속했다가 다시 구족계를 받아, 앞에서 기억하고 감춘 죄를 뒤에서 기억하고 감추고, 앞에서 기억하지 못하고 감추지 않은 죄를 뒤에서 기억하고 감추지 않는다면, 수행승들이여, 그 수행승에게는 가중처벌을 주어야 하고, 감춘 죄 가운데 선행하는 죄에 따라서 통합격리처벌을 주어야 한다.

4) 수행승들이여, 여기 수행승이 참회처벌을 받아야 하는데 도중에 많은 승단잔류죄를 지었다. 일부의 죄는 기억하고 일부의 죄는 기억하지 못했다. 그가 기억하

는 죄를 감추고, 그가 기억하지 못하는 죄는 감추지 않았다. 만약에 그가 환속했다가 다시 구족계를 받아, 앞에서 기억하고 감춘 죄를 뒤에서 기억하고 감추고, 앞에서 기억하지 못하고 감추지 않은 죄를 뒤에서 기억하고 감춘다면, 수행승들이여, 그 수행승에게는 가중처벌을 주어야 하고, 감춘 죄 가운데 선행하는 죄에 따라서 통합격리처벌을 주어야 한다."

5. [세존]

1) "수행승들이여, 여기 수행승이 참회처벌을 받아야 하는데 도중에 많은 승단잔류죄를 지었다. 일부의 죄는 의혹이 없고 일부의 죄는 의혹이 있었다. 그가 의혹이 없는 죄를 감추고, 그가 의혹이 있는 죄는 감추지 않았다. 만약에 그가 환속했다가 다시 구족계를 받아, 앞에서 의혹을 지니지 않고 감춘 죄를 뒤에서 의혹을 지니지 않고 감추지 않고, 앞에서 의혹을 지니고 감추지 않은 죄를 뒤에서 의혹을 지니지 않고 감추지 않는다면, 수행승들이여, 그 수행승에게는 가중처벌을 주어야 하고, 감춘 죄 가운데 선행하는 죄에 따라서 통합격리처벌을 주어야 한다.

2) 수행승들이여, 여기 수행승이 참회처벌을 받아야 하는데 도중에 많은 승단잔류죄를 지었다. 일부의 죄는 의혹이 없고 일부의 죄는 의혹이 있었다. 그가 의혹이 없는 죄를 감추고, 그가 의혹이 있는 죄는 감추지 않았다. 만약에 그가 환속했다가 다시 구족계를 받아, 앞에서 의혹을 지니지 않고 감춘 죄를 뒤에서 의혹을 지니지 않고 감추지 않고, 앞에서 의혹을 지니고 감추지 않은 죄를 뒤에서 의혹을 지니지 않고 감춘다면, 수행승들이여, 그 수행승에게는 가중처벌을 주어야 하고, 감춘 죄 가운데 선행하는 죄에 따라서 통합격리처벌을 주어야 한다.

3) 수행승들이여, 여기 수행승이 참회처벌을 받아야 하는데 도중에 많은 승단잔류죄를 지었다. 일부의 죄는 의혹이 없고 일부의 죄는 의혹이 있었다. 그가 의혹이 없는 죄를 감추고, 그가 의혹이 있는 죄는 감추지 않았다. 만약에 그가 환속했다가 다시 구족계를 받아, 앞에서 의혹을 지니지 않고 감춘 죄를 뒤에서 의혹을 지니지 않고 감추고, 앞에서 의혹을 지니고 감추지 않은 죄를 뒤에서 의혹을 지니지 않고 감추지 않는다면, 수행승들이여, 그 수행승에게는 가중처벌을 주어야 하고, 감춘 죄 가운데 선행하는 죄에 따라서 통합격리처벌을 주어야 한다.

4) 수행승들이여, 여기 수행승이 참회처벌을 받아야 하는데 도중에 많은 승단잔류죄를 지었다. 일부의 죄는 의혹이 없고 일부의 죄는 의혹이 있었다. 그가 의혹이 없는 죄를 감추고, 그가 의혹이 있는 죄는 감추지 않았다. 만약에 그가 환속했다

가 다시 구족계를 받아, 앞에서 의혹을 지니지 않고 감춘 죄를 뒤에서 의혹을 지니지 않고 감추고, 앞에서 의혹을 지니고 감추지 않은 죄를 뒤에서 의혹을 지니지 않고 감춘다면, 수행승들이여, 그 수행승에게는 가중처벌을 주어야 하고, 감춘 죄 가운데 선행하는 죄에 따라서 통합격리처벌을 주어야 한다."

가중처벌의 네 가지 유형(① : 101-120)이 끝났다.

32₂. 가중처벌의 네 가지 유형②(Mūlāyapaṭikassanacatussataka : 121-140)

1. [세존]

1) "수행승들이여, 여기 수행승이 참회처벌을 받아야 하는데 도중에 많은 승단잔류죄를 짓고 감추지 않고 사미가 되었다. 만약 그가 다시 구족계를 받고 그 죄를 감추지 않는다면, 그 수행승에게는 가중처벌을 주어야 한다.

2) 수행승들이여, 여기 수행승이 참회처벌을 받아야 하는데 도중에 많은 승단잔류죄를 짓고 감추지 않고 사미가 되었다. 만약 그가 다시 구족계를 받고 그 죄를 감춘다면, 그 수행승에게는 가중처벌을 주어야 한다. 그리고 감춘 죄 가운데 선행하는 죄에 따라서 통합격리처벌을 주어야 한다.

3) 수행승들이여, 여기 수행승이 참회처벌을 받아야 하는데 도중에 많은 승단잔류죄를 짓고 감추고 사미가 되었다. 만약 그가 다시 구족계를 받고 그 죄를 감추지 않는다면, 그 수행승에게는 가중처벌을 주어야 한다. 그리고 감춘 죄 가운데 선행하는 죄에 따라서 통합격리처벌을 주어야 한다.

4) 수행승들이여, 여기 수행승이 참회처벌을 받아야 하는데 도중에 많은 승단잔류죄를 짓고 감추고 사미가 되었다. 만약 그가 다시 구족계를 받고 그 죄를 감춘다면, 그 수행승에게는 가중처벌을 주어야 한다. 그리고 감춘 죄 가운데 선행하는 죄에 따라서 통합격리처벌을 주어야 한다."

2. [세존]

1) "수행승들이여, 여기 수행승이 참회처벌을 받아야 하는데 도중에 많은 승단잔류죄를 지었다. 그에게 감춘 죄도 있고 감추지 않은 죄도 있다. 만약에 그가 사미가 되었다가 다시 구족계를 받아, 앞에서 감춘 죄를 뒤에 감추지 않고, 앞에서 감추지 않은 죄를 뒤에 감추지 않는다면, 수행승들이여, 그 수행승에게는 가중처벌을 주어야 하고, 감춘 죄 가운데 선행하는 죄에 따라서 통합격리처벌을 주어야 한다.

2) 수행승들이여, 여기 수행승이 참회처벌을 받아야 하는데 도중에 많은 승단잔류

죄를 지었다. 그에게 감춘 죄도 있고 감추지 않은 죄도 있다. 만약에 그가 사미가 되었다가 다시 구족계를 받아, 앞에서 감춘 죄를 뒤에 감추지 않고, 앞에서 감추지 않은 죄를 뒤에 감춘다면, 수행승들이여, 그 수행승에게는 가중처벌을 주어야 하고, 감춘 죄 가운데 선행하는 죄에 따라서 통합격리처벌을 주어야 한다.

3) 수행승들이여, 여기 수행승이 참회처벌을 받아야 하는데 도중에 많은 승단잔류죄를 지었다. 그에게 감춘 죄도 있고 감추지 않은 죄도 있다. 만약에 그가 사미가 되었다가 다시 구족계를 받아, 앞에서 감춘 죄를 뒤에서 감추고, 앞에서 감추지 않은 죄를 뒤에서 감추지 않는다면, 수행승들이여, 그 수행승에게는 가중처벌을 주어야 하고, 감춘 죄 가운데 선행하는 죄에 따라서 통합격리처벌을 주어야 한다.

4) 수행승들이여, 여기 수행승이 참회처벌을 받아야 하는데 도중에 많은 승단잔류죄를 지었다. 그에게 감춘 죄도 있고 감추지 않은 죄도 있다. 만약에 그가 사미가 되었다가 다시 구족계를 받아, 앞에서 감춘 죄를 뒤에서 감추고, 앞에서 감추지 않은 죄를 뒤에서 감춘다면, 수행승들이여, 그 수행승에게는 가중처벌을 주어야 하고, 감춘 죄 가운데 선행하는 죄에 따라서 통합격리처벌을 주어야 한다."

3. [세존]

1) "수행승들이여, 여기 수행승이 참회처벌을 받아야 하는데 도중에 많은 승단잔류죄를 지었다. 일부의 죄는 알고 일부의 죄는 알지 못했다. 그가 아는 죄를 감추고, 그가 알지 못하는 죄는 감추지 않았다. 만약에 그가 사미가 되었다가 다시 구족계를 받아, 앞에서 알고 감춘 죄를 뒤에서 알고 감추지 않고, 앞에서 알지 못하고 감추지 않은 죄를 뒤에서 알고 감추지 않는다면, 수행승들이여, 그 수행승에게는 가중처벌을 주어야 하고, 감춘 죄 가운데 선행하는 죄에 따라서 통합격리처벌을 주어야 한다.

2) 수행승들이여, 여기 수행승이 참회처벌을 받아야 하는데 도중에 많은 승단잔류죄를 지었다. 일부의 죄는 알고 일부의 죄는 알지 못했다. 그가 아는 죄를 감추고, 그가 알지 못하는 죄는 감추지 않았다. 만약에 그가 사미가 되었다가 다시 구족계를 받아, 앞에서 알고 감춘 죄를 뒤에서 알고 감추지 않고, 앞에서 알지 못하고 감추지 않은 죄를 뒤에서 알고 감춘다면, 수행승들이여, 그 수행승에게는 가중처벌을 주어야 하고, 감춘 죄 가운데 선행하는 죄에 따라서 통합격리처

벌을 주어야 한다.

3) 수행승들이여, 여기 수행승이 참회처벌을 받아야 하는데 도중에 많은 승단잔류죄를 지었다. 일부의 죄는 알고 일부의 죄는 알지 못했다. 그가 아는 죄를 감추고, 그가 알지 못하는 죄는 감추지 않았다. 만약에 그가 사미가 되었다가 다시 구족계를 받아, 앞에서 알고 감춘 죄를 뒤에서 알고 감추고, 앞에서 알지 못하고 감추지 않은 죄를 뒤에서 알고 감추지 않는다면, 수행승들이여, 그 수행승에게는 가중처벌을 주어야 하고, 감춘 죄 가운데 선행하는 죄에 따라서 통합격리처벌을 주어야 한다.

4) 수행승들이여, 여기 수행승이 참회처벌을 받아야 하는데 도중에 많은 승단잔류죄를 지었다. 일부의 죄는 알고 일부의 죄는 알지 못했다. 그가 아는 죄를 감추고, 그가 알지 못하는 죄는 감추지 않았다. 만약에 그가 사미가 되었다가 다시 구족계를 받아, 앞에서 알고 감춘 죄를 뒤에서 알고 감추고, 앞에서 알지 못하고 감추지 않은 죄를 뒤에서 알고 감춘다면, 수행승들이여, 그 수행승에게는 가중처벌을 주어야 하고, 감춘 죄 가운데 선행하는 죄에 따라서 통합격리처벌을 주어야 한다."

4. [세존]

1) "수행승들이여, 여기 수행승이 참회처벌을 받아야 하는데 도중에 많은 승단잔류죄를 지었다. 일부의 죄는 기억하고 일부의 죄는 기억하지 못했다. 그가 기억하는 죄를 감추고, 그가 기억하지 못하는 죄는 감추지 않았다. 만약에 그가 사미가 되었다가 다시 구족계를 받아, 앞에서 기억하고 감춘 죄를 뒤에서 기억하고 감추지 않고, 앞에서 기억하지 못하고 감추지 않은 죄를 뒤에서 기억하고 감추지 않는다면, 수행승들이여, 그 수행승에게는 가중처벌을 주어야 하고, 감춘 죄 가운데 선행하는 죄에 따라서 통합격리처벌을 주어야 한다.

2) 수행승들이여, 여기 수행승이 참회처벌을 받아야 하는데 도중에 많은 승단잔류죄를 지었다. 일부의 죄는 기억하고 일부의 죄는 기억하지 못했다. 그가 기억하는 죄를 감추고, 그가 기억하지 못하는 죄는 감추지 않았다. 만약에 그가 사미가 되었다가 다시 구족계를 받아, 앞에서 기억하고 감춘 죄를 뒤에서 기억하고 감추지 않고, 앞에서 기억하지 못하고 감추지 않은 죄를 뒤에서 기억하고 감춘다면, 수행승들이여, 그 수행승에게는 가중처벌을 주어야 하고, 감춘 죄 가운데 선행하는 죄에 따라서 통합격리처벌을 주어야 한다.

3) 수행승들이여, 여기 수행승이 참회처벌을 받아야 하는데 도중에 많은 승단잔류

죄를 지었다. 일부의 죄는 기억하고 일부의 죄는 기억하지 못했다. 그가 기억하는 죄를 감추고, 그가 기억하지 못하는 죄는 감추지 않았다. 만약에 그가 사미가 되었다가 다시 구족계를 받아, 앞에서 기억하고 감춘 죄를 뒤에서 기억하고 감추고, 앞에서 기억하지 못하고 감추지 않은 죄를 뒤에서 기억하고 감추지 않는다면, 수행승들이여, 그 수행승에게는 가중처벌을 주어야 하고, 감춘 죄 가운데 선행하는 죄에 따라서 통합격리처벌을 주어야 한다.

4) 수행승들이여, 여기 수행승이 참회처벌을 받아야 하는데 도중에 많은 승단잔류죄를 지었다. 일부의 죄는 기억하고 일부의 죄는 기억하지 못했다. 그가 기억하는 죄를 감추고, 그가 기억하지 못하는 죄는 감추지 않았다. 만약에 그가 사미가 되었다가 다시 구족계를 받아, 앞에서 기억하고 감춘 죄를 뒤에서 기억하고 감추고, 앞에서 기억하지 못하고 감추지 않은 죄를 뒤에서 기억하고 감춘다면, 수행승들이여, 그 수행승에게는 가중처벌을 주어야 하고, 감춘 죄 가운데 선행하는 죄에 따라서 통합격리처벌을 주어야 한다."

5. [세존]

1) "수행승들이여, 여기 수행승이 참회처벌을 받아야 하는데 도중에 많은 승단잔류죄를 지었다. 일부의 죄는 의혹이 없고 일부의 죄는 의혹이 있었다. 그가 의혹이 없는 죄를 감추고, 그가 의혹이 있는 죄는 감추지 않았다. 만약에 그가 사미가 되었다가 다시 구족계를 받아, 앞에서 의혹을 지니지 않고 감춘 죄를 뒤에서 의혹을 지니지 않고 감추지 않고, 앞에서 의혹을 지니고 감추지 않은 죄를 뒤에서 의혹을 지니지 않고 감추지 않는다면, 수행승들이여, 그 수행승에게는 가중처벌을 주어야 하고, 감춘 죄 가운데 선행하는 죄에 따라서 통합격리처벌을 주어야 한다.

2) 수행승들이여, 여기 수행승이 참회처벌을 받아야 하는데 도중에 많은 승단잔류죄를 지었다. 일부의 죄는 의혹이 없고 일부의 죄는 의혹이 있었다. 그가 의혹이 없는 죄를 감추고, 그가 의혹이 있는 죄는 감추지 않았다. 만약에 그가 사미가 되었다가 다시 구족계를 받아, 앞에서 의혹을 지니지 않고 감춘 죄를 뒤에서 의혹을 지니지 않고 감추지 않고, 앞에서 의혹을 지니고 감추지 않은 죄를 뒤에서 의혹을 지니지 않고 감춘다면, 수행승들이여, 그 수행승에게는 가중처벌을 주어야 하고, 감춘 죄 가운데 선행하는 죄에 따라서 통합격리처벌을 주어야 한다.

3) 수행승들이여, 여기 수행승이 참회처벌을 받아야 하는데 도중에 많은 승단잔류

죄를 지었다. 일부의 죄는 의혹이 없고 일부의 죄는 의혹이 있었다. 그가 의혹이 없는 죄를 감추고, 그가 의혹이 있는 죄는 감추지 않았다. 만약에 그가 사미가 되었다가 다시 구족계를 받아, 앞에서 의혹을 지니지 않고 감춘 죄를 뒤에서 의혹을 지니지 않고 감추고, 앞에서 의혹을 지니고 감추지 않은 죄를 뒤에서 의혹을 지니지 않고 감추지 않는다면, 수행승들이여, 그 수행승에게는 가중처벌을 주어야 하고, 감춘 죄 가운데 선행하는 죄에 따라서 통합격리처벌을 주어야 한다.

4) 수행승들이여, 여기 수행승이 참회처벌을 받아야 하는데 도중에 많은 승단잔류죄를 지었다. 일부의 죄는 의혹이 없고 일부의 죄는 의혹이 있었다. 그가 의혹이 없는 죄를 감추고, 그가 의혹이 있는 죄는 감추지 않았다. 만약에 그가 사미가 되었다가 다시 구족계를 받아, 앞에서 의혹을 지니지 않고 감춘 죄를 뒤에서 의혹을 지니지 않고 감추고, 앞에서 의혹을 지니고 감추지 않은 죄를 뒤에서 의혹을 지니지 않고 감춘다면, 수행승들이여, 그 수행승에게는 가중처벌을 주어야 하고, 감춘 죄 가운데 선행하는 죄에 따라서 통합격리처벌을 주어야 한다."

가중처벌의 네 가지 유형(② : 121-140)가 끝났다.

32₃. 가중처벌의 네 가지 유형③(Mūlāyapaṭikassanacatussataka : 141-160)

1. [세존]

1) "수행승들이여, 여기 수행승이 참회처벌을 받아야 하는데 도중에 많은 승단잔류죄를 짓고 감추지 않고 정신착란된 사람이 되었다. 만약 그가 다시 구족계를 받고 그 죄를 감추지 않는다면, 그 수행승에게는 가중처벌을 주어야 한다.

2) 수행승들이여, 여기 수행승이 참회처벌을 받아야 하는데 도중에 많은 승단잔류죄를 짓고 감추지 않고 정신착란된 사람이 되었다. 만약 그가 다시 구족계를 받고 그 죄를 감춘다면, 그 수행승에게는 가중처벌을 주어야 한다. 그리고 감춘 죄 가운데 선행하는 죄에 따라서 통합격리처벌을 주어야 한다.

3) 수행승들이여, 여기 수행승이 참회처벌을 받아야 하는데 도중에 많은 승단잔류죄를 짓고 감추고 정신착란된 사람이 되었다. 만약 그가 다시 구족계를 받고 그 죄를 감추지 않는다면, 그 수행승에게는 가중처벌을 주어야 한다. 그리고 감춘 죄 가운데 선행하는 죄에 따라서 통합격리처벌을 주어야 한다.

4) 수행승들이여, 여기 수행승이 참회처벌을 받아야 하는데 도중에 많은 승단잔류죄를 짓고 감추고 정신착란된 사람이 되었다. 만약 그가 다시 구족계를 받고

그 죄를 감춘다면, 그 수행승에게는 가중처벌을 주어야 한다. 그리고 감춘 죄 가운데 선행하는 죄에 따라서 통합격리처벌을 주어야 한다."

2. [세존]

1) "수행승들이여, 여기 수행승이 참회처벌을 받아야 하는데 도중에 많은 승단잔류죄를 지었다. 그에게 감춘 죄도 있고 감추지 않은 죄도 있다. 만약에 그가 정신착란이 없는 사람이 되어, 앞에서 감춘 죄를 뒤에 감추지 않고, 앞에서 감추지 않은 죄를 뒤에 감추지 않는다면, 수행승들이여, 그 수행승에게는 가중처벌을 주어야 하고, 감춘 죄 가운데 선행하는 죄에 따라서 통합격리처벌을 주어야 한다.

2) 수행승들이여, 여기 수행승이 참회처벌을 받아야 하는데 도중에 많은 승단잔류죄를 지었다. 그에게 감춘 죄도 있고 감추지 않은 죄도 있다. 만약에 그가 정신착란이 없는 사람이 되어, 앞에서 감춘 죄를 뒤에 감추지 않고, 앞에서 감추지 않은 죄를 뒤에 감춘다면, 수행승들이여, 그 수행승에게는 가중처벌을 주어야 하고, 감춘 죄 가운데 선행하는 죄에 따라서 통합격리처벌을 주어야 한다.

3) 수행승들이여, 여기 수행승이 참회처벌을 받아야 하는데 도중에 많은 승단잔류죄를 지었다. 그에게 감춘 죄도 있고 감추지 않은 죄도 있다. 만약에 그가 정신착란이 없는 사람이 되어, 앞에서 감춘 죄를 뒤에서 감추고, 앞에서 감추지 않은 죄를 뒤에서 감추지 않는다면, 수행승들이여, 그 수행승에게는 가중처벌을 주어야 하고, 감춘 죄 가운데 선행하는 죄에 따라서 통합격리처벌을 주어야 한다.

4) 수행승들이여, 여기 수행승이 참회처벌을 받아야 하는데 도중에 많은 승단잔류죄를 지었다. 그에게 감춘 죄도 있고 감추지 않은 죄도 있다. 만약에 그가 정신착란이 없는 사람이 되어, 앞에서 감춘 죄를 뒤에서 감추고, 앞에서 감추지 않은 죄를 뒤에서 감춘다면, 수행승들이여, 그 수행승에게는 가중처벌을 주어야 하고, 감춘 죄 가운데 선행하는 죄에 따라서 통합격리처벌을 주어야 한다."

3. [세존]

1) "수행승들이여, 여기 수행승이 참회처벌을 받아야 하는데 도중에 많은 승단잔류죄를 지었다. 일부의 죄는 알고 일부의 죄는 알지 못했다. 그가 아는 죄를 감추고, 그가 알지 못하는 죄는 감추지 않았다. 만약에 그가 정신착란이 없는 사람이 되어, 앞에서 알고 감춘 죄를 뒤에서 알고 감추지 않고, 앞에서 알지 못하고 감추지 않은 죄를 뒤에서 알고 감추지 않는다면, 수행승들이여, 그 수행

승에게는 가중처벌을 주어야 하고, 감춘 죄 가운데 선행하는 죄에 따라서 통합격리처벌을 주어야 한다.

2) 수행승들이여, 여기 수행승이 참회처벌을 받아야 하는데 도중에 많은 승단잔류죄를 지었다. 일부의 죄는 알고 일부의 죄는 알지 못했다. 그가 아는 죄를 감추고, 그가 알지 못하는 죄는 감추지 않았다. 만약에 그가 정신착란이 없는 사람이 되어, 앞에서 알고 감춘 죄를 뒤에서 알고 감추지 않고, 앞에서 알지 못하고 감추지 않은 죄를 뒤에서 알고 감춘다면, 수행승들이여, 그 수행승에게는 가중처벌을 주어야 하고, 감춘 죄 가운데 선행하는 죄에 따라서 통합격리처벌을 주어야 한다.

3) 수행승들이여, 여기 수행승이 참회처벌을 받아야 하는데 도중에 많은 승단잔류죄를 지었다. 일부의 죄는 알고 일부의 죄는 알지 못했다. 그가 아는 죄를 감추고, 그가 알지 못하는 죄는 감추지 않았다. 만약에 그가 정신착란이 없는 사람이 되어, 앞에서 알고 감춘 죄를 뒤에서 알고 감추고, 앞에서 알지 못하고 감추지 않은 죄를 뒤에서 알고 감추지 않는다면, 수행승들이여, 그 수행승에게는 가중처벌을 주어야 하고, 감춘 죄 가운데 선행하는 죄에 따라서 통합격리처벌을 주어야 한다.

4) 수행승들이여, 여기 수행승이 참회처벌을 받아야 하는데 도중에 많은 승단잔류죄를 지었다. 일부의 죄는 알고 일부의 죄는 알지 못했다. 그가 아는 죄를 감추고, 그가 알지 못하는 죄는 감추지 않았다. 만약에 그가 정신착란이 없는 사람이 되어, 앞에서 알고 감춘 죄를 뒤에서 알고 감추고, 앞에서 알지 못하고 감추지 않은 죄를 뒤에서 알고 감춘다면, 수행승들이여, 그 수행승에게는 가중처벌을 주어야 하고, 감춘 죄 가운데 선행하는 죄에 따라서 통합격리처벌을 주어야 한다."

4. [세존]

1) "수행승들이여, 여기 수행승이 참회처벌을 받아야 하는데 도중에 많은 승단잔류죄를 지었다. 일부의 죄는 기억하고 일부의 죄는 기억하지 못했다. 그가 기억하는 죄를 감추고, 그가 기억하지 못하는 죄는 감추지 않았다. 만약에 그가 정신착란이 없는 사람이 되어, 앞에서 기억하고 감춘 죄를 뒤에서 기억하고 감추지 않고, 앞에서 기억하지 못하고 감추지 않은 죄를 뒤에서 기억하고 감추지 않는다면, 수행승들이여, 그 수행승에게는 가중처벌을 주어야 하고, 감춘 죄 가운데 선행하는 죄에 따라서 통합격리처벌을 주어야 한다.

2) 수행승들이여, 여기 수행승이 참회처벌을 받아야 하는데 도중에 많은 승단잔류죄를 지었다. 일부의 죄는 기억하고 일부의 죄는 기억하지 못했다. 그가 기억하는 죄를 감추고, 그가 기억하지 못하는 죄는 감추지 않았다. 만약에 그가 정신착란이 없는 사람이 되어, 앞에서 기억하고 감춘 죄를 뒤에서 기억하고 감추지 않고, 앞에서 기억하지 못하고 감추지 않은 죄를 뒤에서 기억하고 감춘다면, 수행승들이여, 그 수행승에게는 가중처벌을 주어야 하고, 감춘 죄 가운데 선행하는 죄에 따라서 통합격리처벌을 주어야 한다.

3) 수행승들이여, 여기 수행승이 참회처벌을 받아야 하는데 도중에 많은 승단잔류죄를 지었다. 일부의 죄는 기억하고 일부의 죄는 기억하지 못했다. 그가 기억하는 죄를 감추고, 그가 기억하지 못하는 죄는 감추지 않았다. 만약에 그가 정신착란이 없는 사람이 되어, 앞에서 기억하고 감춘 죄를 뒤에서 기억하고 감추고, 앞에서 기억하지 못하고 감추지 않은 죄를 뒤에서 기억하고 감추지 않는다면, 수행승들이여, 그 수행승에게는 가중처벌을 주어야 하고, 감춘 죄 가운데 선행하는 죄에 따라서 통합격리처벌을 주어야 한다.

4) 수행승들이여, 여기 수행승이 참회처벌을 받아야 하는데 도중에 많은 승단잔류죄를 지었다. 일부의 죄는 기억하고 일부의 죄는 기억하지 못했다. 그가 기억하는 죄를 감추고, 그가 기억하지 못하는 죄는 감추지 않았다. 만약에 그가 정신착란이 없는 사람이 되어, 앞에서 기억하고 감춘 죄를 뒤에서 기억하고 감추고, 앞에서 기억하지 못하고 감추지 않은 죄를 뒤에서 기억하고 감춘다면, 수행승들이여, 그 수행승에게는 가중처벌을 주어야 하고, 감춘 죄 가운데 선행하는 죄에 따라서 통합격리처벌을 주어야 한다."

5. [세존]

1) "수행승들이여, 여기 수행승이 참회처벌을 받아야 하는데 도중에 많은 승단잔류죄를 지었다. 일부의 죄는 의혹이 없고 일부의 죄는 의혹이 있었다. 그가 의혹이 없는 죄를 감추고, 그가 의혹이 있는 죄는 감추지 않았다. 만약에 그가 정신착란이 없는 사람이 되어, 앞에서 의혹을 지니지 않고 감춘 죄를 뒤에서 의혹을 지니지 않고 감추지 않고, 앞에서 의혹을 지니고 감추지 않은 죄를 뒤에서 의혹을 지니지 않고 감추지 않는다면, 수행승들이여, 그 수행승에게는 가중처벌을 주어야 하고, 감춘 죄 가운데 선행하는 죄에 따라서 통합격리처벌을 주어야 한다.

2) 수행승들이여, 여기 수행승이 참회처벌을 받아야 하는데 도중에 많은 승단잔류

죄를 지었다. 일부의 죄는 의혹이 없고 일부의 죄는 의혹이 있었다. 그가 의혹이 없는 죄를 감추고, 그가 의혹이 있는 죄는 감추지 않았다. 만약에 그가 정신착란이 없는 사람이 되어, 앞에서 의혹을 지니지 않고 감춘 죄를 뒤에서 의혹을 지니지 않고 감추지 않고, 앞에서 의혹을 지니고 감추지 않은 죄를 뒤에서 의혹을 지니지 않고 감춘다면, 수행승들이여, 그 수행승에게는 가중처벌을 주어야 하고, 감춘 죄 가운데 선행하는 죄에 따라서 통합격리처벌을 주어야 한다.

3) 수행승들이여, 여기 수행승이 참회처벌을 받아야 하는데 도중에 많은 승단잔류죄를 지었다. 일부의 죄는 의혹이 없고 일부의 죄는 의혹이 있었다. 그가 의혹이 없는 죄를 감추고, 그가 의혹이 있는 죄는 감추지 않았다. 만약에 그가 정신착란이 없는 사람이 되어, 앞에서 의혹을 지니지 않고 감춘 죄를 뒤에서 의혹을 지니지 않고 감추고, 앞에서 의혹을 지니고 감추지 않은 죄를 뒤에서 의혹을 지니지 않고 감추지 않는다면, 수행승들이여, 그 수행승에게는 가중처벌을 주어야 하고, 감춘 죄 가운데 선행하는 죄에 따라서 통합격리처벌을 주어야 한다.

4) 수행승들이여, 여기 수행승이 참회처벌을 받아야 하는데 도중에 많은 승단잔류죄를 지었다. 일부의 죄는 의혹이 없고 일부의 죄는 의혹이 있었다. 그가 의혹이 없는 죄를 감추고, 그가 의혹이 있는 죄는 감추지 않았다. 만약에 그가 정신착란이 없는 사람이 되어, 앞에서 의혹을 지니지 않고 감춘 죄를 뒤에서 의혹을 지니지 않고 감추고, 앞에서 의혹을 지니고 감추지 않은 죄를 뒤에서 의혹을 지니지 않고 감춘다면, 수행승들이여, 그 수행승에게는 가중처벌을 주어야 하고, 감춘 죄 가운데 선행하는 죄에 따라서 통합격리처벌을 주어야 한다."

32_4. 가중처벌의 네 가지 유형④(Mūlāyapaṭikassanacatussataka : 161–180)

1. [세존]

1) "수행승들이여, 여기 수행승이 참회처벌을 받아야 하는데 도중에 많은 승단잔류죄를 짓고 감추지 않고 심란한 사람이 되었다. 만약 그가 다시 구족계를 받고 그 죄를 감추지 않는다면, 그 수행승에게는 가중처벌을 주어야 한다.

2) 수행승들이여, 여기 수행승이 참회처벌을 받아야 하는데 도중에 많은 승단잔류죄를 짓고 감추지 않고 심란한 사람이 되었다. 만약 그가 다시 구족계를 받고 그 죄를 감춘다면, 그 수행승에게는 가중처벌을 주어야 한다. 그리고 감춘 죄 가운데 선행하는 죄에 따라서 통합격리처벌을 주어야 한다.

3) 수행승들이여, 여기 수행승이 참회처벌을 받아야 하는데 도중에 많은 승단잔류

죄를 짓고 감추고 심란한 사람이 되었다. 만약 그가 다시 구족계를 받고 그 죄를 감추지 않는다면, 그 수행승에게는 가중처벌을 주어야 한다. 그리고 감춘 죄 가운데 선행하는 죄에 따라서 통합격리처벌을 주어야 한다.

4) 수행승들이여, 여기 수행승이 참회처벌을 받아야 하는데 도중에 많은 승단잔류죄를 짓고 감추고 심란한 사람이 되었다. 만약 그가 다시 구족계를 받고 그 죄를 감춘다면, 그 수행승에게는 가중처벌을 주어야 한다. 그리고 감춘 죄 가운데 선행하는 죄에 따라서 통합격리처벌을 주어야 한다."

2. [세존]

1) "수행승들이여, 여기 수행승이 참회처벌을 받아야 하는데 도중에 많은 승단잔류죄를 지었다. 그에게 감춘 죄도 있고 감추지 않은 죄도 있다. 만약에 그가 심란하지 않은 사람이 되어, 앞에서 감춘 죄를 뒤에 감추지 않고, 앞에서 감추지 않은 죄를 뒤에 감추지 않는다면, 수행승들이여, 그 수행승에게는 가중처벌을 주어야 하고, 감춘 죄 가운데 선행하는 죄에 따라서 통합격리처벌을 주어야 한다.

2) 수행승들이여, 여기 수행승이 참회처벌을 받아야 하는데 도중에 많은 승단잔류죄를 지었다. 그에게 감춘 죄도 있고 감추지 않은 죄도 있다. 만약에 그가 심란하지 않은 사람이 되어, 앞에서 감춘 죄를 뒤에 감추지 않고, 앞에서 감추지 않은 죄를 뒤에 감춘다면, 수행승들이여, 그 수행승에게는 가중처벌을 주어야 하고, 감춘 죄 가운데 선행하는 죄에 따라서 통합격리처벌을 주어야 한다.

3) 수행승들이여, 여기 수행승이 참회처벌을 받아야 하는데 도중에 많은 승단잔류죄를 지었다. 그에게 감춘 죄도 있고 감추지 않은 죄도 있다. 만약에 그가 심란하지 않은 사람이 되어, 앞에서 감춘 죄를 뒤에서 감추고, 앞에서 감추지 않은 죄를 뒤에서 감추지 않는다면, 수행승들이여, 그 수행승에게는 가중처벌을 주어야 하고, 감춘 죄 가운데 선행하는 죄에 따라서 통합격리처벌을 주어야 한다.

4) 수행승들이여, 여기 수행승이 참회처벌을 받아야 하는데 도중에 많은 승단잔류죄를 지었다. 그에게 감춘 죄도 있고 감추지 않은 죄도 있다. 만약에 그가 심란하지 않은 사람이 되어, 앞에서 감춘 죄를 뒤에서 감추고, 앞에서 감추지 않은 죄를 뒤에서 감춘다면, 수행승들이여, 그 수행승에게는 가중처벌을 주어야 하고, 감춘 죄 가운데 선행하는 죄에 따라서 통합격리처벌을 주어야 한다."

3. [세존]

1) "수행승들이여, 여기 수행승이 참회처벌을 받아야 하는데 도중에 많은 승단잔

류죄를 지었다. 일부의 죄는 알고 일부의 죄는 알지 못했다. 그가 아는 죄를 감추고, 그가 알지 못하는 죄는 감추지 않았다. 만약에 그가 심란하지 않은 사람이 되어, 앞에서 알고 감춘 죄를 뒤에서 알고 감추지 않고, 앞에서 알지 못하고 감추지 않은 죄를 뒤에서 알고 감추지 않는다면, 수행승들이여, 그 수행승에게는 가중처벌을 주어야 하고, 감춘 죄 가운데 선행하는 죄에 따라서 통합격리처벌을 주어야 한다.

2) 수행승들이여, 여기 수행승이 참회처벌을 받아야 하는데 도중에 많은 승단잔류죄를 지었다. 일부의 죄는 알고 일부의 죄는 알지 못했다. 그가 아는 죄를 감추고, 그가 알지 못하는 죄는 감추지 않았다. 만약에 그가 심란하지 않은 사람이 되어, 앞에서 알고 감춘 죄를 뒤에서 알고 감추지 않고, 앞에서 알지 못하고 감추지 않은 죄를 뒤에서 알고 감춘다면, 수행승들이여, 그 수행승에게는 가중처벌을 주어야 하고, 감춘 죄 가운데 선행하는 죄에 따라서 통합격리처벌을 주어야 한다.

3) 수행승들이여, 여기 수행승이 참회처벌을 받아야 하는데 도중에 많은 승단잔류죄를 지었다. 일부의 죄는 알고 일부의 죄는 알지 못했다. 그가 아는 죄를 감추고, 그가 알지 못하는 죄는 감추지 않았다. 만약에 그가 심란하지 않은 사람이 되어, 앞에서 알고 감춘 죄를 뒤에서 알고 감추고, 앞에서 알지 못하고 감추지 않은 죄를 뒤에서 알고 감추지 않는다면, 수행승들이여, 그 수행승에게는 가중처벌을 주어야 하고, 감춘 죄 가운데 선행하는 죄에 따라서 통합격리처벌을 주어야 한다.

4) 수행승들이여, 여기 수행승이 참회처벌을 받아야 하는데 도중에 많은 승단잔류죄를 지었다. 일부의 죄는 알고 일부의 죄는 알지 못했다. 그가 아는 죄를 감추고, 그가 알지 못하는 죄는 감추지 않았다. 만약에 그가 심란하지 않은 사람이 되어, 앞에서 알고 감춘 죄를 뒤에서 알고 감추고, 앞에서 알지 못하고 감추지 않은 죄를 뒤에서 알고 감춘다면, 수행승들이여, 그 수행승에게는 가중처벌을 주어야 하고, 감춘 죄 가운데 선행하는 죄에 따라서 통합격리처벌을 주어야 한다."

4. [세존]

1) "수행승들이여, 여기 수행승이 참회처벌을 받아야 하는데 도중에 많은 승단잔류죄를 지었다. 일부의 죄는 기억하고 일부의 죄는 기억하지 못했다. 그가 기억하는 죄를 감추고, 그가 기억하지 못하는 죄는 감추지 않았다. 만약에 그가

심란하지 않은 사람이 되어, 앞에서 기억하고 감춘 죄를 뒤에서 기억하고 감추지 않고, 앞에서 기억하지 못하고 감추지 않은 죄를 뒤에서 기억하고 감추지 않는다면, 수행승들이여, 그 수행승에게는 가중처벌을 주어야 하고, 감춘 죄 가운데 선행하는 죄에 따라서 통합격리처벌을 주어야 한다.

2) 수행승들이여, 여기 수행승이 참회처벌을 받아야 하는데 도중에 많은 승단잔류죄를 지었다. 일부의 죄는 기억하고 일부의 죄는 기억하지 못했다. 그가 기억하는 죄를 감추고, 그가 기억하지 못하는 죄는 감추지 않았다. 만약에 그가 심란하지 않은 사람이 되어, 앞에서 기억하고 감춘 죄를 뒤에서 기억하고 감추지 않고, 앞에서 기억하지 못하고 감추지 않은 죄를 뒤에서 기억하고 감춘다면, 수행승들이여, 그 수행승에게는 가중처벌을 주어야 하고, 감춘 죄 가운데 선행하는 죄에 따라서 통합격리처벌을 주어야 한다.

3) 수행승들이여, 여기 수행승이 참회처벌을 받아야 하는데 도중에 많은 승단잔류죄를 지었다. 일부의 죄는 기억하고 일부의 죄는 기억하지 못했다. 그가 기억하는 죄를 감추고, 그가 기억하지 못하는 죄는 감추지 않았다. 만약에 그가 심란하지 않은 사람이 되어, 앞에서 기억하고 감춘 죄를 뒤에서 기억하고 감추고, 앞에서 기억하지 못하고 감추지 않은 죄를 뒤에서 기억하고 감추지 않는다면, 수행승들이여, 그 수행승에게는 가중처벌을 주어야 하고, 감춘 죄 가운데 선행하는 죄에 따라서 통합격리처벌을 주어야 한다.

4) 수행승들이여, 여기 수행승이 참회처벌을 받아야 하는데 도중에 많은 승단잔류죄를 지었다. 일부의 죄는 기억하고 일부의 죄는 기억하지 못했다. 그가 기억하는 죄를 감추고, 그가 기억하지 못하는 죄는 감추지 않았다. 만약에 그가 심란하지 않은 사람이 되어, 앞에서 기억하고 감춘 죄를 뒤에서 기억하고 감추고, 앞에서 기억하지 못하고 감추지 않은 죄를 뒤에서 기억하고 감춘다면, 수행승들이여, 그 수행승에게는 가중처벌을 주어야 하고, 감춘 죄 가운데 선행하는 죄에 따라서 통합격리처벌을 주어야 한다."

5. [세존]

1) "수행승들이여, 여기 수행승이 참회처벌을 받아야 하는데 도중에 많은 승단잔류죄를 지었다. 일부의 죄는 의혹이 없고 일부의 죄는 의혹이 있었다. 그가 의혹이 없는 죄를 감추고, 그가 의혹이 있는 죄는 감추지 않았다. 만약에 그가 심란하지 않은 사람이 되어, 앞에서 의혹을 지니지 않고 감춘 죄를 뒤에서 의혹을 지니지 않고 감추지 않고, 앞에서 의혹을 지니고 감추지 않은 죄를

뒤에서 의혹을 지니지 않고 감추지 않는다면, 수행승들이여, 그 수행승에게는 가중처벌을 주어야 하고, 감춘 죄 가운데 선행하는 죄에 따라서 통합격리처벌을 주어야 한다.

2) 수행승들이여, 여기 수행승이 참회처벌을 받아야 하는데 도중에 많은 승단잔류죄를 지었다. 일부의 죄는 의혹이 없고 일부의 죄는 의혹이 있었다. 그가 의혹이 없는 죄를 감추고, 그가 의혹이 있는 죄는 감추지 않았다. 만약에 그가 심란하지 않은 사람이 되어, 앞에서 의혹을 지니지 않고 감춘 죄를 뒤에서 의혹을 지니지 않고 감추지 않고, 앞에서 의혹을 지니고 감추지 않은 죄를 뒤에서 의혹을 지니지 않고 감춘다면, 수행승들이여, 그 수행승에게는 가중처벌을 주어야 하고, 감춘 죄 가운데 선행하는 죄에 따라서 통합격리처벌을 주어야 한다.

3) 수행승들이여, 여기 수행승이 참회처벌을 받아야 하는데 도중에 많은 승단잔류죄를 지었다. 일부의 죄는 의혹이 없고 일부의 죄는 의혹이 있었다. 그가 의혹이 없는 죄를 감추고, 그가 의혹이 있는 죄는 감추지 않았다. 만약에 그가 심란하지 않은 사람이 되어, 앞에서 의혹을 지니지 않고 감춘 죄를 뒤에서 의혹을 지니지 않고 감추고, 앞에서 의혹을 지니고 감추지 않은 죄를 뒤에서 의혹을 지니지 않고 감추지 않는다면, 수행승들이여, 그 수행승에게는 가중처벌을 주어야 하고, 감춘 죄 가운데 선행하는 죄에 따라서 통합격리처벌을 주어야 한다.

4) 수행승들이여, 여기 수행승이 참회처벌을 받아야 하는데 도중에 많은 승단잔류죄를 지었다. 일부의 죄는 의혹이 없고 일부의 죄는 의혹이 있었다. 그가 의혹이 없는 죄를 감추고, 그가 의혹이 있는 죄는 감추지 않았다. 만약에 그가 심란하지 않은 사람이 되어, 앞에서 의혹을 지니지 않고 감춘 죄를 뒤에서 의혹을 지니지 않고 감추고, 앞에서 의혹을 지니고 감추지 않은 죄를 뒤에서 의혹을 지니지 않고 감춘다면, 수행승들이여, 그 수행승에게는 가중처벌을 주어야 하고, 감춘 죄 가운데 선행하는 죄에 따라서 통합격리처벌을 주어야 한다.”

가중처벌의 네 가지 유형④(161-180)가 끝났다.

32₅. 가중처벌의 네 가지 유형⑤(Mūlāyapaṭikassanacatussataka : 181-200)

1. [세존]

1) “수행승들이여, 여기 수행승이 참회처벌을 받아야 하는데 도중에 많은 승단잔류죄를 짓고 감추지 않고 애통해 하는 사람이 되었다. 만약 그가 다시 구족계를 받고 그 죄를 감추지 않는다면, 그 수행승에게는 가중처벌을 주어야 한다.

2) 수행승들이여, 여기 수행승이 참회처벌을 받아야 하는데 도중에 많은 승단잔류

죄를 짓고 감추지 않고 애통해 하는 사람이 되었다. 만약 그가 다시 구족계를 받고 그 죄를 감춘다면, 그 수행승에게는 가중처벌을 주어야 한다. 그리고 감춘 죄 가운데 선행하는 죄에 따라서 통합격리처벌을 주어야 한다.

3) 수행승들이여, 여기 수행승이 참회처벌을 받아야 하는데 도중에 많은 승단잔류죄를 짓고 감추고 애통해 하는 사람이 되었다. 만약 그가 다시 구족계를 받고 그 죄를 감추지 않는다면, 그 수행승에게는 가중처벌을 주어야 한다. 그리고 감춘 죄 가운데 선행하는 죄에 따라서 통합격리처벌을 주어야 한다.

4) 수행승들이여, 여기 수행승이 참회처벌을 받아야 하는데 도중에 많은 승단잔류죄를 짓고 감추고 애통해 하는 사람이 되었다. 만약 그가 다시 구족계를 받고 그 죄를 감춘다면, 그 수행승에게는 가중처벌을 주어야 한다. 그리고 감춘 죄 가운데 선행하는 죄에 따라서 통합격리처벌을 주어야 한다."

2 [세존]

1) "수행승들이여, 여기 수행승이 참회처벌을 받아야 하는데 도중에 많은 승단잔류죄를 지었다. 그에게 감춘 죄도 있고 감추지 않은 죄도 있다. 만약에 그가 애통해 하지 않는 사람이 되어, 앞에서 감춘 죄를 뒤에 감추지 않고, 앞에서 감추지 않은 죄를 뒤에 감추지 않는다면, 수행승들이여, 그 수행승에게는 가중처벌을 주어야 하고, 감춘 죄 가운데 선행하는 죄에 따라서 통합격리처벌을 주어야 한다.

2) 수행승들이여, 여기 수행승이 참회처벌을 받아야 하는데 도중에 많은 승단잔류죄를 지었다. 그에게 감춘 죄도 있고 감추지 않은 죄도 있다. 만약에 그가 애통해 하지 않는 사람이 되어, 앞에서 감춘 죄를 뒤에 감추지 않고, 앞에서 감추지 않은 죄를 뒤에 감춘다면, 수행승들이여, 그 수행승에게는 가중처벌을 주어야 하고, 감춘 죄 가운데 선행하는 죄에 따라서 통합격리처벌을 주어야 한다.

3) 수행승들이여, 여기 수행승이 참회처벌을 받아야 하는데 도중에 많은 승단잔류죄를 지었다. 그에게 감춘 죄도 있고 감추지 않은 죄도 있다. 만약에 그가 애통해 하지 않는 사람이 되어, 앞에서 감춘 죄를 뒤에서 감추고, 앞에서 감추지 않은 죄를 뒤에서 감추지 않는다면, 수행승들이여, 그 수행승에게는 가중처벌을 주어야 하고, 감춘 죄 가운데 선행하는 죄에 따라서 통합격리처벌을 주어야 한다.

4) 수행승들이여, 여기 수행승이 참회처벌을 받아야 하는데 도중에 많은 승단잔류죄를 지었다. 그에게 감춘 죄도 있고 감추지 않은 죄도 있다. 만약에 그가 애통

해 하지 않는 사람이 되어, 앞에서 감춘 죄를 뒤에서 감추고, 앞에서 감추지 않은 죄를 뒤에서 감춘다면, 수행승들이여, 그 수행승에게는 가중처벌을 주어야 하고, 감춘 죄 가운데 선행하는 죄에 따라서 통합격리처벌을 주어야 한다.”

3. [세존]

1) “수행승들이여, 여기 수행승이 참회처벌을 받아야 하는데 도중에 많은 승단잔류죄를 지었다. 일부의 죄는 알고 일부의 죄는 알지 못했다. 그가 아는 죄를 감추고, 그가 알지 못하는 죄는 감추지 않았다. 만약에 그가 애통해 하지 않는 사람이 되어, 앞에서 알고 감춘 죄를 뒤에서 알고 감추지 않고, 앞에서 알지 못하고 감추지 않은 죄를 뒤에서 알고 감추지 않는다면, 수행승들이여, 그 수행승에게는 가중처벌을 주어야 하고, 감춘 죄 가운데 선행하는 죄에 따라서 통합격리처벌을 주어야 한다.

2) 수행승들이여, 여기 수행승이 참회처벌을 받아야 하는데 도중에 많은 승단잔류죄를 지었다. 일부의 죄는 알고 일부의 죄는 알지 못했다. 그가 아는 죄를 감추고, 그가 알지 못하는 죄는 감추지 않았다. 만약에 그가 애통해 하지 않는 사람이 되어, 앞에서 알고 감춘 죄를 뒤에서 알고 감추지 않고, 앞에서 알지 못하고 감추지 않은 죄를 뒤에서 알고 감춘다면, 수행승들이여, 그 수행승에게는 가중처벌을 주어야 하고, 감춘 죄 가운데 선행하는 죄에 따라서 통합격리처벌을 주어야 한다.

3) 수행승들이여, 여기 수행승이 참회처벌을 받아야 하는데 도중에 많은 승단잔류죄를 지었다. 일부의 죄는 알고 일부의 죄는 알지 못했다. 그가 아는 죄를 감추고, 그가 알지 못하는 죄는 감추지 않았다. 만약에 그가 애통해 하지 않는 사람이 되어, 앞에서 알고 감춘 죄를 뒤에서 알고 감추고, 앞에서 알지 못하고 감추지 않은 죄를 뒤에서 알고 감추지 않는다면, 수행승들이여, 그 수행승에게는 가중처벌을 주어야 하고, 감춘 죄 가운데 선행하는 죄에 따라서 통합격리처벌을 주어야 한다.

4) 수행승들이여, 여기 수행승이 참회처벌을 받아야 하는데 도중에 많은 승단잔류죄를 지었다. 일부의 죄는 알고 일부의 죄는 알지 못했다. 그가 아는 죄를 감추고, 그가 알지 못하는 죄는 감추지 않았다. 만약에 그가 애통해 하지 않는 사람이 되어, 앞에서 알고 감춘 죄를 뒤에서 알고 감추고, 앞에서 알지 못하고 감추지 않은 죄를 뒤에서 알고 감춘다면, 수행승들이여, 그 수행승에게는 가중처벌을 주어야 하고, 감춘 죄 가운데 선행하는 죄에 따라서 통합격리처벌을 주어야

한다."

4. [세존]

1) "수행승들이여, 여기 수행승이 참회처벌을 받아야 하는데 도중에 많은 승단잔류죄를 지었다. 일부의 죄는 기억하고 일부의 죄는 기억하지 못했다. 그가 기억하는 죄를 감추고, 그가 기억하지 못하는 죄는 감추지 않았다. 만약에 그가 애통해 하지 않는 사람이 되어, 앞에서 기억하고 감춘 죄를 뒤에서 기억하고 감추지 않고, 앞에서 기억하지 못하고 감추지 않은 죄를 뒤에서 기억하고 감추지 않는다면, 수행승들이여, 그 수행승에게는 가중처벌을 주어야 하고, 감춘 죄 가운데 선행하는 죄에 따라서 통합격리처벌을 주어야 한다.

2) 수행승들이여, 여기 수행승이 참회처벌을 받아야 하는데 도중에 많은 승단잔류죄를 지었다. 일부의 죄는 기억하고 일부의 죄는 기억하지 못했다. 그가 기억하는 죄를 감추고, 그가 기억하지 못하는 죄는 감추지 않았다. 만약에 그가 애통해 하지 않는 사람이 되어, 앞에서 기억하고 감춘 죄를 뒤에서 기억하고 감추지 않고, 앞에서 기억하지 못하고 감추지 않은 죄를 뒤에서 기억하고 감춘다면, 수행승들이여, 그 수행승에게는 가중처벌을 주어야 하고, 감춘 죄 가운데 선행하는 죄에 따라서 통합격리처벌을 주어야 한다.

3) 수행승들이여, 여기 수행승이 참회처벌을 받아야 하는데 도중에 많은 승단잔류죄를 지었다. 일부의 죄는 기억하고 일부의 죄는 기억하지 못했다. 그가 기억하는 죄를 감추고, 그가 기억하지 못하는 죄는 감추지 않았다. 만약에 그가 애통해 하지 않는 사람이 되어, 앞에서 기억하고 감춘 죄를 뒤에서 기억하고 감추고, 앞에서 기억하지 못하고 감추지 않은 죄를 뒤에서 기억하고 감추지 않는다면, 수행승들이여, 그 수행승에게는 가중처벌을 주어야 하고, 감춘 죄 가운데 선행하는 죄에 따라서 통합격리처벌을 주어야 한다.

4) 수행승들이여, 여기 수행승이 참회처벌을 받아야 하는데 도중에 많은 승단잔류죄를 지었다. 일부의 죄는 기억하고 일부의 죄는 기억하지 못했다. 그가 기억하는 죄를 감추고, 그가 기억하지 못하는 죄는 감추지 않았다. 만약에 그가 애통해 하지 않는 사람이 되어, 앞에서 기억하고 감춘 죄를 뒤에서 기억하고 감추고, 앞에서 기억하지 못하고 감추지 않은 죄를 뒤에서 기억하고 감춘다면, 수행승들이여, 그 수행승에게는 가중처벌을 주어야 하고, 감춘 죄 가운데 선행하는 죄에 따라서 통합격리처벌을 주어야 한다."

5. [세존]

1) "수행승들이여, 여기 수행승이 참회처벌을 받아야 하는데 도중에 많은 승단잔류죄를 지었다. 일부의 죄는 의혹이 없고 일부의 죄는 의혹이 있었다. 그가 의혹이 없는 죄를 감추고, 그가 의혹이 있는 죄는 감추지 않았다. 만약에 그가 애통해 하지 않는 사람이 되어, 앞에서 의혹을 지니지 않고 감춘 죄를 뒤에서 의혹을 지니지 않고 감추지 않고, 앞에서 의혹을 지니고 감추지 않은 죄를 뒤에서 의혹을 지니지 않고 감추지 않는다면, 수행승들이여, 그 수행승에게는 가중처벌을 주어야 하고, 감춘 죄 가운데 선행하는 죄에 따라서 통합격리처벌을 주어야 한다.

2) 수행승들이여, 여기 수행승이 참회처벌을 받아야 하는데 도중에 많은 승단잔류죄를 지었다. 일부의 죄는 의혹이 없고 일부의 죄는 의혹이 있었다. 그가 의혹이 없는 죄를 감추고, 그가 의혹이 있는 죄는 감추지 않았다. 만약에 그가 애통해 하지 않는 사람이 되어, 앞에서 의혹을 지니지 않고 감춘 죄를 뒤에서 의혹을 지니지 않고 감추지 않고, 앞에서 의혹을 지니고 감추지 않은 죄를 뒤에서 의혹을 지니지 않고 감춘다면, 수행승들이여, 그 수행승에게는 가중처벌을 주어야 하고, 감춘 죄 가운데 선행하는 죄에 따라서 통합격리처벌을 주어야 한다.

3) 수행승들이여, 여기 수행승이 참회처벌을 받아야 하는데 도중에 많은 승단잔류죄를 지었다. 일부의 죄는 의혹이 없고 일부의 죄는 의혹이 있었다. 그가 의혹이 없는 죄를 감추고, 그가 의혹이 있는 죄는 감추지 않았다. 만약에 그가 애통해 하지 않는 사람이 되어, 앞에서 의혹을 지니지 않고 감춘 죄를 뒤에서 의혹을 지니지 않고 감추고, 앞에서 의혹을 지니고 감추지 않은 죄를 뒤에서 의혹을 지니지 않고 감추지 않는다면, 수행승들이여, 그 수행승에게는 가중처벌을 주어야 하고, 감춘 죄 가운데 선행하는 죄에 따라서 통합격리처벌을 주어야 한다.

4) 수행승들이여, 여기 수행승이 참회처벌을 받아야 하는데 도중에 많은 승단잔류죄를 지었다. 일부의 죄는 의혹이 없고 일부의 죄는 의혹이 있었다. 그가 의혹이 없는 죄를 감추고, 그가 의혹이 있는 죄는 감추지 않았다. 만약에 그가 애통해 하지 않는 사람이 되어, 앞에서 의혹을 지니지 않고 감춘 죄를 뒤에서 의혹을 지니지 않고 감추고, 앞에서 의혹을 지니고 감추지 않은 죄를 뒤에서 의혹을 지니지 않고 감춘다면, 수행승들이여, 그 수행승에게는 가중처벌을 주어야 하고, 감춘 죄 가운데 선행하는 죄에 따라서 통합격리처벌을 주어야 한다."

가중처벌의 네 가지 유형(⑤ : 181-200)가 끝났다.

32₆. 가중처벌의 네 가지 유형①(Mūlāyapaṭikassanacatussataka : 201-220)

1. [세존]

1) "수행승들이여, 여기 수행승이 참회처벌을 받는 도중에 많은 승단잔류죄를 짓고 감추지 않고 환속했다. 만약 그가 다시 구족계를 받고 그 죄를 감추지 않는다면, 그 수행승에게는 가중처벌을 주어야 한다.

2) 수행승들이여, 여기 수행승이 참회처벌을 받는 도중에 많은 승단잔류죄를 짓고 감추지 않고 환속했다. 만약 그가 다시 구족계를 받고 그 죄를 감춘다면, 그 수행승에게는 가중처벌을 주어야 한다. 그리고 감춘 죄 가운데 선행하는 죄에 따라서 통합격리처벌을 주어야 한다.

3) 수행승들이여, 여기 수행승이 참회처벌을 받는 도중에 많은 승단잔류죄를 짓고 감추고 환속했다. 만약 그가 다시 구족계를 받고 그 죄를 감추지 않는다면, 그 수행승에게는 가중처벌을 주어야 한다. 그리고 감춘 죄 가운데 선행하는 죄에 따라서 통합격리처벌을 주어야 한다.

4) 수행승들이여, 여기 수행승이 참회처벌을 받는 도중에 많은 승단잔류죄를 짓고 감추고 환속했다. 만약 그가 다시 구족계를 받고 그 죄를 감춘다면, 그 수행승에게는 가중처벌을 주어야 한다. 그리고 감춘 죄 가운데 선행하는 죄에 따라서 통합격리처벌을 주어야 한다."

2. [세존]

1) "수행승들이여, 여기 수행승이 참회처벌을 받는 도중에 많은 승단잔류죄를 지었다. 그에게 감춘 죄도 있고 감추지 않은 죄도 있다. 만약에 그가 환속했다가 다시 구족계를 받아, 앞에서 감춘 죄를 뒤에 감추지 않고, 앞에서 감추지 않은 죄를 뒤에 감추지 않는다면, 수행승들이여, 그 수행승에게는 가중처벌을 주어야 하고, 감춘 죄 가운데 선행하는 죄에 따라서 통합격리처벌을 주어야 한다.

2) 수행승들이여, 여기 수행승이 참회처벌을 받는 도중에 많은 승단잔류죄를 지었다. 그에게 감춘 죄도 있고 감추지 않은 죄도 있다. 만약에 그가 환속했다가 다시 구족계를 받아, 앞에서 감춘 죄를 뒤에 감추지 않고, 앞에서 감추지 않은 죄를 뒤에 감춘다면, 수행승들이여, 그 수행승에게는 가중처벌을 주어야 하고, 감춘 죄 가운데 선행하는 죄에 따라서 통합격리처벌을 주어야 한다.

3) 수행승들이여, 여기 수행승이 참회처벌을 받는 도중에 많은 승단잔류죄를 지었다. 그에게 감춘 죄도 있고 감추지 않은 죄도 있다. 만약에 그가 환속했다가 다시 구족계를 받아, 앞에서 감춘 죄를 뒤에서 감추고, 앞에서 감추지 않은

죄를 뒤에서 감추지 않는다면, 수행승들이여, 그 수행승에게는 가중처벌을 주어야 하고, 감춘 죄 가운데 선행하는 죄에 따라서 통합격리처벌을 주어야 한다.

4) 수행승들이여, 여기 수행승이 참회처벌을 받는 도중에 많은 승단잔류죄를 지었다. 그에게 감춘 죄도 있고 감추지 않은 죄도 있다. 만약에 그가 환속했다가 다시 구족계를 받아, 앞에서 감춘 죄를 뒤에서 감추고, 앞에서 감추지 않은 죄를 뒤에서 감춘다면, 수행승들이여, 그 수행승에게는 가중처벌을 주어야 하고, 감춘 죄 가운데 선행하는 죄에 따라서 통합격리처벌을 주어야 한다."

3. [세존]

1) "수행승들이여, 여기 수행승이 참회처벌을 받는 도중에 많은 승단잔류죄를 지었다. 일부의 죄는 알고 일부의 죄는 알지 못했다. 그가 아는 죄를 감추고, 그가 알지 못하는 죄는 감추지 않았다. 만약에 그가 환속했다가 다시 구족계를 받아, 앞에서 알고 감춘 죄를 뒤에서 알고 감추지 않고, 앞에서 알지 못하고 감추지 않은 죄를 뒤에서 알고 감추지 않는다면, 수행승들이여, 그 수행승에게는 가중처벌을 주어야 하고, 감춘 죄 가운데 선행하는 죄에 따라서 통합격리처벌을 주어야 한다.

2) 수행승들이여, 여기 수행승이 참회처벌을 받는 도중에 많은 승단잔류죄를 지었다. 일부의 죄는 알고 일부의 죄는 알지 못했다. 그가 아는 죄를 감추고, 그가 알지 못하는 죄는 감추지 않았다. 만약에 그가 환속했다가 다시 구족계를 받아, 앞에서 알고 감춘 죄를 뒤에서 알고 감추지 않고, 앞에서 알지 못하고 감추지 않은 죄를 뒤에서 알고 감춘다면, 수행승들이여, 그 수행승에게는 가중처벌을 주어야 하고, 감춘 죄 가운데 선행하는 죄에 따라서 통합격리처벌을 주어야 한다.

3) 수행승들이여, 여기 수행승이 참회처벌을 받는 도중에 많은 승단잔류죄를 지었다. 일부의 죄는 알고 일부의 죄는 알지 못했다. 그가 아는 죄를 감추고, 그가 알지 못하는 죄는 감추지 않았다. 만약에 그가 환속했다가 다시 구족계를 받아, 앞에서 알고 감춘 죄를 뒤에서 알고 감추고, 앞에서 알지 못하고 감추지 않은 죄를 뒤에서 알고 감추지 않는다면, 수행승들이여, 그 수행승에게는 가중처벌을 주어야 하고, 감춘 죄 가운데 선행하는 죄에 따라서 통합격리처벌을 주어야 한다.

4) 수행승들이여, 여기 수행승이 참회처벌을 받는 도중에 많은 승단잔류죄를 지었다. 일부의 죄는 알고 일부의 죄는 알지 못했다. 그가 아는 죄를 감추고, 그가

알지 못하는 죄는 감추지 않았다. 만약에 그가 환속했다가 다시 구족계를 받아, 앞에서 알고 감춘 죄를 뒤에서 알고 감추고, 앞에서 알지 못하고 감추지 않은 죄를 뒤에서 알고 감춘다면, 수행승들이여, 그 수행승에게는 가중처벌을 주어야 하고, 감춘 죄 가운데 선행하는 죄에 따라서 통합격리처벌을 주어야 한다."

4. [세존]

1) "수행승들이여, 여기 수행승이 참회처벌을 받는 도중에 많은 승단잔류죄를 지었다. 일부의 죄는 기억하고 일부의 죄는 기억하지 못했다. 그가 기억하는 죄를 감추고, 그가 기억하지 못하는 죄는 감추지 않았다. 만약에 그가 환속했다가 다시 구족계를 받아, 앞에서 기억하고 감춘 죄를 뒤에서 기억하고 감추지 않고, 앞에서 기억하지 못하고 감추지 않은 죄를 뒤에서 기억하고 감추지 않는다면, 수행승들이여, 그 수행승에게는 가중처벌을 주어야 하고, 감춘 죄 가운데 선행하는 죄에 따라서 통합격리처벌을 주어야 한다.

2) 수행승들이여, 여기 수행승이 참회처벌을 받는 도중에 많은 승단잔류죄를 지었다. 일부의 죄는 기억하고 일부의 죄는 기억하지 못했다. 그가 기억하는 죄를 감추고, 그가 기억하지 못하는 죄는 감추지 않았다. 만약에 그가 환속했다가 다시 구족계를 받아, 앞에서 기억하고 감춘 죄를 뒤에서 기억하고 감추지 않고, 앞에서 기억하지 못하고 감추지 않은 죄를 뒤에서 기억하고 감춘다면, 수행승들이여, 그 수행승에게는 가중처벌을 주어야 하고, 감춘 죄 가운데 선행하는 죄에 따라서 통합격리처벌을 주어야 한다.

3) 수행승들이여, 여기 수행승이 참회처벌을 받는 도중에 많은 승단잔류죄를 지었다. 일부의 죄는 기억하고 일부의 죄는 기억하지 못했다. 그가 기억하는 죄를 감추고, 그가 기억하지 못하는 죄는 감추지 않았다. 만약에 그가 환속했다가 다시 구족계를 받아, 앞에서 기억하고 감춘 죄를 뒤에서 기억하고 감추고, 앞에서 기억하지 못하고 감추지 않은 죄를 뒤에서 기억하고 감추지 않는다면, 수행승들이여, 그 수행승에게는 가중처벌을 주어야 하고, 감춘 죄 가운데 선행하는 죄에 따라서 통합격리처벌을 주어야 한다.

4) 수행승들이여, 여기 수행승이 참회처벌을 받는 도중에 많은 승단잔류죄를 지었다. 일부의 죄는 기억하고 일부의 죄는 기억하지 못했다. 그가 기억하는 죄를 감추고, 그가 기억하지 못하는 죄는 감추지 않았다. 만약에 그가 환속했다가 다시 구족계를 받아, 앞에서 기억하고 감춘 죄를 뒤에서 기억하고 감추고, 앞에서 기억하지 못하고 감추지 않은 죄를 뒤에서 기억하고 감춘다면, 수행승들이

여, 그 수행승에게는 가중처벌을 주어야 하고, 감춘 죄 가운데 선행하는 죄에 따라서 통합격리처벌을 주어야 한다.”

5. [세존]

1) “수행승들이여, 여기 수행승이 참회처벌을 받는 도중에 많은 승단잔류죄를 지었다. 일부의 죄는 의혹이 없고 일부의 죄는 의혹이 있었다. 그가 의혹이 없는 죄를 감추고, 그가 의혹이 있는 죄는 감추지 않았다. 만약에 그가 환속했다가 다시 구족계를 받아, 앞에서 의혹을 지니지 않고 감춘 죄를 뒤에서 의혹을 지니지 않고 감추지 않고, 앞에서 의혹을 지니고 감추지 않은 죄를 뒤에서 의혹을 지니지 않고 감추지 않는다면, 수행승들이여, 그 수행승에게는 가중처벌을 주어야 하고, 감춘 죄 가운데 선행하는 죄에 따라서 통합격리처벌을 주어야 한다.

2) 수행승들이여, 여기 수행승이 참회처벌을 받는 도중에 많은 승단잔류죄를 지었다. 일부의 죄는 의혹이 없고 일부의 죄는 의혹이 있었다. 그가 의혹이 없는 죄를 감추고, 그가 의혹이 있는 죄는 감추지 않았다. 만약에 그가 환속했다가 다시 구족계를 받아, 앞에서 의혹을 지니지 않고 감춘 죄를 뒤에서 의혹을 지니지 않고 감추지 않고, 앞에서 의혹을 지니고 감추지 않은 죄를 뒤에서 의혹을 지니지 않고 감춘다면, 수행승들이여, 그 수행승에게는 가중처벌을 주어야 하고, 감춘 죄 가운데 선행하는 죄에 따라서 통합격리처벌을 주어야 한다.

3) 수행승들이여, 여기 수행승이 참회처벌을 받는 도중에 많은 승단잔류죄를 지었다. 일부의 죄는 의혹이 없고 일부의 죄는 의혹이 있었다. 그가 의혹이 없는 죄를 감추고, 그가 의혹이 있는 죄는 감추지 않았다. 만약에 그가 환속했다가 다시 구족계를 받아, 앞에서 의혹을 지니지 않고 감춘 죄를 뒤에서 의혹을 지니지 않고 감추고, 앞에서 의혹을 지니고 감추지 않은 죄를 뒤에서 의혹을 지니지 않고 감추지 않는다면, 수행승들이여, 그 수행승에게는 가중처벌을 주어야 하고, 감춘 죄 가운데 선행하는 죄에 따라서 통합격리처벌을 주어야 한다.

4) 수행승들이여, 여기 수행승이 참회처벌을 받는 도중에 많은 승단잔류죄를 지었다. 일부의 죄는 의혹이 없고 일부의 죄는 의혹이 있었다. 그가 의혹이 없는 죄를 감추고, 그가 의혹이 있는 죄는 감추지 않았다. 만약에 그가 환속했다가 다시 구족계를 받아, 앞에서 의혹을 지니지 않고 감춘 죄를 뒤에서 의혹을 지니지 않고 감추고, 앞에서 의혹을 지니고 감추지 않은 죄를 뒤에서 의혹을 지니지 않고 감춘다면, 수행승들이여, 그 수행승에게는 가중처벌을 주어야 하

고, 감춘 죄 가운데 선행하는 죄에 따라서 통합격리처벌을 주어야 한다."

가중처벌의 네 가지 유형(① : 201-220)이 끝났다.

32$_{7}$. 가중처벌의 네 가지 유형②(Mūlāyapaṭikassanacatussataka : 221-240)

1. [세존]

1) "수행승들이여, 여기 수행승이 참회처벌을 받는 도중에 많은 승단잔류죄를 짓고 감추지 않고 사미가 되었다. 만약 그가 다시 구족계를 받고 그 죄를 감추지 않는다면, 그 수행승에게는 가중처벌을 주어야 한다.

2) 수행승들이여, 여기 수행승이 참회처벌을 받는 도중에 많은 승단잔류죄를 짓고 감추지 않고 사미가 되었다. 만약 그가 다시 구족계를 받고 그 죄를 감춘다면, 그 수행승에게는 가중처벌을 주어야 한다. 그리고 감춘 죄 가운데 선행하는 죄에 따라서 통합격리처벌을 주어야 한다.

3) 수행승들이여, 여기 수행승이 참회처벌을 받는 도중에 많은 승단잔류죄를 짓고 감추고 사미가 되었다. 만약 그가 다시 구족계를 받고 그 죄를 감추지 않는다면, 그 수행승에게는 가중처벌을 주어야 한다. 그리고 감춘 죄 가운데 선행하는 죄에 따라서 통합격리처벌을 주어야 한다.

4) 수행승들이여, 여기 수행승이 참회처벌을 받는 도중에 많은 승단잔류죄를 짓고 감추고 사미가 되었다. 만약 그가 다시 구족계를 받고 그 죄를 감춘다면, 그 수행승에게는 가중처벌을 주어야 한다. 그리고 감춘 죄 가운데 선행하는 죄에 따라서 통합격리처벌을 주어야 한다."

2. [세존]

1) "수행승들이여, 여기 수행승이 참회처벌을 받는 도중에 많은 승단잔류죄를 지었다. 그에게 감춘 죄도 있고 감추지 않은 죄도 있다. 만약에 그가 사미가 되었다가 다시 구족계를 받아, 앞에서 감춘 죄를 뒤에 감추지 않고, 앞에서 감추지 않은 죄를 뒤에 감추지 않는다면, 수행승들이여, 그 수행승에게는 가중처벌을 주어야 하고, 감춘 죄 가운데 선행하는 죄에 따라서 통합격리처벌을 주어야 한다.

2) 수행승들이여, 여기 수행승이 참회처벌을 받는 도중에 많은 승단잔류죄를 지었다. 그에게 감춘 죄도 있고 감추지 않은 죄도 있다. 만약에 그가 사미가 되었다가 다시 구족계를 받아, 앞에서 감춘 죄를 뒤에 감추지 않고, 앞에서 감추지 않은 죄를 뒤에 감춘다면, 수행승들이여, 그 수행승에게는 가중처벌을 주어야

하고, 감춘 죄 가운데 선행하는 죄에 따라서 통합격리처벌을 주어야 한다.

3) 수행승들이여, 여기 수행승이 참회처벌을 받는 도중에 많은 승단잔류죄를 지었다. 그에게 감춘 죄도 있고 감추지 않은 죄도 있다. 만약에 그가 사미가 되었다가 다시 구족계를 받아, 앞에서 감춘 죄를 뒤에서 감추고, 앞에서 감추지 않은 죄를 뒤에서 감추지 않는다면, 수행승들이여, 그 수행승에게는 가중처벌을 주어야 하고, 감춘 죄 가운데 선행하는 죄에 따라서 통합격리처벌을 주어야 한다.

4) 수행승들이여, 여기 수행승이 참회처벌을 받는 도중에 많은 승단잔류죄를 지었다. 그에게 감춘 죄도 있고 감추지 않은 죄도 있다. 만약에 그가 사미가 되었다가 다시 구족계를 받아, 앞에서 감춘 죄를 뒤에서 감추고, 앞에서 감추지 않은 죄를 뒤에서 감춘다면, 수행승들이여, 그 수행승에게는 가중처벌을 주어야 하고, 감춘 죄 가운데 선행하는 죄에 따라서 통합격리처벌을 주어야 한다."

3. [세존]

1) "수행승들이여, 여기 수행승이 참회처벌을 받는 도중에 많은 승단잔류죄를 지었다. 일부의 죄는 알고 일부의 죄는 알지 못했다. 그가 아는 죄를 감추고, 그가 알지 못하는 죄는 감추지 않았다. 만약에 그가 사미가 되었다가 다시 구족계를 받아, 앞에서 알고 감춘 죄를 뒤에서 알고 감추지 않고, 앞에서 알지 못하고 감추지 않은 죄를 뒤에서 알고 감추지 않는다면, 수행승들이여, 그 수행승에게는 가중처벌을 주어야 하고, 감춘 죄 가운데 선행하는 죄에 따라서 통합격리처벌을 주어야 한다.

2) 수행승들이여, 여기 수행승이 참회처벌을 받는 도중에 많은 승단잔류죄를 지었다. 일부의 죄는 알고 일부의 죄는 알지 못했다. 그가 아는 죄를 감추고, 그가 알지 못하는 죄는 감추지 않았다. 만약에 그가 사미가 되었다가 다시 구족계를 받아, 앞에서 알고 감춘 죄를 뒤에서 알고 감추지 않고, 앞에서 알지 못하고 감추지 않은 죄를 뒤에서 알고 감춘다면, 수행승들이여, 그 수행승에게는 가중처벌을 주어야 하고, 감춘 죄 가운데 선행하는 죄에 따라서 통합격리처벌을 주어야 한다.

3) 수행승들이여, 여기 수행승이 참회처벌을 받는 도중에 많은 승단잔류죄를 지었다. 일부의 죄는 알고 일부의 죄는 알지 못했다. 그가 아는 죄를 감추고, 그가 알지 못하는 죄는 감추지 않았다. 만약에 그가 사미가 되었다가 다시 구족계를 받아, 앞에서 알고 감춘 죄를 뒤에서 알고 감추고, 앞에서 알지 못하고 감추지 않은 죄를 뒤에서 알고 감추지 않는다면, 수행승들이여, 그 수행승에게는 가중

처벌을 주어야 하고, 감춘 죄 가운데 선행하는 죄에 따라서 통합격리처벌을 주어야 한다.

4) 수행승들이여, 여기 수행승이 참회처벌을 받는 도중에 많은 승단잔류죄를 지었다. 일부의 죄는 알고 일부의 죄는 알지 못했다. 그가 아는 죄를 감추고, 그가 알지 못하는 죄는 감추지 않았다. 만약에 그가 사미가 되었다가 다시 구족계를 받아, 앞에서 알고 감춘 죄를 뒤에서 알고 감추고, 앞에서 알지 못하고 감추지 않은 죄를 뒤에서 알고 감춘다면, 수행승들이여, 그 수행승에게는 가중처벌을 주어야 하고, 감춘 죄 가운데 선행하는 죄에 따라서 통합격리처벌을 주어야 한다."

4. [세존]

1) "수행승들이여, 여기 수행승이 참회처벌을 받는 도중에 많은 승단잔류죄를 지었다. 일부의 죄는 기억하고 일부의 죄는 기억하지 못했다. 그가 기억하는 죄를 감추고, 그가 기억하지 못하는 죄는 감추지 않았다. 만약에 그가 사미가 되었다가 다시 구족계를 받아, 앞에서 기억하고 감춘 죄를 뒤에서 기억하고 감추지 않고, 앞에서 기억하지 못하고 감추지 않은 죄를 뒤에서 기억하고 감추지 않는다면, 수행승들이여, 그 수행승에게는 가중처벌을 주어야 하고, 감춘 죄 가운데 선행하는 죄에 따라서 통합격리처벌을 주어야 한다.

2) 수행승들이여, 여기 수행승이 참회처벌을 받는 도중에 많은 승단잔류죄를 지었다. 일부의 죄는 기억하고 일부의 죄는 기억하지 못했다. 그가 기억하는 죄를 감추고, 그가 기억하지 못하는 죄는 감추지 않았다. 만약에 그가 사미가 되었다가 다시 구족계를 받아, 앞에서 기억하고 감춘 죄를 뒤에서 기억하고 감추지 않고, 앞에서 기억하지 못하고 감추지 않은 죄를 뒤에서 기억하고 감춘다면, 수행승들이여, 그 수행승에게는 가중처벌을 주어야 하고, 감춘 죄 가운데 선행하는 죄에 따라서 통합격리처벌을 주어야 한다.

3) 수행승들이여, 여기 수행승이 참회처벌을 받는 도중에 많은 승단잔류죄를 지었다. 일부의 죄는 기억하고 일부의 죄는 기억하지 못했다. 그가 기억하는 죄를 감추고, 그가 기억하지 못하는 죄는 감추지 않았다. 만약에 그가 사미가 되었다가 다시 구족계를 받아, 앞에서 기억하고 감춘 죄를 뒤에서 기억하고 감추고, 앞에서 기억하지 못하고 감추지 않은 죄를 뒤에서 기억하고 감추지 않는다면, 수행승들이여, 그 수행승에게는 가중처벌을 주어야 하고, 감춘 죄 가운데 선행하는 죄에 따라서 통합격리처벌을 주어야 한다.

4) 수행승들이여, 여기 수행승이 참회처벌을 받는 도중에 많은 승단잔류죄를 지었다. 일부의 죄는 기억하고 일부의 죄는 기억하지 못했다. 그가 기억하는 죄를 감추고, 그가 기억하지 못하는 죄는 감추지 않았다. 만약에 그가 사미가 되었다가 다시 구족계를 받아, 앞에서 기억하고 감춘 죄를 뒤에서 기억하고 감추고, 앞에서 기억하지 못하고 감추지 않은 죄를 뒤에서 기억하고 감춘다면, 수행승들이여, 그 수행승에게는 가중처벌을 주어야 하고, 감춘 죄 가운데 선행하는 죄에 따라서 통합격리처벌을 주어야 한다."

5. [세존]

1) "수행승들이여, 여기 수행승이 참회처벌을 받는 도중에 많은 승단잔류죄를 지었다. 일부의 죄는 의혹이 없고 일부의 죄는 의혹이 있었다. 그가 의혹이 없는 죄를 감추고, 그가 의혹이 있는 죄는 감추지 않았다. 만약에 그가 사미가 되었다가 다시 구족계를 받아, 앞에서 의혹을 지니지 않고 감춘 죄를 뒤에서 의혹을 지니지 않고 감추지 않고, 앞에서 의혹을 지니고 감추지 않은 죄를 뒤에서 의혹을 지니지 않고 감추지 않는다면, 수행승들이여, 그 수행승에게는 가중처벌을 주어야 하고, 감춘 죄 가운데 선행하는 죄에 따라서 통합격리처벌을 주어야 한다.

2) 수행승들이여, 여기 수행승이 참회처벌을 받는 도중에 많은 승단잔류죄를 지었다. 일부의 죄는 의혹이 없고 일부의 죄는 의혹이 있었다. 그가 의혹이 없는 죄를 감추고, 그가 의혹이 있는 죄는 감추지 않았다. 만약에 그가 사미가 되었다가 다시 구족계를 받아, 앞에서 의혹을 지니지 않고 감춘 죄를 뒤에서 의혹을 지니지 않고 감추지 않고, 앞에서 의혹을 지니고 감추지 않은 죄를 뒤에서 의혹을 지니지 않고 감춘다면, 수행승들이여, 그 수행승에게는 가중처벌을 주어야 하고, 감춘 죄 가운데 선행하는 죄에 따라서 통합격리처벌을 주어야 한다.

3) 수행승들이여, 여기 수행승이 참회처벌을 받는 도중에 많은 승단잔류죄를 지었다. 일부의 죄는 의혹이 없고 일부의 죄는 의혹이 있었다. 그가 의혹이 없는 죄를 감추고, 그가 의혹이 있는 죄는 감추지 않았다. 만약에 그가 사미가 되었다가 다시 구족계를 받아, 앞에서 의혹을 지니지 않고 감춘 죄를 뒤에서 의혹을 지니지 않고 감추고, 앞에서 의혹을 지니고 감추지 않은 죄를 뒤에서 의혹을 지니지 않고 감추지 않는다면, 수행승들이여, 그 수행승에게는 가중처벌을 주어야 하고, 감춘 죄 가운데 선행하는 죄에 따라서 통합격리처벌을 주어야 한다.

4) 수행승들이여, 여기 수행승이 참회처벌을 받는 도중에 많은 승단잔류죄를 지었

다. 일부의 죄는 의혹이 없고 일부의 죄는 의혹이 있었다. 그가 의혹이 없는 죄를 감추고, 그가 의혹이 있는 죄는 감추지 않았다. 만약에 그가 사미가 되었다가 다시 구족계를 받아, 앞에서 의혹을 지니지 않고 감춘 죄를 뒤에서 의혹을 지니지 않고 감추고, 앞에서 의혹을 지니고 감추지 않은 죄를 뒤에서 의혹을 지니지 않고 감춘다면, 수행승들이여, 그 수행승에게는 가중처벌을 주어야 하고, 감춘 죄 가운데 선행하는 죄에 따라서 통합격리처벌을 주어야 한다."

가중처벌의 네 가지 유형(②: 221-240)이 끝났다.

32₈. 가중처벌의 네 가지 유형③(Mūlāyapaṭikassanacatussataka : 241-260)

1. [세존]

1) "수행승들이여, 여기 수행승이 참회처벌을 받는 도중에 많은 승단잔류죄를 짓고 감추지 않고 정신착란된 사람이 되었다. 만약 그가 다시 구족계를 받고 그 죄를 감추지 않는다면, 그 수행승에게는 가중처벌을 주어야 한다.

2) 수행승들이여, 여기 수행승이 참회처벌을 받는 도중에 많은 승단잔류죄를 짓고 감추지 않고 정신착란된 사람이 되었다. 만약 그가 다시 구족계를 받고 그 죄를 감춘다면, 그 수행승에게는 가중처벌을 주어야 한다. 그리고 감춘 죄 가운데 선행하는 죄에 따라서 통합격리처벌을 주어야 한다.

3) 수행승들이여, 여기 수행승이 참회처벌을 받는 도중에 많은 승단잔류죄를 짓고 감추고 정신착란된 사람이 되었다. 만약 그가 다시 구족계를 받고 그 죄를 감추지 않는다면, 그 수행승에게는 가중처벌을 주어야 한다. 그리고 감춘 죄 가운데 선행하는 죄에 따라서 통합격리처벌을 주어야 한다.

4) 수행승들이여, 여기 수행승이 참회처벌을 받는 도중에 많은 승단잔류죄를 짓고 감추고 정신착란된 사람이 되었다. 만약 그가 다시 구족계를 받고 그 죄를 감춘다면, 그 수행승에게는 가중처벌을 주어야 한다. 그리고 감춘 죄 가운데 선행하는 죄에 따라서 통합격리처벌을 주어야 한다."

2. [세존]

1) "수행승들이여, 여기 수행승이 참회처벌을 받는 도중에 많은 승단잔류죄를 지었다. 그에게 감춘 죄도 있고 감추지 않은 죄도 있다. 만약에 그가 정신착란이 없는 사람이 되어, 앞에서 감춘 죄를 뒤에 감추지 않고, 앞에서 감추지 않은 죄를 뒤에 감추지 않는다면, 수행승들이여, 그 수행승에게는 가중처벌을 주어야 하고, 감춘 죄 가운데 선행하는 죄에 따라서 통합격리처벌을 주어야 한다.

2) 수행승들이여, 여기 수행승이 참회처벌을 받는 도중에 많은 승단잔류죄를 지었다. 그에게 감춘 죄도 있고 감추지 않은 죄도 있다. 만약에 그가 정신착란이 없는 사람이 되어, 앞에서 감춘 죄를 뒤에 감추지 않고, 앞에서 감추지 않은 죄를 뒤에 감춘다면, 수행승들이여, 그 수행승에게는 가중처벌을 주어야 하고, 감춘 죄 가운데 선행하는 죄에 따라서 통합격리처벌을 주어야 한다.

3) 수행승들이여, 여기 수행승이 참회처벌을 받는 도중에 많은 승단잔류죄를 지었다. 그에게 감춘 죄도 있고 감추지 않은 죄도 있다. 만약에 그가 정신착란이 없는 사람이 되어, 앞에서 감춘 죄를 뒤에서 감추고, 앞에서 감추지 않은 죄를 뒤에서 감추지 않는다면, 수행승들이여, 그 수행승에게는 가중처벌을 주어야 하고, 감춘 죄 가운데 선행하는 죄에 따라서 통합격리처벌을 주어야 한다.

4) 수행승들이여, 여기 수행승이 참회처벌을 받는 도중에 많은 승단잔류죄를 지었다. 그에게 감춘 죄도 있고 감추지 않은 죄도 있다. 만약에 그가 정신착란이 없는 사람이 되어, 앞에서 감춘 죄를 뒤에서 감추고, 앞에서 감추지 않은 죄를 뒤에서 감춘다면, 수행승들이여, 그 수행승에게는 가중처벌을 주어야 하고, 감춘 죄 가운데 선행하는 죄에 따라서 통합격리처벌을 주어야 한다."

3. [세존]

1) "수행승들이여, 여기 수행승이 참회처벌을 받는 도중에 많은 승단잔류죄를 지었다. 일부의 죄는 알고 일부의 죄는 알지 못했다. 그가 아는 죄를 감추고, 그가 알지 못하는 죄는 감추지 않았다. 만약에 그가 정신착란이 없는 사람이 되어, 앞에서 알고 감춘 죄를 뒤에서 알고 감추지 않고, 앞에서 알지 못하고 감추지 않은 죄를 뒤에서 알고 감추지 않는다면, 수행승들이여, 그 수행승에게는 가중처벌을 주어야 하고, 감춘 죄 가운데 선행하는 죄에 따라서 통합격리처벌을 주어야 한다.

2) 수행승들이여, 여기 수행승이 참회처벌을 받는 도중에 많은 승단잔류죄를 지었다. 일부의 죄는 알고 일부의 죄는 알지 못했다. 그가 아는 죄를 감추고, 그가 알지 못하는 죄는 감추지 않았다. 만약에 그가 정신착란이 없는 사람이 되어, 앞에서 알고 감춘 죄를 뒤에서 알고 감추지 않고, 앞에서 알지 못하고 감추지 않은 죄를 뒤에서 알고 감춘다면, 수행승들이여, 그 수행승에게는 가중처벌을 주어야 하고, 감춘 죄 가운데 선행하는 죄에 따라서 통합격리처벌을 주어야 한다.

3) 수행승들이여, 여기 수행승이 참회처벌을 받는 도중에 많은 승단잔류죄를 지었

다. 일부의 죄는 알고 일부의 죄는 알지 못했다. 그가 아는 죄를 감추고, 그가 알지 못하는 죄는 감추지 않았다. 만약에 그가 정신착란이 없는 사람이 되어, 앞에서 알고 감춘 죄를 뒤에서 알고 감추고, 앞에서 알지 못하고 감추지 않은 죄를 뒤에서 알고 감추지 않는다면, 수행승들이여, 그 수행승에게는 가중처벌을 주어야 하고, 감춘 죄 가운데 선행하는 죄에 따라서 통합격리처벌을 주어야 한다.

4) 수행승들이여, 여기 수행승이 참회처벌을 받는 도중에 많은 승단잔류죄를 지었다. 일부의 죄는 알고 일부의 죄는 알지 못했다. 그가 아는 죄를 감추고, 그가 알지 못하는 죄는 감추지 않았다. 만약에 그가 정신착란이 없는 사람이 되어, 앞에서 알고 감춘 죄를 뒤에서 알고 감추고, 앞에서 알지 못하고 감추지 않은 죄를 뒤에서 알고 감춘다면, 수행승들이여, 그 수행승에게는 가중처벌을 주어야 하고, 감춘 죄 가운데 선행하는 죄에 따라서 통합격리처벌을 주어야 한다."

4. [세존]

1) "수행승들이여, 여기 수행승이 참회처벌을 받는 도중에 많은 승단잔류죄를 지었다. 일부의 죄는 기억하고 일부의 죄는 기억하지 못했다. 그가 기억하는 죄를 감추고, 그가 기억하지 못하는 죄는 감추지 않았다. 만약에 그가 정신착란이 없는 사람이 되어, 앞에서 기억하고 감춘 죄를 뒤에서 기억하고 감추지 않고, 앞에서 기억하지 못하고 감추지 않은 죄를 뒤에서 기억하고 감추지 않는다면, 수행승들이여, 그 수행승에게는 가중처벌을 주어야 하고, 감춘 죄 가운데 선행하는 죄에 따라서 통합격리처벌을 주어야 한다.

2) 수행승들이여, 여기 수행승이 참회처벌을 받는 도중에 많은 승단잔류죄를 지었다. 일부의 죄는 기억하고 일부의 죄는 기억하지 못했다. 그가 기억하는 죄를 감추고, 그가 기억하지 못하는 죄는 감추지 않았다. 만약에 그가 정신착란이 없는 사람이 되어, 앞에서 기억하고 감춘 죄를 뒤에서 기억하고 감추지 않고, 앞에서 기억하지 못하고 감추지 않은 죄를 뒤에서 기억하고 감춘다면, 수행승들이여, 그 수행승에게는 가중처벌을 주어야 하고, 감춘 죄 가운데 선행하는 죄에 따라서 통합격리처벌을 주어야 한다.

3) 수행승들이여, 여기 수행승이 참회처벌을 받는 도중에 많은 승단잔류죄를 지었다. 일부의 죄는 기억하고 일부의 죄는 기억하지 못했다. 그가 기억하는 죄를 감추고, 그가 기억하지 못하는 죄는 감추지 않았다. 만약에 그가 정신착란이 없는 사람이 되어, 앞에서 기억하고 감춘 죄를 뒤에서 기억하고 감추고, 앞에서

기억하지 못하고 감추지 않은 죄를 뒤에서 기억하고 감추지 않는다면, 수행승들이여, 그 수행승에게는 가중처벌을 주어야 하고, 감춘 죄 가운데 선행하는 죄에 따라서 통합격리처벌을 주어야 한다.

4) 수행승들이여, 여기 수행승이 참회처벌을 받는 도중에 많은 승단잔류죄를 지었다. 일부의 죄는 기억하고 일부의 죄는 기억하지 못했다. 그가 기억하는 죄를 감추고, 그가 기억하지 못하는 죄는 감추지 않았다. 만약에 그가 정신착란이 없는 사람이 되어, 앞에서 기억하고 감춘 죄를 뒤에서 기억하고 감추고, 앞에서 기억하지 못하고 감추지 않은 죄를 뒤에서 기억하고 감춘다면, 수행승들이여, 그 수행승에게는 가중처벌을 주어야 하고, 감춘 죄 가운데 선행하는 죄에 따라서 통합격리처벌을 주어야 한다."

5. [세존]

1) "수행승들이여, 여기 수행승이 참회처벌을 받는 도중에 많은 승단잔류죄를 지었다. 일부의 죄는 의혹이 없고 일부의 죄는 의혹이 있었다. 그가 의혹이 없는 죄를 감추고, 그가 의혹이 있는 죄는 감추지 않았다. 만약에 그가 정신착란이 없는 사람이 되어, 앞에서 의혹을 지니지 않고 감춘 죄를 뒤에서 의혹을 지니지 않고 감추지 않고, 앞에서 의혹을 지니고 감추지 않은 죄를 뒤에서 의혹을 지니지 않고 감추지 않는다면, 수행승들이여, 그 수행승에게는 가중처벌을 주어야 하고, 감춘 죄 가운데 선행하는 죄에 따라서 통합격리처벌을 주어야 한다.

2) 수행승들이여, 여기 수행승이 참회처벌을 받는 도중에 많은 승단잔류죄를 지었다. 일부의 죄는 의혹이 없고 일부의 죄는 의혹이 있었다. 그가 의혹이 없는 죄를 감추고, 그가 의혹이 있는 죄는 감추지 않았다. 만약에 그가 정신착란이 없는 사람이 되어, 앞에서 의혹을 지니지 않고 감춘 죄를 뒤에서 의혹을 지니지 않고 감추지 않고, 앞에서 의혹을 지니고 감추지 않은 죄를 뒤에서 의혹을 지니지 않고 감춘다면, 수행승들이여, 그 수행승에게는 가중처벌을 주어야 하고, 감춘 죄 가운데 선행하는 죄에 따라서 통합격리처벌을 주어야 한다.

3) 수행승들이여, 여기 수행승이 참회처벌을 받는 도중에 많은 승단잔류죄를 지었다. 일부의 죄는 의혹이 없고 일부의 죄는 의혹이 있었다. 그가 의혹이 없는 죄를 감추고, 그가 의혹이 있는 죄는 감추지 않았다. 만약에 그가 정신착란이 없는 사람이 되어, 앞에서 의혹을 지니지 않고 감춘 죄를 뒤에서 의혹을 지니지 않고 감추고, 앞에서 의혹을 지니고 감추지 않은 죄를 뒤에서 의혹을 지니지

않고 감추지 않는다면, 수행승들이여, 그 수행승에게는 가중처벌을 주어야 하고, 감춘 죄 가운데 선행하는 죄에 따라서 통합격리처벌을 주어야 한다.

4) 수행승들이여, 여기 수행승이 참회처벌을 받는 도중에 많은 승단잔류죄를 지었다. 일부의 죄는 의혹이 없고 일부의 죄는 의혹이 있었다. 그가 의혹이 없는 죄를 감추고, 그가 의혹이 있는 죄는 감추지 않았다. 만약에 그가 정신착란이 없는 사람이 되어, 앞에서 의혹을 지니지 않고 감춘 죄를 뒤에서 의혹을 지니지 않고 감추고, 앞에서 의혹을 지니고 감추지 않은 죄를 뒤에서 의혹을 지니지 않고 감춘다면, 수행승들이여, 그 수행승에게는 가중처벌을 주어야 하고, 감춘 죄 가운데 선행하는 죄에 따라서 통합격리처벌을 주어야 한다."

가중처벌의 네 가지 유형(③ : 241-260)이 끝났다.

32₉. 가중처벌의 네 가지 유형④(Mūlāyapaṭikassanacatussataka : 261-280)

1. [세존]

1) "수행승들이여, 여기 수행승이 참회처벌을 받는 도중에 많은 승단잔류죄를 짓고 감추지 않고 심란한 사람이 되었다. 만약 그가 다시 구족계를 받고 그 죄를 감추지 않는다면, 그 수행승에게는 가중처벌을 주어야 한다.

2) 수행승들이여, 여기 수행승이 참회처벌을 받는 도중에 많은 승단잔류죄를 짓고 감추지 않고 심란한 사람이 되었다. 만약 그가 다시 구족계를 받고 그 죄를 감춘다면, 그 수행승에게는 가중처벌을 주어야 한다. 그리고 감춘 죄 가운데 선행하는 죄에 따라서 통합격리처벌을 주어야 한다.

3) 수행승들이여, 여기 수행승이 참회처벌을 받는 도중에 많은 승단잔류죄를 짓고 감추고 심란한 사람이 되었다. 만약 그가 다시 구족계를 받고 그 죄를 감추지 않는다면, 그 수행승에게는 가중처벌을 주어야 한다. 그리고 감춘 죄 가운데 선행하는 죄에 따라서 통합격리처벌을 주어야 한다.

4) 수행승들이여, 여기 수행승이 참회처벌을 받는 도중에 많은 승단잔류죄를 짓고 감추고 심란한 사람이 되었다. 만약 그가 다시 구족계를 받고 그 죄를 감춘다면, 그 수행승에게는 가중처벌을 주어야 한다. 그리고 감춘 죄 가운데 선행하는 죄에 따라서 통합격리처벌을 주어야 한다."

2. [세존]

1) "수행승들이여, 여기 수행승이 참회처벌을 받는 도중에 많은 승단잔류죄를 지었다. 그에게 감춘 죄도 있고 감추지 않은 죄도 있다. 만약에 그가 심란하지

않은 사람이 되어, 앞에서 감춘 죄를 뒤에 감추지 않고, 앞에서 감추지 않은 죄를 뒤에 감추지 않는다면, 수행승들이여, 그 수행승에게는 가중처벌을 주어야 하고, 감춘 죄 가운데 선행하는 죄에 따라서 통합격리처벌을 주어야 한다.

2) 수행승들이여, 여기 수행승이 참회처벌을 받는 도중에 많은 승단잔류죄를 지었다. 그에게 감춘 죄도 있고 감추지 않은 죄도 있다. 만약에 그가 심란하지 않은 사람이 되어, 앞에서 감춘 죄를 뒤에 감추지 않고, 앞에서 감추지 않은 죄를 뒤에 감춘다면, 수행승들이여, 그 수행승에게는 가중처벌을 주어야 하고, 감춘 죄 가운데 선행하는 죄에 따라서 통합격리처벌을 주어야 한다.

3) 수행승들이여, 여기 수행승이 참회처벌을 받는 도중에 많은 승단잔류죄를 지었다. 그에게 감춘 죄도 있고 감추지 않은 죄도 있다. 만약에 그가 심란하지 않은 사람이 되어, 앞에서 감춘 죄를 뒤에서 감추고, 앞에서 감추지 않은 죄를 뒤에서 감추지 않는다면, 수행승들이여, 그 수행승에게는 가중처벌을 주어야 하고, 감춘 죄 가운데 선행하는 죄에 따라서 통합격리처벌을 주어야 한다.

4) 수행승들이여, 여기 수행승이 참회처벌을 받는 도중에 많은 승단잔류죄를 지었다. 그에게 감춘 죄도 있고 감추지 않은 죄도 있다. 만약에 그가 심란하지 않은 사람이 되어, 앞에서 감춘 죄를 뒤에서 감추고, 앞에서 감추지 않은 죄를 뒤에서 감춘다면, 수행승들이여, 그 수행승에게는 가중처벌을 주어야 하고, 감춘 죄 가운데 선행하는 죄에 따라서 통합격리처벌을 주어야 한다."

3. [세존]

1) "수행승들이여, 여기 수행승이 참회처벌을 받는 도중에 많은 승단잔류죄를 지었다. 일부의 죄는 알고 일부의 죄는 알지 못했다. 그가 아는 죄를 감추고, 그가 알지 못하는 죄는 감추지 않았다. 만약에 그가 심란하지 않은 사람이 되어, 앞에서 알고 감춘 죄를 뒤에서 알고 감추지 않고, 앞에서 알지 못하고 감추지 않은 죄를 뒤에서 알고 감추지 않는다면, 수행승들이여, 그 수행승에게는 가중처벌을 주어야 하고, 감춘 죄 가운데 선행하는 죄에 따라서 통합격리처벌을 주어야 한다.

2) 수행승들이여, 여기 수행승이 참회처벌을 받는 도중에 많은 승단잔류죄를 지었다. 일부의 죄는 알고 일부의 죄는 알지 못했다. 그가 아는 죄를 감추고, 그가 알지 못하는 죄는 감추지 않았다. 만약에 그가 심란하지 않은 사람이 되어, 앞에서 알고 감춘 죄를 뒤에서 알고 감추지 않고, 앞에서 알지 못하고 감추지 않은 죄를 뒤에서 알고 감춘다면, 수행승들이여, 그 수행승에게는 가중처벌을

주어야 하고, 감춘 죄 가운데 선행하는 죄에 따라서 통합격리처벌을 주어야 한다.

3) 수행승들이여, 여기 수행승이 참회처벌을 받는 도중에 많은 승단잔류죄를 지었다. 일부의 죄는 알고 일부의 죄는 알지 못했다. 그가 아는 죄를 감추고, 그가 알지 못하는 죄는 감추지 않았다. 만약에 그가 심란하지 않은 사람이 되어, 앞에서 알고 감춘 죄를 뒤에서 알고 감추고, 앞에서 알지 못하고 감추지 않은 죄를 뒤에서 알고 감추지 않는다면, 수행승들이여, 그 수행승에게는 가중처벌을 주어야 하고, 감춘 죄 가운데 선행하는 죄에 따라서 통합격리처벌을 주어야 한다.

4) 수행승들이여, 여기 수행승이 참회처벌을 받는 도중에 많은 승단잔류죄를 지었다. 일부의 죄는 알고 일부의 죄는 알지 못했다. 그가 아는 죄를 감추고, 그가 알지 못하는 죄는 감추지 않았다. 만약에 그가 심란하지 않은 사람이 되어, 앞에서 알고 감춘 죄를 뒤에서 알고 감추고, 앞에서 알지 못하고 감추지 않은 죄를 뒤에서 알고 감춘다면, 수행승들이여, 그 수행승에게는 가중처벌을 주어야 하고, 감춘 죄 가운데 선행하는 죄에 따라서 통합격리처벌을 주어야 한다."

4. [세존]

1) "수행승들이여, 여기 수행승이 참회처벌을 받는 도중에 많은 승단잔류죄를 지었다. 일부의 죄는 기억하고 일부의 죄는 기억하지 못했다. 그가 기억하는 죄를 감추고, 그가 기억하지 못하는 죄는 감추지 않았다. 만약에 그가 심란하지 않은 사람이 되어, 앞에서 기억하고 감춘 죄를 뒤에서 기억하고 감추지 않고, 앞에서 기억하지 못하고 감추지 않은 죄를 뒤에서 기억하고 감추지 않는다면, 수행승들이여, 그 수행승에게는 가중처벌을 주어야 하고, 감춘 죄 가운데 선행하는 죄에 따라서 통합격리처벌을 주어야 한다.

2) 수행승들이여, 여기 수행승이 참회처벌을 받는 도중에 많은 승단잔류죄를 지었다. 일부의 죄는 기억하고 일부의 죄는 기억하지 못했다. 그가 기억하는 죄를 감추고, 그가 기억하지 못하는 죄는 감추지 않았다. 만약에 그가 심란하지 않은 사람이 되어, 앞에서 기억하고 감춘 죄를 뒤에서 기억하고 감추지 않고, 앞에서 기억하지 못하고 감추지 않은 죄를 뒤에서 기억하고 감춘다면, 수행승들이여, 그 수행승에게는 가중처벌을 주어야 하고, 감춘 죄 가운데 선행하는 죄에 따라서 통합격리처벌을 주어야 한다.

3) 수행승들이여, 여기 수행승이 참회처벌을 받는 도중에 많은 승단잔류죄를 지었

다. 일부의 죄는 기억하고 일부의 죄는 기억하지 못했다. 그가 기억하는 죄를 감추고, 그가 기억하지 못하는 죄는 감추지 않았다. 만약에 그가 심란하지 않은 사람이 되어, 앞에서 기억하고 감춘 죄를 뒤에서 기억하고 감추고, 앞에서 기억하지 못하고 감추지 않은 죄를 뒤에서 기억하고 감추지 않는다면, 수행승들이여, 그 수행승에게는 가중처벌을 주어야 하고, 감춘 죄 가운데 선행하는 죄에 따라서 통합격리처벌을 주어야 한다.

4) 수행승들이여, 여기 수행승이 참회처벌을 받는 도중에 많은 승단잔류죄를 지었다. 일부의 죄는 기억하고 일부의 죄는 기억하지 못했다. 그가 기억하는 죄를 감추고, 그가 기억하지 못하는 죄는 감추지 않았다. 만약에 그가 심란하지 않은 사람이 되어, 앞에서 기억하고 감춘 죄를 뒤에서 기억하고 감추고, 앞에서 기억하지 못하고 감추지 않은 죄를 뒤에서 기억하고 감춘다면, 수행승들이여, 그 수행승에게는 가중처벌을 주어야 하고, 감춘 죄 가운데 선행하는 죄에 따라서 통합격리처벌을 주어야 한다."

5. [세존]

1) "수행승들이여, 여기 수행승이 참회처벌을 받는 도중에 많은 승단잔류죄를 지었다. 일부의 죄는 의혹이 없고 일부의 죄는 의혹이 있었다. 그가 의혹이 없는 죄를 감추고, 그가 의혹이 있는 죄는 감추지 않았다. 만약에 그가 심란하지 않은 사람이 되어, 앞에서 의혹을 지니지 않고 감춘 죄를 뒤에서 의혹을 지니지 않고 감추지 않고, 앞에서 의혹을 지니고 감추지 않은 죄를 뒤에서 의혹을 지니지 않고 감추지 않는다면, 수행승들이여, 그 수행승에게는 가중처벌을 주어야 하고, 감춘 죄 가운데 선행하는 죄에 따라서 통합격리처벌을 주어야 한다.

2) 수행승들이여, 여기 수행승이 참회처벌을 받는 도중에 많은 승단잔류죄를 지었다. 일부의 죄는 의혹이 없고 일부의 죄는 의혹이 있었다. 그가 의혹이 없는 죄를 감추고, 그가 의혹이 있는 죄는 감추지 않았다. 만약에 그가 심란하지 않은 사람이 되어, 앞에서 의혹을 지니지 않고 감춘 죄를 뒤에서 의혹을 지니지 않고 감추지 않고, 앞에서 의혹을 지니고 감추지 않은 죄를 뒤에서 의혹을 지니지 않고 감춘다면, 수행승들이여, 그 수행승에게는 가중처벌을 주어야 하고, 감춘 죄 가운데 선행하는 죄에 따라서 통합격리처벌을 주어야 한다.

3) 수행승들이여, 여기 수행승이 참회처벌을 받는 도중에 많은 승단잔류죄를 지었다. 일부의 죄는 의혹이 없고 일부의 죄는 의혹이 있었다. 그가 의혹이 없는 죄를 감추고, 그가 의혹이 있는 죄는 감추지 않았다. 만약에 그가 심란하지

않은 사람이 되어, 앞에서 의혹을 지니지 않고 감춘 죄를 뒤에서 의혹을 지니지 않고 감추고, 앞에서 의혹을 지니고 감추지 않은 죄를 뒤에서 의혹을 지니지 않고 감추지 않는다면, 수행승들이여, 그 수행승에게는 가중처벌을 주어야 하고, 감춘 죄 가운데 선행하는 죄에 따라서 통합격리처벌을 주어야 한다.

4) 수행승들이여, 여기 수행승이 참회처벌을 받는 도중에 많은 승단잔류죄를 지었다. 일부의 죄는 의혹이 없고 일부의 죄는 의혹이 있었다. 그가 의혹이 없는 죄를 감추고, 그가 의혹이 있는 죄는 감추지 않았다. 만약에 그가 심란하지 않은 사람이 되어, 앞에서 의혹을 지니지 않고 감춘 죄를 뒤에서 의혹을 지니지 않고 감추고, 앞에서 의혹을 지니고 감추지 않은 죄를 뒤에서 의혹을 지니지 않고 감춘다면, 수행승들이여, 그 수행승에게는 가중처벌을 주어야 하고, 감춘 죄 가운데 선행하는 죄에 따라서 통합격리처벌을 주어야 한다."

가중처벌의 네 가지 유형(④ : 261-280)이 끝났다.

32_{10}. 가중처벌의 네 가지 유형⑤(Mūlāyapaṭikassanacatussataka : 281-300)

1. [세존]

1) "수행승들이여, 여기 수행승이 참회처벌을 받는 도중에 많은 승단잔류죄를 짓고 감추지 않고 애통해 하는 사람이 되었다. 만약 그가 다시 구족계를 받고 그 죄를 감추지 않는다면, 그 수행승에게는 가중처벌을 주어야 한다.

2) 수행승들이여, 여기 수행승이 참회처벌을 받는 도중에 많은 승단잔류죄를 짓고 감추지 않고 애통해 하는 사람이 되었다. 만약 그가 다시 구족계를 받고 그 죄를 감춘다면, 그 수행승에게는 가중처벌을 주어야 한다. 그리고 감춘 죄 가운데 선행하는 죄에 따라서 통합격리처벌을 주어야 한다.

3) 수행승들이여, 여기 수행승이 참회처벌을 받는 도중에 많은 승단잔류죄를 짓고 감추고 애통해 하는 사람이 되었다. 만약 그가 다시 구족계를 받고 그 죄를 감추지 않는다면, 그 수행승에게는 가중처벌을 주어야 한다. 그리고 감춘 죄 가운데 선행하는 죄에 따라서 통합격리처벌을 주어야 한다.

4) 수행승들이여, 여기 수행승이 참회처벌을 받는 도중에 많은 승단잔류죄를 짓고 감추고 애통해 하는 사람이 되었다. 만약 그가 다시 구족계를 받고 그 죄를 감춘다면, 그 수행승에게는 가중처벌을 주어야 한다. 그리고 감춘 죄 가운데 선행하는 죄에 따라서 통합격리처벌을 주어야 한다."

2. [세존]

1) "수행승들이여, 여기 수행승이 참회처벌을 받는 도중에 많은 승단잔류죄를 지었다. 그에게 감춘 죄도 있고 감추지 않은 죄도 있다. 만약에 그가 애통해 하지 않는 사람이 되어, 앞에서 감춘 죄를 뒤에 감추지 않고, 앞에서 감추지 않은 죄를 뒤에 감추지 않는다면, 수행승들이여, 그 수행승에게는 가중처벌을 주어야 하고, 감춘 죄 가운데 선행하는 죄에 따라서 통합격리처벌을 주어야 한다.
2) 수행승들이여, 여기 수행승이 참회처벌을 받는 도중에 많은 승단잔류죄를 지었다. 그에게 감춘 죄도 있고 감추지 않은 죄도 있다. 만약에 그가 애통해 하지 않는 사람이 되어, 앞에서 감춘 죄를 뒤에 감추지 않고, 앞에서 감추지 않은 죄를 뒤에 감춘다면, 수행승들이여, 그 수행승에게는 가중처벌을 주어야 하고, 감춘 죄 가운데 선행하는 죄에 따라서 통합격리처벌을 주어야 한다.
3) 수행승들이여, 여기 수행승이 참회처벌을 받는 도중에 많은 승단잔류죄를 지었다. 그에게 감춘 죄도 있고 감추지 않은 죄도 있다. 만약에 그가 애통해 하지 않는 사람이 되어, 앞에서 감춘 죄를 뒤에서 감추고, 앞에서 감추지 않은 죄를 뒤에서 감추지 않는다면, 수행승들이여, 그 수행승에게는 가중처벌을 주어야 하고, 감춘 죄 가운데 선행하는 죄에 따라서 통합격리처벌을 주어야 한다.
4) 수행승들이여, 여기 수행승이 참회처벌을 받는 도중에 많은 승단잔류죄를 지었다. 그에게 감춘 죄도 있고 감추지 않은 죄도 있다. 만약에 그가 애통해 하지 않는 사람이 되어, 앞에서 감춘 죄를 뒤에서 감추고, 앞에서 감추지 않은 죄를 뒤에서 감춘다면, 수행승들이여, 그 수행승에게는 가중처벌을 주어야 하고, 감춘 죄 가운데 선행하는 죄에 따라서 통합격리처벌을 주어야 한다."

3. [세존]

1) "수행승들이여, 여기 수행승이 참회처벌을 받는 도중에 많은 승단잔류죄를 지었다. 일부의 죄는 알고 일부의 죄는 알지 못했다. 그가 아는 죄를 감추고, 그가 알지 못하는 죄는 감추지 않았다. 만약에 그가 애통해 하지 않는 사람이 되어, 앞에서 알고 감춘 죄를 뒤에서 알고 감추지 않고, 앞에서 알지 못하고 감추지 않은 죄를 뒤에서 알고 감추지 않는다면, 수행승들이여, 그 수행승에게는 가중처벌을 주어야 하고, 감춘 죄 가운데 선행하는 죄에 따라서 통합격리처벌을 주어야 한다.
2) 수행승들이여, 여기 수행승이 참회처벌을 받는 도중에 많은 승단잔류죄를 지었다. 일부의 죄는 알고 일부의 죄는 알지 못했다. 그가 아는 죄를 감추고, 그가

알지 못하는 죄는 감추지 않았다. 만약에 그가 애통해 하지 않는 사람이 되어, 앞에서 알고 감춘 죄를 뒤에서 알고 감추지 않고, 앞에서 알지 못하고 감추지 않은 죄를 뒤에서 알고 감춘다면, 수행승들이여, 그 수행승에게는 가중처벌을 주어야 하고, 감춘 죄 가운데 선행하는 죄에 따라서 통합격리처벌을 주어야 한다.

3) 수행승들이여, 여기 수행승이 참회처벌을 받는 도중에 많은 승단잔류죄를 지었다. 일부의 죄는 알고 일부의 죄는 알지 못했다. 그가 아는 죄를 감추고, 그가 알지 못하는 죄는 감추지 않았다. 만약에 그가 애통해 하지 않는 사람이 되어, 앞에서 알고 감춘 죄를 뒤에서 알고 감추고, 앞에서 알지 못하고 감추지 않은 죄를 뒤에서 알고 감추지 않는다면, 수행승들이여, 그 수행승에게는 가중처벌을 주어야 하고, 감춘 죄 가운데 선행하는 죄에 따라서 통합격리처벌을 주어야 한다.

4) 수행승들이여, 여기 수행승이 참회처벌을 받는 도중에 많은 승단잔류죄를 지었다. 일부의 죄는 알고 일부의 죄는 알지 못했다. 그가 아는 죄를 감추고, 그가 알지 못하는 죄는 감추지 않았다. 만약에 그가 애통해 하지 않는 사람이 되어, 앞에서 알고 감춘 죄를 뒤에서 알고 감추고, 앞에서 알지 못하고 감추지 않은 죄를 뒤에서 알고 감춘다면, 수행승들이여, 그 수행승에게는 가중처벌을 주어야 하고, 감춘 죄 가운데 선행하는 죄에 따라서 통합격리처벌을 주어야 한다."

4. [세존]

1) "수행승들이여, 여기 수행승이 참회처벌을 받는 도중에 많은 승단잔류죄를 지었다. 일부의 죄는 기억하고 일부의 죄는 기억하지 못했다. 그가 기억하는 죄를 감추고, 그가 기억하지 못하는 죄는 감추지 않았다. 만약에 그가 애통해 하지 않는 사람이 되어, 앞에서 기억하고 감춘 죄를 뒤에서 기억하고 감추지 않고, 앞에서 기억하지 못하고 감추지 않은 죄를 뒤에서 기억하고 감추지 않는다면, 수행승들이여, 그 수행승에게는 가중처벌을 주어야 하고, 감춘 죄 가운데 선행하는 죄에 따라서 통합격리처벌을 주어야 한다.

2) 수행승들이여, 여기 수행승이 참회처벌을 받는 도중에 많은 승단잔류죄를 지었다. 일부의 죄는 기억하고 일부의 죄는 기억하지 못했다. 그가 기억하는 죄를 감추고, 그가 기억하지 못하는 죄는 감추지 않았다. 만약에 그가 애통해 하지 않는 사람이 되어, 앞에서 기억하고 감춘 죄를 뒤에서 기억하고 감추지 않고, 앞에서 기억하지 못하고 감추지 않은 죄를 뒤에서 기억하고 감춘다면, 수행승

들이여, 그 수행승에게는 가중처벌을 주어야 하고, 감춘 죄 가운데 선행하는 죄에 따라서 통합격리처벌을 주어야 한다.

3) 수행승들이여, 여기 수행승이 참회처벌을 받는 도중에 많은 승단잔류죄를 지었다. 일부의 죄는 기억하고 일부의 죄는 기억하지 못했다. 그가 기억하는 죄를 감추고, 그가 기억하지 못하는 죄는 감추지 않았다. 만약에 그가 애통해 하지 않는 사람이 되어, 앞에서 기억하고 감춘 죄를 뒤에서 기억하고 감추고, 앞에서 기억하지 못하고 감추지 않은 죄를 뒤에서 기억하고 감추지 않는다면, 수행승들이여, 그 수행승에게는 가중처벌을 주어야 하고, 감춘 죄 가운데 선행하는 죄에 따라서 통합격리처벌을 주어야 한다.

4) 수행승들이여, 여기 수행승이 참회처벌을 받는 도중에 많은 승단잔류죄를 지었다. 일부의 죄는 기억하고 일부의 죄는 기억하지 못했다. 그가 기억하는 죄를 감추고, 그가 기억하지 못하는 죄는 감추지 않았다. 만약에 그가 애통해 하지 않는 사람이 되어, 앞에서 기억하고 감춘 죄를 뒤에서 기억하고 감추고, 앞에서 기억하지 못하고 감추지 않은 죄를 뒤에서 기억하고 감춘다면, 수행승들이여, 그 수행승에게는 가중처벌을 주어야 하고, 감춘 죄 가운데 선행하는 죄에 따라서 통합격리처벌을 주어야 한다."

5. [세존]

1) "수행승들이여, 여기 수행승이 참회처벌을 받는 도중에 많은 승단잔류죄를 지었다. 일부의 죄는 의혹이 없고 일부의 죄는 의혹이 있었다. 그가 의혹이 없는 죄를 감추고, 그가 의혹이 있는 죄는 감추지 않았다. 만약에 그가 애통해 하지 않는 사람이 되어, 앞에서 의혹을 지니지 않고 감춘 죄를 뒤에서 의혹을 지니지 않고 감추지 않고, 앞에서 의혹을 지니고 감추지 않은 죄를 뒤에서 의혹을 지니지 않고 감추지 않는다면, 수행승들이여, 그 수행승에게는 가중처벌을 주어야 하고, 감춘 죄 가운데 선행하는 죄에 따라서 통합격리처벌을 주어야 한다.

2) 수행승들이여, 여기 수행승이 참회처벌을 받는 도중에 많은 승단잔류죄를 지었다. 일부의 죄는 의혹이 없고 일부의 죄는 의혹이 있었다. 그가 의혹이 없는 죄를 감추고, 그가 의혹이 있는 죄는 감추지 않았다. 만약에 그가 애통해 하지 않는 사람이 되어, 앞에서 의혹을 지니지 않고 감춘 죄를 뒤에서 의혹을 지니지 않고 감추지 않고, 앞에서 의혹을 지니고 감추지 않은 죄를 뒤에서 의혹을 지니지 않고 감춘다면, 수행승들이여, 그 수행승에게는 가중처벌을 주어야 하

고, 감춘 죄 가운데 선행하는 죄에 따라서 통합격리처벌을 주어야 한다.

3) 수행승들이여, 여기 수행승이 참회처벌을 받는 도중에 많은 승단잔류죄를 지었다. 일부의 죄는 의혹이 없고 일부의 죄는 의혹이 있었다. 그가 의혹이 없는 죄를 감추고, 그가 의혹이 있는 죄는 감추지 않았다. 만약에 그가 애통해 하지 않는 사람이 되어, 앞에서 의혹을 지니지 않고 감춘 죄를 뒤에서 의혹을 지니지 않고 감추고, 앞에서 의혹을 지니고 감추지 않은 죄를 뒤에서 의혹을 지니지 않고 감추지 않는다면, 수행승들이여, 그 수행승에게는 가중처벌을 주어야 하고, 감춘 죄 가운데 선행하는 죄에 따라서 통합격리처벌을 주어야 한다.

4) 수행승들이여, 여기 수행승이 참회처벌을 받는 도중에 많은 승단잔류죄를 지었다. 일부의 죄는 의혹이 없고 일부의 죄는 의혹이 있었다. 그가 의혹이 없는 죄를 감추고, 그가 의혹이 있는 죄는 감추지 않았다. 만약에 그가 애통해 하지 않는 사람이 되어, 앞에서 의혹을 지니지 않고 감춘 죄를 뒤에서 의혹을 지니지 않고 감추고, 앞에서 의혹을 지니고 감추지 않은 죄를 뒤에서 의혹을 지니지 않고 감춘다면, 수행승들이여, 그 수행승에게는 가중처벌을 주어야 하고, 감춘 죄 가운데 선행하는 죄에 따라서 통합격리처벌을 주어야 한다."

가중처벌의 네 가지 유형(⑤ : 281-300)이 끝났다.

32_{11}. 가중처벌의 네 가지 유형①(Mūlāyapaṭikassanacatussataka : 301-320)

1. [세존]

1) "수행승들이여, 여기 수행승이 출죄복귀를 받아야 하는데 도중에 많은 승단잔류죄를 짓고 감추지 않고 환속했다. 만약 그가 다시 구족계를 받고 그 죄를 감추지 않는다면, 그 수행승에게는 가중처벌을 주어야 한다.

2) 수행승들이여, 여기 수행승이 출죄복귀를 받아야 하는데 도중에 많은 승단잔류죄를 짓고 감추지 않고 환속했다. 만약 그가 다시 구족계를 받고 그 죄를 감춘다면, 그 수행승에게는 가중처벌을 주어야 한다. 그리고 감춘 죄 가운데 선행하는 죄에 따라서 통합격리처벌을 주어야 한다.

3) 수행승들이여, 여기 수행승이 출죄복귀를 받아야 하는데 도중에 많은 승단잔류죄를 짓고 감추고 환속했다. 만약 그가 다시 구족계를 받고 그 죄를 감추지 않는다면, 그 수행승에게는 가중처벌을 주어야 한다. 그리고 감춘 죄 가운데 선행하는 죄에 따라서 통합격리처벌을 주어야 한다.

4) 수행승들이여, 여기 수행승이 출죄복귀를 받아야 하는데 도중에 많은 승단잔류

죄를 짓고 감추고 환속했다. 만약 그가 다시 구족계를 받고 그 죄를 감춘다면, 그 수행승에게는 가중처벌을 주어야 한다. 그리고 감춘 죄 가운데 선행하는 죄에 따라서 통합격리처벌을 주어야 한다."

2. [세존]

1) "수행승들이여, 여기 수행승이 출죄복귀를 받아야 하는데 도중에 많은 승단잔류죄를 지었다. 그에게 감춘 죄도 있고 감추지 않은 죄도 있다. 만약에 그가 환속했다가 다시 구족계를 받아, 앞에서 감춘 죄를 뒤에 감추지 않고, 앞에서 감추지 않은 죄를 뒤에 감추지 않는다면, 수행승들이여, 그 수행승에게는 가중처벌을 주어야 하고, 감춘 죄 가운데 선행하는 죄에 따라서 통합격리처벌을 주어야 한다.

2) 수행승들이여, 여기 수행승이 출죄복귀를 받아야 하는데 도중에 많은 승단잔류죄를 지었다. 그에게 감춘 죄도 있고 감추지 않은 죄도 있다. 만약에 그가 환속했다가 다시 구족계를 받아, 앞에서 감춘 죄를 뒤에 감추지 않고, 앞에서 감추지 않은 죄를 뒤에 감춘다면, 수행승들이여, 그 수행승에게는 가중처벌을 주어야 하고, 감춘 죄 가운데 선행하는 죄에 따라서 통합격리처벌을 주어야 한다.

3) 수행승들이여, 여기 수행승이 출죄복귀를 받아야 하는데 도중에 많은 승단잔류죄를 지었다. 그에게 감춘 죄도 있고 감추지 않은 죄도 있다. 만약에 그가 환속했다가 다시 구족계를 받아, 앞에서 감춘 죄를 뒤에서 감추고, 앞에서 감추지 않은 죄를 뒤에서 감추지 않는다면, 수행승들이여, 그 수행승에게는 가중처벌을 주어야 하고, 감춘 죄 가운데 선행하는 죄에 따라서 통합격리처벌을 주어야 한다.

4) 수행승들이여, 여기 수행승이 출죄복귀를 받아야 하는데 도중에 많은 승단잔류죄를 지었다. 그에게 감춘 죄도 있고 감추지 않은 죄도 있다. 만약에 그가 환속했다가 다시 구족계를 받아, 앞에서 감춘 죄를 뒤에서 감추고, 앞에서 감추지 않은 죄를 뒤에서 감춘다면, 수행승들이여, 그 수행승에게는 가중처벌을 주어야 하고, 감춘 죄 가운데 선행하는 죄에 따라서 통합격리처벌을 주어야 한다."

3. [세존]

1) "수행승들이여, 여기 수행승이 출죄복귀를 받아야 하는데 도중에 많은 승단잔류죄를 지었다. 일부의 죄는 알고 일부의 죄는 알지 못했다. 그가 아는 죄를 감추고, 그가 알지 못하는 죄는 감추지 않았다. 만약에 그가 환속했다가 다시 구족계를 받아, 앞에서 알고 감춘 죄를 뒤에서 알고 감추지 않고, 앞에서 알지

못하고 감추지 않은 죄를 뒤에서 알고 감추지 않는다면, 수행승들이여, 그 수행승에게는 가중처벌을 주어야 하고, 감춘 죄 가운데 선행하는 죄에 따라서 통합격리처벌을 주어야 한다.

2) 수행승들이여, 여기 수행승이 출죄복귀를 받아야 하는데 도중에 많은 승단잔류죄를 지었다. 일부의 죄는 알고 일부의 죄는 알지 못했다. 그가 아는 죄를 감추고, 그가 알지 못하는 죄는 감추지 않았다. 만약에 그가 환속했다가 다시 구족계를 받아, 앞에서 알고 감춘 죄를 뒤에서 알고 감추지 않고, 앞에서 알지 못하고 감추지 않은 죄를 뒤에서 알고 감춘다면, 수행승들이여, 그 수행승에게는 가중처벌을 주어야 하고, 감춘 죄 가운데 선행하는 죄에 따라서 통합격리처벌을 주어야 한다.

3) 수행승들이여, 여기 수행승이 출죄복귀를 받아야 하는데 도중에 많은 승단잔류죄를 지었다. 일부의 죄는 알고 일부의 죄는 알지 못했다. 그가 아는 죄를 감추고, 그가 알지 못하는 죄는 감추지 않았다. 만약에 그가 환속했다가 다시 구족계를 받아, 앞에서 알고 감춘 죄를 뒤에서 알고 감추고, 앞에서 알지 못하고 감추지 않은 죄를 뒤에서 알고 감추지 않는다면, 수행승들이여, 그 수행승에게는 가중처벌을 주어야 하고, 감춘 죄 가운데 선행하는 죄에 따라서 통합격리처벌을 주어야 한다.

4) 수행승들이여, 여기 수행승이 출죄복귀를 받아야 하는데 도중에 많은 승단잔류죄를 지었다. 일부의 죄는 알고 일부의 죄는 알지 못했다. 그가 아는 죄를 감추고, 그가 알지 못하는 죄는 감추지 않았다. 만약에 그가 환속했다가 다시 구족계를 받아, 앞에서 알고 감춘 죄를 뒤에서 알고 감추고, 앞에서 알지 못하고 감추지 않은 죄를 뒤에서 알고 감춘다면, 수행승들이여, 그 수행승에게는 가중처벌을 주어야 하고, 감춘 죄 가운데 선행하는 죄에 따라서 통합격리처벌을 주어야 한다."

4. [세존]

1) "수행승들이여, 여기 수행승이 출죄복귀를 받아야 하는데 도중에 많은 승단잔류죄를 지었다. 일부의 죄는 기억하고 일부의 죄는 기억하지 못했다. 그가 기억하는 죄를 감추고, 그가 기억하지 못하는 죄는 감추지 않았다. 만약에 그가 환속했다가 다시 구족계를 받아, 앞에서 기억하고 감춘 죄를 뒤에서 기억하고 감추지 않고, 앞에서 기억하지 못하고 감추지 않은 죄를 뒤에서 기억하고 감추지 않는다면, 수행승들이여, 그 수행승에게는 가중처벌을 주어야 하고, 감춘

죄 가운데 선행하는 죄에 따라서 통합격리처벌을 주어야 한다.

2) 수행승들이여, 여기 수행승이 출죄복귀를 받아야 하는데 도중에 많은 승단잔류죄를 지었다. 일부의 죄는 기억하고 일부의 죄는 기억하지 못했다. 그가 기억하는 죄를 감추고, 그가 기억하지 못하는 죄는 감추지 않았다. 만약에 그가 환속했다가 다시 구족계를 받아, 앞에서 기억하고 감춘 죄를 뒤에서 기억하고 감추지 않고, 앞에서 기억하지 못하고 감추지 않은 죄를 뒤에서 기억하고 감춘다면, 수행승들이여, 그 수행승에게는 가중처벌을 주어야 하고, 감춘 죄 가운데 선행하는 죄에 따라서 통합격리처벌을 주어야 한다.

3) 수행승들이여, 여기 수행승이 출죄복귀를 받아야 하는데 도중에 많은 승단잔류죄를 지었다. 일부의 죄는 기억하고 일부의 죄는 기억하지 못했다. 그가 기억하는 죄를 감추고, 그가 기억하지 못하는 죄는 감추지 않았다. 만약에 그가 환속했다가 다시 구족계를 받아, 앞에서 기억하고 감춘 죄를 뒤에서 기억하고 감추고, 앞에서 기억하지 못하고 감추지 않은 죄를 뒤에서 기억하고 감추지 않는다면, 수행승들이여, 그 수행승에게는 가중처벌을 주어야 하고, 감춘 죄 가운데 선행하는 죄에 따라서 통합격리처벌을 주어야 한다.

4) 수행승들이여, 여기 수행승이 출죄복귀를 받아야 하는데 도중에 많은 승단잔류죄를 지었다. 일부의 죄는 기억하고 일부의 죄는 기억하지 못했다. 그가 기억하는 죄를 감추고, 그가 기억하지 못하는 죄는 감추지 않았다. 만약에 그가 환속했다가 다시 구족계를 받아, 앞에서 기억하고 감춘 죄를 뒤에서 기억하고 감추고, 앞에서 기억하지 못하고 감추지 않은 죄를 뒤에서 기억하고 감춘다면, 수행승들이여, 그 수행승에게는 가중처벌을 주어야 하고, 감춘 죄 가운데 선행하는 죄에 따라서 통합격리처벌을 주어야 한다."

5. [세존]

1) "수행승들이여, 여기 수행승이 출죄복귀를 받아야 하는데 도중에 많은 승단잔류죄를 지었다. 일부의 죄는 의혹이 없고 일부의 죄는 의혹이 있었다. 그가 의혹이 없는 죄를 감추고, 그가 의혹이 있는 죄는 감추지 않았다. 만약에 그가 환속했다가 다시 구족계를 받아, 앞에서 의혹을 지니지 않고 감춘 죄를 뒤에서 의혹을 지니지 않고 감추지 않고, 앞에서 의혹을 지니고 감추지 않은 죄를 뒤에서 의혹을 지니지 않고 감추지 않는다면, 수행승들이여, 그 수행승에게는 가중처벌을 주어야 하고, 감춘 죄 가운데 선행하는 죄에 따라서 통합격리처벌을 주어야 한다.

2) 수행승들이여, 여기 수행승이 출죄복귀를 받아야 하는데 도중에 많은 승단잔류죄를 지었다. 일부의 죄는 의혹이 없고 일부의 죄는 의혹이 있었다. 그가 의혹이 없는 죄를 감추고, 그가 의혹이 있는 죄는 감추지 않았다. 만약에 그가 환속했다가 다시 구족계를 받아, 앞에서 의혹을 지니지 않고 감춘 죄를 뒤에서 의혹을 지니지 않고 감추지 않고, 앞에서 의혹을 지니고 감추지 않은 죄를 뒤에서 의혹을 지니지 않고 감춘다면, 수행승들이여, 그 수행승에게는 가중처벌을 주어야 하고, 감춘 죄 가운데 선행하는 죄에 따라서 통합격리처벌을 주어야 한다.

3) 수행승들이여, 여기 수행승이 출죄복귀를 받아야 하는데 도중에 많은 승단잔류죄를 지었다. 일부의 죄는 의혹이 없고 일부의 죄는 의혹이 있었다. 그가 의혹이 없는 죄를 감추고, 그가 의혹이 있는 죄는 감추지 않았다. 만약에 그가 환속했다가 다시 구족계를 받아, 앞에서 의혹을 지니지 않고 감춘 죄를 뒤에서 의혹을 지니지 않고 감추고, 앞에서 의혹을 지니고 감추지 않은 죄를 뒤에서 의혹을 지니지 않고 감추지 않는다면, 수행승들이여, 그 수행승에게는 가중처벌을 주어야 하고, 감춘 죄 가운데 선행하는 죄에 따라서 통합격리처벌을 주어야 한다.

4) 수행승들이여, 여기 수행승이 출죄복귀를 받아야 하는데 도중에 많은 승단잔류죄를 지었다. 일부의 죄는 의혹이 없고 일부의 죄는 의혹이 있었다. 그가 의혹이 없는 죄를 감추고, 그가 의혹이 있는 죄는 감추지 않았다. 만약에 그가 환속했다가 다시 구족계를 받아, 앞에서 의혹을 지니지 않고 감춘 죄를 뒤에서 의혹을 지니지 않고 감추고, 앞에서 의혹을 지니고 감추지 않은 죄를 뒤에서 의혹을 지니지 않고 감춘다면, 수행승들이여, 그 수행승에게는 가중처벌을 주어야 하고, 감춘 죄 가운데 선행하는 죄에 따라서 통합격리처벌을 주어야 한다."

가중처벌의 네 가지 유형(① : 301-320)이 끝났다.

32₁₂. 가중처벌의 네 가지 유형②(Mūlāyapaṭikassanacatussataka : 321-340)

1. [세존]

1) "수행승들이여, 여기 수행승이 출죄복귀를 받아야 하는데 도중에 많은 승단잔류죄를 짓고 감추지 않고 사미가 되었다. 만약 그가 다시 구족계를 받고 그 죄를 감추지 않는다면, 그 수행승에게는 가중처벌을 주어야 한다.

2) 수행승들이여, 여기 수행승이 출죄복귀를 받아야 하는데 도중에 많은 승단잔류죄를 짓고 감추지 않고 사미가 되었다. 만약 그가 다시 구족계를 받고 그 죄를 감춘다면, 그 수행승에게는 가중처벌을 주어야 한다. 그리고 감춘 죄 가운데

선행하는 죄에 따라서 통합격리처벌을 주어야 한다.

3) 수행승들이여, 여기 수행승이 출죄복귀를 받아야 하는데 도중에 많은 승단잔류죄를 짓고 감추고 사미가 되었다. 만약 그가 다시 구족계를 받고 그 죄를 감추지 않는다면, 그 수행승에게는 가중처벌을 주어야 한다. 그리고 감춘 죄 가운데 선행하는 죄에 따라서 통합격리처벌을 주어야 한다.

4) 수행승들이여, 여기 수행승이 출죄복귀를 받아야 하는데 도중에 많은 승단잔류죄를 짓고 감추고 사미가 되었다. 만약 그가 다시 구족계를 받고 그 죄를 감춘다면, 그 수행승에게는 가중처벌을 주어야 한다. 그리고 감춘 죄 가운데 선행하는 죄에 따라서 통합격리처벌을 주어야 한다."

2. [세존]

1) "수행승들이여, 여기 수행승이 출죄복귀를 받아야 하는데 도중에 많은 승단잔류죄를 지었다. 그에게 감춘 죄도 있고 감추지 않은 죄도 있다. 만약에 그가 사미가 되었다가 다시 구족계를 받아, 앞에서 감춘 죄를 뒤에 감추지 않고, 앞에서 감추지 않은 죄를 뒤에 감추지 않는다면, 수행승들이여, 그 수행승에게는 가중처벌을 주어야 하고, 감춘 죄 가운데 선행하는 죄에 따라서 통합격리처벌을 주어야 한다.

2) 수행승들이여, 여기 수행승이 출죄복귀를 받아야 하는데 도중에 많은 승단잔류죄를 지었다. 그에게 감춘 죄도 있고 감추지 않은 죄도 있다. 만약에 그가 사미가 되었다가 다시 구족계를 받아, 앞에서 감춘 죄를 뒤에 감추지 않고, 앞에서 감추지 않은 죄를 뒤에 감춘다면, 수행승들이여, 그 수행승에게는 가중처벌을 주어야 하고, 감춘 죄 가운데 선행하는 죄에 따라서 통합격리처벌을 주어야 한다.

3) 수행승들이여, 여기 수행승이 출죄복귀를 받아야 하는데 도중에 많은 승단잔류죄를 지었다. 그에게 감춘 죄도 있고 감추지 않은 죄도 있다. 만약에 그가 사미가 되었다가 다시 구족계를 받아, 앞에서 감춘 죄를 뒤에서 감추고, 앞에서 감추지 않은 죄를 뒤에서 감추지 않는다면, 수행승들이여, 그 수행승에게는 가중처벌을 주어야 하고, 감춘 죄 가운데 선행하는 죄에 따라서 통합격리처벌을 주어야 한다.

4) 수행승들이여, 여기 수행승이 출죄복귀를 받아야 하는데 도중에 많은 승단잔류죄를 지었다. 그에게 감춘 죄도 있고 감추지 않은 죄도 있다. 만약에 그가 사미가 되었다가 다시 구족계를 받아, 앞에서 감춘 죄를 뒤에서 감추고, 앞에서

감추지 않은 죄를 뒤에서 감춘다면, 수행승들이여, 그 수행승에게는 가중처벌을 주어야 하고, 감춘 죄 가운데 선행하는 죄에 따라서 통합격리처벌을 주어야 한다.”

3. [세존]

1) “수행승들이여, 여기 수행승이 출죄복귀를 받아야 하는데 도중에 많은 승단잔류죄를 지었다. 일부의 죄는 알고 일부의 죄는 알지 못했다. 그가 아는 죄를 감추고, 그가 알지 못하는 죄는 감추지 않았다. 만약에 그가 사미가 되었다가 다시 구족계를 받아, 앞에서 알고 감춘 죄를 뒤에서 알고 감추지 않고, 앞에서 알지 못하고 감추지 않은 죄를 뒤에서 알고 감추지 않는다면, 수행승들이여, 그 수행승에게는 가중처벌을 주어야 하고, 감춘 죄 가운데 선행하는 죄에 따라서 통합격리처벌을 주어야 한다.

2) 수행승들이여, 여기 수행승이 출죄복귀를 받아야 하는데 도중에 많은 승단잔류죄를 지었다. 일부의 죄는 알고 일부의 죄는 알지 못했다. 그가 아는 죄를 감추고, 그가 알지 못하는 죄는 감추지 않았다. 만약에 그가 사미가 되었다가 다시 구족계를 받아, 앞에서 알고 감춘 죄를 뒤에서 알고 감추지 않고, 앞에서 알지 못하고 감추지 않은 죄를 뒤에서 알고 감춘다면, 수행승들이여, 그 수행승에게는 가중처벌을 주어야 하고, 감춘 죄 가운데 선행하는 죄에 따라서 통합격리처벌을 주어야 한다.

3) 수행승들이여, 여기 수행승이 출죄복귀를 받아야 하는데 도중에 많은 승단잔류죄를 지었다. 일부의 죄는 알고 일부의 죄는 알지 못했다. 그가 아는 죄를 감추고, 그가 알지 못하는 죄는 감추지 않았다. 만약에 그가 사미가 되었다가 다시 구족계를 받아, 앞에서 알고 감춘 죄를 뒤에서 알고 감추고, 앞에서 알지 못하고 감추지 않은 죄를 뒤에서 알고 감추지 않는다면, 수행승들이여, 그 수행승에게는 가중처벌을 주어야 하고, 감춘 죄 가운데 선행하는 죄에 따라서 통합격리처벌을 주어야 한다.

4) 수행승들이여, 여기 수행승이 출죄복귀를 받아야 하는데 도중에 많은 승단잔류죄를 지었다. 일부의 죄는 알고 일부의 죄는 알지 못했다. 그가 아는 죄를 감추고, 그가 알지 못하는 죄는 감추지 않았다. 만약에 그가 사미가 되었다가 다시 구족계를 받아, 앞에서 알고 감춘 죄를 뒤에서 알고 감추고, 앞에서 알지 못하고 감추지 않은 죄를 뒤에서 알고 감춘다면, 수행승들이여, 그 수행승에게는 가중처벌을 주어야 하고, 감춘 죄 가운데 선행하는 죄에 따라서 통합격리처벌을

주어야 한다."

4. [세존]

1) "수행승들이여, 여기 수행승이 출죄복귀를 받아야 하는데 도중에 많은 승단잔류죄를 지었다. 일부의 죄는 기억하고 일부의 죄는 기억하지 못했다. 그가 기억하는 죄를 감추고, 그가 기억하지 못하는 죄는 감추지 않았다. 만약에 그가 사미가 되었다가 다시 구족계를 받아, 앞에서 기억하고 감춘 죄를 뒤에서 기억하고 감추지 않고, 앞에서 기억하지 못하고 감추지 않은 죄를 뒤에서 기억하고 감추지 않는다면, 수행승들이여, 그 수행승에게는 가중처벌을 주어야 하고, 감춘 죄 가운데 선행하는 죄에 따라서 통합격리처벌을 주어야 한다.

2) 수행승들이여, 여기 수행승이 출죄복귀를 받아야 하는데 도중에 많은 승단잔류죄를 지었다. 일부의 죄는 기억하고 일부의 죄는 기억하지 못했다. 그가 기억하는 죄를 감추고, 그가 기억하지 못하는 죄는 감추지 않았다. 만약에 그가 사미가 되었다가 다시 구족계를 받아, 앞에서 기억하고 감춘 죄를 뒤에서 기억하고 감추지 않고, 앞에서 기억하지 못하고 감추지 않은 죄를 뒤에서 기억하고 감춘다면, 수행승들이여, 그 수행승에게는 가중처벌을 주어야 하고, 감춘 죄 가운데 선행하는 죄에 따라서 통합격리처벌을 주어야 한다.

3) 수행승들이여, 여기 수행승이 출죄복귀를 받아야 하는데 도중에 많은 승단잔류죄를 지었다. 일부의 죄는 기억하고 일부의 죄는 기억하지 못했다. 그가 기억하는 죄를 감추고, 그가 기억하지 못하는 죄는 감추지 않았다. 만약에 그가 사미가 되었다가 다시 구족계를 받아, 앞에서 기억하고 감춘 죄를 뒤에서 기억하고 감추고, 앞에서 기억하지 못하고 감추지 않은 죄를 뒤에서 기억하고 감추지 않는다면, 수행승들이여, 그 수행승에게는 가중처벌을 주어야 하고, 감춘 죄 가운데 선행하는 죄에 따라서 통합격리처벌을 주어야 한다.

4) 수행승들이여, 여기 수행승이 출죄복귀를 받아야 하는데 도중에 많은 승단잔류죄를 지었다. 일부의 죄는 기억하고 일부의 죄는 기억하지 못했다. 그가 기억하는 죄를 감추고, 그가 기억하지 못하는 죄는 감추지 않았다. 만약에 그가 사미가 되었다가 다시 구족계를 받아, 앞에서 기억하고 감춘 죄를 뒤에서 기억하고 감추고, 앞에서 기억하지 못하고 감추지 않은 죄를 뒤에서 기억하고 감춘다면, 수행승들이여, 그 수행승에게는 가중처벌을 주어야 하고, 감춘 죄 가운데 선행하는 죄에 따라서 통합격리처벌을 주어야 한다."

5. [세존]

1) "수행승들이여, 여기 수행승이 출죄복귀를 받아야 하는데 도중에 많은 승단잔류죄를 지었다. 일부의 죄는 의혹이 없고 일부의 죄는 의혹이 있었다. 그가 의혹이 없는 죄를 감추고, 그가 의혹이 있는 죄는 감추지 않았다. 만약에 그가 사미가 되었다가 다시 구족계를 받아, 앞에서 의혹을 지니지 않고 감춘 죄를 뒤에서 의혹을 지니지 않고 감추지 않고, 앞에서 의혹을 지니고 감추지 않은 죄를 뒤에서 의혹을 지니지 않고 감추지 않는다면, 수행승들이여, 그 수행승에게는 가중처벌을 주어야 하고, 감춘 죄 가운데 선행하는 죄에 따라서 통합격리처벌을 주어야 한다.

2) 수행승들이여, 여기 수행승이 출죄복귀를 받아야 하는데 도중에 많은 승단잔류죄를 지었다. 일부의 죄는 의혹이 없고 일부의 죄는 의혹이 있었다. 그가 의혹이 없는 죄를 감추고, 그가 의혹이 있는 죄는 감추지 않았다. 만약에 그가 사미가 되었다가 다시 구족계를 받아, 앞에서 의혹을 지니지 않고 감춘 죄를 뒤에서 의혹을 지니지 않고 감추지 않고, 앞에서 의혹을 지니고 감추지 않은 죄를 뒤에서 의혹을 지니지 않고 감춘다면, 수행승들이여, 그 수행승에게는 가중처벌을 주어야 하고, 감춘 죄 가운데 선행하는 죄에 따라서 통합격리처벌을 주어야 한다.

3) 수행승들이여, 여기 수행승이 출죄복귀를 받아야 하는데 도중에 많은 승단잔류죄를 지었다. 일부의 죄는 의혹이 없고 일부의 죄는 의혹이 있었다. 그가 의혹이 없는 죄를 감추고, 그가 의혹이 있는 죄는 감추지 않았다. 만약에 그가 사미가 되었다가 다시 구족계를 받아, 앞에서 의혹을 지니지 않고 감춘 죄를 뒤에서 의혹을 지니지 않고 감추고, 앞에서 의혹을 지니고 감추지 않은 죄를 뒤에서 의혹을 지니지 않고 감추지 않는다면, 수행승들이여, 그 수행승에게는 가중처벌을 주어야 하고, 감춘 죄 가운데 선행하는 죄에 따라서 통합격리처벌을 주어야 한다.

4) 수행승들이여, 여기 수행승이 출죄복귀를 받아야 하는데 도중에 많은 승단잔류죄를 지었다. 일부의 죄는 의혹이 없고 일부의 죄는 의혹이 있었다. 그가 의혹이 없는 죄를 감추고, 그가 의혹이 있는 죄는 감추지 않았다. 만약에 그가 사미가 되었다가 다시 구족계를 받아, 앞에서 의혹을 지니지 않고 감춘 죄를 뒤에서 의혹을 지니지 않고 감추고, 앞에서 의혹을 지니고 감추지 않은 죄를 뒤에서 의혹을 지니지 않고 감춘다면, 수행승들이여, 그 수행승에게는 가중처벌을 주

어야 하고, 감춘 죄 가운데 선행하는 죄에 따라서 통합격리처벌을 주어야 한다."

가중처벌의 네 가지 유형(② : 321-340)이 끝났다.

32₁₃. 가중처벌의 네 가지 유형③(Mūlāyapaṭikassanacatussataka : 341-360)

1. [세존]

1) "수행승들이여, 여기 수행승이 출죄복귀를 받아야 하는데 도중에 많은 승단잔류죄를 짓고 감추지 않고 정신착란된 사람이 되었다. 만약 그가 다시 구족계를 받고 그 죄를 감추지 않는다면, 그 수행승에게는 가중처벌을 주어야 한다.

2) 수행승들이여, 여기 수행승이 출죄복귀를 받아야 하는데 도중에 많은 승단잔류죄를 짓고 감추지 않고 정신착란된 사람이 되었다. 만약 그가 다시 구족계를 받고 그 죄를 감춘다면, 그 수행승에게는 가중처벌을 주어야 한다. 그리고 감춘 죄 가운데 선행하는 죄에 따라서 통합격리처벌을 주어야 한다.

3) 수행승들이여, 여기 수행승이 출죄복귀를 받아야 하는데 도중에 많은 승단잔류죄를 짓고 감추고 정신착란된 사람이 되었다. 만약 그가 다시 구족계를 받고 그 죄를 감추지 않는다면, 그 수행승에게는 가중처벌을 주어야 한다. 그리고 감춘 죄 가운데 선행하는 죄에 따라서 통합격리처벌을 주어야 한다.

4) 수행승들이여, 여기 수행승이 출죄복귀를 받아야 하는데 도중에 많은 승단잔류죄를 짓고 감추고 정신착란된 사람이 되었다. 만약 그가 다시 구족계를 받고 그 죄를 감춘다면, 그 수행승에게는 가중처벌을 주어야 한다. 그리고 감춘 죄 가운데 선행하는 죄에 따라서 통합격리처벌을 주어야 한다."

2. [세존]

1) "수행승들이여, 여기 수행승이 출죄복귀를 받아야 하는데 도중에 많은 승단잔류죄를 지었다. 그에게 감춘 죄도 있고 감추지 않은 죄도 있다. 만약에 그가 정신착란이 없는 사람이 되어, 앞에서 감춘 죄를 뒤에 감추지 않고, 앞에서 감추지 않은 죄를 뒤에 감추지 않는다면, 수행승들이여, 그 수행승에게는 가중처벌을 주어야 하고, 감춘 죄 가운데 선행하는 죄에 따라서 통합격리처벌을 주어야 한다.

2) 수행승들이여, 여기 수행승이 출죄복귀를 받아야 하는데 도중에 많은 승단잔류죄를 지었다. 그에게 감춘 죄도 있고 감추지 않은 죄도 있다. 만약에 그가 정신착란이 없는 사람이 되어, 앞에서 감춘 죄를 뒤에 감추지 않고, 앞에서 감추지

않은 죄를 뒤에 감춘다면, 수행승들이여, 그 수행승에게는 가중처벌을 주어야 하고, 감춘 죄 가운데 선행하는 죄에 따라서 통합격리처벌을 주어야 한다.

3) 수행승들이여, 여기 수행승이 출죄복귀를 받아야 하는데 도중에 많은 승단잔류죄를 지었다. 그에게 감춘 죄도 있고 감추지 않은 죄도 있다. 만약에 그가 정신착란이 없는 사람이 되어, 앞에서 감춘 죄를 뒤에서 감추고, 앞에서 감추지 않은 죄를 뒤에서 감추지 않는다면, 수행승들이여, 그 수행승에게는 가중처벌을 주어야 하고, 감춘 죄 가운데 선행하는 죄에 따라서 통합격리처벌을 주어야 한다.

4) 수행승들이여, 여기 수행승이 출죄복귀를 받아야 하는데 도중에 많은 승단잔류죄를 지었다. 그에게 감춘 죄도 있고 감추지 않은 죄도 있다. 만약에 그가 정신착란이 없는 사람이 되어, 앞에서 감춘 죄를 뒤에서 감추고, 앞에서 감추지 않은 죄를 뒤에서 감춘다면, 수행승들이여, 그 수행승에게는 가중처벌을 주어야 하고, 감춘 죄 가운데 선행하는 죄에 따라서 통합격리처벌을 주어야 한다.”

3. [세존]

1) “수행승들이여, 여기 수행승이 출죄복귀를 받아야 하는데 도중에 많은 승단잔류죄를 지었다. 일부의 죄는 알고 일부의 죄는 알지 못했다. 그가 아는 죄를 감추고, 그가 알지 못하는 죄는 감추지 않았다. 만약에 그가 정신착란이 없는 사람이 되어, 앞에서 알고 감춘 죄를 뒤에서 알고 감추지 않고, 앞에서 알지 못하고 감추지 않은 죄를 뒤에서 알고 감추지 않는다면, 수행승들이여, 그 수행승에게는 가중처벌을 주어야 하고, 감춘 죄 가운데 선행하는 죄에 따라서 통합격리처벌을 주어야 한다.

2) 수행승들이여, 여기 수행승이 출죄복귀를 받아야 하는데 도중에 많은 승단잔류죄를 지었다. 일부의 죄는 알고 일부의 죄는 알지 못했다. 그가 아는 죄를 감추고, 그가 알지 못하는 죄는 감추지 않았다. 만약에 그가 정신착란이 없는 사람이 되어, 앞에서 알고 감춘 죄를 뒤에서 알고 감추지 않고, 앞에서 알지 못하고 감추지 않은 죄를 뒤에서 알고 감춘다면, 수행승들이여, 그 수행승에게는 가중처벌을 주어야 하고, 감춘 죄 가운데 선행하는 죄에 따라서 통합격리처벌을 주어야 한다.

3) 수행승들이여, 여기 수행승이 출죄복귀를 받아야 하는데 도중에 많은 승단잔류죄를 지었다. 일부의 죄는 알고 일부의 죄는 알지 못했다. 그가 아는 죄를 감추고, 그가 알지 못하는 죄는 감추지 않았다. 만약에 그가 정신착란이 없는 사람이

되어, 앞에서 알고 감춘 죄를 뒤에서 알고 감추고, 앞에서 알지 못하고 감추지 않은 죄를 뒤에서 알고 감추지 않는다면, 수행승들이여, 그 수행승에게는 가중처벌을 주어야 하고, 감춘 죄 가운데 선행하는 죄에 따라서 통합격리처벌을 주어야 한다.

4) 수행승들이여, 여기 수행승이 출죄복귀를 받아야 하는데 도중에 많은 승단잔류죄를 지었다. 일부의 죄는 알고 일부의 죄는 알지 못했다. 그가 아는 죄를 감추고, 그가 알지 못하는 죄는 감추지 않았다. 만약에 그가 정신착란이 없는 사람이 되어, 앞에서 알고 감춘 죄를 뒤에서 알고 감추고, 앞에서 알지 못하고 감추지 않은 죄를 뒤에서 알고 감춘다면, 수행승들이여, 그 수행승에게는 가중처벌을 주어야 하고, 감춘 죄 가운데 선행하는 죄에 따라서 통합격리처벌을 주어야 한다."

4. [세존]

1) "수행승들이여, 여기 수행승이 출죄복귀를 받아야 하는데 도중에 많은 승단잔류죄를 지었다. 일부의 죄는 기억하고 일부의 죄는 기억하지 못했다. 그가 기억하는 죄를 감추고, 그가 기억하지 못하는 죄는 감추지 않았다. 만약에 그가 정신착란이 없는 사람이 되어, 앞에서 기억하고 감춘 죄를 뒤에서 기억하고 감추지 않고, 앞에서 기억하지 못하고 감추지 않은 죄를 뒤에서 기억하고 감추지 않는다면, 수행승들이여, 그 수행승에게는 가중처벌을 주어야 하고, 감춘 죄 가운데 선행하는 죄에 따라서 통합격리처벌을 주어야 한다.

2) 수행승들이여, 여기 수행승이 출죄복귀를 받아야 하는데 도중에 많은 승단잔류죄를 지었다. 일부의 죄는 기억하고 일부의 죄는 기억하지 못했다. 그가 기억하는 죄를 감추고, 그가 기억하지 못하는 죄는 감추지 않았다. 만약에 그가 정신착란이 없는 사람이 되어, 앞에서 기억하고 감춘 죄를 뒤에서 기억하고 감추지 않고, 앞에서 기억하지 못하고 감추지 않은 죄를 뒤에서 기억하고 감춘다면, 수행승들이여, 그 수행승에게는 가중처벌을 주어야 하고, 감춘 죄 가운데 선행하는 죄에 따라서 통합격리처벌을 주어야 한다.

3) 수행승들이여, 여기 수행승이 출죄복귀를 받아야 하는데 도중에 많은 승단잔류죄를 지었다. 일부의 죄는 기억하고 일부의 죄는 기억하지 못했다. 그가 기억하는 죄를 감추고, 그가 기억하지 못하는 죄는 감추지 않았다. 만약에 그가 정신착란이 없는 사람이 되어, 앞에서 기억하고 감춘 죄를 뒤에서 기억하고 감추고, 앞에서 기억하지 못하고 감추지 않은 죄를 뒤에서 기억하고 감추지 않는다면,

수행승들이여, 그 수행승에게는 가중처벌을 주어야 하고, 감춘 죄 가운데 선행하는 죄에 따라서 통합격리처벌을 주어야 한다.

4) 수행승들이여, 여기 수행승이 출죄복귀를 받아야 하는데 도중에 많은 승단잔류죄를 지었다. 일부의 죄는 기억하고 일부의 죄는 기억하지 못했다. 그가 기억하는 죄를 감추고, 그가 기억하지 못하는 죄는 감추지 않았다. 만약에 그가 정신착란이 없는 사람이 되어, 앞에서 기억하고 감춘 죄를 뒤에서 기억하고 감추고, 앞에서 기억하지 못하고 감추지 않은 죄를 뒤에서 기억하고 감춘다면, 수행승들이여, 그 수행승에게는 가중처벌을 주어야 하고, 감춘 죄 가운데 선행하는 죄에 따라서 통합격리처벌을 주어야 한다."

5. [세존]

1) "수행승들이여, 여기 수행승이 출죄복귀를 받아야 하는데 도중에 많은 승단잔류죄를 지었다. 일부의 죄는 의혹이 없고 일부의 죄는 의혹이 있었다. 그가 의혹이 없는 죄를 감추고, 그가 의혹이 있는 죄는 감추지 않았다. 만약에 그가 정신착란이 없는 사람이 되어, 앞에서 의혹을 지니지 않고 감춘 죄를 뒤에서 의혹을 지니지 않고 감추지 않고, 앞에서 의혹을 지니고 감추지 않은 죄를 뒤에서 의혹을 지니지 않고 감추지 않는다면, 수행승들이여, 그 수행승에게는 가중처벌을 주어야 하고, 감춘 죄 가운데 선행하는 죄에 따라서 통합격리처벌을 주어야 한다.

2) 수행승들이여, 여기 수행승이 출죄복귀를 받아야 하는데 도중에 많은 승단잔류죄를 지었다. 일부의 죄는 의혹이 없고 일부의 죄는 의혹이 있었다. 그가 의혹이 없는 죄를 감추고, 그가 의혹이 있는 죄는 감추지 않았다. 만약에 그가 정신착란이 없는 사람이 되어, 앞에서 의혹을 지니지 않고 감춘 죄를 뒤에서 의혹을 지니지 않고 감추지 않고, 앞에서 의혹을 지니고 감추지 않은 죄를 뒤에서 의혹을 지니지 않고 감춘다면, 수행승들이여, 그 수행승에게는 가중처벌을 주어야 하고, 감춘 죄 가운데 선행하는 죄에 따라서 통합격리처벌을 주어야 한다.

3) 수행승들이여, 여기 수행승이 출죄복귀를 받아야 하는데 도중에 많은 승단잔류죄를 지었다. 일부의 죄는 의혹이 없고 일부의 죄는 의혹이 있었다. 그가 의혹이 없는 죄를 감추고, 그가 의혹이 있는 죄는 감추지 않았다. 만약에 그가 정신착란이 없는 사람이 되어, 앞에서 의혹을 지니지 않고 감춘 죄를 뒤에서 의혹을 지니지 않고 감추고, 앞에서 의혹을 지니고 감추지 않은 죄를 뒤에서 의혹을 지니지 않고 감추지 않는다면, 수행승들이여, 그 수행승에게는 가중처벌을 주

어야 하고, 감춘 죄 가운데 선행하는 죄에 따라서 통합격리처벌을 주어야 한다.

4) 수행승들이여, 여기 수행승이 출죄복귀를 받아야 하는데 도중에 많은 승단잔류죄를 지었다. 일부의 죄는 의혹이 없고 일부의 죄는 의혹이 있었다. 그가 의혹이 없는 죄를 감추고, 그가 의혹이 있는 죄는 감추지 않았다. 만약에 그가 정신착란이 없는 사람이 되어, 앞에서 의혹을 지니지 않고 감춘 죄를 뒤에서 의혹을 지니지 않고 감추고, 앞에서 의혹을 지니고 감추지 않은 죄를 뒤에서 의혹을 지니지 않고 감춘다면, 수행승들이여, 그 수행승에게는 가중처벌을 주어야 하고, 감춘 죄 가운데 선행하는 죄에 따라서 통합격리처벌을 주어야 한다."

가중처벌의 네 가지 유형(③ : 341-360)이 끝났다.

32₁₄. 가중처벌의 네 가지 유형④(Mūlāyapaṭikassanacatussataka : 361-380)

1. [세존]

1) "수행승들이여, 여기 수행승이 출죄복귀를 받아야 하는데 도중에 많은 승단잔류죄를 짓고 감추지 않고 심란한 사람이 되었다. 만약 그가 다시 구족계를 받고 그 죄를 감추지 않는다면, 그 수행승에게는 가중처벌을 주어야 한다.

2) 수행승들이여, 여기 수행승이 출죄복귀를 받아야 하는데 도중에 많은 승단잔류죄를 짓고 감추지 않고 심란한 사람이 되었다. 만약 그가 다시 구족계를 받고 그 죄를 감춘다면, 그 수행승에게는 가중처벌을 주어야 한다. 그리고 감춘 죄 가운데 선행하는 죄에 따라서 통합격리처벌을 주어야 한다.

3) 수행승들이여, 여기 수행승이 출죄복귀를 받아야 하는데 도중에 많은 승단잔류죄를 짓고 감추고 심란한 사람이 되었다. 만약 그가 다시 구족계를 받고 그 죄를 감추지 않는다면, 그 수행승에게는 가중처벌을 주어야 한다. 그리고 감춘 죄 가운데 선행하는 죄에 따라서 통합격리처벌을 주어야 한다.

4) 수행승들이여, 여기 수행승이 출죄복귀를 받아야 하는데 도중에 많은 승단잔류죄를 짓고 감추고 심란한 사람이 되었다. 만약 그가 다시 구족계를 받고 그 죄를 감춘다면, 그 수행승에게는 가중처벌을 주어야 한다. 그리고 감춘 죄 가운데 선행하는 죄에 따라서 통합격리처벌을 주어야 한다."

2. [세존]

1) "수행승들이여, 여기 수행승이 출죄복귀를 받아야 하는데 도중에 많은 승단잔류죄를 지었다. 그에게 감춘 죄도 있고 감추지 않은 죄도 있다. 만약에 그가 심란하지 않은 사람이 되어, 앞에서 감춘 죄를 뒤에 감추지 않고, 앞에서 감추지

않은 죄를 뒤에 감추지 않는다면, 수행승들이여, 그 수행승에게는 가중처벌을 주어야 하고, 감춘 죄 가운데 선행하는 죄에 따라서 통합격리처벌을 주어야 한다.

2) 수행승들이여, 여기 수행승이 출죄복귀를 받아야 하는데 도중에 많은 승단잔류죄를 지었다. 그에게 감춘 죄도 있고 감추지 않은 죄도 있다. 만약에 그가 심란하지 않은 사람이 되어, 앞에서 감춘 죄를 뒤에 감추지 않고, 앞에서 감추지 않은 죄를 뒤에 감춘다면, 수행승들이여, 그 수행승에게는 가중처벌을 주어야 하고, 감춘 죄 가운데 선행하는 죄에 따라서 통합격리처벌을 주어야 한다.

3) 수행승들이여, 여기 수행승이 출죄복귀를 받아야 하는데 도중에 많은 승단잔류죄를 지었다. 그에게 감춘 죄도 있고 감추지 않은 죄도 있다. 만약에 그가 심란하지 않은 사람이 되어, 앞에서 감춘 죄를 뒤에서 감추고, 앞에서 감추지 않은 죄를 뒤에서 감추지 않는다면, 수행승들이여, 그 수행승에게는 가중처벌을 주어야 하고, 감춘 죄 가운데 선행하는 죄에 따라서 통합격리처벌을 주어야 한다.

4) 수행승들이여, 여기 수행승이 출죄복귀를 받아야 하는데 도중에 많은 승단잔류죄를 지었다. 그에게 감춘 죄도 있고 감추지 않은 죄도 있다. 만약에 그가 심란하지 않은 사람이 되어, 앞에서 감춘 죄를 뒤에서 감추고, 앞에서 감추지 않은 죄를 뒤에서 감춘다면, 수행승들이여, 그 수행승에게는 가중처벌을 주어야 하고, 감춘 죄 가운데 선행하는 죄에 따라서 통합격리처벌을 주어야 한다.”

3. [세존]

1) “수행승들이여, 여기 수행승이 출죄복귀를 받아야 하는데 도중에 많은 승단잔류죄를 지었다. 일부의 죄는 알고 일부의 죄는 알지 못했다. 그가 아는 죄를 감추고, 그가 알지 못하는 죄는 감추지 않았다. 만약에 그가 심란하지 않은 사람이 되어, 앞에서 알고 감춘 죄를 뒤에서 알고 감추지 않고, 앞에서 알지 못하고 감추지 않은 죄를 뒤에서 알고 감추지 않는다면, 수행승들이여, 그 수행승에게는 가중처벌을 주어야 하고, 감춘 죄 가운데 선행하는 죄에 따라서 통합격리처벌을 주어야 한다.

2) 수행승들이여, 여기 수행승이 출죄복귀를 받아야 하는데 도중에 많은 승단잔류죄를 지었다. 일부의 죄는 알고 일부의 죄는 알지 못했다. 그가 아는 죄를 감추고, 그가 알지 못하는 죄는 감추지 않았다. 만약에 그가 심란하지 않은 사람이 되어, 앞에서 알고 감춘 죄를 뒤에서 알고 감추지 않고, 앞에서 알지 못하고 감추지 않은 죄를 뒤에서 알고 감춘다면, 수행승들이여, 그 수행승에게는 가중

처벌을 주어야 하고, 감춘 죄 가운데 선행하는 죄에 따라서 통합격리처벌을 주어야 한다.

3) 수행승들이여, 여기 수행승이 출죄복귀를 받아야 하는데 도중에 많은 승단잔류죄를 지었다. 일부의 죄는 알고 일부의 죄는 알지 못했다. 그가 아는 죄를 감추고, 그가 알지 못하는 죄는 감추지 않았다. 만약에 그가 심란하지 않은 사람이 되어, 앞에서 알고 감춘 죄를 뒤에서 알고 감추고, 앞에서 알지 못하고 감추지 않은 죄를 뒤에서 알고 감추지 않는다면, 수행승들이여, 그 수행승에게는 가중처벌을 주어야 하고, 감춘 죄 가운데 선행하는 죄에 따라서 통합격리처벌을 주어야 한다.

4) 수행승들이여, 여기 수행승이 출죄복귀를 받아야 하는데 도중에 많은 승단잔류죄를 지었다. 일부의 죄는 알고 일부의 죄는 알지 못했다. 그가 아는 죄를 감추고, 그가 알지 못하는 죄는 감추지 않았다. 만약에 그가 심란하지 않은 사람이 되어, 앞에서 알고 감춘 죄를 뒤에서 알고 감추고, 앞에서 알지 못하고 감추지 않은 죄를 뒤에서 알고 감춘다면, 수행승들이여, 그 수행승에게는 가중처벌을 주어야 하고, 감춘 죄 가운데 선행하는 죄에 따라서 통합격리처벌을 주어야 한다."

4. [세존]

1) "수행승들이여, 여기 수행승이 출죄복귀를 받아야 하는데 도중에 많은 승단잔류죄를 지었다. 일부의 죄는 기억하고 일부의 죄는 기억하지 못했다. 그가 기억하는 죄를 감추고, 그가 기억하지 못하는 죄는 감추지 않았다. 만약에 그가 심란하지 않은 사람이 되어, 앞에서 기억하고 감춘 죄를 뒤에서 기억하고 감추지 않고, 앞에서 기억하지 못하고 감추지 않은 죄를 뒤에서 기억하고 감추지 않는다면, 수행승들이여, 그 수행승에게는 가중처벌을 주어야 하고, 감춘 죄 가운데 선행하는 죄에 따라서 통합격리처벌을 주어야 한다.

2) 수행승들이여, 여기 수행승이 출죄복귀를 받아야 하는데 도중에 많은 승단잔류죄를 지었다. 일부의 죄는 기억하고 일부의 죄는 기억하지 못했다. 그가 기억하는 죄를 감추고, 그가 기억하지 못하는 죄는 감추지 않았다. 만약에 그가 심란하지 않은 사람이 되어, 앞에서 기억하고 감춘 죄를 뒤에서 기억하고 감추지 않고, 앞에서 기억하지 못하고 감추지 않은 죄를 뒤에서 기억하고 감춘다면, 수행승들이여, 그 수행승에게는 가중처벌을 주어야 하고, 감춘 죄 가운데 선행하는 죄에 따라서 통합격리처벌을 주어야 한다.

3) 수행승들이여, 여기 수행승이 출죄복귀를 받아야 하는데 도중에 많은 승단잔류죄를 지었다. 일부의 죄는 기억하고 일부의 죄는 기억하지 못했다. 그가 기억하는 죄를 감추고, 그가 기억하지 못하는 죄는 감추지 않았다. 만약에 그가 심란하지 않은 사람이 되어, 앞에서 기억하고 감춘 죄를 뒤에서 기억하고 감추고, 앞에서 기억하지 못하고 감추지 않은 죄를 뒤에서 기억하고 감추지 않는다면, 수행승들이여, 그 수행승에게는 가중처벌을 주어야 하고, 감춘 죄 가운데 선행하는 죄에 따라서 통합격리처벌을 주어야 한다.

4) 수행승들이여, 여기 수행승이 출죄복귀를 받아야 하는데 도중에 많은 승단잔류죄를 지었다. 일부의 죄는 기억하고 일부의 죄는 기억하지 못했다. 그가 기억하는 죄를 감추고, 그가 기억하지 못하는 죄는 감추지 않았다. 만약에 그가 심란하지 않은 사람이 되어, 앞에서 기억하고 감춘 죄를 뒤에서 기억하고 감추고, 앞에서 기억하지 못하고 감추지 않은 죄를 뒤에서 기억하고 감춘다면, 수행승들이여, 그 수행승에게는 가중처벌을 주어야 하고, 감춘 죄 가운데 선행하는 죄에 따라서 통합격리처벌을 주어야 한다."

5. [세존]

1) "수행승들이여, 여기 수행승이 출죄복귀를 받아야 하는데 도중에 많은 승단잔류죄를 지었다. 일부의 죄는 의혹이 없고 일부의 죄는 의혹이 있었다. 그가 의혹이 없는 죄를 감추고, 그가 의혹이 있는 죄는 감추지 않았다. 만약에 그가 심란하지 않은 사람이 되어, 앞에서 의혹을 지니지 않고 감춘 죄를 뒤에서 의혹을 지니지 않고 감추지 않고, 앞에서 의혹을 지니고 감추지 않은 죄를 뒤에서 의혹을 지니지 않고 감추지 않는다면, 수행승들이여, 그 수행승에게는 가중처벌을 주어야 하고, 감춘 죄 가운데 선행하는 죄에 따라서 통합격리처벌을 주어야 한다.

2) 수행승들이여, 여기 수행승이 출죄복귀를 받아야 하는데 도중에 많은 승단잔류죄를 지었다. 일부의 죄는 의혹이 없고 일부의 죄는 의혹이 있었다. 그가 의혹이 없는 죄를 감추고, 그가 의혹이 있는 죄는 감추지 않았다. 만약에 그가 심란하지 않은 사람이 되어, 앞에서 의혹을 지니지 않고 감춘 죄를 뒤에서 의혹을 지니지 않고 감추지 않고, 앞에서 의혹을 지니고 감추지 않은 죄를 뒤에서 의혹을 지니지 않고 감춘다면, 수행승들이여, 그 수행승에게는 가중처벌을 주어야 하고, 감춘 죄 가운데 선행하는 죄에 따라서 통합격리처벌을 주어야 한다.

3) 수행승들이여, 여기 수행승이 출죄복귀를 받아야 하는데 도중에 많은 승단잔류

죄를 지었다. 일부의 죄는 의혹이 없고 일부의 죄는 의혹이 있었다. 그가 의혹이 없는 죄를 감추고, 그가 의혹이 있는 죄는 감추지 않았다. 만약에 그가 심란하지 않은 사람이 되어, 앞에서 의혹을 지니지 않고 감춘 죄를 뒤에서 의혹을 지니지 않고 감추고, 앞에서 의혹을 지니고 감추지 않은 죄를 뒤에서 의혹을 지니지 않고 감추지 않는다면, 수행승들이여, 그 수행승에게는 가중처벌을 주어야 하고, 감춘 죄 가운데 선행하는 죄에 따라서 통합격리처벌을 주어야 한다.

4) 수행승들이여, 여기 수행승이 출죄복귀를 받아야 하는데 도중에 많은 승단잔류죄를 지었다. 일부의 죄는 의혹이 없고 일부의 죄는 의혹이 있었다. 그가 의혹이 없는 죄를 감추고, 그가 의혹이 있는 죄는 감추지 않았다. 만약에 그가 심란하지 않은 사람이 되어, 앞에서 의혹을 지니지 않고 감춘 죄를 뒤에서 의혹을 지니지 않고 감추고, 앞에서 의혹을 지니고 감추지 않은 죄를 뒤에서 의혹을 지니지 않고 감춘다면, 수행승들이여, 그 수행승에게는 가중처벌을 주어야 하고, 감춘 죄 가운데 선행하는 죄에 따라서 통합격리처벌을 주어야 한다.”

가중처벌의 네 가지 유형(④ : 361-380)이 끝났다.

32₁₅. 가중처벌의 네 가지 유형⑤(Mūlāyapaṭikassanacatussataka : 381-400)

1. [세존]

1) “수행승들이여, 여기 수행승이 출죄복귀를 받아야 하는데 도중에 많은 승단잔류죄를 짓고 감추지 않고 애통해 하는 사람이 되었다. 만약 그가 다시 구족계를 받고 그 죄를 감추지 않는다면, 그 수행승에게는 가중처벌을 주어야 한다.

2) 수행승들이여, 여기 수행승이 출죄복귀를 받아야 하는데 도중에 많은 승단잔류죄를 짓고 감추지 않고 애통해 하는 사람이 되었다. 만약 그가 다시 구족계를 받고 그 죄를 감춘다면, 그 수행승에게는 가중처벌을 주어야 한다. 그리고 감춘 죄 가운데 선행하는 죄에 따라서 통합격리처벌을 주어야 한다.

3) 수행승들이여, 여기 수행승이 출죄복귀를 받아야 하는데 도중에 많은 승단잔류죄를 짓고 감추고 애통해 하는 사람이 되었다. 만약 그가 다시 구족계를 받고 그 죄를 감추지 않는다면, 그 수행승에게는 가중처벌을 주어야 한다. 그리고 감춘 죄 가운데 선행하는 죄에 따라서 통합격리처벌을 주어야 한다.

4) 수행승들이여, 여기 수행승이 출죄복귀를 받아야 하는데 도중에 많은 승단잔류죄를 짓고 감추고 애통해 하는 사람이 되었다. 만약 그가 다시 구족계를 받고 그 죄를 감춘다면, 그 수행승에게는 가중처벌을 주어야 한다. 그리고 감춘 죄 가운데 선행하는 죄에 따라서 통합격리처벌을 주어야 한다.”

2. [세존]

1) "수행승들이여, 여기 수행승이 출죄복귀를 받아야 하는데 도중에 많은 승단잔류죄를 지었다. 그에게 감춘 죄도 있고 감추지 않은 죄도 있다. 만약에 그가 애통해 하지 않는 사람이 되어, 앞에서 감춘 죄를 뒤에 감추지 않고, 앞에서 감추지 않은 죄를 뒤에 감추지 않는다면, 수행승들이여, 그 수행승에게는 가중처벌을 주어야 하고, 감춘 죄 가운데 선행하는 죄에 따라서 통합격리처벌을 주어야 한다.

2) 수행승들이여, 여기 수행승이 출죄복귀를 받아야 하는데 도중에 많은 승단잔류죄를 지었다. 그에게 감춘 죄도 있고 감추지 않은 죄도 있다. 만약에 그가 애통해 하지 않는 사람이 되어, 앞에서 감춘 죄를 뒤에 감추지 않고, 앞에서 감추지 않은 죄를 뒤에 감춘다면, 수행승들이여, 그 수행승에게는 가중처벌을 주어야 하고, 감춘 죄 가운데 선행하는 죄에 따라서 통합격리처벌을 주어야 한다.

3) 수행승들이여, 여기 수행승이 출죄복귀를 받아야 하는데 도중에 많은 승단잔류죄를 지었다. 그에게 감춘 죄도 있고 감추지 않은 죄도 있다. 만약에 그가 애통해 하지 않는 사람이 되어, 앞에서 감춘 죄를 뒤에서 감추고, 앞에서 감추지 않은 죄를 뒤에서 감추지 않는다면, 수행승들이여, 그 수행승에게는 가중처벌을 주어야 하고, 감춘 죄 가운데 선행하는 죄에 따라서 통합격리처벌을 주어야 한다.

4) 수행승들이여, 여기 수행승이 출죄복귀를 받아야 하는데 도중에 많은 승단잔류죄를 지었다. 그에게 감춘 죄도 있고 감추지 않은 죄도 있다. 만약에 그가 애통해 하지 않는 사람이 되어, 앞에서 감춘 죄를 뒤에서 감추고, 앞에서 감추지 않은 죄를 뒤에서 감춘다면, 수행승들이여, 그 수행승에게는 가중처벌을 주어야 하고, 감춘 죄 가운데 선행하는 죄에 따라서 통합격리처벌을 주어야 한다."

3. [세존]

1) "수행승들이여, 여기 수행승이 출죄복귀를 받아야 하는데 도중에 많은 승단잔류죄를 지었다. 일부의 죄는 알고 일부의 죄는 알지 못했다. 그가 아는 죄를 감추고, 그가 알지 못하는 죄는 감추지 않았다. 만약에 그가 애통해 하지 않는 사람이 되어, 앞에서 알고 감춘 죄를 뒤에서 알고 감추지 않고, 앞에서 알지 못하고 감추지 않은 죄를 뒤에서 알고 감추지 않는다면, 수행승들이여, 그 수행승에게는 가중처벌을 주어야 하고, 감춘 죄 가운데 선행하는 죄에 따라서 통합격리처벌을 주어야 한다.

2) 수행승들이여, 여기 수행승이 출죄복귀를 받아야 하는데 도중에 많은 승단잔류죄를 지었다. 일부의 죄는 알고 일부의 죄는 알지 못했다. 그가 아는 죄를 감추고, 그가 알지 못하는 죄는 감추지 않았다. 만약에 그가 애통해 하지 않는 사람이 되어, 앞에서 알고 감춘 죄를 뒤에서 알고 감추지 않고, 앞에서 알지 못하고 감추지 않은 죄를 뒤에서 알고 감춘다면, 수행승들이여, 그 수행승에게는 가중처벌을 주어야 하고, 감춘 죄 가운데 선행하는 죄에 따라서 통합격리처벌을 주어야 한다.
3) 수행승들이여, 여기 수행승이 출죄복귀를 받아야 하는데 도중에 많은 승단잔류죄를 지었다. 일부의 죄는 알고 일부의 죄는 알지 못했다. 그가 아는 죄를 감추고, 그가 알지 못하는 죄는 감추지 않았다. 만약에 그가 애통해 하지 않는 사람이 되어, 앞에서 알고 감춘 죄를 뒤에서 알고 감추고, 앞에서 알지 못하고 감추지 않은 죄를 뒤에서 알고 감추지 않는다면, 수행승들이여, 그 수행승에게는 가중처벌을 주어야 하고, 감춘 죄 가운데 선행하는 죄에 따라서 통합격리처벌을 주어야 한다.
4) 수행승들이여, 여기 수행승이 출죄복귀를 받아야 하는데 도중에 많은 승단잔류죄를 지었다. 일부의 죄는 알고 일부의 죄는 알지 못했다. 그가 아는 죄를 감추고, 그가 알지 못하는 죄는 감추지 않았다. 만약에 그가 애통해 하지 않는 사람이 되어, 앞에서 알고 감춘 죄를 뒤에서 알고 감추고, 앞에서 알지 못하고 감추지 않은 죄를 뒤에서 알고 감춘다면, 수행승들이여, 그 수행승에게는 가중처벌을 주어야 하고, 감춘 죄 가운데 선행하는 죄에 따라서 통합격리처벌을 주어야 한다."

4. [세존]

1) "수행승들이여, 여기 수행승이 출죄복귀를 받아야 하는데 도중에 많은 승단잔류죄를 지었다. 일부의 죄는 기억하고 일부의 죄는 기억하지 못했다. 그가 기억하는 죄를 감추고, 그가 기억하지 못하는 죄는 감추지 않았다. 만약에 그가 애통해 하지 않는 사람이 되어, 앞에서 기억하고 감춘 죄를 뒤에서 기억하고 감추지 않고, 앞에서 기억하지 못하고 감추지 않은 죄를 뒤에서 기억하고 감추지 않는다면, 수행승들이여, 그 수행승에게는 가중처벌을 주어야 하고, 감춘 죄 가운데 선행하는 죄에 따라서 통합격리처벌을 주어야 한다."
2) "수행승들이여, 여기 수행승이 출죄복귀를 받아야 하는데 도중에 많은 승단잔류죄를 지었다. 일부의 죄는 기억하고 일부의 죄는 기억하지 못했다. 그가 기억

하는 죄를 감추고, 그가 기억하지 못하는 죄는 감추지 않았다. 만약에 그가 애통해 하지 않는 사람이 되어, 앞에서 기억하고 감춘 죄를 뒤에서 기억하고 감추지 않고, 앞에서 기억하지 못하고 감추지 않은 죄를 뒤에서 기억하고 감춘다면, 수행승들이여, 그 수행승에게는 가중처벌을 주어야 하고, 감춘 죄 가운데 선행하는 죄에 따라서 통합격리처벌을 주어야 한다.

3) 수행승들이여, 여기 수행승이 출죄복귀를 받아야 하는데 도중에 많은 승단잔류죄를 지었다. 일부의 죄는 기억하고 일부의 죄는 기억하지 못했다. 그가 기억하는 죄를 감추고, 그가 기억하지 못하는 죄는 감추지 않았다. 만약에 그가 애통해 하지 않는 사람이 되어, 앞에서 기억하고 감춘 죄를 뒤에서 기억하고 감추고, 앞에서 기억하지 못하고 감추지 않은 죄를 뒤에서 기억하고 감추지 않는다면, 수행승들이여, 그 수행승에게는 가중처벌을 주어야 하고, 감춘 죄 가운데 선행하는 죄에 따라서 통합격리처벌을 주어야 한다.

4) 수행승들이여, 여기 수행승이 출죄복귀를 받아야 하는데 도중에 많은 승단잔류죄를 지었다. 일부의 죄는 기억하고 일부의 죄는 기억하지 못했다. 그가 기억하는 죄를 감추고, 그가 기억하지 못하는 죄는 감추지 않았다. 만약에 그가 애통해 하지 않는 사람이 되어, 앞에서 기억하고 감춘 죄를 뒤에서 기억하고 감추고, 앞에서 기억하지 못하고 감추지 않은 죄를 뒤에서 기억하고 감춘다면, 수행승들이여, 그 수행승에게는 가중처벌을 주어야 하고, 감춘 죄 가운데 선행하는 죄에 따라서 통합격리처벌을 주어야 한다."

5. [세존]

1) "수행승들이여, 여기 수행승이 출죄복귀를 받아야 하는데 도중에 많은 승단잔류죄를 지었다. 일부의 죄는 의혹이 없고 일부의 죄는 의혹이 있었다. 그가 의혹이 없는 죄를 감추고, 그가 의혹이 있는 죄는 감추지 않았다. 만약에 그가 애통해 하지 않는 사람이 되어, 앞에서 의혹을 지니지 않고 감춘 죄를 뒤에서 의혹을 지니지 않고 감추지 않고, 앞에서 의혹을 지니고 감추지 않은 죄를 뒤에서 의혹을 지니지 않고 감추지 않는다면, 수행승들이여, 그 수행승에게는 가중처벌을 주어야 하고, 감춘 죄 가운데 선행하는 죄에 따라서 통합격리처벌을 주어야 한다.

2) 수행승들이여, 여기 수행승이 출죄복귀를 받아야 하는데 도중에 많은 승단잔류죄를 지었다. 일부의 죄는 의혹이 없고 일부의 죄는 의혹이 있었다. 그가 의혹이 없는 죄를 감추고, 그가 의혹이 있는 죄는 감추지 않았다. 만약에 그가 애통해

하지 않는 사람이 되어, 앞에서 의혹을 지니지 않고 감춘 죄를 뒤에서 의혹을 지니지 않고 감추지 않고, 앞에서 의혹을 지니고 감추지 않은 죄를 뒤에서 의혹을 지니지 않고 감춘다면, 수행승들이여, 그 수행승에게는 가중처벌을 주어야 하고, 감춘 죄 가운데 선행하는 죄에 따라서 통합격리처벌을 주어야 한다.

3) 수행승들이여, 여기 수행승이 출죄복귀를 받아야 하는데 도중에 많은 승단잔류죄를 지었다. 일부의 죄는 의혹이 없고 일부의 죄는 의혹이 있었다. 그가 의혹이 없는 죄를 감추고, 그가 의혹이 있는 죄는 감추지 않았다. 만약에 그가 애통해 하지 않는 사람이 되어, 앞에서 의혹을 지니지 않고 감춘 죄를 뒤에서 의혹을 지니지 않고 감추고, 앞에서 의혹을 지니고 감추지 않은 죄를 뒤에서 의혹을 지니지 않고 감추지 않는다면, 수행승들이여, 그 수행승에게는 가중처벌을 주어야 하고, 감춘 죄 가운데 선행하는 죄에 따라서 통합격리처벌을 주어야 한다.

4) 수행승들이여, 여기 수행승이 출죄복귀를 받아야 하는데 도중에 많은 승단잔류죄를 지었다. 일부의 죄는 의혹이 없고 일부의 죄는 의혹이 있었다. 그가 의혹이 없는 죄를 감추고, 그가 의혹이 있는 죄는 감추지 않았다. 만약에 그가 애통해 하지 않는 사람이 되어, 앞에서 의혹을 지니지 않고 감춘 죄를 뒤에서 의혹을 지니지 않고 감추고, 앞에서 의혹을 지니고 감추지 않은 죄를 뒤에서 의혹을 지니지 않고 감춘다면, 수행승들이여, 그 수행승에게는 가중처벌을 주어야 하고, 감춘 죄 가운데[67] 앞의 죄에 따라서 통합격리처벌을 주어야 한다."

가중처벌의 네 가지 유형⑤(381-400)이 끝났다.
가중처벌의 네 가지 유형이 끝났다.

33. 헤아릴 수 있는 것 등의 여덟 가지 경우(Parimāṇādivāraṭṭhaka)

1. [세존] "수행승들이여, 여기 수행승이 많은 승단잔류죄를 지었으나 헤아릴 수 있는 것은 감추지 않고 환속했다. 그가 다시 구족계를 받고 그 죄를 감추지 않으면, 그 수행승에게는 가중처벌을 주어야 한다.

2. 수행승들이여, 여기 수행승이 많은 승단잔류죄를 지었으나 헤아릴 수 없는 것은 감추지 않고 환속했다. 그가 다시 구족계를 받고 그 죄를 감추면, 그 수행승에게는 가중처벌을 주어야 하고, 감춘 죄 가운데 선행하는 죄에 따라서 통합격리처벌을 주어야 한다.

3. 수행승들이여, 여기 수행승이 많은 승단잔류죄를 지었으나 한 종류의 것은 감추지 않고 환속했다. 그가 다시 구족계를 받고 그 죄를 감추지 않는다면, 그 수행승

에게는 가중처벌을 주어야 하고, 감춘 죄 가운데 선행하는 죄에 따라서 통합격리처벌을 주어야 한다.

4. 수행승들이여, 여기 수행승이 많은 승단잔류죄를 지었으나 다른 종류의 것은 감추지 않고 환속했다. 그가 다시 구족계를 받고 그 죄를 감추면, 그 수행승에게는 가중처벌을 주어야 하고, 감춘 죄 가운데 선행하는 죄에 따라서 통합격리처벌을 주어야 한다.

5. 수행승들이여, 여기 수행승이 많은 승단잔류죄를 지었으나 동일한 분야의 것은[206] 감추지 않고 환속했다. 그가 다시 구족계를 받고 앞에서 감춘 죄를 뒤에서 감추지 않고, 앞에서 감추지 않은 죄를 뒤에서 감추지 않는다면, 그 수행승에게는 가중처벌을 주어야 하고, 감춘 죄 가운데 선행하는 죄에 따라서 통합격리처벌을 주어야 한다.

6. 수행승들이여, 여기 수행승이 많은 승단잔류죄를 지었으나 다른 분야의 것은[207] 감추지 않고 환속했다. 그가 다시 구족계를 받고 앞에서 감춘 죄를 뒤에서 감추지 않고, 앞에서 감추지 않은 죄를 뒤에서 감춘다면, 그 수행승에게는 가중처벌을 주어야 하고, 감춘 죄 가운데 선행하는 죄에 따라서 통합격리처벌을 주어야 한다.

7. 수행승들이여, 여기 수행승이 많은 승단잔류죄를 지었으나 분리된 것들은[208] 감추지 않고 환속했다. 그가 다시 구족계를 받고 앞에서 감춘 죄를 뒤에서 감추지 않고, 앞에서 감추지 않은 죄를 뒤에서 감춘다면, 그 수행승에게는 가중처벌을 주어야 하고, 감춘 죄 가운데 선행하는 죄에 따라서 통합격리처벌을 주어야 한다.

8. 수행승들이여, 여기 수행승이 많은 승단잔류죄를 지었으나 연결된 것들은[209] 감추지 않고 환속했다. 그가 다시 구족계를 받고 앞에서 감춘 죄를 뒤에서 감추지 않고, 앞에서 감추지 않은 죄를 뒤에서 감춘다면, 그 수행승에게는 가중처벌을 주어야 하고, 감춘 죄 가운데 선행하는 죄에 따라서 통합격리처벌을 주어야 한다.

헤아릴 수 있는 것 등의 여덟 가지 경우가 끝났다.

---

206) sabhāgā : 한역은 동분(同分)이다.

207) visabhāgā : 한역은 이분(異分)이다.

208) vavatthitā : 한역은 별분(別分)이다. 승단잔류죄법 제1조, 제5조, 제12조, 제13조(Pāc. 1. 5. 12. 13)는 분리된 것이다. 분리된 주제이거나 분리된 어법에 따라 연결된 것을 뜻한다.

209) sambhinnā : 한역은 상잡(相雜)이다. 승단잔류죄법 제2조, 제3조, 제4조(Pāc. 2. 3. 4)는 연결된 것이다. 동일한 주제이거나 동일한 어법에 따라 연결된 것을 뜻한다. Smp. 1191에 따르면, 분리된 것들과 연결된 것들은 동일한 것들과 상이한 것들의 동어반복적 표현(pariyāyavacana)이다.

34. 두 수행승의 열한 가지 경우(Dvebhikkhuvārekādasaka)

1. [세존]

1) '두 수행승이 승단잔류죄를 지었고, 승단잔류죄에 대하여 승단잔류죄라고 인지했다. 한 사람은 감추고 다른 한 사람은 감추지 않았다. 감춘 자에게는 악작죄에 의한 참회를 주어야 하고, 감춘 것에 따라서 격리처벌을 주어야 한다. 양자에게는 또한 참회처벌을 주어야 한다.

2) 두 수행승이 승단잔류죄를 지었고, 승단잔류죄에 대하여 의혹이 가졌다. 한 사람은 감추고 다른 한 사람은 감추지 않았다. 감춘 자에게는 악작죄에 의한 참회를 주어야 하고, 감춘 것에 따라서 격리처벌을 주어야 한다. 양자에게는 또한 참회처벌을 주어야 한다.

3) 두 수행승이 승단잔류죄를 지었고, 승단잔류죄에 대하여 잡종죄[210]라고 보았다. 한 사람은 감추고 다른 한 사람은 감추지 않았다. 감춘 자에게는 악작죄에 의한 참회를 주어야 하고, 감춘 것에 따라서 격리처벌을 주어야 한다. 양자에게는 또한 참회처벌을 주어야 한다.

4) 두 수행승이 잡종죄를 지었고, 잡종죄에 대하여 승단잔류죄라고 인지했다. 한 사람은 감추고 다른 한 사람은 감추지 않았다. 감춘 자에게는 악작죄에 의한 참회를 주어야 하고, 감춘 것에 따라서 격리처벌을 주어야 한다. 양자에게는 또한 참회처벌을 주어야 한다.

5) 두 수행승이 잡종죄를 지었고, 잡종죄에 대하여 잡종죄라고 인지했다. 한 사람은 감추고 다른 한 사람은 감추지 않았다. 감춘 자에게는 악작죄에 의한 참회를 주어야 하고, 감춘 것에 따라서 격리처벌을 주어야 한다. 양자에게는 또한 참회처벌을 주어야 한다.

6) 두 수행승이 사소죄[211]를 지었고, 사소죄에 대하여 승단잔류죄라고 인지했다. 한 사람은 감추고 다른 한 사람은 감추지 않았다. 감춘 자에게는 악작죄에 의한 참회를 주어야 하고, 감춘 것에 따라서 격리처벌을 주어야 한다. 양자에게는 원칙에 따라 처벌해야 한다.

7) 두 수행승이 사소죄를 지었고, 사소죄에 대하여 사소죄라고 인지했다. 한 사람은 감추고 다른 한 사람은 감추지 않았다. 감춘 자에게는 악작죄에 의한 참회를 주어야 하고, 감춘 것에 따라서 격리처벌을 주어야 한다. 양자에게는 원칙에

---

210) missaka : Smp. 1191에 따르면, '추악죄(thullaccaya) 등과 섞인 것'을 의미한다.
211) suddhaka : Smp. 1191에 따르면, 승단잔류죄 이하의 가벼운 죄 즉, 경죄(輕罪 : lahukāpatti)를 의미한다.

따라 처벌해야 한다.”

2. [세존]

1) “두 수행승이 승단잔류죄를 지었고, 승단잔류죄에 대하여 승단잔류죄라고 인지했다. 한 사람은 ‘알려야겠다.’라고 생각하고 다른 한 사람은 ‘알리지 않겠다.’라고 생각했다. 그는 초경에도[68] 감추고 이경에도 감추고 삼경에도 감추고 태양이 떠오를 때에도 감추었다. 감춘 자에게는 악작죄에 의한 참회를 주어야 하고, 감춘 것에 따라서 격리처벌을 주어야 한다. 양자에게는 또한 참회처벌을 주어야 한다.

2) 두 수행승이 승단잔류죄를 지었고, 승단잔류죄에 대하여 승단잔류죄라고 인지했다. 그들은 ‘우리는 알려야겠다.’라고 가다가 한 사람에게 도중에 ‘나는 알리지 않겠다.’라고 감추는 마음이212) 생겨났다. 그는 초경에도 감추고 이경에도 감추고 삼경에도 감추고 태양이 떠오를 때에도 감추었다. 감춘 자에게는 악작죄에 의한 참회를 주어야 하고, 감춘 것에 따라서 격리처벌을 주어야 한다. 양자에게는 또한 참회처벌을 주어야 한다.

3) 두 수행승이 승단잔류죄를 지었고, 승단잔류죄에 대하여 승단잔류죄라고 인지했다. 그들은 정신착란된 사람이 되었다가 나중에 정신착란이 없는 사람이 되어 한 사람은 감추었고, 다른 한 사람은 감추지 않았다. 감춘 자에게는 악작죄에 의한 참회를 주어야 하고, 감춘 것에 따라서 격리처벌을 주어야 한다. 양자에게는 또한 참회처벌을 주어야 한다.

4) 두 수행승이 승단잔류죄를 지었는데, 계율의 항목을 송출할 때, 이와 같이 ‘이제야 나는 압니다. 이 가르침은 경으로 전하고 경으로 완성되어 보름마다 송출되어 전해왔습니다.’라고 설했고, 승단잔류죄에 대하여 승단잔류죄라고 인지했다. 한 사람은 감추었고, 다른 한 사람은 감추지 않았다. 감춘 자에게는 악작죄에 의한 참회를 주어야 하고, 감춘 것에 따라서 격리처벌을 주어야 한다. 양자에게는 또한 참회처벌을 주어야 한다.”

두 수행승에게 열한 가지 경우가 끝났다.

35. 가중처벌이 청정하지 못하게 되는 아홉 가지 경우①(Mūlāyapaṭikassanāvisuddhinavaka)

1. [세존] “수행승들이여, 여기 수행승이 많은 승단잔류죄를 지었다. 헤아릴 수 있는 것도 있고, 헤아릴 수 없는 것도 있고, 한 종류의 것도 있고, 다른 종류의

212) makkhadhammo : 한역에서는 ‘복장심(覆藏心)’이라고 한다. 원래 ‘위선의 상태’라는 뜻인데 ‘다른 수행승을 속인다.’는 의미이다.

것도 있고, 동일한 분야의 것도 있고, 다른 분야의 것도 있고, 분리된 것도 있고, 연결된 것도 있었다. 그는 참모임에 그 죄에 대하여 통합격리처벌을 청했다. 참모임은 그에게 그 죄에 대하여 통합격리처벌을 주었다. 그는 격리생활을 실행하면서 도중에 많은 승단잔류죄를 지었는데, 헤아릴 수 있는 것을 감추지 않았다. 그는 참모임에 도중에 지은 죄에 대하여 가중처벌을 청했다. 참모임은 그에게 도중에 지은 죄에 대하여 원칙에 맞고, 파기할 수 없고, 경우에 맞게 가중처벌을 주었다. 그러나 그에게 원칙에 맞게 통합격리처벌을 주었더라도, 원칙에 맞지 않게 참회처벌을 주고, 원칙에 맞지 않게 출죄복귀를 주었다면, 수행승들이여, 그 수행승은 그 죄와 관련해서 청정하지 않은 자가 된다.

2. 수행승들이여, 여기 수행승이 많은 승단잔류죄를 지었다. 헤아릴 수 있는 것도 있고, 헤아릴 수 없는 것도 있고, 한 종류의 것도 있고, 다른 종류의 것도 있고, 동일한 분야의 것도 있고, 다른 분야의 것도 있고,[69] 분리된 것도 있고, 연결된 것도 있었다. 그는 참모임에 그 죄에 대하여 통합격리처벌을 청했다. 참모임은 그에게 그 죄에 대하여 통합격리처벌을 주었다. 그는 격리생활을 실행하면서 도중에 많은 승단잔류죄를 지었는데, 헤아릴 수 있는 것을 감추었다. 그는 참모임에 도중에 지은 죄에 대하여 가중처벌을 청했다. 참모임은 그에게 도중에 지은 죄에 대하여 원칙에 맞고, 파기할 수 없고, 경우에 맞게 가중처벌을 주었다. 그러나 그에게 원칙에 맞게 통합격리처벌을 주었더라도, 원칙에 맞지 않게 참회처벌을 주고, 원칙에 맞지 않게 출죄복귀를 주었다면, 수행승들이여, 그 수행승은 그 죄와 관련해서 청정하지 않은 자가 된다.

3. 수행승들이여, 여기 수행승이 많은 승단잔류죄를 지었다. 헤아릴 수 있는 것도 있고, 헤아릴 수 없는 것도 있고, 한 종류의 것도 있고, 다른 종류의 것도 있고, 동일한 분야의 것도 있고, 다른 분야의 것도 있고, 분리된 것도 있고, 연결된 것도 있었다. 그는 참모임에 그 죄에 대하여 통합격리처벌을 청했다. 참모임은 그에게 그 죄에 대하여 통합격리처벌을 주었다. 그는 격리생활을 실행하면서 도중에 많은 승단잔류죄를 지었는데, 헤아릴 수 있는 것을 감추기도 하였고 감추지 않기도 했다. 그는 참모임에 도중에 지은 죄에 대하여 가중처벌을 청했다. 참모임은 그에게 도중에 지은 죄에 대하여 원칙에 맞고, 파기할 수 없고, 경우에 맞게 가중처벌을 주었다. 그러나 원칙에 맞게 통합격리처벌을 주었더라도, 원칙에 맞지 않게 참회처벌을 주고, 원칙에 맞지 않게 출죄복귀를 주었다면, 수행승들이여, 그 수행승은 그 죄와 관련해서 청정하지 않은 자가 된다.

4. 수행승들이여, 여기 수행승이 많은 승단잔류죄를 지었다. 헤아릴 수 있는 것도 있고, 헤아릴 수 없는 것도 있고, 한 종류의 것도 있고, 다른 종류의 것도 있고, 동일한 분야의 것도 있고, 다른 분야의 것도 있고, 분리된 것도 있고, 연결된 것도 있었다. 그는 참모임에 그 죄에 대하여 통합격리처벌을 청했다. 참모임은 그에게 그 죄에 대하여 통합격리처벌을 주었다. 그는 격리생활을 실행하면서 도중에 많은 승단잔류죄를 지었는데, 헤아릴 수 없는 것을 감추지 않았다. 그는 참모임에 도중에 지은 죄에 대하여 가중처벌을 청했다. 참모임은 그에게 도중에 지은 죄에 대하여 원칙에 맞고, 파기할 수 없고, 경우에 맞게 가중처벌을 주었다. 그러나 원칙에 맞게 통합격리처벌을 주었더라도, 원칙에 맞지 않게 참회처벌을 주고, 원칙에 맞지 않게 출죄복귀를 주었다면, 수행승들이여, 그 수행승은 그 죄와 관련해서 청정하지 않은 자가 된다.

5. 수행승들이여, 여기 수행승이 많은 승단잔류죄를 지었다. 헤아릴 수 있는 것도 있고, 헤아릴 수 없는 것도 있고, 한 종류의 것도 있고, 다른 종류의 것도 있고, 동일한 분야의 것도 있고, 다른 분야의 것도 있고, 분리된 것도 있고, 연결된 것도 있었다. 그는 참모임에 그 죄에 대하여 통합격리처벌을 청했다. 참모임은 그에게 그 죄에 대하여 통합격리처벌을 주었다. 그는 격리생활을 실행하면서 도중에 많은 승단잔류죄를 지었는데, 헤아릴 수 없는 것을 감추었다. 그는 참모임에 도중에 지은 죄에 대하여 가중처벌을 청했다. 참모임은 그에게 도중에 지은 죄에 대하여 원칙에 맞고, 파기할 수 없고, 경우에 맞게 가중처벌을 주었다. 그러나 원칙에 맞게 통합격리처벌을 주었더라도, 원칙에 맞지 않게 참회처벌을 주고, 원칙에 맞지 않게 출죄복귀를 주었다면, 수행승들이여, 그 수행승은 그 죄와 관련해서 청정하지 않은 자가 된다.

6. 수행승들이여, 여기 수행승이 많은 승단잔류죄를 지었다. 헤아릴 수 있는 것도 있고, 헤아릴 수 없는 것도 있고, 한 종류의 것도 있고, 다른 종류의 것도 있고, 동일한 분야의 것도 있고, 다른 분야의 것도 있고, 분리된 것도 있고, 연결된 것도 있었다. 그는 참모임에 그 죄에 대하여 통합격리처벌을 청했다. 참모임은 그에게 그 죄에 대하여 통합격리처벌을 주었다. 그는 격리생활을 실행하면서 도중에 많은 승단잔류죄를 지었는데, 헤아릴 수 없는 것을 감추기도 하고 감추지 않기도 했다. 그는 참모임에 도중에 지은 죄에 대하여 가중처벌을 청했다. 참모임은 그에게 도중에 지은 죄에 대하여 원칙에 맞고, 파기할 수 없고, 경우에 맞게

가중처벌을 주었다. 그러나 원칙에 맞게 통합격리처벌을 주었더라도, 원칙에 맞지 않게 참회처벌을 주고, 원칙에 맞지 않게 출죄복귀를 주었다면, 수행승들이여, 그 수행승은 그 죄와 관련해서 청정하지 않은 자가 된다.

7. 수행승들이여, 여기 수행승이 많은 승단잔류죄를 지었다. 헤아릴 수 있는 것도 있고, 헤아릴 수 없는 것도 있고, 한 종류의 것도 있고, 다른 종류의 것도 있고, 동일한 분야의 것도 있고, 다른 분야의 것도 있고, 분리된 것도 있고, 연결된 것도 있었다. 그는 참모임에 그 죄에 대하여 통합격리처벌을 청했다. 참모임은 그에게 그 죄에 대하여 통합격리처벌을 주었다. 그는 격리생활을 실행하면서 도중에 많은 승단잔류죄를 지었는데, 헤아릴 수 있기도 하고 헤아릴 수 없기도 한 것을 감추지 않았다. 그는 참모임에 도중에 지은 죄에 대하여 가중처벌을 청했다. 참모임은 그에게 도중에 지은 죄에 대하여 원칙에 맞고, 파기할 수 없고, 경우에 맞게 가중처벌을 주었다. 그러나 원칙에 맞게 통합격리처벌을 주었더라도, 원칙에 맞지 않게 참회처벌을 주고, 원칙에 맞지 않게 출죄복귀를 주었다면, 수행승들이여, 그 수행승은 그 죄와 관련해서 청정하지 않은 자가 된다.

8. 수행승들이여, 여기 수행승이 많은 승단잔류죄를 지었다. 헤아릴 수 있는 것도 있고, 헤아릴 수 없는 것도 있고, 한 종류의 것도 있고, 다른 종류의 것도 있고, 동일한 분야의 것도 있고, 다른 분야의 것도 있고, 분리된 것도 있고, 연결된 것도 있었다. 그는 참모임에 그 죄에 대하여 통합격리처벌을 청했다. 참모임은 그에게 그 죄에 대하여 통합격리처벌을 주었다. 그는 격리생활을 실행하면서 도중에 많은 승단잔류죄를 지었는데, 헤아릴 수 있기도 하고 헤아릴 수 없기도 한 것을 감추었다. 그는 참모임에 도중에 지은 죄에 대하여 가중처벌을 청했다. 참모임은 그에게 도중에 지은 죄에 대하여 원칙에 맞고, 파기할 수 없고, 경우에 맞게 가중처벌을 주었다. 그러나 원칙에 맞게 통합격리처벌을 주었더라도,[70] 원칙에 맞지 않게 참회처벌을 주고, 원칙에 맞지 않게 출죄복귀를 주었다면, 수행승들이여, 그 수행승은 그 죄와 관련해서 청정하지 않은 자가 된다.

9. 수행승들이여, 여기 수행승이 많은 승단잔류죄를 지었다. 헤아릴 수 있는 것도 있고, 헤아릴 수 없는 것도 있고, 한 종류의 것도 있고, 다른 종류의 것도 있고, 동일한 분야의 것도 있고, 다른 분야의 것도 있고, 분리된 것도 있고, 연결된 것도 있었다. 그는 참모임에 그 죄에 대하여 통합격리처벌을 청했다. 참모임은 그에게 그 죄에 대하여 통합격리처벌을 주었다. 그는 격리생활을 실행하면서

도중에 많은 승단잔류죄를 지었는데, 헤아릴 수 있기도 하고 헤아릴 수 없기도 한 것을 감추기도 하고 감추지 않기도 했다. 그는 참모임에 도중에 지은 죄에 대하여 가중처벌을 청했다. 참모임은 그에게 도중에 지은 죄에 대하여 원칙에 맞고, 파기할 수 없고, 경우에 맞게 가중처벌을 주었다. 그러나 원칙에 맞게 통합격리처벌을 주었더라도, 원칙에 맞지 않게 참회처벌을 주고, 원칙에 맞지 않게 출죄복귀를 주었다면, 수행승들이여, 그 수행승은 그 죄와 관련해서 청정하지 않은 자가 된다."

가중처벌이 청정하지 못하게 되는 아홉 가지 경우(①)가 끝났다.

36₁. 가중처벌이 청정하지 못하게 되는 아홉 가지 경우②(Mūlāyapaṭikassanāvisuddhinavaka)

1. [세존] "수행승들이여, 여기 수행승이 많은 승단잔류죄를 지었다. 헤아릴 수 있는 것도 있고, 헤아릴 수 없는 것도 있고, 한 종류의 것도 있고, 다른 종류의 것도 있고, 동일한 분야의 것도 있고, 다른 분야의 것도 있고, 분리된 것도 있고, 연결된 것도 있었다. 그는 참모임에 그 죄에 대하여 통합격리처벌을 청했다. 참모임은 그에게 그 죄에 대하여 통합격리처벌을 주었다. 그는 격리생활을 실행하면서 도중에 많은 승단잔류죄를 지었는데, 헤아릴 수 있는 것을 감추지 않았다. 그는 참모임에 도중에 지은 죄에 대하여 가중처벌을 청했다. 그러나 참모임이 그에게 도중에 지은 죄에 대하여 원칙에 맞지 않고, 파기할 수 있고, 경우에 맞지 않게 가중처벌을 주었다. 그렇게 그에게 원칙에 맞지 않게 통합격리처벌을 주었다면, 원칙에 맞게 참회처벌을 주고, 원칙에 맞게 출죄복귀를 주었더라도, 수행승들이여, 그 수행승은 그 죄와 관련해서 청정하지 못한 자가 된다.

2. 수행승들이여, 여기 수행승이 많은 승단잔류죄를 지었다. 헤아릴 수 있는 것도 있고, 헤아릴 수 없는 것도 있고, 한 종류의 것도 있고, 다른 종류의 것도 있고, 동일한 분야의 것도 있고, 다른 분야의 것도 있고, 분리된 것도 있고, 연결된 것도 있었다. 그는 참모임에 그 죄에 대하여 통합격리처벌을 청했다. 참모임은 그에게 그 죄에 대하여 통합격리처벌을 주었다. 그는 격리생활을 실행하면서 도중에 많은 승단잔류죄를 지었는데, 헤아릴 수 있는 것을 감추었다. 그는 참모임에 도중에 지은 죄에 대하여 가중처벌을 청했다. 그러나 참모임이 그에게 도중에 지은 죄에 대하여 원칙에 맞지 않고, 파기할 수 있고, 경우에 맞지 않게 가중처벌을 주었다. 그렇게 그에게 원칙에 맞지 않게 통합격리처벌을 주었다면, 원칙에 맞게 참회처벌을 주고, 원칙에 맞게 출죄복귀를 주었더라도, 수행승들이여, 그

수행승은 그 죄와 관련해서 청정하지 못한 자가 된다.

3. 수행승들이여, 여기 수행승이 많은 승단잔류죄를 지었다. 헤아릴 수 있는 것도 있고, 헤아릴 수 없는 것도 있고, 한 종류의 것도 있고, 다른 종류의 것도 있고, 동일한 분야의 것도 있고, 다른 분야의 것도 있고, 분리된 것도 있고, 연결된 것도 있었다. 그는 참모임에 그 죄에 대하여 통합격리처벌을 청했다. 참모임은 그에게 그 죄에 대하여 통합격리처벌을 주었다. 그는 격리생활을 실행하면서 도중에 많은 승단잔류죄를 지었는데, 헤아릴 수 있는 것을 감추기도 하였고 감추지 않기도 했다. 그는 참모임에 도중에 지은 죄에 대하여 가중처벌을 청했다. 그러나 참모임이 그에게 도중에 지은 죄에 대하여 원칙에 맞지 않고, 파기할 수 있고, 경우에 맞지 않게 가중처벌을 주었다. 그렇게 그에게 원칙에 맞지 않게 통합격리처벌을 주었다면, 원칙에 맞게 참회처벌을 주고, 원칙에 맞게 출죄복귀를 주었더라도, 수행승들이여, 그 수행승은 그 죄와 관련해서 청정하지 못한 자가 된다.

4. 수행승들이여, 여기 수행승이 많은 승단잔류죄를 지었다. 헤아릴 수 있는 것도 있고, 헤아릴 수 없는 것도 있고, 한 종류의 것도 있고, 다른 종류의 것도 있고, 동일한 분야의 것도 있고, 다른 분야의 것도 있고, 분리된 것도 있고, 연결된 것도 있었다. 그는 참모임에 그 죄에 대하여 통합격리처벌을 청했다. 참모임은 그에게 그 죄에 대하여 통합격리처벌을 주었다. 그는 격리생활을 실행하면서 도중에 많은 승단잔류죄를 지었는데, 헤아릴 수 없는 것을 감추지 않았다. 그는 참모임에 도중에 지은 죄에 대하여 가중처벌을 청했다. 그러나 참모임이 그에게 도중에 지은 죄에 대하여 원칙에 맞지 않고, 파기할 수 있고, 경우에 맞지 않게 가중처벌을 주었다. 그렇게 그에게 원칙에 맞지 않게 통합격리처벌을 주었다면, 원칙에 맞게 참회처벌을 주고, 원칙에 맞게 출죄복귀를 주었더라도, 수행승들이여, 그 수행승은 그 죄와 관련해서 청정하지 못한 자가 된다.

5. 수행승들이여, 여기 수행승이 많은 승단잔류죄를 지었다. 헤아릴 수 있는 것도 있고, 헤아릴 수 없는 것도 있고, 한 종류의 것도 있고, 다른 종류의 것도 있고, 동일한 분야의 것도 있고, 다른 분야의 것도 있고, 분리된 것도 있고, 연결된 것도 있었다. 그는 참모임에 그 죄에 대하여 통합격리처벌을 청했다. 참모임은 그에게 그 죄에 대하여 통합격리처벌을 주었다. 그는 격리생활을 실행하면서 도중에 많은 승단잔류죄를 지었는데, 헤아릴 수 없는 것을 감추었다. 그는 참모임

에 도중에 지은 죄에 대하여 가중처벌을 청했다. 그러나 참모임이 그에게 도중에 지은 죄에 대하여 원칙에 맞지 않고, 파기할 수 있고, 경우에 맞지 않게 가중처벌을 주었다. 그렇게 그에게 원칙에 맞지 않게 통합격리처벌을 주었다면, 원칙에 맞게 참회처벌을 주고, 원칙에 맞게 출죄복귀를 주었더라도, 수행승들이여, 그 수행승은 그 죄와 관련해서 청정하지 못한 자가 된다.

6. 수행승들이여, 여기 수행승이 많은 승단잔류죄를 지었다. 헤아릴 수 있는 것도 있고, 헤아릴 수 없는 것도 있고, 한 종류의 것도 있고, 다른 종류의 것도 있고, 동일한 분야의 것도 있고, 다른 분야의 것도 있고, 분리된 것도 있고, 연결된 것도 있었다. 그는 참모임에 그 죄에 대하여 통합격리처벌을 청했다. 참모임은 그에게 그 죄에 대하여 통합격리처벌을 주었다. 그는 격리생활을 실행하면서 도중에 많은 승단잔류죄를 지었는데, 헤아릴 수 없는 것을 감추기도 하고 감추지 않기도 했다. 그는 참모임에 도중에 지은 죄에 대하여 가중처벌을 청했다. 그러나 참모임이 그에게 도중에 지은 죄에 대하여 원칙에 맞지 않고, 파기할 수 있고, 경우에 맞지 않게 가중처벌을 주었다. 그렇게 그에게 원칙에 맞지 않게 통합격리처벌을 주었다면, 원칙에 맞게 참회처벌을 주고, 원칙에 맞게 출죄복귀를 주었더라도, 수행승들이여, 그 수행승은 그 죄와 관련해서 청정하지 못한 자가 된다.

7. 수행승들이여, 여기 수행승이 많은 승단잔류죄를 지었다. 헤아릴 수 있는 것도 있고, 헤아릴 수 없는 것도 있고, 한 종류의 것도 있고, 다른 종류의 것도 있고, 동일한 분야의 것도 있고, 다른 분야의 것도 있고, 분리된 것도 있고, 연결된 것도 있었다. 그는 참모임에 그 죄에 대하여 통합격리처벌을 청했다. 참모임은 그에게 그 죄에 대하여 통합격리처벌을 주었다. 그는 격리생활을 실행하면서 도중에 많은 승단잔류죄를 지었는데, 헤아릴 수 있기도 하고 헤아릴 수 없기도 한 것을 감추지 않았다. 그는 참모임에 도중에 지은 죄에 대하여 가중처벌을 청했다. 그러나 참모임이 그에게 도중에 지은 죄에 대하여 원칙에 맞지 않고, 파기할 수 있고, 경우에 맞지 않게 가중처벌을 주었다. 그렇게 그에게 원칙에 맞지 않게 통합격리처벌을 주었다면, 원칙에 맞게 참회처벌을 주고, 원칙에 맞게 출죄복귀를 주었더라도, 수행승들이여, 그 수행승은 그 죄와 관련해서 청정하지 못한 자가 된다.

8. 수행승들이여, 여기 수행승이 많은 승단잔류죄를 지었다. 헤아릴 수 있는 것도 있고, 헤아릴 수 없는 것도 있고, 한 종류의 것도 있고, 다른 종류의 것도 있고,

동일한 분야의 것도 있고, 다른 분야의 것도 있고, 분리된 것도 있고, 연결된 것도 있었다. 그는 참모임에 그 죄에 대하여 통합격리처벌을 청했다. 참모임은 그에게 그 죄에 대하여 통합격리처벌을 주었다. 그는 격리생활을 실행하면서 도중에 많은 승단잔류죄를 지었는데, 헤아릴 수 있기도 하고 헤아릴 수 없기도 한 것을 감추었다. 그는 참모임에 도중에 지은 죄에 대하여 가중처벌을 청했다. 그러나 참모임이 그에게 도중에 지은 죄에 대하여 원칙에 맞지 않고, 파기할 수 있고, 경우에 맞지 않게 가중처벌을 주었다. 그렇게 그에게 원칙에 맞지 않게 통합격리처벌을 주었다면, 원칙에 맞게 참회처벌을 주고, 원칙에 맞게 출죄복귀를 주었더라도, 수행승들이여, 그 수행승은 그 죄와 관련해서 청정하지 못한 자가 된다.

9. 수행승들이여, 여기 수행승이 많은 승단잔류죄를 지었다. 헤아릴 수 있는 것도 있고, 헤아릴 수 없는 것도 있고, 한 종류의 것도 있고, 다른 종류의 것도 있고, 동일한 분야의 것도 있고, 다른 분야의 것도 있고, 분리된 것도 있고, 연결된 것도 있었다. 그는 참모임에 그 죄에 대하여 통합격리처벌을 청했다. 참모임은 그에게 그 죄에 대하여 통합격리처벌을 주었다. 그는 격리생활을 실행하면서 도중에 많은 승단잔류죄를 지었는데, 헤아릴 수 있기도 하고 헤아릴 수 없기도 한 것을 감추기도 하고 감추지 않기도 했다. 그는 참모임에 도중에 지은 죄에 대하여 가중처벌을 청했다. 그러나 참모임이 그에게 도중에 지은 죄에 대하여 원칙에 맞지 않고, 파기할 수 있고, 경우에 맞지 않게 가중처벌을 주었다. 그렇게 그에게 원칙에 맞지 않게 통합격리처벌을 주었다면, 원칙에 맞게 참회처벌을 주고, 원칙에 맞게 출죄복귀를 주었더라도, 수행승들이여, 그 수행승은 그 죄와 관련해서 청정하지 못한 자가 된다."

가중처벌이 청정하지 못하게 되는 아홉 가지 경우(②)이 끝났다.

36₂. 가중처벌이 청정하게 되는 아홉 가지 경우③(Mūlāyapaṭikassanavisuddhinavaka)

1. [세존] "수행승들이여, 여기 수행승이 많은 승단잔류죄를 지었다. 헤아릴 수 있는 것도 있고, 헤아릴 수 없는 것도 있고, 한 종류의 것도 있고, 다른 종류의 것도 있고, 동일한 분야의 것도 있고, 다른 분야의 것도 있고, 분리된 것도 있고, 연결된 것도 있었다. 그는 참모임에 그 죄에 대하여 통합격리처벌을 청했다. 참모임은 그에게 그 죄에 대하여 통합격리처벌을 주었다. 그는 격리생활을 실행하면서 도중에 많은 승단잔류죄를 지었는데, 헤아릴 수 있는 것을 감추지 않았다.

그는 참모임에 도중에 지은 죄에 대하여 가중처벌을 청했다.[71] 참모임은 그에게 도중에 지은 죄에 대하여 원칙에 맞지 않고, 파기할 수 있고, 경우에 맞지 않게 가중처벌을 주었다. 그에게 원칙에 맞지 않게 통합격리처벌을 주고, 그가 이와 같이 '나는 격리생활을 실행하고 있다.'라고 생각하는 도중에 많은 승단잔류죄를 지었는데, 헤아릴 수 있는 것을 감추지 않았다. 그는 그 단계에 입각해서 죄를 짓는 도중에 앞의 죄를 기억하고 죄를 짓는 도중에 뒤의 죄를 기억했다. 그는 이와 같이 생각했다. '나는 많은 승단잔류죄를 지었다. 헤아릴 수 있는 것도 있고, 헤아릴 수 없는 것도 있고, 한 종류의 것도 있고, 다른 종류의 것도 있고, 동일한 분야의 것도 있고, 다른 분야의 것도 있고, 분리된 것도 있고, 연결된 것도 있었다. 나는 참모임에 그 죄에 대하여 통합격리처벌을 청했다. 참모임은 나에게 그 죄에 대하여 통합격리처벌을 주었다. 나는 격리생활을 실행하면서 도중에 많은 승단잔류죄를 지었는데, 헤아릴 수 있는 것을 감추지 않았다. 나는 참모임에 도중에 지은 죄에 대하여 가중처벌을 청했다. 참모임은 나에게 도중에 지은 죄에 대하여 원칙에 맞지 않고, 파기할 수 있고, 경우에 맞지 않게[72] 가중처벌을 주었다. 나에게 원칙에 맞지 않게 통합격리처벌을 주었지만, '나는 격리생활을 실행하고 있다.'라고 생각하는 도중에 많은 승단잔류죄를 지었는데, 헤아릴 수 있는 것을 감추지 않았다. 나는 그 단계에 입각해서 죄를 짓는 도중에 앞의 죄를 기억하고 죄를 짓는 도중에 뒤의 죄를 기억했다. 내가 이제 참모임에 죄를 짓는 도중에 앞에 지은 죄와 죄를 짓는 도중에 뒤에 지은 죄에 대하여 원칙에 맞고 파기할 수 없고 경우에 맞게 가중처벌을 청하고, 원칙에 맞게 통합격리처벌을 청하고, 원칙에 맞게 참회처벌을 청하고, 원칙에 맞게 출죄복귀를 청하면 어떨까?' 그는 참모임에 죄를 짓는 도중에 앞에 지은 죄와 죄를 짓는 도중에 뒤에 지은 죄에 대하여 원칙에 맞고 파기할 수 없고 경우에 맞게 가중처벌을 청하고, 원칙에 맞게 통합격리처벌을 청하고, 원칙에 맞게 참회처벌을 청하고, 원칙에 맞게 출죄복귀를 청했다. 참모임은 그에게 죄를 짓는 도중에 앞에 지은 죄와 죄를 짓는 도중에 뒤에 지은 죄에 대하여 원칙에 맞고 파기할 수 없고 경우에 맞게 가중처벌을 주었고, 원칙에 맞게 통합격리처벌을 주었고, 원칙에 맞게 참회처벌을 주었고, 원칙에 맞게 출죄복귀를 주었다면, 수행승들이여, 그 수행승은 그 수행승은 그 죄와 관련해서 청정한 자가 된다.

2. 수행승들이여, 여기 수행승이 많은 승단잔류죄를 지었다. 헤아릴 수 있는 것도 있고, 헤아릴 수 없는 것도 있고, 한 종류의 것도 있고, 다른 종류의 것도 있고,

동일한 분야의 것도 있고, 다른 분야의 것도 있고, 분리된 것도 있고, 연결된 것도 있었다. 그는 참모임에 그 죄에 대하여 통합격리처벌을 청했다. 참모임은 그에게 그 죄에 대하여 통합격리처벌을 주었다. 그는 격리생활을 실행하면서 도중에 많은 승단잔류죄를 지었는데, 헤아릴 수 있는 것을 감추었다. 그는 참모임에 도중에 지은 죄에 대하여 가중처벌을 청했다. 참모임은 그에게 도중에 지은 죄에 대하여 원칙에 맞지 않고, 파기할 수 있고, 경우에 맞지 않게 가중처벌을 주었다. 그에게 원칙에 맞지 않게 통합격리처벌을 주고, 그가 이와 같이 '나는 격리생활을 실행하고 있다.'라고 생각하는 도중에 많은 승단잔류죄를 지었는데, 헤아릴 수 있는 것을 감추었다. 그는 그 단계에 입각해서 죄를 짓는 도중에 앞의 죄를 기억하고 죄를 짓는 도중에 뒤의 죄를 기억했다. 그는 이와 같이 생각했다. '나는 많은 승단잔류죄를 지었다. 헤아릴 수 있는 것도 있고, 헤아릴 수 없는 것도 있고, 한 종류의 것도 있고, 다른 종류의 것도 있고, 동일한 분야의 것도 있고, 다른 분야의 것도 있고, 분리된 것도 있고, 연결된 것도 있었다. 나는 참모임에 그 죄에 대하여 통합격리처벌을 청했다. 참모임은 나에게 그 죄에 대하여 통합격리처벌을 주었다. 나는 격리생활을 실행하면서 도중에 많은 승단잔류죄를 지었는데, 헤아릴 수 있는 것을 감추었다. 나는 참모임에 도중에 지은 죄에 대하여 가중처벌을 청했다. 참모임은 나에게 도중에 지은 죄에 대하여 원칙에 맞지 않고, 파기할 수 있고, 경우에 맞지 않게 가중처벌을 주었다. 나에게 원칙에 맞지 않게 통합격리처벌을 주었지만, '나는 격리생활을 실행하고 있다.'라고 생각하는 도중에 많은 승단잔류죄를 지었는데, 헤아릴 수 있는 것을 감추었다. 나는 그 단계에 입각해서 죄를 짓는 도중에 앞의 죄를 기억하고 죄를 짓는 도중에 뒤의 죄를 기억했다. 내가 이제 참모임에 죄를 짓는 도중에 앞에 지은 죄와 죄를 짓는 도중에 뒤에 지은 죄에 대하여 원칙에 맞고 파기할 수 없고 경우에 맞게 가중처벌을 청하고, 원칙에 맞게 통합격리처벌을 청하고, 원칙에 맞게 참회처벌을 청하고, 원칙에 맞게 출죄복귀를 청하면 어떨까?' 그는 참모임에 죄를 짓는 도중에 앞에 지은 죄와 죄를 짓는 도중에 뒤에 지은 죄에 대하여 원칙에 맞고 파기할 수 없고 경우에 맞게 가중처벌을 청하고, 원칙에 맞게 통합격리처벌을 청하고, 원칙에 맞게 참회처벌을 청하고, 원칙에 맞게 출죄복귀를 청했다. 참모임은 그에게 죄를 짓는 도중에 앞에 지은 죄와 죄를 짓는 도중에 뒤에 지은 죄에 대하여 원칙에 맞고 파기할 수 없고 경우에 맞게 가중처벌을 주었고, 원칙에 맞게 통합격리처벌을 주었고, 원칙에 맞게 참회처벌을 주었고, 원칙에 맞게 출죄복귀를 주었다면,

수행승들이여, 그 수행승은 그 수행승은 그 죄와 관련해서 청정한 자가 된다.

3. 수행승들이여, 여기 수행승이 많은 승단잔류죄를 지었다. 헤아릴 수 있는 것도 있고, 헤아릴 수 없는 것도 있고, 한 종류의 것도 있고, 다른 종류의 것도 있고, 동일한 분야의 것도 있고, 다른 분야의 것도 있고, 분리된 것도 있고, 연결된 것도 있었다. 그는 참모임에 그 죄에 대하여 통합격리처벌을 청했다. 참모임은 그에게 그 죄에 대하여 통합격리처벌을 주었다. 그는 격리생활을 실행하면서 도중에 많은 승단잔류죄를 지었는데, 헤아릴 수 있는 것을 감추기도 하였고 감추지 않기도 했다. 그는 참모임에 도중에 지은 죄에 대하여 가중처벌을 청했다. 참모임은 그에게 도중에 지은 죄에 대하여 원칙에 맞지 않고, 파기할 수 있고, 경우에 맞지 않게 가중처벌을 주었다. 그에게 원칙에 맞지 않게 통합격리처벌을 주고, 그가 이와 같이 '나는 격리생활을 실행하고 있다.'라고 생각하는 도중에 많은 승단잔류죄를 지었는데, 헤아릴 수 있는 것을 감추기도 하였고 감추지 않기도 했다. 그는 그 단계에 입각해서 죄를 짓는 도중에 앞의 죄를 기억하고 죄를 짓는 도중에 뒤의 죄를 기억했다. 그는 이와 같이 생각했다. '나는 많은 승단잔류죄를 지었다. 헤아릴 수 있는 것도 있고, 헤아릴 수 없는 것도 있고, 한 종류의 것도 있고, 다른 종류의 것도 있고, 동일한 분야의 것도 있고, 다른 분야의 것도 있고, 분리된 것도 있고, 연결된 것도 있었다. 나는 참모임에 그 죄에 대하여 통합격리처벌을 청했다. 참모임은 나에게 그 죄에 대하여 통합격리처벌을 주었다. 나는 격리생활을 실행하면서 도중에 많은 승단잔류죄를 지었는데, 헤아릴 수 있는 것을 감추기도 하였고 감추지 않기도 했다. 나는 참모임에 도중에 지은 죄에 대하여 가중처벌을 청했다. 참모임은 나에게 도중에 지은 죄에 대하여 원칙에 맞지 않고, 파기할 수 있고, 경우에 맞지 않게 가중처벌을 주었다. 나에게 원칙에 맞지 않게 통합격리처벌을 주었지만, '나는 격리생활을 실행하고 있다.'라고 생각하는 도중에 많은 승단잔류죄를 지었는데, 헤아릴 수 있는 것을 감추기도 하였고 감추지 않기도 했다. 나는 그 단계에 입각해서 죄를 짓는 도중에 앞의 죄를 기억하고 죄를 짓는 도중에 뒤의 죄를 기억했다. 내가 이제 참모임에 죄를 짓는 도중에 앞에 지은 죄와 죄를 짓는 도중에 뒤에 지은 죄에 대하여 원칙에 맞고 파기할 수 없고 경우에 맞게 가중처벌을 청하고, 원칙에 맞게 통합격리처벌을 청하고, 원칙에 맞게 참회처벌을 청하고, 원칙에 맞게 출죄복귀를 청하면 어떨까?' 그는 참모임에 죄를 짓는 도중에 앞에 지은 죄와 죄를 짓는 도중에 뒤에 지은 죄에 대하여 원칙에 맞고 파기할 수 없고 경우에 맞게 가중처벌을 청하고,

원칙에 맞게 통합격리처벌을 청하고, 원칙에 맞게 참회처벌을 청하고, 원칙에 맞게 출죄복귀를 청했다. 참모임은 그에게 죄를 짓는 도중에 앞에 지은 죄와 죄를 짓는 도중에 뒤에 지은 죄에 대하여 원칙에 맞고 파기할 수 없고 경우에 맞게 가중처벌을 주었고, 원칙에 맞게 통합격리처벌을 주었고, 원칙에 맞게 참회처벌을 주었고, 원칙에 맞게 출죄복귀를 주었다면, 수행승들이여, 그 수행승은 그 수행승은 그 죄와 관련해서 청정한 자가 된다.

4. 수행승들이여, 여기 수행승이 많은 승단잔류죄를 지었다. 헤아릴 수 있는 것도 있고, 헤아릴 수 없는 것도 있고, 한 종류의 것도 있고, 다른 종류의 것도 있고, 동일한 분야의 것도 있고, 다른 분야의 것도 있고, 분리된 것도 있고, 연결된 것도 있었다. 그는 참모임에 그 죄에 대하여 통합격리처벌을 청했다. 참모임은 그에게 그 죄에 대하여 통합격리처벌을 주었다. 그는 격리생활을 실행하면서 도중에 많은 승단잔류죄를 지었는데, 헤아릴 수 없는 것을 감추지 않았다. 그는 참모임에 도중에 지은 죄에 대하여 가중처벌을 청했다. 참모임은 그에게 도중에 지은 죄에 대하여 원칙에 맞지 않고, 파기할 수 있고, 경우에 맞지 않게 가중처벌을 주었다. 그에게 원칙에 맞지 않게 통합격리처벌을 주고, 그가 이와 같이 '나는 격리생활을 실행하고 있다.'라고 생각하는 도중에 많은 승단잔류죄를 지었는데, 헤아릴 수 없는 것을 감추지 않았다. 그는 그 단계에 입각해서 죄를 짓는 도중에 앞의 죄를 기억하고 죄를 짓는 도중에 뒤의 죄를 기억했다. 그는 이와 같이 생각했다. '나는 많은 승단잔류죄를 지었다. 헤아릴 수 있는 것도 있고, 헤아릴 수 없는 것도 있고, 한 종류의 것도 있고, 다른 종류의 것도 있고, 동일한 분야의 것도 있고, 다른 분야의 것도 있고, 분리된 것도 있고, 연결된 것도 있었다. 나는 참모임에 그 죄에 대하여 통합격리처벌을 청했다. 참모임은 나에게 그 죄에 대하여 통합격리처벌을 주었다. 나는 격리생활을 실행하면서 도중에 많은 승단잔류죄를 지었는데, 헤아릴 수 없는 것을 감추지 않았다. 나는 참모임에 도중에 지은 죄에 대하여 가중처벌을 청했다. 참모임은 나에게 도중에 지은 죄에 대하여 원칙에 맞지 않고, 파기할 수 있고, 경우에 맞지 않게 가중처벌을 주었다. 나에게 원칙에 맞지 않게 통합격리처벌을 주었지만, '나는 격리생활을 실행하고 있다.'라고 생각하는 도중에 많은 승단잔류죄를 지었는데, 헤아릴 수 없는 것을 감추지 않았다. 나는 그 단계에 입각해서 죄를 짓는 도중에 앞의 죄를 기억하고 죄를 짓는 도중에 뒤의 죄를 기억했다. 내가 이제 참모임에 죄를 짓는 도중에 앞에 지은 죄와 죄를 짓는 도중에 뒤에 지은 죄에 대하여 원칙에 맞고 파기할 수 없고 경우에 맞게

가중처벌을 청하고, 원칙에 맞게 통합격리처벌을 청하고, 원칙에 맞게 참회처벌을 청하고, 원칙에 맞게 출죄복귀를 청하면 어떨까?' 그는 참모임에 죄를 짓는 도중에 앞에 지은 죄와 죄를 짓는 도중에 뒤에 지은 죄에 대하여 원칙에 맞고 파기할 수 없고 경우에 맞게 가중처벌을 청하고, 원칙에 맞게 통합격리처벌을 청하고, 원칙에 맞게 참회처벌을 청하고, 원칙에 맞게 출죄복귀를 청했다. 참모임은 그에게 죄를 짓는 도중에 앞에 지은 죄와 죄를 짓는 도중에 뒤에 지은 죄에 대하여 원칙에 맞고 파기할 수 없고 경우에 맞게 가중처벌을 주었고, 원칙에 맞게 통합격리처벌을 주었고, 원칙에 맞게 참회처벌을 주었고, 원칙에 맞게 출죄복귀를 주었다면, 수행승들이여, 그 수행승은 그 수행승은 그 죄와 관련해서 청정한 자가 된다.

5. 수행승들이여, 여기 수행승이 많은 승단잔류죄를 지었다. 헤아릴 수 있는 것도 있고, 헤아릴 수 없는 것도 있고, 한 종류의 것도 있고, 다른 종류의 것도 있고, 동일한 분야의 것도 있고, 다른 분야의 것도 있고, 분리된 것도 있고, 연결된 것도 있었다. 그는 참모임에 그 죄에 대하여 통합격리처벌을 청했다. 참모임은 그에게 그 죄에 대하여 통합격리처벌을 주었다. 그는 격리생활을 실행하면서 도중에 많은 승단잔류죄를 지었는데, 헤아릴 수 없는 것을 감추었다. 그는 참모임에 도중에 지은 죄에 대하여 가중처벌을 청했다. 참모임은 그에게 도중에 지은 죄에 대하여 원칙에 맞지 않고, 파기할 수 있고, 경우에 맞지 않게 가중처벌을 주었다. 그에게 원칙에 맞지 않게 통합격리처벌을 주고, 그가 이와 같이 '나는 격리생활을 실행하고 있다.'라고 생각하는 도중에 많은 승단잔류죄를 지었는데, 헤아릴 수 없는 것을 감추었다. 그는 그 단계에 입각해서 죄를 짓는 도중에 앞의 죄를 기억하고 죄를 짓는 도중에 뒤의 죄를 기억했다. 그는 이와 같이 생각했다. '나는 많은 승단잔류죄를 지었다. 헤아릴 수 있는 것도 있고, 헤아릴 수 없는 것도 있고, 한 종류의 것도 있고, 다른 종류의 것도 있고, 동일한 분야의 것도 있고, 다른 분야의 것도 있고, 분리된 것도 있고, 연결된 것도 있었다. 나는 참모임에 그 죄에 대하여 통합격리처벌을 청했다. 참모임은 나에게 그 죄에 대하여 통합격리처벌을 주었다. 나는 격리생활을 실행하면서 도중에 많은 승단잔류죄를 지었는데, 헤아릴 수 없는 것을 감추었다. 나는 참모임에 도중에 지은 죄에 대하여 가중처벌을 청했다. 참모임은 나에게 도중에 지은 죄에 대하여 원칙에 맞지 않고, 파기할 수 있고, 경우에 맞지 않게 가중처벌을 주었다. 나에게 원칙에 맞지 않게 통합격리처벌을 주었지만, '나는 격리생활을 실행하고 있다.'라고 생각하는 도중에 많은 승단잔류죄를 지었는데, 헤아릴 수 없는 것을 감추었다. 나는 그 단계에

입각해서 죄를 짓는 도중에 앞의 죄를 기억하고 죄를 짓는 도중에 뒤의 죄를 기억했다. 내가 이제 참모임에 죄를 짓는 도중에 앞에 지은 죄와 죄를 짓는 도중에 뒤에 지은 죄에 대하여 원칙에 맞고 파기할 수 없고 경우에 맞게 가중처벌을 청하고, 원칙에 맞게 통합격리처벌을 청하고, 원칙에 맞게 참회처벌을 청하고, 원칙에 맞게 출죄복귀를 청하면 어떨까?' 그는 참모임에 죄를 짓는 도중에 앞에 지은 죄와 죄를 짓는 도중에 뒤에 지은 죄에 대하여 원칙에 맞고 파기할 수 없고 경우에 맞게 가중처벌을 청하고, 원칙에 맞게 통합격리처벌을 청하고, 원칙에 맞게 참회처벌을 청하고, 원칙에 맞게 출죄복귀를 청했다. 참모임은 그에게 죄를 짓는 도중에 앞에 지은 죄와 죄를 짓는 도중에 뒤에 지은 죄에 대하여 원칙에 맞고 파기할 수 없고 경우에 맞게 가중처벌을 주었고, 원칙에 맞게 통합격리처벌을 주었고, 원칙에 맞게 참회처벌을 주었고, 원칙에 맞게 출죄복귀를 주었다면, 수행승들이여, 그 수행승은 그 수행승은 그 죄와 관련해서 청정한 자가 된다.

6. 수행승들이여, 여기 수행승이 많은 승단잔류죄를 지었다. 헤아릴 수 있는 것도 있고, 헤아릴 수 없는 것도 있고, 한 종류의 것도 있고, 다른 종류의 것도 있고, 동일한 분야의 것도 있고, 다른 분야의 것도 있고, 분리된 것도 있고, 연결된 것도 있었다. 그는 참모임에 그 죄에 대하여 통합격리처벌을 청했다. 참모임은 그에게 그 죄에 대하여 통합격리처벌을 주었다. 그는 격리생활을 실행하면서 도중에 많은 승단잔류죄를 지었는데, 헤아릴 수 없는 것을 감추기도 하고 감추지 않기도 했다. 그는 참모임에 도중에 지은 죄에 대하여 가중처벌을 청했다. 참모임은 그에게 도중에 지은 죄에 대하여 원칙에 맞지 않고, 파기할 수 있고, 경우에 맞지 않게 가중처벌을 주었다. 그에게 원칙에 맞지 않게 통합격리처벌을 주고, 그가 이와 같이 '나는 격리생활을 실행하고 있다.'라고 생각하는 도중에 많은 승단잔류죄를 지었는데, 헤아릴 수 없는 것을 감추기도 하고 감추지 않기도 했다. 그는 그 단계에 입각해서 죄를 짓는 도중에 앞의 죄를 기억하고 죄를 짓는 도중에 뒤의 죄를 기억했다. 그는 이와 같이 생각했다. '나는 많은 승단잔류죄를 지었다. 헤아릴 수 있는 것도 있고, 헤아릴 수 없는 것도 있고, 한 종류의 것도 있고, 다른 종류의 것도 있고, 동일한 분야의 것도 있고, 다른 분야의 것도 있고, 분리된 것도 있고, 연결된 것도 있었다. 나는 참모임에 그 죄에 대하여 통합격리처벌을 청했다. 참모임은 나에게 그 죄에 대하여 통합격리처벌을 주었다. 나는 격리생활을 실행하면서 도중에 많은 승단잔류죄를 지었는데, 헤아릴 수 없는 것을 감추기도 하고 감추지 않기도 했다. 나는 참모임에 도중에 지은 죄에 대하여 가중처벌을

청했다. 참모임은 나에게 도중에 지은 죄에 대하여 원칙에 맞지 않고, 파기할 수 있고, 경우에 맞지 않게 가중처벌을 주었다. 나에게 원칙에 맞지 않게 통합격리처벌을 주었지만, '나는 격리생활을 실행하고 있다.'라고 생각하는 도중에 많은 승단잔류죄를 지었는데, 헤아릴 수 없는 것을 감추기도 하고 감추지 않기도 했다. 나는 그 단계에 입각해서 죄를 짓는 도중에 앞의 죄를 기억하고 죄를 짓는 도중에 뒤의 죄를 기억했다. 내가 이제 참모임에 죄를 짓는 도중에 앞에 지은 죄와 죄를 짓는 도중에 뒤에 지은 죄에 대하여 원칙에 맞고 파기할 수 없고 경우에 맞게 가중처벌을 청하고, 원칙에 맞게 통합격리처벌을 청하고, 원칙에 맞게 참회처벌을 청하고, 원칙에 맞게 출죄복귀를 청하면 어떨까?' 그는 참모임에 죄를 짓는 도중에 앞에 지은 죄와 죄를 짓는 도중에 뒤에 지은 죄에 대하여 원칙에 맞고 파기할 수 없고 경우에 맞게 가중처벌을 청하고, 원칙에 맞게 통합격리처벌을 청하고, 원칙에 맞게 참회처벌을 청하고, 원칙에 맞게 출죄복귀를 청했다. 참모임은 그에게 죄를 짓는 도중에 앞에 지은 죄와 죄를 짓는 도중에 뒤에 지은 죄에 대하여 원칙에 맞고 파기할 수 없고 경우에 맞게 가중처벌을 주었고, 원칙에 맞게 통합격리처벌을 주었고, 원칙에 맞게 참회처벌을 주었고, 원칙에 맞게 출죄복귀를 주었다면, 수행승들이여, 그 수행승은 그 수행승은 그 죄와 관련해서 청정한 자가 된다.

7. 수행승들이여, 여기 수행승이 많은 승단잔류죄를 지었다. 헤아릴 수 있는 것도 있고, 헤아릴 수 없는 것도 있고, 한 종류의 것도 있고, 다른 종류의 것도 있고, 동일한 분야의 것도 있고, 다른 분야의 것도 있고, 분리된 것도 있고, 연결된 것도 있었다. 그는 참모임에 그 죄에 대하여 통합격리처벌을 청했다. 참모임은 그에게 그 죄에 대하여 통합격리처벌을 주었다. 그는 격리생활을 실행하면서 도중에 많은 승단잔류죄를 지었는데, 헤아릴 수 있기도 하고 헤아릴 수 없기도 한 것을 감추지 않았다. 그는 참모임에 도중에 지은 죄에 대하여 가중처벌을 청했다. 참모임은 그에게 도중에 지은 죄에 대하여 원칙에 맞지 않고, 파기할 수 있고, 경우에 맞지 않게 가중처벌을 주었다. 그에게 원칙에 맞지 않게 통합격리처벌을 주고, 그가 이와 같이 '나는 격리생활을 실행하고 있다.'라고 생각하는 도중에 많은 승단잔류죄를 지었는데, 헤아릴 수 있기도 하고 헤아릴 수 없기도 한 것을 감추지 않았다. 그는 그 단계에 입각해서 죄를 짓는 도중에 앞의 죄를 기억하고 죄를 짓는 도중에 뒤의 죄를 기억했다. 그는 이와 같이 생각했다. '나는 많은 승단잔류죄를 지었다. 헤아릴 수 있는 것도 있고, 헤아릴 수 없는 것도 있고, 한 종류의 것도 있고, 다른 종류의 것도 있고, 동일한 분야의 것도 있고, 다른

분야의 것도 있고, 분리된 것도 있고, 연결된 것도 있었다. 나는 참모임에 그 죄에 대하여 통합격리처벌을 청했다. 참모임은 나에게 그 죄에 대하여 통합격리처벌을 주었다. 나는 격리생활을 실행하면서 도중에 많은 승단잔류죄를 지었는데, 헤아릴 수 있기도 하고 헤아릴 수 없기도 한 것을 감추지 않았다. 나는 참모임에 도중에 지은 죄에 대하여 가중처벌을 청했다. 참모임은 나에게 도중에 지은 죄에 대하여 원칙에 맞지 않고, 파기할 수 있고, 경우에 맞지 않게 가중처벌을 주었다. 나에게 원칙에 맞지 않게 통합격리처벌을 주었지만, '나는 격리생활을 실행하고 있다.'라고 생각하는 도중에 많은 승단잔류죄를 지었는데, 헤아릴 수 있기도 하고 헤아릴 수 없기도 한 것을 감추지 않았다. 나는 그 단계에 입각해서 죄를 짓는 도중에 앞의 죄를 기억하고 죄를 짓는 도중에 뒤의 죄를 기억했다. 내가 이제 참모임에 죄를 짓는 도중에 앞에 지은 죄와 죄를 짓는 도중에 뒤에 지은 죄에 대하여 원칙에 맞고 파기할 수 없고 경우에 맞게 가중처벌을 청하고, 원칙에 맞게 통합격리처벌을 청하고, 원칙에 맞게 참회처벌을 청하고, 원칙에 맞게 출죄복귀를 청하면 어떨까?' 그는 참모임에 죄를 짓는 도중에 앞에 지은 죄와 죄를 짓는 도중에 뒤에 지은 죄에 대하여 원칙에 맞고 파기할 수 없고 경우에 맞게 가중처벌을 청하고, 원칙에 맞게 통합격리처벌을 청하고, 원칙에 맞게 참회처벌을 청하고, 원칙에 맞게 출죄복귀를 청했다. 참모임은 그에게 죄를 짓는 도중에 앞에 지은 죄와 죄를 짓는 도중에 뒤에 지은 죄에 대하여 원칙에 맞고 파기할 수 없고 경우에 맞게 가중처벌을 주었고, 원칙에 맞게 통합격리처벌을 주었고, 원칙에 맞게 참회처벌을 주었고, 원칙에 맞게 출죄복귀를 주었다면, 수행승들이여, 그 수행승은 그 수행승은 그 죄와 관련해서 청정한 자가 된다.

8. 수행승들이여, 여기 수행승이 많은 승단잔류죄를 지었다. 헤아릴 수 있는 것도 있고, 헤아릴 수 없는 것도 있고, 한 종류의 것도 있고, 다른 종류의 것도 있고, 동일한 분야의 것도 있고, 다른 분야의 것도 있고, 분리된 것도 있고, 연결된 것도 있었다. 그는 참모임에 그 죄에 대하여 통합격리처벌을 청했다. 참모임은 그에게 그 죄에 대하여 통합격리처벌을 주었다. 그는 격리생활을 실행하면서 도중에 많은 승단잔류죄를 지었는데, 헤아릴 수 있기도 하고 헤아릴 수 없기도 한 것을 감추었다. 그는 참모임에 도중에 지은 죄에 대하여 가중처벌을 청했다. 참모임은 그에게 도중에 지은 죄에 대하여 원칙에 맞지 않고, 파기할 수 있고, 경우에 맞지 않게 가중처벌을 주었다. 그에게 원칙에 맞지 않게 통합격리처벌을 주고, 그가 이와 같이 '나는 격리생활을 실행하고 있다.'라고 생각하는 도중에

많은 승단잔류죄를 지었는데, 헤아릴 수 있기도 하고 헤아릴 수 없기도 한 것을 감추었다. 그는 그 단계에 입각해서 죄를 짓는 도중에 앞의 죄를 기억하고 죄를 짓는 도중에 뒤의 죄를 기억했다. 그는 이와 같이 생각했다. '나는 많은 승단잔류죄를 지었다. 헤아릴 수 있는 것도 있고, 헤아릴 수 없는 것도 있고, 한 종류의 것도 있고, 다른 종류의 것도 있고, 동일한 분야의 것도 있고, 다른 분야의 것도 있고, 분리된 것도 있고, 연결된 것도 있었다. 나는 참모임에 그 죄에 대하여 통합격리처벌을 청했다. 참모임은 나에게 그 죄에 대하여 통합격리처벌을 주었다. 나는 격리생활을 실행하면서 도중에 많은 승단잔류죄를 지었는데, 헤아릴 수 있기도 하고 헤아릴 수 없기도 한 것을 감추었다. 나는 참모임에 도중에 지은 죄에 대하여 가중처벌을 청했다. 참모임은 나에게 도중에 지은 죄에 대하여 원칙에 맞지 않고, 파기할 수 있고, 경우에 맞지 않게 가중처벌을 주었다. 나에게 원칙에 맞지 않게 통합격리처벌을 주었지만, '나는 격리생활을 실행하고 있다.'라고 생각하는 도중에 많은 승단잔류죄를 지었는데, 헤아릴 수 있기도 하고 헤아릴 수 없기도 한 것을 감추었다. 나는 그 단계에 입각해서 죄를 짓는 도중에 앞의 죄를 기억하고 죄를 짓는 도중에 뒤의 죄를 기억했다. 내가 이제 참모임에 죄를 짓는 도중에 앞에 지은 죄와 죄를 짓는 도중에 뒤에 지은 죄에 대하여 원칙에 맞고 파기할 수 없고 경우에 맞게 가중처벌을 청하고, 원칙에 맞게 통합격리처벌을 청하고, 원칙에 맞게 참회처벌을 청하고, 원칙에 맞게 출죄복귀를 청하면 어떨까?' 그는 참모임에 죄를 짓는 도중에 앞에 지은 죄와 죄를 짓는 도중에 뒤에 지은 죄에 대하여 원칙에 맞고 파기할 수 없고 경우에 맞게 가중처벌을 청하고, 원칙에 맞게 통합격리처벌을 청하고, 원칙에 맞게 참회처벌을 청하고, 원칙에 맞게 출죄복귀를 청했다. 참모임은 그에게 죄를 짓는 도중에 앞에 지은 죄와 죄를 짓는 도중에 뒤에 지은 죄에 대하여 원칙에 맞고 파기할 수 없고 경우에 맞게 가중처벌을 주었고, 원칙에 맞게 통합격리처벌을 주었고, 원칙에 맞게 참회처벌을 주었고, 원칙에 맞게 출죄복귀를 주었다면, 수행승들이여, 그 수행승은 그 수행승은 그 죄와 관련해서 청정한 자가 된다.

9. 수행승들이여, 여기 수행승이 많은 승단잔류죄를 지었다. 헤아릴 수 있는 것도 있고, 헤아릴 수 없는 것도 있고, 한 종류의 것도 있고, 다른 종류의 것도 있고, 동일한 분야의 것도 있고, 다른 분야의 것도 있고, 분리된 것도 있고, 연결된 것도 있었다. 그는 참모임에 그 죄에 대하여 통합격리처벌을 청했다. 참모임은 그에게 그 죄에 대하여 통합격리처벌을 주었다. 그는 격리생활을 실행하면서 도중에 많은 승단잔류죄를 지었는데, 헤아릴 수 있기도 하고 헤아릴 수 없기도

한 것을 감추기도 하고 감추지 않기도 했다. 그는 참모임에 도중에 지은 죄에 대하여 가중처벌을 청했다. 참모임은 그에게 도중에 지은 죄에 대하여 원칙에 맞지 않고, 파기할 수 있고, 경우에 맞지 않게 가중처벌을 주었다. 그에게 원칙에 맞지 않게 통합격리처벌을 주고, 그가 이와 같이 '나는 격리생활을 실행하고 있다.'라고 생각하는 도중에 많은 승단잔류죄를 지었는데, 헤아릴 수 있기도 하고 헤아릴 수 없기도 한 것을 감추기도 하고 감추지 않기도 했다. 그는 그 단계에 입각해서 죄를 짓는 도중에 앞의 죄를 기억하고 죄를 짓는 도중에 뒤의 죄를 기억했다. 그는 이와 같이 생각했다. '나는 많은 승단잔류죄를 지었다. 헤아릴 수 있는 것도 있고, 헤아릴 수 없는 것도 있고, 한 종류의 것도 있고, 다른 종류의 것도 있고, 동일한 분야의 것도 있고, 다른 분야의 것도 있고, 분리된 것도 있고, 연결된 것도 있었다. 나는 참모임에 그 죄에 대하여 통합격리처벌을 청했다. 참모임은 나에게 그 죄에 대하여 통합격리처벌을 주었다. 나는 격리생활을 실행하면서 도중에 많은 승단잔류죄를 지었는데, 헤아릴 수 있기도 하고 헤아릴 수 없기도 한 것을 감추기도 하고 감추지 않기도 했다. 나는 참모임에 도중에 지은 죄에 대하여 가중처벌을 청했다. 참모임은 나에게 도중에 지은 죄에 대하여 원칙에 맞지 않고, 파기할 수 있고, 경우에 맞지 않게 가중처벌을 주었다. 나에게 원칙에 맞지 않게 통합격리처벌을 주었지만, '나는 격리생활을 실행하고 있다.'라고 생각하는 도중에 많은 승단잔류죄를 지었는데, 헤아릴 수 있기도 하고 헤아릴 수 없기도 한 것을 감추기도 하고 감추지 않기도 했다. 나는 그 단계에 입각해서 죄를 짓는 도중에 앞의 죄를 기억하고 죄를 짓는 도중에 뒤의 죄를 기억했다. 내가 이제 참모임에 죄를 짓는 도중에 앞에 지은 죄와 죄를 짓는 도중에 뒤에 지은 죄에 대하여 원칙에 맞고 파기할 수 없고 경우에 맞게 가중처벌을 청하고, 원칙에 맞게 통합격리처벌을 청하고, 원칙에 맞게 참회처벌을 청하고, 원칙에 맞게 출죄복귀를 청하면 어떨까?' 그는 참모임에 죄를 짓는 도중에 앞에 지은 죄와 죄를 짓는 도중에 뒤에 지은 죄에 대하여 원칙에 맞고 파기할 수 없고 경우에 맞게 가중처벌을 청하고, 원칙에 맞게 통합격리처벌을 청하고, 원칙에 맞게 참회처벌을 청하고, 원칙에 맞게 출죄복귀를 청했다. 참모임은 그에게 죄를 짓는 도중에 앞에 지은 죄와 죄를 짓는 도중에 뒤에 지은 죄에 대하여 원칙에 맞고 파기할 수 없고 경우에 맞게 가중처벌을 주었고, 원칙에 맞게 통합격리처벌을 주었고, 원칙에 맞게 참회처벌을 주었고, 원칙에 맞게 출죄복귀를 주었다면, 수행승들이여, 그 수행승은 그 수행승은 그 죄와 관련해서 청정한 자가 된다.

가중처벌이 청정한 아홉 가지 경우(②)가 끝났다.
제3장 누적의 다발이 끝났다.

그 후렴시는 다음과 같다(Tassuddānaṃ)

1. 감추지 않은 것과
하루, 이틀, 사흘, 나흘,
닷새, 열흘, 보름 등
위대한 성자께서 죄에 대하여 말했다.213)

2. 환속자와 헤아릴 수 있는 것,
두 수행승이 아는 것과 의혹이 있는 것과
잡종죄라고 보는 것
잡종죄에 대하여 무거운 죄라고 보는 것.214)

3. 잡종죄에 대하여 잡종죄라고 보고,
사소죄에 대하여 무거운 죄라고 보는 것,
사소한 것을 보는 것처럼
그는 감춘다. 그리고 다시 돌아감215)에 대하여.216)

4. 정신착란된 사람을 위한 교계와
가중처벌과 청정함,
이 송출은 분별설부(分別說部)의 스승들 사이에
올바른 법을 유지하기 위한 것이다.
마하비하라의 거주자들은
땀바반나디빠217)를 밝힌다.218)

제3장 누적의 다발의 후렴시가 끝났다.

213) apaṭicchannā ekāha | dvīha tīha catūha ca | pañcāha pakkhadasānaṃ | āpattyāha mahanto muni || 이하의 후렴시는 네 개로 짧은 편이다.

214) vibbhanto parimāṇāsu | dve bhikkhu tattha saññino | dve vematikā missakadiṭṭhino | missake garukadiṭṭhino ||

215) pakkamitena : Vin. III. 34. 2에 따르면, 'makkhadhammena'가 되어야 한다.

216) missake missakadiṭṭhino | suddhake garukadiṭṭhino | suddhidiṭṭhi ca chādeti | atha pakkamitena ca ||

217) tambapaṇṇidīpa : 아누라다뿌라와 아울러 스리랑카의 중심지방이름이다. Srp. II. 111에 따르면 100 요자나(1 요자나 = 약14km)의 폭을 지녔다. VbhA. 444에 따르면, 300 요자나의 폭을 지녔다.

218) ummattakadesanañca | mūlāyapaṭivisuddhako | ācariyānaṃ vibhajjavādīnaṃ | tambapaṇṇidīpappasādakā naṃ | mahāvihāravāsīnaṃ | vācanā saddhammaṭṭhitiyāti ||

제4장 멸쟁의 다발

(Samathakkhandhaka : 滅諍犍度)

1. 현전에 입각한 조정(Sammukhāvinaya)

1. 한때[73] 존귀하신 부처님께서 싸밧티 시의 제따바나 숲에 있는 아나타삔디까 승원에 계셨다. 그때 여섯무리의 수행승들이 현전[219]하지 않은 수행승들에게 견책조치나 의지조치나 한시퇴출조치나 사죄조치나 권리정지조치의 갈마를 행했다.

2. 수행승들 가운데 욕망을 여의고, 만족을 알고, 부끄러움을 알고, 후회할 줄 알고 배움을 원하는 자들은 그들에 대하여 혐책하고 분개하고 비난했다.

[수행승들] "어찌 여섯무리의 수행승들이 현전하지 않은 수행승들에게 견책조치나 의지조치나 한시퇴출조치나 사죄조치나 권리정지조치의 갈마를 행한단 말인가?"

그래서 그 수행승들은 세존께 그 사실을 알렸다. 그러자 세존께서는 이것을 기회로 이것을 원인으로 수행승들의 참모임을 불러 모아 수행승들에게 물었다.

[세존] "수행승들이여, 여섯무리의 수행승들이 현전하지 않은 수행승들에게 견책조치나 의지조치나 한시퇴출조치나 사죄조치나 권리정지조치의 갈마를 행하는 것이 사실인가?"

[수행승들] "세존이시여, 사실입니다."

3. 존귀하신 부처님께서는 견책했다.

[세존] "수행승들이여, 그 어리석은 자들은 적절하지 않고, 자연스럽지 않고, 알맞지 않고, 수행자의 삶이 아니고, 부당하고, 해서는 안 될 일을 행한 것이다. 어찌 여섯무리의 수행승들이 현전하지 않은 수행승들에게 견책조치나 의지조치나 한시퇴출조치나 사죄조치나 권리정지조치의 갈마를 행한단 말인가? 수행승들이여, 그것은 아직 청정한 믿음이 없는 자를 청정한 믿음으로 이끌고, 이미 청정한

---

219) sammukhā : 한역은 현전(現前)은 당사자가 출석하는 것을 의미한다. 현전에 입각한 조정을 현전비니(現前毘尼) 또는 현전비나야(現前毘奈耶)라고 한다. 상세한 것은 Vin. II. 79-100; MN. II. 247-250; AN. I. 99을 참조하라.

믿음이 있는 자를 더욱더 청정한 믿음으로 이끄는 것이 아니다. 수행승들이여, 그것은 오히려, 아직 청정한 믿음이 없는 자를 불신으로 이끌고, 이미 청정한 믿음이 있는 자 가운데 어떤 자들을 타락시키는 것이다."

4. 그리고 세존께서는 그 수행승들을 여러 가지 방편으로 견책하여, 키우기 어렵고 부양하기 어렵고 욕심이 많고 만족을 모르고 교제를 좋아하고 나태한 것에 대하여 질책하고, 여러 가지 법문으로 고무하여, 키우기 쉽고 부양하기 쉽고 욕심을 여의고, 만족을 알고, 버리고 없애는 삶을 살고, 두타행을 하고, 청정한 믿음이 있고, 쌓아 모으지 않고, 용맹정진하는 것을 칭찬하고, 수행승들을 위하여 그에 알맞고 그에 걸맞게 경책하여 법문을 하고 수행승들에게 일렀다.

[세존] "수행승들이여, 현전하지 않은 수행승들에게 견책조치나 의지조치나 한시퇴출조치나 사죄조치나 권리정지조치의 갈마를 행해서는 안 된다. 행하면, 악작죄가 된다."

현전에 입각한 조정이 끝났다.

2. 원칙에 맞지 않는 말의 아홉 사항(Adhammavādīnavaka)

1. [세존] "수행승들이여, *1)* 원칙에 맞지 않는 말을 하는 개인 *2)* 원칙에 맞지 않는 말을 하는 대중 *3)* 원칙에 맞지 않는 말을 하는 모임 *4)* 원칙에 맞는 말을 하는 개인 *5)* 원칙에 맞는 말을 하는 대중 *5)* 원칙에 맞는 말을 하는 모임이 있다.

2. 원칙에 맞지 않는 말을 하는 개인이 원칙에 맞는 말을 하는 개인을 알게 하고, 사유하게 하고, 고찰하게 하고, 심찰하게 하고, 훈시하고, 교시하여 '이것이 원칙이고, 이것이 계율이고, 이것이 스승의 가르침이니, 이것을 잡고,[74] 이것에 동의하십시오.'라고 말한다. 만약에 이와 같이 해서 그 쟁론이 그치면, 원칙에 맞지 않는 현전에 입각한 유사조정에 의해서 그치는 것이다.

3. 원칙에 맞지 않는 말을 하는 개인이 원칙에 맞는 말을 하는 대중을 알게 하고, 사유하게 하고, 고찰하게 하고, 심찰하게 하고, 훈시하고, 교시하여 '이것이 원칙이고, 이것이 계율이고, 이것이 스승의 가르침이니, 이것을 잡고, 이것에 동의하십시오.'라고 말한다. 만약에 이와 같이 해서 그 쟁론이 그치면, 원칙에 맞지 않는 현전에 입각한 유사조정에 의해서 그치는 것이다.

4. 원칙에 맞지 않는 말을 하는 사람이 원칙에 맞는 말을 하는 모임을 알게 하고, 사유하게 하고, 고찰하게 하고, 심찰하게 하고, 훈시하고, 교시하여 '이것이 원칙

이고, 이것이 계율이고, 이것이 스승의 가르침이니, 이것을 잡고, 이것에 동의하십시오.'라고 말한다. 만약에 이와 같이 해서 그 쟁론이 그치면, 원칙에 맞지 않는 현전에 입각한 유사조정에 의해서 그치는 것이다.

5. 원칙에 맞지 않는 말을 하는 대중이 원칙에 맞는 말을 하는 개인을 알게 하고, 사유하게 하고, 고찰하게 하고, 심찰하게 하고, 훈시하고, 교시하여 '이것이 원칙이고, 이것이 계율이고, 이것이 스승의 가르침이니, 이것을 잡고, 이것에 동의하십시오.'라고 말한다. 만약에 이와 같이 해서 그 쟁론이 그치면, 원칙에 맞지 않는 현전에 입각한 유사조정에 의해서 그치는 것이다.

6. 원칙에 맞지 않는 말을 하는 대중이 원칙에 맞는 말을 하는 대중을 알게 하고, 사유하게 하고, 고찰하게 하고, 심찰하게 하고, 훈시하고, 교시하여 '이것이 원칙이고, 이것이 계율이고, 이것이 스승의 가르침이니, 이것을 잡고, 이것에 동의하십시오.'라고 말한다. 만약에 이와 같이 해서 그 쟁론이 그치면, 원칙에 맞지 않는 현전에 입각한 유사조정에 의해서 그치는 것이다.

7. 원칙에 맞지 않는 말을 하는 대중이 원칙에 맞는 말을 하는 모임을 알게 하고, 사유하게 하고, 고찰하게 하고, 심찰하게 하고, 훈시하고, 교시하여 '이것이 원칙이고, 이것이 계율이고, 이것이 스승의 가르침이니, 이것을 잡고, 이것에 동의하십시오.'라고 말한다. 만약에 이와 같이 해서 그 쟁론이 그치면, 원칙에 맞지 않는 현전에 입각한 유사조정에 의해서 그치는 것이다.

8. 원칙에 맞지 않는 말을 하는 모임이 원칙에 맞는 말을 하는 개인을 알게 하고, 사유하게 하고, 고찰하게 하고, 심찰하게 하고, 훈시하고, 교시하여 '이것이 원칙이고, 이것이 계율이고, 이것이 스승의 가르침이니, 이것을 잡고, 이것에 동의하십시오.'라고 말한다. 만약에 이와 같이 해서 그 쟁론이 그치면, 원칙에 맞지 않는 현전에 입각한 유사조정에 의해서 그치는 것이다.

9. 원칙에 맞지 않는 말을 하는 대중이 원칙에 맞는 말을 하는 대중을 알게 하고, 사유하게 하고, 고찰하게 하고, 심찰하게 하고, 훈시하고, 교시하여 '이것이 원칙이고, 이것이 계율이고, 이것이 스승의 가르침이니, 이것을 잡고, 이것에 동의하십시오.'라고 말한다. 만약에 이와 같이 해서 그 쟁론이 그치면, 원칙에 맞지 않는 현전에 입각한 유사조정에 의해서 그치는 것이다.

10. 원칙에 맞지 않는 말을 하는 모임이 원칙에 맞는 말을 하는 모임을 알게 하고, 사유하게 하고, 고찰하게 하고, 심찰하게 하고, 훈시하고, 교시하여 '이것이

원칙이고, 이것이 계율이고, 이것이 스승의 가르침이니, 이것을 잡고, 이것에 동의하십시오.'라고 말한다. 만약에 이와 같이 해서 그 쟁론이 그치면, 원칙에 맞지 않는 현전에 입각한 유사조정에 의해서 그치는 것이다."

원칙에 맞지 않게 말하는 자의 아홉 가지 경우이 끝났다.

3. 원칙에 맞게 말하는 것의 아홉 가기 사항(Dhammavādīnavaka)

1. 원칙에 맞는 말을 하는 개인이 원칙에 맞지 않는 말을 하는 개인을 알게 하고, 사유하게 하고, 고찰하게 하고, 심찰하게 하고, 훈시하고, 교시하여 '이것이 원칙이고, 이것이 계율이고, 이것이 스승의 가르침이니, 이것을 잡고, 이것에 동의하십시오.'라고 말한다. 만약에 이와 같이 해서 그 쟁론이 그치면, 원칙에 맞는 현전에 입각한 조정에 의해서 그치는 것이다.

2. 원칙에 맞는 말을 하는 개인이 원칙에 맞지 않는 말을 하는 대중을 알게 하고, 사유하게 하고, 고찰하게 하고, 심찰하게 하고, 훈시하고, 교시하여 '이것이 원칙이고, 이것이 계율이고, 이것이 스승의 가르침이니, 이것을 잡고, 이것에 동의하십시오.'라고 말한다. 만약에 이와 같이 해서 그 쟁론이 그치면, 원칙에 맞는 현전에 입각한 조정에 의해서 그치는 것이다.

3. 원칙에 맞는 말을 하는 사람이 원칙에 맞지 않는 말을 하는 모임을 알게 하고, 사유하게 하고, 고찰하게 하고, 심찰하게 하고, 훈시하고, 교시하여 '이것이 원칙이고, 이것이 계율이고, 이것이 스승의 가르침이니, 이것을 잡고, 이것에 동의하십시오.'라고 말한다. 만약에 이와 같이 해서 그 쟁론이 그치면, 원칙에 맞는 현전에 입각한 조정에 의해서 그치는 것이다.

4. 원칙에 맞는 말을 하는 대중이 원칙에 맞지 않는 말을 하는 개인을 알게 하고, 사유하게 하고, 고찰하게 하고, 심찰하게 하고, 훈시하고, 교시하여 '이것이 원칙이고, 이것이 계율이고, 이것이 스승의 가르침이니, 이것을 잡고, 이것에 동의하십시오.'라고 말한다. 만약에 이와 같이 해서 그 쟁론이 그치면, 원칙에 맞는 현전에 입각한 조정에 의해서 그치는 것이다.

5. 원칙에 맞는 말을 하는 대중이 원칙에 맞지 않는 말을 하는 대중을 알게 하고, 사유하게 하고, 고찰하게 하고, 심찰하게 하고, 훈시하고, 교시하여 '이것이 원칙이고, 이것이 계율이고, 이것이 스승의 가르침이니, 이것을 잡고, 이것에 동의하십시오.'라고 말한다. 만약에 이와 같이 해서 그 쟁론이 그치면, 원칙에 맞는 현전

에 입각한 조정에 의해서 그치는 것이다.

6. 원칙에 맞는 말을 하는 대중이 원칙에 맞지 않는 말을 하는 모임을 알게 하고, 사유하게 하고, 고찰하게 하고, 심찰하게 하고, 훈시하고, 교시하여 '이것이 원칙이고, 이것이 계율이고, 이것이 스승의 가르침이니, 이것을 잡고, 이것에 동의하십시오.'라고 말한다. 만약에 이와 같이 해서 그 쟁론이 그치면, 원칙에 맞는 현전에 입각한 조정에 의해서 그치는 것이다.

7. 원칙에 맞는 말을 하는 모임이 원칙에 맞지 않는 말을 하는 개인을 알게 하고, 사유하게 하고, 고찰하게 하고, 심찰하게 하고, 훈시하고, 교시하여 '이것이 원칙이고, 이것이 계율이고, 이것이 스승의 가르침이니, 이것을 잡고, 이것에 동의하십시오.'라고 말한다. 만약에 이와 같이 해서 그 쟁론이 그치면, 원칙에 맞는 현전에 입각한 조정에 의해서 그치는 것이다.

8. 원칙에 맞는 말을 하는 대중이 원칙에 맞지 않는 말을 하는 대중을 알게 하고, 사유하게 하고, 고찰하게 하고, 심찰하게 하고, 훈시하고, 교시하여 '이것이 원칙이고, 이것이 계율이고, 이것이 스승의 가르침이니, 이것을 잡고, 이것에 동의하십시오.'라고 말한다. 만약에 이와 같이 해서 그 쟁론이 그치면, 원칙에 맞는 현전에 입각한 조정에 의해서 그치는 것이다.

9. 원칙에 맞는 말을 하는 모임이 원칙에 맞지 않는 말을 하는 모임을 알게 하고, 사유하게 하고, 고찰하게 하고, 심찰하게 하고, 훈시하고, 교시하여 '이것이 원칙이고, 이것이 계율이고, 이것이 스승의 가르침이니, 이것을 잡고, 이것에 동의하십시오.'라고 말한다. 만약에 이와 같이 해서 그 쟁론이 그치면, 원칙에 맞는 현전에 입각한 조정에 의해서 그치는 것이다.

원칙에 맞게 말하는 자의 아홉 가지 경우이 끝났다.

4. 기억에 입각한 조정(Sativinaya)

1. 한때[220] 존귀하신 부처님께서는 라자가하[221] 시의 벨루바나[222] 숲에 있는 깔란다까니바빠[223] 공원에 계셨다. 그런데 그때 존자 답바 말라뿟따[224]는 태어

---

220) tena samayena : 이하의 항목의 내용들은 Vin. III. 158-163과 병행한다.

221) Rājagaha : 한역으로 왕립 왕사성(王舍城)이라 하며 부처님 당시 마가다(Magadha) 국의 수도였다. 지금은 라즈기르(Rājgir)라고 불리며 비하르(Bihār)의 남쪽에 위치하고 있다.

222) Veḷuvana : 한역으로 죽림(竹林)이다. 이것은 마가다 국의 왕 빔비싸라(Bimbisāra) 왕이 부처님과 승단에 선물로 준 것이다.

223) Kalandakanivāpa : 벨루바나 숲의 승원 가운데 한 부분의 지명으로 '다람쥐를 키우는 곳(栗鼠飼養處)'이란

난 지 칠 세밖에 되지 않았지만 거룩한 경지를 얻었다.225) 제자로써 이루어야 할 모든 것을 이루었다.226) 더 이상 해야 할 일이나 더 보태야 할 것이 아무것도 없었다. 한때 존자 답바 말라뿟따는 홀로 떨어져서 명상을 하다가 마음에 이와 같이 생각했다.

[답바] '나는 태어난 지 칠 세밖에 되지 않았지만 거룩한 경지를 얻었다. 제자로써 이루어야 할 모든 것을 이루었다. 더 이상 해야 할 일이나 더 보태야 할 것이 아무것도 없었다. 내가 어떻게 참모임을 섬길 수 있을까?'

그래서 존자 답바 말라뿟따는 이와 같이 생각했다.

[답바] '내가 참모임에 처소를[75] 배당하고 식사를 나눠주면 어떨까?'

2. 그래서 존자 답바 말라뿟따는 저녁 무렵 명상에서 일어나 세존께서 계신 곳을 찾아갔다. 가까이 다가가서 세존께 인사를 드리고 한쪽으로 물러나 앉았다. 한쪽으로 물러나 앉은 존자 답바 말라뿟따는 세존께 이와 같이 말했다.

[답바] "세존이시여, 여기 저는 홀로 명상하다가 마음에 이와 같이 생각했습니

뜻을 지녔다.

224) Dabba Mallaputta : 부처님의 제자 수행승 가운데 '처소를 배정하는 님 가운데 제일(senāsanapaññāpakānaṃ aggaṃ)'이다. 그는 말라 족이 사는 아누삐야(Anupiya)에서 태어났다. 그가 태어날 때 어머니는 돌아가시고 할머니의 손에 컸다. 일곱 살이었을 때, 부처님이 말라 국을 방문하였는데, 그때 그는 할머니에게 부탁하여 승단에 들어갔는데, Smp. 576에 따르면, 그는 말라 족의 왕자였는데, 채 삭발이 끝나기도 전에 거룩한 님의 경지를 얻었다. 그는 부처님과 함께 라자가하로 돌아와 유행하는 스님들을 위한 숙소의 배정을 담당했는데 그 일을 훌륭하게 해냈다. 그의 시는 Thag. 5에 있다. UdA. 430에 따르면, 존자 답바는 말라 족의 왕자로 과거불인 빠두뭇따라(Padumuttara) 부처님의 양발에 서원하여 십만 우주기(劫)의 세월을 공덕을 쌓아 우리 부처님 시대에 말라 왕비의 자궁에 잉태되어 태어났다. 그는 소정의 의무를 다하고 일곱 살이 되자 부모에게 출가를 요청했다. 그들은 '출가해서 공부를 배우라. 만약에 거기서 기쁨을 발견하지 못하면, 여기로 돌아오라.'라고 말하며 출가를 허락했다. 그는 부처님을 찾아가 출가를 구했다. 부처님도 그의 필요조건의 갖춘 것을 보고 출가를 허락했다. 그가 출가할 때 주어진 가르침으로 존재의 세 가지 특징이 작렬하듯 그의 앞에 나타났다.

225) jātiyā sattavassena arahattā sacchikataṃ hoti : Smp. 576에 따르면, 삭발하는 순간에 거룩한 님의 경지를 얻었다.

226) yaṃ kiñci sāvakena pattabbaṃ, sabbaṃ tena anuppattaṃ hoti : Smp. 576에 따르면, 세 가지 명지[三明 : tisso vijjā : 三明; 자신의 전생에 대한 새김(pubbenivasānussati : 宿命通), 타인의 업과 과보를 아는 하늘눈(dibbacakkhu : 天眼通), 번뇌 부숨에 대한 궁극적인 앎(āsavakkhayañāṇa : 漏盡通)], 네 가지 분석적인 앎[四無碍解 : catuppaṭisambhidā; ① 대상의 분석(義無碍解 : atthadhammapaṭisambhidā) ② 조건의 분석(法無碍解 : dhammapaṭisambhidā) ③ 언어의 분석(詞無碍解 : niruttipaṭisambhidā) ④ 맥락의 분석(辨無碍解 : paṭibhānapaṭisambhidā)] 여섯 가지 곧바른 앎[六神通 : chaḷabhiññā; ① 여덟 가지 종류의 초월적 능력(iddhi : 神足通) ② 멀고 가까운 소리를 들을 수 있는 하늘귀(dibbasota : 天耳通) ③ 타인의 마음을 읽는 앎(parassa cetopariyañāṇa : 他心通) ④ 자신의 전생에 대한 새김(pubbenivasānussati : 宿命通) ⑤ 타인의 업과 과보를 아는 하늘눈(dibbacakkhu : 天眼通) ⑥ 번뇌 부숨에 대한 궁극적인 앎(āsavakkhayañāṇa : 漏盡通)], 아홉 가지 출세간의 원리[九出世間法 : nava lokuttaradhamma; 四向四果와 涅槃]의 원리를 얻었다.

다. '나는 태어난 지 칠 세밖에 되지 않았지만 거룩한 경지를 얻었다. 제자로써 이루어야 할 모든 것을 이루었다. 더 이상 해야 할 일이나 더 보태야 할 것이 아무것도 없었다. 내가 어떻게 참모임을 섬길 수 있을까?' 그런데 저에게 이와 같이 '내가 참모임에 처소를 배당하고 식사를 나눠주면 어떨까?'라는 생각이 떠올랐습니다."

[세존] "답바여, 훌륭하다. 훌륭하다. 그렇다면, 답바여, 그대가 참모임에 처소를 배당하고 식사를 나눠주어라."

[답바] "세존이시여, 알겠습니다."

존자 답바 말라뿟따는 세존께 대답했다.

3. 그러자 세존께서는 이것을 기회로 이것을 원인으로 법문을 말씀하시고 수행승들에게 일렀다.

[세존] "수행승들이여, 그렇다면 참모임은 답바 말라뿟따를 처소배당인과 식사배식인으로 선정하라. 수행승들이여. 그런데 이와 같이 선정하여야 한다. 먼저 답바가 청원해야 한다. 청원한 뒤에 현명하고 유능한 수행승이 참모임에 알려야 한다.

[제안] '존자들이여, 참모임은 제 말에 귀를 기울이십시오. 만약에 참모임에 옳은 일이라면, 참모임이 답바 말라뿟따를 처소배당인과 식사배식인으로 선정하겠습니다. 이것이 제안입니다.'

[제청] '존자들이여, 참모임은 제 말에 귀를 기울이십시오. 참모임이 답바 말라뿟따를 처소배당인과 식사배식인으로 선정합니다. 답바 말라뿟따를 처소배당인과 식사배식인으로 선정하는 것에 동의하면 침묵하시고, 이견이 있으면 말씀하십시오.'

[결정] '참모임은 답바 말라뿟따를 처소배당인과 식사배식인으로 선정하였습니다. 참모임이 찬성하여 침묵했으므로, 저는 그와 같이 알겠습니다.'"

4. 그후 존자 답바 말라뿟따는 동일한 부류에 속하는 수행승들마다 동일한 곳의 처소를 배당했다. 수행승들이 송출자들이면, '그들은 서로 경전을 송출할 것이다.'라고 생각하여 그들에게 동일한 곳의 처소를 배당하고, 수행승들이 율사들이면 '그들은 서로 계율에 따라 판단할 것이다'라고 생각하여 그들에게 동일한 곳의 처소를 배당하고, 수행승들이 법문하는 자들이면 '그들은 서로 법문을 논의할 것이다'라고 생각하여 그들에게 동일한 곳의 처소를 배당하고, 수행승들이 선정을 하는 자들이면 '그들은 서로 방해하지 않을 것이다'라고 생각하여 그들에게

동일한 곳의 처소를 배당하고,[76] 수행승들이 비속한 것을 이야기하고[227] 신체적 단련을 즐기는[228] 자들이면 '이러한 존자들은 자신들의 쾌락에 따라 살 것이다.'라고 생각하여 그들에게 동일한 곳의 처소를 배당하고, 수행승들고의로 아닌 때에 오는 자들이면,[229] 화광삼매에 들었다가[230] 그 빛으로 처소를 배당했다.

또한 수행승들이 고의로 때 아닌 때에 '우리는 존자 답바 말라뿟따의 신통변화를 보겠다.'라고 와서 존자 답바 말라뿟따에게 다가와서 이와 같이 '벗이여 답바여, 우리에게 처소를 배당해 주시오.'라고 말하면, 그들에게 답바 말라뿟따는 이와 같이 말하곤 했다.

[답바] "존자들은 어디를 원합니까? 내가 어디에 배당시켜 줄까요?"

그들은 고의로 먼 곳을 지적했다.

[수행승들] "답바여 벗이여, 우리에게는 깃자꿋따[231] 산에 처소를 마련해 주시오."

[수행승들] "벗이여, 우리에게는 이씨길리[232] 협곡의 쪼라빠빠따[233] 절벽에 처소를 마련해 주시오."

[수행승들] "벗이여, 우리에게는 흑요석[234] 바위에 처소를 마련해 주시오."

[수행승들] "벗이여, 우리에게는 베바라[235] 산록의 칠엽굴[236]에 처소를 마련해 주시오."

[수행승들] "벗이여, 우리에게는 씨따바나[237] 숲의 쌉빠쏜디까[238] 동굴에 처

---

227) tiracchānakathikā : 축생에 대한 이야기는 '비속하고 유치한 주제에 대하여 이야기하는 것'을 말한다.

228) kāyadaḍḍhibahulā : Smp. 579에 따르면, 몸을 견고한 상태로 만드는 것을 익히고 몸을 양육시키는 것을 익히는 것을 말한다.

229) yepi te bhikkhū vikāle āgacchanti : 때 아닌 때에 온다는 것은 여기서 밤늦게 온다는 뜻이다.

230) tejodhātuṃ samāpajjitvā : '불의 세계[火界]에 들어서'라는 뜻이다. Smp. 579; UdA. 432에 따르면, '불에 대한 두루채움(tejokasiṇa) 속에서 네 번째 선정에 들었다가 나오면, 여섯 가지 곧바른 앎의 결과로 그의 손가락들이 강열하게 빛났다.'라는 뜻이다. 신통력의 힘은 여섯 가지 곧바른 앎의 하나였다.

231) Gijjhakūṭa : 라자가하 시를 둘러 싼 다섯 개의 산들의 하나. 한역은 영취산(靈鷲山)이다. 라자가하 시에서는 수행을 하기에는 가장 좋은 산이었다. 부처님은 이곳을 찾아 명상하시기를 좋아했는데, 어둠 속에서나 비가 내리는 가운데도 이곳에서 명상했다. 그러나 데바닷따가 굴린 돌에 발을 상한 것도 이곳 산기슭에서였다.

232) Isigili(*sk.* ṛṣigiri) : 이씨길리는 '선인(仙人)이 사는 산'이란 뜻인데, 라자가하 시를 둘러싼 오악(五嶽) 가운데 하나이다.

233) Corapapāta : '도둑의 절벽'이라는 뜻을 지닌 이씨길리 산의 협곡이다.

234) kālāsilā : 이씨길리 산의 검은 바위를 말한다. 깔라씰라(kālāsilā)는 지명이 아니고 흑요석(黑曜石)을 말한다. Srp. I. 182는 '검은 색의 바위'라고 해석하고 있다.

235) Vebhāra : 베바라 산은 라자가하 시를 둘러싼 오악(五嶽) 가운데 하나이다.

236) Sattapaṇṇiguha : 베바라 산의 산협에 칠엽굴(七葉窟) 밖에 아자따쌋뚜 왕이 건설한 전당이 있었고 그곳에서 제일결집이 행해졌다.

소를 마련해 주시오."

[수행승들] "벗이여, 우리에게는 고따마깐다라 협곡에239) 처소를 마련해 주시오."

[수행승들] "벗이여, 우리에게는 띤두까깐다라 협곡에240) 처소를 마련해 주시오."

[수행승들] "벗이여, 우리에게는 따뽀다깐다라 협곡에241) 처소를 마련해 주시오."

[수행승들] "벗이여, 우리에게는 따뽀다242) 온천에 처소를 마련해 주시오."

[수행승들] "벗이여, 우리에게는 지바깜바바나243) 숲에 처소를 마련해 주시오."

[수행승들] "벗이여, 우리에게는 맛다꿋치244) 숲에 있는 미가다야245) 처소를 마련해 주시오."

그들을 위하여 존자 답바 말라뿟따는 화광삼매에 들었다가 손가락에 불을 붙여 앞으로 나아갔다. 그래서 그들 또한 그 불빛을 통해서 존자 답바 말라뿟따의 뒤로 따라갔다. 그들을 위하여 존자 답바 말라뿟따는 이와 같이 처소를 배당했다.

---

237) Sītavana : SN. IV. 40과 AN. III. 374에도 언급되어 있다. 씨따 숲은 아나타삔디까가 처음 부처님을 만난 곳이다. 씨따 숲은 한림(寒林)이라는 뜻이다. ThagA. I. 47에 따르면, 거기에 '두려움과 공포(bhayabherava)'라고 묘사되는 묘지가 있었다.

238) Sappasoṇḍika : 씨타바나 숲에 있는 동굴로 쌉빠쏜디까는 뱀의 후드와 비슷한 동굴이라서 그렇게 불린 것이다.

239) Gotamakandarā : 라자가하 시 교외의 협곡으로 이 율장에만 등장한다.

240) Tindukakandarā : 라자가하 시 교외의 협곡으로 이 율장에만 등장한다.

241) Tapodakandarā : 베바라(Vebhāra) 산에서 발원하는 온천수가 흐르는 따뽀다(Tapodā) 강의 협곡을 말한다. SN. I. 8에 따르면, 싸밋디(Samiddhi)가 이곳에서 목욕할 때에 하늘사람의 유혹을 받는다.

242) Tapodā : Srp. I. 38에 따르면, 온천(溫泉 : tattodaka)이다. 따뽀다는 베바라(Vebhāra)[지금의 Baibhār] 산의 용들이 사는 호수의 물줄기였는데, 물이 따뜻한 것은 두 철과지옥(鐵鍋地獄 : Lohakumbhi) 사이를 흐르기 때문이라고 한다. 따뽀다 온천 승원(Tapodārāma)은 또한 DN II. 116과 AN. V. 196에 나온다. Swb.에 의하면 하리방싸(Harivaṁsa)에서는 따뽀다를 성스러운 나루터(tīrtha)라고 불렀다.

243) Jīvakambavana : 지바까(Jīvaka)는 마가다 국의 빔비싸라 왕의 주치의였다. 지바깜바바나는 빔비싸라 왕과 부처님의 주치의였던 지바까 꼬마라밧짜의 망고 숲을 말한다.

244) Maddakucchi : 깃자꾸따(Gijjhakūṭa) 산록에 위치한 라자가하 근처의 공원이다. DhA. II. 164; Vin. II. 193에 따르면, 데바닷따가 깃자꾸따 산에서 부처님의 살해하려고 바위를 굴렸는데, 바위가 부처님 앞에서 멈추었으나 돌조각에 부처님의 발에 떨어져 상처가 났을 때, 수행승들이 부처님을 임시로 들것으로 옮긴 곳이 맛다꿋치 공원이다. 거기서 지바까 숲으로 올겨져 명의 지바까의 치료를 받았다. Srp. I. 77에는 맛다꾸치 숲에 관해 아자따쌋뚜 왕의 어머니이자 빔비싸라 왕의 비인 맛다(Madda)와 관련된 비극적 전설이 나온다. 투싸자따까(Thusajātaka : Ja. III. 121)에 따르면, 맛다꿋치(Maddakucchi)는 맛다 왕비의 자궁[胎]이란 뜻이다. 그녀는 자신이 잉태한 어린 아이가 아버지를 살해할 것이라는 예언을 듣고 낙태를 결심하고 숲을 찾아가 칼로 배를 찔렀으나 실패했다.

245) Migadāye : 미가다야(Migadāya)의 한역은 녹야원(鹿野園)이다. 맛다꿋치 숲의 미가다야는 사슴과 사냥으로 잡은 동물들이 안전하게 뛰어놀 수 있도록 만든 동물원과 같은 곳이었다.

[답바] "이것이 침상이고, 이것이 의자이고, 이것이 담요이고, 이것이 베개이고, 이것이 대변소이고, 이것이 소변소이고, 이것이 음용수이고, 이것이 용수이고, 이것이 지팡이이고, 이것이 승가의 규칙이고, 이것이 회의장이고, 이러한 시간에 들어가야 하고, 이러한 시간에 나와야 합니다."

그들을 위하여 존자 답바 말라뿟따는 이와 같이 처소를 배당하고 다시 벨루바나로 돌아왔다.

5. 그때 멧띠야와 붐마자까를 추종하는 수행승들[246]이 신참으로서 복덕이 적었다. 승가에서 저열한 처소와 저열한 음식을 얻었다. 그때 라자가하의 사람들은 [77] 장로수행승들에게 특별한 기원식[247] 즉, 버터·기름·조미료를 보시했다. 그러자 멧띠야와 붐마자까를 추종하는 수행승들에게는 설미반(屑米飯)[248]에 신죽을 첨가한 충분한 평상시의 음식만을 주었다. 그들은 식후에 걸식에서 돌아와 장로 수행승들에게 여쭈었다.

[멧띠야와 붐마자까의 추종자들] "벗이여, 식당에서 그대들은 무얼 얻었는가? 그대들은 무얼 얻었는가?"

몇몇 장로들이 말했다.

[장로들] "벗이여, 우리는 버터를 얻었고, 참기름을 얻었고, 조미료를 얻었다."

그러나 멧띠야와 붐마자까를 추종하는 수행승들은 이와 같이 말했다.

[멧띠야와 붐마자까의 추종자들] "우리들은 아무 것도 얻지 못했다. 설미반에 신죽을 첨가한, 충분한 평상시의 음식뿐입니다."

6. 그런데 그때 좋은 음식을 지닌 장자가 승단에 네 가지 음식이 포함된 일상음식을 보시하고 있었다. 그는 식당에서 처자와 함께 섬기고 봉사했다. 어떤 자에게는 밥을 제공하고, 어떤 자에게는 죽을 제공하고, 어떤 자에게는 기름을 제공하고, 어떤 자에게는 조미료를 제공했다. 그런데 그때 좋은 음식을 지닌 장자의 음식은 그 다음 날을 위하여 멧띠야와 붐마자까를 추종하는 수행승들에게 배당된 것이었다. 마침 좋은 음식을 지닌 장자는 무언가 볼일이 있어 승원을 들렀다. 그는 존자 답바 말라뿟따가 있는 곳을 찾았다. 다가가서 존자 답바 말라뿟따에게 인사하고

---

246) mettiyabhummajakā : Smp. 579에 따르면, 멧띠야와 붐마자까가 여섯무리의 수행승들의 우두머리였다. 여섯무리의 수행승들은 부처님 재세시에 항상 말썽을 피운 수행승들로 앗싸지(Assaji), 뿌납바쑤(Punabbasu), 빤두까(Paṇḍuka), 로히따까(Lohitaka), 멧띠야(Mettiya), 붐마자까(Bhummajaka)를 말한다.

247) abhisaṅkhārika : 기원식(祈願食)은 '특별한 공덕으로 형성된 음식' 즉, 특별히 준비된 음식을 말한다.

248) kaṇājaka : 쌀겨부스러기로 만든 덩어리음식이다.

한쪽에 앉았다. 한쪽에 앉아 존자 답바 말라뿟따는 좋은 음식을 지닌 장자를 법문으로 교화하고 격려하고 북돋우고 기쁘게 했다. 그러자 좋은 음식을 지닌 장자는 존자 답바 말라뿟따에 의해서 법문으로 교화받고 격려받고 북돋아져서 기뻐하며, 존자 답바 말라뿟따에게 이와 같이 말했다.

[장자] "존자여, 우리 집에 내일의 음식은 누구를 위해 배당된 것입니까?"

[답바] "장자여, 멧띠야와 붐마자까를 추종하는 수행승들에게 그대의 집에서 내일의 음식이 배당되었습니다."

그러자 좋은 음식을 지닌 장자는 즐거워하지 않고, 이와 같이 생각했다.

[장자] "어떻게 악한 수행승들이249) 우리 집에서 식사를 하겠는가?"

집으로 가서 하녀에게 명령했다.

[장자] '내일 식사하러 오는 자들이 오면, 그들을 현관창고250)의 자리에 앉히고 설미반에 신죽을 첨가해서 드려라.'

[하녀] '주인님, 알겠습니다.'

그 하녀는 좋은 음식을 지닌 장자에게 대답했다.

7. 그때 멧띠야와 붐마자까를 추종하는 수행승들은 이와 같이 생각했다.

[멧띠야와 붐마자까의 추종자들] '벗들이여, 어제 우리를 위해 좋은 음식을 지닌 거사는 식사를 배당했습니다. 내일 좋은 음식을 지닌 거사는 우리를 위해 처자와 함께 시중들고 공양할 것입니다. 어떤 자에게는 쌀밥을 주고, 어떤 자에게는 수프를 주고,[78] 어떤 자에게는 기름을 주고, 어떤 자에게는 조미료를 줄 것입니다.'

그들은 이렇게 기뻐한 까닭에 마음이 설레어 잠을 이루지 못했다. 그래서 멧띠야와 붐마자까를 추종하는 수행승들은 아침 일찍 옷을 입고 발우와 가사를 수하고 좋은 음식을 지닌 장자의 처소를 찾아갔다. 하녀가 멧띠야와 붐마자까를 추종하는 수행승들이 멀리서부터 오고 있는 것을 보았다. 보고나서 현관의 자리를 마련하고 멧띠야와 붐마자까를 추종하는 수행승들에게 이와 같이 말했다.

[하녀] "존자들이여, 앉으십시오."

그러자 멧띠야와 붐마자까를 추종하는 수행승들은 이와 같이 생각했다.

[멧띠야와 붐마자까의 추종자들] "우리를 현관창고에 앉히다니 아직 식사가 요리되지 않은 것이 틀림없다."

---

249) pāpabhikkhū : 계율을 지키려고 노력하지 않는 수행승을 말한다.
250) koṭṭhaka : 여러 가지 물건을 저장하는 창고로 보통 출입구에 지었다.

그러자 하녀가 설미반에 산죽을 첨가해서[251] 말했다.

[하녀] "존자들이여, 드십시오."

[멧띠야와 붐마자까의 추종자들] "자매여, 우리는 일상음식을 받습니다."

[하녀] "저는 존자들께서 일상음식을 드시는 것을 압니다. 그러나 어제 장자께서 '내일 음식을 받는 자들이 오면, 그들을 현관창고에 앉히고 설미반에 산죽을 첨가해서 드려라.'라고 명령했습니다. 존자들이여, 드십시오."

그때 멧띠야와 붐마자까를 추종하는 수행승들은 이와 같이 생각했다.

[멧띠야와 붐마자까의 추종자들] '벗들이여, 좋은 음식을 지닌 장자가 승원으로 답바 말라뿟따에게 왔었다. 답바 말라뿟따가 우리를 거사로부터 이간시킨 것이 틀림없다.'

그들은 그 때문에 불쾌하여 마음껏 먹지 못했다. 그래서 그 멧띠야와 붐마자까를 추종하는 수행승들은 식후에 탁발에서 돌아와 승원으로 와서 발우와 가사를 놓아두고 승원의 현관창고 밖에서 대의(大衣)에 축 늘어져 기댄 채[252] 앉아 말없이 수치스러워하고 어깨를 떨구고 고개를 숙이고 생각에 잠겨 곤혹해 했다.

8. 그후 수행녀 멧띠야[253]가 멧띠야와 붐마자까를 추종하는 수행승들이 있는 곳을 찾아왔다. 가까이 다가와서 멧띠야와 붐마자까를 추종하는 수행승들에게 이와 같이 말했다.

[수행녀 멧띠야] "존자들이여, 인사를 드립니다."

이와 같이 말했으나 멧띠야와 붐마자까를 추종하는 수행승들은 대꾸하지 않았다. 두 번째에도 수행녀 멧띠야는 멧띠야와 붐마자까를 추종하는 수행승들에게 이와 같이 말했다.

[수행녀 멧띠야] "존자들이여, 인사를 드립니다."

이와 같이 말했으나 멧띠야와 붐마자까를 추종하는 수행승들은 대꾸하지 않았다. 세 번째에도 수행녀 멧띠야는 멧띠야와 붐마자까를 추종하는 수행승들에게 이와 같이 말했다.

[수행녀 멧띠야] "존자들이여, 인사를 드립니다."

---

251) atha kho sā dāsī kaṇājakena bilaṅgadutiyena upagañji : 설미반(屑米飯 : kaṇājaka)는 쌀이나 쌀겨를 갈아 만든 죽이고 산죽(酸粥 : bilaṅga)은 묵은 죽을 말한다.

252) saṅghāṭipallatthikāya : 매우 흥미 있는 표현인데, 대의에 축 늘어져 기댄 자세를 말한다.

253) Mettiyā : 이 율장에만 등장하는 수행녀로 답바 말라뿟따에게 순결을 빼앗겼다고 무고하여 그 죄로 승단에서 추방당했다. 그리고 이 이하의 이야기는 앞의 이야기와 더불어 Vin. II. 124-127에서 병행하듯, Vin. II. 78-79에서도 정확히 병행한다.

이와 같이 말했으나 멧띠야와 붐마자까를 추종하는 수행승들은 대꾸하지 않았다.

[수행녀 멧띠야] "제가 존자들에게 무엇을 잘못했습니까? 왜 존자들께서는 저에게 대꾸하지 않습니까?"

[멧띠야와 붐마자까의 추종자들] "자매여, 그대는 우리가 답바 말라뿟따에게 괴롭힘을 당하는데 무관심합니다."

[수행녀 멧띠야] "존자들이여, 제가 어떻게 하면 됩니까?"

[멧띠야와 붐마자까의 추종자들] "자매여, 만약 그대가 원한다면, 오늘 세존께서 존자 답바 말라뿟따를 멸빈시켜버리게 하시오."

[수행녀 멧띠야] "존자들이여, 제가 어떻게 하면 됩니까? 나에게 가능한 일입니까?"

[멧띠야와 붐마자까의 추종자들] "자매여, 그대는 가서 세존께서 계신 곳을 찾으시오. 찾아가서 세존께 이와 같이[79] '세존이시여, 이것은 옳지 않고 적당하지 않습니다. 두려움이 없고, 안전하고, 재난이 없는 곳이 두려움이 있고, 불안하고, 재난이 있는 곳이 되었습니다. 바람이 없는 곳에 바람이 일어납니다. 생각건대 물이 불타는 것과 같습니다. 저는 답바 말라뿟따에게 능욕당했습니다.'라고 말하십시오."

[수행녀 멧띠야] "존자들이여, 알겠습니다."

수행녀 멧띠야는 멧띠야와 붐마자까를 추종하는 수행승들에게 대답하고 세존께서 세존께서 계신 곳을 찾아갔다. 가까이 다가가서 세존께 인사를 하고 한쪽으로 물러나 섰다. 한쪽으로 물러나 서서 세존께 이와 같이 말했다.

[수행녀 멧띠야] "세존이시여, 이것은 옳지 않고 적당하지 않습니다. 두려움이 없고, 안전하고, 재난이 없는 곳이 두려움이 있고, 불안하고, 재난이 있는 곳이 되었습니다. 바람이 없는 곳에 바람이 일어납니다. 생각건대 물이 불타는 것과 같습니다. 저는 존자 답바 말라뿟따에게 능욕당했습니다."

9. 그러자 세존께서는 이것을 기회로 이것을 원인으로 수행승들의 참모임을 불러 모은 뒤에 존자 답바 말라뿟따에게 물었다.

[세존] "답바여, 그대는 이 수행녀가 말한 것처럼, 그와 같이 기억하는가?"

[답바] "세존이시여, 세존께서는 저에 대하여 아는 대로입니다."

두 번째에도 세존께서는 존자 답바 말라뿟따에게 물었다.

[세존] "답바여, 그대는 이 수행녀가 말한 것처럼, 그와 같이 기억하는가?"

[답바] "세존이시여, 세존께서는 저에 대하여 아는 대로입니다."

세 번째에도 세존께서는 존자 답바 말라뿟따에게 물었다.

[세존] "답바여, 그대는 이 수행녀가 말한 것처럼, 그와 같이 기억하는가?"

[답바] "세존이시여, 세존께서는 저에 대하여 아는 대로입니다."

[세존] "답바여, 답바들은 그처럼 둘러대지 않는다.254) 만약 그대가 했으면, 했다라고 말하고, 하지 않았으면, 하지 않았다라고 말하라."

[답바] "세존이시여, 저는 태어난 이래 꿈속에서 조차 성교를 한 적이 없는데, 하물며 깨어서 했겠습니까?"

그러자 세존께서는 수행승들에게 일렀다.

[세존] "수행승들이여, 그렇다면, 수행녀 멧띠야를 멸빈하라.255) 그리고 그 수행승들을 힐문하라."

이와 같이 말씀하시고 세존께서는 승원으로 들어갔다.

그래서 그 수행승들은 수행녀 멧띠야를 멸빈했다.

그러자 멧띠야와 붐마자까를 추종하는 수행승들은 이와 같이 말했다.

[멧띠야와 붐마자까의 추종자들] "벗들이여, 수행녀 멧띠야를 멸빈하지 마십시오. 그녀는 아무런 잘못도 짓지 않았습니다. 우리가 분노하고 불쾌하여 쫓아내길 원하여 그녀를 사주한 것입니다."

[수행승들] "벗들이여, 그대들은 존자 답바 말라뿟따를 근거 없이 계율을 파괴했다고 비방한 것인가?"256)

[멧띠야와 붐마자까의 추종자들] "벗들이여, 그렇습니다."

수행승들 가운데 욕망을 여의고 만족을 알고 부끄러움을 알고 참회할 줄 알고 학습 계율을 원하는 자들은 그것에 대하여 혐책하고 분개하고 비난했다.

[수행승들] "어찌 멧띠야와 붐마자까를 추종하는 수행승들은 존자 답바 말라뿟따를 근거 없이 계율을 파괴했다고 비방할 수 있단 말인가?"

그래서 그 수행승들은 세존께 그 사실을 알렸다. 그러자 세존께서는 이러한

---

254) na kho dabba, dabbā evaṃ nibbeṭhenti : 답바는 어떤 가문의 명칭인 것 같다. Smp. 581에 따르면, 답바들은 현명하다.

255) tena hi bhikkhave, mettiyā bhikkhuniṃ nāsetha : Bd. I. 280에서 호너(I. B. Horner)는 이것은 분명히 수행승의 남성중심적 해석이다. 부처님은 모든 잘못된 행위에서 가정된 잘못을 범한 자에게 질문을 했다. '그것은 사실인가?' 라고 아무도 처음 듣고 누구도 저주하거나 비방한 적이 없었다. 잘못을 범한 것에 여인이 관여되었을 때 변명의 기회를 주지 않은 것은 지극히 의심스러운 것이다. 자세한 것은 Woman under Primitive Buddhism, p. 206을 참조하라.

256) kiṃ pana tumhe āvuso, āyasmantaṃ dabbaṃ mallaputtaṃ amūlikāya sīlavipattiyā anuddhaṃsethā'ti : Saṅgh. 8은 근거 없이 승단추방죄를 가지고 힐문하는 것을 승단잔류죄로 규정하고 있다.

인연으로 이러한 기회에 수행승들의 무리를 불러 모아 수행승들에게 물었다.

[세존] "수행승들이여, 멧띠야와 붐마자까를 추종하는 수행승들이 존자 답바 말라뿟따를 근거 없이 계율을 파괴했다고 비방한 것이 사실인가?"

[수행승들] "세존이시여, 사실입니다."

존귀하신 부처님께서는 견책했다.

[세존] "수행승들이여, 그 어리석은 자들은 적절하지 않고, 자연스럽지 않고, 알맞지 않고, 수행자의 삶이 아니고, 부당하고, 해서는 안 될 일을 행한 것이다. 수행승들이여, 멧띠야와 붐마자까를 추종하는 수행승들이 존자 답바 말라뿟따를 근거 없이 계율을 파괴했다고 비방할 수 있단 말인가? 수행승들이여, 그것은 아직 청정한 믿음이 없는 자를 청정한 믿음으로 이끌고, 이미 청정한 믿음이 있는 자를 더욱더 청정한 믿음으로 이끄는 것이 아니다. 수행승들이여, 그것은 오히려, 아직 청정한 믿음이 없는 자를 불신으로 이끌고, 이미 청정한 믿음이 있는 자 가운데 어떤 자들을 타락시키는 것이다."

10. 그리고 세존께서는 그 수행승들을 여러 가지 방편으로 견책하여, 키우기 어렵고 부양하기 어렵고 욕심이 많고 만족을 모르고 교제를 좋아하고 나태한 것에 대하여 질책하고, 여러 가지 법문으로 고무하여, 키우기 쉽고 부양하기 쉽고 욕심을 여의고, 만족을 알고, 버리고 없애는 삶을 살고, 두타행을 하고, 청정한 믿음이 있고, 쌓아 모으지 않고, 용맹정진하는 것을 칭찬하고, 수행승들을 위하여 그에 알맞고 그에 걸맞게 경책하여 법문을 하고 수행승들에게 일렀다.

[세존] "수행승들이여, 그렇다면 참모임은 답바 말라뿟따가 완전한 기억에 도달했다면, 기억에 입각한 조정을 주어라."257)

수행승들이여, 그런데 이와 같이[80] 주어야 한다. 수행승들이여, 그 답바 말라뿟따는 참모임을 찾아가서 한쪽 어깨에 상의를 걸치고 연상의 수행승들의 양발에 머리를 조아린 뒤에 웅크리고 앉아 합장하여 이와 같이 말해야 한다.

[청원1] '존자들이여, 이 멧띠야와 붐마자까를 추종하는 수행승들은 저를 근거 없이 계율을 파괴했다고 비방했습니다. 존자들이여, 저는 완전한 기억에 도달했으므로 기억에 입각한 조정을 청합니다.'

---

257) tena hi bhikkhave, saṅgho dabbassa mallaputtassa sativepullappattassa sativinayaṃ detu : 원래 '상세한 기억에 도달했다면, 기억에 입각한 무죄평결을 주어라 '이라는 뜻이다. 담마다야다 스님에 의하면, 상세하게 새김을 실천해왔기 때문에 어떠한 허물도 기억하지 못하므로 양심적으로 무고하므로 새김에 의한 무죄를 주어라 라는 뜻이다.

[청원2] '존자들이여, 이 멧띠야와 붐마자까를 추종하는 수행승들은 저를 근거 없이 계율을 파괴했다고 비방했습니다. 존자들이여, 저는 세 번째에도 완전한 기억에 도달했으므로 기억에 입각한 조정을 청합니다.'

[청원3] '존자들이여, 이 멧띠야와 붐마자까를 추종하는 수행승들은 저를 근거 없이 계율을 파괴했다고 비방했습니다. 존자들이여, 저는 세 번째에도 완전한 기억에 도달했으므로 기억에 입각한 조정을 청합니다.'

11. 총명하고 유능한 수행승이 참모임에 알려야 한다.

[제안] '존자들이여, 참모임은 제 말에 귀를 기울이십시오. 이 멧띠야와 붐마자까를 추종하는 수행승들은 존자 답바 말라뿟따를 근거 없이 계율을 파괴했다고 비방했습니다. 존자 답바 말라뿟따는 완전한 기억에 도달했으므로 기억에 입각한 조정을 청하고 있습니다. 만약 참모임에 옳은 일이라면, 참모임은 존자 답바 말라뿟따에게 완전한 기억에 도달했으므로 기억에 입각한 조정을 주겠습니다. 이것이 제안입니다.'

[제청1] '존자들이여, 참모임은 제 말에 귀를 기울이십시오. 이 멧띠야와 붐마자까를 추종하는 수행승들은 존자 답바 말라뿟따를 근거 없이 계율을 파괴했다고 비방했습니다. 존자 답바 말라뿟따는 완전한 기억에 도달했으므로 기억에 입각한 조정을 청하고 있습니다. 참모임은 존자 답바 말라뿟따에게 완전한 기억에 도달했으므로 기억에 입각한 조정을 주겠습니다. 존자 답바 말라뿟따에게 완전한 기억에 도달했으므로 기억에 입각한 조정을 주는 것에 동의하면 침묵하시고, 이견이 있으면 말씀하십시오.'

[제청2] '두 번째에도 저는 이 사실을 말합니다. 존자들이여, 참모임은 제 말에 귀를 기울이십시오. 이 멧띠야와 붐마자까를 추종하는 수행승들은 존자 답바 말라뿟따를 근거 없이 계율을 파괴했다고 비방했습니다. 존자 답바 말라뿟따는 완전한 기억에 도달했으므로 기억에 입각한 조정을 청하고 있습니다. 참모임은 존자 답바 말라뿟따에게 완전한 기억에 도달했으므로 기억에 입각한 조정을 주겠습니다. 존자 답바 말라뿟따에게 완전한 기억에 도달했으므로 기억에 입각한 조정을 주는 것에 동의하면 침묵하시고, 이견이 있으면 말씀하십시오.'

[제청3] '세 번째에도 저는 이 사실을 말합니다. 존자들이여, 참모임은 제 말에 귀를 기울이십시오. 이 멧띠야와 붐마자까를 추종하는 수행승들은 존자 답바 말라뿟따를 근거 없이 계율을 파괴했다고 비방했습니다. 존자 답바 말라뿟따는 완전한 기억에 도달했으므로 기억에 입각한 조정을 청하고 있습니다. 참모임은

존자 답바 말라뿟따에게 완전한 기억에 도달했으므로 기억에 입각한 조정을 주겠습니다. 존자 답바 말라뿟따에게 완전한 기억에 도달했으므로 기억에 입각한 조정을 주는 것에 동의하면 침묵하시고, 이견이 있으면 말씀하십시오.'

[결정] '참모임은 존자 답바 말라뿟따에게 완전한 기억에 도달했으므로 기억에 입각한 조정을 주었습니다. 참모임이 찬성하여 침묵했으므로, 저는 그와 같이 알겠습니다.'

12. 수행승들이여, 이와 같은 다섯 가지 경우에 원칙에 맞게 기억에 입각한 조정을 주는 것이다.

1) 수행승이 청정하여 죄가 없는데,

2) 사람들이 그를 비난할 경우,

3) 그가 청원하고,

4) 참모임이 그에게 기억에 입각한 조정을 주고,

5) 그것이 원칙에 맞는다면,

수행승들이여, 이와 같은 다섯 가지 경우에 원칙에 맞게 기억에 입각한 조정을 주는 것이다.

기억에 입각한 조정이 끝났다.

5. 착란에 입각한 조정①(Amūḷhavinaya)

1. 한때 수행승 '각가'258)가 정신착란되어 마음이 전도되었다. 그는 정신착란되어 마음이 전도되었기 때문에 자주 수행자답지 않게 행동하고 말했다. 수행승들은 수행승 '각가'가 정신착란되어 마음이 전도되었으므로 죄를 범한 것에 대하여 비난했다.

[수행승들] "존자는 이와 같은 죄를 범한 것을 기억합니까?"

그는 이와 같이 말했다.

[각가] "벗들이여, 나는[81] 정신착란되어 마음이 전도되었습니다. 정신착란되어 마음이 전도되었기 때문에 자주 수행자답지 않게 행동하고 말했습니다. 나는 그것을 기억하지 못합니다. 나는 정신착란되어 그것을 행한 것입니다."

이와 같이 말했는데도 그들은 그에 대하여 비난했다.

[수행승들] "존자는 이와 같은 죄를 범한 것을 기억합니까?"

---

258) Gagga : 이 수행승이 율장의 이곳과 Vin. I. 123에만 등장하는데, 정신이 착란된 대표적인 수행승이었다.

2. 수행승들 가운데 욕망을 여의고, 만족을 알고, 부끄러움을 알고, 후회할 줄 알고 배움을 원하는 자들은 그들에 대하여 혐책하고 분개하고 비난했다.

[수행승들] "어찌 수행승들은 수행승 '각가'가 정신착란되어 마음이 전도되었으므로 죄를 범한 것에 대하여 '존자는 이와 같은 죄를 범한 것을 기억합니까?'라고 비난할 수 있고, 그는 이와 같이 '벗들이여, 나는 정신착란되어 마음이 전도되었습니다. 정신착란되어 마음이 전도되었기 때문에 자주 수행자답지 않게 행동하고 말했습니다. 나는 그것을 기억하지 못합니다. 나는 정신착란되어 그것을 행한 것입니다.'라고 말할 수 있고, 이와 같이 말했는데도 그들은 그에 대하여 '존자는 이와 같은 죄를 범한 것을 기억합니까?'라고 비난할 수 있단 말인가?"

그래서 그 수행승들은 세존께 그 사실을 알렸다.

[세존] "수행승들이여, 수행승들이 수행승 '각가'가 정신착란되어 마음이 전도되었으므로 죄를 범한 것에 대하여 '존자는 이와 같은 죄를 범한 것을 기억합니까?'라고 비난했고, 그는 이와 같이 '벗들이여, 나는 정신착란되어 마음이 전도되었습니다. 정신착란되어 마음이 전도되었기 때문에 자주 수행자답지 않게 행동하고 말했습니다. 나는 그것을 기억하지 못합니다. 나는 정신착란되어 그것을 행한 것입니다.'라고 말했고, 이와 같이 말했는데도 그들은 그에 대하여 '존자는 이와 같은 죄를 범한 것을 기억합니까?'라고 비난한 것이 사실인가?"

[수행승들] "세존이시여, 사실입니다."

3. 존귀하신 부처님께서는 견책했다.

[세존] "수행승들이여, 그 어리석은 자들은 적절하지 않고, 자연스럽지 않고, 알맞지 않고, 수행자의 삶이 아니고, 부당하고, 해서는 안 될 일을 행한 것이다. 어찌 수행승들은 수행승 '각가'가 정신착란되어 마음이 전도되었으므로 죄를 범한 것에 대하여 '존자는 이와 같은 죄를 범한 것을 기억합니까?'라고 비난할 수 있고, 그는 이와 같이 '벗들이여, 나는 정신착란되어 마음이 전도되었습니다. 정신착란되어 마음이 전도되었기 때문에 자주 수행자답지 않게 행동하고 말했습니다. 나는 그것을 기억하지 못합니다. 나는 정신착란되어 그것을 행한 것입니다.'라고 이와 같이 말했는데도 그들은 그에 대하여 '존자는 이와 같은 죄를 범한 것을 기억합니까?'라고 비난할 수 있단 말인가? 수행승들이여, 그것은 아직 청정한 믿음이 없는 자를 청정한 믿음으로 이끌고, 이미 청정한 믿음이 있는 자를 더욱더 청정한 믿음으로 이끄는 것이 아니다. 수행승들이여, 그것은 오히려, 아직 청정한 믿음이 없는 자를 불신으로 이끌고, 이미 청정한 믿음이 있는 자 가운데 어떤

자들을 타락시키는 것이다."

그리고 세존께서는 그 수행승들을 여러 가지 방편으로 견책하여, 키우기 어렵고 부양하기 어렵고 욕심이 많고 만족을 모르고 교제를 좋아하고 나태한 것에 대하여 질책하고, 여러 가지 법문으로 고무하여, 키우기 쉽고 부양하기 쉽고 욕심을 여의고, 만족을 알고, 버리고 없애는 삶을 살고, 두타행을 하고, 청정한 믿음이 있고, 쌓아 모으지 않고, 용맹정진하는 것을 칭찬하고, 수행승들을 위하여 그에 알맞고 그에 걸맞게 경책하여 법문을 하고 수행승들에게 일렀다.

[세존] "수행승들이여, 그렇다면 참모임은 수행승 각가에게 착란이 있었으므로 착란에 의한 조정을 주어라."

4. 수행승들이여, 그런데 이와 같이 주어야 한다. 수행승들이여, 그 수행승 각가는 참모임을 찾아가서 한쪽 어깨에 상의를 걸치고 연상의 수행승들의 양 발에 머리를 조아린 뒤에 웅크리고 앉아 합장하여 이와 같이 말해야 한다.

[청원1] '존자들이여, 저는 정신착란되어 마음이 전도되었습니다. 정신착란되어 마음이 전도되었으므로 자주 수행자답지 않게 행동하고 말했습니다. 수행승들은 내가 정신착란되어 마음이 전도되어 죄를 범한 것에 대하여 '존자는 이와 같은 죄를 범한 것을 기억합니까?'라고 비난했습니다. 그래서 저는 이와 같이 말했습니다. '벗들이여, 나는 정신착란되어 마음이 전도되었습니다. 정신착란되어 마음이 전도되었기 때문에 자주 수행자답지 않게 행동하고 말했습니다. 나는 그것을 기억하지 못합니다. 나는 정신착란되어 그것을 행한 것입니다.' 이와 같이 말했는데도 그들은 나에 대하여 '존자는 이와 같은 죄를 범한 것을 기억합니까?'라고 비난했습니다. 존자들이여, 저는 과거의 착란 때문에 참모임에 착란에 입각한 조정[259]을 청합니다.'

[청원2] '존자들이여, 저는 정신착란되어 마음이 전도되었습니다. 정신착란되어 마음이 전도되었으므로 자주 수행자답지 않게 행동하고 말했습니다. 수행승들은 내가 정신착란되어 마음이 전도되어 죄를 범한 것에 대하여 '존자는 이와 같은 죄를 범한 것을 기억합니까?'라고 비난했습니다. 그래서 저는 이와 같이 말했습니다. '벗들이여, 나는 정신착란되어 마음이 전도되었습니다. 정신착란되어 마음이 전도되었기 때문에 자주 수행자답지 않게 행동하고 말했습니다. 나는 그것을 기억하지 못합니다. 나는 정신착란되어 그것을 행한 것입니다.' 이와 같이

---

259) amūḷhavinaya : 한역은 불치비니(不痴毘尼) 또는 불치비나야(不痴毘奈耶)이다. 착란에 의한 무죄평결을 뜻한다. 상세한 것은 이 책의 율장해제와 율장의 이곳과 MN. II. 247-250; AN. I. 99를 참조하라.

말했는데도 그들은 나에 대하여 '존자는 이와 같은 죄를 범한 것을 기억합니까?' 라고 비난했습니다. 존자들이여, 저는 과거의 착란 때문에 두 번째에도 참모임에 착란에 입각한 조정을 청합니다.”

[청원3] '존자들이여, 저는 정신착란되어 마음이 전도되었습니다. 정신착란되어 마음이 전도되었으므로 자주 수행자답지 않게 행동하고 말했습니다. 수행승들은 내가 정신착란되어 마음이 전도되어 죄를 범한 것에 대하여 '존자는 이와 같은 죄를 범한 것을 기억합니까?'라고 비난했습니다. 그래서 저는 이와 같이 말했습니다. '벗들이여, 나는 정신착란되어 마음이 전도되었습니다. 정신착란되어 마음이 전도되었기 때문에 자주 수행자답지 않게 행동하고 말했습니다. 나는 그것을 기억하지 못합니다. 나는 정신착란되어 그것을 행한 것입니다.' 이와 같이 말했는데도 그들은 나에 대하여 '존자는 이와 같은 죄를 범한 것을 기억합니까?' 라고 비난했습니다. 존자들이여, 저는 과거의 착란 때문에 세 번째에도 참모임에 착란에 입각한 조정을 청합니다.'

5. 총명하고 유능한 수행승이 참모임에 알려야 한다.

[제안] '존자들이여, 참모임은 제 말에 귀를 기울이십시오. 수행승 각가는 정신착란되어 마음이 전도되었습니다. 정신착란되어 마음이 전도되었으므로 자주 수행자답지 않게 행동하고 말했습니다. 수행승들은 그가 마음이 전도되어 죄를 범한 것에 대하여 '존자는 이와 같은 죄를 범한 것을 기억합니까?'라고 비난했습니다. 그래서 그는 이와 같이 말했습니다. '벗들이여, 나는 정신착란되어 마음이 전도되었습니다. 정신착란되어 마음이 전도되었기 때문에 자주 수행자답지 않게 행동하고 말했습니다. 나는 그것을 기억하지 못한다.[82] 나는 정신착란되어 그것을 행한 것입니다.' 이와 같이 말했는데도 그들은 그에 대하여 '존자는 이와 같은 죄를 범한 것을 기억합니까?'라고 비난했습니다. 그는 과거의 착란 때문에 참모임에 착란에 입각한 조정을 청하고 있습니다. 만약에 참모임에 옳은 일이라면, 참모임이 수행승 각가에게 과거의 착란 때문에 착란에 입각한 조정을 주겠습니다. 이것이 제안입니다.'

[제청1] '존자들이여, 참모임은 제 말에 귀를 기울이십시오. 수행승 각가는 정신착란되어 마음이 전도되었습니다. 정신착란되어 마음이 전도되었으므로 자주 수행자답지 않게 행동하고 말했습니다. 수행승들은 그가 마음이 전도되어 죄를 범한 것에 대하여 '존자는 이와 같은 죄를 범한 것을 기억합니까?'라고 비난했습니다. 그래서 그는 이와 같이 말했습니다. '벗들이여, 나는 정신착란되어 마음

이 전도되었습니다. 정신착란되어 마음이 전도되었기 때문에 자주 수행자답지 않게 행동하고 말했습니다. 나는 그것을 기억하지 못합니다. 나는 정신착란되어 그것을 행한 것입니다.' 이와 같이 말했는데도 그들은 그에 대하여 '존자는 이와 같은 죄를 범한 것을 기억합니까?'라고 비난했습니다. 그는 과거의 착란 때문에 참모임에 착란에 입각한 조정을 청하고 있습니다. 참모임이 수행승 각가에게 과거의 착란 때문에 착란에 입각한 조정을 주겠습니다. 수행승 각가에게 과거의 착란 때문에 착란에 입각한 조정을 주는 것에 동의하면 침묵하시고, 이견이 있으면 말씀하십시오.'

[제청2] '두 번째에도 나는 그 사실을 말합니다. 존자들이여, 참모임은 제 말에 귀를 기울이십시오. 수행승 각가는 정신착란되어 마음이 전도되었습니다. 정신착란되어 마음이 전도되었으므로 자주 수행자답지 않게 행동하고 말했습니다. 수행승들은 그가 마음이 전도되어 죄를 범한 것에 대하여 '존자는 이와 같은 죄를 범한 것을 기억합니까?'라고 비난했습니다. 그래서 그는 이와 같이 말했습니다. '벗들이여, 나는 정신착란되어 마음이 전도되었습니다. 정신착란되어 마음이 전도되었기 때문에 자주 수행자답지 않게 행동하고 말했습니다. 나는 그것을 기억하지 못합니다. 나는 정신착란되어 그것을 행한 것입니다.' 이와 같이 말했는데도 그들은 그에 대하여 '존자는 이와 같은 죄를 범한 것을 기억합니까?'라고 비난했습니다. 그는 과거의 착란 때문에 참모임에 착란에 입각한 조정을 청하고 있습니다. 참모임이 수행승 각가에게 과거의 착란 때문에 착란에 입각한 조정을 주겠습니다. 수행승 각가에게 과거의 착란 때문에 착란에 입각한 조정을 주는 것에 동의하면 침묵하시고, 이견이 있으면 말씀하십시오.'

[제청3] '세 번째에도 나는 그 사실을 말합니다. 존자들이여, 참모임은 제 말에 귀를 기울이십시오. 수행승 각가는 정신착란되어 마음이 전도되었습니다. 정신착란되어 마음이 전도되었으므로 자주 수행자답지 않게 행동하고 말했습니다. 수행승들은 그가 마음이 전도되어 죄를 범한 것에 대하여 '존자는 이와 같은 죄를 범한 것을 기억합니까?'라고 비난했습니다. 그래서 그는 이와 같이 말했습니다. '벗들이여, 나는 정신착란되어 마음이 전도되었습니다. 정신착란되어 마음이 전도되었기 때문에 자주 수행자답지 않게 행동하고 말했습니다. 나는 그것을 기억하지 못합니다. 나는 정신착란되어 그것을 행한 것입니다.' 이와 같이 말했는데도 그들은 그에 대하여 '존자는 이와 같은 죄를 범한 것을 기억합니까?'라고 비난했습니다. 그는 과거의 착란 때문에 참모임에 착란에 입각한 조정을 청하고 있습니

다. 참모임이 수행승 각가에게 과거의 착란 때문에 착란에 입각한 조정을 주겠습니다. 수행승 각가에게 과거의 착란 때문에 착란에 입각한 조정을 주는 것에 동의하면 침묵하시고, 이견이 있으면 말씀하십시오.'

[결정] '참모임은 수행승 각가에게 과거의 착란 때문에 착란에 입각한 조정을 주었습니다. 참모임이 찬성하여 침묵했으므로, 저는 그와 같이 알겠습니다.'"

착란에 입각한 조정(①)이 끝났다.

6. 착란에 입각한 조정②(Amūḷhavinaya)

1. [세존] "수행승들이여, 착란에 입각한 조정을 주는 데는 세 가지 원칙에 맞지 않는 것들과 세 가지 원칙에 맞는 것들이 있다. 세 가지 원칙에 맞지 않는 착란에 입각한 조정이란 어떠한 것인가?

1) 수행승들이여, 여기 수행승이 죄를 지었다. 단체나 대중이나 개인이 그에게 '존자는 이와 같은 죄를 범한 것을 기억하는가?'라고 꾸짖었다. 그는 기억하면서도 이와 같이 '벗들이여, 나는 그와 같은 죄를 범한 것을 기억하지 못한다.'라고 말했다. 참모임은 그에게 착란에 입각한 조정을 준다면, 원칙에 맞지 않는 착란에 입각한 조정을 준 것이다.

2) 수행승들이여, 여기 수행승이 죄를 지었다. 단체나 대중이나 개인이 그에게 '존자는 이와 같은 죄를 범한 것을 기억하는가?'라고 꾸짖었다. 그는 기억하면서도 이와 같이 '벗들이여, 나는 꿈속에서 꿈을 꾸듯 기억한다.'라고 말했다. 참모임은 그에게 착란에 입각한 조정을 준다면, 원칙에 맞지 않는 착란에 입각한 조정을 준 것이다.

3) 수행승들이여, 여기 수행승이 죄를 지었다. 단체나 대중이나 개인이 그에게 '존자는 이와 같은 죄를 범한 것을 기억하는가?'라고 꾸짖었다. 그는 미치지 않았는데도 미친 것처럼 이와 같이 '내가 이렇게 하니 너희도 이렇게 하라. 나에게 그것이 허용되니 너희들에게도 이것이 허용된다.'라고 말했다. 참모임은 그에게 착란에 입각한 조정을 준다면, 원칙에 맞지 않는 착란에 입각한 조정을 준 것이다.

이것이 세 가지 원칙에 맞지 않는 착란에 입각한 조정이다.

2. 세 가지 원칙에 맞는 착란에 입각한 조정이란 어떠한 것인가?

1) 수행승들이여, 여기 수행승이 정신착란되어 마음이 전도되었다. 정신착란되어 마음이 전도되었기 때문에 자주 수행자답지 않게 행동하고 말했다. 단체나

대중이나 개인이 그에게 '존자는 이와 같은 죄를 범한 것을 기억하는가?'라고 꾸짖었다. 그는 기억하지 못하므로 이와 같이 '벗들이여, 나는 그와 같은 죄를 범한 것을 기억하지 못한다.'라고 말했다. 참모임은 그에게 착란에 입각한 조정을 준다면, 원칙에 맞는 착란에 입각한 조정을 준 것이다.

2) 수행승들이여, 여기 수행승이 정신착란되어 마음이 전도되었다. 정신착란되어 [83] 마음이 전도되었기 때문에 자주 수행자답지 않게 행동하고 말했다. 단체나 대중이나 개인이 그에게 '존자는 이와 같은 죄를 범한 것을 기억하는가?'라고 꾸짖었다. 그는 기억하지 못하므로 이와 같이 '벗들이여, 나는 꿈속에서 꿈을 꾸듯 기억한다.'라고 말했다. 참모임은 그에게 착란에 입각한 조정을 준다면, 원칙에 맞는 착란에 입각한 조정을 준 것이다.

3) 수행승들이여, 여기 수행승이 정신착란되어 마음이 전도되었다. 정신착란되어 마음이 전도되었기 때문에 자주 수행자답지 않게 행동하고 말했다. 단체나 대중이나 개인이 그에게 '존자는 이와 같은 죄를 범한 것을 기억하는가?'라고 꾸짖었다. 그는 미쳤으므로 미친 것처럼 이와 같이 '내가 이렇게 하니 너희도 이렇게 하라. 나에게 그것이 허용되니 너희들에게도 이것이 허용된다.'라고 말했다. 참모임은 그에게 착란에 입각한 조정을 준다면, 원칙에 맞는 착란에 입각한 조정을 준 것이다.

이와 같은 세 가지 원칙에 맞는 착란에 입각한 조정이 있다."

착란에 입각한 조정(②)가 끝났다.

7. 자인에 입각한 조정①(Paṭiññātakaraṇa)

1. 한때 여섯무리의 수행승이 자인에 입각하지 않고 수행승들에게 견책조치나 의지조치나 한시퇴출조치나 사죄조치나 권리정지조치의 갈마를 행했다.

수행승들 가운데 욕망을 여의고, 만족을 알고, 부끄러움을 알고, 후회할 줄 알고 배움을 원하는 자들은 그들에 대하여 혐책하고 분개하고 비난했다.

[수행승들] "어찌 여섯무리의 수행승들이 자인에 입각하지 않고 수행승들에게 견책조치나 의지조치나 한시퇴출조치나 사죄조치나 권리정지조치의 갈마를 행한단 말인가?"

그래서 그 수행승들은 세존께 그 사실을 알렸다. 그러자 세존께서는 이것을 기회로 이것을 원인으로 수행승들의 참모임을 불러 모아 수행승들에게 물었다.

[세존] "수행승들이여, 여섯무리의 수행승들이 자인에 입각하지 않고 수행승들

에게 견책조치나 의지조치나 한시퇴출조치나 사죄조치나 권리정지조치의 갈마를 행하는 것이 사실인가?"

[수행승들] "세존이시여, 사실입니다."

2. 존귀하신 부처님께서는 견책했다.

[세존] "수행승들이여, 그 어리석은 자들은 적절하지 않고, 자연스럽지 않고, 알맞지 않고, 수행자의 삶이 아니고, 부당하고, 해서는 안 될 일을 행한 것이다. 어찌 여섯무리의 수행승들이 자인에 입각하지 않고 수행승들에게 견책조치나 의지조치나 한시퇴출조치나 사죄조치나 권리정지조치의 갈마를 행한단 말인가? 수행승들이여, 그것은 아직 청정한 믿음이 없는 자를 청정한 믿음으로 이끌고, 이미 청정한 믿음이 있는 자를 더욱더 청정한 믿음으로 이끄는 것이 아니다. 수행승들이여, 그것은 오히려, 아직 청정한 믿음이 없는 자를 불신으로 이끌고, 이미 청정한 믿음이 있는 자 가운데 어떤 자들을 타락시키는 것이다."

3. 그리고 세존께서는 그 수행승들을 여러 가지 방편으로 견책하여, 키우기 어렵고 부양하기 어렵고 욕심이 많고 만족을 모르고 교제를 좋아하고 나태한 것에 대하여 질책하고, 여러 가지 법문으로 고무하여, 키우기 쉽고 부양하기 쉽고 욕심을 여의고, 만족을 알고, 버리고 없애는 삶을 살고, 두타행을 하고, 청정한 믿음이 있고, 쌓아 모으지 않고, 용맹정진하는 것을 칭찬하고, 수행승들을 위하여 그에 알맞고 그에 걸맞게 경책하여 법문을 하고 수행승들에게 일렀다.

[세존] "수행승들이여, 자인에 입각하지 않고 수행승들에게 견책조치나 의지조치나 한시퇴출조치나 사죄조치나 권리정지조치의 갈마를 행해서는 안 된다. 행하면, 악작죄가 된다."

자인에 입각한 조정(①)가 끝났다.

8. 자인에 입각한 조정②(Paṭiññātakaraṇa)

1. [세존] "수행승들이여, 자인에 입각한 조정[260]에는 이와 같은 원칙에 맞지 않는 것과 원칙에 맞는 것이 있다. 수행승들이여, 원칙에 맞지 않는 자인이란 어떠한 것인가?

260) paṭiññātakaraṇa : 자인에 입각한 조정이란 자인에 입각한 절차를 이행하는 것을 말한다. 한역에서는 자언치(自言治) 또는 자인(自認)라고 한다. 쟁사(諍事)에 대하여 일곱 가지 방식의 멸쟁 가운데 네 번째로 스스로 잘못을 인정하게 하여 자신의 고백으로 쟁사를 그치게 하는 것을 말한다. 상세한 것은 이 율장의 이곳과 MN. II. 247-250; AN. I. 99를 참조하라.

1) 수행승이 승단추방죄[261]를 범했다. 단체나 대중이나 개인이 그에게 '존자는 승단추방죄를 범한 것입니다.'라고 꾸짖었다. 그는 이와 같이 '벗들이여, 나는 승단추방죄를 범한 것이 아니라 승단잔류죄를 범한 것입니다.'라고 말했다. 참모임이 그를 승단잔류죄로 다룬다면, 원칙에 맞지 않는 자인에 입각한 조정을 밟는 것이다.

2) 수행승이 승단추방죄를 범했다. 단체나 대중이나 개인이 그에게 '존자는 승단추방죄를 범한 것입니다.'라고 꾸짖었다. 그는 이와 같이 '벗들이여, 나는 승단추방죄를 범한 것이 아니라 추악죄[262]를 범한 것입니다.'라고 말했다. 참모임이 그를 추악죄로 다룬다면, 원칙에 맞지 않는 자인에 입각한 조정을 밟는 것이다.

3) 수행승이 승단추방죄를 범했다. 단체나 대중이나 개인이 그에게 '존자는 승단추방죄를 범한 것입니다.'라고 꾸짖었다. 그는 이와 같이 '벗들이여, 나는 승단추방죄를 범한 것이 아니라 속죄죄[263]를 범한 것입니다.'라고 말했다. 참모임이 그를 속죄죄로 다룬다면, 원칙에 맞지 않는 자인에 입각한 조정을 밟는 것이다.

4) 수행승이 승단추방죄를 범했다. 단체나 대중이나 개인이 그에게 '존자는 승단추방죄를 범한 것입니다.'라고 꾸짖었다. 그는 이와 같이 '벗들이여, 나는 승단추방죄를 범한 것이 아니라 고백죄[264]를 범한 것입니다.'라고 말했다. 참모임이 그를 고백죄로 다룬다면, 원칙에 맞지 않는 자인에 입각한 조정을 밟는 것이다.

5) 수행승이 승단추방죄를 범했다. 단체나 대중이나 개인이 그에게 '존자는 승단

---

261) pārājika : 한역에서는 음사하여 바라이죄(波羅夷罪) 번역하여 단두죄((斷頭罪)라고 한다. 원래 이 빠라지까(pārājika)라는 어원적으로 패배죄라는 의미를 지니는데, 영역(Bd. V. 398)에서는 원래의 의미 그대로 '패배죄(the offences involving defeat)를 사용한다. 그것은 승리자인 부처님이 될 수 없다는 의미를 지닌다. 이 죄를 지으면, 승잔에서 추방하는 죄인데, 성적 교섭, 훔침, 살인, 인간을 뛰어넘는 상태에 대한 사칭이라는 네 가지가 있다.

262) thullaccaya : 한역으로는 방사죄(方使罪) 또는 미수죄(未遂罪)라고도 한다. 어원적으로 추악(醜惡)이라는 뜻이다. 승단추방죄나 승단잔류죄를 범하려다 미수에 그친 중죄를 말한다. 자세한 것은 이 책의 율장해제를 참조하라.

263) pācittiya : 한역으로는 바일제(波逸提), 바일저가(波逸底迦), 바약치(波藥致), 바라일니가(波羅逸尼柯), 바라야질지가(波羅夜質肢迦), 바야제(波夜提)라고 하고, 번역하여 타(墮)라고 한다. 속죄가 필요한 죄인데, 속죄하지 않으면 지옥에 떨어지는 죄이다. 자세한 것은 이 책의 율장해제를 참조하라.

264) pāṭidesanīya : 한역으로는 바라제사니(波羅提舍尼), 바라제사니(波羅提提舍尼), 번역하여 향피회(向彼悔), 대타설(對他說), 또는 회과법(悔過法)이라고 한다. 이 죄를 범한 자는 다른 수행승에게 반드시 고백하고 참회해야 한다. 자세한 것은 이 책의 율장해제를 참조하라.

추방죄를 범한 것입니다.'라고 꾸짖었다. 그는 이와 같이 '벗들이여, 나는 승단 추방죄를 범한 것이 아니라 악작죄265)를 범한 것입니다.'라고 말했다. 참모임이 그를 악작죄로 다룬다면, 원칙에 맞지 않는 자인에 입각한 조정을 밟는 것이다.

6) 수행승이 승단추방죄를 범했다. 단체나 대중이나 개인이 그에게 '존자는 승단추방죄를 범한 것입니다.'라고 꾸짖었다. 그는 이와 같이 '벗들이여, 나는 승단추방죄를 범한 것이 아니라 악설죄266)를 범한 것입니다.'라고 말했다. 참모임이 그를 악설죄로 다룬다면, 원칙에 맞지 않는 자인에 입각한 조정을 밟는 것이다.

7) 수행승이 승단잔류죄를 범했다. 단체나 대중이나 개인이 그에게 '존자는 승단잔류죄를 범한 것입니다.'라고 꾸짖었다. 그는 이와 같이 '벗들이여, 나는 승단잔류죄를 범한 것이 아니라 승단추방죄를 범한 것입니다.'라고 말했다. 참모임이 그를 승단추방죄로 다룬다면, 원칙에 맞지 않는 자인에 입각한 조정을 밟는 것이다.

8) 수행승이 추악죄를 범했다. 단체나 대중이나 개인이 그에게 '존자는 추악죄를 범한 것입니다.'라고 꾸짖었다. 그는 이와 같이 '벗들이여, 나는 추악죄를 범한 것이 아니라 승단추방죄를 범한 것입니다.'라고 말했다. 참모임이 그를 승단추방죄로 다룬다면, 원칙에 맞지 않는 자인에 입각한 조정을 밟는 것이다.

9) 수행승이 속죄죄를 범했다. 단체나 대중이나 개인이 그에게 '존자는 속죄죄를 범한 것입니다.'라고 꾸짖었다. 그는 이와 같이 '벗들이여, 나는 속죄죄를 범한 것이 아니라 승단추방죄를 범한 것입니다.'라고 말했다. 참모임이 그를 승단추방죄로 다룬다면, 원칙에 맞지 않는 자인에 입각한 조정을 밟는 것이다.

10) 수행승이 고백죄를 범했다. 단체나 대중이나 개인이 그에게 '존자는 고백죄를 범한 것입니다.'라고 꾸짖었다. 그는 이와 같이 '벗들이여, 나는 고백죄를 범한 것이 아니라 승단추방죄를 범한 것입니다.'라고 말했다. 참모임이 그를 승단추방죄로 다룬다면, 원칙에 맞지 않는 자인에 입각한 조정을 밟는 것이다.

---

265) dukkaṭa : 한역으로는 악작죄(惡作罪)라고 하고 음사하여 돌길라(突吉羅)라고 한다. 중학죄(衆學罪: sekhiya)의 일종으로 고의로 범한 경우에는 한 사람 앞에서 참회하고, 고의가 아닌 경우에는 마음속으로만 참회하면 된다. 자세한 것은 이 책의 율장해제를 참조하라.

266) dubbhāsita : 한역으로 악설(惡說)이라고 한다. 중학죄(衆學罪 : sekhiya)의 일종으로 어겼을 때에는 고의로 범한 경우에는 한 사람 앞에서 참회하고, 고의가 아닌 경우에는 마음속으로만 참회하면 된다. 자세한 것은 이 책의 율장해제를 참조하라.

11) 수행승이 악작죄를 범했다. 단체나 대중이나 개인이 그에게 '존자는 악작죄를 범한 것입니다.'라고 꾸짖었다. 그는 이와 같이 '벗들이여, 나는 악작죄를 범한 것이 아니라 승단추방죄를 범한 것입니다.'라고 말했다. 참모임이 그를 승단추방죄로 다룬다면, 원칙에 맞지 않는 자인에 입각한 조정을 밟는 것이다.

12) 수행승이 악설죄를 범했다. 단체나 대중이나 개인이 그에게 '존자는[84] 악설죄를 범한 것입니다.'라고 꾸짖었다. 그는 이와 같이 '벗들이여, 나는 악설죄를 범한 것이 아니라 승단추방죄를 범한 것입니다.'라고 말했다. 참모임이 그를 승단추방죄로 다룬다면, 원칙에 맞지 않는 자인에 입각한 조정을 밟는 것이다.

13) 수행승이 악설죄를 범했다. 단체나 대중이나 개인이 그에게 '존자는 악설죄를 범한 것입니다.'라고 꾸짖었다. 그는 이와 같이 '벗들이여, 나는 악설죄를 범한 것이 아니라 승단잔류죄를 범한 것입니다.'라고 말했다. 참모임이 그를 승단잔류죄로 다룬다면, 원칙에 맞지 않는 자인에 입각한 조정을 밟는 것이다.

14) 수행승이 악설죄를 범했다. 단체나 대중이나 개인이 그에게 '존자는 악설죄를 범한 것입니다.'라고 꾸짖었다. 그는 이와 같이 '벗들이여, 나는 악설죄를 범한 것이 아니라 추악죄를 범한 것입니다.'라고 말했다. 참모임이 그를 추악죄로 다룬다면, 원칙에 맞지 않는 자인에 입각한 조정을 밟는 것이다.

15) 수행승이 악설죄를 범했다. 단체나 대중이나 개인이 그에게 '존자는 악설죄를 범한 것입니다.'라고 꾸짖었다. 그는 이와 같이 '벗들이여, 나는 악설죄를 범한 것이 아니라 속죄죄를 범한 것입니다.'라고 말했다. 참모임이 그를 속죄죄로 다룬다면, 원칙에 맞지 않는 자인에 입각한 조정을 밟는 것이다.

16) 수행승이 악설죄를 범했다. 단체나 대중이나 개인이 그에게 '존자는 악설죄를 범한 것입니다.'라고 꾸짖었다. 그는 이와 같이 '벗들이여, 나는 악설죄를 범한 것이 아니라 고백죄를 범한 것입니다.'라고 말했다. 참모임이 그를 고백죄로 다룬다면, 원칙에 맞지 않는 자인에 입각한 조정을 밟는 것이다.

17) 수행승이 악설죄를 범했다. 단체나 대중이나 개인이 그에게 '존자는 악설죄를 범한 것입니다.'라고 꾸짖었다. 그는 이와 같이 '벗들이여, 나는 악설죄를 범한 것이 아니라 악작죄를 범한 것입니다.'라고 말했다. 참모임이 그를 악작죄로 다룬다면, 원칙에 맞지 않는 자인에 입각한 조정을 밟는 것이다.

수행승들이여, 원칙에 맞지 않는 자인에 입각한 조정는 이와 같다.

2. 수행승들이여, 원칙에 맞는 자인에 입각한 조정란 어떠한 것인가?

1) 수행승이 승단추방죄를 범했다. 단체나 대중이나 개인이 그에게 '존자는 승단

추방죄를 범한 것입니다.'라고 꾸짖었다. 그는 이와 같이 '벗들이여, 그렇소. 나는 승단추방죄를 범했습니다.'라고 말했다. 참모임이 그를 승단추방죄로 다룬다면, 원칙에 맞는 자인에 입각한 조정을 밟는 것이다.

2) 수행승이 승단잔류죄를 범했다. 단체나 대중이나 개인이 그에게 '존자는 승단잔류죄를 범한 것입니다.'라고 꾸짖었다. 그는 이와 같이 '벗들이여, 그렇소. 나는 승단잔류죄를 범한 것입니다.'라고 말했다. 참모임이 그를 승단잔류죄로 다룬다면, 원칙에 맞는 자인에 입각한 조정을 밟는 것이다.

3) 수행승이 추악죄를 범했다. 단체나 대중이나 개인이 그에게 '존자는 추악죄를 범한 것입니다.'라고 꾸짖었다. 그는 이와 같이 '벗들이여, 그렇소. 나는 추악죄를 범한 것입니다.'라고 말했다. 참모임이 그를 추악죄로 다룬다면, 원칙에 맞는 자인에 입각한 조정을 밟는 것이다.

4) 수행승이 속죄죄를 범했다. 단체나 대중이나 개인이 그에게 '존자는 속죄죄를 범한 것입니다.'라고 꾸짖었다. 그는 이와 같이 '벗들이여, 그렇소. 나는 속죄죄를 범한 것입니다.'라고 말했다. 참모임이 그를 속죄죄로 다룬다면, 원칙에 맞는 자인에 입각한 조정을 밟는 것이다.

5) 수행승이 고백죄를 범했다. 단체나 대중이나 개인이 그에게 '존자는 고백죄를 범한 것입니다.'라고 꾸짖었다. 그는 이와 같이 '벗들이여, 그렇소. 나는 고백죄를 범한 것입니다.'라고 말했다. 참모임이 그를 고백죄로 다룬다면, 원칙에 맞는 자인에 입각한 조정을 밟는 것이다.

6) 수행승이 악작죄를 범했다. 단체나 대중이나 개인이 그에게 '존자는 악작죄를 범한 것입니다.'라고 꾸짖었다. 그는 이와 같이 '벗들이여, 그렇소. 나는 악작죄를 범한 것입니다.'라고 말했다. 참모임이 그를 악작죄로 다룬다면, 원칙에 맞는 자인에 입각한 조정을 밟는 것이다.

7) 수행승이 악설죄를 범했다. 단체나 대중이나 개인이 그에게 '존자는 악설죄를 범한 것입니다.'라고 꾸짖었다. 그는 이와 같이 '벗들이여, 그렇소. 나는 악설죄를 범한 것입니다.'라고 말했다. 참모임이 그를 악설죄로 다룬다면, 원칙에 맞는 자인에 입각한 조정을 밟는 것이다.

수행승들이여, 원칙에 맞는 자인에 입각한 조정는 이와 같다."

자인에 입각한 조정(②)가 끝났다.

9. 다수에 입각한 조정(Yebhuyyasikā)

1. 한때 수행승들이 참모임 안에서 다투고 싸우고 쟁론하면서 서로 입에 칼을

묻고 찔렀다. 그들은 그 쟁사를 가라앉힐 수가 없었다.

세존께 그 사실을 알렸다.

[세존] "수행승들이여, 이와 같은 쟁사는 다수에 입각한 조정[267]으로 가라앉힐 것을 허용한다."

2. [세존] "수행승들이여, 다섯 고리를 갖춘 수행승을 산가지표결의 관리인[268]로 선정해야 한다.

1) 그는 욕망 의해 삿된 길을 가지 말아야 하고,
2) 분노 의해 삿된 길을 가지 말아야 하고,
3) 어리석음 의해 삿된 길을 가지 말아야 하고,
4) 두려움 의해 삿된 길을 가지 말아야 하고,
5) 표결된 것과 표결되지 않은 것을 알아야 한다.

3. 수행승들이여, 그런데 이와 같이 선정해야 한다. 처음에 수행승을 청해야 한다. 청한 뒤에 현명하고 유능한 수행승이 참모임에 알려야 한다.

[제안] '존자들이여, 참모임은 제 말에 귀를 기울이십시오. 참모임에 옳은 일이라면, 참모임이 이러이러한 수행승을 산가지표결의 관리인으로 선정하겠습니다. 이것이 제안입니다.'

[제청] '존자들이여, 참모임은 제 말에 귀를 기울이십시오. 참모임은 이러이러한 수행승을 산가지표결의 관리인으로 선정합니다. 이러이러한 수행승을 산가지표결의 관리인으로 선정하는 것에 동의하면 침묵하시고, 이견이 있으면 말씀하십시오.'

[결정] '참모임은 이러이러한 수행승을 산가지표결의 관리인으로 선정했습니다. 참모임이 찬성하여 침묵했으므로, 저는 그와 같이 알겠습니다.'"

다수에 입각한 조정이 끝났다.

10. 원칙에 맞지 않는 표결과 원칙에 맞는 표결(Adhammikadhammikāsalākagāhā)

1. [세존] "수행승들이여,[85] 이와 같은 열 가지 원칙에 맞지 않는 산가지표결과 원칙에 맞는 산가지표결의 확보가 있다.

---

267) yebhuyyasikā : 한역에서는 다인어(多人語) 또는 다멱비니(多覓毘尼)라고 한다. 분쟁(諍事)에 대하여 일곱 가지 방식의 분쟁조정(satta adhikaraṇasamathā : 七滅諍) 가운데 다수에 입각한 조정을 따름으로써 분쟁을 그치게 하는 것을 말한다. 이것에 대해서는 이 책의 율장해제와 이 율장의 이 곳과 MN. 104에 상세히 나온다.

268) salākagāhāpako : 한역에서는 행주인(行籌人)이라고 한다. 표결용나뭇조각을 개별수행승들에게 보여 주고 분배하는 수행승이다.

2. 열 가지 원칙에 맞지 않는 산가지표결란 어떠한 것인가?
1) 쟁사가 작은 일인 것,
2) 일의 근본을 알 수 없는 것,[269)]
3) 자타가 기억할 수 없는 것,[270)]
4) '원칙에 맞지 않는 것을 말하는 자가 더욱 많다.'라고 아는 것,
5) '원칙에 맞지 않는 것을 말하는 자가 아마도 더욱 많을 수 있다.'고 생각하는 것,
6) '참모임이 분열될 것이다.'라고 아는 것,
7) '참모임이 아마도 분열될 수 있다.'라고 생각하는 것,
8) 원칙에 맞지 않게 표결하는 것,[271)]
9) 불완전한 모임으로 표결하는 것,
10) 견해에 일치하지 않게 표결하는 것[272)]이다.
이러한 열 가지 원칙에 맞지 않는 산가지표결이 성립한다.

3. 열 가지 원칙에 맞는 산가지표결란 어떠한 것인가?
1) 쟁사가 작은 일이 아닌 것,
2) 일의 근본을 알 수 있는 것,
3) 자타가 기억할 수 있는 것,
4) '원칙에 맞는 것을 말하는 자가 더욱 많다.'라고 아는 것,
5) '원칙에 맞는 것을 말하는 자가 아마도 더욱 많을 수 있다.'라고 생각하는 것,
6) '참모임이 분열되지 않을 것이다.'라고 아는 것,
7) '참모임이 아마도 분열되지 않을 수 있다.'라고 생각하는 것,
8) 원칙에 맞게 표결하는 것,
9) 모임이 완전하게 표결하는 것,
10) 견해에 일치하게 표결하는 것이다.
이러한 열 가지 원칙에 맞는 산가지표결이 있다."

원칙에 맞지 않는 표결과 원칙에 맞는 표결이 끝났다.

---

269) na ca gatigataṃ hoti : Smp. 1192에 따르면, '두세 처소로 가지 않았거나 여기저기 두세 번으로 결정되지 않은 것'을 의미한다.

270) na ca saritasāritaṃ hoti : Smp. 1192에 따르면, 두세 번 수행승 스스로에 의해서 기억되지 않거나 다른 사람으로 하여금 기억나도록 하지 못하는 것을 말한다.

271) adhammena gaṇhanti : 그들이 표결권을 두 개씩 확보한다면, Smp. 1193에 따르면, '원칙에 맞지 않는 것을 설하는 자들이 다수가 될 수 있다.'

272) na ca yathādiṭṭhiyā gaṇhanti : 이를테면 그들의 견해를 다수의 편인 것처럼 바꾸는 것을 뜻한다.

11. 심문에 입각한 갈마①(Tassapāpiyyasikākamma)

1. 한때 수행승 우발라[273]가 참모임에서 죄를 조사받으면서 부정한 뒤에 인정하고 인정한 뒤에 부정했다. 그는 다른 말로 다른 말을 회피했고, 알면서 거짓말을 했다. 수행승들 가운데 욕망을 여의고 만족을 알고 부끄러움을 알고 참회할 줄 알고 학습 계율을 원하는 자들은 그것에 대하여 혐책하고 분개하고 비난했다.

[수행승들] "어찌 수행승 우발라가 참모임에서 죄에 대하여 조사받으면서 부정한 뒤에 인정하고 인정한 뒤에 부정하고, 또한 다른 말로 다른 말을 회피하고, 알면서도 거짓말을 할 수 있단 말인가?"

그래서 그 수행승들은 세존께 그 사실을 알렸다. 그러자 세존께서는 이러한 인연으로 이러한 기회에 수행승들의 무리를 불러 모아 수행승들에게 물었다.

[세존] "수행승들이여, 수행승 우발라가 참모임에서 죄에 대하여 조사받으면서 부정한 뒤에 인정하고 인정한 뒤에 부정하고, 또한 다른 말로 다른 말을 회피하고, 알면서도 거짓말을 한 것이 사실인가?"

[수행승들] "세존이시여, 사실입니다."

2. 존귀하신 부처님께서는 견책했다.

[세존] "수행승들이여, 그 어리석은 자는 적절하지 않고, 자연스럽지 않고, 알맞지 않고, 수행자의 삶이 아니고, 부당하고, 해서는 안 될 일을 행한 것이다. 어찌 수행승 우발라는 참모임에서 죄에 대하여 조사받으면서 부정한 뒤에 인정하고 인정한 뒤에 부정하고, 또한 다른 말로 다른 말을 회피하고, 알면서도 거짓말을 할 수 있단 말인가? 수행승들이여, 그것은 아직 청정한 믿음이 없는 자를 청정한 믿음으로 이끌고, 이미 청정한 믿음이 있는 자를 더욱더 청정한 믿음으로 이끄는 것이 아니다. 수행승들이여, 그것은 오히려, 아직 청정한 믿음이 없는 자를 불신으로 이끌고, 이미 청정한 믿음이 있는 자 가운데 어떤 자들을 타락시키는 것이다."

3. 그리고 세존께서는 수행승 우발라를 여러 가지 방편으로 견책하여, 키우기 어렵고 부양하기 어렵고 욕심이 많고 만족을 모르고 교제를 좋아하고 나태한 것에 대하여 질책하고, 여러 가지 법문으로 고무하여, 키우기 쉽고 부양하기 쉽고 욕심을 여의고, 만족을 알고, 버리고 없애는 삶을 살고, 두타행을 하고, 청정한 믿음이 있고, 쌓아 모으지 않고, 용맹정진하는 것을 칭찬하고, 수행승들을 위하여 그에 알맞고 그에 걸맞게 경책하여 법문을 하고 수행승들에게 일렀다.

---

273) Uvāla : 율장의 이곳에만 등장하는 인물이다.

[세존] "수행승들이여, 그렇다면 참모임은 수행승 우발라에게 심문에 입각한 갈마[274]를 행해야 한다."

4. 수행승들이여, 그런데 이와 같이 행해야 한다. 먼저 수행승 우발라를 견책하고, 견책한 뒤에 기억을 확인하게 하고, 기억을 확인한 뒤에 죄를 인정하게 하고, 인정하게 한 뒤에 현명하고 유능한 수행승이 참모임에 알려야 한다.

[제안] '존자들이여, 참모임은 제 말에 귀를 기울이십시오. 이 수행승 우발라는 참모임에서 죄에 대하여 조사받으면서 부정한 뒤에 인정하고 인정한 뒤에 부정하고, 또한 다른 말로 다른 말을 회피하고, 알면서도 거짓말을 했습니다. 만약에 참모임에 옳은 일이라면, 참모임이 수행승 우발라에게 심문에 입각한 갈마를 행하겠습니다. 이것이 제안입니다.'

[제청1] '존자들이여, 참모임은 제 말에 귀를 기울이십시오. 이 수행승 우발라는 참모임에서 죄에 대하여 조사받으면서 부정한 뒤에 인정하고 인정한 뒤에 부정하고, 또한 다른 말로 다른 말을 회피하고, 알면서도 거짓말을 했습니다. 참모임이 수행승 우발라에게 심문에 입각한 갈마를 행합니다. 수행승 우발라에게 심문에 입각한 갈마를 행하는 것에 동의하면 침묵하시고, 이견이 있으면 말씀하십시오.'

[제청2] '두 번째에도 저는 이 사실을 말합니다. 존자들이여, 참모임은 제 말에 귀를 기울이십시오. 이 수행승 우발라는 참모임에서 죄에 대하여 조사받으면서 부정한 뒤에 인정하고 인정한 뒤에 부정하고, 또한 다른 말로 다른 말을 회피하고, 알면서도 거짓말을 했습니다. 참모임이 수행승 우발라에게 심문에 입각한 갈마를 행합니다. 수행승 우발라에게 심문에 입각한 갈마를 행하는 것에 동의하면 침묵하시고, 이견이 있으면 말씀하십시오.'

[제청3] '세 번째에도 저는 이 사실을 말합니다. 존자들이여, 참모임은 제 말에 귀를 기울이십시오. 이 수행승 우발라는 참모임에서 죄에 대하여 조사받으면서 부정한 뒤에 인정하고 인정한 뒤에 부정하고, 또한 다른 말로 다른 말을 회피하고, 알면서도 거짓말을 했습니다. 참모임이 수행승 우발라에게 심문에 입각한 갈마를 행합니다. 수행승 우발라에게 심문에 입각한 갈마를 행하는 것에 동의하면 침묵

274) tassapāpiyyasikakamma : 심문에 입각한 조정의 갈마를 말한다. 한역에는 멱죄상(覓罪相) 또는 구피죄(求彼罪)라고 한다. 칠멸쟁(七滅諍)의 하나이다. 상대방의 죄악에 대하여 밝혀진 것 이외에 더 추궁하여 자인하게 함으로서 쟁사를 그치게 하는 것을 의미한다. 상세한 것은 율장의 해제와 율장의 이곳과 MN. II. 247-250; AN. I. 99를 참조하라.

하시고, 이견이 있으면 말씀하십시오.'

[결정] '참모임이 수행승 우발라에게 심문에 입각한 갈마를 행했습니다. 참모임이 찬성하여 침묵했으므로, 저는 그와 같이 알겠습니다.'"

심문에 입각한 갈마(①)가 끝났다.

12. 심문에 입각한 갈마②(Tassapāpiyyasikākamma)

1. [세존] "수행승들이여,[86] 이와 같은 다섯 가지 원칙에 맞는 심문에 입각한 갈마의 근거가 있다.

1) 부정(不淨)한 것,

2) 부끄러움을 모르는 것,

3) 가책을 받을 만한 것,

4) 참모임이 심문에 입각한 조정275)을 원칙에 맞게 행하는 것,

5) 모임이 완전하게 행하는 것이다.

수행승들이여, 이와 같은 다섯 가지 원칙에 맞는 심문에 입각한 갈마의 근거가 있다.

2. [열두 가지 원칙에 맞지 않는 갈마(Adhammakammadvādasaka)]

1) [세존] "수행승들이여, 세 가지 고리를 갖춘 심문에 입각한 갈마는 원칙에 맞지 않는 갈마이고 계율에 맞지 않는 갈마로서 잘 성취되기 어렵다. 즉, 현전에 입각하지 않고 행하는 것과 질문에 근거하지 않고 행하는 것과 자인에 입각하지 않고 행하는 것이다. 수행승들이여, 이러한 세 가지 고리를 갖춘 심문에 입각한 갈마는 원칙에 맞지 않는 갈마이고 계율에 맞지 않는 갈마로서 잘 성취되기 어렵다.

2) 수행승들이여, 또한 다른 세 가지 고리를 갖춘 심문에 입각한 갈마도 원칙에 맞지 않는 갈마이고 계율에 맞지 않는 갈마로서 잘 성취되기 어렵다. 즉, 죄가 없는데 행하는 것과 죄가 참회로 이끌어지지 않는데 행하는 것과 죄가 이미 참회되었는데 행하는 것이다. 수행승들이여, 이러한 세 가지 고리를 갖춘 심문에 입각한 갈마는 원칙에 맞지 않는 갈마이고 계율에 맞지 않는 갈마로서 잘 성취되기 어렵다.

3) 수행승들이여, 또한 다른 세 가지 고리를 갖춘 심문에 입각한 갈마도 원칙에 맞지 않는 갈마이고 계율에 맞지 않는 갈마로서 잘 성취되기 어렵다. 즉, 질책하

---

275) tassapāpiyyasika : 바로 앞의 '심문에 입각한 갈마'에 대한 주석을 보라.

지 않고 행하는 것과 기억을 확인하지 않고 행하는 것과 죄를 거론하지 않고 행하는 것이다. 수행승들이여, 이러한 세 가지 고리를 갖춘 심문에 입각한 갈마는 원칙에 맞지 않는 갈마이고 계율에 맞지 않는 갈마로서 잘 성취되기 어렵다.

4) 수행승들이여, 또한 다른 세 가지 고리를 갖춘 심문에 입각한 갈마도 원칙에 맞지 않는 갈마이고 계율에 맞지 않는 갈마로서 잘 성취되기 어렵다. 즉, 현전에 입각하지 않고 행하는 것과 원칙에 맞지 않게 행하는 것과 모임이 불완전하게 행하는 것이다. 수행승들이여, 이러한 세 가지 고리를 갖춘 심문에 입각한 갈마는 원칙에 맞지 않는 갈마이고 계율에 맞지 않는 갈마로서 잘 성취되기 어렵다.

5) 수행승들이여, 또한 다른 세 가지 고리를 갖춘 심문에 입각한 갈마도 원칙에 맞지 않는 갈마이고 계율에 맞지 않는 갈마로서 잘 성취되기 어렵다. 즉, 질문에 근거하지 않고 행하는 것과 원칙에 맞지 않게 행하는 것과 모임이 불완전하게 행하는 것이다. 수행승들이여, 이러한 세 가지 고리를 갖춘 심문에 입각한 갈마는 원칙에 맞지 않는 갈마이고 계율에 맞지 않는 갈마로서 잘 성취되기 어렵다.

6) 수행승들이여, 또한 다른 세 가지 고리를 갖춘 심문에 입각한 갈마도 원칙에 맞지 않는 갈마이고 계율에 맞지 않는 갈마로서 잘 성취되기 어렵다. 즉, 자인에 입각하지 않고 행하는 것과 원칙에 맞지 않게 행하는 것과 모임이 불완전하게 행하는 것이다. 수행승들이여, 이러한 세 가지 고리를 갖춘 심문에 입각한 갈마는 원칙에 맞지 않는 갈마이고 계율에 맞지 않는 갈마로서 잘 성취되기 어렵다.

7) 수행승들이여, 또한 다른 세 가지 고리를 갖춘 심문에 입각한 갈마도 원칙에 맞지 않는 갈마이고 계율에 맞지 않는 갈마로서 잘 성취되기 어렵다. 즉, 죄가 없는데 행하는 것과 원칙에 맞지 않게 행하는 것과 모임이 불완전하게 행하는 것이다. 수행승들이여, 이러한 세 가지 고리를 갖춘 심문에 입각한 갈마는 원칙에 맞지 않는 갈마이고 계율에 맞지 않는 갈마로서 잘 성취되기 어렵다.

8) 수행승들이여, 또한 다른 세 가지 고리를 갖춘 심문에 입각한 갈마도 원칙에 맞지 않는 갈마이고 계율에 맞지 않는 갈마로서 잘 성취되기 어렵다. 즉, 죄가 참회로 이끌어지지 않는데 행하는 것과 원칙에 맞지 않게 행하는 것과 모임이 불완전하게 행하는 것이다. 수행승들이여, 이러한 세 가지 고리를 갖춘 심문에 입각한 갈마는 원칙에 맞지 않는 갈마이고 계율에 맞지 않는 갈마로서 잘 성취되기 어렵다.

9) 수행승들이여, 또한 다른 세 가지 고리를 갖춘 심문에 입각한 갈마도 원칙에 맞지 않는 갈마이고 계율에 맞지 않는 갈마로서 잘 성취되기 어렵다. 즉, 죄가

참회되었는데 행하는 것과 원칙에 맞지 않게 행하는 것과 모임이 불완전하게 행하는 것이다. 수행승들이여, 이러한 세 가지 고리를 갖춘 심문에 입각한 갈마는 원칙에 맞지 않는 갈마이고 계율에 맞지 않는 갈마로서 잘 성취되기 어렵다.

10) 수행승들이여, 또한 다른 세 가지 고리를 갖춘 심문에 입각한 갈마도 원칙에 맞지 않는 갈마이고 계율에 맞지 않는 갈마로서 잘 성취되기 어렵다. 즉, 질책하지 않고 행하는 것과 원칙에 맞지 않게 행하는 것과 모임이 불완전하게 행하는 것이다. 수행승들이여, 이러한 세 가지 고리를 갖춘 심문에 입각한 갈마는 원칙에 맞지 않는 갈마이고 계율에 맞지 않는 갈마로서 잘 성취되기 어렵다.

11) 수행승들이여, 또한 다른 세 가지 고리를 갖춘 심문에 입각한 갈마도 원칙에 맞지 않는 갈마이고 계율에 맞지 않는 갈마로서 잘 성취되기 어렵다. 즉, 기억을 확인하지 않고 행하는 것과 원칙에 맞지 않게 행하는 것과 모임이 불완전하게 행하는 것이다. 수행승들이여, 이러한 세 가지 고리를 갖춘 심문에 입각한 갈마는 원칙에 맞지 않는 갈마이고 계율에 맞지 않는 갈마로서 잘 성취되기 어렵다.

12) 수행승들이여, 또한 다른 세 가지 고리를 갖춘 심문에 입각한 갈마도 원칙에 맞지 않는 갈마이고 계율에 맞지 않는 갈마로서 잘 성취되기 어렵다. 즉, 죄를 거론하지 않고 행하는 것과 원칙에 맞지 않게 행하는 것과 모임이 불완전하게 행하는 것이다. 수행승들이여, 이러한 세 가지 고리를 갖춘 심문에 입각한 갈마는 원칙에 맞지 않는 갈마이고 계율에 맞지 않는 갈마로서 잘 성취되기 어렵다."

3. [열두 가지 원칙에 맞는 갈마(Dhammakammadvādasaka)]

1) [세존] "수행승들이여, 세 가지 고리를 갖춘 심문에 입각한 갈마는 원칙에 맞는 갈마이고 계율에 맞는 갈마로서 잘 성취된다. 즉, 현전에 입각하여 행하는 것과 질문에 근거하여 행하는 것과 자인에 입각해서 행하는 것이다. 수행승들이여, 이러한 세 가지 고리를 갖춘 심문에 입각한 갈마는 원칙에 맞는 갈마이고 계율에 맞는 갈마로서 잘 성취된다.

2) 수행승들이여, 또한 다른 세 가지 고리를 갖춘 심문에 입각한 갈마도 원칙에 맞는 갈마이고 계율에 맞는 갈마로서 잘 성취된다. 즉, 죄가 있을 때 행하는 것과 죄가 참회로 이끌어지도록 행하는 것과 죄가 아직 참회되지 않아 행하는 것이다. 수행승들이여, 이러한 세 가지 고리를 갖춘 심문에 입각한 갈마는 원칙에 맞는 갈마이고 계율에 맞는 갈마로서 잘 성취된다.

3) 수행승들이여, 또한 다른 세 가지 고리를 갖춘 심문에 입각한 갈마도 원칙에 맞는 갈마이고 계율에 맞는 갈마로서 잘 성취된다. 즉, 질책하고 행하는 것과

기억을 확인하고 행하는 것과 죄를 거론하고 행하는 것이다. 수행승들이여, 이러한 세 가지 고리를 갖춘 심문에 입각한 갈마는 원칙에 맞는 갈마이고 계율에 맞는 갈마로서 잘 성취된다.

4) 수행승들이여, 또한 다른 세 가지 고리를 갖춘 심문에 입각한 갈마도 원칙에 맞는 갈마이고 계율에 맞는 갈마로서 잘 성취된다. 즉, 현전에 입각하여 행하는 것과 원칙에 맞게 행하는 것과 모임이 완전하게 행하는 것이다. 수행승들이여, 이러한 세 가지 고리를 갖춘 심문에 입각한 갈마는 원칙에 맞지 않는 갈마이고 계율에 맞지 않는 갈마로서 잘 성취된다.

5) 수행승들이여, 또한 다른 세 가지 고리를 갖춘 심문에 입각한 갈마도 원칙에 맞는 갈마이고 계율에 맞는 갈마로서 잘 성취되기 어렵다. 즉, 현전에 입각하여 행하는 것과 원칙에 맞게 행하는 것과 모임이 완전하게 행하는 것이다. 수행승들이여, 이러한 세 가지 고리를 갖춘 심문에 입각한 갈마는 원칙에 맞는 갈마이고 계율에 맞는 갈마로서 잘 성취되기 어렵다.

6) 수행승들이여, 또한 다른 세 가지 고리를 갖춘 심문에 입각한 갈마도 원칙에 맞는 갈마이고 계율에 맞는 갈마로서 잘 성취된다. 즉, 질문에 근거하여 행하는 것과 원칙에 맞게 행하는 것과 모임이 완전하게 행하는 것이다. 수행승들이여, 이러한 세 가지 고리를 갖춘 심문에 입각한 갈마는 원칙에 맞는 갈마이고 계율에 맞는 갈마로서 잘 성취된다.

8) 수행승들이여, 또한 다른 세 가지 고리를 갖춘 심문에 입각한 갈마도 원칙에 맞는 갈마이고 계율에 맞는 갈마로서 잘 성취된다. 즉, 자인에 입각하여 행하는 것과 원칙에 맞게 행하는 것과 모임이 완전하게 행하는 것이다. 수행승들이여, 이러한 세 가지 고리를 갖춘 심문에 입각한 갈마는 원칙에 맞는 갈마이고 계율에 맞는 갈마로서 잘 성취된다.

7) 수행승들이여, 또한 다른 세 가지 고리를 갖춘 심문에 입각한 갈마도 원칙에 맞는 갈마이고 계율에 맞는 갈마로서 잘 성취된다. 즉, 죄가 있을 때 행하는 것과 원칙에 맞게 행하는 것과 모임이 완전하게 행하는 것이다. 수행승들이여, 이러한 세 가지 고리를 갖춘 심문에 입각한 갈마는 원칙에 맞는 갈마이고 계율에 맞는 갈마로서 잘 성취된다.

8) 수행승들이여, 또한 다른 세 가지 고리를 갖춘 심문에 입각한 갈마도 원칙에 맞는 갈마이고 계율에 맞는 갈마로서 잘 성취된다. 즉, 죄가 참회로 이끌어지도록 행하는 것과 원칙에 맞게 행하는 것과 모임이 완전하게 행하는 것이다.

수행승들이여, 이러한 세 가지 고리를 갖춘 심문에 입각한 갈마는 원칙에 맞는 갈마이고 계율에 맞는 갈마로서 잘 성취된다.

9) 수행승들이여, 또한 다른 세 가지 고리를 갖춘 심문에 입각한 갈마도 원칙에 맞는 갈마이고 계율에 맞는 갈마로서 잘 성취된다. 즉, 죄가 아직 참회되지 않아 행하는 것과 원칙에 맞게 행하는 것과 모임이 완전하게 행하는 것이다. 수행승들이여, 이러한 세 가지 고리를 갖춘 심문에 입각한 갈마는 원칙에 맞는 갈마이고 계율에 맞는 갈마로서 잘 성취된다.

10) 수행승들이여, 또한 다른 세 가지 고리를 갖춘 심문에 입각한 갈마도 원칙에 맞는 갈마이고 계율에 맞는 갈마로서 잘 성취된다. 즉, 질책하고 행하는 것과 원칙에 맞게 행하는 것과 모임이 완전하게 행하는 것이다. 수행승들이여, 이러한 세 가지 고리를 갖춘 심문에 입각한 갈마는 원칙에 맞는 갈마이고 계율에 맞는 갈마로서 잘 성취된다.

11) 수행승들이여, 또한 다른 세 가지 고리를 갖춘 심문에 입각한 갈마도 원칙에 맞는 갈마이고 계율에 맞는 갈마로서 잘 성취된다. 즉, 기억을 확인하고 행하는 것과 원칙에 맞게 행하는 것과 모임이 완전하게 행하는 것이다. 수행승들이여, 이러한 세 가지 고리를 갖춘 심문에 입각한 갈마는 원칙에 맞는 갈마이고 계율에 맞는 갈마로서 잘 성취된다.

12) 수행승들이여, 또한 다른 세 가지 고리를 갖춘 심문에 입각한 갈마도 원칙에 맞는 갈마이고 계율에 맞는 갈마로서 잘 성취된다. 즉, 죄를 거론하고 행하는 것과 원칙에 맞게 행하는 것과 모임이 완전하게 행하는 것이다. 수행승들이여, 이러한 세 가지 고리를 갖춘 심문에 입각한 갈마는 원칙에 맞는 갈마이고 계율에 맞는 갈마로서 잘 성취된다."

4. [여섯 가지 '원한다면'(Ākaṅkhamānachakka)]

1) [세존] "수행승들이여, 세 가지 고리를 갖춘 수행승에게 원한다면 참모임은 심문에 입각한 갈마를 행할 수 있다. 다투고 싸우고 언쟁하고 분쟁하며 참모임에 쟁사를 일으키는 것과, 어리석어 총명하지 못하고 죄가 많고 충고를 받아들이지 않는 것과, 재가자와 부적절한 관계 속에서 재가자와 함께 지내는 것이다. 수행승들이여, 이러한 세 가지 고리를 갖춘 수행승에게 원한다면 참모임은 심문에 입각한 갈마를 행할 수 있다.

2) 수행승들이여, 또한 세 가지 고리를 갖춘 수행승에게 원한다면 참모임은 심문에 입각한 갈마를 행할 수 있다. 훌륭한 계행을 두고 계행을 어기는 것과, 훌륭

한 행동을 두고 사행에 빠지는 것과, 훌륭한 견해를 두고 사견에 떨어지는 것이다. 수행승들이여, 이러한 세 가지 고리를 갖춘 수행승에게 원한다면 참모임은 심문에 입각한 갈마를 행할 수 있다.

3) 수행승들이여, 또한 세 가지 고리를 갖춘 수행승에게 원한다면 참모임은 심문에 입각한 갈마를 행할 수 있다. 부처님을 비방하는 것과, 가르침을 비방하는 것과, 참모임을 비방하는 것이다. 수행승들이여, 이러한 세 가지 고리를 갖춘 수행승에게 원한다면 참모임은 심문에 입각한 갈마를 행할 수 있다.

4) 수행승들이여, 또한 세 종류의 수행승에게 원한다면 참모임은 심문에 입각한 갈마를 행할 수 있다. 하나는 다투고 싸우고 언쟁하고 분쟁하며 참모임에 쟁사를 일으키는 자와, 하나는 어리석어 총명하지 못하고 죄가 많고 충고를 받아들이지 않는 자와, 하나는 재가자와 부적절한 관계 속에서 재가자와 함께 지내는 자이다. 수행승들이여, 이러한 세 종류의 수행승에게 원한다면 참모임은 심문에 입각한 갈마를 행할 수 있다.

5) 수행승들이여, 또한 세 종류의 수행승에게 원한다면 참모임은 심문에 입각한 갈마를 행할 수 있다. 하나는 훌륭한 계행을 두고 계행을 어기는 자와, 하나는 훌륭한 행동을 두고 사행에 빠지는 자와, 하나는 훌륭한 견해를 두고 사견에 떨어지는 자이다. 수행승들이여, 이러한 세 종류의 수행승에게 원한다면 참모임은 심문에 입각한 갈마를 행할 수 있다.

6) 수행승들이여, 또한 세 종류의 수행승에게 원한다면 참모임은 심문에 입각한 갈마를 행할 수 있다. 하나는 부처님을 비방하는 자와, 하나는 가르침을 비방하는 자와, 하나는 참모임을 비방하는 자이다. 수행승들이여, 이러한 세 종류의 수행승에게 원한다면 참모임은 심문에 입각한 갈마를 행할 수 있다."

5. [열여덟 가지 의무(Aṭṭhārasavatta)]

[세존] "수행승들이여, 심문에 입각한 갈마를 받은 수행승들은 올바로 준수해야 한다. 그 경우에 올바로 준수한다는 것은 이와 같다.

1) 구족계를 주어서는 안 된다.
2) 의지를 주어서는 안 된다.
3) 사미를 두어서는 안 된다.
4) 수행녀들의 교계에 선정을 받아서는 안 된다.
5) 선정되더라도 수행녀들을 교계해서는 안 된다.
6) 참모임으로부터 심문에 입각한 갈마를 받은 그 죄를 지어서는 안 된다.

7) 다른 그와 유사한 죄를 지어서도 안 된다.
8) 그보다 악한 죄를 지어서도 안 된다.
9) 갈마를 매도해서는 안 된다.
10) 갈마를 주는 자를 매도해서도 안 된다.
11) 일반수행승의 포살을 차단시켜서는 안 된다.
12) 자자를 차단시켜서는 안 된다.
13) 명령을 내려서는 안 된다.
14) 권위를 세워서는 안 된다.
15) 허락을 구해서는 안 된다.
16) 질책해서는 안 된다.
17) 기억을 확인해서는 안 된다.
18) 수행승들과 다투어서는 안 된다.'"

그래서 참모임은 수행승 우발라에게 심문에 입각한 갈마를 행했다.

심문에 입각한 갈마(②)가 끝났다.

13. 대속에 입각한 조정(Tiṇavatthāraka)

1. 한때 수행승들은 다투고 싸우고 언쟁하고 자주 수행자답지 않은 행실을 하고 언행이 일치하지 않았다. 그런데 그 수행승들은 이와 같이 생각했다.

[수행승들] '우리는 다투고 싸우고 언쟁하고 자주 수행자답지 않게 행동하고 말한다. 만약에 우리가 서로에게 이러한 죄를 전가하면, 그 쟁사는 가혹, 고뇌, 분열로 치달을 것이다. 우리는[87] 이제 어떻게 해야 하는가?'

세존께 그 사실을 알렸다.

[세존] "수행승들이여, 여기 수행승들은 다투고 싸우고 언쟁하고 자주 수행자답지 않게 행동하고 말했다. 그때 수행승들에게 이와 같이 '우리는 다투고 싸우고 언쟁하고 자주 수행자답지 않게 행동하고 말했다. 만약에 우리가 서로에게 이러한 죄를 전가하면, 그 쟁사는 가혹, 고뇌, 분열로 치달을 것이다. 우리는 이제 어떻게 해야 하는가?'라는 생각이 떠올랐다면, 수행승들이여, 나는 이 쟁사를 대속에 입각한 조정[276]으로 그치게 하는 것을 허용한다."

---

276) tiṇavatthāraka : 한역에서는 여초복지법(如草覆地法) 또는 초복지비니(草覆地毘尼)라고 하는데, 원래 '풀로 덮어두는 방식'이란 뜻이다. 분쟁[諍事]에 대하여 일곱 가지 방식의 분쟁조정(satta adhikaraṇasamathā : 七滅諍) 가운데 어떤 사람이나 어떤 편의 잘못을 한 사람이 대표해서 인정하거나 고백함으로써 잘못을 풀로 덮어두는 방식으로 분쟁을 그치게 하는 것을 말한다. 이것에 대해서는 이 책의 율장해제와 율장의 이곳과 MN. 104에

2. [세존] "수행승들이여, 그런데 이와 같이 그치게 해야 한다. 모두가 한 곳에 모여야 한다. 모인 뒤에는 총명하고 유능한 수행승이 참모임에 알려야 한다.

[선언] '존자들이여, 참모임은 제 말에 귀를 기울이십시오. 우리는 다투고 싸우고 언쟁하고 자주 수행자답지 않게 행동하고 말했는데, 만약에 우리가 서로에게 이러한 죄를 전가하면, 그 쟁사는 가혹, 고뇌, 분열로 치달을 것입니다. 만약에 참모임에 옳은 일이라면, 참모임은 이 쟁사를 대속에 입각한 조정으로 거친 죄[277]와 재가에 관계된 죄[278]는 제외하고 그치게 하겠습니다.'

한쪽편의 수행승들 가운데 총명하고 유능한 수행승이 자신의 편에 알려야 한다.

[선언A] '존자들께서는 제게 귀를 기울이십시오. 우리는 다투고 싸우고 언쟁하고 자주 수행자답지 않게 행동하고 말했는데, 만약에 우리가 서로에게 이러한 죄를 전가하면, 그 쟁사는 가혹, 고뇌, 분열로 치달을 것입니다. 만약에 존자들에게 옳은 일이라면, 나는 존자들의 죄와 나의 죄를, 존자들의 이익과 나의 이익을 위하여 거친 죄와 재가에 관계된 죄는 제외하고 참모임 가운데 대속에 입각한 조정으로 참회하겠습니다.'

그리고 다른 한쪽의 수행승들 가운데 총명하고 유능한 수행승이 자신의 편에 알려야 한다.

[선언B] '존자들께서는 제게 귀를 기울이십시오. 우리는 다투고 싸우고 언쟁하고 자주 수행자답지 않게 행동하고 말했는데, 만약에 우리가 서로에게 이러한 죄를 전가하면, 그 쟁사는 가혹, 고뇌, 분열로 치달을 것입니다. 만약에 존자들에게 옳은 일이라면, 나는 존자들의 죄와 나의 죄를, 존자들의 이익과 나의 이익을 위하여 거친 죄와 재가에 관계된 죄는 제외하고 참모임 가운데 대속에 입각한 조정으로 참회하겠습니다.'

3. 한쪽편의 수행승들 가운데 총명하고 유능한 수행승이 참모임에 알려야 한다.

[제안A] '존자들이여, 나에게 귀를 기울이십시오, 우리는 다투고 싸우고 언쟁하고 자주 수행자답지 않게 행동하고 말했는데, 만약에 우리가 서로에게 이러한 죄를 전가하면, 그 쟁사는 가혹, 고뇌, 분열로 치달을 것입니다. 만약에 존자들에

상세히 나온다. 역자는 대속(代贖)이라고 번역하는데, 그것은 '나의 죄를 대신 갚음'이라는 일반적 의미를 취하는 것이 아니라 '대표가 대신 속죄함'의 불교적 의미에서 취한 것이다.

277) thūlavajja : Smp. 1194에 따르면, 승단추방죄(Pār.)와 승단잔류죄(Saṅgh.)를 말한다.

278) gihīpaṭisaṃyutta : Smp. 1194에 따르면, 저속한 것으로 재가자에게 욕하고 모욕하는 것과 관계된 것을 말한다. Vin. IV. 6을 참조하라.

게 옳은 일이라면, 나는 존자들의 죄와 나의 죄를, 존자들의 이익과 나의 이익을 위하여 거친 죄와 재가에 관계된 죄는 제외하고 참모임 가운데 대속에 입각한 조정으로 참회하겠습니다. 이것이 제안입니다.'

[제청A] '존자들이여, 나에게 귀를 기울이십시오. 우리는 다투고 싸우고 언쟁하고 자주 수행자답지 않게 행동하고 말했는데, 만약에 우리가 서로에게 이러한 죄를 전가하면, 그 쟁사는 가혹, 고뇌, 분열로 치달을 것입니다. 나는 존자들의 죄와 나의 죄를, 존자들의 이익과 나의 이익을 위하여 거친 죄와 재가에 관계된 죄는 제외하고 참모임 가운데 대속에 입각한 조정으로 참회하겠습니다. 우리의 이러한 죄를 거친 죄와 재가에 관계된 죄는 제외하고 참모임 가운데 대속에 입각한 조정으로 참회하는 것에 동의하면 침묵하시고, 이견이 있으면 말씀하십시오.'

[결정A] '우리는 이러한 죄를 거친 죄와 재가에 관계된 죄는 제외하고 참모임 가운데[88] 대속에 입각한 조정으로 참회했습니다. 참모임이 찬성하여 침묵했으므로, 저는 그와 같이 알겠습니다.'

그리고 다른 한쪽편의 수행승들 가운데 총명하고 유능한 수행승이 참모임에 알려야 한다.

[제안B] '존자들이여, 나에게 귀를 기울이십시오. 우리는 다투고 싸우고 언쟁하고 자주 수행자답지 않게 행동하고 말했는데, 만약에 우리가 서로에게 이러한 죄를 전가하면, 그 쟁사는 가혹, 고뇌, 분열로 치달을 것입니다. 만약에 존자들에게 옳은 일이라면, 나는 존자들의 죄와 나의 죄를, 존자들의 이익과 나의 이익을 위하여 거친 죄와 재가에 관계된 죄는 제외하고 참모임 가운데 대속에 입각한 조정으로 참회하겠습니다. 이것이 제안입니다.'

[제청B] '존자들이여, 나에게 귀를 기울이십시오. 우리는 다투고 싸우고 언쟁하고 자주 수행자답지 않게 행동하고 말했는데, 만약에 우리가 서로에게 이러한 죄를 전가하면, 그 쟁사는 가혹, 고뇌, 분열로 치달을 것입니다. 나는 존자들의 죄와 나의 죄를, 존자들의 이익과 나의 이익을 위하여 거친 죄와 재가에 관계된 죄는 제외하고 참모임 가운데 대속에 입각한 조정으로 참회하겠습니다. 우리의 이러한 죄를 거친 죄와 재가에 관계된 죄는 제외하고 참모임 가운데 대속에 입각한 조정으로 참회하는 것에 동의하면 침묵하시고, 이견이 있으면 말씀하십시오.'

[결정B] '우리는 이러한 죄를 거친 죄와 재가에 관계된 죄는 제외하고 참모임 가운데 대속에 입각한 조정으로 참회했습니다. 참모임이 찬성하여 침묵했으므로, 저는 그와 같이 알겠습니다.'

4. 수행승들이여, 그런데 이와 같이 그 수행승들은 그 죄에서 벗어난다. 단, 거친 죄를 지은 자는 제외되고, 재가에 관계된 죄를 지은 자도 제외되고, 그리고 견해에 대하여 공개적으로 밝힌 자도 제외되고, 현장에 있지 않은 자도 제외된다."[279]

대속에 입각한 조정이 끝났다.

14. 네 가지 쟁사(Cattāri adhikaraṇāni)

1. 한때 수행승들은 수행녀들과 쟁론을 하고, 수행녀들은 수행승들과 쟁론을 했는데, 수행승 찬나는 수행녀들에게 들어가 수행녀들과 함께 쟁론하고 수행녀들의 편을 들었다. 수행승들 가운데 욕망을 여의고, 만족을 알고, 부끄러움을 알고, 후회할 줄 알고 배움을 원하는 자들은 그들에 대하여 혐책하고 분개하고 비난했다.

[수행승들] "어찌 수행승 찬나는 수행녀들에게 들어가 수행녀들과 함께 쟁론할 수 있고 수행녀들의 편을 들 수 있단 말인가?"

그러자 그 수행승들은 그 사실을 알렸다.

[세존] "수행승들이여, 수행승 찬나가 수행녀들에게 들어가 수행녀들과 함께 쟁론하고 수행녀들의 편을 든다는 것이 사실인가?"

[수행승들] "세존이시여, 그렇습니다."

2. 존귀하신 부처님께서는 견책했다.

[세존] "수행승들이여, 그 어리석은 자들은 적절하지 않고, 자연스럽지 않고, 알맞지 않고, 수행자의 삶이 아니고, 부당하고, 해서는 안 될 일을 행한 것이다. 어찌 수행승 찬나는 수행녀들에게 들어가 수행녀들과 함께 쟁론할 수 있고 수행녀들의 편을 들 수 있단 말인가? 수행승들이여, 그것은 아직 청정한 믿음이 없는 자를 청정한 믿음으로 이끌고, 이미 청정한 믿음이 있는 자를 더욱더 청정한 믿음으로 이끄는 것이 아니다. 수행승들이여, 그것은 오히려, 아직 청정한 믿음이 없는 자를 불신으로 이끌고, 이미 청정한 믿음이 있는 자 가운데 어떤 자들을 타락시키는 것이다."

3. 그리고 세존께서는 수행승 찬나를 여러 가지 방편으로 견책하여, 키우기 어렵고 부양하기 어렵고 욕심이 많고 만족을 모르고 교제를 좋아하고 나태한 것에 대하여 질책하고, 여러 가지 법문으로 고무하여, 키우기 쉽고 부양하기 쉽고 욕심

279) ṭhapetvā diṭṭhāvikammaṃ ṭhapetvā ye na tattha hontīti : Smp. 1194에 따르면, 그것이 나를 만족시키지 않는다라고 서로 자신들의 견해를 설명하고, 그들과 함께 죄를 짓거나, 거기에 오지 않는 자이거나, 와서 청정동의를 주고 나서는 방사 등에 앉아 있는 자들은 그러한 죄들에서 벗어날 수 없다.

을 여의고, 만족을 알고, 버리고 없애는 삶을 살고, 두타행을 하고, 청정한 믿음이 있고, 쌓아 모으지 않고, 용맹정진하는 것을 칭찬하고, 수행승들을 위하여 그에 알맞고 그에 걸맞게 경책하여 법문을 하고 수행승들에게 일렀다.

4. 수행승들이여, 이와 같은 네 가지 쟁사가 있다. ① 논쟁으로 인한 쟁사, ② 비난으로 인한 쟁사, ③ 범죄로 인한 쟁사, ④ 의무로 인한 쟁사가 있다.[280]

1) 그 가운데 논쟁으로 인한 쟁사란 어떠한 것인가? 수행승들이여, 여기 수행승이 '원칙에 맞다 원칙에 맞지 않다, 계율에 맞다 계율에 맞지 않다, 여래가 말하고 이야기 한 것이다 여래가 말한 것이 아니고 이야기한 것이 아니다, 여래가 행한 것이다 여래가 행하지 않은 것이다, 여래가 시설한 것이다 여래가 시설하지 않은 것이다, 죄인 것이다 죄가 아닌 것이다, 가벼운 죄이다 무거운 죄이다,[281] 용서할 수 있는 죄이다 용서할 수 없는 죄이다,[282] 거친 죄이다 거칠지 않은 죄이다.'[283]라고 논쟁한다. 거기서 다투고 싸우고 투쟁하고 논쟁하고 이론하고 별론하고 도발하여 말하고 쟁론한다면, 그것을 논쟁으로 인한 쟁사라고 한다.

2) 그 가운데 비난으로 인한 쟁사란 어떠한 것인가? 수행승들이여, 여기 수행승이 수행승에 대하여 '계행이 어긋났거나 행실이 어긋났거나 견해가 어긋났거나 생활이 어긋났다.'라고 비난하는데, 거기서 비난하고 견책하고 힐난하고 혐책하고 언쟁하고 자극하고 선동하는 것, 이것을 비난으로 인한 쟁사라고 한다.

3) 그 가운데 범죄로 인한 쟁사란 어떠한 것인가? 다섯 가지 죄의 다발[284]도

---

280) cattārimāni bhikkhave adhikaraṇāni vivādādhikaraṇaṃ anuvādādhikaraṇaṃ āpattādhikaṇaṃ kiccādhikaraṇaṃ. : 한역의 사쟁사(四諍事 : cattāri adhikaraṇāni)를 말한다. 논쟁으로 인한 쟁사(vivādādhikaraṇa)는 논쟁사(論爭事)라고 하고, 비난으로 인한 쟁사(anuvādādhikaraṇa)는 비난사(非難事), 범죄로 인한 쟁사(āpattādhikaraṇa) 는 죄쟁사(罪諍事), 의무로 인한 쟁사(kiccādhikaraṇa)는 행쟁사(行諍事)라고 한다.

281) lahukā āpattīti vā garukā āpattīti vā : Vin. II. 100에 따르면, 무거운 죄는 승단추방죄나 승단추방죄에 인접한 죄를 말한다. '승단추방죄에 인접한 죄(pārājikasāmanta)'란 Smp. 1199에 따르면, '사음(邪淫 : methunadhamma)에 승단추방죄에 인접한 악작(惡作 : dukkaṭa)이 있고 그밖에 투도(偸盜 : adinnādāna) 등에 추악죄(thullaccaya)가 있다.

282) sāvasesā āpattīti vā anavasesā āpattīti vā : 원래 '잔여가 있는 죄이다 잔여가 없는 죄이다.'라는 뜻인데, 잔여가 있는 죄는 불완전한 죄로 용서할 수 있는 죄 즉, 참회 등으로 속죄될 수 있는 그 나머지 죄를 말한다. 잔여가 없는 죄는 완전한 죄로 용서할 수 없는 죄 즉, 승단추방죄(Pārājika)를 말한다.

283) duṭṭhullā āpattīti vā aduṭṭhullā āpattīti vā : Vin. IV. 32에 따르면, 추죄(麤罪), 또는 추중죄(麤重罪) 즉, 거친 죄는 승단추방죄(Pār.)와 승단잔류죄(Saṅgh.)를 말한다. 그 이외의 것은 비추죄(非麤罪) 또는 비추중죄(非麤重罪) 즉, 거칠지 않은 죄이다.

284) pañca āpattikkhandhā : 한역으로 오편죄(五篇罪)라고 하며, 승단추방죄(pārājika), 승단잔류죄(saṅghādisesa), 부정죄(aniyata), 상실죄(nissaggiya), 속죄죄(pācittiya)를 말한다.

범죄로 인한 쟁사라고 하며, 일곱 가지 죄의 다발285)도 범죄로 인한 쟁사가 있는데, 이러한 것을 범죄로 인한 쟁사라고 한다.

4) 그 가운데[89] 의무로 인한 쟁사란 어떠한 것인가? 참모임의 의무인 것, 해야 할 일인 것, 허락에 대한 청원갈마,286) 제안갈마,287) 한번제안한번제청갈마,288) 한번제안세번제청갈마289)가 있다. 이러한 것을 의무로 인한 쟁사라고 한다.

5. 어떠한 것이 논쟁으로 인한 쟁사의 뿌리인가? 여섯 가지 논쟁으로 인한 쟁사의 뿌리가 있고, 세 가지 논쟁으로 인한 쟁사의 악하고 불건전한 뿌리가 있고, 세 가지 논쟁으로 인한 쟁사의 착하고 건전한 뿌리가 있다.

어떠한 것이 여섯 가지 논쟁으로 인한 쟁사의 뿌리290)인가?

1) 수행승들이여, 세상에 수행승이 분노와 원한을 지니고 있다. 수행승들이여, 수행승이 분노와 원한을 가지고 있으면, 스승을 존중하지 못하고, 공경하지 못하고, 가르침을 존중하지 못하고, 공경하지 못하고, 참모임을 존중하지 못하고, 공경하지 못하고, 배움도 원만히 성취하지 못한다. 수행승들이여, 바로 그 수행승이 스승을 존중하지 못하고, 공경하지 못하고, 가르침을 존중하지 못하고, 공경하지 못하고, 참모임을 존중하지 못하고, 공경하지 못하고, 배움도 원만히 성취하지 못하면, 그는 참모임에 많은 사람의 무익과 많은 사람의 불행과 신들과 인간들의 무익, 불익, 고통을 위하여, 논쟁을 일으킨다. 수행승들이여, 이와 같이 그대들은 논쟁의 뿌리를 안으로나 밖으로나 살펴볼 수 있다면, 수행

---

285) satta āpattikkhandhā : 한역으로 칠취죄(七聚罪)라고 하며, 승단추방죄(pārājika), 승단잔류죄(saṅghādisesa), 부정죄(aniyata), 상실죄(nissaggiya), 속죄죄(pācittiya), 고백죄(pāṭidesaniya), 중학죄(sekhiya)를 말한다.

286) apalokanakamma : Smp. 1195에 따르면, '결계 안에서 지내는 참모임을 정화하고, 부재의 허가를 주어야 할 자들의 부재의 허가를 준 이후, 참모임의 찬성을 위하여 세 번 선언한 뒤에, 갈마가 행해져야 한다.' Smp. 1195는 격리처벌과 관계된 세 가지 유형의 갈마를 언급하고 있다. Vin. V. 229 참조.

287) ñattikamma : 한역은 단백갈마(單白羯磨)이다. 단 한 번의 제안을 지칭하거나 단 한 번의 제안만으로도 사안이 결정되는 경우를 제안갈마라고 한다. 이를테면, '오늘이 자자일이니 자자를 행하겠습니다.'와 같은 이미 알고 있는 사항과 같은 것은 제안만으로도 결정이 되는 것이다. 이때 총명하고 유능한 수행승이 수행승들을 대표해서 제안을 담당한다.

288) ñattidutiyakamma : 한역은 백이갈마(白二羯磨)이다. 한 번 제안을 한 뒤에 다시 한 번 '찬성하면 침묵하고 이견이 있으면 말하라.'고 제청하는 것이다. 한 번의 제청을 통해 전원이 찬성하여 침묵하면, 사안이 결정된다. 이때 총명하고 유능한 수행승이 수행승들을 대표해서 제안과 제청을 모두 담당하고 결정을 내린다.

289) ñatticatutthakamma : 한역은 백사갈마(白四羯磨)이다. 한 번 제안을 한 뒤에 다시 세 번 '찬성하면 침묵하고 이견이 있으면 말하라.'고 제청하는 것이다. 세 번의 제청을 통해 전원이 찬성하여 침묵하면, 사안이 결정된다. 이때 총명하고 유능한 수행승이 수행승들을 대표해서 제안과 제청을 모두 담당하고 결정을 내린다.

290) cha vivādamūlāni : AN. III. 334; DN. III. 246; MN. I. 96; II. 245를 참조하라.

승들이여, 그대들은 그 악한 논쟁의 뿌리를 끊어버리기 위해 노력해야 한다. 수행승들이여, 이와 같이 그대들은 논쟁의 뿌리를 안으로나 밖으로나 살펴볼 수 없다면, 그 때 수행승들이여, 그 악한 논쟁의 뿌리가 미래에 생겨나지 않도록 노력해야 한다. 이와 같이 해서 그 악한 논쟁의 뿌리가 끊어져버리고, 이와 같이 해서 그 악한 논쟁의 뿌리가 미래에 생겨나지 않는다.

2) 수행승들이여, 세상에 수행승이 위선과 잔인을 지니고 있다. 수행승들이여, 수행승이 위선과 잔인을 가지고 있으면, 스승을 존중하지 못하고, 공경하지 못하고, 가르침을 존중하지 못하고, 공경하지 못하고, 참모임을 존중하지 못하고, 공경하지 못하고, 배움도 원만히 성취하지 못한다. 수행승들이여, 바로 그 수행승이 스승을 존중하지 못하고, 공경하지 못하고, 가르침을 존중하지 못하고, 공경하지 못하고, 참모임을 존중하지 못하고, 공경하지 못하고, 배움도 원만히 성취하지 못하면, 그는 참모임에 많은 사람의 무익과 많은 사람의 불행과 신들과 인간들의 무익, 불익, 고통을 위하여, 논쟁을 일으킨다. 수행승들이여, 이와 같이 그대들은 논쟁의 뿌리를 안으로나 밖으로나 살펴볼 수 있다면, 수행승들이여, 그대들은 그 악한 논쟁의 뿌리를 끊어버리기 위해 노력해야 한다. 수행승들이여, 이와 같이 그대들은 논쟁의 뿌리를 안으로나 밖으로나 살펴볼 수 없다면, 그 때 수행승들이여, 그 악한 논쟁의 뿌리가 미래에 생겨나지 않도록 노력해야 한다. 이와 같이 해서 그 악한 논쟁의 뿌리가 끊어져버리고, 이와 같이 해서 그 악한 논쟁의 뿌리가 미래에 생겨나지 않는다.

3) 수행승들이여, 세상에 수행승이 질투와 인색을 지니고 있다. 수행승들이여, 수행승이 질투와 인색을 가지고 있으면, 스승을 존중하지 못하고, 공경하지 못하고, 가르침을 존중하지 못하고, 공경하지 못하고, 참모임을 존중하지 못하고, 공경하지 못하고, 배움도 원만히 성취하지 못한다. 수행승들이여, 바로 그 수행승이 스승을 존중하지 못하고, 공경하지 못하고, 가르침을 존중하지 못하고, 공경하지 못하고, 참모임을 존중하지 못하고, 공경하지 못하고, 배움도 원만히 성취하지 못하면, 그는 참모임에 많은 사람의 무익과 많은 사람의 불행과 신들과 인간들의 무익, 불익, 고통을 위하여, 논쟁을 일으킨다. 수행승들이여, 이와 같이 그대들은 논쟁의 뿌리를 안으로나 밖으로나 살펴볼 수 있다면, 수행승들이여, 그대들은 그 악한 논쟁의 뿌리를 끊어버리기 위해 노력해야 한다. 수행승들이여, 이와 같이 그대들은 논쟁의 뿌리를 안으로나 밖으로나 살펴볼 수 없다면, 그 때 수행승들이여, 그 악한 논쟁의 뿌리가 미래에 생겨나지 않도록

노력해야 한다. 이와 같이 해서 그 악한 논쟁의 뿌리가 끊어져버리고, 이와 같이 해서 그 악한 논쟁의 뿌리가 미래에 생겨나지 않는다.

4) 수행승들이여, 세상에 수행승이 사기와 기만을 지니고 있다. 수행승들이여, 수행승이 사기와 기만을 가지고 있으면, 스승을 존중하지 못하고, 공경하지 못하고, 가르침을 존중하지 못하고, 공경하지 못하고, 참모임을 존중하지 못하고, 공경하지 못하고, 배움도 원만히 성취하지 못한다. 수행승들이여, 바로 그 수행승이 스승을 존중하지 못하고, 공경하지 못하고, 가르침을 존중하지 못하고, 공경하지 못하고, 참모임을 존중하지 못하고, 공경하지 못하고, 배움도 원만히 성취하지 못하면, 그는 참모임에 많은 사람의 무익과 많은 사람의 불행과 신들과 인간들의 무익, 불익, 고통을 위하여, 논쟁을 일으킨다. 수행승들이여, 이와 같이 그대들은 논쟁의 뿌리를 안으로나 밖으로나 살펴볼 수 있다면, 수행승들이여, 그대들은 그 악한 논쟁의 뿌리를 끊어버리기 위해 노력해야 한다. 수행승들이여, 이와 같이 그대들은 논쟁의 뿌리를 안으로나 밖으로나 살펴볼 수 없다면, 그 때 수행승들이여, 그 악한 논쟁의 뿌리가 미래에 생겨나지 않도록 노력해야 한다. 이와 같이 해서 그 악한 논쟁의 뿌리가 끊어져버리고, 이와 같이 해서 그 악한 논쟁의 뿌리가 미래에 생겨나지 않는다.

5) 수행승들이여, 세상에 수행승이 악욕과 사견을 지니고 있다. 수행승들이여, 수행승이 악욕과 사견을 가지고 있으면, 스승을 존중하지 못하고, 공경하지 못하고, 가르침을 존중하지 못하고, 공경하지 못하고, 참모임을 존중하지 못하고, 공경하지 못하고, 배움도 원만히 성취하지 못한다. 수행승들이여, 바로 그 수행승이 스승을 존중하지 못하고, 공경하지 못하고, 가르침을 존중하지 못하고, 공경하지 못하고, 참모임을 존중하지 못하고, 공경하지 못하고, 배움도 원만히 성취하지 못하면, 그는 참모임에 많은 사람의 무익과 많은 사람의 불행과 신들과 인간들의 무익, 불익, 고통을 위하여, 논쟁을 일으킨다. 수행승들이여, 이와 같이 그대들은 논쟁의 뿌리를 안으로나 밖으로나 살펴볼 수 있다면, 수행승들이여, 그대들은 그 악한 논쟁의 뿌리를 끊어버리기 위해 노력해야 한다. 수행승들이여, 이와 같이 그대들은 논쟁의 뿌리를 안으로나 밖으로나 살펴볼 수 없다면, 그 때 수행승들이여, 그 악한 논쟁의 뿌리가 미래에 생겨나지 않도록 노력해야 한다. 이와 같이 해서 그 악한 논쟁의 뿌리가 끊어져버리고, 이와 같이 해서 그 악한 논쟁의 뿌리가 미래에 생겨나지 않는다.

6) 수행승들이여, 세상에 수행승이 자신의 견해에 집착하고 고집이 세고 포기하기

어렵다. 수행승들이여, 수행승이 자신의 견해에 집착하고 고집이 세고 포기하기 어려우면, 스승을 존중하지 못하고, 공경하지 못하고, 가르침을 존중하지 못하고, 공경하지 못하고, 참모임을 존중하지 못하고, 공경하지 못하고, 배움도 원만히 성취하지 못한다. 수행승들이여, 바로 그 수행승이 스승을 존중하지 못하고, 공경하지 못하고, 가르침을 존중하지 못하고, 공경하지 못하고, 참모임을 존중하지 못하고, 공경하지 못하고, 배움도 원만히 성취하지 못하면, 그는 참모임에 많은 사람의 무익과 많은 사람의 불행과 신들과 인간들의 무익, 불익, 고통을 위하여, 논쟁을 일으킨다. 수행승들이여, 이와 같이 그대들은 논쟁의 뿌리를 안으로나 밖으로나 살펴볼 수 있다면, 수행승들이여, 그대들은 그 악한 논쟁의 뿌리를 끊어버리기 위해 노력해야 한다. 수행승들이여, 이와 같이 그대들은 논쟁의 뿌리를 안으로나 밖으로나 살펴볼 수 없다면, 그 때 수행승들이여, 그 악한 논쟁의 뿌리가 미래에 생겨나지 않도록 노력해야 한다. 이와 같이 해서 그 악한 논쟁의 뿌리가 끊어져버리고, 이와 같이 해서 그 악한 논쟁의 뿌리가 미래에 생겨나지 않는다.

수행승들이여, 이와 같은 여섯 가지 논쟁으로 인한 쟁론의 뿌리가 있다.

6. 어떠한 것이 세 가지 논쟁으로 인한 쟁사의 악하고 불건전한 뿌리인가? 수행승들이여, 여기 수행승이 '원칙에 맞다 원칙에 맞지 않다, 계율에 맞다 계율에 맞지 않다, 여래가 말하고 이야기 한 것이다 여래가 말한 것이 아니고 이야기한 것이 아니다, 여래가 행한 것이다 여래가 행하지 않은 것이다, 여래가 시설한 것이다 여래가 시설하지 않은 것이다, 죄인 것이다 죄가 아닌 것이다, 가벼운 죄이다 무거운 죄이다, 용서할 수 있는 죄이다 용서할 수 없는 죄이다, 거친 죄이다 거칠지 않은 죄이다.'라고 *1)* 탐욕을 지닌 마음으로 논쟁하고, *2)* 분노를 지닌 마음으로 논쟁하고, *3)* 우치를 지닌 마음으로 논쟁한다. 이것이 세 가지 논쟁으로 인한 쟁사의 악하고 불건전한 뿌리이다.

7. 어떠한 것이 세 가지 착하고 건전한 것에 입각한 논쟁으로 인한 쟁사의 뿌리인가? 수행승들이여, 여기 수행승이 '원칙에 맞다 원칙에 맞지 않다, 계율에 맞다 계율에 맞지 않다,[90] 여래가 말하고 이야기 한 것이다 여래가 말한 것이 아니고 이야기한 것이 아니다, 여래가 행한 것이다 여래가 행하지 않은 것이다, 여래가 시설한 것이다 여래가 시설하지 않은 것이다, 죄인 것이다 죄가 아닌 것이다, 가벼운 죄이다 무거운 죄이다, 용서할 수 있는 죄이다 용서할 수 없는 죄이다, 거친 죄이다 거칠지 않은 죄이다.'라고 *1)* 탐욕을 여읜 마음으로 논쟁하고 *2)* 분노

를 여읜 마음으로 논쟁하고 3) 우치를 여읜 마음으로 논쟁한다. 세 가지 논쟁으로 인한 쟁사의 착하고 건전한 뿌리란 이와 같다.

8. 어떠한 것이 비난으로 인한 쟁사의 뿌리인가? 여섯 가지 비난으로 인한 쟁사의 뿌리가 있고, 세 가지 비난으로 인한 쟁사의 악하고 불건전한 뿌리가 있고, 세 가지 비난으로 인한 쟁사의 착하고 건전한 뿌리가 있다. 신체에 기반한 비난으로 인한 쟁사의 뿌리가 있고, 언어에 기반한 비난으로 인한 쟁사의 뿌리가 있다.

어떠한 것이 여섯 가지 비난으로 인한 쟁사의 뿌리291)인가?

1) 수행승들이여, 세상에 수행승이 분노와 원한을 지니고 있다. 수행승들이여, 수행승이 분노와 원한을 가지고 있으면, 스승을 존중하지 못하고, 공경하지 못하고, 가르침을 존중하지 못하고, 공경하지 못하고, 참모임을 존중하지 못하고, 공경하지 못하고, 배움도 원만히 성취하지 못한다. 수행승들이여, 바로 그 수행승이 스승을 존중하지 못하고, 공경하지 못하고, 가르침을 존중하지 못하고, 공경하지 못하고, 참모임을 존중하지 못하고, 공경하지 못하고, 배움도 원만히 성취하지 못하면, 그는 참모임에 많은 사람의 무익과 많은 사람의 불행과 신들과 인간들의 무익, 불익, 고통을 위하여, 비난을 일으킨다. 수행승들이여, 이와 같이 그대들은 비난의 뿌리를 안으로나 밖으로나 살펴볼 수 있다면, 수행승들이여, 그대들은 그 악한 비난의 뿌리를 끊어버리기 위해 노력해야 한다. 수행승들이여, 이와 같이 그대들은 비난의 뿌리를 안으로나 밖으로나 살펴볼 수 없다면, 그 때 수행승들이여, 그 악한 비난의 뿌리가 미래에 생겨나지 않도록 노력해야 한다. 이와 같이 해서 그 악한 비난의 뿌리가 끊어져버리고, 이와 같이 해서 그 악한 비난의 뿌리가 미래에 생겨나지 않는다.

2) 수행승들이여, 세상에 수행승이 위선과 잔인을 지니고 있다. 수행승들이여, 수행승이 위선과 잔인을 가지고 있으면, 스승을 존중하지 못하고, 공경하지 못하고, 가르침을 존중하지 못하고, 공경하지 못하고, 참모임을 존중하지 못하고, 공경하지 못하고, 배움도 원만히 성취하지 못한다. 수행승들이여, 바로 그 수행승이 스승을 존중하지 못하고, 공경하지 못하고, 가르침을 존중하지 못하고, 공경하지 못하고, 참모임을 존중하지 못하고, 공경하지 못하고, 배움도 원만히 성취하지 못하면, 그는 참모임에 많은 사람의 무익과 많은 사람의 불행과 신들과 인간들의 무익, 불익, 고통을 위하여, 비난을 일으킨다. 수행승들이여,

291) cha vivādamūlāni : AN. III. 334; DN. III. 246; MN. I. 96; II. 245를 참조하라.

이와 같이 그대들은 비난의 뿌리를 안으로나 밖으로나 살펴볼 수 있다면, 수행승들이여, 그대들은 그 악한 비난의 뿌리를 끊어버리기 위해 노력해야 한다. 수행승들이여, 이와 같이 그대들은 비난의 뿌리를 안으로나 밖으로나 살펴볼 수 없다면, 그 때 수행승들이여, 그 악한 비난의 뿌리가 미래에 생겨나지 않도록 노력해야 한다. 이와 같이 해서 그 악한 비난의 뿌리가 끊어져버리고, 이와 같이 해서 그 악한 비난의 뿌리가 미래에 생겨나지 않는다.

3) 수행승들이여, 세상에 수행승이 질투와 인색을 지니고 있다. 수행승들이여, 수행승이 질투와 인색을 가지고 있으면, 스승을 존중하지 못하고, 공경하지 못하고, 가르침을 존중하지 못하고, 공경하지 못하고, 참모임을 존중하지 못하고, 공경하지 못하고, 배움도 원만히 성취하지 못한다. 수행승들이여, 바로 그 수행승이 스승을 존중하지 못하고, 공경하지 못하고, 가르침을 존중하지 못하고, 공경하지 못하고, 참모임을 존중하지 못하고, 공경하지 못하고, 배움도 원만히 성취하지 못하면, 그는 참모임에 많은 사람의 무익과 많은 사람의 불행과 신들과 인간들의 무익, 불익, 고통을 위하여, 비난을 일으킨다. 수행승들이여, 이와 같이 그대들은 비난의 뿌리를 안으로나 밖으로나 살펴볼 수 있다면, 수행승들이여, 그대들은 그 악한 비난의 뿌리를 끊어버리기 위해 노력해야 한다. 수행승들이여, 이와 같이 그대들은 비난의 뿌리를 안으로나 밖으로나 살펴볼 수 없다면, 그 때 수행승들이여, 그 악한 비난의 뿌리가 미래에 생겨나지 않도록 노력해야 한다. 이와 같이 해서 그 악한 비난의 뿌리가 끊어져버리고, 이와 같이 해서 그 악한 비난의 뿌리가 미래에 생겨나지 않는다.

4) 수행승들이여, 세상에 수행승이 사기와 기만을 지니고 있다. 수행승들이여, 수행승이 사기와 기만을 가지고 있으면, 스승을 존중하지 못하고, 공경하지 못하고, 가르침을 존중하지 못하고, 공경하지 못하고, 참모임을 존중하지 못하고, 공경하지 못하고, 배움도 원만히 성취하지 못한다. 수행승들이여, 바로 그 수행승이 스승을 존중하지 못하고, 공경하지 못하고, 가르침을 존중하지 못하고, 공경하지 못하고, 참모임을 존중하지 못하고, 공경하지 못하고, 배움도 원만히 성취하지 못하면, 그는 참모임에 많은 사람의 무익과 많은 사람의 불행과 신들과 인간들의 무익, 불익, 고통을 위하여, 비난을 일으킨다. 수행승들이여, 이와 같이 그대들은 비난의 뿌리를 안으로나 밖으로나 살펴볼 수 있다면, 수행승들이여, 그대들은 그 악한 비난의 뿌리를 끊어버리기 위해 노력해야 한다. 수행승들이여, 이와 같이 그대들은 비난의 뿌리를 안으로나 밖으로나 살펴볼

수 없다면, 그 때 수행승들이여, 그 악한 비난의 뿌리가 미래에 생겨나지 않도록 노력해야 한다. 이와 같이 해서 그 악한 비난의 뿌리가 끊어져버리고, 이와 같이 해서 그 악한 비난의 뿌리가 미래에 생겨나지 않는다.

5) 수행승들이여, 세상에 수행승이 악욕과 사견을 지니고 있다. 수행승들이여, 수행승이 악욕과 사견을 가지고 있으면, 스승을 존중하지 못하고, 공경하지 못하고, 가르침을 존중하지 못하고, 공경하지 못하고, 참모임을 존중하지 못하고, 공경하지 못하고, 배움도 원만히 성취하지 못한다. 수행승들이여, 바로 그 수행승이 스승을 존중하지 못하고, 공경하지 못하고, 가르침을 존중하지 못하고, 공경하지 못하고, 참모임을 존중하지 못하고, 공경하지 못하고, 배움도 원만히 성취하지 못하면, 그는 참모임에 많은 사람의 무익과 많은 사람의 불행과 신들과 인간들의 무익, 불익, 고통을 위하여, 비난을 일으킨다. 수행승들이여, 이와 같이 그대들은 비난의 뿌리를 안으로나 밖으로나 살펴볼 수 있다면, 수행승들이여, 그대들은 그 악한 비난의 뿌리를 끊어버리기 위해 노력해야 한다. 수행승들이여, 이와 같이 그대들은 비난의 뿌리를 안으로나 밖으로나 살펴볼 수 없다면, 그 때 수행승들이여, 그 악한 비난의 뿌리가 미래에 생겨나지 않도록 노력해야 한다. 이와 같이 해서 그 악한 비난의 뿌리가 끊어져버리고, 이와 같이 해서 그 악한 비난의 뿌리가 미래에 생겨나지 않는다.

6) 수행승들이여, 세상에 수행승이 자신의 견해에 집착하고 고집이 세고 포기하기 어렵다. 수행승들이여, 수행승이 자신의 견해에 집착하고 고집이 세고 포기하기 어려우면, 스승을 존중하지 못하고, 공경하지 못하고, 가르침을 존중하지 못하고, 공경하지 못하고, 참모임을 존중하지 못하고, 공경하지 못하고, 배움도 원만히 성취하지 못한다. 수행승들이여, 바로 그 수행승이 스승을 존중하지 못하고, 공경하지 못하고, 가르침을 존중하지 못하고, 공경하지 못하고, 참모임을 존중하지 못하고, 공경하지 못하고, 배움도 원만히 성취하지 못하면, 그는 참모임에 많은 사람의 무익과 많은 사람의 불행과 신들과 인간들의 무익, 불익, 고통을 위하여, 비난을 일으킨다. 수행승들이여, 이와 같이 그대들은 비난의 뿌리를 안으로나 밖으로나 살펴볼 수 있다면, 수행승들이여, 그대들은 그 악한 비난의 뿌리를 끊어버리기 위해 노력해야 한다. 수행승들이여, 이와 같이 그대들은 비난의 뿌리를 안으로나 밖으로나 살펴볼 수 없다면, 그 때 수행승들이여, 그 악한 비난의 뿌리가 미래에 생겨나지 않도록 노력해야 한다. 이와 같이 해서 그 악한 비난의 뿌리가 끊어져버리고, 이와 같이 해서 그 악한 비난의

뿌리가 미래에 생겨나지 않는다.

수행승들이여, 이와 같은 여섯 가지 비난으로 인한 쟁사의 뿌리가 있다.

9. 어떠한 것이 세 가지 비난으로 인한 쟁사의 악하고 불건전한 뿌리인가?

수행승들이여, 여기 수행승이 '계행이 어긋났거나 행실이 어긋났거나 견해가 어긋났거나 생활이 어긋났다.'라고 1) 탐욕을 지닌 마음으로 비난하고 1) 분노를 지닌 마음으로 비난하고 3) 우치를 지닌 마음으로 비난한다. 이것이 세 가지 비난으로 인한 쟁사의 악하고 불건전한 뿌리이다.

10. 어떠한 것이 세 가지 착하고 건전한 것에 입각한 비난으로 인한 쟁사의 뿌리인가?

수행승들이여, 여기 수행승이 '계행이 어긋났거나 행실이 어긋났거나 견해가 어긋났거나 생활이 어긋났다.' 라고 1) 탐욕을 여읜 마음으로 비난하고 2) 분노를 여읜 마음으로 비난하고 3) 우치를 여읜 마음으로 비난한다. 세 가지 비난으로 인한 쟁사의 착하고 건전한 뿌리란 이와 같다.

11. 어떠한 것이 신체에 기초한 비난으로 인한 쟁사의 뿌리인가?

여기 어떤 자가 추악죄하고, 흉측하고, 왜소하고, 다병이고, 애꾸눈이고, 곱사등이이고, 절름발이, 반신불수이면, 그 때문에 그를 비난한다.

이것이 신체에 기초한 비난으로 인한 쟁사의 뿌리이다.

12. 언어에 기초한 비난으로 인한 쟁사의 뿌리란 어떠한 것인가?

여기 어떤 자가 퉁명스럽게 말하고, 더듬어 말하고, 벙어리처럼 말하면, 그 때문에 그를 비난한다.

이것이 언어에 기초한 비난으로 인한 쟁사의 뿌리이다.

13. 어떠한 것이 범죄로 인한 쟁사의 뿌리인가? 여섯 가지 범죄의 발생에 기반한, 범죄로 인한 쟁사의 뿌리가 있다.

1) 언어나 정신이 아니라 신체로부터 발생한 범죄가 있다.
2) 신체나 정신이 아니라 언어로부터 발생한 범죄가 있다.
3) 정신이 아니라 신체와 언어로부터 발생한 범죄가 있다.
4) 언어가 아니라 신체와 정신으로부터 발생한 범죄가 있다.
5) 신체가 아니라 언어와 정신으로부터 발생한 범죄가 있다.
6) 신체와 언어와 정신으로부터 발생한 범죄가 있다.

이와 같은 여섯 가지 범죄의 발생에 기반한, 범죄로 인한 쟁사의 뿌리가 있다.

14. 어떠한 것이 의무로 인한 쟁사의 뿌리인가? 참모임이 곧, 의무로 인한 쟁사의 뿌리이다.

15. 논쟁으로[91] 인한 쟁사는 착하고 건전한 것인가, 악하고 불건전한 것인가, 착하지도 악하지도 않은 것[292]인가? 논쟁으로 인한 쟁사에는 착하고 건전한 것이거나 악하고 불건전한 것이거나, 착하지도 악하지도 않은 것이 있다.

1) 그 가운데 착하고 건전한, 논쟁으로 인한 쟁사란 어떠한 것인가? 수행승들이여, 여기 수행승이 착하고 건전한 마음으로 '원칙에 맞다 원칙에 맞지 않다, 계율에 맞다 계율에 맞지 않다, 여래가 말하고 이야기 한 것이다 여래가 말한 것이 아니고 이야기한 것이 아니다, 여래가 행한 것이다 여래가 행하지 않은 것이다, 여래가 시설한 것이다 여래가 시설하지 않은 것이다, 죄인 것이다 죄가 아닌 것이다, 가벼운 죄이다 무거운 죄이다, 용서할 수 있는 죄이다 용서할 수 없는 죄이다, 거친 죄이다 거칠지 않은 죄이다.'라고 논쟁하는데, 거기서 다투고 싸우고 투쟁하고 논쟁하고 이론하고 별론하고 도발하여 말하고 쟁론한다면, 그것을 착하고 건전한, 논쟁으로 인한 쟁사라고 한다.[293]

2) 그 가운데 악하고 불건전한, 논쟁으로 인한 쟁사란 어떠한 것인가? 수행승들이여, 여기 수행승이 악하고 불건전한 마음으로 '원칙에 맞다 원칙에 맞지 않다, 계율에 맞다 계율에 맞지 않다, 여래가 말하고 이야기 한 것이다 여래가 말한 것이 아니고 이야기한 것이 아니다, 여래가 행한 것이다 여래가 행하지 않은 것이다, 여래가 시설한 것이다 여래가 시설하지 않은 것이다, 죄인 것이다 죄가 아닌 것이다, 가벼운 죄이다 무거운 죄이다, 용서할 수 있는 죄이다 용서할 수 없는 죄이다, 거친 죄이다 거칠지 않은 죄이다.'라고 논쟁하는데, 거기서 다투고 싸우고 투쟁하고 논쟁하고 이론하고 별론하고 도발하여 말하고 쟁론한다면, 그것을 논쟁으로 인한 쟁사라고 한다.

3) 그 가운데 착하지도 악하지도 않은, 논쟁으로 인한 쟁사는 어떠한 것인가? 수행승들이여, 여기 수행승이 착하지도 악하지도 않은 마음으로 '원칙에 맞다 원칙에 맞지 않다, 계율에 맞다 계율에 맞지 않다, 여래가 말하고 이야기 한 것이다 여래가 말한 것이 아니고 이야기한 것이 아니다, 여래가 행한 것이다

---

292) avyākataṃ : 한역의 무기(無記)이다.

293) yaṃ tattha bhaṇḍanaṃ kalaho viggaho vivādo nānāvādo aññathāvādo vipaccatāya vohāro medhagaṃ idaṃ vuccati vivādādhikaraṇaṃ kusalaṃ : 이 문구의 유려한 번역을 위해 역자는 남전4권140의 한역 '이론(異論)하고(nānāvādo), 별론(別論)하고(aññathāvādo)'을 우리 국어 사전에 없지만 도입하여 번역한다.

여래가 행하지 않은 것이다, 여래가 시설한 것이다 여래가 시설하지 않은 것이다, 죄인 것이다 죄가 아닌 것이다, 가벼운 죄이다 무거운 죄이다, 용서할 수 있는 죄이다 용서할 수 없는 죄이다, 거친 죄이다 거칠지 않은 죄이다.'라고 논쟁하는데, 거기서 다투고 싸우고 투쟁하고 논쟁하고 이론하고 별론하고 도발하여 말하고 쟁론한다면, 그것을 착하지도 악하지도 않은 논쟁으로 인한 쟁사라고 한다.

16. 비난으로 인한 쟁사는 착하고 건전한 것인가, 악하고 불건전한 것인가, 착하지도 악하지도 않은 것인가? 비난으로 인한 쟁사에는 착하고 건전한 것이거나 악하고 불건전한 것이거나, 착하지도 악하지도 않은 것이 있다.

1) 그 가운데 착하고 건전한, 비난으로 인한 쟁사란 어떠한 것인가? 수행승들이여, 여기 수행승이 착하고 건전한 마음으로 '계행이 어긋났거나 행실이 어긋났거나 견해가 어긋났거나 생활이 어긋났다.'라고 비난하는데, 거기서 비난하고 견책하고 힐난하고 혐책하고 언쟁하고 자극하고 선동한다면, 그것을 착하고 건전한, 비난으로 인한 쟁사라고 한다.

2) 그 가운데 악하고 불건전한, 비난으로 인한 쟁사란 어떠한 것인가? 수행승들이여, 여기 수행승이 '계행이 어긋났거나 행실이 어긋났거나 견해가 어긋났거나 생활이 어긋났다.'라고 비난하는데, 거기서 비난하고 견책하고 힐난하고 혐책하고 언쟁하고 자극하고 선동한다면, 그것을 악하고 불건전한, 비난으로 인한 쟁사라고 한다.

3) 그 가운데 착하지도 악하지도 않은, 비난으로 인한 쟁사는 어떠한 것인가? 수행승들이여, 여기 수행승이 착하지도 악하지도 않은 마음으로 '계행이 어긋났거나 행실이 어긋났거나 견해가 어긋났거나 생활이 어긋났다.'라고 비난하는데, 거기서 비난하고 견책하고 힐난하고 혐책하고 언쟁하고 자극하고 선동한다면, 그것을 착하지도 악하지도 않은 비난으로 인한 쟁사라고 한다.

17. 범죄로 인한 쟁사는 착하고 건전한 것인가, 악하고 불건전한 것인가, 착하지도 악하지도 않은 것인가? 범죄로 인한 쟁사에는 착하고 건전한 것이 아니고, 악하고 불건전한 것이거나, 착하지도 악하지도 않은 것이 있다.

1) 그 가운데 악하고 불건전한, 범죄로 인한 쟁사란 어떠한 것인가? 알고서 의도하고 사량하여 범죄를 범한다면, 그것을 악하고 불건전한, 범죄로 인한 쟁사라고 한다.

2) 그 가운데 착하지도 악하지도 않은, 범죄로 인한 쟁사란 어떠한 것인가? 알지

못하고 의도하지 않고 사랑하지 않고 범죄를 범한다면, 그것을 착하지도 악하지도 않은, 범죄로 인한 쟁사라고 한다.

18. 의무로 인한 쟁사는 착하고 건전한 것인가, 악하고 불건전한 것인가, 착하지도 악하지도 않은 것인가? 의무로 인한 쟁사에는 착하고 건전한 것이거나, 악하고 불건전한 것이거나, 착하지도 악하지도 않은 것이 있다.

1) 그 가운데 착하고 건전한, 의무로 인한 쟁사란 어떠한 것인가? 참모임이 착하고 건전한 마음으로 갈마 곧, 허락에 대한 청원갈마, 제안갈마, 한번제안한번제청갈마, 한번제안세번제청갈마를 행한다면, 그것을 착하고 건전한, 의무로 인한 쟁사라고 한다.

2) 그 가운데 악하고 불건전한, 의무로[92] 인한 쟁사란 어떠한 것인가? 참모임이 악하고 불건전한 마음으로 갈마 곧, 허락에 대한 청원갈마, 제안갈마, 한번제안한번제청갈마, 한번제안세번제청갈마를 행한다면, 그것을 악하고 불건전한, 의무로 인한 쟁사라고 한다.

3) 그 가운데 착하지도 악하지도 않은, 의무로 인한 쟁사란 어떠한 것인가? 참모임이 착하지도 악하지도 않은 마음으로 갈마 곧, 허락에 대한 청원갈마, 제안갈마, 한번제안한번제청갈마, 한번제안세번제청갈마를 행한다면, 그것을 착하지도 악하지도 않은, 의무로 인한 쟁사라고 한다.

19. 논쟁이면서 논쟁으로 인한 쟁사가 있는가, 논쟁이면서 논쟁으로 인한 쟁사가 아닌 것이 있는가, 쟁사이지만 논쟁이 아닌 것이 있는가, 쟁사일 뿐만 아니라 논쟁인 것이 있는가? ① 논쟁이면서 논쟁으로 인한 쟁사가 있고 ② 논쟁이면서 논쟁으로 인한 쟁사가 아닌 것이 있고 ③ 쟁사이지만 논쟁이 아닌 것이 있고 ④ 쟁사일 뿐만 아니라 논쟁인 것이 있다.

1) 그 가운데 논쟁이면서 논쟁으로 인한 쟁사란 어떠한 것인가? 수행승들이여, 여기 수행승이 '원칙에 맞다 원칙에 맞지 않다, 계율에 맞다 계율에 맞지 않다, 여래가 말하고 이야기 한 것이다 여래가 말한 것이 아니고 이야기한 것이 아니다, 여래가 행한 것이다 여래가 행하지 않은 것이다, 여래가 시설한 것이다 여래가 시설하지 않은 것이다, 죄인 것이다 죄가 아닌 것이다, 가벼운 죄이다 무거운 죄이다, 용서할 수 있는 죄이다 용서할 수 없는 죄이다, 거친 죄이다 거칠지 않은 죄이다.'라고 논쟁하는데, 거기서 다투고 싸우고 투쟁하고 논쟁하고 이론하고 별론하고 도발하여 말하고 쟁론한다면, 이러한 것이 논쟁이면서 논쟁으로 인한 쟁사이다.

2) 그 가운데 논쟁이지만 논쟁으로 인한 쟁사가 아닌 것이란 어떠한 것인가? 어머니가 아들과 말다툼하고, 아들이 어머니와 말다툼하고, 아버지가 아들과 말다툼하고, 아들이 아버지와 말다툼하고, 형제가 형제와 말다툼하고, 형제가 자매와 말다툼하고, 자매가 형제와 말다툼하고, 친구가 친구와 말다툼한다면, 이러한 것은 논쟁이지만 논쟁으로 인한 쟁사가 아닌 것이다.

3) 그 가운데 쟁사이지만 논쟁이 아닌 것이란 어떠한 것인가? 비난으로 인한 쟁사, 범죄로 인한 쟁사, 의무로 인한 쟁사가 있다. 이러한 것이 쟁사이지만 논쟁이 아닌 것이다.

4) 그 가운데 쟁사일 뿐만 아니라 논쟁인 것이란 어떠한 것인가? 논쟁으로 인한 쟁사는 쟁사일 뿐만 아니라 논쟁이다.

20. 비난이면서 비난으로 인한 쟁사가 있는가, 비난이면서 비난으로 인한 쟁사가 아닌 것이 있는가, 쟁사이지만 비난이 아닌 것이 있는가, 쟁사일 뿐만 아니라 비난인 것이 있는가? ① 비난이면서 비난으로 인한 쟁사가 있고, ② 비난이면서 비난으로 인한 쟁사가 아닌 것이 있고, ③ 쟁사이지만 비난이 아닌 것이 있고, ④ 쟁사일 뿐만 아니라 비난인 것이 있다.

1) 그 가운데 비난이면서 비난으로 인한 쟁사란 어떠한 것인가? 수행승들이여, 여기 수행승이 '계행이 어긋났거나 행실이 어긋났거나 견해가 어긋났거나 생활이 어긋났다.'라고 비난하는데, 거기서 비난하고 견책하고 힐난하고 혐책하고 언쟁하고 자극하고 선동한다면, 이러한 것이 비난이면서 비난으로 인한 쟁사이다.

2) 그 가운데 비난이면서 비난으로 인한 쟁사가 아닌 것이란 어떠한 것인가? 어머니가 아들을 비난하고, 아들도 어머니를 비난하고, 아버지가 아들을 비난하고, 아들도 아버지를 비난하고, 형제가 형제를 비난하고, 형제가 자매를 비난하고, 자매가 형제를 비난하고, 친구가 친구를 비난한다면, 이러한 것은 비난이지만 비난으로 인한 쟁사가 아닌 것이다.

3) 그 가운데 쟁사이지만 비난이 아닌 것이란 어떠한 것인가? 범죄로 인한 쟁사, 의무로 인한 쟁사, 논쟁으로 인한 쟁사가 있다. 이러한 것이 쟁사이지만 비난이 아닌 것이다.

4) 그 가운데 쟁사일 뿐만 아니라 비난인 것이란 어떠한 것인가? 비난으로 인한 쟁사는 쟁사일 뿐만 아니라 비난이다.

21. 범죄이면서 범죄로 인한 쟁사가 있는가, 범죄이면서 범죄로 인한 쟁사가 아닌 것이 있는가, 쟁사이지만 범죄가 아닌 것이 있는가, 쟁사일 뿐만 아니라 범죄인 것이 있는가? ① 범죄이면서 범죄로 인한 쟁사가 있고, ② 범죄이지만 범죄로 인한 쟁사가 아닌 것이 있고, ③ 쟁사이지만 범죄가 아닌 것이 있고, ④ 쟁사일 뿐만 아니라 범죄인 것이 있다.

1) 그 가운데[93] 범죄이면서 범죄로 인한 쟁사인 것은 어떠한 것인가? 다섯 가지 범죄의 다발도 범죄로 인한 쟁사라고 하며, 일곱 가지 범죄의 다발도 범죄로 인한 쟁사가 있는데, 이러한 것을 범죄이면서 범죄로 인한 쟁사이다.

2) 그 가운데 범죄이면서 범죄로 인한 쟁사가 아닌 것이란 어떠한 것인가? 흐름에 든 경지와 성취가 있는데,294) 이것은 범죄이면서 범죄로 인한 쟁사가 아닌 것이다.

3) 그 가운데 쟁사이지만 범죄가 아닌 것은 무엇인가? 의무로 인한 쟁사, 논쟁으로 인한 쟁사, 비난으로 인한 쟁사가 있다. 이것이 쟁사이지만 범죄가 아닌 것이다.

4) 그 가운데 쟁사일 뿐만 아니라 범죄인 것이란 어떠한 것인가? 범죄로 인한 쟁사는 쟁사일 뿐만 아니라 범죄이다.

22. 의무이면서 의무로 인한 쟁사가 있는가, 의무이면서 의무로 인한 쟁사가 아닌 것이 있는가, 쟁사이지만 의무가 아닌 것이 있는가, 쟁사일 뿐만 아니라 의무인 것이 있는가? ① 의무이면서 의무로 인한 쟁사가 있고, ② 의무이지만 의무로 인한 쟁사가 아닌 것이 있고, ③ 쟁사이지만 의무가 아닌 것이 있고, ④ 쟁사일 뿐만 아니라 의무인 것이 있다.

1) 그 가운데 의무이면서 의무로 인한 쟁사란 어떠한 것인가? 참모임의 의무인 것, 해야 할 일인 것, 허락에 대한 청원갈마, 제안갈마, 한번제안한번제청갈마, 한번제안세번제청갈마가 있는데, 이러한 것이 의무이면서 의무로 인한 쟁사이다.

2) 그 가운데 의무이지만 의무로 인한 쟁사가 아닌 것이란 어떠한 것인가? 궤범사295)에 대한 의무, 친교사296)에 대한 의무, 동일한 친교사를 섬기는 자에

---

294) sotāpatti samāpatti : 이것은 언어적 유희이다. 범죄라는 말이 āpatti인데, 흐름에 듦(預流 : sotāpatti)이나 성취(等至 : samāpatti)라는 단어 속에도 āpatti라는 구절이 있는 것을 말한다.

295) ācariya : 한역에서는 궤범사(軌範師) 또는 음사하여 '아사리(阿闍梨)'라고 한다. 인도에서는 원래 일반적인 스승을 일컫는 말이었다. 학인(antevāsika)을 바르게 교육할 만한 선생으로 계율에 밝고 갈마에 능한 스승을 말한다. 특히 출가한지 오 년이 안 된 수행승이나 오년이 지났어도 홀로 지낼만한 소양을 갖추지 못했으면, 친교사인 은사 스님과 떨어져 지내게 될 때, 모시는 스승을 말한다.

대한 의무, 동일한 궤범사를 섬기는 자에 대한 의무가 있는데, 이러한 것이 의무이지만 의무로 인한 쟁사가 아닌 것이다.

3) 그 가운데 쟁사이지만 의무가 아닌 것은 무엇인가? 논쟁으로 인한 쟁사, 비난으로 인한 쟁사, 범죄로 인한 쟁사가 있다. 이것이 쟁사이지만 의무가 아닌 것이다.

4) 그 가운데 쟁사일 뿐만 아니라 의무인 것이란 어떠한 것인가? 의무로 인한 쟁사는 쟁사일 뿐만 아니라 의무이다."

23. [멸쟁(Adhikaraṇavūpasamana : 滅諍)]

[세존] "논쟁으로 인한 쟁사는 어떠한 그침으로 그치는가? 논쟁으로 인한 쟁사는 두 가지 그침으로 그친다. ① 현전에 입각한 조정과 ② 다수에 입각한 조정이다. 수행승들이여, 누군가가 '논쟁으로 인한 쟁사를 다수에 입각한 조정이라는 하나의 그침에 의존하지 않고 현전에 입각한 조정이라는 하나의 그침으로써 멈출 수 있는가?'라고 묻는다면, '있을 수 있다.'라고 말해야 한다. 어떻게 그러한가? 여기 수행승이 '원칙에 맞다 원칙에 맞지 않다, 계율에 맞다 계율에 맞지 않다, 여래가 말하고 이야기 한 것이다 여래가 말한 것이 아니고 이야기한 것이 아니다, 여래가 행한 것이다 여래가 행하지 않은 것이다, 여래가 시설한 것이다 여래가 시설하지 않은 것이다, 죄인 것이다 죄가 아닌 것이다, 가벼운 죄이다 무거운 죄이다, 용서할 수 있는 죄이다 용서할 수 없는 죄이다, 거친 죄이다 거칠지 않은 죄이다.'라고 논쟁한다. 수행승들이여, 그 수행승들이 그 쟁사를 그치게 할 수 있다면, 이것을 쟁사를 그치게 하는 것이라고 한다.

어떻게 그치게 하는 것인가? 현전에 입각한 조정이다. 그 현전에 입각한 조정에는 어떠한 것이 필요한가? ① 참모임의 현전, ② 원칙의 현전, ③ 계율의 현전, ④ 개인의 현전이 있다.

1) 그 가운데 참모임의 현전이란 어떠한 것인가? 갈마에 필요한 수행승들이 도달하고 동의를 줄 만한 사람들의 동의가 전달되고, 현전하였을 때에 항의가 없으면, 그것이 그 가운데 참모임의 현전이다.

2) 그 가운데 원칙의 현전이란 어떠한 것인가? 원칙에 따라[94] 스승의 가르침에 따라 쟁사가 그치면, 그것이 그 가운데 원칙의 현전이다.

---

296) upajjhāya : 가정교사나 후견인과 같은 스승으로 출가시키고 구족계를 줄 수 있는 법랍 10년 이상의 스승으로 제자를 둘 자격이 있는 스승을 말한다. 한역에서는 음역하여 화상(和尙; 和上), 계화상(戒和尙), 오바다야(烏波陀耶), 화사(和闍), 골사(鶻社)라고 한다. 의역하여 친교사(親敎師), 역생(力生), 근송(近誦), 의학(依學)이라고도 한다. 우리나라에서는 흔히 은사(恩師)나 계사(戒師)라고 한다.

3) 그 가운데 계율의 현전이란 어떠한 것인가? 계율에 따라 스승의 가르침에 따라 쟁사가 그치면, 그것이 그 가운데 계율의 현전이다.

4) 그 가운데 개인의 현전이란 어떠한 것인가? 논쟁자와 대론자 양자가 현전하면, 그것이 그 가운데 개인의 현전이다.

수행승들이여, 이와 같이 그친 쟁사를 작자가 돌아와 번복하면, 번복하는 것은 속죄죄가 된다.[297] 청정동의를 위임한 자[298]가 그것을 비방하면, 비방하는 것은 속죄죄가 된다.[299]

24. 수행승들이여, 만약 수행승들이 그 쟁사를 그 처소에서 그치게 할 수 없다면, 수행승들이여, 그 수행승들은 보다 많은 수행승들이 있는 처소로 가야 한다. 수행승들이여, 만약 수행승들이 그 처소에 가는 도중에 그 쟁사를 그치게 할 수 있다면, 수행승들이여, 그것을 쟁사의 해결이라고 한다.

어떻게 그치는가? 현전에 입각한 조정에 의해서이다. 그 현전에 입각한 조정 가운데 무엇이 있는가? ① 참모임의 현전, ② 원칙의 현전, ③ 계율의 현전, ④ 개인의 현전이 있다.

1) 그 가운데 참모임의 현전이란 어떠한 것인가? 갈마에 필요한 수행승들이 도달하고 동의를 줄 만한 사람들의 동의가 전달되고, 현전하였을 때에 항의가 없으면, 그것이 그 가운데 참모임의 현전이다.

2) 그 가운데 원칙의 현전이란 어떠한 것인가? 원칙에 따라 스승의 가르침에 따라 쟁사가 그치면, 그것이 그 가운데 원칙의 현전이다.

3) 그 가운데 계율의 현전이란 어떠한 것인가? 계율에 따라 스승의 가르침에 따라 쟁사가 그치면, 그것이 그 가운데 계율의 현전이다.

4) 그 가운데 개인의 현전이란 어떠한 것인가? 논쟁자와 대론자 자타의 양자가 현전하면, 그것이 그 가운데 개인의 현전이다.

수행승들이여, 이와 같이 그친 쟁사를 작자가 돌아와 번복하면, 번복하는 것은 속죄죄가 된다. 청정동의를 위임한 자가 그것을 비방하면, 비방하는 것은 속죄죄

---

297) evaṃ vūpasantaṃ ce bhikkhave adhikaraṇaṃ kārako ukkoṭeti, ukkoṭanakaṃ pācittiyaṃ, : 이것에 대해서는 Pāc. 63을 참조하라.

298) chandadāyako : 청정동의(淸淨同意 : chanda)는 질병 때문에 갈마에 결석한 수행승이 자기의 '동의의지(동의의지)'를 위임하는 것이다. 한역에서 청정욕(淸淨欲)이라고 되어 있는 것은 앞에 등장했던 청정권리의 의미와 합치하게 번역한 것인데, 역자는 이 번역을 따라서 청정동의라고 번역한다. 질병 등으로 당사가가 출현할 수 없을 때, 갈마의 청정동의를 위임한 자가 없이는 갈마가 수행될 수 없다.

299) chandadāyako khīyati, khīyanakaṃ pācittiyaṃ : 이것에 대해서는 Pāc. 79를 참조하라.

가 된다.

25. 수행승들이여, 만약 수행승들이 그 처소에 가는 도중에 그 쟁사를 그치게 할 수 없다면, 수행승들이여, 그 수행승들은 그 처소로 가서 그 거주수행승들에게 이와 같이 말해야 한다.

[객수행승들] '벗들이여, 이 쟁사는 이와 같이 생겨났고 이와 같이 일어났습니다. 존자들께서는 이 쟁사를 원칙에 따라 계율에 따라 스승의 가르침에 따라 그치게 하는데, 이 쟁사를 잘 그치게 해주시면, 감사하겠습니다.'

수행승들이여, 만약에 그 거주수행승들이 보다 구참이고 객수행승들이 보다 신참이면, 수행승들이여, 그 거주수행승들이 객수행승들에게 이와 같이 말해야 한다.

[거주수행승들] '존자들이여, 그대들은 우리가 논의할 때까지 잠깐만 한쪽에 계십시오.'

수행승들이여, 만약에 그 거주수행승들이 보다 신참이고 객수행승들이 보다 구참이면, 그 거주수행승들이 객수행승들에게 이와 같이 말해야 한다.

[거주수행승들] '존자들이여, 그대들은 우리가 논의할 때까지 잠깐만 여기에 계십시오.'

수행승들이여, 만약에 그 거주수행승들이 의논하면서 이와 같이 '우리는 이 쟁사를 원칙에 따라 계율에 따라 스승의 가르침에 따라 그치게 할 수 없다.'라고 생각하면, 그 쟁사를 그 거주수행승들이 수용해서는 안 된다.

수행승들이여, 만약에 그러나 그 거주수행승들이 의논하면서 이와 같이 '우리는 이 쟁사를 원칙에 따라 계율에 따라 스승의 가르침에 따라 그치게 할 수 있다.'라고 생각하면, 수행승들이여, 그 거주수행승들은 객수행승들에게 이와 같이 말해야 한다.

[거주수행승들] '존자들이여, 만약에 그대들이[95] 우리에게 우리가 이 쟁사를 원칙에 따라 계율에 따라 스승의 가르침에 따라 그치게 할 수 있도록, 이 쟁사가 생겨난 그대로 일어난 그대로 알려준다면, 우리가 그 쟁사를 수용하겠습니다. 존자들이여, 만약에 그대들이 우리에게 우리가 이 쟁사를 원칙에 따라 계율에 따라 스승의 가르침에 따라 그치게 할 수 있도록, 이 쟁사가 생겨난 그대로 일어난 그대로 알려주지 않는다면, 우리가 그 쟁사를 수용하지 않겠습니다.'

수행승들이여, 이와 같이 잘 섭수하여 그 거주수행승들은 그 쟁사를 수용해야 한다. 수행승들이여, 그 객수행승들은 그 거주수행승들에게 이와 같이 말해야 한다.

[객수행승들] '우리는 생겨난 그대로 일어난 그대로 이 쟁사에 대하여 알려주겠습니다. 만약에 존자들이 이와 더불어 또는 이와 크게 관련이 없더라도[300] 이 쟁사를 원칙에 따라 계율에 따라 스승의 가르침에 따라 그치게 할 수 있어 이 쟁사가 잘 그칠 수 있다면, 우리는 이 쟁사를 존자들에게 맡기겠습니다. 그러나 만약에 존자들이 이와 더불어 또는 이와 크게 관련이 없더라도 이 쟁사를 원칙에 따라 계율에 따라 스승의 가르침에 따라 그치게 할 수 없어 이 쟁사가 잘 그칠 수 없다면, 우리는 이 쟁사를 존자들에게 맡기지 않겠습니다. 우리가 이 쟁사의 주인이 될 것입니다.'

수행승들이여, 이와 같이 잘 섭수한 뒤에 객수행승이 그 쟁사를 그 거주수행승들에게 맡겨야 한다. 수행승들이여, 그 수행승들이 그 쟁사를 그치게 할 수 있다면, 수행승들이여, 이것을 쟁사를 잘 그치게 한 것이라고 한다.

어떻게 그치게 하는 것인가? 현전에 입각한 조정이다.

그 현전에 입각한 조정에는 어떠한 것이 필요한가? ① 참모임의 현전, ② 원칙의 현전, ③ 계율의 현전, ④ 개인의 현전이 필요한 것이다.

1) 그 가운데 참모임의 현전이란 어떠한 것인가? 갈마에 필요한 수행승들이 도달하고 동의를 줄 만한 사람들의 동의가 전달되고, 현전하였을 때에 항의가 없으면, 그것이 그 가운데 참모임의 현전이다.
2) 그 가운데 원칙의 현전이란 어떠한 것인가? 원칙에 따라 스승의 가르침에 따라 쟁사가 그치면, 그것이 그 가운데 원칙의 현전이다.
3) 그 가운데 계율의 현전이란 어떠한 것인가? 계율에 따라 스승의 가르침에 따라 쟁사가 그치면, 그것이 그 가운데 계율의 현전이다.
4) 그 가운데 개인의 현전이란 어떠한 것인가? 논쟁자와 대론자 자타의 양자가 현전하면, 그것이 그 가운데 개인의 현전이다.

수행승들이여, 이와 같이 그친 쟁사를 작자가 돌아와 번복하면, 번복하는 것은 속죄죄가 된다. 청정동의를 위임한 자가 그것을 비방하면, 비방하는 것은 속죄죄가 된다."

24. [단사위원평결에 의한 멸쟁(Ubbāhikāya vūpasamana)][301]

300) ettakena vā ettakena vā antarena : '이러저런 한 사이에'라고 해석할 수도 있다.
301) ubbāhikāya vūpasamanaṃ : '웁바히까'(Ubbāhika)는 한역의 단사(斷事) 또는 단사인(斷事人 : Ubbāhika)이다. 오늘날의 표결권이 있는 위원회의 위원에 의한 평결라고 볼 수 있다. 그래서 역자는 단사위원평결에 의한

[세존] "수행승들이여, 그 쟁사를 결정하는데 끝없는 언설이 생겨나고 그 언설의 의미를 알기 어려울 때에, 수행승들이여, 이와 같이 그 쟁사를 단사위원평결로써 해결하는 것을 허용한다.

열 가지 고리를 갖춘 수행승을 단사위원평결을 위하여 선정해야 한다.

1) 계행을 갖추고, 의무계율302)을 수호하고 지켜서, 행동범주303)를 완성하고, 사소한 잘못에서 두려움을 보고, 학습계율304)을 받아 배우고, 많이 배우고 배운 것을 기억하고 배운 것을 모우고,

2) 처음도 훌륭하고 중간도 훌륭하고 마지막도 훌륭한, 내용을 갖추고 형식이 완성되고, 지극히 원만하고 오로지 청정한 거룩한 삶을 선언하는, 그와 같은 가르침을 자주 배우고 기억해서 언어로 숙달하고 정신으로 관찰하고 견해로 꿰뚫고,

3) 양부의 의무계율305)을 상세히 이해하여 경과 구절에 대하여 잘 분별하고 잘 해석하고 잘 결정하고,

4) 계율에[96] 확립되어 흔들림이 없고,

5) 논쟁자와 대론자 자타를 알게 하고, 사유하게 하고, 고찰하게 하고, 청정한 믿음을 지니게 하고, 청정한 기쁨을 지니게 하는데 유능하고,

6) 쟁사가 발생한 것을 그치게 하는데 밝고,

멸쟁이라고 번역한다. CV. XII. 2를 참조하라. 이 다음에 오는 문장은 AN. V. 71과 병행한다.

302) pāṭimokkha : '빠띠목카'는 율장에 포함된 수행승들의 의무계율들의 항목을 말하는데, 수행승이 될 때에 받아 지켜야만 하는 의무계율을 말한다. 비구의무계율에 포함된 학습계율의 숫자는 각 부파불교마다 다르기 때문이다. 빠알리율(Vinayapāḷi)에서는 227조인데 비해, 사분율(Caturvargavinaya : 四分律)에서는 250조, 오분율(Pañcavargavinaya : 五分律)에서는 251조, 십송율(Daśādhyāyavinaya : 十誦律)에서는 263조, 근본설일체유부율(Mūlasarvāstivādavinaya : 根本說一切有部毘奈耶)에서는 249조, 마하승기율(Mahāsāṅghikavinaya : 摩訶僧祇律)에서는 218조, 티베트역의 근본설일체유부(Mūlasarvāstivādavinaya)에서는 258조로 되어 있다. 별해탈(別解脫)이라고도 한다. 별해탈이란 의미는 계율 하나 하나가 해탈로 이끈다는 의미를 지닌다. DN. III. 77 참조. 그리고 Srp. V. 230에 따르면, 여기서 부처님께서는 계행 가운데 중요한 네 가지 계행(catunnaṁ sīlānaṁ jeṭṭhakasīlaṁ)을 요구했다 : ① 의무계율에 의한 제어(pāṭimokkhasaṁvara) ② 감각능력의 제어(indriyasaṁvara) ③ 생활의 청정(ājīvaparisuddhi) ④ 자구(資具)와 관련된 계행(paccayasannissitasīlā).

303) ācāragocara : 행동범주란 올바른 행동과 사창가나 술집을 피하는 등의 탁발의 행동반경이나 명상주제(業處 : kammaṭṭhāna)를 의미한다.

304) sikkhapadāni : 학습계율(學戒 : sikkhapadāni)라고 하는 것인데, 의무계율을 포함하여 그 외에 의무계율에 소속되지 않는 사소한 계율을 추가하여 배워야할 계율 또는 실천하여야 할 계율이라고 하는데, 현대적인 표현으로는 학습계율이 적당하다. 보다 상세한 것은 DN. III. 78과 AN. II. 22 및 그 주석을 보라.

305) ubhayāni pātimokkhāni : 양부의 의무계율은 비구227계의 의무계율과 비구니304계의 의무계율을 말하는데, 전자는 율장의 「쑷따비방가」(경분별 : Suttavibhaṅga) 가운데 「마하비방가」(大分別 : Mahāvibhaṅga)에서, 후자는 「비구니비방가」(比丘尼分別 : Bhikkkhunīvibhaṅga)에서 다루고 있다.

7) 쟁사를 알고,
8) 쟁사의 원인을 알고,
9) 쟁사의 소멸을 알고,
10) 쟁사의 소멸에 이르는 길을 아는 것이다.

수행승들이여, 이와 같은 열 가지 고리를 갖춘 수행승을 단사위원평결을 위하여 선정해야 한다.

25. 수행승들이여, 그런데 이와 같이 선정해야 한다. 먼저 수행승을 청해야 한다. 청한 뒤에는 총명하고 유능한 수행승이 참모임에 알려야 한다.

[제안] '존자들이여, 참모임은 제 말에 귀를 기울이십시오. 우리가 이 쟁사를 결정하는데 끝없는 언설이 생겨나고 그 언설의 의미를 알기 어렵습니다. 만약 참모임에 옳은 일이라면, 참모임은 이 쟁사를 단사위원평결로써 해결하고자 이러이러한 수행승을 선정하겠습니다. 이것이 제안입니다.'

[제청] '존자들이여, 참모임은 제 말에 귀를 기울이십시오. 우리가 이 쟁사를 결정하는데 끝없는 언설이 생겨나고 그 언설의 의미를 알기 어렵습니다. 참모임은 이 쟁사를 단사위원평결로써 해결하고자 이러이러한 수행승을 선정합니다. 이 쟁사를 단사위원평결로써 해결하고자 이러이러한 수행승을 선정하는 것에 동의하면 침묵하시고, 이견이 있으면 말씀하십시오.'

[결정] '참모임은 이 쟁사를 단사위원평결로써 해결하고자 이러이러한 수행승을 선정하였습니다. 참모임이 찬성하여 침묵했으므로, 저는 그와 같이 알겠습니다.'

26. 수행승들이여, 그 수행승들은 그 쟁사를 단사위원평결로써 해결할 수 있다면, 수행승들이여, 그것을 쟁사의 해결이라고 한다. 어떻게 그치게 하는 것인가? 현전에 입각한 조정을 통해서이다. 그 현전에 입각한 조정에는 어떠한 것이 필요한가? ① 참모임의 현전, ② 원칙의 현전, ③ 계율의 현전, ④ 개인의 현전이 있다.

1) 그 가운데 참모임의 현전이란 어떠한 것인가? 갈마에 필요한 수행승들이 도달하고 동의를 줄 만한 사람들의 동의가 전달되고, 현전하였을 때에 항의가 없으면, 그것이 그 가운데 참모임의 현전이다.
2) 그 가운데 원칙의 현전이란 어떠한 것인가? 원칙에 따라 스승의 가르침에 따라 쟁사가 그치면, 그것이 그 가운데 원칙의 현전이다.
3) 그 가운데 계율의 현전이란 어떠한 것인가? 계율에 따라 스승의 가르침에 따라 쟁사가 그치면, 그것이 그 가운데 계율의 현전이다.

4) 그 가운데 개인의 현전이란 어떠한 것인가? 논쟁자와 대론자 양자가 현전하면, 그것이 그 가운데 개인의 현전이다.

수행승들이여, 이와 같이 그친 쟁사를 작자가 돌아와 번복하면, 번복하는 것은 속죄죄가 된다. 청정동의를 위임한 자가 그것을 비방하면, 비방하는 것은 속죄죄가 된다.

27. 수행승들이여, 그 수행승들이 그 쟁사를 결정하는데, 그곳에 법사[306]인 수행승이 있어, 그가 경[307]도 이해하지 못하고 경분별[308]도 이해하지 못해, 그 의미를 판별하지 못하고 구절의 그늘에 의미를 가린다면, 총명하고 유능한 수행승이 그 수행승들에게 알려야 한다.

[선언] '존자들이여, 나에게 귀를 기울이십시오. 이러이러한 법사인 수행승이 있는데, 그는 경도 이해하지 못하고 경분별도 이해하지 못해, 그 의미를 판별하지 못하고 구절의 그늘에 의미를 가립니다. 만약에 존자들에게 옳은 일이라면,[97] 이러이러한 수행승을 쫓아내고 남은 자들로 쟁사를 그치게 하겠습니다.'

수행승들이여, 그 수행승들이 그 수행승을 쫓아내어 그 쟁사를 그치게 할 수 있다면, 그것을 수행승들이여, 쟁사의 해결이라고 한다. 어떻게 그치게 하는 것인가? 현전에 입각한 조정이다. 그 현전에 입각한 조정에는 어떠한 것이 필요한가? ① 참모임의 현전, ② 원칙의 현전, ③ 계율의 현전, ④ 개인의 현전이 있다.

1) 그 가운데 참모임의 현전이란 어떠한 것인가? 갈마에 필요한 수행승들이 도달하고 동의를 줄 만한 사람들의 동의가 전달되고, 현전하였을 때에 항의가 없으면, 그것이 그 가운데 참모임의 현전이다.

2) 그 가운데 원칙의 현전이란 어떠한 것인가? 원칙에 따라 스승의 가르침에 따라 쟁사가 그치면, 그것이 그 가운데 원칙의 현전이다.

3) 그 가운데 계율의 현전이란 어떠한 것인가? 계율에 따라 스승의 가르침에 따라 쟁사가 그치면, 그것이 그 가운데 계율의 현전이다.

4) 그 가운데 개인의 현전이란 어떠한 것인가? 논쟁자와 대론자 양자가 현전하면, 그것이 그 가운데 개인의 현전이다.

---

306) dhammakathika : 설법사(說法師)를 뜻한다.

307) sutta : 여기서 경은 일반적 의미의 가르침을 담고 있는 경전을 뜻하는 것이 아니라, 율장의 『쑷따비방가』(Suttavibhaṅga)에서의 논의의 주제인 논모(論母 : mātika)를 뜻한다. Vin. 1197에 의하면, 여기서 경(經 : sutta)은 '논의의 주제'(論母 : mātika)를 뜻한다.

308) suttavibhaṅga : 경분별은 율장에서 의무계율을 구성하는 개개의 학습계율에 대해 해설해 놓은 부분을 뜻한다. Vin. 1197에 의하면, 계율에 숙달한 것을 뜻한다.

수행승들이여, 이와 같이 그친 쟁사를 작자가 돌아와 번복하면, 번복하는 것은 속죄죄가 된다. 청정동의를 위임한 자가 그것을 비방하면, 비방하는 것은 속죄죄가 된다.

28. 수행승들이여, 그 수행승들이 그 쟁사를 결정하는데, 그곳에 법사인 수행승이 있어, 그가 경은 이해하여도 경분별은 이해하지 못해, 그 의미를 판별하지 못하고 구절의 그늘에 의미를 가린다면, 총명하고 유능한 수행승이 그 수행승들에게 알려야 한다.

[선언] '존자들이여, 나에게 귀를 기울이십시오. 이러이러한 법사인 수행승이 있는데, 그는 경은 이해하여도 경분별은 이해하지 못해, 그 의미를 판별하지 못하고 구절의 그늘에 의미를 가립니다. 만약에 존자들에게 옳은 일이라면, 이러이러한 수행승을 쫓아내고 남은 자들로 쟁사를 그치게 하겠습니다.'

수행승들이여, 그 수행승들이 그 수행승을 쫓아내어 그 쟁사를 그치게 할 수 있다면, 이것을 수행승들이여, 쟁사를 그치게 하는 것이라고 한다. 어떻게 그치게 하는 것인가? 현전에 입각한 조정이다. 그 현전에 입각한 조정에는 어떠한 것이 필요한가? ① 참모임의 현전, ② 원칙의 현전, ③ 계율의 현전, ④ 개인의 현전이 있다.

1) 그 가운데 참모임의 현전이란 어떠한 것인가? 갈마에 필요한 수행승들이 도달하고 동의를 줄 만한 사람들의 동의가 전달되고, 현전하였을 때에 항의가 없으면, 그것이 그 가운데 참모임의 현전이다.

2) 그 가운데 원칙의 현전이란 어떠한 것인가? 원칙에 따라 스승의 가르침에 따라 쟁사가 그치면, 그것이 그 가운데 원칙의 현전이다.

3) 그 가운데 계율의 현전이란 어떠한 것인가? 계율에 따라 스승의 가르침에 따라 쟁사가 그치면, 그것이 그 가운데 계율의 현전이다.

4) 그 가운데 개인의 현전이란 어떠한 것인가? 논쟁자와 대론자 양자가 현전하면, 그것이 그 가운데 개인의 현전이다.

수행승들이여, 이와 같이 그친 쟁사를 작자가 돌아와 번복하면, 번복하는 것은 속죄죄가 된다. 청정동의를 위임한 자가 그것을 비방하면, 비방하는 것은 속죄죄가 된다."

29. [다수에 입각한 조정(Yebhuyyasikavinaya)]

[세존] "수행승들이여, 만약 그 수행승들이 그 쟁사를 단사위원평결로써 해결할 수 없다면, 수행승들이여, 그 수행승들은 그 쟁사를 참모임에 맡겨야 한다.

[청원] '존자들이여, 우리는 이 쟁사를 단사위원평결로써 해결할 수 없습니다. 참모임이 이 쟁사를 그치게 해주십시오.'

수행승들이여, 이와 같이 쟁사를 다수에 입각한 조정으로 그치게 할 것을 나는 허용한다. 수행승들이여, 다섯 고리를 갖춘 수행승을 산가지표결의 관리인으로 선정해야 한다.

1) 그는 욕망 의해 삿된 길을 가지 말아야 하고
2) 분노 의해 삿된 길을 가지 말아야 하고
3) 어리석음 의해 삿된 길을 가지 말아야 하고
4) 두려움 의해 삿된 길을 가지 말아야 하고,
5) 표결된 것과 표결되지 않은 것을 알아야 한다.

수행승들이여, 이와 같은 다섯 고리를 갖춘 수행승을 산가지표결의 관리인으로 선정하는 것을 허용한다. 수행승들이여, 그런데 이와 같이 선정해야 한다. 처음에 수행승을 청해야 한다. 청한 뒤에 현명하고 유능한 수행승이 참모임에 알려야 한다.

[제안] '존자들이여, 참모임은 제 말에 귀를 기울이십시오. 참모임에 옳은 일이라면, 참모임이 이러이러한 수행승을 산가지표결의 관리인으로 선정하겠습니다. 이것이 제안입니다.'

[제청] '존자들이여, 참모임은 제 말에 귀를 기울이십시오. 참모임에 옳은 일이라면, 참모임이 이러이러한 수행승을 산가지표결의 관리인으로 선정합니다. 이러이러한 수행승을 산가지표결의 관리인으로 선정하는 것에 동의하면 침묵하시고, 이견이 있으면 말씀하십시오.'

[결정] '참모임은 이러이러한 수행승을 산가지표결의 관리인으로 선정했습니다. 참모임이 찬성하여 침묵했으므로, 저는 그와 같이 알겠습니다.'

그 산가지표결의 관리인인 수행승은 산가지표결을 해서, 원칙에 맞게 설하는 보다 많은 수행승들이 말하는 것에 따라 그 쟁사를 그치게 해야 한다. 수행승들이여, 이것을 쟁사를 그치게 하는 것이라고 한다. 어떻게 그치게 하는 것인가? ① 현전에 입각한 조정과 ② 다수에 입각한 조정이다.

1) 그 현전에 입각한 조정에는 어떠한 것이 필요한가? ① 참모임의 현전, ② 원칙의 현전, ③ 계율의 현전, ④ 개인의 현전이 있다. 그 가운데 참모임의 현전이란 어떠한 것인가? 갈마에 필요한 수행승들이 도달하고 동의를 줄 만한 사람들의 동의가 전달되고, 현전하였을 때에 항의가 없으면, 그것이 그 가운데 참모임의

현전이다. 그 가운데 원칙의 현전이란 어떠한 것인가? 원칙에 따라 스승의 가르침에 따라 쟁사가 그치면, 그것이 그 가운데 원칙의 현전이다. 그 가운데 계율의 현전이란 어떠한 것인가? 계율에 따라 스승의 가르침에 따라 쟁사가 그치면, 그것이 그 가운데 계율의 현전이다. 그 가운데 개인의 현전이란 어떠한 것인가? 논쟁자와 대론자 양자가 현전하면, 그것이 그 가운데 개인의 현전이다.

2) 그 다수에 입각한 조정은 무엇인가? 다수에 입각한 조정의 갈마를 만들고 행하고 시작하고 진행하고 승인하고 그것에 항의하지 않는다면, 그것이 거기서 다수에 입각한 조정에 필요한 것이다.

수행승들이여, 이와 같이 그친 쟁사를 작자가 돌아와 번복하면, 번복하는 것은 속죄죄가 된다. 청정동의를 위임한 자가 그것을 비방하면, 비방하는 것은 속죄죄가 된다."

30. [세 가지 산가지표결](Tisalākagāha)

한때[98] 싸밧티 시에서 쟁사가 이와 같이 생겨났고 이와 같이 일어났다. 그때 그 수행승들은 참모임이 쟁사를 그치게 하는 것에 만족하지 않았다. 그들은 '이러이러한 처소에 많은 장로들이 있는데, 그들은 많이 배우고, 전통을 수용하고, 가르침에 밝고, 계율에 밝고, 논의의 주제에 밝고, 현명하고, 총명하고, 슬기롭고, 부끄러움을 알고, 후회를 알고, 배움을 추구한다. 만약에 그 장로들이 이 쟁사를 원칙에 따라, 계율에 따라, 스승의 가르침에 따라 그치게 할 수 있다면, 이와 같이 그 쟁사는 잘 그쳐질 것이다.'라고 들었다. 그래서 그 수행승들은 그 처소로 가서 그 장로들에게 이와 같이 말했다.

[수행승들] "존자들이여, 이러한 쟁사가 이와 같이 생겨났고 이와 같이 일어났습니다. 그 장로들께서 이 쟁사를 원칙에 따라, 계율에 따라, 스승의 가르침에 따라 그치게 해서, 그 쟁사가 잘 그쳐질 수 있다면, 감사하겠습니다."

그때 그 장로들은 싸밧티 시에서 참모임이 쟁사를 그치게 하여 그것이 잘 그쳐진 것처럼 그와 같이 그 쟁사를 그치게 했다. 그러자 그들 수행승들은 싸밧티 시에서 참모임이 쟁사를 그치게 한 것에 대하여 만족하지 않았고, 많은 장로가 쟁사를 그치게 한 것에 대하여도 만족하지 않았다. 그들은 이와 같이 들었다.

[수행승들] '이러이러한 처소에 세 명의 장로가 사는데, 그들은 많이 배우고, 전통을 수용하고, 가르침에 밝고, 계율에 밝고, 논의의 주제에 밝고, 현명하고, 총명하고, 슬기롭고, 부끄러움을 알고, 후회를 알고, 배움을 추구한다. 두 명의 장로가 사는데, 그들은 많이 배우고, 전통을 수용하고, 가르침에 밝고, 계율에

밝고, 논의의 주제에 밝고, 현명하고, 총명하고, 슬기롭고, 부끄러움을 알고, 후회를 알고, 배움을 추구한다. 한 명의 장로가 사는데, 그들은 많이 배우고, 전통을 수용하고, 가르침에 밝고, 계율에 밝고, 논의의 주제에 밝고, 현명하고, 총명하고, 슬기롭고, 부끄러움을 알고, 후회를 알고, 배움을 추구한다. 만약에 그 장로들이 이 쟁사를 원칙에 따라, 계율에 따라, 스승의 가르침에 따라 그치게 할 수 있다면, 이와 같이 그 쟁사는 잘 그쳐질 것이다.'

그래서 그 수행승들은 그 처소에 가서 그 장로들에게 이와 같이 말했다.

[수행승들] "존자들이여, 이러한 쟁사가 이와 같이 생겨났고 이와 같이 일어났습니다. 그 장로들께서 이 쟁사를 원칙에 따라, 계율에 따라, 스승의 가르침에 따라 그치게 해서, 그 쟁사가 잘 그쳐질 수 있다면, 감사하겠습니다."

그때 그 장로는 싸밧티 시의 참모임이 쟁사를 그치게 하고, 많은 장로들이 이 쟁사를 그치게 하여 그것이 잘 그쳐진 것처럼, 세 명의 장로들이 이 쟁사를 그치게 하여 그것이 잘 그쳐진 것처럼, 두 명의 장로들이 이 쟁사를 그치게 하여 그것이 잘 그쳐진 것처럼, 그와 같이 그 쟁사를 그치게 했다. 그러나 그 수행승들은 싸밧티 시의 참모임이 쟁사를 그치게 한 것에 대하여 만족하지 않고, 많은 장로가 쟁사를 그치게 한 것에 대하여도 만족하지 않고, 세 명의 장로가 쟁사를 그치게 한 것에 대하여도 만족하지 않고, 두 명의 장로가 쟁사를 그치게 한 것에 대하여도 만족하지 않고, 한 명의 장로가 쟁사를 그치게 한 것에 대하여도 만족하지 않고, 세존께서 계신 곳을 찾아갔다. 가까이 다가가서 세존께 그 사실을 알렸다. 세존께서는 이와 같이 말했다.

[세존] "수행승들이여, 이 쟁사는 이미 해제되어 고요하고 그쳐진 것으로 잘 그쳐진 것이다."

31. [세존] "수행승들이여, 이 수행승들을 이해시키기 위해 세 가지 산가지표결, 즉, ① 비밀산가지표결, ② 귀엣말산가지표결, ③ 공개산가지표결을[309] 허용한다.

1) 수행승들이여, 비밀산가지표결란 어떠한 것인가? 그 산가지표결을 관리하는 수행승이[99] 유색무색의 산가지[310]를 만들어서 하나하나의 수행승에게 다가가서 이와 같이 말한다. '이것은 이러한 관점을 가진 자를 위한 산가지입니다.

309) tayo salākagāhe guḷhakaṃ sakaṇṇajappakaṃ vivaṭakanti : 한역의 삼종행주(三種行籌)로 각각, 비밀행주(秘密行籌), 절어행주(竊語行籌), 공개행주(公開行籌)라고 한다.

310) salākāyo vaṇṇāvaṇṇāyo : Smp. 1198에 따르면, 원칙을 말하는 자들을 위한 산가지와 원칙에 맞지 않는 것을 말하는 자들을 위한 산가지가 색깔이 아니라 다른 기호에 의해 표시될 수 있다.

이것은 이러한 관점을 가진 자를 위한 산가지입니다. 원하는 것에 표결하십시오.' 표결하면 이와 같이 말해야 한다. '누구에게도 보여 주면 안 됩니다.' 만약에 그가 '원칙에 맞지 않게 말하는 자가 더욱 많다.'라고 안다면, '표결이 잘못된 것이다.'라고 생각해서 거부해야 한다.[311] 만약에 그가 '원칙에 맞게 말하는 자가 더욱 많다.'라고 안다면, '표결이 잘된 것이다.'라고 생각해서 공표해야 한다. 수행승들이여, 비밀산가지표결은 이와 같다.

2) 수행승들이여, 귀엣말산가지표결란 어떠한 것인가? 그 산가지표결을 관리하는 수행승이 하나하나의 수행승에게 귀엣말로 이와 같이 말한다. '이것은 이러한 관점을 가진 자를 위한 산가지입니다. 이것은 이러한 관점을 가진 자를 위한 산가지입니다. 원하는 것에 표결하십시오.' 표결하면 이와 같이 말해야 한다. '누구에게도 보여 주면 안 됩니다.' 만약에 그가 '원칙에 맞지 않게 말하는 자가 더욱 많다.'라고 안다면, '표결이 잘못된 것이다.'라고 생각해서 거부해야 한다. 만약에 그가 '원칙에 맞게 말하는 자가 더욱 많다.'라고 안다면, '표결이 잘된 것이다.'라고 생각해서 공표해야 한다. 수행승들이여, 귀엣말산가지표결은 이와 같다.

3) 수행승들이여, 공개산가지표결란 어떠한 것인가? 만약에 그가 '원칙에 맞게 말하는 자가 더욱 많다.'라고 안다면, 확신을 가지고 공개적으로 표결하게 해야 한다. 수행승들이여, 공개산가지표결은 이와 같다.

수행승들이여, 이러한 세 가지 산가지표결이 있다."

32. [기억에 입각한 조정(Sativinaya)]

[세존] "수행승들이여, 비난으로 인한 쟁사는 어떠한 그침으로 그치는가? 비난으로 인한 쟁사는 네 가지 그침 즉, ① 현전에 입각한 조정, ② 기억에 입각한 조정, ③ 착란에 입각한 조정, ④ 심문에 입각한 조정에 의해서[312] 그쳐진다. 수행승들이여, 누군가가 '비난으로 인한 쟁사가 두 가지 그침 즉, 착란에 입각한 조정, 심문에 입각한 조정에 의존하지 않고, 두 가지 그침 즉, 현전에 입각한 조정, 기억에 입각한 조정에 의해서 그칠 수 있는가?'라고 묻는다면, '있을 수 있다.'라고 말해야 한다. 어떻게 그러한가? 여기 수행승들이 한 수행승을 근거

---

311) Sace jānāti adhammavādī bahutarāti, duggahoti paccukkaḍḍhitabbaṃ : Smp. 1198에 따르면, 산가지표결의 관리인는 '산가지를 잘못 잡았다고 말하고, 다시 그것들을 배분하되, 세 번까지 배분할 수 있다.'라고 말한다.

312) catūhi samathehi sammati sammukhāvinayena ca sativinayena ca amūḷhavinayena ca tassapāpiyyasikāya ca : 한역은 사종지쟁법(四種止諍法), 즉, 현전비니(現前毘尼), 억념비니(憶念毘尼), 불치비니(不癡,毘尼) 멱죄상(覓罪相)이다.

없이 계행을 어겼다고 비난한다면, 수행승들이여, 그 수행승이 완전한 기억에 도달했다면, 기억에 입각한 조정을 주어야 한다. 수행승들이여, 그런데 이와 같이 주어야 한다. 수행승들이여, 그 수행승은 참모임을 찾아가서 한쪽 어깨에 상의를 걸치고 연상의 수행승들의 양 발에 머리를 조아린 뒤에 웅크리고 앉아 합장하여 이와 같이 말해야 한다.

[청원1] '존자들이여, 수행승들이 저를 근거 없이 계율을 파괴했다고 비방했습니다. 존자들이여, 저는 완전한 기억에 도달했으므로 기억에 입각한 조정을 청합니다.'

[청원2] '존자들이여, 수행승들이 저를 근거 없이 계율을 파괴했다고 비방했습니다. 존자들이여, 저는 두 번째에도 완전한 기억에 도달했으므로 기억에 입각한 조정을 청합니다.'

[청원3] '존자들이여, 수행승들이 저를 근거 없이 계율을 파괴했다고 비방했습니다. 존자들이여, 저는 세 번째에도 완전한 기억에 도달했으므로 기억에 입각한 조정을 청합니다.'

총명하고 유능한 수행승이 참모임에 알려야 한다.

[제안] '존자들이여, 참모임은 제 말에 귀를 기울이십시오. 수행승들이 이러이러한 수행승을 근거 없이 계율을 파괴했다고 비방했습니다. 그가 완전한 기억에 도달했으므로 기억에 입각한 조정을 청하고 있습니다.[100] 만약 참모임에 옳은 일이라면, 참모임은 이러이러한 수행승이 완전한 기억에 도달했다면, 기억에 입각한 조정을 주겠습니다. 이것이 제안입니다.'

[제청1] '존자들이여, 참모임은 제 말에 귀를 기울이십시오. 수행승들이 이러이러한 수행승을 근거 없이 계율을 파괴했다고 비방했습니다. 그가 완전한 기억에 도달했으므로 기억에 입각한 조정을 청하고 있습니다. 참모임은 이러이러한 수행승이 완전한 기억에 도달했다면, 기억에 입각한 조정을 주겠습니다. 이러이러한 수행승이 완전한 기억에 도달했다면, 기억에 입각한 조정을 주는 것에 동의하면 침묵하시고, 이견이 있으면 말씀하십시오.'

[제청2] '두 번째에도 나는 그 사실을 말합니다. 존자들이여, 참모임은 제 말에 귀를 기울이십시오. 수행승들이 이러이러한 수행승을 근거 없이 계율을 파괴했다고 비방했습니다. 그가 완전한 기억에 도달했으므로 기억에 입각한 조정을 청하고 있습니다. 참모임은 이러이러한 수행승이 완전한 기억에 도달했다면, 기억에 입각한 조정을 주겠습니다. 이러이러한 수행승이 완전한 기억에 도달했다면, 기억에

입각한 조정을 주는 것에 동의하면 침묵하시고, 이견이 있으면 말씀하십시오.'

[제청3] '세 번째에도 나는 그 사실을 말합니다. 존자들이여, 참모임은 제 말에 귀를 기울이십시오. 수행승들이 이러이러한 수행승을 근거 없이 계율을 파괴했다고 비방했습니다. 그가 완전한 기억에 도달했으므로 기억에 입각한 조정을 청하고 있습니다. 참모임은 이러이러한 수행승이 완전한 기억에 도달했다면, 기억에 입각한 조정을 주겠습니다. 이러이러한 수행승이 완전한 기억에 도달했다면, 기억에 입각한 조정을 주는 것에 동의하면 침묵하시고, 이견이 있으면 말씀하십시오.'

[결정] '참모임은 이러이러한 수행승이 완전한 기억에 도달했다면, 기억에 입각한 조정을 주었습니다. 참모임이 찬성하여 침묵했으므로, 저는 그와 같이 알겠습니다.'

수행승들이여, 이것이 쟁사를 그치게 하는 것이다. 어떻게 그치게 하는 것인가? ① 현전에 입각한 조정와 ② 기억에 입각한 조정을 통해서이다.

1) 그 현전에 입각한 조정에는 어떠한 것이 필요한가? ① 참모임의 현전, ② 원칙의 현전, ③ 계율의 현전, ④ 개인의 현전이 있다. 그 가운데 참모임의 현전이란 어떠한 것인가? 갈마에 필요한 수행승들이 도달하고 동의를 줄 만한 사람들의 동의가 전달되고, 현전하였을 때에 항의가 없으면, 그것이 그 가운데 참모임의 현전이다. 그 가운데 원칙의 현전이란 어떠한 것인가? 원칙에 따라 스승의 가르침에 따라 쟁사가 그치면, 그것이 그 가운데 원칙의 현전이다. 그 가운데 계율의 현전이란 어떠한 것인가? 계율에 따라 스승의 가르침에 따라 쟁사가 그치면, 그것이 그 가운데 계율의 현전이다. 그 가운데 개인의 현전이란 어떠한 것인가? 논쟁자와 대론자 양자가 현전하면, 그것이 그 가운데 개인의 현전이다.

2) 그 기억에 입각한 조정에는 어떠한 것이 필요한 것인가? 기억에 입각한 조정의 갈마를 만들고 행하고 시작하고 진행하고 승인하고 그것에 항의하지 않는다면, 그것이 거기서 기억에 입각한 조정에 필요한 것이다.

수행승들이여, 이와 같이 그친 쟁사를 작자가 돌아와 번복하면, 번복하는 것은 속죄죄가 된다. 청정동의를 위임한 자가 그것을 비방하면, 비방하는 것은 속죄죄가 된다."

33. [착란에 입각한 조정(Amūḷhavinaya)]

[세존] "수행승들이여, 누군가가 '비난으로 인한 쟁사가 두 가지 그침 즉, 기억에 입각한 조정, 심문에 입각한 조정에 의존하지 않고, 두 가지 그침 즉, 현전에 입각한 조정, 착란에 입각한 조정에 의해서 그칠 수 있는가?'라고 묻는다면, '있을

수 있다.'라고 말해야 한다. 어떻게 그러한가? 여기 수행승이 정신착란되어 마음이 전도되었기 때문에 자주 수행자답지 않게 행동하고 말한다. 수행승들이여, 그 수행승이 완전한 기억에 도달했다면, 기억에 입각한 조정을 주어야 한다. 그러나 그들은 그 수행승이 정신착란되어 마음이 전도되었으므로 죄를 범한 것에 대하여 비난했다.

[수행승들] '존자는 이와 같은 죄를 범한 것을 기억합니까?'

그는 이와 같이 말했다.

[정신착란의 수행승] '벗들이여, 나는 정신착란되어 마음이 전도되었습니다. 정신착란되어 마음이 전도되었기 때문에 자주 수행자답지 않게 행동하고 말했습니다. 나는 그것을 기억하지 못합니다. 나는 정신착란되어 그것을 행한 것입니다.'

이와 같이 말했는데도 그들은 그에 대하여 비난했다.

[수행승들] '존자는 이와 같은 죄를 범한 것을 기억합니까?'

수행승들이여, 정신이 착란된 그 수행승에게 착란에 입각한 조정을 주어야 한다. 수행승들이여, 그런데 이와 같이 주어야 한다. 수행승들이여, 그 수행승은 참모임을 찾아가서 한쪽 어깨에 상의를 걸치고 연상의 수행승들의 양 발에 머리를 조아린 뒤에 웅크리고 앉아 합장하여 이와 같이 말해야 한다.

[청원1] '존자들이여, 저는 정신착란되어 마음이 전도되었습니다. 정신착란되어 마음이 전도되었으므로 자주 수행자답지 않게 행동하고 말했습니다. 수행승들은 내가 정신착란되어 마음이 전도되어 죄를 범한 것에 대하여 '존자는 이와 같은 죄를 범한 것을 기억합니까?'라고 비난했습니다. 그래서 저는 이와 같이 말했습니다. '벗들이여, 나는 정신착란되어 마음이 전도되었습니다. 정신착란되어 마음이 전도되었기 때문에 자주 수행자답지 않게 행동하고 말했습니다. 나는 그것을 기억하지 못합니다. 나는 정신착란되어 그것을 행한 것입니다.' 이와 같이 말했는데도 그들은 나에 대하여 '존자는 이와 같은 죄를 범한 것을 기억합니까?'라고 비난했습니다. 존자들이여, 저는 과거의 착란 때문에 참모임에 착란에 입각한 조정을 청합니다.'

[청원2] '존자들이여, 저는 정신착란되어 마음이 전도되었습니다. 정신착란되어 마음이 전도되었으므로 자주 수행자답지 않게 행동하고 말했습니다. 수행승들은 내가 정신착란되어 마음이 전도되어 죄를 범한 것에 대하여 '존자는 이와 같은 죄를 범한 것을 기억합니까?'라고 비난했습니다. 그래서 저는 이와 같이 말했습니다. '벗들이여, 나는 정신착란되어 마음이 전도되었습니다. 정신착란되

어 마음이 전도되었기 때문에 자주 수행자답지 않게 행동하고 말했습니다. 나는 그것을 기억하지 못합니다. 나는 정신착란되어 그것을 행한 것입니다.' 이와 같이 말했는데도 그들은 나에 대하여 '존자는 이와 같은 죄를 범한 것을 기억합니까?'라고 비난했습니다. 존자들이여, 두 번째에도 저는 과거의 착란 때문에 참모임에 착란에 입각한 조정을 청합니다.'

[청원3] '존자들이여, 저는 정신착란되어 마음이 전도되었습니다. 정신착란되어 마음이 전도되었으므로 자주 수행자답지 않게 행동하고 말했습니다. 수행승들은 내가 정신착란되어 마음이 전도되어 죄를 범한 것에 대하여 '존자는 이와 같은 죄를 범한 것을 기억합니까?'라고 비난했습니다. 그래서 저는 이와 같이 말했습니다. '벗들이여, 나는 정신착란되어 마음이 전도되었습니다. 정신착란되어 마음이 전도되었기 때문에 자주 수행자답지 않게 행동하고 말했습니다. 나는 그것을 기억하지 못합니다. 나는 정신착란되어 그것을 행한 것입니다.' 이와 같이 말했는데도 그들은 나에 대하여 '존자는 이와 같은 죄를 범한 것을 기억합니까?'라고 비난했습니다. 존자들이여, 세 번째에도 저는 과거의 착란 때문에 참모임에 착란에 입각한 조정을 청합니다.'

총명하고 유능한 수행승이 참모임에 알려야 한다.

[제안] '존자들이여, 참모임은 제 말에 귀를 기울이십시오. 이러이러한 수행승이 정신착란되어 마음이 전도되었습니다. 정신착란되어 마음이 전도되었으므로 자주 수행자답지 않게 행동하고 말했습니다. 수행승들은 그가 마음이 전도되어 죄를 범한 것에 대하여 '존자는 이와 같은 죄를 범한 것을 기억합니까?'라고 비난했습니다. 그래서 그는 이와 같이 말했습니다. '벗들이여, 나는 정신착란되어 마음이 전도되었습니다. 정신착란되어 마음이 전도되었기 때문에 자주 수행자답지 않게 행동하고 말했습니다. 나는 그것을 기억하지 못합니다. 나는 정신착란되어 그것을 행한 것입니다.' 이와 같이 말했는데도 그들은 그에 대하여 '존자는 이와 같은 죄를 범한 것을 기억합니까?'라고 비난했습니다. 그는 과거의 착란 때문에 참모임에 착란에 입각한 조정을 청하고 있습니다. 만약에 참모임에 옳은 일이라면, 참모임이 이러이러한 수행승에게 과거의 착란 때문에 착란에 입각한 조정을 주겠습니다. 이것이 제안입니다.'

[제청1] '존자들이여, 참모임은 제 말에 귀를 기울이십시오. 이러이러한 수행승이 정신착란되어 마음이 전도되었습니다. 정신착란되어 마음이 전도되었으므로 자주 수행자답지 않게 행동하고 말했습니다. 수행승들은 그가 마음이 전도되어

죄를 범한 것에 대하여 '존자는 이와 같은 죄를 범한 것을 기억합니까?'라고 비난했습니다. 그래서 그는 이와 같이 말했습니다. '벗들이여, 나는 정신착란되어 마음이 전도되었습니다. 정신착란되어 마음이 전도되었기 때문에 자주 수행자답지 않게 행동하고 말했습니다. 나는 그것을 기억하지 못합니다. 나는 정신착란되어 그것을 행한 것입니다.' 이와 같이 말했는데도 그들은 그에 대하여 '존자는 이와 같은 죄를 범한 것을 기억합니까?'라고 비난했습니다. 그는 과거의 착란 때문에 참모임에 착란에 입각한 조정을 청하고 있습니다. 참모임이 이러이러한 수행승에게 과거의 착란 때문에 착란에 입각한 조정을 주겠습니다. 이러이러한 수행승에게 과거의 착란 때문에 착란에 입각한 조정을 주는 것에 동의하면 침묵하시고, 이견이 있으면 말씀하십시오.'

[제청2] '두 번째에도 나는 그 사실을 말합니다. 존자들이여, 참모임은 제 말에 귀를 기울이십시오. 이러이러한 수행승이 정신착란되어 마음이 전도되었습니다. 정신착란되어 마음이 전도되었으므로 자주 수행자답지 않게 행동하고 말했습니다. 수행승들은 그가 마음이 전도되어 죄를 범한 것에 대하여 '존자는 이와 같은 죄를 범한 것을 기억합니까?'라고 비난했습니다. 그래서 그는 이와 같이 말했습니다. '벗들이여, 나는 정신착란되어 마음이 전도되었습니다. 정신착란되어 마음이 전도되었기 때문에 자주 수행자답지 않게 행동하고 말했습니다. 나는 그것을 기억하지 못합니다. 나는 정신착란되어 그것을 행한 것입니다.' 이와 같이 말했는데도 그들은 그에 대하여 '존자는 이와 같은 죄를 범한 것을 기억합니까?'라고 비난했습니다. 그는 과거의 착란 때문에 참모임에 착란에 입각한 조정을 청하고 있습니다. 참모임이 이러이러한 수행승에게 과거의 착란 때문에 착란에 입각한 조정을 주겠습니다. 이러이러한 수행승에게 과거의 착란 때문에 착란에 입각한 조정을 주는 것에 동의하면 침묵하시고, 이견이 있으면 말씀하십시오.'

[제청3] '세 번째에도 나는 그 사실을 말합니다. 존자들이여, 참모임은 제 말에 귀를 기울이십시오. 이러이러한 수행승이 정신착란되어 마음이 전도되었습니다. 정신착란되어 마음이 전도되었으므로 자주 수행자답지 않게 행동하고 말했습니다. 수행승들은 그가 마음이 전도되어 죄를 범한 것에 대하여 '존자는 이와 같은 죄를 범한 것을 기억합니까?'라고 비난했습니다. 그래서 그는 이와 같이 말했습니다. '벗들이여, 나는 정신착란되어 마음이 전도되었습니다. 정신착란되어 마음이 전도되었기 때문에 자주 수행자답지 않게 행동하고 말했습니다. 나는 그것을 기억하지 못합니다. 나는 정신착란되어 그것을 행한 것입니다.' 이와 같이 말했는

데도 그들은 그에 대하여 '존자는 이와 같은 죄를 범한 것을 기억합니까?'라고 비난했습니다. 그는 과거의 착란 때문에 참모임에 착란에 입각한 조정을 청하고 있습니다. 참모임이 이러이러한 수행승에게 과거의 착란 때문에 착란에 입각한 조정을 주겠습니다. 이러이러한 수행승에게 과거의 착란 때문에 착란에 입각한 조정을 주는 것에 동의하면 침묵하시고, 이견이 있으면 말씀하십시오.'

[결정] '참모임은 이러이러한 수행승에게 과거의 착란 때문에 착란에 입각한 조정을 주었습니다. 참모임이 찬성하여 침묵했으므로, 저는 그와 같이 알겠습니다.'

수행승들이여, 이것을 쟁사를 그치게 하는 것이라고 한다. 어떻게 그치게 하는 것인가? ① 현전에 입각한 조정과 ② 착란에 입각한 조정을 통해서이다.

1) 그 현전에 입각한 조정에는 어떠한 것이 필요한가? ① 참모임의 현전, ② 원칙의 현전, ③ 계율의 현전, ④ 개인의 현전이 있다. 그 가운데 참모임의 현전이란 어떠한 것인가? 갈마에 필요한 수행승들이 도달하고 동의를 줄 만한 사람들의 동의가 전달되고, 현전하였을 때에 항의가 없으면, 그것이 그 가운데 참모임의 현전이다. 그 가운데 원칙의 현전이란 어떠한 것인가? 원칙에 따라 스승의 가르침에 따라 쟁사가 그치면, 그것이 그 가운데 원칙의 현전이다. 그 가운데 계율의 현전이란 어떠한 것인가? 계율에 따라 스승의 가르침에 따라 쟁사가 그치면, 그것이 그 가운데 계율의 현전이다. 그 가운데 개인의 현전이란 어떠한 것인가? 논쟁자와 대론자 양자가 현전하면, 그것이 그 가운데 개인의 현전이다.

2) 그 착란에 입각한 조정에는 어떠한 것이 필요한가?[101] 착란에 입각한 조정의 갈마를 만들고 행하고 시작하고 진행하고 승인하고 그것에 항의하지 않는다면, 그것이 그 착란에 의한 결정에 필요한 것이다.

수행승들이여, 이와 같이 그친 쟁사를 작자가 돌아와 번복하면, 번복하는 것은 속죄죄가 된다. 청정동의를 위임한 자가 그것을 비방하면, 비방하는 것은 속죄죄가 된다."

34. [심문에 입각한 조정(Tassapāpiyyasikā)]

[세존] "수행승들이여, 누군가가 '비난으로 인한 쟁사가 두 가지 그침 즉, 기억에 입각한 조정, 착란에 입각한 조정에 의존하지 않고, 두 가지 그침 즉, 현전에 입각한 조정, 심문에 입각한 조정에 의해서 그칠 수 있는가?'하고 묻는다면, '있을 수 있다.'라고 말해야 한다. 어떻게 그러한가? 여기 수행승이 한 수행승을 참모임 가운데 무거운 죄를 범했다고 비난한다.

[수행승A] '존자는 이와 같은 승단추방죄나 승단추방죄에 인접한 죄[313]와 같

은 무거운 죄를 범한 것을 기억하는가?'

그는 이와 같이 말한다.

[수행승B] '벗이여, 나는 이와 같은 승단추방죄나 승단추방죄에 인접한 죄와 같은 무거운 죄를 범한 것을 기억하지 못합니다.'

그것을 부정하더라도 그는 강조하여 말한다.

[수행승A] '존자여, 자, 이와 같은 승단추방죄나 승단추방죄에 인접한 죄와 같은 무거운 죄를 범한 것을 기억하는지 잘 기억해 보십시오.'

그는 이와 같이 말한다.

[수행승B] '벗이여, 나는 이와 같은 승단추방죄나 승단추방죄에 인접한 죄와 같은 무거운 죄를 범한 것을 기억하지 못합니다. 벗이여, 그러나 나는 이와 같은 사소한 죄를 범한 것을 기억합니다."

그것을 부정하더라도 그는 강조하여 말한다.

[수행승A] '존자여, 자, 이와 같은 승단추방죄나 승단추방죄에 인접한 죄와 같은 무거운 죄를 범한 것을 기억하는지 잘 기억해 보십시오.'

그는 이와 같이 말한다.

[수행승B] '벗이여, 나는 사소한 죄를 범하고 질문하지 않아도 자인했는데, 하물며, 이와 같이 승단추방죄나 승단추방죄에 인접한 죄와 같은 무거운 죄를 범하고 질문하는데 자인하지 않겠습니까?'

그는 이와 같이 말한다.

[수행승B] '벗이여, 그대는 그 사소한 죄를 범하고 질문하지 않아도 자인했는데, 하물며, 이와 같이 승단추방죄나 승단추방죄에 인접한 죄와 같은 무거운 죄를 범하고 질문하는데 자인하지 않겠습니까?'

[수행승A] '존자여, 자, 이와 같은 승단추방죄나 승단추방죄에 인접한 죄와 같은 무거운 죄를 범한 것을 기억하는지 잘 기억해 보십시오.'

그는 이와 같이 말한다.

[수행승B] '벗이여, 나는 승단추방죄나 승단추방죄에 인접한 죄와 같은 무거운 죄를 범한 것을 기억합니다. 내가 승단추방죄나 승단추방죄에 인접한 죄와 같은 무거운 죄를 범한 것을 기억하지 못하다고 한 것은 내가 농담으로 말한 것이고

---

313) pārājikaṃ vā pārājikasāmantaṃ vā : '승단추방죄에 인접한 죄(pārājikasāmanta)'란 Smp. 1199에 따르면, '사음(邪淫 : methunadhamma)에 승단추방죄에 인접한 악작(惡作 : dukkaṭa)이 있고 그밖에 투도(偸盜 : adinnā dāna) 등에 추악죄(thullaccaya)가 있다.

경솔하게 말한 것입니다.'

수행승들이여, 그 수행승에게 심문에 입각한 갈마를 행해야 한다. 수행승들이여, 그런데 이와 같이 행해야 한다. 총명하고 유능한 수행승이 참모임에 알려야 한다.

[제안] '존자들이여, 참모임은 제 말에 귀를 기울이십시오. 이러이러한 수행승이 참모임에서 죄에 대하여 조사받으면서 부정한 뒤에 인정하고 인정한 뒤에 부정하고, 또한 다른 말로 다른 말을 회피하고, 알면서도 거짓말을 했습니다. 만약에 참모임에 옳은 일이라면, 참모임이 이러이러한 수행승에게 심문에 입각한 갈마를 행하겠습니다. 이것이 제안입니다.'

[제청1] '존자들이여, 참모임은 제 말에 귀를 기울이십시오. 이러이러한 수행승이 참모임에서 죄에 대하여 조사받으면서 부정한 뒤에 인정하고 인정한 뒤에 부정하고, 또한 다른 말로 다른 말을 회피하고, 알면서도 거짓말을 했습니다. 참모임이 이러이러한 수행승에게 심문에 입각한 갈마를 행합니다. 이러이러한 수행승에게 심문에 입각한 갈마를 행하는 것에 동의하면 침묵하시고, 이견이 있으면 말씀하십시오.'

[제청2] '두 번째에도 나는 그 사실을 말합니다. 존자들이여, 참모임은 제 말에 귀를 기울이십시오. 이러이러한 수행승이 참모임에서 죄에 대하여 조사받으면서 부정한 뒤에 인정하고 인정한 뒤에 부정하고, 또한 다른 말로 다른 말을 회피하고, 알면서도 거짓말을 했습니다. 참모임이 이러이러한 수행승에게 심문에 입각한 갈마를 행합니다. 이러이러한 수행승에게 심문에 입각한 갈마를 행하는 것에 동의하면 침묵하시고, 이견이 있으면 말씀하십시오.'

[제청3] '세 번째에도 나는 그 사실을 말합니다. 존자들이여, 참모임은 제 말에 귀를 기울이십시오. 이러이러한 수행승이 참모임에서 죄에 대하여 조사받으면서 부정한 뒤에 인정하고 인정한 뒤에 부정하고, 또한 다른 말로 다른 말을 회피하고, 알면서도 거짓말을 했습니다. 참모임이 이러이러한 수행승에게 심문에 입각한 갈마를 행합니다. 이러이러한 수행승에게 심문에 입각한 갈마를 행하는 것에 동의하면 침묵하시고, 이견이 있으면 말씀하십시오.'

[결정] '참모임은 이러이러한 수행승에게 심문에 입각한 갈마를 행했습니다. 참모임이 찬성하여 침묵했으므로, 저는 그와 같이 알겠습니다.'

수행승들이여, 이것이 쟁사를[102] 그치게 하는 것이다. 어떻게 그치게 하는 것인가? ① 현전에 입각한 조정과 ② 심문에 입각한 조정을 통해서이다.

1) 그 현전에 입각한 조정에는 어떠한 것이 필요한가? ① 참모임의 현전, ② 원칙의 현전, ③ 계율의 현전, ④ 개인의 현전이 필요한 것이다. 그 가운데 참모임의 현전이란 어떠한 것인가? 갈마에 필요한 수행승들이 도달하고 청정동의를 줄 만한 사람들의 청정동의가 전달되고, 현전하였을 때에 항의가 없으면, 그것이 그 가운데 참모임의 현전이다. 그 가운데 원칙의 현전이란 어떠한 것인가? 원칙에 따라 스승의 가르침에 따라 쟁사가 그치면, 그것이 그 가운데 원칙의 현전이다. 그 가운데 계율의 현전이란 어떠한 것인가? 계율에 따라 스승의 가르침에 따라 쟁사가 그치면, 그것이 그 가운데 계율의 현전이다. 그 가운데 개인의 현전이란 어떠한 것인가? 논쟁자와 대론자 양자가 현전하면, 그것이 그 가운데 개인의 현전이다.

2) 그 심문에 입각한 조정에는 어떠한 것이 필요한가? 심문에 입각한 갈마를 만들고 행하고 시작하고 진행하고 승인하고 그것에 항의하지 않는다면, 그것이 거기서 심문에 입각한 조정에 필요한 것이다.

수행승들이여, 이와 같이 그친 쟁사를 작자가 돌아와 번복하면, 번복하는 것은 속죄죄가 된다. 청정동의를 위임한 자가 그것을 비방하면, 비방하는 것은 속죄죄가 된다."

35. [자인에 입각한 조정(Paṭiññātakaraṇa)]

[세존] "수행승들이여, 범죄로 인한 쟁사는 어떠한 그침에 의해서 그쳐지는가? 범죄로 인한 쟁사는 세 가지 그침 즉, ① 현전에 입각한 조정, ② 자인에 입각한 조정, ③ 대속에 입각한 조정에 의해서314) 그친다. 눈군가가 '범죄로 인한 쟁사가 한 가지 그침 즉, 대속에 입각한 조정에 의존하지 않고, 두 가지 그침 즉, 현전에 입각한 조정, 자인에 입각한 조정에 의해서 그칠 수 있는가?'라고 묻는다면, '있을 수 있다.'라고 말해야 한다. 어떻게 그러한가? 여기 한 수행승이 가벼운 죄를 범했다. 수행승들이여, 그 수행승은 한 수행승을 찾아가서 한쪽 어깨에 상의를 걸치고 양 발에 머리를 조아린 뒤에 웅크리고 앉아 합장하여 이와 같이 말해야 한다.

[수행승A] '벗이여, 나는 이러이러한 죄를 지었습니다. 나는 그것을 고백합니다.'

그는 이와 같이 말해야 한다.

[수행승B] '그대는 인지합니까?'

314) tīhi samathehi sammati sammukhāvinayena ca paṭiññātakaraṇena ca tiṇavatthārakena ca : 한역은 삼종지쟁법(三種止諍法), 즉, 현전비니(現前毘尼), 자언치(自言治), 여초복지법(如草覆地法)이다.

[수행승A] '예, 인지합니다.'

[수행승B] '앞으로는 지키십시오.'

수행승들이여, 이것이 쟁사를 그치게 하는 것이다. 어떻게 그치게 하는 것인가? ① 현전에 입각한 조정과 ② 자인에 입각한 조정을 통해서이다.

1) 그 현전에 입각한 조정에는 어떠한 것이 필요한가? ① 원칙의 현전, ② 계율의 현전, ③ 개인의 현전이 필요한 것이다.[315] 그 가운데 원칙의 현전이란 어떠한 것인가? 원칙에 따라 스승의 가르침에 따라 쟁사가 그치면, 그것이 그 가운데 원칙의 현전이다. 그 가운데 계율의 현전이란 어떠한 것인가? 계율에 따라 스승의 가르침에 따라 쟁사가 그치면, 그것이 그 가운데 계율의 현전이다. 그 가운데 개인의 현전이란 어떠한 것인가? 논쟁자와 대론자 양자가 현전하면, 그것이 그 가운데 개인의 현전이다.

2) 그 자인에 입각한 조정 가운데는 무엇이 있는가? 자인에 입각한 조정을 만들고 행하고 시작하고 진행하고 승인하고 그것에 항의하지 않는다면, 그것이 거기서 자인에 입각한 조정에 필요한 것이다.

수행승들이여, 이와 같이 그친 쟁사를 받는 자가 번복하면, 번복하는 것은 속죄죄가 된다.

36. 이와 같이 그가 그것을 처리한다면, 그것은 좋은 일이다. 수행승들이여, 그가 그것을 처리하지 못한다면, 그 수행승은 몇몇 수행승들을 찾아가서 한쪽 어깨에 상의를 걸치고 연상의 수행승들의 양 발에 머리를 조아린 뒤에 웅크리고 앉아 합장하여 이와 같이 말해야 한다.

[수행승A] '존자들이여, 나는 이러이러한 죄를 범했으므로, 그것을 고백합니다.'

총명하고[103] 유능한 수행승이 그 수행승들에게 알려야 한다.

[총명한 수행승] '존자들께서는 나에게 귀를 기울이십시오. 이 이러이러한 수행승은 죄를 기억하고, 드러내고, 밝히고, 고백합니다. 존자들에게 옳은 일이라면, 나는 이러이러한 수행승의 죄를 용서하겠습니다.'

그는 이와 같이 말해야 한다.

[총명한 수행승] '그대는 인지합니까?'

[수행승A] '예, 인지합니다.'

[총명한 수행승] '앞으로는 지키십시오.'

---

315) dhammasammukhatā vinayasammukhatā puggalasammukhatā : 여기서 수행승이 오직 한 수행승에게 고백하므로 참모임의 현전은 여기서 필요가 없다. 그래서 언급되지 않은 것이다.

수행승들이여, 이것이 쟁사를 그치게 하는 것이다. 어떻게 그치게 하는 것인가? ① 현전에 입각한 조정과 ② 자인에 입각한 조정을 통해서이다.

1) 그 현전에 입각한 조정에는 어떠한 것이 필요한가? ① 원칙의 현전, ② 계율의 현전, ③ 개인의 현전이 필요한 것이다. 그 가운데 원칙의 현전이란 어떠한 것인가? 원칙에 따라 스승의 가르침에 따라 쟁사가 그치면, 그것이 그 가운데 원칙의 현전이다. 그 가운데 계율의 현전이란 어떠한 것인가? 계율에 따라 스승의 가르침에 따라 쟁사가 그치면, 그것이 그 가운데 계율의 현전이다. 그 가운데 개인의 현전이란 어떠한 것인가? 논쟁자와 대론자 양자가 현전하면, 그것이 그 가운데 개인의 현전이다.

2) 그 자인에 입각한 조정에는 어떠한 것이 필요한가? 자인에 입각한 조정을 만들고 행하고 시작하고 진행하고 승인하고 그것에 항의하지 않는다면, 그것이 거기서 자인에 입각한 조정에 필요한 것이다.

수행승들이여, 이와 같이 그친 쟁사를 받는 자가 번복하면, 번복하는 것은 속죄죄가 된다.

37. 이와 같이 그가 그것을 처리한다면, 그것은 좋은 일이다. 수행승들이여, 그가 그것을 처리하지 못한다면, 그 수행승은 몇몇 수행승들을 찾아가서 한쪽 어깨에 상의를 걸치고 연상의 수행승들의 양 발에 머리를 조아린 뒤에 웅크리고 앉아 합장하여 이와 같이 말해야 한다.

[수행승A] '존자들이여, 나는 이러이러한 죄를 범하여, 그것을 고백합니다.'

총명하고 유능한 수행승이 참모임에 알려야 한다.

[총명한 수행승] '존자들이여, 참모임은 제 말에 귀를 기울이십시오. 이 이러이러한 수행승은 죄를 기억하고, 드러내고, 밝히고, 고백합니다. 참모임에 옳은 일이라면, 나는 이러이러한 수행승의 죄를 용서하겠습니다.'

그는 이와 같이 말해야 한다.

[총명한 수행승] '그대는 인지합니까?'

[수행승A] '예, 인지합니다.'

[총명한 수행승] '앞으로는 지키십시오.'

수행승들이여, 이것이 쟁사를 그치게 하는 것이다. 어떻게 그치게 하는 것인가? ① 현전에 입각한 조정과 ② 자인에 입각한 조정을 통해서이다.

1) 그 현전에 입각한 조정에는 어떠한 것이 필요한가? ① 원칙의 현전, ② 계율의 현전, ③ 개인의 현전이 필요한 것이다. 그 가운데 원칙의 현전이란 어떠한

것인가? 원칙에 따라 스승의 가르침에 따라 쟁사가 그치면, 그것이 그 가운데 원칙의 현전이다. 그 가운데 계율의 현전이란 어떠한 것인가? 계율에 따라 스승의 가르침에 따라 쟁사가 그치면, 그것이 그 가운데 계율의 현전이다. 그 가운데 개인의 현전이란 어떠한 것인가? 논쟁자와 대론자 양자가 현전하면, 그것이 그 가운데 개인의 현전이다.

2) 그 자인에 입각한 조정에는 어떠한 것이 필요한가? 자인에 입각한 조정을 만들고 행하고 시작하고 진행하고 승인하고 그것에 항의하지 않는다면, 그것이 거기서 자인에 입각한 조정에 필요한 것이다.

수행승들이여, 이와 같이 그친 쟁사를 받는 자가 번복하면, 번복하는 것은 속죄죄가 된다. 청정동의를 위임한 자가 그것을 비방하면, 비방하는 것은 속죄죄가 된다."

38. [대속에 입각한 조정(Tiṇavatthāraka)]

[세존] "수행승들이여, 누군가가 '범죄로 인한 쟁사가 한 가지 그침 즉, 자인에 입각한 조정에 의존하지 않고, 두 가지 그침 즉, 현전에 입각한 조정, 대속에 입각한 조정에 의해서316) 그칠 수 있는가?'라고 묻는다면, '있을 수 있다.'라고 말해야 한다. 어떻게 그러한가? 여기 수행승들이 다투고 싸우고 언쟁하고 자주 수행자답지 않게 행동하고 말했다. 그때 수행승들에게 이와 같이 '우리는 다투고 싸우고 언쟁하고 자주 수행자답지 않게 행동하고 말했다. 만약에 우리가 서로에게 이러한 죄를 전가하면, 그 쟁사는 가혹, 고뇌, 분열로 치달을 것이다. 우리는 이제 어떻게 해야 하는가?'라는 생각이 떠올랐다면, 수행승들이여, 나는 이 쟁사를 대속에 입각한 조정으로 그치게 하는 것을 허용한다.

수행승들이여, 그런데 이와 같이 그치게 해야 한다. 모두가 한 곳에 모여야 한다. 모인 뒤에는 총명하고 유능한 수행승이 참모임에 알려야 한다.

[선언] '존자들이여, 참모임은 제 말에 귀를 기울이십시오. 우리는 다투고 싸우고 언쟁하고 자주 수행자답지 않게 행동하고 말했는데, 만약에 우리가 서로에게 이러한 죄를 전가하면, 그 쟁사는 가혹, 고뇌, 분열로 치달을 것입니다. 만약에 참모임에 옳은 일이라면, 참모임은 이 쟁사를 거친 죄와 재가에 관계된 죄는 제외하고 대속에 입각한 조정으로 그치게 하겠습니다.'

한쪽 편의 수행승들 가운데 총명하고 유능한 수행승이 자신의 편에 알려야

---

316) dvīhi samathehi sammeyya sammukhāvinayena ca tiṇavatthārakena cā'ti : 한역은 이종지쟁법(二種止諍法), 즉, 현전비니(現前毘尼), 여초복지법(如草覆地法)이다.

한다.

[대속1] '존자들께서는 제게 귀를 기울이십시오. 우리는 다투고 싸우고 언쟁하고 자주 수행자답지 않게 행동하고 말했는데, 만약에 우리가 서로에게 이러한 죄를 전가하면, 그 쟁사는 가혹, 고뇌, 분열로 치달을 것입니다. 만약에 존자들에게 옳은 일이라면, 나는 존자들의 죄와 나의 죄를, 존자들의 이익과 나의 이익을 위하여 거친 죄와 재가에 관계된 죄는 제외하고 참모임 가운데 대속에 입각한 조정으로 참회하겠습니다.'

그리고 다른 한쪽의 수행승들 가운데 총명하고 유능한 수행승이 자신의 편에 알려야 한다.

[대속2] '존자들께서는 제게 귀를 기울이십시오. 우리는 다투고 싸우고 언쟁하고 자주 수행자답지 않게 행동하고 말했는데, 만약에 우리가 서로에게 이러한 죄를 전가하면, 그 쟁사는 가혹, 고뇌, 분열로 치달을 것입니다. 만약에 존자들에게 옳은 일이라면, 나는 존자들의 죄와 나의 죄를, 존자들의 이익과 나의 이익을 위하여 거친 죄와 재가에 관계된 죄는 제외하고 참모임 가운데 대속에 입각한 조정으로 참회하겠습니다.'

한쪽편의 수행승들 가운데 총명하고 유능한 수행승이 참모임에 알려야 한다.

[제안A] '존자들이여, 나에게 귀를 기울이십시오, 우리는 다투고 싸우고 언쟁하고 자주 수행자답지 않게 행동하고 말했는데, 만약에 우리가 서로에게 이러한 죄를 전가하면, 그 쟁사는 가혹, 고뇌, 분열로 치달을 것입니다. 만약에 존자들에게 옳은 일이라면, 나는 존자들의 죄와 나의 죄를, 존자들의 이익과 나의 이익을 위하여 거친 죄와 재가에 관계된 죄는 제외하고 참모임 가운데 대속에 입각한 조정으로 참회하겠습니다. 이것이 제안입니다.'

[제청A] '존자들이여, 나에게 귀를 기울이십시오, 우리는 다투고 싸우고 언쟁하고 자주 수행자답지 않게 행동하고 말했는데, 만약에 우리가 서로에게 이러한 죄를 전가하면, 그 쟁사는 가혹, 고뇌, 분열로 치달을 것입니다. 나는 존자들의 죄와 나의 죄를, 존자들의 이익과 나의 이익을 위하여 거친 죄와 재가에 관계된 죄는 제외하고 참모임 가운데 대속에 입각한 조정으로 참회하겠습니다. 우리의 이러한 죄를 거친 죄와 재가에 관계된 죄는 제외하고 참모임 가운데 대속에 입각한 조정으로 참회하는 것에 동의하면 침묵하시고, 이견이 있으면 말씀하십시오.'

[결정A] '우리는 이러한 죄를 거친 죄와 재가에 관계된 죄는 제외하고 참모임 가운데 대속에 입각한 조정으로 참회했습니다. 참모임이 찬성하여 침묵했으므로,

저는 그와 같이 알겠습니다.'

그리고 다른 한쪽편의 수행승들 가운데 총명하고 유능한 수행승이 참모임에 알려야 한다.

[제안B] '존자들이여, 나에게 귀를 기울이십시오, 우리는 다투고 싸우고 언쟁하고 자주 수행자답지 않게 행동하고 말했는데, 만약에 우리가 서로에게 이러한 죄를 전가하면, 그 쟁사는 가혹, 고뇌, 분열로 치달을 것입니다. 만약에 존자들에게 옳은 일이라면, 나는 존자들의 죄와 나의 죄를, 존자들의 이익과 나의 이익을 위하여 거친 죄와 재가에 관계된 죄는 제외하고 참모임 가운데 대속에 입각한 조정으로 참회하겠습니다. 이것이 제안입니다.'

[제청B] '존자들이여, 나에게 귀를 기울이십시오, 우리는 다투고 싸우고 언쟁하고 자주 수행자답지 않게 행동하고 말했는데, 만약에 우리가 서로에게 이러한 죄를 전가하면, 그 쟁사는 가혹, 고뇌, 분열로 치달을 것입니다. 나는 존자들의 죄와 나의 죄를, 존자들의 이익과 나의 이익을 위하여 거친 죄와 재가에 관계된 죄는 제외하고 참모임 가운데 대속에 입각한 조정으로 참회하겠습니다. 우리의 이러한 죄를 거친 죄와 재가에 관계된 죄는 제외하고 참모임 가운데 대속에 입각한 조정으로 참회하는 것에 동의하면 침묵하시고, 이견이 있으면 말씀하십시오.'

[결정B] '우리는 이러한 죄를 거친 죄와 재가에 관계된 죄는 제외하고 참모임 가운데 대속에 입각한 조정으로 참회했습니다. 참모임이 찬성하여 침묵했으므로, 저는 그와 같이 알겠습니다.'

수행승들이여, 이것이 쟁사를 그치게 하는 것이다. 어떻게 그치게 하는 것인가? ① 현전에 입각한 조정과 ② 대속에 입각한 조정을 통해서이다.

1) 그 현전에 입각한 조정에는 어떠한 것이 필요한가? ① 참모임의 현전, ② 원칙의 현전, ③ 계율의 현전, ④ 개인의 현전이 필요한 것이다. 그 가운데 참모임의 현전이란 어떠한 것인가? 갈마에 필요한 수행승들이 도달하고 동의를 줄 만한 사람들의 동의가 전달되고, 현전하였을 때에 항의가 없으면, 그것이 그 가운데 참모임의 현전이다. 그 가운데 원칙의 현전이란 어떠한 것인가? 원칙에 따라 스승의 가르침에 따라 쟁사가 그치면, 그것이 그 가운데 원칙의 현전이다. 그 가운데 계율의 현전이란[104] 무엇인가? 계율에 따라 스승의 가르침에 따라 쟁사가 그치면, 그것이 그 가운데 계율의 현전이다. 그 가운데 개인의 현전이란 어떠한 것인가? 논쟁자와 대론자 양자가 현전하면, 그것이 그 가운데 개인의 현전이다.

2) 그 대속에 입각한 조정에는 어떠한 것이 필요한가? 대속에 입각한 갈마를 만들고 행하고 시작하고 진행하고 승인하고 그것에 항의하지 않는다면, 그것이 거기서 대속에 입각한 조정에 필요한 것이다.

수행승들이여, 이와 같이 그친 쟁사를 받는 자가 번복하면, 번복하는 것은 속죄죄가 된다. 청정동의를 위임한 자가 그것을 비방하면, 비방하는 것은 속죄죄가 된다.

39. 의무로 인한 쟁사는 어떠한 그침으로 그치는가? 의무로 인한 쟁사는 하나의 그침, 현전에 입각한 조정으로써 그쳐진다.

제4장 멸쟁의 다발이 끝났다.[317]

---

317) samathakkhandhako niṭṭhito catuttho : 이 제4장에는 키워드를 간추린 후렴시가 없다.

제 2 편

쭐 라 박 가

(Cullavaggapāḷi)

제5장 사소한 일의 다발
(Khuddakavatthukkhandhaka : 小事犍度)

Ⅰ 첫 번째 송출품(Paṭhamabhāṇavāra : 1-10)

1. 사소한 일(Khuddakavatthūni)

1. 한때[105] 존귀하신 부처님께서 라자가하 시의 벨루바나 숲에 있는 깔란다까 니바빠 공원에 계셨다. 그때 여섯무리의 수행승들이 목욕을 하면서 나무에 몸을 문지르고, 허벅지를 문지르고, 팔을 문지르고, 가슴을 문지르고, 등을 문질렀다. 사람들은 그들에 대하여 혐책하고 분개하고 비난했다.

[사람들] '어찌 싸끼야의 아들인 수행자들이 목욕을 하면서 역사[318]나 채신자[319]처럼, 나무에 몸을 문지르고, 허벅지를 문지르고, 팔을 문지르고, 가슴을 문지르고, 등을 문지를 수 있단 말인가?'

수행승들은 그 사람들이 혐책하고 분개하고 비난하는 것을 들었다. 그래서 그 수행승들은 세존께 그 사실을 알렸다. 그러자 세존께서는 이것을 기회로 이것을 원인으로 수행승들의 참모임을 불러 모아 수행승들에게 물었다.

[세존] "수행승들이여, 여섯무리의 수행승들이 목욕을 하면서 나무에 몸을 문지르고, 허벅지를 문지르고, 팔을 문지르고, 가슴을 문지르고, 등을 문지른 것이 사실인가?"

[수행승들] "세존이시여, 사실입니다."

존귀하신 부처님께서는 견책했다.

[세존] "수행승들이여, 그 어리석은 자들은 적절하지 않고, 자연스럽지 않고, 알맞지 않고, 수행자의 삶이 아니고, 부당하고, 해서는 안 될 일을 행한 것이다. 수행승들이여, 어찌 그 어리석은 자들이 목욕을 하면서 나무에 몸을 문지르고,

---

318) mallamuṭṭhikā : 한역에는 역사(力士)이다.

319) gāmapoddavā : 한역에는 채신자(彩身者)이다. 원의가 불분명하다. 'kāmapudavā'나 'gāmapuṭavā'를 잘못 읽은 것일 수 있다. Vin. II. 315(kāmapudavā)와 Smp. VI. 1199(gāmapuṭavā)에 따르면, 피부를 장식하고 염색한 도시인들을 말한다.

허벅지를 문지르고, 팔을 문지르고, 가슴을 문지르고, 등을 문지를 수 있단 말인가? 수행승들이여, 그것은 아직 청정한 믿음이 없는 자를 청정한 믿음으로 이끌고, 이미 청정한 믿음이 있는 자를 더욱더 청정한 믿음으로 이끄는 것이 아니다. 수행승들이여, 그것은 오히려, 아직 청정한 믿음이 없는 자를 불신으로 이끌고, 이미 청정한 믿음이 있는 자 가운데 어떤 자들을 타락시키는 것이다."

그리고 세존께서는 그 여섯무리의 수행승들을 여러 가지 방편으로 견책하여, 키우기 어렵고 부양하기 어렵고 욕심이 많고 만족을 모르고 교제를 좋아하고 나태한 것에 대하여 질책하고, 여러 가지 법문으로 고무하여, 키우기 쉽고 부양하기 쉽고 욕심을 여의고, 만족을 알고, 버리고 없애는 삶을 살고, 두타행을 하고, 청정한 믿음이 있고, 쌓아 모으지 않고, 용맹정진하는 것을 칭찬하고, 수행승들을 위하여 그에 알맞고 그에 걸맞게 경책하여 법문을 하고 수행승들에게 일렀다.

[세존] "수행승들이여, 목욕을 하면서 나무에 몸을 문지르면 안 된다. 문지르면, 악작죄가 된다."

2. 한때 여섯무리의 수행승들이 목욕을 하면서 기둥에 몸을 문지르고, 허벅지를 문지르고, 팔을 문지르고, 가슴을 문지르고, 등을 문질렀다. 사람들은 그들에 대하여 혐책하고 분개하고 비난했다.

[사람들] '어찌 싸끼야의 아들인 수행자들이 목욕을 하면서 역사나 채신자처럼, 기둥에 몸을 문지르고, 허벅지를 문지르고, 팔을 문지르고, 가슴을 문지르고, 등을 문지를 수 있단 말인가?'

수행승들은 그 사람들이 혐책하고 분개하고 비난하는 것을 들었다. 그래서 그 수행승들은 세존께 그 사실을 알렸다. 그러자 세존께서는 이것을 기회로 이것을 원인으로 수행승들의 참모임을 불러 모아 수행승들에게 물었다.

[세존] "수행승들이여, 여섯무리의 수행승들이 목욕을 하면서 기둥에 몸을 문지르고, 허벅지를 문지르고, 팔을 문지르고, 가슴을 문지르고, 등을 문지른 것이 사실인가?"

[수행승들] "세존이시여, 사실입니다."

존귀하신 부처님께서는 견책했다.

[세존] "수행승들이여, 그 어리석은 자들은 적절하지 않고, 자연스럽지 않고, 알맞지 않고, 수행자의 삶이 아니고, 부당하고, 해서는 안 될 일을 행한 것이다. 수행승들이여, 어찌 그 어리석은 자들이 목욕을 하면서 기둥에 몸을 문지르고, 허벅지를 문지르고, 팔을 문지르고, 가슴을 문지르고, 등을 문지를 수 있단 말인

가? 수행승들이여, 그것은 아직 청정한 믿음이 없는 자를 청정한 믿음으로 이끌고, 이미 청정한 믿음이 있는 자를 더욱더 청정한 믿음으로 이끄는 것이 아니다. 수행승들이여, 그것은 오히려, 아직 청정한 믿음이 없는 자를 불신으로 이끌고, 이미 청정한 믿음이 있는 자 가운데 어떤 자들을 타락시키는 것이다."

그리고 세존께서는 그 여섯무리의 수행승들을 여러 가지 방편으로 견책하여, 키우기 어렵고 부양하기 어렵고 욕심이 많고 만족을 모르고 교제를 좋아하고 나태한 것에 대하여 질책하고, 여러 가지 법문으로 고무하여, 키우기 쉽고 부양하기 쉽고 욕심을 여의고, 만족을 알고, 버리고 없애는 삶을 살고, 두타행을 하고, 청정한 믿음이 있고, 쌓아 모으지 않고, 용맹정진하는 것을 칭찬하고, 수행승들을 위하여 그에 알맞고 그에 걸맞게 경책하여 법문을 하고 수행승들에게 일렀다.

[세존] "수행승들이여, 목욕을 하면서 기둥에 몸을 문지르면 안 된다. 문지르면, 악작죄가 된다."

3. 그리고 한때 여섯무리의 수행승들이 목욕을 하면서 담벼락에 몸을 문지르고, 허벅지를 문지르고, 팔을 문지르고, 가슴을 문지르고, 등을 문질렀다. 사람들은 그들에 대하여 혐책하고 분개하고 비난했다.

[사람들] '어찌 싸끼야의 아들인 수행자들이 목욕을 하면서 역사나 채신자처럼, 담벼락에 몸을 문지르고, 허벅지를 문지르고, 팔을 문지르고, 가슴을 문지르고, 등을 문지를 수 있단 말인가?'

수행승들은 그 사람들이 혐책하고 분개하고 비난하는 것을 들었다. 그래서 그 수행승들은 세존께 그 사실을 알렸다. 그러자 세존께서는 이것을 기회로 이것을 원인으로 수행승들의 참모임을 불러 모아 수행승들에게 물었다.

[세존] "수행승들이여, 여섯무리의 수행승들이 목욕을 하면서 담벼락에 몸을 문지르고, 허벅지를 문지르고, 팔을 문지르고, 가슴을 문지르고, 등을 문지른 것이 사실인가?"

[수행승들] "세존이시여, 사실입니다."

존귀하신 부처님께서는 견책했다.

[세존] "수행승들이여, 그 어리석은 자들은 적절하지 않고, 자연스럽지 않고, 알맞지 않고, 수행자의 삶이 아니고, 부당하고, 해서는 안 될 일을 행한 것이다. 수행승들이여, 어찌 그 어리석은 자들이 목욕을 하면서 담벼락에 몸을 문지르고, 허벅지를 문지르고, 팔을 문지르고, 가슴을 문지르고, 등을 문지를 수 있단 말인가? 수행승들이여, 그것은 아직 청정한 믿음이 없는 자를 청정한 믿음으로 이끌

고, 이미 청정한 믿음이 있는 자를 더욱더 청정한 믿음으로 이끄는 것이 아니다. 수행승들이여, 그것은 오히려, 아직 청정한 믿음이 없는 자를 불신으로 이끌고, 이미 청정한 믿음이 있는 자 가운데 어떤 자들을 타락시키는 것이다."

그리고 세존께서는 그 여섯무리의 수행승들을 여러 가지 방편으로 견책하여, 키우기 어렵고 부양하기 어렵고 욕심이 많고 만족을 모르고 교제를 좋아하고 나태한 것에 대하여 질책하고, 여러 가지 법문으로 고무하여, 키우기 쉽고 부양하기 쉽고 욕심을 여의고, 만족을 알고, 버리고 없애는 삶을 살고, 두타행을 하고, 청정한 믿음이 있고, 쌓아 모으지 않고, 용맹정진하는 것을 칭찬하고, 수행승들을 위하여 그에 알맞고 그에 걸맞게 경책하여 법문을 하고 수행승들에게 일렀다.

[세존] "수행승들이여, 목욕을 하면서 담벼락에 몸을 문지르면 안 된다. 문지르면, 악작죄가 된다."

4. 한때 여섯무리의 수행승들이 목욕을 하면서 마욕판[320]에 몸을 문지르고, 허벅지를 문지르고, 팔을 문지르고, 가슴을 문지르고, 등을 문질렀다. 사람들은 그들에 대하여 혐책하고 분개하고 비난했다.

[사람들] '어찌 싸끼야의 아들인 수행자들이 감각적 쾌락의 욕망을 즐기는 재가자처럼, 마욕판에 몸을 문지르고, 허벅지를 문지르고, 팔을 문지르고, 가슴을 문지르고, 등을 문지를 수 있단 말인가?'

수행승들은[106] 그 사람들이 혐책하고 분개하고 비난하는 것을 들었다. 그래서 그 수행승들은 세존께 그 사실을 알렸다. 그러자 세존께서는 이것을 기회로 이것을 원인으로 수행승들의 참모임을 불러 모아 수행승들에게 물었다.

[세존] "수행승들이여, 여섯무리의 수행승들이 목욕을 하면서 마욕판에 몸을 문지르고, 허벅지를 문지르고, 팔을 문지르고, 가슴을 문지르고, 등을 문지른 것이 사실인가?"

[수행승들] "세존이시여, 사실입니다."

존귀하신 부처님께서는 견책했다.

[세존] "수행승들이여, 그 어리석은 자들은 적절하지 않고, 자연스럽지 않고, 알맞지 않고, 수행자의 삶이 아니고, 부당하고, 해서는 안 될 일을 행한 것이다. 수행승들이여, 어찌 그 어리석은 자들이 목욕을 하면서 마욕판에 몸을 문지르고, 허벅지를 문지르고, 팔을 문지르고, 가슴을 문지르고, 등을 문지를 수 있단 말인

---

320) aṭṭhāna : 한역하여 마욕판(摩浴板)이라고 한다. Smp. 1199에 따르면, 나무 널빤지로 사각으로 줄이 파서, 목욕하는 여울의 바닥에 놓는다. 사람들은 몸을 거기에 문질러서 몸을 씻는다.

가? 수행승들이여, 그것은 아직 청정한 믿음이 없는 자를 청정한 믿음으로 이끌고, 이미 청정한 믿음이 있는 자를 더욱더 청정한 믿음으로 이끄는 것이 아니다. 수행승들이여, 그것은 오히려, 아직 청정한 믿음이 없는 자를 불신으로 이끌고, 이미 청정한 믿음이 있는 자 가운데 어떤 자들을 타락시키는 것이다."

그리고 세존께서는 그 여섯무리의 수행승들을 여러 가지 방편으로 견책하여, 키우기 어렵고 부양하기 어렵고 욕심이 많고 만족을 모르고 교제를 좋아하고 나태한 것에 대하여 질책하고, 여러 가지 법문으로 고무하여, 키우기 쉽고 부양하기 쉽고 욕심을 여의고, 만족을 알고, 버리고 없애는 삶을 살고, 두타행을 하고, 청정한 믿음이 있고, 쌓아 모으지 않고, 용맹정진하는 것을 칭찬하고, 수행승들을 위하여 그에 알맞고 그에 걸맞게 경책하여 법문을 하고 수행승들에게 일렀다.

[세존] "수행승들이여, 목욕을 하면서 마욕판에 몸을 문지르면 안 된다. 문지르면, 악작죄가 된다."

5. 그리고 한때 여섯무리의 수행승들이 목욕을 하면서 건달바손321)에 몸을 문지르고, 허벅지를 문지르고, 팔을 문지르고, 가슴을 문지르고, 등을 문질렀다. 사람들은 그들에 대하여 혐책하고 분개하고 비난했다.

[사람들] "어찌 싸끼야의 아들인 수행자들이 목욕을 하면서 감각적 쾌락의 욕망을 즐기는 재가자처럼, 건달바손에 몸을 문지르고, 허벅지를 문지르고, 팔을 문지르고, 가슴을 문지르고, 등을 문지를 수 있단 말인가?"

수행승들은 그 사람들이 혐책하고 분개하고 비난하는 것을 들었다. 그래서 그 수행승들은 세존께 그 사실을 알렸다. 그러자 세존께서는 이것을 기회로 이것을 원인으로 수행승들의 참모임을 불러 모아 수행승들에게 물었다.

[세존] "수행승들이여, 여섯무리의 수행승들이 목욕을 하면서 건달바손에 몸을 문지르고, 허벅지를 문지르고, 팔을 문지르고, 가슴을 문지르고, 등을 문지른 것이 사실인가?"

[수행승들] "세존이시여, 사실입니다."

존귀하신 부처님께서는 견책했다.

[세존] "수행승들이여, 그 어리석은 자들은 적절하지 않고, 자연스럽지 않고, 알맞지 않고, 수행자의 삶이 아니고, 부당하고, 해서는 안 될 일을 행한 것이다. 수행승들이여, 어찌 그 어리석은 자들이 목욕을 하면서 건달바손에 몸을 문지르

321) gandhabbahatthaka : Smp. 1199에 따르면, 목욕하는 여울에 장착한 나무로 된 손을 말한다. 사람들은 몸을 거기에 문질러서 몸을 씻는다.

고, 허벅지를 문지르고, 팔을 문지르고, 가슴을 문지르고, 등을 문지를 수 있단 말인가? 수행승들이여, 그것은 아직 청정한 믿음이 없는 자를 청정한 믿음으로 이끌고, 이미 청정한 믿음이 있는 자를 더욱더 청정한 믿음으로 이끄는 것이 아니다. 수행승들이여, 그것은 오히려, 아직 청정한 믿음이 없는 자를 불신으로 이끌고, 이미 청정한 믿음이 있는 자 가운데 어떤 자들을 타락시키는 것이다."

그리고 세존께서는 그 여섯무리의 수행승들을 여러 가지 방편으로 견책하여, 키우기 어렵고 부양하기 어렵고 욕심이 많고 만족을 모르고 교제를 좋아하고 나태한 것에 대하여 질책하고, 여러 가지 법문으로 고무하여, 키우기 쉽고 부양하기 쉽고 욕심을 여의고, 만족을 알고, 버리고 없애는 삶을 살고, 두타행을 하고, 청정한 믿음이 있고, 쌓아 모으지 않고, 용맹정진하는 것을 칭찬하고, 수행승들을 위하여 그에 알맞고 그에 걸맞게 경책하여 법문을 하고 수행승들에게 일렀다.

[세존] "수행승들이여, 목욕을 하면서 건달바손에 몸을 문지르면 안 된다. 문지르면, 악작죄가 된다."

6. 그리고 한때 여섯무리의 수행승들이 목욕을 하면서 붉은모래끈322)에 몸을 문지르고, 허벅지를 문지르고, 팔을 문지르고, 가슴을 문지르고, 등을 문질렀다.

사람들은 그들에 대하여 혐책하고 분개하고 비난했다.

'어찌 싸끼야의 아들인 수행자들이 목욕을 하면서 감각적 쾌락의 욕망을 즐기는 재가자처럼, 붉은모래끈에 몸을 문지르고, 허벅지를 문지르고, 팔을 문지르고, 가슴을 문지르고, 등을 문지를 수 있단 말인가?'

수행승들은 그 사람들이 혐책하고 분개하고 비난하는 것을 들었다.

그래서 그 수행승들은 세존께 그 사실을 알렸다.

그러자 세존께서는 이것을 기회로 이것을 원인으로 수행승들의 참모임을 불러 모아 수행승들에게 물었다.

[세존] "수행승들이여, 여섯무리의 수행승들이 목욕을 하면서 붉은모래끈에 몸을 문지르고, 허벅지를 문지르고, 팔을 문지르고, 가슴을 문지르고, 등을 문지른 것이 사실인가?"

[수행승들] "세존이시여, 사실입니다."

존귀하신 부처님께서는 견책했다.

[세존] "수행승들이여, 그 어리석은 자들은 적절하지 않고, 자연스럽지 않고,

---

322) kuruvindakasutta : Smp. 1200에 따르면, 주사(朱砂)와 락으로 물들인 돌로 만든 염주처럼 생긴 끈을 말한다. 사람들은 그 양쪽 끝을 붙잡고 몸에 그것을 문질러서 몸을 씻는다.

알맞지 않고, 수행자의 삶이 아니고, 부당하고, 해서는 안 될 일을 행한 것이다. 수행승들이여, 어찌 그 어리석은 자들이 목욕을 하면서 붉은모래끈에 몸을 문지르고, 허벅지를 문지르고, 팔을 문지르고, 가슴을 문지르고, 등을 문지를 수 있단 말인가? 수행승들이여, 그것은 아직 청정한 믿음이 없는 자를 청정한 믿음으로 이끌고, 이미 청정한 믿음이 있는 자를 더욱더 청정한 믿음으로 이끄는 것이 아니다. 수행승들이여, 그것은 오히려, 아직 청정한 믿음이 없는 자를 불신으로 이끌고, 이미 청정한 믿음이 있는 자 가운데 어떤 자들을 타락시키는 것이다."

그리고 세존께서는 그 여섯무리의 수행승들을 여러 가지 방편으로 견책하여, 키우기 어렵고 부양하기 어렵고 욕심이 많고 만족을 모르고 교제를 좋아하고 나태한 것에 대하여 질책하고, 여러 가지 법문으로 고무하여, 키우기 쉽고 부양하기 쉽고 욕심을 여의고, 만족을 알고, 버리고 없애는 삶을 살고, 두타행을 하고, 청정한 믿음이 있고, 쌓아 모으지 않고, 용맹정진하는 것을 칭찬하고, 수행승들을 위하여 그에 알맞고 그에 걸맞게 경책하여 법문을 하고 수행승들에게 일렀다.

[세존] "수행승들이여, 목욕을 하면서 붉은모래끈에 몸을 문지르면 안 된다. 문지르면, 악작죄가 된다."

7. 한때 여섯무리의 수행승들이 물에 들어가 서로 몸과 몸을 문질렀다.323) 사람들은 그들에 대하여 혐책하고 분개하고 비난했다.

[사람들] "어찌 싸끼야의 아들인 수행자들이 물에 들어가 서로 몸과 몸을 문지를 수 있단 말인가?"

수행승들은 그 사람들이 혐책하고 분개하고 비난하는 것을 들었다. 그래서 그 수행승들은 세존께 그 사실을 알렸다. 그러자 세존께서는 이것을 기회로 이것을 원인으로 수행승들의 참모임을 불러 모아 수행승들에게 물었다.

[세존] "수행승들이여, 여섯무리의 수행승들이 물에 들어가 서로 몸과 몸을 문지른 것이 사실인가?"

[수행승들] "세존이시여, 사실입니다."

존귀하신 부처님께서는 견책했다.

[세존] "수행승들이여, 그 어리석은 자들은 적절하지 않고, 자연스럽지 않고, 알맞지 않고, 수행자의 삶이 아니고, 부당하고, 해서는 안 될 일을 행한 것이다. 수행승들이여, 어찌 그 어리석은 자들이 물에 들어가 서로 몸과 몸을 문지를

323) viggayha parikammaṃ kārāpenti : Smp. 1200에 따르면, '자신의 몸에 다른 사람의 몸을 문지르는 것'을 말한다.

수 있단 말인가? 수행승들이여, 그것은 아직 청정한 믿음이 없는 자를 청정한 믿음으로 이끌고, 이미 청정한 믿음이 있는 자를 더욱더 청정한 믿음으로 이끄는 것이 아니다. 수행승들이여, 그것은 오히려, 아직 청정한 믿음이 없는 자를 불신으로 이끌고, 이미 청정한 믿음이 있는 자 가운데 어떤 자들을 타락시키는 것이다."

그리고 세존께서는 그 여섯무리의 수행승들을 여러 가지 방편으로 견책하여, 키우기 어렵고 부양하기 어렵고 욕심이 많고 만족을 모르고 교제를 좋아하고 나태한 것에 대하여 질책하고, 여러 가지 법문으로 고무하여, 키우기 쉽고 부양하기 쉽고 욕심을 여의고, 만족을 알고, 버리고 없애는 삶을 살고, 두타행을 하고, 청정한 믿음이 있고, 쌓아 모으지 않고, 용맹정진하는 것을 칭찬하고, 수행승들을 위하여 그에 알맞고 그에 걸맞게 경책하여 법문을 하고 수행승들에게 일렀다.

[세존] "수행승들이여, 물에 들어가 서로 몸과 몸을 문지르면 안 된다. 문지르면, 악작죄가 된다."

8. 그리고 한때 여섯무리의 수행승들이 황새치이빨324)를 사용해서 목욕을 했다. 사람들은 그들에 대하여 혐책하고 분개하고 비난했다.

[사람들] "어찌 싸끼야의 아들인 수행자들이 황새치이빨을 사용해서 목욕할 수 있단 말인가?"

수행승들은 그 사람들이 혐책하고 분개하고 비난하는 것을 들었다. 그래서 그 수행승들은 세존께 그 사실을 알렸다. 그러자 세존께서는 이것을 기회로 이것을 원인으로 수행승들의 참모임을 불러 모아 수행승들에게 물었다.

[세존] "수행승들이여, 여섯무리의 수행승들이 황새치이빨을 사용해서 목욕한 것이 사실인가?"

[수행승들] "세존이시여, 사실입니다."

존귀하신 부처님께서는 견책했다.

[세존] "수행승들이여, 그 어리석은 자들은 적절하지 않고, 자연스럽지 않고, 알맞지 않고, 수행자의 삶이 아니고, 부당하고, 해서는 안 될 일을 행한 것이다. 수행승들이여, 어찌 그 어리석은 자들이 황새치이빨을 사용해서 목욕할 수 있단 말인가? 수행승들이여, 그것은 아직 청정한 믿음이 없는 자를 청정한 믿음으로 이끌고, 이미 청정한 믿음이 있는 자를 더욱더 청정한 믿음으로 이끄는 것이 아니다. 수행승들이여, 그것은 오히려, 아직 청정한 믿음이 없는 자를 불신으로

---

324) mallaka : Smp. 1200에 따르면, 황새치이빨의 뿌리를 잘라서 낚시 형태로 만들어 등 가운데 쪽으로 긁는데 사용한다.

이끌고, 이미 청정한 믿음이 있는 자 가운데 어떤 자들을 타락시키는 것이다."

그리고 세존께서는 그 여섯무리의 수행승들을 여러 가지 방편으로 견책하여, 키우기 어렵고 부양하기 어렵고 욕심이 많고 만족을 모르고 교제를 좋아하고 나태한 것에 대하여 질책하고, 여러 가지 법문으로 고무하여, 키우기 쉽고 부양하기 쉽고 욕심을 여의고, 만족을 알고, 버리고 없애는 삶을 살고, 두타행을 하고, 청정한 믿음이 있고, 쌓아 모으지 않고, 용맹정진하는 것을 칭찬하고, 수행승들을 위하여 그에 알맞고 그에 걸맞게 경책하여 법문을 하고 수행승들에게 일렀다.

[세존] "수행승들이여, 황새치이빨을 사용해서 목욕하면 안 된다. 목욕하면, 악작죄가 된다."

그리고 한때 어떤 수행승이 개선병에 걸렸다. 그는 황새치이빨을 사용하지 않으면, 안온을 얻을 수가 없었다. 세존께 그 사실을 알렸다.

[세존] "수행승들이여, 나는 병자에게는 미성형의 황새치이빨[325)]를 허용한다."

9. 한때 어떤 수행승이 노쇠하여 목욕을 하는데 자신의 몸을 문지를 수가 없었다. 세존께 그 사실을 알렸다.

[세존] "수행승들이여, 목욕타월을 허용한다."[326)]

한때 수행승들이 등을 미는 것에 의구심을 가졌다. 세존께 그 사실을 알렸다.

[세존] "수행승들이여, 일상적인 방법으로 손으로 미는 것을 허용한다."

사소한 일이 끝났다.

2. 몸의 장식(Kāyālaṅkāra)

1. 한때 여섯무리의 수행승들이 귀고리[327)]를 착용했다. 사람들은 그들에 대하여 혐책하고 분개하고 비난했다.

[사람들] "어찌 싸끼야의 아들인 수행자들이 귀고리를 착용할 수 있단 말인가?"

수행승들은 그 사람들이 혐책하고 분개하고 비난하는 것을 들었다. 그래서 그 수행승들은 세존께 그 사실을 알렸다. 그러자 세존께서는 이것을 기회로 이것을 원인으로 수행승들의 참모임을 불러 모아 수행승들에게 물었다.

[세존] "수행승들이여, 여섯무리의 수행승들이 귀고리를 착용한 것이 사실인가?"

[수행승들] "세존이시여, 사실입니다."

---

325) akatamallaka : Smp. 1200에 따르면, 황새치 이빨을 자른 것이 아니라 나무나 거북이 등의 잘라진 조각임에 틀림없다.

326) anujānāmi bhikkhave ukkāsikaṃ'ti : '욱까씨까(ukkāsika)'는 몸에 때를 베끼는 수건이나 타월을 말한다.

327) vallika : 한역의 이환(耳環)이다.

존귀하신 부처님께서는 견책했다.

[세존] "수행승들이여, 그 어리석은 자들은 적절하지 않고, 자연스럽지 않고, 알맞지 않고, 수행자의 삶이 아니고, 부당하고, 해서는 안 될 일을 행한 것이다. 수행승들이여, 어찌 그 어리석은 자들이 귀고리를 착용할 수 있단 말인가? 수행승들이여, 그것은 아직 청정한 믿음이 없는 자를 청정한 믿음으로 이끌고, 이미 청정한 믿음이 있는 자를 더욱더 청정한 믿음으로 이끄는 것이 아니다. 수행승들이여, 그것은 오히려, 아직 청정한 믿음이 없는 자를 불신으로 이끌고, 이미 청정한 믿음이 있는 자 가운데 어떤 자들을 타락시키는 것이다."

그리고 세존께서는 그 여섯무리의 수행승들을 여러 가지 방편으로 견책하여, 키우기 어렵고 부양하기 어렵고 욕심이 많고 만족을 모르고 교제를 좋아하고 나태한 것에 대하여 질책하고, 여러 가지 법문으로 고무하여, 키우기 쉽고 부양하기 쉽고 욕심을 여의고, 만족을 알고, 버리고 없애는 삶을 살고, 두타행을 하고, 청정한 믿음이 있고, 쌓아 모으지 않고, 용맹정진하는 것을 칭찬하고, 수행승들을 위하여 그에 알맞고 그에 걸맞게 경책하여 법문을 하고 수행승들에게 일렀다.

[세존] "수행승들이여, 귀고리를 착용하면 안 된다. 착용하면, 악작죄가 된다."

2. 한때 여섯무리의 수행승들이 귀장신구[328]를 착용했다. 사람들은 그들에 대하여 혐책하고 분개하고 비난했다.

[사람들] "어찌 싸끼야의 아들인 수행자들이 귀장신구를 착용할 수 있단 말인가?"

수행승들은 그 사람들이 혐책하고 분개하고 비난하는 것을 들었다. 그래서 그 수행승들은 세존께 그 사실을 알렸다. 그러자 세존께서는 이것을 기회로 이것을 원인으로 수행승들의 참모임을 불러 모아 수행승들에게 물었다.

[세존] "수행승들이여, 여섯무리의 수행승들이 귀장신구를 착용한 것이 사실인가?"

[수행승들] "세존이시여, 사실입니다."

존귀하신 부처님께서는 견책했다.

[세존] "수행승들이여, 그 어리석은 자들은 적절하지 않고, 자연스럽지 않고, 알맞지 않고, 수행자의 삶이 아니고, 부당하고, 해서는 안 될 일을 행한 것이다. 수행승들이여, 어찌 그 어리석은 자들이 귀장신구를 착용할 수 있단 말인가? 수행승들이여, 그것은 아직 청정한 믿음이 없는 자를 청정한 믿음으로 이끌고,

---

328) pāmaṅga : 한역의 이당(耳璫)인데, 사슬을 말하기도 한다. 호너는 Bd. V. 143에서 사슬이라고 번역했다.

이미 청정한 믿음이 있는 자를 더욱더 청정한 믿음으로 이끄는 것이 아니다. 수행승들이여, 그것은 오히려, 아직 청정한 믿음이 없는 자를 불신으로 이끌고, 이미 청정한 믿음이 있는 자 가운데 어떤 자들을 타락시키는 것이다."

그리고 세존께서는 그 여섯무리의 수행승들을 여러 가지 방편으로 견책하여, 키우기 어렵고 부양하기 어렵고 욕심이 많고 만족을 모르고 교제를 좋아하고 나태한 것에 대하여 질책하고, 여러 가지 법문으로 고무하여, 키우기 쉽고 부양하기 쉽고 욕심을 여의고, 만족을 알고, 버리고 없애는 삶을 살고, 두타행을 하고, 청정한 믿음이 있고, 쌓아 모으지 않고, 용맹정진하는 것을 칭찬하고, 수행승들을 위하여 그에 알맞고 그에 걸맞게 경책하여 법문을 하고 수행승들에게 일렀다.

[세존] "수행승들이여, 귀장신구를 착용하면 안 된다. 착용하면, 악작죄가 된다."

3. 한때 여섯무리의 수행승들이 목걸이329)를 착용했다. 사람들은 그들에 대하여 혐책하고 분개하고 비난했다.

[사람들] "어찌 싸끼야의 아들인 수행자들이 목걸이를 착용할 수 있단 말인가?"

수행승들은 그 사람들이 혐책하고 분개하고 비난하는 것을 들었다. 그래서 그 수행승들은 세존께 그 사실을 알렸다. 그러자 세존께서는 이것을 기회로 이것을 원인으로 수행승들의 참모임을 불러 모아 수행승들에게 물었다.

[세존] "수행승들이여, 여섯무리의 수행승들이 목걸이를 착용한 것이 사실인가?"

[수행승들] "세존이시여, 사실입니다."

존귀하신 부처님께서는 견책했다.

[세존] "수행승들이여, 그 어리석은 자들은 적절하지 않고, 자연스럽지 않고, 알맞지 않고, 수행자의 삶이 아니고, 부당하고, 해서는 안 될 일을 행한 것이다. 수행승들이여, 어찌 그 어리석은 자들이 목걸이를 착용할 수 있단 말인가? 수행승들이여, 그것은 아직 청정한 믿음이 없는 자를 청정한 믿음으로 이끌고, 이미 청정한 믿음이 있는 자를 더욱더 청정한 믿음으로 이끄는 것이 아니다. 수행승들이여, 그것은 오히려, 아직 청정한 믿음이 없는 자를 불신으로 이끌고, 이미 청정한 믿음이 있는 자 가운데 어떤 자들을 타락시키는 것이다."

그리고 세존께서는 그 여섯무리의 수행승들을 여러 가지 방편으로 견책하여, 키우기 어렵고 부양하기 어렵고 욕심이 많고 만족을 모르고 교제를 좋아하고 나태한 것에 대하여 질책하고, 여러 가지 법문으로 고무하여, 키우기 쉽고 부양하

329) kaṇṭhasuttaka : 한역의 수식(首飾)이다.

기 쉽고 욕심을 여의고, 만족을 알고, 버리고 없애는 삶을 살고, 두타행을 하고, 청정한 믿음이 있고, 쌓아 모으지 않고, 용맹정진하는 것을 칭찬하고, 수행승들을 위하여 그에 알맞고 그에 걸맞게 경책하여 법문을 하고 수행승들에게 일렀다.

[세존] "수행승들이여, 목걸이를 착용하면 안 된다. 착용하면, 악작죄가 된다."

4. 한때 여섯무리의 수행승들이 허리장신구[330]를 착용했다. 사람들은 그들에 대하여 혐책하고 분개하고 비난했다.

[사람들] "어찌 싸끼야의 아들인 수행자들이 허리장신구를 착용할 수 있단 말인가?"

수행승들은 그 사람들이 혐책하고 분개하고 비난하는 것을 들었다. 그래서 그 수행승들은 세존께 그 사실을 알렸다. 그러자 세존께서는 이것을 기회로 이것을 원인으로 수행승들의 참모임을 불러 모아 수행승들에게 물었다.

[세존] "수행승들이여, 여섯무리의 수행승들이 허리장신구를 착용한 것이 사실인가?"

[수행승들] "세존이시여, 사실입니다."

존귀하신 부처님께서는 견책했다.

[세존] "수행승들이여, 그 어리석은 자들은 적절하지 않고, 자연스럽지 않고, 알맞지 않고, 수행자의 삶이 아니고, 부당하고, 해서는 안 될 일을 행한 것이다. 수행승들이여, 어찌 그 어리석은 자들이 허리장신구를 착용할 수 있단 말인가? 수행승들이여, 그것은 아직 청정한 믿음이 없는 자를 청정한 믿음으로 이끌고, 이미 청정한 믿음이 있는 자를 더욱더 청정한 믿음으로 이끄는 것이 아니다. 수행승들이여, 그것은 오히려, 아직 청정한 믿음이 없는 자를 불신으로 이끌고, 이미 청정한 믿음이 있는 자 가운데 어떤 자들을 타락시키는 것이다."

그리고 세존께서는 그 여섯무리의 수행승들을 여러 가지 방편으로 견책하여, 키우기 어렵고 부양하기 어렵고 욕심이 많고 만족을 모르고 교제를 좋아하고 나태한 것에 대하여 질책하고, 여러 가지 법문으로 고무하여, 키우기 쉽고 부양하기 쉽고 욕심을 여의고, 만족을 알고, 버리고 없애는 삶을 살고, 두타행을 하고, 청정한 믿음이 있고, 쌓아 모으지 않고, 용맹정진하는 것을 칭찬하고, 수행승들을 위하여 그에 알맞고 그에 걸맞게 경책하여 법문을 하고 수행승들에게 일렀다.

[세존] "수행승들이여, 허리장신구를 착용하면 안 된다. 착용하면, 악작죄가

---

330) kaṭisuttaka : 한역의 요식(腰飾)이다.

된다."

5. 한때 여섯무리의 수행승들이 발목장신구331)를 착용했다. 사람들은 그들에 대하여 혐책하고 분개하고 비난했다.

[사람들] "어찌 싸끼야의 아들인 수행자들이 발목장신구를 착용할 수 있단 말인가?"

수행승들은 그 사람들이 혐책하고 분개하고 비난하는 것을 들었다. 그래서 그 수행승들은 세존께 그 사실을 알렸다. 그러자 세존께서는 이것을 기회로 이것을 원인으로 수행승들의 참모임을 불러 모아 수행승들에게 물었다.

[세존] "수행승들이여, 여섯무리의 수행승들이 발목장신구를 착용한 것이 사실인가?"

[수행승들] "세존이시여, 사실입니다."

존귀하신 부처님께서는 견책했다.

[세존] "수행승들이여, 그 어리석은 자들은 적절하지 않고, 자연스럽지 않고, 알맞지 않고, 수행자의 삶이 아니고, 부당하고, 해서는 안 될 일을 행한 것이다. 수행승들이여, 어찌 그 어리석은 자들이 발목장신구를 착용할 수 있단 말인가? 수행승들이여, 그것은 아직 청정한 믿음이 없는 자를 청정한 믿음으로 이끌고, 이미 청정한 믿음이 있는 자를 더욱더 청정한 믿음으로 이끄는 것이 아니다. 수행승들이여, 그것은 오히려, 아직 청정한 믿음이 없는 자를 불신으로 이끌고, 이미 청정한 믿음이 있는 자 가운데 어떤 자들을 타락시키는 것이다."

그리고 세존께서는 그 여섯무리의 수행승들을 여러 가지 방편으로 견책하여, 키우기 어렵고 부양하기 어렵고 욕심이 많고 만족을 모르고 교제를 좋아하고 나태한 것에 대하여 질책하고, 여러 가지 법문으로 고무하여, 키우기 쉽고 부양하기 쉽고 욕심을 여의고, 만족을 알고, 버리고 없애는 삶을 살고, 두타행을 하고, 청정한 믿음이 있고, 쌓아 모으지 않고, 용맹정진하는 것을 칭찬하고, 수행승들을 위하여 그에 알맞고 그에 걸맞게 경책하여 법문을 하고 수행승들에게 일렀다.

[세존] "수행승들이여, 발목장신구를 착용하면 안 된다. 착용하면, 악작죄가 된다."

6. 한때 여섯무리의 수행승들이 팔장신구332)를 착용했다. 사람들은 그들에 대하

331) Ovaṭṭika : 발목장신구이다.
332) keyūra : 팔꿈치위의 장신구를 말한다. 그러나 Jāt의 주석서에서는 목장신구라고 설명하고 있다.

여 혐책하고 분개하고 비난했다.

[사람들] "어찌 싸끼야의 아들인 수행자들이 팔장신구를 착용할 수 있단 말인가?"

수행승들은 그 사람들이 혐책하고 분개하고 비난하는 것을 들었다. 그래서 그 수행승들은 세존께 그 사실을 알렸다. 그러자 세존께서는 이것을 기회로 이것을 원인으로 수행승들의 참모임을 불러 모아 수행승들에게 물었다.

[세존] "수행승들이여, 여섯무리의 수행승들이 팔장신구를 착용한 것이 사실인가?"

[수행승들] "세존이시여, 사실입니다."

존귀하신 부처님께서는 견책했다.

[세존] "수행승들이여, 그 어리석은 자들은 적절하지 않고, 자연스럽지 않고, 알맞지 않고, 수행자의 삶이 아니고, 부당하고, 해서는 안 될 일을 행한 것이다. 수행승들이여, 어찌 그 어리석은 자들이 팔장신구를 착용할 수 있단 말인가? 수행승들이여, 그것은 아직 청정한 믿음이 없는 자를 청정한 믿음으로 이끌고, 이미 청정한 믿음이 있는 자를 더욱더 청정한 믿음으로 이끄는 것이 아니다. 수행승들이여, 그것은 오히려, 아직 청정한 믿음이 없는 자를 불신으로 이끌고, 이미 청정한 믿음이 있는 자 가운데 어떤 자들을 타락시키는 것이다."

그리고 세존께서는 그 여섯무리의 수행승들을 여러 가지 방편으로 견책하여, 키우기 어렵고 부양하기 어렵고 욕심이 많고 만족을 모르고 교제를 좋아하고 나태한 것에 대하여 질책하고, 여러 가지 법문으로 고무하여, 키우기 쉽고 부양하기 쉽고 욕심을 여의고, 만족을 알고, 버리고 없애는 삶을 살고, 두타행을 하고, 청정한 믿음이 있고, 쌓아 모으지 않고, 용맹정진하는 것을 칭찬하고, 수행승들을 위하여 그에 알맞고 그에 걸맞게 경책하여 법문을 하고 수행승들에게 일렀다.

[세존] "수행승들이여, 팔장신구를 착용하면 안 된다. 착용하면, 악작죄가 된다."

7. 한때 여섯무리의 수행승들이 손목장신구[333])를 착용했다. 사람들은 그들에 대하여 혐책하고 분개하고 비난했다.

[사람들] "어찌 싸끼야의 아들인 수행자들이 손목장신구를 착용할 수 있단 말인가?"

수행승들은 그 사람들이 혐책하고 분개하고 비난하는 것을 들었다. 그래서 그

333) hatthābharaṇa : 의심할 바 없이 손목장식이다.

수행승들은 세존께 그 사실을 알렸다. 그러자 세존께서는 이것을 기회로 이것을 원인으로 수행승들의 참모임을 불러 모아 수행승들에게 물었다.

[세존] "수행승들이여, 여섯무리의 수행승들이 손목장신구를 착용한 것이 사실인가?"

[수행승들] "세존이시여, 사실입니다."

존귀하신 부처님께서는 견책했다.

[세존] "수행승들이여, 그 어리석은 자들은 적절하지 않고, 자연스럽지 않고, 알맞지 않고, 수행자의 삶이 아니고, 부당하고, 해서는 안 될 일을 행한 것이다. 수행승들이여, 어찌 그 어리석은 자들이 손목장신구를 착용할 수 있단 말인가? 수행승들이여, 그것은 아직 청정한 믿음이 없는 자를 청정한 믿음으로 이끌고, 이미 청정한 믿음이 있는 자를 더욱더 청정한 믿음으로 이끄는 것이 아니다. 수행승들이여, 그것은 오히려, 아직 청정한 믿음이 없는 자를 불신으로 이끌고, 이미 청정한 믿음이 있는 자 가운데 어떤 자들을 타락시키는 것이다."

그리고 세존께서는 그 여섯무리의 수행승들을 여러 가지 방편으로 견책하여, 키우기 어렵고 부양하기 어렵고 욕심이 많고 만족을 모르고 교제를 좋아하고 나태한 것에 대하여 질책하고, 여러 가지 법문으로 고무하여, 키우기 쉽고 부양하기 쉽고 욕심을 여의고, 만족을 알고, 버리고 없애는 삶을 살고, 두타행을 하고, 청정한 믿음이 있고, 쌓아 모으지 않고, 용맹정진하는 것을 칭찬하고, 수행승들을 위하여 그에 알맞고 그에 걸맞게 경책하여 법문을 하고 수행승들에게 일렀다.

[세존] "수행승들이여, 손목장신구를 착용하면 안 된다. 착용하면, 악작죄가 된다."

8. 한때 여섯무리의 수행승들이 손가락반지[334]를 착용했다. 사람들은 그들에 대하여 혐책하고 분개하고 비난했다.

[사람들] "어찌 싸끼야의 아들인 수행자들이 손가락반지를 착용할 수 있단 말인가?"

수행승들은 그 사람들이 혐책하고 분개하고 비난하는 것을 들었다. 그래서 그 수행승들은 세존께 그 사실을 알렸다. 그러자 세존께서는 이것을 기회로 이것을 원인으로 수행승들의 참모임을 불러 모아 수행승들에게 물었다.

[세존] "수행승들이여, 여섯무리의 수행승들이 손가락반지를 착용한 것이 사실

---

334) aṅgulimuddika : 지환(指環)을 말한다.

인가?"

[수행승들] "세존이시여, 사실입니다."

존귀하신 부처님께서는 견책했다.

[세존] "수행승들이여, 그 어리석은 자들은 적절하지 않고, 자연스럽지 않고, 알맞지 않고, 수행자의 삶이 아니고, 부당하고, 해서는 안 될 일을 행한 것이다. 수행승들이여, 어찌 그 어리석은 자들이 손가락반지를 착용할 수 있단 말인가? 수행승들이여, 그것은 아직 청정한 믿음이 없는 자를 청정한 믿음으로 이끌고, 이미 청정한 믿음이 있는 자를 더욱더 청정한 믿음으로 이끄는 것이 아니다. 수행승들이여, 그것은 오히려, 아직 청정한 믿음이 없는 자를 불신으로 이끌고, 이미 청정한 믿음이 있는 자 가운데 어떤 자들을 타락시키는 것이다."

그리고 세존께서는 그 여섯무리의 수행승들을 여러 가지 방편으로 견책하여, 키우기 어렵고 부양하기 어렵고 욕심이 많고 만족을 모르고 교제를 좋아하고 나태한 것에 대하여 질책하고, 여러 가지 법문으로 고무하여, 키우기 쉽고 부양하기 쉽고 욕심을 여의고, 만족을 알고, 버리고 없애는 삶을 살고, 두타행을 하고, 청정한 믿음이 있고, 쌓아 모으지 않고, 용맹정진하는 것을 칭찬하고, 수행승들을 위하여 그에 알맞고 그에 걸맞게 경책하여 법문을 하고 수행승들에게 일렀다.

[세존] "수행승들이여, 손가락반지를 착용하면 안 된다. 착용하면, 악작죄가 된다."

9. 한때[107] 여섯무리의 수행승들이 머리를 장발로 길렀다. 사람들은 그들에 대하여 혐책하고 분개하고 비난했다.

[사람들] "어찌 싸끼야의 아들인 수행자들이 감각적 쾌락의 욕망을 즐기는 재가자처럼 머리를 장발로 기를 수 있단 말인가?"

수행승들은 그 사람들이 혐책하고 분개하고 비난하는 것을 들었다. 그래서 그 수행승들은 세존께 그 사실을 알렸다. 그러자 세존께서는 이것을 기회로 이것을 원인으로 수행승들의 참모임을 불러 모아 수행승들에게 물었다.

[세존] "수행승들이여, 여섯무리의 수행승들이 머리를 장발로 기른 것이 사실인가?"

[수행승들] "세존이시여, 사실입니다."

존귀하신 부처님께서는 견책했다.

[세존] "수행승들이여, 그 어리석은 자들은 적절하지 않고, 자연스럽지 않고, 알맞지 않고, 수행자의 삶이 아니고, 부당하고, 해서는 안 될 일을 행한 것이다.

수행승들이여, 어찌 그 어리석은 자들이 머리를 장발로 기를 수 있단 말인가? 수행승들이여, 그것은 아직 청정한 믿음이 없는 자를 청정한 믿음으로 이끌고, 이미 청정한 믿음이 있는 자를 더욱더 청정한 믿음으로 이끄는 것이 아니다. 수행승들이여, 그것은 오히려, 아직 청정한 믿음이 없는 자를 불신으로 이끌고, 이미 청정한 믿음이 있는 자 가운데 어떤 자들을 타락시키는 것이다."

그리고 세존께서는 그 여섯무리의 수행승들을 여러 가지 방편으로 견책하여, 키우기 어렵고 부양하기 어렵고 욕심이 많고 만족을 모르고 교제를 좋아하고 나태한 것에 대하여 질책하고, 여러 가지 법문으로 고무하여, 키우기 쉽고 부양하기 쉽고 욕심을 여의고, 만족을 알고, 버리고 없애는 삶을 살고, 두타행을 하고, 청정한 믿음이 있고, 쌓아 모으지 않고, 용맹정진하는 것을 칭찬하고, 수행승들을 위하여 그에 알맞고 그에 걸맞게 경책하여 법문을 하고 수행승들에게 일렀다.

[세존] "수행승들이여, 머리를 장발로 기르면 안 된다. 기르면, 악작죄가 된다. 수행승들이여, 이개월까지 자란 것과 두 손가락 마디까지 자란 것을 허용한다."335)

10. 한때 여섯무리의 수행승들이 빗으로 머리를 빗었다. 사람들은 그들에 대하여 혐책하고 분개하고 비난했다.

[사람들] "어찌 싸끼야의 아들인 수행자들이 감각적 쾌락의 욕망을 즐기는 재가자처럼 빗으로 머리를 빗을 수 있단 말인가?"

수행승들은 그 사람들이 혐책하고 분개하고 비난하는 것을 들었다. 그래서 그 수행승들은 세존께 그 사실을 알렸다. 그러자 세존께서는 이것을 기회로 이것을 원인으로 수행승들의 참모임을 불러 모아 수행승들에게 물었다.

[세존] "수행승들이여, 여섯무리의 수행승들이 빗으로 머리를 빗은 것이 사실인가?"

[수행승들] "세존이시여, 사실입니다."

존귀하신 부처님께서는 견책했다.

[세존] "수행승들이여, 그 어리석은 자들은 적절하지 않고, 자연스럽지 않고, 알맞지 않고, 수행자의 삶이 아니고, 부당하고, 해서는 안 될 일을 행한 것이다. 수행승들이여, 어찌 그 어리석은 자들이 빗으로 머리를 빗을 수 있단 말인가? 수행승들이여, 그것은 아직 청정한 믿음이 없는 자를 청정한 믿음으로 이끌고, 이미 청정한 믿음이 있는 자를 더욱더 청정한 믿음으로 이끄는 것이 아니다.

---

335) Anujānāmi bhikkhave dumāsikaṃ vā duvaṅgulakaṃ vā :

수행승들이여, 그것은 오히려, 아직 청정한 믿음이 없는 자를 불신으로 이끌고, 이미 청정한 믿음이 있는 자 가운데 어떤 자들을 타락시키는 것이다."

그리고 세존께서는 그 여섯무리의 수행승들을 여러 가지 방편으로 견책하여, 키우기 어렵고 부양하기 어렵고 욕심이 많고 만족을 모르고 교제를 좋아하고 나태한 것에 대하여 질책하고, 여러 가지 법문으로 고무하여, 키우기 쉽고 부양하기 쉽고 욕심을 여의고, 만족을 알고, 버리고 없애는 삶을 살고, 두타행을 하고, 청정한 믿음이 있고, 쌓아 모으지 않고, 용맹정진하는 것을 칭찬하고, 수행승들을 위하여 그에 알맞고 그에 걸맞게 경책하여 법문을 하고 수행승들에게 일렀다.

[세존] "수행승들이여, 빗으로 머리를 빗으면 안 된다. 빗으면, 악작죄가 된다."

11. 한때 여섯무리의 수행승들이 뱀후드모양빗336)으로 머리를 빗었다. 사람들은 그들에 대하여 혐책하고 분개하고 비난했다.

[사람들] "어찌 싸끼야의 아들인 수행자들이 감각적 쾌락의 욕망을 즐기는 재가자처럼 뱀후드모양빗 머리를 빗을 수 있단 말인가?"

수행승들은 그 사람들이 혐책하고 분개하고 비난하는 것을 들었다. 그래서 그 수행승들은 세존께 그 사실을 알렸다. 그러자 세존께서는 이것을 기회로 이것을 원인으로 수행승들의 참모임을 불러 모아 수행승들에게 물었다.

[세존] "수행승들이여, 여섯무리의 수행승들이 뱀후드모양빗 머리를 빗은 것이 사실인가?"

[수행승들] "세존이시여, 사실입니다."

존귀하신 부처님께서는 견책했다.

[세존] "수행승들이여, 그 어리석은 자들은 적절하지 않고, 자연스럽지 않고, 알맞지 않고, 수행자의 삶이 아니고, 부당하고, 해서는 안 될 일을 행한 것이다. 수행승들이여, 어찌 그 어리석은 자들이 뱀후드모양빗 머리를 빗을 수 있단 말인가? 수행승들이여, 그것은 아직 청정한 믿음이 없는 자를 청정한 믿음으로 이끌고, 이미 청정한 믿음이 있는 자를 더욱더 청정한 믿음으로 이끄는 것이 아니다. 수행승들이여, 그것은 오히려, 아직 청정한 믿음이 없는 자를 불신으로 이끌고, 이미 청정한 믿음이 있는 자 가운데 어떤 자들을 타락시키는 것이다."

그리고 세존께서는 그 여섯무리의 수행승들을 여러 가지 방편으로 견책하여, 키우기 어렵고 부양하기 어렵고 욕심이 많고 만족을 모르고 교제를 좋아하고

336) phaṇaka : Smp. 1200에 따르면, 뱀의 후드와 같이 생긴 도구로 상아로 만든 것이다. Vin. III. 70에 따르면, 아주 원시적인 솔과 같은 것으로 강모가 없는 빗이다.

나태한 것에 대하여 질책하고, 여러 가지 법문으로 고무하여, 키우기 쉽고 부양하기 쉽고 욕심을 여의고, 만족을 알고, 버리고 없애는 삶을 살고, 두타행을 하고, 청정한 믿음이 있고, 쌓아 모으지 않고, 용맹정진하는 것을 칭찬하고, 수행승들을 위하여 그에 알맞고 그에 걸맞게 경책하여 법문을 하고 수행승들에게 일렀다.

[세존] "수행승들이여, 뱀후드모양빗으로 머리를 빗으면 안 된다. 빗으면, 악작죄가 된다."

12. 한때 여섯무리의 수행승들이 손을 뱀후드모양빗으로 사용해서 머리를 빗었다. 사람들은 그들에 대하여 혐책하고 분개하고 비난했다.

[사람들] "어찌 싸끼야의 아들인 수행자들이 감각적 쾌락의 욕망을 즐기는 재가자처럼 손을 뱀후드모양빗으로 사용해서 머리를 빗을 수 있단 말인가?"

수행승들은 그 사람들이 혐책하고 분개하고 비난하는 것을 들었다. 그래서 그 수행승들은 세존께 그 사실을 알렸다. 그러자 세존께서는 이것을 기회로 이것을 원인으로 수행승들의 참모임을 불러 모아 수행승들에게 물었다.

[세존] "수행승들이여, 여섯무리의 수행승들이 손을 뱀후드모양빗으로 사용해서 머리를 빗은 것이 사실인가?"

[수행승들] "세존이시여, 사실입니다."

존귀하신 부처님께서는 견책했다.

[세존] "수행승들이여, 그 어리석은 자들은 적절하지 않고, 자연스럽지 않고, 알맞지 않고, 수행자의 삶이 아니고, 부당하고, 해서는 안 될 일을 행한 것이다. 수행승들이여, 어찌 그 어리석은 자들이 손을 뱀후드모양빗으로 사용해서 머리를 빗을 수 있단 말인가? 수행승들이여, 그것은 아직 청정한 믿음이 없는 자를 청정한 믿음으로 이끌고, 이미 청정한 믿음이 있는 자를 더욱더 청정한 믿음으로 이끄는 것이 아니다. 수행승들이여, 그것은 오히려, 아직 청정한 믿음이 없는 자를 불신으로 이끌고, 이미 청정한 믿음이 있는 자 가운데 어떤 자들을 타락시키는 것이다."

그리고 세존께서는 그 여섯무리의 수행승들을 여러 가지 방편으로 견책하여, 키우기 어렵고 부양하기 어렵고 욕심이 많고 만족을 모르고 교제를 좋아하고 나태한 것에 대하여 질책하고, 여러 가지 법문으로 고무하여, 키우기 쉽고 부양하기 쉽고 욕심을 여의고, 만족을 알고, 버리고 없애는 삶을 살고, 두타행을 하고, 청정한 믿음이 있고, 쌓아 모으지 않고, 용맹정진하는 것을 칭찬하고, 수행승들을 위하여 그에 알맞고 그에 걸맞게 경책하여 법문을 하고 수행승들에게 일렀다.

[세존] "수행승들이여, 손을 뱀후드모양빗으로 사용해서 머리를 빗으면 안 된다. 빗으면, 악작죄가 된다."

13. 한때 여섯무리의 수행승들이 왁스기름을 사용해서 머리를 빗었다. 사람들은 그들에 대하여 혐책하고 분개하고 비난했다.

[사람들] "어찌 싸끼야의 아들인 수행자들이 감각적 쾌락의 욕망을 즐기는 재가자처럼 왁스기름을 사용해서 머리를 빗을 수 있단 말인가?"

수행승들은 그 사람들이 혐책하고 분개하고 비난하는 것을 들었다. 그래서 그 수행승들은 세존께 그 사실을 알렸다. 그러자 세존께서는 이것을 기회로 이것을 원인으로 수행승들의 참모임을 불러 모아 수행승들에게 물었다.

[세존] "수행승들이여, 여섯무리의 수행승들이 왁스기름을 사용해서 머리를 빗은 것이 사실인가?"

[수행승들] "세존이시여, 사실입니다."

존귀하신 부처님께서는 견책했다.

[세존] "수행승들이여, 그 어리석은 자들은 적절하지 않고, 자연스럽지 않고, 알맞지 않고, 수행자의 삶이 아니고, 부당하고, 해서는 안 될 일을 행한 것이다. 수행승들이여, 어찌 그 어리석은 자들이 왁스기름을 사용해서 머리를 빗을 수 있단 말인가? 수행승들이여, 그것은 아직 청정한 믿음이 없는 자를 청정한 믿음으로 이끌고, 이미 청정한 믿음이 있는 자를 더욱더 청정한 믿음으로 이끄는 것이 아니다. 수행승들이여, 그것은 오히려, 아직 청정한 믿음이 없는 자를 불신으로 이끌고, 이미 청정한 믿음이 있는 자 가운데 어떤 자들을 타락시키는 것이다."

그리고 세존께서는 그 여섯무리의 수행승들을 여러 가지 방편으로 견책하여, 키우기 어렵고 부양하기 어렵고 욕심이 많고 만족을 모르고 교제를 좋아하고 나태한 것에 대하여 질책하고, 여러 가지 법문으로 고무하여, 키우기 쉽고 부양하기 쉽고 욕심을 여의고, 만족을 알고, 버리고 없애는 삶을 살고, 두타행을 하고, 청정한 믿음이 있고, 쌓아 모으지 않고, 용맹정진하는 것을 칭찬하고, 수행승들을 위하여 그에 알맞고 그에 걸맞게 경책하여 법문을 하고 수행승들에게 일렀다.

[세존] "수행승들이여, 왁스기름을 사용해서 머리를 빗으면 안 된다. 빗으면, 악작죄가 된다."

14. 한때 여섯무리의 수행승들이 기름기 있는 물을 사용해서 머리를 빗었다. 사람들은 그들에 대하여 혐책하고 분개하고 비난했다.

[사람들] "어찌 싸끼야의 아들인 수행자들이 감각적 쾌락의 욕망을 즐기는 재

가자처럼 기름기 있는 물을 사용해서 머리를 빗을 수 있단 말인가?"

수행승들은 그 사람들이 혐책하고 분개하고 비난하는 것을 들었다. 그래서 그 수행승들은 세존께 그 사실을 알렸다. 그러자 세존께서는 이것을 기회로 이것을 원인으로 수행승들의 참모임을 불러 모아 수행승들에게 물었다.

[세존] "수행승들이여, 여섯무리의 수행승들이 기름기 있는 물을 사용해서 머리를 빗은 것이 사실인가?"

[수행승들] "세존이시여, 사실입니다."

존귀하신 부처님께서는 견책했다.

[세존] "수행승들이여, 그 어리석은 자들은 적절하지 않고, 자연스럽지 않고, 알맞지 않고, 수행자의 삶이 아니고, 부당하고, 해서는 안 될 일을 행한 것이다. 수행승들이여, 어찌 그 어리석은 자들이 기름기 있는 물을 사용해서 머리를 빗을 수 있단 말인가? 수행승들이여, 그것은 아직 청정한 믿음이 없는 자를 청정한 믿음으로 이끌고, 이미 청정한 믿음이 있는 자를 더욱더 청정한 믿음으로 이끄는 것이 아니다. 수행승들이여, 그것은 오히려, 아직 청정한 믿음이 없는 자를 불신으로 이끌고, 이미 청정한 믿음이 있는 자 가운데 어떤 자들을 타락시키는 것이다."

그리고 세존께서는 그 여섯무리의 수행승들을 여러 가지 방편으로 견책하여, 키우기 어렵고 부양하기 어렵고 욕심이 많고 만족을 모르고 교제를 좋아하고 나태한 것에 대하여 질책하고, 여러 가지 법문으로 고무하여, 키우기 쉽고 부양하기 쉽고 욕심을 여의고, 만족을 알고, 버리고 없애는 삶을 살고, 두타행을 하고, 청정한 믿음이 있고, 쌓아 모으지 않고, 용맹정진하는 것을 칭찬하고, 수행승들을 위하여 그에 알맞고 그에 걸맞게 경책하여 법문을 하고 수행승들에게 일렀다.

[세존] "수행승들이여, 기름기 있는 물을 사용해서 머리를 빗으면 안 된다. 빗으면, 악작죄가 된다."

15. 한때 여섯무리의 수행승들이 거울이나 수경에 얼굴을 비추어보았다. 사람들은 그들에 대하여 혐책하고 분개하고 비난했다.

[사람들] "어찌 싸끼야의 아들인 수행자들이 감각적 쾌락의 욕망을 즐기는 재가자처럼 거울이나 수경에 얼굴을 비추어볼 수 있단 말인가?"

수행승들은 그 사람들이 혐책하고 분개하고 비난하는 것을 들었다. 그래서 그 수행승들은 세존께 그 사실을 알렸다. 그러자 세존께서는 이것을 기회로 이것을 원인으로 수행승들의 참모임을 불러 모아 수행승들에게 물었다.

[세존] "수행승들이여, 여섯무리의 수행승들이 거울이나 수경에 얼굴을 비추어

본 것이 사실인가?"

[수행승들] "세존이시여, 사실입니다."

존귀하신 부처님께서는 견책했다.

[세존] "수행승들이여, 그 어리석은 자들은 적절하지 않고, 자연스럽지 않고, 알맞지 않고, 수행자의 삶이 아니고, 부당하고, 해서는 안 될 일을 행한 것이다. 수행승들이여, 어찌 그 어리석은 자들이 거울이나 수경에 얼굴을 비추어볼 수 있단 말인가? 수행승들이여, 그것은 아직 청정한 믿음이 없는 자를 청정한 믿음으로 이끌고, 이미 청정한 믿음이 있는 자를 더욱더 청정한 믿음으로 이끄는 것이 아니다. 수행승들이여, 그것은 오히려, 아직 청정한 믿음이 없는 자를 불신으로 이끌고, 이미 청정한 믿음이 있는 자 가운데 어떤 자들을 타락시키는 것이다."

그리고 세존께서는 그 여섯무리의 수행승들을 여러 가지 방편으로 견책하여, 키우기 어렵고 부양하기 어렵고 욕심이 많고 만족을 모르고 교제를 좋아하고 나태한 것에 대하여 질책하고, 여러 가지 법문으로 고무하여, 키우기 쉽고 부양하기 쉽고 욕심을 여의고, 만족을 알고, 버리고 없애는 삶을 살고, 두타행을 하고, 청정한 믿음이 있고, 쌓아 모으지 않고, 용맹정진하는 것을 칭찬하고, 수행승들을 위하여 그에 알맞고 그에 걸맞게 경책하여 법문을 하고 수행승들에게 일렀다.

[세존] "수행승들이여, 거울이나 수경에 얼굴을 비추어보면 안 된다. 비추어보면, 악작죄가 된다."

그런데 그때 어떤 수행승의 얼굴에 상처가 생겼다. 그는 수행승들에게 물었다.

[어떤 수행승] "벗들이여, 나에게 어떠한 상처가 있습니까?"

수행승들은 이와 같이 말했다.

[수행승들] "벗이여, 그대에게 이와 같은 상처가 있습니다."

그는 그것을 믿지 못했다. 세존께 그 사실을 알렸다.

[세존] "수행승들이여, 질병 때문이라면 거울이나 수경에 얼굴을 비추어보는 것을 허용한다."

16. 한때 여섯무리의 수행승들이 얼굴에 기름을 바르고, 얼굴에 맛사지를 하고, 얼굴에 분을 바르고, 얼굴에 웅황을 바르고, 사지를 색칠하고, 얼굴을 색칠하여 사지와 얼굴을 색칠했다. 사람들은 그들에 대하여 혐책하고 분개하고 비난했다.

[사람들] "어찌 싸끼야의 아들인 수행자들이 감각적 쾌락의 욕망을 즐기는 재가자처럼 얼굴에 기름을 바르고, 얼굴에 맛사지를 하고, 얼굴에 분을 바르고, 얼굴에 웅황을 바르고, 사지를 색칠하고, 얼굴을 색칠하여 사지와 얼굴을 색칠할

수 있단 말인가?"

수행승들은 그 사람들이 혐책하고 분개하고 비난하는 것을 들었다. 그래서 그 수행승들은 세존께 그 사실을 알렸다. 그러자 세존께서는 이것을 기회로 이것을 원인으로 수행승들의 참모임을 불러 모아 수행승들에게 물었다.

[세존] "수행승들이여, 여섯무리의 수행승들이 얼굴에 기름을 바르고, 얼굴에 맛사지를 하고, 얼굴에 분을 바르고, 얼굴에 웅황을 바르고, 사지를 색칠하고, 얼굴을 색칠하여 사지와 얼굴을 색칠한 것이 사실인가?"

[수행승들] "세존이시여, 사실입니다."

존귀하신 부처님께서는 견책했다.

[세존] "수행승들이여, 그 어리석은 자들은 적절하지 않고, 자연스럽지 않고, 알맞지 않고, 수행자의 삶이 아니고, 부당하고, 해서는 안 될 일을 행한 것이다. 수행승들이여, 어찌 그 어리석은 자들이 얼굴에 기름을 바르고, 얼굴에 맛사지를 하고, 얼굴에 분을 바르고, 얼굴에 웅황을 바르고, 사지를 색칠하고, 얼굴을 색칠하여 사지와 얼굴을 색칠할 수 있단 말인가? 수행승들이여, 그것은 아직 청정한 믿음이 없는 자를 청정한 믿음으로 이끌고, 이미 청정한 믿음이 있는 자를 더욱더 청정한 믿음으로 이끄는 것이 아니다. 수행승들이여, 그것은 오히려, 아직 청정한 믿음이 없는 자를 불신으로 이끌고, 이미 청정한 믿음이 있는 자 가운데 어떤 자들을 타락시키는 것이다."

그리고 세존께서는 그 여섯무리의 수행승들을 여러 가지 방편으로 견책하여, 키우기 어렵고 부양하기 어렵고 욕심이 많고 만족을 모르고 교제를 좋아하고 나태한 것에 대하여 질책하고, 여러 가지 법문으로 고무하여, 키우기 쉽고 부양하기 쉽고 욕심을 여의고, 만족을 알고, 버리고 없애는 삶을 살고, 두타행을 하고, 청정한 믿음이 있고, 쌓아 모으지 않고, 용맹정진하는 것을 칭찬하고, 수행승들을 위하여 그에 알맞고 그에 걸맞게 경책하여 법문을 하고 수행승들에게 일렀다.

[세존] "수행승들이여, 얼굴에 기름을 바르고, 얼굴에 맛사지를 하고, 얼굴에 분을 바르고, 얼굴에 웅황을 바르고, 사지를 색칠하고, 얼굴을 색칠하여 사지와 얼굴을 색칠하면 안 된다. 그렇게 하면, 악작죄가 된다."

그런데 그때 어떤 수행승이 눈병에 걸렸다. 세존께 그 사실을 알렸다.

[세존] "수행승들이여, 질병 때문이라면 얼굴에 바르는 것을 허용한다."

17. 한때 라자가하 시의 산정축제[337]가 있었다. 여섯무리의 수행승들이 산정축제를 보러 갔다. 사람들은 그들에 대하여 혐책하고 분개하고 비난했다.

[사람들] "어찌 싸끼야의 아들인 수행자들이 감각적 쾌락의 욕망을 즐기는 재가자처럼 춤과 노래와 음악을[108] 보러 갈 수 있단 말인가?"

수행승들은 그 사람들이 혐책하고 분개하고 비난하는 것을 들었다. 그래서 그 수행승들은 세존께 그 사실을 알렸다. 그러자 세존께서는 이것을 기회로 이것을 원인으로 수행승들의 참모임을 불러 모아 수행승들에게 물었다.

[세존] "수행승들이여, 여섯무리의 수행승들이 춤과 노래와 음악을 보러 간 것이 사실인가?"

[수행승들] "세존이시여, 사실입니다."

존귀하신 부처님께서는 견책했다.

[세존] "수행승들이여, 그 어리석은 자들은 적절하지 않고, 자연스럽지 않고, 알맞지 않고, 수행자의 삶이 아니고, 부당하고, 해서는 안 될 일을 행한 것이다. 수행승들이여, 어찌 그 어리석은 자들이 춤과 노래와 음악을 보러 갈 수 있단 말인가? 수행승들이여, 그것은 아직 청정한 믿음이 없는 자를 청정한 믿음으로 이끌고, 이미 청정한 믿음이 있는 자를 더욱더 청정한 믿음으로 이끄는 것이 아니다. 수행승들이여, 그것은 오히려, 아직 청정한 믿음이 없는 자를 불신으로 이끌고, 이미 청정한 믿음이 있는 자 가운데 어떤 자들을 타락시키는 것이다."

그리고 세존께서는 그 여섯무리의 수행승들을 여러 가지 방편으로 견책하여, 키우기 어렵고 부양하기 어렵고 욕심이 많고 만족을 모르고 교제를 좋아하고 나태한 것에 대하여 질책하고, 여러 가지 법문으로 고무하여, 키우기 쉽고 부양하기 쉽고 욕심을 여의고, 만족을 알고, 버리고 없애는 삶을 살고, 두타행을 하고, 청정한 믿음이 있고, 쌓아 모으지 않고, 용맹정진하는 것을 칭찬하고, 수행승들을 위하여 그에 알맞고 그에 걸맞게 경책하여 법문을 하고 수행승들에게 일렀다.

[세존] "수행승들이여, 춤[338]과 노래와 음악을 보러 가면 안 된다. 가면, 악작죄가 된다."

몸의 장식이 끝났다.

3. 노래(Gāyana)

1. 한때 여섯무리의 수행승들이 길게 끄는 가락에 맞추어 가르침을 노래했다.[339]

---

337) giraggasamajja : 율장의 이곳에 설명이 있듯, 춤과 노래와 음악이 있는 라자가하 시에서 벌어지는 축제로 Smp. 831에 따르면, 이 축제는 일주일간의 공고를 거쳐서 보통 산의 정상에서 산기슭에서 벌였다. 산정Vin. IV. 267에 보면, 여섯무리의 수행녀들도 산정축제에 참가했다가 속죄죄를 처분받았다.

338) nacca : Smp. 1201에 따르면, 공작새의 춤조차 보아서는 안 된다.

사람들은 그들에 대하여 혐책하고 분개하고 비난했다.

[사람들] "어찌 싸끼야의 아들인 수행자들이 길게 끄는 가락에 맞추어 가르침을 노래할 수 있단 말인가?"

수행승들은 그 사람들이 혐책하고 분개하고 비난하는 것을 들었다. 그래서 그 수행승들은 세존께 그 사실을 알렸다. 그러자 세존께서는 이것을 기회로 이것을 원인으로 수행승들의 참모임을 불러 모아 수행승들에게 물었다.

[세존] "수행승들이여, 여섯무리의 수행승들이 길게 끄는 가락에 맞추어 가르침을 노래한 것이 사실인가?"

[수행승들] "세존이시여, 사실입니다."

존귀하신 부처님께서는 견책했다.

[세존] "수행승들이여, 그 어리석은 자들은 적절하지 않고, 자연스럽지 않고, 알맞지 않고, 수행자의 삶이 아니고, 부당하고, 해서는 안 될 일을 행한 것이다. 수행승들이여, 어찌 그 어리석은 자들이 길게 끄는 가락에 맞추어 가르침을 노래할 수 있단 말인가? 수행승들이여, 그것은 아직 청정한 믿음이 없는 자를 청정한 믿음으로 이끌고, 이미 청정한 믿음이 있는 자를 더욱더 청정한 믿음으로 이끄는 것이 아니다. 수행승들이여, 그것은 오히려, 아직 청정한 믿음이 없는 자를 불신으로 이끌고, 이미 청정한 믿음이 있는 자 가운데 어떤 자들을 타락시키는 것이다."

그리고 세존께서는 그 여섯무리의 수행승들을 여러 가지 방편으로 견책하여, 키우기 어렵고 부양하기 어렵고 욕심이 많고 만족을 모르고 교제를 좋아하고 나태한 것에 대하여 질책하고, 여러 가지 법문으로 고무하여, 키우기 쉽고 부양하기 쉽고 욕심을 여의고, 만족을 알고, 버리고 없애는 삶을 살고, 두타행을 하고, 청정한 믿음이 있고, 쌓아 모으지 않고, 용맹정진하는 것을 칭찬하고, 수행승들을 위하여 그에 알맞고 그에 걸맞게 경책하여 법문을 하고 수행승들에게 일렀다.

[세존] "수행승들이여, 길게 끄는 가락에 맞추어 가르침을 노래하는 자에게는 이와 같은 다섯 가지 위험340)이 있다.

1) 자기가 그 음성에 집착하고,

---

339) tena kho pana samayena chabbaggiyā bhikkhū āyatakena gītassarena dhammaṃ gāyanti : 이것에 대해서는 AN. III. 271을 참조하라 : '수행승들이여, 자신도 그 소리에 애착되고, 타인도 그 소리에 애착되고, 재가자들은 '우리가 노래하듯, 똑같이 이 수행자 싸끼야의 아들들도 노래한다.'라고 비난하고, 음조에 매혹되어 삼매를 잃고, 다음 세대들이 범례를 따르는 것이다. 수행승들이여, 법문을 길게 끄는 장조의 노랫소리로 암송하면, 이와 같은 다섯 가지 재난이 있다.'

340) pañca ādīnavā : 한역에서는 오재(五災)라고 한다. 다섯 가지 재난이라고 번역할 수 있다.

2) 다른 사람이 그 음성에 집착하고,
3) 재가자들이 비난하고,
4) 음조를 추구하여 삼매를 방해하고,
5) 후인들이 사견의 길에 떨어지는 것이다.[341]

수행승들이여, 길게 끄는 가락에 맞추어 가르침을 노래하는 자에게는 이와 같은 다섯 가지 위험이 있다."

[세존] "수행승들이여, 길게 끄는 가락에 맞추어 가르침을 노래해서는 안 된다. 노래하면 악작죄가 된다."

2. 그런데 그때 수행승들이 읊조리는 것[342]조차 의구심을 내었다. 세존께 그 사실을 알렸다.

[세존] "수행승들이여, 읊조리는 것은 허용한다."

노래가 끝났다.

4. 밖으로 털이 난 모피옷(Bāhiralomuṇṇī)

1. 한때 여섯무리의 수행승들이 밖으로 털이 난 모피옷을 입었다.

사람들은 그들에 대하여 혐책하고 분개하고 비난했다.

[사람들] "어찌 싸끼야의 아들인 수행자들이 감각적 쾌락의 욕망을 즐기는 재가자처럼 밖으로 털이 난 모피옷을 입을 수 있단 말인가?"

수행승들은 그 사람들이 혐책하고 분개하고 비난하는 것을 들었다.

그래서 그 수행승들은 세존께 그 사실을 알렸다.

2. 그러자 세존께서는 이것을 기회로 이것을 원인으로 수행승들의 참모임을 불러 모아 수행승들에게 물었다.

[세존] "수행승들이여, 여섯무리의 수행승들이 밖으로 털이 난 모피옷을 입은 것이 사실인가?"

[수행승들] "세존이시여, 사실입니다."

존귀하신 부처님께서는 견책했다.

[세존] "수행승들이여, 그 어리석은 자들은 적절하지 않고, 자연스럽지 않고, 알맞지 않고, 수행자의 삶이 아니고, 부당하고, 해서는 안 될 일을 행한 것이다.

---

341) pacchimā janatā diṭṭhānugatiṃ āpajjati : Smp. 1202에 따르면, "후세사람들이 '우리의 궤범사들이나 친교사들이 이와 같이 노래를 불렀다.'라고 말하며 같은 방식으로 노래부를 것이다."라는 뜻이다.
342) sarabhañña : 읊조리는 것은 영창(詠唱)을 의미한다. Vin. I. 196에서 '기억하여 읊는 것'을 의미한다.

수행승들이여, 어찌 그 어리석은 자들이 밖으로 털이 난 모피옷을 입을 수 있단 말인가? 수행승들이여, 그것은 아직 청정한 믿음이 없는 자를 청정한 믿음으로 이끌고, 이미 청정한 믿음이 있는 자를 더욱더 청정한 믿음으로 이끄는 것이 아니다. 수행승들이여, 그것은 오히려, 아직 청정한 믿음이 없는 자를 불신으로 이끌고, 이미 청정한 믿음이 있는 자 가운데 어떤 자들을 타락시키는 것이다."

3. 그리고 세존께서는 그 여섯무리의 수행승들을 여러 가지 방편으로 견책하여, 키우기 어렵고 부양하기 어렵고 욕심이 많고 만족을 모르고 교제를 좋아하고 나태한 것에 대하여 질책하고, 여러 가지 법문으로 고무하여, 키우기 쉽고 부양하기 쉽고 욕심을 여의고, 만족을 알고, 버리고 없애는 삶을 살고, 두타행을 하고, 청정한 믿음이 있고, 쌓아 모으지 않고, 용맹정진하는 것을 칭찬하고, 수행승들을 위하여 그에 알맞고 그에 걸맞게 경책하여 법문을 하고 수행승들에게 일렀다.

[세존] "수행승들이여, 밖으로 털이 난 모피옷을 입으면 안 된다. 입으면, 악작죄가 된다."

밖으로 털이 난 모피옷이 끝났다.

5. 망고열매(Ambāphala)

1. 한때 마가다 국의 왕 쎄니야 빔비싸라343)의 정원에 망고열매가 열렸다. 마가다 국의 왕 쎄니야 빔비싸라는 알렸다.

[빔비싸라] "존자들이여, 마음껏 망고열매를 즐기시오."

여섯무리의 수행승들은 어린 망고열매를 따서 먹었다. 마가다[109] 국의 왕 쎄니야 빔비싸라도 망고열매를 원했다. 그래서 마가다 국의 왕 쎄니야 빔비싸라는 신하들에게 명령했다.

[빔비싸라] "이보게들, 정원에 가서 망고열매를 가져오라."

[신하들] "폐하, 알겠습니다."

그 신하들은 마가다 국의 왕 쎄니야 빔비싸라에게 대답하고 정원으로 가서 정원지기에게 이와 같이 말했다.

[신하들] "이보게, 폐하께서 망고열매를 원하니 망고열매를 주십시오."

[정원지기] "망고열매가 없습니다. 수행승들이 어린 망고열매들을 따서 먹어버

343) Seniyo Bimbisāro : 마가다 국의 왕으로 부처님의 후원자였다. 그는 라자가하 시에서 15살에 왕위를 물려받아 52년 간을 통치했다. 부처님은 빔비싸라 왕보다 5살이 많았다. 그들은 그들의 부모 사이에 있었던 우정 때문에 젊었을 때부터 서로 친구가 되었다.

렸습니다.”

2. 그러자 그 신하들은 마가다 국의 왕 쎄니야 빔비싸라에게 그 사실을 알렸다.

[빔비싸라] “이보게들, 존자들께서 망고열매를 드신 것은 잘한 일이다. 그러나 세존께서는 분량을 아는 것을 칭찬하셨다.”

신하들은 그들에 대하여 혐책하고 분개하고 비난했다.

[신하들] '어찌 싸끼야의 아들인 수행자들이 분량을 모르고 왕의 망고열매를 먹을 수 있단 말인가?'

수행승들은 그 사람들이 혐책하고 분개하고 비난하는 것을 들었다. 그래서 그 수행승들은 세존께 그 사실을 알렸다. 그러자 세존께서는 이것을 기회로 이것을 원인으로 수행승들의 참모임을 불러 모아 수행승들에게 물었다.

[세존] “수행승들이여, 여섯무리의 수행승들이 분량을 모르고 왕의 망고열매를 먹은 것이 사실인가?”

[수행승들] “세존이시여, 사실입니다.”

3. 존귀하신 부처님께서는 견책했다.

[세존] “수행승들이여, 그 어리석은 자들은 적절하지 않고, 자연스럽지 않고, 알맞지 않고, 수행자의 삶이 아니고, 부당하고, 해서는 안 될 일을 행한 것이다. 수행승들이여, 어찌 그 어리석은 자들이 분량을 모르고 왕의 망고열매를 먹을 수 있단 말인가? 수행승들이여, 그것은 아직 청정한 믿음이 없는 자를 청정한 믿음으로 이끌고, 이미 청정한 믿음이 있는 자를 더욱더 청정한 믿음으로 이끄는 것이 아니다. 수행승들이여, 그것은 오히려, 아직 청정한 믿음이 없는 자를 불신으로 이끌고, 이미 청정한 믿음이 있는 자 가운데 어떤 자들을 타락시키는 것이다.”

그리고 세존께서는 그 여섯무리의 수행승들을 여러 가지 방편으로 견책하여, 키우기 어렵고 부양하기 어렵고 욕심이 많고 만족을 모르고 교제를 좋아하고 나태한 것에 대하여 질책하고, 여러 가지 법문으로 고무하여, 키우기 쉽고 부양하기 쉽고 욕심을 여의고, 만족을 알고, 버리고 없애는 삶을 살고, 두타행을 하고, 청정한 믿음이 있고, 쌓아 모으지 않고, 용맹정진하는 것을 칭찬하고, 수행승들을 위하여 그에 알맞고 그에 걸맞게 경책하여 법문을 하고 수행승들에게 일렀다.

[세존] “수행승들이여, 망고열매를 먹으면 안 된다. 먹으면, 악작죄가 된다.”344)

---

344) na bhikkhave ambaṃ paribhuñjitabbaṃ. Yo paribhuñjeyya āpatti dukkaṭassā'ti : Vin. III. 59에 망고열매와 도둑에 대한 이야기가 등장한다.

4. 그런데 그때 어떤 단체가 참모임을 위해 음식을 제공했다. 수프에 망고열매의 껍질이 들어있었다. 수행승들은 의아해 하며 받지 않았다.

[세존] "수행승들이여, 받아서 들어라. 수행승들이여, 망고열매의 껍질은 허용한다."

그런데 그때 또한 어떤 단체가 참모임을 위해 음식을 제공했다. 그들은 망고열매의 껍질을 다룰 줄 몰랐다. 식당에 일체의 망고과일을 가지고 왔다. 수행승들이 주저하며 받지 않았다.

[세존] "수행승들이여, 받아서 들어라. 수행승들이여, 수행자에게 적당한 다섯 가지 열매,[345]

1) 불에 손상된 것

2) 칼에 손상된 것

3) 손톱에 손상된 것

4) 아직 종자가 생기지 않은 것

5) 종자가 분리된 것이라면,

그 열매를 먹는 것을 허용한다. 수행승들이여, 이와 같은 수행자에게 적당한 다섯 가지 열매를 먹는 것을 허용한다."

망고열매가 끝났다.

6. 뱀에 대한 수호주(Ahiparitta)[346]

1. 한때 어떤 수행승이 뱀에 물려 죽었다.[347] 세존께 그 사실을 알렸다.

[세존] "수행승들이여, 그 수행승은 네 종류의 뱀왕의 혈통[348]에 대하여 자애의 마음을 채우지 못했다. 수행승들이여, 만약에 그 수행승이 네 종류의 뱀왕의 혈통에 대하여 자애의 마음을 채웠다면, 수행승들이여, 그 수행승은 뱀에 물려 죽지 않았을 것이다. 네 종류의 뱀왕의 혈통이란 어떠한 것인가?

1) 비루빡카 뱀왕의 혈통,

2) 에라빠타 뱀왕의 혈통,

---

345) pañcahi samaṇakappehi phalaṃ paribhuñjituṃ : 정확히 번역하자면, '수행자에게 적당한 다섯 가지 방식으로 열매를 먹는 것'이다.

346) ahiparitta : 현재 남방에서는 수행승들이 숲속에서 거주할 때에는 이 경을 매일 소출하게 되어 있다.

347) tena kho pana samayena aññataro bhikkhū ahinā daṭṭho kālakato1 hoti : AN. II. 72에서는 배경이 싸밧티시로 되어 있지만 내용은 병행한다. Jāt. II. 144-147에도 등장한다.

348) cattāri abhirājakulāni : 한역에는 사종사왕족(四種蛇王族)이다.

3) 차비야뿟따 뱀왕의 혈통,

4) 깐하고따 뱀왕의 혈통349)[110]이다.

수행승들이여, 이 수행승은 네 종류의 뱀왕의 혈통에 대하여 자애의 마음을 채우지 않았다. 수행승들이여, 만약에 그 수행승이 네 종류의 뱀왕의 혈통에 대하여 자애의 마음을 채웠다면, 수행승들이여, 그 수행승은 뱀에 물려 죽지 않았을 것이다. 수행승들이여, 이 네 종류의 뱀왕의 혈통에 대하여 자애의 마음을 채워서 자신을 보호하고 자신을 수호하기 위하여 자기수호주350)를 행하는 것을 허용한다."

2. [세존] "수행승들이여, 이와 같이 행해야 한다.

1) '비루빡카를 위하여 나의 자애를!
에라바타를 위하여 나의 자애를!
차비야뿟따를 위하여 나의 자애를!
깐하고따를 위하여 나의 자애를!351)

2) 발 없는 자를 위하여 나의 자애를!
두발 달린 자를 위하여 나의 자애를!
네발 달린 자를 위하여 나의 자애를!
많은 발 달린 자를 위하여 나의 자애를!352)

3) 발 없는 자가 나를 해치지 말기를!
두발 달린 자가 나를 해치지 말기를!

---

349) virūpakkhaṃ ahirājakulaṃ, erāpathaṃ ahirājakulaṃ chabyāputtaṃ ahirājakulaṃ, kaṇhāgotamakaṃ ahirājakulaṃ : AN. II. 72에도 이 항목과 병행하는 경전이 있다. 비루빡카(Virūpakkha : 廣目天王)는 사대천왕 가운데 서방은 용(Nāga)들 통치하는 자인데, 에라빠타와 차비야뿟따와 깐하고따에 대해서는 뱀왕이라는 것 이외에 다른 정보가 없다. SN. IV. 172에 나오는 네 종류의 독사 깟타무카(kaṭṭhamukha), 뿌띠무카(pūtimukha), 악기무카(aggimukha), 쌋타무카(satthamukha)와는 다르다. Srp. III. 6에 따르면, 왕들이 약탈자를 물게 하기 위해 사육하는 네 종류의 독사가 있다 : 깟타무카에 물리면 온몸이 마른 장작처럼 단단하게 굳고 관절부위는 극도로 쇠꼬챙이 들이 결합된 것처럼 마른다. 뿌띠무카에 물리면 온 몸이 지독하게 악취가 나는 빵나무처럼 고름이 가득 찬 상태가 되어 고름이 흘러 나와 그릇에 있는 물처럼 된다. 악기무카에 물리면 온몸이 불타서 칠흑 같은 숯처럼 파괴된다. 쌋타무카에 물리면 온몸이 갈라진다. 칼이 떨어진 자리처럼 큰끌로 파낸 연결부위의 입구처럼 된다.

350) attaparitta : 수호주는 자애의 명상(mattābhāvanā)의 한 종류이고, 자애명상은 '네 가지 청정한 삶 또는 하느님과 함께 하는 삶(cattāro brahmavihārā : 四梵住)' = '네 가지 한량 없는 마음(四無量心 : cattasso appamaññāyo)'의 하나이다. 네 가지란 ① 자애(mettā : 慈) ② 연민(karuṇā : 悲) ③ 기쁨(muditā : 喜) ④ 평정(upekkhā : 捨)을 말한다.

351) virūpakkhehi me mettaṃ | mettaṃ erāpathehi me | chabyāputtehi me mettaṃ | mettaṃ kaṇhāgotamakehi ca ||

352) apādakehi me mettaṃ | mettaṃ dipādakehi me | catuppadehi me mettaṃ | mettaṃ bahuppadehi me ||

네발 달린 자가 나를 해치지 말기를!
많은 발 달린 자가 나를 해치지 말기를![353]

4) 일체의 뭇삶, 일체의 생명,
일체의 생자는 모두
선하고 슬기로운 것만 보고
일체 악한 것을 만나지 않기를![354]

5) 부처님도 무한하고 가르침도 무한하고 참모임도 무한하지만, 뱀이나 지네나 전갈이나 거미나 도마뱀이나 생쥐와 같은 기어 다니는 동물은 유한합니다. 나는 보호되었고 수호되었으니! 모든 존재들은 이제 떠날지이다! 이제 나는 세상의 존귀한 님께 예경합니다. 일곱 분의 올바로 원만히 깨달은 님께 예경합니다.'[355]

3. 수행승들이여, 사혈(瀉血)을 허용한다."[356]

뱀에 대한 수호주가 끝났다.

7. 성기의 절단(Aṅgajātachindana)

1. 한때 어떤 수행승이 불만[357]으로 괴로워하다가 자신의 성기를 잘랐다.

2. 세존께 그 사실을 알렸다.

[세존] "수행승들이여, 그 어리석은 자가 달리 잘려져야 할 것이 있는데, 그것을 잘랐다. 수행승들이여, 자신의 성기를 잘라서는 안 된다. 자르면, 추악죄가 된다."

성기의 절단이 끝났다.

8. 전단목으로 만든 발우(Candanagaṇṭhipatta)

---

353) mā maṃ apādako hiṃsi | mā maṃ hiṃsi dipādako | mā maṃ catuppado hiṃsi | mā maṃ hiṃsi bahuppado ||

354) sabbe sattā sabbe pāṇā | sabbe bhūtā ca kevalā | sabbe bhadrāni passantu | mā kañci pāpamāgamā ||

355) appamāṇo buddho. appamāṇo dhammo. appamāṇo saṅgho. pamāṇavantāni siriṃsapāni ahivicchikā satapadī uṇṇānābhi sarabū mūsikā. katā me rakkhā. Katā me parittā. paṭikkamantu bhūtāni. so'haṃ namo bhagavato. namo sattannaṃ sammāsambuddhānanti : 여기서 일곱 분의 원만히 깨달은 님이란 현세의 고따마(Gotama) 부처님과 그 이전의 여섯 부처님 즉 과거불(過去佛)인 깟싸빠(Kassapa), 꼬나가마나(Konāgamana), 까꾸싼다(Kakusanda), 벳싸부(Vessabhū), 씨킨(Sikhin), 비빳씬(Vipassin)을 말한다.

356) anujānāmi bhikkhave, lohitaṃ mocetun'ti : Smp. 1091에 따르면, 사혈에는 칼이나 창을 사용한다. Vin. I. 205에서는 존자 삘린다 밧차에게 관절에 류마티스를 앓고 있었는데, 부처님은 사혈을 허용했다.

357) anabhirati : Vin. III. 19에 따르면, '청정한 삶이나 순결한 삶 또는 하느님의 삶(Brahmavihāra)에 대한 불만족'이라는 의미로 사용된다. 여기서 성적인 욕구불만을 암시하지만, 성적을 욕구불만을 승화시키지 못해서 오는 순결한 삶에 대한 불만을 뜻한다고 보아야 한다.

1. 한때 라자가하 시의 부호가 값비싼 전단수의 나무심을 지닌 전단목을 얻었다.[358] 그러자 라자가하 시의 부호는 이와 같이 생각했다.

[부호] '내가 이 전단목으로 발우를 조각해서 만들어, 조각들은 내가 사용하고 발우는 보시하면 어떨까?'

그래서 라자가하 시의 부호는 그 전단목으로 발우를 조각해서 만들고 망대(網袋)로 운반하여 대나무 끝에 걸고 대나무열에 묶고는 이와 같이 말했다.

[부호] "수행자나 바라문이나 신통자재한 거룩한 님이라면, 주어진 발우를 내려서 가져가 보십시오."[359]

1) 그러자[111] 뿌라나 깟싸빠[360]가 라자가하 시의 부호가 있는 곳을 찾아왔다. 가까이 다가와서 라자가하 시의 부호에게 이와 같이 말했다.

[뿌라나 깟싸빠] "장자여, 내가 신통자재한 거룩한 님입니다. 나에게 발우를 주십시오."

[부호] "존자여, 존자께서 신통자재한 거룩한 님이라면, 주어진 발우를 내려서 가져가 보십시오."

2) 그리고 막칼리 고쌀라[361]가 라자가하 시의 부호가 있는 곳을 찾아왔다. 가까이 다가와서 라자가하 시의 부호에게 이와 같이 말했다.

[막칼리 고쌀라] "장자여, 내가 신통자재한 거룩한 님입니다. 나에게 발우를 주십시오."

[부호] "존자여, 존자께서 신통자재한 거룩한 님이라면, 주어진 발우를 내려서 가져가 보십시오."

3) 그리고 아지따 께싸깜발린[362]이 라자가하 시의 부호가 있는 곳을 찾아왔다. 가까이 다가와서 라자가하 시의 부호에게 이와 같이 말했다.

[아지따 께싸깜발린] "장자여, 내가 신통자재한 거룩한 님입니다. 나에게 발우를 주십시오."

[부호] "존자여, 존자께서 신통자재한 거룩한 님이라면, 주어진 발우를 내려서

---

358) tena kho pana samayena rājagahakassa seṭṭhissa mahagghassa candanasārassa candanagaṇṭhi uppannā hoti : 이하의 이야기는 DA. II. 388에 인용되어 있다.

359) yo samaṇo vā brāhmaṇo vā arahā ceva iddhimā ca dinnaṃ yeva pattaṃ oharatu'ti : Vin. III. 208에서는 강도의 우두머리의 말이다.

360) Pūraṇa Kassapa : 그에 대한 상세한 것은 이 책(DN. I. 52)과 그 주석을 보라.

361) Makkhali Gosāla : 그에 대한 상세한 것은 이 책(DN. I. 53)과 그 주석을 보라.

362) Ajita Kesakambalin : 그에 대한 상세한 것은 이 책(DN. I. 55)과 그 주석을 보라.

가져가 보십시오."

4) 그리고 빠꾸다 깟짜야나[363]가 라자가하 시의 부호가 있는 곳을 찾아왔다. 가까이 다가와서 라자가하 시의 부호에게 이와 같이 말했다.

[빠꾸다 깟짜야나] "장자여, 내가 신통자재한 거룩한 님입니다. 나에게 발우를 주십시오."

[부호] "존자여, 존자께서 신통자재한 거룩한 님이라면, 주어진 발우를 내려서 가져가 보십시오."

5) 그리고 싼자야 벨랏티뿟따[364]가 라자가하 시의 부호가 있는 곳을 찾아왔다. 가까이 다가와서 라자가하 시의 부호에게 이와 같이 말했다.

[싼자야 벨랏티뿟따] "장자여, 내가 신통자재한 거룩한 님입니다. 나에게 발우를 주십시오."

[부호] "존자여, 존자께서 신통자재한 거룩한 님이라면, 주어진 발우를 내려서 가져가 보십시오."

6) 그리고 니간타 나타뿟따[365]가 라자가하 시의 부호가 있는 곳을 찾아왔다. 가까이 다가와서 라자가하 시의 부호에게 이와 같이 말했다.

[니간타 나타뿟따] "장자여, 내가 신통자재한 거룩한 님입니다. 나에게 발우를 주십시오."

[부호] "존자여, 존자께서 신통자재한 거룩한 님이라면, 주어진 발우를 내려서 가져가 보십시오."

2. 그리고 그때 존자 마하 목갈라나[366]와 존자 삔돌라 바라드와자[367]가 아침

---

363) Pakudha Kaccāyana : 그에 대한 상세한 것은 이 책(DN. I. 56)과 그 주석을 보라.

364) Sañjaya Belaṭṭhiputta : 그에 대한 상세한 것은 이 책(DN. I. 58)과 그 주석을 보라.

365) Nigaṇṭha Nāthaputta : 니간타 나타뿟따는 니간타 나따뿟따(Nigaṇṭha Nātaputta)로 읽기도 한다. 자이나교의 교조이다. Smv. 144에 따르면, '우리에게 속박이 되는 오염은 없다. 장애가 되는 오염은 없다. 우리에게는 오염의 계박이 없다.'라는 뜻에서 니간타이고, 나타(Nātha)의 아들이란 의미에서 나타뿟다(Nāthaputta)이다. 역자주 : 그는 자이나교의 교조로 본명은 바르다마나(Vardhamāna)였다. 경전에서 니간타라고만 할 경우에는 자이나교도를 의미한다. 경에 자주 등장하지만 부처님께서 그를 직접 현전한 적은 없다. 그의 사상은 여기(DN. I. 57)와 MN. I. 377에 나와 있듯, 그의 가르침의 중심은 '네 가지의 금계에 의한 제어(cātuyāmasusaṁvara)'라고 한다.

366) Mahā Moggallāna : 부처님의 제자 수행승 가운데 '신통을 지닌 님 가운데 제일(iddhimantānaṃ aggaṃ)'이다. Ppn. II. 541에 따르면, 마하 목갈라나는 부처님의 주요 제자 가운데 두 번째 제자로서 신통력에서 제일인자이다. 그는 싸리뿟따와 같은 날 라자가하 시 근처 꼴리따가마(Kolitagāma)에서 태어났다.(그들은 부처님보다 나이가 많았다) 그래서 그는 꼴리따(Kolita)라고 불렸다. 아버지는 마을의 장자였고, 어머니는 목갈리(Moggalī)였다. 목갈라나와 싸리뿟따의 옥내는 7대에 걸쳐 친밀하게 교제해 오고 있는 친한 옥내이었다. 싸리뿟따에게는 오백 대의 황금가마, 목갈라나에게는 오백 대의 마차가 있었다. 어느 날 두 친구는 광대놀이를 보러 갔다가 무상함을 깨닫고 출가를 결심했다. 그들은 먼저 회의론자 싼자야(Sañjaya)의 제자가 되어 전 인도를 돌아다녔다. 그러다

일찍 옷을 입고 발우와 법의를 수하고 라자가하 시에 탁발하러 들어갔다.

그때 존자 삔돌라 바라드와자가 존자 마하 목갈라나에게 이와 같이 말했다.

[바라드와자] "벗이여 목갈라나여, 존자 마하 목갈라나께서는 신통자재한 거룩한 님이니 가서 그 발우를 내려서 가져오십시오. 그 발우는 그대의 것입니다."

[목갈라나] "벗이여 바라드와자여, 존자 삔돌라 바라드와자께서는 신통자재한 거룩한 님이니 가서 그 발우를 내려서 가져오십시오. 그 발우는 그대의 것입니다."

그러자 존자 삔돌라 바라드와자가 공중으로 날아올라가 그 발우를 내려 가지고 세 번 라자가하 시를 돌았다. 그런데 그때 라자가하 시의 부호는 처자와 함께 자신의 처소에 서서 합장하여 공경했다.

[부호] "존자여, 여기 존자 바라드와자께서는 우리의 처소에 들르십시오."

그래서 존자 삔돌라 바라드와자는 라자가하 시의 부호의 처소에 들렀다. 그러자 라자가하 시의 부호는 존자 삔돌라 바라드와자에게서 손수 발우를 받아서 값비싼 단단한 음식을 채워서 존자 삔돌라 바라드와자에게 보시했다. 그러자 존자 삔돌라 바라드와자는 그 발우를 가지고 승원으로 갔다.

3. 사람들은 이와 같이 들었다.

[사람들] '존자 삔돌라 바라드와자가 라자가하 시의 부호의 발우를 내려서 가졌다.'

그래서 사람들은 왁자지껄하며 존자 삔돌라 바라드와자의 뒤를 따라다녔다. 세존께서는 그 왁자지껄하는 소리를 들었다. 듣고 나서 존자 아난다에게 일렀다.

[세존] "아난다여, 왁자지껄하는 소리는 무엇인가?"

[아난다] "세존이시여, 존자 삔돌라 바라드와자가 라자가하 시의 부호의 발우

어느 날 싸리뿟따가 라자가하 시에서 부처님의 제자 앗싸지(Assaji)를 만나 '모든 현상은 원인으로 말미암아 생겨난다.(ye dhammā hetuppabhavā)'는 말을 듣고 부처님의 제자가 되었다. 싸리뿟따에게 동일한 말을 전해들은 목갈라나도 부처님 제자가 되었다. 그들은 자신들의 동료이자 싼자야의 제자 250명과 함께 벨루바나에서 부처님을 만나 모두 불교에 귀의했다.

367) Piṇḍola Bhāradvāja : AN. I. 23에 따르면, 부처님의 제자 수행승 가운데 '사자후를 지닌 자 가운데 제일(sīhanādikānaṃ aggaṁ)'이다. 바라드와자는 지역 이름으로 바라나씨에서 230마일 떨어진 곳인데 방싸(Vaṁsa) 국의 수도인 야무나 강 위에 있었다. 삔돌라(Piṇḍola)는 바라드와자 가문의 바라문이었다. Srp. II. 393에 따르면, 그는 꼬쌈비(Kosambī) 시의 우데나(Udena) 왕의 사제의 아들이었다. 그는 베다를 배우고 훌륭한 선생이 되었으나 만족하지 않고 그는 라자가하로 갔다가 부처님의 승단의 이익과 환대(lābhasakkāra)를 보고 승단에 들어갔다. 그는 게걸스러워서(mahagghasabhāvaṁ) 마른 박으로 만든 큰 발우를 들고 다녔는데 밤에 깔개 밑에 놓았다. 그런데 건드릴 때마다 긁히는 소리가 심하게 났다. 부처님은 그에게 그 발우가 다 닳아 없어지도록 발우를 담는 행낭(pattatthavika)을 가지고 다니지 못하게 했다. 그는 나중에 부처님의 이러한 충고에 대하여 깨닫고 식사를 조절할 수 있었고 거룩한 경지[阿羅漢果]에까지 오르게 되었다. 그의 시는 Thag. 123. 124.에 등장한다.

를 내려서 가졌습니다. 세존이시여, 사람들은 '존자 삔돌라 바라드와자가 라자가하 시의 부호의 발우를 내려서 가졌다.'라고 들었습니다. 세존이시여, 그 사람들이 왁자지껄하며 존자 삔돌라 바라드와자의 뒤를 따라다니는 것입니다."

그러자 세존께서는 이것을 기회로 이것을 원인으로 수행승들의 참모임을 불러 모은 뒤에 존자[112] 삔돌라 바라드와자에게 물었다.

[세존] "바라드와자여, 그대가 라자가하 시의 부호의 발우를 내려서 가진 것이 사실인가?"

[바라드와자] "세존이시여, 사실입니다."

존귀하신 부처님께서는 견책했다.

[세존] "바라드와자여, 그대는 적절하지 않고, 자연스럽지 않고, 알맞지 않고, 수행자의 삶이 아니고, 부당하고, 해서는 안 될 일을 행한 것이다. 바라드와자여, 어찌 그대는 비속한 나무로 만든 발우 때문에 재가자들에게 인간을 뛰어넘는 원리로서의 신통변화를 보여 주는가? 바라드와자여, 예를 들어 여인이 비속한 마싸까[368] 한 푼 때문에 속치마를 보여 주듯, 바라드와자여, 이와 같이 그대는 비속한 나무로 만든 발우 때문에 재가자들에게 인간을 뛰어넘는 원리로서의 신통변화를 보여 주었다. 바라드와자여, 그것은 아직 청정한 믿음이 없는 자를 청정한 믿음으로 이끌고, 이미 청정한 믿음이 있는 자를 더욱더 청정한 믿음으로 이끄는 것이 아니다. 바라드와자여, 그것은 오히려, 아직 청정한 믿음이 없는 자를 불신으로 이끌고, 이미 청정한 믿음이 있는 자 가운데 어떤 자들을 타락시키는 것이다."

4. 그리고 세존께서는 존자 삔돌라 바라드와자를 여러 가지 방편으로 견책하여, 키우기 어렵고 부양하기 어렵고 욕심이 많고 만족을 모르고 교제를 좋아하고 나태한 것에 대하여 질책하고, 여러 가지 법문으로 고무하여, 키우기 쉽고 부양하기 쉽고 욕심을 여의고, 만족을 알고, 버리고 없애는 삶을 살고, 두타행을 하고, 청정한 믿음이 있고, 쌓아 모으지 않고, 용맹정진하는 것을 칭찬하고, 수행승들을 위하여 그에 알맞고 그에 걸맞게 경책하여 법문을 하고 수행승들에게 일렀다.

[세존] "수행승들이여, 재가자들에게 인간을 뛰어넘는 원리로서의 신통변화를 보여 주어서는 안 된다.[369] 보여 주면, 악작죄가 된다. 수행승들이여, 그 나무로

---

368) māsakarūpa : 마싸까(māsaka)는 1/20 까하빠나(kahāpaṇa)로 마싸까루빠(māsakarūpa)는 소인이 찍힌 마싸까이다. 당시 인도에서는 황소 한 마리 값이 12까하빠나였다. 현재 미얀마에서는 마싸까가 쌀4알의 무게의 금의 가치라고 계산하여, 5마싸까를 쌀20알의 무게(1.06그램)에 해당하는 금(1/24온스)으로 보고 있다.

369) na bhikkhave, gihīnaṃ uttarimanussadhammaṃ iddhipāṭihāriyaṃ dassetabbaṃ : Smp. 1203에 따르면, (다른 모습으로 변화하는) 변화신변(變化神變 : vikkubanaiddhipāṭihāriya)는 금지되었으나, (자신을 많게 만드는)

만든 발우를 부수어 가루로 만들어 수행승들의 연고에 섞은 향료로 나누어 주어라.[370] 수행승들이여, 나무로 만든 발우를 갖고 다녀서는 안 된다.[371] 지닌다면, 악작죄가 된다."

전단목으로 만든 발우가 끝났다.

9. 발우(Patta)

1. 한때 여섯무리의 수행승들이 갖가지 금으로 만들거나 은으로 만든 발우를 갖고 다녔다. 사람들이 혐책하고 분개하고 비난했다.

[사람들] "어찌 여섯무리의 수행승들이 감각적 쾌락의 욕망을 즐기는 재가자들처럼 갖가지 금으로 만들거나 은으로 만든 발우를 갖고 다닌 말인가?"

세존께 그 사실을 알렸다. 그러자 세존께서는 이것을 기회로 이것을 원인으로 수행승들의 참모임을 불러 모아 수행승들에게 물었다.

[세존] "수행승들이여, 여섯무리의 수행승들이 갖가지 금으로 만들거나 은으로 만든 발우를 갖고 다닌다는 것이 사실인가?"

[수행승들] "세존이시여, 사실입니다."

존귀하신 부처님께서는 견책했다.

[세존] "수행승들이여, 그 어리석은 자들은 적절하지 않고, 자연스럽지 않고, 알맞지 않고, 수행자의 삶이 아니고, 부당하고, 해서는 안 될 일을 행한 것이다. 수행승들이여, 어찌 그 어리석은 자들이 갖가지 금으로 만들거나 은으로 만든 발우를 갖고 다닐 수 있단 말인가? 수행승들이여, 그것은 아직 청정한 믿음이 없는 자를 청정한 믿음으로 이끌고, 이미 청정한 믿음이 있는 자를 더욱더 청정한 믿음으로 이끄는 것이 아니다. 수행승들이여, 그것은 오히려, 아직 청정한 믿음이 없는 자를 불신으로 이끌고, 이미 청정한 믿음이 있는 자 가운데 어떤 자들을 타락시키는 것이다."

그리고 세존께서는 그 여섯무리의 수행승들을 여러 가지 방편으로 견책하여, 키우기 어렵고 부양하기 어렵고 욕심이 많고 만족을 모르고 교제를 좋아하고 나태한 것에 대하여 질책하고, 여러 가지 법문으로 고무하여, 키우기 쉽고 부양하

섭지신변(攝持神變 : adhiṭṭhānaiddhi)는 금지되지 않았다.

370) bhindathetaṃ bhikkhave, dārupattaṃ. sakalikaṃ sakalikaṃ katvā bhikkhūnaṃ añjanūpapiṃsanaṃ detha : Vin. I. 203에서는 전단향이 다섯 가지 연고에 섞는 향료 — 전단향, 감송향, 침향, 달자향, 향부자향 — 가운데 하나로 허용되었다.

371) na ca bhikkhave dārupatto dhāretabbo : 이것에 대해서는 CV. V. 37을 참조하라.

기 쉽고 욕심을 여의고, 만족을 알고, 버리고 없애는 삶을 살고, 두타행을 하고, 청정한 믿음이 있고, 쌓아 모으지 않고, 용맹정진하는 것을 칭찬하고, 수행승들을 위하여 그에 알맞고 그에 걸맞게 경책하여 법문을 하고 수행승들에게 일렀다.

[세존] “수행승들이여, 금으로 만든 발우를 갖고 다녀서는 안 된다.[372] 은으로 만든 발우를 갖고 다녀서는 안 된다. 진주로 만든 발우를 갖고 다녀서는 안 된다. 묘안석으로 만든 발우를 갖고 다녀서는 안 된다. 수정으로 만든 발우를 갖고 다녀서는 안 된다. 청동으로 만든 발우를 갖고 다녀서는 안 된다. 유리로 만든 발우를 갖고 다녀서는 안 된다. 주석으로 만든 발우를 갖고 다녀서는 안 된다. 납으로 만든 발우를 갖고 다녀서는 안 된다. 구리로 만든 발우를 갖고 다녀서는 안 된다. 갖고 다니면, 악작죄가 된다. 수행승들이여, 두 가지 발우 쇠로 만든 발우와 도자로 만든 발우를 허용한다.”[373]

2 그런데 한때 발우의 바닥이 닳아버렸다. 세존께 그 사실을 알렸다.

[세존] “수행승들이여, 발우의 원형받침을 허용한다.”

그러자 그때 여섯무리의 수행승들이 갖가지 금으로 만들거나 은으로 만든 발우의 원형받침을 갖고 다녔다. 사람들이 혐책하고 분개하고 비난했다.

[사람들] “어찌 여섯무리의 수행승들이 감각적 쾌락의 욕망을 즐기는 재가자들처럼 갖가지 금으로 만들거나 은으로 만든 발우의 원형받침을 갖고 다닌단 말인가?”

세존께 그 사실을 알렸다. 그러자 세존께서는 이것을 기회로 이것을 원인으로 수행승들의 참모임을 불러 모아 수행승들에게 물었다.

[세존] “수행승들이여, 여섯무리의 수행승들이 갖가지 금으로 만들거나 은으로 만든 발우의 원형받침을 갖고 다닌다는 것이 사실인가?”

[수행승들] “세존이시여, 사실입니다.”

존귀하신 부처님께서는 견책했다.

[세존] “수행승들이여, 그 어리석은 자들은 적절하지 않고, 자연스럽지 않고, 알맞지 않고, 수행자의 삶이 아니고, 부당하고, 해서는 안 될 일을 행한 것이다. 수행승들이여, 어찌 그 어리석은 자들이 갖가지 금으로 만들거나 은으로 만든 발우의 원형받침을 갖고 다닐 수 있단 말인가? 수행승들이여, 그것은 아직 청정한

---

372) na bhikkhave, sovaṇṇamayo patto dhāretabbo : 이것에 대해서는 MV. V. 8을 참조하라.

373) anujānāmi bhikkhave dve patte ayopattaṃ, mattikāpattaṃ'ti. : 이것에 대해서는 Vin. III. 243, IV. 123. 243을 참조하라.

믿음이 없는 자를 청정한 믿음으로 이끌고, 이미 청정한 믿음이 있는 자를 더욱더 청정한 믿음으로 이끄는 것이 아니다. 수행승들이여, 그것은 오히려, 아직 청정한 믿음이 없는 자를 불신으로 이끌고, 이미 청정한 믿음이 있는 자 가운데 어떤 자들을 타락시키는 것이다."

그리고 세존께서는 그 여섯무리의 수행승들을 여러 가지 방편으로 견책하여, 키우기 어렵고 부양하기 어렵고 욕심이 많고 만족을 모르고 교제를 좋아하고 나태한 것에 대하여 질책하고, 여러 가지 법문으로 고무하여, 키우기 쉽고 부양하기 쉽고 욕심을 여의고, 만족을 알고, 버리고 없애는 삶을 살고, 두타행을 하고, 청정한 믿음이 있고, 쌓아 모으지 않고, 용맹정진하는 것을 칭찬하고, 수행승들을 위하여 그에 알맞고 그에 걸맞게 경책하여 법문을 하고 수행승들에게 일렀다.

[세존] "수행승들이여, 갖가지 발우의 원형받침을 갖고 다녀서는 안 된다. 가지고 다니면, 악작죄가 된다. 수행승들이여, 두 가지 발우의 원형받침 즉, 주석으로 만들어진 발우의 둥근 받침과 납으로 만들어진 발우의 둥근 받침을 허용한다."

발우의 둥근 받침이 두꺼워서 맞지 않았다. 세존께 그 사실을 알렸다.

[세존] "수행승들이여, 깎아 내는 것을 허용한다."

그런데 들쑥날쑥[113]했다. 세존께 그 사실을 알렸다.

[세존] "수행승들이여, 황새치이빨로 잘라내는 것을 허용한다."

3. 그러데 그때 여섯무리의 수행승들이 갖가지 채색하고 상감한 발우의 원형받침을 갖고 있었다. 사람들이 혐책하고 분개하고 비난했다.

[사람들] "어찌 여섯무리의 수행승들이 감각적 쾌락의 욕망을 즐기는 재가자들처럼 갖가지 채색하고 상감한 발우의 원형받침을 갖고 다닌단 말인가?"

세존께 그 사실을 알렸다. 그러자 세존께서는 이것을 기회로 이것을 원인으로 수행승들의 참모임을 불러 모아 수행승들에게 물었다.

[세존] "수행승들이여, 여섯무리의 수행승들이 갖가지 채색하고 상감한 발우의 원형받침을 갖고 있다는 것이 사실인가?"

[수행승들] "세존이시여, 사실입니다."

존귀하신 부처님께서는 견책했다.

[세존] "수행승들이여, 그 어리석은 자들은 적절하지 않고, 자연스럽지 않고, 알맞지 않고, 수행자의 삶이 아니고, 부당하고, 해서는 안 될 일을 행한 것이다. 수행승들이여, 어찌 그 어리석은 자들이 갖가지 채색하고 상감한 발우의 원형받침을 갖고 다닐 수 있단 말인가? 수행승들이여, 그것은 아직 청정한 믿음이 없는

자를 청정한 믿음으로 이끌고, 이미 청정한 믿음이 있는 자를 더욱더 청정한 믿음으로 이끄는 것이 아니다. 수행승들이여, 그것은 오히려, 아직 청정한 믿음이 없는 자를 불신으로 이끌고, 이미 청정한 믿음이 있는 자 가운데 어떤 자들을 타락시키는 것이다."

그리고 세존께서는 그 여섯무리의 수행승들을 여러 가지 방편으로 견책하여, 키우기 어렵고 부양하기 어렵고 욕심이 많고 만족을 모르고 교제를 좋아하고 나태한 것에 대하여 질책하고, 여러 가지 법문으로 고무하여, 키우기 쉽고 부양하기 쉽고 욕심을 여의고, 만족을 알고, 버리고 없애는 삶을 살고, 두타행을 하고, 청정한 믿음이 있고, 쌓아 모으지 않고, 용맹정진하는 것을 칭찬하고, 수행승들을 위하여 그에 알맞고 그에 걸맞게 경책하여 법문을 하고 수행승들에게 일렀다.

[세존] "수행승들이여, 갖가지 채색하고 상감한 발우의 원형받침을 갖고 다녀서는 안 된다. 가지고 다니면, 악작죄가 된다. 수행승들이여, 자연스러운 발우의 원형받침을 허용한다."

4. 그런데 한때 수행승들이 물을 채워 발우를 보관했다. 발우가 손상되었다. 세존께 그 사실을 알렸다.

[세존] "수행승들이여, 물을 채워 발우를 보관해서는 안 된다. 보관하면, 악작죄가 된다. 수행승들이여, 햇볕에 말려 발우를 보관하는 것을 허용한다."

그런데 그때 수행승들이 물을 채운 발우를 말렸다. 발우가 악취가 났다. 세존께 그 사실을 알렸다.

[세존] "수행승들이여, 물을 채운 발우를 말려서는 안 된다. 말리면, 악작죄가 된다. 수행승들이여, 물을 닦아내고 말려서 발우를 보관하는 것을 허용한다."

그런데 그때 수행승들이 양지에 발우를 놓아두어 발우의 색깔이 변색되었다. 세존께 그 사실을 알렸다.

[세존] "수행승들이여, 양지에 발우를 방치해서는 안 된다. 방치하면, 악작죄가 된다. 수행승들이여, 양지에 말려서 발우를 보관하는 것을 허용한다."

5. 그런데 한때 많은 발우가 버팀대도 없이 한데에 방치되었다. 돌풍이 불어서 발우가 깨어졌다. 세존께 그 사실을 알렸다.

[세존] "수행승들이여, 발우버팀대를 허용한다."374)

---

374) anujānāmi bhikkhave, pattādhārakan'ti : 담마다야다 스님에 의하면, 가로세로 각각 최소 46cm 되는 선반 등에 올려놓을 수 있다.

그런데 그때 수행승들이 휴게의자의 끝에375) 발우를 놓아두었는데, 떨어져서 깨어졌다.

[세존] "수행승들이여, 휴게의자의 끝에 발우를 놓아두어서는 안 된다. 놓아두면, 악작죄가 된다."

그런데 그때 수행승들이 회토평상의 끝에376) 발우를 놓아두었는데, 떨어져서 깨어졌다.

[세존] "수행승들이여, 회토평상의 끝에 발우를 놓아두어서는 안 된다. 놓아두면, 악작죄가 된다."

그런데 그때 수행승들이 땅바닥에 발우를 엎어두었다가 발우의 가장자리가 긁혔다.

[세존] "수행승들이여, 돗자리377)를 허용한다."

돗자리를 흰개미가 먹어치웠다. 세존께 그 사실을 알렸다.

[세존] "수행승들이여, 천조각을 허용한다."

천조각을 흰개미가 먹어치웠다.[114] 세존께 이 사실을 알렸다.

[세존] "수행승들이여, 발우받침상378)을 허용한다."

발우받침상에서 떨어져서 발우가 깨졌다. 세존께 그 사실을 알렸다.

[세존] "수행승들이여, 발우바구니를 허용한다."

발우바구니에서 발우가 긁혔다. 세존께 그 사실을 알렸다.

[세존] "수행승들이여, 발우행낭을 허용한다."

어깨끈이 없었다. 세존께 그 사실을 알렸다.

[세존] "수행승들이여, 어깨끈과 묶음끈을 허용한다."379)

6. 그런데 한때 수행승들이 벽기둥의 코끼리상아로 만든 걸개380)에 발우를 걸었

375) mīḍhante : 미다(mīḍha)는 휴게의자이다. Vin. Ⅲ. 163에 따르면, 방안의 벽에 설치되었거나 집밖의 벽의 베란다에 설치되었다. 다리는 나무로 되어 있었고 앉는 자리는 단단한 진흙으로 만들어졌다. 앉거나 잠자는데 사용되었다. Smp. 1203에 따르면, '미다'는 베란다에 놓은 좁고 긴 의자를 말한다.

376) paribhaṇḍante : 빠리반다(paribhaṇḍa)의 의미는 불확실하다. Smp. 1204에서는 '바깥 쪽에 만든 좁은 휴게의자'로 보지만, 그것은 회토평상을 의미한다. 다른 부분에서 '진흙과 회토로 만들어진 바닥(mattikaparibhaṇḍakatā bhūmi)라는 표현으로 보아 회토평상을 의미한다. Smp. 1245에 따르면, 빠라반다는 쇠똥과 반죽으로 만들어진 것이다.

377) tiṇasanthāraka : 풀로 엮은 매트를 말한다.

378) pattamāḷaka : Smp. 1204에 따르면, 벽돌이나 나무로 만든 것이다.

379) anujānāmi bhikkhave, aṃsabandhakaṃ bandhanasuttakan'ti : MV. Ⅳ. 12; CV. Ⅴ. 11을 참조하라.

380) nāgadantaka : Vin. Ⅲ. 48에도 등장하는데, Vin. Ⅱ. 132에서 허용되었다.

는데, 떨어져서 깨졌다. 세존께 그 사실을 알렸다.

[세존] "수행승들이여, 발우를 걸지 마라, 건다면, 악작죄가 된다."

그런데 한때 수행승들이 침상에 발우를 놓아두었다가 새김을 잃고 앉다가 덮쳐서 발우를 깨뜨렸다. 세존께 그 사실을 알렸다.

[세존] "수행승들이여, 침상에 발우를 놓아두어서는 안 된다. 놓는다면, 악작죄가 된다."

그런데 한때 수행승들이 의자에 발우를 놓아두었다가 새김을 잃고 앉다가 덮쳐서 발우를 깨뜨렸다. 세존께 그 사실을 알렸다.

[세존] "수행승들이여, 의자에 발우를 놓아두어서는 안 된다. 놓는다면, 악작죄가 된다."

그런데 한때 수행승들이 무릎에 발우를 놓아두었다가 새김을 잃고 일어서다가 떨어져서 발우가 망가졌다. 세존께 그 사실을 알렸다.

[세존] "수행승들이여, 무릎에 발우를 놓아두어서는 안 된다. 놓는다면, 악작죄가 된다."

그런데 한때 수행승들이 양산 안에 발우를 놓아두었다가 돌풍이 일어 양산이 떠올라서 떨어져 발우가 망가졌다. 세존께 그 사실을 알렸다.

[세존] "수행승들이여, 양산 안에 발우를 놓아두어서는 안 된다. 놓는다면, 악작죄가 된다."

그런데 한때 수행승들이 손에 발우를 들고 문짝을 열어 제치다가 문짝이 회전하면서 발우가 망가졌다. 세존께 그 사실을 알렸다.

[세존] "수행승들이여, 손에 발우를 들고 문짝을 열어 제처서는 안 된다. 열어 제친다면, 악작죄가 된다."381)

발우가 끝났다.

10. 호리병박(tumbakaṭāha)

1. 한때 수행승들이 호리병박으로 탁발을 다녔다. 사람들은 그들에 대하여 혐책하고 분개하고 비난했다.

[사람들] "어찌 싸끼야의 아들인 수행자들이 마치 이교도처럼 호리병박으로 탁발을 다닐 수 있단 말인가?"

---

381) na bhikkhave, pattahatthena kavāṭo paṇāmetabbo. yo paṇāmeyya āpatti dukkaṭassā'ti : 담마다야다 스님에 의하면, 발우행낭에 넣어서 어깨에 메고 문을 여닫는 것은 가능하다.

수행승들은 그 사람들이 혐책하고 분개하고 비난하는 것을 들었다. 그래서 그 수행승들은 세존께 그 사실을 알렸다. 그러자 세존께서는 이것을 기회로 이것을 원인으로 수행승들의 참모임을 불러 모아 수행승들에게 물었다.

[세존] "수행승들이여, 수행승들이 호리병박으로 탁발을 다니는 것이 사실인가?"

[수행승들] "세존이시여, 사실입니다."

존귀하신 부처님께서는 견책했다.

[세존] "수행승들이여, 그 어리석은 자들은 적절하지 않고, 자연스럽지 않고, 알맞지 않고, 수행자의 삶이 아니고, 부당하고, 해서는 안 될 일을 행한 것이다. 수행승들이여, 어찌 그 어리석은 자들이 호리병박으로 탁발을 다닐 수 있단 말인가? 수행승들이여, 그것은 아직 청정한 믿음이 없는 자를 청정한 믿음으로 이끌고, 이미 청정한 믿음이 있는 자를 더욱더 청정한 믿음으로 이끄는 것이 아니다. 수행승들이여, 그것은 오히려, 아직 청정한 믿음이 없는 자를 불신으로 이끌고, 이미 청정한 믿음이 있는 자 가운데 어떤 자들을 타락시키는 것이다."

그리고 세존께서는 그 여섯무리의 수행승들을 여러 가지 방편으로 견책하여, 키우기 어렵고 부양하기 어렵고 욕심이 많고 만족을 모르고 교제를 좋아하고 나태한 것에 대하여 질책하고, 여러 가지 법문으로 고무하여, 키우기 쉽고 부양하기 쉽고 욕심을 여의고, 만족을 알고, 버리고 없애는 삶을 살고, 두타행을 하고, 청정한 믿음이 있고, 쌓아 모으지 않고, 용맹정진하는 것을 칭찬하고, 수행승들을 위하여 그에 알맞고 그에 걸맞게 경책하여 법문을 하고 수행승들에게 일렀다.

[세존] "수행승들이여, 호리병박으로 탁발을 다니지 말라. 다니면, 악작죄가 된다."

2. 한때 수행승들이[115] 물단지로 탁발을 다녔다. 사람들은 그들에 대하여 혐책하고 분개하고 비난했다.

[사람들] "어찌 싸끼야의 아들인 수행자들이 마치 이교도처럼 물단지로 탁발을 다닐 수 있단 말인가?"

수행승들은 그 사람들이 혐책하고 분개하고 비난하는 것을 들었다. 그래서 그 수행승들은 세존께 그 사실을 알렸다. 그러자 세존께서는 이것을 기회로 이것을 원인으로 수행승들의 참모임을 불러 모아 수행승들에게 물었다.

[세존] "수행승들이여, 수행승들이 물단지로 탁발을 다니는 것이 사실인가?"

[수행승들] "세존이시여, 사실입니다."

존귀하신 부처님께서는 견책했다.

[세존] "수행승들이여, 그 어리석은 자들은 적절하지 않고, 자연스럽지 않고, 알맞지 않고, 수행자의 삶이 아니고, 부당하고, 해서는 안 될 일을 행한 것이다. 수행승들이여, 어찌 그 어리석은 자들이 물단지로 탁발을 다닐 수 있단 말인가? 수행승들이여, 그것은 아직 청정한 믿음이 없는 자를 청정한 믿음으로 이끌고, 이미 청정한 믿음이 있는 자를 더욱더 청정한 믿음으로 이끄는 것이 아니다. 수행승들이여, 그것은 오히려, 아직 청정한 믿음이 없는 자를 불신으로 이끌고, 이미 청정한 믿음이 있는 자 가운데 어떤 자들을 타락시키는 것이다."

그리고 세존께서는 그 여섯무리의 수행승들을 여러 가지 방편으로 견책하여, 키우기 어렵고 부양하기 어렵고 욕심이 많고 만족을 모르고 교제를 좋아하고 나태한 것에 대하여 질책하고, 여러 가지 법문으로 고무하여, 키우기 쉽고 부양하기 쉽고 욕심을 여의고, 만족을 알고, 버리고 없애는 삶을 살고, 두타행을 하고, 청정한 믿음이 있고, 쌓아 모으지 않고, 용맹정진하는 것을 칭찬하고, 수행승들을 위하여 그에 알맞고 그에 걸맞게 경책하여 법문을 하고 수행승들에게 일렀다.

[세존] "수행승들이여, 물단지로 탁발을 다니지 말라. 다니면, 악작죄가 된다."

3. 그런데 한때 어떤 수행승이 온통 넝마로 만든 옷을 입는 자[382]가 되었다. 그는 해골로 만든 발우[383]를 가지고 다녔다. 어떤 부인이 그것을 보고 공포에 떨며 비명을 질렀다.

[어떤 부인] "으악! 틀림없이 나를 쫓는 악귀[384]이다."

사람들은 그들에 대하여 혐책하고 분개하고 비난했다.

[사람들] "어찌 싸끼야의 아들인 수행자들이 마치 악귀의 종자[385]처럼 해골로 만든 발우를 가지고 다닐 수 있단 말인가?"

수행승들은 그 사람들이 혐책하고 분개하고 비난하는 것을 들었다. 그래서 그 수행승들은 세존께 그 사실을 알렸다. 그러자 세존께서는 이것을 기회로 이것을 원인으로 수행승들의 참모임을 불러 모아 수행승들에게 물었다.

[세존] "수행승들이여, 어떤 수행승이 해골로 만든 발우를 가지고 다니는 것이

---

382) sabbapaṃsukulika : '온통 넝마로 만든 옷을 입는 자'라는 뜻인데, 옷뿐만 아니라 의자와 침상까지도 넝마로 만든 고행주의자를 말한다.

383) chavasīsassa pattaṃ : 한역에서는 촉루발(髑髏鉢)이라고 한다.

384) pisāca : 한역에서는 음사하여 필사차(畢舍遮)라고 한다. MA. III. 165에 따르면, '이 귀신은 나를 잡아 먹으로 온다.'라는 구절이 있다.

385) pisācillika : Vin. I. 152에도 등장한다. 아마도 원주민을 두고 한역에서 음사하여 필사차(畢舍遮) 또는 비사자(毘舍闍)라고 한다. 악귀라고 번역하지만, ≪마하바라타≫에서 원주민인 빠이사차(paiśāca) 족에서 유래한 것으로 보인다.

사실인가?"

[수행승들] "세존이시여, 사실입니다."

존귀하신 부처님께서는 견책했다.

[세존] "수행승들이여, 그 어리석은 자들은 적절하지 않고, 자연스럽지 않고, 알맞지 않고, 수행자의 삶이 아니고, 부당하고, 해서는 안 될 일을 행한 것이다. 수행승들이여, 어찌 그 어리석은 자가 해골로 만든 발우를 가지고 다닐 수 있단 말인가? 수행승들이여, 그것은 아직 청정한 믿음이 없는 자를 청정한 믿음으로 이끌고, 이미 청정한 믿음이 있는 자를 더욱더 청정한 믿음으로 이끄는 것이 아니다. 수행승들이여, 그것은 오히려, 아직 청정한 믿음이 없는 자를 불신으로 이끌고, 이미 청정한 믿음이 있는 자 가운데 어떤 자들을 타락시키는 것이다."

그리고 세존께서는 그 수행승을 여러 가지 방편으로 견책하여, 키우기 어렵고 부양하기 어렵고 욕심이 많고 만족을 모르고 교제를 좋아하고 나태한 것에 대하여 질책하고, 여러 가지 법문으로 고무하여, 키우기 쉽고 부양하기 쉽고 욕심을 여의고, 만족을 알고, 버리고 없애는 삶을 살고, 두타행을 하고, 청정한 믿음이 있고, 쌓아 모으지 않고, 용맹정진하는 것을 칭찬하고, 수행승들을 위하여 그에 알맞고 그에 걸맞게 경책하여 법문을 하고 수행승들에게 일렀다.

[세존] "수행승들이여, 해골로 만든 발우를 가지고 다니지 말라. 다니면, 악작죄가 된다. 수행승들이여, 온통 넝마로 만든 옷을 입지 말라. 입으면 악작죄가 된다."

4. 그런데 그때 수행승들이 찌꺼기, 뼛조각, 오물을 발우에 담아 운반했다. 사람들은 그들에 대하여 혐책하고 분개하고 비난했다.

[사람들] "어찌 싸끼야의 아들인 수행자들이 식사하는 그릇에 그러한 쓰레기를 담을 수 있단 말인가?"386)

수행승들은 그 사람들이 혐책하고 분개하고 비난하는 것을 들었다. 그래서 그 수행승들은 세존께 그 사실을 알렸다. 그러자 세존께서는 이것을 기회로 이것을 원인으로 수행승들의 참모임을 불러 모아 수행승들에게 물었다.

[세존] "수행승들이여, 수행승들이 찌꺼기, 뼛조각, 오물을 발우에 담아 운반한 것이 사실인가?"

[수행승들] "세존이시여, 사실입니다."

존귀하신 부처님께서는 견책했다.

---

386) yasmiṃ yevime samaṇā sakyaputtiyā bhuñjanti sova nesaṃ paṭiggaho'ti : 호어너는 Bd. V. 156에서 '어찌 싸끼야의 아들인 수행자들이 그것으로부터 식사하는 것이 단지 그들의 쓰레기통이란 말인가?'라고 번역했다.

[세존] "수행승들이여, 그 어리석은 자들은 적절하지 않고, 자연스럽지 않고, 알맞지 않고, 수행자의 삶이 아니고, 부당하고, 해서는 안 될 일을 행한 것이다. 수행승들이여, 어찌 그 어리석은 자들이 찌꺼기, 뼛조각, 오물을 발우에 담아 운반할 수 있단 말인가? 수행승들이여, 그것은 아직 청정한 믿음이 없는 자를 청정한 믿음으로 이끌고, 이미 청정한 믿음이 있는 자를 더욱더 청정한 믿음으로 이끄는 것이 아니다. 수행승들이여, 그것은 오히려, 아직 청정한 믿음이 없는 자를 불신으로 이끌고, 이미 청정한 믿음이 있는 자 가운데 어떤 자들을 타락시키는 것이다."

그리고 세존께서는 그 여섯무리의 수행승들을 여러 가지 방편으로 견책하여, 키우기 어렵고 부양하기 어렵고 욕심이 많고 만족을 모르고 교제를 좋아하고 나태한 것에 대하여 질책하고, 여러 가지 법문으로 고무하여, 키우기 쉽고 부양하기 쉽고 욕심을 여의고, 만족을 알고, 버리고 없애는 삶을 살고, 두타행을 하고, 청정한 믿음이 있고, 쌓아 모으지 않고, 용맹정진하는 것을 칭찬하고, 수행승들을 위하여 그에 알맞고 그에 걸맞게 경책하여 법문을 하고 수행승들에게 일렀다.

[세존] "수행승들이여, 찌꺼기, 뼛조각, 오물을 발우에 담아 운반하지 말라. 운반하면, 악작죄가 된다. 수행승들이여, 나는 쓰레기통387)을 허용한다."

호리병박이 끝났다.

II 두 번째 송출품(Dutiyabhaṇavāra : 17-27)

11. 옷(Cīvara)

1. 한때 수행승들이 손으로 옷감을 뜯어서 꿰맸다. 옷이 반듯하지가 않았다. 세존께 그 사실을 알렸다.

[세존] "수행승들이여, 칼과 펠트를 허용한다."

그런데 그때 수행승들이 손잡이가 달린 칼을 얻었다. 세존께 그 사실을 알렸다.

[세존] "수행승들이여, 손잡이가 달린 칼을 허용한다."

그런데 그때 여섯무리의 수행승들이 금으로 만들거나 은으로 만든, 손잡이가 달린 칼을 가지고 다녔다.

사람들이 혐책하고 분개하고 비난했다.

[세존] "어찌 여섯무리의 수행승들이 감각적 쾌락의 욕망을 즐기는 재가자들처럼

387) paṭiggaha : Vin. II. 116에서는 '골무'를 뜻하고 여기서는 '쓰레기통'을 뜻한다.

갖가지 금으로 만들거나 은으로 만든 손잡이가 달린 칼을 갖고 다닌단 말인가?"

세존께 그 사실을 알렸다. 그러자 세존께서는 이것을 기회로 이것을 원인으로 수행승들의 참모임을 불러 모아 수행승들에게 물었다.

[세존] "수행승들이여, 여섯무리의 수행승들이 갖가지 금으로 만들거나 은으로 만든 발우의 원형받침을 갖고 다닌다는 것이 사실인가?"

[수행승들] "세존이시여, 사실입니다."

존귀하신 부처님께서는 견책했다.

[세존] "수행승들이여, 그 어리석은 자들은 적절하지 않고, 자연스럽지 않고, 알맞지 않고, 수행자의 삶이 아니고, 부당하고, 해서는 안 될 일을 행한 것이다. 수행승들이여, 어찌 그 어리석은 자들이 갖가지 금으로 만들거나 은으로 만든 손잡이가 달린 칼을 갖고 다닐 수 있단 말인가? 수행승들이여, 그것은 아직 청정한 믿음이 없는 자를 청정한 믿음으로 이끌고, 이미 청정한 믿음이 있는 자를 더욱더 청정한 믿음으로 이끄는 것이 아니다. 수행승들이여, 그것은 오히려, 아직 청정한 믿음이 없는 자를 불신으로 이끌고, 이미 청정한 믿음이 있는 자 가운데 어떤 자들을 타락시키는 것이다."

그리고 세존께서는 그 여섯무리의 수행승들을 여러 가지 방편으로 견책하여, 키우기 어렵고 부양하기 어렵고 욕심이 많고 만족을 모르고 교제를 좋아하고 나태한 것에 대하여 질책하고, 여러 가지 법문으로 고무하여, 키우기 쉽고 부양하기 쉽고 욕심을 여의고, 만족을 알고, 버리고 없애는 삶을 살고, 두타행을 하고, 청정한 믿음이 있고, 쌓아 모으지 않고, 용맹정진하는 것을 칭찬하고, 수행승들을 위하여 그에 알맞고 그에 걸맞게 경책하여 법문을 하고 수행승들에게 일렀다.

[세존] "수행승들이여, 갖가지 손잡이가 달린 칼을 갖고 다녀서는 안 된다. 가지고 다니면, 악작죄가 된다. 수행승들이여, 단, 뼈로 만들어지거나, 상아로 만들어지거나, 뿔로 만들어지거나, 갈대로 만들어지거나, 대나무로 만들어지거나, 수지로 만들어지거나, 열매로 만들어지거나, 구리로 만들어지거나, 소라껍질로 만들어진 손잡이가 달린 칼은 허용한다."[388]

2. 한때 수행승들이 닭의 깃털이나 대나무껍질[389]을 사용해서 옷을 꿰맸다. 옷이

388) anujānāmi bhikkhave aṭṭhimayaṃ dantamayaṃ vīsāṇamayaṃ naḷamayaṃ veḷumayaṃ kaṭṭhamayaṃ jatumayaṃ phalamayaṃ lohamayaṃ saṅkhanābhimayanti : Vin. I. 204에서 가루로 만든 약품의 연고함을 규정하면서 동일한 문구가 병행한다.

389) veḷupesikā : 빼씨까(pesikā)는 껍질이나 작은 조각을 의미한다.

반듯하지가 않았다. 세존께 그 사실을 알렸다.

[세존] "수행승들이여, 바늘을 허용한다."

바늘이 녹슬었다.

[세존] "수행승들이여,[116] 바늘통을 허용한다."390)

바늘통에도 불구하고 녹슬었다.

[세존] "수행승들이여, 효모로 채우는 것을 허용한다."

효모에도 불구하고 녹슬었다.

[세존] "수행승들이여, 보릿가루로 채우는 것을 허용한다."

보릿가루에도 불구하고 녹슬었다.

[세존] "수행승들이여, 돌가루로 채우는 것을 허용한다."

돌가루에도 불구하고 녹슬었다.

[세존] "수행승들이여, 밀랍으로 채우는 것을 허용한다."

밀랍에도 불구하고 녹슬었다.

[세존] "수행승들이여, 고무를 섞은 돌가루391)를 허용한다."

3. 한때 수행승들이 여기저기서 말뚝을 뽑아서 틀로 엮어서 옷을 꿰맸다.392) 옷이 단이 고르지 못했다. 세존께 그 사실을 알렸다.

[세존] "수행승들이여, 까티나틀393)과 까티나틀망394)을 여기저기 엮어서 옷을 꿰매는 것을 허용한다."

그들은 울퉁불퉁한 곳에 까티나틀을 펼쳐놓았다. 까티나틀이 망가졌다.

[세존] "수행승들이여, 울퉁불퉁한 곳에 까티나틀을 펼쳐놓아서는 안 된다. 펼쳐놓으면, 악작죄가 된다."

그들은 땅바닥에 까티나틀을 펼쳐놓았다. 까티나틀에 흙먼지가 묻었다.

[세존] "수행승들이여, 돗자리를 허용한다."

까티나틀의 가장자리가 상했다.

[세존] "수행승들이여, 가장자리를 따라 엮는 것을 허용한다."

---

390) anujānāmi bhikkhave sūcināḷikan'ti : 뼈나 상아나 뿔로 만든 바늘함(sūcighara)을 만드는 것은 속죄죄법 제86조(Pāc. 86)에 저촉된다.

391) sāritasipāṭika : 참조 Vin. I. 201의 hiṅgusipāṭika; Smp. 1206에서는 'madhusitthakapilotikaṃ satthakosakaṃ'(밀랍천조각 또는 작은 칼집)'이라고 해석하고 있다.

392) khīlaṃ nikhanitvā sambandhitvā cīvaraṃ sibbanti : 아래의 까티나틀망처럼 만들어 옷을 기웠다는 뜻이다.

393) kaṭhina : Smp. 1206에 따르면, 매트를 만들거나 옷을 꿰매는데 사용하는 틀을 말한다.

394) kaṭhinarajju : Smp. 1206에 따르면, 옷감을 두 겹으로 꿰매는 자가 까티나틀에 옷감을 묶는 줄을 말한다.

까티나틀이 알맞지 않았다.[395]

[세존] "수행승들이여, 까티나틀의 막대,[396] 꼬챙이,[397] 나무핀,[398] 묶음줄,[399] 묶음끈[400]에 묶어서 옷을 꿰매는 것을 허용한다."

실 사이의 간격이 고르지 못했다.

[세존] "수행승들이여, 야자잎표시[401]를 허용한다."

실이 구부러졌다.

[세존] "수행승들이여, 시침실[402]를 허용한다.

4. 한때 수행승들이 씻지 않은 발로 까티나틀을 밟아서 더렵혔다. 세존께 그 사실을 알렸다.

[세존] "수행승들이여, 씻지 않은 발로 까티나틀을 밟아서는 안 된다. 밟는다면, 악작죄가 된다."

한때 수행승들이 물에 젖은 발로 까티나틀을 밟아서 더렵혔다. 세존께 그 사실을 알렸다.

[세존] "수행승들이여, 물에 젖은 발로 까티나틀을 밟아서는 안 된다. 밟는다면, 악작죄가 된다."

한때 수행승들이 신발을 신은 발로 까티나틀을 밟아서 더렵혔다. 세존께 그 사실을 알렸다.

[세존] "수행승들이여, 신발을 신은 발로 까티나틀을 밟아서는 안 된다. 밟는다면, 악작죄가 된다."

5. 한때 수행승들이 옷을 꿰매다가 손가락을 찔러서 손가락이 아팠다. 세존께 그 사실을 알렸다.

[세존] "수행승들이여, 골무[403]를 허용한다."

---

395) kaṭhinaṃ nappahoti : Smp. 1206에 따르면, 키가 큰 수행승의 키에 따라 만들어지는 까티나틀은 키가 작은 수행승의 옷을 확장하기에는 알맞지 않았다.

396) daṇḍakaṭhina : Smp. 1206에 따르면, 칫수를 재기 위해 이 막대 위에 까티나옷감을 펼쳐 놓는다.

397) vidalaka : Smp. 1206에 따르면, 옷감을 두겹으로 만들기 위해서 까티나틀의 막대의 칫수에 따라 매트의 가장자리를 잡아 당기는 도구이다.

398) salāka : Smp. 1206에 따르면, 옷감의 두겹 사이에서 작동하는 나무핀을 말한다.

399) vinandhanarajju : Smp. 1206에 따르면, 작은 틀을 큰 틀과 함께 묶는 끈을 말한다.

400) vinandhanasuttaka : Smp. 1206에 따르면, 옷감을 작은 틀에 묶는 실을 말한다.

401) kaḷimbhaka : Smp. 1206에 따르면, 탈리폿야자 등으로 올바른 칫수를 알기 위해 하는 표시이다.

402) moghasuttaka : 시침질에 사용하는 실을 말한다. Smp. 1206에 따르면, 목수가 목재의 표면에 검은 실을 표시하듯, 황색실로 표시하여 안내하는 실을 말한다.

403) paṭiggaha : Vin. II. 115에서는 '쓰레기통'을 뜻하고 여기서는 '골무'를 뜻한다.

그런데 그때 여섯무리의 수행승들이 금으로 만들거나 은으로 만든, 골무를 가지고 다녔다. 사람들이[117] 혐책하고 분개하고 비난했다.

[사람들] "어찌 여섯무리의 수행승들이 감각적 쾌락의 욕망을 즐기는 재가자들처럼 갖가지 금으로 만들거나 은으로 만든 골무를 갖고 다닌단 말인가?"

세존께 그 사실을 알렸다. 그러자 세존께서는 이것을 기회로 이것을 원인으로 수행승들의 참모임을 불러 모아 수행승들에게 물었다.

[세존] "수행승들이여, 여섯무리의 수행승들이 갖가지 금으로 만들거나 은으로 만든 골무를 갖고 다닌다는 것이 사실인가?"

[수행승들] "세존이시여, 사실입니다."

존귀하신 부처님께서는 견책했다.

[세존] "수행승들이여, 그 어리석은 자들은 적절하지 않고, 자연스럽지 않고, 알맞지 않고, 수행자의 삶이 아니고, 부당하고, 해서는 안 될 일을 행한 것이다. 수행승들이여, 어찌 그 어리석은 자들이 갖가지 금으로 만들거나 은으로 만든 골무를 갖고 다닐 수 있단 말인가? 수행승들이여, 그것은 아직 청정한 믿음이 없는 자를 청정한 믿음으로 이끌고, 이미 청정한 믿음이 있는 자를 더욱더 청정한 믿음으로 이끄는 것이 아니다. 수행승들이여, 그것은 오히려, 아직 청정한 믿음이 없는 자를 불신으로 이끌고, 이미 청정한 믿음이 있는 자 가운데 어떤 자들을 타락시키는 것이다."

그리고 세존께서는 그 여섯무리의 수행승들을 여러 가지 방편으로 견책하여, 키우기 어렵고 부양하기 어렵고 욕심이 많고 만족을 모르고 교제를 좋아하고 나태한 것에 대하여 질책하고, 여러 가지 법문으로 고무하여, 키우기 쉽고 부양하기 쉽고 욕심을 여의고, 만족을 알고, 버리고 없애는 삶을 살고, 두타행을 하고, 청정한 믿음이 있고, 쌓아 모으지 않고, 용맹정진하는 것을 칭찬하고, 수행승들을 위하여 그에 알맞고 그에 걸맞게 경책하여 법문을 하고 수행승들에게 일렀다.

[세존] "수행승들이여, 갖가지 골무를 갖고 다녀서는 안 된다. 가지고 다니면,의 죄가 된다. 수행승들이여, 단, 뼈로 만들어지거나, 상아로 만들어지거나, 뿔로 만들어지거나, 갈대로 만들어지거나, 대나무로 만들어지거나, 수지로 만들어지거나, 열매로 만들어지거나, 구리로 만들어지거나, 소라껍질로 만들어진 골무는 허용한다."

그런데 그때 바늘도 칼도 골무도 잃어버렸다. 세존께 그 사실을 알렸다.

[세존] "수행승들이여, 바늘상자404)를 허용한다."

바늘상자 안이 엉망으로 되었다. 세존께 그 사실을 알렸다.

[세존] "수행승들이여, 골무를 허용한다."405)

어깨끈이 없었다.

[세존] "수행승들이여, 어깨끈과 묶음끈을 허용한다."

6. 그런데 한때 수행승들이 노천에서 옷을 꿰매다가 추위와 더위에 지쳤다. 세존께 그 사실을 알렸다.

[세존] "수행승들이여, 까티나홀과 까티나당을 허용한다."406)

까티나당이 지대가 낮아서 물이 침투되었다. 세존께 그 사실을 알렸다.

[세존] "수행승들이여, 지대를 높게 만드는 것을 허용한다."

단이 무너졌다.

[세존] "수행승들이여, 세 가지 단 즉, 벽돌단, 돌단, 나무단을 쌓는 것을 허용한다."

올라가면서 불편했다.

[세존] "수행승들이여, 세 가지 계단 즉, 벽돌계단, 돌계단, 나무계단을 허용한다."

올라가다가 넘어졌다.

[세존] "수행승들이여, 난간을 허용한다."

까티나당에 지푸라기뿐만 아니라 흙먼지가 날아 떨어졌다.

[세존] "수행승들이여, 동여맨 뒤에 안팎으로 백색도료, 흑색도료, 홍토자407)를 칠하고, 화만장식, 넝쿨장식, 황새치이빨, 시렁, 옷시렁, 옷걸망을 설치하는 것을 허용한다."

7. 그런데 그때 수행승들이 옷을 꿰매고 그곳에 까티나틀을 방치하고 떠났다. 들쥐들도 개미들도 갉아 먹었다. 세존께 그 사실을 알렸다.

[세존] "수행승들이여, 나는 까티나틀을 접어두는 것을 허용한다."

까티나틀이 망가졌다.

[세존] "수행승들이여, 나는 나무막대408)를 사용하여 까티나틀을 접어두는

---

404) āvesanavitthaka : Smp. 1206에 따르면, 발우상자 및 기타(pāticaṅgoṭakādi)을 말한다.

405) anujānāmi bhikkhave paṭiggahanti : 여기서 'paṭiggaha'는 바늘을 꽂는 골무를 말할 것이다.

406) anujānāmi bhikkhave kaṭhinasālaṃ kaṭhinamaṇḍapan'ti : 까티나옷의 작업을 할 수 있는 홀과 천막당을 말한다.

407) setavaṇṇaṃ kāḷavaṇṇaṃ gerukaparikammaṃ : 백색도료는 백색회칠을 말하고 흑색도료는 불분명하고 홍토자(紅土子)는 붉은 색의 황토칠을 뜻한다. 이 세 가지 도료가 Vin. II. 150에 따르면, 정사에 사용하도록 허용되었다.

408) goghaṃsikāya : Vin. III. 98에 따르면, 쇠가죽이지만, Smp. 1207에 따르면, 대나무나 막대를 장착하여 그것과

것을 허용한다."

까티나틀이 헤졌다.

[세존] "수행승들이여, 걸망을 허용한다."

그런데 그때 수행승들은 벽에도 기둥에도 까티나틀을 올리고 떠났는데, 떨어져서 까티나틀이 망가졌다. 세존께 그 사실을 알렸다.

[세존] "수행승들이여, 벽기둥의 걸개에 걸어두는 것을 허용한다."

옷이 끝났다.

12. 행낭(Thavikā : 行囊)

1. 한때 세존께서 라자가하 시에서 계실 만큼 계시다가 베쌀리[409] 시로 유행을 떠났다. 그런데 그때[118] 수행승들은 바늘도, 칼도, 의약품도 발우에 담아 갔다. 세존께 그 사실을 알렸다.

[세존] "수행승들이여, 의약품행낭을 허용한다."

어깨끈이 없었다.

[세존] "수행승들이여, 어깨끈과 묶음끈을 허용한다."

2. 그런데 그때 어떤 수행승이 신발을 허리띠에 묶고 마을로 탁발하러 들어갔다. 어떤 재가의 남자신자가 그 수행승에게 인사를 하다가 신발에 머리를 부딪쳤다. 그 수행승은 얼굴이 붉어졌다. 그래서 그 수행승은 승원에 와서 수행승들에게 그 사실을 알렸다. 수행승들은 세존께 그 사실을 알렸다.

[세존] "수행승들이여, 신발행낭을 허용한다."

어깨끈이 없었다.

[세존] "수행승들이여, 어깨끈과 묶음끈을 허용한다."

행낭이 끝났다.

13. 여과낭(Parissāvana)

1. 한때 길을 가다가 물이 알맞지 않은데,[410] 여과낭이 없었다. 세존께 그 사실을 알렸다.

함께 틀을 접는 것을 말한다.

409) Vesāli(*sk.* Vaiśāli) : 릿차비(Licchavi) 족의 영토에 있는 도시로 한역에서는 비사리(毘舍離)라고 한다. 그 도시에 인접한 갠지스 강의 남안에는 빠딸리뿟따(Pāṭaliputta : 지금의 Patna)가 있었다. 마하바나(Mahāvana) 숲은 그곳의 승원이고, 꾸따가라쌀라(Kuṭāgārasālā)는 그 승원 안에 있던 중각강당(重閣講堂)이다.

410) udakaṃ akappiyaṃ hoti : 아마도 물속에 살아 있는 미물들이 존재하기 때문에 알맞지 않은 것이다. 이와 같은 물을 이용하는 것은 Pāc. 62; Pāc. 20에 저촉되는 것이다.

[세존] "수행승들이여, 여과낭을 허용한다."

거름천이 충분치 않았다.

[세존] "수행승들이여, 삼각여과낭을 허용한다."

거름천이 충분치 않았다. 세존께 그 사실을 알렸다.

[세존] "수행승들이여, 물병여과기를 허용한다."411)

2. 그런데 그때 두 수행승이 꼬쌀라 국에서 유행을 다니는 도중이었다. 한 수행승[A]이 비행을 저질렀다. 다른 수행승[B]이 그에게 이와 같이 말했다.

[수행승B] "벗이여, 그와 같은 짓을 하지 마시오, 그것은 옳은 일이 아닙니다."

그[A]는 그[B]를 원망했다. 그러자 그 수행승[B]은 갈증으로 괴로워하다가 그 한을 품은 수행승[A]에게 이와 같이 말했다.

[수행승B] "벗이여, 나에게 여과낭을 주십시오. 내가 물을 먹어야겠습니다."

한을 품은 수행승[A]은 여과낭을 주지 않았다. 그 수행승[B]은 갈증으로 괴로워하다가 죽었다. 그러자 그 수행승[A]은 승원으로 가서 수행승들에게 그 사실을 알렸다.

[수행승들] "벗이여, 그대는 여과낭을 달라고 했는데 주지 않았단 말입니까?"

[수행승A] "벗들이여, 그렇습니다."

수행승들 가운데 욕망을 여의고, 만족을 알고, 부끄러움을 알고, 후회할 줄 알고 배움을 원하는 자들은 그들에 대하여 혐책하고 분개하고 비난했다.

[수행승들] "어찌 수행승이 여과낭을 달라고 하는데 주지 않는단 말인가?"

그래서 그 수행승들은 세존께 그 사실을 알렸다. 그러자 세존께서는 이것을 인연으로 이것을 기회로 수행승들의 이것을 원인으로 수행승들의 참모임을 불러 모아 수행승들에게 물었다.

[세존] "수행승이여, 그대는 수행승이 여과낭을 달라고 했는데 주지 않았다는 것이 사실인가?"

[수행승A] "세존이시여, 사실입니다."

존귀하신 부처님께서는 견책했다.

[세존] "어리석은 자여, 그것은 적절하지 않고, 자연스럽지 않고, 알맞지 않고, 수행자의 삶이 아니고, 부당하고, 해서는 안 될 일을 행한 것이다. 어리석은 자여, 어찌 그대는 여과낭을 달라고 하는데 주지 않을 수 있단 말인가? 수행승들이여,

---

411) anujānāmi bhikkhave dhammakarakan'ti : 물병여과기는 Vin. II. 302에도 등장한다.

그것은[119] 아직 청정한 믿음이 없는 자를 청정한 믿음으로 이끌고, 이미 청정한 믿음이 있는 자를 더욱더 청정한 믿음으로 이끄는 것이 아니다. 수행승들이여, 그것은 오히려, 아직 청정한 믿음이 없는 자를 불신으로 이끌고, 이미 청정한 믿음이 있는 자 가운데 어떤 자들을 타락시키는 것이다."

그리고 세존께서는 그 격리생활을 실행하는 수행승들을 여러 가지 방편으로 견책하여, 키우기 어렵고 부양하기 어렵고 욕심이 많고 만족을 모르고 교제를 좋아하고 나태한 것에 대하여 질책하고, 여러 가지 법문으로 고무하여, 키우기 쉽고 부양하기 쉽고 욕심을 여의고, 만족을 알고, 버리고 없애는 삶을 살고, 두타행을 하고, 청정한 믿음이 있고, 쌓아 모으지 않고, 용맹정진하는 것을 칭찬하고, 수행승들을 위하여 그에 알맞고 그에 걸맞게 경책하여 법문을 하고 수행승들에게 일렀다.

[세존] "수행승들이여, 유행을 다니는 도중에 수행승이 여과낭을 요청하는데 주지 않아서는 안 된다. 주지 않으면, 악작죄가 된다. 또한 수행승들이여, 유행을 다니는 도중에 여과낭이 없이 다녀서는 안 된다. 다니면, 악작죄가 된다. 만약에 여과낭이나 물병여과기가 없다면, 대의자락으로 '이것으로 걸러서 마시겠다.'라고 결정해야 한다."

3. 그후 세존께서는 차례로 유행하면서 베쌀리 시에 도착했다. 거기서 세존께서는 베쌀리 시에 있는 마하바나 숲에서 꾸따가라쌀라 강당에 계셨다. 그런데 그때 수행승이 수리일을 하고 있었다. 여과낭에 물이 그치지 않았다. 세존께 그 사실을 알렸다.

[세존] "수행승들이여, 이중여과낭412)을 허용한다."

이중여과낭에 물이 그치지 않았다.

세존께 그 사실을 알렸다.

[세존] "수행승들이여, 여과포413)를 허용한다."

그런데 그때 수행승들이 모기에 괴롭힘을 당했다.

세존께 그 사실을 알렸다.

[세존] "수행승들이여, 모기장414)을 허용한다."

---

412) daṇḍaparissāvana : Smp. 1207에 따르면, 알카리성 염색을 위한 염색자의 여과낭처럼, 천조각을 틀의 네 꼭지에 묶고 가운데 통로에 물을 집어넣으면, 당신은 영쪽에서 걸러낼 수 있다.

413) attharaka : 여과낭의 일종인데 필터의 역할을 한 것이다.

414) makasakuṭika : Smp. 1207에 따르면, 천으로 만든 작은 집을 뜻한다.

여과낭이 끝났다.

14. 경행과 욕실(Caṅkamajantāghara)

1. 한때 베쌀리 시에서 사치스런 음식의 공양이 계속되었다. 수행승들이 사치스런 음식을 먹고 나쁜 체액이 가득 차서 대부분 병이 들었다. 마침 지바까 꼬마라밧짜가 무언가 볼 일이 있어 베쌀리 시에 왔다. 지바까 꼬마라밧짜는 수행승들이 사치스런 음식을 먹고 나쁜 체액이 가득 차서 대부분 병이 든 것을 보았다. 보고나서 세존께서 계신 곳을 찾아갔다. 가까이 다가가서 세존께 인사를 드리고 한쪽으로 물러나 앉았다. 한쪽으로 물러나 앉은 지바까 꼬마라밧짜는 세존께 이와 같이 말했다.

[지바까] "세존이시여, 여기 지금 수행승들이 나쁜 체액이 가득 차서 대부분 병이 들었습니다. 세존이시여, 세존께서 수행승들에게 경행과 욕실을 허용하여 주십시오. 그러면, 수행승들의 병이 줄어들 것입니다."

그러자 세존께서는 지바까 꼬마라밧짜를 법문으로 교화하고 격려하고 북돋우고 기쁘게 했다. 지바까 꼬마라밧짜는 세존으로부터 법문으로 교화받고 격려받고 북돋아져서 기뻐하며 자리에서 일어나 인사를 하고 오른쪽으로 돌아 그곳을 떠났다. 그러자 세존께서는 이것을 기회로 이것을 원인으로 법문을 하고 수행수행승들에게 일렀다.

[세존] "수행승들이여, 경행과 욕실을 허용한다."415)

2. 그런데 그때[120] 수행승들이 울퉁불퉁한 경행처에서 경행을 했는데, 발이 아팠다. 세존께 그 사실을 알렸다.

[세존] "수행승들이여, 평탄하게 하는 것을 허용한다."

경행처가 지대가 낮아서 물에 침수되었다.

[세존] "수행승들이여, 지대를 높게 만드는 것을 허용한다."

단이 무너졌다.

[세존] "수행승들이여, 세 가지 단 즉, 벽돌단, 돌단, 나무단을 쌓는 것을 허용한다."

올라가면서 불편했다.

[세존] "수행승들이여, 세 가지 계단 즉, 벽돌계단, 돌계단, 나무계단을 허용한다."

올라가다가 넘어졌다.

[세존] "수행승들이여, 난간을 허용한다."

---

415) anujānāmi bhikkhave caṅkamañca jantāgharañcā'ti : 경행하는 것과 온욕을 할 수 있는 욕실을 허용했다.

그런데 그때 수행승들이 경행처에서 경행하다가 넘어졌다. 세존께 그 사실을 알렸다.

[세존] "수행승들이여, 경행처의 난간[416]을 허용한다."

그런데 그때 수행승들이 노천에서 경행하다가 추위에도 더위에도 지쳤다. 세존께 그 사실을 알렸다.

[세존] "수행승들이여, 경행당을 허용한다."

경행당에 지푸라기뿐만 아니라 흙먼지가 날아 떨어졌다.

[세존] "수행승들이여, 동여맨 뒤에 안팎으로 문지르고 백색도료, 흑색도료, 홍토자를 칠하고, 화만장식, 넝쿨장식, 황새치이빨, 시렁, 옷시렁, 옷걸망을 설치하는 것을 허용한다."

3. 욕실이 지대가 낮아서 물에 침수되었다.

[세존] "수행승들이여, 지대를 높게 만드는 것을 허용한다."

단이 무너졌다.

[세존] "수행승들이여, 세 가지 단 즉, 벽돌단, 돌단, 나무단을 쌓는 것을 허용한다."

올라가면서 불편했다.

[세존] "수행승들이여, 세 가지 계단 즉, 벽돌계단, 돌계단, 나무계단을 허용한다."

올라가다가 넘어졌다.

[세존] "수행승들이여, 난간을 허용한다."

욕실에 문이 없었다.

[세존] "수행승들이여, 문짝,[417] 문기둥,[418] 상인방,[419] 문턱,[420] 문턱레일,[421] 빗장,[422] 나무못,[423] 핀,[424] 쐐기,[425] 열쇠구멍,[426] 끈을 묶는 구

416) caṅkamaṇavedika : 여기서 'vedikā'는 기둥과 횡재로 이루어진 난간을 말한다.
417) kavāṭa : 틈새를 닫는 문을 말한다.
418) piṭṭha : 문기둥을 말한다.
419) saṅghāṭa : 상인방을 말한다.
420) udukkhalika : 문짝이 왕래하는 문턱의 레일의 빈 공간을 말한다.
421) uttarapāsaka : 문짝의 왕래하는 레일의 불거져 나온 부분을 말한다.
422) aggalavaṭṭika : Smp. 1207에 따르면, 기둥과 같은 칫수이다.
423) kapisīsaka : 원래 '원숭이의 머리'라는 뜻인데, Smp. 1207에 따르면, 문기둥을 뚫는 다음에 그것이 나사돌출부라고 불렀다. 나사못을 받아들이는 구멍을 뜻한 것인지도 모른다.
424) sūcika : Smp. 1207에 따르면, 기둥 가운데 구멍 즉 '원숭이의 머리'를 만들어 거기에 집어넣었다.
425) ghaṭika : Smp. 1207에 따르면, 단지 '위에 결합된 것(upariyojita)'이다. 빗장이 주요쐐기라면, 쐐기는 보조적인 것이다.

멍,427) 묶음끈428)을 허용한다.”

욕실의 벽의 아랫부분이 훼손되었다. 세존께 그 사실을 알렸다.

[세존] “수행승들이여, 아랫부분을 둥글게 쌓는 것429)을 허용한다.”

욕실에 스팀파이프가 없었다.

[세존] “수행승들이여, 스팀파이프를 허용한다.”

그런데 그때 수행승들이 작은 욕실의 가운데에 화로를 만들었다. 통로가 없었다.

[세존] “수행승들이여, 작은 욕실은 한쪽에, 넓은 욕실은 중앙에 화로를 만드는 것을 허용한다.”

욕실에서 불이 얼굴을 태웠다.

[세존] “수행승들이여, 얼굴에 점토를 바르는 것을 허용한다.”

손에서 점토가 젖었다.

[세존] “수행승들이여, 점토통을 허용한다.”

점토가 악취가 났다.

[세존] “수행승들이여, 향기나게 하는 것을 허용한다.”

욕실에 불이 몸을 태웠다.

[세존] “수행승들이여, 물을 가져오는 것을 허용한다.”

접시와 발우로 물을 가져왔다.

[세존] “수행승들이여, 물을 담는 용기와 급수처를 허용한다.”

욕실이 초가지붕이라 땀이 나지 않았다.

[세존] “수행승들이여, 동여맨 뒤에 안팎으로 도료를 칠하는 것을 허용한다.”

욕실이 물기가 많았다.

[세존] “수행승들이여, 세 가지 평상 즉, 벽돌평상, 돌평상, 나무평상을 까는 것을 허용한다.”

여전히 물기가 많았다.

[세존] “수행승들이여, 씻어낼 것을 허용한다.”

물이 고였다.

[세존] “수행승들이여, 배수구를 허용한다.”

그런데 그때 수행승들이 욕실에서[121] 바닥에 앉았다가 사지에 피부병이 생

426) tāḷacchidda : 한역의 건공(鍵孔)이다.

427) āviñjanacchidda : Bd. V. 165에 따르면, 문들이 문기둥과 만나서는 안 되기 때문에 만들어진 것이다.

428) āviñjanarajju : Bd. V. 165에 따르면, 문들이 문기둥과 만나서는 안 되기 때문에 만들어진 것이다.

429) maṇḍalikaṃ kāturṃ : Smp. 1207에 따르면, 바닥에 낮게 쌓는 것을 말한다.

겨났다.

[세존] "수행승들이여, 욕실의자를 허용한다."

그런데 욕실에 칸막이가 없었다.

[세존] "수행승들이여, 세 가지 칸막이 즉, 벽돌칸막이, 돌칸막이, 나무칸막이을 설치하는 것을 허용한다."

4. 현관이 없었다.

[세존] "수행승들이여, 현관을 허용한다."

현관이 지대가 낮아서 물이 침투되었다.

[세존] "수행승들이여, 지대를 높게 만드는 것을 허용한다."

단이 무너졌다.

[세존] "수행승들이여, 세 가지 단 즉, 벽돌단, 돌단, 나무단을 쌓는 것을 허용한다."

올라가면서 불편했다.

[세존] "수행승들이여, 세 가지 계단 즉, 벽돌계단, 돌계단, 나무계단을 허용한다."

올라가다가 넘어졌다.

[세존] "수행승들이여, 난간을 허용한다."

현관에 문이 없었다.

[세존] "수행승들이여, 문짝, 문기둥, 상인방, 문턱, 문턱레일, 빗장, 나무못, 핀, 쐐기, 열쇠구멍, 끈을 묶는 구멍, 묶음끈을 허용한다."

현관에 지푸라기뿐만 아니라 흙먼지가 날아 떨어졌다.

[세존] "수행승들이여, 동여맨 뒤에 안팎으로 백색도료, 흑색도료, 홍토자를 칠하고, 화만장식, 넝쿨장식, 황새치이빨, 시렁, 옷시렁, 옷걸망을 설치하는 것을 허용한다."

5. 방사에 물기가 많았다.

[세존] "수행승들이여, 자갈을 까는 것을 허용한다."

해결되지 않았다.

[세존] "수행승들이여, 포장용 판석을 까는 것을 허용한다."

물이 고였다.

[세존] "수행승들이여, 배수구를 허용한다."

경행과 욕실이 끝났다.

15. 벌거벗은 자들(Naggā)

1. 한때 수행승들이 벌거벗은 자들로서 벌거벗을 자들에게 인사를 했고, 벌거벗은 자들로서 벌거벗을 자들에게 인사를 받았고, 벌거벗은 자들로서 벌거벗을 자들에게 시중을 들었고, 벌거벗은 자들로서 벌거벗을 자들에게 시중을 받고, 벌거벗은 자들로서 벌거벗을 자들에게 주었고, 벌거벗은 자들로서 벌거벗을 자들에게 받았고, 벌거벗은 자들로서 삼켰고, 벌거벗은 자들로서 먹었고, 벌거벗은 자들로서 잤고, 벌거벗은 자들로서 마셨다. 세존께 그 사실을 알렸다.

2. [세존] "수행승들이여, 벌거벗은 자들로서 벌거벗을 자들에게 인사를 해서는 안 된다. 한다면, 악작죄가 된다. 벌거벗은 자들로서 벌거벗을 자들에게 인사를 받아서도 안 된다. 받는다면, 악작죄가 된다. 벌거벗은 자들로서 벌거벗을 자들에게 시중을 들어서도 안 된다. 든다면, 악작죄가 된다. 벌거벗은 자들로서 벌거벗을 자들에게 시중을 받아서도 안 된다. 받는다면, 악작죄가 된다. 벌거벗은 자들로서 벌거벗을 자들에게 주어서도 안 된다. 준다면, 악작죄가 된다. 벌거벗은 자들로서 벌거벗을 자들에게 받아서도 안 된다. 받는다면, 악작죄가 된다. 벌거벗은 자들로서 삼켜서도 안 된다. 삼킨다면, 악작죄가 된다. 벌거벗은 자들로서 먹어서도 안 된다. 먹는다면, 악작죄가 된다. 벌거벗은 자들로서 자서도 안 된다. 잔다면, 악작죄가 된다. 벌거벗은 자들로서 마셔서도 안 된다. 마신다면, 악작죄가 된다.

벌거벗은 자들이 끝났다.

16. 욕실(Jantāghara)

1. 한때 수행승들이 욕실의 바닥에 옷을 방치했다. 옷에 때가 묻었다. 세존께 그 사실을 말했다.

[세존] "수행승들이여, 욕실에 옷대바구니와 옷끈을 허용한다."

비가 와서 옷이 젖었다.

[세존] "수행승들이여,[122] 욕실홀을 허용한다.

욕실홀이 지대가 낮아서 물이 침투되었다. 세존께 그 사실을 알렸다.

[세존] "수행승들이여, 지대를 높게 만드는 것을 허용한다."

단이 무너졌다.

[세존] "수행승들이여, 세 가지 단 즉, 벽돌단, 돌단, 나무단을 쌓는 것을 허용한다."

올라가면서 불편했다.

[세존] "수행승들이여, 세 가지 계단 즉, 벽돌계단, 돌계단, 나무계단을 허용한다."
올라가다가 넘어졌다.
[세존] "수행승들이여, 난간을 허용한다."
욕실홀에 지푸라기뿐만 아니라 흙먼지가 날아 떨어졌다.
[세존] "수행승들이여, 동여맨 뒤에 안팎으로 백색도료, 흑색도료, 홍토자를 칠하고, 화만장식, 넝쿨장식, 황새치이빨, 시렁, 옷시렁, 옷걸망을 설치하는 것을 허용한다."

2. 그런데 그때 수행승들이 벌거벗은 자로서 욕실에서도 물속에서도 시중을 드는 것을 주저했다. 세존께 그 사실을 알렸다.
[세존] "수행승들이여, 세 가지 피복 즉, 욕실피복, 수중피복, 의복피복430)을 허용한다."

3. 그런데 그때 욕실에 물이 없었다. 세존께 그 사실을 알렸다.
[세존] "수행승들이여, 우물을 허용한다."
우물의 축대가 무너졌다.
[세존] "수행승들이여, 세 가지 단 즉, 벽돌단, 돌단, 나무단을 쌓는 것을 허용한다."
우물이 지대가 낮아서 물이 침투되었다. 세존께 그 사실을 알렸다.
[세존] "수행승들이여, 지대를 높게 만드는 것을 허용한다."
올라가면서 불편했다.
[세존] "수행승들이여, 세 가지 계단 즉, 벽돌계단, 돌계단, 나무계단을 허용한다."
올라가다가 넘어졌다.
[세존] "수행승들이여, 난간을 허용한다."
그런데 그때 수행승들이 덩굴로도 허리띠로도 물을 길었다. 세존께 그 사실을 알렸다.
[세존] "수행승들이여, 물긷는 줄을 허용한다,"
손이 아팠다.
[세존] "수행승들이여, 지렛대와 활차와 두레박바퀴를 허용한다."
많은 그릇이 깨졌다.

430) jantāgharapaṭicchādiṃ udakapaṭicchādiṃ vatthapaṭicchādiṃ : Smp. 1208에 따르면, 앞의 두 가지는 시중들기 위한 것이지만 인사하기 위한 것이 아니다. 마지막 것은 모든 종류의 활동을 위한 것이다.

[세존] "수행승들이여, 세 가지 단지, 구리단지, 나무단지, 가죽단지를 허용한다."

4. 그런데 한때 수행승들이 노천에서 물을 긷는데 추위 때문에도 더위 때문에도 피곤했다. 세존께 그 사실을 알렸다.

[세존] "수행승들이여, 우물당을 허용한다."

우물당에 지푸라기뿐만 아니라 흙먼지가 날아 떨어졌다.

[세존] "수행승들이여, 동여맨 뒤에 안팎으로 백색도료, 흑색도료, 홍토자를 칠하고, 화만장식, 넝쿨장식, 황새치이빨, 시렁, 옷시렁, 옷걸망을 설치하는 것을 허용한다."

우물을 덮지 않았다. 지푸라기뿐만 아니라 흙먼지도 날아들었다.

[세존] "수행승들이여, 덮개를 허용한다."

물그릇이 없었다.

[세존] "수행승들이여, 물받이와 물단지를 허용한다."

욕실이 끝났다.

17. 목욕(Nahāna)

1. 한때 수행승들이 승원의 곳곳에서 목욕을 했다. 승원이 질척거렸다. 세존께 그 사실을 알렸다.

[세존] "수행승들이여, 욕장을 허용한다."

욕장에 담장이 없었다. 수행승들이 목욕하기 창피스러워 했다.

[세존] "수행승들이여, 세 가지 담장 즉, 벽돌담장, 돌담장, 나무담장을 설치하는 것을 허용한다."

욕장이 질척거렸다.

[세존] "수행승들이여, 세 가지 깔개 즉, 벽돌깔개, 돌깔개, 나무깔개를 까는 것을 허용한다."

물이 고였다.

[세존] "수행승들이여, 배수구를 허용한다."

그런데 그때 수행승들이 사지에 한기가 들었다. 세존께 그 사실을 알렸다.

[세존] "수행승들이여, 수건으로[431] 닦아내는 것을 허용한다."

---

431) udakapuñjacolakena pi : PTS본에는 udakapuñchanī와 colakena의 두 단어로 되어 있다. 그런데 'udakapuñchanī'에는 Vin. II. 174에 따르면, 곰가죽, 직물류, 옷감의 세 종류가 있다. 호너는 Bd. V. 169에 따르면, 아이보리, 상아, 나무로 만든 것이 있다는 것으로 보아 단순히 수건이라고 부를 수는 없다고 주석을 달고 있다.

2. 그런데 한때[123] 어떤 재가의 남자신자가 참모임의 이익을 위하여 연못을 만들고자 하였다. 세존께 그 사실을 알렸다.

[세존] "수행승들이여, 연못을 허용한다."

연못의 둑이 허물어졌다.

[세존] "수행승들이여, 세 가지 둑 즉, 벽돌둑, 돌둑, 나무둑을 쌓는 것을 허용한다."

올라가면서 불편했다.

[세존] "수행승들이여, 세 가지 계단 즉, 벽돌계단, 돌계단, 나무계단을 허용한다."

올라가다가 넘어졌다.

[세존] "수행승들이여, 난간을 허용한다."

연못에 물이 찼다.

[세존] "수행승들이여, 도수로와 배수로를 허용한다."

그런데 그때 어떤 수행승이 참모임을 위하여 돔형욕실432)을 짓고자 하였다. 세존께 그 사실을 알렸다.

[세존] "수행승들이여, 돔형욕실을 허용한다."

목욕이 끝났다.

18. 여섯무리의 수행승들(Chabbaggiyā bhikkhū)

1. 그런데 한때 여섯무리의 수행승들이 사개월 동안 깔개433)를 여의고 살았다. 세존께 그 사실을 알렸다.

[세존] "수행승들이여, 사개월 동안 깔개를 여의고 살아서는 안 된다. 여의고 산다면, 악작죄가 된다."434)

2. 그때 여섯무리의 수행승들은 꽃을 뿌린 침상에서 잠을 잤다. 사람들이 승원을 돌아다니다가 보고는 혐책하고 분개하고 비난했다.

[사람들] "마치 감각적 쾌락의 욕망을 즐기는 재가자와 같다."

---

432) nillekhaṃ jantāgharaṃ : Smp. 1208에 의하면, 한쪽이 둥근 돌출물, 즉 상층부가 둥근 돌출물, 즉, 완성된 둥근 지붕을 뜻한다.

433) nisīdana : 한역의 음역에서는 니사단(尼師壇)이라고 하는데, 앉거나 누울 때 바닥에 펴서 몸을 보호하는 천으로 만들어진 네모진 깔개를 말한다. 상실죄법 제15조(Nissag. 15)에 깔개가 규정되고 있다. Vin. I. 295에 '수행승들이여, 몸을 수호하고 옷을 수호하고 처소를 수호하기 위한 깔개를 허용한다.'라고 되어 있다.

434) na bhikkhave cātumāsaṃ nisīdanena vippavasitabbaṃ. yo vippavaseyya āpatti dukkaṭassā'ti : 상실죄법 제2조(Nissag. 2)와 비교하라.

세존께 그 사실을 알렸다.

[세존] "수행승들이여, 꽃을 뿌린 침상에서 잠을 자서는 안 된다. 자면, 악작죄가 된다."

그런데 그때 사람들이 향수와 화환을 가지고 승원에 왔다. 수행승들이 의아해하며 받지 않았다. 세존께 그 사실을 알렸다.

[세존] "수행승들이여, 향수를 받아서 문에 다섯손가락표시[435]를 하는 것과 꽃을 받아서 한쪽에 두는 것을 허용한다."

여섯무리의 수행승들이 끝났다.

19. 펠트(Namataka)

1. 그런데 그때 참모임에 펠트[436]가 생겨났다. 세존께 그 사실을 알렸다.

[세존] "수행승들이여, 펠트를 허용한다."

그러자 수행승들은 이와 같이 생각했다.

[수행승들] '펠트는 배당될 수 있는 것인가 또한 양도할 수 있는 것인가?'

[세존] "수행승들이여, 펠트는 배당될 수 있는 것이 아니고 또한 양도할 수 있는 것도 아니다."

그런데 그때 여섯무리의 수행승들이 장식된 방석위에서 식사를 했다. 사람들이 혐책하고 분개하고 비난했다.

[사람들] "마치 감각적 쾌락의 욕망을 즐기는 재가자와 같다."

세존께 그 사실을 알렸다.

[세존] "수행승들이여, 장식된 방석위에서 식사하지 말라. 식사하면,[124] 악작죄가 된다."

그런데 그때 어떤 수행승이 병이 들었다. 그는 식사하면서 손으로 발우를 들 수 없었다. 세존께 그 사실을 알렸다.

[세존] "수행승들이여, 받침대[437]를 허용한다."

2. 그런데 그때 여섯무리의 수행승들이 한 그릇으로 식사를 하고, 한 컵으로 물을 마시고, 한 침상에 눕고, 한 천 위에 눕고, 한 덮개를 사용하고, 한 덮개천를 사용했다.[438] 사람들이 혐책하고 분개하고 비난했다.

---

435) kavāṭe pañcaṅgulikaṃ dātuṃ : 고대인도에서는 주술적, 수호적, 장식적인 의미를 지닌다. 오늘날에도 인도인들은 벽에 사람의 손바닥의 자국을 표시한다.

436) namataka : Smp. 1208에 따르면, 양털이나 염소털로 만들어진 것이다.

437) maḷorika : Smp. 1208에 따르면, 막대로 만든 버팀대이다.

[사람들] "마치 감각적 쾌락의 욕망을 즐기는 재가자와 같다."

세존께 그 사실을 알렸다.

[세존] "수행승들이여, 한 그릇으로 식사를 해서는 안 되고, 한 컵으로 물을 마셔서는 안 되고, 한 침상에 누워서는 안 되고, 한 천 위에 누어서도 안 되고, 한 덮개를 사용해서는 안 되고, 한 덮개천을 사용해서는 안 된다. 사용하면, 악작죄가 된다."

펠트가 끝났다.

20. 복발조치(Pattanikkujjana : 覆鉢)

1. 한때 릿차비439) 족의 밧다440)는 멧띠야와 붐마자까를 추종하는 수행승들의 친구였다. 릿차비 족의 밧다는 멧띠야와 붐마자까를 추종하는 수행승들을 찾아갔다. 가까이 다가가서 멧띠야와 붐마자까를 추종하는 수행승들에게 이와 같이 말했다.

[밧다] "존자들이여, 인사를 올립니다."

이렇게 말하자 멧띠야와 붐마자까를 추종하는 수행승들은 대꾸하지 않았다.

두 번째에도 멧띠야와 붐마자까를 추종하는 수행승들에게 이와 같이 말했다.

[밧다] "존자들이여, 인사를 올립니다."

---

438) ekamañce pi tuvaṭṭenti, ekattharaṇā pi tuvaṭṭenti, ekapāvuraṇā pi tuvaṭṭenti, ekattharaṇapāvuraṇā pi tuvaṭṭenti :두 수행녀들이 Vin. IV. 288에서도 이와 같이 행동했는데, 그것은 속죄죄법 제 31조(Pāc. 31)에 저촉된다. 담마다야다 스님에 의하면, 수행승이 수행승이건 재가자이건 한 그릇으로 식사를 하고, 한 컵으로 물을 마시고, 한 침상에 눕는 등의 행위를 해서는 안 된다. 단, 수행승들끼리 한 식탁에서 식사할 수 있으나 재가자와는 한 식탁에서 함께 식사할 수 없으며, 어떠한 경우이든 침이 섞이지 않도록 다른 수저로 덜어 먹어야 한다.

439) Licchavi : 부처님 당시의 강력한 부족이었다. 그들은 부처님의 사리분배의 문제를 두고 다툰 것으로 보아 왕족 출신이었음에 틀림없다. 그들의 수도는 베쌀리(Vesāli)였고 밧지(Vajji)국 연합의 일부였다. 이 부족은 강력한 유대를 갖고 있어서, 한 사람이 아프면 모든 다른 사람들이 그를 방문했고 전 부족이 축제에 함께 참여했고 도시를 방문하는 특별한 방문객을 환영했다. 그들은 화려하고 아름다운 옷을 입었고 찬란한 색을 칠한 마차를 타고 다녔다. 부처님께서는 그들을 도솔천(兜率天)의 신들에 비유할 정도였다. 그럼에도 불구하고 그들은 사치스럽지 않았고, 짚으로 만든 침대에 살면서, 매우 부지런하였다. 그들은 부처님께서 제시한 복지를 이루기 위해 필요한 일곱 가지 조건(aprihānīyadhammā)을 실천하고 있었다. DN. II. 73에 따르면, 릿차비 족들은 ① 모두가 참여하는 부족회의를 자주 열었다. ② 함께 결론을 짓고 그것을 화합하여 실천했다. ③ 전통을 지키고 공약을 존중하였다. ④ 어른들을 존중하고 보호했다. ⑤ 아녀자들을 강제로 추행하거나 납치하는 것을 용납하지 않았다. ⑥ 영묘를 존중하고 유지했다. ⑦ 성자를 후원하고 존중했다.

440) Vaḍḍha : 율장의 이곳에만 등장하는 인물로 멧띠야와 붐마자까를 추종하는 수행승들의 친구로 답바 말라뿟따(Dabba Mallaputta) 장로가 자기의 아내를 능욕했다고 무고했다. 부처님은 그에게 재가신자에 취하는 처벌로 복발(覆鉢 : pattanikkujjana)을 행했다. 아난다에게 소식을 전해 들은 그는 기절했다가 잘못을 뉘우치고 출가했다. 그는 아마도 Thag. 335-339에 시를 남긴 밧다(Vaḍḍha) 장로와 동일인물일 가능성이 있다.

두 번째에도 멧띠야와 붐마자까를 추종하는 수행승들은 대꾸하지 않았다.

세 번째에도 멧띠야와 붐마자까를 추종하는 수행승들에게 이와 같이 말했다.

[밧다] "존자들이여, 인사를 올립니다."

세 번째에도 멧띠야와 붐마자까를 추종하는 수행승들은 대꾸하지 않았다.

[밧다] "제가 존자들에게 잘못을 했습니까? 왜 존자들은 말하지 않습니까?"

[멧띠야와 붐마자까의 추종자들] "벗이여 밧다여, 우리는 답바 말라뿟따에게 괴롭힘을 당하는데 그대는 우리를 돕고 있습니까?"

[밧다] "존자들이여, 제가 어떻게 하면 됩니까?"

[멧띠야와 붐마자까의 추종자들] "벗이여 밧다여, 만약에 그대가 원한다면, 오늘로 세존께서 존자 답바 말라뿟따를 없애도록 할 수 있습니다."

[밧다] "존자들이여, 제가 어떻게 하면 됩니까? 제가 할 수 있는 일이 무엇입니까?"

[멧띠야와 붐마자까의 추종자들] "벗이여 밧다여, 그대는 이리 와서 세존께서 계신 곳을 찾아가시오. 가까이 다가가서 이와 같이 '세존이시여, 이것은 여법하지 않고 적절하지 않습니다. 두려움을 여의고, 불안을 여의고, 위험을 여의어야 할 곳에 두려움이 함께 하고, 불안이 함께 하고, 위험이 함께합니다. 바람이 없는 곳에 강풍이 불고, 물이 불타오르는 듯합니다. 존자 답바 말라뿟따가 제 아내를 능욕했습니다.'라고 세존께 말하시오."

2. [밧다] "존자들이여, 알겠습니다."

릿차비 족의 밧다는 멧띠야와 붐마자까를 추종하는 수행승들에게 대답하고 세존께서 계신 곳을 찾아갔다. 가까이 다가가서 세존께 인사를 드리고 한쪽으로 물러나 앉았다. 한쪽으로 물러나 앉은 릿차비 족의 밧다는[125] 세존께 이와 같이 말했다.

[밧다] "세존이시여, 이것은 여법하지 않고 적절하지 않습니다. 두려움을 여의고, 불안을 여의고, 위험을 여의어야 할 곳에 두려움이 함께 하고, 불안이 함께 하고, 위험이 함께 합니다. 바람이 없는 곳에 강풍이 불고, 물이 불타오르는 듯합니다. 존자 답바 말라뿟따가 제 아내를 능욕했습니다."

그러자 세존께서는 이것을 기회로 이것을 원인으로 수행승들의 참모임을 불러 모아 존자 답바 말라뿟따에게 물었다.

[세존] "답바여, 그대는 이 밧다가 말한 대로 그렇게 행한 것을 기억하는가?"

[답바] "세존이시여, 세존께서 저에 관하여 아는 바와 같습니다."

두 번째에도 세존께서는 이것을 기회로 이것을 원인으로 수행승들의 참모임을 불러 모아 존자 답바 말라뿟따에게 물었다.

[세존] "답바여, 그대는 이 밧다가 말한 대로 그렇게 행한 것을 기억하는가?"

[답바] "세존이시여, 세존께서 저에 관하여 아는 바와 같습니다."

세 번째에도 세존께서는 이것을 기회로 이것을 원인으로 수행승들의 참모임을 불러 모아 존자 답바 말라뿟따에게 물었다.

[세존] "답바여, 그대는 이 밧다가 말한 대로 그렇게 행한 것을 기억하는가?"

[답바] "세존이시여, 세존께서 저에 관하여 아는 바와 같습니다."

[세존] "답바여, 답바와 같은 사람들은 그와 같이 해명해서는 안 된다. 그대가 했으면 했다고 말하고, 하지 않았다면 하지 않았다고 말하라."

[답바] "세존이시여, 저는 태어난 이래, 꿈속에서조차 성교를 한 적이 없습니다. 하물며 깨어있을 때야 말해서 무엇하겠습니까?"

3. 그러자 세존께서는 수행승들에게 일렀다.

[세존] "수행승들이여, 그렇다면 참모임은 릿차비 족의 밧다에 대하여 복발조치441)를 처분하고 참모임과의 왕래를 끊도록 하라. 수행승들이여, 여덟 가지 고리를 갖춘 재가신자에 대하여 복발조치를 처분해야 한다.

1) 수행승들에게 소득이 없기를 도모하고,

2) 수행승들에게 이익이 없기를 도모하고,

3) 수행승들에게 처소가 없기를 도모하고,

4) 수행승들을 욕하고 매도하고,

5) 수행승들과 수행승들을 이간시키고,

6) 부처님을 헐뜯고,

7) 가르침을 헐뜯고,

8) 참모임을 헐뜯는 것이다.

수행승들이여, 이러한 여덟 가지 고리를 갖춘 재가신자에 대하여 복발조치를 처분해야 한다.

4. 수행승들이여, 그런데 이와 같이 복발조치를 처분해야 한다. 총명하고 유능한

---

441) pattaṃ nikkujjatu : '발우를 뒤엎는 것'을 한역에서 복발(覆鉢)이라고 한다. 참모임의 갈마에서의 상징적인 행위로서 사실상 재가신자에 대한 처벌이다. Smp. 1209에 따르면, 이하의 패러그래프에서처럼 여덟 가지 특성 가운데 하나를 지닌 자가 있다면, 결계의 안이나 결계의 밖으로 가서 강 등에서 발우를 뒤엎는다. 이처럼 누군가에 대하여 발우가 뒤엎어지면, 그의 집에서는 탁발음식을 받을 수 없다. 이하의 여덟 가지 특성은 재가신도에 대해서 불신을 선언할 수 있는 이유를 열거하는 AN. IV. 345와 병행한다.

수행승이 참모임에 알려야 한다.

[제안] '존자들이여, 참모임은 제 말에 귀를 기울이십시오. 릿차비 족의 밧다는 존자 답바 말라뿟따를 근거 없이 계율을 파괴했다고 비방했습니다. 참모임에 옳은 일이라면, 참모임은 릿차비 족의 밧다에 대하여 복발조치를 처분하고 참모임과의 왕래를 끊겠습니다. 이것이 제안입니다.'

[제청] '존자들이여, 참모임은 제 말에 귀를 기울이십시오. 릿차비 족의 밧다는 존자 답바 말라뿟따를 근거 없이 계율을 파괴했다고 비방했습니다. 참모임은 릿차비 족의 밧다에 대하여 복발조치를 하고 참모임과의 왕래를 끊습니다. 릿차비 족의 밧다에 대하여 복발조치를 하고 참모임과의 왕래를 끊는 것에 동의하면 침묵하시고, 이견이 있으면 말씀하십시오.'

[결정] '참모임은 릿차비 족의 밧다에 대하여 복발조치를 하고 참모임과의 왕래를 끊었습니다. 참모임이 찬성하여 침묵했으므로, 저는 그와 같이 알겠습니다.'"

5. 한때 존자 아난다는 아침 일찍 옷을 입고 발우와 가사를 수하고 리차비족의 밧다의 처소가 있는 곳을 찾아갔다. 가까이 다가가서 릿차비 족의 밧다에게 이와 같이 말했다.

[아난다] "벗이여, 참모임은 그대에 관하여 발우를 뒤집었습니다. 그대는 참모임과 왕래가 끊어졌습니다."

그러자[126] 릿차비 족의 밧다는 '참모임은 나에 관하여 발우를 뒤집었다. 나는 참모임과 왕래가 끊어졌다.'라고 생각하여 거기서 정신을 잃고 넘어졌다. 그래서 릿차비 족의 밧다의 친구들과 친지들은 릿차비 족의 밧다에게 이와 같이 말했다.

[밧다의 친구들과 친지들] "벗이여 밧다여, 그만두게. 슬퍼하지 말고 비탄해하지 말라. 우리가 세존과 수행승들의 무리에게 용서를 구해 보겠네."

그러자 릿차비 족의 밧다는 처자, 친구, 친지와 함께 젖은 옷을 입고 젖은 머리를 하고 세존께서 계신 곳을 찾아갔다. 가까이 다가가서 세존의 두 발에 머리를 조아리고 세존께 이와 같이 말했다.

[밧다] "세존이시여, 어리석은 자처럼 미혹한 자처럼 악하고 불건전한 자처럼 잘못을 저질렀습니다. 세존이시여, 저는 존자 답바 말라뿟따를 근거 없이 계율을 파괴했다고 비방했습니다. 세존이시여, 세존께서는 잘못을 잘못으로 받아주시고 미래를 수호하소서."

[세존] "벗이여 밧다여, 그대는 어리석은 자처럼 미혹한 자처럼 악하고 불건전한 자처럼 그대는 잘못을 저질렀습니다. 그대는 존자 답바 말라뿟따를 근거 없이

계율을 파괴했다고 비방했습니다. 벗이여 밧다여, 그대가 잘못을 잘못으로 보고 여법하게 참회하니, 내가 그대를 받아들입니다. 벗이여 밧다여, 이것이 고귀한 계율 가운데 성장입니다. 누구든지 잘못을 잘못으로 보고 여법하게 참회하는 자는 미래를 수호하는 것입니다."

6. 그리고 세존께서는 수행승들에게 말했다.

[세존] "수행승들이여, 그렇다면 참모임은 릿차비 족의 밧다에 대하여 복발조치를 해제하고 참모임과의 왕래를 도모하라. 수행승들이여, 여덟 가지 고리를 갖춘 재가신자에 대하여 복발조치를 해제해야 한다.

1) 수행승들에게 소득이 없기를 도모하지 않고
2) 수행승들에게 이익이 없기를 도모하지 않고
3) 수행승들에게 처소가 없기를 하지 않고
4) 수행승들을 비난하지 않고 매도하지 않고
5) 수행승들과 수행승들을 이간시키지 않고
6) 부처님을 헐뜯지 않고
7) 가르침을 비난하지 않고
8) 참모임을 비난하지 않는 것이다.

수행승들이여, 이러한 여덟 가지 고리를 갖춘 재가신자에 대하여 복발조치를 해제해야 한다. 수행승들이여, 그런데 이와 같이 해제해야 한다.

수행승들이여, 릿차비 족의 밧다는 참모임을 찾아가서 한쪽 어깨에 상의를 걸치고 연상의 수행승들의 양 발에 머리를 조아린 뒤에 웅크리고 앉아 합장하여 이와 같이 말해야 한다.

[청원1] '존자들이여, 참모임이 저에 관하여 발우를 뒤집었습니다. 저는 참모임과 왕래가 끊어졌습니다. 존자들이여, 저는 올바로 순리에 따라 바로 잡았으니 참모임이 저에 관하여 복발조치를 해제하기를 청합니다.'

[청원2] '존자들이여, 참모임이 저에 관하여 발우를 뒤집었습니다. 저는 참모임과 왕래가 끊어졌습니다. 존자들이여, 저는 올바로 순리에 따라 바로 잡았으니 두 번째에도 참모임이 저에 관하여 복발조치를 해제하기를 청합니다.'

[청원3] '존자들이여, 참모임이 저에 관하여 발우를 뒤집었습니다. 저는 참모임과 왕래가 끊어졌습니다. 존자들이여, 저는 올바로 순리에 따라 바로 잡았으니 세 번째에도 참모임이 저에 관하여 복발조치를 해제하기를 청합니다.'

총명하고 유능한[127] 수행승이 참모임에 알려야 한다.

[제안] '존자들이여, 참모임은 제 말에 귀를 기울이십시오. 참모임이 릿차비 족의 밧다에 관하여 발우를 뒤집었습니다. 그는 참모임과 왕래가 끊어졌습니다. 존자들이여, 그가 올바로 행하여 순리에 따라 개선하여 참모임이 그에 관하여 복발조치를 해제하기를 청합니다. 만약 참모임에 옳은 일이라면, 참모임은 릿차비 족의 밧다에 관하여 복발조치를 해제하고 참모임과의 왕래를 도모하겠습니다. 이것이 제안입니다.'

[제청] '존자들이여, 참모임은 제 말에 귀를 기울이십시오. 참모임이 릿차비 족의 밧다에 관하여 발우를 뒤집었습니다. 그는 참모임과 왕래가 끊어졌습니다. 존자들이여, 그가 올바로 행하여 순리에 따라 개선하여 참모임이 그에 관하여 복발조치를 해제하기를 청하고 있습니다. 참모임은 릿차비 족의 밧다에 관하여 복발조치를 해제하고 참모임과의 왕래를 도모합니다. 릿차비 족의 밧다에 관하여 복발조치를 해제하고 참모임과의 왕래를 도모하는 것에 동의하면 침묵하시고, 이견이 있으면 말씀하십시오.'

[결정] '참모임은 릿차비 족의 밧다에 관하여 복발조치를 해제하였고 참모임과의 왕래가 이루었습니다. 참모임이 찬성하여 침묵했으므로, 저는 그와 같이 알겠습니다."

복발조치가 끝났다.
두 번째 송출품이 끝났다.

21. 천으로 만든 카펫밟기(Celapattikākkamana)

1. 그리고 세존께서는 베쌀리 시에 계실만큼 계시다가 박가442) 국으로 유행을 떠났다. 차례로 유행하다가 박가 국에 도착했다. 거기서 세존께서는 박가 국의 쑹쑤마라기리443) 시에 있는 베싸깔라바나 숲444)의 미가다야445) 공원에 계셨다. 그런데 그때 왕자 보디446)의 꼬까나다447)라는 이름의 궁전이 지어졌으나

442) Bhaggā : 부족의 이름이자 나라의 이름. 수도는 쑹쑤마라기리(Suṃsumāragiri)였다. 박가(Bhaggā)는 꼬쌈비(Kosambi) 국의 속국으로 베쌀리(Vesalī) 시와 싸밧티(Sāvatthi) 시 사이에 놓여 있었다. 부처님은 여행 도중 여러 번 이곳을 방문하였는데 꼬쌈비 시의 우데나(Udena) 왕의 아들 보디 왕자(Bodhirājakumāra)가 부왕을 대신해서 총독으로 살고 있었다.

443) suṃsumāragiri : Srp. II. 249에 따르면, 그 곳에서 '악어가 소리를 질렀다.'라고 해서 붙여진 이름이다. 산의 이름이다.

444) Bhesakaḷāvana : 박가(Bhagga) 국의 숲으로 베싸깔라(Bhesakaḷā)라고 하는 야차녀가 살았다.

445) Migadāya : 베싸깔라바나 숲 속의 녹야원(鹿野園)으로 사슴과 사냥으로 잡은 동물들이 안전하게 뛰어 놀 수 있게 되어 있는 동물원과 같은 곳이다.

446) Bodhi : 왕자 보디(Bodhi)는 꼬쌈비(Kosambī) 시의 왕 우데나(Udena)의 아들이었다. 어머니는 아반띠(Avantī) 국의 왕 짠다빳조따(Caṇḍappajjota)의 딸이었다. 그와 관련된 이야기는 MN. II. 91-93와 병행한다.

지어진지 얼마 되지 않아 그 곳에 아직 수행자들이나 성직자들이나 어떠한 사람도 머물지 않았다. 그런데 왕자 보디가 바라문 청년 싼지까뿟따448)에게 이와 같이 말했다.

[왕자 보디] "자, 싼지까뿟따여, 그대는 세존께서 계신 곳을 찾아라. 가까이 다가가서 세존께 인사를 드리고 나의 이름으로 세존의 두 발에 경의를 표하고 병이나 고통이 없으며 건강하고 기력이 있고 평안하신지를 이와 같이 '세존이신 고따마여, 왕자 보디가 세존의 두 발에 경의를 표하고 병이나 고통이 없으며 건강하고 기력이 있고 평안하신지를 여쭙니다.'라고 전하라. 그리고 또한 이와 같이 '세존이신 고따마여, 세존께서는 수행승들의 무리와 함께 내일 아침 일찍 왕자 보디의 음식을 받아 주십시오.'라고 여쭈어라."

[싼지까뿟따] "왕자여, 알겠습니다."

2 바라문 청년 싼지까뿟따는 왕자 보디에게 대답하고 세존께서 계신 곳을 찾아갔다. 가까이 다가가서 세존께 인사를 드리고 안부를 서로 주고 받은 뒤에 이와 같이 말했다.

[싼지까뿟따] "세존이신 고따마여, 왕자 보디가 세존의 두 발에 경의를 표하고 병이나 고통이 없으며 건강하고 기력이 있고 평안하신지를 여쭙니다.' 그리고 또한 이와 같이 '세존이신 고따마여, 세존께서는 수행승들의 무리와 함께 내일 아침 일찍 왕자 보디의 음식을 받아 주십시오.'라고 말했습니다."

세존께서는 침묵으로 허락했다. 그러자 바라문 청년 싼지까뿟따는 세존께서 허락하신 것으로 알고 자리에서 일어나 왕자 보디가 있는 곳을 찾아갔다. 가까이 다가가서[128] 왕자 보디에게 이와 같이 말했다.

[싼지까뿟따] "저는 왕자의 이름으로 세존께 이와 같이 말했습니다. '세존이신 고따마여, 왕자 보디가 세존의 두 발에 경의를 표하고 병이나 고통이 없으며 건강하고 기력이 있고 평안하신지를 여쭙니다.' 그리고 또한 이와 같이 '세존이신 고따마여, 세존께서는 수행승들의 무리와 함께 내일 아침 일찍 왕자 보디의 음식을 받아 주십시오.'라고 말했습니다. 그러자 세존께서는 허용하셨습니다."

그래서 왕자 보디는 그 날 밤이 지나 자신의 처소에 훌륭한 여러 가지 음식을

---

447) Kokanada : 왕자 보디(Bodhi)의 궁전 이름으로 Pps. III. 321에 따르면, 연꽃 모양으로 건축되었기 때문에 꼬까나다(Kokanada)라고 불렸다.

448) Sañjikāputta : 왕자 보디(Bodhi)의 친구로 DhA. III. 134에 따르면, 왕자 보디가 다른 유사한 건물을 짓지 못하도록 꼬까나다(Kokanada)를 지은 건축사를 죽이려고 할 때에, 건축사에게 그 사실을 알려주었다.

준비하고는 자신은 꼬까나다 궁전의 가장 아랫 계단에 이르기까지 천으로 만든 카펫을 덮고 바라문 청년 싼지까뿟따에게 이와 같이 말했다.

[왕자 보디] "자, 싼지까뿟따여, 그대는 세존께서 계신 곳을 찾아라. 가까이 다가가서 세존께 '세존이시여, 음식이 준비되었습니다.'라고 때가 되었음을 알려라."

[싼지까뿟따] "왕자여, 알겠습니다."

바라문 청년 싼지까뿟따는 왕자 보디에게 대답하고 세존께서 계신 곳을 찾아갔다. 가까이 다가가서 세존께 때를 알렸다.

[싼지까뿟따] "세존이신 고따마여, 식사가 준비되었습니다."

그래서 세존께서는 아침 일찍 옷을 입고 발우와 가사를 들고 왕자 보디의 거처를 찾아갔다. 이 때 왕자 보디는 밖의 문지방에 서서 세존을 기다렸다. 왕자 보디는 세존께서 멀리 오시는 것을 보았다. 보고 나서 세존을 맞이하러 나아가 세존께 인사를 드리고 뒤를 따라 꼬까나다 궁전이 있는 곳에 이르렀다. 세존께서는 계단의 밑단 근처에 섰다. 그러자 왕자 보디는 세존께 이와 같이 말씀드렸다.

[왕자 보디] "세존이시여, 세상에서 존경받는 님께서는 천으로 만든 카펫을 밟으십시오. 올바른 길로 잘 가신 님께서는 천으로 만든 카펫을 밟으십시오. 그것은 저에게 오랜 세월 이익과 행복을 줄 것입니다."

이렇게 말하자 세존께서는 침묵하셨다.449)

두 번째에도 왕자 보디는 세존께 이와 같이 말씀드렸다.

[왕자 보디] "세존이시여, 세상에서 존경받는 님께서는 천으로 만든 카펫을 밟으십시오. 올바른 길로 잘 가신 님께서는 천으로 만든 카펫을 밟으십시오. 그것은 저에게 오랜 세월 이익과 행복을 줄 것입니다."

두 번째에도 세존께서는 침묵하셨다.

세 번째에도 왕자 보디는 세존께 이와 같이 말씀드렸다.

[왕자 보디] "세존이시여, 세상에서 존경받는 님께서는 천으로 만든 카펫을 밟으십시오. 올바른 길로 잘 가신 님께서는 천으로 만든 카펫을 밟으십시오. 그것

---

449) bhagavā tuṇhī ahosi : Smp. 1209와 Pps. III. 322에 따르면, 왕자 보디(Bodhi)에게는 자식이 없고 아이를 낳을 수 없었기(sutavañjho) 때문에 아들을 원했다. 그런데 부처님께 특별한 공양을 올리면 소원을 이룰 수 있다고 하는 소문을 들었다. 그래서 그는 이러한 생각으로 천으로 만든 카펫을 편 것이다. '내게 아들이 생길 수 있다면, 부처님은 천으로 만든 카펫의 위를 걸을 것이다. 내게 아들이 생길 수 없다면, 부처님은 천으로 만든 카펫의 위를 걷지 않을 것이다.' 부처님은 과거의 나쁜 업 때문에, 그와 그의 아내가 자식이 없는 것을 알았다. 그래서 부처님은 그 위를 걷지 않고 침묵한 것이다. 나중에 부처님은 수행승들이 천으로 만든 카펫의 위를 걷는 것을 금지하는 규범을 만들었으나 결국 수행승들에게 재가의 신자를 격려하는 의미에서 천으로 만든 카펫의 위로 걷는 것을 허용하는 것으로 규범을 바꾸었다.

은 저에게 오랜 세월 이익과 행복을 줄 것입니다."

세존께서는 존자 아난다를 쳐다보았다. 그러자 존자 아난다는 왕자 보디에게 이와 같이 말했다.

[아난다] "왕자여, 천으로 만든 카펫을 제거하십시오. 세존께서는 천으로 만든 카펫의 길을 걷지 않습니다. 여래는 뒤에 오는 사람을 배려합니다."[450]

3. 그래서 왕자 보디는 그 천으로 만든 카펫을 제거했다. 그는 꼬까나다 궁전의 계단 위쪽에 자리를 마련하였다. 그래서 세존께서는 수행승들의 무리와 함께 꼬까나다 궁전의 계단에 올라 마련된 자리에 앉으셨다. 그러자 왕자 보디는 부처님을 비롯하여 수행승들의 무리에게 훌륭한 여러 가지 음식을 손수 대접하여 그들을 만족시켰다. 이윽고 세존께서 식사를 마치고 손에서 발우를 떼자, 왕자 보디는 한쪽으로 물러나 앉았다.[451] 한쪽에 물러나 앉은 왕자 보디에게 세존께서는 법문으로[129] 교화하고 격려하고 북돋우고 기쁘게 하고 자리에서 일어나 그곳을 떠났다. 그후 세존께서는 이것을 기회로 이것을 원인으로 수행승들의 참모임을 불러 모아 수행승들에게 일렀다.

[세존] "수행승들이여, 천으로 만든 카펫 위에 올라서는 안 된다. 오른다면, 악작죄가 된다."

4. 그런데 그때 어떤 유산한 여인이 수행승들을 초대하여 천으로 만든 카펫을 깔고 이와 같이 말했다.

[여인] "존자여, 이 천으로 만든 카펫을 밟아 주십시오."

수행승들은 주저하면서 밟지 않았다.

[여인] "존자들이여, 행운을 위하여 천으로 만든 카펫을 밟아 주십시오."

수행승들은 주저하면서 밟지 않았다. 그러자 그 여인은 혐책하고 분개하고 비난했다.

[여인] "어찌 존자들은 행운을 위하여 요청을 받고도 천으로 만든 카펫을 밟지 않을 수 있단 말인가?"

수행승들은 그 여인이 혐책하고 분개하고 비난하는 것을 들었다. 그래서 그

---

450) pacchimaṃ janataṃ tathāgato anukampati : Pps. III. 323에 따르면, 존자 아난다는 마음속에 이와 같이 '후대의 사람들은 자신들의 세속적인 욕망을 채우는 것을 보장하는 길로서 수행승들에게 존경을 표할 것이고 그들의 존경이 자신들이 욕망하는 바를 성공적으로 이루지 못하면 승단에 대한 신뢰를 져버릴 것이다.'라고 생각을 하며 말한 것이라고 기록하고 있으나 Smp. 1209에는 이러한 말은 없다.

451) bhagavantaṃ bhuttāviṃ onītapattapāṇiṃ ekamantaṃ nisīdi : 여기까지는 MN. II. 91-93과 동일하다.

수행승들은 세존께 그 사실을 알렸다. 그러자 세존께서는 이것을 기회로 이것을 원인으로 법문을 하고 수행승들에게 일렀다.

[세존] "수행승들이여, 재가신자는 행운을 원한다. 수행승들이여, 행운을 위하여 요청을 받으면 천으로 만든 카펫을 밟는 것을 허용한다."

그런데 그후 수행승들이 주저하며 발을 씻은 후에 사용하는 시트452)를 밟지 않았다. 세존께 그 사실을 알렸다.

[세존] "수행승들이여, 발을 씻은 후에 사용하는 시트를 밟는 것을 허용한다."

천으로 만든 카펫밟기가 끝났다.

III 세 번째 송출품(Tatiyabhāṇavāra : 22-37)

22. 비싸카 미가라마따(Visākhā migāramātā)

1. 한때 세존께서 박가 국에서 계실만큼 계시다가 싸밧티 시로 유행을 떠났다. 차례로 유행하다가 싸밧티 시에 도착했다. 거기서 세존께서는 싸밧티 시에 있는 제따바나 숲의 아나타삔디까 승원에 계셨다. 그런데 그때 비싸카 미가라마따453)가 옹기와 마찰구454)와 빗자루를 가지고 세존께서 계신 곳을 찾아왔다. 가까이 다가와서 세존께 인사를 드리고 한쪽으로 물러나 앉았다. 한쪽으로 물러나 앉은

---

452) dhotapādaka : Smp. 1209에 따르면, 발을 씻는 장소에서 발을 씻은 후에 밟으라고 펼쳐놓은 깔개를 말한다.

453) Visākhā Migāramātā : 부처님의 여제자인 재가의 여자 신도 가운데 '보시하는 님 가운데 제일(dāyikānaṃ aggaṃ)'이다. 앙가(Aṅga) 국의 밧디야(Bhaddiya) 시에서 부유한 장자인 아버지 다난자야(Dhanañjaya)와 어미 수마나(Sumanā) 사이에 태어났다. 부처님은 그녀가 7살일 때 밧디야 시를 방문했다. 할아버지는 비싸카에게 500명의 친구와 500명의 하인과 500대의 수레를 주었는데, 그녀는 그들을 데리고 부처님을 찾아갔다. 그녀는 부처님을 뵙자 수레를 멈추고 걸어서 부처님의 두발에 예를 올렸다. 부처님이 그녀에게 가르침을 설하자 그녀는 곧 흐름에 든 님이 되었다. 나중에 꼬쌀라 국왕 빠쎄나디의 요청으로 빔비싸라 왕은 다난자야를 파견하였는데, 그래서 다난자야는 가족을 데리고 꼬쌀라 국의 싸께따(Sāketa)에서 살게 되었다. 마침 싸밧티 시의 장자 미가라(Migāra)는 자신의 아들 빵냐밧다나(Paññavaddhana)를 위해 신부감을 고르기 위해 사자를 파견했는데, 그 사자가 비싸카를 만나 청혼의 전언을 전하자 그녀는 '결혼하지 않은 처녀는 팔릴 때를 기다리는 상품과 같아서 부서지면 안된다.'고 했다. 사자가 꽃다발을 전하자 그녀가 받아들임으로써 결혼이 성립되었다. 그녀는 결혼 후에 시아버지 미가라와 함께 살게 되었는데, 미가라는 니간타(자이나교도)의 신도였다. 한 번은 비싸카가 부처님과 수행승들을 집으로 초대했는데, 식후에 미가라는 휘장 뒤에서 부처님의 설법을 듣고 흐름에 든 님이 되었다. 그래서 그는 며느리 비싸카에게 너무 고마운 나머지 '그대가 미가라의 어머니다.'라고 말했기 때문에, 비싸카는 미가라마타(Migāramātā)라고 불렸다. 그녀는 10명의 아들과 10명의 딸을 두었고 그들은 각각 같은 수의 손자를, 손자들은 같은 수의 증손자를 두었다. 그녀는 싸밧티 시에서 행운의 존재로 알려져 많은 사람들이 그녀를 초대하여 잔치를 열었다. 그녀는 매일 집에서 500명의 수행승들에게 공양을 베풀었다. 그녀는 120 세까지 16 세의 아름다운 모습을 지닌 채, 장수하다가 죽었다.

454) kataka : CV. V. 37에 따르면, 진흙으로 만든 것으로 두 가지 가운데 하나로 형용되지 않는 것이다. Smp. 1209에 따르면, 발을 마찰하기 위해 돌기가 나와 있는 것으로 둥글거나 사각진 것이다. 사치스러운 것으로 금지되었거나 수용되거나 사용되지 않은 것이다.

비싸카 미가라마따는 세존께 이와 같이 말했다.

[비싸카] "세존이시여, 제가 오랜 세월 안녕과 행복을 누리도록 옹기와 마찰구와 빗자루를 받아 주십시오."

세존께서는 옹기와 빗자루를 받았다. 그러나 세존께서는 마찰구는 받지 않았다. 그리고 세존께서는 비싸카 미가라마따를 법문으로 교화하고 격려하고 북돋우고 기쁘게 했다. 그러자 비싸카 미가라마따는 세존으로부터 법문으로 교화받고 격려받고 북돋아져서 기뻐하며, 자리에서 일어나 세존께 인사를 하고 오른쪽으로 돌아 그곳을 떠났다. 그러자[130] 세존께서는 이것을 기회로 이것을 원인으로 법문을 하고 수행승들에게 일렀다.

[세존] "수행승들이여, 옹기와 빗자루를 허용한다. 그러나 마찰구는 사용해서는 안 된다. 사용하면, 악작의 죄가 된다. 수행승들이여, 세 가지 발마찰구, 돌, 자갈, 해석(海石)은 허용한다."455)

2. 한때 비싸카 미가라마따는 부채와 다라선(多羅扇)456)을 가지고 세존께서 계신 곳을 찾아왔다. 가까이 다가와서 세존께 인사를 드리고 한쪽으로 물러나 앉았다. 한쪽으로 물러나 앉은 비싸카 미가라마따는 세존께 이와 같이 말했다.

[비싸카] "세존이시여, 제가 오랜 세월 안녕과 행복을 누리도록 부채와 다라선을 받아 주십시오."

세존께서는 부채와 다라선을 받았다. 그리고 세존께서는 비싸카 미가라마따를 법문으로 교화하고 격려하고 북돋우고 기쁘게 했다. 그러자 비싸카 미가라마따는 세존으로부터 법문으로 교화받고 격려받고 북돋아져서 기뻐하며, 자리에서 일어나 세존께 인사를 하고 오른쪽으로 돌아 그곳을 떠났다.

그러자 세존께서는 이것을 기회로 이것을 원인으로 법문을 하고 수행승들에게 일렀다.

[세존] "수행승들이여, 부채와 다라선을 허용한다."

비싸카 미가라마따가 끝났다.

23. 모기총채 및 기타(Makasavījanīādi)

1. 한때 참모임에 모기총채457)가 생겼다. 세존께 그 사실을 알렸다.

---

455) anujānāmi bhikkhave tisso pādaghaṃsaniyo sakkharaṃ kaṭhalaṃ samuddapheṇekanti : 여기서 해석(海石 : samuddapheṇeka)은 Vism. 254에 따르면, 뼈종류이다. 오징어뼈일 가능성이 있다.

456) tālavaṇṭa : Smp. 1210에 따르면, 종려나무잎이나 대나무, 상아와 대나무조각, 공작새깃털, 가죽으로 만든 부채를 말한다.

[세존] "수행승들이여, 모기총채를 허용한다."

야크꼬리털로 만든 총채가 생겼다. 세존께 그 사실을 알렸다.

[세존] "수행승들이여, 야크꼬리털로 만든 총채를 지니면 안 된다. 자니면, 악작죄가 된다. 수행승들이여, 세 가지 총채 즉, 나무껍질로 만든 것과 수망초경으로 만든 것458)과 공작깃털로 만든 것을 허용한다."

2. 한때 참모임에 양산459)이 생겼다. 세존께 그 사실을 알렸다.

[세존] "수행승들이여, 양산을 허용한다."

그런데 한때 여섯무리의 수행승들이 양산을 받치고 돌아다녔다. 그때 어떤 재가신자가 많은 사명외도의 제자들과 함께 왔다. 그 사명외도의 제자들은 여섯무리의 수행승들이 멀리서 양산을 받치고 오는 것을 보았다. 보고나서 그 재가신자에게 말했다.

[사명외도] "이보게, 당신들의 존자들이 양산을 받치고 온다. 마치 지체높은 대신의 무리와 같다."

[재가신자] "존자들이여, 이들은 수행승들이 아니라 유행자들입니다."

그들은 '수행승들이다, 수행승들이 아니다.'라고 내기를 걸었다. 그러자 그 재가신자는 그들이 도착하자 그들을 알아채고 혐책하고 분개하고 비난했다.

[재가신자] "어찌 존자들이[131] 양산을 받치고 돌아다닐 수 있단 말인가?"

수행승들은 그 재가신자가 혐책하고 분개하고 비난하는 것을 들었다. 그래서 그 수행승들은 세존께 그 사실을 알렸다.

[세존] "재가신자여, 여섯무리의 수행승들이 양산을 받치고 돌아다니는 것이 사실인가?"

[재가신자] "세존이시여, 사실입니다."

존귀하신 부처님께서는 견책했다.

[세존] "수행승들이여, 그 어리석은 자들은 적절하지 않고, 자연스럽지 않고, 알맞지 않고, 수행자의 삶이 아니고, 부당하고, 해서는 안 될 일을 행한 것이다. 어찌 여섯무리의 수행승들이 양산을 받치고 돌아다닐 수 있단 말인가? 수행승들이여, 그것은 아직 청정한 믿음이 없는 자를 청정한 믿음으로 이끌고, 이미 청정한 믿음이 있는 자를 더욱더 청정한 믿음으로 이끄는 것이 아니다. 수행승들이여,

---

457) makasavijanī : Smp. 1210에 따르면, 뿔이나 상아로 만든 작은 지팡이(?)이다.

458) usīramaya : 수망초경(須芒草莖) 학명은 Andropogon muricantum이다.

459) chatta : 양산에 대한 규정은 Vin. IV. 200. 338을 보라.

그것은 오히려, 아직 청정한 믿음이 없는 자를 신으로 이끌고, 이미 청정한 믿음이 있는 자 가운데 어떤 자들을 타락시키는 것이다."

그리고 세존께서는 그 여섯무리의 수행승들을 여러 가지 방편으로 견책하여, 키우기 어렵고 부양하기 어렵고 욕심이 많고 만족을 모르고 교제를 좋아하고 나태한 것에 대하여 질책하고, 여러 가지 법문으로 고무하여, 키우기 쉽고 부양하기 쉽고 욕심을 여의고, 만족을 알고, 버리고 없애는 삶을 살고, 두타행을 하고, 청정한 믿음이 있고, 쌓아 모으지 않고, 용맹정진하는 것을 칭찬하고, 수행승들을 위하여 그에 알맞고 그에 걸맞게 경책하여 법문을 하고 수행승들에게 일렀다.

[세존] "수행승들이여, 양산을 사용하지 말라. 사용하면, 악작죄가 된다."460)

3. 한때 어떤 수행승이 병이 들어 양산이 없이는 불편했다.461) 세존께 그 사실을 알렸다.

[세존] "수행승들이여, 병든 자에게는 양산을 허용한다."

그런데 그때 수행승들은 '병든 자에게 양산이 허용된 것이지만, 병들지 않은 자에게는 그렇지 않다.'라고 생각하여 승원이나 승원의 부근에서 양산을 들고 다니는 것에 주저했다. 세존께 그 사실을 알렸다.

[세존] "수행승들이여, 병든 자나 병들지 않은 자나 승원이나 승원부근에서 양산을 사용하는 것을 허용한다."

모기총채 및 기타가 끝났다.

24. 지팡이와 걸망(Daṇḍasikka)

1. 한때 어떤 수행승이 걸망에 발우를 묶어 지팡이에 걸고 때 아닌 때에 마을의 어귀를 나왔다. 사람들은 '이보게들, 여기 도둑이 온다. 그의 칼이 번쩍인다.'라고 말하며 쫓아와서 붙잡은 뒤에 누구인지 알고 놓아 주었다. 그래서 그 수행승은 승원에 와서 수행승들에게 그 사실을 알렸다.

[수행승들] "벗이여, 그대가 지팡이에 걸망을 걸고 다녔습니까?"

[수행승] "벗이여, 그렇습니다."

수행승들 가운데 욕망을 여의고, 만족을 알고, 부끄러움을 알고, 후회할 줄 알고 배움을 원하는 자들은 그들에 대하여 혐책하고 분개하고 비난했다.

---

460) na bhikkhave chattaṃ dhāretabbaṃ. yo dhāreyya āpatti dukkaṭassā'ti : Vin. IV. 338에서 수행녀들도 그것들을 사용하면 안 된다.

461) tena kho pana samayena aññataro bhikkhu gilāno hoti, tassa vinā chattena na phāsu hoti : Vin. IV. 337-338에서는 수행녀와 관계된 서술이 있다.

[수행승들] “어찌 수행승이 지팡이에 걸망을 걸고 다닐 수 있단 말인가?”

그래서 그 수행승들은 세존께 그 사실을 알렸다.

[세존] “수행승이여, 그대가 지팡이에 걸망을 걸고 다닌 것이 사실인가?”

[수행승] “세존이시여, 사실입니다.”

존귀하신 부처님께서는 견책했다.

[세존] “수행승들이여, 그 어리석은 자들은 적절하지 않고, 자연스럽지 않고, 알맞지 않고, 수행자의 삶이 아니고, 부당하고, 해서는 안 될 일을 행한 것이다. 어찌 수행승이 지팡이에 걸망을 걸고 다닐 수 있단 말인가? 수행승들이여, 그것은 아직 청정한 믿음이 없는 자를 청정한 믿음으로 이끌고, 이미 청정한 믿음이 있는 자를 더욱더 청정한 믿음으로 이끄는 것이 아니다. 수행승들이여, 그것은 오히려, 아직 청정한 믿음이 없는 자를 불신으로 이끌고, 이미 청정한 믿음이 있는 자 가운데 어떤 자들을 타락시키는 것이다.”

그리고 세존께서는 그 수행승들을 여러 가지 방편으로 견책하여, 키우기 어렵고 부양하기 어렵고 욕심이 많고 만족을 모르고 교제를 좋아하고 나태한 것에 대하여 질책하고, 여러 가지 법문으로 고무하여, 키우기 쉽고 부양하기 쉽고 욕심을 여의고, 만족을 알고, 버리고 없애는 삶을 살고, 두타행을 하고, 청정한 믿음이 있고, 쌓아 모으지 않고, 용맹정진하는 것을 칭찬하고, 수행승들을 위하여 그에 알맞고 그에 걸맞게 경책하여 법문을 하고 수행승들에게 일렀다.

[세존] “수행승들이여, 지팡이에 걸망을 걸고 다니지 말라. 다니면, 악작죄가 된다.”

2. 그런데 그때 어떤 수행승이 병이 들었다. 지팡이가 없이는 돌아다닐 수가 없었다. 세존께 그 사실을 알렸다.

[세존] “수행승들이여, 병든 수행승에게는 지팡이의 사용인가를 주는 것을 허용한다.”

수행승들이여, 그러나 이와 같이 주어야 한다. 그 병든 수행승은 참모임을 찾아가서 한쪽 어깨에 상의를 걸치고 연상의 수행승들의 양 발에 머리를 조아린 뒤에 웅크리고 앉아 합장하여 이와 같이 말해야 한다.

[청원1] ‘존자들이여, 저는 병이 들어 지팡이가 없이는 돌아다닐 수가 없습니다. 존자들이여, 저는 참모임에 지팡이의 사용인가를 청합니다.’

[청원2] ‘존자들이여, 저는 병이 들어 지팡이가 없이는 돌아다닐 수가 없습니다. 존자들이여, 두 번째에도 저는 참모임에 지팡이의 사용인가를 청합니다.’

[청원3] '존자들이여, 저는 병이 들어 지팡이가 없이는 돌아다닐 수가 없습니다. 존자들이여, 세 번째에도 저는 참모임에 지팡이의 사용인가를 청합니다.'

총명하고 유능한 수행승이[132] 참모임에 알려야 한다.

[제안] '존자들이여, 참모임은 제 말에 귀를 기울이십시오. 이러이러한 수행승이 병이 들어 지팡이가 없이는 돌아다닐 수가 없습니다. 그가 참모임에 지팡이의 사용인가를 청합니다. 참모임에 옳은 일이라면, 참모임은 이러이러한 수행승에게 지팡이의 사용인가를 주겠습니다. 이것이 제안입니다.'

[제청] '존자들이여, 참모임은 제 말에 귀를 기울이십시오. 이러이러한 수행승이 병이 들어 지팡이가 없이는 돌아다닐 수가 없습니다. 그가 참모임에 지팡이의 사용인가를 청하고 있습니다. 참모임은 이러이러한 수행승에게 지팡이의 사용인가를 주겠습니다. 이러이러한 수행승에게 지팡이의 사용인가를 주는 것에 동의하면 침묵하시고, 이견이 있으면 말씀하십시오.'

[결정] '참모임은 이러이러한 수행승에게 지팡이의 사용인가를 주었습니다. 참모임이 찬성하여 침묵했으므로, 저는 그와 같이 알겠습니다.'"

3. 그런데 그때 어떤 수행승이 병이 들었다. 걸망이 없이는 발우를 운반할 수 없었다. 세존께 그 사실을 알렸다.

[세존] "수행승들이여, 병든 수행승에게는 걸망의 사용인가를 주는 것을 허용한다."

수행승들이여, 그러나 이와 같이 주어야 한다. 그 병든 수행승은 참모임을 찾아가서 한쪽 어깨에 상의를 걸치고 연상의 수행승들의 양 발에 머리를 조아린 뒤에 웅크리고 앉아 합장하여 이와 같이 말해야 한다.

[청원1] '존자들이여, 저는 병이 들어 걸망이 없이는 발우를 운반할 수가 없습니다. 존자들이여, 저는 참모임에 걸망의 사용인가를 청합니다.'

[청원2] '존자들이여, 저는 병이 들어 걸망이 없이는 발우를 운반할 수가 없습니다. 존자들이여, 두 번째에도 저는 참모임에 걸망의 사용인가를 청합니다.'

[청원3] '존자들이여, 저는 병이 들어 걸망이 없이는 발우를 운반할 수가 없습니다. 존자들이여, 세 번째에도 저는 참모임에 걸망의 사용인가를 청합니다.'

총명하고 유능한 수행승이 참모임에 알려야 한다.

[제안] '존자들이여, 참모임은 제 말에 귀를 기울이십시오. 이러이러한 수행승이 병이 들어 걸망이 없이는 발우를 운반할 수가 없습니다. 그가 참모임에 걸망의 사용인가를 청하고 있습니다. 참모임에 옳은 일이라면, 참모임은 이러이러한 수

행승에게 지팡이의 사용인가를 주겠습니다. 이것이 제안입니다.'

[제청] '존자들이여, 참모임은 제 말에 귀를 기울이십시오. 이러이러한 수행승이 병이 들어 걸망이 없이는 발우를 운반할 수가 없습니다. 그가 참모임에 걸망의 사용인가를 청하고 있습니다. 참모임은 이러이러한 수행승에게 걸망의 사용인가를 주겠습니다. 이러이러한 수행승에게 걸망의 사용인가를 주는 것에 동의하면 침묵하시고, 이견이 있으면 말씀하십시오.'

[결정] '참모임은 이러이러한 수행승에게 걸망의 사용인가를 주었습니다. 참모임이 찬성하여 침묵했으므로, 저는 그와 같이 알겠습니다.'"

4. 그런데 그때 어떤 수행승이 병이 들었다. 지팡이 없이는 돌아다닐 수가 없고, 걸망이 없이는 발우를 운반할 수 없었다. 세존께 그 사실을 알렸다.

[세존] "수행승들이여, 병든 수행승에게는 지팡이와 걸망의 사용인가를 주는 것을 허용한다."

수행승들이여, 그러나 이와 같이 주어야 한다. 그 병든 수행승은 참모임을 찾아가서 한쪽 어깨에 상의를 걸치고 연상의 수행승들의 양 발에 머리를 조아린 뒤에 웅크리고 앉아 합장하여 이와 같이 말해야 한다.

[청원1] '존자들이여, 저는 병이 들어 지팡이 없이는 돌아다닐 수가 없고, 걸망이 없이는 발우를 운반할 수가 없습니다. 존자들이여, 저는 참모임에 지팡이와 걸망의 사용인가를 청합니다.'

[청원2] '존자들이여, 저는 병이 들어 지팡이 없이는 돌아다닐 수가 없고, 걸망이 없이는 발우를 운반할 수가 없습니다. 존자들이여, 두 번째에도 저는 참모임에 지팡이와 걸망의 사용인가를 청합니다.'

[청원3] '존자들이여, 저는 병이 들어 지팡이 없이는 돌아다닐 수가 없고, 걸망이 없이는 발우를 운반할 수가 없습니다. 존자들이여, 세 번째에도 저는 참모임에 지팡이와 걸망의 사용인가를 청합니다.'

총명하고 유능한 수행승이 참모임에 알려야 한다.

[제안] '존자들이여, 참모임은 제 말에 귀를 기울이십시오. 이러이러한 수행승이 병이 들어 지팡이 없이는 돌아다닐 수가 없고, 걸망이 없이는 발우를 운반할 수가 없습니다. 그가 참모임에 지팡이와 걸망의 사용인가를 청하고 있습니다. 참모임에 옳은 일이라면, 참모임은 이러이러한 수행승에게 지팡이의 사용인가를 주겠습니다. 이것이 제안입니다.'

[제청] '존자들이여, 참모임은 제 말에 귀를 기울이십시오. 이러이러한 수행승

이 병이 들어 지팡이 없이는 돌아다닐 수가 없고, 걸망이 없이는 발우를 운반할 수가 없습니다. 그가 참모임에 지팡이와 걸망의 사용인가를 청하고 있습니다. 참모임은 이러이러한 수행승에게 지팡이와 걸망의 사용인가를 주겠습니다. 이러이러한 수행승에게 지팡이와 걸망의 사용인가를 주는 것에 동의하면 침묵하시고, 이견이 있으면 말씀하십시오.'

[결정] '참모임은 이러이러한 수행승에게 지팡이와 걸망의 사용인가를 주었습니다. 참모임이 찬성하여 침묵했으므로, 저는 그와 같이 알겠습니다.'"

지팡이와 걸망이 끝났다.

25. 되새김질하는 자(Romanthaka)

1. 한때 어떤 수행승이 되새김질을 하는 자462)였다. 그는 항상 되새김질한 뒤에 삼켰다. 수행승들이 혐책하고 분개하고 비난했다.

[수행승들] "이 수행승은 때 아닌 때에 식사를 한다."463)

세존께 그 사실을 알렸다.

[세존] "수행승들이여, 이 수행승은 소의 모태에서 죽은 지 아직 오랜 세월이 지나지 않았다. 수행승들이여, 되새김질하는 자의 되새김질을 허용한다. 수행승들이여, 그러나 입 밖으로 꺼낸 후에 삼키지는 말아라.464) 그렇게 삼킨다면, 원칙에 따라 조c치해야 한다."465)

되새김질하는 자가 끝났다.

26. 떨어진 밥알(Vippakiṇṇasitthāni)

1. 한때 어떤 한 조합의 사람들이 참모임을 위한 식사를 가졌다. 식당에는 많은 밥알이 떨어져 널려 있었다. 사람들이 혐책하고 분개하고 비난했다.

[사람들] "어찌 싸끼야의 아들인 수행자들이 밥을 주는데, 주의깊게 받지 못하는가? 하나하나의 밥알이라도 일백의 노동의 결과이다."

수행승들은 그 사람들이[133] 혐책하고 분개하고 비난하는 소리를 들었다.

---

462) romanthaka : '반추(反芻)하는 자'를 말한다.

463) vikāle'yaṃ bhikkhū bhojanaṃ bhuñjatī'ti : 이것은 속죄죄법 제37조(Pāc. 37)를 저촉하는 것이다.

464) na ca bhikkhave bahi mukhavāraṃ nīharitvā ajjhoharitabbaṃ : 이것에 대해서는 속죄죄법 제40조(Pāc. 40)와 중학죄법 제41조(Sekh. 41)를 참조하라. 담마다야다 스님에 의하면, 오전중 일단 침과 섞인 음식이 몸과 분리되면, 재공양을 받아야 한다. 때 아닌 때인 오후에 입으로 올라온 음식은 다시 되새김질 하여 삼킬 수 있으나, 일단 몸을 벗어나면, 다시 먹을 수 없다.

465) yathā dhammo kāretabbo : 속죄죄법 제37조와 제38조(Pāc. 37. 38)를 참조하라.

그 수행승들은 세존께 그 사실을 알렸다.

[세존] "수행승들이여, 주어져서 떨어진 것을 스스로 취해서 먹는 것을 허용한다.466) 수행승들이여, 시주에 의해서 그대들에게 남겨진 것이기 때문이다."

떨어진 밥알이 끝났다.

27. 손톱 및 기타(Nakhādi)

1. 한때 어떤 수행승이 손톱을 길게 해서 탁발을 다녔다. 어떤 여인이 보고 그 수행승에게 말했다.

[여인] "존자여, 와서 성교를 합시다."

[수행승] "자매여, 그만두시오. 그것은 옳은 일이 아닙니다."

[여인] "존자여, 만약에 그대가 하지 않는다면, 나는 지금 내 손톱으로 사지를 할퀸 뒤에 '이 수행승이 나를 범했다.'라고 소란을 피우겠다."

[수행승] "자매여, 그대의 일입니다."

그러자 그 여자는 자신의 손톱으로 사지를 할퀸 뒤에 '이 수행승이 나를 범했다.'라고 소란을 피웠다. 사람들이 달려와서 그 수행승을 붙잡았다. 그 사람들은 그 여인의 손톱 가운데 피부와 혈흔이 있는 것을 보았다. 보고나서 '이것은 이 여자의 짓이지, 수행승이 한 일이 아니다.'라고 그 수행승을 놓아 주었다.

그러자 그 수행승은 승원에 와서 수행승들에게 그 사실을 알렸다.

[수행승들] "벗이여, 그대는 손톱을 길게 하고 다녔습니까?"

[수행승] "벗이여, 그렇습니다."

수행승들 가운데 욕망을 여의고, 만족을 알고, 부끄러움을 알고, 후회할 줄 알고 배움을 원하는 자들은 그에 대하여 혐책하고 분개하고 비난했다.

[수행승들] "어찌 수행승이 손톱을 길게 하고 다닐 수 있단 말인가?"

그래서 그 수행승들은 세존께 그 사실을 알렸다.

[세존] "수행승들이여, 손톱을 길게 하고 다니지 말라.467) 다니면, 악작죄가 된다."

2. 그런데 한때 수행승들은 손톱으로 손톱을 자르고 입으로 손톱을 물어뜯고, 벽에다 마찰하여, 손가락이 아팠다. 세존께 그 사실을 알렸다.

---

466) anujānāmi bhikkhave yaṃ dīyamānaṃ patati taṃ sāmaṃ gahetvā paribhuñjituṃ : 이것에 대해서는 Vin. IV. 69-90를 참조하라.

467) na bhikkhave dīghā nakhā dhāretabbā : Smp. 1210에 따르면, 손톱을 자르는 것은 자기보호를 위한 것이다.

[세존] "수행승들이여, 손톱을 깎는 것을 허용한다."

피가 나오도록 손톱을 깎았다. 손가락이 아팠다.

[세존] "수행승들이여, 살의 높이만큼 손톱을 깎는 것을 허용한다."

그런데 그때 여섯무리의 수행승들이 스무 개의 손발톱을 세련되게 다듬었다. 사람들이 혐책하고 분개하고 비난했다.

[사람들] "마치 감각적 쾌락의 욕망을 즐기는 재가자와 같다."

세존께 그 사실을 알렸다.

[세존] "수행승들이여, 스무 개의 손발톱을 세련되게 다듬지 말라, 다듬으면, 악작죄가 된다. 수행승들이여, 오직 때만을 제거하는 것을 허용한다."

3. 그런데 한때 수행승들에게 머리카락이 길게 자랐다. 세존께 그 사실을 알렸다.

[세존] "수행승들이여, 서로의 머리카락을 자를 수 있는가?"

[수행승들] "세존이시여, 가능합니다."

그러자[134] 세존께서는 이것을 기회로 이것을 원인으로 법문을 하고 수행승들에게 일렀다.

[세존] "수행승들이여, 면도날, 숫돌, 면도날행낭, 펠트, 일체의 면도도구를 허용한다."

4. 그런데 한때 여섯무리의 수행승들이 수염을 다듬고, 수염을 기르고, 염소처럼 긴 수염을 만들고,468) 사각모양의 수염을 만들고,469) 가슴에 털모양을 만들고,470) 배위에 털모양을 만들고,471) 구레나룻을 만들고,472) 음부의 털을 잘라냈다.473) 사람들이 혐책하고 분개하고 비난했다. 사람들이 혐책하고 분개하고 비난했다.

[사람들] "마치 감각적 쾌락의 욕망을 즐기는 재가자와 같다."

세존께 그 사실을 알렸다.

[세존] "수행승들이여, 수염을 다듬어서는 안 된다. 수염을 길러서는 안 된다.

---

468) golomikaṃ kārāpenti : Smp. 1211에 따르면, 턱끝까지 길게 만들어서 염소의 수염처럼 만드는 것을 말한다.

469) caturassakaṃ kārāpenti : Smp. 1211에 따르면, 사각(四角 : catukoṇa)을 말한다.

470) parimukhaṃ kārāpenti : Smp. 1211에 따르면, 가슴에 털을 키우고 모아서 다듬어 가지런한 행렬의 털을 만드는 것을 말한다.

471) aḍḍhurakaṃ kārāpenti : Smp. 1211에 따르면, 배위에 가지런한 행렬의 털을 만든 것을 뜻한다.

472) dāṭhikaṃ ṭhapenti : 'dāṭhikā'는 구레나룻이다.

473) sambādhe lomaṃ saṃharāpenti : 비구니속죄죄법 제2조(Bhikkhunī Pāc. 2)에 따르면, 음부는 겨드랑이와 성기를 의미한다.

염소처럼 긴 수염을 만들어서는 안 된다. 사각모양의 수염을 만들어서는 안 된다. 가슴의 털모양을 만들어서는 안 된다. 배 위에 털모양을 만들어서는 안 된다. 구레나룻을 만들어서는 안 된다. 음부의 털을 잘라내서는 안 된다. 그렇게 하면, 악작죄가 된다."474)

그런데 그때 어떤 수행승에게 음부의 종기가 있었다. 약이 붙지 않았다. 세존께 그 사실을 알렸다.

[세존] "수행승들이여, 질병이 있다면 음부의 털을 잘라내는 것을 허용한다."

5. 그런데 한때 여섯무리의 수행승들이 가위로 머리카락을 잘랐다. 사람들이 혐책하고 분개하고 비난했다.

[사람들] "마치 감각적 쾌락의 욕망을 즐기는 재가자와 같다."

세존께 그 사실을 알렸다.

[세존] "수행승들이여, 가위로 머리카락을 자르지 말라. 자르면, 악작죄가 된다."

그런데 그때 어떤 수행승에게 머리에 종기가 있었다. 면도칼로 머리카락을 자를 수가 없었다. 세존께 그 사실을 알렸다.

[세존] "수행승들이여, 질병이 있다면 가위로 머리카락을 자르는 것을 허용한다."

그런데 한때 수행승들이 긴 코털을 하고 다녔다. 사람들이 혐책하고 분개하고 비난했다. 사람들이 혐책하고 분개하고 비난했다.

[사람들] "마치 악귀의 종자와 같다."

세존께 그 사실을 알렸다.

[세존] "수행승들이여, 긴 코털을 하고 다니지 말라. 그렇게 다니면, 악작죄가 된다."

그런데 그때 수행승들이 자갈조각이나 밀납조각으로 코털을 뽑았다. 코가 아팠다. 세존께 그 사실을 알렸다.

[세존] "수행승들이여, 족집게를 허용한다."

그런데 그때 여섯무리의 수행승들이 흰 머리카락을 뽑아버렸다. 사람들이 혐책하고 분개하고 비난했다.

[사람들] "마치 감각적 쾌락의 욕망을 즐기는 재가자와 같다."

세존께 그 사실을 알렸다.

[세존] "수행승들이여, 흰 머리카락을 뽑지 말라. 뽑으면, 악자의 죄가 된다."

---

474) yo saṃharāpeyya āpatti dukkaṭassā'ti : Smp. 1211에 따르면, 수염을 기르는 것 등의 모든 것이 악작죄라는 뜻이다.

6. 그런데 한때 어떤 수행승이 귀지로 인해 귀가 막혔다.[135] 세존께 그 사실을 알렸다.

[세존] "수행승들이여, 귀지를 파내는 도구를 허용한다."475)

그러자 그때 여섯무리의 수행승들이 갖가지 금으로 만들거나 은으로 만든 귀지를 파내는 도구를 가지고 다녔다. 사람들이 혐책하고 분개하고 비난했다.

[사람들] "마치 감각적 쾌락의 욕망을 즐기는 재가자와 같다."

세존께 그 사실을 알렸다.

[세존] "수행승들이여, 갖가지 귀지를 파내는 도구를 가지고 다녀서는 안 된다. 그렇게 다니면, 악작죄가 된다. 수행승들이여, 수행승들이여, 단, 뼈로 만들어지거나, 상아로 만들어지거나, 뿔로 만들어지거나, 갈대로 만들어지거나, 대나무로 만들어지거나, 수지로 만들어지거나, 열매로 만들어지거나, 구리로 만들어지거나, 소라껍질로 만들어진 귀지를 파내는 도구는 허용한다."

손톱 및 기타가 끝났다.

28. 구리제품 및 기타(Lohabhaṇḍādi)

1. 그런데 한때 여섯무리의 수행승들이 많은 구리제품과 청동제품을 쌓아놓고 있었다. 사람들이 승원을 돌아다니다가 보고는 혐책하고 분개하고 비난했다. 사람들이 혐책하고 분개하고 비난했다.

[사람들] "어찌 싸끼야의 아들인 수행자들이 청동판매상처럼, 많은 구리제품과 청동제품을 쌓아놓고 있을 수 있는가?"

세존께 그 사실을 알렸다.

[세존] "수행승들이여, 구리제품과 청동제품을 쌓아놓지 말라. 쌓아놓으면, 악작죄가 된다."

2. 그런데 한때 수행승들이 도약, 도약을 바르는 산가지, 귀지파내는 도구, 칼자루476)에 대해 의구심을 가졌다. 세존께 그 사실을 알렸다.

[세존] "수행승들이여, 도약, 도약을 바르는 산가지, 귀지파내는 도구, 칼자루를 허용한다."

---

475) anujānāmi bhikkhave kaṇṇamalaharaṇinti : 이것은 CV. V. 28에서 다시 허용된다.

476) bandhanamatta : 의미가 불분명하다. Smp. 1211에 따르면, 'vasikattarayaṭṭhikādīnaṃ'을 뜻하는데, '칼과 수행자의 막대' 또는 '칼과 가위를 위한 막대'라고 해석할 수 있다. MV. V. 11에서는 '가죽끈'이라는 의미로 사용된다.

그런데 그때 여섯무리의 수행승들이 대의에 축 늘어져 기댄 채 앉았다.477) 대의의 가장자리가 터졌다.478) 세존께 그 사실을 알렸다.

[세존] "수행승들이여, 대의에 축 늘어져 기댄 채 앉지 말라. 그렇게 앉으면, 악작죄가 된다."

그런데 그때 어떤 수행승이 병이 들었다. 그에게 붕대가 없이는 평안하지 않았다. 세존께 그 사실을 알렸다.

[세존] "수행승들이여, 붕대479)를 허용한다."

한때 수행승들이 이와 같이 생각했다.

[수행승들] "어떻게 붕대를 만들 것인가?"

세존께 그 사실을 알렸다.

[세존] "수행승들이여, 베틀, 베틀의 북, 실마리, 산가지, 일체의 베틀도구를 허용한다."

구리제품 및 기타가 끝났다.

29. 허리띠 및 기타(Kāyabandhanādi)

1. 한때 어떤 수행승이 허리띠를 차지 않고 마을로 들어갔다. 그는 노상에서 내의가 떨어졌다. 사람들이 소리를 질렀다. 그 수행승은 부끄러워졌다.[136] 그러자 그 수행승은 승원으로 가서 수행승들에게 그 사실을 알렸다. 수행승들은 세존께 그 사실을 알렸다.

[세존] "수행승들이여, 허리띠를 차지 않고 마을로 들어가지 말라. 들어가면, 악작죄가 된다. 수행승들이여, 허리띠를 허용한다."480)

2. 그런데 그때 여섯무리의 수행승들이 갖가지 허리띠 즉, 섬유가닥으로 꼰 띠, 물뱀머리모양 띠, 텀블린드럼모양 띠, 사슬모양 띠를 착용했다. 사람들이 혐책하고 분개하고 비난했다.

[사람들] "마치 감각적 쾌락의 욕망을 즐기는 재가자와 같다."

세존께 그 사실을 알렸다.

[세존] "수행승들이여, 수행승들이 갖가지 허리띠 즉, 섬유가닥으로 꼰 띠, 물뱀

---

477) tena kho pana samayena chabbaggiyā bhikkhū saṅghāṭipallatthikāya nisīdanti : 중학법 제26조(Sekh. 26)를 참조하라.

478) saṅghāṭiyā pattā lujjanti : MV. VIII. 21에서는 수선이 허용된다.

479) āyoga : 붕대는 '묶는 것'을 뜻하는 것으로 이 용어에 대해서는 Vin. III. 257, IV. 170을 참조하라.

480) anujānāmi bhikkhave kāyabandhananti : MV. I. 25에서도 허용된다.

머리모양 띠, 텀블린드럼모양 띠, 사슬모양 띠[481]를 착용하지 말라. 착용한다면 악작죄가 된다. 수행승들이여, 두 가지 허리띠 즉, 무명천 띠와 잘 엮은 띠[482]를 허용한다."

허리띠의 가장자리가 헤졌다.

[세존] "수행승들이여, 텀블린드럼모양 띠, 사슬모양 띠를 허용한다."

허리띠의 끝부분이 헤졌다.

[세존] "수행승들이여, 둥글게 꿰매기[483]과 매듭 만들기[484]를 허용한다."

허리띠의 끝매듭이 헤졌다.

[세존] "수행승들이여, 버클[485]을 허용한다."

그런데 그때 여섯무리의 수행승들이 갖가지 금으로 만들거나 은으로 만든 버클을 가지고 다녔다. 사람들이 혐책하고 분개하고 비난했다.

[사람들] "마치 감각적 쾌락의 욕망을 즐기는 재가자와 같다."

세존께 그 사실을 알렸다.

[세존] "수행승들이여, 갖가지 버클을 가지고 다녀서는 안 된다. 그렇게 다니면, 악작죄가 된다. 수행승들이여, 수행승들이여, 단, 뼈로 만들어지거나, 상아로 만들어지거나, 뿔로 만들어지거나, 갈대로 만들어지거나, 대나무로 만들어지거나, 수지로 만들어지거나, 열매로 만들어지거나, 구리로 만들어지거나, 소라껍질로 만들어지거나, 실로 만들어진[486] 버클은 허용한다."

3. 그런데 한때 존자 아난다가 가벼운 대의를 입고 마을로 탁발하러 들어갔다. 돌풍이 불어서 대의가 뒤집어졌다. 그러자 존자 아난다는 승원으로 와서 수행승들에게 그 사실을 알렸다. 수행승들은 세존께 그 사실을 알렸다.

[세존] "수행승들이여, 인끈과 걸음쇠를 허용한다."[487]

그런데 그때 여섯무리의 수행승들이 갖가지 금으로 만들거나 은으로 만든 인끈고리를 가지고 다녔다. 사람들이 혐책하고 분개하고 비난했다.

[사람들] "마치 감각적 쾌락의 욕망을 즐기는 재가자와 같다."

---

481) kalābukaṃ deḍḍuhakaṃ murajaṃ maddavīṇaṃ : Smp. 1211에 따르면, 각각 섬유로 꼰 띠(bahurajjuka), 물뱀머리모양띠(udakasappisīsasadisa), 텀블린드럼모양띠, 사슬모양띠(pāmaṅgasanthāna)라고 설명하고 있다.

482) sūkarantaka : Smp. 1211에 따르면, '잘 둥글게 만들어진 띠'를 말한다.

483) sobhaka : Smp. 1212에 따르면, 꼬아서 가장자리를 꿰매는 것을 말한다.

484) guṇaka : Smp. 1212에 따르면, 포도송이 모양으로 꿰매는 것을 말한다.

485) vīṭha : 속죄죄법 제86조(Pāc. 86)에서는 비다(vidha)라고 읽기도 한다. 한역에서는 구자(扣子)라고 한다.

486) suttamayaṃ : CV. V. 11 등에 등장하는 정형구에 이것이 추가되었다.

487) anujānāmi bhikkave gaṇṭhikaṃ pāsakanti : 한역오분율26권에는 'gaṇṭhika'는 의뉴(衣紐)라고 나온다.

세존께 그 사실을 알렸다.

[세존] "수행승들이여, 갖가지 인끈을 가지고 다녀서는 안 된다. 그렇게 다니면, 악작죄가 된다. 수행승들이여, 수행승들이여, 단, 뼈로 만들어지거나, 상아로 만들어지거나, 뿔로 만들어지거나, 갈대로 만들어지거나, 대나무로 만들어지거나, 수지로 만들어지거나, 열매로 만들어지거나, 구리로 만들어지거나, 소라껍질로 만들어지거나, 실로 만들어진 인끈은 허용한다."

그런데 그때 수행승들이 인끈과 걸음쇠를 옷에 부착했다. 옷이 헤졌다. 세존께 그 사실을 알렸다.

[세존] "수행승들이여, 인끈판과 걸음쇠판을 허용한다."

인끈판과[137] 걸음쇠판을 단에 붙이자 모서리가 열렸다. 세존께 그 사실을 알렸다.

[세존] "수행승들이여, 인끈판을 단에 붙이고 걸음쇠판을 일곱 손가락마디이나 여덟 손가락마디로 안쪽으로 가져다 붙이는 것을 허용한다."

4. 그런데 그때 여섯무리의 수행승들이 재가자의 하의 즉, 코끼리코 옷,[488] 물고기꼬리 옷,[489] 네모꼴 옷,[490] 야자줄기 옷,[491] 백가지덩쿨 옷[492]을 입었다. 사람들이 혐책하고 분개하고 비난했다.

[사람들] "마치 감각적 쾌락의 욕망을 즐기는 재가자와 같다."

세존께 그 사실을 알렸다.

[세존] "수행승들이여, 재가자의 하의 즉, 코끼리코 옷, 물고기꼬리 옷, 네모꼴 옷, 야자줄기 옷, 백가지덩쿨 옷을 입지 말라. 입으면, 악작죄가 된다."

5. 그런데 그때 여섯무리의 수행승들이 재가자의 외투[493]를 입었다.

사람들이 혐책하고 분개하고 비난했다.

[사람들] "마치 감각적 쾌락의 욕망을 즐기는 재가자와 같다."

세존께 그 사실을 알렸다.

---

488) hatthisoṇḍika : Smp. 1212에 따르면, 코끼리코의 모양으로 부속지를 만들어 입었다.

489) macchavāḷaka : Smp. 1212에 따르면, 한쪽에 테두리의 모서리를 걸고 다른 쪽에 매듭의 모서리를 걸어서 입었다.

490) catukaṇṇaka : Smp. 1212에 따르면, 위에 두 개 아래 두 개의 각이 있어 입으면 사각형태가 된다.

491) tālavaṇṭaka : Smp. 1212에 따르면, 옷을 입으면, 야자줄기의 형태로 늘어난다.

492) satavallika : CV. V. 2에 따르면, 넝쿨과 같은 백개의 귀장식을 의미하지만 Smp. 1212에 따르면, 팔찌모양으로 만들어 입은 옷이다. 아마도 왼쪽과 오른쪽에 넝쿨장식을 한 옷일 것이다.

493) gihīpāruta : Smp. 1213에서는 재가자의 외투로서 단지 소유자에 따라 자이나교도의 옷, 유행자의 옷, 한 벌옷을 입는 고행자의 옷, 바라문의 옷으로 구분하고 있다.

[세존] "수행승들이여, 재가자의 외투를 둘러서는 안 된다. 두르면, 악작죄가 된다."

그런데 그때 여섯무리의 수행승들이 들보494)를 착용했다. 사람들이 혐책하고 분개하고 비난했다.

[사람들] "마치 감각적 쾌락의 욕망을 즐기는 재가자와 같다."

세존께 그 사실을 알렸다.

[세존] "수행승들이여, 들보를 착용하면 안 된다. 착용하면, 악작죄가 된다."

허리띠 및 기타가 끝났다.

30. 멜대(Kāja)

1. 한때 여섯무리의 수행승들이 양날개멜대495)를 운반했다. 사람들이 혐책하고 분개하고 비난했다.

[사람들] "마치 왕의 짐꾼496)과 같다."

2. 세존께 그 사실을 알렸다.

[세존] "수행승들이여, 양날개멜대를 날라서는 안 된다. 나르면, 악작죄가 된다. 수행승들이여, 한쪽멜대,497) 중앙멜대,498) 머리멜대,499) 어깨멜대,500) 허리멜대501)를 허용한다."

멜대가 끝났다.

31. 버들가지(Dantakaṭṭha)

1. 한때 수행승들이 버들가지502)를 씹지 않았다. 입에서 악취가 났다. 세존께 그 사실을 알렸다.

[세존] "수행승들이여, 버들가지를 씹지 않는 자에게는 이와 같은 다섯 가지 위험이 있다.

---

494) saṃvelliya : Smp. 1212에 따르면, 긴풀로써 엮어서 만든 옷이다.
495) ubhatokāja : 짐을 양쪽 끝에 걸고 나르는 멜대이다.
496) muṇḍavaṭṭī : 짐을 지기 위해 머리에 쓴 두건을 형용한 단어이다. VA 1213에 따르면, 왕을 위해서 물자와 장비를 운반하며 어디든지 다니는 신하를 말한다.
497) ekatokāja : 한쪽에서 지탱하는 멜대를 말한다.
498) antarākāja : 두 사람이 양쪽 끝에서 지탱하는 멜대이다.
499) sīsabhāra : 머리에 짐을 이는 것을 말한다.
500) khandhabhāra : 어깨에 짐을 이는 것을 말한다.
501) olambaka : 엉덩이에 짐을 이는 것을 말한다.
502) dantakaṭṭha : 이쑤시개나 칫솔로서의 양지(楊枝)를 뜻한다.

1) 눈에 좋지 않고
2) 입에서 악취가 나고
3) 미각통로가 청정해지지 않고
4) 담즙과 점액이 음식을 가리고
5) 음식에 풍미를 잃는다.

수행승들이여, 수행승들이여, 버들가지를 씹지 않는 자에게는 이와 같은 다섯 가지 위험이 있다.

2. 수행승들이여, 버들가지를 씹는 자에게는 이와 같은 다섯 가지 공덕이 있다.

1) 눈에 좋고
2) 입에서 악취가 나지 않고
3) 미각통로가 청정해지고
4) 담즙과 점액이 음식을 가리지 않고
5) 음식에[138] 풍미가 생긴다.

수행승들이여, 수행승들이여, 버들가지를 씹는 자에게는 이와 같은 다섯 가지 공덕이 있다."

3. 그런데 한때 여섯무리의 수행승들이 긴 버들가지를 씹고 있다가 그것으로 사미를 때렸다. 세존께 그 사실을 알렸다.

[세존] "수행승들이여, 긴 버들가지를 씹지 말라. 씹으면, 악작죄가 된다. 수행승들이여, 최대한 여덟 손가락마디의 버들가지를 허용한다. 그러나 그것으로 사미를 때려서는 안 된다. 때리면, 악작죄가 된다."

4. 그런데 그때 어떤 수행승들이 지나치게 짧은 버들가지를 씹고 있다가 목에 걸렸다. 세존께 그 사실을 알렸다.

[세존] "수행승들이여, 지나치게 짧은 버들가지를 씹지 말라. 씹는다면, 악작죄가 된다. 수행승들이여, 최소한 네 손가락마디의 버들가지를 허용한다."

버들가지가 끝났다.

32. 삼림(Dāya)

1. 그런데 한때 여섯무리의 수행승들이 삼림을 불태웠다. 사람들이 혐책하고 분개하고 비난했다.

[사람들] "마치 숯쟁이와 같다."

세존께 그 사실을 알렸다.

[세존] "수행승들이여, 삼림을 불태워서는 안 된다. 태우면, 악작죄가 된다."

2. 그런데 그때 사원이 우거진 숲에 있었다. 삼림이 불타자 승원에 옮겨 붙었다. 수행승들이 주저하면서 맞불을 놓아 수호하지 않았다. 세존께 그 사실을 알렸다.

[세존] "수행승들이여, 삼림이 불타면 맞불을 놓아 수호하는 것을 허용한다."503)

3. 그런데 한때 여섯무리의 수행승들이 나무에 올라가서 나무에서 나무로 이동했다. 사람들이 혐책하고 분개하고 비난했다.

[사람들] "마치 원숭이와 같다."

세존께 그 사실을 알렸다.

[세존] "수행승들이여, 나무에 올라가서는 안 된다. 올라가면, 악작죄가 된다."

4. 그런데 그때 어떤 수행승이 꼬쌀라 국에서 싸밧티 시로 가는 도중에 코끼리가 달려들었다. 그래서 그 수행승은 나무아래로 달려갔으나 주저하며 오르지 않았다. 그 코끼리는 다른 길로 가버렸다. 그래서 그 수행승은 싸밧티 시에 도착하자 수행승들에게 그 사실을 말했다. 수행승들은 세존께 그 사실을 알렸다.

[세존] "수행승들이여, 해야 할 일이 있을 때에는 사람 높이의 나무에 올라가는 것과 재난이 있을 때에는 필요한 만큼 올라가는 것을 허용한다."504)

5. 한때[139] 야멜루와 떼꿀라505)라는 수행승들은 형제로서 바라문 가문의 태생인데, 음성이 아름답고, 대화가 아름다웠다. 그들은 세존께서 계신 곳을 찾아갔다. 가까이 다가가서 세존께 인사를 드리고 한쪽으로 물러나 앉았다. 한쪽으로 물러나 앉은 그 수행승들은 세존께 이와 같이 말했다.

[야멜루와 떼꿀라] "세존이시여, 여기 수행승들이 이름을 달리하고 성을 달리하고 태생을 달리하고 가문을 달리하여 출가했습니다. 그런데 그들은 깨달은 님들의 말씀을 자신의 언어로506) 오염시킵니다. 원컨대 세존이시여, 저희들은 깨달은 님들의 말씀을 운율적 언어로507) 바꾸겠습니다."

---

503) anujānāmi bhikkhave davaḍāhe ḍayhamāne paṭaggiṃ dātuṃ parittaṃ kātun'ti : 한역에서는 맞불에 대해서 역소(逆燒)라고 하고 있다. Smp. 1214에 따르면, 땅을 다지고 마른 풀을 운반하고 주의 깊게 파서 습기 찬 가지를 잘라서 (맞불을 붙이면?) 불을 끌 수 있다.

504) anujānāmi bhikkhave sati karaṇiye porisaṃ rukkhaṃ ahiruhituṃ āpadāsu yāvadatthan'ti : Smp. 1214에 따르면, 맹수를 보거나 산불을 보거나 홍수가 다가올 때, 잘못된 길에서 올바른 방향을 찾지 못하면, 이렇게 할 수 있다.

505) yameḷutekula : 이 수행승들은 율장의 이곳에만 등장한다. 이 두 이름은 복합어로 등장하는데, Bd. V. 193의 주석에서처럼 'yameḷa-utekula'로 분해하면, 두 사람의 이름은 야멜라와 우떼꿀라가 될 수 있다.

506) sakāya niruttiyā : Smp. 1214에 따르면, 부처님의 말씀이 현행되는 마가다어를 말한다.

존귀하신 부처님께서는 견책했다.

[세존] "어리석은 자들이여, 어찌 그대들은 '원컨대 세존이시여, 저희들은 부처님의 말씀을 운율적인 언어로 바꾸겠습니다.'라고 말할 수 있단 말인가? 어리석은 자들이여, 그것은 아직 청정한 믿음이 없는 자를 청정한 믿음으로 이끌고, 이미 청정한 믿음이 있는 자를 더욱더 청정한 믿음으로 이끄는 것이 아니다. 어리석은 자들이여, 그것은 오히려, 아직 청정한 믿음이 없는 자를 불신으로 이끌고, 이미 청정한 믿음이 있는 자 가운데 어떤 자들을 타락시키는 것이다."

꾸짖고 나서 법문을 하고 수행승들에게 일렀다.

[세존] "수행승들이여, 깨달은 님들의 말씀을 운율적 언어로 바꾸지 말라. 바꾸면 악작죄가 된다. 수행승들이여, 깨달은 님들의 말씀을 그 자신의 언어로 배우는 것을 허용한다."508)

6. 그런데 그때 여섯무리의 수행승들이 세속철학509)을 배웠다. 사람들이 혐책하고 분개하고 비난했다.

[사람들] "마치 감각적 쾌락의 욕망을 즐기는 재가자와 같다."

수행승들은 사람들이 혐책하고 분개하고 비난하는 것을 들었다. 그러자 그 수행승들은 세존께 그 사실을 알렸다.

---

507) chandaso : Smp. 1214에 따르면, 베다어와 같은 산스크리트어로 고귀한 언어의 형태를 주는 것을 의미한다.

508) anujānāmi bhikkhave sakāya niruttiyā buddhavacanaṃ pariyāpuṇitun'ti : 여기서 두 수행승은 부처님에게 수행승들이 다양한 지방의 출신이기 때문에 자신의 방언으로(sakāya niruttiyā) 부처님 말씀을 왜곡시킨다고 불평을 털어놓는다. 그러면서 그들은 부처님 말씀을 범어나 범어의 운율로(chandaso) 표현할 것을 제안한다. 그럼에도 불구하고, 부처님은 그 제안을 거절하고 이 말을 한 것이다. 리스 데이비드(RhysDavids)와 올덴베르크(Oldenberg)는 이 문장을 '형제들이여, 나는 깨달은 이들의 말을 각각 그 자신의 방언으로 표현하도록 허용한다.(I allow you, o brethren, to learn the world of buddhas each in his own dialect)'라고 번역했다. 그러나 붓다고싸(Smp. 1214)와 호너(Bd. V. 194)는 이와 다르게 해석했다. 그리고 가이거는 이 문장을 거듭 숙고한 뒤 붓다고싸의 해석에 따라 '나는 깨달은 님의 말을 그 자신의 언어 — 부처님이 사용한 마가다어 — 로 배우도록 허용한다(Ich verordne, das Buddhawort in seiner eigenen Sprache — d. h. in der vom Buddha gesprochenen Sprache, der Māgadhī — zu lernen)'라고 번역했다. 가이거에 따르면, 이 율장의 소품에서 처음에는 그때그때의 방언에 따른 설교의 문제는 두 수행승에게서나 부처님에게서 고려의 대상이 되지 않고 있다. 단지 범어로 설법을 해야 하는가만이 문제시되고 있다. 그러나 부처님께서는 결정적으로 부정적인 형태로 이를 거절하고 다시 부정사를 사용하지 않고 그러한 처방을 내렸다. 이것은 부처님의 말씀이 스승 스스로가 선언한 것 이외에는 다른 형태가 있을 수 없다는 것을 의미한다. 이것은 인도 지성들의 가르침의 전승에서는 모두 공통되는 일이다. 부처님이 살아 있을 당시에 벌써 사람들은 그의 가르침을 가능한 한 내용이나 형식에 관해서 정통적으로 전승시키려고 생각했다. 열반한 뒤에도 마찬가지이다. 그리고 그 외적인 형태는 마가다어, 즉 빠알리어였다.

509) lokāyata : 한역에서는 순세외도(順世外道)라고 한다. 바라문 학문으로 일종의 형이상학(形而上學)이다. Smp. 1214에 따르면, 모든 것은 부정과 동시에 긍정된다. 모든 것은 근거가 없다는 것과 결부된 이교도의 학문이다. 이런 저런 방법으로 까마귀는 희다고 하고 두루미는 검다고 한다.

[세존] "수행승들이여, 세속철학이 진실이라고 보는 자가 이 가르침과 계율에서 자라고 성장하고 번영할 수 있는가?"

[수행승들] "세존이시여, 그렇지 않습니다."

[세존] "수행승들이여, 이 가르침과 계율이 진실하다고 보는 자가 세속철학을 배울 수가 있는가?"

[수행승들] "세존이시여, 그렇지 않습니다."

[세존] "수행승들이여, 세속철학을 배우지 말아야 한다. 배우면, 악작죄가 된다."

7. 그런데 그때 여섯무리의 수행승들이 세속철학을 가르쳤다. 사람들이 혐책하고 분개하고 비난했다.

[사람들] "마치 감각적 쾌락의 욕망을 즐기는 재가자와 같다."

세존께 그 사실을 알렸다.

[세존] "수행승들이여, 세속철학을 가르치지 말라. 가르치면, 악작죄가 된다."

8. 그런데 그때 여섯무리의 수행승들이 속류지식510)을 배웠다. 사람들이 혐책하고 분개하고 비난했다.

[사람들] "마치 감각적 쾌락의 욕망을 즐기는 재가자와 같다."

세존께 그 사실을 알렸다.

[세존] "수행승들이여, 속류지식을 배우지 말라. 배우면, 악작죄가 된다."

9. 그런데 그때 여섯무리의 수행승들이 속류지식을 가르쳤다. 사람들이 혐책하고 분개하고 비난했다.

[사람들] "마치 감각적 쾌락의 욕망을 즐기는 재가자와 같다."

세존께 그 사실을 알렸다.

[세존] "수행승들이여, 속류지식을 가르치지 말라. 가르치면, 악작죄가 된다."

10. 그런데[140] 한때 세존께서 대중에 둘러싸여 가르침을 설하면서 재채기를 했다. 수행승들이 '세존이시여, 오래 사십시오. 행복한 님이시여, 오래 사십시오.'라고 높은 소리로 큰 소리로 떠들었다. 그 소리로 법문이 중단되었다. 그러자 세존께서는 수행승들에게 일렀다.

[세존] "수행승들이여, 재채기를 할 때에 '오래 살라.'라고 말하면 그것으로 인해 살겠는가 죽겠는가?"

---

510) tiracchānavijja : 한역으로 축생명(畜生明)이다. Vin. IV. 305-306에 여섯무리의 수행녀들이 배우고 가르친 것으로도 나온다.

[수행승들] "세존이시여, 관계가 없습니다."

[세존] "수행승들이여, 재채기를 할 때에 '오래 살라.'라고 말하지 말라. 말하면, 악작죄가 된다."

11. 그런데 한때 어떤 사람들이 수행승들이 재채기를 할 때에 '존자들이여, 오래 사십시오.'라고 말했다. 수행승들이 주저하며 대꾸하지 않았다. 사람들이 혐책하고 분개하고 비난했다.

[사람들] "어찌 싸끼야의 아들인 수행자들이 '존자들이여, 오래 사십시오.'라고 말하는데도 대꾸하지 않을 수 있단 말인가?"

세존께 그 사실을 알렸다.

[세존] "수행승들이여, 재가자들은 행운을 원한다. 수행승들이여, 재가자가 '존자여, 오래 사십시오.'라고 말하면, '오래 사십시오.'라고 대꾸하는 것을 허용한다."

삼림이 끝났다.

34. 마늘(Lasuna)

1. 한때 세존께서는 많은 무리에 둘러싸여 가르침을 설하며 앉아 있었다. 그런데 어떤 수행승이 마늘을 먹고 있었다. 그는 '수행승들이 불편해서는 안 된다.'라고 생각하여 한쪽 구석에 앉아 있었다. 세존께서는 그 수행승이 한쪽 구석에 앉아 있는 것을 보았다. 보고나서 그 수행승들에게 물었다.

[세존] "수행승들이여, 왜 저 수행승은 한쪽 구석에 앉아 있는가?"

[수행승들] "세존이시여, 그 수행승은 마늘을 먹고 있습니다. 그는 '수행승들이 불편해서는 안 된다.'라고 생각하여 한쪽 구석에 앉아 있는 것입니다."

[세존] "수행승들이여, 이와 같이 법문을 듣는 것에서 소외되면서까지 그것을 먹어야만 하는가?"

[수행승들] "세존이시여, 그렇지 않습니다."

[세존] "수행승들이여, 마늘을 먹어서는 안 된다. 먹는다면, 악작죄가 된다."511)

2. 그런데 그때 존자 싸리뿟따에게 복통이 생겨났다. 그때 존자 마하 목갈라나가 싸리뿟따가 있는 곳을 찾아갔다. 가까이 다가가서 존자 싸리뿟따에게 물었다.

[목갈라나] "벗이여 싸리뿟다여, 예전에 복통이 일어났을 때, 어떻게 안정을 찾았습니까?"

---

511) na bhikkhave lasunaṃ khāditabbaṃ. yo khādeyya āpatti dukkaṭassā'ti : 이것은 수행녀에게는 속죄죄법 제1조(Bhikkhunī Pāc. 1)에 속한 것이다.

[싸리뿟따] "벗이여, 나에게는 마늘입니다."
세존께 그 사실을 알렸다.
[세존] "수행승들이여, 질병이 들었다면 마늘을 먹는 것을 허용한다."512)

마늘이 끝났다.

35. 대소변(Passāvavacca)

1. 그런데 그때 수행승들이 승원의 곳곳에 소변을 보아서 승원을 더럽혔다. 세존께 그 사실을 알렸다.

[세존] "수행승들이여, 한쪽 구석에서 소변을[141] 보는 것을 허용한다."
승원에 악취가 났다.
[세존] "수행승들이여, 요강을 허용한다."
앉아서 소변보기에 불편했다.
[세존] "수행승들이여, 소변용 디딤대를 허용한다."513)
소변용 디딤대에 가림벽이 없었다. 수행승들이 소변보기에는 창피했다.
[세존] "수행승들이여, 세 가지 가림벽, 벽돌가림벽, 돌가림벽, 나무가림벽을 세우는 것을 허용한다."
요강에 덮개가 없어 악취가 났다.
[세존] "수행승들이여, 요강덮개를 허용한다."

2. 그런데 그때 수행승들이 승원의 곳곳에 대변을 보아서 승원을 더럽혔다. 세존께 그 사실을 알렸다.

[세존] "수행승들이여, 한쪽 구석에서 대변을 보는 것을 허용한다."
승원에 악취가 났다.
[세존] "수행승들이여, 대변구덩이를 허용한다."
대변구덩이의 벽이 무너졌다.
[세존] "수행승들이여, 세 가지 벽, 벽돌벽, 돌벽, 나무벽을 세우는 것을 허용한다."
대변구덩이가 지대가 낮아 물이 스며들었다.
[세존] "수행승들이여, 지대를 높이는 것을 허용한다."
축대가 무너졌다.
[세존] "수행승들이여, 세 가지 축대, 벽돌축대, 돌축대, 나무축대를 세우는

512) anujānāmi bhikkhave ābādhappaccayā lasunaṃ khādituṃ'ti : Smp. 1214에 따르면, 여기서 마늘은 약이다.
513) anujānāmi bhikkhave, passāvapādukan'ti : 소변용 신발(passāvapāduka)인데, Vin. I. 190에 고정되어 전용할 수 없는 신발이라고 규정되기 때문에 여기서는 소변용 디딤대라고 번역한다.

것을 허용한다."

올라가는 힘이 들었다.

[세존] "수행승들이여, 세 가지 계단 즉, 벽돌계단, 돌계단, 나무계단을 허용한다."

올라가다가 넘어졌다.

[세존] "수행승들이여, 난간을 허용한다."

끝에 앉아서 대변을 보다가 꼬꾸라졌다.

[세존] "수행승들이여, 덮개를 확장해서 가운데 구멍을 내어 대변을 보는 것을 허용한다."

앉아서 대변보기가 불편했다.

[세존] "수행승들이여, 대변용 디딤대를 허용한다."[514]

3. 바깥에서 소변을 보았다.

[세존] "수행승들이여, 요강을 허용한다."

똥막대[515]가 없었다.

[세존] "수행승들이여, 똥막대를 허용한다."

똥막대를 담는 단지가 없었다.

[세존] "수행승들이여, 똥막대를 담는 단지를 허용한다."

대변구덩이가 덮개가 없어 악취가 났다.

[세존] "수행승들이여, 덮개를 허용한다."

노천에서 대변을 보자 추위나 더위에 피곤했다.

수행승들이여, 변소를 허용한다.

변소에 문이 없었다.

[세존] "수행승들이여, 문짝, 문기둥, 상인방, 문턱, 문턱레일, 빗장, 나무못, 핀, 쐐기, 열쇠구멍, 끈을 묶는 구멍, 묶음끈을 허용한다."

변소에 지푸라기뿐만 아니라 흙먼지가 날아 떨어졌다.

[세존] "수행승들이여, 동여맨 뒤에 안팎으로 백색도료, 흑색도료, 홍토자를 칠하고, 화만장식, 넝쿨장식, 황새치이빨, 시렁, 옷시렁, 옷걸망을 설치하는 것을 허용한다."

그런데 한때 어떤 수행승이 노약하여 대변을 보고[142] 일어서다가 쓰러졌다.

---

514) anujānāmi bhikkhave, vaccapādukan'ti : 대변용 신발(passāvapāduka)인데, Vin. I. 190에 고정되어 전용할 수 없는 신발이라고 규정되기 때문에 여기서는 대변용디딤대라고 번역한다.

515) avalekhanakaṭṭha : 한역에서는 시비(屎篦), 간시궐(乾屎橛)이라고 한다.

세존께 그 사실을 알렸다.

[세존] “수행승들이여, 팔걸이의자를 허용한다.”

변소에 칸막이가 없었다.

[세존] “수행승들이여, 세 가지 칸막이 즉, 벽돌칸막이, 돌칸막이, 나무칸막이를 허용한다.”

4. 현관이 없었다.

[세존] “수행승들이여, 현관을 허용한다.”

현관에 문이 없었다.

[세존] “수행승들이여, 문짝, 문기둥, 상인방, 문턱, 문턱레일, 빗장, 나무못, 핀, 쐐기, 열쇠구멍, 끈을 묶는 구멍, 묶음끈을 허용한다.”

현관에 지푸라기뿐만 아니라 흙먼지가 날아 떨어졌다.

[세존] “수행승들이여, 동여맨 뒤에 안팎으로 백색도료, 흑색도료, 홍토자를 칠하고, 화만장식, 넝쿨장식, 황새치이빨, 시렁, 옷시렁, 옷걸망을 설치하는 것을 허용한다.”

방사가 물기가 많았다.

[세존] “수행승들이여, 자갈을 까는 것을 허용한다.”

성취되지 않았다.

[세존] “수행승들이여, 포장용 판석을 까는 것을 허용한다.”

물이 고였다.

[세존] “수행승들이여, 배수구를 허용한다.”

세정용 물단지가 없었다.

[세존] “수행승들이여, 세정용 물단지를 허용한다.“

용수를 위한 받침접시가 없었다.

[세존] “수행승들이여, 용수를 위한 받침접시를 허용한다.“

앉아서 씻기가 불편했다.

[세존] “수행승들이여, 세정용 디딤대를 허용한다.”516)

세정용 디딤대에 가림벽이 없었다. 수행승들이 씻는데 창피했다.

[세존] “수행승들이여, 세 가지 가림벽, 벽돌가림벽, 돌가림벽, 나무가림벽을 세우는 것을 허용한다.”

---

516) anujānāmi bhikkhave, ācamanapādukan'ti : 세정용 신발(passāvapāduka)인데, Vin. I. 190에 고정되어 전용할 수 없는 신발이라고 규정되기 때문에 여기서는 세정용 디딤대라고 번역한다.

세정용 물단지에 덮개가 없었다. 지푸라기뿐만 아니라 흙먼지가 날아 떨어졌다.
[세존] "수행승들이여, 덮개를 허용한다."

대소변이 끝났다.

36. 비행(Anāvāra)

1. 그런데 한때 여섯무리의 수행승들이 이와 같은 비행517)을 저질렀다. 그들은 스스로 꽃나무도 심고 남에게도 심게 하고, 스스로 물도 주고 남에게도 물을 주게 하고, 스스로 꽃도 따모으고 남에게 따모으게 하고, 스스로 꽃도 엮고 남에게도 엮게 하고, 스스로 꽃줄기를 한쪽으로 엮은 꽃다발도 만들고, 남에게도 만들게 하고, 스스로 꽃줄기를 양쪽으로 엮은 꽃다발도 만들고, 남에게도 만들게 하고, 스스로 꽃송이다발 만들고 남에게도 만들게 하고, 스스로 꽃화살도 만들고 남에게도 만들게 하고, 스스로 머리장식도 만들고 남에게도 만들게 하고, 스스로 귀장식도 만들고 남에게도 만들게 하고, 스스로 가슴장식도 만들고 남에게도 만들게 했다.

2. 그들은 훌륭한 가문의 여인, 훌륭한 가문의 딸, 훌륭한 가문의 소녀, 훌륭한 가문의 며느리, 훌륭한 가문의 하녀를 위하여 스스로 꽃줄기를 한쪽으로 엮은 꽃다발도 만들어 보내고 남에게도 만들어 보내게 하고, 스스로 꽃줄기를 양쪽으로 엮은 꽃다발도 만들어 보내고 남에게도 만들어 보내게 하고, 스스로 꽃송이다발 만들고 남에게도 만들게 하고, 스스로 꽃화살도 만들고 남에게도 만들게 하고, 스스로 머리장식도 만들고 남에게도 만들게 하고, 스스로 귀장식도 만들고 남에게도 만들게 하고, 스스로 가슴장식도 만들고 남에게도 만들게 했다.

3. 그들은 훌륭한 가문의 여인, 훌륭한 가문의 딸, 훌륭한 가문의 소녀, 훌륭한 가문의 며느리, 훌륭한 가문의 하녀와 함께 한 그릇으로도 밥을 먹고, 한 사발로도 마시고, 한 자리에도 앉고, 한 침상도 나누고, 한 깔개도 나누고, 한 덮개도 나누고, 한 깔개와 덮개도 나누었다. 때 아닌 때에도 먹고, 술도 먹고, 꽃다발과 향료와 크림을 사용했다. 춤도 추고, 노래도 하고, 연주도 하고, 놀이도 즐겼다.

4. 그들은 그녀가 춤출 때 춤도 추고, 그녀가 춤출 때 노래도 하고, 그녀가 춤출 때 연주도 하고, 그녀가 춤출 때 놀이도 즐겼다. 그녀가 노래할 때 춤도 추고, 그녀가 노래할 때 노래도 하고, 그녀가 노래할 때 연주도 하고, 그녀가 노래할

---

517) anāvāra : 이하의 비행에 대한 상세한 주석은 이 책(Vin. II. 9-10)의 주석을 보라. Vin. III. 178의 승단잔류죄법 제13조(Saṅgh. 13)에 대한 설명에서도 병행한다.

때 놀이도 즐겼다. 그녀가 연주할 때 춤도 추고, 그녀가 연주할 때 노래도 하고, 그녀가 연주할 때 연주도 하고, 그녀가 연주할 때 놀이도 즐겼다. 그녀가 놀이를 즐길 때 춤도 추고, 그녀가 놀이를 즐길 때 노래도 하고, 그녀가 놀이를 즐길 때 연주도 하고, 그녀가 놀이를 즐길 때 놀이도 즐겼다.

5. 그들은 팔목장기도 즐기고, 십목장기도 즐기고, 허공장기도 즐기고, 도형밟기도 즐기고, 조각건드리기놀이도 즐기고, 주사위도 즐기고, 자치기도 즐기고, 산가지손도 즐기고, 공놀이도 즐기고, 풀피리도 즐기고, 쟁기놀이도 즐기고, 재주넘기도 즐기고, 바람개비도 즐기고, 대롱재기놀이도 즐기고, 수레놀이도 즐기고, 활쏘기놀이도 즐기고, 철자맞히기놀이도 즐기고, 생각맞히기놀이도 즐기고, 불구자흉내놀이도 즐기고, 코끼리도 배우고, 말도 배우고, 수레도 배우고, 활도 배우고, 칼도 배우고, 코끼리 앞으로도 달려가고, 말 앞으로도 달려가고, 수레 앞으로도 달려가고, 되돌아오고, 휘파람을 불기도 하고, 박수를 치기도 하고, 씨름을 하기도 하고, 주먹으로 때리기도 하고, 무대 위로 외투를 펼쳐서 무녀에게 '자매여, 여기서 춤을 추시오.'라고 말하며 갈채하면서 여러 가지 비행을 저질렀다.

6. 세존께 그 사실을 알렸다.

[세존] "수행승들이여, 갖가지 비행을 저지르지 말라. 저지르면, 원칙에 따라 처벌해야 한다."518)

비행이 끝났다.

37. 구리제품 및 기타(Lohabhaṇḍādi)

1. 한때 존자 우루벨라 깟싸빠가 출가하였을 때, 참모임에 많은 구리제품, 나무제품, 점토제품이 생겨났다. 그러자 수행승들이 이와 같이 생각했다.

[수행승들] '세존께서는 구리제품을 허용했을까 허용하지 않았을까, 나무제품을 허용했을까 허용하지 않았을까, 점토제품을 허용했을까 허용하지 않았을까?'

2. 세존께 그 사실을 알렸다. 그러자 세존께서 이것을 기회로 이것을 원인으로 법문을 하고 수행승들에게 일렀다.

[세존] "수행승들이여, 무기를 제외한 일체의 구리제품,[143] 안락의자, 소파, 나무 발우, 나무 신발을 제외한 일체의 나무제품, 마찰구와 대토기519)를 제외한

518) na bhikkhave vividhaṃ anācāraṃ ācaritabbaṃ. yo ācareyya yathādhammo kāretabbo'ti : VA, 1214에 따르면, 위의 갖자지 비행에 대하여 이를테면, 악작죄(dukkaṭa)로 다루어야 할 것은 악작죄로 다루어야 하고, 속죄죄(Pāc.)로 다루어야 할 것은 속죄죄로 다루어야 한다는 뜻이다.

일체의 점토제품을 허용한다.”

구리제품 및 기타가 끝났다.
세 번째 송출품이 끝났다.
제5장 사소한 일의 다발이 끝났다.
이 다발에는 59개의 사항이 있다.

그 후렴시는 아래와 같다(Tassuddānaṃ)

1. 나무,[1] 기둥, 벽, 마욕판,
걸달바손, 붉은모래끈을 사용하는 것,
서로 몸을 마찰하고, 황새치이빨, 개선병,
노쇠, 일상적인 방법으로 손으로 미는 것.520)

2. 귀고리,[2] 귀장신구,
목걸이를 착용하지 말고,
허리, 발목장신구, 팔장신구,
손목장신구, 반지.521)

3. 장발,[3] 빗, 뱀후드모양빗,
손, 왁스기름, 기름기있는 물,
거울[4]이나 수경, 상처,
기름[5]바르고, 맛사지하고, 분을 바르는 것.522)

4. 웅황을 바름, 사지의 색칠,
얼굴의 색칠 함께 함,
눈병, 산정축제,[6] 길게 끄는 가락,[7]
밖으로 털이 난[8] 모피옷.523)

5. 망고열매,[9] 망고껍질, 뱀,[10]
성기자름,[11] 전단목,[12]

519) kumbhakārika : Smp. 1215에 따르면, ‘온통 흙으로 만들어진 오두막’을 말한다.
520) ṛukkhe thambhe ca kuḍḍhe ca | aṭṭhāne gandhasuttiyā | viggayha mallako kacchu | jarā ca puthupāṇikā ||
521) vallikāpi ca pāmaṅgaṃ | kaṇṭhasuttaṃ na dhāraye | kaṭi ovaṭṭi keyūraṃ | hatthābharaṇa muddikā ||
522) dīghe kocche phaṇe hatthe | sitthā udakatelake | ādāsuda pattavaṇā | ālepa madda cuṇṇanā ||
523) lañchenti aṅgarāgañca | mukharāgaṃ tadubhayaṃ | cakkhurogaṃ giraggañca | āyataṃ sarabāhiraṃ || sarabāhira : sarabhañña와 bāhiralomi가 합해서 축약된 말이다.

갖가지 발우,[13] 발우의 바닥,
황금, 두꺼움, 들쑥날쑥.[524)]

6. 채색, 손상됨, 악취,
뜨거운 곳, 깨어짐, 나무의자,
평상, 돗자리, 천조각,
받침상, 바구니,
행낭, 어깨끈,
그리고 묶음끈.[525)]

7. 기둥, 침상, 의자,
무릎, 양산, 열어제침,
호리병박,[14] 물단지, 해골,
쓰레기조각,[15] 쓰레기통.[526)]

8. 뜨음,[16] 손잡이, 황금,
깃털, 껍질, 통.
효모, 보릿가루,
돌가루, 밀납, 고무.[527)]

9. 단이 고르지 못함, 엮음, 울퉁불퉁,
땅바닥, 상함. 알맞음,
야자잎표시, 시침실,
씻지 않음, 젖음, 신발.[528)]

10. 손가락, 골무, 바늘통,
어깨끈과 묶음끈.
노천, 지대가 낮음,
단, 그리도 또한 불편.[529)]

---

524) ambapesi sakalehi | ahi chindi ca candanaṃ | uccāvacā pattamūlaṃ | suvaṇṇo bahalā valī ||
525) citrā dussati duggandho | uṇhe bhijjiṃsu miḍḍhiyā | parihaṇḍaṃ tiṇaṃ coḷaṃ | mālaṃ kaṇḍolikāya ca | thavikañca aṃsabandhakaṃ | tathā bandhanasuttakā ||
526) khīle mañce ca pīṭhe ca | aṃke chatte paṇāmanā | tumbaghaṭī chavasīsaṃ | calakāni paṭiggaho ||
527) vipphāli daṇḍa sovaṇṇaṃ | patte pesi ca nāḷikā | kiṇṇaṃ sattu saritañca | madhusitthaṃ sipāṭikaṃ ||
528) vikaṇṇaṃ bandhi visamaṃ | chamā jīra pahoti ca | kalimbaṃ moghasuttañca | adhotallaṃ upāhanā ||
529) aṅgulī paṭiggāhañca | vitthakaṃ aṃsabandhakā | ajjhokāse nīcavatthu | cayo cāpī vihaññare ||

11. 무너짐, 지푸라기와 흙먼지,
안팎으로 문지름,
백색, 흑색,
홍토자를 칠하기.530)

12. 화만, 넝쿨장식, 황새치이빨,
시렁, 옷시렁,
옷걸망의 설치,
스승께서 허용했다.531)

13. 방치하고 떠남,
먹힘, 망가짐,
헤짐, 벽에도,
발우[17]에 담아 감.532)

14. 행낭, 묶음끈,
신발을 묶음,
신발행낭,
어깨끈과 묶음끈.533)

15. 도중에 물이 맞지 않음,[18]
여과낭, 거름천,
물병여과기, 두 수행승,
베쌀리, 도착, 성자.534)

16. 이중, 여과포,
거기서 여과낭을 허용했다.
모기에게, 사치스런 것[19]에 의해,
대부분 병듦, 지바까.535)

---

530) paripatati tiṇacuṇṇaṃ | ullittāvalittakaṃ | setaṃ kāḷakavaṇṇañca | parikammañca gerukaṃ ||
531) mālākammaṃ latākammaṃ | makaradantaka paṭṭikā | cīvaravaṃsaṃ rajjuñca | anuññāsi vināyako ||
532) ujjhitvā pakkamanti | khajjati paribhijjati | viniveṭhiyati kuḍḍepi | pattenādāya gacchare ||
533) thavikā bandhanasuttañca | bandhitvā ca upāhanā | upāhanatthavikañca | aṃsabandhana suttakaṃ ||
534) udakākappiyaṃ magge | parissāvanacoḷakaṃ | dhammakarakaṃ dve bhikkhū | vesāliṃ agamā muni ||
535) daṇḍaṃ ottharakaṃ tattha | anuññāsi parissāvanaṃ | makasehi paṇītena | bavhābādhā ca jīvako ||

17. 경행,[144] 온욕,
울퉁불퉁, 지대가 낮음,
세 가지 단, 불편,
계단, 난간, 경행처의 난간.536)

18. 노천, 지푸라기와 흙먼지,
안팎으로 문지름,
백색, 흑색,
홍토자를 칠하기.537)

19. 화만장식, 넝쿨장식,
황새치이빨, 시렁,
옷시렁, 옷걸망,
지대를 높게 만드는 것.538)

20. 세 가지 계단, 난간,
문짝, 문기둥, 상인방,
문턱, 문턱레일,
빗장, 나무못.539)

21. 핀, 쐐기, 열쇠구멍,
끈을 묶는 구멍, 묶음끈,
둥글게 쌓는 것, 스팀파이프,
가운데, 얼굴에 점토바르기.540)

22. 점토통, 악취,
태우다. 물을 담는 용기,
급수처, 땀이 남,
물기가 많음, 씻어냄, 배수구.541)

---

536) caṅkamanaṃ jantāgharaṃ | visame nīcavatthukā | tayo caye vihaññanti | sopāṇālamba vedikaṃ ||
537) ajjhokāse tiṇacuṇṇaṃ | ullittāvalittakaṃ | setakaṃ kāḷavaṇṇañca | parikammañca gerukaṃ ||
538) mālākammaṃ latākammaṃ | makaradantakapaṭṭikaṃ | vaṃsaṃ cīvararajjuñca | uccaṃ ca vatthukaṃ kare ||
539) tayo sopāṇa bāhañca | kavāṭaṃ piṭṭhisaṅghāṭaṃ | udukkhaluttarapāsakaṃ | vaṭṭiñca kapisīsakaṃ ||
540) sūci ghaṭi tālacchiddaṃ | āviñjanañca rajjukaṃ | maṇḍalaṃ dhūmanettañca | majjhe ca mukhamattikaṃ ||
541) mattikādoṇi duggandho | ḍahatī udakādhānaṃ | sarāvakaṃ ca sedeti | cikkhallaṃ dhovi niddhamanaṃ ||

23. 의자, 현관, 설치,
자갈, 돌, 배수구,
벌거벗은 자들,[20] 땅바닥,[21]
비가 올 때, 세 가지 피복.542)

24. 우물, 무너짐,
덩굴, 허리띠,
지렛대, 활차, 두레박바퀴,
그릇이 많이 깨짐.543)

25. 구리, 나무, 가죽,
우물당, 지푸라기, 덮개,
물받이, 욕장, 담장,
질척거림, 배수구.544)

26. 한기가 듦, 연못,
가득 참, 돔형,
사개월,[22] 잠을 잠,
펠트,[23] 배당해서는 안 됨.545)

27. 장식된 침상,[24] 받침대,[25]
식사하고 함께 누워서는 안 된다.[26]
밧다,[27] 보디,[28] 밟지 않음,
옹기,[29] 마찰구, 빗자루.546)

28. 돌과[30] 자갈과
해석(海石)의 발마찰구,
부채,[31] 다라선(多羅扇),
모기,[32] 야크꼬리털.547)

---

542) pīṭhañca koṭṭhake kammaṃ | marumbasilā niddhamanaṃ | naggā chamāyaṃ vassante | paṭicchādi tayo tahiṃ ||
543) udapānaṃ lujjati ca | valliyā kāyabandhanaṃ | tulaṃ karakaṭakaṃ cakkaṃ | bahū bhijjanti bhājanā ||
544) lohadāru cammakhaṇḍaṃ | sālā tiṇaṃ pidhāni ca | doṇiṃ candani pākāraṃ | cikkhallaṃ niddhamana ca ||
545) sitigataṃ pokkharaṇiṃ | purāṇañca nillekhanaṃ | cātumāsaṃ sayanti ca | namatakañca nadhiṭṭhahe ||
546) āsittakaṃ maḷorikaṃ | bhuñjantekaṃ tuvaṭṭisuṃ | vaḍḍo bodhi na akkami | ghaṭaṃ katakaṃ sammajjani ||
547) sakkharaṃ kaṭhalañceva | pheṇakaṃ pādaghaṃsaniṃ | vidhūpanaṃ tālavaṇṭaṃ | makasaṃ cāpi cāmarī ||

29. 양산,[33] 없이, 승원에서,
걸망에,[34] 사용인가,
되새김질,[35] 밥알,[36] 손톱을 길게,[37]
자름, 손가락이 아팠음.548)

30. 피가 나오도록, 높이만큼,
스무 개, 장발,[38]
면도날, 숫돌, 면도날행낭,
펠트, 일체의 면도도구.549)

31. 수염을 다듬고,[39] 기르고,
염소처럼 긴, 사각형수염,
가슴까지, 배까지,
구레나룻, 음부, 자름.550)

32. 질병이 있음, 가위,
긴 코털,[40] 자갈조각,
흰 머리카락, 막힘,[41] 갖가지,
동제품,[42] 쌓아놓음.551)

33. 의지해서,[43] 그리고 붕대,
실마리, 산가지, 허리띠,[44]
섬유로 꼰 띠, 물뱀머리모양,
텀블린드럼모양, 작은사슬모양.552)

34. 무명천 띠와 잘 엮은 띠,
가장자리, 텀블린드럼모양,
끝부분, 둥글게 꿰메는 것,
매듭만들기, 끝매듭이 헤짐.553)

---

548) chattaṃ vinā ca ārāme | tayo sikkāya sammati | roma sitthā nakhā dīghā | chindantaṅgulikā dukkhā ||
549) salohitaṃ pamāṇañca | vīsati dīghakesatā | khuraṃ sīlaṃ sipāṭikaṃ | namatakaṃ khurabhaṇḍakaṃ ||
550) massuṃ kappenti vaḍḍhenti | golomi caturassakaṃ | parimukhaṃ aḍḍharakañca | dāṭhi sambādhasaṃhare ||
551) ābādhā kattari vaṇo | dīghaṃ sakkharikāya | palitaṃ thakitaṃ uccā | lohabhaṇḍañjanī cayā ||
552) pallatthikaṃ ca āyogo | vaṭṭaṃ salākabandhanaṃ | kalābukaṃ deḍḍubhakaṃ | murajaṃ maddavīṇakaṃ ||
553) paṭṭikaṃ sūkarantañca | dasā muraja veṇitā | anto sobhaṃ guṇañceva | pavanantopi jīrati ||

35. 버클, 인끈고리과 인끈,
판을 안쪽으로 가져옴,
재가자의 하의, 코끼리코옷,
물고기꼬리옷, 네모꼴옷.554)

36. 야자줄기옷,[45] 백가지덩쿨옷,
재가자의 외투,[46] 들보,[47]
양날개멜대,[48] 운반해서는 안 됨,
버들가지,[49] 때림.555)

37. 목에 걸림, 삼림,
맛불,[50] 나무,[51] 코끼리,
야멜루,[52] 세속철학,[53]
배웠음, 가르치기.556)

38. 속류지식,[54][145] 가르치기,
재채기,[55] 행운,
마늘,[56] 복통, 더럽혀짐,[57]
악취, 불편, 디딤대.557)

39. 창피함, 덮개 없음, 악취,
곳곳에 보아서,
악취, 구덩이, 무너짐,
지대를 높임, 축대 또한.558)

40. 계단, 난간,
끝에, 불편, 디딤대,
바깥에서, 요강, 똥막대,
단지, 덮개 없음.559)

---

554) vīṭhe gaṇṭhi ca pāsakaṃ | phalakante ca ogahe | gihīnivatthaṃ hatthisoṇḍaṃ | macchakaṃ catukaṇṇakaṃ ||
555) tālavaṇaṭaṃ satavalliṃ | sāvelliṃ gihipārutaṃ | ubhatokājaṃl na hareyya | dantakaṭṭhaṃ ākoṭanaṃ ||
556) kaṇṭhe vilaggaṃ dāyañca | paṭaggirukkha hatthinā | yameḷu lokāyatakaṃ | pariyāpuṇiṃsu vācayuṃ ||
557) tiracchavijjā vācanā | khipi maṅgala lasuṇaṃ ca | vātābādho dussati ca | duggandho dukkhapādukā ||
558) hirīyanti apāru duggandho | tahaṃ tahaṃ karonti ca | duggandho kūpaṃ lujjati | uccavatthu cayepi ca ||
559) sopāṇālambaṇabāhā | ante dukkhañca pādukā | bahiddhā doṇi kaṭṭhañca | piṭharo ca apāruto ||

41. 변소, 문짝,
문기둥, 상인방,
문턱, 문턱레일,
빗장, 나무못.560)

42. 핀, 쐐기, 열쇠구멍,
끈을 묶는 구멍,
묶음끈, 안팎으로
백색도료, 흑색도료.561)

43. 화만장식, 넝쿨장식,
황새치이빨, 시렁,
옷시렁, 옷걸망,
노약하여, 칸막이.562)

44. 방사에 또한 마찬가지로,
자갈. 포장용 판석,
체류, 배수구,
물단지 또한, 받침접시.563)

45. 불편, 창피함,
덮개, 비행,[58] 저지름,
무기를 제외한
구리제품을[59] 허용했다.564)

46. 안락의자, 소파,
나무 발우, 나무 신발을 제외한,
일체의 나무제품을
위대한 성자께서 허용했다.565)

---

560) vaccakuṭī kavāṭañca | piṭṭhisaṅghāṭameva ca | udukkhaluttarapāso | vaṭṭiṃ ca kapisīsakaṃ ||
561) sūci ghaṭī tālacchiddaṃ | āviñjanacchiddameva ca | rajjuṃ ullittāvalittaṃ | setavaṇṇañca kāḷakaṃ ||
562) mālākammaṃ latākammaṃ | makaraṃ pañcapaṭṭikaṃ | cīvaravaṃsaṃ rajjuṃ ca | jarā dubbala pākāraṃ ||
563) pariveṇe cāpi tattheva | marumbaṃ padarasilā | santiṭṭhati nīddhamanaṃ | kumhiñcāpi sarāvakaṃ ||
564) dukkhaṃ hiri apidhānaṃ | anācārañca ācaruṃ | lohabhaṇḍaṃ anuññāsi | ṭhapayitvā paharaṇiṃ ||
565) ṭhapetvā'sandipallaṅkaṃ | dārupattañca pādukaṃ | sabbaṃ dārumayaṃ bhaṇḍaṃ | anuññāsi mahāmuni ||

47. 여래께서 마찰구와
대토기를 제외한,
일체의 점토제품을
애민히 여겨 허용했다.566)

48. 항목의 시설이 앞과 같은 데,
간략한 언급일지라도
후렴시의 맥락 속에서
우리에게 알려졌다.567)

49. 이처럼 백천 사항이
계율의 작은 항목에
바른 원칙에 기초하니,
품행이 방정한 자들에 대한 수호가 있다.568)

50. 잘 배우고 계율을 지키는 자는
마음이 유익하고 품행이 방정하여,
현자로서 빛을 비추고,
많이 배운 자로서 공양을 받을 만하다.569)

제5장 사소한 일의 다발의 후렴시가 끝났다.

---

566) katakaṃ kumbhakārañca | ṭhapayitvā tathāgato | sabbampi mattikābhaṇḍaṃ | anuññāsi anukampako ||
567) yassa vatthussa niddeso | purimena samampi va | taṃpi saṃkhittamuddāne | nayato taṃ vijāniyā ||
568) evaṃ dasasatā vatthu | vinaye khuddakavatthuke | saddhammaṭṭhitiyā ceva | pesalānaṃ canuggaho ||
569) susikkhito vinayadharo | hitacitto supesalo | padīpakaraṇo dhīro | pūjāraho bahussutoti ||

제6장 처소의 다발
(Senāsanakkhandhaka ; 臥坐具犍度)

Ⅰ 첫 번째 송출품(Paṭhamabhāṇavāra:1-3)

1. 정사건립의 인연(Vihārakārāpaṇanidāna)

1. 한때[146] 존귀한 부처님께서는 라자가하 시의 벨루바나 숲에 있는 깔란다까니바빠 공원에 계셨다. 그런데 그때 세존께서는 수행승들에게 와좌처를 마련해주지 않았다. 그래서 수행승들은 여기저기 숲속이나, 나무 밑이나, 산중이나, 산협이나, 산굴이나, 무덤이나, 우거진 숲이나, 노천이나, 짚더미위에서 지냈다.570) 그들은 아침 일찍 여기저기 숲속이나, 나무 밑이나, 산중이나, 산협이나, 산굴이나, 무덤이나, 우거진 숲이나, 노천이나, 짚더미위로부터 나아가거나 물러나거나 앞을 보거나 뒤를 보거나 구부리거나 펴거나 단정하게 눈을 아래로 하고 위의를 갖추고 떠났다.

2. 그런데 그때 라자가하 시에 부호가 아침 일찍 공원에 갔다. 라자가하 시의 부호는 그 수행승들이 아침 일찍 여기저기 숲속이나, 나무 밑이나, 산중이나, 산협이나, 산굴이나, 무덤이나, 우거진 숲이나, 노천이나, 짚더미위로부터 나아가거나 물러나거나 앞을 보거나 뒤를 보거나 구부리거나 펴거나 단정하게 눈을 아래로 하고 위의를 갖추고 떠나는 것을 보았다. 보고나서 마음이 기쁘고 청정해졌다. 그래서 라자가하 시의 부호는 수행승들이 있는 곳을 찾아갔다. 가까이 다가가서 그 수행승들에게 이와 같이 말했다.

[부호] "존자들이여, 제가 정사를 짓는다면, 저의 정사에 거주하시겠습니까?"

[수행승들] "장자여, 세존께서는 정사를 허용하지 않으셨습니다."

[부호] "존자들이여, 그렇다면, 세존께 여쭙고 제게 알려주십시오."

[수행승들] "장자여, 알겠습니다."

---

570) te ca bhikkhū tahaṃ tahaṃ viharanti araññe rukkhamūle pabbate kandarāyaṃ giriguhāyaṃ susāne vanapatthe ajjhokāse palālapuñje : DN. I. 71; MN. III. 3; AN. II. 210에도 동일한 목록이 등장하는데, 이것들에 대한 상세한 설명은 Smv. 209-210에 나온다.

그래서 그 수행승들은 라자가하 시의 부호에게 대답하고 세존께서 계신 곳을 찾아갔다. 가까이 다가가서 세존께 인사를 하고 한쪽으로 물러나 앉았다. 한쪽으로 물러나 앉은 그 수행승들은 세존께 이와 같이 말했다.

[수행승들] "세존이시여, 라자가하 시의 부호가 정사를 짓고자 하는데, 세존이시여, 어떻게 조치해야 합니까?"

그러자 세존께서는 이것을 기회로 이것을 원인으로 법문을 말씀하시고 수행승들에게 일렀다.

[세존] "수행승들이여, 다섯 가지 방사, 즉, 정사, 평부옥, 전루, 누옥, 동굴을 허용한다."571)

3. 그러자[147] 그 수행승들은 라자가하 시의 부호가 있는 곳을 찾아갔다. 가까이 다가가서 라자가하 시의 부호에게 이와 같이 말했다.

[수행승들] "장자여, 세존께서 정사를 허용하셨습니다. 지금이 그 때라고 생각한다면 행하십시오."

그러자 라자가하 시의 부호는 단 하루 만에 예순 개의 정사를 세웠다. 그리고 라자가하 시의 부호는 예순 개의 정사를 마무리한 뒤에 세존께서 계신 곳을 찾아갔다. 가까이 다가가서 세존께 인사를 드리고 한쪽으로 물러나 앉았다. 한쪽으로 물러나 앉은 그 라자가하 시의 부호는 세존께 이와 같이 말했다.

[수행승들] "세존이시여, 내일 수행승의 무리와 함께 저의 공양을 받아 주십시오."

세존께서는 침묵으로 허락했다. 그러자 라자가하 시의 부호는 세존께서 허락하신 것으로 알고 자리에서 일어나 세존께 인사를 하고 오른 쪽으로 돌아 그곳을 떠났다.

4. 그리고 라자가하 시의 부호는 그날 밤이 지나자 훌륭한 단단한 음식과 부드러운 음식을 준비하여 세존께 때가 되었음을 알렸다.

[수행승들] "세존이시여, 때가 되었습니다. 공양이 준비되었습니다."

그래서 세존께서는 아침 일찍 옷을 입고 발우와 가사를 수하고 라자가하 시의 부호가 있는 곳을 찾아갔다. 가까이 다가가서 마련된 자리에 수행승들의 무리와

---

571) anujānāmi bhikkhave pañca lenāni vihāraṃ aḍḍhayogaṃ pāsādaṃ hammiyaṃ guhāti : 방사의 종류는 Vin. I. 58에도 등장한다. 평부옥(平覆屋 : aḍḍhayoga)은 지붕이나 그 끝이 반쯤 굽어진 집을 말하는데, Vin. II. 172에 따르면, 평부옥은 칠 내지 팔년마다 수리해야 한다. 누옥(hammiya)은 Smp. 1215에 따르면, 가장 높은 층에서 전망을 볼 수 있는 공간이 있는 전루를 말한다. 동굴(guha)은 Smp. 1215에 따르면, 벽돌이나 돌이나 홍토로 이루어진 동굴을 말한다.

함께 앉았다.

그러자 라자가하 시의 부호는 부처님을 비롯한 수행승들의 무리에게 훌륭한 단단한 음식과 부드러운 음식을 손수 대접하여 제공하고 세존께서 발우에서 손을 떼자 한쪽으로 물러나 앉았다. 한쪽으로 물러나 앉아서 라자가하 시의 부호는 세존께 이와 같이 말했다.

[부호] "세존이시여, 저는 공덕을 위하여 천상을 위하여 이곳에 예순 개의 정사를 지었습니다. 세존이시여, 그 정사들에 대하여 제가 어떻게 조치하면 됩니까?"

[세존] "장자여, 그렇다면, 그 예순 개의 정사는 현재와 미래의 사방승가[572]에 봉헌하십시오."

[부호] "세존이시여, 알겠습니다."

라자가하 시의 부호는 세존께 대답하고 그 예순 개의 정사를 사방승가에 봉헌했다.

5. 그러자 세존께서는 라자가하 시의 부호를 이러한 시들로[573] 기쁘게 했다.

1) 그것으로써 추위와 더위,
맹수 뿐만 아니라
뱀과 모기 그리고,
서늘한 비를 막아냅니다.[574]

2) 그 두려운 열풍이
일어나도 격퇴되니,
수호와 안락 속에서
선정과 통찰을 위한 것이네.[575]

3) 참모임에 정사를
보시하면, 최상의 보시라고
부처님께서 칭찬하셨으니,
실로 자신의 이익을 바라는 현자이다.[576]

---

572) cātuddisasaṅgha : 사방승가(四方僧伽; Cattudisasaṃgha)는 시간적으로 삼세에 걸쳐 확대되고 공간적으로는 우주적으로 확대되는 보편적 승가를 지칭한다. 그렇다면 이 사방승가안에는 재가신도가 당연히 포함되어야 할 것이다. 그러나 이 사방승가도 재가신도에 관한 언급이 없이 비구, 비구니 승가의 확장으로 규정되고 있다. 자세한 것은 이 책의 율장해제를 보라.

573) imāhi gāthāhi : CV. VI. 9와 병행한다.

574) sītaṃ uṇhaṃ paṭihanti | tato vālamigāni ca | siriṃsape ca makase | sisire cāpi vuṭṭhiyo ||

575) tato vātātapo ghoro | sañjāto paṭihaññati | lenatthañca sukhatthañca | jhāyituṃ ca vipassituṃ ||

576) vihāradānaṃ saṅghassa | aggaṃ buddhena vaṇṇitaṃ | tasmā hi paṇḍito poso | sampassaṃ atthamattano ||

4) 기쁘게 정사를 지으면,
많이 배운 자들을 그 안에 살 수 있고,
맑고 청정한 마음으로
곧바른 그들에게[148] 먹을 것과 마실 것,
눕고, 앉는 도구를 그가 베푸리.577)

5) 그들은 그를 위하여 일체의
괴로움을 없애는 가르침을 설하니,
그는 그 진리를 곧바로 알아,
여기서 번뇌 없이 열반에 든다.578)

그리고 세존께서는 라자가하 시의 부호를 이러한 시들로 기쁘게 하고 자리에서 일어나 그곳을 떠났다.

정사건립의 기원이 끝났다.

2. 정사의 건축(Vihārakārāpaṇa)

1. 사람들은 '세존께서 정사를 허용하셨다.'라고 듣고는 공경하여 정사들을 세웠다. 그 정사들에는 문이 없었다. 뱀도 전갈도 지네도 들어왔다. 세존께 그 사실을 알렸다.

[세존] "수행승들이여, 문을 허용한다."

벽을 뚫어서 넝쿨과 밧줄로 문을 묶었다. 쥐들도 흰개미들도 갉아 먹었다. 밧줄을 갉아 먹어 창문이 떨어졌다. 세존께 그 사실을 알렸다.

[세존] "수행승들이여, 문기둥, 상인방, 문턱, 문턱레일을 허용한다."579)

문이 맞지 않았다. 세존께 그 사실을 알렸다.

[세존] "수행승들이여, 묶음끈을 허용한다."580)

문이 닫히지 않았다. 세존께 그 사실을 알렸다.

[세존] "수행승들이여, 빗장, 나무못, 핀, 쐐기를 허용한다."581)

---

577) vihāre kāraye ramme | vāsayettha bahussute | tesaṃ annañca pānañca | vatthasenāsanāni ca | dadeyya ujubhutesu | vippasannena cetasā ||

578) te tassa dhammaṃ desenti | sabbadukkhāpanūdanaṃ | yaṃ so dhammaṃ idhaññāya | parinibbāti anāsavo ti ||

579) anujānāmi bhikkhave piṭṭhisaṅghāṭaṃ udukkhalikaṃ uttarapāsakan'ti : 이 책(Vin. II. 120)에서 상세한 주석을 보라.

580) anujānāmi bhikkhave āviñjanarajjun'ti : 이 책(Vin. II. 120)에서 상세한 주석을 보라.

581) anujānāmi bhikkhave aggalavaṭṭikaṃ kapisīsakaṃ sucikaṃ ghaṭikan'ti : 이 책(Vin. II. 120)에서 상세한

그런데 그때 수행승들이 문을 열 수가 없었다. 세존께 그 사실을 알렸다.

[세존] "수행승들이여, 열쇠구멍과 세 가지 열쇠 즉, 구리열쇠, 나무열쇠, 뿔열쇠를 허용한다."

열고 들어가면, 정사가 수호되지 않았다. 세존께 그 사실을 알렸다.

[세존] "수행승들이여, 자물쇠와 핀을 허용한다."582)

2. 그런데 그때 정사가 초가지붕이라 추울 때에는 춥고 더울 때에는 더웠다. 세존께 그 사실을 알렸다.

[세존] "수행승들이여, 동여맨 뒤에 안팎으로 도료를 칠하는 것을 허용한다."

그런데 그때 정사에 창583)이 없었다. 전망이 없고 악취가 났다. 세존께 그 사실을 알렸다.

[세존] "수행승들이여, 세 가지 창 즉, 난간창,584) 그물창,585) 산가지창586)을 허용한다."

창의 사이로부터 제비뿐만 아니라 박쥐도 들어왔다. 세존께 그 사실을 알렸다.

[세존] "수행승들이여, 창커튼을 허용한다."

창커튼 사이로부터 제비뿐만 아니라 박쥐도 들어왔다. 세존께 그 사실을 알렸다.

[세존] "수행승들이여, 창호와 덧문을 허용한다."

3. 그런데 그때 수행승들이 땅바닥에서 잠을 잤다. 사지와 옷이 흙먼지에 싸였다. 세존께 그 사실을 알렸다.

[세존] "수행승들이여, 돗자리를 허용한다."

돗자리가[149] 쥐뿐만 아니라 흰개미에게도 먹혔다. 세존께 그 사실을 알렸다.

[세존] "수행승들이여, 판침상587)을 허용한다."

판침상 위에서 사지가 불편했다. 세존께 그 사실을 알렸다.

[세존] "수행승들이여, 대나무조각침상588)를 허용한다."

주석을 보라.

582) anujānāmi bhikkhave yantakaṃ sūcikanti : Smp. 1216에 따르면, 어떠한 것이 든지 그것이 자물쇠(yantaka)인 것을 알면, 그것을 여는 핀(sūcika)을 만들 수 있다.

583) vātapāna : 창문으로 Vin. IV. 47에서는 빛을 위한 구멍(ālokasandhi)이라고 설명한다.

584) vedikāvātapāna : Smp. 1216에 따르면, 탑묘의 난간과 같은 창살을 한 창문을 말한다.

585) jālavātapānaṃ : Smp. 1216에 따르면, 그물모양의 격자창살을 한 창문을 말한다.

586) salākavātapāna : Smp. 1216에 따르면, 기둥창문(?)이다. Bd. V. 207에서는 창문이 구멍이라고 생각하면 이해가 된다고 하지만, 역자의 생각으로는 앙코르와트에 남아 있는 산가지모양의 기둥을 세운 창을 말하는 것이 아닐까?

587) miḍhi : Va. 1216에 따르면, 단단한 의자(pīṭhaphalaka)를 뜻한다.

그런데 그때 참모임에 관(棺) 모양의 긴 침상이 생겼다. 세존께 그 사실을 알렸다.

[세존] "수행승들이여, 긴 침상을 허용한다."

긴 의자가 생겼다. 세존께 그 사실을 알렸다.

[세존] "수행승들이여, 긴 의자를 허용한다."

그런데 그때 참모임에 관 모양의 문제상(文蹄床)589)이 생겼다. 세존께 그 사실을 알렸다.

[세존] "수행승들이여, 문제상을 허용한다."

그런데 그때 참모임에 관 모양의 문제소상(文蹄小床)이 생겼다. 세존께 그 사실을 알렸다.

[세존] "수행승들이여, 문제소상을 허용한다."

그런데 그때 참모임에 관 모양의 게다리모양의590) 침상이 생겼다. 세존께 그 사실을 알렸다.

[세존] "수행승들이여, 게다리 모양의 침상을 허용한다."

그런데 그때 참모임에 게다리 모양의 의자가 생겼다. 세존께 그 사실을 알렸다.

[세존] "수행승들이여, 게다리 모양의 의자를 허용한다."

그런데 그때 참모임에 관 모양의 다리를 제거할 수 있는 침상이 생겼다. 세존께 그 사실을 알렸다.

[세존] "수행승들이여, 다리를 제거할 수 있는 침상을 허용한다."

다리를 제거할 수 있는 의자가 생겼다. 세존께 그 사실을 알렸다.

[세존] "수행승들이여, 다리를 제거할 수 있는 의자를 허용한다."

4. 그런데 그때 참모임에 등받이의자591)가 생겼다. 세존께 그 사실을 알렸다.

[세존] "수행승들이여, 등받이의자를 허용한다."

높은 등받이의자가 생겼다. 세존께 그 사실을 알렸다.

[세존] "수행승들이여, 높은 등받이의자를 허용한다."

삼면의자592)가 생겼다.

[세존] "수행승들이여, 삼면의자를 허용한다."

---

588) bidalamañcaka : Va. 1216에 따르면, 대나무의 잔가지나 조각으로 만든 침상을 말한다.

589) bundikābaddhamañca : 판석을 고정시킨 침상

590) kulīrapādaka : 다리가 구부러진 침상을 말한다.

591) āsandika : Smp. 1216에 따르면, 네 구석을 갖고 있는 의자이다.

592) Sattaṅga : 일곱 부분 즉, 네 개의 다리와 삼면(머리받이, 발받이, 손받이)으로 구성된 안락의자이다. 역자는 Bd. V. 209에 따라 삼면의자라고 부른다.

높은 삼면의자가 생겼다. 세존께 그 사실을 알렸다.

[세존] "수행승들이여, 높은 삼면의자를 허용한다."

잔가지로 만든 의자593)가 생겼다. 세존께 그 사실을 알렸다.

[세존] "수행승들이여, 잔가지로 만든 의자를 허용한다."

천으로 엮은 의자594)가 생겼다. 세존께 그 사실을 알렸다.

[세존] "수행승들이여, 천으로 엮은 의자를 허용한다."

산양각의자595)가 생겼다. 세존께 그 사실을 알렸다.

[세존] "수행승들이여, 산양각 의자를 허용한다."

아말라까줄기 의자596)가 생겼다. 세존께 그 사실을 알렸다.

[세존] "수행승들이여, 아말라까줄기 의자를 허용한다."

나무판의자가 생겼다. 세존께 그 사실을 알렸다.

[세존] "수행승들이여, 나무판 의자를 허용한다."

줄기로 만든 의자597)가 생겼다. 세존께 그 사실을 알렸다.

[세존] "수행승들이여, 줄기로 만든 의자를 허용한다."

짚으로 엮은 의자598)가 생겼다. 세존께 그 사실을 알렸다.

[세존] "수행승들이여, 짚으로 엮은 의자를 허용한다."

5. 그런데 그때 여섯무리의 수행승들이 높은 침상에 누웠다. 사람들이 정사를 돌아다니다가 보고서 혐책하고 분개하고 비난했다.

[사람들] "마치 감각적 쾌락의 욕망을 즐기는 재가자와 같다." 세존께 그 사실을 알렸다.

[세존] "수행승들이여, 높은 침상에 눕지 말라, 누우면,[150] 악작죄가 된다."

그런데 그때 어떤 수행승이 낮은 침상에 누웠다가 뱀에게 물렸다. 세존께 그 사실을 알렸다.

[세존] "수행승들이여, 침상의 다리599)를 허용한다."

그런데 그때 여섯무리의 수행승들이 높은 다리가 달린 침상을 사용하여, 그

---

593) bhaddapīṭha : Smp. 1206에 따르면, 모두 잔가지로 만들어진 의자이다.
594) pīṭhika : Smp. 1206에 따르면, 천으로 엮은 의자이다.
595) eḷakapādaka : Smp. 1206에 따르면, 다리의 윗부분을 나무 주위에 모직천 안에 싼 것이다.
596) āmalakavaṭṭikapīṭha : Smp. 1217에 따르면, 아말라까줄기 형식으로 엮은 많은 다리의 의자이다.
597) Koccha : 한역의 초의(草椅)이다. Smp. 1217에 따르면, 문자(muñja) 풀이나 갈대로 만들어진 의자이다.
598) Palālapīṭha : 한역의 고의(藁椅)이다.
599) mañcapaṭipādaka : 침상의 버팀목을 말한다. Vin. I. 48쪽에도 등장한다.

침상다리를 여기저기 흔들었다. 세존께 그 사실을 알렸다.

[세존] "수행승들이여, 높은 다리가 달린 침상을 사용하지 말라. 사용하면 악작죄가 된다. 수행승들이여, 여덟 손가락마디의 침상다리를 허용한다."600)

6. 그런데 그때 참모임에 실이 생겼다. 세존께 그 사실을 알렸다.

[세존] "수행승들이여, 침상을 꿰매는 것을 허용한다."

이음새에 많은 실이 소모되었다. 세존께 그 사실을 알렸다.

[세존] "수행승들이여, 이음새를 뚫어 보철을 하는 것을 허용한다."601)

면조각이 생겼다. 세존께 그 사실을 알렸다.

[세존] "수행승들이여, 카펫602)을 만드는 것을 허용한다."

면으로 이루어진 덮개603)가 생겼다. 세존께 그 사실을 알렸다.

[세존] "수행승들이여, 그것을 풀어서 세 가지 면 즉, 나무에서 생겨난 면, 넝쿨에서 생겨난 면, 풀에서 생겨난 면의 베개를 만드는 것을 허용한다."604)

그런데 그때 여섯무리의 수행승이 반신 크기의 베개를 사용했다. 사람들이 정사를 돌아다니다가 보고서 혐책하고 분개하고 비난했다.

[사람들] "마치 감각적 쾌락의 욕망을 즐기는 재가자와 같다."

세존께 그 사실을 알렸다.

[세존] "수행승들이여, 반신 크기의 베개를 사용하지 말라, 사용하면, 악작죄가 된다. 수행승들이여, 머리 크기의 베개를 허용한다."

7. 그런데 그때 라자가하 시에 산정축제가 있었다. 사람들이 대신들을 위하여 깔개605) 즉, 양모 깔개, 천조각 깔개, 나무껍질 깔개, 풀 깔개, 나뭇잎 깔개를 엮었다. 그들은 축제가 지나자 외피를 벗기고 가지고 갔다. 수행승들은 축제장에 많은 양모, 천조각, 나무껍질, 풀, 나뭇잎이 버려져있는 것을 보았다. 보고나서 세존께 그 사실을 알렸다.

---

600) anujānāmi bhikkhave aṭṭhaṅgulaparamaṃ mañcapaṭipādakanti : 속죄죄법 제87조(Pāc. 87)에 속한다.

601) anujānāmi bhikkhave aṅge vijjhitvā aṭṭhapādakaṃ vetun'ti : 여기서 'aṅga'의 의미는 불분명하다. 연결고리 부위를 뜻하는 것으로 이음새라고 번역한다.

602) cilimikā : Smp. 1217에 따르면, 땅이 회반죽으로 처리될 때에, cilimikā가 덮개라고 불린다.

603) tūlikā : Smp. 1086에 따르면, 일반적인 면화를 말하며, Mrp. II. 239에 따르면, 세 가지 면화의 어느 하나로 만든 덮개이다. Vin. II. 50에 따르면, 나무의 면화, 덩굴의 면화, 뽀따끼(poṭaki)-풀의 면화가 있다.

604) anujānāmi bhikkhave vijaṭetvā bimbohanaṃ kātuṃ. tīṇi tulāni rukkhatūlaṃ latātūlaṃ poṭakītūlanti : 여기서 배게라고 번역한 것은 엄밀히 말하자면, 침욕(枕褥)이다. Smp. 1217에 따르면, 식물성인 면화는 침욕(枕褥)에 상용되는데, 나무에서 생겨난 면, 넝쿨에서 생겨난 면, 풀에서 생겨난 면 이외에는 없다.

605) bhisi : Smp. 666에 따르면, 침상이나 의자의 깔개를 말한다.

[세존] "수행승들이여, 다섯 가지 깔개 즉, 양모 깔개, 천조각 깔개, 나무껍질 깔개, 풀 깔개, 나뭇잎 깔개를 허용한다."606)

그런데 그때 참모임에 참모임의 와좌구에 필수적인 직물이 생겼다. 세존께 그 사실을 알렸다.

[세존] "수행승들이여, 깔개를 까는 것을 허용한다."

그런데 그때 수행승들이 침상 깔개를 의자위에 깔고, 의자 깔개를 침상에 깔았다. 깔개가 망가졌다. 세존께 그 사실을 알렸다.

[세존] "수행승들이여, 덮개를 싼 침상과 덮개를 싼 의자를 허용한다."

아랫 덮개를[151] 만들지 않고 깔아서 밑에서 터져 나왔다.

[세존] "수행승들이여, 아랫 덮개를 만들어 깔아서 깔개를 싸는 것을 허용한다."

덮개를 찢어서 가져가버렸다. 세존께 그 사실을 알렸다.

[세존] "수행승들이여, 반점을 찍은 것607)을 허용한다.

그래도 가져가버렸다. 세존께 그 사실을 알렸다.

[세존] "수행승들이여, 보철608)을 허용한다."

그래도 여전히 가져가버렸다. 세존께 그 사실을 알렸다.

[세존] "수행승들이여, 손 크기의 보철609)을 허용한다."

정사의 건축이 끝났다.

3. 벽과 평상 및 기타(Bhittimañcādi)

1. 한때 이교도의 잠자는 장소610)는 백색도료를 칠했고 바닥은 흑색도료를 칠했고 벽은 홍토자를 칠했다. 많은 사람이 보고자 왔다. 세존께 그 사실을 알렸다.

[세존] "수행승들이여, 정사에 백색도료, 흑색도료, 홍토자를 칠하는 것을 허용한다."611)

1) 그러나 그때 거친 벽에 백색도료가 달라붙지 않았다.

---

606) anujānāmi bhikkhave pañcabhisiyo uṇṇābhisiṃ coḷabhisiṃ vākabhisiṃ tiṇabhisiṃ paṇṇabhisin'ti : 다섯 가지 깔개는 Vin. IV. 40에도 등장한다.

607) phosetuṃ : Smp. 1218에 따르면, 염료나 심황으로 표면에 점들을 뿌리는 것을 뜻한다.

608) bhattikamma : Smp. 1219에 따르면, 'bhittikamma'로 읽어야 한다. 깔개의 덮개위에 보철(補綴)하여 표시하는 것이다.

609) bhattikamma : Smp. 1219에 따르면, 'hatthabhittikamma'로 읽어야 한다. 이것에 대해서는 속죄죄법 제58조(Pāc. 58)를 참조하라.

610) seyyā : 와구(臥具)를 뜻하지만 여기서는 잠자는 장소라는 의미이다. Vin. IV. 17에서 정의된다.

611) anujānāmi bhikkhave vihāre setavaṇṇaṃ kāḷavaṇṇaṃ gerukaparikamman'ti : 일반적으로 '백색도료, 흑색도료, 홍토자'의 순서대로 서술되지만 아래 설명은 백색도료, 홍토자, 흑색도료'의 순서대로 설명이 된다.

세존께 그 사실을 알렸다.

[세존] "수행승들이여, 정사에 겨껍질덩어리를 사용하여 흙손으로 평평하게 백색도료를 칠하는 것을 허용한다."

백색도료가 잘 달라붙지 않았다. 세존께 그 사실을 알렸다.

[세존] "수행승들이여, 부드러운 점토를 사용하여 흙손으로 평평하게 백색도료를 칠하는 것을 허용한다."

백색도료가 아직 잘 달라붙지 않았다. 세존께 그 사실을 알렸다.

[세존] "수행승들이여, 점착제와 밀가루반죽을 허용한다."612)

2) 그런데 그때 거친 벽에 홍토자가 달라붙지 않았다.

세존께 그 사실을 알렸다.

[세존] "수행승들이여, 정사에 겨껍질덩어리를 사용하여 흙손으로 평평하게 홍토자를 붙이는 것을 허용한다."

홍토자가 잘 달라붙지 않았다. 세존께 그 사실을 알렸다.

[세존] "수행승들이여, 겉겨의 붉은가루를 사용하여 흙손으로 평평하게 홍토자를 붙이는 것을 허용한다."

홍토자가 아직 잘 달라붙지 않았다. 세존께 그 사실을 알렸다.

[세존] "수행승들이여, 겨자분과 밀납유를 허용한다."

너무 두터워졌다. 세존께 그 사실을 알렸다.

[세존] "수행승들이여, 천으로 닦아내는 것을 허용한다."613)

3) 그런데 그때 거친 바닥 때문에 흑색도료가 붙지 않았다. 세존께 그 사실을 알렸다.

[세존] "수행승들이여, 정사에 겨껍질덩어리를 사용하여 흙손으로 평평하게 흑색도료를 붙이는 것을 허용한다."

흑색도료가 잘 달라붙지 않았다. 세존께 그 사실을 알렸다.

[세존] "수행승들이여, 지렁이똥점토614)를 사용하여 흙손으로 평평하게 검은 색회칠을 붙이는 것을 허용한다."

흑색도료가 아직 잘 달라붙지 않았다. 세존께 그 사실을 알렸다.

---

612) anujānāmi bhikkhave ikkāsaṃ piṭṭhamaddan'ti : Smp. 1219에 따르면, 'ikkāsa'는 나무에서 추출된 점착성의 모든 것을 뜻한다.

613) anujānāmi bhikkhave coḷakena paccuddharītun'ti : Smp. 1219에 따르면, 'paccuddharītun'은 '닦아내는 것(puñchituṃ)'의 뜻을 지녔다.

614) gaṇḍamattika : Smp. 1219에서는 'taṇḍa'로 읽고 지렁이똥과 섞은 진흙이라고 설명한다.

[세존] "수행승들이여, 점착제와 수렴제를 허용한다."615)

2. 그런데 그때 여섯무리의 수행승들이 정사에 여인모습과 남자모습의 희화를 만들었다. 사람들이 정사를 돌아다니다가 보고는 혐책하고 분개하고 비난했다.

[사람들] "마치[152] 감각적 쾌락의 욕망을 즐기는 재가자와 같다."

세존께 그 사실을 알렸다.

[세존] "수행승들이여, 여인모습과 남자모습의 희화를 만들어서는 안 된다.616) 만들면, 악작죄가 된다. 수행승들이여, 화만장식, 넝쿨장식, 황새치이빨, 시렁의 설치를 허용한다."

3. 그런데 그때 정사가 지대가 낮아 물이 침투했다. 세존께 그 사실을 알렸다.

[세존] "수행승들이여, 지대를 높이는 것을 허용한다."

단이 무너졌다. 세존께 그 사실을 알렸다.

[세존] "수행승들이여, 세 가지 단 즉, 벽돌단, 돌단, 나무단을 쌓는 것을 허용한다."

올라가면서 불편했다. 세존께 그 사실을 알렸다.

[세존] "수행승들이여, 세 가지 계단 즉, 벽돌계단, 돌계단, 나무계단을 허용한다."

올라가다가 넘어졌다.

[세존] "수행승들이여, 난간을 허용한다."

그런데 그때 정사에 사람이 붐볐다.617) 수행승들이 부끄러워하며 눕지 못했다. 세존께 그 사실을 알렸다.

[세존] "수행승들이여, 휘장을 허용한다."

휘장을 들고 쳐다보았다. 세존께 그 사실을 알렸다.

[세존] "수행승들이여, 반벽을 허용한다."

반벽의 위에서 쳐다보았다. 세존께 그 사실을 알렸다.

[세존] "수행승들이여, 세 가지 방사 즉, 사각형방,618) 장방형방,619) 옥탑형

---

615) anujānāmi bhikkhave ikkāsaṃ kasāvanti : Vin. I. 201에 따르면, 님바나무의 수렴제, 꾸따자의 수렴제, 빡까바의 수렴제, 낫따말라의 수렴제가 의약으로 쓰였다.

616) na bhikkhave paṭibhānacittaṃ kārāpetabbaṃ itthirūpakaṃ purisarūpakaṃ : 희화(戱畵)는 Smp. 1219에 따르면, 남녀뿐만 아니라 동물, 심지어 지렁이의 모양을 포함한다.

617) tena kho pana samayena vihārā ālakamandā honti : Smp. 1219에 따르면, 모든 열린 공간에는 사람으로 붐볐다.

618) sivikāgabbha : Smp. 1219에 따르면, 사각형의 방을 말한다.

방[620]을 허용한다."[621]

그런데 그때 수행승들이 작은 정사에 중앙에 방사를 만들었다. 통로가 없었다. 세존께 그 사실을 알렸다.

[세존] "수행승들이여, 작은 정사에서는 한쪽으로 방사를 만들고 큰 정사에서는 중앙에 방사를 만드는 것을 허용한다."

4. 그런데 그때 정사의 벽의 버팀벽이 낡았다. 세존께 그 사실을 알렸다.

[세존] "수행승들이여, 목재 버팀벽을 허용한다."

정사의 벽이 비에 젖었다. 세존께 그 사실을 알렸다.

[세존] "수행승들이여, 보호막[622]과 재와 쇠똥을 섞은 흙[623]을 허용한다."

그런데 그때 어떤 수행승 초가지붕에서 뱀이 어깨에 떨어져 놀라서 비명을 질렀다. 수행승들이 달려가서 그 수행승에게 이와 같이 말했다.

[수행승들] "왜 그대는 비명을 질렀습니까?"

그래서 그 수행승은 수행승들에게 그 사실을 알렸다. 수행승들은 그 사실을 세존께 알렸다.

[세존] "수행승들이여, 천개(天蓋)를 허용한다."

5. 그런데 그때 수행승들이 침상의 다리뿐만 아니라 의자의 다리에도 걸망을 걸었다. 쥐들도 흰개미들도 그것들을 먹어치웠다. 세존께 그 사실을 알렸다.

[세존] "수행승들이여, 벽걸이못과 코끼리상아로 만든 걸개를 허용한다."

그런데 그때 수행승들이 침상뿐만 아니라 의자에도 옷을 방치해서 옷이 찢어졌다. 세존께 그 사실을 알렸다.

[세존] "수행승들이여, 옷시렁과 옷걸망을 허용한다."

그런데[153] 그때 정사에 베란다도 없고 피난처도 없었다. 세존께 그 사실을 알렸다.

[세존] "수행승들이여, 베란다,[624] 테라스,[625] 안뜰,[626] 행랑채[627]를 허용

---

619) nāḷikā gabbha : Smp. 1219에 따르면, 길이가 폭보다도 긴 방을 말한다.

620) hammiyagabbha : Smp. 1219에 따르면, 열린 복도의 박공에 있는 방이나 지붕에 있는 방이다.

621) hammiyagabbha : Smp. 1219에 따르면, 열린 복도의 박공에 있는 방이나 지붕에 있는 방이다.

622) parittānakiṭika : Smp. 1219에 따르면, 비를 막기 위한 보호막이다. 아래에 등장하는 '움직커튼(saṃsaraṇakiṭika)'과 '붙박이커튼(ugghāṭanakiṭika)'과 같은 것을 말하는 것이다.

623) uddasudha : Smp. 1219에 따르면, 진흙을 재와 우분과 함께 섞은 것이다.

624) ālinda : Smp. 1219에 따르면, 베란다는 '빠무카(pamukha : 전면에 있는 것)'라고도 불린다.

625) paghana : Smp. 1219에 따르면, 'palighana'라고 읽는데, 거처의 드나드는 문에 만든 인공적인 장소였다.

626) pakuṭa : 싱할리본에는 pakuḍḍa로 되어 있고 Smp. 1220에 따르면, pakudda로 읽고 가운데 방의 전체가

한다."[628]

베란다가 열려 있었다. 수행승들이 부끄러워 누울 수 없었다. 세존께 그 사실을 알렸다.

[세존] "수행승들이여, 움직커튼과 당김커튼을 허용한다."[629]

6. 그런데 그때 수행승들이 노천에서 음식을 배분하기 때문에 추위뿐만 아니라 더위에도 피곤했다. 세존께 그 사실을 알렸다.

[세존] "수행승들이여, 집회당을 허용한다."

집회당이 지대가 낮아서 물이 침투했다. 세존께 그 사실을 알렸다.

[세존] "수행승들이여, 지대를 높이는 것을 허용한다."

단이 무너졌다.

[세존] "수행승들이여, 세 가지 단 즉, 벽돌단, 돌단, 나무단을 쌓는 것을 허용한다."

올라가면서 불편했다. 세존께 그 사실을 알렸다.

[세존] "수행승들이여, 세 가지 계단 즉, 벽돌계단, 돌계단, 나무계단을 허용한다."

올라가다가 넘어졌다. 세존께 그 사실을 알렸다.

[세존] "수행승들이여, 난간을 허용한다."

집회당에 지푸라기뿐만 아니라 흙먼지가 날아 떨어졌다. 세존께 그 사실을 알렸다.

[세존] "수행승들이여, 동여맨 뒤에 안팎으로 백색도료, 흑색도료, 홍토자를 칠하고, 화만장식, 넝쿨장식, 황새치이빨, 시렁, 옷시렁, 옷걸망을 설치하는 것을 허용한다."

그런데 그때 수행승들이 노천에 땅위에 옷을 널었다. 옷이 흙먼지에 묻었다. 세존께 그 사실을 알렸다.

집에 둘러싸여 있는 것을 말한다.

627) osarika : Smp. 1220에 따르면, osārika로 읽고 베란다 없는 처소에 대나무를 장치해서 덮개있는 베란다를 만든 것이다.

628) anujānāmi bhikkhave ālindaṃ Smp. 1219에 따르면, 베란다는 '빠무카(pamukha : 전면에 있는 것)'라고도 불린다. paghanaṃ Smp. 1219에 따르면, palighana라고 읽고 거처의 드나드는 문에 만든 인공적인 장소였다. pakuṭa : 싱할리본에는 pakuḍḍa로 되어 있고 Smp. 1220에 따르면, pakudda로 읽고 가운데 방의 전체가 집에 둘러싸여 있는 것을 말한다. osarika : Smp. 1220에 따르면, osārika로 읽고 베란다 없은 처소에 대나무를 장치해서 덮개가 있는 베란다를 만든 것이다.

629) anujānāmi bhikkhave saṃsaraṇakiṭikaṃ ugghāṭanakiṭikanti : Smp. 1220에서는 '음직커튼(saṃsaraṇakiṭika)'를 '커튼과 결합된 것(cakkhalayutta)'이라고 설명하고 있다.

[세존] "수행승들이여, 노천에 옷시렁과 옷을 거는 줄을 허용한다."

7. 음용수가 말랐다. 세존께 그 사실을 알렸다.

[세존] "수행승들이여, 음용수홀과 음용수당을 허용한다."

음용수홀이 지대가 낮아서 물이 침투되었다. 세존께 그 사실을 알렸다.

[세존] "수행승들이여, 지대를 높게 만드는 것을 허용한다."

단이 무너졌다. 세존께 그 사실을 알렸다.

[세존] "수행승들이여, 세 가지 단 즉, 벽돌단, 돌단, 나무단을 쌓는 것을 허용한다."

올라가면서 불편했다. 세존께 그 사실을 알렸다.

[세존] "수행승들이여, 세 가지 계단 즉, 벽돌계단, 돌계단, 나무계단을 허용한다."

올라가다가 넘어졌다. 세존께 그 사실을 알렸다.

[세존] "수행승들이여, 난간을 허용한다."

음용수홀에 지푸라기뿐만 아니라 흙먼지가 날아 떨어졌다. 세존께 그 사실을 알렸다.

[세존] "수행승들이여, 동여맨 뒤에 안팎으로 백색도료, 흑색도료, 홍토자를 칠하고, 화만장식, 넝쿨장식, 황새치이빨, 시렁, 옷시렁, 옷걸망을 설치하는 것을 허용한다."

물그릇이 없었다. 세존께 그 사실을 알렸다.

[세존] "수행승들이여, 음용수를 담는 소라와 음용수를 위한 잔을 허용한다."

8. 그런데 그때 정사에 칸막이가 없었다. 세존께 그 사실을 알렸다.

[세존] "수행승들이여, 세 가지 칸막이 즉, 벽돌칸막이, 돌칸막이, 나무칸막이을 설치하는 것을 허용한다."

현관이 없었다. 세존께 그 사실을 알렸다.

[세존] "수행승들이여, 현관을 허용한다."

현관이 지대가 낮아서 물이 침투되었다. 세존께 그 사실을 알렸다.

[세존] "수행승들이여, 지대를 높게 만드는 것을 허용한다."

현관에 문이 없었다. 세존께 그 사실을 알렸다.

[세존] "수행승들이여, 문짝, 문기둥, 상인방, 문턱, 문턱레일, 빗장, 나무못, 핀, 쐐기, 열쇠구멍, 끈을 묶는 구멍, 묶음끈을 허용한다."

현관에 지푸라기뿐만 아니라 흙먼지가 날아 떨어졌다. 세존께 그 사실을 알렸다.

[세존] "수행승들이여, 동여맨 뒤에 안팎으로 백색도료, 흑색도료, 홍토자를

칠하고, 화만장식, 넝쿨장식, 황새치이빨, 시렁, 옷시렁, 옷걸망을 설치하는 것을 허용한다.”

그런데 그때 방사에 물기가 많았다. 세존께 그 사실을 알렸다.

[세존] “수행승들이여, 자갈을 까는 것을 허용한다.”

성취되지 않았다. 세존께 그 사실을 알렸다.

[세존] “수행승들이여,[154] 포장용 판석을 까는 것을 허용한다.”

물이 고였다. 세존께 그 사실을 알렸다.

[세존] “수행승들이여, 배수구를 허용한다.”

9. 그런데 그때 수행승들이 여기저기 방사에 화로를 만들었다. 방사가 그을음으로 더럽혀졌다. 세존께 그 사실을 알렸다.

[세존] “수행승들이여, 한쪽에 화당(火堂)을 만드는 것을 허용한다.”

화당이 지대가 낮아서 물이 침투되었다. 세존께 그 사실을 알렸다.

[세존] “수행승들이여, 지대를 높게 만드는 것을 허용한다.”

단이 무너졌다. 세존께 그 사실을 알렸다.

[세존] “수행승들이여, 세 가지 단 즉, 벽돌단, 돌단, 나무단을 쌓는 것을 허용한다.”

올라가면서 불편했다. 세존께 그 사실을 알렸다.

[세존] “수행승들이여, 세 가지 계단 즉, 벽돌계단, 돌계단, 나무계단을 허용한다.”

올라가다가 넘어졌다. 세존께 그 사실을 알렸다.

[세존] “수행승들이여, 난간을 허용한다.”

화당에 문이 없었다. 세존께 그 사실을 알렸다.

[세존] “수행승들이여, 문짝, 문기둥, 상인방, 문턱, 문턱레일, 빗장, 나무못, 핀, 쐐기, 열쇠구멍, 끈을 묶는 구멍, 묶음끈을 허용한다.”

화에 지푸라기뿐만 아니라 흙먼지가 날아 떨어졌다. 세존께 그 사실을 알렸다.

[세존] “수행승들이여, 동여맨 뒤에 안팎으로 백색도료, 흑색도료, 홍토자를 칠하고, 화만장식, 넝쿨장식, 황새치이빨, 시렁, 옷시렁, 옷걸망을 설치하는 것을 허용한다.”

10. 그런데 그때 승원에 담장이 없었다. 염소들뿐만 아니라 가축들이 묘목에 해를 끼쳤다. 세존께 그 사실을 알렸다.

[세존] “수행승들이여, 세 가지 담장 즉, 대나무담장, 가시담장, 해자를 허용한다.”

현관이 없었다. 세존께 그 사실을 알렸다.

[세존] "수행승들이여, 현관 즉, 막대가시문 현관,630) 제비풀울타리 현관,631) 아치형 현관, 빗장문 현관을 허용한다."
현관에 지푸라기뿐만 아니라 흙먼지가 날아 떨어졌다. 세존께 그 사실을 알렸다.
[세존] "수행승들이여, 동여맨 뒤에 안팎으로 백색도료, 흑색도료, 홍토자를 칠하고, 화만장식, 넝쿨장식, 황새치이빨, 시렁, 옷시렁, 옷걸망을 설치하는 것을 허용한다."
승원에 물기가 많았다. 세존께 그 사실을 알렸다.
[세존] "수행승들이여, 자갈을 까는 것을 허용한다."
성취되지 않았다. 세존께 그 사실을 알렸다.
[세존] "수행승들이여, 포장용 판석을 까는 것을 허용한다."
물이 고였다. 세존께 그 사실을 알렸다.
[세존] "수행승들이여, 배수구를 허용한다."

11. 그런데 그때 마가다 국의 왕 쎄니야 빔비싸라가 참모임을 위하여 석회와 황토를 바른 전루를 세우려고 했다. 그래서 수행승들에게 이와 같이 말했다.
[빔비싸라] "세존께서 어떤 지붕을 허용하시고 어떤 것은 허용하시지 않겠습니까?"
세존께 그 사실을 알렸다.
[세존] "수행승들이여, 다섯 가지 지붕 즉, 타일 지붕, 돌 지붕, 석회 지붕, 초가 지붕, 나뭇잎 지붕이다."632)

벽과 평상 및 기타가 끝났다.
첫 번째 송출품이 끝났다.

II 두 번째 송출품(Dutiyakabhāṇavāra : 4-11)

4. 아나타삔디까(Anāthapiṇḍika)

1. 장자 아나타삔디까633)는 라자가하 시의 부호의 처남이었다. 장자 아나타삔디

---

630) apesiya : 씽할리본에는 āpesi라고 되어 있다. Smp. 1220에 따르면, 'apesi'라고 읽어야 하고, '나무의 긴 조각을 집어넣고 가시달린 나뭇가지로 덮어 입구를 잠그기 위해 만든어진 것이다.
631) akkavāṭa : 씽할리본에는 쌍울타리(yamakakavāṭa)라고 되어 있다.
632) anujānāmi bhikkhave pañca chadanānī iṭṭhakāchadanaṃ silāchadanaṃ sudhāchadanaṃ tiṇacchadanaṃ paṇṇacchadananti : 이 다섯 가지 지붕은 Vin. IV. 48에도 언급되어 있다.
633) Anāthapiṇḍika : 부처님의 제자인 재가의 남자 신자 가운데 '보시하는 님 가운데 제일(dāyakānaṃ aggaṃ)'이다. 아나타삔디까는 싸밧티 시의 부호였다. 아나타삔디까라는 이름은 장자 쑤닷따(Sudatta : 須達多)의 별명으로 '외로운 이를 부양하는 자' — 한역으로 급고독장자(給孤獨長者) — 라는 뜻을 지니고 있다. 상세한 것은 이

까는 라자가하 시에 무언가 볼 일을 보기위해 왔다. 그런데 그때 라자가하 시의 부호는 다음 날 부처님을 비롯한 참모임을 초대했다. 그래서 라자가하 시의 부호는 하인들에게 명령했다.

[부호] "이보게들, 그러므로 아침 일찍 일어나 죽을 끓이고, 밥을 하고, 카레를 마련하고, 진미를 마련하라."

그때 장자 아나타삔디까는 이와 같이 생각했다.

[아나타삔디까] '예전에 이 장자는 내가 오자 모든 일을 제쳐놓고 나와 함께 인사를 나누었다. 그러한 그가 오늘은 산만하게 하인들과 일꾼들에게 '이보게들, 그러므로 아침 일찍 일어나 죽을 끓이고, 밥을 하고, 카레를 마련하고,[155] 진미를 마련하라.'라고 명령한다. 이 장자에게 장가들고 시집갈 일이 있는가, 큰 제사가 마련된 것인가, 아니면 마가다 국의 왕 쎄니야 빔비싸라를 내일 그의 군대와 함께 초대한 것인가?'

그러자 라자가하 시의 부호는 하인들과 일꾼들에게 명령을 하고나서 장자 아나타삔디까가 있는 곳으로 다가왔다. 가까이 다가와서 장자 아나타삔디까와 함께 인사를 나누고 한쪽으로 물러나 앉았다. 한쪽으로 물러나 앉은 라자가하 시의 부호에게 장자 아나타삔디까는 이와 같이 말했다.

[아나타삔디까] "장자여, 예전에 그대는 내가 오자 모든 일을 제쳐놓고 나와 함께 인사를 나누었습니다. 그러한 그대가 오늘은 산만하게 하인들과 일꾼들에게 '이보게들, 그러므로 아침 일찍 일어나 죽을 끓이고, 밥을 하고, 카레를 마련하고, 진미를 마련하라.'라고 명령했습니다. 장자여, 그대에게 장가들고 시집갈 일이 있는 것입니까, 큰 제사가 마련된 것입니까, 아니면 마가다 국의 왕 쎄니야 빔비싸라를 내일 그의 군대와 함께 초대한 것입니까?"

[부호] "장자여, 나에게 장가들고 시집갈 일이 있는 것도 아니고, 큰 제사가 마련된 것도 아니고, 마가다 국의 왕 쎄니야 빔비싸라를 내일 그의 군대와 함께 초대한 것도 아닙니다. 내가 내일 부처님을 비롯한 참모임을 초대한 것입니다."

[아나타삔디까] "장자여, 부처님이라고 그대가 말했습니까?"

[부호] "장자여, 부처님이라고 나는 그대에게 말합니다."

[아나타삔디까] "장자여, 부처님이라고 그대가 말했습니까?"

[부호] "장자여, 부처님이라고 나는 그대에게 말합니다."

[아나타삔디까] "장자여, 부처님이라고 그대가 말했습니까?"

책(Vin. II. 1)의 주석을 보라.

[부호] "장자여, 부처님이라고 나는 그대에게 말합니다."

[아나타삔디까] "장자여, 부처님이라는 그 명성은 세상에서 얻기 어려운 것입니다. 장자여, 이 시간에 세상에 존경받는 님, 거룩한 님, 올바로 원만히 깨달은 님을 뵈러갈 수 있겠습니까?"

[부호] "장자여, 이 시간에 세상에 존경받는 님, 거룩한 님, 올바로 원만히 깨달은 님을 뵈러가는 것은 적당하지 않습니다. 내일 아침에 세상에 존경받는 님, 거룩한 님, 올바로 원만히 깨달은 님을 뵈러갈 수 있습니다."

그래서 장자 아나타삔디까는 '내일 아침에 세상에 존경받는 님, 거룩한 님, 올바로 원만히 깨달은 님을 뵈러가겠다.'라고 생각하며 부처님에 대한 새김을 확립하고634) 누웠다가 밤에 세 번이나 아침이라고 착각하고 일어났다.

2. 그리고 장자 아나타삔디까는 씨따바나 숲의 입구에 도착했다.635) 하늘사람들이636) 문을 열어주었다. 그때 장자 아나타삔디까가 도시에서 나왔을 때 광명이 없고 어둠이 드러났다. 그는 두려워하고 전율하여[156] 털이 곤두섰다. 그래서 다시 돌아가려고 했다.

그러자 야차637) 씨바까638)가 몸을 감추고 목소리를 들려주었다.639)

---

634) buddhagatāya satiyā : 부처님에 대한 새김은 여섯 가지 새김의 토대(六隨念處)의 하나이다. 여섯 가지 새김의 토대는 Smv. 1037에 따르면, 각각의 덕성에 대한 새김이다. 이와 같이 새기면, 희열이 생겨난다. 그 희열을 멸진으로부터 소멸로부터 확립하여 거룩한 경지를 얻는다. ① 부처님에 대한 새김(佛隨念) ② 가르침에 대한 새김(法隨念) ③ 참모임에 대한 새김(僧隨念) ④ 계행에 대한 새김(戒隨念) ⑤ 버림에 대한 새김(施隨念) ⑥ 신들에 대한 새김(天隨念)이 있다.

635) atha kho anāthapiṇḍiko gahapati yena sītavanadvāraṃl tenupasaṅkami : 이하 '안락하게 잠잔다.'까지 SN. I. 210 : 잡아함 22권 17(大正 2. 157b, 잡592)과 병행적이다.

636) amanussā : 원래는 인간이 아닌 존재(非人)이란 뜻이다.

637) yakkha : 약카(yakkha)를 음사한 것이다. 원어 약카는 √yakṣ(빠르게 움직이다)에서 파생된 명사형이다. 주석서에서는 √yaj(헌공하다)에서 파생된 것이라고 주장하기도 한다. 야차들은 숲이나 산록에나 버려진 동굴과 같은 멀리 떨어진 장소에서 사는 비인간(非人間)으로 아귀보다는 약간 높은 단계의 귀신으로 인간과 건달바(Gandhabba) 사이에 존재하는 무서운 귀신들을 말한다. 유령, 도깨비, 요정, 괴물이 여기에 속한다. 그들은 소름끼치는 얼굴을 하고 있으며, 화를 잘 내는 성격을 갖고 있지만, 제물을 그들에게 바치고 존경을 표시하면, 자비로워져서 사람을 해치기보다는 오히려 보호한다. 북인도의 지방에서는 사람들이 안녕을 보장받기 위해 그러한 야차를 기리고 숭배하며 탑묘를 세우기도 한다. 비록 그들은 비참하게 살지만, 깨달음의 잠재적 가능성을 갖고 있고 길을 추구하여 정신적인 삶의 경지를 향유할 수 있다. 그러나 경에서 실제로는 초인적이고 신적인 또는 악마적 존재를 의미한다. 신들이나 제석천 또는 사천왕도 모두 야차로 불릴 수 있다.(MN. 37).부처님조차도 때로는 야차라고 불리기도 한다(MN. 56)

638) Sīvaka : 야차 씨바까는 야차들의 왕인데, 부처님을 섬기는 자이다. SN. I. 211; DN. III. 205에도 등장한다.

639) atha kho sīvako yakkho antarahito saddam anussāvesi : Srp. I. 313에 따르면, 장자 아나타삔디까는 밤의 초야(初夜)에 부처님을 생각하며 일어났는데, 믿음과 기쁨에 넘쳐 광명(光明)이 나타나고 어둠이 사라졌다. 그는 벌써 날이 밝았다고 생각하여 성문을 나섰는데, 밖에 나가서 아니라는 것을 깨달았다. 밤의 중야(中夜)에도 똑같은

[야차 씨바까] "백 마리의 코끼리와 백 마리의 말과
백 마리의 노새가 끄는 수레,
보석과 귀고리로 장식한 십만 명의 처녀도
여기 내딛는 한 발자국의[640] 십육 분의 일에 못 미치네.[641]

장자여, 앞으로 나아가라.
장자여, 앞으로 나아가라.
앞으로 나아가면 좋고
뒤로 물러서면 좋지 않다네."[642]

그러자 장자 아나타삔디까에게 어둠이 사라지고 밝음이 나타났다. 그리고 그에게 일어났던 두려움과 전율과 공포가 없어졌다.

다시 두 번째로 아나타삔디까에게 밝음은 사라지고 어둠이 나타났다. 두려움과 전율과 공포가 일어나서 되돌아가려고 했다.

그 때 두 번째로 야차 씨바까가 몸을 감추고 목소리를 들려주었다.

[야차 씨바까] "백 마리의 코끼리와 백 마리의 말과
백 마리의 노새가 끄는 수레,
보석과 귀고리로 장식한 십만 명의 처녀도
여기서 내딛는 한 발자국의 십육 분의 일에도 못 미치네.

장자여, 앞으로 나아가라.
장자여, 앞으로 나아가라.
앞으로 나아가면 좋고
뒤로 물러서면 좋지 않다네."

그러자 장자 아나타삔디까에게 어둠이 사라지고 밝음이 나타났다. 그에게 일어났던 두려움과 전율과 공포가 없어졌다.

다시 세 번째로 아나타삔디까에게 밝음은 사라지고 어둠이 나타났다. 두려움과 전율과 공포가 일어나서 되돌아가려고 했다.

그 때 세 번째로 야차 씨바까가 몸을 감추고 목소리를 들려주었다.

상황이 벌어졌다. 야차 씨바까는 그러한 상황에 관해 말하는 것이다. 야차 씨바까는 이곳과 SN. I. 211에 나온다.

640) padavītihāra : 부처님 앞으로 한 발자국 내딛는 것을 말한다.

641) sataṁ hatthī sataṁ assā | sataṁ assatarī rathā | sataṁ kaññāsahassāni | āmuttamaṇikuṇḍalā | ekassa padavītihārassa | kalaṁ nāgghanti soḷasiṁ ‖ 이하의 시는 SN. I. 211; Sṅv. 1. pp.168-169에도 나온다.

642) abhikkama gahapati, abhikkama gahapati, abhikkamanaṁ te seyyo, na paṭikkamanan ti : 이 문장의 마지막 단어 'abhikkanta'에 관한 한, SN. I. 211의 교열본대로 시가 될 수 없고 산문으로 보아야 한다.

[야차 씨바까] "백 마리의 코끼리와 백 마리의 말과
백 마리의 노새가 끄는 수레,
보석 귀고리를 장식한 십만 명의 처녀도
여기 내딛는 한 발자국의 십육 분의 일에도 못 미치네.

장자여, 앞으로 나아가라.
장자여, 앞으로 나아가라.
앞으로 나아가면 좋고
뒤로 물러서면 좋지 않다네.""

그러자 장자 아나타삔디까에게 어둠이 사라지고 밝음이 나타났다. 그에게 두려움과 전율과 공포가 없어졌다.

3. 그래서 장자 아나타삔디까는 세존께서 계시는 씨따바나 숲으로 찾아왔다. 그런데 그 때 세존께서는 밤이 지나 새벽녘에 바깥을 거닐고 계셨다. 세존께서는 장자 아나타삔디까가 멀리서부터 오고 있는 것을 보셨다. 보고 나서 걸음을 멈추고 펼쳐진 자리에 앉으셨다. 앉아서 장자 아나타삔디까에게 말했다.

[세존] "쑤닷따여, 어서 오시오."

그 때 장자 아나타삔디까는 '세존께서 내 이름을 불러주셨다.'고[643] 감동하여 그 자리에서 세존의 두 발에 머리를 조아려 경의를 표하고 세존께[644] 이와 같이 말했다.

[아나타삔디까] "스승이시여, 세존께서는 편히 주무셨습니까?"

[세존] "완전한 열반을 성취한 성자는
언제나 참으로 편히 잠자네.
감각적 쾌락에 더럽혀지지 않은 님은
청량해서 번뇌가 없다.[645]

모든 집착을 자르고
마음의 근심을 제거하고

---

643) nāmena maṁ bhagavā ālapatī ti : Srp. I. 315에 따르면, 쑤닷따는 아나타삔디까의 성이다. 그는 부처님께 찾아갈 때 '누구든지 나의 이름이 아나타삔디까인 것을 안다. 그러나 아무도 나의 아명을 모른다. 만약 그가 부처님이라면 이 다른 이름을 알 것이다.'라고 생각했다. 마침 부처님은 그 이름을 불러서 자신의 전지(全知)를 증명했다.

644) gahapatiṁ : 이것은 'bhagavantaṁ'에 대한 오식이다.

645) sabbadā ve sukhaṁ seti | brāhmaṇo parinibbuto | yo na limpati kāmesu | sītibhuto nirupadhi ‖ 이 시와 다음 시는 앞의 시 835가 등장한 곳 이외에도 AN. I. 138; Uv. 30 : 28-29에도 나온다.

마음의 적멸을 얻어서
고요한 님은 안락하게[646] 잠잔다."[647]

4. 그때 세존께서는 장자 아나타삔디까에게 차례로 설법을 했다. 예를 들어, 보시에 대한 이야기, 계행에 대한 이야기, 하늘에 대한 이야기, 감각적 쾌락에 대한 욕망의 위험·해악·오염과 멀리 여읨의 공덕에 대하여 설명했다. 세존께서는 장자 아나타삔디까에게 그 마음이 준비가 되어있고, 그 마음이 유연하고, 그 마음이 장애가 없고, 그 마음이 고양되고, 그 마음이 믿음으로 차는 것을 알았을 때, 모든 깨달은 님들이 칭찬하는 괴로움과 그 발생, 그 소멸, 그 소멸에 이르는 길의 가르침에 대하여 그에게 설하셨다. 마치 깨끗하고[157] 때묻지 않은 천이 잘 물드는 것처럼, 이와 같이 장자 아나타삔디까는 그 자리에서 '어떠한 것이든 생겨난 그 모든 것은 소멸하는 것이다.'라는 티끌 없이 청정한 진리의 눈을[648] 얻었다. 그래서 장자 아나타삔디까는 진리를 보고,[649] 진리를 성취하고, 진리를 알고, 진리에 들고, 스승의 가르침에 대하여 의심을 끊고, 의혹을 끊고, 두려움 없음을 얻고, 다른 것에 의지하지 않게 되어, 세존께 이와 같이 말씀드렸다.

[아나타삔디까] "세존이시여, 훌륭하십니다. 세존이시여, 훌륭하십니다. 세존이시여, 마치 넘어진 것을 일으켜 세우듯, 가려진 것을 열어 보이듯, 어리석은 자에게 길을 가리켜주듯, 눈 있는 자는 형상을 보라고 어둠 속에 등불을 들어 올리듯, 세존께서는 이와 같이 여러 가지 방법으로 진리를 밝혀 주셨습니다. 그러므로 이제 세존께 귀의합니다. 또한 그 가르침에 귀의합니다. 또한 그 수행승의 모임에 귀의합니다. 세존이신 고따마께서는 재가신자로서 저를 받아 주십시오. 오늘부터 목숨 바쳐 귀의하겠습니다. 세존이시여, 세존께서는 내일 수행승들의 무리와 함께 저의 공양을 받아 주십시오."

---

646) upasanto sukhaṁ seti, santiṁ pappuyya cetasā : Krs. I. 273에서 리스 데이비즈 부인은 아나타삔디까의 평범한 인사말을 이용해서 부처님께서 얼마나 깊은 가르침을 전하고 있는지 주의를 기울여야 한다고 했다. Vin.에서는 아나타삔디까가 이 설법과 다른 점차적인 설법을 듣고 흐름에 든 님[預流者]이 되었다.

647) sabbā āsattiyo chetvā | vineyya hadaye daraṁ | upasanto sukhaṁ seti | santiṁ pappuyya cetasā ti ||

648) evamevaṃ upālissa gahapatissa tasmiṃyeva āsane virajaṃ vītamalaṃ dhammacakkhuṃ udapādi : yaṃ kiñci samudayadhammaṃ sabban taṃ nirodhadhamman'ti : Pps. III. 92에 따르면, '진리의 눈(法眼 : dhammacakkhu)'은 '흐름에 드는 길'을 상징하는 것이다. '어떠한 것이든 생겨난 그 모든 것은 소멸하는 것이다.'라는 문구는 그 길의 발생을 보여 주는 것이다. 물론 궁극적으로 그 목표는 열반이다. 따라서 우리는 이 문장이 팔정도의 실천에 대한 결의라고 파악해야 한다.

649) atha kho upāli gahapati diṭṭhadhammo pattadhammo viditadhammo pariyogāḷha dhammo tiṇṇavicikiccho vigatakathaṅkatho vesārajjappatto aparappaccayo satthusāsane bhagavantaṃ etadavoca : Pps. III. 92에 따르면, 여기서 진리는 네 가지 거룩한 진리(cattāri ariyasaccāni : 四聖諦; MN. 141과 주석을 보라)를 말한다.

세존께서는 침묵으로 허락했다. 그러자 장자 아나타삔디까는 허락하신 것을 알고 자리에서 일어나 세존께 인사를 드리고 오른쪽으로 돌아 나왔다.

5. 그때 라자가하 시의 부호는 장자 아나타삔디까가 내일 부처님을 비롯한 참모임을 초대했다는 것을 들었다. 그래서 라자가하 시의 부호는 장자 아나타삔디까에게 이와 같이 말했다.

[부호] "장자여, 그대가 내일 부처님을 비롯한 참모임을 초대했더군요. 그러나 그대는 손님이오. 장자여, 내가 비용을 대겠으니, 그대가 부처님을 비롯한 참모임에 공양하시오."

[아나타삔디까] "장자여, 감사합니다. 그러나 나에게도 비용이 있으니, 내가 부처님을 비롯한 참모임에 공양하겠소."

그때 라자가하 시의 시의원이 장자 아나타삔디까가 내일 부처님을 비롯한 참모임을 초대했다는 것을 들었다. 그래서 라자가하 시의 시의원은 장자 아나타삔디까에게 이와 같이 말했다.

[시의원] "장자여, 그대가 내일 부처님을 비롯한 참모임을 초대했더군요. 그러나 그대는 손님이오. 장자여, 내가 비용을 대겠으니, 그대가 부처님을 비롯한 참모임에 공양하시오."

[아나타삔디까] "존자여, 감사합니다. 그러나 나에게도 비용이 있으니, 내가 부처님을 비롯한 참모임에 공양하겠습니다."

그때 마가다 국의 왕 쎄니야 빔비싸라가 내일 부처님을 비롯한 참모임을 초대했다는 것을 들었다. 그래서 마가다 국의 왕 쎄니야 빔비싸라는 장자 아나타삔디까에게 이와 같이 말했다.

[빔비싸라] "장자여, 그대가 내일 부처님을 비롯한 참모임을 초대했더군요. 그러나 그대는 손님이오. 장자여, 내가 비용을 대겠으니, 그대가 부처님을 비롯한 참모임에 공양하시오."

[아나타삔디까] "폐하, 감사합니다. 그러나 저에게도 비용이 있으니, 제가 부처님을 비롯한 참모임에 공양하겠습니다."

6. 그 날 밤이 지나자 장자 아나타삔디까는 라자가하 시의 부호의 처소에서 갖가지 훌륭한 단단하거나 부드러운 음식을 준비하고[158] 세존께 그 때를 알렸다.

[아나타삔디까] "세존이시여, 때가 되었습니다. 식사가 준비되었습니다."

그러자 세존께서는 아침 일찍 옷을 입고 발우와 가사를 들고 장자 아나타삔디까의 집이 있는 곳을 찾아갔다. 가까이 다가가서 많은 수행승들과 함께 마련된 자리에 앉았다. 이 때 장자 아나타삔디까는 부처님을 비롯한 많은 수행승들에게 여러 가지 훌륭한 단단하거나 부드러운 음식을 몸소 대접하여 기쁘게 해드렸다. 세존께서 식사를 마치고 발우에서 손을 떼자 다른 낮은 자리를 취해서 한쪽으로 물러나 앉았다. 한쪽으로 물러나 앉은 장자 아나타삔디까는 세존께 이와 같이 말했다.

[아나타삔디까] "세존이시여, 세존께서는 싸밧티 시에서 수행승들의 무리와 함께 안거를 지내는 것을 허용하여 주십시오."

[세존] "장자여, 여래는 빈 집을 즐깁니다."

[아나타삔디까] "세존이시여, 알고 있습니다. 행복한 님이시여, 알고 있습니다."

그리고 세존께서는 장자 아나타삔디까를 법문으로 교화하고 격려하고 북돋우고 기쁘게 하고, 자리에서 일어나 그곳을 떠났다.

7. 그런데 그때 장자 아나타삔디까에게는 많은 벗이 있었고 많은 친구가 있었고 그의 말에는 신뢰가 있었다.650) 그때 장자 아나타삔디까는 라자가하 시에서 할 일을 해마치고 싸밧티 시로 떠났다. 마침 장자 아나타삔디까는 도중에 사람들에게 일렀다.

[아나타삔디까] "존자들이여, 승원을 만들고 정사를 세우고 보시를 베푸십시오. 부처님께서 세상에 출현했습니다. 그 세존께서 저의 초대를 받아 이 길을 지날 것입니다."

그러자 그 사람들은 장자 아나타삔디까에게 자극을 받아 승원을 만들고 정사를 세우고 보시를 베풀었다. 그후 장자 아나타삔디까는 싸밧티 시에 가서 싸밧티 시의 주변을 둘러보고 생각했다.

[아나타삔디까] '어디에 세존께서 계시면 좋을까? 도시에서 너무 멀거나 가깝지 않고, 왕래가 편하고, 원하는 사람들마다 모두 오기가 쉽고, 낮에는 붐비지 않고 밤에는 시끄럽지 않고, 인적이 드물고, 사람들을 떠나 고요하고, 홀로 명상하기에 알맞은 곳이 되어야 할 것이다.'

8. 장자 아나타삔디까는 왕자 제따의 정원이 도시에서 너무 멀거나 가깝지 않고, 왕래가 편하고, 원하는 사람들마다 모두 오기가 쉽고, 낮에는 붐비지 않고 밤에는 시끄럽지 않고, 인적이 드물고, 사람들을 떠나 고요하고, 홀로 명상하기에 알맞은 곳이라는 것을 보았다. 보고나서 왕자 제따를 찾아갔다. 가까이 다가가서 왕자

---

650) ādeyyavaco : Smp. 1220에 따르면, 그의 말은 많은 사람에게 '그가 들리는 것 같다.'고 생각할 정도로 만들었다.

제따에게 이와 같이 말했다.

[아나타삔디까] "왕자여, 저에게 정원을 주시면, 승원을 만들겠습니다."

[제따 왕자] "장자여, 억만금을 깔아도 승원으로 줄 수 없습니다."651)

[아나타삔디까] "왕자여, 승원으로 팔렸습니다."

[제따 왕자] "장자여, 승원으로 팔린 것이 아닙니다."

그들은 '팔렸는지 팔리지 않았는지'를 판단하는 대신에 물었다. 대신은 이와 같이 말했다.

[대신] "왕자여, 그대가[159] 가격을 정했으므로, 승원으로 팔린 것입니다."

그래서 장자 아나타삔디까는 수레에 황금을 싣고 제따바나 숲을 억만금으로 깔았다.

9. 한 번 꺼낸 금과 은 문주변의 작은 빈 땅을 채우기에도 부족했다. 그러자 장자 아나타삔디까는 사람들에게 명령했다.

[아나타삔디까] "이보게들, 가서 황금을 가져오라. 이 빈 땅에 깔아야겠다."

그러자 왕자 제따는 이와 같이 생각했다.

[제따 왕자] '장자가 이렇게 많은 황금을 희생하다니 보통일이 아니다.'

그래서 장자 아나타삔디까에게 이와 같이 말했다.

[제따 왕자] "장자여, 그만하십시오. 이 빈 땅에 깔지 마십시오. 나에게 빈 땅을 그대로 주십시오. 이 빈 땅을 제가 보시하겠습니다."

그러자 장자 아나타삔디까는 이와 같이 생각했다.

[아나타삔디까] '이 왕자 제따는 잘 알려진 유명인사이다. 이와 같은 잘 알려진 유명인사에게 이러한 가르침과 계율에 대한 청정한 믿음이 대단할 것이다.'

그래서 그는 공지를 왕자 제따에게 돌려 주었다. 그러자 왕자 제따는 그 공지에 현관652)을 세웠다. 그리고 장자 아나타삔디까는 정사를 만들고, 방사를 만들고, 문을 만들고, 집회당을 만들고, 화당을 만들고, 허용된 물품의 보관창고를 만들고, 대변소를 만들고, 소변소를 만들고, 경행처를 만들고, 경행홀을 만들고, 우물을 만들고, 우물당을 만들고, 욕실을 만들고, 욕실홀을 만들고, 연못을 만들고, 천막당을 만들었다.

651) adeyyo gahapati ārāmo api koṭisantharenā'ti : Smp. 1220에 따르면, 백천 까하빠나(satasahassakahāpaṇa)로 간다고 하더라도 줄 수 없다는 뜻이다. 까하빠나는 네모난 황금주화로 당시 인도에서는 황소 한 마리가 12 까하빠나의 값을 지니고 있었다.

652) koṭṭhaka : Smp. 1221에 따르면, 그는 문에 현관이 있는 칠층의 장방형의 집을 지었다.

아나타삔디까가 끝났다.

5. 수리일(Navakamma)

1. 그후 세존께서는 라자가하 시에 계실 만큼 계시다가 베쌀리 시로 유행을 떠났다. 차례로 유행하면서 베쌀리 시에 도착했다. 거기서 세존께서는 베쌀리 시에 있는 마하바나 숲에서 꾸따가라쌀라 강당에 계셨다. 그런데 그때 사람들은 정성을 기울여 수리일을 하고 있었다. 수행승들은 수리일을 감독했는데, 그들에게도 정성을 기울여 의복과 발우와 와좌구와 필수약품으로 봉사했다.

그때 어떤 가난한 재봉사가 이와 같이 생각했다.

[재봉사] '사람들이 정성을 기울여 수리일을 하는데, 이것은 보통일이 아니다. 나도 수리일을 하면 어떨까?'

그래서 그 가난한 재봉사는 스스로 진흙을 반죽하고 벽돌을 쌓고 벽을 세웠다. 그러나 능숙하지 않아서 쌓은 것이 굽었고 벽은 무너져 내렸다.

두 번째에도, 그 가난한 재봉사는 스스로 진흙을 반죽하고 벽돌을 쌓고 벽을 세웠다. 그러나 능숙하지 않아서 쌓은 것이 굽었고 벽은 무너져 내렸다.

세 번째에도, 그 가난한 재봉사는 스스로 진흙을 반죽하고 벽돌을 쌓고 벽을 세웠다. 그러나 능숙하지 않아서 쌓은 것이 굽었고 벽은 무너져 내렸다.

2. 그러자 그 가난한 재봉사는 혐책하고 분개하고 비난했다.

[재봉사] "싸끼야의 아들인[160] 수행자들이 옷과 발우와 와좌구와 필수약품을 보시하는 자들에게만 가르치고 훈계하고 그들의 수리일만 감독한다. 그러나 나는 가난하다. 아무도 나를 가르치고 훈계하고 나의 수리일을 감독하지 않는다."

수행승들은 그 가난한 재봉사가 혐책하고 분개하고 비난하는 것을 들었다. 그래서 그 수행승들은 세존께 그 사실을 알렸다. 그러자 세존께서는 이것을 기회로 이것을 원인으로 법문을 설하고 수행승들에게 일렀다.

[세존] "수행승들이여, 수리일을 주는 것을 허용한다. 수행승들이여, 수리일을 감독하는 수행승은 '어떻게 하면 정사가 빨리 완성될 수 있을까?'라고 생각하며 부서지고 망가진 것을 고칠 수 있도록 열심히 노력을 기울여야 한다."653)

3. 그러나 수행승들이여, 이와 같이 주어야 한다. 먼저 수행승들은 요청한다. 요청

---

653) navakammiko bhikkhave bhikkhu ussukkaṃ āpajjissati 'kinti nu kho vihāro khippaṃ pariyosānaṃ gacchey yā'ti khaṇḍaphullaṃ paṭisaṅkharissati : AN. III. 263에 따르면, 부서지고 망가진 것을 잘 수리하는 등의 다섯 가지 원리를 갖추고 승원에 거주하는 수행승은 처소에 큰 도움이 된다.

하고 나서 총명하고 유능한 수행승이 참모임에 알려야 한다.

[제안] '존자들이여, 참모임은 제 말에 귀를 기울이십시오. 참모임에 옳은 일이라면, 이러이러한 거사의 처소에 이러이러한 수행승의 수리일을 주겠습니다. 이것이 제안입니다.'

[제안] '존자들이여, 참모임은 제 말에 귀를 기울이십시오. 이러이러한 거사의 처소에 이러이러한 수행승의 수리일을 주겠습니다. 이러이러한 거사의 처소에 이러이러한 수행승의 수리일을 주는 것에 동의하면 침묵하시고, 이견이 있으면 말씀하십시오.'

[결정] '참모임은 이러이러한 거사의 처소에 이러이러한 수행승의 수리일을 주었습니다. 참모임이 찬성하여 침묵했으므로, 저는 그와 같이 알겠습니다.'"

수리일이 끝났다.

6. 최상의 자리와 최상의 물과 최상의 탁발식(Aggāsanaggodakaggapiṇḍa)

1. 한때 세존께서 베쌀리 시에서 계실만큼 계시다가 싸밧티 시로 유행을 떠났다. 그런데 그때 여섯무리의 수행승들의 학인수행승들이 부처님을 비롯한 참모임에 앞서 가서 '이것은 우리의 친교사[654]의 것이다. 이것은 우리의 궤범사[655]의 것이다. 이것은 우리의 것이다.'라고 생각하여 정사를 차지하고 잠자리를 차지했다. 그런데 존자 싸리뿟따는 부처님을 비롯한 참모임의 뒤를 따라가다가 정사도 빼앗기고 잠자리도 빼앗겨 잠자리를 얻지 못하고 어떤 나무 밑에 앉았다. 그런데 세존께서 밤이 지나 새벽녘에 일어나 기침을 했다. 존자 싸리뿟따도 기침을 했다.

[세존] "거기 누가 있는가?"

[싸리뿟따] "세존이시여, 저는 싸리뿟따입니다."

[세존] "싸리뿟따여, 그대는 왜 여기에 앉아 있는가?"

그러자 존자 싸리뿟따는 세존께 그 사실을 알렸다.

2. 그러자 세존께서는 이것을 기회로 이것을 원인으로 수행승들의 참모임을 불러 모아 수행승들에게 물었다.

[세존] "수행승들이여,[161] 여섯무리의 수행승들의 학인수행승들이 부처님

---

654) upajjhāya : 가정교사나 후견인과 같은 스승으로 한역에서는 음역하여 화상(和尙; 和上), 계화상(戒和尙), 오바다야(烏波陀耶), 화사(和闍), 골사(鶻社)라고 한다. 의역하여 친교사(親敎師), 역생(力生), 근송(近誦), 의학(依學), 이라고도 한다. 제자를 둘 자격이 있는 스승을 말한다.

655) ācariya : 한역에서는 궤범사(軌範師) 또는 음사하여 '아사리(阿闍梨)'라고 한다. 학인(antevāsika)을 바르게 교육할 만한 선생으로 계율에 밝고 갈마에 능한 스승을 말한다. Vin. I. 178을 참조하라.

을 비롯한 참모임에 앞서 가서 '이것은 우리의 친교사의 것이다. 이것은 우리의 궤범사의 것이다. 이것은 우리의 것이다.'라고 정사를 차지하고 잠자리를 차지한 것이 사실인가?"

[수행승들] "세존이시여, 사실입니다."

존귀하신 부처님께서는 견책했다.

[세존] "수행승들이여, 그 어리석은 자들은 적절하지 않고, 자연스럽지 않고, 알맞지 않고, 수행자의 삶이 아니고, 부당하고, 해서는 안 될 일을 행한 것이다. 어찌 여섯무리의 수행승들의 학인수행승들이 부처님을 비롯한 참모임에 앞서 가서 '이것은 우리의 친교사의 것이다. 이것은 우리의 궤범사의 것이다. 이것은 우리의 것이다.'라고 정사를 차지하고 잠자리를 차지할 수 있단 말인가? 수행승들이여, 그것은 아직 청정한 믿음이 없는 자를 청정한 믿음으로 이끌고, 이미 청정한 믿음이 있는 자를 더욱더 청정한 믿음으로 이끄는 것이 아니다. 수행승들이여, 그것은 오히려, 아직 청정한 믿음이 없는 자를 불신으로 이끌고, 이미 청정한 믿음이 있는 자 가운데 어떤 자들을 타락시키는 것이다."

그리고 세존께서는 그 여섯무리의 수행승들의 학인수행승들을 여러 가지 방편으로 견책하여, 키우기 어렵고 부양하기 어렵고 욕심이 많고 만족을 모르고 교제를 좋아하고 나태한 것에 대하여 질책하고, 여러 가지 법문으로 고무하여, 키우기 쉽고 부양하기 쉽고 욕심을 여의고, 만족을 알고, 버리고 없애는 삶을 살고, 두타행을 하고, 청정한 믿음이 있고, 쌓아 모으지 않고, 용맹정진하는 것을 칭찬하고, 수행승들을 위하여 그에 알맞고 그에 걸맞게 경책하여 법문을 하고 수행승들에게 일렀다.

[세존] "수행승들이여, 누가 최상의 자리, 최상의 물, 최상의 탁발식을 취할 자격이 있는가?"

1) 몇몇 수행승들이 이와 같이 말했다.

[수행승들] "세존이시여, 왕족계급에서 출가한 자가 최상의 자리, 최상의 물, 최상의 탁발식을 취할 자격이 있습니다."

2) 몇몇 수행승들이 이와 같이 말했다.

[수행승들] "세존이시여, 사제계급에서 출가한 자가 최상의 자리, 최상의 물, 최상의 탁발식을 취할 자격이 있습니다."

3) 몇몇 수행승들이 이와 같이 말했다.

[수행승들] "세존이시여, 장자가문에서 출가한 자가 최상의 자리, 최상의 물,

최상의 탁발식을 취할 자격이 있습니다."

4) 몇몇 수행승들이 이와 같이 말했다.

[수행승들] "세존이시여, 경사[656]가 최상의 자리, 최상의 물, 최상의 탁발식을 취할 자격이 있습니다."

5) 몇몇 수행승들이 이와 같이 말했다.

[수행승들] "세존이시여, 율사[657]가 최상의 자리, 최상의 물, 최상의 탁발식을 취할 자격이 있습니다."

6) 몇몇 수행승들이 이와 같이 말했다.

[수행승들] "세존이시여, 법사[658]가 최상의 자리, 최상의 물, 최상의 탁발식을 취할 자격이 있습니다."

7) 몇몇 수행승들이 이와 같이 말했다.

[수행승들] "세존이시여, 첫 번째 선정[659]을 성취한 님이 최상의 자리, 최상의 물, 최상의 탁발식을 취할 자격이 있습니다."

8) 몇몇 수행승들이 이와 같이 말했다.

[수행승들] "세존이시여, 두 번째 선정[660]을 성취한 님이 최상의 자리, 최상의 물, 최상의 탁발식을 취할 자격이 있습니다."

9) 몇몇 수행승들이 이와 같이 말했다.

[수행승들] "세존이시여, 세 번째 선정[661]을 성취한 님이 최상의 자리, 최상의 물, 최상의 탁발식을 취할 자격이 있습니다."

10) 몇몇 수행승들이 이와 같이 말했다.

[수행승들] "세존이시여, 네 번째 선정[662]을 성취한 님이 최상의 자리, 최상의

---

656) suttantika : 한역에서는 경사(經師)라고 한다.

657) vinayadhara : 한역에서는 지율자(持律者)라고 한다. 역자는 율사(律師)라고 번역한다.

658) dhammakathika : 한역에서는 선법자(宣法者)이다. 역자는 법사(法師)라고 번역한다.

659) pathama jhāna : 미세한 물질계의 네 가지 선정(cattāri jhānāni : 四禪) 가운데초선(初禪)으로 DN. III. 222에 따르면, 감각적 쾌락의 욕망을 여의고 악하고 불건전한 상태를 떠나서, 사유를 갖추고 숙고를 갖추어, 멀리 여읨에서 생겨나는 희열과 행복으로 가득한 첫 번째 선정을 성취한다.

660) dutiyaṁ jhāna : 미세한 물질계의 네 가지 선정(cattāri jhānāni : 四禪) 가운데 이선(二禪)으로 DN. III. 222에 따르면, 사유와 숙고가 멈추어진 뒤, 내적인 평온과 마음의 통일을 이루고, 사유를 뛰어넘고 숙고를 뛰어넘어 삼매에서 생겨나는 희열과 행복으로 가득한 두 번째 선정을 성취한다.

661) tatiyaṁ jhāna : 미세한 물질계의 네 가지 선정(cattāri jhānāni : 四禪) 가운데 삼선(三禪)으로 DN. III. 222에 따르면, 희열이 사라진 뒤, 새김을 확립하고 올바른 알아차림을 갖추고 평정하게 지내고 신체적으로 행복을 느끼며, 고귀한 님들이 평정하고 새김있는 행복한 삶이라 부르는 세 번째 선정을 성취한다.

662) catuttha jhāna : 미세한 물질계의 네 가지 선정(cattāri jhānāni : 四禪) 가운데 사선(四禪) DN. III. 222에 따르면, 즐거움과 괴로움이 버려지고 만족과 불만도 사라진 뒤, 괴로움을 뛰어넘고 즐거움을 뛰어넘어, 평정하고

물, 최상의 탁발식을 취할 자격이 있습니다."

11) 몇몇 수행승들이 이와 같이 말했다.

[수행승들] "세존이시여, 흐름에 든 님663)이 최상의 자리, 최상의 물, 최상의 탁발식을 취할 자격이 있습니다."

12) 몇몇 수행승들이 이와 같이 말했다.

[수행승들] "세존이시여, 한 번 돌아오는 님664)이 최상의 자리, 최상의 물, 최상의 탁발식을 취할 자격이 있습니다."

13) 몇몇 수행승들이 이와 같이 말했다.

[수행승들] "세존이시여, 돌아오지 않는 님665)이 최상의 자리, 최상의 물, 최상의 탁발식을 취할 자격이 있습니다."

14) 몇몇 수행승들이 이와 같이 말했다.

[수행승들] "세존이시여, 거룩한 님666)이 최상의 자리, 최상의 물, 최상의 탁발식을 취할 자격이 있습니다."

15) 몇몇 수행승들이 이와 같이 말했다.

[수행승들] "세존이시여, 세 가지 명지667)를 성취한 님이 최상의 자리, 최상의 물, 최상의 탁발식을 취할 자격이 있습니다."

16) 몇몇 수행승들이 이와 같이 말했다.

[수행승들] "세존이시여, 여섯 가지 곧바른 앎668)을 성취한 님이 최상의 자리,

새김있고 청정한 네 번째 선정을 성취한다.

663) sotāpanna : 한역의 예류자(預流者)를 말한다. 상세한 것은 이 책의 율장해제에서 경장의 술어에 대한 설명에서 사람에 대한 항목을 참조하라.

664) sakadāgāmin : 한역의 일래자(一來者)를 말한다. 상세한 것은 이 책의 율장해제에서 경장의 술어에 대한 설명에서 사람에 대한 항목을 참조하라.

665) anāgāmin : 한역의 불환자(不還者)를 말한다. 상세한 것은 이 책의 율장해제에서 경장의 술어에 대한 설명에서 사람에 대한 항목을 참조하라.

666) arahant : 한역의 아라한(阿羅漢)을 말한다. 상세한 것은 이 책의 율장해제에서 경장의 술어에 대한 설명에서 사람에 대한 항목을 참조하라.

667) tevijja : 한역의 삼명(三明)으로 Smv. 1006에 따르면, 어둠을 관통하는 의미에서 명지(明 : vijjā)이고, 요지(了知 : viditakaraṇa)의 의미에서 명지이다. ① 전생의 삶을 기억에 대한 앎의 명지(pubbenivāsānussatiñāṇaṃ vijjā : 宿命明) : 생겨나고 있는, 과거세를 덮고 있는 암흑을 관통하여 과거세를 요지하는 것이다. ② 뭇삶의 생사에 대한 앎의 명지(sattānaṃ cutūpapāte ñāṇaṃ vijjā : 天眼明) : 뭇삶의 사몰과 결생을 덮고 있는 암흑을 관통하여 뭇삶의 생사를 요지하는 것이다. ③ 번뇌를 부숨에 대한 앎의 명지(āsavānaṃ khaye ñāṇaṃ vijjā :漏盡明) : 네 가지 진리(四諦 : catusacca)를 덮고 있는 암흑을 관통하여 네 가지 진리를 요지하는 것이다.

668) chaḷabhiññā : 한역의 육신통(六神通)으로 ① 여덟 가지 종류의 초월적 능력(iddhi : 神足通) ② 멀고 가까운 소리를 들을 수 있는 하늘귀(dibbasota : 天耳通) ③ 타인의 마음을 읽는 앎(parassa cetopariyañāṇa : 他心通) ④ 자신의 전생에 대한 새김(pubbenivasānussati : 宿命通) ⑤ 타인의 업과 과보를 아는 하늘눈(dibbacakkhu : 天

최상의 물, 최상의 탁발식을 취할 자격이 있습니다."

3. 그러자 세존께서는 수행승들에게 일렀다.

[세존] "수행승들이여, 옛날에669) 히말라야 산록에 큰 니그로다 나무가 있었다. 거기에 세 친구 자고새와 원숭이와 코끼리가 의지하여 살았다. 그들은 서로 존중하지 않고 공경하지 않고 화합하지 않고 살았다. 수행승들이여, 그 친구들은 이와 같이 생각했다.

[자고새와 원숭이와 코끼리] '우리는 우리들 가운데 연장자가 누구인지 알아봅시다. 우리는 그를 존경하고 존중하고 공경하고 공양하여 우리는 그의 훈계로 살아갑시다.'

수행승들이여, 그러자 자고새와 원숭이가 코끼리에게 물었다.

[자고새와 원숭이] '이보게, 자네가 과거의 일을 기억하는가?'

[코끼리] '이보게들, 내가 어린 새끼였을 때, 이 니그로다 나무를 허벅지 사이에 끼고 정상의 싹을 뱃속에 삼켰다. 이보게들, 나는 그 옛날을 기억한다.'

수행승들이여, 그러자 자고새와 코끼리가 원숭이에게 물었다.

[자고새와 코끼리] '이보게, 자네도 과거의 일을 기억하는가?'

[원숭이] '이보게들, 내가 어린 새끼였을 때, 땅위에 누워서 이 니그로다 나무 정상의 싹을 먹었다. 이보게들, 나는 그 옛날을 기억한다.'

수행승들이여, 그러자 원숭이와 코끼리가 자고새에게 물었다.

[원숭이와 코끼리] '이보게, 자네도 과거의 일을 기억하는가?'

[자고새] "이보게들, 어떤 공지에 큰 니그로다 나무가 있었는데, 내가 그 열매를 먹고 이곳에 똥을 누었는데, 거기서 니그로다 나무가 생겨났다. 이보게들, 나는 그 옛날을 기억한다. 그러므로 내가 제일 연장자이다."

그래서[162] 원숭이와 코끼리가 자고새에게 이와 같이 말했다.

[원숭이와 코끼리] "이보게, 그대가 우리의 연장자입니다. 우리는 그대를 존경하고 존중하고 공경하고 공양하여 우리는 그대의 훈계로 살아가겠습니다."

수행승들이여, 그래서 자고새는 원숭이와 코끼리에게 다섯 가지 계행을 주고 스스로 다섯 가지 계행을 지키면서 살았다. 그들은 서로 존중하고 공경하고 화합하여 살다가 몸이 파괴되어 죽은 뒤에 좋은 곳, 하늘나라에 태어났다. 수행승들이

眼通) ⑥ 번뇌 부숨에 대한 궁극적인 앎(āsavakkhayañāṇa : 漏盡通) –의 상세한 것에 관해는 Vism. XII, XIII을 보라.

669) bhūtapubbaṃ : 이하의 이야기는 Jāt. 37(Tittiriyajāṭaka)와 동일하다.

여, 이것이 자고새의 청정한 삶[670]이라고 불리는 것이다.

[세존] '연장자를 공경하는 사람은
진리를 잘 깨우치고
지금 여기서 칭찬받고
미래에 좋은 곳으로 간다.'[671]

수행승들이여, 축생들도 서로 존중하고 공경하고 화합하여 살 수 있다. 수행승들이여, 그런데 여기 그대들은 드러내어 이렇게 잘 설해진 가르침과 계율에 출가하여 서로 존중하지 않고 공경하지 않고 화합하지 않고 지낸다. 수행승들이여, 그것은 아직 청정한 믿음이 없는 자를 청정한 믿음으로 이끌고, 이미 청정한 믿음이 있는 자를 더욱더 청정한 믿음으로 이끄는 것이 아니다. 수행승들이여, 그것은 오히려, 아직 청정한 믿음이 없는 자를 불신으로 이끌고, 이미 청정한 믿음이 있는 자 가운데 어떤 자들을 타락시키는 것이다."

4. 그리고 세존께서는 그 수행승들을 여러 가지 방편으로 견책하여, 키우기 어렵고 부양하기 어렵고 욕심이 많고 만족을 모르고 교제를 좋아하고 나태한 것에 대하여 질책하고, 여러 가지 법문으로 고무하여, 키우기 쉽고 부양하기 쉽고 욕심을 여의고, 만족을 알고, 버리고 없애는 삶을 살고, 두타행을 하고, 청정한 믿음이 있고, 쌓아 모으지 않고, 용맹정진하는 것을 칭찬하고, 수행승들을 위하여 그에 알맞고 그에 걸맞게 경책하여 법문을 하고 수행승들에게 일렀다.

[세존] "수행승들이여, 법랍의 순서에 따라 인사, 환영, 합장, 경배, 최상의 자리, 최상의 물, 최상의 탁발식을 받는 것을 허용한다. 그러나 참모임에 속하는 물건을 법랍의 순서에 따라 차지해서는 안 된다. 차지하면, 악작죄가 된다."

5. [세존] "수행승들이여, 이와 같이 인사를 받을 수 없는 열 종류의 사람이 있다.
1) 앞서 구족계를 받은 자로부터 뒤에 구족계를 받은 자가 인사를 받을 수 없고,
2) 아직 구족계를 받지 않은 자가 인사를 받을 수 없고,
3) 다른 주처에 살고 연장자[672]일지라도 가르침이 아닌 것을 설하는 자는 인사를 받을 수 없고,

670) tittiriyaṃ nāma brahmacariyaṃ : 이것은 Smv. I. 178에 인용되어 있다.
671) ye vuddhamapacāyanti | narā dhammassa kovidā | diṭṭheva dhamme pāsaṃsā | samparāye ca suggatī ||
672) vuḍḍha : 연장자(年長者)는 '승랍(僧臘) 또는 법랍(法臘)의 연장자'라는 뜻이다. 혜능 스님에 따르면, 우리나라에서 승랍은 출가 이후의 세차(歲次)를 말하고 법랍은 구족계를 받은 이후의 세차를 말한다. 그러나 초기교단에서는 승랍과 법랍의 차이가 확연하지 않았다.

4) 여인은 인사를 받을 수 없고,673)
5) 빤다까674)는 인사를 받을 수 없고,
6) 격리처벌을 받은 자는 인사를 받을 수 없고,
7) 가중처벌을 받고 있는 자는 인사를 받을 수 없고,
8) 참회처벌을 받아야 할 자는 인사를 받을 수 없고,
9) 참회생활을 실행하는 자는 인사를 받을 수 없고,
10) 출죄복귀를 받아야 할 자는 인사를 받을 수 없다.

수행승들이여, 이와 같은 인사를 받을 수 없는 열 종류의 사람이 있다.

6. 수행승들이여, 이러한 인사를 받을 수 있는 세 종류의 사람이 있다.

1) 나중에 구족계를 받은 자로부터 먼저 구족계를 받은 자가 인사를 받을 수 있고,
2) 다른 처소에 살더라도 연장자이며 가르침을 설하는 자는 인사를 받을 수 있고,
3) 신들과 악마들과 하느님들의 세계에서, 성직자들과 수행자들, 그리고 왕들과 백성들과 그 후예들의 세계에서 이렇게 오신 님, 거룩한 님, 올바로 원만히 깨달은 님은 인사를 받을 수 있다.

수행승들이여, 이러한 인사를 받을 수 있는 세 종류의 사람이 있다.

최상의 자리와 최상의 물과 최상의 탁발식이 끝났다.

7. 천막당(Maṇḍapa)

---

673) mātugāmo avandiyo : 이 책(CV. X. 3)의 수행녀의 항목에서 동일한 취지로 언급되고 있는 것으로보아 여기서 여인은 일반 재가의 여자신자 뿐만 아니라 수행녀를 지칭한 것이다.

674) paṇḍaka : 한역에서는 남전 III. 117에서처럼 황문(黃門)이라고 번역하지만, 그 의미가 불명확하다. 어원적으로는 '알이 없는 사람(apa-aṇḍa-ka)' 즉, 고환이 없는 자에게서 유래된 것이라고 볼 수는 있다. 종래에 이 뜻은 Bd. IV. 87에서처럼 '내시(eunuch)'라고 번역되었다. 그런데 내시라는 용어는 인도에서는 무슬림 시대 이전에는 알려진 바가 없으므로 내시라고 단정하기는 힘들고 허약하거나 소심하거나 우유부단한 사람을 비유적으로 지칭했을 가능성도 있다. 붓다고싸(Buddhaghosa)는 빤다까를 다섯 가지 유형으로 분류하고 있다 : ① āsittapaṇḍaka : '뿜어내는 빤다까'로 다른 남자의 성기를 입을 빨아 사정에 이르게 함으로써 자신의 욕망을 해소하는 자. 동성애자. ② usūyapaṇḍaka : '시샘하는 빤다까'로 다른 사람의 성행위를 지켜보며 질투심으로 자신의 욕망을 해소하는 자. 관음증환자. ③ opakkamikapaṇḍaka : '야기되는 빤다까' 로 어떤 특별한 수단으로 야기되어 자신의 정액을 분출시키는 자. 자위행위자.[대승불교의 Yaśomitra는 이 자위행위자 대신에 'lūṇapaṇḍaka'거세된 자' 즉, 내시나 환관을 거론하고 있다.] ④ pakkhapaṇḍaka : '보름간의 빤다까'로 과거의 업력으로 음력 한달 가운데 절반인 이주간만 빤다까가 되는 자. ⑤ napuṃsakapaṇḍaka : '남성이 아닌 빤다까'로 임신 순간부터 남성성이 결여된 자를 뜻한다. 이것으로 보아 빤다까는 동성애자나 변태성욕자나 성기능장애자를 지칭한다고 볼 수 있다. 이 빤다까의 출가를 율장(MV. I. 61)에서 금지 시키는 것은 동성애나 유사성행위로 교단의 질서가 파괴되는 것을 염려했기 때문이다. Leonard Zwilling. 'Homosexuality As Seen in Indian Buddhist Texts' in Jose Ignacio Cabezon ed., Buddhism, Sexuallity, and Gender(Delhi, India; Sri Satguru Publication, 1992), p. 206.

1. 한때 사람들이 참모임을 위하여 천막당을 마련하고 깔개를 마련하고, 공지를 마련했다.[163] 여섯무리의 수행승들의 학인수행승들은 이와 같이 말했다.

[여섯무리의 수행승들의 제자들] "세존께서 참모임에 속한 물건들을 법랍의 순서에 따라 허용했더라도, 의도적으로 정한 것은 그렇지 않다."675)

그래서 그들은 부처님을 비롯한 참모임보다 앞서 가서 이와 같이 말했다.

[여섯무리의 수행승들의 제자들] "이것은 우리의 친교사의 것이다. 이것은 우리의 궤범사의 것이다. 이것은 우리의 것이다."

그래서 그들이 천막당을 차지하고 깔개를 차지하고, 공지를 차지했다. 그런데 존자 싸리뿟따는 부처님을 비롯한 참모임의 뒤를 따라가다가 천막당을 빼앗기고 깔개를 빼앗기고, 공지를 빼앗기고, 공지를 얻지 못해 어떤 나무 밑에 앉았다. 그런데 세존께서 밤이 지나 새벽녘에 일어나 기침을 했다. 존자 싸리뿟따도 기침을 했다.

[세존] "거기 누가 있는가?"

[싸리뿟따] "세존이시여, 저는 싸리뿟따입니다."

[세존] "싸리뿟따여, 그대는 왜 여기에 앉아 있는가?"

그러자 존자 싸리뿟따는 세존께 그 사실을 알렸다.

2. 그러자 세존께서는 이것을 기회로 이것을 원인으로 수행승들의 참모임을 불러 모아 수행승들에게 물었다.

[세존] "수행승들이여, 여섯무리의 수행승들의 학인수행승들은 '세존께서 참모임에 속한 물건들을 법랍의 순서에 따라 허용했더라도, 의도적으로 정한 것은 그렇지 않다.'라고 말하고, 부처님을 비롯한 참모임보다 앞서 가서 '이것은 우리의 친교사의 것이다. 이것은 우리의 궤범사의 것이다. 이것은 우리의 것이다.'라고 말하며 천막당을 차지하고 깔개를 차지하고, 공지를 차지한 것이 사실인가?"

[수행승들] "세존이시여, 사실입니다."

3. 존귀하신 부처님께서는 견책했다.

[세존] "수행승들이여, 그 어리석은 자들은 적절하지 않고, 자연스럽지 않고, 알맞지 않고, 수행자의 삶이 아니고, 부당하고, 해서는 안 될 일을 행한 것이다. 어찌 여섯무리의 수행승들의 학인수행승들은 '세존께서 참모임에 속한 물건들을 법랍의 순서에 따라 허용했더라도, 의도적으로 정한 것은 그렇지 않다.'라고 말하

675) saṅghikaññeva bhagavatā yathāvuḍḍhaṃ anuññātaṃ, no uddissakatanti'

고, 부처님을 비롯한 참모임보다 앞서 가서 '이것은 우리의 친교사의 것이다. 이것은 우리의 궤범사의 것이다. 이것은 우리의 것이다.'라고 말하며, 천막당을 차지하고 깔개를 차지하고, 공지를 차지할 수 있단 말인가? 수행승들이여, 그것은 아직 청정한 믿음이 없는 자를 청정한 믿음으로 이끌고, 이미 청정한 믿음이 있는 자를 더욱더 청정한 믿음으로 이끄는 것이 아니다. 수행승들이여, 그것은 오히려, 아직 청정한 믿음이 없는 자를 불신으로 이끌고, 이미 청정한 믿음이 있는 자 가운데 어떤 자들을 타락시키는 것이다."

4. 그리고 세존께서는 그 여섯무리의 수행승들의 학인수행승들을 여러 가지 방편으로 견책하여, 키우기 어렵고 부양하기 어렵고 욕심이 많고 만족을 모르고 교제를 좋아하고 나태한 것에 대하여 질책하고, 여러 가지 법문으로 고무하여, 키우기 쉽고 부양하기 쉽고 욕심을 여의고, 만족을 알고, 버리고 없애는 삶을 살고, 두타행을 하고, 청정한 믿음이 있고, 쌓아 모으지 않고, 용맹정진하는 것을 칭찬하고, 수행승들을 위하여 그에 알맞고 그에 걸맞게 경책하여 법문을 하고 수행승들에게 일렀다.

[세존] "수행승들이여, 참모임을 위해 만든 것이라도, 법랍의 순서에 따라 차지해서는 안 된다. 차지하면, 악작죄가 된다."

천막당이 끝났다.

8. 높은 침상 크나큰 침상(Uccāsayanamahāsayana)

1. 한때 사람들이 식당의 옥내에 높은 침상 크나큰 침상,676) 예를 들어, 소파,677) 동물형상의 각대가 있는 안락의자, 긴 산양털 덮개,678) 알록달록한 덮개,679) 흰 양모 덮개,680) 꽃을 수놓은 양모 덮개,681) 면으로 이루어진 덮개,682) 동물형상으로 장식한 덮개,683) 양변에 장식이 있는 덮개,684) 한변에 장식이 있는 덮개,685) 보석으로 수놓은 비단 덮개,686) 비단실과 보석으로 수놓은 덮개,687)

---

676) uccāsayanamahāsayanāni : Vin. I. 192과 병행한다.
677) āsandi : Vin. IV. 229에 따르면, 수행녀에게 소파와 안락의자의 사용은 금지되었다.
678) goṇaka : Smp. 1086에 따르면, 긴 털이 달린 넓은 꼬자와(kojava : 긴털로 만든 푹신한 이불)을 말한다.
679) cittaka : Smp. 1086에 따르면, 다양한 색깔의 야생동물의 털로 만든 덮개를 말한다.
680) paṭikā : Smp. 1086에 따르면, 양털로 만든 흰색의 덮개를 말한다.
681) paṭalikā : Smp. 1086에 따르면, 꽃모양의 양모 덮개를 말한다. 희랍의 옷감도 그렇게 불린다.
682) tūlikā : Smp. 1086에 따르면, 일반적인 면화를 말하며, Mrp. II. 239에 따르면, 세 가지 면화의 어느 하나로 만든 덮개이다. Vin. II. 50에 따르면, 나무의 면화, 덩굴의 면화, 뽀따끼(poṭaki)-풀의 면화가 있다.
683) vikatikā : Smp. 1086에 따르면, '사자나 호랑이 등의 형상을 수놓은 양모로 만든 덮개를 말한다.
684) uddalomi : Lba. I. 162에 따르면, 양변을 장식한 모포 덮개이다.

열여섯 명의 무희가 서서 춤추기에 충분한 큰 덮개,688) 코끼리를 수놓은 덮개,689) 말을 수놓은 덮개,690) 수레를 수놓은 덮개,691) 검은 영양 가죽으로 만든 깔개, 최고급 영양가죽으로 만든 깔개,692) 위에 차양으로 사용하는 시트,693) 양변에 붉은 베게가 있는 침상694)을 설치했다.

2. 수행승들은 주저하면서 그 위에 앉지 않았다. 세존께 그 사실을 알렸다.

[세존] "수행승들이여, 소파, 동물형상의 각대가 있는 안락의자, 면으로 씌운 덮개의 세 가지를 제외하고 재가자가 진열한 것 위에 앉는 것을 허용한다. 그러나 눕는 것은 허용하지 않는다."

그런데 그때 사람들이 식당의 내실에 면으로 씌운 침상과 의자를 설치했다. 수행승들은 주저하면서 그 위에 앉지 않았다. 세존께 그 사실을 알렸다.

[세존] "수행승들이여, 재가자가 진열한 것 위에 앉는 것을 허용한다. 그러나 눕는 것은 허용하지 않는다."

높은 침상 크나큰 침상이 끝났다.

9. 제따바나 숲(Jetavana)

1. 한때 세존께서 박가 국에서 계실만큼 계시다가 싸밧티 시로 유행을 떠났다. 차례로 유행하다가 싸밧티 시에[164] 도착했다. 거기서 세존께서는 싸밧티 시에 있는 제따바나 숲의 아나타삔디까 승원에 계셨다. 마침 장자 아나타삔디까가 세존께서 계신 곳을 찾아 왔다. 가까이 다가와서 세존께 인사를 하고 한쪽으로 물러나 앉았다. 한쪽으로 물러나 앉은 장자 아나타삔디까는 세존께 이와 같이 말했다.

[아나타삔디까] "세존이시여, 내일 수행승의 무리와 함께 저의 공양을 받아 주십시오."

---

685) ekantalomi : Lba. I. 162에 따르면, 한변을 장식한 모포 덮개이다.

686) kaṭṭhissa : Smp. 1086에 따르면, 보석을 수놓은 깟티싸(kaṭṭhissa?)와 비단으로 만든 덮개를 말한다.

687) koseyya : Smp. 1086에 따르면, 비단실과 보석으로 수놓은 덮개를 말한다.

688) kuttaka : Smp. 1086에 따르면, 열여섯 명의 무희가 서서 춤추기에 충분한 큰 덮개를 말한다.

689) hatthatthara : Lba. I. 162에 따르면, 코끼리를 수놓은 덮개(eine mit Elefanten bestickte Decke)이다.

690) assatthara : Lba. I. 162에 따르면, 말을 수놓은 덮개(eine mit Pferden bestickte Decke)이다.

691) rathatthara : Lba. I. 162에 따르면, 수레를 수놓은 덮개(eine mit Wagen bestickte Decke)이다.

692) kadalimigapavarapaccattharaṇa : Smp. 1086에 따르면, 까달리 사슴의 가죽은 최상의 가죽인데, 그것으로 만들어진 깔개를 말한다.

693) sauttaracchada : Smp. 1086-1087에 따르면, 위에 차양으로 사용하는 시트이다.

694) ubhatolohitakupadhāna : Smp. 1087에 따르면, 양변에 붉은 베게가 있는 침상이다.

세존께서는 침묵으로 허락했다. 그러자 장자 아나타삔디까는 세존께서 허락하신 것으로 알고 자리에서 일어나 세존께 인사를 하고 오른 쪽으로 돌아 그곳을 떠났다. 그리고 장자 아나타삔디까는 그날 밤이 지나자 훌륭한 단단한 음식과 부드러운 음식을 준비하여 세존께 때가 되었음을 알렸다.

[아나타삔디까] "세존이시여, 때가 되었습니다. 공양이 준비되었습니다."

2. 그래서 세존께서는 아침 일찍 옷을 입고 발우와 가사를 수하고 장자 아나타삔디까가 있는 곳을 찾아갔다. 가까이 다가가서 마련된 자리에 수행승들의 무리와 함께 앉았다. 그러자 장자 아나타삔디까는 부처님을 비롯한 수행승들의 무리에게 훌륭한 단단한 음식과 부드러운 음식을 손수 대접하여 제공하고 세존께서 발우에서 손을 떼자 한쪽으로 물러나 앉았다. 한쪽으로 물러나 앉아서 장자 아나타삔디까는 세존께 이와 같이 말했다.

[아나타삔디까] "세존이시여, 제가 제따바나 숲에 대하여 어떻게 조치하면 됩니까?"

[세존] "장자여, 그렇다면, 그 제따바나 숲을 현재와 미래의 사방승가에 봉헌하십시오."

[아나타삔디까] "세존이시여, 알겠습니다."

3. 장자 아나타삔디까는 세존께 대답하고 제따바나 숲을 현재와 미래의 사방승가에 봉헌했다. 그러자 세존께서는 장자 아나타삔디까를 이와 같은 시들로[695] 기쁘게 했다.

[세존]

1) "그것으로써 추위와 더위,
맹수 뿐만 아니라
뱀과 모기 그리고,
서늘한 비를 막아냅니다.[696]

2) 그 두려운 열풍이
일어나도 격퇴되니,
수호와 안락 속에서
선정과 통찰을 위한 것입니다.[697]

---

695) imāhi gāthāhi : CV. VI. 1과 병행한다.
696) sītaṃ uṇhaṃ paṭihanti | tato vālamigāni ca | siriṃsape ca makase | sisire cāpi vuṭṭhiyo ||
697) tato vātātapo ghoro | sañjāto paṭihaññati | lenatthañca sukhatthañca | jhāyituṃ ca vipassituṃ ||

3) 참모임에 정사를
보시하면, 최상의 보시라고
부처님께서 칭찬하셨으니,
실로 자신의 이익을 바라는 현자입니다.698)

4) 기쁘게 승원을 지으면,
많이 배운 자들을 그 안에 살 수 있고,
맑고 청정한 마음으로
곧바른 그들에게 먹을 것과 마실 것,
눕고, 앉는 도구를 그가 베풀 것입니다.699)

5) 그들은 그를 위하여 일체의
괴로움을 없애는 가르침을 설하니,
그는 그 진리를 곧바로 알아,
여기서 번뇌 없이 열반에 듭니다."700)

그리고[165] 세존께서는 장자 아나타삔디까를 이러한 시들로 기쁘게 하고 자리에서 일어나 그곳을 떠났다.

제따바나 숲이 끝났다.

10. 승차식의 자리(Saṅghabhattāsana)

1. 한때 어떤 사명외도701)의 제자인 대신이 참모임을 위한 식사 즉, 승차식702)을

698) vihāradānaṃ saṅghassa | aggaṃ buddhena vaṇṇitaṃ | tasmā hi paṇḍito poso | sampassaṃ atthamattano ||
699) vihāre kāraye ramme | vāsayettha bahussute | tesaṃ annañca pānañca | vatthasenāsanāni ca | dadeyya ujubhutesu | vippasannena cetasā ||
700) te tassa dhammaṃ desenti | sabbadukkhāpanūdanaṃ | yaṃ so dhammaṃ idhaññāya | parinibbāti anāsavo ti ||
701) ājīvaka : 사명외도(邪命外道)란 잘못된 생활을 영위하는 자란 뜻으로 불경에서 번역한 용어인데, 부처님 당시의 막칼리 고쌀라(Makkhali Gosāla)가 이끌던 강한 의미의 운명론자이자 결정론자들이고 벌거벗은 유행자(裸形外道)였다. 막칼리 고쌀라의 견해에 대해서는 DN. I. 53~54; MN. I. 516~517에도 잘 나타나 있다. 그는 결정론자로서 모든 존재는 결정과 종과 자연의 본성(niyatisaṅgatibhāvapariṇatā)에 의해 지배된다고 주장했다. '모든 동물, 모든 유정, 모든 존재, 모든 생명은 … 결정과 종과 자연의 본성에 의해서 서로 변이하여 여섯 가지 종류에 따라서 즐거움과 괴로움을 받는다.(sabbe sattā sabbe pāṇā sabbe bhūtā sabbe jīvā.… niyatisaṅgatibhāvapariṇatā chass evābhijātisu sukhadukkhaṁ paṭisaṁvedenti)' 고쌀라의 결정론이 유물론적이든 그렇지 않든 간에 고쌀라는 모든 사건의 원인과 결과들이 강하게 결정되어 있는 것을 너무 강조한 나머지 모든 사건들이 미리 결정되어 있으며 운명지어져 있다는 것을 강조했다. 운명은 신들의 힘과 권능뿐만 아니라 인간의 모든 노력을 넘어서는 것이다. 그러나 이러한 너무 극단적인 결정론은 무조건적 결정론으로 무인론(ahetu vāda)이며, 결과적으로 무인무연론(無因無緣論)이 될 수밖에 없었다. '유정의 염오(染汚)에는 원인도 없고 조건도

베풀었다. 싸끼야의 아들인 존자 우빠난다[703]가 나중에 와서 식사가 끝나지 않았는데 옆자리의 수행승들을 일으켜 세워 식당에 분쟁이 생겨났다.

그러자 그 대신은 혐책하고 분개하고 비난했다.

[사람들] "어찌 싸끼야의 아들인 수행자 우빠난다가 나중에 와서 식사가 끝나지 않았는데 옆자리의 수행승들을 일으켜 세워 식당에 분쟁이 생겨나게 할 수 있단 말인가? 다른 곳에 앉아서도 원하는 만큼 식사를 할 수 있지 않은가?"

수행승들은 그 대신이 혐책하고 분개하고 비난하는 것을 들었다. 수행승들 가운데 욕망을 여의고, 만족을 알고, 부끄러움을 알고, 후회할 줄 알고 배움을 원하는 자들도 그에 대하여 혐책하고 분개하고 비난했다.

[사람들] "어찌 존자 우빠난다가 나중에 와서 식사가 끝나지 않았는데 옆자리의 수행승들을 일으켜 세워 식당에 분쟁이 생겨나게 할 수 있단 말인가?"

2. 그래서 그 수행승들은 세존께 그 사실을 알렸다.

[세존] "우빠난다여, 그대가 나중에 와서 식사가 끝나지 않았는데 옆자리의 수행승들을 일으켜 세워 식당에 분쟁이 생겨나게 한 것이 사실인가?"

[수행승들] "세존이시여, 사실입니다."

존귀하신 부처님께서는 견책했다.

[세존] "어리석은 자여, 그대는 적절하지 않고, 자연스럽지 않고, 알맞지 않고, 수행자의 삶이 아니고, 부당하고, 해서는 안 될 일을 행한 것이다. 어리석은 자여, 어찌 그대가 나중에 와서 식사가 끝나지 않았는데 옆자리의 수행승들을 일으켜 세워 식당에 분쟁이 생겨나게 할 수 있단 말인가? 어리석은 자여, 그것은 아직 청정한 믿음이 없는 자를 청정한 믿음으로 이끌고, 이미 청정한 믿음이 있는 자를 더욱더 청정한 믿음으로 이끄는 것이 아니다. 어리석은 자여, 그것은 오히려,

---

없다. 유정은 무원인, 무조건적으로 오염된다. 유정의 청정에도 원인도 없고 조건도 없다. 유정은 무원인, 무조건적으로 청정해진다.(n'atthi hetu n'atthi paccayo sattānaṁ saṁkilesāya, ahetuapccayā sattā saṁkilesanti. n'atthi hetu n'atthi paccayo sattānaṁ visuddhiyā, ahetupaccayā sa-ttā visujjhanti)' 그리고 그에 의하면 인간과 세계는 마치 실타래가 던져졌을 때 완전히 풀릴 때까지 풀려나가듯이(seyyathā pi nāma suttaguḷe khitte nibbeṭhiyamānaṁ eva phaleti) 가치없는 목적론과 일치하는 무자비한 과정의 산물이다. 고쌀라의 주장은 인과법칙의 가혹함에서 연원된 것이다. 그러나 이러한 숙명론은 결과적으로 정신적인 인과성에서 자명한 자유의지마저 부정할 수밖에 없었다.

702) saṅghabhatta : 한역에서는 승차식(僧次食)이라고 한다.

703) upananda : 주로 율장에 자주 등장하는 장로로 싸끼야 족 출신이다. Vin. I. 154에 따르면, 싸끼야의 아들 존자 우빠난다가 옷이 풍부한 곳에서 안거를 보내기 위해 꼬쌀라 국의 왕 빠쎄나디의 우기의 안거처에서 안거하기로 한 약속을 어겨서 왕의 노여움을 샀고, Vin. I. 300에 따르면, 그는 안거를 보내고 참모임에 기증된 옷감을 분배할 때에 여기저기서 많이 받아 말썽을 부리기도 했다.

아직 청정한 믿음이 없는 자를 불신으로 이끌고, 이미 청정한 믿음이 있는 자 가운데 어떤 자들을 타락시키는 것이다."

3. 그리고 세존께서는 존자 우빠난다를 여러 가지 방편으로 견책하여, 키우기 어렵고 부양하기 어렵고 욕심이 많고 만족을 모르고 교제를 좋아하고 나태한 것에 대하여 질책하고, 여러 가지 법문으로 고무하여, 키우기 쉽고 부양하기 쉽고 욕심을 여의고, 만족을 알고, 버리고 없애는 삶을 살고, 두타행을 하고, 청정한 믿음이 있고, 쌓아 모으지 않고, 용맹정진하는 것을 칭찬하고, 수행승들을 위하여 그에 알맞고 그에 걸맞게 경책하여 법문을 하고 수행승들에게 일렀다.

[세존] "수행승들이여, 식사가 끝나지 않았는데 수행승을 일으켜 세워서는 안 된다. 일으켜 세우면, 악작죄가 된다. 만약에 그가 일으켜 세웠는데, 만족한다면, '가서 물을 가져오십시오.'라고 말해야 한다. 만약 이와 같이 해서 얻는다면 좋고, 얻지 못하다면, 밥덩어리를 잘 삼키고 연장자에게 자리를 양보해야 한다. 수행승들이여, 어떠한 일이 있어도 연장자인 수행승의 자리를 차지해서는 안 된다. 차지한다면, 악작죄가 된다."

4. 그런데 그때 여섯무리의 수행승들이 병든 수행승들을 일으켜 세웠다. 병든 수행승은 이와 같이 말했다.

[병든 수행승들] "벗이여, 우리를 일으켜 세워서는 안 된다. 우리는 병들었다."

그러나 그들은 '우리가 존자들을 일으켜 세우겠다.'라고 생각하고는 붙잡아서 일으켜 세우다가 놓쳤다. 환자들이 놓아버리는 바람에 넘어졌다. 세존께 그 사실을 알렸다.

[세존] "수행승들이여, 환자를 일으켜 세우지 말라. 일으켜 세우면, 악작죄가 된다."

그러자 그때 여섯무리의[166] 수행승들이 '우리는 병들었기 때문에 일으켜 세우면 안 된다.'라고 말하며 최상의 침상에 버티고 누웠다.

세존께 그 사실을 알렸다.

[세존] "수행승들이여, 환자에게는 알맞는 침상을 주는 것을 허용한다."

그러자 그때 여섯무리의 수행승들이 핑계를 대고704) 누울 자리와 앉을 자리를 차지했다. 세존께 그 사실을 알렸다.

[세존] "수행승들이여, 핑계를 대고 누울 자리와 앉을 자리를 차지해서는 안

704) lesakappena : Smp. 1222에 따르면, 작은 것으로 두통보다 심한 것은 아니다.

된다. 차지하면, 악작죄가 된다."

승차식의 자리가 끝났다.

11. 처소배당인(Senāsanagāhāpaka)

1. 한때 열일곱무리의 수행승들705)이 '우리는 여기서 안거를 보내야겠다.'라고 생각하며 어떤 변방의 큰 정사를 수리하고 있었다. 여섯무리의 수행승들이 열일곱무리의 수행승들이 정사를 수리하는 것을 보았다. 보고나서 이와 같이 말했다.

[여섯무리의 수행승들] "벗들이여, 열일곱무리의 수행승들이 어떤 정사를 수리하고 있습니다. 자, 우리가 그들을 몰아냅니다."

어떤 자들은 이와 같이 말했다.

[어떤 자들] "벗들이여, 수리할 때까지 기다립시다. 수리하면 몰아냅시다."

그러나 여섯무리의 수행승들이 열일곱무리의 수행승들에게 이와 같이 말했다.

[여섯무리의 수행승들] "벗들이여, 나가시오. 정사는 우리가 얻은 것입니다."

[열일곱무리의 수행승들] "벗들이여, 왜 미리 설명하지 않았습니까? 우리가 다른 것을 수리하라는 것입니까?"

[여섯무리의 수행승들] "벗들이여, 정사는 참모임의 것이 아닙니까?"

[열일곱무리의 수행승들] "벗들이여, 그렇습니다. 정사는 참모임의 것입니다."

[여섯무리의 수행승들] "벗들이여, 나가시오. 정사는 우리가 얻은 것입니다."

[열일곱무리의 수행승들] "벗들이여, 정사는 아주 큽니다. 그대들이 지내고 우리도 지낼 수 있습니다."

[여섯무리의 수행승들] "벗들이여, 나가시오. 정사는 우리가 얻은 것입니다."

그들은 분노하고 불쾌해 하면서 목을 붙잡고 내쫓았다. 그들은 내쫓기자 울부짖었다. 수행승들이 이와 같이 말했다.

[수행승들] "벗들이여, 그대들은 어째서 울부짖는가?"

[열일곱무리의 수행승들] "벗들이여, 이 여섯무리의 수행승들이 분노하고 불쾌해 하면서 우리를 정사에서 쫓아냈습니다."

수행승들 가운데 욕망을 여의고, 만족을 알고, 부끄러움을 알고, 후회할 줄 알고 배움을 원하는 자들은 그들에 대하여 혐책하고 분개하고 비난했다.

[수행승들] "어찌 여섯무리의 수행승들이 분노하고 불쾌해 하면서 수행승들을

705) sattarasavaggiyā bhikkhū : 그들에 대한 이하의 이야기가 Vin. IV. 44의 속죄죄법 제17조(Pāc. 17)에서 병행한다.

정사에서 쫓아낼 수 있단 말인가?"

그래서 그 수행승들은 세존께 그 사실을 알렸다. 그러자 세존께서는 이것을 기회로 이것을 원인으로 수행승들의 참모임을 불러 모아 수행승들에게 물었다.

[세존] "수행승들이여, 여섯무리의 수행승들이 분노하고 불쾌해 하면서 수행승들을 정사에서 쫓아낸 것이 사실인가?"

[수행승들] "세존이시여, 사실입니다."

존귀하신 부처님께서는 꾸짖고 법문을 하고 수행승들에게 일렀다.

[세존] "수행승들이여, 분노하고 불쾌해 하면서 수행승들을 정사에서 쫓아내지 말라. 쫓아내면, 원칙에 따라 조치되어야 한다.706) 수행승들이여, 처소를 배당하는 것을 허용한다."

2. 그러자 수행승들이 이와 같이 생각했다.

[수행승들] '누가 처소를 배당할 것인가?'

세존께 그 사실을 알렸다.

[세존] "수행승들이여,[167] 다섯 가지 고리를 갖춘 수행승을 처소의 배당인707)로 선정하는 것을 허용한다.

1) 욕망 의해 삿된 길을 가지 말아야 하고,

2) 분노 의해 삿된 길을 가지 말아야 하고,

3) 두려움 의해 삿된 길을 가지 말아야 하고,

4) 어리석음 의해 삿된 길을 가지 말아야 하고,

5) 배당된 것과 배당되지 않은 것을 알아야 한다."

3. [세존] "수행승들이여, 그런데 이와 같이 선정해야 한다. 처음에 수행승을 청해야 한다. 청한 뒤에 현명하고 유능한 수행승이 참모임에 알려야 한다.

[제안] '존자들이여, 참모임은 제 말에 귀를 기울이십시오. 참모임에 옳은 일이라면, 참모임이 이러이러한 수행승을 처소를 배당하는 자로 선정하겠습니다. 이것이 제안입니다.'

[제청1] '존자들이여, 참모임은 제 말에 귀를 기울이십시오. 참모임에 옳은 일이라면, 참모임이 이러이러한 수행승을 처소를 배당하는 자로 선정합니다. 이러이러한 수행승을 처소를 배당하는 자로 선정하는 것에 동의하면 침묵하시고,

---

706) na bhikkhave kupitena anattamanena bhikkhū saṅghikā vihārā nikkaḍḍhitabbo. Yo nikkaḍḍheyya, yathādhammo kāretabbo : 속죄죄법 제17조(Pāc. 17)

707) senāsanagāhāpaka : 처소를 배당하는 자로 Vin. III. 246의 발우의 배당자(pattagāhāpaka)와 비교하라.

이견이 있으면 말씀하십시오.'

[결정] '참모임은 이러이러한 수행승을 처소를 배당하는 자로 선정했습니다. 참모임이 찬성하여 침묵했으므로, 저는 그와 같이 알겠습니다."

4. 그러자 처소를 배당하는 자는 수행승들에게 이와 같이 말했다.

[처소를 배당하는 자] "어떻게 처소를 배당해야 합니까?"

세존께 그 사실을 알렸다.

[세존] "수행승들이여, 먼저 수행승들을 헤아리고, 수행승들을 헤아리고 나서 잠자는 장소[708]를 헤아리고, 잠자는 장소를 헤아리고 나서, 잠자는 장소의 규모[709]에 따라 배당하는 것을 허용한다."

잠자는 장소의 규모에 따라 배당하면서 잠자는 장소가 남았다.

[세존] "수행승들이여, 정사의 규모에 따라 배당하는 것을 허용한다."

정사의 규모에 따라 배당하면서 정사가 남았다.

[세존] "수행승들이여, 방사[710]의 규모에 따라 배당하는 것을 허용한다."

방사의 규모에 따라 배당하면서 방사가 남았다.

[세존] "수행승들이여, 여분을 배당하는 것을 허용한다."

여분을 배당하는데, 다른 수행승이 왔다.

[세존] "원하지 않는다면, 줄 필요가 없다."[711]

그런데 그때 수행승들이 결계[712]의 밖에 있는 자에게 처소를 배당했다. 세존께 그 사실을 알렸다.

[세존] "수행승들이여, 결계의 밖에 있는 자에게 처소를 배당해서는 안 된다. 분배하면, 악작죄가 된다."

그런데 그때 수행승들이 처소를 배당받은 뒤에 무한정 차지했다. 세존께 그 사실을 알렸다.

[세존] "수행승들이여, 처소를 배당받은 뒤에 무한정 차지해서는 안 된다. 차지하면, 악작죄가 된다. 수행승들이여, 우기의 삼개월 간을 차지하는 것을 허용한다.

---

708) seyyā : Smp. 1223에 따르면, 침상이 있는 장소를 말한다.

709) seyyagga : Smp. 1223에 따르면, 장자는 장소의 한계나 규모를 말한다.

710) pariveṇa : 정사보다 작은 규모로 한 수행승만 잠을 잘 수 있었다. Smp. 1223에 따르면, 수행승이 적은 경우에는 한 수행승에게 두세 개의 방사가 배정되었다.

711) na akāmā dātabbo'ti : 배당을 받은 자가 원하지 않는다면, 새로 온 수행승에게 줄 필요가 없다는 뜻이다.

712) sīma : 불교에서 포살 등을 위하여 그 범위가 정해진 일정한 구역을 말한다. 현전승가는 시간 · 공간적으로 무한한 사방승가가 이러한 유한한 결계에 의해서 한정된 지역승가생활공동체를 말한다.

평시에는 차지해서는 안 된다."

5. 그러자 수행승들은 이와 같이 생각했다.

[수행승들] '얼마나 많은 처소의 배당기간이 있는가?'

세존께 그 사실을 알렸다.

[세존] "수행승들이여, 세 가지 처소의 배당기간이 있다. 초분과 후분과[713] 중분이다.[714] 아쌀하[715] 월의 보름의 다음 날부터 초분으로 하고, 아쌀하 월의 보름의 다음 달부터 후분으로 하고, 자자의 다음날부터 다음 우안거에 이르기까지 중분으로 해야 한다. 수행승들이여, 이와 같은 세 가지 처소의 배당기간이 있다.

처소배당인이 끝났다.
두 번째 송출품이 끝났다.

III 세 번째 송출품(Tatiyabhāṇavāra : 12-21)

12. 두 처소를 배당받음(Gahitadvesenāsana)

1. 한때[168] 싸끼야의 아들 존자 우빠난다가 싸밧티 시에서 처소를 배당받은 뒤에 어떤 마을의 주처로 가서 거기서도 처소를 배당받았다. 그러자 수행승들은 이와 같이 생각했다.

[수행승들] '벗들이여, 싸끼야의 아들 존자 우빠난다는 다투고 싸우고 언쟁하고 분쟁하며 참모임에 쟁사를 일으키는 자입니다. 만약 그가 이곳에서 안거를 지낸다면, 우리 모두가 평안하지 못할 것입니다. 그에게 물어봅시다.'

그래서 그 수행승들은 싸끼야의 아들 존자 우빠난다에게 이와 같이 말했다.

[수행승들] "벗이여 우빠난다여, 싸밧티 시에서 이미 처소를 배당받지 않았습니까?"

[우빠난다] "벗이여, 그렇습니다."

[수행승들] "벗이여 우빠난다여, 그대는 혼자서 두 곳을 차지했습니까?"

[우빠난다] "벗들이여, 나는 이제 이곳을 놓아 버리고 저곳을 차지하겠습니다."

수행승들 가운데 욕망을 여의고, 만족을 알고, 부끄러움을 알고, 후회할 줄 알고 배움을 원하는 자들은 그들에 대하여 혐책하고 분개하고 비난했다.

---

713) purimiko pacchimiko : 우기 사개월 가운데 선행하거나 후행하는 삼개월 간의 안거기간과 일치한다.
714) antarāmuttako : 이것은 선행과 후행의 안거 사이에 있는 기간이 아니라, 자자의 다음날부터 다음 우안거에 이르기까지 중분으로 하는 것이니 다음 안거를 위한 배당기간을 말한다.
715) āsāḷha : 양력칠월(양력6월16-7월제15일)[남방음력3월16일-4월제15일].

[사람들] "어찌 싸끼야의 아들 존자 우빠난다는 혼자서 두 곳을 차지할 수 있단 말인가?"

2. 그래서 그 수행승들은 세존께 그 사실을 알렸다. 그러자 세존께서는 이것을 기회로 이것을 원인으로 수행승들의 참모임을 불러 모으고, 싸끼야의 아들 존자 우빠난다에게 물었다.

[세존] "우빠난다여, 그대가 혼자서 두 곳을 차지한 것이 사실인가?"

[우빠난다] "세존이시여, 사실입니다."

존귀하신 부처님께서는 견책했다.

[세존] "어리석은 자여, 어찌 그대가 혼자서 두 곳을 차지할 수 있단 말인가? 어리석은 자여, 그대가 저곳에서 배당받은 것은 여기서 놓쳐버렸고, 이곳에서 배당받은 것은 저곳에서 놓쳐버렸다.[716] 어리석은 자여, 이와 같이 그대는 양쪽에서 놓쳐버렸다. 어리석은 자여, 그것은 아직 청정한 믿음이 없는 자를 청정한 믿음으로 이끌고, 이미 청정한 믿음이 있는 자를 더욱더 청정한 믿음으로 이끄는 것이 아니다. 어리석은 자여, 그것은 오히려, 아직 청정한 믿음이 없는 자를 불신으로 이끌고, 이미 청정한 믿음이 있는 자 가운데 어떤 자들을 타락시키는 것이다."

3. 그리고 세존께서는 존자 우빠난다를 여러 가지 방편으로 견책하여, 키우기 어렵고 부양하기 어렵고 욕심이 많고 만족을 모르고 교제를 좋아하고 나태한 것에 대하여 질책하고, 여러 가지 법문으로 고무하여, 키우기 쉽고 부양하기 쉽고 욕심을 여의고, 만족을 알고, 버리고 없애는 삶을 살고, 두타행을 하고, 청정한 믿음이 있고, 쌓아 모으지 않고, 용맹정진하는 것을 칭찬하고, 수행승들을 위하여 그에 알맞고 그에 걸맞게 경책하여 법문을 하고 수행승들에게 일렀다.

[세존] "수행승들이여, 혼자서 두 곳을 차지해서는 안 된다. 차지하면, 악작죄가 된다."

두 처소를 배당받음이 끝났다.

13. 율사 우빨리(Upālivinayadhara)

1. 그때 세존께서는 수행승들에게 무수한 법문으로 계율을 논하고 계율을 찬탄하고 계율의 성취를 찬탄했다. 거듭해서 존자 우빨리를 칭찬했다. 수행승들은 이와 같이 말했다.

---

716) tattha tayā moghapurisa gahitaṃ idha mukkaṃ. idha tayā gahitaṃ tatra mukkaṃ : 한 수행승이 두 곳을 차지하면, 자동적으로 둘 다 놓친다.

[수행승들] "세존께서는 수행승들에게 무수한 법문으로 계율을 논하고 계율을 찬탄하고 계율의 성취를 찬탄합니다. 거듭해서 존자 우빨리를 칭찬합니다. 벗들이여, 자 우리는 존자 우빨리에게 계율을 배웁시다."

그래서 그 많은 장로들과 신참들과 중간층이 존자 우빨리에게서 계율을 배웠다. 존자 우빨리는 장로 수행승들을 존중하는 까닭에 서서 가르쳤고, 장로 수행승들도 원칙을 존중하는 까닭에717) 서서 가르침을 받았다. 그래서 장로 수행승들도 우빨리도 피곤했다. 세존께 그 사실을 알렸다.

[세존] "수행승들이여, 신참 수행승이[169] 가르칠 때에는 원칙의 존중 때문에 같은 높이의 자리에 앉거나 보다 높은 곳에 앉는 것과, 장로 수행승이 가르칠 때에는 원칙의 존중 때문에 같은 높이의 자리에 앉거나 보다 낮은 곳에 앉는 것을 허용한다."

2. 그런데 그때 많은 수행승들이 존자 우빨리 앞에서 서서 송출을 기다리다가 피곤해졌다. 세존께 그 사실을 알렸다. 세존께 그 사실을 알렸다.

[세존] "수행승들이여, 자리를 함께 할 수 있는 자와 함께 앉는 것을 허용한다."

그러자 수행승들은 이와 같이 생각했다.

[수행승들] '어느 정도까지 자리를 함께 할 수 있는가?'

세존께 그 사실을 알렸다.

[세존] "수행승들이여, 삼년 차까지는718) 함께 앉는 것을 허용한다."

그런데 그때 자리를 함께 할 수 있는 많은 수행승들이 한 평상에 앉아서 평상이 망가졌고, 한 의자에 앉아서 의자가 망가졌다. 세존께 그 사실을 알렸다.

[세존] "수행승들이여, 세 명을 위해 한 평상과, 세 명을 위해 한 의자를 허용한다."

세 명이 평상에 앉자 평상이 망가졌고, 의자에 앉자 의자가 망가졌다.

[세존] "수행승들이여, 두 명을 위해 한 평상과, 두 명을 위해 한 의자를 허용한다."

그러자 그때 수행승들이 자리를 함께 할 수 없는 자들과 함께 긴 평상에 함께 앉는 것을 주저했다.

[세존] "수행승들이여, 빤다까와 어머니를 죽인 자와 남녀추니를 제외하고 자리를 함께 할 수 없는 자들과도 함께 앉는 것을 허용한다."

그러자 수행승들은 이와 같이 생각했다.

---

717) dhammagāravena : 중학법 제57-72조(Sekh. 57-72)와 관계된 것이다.

718) tivassantarena saha : Bd. V. 237에서는 '구족계를 받은 지 삼년까지 된 자'라고 해석하고 있는데, 이러한 번역은 오해의 소지가 있다. 법랍의 차이가 삼년 이내인 자는 함께 앉을 수 있다는 뜻이다.

[수행승들] '긴 평상의 최대한의 길이는 어떻게 되는가?'

[세존] "수행승들이여, 나는 긴 평상의 최대한의 길이가 세 명을 위한 그 만큼의 것이 되는 것을 허용한다."

율사 우빨리가 끝났다.

14. 전각(Pāsāda : 殿閣)

1. 그런데 그때 비싸카 미가라마따는 참모임을 위하여 '코끼리손톱' 모양의[719] 베란다가 있는 전각을 만들길 원했다. 그런데 수행승들은 이와 같이 생각했다.

[수행승들] "세존께서는 전각을 수용하는 것을 허용한 것인가 허용하지 않은 것인가?" 세존께 그 사실을 알렸다.

[세존] "수행승들이여, 모든 전각의 수용을 허용한다."

2. 그런데 그때 꼬쌀라 국의 왕 빠쎄나디[720]의 할머니가 죽었다.[721] 그녀가 죽자 참모임에는 많은 허용될 수 없는 물건이 생겼다. 예를 들어, 소파, 동물형상의 각대가 있는 안락의자, 긴 산양털 덮개, 알록달록한 덮개, 흰 양모포 덮개, 꽃을 수놓은 양모 덮개, 면으로 씌운 덮개, 동물 형상으로 장식한 덮개, 양변에 테두리가 있는 덮개, 한 변에 테두리가 있는 덮개, 보석으로 수놓은 비단 덮개, 비단실과 보석으로 수놓은 덮개, 양모 덮개, 열여섯 명의 무희가 서서 춤추기에 충분한 큰 덮개, 코끼리를 수놓은 덮개, 말을 수놓은 덮개, 수레를 수놓은 덮개, 검은 영양 가죽으로 만든 깔개, 최고급 영양가죽으로 만든 깔개, 위에 차양으로 사용하는 시트, 양변에 붉은 베게가 있는 침상이 생겨났다.

[세존] "수행승들이여, 소파의 다리를[170] 자르고 수용하고, 동물형상의 각대가 있는 안락의자의 털을 부수고 수용하고,[722] 면은 풀어서 베개를 만들고, 나머

---

719) hatthinakhaka : 건축양식의 하나이다.

720) Pasenadi : 꼬쌀라(Kosala) 국의 왕이며 부처님과 동시대인이다. 그는 마하 꼬쌀라(Mahā Kosala)의 아들이고 딱까씰라(Takkasilā)에서 자랐다. 그는 대규모 동물의 희생제를 준비했으나 왕비 말리까(Mallika)의 제안으로 부처님을 찾아뵙고는 희생제를 포기했다. 그는 자주 부처님을 찾아뵙고 여러 가지 주제로 토론했다. 상세한 것은 꼬살라 국에 대해 기술한 이 경의 주석을 보라.

721) tena kho pana samayena rañño pasenadissa kosalassa ayyakā kālakatā hoti : 이 이야기는 SN. I. 27에 나온다. 당시 할머니의 나이는 120세였다.

722) āsandiyā pāde chinditvā paribhuñjitum, pallaṅkassa vāle bhinditvā paribhuñjitum : 여기서 'chinditvā(자르고)'와 'bhinditvā(망가뜨리고)'가 사용되고 있는데, 속죄죄법 제42조(Pāc. 42)에서는 양쪽이 모두 'bhinditvā(망가뜨리고)'로 되어 있다. MV. V. 10에 따르면, 소파와 안락의자를 사용하는 것은 악작죄(惡作)이다. CV. VI. 8에 따르면, 수행승들이 앉아도 되는 재가자가 전시한 물건의 세 가지 예외에 속한다. 그것들은 특정한 조건이 충족되면 허용된다.

지는 바닥 깔개로 만드는 것을 허용한다."

전각이 끝났다.

15. 처분할 수 없는 것(Avissajjiyāni)

1. 그런데 그때 싸밧티 시에서 멀지 않은 곳에 어떤 마을의 처소에 사는 수행승들이 객수행승을 위한 처소를 마련할 걱정을 하고 있었다. 그런데 그 수행승들은 이와 같이 생각했다.

[수행승들] '벗들이여, 우리는 지금 객수행승을 위한 처소를 마련할 걱정을 하고 있다. 벗들이여, 자 우리가 일체의 참모임에 속한 처소를 한 사람에게 주고, 그의 소유를 사용하자.'

그래서 그들은 일체의 참모임에 속한 처소를 한 사람에게 주었다. 객수행승들은 그 수행승들에게 이와 같이 말했다.

[객수행승들] "벗들이여, 우리의 처소를 마련해 주십시오."

[수행승들] "벗들이여, 참모임에 속한 처소는 없습니다. 우리는 모두 한 사람에게 주었습니다."

[객수행승들] "벗들이여, 그대들이 참모임에 속한 처소를 처분했다는 말입니까?"

[수행승들] "벗이여, 그렇습니다."

수행승들 가운데 욕망을 여의고, 만족을 알고, 부끄러움을 알고, 후회할 줄 알고 배움을 원하는 자들은 그들에 대하여 혐책하고 분개하고 비난했다.

[수행승들] "어찌 수행승들이 참모임에 속한 처소를 처분할 수 있단 말인가?"

2. 그래서 그 수행승들은 세존께 그 사실을 알렸다.

[세존] "수행승들이여, 수행승들이 참모임에 속한 처소를 처분한 것이 사실인가?"

[수행승들] "세존이시여, 사실입니다."

존귀하신 부처님께서는 견책했다.

[세존] "수행승들이여, 그 어리석은 자들은 적절하지 않고, 자연스럽지 않고, 알맞지 않고, 수행자의 삶이 아니고, 부당하고, 해서는 안 될 일을 행한 것이다. 수행승들이여, 어찌 이 어리석은 자들이 참모임에 속한 처소를 처분할 수 있단 말인가? 수행승들이여, 그것은 아직 청정한 믿음이 없는 자를 청정한 믿음으로 이끌고, 이미 청정한 믿음이 있는 자를 더욱더 청정한 믿음으로 이끄는 것이 아니다. 수행승들이여, 그것은 오히려, 아직 청정한 믿음이 없는 자를 불신으로 이끌고, 이미 청정한 믿음이 있는 자 가운데 어떤 자들을 타락시키는 것이다."

3. 그리고 세존께서는 그 수행승들을 여러 가지 방편으로 견책하여, 키우기 어렵고 부양하기 어렵고 욕심이 많고 만족을 모르고 교제를 좋아하고 나태한 것에 대하여 질책하고, 여러 가지 법문으로 고무하여, 키우기 쉽고 부양하기 쉽고 욕심을 여의고, 만족을 알고, 버리고 없애는 삶을 살고, 두타행을 하고, 청정한 믿음이 있고, 쌓아 모으지 않고, 용맹정진하는 것을 칭찬하고, 수행승들을 위하여 그에 알맞고 그에 걸맞게 경책하여 법문을 하고 수행승들에게 일렀다.

[세존] "수행승들이여, 이와 같은 다섯 가지 처분할 수 없는 것[723]은 참모임이나 단체나 개인이 처분해서는 안 된다. 처분했다고 하더라도 처분된 것이 아니다. 처분하면, 추악죄가 된다. 다섯 가지란 어떠한 것인가?

1) 승원과 승원의 땅이다. 이 첫 번째 처분할 수 없는 것은 참모임이나 단체나 개인이 처분해서는 안 된다. 처분했다고 하더라도 처분된 것이 아니다. 처분하면, 추악죄가 된다.
2) 정사와 정사의 땅이다. 이 두 번째 처분할 수 없는 것은 참모임이나 단체나 개인이 처분해서는 안 된다. 처분했다고 하더라도 처분된 것이 아니다. 처분하면, 추악죄가 된다.
3) 침상과 의자와 담요와 베개이다. 이 세 번째 처분할 수 없는 것은 참모임이나 단체나 개인이 처분해서는 안 된다. 처분했다고 하더라도 처분된 것이 아니다. 처분하면, 추악죄가 된다.
4) 구리단지, 구리병, 구리옹기, 구리용기, 까뀌, 자귀, 도끼, 괭이, 삽이다. 이 네 번째 처분할 수 없는 것은 참모임이나 단체나 개인이 처분해서는 안 된다. 처분했다고 하더라도 처분된 것이 아니다. 처분하면, 추악죄가 된다.
5) 넝쿨, 대나무, 문자풀, 밥바자풀. 풀, 진흙, 나무제품, 토기이다. 이 다섯 번째 처분할 수 없는 것은 참모임이나 단체나 개인이 처분해서는 안 된다. 처분했다고 하더라도 처분된 것이 아니다. 처분하면, 추악죄가 된다.

수행승들이여, 이와 같은 다섯 가지 처분할 수 없는 것은 참모임이나 단체나 개인이 처분해서는 안 된다. 처분했다고 하더라도 처분된 것이 아니다. 처분하면, 추악죄가 된다.

처분할 수 없는 것들이 끝났다.

723) pañca avissajjiyāni : 한역의 오불가사물(五不可捨物)로 이하에 구체적인 내용이 나오는데, 이와 관련해서 Vin. I. 305를 참조하라.

16. 분배할 수 없는 것들(Avebhaṅgiyāni)

1. 한때 세존께서는 싸밧티 시에 계실 만큼 계시다가[171] 많은 수행승의 무리 수행승 오백 명과 싸리뿟따와 목갈라나와 함께 끼따기리 마을로 유행을 떠났다. 앗싸지와 뿌납바쑤를 추종하는 수행승들은 이와 같이 들었다.

[앗싸지와 뿌납바쑤의 추종자들] '많은 수행승의 무리 수행승 오백 명과 싸리뿟따와 목갈라나와 함께 끼따기리 마을에 온다.'

[앗싸지와 뿌납바쑤의 추종자들] "벗들이여, 자 우리는 일체의 참모임의 처소를 분배합시다. 싸리뿟따와 목갈라나는 사악한 욕망을 가지고 사악한 욕망의 영향 아래 있습니다. 우리가 그들을 위하여 처소를 마련하지 않을 것입니다."

그들은 일체의 처소를 분배했다. 그후 세존께서는 점차로 유행하면서 끼따기리에 도착했다. 그리고 세존께서는 많은 수행승들에게 일렀다.

[세존] "수행승들이여, 그대들은 가서 앗싸지와 뿌납바쑤를 추종하는 수행승들에게 다가가서 이와 같이 '벗들이여, 세존께서 많은 수행승의 무리 수행승 오백 명과 싸리뿟따와 목갈라나와 함께 끼따기리 마을로 오십니다. 벗들이여, 세존과 수행승의 무리 수행승 오백 명과 싸리뿟따와 목갈라나를 위하여 처소를 마련하시오.'라고 말하라."

[수행승들] "세존이시여, 알겠습니다."

그 수행승들은 세존께 대답하고 앗싸지와 뿌납바쑤를 추종하는 수행승들이 있는 곳을 찾아갔다. 가까이 다가가서 앗싸지와 뿌납바쑤를 추종하는 수행승들에게 이와 같이 말했다.

[수행승들] "벗들이여, 세존께서 많은 수행승의 무리 수행승 오백 명과 싸리뿟따와 목갈라나와 함께 끼따기리 마을로 오십니다. 벗들이여, 세존과 수행승의 무리 수행승 오백 명과 싸리뿟따와 목갈라나를 위하여 처소를 마련하시오."

[앗싸지와 뿌납바쑤의 추종자들] "벗들이여, 참모임에 속한 처소 일체를 우리는 이미 분배했습니다. 벗들이여, 세존께서는 잘 오셨습니다. 세존께서는 원하시는 정사에서 지내십시오. 싸리뿟따와 목갈라나는 사악한 욕망을 가지고 사악한 욕망의 영향 아래 있는데, 우리는 그들을 위하여 처소를 마련하지 않을 것입니다."

2. [수행승들] "벗들이여, 그대들은 참모임에 속한 처소를 배당했단 말입니까?"

[앗싸지와 뿌납바쑤의 추종자들] "벗들이여, 그렇습니다."

수행승들 가운데 욕망을 여의고, 만족을 알고, 부끄러움을 알고, 후회할 줄 알고 배움을 원하는 자들은 그들에 대하여 혐책하고 분개하고 비난했다.

[수행승들] "어찌 앗싸지와 뿌납바쑤를 추종하는 수행승들이 참모임에 속한 처소를 배당할 수 있단 말인가?"

그래서 그 수행승들은 세존께 그 사실을 알렸다.

[세존] "수행승들이여, 앗싸지와 뿌납바쑤를 추종하는 수행승들이 참모임에 속한 처소를 배당했다는 것이 사실인가?"

[수행승들] "세존이시여, 사실입니다."

존귀하신 부처님께서는 견책했다.

[세존] "수행승들이여, 그 어리석은 자들은 적절하지 않고, 자연스럽지 않고, 알맞지 않고, 수행자의 삶이 아니고, 부당하고, 해서는 안 될 일을 행한 것이다. 수행승들이여, 어찌 어리석은 자들이 참모임에 속한 처소를 배당할 수 있단 말인가? 수행승들이여, 그것은 아직 청정한 믿음이 없는 자를 청정한 믿음으로 이끌고, 이미 청정한 믿음이 있는 자를 더욱더 청정한 믿음으로 이끄는 것이 아니다. 수행승들이여, 그것은 오히려, 아직 청정한 믿음이 없는 자를 불신으로 이끌고, 이미 청정한 믿음이 있는 자 가운데 어떤 자들을 타락시키는 것이다."

3. 그리고 세존께서는 그 앗싸지와 뿌납바쑤를 추종하는 수행승들을 여러 가지 방편으로 견책하여, 키우기 어렵고 부양하기 어렵고 욕심이 많고 만족을 모르고 교제를 좋아하고 나태한 것에 대하여 질책하고, 여러 가지 법문으로 고무하여, 키우기 쉽고 부양하기 쉽고 욕심을 여의고, 만족을 알고, 버리고 없애는 삶을 살고, 두타행을 하고, 청정한 믿음이 있고, 쌓아 모으지 않고, 용맹정진하는 것을 칭찬하고, 수행승들을 위하여 그에 알맞고 그에 걸맞게 경책하여 법문을 하고 수행승들에게 일렀다.

[세존] "수행승들이여, 이와 같은 다섯 가지 분배할 수 없는 것[724]은 참모임이나 단체나 개인이 분배해서는 안 된다. 분배했다고 하더라도 분배된 것이 아니다. 분배하면, 추악죄가 된다. 다섯 가지란 어떠한 것인가?

1) 승원과 승원의 땅이다. 이 첫 번째 분배할 수 없는 것은 참모임이나 단체나 개인이 분배해서는 안 된다. 분배했다고 하더라도 처분된 것이 아니다. 분배하면, 추악죄가 된다.

2) 정사와 정사의 땅이다. 이 두 번째 분배할 수 없는 것은 참모임이나 단체나 개인이 분배해서는 안 된다. 분배했다고 하더라도 처분된 것이 아니다. 분배하

724) pañca avebhangiyāni : 한역의 오불가분물(五不可分物)이다. 이하에 설명이 있는데,

면, 추악죄가 된다.

3) 침상과 의자와 깔개와 베개이다. 이 세 번째 분배할 수 없는 것은 참모임이나 단체나 개인이 분배해서는 안 된다. 분배했다고 하더라도 처분된 것이 아니다. 분배하면, 추악죄가 된다.

4) 구리단지, 구리병, 구리옹기, 구리용기, 까뀌, 자귀, 도끼, 괭이, 삽이다. 이 네 번째 분배할 수 없는 것은 참모임이나 단체나 개인이 분배해서는 안 된다. 분배했다고 하더라도 처분된 것이 아니다. 분배하면, 추악죄가 된다.

5) 넝쿨, 대나무, 문자풀, 밥바자풀. 풀, 진흙, 나무제품, 토기이다. 이 다섯 번째 분배할 수 없는 것은 참모임이나 단체나 개인이 분배해서는 안 된다. 분배했다고 하더라도 처분된 것이 아니다. 분배하면, 추악죄가 된다.

수행승들이여, 이와 같은 다섯 가지 분배할 수 없는 것은 참모임이나 단체나 개인이 분배해서는 안 된다. 분배했다고 하더라도 분배된 것이 아니다. 분배하면, 추악죄가 된다."

분배할 수 없는 것들이 끝났다.

17. 수리일(Navakamma)

1. 한때[172] 세존께서는 끼따기리 마을에 계실 만큼 계시다가 알라비[725] 시로 유행을 떠났다. 차례로 유행하면서 알라비 시에 도착했다. 거기서 세존께서는 알라비 시에 있는 악갈라바[726] 탑묘에 계셨다.

그런데 그때 알라비 시의 수행승들은 이와 같이 수리일을 주었다. 오로지 토괴를 쌓는 것으로 수리일을 주고, 오로지 벽을 칠하는 것으로 수리일을 주고, 오로지 문을 세우는 것으로 수리일을 주고, 오로지 빗장을 만드는 것으로 수리일을 주고, 오로지 창을 만드는 것으로 수리일을 주고, 오로지 백색도료를 만드는 것으로 수리일을 주고, 오로지 흑색도료를 만드는 것으로 수리일을 주고, 오로지 홍토자

725) Āḷavī : Ppn. I. 295에 따르면, 싸밧티 시에서 30 요자나(1요자나 = 약14km) 베나레스에서 12 요자나 떨어진 도시 또는 나라의 이름이다. 싸밧티와 라자가하 시의 중간에 놓여 있었다. 이 도시의 왕과 주민은 모두 알라바까(Āḷavaka)라고 불렸고, 나중에 거기에 살던 야차도 알라바까(Āḷavaka)라고 불렸다. 이 도시에는 많은 수행승들이 살았고 승원도 있었다. 알라비는 컨닝햄(Cunningham)과 회른레(A. F. Rudolf Hoernle)에 의하면, 오늘날 우라오(Urao) 지방의 네왈(Newal)을 말하고, 난달랄 데이(Nandalal Dey)에 의하면, 에뜨와(Etwah)의 북동쪽 27마일 지점에 있는 아비와(Aviwa)를 뜻한다.

726) Aggāḷava : Srp. I. 268에 따르면, 알라비(Āḷavī) 왕국에는 불교 이전 시대에 야차나 용 등을 숭배하는 많은 성소가 있었는데, 그 성소들이 있는 곳을 악갈라바(Aggāḷava) 또는 고따마까(Gotamaka) 등으로 불렸다. 부처님 이후에 사람들은 그것들을 제거하고 그곳에 정사를 세웠으나 예전의 이름을 그대로 붙였다.

를 만드는 것으로 수리일을 주고, 오로지 지붕을 만드는 것으로 수리일을 주고, 오로지 연결을 만드는 것으로 수리일을 주고, 오로지 횡목을 대는[727] 수리일을 주었고, 오로지 부서지고 망가진 것을 고치는[728] 수리일을 주었고, 오로지 회토평상을 만드는 수리일[729]을 주었고, 이십년에 걸친 수리일을 주었고, 삼십년에 걸친 수리일을 주었고, 평생에 걸친 수리일을 주었고, 화장장의 연기가 피어오를 때 비로소[730] 끝나는 정사의 수리일을 주었다.

수행승들 가운데 욕망을 여의고, 만족을 알고, 부끄러움을 알고, 후회할 줄 알고 배움을 원하는 자들은 그들에 대하여 혐책하고 분개하고 비난했다.

[사람들] "어찌 알라비 시의 수행승들은 이와 같이 수리일을 줄 수 있단 말인가?[731] 오로지 토괴를 쌓는 것으로 수리일을 줄 수 있고, 오로지 벽을 칠하는 것으로 수리일을 줄 수 있고, 오로지 문을 세우는 것으로 수리일을 줄 수 있고, 오로지 빗장을 만드는 것으로 수리일을 줄 수 있고, 오로지 창을 만드는 것으로 수리일을 줄 수 있고, 오로지 백색도료를 만드는 것으로 수리일을 줄 수 있고, 오로지 흑색도료를 만드는 것으로 수리일을 줄 수 있고, 오로지 홍토자를 만드는 것으로 수리일을 줄 수 있고, 오로지 지붕을 만드는 것으로 수리일을 줄 수 있고, 오로지 연결을 만드는 것으로 수리일을 줄 수 있고, 오로지 횡목을 대는 것으로 수리일을 줄 수 있고, 오로지 부서지고 망가진 것을 고치는 것으로 수리일을 줄 수 있고, 오로지 회토평상을 만드는 것으로 수리일을 줄 수 있고, 이십년에 걸친 수리일을 줄 수 있고, 삼십년에 걸친 수리일을 줄 수 있고, 평생에 걸친 수리일을 줄 수 있고, 화장장의 연기가 피어오를 때가 되어야 비로소 끝나는 정사의 수리일을 줄 수 있단 말인가?"

2. 세존께 그 사실을 알렸다.

[세존] "수행승들이여, 알라비 시의 수행승들은 이와 같이 수리일을 준 것이 사실인가? 오로지 토괴를 쌓는 것으로 수리일을 주고, 오로지 벽을 칠하는 것으로 수리일을 주고, 오로지 문을 세우는 것으로 수리일을 주고, 오로지 빗장을 만드는

727) gaṇḍikādhānamattenapi : Smp. 1245에서는 'bhaṇḍikādhānamattenapi'라고 읽는다.
728) khaṇḍaphullapaṭisaṃkharaṇamattenapi : CV. IV. 5를 참조하라.
729) paribhaṇḍakaraṇamattenapi : Smp. 1245에 따르면, 수렴제와 함께 쇠똥으로 바닥을 칠하는 것으로 마무리한다.
730) dhūmakālikampi : '연기가 날 때'란 '화장장에서 연기가 피어오를 때'라는 말이다. Jāt. III. 422 참조.
731) kathaṃ hi nāma āḷavikā bhikkhū evarūpāni navakammāni dassanti : '오로지 토괴를 쌓는 것으로(piṇḍanikkhepanamattenapi)' 등으로 수리일은 주는 것은 분업화된 오늘날과는 달리 너무 단조로운 일이라서 비인간적으로 여겨졌던 것 같다.

것으로 수리일을 주고, 오로지 창을 만드는 것으로 수리일을 주고, 오로지 백색도료를 만드는 것으로 수리일을 주고, 오로지 흑색도료를 만드는 것으로 수리일을 주고, 오로지 홍토자를 만드는 것으로 수리일을 주고, 오로지 지붕을 만드는 것으로 수리일을 주고, 오로지 연결을 만드는 것으로 수리일을 주고, 오로지 횡목을 대는 것으로 수리일을 주고, 오로지 부서지고 망가진 것을 고치는 것으로 수리일을 주고, 오로지 회토평상을 만드는 것으로 수리일을 주고, 이십년에 걸친 수리일을 주고, 삼십년에 걸친 수리일을 주고, 평생에 걸친 수리일을 주고, 화장장의 연기가 피어오를 때가 되어야 비로소 끝나는 정사의 수리일을 준 것이 사실인가?"

[수행승들] "세존이시여, 사실입니다."

3. 존귀하신 부처님께서는 견책했다.

[세존] "수행승들이여, 그 어리석은 자들은 적절하지 않고, 자연스럽지 않고, 알맞지 않고, 수행자의 삶이 아니고, 부당하고, 해서는 안 될 일을 행한 것이다. 수행승들이여, 어찌 어리석은 자들이 이와 같이 수리일을 줄 수 있단 말인가? 오로지 토괴를 쌓는 것으로 수리일을 줄 수 있고, 오로지 벽을 칠하는 것으로 수리일을 줄 수 있고, 오로지 문을 세우는 것으로 수리일을 줄 수 있고, 오로지 빗장을 만드는 것으로 수리일을 줄 수 있고, 오로지 창을 만드는 것으로 수리일을 줄 수 있고, 오로지 백색도료를 만드는 것으로 수리일을 줄 수 있고, 오로지 흑색도료를 만드는 것으로 수리일을 줄 수 있고, 오로지 홍토자를 만드는 것으로 수리일을 줄 수 있고, 오로지 지붕을 만드는 것으로 수리일을 줄 수 있고, 오로지 연결을 만드는 것으로 수리일을 줄 수 있고, 오로지 횡목을 대는 것으로 수리일을 줄 수 있고, 오로지 부서지고 망가진 것을 고치는 것으로 수리일을 줄 수 있고, 오로지 회토평상을 만드는 것으로 수리일을 줄 수 있고, 이십년에 걸친 수리일을 줄 수 있고, 삼십년에 걸친 수리일을 줄 수 있고, 평생에 걸친 수리일을 줄 수 있고, 화장장의 연기가 피어오를 때가 되어야 비로소 끝나는 정사의 수리일을 줄 수 있단 말인가? 수행승들이여, 그것은 아직 청정한 믿음이 없는 자를 청정한 믿음으로 이끌고, 이미 청정한 믿음이 있는 자를 더욱더 청정한 믿음으로 이끄는 것이 아니다. 수행승들이여, 그것은 오히려, 아직 청정한 믿음이 없는 자를 불신으로 이끌고, 이미 청정한 믿음이 있는 자 가운데 어떤 자들을 타락시키는 것이다."

5. 그리고 세존께서는 그 알라비 시의 수행승들을 여러 가지 방편으로 견책하여, 키우기 어렵고 부양하기 어렵고 욕심이 많고 만족을 모르고 교제를 좋아하고 나태한 것에 대하여 질책하고, 여러 가지 법문으로 고무하여, 키우기 쉽고 부양하

기 쉽고 욕심을 여의고, 만족을 알고, 버리고 없애는 삶을 살고, 두타행을 하고, 청정한 믿음이 있고, 쌓아 모으지 않고, 용맹정진하는 것을 칭찬하고, 수행승들을 위하여 그에 알맞고 그에 걸맞게 경책하여 법문을 하고 수행승들에게 일렀다.

[세존] "수행승들이여, 오로지 토괴를 쌓는 것으로 수리일을 주어서는 안 되고, 오로지 벽을 칠하는 것으로 수리일을 주어서는 안 되고, 오로지 문을 세우는 것으로 수리일을 주어서는 안 되고, 오로지 빗장을 만드는 것으로 수리일을 주어서는 안 되고, 오로지 창을 만드는 것으로 수리일을 주어서는 안 되고, 오로지 백색도료를 만드는 것으로 수리일을 주어서는 안 되고, 오로지 흑색도료를 만드는 것으로 수리일을 주어서는 안 되고, 오로지 홍토자를 만드는 것으로 수리일을 주어서는 안 되고, 오로지 지붕을 만드는 것으로 수리일을 주어서는 안 되고, 오로지 연결을 만드는 것으로 수리일을 주어서는 안 되고, 오로지 횡목을 대는 것으로 수리일을 주어서는 안 되고, 오로지 부서지고 망가진 것을 고치는 것으로 수리일을 주어서는 안 되고, 오로지 회토평상을 만드는 것으로 수리일을 주어서는 안 되고, 이십년에 걸친 수리일을 주어서는 안 되고, 삼십년에 걸친 수리일을 주어서는 안 되고, 평생에 걸친 수리일을 주어서는 안 되고, 화장장의 연기가 피어오를 때가 되어야 비로소 끝나는 정사의 수리일을 주어서는 안 된다. 주면, 악작죄가 된다. 수행승들이여, 아직 행해지지 않았거나 아직 이루어지지 않은 수리일을 주는 것을 허용한다. 작은 정사의 일을 관찰하여 오년이나 육년의 수리일을 주고, 평부옥의 일을 관찰하여 칠년이나 팔년의 수리일을 주고, 큰 정사나 전각의 일을 관찰하여 십년이나 십이년의 수리일을 주는 것을 허용한다."

6. 그런데 그때 수행승들은 일체의 정사에 대하여 수리일을 주었다. 세존께 그 사실을 알렸다.

[세존] "수행승들이여, 일체의 정사에 대하여 수리일을 주어서는 안 된다. 주면, 악작죄가 된다."

그런데 그때 수행승들이 한 명에게 두 개의 수리일을 주었다. 세존께 그 사실을 알렸다.

[세존] "수행승들이여, 한 명에게 두 개의 수리일을 주지 말라. 주면, 악작죄가 된다."

그런데 그때 수행승이 수리일을 맡아서 다른 사람을 살게 했다. 세존께 그 사실을 알렸다.

[세존] "수행승들이여, 수리일을[173] 맡아서 다른 사람을 살게 하지 말라.

살게 하면, 악작죄가 된다."

그런데 그때 수행승이 수리일을 맡아서 참모임의 소유를 차지했다. 세존께 그 사실을 알렸다.

[세존] "수행승들이여, 수리일을 맡아서 참모임의 소유를 차지하지 말라. 차지하면, 악작죄가 된다. 수행승들이여, 하나의 최상의 잠잘 곳을 차지하는 것을 허용한다."

그런데 그때 수행승들이 결계의 밖에 있는 자에게 수리일을 주었다. 세존께 그 사실을 알렸다.

[세존] "수행승들이여, 결계의 밖에 있는 자에게 수리일을 주지 말라. 주면, 악작죄가 된다."

그런데 그때 수행승이 수리일을 맡아서 무한정 차지했다. 세존께 그 사실을 알렸다.

[세존] "수행승들이여, 수리일을 맡아서 무한정 차지해서는 안 된다. 차지하면, 악작죄가 된다. 수행승들이여, 우기의 삼개월 간을 차지하는 것을 허용한다. 평시에는 차지해서는 안 된다."

7. 그런데 그때 수행승들은 수리일을 맡았지만, 그들은 떠나기도 하고, 환속하기도 하고, 죽기도 했다. 그들은 사미라고 자인하기도 하고, 학습계율을 어겼다라고 자인하기도 하고, 극악한 죄를 범했다고 자인하기도 하고, 정신착란되었다고 자인하기도 하고, 마음이 산란하다고 자인하기도 하고, 몸이 아프다라고 자인하기도 하고, 죄를 인지하지 못해 권리정지조치되었다고 자인하기도 하고, 죄를 참회하지 못해 권리정지조치되었다고 자인하기도 하고, 악한 견해를 버리지 못해 권리정지조치되었다고 자인하기도 하고, 빤다까라고 자인하기도 하고, 도적으로 참모임에 들어온 자라고 자인하기도 하고, 이교에 귀의했다라고 자인하기도 하고, 축생이다라고 자인하기도 하고, 어머니를 죽인 자라고 자인하기도 하고, 아버지를 죽인 자라고 자인하기도 하고, 거룩한 님을 죽인 자라고 자인하기도 하고, 수행녀를 능욕한 자라고 자인하기도 하고, 참모임을 분열시킨 자라고 자인하기도 하고, 부처님의 몸에 피를 낸 자라고 자인하기도 하고, 남녀추니라고 자인하기도 했다. 세존께 그 사실을 알렸다.

8. [세존]

1) "수행승들이여, 여기 수행승이 수리일을 맡았는데 떠난다. '참모임에 폐를 끼치지 말아야 한다.'라고 생각하면서 다른 사람에게 주어야 한다.

2) 수행승들이여, 여기 수행승이 수리일을 맡았는데 환속한다. '참모임에 폐를 끼치지 말아야 한다.'라고 생각하면서 다른 사람에게 주어야 한다.
3) 수행승들이여, 여기 수행승이 수리일을 맡았는데 죽는다. '참모임에 폐를 끼치지 말아야 한다.'라고 생각하면서 다른 사람에게 주어야 한다.
4) 수행승들이여, 여기 수행승이 수리일을 맡았는데 사미라고 자인한다. '참모임에 폐를 끼치지 말아야 한다.'라고 생각하면서 다른 사람에게 주어야 한다.
5) 수행승들이여, 여기 수행승이 수리일을 맡았는데 학습계율을 어겼다라고 자인한다. '참모임에 폐를 끼치지 말아야 한다.'라고 생각하면서 다른 사람에게 주어야 한다.
6) 수행승들이여, 여기 수행승이 수리일을 맡았는데 극악한 죄를 범했다고 자인한다. '참모임에 폐를 끼치지 말아야 한다.'라고 생각하면서 다른 사람에게 주어야 한다.
7) 수행승들이여, 여기 수행승이 수리일을 맡았는데 정신착란되었다고 자인한다. '참모임에 폐를 끼치지 말아야 한다.'라고 생각하면서 다른 사람에게 주어야 한다.
8) 수행승들이여, 여기 수행승이 수리일을 맡았는데 마음이 산란하다고 자인한다. '참모임에 폐를 끼치지 말아야 한다.'라고 생각하면서 다른 사람에게 주어야 한다.
9) 수행승들이여, 여기 수행승이 수리일을 맡았는데 몸이 아프다라고 자인한다. '참모임에 폐를 끼치지 말아야 한다.'라고 생각하면서 다른 사람에게 주어야 한다.
10) 수행승들이여, 여기 수행승이 수리일을 맡았는데 죄악을 보지 못해 권리정지조치되었다고 자인한다. '참모임에 폐를 끼치지 말아야 한다.'라고 생각하면서 다른 사람에게 주어야 한다.
11) 수행승들이여, 여기 수행승이 수리일을 맡았는데 죄악을 참회하지 못해 권리정지조치되었다고 자인한다. '참모임에 폐를 끼치지 말아야 한다.'라고 생각하면서 다른 사람에게 주어야 한다.
12) 수행승들이여, 여기 수행승이 수리일을 맡았는데 악한 견해를 버리지 못해 권리정지조치되었다고 자인한다. '참모임에 폐를 끼치지 말아야 한다.'라고 생각하면서 다른 사람에게 주어야 한다.
13) 수행승들이여, 여기 수행승이 수리일을 맡았는데 빤다까라고 자인한다. '참모

임에 폐를 끼치지 말아야 한다.'라고 생각하면서 다른 사람에게 주어야 한다.

14) 수행승들이여, 여기 수행승이 수리일을 맡았는데 도적으로 참모임에 들어온 자라고 자인한다. '참모임에 폐를 끼치지 말아야 한다.'라고 생각하면서 다른 사람에게 주어야 한다.

15) 수행승들이여, 여기 수행승이 수리일을 맡았는데 이교에 귀의했다라고 자인한다. '참모임에 폐를 끼치지 말아야 한다.'라고 생각하면서 다른 사람에게 주어야 한다.

16) 수행승들이여, 여기 수행승이 수리일을 맡았는데 축생이다라고 자인한다. '참모임에 폐를 끼치지 말아야 한다.'라고 생각하면서 다른 사람에게 주어야 한다.

17) 수행승들이여, 여기 수행승이 수리일을 맡았는데 어머니를 죽인 자라고 자인한다. '참모임에 폐를 끼치지 말아야 한다.'라고 생각하면서 다른 사람에게 주어야 한다.

18) 수행승들이여, 여기 수행승이 수리일을 맡았는데 아버지를 죽인 자라고 자인한다. '참모임에 폐를 끼치지 말아야 한다.'라고 생각하면서 다른 사람에게 주어야 한다.

19) 수행승들이여, 여기 수행승이 수리일을 맡았는데 거룩한 님을 죽인 자라고 자인한다. '참모임에 폐를 끼치지 말아야 한다.'라고 생각하면서 다른 사람에게 주어야 한다.

20) 수행승들이여, 여기 수행승이 수리일을 맡았는데 수행녀를 능욕한 자라고 자인한다. '참모임에 폐를 끼치지 말아야 한다.'라고 생각하면서 다른 사람에게 주어야 한다.

21) 수행승들이여, 여기 수행승이 수리일을 맡았는데 참모임을 분열시킨 자라고 자인한다. '참모임에 폐를 끼치지 말아야 한다.'라고 생각하면서 다른 사람에게 주어야 한다.

22) 수행승들이여, 여기 수행승이 수리일을 맡았는데 부처님의 몸에 피를 낸 자라고 자인한다. '참모임에 폐를 끼치지 말아야 한다.'라고 생각하면서 다른 사람에게 주어야 한다.

23) 수행승들이여, 여기 수행승이 수리일을 맡았는데 남녀추니라고 자인한다. '참모임에 폐를 끼치지 말아야 한다.'라고 생각하면서 다른 사람에게 주어야 한다.

9. [세존]

1) "그리고, 수행승들이여, 여기 수행승이 수리일을 맡아서 아직 이루어지 않았는데, 떠난다. '참모임에 폐를 끼치지 말아야 한다.'라고 생각하면서 다른 사람에게 주어야 한다.

2) 수행승들이여, 여기 수행승이 수리일을 맡아서 아직 이루어지 않았는데, 환속한다. '참모임에 폐를 끼치지 말아야 한다.'라고 생각하면서 다른 사람에게 주어야 한다.

3) 수행승들이여, 여기 수행승이 수리일을 맡아서 아직 이루어지 않았는데, 죽는다. '참모임에 폐를 끼치지 말아야 한다.'라고 생각하면서 다른 사람에게 주어야 한다.

4) 수행승들이여, 여기 수행승이 수리일을 맡아서 아직 이루어지 않았는데, 사미라고 자인한다. '참모임에 폐를 끼치지 말아야 한다.'라고 생각하면서 다른 사람에게 주어야 한다.

5) 수행승들이여, 여기 수행승이 수리일을 맡아서 아직 이루어지 않았는데, 학습계율을 어겼다라고 자인한다. '참모임에 폐를 끼치지 말아야 한다.'라고 생각하면서 다른 사람에게 주어야 한다.

6) 수행승들이여, 여기 수행승이 수리일을 맡아서 아직 이루어지 않았는데, 극악한 죄를 범했다고 자인한다. '참모임에 폐를 끼치지 말아야 한다.'라고 생각하면서 다른 사람에게 주어야 한다.

7) 수행승들이여, 여기 수행승이 수리일을 맡아서 아직 이루어지 않았는데, 정신착란되었다고 자인한다. '참모임에 폐를 끼치지 말아야 한다.'라고 생각하면서 다른 사람에게 주어야 한다.

8) 수행승들이여, 여기 수행승이 수리일을 맡아서 아직 이루어지 않았는데, 마음이 산란하다고 자인한다. '참모임에 폐를 끼치지 말아야 한다.'라고 생각하면서 다른 사람에게 주어야 한다.

9) 수행승들이여, 여기 수행승이 수리일을 맡아서 아직 이루어지 않았는데, 몸이 아프다라고 자인한다. '참모임에 폐를 끼치지 말아야 한다.'라고 생각하면서 다른 사람에게 주어야 한다.

10) 수행승들이여, 여기 수행승이 수리일을 맡아서 아직 이루어지 않았는데, 죄악을 보지 못해 권리정지조치되었다고 자인한다. '참모임에 폐를 끼치지 말아야 한다.'라고 생각하면서 다른 사람에게 주어야 한다.

11) 수행승들이여, 여기 수행승이 수리일을 맡아서 아직 이루어지 않았는데, 죄악을 참회하지 못해 권리정지조치되었다고 자인한다. '참모임에 폐를 끼치지 말아야 한다.'라고 생각하면서 다른 사람에게 주어야 한다.
12) 수행승들이여, 여기 수행승이 수리일을 맡아서 아직 이루어지 않았는데, 악한 견해를 버리지 못해 권리정지조치되었다고 자인한다. '참모임에 폐를 끼치지 말아야 한다.'라고 생각하면서 다른 사람에게 주어야 한다.
13) 수행승들이여, 여기 수행승이 수리일을 맡아서 아직 이루어지 않았는데, 빤다까라고 자인한다. '참모임에 폐를 끼치지 말아야 한다.'라고 생각하면서 다른 사람에게 주어야 한다.
14) 수행승들이여, 여기 수행승이 수리일을 맡아서 아직 이루어지 않았는데, 도적으로 참모임에 들어온 자라고 자인한다. '참모임에 폐를 끼치지 말아야 한다.'라고 생각하면서 다른 사람에게 주어야 한다.
15) 수행승들이여, 여기 수행승이 수리일을 맡아서 아직 이루어지 않았는데, 이교에 귀의했다라고 자인한다. '참모임에 폐를 끼치지 말아야 한다.'라고 생각하면서 다른 사람에게 주어야 한다.
16) 수행승들이여, 여기 수행승이 수리일을 맡아서 아직 이루어지 않았는데, 축생이다라고 자인한다. '참모임에 폐를 끼치지 말아야 한다.'라고 생각하면서 다른 사람에게 주어야 한다.
17) 수행승들이여, 여기 수행승이 수리일을 맡아서 아직 이루어지 않았는데, 어머니를 죽인 자라고 자인한다. '참모임에 폐를 끼치지 말아야 한다.'라고 생각하면서 다른 사람에게 주어야 한다.
18) 수행승들이여, 여기 수행승이 수리일을 맡아서 아직 이루어지 않았는데, 아버지를 죽인 자라고 자인한다. '참모임에 폐를 끼치지 말아야 한다.'라고 생각하면서 다른 사람에게 주어야 한다.
19) 수행승들이여, 여기 수행승이 수리일을 맡아서 아직 이루어지 않았는데, 거룩한 님을 죽인 자라고 자인한다. '참모임에 폐를 끼치지 말아야 한다.'라고 생각하면서 다른 사람에게 주어야 한다.
20) 수행승들이여, 여기 수행승이 수리일을 맡아서 아직 이루어지 않았는데, 수행녀를 능욕한 자라고 자인한다. '참모임에 폐를 끼치지 말아야 한다.'라고 생각하면서 다른 사람에게 주어야 한다.
21) 수행승들이여, 여기 수행승이 수리일을 맡아서 아직 이루어지 않았는데, 참모

임을 분열시킨 자라고 자인한다. '참모임에 폐를 끼치지 말아야 한다.'라고 생각하면서 다른 사람에게 주어야 한다.

22) 수행승들이여, 여기 수행승이 수리일을 맡아서 아직 이루어지 않았는데, 부처님의 몸에 피를 낸 자라고 자인한다. '참모임에 폐를 끼치지 말아야 한다.'라고 생각하면서 다른 사람에게 주어야 한다.

23) 수행승들이여, 여기 수행승이 수리일을 맡아서 아직 이루어지 않았는데, 남녀추니라고 자인한다. '참모임에 폐를 끼치지 말아야 한다.'라고 생각하면서 다른 사람에게 주어야 한다."

10. [세존]

1) "그런데 수행승들이여, 여기 수행승이 수리일을 맡아서 끝내자 떠난다. 그것은 그가 책임져야 한다.

2) 수행승들이여, 여기 수행승이 수리일을 맡아서 끝내자 환속한다. 그것은 참모임이 책임져야 한다.

3) 수행승들이여, 여기 수행승이 수리일을 맡아서 끝내자 죽는다. 그것은 참모임이 책임져야 한다.

4) 수행승들이여, 여기 수행승이 수리일을 맡아서 끝내자 사미라고 자인한다. 그것은 참모임이 책임져야 한다.

5) 수행승들이여, 여기 수행승이 수리일을 맡아서 끝내자 학습계율을 어겼다라고 자인한다. 그것은 참모임이 책임져야 한다.

6) 수행승들이여, 여기 수행승이 수리일을 맡아서 끝내자 극악한 죄를 범했다고 자인한다. 그것은 참모임이 책임져야 한다.

7) 수행승들이여, 여기 수행승이 수리일을 맡아서 끝내자 정신착란되었다고 자인한다. 그것은 그가 책임져야 한다.

8) 수행승들이여, 여기 수행승이 수리일을 맡아서 끝내자 마음이 산란하다고 자인한다. 그것은 그가 책임져야 한다.

9) 수행승들이여, 여기 수행승이 수리일을 맡아서 끝내자 몸이 아프다라고 자인한다. 그것은 그가 책임져야 한다.

10) 수행승들이여, 여기 수행승이 수리일을 맡아서 끝내자 죄악을 보지 못해 권리정지조치되었다고 자인한다. 그것은 그가 책임져야 한다.

11) 수행승들이여, 여기 수행승이 수리일을 맡아서 끝내자 죄악을 참회하지 못해 권리정지조치되었다고 자인한다. 그것은 그가 책임져야 한다.

12) 수행승들이여, 여기 수행승이 수리일을 맡아서 끝내자 악한 견해를 버리지 못해[174] 권리정지조치되었다고 자인한다. 그것은 그가 책임져야 한다.
13) 수행승들이여, 여기 수행승이 수리일을 맡아서 끝내자 빤다까라고 자인한다. 그것은 참모임이 책임져야 한다.
14) 수행승들이여, 여기 수행승이 수리일을 맡아서 끝내자 도적으로 참모임에 들어온 자라고 자인한다. 그것은 참모임이 책임져야 한다.
15) 수행승들이여, 여기 수행승이 수리일을 맡아서 끝내자 이교에 귀의했다라고 자인한다. 그것은 참모임이 책임져야 한다.
16) 수행승들이여, 여기 수행승이 수리일을 맡아서 끝내자 축생이다라고 자인한다. 그것은 참모임이 책임져야 한다.
17) 수행승들이여, 여기 수행승이 수리일을 맡아서 끝내자 어머니를 죽인 자라고 자인한다. 그것은 참모임이 책임져야 한다.
18) 수행승들이여, 여기 수행승이 수리일을 맡아서 끝내자 아버지를 죽인 자라고 자인한다. 그것은 참모임이 책임져야 한다.
19) 수행승들이여, 여기 수행승이 수리일을 맡아서 끝내자 거룩한 님을 죽인 자라고 자인한다. 그것은 참모임이 책임져야 한다.
20) 수행승들이여, 여기 수행승이 수리일을 맡아서 끝내자 수행녀를 능욕한 자라고 자인한다. 그것은 참모임이 책임져야 한다.
21) 수행승들이여, 여기 수행승이 수리일을 맡아서 끝내자 참모임을 분열시킨 자라고 자인한다. 그것은 참모임이 책임져야 한다.
22) 수행승들이여, 여기 수행승이 수리일을 맡아서 끝내자 부처님의 몸에 피를 낸 자라고 자인한다. 그것은 참모임이 책임져야 한다.
23) 수행승들이여, 여기 수행승이 수리일을 맡아서 끝내자 남녀추니라고 자인한다. 그것은 참모임이 책임져야 한다.

수리일이 끝났다.

18. 와좌구를 옮김(Senāsanābhiharaṇa)

1. 한때 수행승들이 어떤 재가신자의 정사에서 사용하는 와좌구를 다른 곳에서 사용했다. 그러자 그 재가신자는 혐책하고 분개하고 비난했다.

[재가신자] "어찌 존자들은 한 곳에서 사용하는 것을 다른 곳에서 사용할 수 있단 말인가?"

세존께 그 사실을 알렸다.

[세존] "수행승들이여, 한 곳에서 사용하는 것을 다른 곳에서 사용해서는 안 된다. 사용하면, 악작죄가 된다."

2. 그런데 한때 수행승들이 포살당으로도 집회당으로도 옮기는 것을 주저하며 땅바닥에 앉았다. 몸도 의복도 흙먼지가 묻었다. 세존께 그 사실을 알렸다.

[세존] "수행승들이여, 일시적으로 옮기는 것을 허용한다."

그런데 한때 참모임의 큰 정사가 무너졌다. 수행승들은 주저하면서 와좌구를 꺼내지 않았다.732) 세존께 그 사실을 알렸다.

[세존] "수행승들이여, 수호를 위해서 옮기는 것을 허용한다."

와좌구를 옮김이 끝났다.

19. 와좌구에 도움이 되는 물건(Senāsanaparikkhārika)

1. 한때 참모임의 와좌구에 도움이 되는 물건으로 값비싼 양모 덮개733)가 생겼다. 세존께 그 사실을 알렸다.

[세존] "수행승들이여, 유익한 것과 바꾸는 것을 허용한다."734)

그때 참모임의 와좌구에 도움이 되는 물건으로 값비싼 옷이 생겼다. 세존께 그 사실을 알렸다.

[세존] "수행승들이여, 유익한 것과 바꾸는 것을 허용한다."

2. 그때 참모임의 와좌구에 도움이 되는 물건으로 곰가죽735)이 생겼다. 세존께 그 사실을 알렸다.

[세존] "수행승들이여, 발수건으로 만드는 것을 허용한다."

휘장이 생겼다.

[세존] "수행승들이여, 발수건으로 만드는 것을 허용한다."

천조각이 생겼다.

[세존] "수행승들이여, 발수건으로 만드는 것을 허용한다."

처소에 도움이 되는 물건이 끝났다.

20. 와좌구를 밟음(Senāsanakkamana)

---

732) bhikkhū kukkuccāyantā senāsanaṃ nābhiharanti : Smp. 1248에 따르면, 꺼내서 사용하지 않는다는 뜻이다.

733) kambalo : 일종의 털담요로 한역에서는 흠바라(欽婆羅)라고 한다.

734) anujānāmi bhikkhave phātikammatthāya parivattetunti : Smp. 1248에 따르면, 처소나 평상이나 의자나 또는 그와 유사하거나 큰 가치있는 것과 바꾸는 것을 허용한다는 의미이다.

735) acchacamma : Vin. I. 192에서 침상을 만드는데, 커다란 가죽 즉, 사자가죽, 호랑이가죽, 표범가죽의 사용은 금지했다. 그러나 곰가죽은 허용되지 않은 커다란 가죽에는 포함되어 있지 않다.

1. 한때 수행승들이 발을 씻지 않고 와좌구를 밟았다. 와좌구가 더러워졌다. 세존께 그 사실을 알렸다.

[세존] "수행승들이여, 발을 씻지 않고 와좌구를 밟아서는 안 된다. 밟으면, 악작죄가 된다."736)

그런데 그때 수행승들이 젖은 발로 와좌구를 밟았다. 와좌구가 더러워졌다. 세존께[175] 그 사실을 알렸다.

[세존] "수행승들이여, 젖은 발로 와좌구를 밟아서는 안 된다. 밟으면, 악작죄가 된다."

그런데 그때 수행승들이 신발을 신은 채 와좌구를 밟았다. 와좌구가 더러워졌다. 세존께 그 사실을 알렸다.

[세존] "수행승들이여, 신발을 신은 채 와좌구를 밟아서는 안 된다. 밟으면, 악작죄가 된다."

2. 그리고 한때 수행승들이 처리된 바닥에 침을 뱉었다. 색이 오염되었다. 세존께 그 사실을 알렸다.

[세존] "수행승들이여, 처리된 바닥에 침을 뱉어서는 안 된다. 뱉으면, 악작죄가 된다. 수행승들이여, 가래받이통을 허용한다."737)

그런데 그때 침상의 다리도 의자의 다리도 다져진 땅을 긁었다. 세존께 그 사실을 알렸다.

[세존] "수행승들이여, 천조각으로 묶는 것을 허용한다."

그런데 그때 수행승들이 처리된 벽에 기댔다. 색이 오염되었다. 세존께 그 사실을 알렸다.

[세존] "수행승들이여, 처리된 벽에 기대서는 안 된다. 기대면, 악작죄가 된다. 수행승들이여, 기대는 판738)을 허용한다."

기대는 판이 아래로는 땅을 긁고 위로는 벽을 긁었다. 세존께 그 사실을 알렸다.

[세존] "수행승들이여, 아래와 위로 조각천으로 묶는 것을 허용한다."

---

736) na bhikkhave adhotehī pādehi senāsanaṃ akkamitabbaṃ yo akkameyya āpatti dukkaṭassā'ti : Vin. I. 188에 따르면, 발을 씻지 않고 침상에도 의자에도 올라가서 의복과 와좌구를 더럽히면 안 되므로 침상이나 의자에 올라가려고 할 때, 신발을 신는 것을 허용했다.

737) na bhikkhave parikammakatāya bhūmiyā niṭṭhubhitabbaṃ. yo niṭṭhubheyya āpatti dukkaṭassa. Anujānāmi bhikkhave kheḷamallakanti : CV. V. 11 등에 따르면, 붉은 회토나 검은 회토로 처리된 바닥에 침을 뱉지 말라는 뜻이다. Vin. I. 48에는 '붉은 회토로 칠해진 벽'과 '검은 회토로 칠해진 바닥'이라는 구절이 나온다.

738) apassenaphalaka : Vin. I. 48에 따르면, 기대는 판이 승원생활에서 일상적으로 쓰인 것이다.

그런데 그때 수행승들이 발을 씻고도 밟은 곳에 눕는 것을 주저했다. 세존께 그 사실을 알렸다.

[세존] "수행승들이여, 시트를 깔고서 눕는 것을 허용한다."739)

외좌구를 밟음이 끝났다.

21. 식사배식인 및 기타(Bhattuddesakādi)

1. 한때 세존께서 알라비 시에 계실 만큼 계시다가 라자가하 시로 유행을 떠났다. 차례로 유행하면서 라자가하 시에 도착했다. 거기서 세존께서는 라자가하 시에 있는 벨루바나 숲에서 깔란다까니바빠 공원에 계셨다. 그런데 그때 라자가하 시에는 기근이 있었다. 사람들이 참모임을 위한 식사를 제공할 수 없었다. 그러나 그들은 승차식,740) 별청식,741) 초대식,742) 행주식,743) 십오일식,744) 포살식,745) 월초일식746)를 제공하길 원했다. 세존께 그 사실을 알렸다.

[세존] "수행승들이여, 승차식, 별청식, 초대식, 행주식, 십오일식, 포살식, 월초일식을 허용한다."747)

그런데 그때 여섯무리의 수행승들이 스스로 최상의 음식을 취하고 저열한 음식을 수행승들에게 주었다. 세존께 그 사실을 알렸다.

[세존] "수행승들이여, 다섯 가지 고리를 갖춘 수행승을 식사배식인748)으로

---

739) anujānāmi bhikkhave paccattharitvā nipajjatunti : 'paccattharaṇa'는 깔개이지만 특별히 침상에만 쓰이는 것이므로 '시트'이다.

740) saṅghabhatta : 한역에서는 승차식(僧次食)이라고 한다. 재가자가 특정한 수행승을 지정하지 않고 참모임에 고루 차례에 따라 보시하는 음식을 말한다.

741) uddesabhatta : 한역에서는 별청식(別請食)이라고 한다. 재가자가 특정한 수행승을 지정하여 보시하는 음식이다.

742) nimantana : 한역에서는 청식(請食)이라고 한다. 초대받아 식사를 하는 것을 말한다.

743) salākabhatta : 한역에서는 행주식(行籌食)이라고 한다. 산가지표찰로 받는 음식이다. 탁발음식이 모자랄 경우에 산가지표찰을 발행했다.

744) pakkhika : 한역의 십오일식(十五日食)을 말한다. 달이 차는 보름간과 달이 기우는 보름간에 하는 식사로 그 기간 중에 월초일식과 포살일을 빼고 어느 날을 정해서 할 수 있는 식사를 말한다.

745) uposathika : 한역의 포살식(布薩食)을 말한다. 각 보름기간의 마지막 날에 즉, 한 달의 보름이나 그믐에 하는 식사로 재가신자에게는 단식일이지만 수행승들에게는 단식일이 아니고 의무계율을 송출하는 날이다.

746) pāṭipadika : 한역의 월초일식(月初日食)을 말한다. 한 달 기간의 첫째 날의 식사로 이때 한 달은 만월(滿月)에서 다음 만월까지 또는 한 신월(新月)에서 다음 신월까지의 기간 중의 초일(初日)을 말한다.

747) anujānāmi bhikkhave saṅghabhattaṃ uddesabhattaṃ nimantanaṃ salākabhattaṃ pakkhikaṃ uposathikaṃ pāṭipadikan'ti : Smp. 1250에 따르면, 사람들이 전체 참모임에 음식을 보시할 수 있도록 충분한 시간을 준 것이다.

748) bhattuddesaka : 한역의 차차식인(差次食人)이다. Vin. II. 75에서 답바 말라뿟따가 자원했다. 이하의 직책에 대해서는 AN. III. 274-275에서도 언급된다.

[176] 선정하는 것을 허용한다.
1) 그는 욕망 의해 삿된 길을 가지 말아야 하고,
2) 분노 의해 삿된 길을 가지 말아야 하고,
3) 어리석음 의해 삿된 길을 가지 말아야 하고,
4) 두려움 의해 삿된 길을 가지 말아야 하고,
5) 배식된 것과 배식되지 않은 것에 대하여 알아야 한다.749)

2. 수행승들이여, 그런데 이와 같이 선정해야 한다. 처음에 수행승을 청해야 한다. 청한 뒤에 현명하고 유능한 수행승이 참모임에 알려야 한다.

[제안] '존자들이여, 참모임은 제 말에 귀를 기울이십시오. 참모임에 옳은 일이라면, 참모임이 이러이러한 수행승을 식사배식인으로 선정하겠습니다. 이것이 제안입니다.'

[제청] '존자들이여, 참모임은 제 말에 귀를 기울이십시오. 참모임은 이러이러한 수행승을 식사배식인으로 선정합니다. 이러이러한 수행승을 식사배식인으로 선정하는 것에 동의하면 침묵하시고, 이견이 있으면 말씀하십시오.'

[결정] '참모임은 이러이러한 수행승을 식사배식인으로 선정했습니다. 참모임이 찬성하여 침묵했으므로, 저는 그와 같이 알겠습니다.'"

그러자 배식하는 수행승들은 이와 같이 생각했다.

[수행승들] '자, 어떻게 배식을 해야 하는가?'

세존께 그 사실을 알렸다.

[세존] "수행승들이여, 산가지나 나뭇잎에 묶어 덩어리로 만들어 배식하는 것을 허용한다."

3. 그런데 그때 참모임에 처소배당인750)이 없었다. 세존께 그 사실을 알렸다.

[세존] "수행승들이여, 다섯 가지 고리를 갖춘 수행승을 처소배당인으로 선정하는 것을 허용한다.
1) 그는 욕망 의해 삿된 길을 가지 말아야 하고,

749) yo na chandāgatiṃ gaccheyya na dosāgatiṃ gaccheyya na mohāgatiṃ gaccheyya na bhayāgatiṃ gaccheyya uddiṭṭhānuddiṭṭhañca jāneyya : 이 가운데 앞의 네 가지는 DN. III. 133; AN. IV. 370의 아홉 가지 불가능(abhabbaṭṭhāna) 가운데 네 가지에 속한다 : '수행승이 거룩한 님으로 모든 번뇌를 부수고, 수행이 완성되고, 해야 할 일을 해마치고, 짐을 버리고, 참다운 목표에 도달하고, 존재의 결박을 끊고, 올바른 지혜로 해탈했다면, 그가 욕망에 의한 삿된 길을 걷는 것은 불가능하다. 그가 성냄에 의한 삿된 길을 걷는 것은 불가능하다. 그가 어리석음에 의한 삿된 길을 걷는 것은 불가능하다. 그가 두려움에 의한 삿된 길을 걷는 것은 불가능하다.'

750) senāsanapaññāpaka : 한역의 지와좌구인(知臥坐具人)이다. Vin. II. 75에서 답바 말라뿟따가 자원했다.

2) 분노 의해 삿된 길을 가지 말아야 하고,
3) 어리석음 의해 삿된 길을 가지 말아야 하고,
4) 두려움 의해 삿된 길을 가지 말아야 하고,
5) 배당된 것과 배당되지 않은 것에 대하여 알아야 한다.

4. 수행승들이여, 그런데 이와 같이 선정해야 한다. 처음에 수행승을 청해야 한다. 청한 뒤에 현명하고 유능한 수행승이 참모임에 알려야 한다.

[제안] '존자들이여, 참모임은 제 말에 귀를 기울이십시오. 참모임에 옳은 일이라면, 참모임이 이러이러한 수행승을 처소배당인으로 선정하겠습니다. 이것이 제안입니다.'

[제청] '존자들이여, 참모임은 제 말에 귀를 기울이십시오. 참모임은 이러이러한 수행승을 처소배당인으로 선정합니다. 이러이러한 수행승을 처소배당인으로 선정하는 것에 동의하면 침묵하시고, 이견이 있으면 말씀하십시오.'

[결정] '참모임은 이러이러한 수행승을 처소배당인으로 선정했습니다. 참모임이 찬성하여 침묵했으므로, 저는 그와 같이 알겠습니다.'"

5. 그런데 그때 참모임에 창고관리인[751]이 없었다. 세존께 그 사실을 알렸다,

[세존] "수행승들이여, 다섯 가지 고리를 갖춘 수행승을 창고관리인으로 선정하는 것을 허용한다.

1) 욕망 의해 삿된 길을 가지 말아야 하고,
2) 분노 의해 삿된 길을 가지 말아야 하고,
3) 어리석음 의해 삿된 길을 가지 말아야 하고,
4) 두려움 의해 삿된 길을 가지 말아야 하고,
5) 저장된 것과 저장되지 않은 것에 대하여 알아야 한다.

6. 수행승들이여, 그런데 이와 같이 선정해야 한다. 처음에 수행승을 청해야 한다. 청한 뒤에 현명하고 유능한 수행승이 참모임에 알려야 한다.

[제안] '존자들이여, 참모임은 제 말에 귀를 기울이십시오. 참모임에 옳은 일이라면, 참모임이 이러이러한 수행승을 창고관리인으로 선정하겠습니다. 이것이 제안입니다.'

[제청] '존자들이여, 참모임은 제 말에 귀를 기울이십시오. 참모임은 이러이러한 수행승을 창고관리인으로 선정합니다. 이러이러한 수행승을 창고관리인으로

---

751) bhaṇḍāgārika : 한역의 수고인(守庫人)이다. Vin. I. 284와 병행한다.

선정하는 것에 동의하면 침묵하시고, 이견이 있으면 말씀하십시오.'

[결정] '참모임은 이러이러한 수행승을 창고관리인으로 선정했습니다. 참모임이 찬성하여 침묵했으므로, 저는 그와 같이 알겠습니다.'"

7. 그런데 그때 참모임에 의복수납인752)이 없었다. 세존께 그 사실을 알렸다.

[세존] "수행승들이여, 다섯 가지 고리를 갖춘 수행승을 의복수납인으로 선정하는 것을 허용한다.

1) 욕망 의해 삿된 길을 가지 말아야 하고,
2) 분노 의해 삿된 길을 가지 말아야 하고,
3) 어리석음 의해 삿된 길을 가지 말아야 하고,
4) 두려움 의해 삿된 길을 가지 말아야 하고,
5) 수납된 것과 수납되지 않은 것에 대하여 알아야 한다.

8. 수행승들이여, 그런데 이와 같이 선정해야 한다. 처음에 수행승을 청해야 한다. 청한 뒤에 현명하고 유능한 수행승이 참모임에 알려야 한다.

[제안] '존자들이여, 참모임은 제 말에 귀를 기울이십시오. 참모임에 옳은 일이라면, 참모임이 이러이러한 수행승을 의복수납인으로 선정하겠습니다. 이것이 제안입니다.'

[제청] '존자들이여, 참모임은 제 말에 귀를 기울이십시오. 참모임은 이러이러한 수행승을 의복수납인으로 선정합니다. 이러이러한 수행승을 의복수납인으로 선정하는 것에 동의하면 침묵하시고, 이견이 있으면 말씀하십시오.'

[결정] '참모임은 이러이러한 수행승을 의복수납인으로 선정했습니다. 참모임이 찬성하여 침묵했으므로, 저는 그와 같이 알겠습니다.'"

9. 그런데 그때 참모임에 의복분배인753)가 없었다. 세존께 그 사실을 알렸다.

[세존] "수행승들이여, 다섯 가지 고리를 갖춘 수행승을 의복분배인으로 선정하는 것을 허용한다.

1) 그는 욕망 의해 삿된 길을 가지 말아야 하고,
2) 분노 의해 삿된 길을 가지 말아야 하고,
3) 어리석음 의해 삿된 길을 가지 말아야 하고,
4) 두려움 의해 삿된 길을 가지 말아야 하고,

752) cīvarapaṭiggāhaka : 한역의 의수납인(衣受納人)이다. Vin. I. 283과 병행한다.
753) cīvarabhājaka : 한역의 분의인(分衣人)이다. Vin. I. 285과 병행한다.

5) 분배된 것과 분배되지 않은 것에 대하여 알아야 한다.

10. 수행승들이여, 그런데 이와 같이 선정해야 한다. 처음에 수행승을 청해야 한다. 청한 뒤에 현명하고 유능한 수행승이 참모임에 알려야 한다.

[제안] '존자들이여, 참모임은 제 말에 귀를 기울이십시오. 참모임에 옳은 일이라면, 참모임이 이러이러한 수행승을 의복분배인으로 선정하겠습니다. 이것이 제안입니다.'

[제청] '존자들이여, 참모임은 제 말에 귀를 기울이십시오. 참모임은 이러이러한 수행승을 의복분배인으로 선정합니다. 이러이러한 수행승을 의복분배인으로 선정하는 것에 동의하면 침묵하시고, 이견이 있으면 말씀하십시오.'

[결정] '참모임은 이러이러한 수행승을 의복분배인으로 선정했습니다. 참모임이 찬성하여 침묵했으므로, 저는 그와 같이 알겠습니다.'"

11. 그런데 그때 참모임에 죽분배인754)이 없었다. 세존께 그 사실을 알렸다,

[세존] "수행승들이여, 다섯 가지 고리를 갖춘 수행승을 죽분배인으로 선정하는 것을 허용한다.

1) 그는 욕망 의해 삿된 길을 가지 말아야 하고,

2) 분노 의해 삿된 길을 가지 말아야 하고,

3) 어리석음 의해 삿된 길을 가지 말아야 하고,

4) 두려움 의해 삿된 길을 가지 말아야 하고,

5) 분배된 것과 분배되지 않은 것에 대하여 알아야 한다.

12. 수행승들이여, 그런데 이와 같이 선정해야 한다. 처음에 수행승을 청해야 한다. 청한 뒤에 현명하고 유능한 수행승이 참모임에 알려야 한다.

[제안] '존자들이여, 참모임은 제 말에 귀를 기울이십시오. 참모임에 옳은 일이라면, 참모임이 이러이러한 수행승을 죽분배인으로 선정하겠습니다. 이것이 제안입니다.'

[제청] '존자들이여, 참모임은 제 말에 귀를 기울이십시오. 참모임은 이러이러한 수행승을 죽분배인으로 선정합니다. 이러이러한 수행승을 죽분배인으로 선정하는 것에 동의하면 침묵하시고, 이견이 있으면 말씀하십시오.'

[결정] '참모임은 이러이러한 수행승을 죽분배인으로 선정했습니다. 참모임이 찬성하여 침묵했으므로, 저는 그와 같이 알겠습니다.'"

---

754) yāgubhājaka : 한역의 분죽인(分粥人)이다. Vin. IV. 38. 155.를 참조하라.

13. 그런데 그때 참모임에 과일분배인755)가 없었다. 세존께 그 사실을 알렸다.

[세존] "수행승들이여, 다섯 가지 고리를 갖춘 수행승을 과일분배인으로 선정하는 것을 허용한다.

1) 그는 욕망 의해 삿된 길을 가지 말아야 하고,

2) 분노 의해 삿된 길을 가지 말아야 하고,

3) 어리석음 의해 삿된 길을 가지 말아야 하고,

4) 두려움 의해 삿된 길을 가지 말아야 하고,

5) 분배된 것과 분배되지 않은 것에 대하여 알아야 한다.

14. 수행승들이여, 그런데 이와 같이 선정해야 한다. 처음에 수행승을 청해야 한다. 청한 뒤에 현명하고 유능한 수행승이 참모임에 알려야 한다.

[제안] '존자들이여, 참모임은 제 말에 귀를 기울이십시오. 참모임에 옳은 일이라면, 참모임이 이러이러한 수행승을 과일분배인으로 선정하겠습니다. 이것이 제안입니다.'

[제청] '존자들이여, 참모임은 제 말에 귀를 기울이십시오. 참모임은 이러이러한 수행승을 과일분배인으로 선정합니다. 이러이러한 수행승을 과일분배인으로 선정하는 것에 동의하면 침묵하시고, 이견이 있으면 말씀하십시오.'

[결정] '참모임은 이러이러한 수행승을 과일분배인으로 선정했습니다. 참모임이 찬성하여 침묵했으므로, 저는 그와 같이 알겠습니다.'"

15. 그런데 그때 참모임에 작식분배인756)이 없었다. 세존께 그 사실을 알렸다.

[세존] "수행승들이여, 다섯 가지 고리를 갖춘 수행승을 작식분배인으로 선정하는 것을 허용한다.

1) 그는 욕망 의해 삿된 길을 가지 말아야 하고,

2) 분노 의해 삿된 길을 가지 말아야 하고,

3) 어리석음 의해 삿된 길을 가지 말아야 하고,

4) 두려움 의해 삿된 길을 가지 말아야 하고,

5) 분배된 것과 분배되지 않은 것에 대하여 알아야 한다.

16. 수행승들이여, 그런데 이와 같이 선정해야 한다. 처음에 수행승을 청해야 한다. 청한 뒤에 현명하고 유능한 수행승이 참모임에 알려야 한다.

---

755) phalabhājaka : 한역의 분과인(分果人)이다.

756) khajjakabhājaka : 한역의 분작식인(分嚼食人)이다.

[제안] '존자들이여, 참모임은 제 말에 귀를 기울이십시오. 참모임에 옳은 일이라면, 참모임이 이러이러한 수행승을 작식분배인으로 선정하겠습니다. 이것이 제안입니다.'

[제청] '존자들이여, 참모임은 제 말에 귀를 기울이십시오. 참모임은 이러이러한 수행승을 작식분배인으로 선정합니다. 이러이러한 수행승을 작식분배인으로 선정하는 것에 동의하면 침묵하시고, 이견이 있으면 말씀하십시오.'

[결정] '참모임은 이러이러한 수행승을 작식분배인으로 선정했습니다. 참모임이 찬성하여 침묵했으므로, 저는 그와 같이 알겠습니다.'"

17. 그런데 그때 참모임의 창고에 사소한 용품들이 생겼다. 세존께 그 사실을 알렸다.

[세존] "수행승들이여, 다섯 고리를 갖춘[177] 수행승을 용품분배인757)으로 선정하는 것을 허용한다.

1) 그는 욕망 의해 삿된 길을 가지 말아야 하고,

2) 분노 의해 삿된 길을 가지 말아야 하고,

3) 어리석음 의해 삿된 길을 가지 말아야 하고,

4) 두려움 의해 삿된 길을 가지 말아야 하고,

5) 분배된 것과 분배되지 않은 것에 대하여 알아야 한다.

18. 수행승들이여, 그런데 이와 같이 선정해야 한다. 처음에 수행승을 청해야 한다. 청한 뒤에 현명하고 유능한 수행승이 참모임에 알려야 한다.

[제안] '존자들이여, 참모임은 제 말에 귀를 기울이십시오. 참모임에 옳은 일이라면, 참모임이 이러이러한 수행승을 용품분배인으로 선정하겠습니다. 이것이 제안입니다.'

[제청] '존자들이여, 참모임은 제 말에 귀를 기울이십시오. 참모임은 이러이러한 수행승을 용품분배인으로 선정합니다. 이러이러한 수행승을 용품분배인으로 선정하는 것에 동의하면 침묵하시고, 이견이 있으면 말씀하십시오.'

[결정] '참모임은 이러이러한 수행승을 용품분배인로 선정했습니다. 참모임이 찬성하여 침묵했으므로, 저는 그와 같이 알겠습니다.'"

그래서 용품분배인은 각자에게 바늘을 주어야 하고, 가위를 주어야 하고, 신발을 주어야 하고, 허리띠를 주어야 하고, 어깨끈을 주어야 하고, 여과낭을 주어야

---

757) appamattakavissajjaka : 한역의 사사세인(捨些細人)이다. Vin. IV. 38에서도 언급된다.

하고, 물병여과기를 주어야 하고, 솔기를 주어야 하고, 짧은 솔기를 주어야 하고, 둥근 솔기를 주어야 하고, 짧고 둥근 솔기를 주어야 하고, 노끈을 주어야 하고, 묶는 끈을 주어야 한다. 만약에 참모임에 버터기름이나 기름이나 꿀이나 당밀이 생기면, 한 번 맛보도록 주어야 한다.[758] 만약에 다시 요구하면, 거듭 주어야 한다. 만약에 다시 요구하지 않으면, 줄 필요가 없다."

19. 그런데 그때 참모임에 욕의분배인[759]이 없었다. 세존께 그 사실을 알렸다.

[세존] "수행승들이여, 다섯 고리를 갖춘 수행승을 욕의분배인으로 선정하는 것을 허용한다.

1) 그는 욕망 의해 삿된 길을 가지 말아야 하고,
2) 분노 의해 삿된 길을 가지 말아야 하고,
3) 어리석음 의해 삿된 길을 가지 말아야 하고,
4) 두려움 의해 삿된 길을 가지 말아야 하고,
5) 분배된 것과 분배되지 않은 것에 대하여 알아야 한다.

20. 수행승들이여, 그런데 이와 같이 선정해야 한다. 처음에 수행승을 청해야 한다. 청한 뒤에 현명하고 유능한 수행승이 참모임에 알려야 한다.

[제안] '존자들이여, 참모임은 제 말에 귀를 기울이십시오. 참모임에 옳은 일이라면, 참모임이 이러이러한 수행승을 욕의분배인으로 선정하겠습니다. 이것이 제안입니다.'

[제청] '존자들이여, 참모임은 제 말에 귀를 기울이십시오. 참모임은 이러이러한 수행승을 욕의분배인으로 선정합니다. 이러이러한 수행승을 욕의분배인으로 선정하는 것에 동의하면 침묵하시고, 이견이 있으면 말씀하십시오.'

[결정] '참모임은 이러이러한 수행승을 욕의분배인으로 선정했습니다. 참모임이 찬성하여 침묵했으므로, 저는 그와 같이 알겠습니다.'"

21. 그런데 그때 참모임에 발우분배인[760]이 없었다. 세존께 그 사실을 알렸다.

[세존] "수행승들이여, 다섯 고리를 갖춘 수행승을 발우분배인으로 선정하는

---

758) sace hoti saṅghassa sappi vā telaṃ vā madhu vā phāṇitaṃ vā sakiṃ paṭisāyituṃ dātabbaṃ : Vin. I. 208에 따르면, 이러한 것들은 병든 수행승들이 복용해야 하는 다섯 가지 약들, 즉, 버터기름, 신선한 버터, 기름, 꿀, 당밀에 속한다. 이것들은 최대한 칠일까지 보관하여 사용할 수 있는 칠일약에 속한다. 상실죄법 제23조(Nissag. 23)를 참조하라.

759) sāṭiyagāhāpako : 한역에는 분욕의인(分浴衣人)이나 분의인(分衣人)이라고 되어 있다.

760) pattagāhāpaka : 한역에는 분발인(分鉢人)이다. Vin. III. 246(Nissag. 22)를 참조하라.

것을 허용한다.

1) 그는 욕망 의해 삿된 길을 가지 말아야 하고,

2) 분노 의해 삿된 길을 가지 말아야 하고,

3) 어리석음 의해 삿된 길을 가지 말아야 하고,

4) 두려움 의해 삿된 길을 가지 말아야 하고,

5) 분배된 것과 분배되지 않은 것에 대하여 알아야 한다.

22. 수행승들이여, 그런데 이와 같이 선정해야 한다. 처음에 수행승을 청해야 한다. 청한 뒤에 현명하고 유능한 수행승이 참모임에 알려야 한다.

[제안] '존자들이여, 참모임은 제 말에 귀를 기울이십시오. 참모임에 옳은 일이라면, 참모임이 이러이러한 수행승을 발우분배인으로 선정하겠습니다. 이것이 제안입니다.'

[제청] '존자들이여, 참모임은 제 말에 귀를 기울이십시오. 참모임은 이러이러한 수행승을 발우분배인으로 선정합니다. 이러이러한 수행승을 발우분배인으로 선정하는 것에 동의하면 침묵하시고, 이견이 있으면 말씀하십시오.'

[결정] '참모임은 이러이러한 수행승을 발우분배인으로 선정했습니다. 참모임이 찬성하여 침묵했으므로, 저는 그와 같이 알겠습니다.'"

23. 그런데 그때 참모임에 정인관리인[761]이 없었다. 세존께 그 사실을 알렸다.

[세존] "수행승들이여, 다섯 고리를 갖춘 수행승을 정인관리인으로 선정하는 것을 허용한다.

1) 그는 욕망 의해 삿된 길을 가지 말아야 하고,

2) 분노 의해 삿된 길을 가지 말아야 하고,

3) 어리석음 의해 삿된 길을 가지 말아야 하고,

4) 두려움 의해 삿된 길을 가지 말아야 하고,

5) 시킨 것과 시키지 않은 것에 대하여 알아야 한다.

24. 수행승들이여, 그런데 이와 같이 선정해야 한다. 처음에 수행승을 청해야 한다. 청한 뒤에 현명하고 유능한 수행승이 참모임에 알려야 한다.

[제안] '존자들이여, 참모임은 제 말에 귀를 기울이십시오. 참모임에 옳은 일이라면, 참모임이 이러이러한 수행승을 정인관리인으로 선정하겠습니다. 이것이 제안입니다.'

---

761) ārāmikapesako : 한역에는 사정인주(使淨人主)이다. 승원의 일꾼에 대한 관리인이다.

[제청] '존자들이여, 참모임은 제 말에 귀를 기울이십시오. 참모임은 이러이러한 수행승을 정인관리인으로 선정합니다. 이러이러한 수행승을 정인관리인으로 선정하는 것에 동의하면 침묵하시고, 이견이 있으면 말씀하십시오.'

[결정] '참모임은 이러이러한 수행승을 정인관리인으로 선정했습니다. 참모임이 찬성하여 침묵했으므로, 저는 그와 같이 알겠습니다.'"

25. 그런데 그때 참모임에 사미관리인762)이 없었다. 세존께 그 사실을 알렸다.

[세존] "수행승들이여, 다섯 고리를 갖춘 수행승을 사미관리인으로 선정하는 것을 허용한다.

1) 그는 욕망 의해 삿된 길을 가지 말아야 하고,
2) 분노 의해 삿된 길을 가지 말아야 하고,
3) 어리석음 의해 삿된 길을 가지 말아야 하고,
4) 두려움 의해 삿된 길을 가지 말아야 하고,
5) 시킨 것과 시키지 않은 것에 대하여 알아야 한다.

26. 수행승들이여, 그런데 이와 같이 선정해야 한다. 처음에 수행승을 청해야 한다. 청한 뒤에 현명하고 유능한 수행승이 참모임에 알려야 한다.

[제안] '존자들이여, 참모임은 제 말에 귀를 기울이십시오. 참모임에 옳은 일이라면, 참모임이 이러이러한 수행승을 사미관리인으로 선정하겠습니다. 이것이 제안입니다.'

[제청] '존자들이여, 참모임은 제 말에 귀를 기울이십시오. 참모임은 이러이러한 수행승을 사미관리인으로 선정합니다. 이러이러한 수행승을 사미관리인으로 선정하는 것에 동의하면 침묵하시고, 이견이 있으면 말씀하십시오.'

[결정] '참모임은 이러이러한 수행승을 사미관리인으로 선정했습니다. 참모임이 찬성하여 침묵했으므로, 저는 그와 같이 알겠습니다.'"

세 번째 송출품이 끝났다.
제6장 처소의 다발이 끝났다.

그 후렴시는 아래와 같다(Tassuddānaṃ)

1. 최상의 부처님께서는

762) sāmaṇerapesaka : 한역에는 사정인주(使沙彌人)이다. 사미에 대한 관리인이다.

그때 정사에 대하여 언급하지 않았다.
승리자의 제자들은
여기저기 그들의 처소에서 나왔다.763)

2. 부호인 거사는 그들을 보고
수행승들에게 이와 같이 말했다.
'정사를 만들면 살겠습니까?'
그들은 지도자에게 물었다.764)

3. 정사, 평부옥,
전루, 누옥, 동굴,
다섯 가지 방사를 허용했으니,
부호는 정사를 지었다.765)

4. 사람들이 정사를
문이 없고, 열린 채 만들었다.
문짝, 문기둥, 상인방,
문턱, 문턱레일을 만들었다.766)

5. 구멍, 묶음끈,
빗장, 나무못,
핀,[178] 쐐기, 열쇠구멍,
구리·나무·뿔로 만든 열쇠.767)

6. 자물쇠, 핀, 지붕,
안팎으로 도료를 바름,
난간, 그물, 산가지,
커튼, 그리고 돗자리.768)

7. 판침상, 대나무조각침상,
관모양의 긴 침상,

---

763) vihāro buddhaseṭṭhena | apaññatto tadā ahu | tahaṃ tahaṃ nikkhamanti | vāsā te jinasāvakā ||
764) te seṭṭhi gahapati disvā bhikkhūnaṃ etadabravi | kārāpeyyaṃ vaseyyātha paṭipucchiṃsu nāyakaṃ.
765) vihāraṃ aḍḍhayogañca | pāsādaṃ hammiyaṃ guhaṃ | pañcaleṇaṃ anuññāsi | vihāre seṭṭhi kārayi ||
766) jano vihāraṃ kāreti | akavāṭaṃ asaṃvutaṃ | kavāṭaṃ piṭṭhisaṅghāṭaṃ | udukkhalañca uttarī ||
767) āviñjanacchiddarajjuṃ | vaṭṭiñca kapisīsakaṃ | sūci ghaṭī tālacchiddaṃ | lohakaṭṭhavisāṇakaṃ ||
768) yantakaṃ sūcikañceva | chadanaṃ ullittāvalittaṃ | vedijālasalākañca | cakkalī santharena ca ||

문제상(文蹄床), 게다리침상,
제거할 수 있는 것, 높은 것.[769]

8. 삼면의자, 잔가지로 만든 의자,
천으로 엮은 의자, 산양각의자,
아말라, 나무판의자,
줄기로 만든 의자, 짚으로 엮은 의자.[770]

9. 높은 것, 뱀, 침상다리,
여덟 손가락마디의 침상다리,
실, 보철, 천조각,
면커버, 반신크기.[771]

10. 산정축제, 깔개,
그리고 또한 옷과 처소,
덮개, 밑에서 터짐,
찢어져서 가져감.[772]

11. 보철, 손크기의 보철,
여래께서 허용했다.
흰색, 검은색, 정사,
겨껍질, 부드러운 점토.[773]

12. 점착제, 흙손,
곁겨, 겨자, 밀납유,
두터움, 닦아내는 것,
거친 벽, 지렁이똥점토.[774]

13. 점착제, 희화,

---

769) mīḍhiṃ bidalamañcañca | sosānikamasārako | bundi kuḷīrapādañca | āhaccāsandi uccake ||
770) sattaṅgo ca bhaddapīṭhaṃ | pīṭhikāphalakapādakaṃ | āmalāphalakā kocchā | palālapīṭhameva ca ||
771) ucce ca ahipādāni | aṭṭhaṅgulakapādakaṃ | suttaṃ aṭṭhapadaṃ coḷaṃ | tulikaṃ aḍḍhakāyikaṃ ||
772) giraggo bhisiyo cāpi | dussaṃ senāsanampi ca | onaddhaṃ heṭṭhā patati | uppāṭetvā haranti ca ||
773) bhattiñca hatthabhattiñca | anuññāsi tathāgato | setakāḷavihārepi | thusaṃ saṇhañca mattikaṃ || 미얀마본은 tathāgata가 생략되고, titthiyā setakāḷavihāre cāpi라고 되어 있다. 싱할리본은 tathāgato setakāḷavihārepi라고 되어 있다.
774) ikkāsaṃ pāṇikaṃ kuṇḍaṃ | sāsapaṃ sitthatelakaṃ | ussanne paccuddharituṃ | pharusaṃ gaṇḍamattikaṃ ||

낮음, 단, 오름,
무너짐, 붐빔,
반벽, 그리고 세 가지.[775]

14. 작은, 버팀벽,
비에 젖음, 비명, 나무못,
옷시렁, 줄,
베란다, 커튼.[776]

15. 난간, 지푸라기,
그 방법은 아래와 같이 행해야 한다.[777]
노천, 말랐음, 홀,
아래와 같이, 그릇.[778]

16. 정사, 현관,
그리고 방사, 화당,
승원, 또한 현관,
그 방법은 아래와 같이 행해야[779] 한다.[780]

17. 석회, 신심있는 아나타삔디까가
씨따바나 숲으로 갔다.
참모임과 지도자를
바로 거기서 초대했다.[781]

18. 그는 도중에 무리가
승원을 짓도록 명했다.
베쌀리 시에 수리일,
앞에 가서 차지함.[782]

---

775) ikkāsaṃ paṭibhānañca | nīcā cayo ca āruhaṃ | paripatanti āḷakaṃ | aḍḍhakuḍḍaṃ tayo puna ||
776) khuddake kuḍḍapādo ca | ovassati saraṃ khīlaṃ | cīvaravaṃsaṃ rajjuñca | āḷindaṃ kiṭikena ca ||
777) heṭṭhāmagge nayaṃ kare : CV. V.(Vin. II. 143-144)에 따른다.
778) ālambaṇaṃ tiṇacuṇṇaṃ | heṭṭhāmagge nayaṃ kare | ajjhokāse otappati | sālaṃ heṭṭhā ca bhājanaṃ ||
779) heṭṭhāmagge nayaṃ kare : CV. V.(Vin. II. 143-144)에 따른다.
780) vihāro koṭṭhako ceva | pariveṇaggisālakaṃ | ārāme ca puna koṭṭhe | heṭṭhaññeva nayaṃ kare ||
781) sudaṃ anāthapiṇḍī ca | saddho sītavanaṃ agā | diṭṭhadhammo nimantesi | saha saṅghena nāyakaṃ ||
782) āṇāpesantarāmagge | ārāmaṃ kārayi gaṇo | vesāliyaṃ navakammaṃ | purato ca pariggahaṃ ||

19. 누가 최상의 음식을 받을 수 있는가?
자고새, 인사를 받을 수 없는 자들,
빼앗김, 옥내,
면, 싸밧티 시에 도착함.783)

20. 승원을 봉헌함,
식당의 분쟁,
병듦, 최상의 침상,
핑계, 거기에 열일곱.784)

21. 누가 그리고 어떻게,
정사의 수에 따라 분배하고,
방사, 여분,
원하지 않는다면, 여분을 줄 필요가 없다.785)

22. 결계밖에 있는 자, 모든 시간,
세 가지 처소의 배당기간,
우빠난다, 찬탄, 서서,
자리를 함께 하는 것.786)

23. 자리를 함께 할 수 있는 자들,
망가짐, 두 명,
자리를 함께 할 수 없는 자들, 긴 평상,
베란다가 있는 것, 수용하는 것.787)

24. 할머니, 멀지 않은 곳에,
분배함, 끼따기리 마을에,
알라비 시,[179] 토괴,
벽, 문, 빗장.788)

---

783) ko arahati bhattagge | tittiraṃ ca avandiyā | pariggahitantaragharā | tulo sāvatthi osari ||
784) patiṭṭhāpesi ārāmaṃ | bhattagge ca kolāhalaṃ | gilānā varaseyyā ca | lesā sattarasā tahiṃ ||
785) kena nu kho kathannu | kho vihāraggena bhājasī | pariveṇānubhāgañca | akāmā bhāgaṃ no dade ||
786) nissīmaṃ sabbakālaṃ ca | gāhā senāsane tayo | upanando ca vaṇṇesi | ṭhitakā samānāsanā ||
787) samānāsanikā bhindiṃsu | tivaggā ca duvaggikaṃ | asamānāsanikehi dīghaṃ | sāḷindaṃ paribhuñjituṃ ||
788) ayyakā ca avidūre | bhājitañca kīṭāgire | āḷavī piṇḍakakuḍḍehi | dvāraaggaḷavaṭṭikā ||

25. 창. 흰색, 검은색,
붉은색, 지붕, 연결,
횡목, 부서지고 망가진 것,
이십년, 삼십년, 평생.789)

26. 아직 행해지지 않은 것,
작은 정사, 오육년을 주어야 한다.
평부옥, 칠년팔년,
큰 정사, 십년십이년.790)

27. 일체, 정사, 한 명에게,
다른 사람을 살게 함, 참모임의 소유,
결계 밖에 있는 자, 일체의 시간,
떠남, 그리고 환속함.791)

28. 시간, 그리고 사미,
학습계율을 어김, 극악한 죄,
미침, 마음이 산란함,
몸이 아픔, 죄악을 보지 못함.792)

29. 죄를 참회하지 못함, 악한 견해,
빤다까, 도적, 이교,
축생, 어머니, 아버지,
거룩한 님을 죽인 자, 능욕한 자793)

30. 분열시킨 자, 피를 낸 자,
그리고 남녀추니,
참모임에 폐를 끼치지 말아야 한다.
다른 사람에게 주어야 한다.794)

---

789) āloka setakāḷañca | geruchādana bandhanā | gaṇḍikhaṇḍaparibhaṇḍaṃ | visatiṃsā yāvajīvikaṃ ||
790) osite akataṃ khudde | chapañcavassikaṃdade | aḍḍhayoge ca sattaṭṭha | mahalle dasadvādasa ||
791) sabbaṃ vihāraṃ ekassa | aññaṃ vāsenti saṅghikaṃ | nissīmaṃ sabbakālañca | pakkamanti vibbhamanti ca ||
792) kālañca sāmaṇerañca | sikkhāpaccakkhakāntimaṃ | ummatta khittacittā ca | vedanāpattyadassanā ||
793) appaṭikammā diṭṭhiyā | paṇḍakā theyyatitthiyā | tiracchāna mātu pitu | arahanta ghātaka dūsakā ||
794) bhedakā lohītuppādā | ubhato cāpi vyañjanā | mā saṅghassa parihāyi | kammaṃ aññassa dātave ||

31. 아직 이루어지지 않았다면, 다른 사람에게,
끝나자 떠나면, 그에게 속한 것이 된다.
환속하는 것, 죽는 것,
사미라고 자인하는 것.795)

32. 학습계율의 어김,
극악한 죄, 빤다까,
참모임이 주인이 됨, 미친 자,
마음이 산란한 자, 아픈 자.796)

33. 보지 못한 자. 참회하지 않는 자,
악한 견해, 그것은 그가 책임져야 한다.
빤다까, 도둑, 이교도,
축생, 어머니, 아버지.797)

34. 죽인 자, 능욕한 자, 분열시킨 자.
피를 낸 자. 남녀추니,
자인하는 자,
그것은 참모임이 책임져야 한다.798)

35. 옮김, 다른 곳, 주저함,
무너짐, 그리고 양모 덮개,
옷, 가죽, 휘장,
천조각, 그리고 밟음.799)

36. 젖은, 신발, 참을 뱉음,
긁음, 그리고 기댐,
개대는 판, 긁음.
그리고 씻고 깔고서 눕는 것.800)

---

795) vippakate ca aññassa | kate tasseva pakkame | vibbhamati kālakato | sāmaṇero ca jāyati ||
796) paccakkhāto ca sikkhāya | antimā paṇḍako yadi | saṅgho ca sāmiko hoti | ummatta khittavedanā ||
797) adassanāppaṭikamme | diṭṭhi tasseva hoti vā | paṇḍako theyya titthī ca | tiracchāna mātupettikaṃ ||
798) ghātako dūsako cāpi | bheda lohita vyañjanā | paṭijānāti yadi so | saṅgho va hoti sāmiko ||
799) harantaññatra kukkuccaṃ | udriyati ca kambalaṃ | dussaṃ ca camma cakkalī | coḷakaṃ akkamanti ca ||
800) allā upāhanā niṭṭhu | likhanti apassenti ca | apassenaṃ likhate vā | dhotapaccattharena ca ||

37. 라자가하 시, 제공할 수 없음,
저열한, 식사배식인,
'자, 어떻게'
배당인, 창고관리인.[801]

38. 수납인, 분배인,
그리고 죽과 과일분배인,
작식분배인,
사소한 용품의 처분.[802]

39. 욕의분배인,
마찬 가지로 발우분배인,
승원일꾼, 사미,
관리인, 그리고 선정.[803]

40. 일체를 극복하고 세상을 아는 님,
유익한 마음을 지닌 지도자,
수호와 안락을 위하여
선정에 들고 통찰을 행하는 님이다.[804]

제6장 처소의 다발의 후렴시가 끝났다.

801) rājagahe na sakkonti | lāmakaṃ bhattuddesakaṃ | kathaṃ nu kho paññāpakaṃ | bhaṇḍāgārikasammutiṃ ||
802) paṭiggahabhājako cāpi | yāgu ca phalabhājako | khajjakabhājako ceva | appamattakavissajo ||
803) sāṭiyagāhāpako ceva | tatheva pattagāhako | ārāmika sāmaṇera | pesakassa ca sammuti ||
804) sabbābhigu lokavidu | hitacitto vināyako | leṇatthaṃ ca sukhatthaṃ ca | jhāyituṃ ca vipassitunti ||

제7장 참모임분열의 다발
(Saṅghabhedakakkhandhaka : 破僧犍度)

Ⅰ 첫 번째 송출품(Paṭhamabhāṇavāra : 1-2)

1. 여섯 명의 싸끼야 족의 출가(Chasakyapabbajjā)

1. 한때[180] 존귀한 부처님께서는 아누삐야[805] 시에 계셨다. 아누삐야는 말라[806] 국의 소도시였다. 그런데 그때 아주 유명한 싸끼야 족의 왕자들이 세존의 출가를 따라서 출가했다. 바로 싸끼야 족의 마하나마[807]와 싸끼야 족의 아누룻다는 두 명의 형제였다. 싸끼야 족의 아누룻다는 섬세했다. 그의 세 개의 궁전은 하나는 겨울을 위한 것이고 하나는 여름을 위한 것이고 하나는 우기를 위한 것이었다. 그는 우기의 궁전에서 우기의 넉 달 간에 남자가 없이 기녀에 둘러싸여

---

805) Anupiya : 말라 국의 도시로 까삘라밧투 시의 동쪽으로 놓여 있었다. 부처님은 아노마 강에서 도착해서 아누삐야 망고 숲에서 출가 이후의 첫 주를 보냈다. 여기서 라자가하는 30 요자나(1요자나 = 약14km) 정도 떨어져 있었다. 부처님은 깨달음을 얻은 이후 까빌라밧투로 돌아온 직후에, 이곳에 계실 때에 많은 친지와 사끼야 족들이 출가했다. Smv. 816에 따르면, 부처님은 이곳에서 탁발하고 그늘과 물이 풍부한 총림이 있어 그곳에서 지내고자 한 것이다.

806) Malla : 부처님 당시의 나라와 종족의 이름으로 십육대국 가운데 하나였다. 이 왕국은 두 지역 즉 빠바(Pāvā) 시와 수도인 꾸씨나라 시(Kusināra) 시로 나뉘어져 있었다. 그래서 빠바 시의 말라 족은 빠베이야까말라(Pāveyyakamallā)라고 불렸고, 꾸씨나라 시의 말라 족은 꼬씨나라까(Kosinārakā)라고 불렸다. 부처님께서는 빠바 시의 웁바따까(Ubbaṭaka)라고 불리는 회관의 준공식에 참석하여 법문을 하고 금세공사의 아들 쭌다의 집에서 최후의 식사인 쑤까라맛다바(Sūkaramaddava)의 공양을 받았다. 부처님은 그곳에서 꾸씨나라 시로 가는 도중에 최후의 열반에 들었다.

807) Mahānāma : 부처님의 제자인 재가의 남자 신자 가운데 '뛰어난 것을 보시를 하는 님 가운데 제일(paṇītadāyakānaṃ aggaṃ)'이다. 그는 싸끼야 족의 왕자(王者)로 고따마 붓다의 시촌이었다. 그는 아누룻다의 형이었다. 그는 동생 아누룻다의 출가를 허락했고, 재가의 경건한 신도로서 승단에 많은 의복과 탁발음식과 와좌구와 필수약품을 베풀었다. 그는 교리에도 밝아 ≪쌍윳따니까야≫ 등에는 부처님과 그와 대화 뿐만 아니라 아난다, 고다(Godha), 로마싸방기싸(Lomasavaṅgīsa)와의 대화도 기록으로 남아 있다. 그러나 그에게 불행한 일이 있었다. 그는 나가문다(Nāgamuṇḍā)라는 하녀와의 사이에 바싸바캇띠야(Vāsābhakhattiyā)라는 딸을 두었는데, 꼬쌀라 국왕 빠쎄나디가 부처님의 종족인 싸끼야 족의 처녀와 결혼하고 싶어 하자, 싸끼야 족을 회의를 하게 되었다. 그때 마하나마는 자신의 딸 바싸바캇띠야를 천거하자 가결되어 그녀는 출생과정은 비밀에 붙여진 채, 빠쎄나디 왕의 왕비가 되었고 훗날 그 둘 사이에 비두다바(Vidūdabha)라는 왕자가 태어났다. 비두다바는 청년이 되어 까삘라밧투 시에 왔다가 이 사실을 우연히 알게 되어 격분하였고, 훗날 그가 왕위에 오르자 그것을 빌미로 싸끼야 족을 몰살시켰다.

궁전에서 내려오지 않았다. 그때 싸끼야 족의 마하나마가 이와 같이 생각했다.

[마하나마] "지금, 아주 유명한 싸끼야 족의 왕자들이 세존의 출가를 따라서 출가했다. 우리의 가문에서는 아무도 집에서 집없는 곳으로 출가하지 않았다. 나나 아누룻다가 출가하면 어떨까?"

그후 싸끼야 족의 마하나마는 싸끼야 족의 아누룻다를 찾아갔다. 가까이 다가가서 싸끼야 족의 아누룻다에게 이와 같이 말했다.

[마하나마] "지금, 아주 유명한 싸끼야 족의 왕자들이 세존의 출가를 따라서 출가했다. 우리의 가문에서는 아무도 집에서 집없는 곳으로 출가하지 않았다. 그러므로 그대나 내가 출가하면 어떨까?"

[아누룻다] "나는 섬세하다. 나는 집에서 집없는 곳으로 출가할 수 없다. 그대가 출가하라."

2. [마하나마] "아누룻다여, 자, 그렇다면 내가 그대에게 재가의 생활에 대하여 가르치겠네. 먼저 밭을 갈아야 하고, 갈고 나서 씨를 뿌려야 하고, 씨를 뿌리고 나서 물을 끌어대야 하고, 물을 끌어대고 나서 물을 배수해야 하고, 물을 배수하고 나서 잡초를 뽑아야 하고, 잡초를 뽑고 나서 베어야 하고, 베고 나서 거두어들여야 하고, 거두어들이고 나서 더미로 만들고, 더미로 만들고 나서 타작해야 하고, 타작하고 나서 짚을[181] 제거해야 하고, 짚을 제거하고 나서 왕겨를 제거해야 하고, 왕겨를 제거하고 나서 체로 쳐야 하고, 체로 치고 나서 저장해야 한다. 저장하고 나서는 내년에도 이와 같이 하여야 한다."

[아누룻다] "작업은 끝나지 않고, 작업의 끝은 알려지지 않는다. 언제 작업이 끝날 것이고, 언제 작업의 끝이 알려질 것인가? 언제 우리는 편안하게 다섯 가지 감각적 쾌락의 욕망을 완전히 얻고 완전히 갖추고 즐길 것인가?"

[마하나마] "아누룻다여, 작업은 끝나지 않고, 작업의 끝은 알려지지 않는다. 아버지와 할아버지도 작업을 끝내지 못하고 죽었다."

[아누룻다] "그렇다면, 그대는 가업에 대하여 이해한다. 나도 집을 떠나 출가하겠다."

2. 그래서 싸끼야 족의 아누룻다는 어머니가 계신 곳을 찾아 갔다. 가까이 다가가서 어머니에게 이와 같이 말했다.

[아누룻다] "어머니, 제가 집을 떠나 출가하고자 합니다. 제가 집에서 집없는 곳으로 출가하는 것을 허락해 주십시오."

이와 같이 말하자 싸끼야 족의 아누룻다의 어머니는 싸끼야 족의 아누룻다에게 이와 같이 말했다.

[어머니] "사랑하는 아누룻다여, 너희들 두 아들은 사랑스럽고 마음에 들고 싫어함이 없으니 죽더라도 없이는 지내지 못할 것이다. 하물며 너희들은 살아서 집에서 집없는 곳으로 출가하는 것을 허락할 수 있겠는가?"

두 번째에도 싸끼야 족의 아누룻다는 어머니에게 이와 같이 말했다.

[아누룻다] "어머니, 저 집을 떠나 출가하고자 합니다. 제가 집에서 집없는 곳으로 출가하는 것을 허락해 주십시오."

[어머니] "사랑하는 아누룻다여, 너희들 두 아들은 사랑스럽고 마음에 들고 싫어함이 없으니 죽더라도 없이는 지내지 못할 것이다. 하물며 너희들은 살아서 집에서 집없는 곳으로 출가하는 것을 허락할 수 있겠는가?"

세 번째에도 싸끼야 족의 아누룻다는 어머니에게 이와 같이 말했다.

[아누룻다] "어머니, 저 집을 떠나 출가하고자 합니다. 제가 집에서 집없는 곳으로 출가하는 것을 허락해 주십시오."

[어머니] "사랑하는 아누룻다여, 너희들 두 아들은 사랑스럽고 마음에 들고 싫어함이 없으니 죽더라도 없이는 지내지 못할 것이다. 하물며 너희들은 살아서 집에서 집없는 곳으로 출가하는 것을 허락할 수 있겠는가?"

3. 그런데 그때 싸끼야 족의 왕 밧디야[808]가 싸끼야 족을 통치하고 있었다. 그는 싸끼야 족의 아누룻다의 친구였다. 그때 싸끼야 족의 아누룻다의 어머니는 '이 싸끼야 족의 왕 밧디야가 싸끼야 족을 통치하고 있다. 그는 싸끼야 족의 아누룻다의 친구이다. 그는 집에서 집없는 곳으로 출가할 수 없을 것이다.'라고 생각하고, 싸끼야 족의 아누룻다에게 이와 같이 말했다.

[어머니] "사랑하는 아누룻다야, 싸끼야 족의 왕 밧디야가 집에서 집없는 곳으로 출가하면, 너도 출가하도록 하여라."

그러자 싸끼야 족의 아누룻다는 싸끼야 족의 왕 밧디야가 있는 곳을 찾아갔다. 가까이 다가가서 싸끼야 족의 왕 밧디야에게 이와 같이 말했다.

[아누룻다] "이보게, 나의 출가는 자네에게 달려있네."

[밧디야] "이보게, 자네의 출가가 나에게 달려있건 달려있지 않건, 나는 자네와

---

808) Bhaddiya : 밧디야의 정식 이름은 밧디야 깔리고다여뿟따(Bhaddiya Kāḷigodhāyaputta)이다. 그는 부처님의 제자 수행승 가운데 '높은 가문 출신 가운데 제일(uccākulikānaṃ aggaṃ)'이다. 그의 어머니 깔리고다(Kāḷigodhā)는 싸끼야 족의 여인으로 흐름에 든 경지에 이르렀다. Mrp. I. 109에 따르면, 그녀의 이름은 고다(Godhā)였는데 피부가 검었으므로 깔리(Kāḷī)라고 불렸다. 그는 아누삐야(Anupiya)의 망고 숲에서 아누룻다(Anuruddha)와 함께 출가하였다. 그는 나무 아래서 열반의 지복을 체험하며, '오 행복이여, 오 지복이여!'라고 외치곤 했다.

함께 하겠네. 자네는 기꺼이 출가하게."

[아누룻다] "이보게, 자, 둘이서 집에서 집없는 곳으로 출가하세."

[밧디야] "이보게, 나는 집에서 집 없는 곳으로[182] 출가할 수 없네. 내가 자네를 위하여 할 수 있는 일이면, 무엇이든 하겠네. 그대는 출가하게."

[아누룻다] "이보게, 어머니께서 나에게 이와 같이 말했네. '사랑하는 아누룻다야, 싸끼야 족의 왕 밧디야가 집에서 집없는 곳으로 출가하면, 너도 출가하도록 하여라.'라고 말했는데, 이보게, 그러나 자네는 이와 같이 '이보게, 자네의 출가가 나에게 달려있건 달려있지 않건, 나는 자네와 함께 하겠네. 자네는 기꺼이 출가하게.'라고 말했네."

그런데 그때 사람들은 말한 대로 행하고, 약속한 대로 행했다. 그래서 싸끼야 족의 왕 밧디야는 싸끼야 족의 아누룻다에게 이와 같이 말했다.

[밧디야] "이보게, 칠 년을 기다려서 칠 년이 지난 뒤에 둘이서 함께 집에서 집없는 곳으로 출가하자."

[아누룻다] "이보게, 칠 년은 너무 길다. 나는 칠 년을 기다릴 수 없다."

그런데 그때 사람들은 말한 대로 행하고, 약속한 대로 행했다. 그래서 싸끼야 족의 왕 밧디야는 싸끼야 족의 아누룻다에게 이와 같이 말했다.

[밧디야] "이보게, 육 년을 기다려서 육 년이 지난 뒤에 둘이서 함께 집에서 집없는 곳으로 출가하자."

[아누룻다] "이보게, 육 년도 너무 길다. 나는 육 년도 기다릴 수 없다."

그런데 그때 사람들은 말한 대로 행하고, 약속한 대로 행했다. 그래서 싸끼야 족의 왕 밧디야는 싸끼야 족의 아누룻다에게 이와 같이 말했다.

[밧디야] "이보게, 오 년을 기다려서 오 년이 지난 뒤에 둘이서 함께 집에서 집없는 곳으로 출가하자."

[아누룻다] "이보게, 오 년도 너무 길다. 나는 오 년도 기다릴 수 없다."

그런데 그때 사람들은 말한 대로 행하고, 약속한 대로 행했다. 그래서 싸끼야 족의 왕 밧디야는 싸끼야 족의 아누룻다에게 이와 같이 말했다.

[밧디야] "이보게, 사 년을 기다려서 사 년이 지난 뒤에 둘이서 함께 집에서 집없는 곳으로 출가하자."

[아누룻다] "이보게, 사 년도 너무 길다. 나는 사 년도 기다릴 수 없다."

그런데 그때 사람들은 말한 대로 행하고, 약속한 대로 행했다. 그래서 싸끼야 족의 왕 밧디야는 싸끼야 족의 아누룻다에게 이와 같이 말했다.

[밧디야] "이보게, 삼 년을 기다려서 삼 년이 지난 뒤에 둘이서 함께 집에서 집없는 곳으로 출가하자."

[아누룻다] "이보게, 삼 년도 너무 길다. 나는 삼 년도 기다릴 수 없다."

그런데 그때 사람들은 말한 대로 행하고, 약속한 대로 행했다. 그래서 싸끼야 족의 왕 밧디야는 싸끼야 족의 아누룻다에게 이와 같이 말했다.

[밧디야] "이보게, 이 년을 기다려서 이 년이 지난 뒤에 둘이서 함께 집에서 집없는 곳으로 출가하자."

[아누룻다] "이보게, 이 년도 너무 길다. 나는 이 년도 기다릴 수 없다."

그런데 그때 사람들은 말한 대로 행하고, 약속한 대로 행했다. 그래서 싸끼야 족의 왕 밧디야는 싸끼야 족의 아누룻다에게 이와 같이 말했다.

[밧디야] "이보게, 일 년을 기다려서 일 년이 지난 뒤에 둘이서 함께 집에서 집없는 곳으로 출가하자."

[아누룻다] "이보게, 일 년도 너무 길다. 나는 일 년도 기다릴 수 없다."

[밧디야] "이보게, 칠개월을 기다려서 칠개월이 지난 뒤에 둘이서 함께 집에서 집없는 곳으로 출가하자."

[아누룻다] "이보게, 칠개월도 너무 길다. 나는 칠개월도 기다릴 수 없다."

[밧디야] "이보게, 육개월을 기다려서 육개월이 지난 뒤에 둘이서 함께 집에서 집없는 곳으로 출가하자."

[아누룻다] "이보게, 육개월도 너무 길다. 나는 육개월도 기다릴 수 없다."

[밧디야] "이보게, 오개월을 기다려서 오개월이 지난 뒤에 둘이서 함께 집에서 집없는 곳으로 출가하자."

[아누룻다] "이보게, 오개월도 너무 길다. 나는 오개월도 기다릴 수 없다."

[밧디야] "이보게, 사개월을 기다려서 사개월이 지난 뒤에 둘이서 함께 집에서 집없는 곳으로 출가하자."

[아누룻다] "이보게, 사개월도 너무 길다. 나는 사개월도 기다릴 수 없다."

[밧디야] "이보게, 삼개월을 기다려서 삼개월이 지난 뒤에 둘이서 함께 집에서 집없는 곳으로 출가하자."

[아누룻다] "이보게, 삼개월도 너무 길다. 나는 삼개월도 기다릴 수 없다."

[밧디야] "이보게, 이개월을 기다려서 이개월이 지난 뒤에 둘이서 함께 집에서 집없는 곳으로 출가하자."

[아누룻다] "이보게, 이개월도 너무 길다. 나는 이개월도 기다릴 수 없다."

[밧디야] "이보게, 일개월을 기다려서 일개월이 지난 뒤에 둘이서 함께 집에서 집없는 곳으로 출가하자."

[아누룻다] "이보게, 일개월도 너무 길다. 나는 일개월도 기다릴 수 없다."

[밧디야] "이보게, 보름을 기다려서 보름이 지난 뒤에 둘이서 함께 집에서 집없는 곳으로 출가하자."

[아누룻다] "이보게, 보름도 너무 길다. 나는 보름도 기다릴 수 없다."

[밧디야] "이보게, 내가 아들과 형제들에게 왕정을 맡길 때까지 칠 일을 기다리게."

[아누룻다] "이보게, 칠 일은 길지 않으니, 내가 기다리겠네."

4. 그래서 싸끼야 족의 왕 밧디야를 비롯해서 아누룻다와 아난다와 바구[809]와 낌빌라[810]와 데바닷따[811]는 일곱 번째로 이발사 우빨리와 함께 사군을 이끌

---

809) Bhagu : 바구는 싸끼야 족의 출신으로 아누룻다(Anuruddha)와 낌빌라(Kimbila)와 함께 출가했다. 어느날 그는 졸음을 쫓아내기 위해서 방사를 나섰는데, 현관에 발을 내딛다가 넘어졌다가 일어서려고 애쓰다가 깨달음을 얻어 거룩한 님이 되었다. 그의 시는 Thag. 271-274에 있다. 그는 Vin. II. 182; Jāt. I. 140; III. 489; Miln. 107의 인물과 동일인물이지만 Vin. I. 300에서 언급된 인물과는 다르다.

810) Kimbila : 부처님께서 법륜을 굴리기 시작한 이듬해에 싸끼야 족의 왕자로서 출가한 낌빌라(Kimbila)를 말한다. 그의 시는 Thag. 188, 155-156에 등장한다.

811) Devadatta : Ppn. I. 1107에 따르면, 싸끼야 족의 숩빠붓다(Suppabuddha)와 그의 아내 아미따(Amitā)의 아들이었다. 그에게는 왕자 씻닷타(Siddhattha)와 결혼한 누이 밧다깟짜나(Bhaddakaccānā)가 있었다. 부처님이 깨달은 직후 까삘라밧투를 방문해서 싸끼야(Sākya) 족에게 설법했을 때 데바닷따는 아난다, 바구(Bhagu), 낌빌라(Kimbala), 밧디야(Bhaddiya), 아누룻다와 이발사 우빨리와 함께 출가를 결심했고 아누삐야(Anupiyā)에 계신 부처님을 방문해서 수행승이 되었다. 그 해 우기가 닥치자 신통력[凡夫의 神通 : puthujjanikaiddhi]을 얻었다. 한동안 그는 교단에서 커다란 존경을 받았고 부처님이 칭찬한 11번째의 장로였다. 그러나 그는 사악한 마음 때문에 의심을 받기 시작했다. 부처님께서 열반에 들기 8년 전, 부처님을 질투하고 이익과 명예를 위해 아자따쌋뚜 왕자를 자기편으로 끌어들였다. 뱀들로 장식된 띠를 차고 어린 아이 모습으로 변해 아자따쌋뚜의 무릎 위에 나타나 그를 놀라게 했다. 그리고는 자신의 모습을 다시 취했다. 아자따쌋뚜는 아주 깊은 인상을 받아 그에게 존경을 표시했고 아침 저녁으로 오백 대의 수레에 음식을 채워 그를 방문했다. 데바닷따는 거기에 고무되어 자신이 승단의 지도자가 되어야 한다는 야심을 품게 되었다. 그러나 그런 생각을 품게 되자 그의 신통의 힘은 사라졌다. 데바닷따가 아자따쌋뚜로 하여금 아버지 빔비싸라 왕을 죽이게 한 것도 그 무렵이며, 자신은 부처님을 살해할 계획을 세웠고 아자따쌋뚜는 이에 동의했다. 꼴리야(Koliya) 족의 까꾸다(Kakudha)는 목갈라나의 추종자인데, 그는 신으로 태어나서 데바닷따의 계획을 점치고 목갈라나에게 알렸다. 목갈라나가 부처님께 그 계획을 알렸으나, 부처님은 그런 이야기는 불필요하다고 했다. 그 후 데바닷따는 직접 부처님을 찾아가 부처님은 연로하니 승단의 지도권을 자신에게 물려달라고 했으나, 부처님은 그를 꾸짖었다. 복수를 맹세한 데바닷따는 16명의 궁술사로 부처님을 살해하려고 했으나 모두 부처님에게 교화되었다. 그래서 데바닷따는 부처님이 깃자꾸따(Gijjhakūṭa) 산기슭을 지나갈 때 커다란 바위를 굴렸는데, 두 개의 바위조각이 튕겨 나와 그 중 한 조각으로 인해 부처님 발에서 피가 났다. 부처님은 맛다꿋치(Maddakucchi)로 자리를 옮겨 의사 지바까(Jīvaka)의 치료를 받았다. 그 후 데바닷따는 사나운 코끼리를 취하게 하여 부처님이 지나는 길목에 풀어놓았으나, 부처님은 자비로운 마음으로 난폭한 코끼리의 이마를 쓰다듬었다. 데바닷따는 연이은 야비한 행동으로 사람들의 비난을 받게 되었고,

고[812] 유원지로 나아가듯, 사군을 이끌고 나아갔다. 그들은 멀리 가서 군대를 돌려보내고 다른 지역으로 가서 장신구를 내려놓고 외투로 꾸러미를 만들어 이발사 우빨리에게 이와 같이 말했다.

[밧디야] "이보게 우빨리여, 돌아가라. 그대는 이것으로 그대의 생활밑천이 충분할 것이다."

그러자 이발사 우빨리는 돌아가면서 이와 같이 생각했다.

[우빨리] '싸끼야 족들은 가혹하다. '이 자가 젊은이들을 출가시켰다.'라고 나를 죽일 것이다. 그렇지만 이 싸끼야 족의 왕자들은 집에서 집없는 곳으로 출가할 것이다. 왜 나는 안 된단 말인가?'

그는 꾸러미를 내려놓고 그 짐을 나무위에 걸어두고 '누구든지 보면, 주어진 것이니[183] 가져가라.'라고 말하고 싸끼야 족의 왕자들이 있는 곳으로 갔다. 그 싸끼야 족의 왕자들은 이발사 우빨리가 멀리서 오는 것을 보았다. 보고나서 이발사 우빨리에게 이와 같이 말했다.

[싸끼야 족의 왕자들] "이보게, 우빨리여, 왜 돌아오는가?"

[우빨리] "고귀한 님들이여, 여기 내가 돌아갈 때 이와 같이 '싸끼야 족들은 가혹하다. '이 자가 젊은이들을 출가시켰다.'라고 나를 죽일 것이다. 그렇지만 이 싸끼야 족의 왕자들은 집에서 집없는 곳으로 출가할 것이다. 왜 나는 안 된단 말인가?'라고 생각했습니다."

마침내 아자따쌋뚜의 마음도 그를 떠나 이익과 명예가 실추되었다. 종권 장악에 실패하자 이번에는 꼬깔리까(Kokālika), 까따모라까띳싸(Kaṭamorakatissa), 칸나데비야뿟따(Khaṇṇadeviyāputta), 싸뭇닷따(Samuddatta) 등과 음모하여 교단을 분열시켰다. 그는 이와 같은 계율을 만들었다. ① 수행승들은 숲에서만 살아야 한다. ② 탁발에만 의존하고 식사에 초대받아서는 안 된다. ③ 분소의를 입어야지 선물받은 가사를 입어서는 안 된다. ④ 나무 밑에서 자야지 지붕 밑에서 자서는 안 된다. ⑤ 물고기나 고기를 먹어서는 안 된다. 부처님은 이와 같은 주장에 대하여 우기에 나무 밑에서 잠자는 것을 예외로 한다면, 그렇게 살기로 작정한 사람은 그 계율을 따라도 좋다고 했다. 그러자 데바닷따는 부처님이 사치와 쾌락을 좇으려 한다고 비난했다. 부처님이 승단의 분열에 대하여 경고했음에도 불구하고, 데바닷따는 부처님과는 별도로 포살일을 지내겠다고 하고 새로 수행승이 된 오백 명을 데리고 가야씨싸(Gayāsīsa)로 갔다. 그러자 부처님은 싸리뿟따와 목갈라나를 가야씨싸에 보내 어리석은 자들을 데려오게 했다. 꼬깔리까가 눈치 채고 경고했으나, 데바닷따는 싸리뿟따와 목갈라나를 환영했다. 밤늦게 싸리뿟따와 목갈라나는 오백 명의 수행승들을 설득해서 돌아가게 만들었는데, 꼬깔리까가 잠자는 데바닷따를 깨우자 무슨 일이 일어났는지를 안 데바닷따는 입에서 피를 토하고 그로부터 아홉 달 동안 심하게 앓았다. 자신의 죽음이 가까워지자 부처님을 뵙기를 원했으나, 부처님은 이 생에는 볼 수 없다고 거부했다. 그러나 데바닷따는 들것에 실려 여행을 시도했다. 그가 들것에 실려 제따 숲에 도착했을 때, 들것이 연못가에서 멈추자 물속으로 빨려 들어갔고 땅이 열려 아비지옥에 떨어지게 되었다. 그러나 그는 마지막에는 '부처님 외에는 귀의처가 없다.'고 고백했다.

812) caturaṅginiyā senāya : 고대 인도의 군대는 코끼리부대(hatthikāya : 象軍), 기마부대(assakāya : 馬軍), 전차부대(rathakāya : 車軍), 보병부대(pattikāya : 步軍)의 사군(caturaṅginī senā : 四軍)으로 형성되어 있었다.

[싸끼야 족의 왕자들] "우빨리여, 돌아가지 않은 것이 잘한 일이다. 싸끼야 족들은 가혹하다. 우리 왕자들이 돌아가지 않으면, 자네를 죽일 수 있다."

그래서 그 싸끼야 족의 왕자들은 이발사 우빨리를 데리고 세존께서 계신 곳을 찾아갔다. 가까이 다가가서 세존께 인사를 드리고 한쪽으로 물러나 앉았다. 한쪽으로 물러나 앉은 싸끼야 족의 왕자들은 세존께 이와 같이 말했다.

[수행승들] "세존이시여, 저희 싸끼야 족들은 교만합니다. 세존이시여, 여기 이발사 우빨리는 오랜 세월 우리의 하인이었습니다. 그를 먼저 출가시켜주십시오. 우리는 그에게 인사를 하고, 일어서 맞이하고, 합장하고, 공경하겠습니다. 이와 같이 하면 우리 싸끼야 족들의 싸끼야적 교만이 제거될 것입니다."

그래서 세존께서는 이발사 우빨리를 먼저 출가시켰다. 그리고 나중에 싸끼야 왕자들을 출가시켰다. 그후 존자 밧디야가 일 년 안에 세 가지 명지를 깨우쳤고,[813] 존자 아누룻다가 하늘눈[814]을 개안했고, 존자 아난다가 흐름에 든 경지[815]를 실현했고, 데바닷따는 범속한 신통[816]을 이루었다.

5. 그리고 그때 존자 밧디야는 숲으로도 가고 나무 밑으로도 가고 빈 집으로도 가서 이와 같이 '아! 행복하다. 아! 행복하다.'라고 자주 감흥어린 말을 했다. 그러자 많은 수행승들이 세존께서 계신 곳을 찾아갔다. 가까이 다가가서 세존께 인사를 하고 한쪽으로 물러나 앉았다. 한쪽으로 물러나 앉은 그 수행승들은 세존께 이와 같이 말했다.

[수행승들] "세존이시여, 존자 밧디야는 숲으로도 가고 나무 밑으로도 가고 빈 집으로도 가서 이와 같이 '아! 행복하다. 아! 행복하다.'라고 자주 감흥어린 말을 합니다. 세존이시여, 틀림없이 존자 밧디야는 기뻐하지 않음에도 청정한 삶을 사는 것입니다. 그는 예전에 왕위에 있었을 때의 행복을 추억하면서 숲으로도 가고 나무 밑으로도 가고 빈 집으로도 가서 이와 같이 '아! 행복하다. 아! 행복하다.'라고 자주 감흥어린 말을 하는 것입니다."

그러자 세존께서는 어떤 수행승에게 일렀다.

[세존] "수행승이여, 오라. 그대는 나의 말을 수행승 밧디야에게 '벗이여 밧디야

---

813) teneva antaravassena tisso vijjā sacchākāsi : Mrp. I. 191에 따르면, 밧디야는 출가한 당해년에 거룩한 경지를 깨우쳤다.

814) devacakkhu : 한역에서는 천안통(天眼通)이라고 한다. 세 가지 명지 가운데 천안명(天眼明)을 얻었다는 뜻이다. 뭇삶의 사몰과 결생을 덮고 있는 암흑을 관통하여 뭇삶의 생사를 요지하는 명지를 얻은 것이다.

815) sotāpattiphala : 한역의 예류과(預流果)로 상세한 것은 이 책의 율장해제 안의 참사람의 항목을 보라.

816) pothujjanikaiddhi : 범부(凡夫)의 신통(神通)을 말한다.

여,[184] 스승이 그대를 부른다.'라고 전하라."

[수행승] "세존이시여, 알겠습니다."

그 수행승은 세존께 대답하고 존자 밧디야가 있는 곳을 찾아갔다. 가까이 다가가서 존자 밧디야에게 이와 같이 말했다.

[수행승] "벗이여 밧디야여, 스승께서 그대를 부르신다."

6. [밧디야] "벗이여, 알겠습니다."

존자 밧디야는 그 수행승에게 대답하고 세존께서 계신 곳을 찾아갔다. 가까이 다가가서 세존께 인사를 하고 한쪽으로 물러나 앉았다. 한쪽으로 물러나 앉은 존자 밧디야에게 세존께서는 이와 같이 말했다.

[세존] "밧디야여, 그대가 숲으로도 가고 나무 밑으로도 가고 빈 집으로도 가서 이와 같이 '아! 행복하다. 아! 행복하다.'라고 자주 감흥어린 말을 하는 것이 사실인가?"

[수행승들] "세존이시여, 사실입니다."

[세존] "밧디야여, 그런데 그대는 어떠한 의미에서 그대가 숲으로도 가고 나무 밑으로도 가고 빈 집으로도 가서 이와 같이 '아! 행복하다. 아! 행복하다.'라고 자주 감흥어린 말을 하는 것인가?"

[밧디야] "세존이시여, 제가 왕이었을 때는 내궁에 있어도 호위들이 엄하게 지켰고, 외궁에 있어도 호위들이 엄하게 지켰고, 성안에서도 호위들이 엄하게 지켰고, 성밖에서도 호위들이 엄하게 지켰고, 나라 안에서도 호위들이 엄하게 지켰고, 나라밖에서도 호위들이 엄하게 지켰습니다. 세존이시여, 저는 이와 같이 호위받고 수호받아도, 두려워하고 근심하고 의심하고 전율했습니다. 그러나 저는 여기서 혼자서 숲으로도 가고 나무 밑으로도 가고 빈집으로도 가도, 두려워하지 않고 근심하지 않고 의심하지 않고 전율하지 않고 평안하고 순조롭고 안정되고[817] 사슴과 같은 마음으로 지냅니다. 세존이시여, 이러한 의미에서 제가 숲으로도 가고 나무 밑으로도 가고 빈 집으로도 가서 이와 같이 '아! 행복하다. 아! 행복하다.'라고 자주 감흥어린 말을 하는 것입니다."

그러자 세존께서는 그 사실을 알고 이 기회에 이러한 감흥어린 싯구를 읊었다.

---

817) paradavutto : P. E. D.에 따르면, 'paradavutto'로 '준비된, 안정된'의 뜻을 지닌다. PTS본은 'paradattavutto'라고 읽는다. Pps. III. 167에 따르면, '생계가 다른 사람으로부터 얻어진, 또는 다른 사람으로부터 얻은 것으로 살아가는'이라는 의미를 지닌다.

[세존]
"안으로 분노가 존재하지 않고[818]
존재와 비존재를 뛰어넘어[819]
두려움을 여의고 슬픔을 여읜 행복은[820]
신들조차 결코 볼 수가 없[821]다."[822]

여섯 명의 싸끼야 족의 출가가 끝났다.

2. 데바닷따와 아자따쌋뚜(Devadattaajātasattu)

1. 그후 세존께서는 아누삐야 시에 계실만큼 계시다가 꼬쌈비 시로 유행을 떠났다. 차례로 유행하다가 꼬쌈비 시에 도착했다. 거기서 세존께서는 꼬쌈비 시에 있는 고씨따라마 승원에 계셨다. 그때 데바닷따가 홀로 명상하다가 이와 같은 생각을 했다.

[데바닷따] '내가 누구를 믿으면 그 믿음에 의해서 많은 이득과 명예를 얻을 것인가?'

그리고 데바닷따는 이와 같이 생각했다.

[데바닷따] '내가 왕자 아자따쌋뚜[823]가 아직 어리지만[185] 미래에는 희망

818) yass'antarato na santi kopā : UdA. 164에 따르면, 고귀한 참사람에게는 안으로, 마음속에 어둠을 만들어내는 마음의 성냄과 탐욕 등을 포함하는 원한스러운 일 등을 토대로 합리화되는 무수한 종류의 분노가 고귀한 길에 의해서 버려졌으므로 존재하지 않는다.

819) iti bhavābhavatañca vītivatto : 여기서 존재(bhava)는 주석을 숙고해 보면 존재화를 의미하고 비존재(abhava)는 비존재화를 의미한다는 것을 알 수 있다. UdA. 164에 따르면, 존재화는 성공, 비존재화는 실패, 존재화는 성장, 비존재화는 패퇴, 존재화는 영원, 비존재화는 단멸, 존재화는 공덕, 비존재화는 악덕, 존재화는 좋은 곳, 비존재화는 나쁜 곳, 존재화는 작은 것, 비존재화는 큰 것, 그러므로 그 성공, 실패, 성장, 패퇴, 영원, 단멸, 공덕, 악덕, 좋은 곳, 나쁜 곳, 작은 것, 큰 것의 재생과정을 통해서 존재화와 비존재화의 상태로 무수한 다양성이 성립하는데, 그것들을 네 가지 고귀한 길을 통해서 뛰어넘을 수 있다.

820) taṃ vigatabhayaṃ sukhiṃ asokaṃ : UdA. 164에 따르면, '두려움을 여읜 것'은 앞에서 언급한 방법으로 번뇌를 부수고, 마음에 분노가 없는 것과, 두려움의 뿌리인 존재화와 비존재화의 다양성의 완전한 초월을 의미하고, 행복은 멀리 여읨의 행복, 최상의 경지의 행복을 통한 행복을 의미한다.

821) devā n'ānubhavanti dassanāyā ti : UdA. 164에 따르면, 길을 성취한 자를 제외하고 모든 화생한 신들은 정진하더라도, 그의 마음의 활동을 본다고 하더라도, 보는 것을 체험할 수 없고, 성취할 수 없고, 가능할 수가 없다. 하물며 인간이랴? 학인들도 범부인 일반사람처럼 거룩한 님의 마음의 활동을 알 수가 없다. 역자주 : 거룩한 님의 자취는 법구경(Dhp. 92)에 의하면 찾을 수 없다 : '쌓아 모우는 것이 없고 음식에 대하여 완전히 알고 있음을 여의고 인상을 여의어 활동영역에서 해탈한 님들, 허공을 나는 새처럼, 그들의 자취는 찾기 어렵다(yesaṃ sannicayo natthi | ye pariññātabhojanā | suññato animitto ca | vimokkho yesa gocarā | ākāse'va sakuntānaṃ | gati tesaṃ durannayā)

822) yass'antarato na santi kopā | iti bhavābhavatañca vītivatto | taṃ vigatabhayaṃ sukhiṃ asokaṃ | devā n'ānubhavanti dassanāyā ti ‖ Ud. 18과 병행한다.

이 있다. 내가 왕자 아자따쌋뚜를 믿으면 어떨까? 내가 그를 믿으면, 많은 이득과 명예가 생길 것이다.'

그래서 데바닷따는 처소를 정리하고 발우와 가사를 수하고 라자가하 시로 출발했다. 점차로 라자가하 시에 도착했다. 거기서 데바닷따는 자신의 모습을 감추고 왕자의 모습을 나투어 뱀허리띠를 착용하고 왕자 아자따쌋뚜의 무릎에 나타났다. 왕자 아자따쌋뚜는 두려워하고, 근심하고, 의심하고, 전율했다. 그러자 데바닷따는 왕자 아자따쌋뚜에게 이와 같이 말했다.

[데바닷따] "왕자여, 그대는 내가 무섭습니까?"

[아자따쌋뚜] "그렇습니다. 무섭습니다. 그대는 누구입니까?"

[데바닷따] "저는 데바닷따입니다."

[아자따쌋뚜] "존자여, 그대가 존자 데바닷따라면, 어서 자신의 모습을 나투어 보십시오."

그러자 데바닷따는 왕자의 모습을 소멸시키고, 대의 및 발우와 옷을 수하고, 왕자 아자따쌋뚜의 앞에 나타나 섰다.

그러자 왕자 아자따쌋뚜는 데바닷따의 이러한 신통변화에 기뻐하며, 오백 대의 수레로 아침저녁으로 맞으러 가고, 오백 솥분량의 음식을 공양했다.

그때 데바닷따는 이득, 명예, 칭송에 정복되어 마음이 사로잡혀 이와 같은 욕망을 일으켰다.

[데바닷따] '내가 수행승들의 참모임을 이끌겠다.'[824]

---

823) Ajātasattu : 아자따쌋뚜(Ajātasattu)는 꼬쌀라 국의 빠쎄나디(Pasenadi) 왕의 조카이자 마가다 국의 빔비싸라(Bimbisāra) 왕의 아들이다. Smv. 135에 따르면, 그가 잉태되었을 때에 점쟁이는 그가 아버지를 살해할 것이라는 예언을 하자 어머니는 낙태를 시도했으나 실패했다. 빔비싸라 왕은 이 소식을 듣지 못하고 아들이 태어나자 몹시 사랑했다. 그러나 나중에 이 사실을 안 아자따쌋뚜는 데바닷따(Devadatta)와 공모하여 부처님과 아버지를 살해하려고 하다가, 데바닷따는 부처님을 살해하려다 실패하고 그들의 음모는 발각되었다. 빔비싸라 왕의 대신들은 왕에게 아자따쌋뚜와 데바닷따와 관련자를 죽이라고 조언했다. 그러나 빔비싸라 왕은 아자따쌋뚜를 소환해서, 그가 권력을 원한다는 것을 듣고, 왕위를 양도했다. 그러나 데바닷따는 빔비싸라 왕을 죽여야 한다고 강요했다. 마침내 아자따쌋뚜는 아버지를 유폐하여 굶겨 죽였다. 그는 데바닷따와 공모하여 부처님을 살해하려 했던 것을 후회하고 부처님에게 귀의했으나 나중에는 부처님께서 완전히 열반에 드신 이후에 부처님이 살아생전에 허락하지 않은 밧지(Vajjī) 국을 멸망시키고 꼬쌀라 국을 병합했다. 그는 아버지를 유폐하여 굶겨죽였기 때문에 자신도 아버지를 죽인 날에 태어난 아들 우다이밧다(Udāyibhadda)에 의해서 시해당할까 항상 두려워했다. 아들이 출가하길 바랬으나 출가하지 않았고, 결국 32년간 재위한 뒤에 아버지를 죽인 업보로 자신의 아들에게 시해당했다. Ja. III. 121에 의하면, 그의 어머니는 꼬쌀라 국의 공주이지 비데하(Videha) 국의 공주는 아니다. Ggs. I. 131에 따르면, 붓다고싸가 Srp. I. 154에서 비데하 국의 공주로 규정한 것은 범어에서 아자따샤뚜루(*sk.* Ajātaśatru)를 바이데히뿌뜨라(vaidehīputra)로 표현한 것으로 보아 잘못된 언어적 해석이다. 베데히는 꼬쌀라 국 공주의 실명이며 아마도 그녀의 어머니나 조상이 비데하 족에서 유래했을 가능성이 있다.

이러한 마음이 생겨남과 동시에 데바닷따에게는 신통력이 사라졌다.[825]

2. 그런데 그때 존자 마하 목갈라나의 시자인 꼴리야 족의 아들 까꾸다[826]가 방금 죽었는데, 어떤 정신으로 만들어진 신들의 무리[827]에 태어나서, 그는 마치 두 개나 세 개의 마가다 국의 마을 밭과 같은 크기의 자신의 존재[828]를 얻었다. 그는 그 자신의 존재를 얻어서 자신뿐만 아니라 남도 해치지 않았다. 그때 하늘아들 까꾸다가 존자 마하 목갈라나가 있는 곳을 찾았다. 가까이 다가가서 존자 마하 목갈라나에게 인사를 하고 한쪽으로 물러나 섰다. 한쪽으로 서서 하늘아들 까꾸다가 존자 마하 목갈라나에게 이와 같이 말했다.

[까꾸다] "존자여, 데바닷따는 이득, 명예, 칭송에 정복되어 마음이 사로잡혀 이와 같이 '내가 수행승들의 참모임을 이끌겠다.'라는 욕망을 일으켰습니다. 존자여, 이러한 마음이 생겨남과 동시에 데바닷따에게는 신통력이 사라졌습니다."

하늘아들 까꾸다는 이와 같이 말했다. 이와 같이 말하고 나서 존자 마하 목갈라나에게 인사를 하고 오른 쪽으로 돌아 그곳에서 사라졌다. 그러자 존자 마하 목갈라나는 세존께서 계신 곳을 찾아갔다.[186] 가까이 다가가서 세존께 인사를 하고 한쪽으로 물러나 앉았다. 한쪽으로 앉아서 존자 마하 목갈라나는 이와 같이 말했다.

[목갈라나] "세존이시여, 저의 시자인 꼴리야 족의 아들 까꾸다가 방금 죽어서, 어떤 정신으로 만들어진 신들의 무리에 태어났는데, 마치 두 개나 세 개의 마가다 국의 마을 밭과 같은 자신의 존재를 얻었습니다. 그는 그 자신의 존재를 얻어서 자신뿐만 아니라 남도 해치지 않았습니다. 세존이시여, 그때 하늘아들 까꾸다가 제가 있는 곳을 찾아왔습니다. 가까이 다가와서 저에게 인사를 하고 한쪽으로 물러나 섰습니다. 한쪽으로 물러나 서서 하늘아들 까꾸다가 저에게 이와 같이 '존자여, 데바닷따는 이득, 명예, 칭송에 정복되어 마음이 사로잡혀 이와 같이

---

824) ahaṃ bhikkhusaṅghaṃ pariharissāmī'ti : DN. II. 100에 따르면, 부처님은 이와 같이 말했다. "여래는 이와 같이 '내가 수행승의 승단을 이끌어 간다.'라든가 '수행승의 승단이 나에게 지시를 받는다.'라고 생각하지 않는다. 그러니 무엇 때문에 여래가 수행승의 승단과 관련하여 어떤 공표를 하겠는가?"

825) saha cittuppādāva bhante devadatto tassā iddhiyā parihīno'ti : 범속한 범부의 신통력이 사라진 것이다.

826) Kakudha : 까꾸다는 꼴리야(Koliya) 족으로 목갈라나의 추종자인데, 그는 신으로 태어나서 데바닷따의 계획을 점치고 목갈라나에게 알렸다. 목갈라나가 부처님께 그 계획을 알렸으나, 부처님은 그런 이야기는 불필요하다고 했다. 이하의 그과 관련된 이야기는 AN. III. 122-126에도 등장한다.

827) manomayakāya : AN. III. 192를 참조하라. 정신으로 만들어진 신들의 무리에 태어난 것은 Mrp. III. 254에 따르면, 선정의 정신(jhānamanena)으로 청정한 하느님 세계(淨居天 : suddhāvāsa)에 태어난 것을 말한다.

828) attabhāva : '자신의 존재'를 말하는데, Mrp. III. 277에 따르면, 몸을 얻은 개체를 뜻한다.

'내가 수행승들의 참모임을 이끌겠다.'라는 욕망을 일으켰습니다. 존자여, 이러한 마음이 생겨남과 동시에 데바닷따에게는 신통력이 사라졌습니다.'라고 말했습니다."

[세존] "목갈라나여, 그대는 하늘아들 까꾸다의 마음을 자신의 마음으로 읽고 하늘아들 까꾸다가 '일체가 말한 바와 같아서 다른 것이 아니다.'라는 사실을 아는가?"

[목갈라나] "세존이시여, 저는 하늘아들 까꾸다의 마음을 자신의 마음으로 읽고 하늘아들 까꾸다가 '일체가 말한 바와 같아서 다른 것이 아니다.'라는 사실을 압니다."

[세존] "목갈라나여, 이 말을 비밀로 하라. 목갈라나여, 이 말을 비밀로 하라. 그 어리석은 자가 스스로 자기를 드러낼 것이다."[829]

3. [세존] "목갈라나여, 세상에는 이와 같은 다섯 종류의 스승이 존재한다. 다섯이란 어떠한 것인가?

1) 목갈라나여, 여기 어떤 스승은 계행[830]이 청정하지 않으면서 계행이 청정한 척, 자신의 계행이 청정하고 결백하고 오염되지 않았다고 말한다. 그런데 제자가 이와 같이 '이 존경하는 스승은 계행이 청정하지 않으면서 계행이 청정한 척, 자신의 계행이 청정하고 결백하고 오염되지 않았다라고 말한다.'라고 안다. 그러나 우리가 그것을 재가자들에게 알린다면 그가 좋아하지 않을 텐데, 우리가 그 좋아하지 않는 일을 어떻게 할 수 있을 것인가? 더군다나 그는 의복과 발우와 처소와 필수약품을 받는 것에 동의했다. 자신이 행한 것은 그것으로 자신이 알 것이다. 목갈라나여, 이와 같이 제자들은 계행과 관련하여 스승을 수호해야 한다. 또한 목갈라나여, 그러한 스승은 제자들로부터 계행과 관련하여 수호를 기대해야 한다.

2) 목갈라나여, 여기 어떤 스승은 생활[831]이 청정하지 않으면서 생활이 청정한

---

829) idāni so moghapuriso attanā va attānaṃ pātukarissatī'ti : 어리석은 자는 데바닷따를 말한다.

830) sīla : 여기서 계행은 오계(五戒)에서 계(戒)라고 번역되는 씰라(*pāli.* sīla; *sk.* śīla)이다. 이 씰라는 분명히 '명상하다. 봉사하다. 숭배하다. 실천하다. 반복하다. 계발하다.'라는 뜻의 어근 √śīl — 청정도론(清淨道論)에서 붓다고싸(Buddhaghosa)와 구사론(俱舍論)에서 바수반두(Vasubandhu)가 채택한 것은 '차겁게 하다. 냉각시키다'란 뜻의 어근 √śyai 또는 √śī(Vism. 7; Abhik. III. 47) — 에서 유래된 것이다. 씰라 즉, 계(戒)는 이러한 어근에서 유래해서 일반적으로 덕성, 도덕, 윤리로 번역되는 단어로 내적인 자율적 윤리와 관계된 것으로 다르마적인 측면이 훨씬 강하다. 따라서 씰라와 관계된 것은 경장에서 압도적으로 더욱 강조된다. 역자는 그것을 계행이라고 번역한다. 이에 비해서 외적인 측면에서의 윤리적 규정인 비나야(Vinaya)는 계율(戒律)이라고 번역한다.

831) ājīva : Smv. 314에 따르면, '올바른 생활'은 올바로 신체적 · 언어적 또는 존재의 다발[五蘊]의 상속의 오염에

척, 자신의 생활이 청정하고 결백하고 오염되지 않았다고 말한다. 그런데 제자가 이와 같이 '이 존경하는 스승은 생활이 청정하지 않으면서 생활이 청정한 척, 자신의 생활이[187] 청정하고 결백하고 오염되지 않았다라고 말한다.'라고 안다. 그러나 우리가 그것을 재가자들에게 알린다면 그가 좋아하지 않을 텐데, 우리가 그 좋아하지 않는 일을 어떻게 할 수 있을 것인가? 더군다나 그는 의복과 발우와 처소와 필수약품을 받는 것에 동의했다. 자신이 행한 것은 그것으로 자신이 알 것이다. 목갈라나여, 이와 같이 제자들은 생활과 관련하여 스승을 수호해야 한다. 또한 목갈라나여, 그러한 스승은 제자들로부터 생활과 관련하여 수호를 기대해야 한다.

3) 목갈라나여, 여기 어떤 스승은 설법832)이 청정하지 않으면서 설법이 청정한 척, 자신의 설법이 청정하고 결백하고 오염되지 않았다고 말한다. 그런데 제자가 이와 같이 '이 존경하는 스승은 설법이 청정하지 않으면서 설법이 청정한 척, 자신의 설법이 청정하고 결백하고 오염되지 않았다라고 말한다.'라고 안다. 그러나 우리가 그것을 재가자들에게 알린다면 그가 좋아하지 않을 텐데, 우리가 그 좋아하지 않는 일을 어떻게 할 수 있을 것인가? 더군다나 그는 의복과 발우와 처소와 필수약품을 받는 것에 동의했다. 자신이 행한 것은 그것으로 자신이 알 것이다. 목갈라나여, 이와 같이 제자들은 설법과 관련하여 스승을 수호해야 한다. 또한 목갈라나여, 그러한 스승은 제자들로부터 설법과 관련하여 수호를 기대해야 한다.

4) 목갈라나여, 여기 어떤 스승은 해설833)이 청정하지 않으면서 해설이 청정한 척, 자신의 해설이 청정하고 결백하고 오염되지 않았다고 말한다. 그런데 제자가 이와 같이 '이 존경하는 스승은 해설이 청정하지 않으면서 해설이 청정한 척, 자신의 해설이 청정하고 결백하고 오염되지 않았다라고 말한다.'라고 안다. 그러나 우리가 그것을 재가자들에게 알린다면 그가 좋아하지 않을 텐데, 우리가 그 좋아하지 않는 일을 어떻게 할 수 있을 것인가? 더군다나 그는 의복과 발우와 처소와 필수약품을 받는 것에 동의했다. 자신이 행한 것은 그것으로 자신이 알 것이다. 목갈라나여, 이와 같이 제자들은 해설과 관련하여 스승을 수호해야 한다. 또한 목갈라나여, 그러한 스승은 제자들로부터 해설과 관련하여

의한 잘못된 생활을 끊어서 정화하는 것을 특징으로 한다.

832) dhammadesana : 한역으로도 설법(說法)이다. 가르침을 펴는 것이다.

833) veyyākaraṇa : 한역으로 기설(記說)이라고 한다. 설명(說明), 해설(解說), 해명(解明)을 의미한다.

여 수호를 기대해야 한다.

5) 목갈라나여, 여기 어떤 스승은 앎과 봄[834]이 청정하지 않으면서 앎과 봄이 청정한 척, 자신의 앎과 봄이 청정하고 결백하고 오염되지 않았다고 말한다. 그런데 제자가 이와 같이 '이 존경하는 스승은 앎과 봄이 청정하지 않으면서 앎과 봄이 청정한 척, 자신의 앎과 봄이 청정하고 결백하고 오염되지 않았다라고 말한다.'라고 안다. 그러나 우리가 그것을 재가자들에게 알린다면 그가 좋아하지 않을 텐데, 우리가 그 좋아하지 않는 일을 어떻게 할 수 있을 것인가? 더군다나 그는 의복과 발우와 처소와 필수약품을 받는 것에 동의했다. 자신이 행한 것은 그것으로 자신이 알 것이다. 목갈라나여, 이와 같이 제자들은 앎과 봄과 관련하여 스승을 수호해야 한다. 또한 목갈라나여, 그러한 스승은 제자들로부터 앎과 봄과 관련하여 수호를 기대해야 한다.

목갈라나여, 세상에는 이와 같은 다섯 종류의 스승이 존재한다."

4. [세존]

1) "목갈라나여, 나는 계행이 청정하면서 계행이 청정하다고 말하고, 자신의 계행이 청정하고 결백하고 오염되지 않았다고 말한다. 제자들은 계행과 관련하여 나를 수호하지 않는다. 또한 나는 제자들로부터 계행과 관련하여 수호를 기대하지 않는다.

2) 목갈라나여, 나는 생활이 청정하면서 생활이 청정하다고 말하고, 자신의 생활이 청정하고 결백하고 오염되지 않았다고 말한다. 제자들은 생활과 관련하여 나를 수호하지 않는다. 또한 나는 제자들로부터 생활과 관련하여 수호를 기대하지 않는다.

3) 목갈라나여, 나는 설법이 청정하면서 설법이 청정하다고 말하고, 자신의 설법이 청정하고 결백하고 오염되지 않았다고 말한다. 제자들은 설법과 관련하여 나를 수호하지 않는다. 또한 나는 제자들로부터 설법과 관련하여 수호를 기대하지 않는다.

---

834) ñāṇadassana : 한역의 지견(知見)을 말한다. 부처님의 가르침에서 앎과 봄은 가장 중요한 가르침이다. 봉사가 '붉은 신호등일 때 서고 푸른 신호등일 때 가야 한다.'는 앎이 있어도, 실제 신호등 앞에서는 봄이 없기 때문에 그의 앎은 소용이 없다. 또 어린 아이는 신호등 앞에서 붉은 신호등이나 푸른 신호등을 볼 수 있어도, '붉은 신호등일 때 서야 하고 푸른 신호등일 때 가야 한다.'는 앎이 없기 때문에 그의 봄은 아무런 소용이 없다. 한역에서는 지견(知見)이라고 번역한다. 그것은 Smv. 220에 따르면, 길에 의한 앎(道智 maggañāṇa), 경지에 의한 앎(果智 phalañāṇa), 일체지에 의한 앎(一切知智 sabbaññutañāṇa), 심찰에 의한 앎(審察智 paccavekkhanañāṇa), 통찰에 의한 앎(通察智 (vipassanāñāṇa)을 말한다.

4) 목갈라나여, 나는 해설이 청정하면서 해설이 청정하다고 말하고, 자신의 해설이 청정하고 결백하고 오염되지 않았다고 말한다. 제자들은 해설과 관련하여 나를 수호하지 않는다. 또한 나는 제자들로부터 해설과 관련하여 수호를 기대하지 않는다.

5) 목갈라나여, 나는 앎과 봄이 청정하면서 앎과 봄이 청정하다고 말하고, 자신의 앎과 봄이 청정하고 결백하고 오염되지 않았다고 말한다. 제자들은 앎과 봄과 관련하여 나를 수호하지 않는다. 또한 나는 제자들로부터 앎과 봄과 관련하여 수호를 기대하지 않는다."

5. 그러자 세존께서는 꼬쌈비 시에서 계실 만큼 계시다가 라자가하 시로 유행을 떠났다. 차례로 유행하면서 라자가하 시에 도착했다. 거기서 세존께서는 베루바나 숲에 있는 깔란다까니바빠 공원에 계셨다. 그러자 많은 수행승들이 세존께서 계신 곳을 찾아왔다. 가까이 다가와서 세존께 인사를 하고 한쪽으로 물러나 앉았다. 한쪽으로 물러나 앉은 그 수행승들은 세존께 이와 같이 말했다.

[수행승들] "세존이시여,835) 왕자 아자따쌋뚜가 데바닷따에게 오백 대의 수레로 아침저녁으로 맞으러 가고, 오백 솥분량의 음식을 공양하고 있습니다."

[세존] "수행승들이여, 데바닷따의 이득과 명예와 칭송을 부러워하지 말라. 수행승들이여, 왕자 아자따쌋뚜가 데바닷따에게 오백 대의 수레로 아침저녁으로 맞으러[188] 가고, 오백 솥분량의 음식을 공양할지라도, 수행승들이여, 데바닷따가 희구하는 것들은 착하고 건전한 가르침의 퇴락이지 착하고 건전한 가르침의 성장이 아니다. 수행승들이여, 수행승들이여, 예를 들어 사나운 개의 코에다 마른 간을 부서뜨리면836) 그 개가 더욱 맹렬해지듯, 이와 마찬가지로, 수행승들이여, 왕자 아자따쌋뚜가 데바닷따에게 오백 대의 수레로 아침저녁으로 맞으러 가고, 오백 솥분량의 음식을 공양할지라도, 수행승들이여, 데바닷따가 희구하는 것들은 착하고 건전한 성품의 퇴락을 유도하지 착하고 건전한 성품의 성장을 유도하는 것은 아니다."

[세존] "수행승들이여,837) 데바닷따가 가진 이득과 명예와 칭송이 그 자신을 파멸시키고, 데바닷따가 가진 이득과 명예와 칭송이 그 자신을 쇠망하게 할 것이다.

---

835) bhante : 이하의 내용은 SN. II. 242와 병행적이다.

836) pittaṁ bhindeyyaṁ : Srp. II. 212에 따르면, 곰이나 물고기의 식충을 개의 콧구멍 안에 흘려 넣는 자극적인 것을 말한다.

837) bhikkhave : 이하의 내용은 SN. II. 241과 병행적이다.

1) 수행승들이여, 예를 들어 파초가 열매를 맺으면 자멸하고 파초가 열매를 맺으면 쇠망하듯이, 수행승들이여, 데바닷따에게 생겨난 이득과 명예와 칭송이 그 자신을 파멸시키고, 데바닷따에게 생겨난 이득과 명예와 칭송은 그 자신을 쇠망하게 할 것이다.

2) 수행승들이여, 예를 들어 대나무가 열매를 맺으면 자멸하고 대나무가 열매를 맺으면 쇠망하듯이, 수행승들이여, 데바닷따에게 생겨난 이득과 명예와 칭송이 그 자신을 파멸시키고, 데바닷따에게 생겨난 이득과 명예와 칭송은 그 자신을 쇠망하게 할 것이다.

3) 수행승들이여, 예를 들어 갈대가 열매를 맺으면 자멸하고 갈대가 열매를 맺으면 쇠망하듯이, 수행승들이여, 데바닷따에게 생겨난 이득과 명예와 칭송이 그 자신을 파멸시키고, 데바닷따에게 생겨난 이득과 명예와 칭송은 그 자신을 쇠망하게 할 것이다.

4) 수행승들이여, 예를 들어 암노새가 수태하면 자멸하고 암노새가 수태하면 쇠망하듯이, 수행승들이여, 데바닷따에게 생겨난 이득과 명예와 칭송이 그 자신을 파멸시키고, 데바닷따에게 생겨난 이득과 명예와 칭송은 그 자신을 쇠망하게 할 것이다.

[세존]
"파초와 대나무와 갈대는
자신의 열매가 자신을 죽이네.
수태가 노새[838]를 죽이듯,
명성이 악인을 죽이네."[839]

데바닷따와 아자따쌋뚜가 끝났다.
첫 번째 송출품이 끝났다.

II 두 번째 송출품(Dutiyabhaṇavāra : 3)

3. 데바닷따의 음모(Devadattakumantana)

1. 한때 세존께서는 왕을 포함한 대집회에 둘러싸여 가르침을 설하며 앉아 계셨다.[840] 그런데 그때 데바닷따가 자리에서 일어나 한쪽 어깨에 상의를 걸치고

838) assatariṁ : 노새는 수말과 암당나귀의 잡종으로 생식능력이 없다. 여기서는 민속적인 세계관에 따라 새끼가 잉태하면 노새는 죽는다고 표현한 것이다.

839) phalaṃ ve kadaliṃ hanti | phalaṃ veḷuṃ phalaṃ naḷaṃ | sakkāro kāpurisaṃ hanti | gabbho assatariṃ yathā'ti ‖ 이 시는 SN. I. 154; AN. II. 73; Nett. 130; Uv. 13 : 1; Miln. 166에도 나온다.

840) Tena kho pana samayena bhagavā mahatiyā parisāya parivuto dhammaṃ desento nisinno hoti sarājikāya :

세존께서 계신 곳으로 합장하고 세존께 이와 같이 말했다.

[데바닷따] "세존이시여, 세존께서는 늙고 연로하고 나이가 들고 만년에 이르러 노령에 달했습니다. 세존이시여, 이제 평안하게 지금 여기의 행복한 삶을 영위하십시오. 저에게 수행승들의 참모임을 부촉하여 주시면, 제가 수행승들의 참모임을 이끌겠습니다."

[세존] "데바닷따여, 그만두라. 수행승들의 참모임을 이끌려고 하지 말라."

두 번째에도 데바닷따는 세존께 이와 같이 말했다.

[데바닷따] "세존이시여, 세존께서는 늙고 연로하고 나이가 들고 만년에 이르러 노령에 달했습니다. 세존이시여, 이제 평안하게 지금 여기의 행복한 삶을 영위하십시오. 저에게 수행승들의 참모임을 부촉하여 주시면, 제가 수행승들의 참모임을 이끌겠습니다."

[세존] "데바닷따여, 그만두라. 수행승들의 참모임을 이끌려고 하지 말라."

세 번째에도 데바닷따는 세존께 이와 같이 말했다.

[데바닷따] "세존이시여, 세존께서는 늙고 연로하고 나이가 들고 만년에 이르러 노령에 달했습니다. 세존이시여, 이제 평안하게 지금 여기의 행복한 삶을 영위하십시오. 저에게 수행승들의 참모임을 부촉하여 주시면, 제가 수행승들의 참모임을 이끌겠습니다."

[세존] "데바닷따여, 그만두라. 수행승들의 참모임을 이끌려고 하지 말라. 데바닷따여, 싸리뿟따와 목갈라나에게도 나는 수행승들의 참모임을 부촉하지 않았다. 하물며 육 년간이나 가래침을 삼킨 자에게[841] 말해서 무엇하랴?"

그러자 데바닷따는 '세존께서는 왕을 포함한 집회에서[189] 나를 가래침을 삼킨 자라고 모욕했다. 그러나 싸리뿟따와 목갈라나는 칭찬했다.'라고 생각하며 분노하고 불쾌해 하며 세존께 인사를 하고 오른쪽으로 돌아 그곳을 떠났다.

그런데 이것이 데바닷따가 세존께 품은 첫 번째 원한이었다.

2. 그러자 세존께서는 수행승들에게 일렀다.

[세존] "수행승들이여, 그렇다면, 참모임은 라자가하 시에 있는 데바닷따에 대하여 포고조치의 갈마[842]를 이와 같이 '데바닷따의 성품이 예전과 지금이 다르

이 이야기는 DhA. I. 139-140에도 등장한다.

841) khelāsakassa : Smp. 1275에 따르면, 사악한 생활 형태로 인해 생겨난 필연적인 결과물은 고귀한 사람에게는 타액(唾液)처럼 거부되어야 한다. 가래침을 삼킨 자라는 뜻은 그러한 뜻을 갖고 있다.

842) pakāsanīyakamma : Vin. III. 239에 따르면, CV. I에 언급된 참모임의 공식적인 갈마에 해당하지 않는 것이다.

다. 데바닷따가 신체적으로나 언어적으로 행한 것은 부처님이나 가르침이나 참모임의 것이라고 보아서는 안 된다. 오로지 데바닷따의 것이라고 보아야 한다.'라고 행해야 한다. 수행승들이여, 그런데 이와 같이 행해야 한다. 총명하고 유능한 수행승이 참모임에 알려야 한다.

[제안] '존자들이여, 참모임은 제 말에 귀를 기울이십시오. 참모임에 옳은 일이라면, 라자가하 시에 있는 데바닷따에 대하여 포고조치의 갈마를 이와 같이 '데바닷따의 성품이 예전과 지금이 다르다. 데바닷따가 신체적으로나 언어적으로 행한 것은 부처님이나 가르침이나 참모임의 것이라고 보아서는 안 된다. 오로지 데바닷따의 것이라고 보아야 한다.'라고 행하겠습니다. 이것이 제안입니다.'

[제청] '존자들이여, 참모임은 제 말에 귀를 기울이십시오. 라자가하 시에 있는 데바닷따에 대하여 포고조치의 갈마를 이와 같이 '데바닷따의 성품이 예전과 지금이 다르다. 데바닷따가 신체적으로나 언어적으로 행한 것은 부처님이나 가르침이나 참모임의 것이라고 보아서는 안 된다. 오로지 데바닷따의 것이라고 보아야 한다.'라고 행합니다. 라자가하 시에 있는 데바닷따에 대하여 포고조치의 갈마를 이와 같이 '데바닷따의 성품이 예전과 지금이 다르다. 데바닷따가 신체적으로나 언어적으로 행한 것은 부처님이나 가르침이나 참모임의 것이라고 보아서는 안 된다. 오로지 데바닷따의 것이라고 보아야 한다.'라고 행하는 것에 동의하면 침묵하시고, 이견이 있으면 말씀하십시오.'

[결정] '참모임은 라자가하 시에 있는 데바닷따에 대하여 포고조치의 갈마를 이와 같이 '데바닷따의 성품이 예전과 지금이 다르다. 데바닷따가 신체적으로나 언어적으로 행한 것은 부처님이나 가르침이나 참모임의 것이라고 보아서는 안 된다. 오로지 데바닷따의 것이라고 보아야 한다.'라고 행했습니다. 참모임이 찬성하여 침묵했으므로, 저는 그와 같이 알겠습니다.'"

3. 그후 세존께서 존자 싸리뿟따에게 일렀다.

[세존] "싸리뿟따여, 그렇다면 그대가 라자가하 시에 있는 데바닷따에게 알려주어라."

[싸리뿟따] "세존이시여, 예전에 저는 라자가하 시에 있는 데바닷따에 대하여 '고디[843]의 아들이여, 위대한 신통을 지녔습니다. 고디의 아들이여, 위대한 능력을 지녔습니다.'라고 말했습니다. 그런데 제가 라자가하 시에 있는 데바닷따에

843) Godhī : 율장의 이곳에만 등장하는데, 고디(Godhī)는 데바닷따의 어머니의 이름이다.

대하여 어떻게 알립니까?"

[세존] "싸리뿟따여, 그대가 라자가하 시에 있는 데바닷따에 대하여 '고디의 아들이여, 위대한 신통을 지녔습니다. 고디의 아들이여, 위대한 능력을 지녔습니다.'라고 칭찬하여 말한 것이 진실이란 말인가?"

[싸리뿟따] "세존이시여, 그렇습니다."

[세존] "싸리뿟따여, 그렇다면 그대가 진실이었다면 라자가하 시에 있는 데바닷따에게 알려 주어라."

[수행승들] "세존이시여, 알겠습니다."

존자 싸리뿟따는 세존께 대답했다.

4. 그러자 세존께서는 수행승들에게 일렀다.

[세존] "수행승들이여, 그렇다면, 참모임은 싸리뿟따를 선정하여 라자가하 시에 있는 데바닷따에게 이와 같이 '데바닷따의 성품이 예전과 지금이 다르다. 데바닷따가 신체적으로나 언어적으로 행한 것은 부처님이나 가르침이나 참모임의 것이라고 보아서는 안 된다. 오로지 데바닷따의 것이라고 보아야 한다.'라고 알려 주어야 한다."

수행승들이여, 그런데 이와 같이 선정해야 한다. 싸리뿟따를 먼저 청해야 한다. 청하고 나서 총명하고 유능한 수행승이 참모임에 알려야 한다.

[제안] '존자들이여, 참모임은 제 말에 귀를 기울이십시오. 만약 참모임에 옳은 일이라면, 참모임은 존자 싸리뿟따를[190] 선정하여 라자가하 시에 있는 데바닷따에게 이와 같이 '데바닷따의 성품이 예전과 지금이 다르다. 데바닷따가 신체적으로나 언어적으로 행한 것은 부처님이나 가르침이나 참모임의 것이라고 보아서는 안 된다. 오로지 데바닷따의 것이라고 보아야 한다.'라고 알려 주겠습니다. 이것이 제안입니다.'

[제청] '존자들이여, 참모임은 제 말에 귀를 기울이십시오. 참모임은 존자 싸리뿟따를 선정하여 라자가하 시에 있는 데바닷따에게 이와 같이 '데바닷따의 성품이 예전과 지금이 다르다. 데바닷따가 신체적으로나 언어적으로 행한 것은 부처님이나 가르침이나 참모임의 것이라고 보아서는 안 된다. 오로지 데바닷따의 것이라고 보아야 한다.'라고 알려 주어야 합니다. 존자 싸리뿟따를 선정하여 라자가하 시에 있는 데바닷따에게 이와 같이 '데바닷따의 성품이 예전과 지금이 다르다. 데바닷따가 신체적으로나 언어적으로 행한 것은 부처님이나 가르침이나 참모임의 것이라고 보아서는 안 된다. 오로지 데바닷따의 것이라고 보아야 한다.'라고

알려 주는 것에 동의하면 침묵하시고, 이견이 있으면 말씀하십시오.'

[결정] '참모임은 존자 싸리뿟따를 선정하여 라자가하 시에 있는 데바닷따에게 이와 같이 '데바닷따의 성품이 예전과 지금이 다르다. 데바닷따가 신체적으로나 언어적으로 행한 것은 부처님이나 가르침이나 참모임의 것이라고 보아서는 안 된다. 오로지 데바닷따의 것이라고 보아야 한다.'라고 알려 주기로 했습니다. 참모임이 찬성하여 침묵했으므로, 저는 그와 같이 알겠습니다.'"

그래서 존자 싸리뿟따는 많은 수행승들과 함께 라자가하 시에 들어가서 라자가하 시에 있는 데바닷따에게 이와 같이 '데바닷따의 성품이 예전과 지금이 다르다. 데바닷따가 신체적으로나 언어적으로 행한 것은 부처님이나 가르침이나 참모임의 것이라고 보아서는 안 된다. 오로지 데바닷따의 것이라고 보아야 한다.'라고 알려주었다. 그러자 믿음이 없고, 청정한 마음이 없고, 이해력이 부족한 사람들이 이와 같이 말했다.

[믿음 없는 사람들] "이 싸끼야의 아들인 수행자들은 질투심이 많아 데바닷따의 이득과 명예와 칭송을 질투한다."

그러나 믿음이 있고, 청정한 마음이 있고, 이해력이 있는 사람들이 이와 같이 말했다.

[믿음 있는 사람들] "세존께서 라자가하 시에 있는 데바닷따에게 알려 주다니 이것은 사소한 일이 아닐 것이다."

5. 그후 데바닷따는 왕자 아자따쌋뚜를 찾아갔다.844) 가까이 다가가서 왕자 아자따쌋뚜에게 이와 같이 말했다.

[데바닷따] "왕자여, 예전에 사람들은 목숨이 길었습니다만, 오늘날은 목숨이 짧습니다. 그대는 왕자일지라도 죽을 수 있는 그 가능성이 있습니다. 그러므로 왕자여, 그대는 아버지를 죽이고 왕이 되십시오. 나는 세존을 죽이고 부처님이 되겠습니다."

그러자 왕자 아자따쌋뚜는 '스승인 데바닷따가 크나큰 신통력과 크나큰 능력을 갖고 있으니, 스승인 데바닷따는 무엇이 옳은지 알겠지.'라고 생각하여, 허벅지에 장검을 차고, 아침 일찍 두려워하고, 근심하고, 의심하고, 전율하면서 갑자기 내궁으로 들어갔다. 내궁의 시녀들과 대신들은 왕자 아자따쌋뚜가 허벅지에 장검을 차고, 아침 일찍 두려워하고, 근심하고, 의심하고, 전율하면서 갑자기 내궁으로

---

844) Atha kho devadatto yena ajātasattu kumāro tenupasaṅkami : 이 이야기는 DhA. I. 140; Smv. 135와 병행한다.

들어가는 것을 보았다. 보고나서 붙잡았다. 그를 조사하여 허벅지에 장검이 묶여 있는 것을 보고 왕자 아자따쌋뚜에게 이와 같이 말했다.

[시녀들과 대신들] "왕자여, 그대는 무엇을 하러 갑니까?"

[아자따쌋뚜] "아버지를 죽이려 합니다."

[시녀들과 대신들] "누가 교사했습니까?"

[아자따쌋뚜] "스승인 데바닷따입니다."

어떤 대신들은 이와 같은 의견을 내었다.

[어떤 대신들] "왕자와 데바닷따와 모든 불교 수행승들을 죽여야 한다."

어떤 대신들은 이와 같은 의견을 내었다.

[어떤 대신들] "수행승들을 죽여서는 안 된다. 수행승들은 어떠한 죄도 짓지 않았다. 왕자와 데바닷따를 죽여야 한다."

어떤 대신들은 이와 같은 의견을 내었다.

[어떤 대신들] "왕자도 데바닷따도 죽여서는 안 된다. 폐하에게 알려서 폐하가 명하는 대로 해야 할 것이다."

6. 그래서 그 대신들은 왕자 아자따쌋뚜를 데리고 마가다 국의 왕 쎄니야 빔비싸라[191]가 있는 곳을 찾아갔다. 가까이 다가가서 마가다 국의 왕 쎄니야 빔비싸라에게 그 사실을 알렸다.

[빔비싸라] "이보게들, 대신들의 의견은 어떠한가?"

[대신들] "어떤 대신들은 이와 같이 '왕자와 데바닷따와 모든 불교 수행승들을 죽여야 한다.'라는 의견을 내었습니다. 어떤 대신들은 이와 같이 '수행승들을 죽여서는 안 된다. 수행승들은 어떠한 죄도 짓지 않았다. 왕자와 데바닷따를 죽여야 한다.'라는 의견을 내었습니다. 어떤 대신들은 이와 같이 '왕자도 데바닷따도 죽여서는 안 된다. 폐하에게 알려서 폐하가 명하는 대로 해야 할 것이다.'라는 의견을 내었습니다."

[빔비싸라] "이보게들, 부처님이나 가르침이나 참모임은 이것을 어떻게 할 것인가? 세존께서는 이미 라자가하 시에 있는 데바닷따에 대하여 이와 같이 '데바닷따의 성품이 예전과 지금이 다르다. 데바닷따가 신체적으로나 언어적으로 행한 것은 부처님이나 가르침이나 참모임의 것이라고 보아서는 안 된다. 오로지 데바닷따의 것이라고 보아야 한다.'라고 알려주지 않았는가?"

그 가운데 그 대신들이 이와 같은 의견을 내어, '왕자와 데바닷따와 모든 불교 수행승들을 죽여야 한다.'라고 말했는데, 왕은 그들을 채택하지 않았다. 어떤 대신들은 이와 같은 의견을 내어, '수행승들을 죽여서는 안 된다. 수행승들은 어떠한 죄도 짓지 않았다. 왕자와 데바닷따를 죽여야 한다.'라고 말했는데, 왕은 그들에 대해서는 하위에 두었다. 어떤 대신들은 이와 같은 의견을 낸 것, '왕자도 데바닷따도 죽여서는 안 된다. 폐하에게 알려서 폐하가 명하는 대로 해야 할 것이다.'라고 말했는데, 왕은 그들에 대해서는 상위에 두었다. 그래서 마가다 국의 왕 쎄니야 빔비싸라는 왕자 아자따쌋뚜에게 이와 같이 말했다.

[빔비싸라] "왕자여, 그대는 나를 왜 죽이려 했는가?"

[아자따쌋뚜] "폐하, 저는 왕위를 얻고자 합니다."

[빔비싸라] "왕자여, 만약 그대가 왕위를 얻고자 원하다면, 이 왕국은 그대의 것이다."

그래서 왕자 아자따쌋뚜에게 왕위를 양도했다.

7. 그때 데바닷따가 왕자 아자따쌋뚜가 있는 곳을 찾아갔다. 가까이 다가가서 왕자 아자따쌋뚜에게 이와 같이 말했다.

[데바닷따] "대왕이여, 사람들에게 명령하여 수행자 고따마를 죽이도록 하십시오."

그러자 왕자 아자따쌋뚜는 신하들에게 명령했다.

[아자따쌋뚜] "이보게들, 스승인 데바닷따가 말한 대로 행하라."

그러자 데바닷따는 한 신하에게 명령했다.

[데바닷따] "이보게들, 어떤 장소에 수행자 고따마가 있다. 그의 목숨을 빼앗아 이 길로 오라."

그리고 그는 한 길에 두 신하를 세우고 말했다.

[데바닷따] "이 길을 따라 한 신하가 오면, 그의 목숨을 빼앗아 이 길로 오라."

그리고 그는 한 길에 네 신하를 세우고 말했다.

[데바닷따] "이 길을 따라 두 사람이 오면, 그의[192] 목숨을 빼앗아 이 길로 오라."

그리고 그는 한 길에 여덟 신하를 세우고 말했다.

[데바닷따] "이 길을 따라 네 사람이 오면, 그의 목숨을 빼앗아 이 길로 오라."

그리고 그는 한 길에 열여섯 신하를 세우고 말했다.

[데바닷따] "이 길을 따라 여덟 사람이 오면, 그의 목숨을 빼앗아 이 길로 오라."

8. 그때 그 한 신하가 칼과 방패를 가지고 활과 화살을 장착하고 세존께서 계신 곳을 찾아갔다. 가까이 다가가서 세존께서 멀지 않은 곳에서 두려워하고, 근심하

고, 의심하고, 전율하며 몸이 굳은 채 서있었다. 세존께서는 그 사람이 두려워하고, 근심하고, 의심하고, 전율하며 몸이 굳은 채 서있는 것을 보았다. 보고나서 그 사람에게 이와 같이 말했다.

[세존] "벗이여, 오라. 두려워하지 말라."

그러자 그 신하는 칼과 방패를 한쪽에 두고 활과 화살을 버리고 세존께서 계신 곳으로 다가왔다. 가까이 다가와서 세존의 두발에 머리를 조아리고 세존께 이와 같이 말했다.

[신하] "세존이시여, 저는 잘못을 저질렀습니다. 어리석은 자와 같이 미혹한 자와 같이 악하고 불건전한 자와 같이, 저는 사악한 마음과 살해의 마음을 가지고 이곳에 접근했습니다. 세존이시여, 세존께서는 미래를 수호하기 위하여, 그러한 저의 잘못을 잘못이라고 받아 주십시오."

[세존] "벗이여, 참으로 그대는 잘못을 저질렀습니다. 어리석은 자와 같이 미혹한 자와 같이 악하고 불건전한 자와 같이, 그대는 사악한 마음과 살해의 마음을 가지고 이곳에 접근했습니다. 벗이여, 잘못을 잘못이라고 보고 원리에 따라 고백하여 미래를 수호하는 것은 고귀한 님의 계율에서의 성장입니다."

그리고 세존께서는 그 신하를 위하여 차례로 설법을 했다. 예를 들어, 보시에 대한 이야기, 계행에 대한 이야기, 하늘에 대한 이야기, 감각적 쾌락에 대한 욕망의 위험·해악·오염과 멀리 여읨의 공덕에 대하여 설명했다. 세존께서는 그 사람에게 그 마음이 준비가 되어있고, 그 마음이 유연하고, 그 마음이 장애가 없고, 그 마음이 고양되고, 그 마음이 믿음으로 차는 것을 알았을 때, 모든 깨달은 님들이 칭찬하는 괴로움과 그 발생, 그 소멸, 그 소멸에 이르는 길의 가르침에 대하여 그에게 설하셨다. 마치 깨끗하고 때묻지 않은 천이 잘 물드는 것처럼, 이와 같이 그 신하는 그 자리에서 티끌없고 때묻지 않은 진리의 눈을 얻었다.

[한 신하] '어떠한 것이든 생겨난 그 모든 것은 소멸하는 것이다.'

그래서 그 신하는 진리를 보고, 진리를 성취하고, 진리를 알고, 진리에 들고, 스승의 가르침에 대하여 의심을 끊고, 의혹을 끊고, 두려움 없음을 얻고, 다른 것에 의지하지 않게 되어, 세존께 이와 같이 말씀드렸다.

[한 신하] "세존이시여, 훌륭하십니다. 세존이시여, 훌륭하십니다. 세존이시여, 마치 넘어진 것을 일으켜 세우듯, 가려진 것을 열어 보이듯, 어리석은 자에게 길을 가리켜주듯, 눈 있는 자는 형상을 보라고 어둠 속에 등불을 들어 올리듯, 세존께서는 이와 같이 여러 가지 방법으로 진리를 밝혀 주셨습니다. 그러므로

이제 세존께[193] 귀의합니다. 또한 그 가르침에 귀의합니다. 또한 그 수행승의 모임에 귀의합니다. 세존이신 고따마께서는 재가신자로서 저를 받아 주십시오. 오늘부터 목숨 바쳐 귀의하겠습니다."

그러자 세존께서는 그 사람에게 이와 같이 말했다.

[세존] "벗이여, 그대는 그 길을 가지 마시고, 이 길을 가시오."

이와 같이 다른 길을 제시했다.

9. 그러자 그 두 신하가 '어떻게 그 한 사람이 오는 것이 더딘가.'라고 만나러 길을 가다가 세존께서 어떤 나무 밑에 앉아 있는 것을 보았다. 보고나서 세존께서 계신 곳을 찾아 갔다. 가까이 다가가서 세존께 인사를 하고 한쪽에 물러나 앉았다.

그리고 세존께서는 그 신하들을 위하여 차례로 설법을 했다. 예를 들어, 보시에 대한 이야기, 계행에 대한 이야기, 하늘에 대한 이야기, 감각적 쾌락에 대한 욕망의 위험·해악·오염과 멀리 여읨의 공덕에 대하여 설명했다.

세존께서는 그 신하들에게 그 마음이 준비가 되어있고, 그 마음이 유연하고, 그 마음이 장애가 없고, 그 마음이 고양되고, 그 마음이 믿음으로 차는 것을 알았을 때, 모든 깨달은 님들이 칭찬하는 괴로움, 괴로움의 발생, 괴로움의 소멸, 괴로움의 소멸에 이르는 길[845]의 가르침에 대하여 그에게 설하셨다. 마치 깨끗하고 때묻지 않은 천이 잘 물드는 것처럼, 이와 같이 그 신하들은 그 자리에서 티끌없고 때묻지 않은 진리의 눈을 얻었다.

[두 신하들] '어떠한 것이든 생겨난 그 모든 것은 소멸하는 것이다.'

그래서 그 신하들은 진리를 보고, 진리를 성취하고, 진리를 알고, 진리에 들고, 스승의 가르침에 대하여 의심을 끊고, 의혹을 끊고, 두려움 없음을 얻고, 다른 것에 의지하지 않게 되어, 세존께 이와 같이 말씀드렸다.

[두 신하들] "세존이시여, 훌륭하십니다. 세존이시여, 훌륭하십니다. 세존이시여, 마치 넘어진 것을 일으켜 세우듯, 가려진 것을 열어 보이듯, 어리석은 자에게 길을 가리켜주듯, 눈 있는 자는 형상을 보라고 어둠 속에 등불을 들어 올리듯, 세존께서는 이와 같이 여러 가지 방법으로 진리를 밝혀 주셨습니다. 그러므로 이제 세존께 귀의합니다. 또한 그 가르침에 귀의합니다. 또한 그 수행승의 모임에

---

845) dukkhaṃ samudayaṃ nirodhaṃ maggaṃ : 네 가지 거룩한 진리(四聖諦 : cattāri ariyasaccāni)를 의미한다 : ① 괴로움의 거룩한 진리(苦聖諦 : dukkha-ariyasacca) ② 괴로움의 발생의 거룩한 진리(集聖諦 : dukkhasamudaya-ariyasacca) ③ 괴로움의 소멸의 거룩한 진리(滅聖諦 : dukkhanirodha-ariyasacca) ④ 괴로움의 소멸로 이끄는 길의 거룩한 진리(道聖諦 : dukkhanirodhagāminī-paṭipadā-ariyasacca)이다.

귀의합니다. 세존이신 고따마께서는 재가신자로서 저를 받아 주십시오. 오늘부터 목숨 바쳐 귀의하겠습니다."

그러자 세존께서는 그 신하들에게 이와 같이 말했다.

[세존] "벗들이여, 그대들은 그 길을 가지 마시고, 이 길을 가시오."

이와 같이 다른 길을 제시했다.

10. 그러자 그 네 신하는 '어떻게 그 두 신하가 오는 것이 더딘가.'라고 만나러 길을 가다가 세존께서 어떤 나무 밑에 앉아 있는 것을 보았다. 보고나서 세존께서 계신 곳을 찾아 갔다. 가까이 다가가서 세존께 인사를 하고 한쪽에 물러나 앉았다. 그리고 세존께서는 그 신하들을 위하여 차례로 설법을 했다. 예를 들어, 보시에 대한 이야기, 계행에 대한 이야기, 하늘에 대한 이야기, 감각적 쾌락에 대한 욕망의 위험·해악·오염과 멀리 여읨의 공덕에 대하여 설명했다.

세존께서는 그 신하들에게 그 마음이 준비가 되어있고, 그 마음이 유연하고, 그 마음이 장애가 없고, 그 마음이 고양되고, 그 마음이 믿음으로 차는 것을 알았을 때, 모든 깨달은 님들이 칭찬하는 괴로움과 그 발생, 그 소멸, 그 소멸에 이르는 길의 가르침에 대하여 그에게 설하셨다. 마치 깨끗하고 때묻지 않은 천이 잘 물드는 것처럼, 이와 같이 그 신하들은 그 자리에서 티끌없고 때묻지 않은 진리의 눈을 얻었다.

[네 신하들] '어떠한 것이든 생겨난 그 모든 것은 소멸하는 것이다.'

그래서 그 신하들은 진리를 보고, 진리를 성취하고, 진리를 알고, 진리에 들고, 스승의 가르침에 대하여 의심을 끊고, 의혹을 끊고, 두려움 없음을 얻고, 다른 것에 의지하지 않게 되어, 세존께 이와 같이 말씀드렸다.

[네 신하들] "세존이시여, 훌륭하십니다. 세존이시여, 훌륭하십니다. 세존이시여, 마치 넘어진 것을 일으켜 세우듯, 가려진 것을 열어 보이듯, 어리석은 자에게 길을 가리켜주듯, 눈 있는 자는 형상을 보라고 어둠 속에 등불을 들어 올리듯, 세존께서는 이와 같이 여러 가지 방법으로 진리를 밝혀 주셨습니다. 그러므로 이제 세존께 귀의합니다. 또한 그 가르침에 귀의합니다. 또한 그 수행승의 모임에 귀의합니다. 세존이신 고따마께서는 재가신자로서 저를 받아 주십시오. 오늘부터 목숨 바쳐 귀의하겠습니다."

그러자 세존께서는 그 신하들에게 이와 같이 말했다.

[세존] "벗들이여, 그대들은 그 길을 가지 마시고, 이 길을 가시오."

이와 같이 다른 길을 제시했다.

11. 그러자 그 여덟 신하는 '어떻게 그 네 신하가 오는 것이 더딘가.'라고 만나러 길을 가다가 세존께서 어떤 나무 밑에 앉아 있는 것을 보았다. 보고나서 세존께서 계신 곳을 찾아 갔다. 가까이 다가가서 세존께 인사를 하고 한쪽에 물러나 앉았다. 그리고 세존께서는 그 신하들을 위하여 차례로 설법을 했다. 예를 들어, 보시에 대한 이야기, 계행에 대한 이야기, 하늘에 대한 이야기, 감각적 쾌락에 대한 욕망의 위험·해악·오염과 멀리 여읨의 공덕에 대하여 설명했다.

세존께서는 그 신하들에게 그 마음이 준비가 되어있고, 그 마음이 유연하고, 그 마음이 장애가 없고, 그 마음이 고양되고, 그 마음이 믿음으로 차는 것을 알았을 때, 모든 깨달은 님들이 칭찬하는 괴로움과 그 발생, 그 소멸, 그 소멸에 이르는 길의 가르침에 대하여 그에게 설하셨다.

마치 깨끗하고 때묻지 않은 천이 잘 물드는 것처럼, 이와 같이 그 신하들은 그 자리에서 티끌없고 때묻지 않은 진리의 눈을 얻었다.

[여덟 신하들] '어떠한 것이든 생겨난 그 모든 것은 소멸하는 것이다.'

그래서 그 신하들은 진리를 보고, 진리를 성취하고, 진리를 알고, 진리에 들고, 스승의 가르침에 대하여 의심을 끊고, 의혹을 끊고, 두려움 없음을 얻고, 다른 것에 의지하지 않게 되어, 세존께 이와 같이 말씀드렸다.

[여덟 신하들] "세존이시여, 훌륭하십니다. 세존이시여, 훌륭하십니다. 세존이시여, 마치 넘어진 것을 일으켜 세우듯, 가려진 것을 열어 보이듯, 어리석은 자에게 길을 가리켜주듯, 눈 있는 자는 형상을 보라고 어둠 속에 등불을 들어 올리듯, 세존께서는 이와 같이 여러 가지 방법으로 진리를 밝혀 주셨습니다. 그러므로 이제 세존께 귀의합니다. 또한 그 가르침에 귀의합니다. 또한 그 수행승의 모임에 귀의합니다. 세존이신 고따마께서는 재가신자로서 저를 받아 주십시오. 오늘부터 목숨 바쳐 귀의하겠습니다."

세존께서는 그 신하들에게 이와 같이 말했다.

[세존] "벗들이여, 그대들은 그 길을 가지 마시고, 이 길을 가시오."

이와 같이 다른 길을 제시했다.

12. 그러자 그 열여섯 신하는 '어떻게 그 여덟 신하가 오는 것이 더딘가.'라고 만나러 길을 가다가 세존께서 어떤 나무 밑에 앉아 있는 것을 보았다. 보고나서 세존께서 계신 곳을 찾아 갔다. 가까이 다가가서 세존께 인사를 하고 한쪽에 물러나 앉았다. 그리고 세존께서는 그 신하들을 위하여 차례로 설법을 했다. 예를 들어, 보시에 대한 이야기, 계행에 대한 이야기, 하늘에 대한 이야기, 감각적

쾌락에 대한 욕망의 위험·해악·오염과 멀리 여읨의 공덕에 대하여 설명했다.

세존께서는 그 신하들에게 그 마음이 준비가 되어있고, 그 마음이 유연하고, 그 마음이 장애가 없고, 그 마음이 고양되고, 그 마음이 믿음으로 차는 것을 알았을 때, 모든 깨달은 님들이 칭찬하는 괴로움과 그 발생, 그 소멸, 그 소멸에 이르는 길의 가르침에 대하여 그에게 설하셨다.

마치 깨끗하고 때묻지 않은 천이 잘 물드는 것처럼, 이와 같이 그 신하들은 그 자리에서 티끌없고 때묻지 않은 진리의 눈을 얻었다.

[열여섯 신하들] '어떠한 것이든 생겨난 그 모든 것은 소멸하는 것이다.'

그래서 그 신하들은 진리를 보고, 진리를 성취하고, 진리를 알고, 진리에 들고, 스승의 가르침에 대하여 의심을 끊고, 의혹을 끊고, 두려움 없음을 얻고, 다른 것에 의지하지 않게 되어, 세존께 이와 같이 말씀드렸다.

[열여섯 신하들] "세존이시여, 훌륭하십니다. 세존이시여, 훌륭하십니다. 세존이시여, 마치 넘어진 것을 일으켜 세우듯, 가려진 것을 열어 보이듯, 어리석은 자에게 길을 가리켜주듯, 눈 있는 자는 형상을 보라고 어둠 속에 등불을 들어 올리듯, 세존께서는 이와 같이 여러 가지 방법으로 진리를 밝혀 주셨습니다. 그러므로 이제 세존께 귀의합니다. 또한 그 가르침에 귀의합니다. 또한 그 수행승의 모임에 귀의합니다. 세존이신 고따마께서는 재가신자로서 저를 받아 주십시오. 오늘부터 목숨 바쳐 귀의하겠습니다."

그러자 세존께서는 그 신하들에게 이와 같이 말했다.

[세존] "벗들이여, 그대들은 그 길을 가지 마시고, 이 길을 가시오."

이와 같이 다른 길을 제시했다.

13. 그러자 그 한 신하가 데바닷따를 찾아 갔다.[846] 가까이 다가가서 데바닷따에게 이와 같이 말했다.

[한 신하] "존자여, 저는 그 세존의 목숨을 빼앗을 수 없었습니다. 그 세존께서는 위대한 신통과 위대한 능력을 갖고 있습니다."

[데바닷따] "이보게, 그만두어라. 그대는 수행자 고따마의 목숨을 빼앗을 수 없다. 내가 수행자 고따마의 목숨을 빼앗을 것이다."

그런데 그때 세존께서 깃자꾸따 산의 그늘 쪽에서 산책을 하고 있었다.

그때 데바닷따가 깃자꾸따 산에 올라가 '이것으로 수행자 고따마의 목숨을 빼앗

---

846) atha kho so eko puriso yena devadatto tenupasaṅkami : 여기서부터 Jāt. V. 333과 병행하다.

자.'라고 생각하고 큰 바위를 던졌다. 그런데 두 산봉우리가 만나는 곳에서[847] 그 바위가 부수어졌다. 그래서 돌조각이 떨어져 세존의 발에 피가 나왔다. 그래서 세존께서는 위를 쳐다보고 데바닷따에게 이와 같이 말했다.

[세존] "어리석은 자여, 사악한 마음과 살해의 마음을 가지고 여래의 발에 피를 낸 것은 그대가 많은 악덕을 낳은 것이다."

그리고 세존께서는 수행승들에게 말했다.

[세존] "수행승들이여, 사악한 마음과 살해의 마음을 가지고 여래의 발에 피를 낸 것은 데바닷따가 쌓은 첫 번째 무간업이다."

14. 수행승들은[194] 들었다.

[수행승들] "데바닷따가 실로 세존을 살해하고자 기도했다."

그래서 그 수행승들은 세존의 처소를 돌면서 높은 소리, 큰 소리로 세존을 수호하고 방어하고 위호하기 위하여 독송하면서 돌아다녔다. 세존께서는 높은 소리, 큰 소리로 독송하는 소리를 들었다. 듣고 나서 존자 아난다에게 말했다.

[세존] "아난다여, 높은 소리, 큰 소리로 독송하는 소리는 무엇인가?"

[아난다] "세존이시여, 수행승들은 '데바닷따가 실로 세존을 살해하고자 기도했다.'라고 들었습니다. 세존이시여, 그래서 그 수행승들은 세존의 처소를 돌면서 높은 소리, 큰 소리로 세존을 수호하고 방어하고 위호하기 위하여 독송하면서 돌아다니는 것입니다. 세존이시여, 그것이 높은 소리, 큰 소리로 독송하는 소리입니다."

[세존] "아난다여, 그렇다면, 나의 이름으로 '스승이 존자들을 부른다.'라고 그 수행승들을 불러라."

[수행승들] "세존이시여, 알겠습니다."

존자 아난다는 세존께 대답하고 그 수행승들이 있는 곳을 찾아 갔다. 가까이 다가가서 그 수행승들에게 이와 같이 말했다.

[아난다] "스승께서 존자들을 부르십니다."

[수행승들] "벗이여, 알겠습니다."

그 수행승들은 존자 아난다에게 대답하고 세존께서 계신 곳을 찾아갔다. 가까이 다가가서, 세존께 인사를 하고 한쪽으로 물러나 앉았다. 한쪽으로 물러나 앉은 그 수행승들에게 세존께서는 이와 같이 말했다.

---

847) dve pabbatakūṭā samāgantvā : 원문에는 '두 산봉우리가 만나서'라고 되어 있다.

[세존] "수행승들이여, 폭력으로 여래의 목숨을 빼앗는 것은 가능하지도 않고 성공할 수도 없다. 수행승들이여, 폭력 없이 여래는 완전한 열반에 든다."

15. [세존] "수행승들이여. 세상에는 이와 같은 다섯 종류의 스승이 존재한다. 다섯이란 어떠한 것인가?

1) 수행승들이여, 여기 어떤 스승은 계행이 청정하지 않으면서 계행이 청정한 척, 자신의 계행이 청정하고 결백하고 오염되지 않았다고 말한다. 그런데 제자가 이와 같이 '이 존경하는 스승은 계행이 청정하지 않으면서 계행이 청정한 척, 자신의 계행이 청정하고 결백하고 오염되지 않았다라고 말한다.'라고 안다. 그러나 우리가 그것을 재가자들에게 알린다면 그가 좋아하지 않을 텐데, 우리가 그 좋아하지 않는 일을 어떻게 할 수 있을 것인가? 더군다나 그는 의복과 발우와 처소와 필수약품을 받는 것에 동의했다. 자신이 행한 것은 그것으로 자신이 알 것이다. 수행승들이여, 이와 같이 제자들은 계행과 관련하여 스승을 수호해야 한다. 또한 수행승들이여, 그러한 스승은 제자들로부터 계행과 관련하여 수호를 기대해야 한다.

2) 수행승들이여, 여기 어떤 스승은 생활이 청정하지 않으면서 생활이 청정한 척, 자신의 생활이 청정하고 결백하고 오염되지 않았다고 말한다. 그런데 제자가 이와 같이 '이 존경하는 스승은 생활이 청정하지 않으면서 생활이 청정한 척, 자신의 생활이 청정하고 결백하고 오염되지 않았다라고 말한다.'라고 안다. 그러나 우리가 그것을 재가자들에게 알린다면 그가 좋아하지 않을 텐데, 우리가 그 좋아하지 않는 일을 어떻게 할 수 있을 것인가? 더군다나 그는 의복과 발우와 처소와 필수약품을 받는 것에 동의했다. 자신이 행한 것은 그것으로 자신이 알 것이다. 수행승들이여, 이와 같이 제자들은 생활과 관련하여 스승을 수호해야 한다. 또한 수행승들이여, 그러한 스승은 제자들로부터 생활과 관련하여 수호를 기대해야 한다.

3) 수행승들이여, 여기 어떤 스승은 설법이 청정하지 않으면서 설법이 청정한 척, 자신의 설법이 청정하고 결백하고 오염되지 않았다고 말한다. 그런데 제자가 이와 같이 '이 존경하는 스승은 설법이 청정하지 않으면서 설법이 청정한 척, 자신의 설법이 청정하고 결백하고 오염되지 않았다라고 말한다.'라고 안다. 그러나 우리가 그것을 재가자들에게 알린다면 그가 좋아하지 않을 텐데, 우리가 그 좋아하지 않는 일을 어떻게 할 수 있을 것인가? 더군다나 그는 의복과 발우와 처소와 필수약품을 받는 것에 동의했다. 자신이 행한 것은 그것으로

자신이 알 것이다. 수행승들이여, 이와 같이 제자들은 설법과 관련하여 스승을 수호해야 한다. 또한 수행승들이여, 그러한 스승은 제자들로부터 설법과 관련하여 수호를 기대해야 한다.

4) 수행승들이여, 여기 어떤 스승은 해설이 청정하지 않으면서 해설이 청정한 척, 자신의 해설이 청정하고 결백하고 오염되지 않았다고 말한다. 그런데 제자가 이와 같이 '이 존경하는 스승은 해설이 청정하지 않으면서 해설이 청정한 척, 자신의 해설이 청정하고 결백하고 오염되지 않았다라고 말한다.'라고 안다. 그러나 우리가 그것을 재가자들에게 알린다면 그가 좋아하지 않을 텐데, 우리가 그 좋아하지 않는 일을 어떻게 할 수 있을 것인가? 더군다나 그는 의복과 발우와 처소와 필수약품을 받는 것에 동의했다. 자신이 행한 것은 그것으로 자신이 알 것이다. 수행승들이여, 이와 같이 제자들은 해설과 관련하여 스승을 수호해야 한다. 또한 수행승들이여, 그러한 스승은 제자들로부터 해설과 관련하여 수호를 기대해야 한다.

5) 수행승들이여, 여기 어떤 스승은 앎과 봄이 청정하지 않으면서 앎과 봄이 청정한 척, 자신의 앎과 봄이 청정하고 결백하고 오염되지 않았다고 말한다. 그런데 제자가 이와 같이 '이 존경하는 스승은 앎과 봄이 청정하지 않으면서 앎과 봄이 청정한 척, 자신의 앎과 봄이 청정하고 결백하고 오염되지 않았다라고 말한다.'라고 안다. 그러나 우리가 그것을 재가자들에게 알린다면 그가 좋아하지 않을 텐데, 우리가 그 좋아하지 않는 일을 어떻게 할 수 있을 것인가? 더군다나 그는 의복과 발우와 처소와 필수약품을 받는 것에 동의했다. 자신이 행한 것은 그것으로 자신이 알 것이다. 수행승들이여, 이와 같이 제자들은 앎과 봄과 관련하여 스승을 수호해야 한다. 또한 수행승들이여, 그러한 스승은 제자들로부터 앎과 봄과 관련하여 수호를 기대해야 한다."

16. [세존]

1) "수행승들이여, 나는 계행이 청정하면서 계행이 청정하다고 말하고, 자신의 계행이 청정하고 결백하고 오염되지 않았다고 말한다. 제자들은 계행과 관련하여 나를 수호하지 않는다. 또한 나는 제자들로부터 계행과 관련하여 수호를 기대하지 않는다.

2) 수행승들이여, 나는 생활이 청정하면서 생활이 청정하다고 말하고, 자신의 생활이 청정하고 결백하고 오염되지 않았다고 말한다. 제자들은 생활과 관련하여 나를 수호하지 않는다. 또한 나는 제자들로부터 생활과 관련하여 수호를

기대하지 않는다.

3) 수행승들이여, 나는 설법이 청정하면서 설법이 청정하다고 말하고, 자신의 설법이 청정하고 결백하고 오염되지 않았다고 말한다. 제자들은 설법과 관련하여 나를 수호하지 않는다. 또한 나는 제자들로부터 설법과 관련하여 수호를 기대하지 않는다.

4) 수행승들이여, 나는 해설이 청정하면서 해설이 청정하다고 말하고, 자신의 해설이 청정하고 결백하고 오염되지 않았다고 말한다. 제자들은 해설과 관련하여 나를 수호하지 않는다. 또한 나는 제자들로부터 해설과 관련하여 수호를 기대하지 않는다.

5) 수행승들이여, 나는 앎과 봄이 청정하면서 앎과 봄이 청정하다고 말하고, 자신의 앎과 봄이 청정하고 결백하고 오염되지 않았다고 말한다. 제자들은 앎과 봄과 관련하여 나를 수호하지 않는다. 또한 나는 제자들로부터 앎과 봄과 관련하여 수호를 기대하지 않는다.

수행승들이여, 그러므로 폭력으로 여래의 목숨을 빼앗는 것은 불가능하고 성공할 수가 없다. 수행승들이여, 폭력 없이 여래는 완전한 열반에 든다.

수행승들이여, 각자의 처소로 가라. 수행승들이여, 여래를 위호할 필요가 없다."

17. 그런데 그때 라자가하 시에 날라기리848)라는 코끼리가 있었는데, 포악하여 사람을 죽일 수 있었다. 그래서 데바닷따는 라자가하 시에 들어가서 코끼리 우리에 들어가 코끼리조련사들에게 이와 같이 말했다.

[데바닷따] "이보게들, 우리는 왕의 친척들인데, 하위직의 유능한 자를 상위직으로 승진시켜 음식과 급료를 올려줄 수 있네. 이보게들, 그러니까 수행자 고따마가 이 수레가 다니는 큰길로 들어오면, 그때 코끼리 날라기리를 놓아 주어 이 수레가 다니는 큰길에 들어가게 하라."

[코끼리조련사들] "주인님, 알겠습니다."

그 코끼리조련사들은 데바닷따에게 대답했다. 그때 세존께서는 아침 일찍 옷을 갈아입고 발우와 가사를 수하고 많은 수행승들과 함께[195] 라자가하 시에 탁발

848) Nālāgiri : 라자가하 시의 왕립 코끼리로 데바닷따가 아자따쌋뚜의 동의를 얻어 이 잔혹한 코끼리를 더욱 잔혹하게 만들기 위해서 코끼리조련사에게 평소의 주량의 두 배에 해당하는 16말의 야자술을 먹이게 했다. 그리고 부처님을 살해하도록 명령했다. 날라기리는 부처님의 덕성을 모르고 덤벼들었으나 막상 부처님 앞에서 공격할 수가 없었다. 마침 한 여인이 어린아이를 안고 있다가 놀라서 떨어뜨려 부처님의 발아래 떨어졌다. 코끼리는 어린아이를 밟으려 하자, 부처님은 오른 손으로 코끼리의 이마를 쓰다듬어주자 코끼리는 부처님의 앞에서 무릎을 꿇었다.

하러 들어갔다. 마침 세존께서 그 수레가 다니는 큰길로 들어섰다. 코끼리조련사들은 세존께서 그 수레가 다니는 큰길로 들어선 것을 보았다. 보고나서 코끼리 날라기리를 놓아 주어 이 수레가 다니는 큰길에 들어가게 했다. 코끼리 날라기리는 세존께서 멀리서부터 오고 있는 것을 보았다. 보고나서 코를 치켜들고 귀와 꼬리를 세우고 세존께서 계신 곳으로 달려왔다. 수행승들은 코끼리 날라기리가 멀리서부터 오고 있는 것을 보았다. 보고나서 세존께 이와 같이 말했다.

[수행승들] "세존이시여, 이 코끼리 날라기리는 포악하여 사람을 죽일 수 있는데, 이 수레가 다니는 큰길에 들어섰습니다. 세존이시여, 물러나십시오. 선서이시여, 물러나십시오."

[세존] "수행승들이여, 기다려라, 두려워하지 말라."

[세존] "수행승들이여, 폭력으로 여래의 목숨을 빼앗는 것은 불가능하고 성공할 수가 없다. 수행승들이여, 폭력 없이 여래는 완전한 열반에 든다."

두 번째에도 그 수행승들은 코끼리 날라기리가 멀리서부터 오고 있는 것을 보았다. 보고나서 세존께 이와 같이 말했다.

[수행승들] "세존이시여, 이 코끼리 날라기리는 포악하여 사람을 죽일 수 있는데, 이 수레가 다니는 큰길에 들어섰습니다. 세존이시여, 물러나십시오. 선서이시여, 물러나십시오."

[세존] "수행승들이여, 기다려라, 두려워하지 말라."

[세존] "수행승들이여, 폭력으로 여래의 목숨을 빼앗는 것은 불가능하고 성공할 수가 없다. 수행승들이여, 폭력 없이 여래는 완전한 열반에 든다."

세 번째에도 그 수행승들은 코끼리 날라기리가 멀리서부터 오고 있는 것을 보았다. 보고나서 세존께 이와 같이 말했다.

[수행승들] "세존이시여, 이 코끼리 날라기리는 포악하여 사람을 죽일 수 있는데, 이 수레가 다니는 큰길에 들어섰습니다. 세존이시여, 물러나십시오. 선서이시여, 물러나십시오."

[세존] "수행승들이여, 기다려라, 두려워하지 말라."

[세존] "수행승들이여, 폭력으로 여래의 목숨을 빼앗는 것은 불가능하고 성공할 수가 없다. 수행승들이여, 폭력 없이 여래는 완전한 열반에 든다."

18. 그런데 그때 사람들은 전각에도 누옥에도 지붕위에도 올라가서 기다렸다. 그 가운데 신심이 없고 청정한 믿음이 없고 이해력이 열악한 자들은 이와 같이 말했다.

[신심 없는 사람들] "용모가 실로 단정한 저 위대한 수행자가 코끼리에 받혀 죽겠구나."

그러나 그 가운데 신심이 있고 청정한 믿음이 있고 이해력이 많은 자들은 이와 같이 말했다.

[신심 있는 사람들] "존자들이여, 참으로 곧 용과 용849)이 전투를 벌일 것이다."

그때 세존께서는 코끼리 날라기리를 향해서 자애의 마음을 가득 채웠다.850) 그러자 코끼리 날라기리는 세존으로부터 자애의 마음에 접촉되어 코를 수그리고 세존께서 계신 곳으로 다가왔다. 가까이 다가와서 세존의 앞에 섰다. 그러자 세존께서는 오른손으로 코끼리 날라기리의 이마를 쓰다듬어주고 코끼리 날라기리를 향해서 시를 읊었다.

[세존] "코끼리여, 용을 공격하지 말라.
코끼리여, 용에 대한 공격은 괴롭기 때문이다.
코끼리여, 용을 죽이면,
후세에 좋은 곳에 태어날 수 없기 때문이다.851)

미쳐서 날뛰지 말고, 방일하지 말라.
방일하면 좋은 곳에 갈 수 없기 때문이다.
그대가 좋은 곳으로 가기 위해서는
오로지 그와 같이 그대가 행해야 하리."852)

그러자 코끼리 날라기리는 코로 세존의 두 발의 먼지를 집어서 머리 위에 뿌리고 세존을 볼 수 있도록 굽혀서 물러났다. 그리고 코끼리 날라기리는 코끼리 우리에 가서 자신의 자리에 섰다. 그렇게 코끼리 날라기리는[196] 훈련을 받았다. 그때 사람들은 이와 같은 시를 읊었다.

[사람들] "어떤 자들은 몽둥이로,
갈고리로, 채찍으로 길들인다.

---

849) nāgo nāgena : 코끼리는 인도에서 나가(nāga) 즉, 용이라고도 불리는데, 부처님도 인간 가운데 코끼리 또는 인간 가운데 용이라고 불린다. 즉 여기서는 두 마리의 용을 의미한다.

850) atha kho bhagavā nālāgiriṃ hatthiṃ mettena cittena eri : 부처님께서는 일체의 존재를 위해서 편만하게 채우던 자애의 마음을 이 때 만큼은 코끼리를 위해서 집중시켰다.

851) mā kuñjara nāgamāsado | dukkhaṃ hi kuñjara nāgamāsado | na hi nāgahatassa kuñjara | sugati hoti ito paraṃ yato ‖ Jāt. V. 336과 병행한다.

852) mā ca mado mā ca pamādo | na hi pamattā sugatiṃ vajanti | tena tvaññeva thatā karissasī | yena tvaṃ sugatiṃ gamissasī'ti ‖ Jāt. V. 336과 병행한다.

그러나 몽둥이도 없이, 무기도 없이
위대한 선인은 코끼리를 길들였다.853)

19. 사람들이 혐책하고 분개하고 비난했다.

[사람들] "수행자 고따마가 이와 같은 광대한 신통과 광대한 능력을 지니고 있는데, 그를 살해하고자 기도하다니, 이 데바닷따는 얼마나 사악하고 불행한가!"

데바닷따의 이득과 명예는 줄어들고 세존의 이득과 명예가 늘어났다. 그래서 그때 데바닷따는 이득과 명예를 잃어버리고 무리지어 가정집에 일일이 알리고 나서 먹었다.854) 사람들은 혐책하고 분개하고 비난했다.

[사람들] "어찌 수행자 싸끼야의 아들이 무리지어 가정집에 일일이 알리고 나서 먹을 수 있단 말인가? 누가 잘 요리된 것을 좋아하지 않겠는가? 누가 맛있는 것을 좋아하지 않겠는가?"

수행승들은 그 사람들이 혐책하고 분개하고 비난하는 것을 들었다. 수행승들 가운데 욕망을 여의고, 만족을 알고, 부끄러움을 알고, 후회할 줄 알고 배움을 원하는 자들은 그들에 대하여 혐책하고 분개하고 비난했다.

[수행승들] "어찌 데바닷따는 무리지어 가정집에 일일이 알리고 나서 먹을 수 있단 말인가?"

수행승들은 세존께 이와 같이 알렸다.

[세존] "수행승들이여, 데바닷따가 무리지어 가정집에 일일이 알리고 나서 먹는 것이 사실인가?"

[수행승들] "세존이시여, 사실입니다."

존귀하신 부처님께서는 견책했다. 꾸짖고 나서 법문을 하고 수행승들에게 일렀다.

[세존] "수행승들이여, 나는 수행승들을 위하여 가정에서 세 사람이 한 조로 식사하는 것855)을 시설하겠다. 이러한 이유에 기초하여, 파렴치하게 행동하는 자들을 제어하고, 양심적으로 행동하는 수행승들의 평안한 삶을 위하고, 악하고 불건전한 것을 원하는 자들이 무리지어 참모임을 분열시키지 않도록, 가정을

---

853) daṇḍeneke damayanti | aṃkusehi kasāhi ca | adaṇḍena asatthena | nāgo danto mahesinā'ti ‖ MN. II. 105; Thag. 878과 병행한다.

854) tena kho pana samayena devadatto parihīnalābhasakkāro sapariso kulesu viññāpetvā viññāpetvā bhuñjati : 여기서 '무리지어(sapariso)'는 이하의 문맥으로 보아 세 명 보다 많은 것을 말한다. 속죄죄법 제32조(Pāc. 32)에서 무리지어 식사하는 별중식(別衆識)은 병이 들었거나, 옷을 만들거나 하는 등의 특별한 경우를 제외하고는 금하고 있다.

855) tikabhojana : Smp. 1276에 따르면, 세 사람이 먹는 식사를 말한다.

애민히 여기기 위한 것이다. 무리지어 식사하면, 원칙에 따라 처분해야 한다."856)

20. 데바닷따는 꼬깔리까,857) 까따모라까띳싸,858) 칸다데비야뿟따859) 그리고 싸뭇다닷따860)가 있는 곳을 찾아 갔다. 가까이 다가가서 꼬깔리까, 까따모라까띳싸, 칸다데비야뿟따 그리고 싸뭇다닷따에게 이와 같이 말했다.

[데바닷따] "벗들이여, 오십시오. 우리는 수행자 고따마의 참모임을 분열시키고 그 조화를 파괴합시다."

이와 같이 말하자 꼬깔리까는 이와 같이 말했다.

[꼬깔리까] "벗들이여, 수행자 고따마는 광대한 신통과 광대한 능력을 갖고 있습니다. 어떻게 우리가 수행자 고따마의 참모임을 분열시키고 그 조화를 파괴할 수 있겠습니까?"

---

856) gaṇabhojane yathādhammo kāretabbo'ti : 여기서 원칙은 속죄죄법 제32조(Pāc. 32)를 말한다.

857) Kokālika : 꼬깔리까(Kokālika)와 꼬깔리야(Kokāliya)는 동일 인물이다. 쭐라 꼬깔리까와 마하 꼬깔리까가 있다. Prj. II. 473에서는 꼬깔리까의 경(Kokālikasutta)으로 표기된다. Stn. p. 123에서는 꼬깔리까라고 표기한다. 한역 경전으로는 잡아함 48권 16(大正 2. 351b, 잡1282)을 참조하기 바란다. 한역 경전에서 꼬깔리까를 데바닷따의 제자로 표현한 곳은 대지도론(大智度論 13권 : 大正 4. 664b),비나야(毘那耶 14권 : 大正 24, 876b), 출요경(出曜經 10권 : 大正 4 664b), 데바닷따의 친구라고 표현한 곳은 잡아함 48권(大正 2, 351b), 별역잡 5권(大正 2, 411b)이 있다. Prj. II. 473에서 붓다고싸도 꼬깔리까가 바라문으로 데바닷따의 친구였다고 주석을 달았는데, 이것은 모두 마하 고깔리야를 언급한 것이다. 반면에 쭐라 꼬깔리까는 Prj. II. 473에 따르면, 그는 부호 꼬깔리의 아들로 자신이 세운 승원에서 살았다. 한 때 싸리뿟따와 목갈라나 장로가 그와 함께 조용히 우기를 보내기로 했는데, 아무한테도 그들이 온 것을 알리지 않기로 약속했다. 우기가 끝나자 꼬깔리까는 두 위대한 제자들의 존재를 주민들에게 알렸는데, 그러면서 그들에게 호의를 베풀지 않았다고 주민들을 비난했다. 주민들은 꼬깔리까가 자신들에게 알리지도 않았으면서 나무라는 것에 대해 항의했으나 서둘러 두 장로들에게 버터와 사탕과 의복으로 공양을 올렸다. 그러나 장로들은 이 공양이 꼬깔리까의 권유로 주어진 것을 알고는 받기를 거절했다. 그러자 자기에게도 공양이 올려지길 기대했던 꼬깔리까는 '스스로 취하지도 않고 나에게도 주지 않았다.'고 두 제자들에게 실망했다. 그 후 두 제자는 세존께 갔다가 안거가 지난 후 오백 명 정도의 수행승들과 함께 많은 사람의 이익을 위해 순차적으로 여러 나라를 유행하다가 그곳으로 돌아왔다. 주민들이 존경을 표하면서 많은 공양을 올리자 이번에는 모두 받아서 승단에 나눠주었다. 이것을 본 꼬깔리까는 장로들이 예전에는 소욕지족이었으나 지금은 탐욕에 사로잡혀 악한 욕망을 가진 자들이라고 생각했다. 그는 장로들을 직접 비난하고 분노에 쌓인 채 싸밧티 시에 계신 부처님을 찾아갔다. 꼬깔리까의 경(SN. I. 150)은 꼬깔리까가 부처님의 경고에도 불구하고 두 위대한 제자들에 대하여 험담을 하는 것으로 시작한다.

858) Kaṭamorakatissa : 율장에만 등장하며. 데바닷따가 참모임의 분열시키려고 설득했던 자 가운데 한 수행승으로 '뚱뚱한 난다'라는 뜻을 갖고 있고 승단의 말썽꾼으로 자주 등장하는 수행녀 툴라난다(Thullanandā)의 존경을 받고 있던 인물이었다.

859) Khaṇḍadeviyāputta : 율장에만 등장하며. 데바닷따가 참모임의 분열시키려고 설득했던 자 가운데 한 수행승으로 데바닷따를 변호했고, 역시 승단의 말썽꾼으로 자주 등장하는 수행녀 툴라난다(Thullanandā)의 존경을 받고 있던 인물이었다.

860) Samuddadatta : 율장에만 등장하며. 데바닷따가 참모임의 분열시키려고 설득했던 자 가운데 한 수행승으로, 역시 승단의 말썽꾼으로 자주 등장하는 수행녀 툴라난다(Thullanandā)가 가장 좋아하는 인물이었다.

[데바닷따] "벗들이여, 자아, 우리가 수행자 고따마에게 다가가서 다섯 가지 사항을 요구합시다.

'세존이시여, 세존께서는 무수한 방법으로 욕망의 여읨, 만족,[197] 버리고 없애는 삶, 두타행, 청정한 믿음, 쌓아 모우지 않음, 용맹정진을 칭찬하였는데, 세존이시여, 이러한 다섯 가지 사항은 무수한 방법으로 욕망의 여읨, 만족, 버리고 없애는 삶, 두타행, 청정한 믿음, 쌓아 모우지 않음, 용맹정진에 도움이 됩니다. 세존이시여, 수행승들은

1) 목숨이 붙어 있는 한, 숲속에 거주해야 합니다. 마을에 들어가면 죄를 범하는 것입니다.
2) 목숨이 붙어 있는 한, 탁발식을 해야 합니다. 초대에 응한다면, 죄를 범하는 것입니다.
3) 목숨이 붙어 있는 한, 분소의를 착용하여야 합니다. 장자의 옷을 착용한다면, 죄를 범하는 것입니다.
4) 목숨이 붙어 있는 한, 나무 밑에서 지내야 합니다. 지붕 밑으로 간다면, 죄를 범하는 것입니다.
5) 목숨이 붙어 있는 한, 어류와 육류를 먹지 말아야 합니다. 어류와 육류를 먹는다면, 죄를 범하는 것입니다.

수행자 고따마는 이러한 다섯 가지 사항을 허용하지 않을 것이다. 그러면 우리는 이 다섯 가지 사항을 사람들에게 알립시다. 우리는 이 다섯 가지 사항으로 수행자 고따마의 참모임을 분열시키고, 그 조화를 파괴할 수 있습니다. 벗들이여, 사람들은 고행에 믿음을 낼 것입니다."

21. 그래서 데바닷따는 무리지어 세존께서 계신 곳을 찾아갔다. 가까이 다가가서 세존께 인사를 하고 한쪽으로 물러나 앉았다. 한쪽으로 물러나 앉은 데바닷따는 세존께 이와 같이 말했다.

[수행승들] "세존이시여, 세존께서는 무수한 방편으로 욕망의 여읨, 만족, 버리고 없애는 삶, 두타행, 청정한 믿음, 쌓아 모우지 않음, 용맹정진을 칭찬하였는데, 세존이시여, 이러한 다섯 가지 사항은 무수한 방편으로 욕망의 여읨, 만족, 버리고 없애는 삶, 두타행, 청정한 믿음, 쌓아 모우지 않음, 용맹정진에 도움이 됩니다.

세존이시여, 수행승들은

1) 목숨이 붙어 있는 한, 숲속에 거주해야 합니다. 마을에 들어가면 죄를 범하는 것입니다.

2) 목숨이 붙어 있는 한, 탁발식을 해야 합니다. 초대에 응한다면, 죄를 범하는 것입니다.
3) 목숨이 붙어 있는 한, 분소의를 착용하여야 합니다. 장자의 옷을 착용한다면, 죄를 범하는 것입니다.
4) 목숨이 붙어 있는 한, 나무 밑에서 지내야 합니다. 지붕 밑으로 간다면, 죄를 범하는 것입니다.
5) 목숨이 붙어 있는 한, 어류와 육류를 먹지 말아야 합니다. 어류와 육류를 먹는다면, 죄를 범하는 것입니다."

[세존] "데바닷따여, 그만두어라.

1) 원한다면, 숲속에 거주해도 되고, 원한다면, 마을에서 거주해도 된다.
2) 원한다면, 탁발식을 해도 되고, 원한다면, 초대에 응해도 된다.
3) 원한다면, 분소의를 입어도 되고, 원한다면, 장자의 옷을 입어도 된다.
4) 데바닷따여, 나는 팔월에 나무 밑의 거처를 허용한다.
5) 보지 못했고, 듣지 못했고, 의혹이 없는 그러한 세 가지 청정을 지닌 물고기나 고기라면, 허용한다.861)

그러자 데바닷따는 '세존께서 이 다섯 가지 사항을 허용하지 않는다.'라고 기뻐하고 환희하여 무리지어 자리에서 일어나 세존께 인사를 하고 오른쪽으로 돌아 그곳을 떠났다. 그러자 데바닷따는 대중을 데리고 라자가하 시에 들어가 다섯 가지 사항을 사람들에게 알렸다.

[데바닷따] "벗들이여, 우리는 수행자 고따마에게 다가가서 다섯 가지 사항을 요구했습니다. '세존이시여, 세존께서는 무수한 방편으로 욕망의 여읨, 만족, 버리고 없애는 삶, 두타행, 청정한 믿음, 쌓아 모우지 않음, 용맹정진을 칭찬하였는데, 세존이시여, 이러한 다섯 가지 사항은 무수한 방편으로 욕망의 여읨, 만족, 버리고 없애는 삶, 두타행, 청정한 믿음, 쌓아 모우지 않음, 용맹정진에 도움이 됩니다.

세존이시여, 수행승들은

1) 목숨이 붙어 있는 한, 숲속에 거주해야 합니다. 마을에 들어가면 죄를 범하는 것입니다.
2) 목숨이 붙어 있는 한, 탁발식을 해야 합니다. 초대에 응한다면, 죄를 범하는 것입니다.

---

861) anuññātaṃ tikoṭiparisuddhaṃ macchamaṃsaṃ adiṭṭhaṃ asutaṃ aparisaṅkītan'ti : Vin. I. 238을 참조하라.

3) 목숨이 붙어 있는 한, 분소의를 착용하여야 합니다. 장자의 옷을 착용한다면, 죄를 범하는 것입니다.
4) 목숨이 붙어 있는 한, 나무 밑에서 지내야 합니다. 지붕 밑으로 간다면, 죄를 범하는 것입니다.
5) 목숨이 붙어 있는 한, 어류와 육류를 먹지 말아야 합니다. 어류와 육류를 먹는다면, 죄를 범하는 것입니다.'

그런데 이러한 다섯 가지 사항을 수행자 고따마는 허용하지 않았습니다. 우리가 그 다섯 가지 사항을 실천하며 살고 있습니다."

22. 그러자 믿음이 없고, 청정한 마음이 없고, 이해력이 부족한 사람들이 이와 같이 말했다.

[믿음 없는 사람들] "이 수행자들은 두타행을 하고 버리고 없애는 삶을 살고 있다. 그러나 수행자 고따마는 사치스럽고 사치스럽게 살려고 한다."

그러나 믿음이 있고,[198] 청정한 마음이 있고, 이해력이 있는 사람들이 그들에 대하여 혐책하고 분개하고 비난했다.

[믿음 있는 사람들] "어찌 데바닷따는 세존의 참모임을 분열시키고 그 조화를 파괴할 수 있단 말인가?"

수행승들은 그 사람들이 혐책하고 분개하고 비난하는 것을 들었다. 수행승들 가운데 욕망을 여의고, 만족을 알고, 부끄러움을 알고, 후회할 줄 알고 배움을 원하는 자들도 그들에 대하여 혐책하고 분개하고 비난했다.

[수행승들] "어찌 데바닷따는 세존의 참모임을 분열시키고 그 조화를 파괴할 수 있단 말인가?"

그러자 그 수행승들은 세존께 그 사실을 알렸다.

[세존] "데바닷따여, 그대가 참모임을 분열시키고 그 조화를 파괴한 것이 사실인가?"

[데바닷따] "세존이시여, 사실입니다."

[세존] "데바닷따여, 그만 두어라. 참모임의 파괴를 기뻐하지 말라. 데바닷따여, 참모임의 분열은 엄중한 것이다.862) 데바닷따여, 조화로운 참모임을 파괴하면, 한 우주기 동안863) 지탱하는 죄과를 낳고, 한 우주기 동안 지옥에서 삶아진다.

---

862) garuko kho devadatta saṅghabhedo : Vin. I. 150에서 인용된다.
863) kappa : 여기서 우주기는 겁(劫)을 번역한 것이다. 우주기는 곧 우주의 성주괴공(成住壞空)에 걸리는 엄청난 기간을 암시하지만, Srp. III. 251에 따르면, 단지 '목숨이 붙어있는 기간 곧 수명(āyukappaṃ)'을 말한다. 이것은

데바닷따여, 파괴된 참모임을 화합시키면, 하느님의 공덕을 낳고 한 우주기 동안 천상에서 기뻐한다. 데바닷따여, 그만두어라. 참모임의 분열을 기뻐하지 말라. 데바닷따여, 참모임의 분열은 엄중한 것이다."

23. 한때 존자 아난다가 아침 일찍 옷을 입고 발우와 가사를 수하고 라자가하 시로 탁발하러 들어갔다.864) 데바닷따는 존자 아난다가 라자가하 시로 탁발하러 들어가는 것을 보았다. 보고나서 존자 아난다가 있는 곳을 찾아갔다. 가까이 다가가서 존자 아난다에게 이와 같이 말했다.

[데바닷따] "벗이여 아난다여, 나는 오늘부터 세존과는 별도로, 수행승의 참모임과도 별도로 포살을 행하고, 참모임의 갈마를 행하겠다."865)

그러자 존자 아난다는 라자가하 시에 탁발하러 들어가서 식후에 발우를 물리고 세존께서 계신 곳을 찾아갔다. 가까이 다가가서 세존께 인사를 하고 한쪽으로 물러나 앉았다. 한쪽으로 물러나 앉은 존자 아난다는 세존께 이와 같이 말했다.

[수행승들] "세존이시여, 여기 저는 아침 일찍 옷을 입고 발우와 가사를 수하고 라자가하 시로 탁발하러 들어갔습니다. 데바닷따는 제가 라자가하 시로 탁발하러 들어가는 것을 보았습니다. 보고나서 제가 있는 곳을 찾아왔습니다. 가까이 다가와서 저에게 이와 같이 '벗이여 아난다여, 나는 오늘부터 세존과는 별도로, 수행승의 참모임과도 별도로 포살을 행하고, 참모임의 갈마를 행하겠다.'라고 말했습니다."

그러자 세존께서는 그 사실을 알고 나서 그때 이러한 감흥어린 시를 읊었다.

곧, 우리의 존재의 다발(五蘊) 자체가 일체라는 즉, 무한한 시공연속체라는 것과 맞닿아 있는 개념적 해석이라고 볼 수 있다. 상세한 논의는 부처님의 완전한 열반과 관련된 이 책(Vin. II. 289)의 주석의 논의를 참조하라.

864) atha kho āyasmā ānando pubbanhasamayaṃ nivāsetvā pattacīvaramādāya rājagahaṃ piṇḍāya pāvisi : 이하의 이야기는 Ud. 60; DhA. III. 154에도 등장한다.

865) ajjatagge dānāhaṃ āvuso ānanda aññatreva bhagavatā aññatreva bhikkhusaṅghā uposathaṃ karissāmi, saṅghakammaṃ karissāmī'ti : Vin. V. 201에서 부처님은 다음과 같이 승단의 분열의 양상에 대해 설명한다 : '세존이시여, 어떠한 양상으로 승단이 분열됩니까?' '우빨리여, 다섯 가지 양상에 의해서 승단이 분열된다. 다섯 가지란 무엇인가? 갈마(羯磨)에 의해서(kammena), 송출에 의해서(uddesena), 주장에 의해서(voharanto), 선전에 의해서(anussāvanena), 산가지(標札)에 의해서(sālakaggāhena)이다.' UdA. 316-317은 구체적으로 다음과 같이 설명한다 : '갈마에 의해서'라는 것은 '갈마의 허락을 얻는 청원갈마 등의 네 가지 갈마와는 다른 갈마에 의해서'란 뜻이고, '송출에 의해서'라는 것은 '계율의 항목을 외우는 다섯 가지 방법과는 다른 송출에 의해서'라는 뜻이고, '주장에 의해서'라는 것은 이러저러하게 생겨난 '비법을 법이라고 하는 등의 열여덟 가지 분열의 토대를 놓음으로서'라는 뜻이다. '선전에 의해서'란 "그대들은 내가 높은 가문에서 출가한 자라는 것을 많이 배운 자라는 것을 아는가? 나와 같은 자가 가르침이 아니고 계율이 아닌 것을 받아들이겠는가?' '그대들이 어떻게 그렇게 마음을 일으킬 수 있는가? 나라고 어떻게 지옥을 두려워하지 않겠는가?' 등의 말을 귀뿌리에 대고 분열의 말을 함으로써'라는 뜻이다. '산가지에 의해서'란 '이와 같은 선언으로 자신들을 지지하게 한 뒤에, 돌아가지 못하도록 '이 산가지를 선택하라.'라고 양자택일을 강요함으로써'라는 뜻이다.

[세존]
"선한 자가 선을 행하는 것은 쉽다.[866]
악한 자가 선을 행하는 것은 어렵다.[867]
저열한 자가 악을 행하는 것은 쉽다.[868]
고귀한 자가 악을 행하는 것은 어렵[869]다.[870]

두 번째 송출품이 끝났다.

III 세 번째 송출품(Tatiyabhāṇavāra : 4-5)

4. 데바닷따와 참모임의 분열(Devadattasaṅghabheda)

1. 한때[199] 데바닷따가 그날이 포살일이었는데, 자리에서 일어나 산가지표[871]를 붙잡고 말했다.

[데바닷따] "벗들이여, 우리는 수행자 고따마에게 다가가서 다섯 가지 사항을 요구했습니다.

'세존이시여, 세존께서는 무수한 방편으로 욕망의 여윔, 만족, 버리고 없애는 삶, 두타행, 청정한 믿음, 쌓아 모우지 않음, 용맹정진을 칭찬하였는데, 세존이시여, 이러한 다섯 가지 사항은 무수한 방편으로 욕망의 여윔, 만족, 버리고 없애는 삶, 두타행, 청정한 믿음, 쌓아 모우지 않음, 용맹정진에 도움이 됩니다.

세존이시여, 수행승들은

1) 목숨이 붙어 있는 한, 숲속에 거주해야 합니다. 마을에 들어가면 죄를 범하는 것입니다.
2) 목숨이 붙어 있는 한, 탁발식을 해야 합니다. 초대에 응한다면, 죄를 범하는 것입니다.

---

866) sukaraṃ sādhunā sādhu : UdA. 318에 따르면, 선한 자는 올바로 실천하는 자이고 선을 행하는 것이란 자신과 타인에 이익이 되게 하는 것이다. 싸리뿟따와 같은 제자나 연각불이나 올바로 원만히 깨달은 님이나 세간의 다른 선한 사람들은 자신과 타인에게 안녕과 이익을 주는 선한 일을 쉽게 한다.
867) sādhu pāpena dukkaraṃ : UdA. 318에 따르면, 데바닷따 등의 악한 사람들은 자신과 타인에게 안녕과 이익을 주는 선한 일을 행하는 것이 불가능하다.
868) pāpaṃ pāpena sukaraṃ : UdA. 318에 따르면, 데바닷따 등의 악한 사람들은 자신과 타인에게 해악을 끼치는 일을 쉽게 행한다.
869) pāpam ariyehi dukkaran : UdA. 318에 따르면, 부처님 등의 고귀한 님들은 자신과 타인에게 해악을 끼치는 일을 행하기 어렵다.
870) sukaraṃ sādhunā sādhu | sādhu pāpena dukkaraṃ | pāpaṃ pāpena sukaraṃ | pāpam ariyehi dukkaran ti ‖ Dhp. 163; Ud. 61; 오분율25권(대정22 164) 참조.
871) salāka : 이 책(Vin. II. 84)에서 산가지표의 관리인의 선정, 산지표의 표결에 대해서 설명한다.

3) 목숨이 붙어 있는 한, 분소의를 착용하여야 합니다. 장자의 옷을 착용한다면, 죄를 범하는 것입니다.
4) 목숨이 붙어 있는 한, 나무 밑에서 지내야 합니다. 지붕 밑으로 간다면, 죄를 범하는 것입니다.
5) 목숨이 붙어 있는 한, 어류와 육류를 먹지 말아야 합니다. 어류와 육류를 먹는다면, 죄를 범하는 것입니다.'

그런데 이러한 다섯 가지 사항을 수행자 고따마는 허용하지 않았습니다. 우리가 그 다섯 가지 사항을 실천하며 살고 있습니다. 이러한 다섯 가지 사항을 허용하는 사람은 산가지표를 선택하십시오."

그런데 그때 베쌀리 시에는 밧지872) 족의 아들인 오백 명의 수행승들이 신참으로 일을 잘 몰랐는데, 그들은 '이것이 원칙이고 이것이 계율이고 이것이 스승의 가르침이다.'라고 산가지표를 선택했다.

이렇게 해서 데바닷따는 참모임을 분열시키고 오백명의 수행승을 데리고 가야씨싸 산으로 갔다. 그러자 싸리뿟따와 목갈라나가 세존께서 계신 곳을 찾아왔다. 가까이 다가와서 세존께 인사를 하고 한쪽으로 물러나 앉았다. 한쪽으로 물러나 앉은 존자 싸리뿟따는 세존께 이와 같이 말했다.

[싸리뿟따와 목갈라나] "세존이시여, 데바닷다가 참모임을 분열시키고 오백명의 수행승을 데리고 가야씨싸 산으로 떠났습니다."

[세존] "싸리뿟따와 목갈라나여, 그대들은 그 신참 수행승들에게 자비가 없는가? 싸리뿟따와 목갈라나여, 그대들은 그 수행승들이 곤란과 좌절에 빠지기 전에 가보아라."

[싸리뿟따와 목갈라나] "세존이시여, 알겠습니다."

싸리뿟따와 목갈라나는 세존께 대답하고 자리에서 일어나 세존께 인사를 하고 오른쪽으로 돌아 가야씨싸 산으로 출발했다.

그런데 그때 어떤 수행승이 세존께서 멀지 않은 곳에 울면서 서있었다. 그때

---

872) Vajjī : 나라와 그 종족의 이름, 고대인도의 16대국 가운데 하나. 밧지 국 또는 밧지 족의 주민들은 씨족들의 연합체로 이루어졌는데, 그 중에 릿차비(Licchavī) 족과 비데하(Videhā) 족[또는 국]이 중심에 있었다. 특히 릿차비 족이 가장 강했으므로 릿차비 족과 밧지 족은 종종 동의어로 쓰였다. 베쌀리(Vesāli) 시는 릿차비 족의 수도였고 미틸라 시(Mithilā) 시는 비데하 족의 수도였다. 부처님 당시에는 베쌀리와 미틸라 시는 공화정을 실시하고 있었다. 부처님 당시에 부처님께서 열반에 드실 때까지 밧지 국은 번영을 누렸는데, 그 원인을 부처님께서는 싸란다다탑묘(Sārandadacetiya)에서 가르친 일곱 가지 번영의 조건 때문이라고 설한 적이 있다. 그러나 부처님께서 열반에 드신 이후에, 아자따쌋뚜왕은 대신 밧싸까라(Vassakāra)의 도움으로 밧지 족을 이간질해서 그 나라를 정복했다.

세존께서는 그 수행승들에게 이와 같이 말했다.

[세존] "수행승이여, 왜 그대는 우는가?"

[수행승들] "세존이시여, 싸리뿟따와 목갈라나가 세존의 제일제자일지라도 데바닷따의 앞에 가서 데바땃따의 가르침을 기뻐합니다."

[세존] "수행승이여, 싸리뿟따와 목갈라나가 데바땃따의 가르침을 기뻐하다니 가능하지도 않고 성공할 수도 없다. 그들은 수행승들을 설득시키기 위해 간 것이다."

2. 그런데 그때 데바닷따가 많은 대중에 둘러싸여 가르침을 설하고 있었다. 데바닷따는 싸리뿟따와 목갈라나가 멀리서부터 오고 있는 것을 보았다. 보고나서 수행승들에게 일렀다.

[세존] "수행승들이여, 보라. 나의 가르침은 잘 설해졌다. 수행자 고따마의 제일제자인 싸리뿟따와 목갈라나일지라도 나의 앞에 와서 나의 가르침을 기뻐한다."

그렇게 말하자 꼬깔리까가 데바닷따에게 이와 같이 말했다.

[꼬깔리까] "벗이여 데바닷따여, 싸리뿟따와 목갈라나를 믿지 마시오. 싸리뿟따와 목갈라나는[200] 악욕이 있어 악욕을 따릅니다."

[데바닷따] "벗이여, 그만두어라. 그들은 잘 왔다. 나의 가르침을 기뻐하기 때문이다."

그래서 데바닷따는 존자 싸리뿟따에게 자리를 반분하여 초대했다.

[데바닷따] "벗이여 싸리뿟따여, 오십시오. 여기에 앉으시오."

[싸리뿟따] "벗이여, 됐습니다."

존자 싸리뿟따는 다른 자리를 잡고 한쪽으로 앉았다. 존자 마하 목갈라나도 다른 자리를 잡고 한쪽으로 앉았다. 그러자 데바닷따는 밤늦도록 수행승들을 법문으로 교화하고 격려하고 북돋우고 기쁘게 하고 존자 싸리뿟따에게 청했다.

[데바닷따] "벗이여 싸리뿟따여, 수행승들의 참모임은 해태와 혼침을 떠났습니다. 벗이여 싸리뿟따여, 수행승들을 위하여 가르침을 설하시오. 나는 등이 아프니, 쉬겠습니다."

[싸리뿟따] "벗이여, 알겠습니다."

존자 싸리뿟따는 데바닷따에게 대답했다. 그리고 데바닷따는 네 겹으로 대의를 펼치고 오른쪽 옆구리로 누었다. 그는 피곤하여 새김을 잃고 알아채지 못하고 잠깐 사이에 잠이 들었다.

3. 그때 존자 싸리뿟따는 예지의 기적[873]에 대한 교계법문으로 수행승들을 훈계하고 교도했다. 존자 마하 목갈라나는 신통의 기적[874]에 대한 교계법문으로 수

행승들을 훈계하고 교도했다. 그러자 그들 수행승들은 존자 싸리뿟따에 의해서 예지의 기적에 대한 교계법문으로 훈계받고 교도받고, 존자 마하 목갈라나에 의해서 신통의 기적에 대한 교계법문으로 훈계받고 교도받아서, 티끌없고 때묻지 않은 진리의 눈을 얻었다.

[수행승들] '어떠한 것이든 생겨난 그 모든 것은 소멸하는 것이다.'

그러자 존자 싸리뿟따는 수행승들에게 일렀다.

[싸리뿟따] "벗들이여, 우리는 세존의 앞으로 갑시다. 세존의 가르침을 기뻐하하는 자는 오십시오."

이렇게 싸리뿟따와 목갈라나는 그 오백명의 수행승들을 데리고 벨루바나 숲에 도달했다. 그러자 꼬깔리까가 데바닷따를 깨웠다.

[꼬깔리까] "벗이여 데바닷따여, 일어나시오. 싸리뿟따와 목갈라나가 수행승들을 데리고 갔습니다. 벗이여 데바닷따여, 내가 이와 같이 '벗이여 데바닷따여, 싸리뿟따와 목갈라나를 믿지 마시오. 싸리뿟따와 목갈라나는 악욕이 있어 악욕을 따릅니다.'라고 말하지 않았습니까?"

그러자 데바닷따는 그 자리에서 뜨거운 피를 입에서 쏟아냈다.875)

4. 그리고 싸리뿟따와 목갈라나는 세존께서 계신 곳을 찾아 갔다. 가까이 다가가서 세존께 인사를 하고 한쪽으로 물러나 앉았다. 한쪽으로 물러나 앉은 존자

---

873) ādesanāpāṭihāriya : DN. I. 212-214; AN. I. 170-171에 등장하는 세 가지 기적(tīṇi pāṭihāriyāni : 三神變) 가운데 하나로, 신통의 기적(iddhipāṭihāriya), 예지의 기적(ādesanāpāṭihāriya), 교계의 기적(anusāsanīpāṭihāriya) 가운데 하나로, 한역에서는 기심신변(記心神變), 또는 관찰타심신변(觀察他心神變)이라고 한다. DN. I. 212에 따르면, 예지의 기적은 다음과 같다 : 께밧따여, 세상에 수행승이 '그대의 마음은 이와 같고, 그대의 마음은 이러한 것이고, 그대의 마음은 이러하다.'라고 다른 뭇삶들, 다른 사람들의 마음을 읽고, 마음의 작용을 읽고, 사유를 읽고, 숙고를 읽는 것입니다. 그런데 어떤 믿음이 있고 청정한 자가 그 수행승이 '그대의 마음은 이와 같고, 그대의 마음은 이러한 것이고, 그대의 마음은 이러하다.'라고 다른 뭇삶들, 다른 사람들의 마음을 읽고, 마음의 작용을 읽고, 사유를 읽고, 숙고를 읽는 것을 봅니다.

874) iddhipāṭihāriya : DN. I. 212-214; AN. I. 170-171에 등장하는 세 가지 기적(tīṇi pāṭihāriyāni : 三神變) 가운데 하나로, 신통의 기적(iddhipāṭihāriya), 예지의 기적(ādesanāpāṭihāriya), 교계의 기적(anusāsanīpāṭihāriya) 가운데 하나로, 한역에서는 신통신변(神通神變)이라고 한다. DN. I. 213-214에 따르면, 신통의 기적은 다음과 같다 : '께밧따여, 신통의 기적이란 무엇입니까? 께밧따여, 세상에 수행승이 하나에서 여럿이 되고 여럿에서 하나가 되고, 나타나기도 하고 사라지기도 하고, 자유로운 공간처럼 장애 없이 담을 통과하고 성벽을 통과하고 산을 통과하고, 물속처럼 땅속을 들어가고, 땅위에서처럼 물위에서도 빠지지 않고 걸어 다니고, 날개 달린 새처럼 공중에서 앉은 채 날아다니고, 이처럼 큰 신비를 지니고 이처럼 큰 능력을 지닌 달과 해를 손으로 만지고 쓰다듬고, 하느님의 세계에 이르기까지 육신으로 영향력을 미치는 다양한 신통을 체험하는 것입니다.'

875) atha kho devadattassa tattheva uṇhaṃ lohitaṃ mukhato uggañchi : Vin. I. 42에 산자야에 대해서 동일한 표현이 있다.

싸리뿟따는[201] 세존께 이와 같이 말했다.

[싸리뿟따] "세존이시여, 참모임의 분열을 따른 수행승들에게 다시 구족계를 주시면 감사하겠습니다."

[세존] "싸리뿟따여, 그만두어라. 참모임의 분열을 따른 수행승들에게 다시 구족계를 주는 것을 도모하지 말라. 싸리뿟따여, 참모임의 분열을 따른 수행승들에 대해서는 추악죄에 따라 참회시켜야 한다. 싸리뿟따여, 그런데 데바닷따는 그대에게 어떻게 처신했는가?"

[싸리뿟따] "세존이시여, 세존께서 많은 세월을 수행승들을 법문으로 교화하고 격려하고 북돋우고 기쁘게 하고 저에게 '싸리뿟따여, 수행승들의 참모임은 해태와 혼침을 떠났다. 싸리뿟따여, 수행승들을 위하여 가르침을 설하시오. 나는 등이 아프니, 쉬겠다.'라고 청했듯이, 세존이시여, 이와 같이 데바닷따도 저에게 처신했습니다."

5. 그리고 세존께서는 수행승들에게 일렀다.

[세존] "수행승들이여, 옛날[876] 숲속에 큰 못이 있었는데, 그 주위에 코끼리들이 살았다. 그들은 그 못에 들어가 코로 연뿌리의 싹을 뜯어내 씻고 또 씻어 흙이 묻지 않은 것을 먹었다. 그들은 아름다움이나 강건함을 위해서가 아니라[877] 그로 인해 죽을 정도로 고통스럽거나 죽음에 이르지 않기 위해서 그렇게 했다. 수행승들이여, 또한 그들 가운데 큰 코끼리들을 본받아서 약하고 어린 코끼리들은 그 못에 들어가 코로 연뿌리의 싹을 뜯어내 씻고 또 씻어 흙이 묻지 않은 것을 먹었다. 그들은 아름다움이나 강건함을 위해서가 아니라 그로 인해 죽을 정도로 고통스럽거나 죽음에 이르지 않기 위해서 그렇게 했다. 이와 같이 수행승들이여, 데바닷따는 나를 모방하는 비열한 자로서 죽을 것이다."

[세존] "크나큰 멧돼지[878]가 대지를 흔들고,

---

876) bhūtapubbaṃ : SN. II. 269와 병행적이다.

877) n'eva vaṇṇāya hoti na balāya : 이것은 미얀마본이나 PTS. 본에는 'vaṇṇāya c'eva hoti balāya ca'로 되어 있다. 붓다고싸의 주석은 미얀마본과 일치한다. Srp. II. 231에 따르면, 덕의 아름다움이나 지혜의 힘이 아니라 '육체의 아름다움과 육체의 힘을 위해서'라는 뜻이다.

878) mahāvarāha : Smp. 1276에 따르면, 대룡(大龍)을 의미하지만, 역자의 견해로는 인도의 창조신화에서 비슈누신이 멧돼지로 화현하여 악마를 처부는 것과 관계된다 : "어떤 우주기의 최초의 남성 '스스로 있는 남자(svayambhu)'와 최초의 여성인 '백 가지 모습을 지닌 여자(śatarūpā)'가 나타났다. 이들 부부가 아직 창조에 열중하고 있을 때에 땅이 바다에 가라앉았다. 브라흐마신은 거대한 멧돼지 모습을 한 비슈누신에게 도움을 청했다. 그러는 사이에 악마 히란니야끄샤는 물의 신 바루나에게 땅을 돌려달라고 했으나 헛수고였다. 악마는 현자 '나라다'로부터 비슈눈의 화현인 멧돼지가 바다에 잠수해서 땅을 찾고 있다고 들었다. 그 거대한 멧돼지는 땅을 '작은 여신(地母

연꽃줄기를 먹으며 강물에서 깨어 있는 동안,
나를 흉내 내지만 가엾은 자는
어리석은 코끼리처럼 시궁창을 먹고[879] 죽으리.[880]

6. 수행승들이여, 여덟 가지 고리를 갖춘 수행승은 사명을 전하기에 적당하다.[881] 여덟 가지란 어떠한 것인가? 수행승들이여, 여기 수행승이

1) 올바로 듣고
2) 올바로 들은 것을 전달하고
3) 올바로 배우고
4) 올바로 배운 것을 기억하고
5) 올바로 이해하고
6) 올바로 이해한 것을 이해시키고
7) 도움이 되는 것인가 도움이 되지 않는 것인가에 밝고
8) 싸움을 일삼지 않는다.

수행승들이여, 이러한 여덟 가지 고리를 갖춘 수행승은 사명을 전하기에 적당하다.

수행승들이여, 여덟 가지 고리를 갖춘 싸리뿟따는 사명을 전하기에 적당하다. 여덟 가지란 어떠한 것인가? 수행승들이여, 여기 싸리뿟따는

1) 올바로 듣고
2) 올바로 들은 것을 전달하고
3) 올바로 배우고
4) 올바로 배운 것을 기억하고
5) 올바로 이해하고
6) 올바로 이해한 것을 이해시키고
7) 도움이 되는 것인가 도움이 되지 않는 것인가에 밝고

神)'의 형태로 어금니를 사용해서 조심스럽게 수면으로 끌어올렸다. 그래서 비슈누신인 멧돼지와 악마 히라니야끄샤 사이에 무시무시한 금강저(金剛杵)를 사용한 전투가 벌어졌다. 악마는 마침내 죽어서 땅에 묻혔다."(『천수다라니와 붓다의 가르침』 2003. 159쪽).

879) bhiṃkova paṅkaṃ abhibhakkhayitvā : 'bhiṃka'는 '작은 코끼리, 어린 코끼리'를 의미하지만, 역자는 여기서 '유치한 코끼리'라는 의미를 취해서 '어리석은 코끼리'라고 번역한다. Bd. V. 282에서는 '송아지처럼 진흙을 먹고'라고 되어 있다.

880) mahāvarāhassa mahiṃ vikubbato | bhisaṃ ghasānassa nadīsu jaggato | bhiṃkova paṅkaṃ abhibhakkhayitvā | mamānukubbaṃ kapaṇo marissatī'ti ||

881) aṭṭhahi bhikkhave aṅgehi samannāgato bhikkhu dūteyyaṃ gantumarahati : AN. IV. 196과 병행한다.

8) 싸움을 일삼지 않는다.

수행승들이여,[202] 이러한 여덟 가지 고리를 갖춘 싸리뿟따는 사명을 전하기에 적당하다.”

[세존]

1) “폭언을 일삼는 집회에서도
흔들리지 않고
말씀을 게을리 하지 않고
가르침을 은폐하지 않으니.[882]

2) 막힘없이 설하고
질문을 받아도 화내지 않고
이와 같은 수행승이
사명을 완수할 수 있으리.”[883]

7. [세존] “수행승들이여, 여덟 가지 비법에 정복되어 마음을 빼앗긴 데바닷따는 나쁜 곳에 떨어지고, 지옥에 떨어져, 한 우주기 동안 지나도 제도될 수 없다.[884] 여덟 가지란 어떠한 것인가?

1) 수행승들이여, 이득의 획득에 정복되어 마음을 빼앗긴 데바닷따는 나쁜 곳에 떨어지고, 지옥에 떨어져, 한 우주기 동안 지나도 제도될 수 없다.
2) 수행승들이여, 이득의 결핍에 정복되어 마음을 빼앗긴 데바닷따는 나쁜 곳에 떨어지고, 지옥에 떨어져, 한 우주기 동안 지나도 제도될 수 없다.
3) 수행승들이여, 명성의 획득에 정복되어 마음을 빼앗긴 데바닷따는 나쁜 곳에 떨어지고, 지옥에 떨어져, 한 우주기 동안 지나도 제도될 수 없다.
4) 수행승들이여, 명성의 결핍에 정복되어 마음을 빼앗긴 데바닷따는 나쁜 곳에 떨어지고, 지옥에 떨어져, 한 우주기 동안 지나도 제도될 수 없다.
5) 수행승들이여, 명예의 획득에 정복되어 마음을 빼앗긴 데바닷따는 나쁜 곳에 떨어지고, 지옥에 떨어져, 한 우주기 동안 지나도 제도될 수 없다.
6) 수행승들이여, 명예의 결핍에 정복되어 마음을 빼앗긴 데바닷따는 나쁜 곳에

---

882) yo ve na vedhati patvā | parisaṃ uggavādinim | na ca hāpeti vacanaṃ na ca chādeti sāsanaṃ ||
883) asandiddhañca bhaṇati | pucchito na ca kuppati | sa ve tādisako bhikkhu duteyyaṃ gantumarahatīti || asandiddhañ은 Mrp. IV. 106에 따르면, 의혹 없이(vigatasaṁsaya)의 뜻이다.
884) aṭṭhahi bhikkhave asaddhammehi abhibhūto pariyādinnacitto devadatto āpāyiko nerayiko kappaṭṭhe atekiccho : AN. IV. 160과 병행한다.

떨어지고, 지옥에 떨어져, 한 우주기 동안 지나도 제도될 수 없다.

7) 수행승들이여, 악한 욕망에 정복되어 마음을 빼앗긴 데바닷따는 나쁜 곳에 떨어지고, 지옥에 떨어져, 한 우주기 동안 지나도 제도될 수 없다.

8) 수행승들이여, 악한 우정에 정복되어 마음을 빼앗긴 데바닷따는 나쁜 곳에 떨어지고, 지옥에 떨어져, 한 우주기 동안 지나도 제도될 수 없다.

수행승들이여, 이러한 여덟가지 비법에 정복되어 마음을 빼앗긴 데바닷따는 나쁜 곳에 떨어지고, 지옥에 떨어져, 한 우주기 동안 지나도 제도될 수 없다."

8. [세존]

1) "수행승들이여, 이미 생겨난 이득의 획득을 지속적으로 정복한다면 좋은 일이다.
2) 수행승들이여, 이미 생겨난 이득의 결핍을 지속적으로 정복한다면 좋은 일이다.
3) 수행승들이여, 이미 생겨난 명성의 획득을 지속적으로 정복한다면 좋은 일이다.
4) 수행승들이여, 이미 생겨난 명성의 결핍을 지속적으로 정복한다면 좋은 일이다.
5) 수행승들이여, 이미 생겨난 명예의 획득을 지속적으로 정복한다면 좋은 일이다.
6) 수행승들이여, 이미 생겨난 명예의 결핍을 지속적으로 정복한다면 좋은 일이다.
7) 수행승들이여, 이미 생겨난 악한 욕망을 지속적으로 정복한다면 좋은 일이다.
8) 수행승들이여, 이미 생겨난 악한 우정을 지속적으로 정복한다면 좋은 일이다.

9. [세존]

1) "수행승들이여, 어떠한 이유로 인해서 이미 생겨난 이득의 획득을 지속적으로 정복해야만 하는가?
2) 수행승들이여, 어떠한 이유로 인해서 이미 생겨난 이득의 결핍을 지속적으로 정복해야만 하는가?
3) 수행승들이여, 어떠한 이유로 인해서 이미 생겨난 명성의 획득을 지속적으로 정복해야만 하는가?
4) 수행승들이여, 어떠한 이유로 인해서 이미 생겨난 명성의 결핍을 지속적으로 정복해야만 하는가?
5) 수행승들이여, 어떠한 이유로 인해서 이미 생겨난 명예의 획득을 지속적으로 정복해야만 하는가?
6) 수행승들이여, 어떠한 이유로 인해서 이미 생겨난 명예의 결핍을 지속적으로 정복해야만 하는가?
7) 수행승들이여, 어떠한 이유로 인해서 이미 생겨난 악한 욕망을 지속적으로 정복해야만 하는가?

8) 수행승들이여, 어떠한 이유로 인해서 이미 생겨난 악한 우정을 지속적으로 정복해야만 하는가?"

10. [세존]

1) "수행승들이여, 이미 생겨난 이득의 획득을 지속적으로 정복하지 않으면, 고뇌와 열뇌를 가져오는 번뇌가 생겨나고, 이미 생겨난 이득의 획득을 지속적으로 정복하면, 고뇌와 열뇌를 가져오는 번뇌가 생겨나지 않는다.
2) 수행승들이여, 이미 생겨난 이득의 결핍을 지속적으로 정복하지 않으면, 고뇌와 열뇌를 가져오는 번뇌가 생겨나고, 이미 생겨난 이득의 결핍을 지속적으로 정복하면, 고뇌와 열뇌를 가져오는 번뇌가 생겨나지 않는다.
3) 수행승들이여, 이미 생겨난 명성의 획득을 지속적으로 정복하지 않으면, 고뇌와 열뇌를 가져오는 번뇌가 생겨나고, 이미 생겨난 명성의 획득을 지속적으로 정복하면, 고뇌와 열뇌를 가져오는 번뇌가 생겨나지 않는다.
4) 수행승들이여, 이미 생겨난 명성의 결핍을 지속적으로 정복하지 않으면, 고뇌와 열뇌를 가져오는 번뇌가 생겨나고, 이미 생겨난 명성의 결핍을 지속적으로 정복하면, 고뇌와 열뇌를 가져오는 번뇌가 생겨나지 않는다.
5) 수행승들이여, 이미 생겨난 명예의 획득을 지속적으로 정복하지 않으면, 고뇌와 열뇌를 가져오는 번뇌가 생겨나고, 이미 생겨난 명예의 획득을 지속적으로 정복하면, 고뇌와 열뇌를 가져오는 번뇌가 생겨나지 않는다.
6) 수행승들이여, 이미 생겨난 명예의 결핍을 지속적으로 정복하지 않으면, 고뇌와 열뇌를 가져오는 번뇌가 생겨나고, 이미 생겨난 명예의 결핍을 지속적으로 정복하면, 고뇌와 열뇌를 가져오는 번뇌가 생겨나지 않는다.
7) 수행승들이여, 이미 생겨난 악한 욕망을 지속적으로 정복하지 않으면, 고뇌와 열뇌를 가져오는 번뇌가 생겨나고, 이미 생겨난 악한 욕망을 지속적으로 정복하면, 고뇌와 열뇌를 가져오는 번뇌가 생겨나지 않는다.
8) 수행승들이여, 이미 생겨난 악한 우정을 지속적으로 정복하지 않으면, 고뇌와 열뇌를 가져오는 번뇌가 생겨나고, 이미 생겨난 악한 우정을 지속적으로 정복하면, 고뇌와 열뇌를 가져오는 번뇌가 생겨나지 않는다."

11. [세존]

1) "수행승들이여, 이러한 이유로 인해서 이미 생겨난 이득의 획득을 지속적으로 정복해야만 한다.
2) 수행승들이여, 이러한 이유로 인해서 이미 생겨난 이득의 결핍을 지속적으로

정복해야만 한다.

3) 수행승들이여, 이러한 이유로 인해서 이미 생겨난 명성의 획득을 지속적으로 정복해야만 한다.

4) 수행승들이여, 이러한 이유로 인해서 이미 생겨난 명성의 결핍을 지속적으로 정복해야만 한다.

5) 수행승들이여, 이러한 이유로 인해서 이미 생겨난 명예의 획득을 지속적으로 정복해야만 한다.

6) 수행승들이여, 이러한 이유로 인해서 이미 생겨난 명예의 결핍을 지속적으로 정복해야만 한다.

7) 수행승들이여, 이러한 이유로 인해서 이미 생겨난 악한 욕망을 지속적으로 정복해야만 한다.

8) 수행승들이여, 이러한 이유로 인해서 이미 생겨난 악한 우정을 지속적으로 정복해야만 한다."

12. [세존] "수행승들이여, 그러므로

1) '우리는 이미 생겨난 이득의 획득을 지속적으로 정복하자.'

2) '우리는 이미 생겨난 이득의 결핍을 지속적으로 정복하자.'

3) '우리는 이미 생겨난 명성의 획득을 지속적으로 정복하자.'

4) '우리는 이미 생겨난 명성의 결핍을 지속적으로 정복하자.'

5) '우리는 이미 생겨난 명예의 획득을 지속적으로 정복하자.'

6) '우리는 이미 생겨난 명예의 결핍을 지속적으로 정복하자.'

7) '우리는 이미 생겨난 악한 욕망을 지속적으로 정복하자.'

8) '우리는 이미 생겨난 악한 우정을 지속적으로 정복하자.'라고

수행승들이여, 이와 같이 배워야 한다.

13. 수행승들이여, 이러한 세 가지 악한 상태885)에[203] 정복되어 마음이 사로잡힌 데바닷따는 치유될 수 없는886) 괴로운 곳, 지옥에 떨어져, 한 우주기 동안 지낼 운명이다.887) 세 가지란 어떠한 것인가?

---

885) tīṇi asaddhammā : ItA. II. 99에 따르면, 세 가지 불선한 사람의 상태를 말한다.

886) atekiccho : ItA. II. 99에 따르면, 부처님에 의해서도 막는 것이 불가능하므로, 지옥에 태어나는 데는 치유가 없기 때문에 치유할 수 없다는 뜻이다.

887) tīhi bhikkhave asaddhammehī abhibhūto pariyādinnacitto devadatto āpāyiko nerayiko kappaṭṭho atekiccho : 이하의 내용은 It. 85에도 유사하게 반복된다. ItA. II. 99에 따르면, 데바닷따는 아

1) 악한 욕망을 지닌 것[888]
2) 악한 우정을 지닌 것[889]
3) 사소한 성취에 교만하여 중도에 그만 둔 것이다.[890]

수행승들이여, 이러한 세 가지 악한 상태에 정복되어 마음이 사로잡힌 데바닷따는 치유될 수 없는 괴로운 곳, 지옥에 떨어져 한 우주기 동안 지낼 운명이다."

14. [세존]

1) "누구도 악한 욕망을 품고
세상에 태어나지 말아야 한다.
그러한 악한 욕망을 품은 자의
그와 같은 운명을 알게 되리라.[891]

2) 현자라고 여겨지고
자기를 닦은 자라고 간주되어,
데바닷따는 그 명성으로 인해
불타오르듯, 널리 유명해[892]졌다.[893]

3) 그는 여래를 모욕하고
동등하다고 맞서[894]

비지옥에 들어가자, 데바닷따의 추종자들과 이교도의 무리들은 수행자 고따마의 저주를 받아서 데바닷따가 땅속으로 들어갔다고 모함했다. 그 소식을 듣고 가르침에 회의적이던 사람들이 그 말대로 그럴지도 모른다고 의심했다. 수행승들은 그 정황을 세존께 알렸다. 그러자 세존께서는 '수행승들이여, 여래는 누구도 저주하지 않는다. 그러므로 데바닷따를 내가 저주한 것이 아니다. 자신의 업에 의해서 지옥에 들어간 것이다.'라고 말하고 그들의 잘못된 파악을 그치고, 해명하기 위하여, 이 경을 설했다.

888) pāpicchitā : ItA. II. 99에 따르면, '내가 부처님이 되어 승단을 이끌겠다.'라는 악한 욕망에 정복된 것을 말한다.

889) pāpamittatā : ItA. II. 99에 따르면, '꼬깔리까(Kokālika)와 같은 악하고 저열한 친구가 있는 상태, 친구가 악한 상태에 정복되어'라는 뜻이다.

890) oramattakena visesādhigamena antarā vosānaṃ āpādi : It. 85에는 '더욱 해야 할 일이 있음에도 사소한 성취에 교만하여 중도에 그만 둔 것'이라고 되어 있다. ItA. II. 99에 따르면, 선정과 곧바른 앎 등의 더욱 해야 할 일이 있음에도, 성취해야 할 길과 경지를 얻지 못했음에도, 선정과 곧바른 앎을 통해 얻은 초인간적 상태의 사소한 성취를 통해서 중도에 그만 두게 되었다.

891) mā jātu koci lokasmiṁ | pāpiccho upapajjatu | tadamināpi jānātha | pāpicchānaṁ yathā gati ||

892) jalaṁ'va yasasā aṭṭhā, devadatto'ti vissuto : ItA. II. 100에 따르면, 데바닷따는 자신의 명성과 추종자들 때문에 작열하듯, 불타오르듯, 널리 유명해졌다.

893) paṇḍito'ti samaññāto | bhāvitatto'ti sammato | jalaṁ'va yasasā aṭṭhā | devadatto'ti vissuto ||

894) so samānam anuciṇṇo, āsajja naṁ tathāgataṁ : ItA. II. 100에 따르면, 데바닷따는 '부처님도 싸끼야 족의

두려운 아비지옥의
네 문에 들어섰895)다.896)

4) 악업을 짓지 않고
미움을 여읜 님을 해치려는 자는
마음을 증오로 채우고
존경을 잃고 악에 떨어진다.897)

5) 바다를 독이 든 단지로
더럽히려고 생각한다면,
그렇게 할 수는 없다.
그것보다 바다가 크기 때문이다.898)

6) 여래, 올바로 가신 님,
고요한 님을
그릇된 주장으로899) 해치고자 하여도
그 주장이 영향을 미치지 못한다.900)

7) 그 님을 벗으로 삼아901)
현자라면 그를 섬기리.
수행승은 그의 길을 따라
괴로움의 소멸902)을 얻는다."903)

아들이고, 나도 싸끼야 족의 아들이다. 부처님도 수행자이고, 나도 수행자이다. 부처님도 신통력을 지닌 자이고, 나도 신통력을 지닌 자이다. 부처님도 하늘눈을 지닌 자이고, 나도 하늘눈을 지닌 자이다. 부처님도 하늘귀를 지닌 자이고, 나도 하늘귀를 지닌 자이다. 부처님도 타인의 마음을 읽는 자이고, 나도 타인의 마음을 읽는 자이다. 부처님도 과거와 매래와 현재의 상태를 아는 자이고, 나도 과거와 매래와 현재의 상태를 아는 자이다.'라고 자신의 분수를 알지 못하고 올바로 원만히 깨달은 님을 자신과 동일시하여 방일에 빠져 부처님이 되고자 했다.

895) avīcinirayaṁ patto, catudvāraṁ bhayānakaṁ : ItA. II. 101에 따르면, 불꽃과 거기에 태어난 뭇삶이, 간격 없기 때문에 아비지옥이라는 이름을 얻은, 대지옥은 사면에 네 개의 대문과 연결된 지옥이고, 아주 공포스러운 대지옥으로, 그가 결생의 획득을 통해서 도달한 곳이다. 그것에 관해서는 이와 같이 언급된다 : '대지옥은 사각으로 되어 있고 각각의 변에 세워진 네 문이 있고 철벽으로 둘러싸여 있고, 쇠지붕으로 덮혀 있다. 그 바닥도 쇠로 되어 있는데 시뻘겋게 달궈질 때까지 데워진다. 그 경계가 백 요자나(1요자나 = 약14km)에 이르며, 어느 때나 존속한다.'(MN. III. 167; AN. I. 141)

896) so samānam anuciṇṇo | āsajja naṁ tathāgataṁ | avīcinirayaṁ patto | catudvāraṁ bhayānakaṁ ‖

897) aduṭṭhassa hi yo dubbhe | pāpakammaṁ akubbato | tameva pāpaṁ phūsati | duṭṭhacittaṁ anādaraṁ ‖

898) samuddaṁ visakumbhena | yo maññeyya padūsituṁ | na so tena padūseyya | yasmā hi udadhī mahā ‖

899) vādena : ItA. II. 101에 따르면, '증오에 의해서'라는 뜻이다.

900) evameva tathāgataṁ | yo vādena vihiṁsati | samaggataṁ santacittaṁ | vādo tamhi na rūhati ‖

901) tādisaṁ mittaṁ kubbetha : ItA. II. 102에 따르면, 깨달은 님이나 깨달은 님의 제자를 친구로 삼는다는 뜻이다.

데바닷따와 참모임의 분열이 끝났다.

5. 우빨리의 경청(Upālianussavana)

1. 그때 존자 우빨리가 세존께서 계신 곳을 찾아왔다. 가까이 다가와서 세존께 인사를 하고 한쪽으로 물러나 앉았다. 한쪽으로 물러나 앉은 존자 우빨리는 세존께 이와 같이 말했다.

[우빨리] "세존이시여, 참모임의 분쟁,904) 참모임의 분쟁이라고 하는데, 어떤 점에서 참모임의 분쟁은 참모임의 분열이 아닙니까? 또는 어떤 점에서 참모임의 분쟁은 참모임의 분열입니까?"

2. [세존]

1) "우빨리여, 한쪽으로는905) 하나이고 다른 한쪽으로는906) 둘이다. 네 번째907)가 선언하여 산가지표를 붙잡게 하고 '이것이 원칙이고, 이것이 계율이고, 이것이 스승의 가르침이니, 이것을 잡고, 이것에 동의하십시오.'라고 말하면, 우빨리여, 그것은 참모임의 분쟁이지 참모임의 분열은 아니다.

2) 우빨리여, 한쪽으로는 둘이고 다른 한쪽으로도 둘이다. 다섯 번째가 선언하여 산가지표를 붙잡게 하고 '이것이 원칙이고, 이것이 계율이고, 이것이 스승의 가르침이니, 이것을 잡고, 이것에 동의하십시오.'라고 말하면, 우빨리여, 그것은 참모임의 분쟁이지 참모임의 분열은 아니다.

3) 우빨리여, 한쪽으로는 둘이고 다른 한쪽으로도 셋이다. 여섯 번째가 선언하여 산가지표를 붙잡게 하고 '이것이 원칙이고, 이것이 계율이고, 이것이 스승의 가르침이니, 이것을 잡고, 이것에 동의하십시오.'라고 말하면, 우빨리여, 그것은 참모임의 분쟁이지 참모임의 분열은 아니다.

4) 우빨리여, 한쪽으로는 셋이고 다른 한쪽으로도 셋이다. 여섯 번째가 선언하여 산가지표를 붙잡게 하고 '이것이 원칙이고, 이것이 계율이고, 이것이 스승의 가르침이니, 이것을 잡고, 이것에 동의하십시오.'라고 말하면, 우빨리여, 그것

---

902) khayaṁ dukkhassa : ItA. II. 102에 따르면, 일체의 윤회의 괴로움의 종식을 뜻한다.

903) tādisaṁ mittaṁ kubbetha | tañca seveyya paṇḍito | yassa maggānugo bhikkhu | khayaṁ dukkhassa pāpuṇ e'ti ||

904) saṅgharāji : 참모임의 의견차이에 의한 분쟁을 말한다. Vin. IV. 37. 128. 153. 217.

905) ekato : Smp. 1277에 따르면, '원칙(法)을 말하는 자의 편에서'라는 뜻이다.

906) ekato : Smp. 1277에 따르면, '원칙이 아닌 것(非法)을 말하는 자의 편에서'라는 뜻이다.

907) catuttho : Smp. 1277에 따르면, '네 번째가 있다면, '참모임을 분열시키겠다.'는 비법(非法)을 말하는 자를 뜻한다.

은 참모임의 분쟁이지 참모임의 분열은 아니다.

5) 우빨리여, 한쪽으로는 셋이고 다른 한쪽으로도 넷이다. 여덟 번째가 선언하여 산가지표를 붙잡게 하고 '이것이 원칙이고, 이것이 계율이고, 이것이 스승의 가르침이니, 이것을 잡고, 이것에 동의하십시오.'라고 말하면, 우빨리여, 그것은 참모임의 분쟁이지 참모임의 분열은 아니다.

6) 우빨리여,[204] 한쪽으로는 넷이고 다른 한쪽으로도 넷이다. 아홉 번째가 선언하여 산가지표를 붙잡게 하고 '이것이 원칙이고, 이것이 계율이고, 이것이 스승의 가르침이니, 이것을 잡고, 이것에 동의하십시오.'라고 말하면, 우빨리여, 그것은 참모임의 분쟁이지 참모임의 분열은 아니다.

7) 우빨리여, 아홉 명 또는 아홉 명을 초과하면, 참모임의 분쟁은 곧, 참모임의 분열이다."

3. [세존]

1) "우빨리여, 수행녀[908]는 분열을 기도하더라도 참모임을 분열시키지 못한다.

2) 우빨리여, 정학녀[909]는 분열을 기도하더라도 참모임을 분열시키지 못한다.

3) 우빨리여, 사미[910]는 분열을 기도하더라도 참모임을 분열시키지 못한다.

4) 우빨리여, 사미니[911]는 분열을 기도하더라도 참모임을 분열시키지 못한다.

5) 우빨리여, 재가의 남자신자[912]는 분열을 기도하더라도 참모임을 분열시키지 못한다.

6) 우빨리여, 재가의 여자신자[913]는 분열을 기도하더라도 참모임을 분열시키지 못한다.

7) 우빨리여, 함께 살고 있고 동일한 결계에 있는 일반수행승들이 참모임을 분열

---

908) bhikkhunī : 산스크리트어로 빅슈니(bhikṣuṇī)로 한역에는 걸사녀(乞士女), 근사녀(勤事女)라고 하고 음사해서 필추니(苾芻尼), 비구니(比丘尼)라고 한다. 출가하여 20세 이상이 되어 구족계(具足戒)를 받은 여자를 뜻한다.

909) sikkhamānā : 한역의 정학녀(淨學女) 또는 식차마나(式叉摩那)이다. 20세 이전의 여자 출가자 가운데 20세 이전의 2년간은 정학녀라고 하고 그 이전은 사미니라고 한다. 만약에 여자출가자가 20세 이후에 출가해도 구족계를 받기 전에 2년간 견습하는 기간을 거쳐야 한다. 이 기간의 출가여인을 말한다.

910) sāmaṇera : 산스크리트어도 동일하며, 한역에서는 음사해서 사미(沙彌)라고 한다. 수행승이 되기 이전의 도제승(徒弟僧)으로 10계를 받은 7세 이상 20세 미만의 출가한 남자를 말한다.

911) sāmaṇerī : 산스크리트어도 동일하며, 한역에서는 근책녀(勤策女)라고 하고 음사해서 사미니(沙彌尼)라고 한다. 20세 이전의 여자 출가자 가운데 20세 이전의 2년간은 정학녀라고 하고 그 이전은 사미니라고 한다.

912) upāsaka : 산스크리트어도 동일하며, 한역에서는 청신사(淸信士), 근사남(近事男), 선숙남(善宿男), 근선남(近善男)이라고 하고 음사하여 우바새(優婆塞)라고 한다. 불교에서 재가의 남자신자를 말한다.

913) upāsikā : 산스크리트어도 동일하며, 한역에서는 청신녀(淸信女), 근사녀(近事女), 근숙녀(近宿女), 근선녀(近善女)이라고 하고 음사하여 우바이(優婆夷)라고 한다. 불교에서 재가의 남자신자를 말한다.

시킨다."

4. [우빨리] "세존이시여, '참모임의 분열, 참모임의 분열'이라고 하는데, 세존이시여, 어떻게 참모임의 분열이 이루어집니까?"

"우빨리여, 세상에 수행승이

1) 원칙이 아닌 것을 원칙이라고 밝히고
2) 원칙을 원칙이 아닌 것이라고 밝히고,
3) 계율이 아닌 것을 계율이라고 밝히고,
4) 계율을 계율이 아닌 것이라고 밝히고,
5) 여래가 설하거나 말한 것이 아닌 것을 여래가 설하거나 말한 것이라고 밝히고
6) 여래가 설하거나 말한 것을 여래가 설하거나 말한 것이 아닌 것이라고 밝히고,
7) 여래가 행한 것이 아닌 것을 여래가 행한 것이라고 밝히고
8) 여래가 행한 것을 여래가 행한 것이 아닌 것이라고 밝히고,
9) 여래가 시설한 것이 아닌 것을 여래가 시설한 것이라고 밝히고
10) 여래가 시설한 것을 여래가 시설한 것이 아닌 것이라고 밝히고,
11) 죄가 아닌 것을 죄인 것이라고 밝히고
12) 죄인 것을 죄가 아닌 것이라고 밝히고,
13) 가벼운 죄를 무거운 죄라고 밝히고
14) 무거운 죄를 가벼운 죄라고 밝히고,
15) 용서할 수 있는 죄를 용서할 수 없는 죄라고 밝히고,
16) 용서할 수 없는 것을 용서할 수 있는 죄라고 밝히고.
17) 거칠지 않은 죄를 거친 죄라고 밝히고,
18) 거친 죄를 거칠지 않은 죄라고 밝힌다.

그들은 이러한 열여덟 가지 사항으로[914] 갈라지고 분열되어,[915] 고유한 포살을 행하고, 고유한 자자를 행하고, 고유한 참모임의 갈마를 행하는 한, 우빨리여, 이와 같이 참모임의 분열이 이루어진다."

5. [우빨리] "세존이시여, '참모임의 화합, 참모임의 화합'이라고 말했는데, 세존이시여, 어떻게 참모임의 화합이 이루어집니까?"

---

914) imehi aṭṭhārasahi vatthūhi : AN. I. 19-20을 참조하라.

915) apakassanti, vipakassanti : PTS.는 'apakāsanti, vipakāsanti'라고 읽는다. Smp. 1280에 따르면, 잡아 떼어서 뽑아내어 한쪽에 장착하여 그들이 분리된 것을 알게 만든다는 뜻이다. AN. V. 74-75에서는 avakassanti1, vavakassanti라고 되어 있다.

"우빨리여, 세상에 수행승이

1) 원칙을 원칙이라고 밝히고

2) 원칙이 아닌 것을 원칙이 아닌 것이라고 밝히고,

3) 계율을 계율이라고 밝히고

4) 계율이 아닌 것을 계율이 아닌 것이라고 밝히고,

5) 여래가 설하거나 말한 것을 여래가 설하거나 말한 것이라고 밝히고

6) 여래가 설하거나 말한 것이 아닌 것을 여래가 설하거나 말한 것이 아닌 것이라고 밝히고,

7) 여래가 행한 것을 여래가 행한 것이라고 밝히고

8) 여래가 행한 것이 아닌 것을 여래가 행한 것이 아닌 것이라고 밝히고,

9) 여래가 시설한 것을 여래가 시설한 것이라고 밝히고

10) 여래가 시설한 것이 아닌 것을 여래가 시설한 것이 아닌 것이라고 밝히고,

11) 죄인 것을 죄인 것이라고 밝히고

12) 죄가 아닌 것을 죄가 아닌 것이라고 밝히고,

13) 가벼운 죄를 가벼운 죄라고 밝히고

14) 무거운 죄를 무거운 죄라고 밝히고,

15) 용서할 수 있는 죄를 용서할 수 있는 죄라고 밝히고,

16) 용서할 수 없는 죄를 용서할 수 없는 죄라고 밝히고.

17) 거친 죄를 거친 죄라고 밝히고

18) 거칠지 않은 죄를 거칠지 않은 죄라고 밝힌다.

그들이 이러한 열여덟 가지 사항으로 갈라지지 않고 분열되지 않아, 공통의 포살을 행하고, 공통의 자자를 행하고, 공통의 참모임의 갈마를 행하는 한, 우빨리여, 이와 같이 참모임의 화합이 이루어진다."

6. [우빨리] "세존이시여, 참모임의 화합을 부수면, 그는 무엇을 낳습니까?"

[세존] "우빨리여, 참모임의 화합을 부수면, 그는 한 우주기 동안 지속하는 악덕을 낳고, 한 우주기 동안 지옥에서 삶아진다."

[세존]

"참모임을[205] 분열시키는 자
영겁을 괴로운 곳, 지옥에서 보낸다.916)

916) āpāyiko nerayiko, kappaṭṭho saṅghabhedako : 여기서 역자는 '영겁'을 '오랜 세월로 이루어진 겁'이라는 의미에서 '영겁(永劫)'이라고 번역한 것이다. 영원이라는 의미에 사용한 것이 결코 아니다. 겁이라는 의미는 한 생애라는

불화를 즐기고 비법에 머무는 자917)
멍에로부터의 안온과는 멀어져918)
참모임의 화합을 깨뜨리고919)
영겁을 지옥에서 시달린다."920)

[우빨리] "세존이시여, 분열된 참모임을 화합으로 이끌면, 그는 무엇을 낳습니까?"

[세존] "우빨리여, 분열된 참모임을 화합으로 이끌면, 그는 하느님의 공덕을 낳고, 한 우주기 동안 천상에서 기뻐한다."

[세존]
"화합하는 자들을 돕는
참모임의 화합은 행복이다.921)
화합을 즐기고 정법에 머무는 자,
멍에로부터의 안온에서 멀어지지 않고
참모임의 화합을 이루어
영겁을 천상에서 기뻐922)한다."923)

의미로도 종종 쓰인다. ItA. I. 70에 따르면, 참모임을 분열시키는 자는 참모임의 분열을 즐기는 자로 괴로운 곳에 태어나야 할 이유가 있는 자이기 때문에 괴로운 곳에서 보내는 자이고, 우주기(劫)의 세월을 아비지옥이라는 대지옥에서 태어난 자이기 때문에 지옥에서 보내는 자이다.

917) vaggārāmo adhammaṭṭho : ItA. I. 70에 따르면, 불화를 즐기는 자는 참모임의 분열을 즐기는 자이고 비법에 입각한 자는 참모임의 분열이라는 비법에 입각한 자를 말한다.

918) yogakkhemā viddhaṁsati : ItA. I. 70에 따르면, 멍에로부터의 안온은 네 가지 멍에에 억눌리지 않는 것이고 거룩한 경지, 열반을 뜻한다. 그것에서 떨어졌다는 의미이다. Smv. 1023에 따르면, 윤회에 속박이 되기 때문에 멍에인데, 여기에는 네 가지 멍에(四軛 : cattāro yogā)가 있다. ① 감각적 쾌락의 욕망의 멍에(欲軛 : kāmayogo) ② 존재의 멍에(有軛 : bhavayogo) ③ 견해의 멍에(見軛 : diṭṭhiyogo) ④ 무명의 멍에(無明軛 : , avijjāyogo)이다.

919) saṅghaṁ samaggaṁ bhetvāna : ItA. I. 70에 따르면, 견해와 계행이 일치하는 집회이기 때문에 참모임이고 거기서 하나의 동일한 일 등의 실천을 통해 함께 하기 때문에 화합이라고 한다. 이러한 화합을 깨뜨리고 한 겁 즉, 한 생애를 아비지옥이라는 대지옥에서 시달린다.

920) āpāyiko nerayiko | kappaṭṭho saṅghabhedako | vaggārāmo adhammaṭṭho | yogakkhemā viddhaṁsati | saṅghaṁ samaggaṁ bhetvāna | kappaṁ nirayamhi paccatī'ti ‖ It. 10에서 병행한다.

921) sukhā saṅghassa sāmaggi, samaggānañcanuggaho : ItA. I. 71에 따르면, 화합을 버리지 않도록 유지하고, 도덕적인 도움을 주어, 화합하는 자들의 화합을 기뻐하고 돕는, 화합에 어울리는 화합은 '깨달은 님의 출현도 행복이고, 올바른 가르침의 교시도 행복이고, 참모임의 화합도 행복이고, 화합한 님들의 수행도 행복이다.'(Dhp. 194)라는 이유에서 행복이다.

922) kappaṁ saggamhi modatī'ti : 여기서 역자는 겁(劫)을 영겁이라고 번역했는데, 지상보다 천상에서의 삶의 상대적으로 긴 한 생애를 말한다. ItA. I. 71에 따르면, 한 생애를 감각적 쾌락의 욕망계의 천상에서 지낸다. 다른 신들 보다 열 가지 상태(형상, 소리, 향기, 맛, 촉감, 용모, 수명, 행복, 명예, 주권)를 더 누리며 천상의 행복을 경험하면서 원했던 것의 성취를 통해서 기뻐하고 환호하고 환희한다.

923) sukhā saṅghassa sāmaggi | samaggānañcanuggaho | samaggarato dhammaṭṭho | yogakkhemā na dhaṁsa

7. [우빨리] "세존이시여, 참모임의 분열을 야기한 자가 나쁜 곳에 떨어지고, 지옥에 떨어져, 한 우주기 동안 지나도 제도될 수 없습니까?"

[세존] "우빨리여, 참모임의 분열을 야기한 자가 나쁜 곳에 떨어지고, 지옥에 떨어져, 한 우주기 동안 지나도 제도될 수 없다."

[우빨리] "세존이시여, 참모임의 분열을 야기한 자가 나쁜 곳에 떨어지지 않고, 지옥에 떨어지지 않고 한 우주기 동안 지내지 않고 제도될 수 있습니까?"

[세존] "우빨리여, 참모임의 분열을 야기한 자가 나쁜 곳에 떨어지지 않고, 지옥에 떨어지지 않고 한 우주기 동안 지내지 않고 제도될 수 있다."

[우빨리] "세존이시여, 참모임의 분열을 야기한 어떠한 자가 나쁜 곳에 떨어지고, 지옥에 떨어져, 한 우주기 동안 지나도 제도될 수 없습니까?"

[세존]

1) "우빨리여, 세상에 수행승이 원칙이 아닌 것을 원칙이라고 밝히는 경우, 그것에 원칙이 아닌 것이 있다고 인지하고, 분열 가운데 원칙이 아닌 것이 있다고 인지하더라도, 견해를 잘못 대변하고, 찬성을 잘못 대변하고, 동의를 잘못 대변하고, 의도를 잘못 대변하여 산가지표를 붙잡게 하고 '이것이 원칙이고, 이것이 계율이고, 이것이 스승의 가르침이니, 이것을 잡고, 이것에 동의하십시오.'라고 선언한다면, 우빨리여, 그러한 참모임의 분열을 야기한 자는 나쁜 곳에 떨어지고, 지옥에 떨어져, 한 우주기 동안 지나도 제도될 수 없다.

2) 우빨리여, 또한 더구나 수행승이 원칙이 아닌 것을 원칙이라고 밝히는 경우, 그것에 원칙이 아닌 것이 있다고 인지하고, 분열 가운데 원칙이 있다고 인지하더라도, 견해를 잘못 대변하고, 찬성을 잘못 대변하고, 동의를 잘못 대변하고, 의도를 잘못 대변하여 산가지표를 붙잡게 하고 '이것이 원칙이고, 이것이 계율이고, 이것이 스승의 가르침이니, 이것을 잡고, 이것에 동의하십시오.'라고 선언하면, 우빨리여, 그러한 참모임의 분열을 야기한 자는 나쁜 곳에 떨어지고, 지옥에 떨어져, 한 우주기 동안 지나도 제도될 수 없다.

3) 우빨리여, 또한 더구나 수행승이 원칙이 아닌 것을 원칙이라고 밝히는 경우, 그것에 원칙이 아닌 것이 있다고 인지하고, 분열 가운데 의혹이 있다고 인지하더라도, 견해를 잘못 대변하고, 찬성을 잘못 대변하고, 동의를 잘못 대변하고, 의도를 잘못 대변하여 산가지표를 붙잡게 하고 '이것이 원칙이고, 이것이 계율

---

ti | saṅghaṁ samaggaṁ katvāna | kappaṁ saggamhi modatī'ti || It. 11에서 병행한다.

이고, 이것이 스승의 가르침이니, 이것을 잡고, 이것에 동의하십시오.'라고 선언하면, 우빨리여, 그러한 참모임의 분열을 야기한 자는 나쁜 곳에 떨어지고, 지옥에 떨어져, 한 우주기 동안 지나도 제도될 수 없다.

4) 우빨리여, 또한 더구나 수행승이 원칙이 아닌 것을 원칙이라고 밝히는 경우, 그것에 원칙이 있다고 인지하고, 분열 가운데 원칙이 아닌 것이 있다고 인지하더라도, 견해를 잘못 대변하고, 찬성을 잘못 대변하고, 동의를 잘못 대변하고, 의도를 잘못 대변하여 산가지표를 붙잡게 하고 '이것이 원칙이고, 이것이 계율이고, 이것이 스승의 가르침이니, 이것을 잡고, 이것에 동의하십시오.'라고 선언하면, 우빨리여, 그러한 참모임의 분열을 야기한 자는 나쁜 곳에 떨어지고, 지옥에 떨어져, 한 우주기 동안 지나도 제도될 수 없다.

5) 우빨리여, 또한 더구나 수행승이 원칙이 아닌 것을 원칙이라고 밝히는 경우, 그것에 원칙이 있다는 인지하고, 분열 가운데 원칙이 있다고 인지하더라도, 견해를 잘못 대변하고, 찬성을 잘못 대변하고, 동의를 잘못 대변하고, 의도를 잘못 대변하여 산가지표를 붙잡게 하고 '이것이 원칙이고, 이것이 계율이고, 이것이 스승의 가르침이니, 이것을 잡고, 이것에 동의하십시오.'라고 선언하면, 우빨리여, 그러한 참모임의 분열을 야기한 자는 나쁜 곳에 떨어지고, 지옥에 떨어져, 한 우주기 동안 지나도 제도될 수 없다.

6) 우빨리여, 또한 더구나 수행승이 원칙이 아닌 것을 원칙이라고 밝히는 경우, 그것에 원칙이 있다고 인지하고, 분열 가운데 의심이 있다고 인지하더라도, 견해를 잘못 대변하고, 찬성을 잘못 대변하고, 동의를 잘못 대변하고, 의도를 잘못 대변하여 산가지표를 붙잡게 하고 '이것이 원칙이고, 이것이 계율이고, 이것이 스승의 가르침이니, 이것을 잡고, 이것에 동의하십시오.'라고 선언하면, 우빨리여, 그러한 참모임의 분열을 야기한 자는 나쁜 곳에 떨어지고, 지옥에 떨어져, 한 우주기 동안 지나도 제도될 수 없다.

7) 우빨리여, 또한 더구나 수행승이 원칙이 아닌 것을 원칙이라고 밝히는 경우, 그것에 의심이 있다고 인지하고, 분열 가운데 원칙이 아닌 것이 있다고 인지하더라도, 견해를 잘못 대변하고, 찬성을 잘못 대변하고, 동의를 잘못 대변하고, 의도를 잘못 대변하여 산가지표를 붙잡게 하고 '이것이 원칙이고, 이것이 계율이고, 이것이 스승의 가르침이니, 이것을 잡고, 이것에 동의하십시오.'라고 선언하면, 우빨리여, 그러한 참모임의 분열을 야기한 자는 나쁜 곳에 떨어지고, 지옥에 떨어져, 한 우주기 동안 지나도 제도될 수 없다.

8) 우빨리여, 또한 더구나 수행승이 원칙이 아닌 것을 원칙이라고 밝히는 경우, 그것에 의심이 있다고 인지하고, 분열 가운데 원칙이 있다고 인지하더라도, 견해를 잘못 대변하고, 찬성을 잘못 대변하고, 동의를 잘못 대변하고, 의도를 잘못 대변하여 산가지표를 붙잡게 하고 '이것이 원칙이고, 이것이 계율이고, 이것이 스승의 가르침이니, 이것을 잡고, 이것에 동의하십시오.'라고 선언하면, 우빨리여, 그러한 참모임의 분열을 야기한 자는 나쁜 곳에 떨어지고, 지옥에 떨어져, 한 우주기 동안 지나도 제도될 수 없다.

9) 우빨리여, 또한 더구나 수행승이 원칙이 아닌 것을 원칙이라고 밝히는 경우, 그것에 의심이 있다고 인지하고, 분열 가운데 의심이 있다고 인지하더라도, 견해를 잘못 대변하고, 찬성을 잘못 대변하고, 동의를 잘못 대변하고, 의도를 잘못 대변하여 산가지표를 붙잡게 하고 '이것이 원칙이고, 이것이 계율이고, 이것이 스승의 가르침이니, 이것을 잡고, 이것에 동의하십시오.'라고 선언하면, 우빨리여, 그러한 참모임의 분열을 야기한 자는 나쁜 곳에 떨어지고, 지옥에 떨어져, 한 우주기 동안 지나도 제도될 수 없다."

8. [세존] "우빨리여, 세상에 수행승이

1) 원칙이 아닌 것을 원칙이라고 밝히거나
2) 원칙을 원칙이 아닌 것이라고 밝히거나,
3) 계율이 아닌 것을 계율이라고 밝히거나
4) 계율을 계율이 아닌 것이라고 밝히거나,
5) 여래가 설하거나 말한 것이 아닌 것을 여래가 설하거나 말한 것이라고 밝히거나,
6) 여래가 설하거나 말한 것을 여래가 설하거나 말한 것이 아닌 것이라고 밝히거나,
7) 여래가 행한 것이 아닌 것을 여래가 행한 것이라고 밝히거나
8) 여래가 행한 것을 여래가 행한 것이 아닌 것이라고 밝히거나,
9) 여래가 시설한 것이 아닌 것을 여래가 시설한 것이라고 밝히거나
10) 여래가 시설한 것을 여래가 시설한 것이 아닌 것이라고 밝히거나,
11) 죄가 아닌 것을 죄인 것이라고 밝히거나
12) 죄인 것을 죄가 아닌 것이라고 밝히거나,
13) 가벼운 죄를 무거운 죄라고 밝히거나,
14) 무거운 죄를 가벼운 죄라고 밝히거나,
15) 용서할 수 있는 죄를 용서할 수 없는 죄라고 밝히거나
16) 용서할 수 없는 죄를 용서할 수 있는 죄라고 밝히거나.

17) 거칠지 않은 죄를 거친 죄라고 밝히거나
18) 거친 죄를 거칠지 않은 죄라고 밝히는 경우,

그것에 원칙이 아닌 것이 있다고 인지하고, 분열 가운데 원칙이 아닌 것이 있다고 인지하더라도, 견해를 잘못 대변하고, 찬성을 잘못 대변하고, 동의를 잘못 대변하고, 의도를 잘못 대변하여 산가지표를 붙잡게 하고 '이것이 원칙이고, 이것이 계율이고, 이것이 스승의 가르침이니, 이것을 잡고, 이것에 동의하십시오.'라고 선언하면, 우빨리여, 그러한 참모임의 분열을 야기한 자는 나쁜 곳에 떨어지고, 지옥에 떨어져, 한 우주기 동안 지나도 제도될 수 없다."

9. [세존] "우빨리여, 또한 더구나 수행승이
1) 원칙이 아닌 것을 원칙이라고 밝히거나
2) 원칙을 원칙이 아닌 것이라고 밝히거나,
3) 계율이 아닌 것을 계율이라고 밝히거나
4) 계율을 계율이 아닌 것이라고 밝히거나,
5) 여래가 설하거나 말한 것이 아닌 것을 여래가 설하거나 말한 것이라고 밝히거나
6) 여래가 설하거나 말한 것을 여래가 설하거나 말한 것이 아닌 것이라고 밝히거나,
7) 여래가 행한 것이 아닌 것을 여래가 행한 것이라고 밝히거나
8) 여래가 행한 것을 여래가 행한 것이 아닌 것이라고 밝히거나,
9) 여래가 시설한 것이 아닌 것을 여래가 시설한 것이라고 밝히거나
10) 여래가 시설한 것을 여래가 시설한 것이 아닌 것이라고 밝히거나,
11) 죄가 아닌 것을 죄인 것이라고 밝히거나
12) 죄인 것을 죄가 아닌 것이라고 밝히거나,
13) 가벼운 죄를 무거운 죄라고 밝히거나
14) 무거운 죄를 가벼운 죄라고 밝히거나,
15) 용서할 수 있는 죄를 용서할 수 없는 죄라고 밝히거나
16) 용서할 수 없는 죄를 용서할 수 있는 죄라고 밝히거나.
17) 거칠지 않은 죄를 거친 죄라고 밝히거나
18) 거친 죄를 거칠지 않은 죄라고 밝히는 경우,

그것에 원칙이 아닌 것이 있다고 인지하고, 분열 가운데 원칙이 있다고 인지하더라도, 견해를 잘못 대변하고, 찬성을 잘못 대변하고, 동의를 잘못 대변하고, 의도를 잘못 대변하여 산가지표를 붙잡게 하고 '이것이 원칙이고, 이것이 계율이고, 이것이 스승의 가르침이니, 이것을 잡고, 이것에 동의하십시오.'라고 선언하

면, 우빨리여, 그러한 참모임의 분열을 야기한 자는 나쁜 곳에 떨어지고, 지옥에 떨어져, 한 우주기 동안 지나도 제도될 수 없다."

10. [세존] "우빨리여, 또한 더구나 수행승이

1) 원칙이 아닌 것을 원칙이라고 밝히거나
2) 원칙을 원칙이 아닌 것이라고 밝히거나,
3) 계율이 아닌 것을 계율이라고 밝히거나
4) 계율을 계율이 아닌 것이라고 밝히거나,
5) 여래가 설하거나 말한 것이 아닌 것을 여래가 설하거나 말한 것이라고 밝히거나
6) 여래가 설하거나 말한 것을 여래가 설하거나 말한 것이 아닌 것이라고 밝히거나,
7) 여래가 행한 것이 아닌 것을 여래가 행한 것이라고 밝히거나
8) 여래가 행한 것을 여래가 행한 것이 아닌 것이라고 밝히거나,
9) 여래가 시설한 것이 아닌 것을 여래가 시설한 것이라고 밝히거나
10) 여래가 시설한 것을 여래가 시설한 것이 아닌 것이라고 밝히거나,
11) 죄가 아닌 것을 죄인 것이라고 밝히거나
12) 죄인 것을 죄가 아닌 것이라고 밝히거나,
13) 가벼운 죄를 무거운 죄라고 밝히거나
14) 무거운 죄를 가벼운 죄라고 밝히거나,
15) 용서할 수 있는 죄를 용서할 수 없는 죄라고 밝히거나
16) 용서할 수 없는 죄를 용서할 수 있는 죄라고 밝히거나.
17) 거칠지 않은 죄를 거친 죄라고 밝히거나
18) 거친 죄를 거칠지 않은 죄라고 밝히는 경우,

그것에 원칙이 아닌 것이 있다고 인지하고, 분열 가운데 의심이 있다고 인지하더라도, 견해를 잘못 대변하고, 찬성을 잘못 대변하고, 동의를 잘못 대변하고, 의도를 잘못 대변하여 산가지표를 붙잡게 하고 '이것이 원칙이고, 이것이 계율이고, 이것이 스승의 가르침이니, 이것을 잡고, 이것에 동의하십시오.'라고 선언하면, 우빨리여, 그러한 참모임의 분열을 야기한 자는 나쁜 곳에 떨어지고, 지옥에 떨어져, 한 우주기 동안 지나도 제도될 수 없다."

11. [세존] "우빨리여, 또한 더구나 수행승이

1) 원칙이 아닌 것을 원칙이라고 밝히거나
2) 원칙을 원칙이 아닌 것이라고 밝히거나,
3) 계율이 아닌 것을 계율이라고 밝히거나

4) 계율을 계율이 아닌 것이라고 밝히거나,
5) 여래가 설하거나 말한 것이 아닌 것을 여래가 설하거나 말한 것이라고 밝히거나
6) 여래가 설하거나 말한 것을 여래가 설하거나 말한 것이 아닌 것이라고 밝히거나,
7) 여래가 행한 것이 아닌 것을 여래가 행한 것이라고 밝히거나
8) 여래가 행한 것을 여래가 행한 것이 아닌 것이라고 밝히거나,
9) 여래가 시설한 것이 아닌 것을 여래가 시설한 것이라고 밝히거나
10) 여래가 시설한 것을 여래가 시설한 것이 아닌 것이라고 밝히거나,
11) 죄가 아닌 것을 죄인 것이라고 밝히거나
12) 죄인 것을 죄가 아닌 것이라고 밝히거나,
13) 가벼운 죄를 무거운 죄라고 밝히거나
14) 무거운 죄를 가벼운 죄라고 밝히거나,
15) 용서할 수 있는 죄를 용서할 수 없는 죄라고 밝히거나
16) 용서할 수 없는 죄를 용서할 수 있는 죄라고 밝히거나.
17) 거칠지 않은 죄를 거친 죄라고 밝히거나
18) 거친 죄를 거칠지 않은 죄라고 밝히는 경우,

그것에 원칙이 있다고 인지하고, 분열 가운데 원칙이 아닌 것이 있다고 인지하더라도, 견해를 잘못 대변하고, 찬성을 잘못 대변하고, 동의를 잘못 대변하고, 의도를 잘못 대변하여 산가지표를 붙잡게 하고 '이것이 원칙이고, 이것이 계율이고, 이것이 스승의 가르침이니, 이것을 잡고, 이것에 동의하십시오.'라고 선언하면, 우빨리여, 그러한 참모임의 분열을 야기한 자는 나쁜 곳에 떨어지고, 지옥에 떨어져, 한 우주기 동안 지나도 제도될 수 없다."

12. [세존] "우빨리여, 또한 더구나 수행승이
1) 원칙이 아닌 것을 원칙이라고 밝히거나
2) 원칙을 원칙이 아닌 것이라고 밝히거나,
3) 계율이 아닌 것을 계율이라고 밝히거나
4) 계율을 계율이 아닌 것이라고 밝히거나,
5) 여래가 설하거나 말한 것이 아닌 것을 여래가 설하거나 말한 것이라고 밝히거나
6) 여래가 설하거나 말한 것을 여래가 설하거나 말한 것이 아닌 것이라고 밝히거나,
7) 여래가 행한 것이 아닌 것을 여래가 행한 것이라고 밝히거나
8) 여래가 행한 것을 여래가 행한 것이 아닌 것이라고 밝히거나,
9) 여래가 시설한 것이 아닌 것을 여래가 시설한 것이라고 밝히거나

10) 여래가 시설한 것을 여래가 시설한 것이 아닌 것이라고 밝히거나,
11) 죄가 아닌 것을 죄인 것이라고 밝히거나
12) 죄인 것을 죄가 아닌 것이라고 밝히거나,
13) 가벼운 죄를 무거운 죄라고 밝히거나
14) 무거운 죄를 가벼운 죄라고 밝히거나,
15) 용서할 수 있는 죄를 용서할 수 없는 죄라고 밝히거나
16) 용서할 수 없는 죄를 용서할 수 있는 죄라고 밝히거나.
17) 거칠지 않은 죄를 거친 죄라고 밝히거나
18) 거친 죄를 거칠지 않은 죄라고 밝히는 경우,

그것에 원칙이 있다고 인지하고, 분열 가운데 원칙이 있다고 인지하더라도, 견해를 잘못 대변하고, 찬성을 잘못 대변하고, 동의를 잘못 대변하고, 의도를 잘못 대변하여 산가지표를 붙잡게 하고 '이것이 원칙이고, 이것이 계율이고, 이것이 스승의 가르침이니, 이것을 잡고, 이것에 동의하십시오.'라고 선언하면, 우빨리여, 그러한 참모임의 분열을 야기한 자는 나쁜 곳에 떨어지고, 지옥에 떨어져, 한 우주기 동안 지나도 제도될 수 없다."

13. [세존] "우빨리여, 또한 더구나 수행승이
1) 원칙이 아닌 것을 원칙이라고 밝히거나
2) 원칙을 원칙이 아닌 것이라고 밝히거나,
3) 계율이 아닌 것을 계율이라고 밝히거나
4) 계율을 계율이 아닌 것이라고 밝히거나,
5) 여래가 설하거나 말한 것이 아닌 것을 여래가 설하거나 말한 것이라고 밝히거나
6) 여래가 설하거나 말한 것을 여래가 설하거나 말한 것이 아닌 것이라고 밝히거나,
7) 여래가 행한 것이 아닌 것을 여래가 행한 것이라고 밝히거나
8) 여래가 행한 것을 여래가 행한 것이 아닌 것이라고 밝히거나,
9) 여래가 시설한 것이 아닌 것을 여래가 시설한 것이라고 밝히거나
10) 여래가 시설한 것을 여래가 시설한 것이 아닌 것이라고 밝히거나,
11) 죄가 아닌 것을 죄인 것이라고 밝히거나
12) 죄인 것을 죄가 아닌 것이라고 밝히거나,
13) 가벼운 죄를 무거운 죄라고 밝히거나
14) 무거운 죄를 가벼운 죄라고 밝히거나,
15) 용서할 수 있는 죄를 용서할 수 없는 죄라고 밝히거나

16) 용서할 수 없는 죄를 용서할 수 있는 죄라고 밝히거나.
17) 거칠지 않은 죄를 거친 죄라고 밝히거나
18) 거친 죄를 거칠지 않은 죄라고 밝히는 경우,

그것에 원칙이 있다고 인지하고, 분열 가운데 의심이 있다고고 인지하더라도, 견해를 잘못 대변하고, 찬성을 잘못 대변하고, 동의를 잘못 대변하고, 의도를 잘못 대변하여 산가지표를 붙잡게 하고 '이것이 원칙이고, 이것이 계율이고, 이것이 스승의 가르침이니, 이것을 잡고, 이것에 동의하십시오.'라고 선언하면, 우빨리여, 그러한 참모임의 분열을 야기한 자는 나쁜 곳에 떨어지고, 지옥에 떨어져, 한 우주기 동안 지나도 제도될 수 없다."

14. [세존] "우빨리여, 또한 더구나 수행승이
1) 원칙이 아닌 것을 원칙이라고 밝히거나
2) 원칙을 원칙이 아닌 것이라고 밝히거나,
3) 계율이 아닌 것을 계율이라고 밝히거나
4) 계율을 계율이 아닌 것이라고 밝히거나,
5) 여래가 설하거나 말한 것이 아닌 것을 여래가 설하거나 말한 것이라고 밝히거나
6) 여래가 설하거나 말한 것을 여래가 설하거나 말한 것이 아닌 것이라고 밝히거나,
7) 여래가 행한 것이 아닌 것을 여래가 행한 것이라고 밝히거나
8) 여래가 행한 것을 여래가 행한 것이 아닌 것이라고 밝히거나,
9) 여래가 시설한 것이 아닌 것을 여래가 시설한 것이라고 밝히거나
10) 여래가 시설한 것을 여래가 시설한 것이 아닌 것이라고 밝히거나,
11) 죄가 아닌 것을 죄인 것이라고 밝히거나
12) 죄인 것을 죄가 아닌 것이라고 밝히거나,
13) 가벼운 죄를 무거운 죄라고 밝히거나
14) 무거운 죄를 가벼운 죄라고 밝히거나,
15) 용서할 수 있는 죄를 용서할 수 없는 죄라고 밝히거나
16) 용서할 수 없는 죄를 용서할 수 있는 죄라고 밝히거나.
17) 거칠지 않은 죄를 거친 죄라고 밝히거나
18) 거친 죄를 거칠지 않은 죄라고 밝히는 경우,

그것에 의심이 있다고 인지하고, 분열 가운데 원칙이 아닌 것이 있다고 인지하더라도, 견해를 잘못 대변하고, 찬성을 잘못 대변하고, 동의를 잘못 대변하고, 의도를 잘못 대변하여 산가지표를 붙잡게 하고 '이것이 원칙이고, 이것이 계율이

고, 이것이 스승의 가르침이니, 이것을 잡고, 이것에 동의하십시오.'라고 선언하면, 우빨리여, 그러한 참모임의 분열을 야기한 자는 나쁜 곳에 떨어지고, 지옥에 떨어져, 한 우주기 동안 지나도 제도될 수 없다."

15. [세존] "우빨리여, 또한 더구나 수행승이
1) 원칙이 아닌 것을 원칙이라고 밝히거나
2) 원칙을 원칙이 아닌 것이라고 밝히거나,
3) 계율이 아닌 것을 계율이라고 밝히거나
4) 계율을 계율이 아닌 것이라고 밝히거나,
5) 여래가 설하거나 말한 것이 아닌 것을 여래가 설하거나 말한 것이라고 밝히거나
6) 여래가 설하거나 말한 것을 여래가 설하거나 말한 것이 아닌 것이라고 밝히거나,
7) 여래가 행한 것이 아닌 것을 여래가 행한 것이라고 밝히거나
8) 여래가 행한 것을 여래가 행한 것이 아닌 것이라고 밝히거나,
9) 여래가 시설한 것이 아닌 것을 여래가 시설한 것이라고 밝히거나
10) 여래가 시설한 것을 여래가 시설한 것이 아닌 것이라고 밝히거나,
11) 죄가 아닌 것을 죄인 것이라고 밝히거나
12) 죄인 것을 죄가 아닌 것이라고 밝히거나,
13) 가벼운 죄를 무거운 죄라고 밝히거나
14) 무거운 죄를 가벼운 죄라고 밝히거나,
15) 용서할 수 있는 죄를 용서할 수 없는 죄라고 밝히거나
16) 용서할 수 없는 죄를 용서할 수 있는 죄라고 밝히거나.
17) 거칠지 않은 죄를 거친 죄라고 밝히거나
18) 거친 죄를 거칠지 않은 죄라고 밝히는 경우,

그것에 의심이 있다고 인지하고, 분열 가운데 원칙이 있다고 인지하더라도, 견해를 잘못 대변하고, 찬성을 잘못 대변하고, 동의를 잘못 대변하고, 의도를 잘못 대변하여 산가지표를 붙잡게 하고 '이것이 원칙이고, 이것이 계율이고, 이것이 스승의 가르침이니, 이것을 잡고, 이것에 동의하십시오.'라고 선언하면, 우빨리여, 그러한 참모임의 분열을 야기한 자는 나쁜 곳에 떨어지고, 지옥에 떨어져, 한 우주기 동안 지나도 제도될 수 없다."

16. [세존] "우빨리여, 또한 더구나 수행승이
1) 원칙이 아닌 것을 원칙이라고 밝히거나
2) 원칙을 원칙이 아닌 것이라고 밝히거나,

3) 계율이 아닌 것을 계율이라고 밝히거나
4) 계율을 계율이 아닌 것이라고 밝히거나,
5) 여래가 설하거나 말한 것이 아닌 것을 여래가 설하거나 말한 것이라고 밝히거나
6) 여래가 설하거나 말한 것을 여래가 설하거나 말한 것이 아닌 것이라고 밝히거나,
7) 여래가 행한 것이 아닌 것을 여래가 행한 것이라고 밝히거나
8) 여래가 행한 것을 여래가 행한 것이 아닌 것이라고 밝히거나,
9) 여래가 시설한 것이 아닌 것을 여래가 시설한 것이라고 밝히거나
10) 여래가 시설한 것을 여래가 시설한 것이 아닌 것이라고 밝히거나,
11) 죄가 아닌 것을 죄인 것이라고 밝히거나
12) 죄인 것을 죄가 아닌 것이라고 밝히거나,
13) 가벼운 죄를 무거운 죄라고 밝히거나
14) 무거운 죄를 가벼운 죄라고 밝히거나,
15) 용서할 수 있는 죄를 용서할 수 없는 죄라고 밝히거나
16) 용서할 수 없는 죄를 용서할 수 있는 죄라고 밝히거나.
17) 거칠지 않은 죄를 거친 죄라고 밝히거나
18) 거친 죄를 거칠지 않은 죄라고 밝히는 경우,

그것에 의심이 있다고 인지하고, 분열 가운데 의심이 있다고 인지하더라도, 견해를 잘못 대변하고, 찬성을 잘못 대변하고, 동의를 잘못 대변하고, 의도를 잘못 대변하여 산가지표를 붙잡게 하고 '이것이 원칙이고, 이것이 계율이고, 이것이 스승의 가르침이니, 이것을 잡고, 이것에 동의하십시오.'라고 선언하면, 우빨리여, 그러한 참모임의 분열을 야기한 자는 나쁜 곳에 떨어지고, 지옥에 떨어져, 한 우주기 동안 지나도 제도될 수 없다."

17. [우빨리] "세존이시여, 참모임의 분열을 야기한 어떠한 자가 나쁜 곳에 떨어지지 않고, 지옥에 떨어지지 않고[206] 한 우주기 동안 지내지 않고 제도될 수 있습니까?"

[세존] "우빨리여, 또한 더구나 수행승이 원칙이 아닌 것을 원칙이라고 밝히고, 그것에 원칙이 있다고 인지하고, 분열 가운데 원칙이 있다고 인지하여, 견해를 잘못 대변하지 않고, 찬성을 잘못 대변하지 않고, 동의를 잘못 대변하지 않고, 의도를 잘못 대변하지 않아 선언하여 산가지표를 붙잡게 하고 '이것이 원칙이고, 이것이 계율이고, 이것이 스승의 가르침이니, 이것을 잡고, 이것에 동의하십시오.'라고 선언하면, 우빨리여, 그러한 참모임의 분열을 야기한 자는 나쁜 곳에 떨어지

지 않고, 지옥에 떨어지지 않고, 한 우주기 동안 지속하지 않고도 제도될 수 있다.

우빨리여, 또한 더구나 세상에 수행승이

1) 원칙을 원칙이라고 밝히거나
2) 원칙이 아닌 것을 원칙이 아닌 것이라고 밝히거나,
3) 계율을 계율이라고 밝히거나
4) 계율이 아닌 것을 계율이 아닌 것이라고 밝히거나,
5) 여래가 설하거나 말한 것을 여래가 설하거나 말한 것이라고 밝히거나
6) 여래가 설하거나 말한 것이 아닌 것을 여래가 설하거나 말한 것이 아닌 것이라고 밝히거나,
7) 여래가 행한 것을 여래가 행한 것이라고 밝히거나
8) 여래가 행한 것이 아닌 것을 여래가 행한 것이 아닌 것이라고 밝히거나,
9) 여래가 시설한 것을 여래가 시설한 것이라고 밝히거나
10) 여래가 시설한 것이 아닌 것을 여래가 시설한 것이 아닌 것이라고 밝히거나,
11) 죄인 것을 죄인 것이라고 밝히거나
12) 죄가 아닌 것을 죄가 아닌 것이라고 밝히거나,
13) 가벼운 죄를 가벼운 죄라고 밝히거나
14) 무거운 죄를 무거운 죄라고 밝히거나,
15) 용서할 수 있는 죄를 용서할 수 있는 죄라고 밝히거나
16) 용서할 수 없는 죄를 용서할 수 없는 죄라고 밝히거나.
17) 거친 죄를 거친 죄라고 밝히거나
18) 거칠지 않은 죄를 거칠지 않은 죄라고 밝히고,

그것에 원칙이 있다고 인지하고, 분열 가운데도 원칙이 있다고 인지하고, 견해를 잘못 대변하지 않고, 찬성을 잘못 대변하지 않고, 동의를 잘못 대변하지 않고, 의도를 잘못 대변하지 않고, 산가지표를 붙잡게 하고 '이것이 원칙이고, 이것이 계율이고, 이것이 스승의 가르침이니, 이것을 잡고, 이것에 동의하십시오.'라고 선언하면, 우빨리여, 그러한 참모임의 분열을 야기한 자는 나쁜 곳에 떨어지지 않고, 지옥에 떨어지지 않고, 한 우주기 동안 지속하지 않고도 제도될 수 있다.

세 번째 송출품이 끝났다.
제7장 참모임의 분열의 다발이 끝났다.

그 후렴시는 아래와 같다(Tassuddānaṃ)

1. 아누삐야 시에서, 유명한,
섬세하여, 원하지 않음,
밭을 갈기, 씨뿌리기, 배수,
잡초뽑기, 베어냄, 거두어들임,
더미, 타작, 짚,
왕겨, 체, 저장.924)

2. 미래에도 끝나지 않고,
아버지와 할아버지,
밧디야, 아누룻다,
아난다, 바구, 낌빌라,
싸끼야적 교만, 꼬쌈비 시,
사라짐, 까꾸따에 대하여.925)

3. 알려줌, 아버지의 것,
사람, 바위, 날라기리,
세 명, 다섯 사항,
무거운, 분열, 추악죄,
세 가지 여덟, 다시 세 가지,
분쟁, 분열, 유무.926)

제7장 참모임의 분열의 다발의 후렴시가 끝났다.

---

924) anupiye abhiññātā | sukhumālo na icchati | kasā vappā atininne | niḍḍā lāve ca ubbaho | puñjamaddapalāla ñca | bhusaopunaatihare || 이 제7장의 후렴시는 비교적 짧아서 3개의 시편만이 있다.
925) āyatimpi na khīyanti | pitaro ca pitāmahā | bhaddiyo anuruddho ca | ānando bhagu kimbilo | sakyamāno ca kosambiṃ | parihāyi kakudhena ca ||
926) pakāsesi pituno ca | purise silaṃ nāḷāgiriṃ | tikapañca garuko bhindi | thullaccayena ca | tayo aṭṭha puna tīṇi | rāji bhedo siyā nu kho ti ||

제8장 의무의 다발
(Vattakkhandhaka : 儀法犍度)

I 첫 번째 송출품(Paṭhamabhāṇavāra : 1-4)

1. 객수행승들의 의무(Āgantukavatta)

1. 그런데[207] 그때 존귀한 부처님께서는 싸밧티 시에 있는 제따바나 숲 아나따삔디까 승원에 계셨다. 그런데 그때 객수행승들이 신발을 신고 승원에 들어서고,927) 양산을 가지고 승원에 들어서고,928) 머리를 뒤집어쓰고 승원에 들어서고,929) 머리위에 옷을 이고 승원에 들어섰을 뿐만 아니라, 음용수로 발을 씻고, 연장자인 거주수행승들에게 인사도 하지 않고, 처소에 관해 묻지도 않았다. 그들 가운데 어떤 객수행승이 체류하지 않는 정사를 빗장을 뽑고 문을 열고 급히 들어섰다. 그의 등 뒤에서 뱀들이 떨어졌다. 그는 공포에 질려 소리를 질렀다. 수행승들이 달려가 그 수행승에게 이와 같이 말했다.

[수행승들] "벗이여, 그대는 왜 소리를 질렀는가?"

그러자 그 수행승은 수행승들에게 그 사실을 알렸다. 수행승들 가운데 욕망을 여의고, 만족을 알고, 부끄러움을 알고, 후회할 줄 알고 배움을 원하는 자들은 그에 대하여 혐책하고 분개하고 비난했다.

[수행승들] "어찌 객수행승들이 신발을 신고 승원에 들어서고, 양산을 가지고 승원에 들어서고, 뒤집어쓰고 승원에 들어서고, 머리위에 옷을 이고 승원에 들어설 뿐만 아니라, 음용수로 발을 씻고, 연장자인 거주수행승들에게 인사도 하지 않고, 처소에 관해 묻지도 않을 수 있단 말인가?"

2. 그래서 그 수행승들은 세존께 그 사실을 알렸다.

[세존] "수행승들이여, 객수행승들이 신발을 신고 승원에 들어서고, 양산을

---

927) bhikkhū saupāhanāpi ārāmaṃ pavisanti : 불경(不敬)에 속하는 것이다. MV. V. 12와 중학죄법 제61조, 제62조(Sekh. 61. 62)를 참조하라.

928) chattapaggahitāpi ārāmaṃ pavisanti : 양산의 사용에 대해서는 CV. V. 23을 참조하라.

929) oguṇṭhitāpi ārāmaṃ pavisanti : 중학죄법 제23조, 제67조(Sekh. 23. 67)을 참조하라.

가지고 승원에 들어서고, 뒤집어쓰고 승원에 들어서고, 머리위에 옷을 이고 승원에 들어섰 뿐만 아니라, 음용수로 발을 씻고, 연장자인 거주수행승들에게 인사도 하지 않고, 처소에 관해 묻지도 않았다는 것이 사실인가?"

[수행승들] "세존이시여, 사실입니다."

3. 존귀한 부처님께서 꾸짖었다.

[세존] "수행승들이여, 그 어리석은 자들은 적절하지 않고, 자연스럽지 않고, 알맞지 않고, 수행자의 삶이 아니고, 부당하고, 해서는 안 될 일을 행한 것이다. 수행승들이여, 어찌 객수행승들이 신발을 신고 승원에 들어서고, 양산을 가지고 승원에 들어서고, 뒤집어쓰고 승원에 들어서고, 머리위에 옷을 이고 승원에 들어설 뿐만 아니라, 음용수로 발을 씻고, 연장자인 거주수행승들에게 인사도 하지 않고, 처소에 관해 묻지도 않을 수 있단 말인가? 수행승들이여, 그것은 아직 청정한 믿음이 없는 자를 청정한 믿음으로 이끌고, 이미 청정한 믿음이 있는 자를 더욱더 청정한 믿음으로 이끄는 것이 아니다. 수행승들이여, 그것은 오히려, 아직 청정한 믿음이 없는 자를 불신으로 이끌고, 이미 청정한 믿음이 있는 자 가운데 어떤 자들을 타락시키는 것이다."

4. 그리고 세존께서는 그 객수행승들을 여러 가지 방편으로 견책하여, 키우기 어렵고 부양하기 어렵고 욕심이 많고 만족을 모르고 교제를 좋아하고 나태한 것에 대하여 질책하고, 여러 가지 법문으로 고무하여, 키우기 쉽고 부양하기 쉽고 욕심을 여의고, 만족을 알고, 버리고 없애는 삶을 살고, 두타행을 하고, 청정한 믿음이 있고, 쌓아 모으지 않고, 용맹정진하는 것을 칭찬하고, 수행승들을 위하여 그에 알맞고 그에 걸맞게 경책하여 법문을 하고 수행승들에게 일렀다.

[세존] "수행승들이여, 그렇다면 객수행승들이 지켜야 할 객수행승들의 의무930)를 시설하여야겠다."

5. [세존] "수행승들이여, 객수행승은 '지금 나는 승원으로 들어가겠다.'라고 신발을[208] 벗어 아래에 놓고 두드려 털고 다시 들고 양산을 접고, 뒤집어쓴 것을 벗고, 머리위에 옷을 어깨에 두고, 주의 깊게 서두르지 않고 승원에 들어서야 한다. 승원에 들어서서는 '어디로 거주주행승들이 물러나 있는가?'라고 관찰해서, 거주수행승들이 물러나 있는 곳이 근행당이건 원형당이건 나무밑이건 그곳으로 가서 한쪽에 발우를 두고, 한쪽에 옷을 두고, 적당한 자리를 잡아 앉아야 한다.

---

930) vatta : 역자가 의무라고 번역한 것은 '습관, 관습, 의법(儀法), 준수, 의무, 실행' 등의 의미를 지닌다.

마실 물과 용수에 대해서는 '마실 물은 어떤 것입니까? 용수는 어떤 것입니까?'라고 물어야 한다. 마실 물이 필요하면, 마실 물을 구해 마시고, 용수가 필요하면, 용수를 구해 발을 씻어야 한다. 발을 씻으면서 한 손으로는 물을 뿌리고 다른 한 손으로는 발을 씻어야 한다. 그러나 그 손으로 물을 뿌린 바로 그 손으로 발을 씻어서는 안 된다. 신발을 닦는 천에 대하여 물어서 신발을 닦아야 한다. 신발을 닦을 때에는 먼저 마른 천으로 닦고 나중에 젖은 것으로 닦고, 신발을 닦는 천을 씻어서 한쪽에 놓아야 한다. 거주수행승이 연로하면 인사를 해야 하고, 거주수행승이 신참이면 인사를 받아야 한다. 처소에 대해서는 '어떻게 처소를 얻습니까?'라고 물어야 한다. 점유된 것인지 점유되지 않은 것인지를 물어야 한다. 탁발하러 다닐 수 있는 곳인가를 물어야 하고,931) 탁발하러 가기 불편한 곳인가를 물어야 한다.932) 학인으로 인정된 가정인지를 물어야 한다.933) 대변소에 대하여 물어야 한다. 소변소에 대하여 물어야 한다. 음용수에 대하여 물어야 한다. 용수에 대하여 물어야 한다. 지팡이934)에 대하여 물어야 한다. 참모임의 회의장935)에 대하여 '어떠한 시간에 들어 갈 수 있고 어떠한 시간에 나와야 하는가?'라고 물어야 한다.

6. 정사가 점유되어 있지 않다면, 문을 두드린 뒤에 잠시 기다려 빗장을 뽑고 문을 열고 밖에 서서 살펴 보아야 한다.936) 정사가 먼지에 덮여 있고, 침상위에 침상이 올려 있고, 의자위에 의자가 올려 있고, 와좌구를 그 위에 쌓아놓고 있다면, 가능하다면, 청소를 해야 한다. 정사를 청소하면서 먼저 바닥 깔개를 집어서 한쪽에 두어야 한다. 침상의 다리를 뽑아서 한쪽에 두어야 한다. 담요와 베개를 꺼내 한쪽에 두어야 한다. 좌구의 깔개를 꺼내서 한쪽에 두어야 한다. 침상을 아래로

---

931) gocaro pucchitabbo : Smp. 1281에 따르면, 이것은 탁발하는 곳에서 탁발하는 마을까지의 거리를 묻는 것이다. 탁발하러 가는 마을을 'gocaragāma'라고 한다.

932) agocaro pucchitabbo : Smp. 1281에 따르면, 사견을 가진 사람들의 마을이나 탁발을 주는데 한계가 있는 마을인지를 묻는 것이다. 오로지 탁발음식이 한 두 수행승에게만 주어지는지 등을 묻는 것이다.

933) sekhasammatāni kulāni : 한역에서는 학지인정가(學地認定家)이다. 학인의 지평으로 인정을 받은 가정은 신심이 있어 수행승들에게 필요하면 무엇이든 보시하여 소모할 수 있기 때문에, 그 집안의 유지를 위해 수행승들이 방문을 자제하는 가문이 되어야 하는데, 이것을 학지인정의 가정이라고 한다. 고백죄법 제3조(Paṭid. 3)를 참조하라. 여기서 학인이란 참사람으로서 일곱 가지 학인의 단계에 있는 학인(sekha : 有學)을 말하고, '스승과 함께 사는 자'라는 의미의 학인과는 다르다. 학인에 대해 상세한 것은 이 책의 율장해제를 참사람의 항목을 살펴보라.

934) kattaradaṇḍo : 보장(步杖)을 의미한다.

935) katikasaṇṭhāna : 모임을 약속한 장소로써의 회의장을 말한다.

936) bahi ṭhitena nilloketabbo : Smp. 1281에 따르면, 뱀들이나 인간이 아닌 자들이 있는가를 살펴 보아야 한다.

내리고 문이나 기둥에[209] 긁히거나 충돌하지 않도록 주의 깊게 한쪽으로 두어야 한다. 의자를 아래로 내리고 문이나 기둥에 긁히거나 충돌하지 않도록 주의 깊게 한쪽으로 두어야 한다. 가래받이통을 꺼내서 한쪽에 두어야 한다. 기대는 판을 꺼내서 한쪽에 두어야 한다. 정사에 거미줄이 있다면, 관찰하여 먼저 제거해야 한다. 창문과 그 모퉁이를 청소해야 한다. 붉은 석회로 처리한 벽이 지저분하다면, 천조각을 적셔 눌러서 닦아내야 한다. 검은색으로 처리한 바닥이 지저분하다면, 천조각을 적셔 눌러서 닦아내야 한다. 처리되지 않은 바닥이라면 물을 뿌려서 '정사가 먼지로 더럽혀지지 말라.'라고 청소해야 한다. 쓰레기는 모아서 한쪽에 버려야 한다.

7. 바닥 깔개는 말리고 정화하고 털고 옮겨서 원래 놓인 자리에 깔아야 한다. 침상의 다리는 말려서 닦아내고 옮겨서 원래 놓인 자리에 장착해야 한다. 침상을 말리고 정화하고 털고 내려서 문이나 기둥에 긁히거나 충돌하지 않도록 주의 깊게 원래 놓인 자리에 놓아야 한다. 의자를 말리고 정화하고 털고 내려서 문이나 기둥에 긁히거나 충돌하지 않도록 주의 깊게 원래 놓인 자리에 놓아야 한다. 담요와 베개를 말리고 정화하고 털고 옮겨서 원래 놓인 자리에 깔아야 한다. 좌구의 깔개를 말리고 정화하고 털고 옮겨서 원래 놓인 자리에 깔아야 한다. 가래받이통을 말리고 정화하고 옮겨서 원래 놓인 자리에 놓아야 한다. 기대는 판을 말리고 정화하고 옮겨서 원래 놓인 자리에 두어야 한다.

8. 법복과 발우를 보관해야 한다. 발우를 보관할 때에는 한 손으로 발우를 들고 다른 한 손으로 침상 아래나 의자의 밑을 만져본 뒤에 발우를 보관해야 한다. 맨바닥에 발우를 보관해서는 안 된다. 법복을 보관할 때에는 한 손으로 법복을 잡고 다른 한 손으로 옷시렁이나 옷걸망을 만져보고 단을 밖으로 주름을 안으로 해서 옷을 보관해야 한다. 동쪽에서 먼지바람이 불면 동쪽의 창문을 닫아야 한다. 서쪽에서 먼지바람이 불면 서쪽의 창문을 닫아야 한다. 북쪽에서 먼지바람이 불면 동쪽의 창문을 닫아야 한다. 남쪽에서 먼지바람이 불면 동쪽의 창문을 닫아야 한다. 날씨가 춥다면 낮에 창문을 열어야 하고 밤에는 닫아야 한다. 날씨가 덥다면 낮에 창문을 닫아야 하고 밤에는 닫아야 한다. 방사가[210] 지저분하다면, 방사를 청소해야 한다. 현관이 지저분하다면, 현관을 청소해야 한다. 집회당이 지저분하다면, 집회당을 청소해야 한다. 화당이 지저분하다면, 화당을 청소해야 한다. 변소가 지저분하다면, 변소를 청소해야 한다. 음용수가 없다면, 음용수를 준비해야 한다. 용수가 없다면, 용수를 준비해야 한다. 씻기 위한 물단지에

물이 없다면, 씻기 위한 물단지에 물을 부어야 한다.

수행승들이여, 이러한 것이 객수행승들이 지켜야 할 객수행승들의 의무이다."

객수행승들의 의무가 끝났다.

2. 거주수행승들의 의무(Āvāsikavatta)

1. 그런데 한때 거주수행승들은 객수행승들을 보고도 자리를 준비하지 않고 세족수도, 족대도, 발수건도 갖다 놓지 않고, 맞이하여 발우와 옷을 받지도 않고, 마실 물에 관하여 묻지도 않고, 연장자인 객수행승들에게 인사하지도 않고, 처소도 마련하지 않았다. 수행승들 가운데 욕망을 여의고, 만족을 알고, 부끄러움을 알고, 후회할 줄 알고 배움을 원하는 자들은 그들에 대하여 혐책하고 분개하고 비난했다.

[수행승들] "어찌 거주수행승들은 객수행승들을 보고도 자리를 준비하지 않고 세족수도, 족대도, 발수건도 갖다 놓지 않고, 맞이하여 발우와 옷을 받지도 않고, 마실 물에 관하여 묻지도 않고, 연장자인 객수행승들에게 인사하지도 않고, 처소도 마련하지 않을 수 있단 말인가?"

2. 그래서 그 수행승들은 세존께 그 사실을 알렸다.

[세존] "수행승들이여, 거주수행승들이 객수행승들을 보고도 자리를 준비하지 않고 세족수도, 족대도, 발수건도 갖다 놓지 않고, 맞이하여 발우와 옷을 받지도 않고, 마실 물에 관하여 묻지도 않고, 연장자인 객수행승들에게 인사하지도 않고, 처소도 마련하지 않은 것이 사실인가?"

[수행승들] "세존이시여, 사실입니다."

3. 존귀하신 부처님께서는 견책했다.

[세존] "수행승들이여, 그 어리석은 자들은 적절하지 않고, 자연스럽지 않고, 알맞지 않고, 수행자의 삶이 아니고, 부당하고, 해서는 안 될 일을 행한 것이다. 어찌 거주수행승들은 객수행승들을 보고도 자리를 준비하지 않고 세족수도, 족대도, 발수건도 갖다 놓지 않고, 맞이하여 발우와 옷을 받지도 않고, 마실 물에 관하여 묻지도 않고, 연장자인 객수행승들에게 인사하지도 않고, 처소도 마련하지 않을 수 있단 말인가? 수행승들이여, 그것은 아직 청정한 믿음이 없는 자를 청정한 믿음으로 이끌고, 이미 청정한 믿음이 있는 자를 더욱더 청정한 믿음으로 이끄는 것이 아니다. 수행승들이여, 그것은 오히려, 아직 청정한 믿음이 없는 자를 불신으로 이끌고, 이미 청정한 믿음이 있는 자 가운데 어떤 자들을 타락시키는 것이다."

4. 그리고 세존께서는 그 거주수행승들을 여러 가지 방편으로 견책하여, 키우기 어렵고 부양하기 어렵고 욕심이 많고 만족을 모르고 교제를 좋아하고 나태한 것에 대하여 질책하고, 여러 가지 법문으로 고무하여, 키우기 쉽고 부양하기 쉽고 욕심을 여의고, 만족을 알고, 버리고 없애는 삶을 살고, 두타행을 하고, 청정한 믿음이 있고, 쌓아 모으지 않고, 용맹정진하는 것을 칭찬하고, 수행승들을 위하여 그에 알맞고 그에 걸맞게 경책하여 법문을 하고 수행승들에게 일렀다.

[세존] "수행승들이여, 거주수행승들이 행해야 하는 거주수행승의 의무를 시설하겠다."

5. [세존] "수행승들이여, 거주수행승들은 객수행승이 연장자라면, 자리를 준비하고 세족수도, 족대도, 발수건도 갖다 놓고, 맞이하여 발우와 옷을 받고, 마실 물에 관하여 묻고, 가능하다면, 신발을 닦아드려야 한다. 신발을 닦을 때에는 먼저 마른 천으로 닦고 나중에 젖은 것으로 닦고, 신발을 닦는 천을 씻어서 한쪽에 놓아야 한다. 연장자인 객수행승에게 인사를 해야 하고, 처소에 대해서는 '그대는 이 처소를 얻었습니다.'라고 알려주고 점유된 것인지 점유되지 않은 것인지를 설명해 주어야 한다. 탁발하러 다닐 수 있는 곳인지를 설명하고, 탁발하러 가기 불편한 곳인지를 설명하고, 학인으로 인정된 가문에 대하여 설명하고, 대변소에 대하여 설명하고, 소변소에 대하여 설명해야 하고, 음용수에 대하여 설명하고, 용수에 대하여 설명하고, 지팡이에 대하여 설명해야 한다. 참모임의 약정에 대하여 '어떠한 시간에 들어 갈 수 있고 어떠한 시간에 나와야 하는가?'라고 설명해야 한다.

6. 객수행승이 신참이라면,[211] 거주수행승은 앉아서 '여기에 발우를 두시오. 여기에 법복을 두시오. 이것이 자리이니 앉으십시오.'라고 설명해야 한다. 음용수에 대하여 설명해야 하고, 용수에 대하여 설명해야 하고, 신발을 닦는 천에 대하여 설명해야 하고, 객수행승을 인사시켜야 하고, 처소에 대해서는 '그대는 이 처소를 얻었습니다.'라고 알려주고, 점유된 것인지 점유되지 않은 것인지를 설명해 주어야 한다. 탁발하러 다닐 수 있는 곳인지를 설명하고, 탁발하러 가기 불편한 곳인지를 설명하고, 학인으로 인정된 가문에 대하여 설명하고, 대변소에 대하여 설명하고, 소변소에 대하여 설명해야 하고, 음용수에 대하여 설명하고, 용수에 대하여 설명하고, 지팡이에 대하여 설명해야 한다. 참모임의 약정에 대하여 '어떠한 시간에 들어 갈 수 있고 어떠한 시간에 나와야 하는가?'라고 설명해야 한다.

수행승들이여, 이러한 것이 거주수행승들이 지켜야 할 거주수행승들의 의무이다."

거주수행승들의 의무가 끝났다.

3. 편력수행승들의 의무(Gamikādivatta)

1. 그런데 한때 편력수행승들이 나무 도구와 토기 도구를 거두지 않고 문과 창을 열어 놓고 처소에 대하여 부탁하지도 않고 떠났는데, 나무 도구와 토기 도구는 없어지고,[937] 처소는 수호되지 않았다. 수행승들 가운데 욕망을 여의고, 만족을 알고, 부끄러움을 알고, 후회할 줄 알고 배움을 원하는 자들은 그들에 대하여 혐책하고 분개하고 비난했다.

[수행승들] "어찌 편력수행승들이 나무 도구와 토기 도구를 거두지 않고 문과 창을 열어 놓고 처소에 대하여 부탁하지도 않고 떠나서, 나무 도구와 토기 도구는 없어지고, 처소는 수호되지 않을 수 있단 말인가?"

그래서 그 수행승들은 세존께 그 사실을 알렸다.

[세존] "수행승들이여, 편력수행승들이 나무 도구와 토기 도구를 거두지 않고 문과 창을 열어 놓고 처소에 대하여 부탁하지도 않고 떠났는데, 나무 도구와 토기 도구는 없어지고, 처소는 수호되지 않았다는 것이 사실인가?"

[수행승들] "세존이시여, 사실입니다."

존귀하신 부처님께서는 견책했다.

[세존] "수행승들이여, 그 어리석은 자들은 적절하지 않고, 자연스럽지 않고, 알맞지 않고, 수행자의 삶이 아니고, 부당하고, 해서는 안 될 일을 행한 것이다. 수행승들이여, 어찌 편력수행승들이 나무 도구와 토기 도구를 거두지 않고 문과 창을 열어 놓고 처소에 대하여 부탁하지도 않고 떠나서, 나무 도구와 토기 도구는 없어지고, 처소는 수호되지 않을 수 있단 말인가? 수행승들이여, 그것은 아직 청정한 믿음이 없는 자를 청정한 믿음으로 이끌고, 이미 청정한 믿음이 있는 자를 더욱더 청정한 믿음으로 이끄는 것이 아니다. 수행승들이여, 그것은 오히려, 아직 청정한 믿음이 없는 자를 불신으로 이끌고, 이미 청정한 믿음이 있는 자 가운데 어떤 자들을 타락시키는 것이다."

그리고 세존께서는 그 편력수행승들을 여러 가지 방편으로 견책하여, 키우기 어렵고 부양하기 어렵고 욕심이 많고 만족을 모르고 교제를 좋아하고 나태한 것에 대하여 질책하고, 여러 가지 법문으로 고무하여, 키우기 쉽고 부양하기 쉽고

937) dārubhaṇḍaṃ mattikābhaṇaḍaṃ nassati : VI. IV. 39(속죄죄법 제14조, 제15조; Pāc. 14. 15)를 참조하라.

욕심을 여의고, 만족을 알고, 버리고 없애는 삶을 살고, 두타행을 하고, 청정한 믿음이 있고, 쌓아 모으지 않고, 용맹정진하는 것을 칭찬하고, 수행승들을 위하여 그에 알맞고 그에 걸맞게 경책하여 법문을 하고 수행승들에게 일렀다.

[세존] "수행승들이여, 그렇다면 편력수행승들이 지켜야 할 편력수행승들이 준수해야 할 것을 시설하겠다."

2. 수행승들이여, 편력수행승들은 나무 도구와 토기 도구를 거두고 문과 창을 닫고 처소에 대하여 부탁하고 떠나야 한다. 수행승이 없다면, 사미에게 부탁해야 한다.[938] 사미가 없다면, 승원지기에게 부탁해야 한다. 만약에 수행승들이나 사미나 승원지기나 재가신자가 없다면, 네 개의 돌 위에 침상을 놓고,[939] 침상 위에 침상을 올려놓고 의자 위에 의자를 올려놓아 처소 위에 쌓고, 목기도구와 토기도구를 거두고, 문과 창을 닫고 떠나야 한다.

3. 정사에 비가 샌다면, 만약에 가능하다면, 지붕을 덮거나 '어떻게 정사에 지붕을 덮어야 하나?'라고 노력을 기울여야 한다. 이와 같이 해서 이루면 좋고, 만약 이루지 못하면, 비가 새지 않는 곳에 네 개의 돌 위에 침상을 놓고, 침상 위에 침상을 올려놓고 의자 위에 의자를 올려놓아 처소 위에 쌓고, 목기도구와 토기도구를 거두고, 문과 창을 닫고 떠나야 한다. 모든 정사에 비가 샌다면, 만약에 가능하다면, 처소를 마을로 옮겨야 한다. 또는[212] '어떻게 정사에 마을로 옮겨야 하나?'라고 노력을 기울여야 한다. 만약 이와 같이 해서 이루면 좋고, 만약 이루지 못하면, 노천에 네 개의 돌 위에 침상을 놓고, 침상 위에 침상을 올려놓고 의자 위에 의자를 올려놓아 처소 위에 쌓고, 목기도구와 토기도구를 거두고, 짚이나 풀로 덮어두고 '조금이나마 일부분이라도 남을 것이다.'라고 생각하고[940] 떠나야 한다.

수행승들이여, 이러한 것이 편력수행승들이 행해야 하는 편력수행승들의 의무이다."

4. 식당에서의 의무(Bhattaggavatta)

1. 그런데 그때 수행승들이 식당에서 감사를 표하지 않았다. 사람들이 그들에 대

938) sace bhikkhu na hoti. Sāmaṇero āpucchitabbo : Vi. IV. 39(속죄죄법 제14조, 제15조; Pāc. 14. 15)를 참조하라.
939) catusu pāsāṇesu mañcaṃ paññāpetvā : Smp. 1282에 따르면, 흰 개미로부터 보호하기 위해서이다.
940) appevanāma aṅgānipi seseyyun'ti : Smp. 1282에 따르면, 노천에 남겨두는 것의 이익은 침대나 의자의 일부가 비가 새는 집에서 떨어지는 풀이나 진흙 더미에 의해서 파괴되지 않는다는 것이다.

하여 혐책하고 분개하고 비난했다.

[사람들] "어찌 싸끼야의 아들들이 식당에서 감사를 표하지 않는가?"

수행승들은 그 사람들이 혐책하고 분개하고 비난하는 것을 들었다. 그래서 그 수행승들은 세존께 그 사실을 말했다. 그러자 세존께서는 이것을 기회로 이것을 원인으로 법문을 하고 수행승들에게 일렀다.

[세존] "수행승들이여, 식당에서 감사를 표하는 것을 허용한다."

그러자 그 수행승들은 이와 같이 생각했다.

[수행승들] '누가 식당에서 감사를 표해야 하는가?'

세존께 그 사실을 알렸다. 그러자 세존께서는 이것을 기회로 이것을 원인으로 법문을 하고 수행승들에게 일렀다.

[세존] "수행승들이여, 장로 수행승이 식당에서 감사를 표하는 것을 허용한다."

2. 그런데 그때 한 무리의 사람들이 참모임을 위한 공양 즉, 승차식[941]을 제공했다. 존자 싸리뿟따가 참모임의 장로[942]였다. 수행승들은 '세존께서는 장로 수행승이 식당에서 감사를 표하는 것을 허용하셨다.'라고 생각하고, 존자 싸리뿟따를 홀로 남겨두고 떠났다. 그러자 존자 싸리뿟따는 그 사람들에게 감사를 표하고 나중에 홀로 왔다. 세존께서는 존자 싸리뿟따가 멀리서부터 오는 것을 보았다. 보고나서 싸리뿟따에게 이와 같이 말했다.

[세존] "싸리뿟따여, 어떻게 공양은 괜찮았는가?"[943]

[수행승들] "세존이시여, 공양은 괜찮았습니다. 그러나 수행승들이 저 혼자만 남겨두고 떠났습니다."

그러자 세존께서는 이것을 기회로 이것을 원인으로 법문을 하고 수행승들에게 일렀다.

[세존] "수행승들이여, 식당에서는 네다섯 명의 장로와 수장로[944] 수행승들이 남아서 기다리는 것을 허용한다."

3. 그런데 그때 어떤 장로가 식당에서 용변을 보고 싶었으나, 용변을 참다가 혼절했다. 세존께 그 사실을 알렸다.

941) saṅghabhatta : 이 책(Vin. II. 165)를 참조하라.

942) saṅghatthera : 참모임을 대표하는 장로를 뜻한다.

943) kacci sāriputta bhattaṃ iddhaṃ ahosi'ti : 역자가 괜찮다(iddha)라고 번역한 용어는 비구니속죄죄법 제56조(Bhikkhunī Pāc. 56)에 따르면, '성공적' 내지 '효과적'이라는 뜻이다.

944) anuthera : VA. 1283에 따르면, 법랍으로 보아 승장로(saṅghatthera)나 대장로(大長老 : mahāthera)의 다음의 위치하는 장로를 뜻한다. 한역에서는 수장로(隨長老)를 뜻한다.

[세존] "수행승들이여, 만약에 용무가 있을 때에는 이웃에 있는 수행승에게 부탁하고 가는 것을 허용한다."

4. 그런데 한때 여섯무리의 수행승들이[213] 잘못 입고 잘못 두르고 부적절하게 차리고945) 식당에 갔다가 이탈하여 장로수행승들 앞으로 가서 장로수행승들을 밀치고 앉고,946) 또한 신참 수행승들의 자리를 빼앗기도 하고, 대의를 펼치고 옥내에 앉기도 했다. 수행승들 가운데 욕망을 여의고 만족을 알고 부끄러움을 알고 참회할 줄 알고 학습계율을 원하는 자들은 그것에 대하여 혐책하고 분개하고 비난했다.

[수행승들] "어찌 여섯무리의 수행승들이 잘못 입고 잘못 두르고 부적절하게 차리고 식당에 갔다가 이탈하여 장로수행승들 앞으로 가서 장로수행승들을 밀치고 앉고, 또한 신참 수행승들의 자리를 빼앗기도 하고, 대의를 펼치고 옥내에 앉기도 할 수 있단 말인가?"

5. 그리고 그 수행승들은 세존께 그 사실을 알렸다.

[세존] "수행승들이여, 여섯무리의 수행승들이 잘못 입고 잘못 두르고 부적절하게 차리고 식당에 갔다가 이탈하여 장로수행승들 앞으로 가서 장로수행승들을 밀치고 앉고, 또한 신참 수행승들의 자리를 빼앗기도 하고, 대의를 펼치고 옥내에 앉기도 한 것이 사실인가?"

[수행승들] "세존이시여, 사실입니다."

6. 존귀하신 부처님께서는 견책했다.

[세존] "수행승들이여, 그 어리석은 자들은 적절하지 않고, 자연스럽지 않고, 알맞지 않고, 수행자의 삶이 아니고, 부당하고, 해서는 안 될 일을 행한 것이다. 수행승들이여, 어찌 여섯무리의 수행승들이 잘못 입고 잘못 두르고 부적절하게 차리고 식당에 갔다가 이탈하여 장로수행승들 앞으로 가서 장로수행승들을 밀치고 앉고, 또한 신참 수행승들의 자리를 빼앗기도 하고, 대의를 펼치고 옥내에 앉기도 할 수 있단 말인가? 수행승들이여, 그것은 아직 청정한 믿음이 없는 자를 청정한 믿음으로 이끌고, 이미 청정한 믿음이 있는 자를 더욱더 청정한 믿음으로 이끄는 것이 아니다. 수행승들이여, 그것은 오히려, 아직 청정한 믿음이 없는 자를 불신으로 이끌고, 이미 청정한 믿음이 있는 자 가운데 어떤 자들을 타락시키

945) dunnivatthā duppārutā anākappasampannā : Vin. I. 44를 참조하라.
946) anupakhajja nīsīdanti : 속죄죄법 제16조, 제43조(Pāc. 16. 43)를 참조하라.

는 것이다."

7. 그리고 세존께서는 그 여섯무리의 수행승들을 여러 가지 방편으로 견책하여, 키우기 어렵고 부양하기 어렵고 욕심이 많고 만족을 모르고 교제를 좋아하고 나태한 것에 대하여 질책하고, 여러 가지 법문으로 고무하여, 키우기 쉽고 부양하기 쉽고 욕심을 여의고, 만족을 알고, 버리고 없애는 삶을 살고, 두타행을 하고, 청정한 믿음이 있고, 쌓아 모으지 않고, 용맹정진하는 것을 칭찬하고, 수행승들을 위하여 그에 알맞고 그에 걸맞게 경책하여 법문을 하고 수행승들에게 일렀다.

[세존] "수행승들이여, 그렇다면 수행승들이 식당에서 지켜야 할 식당에서의 의무를 시설하겠다."

8. [세존] "만약에 승원에서 시간이 된 것을 알리면, 세 바퀴를 돌려 하의를 둥글게 착용하고,947) 허리띠를 몸에 묶고, 두 겹 내지 네 겹으로 접어 대의를 두르고, 인끈고리를 조이고, 발우를 씻고, 주의 깊게 서두르지 않고 마을로 들어가야 한다. 일탈하여 장로 수행승의 앞으로 가서는 안 되고, 몸을 잘 추스르고 옥내로 가야 하고, 몸을 잘 수호하고 옥내로 가야 한다. 눈을 아래로 하고 옥내로 가야 하고, 옷자락을 들어 올리고 옥내로 가서는 안 된다. 크게 웃으면서 옥내로 가서는 안 되고, 소리 없이 옥내로 가야 한다. 몸을 흔들면서 옥내로 가서는 안 되고, 팔을 흔들면서 옥내로 가서는 안 되고, 머리를 흔들면서 옥내로 가서는 안 되고, 허리에 손을 얹고 옥내로 가서는 안 되고, 뒤집어쓰고 옥내로 가서는 안 되고, 웅크리고 옥내로 가서는 안 된다. 몸을 잘 추스르고 옥내에 앉아 있어야 하고, 몸을 잘 수호하고 옥내에 앉아 있어야 한다. 눈을 아래로 하고 옥내에 앉아 있어야 하고, 옷자락을 들어 올리고 옥내에 앉아서는 안 된다. 크게 웃으면서 옥내에 앉아 있어서는 안 되고, 소리 없이 옥내에 앉아 있어야 한다. 몸을 흔들면서 옥내에 앉아서는 안 되고, 팔을 흔들면서 옥내에 앉아서는 안 되고, 머리를 흔들면서 옥내에 앉아서는 안 되고, 허리에 손을 얹고 옥내에 앉아서는 안 되고, 뒤집어쓰고 옥내에 앉아서는 안 된다. 축 늘어져 기댄 채 옥내에 앉아서는 안 된다. 장로수행승을 침해하여 앉아서는 안 된다. 신참수행승의 자리를 빼앗아서는 안 된다. 대의를 펼치고 옥내에 앉아서는 안 된다.

947) timaṇḍalaṃ paṭicchādentena parimaṇḍalaṃ nivāsetvā : 중학죄법 제1조(Sekh. 1)를 참조하라. 이하 중학죄법 제1조-제26조(Sekh. 1-26)를 참조하라.

9. 물을 받을 때에는 두 손으로 발우를 잡고 물을 받아야 한다.948) 아래에 두고 주의 깊게 긁지 말고 발우를 씻어야 한다.949) 만약에 사용한 물을 받는 자가 있다면, 아래에 두고 물받이그릇에 물을 '사용한 물을 받는 자에게 물을 튕겨서는 안 된다. 이웃 수행승들에게 물을 튕겨서도 안 된다. 대의에 물을 튕겨서도 안 된다.'라고 생각하며 부어야 한다. 사용한 물을 받는 자가[214] 없다면, 아래로 두고 지상에 물을 '이웃 수행승들에게 물을 튕겨서도 안 된다. 대의에 물을 튕겨서도 안 된다.'라고 생각하며 부어야 한다. 밥을 받을 때에 두 손으로 발우를 잡고 밥을 받아야 한다. 카레의 여지를 만들어야 한다. 만약에 버터기름이나 기름이나 조미료가 있다면, 장로는 '모든 자에게 균등하게 공급하라.'고 말해야 한다. 주의 깊게 음식을 받아야 한다.950) 발우를 지각하면서 음식을 받아야 한다. 카레와 동일하게 음식을 받아야 한다. 넘치지 않게 음식을 받아야 한다. 장로는 모두가 밥을 받을 때까지 먹어서는 안 된다.

10. 주의 깊게 음식을 먹어야 한다.951) 발우를 지각하면서 음식을 먹어야 한다. 순차적으로 음식을 먹어야 한다. 카레와 동일하게 음식을 먹어야 한다. 꼭대기로부터 짓눌러서 음식을 먹어서는 안 된다. 카레나 조미료를 좀 더 얻고자 밥으로 덮어서는 안 된다. 카레나 밥을 병자를 제외하고 자신을 위해 알리고 먹어서는 안 된다. 헐뜯는 생각으로 타자의 발우를 보아서는 안 된다. 쓸데없이 큰 밥덩이를 만들어서는 안 된다. 원형으로 음식덩이를 만들어야 한다. 밥덩이가 가까이 오지 않으면, 입을 열어서는 안 된다. 먹을 때에는 모든 손을 입에 집어넣어서는 안 된다. 밥덩이를 입에 넣고 말하지 말아야 한다. 음식덩이를 던지면서 먹지 말아야 한다. 법덩이를 자르면서 먹지 말아야 한다. 양 볼을 부풀리며 먹지 말아야 한다. 손을 흔들면서 먹지 말아야 한다. 밥알을 뿌리면서 먹지 말아야 한다. 혀를 내밀면서 먹지 말아야 한다. 쩝쩝 소리를 내며 먹지 말아야 한다. 빨아들이는 소리를 내면서 먹지 말아야 한다. 손을 빨면서 먹지 말아야 한다. 발우를 핥으면서 먹지 말아야 한다. 입술을 빨면서 먹지 말아야 한다. 음식이 묻은 손으로 물단지를

948) udake dīyamāne ubhogi hatthehi pattaṃ paṭiggahetvā udakaṃ paṭiggahetabbaṃ : Smp. 1284에 따르면, 물은 발우를 씻기 위해서 주어진 것이다. 아래 패러그래프에 보면, 식사를 마칠 때에도 물이 발우를 씻기 위해 주어진다.

949) nīcaṃ katvā sādhukaṃ aparighaṃsantena patto dhovitabbo : Smp. 1284에 따르면, 물소리가 나지 않도록 주의 깊게 받아야 한다는 뜻이다.

950) sakkaccaṃ piṇḍapāto paṭiggahetabbo : 중학죄법 제27조-제30조(Sekh. 27-30)를 참조하라.

951) sakkaccaṃ piṇḍapāto bhuñjitabbo : 중학죄법 제31조-제55조(Sekh. 31-55)를 참조하라.

만지지 말아야 한다.

11. 모두가 식사를 마칠 때까지 장로는 물을 받아서는 안 된다.[952] 물을 받을 때에는 두 손으로 발우를 잡고 물을 받아야 한다. 아래에 두고 주의 깊게 긁지 말고 발우를 씻어야 한다. 만약에 사용한 물을 받는 자가 있다면, 아래에 두고 물받이그릇에 물을 '사용한 물을 받는 자에게 물을 튕겨서는 안 된다. 이웃 수행승들에게 물을 튕겨서도 안 된다. 대의에 물을 튕겨서도 안 된다.'라고 생각하며 부어야 한다. 사용한 물을 받는 자가 없다면, 아래로 두고 지상에 물을 '주위의 수행승들에게 물을 튕겨서도 안 된다. 대의에 물을 튕겨서도 안 된다.'라고 생각하며 부어야 한다. 밥알이 있다면, 발우를 씻은 물을 옥내에 버려서는 안 된다.[953] 돌아올 때에는[954] 신참 수행승들이 먼저 돌아와야 하고 나중에 장로 수행승들이 돌아와야 한다.[215] 몸을 잘 추스르고 옥내로 가야 한다. 몸을 잘 수호하고 옥내로 가야 한다. 눈을 아래로 하고 옥내로 가야 하고, 옷자락을 들어올리고 옥내로 가서는 안 된다. 크게 웃으면서 옥내로 가서는 안 된다. 소리 없이 옥내로 가야 하고, 몸을 흔들면서 옥내로 가서는 안 된다. 팔을 흔들면서 옥내로 가서는 안 된다. 머리를 흔들면서 옥내로 가서는 안 된다. 허리에 손을 얹고 옥내로 가서는 안 된다. 뒤집어쓰고 옥내로 가서는 안 된다. 웅크리고 옥내로 가서는 안 된다.

수행승들이여, 이러한 것이 수행승들이 식당에서 지켜야 할 수행승들의 식당에서의 의무이다."

편력수행승의 의무 등이 끝났다.
첫 번째 송출품이 끝났다.

II 두 번째 송출품(Dutiyabhaṇavāra : 5-12)

5. 탁발하는 자의 의무(Piṇḍacārikavatta)

1. 그런데 한때 탁발수행승들이 잘못 입고 잘못 두르고 부적절하게 차리고 탁발하러 다녔다. 그들은 처소로 살펴 보지도 않고 들어가고 나왔다. 너무 성급하게 들어가고 너무 성급하게 나왔다. 너무 멀리 서있기도 하고 너무 가까이 서있기도 했다. 아주 오래 서있기도 하고 너무 빨리 돌아오기도 했다. 어떤 탁발수행승이

---

952) na tāva therena udakaṃ paṭiggahetabbaṃ yāva na sabbe bhuttāvino honti : Smp. 1284에 따르면, 여기서는 손과 발우를 씻기 위한 물이다.

953) na sasitthakaṃ pattadhovanaṃ antaraghare chaḍḍetabbaṃ : 중학죄법 제56조(Sekh. 56)에 저촉된다.

954) nīvattantena : Smp. 1284에 따르면, 식당을 떠날 때를 말한다.

살펴 보지도 않고 처소로 들어갔다. 문이라고 생각하고 내실로 들어갔다. 그때 내실에 어떤 여인이 벌거벗고 누워 있었다. 그 수행승은 내실에 어떤 여인이 벌거벗고 누워 있는 것을 보았다. 보고나서 '이것은 문이 아니라, 이것은 내실이다.'라고 생각하고 내실에서 나왔다. 그 여인의 남편도 그 여인이 벌거벗고 누워 있는 것을 보았다. 보고나서 '이 수행승이 나의 아내를 능욕했다.'라고 생각하고 그 수행승을 붙잡아 때렸다. 그러자 그 여인이 그 소리에 놀라서 그 남편에게 이와 같이 말했다.

[아내] "여보, 왜 이 수행승을 때립니까?"

[남편] "이 수행승이 당신을 능욕했습니다."

[아내] "이 수행승이 나를 능욕하지 않았습니다. 그 수행승은 결백합니다."955)

그는 그 수행승을 놓아 주었다. 그러자 그 수행승은 승원에 와서 수행승들에게 그 사실을 알렸다. 수행승들 가운데 욕망을 여의고, 만족을 알고, 부끄러움을 알고, 후회할 줄 알고 배움을 원하는 자들은 그들에 대하여 혐책하고 분개하고 비난했다.

[수행승들] "어찌 탁발수행승들이 잘못 입고 잘못 두르고 부적절하게 차리고 탁발하러 다니며, 그들은 처소로 살펴 보지도 않고 들어가고 나오고, 너무 성급하게 들어가고 너무 성급하게 나오고, 너무 멀리 서있기도 하고 너무 가까이 서있기도 하고, 아주 오래 서있기도 하고 너무 빨리 돌아오기도 할 수 있단 말인가?"

2. 그리고 그 수행승들은 세존께 그 사실을 알렸다.

[세존] "수행승들이여, 탁발수행승들이 잘못 입고 잘못 두르고 부적절하게 차리고 탁발하러 다니며, 그들은 처소로 살펴 보지도 않고 들어가고 나오고, 너무 성급하게 들어가고 너무 성급하게 나오고, 너무 멀리 서있기도 하고 너무 가까이 서있기도 하고, 아주 오래 서있기도 하고 너무 빨리 돌아오기도 했다는 것이 사실인가?"

[수행승들] "세존이시여, 사실입니다."

3. 존귀하신 부처님께서는 견책했다.

[세존] "수행승들이여, 그 어리석은 자들은 적절하지 않고, 자연스럽지 않고, 알맞지 않고, 수행자의 삶이 아니고, 부당하고, 해서는 안 될 일을 행한 것이다.

955) nāhaṃ ayya iminā bhikkhunā dūsitā. akārako so bhikkhū'ti : 이 사건은 속죄죄법 제67조(Pāc. 67)에 인용되어 있다.

찌 탁발수행승들이 잘못 입고 잘못 두르고 부적절하게 차리고 탁발하러 다니며, 그들은 처소로 살펴 보지도 않고 들어가고 나오고, 너무 성급하게 들어가고 너무 성급하게 나오고, 너무 멀리 서있기도 하고 너무 가까이 서있기도 하고, 아주 오래 서있기도 하고 너무 빨리 돌아오기도 할 수 있단 말인가? 수행승들이여, 그것은 아직 청정한 믿음이 없는 자를 청정한 믿음으로 이끌고, 이미 청정한 믿음이 있는 자를 더욱더 청정한 믿음으로 이끄는 것이 아니다. 수행승들이여, 그것은 오히려, 아직 청정한 믿음이 없는 자를 불신으로 이끌고, 이미 청정한 믿음이 있는 자 가운데 어떤 자들을 타락시키는 것이다."

4. 그리고 세존께서는 그 탁발수행승들을 여러 가지 방편으로 견책하여, 키우기 어렵고 부양하기 어렵고 욕심이 많고 만족을 모르고 교제를 좋아하고 나태한 것에 대하여 질책하고, 여러 가지 법문으로 고무하여, 키우기 쉽고 부양하기 쉽고 욕심을 여의고, 만족을 알고, 버리고 없애는 삶을 살고, 두타행을 하고, 청정한 믿음이 있고, 쌓아 모으지 않고, 용맹정진하는 것을 칭찬하고, 수행승들을 위하여 그에 알맞고 그에 걸맞게 경책하여 법문을 하고 수행승들에게 일렀다.

[세존] "수행승들이여, 그렇다면, 탁발수행승이 지켜야 할 탁발수행승의 의무를 시설하겠다."

5. [세존] "수행승들이여, 탁발수행승이 '지금 마을로 들어갈 것이다.'라고 생각하면, 세 바퀴를 돌려 하의를 둥글게 착용하고, 허리띠를 몸에 묶고, 두 겹 내지 네 겹으로 접어 대의를 두르고, 인끈고리를 조이고, 발우를 씻고, 주의 깊게 서두르지 않고 마을로 들어가야 한다. 몸을 잘 추스르고 옥내로[216] 가야 하고, 몸을 잘 수호하고 옥내로 가야 한다. 눈을 아래로 하고 옥내로 가야 하고, 옷자락을 들어올리고 옥내로 가서는 안 된다. 크게 웃으면서 옥내로 가서는 안 되고, 소리 없이 옥내로 가야 한다. 몸을 흔들면서 옥내로 가서는 안 되고, 팔을 흔들면서 옥내로 가서는 안 되고, 머리를 흔들면서 옥내로 가서는 안 된고, 허리에 손을 얹고 옥내로 가서는 안 되고, 뒤집어쓰고 옥내로 가서는 안 되고, 웅크리고 옥내로 가서는 안 된다. 처소로 들어갈 때에는 '이곳으로 들어간다. 이곳에서 나온다.'라고 생각하며, 살펴 보고 들어가고 나오고, 너무 성급하게 들어가지 말고 너무 성급하게 나오지 말고, 너무 멀리 서있지도 말고 너무 가까이 서있지도 말고, 아주 오래 서있지도 말고 너무 빨리 돌아오지도 말아야 한다. 서있을 때에는 '탁발음식을 주려고 하는가, 또는 주지 않으려고 하는가.'를 생각하며 살펴야 한다. 만약에 일을 그만두고 자리에서 일어나 숟가락을 닦고 접시를 닦거나, 그것들

을 마련한다면, 줄 의향이 있다고 생각하고 서있어야 한다. 음식을 받을 때에는 왼손으로 대의를 치켜서 열고 오른손으로 발우를 꺼낸 뒤에 양손으로 발우를 잡고 음식을 받아야 한다. 음식을 주는 자의 얼굴을 쳐다보아서는 안 된다.956) 그리고 '카레를 주려고 하는가, 또는 주지 않으려고 하는가.'를 생각하며 살펴야 한다. 숟가락을 닦고 접시를 닦거나, 그것들을 마련한다면, 줄 의향이 있다고 생각하고 서있어야 한다. 음식을 받았을 때에는 대의로 발우를 덮고 주의 깊게 서두르지 말고 돌아와야 한다. 몸을 잘 추스르고 옥내로 가야 하고, 몸을 잘 수호하고 옥내로 가야 한다. 눈을 아래로 하고 옥내로 가야 하고, 옷자락을 들어올리고 옥내로 가서는 안 된다. 크게 웃으면서 옥내로 가서는 안 되고, 소리 없이 옥내로 가야 한다. 몸을 흔들면서 옥내로 가서는 안 되고, 팔을 흔들면서 옥내로 가서는 안 되고, 머리를 흔들면서 옥내로 가서는 안 된고, 허리에 손을 얹고 옥내로 가서는 안 되고, 뒤집어쓰고 옥내로 가서는 안 되고, 웅크리고 옥내로 가서는 안 된다.

6. 먼저 마을에서 탁발하고 돌아온 자는 자리를 마련하고 세족수, 족대, 발수건을 가져와야 한다. 개수통을 씻어서 준비해야 한다. 음용수와 용수를 준비해야 한다. 나중에 마을에서 탁발하고 돌아온 자가 먹고 남은 음식이 있고 먹고자 원한다면, 그것을 먹어도 된다. 그러나 그가 원하지 않는다면, 풀이 없는 곳에 버리거나 벌레가 없는 물속에 던져야 한다. 그는 자리를 치우고, 세족수, 족대, 발수건을 보관하고, 개수통을 씻어서 보관해야 한다. 음용수와 용수를 보관해야 한다. 식당을 청소해야 한다. 음용수단지나 용수단지나 배변후 용수단지가 텅 빈 것을 보면, 물을 채워야 한다. 그가 할 수 없다면, 손짓으로 다른 자를 불러서 수신호로 그렇게 마련해야 한다. 이것 때문에 말을 할 필요는 없다.

수행승들이여, 이러한 것이 탁발수행승이 지켜야 할 탁발수행승의 의무이다."

탁발하는 자의 의무가 끝났다.

6. 숲속에 사는 자의 의무(Āraññikavatta)

1. 그런데 한때 많은 수행승들이 숲속에서 살고 있었다. 그런데 그들은 음용수를 마련하지 못했고, 용수도[217] 마련하지 못했고, 불도 마련하지 못했고,957) 찬목도 마련하지 못했다.958) 별자리를 알지 못했고, 방향을 알지 못했다. 도적들이

956) na ca bhikkhādāyikāya mukhaṃ ulloketabbaṃ. : Smp. 1285에 따르면, 음식을 주는 자는 여자나 남자이다. 음식이 주어질 때에 그의 얼굴을 보아서는 안 된다.

957) na aggiṃ upaṭṭhāpenti : 속죄죄법 제56조(Pāc. 56)에 따르면, 수행승들이 자신의 몸을 덥히기 위해 불을 지피는 것은 죄이다.

그곳에 와서 그 수행승들에게 이와 같이 말했다.

[도적들] "존자들이여, 음용수가 있습니까?"

[수행승들] "벗들이여, 없습니다."

[도적들] "존자들이여, 용수가 있습니까?"

[수행승들] "벗들이여, 없습니다."

[도적들] "존자들이여, 불이 있습니까?"

[수행승들] "존자들이여, 없습니다."

[도적들] "존자들이여, 찬목이 있습니까?"

[수행승들] "벗들이여, 없습니다."

[도적들] "존자들이여, 오늘은 어떠한 별자리와 일치합니까?"

[수행승들] "벗들이여, 모릅니다."

[도적들] "존자들이여, 이곳의 방향은 어딥니까?"

[수행승들] "벗들이여, 모릅니다."

[도적들] "존자들이여, 오늘과 연관된 것은 무엇입니까?"

[수행승들] "벗들이여, 우리는 모릅니다."

[도적들] "존자들이여, 이 방향은 어디입니까?"

[수행승들] "벗들이여, 우리는 알지 못합니다."

그러자 그 도적들은 '이곳에는 음용수도 없고, 용수도 없고, 불도 없고, 찬목도 없고, 이들은 별자리도 알지 못하고 방향도 알지 못한다. 이들은 도둑들이지 수행승들이 아니다.'라고 생각하고 때리고는 떠났다. 그후 그 수행승들은 수행승들에게 그 사실을 알렸다. 수행승들은 세존께 그 사실을 알렸다. 그러자 세존께서는 이것을 기회로 이것을 원인으로 법문을 하고 수행승들에게 일렀다.

[세존] "수행승들이여, 그렇다면 내가 숲속에 사는 수행승들이 행해야 할 숲속의 수행승들의 의무를 시설하겠다."

2\. [세존] "수행승들이여, 숲속에 사는 수행승들은 아침 일찍 일어나 발우를 걸망에 넣고 어깨에 걸고, 옷을 어깨에 걸치고 신발을 신고 목기도구와 토기도구를 정돈하고, 문과 창을 닫고, 처소를 '이제 마을로 들어가겠다.'라고 생각하며 처소를 떠나야 한다. 신발을 벗어 아래에 놓고 두드려 털고 걸망에 넣고 어깨에 걸고 세 바퀴를 돌려서 하의를 둥글게 착용하고, 허리띠를 몸에 묶고, 두 겹 내지 네

958) na araṇisahitaṃ upaṭṭhāpenti : 찬목(鑽木)은 불을 지피기 위한 두 개의 나무의 조각을 말한다.

겹으로 접어 대의를 두르고, 인끈고리를 조이고, 발우를 씻고, 주의 깊게 서두르지 않고 마을로 들어가야 한다. 몸을 잘 추스르고 옥내로 가야 하고, 몸을 잘 수호하고 옥내로 가야 한다. 눈을 아래로 하고 옥내로 가야 하고, 옷자락을 들어올리고 옥내로 가서는 안 된다. 크게 웃으면서 옥내로 가서는 안 되고, 소리 없이 옥내로 가야 한다. 몸을 흔들면서 옥내로 가서는 안 되고, 팔을 흔들면서 옥내로 가서는 안 되고, 머리를 흔들면서 옥내로 가서는 안 된고, 허리에 손을 얹고 옥내로 가서는 안 되고, 뒤집어쓰고 옥내로 가서는 안 되고, 웅크리고 옥내로 가서는 안 된다. 처소로 들어갈 때에는 '이곳으로 들어간다. 이곳에서 나온다.'라고 생각하며, 살펴 보고 들어가고 나오고, 너무 성급하게 들어가지 말고 너무 성급하게 나오지 말고, 너무 멀리 서있지도 말고 너무 가까이 서있지도 말고, 아주 오래 서있지도 말고 너무 빨리 돌아오지도 말아야 한다. 서있을 때에는 '탁발음식을 주려고 하는가, 또는 주지 않으려고 하는가.'를 생각하며 살펴야 한다. 일을 그만두고 자리에서 일어나 숟가락을 닦고 접시를 닦거나, 그것들을 마련한다면, 줄 의향이 있다고 생각하고 서있어야 한다. 음식을 받을 때에는 왼손으로 대의를 치켜서 열고 오른손으로 발우를 꺼낸 뒤에 양손으로 발우를 잡고 음식을 받아야 한다. 음식을 주는 자의 얼굴을 쳐다보아서는 안 된다. 그리고 '카레를 주려고 하는가, 또는 주지 않으려고 하는가.'를 생각하며 살펴야 한다. 만약에 숟가락을 닦고 접시를 닦거나, 그것들을 마련한다면, 줄 의향이 있다고 생각하고 서있어야 한다. 음식을 받았을 때에는 대의로 발우를 덮고 주의 깊게 서두르지 말고 돌아와야 한다. 몸을 잘 추스르고 옥내로 가야 하고, 몸을 잘 수호하고 옥내로 가야 한다. 눈을 아래로 하고 옥내로 가야 하고, 옷자락을 들어올리고 옥내로 가서는 안 된다. 크게 웃으면서 옥내로 가서는 안 되고, 소리 없이 옥내로 가야 한다. 몸을 흔들면서 옥내로 가서는 안 되고, 팔을 흔들면서 옥내로 가서는 안 되고, 머리를 흔들면서 옥내로 가서는 안 된고, 허리에 손을 얹고 옥내로 가서는 안 되고, 뒤집어쓰고 옥내로 가서는 안 되고, 웅크리고 옥내로 가서는 안 된다.

3. 마을에서 나와서는 발우를 걸망에 넣고 어깨에 걸고 상의를 접어서 머리에 이고 신발을 신고 가야 한다. 수행승들이여, 숲속에 사는 수행승들은 음용수를 마련해야 하고, 용수도 마련해야 하고, 불도 마련해야 하고, 찬목도 마련해야 하고, 지팡이도 마련해야 한다. 전부나 부분적으로 별자리를 배워야 하고, 방향에 밝아야 한다.

수행승들이여, 이것이 숲속에 사는 수행승이 행해야 할 숲속에 사는 수행승의 의무이다."

숲속에 사는 자의 의무가 끝났다.

7. 와좌구에 대한 의무(Senāsanavatta)

1. 그런데 한때 많은 수행승들이 노천에서[218] 옷을 만들고 있었다. 여섯무리의 수행승들이 바람이 들이치는 앞마당959)에서 와좌구를 털었다. 수행승들이 먼지를 뒤집어썼다. 수행승들 가운데 욕망을 여의고, 만족을 알고, 부끄러움을 알고, 후회할 줄 알고 배움을 원하는 자들은 그들에 대하여 혐책하고 분개하고 비난했다.

[수행승들] "어찌 여섯무리의 수행승들이 바람이 들이치는 앞마당에서 와좌구를 털어서, 수행승들이 먼지를 뒤집어쓰게 할 수 있단 말인가?"

그래서 그 수행승들은 세존께 그 사실을 알렸다.

[세존] "수행승들이여, 여섯무리의 수행승들이 바람이 들이치는 앞마당에서 와좌구를 털어서, 수행승들이 먼지를 뒤집어썼다는 것이 사실인가?"

[수행승들] "세존이시여, 사실입니다."

존귀하신 부처님께서는 견책했다.

[세존] "수행승들이여, 그 어리석은 자들은 적절하지 않고, 자연스럽지 않고, 알맞지 않고, 수행자의 삶이 아니고, 부당하고, 해서는 안 될 일을 행한 것이다. 어찌 그 어리석은 자들이 바람이 들이치는 앞마당에서 와좌구를 털어서, 수행승들이 먼지를 뒤집어쓰게 할 수 있단 말인가? 수행승들이여, 그것은 아직 청정한 믿음이 없는 자를 청정한 믿음으로 이끌고, 이미 청정한 믿음이 있는 자를 더욱더 청정한 믿음으로 이끄는 것이 아니다. 수행승들이여, 그것은 오히려, 아직 청정한 믿음이 없는 자를 불신으로 이끌고, 이미 청정한 믿음이 있는 자 가운데 어떤 자들을 타락시키는 것이다."

그리고 세존께서는 그 여섯무리의 수행승들을 여러 가지 방편으로 견책하여, 키우기 어렵고 부양하기 어렵고 욕심이 많고 만족을 모르고 교제를 좋아하고 나태한 것에 대하여 질책하고, 여러 가지 법문으로 고무하여, 키우기 쉽고 부양하기 쉽고 욕심을 여의고, 만족을 알고, 버리고 없애는 삶을 살고, 두타행을 하고, 청정한 믿음이 있고, 쌓아 모으지 않고, 용맹정진하는 것을 칭찬하고, 수행승들을 위하여 그에 알맞고 그에 걸맞게 경책하여 법문을 하고 수행승들에게 일렀다.

[세존] "수행승들이여, 그렇다면 수행승들이 와좌구에 대하여 행해야 할 수행

959) aṅgaṇa : 승원의 한 부분으로 정사 앞의 마당으로 매일 청소하는 곳이다.

승들의 와좌구에 대한 준수를 시설하겠다."

2. [세존] "정사에서 살고 있는데 그 정사가 먼지로 더럽혀졌다면, 가능하면 청소를 해야 한다. 정사를 청소할 때에는 먼저 발우와 옷을 꺼내서 한쪽에 두고, 좌구의 깔개를 꺼내서 한쪽에 두고, 담요와 베개를 꺼내 한쪽에 두고, 침상을 아래로 내리고 문이나 기둥에 긁히거나 충돌하지 않도록 주의 깊게 한쪽으로 두어야 한다. 의자를 아래로 내리고 문이나 기둥에 긁히거나 충돌하지 않도록 주의 깊게 한쪽으로 두어야 한다. 침상의 다리를 뽑아서 한쪽에 두어야 한다. 가래받이통을 꺼내서 한쪽에 두어야 한다. 기대는 판을 꺼내서 한쪽에 두어야 한다. 바닥깔개를 깔린 대로 관찰하고 나서 들어서 한쪽에 두어야 한다. 정사에 거미줄이 있다면, 관찰하여 먼저 제거해야 한다. 창문과 그 모퉁이를 청소해야 한다. 붉은 석회로 처리한 벽이 지저분하다면, 천조각을 적셔 눌러서 닦아내야 한다. 검은색으로 처리한 바닥이 지저분하다면, 천조각을 적셔 눌러서 닦아내야 한다. 처리되지 않은 바닥이라면 물을 뿌려서 '정사가 먼지로 더럽혀지지 말라.'라고 청소해야 한다. 쓰레기는 모아서 한쪽에 버려야 한다. 수행승들의 주위에서 와좌구를 털어서는 안 된다. 정사의 주위에서 와좌구를 털어서는 안 된다. 음용수의 주위에서 와좌구를 털어서는 안 된다. 용수의 주위에서 와좌구를 털어서는 안 된다. 바람이 들이치는 앞마당의 주위에서 와좌구를 털어서는 안 된다. 바람이 부는데 와좌구를 털어서는 안 된다.

3. 바닥 깔개는 말리고 정화하고 털고 옮겨서 원래 놓인 자리에 깔아야 한다. 침상의 다리는 말려서 닦아내고[219] 옮겨서 원래 놓인 자리에 장착해야 한다. 침상은 말리고 정화하고 털고 내려서 문이나 기둥에 긁히거나 충돌하지 않도록 주의 깊게 원래 놓인 자리에 놓아야 한다. 의자도 말리고 정화하고 털고 내려서 문이나 기둥에 긁히거나 충돌하지 않도록 주의 깊게 원래 놓인 자리에 놓아야 한다. 담요와 베개를 말리고 정화하고 털고 옮겨서 원래 놓인 자리에 깔아야 한다. 좌구의 깔개를 말리고 정화하고 털고 옮겨서 원래 놓인 자리에 깔아야 한다. 가래받이통을 말리고 정화하고 옮겨서 원래 놓인 자리에 놓아야 한다. 기대는 판을 말리고 정화하고 옮겨서 원래 놓인 자리에 두어야 한다. 법복과 발우를 보관해야 한다. 발우를 보관할 때에는 한 손으로 발우를 들고 다른 한 손으로 침상 아래나 의자의 밑을 만져본 뒤에 발우를 보관해야 한다. 맨바닥에 발우를 보관해서는 안 된다. 법복을 보관할 때에는 한 손으로 법복을 잡고 다른 한 손으로 옷시렁이나 옷걸망을 만져보고 단을 밖으로 주름을 안으로 해서 옷을 보관해야

한다. 동쪽에서 먼지바람이 불면 동쪽의 창문을 닫아야 한다. 서쪽에서 먼지바람이 불면 서쪽의 창문을 닫아야 한다. 북쪽에서 먼지바람이 불면 동쪽의 창문을 닫아야 한다. 남쪽에서 먼지바람이 불면 동쪽의 창문을 닫아야 한다. 날씨가 춥다면 낮에 창문을 열어야 하고 밤에는 닫아야 한다. 날씨가 덥다면 낮에 창문을 닫아야 하고 밤에는 닫아야 한다. 방사가 먼지로 지저분하다면, 방사를 청소해야 한다. 현관이 지저분하다면, 현관을 청소해야 한다. 집회당이 지저분하다면, 집회당을 청소해야 한다. 화당이 지저분하다면, 화당을 청소해야 한다. 변소가 지저분하다면, 변소를 청소해야 한다. 음용수가 없다면, 음용수를 준비해야 한다. 용수가 없다면, 용수를 준비해야 한다. 씻기 위한 물단지에 물이 없다면, 씻기 위한 물단지에 물을 부어야 한다. 연장자와 함께 동일한 정사에서 살면, 연장자에게 묻지 않고 강의를 해서도 안 되고, 상담을 해서는 안 되고, 송출을 해서도 안 되고, 설법을 해서도 안 되고, 점등을 해서도 안 되고, 소등을 해서도 안 되고, 창문을 열어서도 안 되고, 창문을 닫아서도 안 된다. 연장자와[220] 동일한 경행처를 경행하면, 연장자를 따라서 행해야 하며, 연장자를 대의의 모퉁이로 건드려서는 안 된다.

수행승들이여, 이것이 수행승들이 와좌구에 대해서 지켜야 할 수행승들의 와좌구에 대한 의무이다."

와좌구에 대한 의무가 끝났다.

8. 욕실에서의 의무(Jantāgharavatta)

1. 그런데 한때 여섯무리의 수행승들이 욕실에서 장로 수행승들에게 저지당하자 무례하게 많은 땔감을 쌓아놓고 불을 때면서 문을 잠그고 문 앞에서 앉아 있자, 수행승들이 열기로 괴로워하다가 문을 찾지 못하고 정신을 잃고 넘어졌다. 수행승들 가운데 욕망을 여의고, 만족을 알고, 부끄러움을 알고, 후회할 줄 알고 배움을 원하는 자들은 그들에 대하여 혐책하고 분개하고 비난했다.

[수행승들] "어찌 여섯무리의 수행승들이 욕실에서 장로 수행승들에게 저지당하자 무례하게 많은 땔감을 쌓아놓고 불을 때면서 문을 잠그고 문 앞에서 앉아 있어서, 수행승들이 열기로 괴로워하다가 문을 찾지 못하고 정신을 잃고 넘어지게 할 수가 있단 말인가?"

2. 그래서 그 수행승들은 세존께 그 사실을 알렸다.

[세존] "수행승들이여, 여섯무리의 수행승들이 욕실에서 장로 수행승들에게

저지당하자 무례하게 많은 땔감을 쌓아놓고 불을 때면서 문을 잠그고 문 앞에서 앉아 있어서, 수행승들이 열기로 괴로워하다가 문을 찾지 못하고 정신을 잃고 넘어졌다는 것이 사실인가?"

[수행승들] "세존이시여, 사실입니다."

3. 존귀하신 부처님께서는 견책했다.

[세존] "수행승들이여, 그 어리석은 자들은 적절하지 않고, 자연스럽지 않고, 알맞지 않고, 수행자의 삶이 아니고, 부당하고, 해서는 안 될 일을 행한 것이다. 어찌 그 어리석은 자들이 욕실에서 장로 수행승들에게 저지당하자 무례하게 많은 땔감을 쌓아놓고 불을 때면서 문을 잠그고 문 앞에서 앉아 있어서, 수행승들이 열기로 괴로워하다가 문을 찾지 못하고 정신을 잃고 넘어지게 할 수가 있단 말인가? 수행승들이여, 그것은 아직 청정한 믿음이 없는 자를 청정한 믿음으로 이끌고, 이미 청정한 믿음이 있는 자를 더욱더 청정한 믿음으로 이끄는 것이 아니다. 수행승들이여, 그것은 오히려, 아직 청정한 믿음이 없는 자를 불신으로 이끌고, 이미 청정한 믿음이 있는 자 가운데 어떤 자들을 타락시키는 것이다."

4. 그리고 세존께서는 그 여섯무리의 수행승들을 여러 가지 방편으로 견책하여, 키우기 어렵고 부양하기 어렵고 욕심이 많고 만족을 모르고 교제를 좋아하고 나태한 것에 대하여 질책하고, 여러 가지 법문으로 고무하여, 키우기 쉽고 부양하기 쉽고 욕심을 여의고, 만족을 알고, 버리고 없애는 삶을 살고, 두타행을 하고, 청정한 믿음이 있고, 쌓아 모으지 않고, 용맹정진하는 것을 칭찬하고, 수행승들을 위하여 그에 알맞고 그에 걸맞게 경책하여 법문을 하고 수행승들에게 일렀다.

[세존] "수행승들이여, 욕실에서 장로 수행승들에게 저지당한다고 무례하게 많은 땔감을 쌓아놓고 불을 때어서는 안 된다. 그렇게 불을 때면, 악작죄가 된다. 수행승들이여, 문을 잠그고 문 앞에서 앉아 있어서는 안 된다. 앉아 있으면, 악작죄가 된다."

5. [세존] "수행승들이여, 수행승들이 욕실에 대하여 행해야 할 수행승들의 욕실에 대한 준수를 시설하겠다. 먼저 욕실에 가는 자는 재가 많을 때에는 재를 버려야 한다. 욕실이 지저분하다면, 욕실을 청소해야 한다. 회토평상이 지저분하다면, 회토평상을 청소해야 한다. 방사가 지저분하다면, 방사를 청소해야 한다. 현관이 지저분하다면, 현관을 청소해야 한다. 욕실방이 지저분하다면, 욕실방을 청소해야 한다. 세분을 반죽해야 하고, 진흙을 개야 하고, 물통에 물을 부어야 한다.

욕실에 들어갈 때에는 진흙으로 얼굴을 칠하고, 앞 뒤로 몸을 가리고, 욕실의자를 가지고 욕실에 들어가야 한다. 장로 수행승을 밀치고 앉아서는 안 된다. 신참수행승의 자리를 빼앗아서는 안 된다. 가능하다면 욕실에서 장로 수행승들에게 봉사해도 좋다. 욕실을 나올 때에는 욕실의자를 가지고 앞뒤로 몸을 가리고 욕실을 나와야 한다. 가능하다면, 수중에서도 장로수행승에게 봉사해도 좋다. 장로수행승의 앞에서 목욕해서는 안 되고,[221] 그들의 위에서 목욕해서도 안 된다. 목욕을 하고 나가는 자는 들어오는 자에게 길을 양보해야 한다. 나중에 욕실에서 나오는 자는 욕실이 물기가 많으면, 씻어내고, 점토통을 씻고 욕실의자를 정돈하고 불을 끄고 문을 닫고 그곳을 떠나야 한다. 수행승들이여, 이러한 것이 수행승들이 욕실에서 지켜야 할 수행승들의 욕실에 대한 의무이다.'"

욕실에서의 의무가 끝났다.

9. 변소에서의 의무(Vaccakuṭivatta)

1. 그런데 한때 어떤 수행승이 바라문 가문의 출신인데, 대변을 보고도 '누가 이 고약한 냄새나는 것을 만지려 하겠는가?'라고 생각하여 세정하려하지 않았다. 그의 항문에 벌레가 생겼다. 그러자 그 수행승은 수행승들에게 그 사실을 알렸다.

[수행승들] "벗이여, 그대는 대변을 보고 세정하지 않았습니까?"

[어떤 수행승] "벗이여, 그렇습니다."

수행승들 가운데 욕망을 여의고, 만족을 알고, 부끄러움을 알고, 후회할 줄 알고 배움을 원하는 자들은 그에 대하여 혐책하고 분개하고 비난했다.

[수행승들] "어찌 수행승이 대변을 보고 세정하지 않을 수 있단 말인가?"

2. 그래서 그 수행승들은 세존께 그 사실을 알렸다.

[세존] "수행승이여, 그대가 대변을 보고 세정하지 않은 것이 사실인가?"

[어떤 수행승] "세존이시여, 그렇습니다."

3. 존귀하신 부처님께서는 견책했다.

[세존] "수행승들이여, 그 어리석은 자들은 적절하지 않고, 자연스럽지 않고, 알맞지 않고, 수행자의 삶이 아니고, 부당하고, 해서는 안 될 일을 행한 것이다. 어찌 어리석은 자가 대변을 보고 세정하지 않을 수 있단 말인가? 수행승들이여, 그것은 아직 청정한 믿음이 없는 자를 청정한 믿음으로 이끌고, 이미 청정한 믿음이 있는 자를 더욱더 청정한 믿음으로 이끄는 것이 아니다. 수행승들이여, 그것은 오히려, 아직 청정한 믿음이 없는 자를 불신으로 이끌고, 이미 청정한

믿음이 있는 자 가운데 어떤 자들을 타락시키는 것이다."

4. 그리고 세존께서는 그 수행승을 여러 가지 방편으로 견책하여, 키우기 어렵고 부양하기 어렵고 욕심이 많고 만족을 모르고 교제를 좋아하고 나태한 것에 대하여 질책하고, 여러 가지 법문으로 고무하여, 키우기 쉽고 부양하기 쉽고 욕심을 여의고, 만족을 알고, 버리고 없애는 삶을 살고, 두타행을 하고, 청정한 믿음이 있고, 쌓아 모으지 않고, 용맹정진하는 것을 칭찬하고, 수행승들을 위하여 그에 알맞고 그에 걸맞게 경책하여 법문을 하고 수행승들에게 일렀다.

[세존] "수행승들이여, 대변을 보고, 물이 있다면 세정하지 않으면 안 된다. 세정하지 않으면, 악작죄가 된다."

변소에서의 의무가 끝났다.

10. 변소에서의 의무(Vaccakuṭivatta)

1. 그런데 그때 수행승들이 변소에서 법랍의 순서대로 대변을 보았다. 신참 수행승들이 보다 먼저 와서 대변을 보고자 기다렸는데, 그들은 대변을 참느라 혼절하여 쓰러졌다. 세존께 그 사실을 알렸다.

[세존] "수행승이여, 수행승들이 변소에서 법랍의 순서대로 대변을 보았고, 신참 수행승들이 보다 먼저 와서 대변을 보고자 기다렸는데, 그들은 대변을 참느라 혼절하여 쓰러진 것이 사실인가?"

[수행승들] "세존이시여, 그렇습니다."

2. 존귀하신 부처님께서는 견책했다.

[세존] "수행승들이여, 그 어리석은 자들은 적절하지 않고, 자연스럽지 않고, 알맞지 않고, 수행자의 삶이 아니고, 부당하고, 해서는 안 될 일을 행한 것이다. 어찌 어리석은 자들이 변소에서 법랍의 순서대로 대변을 보고, 신참 수행승들이 보다 먼저 와서 대변을 보고자 기다리다가, 그들이 대변을 참느라 혼절하여 쓰러질 수가 있단 말인가? 수행승들이여, 그것은 아직 청정한 믿음이 없는 자를 청정한 믿음으로 이끌고, 이미 청정한 믿음이 있는 자를 더욱더 청정한 믿음으로 이끄는 것이 아니다. 수행승들이여, 그것은 오히려, 아직 청정한 믿음이 없는 자를 불신으로 이끌고, 이미 청정한 믿음이 있는 자 가운데 어떤 자들을 타락시키는 것이다."

[세존] "수행승들이여, 변소에서 법랍의 순서에 따라 대변을 보아서는 안 된다. 보면, 악작죄가 된다. 수행승들이여, 도착한 순서대로 대변을 보는 것을 허용한다."

3. 그런데 그때 여섯무리의 수행승들이 아주 급하게 변소에 들어와서, 옷자락을 걷어 올리고 들어와서 신음하면서 대변을 보고, 버드나무가지를 씹으면서 대변을 보고, 대변기의 밖에서도 대변을 보고, 소변기의 밖에서도 소변을 보고, 소변기에 가래도 뱉고, 거친 똥막대기로 닦아내고 닦아낸 똥막대기를 똥구더기에 던져넣고, 너무 성급하게 나오고, 옷자락을 걷어 올리고 나와서, 찹찹 소리를 내면서 세정하고, 세정대야에 물을 남겼다. 수행승들 가운데 욕망을 여의고, 만족을 알고, 부끄러움을 알고, 후회할 줄 알고 배움을 원하는 자들은 그들에 대하여 혐책하고 [222] 분개하고 비난했다.

[수행승들] "어찌 여섯무리의 수행승들이 아주 급하게 변소에 들어와서, 옷자락을 걷어 올리고 들어와서 신음하면서 대변을 보고, 버드나무가지를 씹으면서 대변을 보고, 대변기의 밖에서도 대변을 보고, 소변기의 밖에서도 소변을 보고, 소변기에 가래도 뱉고, 거친 똥막대기로 닦아내고 닦아낸 똥막대기를 똥구덩이에 던져 넣고, 너무 성급하게 나오고, 옷자락을 걷어 올리고 나와서, 찹찹 소리를 내면서 세정하고, 세정대야에 물을 남길 수 있단 말인가?"

4. 그래서 그 수행승들은 세존께 그 사실을 알렸다.

[세존] "수행승들이여, 여섯무리의 수행승들이 아주 급하게 변소에 들어와서, 옷자락을 걷어 올리고 들어와서 신음하면서 대변을 보고, 버드나무가지를 씹으면서 대변을 보고, 대변기의 밖에서도 대변을 보고, 소변기의 밖에서도 소변을 보고, 소변기에 가래도 뱉고, 거친 똥막대기로 닦아내고 닦아낸 똥막대기를 똥구더기에 던져넣고, 너무 성급하게 나오고, 옷자락을 걷어 올리고 나와서, 찹찹 소리를 내면서 세정하고, 세정대야에 물을 남긴 것이 사실인가?"

[수행승들] "세존이시여, 사실입니다."

5. 존귀하신 부처님께서는 견책했다.

[세존] "수행승들이여, 그 어리석은 자들은 적절하지 않고, 자연스럽지 않고, 알맞지 않고, 수행자의 삶이 아니고, 부당하고, 해서는 안 될 일을 행한 것이다. 수행승들이여, 어찌 그 어리석은 자들이 아주 급하게 변소에 들어와서, 옷자락을 걷어 올리고 들어와서 신음하면서 대변을 보고, 버드나무가지를 씹으면서 대변을 보고, 대변기의 밖에서도 대변을 보고, 소변기의 밖에서도 소변을 보고, 소변기에 가래도 뱉고, 거친 똥막대기로 닦아내고 닦아낸 똥막대기를 똥구더기에 던져넣고, 너무 성급하게 나오고, 옷자락을 걷어 올리고 나와서, 찹찹 소리를 내면서

세정하고, 세정대야에 물을 남길 수 있단 말인가? 수행승들이여, 그것은 아직 청정한 믿음이 없는 자를 청정한 믿음으로 이끌고, 이미 청정한 믿음이 있는 자를 더욱더 청정한 믿음으로 이끄는 것이 아니다. 수행승들이여, 그것은 오히려, 아직 청정한 믿음이 없는 자를 불신으로 이끌고, 이미 청정한 믿음이 있는 자 가운데 어떤 자들을 타락시키는 것이다."

6. 그리고 세존께서는 그 여섯무리의 수행승들을 여러 가지 방편으로 견책하여, 키우기 어렵고 부양하기 어렵고 욕심이 많고 만족을 모르고 교제를 좋아하고 나태한 것에 대하여 질책하고, 여러 가지 법문으로 고무하여, 키우기 쉽고 부양하기 쉽고 욕심을 여의고, 만족을 알고, 버리고 없애는 삶을 살고, 두타행을 하고, 청정한 믿음이 있고, 쌓아 모으지 않고, 용맹정진하는 것을 칭찬하고, 수행승들을 위하여 그에 알맞고 그에 걸맞게 경책하여 법문을 하고 수행승들에게 일렀다.

[세존] "수행승들이여, 그렇다면, 수행승들이 변소에서 지켜야 할 수행승들의 변소에서의 의무를 시설하겠다. 변소에 오는 자는 밖에 서서 기침을 해야 한다. 안에 앉아 있는 자도 기침을 해야 한다. 옷시렁이나 옷걸망에 옷을 놓고 주의 깊게 서두르지 말고 변소에 들어가야 한다. 너무 성급하게 들어가지 말고, 옷자락을 걷어 올리고 들어가지 말아야 한다. 대변용 디딤대에 서서 옷자락을 걷어 올려야 한다. 신음하면서 대변을 보아서는 안 된다. 버드나무가지를 씹으면서 대변을 보아서는 안 된다. 대변기의 밖에서도 대변을 보아서는 안 된다. 소변기의 밖에서도 소변을 보아서는 안 된다. 소변기에 가래도 뱉아서도 안 된다. 거친 똥막대기로 닦아내서도 안 된다. 닦아낸 똥막대기를 똥구더기에 던져넣어서도 안 된다. 너무 성급하게 나와서도 안 된다. 옷자락을 걷어 올리고 나와서도 안 된다. 세정발판에 서서 옷자락을 걷어올려야 한다. 찹찹 소리를 내면서 세정해서도 안 된다. 세정대야에 물을 남겨서도 안 된다. 변소가 지저분하다면, 씻어내야 한다. 똥막대기통이 가득찼다면, 똥막대기들을 버려야 한다. 변소가 지저분하다면, 변소를 청소해야 한다. 회토평상이 지저분하다면, 회토평상을 청소해야 한다. 방사가 지저분하다면, 방사를 청소해야 한다. 현관이 지저분하다면, 현관을 청소해야 한다. 씻을 물단지에 물이 없다면, 씻을 물단지에 물을 부어야 한다. 수행승들이여, 이러한 것이 수행승들이 변소에서 지켜야 할 수행승들의 변소에서의 의무이다."

변소에서의 의무가 끝났다.

11. 제자들의 의무(Saddhivihārikavatta)[960]

1. 그런데 한때 제자들이 친교사들에 대하여 올바로 처신하지 않았다. 수행승들 가운데 욕망을 여의고, 만족을 알고, 부끄러움을 알고, 후회할 줄 알고 배움을 원하는 자들은 그들에 대하여 혐책하고 분개하고 비난했다.

그래서 그 수행승들은 세존께 그 사실을 알렸다.

[세존] "수행승들이여, 제자들이 친교사들에 대하여 올바로 처신하지 않는 것이 사실인가?"

[수행승들] "세존이시여, 사실입니다."

2. 존귀하신 부처님께서는 견책했다.

[세존] "수행승들이여, 그 어리석은 자들은 적절하지 않고, 자연스럽지 않고, 알맞지 않고, 수행자의 삶이 아니고, 부당하고, 해서는 안 될 일을 행한 것이다. 수행승들이여, 어찌[223] 제자들이 친교사들에 대하여 올바로 처신하지 않을 수 있단 말인가? 수행승들이여, 그것은 아직 청정한 믿음이 없는 자를 청정한 믿음으로 이끌고, 이미 청정한 믿음이 있는 자를 더욱더 청정한 믿음으로 이끄는 것이 아니다. 수행승들이여, 그것은 오히려, 아직 청정한 믿음이 없는 자를 불신으로 이끌고, 이미 청정한 믿음이 있는 자 가운데 어떤 자들을 타락시키는 것이다."

3. 그리고 세존께서는 그 제자들을 여러 가지 방편으로 견책하여, 키우기 어렵고 부양하기 어렵고 욕심이 많고 만족을 모르고 교제를 좋아하고 나태한 것에 대하여 질책하고, 여러 가지 법문으로 고무하여, 키우기 쉽고 부양하기 쉽고 욕심을 여의고, 만족을 알고, 버리고 없애는 삶을 살고, 두타행을 하고, 청정한 믿음이 있고, 쌓아 모으지 않고, 용맹정진하는 것을 칭찬하고, 수행승들을 위하여 그에 알맞고 그에 걸맞게 경책하여 법문을 하고 수행승들에게 일렀다.

[세존] "수행승들이여, 제자들이 친교사에 대해 지켜야 할 친교사에 대한 제자들의 의무를 시설하겠다."

4. [세존] "수행승들이여, 제자는 친교사에 대하여 올바로 처신해야 한다.[961] 올바로 처신한다는 것은 이와 같다. 이른 아침에 일어나 신발을 벗고[962] 한쪽 어깨

960) Saddhivihārikavatta : Vin. I. 44에는 동일한 내용의 제목이 '친교사에 대한 의무'(Upajjhāyavatta)라고 되어 있다.

961) saddhivihārikena bhikkhave, upajjhāyamhi sammā vattitabbaṃ : Vin. I. 46-50과 병행한다.

962) upāhanā omuñcitvā : Smp. 977에 따르면, 그가 아주 일찍 일어났다면, 왔다 갔다 하거나 또는 발을 깨끗하게 보존하기 위하여 신발을 착용했을 것이기 때문이다.

에 상의를 걸치고 버들가지963)를 드리고, 입을 헹굴 물을 드리고, 자리를 마련해야 한다. 만약 죽이 있다면, 그릇을 씻어 죽사발을 받쳐야 한다. 죽을 드시면, 물을 드리고 그릇을 받아 밑에 두고 잘 닦아서 씻어서 정돈해야 한다. 친교사가 일어나면, 자리를 치워야 한다. 만약 그 장소가 더러우면, 그 장소를 청소해야 한다.

5. 만약에 친교사가 마을로 들어가고자 하면, 하의를 건네주고 입고 있는 하의를 받고,964) 허리띠를 드려야 한다. 두 겹 내지 네 겹으로 접어, 대의965)를 드려야 한다.966) 발우를 씻어 물방울을 남겨서967) 드려야 한다. 만약 친교사가 시자수행자를 원한다면, 그는 세 바퀴를 돌려 하의를 둥글게 착용하고,968) 허리띠를 몸에 묶고, 두 겹 내지 네 겹을 접어서 대의를 걸치고, 매듭을 조이고, 발우를 씻어서 지니고 친교사의 시자수행자969)가 되어야 한다. 그는 너무 멀리 가지 말아야 하고 너무 가까이 가지도 말아야 하고 발우와 그 내용물을 받아야 한다.970)

6. 친교사가 말할 때에 담화를 방해해서는 안 된다. 친교사가 잘못을 범하려 하면, 말해서 그만두게 해야 한다. 돌아올 때는 먼저 와서 자리를 마련하고 발 씻을

963) dantakaṭṭha : 이쑤시개나 칫솔로서의 양지(楊枝)를 뜻한다.

964) nivāsanaṃ dātabbaṃ paṭinivāsanaṃ paṭiggahetabbaṃ : 역자는 '하의(nivāsana)를 건네주고 입고 있는 하의(nivāsana)를 받고'라고 번역한 것을 남전3. 82에서는 '裙を與へ 副裙を 取り'라고 번역하는데 그 의미가 불명확하다. 역자가 '하의(下衣)'라고 번역한 'nivāsana'가 '내의(內衣 : antaravāsaka)'를 뜻하는 것인지는 불분명하지만, Bd. III. 60에서는 'inner clothing'이라고 번역한다. 주석서에서는 이것에 대하여 침묵을 지키고 있다. Vin. I. 153에서는 '실내복'인 것을 암시한다. 그렇다면 세벌 옷 이외에도 별도의 실내복이 있었다는 것이 되는데, 그것은 율장의 정신에 위배되는 것이다. 뵈트링의 산스크리트대사전에도 '불교도의 의복의 종류'라고만 되어 있다. 그리고 일역에서 '부군(副裙)'이라고 마치 별도의 속옷으로 되어 있는 'paṭinivāsana'는 Bd. III. 60에서처럼 단지 'nivāsana'를 대신하는 'nivāsana'라고 보는 것이 합리적일 것이다.

965) saṅghāṭi : 한역음사는 승가리(僧伽梨)로 수행승이 지녀야 하는 세벌 옷 가운데 가장 크므로 대의(大衣)라고 한다. 상세한 설명은 이 책 Vin. I. 109의 주석을 보라.

966) saguṇaṃ katvā saṅghāṭiyo dātabbā : 원래는 '겹으로 접어, 대의를 주어야 한다.'는 뜻인데, 다소간 의역한 것이다. Smp. 789에 따르면, 하나를 두 벌 옷으로 만들어 두 대의(大衣 : saṅghāṭi)가 주어져야 한다.'라고 되어 있다. 이때 그것들이 함께 놓이면, 각각의 옷이 대의(大衣)라고 불린다. 아마도 여기서 대의는 외투와 상의를 모두 지칭하는 것인지 불분명하다. 일반적으로는 대의는 외투 한 벌이다.

967) dhovitvā patto saudako : 씻은 다음에 물방울이 남아 있는 상태로 마르지 않도록 발우를 주는 것을 말한다. 일역(Jv. III. 82)에는 '鉢を洗ひて水を入れて'라고 되어 있다.

968) timaṇḍalaṃ paṭicchādentena parimaṇḍalaṃ nivāsetvā : Sekhiya. I. 2를 참조하라.

969) pacchāsamaṇa : 한역에서는 수종사문(隨從沙門)이라고 한다.

970) pattapariyāpannaṃ paṭiggahetabbaṃ : Smp. 978에 따르면, 죽이나 밥을 받아서 발우가 따뜻하고 무거우면, 제자는 친교사의 발우를 받아서 자신의 것을 주어야 한다.

물과 발받침과 발걸레를 준비하여 맞이하고 발우와 옷을 받고, 하의를 주고 입고 있는 하의를 받아야 한다. 만약 옷이 젖었으면, 잠시 양지에서 말려야 한다. 그러나 양지에 방치해서는 안 된다. 옷은 접어야 하는데, 옷을 접을 때에는 '가운데가 파손되지 않아야 한다.'라고 생각하면서 모퉁이까지 네 뼘 정도로 접어야 한다. 옷의 접혀진 곳에 허리띠를 두어야 한다.

7. 만약 탁발음식이 있어서, 친교사가 드시고자 하면, 물을 드리고 탁발음식을 가져와야 한다. 친교사에게 물이 필요한가를 여쭈어야 한다. 드시고 나면 그에게 물을 드리고, 발우를 받아 아래에 두고 잘 닦아서 씻고 물기를 제거하고 잠시 양지에 말려야 하고 양지에 방치해서는 안 된다. 발우와 옷을[224] 보관해야 한다. 발우를 보관할 때에는 한 손으로 발우를 들고 한 손으로 침상 아래 또는 안락의자 아래를 더듬어서 보관해야 하고, 맨바닥에 발우를 보관해서는 안 된다. 옷을 보관할 때에는 한 손으로 옷을 들고, 한 손으로 옷시랑 또는 옷걸망을 털고, 단이 밖으로 가고 주름이 안으로 오도록 의복을 보관해야 된다. 친교사가 일어나면 좌구를 거두고, 발 씻을 물과 발받침과 발걸레를 보관하여야 한다. 만약 그곳이 더러우면, 그곳을 청소해야 한다.

8. 만약 친교사가 목욕을 하고자하면, 목욕을 준비해야 한다. 냉욕을 원하면, 냉욕을 준비해야 하고, 온욕을 원하면, 온욕을 준비해야 한다. 만약 친교사가 욕실[971]에 들어가길 원하면, 분말을 반죽하고 진흙을 개어야 한다. 목욕의자를 가지고 친교사의 뒤로 가서 목욕의자를 내밀고 옷을 받아서 한쪽에 보관해야 한다. 분말을 드리고 진흙을 제공해야 한다. 만약에 가능하면,[972] 함께 욕실에 들어가야 한다. 욕실에 들어갈 때에는 진흙으로 얼굴을 칠하고 앞뒤를 덮어서 욕실에 들어가야 한다.

9. 장로 수행승을 억지로 앉히지 말아야 하고 신참 수행승을 자리에서 물러나게 하지 말아야 한다. 욕실 안에서 친교사에게 시봉해야 한다. 욕실에서 나올 때에는 목욕의자를 가지고 앞뒤로 덮어서 욕실에서 나온다. 물 안에서도 친교사를 시봉해야 한다. 목욕할 때에 먼저 나와서 자신의 몸에 물을 닦아내고 옷을 입고 친교사의 몸에서 물기를 닦아내야 한다. 하의를 드리고, 대의를 드리고, 목욕의자를

---

971) jantāghara : Dutt, Early Buddhist Monachism. 183에 따르면, 'jantāghara'는 '일반적인 욕탕'을 말하고 'jantāgharasālā'는 욕실(浴室)을 말한다.

972) sace ussahati : Smp. 980에 따르면, '병이 들지 않았다면'이라는 뜻이다. 욕실은 뜨거운 증기로 가득하기 때문에 젊은이나 늙은이나 주의해야 하고 진흙으로 얼굴을 칠해서 얼굴을 보호해야 한다.

가지고 먼저 와서 자리를 마련하고 발 씻을 물과 발받침과 발걸레를 마련해야 한다. 그리고 친교사에게 물이 필요한지를 여쭈어야 한다.

10. 만약에 그가 송출을 원한다면,973) 그에게 송출을 요청해야 한다. 만약에 그가 질의를 원한다면, 그에게 질문을 제기해야 한다. 만약 정사에 친교사가 산다면, 정사가 지저분할 경우, 그는 청소를 해야 한다. 정사를 청소할 때에는 먼저 발우와 옷을 꺼내서 한쪽에 두고, 깔개와 덮개를 꺼내서 한쪽에 두고 담요와 베개를 꺼내서 한쪽에 두어야 한다.

11. 침상을 밑에 놓아[225] 문이나 기둥과 닿거나 충돌하지 않도록 잘 꺼내서 한쪽에 두어야 한다. 의자를 침상밑에 놓아 문이나 기둥과 닿거나 충돌하지 않도록 잘 꺼내서 한쪽에 두어야 한다. 그리고 침상의 다리를 뽑아서 한쪽에 두어야 한다. 가래받이통을 꺼내서 한쪽에 두어야 한다. 기대는 판을 꺼내서 한쪽에 두어야 한다. 바닥 깔개를 원래 놓인 대로 살핀 뒤에 꺼내서 한쪽에 두어야 한다. 만약에 정사에 거미줄이 있다면, 천장에서 먼저 제거해야 한다. 창문의 틈새를 청소해야 한다. 만약 붉은 회토로 칠해진 벽이 먼지로 오염되면, 천조각을 적셔서 짜서 닦아내야 한다. 검은 회토로 칠해진 바닥이 먼지로 오염되면, 천조각을 적셔서 짜서 닦아내야 한다. 만약 처리되지 않은 맨바닥이라면, '정사가 먼지로 뒤덮이지 않아야 한다.'라고 생각하며 땅에 물을 뿌려 청소해야 한다. 쓰레기를 모아서 한쪽에 버려야 한다.

12. 바닥 깔개를 말려서 청소하고 털어내고 운반하여 원래 깔려진 대로 깔아야 한다. 침상의 다리들도 건조하여 닦아내고 운반하여 있었던 곳에 끼워야 한다. 침상도 말려서 청소하고 털어내고 밑으로 내려놓아 문과 기둥에 닿아 충돌하지 않도록 잘 운반하여 원래 놓인 자리에 놓아야 한다. 안락의자도 말려서 청소하고 털어내고 밑으로 내려놓아 문과 기둥에 닿아 충돌하지 않도록 잘 운반하여 원래 놓인 자리에 놓아야 한다. 깔개와 덮개를 말려서 청소하고 털어내고 운반하여 원래 놓인 자리에 놓아야 한다. 가래받이통을 건조하여 닦아내고 운반하여 원래 놓인 자리에 놓아야 한다. 기대는 판을 건조하여 닦아내고 운반하여 원래 놓인 자리에 두어야 한다.

13. 발우와 옷을 보관해야 한다. 발우를 보관할 때에는 한 손으로 발우를 들고

---

973) sace uddisāpetukāmo hoti : Bd. IV. 62에 따르면, '친교사가 제자에게 의무계율(Pātimokkha)을 송출하게 하려면', 또는 '팔재계(八齋戒)에 대한 설명을 해주려면'이라는 뜻이다.

한 손으로 침상 아래 또는 안락의자 아래를 더듬어서 보관해야 하고, 맨바닥에 발우를 보관해서는 안 된다. 옷을 보관할 때에는 한 손으로 옷을 들고, 한 손으로 옷시랑 또는 옷걸망을 털고, 단이 밖으로 가고 주름이 안으로 오도록 의복을 보관해야 된다.

14. 만약에 동쪽에서 흙먼지가 불면, 동쪽의 창974)을 닫아야 한다. 만약에 서쪽에서 흙먼지가 불면, 서쪽의 창을 닫아야 한다. 만약에 북쪽에서 흙먼지가 불면, 북쪽의 창을 닫아야 한다. 만약에 남쪽에서[226] 흙먼지가 불면, 남쪽의 창을 닫아야 한다. 만약 추울 때에는 낮에는 창문을 열고 밤에는 닫아야 한다. 만약 더울 때에는 낮에는 창문을 닫고 밤에는 열어야 한다.

15. 만약에 방사975)가 지저분해졌다면, 방사를 청소해야 한다. 만약 현관976)이 지저분해졌다면, 현관을 청소해야 한다. 만약 집회당977)이 지저분해졌다면, 집회당을 청소해야 한다. 만약 화당978)이 지저분해졌다면, 화당을 청소해야 한다. 만약 변소979)가 지저분해졌다면, 변소를 청소해야 한다. 만약에 음용수가 없다면, 음용수를 마련해야 한다. 만약 용수가 없다면, 용수를 마련해야 한다. 만약에 씻기 위한 물옹기980)에 물이 없다면, 씻기 위한 물옹기에 물을 부어넣어야 한다.

16. 만약 친교사에게 불만981)이 생겨나면, 제자가 진정시키거나 진정시키게 하거나982) 그에게 가르침에 대한 이야기를 해야 한다. 만약 친교사에게 회한이 생겨나면, 제자가 제거시키거나 제거시키게 하거나, 그에게 가르침에 대한 이야기를 해야 한다. 만약 친교사에게 사견이 생겨나면, 제자가 단념시키거나 단념시키게 하거나 그에게 가르침에 대한 이야기를 해야 한다.

17. 만약 친교사가 무거운 법983)을 어기어 격리처벌을 받아야 한다면, 제자는

---

974) vātapānā : Vin. II. 148에서 세 종류가 허용되었다.

975) pariveṇa : 수행승들의 방사를 말한다.

976) koṭṭhaka : 현관은 수위실 또는 창고로 사용되었다. Vin. II. 142, 153에서 허용되었다.

977) upaṭṭhānasālā : Vin. II. 153에서 허용되었다.

978) aggisālā : 화당(火堂). Vin. II. 154에서 허용되었다.

979) vaccakuṭi : 대변을 보는 곳을 말한다.

980) ācamanakumbhī : Vin. II. 142에서 허용되었다.

981) anabhirati : Vin. III. 19에 따르면, '청정한 삶이나 순결한 삶 또는 하느님의 삶(Brahmavihāra)에 대한 불만족' 이라는 의미로 사용된다.

982) vūpakāsetabbā vūpakāsāpetabbā : Smp. 981에 따르면, "어디론가 데려가거나, '장로를 모시고 어딘가로 가라.'라고 다른 수행승에게 말하라."라는 뜻이다. 그러나 이 해석은 어원에 대한 심층적 해석이 되지 못한다.

983) garudhamma : 중법(重法)을 말한다. Vin IV. 51에서 수행녀가 수행승에게 어기지 말아야 할 무거운 법으로

'어떻게 참모임이 친교사에게 격리처벌을 줄 수가 있는가?'라고 생각하며 노력을 기울여야 한다. 만약 친교사가 가중처벌을 받아야 한다면, 제자는 '어떻게 참모임이 친교사에게 가중처벌을 줄 수가 있는가?'라고 생각하며 노력을 기울여야 한다. 만약 친교사가 참회처벌을 받아야 한다면, 제자는 '어떻게 참모임이 친교사에게 참회처벌을 줄 수가 있는가?'라고 생각하며 노력을 기울여야 한다. 만약 친교사가 출죄복귀를 받아야 한다면, '어떻게 참모임이 친교사에게 출죄복귀를 줄 수가 있는가?'라고 생각하며 노력을 기울여야 한다.

18. 만약에 참모임이 친교사에게 견책조치나, 의지조치나, 한시퇴출조치나, 사죄조치나, 권리정지조치의 갈마를 행하고자 한다면, 제자는 '어떻게 참모임이 친교사에게 갈마를 행하지 않거나 가벼운 것으로 바꿀 수가 있는가?'라고 생각하며 노력을 기울여야 한다. 그러나 참모임이 그에게 견책조치나 의지조치나 한시퇴출조치나 사죄조치나 권리정지조치의 갈마를 행했다면, 제자는 '어떻게 친교사가 올바로 처신하고, 순종하고, 잘못을 고치면, 참모임이 그 갈마를 철회할 수 있을까?'라고 생각하며 노력을 기울여야 한다.

19. 만약에 친교사의 옷을 세탁하려고 하면,[227] 제자가 세탁하거나 '어떻게 친교사의 옷을 세탁할 것인가?'라고 생각하여 노력을 기울여야 한다. 만약에 친교사의 옷을 만들려고 하면, 제자가 만들거나 '어떻게 친교사의 옷을 만들 것인가?'라고 생각하여 노력을 기울여야 한다. 만약에 친교사를 위해 염료를 끓이려고 하면, 제자가 끓이거나 '어떻게 친교사를 위해 염료를 끓일 것인가?'라고 생각하여 노력을 기울여야 한다. 만약에 친교사의 옷을 염색하려고 하면, 제자가 염색하거나 '어떻게 친교사의 옷을 염색할 것인가?'라고 생각하여 노력을 기울여야 한다. 옷을 염색할 때에는 잘 돌려가면서 염색해야 한다. 염색물방울이 떨어지지 않을 때까지 자리를 떠나서는 안 된다.

20. 친교사에게 묻지 않고 타인에게 발우를 주어서도 안 되고, 타인에게 발우를 받아서도 안 된다. 타인에게 옷을 주어서도 안 되고, 타인에게 옷을 받아서도 안 된다. 타인에게 필수품을 주어서도 안 되고, 타인에게 필수품을 받아서도 안 된다. 타인에게 삭발해서도 안 되고, 타인에게 삭발을 받아서도 안 된다. 타인에게 봉사를 해서도 안 되고, 타인에게 봉사를 받아서도 안 된다. 타인에게 시중을 들어서도 안 되고, 타인에게 시중을 받아서도 안 된다. 타인에게 시자수행자

팔중법(八重法)을 이야기 하지만, 여기서는 승단잔류죄(Saṅgh.)와 관계되는 중요한 계율을 말한다.

가 되어서도 안 되고, 타인을 시자수행자로 받아서도 안 된다. 타인에게 탁발음식를 주어서도 안 되고, 타인에게 탁발음식를 받아서도 안 된다. 친교사에게 묻지 않고 마을로 들어가서도 안 되고, 묘지에 가서도 안 되고, 지역을 떠나서도 안 된다. 만약 친교사가 병들면, 목숨이 다할 때까지 보살펴야 하고 회복될 때까지 기다려야 한다.

수행승들이여, 이러한 것이 제자들이 친교사에 대해 지켜야 할 제자들의 친교사에 대한 의무이다."

제자들의 의무가 끝났다.

12. 친교사들의 의무(Upajjhāyavatta)984)

1. 한때 친교사들이 제자들에 대하여 올바로 처신하지 않았다. 수행승들 가운데 욕망을 여의고, 만족을 알고, 부끄러움을 알고, 후회할 줄 알고 배움을 원하는 자들은 그들에 대하여 혐책하고 분개하고 비난했다.

그래서 그 수행승들은 세존께 그 사실을 알렸다.

[세존] "수행승들이여, 친교사들이 제자들에 대하여 올바로 처신하지 않는 것이 사실인가?"

[수행승들] "세존이시여, 사실입니다."

2. 존귀하신 부처님께서는 견책했다.

[세존] "수행승들이여, 그 어리석은 자들은 적절하지 않고, 자연스럽지 않고, 알맞지 않고, 수행자의 삶이 아니고, 부당하고, 해서는 안 될 일을 행한 것이다. 수행승들이여, 어찌 친교사들이 제자들에 대하여 올바로 처신하지 않을 수 있단 말인가? 수행승들이여, 그것은 아직 청정한 믿음이 없는 자를 청정한 믿음으로 이끌고, 이미 청정한 믿음이 있는 자를 더욱더 청정한 믿음으로 이끄는 것이 아니다. 수행승들이여, 그것은 오히려, 아직 청정한 믿음이 없는 자를 불신으로 이끌고, 이미 청정한 믿음이 있는 자 가운데 어떤 자들을 타락시키는 것이다."

3. 그리고 세존께서는 그 제자들을 여러 가지 방편으로 견책하여, 키우기 어렵고 부양하기 어렵고 욕심이 많고 만족을 모르고 교제를 좋아하고 나태한 것에 대하여 질책하고, 여러 가지 법문으로 고무하여, 키우기 쉽고 부양하기 쉽고 욕심을 여의고, 만족을 알고, 버리고 없애는 삶을 살고, 두타행을 하고, 청정한 믿음이

---

984) Upajjhāyavatta : Vin. I. 50에는 동일한 내용의 제목이 '제자에 대한 의무'(Saddhivihārikavatta)라고 되어 있다.

있고, 쌓아 모으지 않고, 용맹정진하는 것을 칭찬하고, 수행승들을 위하여 그에 알맞고 그에 걸맞게 경책하여 법문을 하고 수행승들에게 일렀다.

[세존] "수행승들이여, 친교사들이 제자에 대해 지켜야 할 제자에 대한 친교사들의 의무를 시설하겠다."

4. [세존] "수행승들이여, 친교사는 제자에 대하여 올바로 처신해야 한다.[985] 여기서 올바로 처신한다는 것은[228] 이와 같다. 수행승들이여, 친교사는 송출·질의·훈계·가르침으로[986] 제자를 수호하고 섭수하여야 한다. 만약에 친교사에게는 발우가 있는데, 제자에게 발우가 없다면, 친교사는 제자에게 발우를 주거나, '어떻게 제자에게 발우를 마련해줄까?'라고 생각하며 노력을 기울여야 한다. 만약에 친교사에게는 옷이 있는데, 제자에게 옷이 없다면, 친교사는 제자에게 옷을 주거나, '어떻게 제자에게 옷을 마련해줄까?'라고 생각하며 노력을 기울여야 한다. 만약에 친교사에게는 필수품이 있는데, 제자에게 필수품이 없다면, 친교사는 제자에게 필수품을 주거나, '어떻게 제자에게 필수품을 마련해줄까?'라고 생각하며 노력을 기울여야 한다.

5. 만약에 제자가 병이 들면, 아침 일찍 일어나 버들가지를 주고, 입을 헹굴 물을 주고, 자리를 마련해야 한다. 만약에 죽이 있다면, 그릇을 씻고 죽을 담아 주어야 한다. 죽을 먹고 나면 물을 주고 그릇을 받아서 아래에 두고 잘 닦아서 씻어서 보관해야 한다. 제자가 일어났을 때에 자리를 치워야 한다. 만약 그곳이 지저분하다면, 그곳을 청소해야 한다.

6. 만약에 제자가 마을로 들어가고자 하면, 하의를 건네주고 입고 있는 하의를 받고, 허리띠를 주어야 한다. 두 겹 내지 네 겹으로 접어, 대의를 주어야 한다. 발우를 씻어 물방울을 남겨서 주어야 한다. 이렇게 해서 되돌아 왔다고 생각하면, 자리를 마련하고 발 씻을 물과 발받침과 발걸레를 준비하여 맞이하고 발우와 옷을 받고, 하의를 주고 입고 있는 하의를 받아야 한다. 이와 같이 만약 옷이 젖었으면, 잠시 양지에서 말려야 한다. 그러나 양지에 방치해서는 안 된다. 옷은

985) upajjhāyena bhikkhave, saddhivihārikamhi sammā vattitabbaṃ : 이하는 Vin. I. 50-53과 병행한다.

986) uddesena paripucchāya ovādena anusāsaniyā : 의무계율이나 팔재계와 관련된 송출(uddesa)·질의(paripucchā)·훈계(ovāda)·가르침(anusāsanī)을 뜻한다. 그런데 Smp. 982에 따르면, 'uddesa'는 빠알리말씀 즉, 부처님말씀(pāḷivacana)이고, 'paripucchā'는 빠알리의석(義釋 : pāḷiyā atthavaṇṇanā)이고, 'ovāda'는 해명되지 않은 일에 대해 이것을 하고 이것을 하지 말라고 하는 말씀이고, 'anusāsanī'는 해명된 것에 대한 말씀이다. 또는 'ovāda'는 해명되거나 해명되지 않은 것에 대한 첫 번째 언표이고, 'anusāsanī'는 해명되거나 해명되지 않은 것에 대한 재차의 말씀이다.

접어야 하는데, 옷을 접을 때에는 '가운데가 파손되지 않아야 한다.'라고 생각하면서 모퉁이까지 네 뼘 정도로 접어야 한다. 옷의 접혀진 곳에 허리띠를 두어야 한다. 만약 탁발음식이 있어서, 제자가 먹고자 하면, 물을 주고 탁발음식을 제공해야 한다.

7. 제자에게 물이 필요한가를 물어보아야 하고, 식사가 끝나면 물을 주고 발우를 받아서 밑에 두고 잘 닦아서 발우를 씻고 물기를 제거하고 잠시 양지에 말려야 한다. 양지에 발우를 방치해서는 안 된다. 발우와 옷을 보관해야 한다. 발우를 보관할 때에는 한 손으로[229] 발우를 들고 한 손으로 침상 아래 또는 안락의자 아래를 더듬어서 보관해야 하고, 맨바닥에 발우를 보관해서는 안 된다. 옷을 보관할 때에는 한 손으로 옷을 들고, 한 손으로 옷시랑 또는 옷걸망을 털고, 단이 밖으로 가고 주름이 안으로 오도록 옷을 보관해야 된다. 제자가 일어나면 좌구를 거두고, 발 씻을 물과 발받침과 발걸레를 보관하여야 한다. 만약에 그곳이 더러우면, 그곳을 청소해야 한다.

8. 만약 제자가 목욕을 하고자하면, 목욕을 준비해야 한다. 냉욕을 원하면, 냉욕을 준비해야 하고, 온욕을 원하면, 온욕을 준비해야 한다. 만약 제자가 욕실에 들어가길 원하면, 분말을 반죽하고 진흙을 개어야 한다. 목욕의자를 가지고 제자의 뒤로 가서 목욕의자를 내밀고 옷을 받아서 한쪽에 보관해야 한다. 분말을 주고 진흙을 제공해야 한다. 만약에 가능하면, 함께 욕실에 들어가야 한다. 욕실에 들어갈 때에는 진흙으로 얼굴을 칠하고 앞뒤를 덮어서 욕실에 들어가야 한다.

9. 장로 수행승을 억지로 앉히지 말아야 하고 신참 수행승을 자리에서 물러나게 하지 말아야 한다. 욕실 안에서 제자를 위해 봉사해야 한다. 욕실에서 나올 때에는 목욕의자를 가지고 앞뒤로 덮어서 욕실에서 나온다. 물 안에서도 제자를 위해 봉사해야 한다. 목욕할 때에 먼저 나와서 자신의 몸에 물을 닦아내고 옷을 입고 제자의 몸에서 물기를 닦아내야 한다. 하의를 주고, 대의를 주고, 목욕의자를 가지고 먼저 와서 자리를 마련하고 발 씻을 물과 발받침과 발걸레를 마련해야 한다. 그리고 제자에게 물이 필요한지를 물어야 한다.

10. 정사에 제자가 살 때에 그 정사가 지저분해졌다면, 가능하다면, 청소해야 한다. 정사를 청소할 때에는 먼저 발우와 옷을 꺼내서 한쪽에 두고, 깔개와 덮개를 꺼내서 한쪽에 두고 담요와 베개를 꺼내서 한쪽에 두어야 한다.

11. 침상을 밑에 놓아 문이나 기둥과 닿거나 충돌하지 않도록 잘 꺼내서 한쪽에

두어야 한다. 의자를 침상밑에 놓아 문이나 기둥과 닿거나 충돌하지 않도록 잘 꺼내서 한쪽에 두어야 한다. 그리고 침상의 다리를 뽑아서 한쪽에 두어야 한다. 가래받이통을 꺼내서 한쪽에 두어야 한다. 기대는 판을 꺼내서 한쪽에 두어야 한다. 바닥 깔개를 원래 놓여진 대로 살핀 뒤에 꺼내서 한쪽에 두어야 한다. 만약에 정사에 거미줄이 있다면, 천장에서 먼저 제거해야 한다. 창문의 틈새를 청소해야 한다. 만약 붉은 회토로 칠해진 벽이 먼지로 오염되면, 천조각을 적셔서 짜서 닦아내야 한다. 검은 회토로 칠해진 바닥이 먼지로 오염되면, 천조각을 적셔서 짜서 닦아내야 한다. 만약 처리되지 않은 맨바닥이라면, '정사가 먼지로 뒤덮이지 않아야 한다.'라고 생각하며 땅에 물을 뿌려 청소해야 한다. 쓰레기를 모아서 한쪽에 버려야 한다.

12. 바닥 깔개를 말려서 청소하고 털어내고 운반하여 원래 깔려진 대로 깔아야 한다. 침상의 다리들도 건조하여 닦아내고 운반하여 있었던 곳에 끼워야 한다. 침상도 말려서 청소하고 털어내고 밑으로 내려놓아 문과 기둥에 닿아 충돌하지 않도록 잘 운반하여 원래 놓인 자리에 놓아야 한다. 안락의자도 말려서 청소하고 털어내고 밑으로 내려놓아 문과 기둥에 닿아 충돌하지 않도록 잘 운반하여 원래 놓인 자리에 놓아야 한다. 깔개와 덮개를 말려서 청소하고 털어내고 운반하여 원래 놓인 자리에 놓아야 한다. 가래받이통을 건조하여 닦아내고 운반하여 원래 놓인 자리에 놓아야 한다. 기대는 판을 건조하여 닦아내고 운반하여 원래 놓인 자리에 두어야 한다.

13. 발우와 옷을 보관해야 한다. 발우를 보관할 때에는 한 손으로 발우를 들고 한 손으로 침상 아래 또는 안락의자 아래를 더듬어서 보관해야 하고, 맨바닥에 발우를 보관해서는 안 된다. 옷을 보관할 때에는 한 손으로 옷을 들고, 한 손으로 옷시랑 또는 옷걸망을 털고, 단이 밖으로 가고 주름이 안으로 오도록 의복을 보관해야 된다.

14. 만약에 동쪽에서 흙먼지가 불면, 동쪽의 창을 닫아야 한다. 만약에 서쪽에서 흙먼지가 불면, 서쪽의 창을 닫아야 한다. 만약에 북쪽에서 흙먼지가 불면, 북쪽의 창을 닫아야 한다. 만약에 남쪽에서 흙먼지가 불면, 남쪽의 창을 닫아야 한다. 만약 추울 때에는 낮에는 창문을 열고 밤에는 닫아야 한다. 만약 더울 때에는 낮에는 창문을 닫고 밤에는 열어야 한다.

15. 만약에 방사가 지저분해졌다면, 방사를 청소해야 한다. 만약 현관이 지저분

해졌다면, 현관을 청소해야 한다. 만약 집회당이 지저분해졌다면, 집회당을 청소해야 한다. 만약 화당이 지저분해졌다면, 화당을 청소해야 한다. 만약 변소가 지저분해졌다면, 변소를 청소해야 한다. 만약에 음용수가 없다면, 음용수를 마련해야 한다. 만약 용수가 없다면, 용수를 마련해야 한다. 만약에 씻기 위한 물옹기에 물이 없다면, 씻기 위한 물옹기에 물을 부어넣어야 한다.

16. 만약 제자에게 불만이 생겨나면, 친교사가 진정시키거나 진정시키게 하거나 그에게 가르침에 대한 이야기를 해야 한다. 만약 제자에게 회한이 생겨나면, 친교사가 제거시키거나 제거시키게 하거나, 그에게 가르침에 대한 이야기를 해야 한다. 만약 제자에게[230] 사견이 생겨나면, 친교사가 단념시키거나 단념시키게 하거나 그에게 가르침에 대한 이야기를 해야 한다.

17. 만약 제자가 무거운 법을 어기어 격리처벌을 받아야 한다면, 친교사는 '어떻게 참모임이 제자에게 격리처벌을 줄 수가 있는가?'라고 생각하며 노력을 기울여야 한다. 만약 제자가 가중처벌을 받아야 한다면, 친교사는 '어떻게 참모임이 제자에게 가중처벌을 줄 수가 있는가?'라고 생각하며 노력을 기울여야 한다. 만약 제자가 참회처벌을 받아야 한다면, 친교사는 '어떻게 참모임이 제자에게 참회처벌을 줄 수가 있는가?'라고 생각하며 노력을 기울여야 한다. 만약 제자가 출죄복귀를 받아야 한다면, '어떻게 참모임이 제자에게 출죄복귀를 줄 수가 있는가?'라고 생각하며 노력을 기울여야 한다.

18. 만약에 참모임이 제자에게 견책조치나 의지조치나 한시퇴출조치나 사죄조치나 권리정지조치의 갈마를 행하고자 한다면, 친교사는 '어떻게 참모임이 제자에게 갈마를 행하지 않거나 가벼운 것으로 바꿀 수가 있는가?'라고 생각하며 노력을 기울여야 한다. 그러나 참모임이 그에게 견책조치나 의지조치나 한시퇴출조치나 사죄조치나 권리정지조치의 갈마를 행했다면, 친교사는 '어떻게 제자가 올바로 처신하고, 순종하고, 잘못을 고치면, 참모임이 그 갈마를 철회할 수 있을까?'라고 생각하며 노력을 기울여야 한다.

19. 만약에 제자의 옷을 세탁하려고 하면, 친교사가 세탁하거나 '어떻게 제자의 옷을 세탁할 것인가?'라고 생각하여 노력을 기울여야 한다. 만약에 제자의 옷을 만들려고 하면, 친교사가 만들거나 '어떻게 제자의 옷을 만들 것인가?'라고 생각하여 노력을 기울여야 한다. 만약에 제자를 위해 염료를 끓이려고 하면, 친교사가 끓이거나 '어떻게 제자를 위해 염료를 끓일 것인가?'라고 생각하여 노력을

기울여야 한다. 만약에 제자의 옷을 염색하려고 하면, 친교사가 염색하거나 '어떻게 제자의 옷을 염색할 것인가?'라고 생각하여 노력을 기울여야 한다. 옷을 염색할 때에는 잘 돌려가면서 염색해야 한다. 염색물방울이 떨어지지 않을 때까지 자리를 떠나서는 안 된다. 만약에 제자가 병들면, 목숨이 다할 때까지 보살펴야 하고 회복될 때까지 기다려야 한다.

수행승들이여,[231] 이러한 것이 친교사들이 제자에 대해 지켜야 할 제자에 대한 친교사들의 의무이다."

친교사들의 의무가 끝났다.
두 번째 송출품이 끝났다.

III 세 번째 송출품(Tatiyabhāṇavāra : 13-14)

13. 학인들의 의무(Antevāsikavatta)[987]

1. 그런데 한때 학인[988]들이 궤범사들에 대하여 올바로 처신하지 않았다. 수행승들 가운데 욕망을 여의고, 만족을 알고, 부끄러움을 알고, 후회할 줄 알고 배움을 원하는 자들은 그들에 대하여 혐책하고 분개하고 비난했다.

그래서 그 수행승들은 세존께 그 사실을 알렸다.

[세존] "수행승들이여, 학인들이 궤범사들에 대하여 올바로 처신하지 않는 것이 사실인가?"

[수행승들] "세존이시여, 사실입니다."

2. 존귀하신 부처님께서는 견책했다.

[세존] "수행승들이여, 어찌 학인들이 궤범사들에 대하여 올바로 처신하지 않을 수 있단 말인가? 수행승들이여, 그것은 아직 청정한 믿음이 없는 자를 청정한 믿음으로 이끌고, 이미 청정한 믿음이 있는 자를 더욱더 청정한 믿음으로 이끄는 것이 아니다. 수행승들이여, 그것은 오히려, 아직 청정한 믿음이 없는 자를 불신으로 이끌고, 이미 청정한 믿음이 있는 자 가운데 어떤 자들을 타락시키는 것이다."

3. 그리고 세존께서는 그 제자들을 여러 가지 방편으로 견책하여, 키우기 어렵고 부양하기 어렵고 욕심이 많고 만족을 모르고 교제를 좋아하고 나태한 것에 대하

---

987) Antevāsikavatta : Vin. I. 60에서는 유사한 내용에 대하여 궤범사에 대한 의무(Ācariyavatta)라고 되어 있다. 이 책의 앞의 내용(Vin. II. 222-227)과 병행적이다. 단, 제자 대신에 학인, 친교사 대신에 궤범사로 바뀐다.
988) antevāsika : 원래 '스승과 함께 사는 자'라는 뜻인데, 학생이라는 뜻으로 사용된다. 그러나 역자는 학인이라고 번역한다. 단 학인라고 번역할 경우, 참사람으로서 일곱 가지 학인의 단계에 있는 학인(sekha : 有學)과는 구별해야 하는 남점이 있다. 학인에 대해 상세한 것은 이 책의 율장해제를 참사람의 항목을 살펴보라.

여 질책하고, 여러 가지 법문으로 고무하여, 키우기 쉽고 부양하기 쉽고 욕심을 여의고, 만족을 알고, 버리고 없애는 삶을 살고, 두타행을 하고, 청정한 믿음이 있고, 쌓아 모으지 않고, 용맹정진하는 것을 칭찬하고, 수행승들을 위하여 그에 알맞고 그에 걸맞게 경책하여 법문을 하고 수행승들에게 일렀다.

[세존] "수행승들이여, 학인들이 궤범사에 대해 지켜야 할 궤범사에 대한 학인들의 의무를 시설하겠다."

4. 수행승들이여, 학인은 궤범사에 대하여 올바로 처신해야 한다.989) 올바로 처신한다는 것은 이와 같다. 이른 아침에 일어나 신발을 벗고 한쪽 어깨에 상의를 걸치고 버들가지를 드리고, 입을 헹굴 물을 드리고, 자리를 마련해야 한다. 만약 죽이 있다면, 그릇을 씻어 죽사발을 받쳐야 한다. 죽을 드시면, 물을 드리고 그릇을 받아 밑에 두고 잘 닦아서 씻어서 정돈해야 한다. 궤범사가 일어나면, 자리를 치워야 한다. 만약 그 장소가 더러우면, 그 장소를 청소해야 한다.

5. 만약에 궤범사가 마을로 들어가고자 하면, 하의를 건네주고 입고 있던 하의를 받고, 허리띠를 드려야 한다. 두 겹 내지 네 겹으로 접어, 대의를 드려야 한다. 발우를 씻어 물방울을 남겨서 드려야 한다. 만약 궤범사가 시자수행자를 원한다면, 그는 세 바퀴를 돌려 하의를 둥글게 착용하고, 허리띠를 몸에 묶고, 두 겹 내지 네 겹을 접어서 상의를 걸치고, 매듭을 조이고, 발우를 씻어서 지니고 궤범사의 시자수행자가 되어야 한다. 그는 너무 멀리 가지 말아야 하고 너무 가까이 가지도 말아야 하고 발우와 그 내용물을 받아야 한다.

6. 궤범사가 말할 때에 담화를 방해해서는 안 된다. 궤범사가 잘못을 범하려 하면, 말해서 그만두게 해야 한다. 돌아올 때는 먼저 와서 자리를 마련하고 발 씻을 물과 발받침과 발걸레를 준비하여 맞이하고 발우와 옷을 받고, 하의를 주고 입고 있는 하의를 받아야 한다. 만약 옷이 젖었으면, 잠시 양지에서 말려야 한다. 그러나 양지에 방치해서는 안 된다. 옷은 접어야 하는데, 옷을 접을 때에는 '가운데가 파손되지 않아야 한다.'라고 생각하면서 모퉁이까지 네 뼘 정도로 접어야 한다. 옷의 접혀진 곳에 허리띠를 두어야 한다.

7. 만약 탁발음식이 있어서, 궤범사가 드시고자 하면, 물을 드리고 탁발음식을 가져와야 한다. 궤범사에게 물이 필요한가를 여쭈어야 한다. 드시고 나면 그에게 물을 드리고, 발우를 받아 아래에 두고 잘 닦아서 씻고 물기를 제거하고 잠시

---

989) saddhivihārikena bhikkhave, upajjhāyamhi sammā vattitabbaṃ : 이하는 Vin. I. 61과 병행한다.

양지에 말려야 하고 양지에 방치해서는 안 된다. 발우와 옷을 보관해야 한다. 발우를 보관할 때에는 한 손으로 발우를 들고 한 손으로 침상 아래 또는 안락의자 아래를 더듬어서 보관해야 하고, 맨바닥에 발우를 보관해서는 안 된다. 옷을 보관할 때에는 한 손으로 옷을 들고, 한 손으로 옷시랑 또는 옷걸망을 털고, 단이 밖으로 가고 주름이 안으로 오도록 의복을 보관해야 된다. 궤범사가 일어나면 좌구를 거두고, 발 씻을 물과 발받침과 발걸레를 보관하여야 한다. 만약에 그곳이 더러우면, 그곳을 청소해야 한다.

8. 만약 궤범사가 목욕을 하고자하면, 목욕을 준비해야 한다. 냉욕을 원하면, 냉욕을 준비해야 하고, 온욕을 원하면, 온욕을 준비해야 한다. 만약 궤범사가 욕실에 들어가길 원하면, 분말을 반죽하고 진흙을 개어야 한다. 목욕의자를 가지고 궤범사의 뒤로 가서 목욕의자를 내밀고 옷을 받아서 한쪽에 보관해야 한다. 분말을 드리고 진흙을 제공해야 한다. 만약에 가능하면, 함께 욕실에 들어가야 한다. 욕실에 들어갈 때에는 진흙으로 얼굴을 칠하고 앞뒤를 덮어서 욕실에 들어가야 한다.

9. 장로 수행승을 억지로 앉히지 말아야 하고 신참 수행승을 자리에서 물러나게 하지 말아야 한다. 욕실 안에서 궤범사에게 시봉해야 한다. 욕실에서 나올 때에는 목욕의자를 가지고 앞뒤로 덮어서 욕실에서 나온다. 물 안에서도 궤범사를 시봉해야 한다. 목욕할 때에 먼저 나와서 자신의 몸에 물을 닦아내고 옷을 입고 궤범사의 몸에서 물기를 닦아내야 한다. 하의를 드리고, 대의를 드리고, 목욕의자를 가지고 먼저 와서 자리를 마련하고 발 씻을 물과 발받침과 발걸레를 마련해야 한다. 그리고 궤범사에게 물이 필요한지를 여쭈어야 한다.

10. 만약에 그가 송출을 원한다면, 그에게 송출을 요청해야 한다. 만약에 그가 질의를 원한다면, 그에게 질문을 제기해야 한다. 만약 정사에 궤범사가 산다면, 정사가 지저분할 경우, 그는 청소를 해야 한다. 정사를 청소할 때에는 먼저 발우와 옷을 꺼내서 한쪽에 두고, 깔개와 덮개를 꺼내서 한쪽에 두고 담요와 베개를 꺼내서 한쪽에 두어야 한다.

11. 침상을 밑에 놓아 문이나 기둥과 닿거나 충돌하지 않도록 잘 꺼내서 한쪽에 두어야 한다. 의자를 침상밑에 놓아 문이나 기둥과 닿거나 충돌하지 않도록 잘 꺼내서 한쪽에 두어야 한다. 그리고 침상의 다리를 뽑아서 한쪽에 두어야 한다. 가래받이통을 꺼내서 한쪽에 두어야 한다. 기대는 판을 꺼내서 한쪽에 두어야

한다. 바닥 깔개를 원래 놓여진 대로 살핀 뒤에 꺼내서 한쪽에 두어야 한다. 만약에 정사에 거미줄이 있다면, 천장에서 먼저 제거해야 한다. 창문의 틈새를 청소해야 한다. 만약 붉은 회토로 칠해진 벽이 먼지로 오염되면, 천조각을 적셔서 짜서 닦아내야 한다. 검은 회토로 칠해진 바닥이 먼지로 오염되면, 천조각을 적셔서 짜서 닦아내야 한다. 만약 처리되지 않은 맨바닥이라면, '정사가 먼지로 뒤덮이지 않아야 한다.'라고 생각하며 땅에 물을 뿌려 청소해야 한다. 쓰레기를 모아서 한쪽에 버려야 한다.

12. 바닥 깔개를 말려서 청소하고 털어내고 운반하여 원래 깔려진 대로 깔아야 한다. 침상의 다리들도 건조하여 닦아내고 운반하여 있었던 곳에 끼워야 한다. 침상도 말려서 청소하고 털어내고 밑으로 내려놓아 문과 기둥에 닿아 충돌하지 않도록 잘 운반하여 원래 놓인 자리에 놓아야 한다. 안락의자도 말려서 청소하고 털어내고 밑으로 내려놓아 문과 기둥에 닿아 충돌하지 않도록 잘 운반하여 원래 놓인 자리에 놓아야 한다. 깔개와 덮개를 말려서 청소하고 털어내고 운반하여 원래 놓인 자리에 놓아야 한다. 가래받이통을 건조하여 닦아내고 운반하여 원래 놓인 자리에 놓아야 한다. 기대는 판을 건조하여 닦아내고 운반하여 원래 놓인 자리에 두어야 한다.

13. 발우와 옷을 보관해야 한다. 발우를 보관할 때에는 한 손으로 발우를 들고 한 손으로 침상 아래 또는 안락의자 아래를 더듬어서 보관해야 하고, 맨바닥에 발우를 보관해서는 안 된다. 옷을 보관할 때에는 한 손으로 옷을 들고, 한 손으로 옷시랑 또는 옷걸망을 털고, 단이 밖으로 가고 주름이 안으로 오도록 의복을 보관해야 된다.

14. 만약에 동쪽에서 흙먼지가 불면, 동쪽의 창을 닫아야 한다. 만약에 서쪽에서 흙먼지가 불면, 서쪽의 창을 닫아야 한다. 만약에 북쪽에서 흙먼지가 불면, 북쪽의 창을 닫아야 한다. 만약에 남쪽에서 흙먼지가 불면, 남쪽의 창을 닫아야 한다. 만약 추울 때에는 낮에는 창문을 열고 밤에는 닫아야 한다. 만약 더울 때에는 낮에는 창문을 닫고 밤에는 열어야 한다.

15. 만약에 방사가 지저분해졌다면, 방사를 청소해야 한다. 만약 현관이 지저분해졌다면, 현관을 청소해야 한다. 만약 집회당이 지저분해졌다면, 집회당을 청소해야 한다. 만약 화당이 지저분해졌다면, 화당을 청소해야 한다. 만약 변소가 지저분해졌다면, 변소를 청소해야 한다. 만약에 음용수가 없다면, 음용수를 마련

해야 한다. 만약 용수가 없다면, 용수를 마련해야 한다. 만약에 씻기 위한 물옹기에 물이 없다면, 씻기 위한 물옹기에 물을 부어넣어야 한다.

16. 만약 궤범사에게 불만이 생겨나면, 학인이 진정시키거나 진정시키게 하거나 그에게 가르침에 대한 이야기를 해야 한다. 만약 궤범사에게 회한이 생겨나면, 학인이 제거시키거나 제거시키게 하거나, 그에게 가르침에 대한 이야기를 해야 한다. 만약 궤범사에게 사견이 생겨나면, 학인이 단념시키거나 단념시키게 하거나 그에게 가르침에 대한 이야기를 해야 한다.

17. 만약 궤범사가 무거운 법을 어기어 격리처벌을 받아야 한다면, 학인은 '어떻게 참모임이 궤범사에게 격리처벌을 줄 수가 있는가?'라고 생각하며 노력을 기울여야 한다. 만약 궤범사가 가중처벌을 받아야 한다면, 학인은 '어떻게 참모임이 궤범사에게 가중처벌을 줄 수가 있는가?'라고 생각하며 노력을 기울여야 한다. 만약 궤범사가 참회처벌을 받아야 한다면, 학인은 '어떻게 참모임이 궤범사에게 참회처벌을 줄 수가 있는가?'라고 생각하며 노력을 기울여야 한다. 만약 궤범사가 출죄복귀를 받아야 한다면, '어떻게 참모임이 궤범사에게 출죄복귀를 줄 수가 있는가?'라고 생각하며 노력을 기울여야 한다.

18. 만약에 참모임이 궤범사에게 견책조치나 의지조치나 한시퇴출조치나 사죄조치나 권리정지조치의 갈마를 행하고자 한다면, 학인은 '어떻게 참모임이 궤범사에게 갈마를 행하지 않거나 가벼운 것으로 바꿀 수가 있는가?'라고 생각하며 노력을 기울여야 한다. 그러나 참모임이 그에게 견책조치나 의지조치나 한시퇴출조치나 사죄조치나 권리정지조치의 갈마를 행했다면, 학인은 '어떻게 궤범사가 올바로 처신하고, 순종하고, 잘못을 고치면, 참모임이 그 갈마를 철회할 수 있을까?'라고 생각하며 노력을 기울여야 한다.

19. 만약에 궤범사의 옷을 세탁하려고 하면, 학인이 세탁하거나 '어떻게 궤범사의 옷을 세탁할 것인가?'라고 생각하여 노력을 기울여야 한다. 만약에 궤범사의 옷을 만들려고 하면, 학인이 만들거나 '어떻게 궤범사의 옷을 만들 것인가?'라고 생각하여 노력을 기울여야 한다. 만약에 궤범사를 위해 염료를 끓이려고 하면, 학인이 끓이거나 '어떻게 궤범사를 위해 염료를 끓일 것인가?'라고 생각하여 노력을 기울여야 한다. 만약에 궤범사의 옷을 염색하려고 하면, 학인이 염색하거나 '어떻게 궤범사의 옷을 염색할 것인가?'라고 생각하여 노력을 기울여야 한다. 옷을 염색할 때에는 잘 돌려가면서 염색해야 한다. 염색물방울이 떨어지지 않을

때까지 자리를 떠나서는 안 된다.

20. 궤범사에게 묻지 않고 타인에게 발우를 주어서도 안 되고, 타인에게 발우를 받아서도 안 된다. 타인에게 옷을 주어서도 안 되고, 타인에게 옷을 받아서도 안 된다. 타인에게 필수품을 주어서도 안 되고, 타인에게 필수품을 받아서도 안 된다. 타인에게 삭발해서도 안 되고, 타인에게 삭발을 받아서도 안 된다. 타인에게 봉사를 해서도 안 되고, 타인에게 봉사를 받아서도 안 된다. 타인에게 시중을 들어서도 안 되고, 타인에게 시중을 받아서도 안 된다. 타인에게 시자수행자가 되어서도 안 되고, 타인을 시자수행자로 받아서도 안 된다. 타인에게 탁발음식를 주어서도 안 되고, 타인에게 탁발음식를 받아서도 안 된다. 궤범사에게 묻지 않고 마을로 들어가서도 안 되고, 묘지에 가서도 안 되고, 지역을 떠나서도 안 된다. 만약 궤범사가 병들면, 목숨이 다할 때까지 보살펴야 하고 회복될 때까지 기다려야 한다.

수행승들이여, 이러한 것이 학인들이 궤범사에 대해 지켜야 할 궤범사에 대한 학인들의 의무이다."

학인들의 의무가 끝났다.

14. 궤범사들의 의무(Ācariyavatta)[990]

1. 그런데 한때 궤범사들이 학인들에 대하여 올바로 처신하지 않았다. 수행승들 가운데 욕망을 여의고, 만족을 알고, 부끄러움을 알고, 후회할 줄 알고 배움을 원하는 자들은 그들에 대하여 혐책하고 분개하고 비난했다.

그래서 그 수행승들은 세존께 그 사실을 알렸다.

[세존] "수행승들이여, 궤범사들이 학인들에 대하여 올바로 처신하지 않는 것이 사실인가?"

[수행승들] "세존이시여, 사실입니다."

2. 존귀하신 부처님께서는 견책했다.

[세존] "수행승들이여, 어찌 궤범사들이 학인들에 대하여 올바로 처신하지 않을 수 있단 말인가? 수행승들이여, 그것은 아직 청정한 믿음이 없는 자를 청정한 믿음으로 이끌고, 이미 청정한 믿음이 있는 자를 더욱더 청정한 믿음으로 이끄는 것이 아니다. 수행승들이여, 그것은 오히려, 아직 청정한 믿음이 없는 자를 불신으

990) Ācariyavatta : Vin. II. 61에는 동일한 내용의 제목이 '학인에 대한 의무'(Antevāsikavatta)라고 되어 있다. 이 내용은 앞의 내용(Vin. II. 227-230)과 병행적이다.

로 이끌고, 이미 청정한 믿음이 있는 자 가운데 어떤 자들을 타락시키는 것이다."

3. 그리고 세존께서는 그 제자들을 여러 가지 방편으로 견책하여, 키우기 어렵고 부양하기 어렵고 욕심이 많고 만족을 모르고 교제를 좋아하고 나태한 것에 대하여 질책하고, 여러 가지 법문으로 고무하여, 키우기 쉽고 부양하기 쉽고 욕심을 여의고, 만족을 알고, 버리고 없애는 삶을 살고, 두타행을 하고, 청정한 믿음이 있고, 쌓아 모으지 않고, 용맹정진하는 것을 칭찬하고, 수행승들을 위하여 그에 알맞고 그에 걸맞게 경책하여 법문을 하고 수행승들에게 일렀다.

[세존] "수행승들이여, 궤범사들이 학인에 대해 지켜야 할 학인에 대한 궤범사들의 의무를 시설하겠다."

4. [세존] "수행승들이여, 궤범사는 학인에 대하여 올바로 처신해야 한다.[991] 여기서 올바로 처신한다는 것은 이와 같다. 수행승들이여, 궤범사는 송출·질의·훈계·가르침으로 학인을 수호하고 섭수하여야 한다. 만약에 궤범사에게는 발우가 있는데, 학인에게 발우가 없다면, 궤범사는 학인에게 발우를 주거나, '어떻게 학인에게 발우를 마련해줄까?'라고 생각하며 노력을 기울여야 한다. 만약에 궤범사에게는 옷이 있는데, 학인에게 옷이 없다면, 궤범사는 학인에게 옷을 주거나, '어떻게 학인에게 옷을 마련해줄까?'라고 생각하며 노력을 기울여야 한다. 만약에 궤범사에게는 필수품이 있는데, 학인에게 필수품이 없다면, 궤범사는 학인에게 필수품을 주거나, '어떻게 학인에게 필수품을 마련해줄까?'라고 생각하며 노력을 기울여야 한다.

5. 만약에 학인이 병이 들면, 아침 일찍 일어나 버들가지를 주고, 입을 헹굴 물을 주고, 자리를 마련해야 한다. 만약에 죽이 있다면, 그릇을 씻고 죽을 담아 주어야 한다. 죽을 먹고 나면 물을 주고 그릇을 받아서 아래에 두고 잘 닦아서 씻어서 보관해야 한다. 학인이 일어났을 때에 자리를 치워야 한다. 만약 그곳이 더러우면, 그곳을 청소해야 한다.

6. 만약에 학인이 마을로 들어가고자 하면, 하의를 건네주고 입고 있는 하의를 받고, 허리띠를 주어야 한다. 두 겹 내지 네 겹으로 접어, 대의를 주어야 한다. 발우를 씻어 물방울을 남겨서 주어야 한다. 이렇게 해서 되돌아 왔다고 생각하면, 자리를 마련하고 발 씻을 물과 발받침과 발걸레를 준비하여 맞이하고 발우와 옷을 받고, 하의를 주고 입고 있는 하의를 받아야 한다. 만약 옷이 젖었으면,

---

991) ācariyena bhikkhave, antevāsikamhi sammā vattitabbaṃ : Vin. I. 61과 병행한다.

잠시 양지에서 말려야 한다. 그러나 양지에 방치해서는 안 된다. 옷은 접어야 하는데, 옷을 접을 때에는 '가운데가 파손되지 않아야 한다.'라고 생각하면서 모퉁이까지 네 뼘 정도로 접어야 한다. 옷의 접혀진 곳에 허리띠를 두어야 한다. 만약 탁발음식이 있어서, 학인이 먹고자 하면, 물을 주고 탁발음식을 제공해야 한다.

7. 학인에게 물이 필요한가를 물어보아야 하고, 식사가 끝나면 물을 주고 발우를 받아서 밑에 두고 잘 닦아서 발우를 씻고 물기를 제거하고 잠시 양지에 말려야 한다. 양지에 발우를 방치해서는 안 된다. 발우와 옷을 보관해야 한다. 발우를 보관할 때에는 한 손으로 발우를 들고 한 손으로 침상 아래 또는 안락의자 아래를 더듬어서 보관해야 하고, 맨바닥에 발우를 보관해서는 안 된다. 옷을 보관할 때에는 한 손으로 옷을 들고, 한 손으로 옷시랑 또는 옷걸망을 털고, 단이 밖으로 가고 주름이 안으로 오도록 의복을 보관해야 된다. 학인이 일어나면 좌구를 거두고, 발 씻을 물과 발받침과 발걸레를 보관하여야 한다. 만약에 그곳이 더러우면, 그곳을 청소해야 한다.

8. 만약 학인이 목욕을 하고자하면, 목욕을 준비해야 한다. 냉욕을 원하면, 냉욕을 준비해야 하고, 온욕을 원하면, 온욕을 준비해야 한다. 만약 궤범사가 욕실에 들어가길 원하면, 분말을 반죽하고 진흙을 개어야 한다. 목욕의자를 가지고 궤범사의 뒤로 가서 목욕의자를 내밀고 옷을 받아서 한쪽에 보관해야 한다. 분말을 주고 진흙을 제공해야 한다. 만약에 가능하면, 함께 욕실에 들어가야 한다. 욕실에 들어갈 때에는 진흙으로 얼굴을 칠하고 앞뒤를 덮어서 욕실에 들어가야 한다.

9. 장로 수행승을 억지로 앉히지 말아야 하고 신참 수행승을 자리에서 물러나게 하지 말아야 한다. 욕실 안에서 학인에게 봉사해야 한다. 욕실에서 나올 때에는 목욕의자를 가지고 앞뒤로 덮어서 욕실에서 나온다. 물 안에서도 학인을 보살펴야 한다. 목욕할 때에 먼저 나와서 자신의 몸에 물을 닦아내고 옷을 입고 학인의 몸에서 물기를 닦아내야 한다. 하의를 주고, 대의를 주고, 목욕의자를 가지고 먼저 와서 자리를 마련하고 발 씻을 물과 발받침과 발걸레를 마련해야 한다. 그리고 학인에게 물이 필요한지를 물어야 한다.

10. 정사에 학인이 살 때에 그 정사가 지저분해졌다면, 가능하다면, 청소해야 한다. 승원을 청소할 때에는 먼저 발우와 옷을 꺼내서 한쪽에 두고, 깔개와 덮개를 꺼내서 한쪽에 두고 담요와 베개를 꺼내서 한쪽에 두어야 한다.

11. 침상을 밑에 놓아 문이나 기둥과 닿거나 충돌하지 않도록 잘 꺼내서 한쪽에

두어야 한다. 의자를 침상밑에 놓아 문이나 기둥과 닿거나 충돌하지 않도록 잘 꺼내서 한쪽에 두어야 한다. 그리고 침상의 다리를 뽑아서 한쪽에 두어야 한다. 가래받이통을 꺼내서 한쪽에 두어야 한다. 기대는 판을 꺼내서 한쪽에 두어야 한다. 바닥 깔개를 원래 놓여진 대로 살핀 뒤에 꺼내서 한쪽에 두어야 한다. 만약에 정사에 거미줄이 있다면, 천장에서 먼저 제거해야 한다. 창문의 틈새를 청소해야 한다. 만약 붉은 회토로 칠해진 벽이 먼지로 오염되면, 천조각을 적셔서 짜서 닦아내야 한다. 검은 회토로 칠해진 바닥이 먼지로 오염되면, 천조각을 적셔서 짜서 닦아내야 한다. 만약 처리되지 않은 맨바닥이라면, '정사가 먼지로 뒤덮이지 않아야 한다.'라고 생각하며 땅에 물을 뿌려 청소해야 한다. 쓰레기를 모아서 한쪽에 버려야 한다.

12. 바닥 깔개를 말려서 청소하고 털어내고 운반하여 원래 깔려진 대로 깔아야 한다. 침상의 다리들도 건조하여 닦아내고 운반하여 있었던 곳에 끼워야 한다. 침상도 말려서 청소하고 털어내고 밑으로 내려놓아 문과 기둥에 닿아 충돌하지 않도록 잘 운반하여 원래 놓인 자리에 놓아야 한다. 안락의자도 말려서 청소하고 털어내고 밑으로 내려놓아 문과 기둥에 닿아 충돌하지 않도록 잘 운반하여 원래 놓인 자리에 놓아야 한다. 깔개와 덮개를 말려서 청소하고 털어내고 운반하여 원래 놓인 자리에 놓아야 한다. 가래받이통을 건조하여 닦아내고 운반하여 원래 놓인 자리에 놓아야 한다. 기대는 판을 건조하여 닦아내고 운반하여 원래 놓인 자리에 두어야 한다.

13. 발우와 옷을 보관해야 한다. 발우를 보관할 때에는 한 손으로 발우를 들고 한 손으로 침상 아래 또는 안락의자 아래를 더듬어서 보관해야 하고, 맨바닥에 발우를 보관해서는 안 된다. 옷을 보관할 때에는 한 손으로 옷을 들고, 한 손으로 옷시랑 또는 옷걸망을 털고, 단이 밖으로 가고 주름이 안으로 오도록 의복을 보관해야 된다.

14. 만약에 동쪽에서 흙먼지가 불면, 동쪽의 창을 닫아야 한다. 만약에 서쪽에서 흙먼지가 불면, 서쪽의 창을 닫아야 한다. 만약에 북쪽에서 흙먼지가 불면, 북쪽의 창을 닫아야 한다. 만약에 남쪽에서 흙먼지가 불면, 남쪽의 창을 닫아야 한다. 만약 추울 때에는 낮에는 창문을 열고 밤에는 닫아야 한다. 만약 더울 때에는 낮에는 창문을 닫고 밤에는 열어야 한다.

15. 만약에 방사가 지저분해졌다면, 방사를 청소해야 한다. 만약 현관이 지저분

해졌다면, 현관을 청소해야 한다. 만약 집회당이 지저분해졌다면, 집회당을 청소해야 한다. 만약 화당이 지저분해졌다면, 화당을 청소해야 한다. 만약 변소가 지저분해졌다면, 변소를 청소해야 한다. 만약에 음용수가 없다면, 음용수를 마련해야 한다. 만약 용수가 없다면, 용수를 마련해야 한다. 만약에 씻기 위한 물옹기에 물이 없다면, 씻기 위한 물옹기에 물을 부어넣어야 한다.

16. 만약 학인에게 불만이 생겨나면, 궤범사가 진정시키거나 진정시키게 하거나 그에게 가르침에 대한 이야기를 해야 한다. 만약 학인에게 회한이 생겨나면, 궤범사가 제거시키거나 제거시키게 하거나, 그에게 가르침에 대한 이야기를 해야 한다. 만약 학인에게 사견이 생겨나면, 궤범사가 단념시키거나 단념시키게 하거나 그에게 가르침에 대한 이야기를 해야 한다.

17. 만약 학인이 무거운 법을 어기어 격리처벌을 받아야 한다면, 궤범사는 '어떻게 참모임이 학인에게 격리처벌을 줄 수가 있는가?'라고 생각하며 노력을 기울여야 한다. 만약 학인이 가중처벌을 받아야 한다면, 궤범사는 '어떻게 참모임이 학인에게 가중처벌을 줄 수가 있는가?'라고 생각하며 노력을 기울여야 한다. 만약 학인이 참회처벌을 받아야 한다면, 궤범사는 '어떻게 참모임이 학인에게 참회처벌을 줄 수가 있는가?'라고 생각하며 노력을 기울여야 한다. 만약 학인이 출죄복귀를 받아야 한다면, 궤범사는 '어떻게 참모임이 학인에게 출죄복귀를 줄 수가 있는가?'라고 생각하며 노력을 기울여야 한다.

18. 만약에 참모임이 학인에게 견책조치나 의지조치나 한시퇴출조치나 사죄조치나 권리정지조치의 갈마를 행하고자 한다면, 궤범사는 '어떻게 참모임이 학인에게 갈마를 행하지 않거나 가벼운 것으로 바꿀 수가 있는가?'라고 생각하며 노력을 기울여야 한다. 그러나 참모임이 그에게 견책조치나 의지조치나 한시퇴출조치나 사죄조치나 권리정지조치의 갈마를 행했다면, 궤범사는 '어떻게 학인이 올바로 처신하고, 순종하고, 잘못을 고치면, 참모임이 그 갈마를 철회할 수 있을까?'라고 생각하며 노력을 기울여야 한다.

19. 만약에 학인의 옷을 세탁하려고 하면, 궤범사가 세탁하거나 '어떻게 학인의 옷을 세탁할 것인가?'라고 생각하여 노력을 기울여야 한다. 만약에 학인의 옷을 만들려고 하면, 궤범사가 만들거나 '어떻게 학인의 옷을 만들 것인가?'라고 생각하여 노력을 기울여야 한다. 만약에 학인을 위해 염료를 끓이려고 하면, 궤범사가 끓이거나 '어떻게 학인을 위해 염료를 끓일 것인가?'라고 생각하여 노력을

기울여야 한다. 만약에 학인의 옷을 염색하려고 하면, 궤범사가 염색하거나 '어떻게 학인의 옷을 염색할 것인가?'라고 생각하여 노력을 기울여야 한다. 옷을 염색할 때에는 잘 돌려가면서 염색해야 한다. 염색물방울이 떨어지지 않을 때까지 자리를 떠나서는 안 된다. 만약에 학인이 병들면, 목숨이 다할 때까지 보살펴야 하고 회복될 때까지 기다려야 한다.

수행승들이여, 이러한 것이 궤범사들이 학인에 대해 지켜야 할 학인에 대한 궤범사들의 의무이다."

궤범사들의 의무가 끝났다.
세 번째 송출품이 끝났다.
제8장 의무의 다발이 끝났다.
이 다발에는 55개의 사항과 14가지 의무가 있다.

그 후렴시는 아래와 같다(Tassuddānaṃ)

1. 신발,[1] 양산, 뒤집어씀,
머리위, 음용수,
인사하지 않음, 묻지도 않음,
뱀, 단정한 자들은 혐책한다.992)

2. 벗음,[2] 양산, 어깨위에,
서두르지 않고, 물러남,
발우와 옷을 보관하고,
적당한, 물음.993)

3. 부어야 함, 씻음,
마른 것, 젖은 것, 신발,
연장자,[3] 신참, 물어야 함,
점유된 것, 탁발하러 다닐 수 있는 곳.994)

4. 학인, 대변, 음용수,
용수, 지팡이, 약정,

992) sa upāhanā chattā ca | oguṇṭhisīsaṃ pānīyaṃ | nābhivādena na pucchanti | ahi ujjhāyanti pesalā ||
993) omuñci chattaṃ khandhe ca | atarañca paṭikkamaṃ | pattacīvaraṃ nikkhipi | patirūpañca pucchitā ||
994) āsiñceyya dhovitena | sukkhenallenupāhanā | vuḍḍho navako puccheyya | ajjhāvutthaṃ ca gocarā ||

시간, 잠시,
지저분함,[4] 바닥 깔개, 집음.995)

5. 다리, 담요와 베개,
침상과 의자, 가래받이통,
기대는 판, 관찰하여, 지저분,
붉은색, 검은색. 처리되지 않음.996)

6. 쓰레기, 바닥 깔개,
다리, 침상과 의자,
담요와 베개, 좌구,
그리고 가래받이통, 기대는 판.997)

7. 법복과 발우, 맨바닥,
단을 밖으로 주름을 안으로,
동쪽에서,[5] 서쪽에서,
북쪽에서, 또한 남쪽에서.998)

8. 날씨가 춥거나 덥다면,
방사,[5] 그리고 현관,
집회당과 화당,
변소에서의 의무.999)

9. 음용수, 용수,
씻기 위한 물단지,
객수행승의 의무,[7]
이들은 비유없이 시설되었다.1000)

10. 자리도,[8] 세족수도 준비하지 않고,
맞이하지도 않고, 마실 물도,

---

995) sekhā vaccā pānī pari | kattaraṃ katikaṃ tato | kālaṃ muhuttaṃ uklāpo | bhummattharaṇa nīhare ||
996) paṭipādo bhisibimbo | mañcapīṭhaṃ ca mallakaṃ | apassenulloka kaṇhā | gerukā kāḷa akatā ||
997) saṅkāraṃ ca bhummattharaṃ | paṭipādakaṃ mañcapīṭhakaṃ | bhisibimbo nisīdanaṃ | mallakaṃ apassena ca ||
998) pattacīvaraṃ bhūmi ca | pārantaṃ orato bhogaṃ | puratthimā pacchimā ca | uttarā atha dakkhiṇā ||
999) sītuṇhe ca divā rattiṃ | pariveṇaṃ ca koṭṭhako | upaṭṭhānaggisālā ca | vattaṃ vaccakuṭīsu ca ||
1000) pāniparibhojanikā | kumhī ācamanesu ca | anopamena paññattaṃ | vattaṃ āgantukehi me ||

인사하지도 않고, 마련하지 않았으니,
단정한 자들은 혐책했다.1001)

11. 연장자,[9] 자리, 물,
맞이하여, 먹을 물,
신발, 한쪽,
인사함, 그리고 알려줌.1002)

12. 점유,[232] 탁발하러 다닐 수 있는 곳,
학인, 변소, 음용수, 용수,
지팡이, 약정,
시간, 신참, 앉은 채.1003)

13. 인사해야 함, 설명해 주어야 함,
방법은 아래와 같다.
캐러반의 지도자에 의해서,
거주수행승들을[10] 위한 의무가 지적되었다.1004)

14. 편력,[11] 나무, 토기,
열어 놓고, 부탁하지 않고,
없어지고, 수호되지 않음,
단정한 자들이 혐책했다.1005)

15. 거두고,[12] 닫고,
부탁하고 떠나야 한다.
수행승이나,[13] 사미나,
승원지기 또는 재가신자.1006)

16. 돌 위에, 쌓고,
거두고, 닫아야 한다.
가능함, 기울임,

1001) nevāsanaṃ na udakaṃ | na paccu na ca pānīyaṃ | nābhivāde na paññāpe | ujjhāyantī ca pesalā ||
1002) vuḍḍhāsanaṃ ca udakaṃ | paccuggantvā ca pānīyaṃ | upāhane ekamantaṃ | abhivāde ca paññape ||
1003) vutthaṃ gocara sekho ca | ṭhānaṃ pānīyaṃ bhojanaṃ | kattaraṃ katikaṃ kālaṃ | navakassa nisinnake ||
1004) abhivādaye ācikkhe | yathā heṭṭhā tathā naye | niddiṭṭhaṃ satthavāhena | vattaṃ āvāsikehime ||
1005) gamikā dāru mattī ca | vivaritvā na pucchiya | nassanti ca aguttaṃ ca | ujjhāyanti ca pesalā ||
1006) paṭisāmetvā thaketvā | āpucchitvā ca pakkame | bhikkhu vā sāmaṇero vā | ārāmiko upāsako ||

비가 새지 않는 곳에도 마찬가지이다.1007)

17. 모든, 비가 샌다면,
노천에 그렇게 해야 한다.
일부분이라도 남으리,
편력수행승들의 의무이다.1008)

18. 감사를 표하지 않음,[14] 장로,
남겨 두고, 네다섯 명,
용변, 혼절,
이것들은 감사를 표하는 의무이다.1009)

19. 여섯무리,[15] 잘못 입고,
또한 잘못 두르고,
부적절하게 차리고, 이탈하여,
장로수행승들, 침해했으니.1010)

20. 신참 수행승들, 대의,
단정한 자들이 혐책했다.
세 바퀴를 돌려,[16] 착용하고,
몸에, 한 겹, 인끈고리.1011)

21. 일탈하지 말고, 잘 추스르고,
잘 수호하고, 눈을 아래로 하고,
옷자락을 들어올리고, 크게 웃으며,
소리, 세 가지 또한 흔들면서.1012)

22. 허리에 손을 얹고, 뒤집어쓰고,
웅크리고, 잘 추스르고,[17] 잘 수호하고,
눈을 아래로 하고, 옷자락을 들어올리고,
소리 없이, 세 가지를 흔들면서.1013)

1007) pāsāṇakesu ca puñjaṃ | paṭisāme thakeyya ca | ussahati ussukkaṃ vā | anovasse tatheva ca ||
1008) sabbo ovassati gāmaṃ | ajjhokāse tatheva ca | appevaṅgāni seseyyuṃ | vattaṃ gamikabhikkhunā ||
1009) nānumodanti therena | ohāya catu pañcahi | vaccato mucchito āsi | vattānumodanesume ||
1010) chabbaggiyā duntivatthā | atho pi ca dūpārutā | anākappā ca vokkamma | there anupakhajjane ||
1011) nave bhikkhū ca saṅghāṭi | ujjhāyanti ca pesalā | timaṇḍalaṃ nivāsetvā | kāya saguṇa gaṇṭhikā ||
1012) na vokkamma paṭicchannaṃ | susaṃvutokkhittacakkhunā | ukkhittojjagghikā saddo | tayo ceva pacālanā ||

23. 허리에 손을 얹고, 뒤집어쓰고,
축 늘어져 기댄 채, 침해하여, 자리에,
펼치고, 물,[18]
아래에 두고, 부어야 한다.1014)

24. 받는 자, 이웃, 대의,
밥,[19] 받아야 한다.
카레,[20] 조미료,
모든 자에게, 넘치지 않게.1015)

25. 주의 깊게,[21] 발우를 지각하면서,
순차적으로, 카레,
꼭대기로부터, 덮어서도, 알리고도,
헐뜯는 생각으로, 아니다.1016)

26. 과대한, 원형, 입,
모든 손, 말하지 말아야 한다.
던지고, 자르면서, 볼,
흔듦, 밥알을 뿌리면서.1017)

27. 혀를 내밀면서, 그리고,
쩝쩝 소리를 내며, 빨아들이는 소리를 내면서,
손, 발우, 입술을 빨면서,
음식이 묻은 손으로 만지지 말아야 한다.1018)

28. 모두가,[22] 까지, 물,
아래에 두고, 부어야 한다.
받는 자, 이웃, 대의,
아래에 두고, 지상에.1019)

1013) khambhoguṇṭhi ukkuṭikā | paṭicchannaṃ susaṃvuto | okkhittacittā ujjagghi | appasaddā tayo calā ||
1014) khambhoguṇṭhi pallatthi | anupakhajjanāsane | ottharitvāna udake | nīcaṃ katvā na siñciyā ||
1015) paṭisāmante saṅghāṭi | odane ca paṭiggahe | sūpaṃ uttaribhaṅgena | sabbesaṃ samatitti ca ||
1016) sakkaccaṃ pattasaññi ca | sapadānañca sūpakaṃ | na thūpato paṭicchāde | viññattujjhānasaññitā ||
1017) mahantaṃ maṇḍala dvāraṃ | sabbahattho na byāhari | ukkhepo chedanā gaṇḍa | dhūnaṃ sitthāvakārakaṃ ||
1018) jivhānicchārakañceva | capu suru surena ca | hatthapattoṭṭhanillehaṃ | sāmisena paṭiggahe ||
1019) yāva na sabbe udake | nīcaṃ katvāna siñciya | paṭisāmantaṃ saṅghāṭi | nīcaṃ katvā chamāya ca ||

29. 밥알, 돌아올 때,
잘 추스르고, 웅크리고,
가르침의 제왕께서
이 식당에서의[23] 의무를 시설하셨다.[1020)]

30. 잘못 입고,[24] 부적절하게 차리고,
살펴 보지도 않고, 또한 성급하게,
멀리, 가까이, 오래, 빨리,
탁발수행승은 이와 같았다.[1021)]

31. 추스르고,[25][233] 잘 수호하고,
눈을 아래로 하고, 가야 한다.
옷자락을 들어올리고, 크게 웃으면서,
소리, 세 가지를 흔듦.[1022)]

32. 허리에 손을 얹고, 뒤집어쓰고,
웅크리고, 살펴 보고, 성급하게,
멀리, 가까이, 오래,
빨리, 닦음, 숟가락.[1023)]

33. 접시를[26] 마련하거나,
치켜서 열고, 꺼낸 뒤에,
잡고, 쳐다봐서는 안 됨,
카레 가운데도[27] 그것은 마찬가지이다.[1024)]

34. 수행승,[28] 대의로 덮다,
추스르고 가야 한다,
잘 수호하고, 눈을 아래로 하고,
옷자락을 들어 올리고, 크게 웃으면서.[1025)]

1020) sasitthakaṃ nivattante | supaṭicchannamukkuṭi | dhammarājena paññattaṃ | idaṃ bhattaggavattanaṃ ||
1021) dunnivatthā anākappā | asallakkhetvā ca sahasā | dūre acca ciraṃ lahuṃ | tatheva piṇḍacāriko ||
1022) paṭicchannena gaccheyya | susaṃvutokkhittacakkhunā | ukkhittojjaggikā saddo | tayo ceva pacālanā ||
1023) khambhoguṇṭhi ukkuṭikā | sallakkhetvā ca sahasā | dūre acca ciraṃ lahuṃ | āmasanaṃ kaṭacchukā ||
1024) bhājanaṃ vā ṭhapeti ca | uccāretvā paṇāmetvā | paṭiggahe na ulloke | sūpesu pi tatheva taṃ ||
1025) bhikkhu saṅghāṭiyā chāde | paṭicchanneva gacchiya | susaṃvutokkhittacakkhu | ukkhittojjagghikāya ca ||

35. 소리 없이, 세 가지를 흔들고,
허리에 손을 얹고, 뒤집어쓰고, 웅크리고,
먼저,[29] 자리, 개수통, 음용수, 용수,
나중에[30] 원하다면, 먹어도 된다.
버려야 한다, 치워야 한다.1026)

36. 치워야 한다, 청소해야 한다,
텅 빈 것, 채워야 한다.
손짓, 필요가 없다,
그리고 탁발하는 자의 의무.1027)

37. 음용수,[31] 용수, 불, 찬목,
별자리, 방향, 도적들,
아무 것도 없다고 때리고는,
발우, 걸망, 그리고 법복.1028)

38. 지금, 어깨에 걸고,
세 바퀴를 돌려서, 하의를 둥글게 착용하고,
숲속에 사는 자도[32]
탁발자의 의무와 같다.1029)

39. 발우, 어깨, 의복,
머리에 올리고, 음용수,
용수, 불, 찬목,
그리고 또한 지팡이.1030)

40. 별자리, 모든 방향에서,
또는 모든 방향에 밝은.
이것들은 숲속에 사는 자의 의무,[33]
위없는 스승에 의해 시설되었다.1031)

1026) appasaddo tayo cālā | khambhoguṇṭhika ukkuṭī | paṭhamāsanavakkāraṃ | pānīyaṃ paribhojanimṃ | pacch ākaṅkhati bhuñjeyya | opilāpeyya uddhare ||
1027) paṭisāmeyya sammajje | rittaṃ tuccha upaṭṭhape | hatthavikāre bhindeyya | vattañca piṇḍapātike ||
1028) pāṇipari agyāraṇi | nakkhattaṃ disā corā ca | sabbaṃ natthīti koṭetvā | pattaṃse cīvaraṃ tato ||
1029) idāni aṃse laggetvā | timaṇḍalaṃ parimaṇḍalaṃ | yathā piṇḍacārivattaṃ | nayo āraññikesu pi ||
1030) pattaṃse cīvaraṃ sīse | āropetvā ca pānīyaṃ | paribhojanikā aggi | araṇi cāpi kattarī ||

41. 노천에서[34] 뒤집어 썼다.
단정한 자들이 혐책했다.
정사가[35] 지저분하다면,
먼저 발우와 의복.1032)

42. 담요와 배게, 침상,
의자, 가래받이통,
기대는 판, 모퉁이,
붉은 석회, 검은색, 처리되지 않음.1033)

43. 쓰레기, 수행승들의 주위에서,[36]
와좌구, 정사, 음용수,
용수의 주위에서,
그리고 바람이 들이치는 앞마당.1034)

44. 바람이 부는데, 깔개,[37]
다리, 침상,
의자, 담요, 좌구,
가래받이통, 그리고 기대는 판.1035)

45. 발우, 법복, 맨바닥,
단을 밖으로 주름을 안으로,
동쪽에서,[38] 서쪽에서,
북쪽에서, 또한 남쪽에서.1036)

46. 날씨가 춥다면 낮에는,
밤에는, 방사,[39] 현관,
집회당, 화당,
그리고 변소, 음용수.1037)

1031) nakkhattaṃ sabbadesaṃ vā | disāsu kusalo bhave | sattuttamena paññattaṃ | vattaṃ āraññikesume ||
1032) ajjhokāse okiriṃsu | ujjhāyanti ca pesalā | sace vihāro uklāpo | paṭhamaṃ pattacīvaraṃ ||
1033) bhisibimbohanaṃ mañcaṃ | pīṭhañca kheḷamallakaṃ | apassenālokakaṇhā | gerukaṃ kāḷavākataṃ ||
1034) saṅkāra bhikkhu sāmantā | senā vihārapānīyaṃ | paribhojana sāmantā | paṭivāte ca paṅgaṇe ||
1035) adhovāte attharaṇaṃ | paṭipādaka mañcakaṃ | pīṭhaṃ bhisi nisīdanaṃ | mallakaṃ apassena ca ||
1036) patta cīvaraṃ bhūmi ca | pārantaṃ orabhogato | puratthimā ca pacchimā | uttarā atha dakkhiṇā ||
1037) sītuṇhe ca divā rattiṃ | parivenañca koṭṭhako | upaṭṭhānaggisālā ca | vaccakuṭī ca pānīyaṃ ||

47. 씻기 위한 물단지,
연장자,[40] 강의, 상담, 송출,
설법, 점등, 소등,
열어서도 안 되고 닫아서도 안 됨.1038)

48. 법랍의 순서에 따라 행하되,
모퉁이를 건드려서는 안 된다.
위대한 영웅께서
와좌구에[41] 대한 의무를 시설하셨다.1039)

49. 저지당하자,[42] 문, 정신을 잃고,
단정한 자들이 혐책했다.
재,[43][234] 버려야 한다, 욕실,
회토평상, 마찬가지.1040)

50. 방사, 현관, 욕실방,
세분, 진흙, 물통,
얼굴, 앞, 장로, 안 된다.
신참, 안 된다, 가능하다면.1041)

51. 앞에, 위에, 길,
물기가 많음, 진흙, 작은 의자,
끄고, 떠나야 한다,
이것이 욕실에서의[44] 의무이다.1042)

52. 세정하지 않다,[45] 법랍의 순서대로,[46]
순서, 갑자기[47]
옷자락을 올리고, 신음하고,
버드나무가지, 대변, 소변, 가래.1043)

1038) ācamakumhī vuḍḍho ca | uddesa paripucchanā sajjhā | dhammo padīpaṃ vijjhāpe | na vivare nāpi thake ||
1039) yena vuḍḍho parivatti | kaṇṇenapi na ghaṭṭaye | paññāpesi mahāvīro | vattaṃ senāsanesu taṃ ||
1040) nivāriyamānā dvāraṃ | mucchitujjhanti pesalā | chārikaṃ chaḍḍaye jantā | paribhaṇḍaṃ tatheva ca ||
1041) pariveṇaṃ koṭṭhako sālā | cuṇṇa mattika doṇikā | mukhaṃ purato na there | na nave ussahati sace ||
1042) purato uparimaggo | cikkhallaṃ matti pīṭhakaṃ | vijjhāpetvā pakkame | vattaṃ jantāgharesume ||
1043) nācameti yathāvuḍḍhaṃ | paṭipāṭi ca sahasā | ubbhujji nitthuno kaṭṭhaṃ | vaccaṃ passāva kheḷakaṃ ||

53. 거친, 구덩이, 갑자기,
걷어 올리고, 찹찹 소리, 남겼다.
밖에서, 안에서, 기침,
옷걸망, 서두르지 말고.1044)

54. 너무 성급하게, 걷어 올리고,
신음하면서, 버드나무가지, 대변을 보기.
소변, 가래, 거친,
똥구덩이, 대변용 디딤대.1045)

55. 너무 성급하지 않게, 걷어 올렸다,
디딤대, 쩝쩝소리.
남기지 않고, 덮어야 한다,
배설, 그리고 단지.1046)

56. 변소, 회토평상,
방사, 현관,
씻기, 그리고 물,
이것이 변소에 대한 의무이다.1047)

57. 신발,[48] 버드나무가지,
입을 씻을 물, 자리,
죽, 물, 씻고, 치워야 한다,
지저분함, 그리고 마을.1048)

58. 하의, 허리띠,
겹으로, 발우를 물에 넣어,
시자수행자, 세 바퀴를 돌려,
둥글게 착용하고, 허리띠.1049)

1044) pharusā kūpa sahasā | ubbhujji capu sesena | bahi anto ca ukkāse | rajju ataramānañca ||
1045) sahasā ubbhujjitvāna | nitthune kaṭṭhavaccakaṃ | passāva kheḷa pharusā | kūpañca vaccapāduke ||
1046) nātisahasā ubbhujji | pādukāya capucapu | na sesaye paṭicchāde | ūhana piṭharena ca ||
1047) vaccakuṭī paribhaṇḍaṃ | pariveṇañca koṭṭhako | ācamane ca udakaṃ | vattaṃ vaccakuṭīsume ||
1048) upāhanā dantakaṭṭhaṃ | mukhodakañca āsanaṃ | yāgu udakaṃ dhovitvā | uddharuklāpa gāma ca ||
1049) nivāsanaṃ kāyabandhaṃ | saguṇaṃ pattasodakaṃ | pacchā timaṇḍalo ceva | parimaṇḍalabandhanaṃ ||

59. 겹으로 접어, 학인,
너무 멀리, 받아야 한다.
말할 때에는, 죄,
먼저, 와서, 자리.1050)

60. 물, 발받침, 발걸레,
맞이하고, 하의,
양지에, 방치, 파손,
먹고자, 두어야 한다.1051)

61. 음용수, 물, 밑으로,
잠시, 방치해서는 안 된다.
발우와 옷, 바닥,
단을 밖으로 주름을 안으로.1052)

62. 치워야, 보관해야,
지저분함, 목욕하게,
추위, 더위, 욕실,
분말, 진흙, 시자.1053)

63. 의자, 법복, 분말,
진흙, 가능하면, 얼굴,
앞, 장로, 말아야 하고,
그리고 시봉, 나올 때.1054)

64. 먼저, 물, 목욕할 때,
하의를 착용하고, 친교사,
하의, 대의,
의자, 자리와 함께.1055)

1050) saguṇaṃ dhovitvā pacchā | nātidūre paṭiggahe | bhaṇamānassa āpatti | paṭhamaṃ gantvāna āsanaṃ ||
1051) udakaṃ pīṭha kaṭhali | paccuggantvā nivāsanaṃ | otāpe nidahi bhaṅgo | obhoge bhuñjatunname ||
1052) pānīyaṃ udakaṃ nīcaṃ | muhuttaṃ na ca nidahe | pattacīvara bhūmī ca | pārantaṃ orabhogato ||
1053) uddhare paṭisāme ca | uklāpo ca nahāyituṃ | sītaṃ uṇhaṃ jantāgharaṃ | cuṇṇaṃ mattikapiṭṭhito ||
1054) pīṭhañca cīvaraṃ cuṇṇaṃ | mattikussahati mukhaṃ | purato there nace ca | parikammañca nikkhame ||
1055) purato udake nahāne | nivāsetvā upajjhāyaṃ | nivāsanañca saṅghāṭi | pīṭhakaṃ āsanena ca ||

65. 발, 받침, 걸레,
물, 강의, 상담,
지저분할 경우, 청소해야 한다.
먼저 발우와 옷.1056)

66. 깔개와 덮개,[49]
그리고 담요와 베개,
침상, 의자, 다리,
가래받이통, 기대는 판.1057)

67. 바닥, 거미줄, 창,
붉은 회토, 검은색, 처리되지 않은,
바닥 깔개, 다리, 침상,
의자, 담요와 배게.1058)

68. 깔개와 덮개, 가래받이통,
기대는 판, 발우와 옷,
동쪽에서,[50][235] 서쪽에서
북쪽에서, 그리고 또한 남쪽에서.1059)

69. 추울 때, 더울 때,
밤, 낮, 방사,[51] 현관,
집회당과 화당,
변소, 음용수, 용수.1060)

70. 씻기, 불만,[52]
회한, 사견, 그리고 중대한 법,
가중처벌, 참회처벌, 출죄복귀,
견책, 그리고 의지.1061)

1056) pādo pīṭhaṃ kaṭhaliñca | pāniyuddesapucchanā | uklāpaṃ susodheyya | paṭhamaṃ pattacīvaraṃ ||
1057) nisīdanapaccattharaṇaṃ | bhisibimbohanāni ca | mañco pīṭhaṃ paṭipādaṃ | mallakaṃ apassena ca ||
1058) bhumma santāna āloka | gerukā kāḷa akatā | bhummatthara paṭipādā | mañco pīṭhaṃ bimbohanaṃ ||
1059) nisīdanattharaṇaṃ kheḷa | apasse pattacīvaraṃ | puratthimā pacchimā ceva | uttarā atha dakkhīṇā ||
1060) sītuṇhañca divā rattiṃ | pariveṇañca koṭṭhako | upaṭṭhānaggisālā ca | vacca pānīyaṃ bhojani ||
1061) ācamaṃ anabhirati | kukkuccaṃ diṭṭhi ca garu | mūlamānatta abbhānaṃ | tajjanīyaṃ niyassakaṃ ||

71. 퇴출, 사죄,
정권, 행했다면,
세탁,[53] 해야 한다, 염료,
염색할 때, 잘 돌려가면서.1062)

72. 발우, 법복,
필수품, 삭발,
봉사, 시중,
시자수행자, 탁발음식, 들어감.1063)

73. 묘지, 지역, 안 되고,
목숨이 다할 때까지, 보살펴야 한다.
이것은 제자에 의한
친교사에 대한 의무[54]이다.1064)

74. 훈계, 가르침, 강의,
상담, 발우, 법복,
필수품, 병,
시자수행자가 되어서는 안 된다.1065)

75. 친교사에 대한 의무와
마찬가지로 궤범사에 대한 것도,
제자에 대한 의무와
마찬가지로 학인에 대한 것도.1066)

76. 객수행승에 대한 의무,[55]
또한 거주주행승에 대한 것,
편력, 감사를 표하지 않는 자들,
식당, 탁발수행승.1067)

1062) pabbajā paṭisāraṇi | ukkhepañca kataṃ yadi | dhove kātabbaṃ rajañca raje samparivattakaṃ ||
1063) pattañca cīvaraṃ cāpi | parikkhārañca chedanaṃ | parikammaṃ veyyāvaccaṃ | pacchā piṇḍaṃ pavi sanaṃ ||
1064) na susānaṃ disā ceva | yāvajīvaṃ upaṭṭhahe | saddhivihārikenetaṃ | vattupajjhāyakesume ||
1065) ovāda sāsanuddesā | pucchā pattañca cīvaraṃ | parikkhāra gilāno ca | na pacchāsamaṇo bhave ||
1066) upajjhāyesu ye vattā | evaṃ ācariyesupi | saddhivihārike vattā | tatheva antevāsike ||
1067) āgantukesu ye vattā | puna āvāsikesu ca | gamikānumodanikā | bhattagge piṇḍapātike ||

77. 숲속에 사는 자의 의무,
또한 와좌구에 대한 것,
욕실, 변소,
친교사, 제자.1068)

78. 궤범사에 대한 의무는
제자에 대한 의무와 같다.
19가지 사항이
16다발에 언급되었다.1069)

79. 품행이 원만하지 않고,
계행이 원만하지 않아,
계행이 부정하고, 지혜가 없고,
심일경성이 없다면.1070)

80. 마음이 산란하고 통일되지 않으면,
올바로 진리를 보지 못한다.
올바른 가르침을 보지 못하면,
괴로움에서 벗어나지 못한다.1071)

81. 품행이 원만하고,
계행이 원만해서,
계행이 청정하고, 지혜가 있고,
심일경성이 있다면,1072)

82. 마음이 산란하지 않고 통일되어,
올바로 진리를 본다.
올바른 가르침을 보면,
괴로움에서 벗어난다.1073)

1068) āraññikesu yaṃ vattaṃ | yañca senāsanesu pi | jantāghare vaccakuṭī | upajjhā saddhivihārike ||
1069) ācariyesu yaṃ vattaṃ | tatheva antevāsike | ekunavīsati vatthu | vuttā soḷasakhandhake ||
1070) vattaṃ aparipūrento | na sīlaṃ paripūrati | asuddhasīlo duppañño | cittekaggaṃ na vindati ||
1071) vikkhittacitto nekaggo | sammā dhammaṃ na passati | apassamāno saddhammaṃ | dukkhā na parimuccati ||
1072) yaṃ vattaṃ paripūrentā | sīlampi paripūrati | visuddhasīlo sappañño | cittekaggampi vindati ||
1073) avikkhittacitto ekaggo | sammā dhammaṃ vipassati | sampassamāno saddhammaṃ | dukkhā so parimuccati ||

83. 그러므로 관찰하는 자,
승리자의 아들은 준수를 원만히 한다.
최상의 부처님의 가르침이 있으니,
그것으로 그는 열반에 도달하리.[1074)]

제8장 의무의 다발의 후렴시가 끝났다.

1074) tasmā hi vattaṃ pūreyya | jinaputto vicakkhaṇo | ovādaṃ buddhaseṭṭhassa | tato nibbānamehīti ||

제9장 의무계율송출차단의 다발
(Pātimokkhaṭṭhapanakkhandhaka : 遮說戒犍度)

Ⅰ 첫 번째 송출품(Paṭhamabhāṇavāra : 1-3)

1. 의무계율의 송출에 대한 요청(Pātimokkhuddesayācana)

1. 한때[236] 존귀한 부처님께서는 싸밧티 시의 뿝바라마 승원의 미가라마뚜 강당에 계셨다.1075) 그 때 세존께서는 그날이 포살1076)의 날이라 수행승의 무리와 함께 앉아계셨다. 마침 존자 아난다가 한 밤의 초야가 지났을 때 자리에서 일어나 한쪽 어깨에 가사를 걸치고 세존께서 계신 곳을 향하여 합장하며 세존께 이와 같이 말씀드렸다.

[아난다] "세존이시여, 한 밤의 초야가 지났고, 수행승들은 오랫동안 앉아 있었습니다. 세존이시여, 수행승들에게 의무계율을 설해 주십시오."

이와 같이 말씀드렸으나 세존께서는 침묵하셨다.

두 번째로 존자 아난다가 한 밤의 중야가 지났을 때 자리에서 일어나 한쪽 어깨에 가사를 걸치고 세존께서 계신 곳을 향하여 합장하여 세존께 이와 같이 말씀드렸다.

[아난다] "세존이시여, 한 밤의 중야가 지났고, 수행승들은 오랫동안 앉아 있었습니다. 세존이시여, 수행승들에게 의무계율을 설해 주십시오."

두 번째에도 세존께서는 침묵하셨다.

세 번째로 존자 아난다가 한 밤의 후야가 지나 새벽이 지나고 날이 밝자 자리에

1075) tena samayena buddho bhagavā sāvatthiyaṃ viharati pubbārāme migāramātu pāsāde : 이하의 이야기는 AN. IV. 204-208; 중아함37(대정1. 478b); 증일아함48권2(대정2. 786a)을 참조하라.

1076) Uposatha : 계(戒)를 설하는 것, 혹은 그날. 재일(齋日), 포살(布薩)이라고 한역된다. 불경에 나타난 고대인도의 역법에 따르면, 인도의 일 년은 삼 계절 - 겨울, 여름, 우기 - 로 나뉘며, 각 계절은 4개월씩 계속된다. 4개월은 8개의 보름단위의 기간(pakkha)으로 나뉘고, 세 번째와 일곱 번째는 14일로 구성되고 나머지는 15일로 구성된다. 신월이나 보름달이거나 반달[상현이나 하현]의 날이 특별히 길조인 것으로 여겨진다. 불교에서는 이런 날에 포살의식을 행한다. 보름날과 신월의 포살일에는 수행승들이 자신들의 의무계율[戒本]을 외우고, 지난 보름 동안 계율을 범한 자는 고백하고 참회한다. 일반신도들은 설법을 듣거나 수행을 하기 위해 승원을 방문한다.

서 일어나 한쪽 어깨에 가사를 걸치고 세존께서 계신 곳을 향하여 합장하여 세존께 이와 같이 말씀드렸다.

[아난다] "세존이시여, 한 밤의 후야가 지나 새벽이 지나고 날이 밝았고,[1077] 수행승들은 오랫동안 앉아 있었습니다. 세존이시여, 수행승들에게 의무계율을 설해 주십시오."

[세존] "아난다여, 대중이 완전히 청정하지는 못하다."[1078]

2\. 그러자 존자 마하 목갈라나가 이와 같이 생각했다.

[목갈라나] '왜 세존께서는 사람들에 대하여 '대중이 완전히 청정하지는 못하다.'라고 말하셨을까?'

그래서 존자 마하 목갈라나는 자신의 마음으로 모든 수행승들의 마음을 관찰하여 살폈다. 마침내 존자 목갈라나는 계행을 지키지 않고 악행을 하고 순수하지 못하고 의심스러운 행동을 하고 자신의 행위를 은폐하고 수행자가 아니면서 수행자인 체하고 청정한 삶을 살지 않으면서 청정한 삶을 사는 체하고 안으로 부패하고 탐욕스럽고 성품이 부정한 사람이 수행승의 무리 가운데 앉아 있는 것을 보았다.[1079] 보고나서 자리에서 일어나 그 사람이 있는 곳으로 찾아갔다. 가까이 다가가서[237] 그 사람에게 이와 같이 말했다.

[목갈라나] "벗이여, 일어나시오. 세존께서 보고 계십니다. 그대는 수행승의 무리와 함께 지낼 수 없습니다."

이렇게 말했으나 그 사람은 침묵했다.

두 번째에도 존자 마하 목갈라나는 그 사람에게 이와 같이 말했다.

[목갈라나] "벗이여, 일어나시오. 세존께서 보고 계십니다. 그대는 수행승의 무리와 함께 지낼 수 없습니다."

두 번째에도 그 사람은 침묵했다.

세 번째에도 존자 마하 목갈라나는 그 사람에게 이와 같이 말했다.

[목갈라나] "벗이여, 일어나시오. 세존께서 보고 계십니다. 그대는 수행승의 무리와 함께 지낼 수 없습니다."

1077) nandimukhī ratti : 글자 그대로의 의미는 '밤이 환희의 얼굴을 지녔다.'라는 뜻이다.

1078) aparisuddhā ānanda parisā'ti : 자신이 저지른 죄를 속죄하지 않은 자가 있다는 뜻이다.

1079) addasā kho āyasmā mahāmoggallāno taṃ puggalaṃ dussīlaṃ pāpadhammaṃ asucisaṃkassarasamācāraṃ paṭicchannakammantaṃ assamaṇaṃ samaṇapaṭiññaṃ abrahmacāriṃ brahmacāripaṭiññaṃ antopūtiṃ avassutaṃ kasambujātaṃ majjhe bhikkhu saṅghassa nisinnaṃ : 이러한 사람은 AN. I. 108에 나오는 세 종류의 수행승들 희망이 없는 사람, 희망이 있는 사람, 희망을 여읜 사람 가운데 첫 번째 희망이 없는 사람에 속한다.

세 번째에도 그 사람은 침묵했다.

그러자 존자 마하 목갈라나는 그 사람을 두 팔로 붙잡아 문밖으로 쫓아내고는 빗장을 잠그고 세존께서 계신 곳으로 찾아갔다. 가까이 다가가서 세존께 이와 같이 말씀드렸다.

[목갈라나] "세존이시여, 제가 그 사람을 쫓아냈습니다. 이제 대중이 완전히 청정합니다. 세존이시여, 세존께서는 수행승들에게 의무계율을 설해 주십시오."

[세존] "저 어리석은 사람이 두 팔로 붙잡을 때까지 기다리다니, 목갈라나여, 아주 놀라운 일이다. 목갈라나여, 예전에 없었던 일이다."

3. 그리고 세존께서는 수행승들을 향해서 말씀하셨다.

[세존] "수행승들이여, 그런데 크나큰 바다를 보고 아수라1080)들이 크나큰 바다를 좋아하는 이와 같은 여덟 가지 아주 놀랍고도 경이로운 이유들이 있다.1081) 여덟 가지란 어떠한 것인가?

1) 수행승들이여, 크나큰 바다는 점차적으로 나아가고 점차적으로 기울고 점차적으로 깊어지고 갑자기 절벽을 이루지는 않는다. 수행승들이여, 크나큰 바다가 점차적으로 나아가고 점차적으로 기울고 점차적으로 깊어지고 갑자기 절벽을 이루지는 않는다는 사실이 크나큰 바다를 보고 아수라들이 크나큰 바다를 좋아하는 첫 번째 아주 놀랍고도 경이로운 이유이다.

2) 수행승들이여, 또한 크나큰 바다는 안정되어 있어 해안을 침범하지 않는다. 수행승들이여, 크나큰 바다가 안정되어 있어 해안을 침범하지 않는다는 사실이 크나큰 바다를 보고 아수라들이 크나큰 바다를 좋아하는 두 번째 아주 놀랍고도 경이로운 이유이다.

3) 수행승들이여, 또한 크나큰 바다는 죽은 사체와 함께 지내지 않기 때문에, 크나큰 바다에 죽은 사체가 생기면 그것을 신속하게 해안으로 옮겨서 육지에 올려놓는다. 수행승들이여, 크나큰 바다가 죽은 사체와 함께 지내지 않기 때문

1080) Asura : 한역은 음사하여 아수라(阿修羅)라고 한다. 니까야에 의하면, 아수라들은 신들의 적대자로 서른셋 신들의 하늘나라[忉利天]의 근처에 있다가 자주 신들에게 전쟁을 일으키는 무리를 말한다. UdA. 299에 따르면, 일반적인 신과는 달리 용맹하지 않고 권력도 행사하지 못하고 빛나지도 않는 신을 말한다. 그들의 처소는 수메루 산의 낮은 산록에 있고 원형집회당을 짓고 놀며, 바다를 보는 것을 즐긴다.

1081) aṭṭhime bhikkhave mahāsamudde acchariyā abbhūtā dhammā ye disvā disvā asurā mahāsamudde abhiramanti : 이하의 이야기는 AN. IV. 198-204; 206-208; Ud. 53-56에도 등장한다. AN. IV. 205에서는 "수행승들이여, 오늘부터 그대들이 포살을 행하고 의무계율을 외우라. 나는 오늘부터 더 이상 포살을 행하지 않고, 의무계율을 설하지 않겠다. 수행승들이여, 여래가 부정한 모임에서 포살을 행할 수 없고, 의무계율을 설할 수 없다."라는 구절이 선행한다.

에, 크나큰 바다에 죽은 사체가 생기면 그것을 신속하게 해안으로 옮겨서 육지에 올려놓는다는 사실이 크나큰 바다를 보고 아수라들이 크나큰 바다를 좋아하는 세 번째 아주 놀랍고도 경이로운 이유이다.

4) 수행승들이여, 또한 어떠한 커다란 강이든 갠지스, 야무나, 아찌라바띠, 싸라부, 마히[1082]와 같은 커다란 강이 크나큰 바다에 이르면 이전의 각각의 이름을 버리고 크나큰 바다라고 불린다. 수행승들이여, 어떠한 커다란 강이든 갠지스, 야무나, 아찌라바띠, 싸라부, 마히와 같은 커다란 강이 크나큰 바다에 이르면 이전의 각각의 이름을 버리고 크나큰 바다라고 불리는 사실이 크나큰 바다를 보고 아수라들이 크나큰 바다를 좋아하는 네 번째[238] 아주 놀랍고도 경이로운 이유이다.

5) 수행승들이여, 또한 크나큰 바다에 세상의 모든 하천이 흘러들고 하늘의 비가 쏟아져도 그 때문에 크나큰 바다는 늘어나거나 줄어들지 않는다. 수행승들이여, 크나큰 바다에 세상의 모든 하천이 흘러들고 하늘의 비가 쏟아져도 그 때문에 크나큰 바다는 늘어나거나 줄어들지 않는다는 사실이 크나큰 바다를 보고 아수라들이 크나큰 바다를 좋아하는 다섯 번째 아주 놀랍고도 경이로운 이유이다.

6) 수행승들이여, 또한 크나큰 바다는 유일한 맛인 짠 맛을 지니고 있다. 수행승들이여, 크나큰 바다가 유일한 맛인 짠 맛을 지니고 있다는 사실이 크나큰 바다를 보고 아수라들이 크나큰 바다를 좋아하는 여섯 번째 아주 놀랍고도 경이로운 이유이다.

7) 수행승들이여, 크나큰 바다에는 많은 보물 다양한 보물들이 있는데, 그 가운데서도 보물로서 예를 들어 진주, 수정, 유리, 소라, 벽옥, 산호, 은, 금, 루비, 마노[1083]가 있다. 수행승들이여, 크나큰 바다에는 많은 보물 다양한 보물들이

1082) gaṅgā yamunā aciravatī sarabhū mahī : 여기에 언급된 강들은 북인도의 오대강(五大江 : pañcamahānadā)이다. 야무나(Yamuna) 강은 꼬쌈비(Kosambī) 시를 지나 갠지스(Gāṅgā) 강으로 흘러들고, 히말라야에서 흘러오는 아찌라바띠(Aciravatī) 강은 싸라부(Sarabhū) 강과 만나 북 꼬쌀라와 남 꼬쌀라를 사이를 가르면서 흐르다가 갠지스 강에 합류한다. 마히(Mahī) 강은 아라발리(Aravalli) 산맥에서 기원하여 캠베이(Cambay) 만에 도달하는 강의 이름이다.

1083) seyyathīdaṃ : muttā maṇi veḷuriyo saṅkho silā pavāḷaṃ rajataṃ jātarūpaṃ lohitaṅko masāragallaṃ : Ud A. 303에 따르면, 여기서 진주(眞珠 : muttā)에는 작거나 큰 것과 둥글거나 긴 것이 있다. 수정(摩尼珠 : maṇi)에는 붉거나 푸른 것이 있다. 유리(瑠璃=猫眼石 : veḷuriyo)에는 대나무색깔이나 아카시아꽃의 색깔이 있다. 소라(硨磲 : saṅkho)는 오른쪽으로 도는 나선형이고 구리빛색깔이고 비어있고 트럼펫껍질과 같다. 벽옥(璧玉 : silā)은 흰색이나 검은 색이고 완두콩 모양이다. 산호(珊瑚 : pavāḷa)와 은(銀 : rajata)과 금(金 : jātarūpa)은 , 작거나 크고 루비(紅玉 : lohitaṅka)는 핑크색이나 붉은색이다. 그리고 마노(瑪瑙 : masāragalla)에는 여러 가지 색깔이

있는데, 그 가운데서도 보물로서 예를 들어 진주, 수정, 유리, 소라, 벽옥, 산호, 은, 금, 루비, 마노가 있다는 사실이 크나큰 바다를 보고 아수라들이 크나큰 바다를 좋아하는 일곱 번째 아주 놀랍고도 경이로운 이유이다.

8) 수행승들이여, 크나큰 바다에는 커다란 존재들이 살고 있는데, 그 가운데서도 커다란 존재로 거대어, 바다괴어, 바다괴물,[1084] 아수라, 용, 건달바가 살고 있고, 그 키가 일백 요자나[1085]의 존재, 이백 요자나의 존재, 삼백 요자나의 존재, 사백 요자나의 존재, 오백 요자나의 존재가 살고 있다. 수행승들이여, 크나큰 바다에는 커다란 존재들이 살고 있는데, 그 가운데서도 커다란 존재로 거대어, 바다괴어, 바다괴물, 아수라, 용, 건달바가 살고 있고, 그 키가 일백 요자나의 존재, 이백 요자나의 존재, 삼백 요자나의 존재, 사백 요자나의 존재, 오백 요자나의 존재가 살고 있다는 사실이 크나큰 바다를 보고 아수라들이 크나큰 바다를 좋아하는 여덟 번째 아주 놀랍고도 경이로운 이유이다. 수행승들이여, 그런데 크나큰 바다를 보고 아수라들이 크나큰 바다를 좋아하는 이와 같은 여덟 가지 아주 놀랍고도 경이로운 이유들이 있다."

4. [세존] "수행승들이여, 이와 마찬가지로 이 가르침과 계율을 보고 수행승들이 이 가르침과 계율을 좋아하는 이와 같은 여덟 가지 아주 놀랍고도 경이로운 이유가 있다. 여덟 가지란 어떠한 것인가?

1) 수행승들이여, 크나큰 바다는 점차적으로 나아가고 점차적으로 기울고 점차적으로 깊어지고 갑자기 절벽을 이루지는 않듯, 수행승들이여, 이와 같이 이 가르침과 계율에서는 점차적인 배움, 점차적인 실천, 점차적인 진보가 있지 궁극적인 앎에 대한 갑작스런 꿰뚫음은 없다. 수행승들이여, 이 가르침과 계율에서는 점차적인 배움, 점차적인 실천, 점차적인 진보가 있지 궁극적인 앎에 대한 갑작스런 꿰뚫음은 없다는 사실이 이 가르침과 계율을 보고 수행승들이 이 가르침과 계율을 좋아하는 첫 번째 아주 놀랍고도 경이로운 이유이다.

2) 수행승들이여, 또한 크나큰 바다는 안정되어 있어 해안을 침범하지 않듯, 수행승들이여, 이와 같이 내가 제자들을 위해 시설한 학습계율을 나의 제자들은 생계를 위해 침범하지 않는다. 수행승들이여, 이 가르침과 계율에서는 내가

있다.

1084) timī timiṅgalā timirapiṅgalā : Ud. 302의 주석에 따르면, 거대어는 바다괴어가 삼킬 수 있고, 바다괴어는 바다괴물이 삼킬 수 있다.

1085) yojana : 1요자나는 하루에 걸어갈 수 있는 거리로 약 14km에 해당한다.

제자들을 위해 시설한 학습계율을[239] 나의 제자들은 생계를 위해 침범하지 않는다는 사실이 이 가르침과 계율을 보고 수행승들이 이 가르침과 계율을 좋아하는 두 번째 아주 놀랍고도 경이로운 이유이다.

3) 수행승들이여, 또한 크나큰 바다는 죽은 사체와 함께 지내지 않기 때문에, 크나큰 바다에 죽은 사체가 생기면 그것을 신속하게 해안으로 옮겨서 육지에 올려놓듯, 수행승들이여, 이와 같이 어떤 사람이 계행을 지키지 않고 악행을 하고 순수하지 못하고 의심스러운 행동을 하고 자신의 행위를 은폐하고 수행자가 아니면서 수행자인 체하고 청정한 삶을 살지 않으면서 청정한 삶을 사는 체하고 안으로 부패하고 탐욕스럽고 성품이 부정한데, 그러한 사람이 있다면 참모임은 그와 함께 살지 않으며, 즉시 모여서 그를 쫓아내며, 그가 수행승의 참모임에 앉아 있더라도, 그는 참모임과 멀어져 있고 참모임도 그와 멀어져 있다. 수행승들이여, 이 가르침과 계율에서는 어떤 사람이 계행을 지키지 않고 악행을 하고 순수하지 못하고 의심스러운 행동을 하고 자신의 행위를 은폐하고 수행자가 아니면서 수행자인 체하고 청정한 삶을 살지 않으면서 청정한 삶을 사는 체하고 안으로 부패하고 탐욕스럽고 성품이 부정한데, 그러한 사람이 있다면 참모임은 그와 함께 살지 않으며, 즉시 모여서 그를 쫓아내며, 그가 수행승의 참모임에 앉아 있더라도, 그는 참모임과 멀어져 있고 참모임도 그와 멀어져 있다는 사실이 이 가르침과 계율을 보고 수행승들이 이 가르침과 계율을 좋아하는 세 번째 아주 놀랍고도 경이로운 이유이다.

4) 수행승들이여, 또한 어떠한 커다란 강이든 갠지스, 야무나, 아찌라바띠, 싸라부, 마히와 같은 커다란 강이 크나큰 바다에 이르면 이전의 각각의 이름을 버리고 크나큰 바다라고 불리듯, 수행승들이여, 이와 같이 어떠한 네 계급에 속하는 사람이든 즉, 왕족, 바라문, 평민, 노예이든, 여래가 설한 가르침과 계율에 따라 집에서 집없는 곳으로 출가하면, 예전의 이름과 성을 버리고 '수행자 싸끼야의 아들'이라고 불린다. 수행승들이여, 어떠한 네 계급에 속하는 사람이든 즉, 왕족, 바라문, 평민, 노예이든, 여래가 설한 가르침과 계율에 따라 집에서 집없는 곳으로 출가하면, 예전의 이름과 성을 버리고 '수행자 싸끼야의 아들'이라고 불린다는 사실이 이 가르침과 계율을 보고 수행승들이 이 가르침과 계율을 좋아하는 네 번째 아주 놀랍고도 경이로운 이유이다.

5) 수행승들이여, 또한 크나큰 바다에 세상의 모든 하천이 흘러들고 하늘의 비가 쏟아져도 그 때문에 크나큰 바다는 늘어나거나 줄어들지 않듯, 수행승들이여,

이와 같이 많은 수행승들이 잔여가 없는 열반의 세계에서 완전한 열반에 들지만, 열반의 세계가 늘어나거나 줄어들지 않는다.1086) 수행승들이여, 많은 수행승들이 잔여가 없는 열반의 세계에서 완전한 열반에 들지만, 열반의 세계가 늘어나거나 줄어들지 않는다는 사실이 이 가르침과 계율을 보고 수행승들이 이 가르침과 계율을 좋아하는 다섯 번째 아주 놀랍고도 경이로운 이유이다.

6) 수행승들이여, 또한 크나큰 바다가 유일한 맛인 짠 맛을 지니고 있듯, 수행승들이여, 이와 같이 이 가르침과 계율은 유일한 맛인 해탈의 맛을 지니고 있다.1087) 수행승들이여, 이 가르침과 계율이 유일한 맛인 해탈의 맛을 지니고 있다는 사실이 이 가르침과 계율을 보고 수행승들이 이 가르침과 계율을 좋아하는 여섯 번째 아주 놀랍고도 경이로운 이유이다.

7) 수행승들이여, 크나큰 바다에는 많은 보물 다양한 보물들이 있는데, 그 가운데

1086) bahu cepi bhikkhū anupādisesāya nibbānadhātuyā parinibbāyanti. na tena nibbānadhātuyā ūnattaṃ vā pūrattaṃ vā paññāyati : 경전 상에는 두 가지 열반, 즉 '잔여 있는 열반(有餘依涅槃 : saupādisesanibbāna)'과 '잔여 없는 열반(無餘依涅槃 : anupādisesanibbāna)'이 있다. 여기서 잔여란 갈애와 업에 의해서 생겨난 다섯 가지 존재의 다발(五蘊 : pañcakkhandha; 물질, 느낌, 지각, 형성, 의식)의 복합체를 말한다.(Itv. 38-39) 전자는 살아 있는 동안 아라한이 획득한 탐욕과 성냄과 어리석음의 소멸을 뜻하고, 후자는 아라한의 죽음과 더불어 모든 조건지어진 것들의 남김없는 소멸을 뜻한다. 그러나 양자는 이미 자아에 취착된 유위법적인 세속적 죽음을 완전히 초월해서 불사(不死 : amata)라고 불리며, 아라한은 이미 자아에 취착된 다섯 가지 존재의 집착다발(五取蘊)의 짐을 모두 내려놓은 상태(ohitabhāro)에 있기 때문이다. 아라한에게 죽음은 애초에 적용되지 않는다. 동일한 완전한 소멸임에도 차이가 나는 것은 잔여가 있는 열반의 경우에는 '마치 도자기 만드는 사람이 돌리고 있던 물레에서 손을 떼어버려도 얼마간은 계속 회전하는 것처럼 열반을 얻은 성인도 과거에 지은 업에 의해 결정된 얼마 동안은 삶을 계속하면서 업에 대한 고락을 받는다.'는 것이다. 과거의 업에 의해서 결정된 삶이 바로 경전에 나와 있는 아직 남아 있는 다섯 가지 감관에 의한 고락의 체험이다. 그리고 육체적인 삶의 죽음과 더불어 업의 잔여물인 다섯 가지 감관마저 사라져버릴 때 잔여가 없는 열반에 이른다. 이러한 두 가지 열반의 세계를 주석서는 각각 아라한의 경지를 얻을 때의 '번뇌의 완전한 소멸(kilesaparinibbāna)'과 아라한이 목숨을 내려놓을 때의 존재의 다발(五蘊 : pañcakkhandha; 물질, 느낌, 지각, 형성, 의식)의 활동의 소멸을 의미하는 '존재의 다발의 완전한 소멸(khandhaparinibbāna)'로 구별하면서, 열반인 닙바나(nibbāna)와 '완전한 소멸' 또는 '완전한 열반'을 의미하는 빠리닙바나(parinibbāna)를 상호교환 가능하고 동의어로서 본다. 그러나 경전상에서 사용방식은 위 두 종류의 빠리닙바나는 닙바나의 세계에 접근하는 사건으로 보는 것을 선호하기 때문에 빠리닙바나는 소멸하는 행위이고 닙바나는 소멸된 상태를 의미한다. 열반의 세계(nibbānadhātu)는 Srp. III. 123에 따르면, '조건지어지지 않고 불사(不死)인 열반의 세계(asaṅkhatāya amatāya nibbānadhātuya)'를 말한다. UdA. 303에 따르면, 헤아릴 수 없는 많은 우주기를 부처님이 나타나지 않는다면, 한 뭇삶도 완전한 열반에 들지 못한다. 그 때에도 열반의 세계는 공하다고 말할 수 없다. 부처님이 계실 때에 각각의 만남에서 무수한 뭇삶들이 불사(不死)를 얻었더라도 그 때에 열반의 세계는 가득 찼다고 말할 수 없다.

1087) seyyathāpi pahārāda, mahāsamuddo ekaraso loṇaraso, evameva kho pahārāda, ayaṃ dhammavinayo ekaraso vimuttiraso : Maitrayāṇa-Brāhmaṇa-Upaniṣad VI. 35에서는 범아일여(梵我一如)의 체험을 바다에서 소금처럼 용해되는 것에 비유했다. UdA. 303에 따르면, 오염에서 벗어난 맛, 일체의 가르침을 성취하여 집착 없이 번뇌에서 마음을 해탈한 것을 뜻한다.

서도 보물로서 예를 들어 진주, 수정, 유리, 소라, 벽옥, 산호, 은, 금, 루비, 마노가 있듯, 수행승들이여, 이와 같이[240] 이 가르침과 계율에도 많은 보물 다양한 보물들이 있는데, 그 가운데서도 보물로서 네 가지 새김의 토대, 네 가지 올바른 노력, 네 가지 신통의 기초, 다섯 가지 능력, 다섯 가지 힘, 일곱 가지 깨달음 고리, 여덟 가지 고귀한 길[1088]을 갖고 있다. 수행승들이여, 이 가르침과 계율에 많은 보물 다양한 보물들이 있는데, 그 가운데서도 보물로서 네 가지 새김의 토대, 네 가지 올바른 노력, 네 가지 신통의 기초, 다섯 가지 능력, 다섯 가지 힘, 일곱 가지 깨달음 고리, 여덟 가지 고귀한 길을 갖고 있다는 사실이 이 가르침과 계율을 보고 수행승들이 이 가르침과 계율을 좋아하는 일곱 번째 아주 놀랍고도 경이로운 이유이다.

8) 수행승들이여, 크나큰 바다에는 커다란 존재들이 살고 있는데, 그 가운데서도 커다란 존재로 거대어, 바다괴어, 바다괴물, 아수라, 용, 건달바가 살고 있고, 그 키가 일백 요자나의 존재, 이백 요자나의 존재, 삼백 요자나의 존재, 사백 요자나의 존재, 오백 요자나의 존재가 살고 있듯, 수행승들이여, 이와 같이 이 가르침과 계율에도 커다란 존재들이 살고 있는데, 그 가운데서도 커다란 존재로 흐름에 든 님, 흐름에 든 경지를 실현하기 위해 흐름에 듦의 길을 가는 님, 한 번 돌아오는 님, 한 번 돌아오는 경지를 실현하기 위해 한 번 돌아옴의 길을 가는 님, 돌아오지 않는 님, 돌아오지 않는 경지를 실현하기 위해 돌아오지 않음의 길을 가는 님, 거룩한 님, 거룩한 경지를 실현하기 위해 거룩한 길을 가는 님이 살고 있다.[1089] 수행승들이여, 이 가르침과 계율에 커다란 존재들이 살고 있는데, 그 가운데서도 커다란 존재로 흐름에 든 님, 흐름에 든 경지를 실현하기 위해 흐름에 듦의 길을 가는 님, 한 번 돌아오는 님, 한 번 돌아오는 경지를 실현하기 위해 한 번 돌아옴의 길을 가는 님, 돌아오지 않는 님, 돌아오지 않는 경지를 실현하기 위해 돌아오지 않음의 길을 가는 님, 거룩한 님, 거룩

1088) seyyathīdaṃ cattāri satipaṭṭhānāni, cattāri sammappadhānāni, cattāro iddhipādā, pañcindrurayāni, pañcabalāni, sattabojjhaṅgā, ariyo aṭṭhaṅgiko maggo : 서른일곱 가지 깨달음에 도움이 되는 수행법(三十七助道品, 三十七菩提分法 : sattatiṁsa bodhipakkhiyā dhammā)을 말한다. 사념처(四念處 : catāro satipaṭṭhānā), 사정근(四正勤 : catāro sammappadhānā), 사신족(四神足 : catāro iddhipādā), 오근(五根 : pañca indriyāni), 오력(五力 : pañca balāni). 칠각지(七覺支 : satta bojjhaṅgā). 팔정도(八正道 : ariya aṭṭhaṅgika magga)를 말한다. 상세한 것은 이 책의 율장해제를 보라.

1089) sotāpanno, sotāpattiphalasacchikiriyāya paṭipanno, sakadāgāmi, sakadāgāmiphalasacchikiriyāya paṭipanno, anāgāmi, anāgāmiphalasacchikiriyāya paṭipanno, arahā arahattaphalasacchikiriyāya paṭipanno : 이 책의 율장해제 가운데 참사람의 항목을 보라.

한 경지를 실현하기 위해 거룩한 길을 가는 님이 살고 있다는 사실이 이 가르침과 계율을 보고 수행승들이 이 가르침과 계율을 좋아하는 여덟 번째 아주 놀랍고도 경이로운 이유이다.

수행승들이여, 이 가르침과 계율을 보고 수행승들이 이 가르침과 계율을 좋아하는 여덟 가지 아주 놀랍고도 경이로운 이유가 있다."

5. 그리고 세존께서는 그 뜻을 헤아려, 때맞춰 이와 같은 감흥어린 시구를 읊었다.

[세존]

"잘 덮인 것에 비가 젖고1090)
열린 것에 비가 젖지 않는다.1091)
그러므로 덮인 것을 열어라.
그러면 비에 젖지 않을 것1092)이다."1093)

의무계율의 송출에 대한 요청이 끝났다.

2. 의무계율송출의 차단(Pātimokkhaṭṭhapana)

1. 한때 세존께서는 수행승들에게 일렀다.

[세존] "수행승들이여, 오늘부터 그대들이 포살을 행하고 의무계율을 외우라. 나는 오늘부터 더 이상 포살을 행하지 않고, 의무계율을 설하지 않겠다. 수행승들이여, 여래가 부정한 모임에서 포살을 행할 수 없고, 의무계율을 설할 수 없다. 수행승들이여, 죄가 있는 자가 의무계율에 대하여 들어서는 안 된다.1094) 듣는다면, 악작죄가 된다. 수행승들이여, 죄가 있는 자가 의무계율에 대하여 들을 경우, 그에게 의무계율송출의 차단을 허용한다.

1090) suchannamativassati : Ud. 57에서는 'channamativivassati'라고 되어 있다. UdA. 306에 따르면, 죄악을 저지르고 감추면 거기서 다른 것, 거기서 다른 것 하면서 다른 새로운 죄악이 생겨난다. 이렇게 해서 죄악의 비, 오염의 비가 넘치게 내린다.

1091) vivaṭaṃ nātivassati : UdA. 306에 따르면, 죄악을 저지르고 감추지 않고 열어서 도반들에게 밝히면, 법답게 대처하여 설명하여 복귀시켜주므로 다른 죄악이 생겨나지 않는다. 그러므로 열린 것에 죄악의 비, 오염의 비가 내리지 않는다.

1092) tasmā channaṃ vivaretha, evaṃ taṃ nātivassati : UdA. 306에 따르면, 죄악을 저질렀어도 참회하는 자에게 오염의 비가 그의 존재를 꿰뚫고 극단적으로 내리지는 않는다. 오염 때문에 젖지 않고 계행이 청정하고 통찰을 확립하여 이해하는 것에 따라 점차적으로 열반을 얻게 된다.

1093) suchannamativassati | vivaṭaṃ nātivassati | tasmā channaṃ vivaretha | evaṃ taṃ nātivassatī ti ‖ Ud. 57; 마하승지율5권(대정22. 263)과 병행한다.

1094) na ca bhikkhave sāpattikena pātimokkhaṃ sotabbaṃ : Vin. I. 125에 '죄를 범한 자는 포살을 행할 수 없다.'를 참조하라.

2. 수행승들이여, 이와 같이 차단해야 한다.[1095] 포살일 제14일이나 제15일에 그 사람이 현전할 때에 참모임 가운데[241] 말해야 한다.

[선언] '존자들이여, 참모임은 들으십시오. 이러이러한 사람이 죄가 있으므로 그에게 의무계율송출의 차단을 행합니다. 그가 출석했을 때에 의무계율송출의 차단을 행합니다.'

이렇게 해서 의무계율송출의 차단이 이루어졌다.

의무계율송출의 차단이 끝났다.

3. 여섯무리의 수행승(Chabbaggiyā bhikkhū)

1. 그런데 그때 여섯무리의 수행승들이 '아무도 우리를 모른다.'라고 생각하여 죄가 있음에도 불구하고 의무계율을 송출하는 것을 들었다. 타자의 마음을 읽는 장로 수행승들이 수행승들에게 일렀다.

[장로들] "벗들이여, 이러이러한 여섯무리의 수행승들이 '아무도 우리를 모른다.'라고 생각하여 죄가 있음에도 불구하고 의무계율을 송출하는 것을 듣고 있습니다."

2. 그런데 여섯무리의 수행승들은 '타자의 마음을 읽는 장로 수행승들이 수행승들에게 '벗들이여, 이러이러한 여섯무리의 수행승들이 '아무도 우리를 모른다.'라고 생각하여 죄가 있음에도 불구하고 의무계율을 송출하는 것을 듣고 있다.'라고 말했다는 사실을 들었다. 그들은 '품행이 방정한 수행승들이 먼저 우리를 위해 의무계율송출의 차단을 행했다.'라고 생각하고 미리 근거도 없이 원인도 없이 죄가 없는 청정한 수행승들에게 의무계율송출의 차단을 행했다.

수행승들 가운데 욕망을 여의고 만족을 알고 부끄러움을 알고 참회할 줄 알고 학습 계율을 원하는 자들은 그것에 대하여 혐책하고 분개하고 비난했다.

[수행승들] "어찌 여섯무리의 수행승들이 미리 근거도 없이 원인도 없이 죄가 없는 청정한 수행승들에게 의무계율송출의 차단을 행할 수 있단 말인가?"

3. 그래서 그 수행승들은 세존께 그 사실을 알렸다.

[세존] "수행승들이여, 여섯무리의 수행승들이 미리 근거도 없이 원인도 없이 죄가 없는 청정한 수행승들에게 의무계율송출의 차단을 행했다는 것이 사실인가?"

1095) evañca pana bhikkhave ṭhapetabbaṃ : Vin. I. 170의 '자자의 차단'을 참조하라.

[수행승들] "세존이시여, 사실입니다."

4. 존귀하신 부처님께서는 견책했다.

[세존] "수행승들이여, 어리석은 자가 적절하지 않고, 자연스럽지 않고, 알맞지 않고, 수행자의 삶이 아니고, 부당하고, 해서는 안 될 일을 행한 것이다. 수행승들이여, 어찌 그 어리석은 자들이 미리 근거도 없이 원인도 없이 죄가 없는 청정한 수행승들에게 의무계율송출의 차단을 행할 수 있단 말인가? 수행승들이여, 그것은 아직 청정한 믿음이 없는 자를 청정한 믿음으로 이끌고, 이미 청정한 믿음이 있는 자를 더욱더 청정한 믿음으로 이끄는 것이 아니다. 수행승들이여, 그것은 오히려, 아직 청정한 믿음이 없는 자를 불신으로 이끌고, 이미 청정한 믿음이 있는 자 가운데 어떤 자들을 타락시키는 것이다."

5. 그리고 세존께서는 여섯무리의 수행승들을 여러 가지 방편으로 견책하여, 키우기 어렵고 부양하기 어렵고 욕심이 많고 만족을 모르고 교제를 좋아하고 나태한 것에 대하여 질책하고, 여러 가지 법문으로 고무하여, 키우기 쉽고 부양하기 쉽고 욕심을 여의고, 만족을 알고, 버리고 없애는 삶을 살고, 두타행을 하고, 청정한 믿음이 있고, 쌓아 모으지 않고, 용맹정진하는 것을 칭찬하고, 수행승들을 위하여 그에 알맞고 그에 걸맞게 경책하여 법문을 하고 수행승들에게 일렀다.

[세존] "수행승들이여, 근거도 없이 원인도 없이 죄가 없는 청정한 수행승들에게 의무계율송출의 차단을 행해서는 안 된다. 차단시키면, 악작죄가 된다."

6. [세존]

1) "수행승들이여, 의무계율송출의 차단에 관한 한, 한 가지는 원칙에 맞지 않고 한 가지는 원칙에 맞는다.
2) 의무계율송출의 차단에 관한 한, 두 가지는 원칙에 맞지 않고 두 가지는 원칙에 맞는다.
3) 의무계율송출의 차단에 관한 한, 세 가지는 원칙에 맞지 않고 세 가지는 원칙에 맞는다.
4) 의무계율송출의 차단에 관한 한, 네 가지는 원칙에 맞지 않고 네 가지는 원칙에 맞는다.
5) 의무계율송출의 차단에 관한 한, 다섯 가지는 원칙에 맞지 않고 다섯 가지는 원칙에 맞는다.
6) 의무계율송출의 차단에 관한 한, 여섯 가지는 원칙에 맞지 않고 여섯 가지는

원칙에 맞는다.

7) 의무계율송출의 차단에 관한 한, 일곱 가지는 원칙에 맞지 않고 일곱 가지는 원칙에 맞는다.

8) 의무계율송출의 차단에 관한 한, 여덟 가지는 원칙에 맞지 않고 여덟 가지는 원칙에 맞는다.

9) 의무계율송출의 차단에 관한 한, 아홉 가지는 원칙에 맞지 않고 아홉 가지는 원칙에 맞는다.

10) 의무계율송출의 차단에 관한 한, 열 가지는 원칙에 맞지 않고 열 가지는 원칙에 맞는다."

7. [세존]

1) "무엇이 한 가지 원칙에 맞지 않는 의무계율송출의 차단인가? 근거가 없이 계행이 퇴락했다는 이유로 의무계율송출의 차단을 행한다면, 이러한 것이 한 가지 원칙에 맞지 않는 의무계율송출의 차단이다. 무엇이 한 가지 원칙에 맞는, 의무계율송출의 차단인가? 근거가 있어 계행이 퇴락했다는 이유로 의무계율송출의 차단을 행한다면, 이러한 것이 한 가지 원칙에 맞는, 의무계율송출의 차단이다.

2) 무엇이 두 가지 원칙에 맞지 않는 의무계율송출의 차단인가? 근거가 없이 [242] 계행이 퇴락했다는 이유로 의무계율송출의 차단을 행한다면, 근거가 없이 행동이 퇴락했다는 이유로 의무계율송출의 차단을 행한다면, 이러한 것이 두 가지 원칙에 맞지 않는 의무계율송출의 차단이다. 무엇이 두 가지 원칙에 맞는, 의무계율송출의 차단인가? 근거가 있어 계행이 퇴락했다는 이유로 의무계율송출의 차단을 행한다면, 근거가 있어 행동이 퇴락했다는 이유로 의무계율송출의 차단을 행한다면, 이것이 두 가지 원칙에 맞는, 의무계율송출의 차단이다.

3) 무엇이 세 가지 원칙에 맞지 않는 의무계율송출의 차단인가? 근거가 없이 계행이 퇴락했다는 이유로 의무계율송출의 차단을 행한다면, 근거가 없이 행동이 퇴락했다는 이유로 의무계율송출의 차단을 행한다면, 근거가 없이 견해가 퇴락했다는 이유로 의무계율송출의 차단을 행한다면, 이러한 것이 세 가지 원칙에 맞지 않는 의무계율송출의 차단이다. 무엇이 세 가지 원칙에 맞는, 의무계율송출의 차단인가? 근거가 있어 계행이 퇴락했다는 이유로 의무계율송출의 차단을 행한다면, 근거가 있어 행동이 퇴락했다는 이유로 의무계율송출의 차단을 행한다면, 근거가 있어 견해가 퇴락했다는 이유로 의무계율송출의 차단을

행한다면, 그것이 세 가지 원칙에 맞는, 의무계율송출의 차단이다.

4) 무엇이 네 가지 원칙에 맞지 않는 의무계율송출의 차단인가? 근거가 없이 계행이 퇴락했다는 이유로 의무계율송출의 차단을 행한다면, 근거가 없이 행동이 퇴락했다는 이유로 의무계율송출의 차단을 행한다면, 근거가 없이 견해가 퇴락했다는 이유로 의무계율송출의 차단을 행한다면, 근거가 없이 생활이 퇴락했다는 이유로 의무계율송출의 차단을 행한다면, 이러한 것이 네 가지 원칙에 맞지 않는 의무계율송출의 차단이다. 무엇이 네 가지 원칙에 맞는, 의무계율송출의 차단인가? 근거가 있어 계행이 퇴락했다는 이유로 의무계율송출의 차단을 행한다면, 근거가 있어 행동이 퇴락했다는 이유로 의무계율송출의 차단을 행한다면, 근거가 있어 견해가 퇴락했다는 이유로 의무계율송출의 차단을 행한다면, 근거가 있어 생활이 퇴락했다는 이유로 의무계율송출의 차단을 행한다면, 이러한 것이 네 가지 원칙에 맞는, 의무계율송출의 차단이다.

5) 무엇이 다섯 가지 원칙에 맞지 않는 의무계율송출의 차단인가? 근거가 없이 승단추방죄라는 이유로 의무계율송출의 차단을 행한다면, 근거가 없이 승단잔류죄라는 이유로 의무계율송출의 차단을 행한다면, 근거가 없이 속죄죄라는 이유로 의무계율송출의 차단을 행한다면, 근거가 없이 고백죄라는 이유로 의무계율송출의 차단을 행한다면, 근거가 없이 악작죄라는 이유로 의무계율송출의 차단을 행한다면, 이러한 것이 다섯 가지 원칙에 맞지 않는 의무계율송출의 차단이다. 무엇이 다섯 가지 원칙에 맞는, 의무계율송출의 차단인가? 근거가 있어 승단추방죄라는 이유로 의무계율송출의 차단을 행한다면, 근거가 있어 승단잔류죄라는 이유로 의무계율송출의 차단을 행한다면, 근거가 있어 속죄죄라는 이유로 의무계율송출의 차단을 행한다면, 근거가 있어 고백죄라는 이유로 의무계율송출의 차단을 행한다면, 근거가 있어 악작죄라는 이유로 의무계율송출의 차단을 행한다면, 이러한 것이 다섯 가지 원칙에 맞는, 의무계율송출의 차단이다.

6) 무엇이 여섯 가지 원칙에 맞지 않는 의무계율송출의 차단인가? 근거가 없이 계행의 퇴락이 아직 이루어지지 않았는데도 의무계율송출의 차단을 행한다면, 근거가 없이 계행의 퇴락이 이미 이루어졌기 때문에 의무계율송출의 차단을 행한다면, 근거가 없이 행동의 퇴락이 아직 이루어지지 않았는데도 의무계율송출의 차단을 행한다면, 근거가 없이 행동의 퇴락이 이미 이루어졌기 때문에 의무계율송출의 차단을 행한다면, 근거가 없이 견해의 퇴락이 아직 이루어지지

않았는데도 의무계율송출의 차단을 행한다면, 근거가 없이 견해의 퇴락이 이미 이루어졌기 때문에 의무계율송출의 차단을 행한다면, 이러한 것이 여섯 가지 원칙에 맞지 않는 의무계율송출의 차단이다. 무엇이 여섯 가지 원칙에 맞는, 의무계율송출의 차단인가? 근거가 있어 계행의 퇴락이 아직 이루어지지 않았는데도 의무계율송출의 차단을 행한다면, 근거가 있어 계행의 퇴락이 이미 이루어졌기 때문에 의무계율송출의 차단을 행한다면, 근거가 있어 행동의 퇴락이 아직 이루어지지 않았는데도 의무계율송출의 차단을 행한다면, 근거가 있어 행동의 퇴락이 이미 이루어졌기 때문에 의무계율송출의 차단을 행한다면, 근거가 있어 견해의 퇴락이 아직 이루어지지 않았는데도 의무계율송출의 차단을 행한다면, 근거가 있어 견해의 퇴락이 이미 이루어졌기 때문에 의무계율송출의 차단을 행한다면, 이러한 것이 여섯 가지 원칙에 맞는, 의무계율송출의 차단이다.

7) 무엇이 일곱 가지 원칙에 맞지 않는 의무계율송출의 차단인가? 근거가 없이 승단추방죄라는 이유로 의무계율송출의 차단을 행한다면, 근거가 없이 승단잔류죄라는 이유로 의무계율송출의 차단을 행한다면, 근거가 없이 추악죄라는 이유로 의무계율송출의 차단을 행한다면, 근거가 없이 속죄죄라는 이유로 의무계율송출의 차단을 행한다면, 근거가 없이 고백죄라는 이유로 의무계율송출의 차단을 행한다면, 근거가 없이 악작죄라는 이유로 의무계율송출의 차단을 행한다면, 근거가 없이 악설죄라는 이유로 의무계율송출의 차단을 행한다면, 이러한 것이 일곱 가지 원칙에 맞지 않는 의무계율송출의 차단이다. 무엇이 일곱 가지 원칙에 맞는, 의무계율송출의 차단인가? 근거가 있어 승단추방죄라는 이유로 의무계율송출의 차단을 행한다면, 근거가 있어 승단잔류죄라는 이유로 의무계율송출의 차단을 행한다면, 근거가 있어 추악죄라는 이유로 의무계율송출의 차단을 행한다면, 근거가 있어 속죄죄라는 이유로 의무계율송출의 차단을 행한다면, 근거가 있어 고백죄라는 이유로 의무계율송출의 차단을 행한다면, 근거가 있어 악작죄라는 이유로 의무계율송출의 차단을 행한다면, 근거가 있어 악설죄라는 이유로 의무계율송출의 차단을 행한다면, 이러한 것이 일곱 가지 원칙에 맞는, 의무계율송출의 차단이다.

8) 무엇이 여덟 가지 원칙에 맞지 않는 의무계율송출의 차단인가? 근거가 없이 계행의 퇴락이 아직 이루어지지 않았는데도 의무계율송출의 차단을 행한다면, 근거가 없이 계행의 퇴락이 이미 이루어졌기 때문에 의무계율송출의 차단을 행한다면, 근거가 없이[243] 행동의 퇴락이 아직 이루어지지 않았는데도 의무

계율송출의 차단을 행한다면, 근거가 없이 행동의 퇴락이 이미 이루어졌기 때문에 의무계율송출의 차단을 행한다면, 근거가 없이 견해의 퇴락이 아직 이루어지지 않았는데도 의무계율송출의 차단을 행한다면, 근거가 없이 견해의 퇴락이 이미 이루어졌기 때문에 의무계율송출의 차단을 행한다면, 근거가 없이 생활의 퇴락이 아직 이루어지지 않았는데도 의무계율송출의 차단을 행한다면, 근거가 없이 생활의 퇴락이 이미 이루어졌기 때문에 의무계율송출의 차단을 행한다면, 이러한 것이 여덟 가지 원칙에 맞지 않는 의무계율송출의 차단이다. 무엇이 여덟 가지 원칙에 맞는, 의무계율송출의 차단인가? 근거가 있어 계행의 퇴락이 아직 이루어지지 않았더라도 의무계율송출의 차단을 행한다면, 근거가 있어 계행의 퇴락이 이미 이루어졌기 때문에 의무계율송출의 차단을 행한다면, 근거가 있어 행동의 퇴락이 아직 이루어지지 않았더라도 의무계율송출의 차단을 행한다면, 근거가 있어 행동의 퇴락이 이미 이루어졌기 때문에 의무계율송출의 차단을 행한다면, 근거가 있어 견해의 퇴락이 아직 이루어지지 않았더라도 의무계율송출의 차단을 행한다면, 근거가 있어 견해의 퇴락이 이미 이루어졌기 때문에 의무계율송출의 차단을 행한다면, 근거가 있어 생활의 퇴락이 아직 이루어지지 않았더라도 의무계율송출의 차단을 행한다면, 근거가 있어 생활의 퇴락이 이미 이루어졌기 때문에 의무계율송출의 차단을 행한다면, 이러한 것이 여덟 가지 원칙에 맞는, 의무계율송출의 차단이다.

9) 무엇이 아홉 가지 원칙에 맞지 않는 의무계율송출의 차단인가? 근거가 없이 계행의 퇴락이 아직 이루어지지 않았는데도 의무계율송출의 차단을 행한다면, 근거가 없이 계행의 퇴락이 이미 이루어졌기 때문에 의무계율송출의 차단을 행한다면, 근거가 없이 계행의 퇴락이 이루어지고 이루어지지 않은 까닭에[1096] 의무계율송출의 차단을 행한다면, 근거가 없이 행동의 퇴락이 아직 이루어지지 않았는데도 의무계율송출의 차단을 행한다면, 근거가 없이 행동의 퇴락이 이미 이루어졌기 때문에 의무계율송출의 차단을 행한다면, 근거가 없이 행동의 퇴락이 이루어지고 이루어지지 않은 까닭에 의무계율송출의 차단을 행한다면, 근거가 없이 견해의 퇴락이 아직 이루어지지 않았는데도 의무계율송출의 차단을 행한다면, 근거가 없이 견해의 퇴락이 이미 이루어졌기 때문에

1096) katākatāya : Smp. 1288에 따르면, 차단하는 자가 선택하기 때문에 '이루어지고 이루어지지 않은 것'으로 언급된 것이다. 퇴락은 그가 차단하는 개인에 의해서 이루어졌을 수도 있고 타인에 의해서 이루어 질 수도 있기 때문이다.

의무계율송출의 차단을 행한다면, 근거가 없이 견해의 퇴락이 이루어지고 이루어지지 않은 까닭에 의무계율송출의 차단을 행한다면, 이러한 것이 아홉 가지 원칙에 맞지 않는 의무계율송출의 차단이다. 무엇이 아홉 가지 원칙에 맞는, 의무계율송출의 차단인가? 근거가 있어 계행의 퇴락이 아직 이루어지지 않았더라도 의무계율송출의 차단을 행한다면, 근거가 있어 계행의 퇴락이 이미 이루어졌기 때문에 의무계율송출의 차단을 행한다면, 근거가 있어 계행의 퇴락이 이루어지고 이루어지지 않은 까닭에 의무계율송출의 차단을 행한다면, 근거가 있어 행동의 퇴락이 아직 이루어지지 않았더라도 의무계율송출의 차단을 행한다면, 근거가 있어 행동의 퇴락이 이미 이루어졌기 때문에 의무계율송출의 차단을 행한다면, 근거가 있어 행동의 퇴락이 이루어지고 이루어지지 않은 까닭에 의무계율송출의 차단을 행한다면, 근거가 있어 견해의 퇴락이 아직 이루어지지 않았더라도 의무계율송출의 차단을 행한다면, 근거가 있어 견해의 퇴락이 이미 이루어졌기 때문에 의무계율송출의 차단을 행한다면, 근거가 있어 견해의 퇴락이 이루어지고 이루어지지 않은 까닭에 의무계율송출의 차단을 행한다면, 이러한 것이 아홉 가지 원칙에 맞는, 의무계율송출의 차단이다.

10) 무엇이 열 가지 원칙에 맞지 않는 의무계율송출의 차단인가? 승단추방죄를 범한 자가 대중 가운데 앉아 있지 않는데도 의무계율송출의 차단을 행한다면, 승단추방죄에 대한 논의가 아직 완료되지 않았는데도[1097] 의무계율송출의 차단을 행한다면, 학습계율을 버린 자가 대중 가운데 앉아 있지 않는데도 의무계율송출의 차단을 행한다면, 학습계율을 버린 것에 대한 논의가 아직 완료되지 않았는데도 의무계율송출의 차단을 행한다면, 여법한 화합에 따르는데도 의무계율송출의 차단을 행한다면, 여법한 화합의 수용에서 물러서지 않는데도 의무계율송출의 차단을 행한다면, 여법한 화합의 수용에서 물러서는 것에 대한 논의가 아직 완료되지 않았는데도 의무계율송출의 차단을 행한다면, 계행의 퇴락에 대하여 보지 않고 듣지 않고 의심하지 않았는데도 의무계율송출의 차단을 행한다면, 행동의 퇴락에 대하여 보지 않고 듣지 않고 의심하지 않았는데도 의무계율송출의 차단을 행한다면, 견해의 퇴락에 대하여 보지 않고 듣지 않고 의심하지 않았는데도 의무계율송출의 차단을 행한다면, 그것이 열 가지 원칙에 맞지 않는 의무계율송출의 차단이다. 무엇이 열 가지 원칙에 맞는, 의무계율송

1097) na pārājikakathā vippakatā hoti : 그 경우에 대한 논의가 아직 진행중일 때에는 원리적으로 차단될 수 없다.

출의 차단인가? 승단추방죄를 범한 자가 대중 가운데 앉아 있는 까닭에 의무계율송출의 차단을 행한다면, 승단추방죄에 대한 논의가 이미 완료된 까닭에 의무계율송출의 차단을 행한다면, 학습계율을 버린 자가 대중 가운데 앉아 있는 까닭에 의무계율송출의 차단을 행한다면, 학습계율을 버린 것에 대한 논의가 이미 완료된 까닭에 의무계율송출의 차단을 행한다면, 여법한 화합에 따르지 않은 까닭에 의무계율송출의 차단을 행한다면, 여법한 화합의 수용에서 물러선 까닭에 의무계율송출의 차단을 행한다면, 여법한 화합의 수용에 대한 논의가 이미 완료된 까닭에 의무계율송출의 차단을 행한다면, 계행의 퇴락에 대하여 보고 듣고 의심하는 까닭에 의무계율송출의 차단을 행한다면, 행동의 퇴락에 대하여 보고 듣고 의심하는 까닭에 의무계율송출의 차단을 행한다면, 견해의 퇴락에 대하여 보고 듣고 의심하는 까닭에 의무계율송출의 차단을 행한다면, 이러한 것이 열 가지 원칙에 맞는, 의무계율송출의 차단이다.

8. 어떻게 승단추방죄를 범한 자가 대중 가운데 앉아 있는 것을 알 수 있는가? 수행승들이여, 여기 어떠한 형태를 이유로, 어떠한 특징을 이유로, 어떠한 인상을 이유로 승단추방죄를 범하는 그러한 형태를 이유로, 그러한 특징을 이유로, 그러한 인상을 이유로 수행승은 수행승이 승단추방죄를 범하는 것을 본다. 수행승은 수행승이 승단추방죄를 범하는 것을 보지 못하더라도,[244] 다른 수행승이 수행승에게 이와 같이 '벗들이여, 이러이러한 수행승이 승단추방죄를 범했다.'라고 알려준다. 수행승이 승단추방죄를 범하는 것을 보지 못할 뿐만 아니라 다른 수행승이 수행승에게 이와 같이 '벗들이여, 이러이러한 수행승이 승단추방죄를 범했다.'라고 알려주지도 않아도, 그 수행승이 수행승에게 이와 같이 '벗이여, 내가 승단추방죄를 범했다.'라고 알려준다. 수행승들이여, 수행승이 만약에 원한다면 그가 본 것, 들은 것, 의심스러운 것 때문에 포살일 제14일이나 제15일에 그 사람이 현전할 때, 참모임 가운데 이와 같이 알려야 한다.

[선언] '존자들이여, 참모임은 저의 말에 귀를 기울이십시오. 이러이러한 사람이 승단추방죄를 범한 까닭에 그에게 의무계율송출의 차단을 행합니다. 그가 현전해 있을 때는 의무계율을 설해서는 안 됩니다.'

이것은 원칙에 맞는, 의무계율송출의 차단이다.

수행승의 의무계율송출의 차단이 행해지자, 대중이 열 가지 위험 즉, 이를 테면, 왕의 위험이나, 도적의 위험이나, 불의 위험이나, 물의 위험이나, 사람의 위험이나, 인간이 아닌 존재의 위험이나, 맹수의 위험이나, 뱀의 위험이나, 생활의 위험이나, 청정한 삶의 위험 가운데 어떤 하나 때문에 일어나 가버린다면, 수행승들이여, 수행승이 원한다면, 그 처소나 다른 처소에서 그 사람이 현전할 때에 참모임 가운데 이와 같이 알려야 한다.

[선언] '존자들이여, 참모임은 저의 말에 귀를 기울이십시오. 이러이러한 사람에 대하여 승단추방죄에 대한 논의가 완료되지 않은 까닭에 그 사항이 아직 결정되지 않았습니다. 만약에 참모임에게 옳은 일이라면, 참모임이 그 사항을 결정해야 합니다.'

이와 같이 해서 결정되면 좋고, 결정되지 못하면, 포살일 제14일이나 제15일에 그 사람이 현전할 때에 참모임 가운데 이와 같이 알려야 한다.

[선언] '존자들이여, 참모임은 저의 말에 귀를 기울이십시오. 이러이러한 사람에 대하여 승단추방죄에 대한 논의가 완료되지 않은 까닭에 그 사항이 아직 결정되지 않았습니다. 그에게 의무계율송출의 차단을 행합니다. 그가 현전할 때에 의무계율을 설해서는 안 됩니다.'

이것이 원칙에 맞는, 의무계율송출의 차단이다.

9. 어떻게 학습계율을 버린 자가 그 대중 가운데 앉아 있는 것을 알 수 있는가? 수행승들이여, 여기 어떠한 형태를 이유로, 어떠한 특징을 이유로, 어떠한 인상을 이유로 학습계율을 범하는 그러한 형태를 이유로, 그러한 특징을 이유로, 그러한 인상을 이유로 수행승은 수행승이 학습계율을 범하는 것을 본다. 수행승은 수행승이 학습계율을 범하는 것을 보지 못하더라도 다른 수행승이 수행승에게 이와 같이 '벗들이여, 이러이러한 수행승이 학습계율을 범했다.'라고 알려준다. 수행승은 수행승이 학습계율을 범하는 것을 보지 못할 뿐만 아니라[245] 다른 수행승이 수행승에게 이와 같이 '벗들이여, 이러이러한 수행승이 학습계율을 범했다.'라고 알려주지도 않아도, 그 수행승이 수행승에게 이와 같이 '벗이여, 내가 학습계율을 범했다.'라고 알려준다. 수행승들이여, 수행승이 만약에 원한다면 그가 본 것, 들은 것, 의심스러운 것 때문에 포살일 제14일이나 제15일에 그 사람이 현전할 때, 참모임 가운데 이와 같이 알려야 한다.

[선언] '존자들이여, 참모임은 저의 말에 귀를 기울이십시오. 이러이러한 사람이 학습계율을 범했으므로 그에게 의무계율송출의 차단을 행합니다. 그가 현전해 있을 때는 의무계율을 설해서는 안 됩니다.'

이것은 원칙에 맞는, 의무계율송출의 차단이다.

수행승의 의무계율송출의 차단이 행해지자, 대중이 열 가지 위험 즉, 이를 테면,

왕의 위험이나, 도적의 위험이나, 불의 위험이나, 물의 위험이나, 사람의 위험이나, 인간이 아닌 존재의 위험이나, 맹수의 위험이나, 뱀의 위험이나, 생활의 위험이나, 청정한 삶의 위험 가운데 어떤 하나 때문에 일어나 가버린다면, 수행승들이여, 수행승이 원한다면, 그 처소나 다른 처소에서 그 사람이 현전할 때에 참모임 가운데 이와 같이 알려야 한다.

[선언] '존자들이여, 참모임은 저의 말에 귀를 기울이십시오. 이러이러한 사람의 학습계율에 대한 논의가 완료되지 않은 까닭에 그 사항이 아직 결정되지 않았습니다. 만약에 참모임에게 옳은 일이라면, 참모임이 그 사항을 결정해야 합니다.'

이와 같이 해서 결정되면 좋고, 결정되지 못하면, 포살일 제14일이나 제15일에 그 사람이 현전할 때에 참모임 가운데 이와 같이 알려야 한다.

[선언] '존자들이여, 참모임은 저의 말에 귀를 기울이십시오. 이러이러한 사람의 학습계율에 대한 논의가 완료되지 않은 까닭에 그 사항이 아직 결정되지 않았습니다. 그에게 의무계율송출의 차단을 행합니다. 그가 현전할 때에 의무계율을 설해서는 안 됩니다.'

이것이 원칙에 맞는, 의무계율송출의 차단이다.

10. 어떻게 여법한 화합에 따르지 못하는 것을 알 수 있는가? 수행승들이여, 여기 어떠한 형태를 이유로, 어떠한 특징을 이유로, 어떠한 인상을 이유로 여법한 화합에 따르지 못하는 그러한 형태를 이유로, 그러한 특징을 이유로, 그러한 인상을 이유로 수행승은 수행승이 여법한 화합에 따르지 못하는 것을 본다. 수행승은 수행승이 여법한 화합에 따르지 못하는 것을 보지 못하더라도 다른 수행승이 수행승에게 이와 같이 '벗들이여, 이러이러한 수행승이 여법한 화합에 따르지 못한다.'라고 알려준다. 수행승은 수행승이 여법한 화합에 따르지 못하는 것을 보지 못할 뿐만 아니라 다른 수행승이 수행승에게 이와 같이 '벗들이여, 이러이러한 수행승이 여법한 화합에 따르지 못한다.'라고 알려주지도 않았더라도, 그 수행승이 수행승에게 이와 같이 '벗이여, 내가 여법한 화합에 따르지 못한다.'라고 알려준다. 수행승들이여, 수행승이 만약에 원한다면 그가 본 것, 들은 것, 의심스러운 것 때문에 포살일 제14일이나[246] 제15일에 그 사람이 현전할 때, 참모임 가운데 이와 같이 알려야 한다.

[선언] '존자들이여, 참모임은 저의 말에 귀를 기울이십시오. 이러이러한 사람이 여법한 화합에 따르지 못하는 까닭에 그에게 의무계율송출의 차단을 행합니다. 그가 현전해 있을 때는 의무계율을 설해서는 안 됩니다.'

이것은 원칙에 맞는, 의무계율송출의 차단이다.

11. 어떻게 여법한 화합의 수용에서 물러서는 것을 알 수 있는가? 수행승들이여, 여기 어떠한 형태를 이유로, 어떠한 특징을 이유로, 어떠한 인상을 이유로 여법한 화합의 수용에서 물러서는 그러한 형태를 이유로, 그러한 특징을 이유로, 그러한 인상을 이유로 수행승은 수행승이 여법한 화합의 수용에서 물러서는 것을 본다. 수행승은 수행승이 여법한 화합의 수용에서 물러서는 것을 보지 못하더라도 다른 수행승이 수행승에게 이와 같이 '벗들이여, 이러이러한 수행승이 여법한 화합의 수용에서 물러선다.'라고 알려준다. 수행승은 수행승이 여법한 화합의 수용에서 물러서는 것을 보지 못하더라도 다른 수행승이 수행승에게 이와 같이 '벗들이여, 이러이러한 수행승이 여법한 화합의 수용에서 물러선다.' 라고 알려주지도 않아도, 그 수행승이 수행승에게 이와 같이 '벗이여, 내가 여법한 화합의 수용에서 물러선다.'라고 알려준다. 수행승들이여, 수행승이 만약에 원한다면 그가 본 것, 들은 것, 의심스러운 것 때문에 포살일 제14일이나 제15일에 그 사람이 현전할 때, 참모임 가운데 이와 같이 알려야 한다.

[선언] '존자들이여, 참모임은 저의 말에 귀를 기울이십시오. 이러이러한 사람이 여법한 화합의 수용에서 물러서는 까닭에 그에게 의무계율송출의 차단을 행합니다. 그가 현전해 있을 때는 의무계율을 설해서는 안 됩니다.'

이것은 원칙에 맞는, 의무계율송출의 차단이다.

수행승의 의무계율송출의 차단이 행해지자, 대중이 열 가지 위험 즉, 이를 테면, 왕의 위험이나, 도적의 위험이나, 불의 위험이나, 물의 위험이나, 사람의 위험이나, 인간이 아닌 존재의 위험이나, 맹수의 위험이나, 뱀의 위험이나, 생활의 위험이나, 청정한 삶의 위험 가운데 어떤 하나 때문에 일어나 가버린다면, 수행승들이여, 수행승이 원한다면, 그 처소나 다른 처소에서 그 사람이 현전할 때에 참모임 가운데 이와 같이 알려야 한다.

[선언] "존자들이여, 참모임은 저의 말에 귀를 기울이십시오. 이러이러한 사람의 여법한 화합의 수용에서 물러서는 것에 대한 논의가 완료되지 않았으므로 그 사항이 아직 결정되지 않았습니다. 만약에 참모임에게 옳은 일이라면, 참모임이 그 사항을 결정해야 합니다."

이와 같이 해서 그가 성공하면 좋고, 그가 성공하지 못하면, 포살일 제14일이나 제15일에 그 사람이 현전할 때에 참모임 가운데 이와 같이 알려야 한다.

[선언] '존자들이여, 참모임은 저의 말에 귀를 기울이십시오. 이러이러한 사람

의 여법한 화합의 수용에서 물러서는 것에 대한 논의가 완료되지 않았으므로 그 사항이 아직 결정되지 않았습니다. 그에게 의무계율송출의 차단을 행합니다. 그가 현전할 때에 의무계율을 설해서는 안 됩니다.'

이것이 원칙에 맞는, 의무계율송출의 차단이다.

12. 어떻게 계행의 퇴락에 대하여 보여지고 들려지고 의심을 사는 것을 알 수 있는가? 수행승들이여, 여기 어떠한 형태를 이유로, 어떠한 특징을 이유로, 어떠한 인상을 이유로 계행의 퇴락에 대하여 보여지고 들려지고 의심을 사는 그러한 형태를 이유로, 그러한 특징을 이유로, 그러한 인상을 이유로 수행승은 수행승이 계행의 퇴락에 대하여 보여지고 들려지고 의심을 사는 것을 본다. 수행승은 수행승이 계행의 퇴락에 대하여 보여지고 들려지고 의심을 사는 것을 보지 못하더라도 다른 수행승이 수행승에게 이와 같이 '벗들이여, 이러이러한 수행승이 계행의 퇴락에 대하여 보여지고 들려지고 의심을 사고 있다.'라고 알려준다. 수행승은 수행승이 계행의 퇴락에 대하여 보여지고 들려지고 의심을 사는 것을 보지 못할 뿐만 아니라 다른 수행승이 수행승에게 이와 같이 '벗들이여, 이러이러한 수행승이 계행의 퇴락에 대하여 보여지고 들려지고 의심을 사고 있다.'라고 알려주지도 않아도, 그 수행승 자신이 수행승에게 이와 같이 '벗이여, 내가 계행의 퇴락에 대하여 보여지고 들려지고 의심을 사고 있다.'라고 알려준다. 수행승들이여, 수행승이 만약에 원한다면 그가 본 것, 들은 것, 의심스러운 것 때문에 포살일 제14일이나 제15일에 그 사람이 현전할 때, 참모임 가운데 이와 같이 알려야 한다.

[선언] '존자들이여, 참모임은 저의 말에 귀를 기울이십시오. 이러이러한 사람이 계행의 퇴락에 대하여 보고 듣고 의심하는 까닭에 그에게 의무계율송출의 차단을 행합니다. 그가 현전해 있을 때는 의무계율을 설해서는 안 됩니다.'

이것은 원칙에 맞는, 의무계율송출의 차단이다.

13. 어떻게 행동의 퇴락에 대하여 보여지고 들려지고 의심을 사는 것을 알 수 있는가? 수행승들이여, 여기 어떠한 형태를 이유로, 어떠한 특징을 이유로, 어떠한 인상을 이유로 행동의 퇴락에 대하여 보여지고 들려지고 의심을 사는 그러한 형태를 이유로, 그러한 특징을 이유로, 그러한 인상을 이유로 수행승은 수행승이 행동의 퇴락에 대하여 보여지고 들려지고 의심을 사는 것을 본다. 수행승은 수행승이 행동의 퇴락에 대하여 보여지고 들려지고 의심을 사는 것을 보지 못하더라도 다른 수행승이 수행승에게 이와 같이 '벗들이여, 이러이러한 수행승이 행동의

퇴락에 대하여 보여지고 들려지고 의심을 사고 있다.'라고 알려준다. 수행승은 수행승이 행동의 퇴락에 대하여 보여지고 들려지고 의심을 사는 것을 보지 못할 뿐만 아니라 다른 수행승이 수행승에게 이와 같이 '벗들이여, 이러이러한 수행승이 행동의 퇴락에 대하여 보여지고 들려지고 의심을 사고 있다.'라고 알려주지도 않아도, 그 수행승 자신이 수행승에게 이와 같이 '벗이여, 내가 행동의 퇴락에 대하여 보여지고 들려지고 의심을 사고 있다.'라고 알려준다. 수행승들이여, 수행승이 만약에 원한다면 그가 본 것, 들은 것, 의심스러운 것 때문에 포살일 제14일이나 제15일에 그 사람이 현전할 때, 참모임 가운데 이와 같이 알려야 한다.

[선언] '존자들이여, 참모임은 저의 말에 귀를 기울이십시오. 이러이러한 사람의 행동의 퇴락에 대하여 보고 듣고 의심하는 까닭에 그에게 의무계율송출의 차단을 행합니다. 그가 현전해 있을 때는 의무계율을 설해서는 안 됩니다.'

이것은 원칙에 맞는, 의무계율송출의 차단이다.

14. 어떻게 견해의 퇴락에 대하여 보여지고 들려지고 의심을 사는 것을 알 수 있는가? 수행승들이여, 여기 어떠한 형태를 이유로, 어떠한 특징을 이유로, 어떠한 인상을 이유로 견해의 퇴락에 대하여 보여지고 들려지고 의심을 사는 그러한 형태를 이유로, 그러한 특징을 이유로, 그러한 인상을 이유로 수행승은 수행승이 견해의 퇴락에 대하여 보여지고 들려지고 의심을 사는 것을 본다. 수행승은 수행승이 견해의 퇴락에 대하여 보여지고 들려지고 의심을 사는 것을 보지 못하더라도 다른 수행승이 수행승에게 이와 같이 '벗들이여, 이러이러한 수행승이 견해의 퇴락에 대하여 보여지고 들려지고 의심을 사고 있다.'라고 알려준다. 수행승은 수행승이 견해의 퇴락에 대하여 보여지고 들려지고 의심을 사는 것을 보지 못할 뿐만 아니라 다른 수행승이 수행승에게 이와 같이 '벗들이여, 이러이러한 수행승이 견해의 퇴락에 대하여 보여지고 들려지고 의심을 사고 있다.'라고 알려주지도 않아도, 그 수행승 자신이 수행승에게 이와 같이 '벗이여, 내가 견해의 퇴락에 대하여 보여지고 들려지고 의심을 사고 있다.'라고 알려준다. 수행승들이여, 수행승이 만약에 원한다면 그가 본 것, 들은 것, 의심스러운 것 때문에 포살일 제14일이나 제15일에 그 사람이 현전할 때, 참모임 가운데 이와 같이 알려야 한다.

[선언] '존자들이여, 참모임은 저의 말에 귀를 기울이십시오. 이러이러한 사람의 견해의 퇴락에 대하여 보고 듣고 의심하는 까닭에 그에게 의무계율송출의

차단을 행합니다.[247] 그가 현전해 있을 때는 의무계율을 설해서는 안 됩니다.'

이것이 원칙에 맞는, 의무계율송출의 차단이다.

이러한 것이 열 가지 원칙에 맞는, 의무계율송출의 차단이다."

첫 번째 송출품이 끝났다.

II 두 번째 송출품(Dutiyabhaṇavāra : 4-5)

4. 우빨리의 질문①(Upālipucchā)

1. 그때 존자 우빨리가 세존께서 계신 곳을 찾아왔다. 가까이 다가와서 세존께 인사를 하고 한쪽으로 물러나 앉았다. 한쪽으로 물러나 앉은 존자 우빨리는 세존께 이와 같이 말했다.

[우빨리] "세존이시여, 수행승이 자신을 위한 일을 하고자 한다면, 어떠한 고리를 갖추면, 자신을 위한 일을 할 수 있습니까?"

2. [세존] "수행승들이여, 수행승이 자신을 위한 일을 하고자 한다면, 다섯 가지 고리를 갖추면, 자신을 위한 일을 할 수 있다.

1) [세존] "수행승들이여, 수행승이 자신을 위한 일을 하고자 한다면, 이와 같이 '내가 이러한 자신을 위한 일을 하고자 하는데, 이러한 자신의 일을 해야 할 때인가 혹은 아닌가?'라고 관찰해야 한다. 우빨리여, 만약에 수행승이 관찰하여 이와 같이 '이러한 자신의 일을 해야 할 잘못된 때이고, 올바른 때가 아니다.' 라고1098) 안다면, 우빨리여, 자신의 일을 해서는 안 된다.

2) 우빨리여, 만약에 수행승이 관찰하여 이와 같이 '이러한 자신의 일을 해야 할 올바른 때이고, 잘못된 때가 아니다.'라고 안다면, 우빨리여, 다시 이와 같이 ''내가 이러한 자신을 위한 일을 하고자 하는데, 이러한 자신의 일을 진실한 것인가 혹은 아닌가?'라고 관찰해야 한다. 우빨리여, 만약에 수행승이 관찰하여 이와 같이 '이러한 자신의 일은 허황된 것이고, 진실한 것이 아니다.'라고 안다면, 우빨리여, 자신의 일을 해서는 안 된다.

3) 우빨리여, 만약에 수행승이 관찰하여 이와 같이 '이러한 자신의 일은 진실한 것이고, 허황된 것이 아니다.'라고 안다면, 우빨리여, 다시 이와 같이 '내가 이러한 자신을 위한 일을 하고자 하는데, 이러한 자신의 일이 유익한 것인가

1098) akālo imaṃ attādānaṃ ādātuṃ no kālo'ti : Smp. 1288에 따르면, 왕의 위험이나, 도적의 위험이나, 기근의 위험이나 우기일 경우라면, 잘못된 때이다.

혹은 아닌가?'라고 관찰해야 한다. 우빨리여, 만약에 수행승이 관찰하여 이와 같이 '이러한 자신의 일은 해로운 것이고, 유익한 것이 아니다.'라고[1099] 안다면, 우빨리여, 자신의 일을 해서는 안 된다.

4) 우빨리여, 그런데 만약에 수행승이 관찰하여 이와 같이 '이러한 자신의 일이 유익한 것이고, 해로운 것이 아니다.'라고 안다면, 우빨리여, 다시 이와 같이 '내가 이러한 자신을 위한 일을 하면서, 같은 견해를 갖고 서로 친한 수행승들을 원칙에 입각하고 계율에 입각해서 내 편으로 이끌 수 있는 것인가 혹은 아닌가?'라고 관찰해야 한다. 우빨리여, 만약에 수행승들이 관찰하면서 이와 같이 '내가 이러한 자신을 위한 일을 하면서, 같은 견해를 갖고 서로 친한 수행승들을 원칙에 입각하고 계율에 입각해서 내 편으로 이끌 수 없다.'라고 안다면, 우빨리여, 이러한 자신을 위한 일은 해서는 안 된다.

5) 우빨리여, 만약에 수행승이 관찰하면서 이와 같이 '내가[248] 이러한 자신을 위한 일을 하면서, 같은 견해를 갖고 서로 친한 수행승들을 원칙에 입각하고 계율에 입각해서 내 편으로 이끌 수 있다.'라고 안다면, 우빨리여, 그 수행승은 다시 이와 같이 '내가 이러한 자신을 위한 일을 하면서, 그것을 원인으로 참모임이 다투고 싸우고 언쟁하고 분쟁하면서 참모임 안의 분열, 참모임 안의 알력, 참모임 안의 분리, 참모임 안의 차별이 생겨날 것인가 아닌가?'라고 관찰하여야 한다. 우빨리여, 만약에 수행승들이 관찰하면서 이와 같이 "내가 이러한 자신을 위한 일을 하면서, 그것을 원인으로 참모임이 다투고 싸우고 언쟁하고 분쟁하면서 참모임 안의 분열, 참모임 안의 알력, 참모임 안의 분리, 참모임 안의 차별이 생겨날 것이다.'라고 안다면, 우빨리여, 이러한 자신을 위한 일은 해서는 안 된다.

우빨리여, 만약에 수행승들이 관찰하면서 이와 같이 '내가 이러한 자신을 위한 일을 하면서, 그것을 원인으로 참모임이 다투고 싸우고 언쟁하고 분쟁하면서 참모임 안의 분열, 참모임 안의 알력, 참모임 안의 분리, 참모임 안의 차별이 생겨나지 않을 것이다.'라고 안다면, 우빨리여, 이러한 자신을 위한 일은 해도 좋다. 우빨리여, 이와 같이 다섯 가지 고리를 갖추어 자신을 위한 일을 하면, 나중에도 후회하는 일이 없을 것이다."

우빨리의 질문(①)이 끝났다.

1099) anatthasaṃhitaṃ idaṃ attādānaṃ no atthasaṃhitan'ti : Smp. 1288에 따르면, 삶의 위험으로 이끌고 청정한 삶으로 이끌지 못하는 것을 뜻한다.

5. 우빨리의 질문②(Upālipucchā)

1. [우빨리] "세존이시여, 질책하는 수행승이 타자를 질책하고자 하면, 어떠한 원리를 안으로 관찰하고 타자를 질책해야 합니까?"

[세존] "우빨리여, 질책하는 수행승이 타자를 질책하고자 하면, 다섯 가지 원리를 안으로 관찰하고 타자를 질책해야 한다.

1) 우빨리여, 질책하는 수행승이 타자를 질책하고자 하면, 이와 같이 관찰해야 한다. '나는 신체적 행동이 청정한가, 흠없고 허물없는 청정한 신체적 행동을 갖추고 있는가? 나에게 이러한 원리가 있는가, 없는가?' 우빨리여, 만약에 수행승이 신체적 행동이 청정하지 못하고 흠없고 허물없는 청정한 신체적 행동을 갖추고 있지 못하다면, 그에게 이와 같이 말하는 사람들이 있을 것이다. '존자여, 부디 신체와 관련하여 자신을 배우시오.'라고 말하는 사람들이 있을 것이다.

2) 우빨리여, 또한 질책하는 수행승이 타자를 질책하고자 하면, 이와 같이 관찰해야 한다. '나는 언어적 행동이 청정한가, 흠없고 허물없는 청정한 언어적 행동을 갖추고 있는가? 나에게 이러한 원리가 있는가, 없는가?' 우빨리여, 만약에 수행승이 언어적 행동이 청정하지 못하고 흠없고 허물없는 청정한 신체적 행동을 갖추고 있지 못하다면, 그에게 이와 같이 말하는 사람들이 있을 것이다. '존자여, 부디 언어와 관련하여 자신을 배우시오.'라고 말하는 사람들이 있을 것이다.

3) 우빨리여, 또한 질책하는 수행승이 타자를 질책하고자 하면, 이와 같이 관찰해야 한다. '나는 동료수행자에 대하여 악의 없는 자애의 마음을[249] 갖추고 있는가? 나에게 이러한 원리가 있는가, 없는가?' 우빨리여, 만약에 수행승이 동료수행자에 대하여 악의 없는 자애의 마음을 갖추고 있지 못하다면, 그에게 이와 같이 말하는 사람들이 있을 것이다. '존자여, 부디 동료수행자에 대하여 악의 없는 자애의 마음을 확립하시오.'라고 말하는 사람들이 있을 것이다.

4) 우빨리여, 또한 질책하는 수행승이 타자를 질책하고자 하면, 이와 같이 관찰해야 한다. '나는 많이 배우고 배운 것을 기억하고 배운 것을 모으고, 처음도 훌륭하고 중간도 훌륭하고 마지막도 훌륭한, 내용을 갖추고 형식이 완성되고, 지극히 원만하고 오로지 청정하고 거룩한 삶을 설하는, 그와 같은 가르침을 자주 배우고 기억해서 언어로 숙달하고 정신으로 관찰하고 견해로 꿰뚫는가? 나에게 이러한 원리가 있는가, 없는가?' 우빨리여, 만약에 수행승이 많이 배우고 배운 것을 기억하고 배운 것을 모으고, 처음도 훌륭하고 중간도 훌륭하고 마지막도 훌륭한, 내용을 갖추고 형식이 완성되고, 지극히 원만하고 오로지

청정하고 거룩한 삶을 설하는, 그와 같은 가르침을 자주 배우고 기억해서 언어로 숙달하고 정신으로 관찰하고 견해로 꿰뚫지 못한다면, 그에게 이와 같이 말하는 사람들이 있을 것이다. '존자여, 부디 경장에 숙달하시오.'라고[1100] 말하는 사람들이 있을 것이다.

5) 우빨리여, 또한 질책하는 수행승이 타자를 질책하고자 하면, 이와 같이 관찰해야 한다. '나는 양부의 의무계율에 관하여 상세히 잘 새기고 잘 분석하고 잘 전개하고 그 언어적 맥락의 측면에서 구절과 구절을[1101] 잘 탐구를 하는가? 나에게 이러한 원리가 있는가, 없는가?' 우빨리여, 만약에 수행승이 나는 양부의 의무계율에 관하여 상세히 잘 새기고 잘 분석하고 잘 전개하고 그 언어적 맥락의 측면에서 구절과 구절을 잘 탐구하지 못한다면, 그에게 이와 같이 말하는 사람들이 있을 것이다. '존자여, 부디 율장에 숙달하시오.'라고 말하는 사람들이 있을 것이다.

우빨리여, 질책하는 수행승이 타자를 질책하고자 하면, 이와 같은 다섯 가지 원리를 안으로 관찰하고 타자를 질책해야 한다."

2\. [우빨리] "세존이시여, 질책하는 수행승이 타자를 질책하고자 하면, 이러한 원리를 안으로 확립한 후에 타자를 질책해야 한다.

우빨리여, 질책하는 수행승이 타자를 질책하고자 하면, 이와 같은 다섯 가지 원리[1102]를 안으로 확립한 후에 타자를 질책해야 한다.

1) '나는 올바른 때에 말하지 잘못된 때에 말하지 않겠다.[1103]

2) 나는 진실하게 말하지 허황되게 말하지 않겠다.

3) 나는 부드럽게 말하지 거칠게 말하지 않겠다.

4) 나는 유익하게 말하지 무익하게 말하지 않겠다.

5) 나는 자애의 마음으로 말하지 분노의 마음으로 말하지 않겠다.'

1100) iṅgha tāva āyasmā āgamaṃ pariyāpuṇassūti : 여기서 역자가 번역한 '경장'의 원어는 '아가마(āgama : 阿含)'이다. 이것은 '전승(傳承)'이라는 뜻을 가진 것으로 율장(vinaya)에 대한 상대어로 쓰인 것이므로 경장이라고 번역했다. 빠알리대장경에서는 '니까야(nikāya)'에 해당하는 것이다.

1101) suttaso anuvyañjanaso : 남전4권371은 글자그대로, '經と 文とによりて'라고 되어 있다. 역자는 Bd. V. 347의 번역을 참조하여 의역한다.

1102) pañca dhamme : AN. III. 196; DN. III. 236에서 병행한다.

1103) kālena vakkhāmi no akālena : Smp. 1289에 따르면, 한 수행승이 다른 사람으로부터 허락을 구하고 그를 꾸짖더라도 올바른 때에 꾸짖어야 한다. 참모임 가운데서나 무리 가운데서나 산가지표나 죽을 분배하는 식당이나 탁발 할 때나, 길 위에서나, 자리에서나 강당에서나, 후원자가 있는 곳에서나 자자의 순간이나 이러한 것이 곧 잘못된 때라고 불리는 것이다.

우빨리여, 질책하는 수행승이 타자를 질책하고자 하면, 이와 같은 다섯 가지 원리를 안으로 확립한 후에 타자를 질책해야 한다.

3. [우빨리] "세존이시여, 원리에 맞지 않게 질책하는 수행승에게 얼마나 많은 형태로[250] 후회가 생겨날 수 있습니까?"

[세존] "우빨리여, 원리에 맞지 않게 질책하는 수행승에게 다섯 가지 형태로 후회1104)가 생겨날 수 있다.

1) '존자가 잘못된 때에 꾸짖었고, 올바른 때에 꾸짖지 않았으니, 그대는 마땅히 후회할 것이다.1105)

2) 존자가 허황되게 꾸짖었고, 진실하게 꾸짖지 않았으니, 그대는 마땅히 후회할 것이다.

3) 존자가 거칠게 꾸짖었고, 부드럽게 꾸짖지 않았으니, 그대는 마땅히 후회할 것이다.

4) 존자가 무익하게 꾸짖었고, 유익하게 꾸짖지 않았으니, 그대는 마땅히 후회할 것이다.

5) 존자가 분노의 마음으로 꾸짖었고, 자애의 마음으로 꾸짖지 않았으니, 그대는 마땅히 후회할 것이다.'

우빨리여, 원리에 맞지 않게 질책하는 수행승에게 이러한 다섯 가지 형태로 후회가 생겨날 수 있다."

4. [우빨리] "세존이시여, 원리에 맞지 않게 질책당하는 수행승에게 얼마나 많은 형태로 후회의 여읨이 생겨날 수 있습니까?"

[세존] "우빨리여, 원리에 맞지 않게 질책당하는 수행승에게 다섯 가지 형태로 후회의 여읨이 생겨날 수 있다.

1) '존자가 잘못된 때에 꾸짖었고, 올바른 때에 꾸짖지 않았으니, 그대는 마땅히 후회를 여읠 것이다.

2) 존자가 허황되게 꾸짖었고, 진실하게 꾸짖지 않았으니, 그대는 마땅히 후회를 여읠 것이다.

3) 존자가 거칠게 꾸짖었고, 부드럽게 꾸짖지 않았으니, 그대는 마땅히 후회를 여읠 것이다.

1104) pañcahākārehi vippaṭisāro : 이하는 AN. III. 197에도 언급된다.

1105) akālena āyasmā codesi no kālena alaṃ te vippaṭisārāya : 이하의 동일한 문장구조에서 질책하거나 질책당하는 수행승이 전제되어 있다.

4) 존자가 무익하게 꾸짖었고, 유익하게 꾸짖지 않았으니, 그대는 마땅히 후회를 여일 것이다.
5) 존자가 분노의 마음으로 꾸짖었고, 자애의 마음으로 꾸짖지 않았으니, 그대는 마땅히 후회를 여일 것이다.'

우빨리여, 원리에 맞지 않게 질책당하는 수행승에게 이러한 다섯 가지 형태로 후회의 여읨이 생겨날 수 있다."

5. [우빨리] "세존이시여, 원리에 맞게 질책하는 수행승에게 얼마나 많은 형태로 후회의 여읨이 생겨날 수 있습니까?"

[세존] "우빨리여, 원리에 맞게 질책하는 수행승에게 다섯 가지 형태로 후회의 여읨이 생겨날 수 있다.

1) '존자가 올바른 때에 꾸짖었고, 잘못된 때에 꾸짖지 않았으니, 그대는 마땅히 후회를 여일 것이다.
2) 존자가 진실하게 꾸짖었고, 허황되게 꾸짖지 않았으니, 그대는 마땅히 후회를 여일 것이다.
3) 존자가 부드럽게 꾸짖었고, 거칠게 꾸짖지 않았으니, 그대는 마땅히 후회를 여일 것이다.
4) 존자가 유익하게 꾸짖었고, 무익하게 꾸짖지 않았으니, 그대는 마땅히 후회를 여일 것이다.
5) 존자가 자애의 마음으로 꾸짖었고, 분노의 마음으로 꾸짖지 않았으니, 그대는 마땅히 후회를 여일 것이다.'

우빨리여, 원리에 맞게 질책하는 수행승에게 이러한 다섯 가지 형태로 후회의 여읨이 생겨날 수 있다. 그것은 무슨 까닭인가? 다른 수행승도 '진실을 통해서 질책해야 한다.'라고 생각해야 하기 때문이다."

6. [우빨리] "세존이시여, 원리에 맞게 질책당하는 수행승에게 얼마나 많은 형태로 후회가 생겨날 수 있습니까?"

[세존] "우빨리여, 원리에 맞게 질책당하는 수행승에게 다섯 가지 형태로 후회가 생겨날 수 있다.

1) '존자가 올바른 때에 꾸짖었고, 잘못된 때에 꾸짖지 않았으니, 그대는 마땅히 후회할 것이다.
2) 존자가 진실하게 꾸짖었고, 허황되게 꾸짖지 않았으니, 그대는 마땅히 후회할 것이다.

3) 존자가 부드럽게 꾸짖었고, 거칠게 꾸짖지 않았으니, 그대는 마땅히 후회할 것이다.

4) 존자가 유익하게 꾸짖었고, 무익하게 꾸짖지 않았으니, 그대는 마땅히 후회할 것이다.

5) 존자가 자애의 마음으로 꾸짖었고, 분노의 마음으로 꾸짖지 않았으니, 그대는 마땅히 후회할 것이다.'

우빨리여, 원리에 맞게 질책당하는 수행승에게 이러한 다섯 가지 형태로 후회가 생겨날 수 있다."

7. [우빨리] "세존이시여, 질책하는 수행승이 타인을 질책하고자 하면, 얼마나 많은 원리에 안으로 정신활동을 기울인 뒤에 타인을 질책할 수 있습니까?"

[세존] "우빨리여, 질책하는 수행승이 타인을 질책하고자 하면, 다섯 가지 원리에 안으로 정신활동을 기울인 뒤에 타인을 질책할 수 있다.

1) 자애의 명상,
2) 안녕의 추구,
3) 연민의 확보,
4) 죄악의 여읨,
3) 계율의 존중이다.[1106]

우빨리여, 질책하는 수행승이 타인을 질책하고자 하면, 이러한 다섯 가지 원리에[251] 안으로 정신활동을 기울인 뒤에 타인을 질책할 수 있다.

[우빨리] "세존이시여, 질책당한 수행승은 얼마나 많은 원리 가운데 자신을 확립해야 합니까?"

[세존] "우빨리여, 질책당한 수행승은 두 가지 원리 가운데 자신을 확립해야 한다.

1) 진실과
2) 부동이다.[1107]

1106) kāruññatā hitesitā anukampatā āpattivuṭṭhānatā vinayapurekkhāratā'ti : 타인을 꾸짖는 사람이 갖추어야 할 원리가 '자애의 명상, 안녕의 추구, 연민의 확보, 죄악의 여읨, 계율의 존중'이라는 것은 대단히 중요하다.

1107) akuppa : 진실과 부동(不動). 부동은 화냄이나 분노가 없는 것이다. AN. III. 198에 따르면, '벗들이여, 다른 사람들은 자신을 올바른 시간이든지 잘못된 시간이든지 꾸짖을 수 있고, 진실인 것으로든지 진실이 아닌 것으로든지 꾸짖을 수 있고, 부드럽게든지 거칠게든지 꾸짖을 수 있고, 유익하게든지 무익하게든지 꾸짖을 수 있고, 자애의 마음으로든지 성냄의 마음으로든지 꾸짖을 수 있지만 자신은 두 가지 원리 즉, 진리와 부동에 확고하게 정립해야 한다.'

우빨리여, 질책당한 수행승은 두 가지 원리 가운데 자신을 확립해야 한다.

우빨리의 질문(②)이 끝났다.
두 번째 송출품이 끝났다.
제9장 의무계율송출차단의 다발이 끝났다.
이 다발에는 30개의 사항이 있다.

그 후렴시의 차례는 다음과 같다(Tassuddānaṃ)

1. 포살일,[1] 악한 수행승이
나가지 않을 때까지,
목갈라나에 의해서, 쫓겨남,
놀라운 일, 승리자의[2] 가르침에서.1108)

2. 기울고, 점차적인 배움,
안정, 침범하지 않고,
사체, 쫓아내다,
참모임, 하천, 버린다.1109)

3. 하천, 완전한 열반,
유일한 맛, 해탈,
가르침과 계율에도 많은, 존재,
네 쌍으로 여덟이 되는 고귀한 무리.1110)

4. 바다에 비유하여
가르침의 덕성을 읊었다.
포살일[3]에 의무계율을 송출하는 것,
'아무도[4] 우리를 모른다.'1111)

5. 먼저,[5] 질책하다, 한 가지,[6]
두 가지, 세 가지, 네 가지,
다섯 가지,[7] 여섯 가지, 일곱 가지,
여덟 가지, 아홉 가지, 열 가지.1112)

1108) uposatho yāvatikaṃ | pāpabhikkhū na nikkhami | moggallānena nicchuddho | acchariyaṃ jinasāsane ||
1109) ninnonupubbasikkhā ca | ṭhitadhammā nātikkama | kuṇapukkhipatī saṅgho | savantiyo jahanti ca ||
1110) savanti parinibbanti | ekarasa vimutti ca | bahu dhammavinayopi | bhūtaṭṭhāriyapuggalā ||
1111) samuddaṃ upamaṃ katvā | vācesi sāsane guṇaṃ | uposathe pātimokkhaṃ | na amhe koci jānāti ||
1112) paṭigacceva ujjhanti | eko dve tīṇi cattāri | pañca cha satta ca aṭṭha | nava ca dasamāni ca ||

6. 계행,[7] 행동, 견해,
그리고 생활, 네 가지 부분에,
승단추방죄,[8] 승단잔류죄,
속죄죄, 고백죄.1113)

7. 악작죄의 다섯 가지 부분,
계행과 행동의 퇴락,[9]
아직 이루어지지 않고, 이미 이루어지고,
종류대로 여섯 부분에서.1114)

8. 승단추방죄,[10] 승단잔류죄,
추악죄, 속죄죄,
고백죄,
악작죄 그리고 악설죄.1115)

9. 계행과 행동의 퇴락,
견해와 생활의 퇴락,
여덟,[11] 아직 이루어지지 않고, 이미 이루어진 것,
계행, 행동, 견해와 관련된 것.1116)

10. 아직 이루어지지 않고, 이미 이루어진 것,
이루어지고 이루어지지 않은 것도 또한,
여실한[12] 이치에 의해서
이와 같이 아홉 가지가 설해졌다.1117)

11. 승단추방죄,[13] 완료,
그리고 버린 자 뿐만 아니라,
따르는, 수용에서[14] 물러섬,
수용에서 물러서는 것[15]에 대한 논의.1118)

1113) sīla ācāra diṭṭhi ca | ājīvaṃ catubhāgike | pārājikaṃ ca saṅghādi | pācitti pāṭidesani ||
1114) dukkaṭaṃ pañcabhāgesu | sīlācāra vipatti ca | akatāya katāya ca | cha bhāgesu yathāvidhi ||
1115) pārājikañca saṅghādi | thulla pācittiyena ca | pāṭidesanīyañceva | dukkaṭaṃ ca dubbhāsitaṃ ||
1116) sīlācāravipatti ca | diṭṭhi ājiva vipatti | yā ca aṭṭhā katākate | tenetā sīlācāra diṭṭhiyā ||
1117) akatāya katāya pi | katākatāya meva ca | evaṃ navavidhā vuttā | yathābhūtena ñāyato ||
1118) pārājiko vippakato | paccakkhāto tatheva ca | upeti paccādiyati | paccadānakathā ca yā ||

12. 계행과 행동의 퇴락,[16]
견해의 퇴락 또한 마찬가지로,
본 것,[17] 들은 것, 의심한 것,
열 가지,[18] 그가 이것을 알아야 한다.1119)

13. 수행승[19]이 수행승들을 본다.
타자는 그가 본 것을 말한다.
청정한 자[20]는 그 자신에 대해서 말한다.
그는 의무계율송출의 차단[21]을 행한다.1120)

14. 위험[22] 때문에 일어나 가버린다.
왕, 도적, 불, 물,
사람, 인간이 아닌 존재, 맹수,
뱀, 생활, 청정한 삶.1121)

15. 열 가지 가운데 어떤 하나 때문에
또는 다른 것들 가운데 하나 때문에,
원칙에 맞는 것과 원칙에 맞지 않는 것,
그는 길에 따라 알아야 한다.1122)

16. 올바른 때,[23][252] 진실, 유익, 유연,
이끌 수 있다. 생겨날 것이다.
신체적[24]·언어적 행동,
자애, 많이 배움,1123) 양자.1124)

17. 올바른 때,[25] 진실, 유연,
유익, 자애로써 꾸짖어야 한다.
원리에 맞지 않는 것[26]에 의한 후회는
말한 것처럼 제거해야 한다.1125)

1119) sīlācāra vipatti ca | yathā diṭṭhivipattiyā | diṭṭhasutaparisaṅki | dasadhā taṃ vijānatha ||
1120) bhikkhu vipassati | bhikkhūṃ añño vāro cāyenaṃ | suddho ca tassa akkhāti | pātimokkhaṃ ṭhapeti so ||
1121) vuṭṭhāti antarāyena | rājacoraggudakā ca | manussa amanussā ca | vāḷa siriṃsapajīvabrahmaṃ ||
1122) dasannamaññatarena | tasmiṃ aññataresu vā | dhammikādhammikā ceva | yathā maggena jānatha ||
1123) bāhusaccaṃ : 여기서 bāhusaccaṃ은 bāhussutaṃ의 의미로 쓰인 것이다.
1124) kālabhūtatthasañhitaṃ | labhissāmi bhavissati | kāyavācasikā mettā | bāhusaccaṃ ubhayāni ||
1125) kālabhūtena saṇhena | attamettena codaye | vippaṭisāradhammena | tathā vācā vinodaye ||

18. 원리에 맞게 질책하는 자,[27]
또는 꾸짖는 자의 후회를 제거한다.
자비,[28] 안녕,
연민, 벗어남, 존경.1126)

19. 질책당한 자의 길을[29]
올바로 깨달은 님께서 밝혔다.
진실뿐만 아니라 부동 가운데
질책당한 자[30]가 확립해야 할 성품이 있다.1127)

제9장 의무계율송출차단의 다발의 후렴시가 끝났다.

1126) dhammacoda cuditassa | vinodeti vippaṭisāro | karuṇā hitānukampi | vuṭṭhānapurekkhāratā ||
1127) codakassa paṭipatti | sambuddhena pakāsitā | sacce ceva akuppe ca | cuditassa ca dhammatāti ||

제10장 수행녀의 다발
(Bhikkhunīkkhandhaka : 比丘尼犍度)

Ⅰ 첫 번째 송출품(Paṭhamakabhāṇavāra : 1-8)

1. 수행녀들의 여덟 가지 공경법(Bhikkhunīaṭṭhagarudhammā)

1. 한때[253] 존귀한 부처님께서 싸끼야[1128] 족의 까삘라밧투[1129] 시에 있는 니그로다 승원[1130]에 계셨다. 그 때 마하빠자빠띠 고따미[1131]가 세존께서 계신 곳으로 찾아왔다. 가까이 다가와서 세존께 인사를 드리고 한쪽으로 물러나 앉았다. 한쪽으로 물러나 앉은 마하빠자빠띠 고따미는 세존께 이와 같이 말씀드렸다.

[고따미] "세존이시여, 여인으로서 여래께서 설하신 가르침과 계율에 따라 집에서 집없는 곳으로 출가하는 것을 허락해 주시면 감사하겠습니다."

[세존] "고따미여, 그만 두십시오. 여인으로서 여래께서 설하신 가르침과 계율에 따라 집에서 집없는 곳으로 출가하는 것을 그대가 선호하지 마십시오."

1128) Sakyā : 싹까(Sakka), 싸끼야(Sākiyā,Sakyā)라고도 표기한다. 꼬쌀라(Kosala) 국의 히말라야 산록이나 고원지대에 살던 종족으로 역사적 부처님이 속한 종족이다. 수도는 까삘라밧투(Kapilavatthu)이다. 싸끼야 족이 살던 곳으로 짜뚜마(Cātumā), 코마둣싸(Khomadussa), 싸마가마(Sāmagāma), 데바다하(Devadaha), 씰라바띠(Silāvatī), 나가라까(Nagaraka), 싹카라(Sakkhara) 등이 경전에 나온다. 싸끼야무니 부처님은 싸끼야 족 가운데서도 고따마(Gotama) 가문에 속했다. 싸끼야 족은 제왕이 없었고 때때로 선정되는 부족회의 대표자가 왕을 역임하는 공화제 국가형태를 취했다.

1129) Kapilavatthu : 고따마 부처님이 속한 싸끼야 족의 수도로 옥까까 왕의 후손들이 건설한 것이다. 근처에 룸비니(Lumbinī) 숲에서 고따마 부처님이 태어났다. 이 도시는 고따마 부처님의 아버지 쑷도다나(Suddhodana) 왕이 다스리고 있었고, 그곳을 흐르던 로히니(Rohiṇī) 강을 사이에 두고 꼴리야 족의 왕국과 마주하고 있었다.

1130) Nigrodārāma : 까삘라밧투 시에 있던 승원의 이름이다. 부처님이 정각을 이룬 지 일 년 뒤에 그곳을 방문했을 때에 니그로다라는 싸끼야 족의 한 사람이 부처님에게 기증한 숲이다. 여기서 많은 싸끼야 족들과의 대화가 이루어졌다. 마하빠자빠띠 고타미가 처음 출가의사를 밝혀서 거절된 곳이기도 하다.

1131) Mahāpajāpatī Gotamī : 부처님의 여제자 수행녀 가운데 '세월을 아는 님 가운데 제일(rattaññūnaṃ aggaṃ)이다. 부처님의 어머니 마하마야(Mahāmāya) 왕비의 여동생이자 동시에 왕 쑷도다나(Suddhodana)의 아내였다. 마하마야(Mahāmāya)가 죽은 후에, 그녀는 부처님의 양모가 되었다. 쑷도다나 왕이 죽은 뒤에 마하빠자빠띠 고따미는 부처님에게 여인도 승단에 들어오는 것을 허락해달라고 청원하여 그녀가 받아들여지면서부터 비구니승단이 성립했다. 한역에서는 대애도비구니(大愛道比丘尼)라고 한다. 상세한 이야기는 율장의 이곳(Vin. II. 253-256; AN. IV. 274-279)에 있다.

두 번째에도 마하빠자빠띠 고따미는 세존께 이와 같이 말씀드렸다.

[고따미] "세존이시여, 여인으로서 여래께서 설하신 가르침과 계율에 따라 집에서 집없는 곳으로 출가하는 것을 허락해 주시면 감사하겠습니다."

[세존] "고따미여, 그만 두십시오. 여인으로서 여래께서 설하신 가르침과 계율에 따라 집에서 집없는 곳으로 출가하는 것을 그대가 선호하지 마십시오."

세 번째에도 마하빠자빠띠 고따미는 세존께 이와 같이 말씀드렸다.

[고따미] "세존이시여, 여인으로서 여래께서 설하신 가르침과 계율에 따라 집에서 집없는 곳으로 출가하는 것을 허락해 주시면 감사하겠습니다."

[세존] "고따미여, 그만 두십시오. 여인으로서 여래께서 설하신 가르침과 계율에 따라 집에서 집없는 곳으로 출가하는 것을 그대가 선호하지 마십시오."

그래서 마하빠자빠띠 고따미는 '세존께서는 여래께서 설하신 가르침과 계율 가운데 여인들이 집에서 집 없는 곳으로 출가하는 것을 허락하지 않으신다.'라고 괴로워하고 슬퍼하며 얼굴에 눈물을 흘리고 울면서 세존께 예배를 드리고 오른쪽으로 돌아서 그곳을 떠났다.

2. 그러자 세존께서는 까삘라밧투 시에서 뜻하신 바대로 머문 뒤에 베쌀리 시가 있는 곳으로 유행을 떠나셨다. 유행하며 돌아다니시면서 베쌀리 시에 도착하셨다. 거기서 세존께서는 베쌀리 시의 마하 숲에 있는 꾸따가라쌀라에서 머무셨다. 한편 마하빠자빠띠 고따미는 머리카락을 자르고 가사 옷을 입고 많은 석가족의 여인들과 함께 베쌀리 시를 향해 떠나서 차례로 여행하면서 베쌀리 시의 마하 숲에 있는 꾸따가라쌀라가 있는 곳으로 찾아갔다. 그 때 마하빠자빠띠 고따미는 발이 붓고 몸이 먼지로 뒤덮이고 괴로워하고 슬퍼하며 얼굴에 눈물을 흘리고 울면서 문밖에 서있었다. 존자 아난다는[254] 마하빠자빠띠 고따미가 발이 붓고 몸이 먼지로 뒤덮이고 괴로워하고 슬퍼하며 얼굴에 눈물을 흘리면서 문밖에 서있는 것을 보았다. 보고 나서 마하빠자빠띠 고따미에게 다음과 같이 말했다.

[아난다] "왜 그대 고따미께서는 발이 붓고 몸이 먼지로 뒤덮이고 괴로워하고 슬퍼하며 얼굴에 눈물을 흘리면서 문밖에 서있습니까?"

[고따미] "존자 아난다여, 이처럼 세존께서는 여래께서 설하신 가르침과 계율 가운데 여인들이 집에서 집없는 곳으로 출가하는 것을 허락하지 않으시기 때문입니다."

[아난다] "그렇다면 고따미여, 제가 여래께서 설하신 가르침과 계율 가운데 여인들이 집에서 집 없는 곳으로 출가를 청원할 때까지 잠시 동안 여기에 계십시오."

3. 그래서 존자 아난다는 세존께서 계신 곳으로 찾았다. 다가가서 세존께 예배드리고 한쪽으로 물러나 앉았다. 한쪽으로 물러나 앉아서 존자 아난다는 세존께 다음과 같이 말씀드렸다.

[아난다] "세존이시여, 마하빠자빠띠 고따미가 발이 붓고 몸이 먼지로 뒤덮이고 괴로워하고 슬퍼하며 얼굴에 눈물을 흘리면서 문밖에 서있는데, 세존께서는 여래께서 설하신 가르침과 계율 가운데 여인들이 집에서 집없는 곳으로 출가하는 것을 허락하지 않으셨습니다. 세존이시여, 여인들이 여래께서 설한 가르침과 계율 가운데 집에서 집 없는 곳으로 출가하는 것을 허락하여 주십시오."

[세존] "아난다여, 그만 두어라. 여래께서 설한 가르침과 계율 가운데 여인이 집에서 집 없는 곳으로 출가하는 것을 그녀가 선호해서는 안 된다."

두 번째에도 존자 아난다는 세존께 다음과 같이 말씀드렸다.

[아난다] "세존이시여, 마하빠자빠띠 고따미가 발이 붓고 몸이 먼지로 뒤덮이고 괴로워하고 슬퍼하며 얼굴에 눈물을 흘리면서 문밖에 서있는데, 세존께서는 여래께서 설하신 가르침과 계율 가운데 여인들이 집에서 집없는 곳으로 출가하는 것을 허락하지 않으셨습니다. 세존이시여, 여인들이 여래께서 설한 가르침과 계율 가운데 집에서 집 없는 곳으로 출가하는 것을 허락하여 주십시오."

[세존] "아난다여, 그만 두어라. 여래께서 설한 가르침과 계율 가운데 여인이 집에서 집 없는 곳으로 출가하는 것을 그녀가 선호해서는 안 된다."

세 번째에도 존자 아난다는 세존께 다음과 같이 말씀드렸다.

[아난다] "세존이시여, 마하빠자빠띠 고따미가 발이 붓고 몸이 먼지로 뒤덮이고 괴로워하고 슬퍼하며 얼굴에 눈물을 흘리면서 문밖에 서있는데, 세존께서는 여래께서 설하신 가르침과 계율 가운데 여인들이 집에서 집없는 곳으로 출가하는 것을 허락하지 않으셨습니다. 세존이시여, 여인들이 여래께서 설한 가르침과 계율 가운데 집에서 집 없는 곳으로 출가하는 것을 허락하여 주십시오."

[세존] "아난다여, 그만 두어라. 여래께서 설한 가르침과 계율 가운데 여인이 집에서 집 없는 곳으로 출가하는 것을 그녀가 선호해서는 안 된다."

그러자 존자 아난다는 이와 같이 '세존께서 여인들이 세존께서 설하신 가르침과 계율 가운데 집에서 집 없는 곳으로 출가하는 것을 허락하지 않으신다. 어쩌면 다른 방법으로 세존께 여인들이 세존께서 설하신 가르침과 계율 가운데 집에서 집 없는 곳으로 출가하는 것을 청원할 수 있지 않을까?'라고 생각했다.

그리하여 존자 아난다는 세존께 다음과 같이 여쭈었다.

[아난다] "세존이시여, 여인들이 여래께서 설한 가르침과 계율 가운데 집에서 집없는 곳으로 출가해서, 흐름에 든 경지나, 한 번 돌아오는 경지나, 돌아오지 않는 경지나, 거룩한 경지를 실현하는 것이 가능합니까?"

[세존] "아난다여, 여인들이 여래께서 설한 가르침과 계율 가운데 집에서 집없는 곳으로 출가해서, 흐름에 든 경지나, 한 번 돌아오는 경지나, 돌아오지 않는 경지나, 거룩한 경지를 실현하는 것이 가능하다."

[아난다] "세존이시여, 만약에 여인들이 여래께서 설한 가르침과 계율 가운데 집에서 집없는 곳으로 출가해서, 흐름에 든 경지나, 한 번 돌아오는 경지나, 돌아오지 않는 경지나, 거룩한 경지를 실현하는 것이 가능하다면, 세존이시여, 세존의 이모,[255] 양모, 보모, 유모로서 많은 은혜를 베푸신 마하빠자빠띠 고따미께서는 세존의 생모가 돌아가시고 나서 세존께 모유를 드시게 하였습니다. 세존이시여, 부디 여인으로서 여래가 설한 가르침과 계율 가운데 집에서 집없는 곳으로 출가하는 것을 허락하여 주십시오."

4. [세존] "아난다여, 만약에 마하빠자빠띠 고따미가 이와 같은 여덟 가지 공경의 원리[1132]를 받아들인다면, 그녀에게 이것이 구족계가 될 것이다.

1132) aṭṭhagarudhamma : 한역에서는 팔경법(八敬法)이라고 한다. 이것은 당시의 여성출가자들의 열악한 조건과 시대적 상황을 고려하여 만들어진 것으로 오늘날의 관점에서 보면, 여성에 대한 차별적 요소가 없지 않지만, 집없는 출가생활을 전제로 하여 만들어진 것인 만큼, 상황적 이해가 필수적이다. 그러나 이 팔경계를 보완하기 위해서 AN. IV. 279에서는 수행녀를 지도할 수 있는 교계자의 자격을 엄격하게 규제하고 있다는 사실도 알아야 한다 : '아난다여, 이와 같은 여덟 가지 원리를 갖춘 수행승이 수행녀의 교계사로 인정될 수 있다. 여덟 가지란 무엇인가?' '아난다여, 세상에 수행승이 *1)* 계행을 지키고, 의무계율을 수호하고, 올바른 행위의 경계를 갖추고, 사소한 잘못에서도 두려움을 보고, 지켜야 할 학습계율을 수용하여 배운다. *2)* 그는 많이 배우고 배운 것을 기억하고 배운 것을 모으고, 처음도 훌륭하고 중간도 훌륭하고 마지막도 훌륭한, 내용을 갖추고 형식이 완성되고, 지극히 원만하고 오로지 청정한 거룩한 삶을 설하는, 그와 같은 가르침을 자주 배우고 기억해서 언어로 숙달하고 정신으로 관찰하고 견해로 꿰뚫는다. *3)* 그는 수행승과 수행녀의 두 참모임의 의무계율에 상세한 것까지도 항목과 그 해설에 따라 잘 파악하고 잘 분별하고 잘 활용하고 잘 결정한다. *4)* 그는 훌륭한 말을 하고 훌륭한 말솜씨를 지니고 세련된 언어를 갖추어 신뢰할 만하고 잘못이 없고 의미를 알 수 있는 말을 한다. *5)* 그는 수행녀의 참모임을 가르침에 대한 말씀으로 교화하고 북돋우고 고무시키고 기쁘게 할 수 있다. *6)* 그는 대부분의 수행녀들에게 사랑받고 호의를 받는다. *7)* 그에게는 세존을 모시고 출가하여 가사를 입기 전에 저지른 중대한 죄악이 없다. *8)* 그의 승납은 이십년이나 이십년 이상이다. 아난다여, 이와 같은 여덟 가지 원리를 갖춘 수행승이 수행녀의 교계사로 인정될 수 있다.' 그리고 AN. IV. 280에서는 수행녀가 가르침과 계율을 스스로 평가할 수 있는 잣대를 주고 원칙에 어긋나면 거부할 수 있는 권한을 주었다는 것에도 주의를 기울여야 한다 : '고따미여, 그대가 알고자 하는 원리들이 있는데, 그러한 원리들이 탐욕으로 이끌고 탐욕의 여읨으로 이끌지 않고, 결박으로 이끌고 결박의 여읨으로 이끌지 않고, 집적으로 이끌고 집적의 여읨으로 이끌지 않고, 커다란 욕망으로 이끌고 욕망의 여읨으로 이끌지 않고, 불만으로 이끌고 만족으로 이끌지 않고, 교제로 이끌고 멀리 떠남으로 이끌지 않고, 게으름으로 이끌고 열심히 노력함으로 이끌지 않고, 부양하기 어려움으로 이끌고 부양하기 쉬움으로 이끌지 않는다면, 고따미여, 결코 그러한 원리는 가르침이 아니고 계율이 아니고 스승의 교계가 아니라는 것을 명심하시오.'

1) 수행녀는 구족계를 받은 지 백년이 되어도 방금 구족계를 받은 수행승에게 인사를 하고 자리에서 일어나 합장하고 응대해야 한다. 이 원리를 목숨이 다할 때까지 어기지 않도록 공경하고, 존중하고, 숭앙하고, 존숭해야 한다.
2) 수행녀는 수행승이 없는 곳에서 안거해서는 안 된다. 이 원리를 목숨이 다할 때까지 어기지 않도록 공경하고, 존중하고, 숭앙하고, 존숭해야 한다.
3) 수행녀는 보름마다 수행승의 참모임에 두 가지 원리, 즉 포살에 대한 질문과 훈계하는 자의 방문을 간청해야 한다.1133) 이 원리를 목숨이 다할 때까지 어기지 않도록 공경하고, 존중하고, 숭앙하고, 존숭해야 한다.
4) 수행녀는 안거를 마치면 수행승과 수행녀의 참모임에서 보고, 듣고, 추측한 세 가지 잘못에 관해서 자자를 행해야 한다.1134) 이 원리를 목숨이 다할 때까지 어기지 않도록 공경하고, 존중하고, 숭앙하고, 존숭해야 한다.
5) 수행녀가 공경의 원리를 어기면 수행승과 수행녀의 참모임에서 십사일 간의 속죄를1135) 행해야 한다. 이 원리를 목숨이 다할 때까지 어기지 않도록 공경하고, 존중하고, 숭앙하고, 존숭해야 한다.
6) 정학녀는 이년 동안 여섯 가지 원리에 대하여1136) 학습한 뒤에 수행승과 수행녀의 참모임에서 구족계를 청해야 한다. 이 원리를 목숨이 다할 때까지 어기지 않도록 공경하고, 존중하고, 숭앙하고, 존숭해야 한다.
7) 수행녀들은 어떠한 이유로도 수행승들을 비웃거나 비난해서는 안 된다. 이 원리를 목숨이 다할 때까지 어기지 않도록 공경하고, 존중하고, 숭앙하고, 존숭해야 한다.
8) 오늘 이후 수행녀들의 수행승들에 대한 충고의 길은 막히나, 수행승들의 수행

1133) anvaddhamāsaṃ bhikkhuniyā bhikkhusaṅghato dvedhammo paccāsiṃsitabbā : uposathapucchakañca ovadūpasaṅkamanañca : Grs. IV. 183에서는 '수행녀는 수행승의 참모임에 포살일의 날짜와 다음의 설법시간에 대하여 물어야 한다'라고 번역하고 있다. 이 번역은 Lba. IV. 150에 따라 번역한 것인데 Lba. IV. 187에서는 포살에서의 질문으로 AN. I. 142의 경을 들고 있다.

1134) tīhi ṭhānehi pavāretabbā, diṭṭhena sutena parisaṅkāya : 안거의 마지막 날에 그 동안 지은 죄의 참회를 하는 모임을 자자(自恣 : pavāraṇā)라고 한다. 자자를 행할 때에는 의식을 잘하는 사람이 사회를 보고 제일 웃어른부터 차례로 나와 대중 앞에서 '저는 스스로 청합니다. 안거중의 행동과 언어에 죄가 있다면 지적해 주십시오. 제가 알게 되면, 참회하겠습니다.'라고 청한다. 이렇게 거듭 세 번 물어서 누가 지적하든 감사한 마음으로 받아들이고 참회한다.

1135) ubhato saṅghe pakkhamānattaṃ caritabbaṃ : parivāsadāna : 한역에서는 격리처벌갈마(別住羯磨)라고도 한다. 승단잔류죄(僧殘罪)를 저지른 자가 자신의 죄를 고백하지 않으면 고백할 때까지 승단 내부의 별도의 장소에 따로 살게 하는 처벌이다. 이것이 끝나면 속죄[mānatta]를 해야 하며, 속죄가 끝나면 재차의 수용(abbhāna)이 이루어진다.

1136) chasu dhammesu : Mrp. IV. 135에 따르면, 오계(五戒)와 때 아닌 때의 식사를 금하는 것이다.

녀들에 대한 충고의 길은 막히지 않는다. 이 원리를 목숨이 다할 때까지 어기지 않도록 공경하고, 존중하고, 숭앙하고, 존숭해야 한다.

아난다여, 만약에 마하빠자빠띠 고따미가 이와 같은 여덟 가지 공경의 원리를 받아들인다면, 그녀에게 이것이 구족계가 될 것이다."

5. 드디어 존자 아난다는 세존의 앞에서 여덟 가지 공경의 원리를 얻어서 마하빠자빠띠 고따미가 있는 곳으로 찾아갔다. 가까이 다가가서 마하빠자빠띠 고따미에게 다음과 같이 말했다.

[아난다] "만약에 그대 고따미께서 여덟 가지 공경의 원리를 받아들인다면 그대에게 이것이 구족계가 될 것입니다.

1) 수행녀는 구족계를 받은 지 백년이 되어도 방금 구족계를 받은 수행승에게 인사를 하고 자리에서 일어나 합장하고 응대해야 합니다. 이 원리를 목숨이 다할 때까지 어기지 않도록 공경하고, 존중하고, 숭앙하고, 존숭해야 합니다.

2) 수행녀는 수행승이 없는 곳에서 안거해서는 안 됩니다. 이 원리를 목숨이 다할 때까지 어기지 않도록 공경하고, 존중하고, 숭앙하고, 존숭해야 합니다.

3) 수행녀는 보름마다 수행승의 참모임에 두 가지 원리, 즉 포살에 대한 질문과 훈계하는 자의 방문을 간청해야 합니다. 이 원리를 목숨이 다할 때까지 어기지 않도록 공경하고, 존중하고, 숭앙하고, 존숭해야 합니다.

4) 수행녀는 안거를 마치면 수행승과 수행녀의 참모임에서 보고, 듣고, 추측한 세 가지 잘못에 관해서 자자를 행해야 합니다. 이 원리를 목숨이 다할 때까지 어기지 않도록 공경하고, 존중하고, 숭앙하고, 존숭해야 합니다.

5) 수행녀가 공경의 원리를 어기면 수행승과 수행녀의 참모임에서 십사일 간의 속죄를 행해야 합니다. 이 원리를 목숨이 다할 때까지 어기지 않도록 공경하고, 존중하고, 숭앙하고, 존숭해야 합니다.

6) 정학녀는 이년 동안 여섯 가지 원리에 대하여 학습한 뒤에 수행승과 수행녀의 참모임에서 구족계를 청해야 합니다. 이 원리를 목숨이 다할 때까지 어기지 않도록 공경하고, 존중하고, 숭앙하고, 존숭해야 합니다.

7) 수행녀들은 어떠한 이유로도 수행승들을 비웃거나 비난해서는 안 됩니다. 이 원리를 목숨이 다할 때까지 어기지 않도록 공경하고, 존중하고, 숭앙하고, 존숭해야 합니다.

8) 오늘 이후 수행녀들의 수행승들에 대한 충고의 길은 막히나, 수행승들의 수행녀들에 대한 충고의 길은 막히지 않습니다. 이 원리를 목숨이 다할 때까지

어기지 않도록 공경하고, 존중하고, 숭앙하고, 존숭해야 합니다.

고따미여, 만약에 그대가 이와 같은 여덟 가지 공경의 원리를 받아들인다면, 그대에게 이것이 구족계가 될 것입니다."

[고따미] "존자 아난다여, 마치 여자나 남자나 청소년이나 치장을 좋아하는 자가 머리를 감고[256] 우빨라 화환이나 바씨까 화환이나 아띠무따까 화환을[1137] 얻어 양손으로 받아서 몸의 최상인 머리에 치장하는 것처럼 이와 같이 존자 아난다여, 나는 여덟 가지 공경의 원리를 받아들여서 목숨이 다할 때까지 어기지 않겠습니다."

6. 그리고 나서 존자 아난다는 세존이 계신 곳으로 가까이 갔다. 가까이 가서 세존께 예배드리고 나서 한쪽으로 물러나 앉았다. 한쪽으로 물러나 앉아서 존자 아난다는 세존께 이와 같이 말씀드렸다.

[아난다] "세존이시여, 마하빠자빠띠 고따미께서는 이 여덟 가지 공경의 원리를 목숨이 다할 때까지 어기지 않을 것입니다."

[세존] "만약에 아난다여, 여인이 여래가 설한 가르침과 계율 가운데 집에서 집 없는 곳으로 출가하는 것이 허용되지 않았다면, 아난다여, 청정한 삶은 오랫동안 지속하여 천 년 동안 정법이 존속할 것인데, 그러나 아난다여, 여인이 여래가 설한 가르침과 계율 가운데 집에서 집 없는 곳으로 출가하는 것이 허용되었기 때문에, 아난다여, 이제 청정한 삶은 오래 있지 못할 것이며, 아난다여, 단지 오백 년만 정법이 지속될 것이다.

1) 아난다여, 마치 어떤 여자가 많고 남자가 적게 사는 집이 있다면 그 집을 밤도둑이 도둑질하러 침입하기 쉽듯이,[1138] 아난다여, 이와 같이 가르침과 계율 가운데 여인이 집에서 집 없는 곳으로 출가하는 것이 허용되면, 그 청정한 삶은 오래 가지 못한다.

2) 아난다여, 마치 잘 익은 논에 있는 벼에 흰곰팡이[1139]라고 불리는 병이 걸리면 그 논에 있는 벼가 오래 가지 못한다. 아난다여, 이와 같이 가르침과 계율 가운

1137) uppalamālaṃ vā vassikamālaṃ vā atimuttakamālaṃ : 연꽃으로 만든 화환이나 재스민꽃의 화환이나 어떤 덩굴식물의 꽃으로 만들어진 화환을 말한다.

1138) tāni suppadhaṃsiyāni honti corehi kumbhatthenakehi : 여기서 역자가 밤도둑(kumbhatthenaka)라고 번역한 단어는 '도둑이 도둑질하기 위해 옹기위에 불을 밝히고 그 빛으로 집안에서 훔칠 것을 찾는' 사실을 묘사하고 있다.

1139) setaṭṭhikā : '뼈처럼 흰 것'이라는 뜻인데, 흰곰팡이이다. Smp. 1291에 따르면, 어떤 곤충(?)의 이름인데, 그것이 줄기에 구멍을 뚫으면, 벼의 꼭대기에 수액이 공급되지 않는다.

데 여인이 집에서 집 없는 곳으로 출가하는 것이 허용되면, 그 청정한 삶은 오래 가지 못한다.

3) 아난다여, 마치 잘 익은 감자밭에 붉은곰팡이1140)라 불리는 병이 걸린다면 그 감자밭은 오래 가지 못하듯, 아난다여, 가르침과 계율 가운데 여인이 집에서 집 없는 곳으로 출가하는 것이 허용되면, 그 청정한 삶은 오래 가지 못한다.

아난다여, 어떤 사람이 물이 넘치지 않도록 큰 못에 미리 제방을 쌓는 것처럼 아난다여, 나는 미리 수행녀들을 위해 여덟 가지 공경의 원리를 시설하여 목숨이 다할 때까지 어기지 않도록 하였다."

수행녀들의 여덟 가지 공경의 원리가 끝났다.

2. 싸끼야 족의 여인들의 출가(Sākiyanīpabbajja)

1. 한때 마하빠자빠띠 고따미가 세존께서 계신 곳을 찾아왔다. 가까이 다가와서 세존께 인사를 하고 한쪽에 물러나 섰다. 한쪽에 서서 마하빠자빠띠 고따미는 세존께 이와 같이 말했다.

[수행승들] "세존이시여, 제가 이[257] 싸끼야 족의 여인들에 대하여 어떻게 처신해야 합니까?"

그러자 세존께서는 마하빠자빠띠 고따미를 법문으로 교화하고 격려하고 북돋우고 기쁘게 했다. 마하빠자빠띠 고따미는 세존으로부터 법문으로 교화받고 격려받고 북돋아져서 기뻐하며, 세존께 인사를 하고 오른 쪽으로 돌아 그곳을 떠났다. 그러자 세존께서는 이것을 기회로 이것을 원인으로 법문을 하고 수행승들에게 일렀다.

[세존] "수행승들이여, 수행녀들이 수행승에 의해서 구족계를 받는 것을 허용한다."1141)

2. 그때 그 수행녀들은 마하빠자빠띠 고따미에게 이와 같이 말했다.

[수행녀들] "존귀한 자매1142)께서는 구족계를 받지 않았습니다. 그러나 우리는 구족계를 받았습니다. 세존께서는 이와 같이 '수행녀들은 수행승에 의해서 구족계를 받아야 한다.'라고 시설했습니다."

1140) mañjeṭṭhikā : Smp. 1291에 따르면, 이를테면, 사탕수수의 끝이 붉게 되는 병이다.

1141) anujānāmi bhikkhave bhikkhūhi bhikkhūniyo upasampādetun'ti : 여덟 가지 공경의 원리 가운데 여섯 번째에 해당하는 것이다. 구족계에 대해서는 속죄죄법 제61조-제70조(Pāc. 61-70)와 속죄죄법 제71조-제83조(Pāc. 71-83)를 살펴 보라.

1142) ayyā : '존귀한 여인이여'라는 뜻인데, 출가했으므로 '존귀한 자매'라고 번역한다.

그러자 마하빠자빠띠 고따미는 존자 아난다가 있는 곳을 찾아갔다. 가까이 다가가서 존자 아난다에게 인사를 하고 한쪽으로 물러나 섰다. 한쪽으로 서서 마하빠자빠띠 고따미는 존자 아난다에게 이와 같이 말했다.

[고따미] "존자여 아난다여, 이 수행녀들이 제게 이와 같이 '존귀한 자매께서는 구족계를 받지 않았습니다. 우리는 구족계를 받았습니다. 세존께서는 이와 같이 '수행녀들은 수행승에 의해서 구족계를 받아야 한다.'라고 시설했습니다.'라고 말했습니다."

그러자 존자 아난다는 세존께서 계신 곳을 찾아갔다. 가까이 다가가서 세존께 인사를 하고 한쪽으로 물러나 앉았다. 한쪽으로 물러나 앉아서 존자 아난다는 세존께 이와 같이 말했다.

[아난다] "세존이시여, 마하빠자빠띠 고따미께서 이와 같이 말했습니다. '존자여 아난다여, 이 수행녀들이 제게 이와 같이 '존귀한 자매께서는 구족계를 받지 않았습니다. 우리는 구족계를 받았습니다. 세존께서는 이와 같이 '수행녀들은 수행승에 의해서 구족계를 받아야 한다.'라고 시설했습니다.'라고 했습니다.'라고 말했습니다."

[세존] "아난다여, 마하빠자빠띠 고따미는 여덟 가지 공경의 원리를 받아들였으므로 그것으로 구족계를 받은 것이다."

싸끼야 족의 여인들의 출가가 끝났다.

3. 여인에게 인사하는 것(Mātugāmassābhivādana)

1. 그러자 마하빠자빠띠 고따미는 존자 아난다가 있는 곳을 찾아갔다. 가까이 다가가서 존자 아난다에게 인사를 하고 한쪽으로 물러나 섰다. 한쪽으로 물러나 서서 마하빠자빠띠 고따미는 존자 아난다에게 이와 같이 말했다.

[고따미] "존자여, 세존께 한 가지 소원을 청합니다. 존자여, 세존께서는 수행승과 수행녀가 법랍의 순서대로 인사하고 맞이하고 합장하고 공경하는 것을 허용해 주시면 감사하겠습니다."

2. 그러자 존자 아난다는 세존께서 계신 곳을 찾아갔다. 가까이 다가가서 세존께 인사를 하고 한쪽으로 물러나 앉았다. 한쪽으로 물러나 앉아서 존자 아난다는 세존께 이와 같이 말했다.

[아난다] "세존이시여, 마하빠자빠띠 고따미께서 이와 같이 말했습니다. '존자여, 세존께 한 가지 소원을 청합니다. 존자여, 세존께서는 수행승과 수행녀가 법랍의 순서대로 인사하고 맞이하고 합장하고 공경하는 것을 허용해 주시면 감사

하겠습니다.'라고 말했습니다."

[세존] "아난다여,[258] 여래가 여인에게 인사하고 맞이하고 합장하고 공경하는 것을 허용한다면, 그것은 가능하지도 않고 성공할 수도 없다. 아난다여, 아주 잘못된 교리를 표명하는[1143] 이교도들조차 여인에게 인사하고 맞이하고 합장하고 공경하지 않는데, 하물며 여래가 여인에게 인사하고 맞이하고 합장하고 공경하는 것을 허용할 수 있겠는가?"

3. 그리고 세존께서는 이것을 기회로 이것을 원인으로 법문을 하고 수행승들에게 일렀다.

[세존] "수행승들이여, 여인에게 인사하고 맞이하고 합장하고 공경해서는 안 된다. 행하면, 악작죄가 된다."[1144]

여인에게 인사하는 것이 끝났다.

4. 수행녀의 학습계율(Bhikkhūnīnaṃ sikkhāpadāni)

1. 한때 마하빠자빠띠 고따미가 세존께서 계신 곳을 찾아왔다. 가까이 다가와서 세존께 인사를 하고 한쪽에 물러나 섰다. 한쪽에 서서 마하빠자빠띠 고따미가 세존께 이와 같이 말했다.

[고따미] "세존이시여, 수행녀들이 수행승들과 공유하는 학습계율들이 있는데, 세존이시여, 저희들은 그 학습계율에 대하여 어떻게 처신해야 합니까?"

[세존] "고따미여, 수행녀들이 수행승들과 공유하는 학습계율들이 있는데,[1145] 그대들은 수행승들이 배우는 그대로 그 학습계율에 대하여 배워야 한다."

2. [고따미] "세존이시여, 수행녀들이 수행승들과 공유하지 않는 학습계율들이 있는데, 세존이시여, 저희들은 그 학습계율에 대하여 어떻게 처신해야 합니까?"

[세존] "고따미여, 수행녀들이 수행승들과 공유하지 않는 학습계율들이 있는데, 그대들은 그 학습계율이 시설된 그대로 배워야 한다."

수행녀의 학습계율이 끝났다.

1143) durakkhātadhammā : Bd. V. 358에서는 'liable to poor guardianship'이라고 번역하고 있다.

1144) na bhikkhave mātugāmassa abhivādanaṃ paccuṭṭhānaṃ añjalikammaṃ sāmīcikammaṃ kātabbaṃ. yo kareyya apatti dukkaṭassā'ti : 여기서 여인이란 문맥으로 보아 일반 재가의 여자신자 뿐만 아니라 수행녀를 뜻한 것이다. 이 책(CV. VI. 6)에 따르면, '인사를 받을 수 없는 열 종류의 사람(dasa avandiyā)' 가운데 네 번째가 '여인은 인사를 받을 수 없다(mātugāmo avandiyo)'이다.

1145) yāni tāni bhante bhikkhūnīnaṃ sikkhāpadāni bhikkhūhi sādhāraṇāni : 예를 들어 비구니의 승단추방죄에는 8조가 있는데, 그 가운데 4조는 비구의 승단추방죄와 공유하는 것이고 나머지 4조는 비구니의 승단추방죄에 고유한 것이다.

5. 고따미의 청문(Gotamīssavana)

1. 한 때에 마하빠자빠띠 고따미가 세존이 계시는 곳을 찾아왔다. 가까이 다가와서 세존께 인사하고 한쪽에 섰다. 한쪽에 서서 마하빠자빠띠 고따미는 세존께 다음과 같이 말씀드렸다.

[고따미] "세존이시여, 세존께서는 간략하게 가르침을 설해 주시면, 감사하겠습니다. 저는 세존으로부터 가르침을 듣고서 홀로 멀리 떠나 게으르지 않고 부지런히 정근하고자 합니다."

2. [세존] "고따미여, 그대가[1146] 알고자 하는 가르침이 탐욕으로 이끌고 탐욕의 여읨으로 이끌지 않고, 결박으로 이끌고 결박의 여읨으로 이끌지 않고,[1147] 집적으로 이끌고 집적의 여읨으로 이끌지 않고,[1148] 욕망으로 이끌고 욕망의 여읨으로 이끌지 않고, 불만으로 이끌고 만족으로 이끌지 않고, 교제로 이끌고 멀리 떠남으로 이끌지 않고, 태만으로 이끌고 정진으로 이끌지 않고,[259] 부양하기 어려움으로 이끌고 부양하기 쉬움으로 이끌지 않는 것을 안다면, 고따미여, 결국에는 그것은 가르침이 아니고 그것은 계율이 아니고 이것이 스승의 교설이 아니라는 것을 명심해야 한다."

3. [세존] "그런데 고따미여, 당신이 알고자 하는 가르침이 탐욕의 여읨으로 이끌고 탐욕으로 이끌지 않고, 결박의 여읨으로 이끌고 결박으로 이끌지 않고, 집적의 여읨으로 이끌고 집적으로 이끌지 않고, 욕망의 여읨으로 이끌고 대욕으로 이끌지 않고, 만족으로 이끌고 불만으로 이끌지 않고, 멀리 떠남으로 이끌고 교제로 이끌지 않고, 정진으로 이끌고 나태로 이끌지 않고, 부양하기 쉬움으로 이끌고 부양하기 어려움으로 이끌지 않는 것을 안다면, 고따미여, 결국에는 이것이 가르침이고 계율이고 이것이 스승의 가르침이라는 것을 명심해야 한다."[1149]

고따미의 청문이 끝났다.

6. 의무계율의 송출(pātimokkhauddesa)

1. 그런데 그때에 수행녀들을 위하여 의무계율이 설해지지 않았다.[1150] 세존께

1146) ye ca kho tvaṃ gotami : 이하의 가르침은 AN. IV. 280과 병행한다.

1147) saṃyogāya saṃvattanti no visaṃyogāya : 여기서 결박은 Mrp. IV. 137에 따르면, 윤회의 결박을 말한다.

1148) ācayāya saṃvattanti no apacayāya : 여기서 집적은 Mrp. IV. 137에 따르면, 윤회의 집적을 말한다. 즉, 거듭되는 윤회의 확장을 말한다.

1149) ekaṃsena gotamī, dhāreyyāsi neso dhammo neso vinayo netaṃ satthusāsanan'ti : Smp. 1292; Mrp. III. 137에 따르면, 이 가르침이 끝나자, 마하빠자빠띠 고따미는 거룩한 경지를 얻었다.

이 뜻을 알렸다.

[세존] "수행승들이여, 수행녀들을 위해서 의무계율을 설할 것을 허용한다."

그런데 수행승들에게 이런 생각이 일었다.

[수행승들] '누가 수행녀들을 위해서 의무계율을 설해야 하는가?'

세존께 이 뜻을 알렸다.

[세존] "수행승들이여, 수행승들이 수행녀들을 위하여 의무계율을 송출하는 것을 허용한다."

2. 그래서 그때에 수행승들은 수행녀들의 처소에 도착해서 수행녀들을 위해 의무계율을 설했다.[1151] 사람들은 혐책하고 분개하고 비난했다.

[사람들] "이 여자들은 이 남자들의 정부이며, 지금 이 남자들은 이 여자들과 함께 즐길 것이다."

수행승들은 그 사람들이 혐책하고 분개하고 비난하는 것에 대해 들었다. 그래서 그 수행승들은 그 사실을 세존께 알렸다.

[세존] "수행승들이여, 수행승들에 의해서 수행녀들에게 의무계율이 설해져서는 안 된다. 설한다면, 악작죄가 된다. 수행승들이여, 수행녀들이 수행녀들에게 의무계율을 송출하는 것을 허용한다."

수행녀들은 어떻게 의무계율을 송출해야 하는 지를 알지 못했다. 세존께 이 뜻을 알렸다.

[세존] "수행승들이여, 수행승들이 수행녀들에게 '이와 같이 의무계율을 송출한다.'라고 말하는 것을 허용한다."

3. 그런데 그 때에 수행녀들은 죄를 참회하지 않았다. 세존께 그 사실을 알렸다.

[세존] "수행승들이여, 수행녀는 죄를 참회하지 않으면 안 된다. 참회하지 않으면, 악작죄이다."

수행녀들은 '이처럼 죄를 참회해야 한다.'라고 알지 못했다. 세존께 그 사실을 알렸다.

[세존] "수행승들이여, 수행승들이 수행녀들에게 설명하여 그 죄를 참회하게

1150) tena kho pana samayena bhikkhunīnaṃ pātimokkhaṃ na uddisīyati : Bd. V. 359에 따르면, 수행녀들은 일반적으로 수행승을 다갸로 해서만 세존에게 접근할 있었다. 여기서 수행승들이 수행녀들이 의무계율의 송출을 듣지 못하는 것을 관찰하고 세존에게 자발적으로 보고한 것으로 보인다.

1151) tena kho pana samayena bhikkhū bhikkhūnūpassayaṃ upasaṅkamitvā bhikkhūnīnaṃ pātimokkhaṃ uddisan'ti : 속죄죄법 제23조(Pāc. 23)에서 품행방정한 수행승은 수행승들이 수행녀의 처소에 가서 훈계하는 것을 비난한다.

하는 것을 허용한다.”

4. 그러자[260] 수행승들에게 이러한 생각이 들었다.

[수행승들] ‘누가 수행녀들로부터 죄를 받아들여야 하는가?’

세존께 그 사실을 알렸다.

[세존] “수행승들이여, 수행승들이 수행녀들로부터 죄를 받아들이는 것을 허용한다.”

바로 그 때에 수행녀들은 도로, 골목길, 네거리에서 수행승을 보고서 발우를 땅에 놓고 한쪽 어깨에 상의를 걸치고서 한쪽 무릎을 꿇어앉아 합장을 하고서 죄를 참회했다.1152) 그러자 또한 사람들은 혐책하고 분개하고 비난했다.

[사람들] “이 여인들은 이 자들의 부인이며, 이 여자들은 이 남자들의 정부이며, 밤을 소홀히 해서 지금 사죄하고 있는 것이다.”

5. 세존께 그 사실을 알렸다.

[세존] “수행승들이여, 수행승들이 수행녀들로부터 죄를 받아들여서는 안 된다. 받아들인다면 악작죄가 된다. 수행승들이여, 수행녀들이 수행녀들로부터 죄를 받아들이는 것을 허용한다.”

그러나 수행녀들은 또한 죄를 받아들여야 하는 방법을 알지 못했다. 그들은 세존께 그 사실을 알렸다.

[세존] “수행승들이여, 수행승들이 수행녀들에게 가르쳐서 이와 같이 죄를 받아들이는 것을 허용한다.”

6. 그런데 그때에 수행녀들을 위해 갈마가 행해지지 않았다.1153) 세존께 그 사실을 알렸다.

[세존] “수행승들이여, 수행승들에 의해서 수행녀들을 위해 갈마를 행할 것을 허용한다”

이때에 수행승들에게 이런 생각이 났다.

[수행승들] “누가 참으로 수행녀들을 위해 갈마를 행해야 할 것인가?”

세존께 그 사실을 알렸다.

1152) tena kho pana samayena bhikkhuniyo rathikāyapil vyuhe'pi siṅghāṭakepi bhikkhuṃ passitvā pattaṃ bhūmiyaṃ nikkhipitvā ekaṃsaṃ uttarāsaṅgaṃ karitvā ukkuṭikaṃ nisīditvā añjaliṃ paggahetvā āpattiṃ paṭikaronti : Vin. IV. 271(비구니속죄죄법 제14조(Bhikkhunī Pāc. 14)에 도로, 골목길, 네거리에 대한 정의가 나온다.

1153) tena kho pana samayena bhikkhūnīnaṃ kammaṃ na kariyati : Smp. 1292에 따르면, ‘견책조치의 갈마 등의 일곱 가지 갈마가 행해지지 않았다.’는 뜻이다.

[세존] "수행승들이여, 수행승들이 수행녀들을 위해 갈마를 행할 것을 허용한다."

7. 그러자 그때에 갈마를 행한 수행녀들은 거리에서, 골목길에서 네거리에서 수행승들을 보고 발우를 땅에 놓고 한쪽 어깨에 상의를 걸치고 한쪽 무릎으로 앉아 합장을 하고서 이와 같이 확실하게 행해져야 한다고 생각하며 참회했다. 그러나 사람들은 여전히 혐책하고 분개하고 비난했다.

[사람들] "이 여자들은 이 남자들의 부인들이고, 이 여자들은 이 남자들의 정부들이며, 밤을 소홀히 하여 지금 사죄해야 하는 것이다."

세존께 그 사실을 알렸다.

[세존] "수행승들이여, 수행승들이 수행녀들을 위해 갈마를 행해서는 안 된다. 행하려 한다면 악작죄가 된다. 수행승들이여, 수행녀들이 수행녀들을 위해 갈마를 행할 것을 허용한다."

그러나 수행녀들은 또한 갈마를 행하는 방법을 알지 못했다. 세존께 그 사실을 알렸다.

[세존] "수행승들이여, 수행승들이 수행녀들에게 설명해서 이와 같이 갈마를 행할 수 있도록 허용한다."

의무계율의 송출이 끝났다.

7. 멸쟁(Adhikaraṇavūpasama : 滅諍)

1. 한때 수행녀들은 참모임 안에서[261] 다투고 싸우고 쟁론하면서 서로 입에 칼을 물고 찔렀다. 그들은 그 쟁사를 가라앉힐 수가 없었다. 세존께 그 사실을 알렸다.

[세존] "수행승들이여, 수행승들이 수행녀들의 쟁사를 가라앉힐 것을 허용한다."

2. 그러자 수행승들은 수행녀들의 쟁사를 가라앉게 했다. 그러나 쟁사를 가라앉힐 때에 갈마에 부쳐진 수행녀들과 죄를 범한 수행녀들이 있었다. 수행녀들은 이와 같이 말했다.

[수행녀들] "존자들이여, 존귀한 자매들이 수행녀들을 위하여 갈마를 행하고, 존귀한 자매들이 수행녀들을 위하여 죄를 처분하면 감사하겠습니다. 그런데 세존께서는 '수행승들이 수행녀들의 쟁사를 가라앉혀야 한다.'라고 시설하셨습니다."

세존께 그 사실을 알렸다.

[세존] "수행승들이여, 수행승들이 수행녀들을 위해 갈마를 행하는 것을 취소하고[1154] 수행녀들에게 위임하여 수행녀들이 수행녀들에게 갈마를 행하는 것과,

수행승들이 수행녀들을 위하여 죄를 처분하는 것을 취소하고 수행녀들에게 위임하여 수행녀들이 수행녀들을 위하여 죄를 처분하는 것을 허용한다."

멸쟁이 끝났다.

8. 수행녀 우빨라반나(Uppalavaṇṇā)

1. 그런데 그때에 수행녀 우빨라반나1155)의 제자인 수행녀가 칠년 동안 세존의 계율을 송출하면서 따라다녔지만, 그녀는 새김을 잃고 자꾸만 잊어버렸다. 그 수행녀는 전해 듣기로 세존께서 싸밧티 시로 오려고 한다는 것을 들었다. 그러자 그 수행녀에게 이런 생각이 들었다.

[우빨라반나의 제자] "나는 칠 년 동안 세존을 따라다니면서 계율을 송출하였지만, 나는 새김을 잃고 자꾸만 잊어버린다. 실로 여성으로서 종신토록 스승을 따라 다니는 것은 어렵다. 어떻게 나는 처신해야만 하는가?"

2. 그래서 그 수행녀는 수행녀들에게 그 사실을 알렸다. 수행녀들은 수행승들에게 그 사실을 알렸다. 수행승들은 세존께 그 사실을 알렸다.

[세존] "수행승들이여, 수행승들이 수행녀들을 위해 계율을 송출하는 것을 허용한다."1156)

수행녀 우빨라반나가 끝났다.
첫 번째 송출품이 끝났다.

II 두 번째 송출품(Dutiyabhaṇavāra : 9-16)

9. 수행승과 수행녀(Bhikkhubhikkhunī)

1. 한때 세존께서는 베쌀리 시에서 계실 만큼 계시다가 싸밧티 시로 유행을 떠났다. 차례로 유행하면서 싸밧티 시에 도착했다. 거기서 세존께서는 싸밧티 시에 있는 제따바나 숲의 아나타삔디까 승원에[262] 계셨다. 그런데 그때 여섯무리의 수행승들이 수행녀들에게 '그녀들은 아마도 우리에게 매혹될 것이다.'라고 생각

1154) anujānāmi bhikkhave bhikkhūhi bhikkhūnīnaṃ kammaṃ āropetvā bhikkhunīnaṃ niyyādetuṃ : Bd. V. 362에서처럼 'āropetvā … niyyādetuṃ'를 '행하는 것을 취소하고'라고 번역한다.

1155) Uppalavaṇṇā : 부처님의 여제자 수행녀 가운데 '신통을 지닌 님 가운데 제일(iddhimantīnaṃ aggaṃ : 神通第一)이다. 그녀는 싸밧티에서 부호의 딸로 태어났는데, 피부가 푸른 연꽃처럼 청정해서 우빨라반나라고 불렸다. 그녀가 성장하자 왕과 제후들이 다투어 청혼했다. 그러나 그녀는 아버지의 청을 받아들여 수행녀가 되었다. 그녀는 포살일에 등불을 밝히고 방을 쓸다가 등불을 관찰하는 불의 두루 채움[火遍處 : tejokasiṇa]의 선정에 들어 마침내 거룩한 님[阿羅漢]이 되었다. 그녀는 특히 초월적 능력인 신변에 능했다.

1156) anujānāmi bhikkhave bhikkhūhi bhikkhunīnaṃ vinayaṃ vācetun'ti : 여기서 계율이란 비나야(vinaya)를 말한다.

하며 흙탕물을 뿌렸다. 세존께 그 사실을 알렸다.

[세존] "수행승들이여, 수행승이 수행녀들에게 흙탕물을 뿌려서는 안 된다. 뿌리면, 악작죄가 된다. 수행승들이여, 그 수행승에 대하여 처벌1157)을 받는 것을 허용한다."

그러자 수행승들은 이와 같이 생각했다.

[수행승들] '어떠한 처벌을 받을 것인가?'

세존께 그 사실을 알렸다.

[세존] "수행승들이여, 그 수행승은 수행녀의 참모임으로부터 인사를 받지 못하는 자가 되어야 한다."

그런데 그때 여섯무리의 수행승들이 몸을 노출하여 수행녀들에게 보여 주고, 허벅지를 노출하여 수행녀들에게 보여 주고, 성기를 노출하여 수행녀들에게 보여 주고, '그녀들은 아마도 우리에게 매혹될 것이다.'라고 생각하며 수행녀들에게 음담패설을 하고, 수행녀들과 교제했다.1158)

세존께 그 사실을 알렸다.

[세존] "수행승들이여, 수행승들이 몸을 노출하여 수행녀들에게 보여 주어서는 안 되고, 허벅지를 노출하여 수행녀들에게 보여 주어서는 안 되고, 성기를 노출하여 수행녀들에게 보여 주어서는 안 되고, 수행녀들에게 음담패설을 해서는 안 되고, 수행녀들과 교제해서는 안 된다. 교제하면, 악작죄가 된다. 수행승들이여, 그 수행승에 대하여 처벌을 받는 것을 허용한다."

그러자 수행승들은 이와 같이 생각했다.

[수행승들] '어떠한 처벌을 받을 것인가?'

세존께 그 사실을 알렸다.

[세존] "수행승들이여, 그 수행승은 수행녀의 참모임으로부터 인사를 받지 못하는 자가 되어야 한다."

2. 한때 여섯무리의 수행녀들1159)이 수행승들에게 '그들은 아마도 우리에게 매혹될 것이다.'라고 생각하며 흙탕물을 뿌렸다. 세존께 그 사실을 알렸다.

[세존] "수행승들이여, 수행녀가 수행승들에게 흙탕물을 뿌려서는 안 된다.

1157) daṇḍakamma : Vin. I. 75. 76. 84.에서는 사회적인 태형이나 낙인형 등을 거론하고 있다.

1158) bhikkhuniyo obhāsanti, bhikkhunīhi saddhiṃ sampayojenti 'appevanāma amhesu sārajjeyyunti : Smp. 1292에 따르면, 정법이 아닌 사특한 방법(asadhammena) 으로 말하고 사귀는 것을 의미한다.

1159) chabbaggiyā bhikkhuniyo : 여섯무리의 수행승들(六群比丘)과 함께 함께 희롱하며 말썽을 부렸던 여섯 명의 수행녀를 말한다. 여섯무리의 수행녀의 이름은 알려져 있지 않다.

뿌리면, 악작죄가 된다. 수행승들이여, 그 수행녀에 대하여 처벌을 받는 것을 허용한다."

그러자 수행승들은 이와 같이 생각했다.

[수행승들] '어떠한 처벌을 받을 것인가?'

세존께 그 사실을 알렸다.

[세존] "수행승들이여, 출입금지[1160]를 행하는 것을 허용한다."

출입금지가 행해졌으나 수용되지 않았다. 세존께 그 사실을 알렸다.

[세존] "수행승들이여, 교계의 차단을 행하는 것을 허용한다."[1161]

그런데 그때 여섯무리의 수행녀들이 몸을 노출하여 수행승들에게 보여 주고, 허벅지를 노출하여 수행승들에게 보여 주고, 성기를 노출하여 수행승들에게 보여 주고, '그들은 아마도 우리에게 매혹될 것이다.'라고 생각하며 수행승들에게 음담하고,[263] 수행승들과 교제했다.

세존께 그 사실을 알렸다.

[세존] "수행승들이여, 수행녀들이 몸을 노출하여 수행승들에게 보여 주어서는 안 되고, 허벅지를 노출하여 수행승들에게 보여 주어서는 안 되고, 성기를 노출하여 수행승들에게 보여 주어서는 안 되고, 수행승들에게 음담패설을 해서는 안 되고, 수행승들과 교제해서는 안 된다. 교제하면, 악작죄가 된다. 수행승들이여, 그 수행승에 대하여 처벌을 받는 것을 허용한다."

그러자 수행승들은 이와 같이 생각했다.

[수행승들] '어떠한 처벌을 받을 것인가?'

세존께 그 사실을 알렸다.

[세존] "수행승들이여, 출입금지를 행하는 것을 허용한다."

출입금지가 행해졌으나 수용되지 않았다. 세존께 그 사실을 알렸다.

[세존] "수행승들이여, 교계의 차단을 행하는 것을 허용한다."

3. 그러자 수행승들은 이와 같이 생각했다.

[수행승들] '교계가 차단된 수행녀들과 함께 포살을 행하는 것이 가능한 것인가 불가능한 것인가?'

1160) āvaraṇa : Smp. 1292에 따르면, 처소로 들어가는 것을 막는 것이다. V. I. 84에 따르면, 원래는 사미들에게 부과된 승원에 들어가는 것을 금한 처벌이었다.

1161) anujānāmi bhikkhave ovādaṃ ṭhapetun'ti : Smp. 1293에 따르면, 수행녀의 처소에 가지 않는 것으로 교계가 차단된 것을 의미한다. 그러나 교계를 위해서 찾아온 수행녀들에게는 '이러한 수행녀가 부정하고 죄를 지었으므로 나는 그녀에 대한 교계를 차단한다. 그녀와 함께 포살을 행하지 말라.'라고 말해야 한다.

세존께 그 사실을 알렸다.

[세존] "수행승들이여, 쟁사가 가라앉을 때까지 수행녀들과 함께 포살을 행해서는 안 된다."

그런데 그때 존자 우다인은 교계의 차단을 행하고 유행을 떠났다. 수행녀들은 혐책하고 분개하고 비난했다.

[사람들] "어찌 존자 우다인은 교계의 차단을 행하고 유행을 떠날 수 있단 말인가?"

세존께 그 사실을 알렸다.

[세존] "수행승들이여, 교계의 차단을 행하고 유행을 떠나서는 안 된다. 떠나면, 악작죄가 된다."

그런데 그때 어리석은 자들, 총명하지 못한 자들이 교계의 차단을 행했다. 세존께 그 사실을 알렸다.

[세존] "수행승들이여, 어리석은 자들, 총명하지 못한 자들이 교계의 차단을 행해서는 안 된다. 차단하면, 악작죄가 된다."

그런데 그때 수행승들은 일도 없이 원인도 없이 교계의 차단을 행했다. 세존께 그 사실을 알렸다.

[세존] "수행승들이여, 일도 없이 원인도 없이 교계의 차단을 행해서는 안 된다. 차단하면, 악작죄가 된다."

그런데 그때 수행승들은 교계의 차단을 행하고 결정을 내리지 않았다.[1162]

[세존] "수행승들이여, 교계의 차단을 행하고 결정을 내리지 않아서는 안 된다. 결정을 내리지 않으면, 악작죄가 된다."

4. 그런데 그때 수행녀들은 교계에 가지 않았다. 세존께 그 사실을 알렸다.

[세존] "수행승들이여, 수행녀들이 교계에 가지 않아서는 안 된다. 가지 않으면, 원칙에 따라 행해져야 한다."[1163]

그래서 그때 모든 수행녀들의 무리가 교계에 갔다. 사람들이 혐책하고 [264] 분개하고 비난했다.

[사람들] "이 여인들은 이들의 부인이다. 이 여인들은 이들의 정부이다. 이

1162) tena kho pana samayena bhikkhu ovādaṃ ṭhapetvā vinicchayaṃ na denti : '교계의 차단을 행하고, 교계가 차단된 일에 대한 결정을 내리지 않았다.'는 뜻이다.

1163) na bhikkhave bhikkhuniyā ovādo na gantabbo. Yā na gaccheyya yathādhammo kāretabbā'ti : 비구니속죄죄법 제58조(Pāc. 58)을 참조하라.

여인들은 지금 이들과 함께 즐기려고 한다."

세존께 그 사실을 알렸다.

[세존] "수행승들이여, 모든 수행녀의 무리가 교계에 가서는 안 된다. 가면, 악작죄가 된다. 수행승들이여, 네다섯 명의 수행녀가 함께 교계에 가는 것을 허용한다."

그래서 네다섯 명의 수행녀들이 교계에 갔다. 사람들이 혐책하고 분개하고 비난했다.

[사람들] "이 여인들은 이들의 부인이다. 이 여인들은 이들의 정부이다. 이 여인들은 지금 이들과 함께 즐기려고 한다."

세존께 그 사실을 알렸다.

[세존] "수행승들이여, 네다섯 명의 수행녀들이 함께 교계에 가서는 안 된다. 가면, 악작죄가 된다. 수행승들이여, 두세 명의 수행녀들이 함께 교계에 가는 것을 허용한다. 한 수행승에게 다가가서 한쪽 어깨에 상의를 걸치고 두 발에 머리를 조아리고 웅크리고 앉아 합장하고 이와 같이 말해야 한다.

[수행녀들] '존자여, 수행녀의 참모임은 수행승의 참모임에게 두 발에 머리를 조아리고 교계를 받고자 청합니다. 존자여, 수행녀의 참모임이 교계를 받도록 해주십시오.'

그 수행승은 의무계율을 송출하는 수행승에게 다가가서 이와 같이 말해야 한다.

[수행승] '존자여, 수행녀의 참모임은 수행승의 참모임에게 두 발에 머리를 조아리고 교계를 받고자 청합니다. 존자여, 수행녀의 참모임이 교계를 받도록 해주십시오.'

의무계율을 송출하는 자는 말해야 한다.

[의무계율을 송출하는 자] '수행녀에 대한 교계자로 선정된 어떤 수행승이 있습니까?'

수행녀에 대한 교계자로 선정된 어떤 수행승이 있다면, 의무계율을 송출하는 자는 이와 같이 말해야 한다.

[의무계율을 송출하는 자] '이러이러한 수행승이 수행녀에 대한 교계자로 선정되었습니다. 수행녀의 참모임은 그에게 가십시오.'

만약에 수행녀에 대한 교계자로 선정된 어떤 수행승이 없다면, 의무계율을 송출하는 자는 이와 같이 말해야 한다.

[의무계율을 송출하는 자] '어떤 존자가 수행녀들을 교계할 수 있습니까?'

만약에 누군가가 수행녀들을 교계할 수 있고, 그가 여덟 가지 고리를 갖추었다면, 선정한 뒤에 말해야 한다.1164)

[의무계율을 송출하는 자] '이러이러한 수행승이 수행녀들에 대한 교계자로 선정되었습니다. 수행녀들의 참모임은 그에게 가십시오.'

만약에 아무도 수행녀들을 교계할 수 없다면, 의무계율을 송출하는 자는 이와 같이 말해야 한다.

[의무계율을 송출하는 자] '수행녀들에 대한 교계자로 선정된 자가 없습니다. 수행녀들의 참모임은 조화롭게 근신하십시오.'1165)

5. 그런데 그때 수행승들은 교계를 맡지 않았다. 세존께 그 사실을 알렸다.

[세존] "수행승들이여, 교계를 맡지 않으면 안 된다. 맡지 않으면, 악작죄가 된다."

그런데 그때 어떤 어리석은 수행승이 있었다. 수행녀들이 그에게 다가가서 이와 같이 말했다.

[수행녀들] "존자여, 교계를 맡으십시오."

[어리석은 수행승] "자매여, 나는[265] 어리석습니다. 어떻게 내가 교계를 맡습니까?"

[수행녀들] "존자여, 교계를 맡아야 합니다. 세존께서는 이와 같이 '수행승이 수행녀들에게 교계를 맡아야 한다.'라고 시설했습니다."

세존께 그 사실을 알렸다.

[세존] "수행승들이여, 어리석은 자는 제외하고 나머지가 교계를 맡는 것을 허용한다."

그런데 그때 어떤 수행승이 병이 들었다. 수행녀들이 그에게 다가가서 이와 같이 말했다.

[수행녀들] "존자여, 교계를 맡으십시오."

[병든 수행승] "자매여, 나는 병이 들었습니다. 어떻게 내가 교계를 맡습니까?"

[수행녀들] "존자여, 교계를 맡아야 합니다. 세존께서는 이와 같이 '수행승이

1164) so ca hoti aṭṭhahaṅgehi samannāgato sammantitvā vattabbo : 여덟 가지 고리는 Vin. IV. 51 — AN. II. 22-23에는 네 가지만 언급되어 있다 — 을 참조하라. 여덟 가지 고리는 첫 번째로 '계행을 갖추고, 의무계율을 실천하고, 의무계율을 통한 제어를 수호하고, 행실과 행경을 원만히 하여, 작은 잘못에서 두려움을 보고 학습계율을 수용하여 배운다.'는 등의 여덟 가지를 말한다.

1165) pāsādikena bhikkhunī saṅgho sampādetu'ti : 교계를 듣는 것이 불가능하다면, 수행녀들이 교계 없이 서로 평화롭게 조화롭게 스스로 문제를 해결하고 노력을 기울여야 한다는 뜻이다.

수행녀들에게 교계를 맡아야 한다.'라고 시설했습니다."

세존께 그 사실을 알렸다.

[세존] "수행승들이여, 어리석은 자와 병든 자는 제외하고 나머지가 교계를 맡는 것을 허용한다."

그런데 그때 어떤 수행승이 유행하고 있었다. 수행녀들이 그에게 다가가서 이와 같이 말했다.

[수행녀들] "존자여, 교계를 맡으십시오."

[유행하는 수행승] "자매여, 나는 유행하고 있습니다. 어떻게 내가 교계를 맡습니까?"

[수행녀들] "존자여, 교계를 맡아야 합니다. 세존께서는 이와 같이 '수행승이 수행녀들에게 교계를 맡아야 한다.'라고 시설했습니다."

세존께 그 사실을 알렸다.

[세존] "수행승들이여, 어리석은 자와 병든 자와 유행하는 자는 제외하고 나머지가 교계를 맡는 것을 허용한다."

그런데 그때 어떤 수행승이 숲속에 살고 있었다. 수행녀들이 그에게 다가가서 이와 같이 말했다.

[수행녀들] "존자여, 교계를 맡으십시오."

[숲속 수행승] "자매여, 나는 숲속에 살고 있습니다. 어떻게 내가 교계를 맡습니까?"

[수행녀들] "존자여, 교계를 맡아야 합니다. 세존께서는 이와 같이 '수행승이 수행녀들에게 교계를 맡아야 한다.'라고 시설했습니다."

세존께 그 사실을 알렸다.

[세존] "수행승들이여, 숲속에 사는 수행승들이 교계를 맡되, '나는 여기서 맡겠다.'라고 말하며, 약속장소를 정하는 것을 허용한다."

그런데 그때 어떤 수행승이 교계를 맡고 알리지 않았다. 세존께 그 사실을 알렸다.

[세존] "수행승들이여, 교계를 맡고 알리지 않으면 안 된다. 알리지 않으면, 악작죄가 된다."

그런데 그때 어떤 수행승이 교계를 맡고 오지 않았다. 세존께 그 사실을 알렸다.

[세존] "수행승들이여, 교계를 맡고 오지 않으면 안 된다. 오지 않으면, 악작죄가 된다."

그런데 그때 수행녀들이 약속장소에 가지 않았다. 세존께 그 사실을 알렸다.

[세존] "수행승들이여, 수행녀들은 약속장소에 가지 않으면 안 된다. 가지 않으면, 악작죄가 된다."

수행승과 수행녀가 끝났다.

10. 몸의 장식(Kāyālaṅkāra)

1. 한때[266] 수행녀들이 긴 허리띠를 착용하고 그것으로 주름을 꼬아서 묶었다.1166) 사람들은 혐책하고 분개하고 비난했다.

[사람들] "마치 감각적 쾌락의 욕망을 즐기는 재가의 여인과 같다."

세존께 그 사실을 알렸다.

[세존] "수행승들이여, 수행녀가 긴 허리띠를 착용해서는 안 된다. 착용한다면, 악작죄가 된다. 수행승들이여, 수행녀에게 한 바퀴 도는 허리띠를 허용한다. 그것으로 주름을 꼬아서 묶어서는 안 된다. 묶으면, 악작죄가 된다."

2. 한때 수행녀들이 대나무껍질로 주름을 꼬아서 묶었다. 사람들은 혐책하고 분개하고 비난했다.

[사람들] "마치 감각적 쾌락의 욕망을 즐기는 재가의 여인과 같다."

세존께 그 사실을 알렸다.

[세존] "수행승들이여, 수행녀가 대나무껍질로 주름을 꼬아서 묶어서는 안 된다. 묶으면, 악작죄가 된다."

3. 한때 수행녀들이 가죽포로 주름을 꼬아서 묶었다. 사람들은 혐책하고 분개하고 비난했다.

[사람들] "마치 감각적 쾌락의 욕망을 즐기는 재가의 여인과 같다."

세존께 그 사실을 알렸다.

[세존] "수행승들이여, 수행녀가 가죽포로 주름을 꼬아서 묶어서는 안 된다. 묶으면, 악작죄가 된다."

4. 한때 수행녀들이 흰 천으로 주름을 꼬아서 묶었다. 사람들은 혐책하고 분개하고 비난했다.

[사람들] "마치 감각적 쾌락의 욕망을 즐기는 재가의 여인과 같다."

세존께 그 사실을 알렸다.

[세존] "수행승들이여, 수행녀가 흰 천으로 주름을 꼬아서 묶어서는 안 된다.

1166) teh'eva phāsuke namenti : Smp. 1293에 따르면, 여염집의 딸처럼 다단한 천으로 주름장식을 만들어 조였다.

묶으면, 악작죄가 된다."

5. 한때 수행녀들이 땋은 천으로 주름을 꼬아서 묶었다. 사람들은 혐책하고 분개하고 비난했다.

[사람들] "마치 감각적 쾌락의 욕망을 즐기는 재가의 여인과 같다."

세존께 그 사실을 알렸다.

[세존] "수행승들이여, 수행녀가 땋은 천으로 주름을 꼬아서 묶어서는 안 된다. 묶으면, 악작죄가 된다."

6. 한때 수행녀들이 술장식천으로 주름을 꼬아서 묶었다. 사람들은 혐책하고 분개하고 비난했다.

[사람들] "마치 감각적 쾌락의 욕망을 즐기는 재가의 여인과 같다."

세존께 그 사실을 알렸다.

[세존] "수행승들이여, 수행녀가 술장식천으로 주름을 꼬아서 묶어서는 안 된다. 묶으면, 악작죄가 된다."

7. 한때 수행녀들이 주라포1167)로 주름을 꼬아서 묶었다. 사람들은 혐책하고 분개하고 비난했다.

[사람들] "마치 감각적 쾌락의 욕망을 즐기는 재가의 여인과 같다."

세존께 그 사실을 알렸다.

[세존] "수행승들이여, 수행녀가 주라포로 주름을 꼬아서 묶어서는 안 된다. 묶으면, 악작죄가 된다."

8. 한때 수행녀들이 땋은 주라포로 주름을 꼬아서 묶었다. 사람들은 혐책하고 분개하고 비난했다.

[사람들] "마치 감각적 쾌락의 욕망을 즐기는 재가의 여인과 같다."

세존께 그 사실을 알렸다.

[세존] "수행승들이여, 수행녀가 땋은 주라포로 주름을 꼬아서 묶어서는 안 된다. 묶으면, 악작죄가 된다."

9. 한때 수행녀들이 술장식주라포로 주름을 꼬아서 묶었다. 사람들은 혐책하고 분개하고 비난했다.

[사람들] "마치 감각적 쾌락의 욕망을 즐기는 재가자와 같다."

1167) coḷapaṭṭa : 한역으로 주라포(朱羅布)인데, 주라는 비단이 아니라 가사(袈裟)를 만드는 무명천을 말한다.

세존께 그 사실을 알렸다.

[세존] "수행승들이여, 수행녀가 술장식주라포로 주름을 꼬아서 묶어서는 안 된다. 묶으면, 악작죄가 된다."

10. 한때 수행녀들이 땋은 실로 주름을 꼬아서 묶었다. 사람들은 혐책하고 분개하고 비난했다.

[사람들] "마치 감각적 쾌락의 욕망을 즐기는 재가자와 같다."

세존께 그 사실을 알렸다.

[세존] "수행승들이여, 수행녀가 땋은 실로 주름을 꼬아서 묶어서는 안 된다. 묶으면, 악작죄가 된다."

11. 한때 수행녀들이 술장식실로 주름을 꼬아서 묶었다. 사람들은 혐책하고 분개하고 비난했다.

[사람들] "마치 감각적 쾌락의 욕망을 즐기는 재가자와 같다."

세존께 그 사실을 알렸다.

[세존] "수행승들이여, 수행녀가 술장식실로 주름을 꼬아서 묶어서는 안 된다. 묶으면, 악작죄가 된다."

12. 그런데 한때 수행녀들이 소의 경골로 허리를 안마하고, 소의 악골로 허리를 안마하고, 팔을 안마하고, 손등을 안마하고, 정강이를 안마하고, 발등을 안마하고, 허벅지를 안마하고, 얼굴을 안마하고, 잇몸을 안마했다.1168) 사람들은 그녀들에 대해서 혐책하고 분개하고 비난했다.

[사람들] "마치 감각적 쾌락의 욕망을 즐기는 재가의 여인과 같다."

세존께 그 사실을 알렸다.

[세존] "수행승들이여, 수행녀들은 소의 경골로 허리를 안마해서는 안 되고, 소의 악골로 허리를 안마해서는 안 되고, 팔을 안마해서는 안 되고, 손등을 안마해서는 안 되고, 정강이를 안마해서는 안 되고, 발등을 안마해서는 안 되고, 허벅지를 안마해서는 안 되고, 얼굴을 안마해서는 안 되고, 잇몸을 안마해서는 안 된다. 안마하면, 악작죄가 된다."

1168) tena kho pana samayena bhikkhuniyo aṭṭhillena jaghanaṃ ghaṃsāpenti, gohanukena jaghanaṃ koṭṭāpenti, hatthaṃ koṭṭāpenti, hatthakocchaṃ koṭṭāpenti pādaṃ koṭṭāpenti. pādakocchaṃ koṭṭāpenti, ūruṃ koṭṭāpenti. mukhaṃ koṭṭāpenti, dantamaṃsaṃ koṭṭāpenti : Smp. 1293에 따르면, 'aṭṭhilla'는 소의 정강이뼈이고 'gohanuka'는 소의 턱뼈이rh, 'pāda'는 '정강이'이다.

13. 그런데 한때 여섯무리의 수행녀들이 얼굴을 바르고, 얼굴을 마찰하고, 얼굴을 분바르고, 웅황으로 얼굴에 표시하고, 사지를 칠하고, 얼굴을 칠하고, 사지와 얼굴을 칠했다.[1169] 사람들은 그녀들에 대해서 혐책하고 분개하고 비난했다.

[사람들] "마치 감각적 쾌락의 욕망을 즐기는 재가의 여인과 같다."

세존께 그 사실을 알렸다.

[세존] "수행승들이여,[267] 수행녀들은 얼굴을 발라서는 안 되고, 얼굴을 마찰해서는 안 되고, 얼굴을 분발라서는 안 되고, 웅황으로 얼굴에 표시해서는 안 되고, 사지를 칠해서는 안 되고, 얼굴을 칠해서는 안 되고, 사지와 얼굴을 칠해서는 안 된다. 칠하면, 악작죄가 된다."

14. 그런데 한때 여섯무리의 수행녀들이 눈가를 화장하고, 이마에 경면을 칠하고, 창문으로 엿보고, 문밖으로 몸을 내밀고,[1170] 춤추기를 개최하고, 기녀를 후원하고, 선술집을 세우고, 정육점을 세우고, 시장을 운영하고, 고리대금에 종사하고, 장사에 종사하고. 노예남자를 거느리고, 노예여자를 거느리고, 하인을 거느리고, 하녀를 거느리고, 축생을 키우고, 야채를 팔고, 펠트[1171]를 가지고 다녔다. 사람들은 그녀들에 대해서 혐책하고 분개하고 비난했다.

[사람들] "마치 감각적 쾌락의 욕망을 즐기는 재가자와 같다."

세존께 그 사실을 알렸다.

[세존] "수행승들이여, 수행녀들이 눈가를 화장해서는 안 되고, 이마에 경면을 해서는 안 되고, 창문으로 엿보아서는 안 되고, 문밖으로 몸을 내밀어서는 안 되고, 춤추기를 개최해서는 안 되고, 기녀를 후원해서는 안 되고, 선술집을 세워서는 안 되고, 도살장을 세워서는 안 되고, 시장을 운영해서는 안 되고, 고리대금에 종사해서는 안 되고, 장사에 종사해서는 안 되고, 노예남자를 거느려서는 안 되고, 노예여자를 거느려서는 안 되고, 하인을 거느려서는 안 되고, 하녀를 거느려서는 안 되고, 축생을 키워서는 안 되고, 소채를 팔아서는 안 되고, 펠트를 가지고 다녀서는 안 된다. 가지고 다니면, 악작죄가 된다."

1169) tena kho pana samayena chabbaggiyā bhikkhuniyo mukhaṃ ālimpenti, mukhaṃ ummaddenti, mukhaṃ cuṇṇenti, manosilikāya mukhaṃ lañchenti, aṅgarāgaṃ karonti, mukharāgaṃ karonti, aṅgarāgamukharāgaṃ karonti : 비구니속죄죄 제90조-제91조(Pāc. 90-91)를 참조하라.

1170) sāloke tiṭṭhanti : 원래 '빛 가운데 서있고'라는 뜻인데, Smp. 1293에 따르면, 문을 열고 반신을 드러내어 서있는 것을 말한다.

1171) namataka : '면도칼용 펠트'를 말한다.

15. 그런데 한때 여섯무리의 수행승들은 온통 푸른색 옷을 입고, 온통 노란색 옷을 입고, 온통 붉은색 옷을 입고, 온통 진홍색 옷을 입고, 온통 검은색 옷을 입고, 온통 홍람색 옷을 입고, 온통 낙엽색 옷을 입고, 테두리가 갈라진 옷을 입고, 테두리가 긴 옷을 입고, 꽃을 수놓은 테두리가 있는 옷을 입고, 뱀후드를 수놓은 테두리가 있는 옷을 입고, 자켓을 입고, 나무껍질옷을 입었다. 사람들은 그녀들에 대해서 혐책하고 분개하고 비난했다.

[사람들] "마치 감각적 쾌락의 욕망을 즐기는 재가자와 같다."

세존께 그 사실을 알렸다.

[세존] "수행승들이여, 수행승들은 온통 청색 옷을 입어서는 안 되고, 온통 푸른색 옷을 입어서는 안 되고, 온통 노란색 옷을 입어서는 안 되고, 온통 붉은색 옷을 입어서는 안 되고, 온통 진홍색 옷을 입어서는 안 되고, 온통 검은색 옷을 입어서는 안 되고, 온통 홍람색 옷을 입어서는 안 되고, 온통 낙엽색 옷을 입어서는 안 되고, 테두리가 갈라진 옷을 입어서는 안 되고, 테두리가 긴 옷을 입어서는 안 되고, 꽃을 수놓은 테두리가 있는 옷을 입어서는 안 되고, 뱀후드를 수놓은 테두리가 있는 옷을 입어서는 안 되고, 자켓을 입어서는 안 되고, 나무껍질옷을 입어서는 안 된다. 입으면, 악작죄가 된다.

몸의 장식이 끝났다.

11. 필수품(Parikkhāra)

1. 그런데 한때 어떤 수행녀가 죽으면서 이와 같이 말했다.

[어떤 수행녀] "나는 사후에 나의 필수품을 참모임에 귀속시키겠다."

그러자 수행승들과 수행녀들은[268] '나의 것이다. 나의 것이다.'라고 싸웠다.

세존께 그 사실을 알렸다.

2. [세존]

1) "수행승들이여, 만약에 수행녀가 죽으면서 '나는 사후에 나의 필수품을 참모임에 귀속시키겠다.'라고 말한다면, 거기서 수행승의 참모임이 주인이 아니므로 그것은 수행녀의 참모임에 귀속된다.

2) 수행승들이여, 만약에 정학녀가 죽으면서 '나는 사후에 나의 필수품을 참모임에 귀속시키겠다.'라고 말한다면, 거기서 수행승의 참모임이 주인이 아니므로 그것은 수행녀의 참모임에 귀속된다.

3) 수행승들이여, 만약에 사미니가 죽으면서 '나는 사후에 나의 필수품을 참모임

에 귀속시키겠다.'라고 말한다면, 거기서 수행승의 참모임이 주인이 아니므로 그것은 수행녀의 참모임에 귀속된다.

4) 수행승들이여, 만약에 수행승이 죽으면서 '나는 사후에 나의 필수품을 참모임에 귀속시키겠다.'라고 말한다면, 거기서 수행녀의 참모임이 주인이 아니므로 그것은 수행승의 참모임에 귀속된다.

5) 수행승들이여, 만약에 사미가 죽으면서 '나는 사후에 나의 필수품을 참모임에 귀속시키겠다.'라고 말한다면, 거기서 수행녀의 참모임이 주인이 아니므로 그것은 수행승의 참모임에 귀속된다.

6) 수행승들이여, 만약에 재가의 남자신자가 죽으면서 '나는 사후에 나의 필수품을 참모임에 귀속시키겠다.'라고 말한다면, 거기서 수행녀의 참모임이 주인이 아니므로 그것은 수행승의 참모임에 귀속된다.

7) 수행승들이여, 만약에 재가의 여자신자가 죽으면서 '나는 사후에 나의 필수품을 참모임에 귀속시키겠다.'라고 말한다면, 거기서 수행녀의 참모임이 주인이 아니므로 그것은 수행승의 참모임에 귀속된다."

필수품이 끝났다.

12. 말라 족의 여인(Mallī)

1. 한때 예전에 말라 족이었던 여인이 수행녀들 가운데 출가했다. 그녀가 수레가 다니는 길에서 힘없는 수행승을 보고 어깨쪽지로 그를 쳐서 넘어뜨렸다. 수행승들이 그녀에 대해 혐책하고 분개하고 비난했다.

[수행승들] "어찌 수행녀가 수행승을 때릴 수 있는가?"

2. 세존께 그 사실을 알렸다.

[세존] "수행승들이여, 수행녀가 수행승을 때려서는 안 된다. 때리면, 악작죄가 된다.[1172] 수행승들이여, 수행녀가 수행승을 보면, 멀리서부터 비껴서 길을 양보하는 것을 허용한다."

말라 족의 여인이 끝났다.

13. 발우 안의 태아(Pattagabbha)

1. 한때 어떤 여인이 남편이 출타 중에 정부와 관계하여 임신을 했다.[1173] 그녀는

1172) na bhikkhave bhikkhuniyā bhikkhussa pahāro dātabbo. yā dadeyya āpatti dukkaṭassa : 속죄죄법 제74조(Pāc. 74)에 따르면, 수행승이 다른 사람을 때리면, 속죄죄에 속한다.

1173) tena kho pana samayena aññatarā itthi pavutthapatikā jārena gabbhinī hoti : 이 이야기는 일부가 Vin.

낙태를 하고 자신의 가문에 탁발을 의존하는 수행녀에게 이와 같이 말했다.

[어떤 여인] '존자여, 이 태아를 발우에 받으시오.'

그래서 그 수행녀는 그 태아를 발우에 넣고는 대의로 덮고 왔다. 그런데 그때 어떤 탁발수행승이 '내가 첫 번째 얻은 탁발식은 수행승이나 수행녀에게 주지 않고는 먹지 않겠다.'라고 작정했다.

그래서 그 수행승은 그 수행녀를 보자 이와 같이 말했다.

[수행승] "자매여, 이 탁발음식을 받으시오."

[수행녀] "존자여, 괜찮습니다."

두 번째에도 그 수행승은 그 수행녀를 보자 이와 같이 말했다.

[수행승] "자매여, 이 탁발음식을 받으시오."

[수행녀] "존자여, 괜찮습니다."

세 번째에도 그 수행승은 그 수행녀를 보자 이와 같이 말했다.

[수행승] "자매여, 이 탁발식을 받으시오."

[수행녀] "존자여, 괜찮습니다."

[수행승] "자매여, 이 탁발식 '내가 첫 번째 얻을 탁발식은 수행승이나 수행녀에게 주지 않고는 먹지 않겠다.'라고[269] 작정했습니다. 그러니 이 탁발음식을 받아 주십시오."

2. 그러자 그 수행녀는 그 수행승의 압력에 못 이겨 발우를 꺼내서 보여 주었다.

[수행녀] "존자여, 보시오. 발우에는 태아가 있습니다. 아무에게도 알리지 마십시오."

그러자 그 수행승은 혐책하고 분개하고 비난했다.

[수행승] "어찌 수행녀가 발우에 태아를 넣어 가지고 다니는가?"

그래서 그 수행승은 수행승들에게 그 사실을 알렸다. 수행승들 가운데 욕망을 여의고, 만족을 알고, 부끄러움을 알고, 후회할 줄 알고 배움을 원하는 자들은 그들에 대하여 혐책하고 분개하고 비난했다.

[수행승들] "어찌 수행녀가 발우에 태아를 넣어 가지고 다니는가?"

세존께 그 사실을 알렸다.

[세존] "수행승들이여, 수행녀가 발우에 태아를 넣어 가지고 다녀서는 안 된다. 가지고 다니면, 악작죄가 된다. 수행승들이여, 수행녀가 수행승을 보면, 발우를

III. 83과 병행한다.

꺼내서 보여 주는 것을 허용한다."

3. 그런데 한때 여섯무리의 수행녀들이 수행승을 보고 발우를 엎은 뒤에 발우의 바닥을 보여 주었다. 수행승들이 그녀들에 대해 혐책하고 분개하고 비난했다.

[수행승들] "어찌 여섯무리의 수행녀들이 수행승을 보고 발우를 엎은 뒤에 발우의 바닥을 보여 줄 수 있단 말인가?"

그래서 수행승들은 세존께 그 사실을 알렸다.

[세존] "수행승들이여, 수행녀가 수행승을 보고 발우를 엎은 뒤에 발우의 바닥을 보여 주어서는 안 된다. 보여 주면, 악작죄가 된다. 수행승들이여, 수행녀가 수행승을 보고 발우를 기울여 보여 주는 것을 허용한다. 발우 안에 음식이 있으면, 그것으로 수행승에게 제공하는 것이 좋다."

발우 안의 태아가 끝났다.

14. 남근(Purisavyañjana : 男根)

1. 그런데 한때 싸밧티 시의 수레가 다니는 길에 남근이 버려져 있었다. 수행녀들이 그것을 흥미있게 살펴 보았다. 사람들이 고성을 질렀다. 그 수행녀들은 부끄러웠다. 그리고 그 수행녀들은 처소로 가서 수행녀들에게 그 사실을 알렸다. 수행승녀들 가운데 욕망을 여의고, 만족을 알고, 부끄러움을 알고, 후회할 줄 알고 배움을 원하는 자들은 그녀들에 대하여 혐책하고 분개하고 비난했다.

[수행녀들] "어찌 수행녀들이 남근을 살펴볼 수 있단 말인가?"

2. 그래서 수행녀들은 수행승들에게 그 사실을 알렸다. 수행승들은 세존께 그 사실을 알렸다.

[세존] "수행승들이여, 수행녀가 남근을 살펴보아서는 안 된다. 살펴보면, 악작죄가 된다."

남근이 끝났다.

15. 음식(Āmisa)

1. 그런데 한때 사람들이 수행승들에게 음식을 주었는데, 수행승들은 그것을 수행녀들에게 주었다. 사람들이 혐책하고 분개하고 비난했다.

[사람들] "어찌 존자들이 자신이 수용하도록[270] 주어진 것을 타인에게 줄 수 있는가? 우리는 어떻게 보시해야 하는지 알지 못하겠다."

세존께 그 사실을 알렸다.

[세존] "수행승들이여, 자신이 수용하도록 주어진 것을 타인에게 주지 말라. 주면, 악작죄가 된다."

2. 그런데 한때 수행승들에게 음식이 남아돌았다. 세존께 그 사실을 알렸다.

[세존] "수행승들이여, 참모임에 주는 것을 허용한다."

그럼에도 많이 남아돌았다. 세존께 그 사실을 알렸다.

[세존] "수행승들이여, 개인에게도 나누어 주는 것을 허용한다."

그런데 그때 수행승들이 음식을 저장했는데도 과다했다.[1174] 세존께 그 사실을 알렸다.

[세존] "수행승들이여, 수행승들이 저장한 것을 수행승들이 수행녀들에게 제공한 뒤에 사용하는 것을 허용한다."[1175]

3. 그런데 한때 사람들이 수행녀들에게 음식을 주었는데, 수행녀들은 그것을 수행승들에게 주었다. 사람들이 그것에 대해 혐책하고 분개하고 비난했다.

[사람들] "어찌 수행녀들은 자신이 수용하도록 주어진 것을 타인에게 줄 수 있는가? 우리는 어떻게 보시해야 하는지 알지 못하겠다."

세존께 그 사실을 알렸다.

[세존] "수행승들이여, 수행녀는 자신이 수용하도록 주어진 것을 타인에게 주지 말라. 주면, 악작죄가 된다."

4. 그런데 그때 수행녀들에게 음식이 남아돌았다. 세존께 그 사실을 알렸다.

[세존] "수행승들이여, 참모임에 주는 것을 허용한다."

그럼에도 많이 남아돌았다. 세존께 그 사실을 알렸다.

[세존] "수행승들이여, 개인에게도 나누어 주는 것을 허용한다."

그런데 그때 수행녀들이 음식을 저장했는데 과다했다. 세존께 그 사실을 알렸다.

[세존] "수행승들이여, 수행녀들이 저장한 것을 수행녀들과 수행승들이 수용하여 사용하는 것을 허용한다."

음식이 끝났다.

1174) tena kho pana samayena bhikkhūnaṃ sannidhikataṃ āmisaṃ ussannaṃ hoti : Vin. IV. 87(속죄죄법 제38조;Pāc. 38)에서는 원래 음식의 저장은 속죄죄에 해당한다. Vin. I. 209에서는 필수의약에 해당하는 음식은 일주일 이상 보관해서는 안 되다. DN. III. 235; MN. I. 523; AN. IV. 370에 따르면, 거룩한 님은 저장한 것을 자신의 감각적 쾌락을 위해서 사용해서는 안 된다. Vin. II. 300에서 '소금이 없을 경우 나는 먹을 수 없다.'라고 생각하고 뿔에 소금을 가지고 다니는 것이 허용되지 않았다. Vin. II. 300에 따르면, 저장된 것의 식사는 속죄죄에 해당한다.

1175) anujānāmi bhikkhave bhikkhūnaṃ sannidhiṃ bhikkhūnīhi bhikkhūhi paṭiggahāpetvā paribhuñjitunti : Smp. 1294에 따르면, 어제 받아서 수행승이 오늘 제공한, 저장된 음식을 수행녀가 사용할 수 있다.

16. 와좌구 및 기타(Senāsanādi)

1. 그런데 그때 수행승들에게 와좌구가 넘쳐났지만, 수행녀들에게는 없었다. 수행녀들이 수행승들 앞에 사자를 파견했다.

[수행녀들] "존자들이여, 존자들께서는 일시적으로 저희들에게 와좌구를 주시면 감사하겠습니다."

세존께 그 사실을 알렸다.

[세존] "수행승들이여, 수행녀들에게 일시적으로 와좌구를 주는 것을 허용한다."

2. 그런데 그때 월경 중인 수행녀들이 커버가 있는 침상과 커버가 있는 의자에 눕기도 하고 앉기도 했기 때문에 와좌구가 피로 물들었다. 세존께 그 사실을 알렸다.

[세존] "수행승들이여, 월경 중인[271] 수행녀들이 커버가 있는 침상과 커버가 있는 의자에 누워서도 안 되고 앉아서도 안 된다. 눕거나 앉는다면, 악작죄가 된다. 수행승들이여, 실내복을 허용한다."1176)

실내복이 피로 물들었다. 세존께 그 사실을 알렸다.

[세존] "수행승들이여, 소대(小帶)1177)를 허용한다."

속옷이 떨어졌다. 세존께 그 사실을 알렸다.

[세존] "수행승들이여, 끈으로 묶어 허벅지에 차는 것을 허용한다."

끈이 잘려졌다. 세존께 그 사실을 알렸다.

[세존] "수행승들이여, 허리옷과 허리띠를 허용한다."

그런데 그때 여섯무리의 수행녀들이 언제나 항상 허리띠를 차고 다녔다. 사람들이 혐책하고 분개하고 비난했다.

[사람들] "마치 감각적 쾌락의 욕망을 즐기는 재가의 여인과 같다."

세존께 그 사실을 알렸다.

[세존] "수행승들이여, 수행녀들은 언제나 항상 허리띠를 차고 다녀서는 안 된다. 다니면, 악작죄가 된다. 수행승들이여, 월경 시에 허리띠를 차고 다는 것을 허용한다."

와좌구 및 기타가 끝났다.
두 번째 송출품이 끝났다.

1176) anujānāmi bhikkhave āvasathacīvaran'ti : 비구니속죄죄법 제47조(Pāc. 47)를 참조하라.

1177) āṇicoḷaka : Böhtlingk-Roth의 산스크리트대사전에는 'āṇi'가 '무릎 위의 바로 있는 다리의 부분'이라고 정의하고 있다. 이에 따라서 한역으로 소대(小帶)라고 번역한다. Bd. V. 374에서는 '핀과 천조각'이라고 번역하고 있다.

III 세 번째 송출품(Tatiyabhāṇavāra : 17-27)

17. 스물네 가지 장애(Antarāyacatuvīsatika)

1. 그런데 그때 구족계를 받은 자매들 가운데는 성징이 없는 여인, 성적으로 결함이 있는 여인, 월경이 없는 여인, 항상 월경하는 여인, 항상 기저귀를 차는 여인, 체액을 흘리는 여인, 음순이 긴 여인, 여자 빤다까, 남성적 여자, 성기가 파괴된 여인, 남녀추니1178)가 있었다. 세존께 그 사실을 알렸다.

[세존] "수행승들이여, 구족계를 줄 때에 스물네 가지 장애법1179)에 대하여 묻는 것을 허용한다. 수행승들이여, 이와 같이 물어야 한다.

1) '그대는 성징이 없는 여인이 아닙니까?

2) 그대는 성적으로 결함이 있는 여인이 아닙니까?

3) 그대는 월경이 없는 여인이 아닙니까?

4) 그대는 항상 월경하는 여인이 아닙니까?

5) 그대는 항상 기저귀를 차는 여인이 아닙니까?

6) 그대는 체액을 흘리는 여인이 아닙니까?

7) 그대는 음순이 긴 여인이 아닙니까?

8) 그대는 여자 빤다까가 아닙니까?

9) 그대는 남성적 여자이 아닙니까?

10) 그대는 성기가 파괴된 여인이 아닙니까?

11) 그대는 남녀추니가 아닙니까?

12) 이와 같은 질병 즉, 나병, 종기, 습진, 폐병, 간질이 있습니까?

13) 사람입니까?

14) 여인입니까?

15) 자유민입니까?

16) 채무가 없습니까?

17) 왕의 신하가 아닙니까?

1178) animittāpi nimittamattāpi alohitāpi dhūvalohitāpi paggharantipi sikhariṇīpi itthipaṇḍakāpi vepurisikāpi samhinnāpi ubhatobyañjanakāpi : 각각 한역에서는 '무상녀(無相女), 소상녀(少相女), 무월수녀(無月水女), 상월수녀(常月水女), 항포녀(恒布女), 누수녀(漏水女), 장굴녀(長崛女), 황문녀(黃門女), 출양변녀(出兩邊女), 괴근녀(壞根女), 이근녀(二根女)'라고 한다.

1179) catuvīsati antarāyike dhamme : 한역의 이십사장법(二十四障法)으로 수행녀가 구족계를 받는데 장애가 될 수 있는 아래의 질문사항을 말한다.

18) 어머니의 허락을 맡았습니까?
19) 아버지의 허락을 맡았습니까?
20) 지아비의 허락을 맡았습니까?[1180]
21) 스무 살을 채웠습니까?[1181]
22) 발우와 옷을 마련했습니까?[1182]
23) 이름은 무엇입니까?
24) 청원자[1183]의 이름은 무엇입니까?'

2. 그런데 한때 수행승들은 수행녀들에게 장애법에 대하여 물었다. 구족계를 받고자 원하는 자매들은 곤혹해하고 부끄러워하면서 대답할 수가 없었다.

세존께 그 사실을 알렸다.

[세존] "수행승들이여, 수행녀의 참모임에서 한편으로 구족계를 받고 청정해진 이후에 수행승의 참모임에서 구족계를 받는 것을 허용한다."

그런데 그때 수행녀들은 구족계를 받고자 원하는 자매들에게 아직 교계를 주지 않았는데, 장애법에 대하여 물었다. 구족계를 받고자 하는 자매들은[272] 곤혹해하고 부끄러워하면서 대답할 수가 없었다.

세존께 그 사실을 알렸다.

[세존] "수행승들이여, 먼저 교계하고 나중에 장애법에 대하여 묻는 것을 허용한다."

그러자 그들은 참모임 가운데 교계했다. 구족계를 받고자 하는 자매들은 곤혹해하고 부끄러워하면서 대답할 수가 없었다.

세존께 그 사실을 알렸다.

[세존] "수행승들이여, 한쪽에서 교계하고 참모임 가운데 장애법에 대하여 묻는 것을 허용한다."

수행승들이여, 이와 같이 교계해야 한다. 먼저 여성친교사를 선정하도록 해야 한다. 여성친교사가 선정된 뒤에 발우와 옷을 보여 주고 '이것이 그대의 발우입니다.

1180) anuññātāsi mātāpituhi sāmikena : 속죄죄법 제80조(Pāc. 80)

1181) santi te evarūpā ābādhā : kuṭṭhaṃ gaṇḍo kilāso soso apamāro. Manussāsi, itthisi, bhujissāsi, anaṇāsi, nasi rājabhaṭī, anuññātāsi mātāpituhi sāmikena, paripuṇṇavīsativassāsi : 속죄죄법 제71조-제73조(Pāc. 71-73)을 보라.

1182) paripuṇṇaṃ te pattacīvaraṃ : 위에서 언급한 스물네 가지 장애라는 것은 여기까지를 언급한 것이다.

1183) pavattinī : 원래 '제안자, 청원자'란 뜻인데, Vin. IV. 305(비구니속죄죄법 제69조; Pāc. 69)에서 여성친교사(upajjhā)를 의미한다.

이것이 대의입니다. 이것이 상의입니다. 이것이 하의입니다. 이것이 속옷입니다. 이것이 목욕옷입니다.[1184] 가서 이러이러한 곳에 서십시오.'라고 말해야 한다."

3. 어리석어 총명하지 못한 자매들이 교계했다. 교계를 잘못 받았지만 구족계를 받고자 원하는 자매들은 곤혹해하고 부끄러워해서 대답할 수가 없었다. 세존께 그 사실을 알렸다.

[세존] "수행승들이여, 어리석어 총명하지 못한 자매들이 교계해서는 안 된다. 교계하면, 악작죄가 된다. 수행승들이여, 총명하고 유능한 자매들이 교계하는 것을 허용한다."

4. 선정되지 않은 자매가 교계를 주었다. 세존께 그 사실을 알렸다.

[세존] "수행승들이여, 선정되지 않은 자매가 교계를 주어서는 안 된다. 교계를 주면, 악작죄가 된다. 수행승들이여, 선정된 자매가 교계를 주는 것을 허용한다."

수행승들이여, 그런데 이와 같이 선정해야 한다. 자신이 자신을 선정하던가, 또는 타인이 타인을 선정해야 한다. 어떻게 자신이 자신을 선정할 수 있는가? 총명하고 유능한 수행녀가 참모임에 알려야 한다.

[자원] '존귀한 자매들이여, 참모임은 저에게 귀를 기울이십시오. 이러이러한 존귀한 자매가 구족계를 받고자 합니다. 참모임에 옳은 일이면, 이러이러한 자매에게 제가 구족계를 주겠습니다.'

이와 같이 자신이 자신을 선정할 수 있다. 어떻게 타인이 타인을 선정할 수 있는가? 총명하고 유능한 수행녀가 참모임에 알려야 한다.

[선언] '존귀한 자매들이여, 참모임은 저에게 귀를 기울이십시오. 이러이러한 존귀한 자매가 구족계를 받고자 합니다. 참모임에 옳은 일이면, 이러이러한 자가 이러이러한 자매에게 구족계를 주겠습니다.'

5. 그 선정된 수행녀는 구족계를 받고자 하는 자매에게 다가가서 이와 같이 말해야 한다.

[질문] '이러이러한 자매여, 들으십시오. 지금은 그대가 진리를 말하는 때, 진실을 말하는 때입니다. 그대에게 일어난 일에 대해 참모임 가운데 질문을 받으면,

---

1184) ayaṃ saṅghāṭi, ayaṃ uttarāsaṅgo, ayaṃ antaravāsako, idaṃ saṅkaccikaṃ, ayaṃ udakasāṭikā : 한역에서는 차례로 승가리(僧伽梨), 울다라승(鬱陀羅僧), 안타회(安陀會), 복견의(覆肩依), 수욕의(水浴依)라고 한다. 이것들은 수행녀의 다섯벌 옷이라고 한다. Vin. IV. 282(비구니속죄죄법 제24조-제25조; Pāc. 24-25)를 참조하라. 승가리(僧伽梨), 울다라승(鬱陀羅僧), 안타회(安陀會)은 세벌 옷이라고 하는데, 세벌 옷에 대해서는 이 책(Vin. II. 299)의 주석을 보라.

'그렇다면 그렇다.'고 말하고 '아니면, 아니다.'라고 말해야 합니다. 곤혹해하지 말고 부끄러워하지 마십시오. 이와 같이 그대에게 묻겠습니다.

1) '그대는 성징이 없는 여인이 아닙니까?
2) 그대는 성적으로 결함이 있는 여인이 아닙니까?
3) 그대는 월경이 없는 여인이 아닙니까?
4) 그대는 항상 월경하는 여인이 아닙니까?
5) 그대는 항상 기저귀를 차는 여인이 아닙니까?
6) 그대는 체액을 흘리는 여인이 아닙니까?
7) 그대는 음순이 긴 여인이 아닙니까?
8) 그대는 여자 빤다까가 아닙니까?
9) 그대는 남성적 여자이 아닙니까?
10) 그대는 성기가 파괴된 여인이 아닙니까?
11) 그대는 남녀추니가 아닙니까?
12) 이와 같은 질병 즉, 나병, 종기, 습진, 폐병, 간질이 있습니까?
13) 사람입니까?
14) 여인입니까?
15) 자유민입니까?
16) 채무가 없습니까?
17) 왕의 신하가 아닙니까?
18) 어머니의 허락을 맡았습니까?
19) 아버지의 허락을 맡았습니까?
20) 지아비의 허락을 맡았습니까?
21) 스무 살을 채웠습니까?
22) 발우와 옷을 마련했습니까?
23) 이름은 무엇입니까?
24) 청원자의 이름은 무엇입니까?'"

6. [세존] "그들은[273] 함께 왔다.[1185] 그들은 함께 도착해서는 안 된다. 교계자가 무엇보다 먼저 와서 참모임에 알려야한다.

[청원] '존귀한 자매들이여, 참모임은 나의 말에 귀를 기울이십시오. 이러이러

1185) ekato āgacchanti : 선정된 수행녀인 교계녀와 구족계를 받고자 하는 자매가 함께 온 것을 말한다.

한 자매가 이러이러한 자매로부터 구족계를 받고자 합니다. 그녀는 제게 교계를 받았습니다. 참모임에 옳은 일이라면, 이러이러한 자매를 오게 하십시오.'

그녀에게 이와 같이 말해야 한다.

[수락] '오십시오.'

한쪽 어깨에 상의를 걸치게 하고 수행녀들의 양 발에 머리를 조아리게 하고 웅크리고 앉게 하고 합장하게 하고 이와 같이 구족계를 청하도록 해야 한다.

[청원1] '존귀한 자매들이여, 저는 참모임에 구족계를 청합니다. 존귀한 자매들이여, 참모임은 저를 애민히 여겨 저를 제도하여 주십시오.'

[청원2] '두 번째에도 존귀한 자매들이여, 저는 참모임에 구족계를 청합니다. 존귀한 자매들이여, 참모임은 저를 애민히 여겨 저를 제도하여 주십시오.'

[청원3] '세 번째에도 존귀한 자매들이여, 저는 참모임에 구족계를 청합니다. 존귀한 자매들이여, 참모임은 저를 애민히 여겨 저를 제도하여 주십시오.'

7. 총명하고 유능한 수행녀가 참모임에 알려야 한다.

[질문] '존귀한 자매들이여, 참모임은 제 말에 귀를 기울이십시오. 여기 있는 이러이러한 자매는 이러이러한 자매로부터 구족계를 받고자 원합니다. 만약에 참모임에 옳은 일이라면, 저는 이러이러한 자매에게 장애법에 대해 묻겠습니다. 이러이러한 자매여, 들으십시오. 지금은 그대가 진리를 말할 때이고 진실을 말할 때입니다. 다음과 같은 사항에 대하여 묻겠습니다. 그러면 그렇다고 말씀하시고 아니면 아니라고 말해야 합니다.

1) '그대는 성징이 없는 여인이 아닙니까?

2) 그대는 성적으로 결함이 있는 여인이 아닙니까?

3) 그대는 월경이 없는 여인이 아닙니까?

4) 그대는 항상 월경하는 여인이 아닙니까?

5) 그대는 항상 기저귀를 차는 여인이 아닙니까?

6) 그대는 체액을 흘리는 여인이 아닙니까?

7) 그대는 음순이 긴 여인이 아닙니까?

8) 그대는 여자 빤다까가 아닙니까?

9) 그대는 남성적 여자이 아닙니까?

10) 그대는 성기가 파괴된 여인이 아닙니까?

11) 그대는 남녀추니가 아닙니까?

12) 이와 같은 질병 즉, 나병, 종기, 습진, 폐병, 간질이 있습니까?

13) 사람입니까?
14) 여인입니까?
15) 자유민입니까?
16) 채무가 없습니까?
17) 왕의 신하가 아닙니까?
18) 어머니의 허락을 맡았습니까?
19) 아버지의 허락을 맡았습니까?
20) 지아비의 허락을 맡았습니까?
21) 스무 살을 채웠습니까?
22) 발우와 옷을 마련했습니까?
23) 이름은 무엇입니까?
24) 청원자의 이름은 무엇입니까?'"

8. [세존] "총명하고 유능한 수행녀가 참모임에 알려야 한다.

[제안] '존귀한 자매여, 참모임은 나의 말에 귀를 기울이십시오. 여기 있는 이러이러한 자매가 이러이러한 자매로부터 구족계를 받고자 합니다. 그녀는 장애법이 없이 청정합니다. 발우와 옷을 준비했습니다. 이러이러한 자매가 이러이러한 존귀한 자매를 스승으로 참모임에 구족계를 청하고 있습니다. 참모임에 옳은 일이라면, 참모임은 이러이러한 자매에게 이러이러한 존귀한 자매를 스승으로 구족계를 주겠습니다. 이것이 제안입니다.'

[제청1] '존귀한 자매여, 참모임은 나의 말에 귀를 기울이십시오. 여기 있는 이러이러한 자매가 이러이러한 자매로부터 구족계를 받고자 합니다. 그녀는 장애법이 없이 청정합니다. 발우와 옷을 준비했습니다. 이러이러한 자매가 이러이러한 존귀한 자매를 스승으로 참모임에 구족계를 청하고 있습니다. 참모임은 이러이러한 자매에게 이러이러한 존귀한 자매를 스승으로 구족계를 주겠습니다. 이러이러한 자매에게 이러이러한 존귀한 자매를 스승으로 구족계를 주는 것을 찬성하는 존귀한 자매는 침묵하고, 찬성하지 않는 존귀한 자매는 말하시오.'

[제청2] '두 번째에도 그 사실을 말했다. 존귀한 자매여, 참모임은 나의 말에 귀를 기울이십시오. 여기 있는 이러이러한 자매가 이러이러한 자매로부터 구족계를 받고자 합니다. 그녀는 장애법이 없이 청정합니다. 발우와 옷을 준비했습니다. 이러이러한 자매가 이러이러한 존귀한 자매를 스승으로 참모임에 구족계를 청하고 있습니다. 참모임은 이러이러한 자매에게 이러이러한 존귀한 자매를 스승으로

구족계를 주겠습니다. 이러이러한 자매에게 이러이러한 존귀한 자매를 스승으로 구족계를 주는 것을 찬성하는 존귀한 자매는 침묵하고, 찬성하지 않는 존귀한 자매는 말하시오.'

[제청3] '세 번째에도 그 사실을 말했다. 존귀한 자매여, 참모임은 나의 말에 귀를 기울이십시오. 여기 있는 이러이러한 자매가 이러이러한 자매로부터 구족계를 받고자 합니다. 그녀는 장애법이 없이 청정합니다. 발우와 옷을 준비했습니다. 이러이러한 자매가 이러이러한 존귀한 자매를 스승으로 참모임에 구족계를 청하고 있습니다. 참모임은 이러이러한 자매에게 이러이러한 존귀한 자매를 스승으로 구족계를 주겠습니다. 이러이러한 자매에게 이러이러한 존귀한 자매를 스승으로 구족계를 주는 것을 찬성하는 존귀한 자매는 침묵하고, 찬성하지 않는 존귀한 자매는 말하시오.'

[결정] '참모임은 이러이러한 자매에게 이러이러한 존귀한 자매를 스승으로 구족계를 주었습니다. 참모임이 찬성하여 침묵했으므로, 저는 그와 같이 알겠습니다.'"

9. [세존] "곧바로 그녀를 데리고 수행승들에게 다가가서 한쪽 어깨에 상의를 걸치게 하고 수행승들의 두 발에 머리를 조아리고 웅크리고 합장하여 구족계를 청하도록 해야 한다.

[청원1] '저는 이러이러한 자매로 이러이러한 존귀한 자매를 통해 구족계를 받고자 합니다.[274] 저는 한편으로는 수행녀의 참모임에서 구족계를 받아서 청정하게 되었습니다. 존자들이여, 참모임에 구족계를 청합니다. 존자들이여, 참모임은 애민히 여겨 저를 제도하여 주십시오.'

[청원2] '두 번째에도 저는 이러이러한 자매로 이러이러한 존귀한 자매를 통해 구족계를 받고자 합니다. 저는 한편으로는 수행녀의 참모임에서 구족계를 받아서 청정하게 되었습니다. 존자들이여, 참모임에 구족계를 청합니다. 존자들이여, 참모임은 애민히 여겨 저를 제도하여 주십시오.'

[청원3] '세 번째에도 저는 이러이러한 자매로 이러이러한 존귀한 자매를 통해 구족계를 받고자 합니다. 저는 한편으로는 수행녀의 참모임에서 구족계를 받아서 청정하게 되었습니다. 존자들이여, 참모임에 구족계를 청합니다. 존자들이여, 참모임은 애민히 여겨 저를 제도하여 주십시오.'"

10. [세존] "총명하고 유능한 수행승이 참모임에 알려야 한다.

[제안] '존자들이여, 참모임은 제 말에 귀를 기울이십시오. 이러이러한 이 자매

는 이러이러한 존귀한 자매를 통해 구족계를 받고자 해서, 한편으로는 수행녀의 참모임에서 구족계를 받았는데, 청정합니다. 이러이러한 자매가 이러이러한 자매를 스승으로 참모임에 구족계를 청하고 있습니다. 참모임에 옳은 일이라면, 존자들이여, 참모임은 이러이러한 자매에게 이러이러한 자매를 스승으로 구족계를 주겠습니다. 이것이 제안입니다.'

[제청1] '존자들이여, 참모임은 제 말에 귀를 기울이십시오. 이러이러한 이 자매는 이러이러한 존귀한 자매를 통해 구족계를 받고자 해서, 한편으로는 수행녀의 참모임에서 구족계를 받았는데, 청정합니다. 이러이러한 자매가 이러이러한 자매를 스승으로 참모임에 구족계를 청하고 있습니다. 참모임은 이러이러한 자매에게 이러이러한 자매를 스승으로 구족계를 주겠습니다. 이러이러한 자매에게 이러이러한 자매를 스승으로 구족계를 주는 것에 동의하면 침묵하시고, 이견이 있으면 말씀하십시오.'

[제청2] '두 번째에도 저는 이 사실을 말합니다. 존자들이여, 참모임은 제 말에 귀를 기울이십시오. 이러이러한 이 자매는 이러이러한 존귀한 자매를 통해 구족계를 받고자 해서, 한편으로는 수행녀의 참모임에서 구족계를 받았는데, 청정합니다. 이러이러한 자매가 이러이러한 자매를 스승으로 참모임에 구족계를 청하고 있습니다. 참모임은 이러이러한 자매에게 이러이러한 자매를 스승으로 구족계를 주겠습니다. 이러이러한 자매에게 이러이러한 자매를 스승으로 구족계를 주는 것에 동의하면 침묵하시고, 이견이 있으면 말씀하십시오.'

[제청3] '세 번째에도 저는 이 사실을 말합니다. 존자들이여, 참모임은 제 말에 귀를 기울이십시오. 이러이러한 이 자매는 이러이러한 존귀한 자매를 통해 구족계를 받고자 해서, 한편으로는 수행녀의 참모임에서 구족계를 받았는데, 청정합니다. 이러이러한 자매가 이러이러한 자매를 스승으로 참모임에 구족계를 청하고 있습니다. 참모임은 이러이러한 자매에게 이러이러한 자매를 스승으로 구족계를 주겠습니다. 이러이러한 자매에게 이러이러한 자매를 스승으로 구족계를 주는 것에 동의하면 침묵하시고, 이견이 있으면 말씀하십시오.'

[결정] '참모임은 이러이러한 자매에게 이러이러한 자매를 스승으로 구족계를 주었습니다. 참모임이 찬성하여 침묵했으므로, 저는 그와 같이 알겠습니다.'

그리고 곧바로 해의 그림자를 헤아리고, 계절의 길이가 밝히고, 날의 시점이 밝히고, 합송에 대하여 설명하고, 수행녀들에게는 이와 같이 말해야 한다.

[알림] '그녀에게 세 가지 기초생활수단[1186]과 여덟 가지 행해서는 안 될 사

항[1187]을 알리시오.'"

스물네 가지 장애가 끝났다.

18. 자리의 차지(Āsanapaṭibāhana)

1. 그런데 한때 수행녀들이 식당에서 자리를 미루다가 시간을 넘겨버렸다. 세존께 그 사실을 알렸다.

[세존] "수행승들이여, 수행녀들은 여덟 명까지는 법랍의 순서대로 그 나머지는 오는 순서대로 따르는 것을 허용한다."[1188]

그러자 그때 수행녀들은 '세존께서는 수행녀들은 여덟 명까지는 법랍의 순서대로 그 나머지는 오는 순서대로 따르는 것을 허용했다.'고 말하며 모든 곳에서 수행녀들은 여덟 명까지는 법랍의 순서대로 그 나머지는 오는 순서대로 따랐다.

2. 세존께 그 사실을 알렸다.

[세존] "수행승들이여, 식당에서는 수행녀들은 여덟 명까지는 법랍의 순서대로 그 나머지는 오는 순서대로 차지하는 것을 허용한다. 다른 모든 곳에서는 법랍의 순서를 따라 차지되어서는 안 된다. 차지하면, 악작죄가 된다."

자리의 차지가 끝났다.

19. 자자(Pavāraṇā : 自恣)

1. 한때[275] 수행녀들이 자자를 행하지 않았다.[1189] 세존께 그 사실을 알렸다.

[세존] "수행승들이여, 수행녀들이 자자를 행하지 않아서는 안 된다. 행하지 않으면, 원칙에 따라서 처리되어야 한다."[1190]

그러자 수행녀들은 스스로 자자를 행하고 수행승의 참모임에서는 자자를 행하지 않았다. 세존께 그 사실을 알렸다.

[세존] "수행승들이여, 수행녀들은 스스로 자자를 행하고 수행승의 참모임에서는 자자를 행하지 않아서는 안 된다. 자자를 행하지 않는다면, 원칙에 따라 처리되어야 한다."[1191]

1186) tayo ca nissaye : Vin. I. 95에 따르면, 숲속에 거주하는 것은 수행녀들에게 금지되었다.

1187) aṭṭha ca akaraṇīyāni : 한역의 팔비사(八非事)이다. 수행녀의 승단추방죄법(Bhikkhunī Pār.)을 말한다. 수행승의 사조항(Vin. I. 96)에 네 조항이 추가되어 성립된다.

1188) anujānāmi bhikkhave aṭṭhannaṃ bhikkhunīnaṃ yathāvuḍḍhaṃ avasesānaṃ yathāgatikan'ti : 원어는 '여덟 수행녀들은 법랍의 순서대로 그 나머지는 오는 순서대로 따르는 것을 허용한다.'라고 되어 있다.

1189) bhikkhuniyo na pavārenti : 비구니속죄죄법 제57조(Bhikkhunī Pāc. 57)를 참조하라.

1190) na bhikkhave bhikkhuniyā na pavāretabbaṃ. yā na pavāreyya yathādhammo kāretabboti : 비구니속죄죄법 제57조(Bhikkhunī Pāc. 57)를 참조하라.

그런데 그때 수행녀들이 수행승들과 함께 자자를 행하다가 소동을 일으켰다. 세존께 그 사실을 알렸다.

[세존] "수행승들이여, 수행녀들이 수행승들과 함께 자자를 행해서는 안 된다. 행하면, 악작죄가 된다."

그런데 그때 수행녀들이 식전에 자자를 행하다가 때를 넘겼다. 세존께 그 사실을 알렸다.

[세존] "수행승들이여, 식후에 자자를 행하는 것을 허용한다."

식후에 자자를 행하다가 때 아닌 때가 되었다. 세존께 그 사실을 알렸다.

[세존] "수행승들이여, 당일에는 수행녀의 참모임에서 자자를 행하고 다음 날에는 수행승의 참모임에서 자자를 행하는 것을 허용한다."

2. 그런데 한때 모든 수행녀의 참모임이 자자를 행하다가 소란을 일으켰다. 세존께 그 사실을 알렸다.

[세존] "수행승들이여, 한 총명하고 유능한 수행녀를 선정하여 수행녀의 참모임을 위하여 수행승의 참모임에서 자자를 행하는 것을 허용한다."

[세존] "수행승들이여, 그런데 이와 같이 선정해야 한다.

[세존] "먼저 수행녀에게 요청해야 한다. 요청한 뒤에 총명하고 유능한 수행녀가 참모임에 알려야 한다.

[제안] '존귀한 자매들이여, 참모임은 나의 말에 귀를 기울이십시오. 참모임에 옳은 일이라면, 참모임은 이러이러한 수행녀를 선정하여 수행녀의 참모임을 위하여 수행승의 참모임에서 자자를 행하겠습니다. 이것이 제안입니다.'

[제청] '존귀한 자매들이여, 참모임은 나의 말에 귀를 기울이십시오. 참모임에 옳은 일이라면, 참모임은 이러이러한 수행녀를 선정하여 수행녀의 참모임을 위하여 수행승의 참모임에서 자자를 행합니다. 이러이러한 수행녀를 선정하여 수행녀의 참모임을 위하여 수행승의 참모임에서 자자를 행하는 것에 동의하면 침묵하시고, 이견이 있으면 말씀하십시오.'

[결정] '참모임은 이러이러한 수행녀를 선정했고 수행녀의 참모임을 위하여 수행승의 참모임에서 자자를 행하기로 했습니다. 참모임이 찬성하여 침묵했으므로, 저는 그와 같이 알겠습니다.'

그 선정된 수행녀는 수행녀의 참모임을 데리고 수행승의 참모임을 찾아가서

1191) na bhikkhave bhikkhuniyā attanā pavāretvā bhikkhusaṅgho na pavāretabbo. yā na pavāreyya yathādhammo kāretabbo'ti : 비구니속죄죄법 제57조(Bhikkhunī Pāc. 57)를 참조하라.

한쪽 어깨에 상의를 걸치고 연상의 수행승들의 양 발에 머리를 조아린 뒤에 웅크리고 앉아 합장하여 이와 같이 말해야 한다.

[자자1] '존자들이여, 수행녀의 참모임은[276] 존귀한 수행승의 참모임에서 보거나 듣거나 의심한 것에 대하여 자자를 행하니, 존자들이여, 수행승의 참모임은 수행녀의 참모임을 애민히 여겨 말씀해 주십시오. 인지하면서 참회하겠습니다.'

[자자2] '두 번째에도 존자들이여, 수행녀의 참모임은 존귀한 수행승의 참모임에서 보거나 듣거나 의심한 것에 대하여 자자를 행하니, 존자들이여, 수행승의 참모임은 수행녀의 참모임을 애민히 여겨 말씀해 주십시오. 인지하면서 참회하겠습니다.'

[자자3] '세 번째에도 존자들이여, 수행녀의 참모임은 존귀한 수행승의 참모임에서 보거나 듣거나 의심한 것에 대하여 자자를 행하니, 존자들이여, 수행승의 참모임은 수행녀의 참모임을 애민히 여겨 말씀해 주십시오. 인지하면서 참회하겠습니다.'

자자가 끝났다.

20. 수행승과 수행녀(Bhikkhubhikkhunī)

1. 그런데 그때 수행녀들이 수행승들에 대하여 포살을 차단시키고, 자자를 차단시키고, 명령을 내리고, 권위를 세우고, 허락을 얻고, 비난을 하고, 기억을 확인하게 만들었다.1192) 세존께 그 사실을 알렸다.

[세존] "수행승들이여, 수행녀들이 수행승들에 대하여

1) 포살을 차단시켜서는 안 된다. 차단시켰라도 차단된 것이 아니다. 차단시키면, 악작죄가 된다.

2) 자자를 차단시켜서는 안 된다. 차단시켰라도 차단된 것이 아니다. 차단시키면, 악작죄가 된다.

3) 명령을 내려서는 안 된다. 내려졌더라도 내려진 것이 아니다. 내리면, 악작죄가 된다.

4) 권위를 세워서는 안 된다. 세웠더라도, 세워진 것이 아니다. 세우면, 악작죄가 된다.

5) 허가를 받아서도 안 된다. 받았더라도 받아진 것이 아니다. 받으면, 악작죄가 된다.

1192) savacanīyaṃ karonti, anuvādaṃ paṭṭhapenti, okāsaṃ kārenti, codenti, sārenti : Vin. II. 5를 참조하라.

6) 비난을 해서도 안 된다. 비난했더라도 비난된 것이 아니다. 비난하면, 악작죄가 된다.
7) 기억을 확인하게 만들어서는 안 된다. 만들었더라도 만들어진 것이 아니다. 만든다면, 악작죄가 된다."

2. 그런데 한때 수행승들이 수행녀들에 대하여 포살을 차단시키고, 자자를 차단시키고, 명령을 내리고, 권위를 세우고, 허락을 얻고, 비난을 하고, 기억을 확인하게 만들었다. 세존께 그 사실을 알렸다.

[세존] "수행승들이여, 수행승들이 수행녀들에 대하여
1) 포살을 차단시켜서는 안 된다. 차단시켰라도 차단된 것이 아니다. 차단시키면, 악작죄가 된다.
2) 자자를 차단시켜서는 안 된다. 차단시켰라도 차단된 것이 아니다. 차단시키면, 악작죄가 된다.
3) 명령을 내려서는 안 된다. 내려졌더라도 내려진 것이 아니다. 내리면, 악작죄가 된다.
4) 권위를 세워서는 안 된다. 세웠더라도, 세워진 것이 아니다. 세우면, 악작죄가 된다.
5) 허가를 받아서도 안 된다. 받았더라도 받아진 것이 아니다. 받으면, 악작죄가 된다.
6) 비난을 해서도 안 된다. 비난했더라도 비난된 것이 아니다. 비난하면, 악작죄가 된다.
7) 기억을 확인하게 만들어서는 안 된다. 만들었더라도 만들어진 것이 아니다. 만든다면, 악작죄가 된다."

수행승과 수행녀가 끝났다.

21. 수레타기(Yānagata)

1. 그런데 그때 여섯무리의 수행녀들이 암소를 묶어 남자가 모는 수레를 타고 다니거나 황소를 묶어 여자가 모는 수레를 타고 다녔다.[1193] 사람들이 그녀들에 대해 혐책하고 분개하고 비난했다.

[사람들] "마치 갠지스 강과 마히 강의 축제와 같다."

1193) tena kho pana samayena chabbaggiyā bhikkhuniyo yānena yāyanti itthiyuttenapi purisantarena purisayutt enapi itthantarena : Vin. I. 190과 비구니속죄죄법 제85조(Bhikkhunī Pāc. 85)를 참조하라.

세존께 그 사실을 알렸다.

[세존] "수행승들이여, 수행녀들이 수레를 타고 다녀서는 안 된다. 타고 다니면, 원칙에 따라 처리되어야 한다."[1194]

2. 그런데 그때 어떤 수행녀가 병이 들어서 발로 걸을 수가 없었다. 세존께 그 사실을 알렸다.

[세존] "수행승들이여, 환자인 자매에게는 수레를 허용한다."

그러자 수행녀들은 이와 같이 생각했다.

[수행녀들] '암소를 묶은 수레인가 황소를 묶은 수레인가?'

세존께 그 사실을 알렸다.

[세존] "수행승들이여, 나는 암소를 묶은 것과 황소를 묶은 손수레를 허용한다."

그런데 그때 어떤 수행녀가 수레가 덜컹거리는 바람에 큰 불편을 겪었다.[277]

세존께 그 사실을 알렸다.

[세존] "수행승들이여, 가마를 허용한다."

수레타기가 끝났다.

22. 사자인 수행녀(Dūtabhikkhunī)

1. 그런데 그때 기녀 앗다까씨[1195]가 수행녀들 가운데 출가했다. 그녀는 '나는 세존 앞에서 구족계를 받겠다.'라고 생각하고 싸밧티 시로 가고자 원했다. 악한들이 이와 같이 들었다.

[악한들] '기녀 앗다까씨가 싸밧티 시로 가고자 원한다.'

그들은 길을 가로막았다. 그리고 기녀 앗다까씨는 이와 같이 들었다.

[앗다까씨] '악한들이 길을 가로막았다.'

그녀는 세존의 앞에 사자를 파견하여 이와 같이 말했다.

[앗다까씨] '저는 실로 구족계를 받고자 원하는데, 어떻게 행해야 합니까?'

그러자 세존께서는 이것을 기회로 이것을 원인으로 법문을 하고 수행승들에게 일렀다.

[세존] "수행승들이여, 나는 사자를 통해서 구족계를 주는 것을 허용한다."[1196]

1194) na bhikkhave bhikkhuniyā yānena yāyitabbaṃ. yā yāyeyya yathā dhammo kāretabbo'ti : 여기서 원칙은 비구니속죄죄법 제85조(Bhikkhunī Pāc. 85)를 말한다.

1195) Aḍḍhakāsī : 그녀는 바라나씨 시(Bārāṇasī)의 부호의 딸이였으나 전생에 거룩한 님을 기녀라고 비난한 까닭에 기구한 운명으로 금생에 라자가하 시의 기녀가 되었다. 그녀는 부처님의 설법을 듣고 출가하여 수행녀가 되었다. 여기에 구족계를 청하는 장면이 등장한다. 후에 그녀는 거룩한 님이 되어 Thig. 25. 26의 시를 남겼다.

1196) anujānāmi bhikkhave dūtenapi upasampādetun'ti : Vin. I. 58에 따르면, '수행승들이여, 열 명 이하의 모임으

2. 그들은 수행승을 사자로 삼아 구족계를 주었다. 세존에게 그 사실을 알렸다.

[세존]

1) "수행승들이여, 수행승을 사자로 삼아 구족계를 주어서는 안 된다. 구족계를 주면, 악작죄가 된다.

2) 수행승들이여, 정학녀를 사자로 삼아 구족계를 주어서는 안 된다. 구족계를 주면, 악작죄가 된다.

3) 수행승들이여, 사미를 사자로 삼아 구족계를 주어서는 안 된다. 구족계를 주면, 악작죄가 된다.

4) 수행승들이여, 사미니를 사자로 삼아 구족계를 주어서는 안 된다. 구족계를 주면, 악작죄가 된다.

5) 수행승들이여, 어리석어 총명하지 못한 자매를 사자로 삼아 구족계를 주어서는 안 된다. 구족계를 주면, 악작죄가 된다.

수행승들이여, 총명하고 유능한 수행녀를 사자로 삼아 구족계를 주는 것을 허용한다."

3. 그 수행녀인 사자는 참모임을 찾아가서 한쪽 어깨에 상의를 걸치고 수행승들의 양 발에 머리를 조아린 뒤에 웅크리고 앉아 합장하여 이와 같이 말해야 한다.

[청원1] '존자들이여, 이러이러한 자매가 이러이러한 고귀한 자매로부터 구족계를 받고자 하는데, 한편으로 수행녀의 참모임에서 구족계를 받아 청정합니다. 그러나 그녀는 무언가 장애로 인하여 오지 못했습니다. 존자들이여, 이러이러한 자매가 참모임에 구족계를 청하니, 애민히 여겨 그녀를 제도하여 주십시오.'

[청원2] '두 번째에도 존자들이여, 이러이러한 자매가 이러이러한 고귀한 자매로부터 구족계를 받고자 하는데, 한편으로 수행녀의 참모임에서 구족계를 받아 청정합니다. 그러나 그녀는 무언가 장애로 인하여 오지 못했습니다. 존자들이여, 이러이러한 자매가 참모임에 구족계를 청하니, 애민히 여겨 그녀를 제도하여 주십시오.'

[청원3] '세 번째에도 존자들이여, 이러이러한 자매가 이러이러한 고귀한 자매로부터 구족계를 받고자 하는데, 한편으로 수행녀의 참모임에서 구족계를 받아 청정합니다. 그러나 그녀는 무언가 장애로 인하여 오지 못했습니다. 존자들이여,

---

로써 구족계를 주어서는 안 된다.' Vin. I. 319에서 갈마의 모임에 대해 참조하라. Smp. 1295에 따르면, 사자를 통한 구족계는 열 가지 위험의 어느 하나 때문이다. 여기서는 사람에 의한 위험을 말한다.

이러이러한 자매가 참모임에 구족계를 청하니, 애민히 여겨 그녀를 제도하여 주십시오.'

총명하고 유능한 수행승이 참모임에 알려야 한다.

[제안] '존자들이여, 참모임은 제 말에 귀를 기울이십시오. 이러이러한 자매가 이러이러한 고귀한 자매로부터 구족계를 받고자 하는데, 한편으로 수행녀의 참모임에서 구족계를 받아 청정합니다. 그러나 그녀는 무언가 장애로 인하여 오지 못했습니다. 이러이러한 자매가 이러이러한 고귀한 자매를 스승으로 삼아 참모임에 구족계를 청하고 있습니다. 참모임에 옳은 일이라면, 참모임은 이러이러한 자매에게 이러이러한 고귀한 자매를 스승으로 삼아 구족계를 주겠습니다. 이것이 제안입니다.'

[제청1] '존자들이여,[278] 참모임은 제 말에 귀를 기울이십시오. 이러이러한 자매가 이러이러한 고귀한 자매로부터 구족계를 받고자 하는데, 한편으로 수행녀의 참모임에서 구족계를 받아 청정합니다. 그러나 그녀는 무언가 장애로 인하여 오지 못했습니다. 이러이러한 자매가 이러이러한 고귀한 자매를 스승으로 삼아 참모임에 구족계를 청하고 있습니다. 이러이러한 자매에게 이러이러한 고귀한 자매를 스승으로 삼아 구족계를 주는 것에 동의하면 침묵하시고, 이견이 있으면 말씀하십시오.'

[제청2] '두 번째에도 나는 그 사실을 말합니다. 존자들이여, 참모임은 제 말에 귀를 기울이십시오. 이러이러한 자매가 이러이러한 고귀한 자매로부터 구족계를 받고자 하는데, 한편으로 수행녀의 참모임에서 구족계를 받아 청정합니다. 그러나 그녀는 무언가 장애로 인하여 오지 못했습니다. 이러이러한 자매가 이러이러한 고귀한 자매를 스승으로 삼아 참모임에 구족계를 청하고 있습니다. 이러이러한 자매에게 이러이러한 고귀한 자매를 스승으로 삼아 구족계를 주는 것에 동의하면 침묵하시고, 이견이 있으면 말씀하십시오.'

[제청3] '세 번째에도 나는 그 사실을 말합니다. 존자들이여, 참모임은 제 말에 귀를 기울이십시오. 이러이러한 자매가 이러이러한 고귀한 자매로부터 구족계를 받고자 하는데, 한편으로 수행녀의 참모임에서 구족계를 받아 청정합니다. 그러나 그녀는 무언가 장애로 인하여 오지 못했습니다. 이러이러한 자매가 이러이러한 고귀한 자매를 스승으로 삼아 참모임에 구족계를 청하고 있습니다. 이러이러한 자매에게 이러이러한 고귀한 자매를 스승으로 삼아 구족계를 주는 것에 동의하면 침묵하시고, 이견이 있으면 말씀하십시오.'

[결정] '참모임은 이러이러한 자매에게 이러이러한 고귀한 자매를 스승으로 삼아 구족계를 주었습니다. 참모임이 찬성하여 침묵했으므로, 저는 그와 같이 알겠습니다.'

곧바로 해의 그림자를 헤아리고, 계절의 길이를 밝히고, 날의 시점을 밝히고, 합송에 대하여 설명하고, 수행녀들에게는 이와 같이 말해야 한다.

[알림] '그녀에게 세 가지 기초생활수단과 여덟 가지 행해서는 안 될 일을 알리시오.'"1197)

사자인 수행녀이 끝났다.

23. 숲속의 삶(Araññavihāra)

1. 그런데 한 때 수행녀들이 한 숲속에 살았다. 악한들이 그녀들을 능욕했다. 세존께 그 사실을 알렸다.

2. [세존] "수행승들이여, 수행녀들은 숲속에 살아서는 안 된다. 살면 악작죄가 된다."

숲속의 삶이 끝났다.

24. 저장실(Uddosita)

1. 그런데 그때 어떤 재가의 남자신자가 수행녀의 참모임에 저장실1198)를 기증했다.
세존께 그 사실을 알렸다.
[세존] "수행승들이여, 저장실을 허용한다."
저장실이 충분하지 않았다. 세존께 그 사실을 알렸다.
[세존] "수행승들이여, 거주실1199)을 허용한다."

2. 거주실이 충분하지 않았다. 세존께 그 사실을 알렸다.
[세존] "수행승들이여, 수리를 허용한다."1200)
수리로도 충분하지 않았다. 세존께 그 사실을 알렸다.
[세존] "수행승들이여, 개인들을 위하더라도 짓는 것을 허용한다."1201)

저장실이 끝났다.

1197) tassā tayo ca nissaye aṭṭha ca akaraṇīyāni ācikkheyyāthāti : Vin. II. 274를 참조하라.
1198) uddosita : Smp. 1295에 따르면, 물건을 저장하는 홀이다.
1199) upassaya : Smp. 1295에 따르면, 집(ghara)를 말한다.
1200) anujānāmi bhikkhave navakamman'ti : Smp. 1295에 따르면, 참모임을 위하고 수행녀를 위하여 건축물의 개조를 허락한다는 뜻이다.
1201) anujānāmi bhikkhave puggalikampi kātun'ti : '개인들에게 속한 것이더라도'라고 번역할 수 있다.

25. 동반수행녀(Dutiyabhikkhunī)

1. 그런데 한때 어떤 여인이 임신한 채 수행녀들 가운데 출가했다. 그녀가 출가하고 나서 비로소 태아가 태어났다.1202) 그러자 그 수행녀는 이와 같이 생각했다.

[임신한 수행녀] '나는 이 남자아이에 대하여 어떻게 처신해야 할까?'

세존께 그 사실을 알렸다.

[세존] "수행승들이여, 그 남자아이가 분별을 얻을 때까지1203) 양육하는 것을 허용한다."

2. 그러자 그 수행녀는 이와 같이 생각했다.

[수행녀] '나는 홀로 살 수 없고,1204) 다른 수행녀들은 아이와 함께 살 수 없다. 나는 어떻게 해야 할까?'

세존께 그 사실을 알렸다.

[세존] "수행승들이여, 한 수행녀를 선정하여[279] 그 동반수행녀로 주는 것을 허용한다."1205)

그런데 수행승들이여, 이와 같이 선정해야 한다. 먼저 수행녀들에게 요청해야 한다. 요청한 뒤에 현명하고 유능한 수행녀가 알려야 한다.

[제안] '존귀한 자매들이여, 참모임은 제 말에 귀를 기울이십시오. 참모임에 옳은 일이라면, 참모임은 이러이러한 수행녀를 이러이러한 동반수행녀로 선정하겠습니다. 이것이 제안입니다.'

[제청] '존귀한 자매들이여, 참모임은 제 말에 귀를 기울이십시오. 참모임은 이러이러한 수행녀를 이러이러한 동반수행녀로 선정합니다. 이러이러한 수행녀를 이러이러한 동반수행녀로 선정하는 것에 동의하면 침묵하시고, 이견이 있으면 말씀하십시오.'

3. 그러자 그 동반수행녀가 이와 같이 생각했다.

[동반수행녀] '내가 이 어린아이에 대하여 어떻게 처신해야 할까?'

세존께 그 사실을 알렸다.

[세존] "수행승들이여, 같은 지붕 아래 잠자는 것을 제외하고는 다른 사람에게

1202) tassā pabbajitāya gabbho vuṭṭhāsi : 비구니속죄죄법 제61조(Bhikkhunī Pāc. 61)에 따르면, 임신한 여자를 출가시키는 것은 속죄죄에 해당한다. 그러나 임신하지 않았다고 생각하여 출가시켰다면, 출가시킨 자는 무죄이다.

1203) yāva so dārako viññūtaṃ : Smp. 1295에 따르면, '스스로 씹고 먹고 목욕하기를 바로 할 때까지'를 말한다.

1204) mayā ca na labbhā ekikāya vatthuṃ : 비구니속죄죄법 제14조(Bhikkhunī Pāc. 14)를 참조하라.

1205) anujānāmi bhikkhave ekaṃ bhikkhunīṃ sammantitvā tassā bhikkhuniyā dutiyaṃ dātuṃ : Vin. IV. 228-230을 참조하라.

처신하듯, 그 남자아이에 대하여 처신해야 한다."[1206]

4. 그런데 그때 어떤 수행녀가 공경의 원리를 어겨서 참회생활을 실행했다.[1207] 그런데 그때 그 수행녀는 이와 같이 생각했다.

[수행녀] '나는 홀로 살 수 없고, 다른 수행녀들은 나와 함께 살 수 없다. 나는 어떻게 해야 할까?'

세존께 그 사실을 알렸다.

[세존] "수행승들이여, 한 수행녀를 선정하여 그 동반수행녀로 주는 것을 허용한다."

그런데 수행승들이여, 이와 같이 선정해야 한다. 먼저 수행녀들에게 요청해야 한다. 요청한 뒤에 현명하고 유능한 수행녀가 알려야 한다.

[제안] '존귀한 자매들이여, 참모임은 제 말에 귀를 기울이십시오. 참모임에 옳은 일이라면, 참모임은 이러이러한 수행녀를 이러이러한 동반수행녀로 선정하겠습니다. 이것이 제안입니다.'

[제청] '존귀한 자매들이여, 참모임은 제 말에 귀를 기울이십시오. 참모임은 이러이러한 수행녀를 이러이러한 동반수행녀로 선정합니다. 이러이러한 수행녀를 이러이러한 동반수행녀로 선정하는 것에 동의하면 침묵하시고, 이견이 있으면 말씀하십시오.'

[결정] '참모임은 이러이러한 수행녀를 이러이러한 동반수행녀로 선정했습니다. 참모임이 찬성하여 침묵했으므로, 저는 그와 같이 알겠습니다.'"

동반수행녀가 끝났다.

26. 환속과 이교에의 귀의(Vibbhamatitthāyatanasaṅkamana)

1. 그런데 한때 어떤 수행녀가 배움을 포기하고[1208] 환속했다. 그러나 다시 돌아와서 수행녀들에게 구족계를 청했다. 세존께 그 사실을 알렸다.

[세존] "수행승들이여, 수행녀가 배움을 포기하지 않았더라도 환속하면, 그 결과로 수행녀가 아니다."

1206) anujānāmi bhikkhave ṭhapetvā sagāraṃ yathā aññasmiṃ purise paṭipajjanti evaṃ tasmiṃ dārake paṭipajjitunti : Smp. 1295에 따르면, 같은 집에 잠자는 곳만을 예외한다. 그러나 어머니는 어린아이를 누이고 가슴에 앉고 씻기고, 마시게 하고, 먹이고, 돌볼 수 있다.

1207) tena kho pana samayena aññatarā bhikkhunī garudhammaṃ ajjhāpannā hoti mānattacārinī : Vin. II. 255의 팔경법(八敬法)을 어겨서 참회처벌을 받고 참회생활을 했다는 뜻이다.

1208) sikkhaṃ paccakkhāya : 이러한 불만의 상태에 대해서는 Vin. III. 24-28을 참조하라.

2. 그런데 그때 어떤 수행녀가 가사를 입은 채 이교에 귀의했다. 그러나 다시 돌아와서 수행녀들에게 구족계를 받았다.

세존께 그 사실을 알렸다.

[세존] "수행승들이여, 수행녀가 가사를 입은 채 이교로 귀의하면, 그녀가 다시 돌아오더라도 구족계를 주어서는 안 된다."

환속과 이교에의 귀의가 끝났다.

27. 사소한 법(Khuddānukkhuddaka)

1. 그런데 그때 수행녀들이 남자로부터의[280] 인사, 머리깎기, 손톱깎기, 종기치료에 의구심을 가지고 수용하지 않았다.1209) 세존께 그 사실을 알렸다.

[세존] "수행승들이여, 수용하는 것을 허용한다."

2. 그때 수행녀들이 발꿈치와의 접촉을 수용하면서 가부좌를 했다.1210)

세존께 그 사실을 알렸다.

[세존] "수행승들이여, 수행녀가 가부좌를 해서는 안 된다. 한다면, 악작죄가 된다."

그런데 그때 어떤 수행녀가 병이 들었다. 그녀는 가부좌를 하지 않으면, 편안하지가 않았다. 세존께 그 사실을 알렸다.

[세존] "수행승들이여, 수행녀에게 반가부좌를 허용한다."1211)

3. 그런데 그때 수행녀들이 변소에서 대변을 보았다. 그리고 여섯무리의수행녀들이 거기에서 낙태를 했다. 세존께 그 사실을 알렸다.

[세존] "수행승들이여, 수행녀들이 변소에서 대변을 보아서는 안 된다. 본다면, 악작죄가 된다. 수행승들이여, 아래를 열고 위를 덮은 곳에서 대변을 보는 것을 허용한다."

1209) tena kho pana samayena bhikkhuniyo purisehi abhivādanaṃ kesacchedanaṃ nakhacchedanaṃ vaṇapaṭikammaṃ kukkuccāyantā na sādiyanti : 비구니승단추방죄법 제8조(Bhikkhunī Pār. 8)에 비추어보면, 감각적 욕망에 물든 마음이 없다면, 이러한 것들은 수용될 수 있는 것이다.

1210) tena kho pana samayena bhikkhuniyo pallaṅkena nisīdanti. paṇhisamphassaṃ sādiyanti : 'pallaṅka'는 가부좌(跏趺坐) 지만, '낮고 긴 의자'를 지칭할 수도 있다. 여기서 가부좌는 두 다리를 완전히 겹치고 꼬는 결가부좌를 말하는 것 같다. 발꿈치와의 접촉은 발꿈치끼리 닿는 것인지 몸의 특정한 부분에 닿는 것인지 주석에는 아무런 설명이 없어 불분명하다. 다만 아래의 흐름을 거슬러 목욕을 할 때에 '흐름과의 접촉'을 즐겨서는 안 된다는 문맥으로 보아 발꿈치로 명상할 때에 감각적 쾌락을 유발해서는 안 된다는 측면으로 해석해 볼 수 있다.

1211) anujānāmi bhikkhave bhikkhuniyā aḍḍhapallaṅkanti : 역자가 반가부좌(半跏趺坐)한 'aḍḍhapallaṅka'는 Smp. 1296에 따르면, '한쪽 다리를 구부려 가부좌를 하는 것(ekaṃ pādaṃ ābhujjhitvā katapallaṅkaṃ)'이다.

4. 그런데 그때 수행녀들이 세분을 사용해서 목욕했다. 사람들이 혐책하고 분개하고 비난했다.

[사람들] "마치 감각적 쾌락의 욕망을 즐기는 재가자와 같다."

세존께 그 사실을 알렸다.

[세존] "수행승들이여, 수행녀들이 세분을 사용해서 목욕해서는 안 된다. 목욕하면, 악작죄가 된다. 수행승들이여, 쌀겨의 붉은 가루와 점토를 허용한다."[1212]

그런데 그때 수행녀들이 향기나는 점토를 사용해서 목욕했다. 사람들이 혐책하고 분개하고 비난했다.

[사람들] "마치 감각적 쾌락의 욕망을 즐기는 재가자와 같다."

세존께 그 사실을 알렸다.

[세존] "수행승들이여, 수행녀들이 향기나는 점토를 사용해서 목욕해서는 안 된다. 목욕하면, 악작죄가 된다.[1213] 수행승들이여, 본래의 점토를 허용한다."

그런데 그때 수행녀들이 욕실에서 목욕을 하면서 소란을 피웠다.

세존께 그 사실을 알렸다.

[세존] "수행승들이여, 수행녀는 욕실에서 목욕을 하면 안 된다.[1214] 목욕을 하면, 악작죄가 된다."

그런데 그때 수행녀들이 흐르는 물을 거슬러 흐름과의 접촉을 수용하면서[1215] 목욕을 했다. 세존께 그 사실을 알렸다.

[세존] "수행승들이여, 흐르는 물을 거슬러 목욕을 하면 안 된다. 하면, 악작죄가 된다."

그런데 그때 수행녀들이 목욕장이 아닌 곳에서 목욕을 했는데, 악한들이 그녀들을 능욕했다. 세존께 그 사실을 알렸다.

[세존] "수행승들이여, 목욕장이 아닌 곳에서 목욕을 하면 안 된다. 하면, 악작죄가 된다."

그런데 그때 수행녀들이 남자를 위한 목욕장에서 목욕을 했다. 사람들이 혐책

1212) anujānāmi bhikkhave kukkusaṃ mattikan'ti : Smp. 1296에 따르면, 'kukkusa'는 '쌀겨의 붉은 가루(kuṇḍaka)'를 뜻한다.

1213) na bhikkhave bhikkhuniyā vāsitakāya mattikāya nahāyitabbaṃ. yā nahāyeyya āpatti dukkaṭassa : 비구니 속죄죄법 제88조-제89조(Bhikkhunī Pāc. 88-89)를 참조하라.

1214) na bhikkhave bhikkhuniyā jantāghare nahāyitabbaṃ : 욕실은 온욕을 할 수 있는 난방(煖房)인데, 수행녀는 여성을 위한 목욕장에서 목욕을 할 수 있다.

1215) dhārāsamphassaṃ sādiyantā : '흐름과의 감각적 접촉을 즐기면서'라는 뜻이다.

하고 분개하고 비난했다.

[사람들] "마치 감각적 쾌락의 욕망을 즐기는 재가의 여자와 같다."

세존께[281] 그 사실을 알렸다.

[세존] "수행승들이여, 남성을 위한 목욕장에서 목욕을 하면 안 된다. 하면, 악작죄가 된다. 수행승들이여, 여성을 위한 목욕장에서 목욕을 하는 것을 허용한다."1216)

사소한 법이 끝났다.
세 번째 송출품이 끝났다.
제10장 수행녀의 다발이 끝났다.
이 다발에는 106개의 사항이 있다.

그 후렴시는 아래와 같다(Tassuddānaṃ)

1. 고따미[1]가 출가를 청했다.
여래[2]는 허용하지 않았다.
도사(導師)[3]께서는 까삘라밧투 시에서
베쌀리 시에 도착했다.1217)

2. 먼지로[4] 덮인 채
현관의 아난다에게 알렸다.
'어머니', '양모'라고 하면서
'가능합니까?'라고[5] 방법을 청했다.1218)

3. 백년,[6] 방금,
수행승이 없는 곳,[7] 간청,[8]
자자,[9] 공경의 원리,[10]
이년,[11] 비난하지 않음.[12]1219)

4. 막히나,[13] 여덟 가지 원리,
목숨이 다할 때까지 어기지 않도록,

1216) anujānāmi bhikkhave mahilātitthe nahāyitunti : 수행녀의 목욕에 대해서는 Vin. I. 293, IV. 259. 278을 참조하라.

1217) pabbajjaṃ gotamī yāci | nānuññāsi tathāgato | kapilavatthu vesāliṃ | agamāsi vināyako ‖

1218) ajokiṇṇena koṭṭhake ānandassa pavedayi | bhabboti nayato yāci mātāti posikāti ca ‖

1219) vassasataṃ tadahu ca abhikkhu paccāsiṃsanā | pavāraṇā garudhammā dve vassāanakkosanā ‖

공경의 원리를 받들이는 것
그것이 그녀의 구족계가 될 것이다.1220)

5. 천년,[14] 오백년밖에,
밤도둑, 흰곰팡이,
붉은곰팡이, 비유처럼,
이와 같이 정법이 파괴된다.1221)

6. 제방을 쌓는 비유에 의해서,
정법을 지속,
구족계[15]를 받는 것, 존귀한 자매,
법랍의 순서에 따라,[16] 인사.1222)

7. 해서는 안 된다, 하물며,
공유하는 것과 공유하지 않는 것,[17]
교계,[18] 의무계율,[19]
누가 참으로, 처소.[20]1223)

8. 알지 못했다,[21] 가르쳐서,
참회하지 않았다,[22] 수행승에 의해서,
수행승들이[23] 받아들이는 것,
수행녀들이[24] 받아들이는 것,1224)

9. 가르쳤다, 갈마,[25] 수행승들이,
혐책했다. 수행녀들,
가르쳐서, 다툼,[26]
취소하고, 우빨라반나.[27]1225)

10. 싸밧티[28] 시에, 흙탕물,[29]
인사를 받지 못함,[30] 몸,[31] 허벅지,[32]
성기,[33] 음담,[34]

1220) ovaṭo ca aṭṭha dhammā yāvajīvānuvattanā | garudhammapaṭiggāho sāvassā upasampadā ||
1221) vassasahassaṃ pañceva kumbhathenaka setaṭṭhi | mañjeṭṭhika upamāhi evaṃ saddhammahiṃsanā ||
1222) āliṃ bandheyyupamāhi puna saddhammasaṇṭhiti | ūpasampādetuṃ ayyā yathā vuḍḍhābhivādanā ||
1223) ṇa karissanti kimeva sādhāraṇāsādhāraṇaṃ | ovādaṃ pātimokkhañca kena nu kho upassayaṃ ||
1224) na jānanti ca ācikkhi | na karonti ca bhikkhuhi | paṭiggahetuṃ bhikkhūhi | bhikkhunīhi paṭiggaho ||
1225) ācikkhi kammaṃ bhikkhūhi | ujjhāyanti bhikkhunīhi vā | ācikkhaṃ bhaṇḍanañca | ropetvā upalāya ca ||

교계하다,[35] 무리.[36][1226)]

11. 인사를 받지 못함, 처벌,
수행녀들도[37] 마찬가지이다,
금지, 교계의 차단,
가능하다,[38] 유행을 떠나다.[39][1227)]

12. 어리석은 자들,[40] 일, 결정,
교계, 다섯 명의 참모임,[41]
두세 명, 맡지 않았다.[42]
어리석은 자,[43] 병든 자,[44] 유행하는 자.[45][1228)]

13. 숲속에 사는 자,[46] 알리지 않았다,[47]
그리고 오지 않았다.
긴 허리띠,[48] 대나무껍질, 가죽포,
흰 천, 땋은 천, 술장식천,
주라포, 땋은 주라포, 술장식주라포,
그리고 땋은 실, 술장식실.[1229)]

14. 소의 경골.[49] 소의 악골,
손과 손등, 발과 발등으로,
허벅지, 얼굴, 잇몸,
바르고[50] 마찰하고 분바르는 것.[1230)]

15. 표시하고, 사지를 칠하고,
얼굴을 칠하는 것과 그 모두,
눈가를 화장하고,[51] 경면을 칠하고,[52]
엿보고,[53] 몸을 내밀고,[54] 춤추기.[55][1231)]

1226) sāvatthiyā kaddamoda | avandikāya ūru ca | aṅgajātañca obhāsaṃ | sampayojenti vaggikā ||
1227) avandiyo daṇḍakammaṃ | bhikkhuniyo tathā puna | āvaraṇañca ovādaṃ | kappati nu kho pakkami ||
1228) bālā vatthu vinicchayo | ovādaṃ saṅgho pañcahi | duve tisso na gaṇhanti | bālā gilāna gamikā ||
1229) āraññikā narocenti | na paccāgacchanti ca | dīghaṃ vilīva cammañca | dussā ca veṇī vaṭṭi ca | coḷaveṇi ca vaṭṭī ca | suttaveṇī ca vaṭṭikā ||
1230) aṭṭhillaṃ gohanukena | hatthakocchaṃ pādaṃ tathā | ūruṃ mukhaṃ dantamaṃsaṃ | ālimpo madda cuṇṇ anā ||
1231) lañchenti aṅgarāgañca | mukharāgaṃ tathā duve | avaṅgavisesoloke | sāloke sanaccena ca ||

16. 기녀,[56][282] 선술집,[57] 정육점,[58]
시장,[59] 고리대금,[60] 장사.[61]
노예남자,[62] 노예여자,
하인, 하녀, 거느림.[1232)]

17. 축생, 야채,[63]
펠트를[64] 가지고 다니다.
푸른색,[65] 노란색, 붉은색,
진홍색, 검은색, 옷들.[1233)]

18. 홍람색, 낙엽색,
테두리가 갈라진, 테두리가 긴,
꽃, 뱀후드, 자켓,
나무껍질, 입었다.[1234)]

19. 수행녀,[66] 정학녀,
사미니가 죽어서,
필수품을 귀속시키면,
수행녀가 주인이다.[1235)]

20. 수행승[67]과 사미와
재가의 남녀신자와
내지 다른 자가 필수품을 귀속시키면,
수행승이 그 주인이다.[1236)]

21. 말라 족,[68] 태아,[69]
발우의 바닥,[70] 남근,[71] 음식,[72]
남아돌았다.[73] 그럼에도 많이,
저장된 음식.[74][1237)]

1232) vesī pānāgāraṃ sūnaṃ | āpaṇaṃ vaḍḍha vāṇijā | dāsaṃ dāsiṃ kammakaraṃ | kammakāri upaṭṭhahaṃ ||
1233) tiracchāna harītakī | sandhārayanti namatakaṃ | nīlaṃ pītaṃ lohitakaṃ | mañjeṭṭha kaṇha cīvarā ||
1234) mahāraṅga mahānāma | acchinnā dīghameva ca | puppha phaṇa kaṃcukañca | tiriṭakañca dhārayuṃ ||
1235) bhikkhunī sikkhamānāya | sāmaṇerāya accaye | nīyādite parikkhāre | bhikkhunī ceva issarā ||
1236) bhikkhussa sāmaṇerassa | upāsakassupāsikā | aññesañca parikkhāre | nīyante bhikkhu issarā ||
1237) malligabbhaṃ pattamūlaṃ | byañjanaṃ āmisena ca | ussannañca bāḷhataraṃ | sannidhikatam āmisaṃ ||

22. 아래의 수행승들과 같이
수행녀들도 그렇게 하라.
와좌구,[75] 월경 중,[76]
물들다, 그리고 옷들.1238)

23. 잘렸다, 언제나 항상,
성징이 없는 여인[77] 등이 보인다.
성적으로 결함, 월경,
뿐만 아니라 항상 월경하는 여인.1239)

24. 항상 기저귀를 차는 여인, 체액을 흘리는 여인,
음순이 긴, 빤다까,
남성적 여인, 성기가 파괴된 여인,
그리고 남녀추니.1240)

25. 성징이 없는 여인[78]에서부터
남녀추니까지,
이것은 아래의 생략에 기인한다.
나병, 종기, 습진.1241)

26. 폐병, 간질, 사람입니까,
여인입니까, 자유민입니까?
채무, 왕의 신하,
허락을 맡음, 스무 살.1242)

27. 채움, 이름은 무엇입니까,
친교사의 이름은 무엇입니까?
스물네 가지 장애를,[79]
물은 뒤에, 구족계.1243)

1238) bhikkhūnaṃ yādisaṃ heṭṭhaṃ | bhikkhunīnaṃ tathā kare | senāsanaṃ utuniyo | makkhīyati paṭāni ca ||
1239) chijjanti sabbakālañca | animittādi dissare | nimittā lohitā ceva | tatheva dhuvalohitā ||
1240) dhūvacoḷa paggharaṇī | sikhariṇitthi paṇḍakā | vepūrisī ca samhinnā | ubhatobyañjanā pi ca ||
1241) animittādito katvā | yā ca ubhatobyañjanā | etaṃ peyyālato heṭṭhā | kuṭṭhaṃ gaṇḍo kilāsi ||
1242) sosāpamāro mānusi | itthisi bhujissāsi ca | aṇanā na rājabhaṭī | anuññātā ca vīsati ||
1243) paripuṇṇā ca kinnāmā | kā nāmā te pavattinī | catuvisantarāyānaṃ | pucchitvā upasampadā ||

28. 곤혹해한다,[80] 교계를 주지 않고,
참모임 가운데, 그와 마찬가지로,
친교사,[81] 선정,
대의, 상의, 하의.1244)

29. 속옷, 목욕옷,
설명한 후에 사용되어야 한다.
어리석은[82] 자매, 선정되지 않은[83] 자매,
한편으로 물으면,[84] 장애법에 대해[85] 물었다.1245)

30. 한편으로 구족계를 받고,[86]
수행승의 참모임에도[87] 그렇게 또한,
그림자,[88] 계절, 날,
합송, 세 가지 의지.[89]1246)

31. 여덟 가지 행해서는 안 될 일,[90]
시간, 모든 곳에서는, 여덟,
수행녀들은[91] 자자를 행하지 않았다.
수행승의 참모임도 마찬가지.1247)

32. 소란, 식전에,
때 아닌 때에. 그리고 다툼,
포살,[92] 자자,
명령을 내림, 권위를 세움.1248)

33. 허가, 비난, 기억을 확인하게 만들었다,
위대한 선인에 의해 거절되었다.
수행승들[93]과 마찬가지로 수행녀들,
위대한 선인에 의해서 허용되었다.1249)

1244) vitthāyanti ananusiṭṭhā | saṅghamajjhe tatheva ca | upajjhā gāha saṃghāṭī | uttarantaravāsako ||
1245) saṃkaccudakasāṭi ca | āvikkhitvāna pesaye | bālā asammatekato | yā ce pucchantarāyikā ||
1246) ekato upasampannā | bhikkhusaṃghe tathā puna | vhāyā utu divasañca | saṃgiti tayo nissaye ||
1247) aṭṭha akaraṇīyāni | kālaṃ sabbattha aṭṭhadhā | na pavārenti bhikkhuniyo | bhikkhusaṃghaṃ tatheva ca ||
1248) kolāhalaṃ purebhattaṃ | vikāle ca kolāhalaṃ | uposathaṃ pavāraṇaṃ | savacanīyānuvādanaṃ ||
1249) okāsaṃ code sārenti | paṭikkhittaṃ mahesinā | tatheva bhikkhu bhikkhunī | anuññātaṃ mahesinā ||

34. 수레,[94] 환자, 묶은,
덜컹거리는, 앗다까씨,[95]
수행승,[96] 정학녀, 사미,
사미니, 어리석은 자매.1250)

35. 숲속에,[97][283] 재가의 남자신자,[98]
저장실, 거주실,
충분하지 않았다. 수리,
임신한 채,[99] 홀로.1251)

36. 한 지붕아래, 공경의 원리,[100]
포기하고,[101] 귀의.[102]
인사,[103] 머리깎기,
그리고 손톱깎기, 종기치료.1252)

37. 결가부좌,[104] 병든 자,
대변,[105] 세분,[106] 향내,
욕실, 흐르는 물을 거슬러,
목욕장이 아닌 곳, 남자와 함께.1253)

38. 마하 고따미가 청하고,
아난다가 또한 이치에 맞게,
사부대중이
승리자의 가르침에 출가했다.1254)

39. 감동을 일으키기 위해
바른 가르침의 성장을 위하여
병고를 위한 약을
이와 같이 부처님께서 설했다.1255)

1250) yānaṃ gilānayuttañca | yānugghātaḍḍhakāsikā | bhikkhu sikkhā sāmaṇerā | sāmaṇerī ca bālakā ||
1251) araññe upāsakena | uddosito upassayaṃ | na sammati navakammaṃ | nisinnagabbhā ekikā ||
1252) sāgārañca garudhammaṃ | paccakkhāya ca saṅkamī | abhivādana kesā ca | nakhā vaṇakammanā ||
1253) pallaṅkena gilānā ca | vaccaṃ cuṇṇena vāsitaṃ | jantāghare paṭisote | atitthe purisena ca ||
1254) ṃahāgotamī āyāci | ānando cāpi yoniso | parisā catasso honti | pabbajjā jinasāsane ||
1255) ṣaṃvegajananatthāya | saddhammassa ca vuddhiyā | āturasseva bhesajjaṃ evaṃ | buddhena desitaṃ ||

40. 바른 원리를 이처럼 알아서
다른 여인들도,
불사의 장소에 이르니,
가서는 슬퍼하지 않는다.1256)

제10장 수행녀의 다발의 후렴시가 끝났다.

1256) evaṃ vinītā saddhamme | mātugāmāpi ittarā | ṭā yanti accutaṃ ṭhānaṃ | yattha gantvā na socareti ||

제11장 오백결집의 다발
(Pañcasatikakkhandhaka : 五百犍度)

1. 결집의 인연(Saṃgītinidāna)

1. 한때[1257] [284] 존자 마하 깟싸빠[1258]가 수행승들에게 일렀다.

[마하 깟싸빠] "벗들이여, 나는 한때 오백 명의 많은 수행승의 무리와 함께 빠바 시에서 꾸씨나라 시에 이르는 큰 길을 가는 도중이었습니다. 마침 나는 길에서 내려와 어떤 나무 아래 앉아 있었습니다.[1259] 그 때 어떤 사명외도[1260]가 만다라바[1261] 꽃을 들고 꾸씨나라 시에서 빠바 시에 이르는 큰 길을 가고 있었습니다. 나는 그가 멀리서 오고 있는 것을 보았습니다. 보고나서 그 사명외도

1257) atha kho : 이하의 이야기는 DN. II. 162에도 유사하게 병행된다.

1258) Mahā Kassapa : 부처님의 제자 수행승 가운데 '두타를 설하는 님 가운데 제일(dhūtavādānaṃ aggaṃ)'이다. Ppn. II. 476에 따르면, 마하 깟싸빠는 부처님의 제자 가운데 가장 웃어른으로 의식주에 대한 탐착을 버리고 수행하는 두타설자(頭陀說者 : dhūtavādin)로서 이름이 높았다. 한역에서 마하가섭(摩訶迦葉)이라고 한다. 마가다 국의 마하띳타(Mahātittha) 마을에서 바라문 까삘라(Kapila)와 어머니 쑤마나데비(Sumanādevī) 사이에서 태어났으며 삡빨리(Pippali)라고 불렸다. 그는 결혼을 원하지 않았으나 부모의 강권에 못 이겨 자신이 만든 조각과 똑같은 여자가 있다면 결혼하겠다고 했다. 그런데 부모들은 그 요건을 만족시키는 밧다 까삘라니(Bhaddā Kāpilānī)라는 처녀를 싸갈라(Sāgala)에서 발견했다. 그러나 그들은 '결혼상대자라고 만인이 인정해야 한다.'는 편지를 서로 주고받다가 편지를 들켜 빼앗겼다. 양가의 부모는 마침내 그들을 강제로 결혼시켰다. 그러나 서로의 합의로 첫날밤에 잠자리를 꽃 줄로 갈라놓고 각기 따로 잠을 잤다. 삡빨리는 엄청난 부자였다. 그는 60여 개의 호수를 소유했고, 정원 일을 하는 사람들은 인근 40여 개 마을에 흩어져 살았다. 어느 날 그는 쟁기질하는 논에 갔다가 벌레가 새에 쪼여 먹히는 것을 보고 그것이 자신의 죄임을 직감하고 출가를 결심했다. 동시에 아내 밧다도 까마귀들이 곤충을 잡아 먹는 것을 보고 출가를 결심했다. 그들은 함께 머리를 자른 뒤 발우를 손에 들고 우는 하인들을 뒤로 한 채 집을 떠났고 갈림길에서 헤어졌다. 그 후 깟싸빠(Kassapa)는 벨루바나 숲(Veḷuvana)의 향실에서 부처님을 뵙고 먼저 제자가 되었고 밧다는 제따바나 숲(Jetavana) 근처의 띳티야라마(Titthiyārāma)에서 재가신도로 살다가 나중에 빠자빠띠 고따미(Pajāpatī Gotamī)의 비구니 교단에 출가했다.

1259) atha kho āyasmā mahākassapo maggā okkamma aññatarasmiṃ rukkhamūle nisīdi : Smv. 597에 따르면, 장로도 수행승들도 대낮에 달구어진 땅을 걸어서 피곤하여 그 때문에 휴식을 취했다.

1260) Ājīvaka : 한역에서는 사명외도(邪命外道)라고 한다. 원어 아지비까는 원래의 단어의 의미는 '비난받지 않는 삶을 영위하는 자'를 의미하는데, 불교에서는 잘못된 생활을 영위하는 자란 뜻으로 번역한다. 막칼리 고쌀라(Makkhali Gosāla : MN. 30의 주석 참조)가 이끌던 강한 의미의 운명론자이자 결정론자들이었다. 사명외도(邪命外道)에 대해서는 MN. 5를 보라. 상세한 것은 바샴(A. L. Basham)의 저술을 보라 : 『History and Doctrines of the Ājīvikas』, London, 1951.

1261) Mandārava : 한역에서는 천묘화(天妙華)라고 한다. 콩과 식물로 학명은 Erithrina fulgens이다. 이 꽃이 피면, 지구상에 특별한 일이 일어난다고 한다. 천상의 산호나무 Pāricchattaka와는 다르다.

에게 말했습니다.1262)

[마하 깟싸빠] '벗이여, 우리의 스승에 대하여 알고 계십니까?'

[사명외도] '벗이여, 그렇습니다. 알고 있습니다. 오늘부터 칠 일 전에 수행자 고따마께서 완전한 열반에 드셨습니다. 거기서 나는 이 만다라바 꽃을 가져 왔습니다.'

벗들이여, 그러자 애착을 여의지 못한 수행승들 가운데 어떤 자들은 '너무 빨리 세상에 존귀한 님께서 완전한 열반에 드셨다. 너무 빨리 올바른 길로 잘 가신 님께서 완전한 열반에 드셨다. 너무 빨리 세상의 눈이 사라졌다.'라고 팔을 휘저으며 울고, 몸을 던져 넘어지고 뒤틀고 뒹굴었습니다. 그러나 애착을 여읜 수행승들이 있는데, 그들은 새김을 확립하고 올바른 알아차림을 갖추며 '모든 지어진 것은 무상하다. 어찌 하겠는가?'라고 슬픔을 참아내었습니다. 벗들이여, 그래서 내가 수행승들에게 말했습니다.1263)

[마하 깟싸빠] '벗들이여, 그만 두시오. 슬퍼하지 마시오. 비탄해하지 마시오. 벗들이여, 참으로 세존께서 미리 '모든 사랑스럽고 마음에 드는 것들과 살아서 헤어지기 마련이고, 죽어서 이별하기 마련이고, 달라져 흩어지기 마련이다.'라고 말씀하시지 않았습니까? 벗들이여, 생겨나고 생성되고 형성되고 부서지고야 마는 것을 두고 '부서지지 말라'고 한들 무슨 소용이 있겠습니까? 그것은 옳지 않습니다.'

벗들이여, 그런데 쑤밧다1264)라고 하는 나이가 들어 출가한 자가 무리가운데

1262) addasā kho āyasmā mahākassapo taṃ ājīvakaṃ dūrato'va āgacchantaṃ. disvā taṃ ājīvakaṃ etadavoca : Smv. 598에 따르면, 그는 보고나서 이와 같이 '사명외도의 손에 만다라바 꽃이 보인다. 그러나 그것은 아무래도 인간의 존재에 의해 생겨나는 것이 아니다. 어떤 신통있는 자가 조화를 부린 것일까? 일체지의 보살이 모태에 들거나 나오는 때 등에 나타나는 것이다. 그런데 지금은 누군가가 신통조화를 부린것도 아니고, 우리의 스승이 입태한 것도 아니고, 출태한 것도 아니고, 성도한 것도 아니고, 전법륜도 아니고, 쌍신변(雙神變)도 아니고, 신들의 하강도 아니고, 수명을 놓아버림도 아니다. 그렇다면 반드시 우리의 위대한 스승이 입멸했을 것이다.'

1263) atha kho āyasmā mahākassapo bhikkhū āmantesi : DN. II. 162의 대반열반경과는 이 깟싸빠의 말과 다음의 쑤밧다의 소란이 순서가 뒤바뀌어 있다. Smv. 601에 따르면, 이러한 말을 듣고 장로는 심장을 한 대 얻어 맞은 것처럼, 머리에 번개가 떨어지는 것처럼 생각했다. 가르침에 대한 경외감이 생겨났다. 그래서 그는 '가르침과 계율에 대한 결집을 해야겠다. 그러면 견고한 실로 묶은 꽃처럼 이 가르침과 계율은 동요하지 않을 것이다.'라고 생각했다.

1264) Subhadda : Smv. 599에 따르면, 그는 아뚜마(Ātumā) 시의 이발사로서 두 아들이 있었다. 나이가 들어 승단에 들어가 새내기 수행승일 때에 세존께서 천이백오십 인의 수행승들과 함께 아뚜마 시에 왔을 때, 체도(剃刀)를 가지고 각 집을 돌아서 음식재료를 조달해오도록 명했다. 그래서 그가 세존과 천이백오십 인의 수행승들을 위해서 음식을 준비했다. 세존께서 저녁에 도착하여 아뚜마 시의 그의 처소에서 머물렀다. 밤새도록 쑤밧다는 음식준비에 관하여 지시를 내렸다. 다음날 아침 세존께서 탁발하러 나가는데, 쑤밧다가 접근하여 자신이 준비한

앉아 있었습니다. 그 나이가 들어 출가한 쑤밧다가 그 수행승들에게 말했습니다.

[쑤밧다] '벗들이여, 그만 하시오. 슬퍼하지 마시오. 비탄해하지 마시오. 우리는 그 위대한 수행자에게서 해방되었습니다.[285] 우리는 '이것은 그대들에게 옳다. 이것은 그대들에게 그르다.'라고 간섭을 받았습니다. 우리는 이제 원하는 것을 할 수 있고 원하지 않는 것을 하지 않을 수 있습니다.'

[마하 깟싸빠] '벗들이여, 우리는 가르침과 계율을 결집합시다. 예전에 가르침이 아니었던 것이 번영하고 가르침이었던 것은 쇠퇴하고, 예전에 계율이 아니었던 것이 번영하고 계율이었던 것은 쇠퇴하고, 예전에 가르침이 아니었던 것을 설하는 자가 강해지고, 가르침이었던 것을 설하는 자가 약해지고, 예전에 계율이 아니었던 것을 설하는 자가 강해지고, 계율이었던 것을 설하는 자가 약해집니다.'"1265)

2. [수행승들] '그러면, 존자여, 장로께서 수행승들을 선정하여 주십시오.'

그리고 나서 존자 마하 깟싸빠는 하나가 모자라는 오백 명의 거룩한 님을 뽑았다.1266) 수행승들은 존자 마하 깟싸빠에게 이와 같이 말했다.

[마하 깟싸빠] "존자여, 이 존자 아난다는 아직 배울 것이 있는 학인이더라도 욕망과 분노와 어리석음과 두려움 때문에 도리가 아닌 것을 행하지는 않습니다. 더구나 그는 세존의 곁에서 가르침과 계율을 배웠습니다. 존자여 그러므로 장로께서는 존자 아난다를 뽑아 주십시오."

그리고 나서 존자 마하 깟싸빠는 존자 아난다를 뽑았다.1267)

음식공양에 참석해줄 것을 요청했다. 그러나 세존께서는 그에게 자초지종을 묻고는 수행승으로 해서는 안 될 일을 했다는 것을 알고는 그가 준비한 식사를 받는 것을 거절하고 탁발하러 가셨다. 이것이 쑤밧다를 화나게 만들었다. 그래서 부처님에 대한 불편한 심기를 드러낼 기회를 엿보다가 부처님께서 입멸하셨다는 소식을 듣고 이와 같이 말한 것이다.

1265) pure adhammavādino balavanto honti. dhammavādino dubbalā honti. pure avinayavādino balavanto honti. vinayavādino dubbalā hontī'ti : Vin. II. 298에도 병행하는 문맥이 있다.

1266) atha kho āyasmā mahākassapo ekenūnāni pañca arahantasatāni1 uccini : 많이 배운 자 가운데 제일(bahussutānaṃ aggaṃ)'인 아난다가 빠졌기 때문에 사백구십구명을 뜻하는 것이다. 이하는 Smv. 5에서부터 인용되어 있다.

1267) atha kho āyasmā mahākassapo āyasmantampi ānandaṃ uccini : 그후 결집에 들어가기 전에 아난다는 거룩한 경지를 얻었다. Smv. 9-11는 그 정황을 다음과 같이 기술하고 있다 : '이튿날 어떤 수행승들이 존자 아난다에 대하여 '이 승단에서 한 수행승이 비린내를 풍기며 다닌다.'라고 말했다. 장로는 그 말을 듣고 '이 승단에서 다른 수행승이 비린내를 풍기며 다닐 리는 없다. 참으로 그들은 나에 대하여 말한 것이다.'라고 각성을 일으켰다. 어떤 자들은 그에게 '벗이여, 내일이 모이는 날입니다. 그런데 그대는 아직 배울 것이 있는 학인입니다. 그러니 그대가 모임에 참석하는 것은 어울리지 않습니다. 방일하지 마십시오.'라고 말했다. 그러자 장로 아난다는 '내일이 모이는 날이다. 나는 아직 배울 것이 있는 학인이니 모임에 참석하는 것은 어울리지 않는다.'라고 생각하여 몸에 대한 새김으로 밤을 지새운 뒤에 이른 새벽에 경행단에서 내려와 승원으로 들어가 '누워야겠다.'라고 몸을 굽혔다.

3. 그러자 장로 수행승들은 이와 같이 생각했다.

[장로 수행승들] '우리는 어디서 가르침과 계율을 결집할 것인가?'

그리고 장로 수행승들은 이와 같이 생각했다.

[장로 수행승들] '라자가하 시는 우리의 활동영역이고 머물 곳도 많다. 우리가 라자가하 시에서 우기를 보내면서 가르침과 계율을 결집하면 어떨까? 다른 수행승들은 라자가하 시에서 우기의 안거를 보내서는 안 될 것이다.'

4. 그때 존자 마하 깟싸빠는 참모임에 알렸다.

[마하 깟싸빠] '벗들이여, 참모임은 제 말에 귀를 기울이십시오. 만약 참모임에 옳은 일이라면, 오백 명의 수행승들의 참모임이 라자가하 시에서 우기의 안거를 보내면서 가르침과 계율을 결집하도록 하고, 다른 수행승들은 라자가하 시에서 우기의 안거를 보내지 못하도록 하겠습니다. 이것이 제안입니다.'

[마하 깟싸빠] '벗들이여, 참모임은 제 말에 귀를 기울이십시오. 만약 참모임에 옳은 일이라면, 오백 명의 수행승들의 참모임이 라자가하 시에서 우기의 안거를 보내면서 가르침과 계율을 결집하도록 하고, 다른 수행승들은 라자가하 시에서 우기의 안거를 보내지 못하도록 하겠습니다. 오백 명의 수행승들의 참모임이 라자가하 시에서 우기의 안거를 보내면서 가르침과 계율을 결집하도록 하고, 다른 수행승들은 라자가하 시에서 우기의 안거를 보내지 못하도록 하는 것에 동의하면 침묵하시고, 이견이 있으면 말씀하십시오.'[1268)]

두 발이 땅에서 떨어지고 머리가 베개에 닿기 직전에 집착 없이 번뇌에서 마음이 해탈하였다. 다시 말하자면, 존자 아난다는 경행을 하면서 밖에서 지새웠지만 탁월한 것을 얻지 못하자 '세존께서는 나에게 '아난다여, 그대는 공덕을 지었으니 정진에 몰두하라. 곧 번뇌를 부순 님이 되리라.'라고 말하지 않았던가?(DN. II. 144) 부처님께서는 말씀을 함부로 하시지 않는다. 나는 너무 지나치게 정진하였다. 그래서 나의 마음이 흥분으로 기울었다. 이제 나는 정진을 쉬어야겠다.'라고 생각하여 경행단에서 내려와 발 씻는 곳에서 두 발을 씻고 승원에 들어가 침상에 앉아 '쉬어야겠다.'라고 몸을 침상으로 기울였다. 그리고 두 발이 땅에서 떨어지고 머리가 베개에 닿기 직전에 집착 없이 번뇌에서 마음이 해탈했다. 장로는 네 가지 자세[四威儀路 : 行住坐臥]와는 상관없이 거룩한 님이 된 것이다. 그래서 '이 가르침에서 누가 눕지 않고 앉지 않고 서지 않고 걷지 않고 거룩한 님이 되었는가?'라고 물으면, '장로 아난다이다.'라고 대답하게 된 것이다. 그리고 장로 수행승들은 그 다음 날 흑분(黑分)의 다섯 번째 날에 식사를 마치고 발우와 가사를 정돈하고 법회장소에 모였다. 마침내 존자 아난다도 거룩한 님이 되어 모임에 나갔다. 어떻게 갔는가? 그는 '이제 나도 모임에 갈 자격이 있다.'라고 기쁘고 만족한 마음으로 한쪽 어깨에 가사를 걸치고, 줄기에서 떨어진 잘 익은 야자열매처럼, 황색 융단위에 놓인 보주처럼, 구름 한 점 없는 하늘에 떠오른 보름달처럼, 아침햇살에 닿아 반짝이는 황색 꽃가루받이를 지닌 홍련화처럼, 깨끗하고 청정하고 빛나는 길상의 훤칠한 얼굴로 자신의 거룩한 경지를 드러내듯이 갔다. 마침 이런 그를 본 존자 마하 깟싸빠는 '아난다는 실로 거룩한 경지를 얻어 빛난다. 만일 스승께서 계셨더라면, 오늘 참으로 아난다를 '훌륭하다!'라고 칭찬했을 것이다. 오! 스승께서 해주실 칭찬을 내가 해주어야겠다.'라고 생각하고 세 번 '훌륭하십니다!'라고 말을 건넸다.

[마하 깟싸빠] '오백 명의 수행승들의 참모임이 라자가하 시에서 우기의 안거를 보내면서 가르침과 계율을 결집하기로 하고 다른 수행승들은 라자가하 시에서 우기의 안거를 보내지 못하도록 했습니다. 참모임이 찬성하여 침묵했으므로, 저는 그와 같이 알겠습니다.'"

5. 그러자[286] 장로 수행승들이 가르침과 계율을 결집하기 위해 라자가하 시로 왔다. 그때 장로 수행승들은 이와 같이 생각했다.

[장로 수행승들] '벗들이여, 세존께서는 파손된 부분을 수리하는 것을 칭찬하셨다. 벗들이여, 그러므로 자, 우리는 초순에는 파손된 부분을 수리해야겠다.1269) 중순에는 모여서 가르침과 계율을 결집해야겠다.'

그래서 장로 수행승들은 초순에 파손된 부분을 수리했다.

6. 이때 존자 아난다는 '내일 집회가 있는데, 내가 학인으로서 집회에 가는 것이 맞지 않다.'라고 생각하고 신체에 대한 새김을 확립하고 그날 밤의 대부분을 보낸 뒤에 밤이 지나 새벽녘에 '나는 누워야겠다.'라고 몸을 기울였다. 그의 머리가 베개에 닿기 전에 바닥으로부터 발이 떨어지는 그 사이에 번뇌로부터 마음을 해탈했다. 그래서 존자 아난다는 거룩한 님의 자격으로 집회에 갔다.

7. 그러자 존자 마하 깟싸빠는 참모임에 알렸다.

[마하 깟싸빠] "벗들이여, 참모임은 내게 귀를 기울이십시오, 만약 참모임에 옳은 일이라면, 나는 존자 우빨리에게 계율에 대하여 묻겠습니다."

존자 우빨리도 참모임에 알렸다.

[우빨리] "존자들이여, 참모임은 제 말에 귀를 기울이십시오. 만약 참모임에 옳은 일이라면, 나는 존자 마하 깟싸빠의 계율에 대한 물음에 대답하겠습니다."

그리고 나서 존자 마하 깟싸빠가 장로의 자리에 앉아 존자 우빨리에게 계율에 대하여 질문했다.

[마하 깟싸빠] "벗이여 우빨리여, 첫 번째 승단추방죄는 어디서 시설되었습니까?"

1268) na aññehi bhikkhūhi rājagahe vassaṃ vasitabbanti, so tuṇhassa. yassa nakkhamati so bhāseyya : 두 번에 걸친 제안의 갈마(白二羯磨 : ñattidutiyakamma : 제기된 제안에 대해 한 번 더 대중의 의견을 물어 결정하는 회의)를 진행하였다.

1269) paṭhamaṃ māsaṃ khaṇḍaphullaṃ paṭisaṅkharoma : Smv. 8에 따르면, 그 무렵 라자가하 시의 주변에 열여덟 개의 큰 승원이 있었는데, 그 대부분이 버려지고 영락하여 폐허화되었다. 세존께서 완전한 열반에 드시자 모든 수행승들이 각자의 발우와 가사를 들고 승원의 승방을 버리고 왔기 때문이었다.

[우빨리] "존자여, 베쌀리 시입니다."

[마하 깟싸빠] "누구로부터 비롯됩니까?"

[우빨리] "쑤딘나 깔란다까뿟따1270)입니다."

[마하 깟싸빠] "어떤 사건에 대한 것입니까?"

[우빨리] "성교에 대한 것입니다."

그래서 존자 마하 깟싸빠는 존자 우빨리에게 첫 번째 승단추방죄의 주제에 대해 묻고, 인연에 대해 묻고, 사람에 대해 묻고, 시설에 대해 묻고, 부가적 규정에 대해 묻고, 죄에 대해 묻고, 무죄에 대해 물었다.

[마하 깟싸빠] "벗이여, 우빨리여, 두 번째 승단추방죄는 어디에서 시설되었습니까?"

[우빨리] "존자여, 라자가하 시에서입니다."

[마하 깟싸빠] "누구에서 비롯된 것입니까?"

[우빨리] "다니야 꿈바까라뿟따1271)에서 비롯된 것입니다."

[마하 깟싸빠] "어떤 주제에 대한 것입니까?"

[우빨리] "주지 않는 것을 빼앗는 것에 대한 것입니다."

그리고 나서 존자 마하 깟싸빠는 존자 우빨리에게 두 번째 승단추방죄의 주제에 대해 묻고, 인연에 대해 묻고, 사람에 대해 묻고, 시설에 대해 묻고, 부가적 규정에

1270) Sudinna Kalandakaputta : Vin. III. 11-21에 따르면, 쑤딘나는 승단추방죄의 기초를 제공한 첫 번째 수행승이었다. 그는 부유한 집안의 자제로써 출가이후에 밧지 국에서 수행생활을 하다가 그곳에 기근이 들자 고향인 베쌀리로 가서 동료수행승들과 탁발하였다. 한 번은 깔라다까마을의 자신의 아버지의 집으로 갔는데, 옛 자신의 집의 하녀가 그의 손과 발과 목소리로 그를 알아보고 그의 어머니에게 그 사실을 알렸다. 그의 어머니와 아버지는 환속을 종용했으나 거절하자 옛 아내를 그를 찾았으나 '자매여'라고 부르자 그녀는 기절하고 말았다. 그의 아내와 어머니가 와서 국가로부터의 나중에 재산의 몰수를 방지하기 위해서라도 아들을 생산해 달고 부탁하자 그는 세 번에 걸쳐 아내과 성교를 했고, 그의 아내는 비자까(Bījaka)라는 아들을 낳았다. 나중에 쑤딘나는 자신의 일을 후회하자 동료수행승들이 부처님에게 알렸고 부처님은 그를 견책한 것이다. 부처님의 쑤딘나에 대한 견책은 밀린다빵하(Miln. 170)에서 딜렘마의 한 주제였다.

1271) Dhaniya Kumbhakāraputta : 라자가하 시의 도공의 집에서 부처님은 뿍꾸싸띠(Pukkusāti)에게 설법을 했다. 그날 뿍꾸싸띠는 거룩한 경지를 얻고 죽었다. 법문의 힘에 감동한 다니야는 출가하였다. 한때 이씨길리 산록에서 몇몇 동료수행자들과 함께 초암을 짓고 살았다. 그러나 탁발을 하러 간 사이에 아낙들이 땔감 때문에 그의 집에서 땔감을 빼가면 그는 초암을 다시 지어야 했다. 세 번 그런 일이 있자, 다니야는 집을 벽돌과 타일로 단단하고 화려하게 지었다. 그러자 부처님은 그것을 보고 다니야에게 무너뜨리라고 했다. 그러자 다니야는 왕으이 하락을 받고 왕에게 목재를 공급하는 목재상에게서 얻은 나무로 집을 지었다. 밧싸까라는 이것을 듣고 빔비싸라 왕에게 사실을 보고 했다. 왕은 다니야를 불렀다. 다니야는 왕의 포고로 왕립으로 나무와 다른 물자를 사용하는 것을 수행승에게 허락했다고 주장했다. 빔비싸라 왕은 포고는 승인했으나 그것은 숲에서 직접 공급되는 것들을 언급한 것이라고 말하고 다니야를 경고하고 추방했다. 이 일이 커다란 소동이 일자 부처님은 다니야를 꾸짖었다. 다니야는 나중에 길을 바꾸고 거룩한 경지를 얻었다. Thag. V. 228-230에 그의 시들이 있다.

대해 묻고, 죄에 대해 묻고, 무죄에 대해 물었다.

[마하 깟싸빠] "벗이여, 우빨리여, 세 번째 승단추방죄는 어디에서 시설되었습니까?"

[우빨리] "존자여, 라자가하 시에서입니다."

[마하 깟싸빠] "누구에서 비롯된 것입니까?"

[우빨리] "많은 수행승들에게서 비롯된 것입니다."

[마하 깟싸빠] "어떤 주제에 대한 것입니까?"

[우빨리] "사람의 목숨을 빼앗는 것1272)에 대한 것입니다."

그리고 나서 존자 마하 깟싸빠는 존자[287] 우빨리에게 세 번째 승단추방죄의 주제에 대해 묻고, 인연에 대해 묻고, 사람에 대해 묻고, 시설에 대해 묻고, 부가적 규정에 대해 묻고, 죄에 대해 묻고, 무죄에 대해 물었다.

[마하 깟싸빠] "벗이여, 우빨리여, 네 번째 승단추방죄는 어디에서 시설되었습니까?"

[우빨리] "존자여, 베쌀리 시에서입니다."

[마하 깟싸빠] "누구에서 비롯된 것입니까?"

[우빨리] "박구무다1273) 강변의 수행승들에게서 비롯된 것입니다."

[마하 깟싸빠] "어떤 주제에 대한 것입니까?"

[우빨리] "인간을 뛰어넘는 경지에 관한 사칭법1274)에 대한 것입니다."

그리고 나서 존자 마하 깟싸빠는 존자 우빨리에게 네 번째 승단추방죄의 주제에 대해 묻고, 인연에 대해 묻고, 사람에 대해 묻고, 시설에 대해 묻고, 부가적 규정에 대해 묻고, 죄에 대해 묻고, 무죄에 대해 물었다. 이러한 방법으로 양 분별의 계율1275)에 대하여 물었다. 묻는 것마다 존자 우빨리는 대답했다.

8. 그후 존자 마하 깟싸빠는 참모임에 알렸다.

[마하 깟싸빠] "벗들이여, 참모임은 내게 귀를 기울이십시오. 만약에 참모임에 옳은 일이라면, 존자 아난다에게 가르침에 대해 묻겠습니다."

1272) manussaviggaha : '목숨을 빼앗는 것'으로 이해해야 한다.

1273) Vaggumudā : 밧지 국에 있던 강으로 밧따무다(Vattamudā)라고도 한다. 이곳에서 야쏘자(Yasoja)와 그의 오백 명의 동료수행승들이 살았다.

1274) uttarimanussadhamma : 한역 상인법(上人法)은 '흐름에 든 님' 등의 수행자로서의 길과 경지를 체득하였다고 주장하는 것에 대한 법이므로, 사실상 체득하지 못한 선정이나 신통이나 길과 경지를 체득했다고 사칭하는 것에 대한 법인데, 이것을 어기면, 승단추방죄에 해당한다. Vin. III. 109를 참조하라.

1275) ubhato vibhaṅge : 수행승의 계율을 다루는 '대분별(Mahāvibhaṅga)'과 수행녀의 계율을 다루는 '비구니비방가(Bhikkhunīvibhaṅga)'를 말한다.

그러자 존자 아난다는 참모임에 알렸다.

[아난다] "존자들이여, 참모임은 제 말에 귀를 기울이십시오. 만약 참모임에 옳은 일이라면, 나는 존자 마하 깟싸빠의 가르침에 대한 물음에 대답하겠습니다."

그러자 존자 마하 깟싸빠는 존자 아난다에게 이와 같이 말했다.

[마하 깟싸빠] "벗이여 아난다여, 「하느님의 그물의 경」1276)은 어디서 설해진 것입니까?"

[아난다] "존자여, 라자가하 시와 날란다1277) 시 사이에 암바랏티까1278) 왕립 별장에서 설해진 것입니다."

[마하 깟싸빠] "누구로부터 비롯됩니까?"

[아난다] "유행자 쑵삐야1279)와 바라문 학인 바라흐마닷따1280)입니다."1281)

1276) brahmajāla : DN. I. 1 ; 장아함14 (21), 梵動經(大正1 88b-94a) 佛說梵網六十二見經(大正1 264a-270c) 참조. 『하느님의 그물의 경』(Brahmajālasutta)의 줄거리는 다음과 같다 : 부처님께서는 라자가하 시에서 날란다 시로 가는 사이의 대로를 오백 명의 많은 수행승들의 무리와 함께 가고 있었는데, 뒤에서 삼보를 비방하는 유행자 쑵삐야와 그의 제자이지만 삼보를 칭찬하는 바라문 학인 브라흐마닷따 사이의 다툼이 있었다. 부처님은 다른 자들이 삼보를 비방하더라도 자신의 제자들이 그들에게 적대하고 화내고 불쾌하게 여긴다면 제자들에게 장애가 된다고 설하고 있다. 또한 부처님은 삼보에 대하여 그들이 칭찬을 하더라도 그것에 대해서 자신의 제자들이 기뻐하고 환희하고 환호한다면, 제자들에게 그것이 장애가 된다고 설하고 있다. 일반사람들이 여래를 칭찬하더라도, 그것은 기초적이고 단순한 계행에 관한 것뿐이고, 비길 데 없는 덕성인 삼매와 지혜에 관해서는 바르게 나타낼 수 없다. 그리고 여래가 스스로 곧바로 알고 깨달아 선언한, 심오하고, 보기 어렵고, 깨닫기 어렵고, 고요하고, 탁월하고, 사고의 영역을 뛰어넘고, 극히 미묘하여 슬기로운 자들에게만 알려지는 것이 있는데 그것은 잘못된 견해에 대한 앎이다. 영원주의-네 가지, 부분적 영원주의-네 가지, 유한·무한론-네 가지, 회의주의-네 가지, 우연론-두 가지, 사후지각론-열여섯 가지, 사후무지각론-여덟 가지, 사후비유비무지각론-여덟 가지, 허무주의-일곱 가지, 현세열반론-다섯 가지가 있다. 모두 도합 육십이 가지의 잘못된 견해가 있다. 부처님은 이 모든 사견에 대해서 알고 있고 그 사견을 지닌 자의 운명에 대해서도 알고 있다. 부처님은 상세한 분석을 통해서 사견이 여섯 가지 감역을 통한 반복된 접촉에서 기인한다고 밝히고 있다. 여섯 가지 접촉의 감역을 통해서 잇따라 접촉하면서 그것들을 감지한다. 그것들에 대한 느낌을 조건으로 갈애가 생겨나고, 갈애를 조건으로 집착이 생겨나고, 집착을 조건으로 존재가 생겨나고, 존재를 조건으로 태어남이 생겨나며, 태어남을 조건으로 늙고 죽음, 슬픔, 비탄, 고통, 근심, 절망이 생겨난다. 이와 같이 해서 모든 괴로움의 다발들이 함께 생겨난다. 여섯 가지 접촉의 감역의 발생과 소멸과 유혹과 위험과 여읨을 있는 그대로 분명히 알 때, 이 모든 잘못된 견해 즉, 사견을 초월하는 지혜를 얻게 된다. 그러나 어떠한 수행자나 성직자이든지 사견을 지닌 자는, 예순 두 가지 그물코를 가진 그물에 사로 잡혀 거기에서 빠져나가려고 오르락내리락 하면 할수록, 거기에 갇힌 채 그물에 조여 발버둥치는 물고기와 같은 신세가 된다.

1277) Nālandā : 마가다 국에 있는 도시로 라자가하에서 1요자나(= 약 14km) 거리에 떨어진 곳으로 유명한 대학이 세워진 곳이다. 오늘날의 바라가온(Baragaon)이 여기에 해당한다. 부처님께서는 여러 차례 이곳에 머물렀고 싸리뿟따도 최후의 열반에 들기 전에 사자후를 하던 곳이다. 날란다는 부처님 당시에 이미 영향력이 있는 번영하는 도시였고 많은 인구를 가지고 있었다. 날란다는 부처님 당시에는 자이나교의 중심지였다. 우빨리는 날란다에 살던 장자로 자이나교 신자였는데 부처님의 설법을 듣고 개종했다. 우빨리가 불교도가 되었다는 소식을 듣고 자이나교의 교주였던 니간타 나타뿟따는 입에서 피를 토했다.

1278) Ambalaṭṭhikā : 입구 근처에 망고 나무가 있어 암바랏티까라고 불린 것이다.

이렇게 존자 마하 깟싸빠는 존자 아난다에게 「하느님의 그물의 경」의 인연에 대해서 질문하고, 사람에 대해서 질문했다.

[마하 깟싸빠] "벗이여 아난다여, 「수행자의 삶의 결실에 대한 경」1282)은 어디서 설해진 것입니까?"

[아난다] "존자여, 라자가하 시와 지바깜바바나 숲에서 설해진 것입니다."

[마하 깟싸빠] "누구와 함께입니까?"

[아난다] "베데히 부인의 아들, 아자따쌋뚜입니다."

이렇게 존자 마하 깟싸빠는 존자 아난다에게 「수행자의 삶의 결실에 대한 경」의 인연에 대해서 질문하고, 사람에 대해서 질문했다. 이러한 방법으로 오부 니까야1283)에 대하여 물었다. 묻는 것마다 존자 아난다는 대답했다.

1279) Suppiya : Smv. 35에 따르면, 회의주의론자 싼자야(Sañjaya)의 제자로 나형외도(裸形外道)가 아닌 유행자였다.

1280) Brahamadatta : 쑵삐야(Suppiya)의 바라문 청년제자이다. 이곳과 DN. I. 1에만 등장한다.

1281) suppiyañca paribbājakaṃ brahmadattañca māṇavanti : Smp. 16과 Smv. 14에는 "'어떠한 주제에 대한 것입니까?' '칭찬과 비방입니다.'"가 추가되어 있다.

1282) Sāmaññaphala : DN. I. 47 : 장아함17 (27) 沙門果經(大正1 107a-109c); 증일아함39 · 7 佛說寂志果經(大正1 270c-276b)을 참조하라. Smv. 14에서는 이 구절 이하에서의 결집의 이야기가 다르게 전개된다. <수행자의 삶의 결실에 대한 경(Sāmaññaphalasutta)>의 내용은 다음과 같다 : 보름날 부처님께서 라자가하 시에 있는 지바까 꼬마라밧짜의 망고 숲에서 마가다 국왕 아자따쌋뚜의 질문에 응해서 현세에서 눈에 볼 수 있는 수행자의 삶의 결실에 대하여 토론하고 계셨다. 마가다 국왕 아자따쌋뚜는 당시의 육사외도에게 모두 수행자의 삶의 결실이 무엇인가에 대하여 물었으나 각자 그들의 잘못된 세속철학을 듣고 실망하던 차에 부처님을 찾아갔던 것이다. 부처님은 왕의 하인이 감각적 쾌락의 욕망을 버리고 출가하여 수행자가 되어 신체적으로나 언어적으로 정신적으로 자제하며 지낸다면, 왕도 그에게 존경을 표하게 된다는 예를 들어 수행자의 삶의 결실이 있다고 이야기를 시작한다. 그리고 부처님은 보다 높고 탁월한 수행자의 삶의 결실에 대하여 이야기 한다. ① 어떻게 부처님의 가르침을 듣고 출가하여 청정한 믿음의 수행자가 되는가를 설명하고 ② 어떻게 그가 짧은 크기의 계행과 중간 크기의 계행과 긴 크기의 계행을 확립하는가를 설명하고 ③ 어떻게 감각능력의 문을 수호해서 탐욕과 근심을 제거하는가를 설명하고 ④ 어떻게 새김을 확립하고 올바른 알아차림을 갖추는가를 설명한다. ⑤ 어떻게 만족하는가를 설명한다. ⑥ 어떻게 다섯 가지 장애를 제거하고 네 가지 선정을 차례로 얻을 수 있는지를 설명한다. ⑦ 어떻게 여덟 가지의 보다 높고 탁월한 앎 즉, 통찰에 대한 앎, 정신으로 이루어진 몸에 대한 앎, 다양한 신통에 대한 앎, 하늘귀에 대한 앎, 타자의 마음에 대한 앎, 전생의 삶의 기억에 대한 앎, 하늘눈에 대한 앎, 번뇌의 부숨에 대한 궁극의 앎 을 성취할 수 있는지를 설명한다. 번뇌의 부숨에 의해서 해탈에 대한 앎이 일어나면, 해탈하면 '해탈했다.'라는 앎이 일어나며, 그는 '태어남은 부수어졌고, 청정한 삶은 이루어졌고, 해야 할 일을 다 마쳤고, 더 이상 윤회하지 않는다.'고 분명히 안다. 이것과는 다른, 현세에서 눈으로 볼 수 있는 수행자의 삶의 보다 뛰어나고 보다 탁월한 결실은 없다. 결국 수행자의 삶의 궁극의 결실은 윤회에서 해탈하는 것이다.

1283) pañcanikāya : 쌍윳따니까야, 디가니까야, 맛지마니까야, 앙굿따라니까야, 쿳다까니까야로 경장의 다섯 종류를 말한다. Smv. 15에 따르면, 64송출분 분량의 성전을 결집하여 ≪디가니까야≫라고 하고, 존자 아난다에게 '벗이여, 이것을 그대에게 의지하는 자들에게 전하시오.'라고 부촉했다. 그 다음에 80송출분 분량의 ≪맛지마니까야≫를 결집한 뒤에 가르침의 장군인 싸리뿟따에게 의지하는 자들에게 '벗들이여, 이것을 그대들이 돌보시오.'라고 부촉했다. 그 다음에 100송출분 분량의 ≪쌍윳따니까야≫를 결집한 뒤에 장로 마하 깟싸빠에게 '존자여, 이것을

결집의 인연이 끝났다.

2. 사소한 학습계율에 대한 논의(Khuddānukhuddakasikkhāpadakathā)

1. 그후 존자 아난다는 장로 수행승들에게 이와 같이 말했다.

[아난다] "존자들이여, 세존께서는 완전한 열반에 드실 때, 이와 같이 '아난다여, 내가 간 뒤에 참모임이 원한다면 사소한 학습계율은 폐기해도 좋다.'[1284]라고 말씀하셨습니다."

[장로 수행승들] "벗이여 아난다여, 그런데 그대는 세존께 '세존이시여, 사소한 학습계율이란 어떠한 것입니까?'라고 물었습니까?"

[아난다] "존자들이여, 그런데 저는 세존께 '세존이시여, 사소한 학습계율이란 어떠한 것입니까?'라고 묻지 않았습니다."

1) 어떤 장로들은 이와 같이 말했다.

[어떤 장로] "네 가지 승단추방죄를 제외하고, 나머지는 사소한 학습계율이다."

2) 어떤 장로들은 이와 같이 말했다.

[어떤 장로] "네 가지 승단추방죄를[288] 제외하고, 열세 가지 승단잔류죄[1285]를 제외하고, 나머지는 사소한 학습계율이다."

3) 어떤 장로들은 이와 같이 말했다.

[어떤 장로] "네 가지 승단추방죄를 제외하고, 열세 가지 승단잔류죄를 제외하고, 두 가지 부정죄[1286]를 제외하고, 나머지는 사소한 학습계율이다."

그대에게 의지하는 자들에게 전하시오.'라고 부촉했다. 그 다음에 120송출분 분량의 ≪앙굿따라니까야≫를 결집한 뒤에 장로 아누룻다에게 '존자여, 이것을 그대에게 의지하는 자들에게 전하시오.'라고 부촉했다. 그리고 논장을 결집한 뒤에 『본생담』(本生談 : Jātaka), 『의석』(義釋 : Niddesa), 『무애해도』(無碍解道 : Paṭisambhidāmagga), 『보살전기』(菩薩傳記 : Apadāna), 『숫타니파타』(經集 : Suttanipāta), 『소송경』(小誦經 : Khuddakapāṭha), 『법구경』(法句經 : Dhammapāda), 『자설경』(自說經 : Udāna), 『여시어경』(如是語經 : Itivuttaka), 『천궁사』(天宮事 : Vimānavatthu), 『아귀사』(餓鬼事 : Petavatthu), 『장로게』(長老偈 : Theragāthā), 『장로니게』(長老尼偈 : Therīgāthā)의 이러한 성전들을 결집했는데, 이것을 ≪쿳다까니까야≫(Kuddakanikāya)라고 했다.

1284) ākaṅkhamāno ānanda saṅgho mamaccayena khuddānukhuddakāni sikkhāpadāni samūhanatu : DN. II. 154에도 등장한다. Smv. 592에 따르면, 원한다면 폐지하라는 뜻이다. 왜 폐지하라고 단언하지 않고 사유의 언어로 시설한 것일까? 마하 깟싸빠 장로의 힘이 보이기 때문이다. 세존께서 폐기하라고 말씀하시더라도 결집시에 장로는 폐기하지 않을 것이라고 보이기 때문이다.

1285) saṅghādisesa : 한역에서는 승잔죄(僧殘罪)이다. 영역(Bd. V. 399)에서는 '승단회의를 필요로 하는 죄(the offences entailing ā Formal Meeting of Order)'라고 번역한다. 역자는 원래의 이미를 살려 승단의 추방을 면하는 죄라는 의미에서 승단잔류죄라고 번역한다.

1286) dve aniyate : 부정죄(不定罪 : aniyata)는 계율을 범했는지 불분명하지만 혐의를 받을 만한 죄를 말한다. 다음과 같은 두 가지 계를 범한 것이다. 하나는 병처부정계(屛處不定戒)이고 하나는 노처부정계(露處不定戒)이다. 병처부정계는 어두운 곳이나 으슥한 곳이나 남이 보고 듣지 못하는 곳에서 계를 범하지 않는 것이고, 노처부정계

4) 어떤 장로들은 이와 같이 말했다.

[어떤 장로] "네 가지 승단추방죄를 제외하고, 열세 가지 승단잔류죄를 제외하고, 두 가지 부정죄를 제외하고, 서른 가지 상실죄1287)를 제외하고 나머지는 사소한 학습계율이다."

5) 어떤 장로들은 이와 같이 말했다.

[어떤 장로] "네 가지 승단추방죄를 제외하고, 열세 가지 승단잔류죄를 제외하고, 두 가지 부정죄를 제외하고, 서른 가지 상실죄를 제외하고, 아흔두 가지 속죄죄를 제외하고, 나머지는 사소한 학습계율이다."

6) 어떤 장로들은 이와 같이 말했다.

[어떤 장로] "네 가지 승단추방죄를 제외하고, 열세 가지 승단잔류죄를 제외하고, 두 가지 부정죄를 제외하고, 서른 가지 상실죄를 제외하고, 아흔두 가지 속죄죄를 제외하고, 네 가지 고백죄를 제외하고 나머지는 사소한 학습계율입니다."

2. 그러자 존자 마하 깟싸빠가 참모임에 알렸다.

[마하 깟싸빠] "벗들이여, 참모임은 제 말에 귀를 기울이시오. 우리들의 학습계율은 재가자에게 영향을 주고 재가자들도 우리에 대해서 '이것은 수행자인 싸끼야의 아들들에게 허용되고, 이것은 허용되지 않는다.'라고 압니다. 만약에 우리가 사소한 학습계율을 폐기하면, 이와 같이 '수행자 고따마는 화장장에 연기가 피어오를 때에도 제자들을 위하여 학습계율을 시설했다.1288) 스승이 살아계실 때에는 그들은 학습계율을 배웠지만, 스승이 완전한 열반에 드시자 그들은 이제 학습계율을 더 이상 배우지 않는다.'라고 말하는 자가 있을 것입니다. 만약에 참모임에게 옳은 일이라면, 참모임은 아직 시설되지 않은 것을 시설하지 않을 것이고, 이미 시설된 것은 폐기하지 않고, 시설된 것에 따라서 학습계율을 지켜나가겠습

는 어두운 곳이나 으슥한 곳은 아니지만 남이 보고 듣지 못하는 곳에서 계를 범하지 않는 것이다.

1287) nissaggiya : 한역은 음사하여 니살기(尼薩耆)라고 한다. 속죄죄인 바일제의 일종으로 한역에서는 사타(捨墮)·진사타(盡捨墮)·기타(棄墮)라고 한다. 승단계율의 팔단계에 네 번째에 해당하고 재물의 취급을 잘못하여 일어나는 죄로 탐심으로 모은 것은 상실될 수 밖에 없으므로 참모임에 가져와 참회하지 않으면 지옥에 떨어진다는 것을 말한다. 30조가 있으므로 30상실죄라고 한다. 여기에는 수행승과 수행녀의 같고 다름이 있다. 이 죄를 범하면 재물을 주인에게 되돌려 주고 탐심을 버려 참회해야 한다.

1288) dhūmakālikaṃ samaṇena gotamena sāvakānaṃ sikkhāpadaṃ paññattaṃ : 여기서 역자가 번역한 '화장장에 연기가 피어오를 때에도'는 Bd. V. 399와 유사하지만, 남전4권431과는 일치하지 않는다. Vin. II. 172에 'dhūmakā likampi'가 등장한다. 여기서 dhūmakālikaṃ은 Vin. II. 172에서처럼 'dhūmakālikampi'가 되어야 한다. '화장장에서 연기가 피어오를 때에도'라는 뜻이 되어야 한다. 남전4권431에는 dhūmakālikaṃ을 '연기와 같다.'라고 해석하여 '수행자 고따마가 제자들을 위하여 시설한 학습계율은 연기(煙氣)와 같다.'라고 번역했는데, 이것은 오역이다.

니다.1289) 이것이 제안입니다."1290)

[마하 깟싸빠] "벗들이여, 참모임은 제 말에 귀를 기울이시오. 우리들의 학습계율은 재가자에게 영향을 주고 재가자들도 우리에 대해서 '이것은 수행자인 싸끼야의 아들들에게 허용되고, 이것은 허용되지 않는다.'라고 압니다. 만약에 우리가 사소한 학습계율을 폐기하면, 이와 같이 '수행자 고따마는 화장장에 연기가 피어오를 때에도 제자들을 위하여 학습계율을 시설했다. 스승이 살아계실 때에는 그들은 학습계율을 배웠지만, 스승이 완전한 열반에 드시자 그들은 이제 학습계율을 더 이상 배우지 않는다.'라고 말하는 자가 있을 것입니다. 참모임은 아직 시설되지 않은 것을 시설하지 않을 것이고, 이미 시설된 것은 폐기하지 않고, 시설된 것에 따라서 학습계율을 지켜나가겠습니다. 아직 시설되지 않은 것을 시설하지 않을 것이고, 이미 시설된 것은 폐기하지 않고, 시설된 것에 따라서 학습계율을 지켜나가는 것에 동의하면 침묵하시고, 이견이 있으면 말씀하십시오."

[마하 깟싸빠] '참모임은 아직 시설되지 않은 것을 시설하지 않을 것이고, 이미 시설된 것은 폐기하지 않고, 시설된 것에 따라서 학습계율을 지켜나가겠습니다. 참모임이 찬성하여 침묵했으므로, 저는 그와 같이 알겠습니다.'

3. 그때 장로 수행승들이 존자 아난다에게 이와 같이 말했다.

1) [장로 수행승들] "벗이여 아난다여, 그대가 세존께 사소한 학습계율이 무엇인가를 묻지 않은 것은[289] 악작죄입니다. 그 악작죄를 참회해야 합니다."
[아난다] "존자들이여, 저는 새김을 잃고 세존께 무엇이 사소한 학습계율인가를 묻지 않았습니다. 저는 그것을 악작죄라고 보지 않습니다.1291) 그렇지만 존자들께서 그렇게 믿으니, 제가 그것을 참회합니다."

2) [장로 수행승들] "벗이여 아난다여, 그대가 세존의 우기옷을 밟아서 꿰맨 것도 악작죄입니다. 그 악작죄를 참회해야 합니다."1292)
[아난다] "존자들이여, 저는 불경하여 세존의 우기옷을 밟아서 꿰맨 것이 아닙니다. 저는 그것을 악작죄이라고 보지 않습니다. 그렇지만 존자들께서 그렇게

1289) yathā paññattesu sikkhāpadesu samādāya vatteyya : Vin. III. 231(상실죄법 제15조; Nissag. 15)를 참조하라.

1290) esā ñatti : 여기에 소개된 마하 깟싸빠의 이야기는 Smv. 592-593에도 소개되어 있다.

1291) nāhantaṃ dukkaṭaṃ passāmi : Vin. I. 339를 참조하라 : "수행승들이여, 그대들은 죄를 짓고 '나는 죄를 짓지 않았다. 나는 죄를 지은 것이 아니다.'라고 죄를 참회할 필요가 없다고 생각하지 말라. 수행승들이여, 여기 수행승이 죄를 지었다. 그는 그 죄를 무죄라고 인지했지만, 다른 수행승들은 그 죄를 죄라고 인지했다."

1292) vassikasāṭikā : '우기옷'은 우기에 습하고 무겁기 때문에 의복 대신에 입는 옷이다. 우기옷을 만드는 규정에 대해서는 Vin. IV. 173에서 정의되고 있다. 용어는 Vin. I. 253. 294 등에서도 언급된다.

믿으니, 제가 그것을 참회합니다."

3) [장로 수행승들] "벗이여 아난다여, 그대가 여인들에게 세존의 사리에[1293] 먼저 예배하게 하여 그녀들이 울다가 세존의 사리를 눈물로 적신 것도 악작죄입니다. 그 악작죄를 참회해야 합니다."

[아난다] "존자들이여, 저는 '이들이 때 아닌 때에 여기 있게 해서는 안 된다.'라고[1294] 생각하여 여인들에게 먼저 세존의 사리에 예배하게 했습니다. 저는 그것을 악작죄이라고 보지 않습니다. 그렇지만 존자들께서 그렇게 믿으니, 제가 그것을 참회합니다."

4) [장로 수행승들] "벗이여 아난다여, 세존께서는 이와 같이 명백한 징조를[1295] 보이고 명백한 암시를 보이셨으나, 그대는 세존께 '세존이시여, 세상의 존귀한 님께서는 한 우주기 동안 머무르십시오,[1296] 올바른 길로 잘 가신 님께서는 한 우주기 동안 머무르십시오. 세상을 불쌍히 여겨 많은 뭇삶의 이익을 위하여, 많은 뭇삶의 안락을 위하여, 하늘사람과 인간의 이익과 유익과 행복을 위하여, 올바른 길로 잘 가신 님께서는 한 우주기 남짓 머무십시오.'라고 간청하지 않은 것도 악작죄입니다. 그 악작죄를 참회해야 합니다."

[아난다] "존자들이여, 저는 악마에 마음이 사로잡혀[1297] 세존께 '세존이시여,

1293) bhagavato sarīraṃ : 여기서 사리(舍利)라는 것은 완전한 열반에 드신 세존의 몸(sarīra)을 말한다.

1294) māyimā vikāle ahesun'ti : Smp. 1297에 따르면, '이들이 때 아닌 때에 가는 것이 있어서는 안 된다.'라는 뜻이다.

1295) oḷārike nimitte : 'oḷārika'는 '광대한, 조대한, 거친'의 뜻을 지녔다. UdA. 322에서는 '거친 지각이 일어났을 때(thūlasaññ'uppādane)'를 뜻한다.

1296) kappa : 여기서 우주기는 겁(劫)을 번역한 것이다. 우주기는 곧 우주의 성주괴공(成住壞空)에 걸리는 엄청난 기간을 암시하지만, Srp. III. 251에 따르면, 단지 '목숨이 붙어있는 기간 곧 수명(āyukappaṃ)'을 말한다. 곧 '특정한 시대에 인간의 완전히 채운 정상적인 수명(tasmin tasmiṃ kāle yaṃ manussānam āyuppamāṇaṃ, taṃ paripuṇṇaṃ karonto)'을 말한다. 'kappāvasesaṃ'은 '우주기의 잔여'라는 말인데 '한 우주기 남짓'이란 뜻이다. 위 문장에서 한 우주기를 '수명'이라고 해석한다면 '100세나 100세 남짓 머물 수 있을 것이다'가 될 것이다. 담마빨라도 UdA. 323-324에 따르면, 아난다, 마하 갓싸바, 아누룻다와 같은 제자들의 예를 들어, 부처님이 원한다면, 자연적 수명의 기간인 110세 이상, 120세 까지는 살 수 있을 것이라고 해석하고 있다. 그는 우주기를 살 수 있을 것이라는 해석을 부정한다. 그러나 Srp. III. 251에는 Mahāsiva장로가 '부처님은 현겁(賢劫, bhaddakappaṃ) 동안 머물 것이다'라고 했다는 주장이 동시에 실려 있다. Cdb. 1940에 따르면, 니까야에서 결코 우주기가 수명(āyukappaṃ)으로 쓰인 적이 없다. 필자는 문맥상 다음 문장의 '광대한 징조'라는 말과 일치시키기 위해 그대로 우주기라고 표현한다. 이것은 곧, 우리의 존재의 다발(五蘊) 자체가 일체라는 즉, 무한한 시공연속체라는 것과 맞닿아 있는 개념적 해석이라고 볼 수 있다.

1297) pariyuṭṭhitacitto : Srp. III. 252에 따르면, '마음이 정복된(ajjhotthatacitto)'것을 뜻한다. Srp. III. 252에 따르면, 악마는 전도(顚倒 : vipallāsā)를 버리지 못한 사람들을 공격하는데, 아난다 장로도 완전히 전도를 버리지 못했으므로 공격의 대상이 되었다 : '그들의 입으로 손을 집어넣어 심장을 부순다. 그들은 정신을 잃고 만다. 그런데 이 장로의 입으로 손을 집어넣을 수 있을까? 그래서 공포의 대상을 보여 주었다. 그것을 보고도 장로는

세상의 존귀한 님께서는 한 우주기 동안 머무르십시오, 올바른 길로 잘 가신 님께서는 한 우주기 동안 머무르십시오. 세상을 불쌍히 여겨 많은 뭇삶의 이익을 위하여, 많은 뭇삶의 안락을 위하여, 하늘사람과 인간의 이익과 유익과 행복을 위하여, 올바른 길로 잘 가신 님께서는 한 우주기 남짓 머무십시오.'라고 간청하지 않았습니다. 저는 그것을 악작죄이라고 보지 않습니다. 그렇지만 존자들께서 그렇게 믿으니, 제가 그것을 참회합니다."

5) [장로 수행승들] "벗이여 아난다여, 그대가 여인을 여래가 설한 가르침과 계율에 출가시키려고 노력한 것도 악작죄입니다. 그 악작죄를 참회해야 합니다."

[아난다] "존자들이여, 그 마하빠자빠띠 고따미는 세존의 이모이며, 양모이며, 양육자이며, 수유자로서 생모가 돌아가신 이후에 젖을 주었다고 생각한 까닭에 여래가 설한 가르침과 계율에 출가시키려고 노력했습니다. 저는 그것을 악작죄이라고 보지 않습니다. 그렇지만 존자들께서 그렇게 믿으니, 제가 그것을 참회합니다."

4. 그때 존자 뿌라나가 많은 수행승의 무리와 함께 닥키나기리[1298] 지방에서 유행을 하고 있었다. 그런데 존자 뿌라나[1299]가 장로 수행승들이 가르침과 계율을 결집하고 있을 때에, 닥키나기리 산에 있을 만큼 있다가 라자가하 시에 있는 [290] 벨루바나 숲의 깔란다까니바빠 공원에 있는 장로 수행승들을 찾아갔다. 가까이 다가가서 장로 수행승들과 함께 인사를 하고 한쪽에 앉았다. 한쪽에 앉은 장로 뿌라나에게 장로 수행승들은 이와 같이 말했다.

[장로 수행승들] "벗이여 뿌라나여, 장로들이 가르침과 계율을 결집했습니다. 이 결집에 따르도록 하시오."

[뿌라나] "벗들이여, 장로들이 가르침과 계율을 결집했습니다. 그러나 저는 세존으로부터 가르침을 직접 받았으므로 저는 그것을 새기겠습니다."

소소한 학습계율에 대한 논의가 끝났다.

3. 하느님의 처벌에 대한 논의(Brahmadaṇḍakathā)

1. 한때 존자 아난다가 장로 수행승들에게 이와 같이 말했다.

그 특징이 암시하는 바를 꿰뚫지 못했다. 안다면 세존께서는 무엇 때문에 세 번까지 말했겠는가?'

1298) Dakkhiṇāgiri : 웃제니(Ujjeni)가 수도인 한 지방(janapada)의 이름으로 라자가하 시의 남쪽에 있었다. 그 지방은 언덕으로 둘러싸여 그렇게 불렸다. 이 지방에 바라문 마을 엑까날라(Ekanāla)가 있었다. 싸밧티 시에서 라자가하 시로 가는 길이 닥키나기리 지방을 통과한다.

1299) Purāṇa : 닥키나기리에 살았던 수행승으로 율장의 이곳에만 등장하는 수행승이다.

[아난다] "존자들이여, 세존께서는 나에게 완전한 열반에 드실 때에 이와 같이 '아난다여, 내가 가고 난 뒤에 수행승 찬나에게 하느님의 처벌1300)이 주어져야 한다.'라고 말씀하셨습니다."

[장로들] "벗이여 아난다여, 세존께 '하느님의 처벌이 무엇인지를 물었습니까?"

[아난다] "존자들이여, 나는 세존께 '세존이시여, 하느님의 처벌이 무엇입니까?'라고 물었는데, 세존께서는 '아난다여, 찬나가 수행승들에게 원하는 것을 이야기하더라도, 수행승들은 그에게 이야기하거나 충고하거나 가르침을 줄 수 없다.'라고 했습니다."

[장로들] "벗이여 아난다여, 그렇다면, 그대가 수행승 찬나에게 하느님의 처벌을 내렸습니까?"

[아난다] "존자들이여, 어떻게 제가 수행승 찬나에게 하느님의 처벌을 내리겠습니까? 그 수행승은 잔인하고 포악합니다."

[장로들] "벗이여 아난다여, 그렇다면, 그대가 많은 수행승들과 함께 가시오."

[아난다] "존자들이여, 알겠습니다."

존자 아난다는 장로 수행승들에게 대답하고 많은 수행승들의 무리, 오백 명과 함께 상류로 가는 배를 타고 꼬쌈비 국에서 내려서 우데나1301) 왕의 유원에서

1300) brahmadaṇḍa : 한역에서는 범벌(梵罰) 또는 범단(梵壇)이라고 한다. 여기에 나와 있듯이, 당사자가 사람들에게 원하는 것을 이야기하더라도, 사람들은 그에게 이야기하거나 충고하거나 가르침을 줄 수 없는 것으로 완전히 무시하고 침묵으로 대할 때, 그 고통을 당사자가 받는 것으로 최상위의 처벌을 의미한다. 담마디야다 스님에 의하면, 일시적인 사형선고라고 할 수 있는 아주 엄중한 처벌이다.

1301) Udena : 꼬쌈비(Kosambī) 왕의 아들이었다. 그는 빠란따빠(Paratapa)의 아들이었다. 그의 어머니가 그를 임신하였을 때, 괴상한 새가 그녀를 납치하여 알라깝빠(Allakappa)의 처소 근처에 나무 위에 갖다 놓았다. 폭우가 쏟아지는데 아이를 낳았다. 그래서 우데나라고 이름지어졌다. 알라깝빠가 모자를 발견하고 보호해 주었다. 어느날 우데나가 자랐을 때에 알라깝빠가 별자리를 보고 빠란따빠가 죽을 것을 알았다. 그가 소식을 전하자 우데나의 어머니는 자초지종을 고했다. 그러자 알라깝빠는 우데나에게 코끼리 다루는 법 등의 여러 가지 교육을 시키고 꼬쌈비 시로 보냈다. 우데나는 왕이 되어 고싸까(Ghosaka)를 재무대신으로 임명하고, 목욕하러 강으로 가던 그의 수양녀인 싸마바띠(Sāmāvatī)를 불러 그녀와 결혼했다. 그후 웃제니의 왕 짠다 빳조따(Caṇḍa Pajjota)의 딸을 비로 맞이하고, 또한 꾸루(Kuru) 국에 사는 바라문 마간디야의 딸 마간디야(Māgandiyā)를 세 번째 비로 맞이한다. 그러나 부처님께서는 바라문 마간디야의 집에서 설법을 한 적이 있었는데, 부부가 부처님에게 딸을 주려고 하자. 부처님은 성적인 대상에 대해 '오줌으로 가득 찬 이것이 무엇이란 말인가?'라는 시구를 읊었다. 그러자 마간디야는 자신을 똥과 오줌으로 가득 찬 것으로 묘사한 것에 불만을 품고 부처님을 향해 증오를 품었다. 그런데 싸마바띠는 시녀 쿠즛따라(Khujjutara)를 통해 깊이 부처님을 믿게 되었다. 그러자 여러 차례 마간디야는 자신의 부모들이 출가하여 수행승이 되었음에도 불구하고 부처님을 도시에서 몰아내려 시도했고, 싸마바띠에게 죄를 뒤집어 씌어 살해하려고 시도했으나 실패했다. 이에 대한 상세한 이야기는 역자의 번역본인 『우데나-감흥어린 싯구』(Ud. 79)의 주석을 보라. 우데나 왕은 부처님이 완전한 열반에 든 이후에도 살아 있었다. 그에게 보디(Bodhi)라는 아들이 있었는데, 그가 왕위를 계승했는지는 경전 상에 나오지 않는다.

멀지 않은 곳에 한 나무 밑에 앉았다.

2. 그때 우데나 왕은 시녀와 함께 유원을 산책하고 있었다. 우데나 왕의 시녀들은 '우리의 스승인 존자 아난다가 유원에서 멀지 않은 곳의 한 나무 밑에 앉아 있다.' 라고 들었다. 그래서 우데나 왕의 시녀들은 우데나 왕에게 이와 같이 말했다.

[시녀들] "대왕이여, 우리의 스승인 존자 아난다가 유원에서 멀지 않은 곳의 한 나무 밑에 앉아 있습니다. 대왕이여, 우리는 존자 아난다를 뵙고 싶습니다."

[우데나] "그렇다면, 그대들은 수행자 아난다를 뵙도록 하라."

그러자 우데나 왕의 시녀들은 존자 아난다가 있는 곳을 찾아갔다. 가까이 다가가서 존자 아난다에게 인사하고 한쪽으로 물러나 앉았다. 한쪽으로 물러나 앉은 우데나 왕의 시녀들을 존자 아난다가 법문으로 교화하고 격려하고 북돋우고 [291] 기쁘게 했다. 그러자 우데나 왕의 시녀들을 존자 아난다로부터 법문으로 교화받고 격려받고 북돋아져서 기뻐하며, 존자 아난다에게 오백 상의를 보시했다.[1302] 그리고 우데나 왕의 시녀들을 존자 아난다가 말한 것에 기뻐하고 환희하며 자리에서 일어나 존자 아난다에게 인사를 하고 오른쪽으로 돌아 왕 우데나가 있는 곳으로 가까이 갔다.

3. 우데나 왕은 시녀들이 멀리서 오고 있는 것을 보았다. 보고나서 시녀들에게 말했다.

[우데나] "그대들은 수행자 아난다를 보았는가?"

[시녀들] "대왕이여, 우리들은 존자 아난다를 보았습니다."

[우데나] "너희들은 수행자 아난다에게 무엇이라도 보시했는가?"

[시녀들] "대왕이여, 우리는 존자 아난다에게 오백 벌의 상의를 보시했습니다."

우데나 왕은 그것에 대해 혐책하고 분개하고 비난했다.

[우데나] '수행자 아난다가 어찌 그렇게 많은 옷을 받을 수 있단 말인가? 수행자 아난다는 옷장사를 할 것인가 옷가게를 열 것인가?'

그러자 우데나 왕은 존자 아난다가 있는 곳을 찾아갔다. 가까이 다가가서 존자 아난다와 함께 인사를 나누고, 안부를 주고받은 뒤에 한쪽으로 물러나 앉았다. 한쪽으로 물러나 앉은 우데나 왕은 존자 아난다에게 이와 같이 말했다.

[우데나] "아난다여, 이곳에 우리 시녀들이 왔었습니까?"

1302) atha kho raññо udenassa orodho āyasmatā ānandena dhammiyā kathāya sandassito samādapito samuttejito sampahaṃsito āyasmato ānandassa pañcauttarāsaṅgasatāni pādāsi : Jāt. II. 23-24에 따르면, 아난다는 다른 천벌의 옷을 더 보시받았다.

[아난다] "대왕이여, 이곳에 폐하의 시녀들이 왔었습니다."

[우데나] "존자 아난다에게 무엇인가를 보시했습니까?"

[아난다] "대왕이여, 저에게 오백 벌의 상의를 보시했습니다."

[우데나] "존자 아난다께서는 이와 같은 많은 옷으로 무엇을 하실 것입니까?"

[아난다] "대왕이여, 폐의를 입은 수행승들과 함께 나눌 것입니다."

[우데나] "존자 아난다여, 그러면 낡은 폐의가 있다면, 그것은 어떻게 할 것입니까?"

[아난다] "대왕이여, 윗덮개를 만들 것입니다."

[우데나] "존자 아난다여, 그러면 낡은 윗덮개가 있다면, 그것은 어떻게 할 것입니까?"

[아난다] "대왕이여, 담요덮개를 만들 것입니다."

[우데나] "존자 아난다여, 그러면 낡은 담요덮개가 있다면, 그것은 어떻게 할 것입니까?"

[아난다] "대왕이여, 바닥덮개를 만들 것입니다."

[우데나] "존자 아난다여, 그러면 낡은 바닥덮개가 있다면, 그것은 어떻게 할 것입니까?"

[아난다] "대왕이여, 발걸레로 만들겠습니다."

[우데나] "존자 아난다여, 그러면 낡은 발걸레가 있다면, 그것은 어떻게 할 것입니까?"

[아난다] "대왕이여, 막걸레로 만들겠습니다."

[우데나] "존자 아난다여, 그러면 낡은 막걸레가 있다면, 그것은 어떻게 할 것입니까?"

[아난다] "대왕이여, 그것을 찢어서 진흙으로 섞어서 바닥에 바를 것입니다."

그러자 우데나 왕은 '이 모든 것을[292] 수행자 싸끼야의 아들들은 이치에 맞게 사용하고 낭비하지 않는다.'라고1303) 알고 존자 아난다에게 다시 오백 벌의 옷을 보시했다. 이것이 바로 존자 아난다에게 옷보시받음을 통해1304) 천 벌의 옷이 생기게 된 첫 번째 경우이다.

1303) sabbevime samaṇā sakyaputtiyā yoniso upanenti. na kulāvaṃ gamentī'ti : '낭비하지 않는다.'의 원래 구절은 'na kulāvaṃ gamenti'인데 다소간 의역한 것이다. Smp. 1297에 따르면, '그들은 그것들을 창고에 저장하지 않는다.'라는 뜻이다.

1304) cīvarabhikkhā : '옷에 대한 보시를 구하는 것을 통해서'라는 뜻이다.

4. 한때 존자 아난다가 고씨따라마 승원이 있는 곳을 찾아갔다. 가까이 다가가서 마련된 자리에 앉았다. 그러자 존자 찬나가 존자 아난다가 있는 곳을 찾아갔다. 가까이 다가가서 존자 아난다에게 인사를 하고 한쪽으로 물러나 앉았다. 한쪽으로 물러나 앉은 존자 찬나에게 존자 아난다는 이와 같이 말했다.

[아난다] "벗이여 찬나여, 참모임은 그대에게 하느님의 처벌을 내렸습니다."

[찬나] "존자여 아난다여, 하느님의 처벌이란 무엇입니까?"

[아난다] "벗이여 찬나여, 수행승들에게 그대가 원하는 것을 이야기하더라도, 수행승들은 그대에게 말을 걸거나 충고하거나 가르침을 줄 수 없습니다."

[찬나] "존자여 아난다여, 제가 수행승들로부터 말을 받을 수 없고 충고를 받을 수 없고 가르침을 받을 수 없으면 저는 죽은 것이 아닙니까?"

그는 그 자리에서 쓰러졌다. 그때 수행승 찬나는 하느님의 처벌을 고통스러워하며 부끄러워하며 싫어하여 홀로 떨어져서[1305] 게으르지 않고 열심히 정진하였다. 그는 오래지 않아 훌륭한 가문의 자제들이 그러기 위해 올바로 집에서 집 없는 곳으로 출가했듯이 위없이 청정한 삶을 지금 여기에서 스스로 알고 깨달아 성취했다. 그는 '태어남은 부수어졌고[1306] 청정한 삶은 이루어졌고,[1307] 해야 할 일을 다 마쳤고,[1308] 더 이상 윤회하지 않는다.'고[1309] 분명히 알았다.

1305) eko vūpakaṭṭho : '홀로'는 Pps. I. 179-180에 따르면, 신체와 관계된 것이고, '떨어져서'는 정신과 관계된 것이다. 이러한 분석은 지나치게 아비달마적이지만, 재미있는 분석이다. 그 의미는 단지 '홀로 떨어져서'는 단지 '나무 밑'이나 '숲속'에서 부처님 말씀을 깊이 새긴다는 뜻으로 보는 것이 좋을 것이다.

1306) khīṇā jāti : Smv. 225에 따르면, 그에게 어떻게 태어남이 부수어졌는가? 어떻게 그것을 아는가?라고 묻는다면, 다음과 같이 답변할 수 있다. 즉, 그의 과거의 태어남이 부수어진 것이 아니다. 이전의 태어남이 부수어졌기 때문에 미래의 태어남이 부수어진 것이 아니다. 미래에 있어서의 정진이 없기 때문에 현재의 태어남이 부수어진 것도 아니다. 현재가 존재하기 때문이다. 그러나 길(magga)이 실천되지 않았던 것 때문에 생겨난 존재에 있어서 존재의 태어남은 이미 길이 실천되기 때문에 무생법성(無生法性 : anuppādadhammatā)에 도달하여 부서진 것이다. 길의 실천에 의해서 번뇌가 끊어진 그는 그것을 관찰하여 번뇌가 없다면, 업이 현존하더라도 미래의 재생은 없다고 분명히 안다.

1307) vusitaṃ brahmacariyaṃ : 원래 범행(梵行)을 다했다라는 뜻이다. 범행은 하느님과 함께 하는 삶, 청정한 삶, 고결한 삶 등으로 번역할 수 있다. Smv. 225에 따르면, 범행은 길의 범행(道梵行 : maggabrahmacariya)으로 범부의 선행(kalyāṇaka)과 학인의 범행의 삶(barahmacariyavāsa)이 있고, 번뇌를 부순 자에게는 범행이 이루어졌다(vusitaṃ brahmacariyaṃ)라고 한다.

1308) kataṃ karaṇīyaṃ : Smv. 226에 따르면, 네 가지 진리(四諦 : catusacca)에 대하여 네 가지 길(四道=四向 : catumagga)과 알아야 할 것 · 버려야 할 것 · 깨달아야 할 것 · 닦아야 할 것(知 · 斷 · 證 · 修 : pariññā-pahāna-sacchikiriya-bhāvanā)을 통해서 16가지 해야 할 일을 해 마친 것을 말한다.

1309) nāparaṃ itthattāyā ti : 원래 '더 이상 이러한 상태가 없다.'는 뜻이다. Smv. 226에 따르면, 이러한 상태는 앞의 16가지 해야 할 일, 오염을 부수기 위한 길을 닦기 위해 내가 해야 할 일이 있는 상태가 없다는 뜻이다. 지금 존재하는 존재의 다발(khandha)의 상속보다 후에 존재의 다발의 상속은 없다는 뜻이다. 이 다섯 가지

수행승 찬나는 거룩한 님 가운데 한 분이 되었다. 그때 수행승 찬나는 거룩한 님이 되어 존자 아난다가 있는 곳을 찾아 갔다. 가까이 다가가서 존자 아난다에게 이와 같이 말했다.

[찬나] "존자여 아난다여, 나에게 하느님의 처벌을 철회해 주시오."

[아난다] "벗이여 찬나여, 그대가 거룩한 경지를 실현했을 때에 그때부터 하느님의 처벌은 철회된 것입니다."

5. 이 계율의 결집에는 적지도 많지도 않게 오백 수행승이 참여한 까닭에 이 계율의 결집을 오백결집이라고 한다.

하느님의 처벌에 대한 논의가 끝났다.
제11장 오백결집의 다발이 끝났다.
이 다발에는 23개의 사항이 있다.

후렴시는 다음과 같다(Tassuddānaṃ)

1. 올바로 깨달은 님[1]께서 완전한 열반에 들었을 때,
깟싸빠라고 불리는 장로는
올바른 가르침을 수호하는 자로서
수행승들의 무리에게 일렀다.1310)

2. 빠바 시에[2] 이르는 큰 길로,
쑤밧다에 의해서 말해진 것,
가르침이[3][293] 아닌 것이 나타나기 전에,
우리는 올바른 가르침을 결집합시다.1311)

3. 오백 명[4] 가운데 하나가 모자라자,
아난다를[5] 또한 뽑았다.
최상의 동굴에[6] 안거하며
가르침과 계율을 결집했다.1312)

4. 우빨리에게는 계율을,[7]

존재의 다발이 알려져서 뿌리가 끊어진 나무처럼, 최후심의 소멸에 의해서 연료없는 불처럼 소멸할 것이고, 또한 알려지지 않은 상태에 도달할 것이라는 뜻이다.

1310) parinibbutamhī sambuddhe | thero kassapasavhayo | āmantayī bhikkhugaṇaṃ | saddhammamanupālako ||

1311) pāvāyaddhānamaggamhi | subhaddena paveditaṃ | saṅgāyissāma saddhammaṃ | adhammo pure dippati ||

1312) ekenūnapañcasataṃ | ānandampi ca uccini | dhammavinayasaṅgītiṃ | vasanto guhamuttame ||

현자 아난다에게는 경전을,[8]
승리자의 제자들이[9]
삼장(三藏)을 결집했다.1313)

5. 사소한 계율,[10] 다양,
시설된 대로 따라서,[11]
묻지 않았다,[12] 밟아서,[13]
예배하게 했다,[14] 간청하지 않았다.[15]
여인의 출가,[16] 믿으니,[17]
그것들은 나의 악작죄이다.1314)

6. 뿌라나,[18] 하느님의 처벌,[19]
시녀들과 우데나,[20]
이와 같이 많은 폐의,
윗 덮개, 담요 덮개.1315)

7. 바닥 덮개, 발걸레,
막걸레, 진흙으로 바름,
천개의 옷이 색기게 된 것,
아난다에게[21] 첫 번째 경우.1316)

8. 하느님의 처벌을[22] 두려워하여
네 가지 거룩한 진리를 성취했다.
오백 명이[23] 자재자인 까닭에
그러므로 오백결집이라고 한다.1317)

제11장 오백결집의 다발의 후렴시가 끝났다.

1313) upālim vinayaṃ pucchi | suttantānandapaṇḍitaṃ | piṭakaṃ tīṇi saṅgītiṃ | akaṃsu jinasāvakā ||
1314) khuddānukhuddakā nānā | yathā paññatti vattanā | na pucchi akkamitvā ca | vandāpesi na yāci ca | pabbajjaṃ mātugāmassa | saddhāya dukkaṭānime ||
1315) purāṇo brahmadaṇḍaṃ ca | orodhā udenena saha | tāva bahū dubbalaṃ ca | uttarattharaṇā bhisi ||
1316) bhummattharaṇā puñchaniyo | rajo cikkhallamaddanā | sahassacivaruppajji | paṭhamānandasavhayā ||
1317) tajjito brahmadaṇḍena | catusaccaṃ apāpuṇi | vasībhūtā pañcatā | tasmā pañcasatī iti ||

제12장 칠백결집의 다발

(Sattasatikakkhandhaka : 七百犍度)

Ⅰ 첫 번째 송출품(Paṭhamabhāṇavāra : 1)

1. 열 가지 사항(Dasavatthūni)

1. 한때[294] 세존께서 완전한 열반에 드신 이후 일백 년이 되었을 때, 베쌀리 시에서 밧지 족의 수행승들이 열 가지 사항을 제기했다.

1) 소금뿔 휴대와 관련된 실천은 허용된다.1318)

2) 손가락 두 마디와 관련된 실천은 허용된다.1319)

3) 마을 안과 관련된 실천은 허용된다.1320)

4) 처소와 관련된 실천은 허용된다.1321)

1318) kappati siṅgiloṇakappo : 소금뿔을 소금을 담는 작은 뿔통을 말한다. 이하의 열 가지 사항(十事 : dasavatthūni)에 대한 자세한 설명은 아래의 이 책(Vin. II. 300)에서 언급된다. 이것에 대한 종래의 한역은 난해하기 그지없고, 그에 대한 한글역은 더욱 어렵다. 이 첫 번째 사항에 대해서는 한역은 아래와 같다: 得與鹽共宿(사분율), 鹽淨(십송율), 鹽薑舍共宿淨(오분율), 鹽事淨法(근본설일체유부비나야잡사), 器中鹽淨(남전). 이것은 Vin. II. 300에 따르면, "'소금이 없을 경우 나는 먹을 수 없다.'라고 생각하고 뿔에 소금을 가지고 다니는 것이 허용된다."라는 뜻이다.

1319) kappati dvaṅgulakappo : 이 두 번째 사항에 대해서는 한역은 아래와 같다: 兩指抄食(사분율), 指淨(십송율), 兩指招食食淨(오분율), 二指淨法(근본설일체유부비나야잡사), 兩指淨(남전). 이것은 Vin. II. 300에 따르면, "손가락 두 마디의 해그림자가 지나 때 아닌 때에 식사를 하는 것이 허용된다."라는 뜻이다.

1320) kappati gāmantarakappo : 이 세 번째 사항에 대해서는 한역은 아래와 같다: 得聚落間(사분율), 近聚落淨(십송율), 趣聚落食淨(오분율), 道行淨法(근본설일체유부비나야잡사), 近聚落淨(남전). 이것은 Vin. II. 300에 따르면, "이미 식사가 끝났는데, '나는 지금 마을 안으로 들어가야지.'라고 생각하여 먹다 남은 것이 아닌 음식을 먹는 것이 허용된다."라는 뜻이다.

1321) kappati āvāsakappo : 이 네 번째 사항에 대해서는 한역은 아래와 같다: 得寺內(사분율), 如是淨(십송율), 復坐食淨(오분율), 高聲共許淨法(근본설일체유부비나야잡사), 住處淨(남전). 이 사항은 오분율에는 復坐食淨에 해당하는데 그 의미는 전항에 가깝다. 단, 오분율의 '復坐食淨'는 '식사한 뒤에 그 자리가 아닌 다른 곳에서 옮아가서 식사하는 것이 허용된다.'라는 것이고, 근본설일체유부비나야잡사의 '高聲共許淨法'은 '원리에 맞지 않고 모임이 불완전한 갈마에서도 대중이 큰 소리로 함께 허락하면 허용된다.'는 것인데, 이 사항이 변형된 것인지 분명하지 않다. 지관 스님은 比丘尼戒律硏究(37쪽)에서 십송율의 如是淨을 '前人들이 하던 일이 律에 위배되더라도 죄가 되지 않는다.'라고 정의했는데, 이는 명백히 잘못 해석한 것이다. 십송율에 의하면, 如是淨은 '동일한 결계 안의 공주처에서 각각 별개의 포살을 행하는 것이 허용된다.(內界共住處別作羯磨言是事淨)'라는 뜻이다. Vin. II. 300에 따르면, "동일한 결계 안의 많은 주처에서 각각 별개의 포살을 행하는 것이 허용된다."라는 뜻이다.

5) 승인과 관련된 실천은 허용된다.[1322]
6) 관례와 관련된 실천은 허용된다.[1323]
7) 젓지 않은 버터밀크는 허용된다.[1324]
8) 미발효술을 마시는 것은 허용된다.[1325]
9) 테두리 없는 좌구는 허용된다.[1326]
10) 금과 은은 허용된다.[1327]

1322) kappati anumatikappo : 이 다섯 번째 사항에 대해서는 한역은 아래와 같다: 後聽可(사분율), 證知淨(십송율), 求聽淨(오분율), 隨喜淨法(근본설일체유부비나야잡사), 後聽可淨(남전). 그러나 근본설일체유부비나야잡사의 '隨喜淨法'은 '원리에 맞지 않고 모임이 불완전한 갈마에서도 모두가 따라서 기뻐하면 허용된다.'는 것인데, 이 사항이 변형된 것으로 보인다. 지관 스님은 比丘尼戒律硏究(37쪽)에서 십송율의 證知淨을 '미처 술이 되기 전인 闍樓伽酒는 먹을 수 있다.'라고 정의했는데, 이는 명백히 잘못 해석한 것이다. 십송율에 다르면, 證知淨은 '수행승들이 각자의 처소에서 원칙에 맞지 않는 갈마를 행하고 대중들에게 그 사실에 대한 증명을 구하여 승인을 받는 것'(各各住處作非法羯磨竟。入僧中白。我等處處作羯磨。諸僧證知。言是事證知淨)을 말한다. 이것은 Vin. II. 301에 따르면, 불완전한 참모임으로 갈마를 행하고 '수행승들이 오면, 우리가 승인을 구하겠다.'라는 것이 허용된다." 라는 뜻이다.

1323) kappati āciṇṇakappo : 이 여섯 번째 사항에 대해서는 한역은 아래와 같다: 得常法(사분율), 行法淨(십송율), 先習所習淨(오분율), 舊事淨法(근본설일체유부비나야잡사), 常法淨(남전). 지관 스님은 比丘尼戒律硏究(37쪽)에서 십송율의 行法淨을 '먹은 뒤에 다시 먹을 수 있다.'라고 정의했는데, 이는 명백히 잘못 해석한 것이다. 십송율에 다르면, 십송율에 따르면, 行法淨은 '어떤 행법은 청정하기에 이를 행하더라도 청정하고, 행하지 않더라도 청정하고, 어떤 행법은 부정한 것이기에 이를 행하더라도 부정하고, 행하지 않더라도 부정하다.'(有行法淨。行亦淨。不行亦淨。有行法不淨。行亦不淨。不行亦不淨)는 것을 뜻한다. 이것은 행법 즉, 관례가 옳을 수도 있고 잘못된 것일 수도 있다는 것을 나타낸다. 이것은 Vin. II. 301에 따르면, "이것은 나의 친교사에 의한 관례이고, 이것은 나의 궤범사에 의한 관례이니 그것을 준수하는 것이 허용된다."라는 뜻이다.

1324) kappati amathitakappo : 이 일곱 번째 사항에 대해서는 한역은 아래와 같다: 得和(사분율), 生和合淨(십송율), 酥油蜜石蜜和酪淨(오분율), 酪醬淨法(근본설일체유부비나야잡사), 不攪乳淨(남전). 이것은 Vin. II. 301에 따르면, "이미 식사가 끝났지만, 우유의 상태가 지나 아직 응유가 되지 않은 우유를, 먹다 남은 것이 아닌 음식이지만 마시는 것이 허용된다."라는 뜻이다.

1325) kappati jalogipātuṃ : 이 여덟 번째 사항에 대해서는 한역은 아래와 같다: 得飮闍樓羅酒(사분율), 貧住處淨(십송율), 飮闍樓伽酒淨(오분율), 治病淨法(근본설일체유부비나야잡사), 飮闍樓伽酒淨(남전). 지관 스님은 比丘尼戒律硏究(37쪽)에서 십송율의 貧住處淨을 '따로 갈마하고 다시 大衆중에 와서 용서를 구할 수 있다.'라고 정의했는데, 이는 명백히 잘못 해석한 것이다. 십송율에 따르면, 貧住處淨은 '궁핍한 곳에서 술을 빚어서 먹을 수도 있다.'라는 뜻이다. 근본설일체유부비나야잡사에서는 治病淨法을 '물을 술에 타서 마실 수 있다.'는 의미로 해석하고 있다. 이것은 Vin. II. 301에 따르면, "아직 거르지 않은 발효술과 아직 완성되지 않은 화주를 마시는 것이 허용된다."라는 뜻이다.

1326) kappati adasakaṃ nisīdanaṃ : 이 아홉 번째 사항에 대해서는 한역은 아래와 같다: 得畜不截坐具(사분율), 不益縷邊尼師壇淨(십송율), 作坐具隨意大小淨(오분율), 坐具淨法(근본설일체유부비나야잡사), 無縷邊坐具淨(남전). 이것은 Vin. II. 301에 따르면, "테두리 없는 좌구는 허용된다."라는 뜻이다. 테두리 없는 좌구는 테두리 없는 좌구는 테두리를 만들지 않은 앉을 때 바닥에 까는 천을 말한다.

1327) kappati jātarūparajataṃ : 이 열 번째 사항에 대해서는 한역은 아래와 같다: 得受金銀(사분율), 金銀寶物淨(십송율), 受蓄金銀錢淨(오분율), 金寶淨法(근본설일체유부비나야잡사), 金銀淨(남전). 이것은 Vin. II. 301에 따르면, "금과 은은 허용된다."라는 뜻이다.

그때 야싸 깔란다까뿟따[1328]는 밧지 국을 유행하다가 베쌀리 시에 도착했다. 거기서 야싸 깔란다까뿟따는 베쌀리 시에 있는 마하바나 숲의 꾸따가라쌀라 강당에 있었다. 그런데 그때 베쌀리 시의 밧지 족들의 수행승들은 포살일에 동발우에 물을 채워서 수행승의 참모임 가운데 두고 베쌀리 시의 재가의 남자신자에게 이와 같이 말했다.

[밧지 족의 수행승들] "벗들이여, 참모임에 일 까하빠나, 반 까하빠나, 사분지일 까하빠나, 일 마싸까[1329]를 보시하시오. 참모임에는 필수품이 필요합니다."

이와 같이 말하자, 야싸 깔란다까뿟따는 베쌀리 시에 사는 재가의 남자신자들에게 이와 같이 말했다.

[야싸 깔란다까뿟따] "벗들이여, 참모임에 일 까하빠나, 반 까하빠나, 사분지일 까하빠나, 일 마싸까를 보시하지 마시오. 수행자 싸끼야의 아들들에게 금과 은은 허용되지 않습니다.[1330] 수행자 싸끼야의 아들들은 금과 은을 받아서는 안 됩니다. 수행자 싸끼야의 아들들은 이미 보석과 황금을 버렸고 금과 은을 떠났습니다."[1331]

이렇게 해서 베쌀리 시의 재가의 남자신자들은, 야싸 깔란다까뿟따가 말하자, 참모임에 일 까하빠나, 반 까하빠나, 사분지일 까하빠나, 일 마싸까도 보시하지 않았다.

그러자 베쌀리 시의 밧지 족의 수행승들은 그날 밤을 경과하면서 금화[1332]를 수행승의 숫자에 따라 몫을 나누어 분배했다. 그래서 베쌀리 시의 밧지 족의 수행승들은 야싸 깔란다까뿟따에게 이와 같이 말했다.

[밧지 족의 수행승들] "벗이여 야싸여,[295] 이것이 그대의 금화의 몫입니다."

[야싸 깔란다까뿟따] "벗들이여, 나에게 금화의 몫은 없습니다. 나는 금화를 받지 않습니다."

2. 그러자 베쌀리 시의 밧지 족의 수행승들은 이와 같이 말했다.

1328) Yasa Kākaṇḍakaputta : 바라문 깔라다까(Kākaṇḍaka)의 아들로 아난다의 제자였다. Mhv IV. 57에 따르면, 그는 다행히 살아서 부처님을 뵈었다고 전해진다. 그에 대한 이야기는 모두 이 율장의 쭐라박가와 관계된다.

1329) kahāpaṇampi aḍḍhampi pādampi māsakarūpampi : 까하빠나(kahāpaṇa)는 화폐의 단위로 네모난 금화였다고 추측한다. 당시 인도에서는 황소 한 마리 값이 12 까하빠나였다. 마싸까(māsaka)는 1/20 까하빠나(kahāpaṇa)였다. 마싸까에 대한 이 책(Vin. II. 120)의 주석을 보라.

1330) na kappati samaṇānaṃ sakyaputtiyānaṃ jātarūparajataṃ : 상실죄법 제 18조(Nissag. 18)에 속한다.

1331) nikkhitta maṇisuvaṇṇā samaṇā sakyaputtiyā apetajātarūparajatāti : 금을 의미하는 세 단어 'suvaṇṇā', 'jātarūpa'와 'hirañña'의 구별은 정확한 것은 밝혀져 있지 않지만, Bd. I. 28에 따르면, 'suvaṇṇa'는 가공한 금이고 'jātarūpa'는 가공하지 않은 금이고, 'hirañña'는 금화이다.

1332) hirañña : 앞의 주석을 보라. 이것을 역자는 금화라고 번역한다.

[밧지 족의 수행승들] "벗들이여, 여기 야싸 깔란다까뿟따는 신심이 있고, 청정한 믿음이 있는 재가의 남자신자들을 꾸짖고 모욕하고 불신을 조장했다. 자, 우리들은 그에게 사죄조치의 갈마를 행합시다."

그들은 그에게 사죄조치의 갈마를 행했다. 그러자 존자 야싸 깔란다까뿟따는 베쌀리 시의 밧지 족의 수행승들에게 이와 같이 말했다.

[야싸 깔란다까뿟따] "벗들이여, 세존께서는 사죄조치의 갈마를 받는 수행승에게는 동반자를 주어야 한다고 시설하였습니다. 벗들이여, 저에게 동반자 수행승을 주십시오."

그러자 베쌀리 시의 밧지 족의 수행승들은 한 수행승을 선정하여 존자 야싸 깔란다까뿟따에게 동반자로 주었다. 그러자 존자 야싸 깔란다까뿟따는 동반자 수행승과 함께 베쌀리 시로 들어가 베쌀리 시의 재가의 남자신자들에게 이와 같이 말했다.

[야싸 깔란다까뿟따] "내가 참으로 신심이 있고, 청정한 믿음이 있는 존경하는 재가의 남자신자들을 꾸짖고 모욕하고 불신을 조장합니까? 나는 가르침이 아닌 것을 가르침이 아니라고 말하고, 가르침인 것을 가르침이라고 말하고, 계율이 아닌 것을 계율이 아니라고 말하고, 계율인 것을 계율이라고 말합니다.

3. 벗들이여, 한때 세존께서는 싸밧티 시의 제따바나 숲에 있는 아나타삔디까 승원에 계셨는데, 벗들이여, 거기서 세존께서는 수행승들에게 일렀습니다.

[세존] '수행승들이여, 해와 달에는 네 가지 오염가 있는데, 그 오염으로 가려지면, 해와 달은 빛나지 못하고, 빛내지 못하고, 비추지 못한다.[1333] 네 가지란 어떠한 것인가?

1) 수행승들이여, 구름[1334]은 해와 달의 오염인데, 그 오염으로 가려지면, 해와 달은 빛나지 못하고, 빛내지 못하고, 비추지 못한다.

2) 수행승들이여, 안개[1335]는 해와 달의 오염인데, 그 오염으로 가려지면, 해와 달은 빛나지 못하고, 빛내지 못하고, 비추지 못한다.

3) 수행승들이여, 연무[1336]는 해와 달의 오염인데, 그 오염으로 가려지면, 해와 달은 빛나지 못하고, 빛내지 못하고, 비추지 못한다.

1333) cattāro me bhikkhave candimasuriyānaṃ upakkilesā yehi upakkilesehi upakkiliṭṭhā candimasuriyā na tapanti na bhāsanti na virocanti : AN. II. 53; Miln. 273과 병행한다.

1334) abbha : 일반적인 구름 'megha' 보다는 짙은 구름을 의미한다.

1335) mahikā : AN. II. 53에서는 mahiyā로 읽는다. Smp. 1297에 따르면, 눈이 올 때에 형성되는 눈안개를 뜻한다.

1336) dhūmarajo : 연기와 먼지인데 역자는 여기서 연무(煙霧)라고 번역한다.

4) 수행승들이여, 아수라[1337]의 왕 라후[1338]는 해와 달의 오염인데, 그 오염으로 가려지면, 해와 달은 빛나지 못하고, 빛내지 못하고, 비추지 못한다.

수행승들이여, 해와 달에는 이와 같은 네 가지 오염가 있는데, 그 오염으로 가려지면, 해와 달은 빛나지 못하고, 빛내지 못하고, 비추지 못한다.

수행승들이여, 이와 마찬가지로 수행자들과 성직자들에게 이와 같은 네 가지 오염가 있는데, 그 오염으로 가려지면, 수행자들과 성직자들은 빛나지 못하고, 빛내지 못하고, 비추지 못한다. 네 가지란 어떠한 것인가?

1) 수행승들이여, 어떤 수행자들과 성직자들은 곡주를 마시고 과일주를 마시며 음주를 삼가지 못하는데,[1339] 수행승들이여, 그것이 수행자들과 성직자들의 첫 번째 오염인데 그 오염으로 가려지면, 어떤 수행자들과 성직자들은 빛나지 못하고, 빛내지 못하고, 비추지 못한다.

2) 수행승들이여, 어떤 수행자들과 성직자들은[296] 성교를 일삼고 성교를 삼가지 못하는데,[1340] 수행승들이여, 그것이 수행자들과 성직자들의 두 번째 오염인데 그 오염으로 가려지면, 어떤 수행자들과 성직자들은 빛나지 못하고, 빛내지 못하고, 비추지 못한다.

3) 수행승들이여, 어떤 수행자들과 성직자들은 금과 은을 받는 것을 수용하고 금과 은을 받는 것을 삼가지 못하는데,[1341] 수행승들이여, 그것이 수행자들과 성직자들의 세 번째 오염인데 그 오염으로 가려지면, 어떤 수행자들과 성직자들은 빛나지 못하고, 빛내지 못하고, 비추지 못한다.

4) 수행승들이여, 어떤 수행자들과 성직자들은 잘못된 생활을 영위하고 잘못된 생활을 삼가지 못하는데,[1342] 수행승들이여, 그것이 수행자들과 성직자들의 세 번째 오염인데 그 오염으로 가려지면, 어떤 수행자들과 성직자들은 빛나지

1337) asura : 아수라(阿修羅)는 신들의 적대자로 서른셋 신들의 하늘나라[忉利天]의 근처에 있다가 자주 신들에게 전쟁을 일으키는 무리를 말한다. 자세한 것은 이 책의 부록 「존재의 세계」를 보라.

1338) Rāhu asurindo : 인도의 민간설화에 따르면, 일식과 월식의 현상은 악마적인 존재인 라후(Rāhu)가 해와 달을 삼키는 것을 의미한다. 따라서 이 문맥에서는 '일식과 월식은 해와 달의 오염이 된다.'라는 뜻이다.

1339) santi bhikkhave eke samaṇabrāhmaṇā suraṃ pivanti. Merayaṃ pivanti. Surāmerayapānā appaṭiviratā : 속죄죄법 제51조(Pāc. 51)에 해당된다.

1340) puna ca paraṃ bhikkhave eke samaṇabrāhmaṇā methunaṃ dhammaṃ patisevanti methunadhammā appaṭi viratā : 승단추방죄법 제1조(Pār. 1)에 해당된다.

1341) puna ca paraṃ bhikkhave eke samaṇabrāhmaṇā jātarūparajataṃ sādiyanti jātarūparajatapaṭiggahaṇā appaṭiviratā : 상실죄법 제8조(Nissag. 8)에 해당한다.

1342) puna ca paraṃ bhikkhave eke samaṇabrāhmaṇā micchājivena jivikaṃ kappenti micchājīvā appaṭiviratā : 잘못된 생활방식에 대해서는 DN. I. 9-12를 참조하라.

못하고, 빛내지 못하고, 비추지 못한다.

수행승들이여, 수행자들과 성직자들에게는 이와 같은 네 가지 오염가 있는데, 그 오염으로 가려지면, 수행자들과 성직자들은 빛나지 못하고, 빛내지 못하고, 비추지 못한다.'

4. 벗들이여, 이처럼 세존께서는 말씀하셨습니다. 이와 같이 말씀하시고 선서께서는 스승으로서 또한 이와 같이 말씀하셨습니다.

1) '어떤 수행자들과 성직자들은
탐욕과 분노에 물들고,
사람들은 무명에 덮여
사랑스런 형상을 즐긴다.1343)

2) 곡주와 과일주를 마시고
성적인 쾌락에 몰두한다.
그들은 어리석어
눈멀어 금과 은을 받는다.1344)

3) 어떤 수행자들과 성직자들은
잘못된 생활로 산다.
이러한 오염은 태양의 후예인
부처님께서 말한 것이다.1345)

4) 어떤 수행자들과 성직자들은
오염으로 가리어지면,
더러운 먼지와 티끌로
빛나지 못하고, 비추지 못한다.1346)

5) 맹목의 어둠에 가려져서
갈애의 노예가 집착하여,
공포의 묘지를 늘리며,
다시 태어남을 받아들인다.'1347)

1343) rāgadosaparikkiliṭṭhā | eke samaṇabrāhmaṇā | avijjā nivutā posā | piyarūpābhinandino ||
1344) suraṃ pivanti merayaṃ | paṭisevanti methunaṃ | rajataṃ jātarūpañca | sādiyanti aviddasu ||
1345) micchājīvena jīvanti | eke samaṇabrāhmaṇā | ete upakkilesā vuttā | buddhenādiccabandhunā ||
1346) yehi upakkilesehi upakkiliṭṭhā | eke samaṇabrāhmaṇā | na tapanti na bhāsanti | asuddhā sarajā magā ||
1347) andhakārena onaddhā | taṇhādāsā sanettikā | vaḍḍhenti kaṭasiṃ ghoraṃ | ādiyanti punabbhavanti ||

이와 같이 말씀하시는데, 내가 참으로 신심이 있고, 청정한 믿음이 있는, 존경하는 재가의 남자신자들을 꾸짖고 모욕하고 불신을 조장한 것입니까? 나는 가르침이 아닌 것을 가르침이 아니라고 말하고, 가르침인 것을 가르침이라고 말하고, 계율이 아닌 것을 계율이 아니라고 말하고, 계율인 것을 계율이라고 말합니다.

5. 벗들이여, 한때 세존께서는 라자가하 시에 있는 벨루바나 숲의 깔란다까니바빠 공원에 계셨습니다. 그런데 그 때 왕의 내궁에는 왕의 신하들이 모여 함께 앉아 있었는데 이와 같은 대화를 하고 있었습니다.

[신하들] '수행자 싸끼야의 아들들에게는 금과 은이 허용된다.[1348] 수행자 싸끼야의 아들들은 금과 은을 수용한다. 수행자 싸끼야의 아들들은 금과 은을 받는다.'

벗들이여, 마침 그 때 촌장 마니쭐라까[1349]가 그 신하들 가운데 앉아 있었습니다. 그 때 촌장 마니쭐라까는 그 신하들에게 이와 같이 말했습니다.

[촌장] '존자들이여, 그대들은 '수행자 싸끼야의 아들들에게는 금과 은이 허용된다. 수행자 싸끼야의 아들들은 금과 은을 수용한다. 수행자 싸끼야의 아들들은 금과 은을 받는다.'라고 말하지 마십시오. 수행자 싸끼야의 아들들은 금과 은을 받지 않습니다.[297] 수행자 싸끼야의 아들들은 이미 보석과 황금을 버렸고, 금과 은의 사용을 떠났습니다.'

벗들이여, 그러나 촌장 마니쭐라까가 그 신하들을 납득시킬 수 없었습니다. 그래서 촌장 마니쭐라까는 세존께서 계신 곳으로 찾아왔습니다. 가까이 다가와서 세존께 인사를 드리고 한쪽으로 물러나 앉았습니다. 한쪽으로 물러나 앉아 촌장 마니쭐라까는 세존께 이와 같이 말씀드렸습니다.

[촌장] '세존이시여, 여기 왕의 내궁에는 왕의 신하들이 모여 함께 앉아 있었는데 이와 같이 '수행자 싸끼야의 아들들에게는 금과 은이 허용된다. 수행자 싸끼야의 아들들은 금과 은을 수용한다. 수행자 싸끼야의 아들들은 금과 은을 받는다.'라고 대화를 하고 있었습니다. 세존이시여, 이와 같이 말했을 때 저는 그 신하들에게 '존자들이여, 그대들은 '수행자 싸끼야의 아들들에게는 금과 은이 허용된다. 수행자 싸끼야의 아들들은 금과 은을 수용한다. 수행자 싸끼야의 아들들은 금과 은을

1348) kappati samaṇānaṃ sakyaputtiyānaṃ jātarūparajataṃ : 한역에서는 '금과 은정(金銀淨)'이라고 한다. 부처님이 열반하신 뒤 1백년이 지난 제2결집 당시도 금과 은의 허용이 문제가 되었다.

1349) Maṇicūḷaka : 라자가하 시의 촌장이었다. 마니쭐라(Maṇicūḷa)는 라자가하 시의 왕궁의 이름인데, 거기서 따온 이름이다. 율장의 이곳과 SN. IV. 325에 등장하며, 관련된 이야기는 병행한다.

받는다.'라고 말하지 마십시오. 수행자 싸끼야의 아들들은 이미 보석과 황금을 버렸고, 금과 은의 사용을 단념했습니다.'라고 말했습니다. 그러나 저는 그 신하들을 납득시킬 수 없었습니다. 세존이시여, 이렇게 설명했을 때 저는 세존께서 말씀하신 대로 말하는 것이고, 진실이 아닌 것으로 세존을 잘못 대변한 것이 아니며, 가르침에 일치하도록 설명한 것이고, 저의 주장의 결론이 비판의 근거를 제공하지 않았기를 바랍니다.'

[세존] '촌장이여, 진실로 이렇게 설명하는 그대는 내가 말한 대로 말한 것이고, 진실이 아닌 것으로 나를 잘못 대변한 것이 아니며, 가르침에 일치하도록 설명한 것이며, 그대의 주장의 결론이 비판의 근거를 제공하는 것이 아닙니다. 촌장이여, 수행자 싸끼야의 아들들에게 금과 은은 허용되지 않습니다. 싸끼야의 아들을 따른 수행승들은 금과 은을 수용하지 않습니다. 수행자 싸끼야의 아들들은 금과 은을 받지 않습니다. 그들은 보석과 황금을 떠났습니다. 그들은 금과 은의 사용을 단념했습니다. 촌장이여, 만약 누군가 금과 은을 허용할 수 있다면 그는 다섯 가지 감각적 쾌락도 허용할 수 있습니다. 만약 누군가 다섯 가지 감각적 쾌락을 허용한다면 당신은 그를 수행자의 자질을 갖추지 못했거나 수행자 싸끼야의 아들이 아니라고 확실히 여겨도 좋습니다. 촌장이여, 더 나아가 나는 이와 같이 '풀이 필요한 자는 풀을 구해도 좋다. 땔감이 필요한 자는 땔감을 구해도 좋다. 수레가 필요한 자는 수레를 구해도 좋다. 인부가 필요한 자는 인부를 구해도 좋다.'라고 말합니다. 그러나 촌장이여, 나는 금과 은을 허용해도 좋을 어떠한 이유나 구해야 할 어떠한 이유가 있다고 말하지는 않습니다.'

이와 같이 말씀하시는데, 내가 참으로 신심이 있고, 청정한 믿음이 있는, 존경하는 재가의 남자신자들을 꾸짖고 모욕하고 불신을 조장한 것입니까? 나는 가르침이 아닌 것을 가르침이 아니라고 말하고, 가르침인 것을 가르침이라고 말하고, 계율이 아닌 것을 계율이 아니라고 말하고, 계율인 것을 계율이라고 말합니다.

6. 벗들이여, 한때 세존께서는 그 라자가하 시에서 싸끼야의 아들 존자 우빠난다로 인해서 금과 은을 금지하는 학습계율을 시설했습니다.[1350] 이와 같이 설하는데, 내가 참으로 신심이 있고, 청정한 믿음이 있는, 존경하는 재가의 남자신자들을 꾸짖고 모욕하고 불신을 조장한 것입니까? 나는[298] 가르침이 아닌 것을 가르침이 아니라고 말하고, 가르침인 것을 가르침이라고 말하고, 계율이 아닌 것을

1350) ekamidaṃ āvuso samayaṃ bhagavā tattheva1 rājagahe āyasmantaṃ upanandaṃ sakyaputtaṃ ārabbha jātarūparajataṃ paṭikkhipi sikkhāpadaṃ ca paññāpesi : 상실죄(Nissag. 18)를 참조하라.

계율이 아니라고 말하고, 계율인 것을 계율이라고 말합니다."

7. 이와 같이 말하자 베쌀리 시의 재가의 남자신자들은 존자 야싸 깔란다까뿟따에게 이와 같이 말했다.

[재가신자들] "존자여, 존자 야싸 깔란다까뿟따께서는 홀로 수행자 싸끼야의 아들이고, 그들은 모두 수행자가 아니고 싸끼야의 아들이 아닙니다. 존자여, 존자 야싸 깔란다까뿟따께서는 베쌀리 시에 계십시오. 저희들이 존자 야싸 깔란다까뿟따를 위하여 노력하여 옷과 음식과 처소와 의약품과 필수품을 제공하겠습니다."

그러자 존자 야싸 깔란다까뿟따는 베쌀리 시의 재가의 남자신자를 설득시키고 동반수행승과 함께 승원으로 갔다.

8. 그때 베쌀리 시의 밧지 족의 수행승들은 동반수행승에게 물었다.

[밧지 족의 수행승들] "벗이여, 존자 야싸 깔란다까뿟따는 베쌀리 시의 재가의 남자신자들에게 사죄했는가?"

[동반수행승] "벗들이여, 우리에게 나쁜 일이 행해졌습니다. 존자 야싸 깔란다까뿟따만이 홀로 수행자 싸끼야의 아들이고, 우리는 모두 수행자가 아니고 싸끼야의 아들이 아니라고 했습니다."

그러자 베쌀리 시의 밧지 족 수행승들은 이와 같이 말했다.

[밧지 족의 수행승들] "벗들이여, 여기 야싸 깔란다까뿟따는 우리들에게 선정되지 않고 재가자들에게 선언했습니다. 우리는 그에게 권리정지조치의 갈마를 행합시다."

그래서 그들은 권리정지조치의 갈마를 행하고자 모였다. 그런데 그때 존자 야싸 깔란다까뿟따가 공중으로 올라가 꼬쌈비 시에 다시 나타났다. 그때 존자 야싸 깔란다까뿟따가 빠바[1351] 지역과 아반띠[1352] 국의 남쪽 지역에 사는 수행승들 앞으로 사자를 보냈다.

[야싸 깔란다까뿟따] "존자들이여, 오십시오. 이 쟁사에 참여합시다. 예전에 가르침이 아니었던 것이 번영하고 가르침이었던 것은 쇠퇴하고, 예전에 계율이 아니었던 것이 번영하고 계율이었던 것은 쇠퇴하고, 예전에 가르침이 아니었던

1351) Pāvā : 말라(Malla) 국은 부처님 당시의 나라와 종족의 이름으로 십육대국 가운데 하나였다. 이 왕국은 두 지역 즉 빠바(Pāvā)와 꾸씨나라(Kusināra)로 나뉘어져 있었다. 그래서 빠바의 말라 족은 빠베이야까말라(Pāveyyakamallā)라고 불렸고, 꾸씨나라의 말라 족은 꼬씨나라까(Kosinārakā)라고 불렸다.

1352) Avantī : 부처님 당시의 사대공화국의 하나였고, 십육대국의 하나이기도 했다. 그 수도는 웃제니(Ujjenī)였으나 마힛싸띠(Māhissatī)라고 언급되기도 한다. 이 사실은 고대 아반띠 국이 두 부분으로 나뉘어 있었음을 말하는 것이다. 북 아반띠의 수도가 웃제니였고 남 아반띠의 수도가 마힛싸띠였다.

것을 설하는 자가 강해지고, 가르침이었던 것을 설하는 자가 약해지고, 예전에 계율이 아니었던 것을 설하는 자가 강해지고, 계율이었던 것을 설하는 자가 약해집니다."

9. 그러자 그때 존자 쌈부따 싸나바씬[1353]은 아호강가[1354] 산록에서 살았다. 그런데 그때 존자 야싸 깔란다까뿟따가 아호강가 산록의 존자 쌈부따 싸나바씬이 있는 곳을 찾아갔다. 가까이 다가가서 존자 쌈부따 싸나바씬에게 인사를 하고 한쪽으로 물러나 앉았다. 한쪽으로 물러나 앉은 존자 야싸 깔란다까뿟따는 존자 쌈부따 싸나바씬에게 이와 같이 말했다.

[야싸 깔란다까뿟따] "존자여, 이 베쌀리 시의 밧지 족의 수행승들은 열 가지 사항을 제기했습니다.

1) '소금뿔 휴대와 관련된 실천은 허용된다.

2) 손가락 두 마디와 관련된 실천은 허용된다.

3) 마을 안과 관련된 실천은 허용된다.

4) 처소와 관련된 실천은 허용된다.

5) 승인과 관련된 실천은 허용된다.

6) 관례와 관련된 실천은 허용된다.

7) 젓지 않은 버터밀크는 허용된다.

8) 미발효술을 마시는 것은 허용된다.

9) 테두리 없는 좌구는 허용된다.

10) 금과 은은 허용된다.'

존자여,[299] 자, 오십시오. 이 쟁사에 참여합시다. 예전에 가르침이 아니었던 것이 번영하고 가르침이었던 것은 쇠퇴하고, 예전에 계율이 아니었던 것이 번영하고 계율이었던 것은 쇠퇴하고, 예전에 가르침이 아니었던 것을 설하는 자가 강해지고, 가르침이었던 것을 설하는 자가 약해지고, 예전에 계율이 아니었던 것을 설하는 자가 강해지고, 계율이었던 것을 설하는 자가 약해집니다."

[쌈부따 싸나바씬] "벗이여, 알겠습니다."

존자 쌈부따 싸나바씬은 존자 야싸 깔란다까뿟따에게 대답했다. 그러자 육십명

1353) Sambhuta Sāṇavāsin : 존자 쌈부따는 귀족 가문에 태어나서 장로 아난다 밑에서 수행생활을 했다. 부처님이 완전한 열반에 든 후에 거룩한 경지에 도달했고 부처님이 완전한 열반에 든 후 100년 까지 살면서 지복의 삶을 누렸다. 싸나바씬이란 '거친 대마옷을 입은 자'라는 뜻이다. Thag. 291-294에 그의 시가 등장한다.

1354) ahogaṅgā : 북인도 갠지스 강 상류의 산이다. 쌈부따 싸나바씬은 이곳에 살았다. 훨씬 뒤의 일이지만, 목갈리뿟따 띳사(Moggalīputta Tissa)는 제3차결집을 주도하기 전에 이곳에서 칠년을 살았다.

의 빠바 지역 출신의 수행승들이 모두가 숲속의 거주자, 모두가 탁발걸식자, 모두가 분소의를 걸치는 자, 모두가 세벌 옷[1355]을 걸치는 자, 모두가 거룩한 님으로서 아호강가 산록에 모였다. 팔십 명의 아반띠 국의 남쪽 지역에 사는 수행승들, 일부는 숲속의 거주자, 일부는 탁발걸식자, 일부는 분소의를 걸치는 자, 일부는 세벌 옷을 걸치는 자, 모두가 거룩한 님으로서 아호강가 산록에 모였다.

10. 그때 장로 수행승들이 상의하면서 이와 같이 생각했다.

[장로 수행승들] '이 쟁사는 가혹하고 곤혹스럽다. 어떻게 우리가 우리의 편을 얻으면, 이 쟁사에서 더욱 큰 힘을 얻을 수 있는가?'

그때 존자 레바따[1356]가 쏘레이야[1357] 시에 살았는데, 많이 배우고, 전통을 수용하고, 가르침에 밝고, 계율에 밝고, 논의의 주제에 밝고, 현명하고, 총명하고, 슬기롭고, 부끄러움을 알고, 후회를 알고, 배움을 추구했다. 그래서 장로 수행승들은 이와 같이 생각했다.

[장로 수행승들] '이 존자 레바따는 쏘레이야 시에 사는데, 많이 배우고, 전통을 수용하고, 가르침에 밝고, 계율에 밝고, 논의의 주제에 밝고, 현명하고, 총명하고, 슬기롭고, 부끄러움을 알고, 후회를 알고, 배움을 추구한다. 만약에 우리가 존자 레바따를 우리의 편으로 얻으면, 이 쟁사에서 더욱 큰 힘을 얻을 수 있을 것이다.'

존자 레바따는 인간을 뛰어넘어 청정한 하늘귀로 장로 수행승들이 상의하는 것을 듣고 이와 같이 생각했다.

[레바따] '이 쟁사는 가혹하고 곤혹스럽다. 그렇지만 내가 이와 같은 쟁사에서

1355) ticīvara : 승단에서 개인의 소유를 허용한 삼의(三衣) 즉, 세벌 가사(袈裟)이다. ① saṅghāṭī : 한역음사는 승가리(僧伽梨)로 세벌 옷 가운데 가장 크므로 대의(大衣)라고 한다. 베 조각들을 거듭 이어서 만들므로 중의(重衣), 조(條)의 수가 가장 많으므로 잡쇄의(雜碎衣)라고 함. 직사각형의 베 조각들을 세로로 나란히 꿰맨 것을 1조(條)로 하여, 9조 내지 25조를 가로로 나란히 꿰맨 것. 설법할 때, 걸식하러 갈 때, 왕궁에 갈 때 입는다. ② uttarāsaṅga : 한역음사는 울다라승(鬱多羅僧)으로 윗도리로 입기 때문에 상의(上衣)·상착의(上著衣)라고 하며, 세벌 옷 가운데 그 가치가 중간이므로 중가의(中價衣)라고 한다. 대중이 모인 의식 때 입으므로 입중의(入衆衣)라고 한다. 직사각형의 베 조각들을 세로로 나란히 꿰맨 것을 1조(條)로 하여, 7조를 가로로 나란히 꿰맨 것. 의식을 행할 때 입는다. ③ antaravāsaka : 한역음사는 안타회(安陀會)로 하의(下衣)·내의(內衣)·중숙의(中宿衣)라고 한다. 직사각형의 베 조각들을 세로로 나란히 꿰맨 것을 1조(條)로 하여, 5조를 가로로 나란히 꿰맨 것이라서 오조가사(五條袈裟)라고도 하는데, 작업하거나 잠잘 때나 길을 갈 때나 사원의 실내에서 입는다.

1356) Revata : 쏘레이야 레바따(Soreyya Revata)라고도 불린다. 제2차결집인 칠백결집에서 두드러진 역할을 담당한 장로이다. 그는 가르침과 계율 밝은 자로써 제2차결집을 주도한 장로 아싸의 지도를 받았던 정통주의자 수행승들이 간절하게 찾았던 인물이다. 한편 계율완화주의자들이었던 밧지 족의 수행승들고 그를 자기편으로 만들려고 했으나 결과적으로 실패했다.

1357) soreyya : 레바따가 살 던 곳으로 부처님 당시에는 쏘레이야(Soreyya)와 딱까씰라(Takkasilā) 사이에 카라반길이 있었다.

물러서는 것은 적당하지 않다. 지금 그 수행승들이 올 것이다. 나는 그들에게 치여 편안하지 못할 것이다. 내가 일이 일어나기 전에 떠나버리면, 어떨까?'[1358]

그래서 존자 레바따는 쏘레이야 시에서 쌍깟싸[1359] 시로 갔다. 그러자 장로 수행승들이 쏘레이야 시에 와서 물었다.

[장로 수행승들] "어디에 존자 레바따가 있습니까?"

그들은 이와 같이 말했다.

[쏘레이야 시민] "그 존자 레바따는 쌍깟싸 시로 갔습니다."

그런데 존자 레바따는 쌍깟싸 시에서 깐나꿋자[1360] 시로 갔다. 그러자 장로 수행승들이 쌍깟까 시에 와서 물었다.

[장로 수행승들] "어디에 존자 레바따가 있습니까?"

그들은 이와 같이 말했다.

[쌍깟까 시민] "그 존자 레바따는 깐나꿋자 시로 갔습니다."

그런데 존자 레바따는 깐나꿋자 지역에서 우둠바라[1361] 마을로 갔다. 그러자 장로 수행승들이 깐나꿋자 지역에 와서 물었다.

[장로 수행승들] "어디에 존자 레바따가 있습니까?"

그들은 이와 같이 말했다.

[깐나꿋자 주민] "그 존자 레바따는 우둠바라 마을로 갔습니다."

그런데[300] 존자 레바따는 우둠바라 마을에서 악갈라뿌라[1362] 시로 갔다. 그러자 장로 수행승들이 우둠바라 마을에 와서 물었다.

[장로 수행승들] "어디에 존자 레바따가 있습니까?"

그들은 이와 같이 말했다.

[우둠바라 주민] "그 존자 레바따는 악갈라뿌라 시로 갔습니다."

그런데 존자 레바따는 악갈라뿌라 시에서 싸하자띠[1363] 시로 갔다. 그러자

1358) idaṃ kho adhikaraṇaṃ kakkhaḷañca vālañca. Na kho metaṃ patirūpaṃ yohaṃ evarūpe adhikaraṇe osakkeyyaṃ. idāni ca pa te bhikkhū āgacchissanti. Sohaṃ tehi ākiṇṇo na phāsuṃ gamissāmi. Yannunāhaṃ paṭigaccev a gaccheyyan'ti : 이것이 이하에서 장로 레바따가 여러 도시로 옮겨가게 된 이유이다.

1359) saṅkassa : 싸밧티 시에서 30요자나 떨어진 도시로 부처님 당시에는 사슴공원이 있었다. 쑤헤만따(Suhemanta : ThagA. I. 212) 장로가 부처님에게서 법분을 들은 장소이다.

1360) Kaṇṇakujja : 부처님께서 갠지스 강을 따라 베란자(Verañjā)에서 바라나씨(Bārāṇasī)로 가는 도중에 들렀던 도시들(Soreyya, Saṅkassa, Kaṇṇakujja, Payāgatittha) 가운데 하나의 이름이다.

1361) Udumbara : 율장의 이곳에만 등장하는 마을이다.

1362) Aggaḷapura : 율장의 이곳에만 등장하는 도시이다.

1363) Sahajāti : 쩨띠(Ceti) 국의 도시로 갠지스강 유역에 있었다. AN. III. 355에 따르면, 마하 쭌다가 그곳에서 설법한 장소이다. SN. V. 436에 따르면, 가밤빠띠가 그곳에서 살았다.

장로 수행승들이 악갈라뿌라 시에 와서 물었다.

[장로 수행승들] "어디에 존자 레바따가 있습니까?"

그들은 이와 같이 말했다.

[악갈라뿌라 시민] "그 존자 레바따는 싸하자띠 시로 갔습니다."

마침내 장로 수행승들은 존자 레바따를 싸하자띠 시에서 만났다.

11. 그런데 그때 존자 쌈부따 싸나바씬은 존자 야싸 깔란다까뿟따에게 이와 같이 말했다.

[쌈부따 싸나바씬] "벗들이여, 이 존자 레바따께서는 많이 배우고, 전통을 수용하고, 가르침에 밝고, 계율에 밝고, 논의의 주제에 밝고, 현명하고, 총명하고, 슬기롭고, 부끄러움을 알고, 후회를 알고, 배움을 추구하는데, 만약에 우리가 존자 레바따에게 질문을 제기하면, 존자 레바따께서는 하나의 질문에도 하루 종일을 보낼 수가 있습니다. 지금 존자 레바따께서는 제자인 송출송을 외우는 수행승을 부를 것입니다. 그 수행승이 송출송을 외우는 것이 끝났을 때, 당신이 존자 레바따에게 다가가서 이러한 열 가지 사항을 질문할 수 있습니까?"

[야싸 깔란다까뿟따] "존자들이여, 알겠습니다."

존자 야싸 깔란다까뿟따는 존자 쌈부따 싸나바씬에게 대답했다. 그러자 존자 레바따가 제자인 송출송을 외우는 수행승을 불렀다. 그래서 존자 야싸 깔란다까뿟따는 그 수행승이 송출송을 외우는 것이 끝났을 때, 존자 레바따에게 다가갔다. 가까이 다가가서 존자 레바따에게 인사를 하고 한쪽으로 물러나 앉았다. 한쪽으로 물러나 앉아서 존자 야싸 깔란다까뿟따는 존자 레바따에게 이와 같이 말했다.

1) [야싸 깔란다까뿟따] "존자여, 소금뿔 휴대와 관련된 실천은 허용됩니까?"

[레바따] "벗이여, 소금뿔 휴대와 관련된 실천이 무엇입니까?"

[야싸 깔란다까뿟따] "존자여, '소금이 없을 경우 나는 먹을 수 없다.'라고 생각하고 뿔에 소금을 가지고 다니는 것이 허용됩니까?"

[레바따] "벗이여, 허용되지 않습니다."

2) [야싸 깔란다까뿟따] "존자여, 손가락 두 마디와 관련된 실천은 허용됩니까?

[레바따] "벗이여, 손가락 두 마디와 관련된 실천이란 무엇입니까?"

[야싸 깔란다까뿟따] "존자여, 손가락 두 마디의 해그림자가 지나[1364] 때 아닌 때에 식사를 하는 것이 허용됩니까?"

1364) dvaṅgulāya chāyāya vītivattāya : 낮 열두 시가 지나 해시계가 손가락 두 마디의 해그림자를 드리운 이후에라는 뜻이다.

[레바따] "벗이여, 허용되지 않습니다."

3) [야싸 깔란다까뿟따] "존자여, 마을 안과 관련된 실천은 허용됩니까?"

[레바따] "벗이여, 마을 안과 관련된 실천이란 무엇입니까?"

[야싸 깔란다까뿟따] "존자여, 이미 식사가 끝났는데, '나는 지금 마을 안으로 들어가야지.'라고 생각하여 먹다 남은 것이 아닌 음식을[1365] 먹는 것이 허용됩니까?"

[레바따] "벗이여, 허용되지 않습니다."

4) [야싸 깔란다까뿟따] "존자여, 처소와 관련된 실천은 허용됩니까?"

[레바따] "벗이여, 처소와 관련된 실천이란 무엇입니까?"

[야싸 깔란다까뿟따] "존자여, 동일한 결계 안의 많은 주처에서 각각 별개의 포살을 행하는 것이 허용됩니까?"

[레바따] "벗이여, 허용되지 않습니다."

5) [야싸 깔란다까뿟따] "존자여,[301] 승인과 관련된 실천은 허용됩니까?"

[레바따] "벗이여, 승인과 관련된 실천이란 무엇입니까?"

[야싸 깔란다까뿟따] "존자여, 불완전한 참모임으로 갈마를 행하고 '수행승들이 오면, 우리가 승인을 구하겠다.'라는 것이 허용됩니까?"

[레바따] "벗이여, 허용되지 않습니다."

6) [야싸 깔란다까뿟따] "존자여, 관례와 관련된 실천은 허용됩니까"

[레바따] "벗이여, 관례와 관련된 실천이란 무엇입니까?"

[야싸 깔란다까뿟따] "존자여, 이것은 나의 친교사에 의한 관례이고, 이것은 나의 궤범사에 의한 관례이니 그것을 준수하는 것이 허용됩니까?"

[레바따] "벗이여, 관례와 관련된 실천은 어떤 것들은 허용되고, 어떤 것들은 허용되지 않습니다."

7) [야싸 깔란다까뿟따] "존자여, 젓지 않은 버터밀크는 허용됩니까?"

[레바따] "벗이여, 젓지 않은 버터밀크란 무엇입니까?"

[야싸 깔란다까뿟따] "존자여, 이미 식사가 끝났지만, 우유의 상태가 지나 아직 응유가 되지 않은 우유를, 먹다 남은 것이 아닌 음식이지만 마시는 것이 허용됩니까?"

1365) anatirittaṃ bhojanaṃ : 한역의 비잔식(非殘食)이다. 이러한 먹다 남은 것이 아닌 음식을 먹는 것은 Vin. IV. 82에 따르면, 속죄죄법 제35조(Pāc. 35)에 해당한다. Vin. I. 213. 214. 215.에서 예외가 인정된다. Vin. I. 238에서는 기근이 지나가면, 예외는 성립하지 않고, 원칙에 따라 처리되어야 한다.

[레바따] "벗이여, 허용되지 않습니다."

8) [야싸 깔란다까뿟따] "존자여, 미발효술을 마시는 것이 허용됩니까?"

[레바따] "벗이여, 미발효술이란 무엇입니까?"

[야싸 깔란다까뿟따] "존자여, 아직 거르지 않은 발효술[1366]과 아직 완성되지 않은 화주[1367]를 마시는 것이 허용됩니까?"

[레바따] "벗이여, 허용되지 않습니다."

9) [야싸 깔란다까뿟따] "존자여, 테두리 없는 좌구는 허용됩니까?"

[레바따] "벗이여, 허용되지 않습니다."

10) [야싸 깔란다까뿟따] "존자여, 금과 은은 허용됩니까?"

[레바따] "벗이여, 허용되지 않습니다."

[야싸 깔란다까뿟따] "존자여, 베쌀리 시의 밧지 족의 수행승들은 베쌀리 시에서 이러한 열 가지 사항을 선포했습니다. 존자여, 이 쟁사에 참여합시다. 예전에 가르침이 아니었던 것이 번영하고 가르침이었던 것은 쇠퇴하고, 예전에 계율이 아니었던 것이 번영하고 계율이었던 것은 쇠퇴하고, 예전에 가르침이 아니었던 것을 설하는 자가 강해지고, 가르침이었던 것을 설하는 자가 약해지고, 예전에 계율이 아니었던 것을 설하는 자가 강해지고, 계율이었던 것을 설하는 자가 약해집니다."

[레바따] "벗이여, 알겠습니다."

존자 레바따는 존자 야싸 깔란다까뿟따에게 대답했다.

첫 번째 송출품이 끝났다.

II 두 번째 송출품(Dutiyabhāṇavāra : 2)

2. 쟁사의 결정(Adhikaraṇavinicchaya)

1. 그런데 베쌀리 시의 밧지 족의 수행승들은 존자 야싸 깔란다까뿟따가 이 쟁사에 참여하고자 자기편을 찾는데, 실제로 자기편을 찾았다라고 들었다. 그러자 베쌀리 시의 밧지 족의 수행승들은 이와 같이 생각했다.

[밧지 족의 수행승들] '이 쟁사는 가혹하고 곤혹스럽다. 어떻게 우리가 우리의

1366) surā : 발효된 술로 발효주(醱酵酒)이다. 속죄죄법 제51조(Pāc. 51)를 참조하라.

1367) majja : '취기가 있는 것'이라는 의미인데, 독한 술로 화주(火酒)나 증류주(蒸溜酒)를 뜻한다. Vin. I. 205에 따르면, 수행승들이여, 과도하게 화주를 섞은 기름을 마시면, 원칙(속죄죄법 제51조; Pāc. 51)에 따라 처리되어야 한다. 기름을 끓일 때에 화주의 색깔과 향과 맛이 표시되지 않을 정도로 그와 같이 화주를 섞은 기름을 마시는 것을 허용되었다.

편을 얻으면, 이 쟁사에서 더욱 큰 힘을 얻을 수 있는가?'

그리고 베쌀리 시의 밧지 족의 수행승들은 이와 같이 생각했다.

[밧지 족의 수행승들] '이 존자 레바따는 많이 배우고, 전통을 수용하고, 가르침에 밝고, 계율에 밝고, 논의의 주제에 밝고, 현명하고, 총명하고, 슬기롭고, 부끄러움을 알고, 후회를 알고, 배움을 추구한다. 만약에 우리가 존자 레바따를 우리의 편으로 얻으면, 이 쟁사에서 더욱 큰 힘을 얻을 수 있을 것이다.'

그래서 베쌀리 시의 밧지 족의 수행승들은 많은 수행자의 필수품, 발우와 의복과 좌구와 침통과 허리띠와 여과낭과 물병여과기를 준비했다. 그리고 베쌀리 시의 밧지 족의 수행승들은 그 수행자의 필수품을 가지고 배를 타고 흐름을 거슬러 싸하자띠 시로 갔다. 배에서[302] 내려서 어떤 나무 밑에서 음식을 배분했다.

2. 그때 존자 쌀하[1368]가 홀로 명상을 하다가 이와 같이 생각했다.

[쌀하] '누가 가르침을 설하는 자들인가? 동쪽에서 온 수행승들인가 아니면 빠바 시에서 온 수행승들인가?'

그리고 존자 쌀하는 가르침과 계율을 살펴 보다가 이와 같이 생각했다.

[쌀하] '동쪽에서 온 수행승들은 가르침이 아닌 것을 설하는 자들이고 빠바 시에서 온 수행승들은 가르침을 설하는 자들이다.'

그때 어떤 청정한 삶을 사는 하느님 세계의 천신[1369]이 존자 쌀하가 마음으로 사유하는 것을 자신의 마음으로 알고 마치 힘센 사람이 굽혀진 팔을 펴고 펴진 팔을 굽히는 듯한 그 사이에, 청정한 삶을 사는 신들의 하느님 세계에서 모습을 감추고 존자 쌀하의 앞에 모습을 나타내었다. 그러자 그 하늘사람은 존자 쌀하에게 이와 같이 말했다.

[하늘사람] "존자여 쌀하여, 훌륭하십니다. 훌륭하십니다. 동쪽에서 온 수행승들은 가르침이 아닌 것을 설하는 자들이고 빠바 시에서 온 수행승들은 가르침을 설하는 자들입니다. 존자 쌀하여, 그러므로 진리에 따라 입장을 확고히 하십시오."

[쌀하] "하늘사람이여, 예전에도 지금도 나는 진리에 따라 입장을 확고히 하고 있습니다. 그러나 이 쟁사와 관련해서 내가 동의할 때까지 나의 견해를 드러내지 않겠습니다."

1368) Sāḷha : 제2결집에서 중요한 역할을 한 수행승으로 싸하자띠 시에 살았다. 밧지 족들의 수행승들의 이야기를 듣고 올바른 해결을 강구하려고 노력했다. 경전 안에서는 율장에 이곳에만 등장한다.

1369) suddhāvāsakāyikā devatā : Suddhāvāsa devā : 정거천신(淨居天神)을 말한다. 이 책의 부록 <존재의 세계>를 참조하라.

3. 그때 베쌀리 시의 밧지 족의 수행승들은 그 수행자의 필수품을 가지고 존자 레바따가 있는 곳을 찾아갔다. 가까이 다가가서 존자 레바따에게 이와 같이 말했다.

[밧지 족의 수행승들] "존자여, 장로께서는 수행자의 필수품, 발우와 의복과 좌구와 침통과 허리띠와 여과낭과 물병여과기를 받아 주십시오."

[레바따] "벗들이여, 그만 두시오. 나에게는 발우와 의복이 갖추어져 있습니다. 나는 받고 싶지 않습니다."

그러자 그때 웃따라[1370]라는 수행승이 스물 살인데 존자 레바따의 시자였다. 그러자 베쌀리 시의 밧지 족의 수행승들은 수행승 웃따라가 있는 곳을 찾아갔다. 가까이 다가가서 존자 웃따라에게 이와 같이 말했다.

[밧지 족의 수행승들] "존자여, 장로께서는 수행자의 필수품, 발우와 의복과 좌구와 침통과 허리띠와 여과낭과 물병여과기를 받아 주십시오."

[웃따라] "벗들이여, 그만 두시오. 나에게는 발우와 의복이 갖추어져 있습니다. 나는 받고 싶지 않습니다."

[밧지 족의 수행승들] "존자여 웃따라여, 사람들이 세존께 수행자의 필수품을 드리면, 세존께서 받으면, 그것으로 그들은 기뻐했습니다. 만약에 세존께서 받지 않으면, 존자 아난다에게 '존자여, 장로께서는 수행자의 필수품을 받으십시오. 세존께서 받으신 것이나 마찬가지가 될 것입니다.'라고 말하며 드렸습니다. 존자 웃따라께서는 수행자의[303] 필수품을 받으십시오. 장로께서 받으신 것이나 마찬가지가 될 것입니다."

그러자 존자 웃따라는 베쌀리 시의 밧지 족의 수행승들의 압력을 받아 한 벌의 옷을 받으며 말했다.

[웃따라] "벗들이여, 원하는 바를 말하십시오."

[밧지 족의 수행승들] "존자 웃따라께서는 장로께 이와 같이 '존자여, 장로께서는 참모임 가운데 이와 같이 '존귀한 부처님들은 동방의 국토에 태어났습니다. 동쪽에서 온 수행승들은 가르침을 설하는 자들이고 빠바 시에서 온 수행승들은 가르침이 아닌 것을 설하는 자들입니다.'라고 말해 주십시오.'라고 말하십시오."

[웃따라] "벗이여, 알겠습니다."

존자 웃따라는 베쌀리 시의 밧지 족의 수행승들에게 대답하고 존자 레바따가 있는 곳을 찾아갔다. 가까이 다가가서 존자 레바따에게 이와 같이 말했다.

1370) Uttara : 장로 웃따라는 경전에서는 율장의 이곳에만 등장한다. Mhv. IV. 30에는 이 율장의 대목이 소개되고 있다.

[웃따라] "존자여, 장로께서는 참모임 가운데 이와 같이 '존귀한 부처님들은 동방의 국토에 태어났습니다. 동쪽에서 온 수행승들은 가르침을 설하는 자들이고 빠바 시에서 온 수행승들은 가르침이 아닌 것을 설하는 자들입니다.'라고 말해 주십시오."

[레바따] "수행승이여, 그대가 나를 가르침이 아닌 것으로 몰아간다."

장로 레바따는 존자 웃따라를 쫓아냈다. 그러자 베쌀리 시의 밧지 족의 수행승들은 존자 웃따라에게 이와 같이 말했다.

[밧지 족의 수행승들] "벗이여, 장로가 그대에게 무엇을 말했습니까?"

[웃따라] "벗들이여, 우리에게 악한 짓을 했습니다. 장로는 '수행승이여, 그대가 나를 가르침이 아닌 것으로 몰아간다.'라고 나를 내쫓았습니다."

[밧지 족의 수행승들] "벗이여, 그대는 성장하여 스무 살이 되지 않았습니까?"

[웃따라] "벗들이여, 그렇습니다."

[밧지 족의 수행승들] "그렇다면 우리를 스승으로 의지하십시오."

4. 그때 참모임은 그 쟁사를 결정하기 위해서 모였다. 그때 존자 레바따가 참모임에 알렸다.

[레바따] "벗들이여, 참모임은 제게 귀를 기울이십시오. 우리가 이 쟁사를 여기서 그치게 하려면, 원래 그것을 가져온 수행승이 다시 갈마를 위하여 제기해야 할 것입니다. 만약 참모임에 옳은 일이라면, 이 쟁사가 발생한 그곳에서 이 쟁사를 그치게 해야 할 것입니다."

그래서 장로 수행승들은 쟁사를 결정하기 위해 베쌀리 시로 갔다. 그런데 그때 쌉바까민1371)이라는 지상에서 오래된 참모임의 장로가 구족계를 받고서 일백이십 세였는데, 존자 아난다의 제자로서 베쌀리 시에 살고 있었다. 그때 존자 레바따가 존자 쌈부따 싸나바씬에게 이와 같이 말했다.

[레바따] "벗이여, 나는 장로 쌉바까민이 사는 정사가 있는데, 그 정사로 간다.

1371) Sabbakāmin : 쌉바깜마(Sabbakāma)라고도 한다. 쌉바까민은 부처님께서 완전한 열반에 들기 직전에 베쌀리의 귀족 가문에서 태어나 나이가 들자 자신의 소유를 친지에게 주고 장로 아난다에게 출가했다. 공부를 마치고 스승과 함께 베쌀리 시로 돌아와 가족을 방문했다. 옛 처가 슬픔의 화살로 고통받아 수척하고 눈물로 가득 차서 있었다. 그는 그녀를 보자 사랑과 연민으로 애욕에 휩사였다. 그는 자신의 마음을 알아채고 화장터로 달려가서 부정관(不淨觀)을 했다. 그는 통찰을 닦아 거룩한 님이 되었다. 나중에 그의 장인이 아름답게 치장하고 많은 시종을 거느린 아내를 승원으로 데려왔으나 장로는 자신이 모든 욕망을 버렸음을 확인했다. 그는 법랍이 120살까지 살았으니 당시에 적어도 세속나이로는 140세 이상이라고 보아야 한다. 당시에는 가장 고령의 장로였다. 많은 수행승들이 그의 조언을 구했다. 그의 시는 Thag. 453-458에 있다.

그대가 아침 일찍 장로 쌉바까민을 찾아가서 이러한 열 가지 사항에 대하여 물으면 좋을 것이다."

[쌈부따 싸나바씬] "존자여, 그렇게 합시다."

존자 쌈부따 싸나바씬은 존자 레바따에게 대답했다. 그후 존자 레바따는 장로 쌉바까민이 사는 그 정사에 도착했다. 존자 쌉바까민의 처소가 방안에 마련되었고, 존자 레바따의 처소는 방앞에 마련되었다. 그러자 존자 레바따는[304] '이 장로는 연로한데도 눕지 않는다.'라고 생각하고 잠을 자지 않았다. 존자 쌉바까민은 '이 수행승은 손님인데, 피곤한데도 눕지 않는다.'라고 생각하고 잠을 자지 않았다.

5. 그래서 존자 쌉바까민은 밤이 지나 새벽녘에 존자 레바따에게 이와 같이 말했다.

[쌉바까민] "친애하는 자여,1372) 그대는 어떠한 명상1373)으로 요즈음 자주 삼매에 듭니까?"

[레바따] "존자여, 저는 자애의 명상1374)로 요즈음 자주 삼매에 듭니다."

[쌉바까민] "친애하는 자여, 그대는 편만의 명상1375)로서 요즈음 자주 삼매에 드는 것입니다. 친애하는 자여, 자애라는 것은 편만의 명상입니다."

[레바따] "존자여, 저는 예전에 재가에 있을 때에 자애를 닦았습니다. 그러므로 저는 요즈음도 자애의 명상으로 자주 삼매에 듭니다. 그렇지만 저는 거룩한 경지를 얻은 지 오래 되었습니다. 존자여, 장로께서는 어떠한 명상으로 요즈음 자주 삼매에 듭니까?"

[쌉바까민] "친애하는 자여, 나는 공성의 명상1376)으로 요즈음 자주 삼매에

1372) bhummi : '사랑스런 자'를 의미한다.

1373) vihāra : 한역의 주(住)인데, 여기서는 역자는 삼매라고 번역한다.

1374) mettāvihāra : 네 가지 청정한 삶 또는 네 가지 하느님과 함께 하는 삶(cattāro brahmavihārā : 四梵住)'의 하나이다. 네 가지 한량 없는 마음(四無量心 : cattasso appamaññāyo)의 하나이기도 하다. 한량 없는 자애의 명상(慈無量住)은 다음과 같다 : '자애의 마음으로 동쪽 방향을 가득 채우고, 자애의 마음으로 남쪽 방향을 가득 채우고, 자애의 마음으로 서쪽 방향을 가득 채우고, 자애의 마음으로 북쪽 방향을 가득 채우고, 자애의 마음으로 위와 아래와 옆과 모든 곳을 빠짐 없이 가득 채워서, 광대하고 멀리 미치고 무량하게, 원한 없고 악의 없는 자애의 마음으로 일체의 세계를 가득 채운다.'

1375) kullakavihāra : 한량 없는 자애의 명상은 자애의 마음을 편만하게 하는 것이다. Smp. 1298에 따르면, 'kullaka'는 '편만(遍滿), 명료(明瞭)'(uttāna)의 뜻이라고 설명한다. 그러나 어원학적으로 볼 때는 '*sk.* kaulya = *pāli.* kulla'로 '가족에 속하는'이라는 의미를 지닌다. 남전 IV. 454에는 'kullakavihāra'를 '속삼매(俗三昧)'라고 번역하고 있다.

1376) suññatāvihāra : MN. III. 104에서 부처님은 '아난다여, 나는 요즈음 자주 공성(空性)에 든다.'라고 말한다. Pps. IV. 64에 따르면, 네 가지 공성(catukotikā suññatā : 四端空)이 있다. ① 어디에서도 자아를 보지 못한다. ② 타자에게 속한 어떤 것으로 여겨질 수 있는 자신족, 형제, 친구, 하인 등의 자아를 보지 못한다. ③ 타인의 자아를 보지 못한다. ④ 제삼자에게 속한 어떤 것으로 여겨질 수 있는 타자의 자아를 보지 못한다.

듭니다."

[레바따] "존자여, 장로께서는 대인의 명상[1377]으로서 요즈음 자주 삼매에 드는 것입니다. 존자여, 공성이라는 것은 대인의 명상입니다."

[쌉바까민] "친애하는 자여, 나는 예전에 재가에 있을 때에 공성을 닦았습니다. 그러므로 저는 요즈음도 공성의 명상으로 자주 삼매에 듭니다. 그렇지만 나는 거룩한 경지를 얻은 지 오래 되었습니다."

6. 그런데 장로들이었던 수행승들의 잠시의 대화가 끝났다. 존자 쌈부따 싸나바씬은 존자 쌉바까민이 있는 곳을 찾아갔다. 가까이 다가가서 존자 쌉바까민에게 인사를 하고 한쪽으로 물러나 앉았다. 한쪽으로 물러나 앉은 존자 쌈부따 싸나바씬은 존자 쌉바까민에게 이와 같이 말했다.

[쌈부따 싸나바씬] "존자여, 이 베쌀리 족의 밧지 족의 수행승들은 열 가지 사항을 제기했습니다.

1) '소금뿔 휴대와 관련된 실천은 허용된다.

2) 손가락 두 마디와 관련된 실천은 허용된다.

3) 마을 안과 관련된 실천은 허용된다.

4) 처소와 관련된 실천은 허용된다.

5) 승인과 관련된 실천은 허용된다.

6) 관례와 관련된 실천은 허용된다.

7) 젓지 않은 버터밀크는 허용된다.

8) 미발효술을 마시는 것은 허용된다.

9) 테두리 없는 좌구는 허용된다.

10) 금과 은은 허용된다.'

존자여, 장로께서는 친교사의 발아래 많은 가르침과 계율을 공부했습니다. 존자여, 장로께서는 가르침과 계율을 살펴 보면서 어떻게 생각합니까? 누가 가르침을 설하는 자들입니까? 동쪽에서 온 수행승들입니까? 아니면, 빠바 시에서 온 수행승들입니까?"

[쌉바까민] "벗이여, 그대도 역시 친교사의 발아래 많은 가르침과 계율을 공부했습니다. 벗이여, 그대는 가르침과 계율을 살펴 보면서 어떻게 생각합니까? 누가 가르침을 설하는 자들입니까? 동쪽에서 온 수행승들입니까? 아니면, 빠바 시에서

1377) mahāpurisavihāra : MN. III. 294에도 나온다. 그 주석인 Pps. V. 106에 따르면, 부처님과 연기법을 깨달은 님(緣覺佛), 여래의 위대한 제자로서의 위대한 사람 즉, 대인(大人)의 명상을 말한다.

온 수행승들입니까?"

[쌈부따 싸나바씬] "존자여, 나는 가르침과 계율을 살펴 보면서 이와 같이 '동쪽에서 온 수행승들은 가르침이 아닌 것을 설하는 자들이고 빠바 시에서 온 수행승들은 가르침을 설하는 자들이다.'라고 생각합니다. 그러나 이 쟁사와 관련해서 내가 동의할 때까지 나의 견해를 드러내지 않겠습니다."

[쌉바까민] "벗이여, 나도 가르침과 계율을 살펴 보면서 이와 같이[305] '동쪽에서 온 수행승들은 가르침이 아닌 것을 설하는 자들이고 빠바 시에서 온 수행승들은 가르침을 설하는 자들이다.'라고 생각합니다. 그러나 나는 이 쟁사와 관련해서 동의가 이루어질 때까지 나의 견해를 드러내지 않겠습니다."

7. 그러자 그 참모임은 그 쟁사를 결정하고자 모였다. 그들이 쟁사를 결정할 때, 끝없는 논쟁이 생겨났는데, 하나의 논쟁도 그 의미가 분명하지가 않았다. 그래서 존자 레바따가 참모임에 알렸다.

[레바따] "존자들이여, 참모임은 제 말에 귀를 기울이십시오. 우리가 쟁사를 결정할 때, 끝없는 논쟁이 생겨났는데, 하나의 논쟁도 그 의미가 분명하지가 않습니다. 참모임에 옳은 일이라면, 참모임은 이 쟁사를 단사위원평결[1378]로써 해결하고자 합니다."

참모임은 네 명의 동쪽에서 온 수행승들과 네 명의 빠바 시에서 온 수행승들을 선정했다. 동쪽에서 온 수행승들 가운데 존자 쌉바까민, 존자 쌀하, 존자 쿳자쏘비따,[1379] 존자 바싸바가미까,[1380] 빠바 시에서 온 수행승들 가운데 존자 레바따, 존자 쌈부따 싸나바씬, 존자 야싸 깔란다까뿟따, 존자 쑤마나[1381]가 있었다. 그때 존자 레바따가 참모임에 알렸다.

[레바따] "존자들이여, 참모임은 제 말에 귀를 기울이십시오. 우리가 쟁사를

1378) ubbāhika : 한역의 단사(斷事) 또는 단사인(斷事人 : Ubbāhika)이다. 오늘날의 표결권이 있는 위원회의 위원에 의한 평결이라고 볼 수 있다. 그래서 역자는 단사위원에 의한 평결이라고 번역한다. Vin. II. 95의 '단사위원평결에 의한 멸쟁'을 참조하라.

1379) Khujjasobhita : 경전 상에서는 율장의 이곳에만 등장하는 수행승이다. Thag. 234-236의 Khujjasobhita는 Ppn. I. 718에 따르면 동명이인이다. Mhv. IV. 57에 따르면, 그는 아난다 밑에 출가한 제자였다. 부처님이 완전한 열반에 든 이후에 제일결집에 아난다를 참여시키기 파견된 자였다. 이 주장이 맞는다면, 그의 시는 Thag. 234-236에 있는 셈이다.

1380) Vāsabhagāmika : 장로 아누룻다의 제자였다. 경전 상에서는 제2결집과 관련하여 율장의 이곳에만 등장하는 수행승이다.

1381) Sumana : 장로 아누룻다의 제자였다. 경전 상에서는 제2결집과 관련하여 율장의 이곳에만 등장하는 수행승이다.

결정할 때, 끝없는 논쟁이 생겨났는데, 하나의 논쟁도 그 의미가 분명하지가 않습니다. 참모임에 옳은 일이라면, 참모임은 이 쟁사를 단사위원평결로써 해결하고자 네 명의 동쪽에서 온 수행승들과 네 명의 빠바 시에서 온 수행승들을 선정하겠습니다. 이것이 제안입니다."

[레바따] "존자들이여, 참모임은 제 말에 귀를 기울이십시오. 우리가 쟁사를 결정할 때, 끝없는 논쟁이 생겨났는데, 하나의 논쟁도 그 의미가 분명하지가 않습니다. 참모임은 이 쟁사를 단사위원평결로써 해결하고자 네 명의 동쪽에서 온 수행승들과 네 명의 빠바 시에서 온 수행승들을 선정합니다. 이 쟁사를 단사위원평결로써 해결하고자 네 명의 동쪽에서 온 수행승들과 네 명의 빠바 시에서 온 수행승들을 선정하는 것에 동의하면 침묵하시고, 이견이 있으면 말씀하십시오."

[레바따] "참모임은 이 쟁사를 단사위원평결로써 해결하고자 네 명의 동쪽에서 온 수행승들과 네 명의 빠바 시에서 온 수행승들을 선정하였습니다. 참모임이 찬성하여 침묵했으므로, 저는 그와 같이 알겠습니다."

그러자 그때 '아지따'라는 수행승이 법랍 십년이었는데, 참모임의 의무계율의 송출자였다. 그때 참모임은 존자 아지따의 동의를 얻어 장로 수행승들의 자리를 마련해 주었다.[1382] 그때 장로 수행승들이 이와 같이 생각했다.

[장로 수행승들] '어디서 우리가 이 쟁사를 그치게 할 수 있는가?'

그리고 장로 수행승들은[306] 이와 같이 생각했다.

[장로 수행승들] '이 발리까라마[1383] 승원은 즐겁고 조용하고 소음이 없다. 우리가 이 발리까라마 승원에서 이 쟁사를 그치게 하면 어떨까?'

그래서 그 장로 수행승들은 쟁사를 그치게 하고자 발리까라마 승원으로 갔다.

8. 그리고 존자 레바따가 참모임에 알렸다.

[레바따] "존자들이여, 참모임은 제 말에 귀를 기울이십시오. 만약에 참모임에 옳은 일이라면, 나는 존자 쌉바까민에게 계율에 관해 묻겠습니다."

존자 쌉바까민은 참모임에 알렸다.

[쌉바까민] "벗들이여, 참모임은 제게 귀를 기울이십시오. 만약에 참모임에 옳은 일이라면, 나는 존자 레바따가 계율에 관해 물으면 대답하겠습니다."

1382) atha kho saṅgho āyasmantampi ajitaṃ sammanti therānaṃ bhikkhūnaṃ āsanapaññāpakaṃ : 의무계율이 송출되는 동안에 앉도록 장로는 허용되었다는 뜻이다.

1383) Vālikārāma : 베쌀리 시의 승원의 이름이다. 여기서 밧지 족의 수행승들이 제기한 열 가지 사항(十事)의 질문이 해결되었다.

그러자 존자 레바따는 존자 쌉바까민에게 이와 같이 말했다.

1) [레바따] "존자여, 소금뿔 휴대와 관련된 실천은 허용됩니까?"

[쌉바까민] "벗이여, 소금뿔 휴대와 관련된 실천이 무엇입니까?"

[레바따] "존자여, '소금이 없을 경우 나는 먹을 수 없다.'라고 생각하고 뿔에 소금을 가지고 다니는 것인데 그것이 허용됩니까?"

[쌉바까민] "벗이여, 허용되지 않습니다."

[레바따] "어디에서 금지되었습니까?"

[쌉바까민] "싸밧띠 시에서입니다. 쑷따비방가1384)에 있습니다."

[레바따] "무엇을 범했습니까?"

[쌉바까민] "저장된 것의 식사에 대한 속죄죄입니다."

[레바따] "존자들이여, 참모임은 제 말에 귀를 기울이십시오. 이 첫 번째 사항은 참모임에 의해서 결정되었으므로 이 사항은 삿된 원리이고 삿된 계율로서 스승의 가르침을 떠난 것입니다. 여기에 나는 첫 번째 산가지표를 던집니다."

2) [레바따] "존자여, 손가락 두 마디와 관련된 실천은 허용됩니까?"

[쌉바까민] "벗이여, 손가락 두 마디와 관련된 실천이란 무엇입니까?"

[레바따] "존자여, 손가락 두 마디의 해그림자가 지나 때 아닌 때에 식사를 하는 것인데 그것이 허용됩니까?"

[쌉바까민] "벗이여, 허용되지 않습니다."

[레바따] "어디에서 금지되었습니까?"

[쌉바까민] "라자가하 시에서입니다. 쑷따비방가1385)에 있습니다."

[레바따] "무엇을 범했습니까?"

[쌉바까민] "때 아닌 때의 식사에 대한 속죄죄입니다."

[레바따] "존자들이여, 참모임은 제 말에 귀를 기울이십시오. 이 두 번째 사항은 참모임에 의해서 결정되었으므로 이 사항은 삿된 원리이고 삿된 계율로서 스승의 가르침을 떠난 것입니다. 여기에 나는 두 번째 산가지표를 던집니다."

3) [레바따] "존자여, 마을 안과 관련된 실천은 허용됩니까?"

[쌉바까민] "벗이여, 마을 안과 관련된 실천이란 무엇입니까?"

[레바따] "존자여, 이미 식사가 끝났는데, '나는 지금 마을 안으로 들어가야지.'라고 생각하여 먹다 남은 것이 아닌 음식을 먹는 것인데 그것이 허용됩니까?"

1384) Suttavibhaṅga : 속죄죄법 제38조(Pāc. 38)에 해당한다.

1385) Suttavibhaṅga : 속죄죄법 제37조(Pāc. 37)에 해당한다.

[쌉바까민] "벗이여, 허용되지 않습니다."
[레바따] "어디에서 금지되었습니까?"
[쌉바까민] "싸밧티 시에서입니다. 쑷따비방가[1386]에 있습니다."
[레바따] "무엇을 범했습니까?"
[쌉바까민] "남겨지지 않은 것의 식사에 대한 속죄죄입니다."
[레바따] "존자들이여, 참모임은 제 말에 귀를 기울이십시오. 이 세 번째 사항은 참모임에 의해서 결정되었으므로 이 사항은 삿된 원리이고 삿된 계율로서 스승의 가르침을 떠난 것입니다. 여기에 나는 세 번째 산가지표를 던집니다."

4) [레바따] "존자여, 처소와 관련된 실천은 허용됩니까?"
[쌉바까민] "벗이여, 처소와 관련된 실천이란 무엇입니까?"
[레바따] "존자여, 동일한 결계 안의 많은 주처에서 각각 별개의 포살을 행하는 것인데 그것이 허용됩니까?"
[쌉바까민] "벗이여, 허용되지 않습니다."
[레바따] "어디에서 금지되었습니까?"
[쌉바까민] "라자가하 시에서입니다. 포살과 관련된 것입니다."[1387]
[레바따] "무엇을 범했습니까?"
[쌉바까민] "계율에 어긋나는 악작죄입니다."
[레바따] "존자들이여, 참모임은 제 말에 귀를 기울이십시오. 이 네 번째 사항은 참모임에 의해서 결정되었으므로 이 사항은 삿된 원리이고 삿된 계율로서 스승의 가르침을 떠난 것입니다. 여기에 나는 네 번째 산가지표를 던집니다."

5) [레바따] "존자여, 승인과 관련된 실천은 허용됩니까?"
[쌉바까민] "벗이여, 승인과 관련된 실천이란 무엇입니까?"
[레바따] "존자여, 불완전한 참모임으로 갈마를 행하고 '수행승들이 오면, 우리가 승인을 구하겠다.'라는 것이 허용됩니까?"
[쌉바까민] "벗이여,[307] 허용되지 않습니다."
[레바따] "어디에서 금지되었습니까?"
[쌉바까민] "짬빠 시의 수행승들과 관련된 계율에서입니다."[1388]
[레바따] "무엇을 범했습니까?"

1386) Suttavibhaṅga : 속죄죄법 제35조(Pāc. 35)에 해당한다.
1387) uposathasaññutta : Vin. I. 107을 참조하라.
1388) campeyyake vinayavatthusmin : Vin. I. 330을 참조하라.

[쌉바까민] "계율에 어긋나는 악작죄입니다."

[레바따] "존자들이여, 참모임은 제 말에 귀를 기울이십시오. 이 다섯 번째 사항은 참모임에 의해서 결정되었으므로 이 사항은 삿된 원리이고 삿된 계율로서 스승의 가르침을 떠난 것입니다. 여기에 나는 다섯 번째 산가지표를 던집니다."

6) [레바따] "존자여, 관례와 관련된 실천은 허용됩니까?"

[쌉바까민] "벗이여, 관례와 관련된 실천이란 무엇입니까?"

[레바따] "존자여, 이것은 나의 친교사에 의한 관례이고, 이것은 나의 궤범사에 의한 관례이니 그것을 준수하는 것인데 그것이 허용됩니까?"

[쌉바까민] "벗이여, 관례와 관련된 실천은 어떤 것들은 허용되고, 어떤 것들은 허용되지 않습니다."

[레바따] "존자들이여, 참모임은 제 말에 귀를 기울이십시오. 이 여섯 번째 사항은 참모임에 의해서 결정되었으므로 이 사항은 삿된 원리이고 삿된 계율로서 스승의 가르침을 떠난 것입니다. 여기에 나는 여섯 번째 산가지표를 던집니다."

7) [레바따] "존자여, 젓지 않은 버터밀크는 허용됩니까?"

[쌉바까민] "벗이여, 젓지 않은 버터밀크란 무엇입니까?"

[레바따] "존자여, 이미 식사가 끝났지만, 우유의 상태가 지나 아직 응유가 되지 않은 우유를, 먹다 남은 것이 아닌 음식이지만 마시는 것이 허용됩니까?"

[쌉바까민] "벗이여, 허용되지 않습니다."

[레바따] "어디에서 금지되었습니까?"

[쌉바까민] "싸밧티 시에서입니다. 쑷따비방가[1389]에 있습니다."

[레바따] "무엇을 범했습니까?"

[쌉바까민] "남겨지지 않은 것의 식사에 대한 속죄죄입니다."

[레바따] "존자들이여, 참모임은 제 말에 귀를 기울이십시오. 이 일곱 번째 사항은 참모임에 의해서 결정되었으므로 이 사항은 삿된 원리이고 삿된 계율로서 스승의 가르침을 떠난 것입니다. 여기에 나는 일곱 번째 산가지표를 던집니다."

8) [레바따] "존자여, 미발효술을 마시는 것인데 그것이 허용됩니까?"

[쌉바까민] "벗이여, 미발효술이란 무엇입니까?"

[레바따] "존자여, 아직 거르지 않은 술과 완성되지 않은 술을 마시는 것인데 그것이 허용됩니까?"

[쌉바까민] "벗이여, 허용되지 않습니다."

1389) Suttavibhaṅga : 속죄죄법 제35조(Pāc. 35)를 참조하라.

[레바따] "어디에서 금지되었습니까?"
[쌉바까민] "꼬쌈비 시에서입니다. 숫따비방가[1390]에 있습니다."
[레바따] "무엇을 범했습니까?"
[쌉바까민] "곡주와 과일주 등의 음주에 대한 속죄죄입니다."
[레바따] "존자들이여, 참모임은 제 말에 귀를 기울이십시오. 이 여덟 번째 사항은 참모임에 의해서 결정되었으므로 이 사항은 삿된 원리이고 삿된 계율로서 스승의 가르침을 떠난 것입니다. 여기에 나는 여덟 번째 산가지표를 던집니다."

9) [레바따] "존자여, 테두리 없는 좌구는 허용됩니까?"
[쌉바까민] "벗이여, 허용되지 않습니다."
[레바따] "어디에서 금지되었습니까?"
[쌉바까민] "싸밧티 시에서입니다. 숫따비방가[1391]에 있습니다."
[레바따] "무엇을 범했습니까?"
[쌉바까민] "재단[1392]에 관한 속죄죄입니다."
[레바따] "존자들이여, 참모임은 제 말에 귀를 기울이십시오. 이 아홉 번째 사항은 참모임에 의해서 결정되었으므로 이 사항은 삿된 원리이고 삿된 계율로서 스승의 가르침을 떠난 것입니다. 여기에 나는 아홉 번째 산가지표를 던집니다."

10) [레바따] "존자여, 금과 은은 허용됩니까?"[1393]
[쌉바까민] "벗이여, 허용되지 않습니다."
[레바따] "어디에서 금지되었습니까?"
[쌉바까민] "라자가하 시에서입니다. 숫따비방가[1394]에 있습니다."
[레바따] "무엇을 범했습니까?"
[쌉바까민] "금과 은의 수용에 대한 속죄죄입니다."
[레바따] "존자들이여, 참모임은 제 말에 귀를 기울이십시오. 이 열 번째 사항은 참모임에 의해서 결정되었으므로 이 사항은 삿된 원리이고 삿된 계율로서 스승의 가르침을 떠난 것입니다. 여기에 나는 열 번째 산가지표를 던집니다."

1390) Suttavibhaṅga : 속죄죄법 제51조(Pāc. 51)를 참조하라.
1391) Suttavibhaṅga : 속죄죄법 제89조(Pāc. 89)를 참조하라.
1392) chedana : 재단(裁斷)을 말한다.
1393) kappati bhante jātarūparajatan'ti : 상실죄법 제18조(Nissag. 18)에 따라 허용되지 않는다. 그러나 '멘다까-허용'이라는 예외가 있다. Vin. I. 245에서는 '물건을 받아서 바치는 시봉자의 손에 금화를 맡기면서 '이것으로써 존자에게 허용된 것을 보시하시오.'라고 할 수 있다. 시주자가 '깝삐야까라까'를 지정하고 그에게 허용되는 돈이나 금은 등의 물건을 수행승이 필요한 것이 있을 때에 그것이 허용된 것이라면 마련해 주도록 하는 것이다.
1394) Suttavibhaṅga : 상실죄법 제18조(Nissag. 18)를 참조하라.

[레바따] "존자들이여, 참모임은 제 말에 귀를 기울이십시오. 이 열 가지 사항은 참모임에 의해서 결정되었으므로 이러한 여러 가지 사항은 삿된 원리이고 삿된 계율로서 스승의 가르침을 떠난 것입니다."

[쌉바까민] "벗이여, 이 쟁사는 이미 결정되어 그쳐지고 해결되고 잘 해결되었습니다. 벗이여, 그렇지만 그대가 참모임 가운데도 수행승들을 납득시키기 위해 이러한 열 가지 사항에 대하여 질문할 수 있습니다."

그런데 그때 존자 레바따가 존자 쌉바까민에게 참모임 가운데서 이러한 열 가지 사항을 질문했다. 질문을 받을 때마다 존자 쌉바까민은 대답했다.

9. 그런데 이 계율의 결집에는 많지도 적지도 않은 칠백 수행승이 참여하였다. 그러므로 이 계율의 결집을 칠백결집이라고 부른다.1395)

쟁사의 결정가 끝났다.
제12장 칠백결집의 다발이 끝났다.
이 다발에는 25개의 사항이 있다.

그 후렴시는[308] 다음과 같다.(Tassuddānaṃ)

1. 열 가지 사항,[1] 채우고,[2]
갈마,[3] 동반자로,[4] 들어가,[5]
네 가지,[6] 금[7] 다시,
꼬쌈비,[8] 빠바 시에서 온[9] 자들.1396)

2. 길,[10] 쏘레이야,[11] 쌍깟싸,[12]
깐나꿋자,[13] 우둠바라,[14]
싸하자띠,[15] 불렀다,[16] 들었다.[17]1397)
'우리들은 누구를?'1398)

3. 발우,[18] 배를 타고
거슬러 갔다.[19] 홀로,[20] 드림,
스승, 참모임,[21] 베쌀리,[22]
자애,[23] 참모임,[24] 표결.[25]1399)

1395) tasmāyaṃ vinayasaṅgīti sattasatikāti vuccatīti : Mrp. II. 10; Pps. II. IV. 14에 따르면, 앞 장(CV. XI.)의 오백결집과 이 칠백결집(CV. XII.)은 모두 야싸테라(Yasatthera)의 송출이다.

1396) dasavatthūni pūretvā | kammaṃ dūtena pāvisi | cattāro puna rūpañca | kosambi ca pāveyyako ||

1397) sahajāti ca majjhesi, assosi : 싱할리본은 'aggaḷaṃ sahajātaṃ ca assosi'라고 되어 있다.

1398) maggo soreyya saṅkassaṃ | kaṇṇakujjaṃ udumbaraṃ | aggaḷaṃ sahajātaṃ ca | assosi kannu kho mayaṃ ||

4. 갈마, 격리처벌,
발생, 그침
작은 일, 처소, 분열,
의법, 포살, 수행녀,
오백, 칠백, 다발로 이루어진
쭐라박가 안에 (열두 다발이 설해져 있다).1400)

제12장 칠백결집의 다발의 후렴시가 끝났다.
쭐라박가가 끝났다.

1399) pattanāvāya ujjavī | rahosi upanāmayaṃ | garu saṅgho ca vesālī | mettā saṅgho ubbāhikāti ||

1400) kammaṃ ca parivāso ca | samuccayo samathopi ca | khudda senāsanaṃ bhedā | vattūposatha bhikkhunī | pañcasatī sattasatī | khandhakā cullavaggamhi || (vuttā dvādasamā siyuṃ)

『쭐라박가』

부 록

약 어 표
참 고 문 헌
빠알리어 한글표기법
불교의 세계관
주요번역술어
고유명사색인
빠알리성전협회안내
기출간본교정

약 어 표

Abhik.	Abhidharmakośabhasyam of Vasubandhu
AN.	Aṅguttara Nikāya
Ap.	Apadāna
Bd.	The Books of the Discipline
Bgs.	The Book of the Gradual Sayings
Bun.	Buddhism and Nature
Cbv.	Canonical Buddhism of the Vinayapiṭaka
Cdb.	The Connected Discourse of the Buddha
CV.	Cullavagga in Vinayapiṭaka
Las.	Die Lehrreden des Buddha aus Angereihten Sammlung
Dob.	Dialogues of Buddha trs. by Rhys. Davids
Dp.	Dharmapada pradīpaya
Dhp.	The Dhammapada, PTS. edition.
DhpA.	Dhammapadaṭṭhakathā
DN.	Dīgha Nikāya
Ggs.	Die in Gruppen geordnete Sammlung
Hi.	History of Indian Literature
Krs.	The Book of the Kindred Sayings
Ldb.	The Long Discourses of the Buddha trs. by Maurice Walshe.
Mhv.	Mahāvaṃsa
MN.	Majjhima Nikāya
MV.	Mahāvagga in Vinayapiṭaka
Miln.	Milindapañha
Mrp.	Manorathapūraṇī(Aṅguttara-Aṭṭhakathā)
Nidd. I.	Mahāniddesa
Nidd. II.	Cūḷaniddesa
Nissag.	nissaggiya
Pāc.	pācittiya
Pāṭid.	pāṭidesaniya
Pār.	pārājika
Ppn.	Dictionary of Pāli Proper Names
Pps.	Papañcasūdani(Majjhimanikāya-Aṭṭhakathā)
Prj.	Paramatthajotikā(Suttanipāta-Aṭṭhakathā)
PTS.	Pali Text Society, London
Saṅgh.	saṅghādisesa

Sekh.	sekhiya
SN.	Saṁyutta Nikāya
Sdk.	Saddharmakaumudī nam bhāvārtthavivaraṇasahitā dhammapadapāḷiya
Sds.	Saddharmasāgara nam vū dharmapadavarṇanā
Srp.	Sāratthappakāsinī(Saṁyutta-Aṭṭhakathā)
Stn.	Suttanipāta
StnA.	Suttanipāta-Aṭṭhakathā
Smp.	Samantapāsādikā(Vinayapiṭaka-Aṭṭhakathā)
Smv.	Sumaṅgalavilāsinī(Dighanikāya-Aṭṭhakathā)
Thag.	Theragathā
ThagA.	Theragathā-Aṭṭhakathā
Thig.	Therīgātha
ThigA.	Therīgathā-Aṭṭhakathā
Ud.	Udāna
UdA.	Udānaṭṭhakathā
Uv.	Udānavarga
Vin.	Vinaya Piṭakaṃ
Vism.	Visuddhimagga

참 고 문 헌

● 빠알리율장의 빠알리원전과 주석서

『Vinaya Piṭakaṃ』(Roman character) vol. I－V. ed. Hermann Oldenberg, London : Pali Text Society, 1879－1883.

『Vinaya Piṭaka』(Sinhalese character) : ed. Rev. Telwatte Shri Aryawansa Swami, 1913; ed. Bentota Saddhatissa thera, 1922.

『Vinaya Piṭaka』(Siamese character) : ed. Mahamakuta Government Publication, 1926.

『Vinaya Piṭaka』(Burmese character) : Chatthasangayana Publication, 1956.

『Vinaya Piṭaka』(Devanagari character) : General ed. Bhikkhu J. Kashyap, Pali Publication Board(Bihar Government), 1956.

『Samantapāsādikā』(Roman character) vol. I－VII, Buddhaghosa, ed. by J. Takakusu & M. Nagai. London PTS. 1927－1947

● 빠알리율장의 근현대적 번역

『The Books of the Discipline』 vol. I－V, tr. I. B. Horner. London : Pali Text Society, 1938－1966. [Vol. I. Suttavibhanga (London : PTS, 1938). Vol. II. Suttavibhanga (London : PTS, 1940). Vol.III. Suttavibhanga (London : PTS, 1942). Vol.IV. Mahavagga (London : PTS, 1951), Vol. V. Cullavagga (London : PTS, 1952). Vol.VI. Parivara (London : PTS, 1966)].

『Vinaya Texts』 tr. T. W. Rhys Davids & H. Oldenberg. Secred Books of the East. [Vol. I. Patimokkha (London : SBE, 1881; Delhi, 1968). Vol. II. Mahavagga (London : SBE, 1882; Delhi, 1968). Vol.III. Cullavagga (London : SBE, 1885; Delhi, 1969)]. Oxford : Clarendon Fress. 1882－1885

『The Patimokkha』 being the Buddhist Office of the Confession of Preists. tr. J. F. Dickson (London : 1975).

『Buddhism in Translations』 tr. Henry Clarke Warren (Harvard University, 1896; New York, 1972). Includes Mahavagga I,1,6,21,23,63; II,1; III,1; IV,1; VI,34. Cullavagga V,6; VI,1; X.1.

『Buddhist Scriptures』 tr. E. J. Thomas (London, 1913). Includes "The First Preaching" (Mahavagga I,6,10) and "The Fire Discourse" (Mahavagga I,21).

『The Road to Nirvana』 tr. E. J. Thomas (London, 1950). Includes "The First Preaching" (Mahavagga I,6,10) & the "Sermon on the Marks of Non-Self" (Mahavagga I,6).

『Comparative Arrangements of two Translations of the Buddhist Ritual for the Priesthood, known as the Pratimoksha or Patimokkha』 tr. S. Beal and D. J. Gogerly (Journal of the Royal Asiatic Society, London, 1862).

『南傳大藏經 律部』 제1권－제5권 大正新修大藏經刊行會 昭和15年

● 범어율장문헌의 원전

『Gilgit Manuscripts Vinaya of the Mulasarvastivadin』 ed. N. Dutt. 8 Vols. Srinagar Kashmir.

『Manuscript Remains of Buddhist Literature founded in Eastern Turkestan』 ed. by A. F. Rudolf Hoernle, London. 1916

『Prātimokṣasūtra of Sarvastivādins』 ed, by M. Louis Finot. JA. Nov.-Dec. 1913

『Prātimokṣasūtra of Mahāsaṅghikās』 ed. by W. Pachow and R. Mishra, Allahabad, 1956. ed. and rev. by Nathmal Tatia, Patna, 1975.
『Prātimokṣasūtra of Mūlasarvastivādins』 ed. by Banerjee, IHQ. 1953; Calcutta, 1954.
『Buddhist Monastic Discipline: The Sanskrit Pratimoksa Sutra of the Mahasanghikas and Mulasarvastivadins』 ed. by Prebish, C. University Park: Pennsylvania University Press, 1975
『Vinayavibhaṅga zum Bhikṣuprātimokṣa der Sarvastivādins』 ed. Valentina Rosen, Sanskritfragmaente nebst einer Analyse der chinesischen Übersetzung, Berlin 1959
『Bhikṣuṇīvinaya including Bhikṣuṇīparakīrṇaka & a summary of the Arya Mahāsaṅghika-Lokuttaravādin, ed. Gustav Roth, Patna. 1970.

● 한역율장의 원전과 주석서

『十誦律』(Daśādhyāyavinaya) 61권 佛若多羅·羅什 共譯(AD. 404-406) … 說一切有部의 전승
『四分律』(Caturvargavinaya) 60권 佛陀耶舍譯(AD. 410-412) … 法藏部의 전승
『摩訶僧祇律』(Mahāsāṅghikavinaya) 40권 佛陀跋陀羅·法顯 共譯(AD. 416-418) … 大衆部의 전승
『五分律』(Pañcavargavinaya) 30권 佛陀什譯(AD. 423-424) … 化地部의 전승
『根本說一切有部毘奈耶』(Mūlasarvāstivādavinaya) 50권 義淨譯(AD. 703) … 根本說一切有部의 전승
『解脫戒本』 1권 瞿曇留支譯(AD. 543) … 飮光部의 전승]
『善見律毘婆沙』(Samantapāsādikā) 18권 肅齊 僧伽跋摩譯(AD. 489) … 上座部의 전승
『根本薩婆多部律攝』(Mūlasarvāstivādavinayasaṃgraha) 14권 義淨譯 … 根本說一切有部의 전승
『薩婆多部毘尼摩得勒伽』(Sarvāstivādanikāyavinayamatrika) 10권 僧伽跋摩譯(AD. 435) … 說一切有部의 전승
『薩婆多毘尼毘婆沙』(Sarvāstivādavinayavibhasa) 9권 失譯(AD. 5세기전반) … 說一切有部의 전승
『毘尼母經』(Vinayamatrikaśāstra)[5] 8권 失譯(AD. 5세기전반) … 부파불명의 전승
『律二十二明了論』(Vinayadvaviṃsatiprasannārthaśāstra) 1권 眞諦譯(AD. 568) … 正量部의 전승

● 티베트역율장의 원전과 주석서

『'Dul ba gži』 : Vinayavastu
『So sor thar pa'i mdo』 : Prātimokṣasūtra
『'Dul ba rnam par 'byed ba』 : Vinayavibhaṅga
『dGe sloṅ ma'i so sor thar pa'i mdo』 : Bhikṣuṇīprātimokṣasūtra
『dGe sloṅ ma'i 'dul ba rnam par 'byed ba』 : Bhikṣuṇīvinayavibhaṅga
『'Dul ba phran tshegs kyi gži』 : Vinayakṣudrakavastu
『'Dul ba gžuṅ bla ma』 : Vinayottaragrantha
『'Dul ba bsdus pa』 : Vinayasaṃgraha

● 한글대장경의 율장번역

『사분율』 1·2·3권 김월운 옮김, 서울 : 동국역경원 1992
『십송율』 1·2·3·4권 이한정 옮김, 서울 : 동국역경원 1995
『근본설일체유부비나야잡사』 1·2권 역자 미상 서울 : 동국역경원 1995
『오분율』(미사색부화혜오분율 : 彌沙塞部和醯五分律) 1·2권 송성수 옮김 서울 : 동국역경원 1998
『마하승기율』 1·2권 이영무 옮김, 서울 : 동국역경원 2010

● 기타 참고문헌 원전류

『Aṅguttara Nikāya』 ed. by R. Moms & E. Hardy, 5vols(London : PTS, 1885-1900) tr. by F. L. Woodward

& E. M. Hare,

『The Book of the Gradual Sayings(Aṅguttara Nikāya)』5vols(London : PTS, 1932-1936), trans. by F. L. Woodward, M. A./Mrs. Rhys Davids D.Litt., M. A.

『Die Lehrreden des Buddha aus Angereihten Sammlung : Aṅguttara Nikāya』 übersetzt von Nyanatiloka. 5vols (Braunschweig Aurum Verlag : 1993),

『Numerical Discourses of The Buddha』(An Anthology of Suttas from Aṅguttaranikāya) tr. by Nyanaponika & Bhikkhu Bodhi. (Vistaar Publications. New Dhelhi 2000)

『Apadāna』 ed. M.E. Lilley, 2 vols.(London : PTS, 1925, 1927; reprinted as one, 2000

『Manorathapūraṇī』 ed. by M. Walleser & H. Kopp, 5vols(London : PTS, 1924-1926)

『Abhidhammatthasaṅgaha(Comprehensive Manual of Abhidhamma)』 tr.by Bodhi Bhikkhu.(Kandy : Buddhist Publication Society, 1993)

『Abhidharmakośabhasyam of Vasubandhu』 ed. by Pradhan, P.(Patna : K. P. Jayaswal Research Institute, 1975) tr. by Louis de la Vallée Poussin, 4vols, eng. tr. by Pruden, L. M.(Berkeley : Asian Humanities Press, 1988)

『Abhidharmasamuccayabhāṣya』 ed. by Tatia, N. Tibetan Sanskrit Works Series, 17(Patna : 1976)

『Avadānaśataka 2vols.』 Bibliotheca Buddhica 3. ed. by Speyer, J. S.(St. Petesburg : PTS, 1902-1909)

『Āyuṁparyantasūtra』 ed. by Enomoto, F. Hartman, J-U. and Matsumura, H. Sanskrit-Texte aus dem buddhistischen Kanon : Neuentdeckungen und Neueditionen, 1.(Göttingen : 1989)

『Catuṣpariṣatsūtra』(Abhandlung der Deutschen Akademie der Wissenschaften zu Berlin, Kalsse für Sprachen, Literatur, und Kunst) ed. and tr. by Waldschmidt, E.(Berlin : 1952-1962)

『Chandrasūtra-Buddha Frees the Disc of the Moon』 ed. and tr. by Waldschmidt, E. (Bulletin of the School of Oriental and African Studies. 33 : 1 1976)

『Dhammapada(法句經)』 ed. by Sūriyagoḍa Sumangala(London : PTS, 1914)

『Dhammapada(法句經)[Khuddakanikāya vol. I.』 ed. by J. Kashyap. Nālandā-Devanāgarī Pali Series.

『Dhamapadaṭṭhakathā(法句義釋)』 The Commentary of Dhammapada, 4vols. ed. by H. C. Norman, M. A.(London : PTS, 1906-1915; 1993)

『Buddhist Legends』 trs. by Eugene Watson Burlingame, from original Pali Text of Dhammapada Commentary. (London : PTS, 1995)

『Dīgha Nikāya』 ed. by T. W. Rhys Davids & J. E. Carpenter, 3vols(London : PTS, 1890-1911) tr. by T. W. & C. A. F. Rhys Davids, 『Dialogues of the Buddha』 3vols(London : PTS, 1899-1921)

『Dīgha Nikāya』 ed. by T. W. Rhys Davids & J. Estin Carpenter, 3vols(London : PTS, 1890-1911)

『Sumaṅgalavilāsinī』 ed. by T. W. Rhys Davids & J. Estin Carpenter, W. Stede 3vols (London : PTS, 1886-1932)

『Dīghanikāyaṭṭhakathāṭīkā : Līnatthappakāsinī』(Daṭ.)d. by Lily De Silva, 3vols(London : PTS, 1970)

『Divyāvadāna』 ed. by Cowell. E. B. and R. A. Neil. (London : PTS, 1914)

『The Gilgit Manuscript of Saṅghabhedavastu』 ed. Gnoli, R. Serie Orientale Roma, 49 2parts. (Rome : 1077-1978)

『Gāndhārī Dhammapada』 ed. by Brough. John(London : Oxford University, 1962)

『Itivuttaka』 ed. by E. Windish(London : PTS, 1889)

『Khuddakanikāya』 vol. 1. Chaṭṭhasaṅgāyana ed. of Tipitaka 1956.

『The Jātakas or Stories of the Buddha's Former Births 6vols.』 ed. by Cowell. E. B.(London : PTS, 1969)

『Majjhima Nikāya』 ed. by V. Trenckner & R. Chalmers, 3vols(London : PTS, 1887-1901)

『Papañcasūdanī』 ed. by J. H. Woods, D. Kosambi & I. B. Horner, 5vols (London : PTS, 1922-1938)

『Middle Length Sayings』 tr. I. B. Homer, 3vols(London : PTS, 1954-1959),

『Die Reden Gotamo Buddhos aus der Mittleren Sammlung Majjhimanikāyo des Pālikanons zum Erstenmal Übersetzt von Karl Eugen Neumann, Artemis Verlag Zürich. 3Vol. 1te Aufl. 1896-1902., 2te Aufl. 1921. 3te Aufl. 1956.

『Further Dialogues of the Buddha』 Trs. by Lord Chalmers : Sacred Books of Buddhists Series vols. V, VI. 1926, 1927.

『中部經典』 1-4권, 日本의 南傳大藏經 9-10경, 千潟龍祥, 青原慶哉, 渡邊楳雄譯, 昭和十年. 大正新修大藏經刊行會

『The Collection Of The Middle Length Sayings』 vol. 1-3 : Tr. by I. B. Horner; The Pali Text Society London, First ed. 1954, Second ed. 1976

『Buddhas Reden, Majjhimanikāya, Die Sammlung der mittleren Texte des buddhistischen Pali-Kanons』 Übersetzt von Kurt Schmidt. Werner Kristkeitz Verlag. 1989.

『The Middle Length Discourses of the Buddha, A New Translation of Majjhima Nikāya』 Tr. by Bikkhu Ñāṇamoli and Bikhu Bodhi. Wisdom Publication. Boston. 1995

『Mahāvastu』 ed. by Senart, E. 3 parts. (Paris 1882-1897); tr. by John, J. J., 3vols(London : Luzac, 1949-1956)

『Mahāvaṃsa』 ed. by W. Geiger, ; The Pali Text Society London, First ed. 1908

『The Great Chronicle of Ceylon』 tr. Wilhelm Geiger assisted by Mabel H. Bode, ; The Pali Text Society London, First ed. 1912,

『Maha Pirit Pota(The Great Book of Protection)』 tr. by Lokuliyana, Lionel.(Colombo : Mrs. H. M. Gunasekera Trust, n.d)

『Mahāparinirvāṇasūtra』(Abhandlungen der Deutschen Akademie der Wissenschaften zu Berlin, Kalsse für Sprachen, Literatur, und Kunst) ed. and tr. by Waldschmidt, E.(Berlin : 1950-1951)

『Mahāsamājasūtra』 inclided in 『Central Asian Sūtra Fragments and their Relations to the Chinese Āgamas』 in Bechert 1980.

『Milindapañha』 ed. by V Trenckner(London : PTS, 1928) tr. by I. B. Horner, 『Milinda's Questions』 2vols(London : PTS, 1963-1964)

『Mūlasarvāstivādavinayavastu』 Part III of Gilgit Manuscript. ed. by Dutt, Nalinaksha.(Calcutta, Srinagar : 1939-1959)

『Niddesa I = Mahāniddesa I. II』 ed. by De La Vallée Poussin and E. J. Thomas (London : PTS, 1916, 1917)

『Niddesa II = Cullaniddesa』 ed. by W. Stede (London : PTS, 1918)

『On a Sanskrit Version of the Verahaccāni Sutta of the Saṁyuttanikāya』(Nachrichten der Akademie der Wissenschaften in Göttingen : Vandenhoeck and Ruprecht, 1980)

『Paramatthadīpanī』 ed. by Frank L. Woodward.(London : PTS, 1977)

『Paramatthajotikā I.(= The Khuddakapāṭha)』 ed. by Helmer Smith (London : PTS, 1978)

『Paramatthajotikā II.』 ed. by Helmer Smith vols. I. II. III(London : PTS, 1989)

『Patna-Dhammapada』 ed. by Cone, Margaret. Journal of the Pali Text Society 13 : 101-217(London : PTS, 1989)

『Paṭisambhidāmagga I. II』 ed. by Taylor. (London : PTS, 1905-1907)

『Saṁyutta Nikāya』 ① Roman Script. ed. by L. Feer, 6vols(Ee4 : London : PTS, 1884-1904; Ee2 : 1998) ② Burmese Script. Chaṭṭhasaṅgāyana-edition, 3 vols. Ranggoon : Buddhasāsana Samiti, 1954.

『The Connected Discourse of the Buddha(A New Translation of the Saṃyuttanikāya)2vols.』 tr. by Bhikkhu Bodhi, (Boston : Wisdom Publication, 2000)

『The Book of the Kindered Sayings, 5vols.』 tr. by C. A. F. Rhys Davids & F. L. Woodward, (London : PTS,

1917-1930)
『Die in Gruppen geordnete Sammlung(Saṁyuttanikāya) aus dem Pāli-Kanon der Buddhisten. 2vols.』 übersetzt von W. Geiger. (Munich-Neubiberg. Oskar Schloss Verlag. 1925)
『Die Reden des Buddha-Gruppierte Sammlung aus dem Pāli-Kanon』 übersetzt von W. Geiger, Nyāponika Mahāthera, H. Hecker. (Herrnschrott. Verlag Beyerlein & Steinschulte 2003)
『On a Sanskrit Version of the Verahaccāni Sutta of the Saṁyuttanikāya』 by E. Waldschmidt. Nachrichiten der Akademie der Wissenschaften in Göttingen Philologisch-Historische Klasse. Göttingen : Vandenhoeck and Ruprecht, 1980.
『Nidāna Saṁyutta』 edited by Myanmar Pitaka Association, Yangon, 1992.
『相應部經典(南傳大藏經 第12-17卷)』 赤沼智善 外 譯 (大正新修大藏經刊行會 昭和12年)
『Sanskithandschriften aus den Turfanfunden』(Verzeichnis der Orientalischen Handschriften in Deutschland, 10)(Wiesbaden, Stuttgart : 1965)
『Sāratthappakāsinī : Saṁyuttanikāyaṭṭhakathā』 ed. by Woodward, F. L. 3vols.(London : PTS, 1977)
『Spuṭārthā Abhidharmakośavākhyā』 ed. by Wogihara und Yaśomitra 2parts.(Tokyo : 1032-1936)
『Sumaṅgalavilāsini』 ed. by T. W. Rhys Davids, J. E. Carpenter & W. Stede, 3vols(London : PTS, 1886-1932)
『Suttanipata』 ed. by Andersen, D. & Smith, H.(London : PTS, 1984)
『Suttanipāta Aṭṭhakathā』 ed. by H. Smith, 2vols(London : PTS, 1916-1917)
『Suttanipāta』, edited by Dines Andersen& Helmer Smith. first published in 1913. published for PTS. by Routledge & Kegan Paul. 1965. London.
『Suttanipāta』, edited by Ven. Suriya Sumangala P. V. Bapat, Devanagari characters. Bibliotheca Indo Buddhica 75, Sri Satguru Publications, Poona 1924, Delhi, 1990.
『Suttanipāta』 Pali Text with Translation into English and notes by N. A. Jayawickrama Post-Graduate Institude of Pali & Buddhist Studies. University of Kelaniya, Srilanka. 2001.
『The Suttanipāta』. tr. by Saddhatissa Ven. H. Curzon Press Ltd. London 1985.
『Śrāvakabhūmi』 ed. by Shukla, K. Tibetan Sanskrit Works Series, 14(Patna : 1973)
『Thera-Theri-Gathā』 tr. by A. F. Rhys Davids, 『Psalms of the Early Buddhists』 2vols(London : PTS, 1903-1913); tr. by Norman. K. P. 『Elders' Verses I. II』(London : PTS, 1969-1971)
『Śarīrārthagāthā of the Yogācārabhūmi』 in F. Enomoto, J-U Hartman, and Matsumura, Sanskrit Texte aus dem buddhistischen Kanaon : Neuentdeckung und Neuedition, 1. (Göttingen. 1989)
『Vimānavatthu』 ed. by Jayawickrama, N. A.(London : PTS, 1977)
『Visuddhimagga of Buddhaghosa』 ed. by Rhcys Davids, C. A. F.(London : PTS, 1975)
『Visuddhimagga of Buddhaghosācariya』 Henry Clarke Warren and Dharmananda Kosambi, (Cāmbridge, Mass : Harvard University Press. 1950)
『Vibhaṅga』 tr. by Thittila, Ashin 『The Book of Analysis』(London : PTS, 1969)
『Udāna』 ed. by Steinthal, P.(London : PTS, 1885)
『The Udāna』(The solemn Utterances of the Buddha) tr. by D. M. Strong(London : Luzac 1902)
『The Udāna』 tr. by Frank L. Woodward. in Monor Anthologies of Pali Canon II. Sacred Books of the Buddhists. Vol.8(London : PTS, 1935)
『The Udāna』 tr. by John D. Irland(Kandy : Budddhist Publication Society 1990)
『The Udāna』 tr. by Masefield, P.(London : PTS, 1994)
『Upanisads』 ed. & tr. by S. Radhakrishnan, 『The Principal Upaniṣads』 2nd ed.(London : George Allen & Unwin, 1953) : tr. by R. E. Hume, 『The Thirteen Principal Upaniṣads』 2nd ed.(London : Oxford University Press, 1934)

『Die Reden Gotamo Buddhos』 aus der längeren Sammlung Dīghanikāyo des Pālikanons zum Erstenmal Übersetzt von Karl Eugen Neumann, Artemis Verlag Zürich. 3Vol. 1te Aufl. 1896-1902.
『Dialogues of Buddha』 trs. by Rhys. Davids : London, Pali Text Society 1899-1910.
『Dīghanikāya,』 Das Buch der Langen Texte des Buddhistischen Kanons in Auswahl Übersetzt von Dr. R. Otto Franke. Göttingen Vandenhoeck & Ruprecht 1913.
『パーリ佛典 長部』 1-3권, 片山一郎 2003年 東京 大藏出版株式會社
『長部經典』 1-3권, 日本의 南傳大藏經 6-9경, 宇井伯壽, 木村泰賢 等譯, 昭和十年~十一年 大正新修大藏經刊行會
『The Long Discourses of the Buddha』 A Translation of the Dīgha Nikāya, trs. by Maurice Walshe. Wisdom Publication. Boston. 1987, 1995
『Über das Brahmajālasūtra』 Asia Major, Herausgeber Bruno Shindler unter Mitwirkung von Friedlich Weller vol. IX. Leipzig Verlag Asia Majot GMBH 1933.
『Das Mahāparinirvāṇasūtra』 Text in Sanskrit und Tibetisch, verglichen mot der Pāli nebst einer Übersetzung der Chinesischen Entsprechung im Vinaya der Mūlasarvāstivādins. Auf Grund von Turfan-Handschriften und bearbeitet von Ernst Waldschmidt : Akademic Verlag Berlin 1950.
『Die Überlieferung vom Lebensende des Buddha』 Eine Vergleichende Analyse des Mahāparinirvāṇasūtra und seiner Textensprechungen von Ernst Waldschmidt : Göttingen Vandenhoeck & Ruprecht 1948.
『The Four Foundation of Mindfulness』 by Ven. Silananda. Boston 1990
『長阿含經』 22권 大正新修大藏經 一卷
『中阿含經』 60권 大正新修大藏經 一卷
『雜阿含經』 50권 大正新修大藏經 二卷
『增一阿含經』 51권 大正新修大藏經 二卷
『別譯雜阿含經』 16권 大正新修大藏經 二卷

● 기타 불교학일반참고문헌

Banejee. A. C. 『Sarvāstivāda Literature』 Calcutta, 1959.
Barua, D. K. 『An Analytical Study of Four Nikāyas』(Delhi : Munshiram Manoharlal Publisher. 2003)
Basham, A. L. 『History and Doctrine of the Ājīvikas』(Delhi : Motilal Banarsidass. 1981)
Bechert, Heinz. 『Buddhism in Ceylon and Studies in Religious Syncretism in Buddist Countries』 (Göttingen : Vandenhoeck and Ruprecht, 1978)
Bodhi Bhikkhu. 『The Noble Eightfold Path』(Kandy : Buddhist Publication Society, 1984)
Bodhi Bhikkhu. 『Transcendental Dependent Arising』(Kandy : Buddhist Publication Society, 1980)
Bunge, M. 『Causality and Modern Science』(New York : Dover Publications Inc., 1986)
Chakravarti, U. 『The Social Dimensions of Early Buddhism』(Oxford : Oxford University Press, 1987)
Dhammakusala, Ambalangoda. 『Saddharmasāgara nam vū dharmapadavarṇanā』 9vols. Colombo : Maha Bodhi Press, 1926.
Dharmananda, Morontuduve Śrī Ñāneśvara. 『Saddharmakaumudī nam bhāvārtthavivaraṇasahitā dhamma padapāḷiya』("The Dhammapada with a Snhalese Translation, Commentary, and Annotation Entitled Saddharmakaumudī"), Finally revised and approved by Kahāvē Śrī Sumaṅgala Ratanasāra, 3rd edition. Colombo : Śrī Bhāratī Press, 1946.
Enomoto, Fumio. A Comprehensive Study of the Chinese Saṁyuktāgama (Kyoto 1994)
Fahs, A. 『Grammatik des Pali』(Leipzig : Verlag Enzyklopädie, 1989)
Frauwallner, E. 『Die Philosophie des Buddhismus』(Berlin : Akademie Verlag, 1958)
Gethin, R. M. L. 『The Buddhist Path to Awakening : A Study of the Bodhipakkhiyā Dhammā』 Leiden : Brill,

1992.
Glasenapp, H. V. 『Pfad zur Erleuchtung(Das Kleine, das Grosse und das Diamant-Fahrzeug)』 (Köln : Eugen Diederichs Verlag, 1956)
Goleman, D. 『The Buddha on Meditation and Higher States of Consciousness』 The Wheel Publication no.189/190(Kandy : Buddhist Publication Society, 1980)
Gombrich, Richard F. 『How Buddhism Began : The Conditioned Genesis of the Early Teachings』 (Athlone : London & Atlantic Highlands, N. J. 1996.)
Hamilton, Sue. 『Identity and Experience : The Constitution of the Human Being according to Early Buddhism』(London : Luzac, 1996)
Hinüber, Oskar von. 『A Handbook of Pāli Literature』(Berlin,New York : Walter de Guyter, 1996)
Hiriyanna, M. 『Outlines of Indian Philosophy』(London : George Allen &Unwin, 1932)
Hoffman, F. J. 『Rationality and Mind in Early Buddhism』(Delhi : Motilal Banarsidass, 1987)
Htoon, U. C. 『Buddhism and the Age of Science』 『The Wheel』 Publication no.36/37(Kandy : Buddhist Publication Society, 1981)
Jayatilleke, K. N. etc, 『Buddhism and Science』 『The Wheel』 Publication no.3(Kandy : Buddhist Publication Society, 1980)
Jayatilleke, K. N. 『Early Buddhist Theory of Knowlege』(Delhi : Motilal Banarsidass, 1963)
Johansson, R. E. A. 『The Dynamic Psychology of Early Buddhism』(London : Curzon Press Ltd., 1979)
Johansson, R. E. A. 『The Psychology of Nirvana』(London : George Allen & Unwin Ltd., 1969)
John Holt, Canonical Buddhism of the Vinayapiṭaka. Delhi Motilal Banarsidass, 1981,
Kalupahana, D. J. 『Buddhist Philosophy, A Historical Analysis』(Honolulu : The University Press of Hawaii, 1976)
Kalupahana, D. J. 『Causality : The Central philosophy of Buddhism』(Honolulu : The University Press of Hawai, 1975)
Karunaratne, W. S. 『The Theory of Causality in Early Buddhism』(Colombo : Indumati Karunaratne, 1988)
Kim, Jaegwon. 『Supervenience and Mind』(New York : Cambridge Press, 1933)
Kirfel, W. 『Die Kosmographie der Inder』(Bonn : Schroeder, 1920)
Knight, C. F. etc, 『Concept and Meaning』 『The Wheel』 Publication no.250(Kandy : Buddhist Publication Society, 1977)
Lambert Schmidthausen, 『Buddhism and Nature』(Tokyo : The International Institude for Buddhist Studies 1991) Studia Philologica Buddhica Occational Paper Series, 7. p. 43
Macdonell, A. A. 『A Vedic Reader for Students』(Oxford : Oxford University Press, 1917)
Macy, J. 『Mutual Causality in Buddhism and General Systems Theory』(New York : State University of New York Press, 1992)
Malalasekera, G. P. & Jayatilleke, K. N. 『Buddhism and Race Question』(Paris : UNESCO, 1958)
Murti, T. R. V. 『The Central Philosophy of Buddhism』(London : George Allen & Unwin Ltd., 1955)
Ñāṇamoli, Bhikkhu. 『The Life of Buddha according to the Pāli Canon』 (Kandy : Buddhist Publication Society, 1992)
Ñāṇananda, Bhikkhu. 『Concept and Reality in Early Buddhist Thought』 (Kandy : Buddhist Publication Society, 1971)
Narada, Maha Thera. 『The Buddha and His Teaching』(Kuala Lumpur : Buddhist Missionary Society, 1964)
Norman, K. R. 『Pāli Literature, including the Canonical Literature in Prakrit and Sanskrit of the Hīnayāna Schools of Buddhism』(Wiesbaden : Otto Harrassowitz, 1983)
Norman, K. R. 『The Group of Discourses』 - Revised Translation with Introduction and Notes. PTS.

London. 1992
Nyanaponika Thera & Helmut Hecker. 『Great Disciples of the Buddha : Their Lives, Their Works, Their Legacy』 (Boston : Wisdom Publication, 1997)
Nyanaponika. 『The Five Mental Hindrances and their Conquest』 Wheel no. 26(Kandy : Buddhist Publication Society, 1961)
Nyanaponika. 『The Four Nutritments of Life』 Wheel no. 105/106 (Kandy : Buddhist Publication Society, 1961)
Nyanoponika Thera, 『The Heart of Buddhist Meditation』(London : Rider, 1962)
Oldenberg, H. 『Buddha : sein Leben, seine Lehre, seine Gemeinde』 (Stuttgart : Magnus Verlag, 1881)
Oldenberg, H. 『Religion des Veda』 3Aufl. (Stuttgart und Berlin : Magnus Verlag. 1923)
Oskar von Hinüber 『A Handbook of Pāli Literature』 (Berlin und New York : Walter de Gruyter. 1996)
Pande, G. C. 『Studies in the Origins of Buddhism』(Allahabad : University of Allahabad, 1957)
Piyananda, D. 『The Concept of Mind in Early Buddhism』(Cathoric University of America, 1974)
Rahula, W. S. 『History of Budddism in Ceylon』 (Colombo, 1956)
Rahula, W. S. 『What the Buddha Taught』(London & Bedford : Gardon Fraser, 1978)
Sayādaw, Mahāsi, 『Pāticcāsamuppāda(A Discourse)』 tr. by U Aye Maung(Rangoon : Buddasāsana Nuggaha Organization, 1982)
Sayādaw, Mahāsi, 『The Great Discourse on the Wheel of Dhamma』 tr. by U Ko Lay(Rangoon : Buddhasāsana Nuggaha Organization, 1981)
Schmidthausen L. : Buddhism and Nature, Tokyo: International Institute for Buddhist Studies 1991
Schumann, H. W. 『The Historical Buddha』 tr. by M. O'C Walshe Arkana(London : Penguin Group, 1989)
Soma Thera, 『The Way of Mindfulness : The Satipaṭṭhāna Sutta and its Commentary』(Kandy : BPS, 1975)
Stebbing, L. S. 『A Modern Introduction to Logic』(London : Metuen & Co, 1962)
Story, F. 『Dimensions of Buddhist Thought』 『The Wheel』 Publication no.212/213/214(Kandy : Buddhist Publication Society)
Varma, V. P. 『Early Buddhism and It's Origin』(Delhi : Munshiram Monoharlal, 1973)
Watanabe, F. 『Philosophy and Its Development in the Nikāyas and Abhidhamma』(Delhi : Motilal Banarsidass, 1983)
Wettimuny, R. G. de S. 『The Buddha's Teaching and the Ambiguity of Existence』(Colombo : M. D. Gunasena & Co. Ltd., 1977)
Wettimuny, R. G. de S. 『The Buddha's Teaching』(Colombo : M. D. Gunasena & Co. Ltd., 1977)
Wijesekera, O. H. 『Buddhist and Vedic Studies』(Delhi : Motilal Banarsidass, 1994)
Wijesekera, O. H. 『Knowledge & Conduct : Buddhist Contributions to Philosophy and Ethics』(Kandy : Buddhist Publication Society, 1977)
Winternitz, M. 『History of Indian Literature』 vol.2(Dheli : Motilal Banarsidass, 1963)
Wittgenstein, L. 『Philosophische Untersuchungen』 『Ludwig Wittgenstein Werkausgabe』 Band,I (Frankfurt am Main, 1984)

● 일반단행본(한국, 일본)

길희성, 『인도철학사』(서울 : 민음사, 1984)
김동화, 『원시불교사상』(서울 : 보련각, 1988)
김재권 외, 『수반의 형이상학』(서울 : 철학과 현실사, 1994)
김재권, 『수반과 심리철학』(서울 : 철학과 현실사, 1994)
까샵 비구(Kashyap, Bhikkhu)/최봉수 옮김 『마하박가』 최봉수 옮김, 서울: 시공사, 1998

목정배『계율학개론』서울 : 장경각 2001
木村泰賢,『原始佛教思想論』(東京 : 大法倫閣, 昭和43)
木村泰賢,『印度六派哲學』『木村泰賢全集』第2卷(昭和43)
석지관『남북전비구율장비교연구』서울 : 대각회출판부 1976
석지관『비구니계율연구』서울 : 대각회출판부 1977
水野弘元,『原始佛教』(京都 : 平樂寺書店, 1956)
원의범,『인도철학사상』(서울 : 집문당, 1980)
전재성,『범어문법학』(서울 : 한국빠알리성전협회, 2002)
정태혁,『인도종교철학사』(서울 : 김영사, 1985)
정태혁,『인도철학』(서울 : 학연사, 1988)
舟橋一哉,『原始佛教思想の研究』(京都 : 法藏館, 昭和27)
中村元,『ブッダの ことば』, 東京 岩波書店, 1981年
中村元,『原始佛教の思想』上,下(東京 : 春秋社, 昭和45)
中村元,『原始佛教の生活倫理』(東京 : 春秋社, 昭和47)
和什哲郎,『原始佛教の實踐哲學』(東京 : 岩波書店, 昭和15)
히라카와 아키라(平川彰)/석혜능 역『비구계의 연구』1・2・3・4권 서울 : 민족사 2002-2011
히라카와 아키라(平川彰)/석혜능 역『비구니율의 연구』서울 : 민족사 2011

● 논문잡지류(동서양)

Charles S. Prebish,「Vinaya and Pratimokṣa, The Foundation of Buddhist Ethics」in Studies in the History of Buddhism, ed. by A. K. Narain, Dehli , B. R. Publishing Corrporation, 1980), p. 248
Chatallian, G.,「Early Buddhism and the Nature of Philosophy」『Journal of Indian philosophy』vol.11 no.2(1983)
Franke, R. O.,「Das einheitliche Thema des Dighanikāya : Gotama Buddha ist ein Tathāgata」「Die Verknüpfung der Dīghanikāya-Suttas untereinander」「Majjhimanikāya und Suttanipāta, Die Zusammenhänge der Majjhimanikāyasuttas」「Der einheitliche Grundgedanke des Majjhimanikāya : Die Erziehung gemass der Lehre (Dhamma-Vinaya)」「Der Dogmatische Buddha nach dem Dīghanikāya」「Die Buddhalehre in ihrer erreichbarältesten Gestalt im Dīghanikāya」「Die Buddhlehre in ihrer erreichbarältesten Gestalt」『Kleine Schliften』(Wiesbaden : Franz Steiner Verlag, 1978)
Fryba, M.,「Suññatā : Experience of Void in Buddhist Mind Training」SJBS. vol.11(1988)
Geiger, W.,「Pāli Dhamma」『Kleine Schriften』(Wiesbaden : Franz Steiner Verlag, 1973)
Gethin, R.,「The Five Khandhas : Their Treatment in the Nikāyas and Early Abhidhamma」『Journal of Indian Philosophy』vol.14 no.1(1986)
Heimann, B.,「The Significance of Prefixes in Sanskrit Philosophical Terminology」RASM vol.25(1951)
Hoffman, E. J.,「Rationablity in Early Buddhist Four Fold Logic」『Journal of Indian Philosophy』vol.10 no.4(1982)
Karunadasa, Y.,「Buddhist Doctrine of Anicca」『The Basic Facts of Existence』(Kandy : Buddhist Publication Society, 1981)
Premasiri, P. D.,「Early Buddhist Analysis of Varieties of Cognition」SJBS vol.1(1981)
Wijesekera, O. H. de A.,「Vedic Gandharva and Pali Gandhabba」『Ceyron University Review』vol.3 no.1(April, 1945)

● 사전류

Anderson, D.,『A Pāli Reader with Notes and Glossary』2parts(London & Leipzig : Copenhagen, 1901-1907)

Bothlingk, O. und Roth, R., 『Sanskrit-Wörterbuch』 7Bande(St. Petersburg : Kaiserischen Akademie der Wissenschaften, 1872-1875)
Buddhadatta, A. P., 『Concise Pāli-English Dictionary』(Colombo : 1955)
Childers, R. C., 『A Dictionary of the Pali Language』(London : 1875)
Edgerton, F., 『Buddhist Hybrid Sanskrit Grammar and Dictionary』 2vols(New Haven : Yale Univ., 1953)
Glare 『Oxford Latin Dictionary』 (Oxford : The Clarendon Press, 1983)
Hermann Krings usw. 『Handbuch Philosophischer Grundbegriffe』 (München : Kösel Verlag, 1973)
Malalasekera, G. P. 『Encyclopadia of Buddhism』 (Ceylon : The Government of Sri Lanka, 1970-)
Malalasekera, G. P., 『Dictionary of Pāli Proper Names』 vol.1, 2 (London : PTS, 1974)
Monier Williams, M., 『A Sanskrit-English Dictionary』(Oxford, 1899)
Nyanatiloka, 『Buddhistisches Wörterbuch』(Konstanz : Christiani Konstanz, 1989)
Rhys Davids, T. W. and Stede, W., 『Pali-English Dictionary』(London : PTS, 1921-1925)
Uhlenbeck, C. C., 『Etymologisches Wörterbuch des Alt-Indischen Sprache』(Osnabrück, 1973)
V. S. Apte, 『The Practical Sanskrit-English Dictionary』(Poona : Prasad Prakshan, 1957)
水野弘元, 『パーリ語辭典』(東京 : 春秋社, 1968, 二訂版 1981)
鈴木學術財團, 『梵和大辭典』(東京 : 講談社, 1974, 增補改訂版 1979)
雲井昭善, 『巴和小辭典』(京都 : 法藏館, 1961)
耘虛龍夏, 『佛教辭典』(서울 : 東國譯經院, 1961)
全在星, 『빠알리어사전』(서울 : 한국빠알리성전협회, 2012)
中村元, 『佛教語大辭典』(東京 : 東京書籍, 1971)
織田得能, 『佛教大辭典』(東京 : 大藏出版株式會社, 1953)
弘法院 編輯部, 『佛教學大辭典』(서울 : 弘法院, 1988)

● 문법류

Allen, W. S. : Phonetic in Ancient India, Oxford University Press, London, 1965
Allen, W. S. : The Theoretica Phonetic and Historical Bases of Wordjuntion in Sanskrit : The Hague, Paris, 1965
Anderson, D. A : Pāli Reader with Notes and Glossary, 2 parts, London and Leipzig. Copenhagen, 1901-1907
Böthlingk, O. : Pāṇini's Grammatik. Georg Olms Verlagsbuchhanddun, Hildesheim, 1964
Buddhadatta, A P. : Aids to Pali Conversation and Translation, Colombo, 1974
Buddhadatta, A P. : The New Pali Course I, II, Colombo, 1974
Buddhadatta, A. P. : Concise Pāli-English Dictionary, Colombo 1955.
Childers, R. C. A : Dictionary of the Pali Language, London 1875
Fahs, A. : Grammatik des Pali, Verlag Enzyklopädie, Leipzig, 1989 1989
Franke, A. D. : Sarvasammataśikṣā, Göttingen, 1866
Geiger, W. : Pali Literatur und Sprache, Straßburg. 1916.
Malalasekera, G. P. : Dictionary of Pāli Proper Names Vol. I. II, London P.T.S. 1974.
Oskar von Hinüber : Das Buddhistische Recht und die Phonetik, Studien zur Indologie und Iranistik Heft 13-14. Reinbek, 1987
Rhys Davids, T. W. and Stede, W. : Pali-English Dictionary, P.T.S London , 1921-1925
Warder, A.K. : Introduction to Pali, PTS. London. 1963
Weber, A. : Pāṇiniyaśikṣā, Indische Studien IV. pp. 345-371, 1858
Weber, A. : Vājasaneyiprātiśākhya, Indische Studien IV. pp. 65-171, pp. 177-331, 1858
Whitney, W. D. : Indische Grammatik, übersetzt von Heinlich Zimmer : Leipzig, 1979

빠알리어 한글표기법

빠알리어는 구전되어 오다가 각 나라 문자로 정착되었으므로 고유한 문자가 없다. 그러므로 일반적으로 빠알리성전협회(Pali Text Society)의 표기에 따라 영어 알파벳을 보완하여 사용한다. 빠알리어의 알파벳은 41개이며, 33개의 자음과 8개의 모음으로 되어 있다.

자음(子音)	폐쇄음(閉鎖音)				비음(鼻音)
	무성음(無聲音)		유성음(有聲音)		
	무기음	대기음	무기음	대기음	무기음
① 후음(喉音)	ka 까	kha 카	ga 가	gha 가	ṅa 나
② 구개음(口蓋音)	ca 짜	cha 차	ja 자	jha 자	ña 냐
③ 권설음(捲舌音)	ṭa 따	ṭha 타	ḍa 다	ḍha 다	ṇa 나
④ 치음(齒音)	ta 따	tha 타	da 다	dha 다	na 나
⑤ 순음(脣音)	pa 빠	pha 파	ba 바	bha 바	ma 마
⑥ 반모음(半母音)	ya 야, 이야 va 바, 와				
⑦ 유활음(流滑音)	ra 라 la ㄹ라 ḷa ㄹ라				
⑧ 마찰음(摩擦音)	sa 싸				
⑨ 기식음(氣息音)	ha 하				
⑩ 억제음(抑制音)	ṁ -ㅇ, -ㅁ, -ㄴ				

모음에는 단모음과 장모음이 있다. a, ā, i, ī, u, ū, e, o 모음의 발음은 영어와 같다. 단 단음은 영어나 우리말의 발음보다 짧고, 장음은 영어나 우리말보다 약간 길다. 단음에는 a, i, u가 있고, 장음에는 ā, ī, ū, e, o가 있다. 유의할 점은 e와 o는 장모음이지만 종종 복자음 앞에서 짧게 발음된다 : metta, okkamati.

자음의 발음과 한글표기는 위의 도표와 같다. ka는 '까'에 가깝게 발음되고, kha는 '카'에 가깝게 소리나므로 그대로 표기한다. ga, gha는 하나는 무기음이고 하나는 대기음이지만 우리말에는 구별이 없으므로 모두 '가'으로 표기한다. 발음에서 특히 유의해야 할 것은 aṅ은 '앙'으로, añ은 '얀'으로, aṇ은 '안, 언'으로, an은 '안'으로, aṁ은 그 다음에 오는 소리가 ① ② ③ ④ ⑤일 경우에는 각각 aṅ, añ, aṇ, an, am으로 소리나며, 모음일 경우에는 '암', 그 밖의 다른 소리일 경우에는 '앙'으로 소리난다. 그리고 y와 v일 경우에는 일반적으로 영어처럼 발음되지만 그 앞에 자음이 올 경우와 모음이 올 경우 각각 발음이 달라진다. 예를 들어 aya는 '아야'로 tya는 '띠야'로 ava는 '아바'로 tva는 '뜨와'로 소리난다. 또한 añña는 어원에 따라 '앙냐' 또는 '안냐'로 소리난다. 예를 들어 *sk.* saṁjñā에서 유래한 saññā는 쌍냐로 *sk.* prajñā에서 유래한 paññā는 '빤냐'로 읽는 것이 좋다. yya는 '이야'로 소리난다. 폐모음 ② ③ ④가 묵음화되어 받침이 될 경우에는 ㅅ, ①은 ㄱ ⑤는 ㅂ으로 표기한다.

글자의 사전적 순서는 위의 모음과 자음의 왼쪽부터 오른쪽으로의 순서와 일치한다. 단지 ṁ은 항상 모음과 결합하여 비모음에 소속되므로 해당 모음의 뒤에 배치된다.

불교의 세계관

불교의 세계관은 일반적으로 알려진 것처럼 단순히 신화적인 비합리성에 근거하는 것이 아니라 인간의 정신세계인 명상 수행의 차제에 대응하는 방식으로 합리적으로 조직되었다. 물론 고대 인도의 세계관을 반영하고 있는 것은 사실이지만 언어의 한계를 넘어선다면 보편적인 우주의 정신세계를 다루고 있다고 볼 수 있다.

여기서 세계의 존재(有 : bhava)라고 하는 것은, 엄밀히 말하면 육도윤회하는 무상한 존재를 의미하며, 감각적 쾌락의 욕망의 세계(欲界), 미세한 물질의 세계(色界), 비물질의 세계(無色界)라는 세 가지 세계의 존재가 언급되고 있다. 감각적 쾌락의 욕망의 세계, 즉 감각적 욕망계의 존재(欲有 : kāmabhava)는 지옥, 축생, 아귀, 수라, 인간뿐만 아니라 욕계의 하늘에 사는 거친 신체를 지닌 존재를 의미한다.

미세한 물질의 세계, 즉 색계에 사는 존재(色有 : rūpabhava)는 하느님 세계의 하느님의 권속인 신들의 하느님 세계(梵衆天)에서 궁극적인 미세한 물질로 이루어진 신들의 하느님 세계(色究竟天=有頂天)에 이르기까지 첫 번째 선정에서 네 번째 선정에 이르기까지 명상의 깊이를 조건으로 화생되는 세계를 말한다. 따라서 이 세계들은 첫 번째 선정의 하느님 세계(初禪天)에서부터 청정한 삶을 사는 신들의 하느님 세계(Suddhāvāsakāyikā devā : 淨居天은 無煩天, 無熱天, 善現天, 善見天, 色究竟天)까지의 이름으로도 불린다. 첫 번째 선정의 하느님 세계부터는 하느님 세계에 소속된다.

가장 높은 단계의 세계인 비물질의 세계, 즉 무색계에 사는 존재(無色有 : arūpabhava)에는 '무한공간의 하느님 세계의 신들'(空無邊處天), '무한의식의 하느님 세계의 신들'(識無邊處天), '아무것도 없는 하느님 세계의 신들'(無所有處天), '지각하는 것도 아니고 지각하지 않는 것도 아닌 하느님 세계의 신들'(非想非非想處天)이 있다. '무한공간의 신들의 하느님 세계'에서 '지각하는 것도 아니고 지각하지 않는 것도 아닌 신들의 하느님 세계'에 이르기까지는 첫 번째 비물질계의 선정에서 네 번째의 비물질계의 선정에 이르기까지의 명상의 깊이를 조건으로 화현하는 비물질의 세계이다.

이들 하늘나라(天上界)나 하느님 세계(梵天界)에 사는 존재들은 화생, 인간은 태생, 축생은 태생·난생·습생·화생의 발생방식을 일반적으로 택하고 있다. 그것들의 형성조건은 윤리적이고 명상적인 경지를 얼마만큼 성취했는지에 달려 있다.

하늘나라의 감각적 쾌락의 욕망의 세계에 태어나려면 믿음과 보시와 지계와 같은 윤리적인 덕목을 지켜야 한다. 인간으로 태어나기 위해서는 오계에 대한 인식이 있어야 한다. 그리고 아수라는 분노에 의해서, 축생은 어리석음과 탐욕에 의해서, 아귀는 인색함과 집착에 의해서, 지옥은 잔인함과 살생을 저지르는 것에 의해서 태어난다.

미세한 물질의 세계에 속해 있는 존재들은 첫 번째 선정[初禪]에서부터 네 번째 선정[四禪]에 이르기까지 명상의 깊이에 따라 차별적으로 하느님 세계에 태어난다. 미세한 물질의 세계의 최상층에 태어나는 존재들은 돌아오지 않는 님[不還者]의 경지를 조건으로 한다. 물질이 소멸한 비물질적 세계의 존재들은 '무한공간의 신들의 하느님 세계'에서 '지각하는 것도 아니고 지각하지 않는 것도 아닌 신들의 하느님 세계'에 이르기까지 비물질적 세계의 선정의 깊이에 따라 차별적으로 각각의 세계에 태어난다.

불교에서 여섯 갈래의 길(六道)은 천상계, 인간, 아수라, 아귀. 축생, 지옥을 말하는데, 이 때 하늘나라(天上界)는 감각적 쾌락의 욕망이 있는 하늘나라(欲界天)와 하느님 세계(梵天界)로 나뉘며, 하느님 세계는 다시 미세한 물질의 세계와 비물질의 세계로 나뉜다. 그리고 부처님은 이러한 육도윤회의 세계를 뛰어넘어 불생불멸하는 자이다. 여기 소개된 천상의 세계, 즉. 하늘의 세계에 대하여 이 책에서는 다음과 같이 번역한다.

1) 감각적 쾌락의 욕망의 세계의 여섯 하늘나라

① 네 위대한 왕들의 하늘나라(Cātummahārājikā devā : 四王天) ② 서른셋 신들의 하늘나라(Tāvatiṁsā devā : 三十三天=忉利天) ③ 축복 받는 신들의 하늘나라(Yāmā devā : 耶摩天) ④ 만족을 아는 신들의 하늘나라(Tusitā devā : 兜率天) ⑤ 창조하고 기뻐하는 신들의 하늘나라(Nimmānaratī devā : 化樂天) ⑥ 다른 신들이 만든 존재를 향유하는 신들의 하늘나라(Paranimmitavasavattino devā : 他化自在天),

2) 첫 번째 선정의 세계의 세 하느님 세계

⑦ 하느님의 권속인 신들의 하느님 세계(Brahmapārisajjā devā : 梵衆天) ⑧ 하느님을 보좌하는 신들의 하느님 세계(Brahmapurohitā devā : 梵輔天) ⑨ 위대한 신들의 하느님 세계(Mahābrahmā devā : 大梵天). 그리고 이들 ⑦ — ⑨ 하느님 세계를 '하느님의 무리인 신들의 하느님 세계(Brahmakāyikā devā : 梵身天)'라고 한다.

3) 두 번째 선정의 세계의 세 하느님 세계

⑩ 작게 빛나는 신들의 하느님 세계(Parittābhā devā : 小光天) ⑪ 한량없이 빛나는 신들의 하느님 세계(Appamāṇābhā devā : 無量光天) ⑫ 빛이 흐르는 신들의 하느님 세계(Ābhāssarā devā : 極光天, 光音天)

4) 세 번째 선정의 세계의 세 하느님 세계

⑬ 작은 영광의 신들의 하느님 세계(Parittasubhā devā : 小淨天) ⑭ 한량없는 영광의 신들의 하느님 세계(Appamāṇasubhā devā : 無量淨天) ⑮ 영광으로 충만한 신들의 하느님 세계(Subhakiṇṇā devā : 遍淨天)

5) 네 번째 선정의 세계의 아홉 하느님 세계

⑯ 번뇌의 구름이 없는 신들의 하느님 세계(Anabbhakā devā : 無雲天「大乘佛敎」) ⑰ 공덕으로 태어나는 신들의 하느님 세계(Puññappasavā devā : 福生天「大乘佛敎」) ⑱ 탁월한 과보로 얻은 신들의 하느님 세계(Vehapphalā devā : 廣果天) ⑲ 지각을 초월한 신들의 하느님 세계(Asaññasattā devā : 無想有情天) = 승리하는 신들의 하느님 세계(Abhibhū devā : 勝者天) ⑳ 성공으로 타락하지 않는 신들의 하느님 세계(Avihā devā : 無煩天) ㉑ 타는 듯한 고뇌를 여읜 신들의 하느님 세계(Atappā devā : 無熱天) ㉒ 선정이 잘 이루어지는 신들의 하느님 세계(Sudassā devā : 善現天) ㉓ 관찰이 잘 이루어지는 신들의 하느님 세계(Sudassī devā : 善見天) ㉔ 궁극적인 미세한 물질로 이루어진 신들의 하느님 세계(Akaniṭṭhā devā : 色究竟天=有頂天) 그리고 이 가운데 ⑳-㉔의 다섯 하느님 세계는 청정한 삶을 사는 신들의 하느님 세계(Suddhāvāsā devā : 淨居天)이라고도 한다.

6) 비물질적 세계에서의 네 하느님 세계

㉕ 무한공간의 세계의 하느님 세계(Ākāsānañcāyatanabrahmaloka : 空無邊處天) ㉖ 무한의식의 세계의 하느님 세계(Viññāṇañcāyatanabrahmaloka : 識無邊處天) ㉗ 아무 것도 없는 세계의 하느님 세계(Ākiñcaññāyatanabrahmaloka : 無所有處天) ㉘ 지각하는 것도 아니고 지각하지 않는 것도 아닌 세계의 하느님 세계(Nevasaññānāsaññāyatanabrahmaloka : 非想非非想處天)

형성조건	발생방식	명 칭(漢譯 : 수명)	분 류			
無形象	化生	nevasaññanāsaññāyatana(非想非非想處天 : 84,000劫) akiñcaññāyatana (無所有處天 : 60,000劫) viññāṇañcāyatana(識無邊處天 : 40,000劫) ākāsānañcāyatana(空無邊處天 : 20,000劫)		無色界	天上界	善業報界
형 상 또는 물질의 소 멸						
不還者의 清淨 (四禪)	化生	akaniṭṭha(色究竟天=有頂天 : 16000劫) sudassin(善見天 : 8,000劫) sudassa(善現天 : 4,000劫) atappa(無熱天 : 2,000劫) aviha(無煩天 : 1,000劫) — suddhāvāsa(淨居天)	梵天界	色界		
四禪	化生	asaññasatta(無想有情天)=abhibhū(勝者天 : 500劫) vehapphala(廣果天 : 500劫) puññappasava(福生天 : 大乘佛敎에서) anabhaka(無雲天 : 大乘佛敎에서)				
三禪	化生	subhakiṇṇa(遍淨天 : 64劫) appamāṇasubha(無量淨天 : 32劫) parittasubha(小淨天 : 16劫)				
二禪	化生	ābhassara(極光天 : 8劫) appamāṇābha(無量光天 : 4劫) parittābha(小光天 : 2劫)				
初禪	化生	mahābrahmā(大梵天 : 1劫) brahmapurohita(梵輔天 : 1/2劫) brahmapārisajja(梵衆天 : 1/3劫)				
다섯 가지 장애(五障)의 소멸						
信 布施 持戒	化生	paranimmitavasavattī (他化自在天 : 16,000天上年=9,216百萬年) nimmāṇarati(化樂天 : 8,000天上年=2,304百萬年) tusita(兜率天 : 4,000天上年=576百萬年) yāma(耶麻天 : 2,000天上年=144百萬年) tāvatiṁsa(三十三天 : 1,000天上年=36百萬年) cātumāharājikā(四天王 : 500天上年=9百萬年)	天上의 欲界	欲界		
五戒	胎生	manussa(人間 : 非決定)			人間	
瞋恚	化生	asura(阿修羅 : 非決定)			修羅	惡業報界
吝嗇 執著	化生	peta(餓鬼 : 非決定)			餓鬼	
愚癡 貪欲	胎生 卵生 濕生 化生	tiracchāna(畜生 : 非決定)			畜生	
殘忍 殺害	化生	niraya(地獄 : 非決定)			地獄	

※ 天上의 欲界의 하루는 四天王부터 他化自在天까지 각각 인간의 50년, 100년, 200년, 400년, 800년, 1,600년에 해당하고 人間 이하의 수명은 결정되어 있지 않다.

주요번역술어

[ㄱ]

가르침 : dhamma
가중처벌(加重處罰) : mūlāya paṭikassana
갈애(渴愛) : taṇhā
감각적 쾌락의 욕망 : kāma
감각적 쾌락의 욕망과 탐욕 : kāmarāga
감각적 쾌락의 욕망에 관한 갈애 : kāmataṇhā
감각적 쾌락의 욕망에 관한 집착 : kām'upadhi
감각적 쾌락의 욕망의 거센 흐름 : kām'ogha
감각적 쾌락의 욕망의 세계 : kāmaloka
감촉(觸) : phoṭṭhabba
강생(降生) : okkanti
개인 : puggala
개체 : sakkāya
개체가 있다는 견해 : sakkāyadiṭṭhi
객관적 집착의 대상 : khandh'upadhi
거룩한 경지 : arahattaphala
거룩한 길을 가는 사람 : arahattamagga
거룩한 님 : arahant, arahattaphala
거사(居士) : upāsaka
거센 흐름(暴流) : ogha
거죄갈마(擧罪羯磨) : ukkhepanīya
거짓말을 하지 않음 : musāvāda veramaṇī
거칠거나 미세한 물질의 자양(麤細摶食) : kabaliṅkāro āhāro oḷāriko sukhumo
건넘에 관한 완전한 앎 : tīraṇapariññā
겁(劫) : kappa
격리생활(隔離生活) : parivāsa
격리처벌(隔離處罰) : parivāsa
견(見) : diṭṭhi
견책조치(譴責措置) : tajjanīya
견해에 대한 이해(見審諦忍) : diṭṭhinijjhānakhanti
견해의 거센 흐름(見流) : diṭṭh'ogha
결생식(結生識) : paṭisandhiviññāṇa
경장(經藏) : suttapiṭaka
경지 : phala
계율의 다발(戒蘊) : sīlakkhandha
고백죄(告白罪) : pāṭidesaniya
고성제(苦聖諦) : dukkhâriyasaccāni
고요한 몸 : santikāya
고요함 : santi
고절(苦切) : tajjanīya
고절갈마(苦切羯磨) : tajjanīya
고처(苦處) : upāya
곡주나 과일주 등 취하게 하는 것을 마시지 않음 : surāmerayamajjapamādaṭṭhānā veramaṇī
곧바른 앎 : abhiññā
공덕(果) : phala
공무변처(空無邊處天) : ākāsānañcāyatana
공무변처천(空無邊處天) : Ākāsānañcāyatanūpagā devā
과보 : phala
관(觀) : vipassanā. vīmaṁsā. vitakka.
관찰(觀察) : vmaṁsā.
관찰이 잘 이루어지는 신들의 하느님 세계(善見天) : Sudassī devā
광과천(廣果天) : Vehapphalā devā
괴(愧) : ottappa
괴로운 곳 : upāya
괴로움에 대한 거룩한 진리 : dukkhâriyasaccāni
괴로움의 발생에 대한 거룩한 진리 : dukkhasamudayâriyasaccāni
괴로움의 소멸에 대한 거룩한 진리 : dukkhanirodhâriyasaccāni
괴로움의 소멸에 이르는 거룩한 진리 : dukkhanirodhagāminīpaṭipadāariyasaccāni
교만 : māna
구분해탈(俱分解脫) : ubhato bhāgavimuttā
구출(驅出) : pabbājanīya
구출갈마(驅出羯磨) : pabbājanīya
구행(口行) : vacīsaṁkhāra
궁극적인 미세한 물질로 이루어진 신들의 하느님 세계(色究竟天) : Akaniṭṭhā devā
권리정지조치(權利停止措置) : ukkhepanīya
귀신(鬼神) : bhūta, amanussā

규범과 금계에 대한 집착(戒禁取) : sīlabhatapatāmāsa
극광천(極光天) : Ābhāssarānā devā
급고독(給孤獨) : Anāthapiṇḍika
급고독원(給孤獨園) : Anāthapiṇḍikārāma
기마부대(馬軍) : assakāya
기수(祇樹) : Jetavana
기억에 입각한 조정 : sativinaya
기타(棄墮) : nissaggiya
기타림(祇陀林) : Jetavana
긴자까바싸타 : Giñjakāvasatha
깃자꾸따 산 : Gijjhakūṭapabhata
깔란다까니바빠 : Kalandakanivāpa
깨달은 님 : Buddha
깨달음을 향한 님 : Bodhisatta
꾸며대는 말을 하지 않음 : samphappalāpā veramaṇī
꿰뚫는 지혜(明達慧) : nibbedhikapañña

[ㄴ]

나쁜 곳 : duggati
난생(卵生) : aṇḍaja
냄새 : gandha
넓은 지혜(廣慧) : puthupañña
네 가지 거룩한 진리 : cattāri ariyasaccāni
네 가지 광대한 존재 : cattāri mahābhūtāni
네 가지 새김의 토대 : cattaro satipaṭṭhānā
네 가지 신통의 기초 : cattāro iddhipādā
네 가지 자양(四食) : cāttāro āhārā
네 가지 쟁사 : cattāri adhikaraṇāni
네 번째 선정 : catutthajjhāna
네 쌍으로 여덟이 되는 참사람 : cattāri purisayugāni aṭṭh apurisapugalā
네 위대한 왕들의 하늘나라 : Cātummahārājikā devā
노사(老死) : jarāmaraṇa
녹야원(鹿野園) : Migadāya
녹자모(鹿子母) : Migāramatā
논장(論藏) : abhidhammapiṭaka
논쟁사(論爭事) : vivādādhikaraṇa
논쟁으로 인한 쟁사 : vivādādhikaraṇa
누진통(漏盡通) : āsavakkhaya, āsavakkhayâbhiñña
느낌 : vedāna
느낌에 대한 관찰 : vedanānupassanā
느낌의 다발 : vedanākkhandha
늙음과 죽음 : jarāmaraṇa
니간타(尼乾陀徒) : nigaṇṭhā
니그로다라마 승원(尼俱律園) : Nigrodhārāma
니살기(尼薩耆) : nissaggiya

[ㄷ]

다른 신들이 만든 존재를 향유하는 신들의 하늘나라 : Paranimmitavasavattino devā
다섯 가지 감각적 쾌락의 종류 : pañcakāmaguṇa
다섯 가지 계행 : pañcasīla
다섯 가지 낮은 단계의 결박 : orambhāgiyāni saṁyojjanāni
다섯 가지 높은 단계의 결박 : uddhambhāgiyāni saṁyojjanāni
다섯 가지 능력 : pañca indriyāni
다섯 가지 장애 : pañca nīvaraṇāni
다섯 가지 존재의 다발 : pañcakkhandha
다섯 가지 존재의 집착다발 : pañca upādānakkhandā
다수에 입각한 조정 : yebhuyyasikā
다인어(多人語) : yebhuyyasikā
단견(斷見) : ucchedadiṭṭhi
단근(斷勤) : pahānappadhāna
단두죄(斷頭罪) : pārājika
단사(斷事) : ubbāhika
단사위원(斷事委員) : ubbāhika
단편지(斷遍知) : pahānapariññā
대(對) : paṭigha
대범천(大梵天) : Mahābrahmā devā
대속에 입각한 조정 : tiṇavatthāraka
대웅(大雄) : mahāvira
대타설(對他說) : pāṭidesaniya
대혜(大慧) : mahāpañña
도거(掉擧) : uddhacca
도거악작(掉擧惡作) : uddhaccakukkucca
도리천(忉利天) : tāvatiṁsā
도성제(道聖諦) : dukkhanirodhagāminīpaṭipadāariyasaccāni
도솔천(兜率天) : Tusitā devā
도편지(度遍知) : tīraṇapariññā
독각(獨覺) : paccekabuddha
돌길라(突吉羅) : dukkaṭa
돌아오지 않는 경지의 님 : anāgāmīphala
돌아오지 않는 길을 가는 님(不還向) : anāgāmīmagga
동원(東園) : Pubbārāma
동의 : chanda
두 번째 선정 : dutiyajjhāna
따뽀다 온천 승원(Tapodārāma

[ㄹ]

라자가하(王舍城) : Rājagaha

[ㅁ]

마나타(摩那陀) : mānatta
마음(心) : citta
마음에 대한 관찰 : cittānupassanā
마음에 의한 해탈 : cetovimutti
마음의 저촉 : paṭigha
마음의 통일 : ekaggacitta
만(慢) : māna
만족 : ruci
만족을 아는 신들의 하늘나라 : Tusitā devā
맛(味) : rasa
멀리 여읨(遠離) : viveka
멸빈(滅擯) : nāsana
멸성제(滅聖諦) : dukkhanirodhâriyasaccāni
멸쟁(滅諍) : adhikaraṇasamatha
멸쟁법(滅諍法) : adhikaraṇasamatha
명색(名色) : nāmarūpa
명지와 덕행을 갖춘 님 : Vijjācaraṇasampanna
명쾌한 지혜(疾慧) : hāsapañña
명행족(明行足) : Vijjācaraṇasampanna
몸에 대한 관찰(身隨觀) : kāyānupassanā
무(無) : natthi
무락처(無樂處) : vinipāta
무량광천(無量光天) : Appamāṇābhānā devā
무명(無明) : avijjā
무명의 거센 흐름(無明流) : avijj'ogha
무번천(無煩天) : Avihā devā
무상사(無上師) : anuttaro
무색계(無色界) : arūpaloka
무색탐(無色貪) : arūparāga
무소유처(無所有處) : Ākiñcaññāyata devā
무소유처천(無所有處天) : Ākiñcaññāyatanūpagā devā
무열천(無熱天) : Atappā devā
무유애(無有愛) : vibhavataṇhā
무지(無知) : avijjā
무한공간의 세계(空無邊處) : ākāsānañcāyatana
무한공간의 신들의 하느님 세계 : Ākāsānañcāyatanūpagā devā
무한의식의 세계 : viññāṇānañcāyatana
무한의식의 신들의 하느님 세계 : Viññāṇañcāyatanūpagā devā
문(聞) : anussava
물질 : rūpa
물질에 대한 지각 : rūpasañña
물질의 다발 : rūpakkhandha
뭇삶 : satta
미(味) : rasa
미가다야 : Migadāya
미가라마따 강당(鹿子母講堂) : Migāramatu
미각 : jihvā
미각의 접촉 : jihvāsamphassa
미각의 접촉에서 생겨난 의식의 영역 : jihvāsamphassaviññāṇāyatana
미각의식 : jivhāviññāṇa
미세한 물질의 세계 : rūpaloka
믿음 : saddhā

[ㅂ]

바라문 : brāhmaṇa
바라야질지가(波羅夜質肢迦) : pācittiya
바라이(波羅夷) : pārājika
바라일니가(波羅逸尼柯) : pācittiya
바라제사니(波羅提舍尼) : pāṭidesaniya
바라제제사니(波羅提提舍尼) : pāṭidesaniya
바야제(波夜提) : pācittiya
바약치(波藥致) : pācittiya
바일저가(波逸底迦) : pācittiya
바일제(波逸提) : pācittiya
방사죄(放使罪) : thullaccaya
배움 : anussava
버림의 노력 : pahānappadhāna
번기가정사(繁耆迦精舍) : Giñjakāvasatha
번뇌(煩惱) : āsavā
번뇌의 끊음에 관한 완전한 앎 : pahānapariññā
번뇌의 소멸 : āsavakkhaya
번뇌취(煩惱取) : kiles'upadhi
범보천(梵輔天) : Brahmapurohitā devā
범죄로 인한 쟁사 : āpattādhikaraṇa
범중천(梵衆天) : Brahmakāyikā devā
범행(梵行) : brahmacariya
법(法) : dhamma
법수관(法隨觀) : dhammānupassanā
법왕(法王) Dammarāja
법주지(法住智) : dhammaṭṭhitiñāṇaṁ
법지(法智) : dhamme ñāṇaṁ
벨루바나 숲(竹林) : Veḷuvana
벽지불(辟支佛) : paccekabuddha
변정천(遍淨天) : Subhakiṇṇā devā
별주(別住) : parivāsa

보다 높은 계행의 배움 : adhisīlasikkhā
보다 높은 마음의 배움 : adhicittasikkha
보다 높은 지혜의 배움 : adhipaññasikkhā
보살(菩薩) : Bodhisatta
보특갈라(補特伽羅) : puggala
보편에 대한 지식 : anvaye ñāṇaṁ
본생담(本生譚) : Jātaka
본일치(本日治) : mūlāya paṭikassana
부끄러움 : otappa
부정죄(不定罪) : aniyata
부처님(佛) : Buddha
분노 : vyāpāda
불기어(不綺語) : samphappalāpā veramaṇī
불망어(不妄語) : musāvāda veramaṇī
불사(不死) : amaraṁ
불사음(不邪婬) : kāmesu micchācārā veramaṇī
불살생계(不殺生戒) : pāṇātipātaveramaṇī
불선법(不善法) : akusalā dhammā
불악구(不惡口) : pharusāya vācāya veramaṇī
불양설(不兩舌) : pisuṇāya vācāya veramaṇī
불음주(不飮酒)) : surāmerayamajjapamādaṭṭhānā vera maṇī
불치비나야(不痴毘奈耶) : amūḷhavinaya
불치비니(不痴毘尼) : amūḷhavinaya
불투도 : adinnādānā veramaṇī
불환과(不還果) : anāgāmīphala
비(鼻) : ghāna
비구(比丘) : bhikhhu
비난사(非難事) : anuvādādhikaraṇa
비난으로 인한 쟁사 : anuvādādhikaraṇa
비물질계에 대한 탐욕 : arūparāga
비물질의 세계 : arūpaloka
비상비비상처(非想非非想處) : nevasaññānāsaññāyatana
비상비비상처천(非想非非想處天) : Nevasaññānāsaññā yatanūpagā devā
비식(鼻識) : ghānaviññāṇa
비여리작의(非如理作意) : ayoniso masikāra
비인(非人) : amanussā
비존재 : natthi
비존재에 대한 갈애 : vibhavataṇhā
비촉(鼻觸) : ghānasamphassa
비촉식처(鼻觸識處) : ghānasamphassaviññāṇāyatana
빈출(頻出) : pabbājanīya
빈출갈마(頻出羯磨) : pabbājanīya
빛이 흐르는 신들의 하느님 세계 : Ābhāssarānā devā
빠른 지혜(速慧) : javanapañña
빠쎄나디 : Pasenadi
뿝바라마 승원 : Pubbārāma

[ㅅ]

사(師) : satthā
사(伺) : vicāra
사견(邪見) : diṭṭhi
사견(捨遣) : vossagga
사념처(四念處) : cattaro satipaṭṭhānā
사대(四大) : cattāri mahābhūtāni
사도(邪道) : micchāpatipadā
사라짐(離貪) : virāga
사람(衆生) : satta
사람을 길들이는 님 : Purisadammasārathī
사랑을 나눔에 잘못을 범하지 않음 : kāmesu micchācārā veramaṇī
사면복권(赦免復權) : osāraṇīya
사문(沙門) : samaṇā
사선(四禪) : catutthajjhāna
사성제(四聖諦) : cattāri ariyasaccāni
사신(死神) : yama
사신족(四神足) : cattāro iddhipādā
사실 : dhamma
사실에 대한 관찰 : dhammānupassanā
사실에 대한 앎 : dhamme ñāṇaṁ
사실의 상태에 대한 앎 : dhammaṭṭhitiñāṇaṁ
사쌍팔배(四雙八輩) : cattāri purisayugāni aṭṭhapurisap ugalā
사여의족(四如意足) : cattāro iddhipādā
사위성(舍衛城) : Sāvatthī
사유(思惟) : vimaṁsā
사유(尋) : vitakka
사쟁사(四諍事) : cattār'imāniadhikaraṇāni
사죄조치(謝罪措置) : paṭisāraṇiya
사천왕(四天王) : Cātummahārājikā devā
사타(捨墮) : nissaggiya
살아 있는 생명을 해치지 않음 : pāṇātipātaveramaṇī
삼매(三昧) : samādhi
삼매(定) : sāmadhi
삼매의 다발(定蘊) : sāmadhikkhandha
삼선(三禪) : tatiyajjhāna
삼십삼천(三十三天) : tāvatiṁsā
삼장(三藏) : tripiṭaka, tipiṭaka
삼학(三學) : tayo sikkhā

상(想) : saññā
상견(常見) : sassataditthi
상수멸(想受滅) : saññāvedayitanirodha
상실죄(喪失罪) : nissaggiya
상온(想蘊) : saññākkhanda
상태에 대한 숙고 : ākāraparivitakka
새김(念) : sati
색(色) : rūpa
색계(色界) : rūpaloka
색구경천(色究竟天) : Akaniṭṭhā devā
색상(色想) : rūpasañña
색온(色蘊) : rūpakkhandha
색탐(色貪) : rūparāga
생(生) : jāti
생명 : satta
생물 : bhūta
서른셋 신들의 하늘나라 : Tāvatiṁsā devā
석가모니(釋迦牟尼) : Sākyamuni
선견천(善見天) : Sudassī devā
선남자(善男子) : sappurisa
선녀(仙女) : accharā
선사(善士) : sappurisa
선서(善逝) : Sugata
선인(善人) : sappurisa
선인타처(仙人墮處) : Isipatanārāma
선정(禪定) : dhyāna
선정이 잘 이루어지는 신들의 하느님 세계 : Sudassā devā
선취(善趣) : sugati
선현천(善現天) : Sudassā devā
설(舌) : jihvā
설식(舌識) : jivhāviññāṇa
설촉(舌觸) : jihvāsamphassa
설촉식처(舌觸識處) : jihvāsamphassaviññāṇāyatana
성(聲) : sadda
성공으로 타락하지 않는 신들의 하느님 세계 : Avihā devā
성냄 : dosa
성직자 : brāhmaṇa
성품 : dhamma
세 가지 배움 : tayo sikkhā
세 번째 선정 : tatiyajjhāna
세간해(世間解) : Lokavidū
세상을 아는 님 : Lokavidū
세상의 존귀한 님 : Bhagavant
세존(世尊) : Bhagavant
소광천(小光天) : Parittābhānā devā
소리 : sadda
소멸 : nirodha
소정천(小淨天) : Parittasubhānā devā
속죄죄(贖罪罪) : pācittiya
속혜(速慧) : javanapañña
수(受) : vedāna
수근(修勤) : bhāvanāppadhāna
수수관(受隨觀) : vedanānupassanā
수온(受蘊) : vedanākkhandha
수행승 : bhikhhu
수행의 노력 : bhāvanāppadhāna
수행자 : samaṇā
수호근(守護勤) : anurakkhaṇāppadhāna
수호의 노력 : anurakkhaṇāppadhāna
숙고 : vicāra
숙명통(宿命通) : pubbenivasānussati
스승 : satthā
습생(濕生) : saṁsedaja
승가바시사(僧伽婆尸沙) : saṅghādisesa
승단잔류죄(僧團殘留罪) : saṅghādisesa
승단추방죄(僧團追放罪) : pārājika
승리자 : jina
승자(勝者) : jina
승잔(僧殘) : saṅghādisesa
시각 : cakkhu
시각의 접촉 : cakkhusamphassa
시각의 접촉에서 생겨난 의식의 영역 : cakkhusamphassaviññāṇāyatana
시각의식 : cakkhuviññāṇa
시간을 초월하는 : akālika
식(識) : viññāṇa
식무변처(識無邊處) : viññāṇānañcāyatana
식무변처천(識無邊處天) : Viññāṇañcāyatanūpagā devā
식식(識食) : viññāṇa āhāro
식온(識蘊) : viññāṇakkhandha
신(身) : kāya
신(信) : saddhā
신녀(神女) : devadhītaro
신들과 인간의 스승이신 님 : Satthā devamanussānaṁ
신수관(身隨觀) : kāyānupassanā
신식(身識) : kāyaviññāṇa
신자(神子) : devaputtā
신족통(神足通) : iddhi
신체적 형성 : kāyasaṁkhāra
신촉(身觸) : kāyasamphassa

신촉식처(身觸識處) : kāyasamphassaviññāṇāyatana
신통(神通) : abhiññā
신행(身行) : kāyasaṁkhāra
싫어하여 떠남 : nibbidā
심문에 입각한 조정 : tassapāpiyyasikā
심수관(心隨觀) : cittānupassanā
심일경성(心一境性) : ekaggacitta
심해탈(心解脫) : cetovimutti
십팔계(十八界) : aṭṭhadasa dhātuyo
싸끼야 족의 성자 : Sākyamuni
싸밧티 : Sāvatthī

[ㅇ]

아나타삔디까 승원 : Anāthapiṇḍikārāma
아나타삔디까 : Anāthapiṇḍika
아라한향(阿羅漢向) : arahattamagga
아라한(阿羅漢) : Arahant
아라한과(阿羅漢果) : arahattaphala
아무 것도 없는 신들의 하느님 세계 : Ākiñcaññāyatanūpagā devā
아부가나갈마(阿浮呵那羯磨) : abbhāna
아자따삿뚜 : Ajātasattu
악설(惡說) : dubbhāsita
악설죄(惡說罪) : dubbhāsita
악작(惡作) : dukkaṭa
악작죄(惡作罪) : dukkaṭa
악처(惡處) : duggati
악하고 불건전한 상태 : akusalā dhammā
안(眼) : cakkhu
안식(眼識) : cakkhuviññāṇa
안촉(眼觸) : cakkhusamphassa
안촉식처(眼觸識處) : cakkhusamphassaviññāṇāyatana
알려진 것에 대한 완전한 앎 : ñātapariññā
야마천(耶摩天) : Yāmā devā
야차(夜叉) : yakkha
양자에 의한 해탈 : ubhato bhāgavimuttā
어리석음 : moha
억념비나야(憶念毘奈耶) : sativinaya
억념비니(憶念毘尼) : sativinaya
언어적 형성 : vacīsaṁkhāra
업(業) : kamma
여덟 가지 고귀한 길 : ariyâṭṭhaṅgikamagga
여래(如來) : Tathāgata
여리작의(如理作意) : yoniso manasikāra
여섯 가지 감각능력 : chaindriya
여섯 가지 감각대상 : chavisaya
여섯 가지 감각영역 : saḷāyatana
여섯 가지 의식 : chaviññāṇa
여섯 감역 : saḷāyatana
여초복지(如草覆地) : tiṇavatthāraka
연각(緣覺) : paccekabuddha
연기(緣起) : paṭiccasamuppāda
연와당(煉瓦堂) : Giñjakāvasatha
열반(涅槃) : nibbāna
열여덟 가지 세계 : aṭṭhadasa dhātuyo
염리(厭離) : nibbidā
염부수(閻浮樹) : jambu
염착(染著) : saṅgā
영광으로 충만한 신들의 하느님 세계 : Subhakiṇṇā devā
영사죄갈마(令赦罪羯磨) : paṭisāraṇiya
영원주의 : sassatadiṭṭhi
영취산(靈鷲山) : Gijjhakūṭapabhata
예류과(豫流果) : sottāpattiphala
예류향(豫流向) : sottāpattimagga
예리한 지혜 : tikkhapañña
오계(五戒) : pañcasīla
오근(五根) : pañca indriyāni
오상분결(五上分結) : uddhambhāgiyāni saṁyojjanāni
오온(五蘊) : pañcakkhandha
오욕락(五欲樂) : pañcakāmaguṇa
오장(五障) : pañca nīvaraṇāni
오취온(五取蘊) : pañca upādānakkhandā
오하분결(五下分結) : orambhāgiyāni saṁyojjanāni
온취(蘊取) : khandh'upadhi
올바로 원만히 깨달은 님 : Sammāsambudha
올바른 가르침 : saddhamma
올바른 견해 : sammādiṭṭhi
올바른 길 : sammāpaṭipadā
올바른 길로 잘 가신 님 : Sugata
올바른 사유 : sammasaṅkappa
올바른 새김 : sammāsati
올바른 생활 : sammāājīva
올바른 언어 : sammāvācā
올바른 정진 : sammāvāyāma
올바른 집중 : sammāsamādhi
올바른 행위 : sammākammanta
와서 보라고 할 만한 : ehipassika
완전한 버림 : vossagga
완전한 앎 : pariññā
요정 : accharā

욕(欲) : chanda, kāma
욕계(欲界) : kāmaloka
욕류(欲流) : kām'ogha
욕애(欲愛) : kāmataṇhā
욕취(愛取) : kām'upadhi
욕탐(欲貪) : kāmarāga
우바새(優婆塞) : Upāsaka
우바이(優婆夷) : Upāsikā
원리 : dhamma
위대한 신들의 하느님 세계 : Mahābrahmā devā
위대한 영웅 : mahāvira
위대한 하느님 세계의 신들 : Mahābrahmā devā
위없이 높으신 님(無上師) : Anuttaro
위의로(威儀路) : iriyāpathā
유(有) : atthi, bhava
유대(有對) : paṭigha
유령 : pisācā
유류(有流) : bhav'ogha
유신(有身) : sakkāya
유신견(有身見) : sakkāyadiṭṭhi
유애(有愛) : bhavataṇhā
유지(類智) : anvaye ñāṇaṁ
육경(六境) : chavisaya
육근(六根) : chaindriya
육식(六識) : chaviññāṇa
육입(六入) : saḷāyatana
윤회(輪廻) : saṁsāra
율서사양원(栗鼠飼養園) : Kalandakanivāpa
율의근(律儀勤) : saṁvarappadhāna
율장(律藏) : vinayapiṭaka
의(意) : mano
의(疑) : vicikicchā
의도의 자양 : manosañcetanā āhāro
의사식(意思食) : manosañcetanā āhāro
의식(意識) : manoviññāṇa, viññāṇa
의식의 다발 : viññāṇakkhandha
의식의 자양 : viññāṇāhāra
의심 : vicikicchā
의욕 : chanda
의지조치(依止措置) : nissaya
의촉(意觸) : manosamphassa
의촉식처(意觸識處) : manosamphassaviññāṇāyatana
의행(意行) : manosaṁkhāra
이(耳) : sota
이간질을 하지 않음 : pisuṇāya vācāya veramaṇī
이렇게 오신 님 : Tathāgata
이선(二禪) : dutiyajjhāna
이식(耳識) : sotaviññāṇa
이씨빠따나 승원 : Isipatanārāma
이촉(耳觸) : sotasamphassa
이촉식처(耳觸識處) : sotasamphassaviññāṇāyatana
이치에 맞게 정신활동을 기울임 : yoniso manasikāra
이치에 맞지 않게 정신활동을 기울임 : ayoniso masikāra
이탐(離貪) : virāga
이혜(利慧) : tikkhapañña
일곱 가지 방식의 멸쟁 : satta adhikaraṇasamathā
일래과(一來果) : sakadāgāmīphala
일래향(一來向) : sakadāgāmīmagga
일시적 마음에 의한 해탈 : samadhikā cetovimutti

[ㅈ]

자기정당화 : uddhacca
자따까 : Jātaka
자만 : māna
자언치(自言治) : paṭiññātakaraṇa
자이나교도 : nigaṇṭhā
자인(自認) : paṭiññātakaraṇa
자인에 입각한 조정 : paṭiññātakaraṇa
작게 빛나는 신들의 하느님 세계 : Parittābhānā devā
작은 영광의 신들의 하느님 세계 : Parittasubhānā devā
잘못된 길 : micchāpatipadā
장미사과나무 : jambu
장애 : paṭigha
재가의 남자신도 : Upāsaka
재가의 여자신도 : Upāsikā
재생의식 : paṭisandhiviññāṇa
쟁사(諍事) : adhikaraṇa
적정(寂靜) : santi
전개(展開) : okkanti
전생(轉生) : abhinibbatti
전지자(全知者) : sabbaññu
절차로 인한 쟁사 : kiccādhikaraṇa
접촉(觸) : phassa, samphassa
접촉의 자양(觸食) : phassāhāra
정(定) : sāmadhi
정견(正見) : sammādiṭṭhi
정념(正念) : sammāsati
정도(正道) : sammāpaṭipadā
정등각자(正等覺者) : Sammāsambudha
정명(正命) : sammāājīva

정법(正法) : saddhamma
정법(正法) : saddhamma
정사유(正思惟) : sammasaṅkappa
정신 : mano
정신의 접촉 : manosamphassa
정신의 접촉에서 생겨난 의식의 영역 : manosamphassaviññāṇāyatana
정신의식 : manoviññāṇa
정신적 형성 : manosaṁkhāra
정언(正言) : sammāvācā
정업(正業) : sammākammanta
정온(定蘊) : sāmadhikkhandha
정인(正人) : sappurisa
정정(正定) : sammāsamādhi
정정신(寂靜身) : santikāya
정정진(正精進) : sammāvāyāma
정진(精進) : viriya
제따바나 숲 : Jetavana
제석천(帝釋天) : sakka
제어의 노력(律儀勤) : saṁvarappadhāna
조건적 발생 : paṭiccasamuppāda
조어장부(調御丈夫) : Purisadammasārathī
존재 : atthi, bhava, bhūta, satta
존재에 대한 갈애 : bhavataṇhā
존재의 거센 흐름 : bhav'ogha
죄쟁사(罪諍事) : āpattādhikaraṇa
주관적 집착의 대상 : kiles'upadhi
주지 않은 것을 빼앗지 않음 : adinnādānā veramaṇī
죽림(竹林) : Veḷuvana
죽음의 신 : yama
중도(中道) : majjhimapaṭipadā
중학(衆學) : sekhiya
중학법(衆學法) : sekhiya
중학죄(衆學罪) : sekhiya
증상계학(增上戒學) : adhisīlasikkhā
증상심학(增上心學) : adhicittasikkha
증상혜학(增上慧學) : adhipaññasikkhā
지각 : saññā
지각과 느낌의 소멸 : saññāvedayitanirodha
지각의 다발 : saññākkhanda
지각하는 것도 아니고 지각하지 않는 것도 아닌 세계 : nevasaññanāsaññāyatana
지각하는 것도 아니고 지각하지 않는 것도 아닌 신들의 하느님 세계 : Nevasaññānāsaññāyatanūpagā devā
지멸(止滅) : nirodha
지편지(知遍知) : ñātapariññā
지혜 : paññā
지혜에 의한 해탈 : paññāvimutti
지혜의 다발 : paññakkhandha
진(瞋) : dosa
진리 : dhamma, sacca
진리를 모르는 것 : avijjā
진리의 제왕 : dammarāja
진사타(盡捨墮) : nissaggiya
진에(瞋恚) : vyāpāda
질혜(疾慧) : hāsapañña
집성제(集聖諦) : dukkhasamudayâriyasaccāni
집중 : samādhi
집착 : saṅgā
집착의 대상 : upadhi

[ㅊ]

착란에 입각한 조정 : amūḷhavinaya
참(愧) : otappa
참사람 : sappurisa
참회처벌(懺悔處罰) : mānatta
창조하고 기뻐하는 신의 하늘나라 : Nimmānaratī devā
창피함 : ottappa
천신(天神) : devatā
천안통(天眼通) : dibbacakkhu
천이통(天耳通) : dibbasota
천인(天人) : devatā
천인사(天人師) : Satthā devamanussānaṁ
첫 번째 선정 : paṭhamajjhāna
청각 : sota
청각의 접촉 : sotasamphassa
청각의 접촉에서 생겨난 의식영역 : sotasamphassaviññāṇāyatana
청각의식 : sotaviññāṇa
청신녀(靑信女) : Upāsikā
청신사(淸信士) : Upāsaka
청정동의 : chanda
청정한 삶(梵行) : brahmacariya
초범지(超凡智) : abhiññā
초선(初禪) : paṭhamajjhāna
초월적 능력 : iddhi
초월적 지혜 : abhiññā
촉(觸) : phassa, samphassa
촉각 : kāya
촉각의 접촉 : kāyasamphassa

촉각의 접촉에서 생겨난 의식영역 : kāyasamphassaviññāṇāyatana
촉각의식 : kāyaviññāṇa
촉식(觸食) : phassāhāra
추세박식(麤細摶食) : kabaliṅkāro āhāro oḷāriko sukhumo
추악죄(醜惡罪) : thullaccaya
추악한 말을 하지 않음 : pharusāya vācāya veramaṇī
축복의 신의 하늘나라 : Yāmā devā
출죄복귀(出罪復歸) : abbhāna
취(取) : upādāna
취착(取著) : upadhi
치(痴) : moha
칠멸쟁(七滅諍) : satta adhikaraṇasamathā

[ㅋ]

크나큰 지혜 : mahāpañña

[ㅌ]

타(墮) : pācittiya
타는 듯한 고뇌를 여읜 신들의 하느님 세계 : Atappā devā
타락한 곳 : vinipāta
타심통(他心通) : parassa cetopariyañāṇa
타인의 마음을 읽는 능력 : parassa cetopariyañāṇa
타처(墮處) : vinipāta
타화자재천(他化自在天) : Paranimmitavasavattino devā
탁월한 과보로 얻은 신들의 하느님 세계 : Vehapphalā devā
탄생(誕生) : sañjāti
탐(貪) : rāga
탐구(探究) : vmaṁsā
탐욕 : rāga
태생(胎生) : jalābuja
태어남 : jāti
투란죄(偸蘭罪) : thullaccaya
투란차(偸蘭遮) : thullaccaya

[ㅍ]

팔정도(八正道) : ariyâṭṭhaṅgikamagga
패배죄(敗北罪) : pārājika
편정천(遍淨天) : Subhakiṇṇā devā
편지(遍知) : pariññā
포기 : vossagga
폭류(暴流) : ogha

[ㅎ]

하느님(梵天) : Brāhmaṇa
하느님을 보좌하는 신들의 하늘 : Brahmapurohitā devā
하느님의 권속인 신들의 하늘 : Brahmakāyikā devā
하느님의 삶 : brahmacariya
하늘귀 : dibbasota
하늘눈 : dibbacakkhu
하늘딸 : devadhītaro
하늘사람 : devatā
하늘아들 : devaputtā
하의갈마(下意羯磨) : paṭisāraṇiya
학생 : antevāsika
학인(學人) : antevāsika
한량없는 영광의 신들의 하느님 세계 : Appamāṇasubhānā devā
한량없이 빛나는 신들의 하느님 세계 : Appamāṇābhānā devā
한마음 : ekaggacitta
한 번 돌아오는 길을 가는 님 : sakadāgāmīmagga
한 번 돌아오는 님 : sakadāgāmīphala
한시퇴출조치(限時退出措置) : pabbājanīya
해갈마(解羯磨) : osāraṇīya
해탈(解脫) : vimutti, nimokkha
해탈에 대한 앎과 봄의 다발 : vimuttiññāṇadassanakkhandha
해탈온(解脫蘊) : vimittikkhandha
해탈의 다발 : vimittikkhandha
해탈지견(解脫知見) : vimuttiññāṇadassanakkhandha
행(行) : saṅkhārā
행각상(行覺想) : ākāraparivitakka
행동양식 : iriyāpathā
행복한 곳 : sugati
행복한 님 : Sugata
행온(行蘊) : saṇkhārakkhandha
행위 : kamma
행쟁사(行諍事) : kiccādhikaraṇa
향(香) : gandha
향피회(向彼悔) : pāṭidesaniya
허무주의 : ucchedadiṭṭhi
현상 : dhamma
현전비나야(現前毘奈耶) : sammukhāvinaya
현전비니(現前毘尼) : sammukhāvinaya
현전에 입각한 조정 : sammukhāvinaya
형상 : rūpa
형상에 대한 욕망 : rūparāga

형성 : saṅkhārā
형성의 다발 : saṇkhārakkhandha
혜(慧) : paññā
혜온(慧蘊) : paññakkhandha
혜해탈(慧解脫) : paññāvimutti
홀로 연기법을 깨달은 님 : paccekabuddha
홀연히 생겨남 : opapātika
화락천(化樂天) : Nimmānaratī devā
화생(化生) : opapātika
회과법(悔過法) : pāṭidesaniya
후각 : ghāna
후각의 접촉 : ghānasamphassa
후각의 접촉에서 생겨난 의식의 영역 : ghānasamphassa viññāṇāyatana
후각의식 : ghānaviññāṇa
흐름에 드는 길을 가는 님 : sottāpattimagga
흐름에 든 님 : sottāpattiphala
흥분과 회한 : uddhaccakukkucca

[A]

abbhāna : 출죄복귀(出罪復歸). 아부가나갈마(阿浮呵那羯磨)
abhinibbatti : 전생(轉生)
abhiññā : 곧바른 앎, 초월적 지혜. 신통(神通). 초범지(超凡智).
accharā : 선녀(仙女)
accharā : 요정
adhicittasikkha : 보다 높은 마음의 배움(增上心學)
adhikaraṇa : 쟁사(諍事)
adhikaraṇasamatha : 멸쟁(滅諍).
adhikaraṇasamatha : 멸쟁법(滅諍法).
adhipaññasikkhā : 보다 높은 지혜의 배움(增上慧學)
adhisīlasikkhā : 보다 높은 계행의 배움(增上戒學)
adinnādānā veramaṇī : 주지 않은 것을 빼앗지 않음(不偸盜)
Ajātasattu : 아자따삿뚜
akālika : 시간을 초월하는
Akaniṭṭhā devā : 궁극적인 미세한 물질로 이루어진 신들의 하느님 세계(色究竟天)
akusalā dhammā : 악하고 불건전한 것들(不善法)
amanussā : 악마, 귀신(非人)
amaraṁ : 불사(不死)
amūḷhavinaya : 착란에 입각한 조정. 불치비니(不痴毘尼). 불치비나야(不痴毘奈耶)
anāgāmīmagga : 돌아오지 않는 경지의 님(不還向)
anāgāmīphala : 돌아오지 않는 길을 가는 님(不還果)
Anāthapiṇḍīka : 아나타삔디까(給孤獨)
Anāthapiṇḍikārāma : 아나타삔디까 승원(給孤獨園)
aṇḍaja : 난생(卵生)
aniyata : 부정죄(不定罪). 부정(不定).
anurakkhaṇāppadhāna : 수호의 노력(守護勤)
anussava : 배움(聞)
anuttaro : 위없이 높으신 님(無上師)
anuvādādhikaraṇa : 비난사(非難事). 비난으로 인한 쟁사.
anvaye ñāṇaṁ : 보편에 대한 지식(類智)
Appamāṇābhānā devā : 한량없이 빛나는 신들의 하느님 세계(無量光天)
Appamāṇasubhānā devā : 한량없는 영광의 신들의 하느님 세계(無量淨天)
arahant : 거룩한 님, 아라한(阿羅漢)
arahattamagga : 거룩한 길을 가는 님(阿羅漢向)
arahattaphala : 거룩한 경지의 님(阿羅漢果)
ariyaṭṭhaṅgikamagga : 여덟 가지 고귀한 길 (八正道)
arūpaloka : 비물질의 세계(無色界)
arūparāga : 비물질계에 대한 탐욕(無色貪)
assakāya : 기마부대(馬軍)
Atappā devā : 타는 듯한 고뇌를 여읜 신들의 하느님 세계(無熱天)
aṭṭhadasa dhātuyo : 열여덟 가지 세계(十八界)
atthi, bhava : 존재(有)
Avihā devā : 성공으로 타락하지 않는 신들의 하느님 세계(無煩天)
avijj'ogha : 무명의 거센 흐름(無明流)
avijjā : 무명(無明), 진리를 모르는 것
ayoniso masikāra : 이치에 맞게 정신활동을 기울임(如理作意)
Ābhāssarānā devā : 빛이 흐르는 신들의 하느님 세계(極光天)
ākāraparivitakka : 상태에 대한 숙고(行覺想)
ākāsānañcāyatana : 무한공간의 세계(空無邊處)
Ākāsānañcāyatanūpagā devā : 무한공간의 신들의 하느님 세계(空無邊處天)
ākiṁcaññāyatana : 아무 것도 없는 세계(無所有處)
Ākiñcaññāyatanūpagā devā : 아무 것도 없는 신들의 하느님 세계(無所有處天)
āpattādhikaraṇa : 범죄로 인한 쟁사.
āpattādhikaraṇa : 죄쟁사(罪諍事).
āsavā : 번뇌(煩惱)
āsavakkhaya : 번뇌의 부숨(漏盡通)

[B]
bhagavant : 세상의 존귀한 님, 세존(世尊)
bhav'ogha : 존재의 거센 흐름(有流)
bhāvanāppadhāna : 수행의 노력(修勤)
bhavataṇhā : 존재에 대한 갈애(有愛)
bhikhhu : 수행승(比丘)
bhūta : 생물, 존재, 귀신(鬼神)
bodhisatta : 보살(菩薩)
brahma : 거룩한 님, 하느님(梵天)
brahmacariya : 하느님과 함께 하는 삶, 청정한 삶, 범행(梵行).
Brahmakāyikā devā : 하느님 세계의 하느님의 권속인 신들의 하늘(梵衆天)
brāhmaṇa : 바라문(婆羅門), 성직자
Brahmapurohitā devā : 하느님 세계에서 하느님을 보좌하는 신들의 하늘(梵輔天)
buddha : 부처님, 깨달은 님(佛)

[C]
cakkhu : 시각(眼)
cakkhusamphassa : 시각의 접촉(眼觸)
cakkhusamphassaviññāṇāyatana : 시각의 접촉에서 생겨난 의식의 영역(眼觸識處)
cakkhuviññāṇa : 시각의식(眼識)
cattāri adhikaraṇāni : 네 가지 쟁사. 사쟁사(四諍事).
cattāri ariyasaccāni : 네 가지 거룩한 진리(四聖諦)
cattāri purisayugāni atṭhapurisapugalā : 네 쌍으로 여덟이 되는 참사람(四雙八輩)
cāttāro āhārā : 네 가지 자양(四食)
cattāro iddhipādā : 네 가지 신통력의 토대(四神足, 四如意足)
cattāro mahābhūtāni : 네 가지 광대한 존재(四大)
cattaro satipaṭṭhānā : 네 가지 새김의 토대(四念處)
Cātummahārājikā devā : 네 위대한 왕들의 하늘나라(四天王)
catutthajjhāna : 네 번째 선정(四禪)
cetovimutti : 마음에 의한 해탈, 마음에 의한 해탈(心解脫)
chaindriya : 여섯 가지 감각능력(六根)
chanda : 의지(欲)
chaviññāṇa : 여섯 가지 의식(六識)
chavisaya : 여섯 가지 감각대상(六境)
citta : 마음(心)
cittānupassanā : 마음에 대한 관찰(心隨觀)
dammarāja : 진리의 제왕(法王)
devadhītaro : 하늘의 딸(神女)
devaputtā : 하늘아들(神子)
devatā : 하늘사람, 천인(天人), 천신 天神)

[D]
dhamma : 법, 현상, 성품, 사실, 원리, 가르침, 진리(法)
dhammānupassanā : 사실에 대한 관찰, 사실에 대한 관찰(法隨觀)
dhammaṭṭhitiñāṇaṁ : 사실의 상태에 대한 지식(法住智)
dhamme ñāṇaṁ : 사실에 대한 지식(法智)
dhyāna : 선정(禪定)
dibbacakkhu : 하늘눈(天眼通)
dibbasota : 하늘귀(天耳通)
diṭṭh'ogha : 견해의 거센 흐름(見流)
diṭṭhi : 잘못된 견해(邪見)
diṭṭhinijjhānakhanti : 견해에 대한 이해(見審諦忍)
dosa : 분노, 성냄(瞋)
dubbhāsita : 악설죄(惡說罪). 악설(惡說).
duggati : 나쁜 곳, 나쁜 세계(惡處)
dukkaṭa : 악작죄(惡作罪). 악작(惡作). 돌길라(突吉羅)
dukkhanirodhagāminīpaṭipadāariyasaccāni : 괴로움의 소멸에 이르는 진리(道聖諦)
dukkhanirodhâriyasaccāni : 괴로움의 소멸에 대한 진리(滅聖諦)
dukkhâriyasaccāni : 괴로움에 대한 진리(苦聖諦)
dukkhasamudayâriyasaccāni : 괴로움의 발생에 대한 진리(集聖諦)
dutiyajjhāna : 두 번째 선정(二禪)

[E]
ehipassika : 와서 보라고 할 만한
ekaggacitta : 한마음, 마음의 통일(心一境性)

[G]
gandha : 냄새, 향(香)
ghāna : 후각(鼻)
ghānasamphassa : 후각의 접촉(鼻觸)
ghānasamphassaviññāṇāyatana : 후각의 접촉에서 생겨난 의식의 영역(鼻觸識處)
ghānaviññāṇa : 후각의식(鼻識)
Gijjhakūṭapabhata : 깃자꾸따 산(靈鷲山)
Giñjakāvasatha : 긴자까바싸타(煉瓦堂, 繁耆迦精舍)
hāsapañña : 명쾌한 지혜(疾慧)
iddhi : 초월적 능력, 신족통(神足通)
iriyāpathā : 인간의 네 가지 행동양식(威儀路)
Isipatanārāma : 이씨빠따나 승원(仙人墮處)

jalābuja : 태생(胎生)
jambu : 장미사과나무(閻浮樹)
jarāmaraṇa : 늙음과 죽음(老死)
Jātaka : 자따까(本生譚)
jāti : 태어남(生)
javanapañña : 빠른 지혜(速慧)
Jetavana : 제따바나 숲(祇陀林, 祇樹)
jihvā : 미각(舌)
jihvāsamphassa : 미각의 접촉(舌觸)
jihvāsamphassaviññāṇāyatana : 미각의 접촉에서 생겨난 의식의 영역(舌觸識處)
jina : 승리자(勝者)
jivhāviññāṇa : 미각의식(舌識)

[K]

kabaliṅkāro āhāro oḷāriko sukhumo : 거칠거나 미세한 물질의 자양(麤細摶食)
Kalandakanivāpa : 깔란다까니바빠(栗鼠飼養園)
kām'ogha : 감각적 쾌락의 욕망의 거센 흐름(欲流)
kām'upadhi : 감각적 쾌락의 욕망에 관한 집착(愛取)
kāma : 감각적 쾌락(欲)
kāmaloka : 감각적 쾌락의 욕망의 세계(欲界)
kāmarāga : 감각적 쾌락의 욕망(欲貪)
kāmataṇhā : 감각적 쾌락의 욕망에 관한 갈애(欲愛)
kāmesu micchācārā veramaṇī : 사랑을 나눔에 잘못을 범하지 않음(不邪婬)
kamma : 업, 행위(業)
kappa : 겁(劫)
kāya : 촉각(身)
kāyānupassanā : 몸에 대한 관찰(身隨觀)
kāyasaṁkhāra : 신체적 형성(身行)
kāyasamphassa : 촉각의 접촉(身觸)
kāyasamphassaviññāṇāyatana : 촉각의 접촉에서 생겨난 의식영역(身觸識處)
kāyaviññāṇa : 촉각의식(身識)
khandh'upadhi : 존재의 다발들에 대한 집착(蘊取)
kiccādhikaraṇa : 절차로 인한 쟁사.
kiccādhikaraṇa : 행쟁사(行諍事).
kiles'upadhi : 오염에 대한 집착(煩惱取)

[L]

lokavidū : 세상을 아는 님(世間解)

[M]

Mahābrahmā devā : 위대한 신들의 하느님 세계(大梵天)
mahāpañña : 커다란 지혜(大慧)
mahāvira : 위대한 영웅(大雄)
majjhimapaṭipadā : 중도(中道)
māna : 자만, 교만(慢)
mānatta : 참회처벌(懺悔處罰). 마나타(摩那陀)
mano : 정신(意)
manosaṁkhāra : 정신적 형성(意行)
manosamphassa : 정신의 접촉(意觸)
manosamphassaviññāṇāyatana : 정신의 접촉에서 생겨난 의식의 영역(意觸識處)
manosañcetanā āhāro : 의도의 자양(意思食)
manoviññāṇa : 정신의식(意識)
micchāpatipadā : 잘못된 길(邪道)
Migadāya : 미가다야(鹿野園)
Migāramatu : 미가라마따 강당(鹿子母講堂)
moha : 어리석음(痴)
musāvāda veramaṇī : 거짓말을 하지 않음(不妄語)
mūlāya paṭikassana : 가중처벌(加重處罰). 본일치(本日治).

[N]

nāmarūpa : 명색(名色)
natthi : 비존재(無)
nāsana : 멸빈(滅擯)
nevasaññānāsaññāyatana : 지각하는 것도 아니고 지각하지 않는 것도 아닌 세계(非想非非想處)
Nevasaññānāsaññāyatanūpagā devā : 지각하는 것도 아니고 지각하지 않는 것도 아닌 신들의 하느님 세계(非想非非想處天)
nibbāna : 열반(涅槃)
nibbedhikapañña : 꿰뚫는 지혜(明達慧)
nibbidā : 싫어하여 떠남(厭離)
nigaṇṭhā : 니간타(尼乾陀徒[자이나교도])
Nigrodhārāma : 니그로다라마 승원(尼俱律園)
Nimmānaratī devā : 창조하고 기뻐하는 신의 하늘나라(化樂天)
nirodha : 지멸, 소멸(止滅)
nissaggiya : 상실죄. 니살기(尼薩耆). 사타(捨墮). 진사타(盡捨墮). 기타(棄墮)
nissaya : 의지조치(依止措置). 의지(依止). 의지갈마(依止羯磨)
ñātapariññā : 알려진 것에 대한 완전한 앎(知遍知)

[O]

ogha : 거센 흐름(暴流)
okkanti : 강생(降生), 전개(展開, 들어섬.)

opapātika : 홀연히 생겨남, 화생(化生:者)
orambhāgiyāni saṁyojjanāni : 다섯 가지 낮은 단계의 결박(五下分結)
ottappa : 창피함(愧)
osāraṇīya : 해갈마(解羯磨)

[P]

pabbājanīya : 한시퇴출조치(限時退出措置). 구출(驅出). 구출갈마(驅出羯磨), 빈출(頻出), 빈출갈마(頻出羯磨)
paccekabuddha : 홀로 연기법을 깨달은 님(辟支佛, 獨覺, 緣覺)
pahānapariññā : 번뇌의 끊음에 관한 완전한 앎(斷遍知)
pahānappadhāna : 버림의 노력(斷勤)
pāṇātipātaveramaṇī : 살아 있는 생명을 해치지 않음(不殺生戒)
pañca indriyāni : 다섯 가지 능력(五根)
pañca nīvaraṇāni : 다섯 가지 장애(五障)
pañca upādānakkhandā : 다섯 가지 존재의 집착다발(五取蘊)
pañcakāmaguṇa : 다섯 가지 감각적 쾌락(五欲樂)
pañcakkhandha : 다섯 가지 존재의 다발(五蘊)
pañcasīla : 다섯 가지 계행, 오계(五戒)
paññā : 지혜(慧)
paññakkhandha : 여러 가지 지혜(慧蘊)
paññāvimutti : 지혜에 의한 해탈(慧解脫)
pārājika : 패배죄(敗北罪). 승단추방죄(僧團追放罪). 바라이(波羅夷). 단두죄(斷頭罪)
Paranimmitavasavattino devā : 다른 신들이 만든 존재를 향유하는 신의 하늘나라(他化自在天)
parassa cetopariyañāṇa : 타인의 마음을 꿰뚫어 보는 능력(他心通)
pariññā : 완전한 앎(遍知)
Parittābhānā devā : 작게 빛나는 신들의 하느님 세계(小光天)
Parittasubhānā devā : 작은 영광의 신들의 하느님 세계(小淨天)
parivāsa : 격리처벌(隔離處罰). 별주(別住). 격리생활(隔離生活)
Pasenadi : 빠쎄나디(波斯匿王)
paṭhamajjhāna : 첫 번째 선정(初禪)
paṭigha : 마음의 분노, 마음의 저항(有對), 장애(對)
paṭiccasamuppāda : 조건적 발생, 연기(緣起)
pācittiya : 속죄죄(贖罪罪). 바일제(波逸提), 바일저가(波逸底迦), 바약치(波藥致), 바라일니가(波羅逸尼柯), 바라야질지가(波羅夜質肢迦), 바야제(波夜提). 타(墮)
pāṭidesaniya : 고백죄(告白罪). 바라제사니(波羅提舍尼), 바라제제사니(波羅提提舍尼), 향피회(向彼悔), 대타설(對他說), 회과법(悔過法)
paṭiññātakaraṇa : 자인에 입각한 조정. 자언치(自言治). 자인(自認)
paṭisandhiviññāṇa : 재생의식(結生識)
paṭisāraṇiya : 사죄조치(謝罪措置). 하의갈마(下意羯磨). 영사죄갈마(令赦罪羯磨).
phala : 경지, 과보, 공덕(果)
pharusāya vācāya veramaṇī : 추악한 말을 하지 않음(不惡口)
phassa : 접촉(觸)
phasso āhāro : 접촉의 자양(細觸食)
phoṭṭhabba 감촉(觸)
pisācā : 유령
pisuṇāya vācāya veramaṇī : 이간질을 하지 않음(不兩舌)
Pubbārāma : 뿝바라마 승원(東園)
pubbenivasānussati : 숙명통(宿命通)
puggala : 참사람, 사람(補特伽羅)
Purisadammasārathī : 사람을 길들이는 님(調御丈夫)
puthupañña : 넓은 지혜(廣慧)

[R]

rāga : 탐욕(貪)
Rājagaha : 라자가하(王舍城)
rasa : 맛(味)
ruci : 만족(欲)
rūpa : 물질, 형상(色)
rūpakkhandha : 물질의 다발(色蘊)
rūpaloka : 미세한 물질의 세계(色界)
rūparāga : 형상에 대한 욕망(色貪)
rūpasañña : 형상에 대한 지각(色想)

[S]

sabbaññu : 전지자(全知者)
sadda : 소리(聲)
saddhā : 믿음(信)
saddhamma : 올바른 가르침(正法)
sakadāgāmīmagga : 한 번 돌아오는 길을 가는 님(一來向)
sakadāgāmīphala : 한 번 돌아오는 경지의 님(一來果)
sakka : 제석천(帝釋天)
sakkāyadiṭṭhi : 개체가 있다는 견해(有身見)
Sākyamuni : 싸끼야 족의 성자, 석가모니(釋迦牟尼)

saḷāyatana : 여섯 가지 감각영역, 여섯 감역(六入)
samādhi : 집중(三昧)
samadhikā cetovimutti : 일시적인 마음에 의한 해탈
sāmadhikkhandha : 여러 가지 삼매(定蘊)
samaṇā : 수행자(沙門)
sammāājīva : 올바른 생활(正命)
sammādiṭṭhi : 올바른 견해(正見)
sammākammanta : 올바른 행위(正業)
sammāpaṭipadā : 올바른 길(正道)
sammāsamādhi : 올바른 집중(正定)
Sammāsambudha : 올바로 원만히 깨달은 님(正等覺者)
sammasaṅkappa : 올바른 사유(正思惟)
sammāsati : 올바른 새김(正念)
sammāvācā : 올바른 언어(正言)
sammāvāyāma : 올바른 정진(正精進)
sammukhāvinaya : 현전에 입각한 조정. 현전비니(現前毘尼). 현전비나야(現前毘奈耶)
sampattidāyakaṁ : 성취를 주는 보시
samphappalāpā veramaṇī : 쓸모없는 말을 하지 않음(不綺語)
samphassa : 접촉(觸)
saṁsāra : 윤회(輪廻)
saṁsedaja : 습생(濕生)
saṁvarappadhāna : 제어의 노력(律儀勤)
saṅgā : 집착(染著, 取, 取著)
saṅghādisesa : 승단잔류죄(僧團殘留罪). 승잔(僧殘). 승가바시사(僧伽婆尸沙)
sañjāti : 탄생(誕生)
saṅkhārā :형성(行)
saṇkhārakkhandha : 형성의 다발(行蘊)
saññā : 지각(想)
saññākkhanda : 지각의 다발(想蘊)
saññāvedayitanirodha : 지각과 느낌이 소멸하는 선정(想受滅定)
santi : 고요함, 적정(寂靜)
santikāya : 고요한 몸(寂靜身)
sappurisa : 참사람(善人, 善男子, 正人, 正士, 善士)
sassatadiṭṭhi : 영원주의(常見)
sati : 새김(念)
sativinaya : 기억에 입각한 조정. 억념비니(憶念毘尼). 억념비나야(憶念毘奈耶)
satta adhikaraṇasamathā : 일곱 가지 방식의 멸쟁.
satta adhikaraṇasamathā : 칠멸쟁(七滅諍).
satta : 뭇삶, 생명, 존재, 사람(衆生)
Satthā devamanussānaṁ : 신들과 인간의 스승이신 님(天人師)
satthā : 스승(師)
Sāvatthī 싸밧티(舍衛城)
sekhā : 학인(學人)
sekhiya : 중학죄(衆學罪). 중학(衆學). 중학법(衆學法).
sīlabhatapatāmāsa : 규범과 금계에 대한 집착(戒禁取)
sīlakkhandha : 여러 가지 계율(戒蘊)
sota : 청각(耳)
sotasamphassa : 청각의 접촉(耳觸)
sotasamphassaviññāṇāyatana : 청각의 접촉에서 생겨난 의식영역(耳觸識處)
sotaviññāṇa : 청각의식(耳識)
sottāpattimagga : 흐름에 드는 길의 사람(豫流向)
sottāpattiphala : 흐름에 든 경지의 님(豫流果)
Subhakiṇṇā devā : 영광으로 충만한 신들의 하느님 세계(遍淨天)
Sudassā devā : 선정이 잘 이루어지는 신들의 하느님 세계(善現天)
Sudassī devā : 관찰이 잘 이루어지는 신들의 하느님 세계(善見天)
Sugata : 올바른 길로 잘 가신 님, 행복하신 분(善逝)
sugati : 행복한 곳(善趣)
sukhadāyakaṁ : 행복을 주는 보시
surāmerayamajjapamādaṭṭhānā veramaṇī : 곡주나 과일주 등 취하게 하는 것을 마시지 않음(不飮酒)
suttapiṭaka : 경장(經藏)

[T]

tajjanīya : 견책조치(譴責措置). 고절(苦切). 고절갈마(苦切羯磨)
taṇhā : 갈애(渴愛)
Tapodārāma : 따뽀다 온천 승원
tathāgata : 이렇게 오신 님, 여래(如來)
tatiyajjhāna : 세 번째 선정(三禪)
tassapāpiyyasikā : 심문에 입각한 조정. 멱죄상(覓罪相). 구피죄(求被罪).
Tāvatiṁsā : 서른셋 신들의 하늘나라, 도리천(忉利天), 삼십삼천(三十三天)
tayo sikkhā : 세 가지 배움(三學)
thullaccaya : 추악죄(醜惡罪). 미수죄(未遂罪). 투란차(偸蘭遮). 투란죄(偸蘭罪). 방사죄(放使罪)
tikkhapañña : 예리한 지혜(利慧)
tiṇavatthāraka : 대속에 입각한 조정. 여초복지(如草覆地)
tipiṭaka : 삼장(三藏)

tīraṇapariññā : 윤회의 바다에서 건넘에 관한 완전한 앎(度遍知)
Tusitā devā : 만족을 아는 신들의 하늘나라(兜率天)

[U]

ubbāhika : 단사(斷事). 단사위원(斷事委員)
ubhato bhāgavimuttā : 양자에 의한 해탈(俱分解脫)
ucchedadiṭṭhi : 허무주의(斷見)
uddhacca : 자기정당화(掉擧)
uddhaccakukkucca : 흥분과 회한(掉擧惡作)
uddhambhāgiyāni saṁyojjanāni : 다섯 가지 높은 단계의 결박(五上分結)
ukkhepanīya : 권리정지조치(權利停止措置). 거죄갈마(擧罪羯磨)
upādāna : 집착(取著)
upadhi : 집착(取, 取著)
upāsaka : 재가의 남자신도, 청신사(淸信士), 우바새(優婆塞)
upāsikā : 재가의 여자신도, 청신녀(靑信女), 우바이(優婆夷)
upāya : 괴로운 곳, 괴로운 세계(苦處)

[V]

vacisaṁkhāra : 언어적 형성(口行)
vedāna : 느낌(受)
vedanākkhandha : 느낌의 다발(受蘊)
vedanānupassanā : 느낌에 대한 관찰(受隨觀)
Vehapphalā devā : 탁월한 과보로 얻은 신들의 하느님 세계(廣果天)
Veḷuvana : 벨루 숲(竹林)
vibhavataṇhā : 비존재에 대한 갈애(無有愛)
vicāra : 숙고(伺)
vicikicchā : 의심, 의심(疑)
vijjācaraṇasampanna : 지혜와 덕행을 갖춘 님(明行足)
vimaṁsā : 탐구(思惟)
vimittikkhandha : 여러 가지 해탈(解脫蘊)
vimittiññāṇadassanakkhandha : 여러 가지 '해탈되었다.'는 지견(解脫知見)
vimutti, nimokkha : 해탈(解脫)
vinayapiṭaka : 율장(律藏)
vinipāta : 비참한 곳, 비참한 세계(無樂處, 墮處)
viññāṇa āhāro : 의식의 자양(識食)
viññāṇa : 의식(識)
viññāṇakkhandha : 의식의 다발(識蘊)
viññāṇānañcāyatana : 무한의식의 세계(識無邊處)
Viññāṇañcāyatanūpagā devā : 무한의식의 신들의 하느님 세계(識無邊處天)
virāga : 사라짐(離貪)
viriya : 정진(精進)
vitakka : 사유(尋)
vivādādhikaraṇa : 논쟁사(論爭事).
vivādādhikaraṇa : 논쟁으로 인한 쟁사.
viveka : 멀리 여읨
vossagga : 완전한 버림, 포기(捨遣)
vyāpāda : 분노(瞋恚)

[Y]

yakkha : 야차(夜叉)
Yāmā devā : 축복의 신의 하늘나라(耶摩天)
yama : 죽음의 신, 야마의 세계(死神)
yasadāyakaṁ : 명예를 주는 보시
yebhuyyasikā : 다수에 입각한 조정. 다인어(多人語)
yoniso masikāra : 이치에 맞게 정신활동을 기울임(如理作意)

고유명사 및 법수·비유색인

[ㄴ]

[ㄷ]

[ㄹ]

(ㅁ)

[ㅂ]

[ㅅ]

[ㅈ]

[ㅊ]

[ㅋ]

[ㅌ]

[ㅍ]

한국빠알리성전협회

Korea Pali Text Society

Founded 1997 by Cheon, Jae Seong

한국빠알리성전협회는 빠알리성전협회의 한국대표인 전재성 박사가 빠알리성전, 즉 불교의 근본경전인 빠알리 삼장의 대장경을 우리말로 옮겨 널리 알리기 위한 목적으로, 세계빠알리성전협회 회장인 리챠드 곰브리지 박사의 승인을 맡아 1997년 설립하였습니다. 그 구체적 사업으로써 빠알리성전을 우리말로 옮기는 한편, 부처님께서 사용하신 빠알리어의 이해를 돕기 위하여, 사전, 문법서를 발간하였으며, 기타 연구서, 잡지, 팜프렛, 등을 출판하고 있습니다. 부처님의 가르침을 빠알리어에서 직접 우리말로 옮겨 보급함으로써 부처님의 가르침이 누구에게나 쉽게 다가가고, 명료하게 이해될 수 있도록 더욱 노력할 것입니다. 한국빠알리성전협회는 부처님의 가르침이 널리 퍼짐으로써, 이 세상이 지혜와 자비가 가득한 사회로 나아가게 되기를 바랍니다.

한국빠알리성전협회 120-868 서울 서대문구 모래내로 430, 102-102(홍제성원)
TEL : 02-2631-1381, 070-7767-8437 FAX : 735-8832
홈페이지 www. kptsoc. org

Pali Text Society

세계빠알리성전협회는 1881년 리스 데이비드 박사가 '빠알리성전의 연구를 촉진시키고 발전시키기 위해' 영국의 옥스포드에 만든 협회로 한 세기가 넘도록 동남아 각국에 보관되어 있는 빠알리 성전을 로마자로 표기하고, 교열 출판한 뒤에 영어로 옮기고 있습니다. 또한 사전, 색인, 문법서, 연구서, 잡지 등의 보조서적을 출판하여 부처님 말씀의 세계적인 전파에 불멸의 공헌을 하고 있습니다.

President : Dr. R. M. L. Gethinn, Pali Text Society
73 Lime Walk Headington Oxford Ox3 7AD, England

신한은행 313-04-195605 국민은행 752-21-0363-543
우리은행 1002-403-195868 농 협 023-02-417420
예금주 : 전재성

『쭐라박가』의 출간에 도움을 주신 여러분께 감사드립니다.

무엇보다도 깊은 신심을 가지고 이 율장 『쭐라박가』의 출간에 출판비를 후원하시고 발간사를 써주신 까말라 님의 가족께 깊은 감사를 드립니다. 그리고 이 책이 출간되기까지 물심양면으로 후원을 아끼지 않으신 혜능 스님과 서울대 박승관 교수님, 서울대 김규원 교수님, 황경환 대표님, 그리고 실상화님, 김현수님, 김진성님, 안희찬님을 비롯한 독자 여러분들께도 심심한 감사를 드립니다.

빠알리대장경 구성

빠알리삼장	주석서
Vinaya Piṭaka(律藏)	Samantapāsādikā(善見律毘婆沙疏) Kaṅkhāvitaraṇī(on Pātimokkha) (解疑疏 : 戒本에 대한 것)
Sutta Piṭaka(經藏);	
Dīgha Nikāya(長部阿含)	Sumaṅgalavilāsinī(妙吉祥讚)
Majjhima Nikāya(中部阿含)	Papañcasūdanī(滅戲論疏)
Saṁyutta Nikāya(相應阿含)	Sāratthappakāsinī(要義解疏)
Aṅguttara Nikāya(增部阿含)	Manorathapūraṇī(如意成就)
Khuddaka Nikāya(小部阿含);	
Khuddakapāṭha(小誦經)	Paramatthajotikā(I)(勝義明疏)
Dhammapada(法句經)	Dhamapadaṭṭhakathā(法句義釋)
Udāna(自說經)	Paramatthadīpanī(I)(勝義燈疏)
Itivuttaka(如是語經)	Paramatthadīpanī(II)(勝義燈疏)
Suttanipāta(經集)	Paramatthajotikā(II)(勝義明疏)
Vimānavatthu(天宮事)	Paramatthadīpanī(III)(勝義燈疏)
Petavatthu(餓鬼事)	Paramatthadīpanī(IV)(勝義燈疏)
Theragāthā(長老偈)	Paramatthadīpanī(V)(勝義燈疏)
Therīgāthā(長老尼偈)	
Jātaka(本生經)	Jātakaṭṭhavaṇṇanā(本生經讚)
Niddesa(義釋)	Saddhammapajotikā(妙法解疏)
Paṭisambhidāmagga(無碍解道)	Saddhammappakāsinī(妙法明釋)
Apadāna(譬喩經)	Visuddhajanavilāsinī(淨人贊疏)
Buddhavaṁsa(佛種姓經)	Madhuratthavilāsinī(如蜜義讚)
Cariyāpiṭaka(所行藏)	Paramatthadīpanī(VII)(勝義燈疏)
Abhidhamma Piṭaka(論藏);	
Dhammasaṅgaṇi(法集論)	Aṭṭhasālinī(勝義論疏)
Vibhaṅga(分別論)	Sammohavinodani(除迷妄疏)
Dhātukathā(界論)	Pañcappakarañatthakathā(五論義疏)
Puggalapaññatti(人施設論)	Pañcappakarañatthakathā(五論義疏)
Kathavatthu(論事)	Pañcappakaraṇatthakathā(五論義疏)
Yamaka(雙論)	Pañcappakaraṇatthakathā(五論義疏)
Tika-paṭṭhāna(發趣論)	Pañcappakaraṇatthakathā(五論義疏)
Duka-paṭṭhāna(發趣論)	Pañcappakaraṇatthakathā(五論義疏)

Kapilavatthu I
SAKYA
Lumbinī
MORIYA
Sāvatthi
Kapilavatthu II
KOLIYA
ACIRAVATĪ
Sāketa
(Ayojjhā)
Kusināra
Lucknow
Gorakhpur
KOSALA
GHĀGARA
VAMSĀ
GOMATI
KĀLĀMA
GANGES
KĀSI
GANGES
YAMUNĀ
Prayāga
(Allāhabād)
Sārnāth
Kosambī
Benares
AVANTI
부처님 당시의 도시들
부처님 이후의 도시들
네팔 국경선
부처님 당시의 강줄기
무역로